CORPS UNIVERSEL
DIPLOMATIQUE
DU
DROIT DES GENS;
CONTENANT UN
RECUEIL
DES
TRAITEZ

D'ALLIANCE, DE PAIX, DE TREVE,

DE NEUTRALITÉ, DE COMMERCE, D'ÉCHANGE, de Protection & de Garantie, de toutes les Conventions, Transactions, Pactes, Concordats, & autres Contrats, qui ont été faits en EUROPE, depuis le Regne de l'Empereur CHARLEMAGNE jusques à présent;

AVEC

LES CAPITULATIONS IMPERIALES ET ROYALES;

les Sentences Arbitrales & Souveraines dans les Causes importantes; les Déclarations de Guerre, les Contrats de Mariage des Grands Princes, leurs Testamens, Donations, Renonciations, & Protestations; les Investitures des grands Fiefs; les Erections des grandes Dignités, celles des grandes Compagnies de Commerce, & en général de tous les Titres, sous quelque nom qu'on les désigne, qui peuvent servir à fonder, établir, ou justifier

LES DROITS ET LES INTERETS DES PRINCES ET ETATS DE L'EUROPE;

Le tout tiré en partie des Archives de la TRES-AUGUSTE MAISON D'AUTRICHE, & en partie de celles de quelques autres Princes & Etats; comme aussi des Protocolles de quelques Grands Ministres; des Manuscrits de la Bibliotheque Royale de BERLIN; des meilleures Collections, qui ont déja paru tant en ALLEMAGNE, qu'en FRANCE, en ANGLETERRE, en HOLLANDE, & ailleurs; sur tout, des Actes de RYMER; & enfin les plus estimés, soit en Histoire, en Politique, ou en Droit;

PAR

MR. J. DU MONT, *BARON DE CARELS-CROON,*

ECUIER, CONSEILLER, ET HISTORIOGRAPHE DE SA MAJESTE' IMPERIALE ET CATHOLIQUE.

TOME V. PARTIE II.

A AMSTERDAM,

Chez P. BRUNEL, R. ET J. WETSTEIN, ET G. SMITH, HENRI WAESBERGE, ET Z. CHATELAIN.

A LA HAYE,

Chez P. HUSSON ET CHARLES LEVIER.

MDCCXXVIII.

CORPS DIPLOMATIQUE
DU
DROIT DES GENS;
OU
RECUEIL
DES
TRAITEZ D'ALLIANCE,
DE PAIX, DE TREVE, DE NEUTRALITÉ, DE COMMERCE, D'ÉCHANGE, &c.

Faits entre les Empereurs, Rois, Princes, & Etats de l'Europe, depuis CHARLEMAGNE jusques à présent.

ANNO

I.

1600. 4. Fev. Recess zwischen Churfürst Fridrichen dem IV. zu Pfaltz und einigen andern Protestirenden Fürsten und Ständen / wodurch sie zwar beschliessen den Deputations-Tag zu Speyr zu besuchen / alleine dabey zu urgiren / daß Burgund und Costnitz den Reichs-Abschieden / vorneml. dem zu Coblentz gehorsamen / und die verursachte Kriegs-Unkosten erstatten müsten; geschähe solches nicht / seye der Burgund- und Costnitzische Gesandte nit als Protestando zu solchen Tag zu zulassen; wobey sie sich dann ferner wegen zuruckhaltung der Türcken Steüer / der Hof-Processen, der mehrern Stimmen auf Reichs- und Creyß-Tagen 2c. vereinigen. Geschehen Franckfurth am Mayn den 4. Februar. 1600. [LUNIG, Teutsches Reichs-Archiv. Part. Special. Abtheilung II. pag. 263.]

C'est-à-dire,

Recès conclu entre FREDERIC IV. *Electeur Palatin & quelques* PRINCES & ETATS PROTESTANS *de l'Empire, portant qu'ils se trouveront à l'Assemblée de la Députation de* Spire, *mais qu'ils y insisteront à ce que* Bourgogne & Constance *soient contraints de satisfaire à leurs obligations, & aux Recès de l'Empire, particulierement à celui de* Coblentz, *& à restituer les fraix de la Guerre; faute de quoi, ils ne consentiront point qu'ils soient admis à cette Assemblée, & que si on les y admet ils protesteront à l'encontre. Ils conviennent aussi de ce qu'ils devront observer & faire à l'égard des Contributions contre le Turc, qu'ils ne veulent pas payer; des Procès Auliques, & de la pluralité des voix dans les Diétes Generales, & dans les Assemblées circulaires. A Francfort sur le Mein le 4. Fevrier 1600.* ANNO 1600.

Emnach auf den 27. Januarii dieses angehenden 1600. Jahres zu End benante Chur- und Fürstl. Rä-h allhier zu Franckfurt am Mayn zusammen kommen solten / und aber des Churfürsten zu Brandenburg Gesandten Beykunfft sich etwas verzogen / wie dann auf heut dato noch niemands derentwegen erschienen / so seynd nichts desto weniger die übrigen Anwesende / zu Berathschlagung der im Ausschreiben vermelter Puncten / im Nahmen Gottes geschritten.

Und so viel anfangs die bewuste vertrauliche engere Zusammensetzung anlangt / dieweil sich die Fürstliche Hessische Abgesandten abwesend der Churfürstl. Brandenb. als mit welchen sie in sonderbahrer Erb-Vereinigung stunden / einzulassen / Bedenckens getragen / ist solcher Puncten biß zu anderer Gelegenheit dießmahl ausgesetzt.

ANNO 1600.

Den andern Punct berührend / ob nehmlich der vermeintlich prorogirte Deputations-Tag zu Speyer zu besuchen / und ob die Burgund- und Costnizl. Gesandten von demselbigen auszuschliessen / oder zuzulassen / da ist für gut angesehen worden / denselbigen zu besuchen / aber allda keine andere Sachen als die auf jüngsten Reichs-Tag Anno 98. dahin verschoben / weder principaliter noch incidenter zu tractiren. Vielmehr aber wann man vermerckt / daß zur Proposition geschritten werden will / bey den Käyserl. Commissariis um sonderbahre Audienz anzusuchen / und denselben in der correspondirenden deputirten Chur- und Fürsten und Ständ gemeinen Nahmen zu vermelden / daß sie sich zu berichten wüsten / was vorm. Jahre wegen Burgund und Costnitz furgeloffen. Nun weren die Sachen gleichwohl itzt etwas in einem andern / aber bey weiten noch nicht in dem Stande / dahin der Coblentzische Abschied gerichtet / vielweniger die Kriegs-Kosten / und anders / vermöge der Executions-Ordnung / erstattet worden. Derwegen wolten sie / die Gesandten / vernehmen / ob nicht die Kayserl. Commissarii befehliget / diesen Puncten zuförderst seine Richtigkeit zu geben / auff welchen Fall sie ungern ichtwas zu Verhinderung des Deputations-Tags furbringen oder moviren wolten. Solte aber solches nicht geschehen (damit man gleichwohl biß sich die Commissarii hierüber erklähret / einzuhalten) were ihren Herren nochmals zum höchsten bedencklich / diejenige zu solchen gemeinen Reichs-Sachen zu lassen / welche wieder dasselbige nun ein geraume Zeitlang sich feindlich erzeigt / und noch biß anietzo desselben Constitutionibus und Ordnungen ungehorsamlich nit bequemen wolten.

Und daß man / so viel immer muglich / diesen Puncten dahin getrieben hätt / daß Burgundt und Costnitz sich verpflichten müsten / den Reichs- und Coblentzischen Abschieden / nochmahls in einer benandten Zeit zu gehorsamen / auch die Kriegs-Kosten zu refundiren. Solte solches aber über Zuversicht nicht zu erheben seyn / daß alsdann die Burgund- und Costnische Gesandte anderst nit als vermittelst einer Protestation, daß man sich dardurch aus der Executions-Ordnung und löbl. Abschied mit nichten begeben / noch dem correspondirenden Craiß-Obristen / im geringsten præjudiciret haben wolt / endlich zugelassen werden / welcher letzte Puncten allerseits ad referendum genommen worden. Sonsten solt eine hohe Nothdurfft seyn / daß die Evangelischen Deputirten Stände bey dem Deputat. Tag / da derselbe je fortgehen solte / vertreulich bey einander halten / und den 12. Decembris An. 98. allhier auffgerichten Abschied / da nehmlich etwas / so den Evangelischen Ständen für sich selbst oder consequenter præjudicirlich / bey solchen Deputat. Tag fürlauffen solte / jederzeit für Augen hätten.

Zun dritten ist wegen Hinterhaltung der Türckensteuer diesen Unterschied zu machen / für rathsam angesehen worden / daß es deren per majora bewilligten Türckensteuer halben / bey der vorigen Verabeschiedung zu lassen. Und da hierin ein præjudicirlich Urtheil ergehen solte / daß man sich auf alle Mittel und Wege / so zu befinden / so lang immer möglich / auffhalten / auch endlich da zu Execution geschritten werden solte / zu Hintertreibung derselben nothwendige gesambte Defension an- und fur die Hand genommen werden müste.

So viel aber die bewilligte Summam anlanget / würde man sich derselbigen endlich nit können erwehren / derowegen / und dieweil man sich in unterschiedlichen Verantworten / so Ihrer Kayserl. Maj. gegeben worden / auff gesambte Berathschlagung und fernere Erklärung gezogen; Als solte fast thunlich und nöthig seyn / bey ihrer Kayserl. Majestät sich deswegen nunmehro in gesambt zum besten zu entschuldigen / und dahin zu erbiethen / wann ihre Kayserliche Majestät verschaffen würde / daß derselben eigen Mandaten / und dem Coblentz. Abschied durchaus gelebt / auch vermöge der Executions-Ordnung / die Kriegs-Kosten würcklich erstattet / die Gräntzen versichert / denen Commerciis ihr freyer Gang gelassen würde / daß man alsdann / was von bewilligten Steuern noch hinterstellig / ihro Kayserlichen Majestät erlegen wolte. Sonsten were es unverträglich / immassen ein solch Concept auf Beliebung und Ratification allerseits Chur- und Fürsten / angestellet worden.

Der gefährlichen Hoff-Processen halben ist es zum vierdten zwar bey demjenigen / was verschiener 2. Reichs-Tägen in gravaminibus deswegen geklagt / auch in Decembri An. 98. allhier verabschiedt / in genere gelassen worden / doch daß andere / so die Gravamina mit helffen übergeben / davon nit ausgeschlossen oder übergangen werden; Und würde nunmehr bey ihro Chur- und Fürstl. Gnaden stehen / wie dieselben solche Dinge bey der Kayserl. Majestät in Schrifften oder durch Schickung ferner fortzutreiben sich entschliessen werden.

So viel aber insonderheit die Straßburgische Sach betreffen thut / hat man guten Theils derselben / wie solche biß daher allenthalben geführet worden / kein gründlichen Bericht gehabt / aber doch aus den gemeldten Hoff-Processen / auch den Lotharingischen Erklärungen so viel befunden / daß sie jetzmahls in beschwerlichern Terminis stehet / als zuvor nie.

Ob dann wohl für gut angesehen / die Güthe zwischen dem Herrn Administratorn, und etlichen Capitularn, wegen fürgefallner Mißverständ / durch diejenige fürzunehmen / so es hiebevor unterstanden; So ist doch die Fürsorg dabey gewesen / daß dadurch der Sachen nicht fruchtbarlich abzuhelffen / wann nit auch mit Lothringen etwas tracktiret würde / welches vielleicht durch des Hertzogen von Würtenberg Fürstl. Gnaden / als welche hiebevor nit allerdings ohn Bewust der Herrn Capitularn, mit dem Herrn Administratore allerhand tracktiret / zu verrichten seyn solt / jedoch ist solchs nur Fürschlags-Weiß ohn Befehlich / ob dadurch desto glimpfflicher aus der Sache zu kommen / in deliberatione furgeloffen.

Sonsten an die Königl. Würden in Franckreich viel zu schicken / oder auch nochmahl zu schreiben / das solte / allerhand einkommenen Berichten nach / verlängerlich / und also dem Werck vielleicht nit sehr vorständig / ja auch noch wohl bey etlichen verweißlich seyn.

Den fünfften Punct, das Crais-Kriegs-Wesen und zu Coblentz verabschiedete Executions-Werck belangend / ist zwar insgemein für gut angesehen worden / demselbigen nochmahls bey allen Crais-Tägen anzuhangen und nachzusetzen. Dieweil es aber langsam mit den Craisen hernacher geht / und die drey Craiß-Obristen ein starcke Vorlag bey angeregter Execution gethan / so ist doch von denselbigen der Fürschlag und Begehren geschehen / daß die vor ein Jahr beysammen gewesene correspondirende Churfursten und Stände die fürgeschlagene 75. Monath indessen / biß man von den übrigen Craisen die Schuldigkeit wiederum erlanget / darschiessen / und also die Craiß-Obristen damit / nach eines ieden Anschlag / erleichtern / und sie nicht allein unter solcher Last stecken lassen solt.

Dieweil aber die Chur-Pfältz. lautern und klaren Befehlich gehabt / sich hierin weiters nit einzulassen / als die Craiß-Verfassungen vermögen / darzu sich ihr gnädigster Herr in alleweg schuldig erkennt / auch dem-

ANNO 1600. demselben mit andern furderlich nachzugehen erbietig: Gestalt auch ihre Churfurstl. Gnaden dasjenige / so in den Chur-und Furstl. Rheinischen Craisen bewilliget worden / für diesen erlegt. Als hat man dieses Punctens halber sich für dießmahl ferner nichts vergleichen können.

Letzlich ist auch davon geredet worden / ob und wie ferr die Majora Vota auff Reichs-Deputation-und Craiß-Tägen gelten solten; und dahinein einmutiglich gestelt / daß man in Craiß-Justici-und andern solchen Sachen / da des Heil. Reichs Constitutiones ausdrucklich den Schluß auff das mehrer gestelt haben / es billig darbey zu lassen. In Religion-Sachen / auch Auffrichtung neuer Constitutionen / oder Erklärungen der Aeltern / so dann in freywilligen Steuern / welche frembden Königreichen mitleydlich geschehen / sey es weder göttlichem Wort / noch dem alten Herkommen gemäß / vielweniger bey der Posterität verantwortlich / sich per Majora bezwingen zu lassen.

Sonsten weil von der Chur-Brandenburg wegen gar niemand zu diesem Tag sich eingestelt / und man sich aber erinnert / daß ihre Churfurstl. Gnaden in dero Schreiben an die Chur-Pfaltz unterm dato des 4. Januarii jungsthin / was verrichtet und beschlossen werden möchte / Communication und Berichts begehre; Als hat ein solches gegen ihre Churfurstliche Gnaden zu verrichten / der Furstl. Brandenbl Onoltzbachisch Gesandte auffgenommen.

Und haben diesen Abschied die anwesende Gesandten unter ihren Ring-Pittschafften verfertigt / deren Nahmen folgende:

Wegen Chur-Pfaltz

Herr D Ludwig Culmann, Vice-Cantzler und &c. &c.

Actum & datum Franckfurt am Mayn / den 4ten Februarii An. Christi 1600.

II.

27. Fev. FRANCE ET SAVOYE. *Articles accordez par* HENRI IV. *Roi de France à* CHARLES EMANUEL *Duc de Savoye, pour le Traité du Marquisat de* Saluces, *à Paris le 27. Fevrier* 1600. [FREDERIC LEONARD, Tom. IV.]

COMME nostre Saint Pere le Pape Clement VIII. de ce Nom, par son autorité, prudence & sollicitude paternelle, eust heureusement moienné le Traité de Paix fait en la Ville de Vervin, le deuxiéme jour du mois de Mai 1598. par lequel entre autres choses a esté convenu & accordé, que les differens demeurez indecis par icelui entre tres-haut, tres-excellent & tres-puissant Prince Henri IV. Roi tres-Chrestien de France & de Navarre; & tres-excellent Prince Charles Emanuel, Duc de Savoie, &c. seroient pour bien de Paix remis au Jugement de Sa Sainteté, pour estre jugez & decidez par icelle dedans un an, à compter du jour & datte dudit Traité, ainsi qu'il est porté par le vingt-huitiéme Article d'icelui. Sadite Sainteté desireuse d'établir, & de tout son pouvoir asseurer ladite Paix publique, tant pour le bien commun desdits Princes, que pour avoir moien d'avancer ses saints & loüables desseins pour la gloire de Dieu, & exaltation de la Foi & Religion Chrestienne, aprés avoir par diverses fois fait continuer & prolonger le terme du susdit Compromis, auroit enfin admonesté & exhorté Sa Majesté & ledit Sieur Duc, de vouloir, sans attendre davantage sondit Jugement, terminer lesdits differens par composition à l'amiable, lesquels Sadite Sainteté reconnoissoit pouvoir alterer ladite Paix & Amitié: Aiant pour cet effet envoié pardevers Sadite Majesté & ledit Sieur Duc, l'Illustrissime & Reverendissime Pere Bonaventure Calatagirone, Patriarche de Constantinople, & General de l'Ordre de S. François. Surquoi Sadite Majesté & ledit Sieur Duc, mûs de la reverence qu'ils portent à Sadite Sainteté, pareillement de leur proximité & Amitié, & de leur grande affection au bien & repos general de toute la Chrestienté; Sadite Majesté de sa part auroit consenti & promis à Sadite Sainteté, d'entendre les propositions que ledit Sieur Duc pretendoit lui faire, pour composer le different du Marquisat de Saluces, & ledit Sieur Duc de la sienne, ensuite auroit pris resolution de venir trouver Sadite Majesté, pour en faciliter de tout son pouvoir la conclusion, dont seroit ensuivi, par la susdite entremise dudit Sieur Patriarche, qui s'y est vertueusement emploié au nom de Sa Sainteté, que Sadite Majesté & ledit Sieur Duc ont fait, conclu & accordé les Articles qui s'ensuivent.

Premierement, Que ledit Marquisat de Saluces sera rendu à Sadite Majesté par ledit Sieur Duc de Savoie, dans le premier jour de Juin prochain, pour en joüir & user comme faisoient les Rois ses Predecesseurs lors qu'il estoit entre leurs mains, sans aucune remise, longueur & difficulté, fondée sur quelque couleur & pretexte que ce soit.

II. Et Sadite Majesté promet & accorde audit Sieur Duc, de ne donner la Charge & Gouvernement dudit Païs, à personne qu'il ait occasion de tenir pour son Ennemi.

III. Pareillement d'emploier à la garde des Villes & Places d'icelui, des Compagnies Suisses, excepté dans les Chasteaux où Sa Majesté se veut servir de Capitaines & Soldats François, ou de tels autres que bon lui semblera.

IV. Neanmoins Sadite Majesté n'entend estre obligée de tenir les Suisses que durant le Compromis fait en la Personne de Sa Sainteté, ci-aprés declaré & specifié.

V. Ou bien ledit Sieur Duc cedera & delivrera à Sadite Majesté pour la recompense dudit Marquisat de Saluces, dedans le susdit premier jour de Juin prochain, tout le Païs de Bresse qui est scitué depuis la Riviere de Saosne jusques à celle d'Oein, laquelle Riviere d'Oein demeurera commune entre Sadite Majesté & ledit Sieur Duc, pour en joüir de son costé, compris en icelui Païs la Ville & Citadelle de Bourg, & les autres Places, qui en dépendent, Barcelonnette avec son Vicariat jusques à l'Argentiere, le Val de Sture, celui de la Perouse avec tout ce qui en dépend, ensemble la Ville & Chasteau de Pignerol avec son Territoire, moiennant que Sadite Majesté lui transportera tous les Droits qu'elle a audit Marquisat; à la charge toutefois qu'il laissera joüir les Habitans dudit Marquisat qui ont servi Sa Majesté & la serviront ci-aprés, de leurs biens, librement & seurement. Et reciproquement ceux qui ont servi ou serviront ledit Sieur Duc, joüiront pareillement de leurs biens tant audit Marquisat qu'aux autres lieux qui seront remis à Sadite Majesté par ledit Sieur Duc, sans qu'il soit rien innové devant ledit delai ni aprés au prejudice des uns & des autres, selon le Reglement qui en sera fait par Sadite Majesté & ledit Sieur Duc.

VI. Davantage les Villes & Places de Cental, de Mont Roques, Pavieres, Chasteau Dauphin, & autres tenuës par ledit Sieur Duc appartenantes à Sadite Majesté: & pareillement celles que Sadite Majesté possede en Bresse, Savoie, Barcelonnette & ailleurs, appartenantes audit Sieur Duc, seront respectivement renduës au même tems que la restitution dudit Marquisat se fera; & en cas de permutation celles de Bresse & Barcelonnette demeureront à Sa Majesté en la forme ci-dessus, & les autres seront remises de part & d'autre.

VII. Toutes lesquelles Places seront renduës en l'estat qu'elles sont à present, sans que Sadite Majesté & ledit Sieur Duc soient tenus de paier ni rembourser les depenses faites de part & d'autre à fortifier & reparer lesdites Places.

VIII. Pareillement le Fort de Beche Dauphin, bâti par ledit Sieur Duc durant la Guerre, sera démoli en même tems.

IX. Les Inventaires deuëment certifiez de toutes les pieces d'Artillerie, poudres, boulets, & autres munitions de Guerre qui estoient dedans les Villes & Places dudit Marquisat quand ledit Sieur Duc y est entré, seront fidellement representez à Sadite Majesté, quand ledit Sieur Duc élira l'un ou l'autre desdits deux Partis, sur lesquels Sadite Majesté declarera sa volonté pour la restitution d'icelles, qui sera effectuée par ledit Sieur Duc tant en especes qu'en argent, aux prix & ainsi qu'il sera arresté par Sadite Majesté avec ledit Sieur Duc.

ANNO 1600.

X. Toutes Procedures, Jugemens & Sentences données en Justice d'une part & d'autre devant le present Accord, où les Parties ont contesté volontairement, auront lieu & sortiront leur plein & entier effet, en tout cas de restitution ou permutation dudit Marquisat; toutesfois il sera loisible aux Parties de se pourvoir par Revision, & selon l'ordre & disposition des Droits, des Loix & Ordonnances.

XI. Ne sera fait aucune recherche des impositions, contraventions, & levées de deniers & de vivres faites ausdits Païs, contre ceux qui les ont ordonnées, executées, receuës & administrées de part & d'autre jusques au present Traité.

XII. Et afin que les Habitans des Villes & Païs qui doivent estre restituez, ne soient surchargez & travaillez induëment d'impositions & levées de deniers durant le délai accordé audit Sieur Duc pour opter & effectuer l'un desdits deux Partis, sous couleur du paiement tant des arrerages desdites impositions ordonnées devant & depuis la Paix faite à Vervin, que du courant de la solde & entretenement des Capitaines & Gens de Guerre commis à la garde desdites Villes & Païs, & autres pretextes, jusques à la susdite restitution ou permutation dudit Marquisat, a esté accordé qu'il ne sera fait aucune levée de deniers sur lesdits Habitans desdites Villes & Païs, contrevenans à ce qui a esté convenu tant par le Traité de Vervin, que par les Reglemens & Accords faits depuis pour le paiement desdits arrerages & deniers, par les Deputez de Sadite Majesté avec ceux dudit Sieur Duc, & par les Commissions expediées par Sadite Majesté & ledit Sieur Duc, au commencement de l'année, pour l'entretenement ordinaire des Garnisons establies à la garde desdites Villes & Places, & des Officiers emploiez dans les Etats desdites Garnisons, sans que de part & d'autre il puisse de nouveau estre rien imposé davantage, declarant tout ce qui sera fait & entrepris au contraire sujet à restitution & reparation.

XIII. Et sur ce que ledit Sieur Duc a requis sa Majesté de vouloir approuver & confirmer les Infeudations qu'il a faites audit Marquisat, avenant qu'il opte la restitution d'icelui, Sadite Majesté a declaré qu'étant informé de la qualité desdites Infeudations, Elle y aura tel égard que son service lui pourra permettre pour la gratification dudit Sieur Duc, sans toutefois que Sadite Majesté soit obligée au remboursement de ce qui pourroit avoir esté païé pour lesdites Infeudations, sinon en tant qu'il sera de son bon plaisir.

XIV. Et d'autant que ledit Sieur Duc a requis sa Majesté de lui donner tems de conferer avec ses Vassaux & Sujets des deux Partis susdits, devant que d'accepter & effectuer l'un ou l'autre, Sadite Majesté desirant lui témoigner en cette occasion, comme en toutes autres, sa bonne volonté, accorde audit Sieur Duc ladite élection; à la charge aussi qu'il optera & effectuera l'un ou l'autre desdits deux Partis, dedans le susdit temps du premier jour de Juin prochain, sans en retrancher, diminuer ou alterer aucune chose, ni user d'aucune remise, longueur ou difficulté, fondée sur quelque couleur & occasion que ce soit.

XV. A quoi ledit Sieur Duc a obligé dés-à-present comme pour lors, sa foi & parole, & sa Majesté fait le semblable, pour l'accomplissement & execution des choses accordées par les presens Articles, qui dependent d'elle.

XVI. Pareillement a esté convenu entre Sadite Majesté & ledit Sieur Duc, qu'ils consentiront, comme dés-à-present ils consentent, aprés que la restitution dudit Marquisat aura esté reellement & de fait accomplie, si ledit Sieur Duc en fait option, que nostredit Saint Pere le Pape Clement VIII. juge les differens qui sont entre Sadite Majesté & ledit Sieur Duc, suivant ce qui a esté accordé par le susdit Traité de Vervin, & ce dedans trois Ans.

XVII. Promettant d'accomplir & executer de bonne foi de part & d'autre, ce qui sera ordonné par Sadite Sainteté dedans le susdit tems, sans aucune longueur ni difficulté, pour quelque cause ou pretexte que ce soit, ainsi qu'il est porté par ledit Traité de Vervin.

XVIII. Et pour plus grande asseurance de l'execution & accomplissement du present Traité en tous les Points & Articles y contenus, lesdits Sieurs Roi & Duc de Savoie supplient tres-humblement Sa Sainteté, que comme par ses bonnes & paternelles exhortations ils sont entrez en cette voie d'accord, il lui plaise comme Pere commun, continuer le soin qu'elle a ci-devant montré à nourrir la Paix & affermir entr'eux une bonne Amitié, & ce faisant és occasions qui se pourroient presenter, interposer son autorité pour l'entiere & reelle execution des choses promises de part & d'autre, ainsi & en la forme qu'il est contenu audit present Traité. Fait à Paris le 27. jour du mois de Fevrier 1600. *Signé*, HENRI, & EMANUEL, *& cacheté des Armes de Sa Majesté & dudit Sieur Duc.*

ANNO 1600.

III.

Contrat de Mariage de HENRI IV. *Roi de France avec* MARIE DE MEDICIS, *Princesse de Toscane, passé à Florence le 26. Avril*, 1600. [FREDERIC LEONARD, Tom. II.]

26. Avril. FRANCE ET TOSCANE.

AU nom de Dieu le Createur. Soit notoire à tous, comme ainsi soit qu'il ait ci-devant été traité du Mariage d'entre trés-Haut, trés-Puissant & trés-Excellent Prince Henri IV. Roi de France & de Navarre, & la Serenissime Princesse Marie de Medicis, Fille de Serenissime Prince François, Grand Duc de Toscane, & Serenissime Princesse Jeanne Archiduchesse d'Autriche & née Reine d'Hongrie & de Bohême, & Niece de Serenissime Prince Ferdinand, à present Grand Duc de Toscane; & que les intentions s'étans trouvées conformes pour effectuer ledit Mariage en l'honneur de Dieu & intention de servir à sa gloire, il soit besoin de convenir d'aucunes conditions, comme il est accoûtumé en telles affaires: Pour ce est-il que l'an de la Nativité de nôtre Seigneur JESUS-CHRIST mil six cent, le 26. jour d'Avril en la Ville de Florence au Palais de Pity, pardevant moi Belizary Unita, Chevalier de Saint Estienne, & Premier Secretaire d'Estat de mondit Seigneur le Grand Duc, en presence de trés-Illustre & trés-Reverend Charles de Putheo, Archevêque de Pise, & Trés-Illustre & Trés-Excellent Seigneur Dom Virginio Ursino, Duc de Bracciano, témoins pour ce appellez.

Furent presents en leurs personnes, c'est à sçavoir pour & au nom de sadite Majesté Trés-Chrétienne, Messire Nicolas Brulart, Chevalier Seigneur de Sillery, Conseiller de sadite Majesté en ses Conseils d'Estat, & son Ambassadeur à Rome, suivant le Pouvoir à lui donné par Lettres Patentes de sa Majesté données à Paris le sixiéme jour de Janvier mil six cent. Signées par le Roi, & plus bas, DE NEUFVILLE, & scellées du grand Sceau de sadite Majesté; lesquelles Lettres contenant ledit Pouvoir, ont été exhibées, & sera la Copie transcrite en fin des Presentes. Et ledit Serenissime Prince Ferdinand, Grand Duc de Toscane, stipulant, promettant & acceptant, tant pour luy, que pour ladite Serenissime Princesse sa Niepce, lesquels d'un commun consentement ledit Seigneur de Sillery usant du Pouvoir à luy donné, ont traité, conclud & arrêté les Articles & Conventions qui ensuivent. Premiérement ledit Seigneur Grand Duc a promis & promet bailler en nom & loy de Mariage ladite Serenissime presente de son bon gré, vouloir & consentement, comme elle a déclaré audit Seigneur Roy trés-Chrétien: lequel semblablement a promis & promet par ledit Seigneur de Sillery de prendre à femme & loyale épouse ladite Serenissime Princesse selon les Loix & Coûtumes de l'Eglise, le plûtôt que faire se pourra: Et dés à present promet d'ordonner personnage de la qualité requise avec pouvoir suffisant pour en son nom & comme Procureur de sa Majesté épouser par paroles de present ladite Serenissime Princesse, & attendant qu'avec la presence des Parties le Mariage puisse être confirmé & solemnisé en la face de nôtre Mere Sainte Eglise, pour en recevoir ses saintes Benedictions.

En faveur & contemplation duquel Mariage ledit Seigneur Grand Duc, tant pour la singuliere affection qu'il porte à ladite Serenissime Princesse sa Niepce, que pour la Dignité & Maison où elle est issuë, a promis & promet bailler en dot à ladite Serenissime Princesse la somme de six cent mil Ecus d'or de sept livres & demie chacune monnoye Florentine, desquels ledit Seigneur Roy a déja receu deux cent cinquante mil Ecus payez & nombrez entre les mains du Trésorier de son Espargne, & les autres trois cent cinquante mil Ecus restans seront aussi payez en deniers comptans en la Ville de Marseille ou Lyon, lors que le Mariage sera confirmé & solemnisé, comme il a été dit cy-dessus.

Ledit Seigneur Grand Duc a aussi promis & promet de faire conduire ladite Serenissime Princesse sa Niepce, comme il convient à Prince de telle qualité jusques en la Ville

ANNO 1600.

Ville de Marseille : Et outre ce luy donnera bagues, joyaux & autres meubles precieux de valeur convenable à la Dignité de sa Majesté, & à la Maison dont ladite Princesse est issuë.

Et moyennant ce que dessus a été accordé que ladite Serenissime Princesse renoncera aux successions de ses Pere & Mere en la meilleure forme que faire se pourra, pour la satisfaction & contentement dudit Seigneur Grand Duc son Oncle; & à cette fin sera autorisée ladite Princesse, & ladite renonciation confirmée par ledit Seigneur Roy quand requis en sera; & dés à present ladite Dame Princesse reconnoissant de bonne foy que moyennant ledit dot, bagues & meubles precieux qui luy seroient donnez, elle est liberalement & abondamment satisfaite de tout ce qui luy pourroit appartenir pour sa part & portion de ses Pere & Mere: de son bon gré, pure & simple volonté a renoncé & renonce au profit dudit Serenissime Duc & de ses descendans mâles, ou de ceux qui auront droit & cause dudit Seigneur Grand Duc en quelque dégré & qualité qu'ils puissent être, à tous drois, noms, raisons & actions qu'elle pouvoit pretendre en quelque sorte & maniere que ce puisse être, à cause desdites successions paternelles & maternelles, desquelles, entant que besoin seroit, ladite Serenissime Princesse a fait cession & transport audit Serenissime Grand Duc & à ses descendans comme dessus.

Et pour asseurer ladite somme de six cent mil écus baillée en dot, soit en cas de restitution si elle y échet, ou autrement, a été convenu que certaines Terres & Domaines seront baillées & assignées, pour être specialement obligées & hypotequées à la seureté & restitution de ladite somme, sans que par l'obligation speciale il soit dérogé à la generale, ny au contre, en sorte que par ce moyen lesdits deniers puissent être asseurez au contentement dudit Serenissime Grand Duc, ou de ceux qui auront charge de son Altesse, pour être restituez à ladite Serenissime Princesse ou à ses héritiers, comme il sera dit cy-aprés, avec l'interest de cinq pour cent, qui commencera à avoir cours du jour que ladite somme aura deu estre payée & restituée.

Ledit Seigneur Roy Trés-Chrêtien assignera ou constituera à ladite Serenissime Princesse sa future Epouse pour son Doüaire vingt mil écus d'or de rente par chacun an, qui seront assignez sur Terres & Domaines avec Jurisdiction, dont le principal lieu aura titre de Duché, & les autres de proche en proche jusques à la somme de vingt mil écus d'or par chacun an, desquels lieux ainsi baillez & assignez ladite Serenissime Princesse future Epouse joüira par ses mains & autorité, ou par ses Commis & Officiers avec la Jurisdiction comme dessus; & si aura la permission de touts Offices vaccans, comme ont accoûtumé d'avoir les Reines de France, bien entendu que lesdits Offices seront baillez à naturels François, ensemble la charge & administration desdites Terres, suivant les us & coûtumes du Royaume de France : Duquel Doüaire ladite Serenissime Princesse commencera d'entrer en joüissance, si-tôt que Doüaire aura lieu, pour en joüir sa vie durant, soit qu'elle veüille demeurer au Royaume de France ou ailleurs.

Donnera aussi ledit Seigneur Roy Trés-Chrêtien à ladite Serenissime Princesse bagues & joyaux, selon qu'il convient à la Dignité d'une Reine de France, qui luy demeureront propres, pour en pouvoir disposer par ladite Serenissime Princesse, comme de chose à elle appartenant en cas qu'elle survive, & non autrement, comme il sera dit cy-aprés.

Et pour l'entretenement de ladite Serenissime Princesse future Epouse Reine de France pendant son Mariage avec ledit Seigneur Roy Trés-Chrêtien, sa Majesté fera dresser état des Officiers & Serviteurs pour sa Maison : & pour le service de ladite Serenissime Princesse, & à la grandeur d'une Reine de France, & pour fournir aux frais dudit entretennement, sera ordonné telle somme qu'il appartiendra, laquelle sera assignée sur l'Espargne, pour être payée de trois mois en trois mois, suivant l'ordre qui a été observé pour les Reines de France.

Et en cas de dissolution du Mariage par la mort de ladite Serenissime Princesse sans aucuns enfans, ledit Seigneur Roy fera rendre & restituer audit Seigneur Grand Duc, ou à qui il sera par luy ordonné les bagues & joyaux à elle donnez selon l'inventaire qui en sera fait, en cas toutesfois qu'elle n'en ait disposé, ensemble la somme de quatre cent mil Ecus, qui sont les deux tiers de six cent mil Ecus payés pour ledit dot; sinon que S. M. aime mieux joüir de la somme entiére sa vie durant, auquel cas ladite somme de six cent mil Ecus sera entiérement restituée aprés la mort de sadite Majesté.

ANNO 1600.

Et si ladite Serenissime Princesse délaissoit Enfans procréés dudit Mariage, lesdits Enfans succederont à touts les biens, tant meubles qu'immeubles à elle délaissez, & qui luy pourroient appartenir, & seront divisez entr-eux selon les us & coûtumes de France.

Mais en cas que la dissolution dudit Mariage fut advenuë par la mort précedée dudit Seigneur Roy Trés-Chrêtien, survivant à luy ladite future Epouse, soit qu'il y ait Enfans ou non dudit Mariage, ladite Serenissime Princesse future Epouse reprendra entiérement tout sondit Dot, bagues & joyaux par elle portez, & outre celles qui luy auroient été données par ledit Seigneur Roy, hormis toutesfois les bagues de la Couronne, qui se baillent comme en garde & dépost aux Reines de France; & en cedit cas joüira semblablement ladite future Reine de son Doüaire, comme il est dit, & de tout ce que dessus, soit qu'elle demeure en France, ou qu'elle se retire ailleurs, ce qui demeurera en sa liberté.

Toutes lesquelles choses, articles & conditions cy-dessus ont été traitez, conclus & arrestez pour & au nom dudit Seigneur Roy Trés-Chrêtien par le Sieur de Sillery; & par ledit Serenissime Grand Duc de Toscane, tant en son propre & privé nom, que pour ladite Serenissime Princesse future Reine. Promettent lesdites Parties de garder & accomplir le tout de point en point & de bonne foy, sans y contrevenir directement ou indirectement en aucune maniére, & ont promis faire fournir toutes les Procurations & Expeditions nécessaires pour l'accomplissement de ces presentes.

Ainsi signé MARIA DE MEDICIS, *prometo comè sopra.* FERD. GRAN DUCA DI TOSCANA, BRULARD.

IV.

Articles présentez par les Ambassadeurs de CHARLES EMANUEL *Duc de Savoye, en exécution du Traité de Paix, fait le 27. Février 1600. avec les Réponses de* HENRI IV. *Roi de France. Fait à Lyon, le 29. Juillet 1600.* [S. GUICHENON, Histoire Généalogique de la Maison de Savoye. Preuves. pag. 546.]

29. Juill. FRANCE ET SAVOYE.

NOus soubsignés Gaspard de Geneve Marquis de Lullins, Conseiller d'Estat & Chanbellan de S. A. de Savoye, Chevalier de son Ordre, Colonnel de ses Gardes, & Gouverneur du Duché d'Aouste, Jean François Berliet Archevesque de Tarentaise, aussi Conseiller d'Estat, & son Ambassadeur Ordinaire en France, & Pierre Leonard Roncas aussi Conseiller de sadite A. Certifions à tous qu'il appartiendra que ce jourd'huy 28. Juillet 1600. suivant la charge & pouvoir à nous donné par sadite A. Nous avons fait declaration à la Majesté du Roy Tres-Chrestien, que nostre Maistre estant prest d'accomplir le Traitté & Accord fait à Paris avec sa Majesté le 11. Fevrier dernier passé, pour luy bailler satisfaction & contentement sur les deux partys portez par ledit Traitté remis au choix de S. A. ou de remettre le Marquisat de Saluces à sa Majesté, ou de luy bailler par eschange la Bresse, Pignerol, & autres lieux designez en iceluy, ayant sadite A. conferé avec ses Ministres & Vassaux selon les occurrences de ses affaires, a fait declarer & declare de faire option de remettre à sadite Majesté le Marquisat de Saluces aux conditions & reserves portées par ledit Traitté de Paris, promettant l'execution conformement à iceluy selon la forme qui sera dressée pour le regard de l'Artillerie, & autres reserves, & conditions dudit Traitté entre ceux qu'il plaira à sadite Majesté de deputer & nous selon le Pouvoir & Procuration que nous en avons, à la charge toutes fois qu'il plaira à sa Majesté observer & effectuer reciproquement le contenu audit Traitté. En foy de quoy nous sommes soubsignés les an & jour susdits.

Premierement qu'il plaira à Sa Majesté nommer le Gouverneur qu'elle entend de mettre au Marquisat de Saluces, pour en donner promptement advis à S. A. pour sçavoir s'il sera de qualité portée par ledit Accord.

II. Secondement de convenir du temps & du jour de la remission des Places qui se doivent rendre reciproquement, & des Commissaires qui seront deputés de part & d'autre pour la reception d'icelles.

ANNO 1600.

III. Pour le regard des Bailliages de Gex & Galliard Sa Majesté s'en departira & en laissera la jouïssance pleine & libre comme auparavant.

IV. Faut aussi convenir de la quantité d'Artillerie qu'il plaira au Roy se contenter luy estre remise en espece, & de celle qu'il luy plaira recevoir le payement en argent & à quel prix, comme aussi de celle qu'il luy plaira gratifier S. A.

V. Finalement faudra renouveller le Compromis à sa Sainteté, pour juger dans deux ans des differends des Parties à la forme dudit Accord.

VI. Pour regard des Infeudations faites par S. A. audit Marquisat, sa Majesté sera suppliée de les approuver & d'en laisser joüir les Possesseurs.

VII. Pendant qu'il se traittera de l'execution dudit Accord, il ne se fera aucune innovation, & cesseront tous actes d'hostilité de part & d'autre.

Responces faites par les Deputés du Roy, aux susdits Articles.

LE Roy a fait election du Sieur du Passage pour commander au Marquisat de Saluces en qualité de Lieutenant au Gouvernement d'iceluy, comme personne que Monsieur le Duc de Savoye n'a point d'occasion de tenir pour son ennemy, partant n'est de besoin de retarder la conclusion du present Article pour attendre sur ce l'advis dudit Sieur Duc.

II. Secondement estant impossible de donner ordre & faire que les restitutions desdites Places soient faites en mesme temps de part & d'autre, à cause de l'esloignement des lieux & autres raisons qui ont esté representées, sa Majesté demande que ledit Seigneur Duc rende toutes celles qu'il a promis de restituer par le Traité de Paris & qu'il commence par la Ville & Chasteau de Carmagnole, & qu'il fasse aussi démolir le Fort de Beche-Daufin, & sa Majesté offre pour la seureté de la remise de celles qu'elle luy doit rendre, outre sa foy qu'il y engagera, & à laquelle ne voudroit aucunement manquer, & bailler audit Sieur Duc quatre Ostages, à sçavoir Messieurs les Comtes de Tournon, de Crillon Mestre de Camp du Regiment de ses Gardes, de Montglas son premier Maistre d'Hostel & de Morges, lesquels seront remis entre les mains dudit Sieur Duc ou de celuy qu'il commettra pour les recevoir au même temps que lesdites Ville & Chasteau de Carmagnole se rendront, pour y demeurer jusques à ce que ladite Majesté ait fait restituer aux Commissaires de son Altesse toutes les Places qu'elle luy doit rendre par le Traité de Paris, laquelle restitution sadite Majesté commencera par le Pont-de-vaux huict jours après que celle que ledit Sieur Duc doit faire sera executée, & huit jours après l'entiere restitution des Places qui doivent estre rendues à son Altesse sera accomplie & parachevée & aussi-tost que toutes lesdites Villes auront été renduës de part & d'autre, seront mis en liberté lesdits Ostages, lesquels, pendant ledit temps qu'ils seront és mains dudit Sieur Duc, seront traités comme il advient à personne de leur qualité; mais sa Majesté entend que la restitution de la Ville & Chasteau de Carmagnole s'effectue, sans aucune remise ou longueur sous quelque cause ou pretexte que ce soit, au plustard le lendemain de l'Assumption de nostre Dame assavoir le seiziéme jour d'Aoust prochain.

III. Sa Majesté ne possede point les Baillages de Gex & de Galliard.

IV. Sa Majesté desirant faire connoistre audit Seigneur Duc la volonté qu'elle a de le gratifier, se contentera de la moitié de l'Artillerie, tant de canons, demy canons, quart de canons, qu'autres pieces avec les deux coulevrines contenues aux trois Inventaires qui luy ont été representés par les Deputés dudit Seigneur Duc, lesquels ont été certifiés & signés par ceux de sa Majesté, & par eux soient livrés & fournis à sadite Majesté en luy restituant lesdites Villes, pourveu que ladite Artillerie ne soit gastée, ou offencée, avec trente milliers de poudre bonne à canon, trois milliers balles à canon, quinze cens balles à demy canon, sept cents cinquante pour quart de canon & autres sept cens cinquante pour coulevrines; quoi faisant ledit Seigneur Duc demeurera déchargé par la remise que sa Majesté luy a fait de sa bonne volonté du reste de ladite Artillerie, poudres, balles & munitions qui étoient en grande quantité ausdites Villes du Marquisat quand il y est entré.

V. Le Traité fait à Paris sera confirmé par celuy qui sera presentement fait.

VI. L'estat desdites Infeudations estant representé à sa Majesté, elle declarera sa volonté sur icelles.

VII. Il ne sera rien entrepris ny innové de part & d'autre pendant que l'execution du present Accord se fera; mais d'autant que les Deputés dudit Sieur Duc ont fait difficulté de les signer que sous le bon plaisir d'iceluy, a été par eux accordé & promis, en cas que ledit Sieur Duc approuve ledit Accord selon sa forme & teneur, qu'il sera promptement delivré au Sieur de Berny Resident pour les affaires de sa Majesté près de luy, les Passeports dudit Sieur Duc necessaires pour la seureté dudit Passage & acheminement jusques à la Ville de Carmagnole, tant des Compagnies Suisses & tous autres qu'il faut que sa Majesté envoye audit Marquisat & aux autres Places que ledit Sieur Duc doit rendre à sa Majesté pour les recevoir & entrer en icelles, que pour lesdits quatre Ostages à leur suite & voyage, afin qu'ils se puissent acheminer audit lieu sans aucun retardement pour se pouvoir rendre & trouver à temps pour entrer en ladite Ville de Carmagnole le susdit seiziéme jour d'Aoust qu'elle doit être renduë avec le Chasteau; & advenant que ledit Duc fasse refus d'aggréer ledit Accord, pareillement lesdits Deputés ont promis & accordé à sa Majesté qu'elle en sera advertie dans huit jours à compter dès celuy que ces presents Articles ont esté signés; & davantage qu'il sera baillé un Passeport dudit Sieur Duc audit Sieur de Berny pour envoyer un Courier en Daufiné vers le Sieur d'Esdiguieres pour l'advertir dudit refus, afin qu'il donne ordre que lesdites Compagnies Suisses & autres avec lesdits Ostages ne passent outre.

VIII. Et dautant que les Deputés dudit Sieur Duc, depuis que lesdits Articles ont esté escrits, ont fait difficulté de les signer, & mesmes sous le bon plaisir dudit Sieur Duc, comme ils avoient esté hier advisés, Sa Majesté declare que, comme ils ne veulent estre obligés de leur part, elle n'entend aussi estre obligée en aucune chose, & si dans le cinquiéme jour d'Aoust prochain Sa Majesté n'a asseurance de la resolution dudit Sieur Duc sur le contenu aux presens Articles, ausquels Sa Majesté ne veut changer, aucune chose qui luy puisse estre representée, elle pourvoira à ses affaires comme elle verra bon estre. Fait à Lyon le penultiéme Juillet M. D. C.

V.

Recels zwischen Churfürst Friderichen zu Pfaltz/ Churfürst Joachim Fridrich zu Brandenburg/ Johann Georgen Postulirten Administratorn zu Straßburg und Marggraffen zu Brandenburg/ Pfaltzgraff Johannsen zu Zweybrücken/ Marggraff Georg Fridrich zu Brandenburg/ Heinrich Julio Bischoffen zu Halberstadt und Hertzogen zu Braunschweig/ Marggraff Ernst Fridrichen zu Baden/ Hertzog Barnim zu Pommern/ und Graff Johannsen von Nassau den ältern/ wodurch sie eins werden eine Legation in aller Namen an Kayßerl. Hoff zu senden/ und durch solche nachdrucklich um remedirung der Hof-Processen anhalten zu laßen; bestehen auch ferner auf der verweigerung der Türcken-Contribution, deliberiren endlich von den Straßburgischen Stiffts-sachen des gedachten Herren Administratoris mit denen Capitularen/ und beschliessen/ den König in Franckreich als einen beystand und handhaber des Sarbruckischen vertrags darzu zu gebrauchen/ letztens setzen sie eine zusammenkunfft an nach Fridberg auf den 18. Januarii 1601. Dat. Speyer den 27 Octobr. 1600. [LUNIGS Teutsches Reichs-Archiv. Part. Special. Abtheilung II. pag. 265.] 27. Oct.

C'est-à-dire,

Recès conclu entre FRIDERIC, *Electeur Palatin*, JOACHIM FRIDERIC, *Electeur de Brandebourg*, JEAN GEORGE, *Postulé Administrateur de Strasbourg & Marcgrave de Brandebourg*; JEAN, *Comte Palatin de Deux-Ponts*;

GEOR-

ANNO 1600.

GEORGE FRIDERIC Marcgrave de Brandebourg; HENRI JULES, Evêque d'Halberstadt & Duc de Brunswic; ERNEST FREDERIC Marcgrave de Bade; BARNIM Duc de Pomeranie, & JEAN l'Aîné Comte de Nassau; par lequel ils conviennent d'envoyer une Députation à la Cour Imperiale pour y presser le redressement des abus qui se commettent dans les Procès auliques; Ils persistent dans la resolution, de ne point payer les Contributions contre les Turcs; Ils deliberent de l'Affaire de l'Administrateur de Strasbourg avec les Capitulaires; & concluent qu'ils doivent recourir à l'assistance du Roi T. C. comme Partie & Garand du Traité de Sarbrug. Ils indiquent cependant une autre Assemblée à Fridberg pour le 18 Janvier 1601. A Spire le 27. Octobre 1600.

NAchdem unlängsten von der Röm. Käyserl. Majestät üm fürderliche Erlegung der Reichs-Türcken Hülffe / bey den bißher aus bewusten erheblichen Ursachen in Verweigerung derselben gestandnen Evangelischen Ständen / ernstlich angemahnet / und dabey mit Fiscalischen Processen / auf den Fall fernern Verzugs / gedrohet / so dann auch die hievor vielfältige geklagte hochbeschwerliche Hof-Proceß nachmahls / und je länger je mehr / nicht allein insgemein / sondern auch in specie wieder das Stifft und Stadt Straßburg / Neuburg / Würtenberg / Baden / Cöln / Aach / Speyer / Weil / Rassen / Wimpffen / Erfurt / Gerolseck / Andlau / und viel andere beharret / und fortgetrieben worden; Als ist der Durchl. Hochgebohrne Pfaltz-Graf Friedrich Chur-Fürst ꝛc. sowohl dannenher für sich selbsten / und in Krafft etlicher hievoriger Abschied / als auch auf etlicher Stând wiederhohltes Ersuchen bewogen / den zum Deputations-Tag verordneten / wie auch etlicher andern dieß Orths correspondirenden interessirten Ständen / ein Tag gegen den 19. dieses allhier zu Speyer zu ernennen / dergestalt / daß die Deputirte ihr allbereit allhie anwesende instruirten / die andern aber / ausser der Deputation, ihre Räthe darunter sonderbahr anher abordnen / und von obigen auch andern mehr fürfallenden Puncten die Nothdurfft verhandeln und schliessen helffen wollen / darauf die nechstgesessene die ihrige geschickt und gevollmächtigt / ob wohl aber der anwesenden deputirten Stând / Räth und Gesandten / wegen Entsessenheit ihrer Herrschafften und Kürtze angesetzten Termins / nit instruiret werden können / jedoch weil es zuvor mehr tractirte Sachen gewesen / theils auch etlicher Puncten halb zuvor albereit etwas befehliges gehabt / als ist von obbemelten Ständen / sambtlich (ausserhalb der Heßischen Casselischen beym Deputation-Tag anwesenden Gesandten / die sich entschuldiget / daß sie biß noch hiezu gar nit instruiret) zur Consultation und Berathschlagung obernanter / und anderer hierunten gedachter Puncten geschritten / und auf gemeines Gutachten / von den beschwerlichen neuerlichern Hof-Processen / welche ein Ursprung und Brunquell aller bißhero im Reich wieder die Evangelische fürgehender Betrângnissen / befunden / der Anfang gemacht / und darfür einmüthiglich erachtet worden / daß solche als ein gewisses unfehlbares Mittel die Evangelischen Stând / ja das gantze Röm. Reich Teutscher Nation, unsers geliebten Vaterlands / um all ihre von dero löblichen Vorfahren auf sie gelangte Libertät und Freyheit zu bringen / mit nichten zu gedulten / sondern auf alle nützliche und ersprießliche Wege denselben entgegen entbauen. Was aber ietzo zum Gegen-Mittel vorzunehmen / darunter seynd gleichwohl unterschiedliche Meynunge vorgefallen / indem es von etlichen uf Einschickung oder Schickung und Schreiben zugleich / von andern aber / und den mehrern / vor dießmahl allein auf ein Schreiben an Ihre Kayserl. Majestät / weiln sichs mit der Schickung zu lang verweilen möchte / und es aber wegen Einbrechung der Hof-Proceß keinen Verzug leyden wolt / gestellt / auch fürter ingesambt / doch dergestalt darbey gelassen worden / daß aufs baldest eine Legation in aller Nahmen und auf ietzt beysammen seyender und künfftig mehr darzu verstehender Stând gemeinen Kosten / nachfolgen solte. ANNO 1600.

Und weiln ein solch Schreiben albereit bey der Hand gewesen / ist dasselb ad describendum gegeben / und darneben ferner verglichen worden / daß ein jeder Abgesandter es zurück an seinen gnädigsten und gnädigen Herrn zu gelangen / und es dahin zu richten / da sie nichts sonderliches und hochnöthiges dabey zu erinnern / und sonsten auch die Mitausfertigung beliebig / daß die Erklärung ehisten / und zum längsten innerhalb 6. Wochen / an Chur-Pfaltz allenthalben erfolgen möchte / damit nicht allein Ihre Churfürstl. Gnaden es fürters ihres Theils schleunig auszufertigen / sondern auch andern darzu verstehenden Ständen / nach Anleitung der erfolgten Resolution, zu ebenmäßgem End unverzüglich herumzuschicken.

Auf daß auch solches Schreiben mehrers Ansehen und Nachdruck hätte / solte innerhalb obbemelter 6. Wochen von Chur-Pfaltz dahin gearbeitet werden / daß Veldenz / Hessen und Wirtenberg / desgleichen die Fränckische Graven / vermittels Erbachs / als eines ausschreibenden Grafens / u. dann die Stätt bey ihrem bevorstehenden Stätt-Tag zu Worms / zur Mitausfertigung bewogen / von der Chur-Brandenburg aber solte Hollstein / Meckelnburg und Oettingen / wie ingleichen Neuburg / und durch Neuburg der Chur-Sachsen Administrator, von Braunschweig dero Hr. Bruder / der Bischoff von Verden / it. Sachsen Lauenburg / Anhalt und Oldenburg darzu gewonnen / und wer also von einem oder dem andern erlanget / alsbald von den ersuchenden hinc inde, zur Nachrichtung berichtet werden / da auch von ein und dem andern mehrer / als ietzt gemelt / herbey zu bringen / stehet dasselbe frey / und wird dem Werck desto ersprießlicher seyn / welche Gewinnung doch mit solcher Discretion zu verrichten / daß bey Ersuchung derselben / das obberührte Schreiben / vor ihrer richtigen Erklärung / was sie zu thun gemeint / nicht / sondern allein die Argumenta daraus communiciret / und solches alles mehr durch vertraute Schickung als Schreiben vollnzogen werde.

Im Fall aber mehrer Stând nicht herbey zu bringen und zu vermögen / solten nichts destoweniger die andere / es weren deren gleich viel oder wenig / mehr angeregtes Schreiben ausfertigen helffen. Wann nun solches Schreiben also vorangeschickt / solte alsdann obangedeutete Legation in aller Nahmen und Kosten / sonderlich da nicht bald eine Resolution, wie vermuthlich / oder aber eine wiederwärtige / oder sonsten unannehmliche Erklärung ergienge / hiernach zu ordnen seyn / so der Zeit halb gleichwohl zu Chur-Pfaltz Discretion heimgestellt / welche Schickung auch zu Verhütung ebenmäßiger Auslagen / durch ein Ausschuß / und nemlich / von Chur-Pfaltz und Chur-Brandenburg / so dann wegen der Fürsten von Braunschweig zu verrichten / allermassen vorm Jahre zu Heidelberg deswegen auch vor gut angesehen.

Damit aber deren mehrers Ansehen gemacht / auch die mit ersprießlichem Nutz vollzogen / ist hierbey vor fürträglicher erachtet / daß Braun-

schweig

ANNO 1600.

schweig von den Fürsten noch jemands als / Sachsen oder Anspach zuzuordnen / wie auch zween von wegen des Graffenstands / nemlich einer der Wetterauischen / der andere Fränckischer Grafen wegen / desgleichen auch zwo Stätt darzu zu ziehen / in diesem allen aber wohl in acht zu haben / daß nicht die darzu genommen / die in ebenmässigen Processen am Kayserl. Hoff als Kläger gegen andere verfangen. Welchem Ausschuß die andere nichts destoweniger ihre Credentz und Gewalt mit zu geben hätten / deme auch eine Instruction des Inhalts / (wofern immittelst die Resolution verbliebe /) zuzustellen / daß derselbe kürtzlich das jenige / was im Schreiben ausgeführt / zu wiederholen / und auch dem inverleibten Bitten anzuhangen / so dann zu erwarten / was für Antwort gefallen wolte. Nachdem dann die beschaffen / hätten sie alsbald darauff zu repliciren / oder im Fall solches ihres Erhebens nit / könte die Kayserliche Erkldhrung durch die Chur-Brandenburgl. den Ständen drinnen Lands / durch die Chur-Pfältzische aber denen / so hie aussen Lands gesessen / vorgetragen / und allenthalben / was dagen einzuwenden / bedacht / fürters die Gedancken zusammen gebracht / und endlich geschlossen werden / wie Ihre Kayserl. Majestät hinwieder in Unterthänigkeit / nach Nothdurfft zu beantworten; Im Fall doch die Kayserl. Resolution gar abschlägig gefiele / solte von Ausschuß vorm Abzugk vermittelst einer Protestation eingewendet werden / daß man deren ungehindert sich solchem Hoff-Procesß zu unterwerffen nicht gedächte / sondern auff den Fall die nichts destoweniger gegen ein oder dem andern vorgenommen / man sich hiemit dagegen zum besten verwahret haben wolte. Damit auch solche Schickung desto unverhinderter ihren Fortgang erreichte / ists ingemein dahin gestellt / daß ein jeder darzu verstehender Stand einen halben Monath / nach Gelegenheit seines Anschlags / bey nechst künfftigem Convent erlegen soll.

Endlich / wann mit Schreiben / Schicken und bedinglichen Verwahrungen nichts zu erhalten / sondern überdis alles wieder ein und dem andern / so in diesem Abschied begriffen / oder künfftig sich darzu bekennen / und den ratificiren werden / etwas de facto unterstanden / erforderte wohl die Nothdurfft ietzt auch darvon zu reden / was zu thun / demnach aber niemands darunter sonderbahr gevollmächtiget / und solcher Punct einer höhern Importantz / als daß ietzt darvon gerathschlaget werden möchte / so ist der aus- und auff ein andere und nehmlich unten gedachte Zusammenkunfft / gesetzt worden.

Nach diesem hat man den Puncten mit der Reichs-Türcken-hülff an Hand genommen / und nachdem solcher auff drey nachfolgende Puncten gestellt / ob nehmlich erstlich die Verweigerung noch zu beharren oder nicht? Und was vors andere auff den ersten Fall der Kayserl. Majestät auff ihr Ermahnen zu antworten? so dann fürs dritte / was für zunehmen / da der Fiscal angedroheter massen mit Processen fortfahren würde? Ist anfangs insgemein vor gut angesehen / weiln die vorige eingewandte mehr als erhebliche Ursachen noch statt / und auff der Bahn / darzu nach Vermög täglicher einkommender Nachrichtungen / sich einer neuen Einlägerung von Spannischen zu besorgen / gantz ohne / daß einige Restitution der Kriegs-Kosten und Schäden / vielweniger aber Caution künfftiger Sicherheit zu gewarten / daß es auch billig bey vorig genommenen / und in unterschiedliche Abschied gebrachten / auch im Februario dis Jahrs gegen Kayserl. Majestät wiederhohlten Resolution nochmahls zu lassen / und zu solchen Effect, höchstermeldter Ihrer Kayserl. Majestät in einem gesambten Schreiben / und aller correspondirender Nahmen / zu Verhütung Unrichtigkeit / dergestalt in Antwort unterthänigst zu begegnen / auf maß das darunter sonderbahr angestellte und communicirte Concept ausweiset / welches ad referendum angenommen / und da es von allerseits Herrschafften beliebet / obbemeldter massen ausgefertiget werden soll. Und damit Hessen auch dabey behalten / wird Chur-Pfaltz bey ihren Fürstl. Gnaden gute Erinnerung zu thun wissen.

ANNO 1600.

Was sonsten vors dritte auff dem Fall des Fiscals ohnnachläßigen Verfahrens zu thun / da ist deswegen dahin gegangen worden / weiln man bisher in Schrancken Rechtens verblieben / daß auch noch biß zu End desselben daraus nicht zu setzen / und solte es auch letzlich zur Revision gelangen / zu welchem End den Procuratoribus die Gewalt zur Assistentz zu erfrischen seyn solle / dergestalt / daß sie auch in Revisione beysammen zu halten.

Wie aber alsdann / wann solches endliche Mittel nicht verfangen / sondern über dieß / oder auch zuvor / und ehe dazu gekommen / etwas de facto unterstanden / und zu Werck gerichtet würde / sich dargegen ingesambt aufzuhalten / will gleichergestalt / als beym ersten Puncten der Hoff-Proceß einer reiffern Deliberation und Nachdenckens bedürfftig seyn / darum solcher Punct ebenmäßig zu referirn angenommen / und zur unten gemelten Zusammenkunfft verschoben worden.

Der dritte proponirte Punct ist gewesen von den beschwerlichen Stifft-Sachen zu Straßburg.

Bey welchen anfangs von des Herrn Administratoris wegen / der Länge nach / Bericht beschehen / nicht allein wohin es über alle angewendte treuhertzige Bemühung / Sorgfältigkeit und Fleiß des Hauses Brandenburg / neben Ihro Fürstl. Gnaden dem Herrn Administratorn, mit diesem uhralten hochlöbl. Stifft gerathen / sondern auch auf was Weiß und Werck zu remediren seyn möcht / da es denn auf unterschiedliche Mittel im Protocoll verzeichnet / gestelt worden / doch mit Begehren / zuforderst und vor allen Dingen diese beyde Fragen zu erledigen / ob nehmlich diese Sach vor ein gemeine Reichs- und Religions-Sach zu achten und zu halten? und da dem also / ob die zu behaupten oder zu verlassen / den ergangenen Mandatis zu pariren / oder aber in Güte sich einzulassen / welches doch in effectu verlassen wäre. Darbey übergeben würde eine ausführliche Deduction, aus welcher zu sehen / daß es vor ein gemein Sach zu halten / und nicht zu verlassen.

Worauf es ingesambt ausser allem Zweiffel gestellt worden / daß es eine allgemeine Reichs- und Religions-Sach sey / auch darfür zu achten / und zu halten / wie alle Handlung von Anfang biß hieher / bey Reichs-Creyß- und andern Tägen / mit Schicken / Schreiben / Einrathen und Hülffen / zu erkennen geben thäten / daß auch solche billich auf alle Mittel und Wege zu manuteniren / so viel immer möglich.

Ob aber solches durch die vom Herrn Administratore obgemelte fürgeschlagene Mittel zu erlangen / da ist etwas Zweiffels fürgefallen / und derwegen dahin durchs mehrer gestellt worden / daß die übergebene Confutation Schrifft / auf der Käyserl. Majestät Resolution, mit einem Schreiben an dieselbe / gleichwie beym Puncten der Hof-Processen auch für gut angesehen worden / im Nahmen der anwesenden Gesandten / gnädigsten und gnädigen Herrn / sambt andern / die

Anno 1600. die noch darzu zu vermögen / vorlauffen zu lassen / und die vorgeschlagen Schickung biß zu der andern / und beym ersten Puncten der Hof-Proceß bedacht und verglichen / zu sparen / da denn bey derselben hierunter (im Fall unmittelst keine Resolution erfolgte) auch angemahnet werden konte / welches also allerseits ad referendum angenommen / mit dem Erbiethen / es dahin zu befürdern / daß gleichergestalt innerhalb beym ersten Puncten bestimbter Zeit der 6. Wochen / wo nicht eher / die Erklärung darunter erfolgen solt.

Gleichergestalt ist aus unterschiedlichen vorbrachten Ursachen die vorgeschlagene Schickung an Franckreich / vermittelst deren die Königliche Würde noch bey der Hand zu behalten / in ein Schreiben / gleichwohl aber auch nicht an Ihre Königliche Würde / sondern dero Agenten in Teutschland Jacoben Bongarsium verwendet / und das in anwesender Nahmen alsbald von hie aus / üm Befürderung willen / ausgefertiget worden / wie die communicirte Abschrifft ausweiset.

Ob wohl auch unter wehrender Deliberation, wie nicht weniger auch von der Käyserlichen Majestät in dero Resolution beschehen / der Güte / und dann ferner / was in Entstehung derselben zu thun / gedacht worden / so hat doch aus Mangel Instruction ietztmahls darunter nichts (ausserhalb daß dero in der Confutation-Schrifft an die Käyserl. Majestät / wie deßwegen sonderbahre Abrede beschehen / zu gedencken) verglichen werden können / sondern hat mans dahin gesetzt / daß die Nothdurfft erfordern wölle / ehisten und nehmlich gegen den 18. nechst künfftigen Monaths Januarii des 1601ten Jahres zu Friedberg deßwegen wieder zusammen zu kommen / und es dahin zu richten / daß man alsdenn nicht allein / ob und welcher gestalt sich diesseits hand zu haben / und das Werck gegen Lotheringen auszuhärten / sondern auch im Fall es nicht zu behaupten / ob und welcher Massen die Güte einzuwilligen / sich einmahl für alles / rund zu erklären und zu vergleichen. Und damit alles mit desto mehrerm Bestand beschehen / auch fürters effectuiret werden könt / immittelst auch andere Evangelische Stände / als von Pfaltz die hie aussen geseßne / von der Chur-Brandenburg aber / die darinnen Landswohnende Stånd / durch eine kleine Schickung zu ersuchen / daß sie die ihrige gleichergestalt nacher Friedberg abordnen / und die Nothdurfft mitbedencken / und effectuiren helffen wollen. Ohngeachtet aber deren wenig oder auch keiner darzu zu gewinnen / solten nichts destoweniger der ietzt allhie anwesenden Gesandten Herrschafften / ungewartet ferner Beschreibung üm bemelte Zeit schicken.

Der Orts auch fürters bedacht werden konte / ob die vom Herrn Administratorn andere vorgeschlagene Mittel mit Schreiben an Lothringen / an des Stiffts Lehn-Leut / item die Obrigkeiten darunter die Gefäll gelegen / und an den Ober-Rheinischen Craiß / wie auch an das Cammer-Gericht fortzusetzen.

Immittelst aber könte nicht schaden / weiln / wie angeregt / die Käyserl. Majestät der Güte gedacht / Bayern sich bey Anspachs Fürstl. Durchl. zum Unterhändler angebothen / und inständig üm Antwort anhielte / auch Pfaltz sich mit Bayern zum Mitschieds-Mann gebrauchen zu lassen eingewilliget / daß Ihre Fürstl. Durchl. die Sach destomehr in suspenso zu halten / sich gegen Bayern mehr gemelt / dahin erkläret hätte / daß sie ihr die angebothene Güte / welche doch unvorgreifflich und unverbündlich seyn solte / so hoch nicht zu entgegen seyn liesse / möchten leyden / daß Ihre Fürstl. Gnaden neben Pfaltz sich deren unterfiengen / und sich Zeits und Orts halben sämbtlich erklärten / darauf das Concept, so die Anspachische bey der Hand gehabt / abgelesen / und als es auf insgemein beschehen Gutachten in etwas geändert / approbiret worden. Anno 1600.

Damit nun künfftig / da bey bevorstehender anderwerter Zusammenkunfft die Güte vor rathsam ermessen / mit mehrerm Ansehen gehandelt / solt die Königliche Würde in Franckreich mehr als ein Beystand und Handhaber des durch sie erhandleten Sarbrückischen Vertrags / als ein Unterhändler darzu zu gebrauchen / und vom Herrn Administratore darzu zu vermögen seyn; Und ist dieser dritte Punct die Straßburgische Sachen betrl. von den Herrn Braunschweigischen Gesandten / als die darzu in specie nicht instruiret gewesen / simpliciter ad referendum genommen worden.

Als auch unter währender solcher Berathschlagung von einem Hoch- und Ehrwürdigen Thum-Capitel zu Straßburg / durch einen eigenen Abgeordneten der beschwerliche Zustand des Stiffts / ebenmäßig / als vom Herrn Administratore beschehen / mit Recommendation desselben / und Andeutung auf Vorstreckung einer Summen Gelds / aus Ursachen / wie aus dem übergebenen schrifftlichen Anbringen zu vernehmen / anbracht / man aber diß letztern halb nit mit Befehlich versehen gewesen / so ist solches Begehrn auf Zurückbringen angenommen / des ersten wegen aber ihme hinwieder vermeldet worden / daß man eben ietzund darum bey einander / mit Vertröstung / was beschlossen / ihme Bericht davon / als viel nöthig / durch des Herrn Administratoris Gesandten wiederfahren zu lassen.

Ob wohl auch zum vierdten in die Proposition kommen / was von Anspach / Braunschweig und Hessen ingesambt / bey Pfaltz unterm 9. Junii nechst verschienen / deß bey Venediger Kriegs-Expedition ausgelegten Unkostens wegen / gesuchet / und Ihre Churfürstl. Gnaden hiemit an die correspondirende damahls communicando gelangen lassen / so hat sich doch befunden / daß man darauf nicht insgemein befehliget gewesen / noch auch weiln erst den 18. hujus, da man eben anher zu diesem Tag verreisen müssen / von Anspach die Anmahnung mit dem Begehrn / diß Punctens allhie auch ingedenck zu seyn / einkommen / nicht instruiret werden können.

Es ist sich aber disseits dahin erbothen worden / was ietzt bey dieser Versamblung deßwegen fürkommen / mit Fleiß zu referiren / und es / so viel müglich / befürdern zu helffen / daß entweder noch vor künfftiger Tag-Farth zu Friedberg / oder alsdenn in loco, gebührende Antwort erfolgen solle / gestalt dann über diß von Pfaltz wegen diß sonderbar Erbiethen beschehen / daß immittelst auch zu Befürderung der Sachen bey den Correspondirenden angemahnet werden solte.

Endlich und zum fünfften ist vermeldet / was bey wehrender aber nunmehr geendeten Deputation, und darbey fürgenommener Visitation, vier Clöster Revisions-Sachen wegen / dabey der Religion höchstes Præjudicium versirte / in Erfahrung gebracht / und darneben ausführlichen und mit beständigem Grund dargethan werde / wie nichtig darin in deme verfahren / daß das Cammer-Gerichte derselben Erkäntniß / und also einer Declaration des Religion Friedens sich unterzogen / und was auf dem Fuß / sonderlich / da den dreyen / als Badischen / Oettingischen / und Hirschhornischen ihr Fortgang gelassen / allen Evangelischen Chur-Fürsten und Ständen / auch andern / unwiederbringlicher Nachtheil und unüberwindlicher Schaden / der hochgefährlichen Consequentien halben / zu gewarten / in dessen fleißiger Erwegung einhelliglich dahin

ANNO 1600. dahin gegangen worden / daß mit Fleiß dahin zu sehen / und auf alle Wege zu gedencken / wie sonderlich den dreyen (darbey gleichwohl des mehrern Erachtens die vierdte Revisions-Sach auch behalten werden könte / so die Stadt Straßburg wieder ein Closter daselbst hat / welches doch auf fernern Bericht / darzu sich von der Stadt wegen / von dero / bey Berathschlagung des 3. 4. und deß 5. Punctens gewesenen Gesandten / erbothen / gestelt worden) ihr Fürgang abzulauffen und zu hintertreiben.

Und obwohl dabey unterschiedlicher Mittel gedacht worden / so hat doch aus Mangel gnugsamen Befehlichs derentwegen auch nichts geschlossen werden können / sondern ist die Deliberation dessen / neben andern obigen gleichergestalt noch unerledigten Puncten / auf nechst künfftige anderwerte Zusammenkunfft gen Friedberg verschoben worden / da man alsdann solcher Mittel wegen / gleichmäßig gnugsam instruiret erscheinen soll / dessen die andere Ständ / so immittelst durch Schickung als bey obigen Puncten vermeldet / zu ersuchen / auch zu verständigen / damit sie die ihre zu ermeltem Convent gleichmäßig hierüber abzuordnen : Wie auch nicht weniger / nachfolgender zween Puncten wegen / zu instruiren / welcher gestalt nehmlich es vors erst dahin zu richten / daß die Ordinariæ Visitationes, so durch die strittige Session mit Magdeburg gesteckt / vermöge des Reichs- und Cammer-Gerichts-Ordnung wieder in Esse und alten Gang zu bringen. Vors andere wie man sich Evangelisch theils eines gleichmäßigen Verstandes / aller in Religion-Frieden begriffner strittiger Puncten zu vergleichen / darnach man sich auff Reichs-Deputation-Craiß- und andern Tagen gleichmäßiglich zu richten / und gleichsam aus einem Horn zu blasen / immassen von den Päbstischen Ständen / mit mercklichen ihrem Vortheil / hingegen aber der Evangelischen / so sich selbsten etwan unter sich trennen / unwiederbringlichen Schaden / zu besthehen pflegt.

Zum Beschluß ist hierbey Erinnerung beschehen / dasjenige / was dismahls fürgangen / nicht weniger als bey hievorigen dergleichen Tägen in der Enge und vertrauter Geheim zu halten / immassen von jedem insonderheit auch zu Eingang dieser Handlung deswegen repromittiret worden.

Welcher Abschied also unter der Anwesenden Ring-Pittschafft auffgerichtet und verfertiget worden. Und seynd dis der Churfürsten / Fürsten und Stände beysammen gewesene Räth und Gesandten;

Von wegen Herrn Friedrichs Pfaltz-Grafens / Churfürstens 2c.

Ludwig Cullmann, Vice-Cantzler /
Michael Loefenius, Rath / und beede der Rechten DD.

Von wegen Herrn Joachim Friedrichs / Marggrafen zu Brandenburg und Churfürsten 2c.

Arnoldus de Raygen / der Rechten D. und Rath.

Von wegen Herrn Postulirten Administratoris zu Straßburg / Marggrafen Hanns Georgs zu Brandenburgk 2c.

Stephan Berchtold der Rechten D. und Rath.

Von wegen Hertzog Johannsen Pfaltz-Grafen bey Rhein 2c.

Pieter de Pötter / der Rechten D. und Rath. ANNO 1600.

Von wegen Herrn George Friedrichs Marggraff zu Brandenburg 2c.

Christoph von Waldenfelß / auff Lichtenberg / Geheimbder Rath /
Samuel Kreis, Secretarius.

Von wegen Herrn Heinrich Julii / Bischoffen zu Halberstadt / und Hertzogen zu Braunschweig und Luneburgk 2c.

Werner König / Hildenbrand Geißeler Rhumann / beede der Rechten DD. und Räth.

Von wegen Herrn Marggr. Ernst Friedrichs zu Baden.

Carl Paul / Rath.

Von wegen Barnim / Hertzogn zu Pommern 2c.

Franciscus Jugert / der Rechten D.

Von wegen Graff Johann von Nassau des Aeltern.

Andreas Christiani, der Rechten D. und Rath.

Geschehen und geben zu Speyer den sieben und zwantzigsten Monaths-Tag Octobris im sechzehenhunderten Jahr.

VI.

Traité entre HENRI IV. *Roi de France*, & (1) CHARLES EMANUEL I. *Duc de Savoie*, *pour l'échange du Marquisat de* Saluces *avec la* Bresse, Bugey, Valromay & Gex. *Fait à Lyon le* 17. *Janvier* 1601. [FREDERIC LEONARD, Tom. IV. d'où l'on a tiré cette Pièce, qui se trouve aussi dans FAVIN, *Hist. de Navarre*, Liv. XVII. pag. 1110. dans la *Chronique extraite pour la plûpart de l'Hist. de* GUILL. PARADIN, Liv. III. Ch. CXXXV. pag. 461. dans MATTHIEU, *Hist. de* Henri IV. *Roi de France*, Tom. II. Liv. IV. pag. 21. où il n'y en a qu'un Extrait, & dans *l'Hist. des derniers troubles de France*, *sous les Regnes de* Henri III. & *de* Henri IV. Liv. V. Fol. 121.] 1601. 17. Janv. FRANCE ET SAVOYE.

COMME ainsi soit que par le Traité de Paix fait à Vervin le deuxiéme Jour de Mai 1598. eust été convenu sur ce qui auroit été remontré par les Deputez de tres-haut, tres-puissant & tres-excellent Prince Philippes deuxiéme Roi Catolique des Espagnes, & sur la priere & declaration faite par le Marquis de Lullin, Commis & Deputé de tres-haut & tres-excellent Prince, Charles Emanuel Duc de Savoie, que ledit Duc de Savoie seroit receu & compris audit Traité de Paix, aux charges & conditions contenuës en iceluі, entre autres que le surplus des differens d'entre tres-haut, tres-puissant & tres-excellent Prince Henri Quatriéme Roi de France & de Navarre, & ledit Sieur Duc, demeurez indecis par ledit Traité, seroient remis pour bien de Paix au Jugement de nostre S. Pere le Pape Clement VIII. pour estre jugez & decidez dans un an, à compter du jour & datte dudit Traité, Sa Sainteté desirant de tout son pouvoir d'établir & d'asseurer la Paix publique, tant pour le bien commun desdits Princes, que pour avoir moien d'effectuer ses saintes & loüables intentions pour la gloire de Dieu, & l'exaltation de la Foi & Religion Chrestienne, aprés avoir par diverses fois fait continuer & prolonger le tems du Compromis, auroit enfin exhorté S. M. & ledit

(1) C'est le même qui l'année suivante voulut prendre la Ville de *Geneve* par escalade, le bisayeul du Duc de Savoye qui regne présentement en 1697.

ANNO 1601. ledit Sieur Duc, de vouloir terminer leur different par composition amiable sans autrement attendre son Jugement; sur quoi Sa Majesté müe de la reverence qu'Elle porte à Sa Sainteté, & de l'affection qu'Elle a toûjours eu au bien & repos general de la Chrestienté, auroit consenti & promis à Sa Sainteté d'entendre les propositions que ledit Sieur Duc pretendoit faire pour composer le different du Marquisat de Saluces: & ledit Sieur Duc aussi auroit pris resolution de venir trouver Sa Majesté pour en faciliter la conclusion, comme depuis il s'ensuivit par Accord fait à Paris le 27. Fevrier 1600. Et pour n'avoir esté ledit Accord effectué, la Guerre s'étant derechef émüe entre lesdits Princes, nostredit S. Pere le Pape continuant la singuliere affection qu'il a toûjours porté au bien de la Chrestienté, & à la Paix & tranquilité publique, desirant composer lesdits differens pour faire cesser les motifs & l'occasion de la Guerre, auroit envoié vers Sa Majesté & ledit Sieur Duc, l'Illustrissime & Reverendissime Pierre Cardinal Aldobrandin, son Neveu, Camerlingue de l'Eglise Romaine, General & Sur-Intendant de l'Etat Ecclesiastique, Legat de Sa Sainteté & du S. Siege Apostolique, pour exhorter lesdits Princes à la Paix, & pour faciliter les moiens d'une bonne reconciliation entre eux. Aiant ledit Sieur Legat premierement veu & admonesté ledit Sieur Duc, lequel mû du respect & reverence qui est dûë aux paternels recors de Sa Sainteté, & du desir qu'il a de donner contentement à Sa Majesté, & comme son tres-humble Parent la reconnoître de tout l'honneur, service & observation d'Amitié qui lui sera possible, auroit promis d'envoier ses Deputez & se mettre en tout devoir de donner satisfaction à sa Majesté. Et depuis aiant aussi ledit Sieur Legat visité & exhorté sa Majesté, & prié de la part de sa Sainteté, Sadite Majesté inclinant au saint & loüable desir de sa Sainteté, & aux bonnes exhortations dudit Sieur Legat, desirant épargner le sang humain, regner en Paix & vivre en amitié avec ses Voisins, même avec ledit Sieur Duc pour la proximité qui est entre eux, auroit aussi ordonné ses Deputez pour traiter & conclure les Points, Conditions & Articles qui seront trouvez convenables à une bonne reconciliation & accord. Et pour cet effet auroient esté commis de la part de sa Majesté, Messire Nicolas Brulart, Chevalier, Seigneur de Sillery, Conseiller du Roi en ses Conseils d'Etat, & Ambassadeur de Sadite Majesté à Rome; & Messire Pierre Jeanin, Seigneur de Monjeu, aussi Chevalier, Conseiller du Roi en son Conseil d'Etat, & President en sa Cour de Parlement de Bourgogne. Et de la part dudit Sieur Duc, les Seigneurs François Darconat, Comte de Tousane, Conseiller d'Etat dudit Sieur Duc; & René de Lusinge, Seigneur des Alimes, aussi Conseiller d'Etat, & premier Maistre d'Hostel dudit Sieur Duc; lesquels, en vertu de leurs Pouvoirs respectifs, en presence & par l'avis dudit Sieur Legat, qui avec grand travail, soin & diligence, se seroit dignement & vertueusement emploié pour promouvoir & avancer ledit Accord, ont traité, conclu & arresté les Articles qui ensuivent.

Premierement. Que ledit Sieur Duc cede, transporte & delaisse audit Sieur Roi & à ses Successeurs Rois de France, tous les Païs & Seigneuries de Bresse, Baugey & Varomay, generalement tout ce qui lui peut appartenir jusques à la Riviere du Rône, icelle comprise; de sorte que toute ladite Riviere du Rône dés la sortie de Geneve sera du Roiaume de France, & appartiendra audit Sieur Roi & à ses Successeurs. Et sont lesdits Païs cedez ainsi que dessus, avec toutes leurs appartenances & dépendances, tant en Souveraineté, Justice, Seigneurie, Vassaux & Sujets, & tous Droits, noms, raisons & actions quelconques qui pourroient appartenir audit Sieur Duc esdits Païs, ou à cause d'iceux, & sans y rien reserver ni retenir; sinon que pour la commodité du passage demeurera audit Sieur Duc le Pont de Gressin sur ladite Riviere du Rône, entre l'Ecluse & le Pont d'Arle, qui par le present Traité appartiendront audit Sieur Roi. Et par delà le Rône demeurent encore audit Sieur Duc les Paroisses des Landis & Herséry, du Laiz, Laveran & Chezay, avec tous les Hameaux & Territoires qui en dependent, entre la Riviere de Vaceronnes & le long de la Montagne appellée le Grand Credo, jusques au Lieu & Village appellé la Riviere, & où passe ladite Riviere de Vaceronnes, demeure encores audit Sieur Duc le Lieu de Maingrecombes jusques à l'entrée plus proche pour aller & passer au Comté de Bourgogne. A condition toutefois que ledit Sieur Duc ne pourra mettre ni lever aucunes impositions sur les Denrées & Marchandises, ni aucun Peage sur ladite Riviere pour le passage dudit Pont de Gressin, & autres Lieux & Territoires cidessus designez: & en tout ce qui est reservé pour ledit passage & tout le long de la Riviere du Rône, ledit Sieur Duc ne pourra tenir ou bastir aucun Fort, & demeurera le passage libre par ledit Pont de Gressin. Et en tout ce qui est reservé tant pour les Sujets dudit Sieur Roi, que pour tous autres qui voudront aller & venir en France, sans qu'il leur soit donné détourbier, moleste ni empêchement. Passans neanmoins Gens de Guerre pour le service dudit Sieur Duc ou autres Princes, ne pourront entrer és Païs & Terres dudit Sieur Roi sans sa permission, ou de ses Gouverneurs & Lieutenans Generaux, & ne donneront aucune incommodité aux Sujets de Sa Majesté. ANNO 1601.

II. Et pour effectuer entierement ce que dessus, ledit Sieur Duc remettra en la puissance dudit Sieur Roi, ou de celui qui sera commis par sa Majesté, la Citadelle de Bourg, en l'estat qu'elle est de present, sans y rien demolir, affoiblir ni endommager, avec toute l'Artillerie, poudres, balles, & munitions de Guerre qui seront dans ladite Place lors qu'elle sera remise.

III. Et outre a esté accordé que ledit Sieur Duc cede aussi, transporte & delaisse audit Sieur Roi de delà la Riviere du Rône, les Lieux, Terres & Villages de Aux, Chauzi, Avulli, Pont d'Arlay, Seissel, Chava & Pierre-Chastel, avec la Souveraineté, Justice & Seigneurie, & tous Droits qu'il peut avoir esdits Lieux cedez & sur les Habitans d'iceux, sans en ce comprendre le surplus des Mandemens desdits Lieux & de leur Territoire.

IV. Ledit Sieur Duc cede aussi, transporte & delaisse audit Sieur Roi, la Baronnie & Bailliage de Gex, avec toutes ses appartenances & dependances, ainsi que ledit Sieur Duc & ses Predecesseurs en ont ci-devant joüi, & sans y rien reserver ni retenir, sinon ce qui est par delà le Rône, horsmis les Villages & Lieux d'Aux, Chausy & Avully, specifiez ci-dessus: Le tout à condition que lesdites choses cedées seront & demeureront unies & incorporées à la Couronne de France, & seront reputez Domaine & Patrimoine de la Couronne, & n'en pourront estre separez pour occasion que ce soit, ains tiendront lieu & pareille nature que les choses échangées, qui seront declarées ci-aprés.

V. Aussi a esté convenu que ledit Sieur Duc rendra & restituera effectuellement & de bonne foi audit Sieur Roi, ou à celui ou à ceux qui seront à ce commis par sa Majesté, les Lieux, Ville & Châtellenie de Chasteau Dauphin, avec la Tour du Pont, & tout ce qui est occupé par ledit Sieur Duc ou par les siens dépendant du Dauphiné en l'estat qu'il est de present, sans y rien demolir, affoiblir ni endommager en aucune sorte, & delaissera toute l'Artillerie, poudres, boulets, & autres munitions de Guerre qui se trouveront dans lesdites Places au tems present. Pourront neanmoins les Soldats, Gens de Guerre, & autres qui sortiront desdites Places, faire emporter tous leurs biens meubles à eux appartenans, sans qu'il leur soit loisible de rien exiger des Habitans desdites Places ou du Plat Païs, ni emporter aucune chose appartenant ausdits Habitans.

VI. A esté aussi accordé que ledit Sieur Duc fera abattre & demolir entierement le Fort de Beche Dauphin, qui a esté construit pendant les Guerres. Et fera paier ledit Sieur Duc pour le passage ci-dessus reservé, la somme de cent mille Ecus de trois francs piece, monnoie de France, ou la valleur, en cette Ville de Lyon, à celui ou à ceux qui auront charge de sa Majesté; C'est à sçavoir cinquante mille Ecus comptant lors que le Fort de la Charbonniere sera rendu, & les autres cinquante mille Ecus six mois aprés.

VII. Et moiennant lesdites cessions & transport, toute l'Artillerie, poudre & munitions comprises, demeurent entierement à Sa Majesté. Et moiennant aussi tout ce que dessus est dit, ledit Sieur Roi se contente pour bien de Paix de laisser & transporter audit Sieur Duc, comme par ces presentes sa Majesté lui cede, transporte & delaisse audit Sieur Duc, & à ses Heritiers & Successeurs, tous les Droits, noms, raisons & actions, & generalement tout ce qui peut estre pretendu par les Rois & Dauphins de France, à cause du Marquisat de Saluces, ses appartenances & dépendances; ensemble sur les Places de Cental, de Mont & Roquesparvier, sans y rien reserver ni retenir. Et a ledit Sieur Roi quitté & remis audit Sieur Duc, toute l'Artillerie & munitions qui se sont trouvées dans lesdites Places du Marquisat de Saluces, Cental, Mont & Roquesparvier en l'An 1588.

VIII. Promet aussi ledit Sieur Roi faire rendre & restituer audit Sieur Duc, effectuellement & de bonne foi, ou à celui ou ceux qui auront charge de lui, tous les Païs, Places & Lieux qui se trouveront avoir esté pris, saisis & occupez depuis l'An 1588. sur ledit Sieur Duc, & qui sont à present possedez par sa Majesté ou par ses serviteurs, le tout en l'estat que lesdits Lieux & Places sont à present, sans y rien demolir, affoiblir ni endommager en aucune sorte.

IX. Restituant lesdites Places pourra ledit Sieur Roi faire emporter toute l'Artillerie, poudres, boulets, vivres & autres munitions de Guerre qui se trouveront esdittes Places au tems de la restitution. Pourront aussi les Soldats, Gens de Guerre, & autres qui sortiront desdites Places, faire emporter tous leurs biens meubles à eux apartenans, sans qu'il leur soit loisible de rien exiger des Habitans desdites Places ou Plat Païs, ni emporter aucune chose appartenans ausdits Habitants.

X. Et se fera ladite restitution de part & d'autre ainsi qu'il s'ensuit; c'est à sçavoir aussi-tost que les Ratifications du present Traité auront esté fournies, ledit Sieur Duc fera remettre en la puissance dudit Sieur Roi, ou de celui ou ceux qui auront charge de sa Majesté, la Citadelle de Bourg, avec l'Artillerie, poudres, boulets, & toutes les munitions de Guerre qui seront dans ladite Place. Et ladite restitution estant faite, ledit Sieur Roi fera aussi restituer les Villes & Chasteaux de Chamberi & Montmelian audit Sieur Duc, lequel incontinent aprés fera rendre le Chasteau Dauphin & ce qui en dépend, comme dessus est dit, & fera démolir le Fort de Beche Dauphin. Lesquelles choses estant effectuellement accomplies par ledit Sieur Duc, la Vallée & Vicariat de Barcelonnette, & toutes les autres Places & Lieux promis par le present Traité, lui seront entierement renduës dans un mois aprés, & lui sera donné seureté raisonnable à son contentement.

XI. Tous les Papiers, Titres & Enseignemens qui peuvent servir pour justifier les Droits des choses échangées, seront rendus & delivrez de bonne foi tant d'un côté que d'autre.

XII. Ledit Sieur Roi ne sera tenu à l'entretenement des dons, recompenses & assignations ci-devant données par ledit Sieur Duc ou ses Predecesseurs, sur les Terres & Seigneuries par lui cedées à sa Majesté, ni d'acquitter les Hipoteques qu'il a créées sur icelles. Et pour le regard des ventes & alienations faites à titre onereux par la forme ordinaire, & avec verification requise avant cette derniere Guerre, S. M. y sera obligée, tout ainsi que ledit Sieur Duc y auroit été, & non plus avant. Le semblable sera observé pour les dons, recompenses & alienations faites sur les choses cedées par sa Majesté.

XIII. En consequence de quoi & de tout ce qui a été accordé par le Traité de Vervin, y aura Paix du jour & datte de ce present Traité, ferme Amitié & bonne voisinance entre ledit Sieur Roi & ledit Sieur Duc, leurs Enfans nés & à naître, leurs Heritiers & leurs Successeurs, Royaumes, Païs & Sujets, sans qu'ils puissent faire entreprise au dommage l'un de l'autre, leurs Païs & Sujets, pour quelque cause ou pretexte que ce soit. Et sera le Commerce libre entre les Sujets des Païs de l'un & de l'autre Prince, en paiant les Droits & impositions qui doivent être paiez par les propres Sujets du Païs.

XIV. Les Sujets & serviteurs de l'un & l'autre parti, tant Ecclesiastiques que Seculiers, nonobstant qu'ils aient servi en parti contraire, rentreront pleinement & paisiblement en la joüissance de tous & chacuns leurs biens, Offices & Benefices, suivant ce qui est contenu par le septiéme Article dudit Traité de Vervin, sans que cela puisse être entendu des Gouverneurs.

XV. Tous Prisonniers de Guerre, & autres qui à l'occasion des Guerres sont detenus de part & d'autre, seront mis en liberté, en paiant leurs dépenses & ce qu'ils pourroient d'ailleurs justement devoir, sans être tenus de paier aucune rançon, sinon qu'ils en aient convenu: & s'il y a plaintes de l'excez d'icelle, en sera ordonné par le Prince au Païs duquel les prisonniers seront detenus.

XVI. Tous autres Prisonniers Sujets dudit Sieur Roi & dudit Sieur Duc, & même du Marquisat de Saluces, & autres Lieux cedez, qui pour la calamité des Guerres pourroient être detenus aux Galeres desdits Princes, seront promptement delivrez & mis en liberté, sans qu'on leur puisse demander aucune chose pour leurs rançons ni pour leurs dépens.

XVII. Toutes Procedures, Jugemens & Arrêts donnez depuis l'an 1588. avec les Sujets du Marquisat de Saluces, & autres Lieux cedez par ledit Sieur Roi, & depuis les dernieres Guerres par les Juges & Conseillers ordonnez en Savoye, Bresse, & autres Lieux conquis par sa Majesté, tiendront & sortiront leur plein & entier effet, sauf aux Parties de se pourvoir contre lesdits Jugemens par les voies de Droit, en cas qu'elles aient paru ou contesté volontairement; mais si les Jugemens ont été donnez sans comparution ou contestation volontaire de la Partie, ils seront & demeureront nuls & de nul effet, & comme non avenus. Et quant aux instances indecises & non jugées, la connoissance en demeurera aux Officiers desd. Princes ausquels elle doit appartenir.

XVIII. Les Habitans & Sujets des Lieux & Païs échangez par le present Traité, ne pourront être molestez ni recherchez en aucune maniere pour avoir servi en parti contraire, ou pour cause que ce soit à l'occasion des Guerres passées, ains retourneront pleinement & paisiblement en la possession & joüissance de tous & chacuns leurs biens, Droits, privileges & immunitez, & tous leurs biens meubles qui se trouveront en nature, & leur sera loisible de demeurer ou se retirer ailleurs ainsi que bon leur semblera. Pourront neanmoins joüir de leurs biens ou iceux vendre ou échanger, & disposer comme ils verront bon être à leur commodité.

XIX. Et pour le regard des Habitans du Marquisat de Saluces & autres Lieux cedez par ledit Sieur Roi, qui n'auroient joui de leurs biens depuis le Traité de Paix fait à Vervin, leur seront rendus les fruits de leurs immeubles & arrerages des rentes, depuis la publication dudit Traité de Paix de Vervin jusques au commencement de la derniere Guerre. Et quant aux Officiers de Saluces, & autres qui ont servi en Piedmont les Rois de France, ils joüiront des privileges, immunitez & exemptions qui leur ont été accordez par autres Traitez ci-devant faits par les Rois Charles IX. & Henri III. avec le feu Duc de Savoie, & depuis confirmez par ledit Sieur Duc qui est à present.

XX. Promet aussi ledit Sieur Duc, que tous les Officiers & autres Habitans de Saluces & Lieux cedez par ledit Sieur Roi, ne seront molestez, recherchez ni inquietez directement ou indirectement en aucune maniere, à l'occasion des Guerres & differends entre Sa Majesté & ledit Sieur Duc, ains seront maintenus en leurs Libertez & Franchises, pour joüir de tous leurs biens paisiblement, en repos & liberté. Et pour les charges & impositions du Païs, ne seront surchargez, mais plûtôt soulagez & favorablement traitez pour la recommandation de sa Majesté; & de ce baillera ledit Sieur Duc ses Lettres Patentes en bonne & dûë forme.

XXI. Les Collateurs ordinaires Sujets de sa Majesté, qui ont Benefices sujets à leur collation dans les Païs dudit Sieur Duc, pourront conferer lesdits Benefices quand le cas écherra. Et ceux qui seront bien & canoniquement pourveus, joüiront du revenu de leurs Benefices sans qu'il leur soit donné moleste ni empeschement. Le semblable sera aussi observé pour la joüissance des Benefices qui sont en France, encore que le Titre du Collateur fût situé dans le Païs dudit Sieur Duc.

XXII. Et sont reservez audit Sieur Roi tous les Droits par lui pretendus contre ledit Sieur Duc, suivant ce qui est contenu par les Traitez faits au Château en Cambresis en l'an 1559. & à Turin 1574.

XXIII. Et pour ce que Monsieur le Duc de Nemours & de Genevois, qui souloit avoir & posseder toutes les Terres, Tailles, & Droits dépendans de son Appanage dans la Souveraineté dudit Sieur Duc, les aura dorenavant à cause du present Traité, sous l'un & l'autre Prince, sa Majesté & ledit Sieur Duc ont promis respectivement de le traiter favorablement & comme leur bon Parent, & de ne contrevenir ni déroger aux Droits & authoritez qui sont de son Appanage, l'en laissant joüir paisiblement & pleinement, conformement aux Traitez de son Appanage. Et en outre ont consenti & accordé, si quelque differend survenoit ci-aprés pour raison dudit Appanage, de le faire terminer sommairement à l'amiable & sans procez.

XXIV. Et sur l'instance & priere faite par ledit Sieur Legat au nom de sa Sainteté, a été convenu que toutes les forces levées & assemblées à l'occasion de cette derniere Guerre, seront separées & licenciées tant en France qu'en Italie, dans un mois aprés la publication du present Traité, afin qu'un chacun puisse joüir de la Paix generale, & du repos stipulé & promis par le

Traité

ANNO 1601. Traité de Vervin, lequel est confirmé en tous ses points, sinon en ce qu'il seroit changé ou expressément dérogé par le present Traité.

XXV. Et pour plus grande seureté de ce present Traité, & de tous les Points & Articles y contenus, sera ledit Traité verifié, publié & enregistré en la Cour de Parlement de Paris, & en tous autres Parlemens de France, & Chambre des Comptes de Paris. Comme au semblable il sera verifié au Senat de Chambery & Senat de Turin, & autres Lieux accoûtumez, & en seront baillées les expeditions de part & d'autre, trois mois aprés la publication du present Traité.

XXVI. Lesquels Points & Articles ci-dessus compris, & tout le contenu en chacun d'iceux, ont été traitez, accordez, passez & stipulez entre lesdits Deputez és noms que dessus: Lesquels, en vertu de leurs Pouvoirs, ont promis & promettent sous l'obligation de tous & chacuns les biens presens & à venir de leursdits Maîtres, qu'ils seront par iceux inviolablement observez & accomplis. En outre promettent de fournir les uns aux autres Lettres de Ratification autentiques, signées & scellées, esquelles tout le present Traité sera inséré, & ce dans un mois du jour & datte de ces presentes. Et en outre jureront solennellement sadite Majesté & ledit Sieur Duc, en presence de tels qu'il leur plaira deputer, d'observer & accomplir pleinement & de bonne foi le contenu esdits Articles. En témoin desquelles choses ledit Sieur Legat & lesdits Deputez ont signé & souscript de leurs noms le present Traité. A Lyon ce 17. Janvier 1601. *Ainsi signé*, PETRUS, Cardinalis ALDOBRANDINUS, Legatus. BRULART DE SILLERY. P. JEANIN. FRANCISCO ARCONATO. *Et*, DE LUSINGE, Sieur des Alimes.

Publié à Turin le 6. Mars, à Chambery le à Lyon & à Bourg en Bresse le 14. Mars, & à Grenoble le 20. du même mois.

VII.

2. Fevr. **Abschied zwischen Churfürst Fridrich zu Pfaltz/ Churfürst Joachim Fridrich zu Brandenburg/ Johann Georgen Administratorn zu Straßburg/ Marggrafen zu Brandenburg/ Pfaltzgraff Johannsen zu Zweibrucken/ Marggrafen Georg Friderich zu Brandenburg/ Heinrich Julio Bischoffen zu Halberstad und Hertzogen zu Braunschweig/ Philipp Sigismunden Bischoffen zu Oßnabruck und Verden/ Hertzogen zu Braunschweig/ Marggraff Ernst Friderichen zu Baden-Durlach/ Hertzog Frantzen zu Sachsen-Lauenburg/ denen Correspondirenden Wetterauischen Grafen und Graff Gottfriden zu Oettingen/ worinnen sie beschliessen sowohl schrifftlich als durch eine Gesandschafft beym Kayserl. Hoff um remedirung der Hoff-Processen anzuhalten; sich auch gewisser mittel vergleichen/ welche/ wann alles bitten/ schreiben/ protestiren und appelliren nichts helffen wolte/ die Thätl. Executiones/ wo nicht gar hindern/ doch zum wenigsten anhalten mögten; Endlich bereden sie sich/ wie sie es in Puncto der auffenthaltung der Türcken-Steuer/ in gleichen in visitationen des Cammer-Gerichts tractiren und vermittlen wollen ꝛc. Dat. Fridberg in der Wetterau den 2. Febr. 1601. [LUNIG, Teutsches Reichs-Archiv. Part. Spec. Abtheilung II. pag. 269.]**

C'est-à-dire,

Recès conclu entre FRIDERIC *Electeur Palatin*; JOACHIM FREDERIC *Electeur de Brandebourg*, JEAN GEORGE *Administrateur de Strasbourg & Marcgrave de Brandebourg*; JEAN *Comte Palatin Deux Ponts*; GEORGE FRIDERIC *Marcgrave de Brandebourg*; HENRI JULES, *Evêque d'Halberstadt & Duc de Brunswich*; PHILIPPE SIGISMOND *Evêque d'Osnabrug & de Verden*, *Duc de Brunswich*; ERNEST FRIDERIC *Marcgrave de Bade-Dourlach*; FRANÇOIS *Duc de Saxe-Lauenbourg*; *les* COMTES *Correspondans de* VETERAVIE & GODEFROI *Comte d'Ottingen*, *par lequel ils resolvent d'insister fortement à la Cour Imperiale, tant par Lettres que par Députation, sur le redressement des Procès auliques; ils conviennent aussi des moyens qu'ils employeront au cas que les Prieres, les Lettres, les Protestations & les Appellations n'y suffisent pas, pour se mettre à couvert des Expeditions réelles; comme aussi de la maniere dont ils devront agir & se comporter dans le refus du payement des Contributions contre le Turc, & dans l'affaire de la Visite de la Chambre Imperiale de Justice. A Fridberg en Veteravie le 2. Fevrier 1601.*

ANNO 1601.

NAchdem im jüngst abgelauffenen Jahr und Monath October etlicher Evangelischer Churfürsten/ Fürsten und Stände/ Räthe und Abgesandten zu Speyer beysammen gewesen/ und sond.rbahrer wichtigen gedachten Evangelischen Ständen insonderheit hochangelegenen Sachen und Puncten halber/ mit einander Unterred- und Handlung gepflogen/ und aber damahls man in allen zu keinem endlichen Beschluß gelangen mögen/ sondern es zu einer andern Tagesfarth und fernerer Deliberation und Vergleichung gestelt. Nehmlich gegen den achtzehenden nechst abgelauffenen Monaths Januarii allhier zu Friedberg in der Wetterau einzukommen/ wie solches der damahls auffgerichtete Abschied seines fernern Inhalts weitläufftiger mitbringen und zu erkennen geben thut; Als seynd darauff zu End benandte Chur- und Fürst- auch Gräffliche Räthe und Gesandten mit gnugsamen Vollmachten und Instructionen in loco erschienen/ vorige Handlungen wiederholet/ von neuen in deliberation gezogen und sich demnach einhelliglich vereinbahret und verglichen/ wie solches alles von Puncten zu Puncten unterschiedlichen hernach folget:

Und erstlich hat man nach Verlesung allerseits einkommener Gewalt und Creditiven für eine hohe Nothdurfft erachtet/ in diesen weit aussehenden Sachen behutsam zu gehen/ und alle Ding/ was tractiret und verhandlet soll werden/ in vertrauter enger Geheim zu behalten/ und derowegen/ in Erinnerung hiebevor mehrmahls einander gethanen Zusag und Versprechnuß/ einander de novo mit Handgebenden Treuen deshalb Bestätigung gethan.

Diesem nach und als man zu dem ersten Puncten Speyerischen Abschieds schreiten wollen/ ist Marggraff Ernst Friedrichs zu Baden und Hochberg Mandat-Sach vorbracht/ und zween Weg fürgeschlagen/ und darüber der anwesenden Räthe und Gesandten Erklährung begehret worden; Nehmlich/ fürs erste/ jetzt alsbalden von hie aus ein Schreiben an die Röm. Kayserl. Maj. Unsern allergnädigsten Herrn abgehen zu lassen/ damit die bedrohete Execution gehindert und auffgehalten werden möchte. Fürs andere/ sich zu erklären und zu entschlüssen/ im Fall durch Schreiben oder auch Schickung nichts zu erhalten/ sondern die Execution erfolgen solte/ wessen seine Fürstl. Gnaden sich zu eines jeden Herrschafft würcklichen Beystands halben zu versehen. Hierauf ist im ersten Begehren dem Gesandten willfart/ und dieweil man ohne das auf dergleichen Schreiben fast allenthalben auch instruiret gewesen/ dasselb begriffen und zu Stand gefertiget/ ihme zum Uberschicken zugestellet worden/ wie das Concept außweißt. Das andere Begehrn aber ist/ weil es mit in den ersten Puncten der Hof Proceß einlauffen thut/ bis zu Erörterung desselben/ zur Decision eingestellt.

Nachdem nun zum ersten Puncten die beschwer-

Anno 1601.

liche Käyserl. Hof-Proceß betreffend / geschritten / hat man sich erinnert des jüngsten Speyrischen Abschieds / und desjenigen Schreibens / so damahls begriffen und für gut angesehen gewesen / dasselb an ihro Käyserl. Majestät ehisten abgehen zu lassen / und dann eine Schickung demselben bald nachzufertigen / daß auch andere Herrschafften mehr ersucht / und zu mit-Ausfertigung dieses Schreibens vermögt werden solten.

Ob dann wohl anietzo eines Theils der Meynung gewesen / daß nunmehr das Schreiben zu unterlassen / und die Sachen alsbalden allein durch eine Schickung zu verrichten; So seynd doch andere / und das mehrer dahin gegangen / daß besser sey / das Schreiben / wie es zuvor bedacht worden / fortgehen zu lassen / und nicht weniger auch die Schickung bald darauf fürzunehmen / und solches darumbe / dieweil auf angehörte Relationes derjenigen / deren Herrschafften im vorigen Abschied aufgetragen gewesen / andere mehr zur Mit-Ausfertigung zu ersuchen / sich befunden / daß auch des Hertzogen zu Wirtenbergs Fürstl. Gnaden darzu verstehen / und sich allerdings zur Ausfertigung willfährig erkläret / auch noch einen guten Zusatz demselben Schreiben anzuhengen fürgeschlagen / darbey es dann also endlichen insgemein verblieben und bedacht worden / daß berührten Schreiben der Wirtenbergische Zusatz annectiret / fürter dasselbe bey Chur-Pfältzlicher Cantzley ingrossirt / zu den correspondirenden Ständen / mit fürderlicher Bothschafft zu gäntzlicher Vollziehung herumgeschicket / und dann dergestalt nacher dem Käyserl. Hof verschaffet werden soll / auf daß es einen Tag 8. oder 14. ohngefährlich zuvor drinnen sey / ehe die Gesandten / so / wie obstehet / zu ihrer Käyserl. Majestät geschickt werden sollen / und darvon hernechst weiter Meldung und Verordnung beschicht / am Käyserl. Hof angelangen.

Wann nun solches Schreiben vorhergegangen / soll alsdann die oberwehnte Legation, in aller Correspondirenden Nahmen / durch einen Ausschuß beschehen und folgen / benantlich von Chur-Pfaltz und Chur-Brandenburg / Marggraf George Friedrichen zu Brandenburg / und Hertzog Henrich Julio zu Braunschweig ꝛc. und dann den Wetterauischen Grafen / darbey gleichwohl jeder Herrschafft frey gestellet wird / ob sie mehr als eine Persohn hierzu geben und verordnen wölle. So hat man sich auch einer Instruction hierzu / mit welcher die Gesandten zu versehen / und ein ieder schickender Stand den seinen mutatis mutandis besonders mitgeben kan / und dann auch zweyer Formen / wie die Credentz-Schreiben ungefährlich zu fertigen / gestalt die mitgetheilte Copiæ mitbringen / verglichen / und sollen von denjenigen Ständen / so keine Leute zur Schickung geben / berührte ihre Credentz-Schreiben zum fürderlichsten entweder zu Chur-Pfaltz oder Churfürstl. Brandenburgischen Cantzley / welcher Ort einem am nechsten gelegen seyn mag / verschafft werden. Da auch hernechst die Relationes der Gesandten Verrichtung / in der Instruction verleibter Massen einkommen werden / hätte Chur-Brandenburg solche den andern Ständen drinnen Lands / und Chur-Pfaltz den Hinausgesessenen zuzuschicken / da denn fürters allenthalben bedacht werden / und man die Gedancken zusammen tragen kan / wie Käyserl. Majestät nach Nothdurfft hinwieder zu beantworten.

Und demnach die Königl. Würde in Dennemarck / ꝛc. wie auch Hertzog Johann Adolph zu Hollstein / Bisschoff zu Lübeck ꝛc. auf von Brandenburgs Churfürstl. Gnaden / Krafft jüngsten Speyrischen Abschieds / beschehen ersuchen / sich dahin erklärt / daß Ihren Königl. Würden und Fürstl. Gnaden sowohl das gesambte Schreiben / und dessen würckliche Vollziehung / als auch die Schickung gefällig; Und aber die Fürsorge getragen worden / da das Schreiben so einen weiten Weg solte geschickt werden / daß es sich damit zu viel verweilen / und vor angestellter Schickung nicht wohl an Käyserl. Hof gelangen möchte / ist für gut angesehen worden / daß des Herrn Chur-fürsten zu Brandenburgs Churfürstl Gnaden zum fürderlichsten wiederum an Ihre Königl. Würden und Fürstl. Gnaden beneben vertreulicher Communicirung des Schreibens an Käyserliche Majestät / schreiben / und Ihro Königliche Würden sonderlich dahin vermahnen und vermögen / daß sie entweder einen eignen Legaten derenthalben zu Käyserl. Majestat abfertigen / oder sie / wie auch Hollsteins Fürstl. Gnaden der correspondirenden Stände Abgeordneten dero Credenz mitgeben / und noch zu rechter Zeit / die dann Ihro Königl. Würden und Fürstl Gnaden zugleich zu benennen wäre / heraus fertigen wolten.

Darneben hat man sich auch gefallen lassen / daß ein jeder correspondirender gravirter Stand seine / der Hof Proceß halber / habende Gravamina sonderbar und in illa forma begreiffen mögen / daß sie Käyserl. Majestät schrifftlich übergeben / werden können. Solche auch den Gesandten mit zu geben / daß sie es Ihrer Majestät überreichen / und üm Antwort zugleich sollicitiren / dessen dann auch also in Instructione zu gedencken.

Dieweil aber auch eine solche Abordnung ohne sonderbahren Unkosten nicht beschehen mag / und dann hiebevor zu Speyer / und anietzo wiederum bewilliget worden ist / daß ein jeder hierzu verstehender Stand einen halben Monath / dem Reichs-Anschlag nach / auf gebührende Rechnung erlegen solle; So ists dahin gestellet worden / daß diejenigen Herrn / so den Ausschuß verordnen / ihren Leuten ihr Angebühr alsdann mitgeben / die andern aber ihren Theil zum ehisten entweder zu Churfl. Pfaltz oder Chur-Brandenburgische Cantzleyen einschicken / und es also befürdern / damit man an der Reisse nicht gehindert / sondern solche ehisten vollbringen möge. Und sollen die schickende Herren dergestalt ihre Räthe und Gesandten abfertigen / damit sie auf Sonntag Misericordias Domini, den 26. nechst künfftigen Monaths Aprilis, zu Peraun in Böhem zusammen kommen / und fürter sich mit einander gen Prag / oder wo Ihre Käyserl. Majestät alsdann anzutreffen seyn wird / begeben / und ihre anbefohlne Sachen verrichten.

Wie und welcher gestalt nun sich zu verhalten / und was nach der Hand zu thun seyn wölle / wann alles flehentlich Schreiben und Bitten / Schickung / Appellationes, Protestationes, bedingliche Verwahrungen / und dergleichen nichts wolte helffen / sondern gegen einen und den andern correspondirenden Stand / so sich ietzo mit einander vereinigt / oder künfftig noch herzu treten möchten / de facto procediret werden wolte / ist man wohl eines Theils der Meynung gewesen / und hätte gern gesehen / daß man sich einer gewissen engern würcklichen Zusammensetzung alsbalden vergleichen / und determiniren mögen / mit wieviel Volck oder Geld auf einen Nothfall / je ein Stand dem andern Betrangten zuspringen solte. Weil aber etlicher Orten an gnugsamen Befehligen Mangel erschienen / hat man für dißmahl darzu nicht gelangen mögen / nichts weniger doch seynd sonsten allerhand gute Mittel wohlmeynend auf die Bahn gebracht und fürgeschlagen worden / des Verhoffens / da solche fürs erste fürgenommen / daß dadurch mit Verleihung göttlicher Gnade die thätliche Executiones,

ANNO 1601.

tiones, wo nicht gar gehindert / und abgeschafft / doch zum wenigsten eine Zeitlang aufgehalten werden mögen; Derowegen man sich nachfolgende Puncten belieben lassen / und sich dern also verglichen.

Und anfänglichs hat man dieses Fundament und Resolution, wie auch im jüngstem Speyrischen Abschied vermeldet / nochmahls behalten / nemlich / daß dergleichen neuerliche Hof-Proceß / die in denen Sachen ausgehen / welche für ihro Käyserl. Majestät ohne Mittel nicht gehörig seynd / ein Ursprung aller bißher im Heil. Röm. Reich wieder die Evangelischen Stände fürgangner Beträngnissen / auch eben das rechte Mittel und Weg / berührte Evangelische Stände und endlich das gantze Röm. Reich Teutscher Nation üm ihre wohl hergebrachte Libertät / Freyheit und Gerechtigkeiten zu bringen / darumben dann eine hohe Nothdurfft geachtet worden / daß man einander mit rechten Treuen und Ernst soll meynen / da einem etwas beschwerliches begegnet / die andern sich seiner / als obs eines jeden insonderheit selbst eigne Sache wäre / annehme / und also für einen Mann steiff / fest / ungetrent / und unerschrocken bey einander stehe und verharre / biß man etwan hernacher zu mehrern würcklichen Mitteln / mit GOttes Hülff mag gelangen.

Und demnach es fürs erste dahin gesetzt / wann und so offt hinführo / einem oder dem andern correspondirenden Stand dergleichen Hof-Proceß solten insinuiret werden / daß er solche / als nichtig / nicht annehme / sondern dieselben wiedersprechen / gleichwohl für sich allein die Käyserliche Majestät hauptsächlich nicht beantworte / sondern allein Dero Majestät so viel zu verstehen gebe / dieweil er mit etlichen andern Ständen in sonderbahrer Correspondenz stünde / daß er sich vor ihro Käyserliche Majestät Hof-Räthen in einigen Proceß nicht einlassen könte / sondern müste es zuförderst an die andere gelangen lassen / und sich ihres Raths gebrauchen / wie dann darauf solcher beschwerter Stand die Ding fürderlich an die andern Correspondirenden zu bringen hat / damit fürter communi Consilio bedacht werden mögen / wie ihre Majestät insgesambt hinwieder zu beantworten. Fürs andere sollen sich die correspondirende Stände für allen Dingen hüten / daß sie gegen einander selbsten Hoff-Procesś nicht auswircken / sondern wo deren allbereit zwischen etlichen im Gang wären / auff Mittel und Weg zu gedencken / wie dieselben möchten auffgehaben und die Irrungen sonsten in der Güte abgelegt und verglichen werden.

Zum Dritten / auff der Papistischen Stände vorhabende Practiquen / ingeheim und unvermerckt / gute Auffacht zu geben / und was einer in Erfahrung bringt / so zu wissen nötig / dasselb andern Correspondirenden Ständen zu communiciren nicht unterlasse.

Dieweil zum Vierdten / für gewiß fürkommen / daß nicht nur die Evangelische / sondern auch Päbstische Stände / mit beschwerlichen Hoff-Processen gravirt werden / darmit dieselben eben so wenig zu frieden; So ist es dahin gestellt / daß diejenige Correspondirende / so solchen gravirten Papistischen Ständen am nechsten gesessen seyn möchten / sich / so viel unvermerckter Dinge beschehen mag / und zu gelegner Zeit / durch Conversation, oder in anderweg erlernen / was dieselben auff ihrer Seiten gegen solche Hoff-Procesś zu thun / und fürzunehmen gemeynt wären / welches denn zur Nachrichtung nicht undienstlich seyn würde. Und wäre auch auff Mittel und Wege bedacht zu seyn / wie etwan hiernechst diese Dinge an ein Chur-Fürstlich Collegium zu bringen / und also ein gemeines Werck daraus zu machen.

ANNO 1601.

Dieweilen auch zum Fünfften verglichen / daß diejenige Kayserl. Hoff-Procesś, so Kayserl. Maj. zu decidiren / die Ordnung nicht zugeben / und dannenhero erfolgende Comminationes für nichtig und krafftloß zu halten; So soll sich ein ieder Correspondirender Stand befleißigen / seine benachbarte oder verwandte Stände / die mit dergleichen künfftig auch angefochten werden möchten / von der Beschaffenheit solcher Hoff-Procesś zu informiren / und dahin zu vermögen / daß sie solche gleicher gestalt verweigern / und der Kays. Majest. die Nothdurfft in Schrifften / oder sonsten zu erkennen geben / dahero zu hoffen steht / wann also aller Orten hero ihrer Majest. Widersprechung beschehe / sie werde den Dingen dannochten ferner nachzusinnen Ursach haben.

Zum Sechsten / soll man sich in mercklich præjudicirlichen Beschwerden der Appellationen à Cæsare male informato ad eundem melius informandum & Status Imperii, wohin die Sachen sonsten gehörig / nicht begeben / sondern sich deren iederzeit nach gestalten Sachen zu gebrauchen / nicht unterlassen und denselben anhangen.

Als man zum Siebenden berichtet worden / daß viel höchstgedachte Röm. Kayserl. Majest. vorhabens sey / bey Chur-Fürsten / Fürsten und Ständen des Reichs / abgesondert / umb ein particular-Hülff anhalten zu lassen / ist dahin verglichen / daß keiner der Correspondirenden Stände weder alsdann / noch auch auff Reichs-oder Craiß-Tägen in etwas verwillige / sondern Ihr. Maj. ein solches verweigere / so lang und viel / biß selbige die hochbeschwerliche Hof-Procesś und andere zuvor geklagte u. vorbrachte Gravamina, so wieder des Reichs Ordnungen lauffen / abschaffe / und in bessern Stand richte / auch deren Hoff Räthen einbinde und aufferlege / sich deren Sachen nicht anzumassen / welche ohne Mittel für Ihro Maj. nicht gehörig / sondern sich derselben gäntzlich zu entschlagen. Welches dan zu thun in Ihrer Kays. Maj. Macht alleine stehe / und sie derenthalben niemands zu fragen habe / auff daß man also in Ruhe und Friede bey und neben einander leben und wohnen möge / da solches beschehen / würden die Stände auch desto williger und eyffriger werden / Ihro Maj. die hülffliche Hand hinwiederumb zu bieten.

Zum achten / da wider verhoffen die Kayserl. Majest. je wieder einen Correspondirenden Stand Declaratorias Banni ergehen / und einem Fürsten des Reichs solche Execution mandiren und auferlegen würde / daß die andern Correspondirenden denselben avisiren / auch erinnern und vermahnen / sich dessen zu enthalten / und zu innerlicher Unruhe im Reich nicht Ursachen zu geben / auch sich demselben / da er fortfahren solte / mit Ernst opponiren.

Zum neundten und letzten / soll ein jeder Herr in seinem Land sich in guter Bereitschafft und Verfassung halten / gute Musterung mit denen Unterthanen anstellen / dadurch sie also angeführet werden / damit / wenn es die Zeit je also erforderte / sie alsdann gerüst seyn / und das jenige desto besser und geschickter leisten mögen / was die Nothdurfft erfordert.

Welches vorstehendes alles doch in keinen Weg dahin gedeutet oder gezogen werden soll / als ob man sich de facto, und in unbilligen Sachen / gegen Kayserl. Majest. wolte auffleinen / und deroselben damit Trutz beweisen / sondern eintzig und allein darum angesehen ist / damit man sich auff unverhofften Fall gegen unbillicher Gewalt und Zunöthigung schützen / schirmen und auffhalten / und also teutscher Nation, und der Stände des Reichs Libertät / Freyheiten / Gerechtigkeiten und löbl. Altes Herbringen handhaben und erhalten möge.

Bey diesem ersten Puncten seynd auch etliche andere mehr Sachen / die Kayserl. Hoff-Procesſs concernirend / fürkommen und mit eingelauffen. Und ist erstlich von Churfl. Pfältzischen Räthen erregt worden / diejenige Sache / so Graff Heinrich von Säyn / gegen dessen Gemahl / einer Ehe-Scheidung halben fürgenommen / und darunter Kayserl. und Papistische unzuläßige Procesſs und Commissiones ausbracht / in Krafft derer Seine L. die Ehe-Scheidung zu erlangen verhofft. Darauff ist die Sach in Berathschlagung gezogen / und auff zwey Schreiben / eines an den Herrn Ertz-Bischoffen zu Cöln und Churfürsten als verordneten Commissarium, das andere an wohl ermeldten Grafen abgehen zu lassen / geschlossen worden / gestalt denn auch solche Schreiben / alsbald concipiret / und in anwesender Rähte und Gesandten Nahmen zum Stand gefertiget worden / so fürter von Churfl. Pfältzisch. Cantzley aus / überschicket werden sollen / wie auch darvon denen Gesandten Abschrifft mitgetheilet ist.

Ferners haben Fürstliche Braunschweigische Räthe den andern Anwesenden zu erkennen gegeben / was für ein beschwerliches Kayserl. Mandat vor die Stadt Braunschweig / ihrem gnädigem Fürsten und Herrn / erst kurtz verschiener Tagen insinuiret / darinn Se. Fürstl. Gn. zur Parition allein anderthalber Tag / von dem eben damahls bey ihren Fürstl. Gnaden anwesenden Kayserl. Gesandten bestimmt und angesetzt worden / wie dann derenthalben gantz ausführliche Deduction und Anzeig / und weiter / aus habenden Befehlich / Begehrens beschehen. Demnach Braunschweigs Fürstl. Gnaden ein Concept Schreibens an Kays. M. wie auch einen Appellation-Zettel begriffen / daß anwesende Gesandten dasselbige verlesen hören / und darüber wie auch sonsten S. Fürstl / Gn. Rath und Gutachten mittheilen wolten / darauff / und als das Schreiben und Appellation-Zettel abgelesen / hat man dasselbe gantz vernünfftig und wohlgestellt seyn befunden / und daran sonders nichts zu verbessern gewust / ausserhalb etlicher weniger beschehenen Erinnerungen / welche die Braunschweigischen selbsten ad notam genommen haben. Steht auch Sr. Fürstl. Gnaden frey / deren fernere Gravamina zu verfassen / und dieselben künfftig den Legaten an Käyserl. Hoff mit zu geben.

Uberdiß seynd von den Fürstl. Sachsen-Lauenburgischen abgeordnetem Rath drey unterschiedliche Sachen fürbracht / so dem Puncten der Hoff-Procesſs anhängig seyn sollen / deren die erste Berthold Litzauen von Seedorff / und seine Söhne / die ander Gottschalts von Stittin Wittib / und deren Vormunder / und die dritte Victorn von Strahlendorff betreffen / in welchen Fällen Kayserl. Befehl und Mandata ausbracht worden und ergangen / bey deren jedern dan auch die Beschaffenheit derselben ad longum mündlich für-und anbracht / und gleichergestält umb der andern anwesenden Räthe Gutachten gebeten worden / in deme dann dem Abgeordneten auch Willfahrung beschehen / und von ihme selbsten auffgezeichnet und vermercket ist / was allenthalben die Meynung gewesen; In summa aber ist es dahin ermessen worden / daß gleichwohl die erste fürgebrachte Sach in den Puncten / den Hoff-Procesſs betr. mit einlauffen möchte / da derhalben die Sachen fürbrachter massen beschaffen / und die besorgende Avocatio darvon von Gesandten Anregens beschehen / von Kayserl. Maj. erfolgen solte / ehe und zuvor Sachsen Fürstl. Gn. mit dem Procesſs gegen die Mißhändler verfahren / daß Se. Fürstl. Gn. ihre Nothdurfft dargegen einwenden / und auch hernechst den Gesandten am Kayserl. Hoff fernere Deduction mitgeben möchte.

Der andern beeder Sachen halben aber hat mans bey gegebenen Bedencken / so Gesandter ebenmäßig ad notam genommen / bewenden lassen / und unthunlich erachtet / dieselben nach deren Beschaffenheit / mit unter das vorhabende Werck der Hoff-Procesſs zu mischen.

Bey dem zweyten Speyerischen Abschieds-Haupt-Puncten / die hinterhaltne Reichs-Türcken-Steuer belangend / ist bedacht und geschlossen / dieweil die hiebevor eingewandte Ursachen der Verweigerung noch militirn / und nicht aufgehaben / daß darauff nochmahls zu verharren / und auch das jüngst zu Speyer zu dem Ende bedachtes Schreiben an die Kayserl. Maj. nunmehr auszufertigen / und ist solche Hinterhaltung auff alle die Steuern und Ziel zu verstehen / welche zur Zeit des Spanischen Einfalls in den Westphalichen Craiß / noch unentrichtet gewesen sind.

So soll der Fiscalische Procesſs zu Speyer prosequiret werden / und nachdem gespüret wird / daß der Correspondirenden Stände Procuratores am Cammer-Gericht ihren habenden Befehlichen / mit repetirung eines und des andern Recesſs und Handlungen / nit allerdings nachgesetzet / oder auch wohl etlichen gar kein Befehlich möchte gethan worden seyn / ist für eine Nothdurfft geachtet / solche Befelch nochmahls unverzüglich zu thun und zu erfrischen.

Solte dann / wieder Zuversicht / ein beschwerlicher Bescheid oder Urthel erfolgen / hätte man das Beneficium Revisionis an Hand zu nehmen / und solches wegen der bewilligten 40. Monaten / oder so viel einer und der andere Correspondirende Stand bewilliget; dann über das / so nit bewilliget worden ist / hat man sich des Cammer-Gerichts Jurisdiction nicht unterworffen / darumb auch die Assessores keine Erkäntnüß darüber zu thun / also sich dis Orths fürzusehen / und ihnen / der Jurisdiction halber / nicht zu viel einzuräumen.

Da aber Via facti wolte an Hand genommen werden / bleibt es auch diß Orts bey dem jenigen / was bey dem ersten Puncten die Hof-Proceß betreffend / einer ernsten und steiffen Assistenz und Zusammensetzung halben / allbereit verordnet und für gut angesehen worden ist.

So will auch gantz rathsam und nöthig seyn / wann es wieder zu einem Reichs-Tag solte gelangen / daß man in Einwilligung dergleichen Steuern behutsam gehe / und die majora vota nit gelten oder Meister seyn lasse / wie auch sich für dem wohl fürsehe / und keineswegs einwillige / daß die Fiscalische Proceß mehr / als allbereit leyder zu viel geschehen / nicht extendiret und geschärfft werden; Und daß man diß Orts steiff bey einander üntrete / und / wie man zu sagen pflegt / aus einem Horn blase / auch sich davon nicht abschrecken lasse.

Bey diesen Puncten hat der Gräflich Oettingische Gesandte die Anzeig gethan / daß sein Herr albereit vor diesen und ehe ihre Gnaden zu einiger Handlung mit den Correspondirenden Ständen kommen / ihre quotam der sechtzig Monath richtig gemacht / und erlegt gehabt / darumben das Schreiben an Käyserl. Majestät nit vollziehen könne / aber ins künfftig zur Gleichförmigkeit sich erbothen.

Des dritten / wie auch fünfften Speyrischen Abschieds Puncten halben ist ein sonderbahrer Abschied verfast worden / um deren Ursachen willen / dieweil eines Theils der Gesandten auf andere mehr Puncten nicht / sondern diese ietztbemelte beede allein instruiret / und abgefertiget gewesen / welches zur Nachrichtung allhie allein vermeidet wird.

Der vierdte Speyrische Abschieds-Haupt-Punct betrifft

ANNO 1601. betrifft den Unkosten/ welchen die Herrn Craiß-Obristen/ Fürstl. Durchl. zu Brandenburg/ Hertzog Heinrich Julius zu Braunschweig/ und Landgraf Moritz zu Hessen/ der bewusten Kriegs-Expedition halben/ ausgelegt/ darbey man sich zwar aller bey die vorigen gehaltenen Conventibus, fürgangener Handlungen erinnert/ und welcher gestalt dasjenige/ so hierunter in Anno 99. in Franckfurt tractiret/ wieder zerschlagen worden. Und obwohl anietzo nochmahls darfür gehalten/ daß billig sey/ daß hochgedachten Herrn Obristen/ die zu gemeinen Vaterlands Wohlfahrt Auslag wieder erstattet/ und sie nicht im Schaden gelassen werden; So hat man doch nit befinden können/ wo solche anderstwoher erlangt werden mögen/ als von den Craissen des Reichs/ und solches in Krafft des Reichs Executions-Ordnung/ und demselben gemäß/ in Anno 99. zu Coblentz aufgerichten Abschied/ dahin man es auch noch zur Zeit gestellt/ und es eine gemeine Craiß-Sache seyn lassen. Dieweil aber bey bemelten Craiß bißhero wenig zu erhalten gewesen/ ist auf dieses Mittel gedacht/ welches auch allen beliebig gewesen/ daß bey der vorstehenden Legation an Käyserl. Majestät/ darvon beym ersten Puncten dieses Abschieds Meldung beschicht/ auch dieser Sachen zu gedencken/ und Käyserl. Majeät zu ersuchen und zu bitten wäre/ allen oder zum wenigsten den zu Coblentz beysammen gewesen fünff Craisen/ mit Ernst aufzuerlegen/ in Krafft berührter Reichs-Ordnungen und Abschied/ den bemelten dreyen Obristen den Kosten wieder nach her gut zu thun/ und sie in Schaden nit liegen zu lassen/ wie man dann vernimbt/ daß ihre Majestät dem Grafen von der Lipp zum besten/ gleichmäßigen Befehlich dem Westphalischen Craiß gethan haben soll. Und werden demnach die Herrn Craiß-Obristen denen Gesandten/ so künfftig an Käyserl. Hof ziehen werden/ nothwendige Information mitzugeben wissen/ was bey solcher Werbung für nöthige und erspriesßliche Argumenta ad persuadendum zu gebrauchen seyn möchten/ wie dann dessenhalb auch ein Paß in die Instruction gerückt worden ist.

Und haben gleichwohl bey diesen Puncten die Fürstliche Brandenburgische und Braunschweigische Räthe ihren gnädigst und gnädigen Herrn vorbehalten/ im Fall bey den Craissen und sonsten nichts zu erhalten/ daß sie darum von den correspondirenden Ständen nit ablassen wolten. Welches die andern dergestalt geschehen lassen/ daß sie es ihren gnädigst-und gnädigen Herrschafften allerseits referiren wollen.

Diesem nach ist auch von denen im Speyerischem Abschied zu End angehengten zweyen Puncten/ welcher gestalt nemlich fürs erste/ die ordinariæ Visitationes Cameræ wiederum in alten Gang zu bringen; Uns dann zum andern/ wie man sich eines einhelligen Verstands aller in Religions-Frieden begriffner strittigen Puncten zu vergleichen. Und darauf des ersten Punctens halben es dahin gestellt. Demnach durch jüngst aufgerichteten Speyrischen Deputations-Abschied die Käyserl. Majestät ersucht worden/ den Sachen nachzudencken/ und darunter billigmässige Verordnung zu thun/ daß dannenhero Anlaß zu nehmen/ bey einem künfftigen Reichs-Tag zu urgiren/ daß es beschehe/ und daß man alsdann auch steiff beysammen halte/ und keinesweges in einige Extraordinari-Visitation mehr einwillige.

Den zweyten Puncten betreffend/ hat man für dißmahl zu Vergleichung nicht mögen gelangen/ ist aber doch dahin gestellt worden/ daß es bey dem Verstand/ so in denen Anno 94. und 98. zu Regenspurg übergebenen Gravaminibus und darauf erfolgten Replicis und Contestationibus zu finden/ verbleiben/ und man darauf verharren soll/ biß man etwan mit göttlicher Verleihung zu anderer Zeit sich ferner möchte vergleichen/ und als hiebey der Fürschlag geschehen/ daß Chur-Pfaltz durch jemands ihrer Leut einen Extract fertigen lassen möchte/ deren Puncten/ in welchen nit auch/ wie ihrer Churfürstl. Gnaden erachten/ solche zu declariren und zu erklären/ ist ein solches an ihro Churfürstl. Gnaden referendo unterthänigst zu bringen/ angenommen worden. ANNO 1601.

Uber alles obstehendes seynd noch zween Puncten ad deliberandum proponiret worden/ darum man sich auch folgender massen entschlossen:

Erstlich nachdem man hiebevor/ und auch bey jüngstem Deputation-Tag zu Speyer/ mit den Papistischen/ der Usuren halben/ ex mero mutuo einen Streit gehabt/ indeme es gedachte Papisten gern dahin zu bringen vermeynten/ daß solche durchaus verbothen/ und den Cameralibus nicht erlaubt seyn soll/ daruber zu erkennen/ daraus aber vielerley inconvenientien leichtlich erfolgen mögen; So ist darfur gehalten worden/ daß eine jede Herrschafft in ihren Landen derentwegen eine sonderbahre Constitution verfassen und promulgiren lassen könte/ wie sie es dißfals gehalten haben wolte; Solche Constitutiones wären alsdann dem Cammer-Gericht zu insinuiren/ in Erkäntnissen sich darnach wissen zu gerichten.

Zum andern hat sich unter den jüngst zu Speyer in Deputatione fürgewiesenen Dubiis eines befunden/ darüber man auch stättig verblieben. Wan nemlich eines Herrn Unterthaner unter vielerley Herrschafften begütert/ an einem Orte viel/ am andern wenig Güter liegen habe/ ob derselbe um des wenigern Theils willen/ die er unter einem Frembden liegen hat/ gleich ad Cameram, als dem obristen Richter gezogen/ und also dem Herrn/ darunter er gesessen/ prima instantia genommen werden könne. Demnach nun hieran den Herrschafften nicht wenig gelegen/ und in deme sich wohl fürzusehen ist; Als ist es dahin gestellt/ daß ein iede Herrschafft hierunter wohl/ vermöge gemeiner beschriebenen Rechten/ werde Verordnung zu thun wissen/ doch so fern und weit eines jeden Lands Gelegenheit und sonderbahre habende Verträge und Herkommen erdulten mögen; Und seynd gleichwohl diese nechst gesetzte beede Puncten von etlichen allein auf hinter sich bringen angenommen/ auch dieser Abschied von allerseits anwesenden Räthen/ und Gesandten (deren Nahmen nachfolgen) mit ihren Pitzschiren bekräfftiget/ auch jedem Theil einer in Originali zugestellt worden.

Wegen Herrn Friedrichs Pfaltz-Grafen/ Churfürstens rc.

Ludwig Cullmann/ der Rechten D. Vice-Cantzler.
Vollrad von Plessen.
Leonhart Schug/ der Rechten Doctor, alle drey Räth.

Wegen Herrn Joachim Friedrichs Marggrafen zu Brandenburg und Churfürsten.

Christoph von Behren uf Behren.
Johann Köppen der Jünger/ auf Rongensdorff/ der Rechten D. und des geistlichen Consistorii, Præsident, beede Cammer-Gerichts-Räth.

Wegen Herrn Johanns Georgen Postulirten Administrators des Stiffts Straßburg Marggrafen zu Brandenburg.

Stephan Berchtold/ der Rechten D. Rath.

ANNO 1601.

Wegen Herrn Johannsen / Pfaltz-Grafn bey Rhein Hertzogn in Bayern.

Peter von Pötter / der Rechten D. Rath.

Wegen Herrn Georg Friedrichen Marggrafen zu Brandenburgk.

Simon Eisen / der Rechten Doctor, Rath und Vice-Cantzler.
Samuel Greiß / Secretarius.

Wegen Herrn Heinrich Julii, Postulirten Bischoffs zu Halberstatt / Hertzogen zu Braunschweig und Lüneburgk.

Und mit Befelch Herrn Philips Sigmunden Postulirten Bischoffs der Stifft Oßnabruk und Verden / Hertzogen zu Braunschweig und Lüneburgk.

Joachim Götz zu Oldenhausen.
Werner König / beede der Rechten D D. Räthe.

Wegen Herrn Ernst Friedrichs Marggrafen zu Baden und Hochberg.

Carl Paul / Rath.

Wegen der Herrn Wetterauischen correspondirenden Grafen ꝛc.

Andreas Christiani.
Bertholdus Schrey / beede der Rechten D D. Räth.

Wegen Herrn Gottfrieds Grafen zu Oettingen.

Caspar Leußler / der Rechten D. Rath.

Actum & Datum Friedberg in der Wetterau / Montags den zweyten Monaths-Tag Februarii Anno 1601.

VIII.

1602. *Declaration de* HENRI IV. *Roi de France; en faveur des* CANTONS CATHOLIQUES SUISSES. [FREDERIC LEONARD, Tom. IV.]

FRANCE ET SUISSE.

(1) COMME ainsi soit qu'entre Nous HENRI Quatriéme de ce nom, par la Grace de Dieu Roi de France & de Navarre: Et les Bourgmaistres, Advoyers, Laudamans des Cantons Alliez & Confederez des anciennes Ligues de la Haute Allemagne, ait esté arrestée & concluë une loüable Amitié & Alliance, outre laquelle il a esté convenu d'aucuns Points particuliers contenus en la presente Declaration, lesquels auront pareille force & vertu, comme s'ils estoient inserez dans les Traitez d'Alliances generalement, lesquels s'ensuivent.

PREMIEREMENT. Que le Traité d'Alliance qui sera fait demeure en la même forme que les precedens, sans y rien diminuer: & s'entendra pour tous les deux Païs, Terres & Seigneuries qui sont à present possedez par Sa Majesté, à cause de ses Roiaumes de France & de Navarre, & ceux qui lui ont esté cedez & transportez par le Duc de Savoye, par le dernier Traité fait à Lyon le 17. Janvier 1601. Mais sur les instances & remontrances qui ont esté faites par les Ambassadeurs des Cantons ci-dessus nommez, Sa Majesté faisant estime de leur foi & amitié, pour les contenter & gratifier a voulu condescendre à accorder la presente Declaration, par laquelle nonobstant le Traité d'Alliance fait & passé le même jour, lesdits Cantons puissent reserver comme de fait ils reservent la Duché de Milan, & la Duché de Savoye, pour la deffense desquels & pour certaines raisons, les Cantons ont ci-devant fait Alliance deffensive avec le Roi d'Espagne & Monsieur de Savoye, & hors la deffense desdits Païs de Milan & de Savoye, lesdits Cantons promettent d'accomplir entierement & de bonne foi tout ce qui est contenu audit Traité, & aussi de ne donner passage ni commodité aux Ennemis du Roi, comme ils sont obligez par les Traitez de Paix & d'Alliance qu'ils ont avec les Rois & la Couronne de France.

ANNO 1602.

II. Le Roi accorde un Revers aux Cantons alliez avec l'Espagne d'aucuns Points declarez, non toutesfois mentionnez au Traité d'Alliance.

III. Les Cantons alliez avec Espagne doivent garder le Traité d'Alliance avec la France; en ce qui touche les Roiaumes de France & de Navarre, & les Terres cedées par le Duc de Savoye le 17. Janvier 1601.

IV. Le Roi permet ausdits Cantons, nonobstant que ce soit contre son Alliance, la deffense du Duché de Milan & de Savoye, pour laquelle ils ont fait Alliance avec le Roi d'Espagne & le Duc de Savoye, és années 1587. & 15

V. Hors la deffense desdits Duchez de Milan & de Savoye, tous les Articles de l'Alliance de la France se doivent observer par lesdits Cantons.

VI. Lesdits Cantons ne doivent donner passage ni commodité aux Ennemis du Roi.

(1) Cette Declaration n'est point datée. Il paroit qu'elle a été faite après le Traité précedent. M. *Amelot* la met dans le Recueil de *Leonard* immédiatement avant le Traité qui suit.

IX.

31. Janv.

Traité de Renouvellement d'Alliance entre HENRI IV. *Roi de France, & les Ligues des* SUISSES & GRISONS. *A. Soleure le* 31. *Janvier* 1602. [FREDERIC LEONARD, Tom. IV. d'où l'on a tiré cette Pièce, qui se trouve aussi dans le *Mercure François*, Tom. I. pag. 81.]

FRANCE, SUISSE, ET GRISONS.

AU NOM DE LA TRES-SAINTE TRINITE'. A tous soit notoire: Comme ainsi soit que par ci-devant & dés long-temps il y ait eu Paix, Amitié, Alliance & bonne Intelligence, entre les Tres-Chrestiens Rois de France, & les Magnifiques Seigneurs des anciennes Ligues des Hautes Allemagnes: & afin de faire pourvoir que ladite Amitié & bonne Intelligence fust toûjours conservée & non jamais alterée ni interrompuë, dés le temps du Roi Charles VII. il auroit esté fait Accord & Traité par écrit pour durer à perpetuité; lequel Traité fut depuis confirmé par le Roi Louis XI. qui depuis auroit encore ajoûté un autre Traité d'Alliance, qui contenoit autres Conventions & conditions plus amples & plus expresses, pour asseurer un mutuel secours des uns aux autres pendant la vie dudit Sieur Roi, aprés le decez duquel ledit Traité auroit esté renouvellé & continué par les Rois Charles VIII. & Louis XII. jusques au temps du Roi François Premier, avec lequel fut fait le Traité de Paix & Amitié perpetuelle entre les Rois & la Couronne de France, & tous les Païs des Ligues, pour estre à jamais inviolablement observé tant d'une part que d'autre. Et peu aprés fut fait encore un autre Traité de plus estroite Alliance pendant la vie dudit Sieur Roi, & quelque temps aprés lequel estant expiré, ladite Alliance auroit esté renouvellée par les Rois qui ont depuis succedé à la Couronne de France, & auroit toûjours heureusement continué au bien commun de l'une & de l'autre Nation. A cette cause, Nous HENRI IV. par la grace de Dieu Roi de France & de Navarre, Duc de Milan, Comte d'Ast, & Seigneur de Genes, &c. Et nous les Bourgmaistres, Advoyers, Ammans, Conseillers, Communautez des Villes, Païs & Seigneuries desdites anciennes Ligues des Hautes Allemagnes; ensemble nos Alliez, Amis & Combourgeois de Berne, Lucerne, Ury, Schwitz, Underwald, en dessus & dessous le Bois, Zug, avec ses Offices exterieurs, Glaris, Basle, Fribourg, Soleurre, Schaffouse, Appentzel, ensemble le Sieur Abbé & Ville de S. Gal, les Capitaines, Chastelains, Dizains, Communautez, & Païsans des Seigneuries & Païs des Grisons & Valay, Rotwil, Milhausen, & Bienne. A tous presens & à venir; Certifions par ces presentes, que en suivant l'exemple de nos Predecesseurs, nous avons deliberé de renouveller, faire & conclure une bonne Alliance, Confederation & mutuelle Intelligence, pour la seureté, deffense & conservation de nos Personnes, Honneurs, Roiaumes, Duchez, Principautez, Villes, Païs & Seigneuries, Droits, Terres,

&

ANNO 1602.

& Sujets quelconques, que nous avons & possedons tant deçà que delà les Monts : & pour cet effet, nous avons de part & d'autre ordonné nos Ambassadeurs à ce expressement commis & deleguez, avec amples & suffisans Pouvoirs, qui ont esté vûs, lûs & reconnus, pour traiter & conclure le renouvellement de ladite Alliance. C'est à sçavoir Nous ledit Sieur Roi, avons commis & deputé Messire Charles de Gontault, Duc de Biron, Pair & Maréchal de France, Chevalier de nos Ordres, Conseiller en nos Conseils d'Etat & Privé, Capitaine de cent Hommes d'Armes de nos Ordonnances, Grand Maistre de Camp General de nos Armées, tant dedans que dehors nostre Roiaume, Gouverneur & nostre Lieutenant General en nos Païs & Duchez de Bourgogne & Bresse, Baugey, Veromey & Gez; Messire Nicolas Brulart, Chevalier, Sieur de Sillery, Vicomte de Puisieux, Conseiller en nos Conseils d'Etat & Privé; & Meric de Vic, Sieur de Morin, aussi Conseiller en nostre Conseil d'Etat, & nostre Ambassadeur aux Ligues de Suisse & Grisons. Et nous lesdits Cantons, Alliez & Confederez des Ligues, avons aussi commis & ordonnez nos Ambassadeurs, aussi instruits, amplement autorisez & par Nous commandez, lesquels, aprés longues communications entre eux faites pour le bien & establissement d'un si bon œuvre, ont, en vertu de leurs Pouvoirs, avec nostre gré, approbation & consentement, fait, conclu, & arresté une vraie & certaine Alliance, Confederation mutuelle & bonne Intelligence, laquelle lesdites Parties voulons & ordonnons estre de bonne foi entierement & inviolablement observée en toute amitié, pure & entiere sincerité, en tous les Points & Articles suivans ; ce qui sera plus amplement écrit ci-aprés, sans toutesfois rien innover, ajoûter ou diminuer au Traité de Paix perpetuelle fait & passé avec le Roi François Premier, de trés-haute & loüable memoire, & sans vouloir jamais en departir ni rien changer en icelui, sinon en ce qui sera declaré par le present Traité, lequel a esté convenu & accordé ainsi qu'il ensuit.

Et premierement, Nous nous recevons l'un l'autre en bonne foi en vrais & entiers Alliez, sans aucun dol, fraude ni deception, pour le repos, deffense & conservation de nos Personnes, Honneurs, Roiaumes, Duchez, Principautez, Païs, Terres, Droits, Seigneuries, & Sujets, que presentement avons & possedons tant deçà que delà les Monts, en quelque part & lieu que ce sera, & principalement les Païs que Nous Henri Roi possedons, à cause de nos Roiaumes de France & de Navarre, ensemble ceux qui nous ont esté cedez & remis par le Duc de Savoye, suivant le dernier Traité fait à Lyon en Janvier 1601. Voulons & entendons que la presente Alliance dure tant & si longuement qu'il plaira à Dieu pour son service donner vie à Nous Henri, & à nostre Fils qui nous succedera à la Couronne, & huit ans aprés le decez de Nous & de nostredit Fils.

II. Et cependant, Nous Henri Roi susdit, ni Nous les Cantons en general ou en particulier, n'aurons pouvoir de nous desister ni de quitter la presente Alliance, pour quelques Capitulations, Contracts, ou Conventions faites ou qui pourroient estre faites entre Nous des Ligues & autres, en quelque sorte que ce soit, renonçans à toutes Capitulations particulierement ou generalement qui pourroient occationner aucuns de nous desister de la presente Alliance, sinon qu'il y eust cause raisonnable & declarée par droit, suivant le Traité de la Paix perpetuelle qui est entre Nous.

III. Et si durant cette Alliance, Nous Henri Roi, & nostredit Fils qui nous succedera, estions envahis ou molestez par Guerre en nos Roiaumes, Duchez, Principautez, Païs, Droits & Seigneuries, que presentement avons & possedons tant deça que delà les Monts, comme dessus est dit, par qui que ce fut, de quelque estat & dignité que ce soit, nul excepté, encores qu'il nous precedast en dignité, Nous pourrons lever des Gens de pied des Ligues pour la tuition & deffense de nosdits Roiaumes, Duchez, Païs, Villes, Droits, & Seigneuries, tel nombre qu'il nous plaira, toutesfois non moins de six mille, & non plus de seize mille sans le consentement de Nous des Ligues : Ausquels Soldats Nous Henri Roi, & nostredit Fils Successeur, pourrons élire & bailler Capitaines suffisans & de bonne renommée selon nostre vouloir & intention, & à nos dépens, de tous les Cantons & de leurs perpetuels Alliez; A sçavoir dudit Sieur Abbé & Ville de S. Gal, des Trois Ligues Grises, Valays, Rotwil, Milhausen & Bienne, & estans lesdits Gens de Guerre alliez des Cantons & Confederez requis & demandez ; & que iceux, ensemble leurs Capitaines comme Gens de Guerre, veüillent aller & marcher au secours & service de S. M. Nous ne pourrons & ne devrons en aucune maniere les retarder ; mais sans aucun empeschement ni délai, dix jours aprés avoir esté demandez les y laisser marcher, sans autre Mandement ni Declaration.

ANNO 1602.

IV. Et doivent lesdits Capitaines & Soldats demeurer & perseverer au service de Nous Henri Roi, & de nostredit Fils Successeur, tant que la Guerre durera & qu'il nous plaira : & ne seront de Nous des Ligues rappellez jusques à ce que la Guerre soit entierement finie, & eux soldoyez aux dépens dudit Sieur Roi, en la façon accoûtumée. Mais si cependant Nous Sieurs des Ligues estions chargez de Guerre en nos Païs, Terres & Seigneuries, tellement que tout dol & fraude exceptez ne pussions bailler au Roi Tres-Chrestien Gens de Guerre à pied sans nostre grand dommage & moleste, tel cas avenant nous en serons pour cette fois francs & quites, & aurons pouvoir de revoquer iceux Soldats sans nul délai ; & Nous Henri & nostredit Successeur, à iceux Soldats revoquez donner congé.

V. Et si tost que Nous des Ligues seront déchargez de telle Guerre faite alencontre de nos Païs, comme est dit ci dessus, nous permetons, en vertu de la presente Alliance, à nosdits Soldats & Gens de Guerre, d'aller & retourner au service de Sad. Majesté & de sondit Successeur, à sa premiere Requeste, comme ci-dessus est declaré & accordé.

VI. Et s'il avenoit durant la Guerre que Sa Majesté Tres-Chrestienne se trouvast ou voulut se trouver en propre personne en quelque lieu ou endroit alencontre de ses Ennemis, il pourra lever à ses depens tant de Capitaines & Soldats qu'il voudra & que bon lui semblera, toutesfois non moins de six mille, & nommera & élira les Capitaines d'un chacun Canton de Nous des Ligues, & de nos perpetuels Alliez, comme dessus est dit.

VII. Nousdit Roi & nostredit Fils Successeur, ne pourrons & ne devrons departir lesdits Capitaines & Soldats durant la Guerre actuelle, sans l'avis & consentement de leurs Colonels & Capitaines, mais les laisser ensemble. Et toutefois la furie de la Guerre estant passée, les pourront mettre çà & là en Garnison, pour la tuition de nos Villes, Places & Chasteaux, & autres endroits de nostredit Roiaume & obeïssance; reservé qu'ils seront seulement emploiez par Terre & non sur Mer.

VIII. Estant au surplus accordé que nous baillerons à chacun Soldat pour la solde d'un mois, comptant douze mois en l'an, quatre florins & demi de Rhin, ou la valeur d'autant selon les Païs esquels le paiement sera fait : & commencera le paiement dés l'heure qu'ils partiront de leurs maisons, & ce par le commandement de celui qui aura charge de faire la levée pour aller à nostre service, & la levée faite, & les Soldats ja receus au service, leur sera paié la solde de trois mois, encore que ne les eussions retenus si long-tems à nôtre service, & leur sera paié la solde du premier mois avant le partement de leur Païs, & les deux autres en lieux commodes & convenables, ainsi que l'occasion se presentera.

IX. Et au cas que nous retenions lesdits Gens de Guerre outre lesdits trois mois, nous serons tenus de bailler à un chacun de mois en mois, & au commencement du mois quatre florins & demi par mois, comme dit est, sinon quand ils seront licenciez, qu'on leur paiera raisonnablement pour s'en retourner en leurs Païs. Et quant aux Capitaines, Lieutenans & Portes-Enseignes, & autres Officiers, ils seront par nous soldoiez, selon la coûtume des feus Rois nos Predecesseurs de haute & loüable memoire.

X. Et s'il avenoit que pendant la continuation de la Guerre par nôtre commandement, ou de nos Lieutenans Generaux en l'Armée, il se donnât bataille en laquelle eussions victoire par l'aide desdits Gens de Guerre Suisses, ou bien que lesdits Suisses fussent pressez & forcez au combat par nos Ennemis, tellement qu'il s'en ensuivît bataille & victoire, Nous Henri Roi, comme aussi nôtre dit Successeur, usans de l'inclination naturelle que nous avons toûjours portée & portons à l'endroit de leur Nation, ledit cas avenant, voulons & entendons donner aux Soldats la paie d'un mois entier, outre celle qui court pour leur appointement ordinaire; ce que nous serons tenus de leur faire paier & délivrer avant que les licencier, & renvoier en leur Païs.

ANNO 1602.

XI. Et pour le regard de Nous des Ligues & de nos Alliez, où il aviendra que ferions molestez par Guerre en nos Perfonnes, Païs, Seigneuries & Sujets, par quelque Prince, ou Seigneur de quelque état ou qualité qu'il fût, en ce que prefentement nous poffedons, Sa Majefté fera tenuë, aprés l'en avoir requis, pour la confervation de nos Sujets, Païs & Seigneuries tant que la Guerre durera, de nous envoyer deux cens Lances & douze pieces d'Artillerie fur rouë, fix groffes & fix moïennes; enfemble toutes munitions à ce ordinaires, le tout aux dépens de Sa Majefté.

XII. Et davantage pour l'entretenement de la Guerre, tant qu'elle durera, Sa Majefté fera tenuë nous faire bailler & fournir en la Ville de Lyon, en chacun quartier d'an, vint cinq mille Ecus, fuft-il chargé de Guerre ou non: & fi Nous des Ligues aimons mieux, au lieu desdites deux cens Lances, deux mille Ecus, outre la fomme de vingt-cinq mille Ecus, fera à noftre choix prendre lesdits deux mille Ecus au lieu desdites deux cens Lances, & nous fera païée cette fomme en mesme forte & maniere que lesdits vingt-cinq mille Ecus; & en ce faifant ledit Seigneur Roi ne fera aftraint de nous envoier aucuns Gens d'Armes. Et la Guerre finie, Nous des Ligues ferons obligez à la reftitution & renvoi des douze pieces d'Artillerie, au cas qu'elles ne fuffent perduës, ou qu'à noftre Requefte elles euffent efté envoiées.

XIII. Et fi Sa Majefté ou Nous tombons en Guerre avec qui que ce foit, eft accordé que ni l'un ni l'autre ne fera Paix ni Treve avec l'Ennemi fans le fceu de l'autre Partie, & fans la comprendre au Traité qui fe fera pour la Paix ou Treve. Et neanmoins il demeurera en la liberté, option & choix de celui qui fera auffi compris, d'accepter ladite comprehenfion ou la laiffer, ainfi qu'il avifera pour le bien & commodité de fes affaires.

XIV. L'une ou l'autre Partie ne pourra ne devra prendre en fa Protection & Combourgeoifie les Sujets de l'autre Partie, ne fouffrir ni donner paffage aux Ennemis, Adverfaires & Bannis, mais iceux de tout leur pouvoir dechaffer & rejetter felon le contenu du Traité de Paix perpetuelle, avec tout foin & diligence, ainfi qu'il appartient entre bons Amis & Alliez: & en outre tenir par tout les paffages ouverts, afin que fans empêchement puiffions refpectivement fubvenir à nos Païs, Terres & Sujets, en quelque part & endroit que ce foit, & fecourir & aider à nos Amis en vertu de ces prefentes.

XV. Et afin que lesdits Seigneurs des Ligues connoiffent aifément la fincere amitié que Nous Henri leur portons, Nous voulons & nous plaift (à quoi fera tenu auffi aprés Nous noftredit Fils Succeffeur) annuellement bailler dorefnavant tant que cet Accord durera à chacun Canton des Ligues, outre les deux mille qu'ils ont eus par ci-devant de feu de loüable memoire noftre grand Oncle, par le Traité de Paix, encore mille francs de cruë: & s'en fera le paiement à chacun desdits Cantons, au temps & terme, en la forme & maniere accoûtumée; que les Penfions des deux mille francs feront païées comptant & fans aucun delai à Lyon au jour de Noftre-Dame de Chandeleur; & au cas que les Ambaffadeurs attendiffent & demeuraffent audit Lyon plus de huit jours, nous ferons tenus leur païer leurs dépens que outre lesdits huit jours ils pourront faire.

XVI. Et enfemble Nous voulons & entendons auffi bailler & donner annuellement aux Alliez & Confederez desdits Sieurs des Ligues & de Nous, tant que cette Alliance durera, outre les Penfions generales qu'ils reçoivent prefentement en vertu dudit Traité de Paix, pour augmentation d'icelles Penfions à chacun Allié la moitié de la fommé de la Penfion generale, laquelle moitié fera païée aux Alliez en la forme & maniere que les Penfions generales font ordinairement fournies & païées.

XVII. Il eft accordé que fi par occafion de quelque Guerre de la Traitte du Sel eftoit à Nous des Ligues refufée és lieux desquels pouvons & avons de coftume d'en avoir, alors Sa Majefté nous permettra la Traitte dudit Sel de fes Païs, & d'autres vivres pour noftre provifion & neceffité, tout ainfi & au même prix que fes Sujets l'achептent és Païs de fon obeïffance; Toutesfois quant aux Peages feront traitez comme il eft accoûtumé.

XVIII. Et pour autant que les Traitez de Paix & Amitié doivent fans aucun changement demeurer en leurs Articles, force & vigueur, fi à caufe de la juftice des perfonnes qui ont pretentions & querelles il fe trouve quelque obfcurité, fur ce a efté conclu que fi aucun des Ligues avoit ci-aprés action ou demande alencontre dudit Sieur Roi ou fondit Succeffeur, pour quelque caufe que ce foit, que alors le Demandeur donnera à entendre fa pretention & querelle à fes Seigneurs & Superieurs, & fi lesdits Seigneurs & Superieurs declarent & reconnoiffent que la caufe foit jufte & raifonnable pour eftre pourfuivie, le Demandeur fera tenu le faire entendre aux Ambaffadeurs de Sa Majefté eftans aux Ligues, & au deffaut d'Ambaffadeur les Seigneurs & Superieurs dudit Demandeur en écriront au Roi, le priant & admoneftant de fatisfaire à leurs Sujets; & au cas que ledit Seigneur Roi lui fatisfit tellement que euffions raifon de contentement, lors le Demandeur comme fatisfait fe tiendra pour content fans plus en molefter Sa Majefté ni fes Ambaffadeurs; Mais où ledit Seigneur Roi ne donneroit provifion raifonnable audit Demandeur fur fes pretentions, alors la Partie pourfuivante pourra faire venir ledit Seigneur Roi devant les Juges & le Cinquiéme, & en cet endroit ufer de Juftice: & au cas que Sa Majefté à noftre demande n'envoiaft les deux Juges ainfi qu'il eft porté par le Traité de Paix, & qu'il ne voulut répondre & efter en droit, eft arrefté que Nous les Juges des Ligues fur la plainte des pourfuivans, donnerons & pourrons donner la Sentence, qui aura force & vigueur tout ainfi que fi les quatre Juges avoient fentencié, arrefté & prononcé; & ce qui fera ainfi jugé de bonne foy fatisfait & païé: Bien entendu que le reciproque s'obfervera à l'endroit de Sa Majefté & de fes Sujets, où il y auroit action alencontre d'aucuns des Ligues en general ou en particulier.

XIX. Et fi entre les Sujets de Nous Henri Roi & des Ligues, avenoit querelle, contention & demande pour quelque chofe que ce fuft, les Demandeurs feront tenus adjourner les Deffendeurs aux Lieux & Jurisdictions où ils feront demeurans & refidans, ausquels fera faite bonne & brieve Juftice felon le contenu de la Paix.

XX. Et fuivant ce que les Traitez de Paix entre la Couronne de France & Nous des Ligues, contiennent comme les Marchands de Nous des Ligues doivent eftre traitez quant aux Peages & Subfides, demeurera le tout en fon entier comme du paffé & fans aucune innovation: & pourront les Marchands, Pelerins, Meffagers, & autres de Nous des deux Parties qui trafiqueront & negocieront és uns & és autres Païs feurement & fans aucun empêchement en corps & biens librement & à leur volonté, aller, venir, fejourner & demeurer par les Païs de l'un & l'autre, fans fraude ni deception.

XXI. Eftant au demeurant accordé que le prefent Traité, ainfi que les precedens, s'etendra à la tuition & deffenfe de toutes les Seigneuries & Terres que noftre feu Seigneur grand Oncle François Premier de ce nom, de loüable memoire, tenoit & poffedoit tant deça que delà les Monts, du temps que l'Alliance fut faite entre lui & Nous des Ligues en l'an 1521, pourveu que Nous Henri Roi de France & noftredit Succeffeur puiffions recouvrer lesdits Païs, desquels prefentement fommes fruftrez, de nous mêmes & fans l'aide des Ligues, tellement que lors nosdits Alliez feront tenus, en vertu de la préfente Alliance, nous bailler aide & confort pour la confervation desdits Païs, ainfi qu'il eft declaré des Païs & Terres que nous poffedons à prefent.

XXII. Et d'autant que lesdites Terres & Seigneuries poffedées par noftredit Seigneur grand Oncle en l'an 1521. ne font encores en noftre poffeffion; cependant Nous des Ligues ne bailleróns directement ni indirectement aucune aide, affiftance, faveur ni Gens de Guerre à ceux qui prefentement les poffedent, ou pourroient ci aprés poffeder contre le vouloir de Nous Henri Roi, ou aprés Nous de noftre Fils qui nous fuccedera, pour eftre lesd. Païs gardez & deffendus; mais au contraire Nous des Ligues refuferons tout fecours, faveurs, affiftance & aide fans refpect de qui que ce foit, & de quelque plus haute qualité & dignité que ce puiffe eftre, ou foient ceux-là qui voudroient ce requerir.

XXIII. En cette Alliance font de la part de Nous Henri Roi & de noftredit Succeffeur, refervez le Pape, le S. Siege Apoftolique, le S. Empire, les Rois d'Efpagne, de Portugal, Ecoffe, Danemarc, Suede & Pologne, la Seigneurie de Venife, les Ducs de Lorraine, Savoye & Ferrare. Et de la part de Nous des Ligues, font refervez le Pape, le S. Siege Apoftolique, nos Alliances jurées, toutes nos franchifes, libertez, tous

ANNO 1602.

ANNO 1602. tous droits de Bourgeoisie & Combourgeoisie, les Maisons d'Austriche & de Bourgogne, & toutes les anciennes Lettres & Sceaux, Contracts, Intelligences & Confederations, Paix Civile, & tous nos Alliez & Coalliez, la Seigneurie de Florence & la Maison de Medicis. Et s'entend ladite reserve au cas que quelqu'un d'entre Nous lesdites deux Parties voudrions endommager ou molester par Guerre lesdits reservez.

XXIV. Et si aucuns des reservez desdites deux Parties vouloient envahir, molester, ou endommager par Guerre ou autrement, directement ou indirectement, l'une ou l'autre Partie en ses Roiaumes, Païs, Terres, Duchez & Seigneuries, que de present tient & possede à droit tant deçà que delà les Monts, lors l'autre Partie, sans égard ni consideration du contenu en cette comprehension & reserve, donnera aide & secours à la Partie envahie, molestée ou assaillie, par les aggresseurs, molestans ou assaillans, quels qu'ils soient, ainsi que dessus est declaré.

XXV. Et d'autant que la presente Alliance est la plus ancienne, Nous les susdits Cantons & Alliez, declarons qu'elle est & sera à toûjours purement & expressement preferée à toutes autres des autres Princes & Potentats qui se trouveront posterieures à l'an 1521. depuis lequel temps celle de France a toûjours esté continuée, quels que soient lesdits Princes & Potentats, & quelque chose qu'il y puisse avoir au contraire. Et sur ce Nous lesdites Parties; à sçavoir Nous Henri Roi Trés-Chrêtien de France & de Navarre, Duc de Milan, Comte d'Ast & Seigneur de Gennes, &c. Et Nous lesdits Bourgmaistres, Advoyers, Conseils, Bourgeois, petits & grands Conseils, Communautez des Villes, Païs & Seigneuries des anciennes Ligues, ensemble nos Alliez, Amis & Confederez, avons accepté & confirmé cette presente Alliance, Confederation & bonne Intelligence, voulons & promettons icelle tenir & observer inviolablement avec toutes les choses ci-devant écrites, passées & accordées par nosdits Ambassadeurs & Deputez, avec Declaration expresse que ne pretendons, par cette presente Alliance & Confederation, aucunement diminuer, changer ou innover les Traitez de Paix & Amitié perpetuelle, ci-devant faits & arrestez entre nos Predecesseurs, comme est dit ci-dessus, & ne voulons ni entendons suivant la Declaration susdite nous en desister ni departir, mais icelle garder à perpetuité, & comme bons & loiaux, vrais & sinceres Amis, la conserver & corroborer.

XXVI. En témoin des choses susdites, Nous avons de part & d'autre commandé d'apposer nos Sceaux à ces presentes deux Lettres, dont l'une est en François, & l'autre en Aleman, toutes deux de semblable substance & teneur. Et nonobstant la presente conclusion nous avons laissé lieu à ceux d'entre Nous desdits Cantons & Alliez qui n'auroient si-tost pris resolution d'y entrer; ce qu'ils pourront faire & le declarer à leur commodité. Fait & passé en la Ville de Soleurre le dernier jour de Janvier 1602.

X.

20. Mars **Käyßers Rudolphi II. Declaration, daß die verweigerte Confirmation des von Kayßer Carolo V. dem Hertzog Wilhelm von Jülich / Cleve und Berg sub dato den 19 Julii 1546. ertheilten Privilegii, wegen Succession der Töchter in besagten Hertzogthümern niemandes Recht præjudiciren solle. Prag den 20. Martii 1602.** [CHRIST. GASTELIUS, De Statu Public. Europæ noviss. Cap. IX. pag. 418.]

C'est-à-dire,

Declaration de RODOLPHE II. *Empereur, contenant que le refus qu'il a fait de confirmer le Privilege accordé par l'Empereur* CHARLES V. *à* GUILLAUME *Duc de Juliers, de Cleves, & de Berg le* 19 *Juillet* 1546. *pour la Succession des Filles, ne pourra & ne devra préjudicier au Droit de personne. A Prague le* 20. *Mars* 1602.

DEr Römischen Käyserlichen Majestät / Unserm Allergnädigsten Herrn / ist nothdürfftig fürgebracht / was der Durchleuchtig / Hochgebohrne Fürst / Herr Hhilipp Ludwig / Pfaltz-Graffe bey Rhein / Hertzog in Bayern / Graff zu Veldentz und Sponheim / abermals wegen Confirmation eines Käyserlichen Privilegii, so von Weyland Carln den Fünfften Christmildesten Andenckens / damals Hertzog Wilhelm zu Gülich / auch seel. Gedächtnus erlanget / gehorsamlich gesuchet / oder da Seiner Fürstliche Gnaden hierinnen der Zeit von Ihrer Käyserl. Majestät je nicht willfahret werden kan / jedoch unterthänig gebetten / daß zum wenigsten Sie immittelst durch einen Schrifftlichen Schein de non præjudicando versehen und verwahret werden möchte / darauff lassen Ihre Käyserl. Majestät Seine Fürstliche Gnaden wiederumb gnädiglich erinnern / Ihr werde unentfallen seyn / was auf hievoriges gleichmässiges Anhalten von andern Orten auch deßhalben begehret worden / und aus was erheblichen wichtigen Bedencken Ihro Käyserl. Majestät Dero Erklärung darüber / besagende Weiterung zu verhüten / differiret und verschoben / derowegen und dieweil eheberührte Umbstände und Bedencken noch vorhanden / so sehen Ihre Käyserl. Majestät nicht / wie Sie dißmals mit obangeregter Confirmation S. Fürstl. Gnaden willfahren mögen / innassen aber Ihre Käyserliche Majestät sich schon öffters gegen S. F. G. und allen deßwegen angegebenen interessirten insgemein erkläret / daß Ihre Majestät in Gülichschen Sachen niemand ichts gedencke zu præjudiciren / oder zu entziehen / also hat es auch der Confirmation halb eine gleiche Meinung / darnach S. F. G. sich zu richten / Prag den 20. Martii Anno 1602. ANNO 1602.

XI.

(1) *Traité d'Alliance entre la Republique de* VENISE *& celle des* GRISONS, *fait sur la fin de l'année* 1602. *ou au commencement de* 1603. [Histoire de France sous le Regne d'*Henri IV*. par MATTHIEU. Tom. II. pag. 570. MERCURE FRANÇOIS Tom. X. pag. 83. des *Mémoires d'Etat*, qui sont à la fin du Tome.] VENISE ET LES GRISONS.

I. QUE les deux Republiques en toutes choses conserveront bonne amitié & voisinance, comme il convient entre bons & loyaux Amis & Confederez.

II. Que lors que la Serenissime Seigneurie de Venise aura besoin de Gens de Guerre, les Seigneurs des trois Ligues Grises seront obligez de leur faire conduire par les Colonnels qui pour ce fait seront nommez, le nombre de six mille Soldats volontaires, sans que pour ce la levée puisse estre moindre de mille ou quinze cens. Lesquels seront obligez de servir en campagne ou demeurer aux Garnisons des Terres fermes de la Seigneurie, & sans que toutesfois ils soient tenus d'aller aux assauts des murailles ou Forteresses ni par mer, sinon en passant, & de servir en la Guerre contre qui que ce soit pour la deffence, repos, seureté & conservation des affaires & Estats de la Serenissime Republique de Venise.

III. Et parce que les Seigneurs Suisses & Grisons sont tenus, par les Capitulations que le Roy tres-Chrestien a avec eux, de donner à sa Majesté seize mil hommes, il est declaré que si la Serenissime Seigneurie vouloit faire levée des gens que le Roy tres-Chrestien eust déja levé, ou qu'il levast actuellement le nombre entier & parfait qui luy est accordé, en ce cas seulement de l'entiere levée pour France, au lieu de ce nombre de six mil Soldats, la Serenissime Seigneurie n'en pourra lever plus de quatre mil durant cet empeschement, afin que le pays ne soit desgarny de plus qu'il ne faut pour la seureté.

 IV.

(1) Les Historiens François parlent bien differemment de ce Traité, les uns, comme *Matthieu*, disent qu'il fut fait, parce qu'*Henri IV*. l'avoit pour agréable, & les autres, comme l'Auteur du *Mercure François*, prétendent que les *Venitiens* vouloient traverser par-là l'Alliance de la France renouvellée avec les *Suisses* & les *Grisons*.

ANNO 1602. IV. Voulant la Sereniffime Seigneurie faire lever des Gens fur les Eftats, Païs & Jurisdictions des Seigneurs Grifons, fera payé au Capitaine la paye d'un mois, pour le nombre de trois cens Soldats, & fi ce nombre n'eftoit entier ni complet à la premiere monftre, le Capitaine fera tenu à la monftre fuivante de tenir compte & deduire ce qu'il aura receu, reglant les mois à raifon de trente jours.

V. Que les Troupes eftant levées, elles auront dix jours de terme pour venir, & fe rendre fur les Terres de la Sereniffime Seigneurie de Venife, pour lesquels & non pour davantage, fi plus elles demeuroient à venir, feront payées pour dix autres jours fuivans, & fe feront tous les payemens à la fin des mois.

VI. Ne pourront eftre licenciées, finon trois mois aprés le jour de la levée, & les licenciant leur fera parfait & accomply le payement entier de trois mois, encores qu'ils n'ayent point fait de fervice. Declarant que s'il fe faifoit quelque fait d'armes, & moyennant la grace de Dieu, la Sereniffime Seigneurie obtint quelque victoire, elle payera au Capitaine & Soldats par honnorance une monftre.

VII. Les Compagnies en campagne ne pourront eftre feparées en moindre nombre de deux mille Soldats, & du confentement des Coronnels.

VIII. Les Coronnels & Capitaines, comme auffi les Soldats, feront tenus d'obeïr au Capitaine General, Gouverneur general Proveditor, & autres qui commanderont l'Exercite de la Sereniffime Seigneurie.

IX. Et advenant que le Païs & Eftat des trois Ligues fuft affailli des ennemis avec Guerre ouverte, au temps que leurs Soldats feront en la milice, & fervice de la Sereniffime Seigneurie, lesdits Seigneurs des trois Ligues les pourront renvoyer, & appeller, en rendant à la Sereniffime Seigneurie, la folde du temps qu'ils n'auront fervi.

X. Le payement des Soldats, qui feront tant aux Garnifons qu'en la campagne, fera dix-fept cens Efcus le mois, pour Compagnie; & chaque Compagnie de trois cens Soldats, y compris tous les Officiers.

XI. Sera payé à un ou deux Coronnels, & à chacun d'eux, la fomme de cent Efcus par mois, & aux Officiers du Regiment deux cens Efcus.

XII. Les Soldats qui tomberont malades, feront payez jusques à la nouvelle monftre, aprés laquelle ils recevront encores paye de dix jours, pour pouvoir retourner en leur maifon.

XIII. S'il advient que la Sereniffime Seigneurie ne paye que de mois en mois, elle fatisfera au Capitaine ce qui aura efté encouru depuis la derniere monftre.

XIV. Quand il fera neceffaire de faire levée des Gens de guerre, la nomination des Colonnels & Capitaines appartiendra à la Sereniffime Seigneurie, lesquels Colonnels & Capitaines auront authorité de difpofer des autres grades militaires, les donnant à qui bon leur femblera, & ne pourront eftre lesdits Colonnels & Capitaines d'autre Nation, que lesdites trois Ligues.

XV. Tous les Sujets des deux Republiques pourront refpectivement aller & paffer, demeurer, retourner & traiter en toute liberté, avec toute forte de commerce & exercices, tant mercatils que militaires, fans empefchement de traictes, gabelles, ni honorance, en payant feulement les daces qui font impofées jusques à prefent, demeurant toutesfois en l'immunité, & fans qu'ils foient tenus en aucune chofe, pour ce qu'ils porteroient fur eux & leur cheval. Refervez les temps fufpects de contagion, ausquels fera permis aux uns & aux autres, de fufpendre le commerce durant le foupçon.

XVI. L'une & l'autre Partie fera obligée de donner paffage libre & affeuré, à tous les Gens de guerre d'autres Nations, & Potentats qui voudroient paffer fur les Eftats & Païs de l'une des Republiques pour le fervice & neceffité de l'autre, en gardant toutesfois l'ordre du paffage tel qui fera prefcrit de la part qui le permettra.

XVII. Les uns & les autres empefcheront de tout leur pouvoir & avec armes, le paffage des ennemis, & pour cet effect fe donneront les uns aux autres tout fecours, aide & faveur.

XVIII. S'il advient que les Seigneurs des trois Ligues foient affaillis ou affligez de guerre ouverte, que Dieu ne veuille, la Sereniffime Seigneurie fera tenuë de luy donner du fien propre, tout ce qu'elle pourra d'ayde, fecours & faveur.

XIX. Que la Sereniffime Seigneurie fera obligée payer les penfions aux Seigneurs des trois Ligues, en la ville de Coire, à la fin de chacune année, tant que durera la prefente Confederation, lesquelles penfions feront de trois mil fix cens efcus par an, pour les trois Ligues, ou en efcus d'argent appellez crochetous de cinq livres Venitiennes l'un, ou la valeur d'autant: & outre ce cinquante mousquets & fournimens. ANNO 1602.

XX. Que ceux de quelque Religion que ce foit pourront librement aller, demeurer, paffer, negotier par les Terres de la Sereniffime Seigneurie, fans aucun empefchement d'inquifition, pourveu toutesfois qu'ils ne parlent, difputent, portent livres deffendus, & ne faffent exercice contre la Religion Catholique.

XXI. Ne recevront aucun rebelle & criminel, prevenu de crimes enormes & atroces, comme affaffins, Sodomites, voleurs, boutefeux, violateurs de Vierges, & faux monnoyeurs: mais feront remis tels criminels à la Partie qui les demandera.

XXII. L'une des Parties pourra librement faire conduire par les Païs de l'autre, deux mille asnées de froment, & mille asnées de millet quand ils feront à cherté aux Païs eftrangers fans payer aucun droit de traicte, ains feulement les daces accouftumées, & quand ils en voudront tirer des Etats, l'un de l'autre, pourront faire refpectivement jusques à mille asnées, fors & excepté en temps d'extreme cherté.

XXIII. Qu'au cas que les trois Ligues euffent neceffité de fel pour leurs Pays, la Sereniffime Seigneurie fera tenuë d'en fournir en la maniere, quantité & prix qu'elle le donne aux Daciers de Breffe & de Bergame.

XXIV. Durera la prefente Capitulation dix ans prochains, en intention de la continuer plus outre au bon plaifir des deux Parties. Et celle qui voudra rompre, fera tenuë de le faire entendre une année avant la fin des dix années de cefte Confederation, autrement la Confederation fera tenuë continuée pour autres dix années, & ainfi fucceffivement.

XXV. Quand il arrivera quelque differend entre les Parties, pour caufe publique, feront éleus deux Commiffaires de part & d'autre, & en cas qu'ils ne fe puiffent accorder, fera nommé un tiers pour Juge, non fufpect ni confederé des Parties. Et fur les differens des Contracts entre perfonnes particulieres, elles fe pourvoiront par devant les Juges des lieux où les Contracts auront été paffez, & feront tenus les Magiftrats, de faire executer les Jugemens qu'ils donneront fommairement, & fans diftinction de l'une ou de l'autre Religion.

XXVI. L'obfervation du Traicté ne fera empêchée par aucune Capitulation precedente, & ne fe fera cyaprés aucune Confederation qui lui puiffe prejudicier. Comme auffi n'entendent les Seigneurs des trois Ligues, de contrevenir ny faire aucun prejudice aux Alliances, Convention & Paix, tant perpetuelles que pour certain tems qu'ils ont fait cy-devant.

XII.

Receſs derer Unirten Proteſtirenden Stände/ wodurch ſie zu Conſervation ihrer Union ſich nachfolgender mittel verglichen: In rechten guten vertrauen beyeinander zu bleiben und zu ſchützen/ ſich von ſolcher zuſammenſetzung durch nichts abſchrecken zu laſſen/ einen nervum an gelde zuſammen zu ſchieſſen/ die unter ihnen entſtehende ſpäne in der güte bey zu legen/ ihre Räthe zu berathſchlagung der fürfallenden ſachen in Heydelberg zu haben/ mehr andere in dieſe Verein zu ziehen/ ꝛc. wegen der hinterſtändigen Türcken-Steuer reſolviren ſie ſich mit ihrer Kayſerl. Mayjeſtät ab zu finden; endlich beſchlieſſen ſie was in bewilligung fernerer Reichs Hülffen/ in erhaltender Juſtiz bey dem Cammer Gericht/ in auß-Machung der Straßburgl. Stiffts-ſache zwiſchen des Stiffts Adminiſtratorn und Lotharingiſcher Seite ꝛc. zu obſerviren ſeyn mögte. Geben zu Heydelberg den 12. Februar. 1603. [LUNIG, Teutſches Reichs-Archiv. Part. Special. Abtheilung II. pag. 276.] 1603. 12. Fevr.

C'eft-à-dire,

Recès conclu entre les PRINCES *&* ETATS PROTESTANS *unis, par lequel ils convien-*
nent

ANNO 1603.

ment de perseverer si constamment dans l'Union formée entr'eux, que rien ne soit capable de les en détourner; de cultiver avec soin l'harmonie nécessaire pour ce sujet; de se donner les uns aux autres les secours dont ils auront besoin, soit en argent, soit autrement; d'accommoder toujours à l'amiable les diférents qui surviendront entr'eux; d'envoyer à Heidelberg leurs Conseillers, & de les y entretenir pour déliberer ensemble des Affaires courantes; d'attirer dans l'Union autant d'autres Princes & Etats qu'il se pourra; d'accorder avec l'Empereur au sujet des Contributions contre le Turc. Ils conviennent aussi de ce qu'ils devront faire & observer à l'égard du consentement aux Subsides ulterieurs de l'Empire; de la justice à demander à la Chambre Imperiale, de l'Affaire de Strasbourg entre l'Administrateur, les Capitulaires, & le Duc de Lorraine &c. à Heydelberg le 12 Fevrier 1603.

Zu wissen / als wegen dern im heiligen Röm. Reich fürgehender seltzamen Practicken und Procefs, darmit die Evangel. Chur-Fürsten und Stände insgemein so wohl / auch theils in specie dem Herkommen und allen wohlbedachten Ordnungen u. Verfassungen zu wider angefochten und beschweret werden / etliche bemeldter Chur-und Fürsten aus zeitlicher Vorbetrachtung / wie solches androhende Ubel und Gefahr / nach Möglichkeit abzuwenden und zuvor zu kommen / sich zu sammen gethan / und auf zutragenden Fall einander die hülfliche Hand zu bieten / und für einen Mann zu stehen / sich einhelliglich vereinbahret / Krafft darüber / jedoch auff weiter Nachdencken / und Erklärung auffgerichter Union, haben sie dabeneben anderer mehr Puncten halben / so zu Conservation, Erhaltung und Fortsetzung solcher Vereinigung dienlich / sich ferner freundlich und wohlmeinend mit einander verglichen / wie alles unterschiedlich hernach folgen thut.

Und erstlich sollen und wollen sie die Zeit obangeregter wehrender Verein / wie auch sonsten einander sambt und sonders mit guten Rechten und gantzen Vertrauen meynen / nichts unfreundlichs / thätlichs / noch vielweniger feindlichs wieder einander vornehmen / keiner den andern oder desselben Unterthanen und angehörige Schutz-und Schirms-Verwandte befehden / bekriegen / berauben / fahen / überziehen / belägern / beschädigen / und durch sich selbst oder andere von ihrentwegen / noch einer des andern Feind / der Helffer und Helffers-Helffer / wissentlich nicht auffhalten / hausen / hofen / oder ihnen Vorschub weder heimlich oder öffentlich thun / sondern ein jeder dem andern bey den auffgerichten und hochbetheuerten Religion-und Land-Frieden / und darauff gemachten Executions-Ordnung / wie auch bey habenden Regalien / Hochheiten / Privilegen / und Herkommen bleiben lassen / und darbey treulich schützen und handhaben.

Hochermeldte Chur-und Fürsten wollen sich auch von solcher erlaubten und in den Reichs-Constitutionibus selbst gegründeten Zusammensetzung einigen Respect, Mandata, Bedrohungen / glatte Vertröstungen / Mißverstand in Religions-Puncten / oder anders nicht schrecken / noch abwendig machen lassen / sondern stet und fest bey einander halten / der gestalt / wo einer oder der ander unter ihnen vom Pabst und Spanien u. ihren Adhærenten / oder jemand andern / dem Religion-und Land-Frieden zu wieder / jetzt oder ins künfftig / Zeitwehrender dieser Verein / diß-oder jenseit Rheins / oder wo das auch sonsten im Reich beschehe / feindlich angegriffen würde / oder sich sonsten Betrangnüß und Uberfalls kundlich zu befahren hätte / demselben beyzuspringen / und alle für einen Mann zu stehen.

ANNO 1603.

Derer Irrungen halben aber / so sich zwischen denen vereinigten Ständen zutragen und begeben möchten / und wie dieselbe zu entscheiden / ist vor gut angesehen / daß es bey den Austrägen / wie die sonsten im Reich bräuchlich / wann es zu ordentlichen Rechten und an gehörende Oerter kömbt / gelassen werde.

Dieweil aber diese Verständnüß auch eine treue und freundliche Zusammensetzung ist / so sollen vor allen Dingen / im Fall sich unter den Vereinigten etwas irriges zutrüge / ein Stand zween oder drey zwischen denselben mit besondern Fleiß gütl. handeln / und sich bemühen die vorgefallene Gebrechen in der Güte hinzulegen / in Entstehung aber der gütlichen Vergleichung die strittigen Partheyen an den Ort / dahin sie gehörig / zu ordentlichen Rechten weisen. Doch soll das eine Theil das andere nicht also balden zu recht belangen / vielweniger sich einer Thätlichkeit unterstehen / sondern zuvor in alle Wege gütliche Handlung vorgenommen werden / es wäre dann Sach / daß einer dem andern etwan pfendete / oder sich dergleichen Handlungen unterstenge / derowegen sich das andere Theil zu Handhabung seines erlangten Rechtens gebührlicher und zugelassener Rechtlicher Mittel hinwieder gebrauchen müste.

Da aber die Vereinigten wegen angeregter Pfandungen in Weiterung gerathen wolten / sollen die andere / wie obgemelt / sie in der Güte von einander zu setzen Fleiß haben / und / so viel an ihnen / alle Thätlichkeit verhüten.

Auff den Fall auch ein Stand / so nicht in dieser Union wäre / sich zu Execution der Hoff-Procefs oder Religion-Veränderung wolte gebrauchen lassen / demselben sollen sich alle Unirte ingemein wiedersetzen / als wann es sonsten von einer höhern Hand vorgenommen würde.

Zu würcklicher Continuirung und Fortsetzung solcher heylsamen Defensiv-Vereinigung inskünfftige / haben sich Chur-und Fürsten verglichen / einen Nervum und Vorrath am Gelde jetzt zum Anfang zusammen zu schiessen / auch denselben fürter jährlich zu verbessern und zu vermehren / welches auch von andern Ständen / so inskünfftige zu dieser Verein gebracht werden mögen / beschehen soll / nach eines jeden Vermögen und Gelegenheit / und benantlich soll jetz zur Angab geben und erlegen . . . . und solches innerhalb . . . . Monats-Fristen / welche Zeit künfftig ernennet werden soll / und dann fürter alle Jahr ein jeder Stand solchen Vorrath mit . . . Gulden zu stärcken schuldig und verbunden seyn / und all solches Geld soll in der Eng und geheim / gegen gebührlicher Uhrkund und Receß / gen Heidelberg geführet / und daselbsten biß zur Nothdurfft sicher und verwahrlich behalten werden.

Daneben die fernere einmüthige und freundliche Vergleichung beschehen ist / daß ein jeder allbereit vereinbarter Stand / und die / so sich künfftig weiter in diese Verein begeben mochten / ihre Rähte zu Berathschlagung und ferner Ausführung dieser und dergleichen Sachen beharrlich zu Heydelberg haben / und auff ihren sonderbahren Kosten erhalten / wie auch Befelch und Macht haben sollen / solche Sachen zu berathschlagen / und vermöge auffgerichter Verein / und dieser sonderbahren Vergleichung der Nothdurfft nach / zu dirigiren / und mit zuthun ihrer Herrschafften / so viel an ihnen / in das Werck zu setzen / wie sie dann in dem von den Herrschafften allerseits vertreten / und in alle Wege schadloß gehalten / auch mit andern Geschäfften nicht beladen werden sollen. Da es auch die

Noth-

ANNO 1603. Nothdurfft also erfordert / daß entweder die Herrschafften selbsten zusammen beschrieben / oder ein mehrere Anzahl der Rähte zu weiterer Berathschlagung der Sachen von nöthen / söllen die Tagleistungen in die Nähe umb Heydelberg / allda das Directorium ist / gelegt und angestellet werden.

Und soll keiner der Unirten Stände / noch dero Successores, Macht haben / sich ohne sonderbahre erhebliche Ursachen aus dieser Verein zu thun / und von derselben aus zusetzen / im Fall aber einer gnugsame Ursachen hierzu zu haben vermeynet / soll derselb es den andern ein Jahr zuvor verkündigen und zu wissen machen.

Da auch über kurtz oder lang andere mehr Stände / wie zu verhoffen / sich in die Verein begeben wolten / und darunter bey einem oder dem andern Ansuchens thun würden / soll jedoch denselben abgesondert keine Vertröstung beschehen / sondern solches Sachen an die andern Unirte Ständ / wie auch hernacher die andern / so herbey treten / sich in alle Wege mit Fleiß bearbeiten / wie sie ihre andere Benachbarte / und andere Stände mehr / zu dieser Union bewegen können. Hierzu dann der / den 27. Octobr. Anno 1600. zu Speyer auffgerichte Correspondez-Abschied etlicher massen Anleitung giebt / so hierher repetiret wird / bevorab aber / wie ein jeder diejenigen / mit denen er befreundet / und zu denen gute Hoffnung zu haben / zum Werck bringen möge. Und demnach der Fürschlag beschehen / daß insonderheit auch Herrn Ludewigen des ältern Land-Grafen zu Hessen Fürstl. Gnad. zu diesem Werck disponiret werden könte / und an den Herrn Pfaltz-Graffen Churfürsten / diß Orts neben dem Herrn Churfürsten zu Brandenburg / einen Versuch zu thun zugemuthet worden / haben Ihre Churfl. Gnaden sich dahin erbothen / und erklärt / wann hoch-ermeldtes Hn. Churfl. zu Brandenburg Erklärung derenthalben einkommen werde / daß Ihre Churfl. Gnaden alsdann nach Befindung derselben an ihr gleicher gestalt nichs ermangeln lassen wolle.

Ferners ist auch für rathsam erachtet / die beede Sächsische Weimarische und Coburgische Linien / wo nicht beede / jedoch eine hierzu zu bringen / und dahin gestellt worden / daß solche Ersuchungen / die Coburgische nemlich / durch Herrn Georgen Friedrichen / Marggraffen zu Brandenburg ꝛc. und die Weimarische / durch Herrn Mauritzen Land-Grafen zu Hessen / am füglichsten beschehen möchte / und solche Ersuchungen könten durch Schreiben oder Schicken / wie sich jedes Orts der Gelegenheit nach schicken wird / beschehen / da man dann ingemein sich dieser ungefährlichen Instruction zu gebrauchen / daß ihnen erstlich die Gravamina und Beschwerden / so ins gemein fürgehn / und dan auch / welche dem Stifft Straßburg in specie begegnen / zu erkennen gebe / fürter ihnen die Gefahr / so allen Evangelischen Ständen endlich darauff stehen / und sie zugewarten haben / da man mit Ernst sich dem Pabst und seinem Anhang nicht wiedersetzt / und die androhende Gefahr mit verträulicher Zusammensetzung hintertreibt und abwendet / für Augen stelle / und darauff sie freundlich ersuche und erinnere / zu Beförderung des Reichs teutscher Nation / und aller Evangelischen Stände Selbst-Wohlfarth und Erhaltung deren Libertät und Freyheiten / sich mit andern hierin zu vereinigen / und die Nothdurfft mit vorstellen zu helffen / welches auch ihnen und ihren Posteris zu guten / und ihnen zu Lob und Ruhm gereichen thäte.

Jedoch wird hierbey ferner fürgestellt / daß sich die Herren oder Stände / welche den andern zu sich zu ziehen begehrt / in der Person zusammen thun mögen / und ehe der Unirte dem andern etwas anzeiget oder offenbahret / ihm angeloben lasse / wann derjenige / so ersucht wird / des Unirten Meynung nicht seyn wolte oder könte / daß er es doch bis in sein Grab verschweigen / und keinem Menschen offenbahren wolle. ANNO 1603.

Damit aber ferner ein jeder Stand / der etwan unversehens angegriffen und überfallen würde / sich so lang in etwas vor sich selbsten defendiren und auffhalten möge / biß man ihm zu Hülffe kommen thut / so will eine hohe Nothdurfft seyn / daß ein jeder Herr in seinen Landen und Gebieten eine gute Land-Rettungs-Ordnung unter seinen Unterthanen habe und anrichte / und obwohl deßhalben ein Form begriffen wird / doch sich dieselbe vielleicht nicht aller Orthen gleich practiciren lasse / sondern ein jeder Stand nach Art und Gelegenheit seiner Land und Leut / darunter Anordnung zu thun wisse.

Dieweil auch ungewiß / wie lange man ruhen / und unangefochten verbleiben werde / und dahero eine Nothdurfft seyn will / auff ein Haupt zu gedencken / welches auff begebenden Fall das Werck dirigire und führen thue / ist sich derenthalben auch noch weiter zu vereinbarn und zu vergleichen.

Es ist ferner in Bedencken gestellt / und darvon geredet worden / ob der bevorstehende Reichs-Tag zu besuchen rathsam sey.

Von den hinterständigen Reichs-Türckensteuern / so wohl auch was einer neuen Hülff halben auff nechst anstehenden Reichs-Tag gesucht werden möchte / ist auch Handlung gepflogen worden / und so viel anbelangt die hinterständige Contributiones. von Jahren 94. und 98. hat man sich bishero solche zu verlegen geweigert / und auff vielen unterschiedlichen Correspondenz-Tägen mit einander darvon tracktiret / und verabschiedet worden. Nachdem aber nunmehr vermerckt wird / daß etliche unter bemeldten correspondirenden Ständen dahin trachten / wie sie sich derenthalben mit Käyserl. Maj. absinden und vergleichen mögen / hat man nicht gesehen / wie die übrige wenige Correspondirende Stände allein sich dißfals länger auffhalten solten / und dahero ihnen / umb keinen Unglimpff / Undanck und Verweiß auff den Halß zu laden / darum freygestellet / daß ein jeder desjenigen halber / so er bewilliget / oder sonsten / seines Gefallens und Gelegenheit nach / sich mit höchstgedachter Käyserl. Maj. absinden möge.

Ferners ist auch darvon geredet worden / wie es mit Defalcation der Crayß-Hülffe zu halten (derentwegen gleichwohl Chur-Pfaltz theils weder auff Crayß-Tägen noch in andere Wege nichts gegeben oder bewilliget) und dahin gestellt worden / daß diejenigen Stände / so dergestalt etwas zu einer Nebenhülff bewilliget / dasselb abzuziehen sich unterstehen / und derenthalb mit Hülff anderer ihrer Mit-Crayß-Stände die Nothdurfft suchen mögen / und da bey kunfftigen Reichstag ein unirter Stand durch seine Räthe / den andern zu gutem / etwas bey den Sachen verrichten kan / soll es zu thun nicht unterlassen werden.

Ob wohl auch hierbevor zu Friedberg verabschiedet worden / den dreyen des Fränckischen / Ober-Rheinischen und Nieder-Sächsischen Crayßen Herrn Obristen / zu ihren ausgelegten Westphalischen Kriegs-Kosten verholffen zu seyn / und ehe und zuförderst solches richtig gemacht / künfftig kein andere Reichs-Steuer zu bewilligen / jedoch / nachdem etlicher Orthen aus vorgedachtem Abschied geschritten worden / auch aus des Chur-Fürsten zu Brandenburg jüngst an Chur-Pfaltz ergangenen Schreiben allerhand Ursachen erreget worden / warumb Kayserl. Majestät einer neuen Hülff halben nicht aus handen zu gehen / als hat

man

ANNO 1603.

man sich dahin verglichen/ daß die unirte Stånd allerseits ihren Råthen auff dem Reichs-Tag befehlich mitgeben sollen/ das beste fürzuwenden/ und mit einrathen zu helffen / auff daß hochgedachten Herrn Obristen ihrer Auslag halben/ vermöge Coblentzischen Crayß-Abschieds und Reichs-Constitutionen, billige Erstattung möge wiederfahren.

Betreffend die Hülff/ so auff künfftigen Reichs-Tag zu bewilligen seyn möchte/ ist erachtet worden/ daß man sich anjetzt eines gewissen und beståndigen darunter nicht wohl könne vergleichen / ehe und zuforderst man wissens habe / was Kayserl. Maj. suchen und begehren / was auch der andern Evangelischen Ständ Will und Gemüth hierinnen eigentlich seyn werde / darumben es dahin gestellt / daß zuforderst des Reichs-Tags und Kayserl. Maj. Proposition zu erwarten sey/ da alsdann ein jeder nach befundener Beschaffenheit derselben mit den Correspondirenden und andern seiner Gelegenheit nach sich zu vergleichen / oder zu erklåren wissen wird. Allein/ wofern es zu erhalten möglich / soll dahin gegangen werden / daß solche künfftige Hülff nicht an Geld/ sondern mit Volck beschehe / welches die Stånde selbsten schicken und unterhalten sollen.

Jedoch soll auch diese künfftige Bewilligung anders nicht beschehen / als mit diesem Vorbehalt / daß hingegen Fried und Ruhe im Reich erhalten/ und die Stånde nicht/ wie Anno 98. gefahrten/ daß auch sie die Stånd deren Unterthanen und Angehörigen / mit ungewöhnlichen / den Constitutionibus gantz wiederigen Hoff-Processen / nicht beschwert / wie eine Zeithero unterstanden. Die Evangelische Stånde bey den Religion-Frieden/ und sonderlich / daß sie in ihren Fürstenthumben/ Landen und Gebiethen / durchaus reformiren mögen/ allerdings ungeirrt zu lassen/ daß Ihrer Majeståt Vertröstung nach/ die zuvor geklagte Gravamina, bevorab diejenigen / so allein in Ihrer Majest. Handen und Machten stehen / abgeschafft werden/ und der übrigen halben/ solche Verordnung beschehe / daß Evangelische Stånde / und deren Unterthanen ferner ungravirt bleiben mögen.

Item / daß man in dergleichen freywilligen Hülffen an die pluralitatem Votorum nicht gebunden seyn wölle / und keines Liberalitåt den andern præjudiciren / oder nachtheilig seyn/ auff solche majoritåt sich zu fundiren eingewilligt/ oder nachgesehen werden soll.

Daß auch dem Kåyserl. und der Stånde Cammer-Gericht ernstlich anbefohlen werde / die Stånde des Reichs bey ihren Freyheiten / Austrågen und Jurisdiction, allerdings verbleiben zu lassen/ und nicht wie ein zeithero fast gemein werden wöllen/ darwider per mandata cum & sine clausula, oder in andere Wege / zu beschweren / auch in Erörterung der Sachen solchen Fleiß zu erweisen/ damit derselben jåhrlich weniger nicht definitivè gebührlich entschieden / als zu Urtheil endlich gesetzt werden/ dann sonsten dieses höchste und obriste Gericht des Teutschen Reichs / sua mole besorglich zu hauffen fallen würde.

Wie dann dieser und anderer mehr / als der Revision-Sachen / der Uberstimmung / und anderer hiervor mit einander vertraulich tractirter/ und dem Reichs-Tag anhångiger / auch im Kåys. Ausschreiben begriffener Puncten halber / ein jeder Herr seine Råthe nothdürfftig zu instruiren / und dahin zu weisen wird wissen / mit der andern Correspondirenden Evangelischen Stånde Gesandten hievon vertraulichst zu conferirn / u. nach Möglichkeit sich zu vergleichen / auch ferner ein jeder seine benachtbarte Stånde / und mit denen sie in gutem Vertrauen stehen / auch bey denselben dem gemeinen Wesen zu guten / etwas verhoffen zu erhalten / zu vermahnen / und nit unterlassen soll / denen Ihren Befehl mit zu geben / oder nachzuschicken / mit und neben andern das beste einwenden zu helffen / und / so viel möglich / dahin zu arbeiten/ damit man zu Erhaltung Teutscher Libertåt steiff zusammen setzen / und gleichsam aus einem Horn blasen und einhellig votiren möge / und seynd zu diesem End auch von hieraus / an etliche Chur und Fürsten freundliche Erinnerungs-Schreiben ausgefertiget worden.

ANNO 1603.

Der Straßburgischen Stiffts-Sachen halben in specie ist auch eine sonderbahre Deliberation gehalten / und nachdem sich befunden / daß man auff Lothringischer Seiten zu gütlicher Vergleichung nicht ungeneigt / ist es dahin erwogen worden / daß auch auf des Herrn Administratoris und Capitularn Seiten solche Güte nicht auszuschlagen oder zu verwerffen sey / und soll durch fügliche Mittel und Weg dahin getrachtet werden / wie zum förderlichsten darzu zu gelangen / jedoch daß solche Handlung gesambt / und gemeiner Sachen zu guten / fürgenommen / auch die Stadt Straßburg und Evangelische Capitulares darvon nicht ausgeschlossen werden/ darzu sich der Herr Administrator erbietig gemacht hat.

Demnach auch von den anwesenden Fürsten und Fürstlichen Gesandten Vorschlag beschehen / daß berührter Güte halben / mit Lothringen / die Königliche Würde zu Franckreich zu ersuchen und zu vermögen seyn solte / und solches durch Herrn Land-Grafen Mauritzen zu Hessen Fürstl. Gn. beschehen möchte.

Item daß jetztgedachtes Herrn Land-Grafen Fürstl. Gnaden auch bey des Hertzogs zu Wirtenberg Fürstl. Gnaden einen Versuch zu thun / gütliche Vergleichung zu erhandeln / wofern nun des Herrn Land-Grafen Fürstl. Gn. diese Verrichtung über sich zu nehmen gemeynt / wollens Pfaltz Chur-Fürstl. Gnaden solches / und das etwas nutzlichs und guts ausgerichtet werden möge / gern sehen.

Damit aber immittelst vorstehender Güte die Sach dem Herrn Administratorn und Evangelischen Capitularn zum besten in etwas auffrichtig erhalten werden möge / haben die anwesenden Chur-und Fürsten und der abwesenden Råthe und Gesandten / ihrer gnådigsten und gnådigen Herrn wegen / verwilligt / unangesehen Chur-Brandenburg hierbey gar nichts zu thun gemeynt ist / ein Anzahl Geldes jetzt alsbalden zu contribuiren und herzuleyhen / und benantlich des Pfaltz-Grafen Churfl. Gn. (über dasjenig / so sie des Herrn Administratoris Fürstl. Gn. aus freundlichen freyen Willen und guter Affection besonders zu geben verwilliget) Sechs tausend Gulden / Herr Johanns Pfaltz-Graff Ein tausend Gülden / Herr Georg Friedrich / Marggraff in Brandenburg / Fünff tausend Gülden / Herr Moritz Land-Graff zu Hessen/ Fünff tausend Gulden / und Herr Ernst Friedrich Marggraff zu Baden (Zwey tausend Gulden / jedoch mit dem Beding / (wie man auch des Herrn Administratoris Fürstl. Gn. erbiethen / dahin verstanden) daß was also jetzmahls / oder auch hievor / und benantlich Chur-Pfaltz / die obbemeldte Sechs tausend Gülden / dann ferner auch noch Zwey tausend Gulden / und Vier tausend Rthlr. so unlängsten Seiner Fürstl. Gnaden baar fürgesetzet worden / von dern Recompens , so sie durch Unterhandlung erlangen mögen / wieder erstattet / und deßwegen von ihrer Fürstl. Gn. gebührende Versicherung beschehen / und von sich gegeben werden soll.

ANNO 1603.

Beneben diesem ist auch nothwendig angesehen worden / allerseits Räthen / auff dem Reichs-Tag Befehl mit zu geben / mit allem Fleiß es dahin zu befördern / damit dem Administratori hohen Stiffts Straßburg die gebührende Session und Stimm im Reichs-Rath gegeben und eingeraumbt / oder im Fall solches nicht zu erhalten / in allweg verhüten / daß auch Lotharingen keines weges darzu gelassen werde / darunter dann auch mit der Chur-Brandenburg und anderer Evangelischer Stände Gesandten bey künfftigen Reichs-Tag zu reden / und sich zu vergleichen seyn würde.

Demnach auch Chur-Pfaltz / den Herrn Land-Grafen zum Leuchtenberg / als Römisch. Käyserl. Maj. zu Ihrer Churfürstl. Gn. abgefertigten Commissario, in dero Antwort gnugsam / und nach Nothdurfft ausgeführet / daß man die Evangelische Capitulares von dem Stifft ausschliessen zu lassen mit bedacht / gestalt solche Antwort allerseits anwesenden Fürsten und Fürstlichen Gesandten communiciret worden / als ist gleichergestalt für gut angesehen worden / daß ein jeder anwesender correspondirender Stand seine Gesandten auf dem Reichs-Tag dieses Puncten halben instruiren soll / bey demselben scopo einmüthiglich zu verharren / und weil es zu Erhaltung der gemeinen Sachen gereicht / auch andere Stände oder Gesandten darzu zu informiren.

Und dieweil die anwesende Fürsten und Fürstl. Gesandten fürgeschlagen / daß zu fernerer Continuirung und Fortsetzung dieses Wercks man sich eines andern Tags und Zusammenschickung der Räthe vergleichen / und solcher von Chur-Pfaltz benandt / und ausgeschrieben werden solte / da lassen ihre Churfürstl. Gnaden ihr ein solches gleichwohl nicht allerdings zuwieder seyn; dieweil aber noch zur Zeit gantz ungewiß / was für Stände zu beschreiben / und welche zum Werck verstehen möchten / auch hiebevor vermerckt worden / daß der Herr Churfürst zu Brandenburg ungern gesehen / wann dergleichen Täge ohne Dero Churfüstl. Gnaden Vorbewust angesetzet worden / also stellens Pfaltz Churfürstl. Gnaden dahin / da sie von andern vernehmen / und berichtet werden / was für mehr Stände hierzu verstehen wöllen / sonderlich auch wie der Herr Churfürst zu Brandenburg hierinnen affectioniret / daß sie alsdann nach besundner Gelegenheit / der Ausschreibung halben / kein Mangel erscheinen lassen wölle.

Diß alles und jedes in gegenwärtiger Abred begriffen / und was sonsten mit einander vertreulich tractiret und gehandelt worden / soll in höchster Geheim verbleiben / auch dardurch denjenigen / auf unterschiedlichen zu Franckfurt / Friedberg und anderswo / nun etlich verschienen Jahr hero / gehaltnen Correspondenz-Tägen gemachten Abschieden / nichts derogiret / oder entzogen seyn / sondern dieselben in ihren Kräfften und Würcklichheit verbleiben.

Zu Urkund haben die anwesende Chur-und Fursten / und der abwesenden Räthe und Gesandten diesen Abschied mit eignen Händen unterschrieben / und mit aufgedruckten dero Secreten und Petschafften bekräfftiget. Geben und geschehen zu Heidelberg den 12. Monaths-Tag Februarii, im Jahr sechszehenhundert und drey.

XIII.

21. Juill.

SAVOYE ET GENEVE.

Traité de Paix appellé le Traité de St. Julien, *fait & conclu entre* CHARLES EMANUEL *Duc de Savoye, & la Seigneurie & Ville de* GENEVE. *A St. Julien le* 21. *Juillet* 1603. Avec *les* PLEIN-POUVOIRS *&* RATIFICATIONS *de part & d'autre*; Et les VERIFICATIONS *du Senat & de la Chambre des Comptes de Savoye, & du Senat de Piémont*; Comme aussi *une* DECLARATION *de son Altesse en faveur des Bourgeois & Habitans de* GENEVE, *portant qu'ils sont & doivent être exempts de toutes Daces, Péages, & Traites, donnée à Turin le* 21. *Decembre* 1617. Une autre *de la Chambre des Comptes de Piémont pour le même effet, du* 15. *Mars* 1618. Et *un* COMMANDEMENT *de son Altesse au premier Huissier à ce requis pour l'execution des Annexes. A Turin le* 16. *Mars* 1618. [LYMNÆUS Enucleatus Lib. III. Cap. XXII. pag. 442. Copie imprimée à Geneve en 1619. *in* 8.]

ANNO 1603.

Au nom de Dieu, Amen.

COMME ainsi soit, que pour la Pacification des troubles advenus au mois de Decembre 1602. entre tres-Haut, tres-Puissant, & Serenissime Prince, Monseigneur Charles Emanuel par la Grace de Dieu Duc de Savoye &c. & les Seigneurs de la Ville de Geneve, & pour eviter aux sinistres consequences, & effets de la continuation d'iceux, auroit semblé bon aux Magnifiques & puissans Seigneurs des cinq Louables Cantons de Glaris, Basle, Soleurre, Schaffuze, & Appenzel, du sceu & consentement des Magnifiques & puissans Seigneurs des autres Cantons, de deleguer leurs Nobles, & Prudens Ambassadeurs, sçavoir pour Glaris, les Seigneurs Jean Henry Schwartz, Lieutenant, & Nicolas Schuler, Landshauptmann: Pour Basle, les Seigneurs Jacob Gotz, & André Ryff Conseillers de ladite Ville: pour Soleurre, les Seigneurs Pierre Suri, Banderet, & Jean Jacob de Stal, Chevalier, & Boursier de ladite Ville: pour Schaffuze, les Seigneurs George Meder Bourgmaistre, & Henry Schwartz Docteur és Droits, & Conseiller de ladite Ville: pour Appenzell, les Seigneurs Ulrich Naf, Landaman, Jean de Ham Chevalier, Landaman, & Banderet, & Sebastian Thorig aussi Landaman, & Banderet dudit Canton, par devers son Altesse ou bien Monsieur d'Albigny son Lieutenant General deça les Monts, & lesdits Magnifiques Seigneurs de Geneve; Lesquels Sieurs Ambassadeurs s'y seroient du consentement des Parties employés d'une bonne & Helvetiale volonté, pour ce est-il qu'apres plusieurs Assemblées & Conferences sur ce tenues à St. Julien, par l'entremise, intercession, & à la contemplation desdits Seigneurs Ambassadeurs, ont les Illustres Seigneurs Charles de Rochete Seigneur du Donjon, & de la Foretz premier President de Savoye, & Claude de Pobel, Baron de la Pierre, & Chambellan de S. A. Deputés de Sadite A. suivant le Pouvoir dont la teneur est inserée au bas du present Acte, & les Nobles & prudens Seigneurs Dominique Chabrey, Michel Rozet Sieur de Chateau vieux, & Jaques Lect Docteur és Droits & Seigneur de Confignon, tous trois anciens Syndiques & Conseillers de ladite Ville de Geneve, Jean Sarazin Docteur és Droits Conseiller & Secretaire d'Estat de ladite Ville, & Jean de Normandie Docteur és Droits, & Conseiller au Grand Conseil de ladite Ville, Deputés d'icelle, ont advisé, conclu, & arresté comme s'ensuit.

I. Que le Commerce & Traffic demeurera libre d'une part & d'autre, tant pour les personnes, que pour toutes sortes de Marchandises, vivres, bleds, vin, & autres denrées, en tous les Estats de S. A. sans aucune prohibition, restriction, ou limitation.

II. Auquel Commerce neantmoins ne s'entendera compris le sel, l'usage & debitement duquel ne sera permis dans les Estats de S. A. sinon de celuy des Greniers de sa Gabelle, & à la forme de ses Edits.

III. Pour celuy qui sera necessaire aux Citoyens, Bourgeois, Habitans, & Sujets de Geneve, hors les Estats de S. A. & riere les Terres & Villages de S. Victor & Chapitre & Maisons y enclavées, pourront lesdits de Geneve le faire transmarcher par dessus les Estats de sa dite A. sans y commetre abus.

IV. Toutes procedures faites contre ceux qui ont contrevenu aux Edits de sa dite A. pour le regard dudit sel, comme de mesmes pour le Commerce & transmarchement des graines & denrées, toutes peines & amendes encourües pour les faits susdits sont dés à present declarées nulles, de nul effet & valeur, reservées celles qui se trouveront jugées par autorité de la Cham-

ANNO 1603.

Chambre des Comptes de Savoye, executées & payées par les accusés & condamnés.

V. Les biens, fruicts, & revenus d'Armoy, Draillans, & autres Lieux riere le Duché de Chablaix, & Bailliages de Ternier, & Gaillard, possedés par les Seigneurs de Geneve en l'année mille cinq cents huictante neuf, lors de l'ouverture de la Guerre, leur seront promptement rendus & restitués sans nulle difficulté: (pour iceux recueillir entierement chacun an:) avec restitution de fruicts & arrerages dés la publication de la Paix de Vervins mille cinq cents nonante huict.

VI. De mesmes sera rendüe & restituée par lesdits de Geneve la Ville de S. Genis, & ce qui en peut despendre, en l'estat qu'elle se trouve de present, sans rien y alterer, ou innover en quelque chose que ce soit.

VII. Et pour ce qui concerne les Terres de S. Victor & Chapitre, toutes choses demeureront d'une part & d'autre en même estat qu'elles estoient lors de l'ouverture de ladite Guerre, en l'année mille cinq cens huictante neuf, sans rien innover en sorte quelconque.

VIII. Est accordé de la part de S. A. pardon & abolition generale à tous ses Sujets, qui ont porté les Armes pendant les Guerres & suivi le parti de Geneve, sans qu'eux ni les leurs en puissent jamais estre recherchés, ni molestés en leurs personnes ni biens. Et ce faisant seront remis & restablis en la possession & jouissance de tous leurs biens, non obstant tous Arrests & Sentences de Confiscations qui pourroient contre eux avoir esté rendües pour ce regard, lesquels Arrests & Sentences dés à present demeureront nulles, & de nul effect. Bien entendu qu'en cet Article ne seront compris les crimes commis hors ledit parti.

IX. Et quant à ceux qui sont sortis pour la Religion refuglés à Geneve, ils pourront revenir en leurs biens & maisons, & y demeurer vivans selon les Edits de S. A. Et en cas qu'ils vueillent faire profession d'autre Religion, il leur est permis de joüir & disposer de leurs biens, & de revenir en leurs maisons, & y demeurer quatre fois l'année, sept jours pour chaque fois, & ce à l'intercession desdits Seigneurs Ambassadeurs.

X. Tous ceux qui sont & seront Citoyens, Bourgeois & Habitans de ladite Ville de Geneve, ne pourront eux ni leurs Serviteurs & Domestiques estre troublés ni inquietés pour cause de leur Religion, pendant qu'ils sejourneront dans leurs Maisons, & biens situés dans les Estats de S. A. Ainsy pourront vivre & demeurer en la mesme liberté que par ci-devant, à la charge de ne dogmatizer.

XI. Les Citoyens, Bourgeois & Habitans de la dite Ville de Geneve suivant les Concessions & anciens Privileges des Serenissimes Predecesseurs de S. A. seront desormais exempts de tous Daces, Peages, Traverses, demi pour Cent, sur les Estats de S. A. (reservés les Droits des tiers Gentilshommes particuliers tels qu'ils ont été par ci devant:) en consignant toutesfois les Marchandises à tout le moins par les Lettres des voicture, & facture, sans qu'il soit loisible aux Daciers & Peagers de sadite A. de faire ouverture des caisses, cofres, paquets, tonneaux, ou balles desdites Marchandises, sinon en cas de fraude & abus. Et quant à la consignation de l'or & de l'argent monnoyé & non monnoyé, lesdits de Geneve en demeureront exempts, fors des sommes qui excederont cinquante escus, lesquelles, pour eviter abus, & pour la seureté desdits Marchands de Geneve, devront estre par eux declarées dans ladite Ville à celui qui sera deputé par la Seigneurie à ces fins, lequel en communiquera le registre au Procureur Patrimonial de S. A. lors qu'il luy sera demandé.

XII. Comme semblablement suivant les mesmes Privileges demeureront exempts lesdits de Geneve de toutes tailles, contributions, levées de graines, imposts, rations, decimes & de toutes autres charges, tant ordinaires qu'extraordinaires pour leurs biens qu'ils possedent à present riere les Estats de S. A. Et sont toutes saisies & subhastations faites pour raison desdites tailles, contributions, rations, & levées pendant les Trefves declarées nulles. Au cas que les conditions desdites Trefves ayent porté de ne lever aucunes rations, ou contributions &c. Et quant à celles qui auroient esté faites pour lesdites Contributions, rations ou arrerages deus pour le temps de la Guerre, elles tiendront sauf aux Proprietaires de rentrer dans leurs fonds, en rendant les deniers, despens, & tous legitimes Accessoires, demeurans les autres saisies & subhastations faites depuis ladite Paix de Vervins, nulles.

XIII. Tous Abbergemens quels qu'ils soient faits par les Magnifiques Seigneurs de Bern, pendant la tenue des Bailliages tiendront, & si aucuns s'en trouvent spoliés au prejudice desdits Abbergemens ils seront reintegrés avec restitution des fruicts.

XIV. Ne seront decernées aucunes prises de Corps, ou Adjournements personnels contre lesdits de Geneve, sinon pour matiere extraordinaire, & non pour choses legeres, & seront faits tous Adjournemens tant en matieres criminelles, que civiles és personnes des accusés, ou deffendeurs s'il est possible, & à faute de ce, à leurs Domestiques. Et ne trouvans ni les uns ni les autres, se feront en Domicille par affiction de Copie & notification à quelcun des Voisins, & non és lieux limitrophes.

XV. Confiscations n'auront lieu d'une part ni d'autre, faites à l'occasion de cette derniere Guerre: & quant à celles de la precedente, tant pour le regard desdits de Geneve, que ceux qui ont suivi leur parti, sera faite restitution des biens immeubles à la forme du Traité de Vervins. Et quant aux debtes actifs pour raison desquels ne seront intervenus Arrests ou Jugemens, estans encor les sommes en estre sans quittance authentique faite par ci-devant, elles pourront estre exigeés & demandeés, sans neantmoins aucun renfort de monnoye ni interests.

Depuis, sçavoir le 3. Juin 1604. par interpretation de cet Article la perte & renfort de monnoye & interests, a esté restrainte au seul cas des debtes en partie confisqués, & dont partie a esté payé reellement au Prince en vertu de ladite confiscation, & l'autre partie recelée par les Debiteurs, de laquelle partie recellée, & encor deüe lors du present Traitté ne sera payé aucun renfort de monnoye ni interest. Mais de tous autres en sera deu renfort de monnoye, & l'interest à forme du Droit. Et ainsi en a esté accordé.

XVI. Les Jugemens rendus par lesdits de Geneve en derniere connoissance pendant la tenue d'aucune partie des Bailliages en jugement contradictoire, comme aussi toutes autres Sentences rendües par Juges inferieurs non suspendues par Appellations ci-devant relevées, ensemble toutes subhastations faites pendant ledit tems tiendront, & sortiront leur entier effect.

XVII. Tous Jugemens rendus d'un costé & d'autre pendant ceste derniere Guerre en contumace, ou avec Procureur non fondé, sont dés à present declarés nuls & de nul effect.

XVIII. Les Provisions & Sentences obtenues contre ceux de Geneve pour les biens & fruicts Ecclesiastiques par eux possedés en ladite Année 1589. demeureront pour ce regard nulles & de nulle valeur.

XIX. Se contente S. A. de ne faire assemblée de Gens de Guerre, ni Fortifications, ni tenir Garnisons à quatre lieües pres ladite Ville de Geneve.

XX. Tous Prisonniers qui n'auront accordé de leur rançon, seront mis en liberté de part & d'autre, le jour aprés la publication du present Traitté, en payant raisonnablement leurs despens.

XXI. Tout ce que ladite Ville de Geneve aura receu l'An 1598. soit en lods, dismes, censes, & revenus Seculiers ou Ecclesiastiques demeurera au profit de ladite Ville. Et ne pourront les particuliers estre recherchés pour en faire derechef payement, & tiendront les Investitures que les particuliers ont obtenues desdits de Geneve, sans qu'ils soyent tenus d'en prendre de nouvelles, reservé neantmoins ce qui auroit esté prins & retiré en temps de Paix.

XXII. Lesdits de Geneve, comme aussi tous le contenu au present Traitté, demeureront comprins au Traitté de Paix perpetuelle de Vervins, suivant la Declaration & Patentes de sa Majesté tres-Chretienne du 13. d'Aoust mil six cents & un. Et lequel Traité de Vervins s'entendra confirmé, non obstant la prise des Armes, & tous actes d'hostilité survenus dés le mois de Decembre de l'année derniere: la memoire desquels & de toutes aigreurs demeurera à jamais esteinte & abolie: & tous entrepreneurs, & perturbateurs du repos public seront punis & chastiés comme infracteurs de la Paix.

XXIII. Sont reservés au present Traitté de la part de S. A. nostre S. Pere le Pape, & le Sainct Siege Apostolique, l'Empereur, & le S. Empire, les deux Roix, & les Traittés que sadite A. a avec la Couronne d'Espagne, & les Magnifiques Seigneurs des Ligues. Et de la part desdits de Geneve sont reservés l'Empereur, & le S. Empire Romain, sa Majesté tres-Chrestienne, lesdits Magnifiques Seigneurs des Ligues, & les Alliances & Traittés qu'ils ont avec la Couron-

ANNO 1603.

ne de France, & les Magnifiques & puissans Seigneurs des Loüables Cantons de Zurich & Berne.

XXIV. Promettent lesdits Deputés de S. A. de rapporter la Ratification & Approbation du present Traitté au pied d'icelui dans six jours prochains, & de plus de le faire emologuer, & interiner és Senats & Chambres des Comptes de sadite Altesse deçà & delà les Monts dans deux mois aussi prochains, sans payement d'aucuns emolumens. Fait, passé, arresté, & conclu à S. Julien le 21. de Juillet stil nouveau, mil six cents & trois.

ROCHETTE. POBEL.

CHABREY. ROSET.

LECT. SARAZIN.

DE NORMANDIE.

Teneur du Pouvoir des Deputés de sadite Altesse.

CHARLES EMANUEL par la grace de Dieu, Duc de Savoye, Chablais, Aouste, & Genevois, Prince & Vicaire perpetuel du S. Empire Romain, Marquis en Italie, Prince de Piedmont, Marquis de Saluce &c. A nos tres-Chers bien aimez & feaux Charles de Rochette notre Conseiller d'Estat & premier President de Savoye, & Claude Pobel Baron de la Pierre notre Conseiller d'Estat, desirans toujours de preferer le repos public à toutes autres considerations de notre particulier interest, & eviter par ce moyen les mauvaises consequences de la Guerre: Et estant vraisemblable que si nous venons à condescendre à un Traité d'accomodement avec ceux de Geneve, ils y entendront aussi volontiers de leur part, pour eviter les dommages & inconveniens qu'ils pourroient encourir par la suite d'une ouverture de Guerre. Pour ce est il qu'estant à cet effect requis de nommer & deputer Personnages qui comparoissent de notre part au lieu de St. Julien, assigné pour telle Conference, confians en vos prudences, fidelité & integrité; nous vous avons choisis & deputés, choisissons, & deputons par ces presentes signées de nôtre main, pour comparoir en nostre nom au dit Lieu aux fins de traitter avec eux à une Paix; ou d'un mode de vivre, avec pouvoir & autorité que nous vous donnons de proposer, traitter, resoudre, promettre, & faire tout ce que vous jugerez estre de nostre service, & convenir pour la perfection dudit Traité: Promettans en foy & parole de Prince d'avoir à jamais pour ferme, stable, & agreable tout ce que par vous sera fait, traitté, promis & resolu en ce que dessus, circonstances & dependances, & de le ratifier, sans permetre que jamais il y soit contrevenu directement ou indirectement en maniere que ce soit: De ce faire vous avons donné, & donnons Pleinpouvoir, Autorité, & Mandement special par cesdites presentes, pour corroboration desquelles, nous y avons fait apposer le grand Seau de nos armoiries, & contresigner par l'un de nos Secretaires d'Estat. Donné à Turin le 25. jour du mois de Fevrier 1603. *Signé*, CHARLES EMANUEL, *& au dessous*, Visa PROVANA, *& plus bas* RONCAS, *& scellé en placart en cire rouge.*

Teneur du Pouvoir de la Seigneurie de GENEVE.

NOUS Syndiques, Petit & Grand Conseil de Geneve, estant requis d'aviser avec les Seigneurs Deputés de S. A. de Savoye suivant leur Pouvoir expedié à Thurin le 25. de Fevrier dernier, à quelque accommodement & moyens de Paix, pour eviter les maux que la Guerre traine aprés soi, par meure deliberation, preferans le repos public à notre particulier Interest, & estant suffisamment informés de la suffisance, fidelité, & experience des Nobles & prudens Dominique Chabrey, Michel Roset, Jaques Lect, Jean Sarazin, & Jean de Normandie nos feaux Conseillers, les avons commis & députés, commetons & deputons par ces presentes pour en nostre nom comparoir au lieu de St. Julien, conclurre & accorder avec les Deputez de sadite A. des Articles de ladite Paix, iceux signer en nostre nom afin qu'ils vaillent à perpetuité, promettans de les ratifier toutes fois & quantes. De ce vous donnons plein pouvoir, autorité, & mandement special par ces presentes données sous nôtre Seau commun & seing de nôtre Secretaire ce 24. Juin 1603. *Signé* GAUTIER, *& scellé en placart de cire rouge.* (*Suivent aprés les signatures des Deputez de part & d'autre.*) ROCHETTE, POBEL, CHABREY, ROSET, LECT, SARAZIN, DE NORMANDIE. (*Puis est escrit.*)

Pour avoir esté presens & Mediateurs les Nobles, prudens, & trés-honorés Seigneurs Ambassadeurs des Magnifiques & puissans Seigneurs des Cantons de Glaris, Basle, Soleurre, Schaffuze, & Appenzell, & en tesmoignage de la verité des choses traitteés, ont lesdits Sieurs Ambassadeurs signé le present Traitté. Et y seront apposés les Seaux des Magnifiques Seigneurs des Cantons susdits. *Signé.*

HANS HENRICH SCHWARTZ.

NICOLAUS SCHULER.

JACOB GOTZ.

ANDREAS RYFF.

PIERRE SURY.

JEAN JAQUES VON STAAL.

GEORGE MEDER.

HENRICH SCHWARTZ.

ULRICH NAF.

JOHANN VON HEIMEN.

SEBASTIAN THORIG.

RATIFICATION *de S. A.*

NOUS Charles Emanuel par la grace de Dieu Duc de Savoye, Chablais, Aouste, & Genevois, Prince & Vicaire perpetuel du S. Empire Romain, & de Piedmont, Marquis de Saluces &c. Ayant le susdit Traitté pour agreable en tous & chacuns les Poincts & Articles y contenus, avons iceux, tant pour nous, que nos Successeurs à l'advenir quelconques, approuvé, ratifié & confirmé, approuvons, ratifions & confirmons par ces presentes, & le tout promettons de bonne foy, & parole de Prince garder, observer, & entretenir inviolablement, sans jamais y contrevenir directement ou indirectement, en maniere que ce soit. En tesmoin dequoy nous avons signé cesdites presentes de nostre main, & à icelles fait mettre nostre Seel, & contresigner par nostre premier Secretaire d'Estat. Donné à Thurin le 24. Juillet 1603. *Signé*, CHARLES EMANUEL, *& au dessous* Visa, PROVANA, *& plus bas* RONCAS. *Et scellé du grand Seau en cire rouge pendant en queüe blanche.*

RATIFICATION *de Geneve.*

NOUS Syndiques, Petit & Grand Conseil de Geneve, ayant veu tous les Articles du Traitté conclu & arresté au lieu de S. Julien le 21. de ce mois par les Seigneurs Deputez de S. A. de Savoye, & les nostres en la presence & par l'entremise des Seigneurs Ambassadeurs de cinq Cantons de Glaris, Basle, * Soleurre, & Appenzell, par meure deliberation de nostre Conseil, avons iceluy Traitté de S. Julien approuvé, ratifié, & confirmé en tous ses Poincts, & Articles, comme par vertu des presentes nous l'approuvons, ratifions & confirmons pour nous & les nostres à l'advenir quelconques, promettant l'observer & garder inviolablement, faire observer & garder sans y contrevenir directement ou indirectement en maniere que ce soit. En foy dequoy avons donné les presentes sous nostre Seau & seing de nôtre Secretaire d'Estat. Ce 18.. de Juillet 1603. *Signé*, GAUTIER, *& scellé.*

VERIFICATION *du Senat de Savoye.*

Extrait des Registres du Souverain Senat de Savoye &c.

LE Senat, veus les Articles & Traitté, d'entre S. A. & les Syndiques, Petit & Grand Conseil de la Ville de Geneve en date du 21. Juillet dernier, a iceux Articles

* C'est ainsi que le porte la Copie imprimée du *Lymnaus enucleatus*, mais sans doute par une faute d'impression. Il faut lire *Soleurre, Schaffuse, & Appenzell.* [D. M.]

ANNO 1603.

ANNO 1603.

ticles & Traité emologué, & verifié, & interiné, dit & ordonné que le tout sera registré, és Registres dudit Senat pour y avoir recours par ci-aprés. Fait à Chambery audit Senat, & prononcé le 12. Novembre 1603. *& plus bas*, Collation faite, *Signé*, RAIMOND.

VERIFICATION *de la Chambre des Comptes de Savoye.*

Extrait des Registres de la Souveraine Chambre des Comptes de Savoye.

LA Chambre, veu le Traitté d'entre S. A. & les Syndiques & Conseil de la Ville de Geneve en date du 21. de Juillet dernier passé: a iceluy Traité emologué & interiné; ordonnant qu'il sera registré és Registres de ladite Chambre. Fait à Chambery au Bureau des Comptes, & prononcé le 14. Novembre 1603. *& plus bas*, Collation faite, *Signé* BENOIST.

VERIFICATION *du Senat de Piedmont.*

Il Senato Ducale de quà da Monti in Torino sedente.

Ad Ogniuno sia manifesto che visti, & letti li Capitoli presentati per il Trattato con quelli di Geneva, & uditi li Fiscali nelle luoro conclusioni, attesa la giussione di S. A. Serenissima, habbiamo ordinato & ordiniamo doversi per quanto à noi spetta, detti Capitoli interinar, come gl' interiniamo, Mandando siano registrati nelli Registri nostri per haverli all' avenire raccorso se bisognera. Dat. in Torino nel Senato li vinti sette di Luglio mille sei cento quatro. Et plus bas, *Per l'Eccellentissimo Senato sudetto.* Seellé du grand Seau de S. A. en placart, & signé,

ROLANDONO.

Depuis pour plus grande asseurance & corroboration du present Traité, & suivant l'Article dernier d'iceluì, les Seaux desdits Magnifiques & Puissans Cantons de Glaris, Basle, Soleurre, Schaffuze & Appenzell, Uss Roden, & in Roden ont été apposés & attachés à l'un des Originaux du present Traitté, qui à ces fins leur fut porté & presenté de Canton en Canton par les Deputés de la Seigneurie de Geneve, au mois de Novembre mil six cents quatre.

CHARLES EMANUEL par la grace de Dieu, Duc de Savoye, Prince de Piedmont &c. Ayant veu la Requeste cy joincte à nous presentée de la part des Citoyens, Bourgeois, & Habitans de la Citté de Geneve, & ayans bien consideré la teneur d'icelle: Estans memoratifs de l'Accord par nous passé au Traitté de S. Julien mentionné en ladite Requeste, en faveur desdits supplians en confirmation & observation d'iceluy par les presentes de nostre certaine science & propre authorité, & aussi avec l'advis de nostre Conseil, nous defendons aux Fermiers de nos daces, peages, traverses & demy pour cent de fascher en aucune sorte & reallement ny personnellement les susdits Citoyens, Bourgeois & Habitans de Geneve trafiquans & negotians dans nos Estats, pour le payement des daces & Droits par eux respectivement pretendus pour lesdites choses, desquels en vertu du susdit Accord ils demeurent libres & exempts. Et par ainsi nous imposons aux susdits Fermiers, à leurs Agens & Ministres & aux autres que requis sera, silence perpetuel sous peine de nullité de tout ce qui se fera ensuivi au contraire, & autre à nous arbitrale. Mandant partant à nostre Chambre des Comptes deçà, & delà les Monts, & autres à qui il appartiendra, & à qui les presentes parviendront, qu'ils les observent & facent entierement & inviolablement observer ausdits supplians sans y mettre plus difficulté ny attendre autre responsé pour autant qu'ils tiennent chere nostre grace, car telle est nostre intention. Donné à Turin le XXI. de Decembre mil six cents dix sept.

C. EMANUEL.

V[a]. ARGENTERO.

V[a]. SOARDOS.

PERSICARDO.

GROTTI.

GIOBERTI.

ANNO 1603.

POUR les Citoyens, Bourgeois & Habitans de Geneve trafiquans dans les Estats de V. A. Inhibitions de molestes pour le payement des Daces, Gabelles, Peages, demy pour Cent en observation de l'Accord de V. A. au Traitté de S. Julien . . . . aux Fermiers.

Solvit Lib. quinquaginta

Locus Sigilli.

ARGENTERO.

PERSICARDO.

GIOBERTI.

Per Livre cinquanta.

MAGALLIS.

Serenissime Seigneur.

PAR le Traitté de St. Julien à l'Article onzieme & autres, fut accordé par V. A. Serenissime aux Citoyens, Bourgeois & Habitans de Geneve immunité & exemption de tous Daces, Peages, Traittes, Gabelles, demi pour cent & autres Droits & Imposts, Trafic & Commerce qu'iceux feroient sur les Estats de V. A. Serenissime comme le tout se void approuvé & interiné des Magistrats tant deça que dela les Monts. Maintenant lesdits Citoyens, Bourgeois & Habitans de Geneve venans dans les Estats de V. A. tant pour debiter que pour acheter Marchandises sont molestez tant à leur arrivée que retour pour lesdits Daces & autres Droits, & sur tout és lieux de Suse & Turin, & entre les autres Louys Trembley, Jean Flournois, & Jaques Bourlamachi, & ce non obstant leur attestation authentique d'estre de Geneve, ont esté contraints de donner caution pour lesdits Droits, jusqu'à ce que ladite exemption fut verifiée. Mais parce que ce n'est pas l'intention de V. A. Serenissime que ladite exemption soit enfreinte & violée, moins qu'elle soit alterée & qu'il soit innové sur la liberté du Commerce: Pource en faisant foy du susdit Traitté & attestation, on a recours à V. A. Serenissime.

La suppliant humblement, qu'il luy plaise faire inhiber & defendre toute & chacune sorte de moleste & facherie ausdits Citoyens, Bourgeois & Habitans de ladite Citté de Geneve, lesquels trafiquent dans les Estats de V. A. pour les susdites Traittes, Gabelles, Daces, Peages, demy pour cent, & autres Imposts, & commander qu'on aye sans aucun delay a liberer les susdits Louys Trembley, Jean Flournois, & Jaques Bourlamachi, & leurs cautions qu'ils ont baillé pour lesdits Droits, avec ordre à la trés-Excellente Chambre & autres Magistrats de faire inviolablement observer en tout & par tout ladite exemption conformement au susdit Traité, ce qu'on espere de la bonté & justice de V. A. Serenissime.

S. A. mande à la Chambre que en conformité du Traitté de S. Julien on ne les face payer. A Rivoles le 21. de Decembre 1617. Signé, CROTTI.

LA Chambre des Comptes de nostre Seigneur Serenissime Seigneur Charles Emanuel par la grace de Dieu Duc de Savoye, Prince de Piedmont, seante à Turin &c. Soit à chacun manifeste, qu'ayant la Supplication cy jointe avec les conclusions du Sr. Advocat Patrimonial escrites au pied d'icelle, & le Decret de S. A. Serenissime du 21. Decembre dernier, mis au pied de la dite Supplication, & ayant bien consideré la teneur du totage: veu les Jussions de sadite Altesse, & pour obeir a icelles & non autrement, il nous a semblé bon de mander, comme par les presentes mandons, que le Decret de S. A. susdesigné selon sa forme & teneur, soit observé aux suppliants d'iceluy, declarans toutesfois que l'exemption soit entendüe seulement au regard des Citoyens, Bourgeois, & Habitans, qui effectuellement habiteront dans ladite Cité de Geneve, & non autre part, & pour les Marchandises qui proprement leur appartiendront, & non à leurs Associés ou à qui que ce soit, qui soit en communion avec eux. Et pour lequel effect seront tenus pour les Marchandises qu'ils leveront de ladite Cité pour les conduire en ses Estats, rapporter attestations, deüement expediées, scellées & souscrites, par le Secretaire au bas desdites Lettres de facture, & voiture, & ce des Seigneurs Syndiques de la dite Cité, lesquels ils seront tenus remettre au premier Bureau de la Doüane, & aussi luy consigner lesdites Marchandises apportées de la di-

ANNO 1603.

te Ville, & quant aux autres Marchandises qu'ils voudront faire passer en quelque sorte que ce soit par les Estats de S. A. ou transmarcher desdits Estats pour les mener à Geneve, seront obligez les consigner aux Bureaux accoutumez de la traite & daces de Suse respectivement, & leur remettre l'attestation de leur habitation, Bourgeoisie, & de Citoyen, & estans arrivés à la dite Cité, envoyer ausdits Peagers les attestations faites comme sus est dit, & que les Marchandises conduites en ladite Ville appartiennent en proprieté à celuy tel, qu'il les aura fait passer, ou les aura levées, ou fait lever ou passer, & ce dans trente jours, excepté que si ou en achetant, ou faisant passer lesdites Marchandises, ils eussent presenté & remis aux dits Peagers respectivement les attestations des susdits Seigneurs Syndiques, dans lesquelles outre la qualité de Citoyen, Bourgeois & Habitant, il fust affermé la qualité & quantité desdites Marchandises, qu'ils doivent faire conduire, ou enlever respectivement. Auquel cas est declaré cela devoir suffire & estre bastant faus les obliger davantage à rapporter ni remettre les attestations du retour susmentionnées, & avec condition qu'il ne se commette en aucun des susdits cas aucun abus, en façon que ce soit. Moyennant lesdites Attestations & consignations cy-dessus respectivement enoncées seront tous lesdits Peagers, chacun en ce qui le concerne, tenus, comme ainsi leur commandons, expedier ausdits Suppliants les Bulettes en forme deüe sans aucun payement, & que retenans lesdites Attestations avec la Copie authentique du susdit Decret & des presentes, ils demeureront dechargés de ce qui importera des Droits de la Doüane, Traites, Daces de Suse, & passage pour les Marchandises, qui, comme sus est dit, seront consignées, introduites, & levées respectivement sera requis & expedient. Et en foy de ce avons concedé les presentes, lesquelles mandons estre enregistrées dans nos Registres pour y avoir recours quand besoin sera. Donné à Turin le 15. Mars 1618.

Par la susdite tres-Illustre Chambre Ducale.

Signé, FACIOTO.

Très-Excellens Seigneurs &c.

LA bonne intention de son Altesse Serenissime s'est declarée par son Arrest, du 21. Decembre 1617. voulant que les Citoyens, Bourgeois & Habitans de la Cité de Geneve, jouïssent des immunitez & exemptions à eux accordées au Traitté de S. Julien de l'An 1603. & que cela fut inviolablement observé pour les Daces, Peages, Traittes, Gabelles, demi pour cent, & autres Droits & Imposts sur le Trafic & Commerce qu'iceux font dans les Estats de S. A. Serenissime. Mais parce qu'en ceci il est necessaire l'interinement de la trés-Illustre Chambre, on y a recours: suppliant humblement attendu ledit Arrest, & la Justice vouloir icelui interiner conformement à sa forme & teneur, & en tout & par tout le predit Accord de S. Julien sauf avec nouvelle defense aux Fermiers desdits Droits de ne molester les susdits Habitans, Citoyens, & Bourgeois de la dite Cité, lesquels trafiquent & commercent par les Estats de S. A. Serenissime, & ce sous griefve peine. Ce que comme juste on espere d'obtenir.

Soit communiqué à l'Advocat Patrimonial BENSO. A Turin ce 3. Mars 1618.

Signé, FACCIOTTO.

LES Articles de la Paix de S. Julien ont esté en cette part, qui regarde les Privileges susdits interinez par l'Excellente Chambre, & ordonné que les supplíants devront jouir desdits Privileges ainsi & comme ils avoient accoutumé, de sorte qu'apresent n'estant necessaire nouvelle Verification, le Patrimonial conclud qu'elle soit observée aux conditions portées en icelle.

BENSO, Advocat Patrimonial.

XIV.

30. Juill.

FRANCE ET ANGLETERRE.

Traité de Confederation entre HENRI IV. *Roi de France*, & JAQUES I. *Roi d'Angleterre principalement pour la défense des Provinces-Unies des Païs-Bas, contre le Roi d'Espagne, fait à Hamptoncourt le 30. Juillet 1603.* [FREDERIC LEONARD, Tom. V. pag. 1.]

ANNO 1603.

PREMIEREMENT a esté accordé que les anciennes & non jamais interrompuës Alliances de France & d'Escosse seront non seulement renouvellées, confirmées & observées, & pareillement celles qui avoient esté contractées entre Sa Majesté & ses Prédecesseurs & la Serenissime Elizabeth ci-devant Reine d'Angleterre; mais aussi fortifiées & étraintes par toutes autres sortes de convention utiles & honorables: même par une Ligue, qui sera pareillement concluë entre leurs Majestés, pour la défense commune de leurs personnes, Roiaumes & Sujets: dans laquelle défensive seront compris tous les Alliés de part & d'autre, qui seront nommés communement par leurs Majestés dans certain temps.

II. Entre lesquels Alliés les Provinces-Unies du Païs-bas étans des Principaux & plus considerables, leursdites Majestés procureront mutuellement envers le Roi d'Espagne & les Archiducs de Flandres, qu'ils les veüillent laisser en repos & delivrer de toute invasion & hostilité, ou à tout le moins les reconnoître pour leurs Sujets ou de l'Empire, avec telles & si raisonnables conditions, qu'ils n'en puissent apprehender une domination trop entiere, & les Rois prendre une juste jalousie, laquelle ne leur peut manquer toutes les fois que sans leur intervention & consentement lesdites Provinces deviendront absolument Sujettes d'Espagne.

III. Et pource que pendant la negotiation de telle chose qu'on voudroit peut-être artificieusement tirer en longueur, les Espagnols voudroient se servir du temps, & faire un puissant effort contre lesdites Provinces, & les reduire par la violence & rigueur des Armes: leurs Majestés desirant conserver la dignité & grandeur que leurs Prédecesseurs leur ont laissée, & la reputation qu'ils se font eux-mêmes acquise: laquelle seroit infiniment endommagée, s'ils laissoient ainsi perir, sous ombre de leur assistance, ceux dont ils montrent desirer la conservation, & la procurent en toute maniere, conviendront ensemble, au cas que lesdits Sieurs Etats voudront suivre leurs avis & conseils, de les assister & secourir presentement d'une bonne somme d'argent, & suffisant nombre de Gens de Guerre, lesquels seront tous levés dedans les Païs, Terres & Seigneuries dudit Roi d'Angleterre, & les frais de ladite levée, solde & entretenemens entierement fournis des deniers de Sa Majesté: laquelle à cet effet mettra és mains desdits Sieurs Etats des Païs-Unis, les sommes pour ce necessaires, dont les deux tiers seront purement & simplement fournis par Sa Majesté, & l'autre tiers semblablement par elle, mais en deduction & paiement de ce qu'elle peut devoir audit Roi d'Angleterre.

IV. Lesquelles choses se feront le plus secretement & couvertement que faire se pourra, afin de ne préjudicier directement ni ouvertement à la Paix de France, ou à celle où l'Angleterre se pourra porter avec l'Espagne.

V. Mais pource que telles assistances peuvent offenser les Espagnols, & les induire tôt ou tard à ouvrir la Guerre contre la France & Angleterre, leurs deux Majestés en ce cas ont concordé les choses qui ensuivent. A sçavoir, si le Roi d'Angleterre est ouvertement attaqué tout seul par celui d'Espagne en aucuns lieux de ses Roiaumes & Etats, il sera assisté & secouru par le Roi d'une gaillarde & forte Armée, soldoiée pour tel temps que la necessité le requerera, laquelle ne pourra être moindre que de dix mille Hommes de Guerre.

VI. Davantage Sa Majesté fera paiement audit Roi d'Angleterre en trois années, par égales portions de tout ce qu'il lui pourra lors devoir de reste.

VII. Si pareillement le Roi est attaqué seul en aucun lieu de son Roiaume ouvertement par l'Espagne ou ses Adherans, Sa Majesté d'Angleterre sera tenuë de l'assister & secourir d'une forte Armée de Terre ou de Mer, au choix & option du Roi, laquelle ne pourra être moindre que de six mille Hommes, sans que ledit Roi d'Angleterre puisse pendant ce temps demander à Sa Majesté paiement d'aucune part & portion de ses dettes.

VIII. Davantage a été accordé, que si les deux Rois étoient ensemblement attaqués par l'Espagne, ou qu'ils fussent contraints par raison d'Etat, & pour la seureté, repos & utilité de leurs personnes, Roiaumes & Sujets, d'ouvrir communement la Guerre, qu'un chacun d'eux la fera de son côté, non point à demi, mais selon qu'il convient à la dignité & grandeur de tels Princes, & avec moiens suffisans, pour en faire esperer l'entiere delivrance des dix-sept Provinces des Païs-Bas.

IX.

ANNO 1603. IX. A sçavoir de la part du Roi avec une Armée de quinze ou vingt mille Hommes, qu'il jettera vers lesdits Païs, & tiendra les Provinces de Guienne, Languedoc, Provence, Dauphiné, Bresse & Bourgogne, munies d'un suffisant nombre de Gens armés, ensemblement d'une suffisante quantité de Galeres & Equipage de Guerre dans la Mer de Levant; afin de tenir non seulement les Côtes en seureté, mais donner juste jalousie au Roi d'Espagne, & par conséquent occuper & divertir partie de ses forces.

X. Et de la part du Roi d'Angleterre la Guerre se fera avec deux grandes Flottes dignes de faire de bons exploits vers les Indes & Côtes d'Espagne; & une Armée de Terre, laquelle ne pourra être moindre de six mil Hommes, le tout levé & soldoié à ses frais & dépens, sans que durant ce temps de Guerre commune ledit Roi d'Angleterre puisse presser Sa Majesté de ce qu'il lui pourra lors devoir de reste.

XI. Ni qu'aucun des deux Rois puisse faire Paix, amoindrir les forces ci-dessus, ni se départir des actes d'hostilité, que par le consentement mutuel l'un de l'autre, dont sera passé Instrument public & authentique, lors du renouvellement de l'Alliance, pour ce qui touche la Ligue défensive, & pour l'accomplissement des promesses secretes & reciproques. *Signé*, JACQUES; *& scellé du Scel ordinaire d'Angleterre, & contresigné*, CECIL.

Fait à Hamptoncourt le 30. Juillet 1603.

XV.

Septem. *Edit de* HENRI IV. *Roi de France pour le rétablissement des Jesuites en son Royaume, sous les Conditions y contenues. Donné à Rouën au mois de Septembre* 1603. [FAVIN, Histoire de Navarre Liv. XVIII. pag. 1206. d'où l'on a tiré cette Pièce, dont il n'y a qu'un Extrait dans METEREN, Hist. des Païs-bas. Fol. 551.]

HENRI par la grace de Dieu, Roy de France & de Navarre, à tous presents & avenir Salut. Sçavoir faisons que desirans satisfaire à la priere qui nous a été faite par notre Saint. Pere le Pape pour le retablissement des Jesuistes en celui notre Royaume, & pour aucunes bonnes & grandes considerations à ce nous mouvants. Avons accordé, & accordons par ces presentes signées de notre main, & de notre grace speciale, pleine puissance & authorité Royalle, à toute la Societé & Compagnie desdits Jesuistes, qu'ils puissent & leur soit loisible de demeurer & resider es lieux où ils se trouveront à present etablis dans notre Royaume; à sçavoir ez Villes de Tholose, Auch, Agen, Rhodez, Bourdeaux, Perigueux, Limoges, Tournon, le Puy, Aubenas & Beziers. Et outre lesdits Lieux nous leur avons, en faveur de sa Sainteté, & pour la singuliere affection que nous lui portons, encores accordé & permis de les remettre & retablir en nos Villes de Lyon & Dijon, & particulierement de les loger en notre Maison de la Fleche en Anjou, pour y continuer & retablir leurs Colleges & Residences aux charges toutes fois & conditions qui ensuivent.

I. Qu'ils ne pourront dresser aucun College ni Residence en autres Villes & endroits de cetui notre Royaume, Païs, Terres, & Seigneuries de notre obeissance, sans notre expresse permission, sur peine d'estre dechus du contenu en notre presente grace.

II. Que tous ceux de ladite Societé des Jesuistes etants en notre Royaume, ensemble leurs Recteurs & Proviseurs seront naturels François, sans qu'aucun Etranger puisse estre admis, & avoir lieu en leurs Colleges, & Residences sans notre Permission. Et si aucuns y en a apresent, seront tenus dans trois mois apres la publication de ces presentes, de se retirer en leur Païs. Declarons toutes fois, que nous n'entendons comprendre en ce mot d'Etranger, les habitans de la Ville & Comtat d'Avignon.

III. Que ceux de ladite Societé auront ordinairement pres de nous un d'entr'eux, qui sera François, suffisamment authorisé parmi eux, pour nous servir de Predicateur, & nous repondre des Actions de leurs Compagnons aux occasions qui s'en presenteront.

IV. Que tous ceux qui sont à present en notre dit Royaume, & qui seront cy-apres receus en ladite Societé, feront serment par devant nos Officiers des Lieux, de ne rien faire ni entreprendre contre notre service, la Paix publique & repos de notre Royaume, sans aucune exception ni reservation, dont nosdits Officiers nous envoyeront les Actes, & Procez verbaux ez mains de notre tres-cher & feal Chancelier. Et ou aucuns d'iceux, tant de ceux qui sont à present, que de ceux qui surviendront, seront refusants de faire ledit serment, seront contraints de sortir hors de notre Royaume. ANNO 1603.

V. Que par cy-apres, tous ceux de ladite Societé, tant de ceux qui ont fait les simples voeux seulement, que les autres, ne pourront acquerir dans notredit Royaume aucuns biens immeubles par achapt, donation ou autrement sans notre permission. Ne pourront aussi ceux de ladite Societé, prendre ni percevoir aucune succession, soit directe ou collaterale, non plus que les autres Religieux. Et neantmoins au cas que cy-apres, ils fussent licentiez, & congediez par la dite Compagnie, pourront rentrer en leurs Droits comme auparavant.

VI. Ne pourront ceux de ladite Societé prendre ni percevoir aucuns biens immeubles, de ceux qui entreront doresnavant en leur dite Societé, ains seront reservés à leurs Heritiers, ou à ceux en faveur desquels ils en auront disposé, avant que d'y entrer.

VII. Seront aussi ceux de ladite Compagnie sujets, en tout & par tout, aux Loix de notre Royaume, & Justiciables de nos Officiers, aux cas, & ainsi que les autres Ecclesiastiques, & Religieux y sont contraints.

VIII. Ne pourront aussi ceux de ladite Compagnie & Societé, entreprendre & faire aucune chose, tant au spirituel qu'au temporel, au prejudice des Evesques, Curés, & Universitez de notre Royaume, ni des autres Religieux, ains se conformeront au Droit commun.

IX. Ne pourront pareillement prêcher, administrer les Saints Sacrements, ni même celui de la Confession, à autres Personnes qu'à ceux qui seront de leur Societé. Si ce n'est par la permission des Evesques Diocesains, & Parlements des Lieux auxquels ils seront etablis par le present Edit, à sçavoir Tholose, Bourdeaux, & Dijon. Sans toutes fois que ladite Permission se puisse etendre, pour le Parlement de Paris, fors & excepté ez Villes de Lyon & la Fleche, auxquelles il leur est permis de resider, & exercer leurs fonctions, comme ez autres Lieux qui leur sont accordez.

X. Et afin que ceux de ladite Societé qui sont apresent retablis, ayent moyen de se pouvoir entretenir & vivre en leurs Colleges & Residences, nous leur avons permis & permetons, de jouïr de leurs rentes & fondations presentes & passées. Et au cas que sur icelles eussent été faites aucunes saisies, pleine & entiere levée leur sera faite.

Si donnons en Mandement à nos Amés & feaux Conseillers les Gens tenants notre Cour de Parlement à Paris, que ces presentes ils verifient & fassent lire, publier, & enregistrer; & du contenu en icelles jouïr & user pleinement & paisiblement ladite Compagnie & Societé de Jesuites, cessant & faisant cesser tous troubles & empêchements à ce contraires; Car tel est notre plaisir. Et afin que ce soit chose ferme & stable à toujours, nous avons fait mettre notre Sceel, à cesdites presentes. Sauf en autres choses notre Droit, & l'autruy en toutes. Donné à Roüen au mois de Septembre l'an de grace 1603. & de notre Regne le 15. *Signé*, HENRI; *& plus bas*, Par le Roy. RUZÉ *Visa*. Scecelé du grand Sceel de cire verte, en lacs de soye rouge & verte; & sur le reply.

Lenes, publiées, & registrées, ce requerant le Procureur General du Roy, du tres exprez Commandement de Sa Majesté, par plusieurs fois reiteré, & apres plusieurs Remontrances. Fait en Parlement le Vendredi 2. Janvier 1604. Signé, VOYSIN.

XVI.

Revers Königs Christiani IV. in Dennemarck / und Hertzog Johann Adolphs zu Schleßwig-Hollstein Gebrüderen / daß die ihnen von der Stadt Hamburg leistende Huldigung weder der Römischen Kayserlichen Majestät / dem Römischen Reich / noch besagter Stadt præjudicirlich seyn solle. Geben Wandsbeck den 27. Octobris 1603. [LUNIG, Teutsches Reichs-Archiv. Part Spec. Continuation II. Abtheilung IV. Absatz X. pag. 53.] 27. Oct.

C'est-

Anno 1603.

C'est-à-dire,

Revers de Christian IV. *Roi de Dannemarc, & de son Frere* Jean Adolphe, *Duc de Holstein, portant que l'hommage que la Ville de* Hambourg *leur a fait ne peut ni ne doit préjudicier en aucune maniere aux Droits de Sa Majesté Imperiale & de l'Empire, ni à ceux de la Ville même. A Wandsbeck le* 27. *Octobre* 1603.

Wir von Gottes Gnaden/ Christian der Vierdte/ zu Dennemarcken/ Norwegen/ der Wenden und Gothen König/ und Johann Adolph/ erwählter Bischoff zu Lübeck/ Erbe zu Norwegen/ Gevettern/ Hertzoge zu Schleßwig/ Hollstein/ Stormarn und der Dithmarschen/ Grafen zu Oldenburg und Delmenhorst ꝛc. Thun kundt hiermit vor Uns/ Unsere Erben und nachkommende regierende Hertzogen zu Schleßwig/ Hollstein/ Stormarn/ ꝛc. Nachdem wir von Unser Stadt Hamburg die gewöhnliche Huldigung gefordert/ Uns auch durch Unsere darzu verordnete Räthe mit Burgermeister und Rath der Solennitäten halben/ gnädigst/ auch unterthänigst und unterthänig/ nach dem Exempel Unserer Vorfahren/ wie deshalben ein Recess unter Unsern Händen und Secreten/ zwischen Uns und ihnen/ auch unter ihrem Stadt-Siegel aufgerichtet/ und beyderseits zu Nachrichtung behalten/ und aber immittelst von der Röm. Kayserl. Majestät Unserm freundlichen lieben Herrn Oheimen/ und allergnädigsten Herrn/ ein ernstlich/ bedraulich Inhibitorial-Mandat an gemeldte Unser Stadt Hamburg bey höchster Straffe und Pœn der Acht/ ausgegangen/ auch Burgermeistere/ Rath und der gantzen Gemeine insinuiret worden/ welches Uns zwar fast befrembdlich (weiln wir und Unsere löbliche Hn. Vorfahren in possessione vel quasi solcher Huldigung gewesen/ und noch seyn/) fürgekommen/ bemeldte Burgermeistere/ Rath und gantze Gemeine auch fast bestürtzet darüber geworden/ u. die Leistung der Huldigung derhalben in Zweifel gezogen/ auch Uns mit unterthänigst u. unterthänigem Fleiß bis auf andere gelegene Zeit dieselbige zu prorogiren und einzustellen/ gebeten/ welches wir doch/ vielerley Ursachen/ unter andern auch/ Unserer und von Unsern Hochseligen HErrn Vor-Eltern auff Uns wolhergebrachten possession vel quasi halben/ auch daß wir allbereits mit Unserer darzu beschriebenen Auffwartung im Abzug gewesen/ nicht bewilligen oder ihnen einräumen können: Daß wir derhalben ihnen gnädigst und gnädig sampt und besonderlich bey Unsern Königlichen Würden/ und Fürstlichen wahren Worten versprochen/ und zugesaget/ thun auch solches Krafft dieses hiermit/ erstlich/ daß der Actus dieser bevorstehenden Huldigung dem Heil. Römischen Reich/ der Röm. Kayserl. Majestät und der Stadt Hamburg/ auch der im Kayserl. Cammer-Gericht hangenden streitigen Exemption-Sachen/ zu keinem præjudicio und Nachtheil gerechnet/ gedeutet oder verstanden werden/ sondern denselbigen allen/ nicht weniger als Uns und Unsern Erben nachkommenden regierenden Hertzogen zu Schleßwig/ Hollstein/ alle Recht und Gerechtigkeit dadurch unverkürtzet seyn und bleiben solle.

Darnechst/ daß auch wir die gantze Stadt in gemein/ auch einen jeden Kauffmann und Bürger derselbigen obgemeltes Kayserlichen hochverpoenen Mandati halben/ bey höchstgemeldter Röm. Kayserl Majestät entschuldigen/ vertretten und verbitten/ ja auch gegen den Kayserl. Fiscal, und sonsten jedermänniglich inn- und ausserhalb Rechtens/ so offt/ und wann es vonnöthen seyn wird/ und da sie ingemein/ oder jemand ihres Mittels/ insonderheit dieser Huldigung halben in ihren Gewerben und Handthierungen einigen Schaden an Leib oder Gut nehmen würden/ dieselbigen Noth- und Schadloß halten sollen und wollen. Anno 1603.

Dessen zu mehrer Sicherheit/ Urkund/ auch steter und fester Haltung haben wir König Christian/ und Hertzog Johann Adolph/ ꝛc. Gevettern/ beyde regierende Herren/ Hertzogen zu Schleßwig/ Hollstein ꝛc. Diesen Unseren offenen Brieff mit Unserm König- und Fürstlichen Secreten bekräfftiget und mit eigenen Händen unterschrieben/ Actum Wandesb.ck/ den sieben und zwantzigsten Monats-Tag Octobris ein tausend sechshundert und drittem Jahre.

Christian Mpp. Johann Adolph Mpp.

(L.S. Regis) (L. S. Ducis)

XVII.

(1) *Traité de Paix & d'Alliance perpetuelle entre* Philippe III. *Roi d'Espagne, & les Archiducs* Albert & Isabelle *d'une part, &* Jaques I. *Roi d'Angleterre d'autre. Fait l'An* 1604. [Placars, Ordonnances, Edits, &c. de Brabant. Tom. I. Liv. V. Tit. I. Chap. XX. pag. 621.] 1604.

Noverint omnes & singuli, Quòd post diuturnum & sævissimum Bellorum incendium, quo Christianæ Provinciæ per multos Annos insigni jactura conflagrârunt, Deus (in cujus manu omnia posita sunt) ex alto respiciens, & sui Populi (cui ut pacem afferret & relinqueret, proprium Sanguinem effundere non dubitavit) calamitates miseratus Potentissimorum Christiani Imperii Principum stabili conjunctione, sævientem ignem potenter restinxit, & diem Pacis, diem tranquilitatis hucusque magis optatam quàm speratam; misericorditer attulit. Devolutis enim, per ipsius Dei Maximi gratiam, ad extirpanda discordiarum semina, Angliæ & Hyberniæ Regnis ad Serenissimum Jacobum Scotiæ Regem, sublatisque ideo illis dissentionum causis, quæ Bella inter Antecessores Serenissimorum Principum Philippi tertii Hispaniarum Regis, & Alberti ac Isabellæ Claræ Eugeniæ Austriæ Archiducum, Ducum Burgundiæ, &c. & ejusdem Jacobi Regis tamdiu aluerunt: animadverterunt dicti omnes Principes (Deo corda illorum illuminante) nihil superesse, cur odiis, quæ nunquam inter ipsos extiterunt, certarent, vel armis, à quibus Majores ipsorum semper abstinuerunt, contenderent, & ab antiquissimo, ac super Hominum memoriam custodito Fœdere discederent, arctissimæque necessitudinis, quæ Serenissimis Austriacæ & Burgundicæ Familiis cum prædicto Serenissimo Rege Angliæ intercedit, vincula disrumperent, ac veterem Amicitiam novis semper ac indies cumulatis amoris ac benevolentiæ Officiis excultam violarent. Propterea audito de successione dicti Serenissimi Scotiæ Regis ad Regna Angliæ & Hiberniæ, missisque ex parte Serenissimi Regis Hispaniarum Domino Joanne Taxio Comite Villæ Medianæ, & ex parte dictorum Serenissimorum Archiducum, Domino Carolo Principe Comite Arembergii qui de Regni Successione, nomine Serenissimorum Principum respectivè gratularentur dicto Serenissimo Regi Angliæ, eaque legatione humanissimè suscepta, Legatisque amantissimè receptis, certiores redditi fuerunt dicti Serenissimi Rex Hispaniarum & Archiduces à suis Legatis, de propensa Serenissimi Regis Angliæ voluntate, nedum ad observanda antiqua Fœdera, sed alia si opus foret, arctiora & firmiora ineunda. Quare nihil ab ipsis prætermittendum esse putarunt, quò posset communis Reipublicæ Christianæ tranquillitas promoveri, & populorum sibi commissorum utilitati prospici. Et ut quamprimum & sedulò opus tam pium conficeretur, Commissarios suos ac Procuratores generales ac speciales constituerunt, cum amplissima facultate ad ineunda ac stabilienda Fœdera cum ipso Serenissimo Rege Angliæ, renovandaque tamdiu

(1) Nous avons omis les Pleins pouvoirs de part & d'autre, comme trop longs & inutiles.

ANNO 1604. tamdiu intermiſſa Commercia, Pacemque & Amicitiam perpetuò duraturam inter ipſos Principes confirmandam.

Quapropter nos Joannes Velaſchius, Caſtellæ & Legionis Comeſtabilis, Dux Civitatis Frienſis, Comes Hari, Dominus Villarum Villapandi & Pedratiæ della Sierra, Dominus Domus Velaſchiæ, & ſeptem Infantium de Lara, Cubicularius Major Sereniſſimi Philippi tertii Hiſpaniarum, &c. Regis, ac ſuus in pertinentibus ad Statum & Bellum Conſiliarius, ac Præſes Italiæ, Procurator & Commiſſarius ſpecialis à Regia Catholica Majeſtate conſtitutus ad prædicta & infraſcripta omnia ſtabilienda & peragenda cum ampliſſima facultate, ut patet in Mandato Regio facto in Valladolid, prima Octobris Anno milleſimo ſexcenteſimo tertio, manu propria dicti Catholici Regis ſubſcripto, ac ſuo Sigillo Regio munito de verbo ad verbum, inferius regiſtrando. Et nobiſcum Joannes Taxius Comes Villemedianæ, à Cubiculo Regis, & Curſorum in Regnis & Dominiis dicti Regis Catholici generalis Præfectus, & à Regia Catholica Majeſtate ad Tractatum Pacis nominatus. Alexander Rovidius Collegii Mediolanenſis J. C. & Mediolanenſis Provinciæ Senator, à nobis nomine R. Ca. Majeſtatis nominatus, & à nobis pariter, dum properantes in Angliam, ſuperveniente invaletudine in Belgio diſtineremur, virtute facultatis Regiæ nobis conceſſæ, ad ipſam Pacem interea cum eadem facultate & auctoritate, quæ nobis tributa fuerat, tractandam, unà cum dicto Comite Villæmedianæ ſubſtitutis, ut patet Mandato facto Bergis S. Winockii, 15. Maii 1604. inferius de verbo ad verbum regiſtrando, omnes Commiſſarii ex parte dicti Sereniſſimi Regis Hiſpaniarum, Carolus Princeps Comes Arembergii, Eques Ordinis Aurei Velleris, à Conſiliis rerum Status, Admirallius generalis, &c. Joannes Richardotus Eques, Secreti Conſilii Præſes, & à rerum Status Conſiliis, & Ludovicus Verreycken Eques, primarius Secretarius & Audientiarius, Sereniſſimorum Principum Archiducum Legati & Deputati ut patet in Mandato facto Bruxellis, die 12. menſis Aprilis 1604. inferius quoque regiſtrando. Thomas Comes de Dorſet Baro de Buchurſt, Theſaurarius Magnus Angliæ, Carolus Comes Nottingham, Baro Howard de Effingam, Capitalis Juſtitiarius, & Juſtitiarius itinerans omnium Foreſtarum citra Trentam, Magnus Admirallius Angliæ, & Præfectus generalis Claſſium & Marium Regnorum Angliæ, Franciæ & Hiberniæ, ac Inſularum & Dominiorum eorundem. Carolus Comes Devoniæ, Baro de Montjoy, Locumtenens pro Sereniſſ. Rege Angliæ in Regno ſuo Hyberniæ, Munitionum bellicarum Præfectus, Gubernator Oppidi Inſulæ & Caſtri de Portiſmouth, prænobilis Ordinis Garterii Milites. Henricus Comes Northantoniæ, Dominus Howard de Marnehill, Cuſtos & Admirallius quinque Portuum maritimorum : & Robertus Dominus Cecyll, Baro de Effingden, Primarius dicti Sereniſs. Regis Secretarius, Magiſter Curiæ Wardorum & Liberationum, Conſiliarii è ſecretioribus Conſiliis Sereniſs. Regis Angliæ Deputati & Commiſſarii pro dicto Sereniſs. Rege Angliæ, &c. ut patet Mandato facto in Palatio ſuæ Majeſtatis Weſtmonaſterii, ſub die 9. Maii, Stilo veteri, anno Domini 1604 inferius regiſtrando. Præmiſſis prius diligenti rerum omnium examine ac diſcuſſione, factiſque pluribus ſeſſionibus & conferentiis, ac poſt diuturnam diſceptationem, ad omnipotentis Dei gloriam, totius Chriſtiani Orbis beneficium, Subditorumque dictorum Sereniſſimorum Principum utilitatem & quietem, fuit per nos concluſum, ſtabilitum ac concordatum, prout infrà.

I. Primò concluſum, ſtabilitum & accordatum fuit, & eſt, ut ab hodie in antea ſit bona, ſincera, vera, firma, ac perfecta Amicitia, & Confœderatio, ac Pax perpetuò duratura, quæ inviolabiliter obſervetur inter Sereniſſimum Regem Hiſp. & Sereniſſimos Archiduces Auſtriæ Duces Burgundiæ, &c. & Sereniſſimum Regem Angliæ, &c. eorumque Hæredes, & Succeſſores quoſcunque, eorumque Regna, Patrias, Dominia, Terras, Populos, Homines ligeos, ac Subditos quoſcunque, præſentes & futuros, cujuſcunque conditionis, dignitatis & gradus exiſtant, tam per Terram, quàm per Mare & Aquas dulces, ita ut prædicti Vaſalli, ac Subditi ſibi invicem favere, & mutuis proſequi officiis, ac honeſta affectione invicem ſe tractare habeant.

II. Ceſſetque in poſterum omnis hoſtilitas, ac inimicitia, offenſionibus omnibus, injuriis ac damnis, quæ durante Bellorum incendio Partes quoquo modo percepiſſent, ſublatis, ac oblivioni traditis, ita ut in poſterum nihil alter ab altera, occaſione quorumcumque damnorum, offenſionum, captionum aut ſpoliorum, prætendere poſſit, ſed omnium abolitio ſit, & cenſeatur facta ab hodie in antea, omniſque actio extincta habeatur, ſalvo, & præterquam reſpectu captionum factarum à die 24. Aprilis 1603. citra, quia de illis debebit reddi ratio ; abſtinebuntque in futurum ab omni præda, captione, offenſione ac ſpolio in quibuscunque Regnis, Dominiis, Locis ac Ditionibus alterutrius, ubivis ſit is, tam in Terra, quam in Mari, & Aquis dulcibus, nec per ſuos Vaſſallos, Incolas, vel Subditos aliquid ex prædictis fieri conſentient, omnemque prædam, ſpolium ac captionem ac damnum quod inde fiat vel dabitur, reſtitui facient.

III. Item quod nullus dictorum Principum, ſuorumque Hæredum, ac Succeſſorum quorumcumque, per ſe neque per quemvis alium, contra alium, & ſua Regna, Patrias & Dominia quæcumque quicquam aget, faciet, tractabit vel attentabit quocumque in Loco, ſive in Terra, ſive in Mari, Portubus vel Aquis dulcibus, quacunque occaſione, vel cauſa, nec alicui Bello, conſilio, attentationi, vel Tractatui qui fieret, vel fieri poſſet in præjudicium unius contra alium, conſentiet vel adhærebit.

IV. Item, quòd neutra Partium præſtabit, nec præſtari per aliquos ſuos Vaſſalos, Subditos Incolaſve conſentiet, auxilium, favorem, vel conſilium, directè nec per indirectum, tam per Terram, quàm per Mare & Aquas dulces, nec ſubminiſtrabit, nec ſubminiſtrari conſentiet per dictos Vaſſallos, Incoláſve & Subditos Regnorum ſuorum, Milites, commeatum, pecunias, inſtrumenta bellica, munitiones, vel aliquodvis aliud auxilium ad Bellum confovendum Hoſtibus, Inimicis, ac Rebellibus alterius Partis, cujuſcumque generis ſint, tam invadentibus Regna, Patrias, ac Dominia alterius quàm ſe ſubtrahentibus ab obedientia, & Dominio alterius.

V. Renunciabuntque præterea, prout tenore præſentium dicti Principes ac quilibet eorum renunciavit & renunciat cuicunque Ligæ, Confœderationi, Capitulationi ac Intelligentiæ in præjudicium unius, vel alterius, quomodolibet factæ, quæ præſenti Paci ac Concordiæ, omnibuſque, & ſingulis in ea contentis repugnet vel repugnare poſſit, eaſque omnes & ſingulas, quoad effectum prædictum, caſſabunt, & annullabunt, nulliuſque effectus, ac momenti declarabunt.

VI. Item, pactum, ac conventum eſt, ut iidem Sereniſſimi Reges, & Archiduces Subditos ſuos ab omni vi & injuria abſtinere curent, revocentque quaſcumque Commiſſiones & Litteras tam repræſaliarum, ſeu de marcha, quàm facultatem prædandi continentes, cujuſcumque generis aut conditionis ſint, in præjudicium alterutrius Principis, vel Subditorum, Subditis ſuis, ſive Incolis, ſive extraneis datas & conceſſas, eaſque nullas, caſſas & irritas declarent, ut hoc Pacis Tractatu, nullæ, caſſæ, ac irritæ declarantur : & quicunque contravenerint, puniantur, & præter inflictam criminalem pœnam Subditis læſis, & id requirentibus illata damna reſarcire compellantur.

VII. Item, quod attinet ad Villas Vliſſinghæ, Brilæ, Rammekens & alia Fortalitia & Loca ab his dependentia, in quibus præſidiarii Milites dicti Sereniſſimi Regis Angliæ nunc exiſtunt. Cùm idem Sereniſſimus Rex per Pacta inter Reginam Eliſabetham F. M. cui ſua Majeſtas ſucceſſit, & Ordines Provinciarum Belgii unitarum concluſa, arctè aſtringi ſe aſſerat, ne aliis quàm illis qui dictas Villas oppignoraverunt, eas reſtituat, adeò ut contra eaſdem Tranſactiones ſalva fide (quam religioſè erga omnes obſervandam ſua Majeſtas decrevit) liberum ſibi non eſſe dicat, dicta Loca reſtituere Sereniſſimis Archiducibus : In verbo Regio promittit, ſe cum dictis Ordinibus de novo Tractatum initurum, in quo ſua Majeſtas tempus competens eis aſſignabit, quo cum Sereniſſimis Principibus, Fratribus ipſius chariſſimis, Pacificationum conditiones accipiant juſtas & æquas, alioquin ſi id facere recuſaverint, Sereniſſimus Rex Angliæ inde à prioribus Conventionibus liberatus, quod juſtum & honorabile exiſtimaverit, de Villis ſtatuet, cognoſcentque dicti Sereniſſimi Fratres ſui chariſſimi, ſe Officio amici Principis non defuturum.

VIII. Item, quòd idem Sereniſſimus Rex Angliæ mandabit, pro ut ſeriò mandaturum promittit, ut Hollandis aliiſque Sereniſſimorum Regis Hiſpaniarum, & Archiducum Hoſtibus, ſuus præſidiarius Miles, ex quacunque cauſa aut prætextu non ſerviat, ſuppetias ferat, commeatum præſtet, bombardas, pulverem tormentarium, globos, ſalnitrum, aliáve armorum genera concedat, aut qualecunque auxilium

ANNO 1604.

præbeat, aut aliquod hostile contra dictos Serenissimos Regem Hisp. & Archiduces eorumque Subditos faciat, quemadmodum nec ex parte dictorum Serenissimorum Regis Hisp. & Archiducum quicquam hostile contra dictos præsidiarios Milites, vel contra Serenissimum Angliæ Regem, vel suos Subditos fiet.

IX. Item conventum ac stabilitum fuit, & est, quòd inter dictum Serenissimum Regem Hisp. ac dictum Serenissimum Regem Angliæ, ac cujuslibet eorum Vassallos, Incolas & Subditos tam per Terram, quàm per Mare, & Aquas dulces in omnibus & singulis Regnis, Dominiis ac Insulis, aliisque Terris, Civitatibus, Oppidis, Villis, Portubus, & Districtibus dictorum Regnorum ac Dominiorum sit, & esse debeat Commercium liberum, in quibus ante Bellum fuit Commercium, juxta & secundum usum & observantiam antiquorum Fœderum & Tractatuum ante Bellum, ita ut absque aliquo Salvo Conductu aliáque licentia generali, vel speciali tam per Terram, quàm per Mare & Aquas dulces, Subditi & Vassalli unius & alterius Regis possint & valeant ad Regna & Dominia prædicta eorúmque omnium Civitates, Oppida, Portus, Littora, Sinus ac Districtus accedere, intrare, navigare, & quoscunque Portus subire, in quibus ante Bellum fuit Commercium, & juxta & secundum usum & observantiam antiquorum Fœderum & Tractatuum ante Bellum, cum plaustris, equis, sarcinulis, navigiis tam onustis quàm onerandis, merces importare, emere, vendere, in eisdem quantum voluerint commeatum resque ad victum & profectionem necessarias justo pretio sibi assumere, restaurandis navigiis & vehiculis propriis vel conductis aut commodatis operam dare, illinc cum mercibus, bonis ac rebus quibuscumque, solutis juxta Locorum Statuta teloniis ac vectigalibus præsentibus tantum, eadem libertate recedere, indeque ad Patrias proprias vel alienas, quomodocunque velint, & sine impedimento recedere.

X. Item, conventum ac pariter stabilitum fuit & est, ut liceat ad dictorum Principum Portus accedere, morari, ac redire cum eadem libertate, ne dum cum Navibus ad usum commercii, & mercium convehendarum, sed etiam cum aliis suis Navigiis armatis ad hostium impetus cohibendos paratis, sive vi tempestatis appulerint, sive ad reficiendas Naves, vel ad emendum commeatum, modò si sponte accesserint, numerum sex vel octo Navium non excedant, neque diutius vel in Portubus, vel circa Portus hæreant vel persistant, quàm illis ad refectionem & alia necessaria paranda fuerit necesse, ne impedimento quoquo modo sint libero aliarum Nationum amicarum intercursui & commercio. Ubi autem de majori numero Navium armatarum agatur, tunc non nisi consulto Principe liceat ingredi, & modò in dictis Portubus nihil hostiliter agant in præjudicium ipsorum Principum, sed ut amici & confœderati degant & conquiescant eo semper cauto, ne sub colore & prætextu commercii auxilia aliqua sive commeatus, sive armorum, sive instrumentorum bellicorum, sive cujusvis alterius bellici auxilii genus, ad utilitatem & beneficium inimicorum unius vel alterius Regis, per eorum Regum Subditos, Vassallos vel Incolas quoscunque deferantur, sed quicunque hæc attentaverint, acerrimis pœnis puniantur, quibus seditiosi ac fidei ac Pacis infractores coërceri solent.

XI. Ita ut Subditi unius in territorio alterius non pejus tractentur, quàm ipsimet naturales in venditione ac contractione suarum mercium, tam ratione pretii quàm aliter, sed par & æqua sit in prædictis, tam forentium quàm naturalium conditio, Nonobstantibus quibuscunque Statutis vel Consuetudinibus in contrarium.

XII. Item, conventum & stabilitum fuit & est, quòd dictus Serenissimus Rex Angliæ prohibebit, Edictoque publico statim post firmationem præsentium Capitulorum, publicando cavebit, ne aliquis suus Subditus, Incola vel Vasalus levabit aut transferet quoquo modo, directè nec per indirectum, proprio nomine vel alieno, nec aliquam Navem, aut aliud vehiculum, vel nomen suum commodabit ad transferendum vel traducendum aliquas Naves, Merces, Manufacturas, vel quævis alia ex Hollandia ac Zelandia in Hispanias ac alia Regna & Dominia ipsius Serenissimi Regis Hisp. & Serenissimorum Archiducum, nec aliquem Mercatorem Hollandum vel Zelandum in suis Navibus levabit ad dictas Partes, sub pœna indignationis Principis, & aliarum pœnarum contemptoribus Mandatorum Regiorum indictarum. Et ad effectum, ut magis cautum sit, ne fraudes sequantur ob similitudinem mercium, præsenti Capitulo cautum est, ut merces ex Anglia, Scotia & Hibernia advehendæ, vel traducendæ ad Regna & Dominia dictorum Regis Hisp. & Archiducum, Registro Villæ seu Civitatis, ac Sigillo ex qua levabuntur, obsignentur, atque ita registratæ & obsignatæ sine difficultate aliqua, aut quæstione quacunque pro Anglicanis, Scoticis & Hibernis habeantur, & respectivè juxta obsignationem approbentur, salva probatione fraudis. Non retardato tamen nec impedito cursu mercium. Illæ verò merces quæ nec registratæ, nec sigillatæ fuerint, cadant in confiscationem, & sint, ut dicitur, de bona præda, & similiter omnes Hollandi & Zelandi, qui in dictis Navibus reperientur possint capi & arrestari.

ANNO 1604.

XIII. Item, conventum est, quòd merces Anglicæ, Scoticæ & Hibernicæ possint ex Anglia, Scotia & Hibernia in Hispaniam ac alia Regna dicti Serenissimi Regis Hispaniarum de quibus suprà, transmitti ac traduci, absque solutione vectigalis 30. pro centum nuper impositi; sed solutis tantum datiis ac teloniis consuetis, ante impositum dictum vectigal 30. pro centum.

XIV. Item pariter conventum est, quòd pro mercibus quas Mercatores Angli, Scoti & Hiberni ement in Hispaniis vel aliis Regnis dicti Serenissimi Regis Hispaniarum, & in propriis eorum Navibus vel conductis vel commodatis ad eorum usum, exceptis tamen, ut superiùs dictum est, Navibus Hollandorum & Zelandorum levabunt, solvant tantùm datia consueta, ante impositionem dicti novissimi vectigalis 30. pro centum, modò illas merces conducant, & deferant ad Regna dicti Serenissimi Regis Angliæ, vel ad Portus Provinciarum dictis Serenissimis Archiducibus obtemperantium, & ad finem, ne fraus sequatur, & ne dictæ merces ad alia Loca & Regna, & in specie in Hollandiam & Zeelandiam non deferantur, conclusum est quòd dicti Mercatores se obligabunt tempore quo onerabunt Naves in Hisp vel aliis Regnis & Dominiis dicti Serenissimi Regis Hisp. de quibus suprà, coram Magistratu Loci in quo merces levabunt, de solvendo dicto vectigali 30. pro centum, ubi dictas merces ad alias Provincias deferant, & de consignanda certificatione à Magistratibus Locorum obtinenda exonerationis dictarum mercium vel in Regno Angliæ, vel in Portubus Provinciarum sub obedientia dictorum Serenissimorum Archiducum existentium, termino duodecim mensium, qua certificatione exhibita, obligationes priùs datæ, eandem certificationem adferentibus, retradentur.

XV. Quodque Serenissimus Rex Angliæ prohibebit statim post firmationem præsentis Concordiæ, quòd nullus exportabit merces ex Hispaniis vel aliis Regnis Sereniss. Regis Hispan. aliunde deferendas, quàm ad Regna sua & dictos Portus Flandriæ, sub pœna confiscationis omnium ipsarum mercium versus fiscum dicti Sereniss. Regis Angliæ, data medietate dictarum mercium seu valoris notificatori, & imprimis deducto datio 30. pro centum, quod solvetur Ministris deputatis Sereniss. Reg. Hisp. adhibita fide probationibus legitimè in Hispaniis receptis, huc in Angliam transmittendis in authentica forma.

XVI. Item quòd nullus Magistratus Villarum vel Civitatum dictorum Regnorum suorum, qui certificationes exonerationis Navium faciet, fidemque de registro mercium dabit, nullam in ea re admittet fraudem sub pœna indignationis Principis, privationis Officii, & alia graviori arbitrio suo.

XVII. Ea declaratione adjecta, quòd ubi dicti Serenissimi Rex & Archiduces convenient cum Serenissimo Rege Gallorum, vel cum alio quovis super novissimo Placcarto 30. pro centum, & inter eos restituatur commercium, tunc licebit Subditis Serenissimi Regis Angliæ, transferre suas merces ad Regna & Dominia ejus cum quo restaurabitur commercium absque solutione 30. pro centum, sed solutis consuetis teloniis ac datiis ante impositionem dicti vectigalis, impositis & solvi solitis.

XVIII. Quod dictum est de libero dictorum Serenissimorum Regum Subditis concesso commercio, id ipsum intelligendum etiam inter Subditos Serenissimorum Principum Archiducum & Serenissimi Angliæ, Scotiæ & Hiberniæ Regis, scilicet ut ubique locorum se invicem amanter complecti, sibi favere, séque mutuis officiis prosequi, teneantur, possintque Terra Marique & Aquis dulcibus, sine aliquo Salvo Conductu, neque nulla petita licentia generali aut speciali, ad dicta Regna, Dominia, Terras, Villas, Oppida, Civitates, Littora, Portus & Sinus quoscunque, liberè, tutè ac securè accedere, intrare, navigare, merces impor-

ANNO 1604.

portare atque reportare, emere ac vendere, in iisdem quamdiu voluerint subsistere, versari & conversari, commeatum, resque ad victum & profectionem necessarias, justo pretio sibi assumere, restaurandis Navigiis & vehiculis propriis, conductis, aut commodatis, operam dare. Illinc cum mercibus, bonis & rebus quibuscumque (solutis juxta Locorum Statuta Teloniis & Vectigalibus) eadem libertate recedere, negotia sua liberè exercere, indeque in proprias, aut alienas patrias. quandocunque velint, & sine ullo impedimento redire, modò Seren. Regis Angliæ Subditi Hollandorum unitorúmve Navigiis non utantur, nihil ex Hollandiæ aut Provinciarum unitarum opificiis quocunque loco emptis aut acceptis, nihil pro quo soluta sint in Hollandia aut partibus unitis, tributa, in Sereniss. Archiducum Provincias deferant, nihil inde ad eos, nisi inita Pacificatione referant, nihil quod Hollandorum, aut unitorum sit in suis navibus recipiant, aut quod suum sit, Hollandicis navibus fidant, nomina sua Hollandis aut unitis fraudulenter non præstent, ut si quid in eorum aliquo contraventum reperiatur, id omne pro justa & licita habeatur præda.

XIX. Suprà dicta autem intelligenda non solùm de navibus commercii causâ vel onustis vel onerandis, sed etiam de iis quas dicti Seren. Principes armatas habent & habebunt, cohibendis hostium conatibus, ut scilicet iis æquè liceat, eo numero quo suprà, sive vi tempestatis sint coactæ, sive commeatu aliisve rebus emendis, sive navibus reficiendis eadem libertate uti, appellendo, subsistendo & abeundo, modò in dictis Portubus nihil hostiliter agant, sed se honestè ac quietè, ut Amicos & Confœderatos decet, contineant, modò diutius vel in iisdem Portubus vel circa Portus non hæreant vel persistant, quàm illis ad refectionem & alia necessaria paranda fuerit necesse, nec impedimento quoquo modo sint libero aliarum Nationum amicarum intercursui & commercio: ubi autem de majori numero Navium armatarum agetur, non nisi consulto Principe licebit ingredi.

XX. Quemadmodum autem iidem Reges & Archiduces sanctè pollicentur, nihil se subsidii bellici alicujus eorum hostibus unquam laturos, Ita quoque cautum est, ne eorum Subditi Incolæve, cujuscunque sint Nationis aut qualitatis, sive prætextu intercursus & commercii, sive alio quocunque quæsito colore, possint eorundem Principum aut alicujus eorum hostes, ulla ratione juvare, pecunias conferre, commeatum, arma, machinas, bombardas, instrumenta bello gerendo apta, aliosve bellicos apparatus subministrare, ut qui contrafecerint, sciant in se pœnis acerbissimis animadversum iri, ut in fœdifragos ac seditiosos solet animadverti.

XXI. Et quò uberiores fructus ex hac concordia Subditis Seren. Regis Angliæ & Archiducum provenire possint, conventum & conclusum est, dictos Seren. Angliæ Regem & Archiduces conjunctim & divisim daturos operam, ne Subditis eorum, ad omnes Portus, Regna & Dominia eorum, via præcludatur, quo minus libere & sine impedimento cum suis Navigiis, Mercibus & Plaustris, solutis ordinariis portoriis & teloniis, ad omnes dictos Portus, Regna & Dominia accedere possint, eademque, quando videbitur, libertate cum aliis Mercibus reducere.

XXII. Quòd verò attinet ad antiquos Intercursus & Commercii Tractatus, qui varii extant inter Burgundiæ Duces Principesque Belgii, & Regna tum Angliæ, Hiberniæque, tum Scotiæ, quique durantibus iis motibus sunt intermissi, variéque fortasse læsi, conventum est, idque provisionaliter, ut pristinam vim & auctoritatem retineant, idemque sit utrimque eorum usus, qui fuit ante Bellum motum. Quòd si quis vel utrimque ab alterutra parte allegetur excessus, aut conquerantur Subditi Pacta non servari, oneráve sibi imponi solito graviora, committentur utrimque Deputati qui conveniant, & adscitis, si fuerit opus, Mercatoribus earum rerum gnaris, amicè tractent eaque bona fide restaurent ac restituant quæ vel injuriâ temporum, vel corrupto usu, collapsa aut immutata reperientur.

XXIII. Et quia Jura Commercii quæ ex Pace consequuntur, infructuosa reddi non debent, prout redderentur, si Subditis Serenissimi Regis Angliæ, dum eunt & redeunt ad Regna & Dominia dictorum Serenissimorum Regum Hisp. & Archid. & ibi ex causa commercii vel negotii moram trahunt, eis molestia inferatur, ex causa conscientiæ. Ideo, ut Commercium sit tutum & securum, tam in Terra quàm in Mari, dicti Serenissimi Rex Hispan. & Archiduces curabunt & providebunt, ne ex prædicta causa conscientiæ, contra Jura Commercii molestentur, & inquietentur, ubi scandalum aliis non dederint.

XXIV. Item quòd ubi contingat aliqua ex bonis ac mercibus prohibitis, ex Regnis & Dominiis Serenissimorum Regum & Archiducum prædictorum per Subditos unius vel alterius exportari vel extrahi, quod eo casu Persona solummodo delinquens pœnas incurrat, & bona tantum prohibita fisco cedant.

XXV. Item quòd bona morientium Subditorum in Regnis ac Provinciis alterius conserventur suis Hæredibus, ac Successoribus, salvo jure tertii.

XXVI. Item quòd Concessiones & Privilegia indulta per ipsos Principes, Mercatoribus Regnorum utriusque, advenientibus ad eorum Regna, & quæ ob Bellum cessaverunt, omnino reviviscant, & suum sortiantur effectum.

XXVII. Item si contingat posthac (quod Deus avertat) ut displicentiæ inter Serenissimos Reges Hisp. Angliæ aut Archiduces oriantur, quo periculum esse possit, ne Commercii intercursus interrumpatur, tunc ut Subditi hinc inde, ita ea de re admoneantur, ut sex menses, à tempore monitionis, habeant ad transportandas merces suas. Nulla interea arrestatione, interruptione aut damno Personarum aut Mercium suarum faciendis vel dandis.

XXVIII. Item, quòd nullus Principum prædictorum, Naves Subditorum alterius in Portubus vel Aquis suis existentes, detineat aut demoretur ad Belli apparatum, aliudve servitium in præjudicium Dominorum, nisi prius admonito Principe ipsorum, ad quos Naves pertineant, eoque etiam consentiente.

XXIX. Item conventum est, quòd si, durantibus Pace & Amicitiis, aliquid contra vires & effectus eorundem, per Terram, Mare vel Aquas dulces, per aliquos ipsorum Principum, Hæredum & Successorum Vasallos, Subditos aut Alligatos, aut eorum Alligatorum Hæredes seu Successores, in his Amicitiis comprehensorum, Subditos vel Vassallos, fuerit attentatum, actum aut gestum, nihilominus hæc Pax & Amicitia in suis viribus & effectu permanebunt, & pro ipsis attentatis solummodo punientur ipsi attentantes & damnificantes, & non alii.

XXX. Item quòd captivi in Bello facti ex utráque parte, etiamsi sint ad triremes damnati, liberè hinc inde relaxentur & dimittantur, solutis tamen expensis victus, ab his qui in triremibus non sint, & soluto lithro ab his qui de eo prius convenerint.

XXXI. Item conclusum est, quòd omnes actiones civiles quæ tempore Belli cœptæ vigebánt & subsistebant, possint adhuc exerceri, nonobstante lapsu temporis durante Bello, ita ut quamdiu Bellum duravit, nullum censeatur eis præjudicium illatum, salvis his quæ in Fiscum pervenerunt.

XXXII. Item, quòd si moveatur aliqua controversia in Regnis & Dominiis unius vel alterius, pèr alium quemcunque non subditum, occasione captionum & spoliorum, remittatur ad suum Judicem in Territorio illius Principis, contra cujus Subditum vel Subditos agetur.

XXXIII. Item quòd si Hollandi ac cæteri Status Confœderati voluerint Pacificationum conditiones accipere cum Serenissimis Archiducibus eorumve Successoribus, medio Serenissimi Regis Angliæ, dicti Serenissimi Archiduces & Successores libenter semper audient quicquid proponetur, & optabunt, ut opera dicti Serenissimi Regis Angliæ illi æquas accipiant conditiones, cognoscentque quantum authoritati dicti Serenissimi Regis Angliæ Fratris sui charissimi tribuant.

XXXIV. Item conclusum & stabilitum fuit, quòd in præsenti Tractatu Pacis comprehendantur Adhærentes, Amici & Confœderati ipsorum Principum, videlicet, ex parte Serenissimorum Regis Hispaniarum & Archiducum, Rodulphus Romanorum Imperator, ejusque Fratres & alii Principes Austriæ Archiduces, Principes Imperii, Electores, Civitatesque & Status Imperio obedientes, Rex Galliæ, Rex Poloniæ & Zwetiæ, Rex Daniæ, Dux & Respublica Veneta, Dux Sabaudiæ, Dux Bavariæ, Dux Cliviæ, Dux Holsteyn, Dux Lotharingiæ, Dux Parmæ & Placentiæ cum Fratre suo Cardinale, Episcopus & Provincia Leodiensis, Dux Florentiæ, Dux Mantuæ, Dux Mutinæ & Regii, Dux Urbini, Ligæ & Cantones Helvetiæ & Grisones, Civitates Hansiaticæ, Comites Friziæ Orientalis, sine tamen præjudicio juris per Regem Hispaniarum & Archiduces prætensi super eorum Statibus, Dux & Respublica Genuensis, Respublica Lucensis, Caput Domus Columnæ, Princeps de Oria, Caput Domus Ursinæ, Dux Sermonetæ, Dominus de Monaco, Comes de

ANNO 1604.

de la Mirandula, Marchio Massæ, Comes de Sala & Comes de Colorno.

XXXV. Ex parte Serenissimi Regis Angliæ, Rodulphus Romanorum Imperator cum Archiducibus Austriæ, & Electoribus Imperii, simulque Status & Civitates Imperii, Dux Lotharingiæ, Dux Sabaudiæ, Duces Brunswicensis, Luneburgensis, Mechleburgensis, Wirtenbergensis, Lantgravius Hessiæ, Marchio de Baden, Dux Pomeraniæ, Princeps de Anhalt, Comites Friziæ Orientalis, Cantones Helvetiorum ac Grisonum, Civitates Maritimæ Hansiaticæ, Rex Christianissimus, Rex Poloniæ & Zwetiæ, Rex Daniæ, Dux & Respublica Veneta, Dux de Holsteyn, & Dux Hetruriæ.

XXXVI. Item concordatum & conclusum est quòd dicti Serenissimi Philippus Hispaniarum, &c. Rex, *Albertus & Isabella Clara Eugenia* Archiduces, &c. Jacobus Rex Angliæ, &c. omnia & singula Capitula in præsenti Tractatu conventa & stabilita, sincerè ac bona fide observabunt, per suosque Subditos ac Incolas observari ac custodiri facient, neque illis directè vel indirectè contravenient, aut per suos Subditos vel Incolas ut contraveniatur directè vel indirectè consentient, omniaque & singula ut supra conventa, per Literas patentes manibus suis subscriptas, & magnis Sigillis suis sigillatas ratificabunt, auctorizabunt & confirmabunt, in sufficienti & valida ac efficaci forma, conceptas & confectas prima occasione tradent tradive facient bona fide, realiter & cum effectu, similemque promissionem de observandis omnibus & singulis præmissis in verbo Regis & Principis, & etiam præstito juramento tactis Sacrosanctis Evangeliis facient, cum ab altera parte fuerint ad id requisiti. Curabunt etiam Reges & Archiduces prædicti præsentem Pacem & Amicitiam locis consuetis publicari, quàm primum commodè fieri poterit.

XVIII.

14. Janv.

Anstandts-Recess, zwischen Herrn Moritzen/ Casselischer/ und Herrn Ludwigen dem Jüngern vor sich und im Namen seiner Gebrüdere/ Herren Philipps und Herrn Friedrichs/ Darmstädtischer Linie, allerseits Land-Grafen zu Hessen/ wie es nach dem erfolgenden Todt Landgraf Ludwigs des Aeltern zu Hessen-Marpurg mit dessen hinterlassenen Landen und andern Erbschafften solle gehalten werden. Geben zu Cassel den 14. Januar. 1604. [Theatrum Europæum Tom. V. pag. 960. LUNIGS Teutsches Reichs-Archiv. Part. Spec. Contin. II. Abtheilung IV. Absatz VIII. pag. 810. d'où l'on a tiré cette Piéce.]

C'est-à-dire,

Recès Provisionel entre MAURICE *Landgrave de Hesse-Cassel d'une part, &* LOUÏS le jeune *pour lui & pour ses Freres* PHILIPPE *&* FRIDERIC, *Landgraves de Hesse-Darmstadt, d'autre part; sur leurs Intérêts respectifs par raport au futur Décès & à la Succession de* LOUÏS l'aîné, *Landgrave de Hesse-Marbourg en ses Biens & Domaines hereditaires. Fait à Cassel le* 14. *Janvier* 1604.

VOn GOttes Gnaden/ wir Moritz eins: Und von desselbigen Gnaden/ wir Ludwig der Jünger vor Uns/ und im Namen Unserer freundlichen lieben Brüder/ Herrn Philipsen/ und Herrn Friedrichs/ anders Theils/ Gevettern/ Landgraffen zu Hessen/ Grafen zu Catzenelnbogen/ Dietz/ Ziegenhain und Nidda/ &c. Thun kundt hieran für männiglich bekennende/ demnach der hochgebohrne Fürst/ Unser freundlicher lieber Vetter/ Vatter und Gevatter/ Landgraff Ludwig der älter/ zu einem hohem löblichen Alter gelangt/ und ie bißweilen mit beschwerlichen Zufällen ubereilet wird/ dahero zu besorgen/ Seine Ld. werden dermaleins unversehens und plötzlich von dieser Welt abgefordert werden.

Ob dann wohl verhoffen wollen/ der allmächtige GOtt werde Seine Liebd. dero Leben/ Land und Leuthen/ auch dem gemeinen Wesen zu gutem/ noch lange Zeit mildiglich fristen/ nichstoweniger/ da es zu angedeutem Fall/ welchen GOtt noch lange Zeit verhüten wolle/ der auch allein in seinen Händen stehet/ gereychen solte/ damit dann S. Liebd. nachgelassener Land unnd anders halben/ zwischen Uns den Gevettern/ kein Mißverstand noch Wiederwillen entstehen/ sondern Freundtschafft und gut Vertrauen erhalten/ und fortgepflantzet werde; So haben wir zu dem Ende mit einander wolbedächtig freund-vetterlich Uns verglichen/ thun auch solches hiemit in Krafft dießes Briefes/ daß wir auf angedeuten unverhofften Fall/ allerseits still stehen/ nichts mit Occupir- und Innehmung solcher Landen vornehmen/ sondern den Sachen/ biß nach verrichter Fürstlichen Begräbnüß/ und Publicirung deß vetterlichen Testaments/ (welche nechstfolgenden Tag nach der Begräbnüß/ geliebts GOtt/ fürgenommen/ zu Werck gerichtet/ und den interessenten dessen Abschrifft zu ihrer Nachrichtung mitgetheylt werden soll/) ein Anstandt geben/ und Uns darauff Unsers Gemüths gegen einander so bald erklären wollen/ da dann eins und anders halben Zweiffel oder Mißverstandt vorfallen solte/ wollen wir Uns aldann/ wie es damit zuhalten/ mit einander freundlich vergleichen.

Würden aber die Sachen ie zu rechtlicher Ausführung gelangen/ wie wir Uns doch nicht versehen wollen/ so soll solcher Proceß/ nach Ausweisung Unsers zusammen Erbvertrags angestellet und vollnführt werden/ doch sol die Grafschafft Waldeck/ Gödelßheim und Grönebeck/ deßgleichen die Universität zu Marpurg/ so in Unsers Vettern/ Vattern und Gevattern Landgraf Ludwigs des ältern/ Und Unser Landgraf Moritzen sonderbahre Verpflichtung/ Hand und Huldigung stehet/ in diesem Stillstandt nicht mit begriffen/ sondern hiermit ausgesetzt/ und Uns Landgraf Moritzen vorbehalten seyn/ gleichwohl mit der ausgedruckten Reservation, daß Uns Landgraf Ludwigen und Unsern freundlichen lieben Brüdern/ hierdurch an Unsern Rechten/ was wir dessen zu gedachten Lehenstucken/ und der Universität befugt seynd/ nichts derogirt/ benommen/ noch præjudicirt seyn soll/ für eins.

Zum andern/ weil auf angedeuten Fall auch bedacht seyn will/ wie alle briefliche Documenta, Barschafft/ Kleynodien/ Schätz/ Gülden und Silber-Geschirr/ und was dessen mehr von andern vornehmen Sachen/ in den Reposituren/ Clausurn/ Gewölben/ Truhen/ Renth- und andern Cammern/ zu Marpurg verwahrlich beygesetzt seyn mag/ unverrückt in guter Verwahrung beysammen behalten werde/ wollen wir die Gevettern Verfügung thun/ daß Unsers freundlichen lieben Vettern/ Vattern und Gevattern Landgraff Ludwigs des ältern hinderlassene Statthalter/ Cantzler/ Cammermeister und Räthe/ mit Zuziehung deß Land-Cummenthurs und Bürgermeisters zu Marpurg/ hierauff gute Acht und Auffsicht haben/ und so bald sich der Fall zuträgt/ die Gewölbe/ Gemache/ Reposituren/ Clausurn/ geheimbe Cabinet/ Truhen/ Renth/ und andere Cammern/ mit allem Fleiß verschliessen/ verriegeln/ verpitschiren/ und also verschlossen verwahren lassen sollen/ daß davon auch das geringste nicht entwendet/ sondern alles beysammen in guter Verwahrung behalten werde. Deßgleichen daß der Hauptmann zu Giessen/ Rudolff Raw/ nebenst dem Rentmeister und Keller/ auch dem Bürgermeister daselbst/ das Zeughauß ver-

ANNO 1604. verschliessen und verpitschiren / und alles in guter Verwahrung halten. Zum letzten / die Anstellung deß Fürstlichen Begräbnüß belangend / wollen wir Landgraff Moritz / ist es GOttes Will / darzu einen gewissen Tag mit Unsers Vettern Landtgraff Ludwigs deß Jüngern Belieben / benennen / darauff auch wir die Gevettern / bey Unsers Vettern / Vattern und Gevattern Landgraff Ludwigs deß Aeltern hinderlassenen Stätthaltern / Cantzlarn und Räthen / die Versehung thun wollen / daß sie die Landtschafft zur Begräbnüß beschreiben / und dabey sonsten alle Bereytschafft verschaffen / wie sich solches bey einem Fürstlichen Begräbnüß eygnet und gebühret.

Dieser Anstandts-Handlung abgeredete Puncten / sollen keinem Landgraffen zu Hessen an seinem habenden Rechten verfanglich seyn / nichts geben noch nehmen / auch von keinem zum Vortheil angezogen / sondern allein von angedeutem modo procedendi, dahin sie auch eintzig gemeynet seind / verstanden werden / alles ohne gefehrde.

Im Urkundt seyn hierüber zween Brieffe gleiches Lauts / unter Unser Landgraff Moritzen Handtzeichen / und auffgedruckten Fürstlichen Secret Instegel / und dann an statt der Durchleuchtigen Hochgebornen / Unsers Gn. Fürsten und Herrn / Landgraff Ludwigen deß Jüngern / für sich / und dero Fürstlichen Gnaden beyde Brüder / Herrn Philips / und Friederichen Landgraffen zu Hessen / &c. unter Unser / Seiner Fürstlichen Gnaden zu dieser Sachen Deputirter und gevollmächtiger Räthen / Hanß Philips von Buseck / genandt Münch / Ober-Amptmanns / Johannis Pistorii Cantzlars / und Johann Strupffen von Gelnhausen / Handverzeichnüßen und untertruckten Pittschafften verfertigt / welches geschehen ist zu Cassel / Sambstag den vierzehenden Januarii Anno 1604.

Moritz Landgraff zu Hessen.

Von wegen Unsers Gn. Fürsten und Herrn Landgraff Ludwigs deß Jüngern / für sich / und Seiner Fürstlichen Gn. Gebrüdere Herrn

Philipsen / und Herrn Friedrichen / Landgraffen zu Hessen.

Hanß Philips von Buseck / genandt Münch.

Johannes Pistorius Cantzlar.

Johann Strup von Gelnhausen.

XIX.

Fevr.

FRANCE ET ESPAGNE.

Déclaration de HENRI IV. *Roi de France, portant interdiction de Commerce avec l'*ESPAGNE *& les* PAÏS-BAS, *faite au mois de Février,* 1604. [FREDERIC LEONARD, Tome IV.]

HENRI, &c. Aprés que le Placard publié au mois de Février & d'Avril de l'année derniere, de la part de nos tres-chers Freres le Roi d'Espagne & des Archi-Ducs de Flandres, touchant le fait du Commerce, fut venu à nôtre connoissance, ne pouvant nous persuader que l'on voulût assujetir nos Sujets à l'observation d'icelui, d'autant que c'étoit couvertement leur interdire le Commerce aux Païs de nosdits Freres, nous laissames couler quelque temps, durant lequel nous commandâmes à nos Ambassadeurs residens auprés de nosdits Freres, de s'en éclaircir avec eux & nous en rendre certains : & aiant sceu, tant par les réponses faites à nosdits Ambassadeurs, que par les contraintes desquelles l'on a usé depuis envers nosdits Sujets, pour leur faire paier l'imposition de trente pour cent, & les assujetir aux conditions & rigueurs ordonnées par ledit Placard qu'ils entendoient y comprendre nosdits Sujets, nous prîmes resolution d'ordonner, pour garder quelque égalité au maniement & entrecours du Commerce entre nosdits Sujets & ceux de nosdits Freres, par nos Lettres de Declaration du mois de Novembre ensuivant, que les Marchandises mentionnées par icelles venans des Royaumes & Païs dudit Roi d'Espagne & de ceux qui obeïssent ausdits Archi-Ducs, en icelui nôtre Roiaume, comme celles qui seroient tirées & transportées d'icelui ausdits Païs, paieroient la même imposition de trente pour cent qu'ils faisoient lever sur nosdits Sujets en vertu dudit Placard : mais depuis nous avons reconnu que lesdites levées continuant de part & d'autre, ruinent & détruisent entierement nosdits Sujets, qui trafiquent ausdits Païs, tant pour la gravité insupportable desdites impositions, & les rigueurs & sujetions avec lesquelles elles s'exigent, qu'à cause des abus & fraudes qui se commettent en la perception & pratique d'icelles, au lieu que nôtre intention étoit faisant ladite Declaration, non de surcharger nosdits Sujets ni les autres du redoublement de ladite imposition de trente pour cent, mais plûtôt induire nosdits Freres par la consideration commune du bien & soulagement de nosdits Roiaumes, Païs & Sujets, à les décharger ensemble du faix de l'un & de l'autre, & en ce faisant restituer & rendre ledit Commerce en nosdits Roiaumes. Païs & Sujets, aussi libre & florissant qu'il doit être entre bons Voisins, Freres, Amis & Alliés, tels que nous sommes, étant l'un des plus principaux fruits de la Paix que Dieu nous a donnée, laquelle nous entendons entretenir, garder & observer sincerement & de bonne foi. Neanmoins voians que l'on continuë à lever lesdites impositions aux Païs de nosdits Freres, sans faire demonstration de vouloir les revoquer ni regler, nous avons avisé redimer nostredit Royaume, Païs & Sujets, de la perte & vexation insupportable qu'ils en reçoivent : au moien dequoi aprés avoir mis cet affaire en deliberation en nôtre Conseil d'Etat, où étoient plusieurs Princes, Seigneurs & autres grands & notables personnages, de l'avis d'icelui & de nôtre certaine science, pleine puissance & authorité Roiale, Nous avons, pour les causes susdites, jusques à ce que nosdits Freres le Roi d'Espagne & les Archi-Ducs aient déchargé nosdits Sujets du paiement de ladite imposition de trente pour cent, défendu & défendons par ces Presentes, à tous nosdits Sujets, de quelque état, qualité & condition qu'ils soient, de mener, conduire & transporter ci-aprés aux Païs de l'obeïssance dudit Roi d'Espagne & Archi-Ducs de Flandres, soit par Mer ou par Terre, aucunes Marchandises quelles qu'elles soient, mêmes grains, vins, bestiaux de toutes especes, ni autres sortes de denrées en quelque maniere que ce soit ; comme aussi nous défendons l'entrée en nostredit Roiaume de toutes Marchandises venans des lieux de l'obeïssance de nosdits Freres, à peine de confiscation desdites Marchandises & des Navires, Vaisseaux, Batteaux, Chariots, Chevaux & Charettes qui en seront chargez, quelques Passeports & Permission contraires à ces Presentes que nosdits Sujets, & ceux de nosdits Freres puissent avoir, de nous ou des Gouverneurs & Lieutenans Generaux de nos Provinces, Admiraux, Vice-Admiraux, ou autres, lesquels Passeports & Permissions dés à present, comme dés lors, nous declarons nuls, & défendons d'y avoir aucun égard. Et afin que nôtre intention soit plus diligemment, exactement & mieux executée, Nous permettons à tous ceux qui seront avertis de la contravention qui sera faite par nosdits Sujets, & ceux de nosdits Freres, au contenu de la presente Declaration, de la venir dénoncer & reveler à nos Juges & Officiers des Lieux, & voulons que le tiers des confiscations, qui nous seront adjugées contre les delinquans & transgresseurs demeure & soit delivré, comme par ces Presentes nous l'affectons & ordonnons aux dénonciateurs : voulans qu'ils soient paiez dudit tiers des premiers deniers qui proviendront de la vente desdites Marchandises, Navires, Batteaux, Vaisseaux, Chariots, Chevaux & Charettes : dont nous chargeons nosdits Juges & Officiers, leur commandant faire fournir ledit tiers ausdits Dénonciateurs, sans attendre sur ce autre commandement de nous. Et pour le regard des Sujets des autres Princes, Potentats, Republiques, Villes & Communautez : ils pourront trafiquer en cesdits Roiaumes, tout ainsi qu'ils faisoient auparavant la publication de nôtre presente Ordonnance, sans qu'il leur soit donné aucun empêchement. ANNO 1604.

ANNO 1604. Mais d'autant qu'aucuns abusans de ladite liberté, au mépris de nôtre Ordonnance & au préjudice de nôtredit Roiaume, Païs & Sujets, pourroient, en chargeant des Marchandises en cedit Roiaume, les faire aprés transporter & conduire ausdits Païs dudit Roi d'Espagne, & desdits Archiducs de Flandres, sous couleur de les porter aux lieux où ils sont sujets, qui seroit entierement détruire l'effet de nôtre presente intention; Nous, pour y remedier, voulons & entendons que tous Etrangers Sujets desdits Princes, Potentats, & Republiques, ausquels nous laissons par la presente Ordonnance la liberté de trafiquer en nôtredit Roiaume, baillent, devant qu'ils sortent des lieux où ils auront chargé les Marchandises qu'ils auront achetées & voudront transporter, bonnes & suffisantes cautions pardevant nos Officiers desdits Lieux, de rapporter dedans le temps qui leur sera pour ce préfix & limité par nosdits Officiers, eu égard à la distance des Lieux, une certification des Officiers & Magistrats des Villes & Lieux où ils prétendent porter lesdites Marchandises, de la décharge d'icelles ausdits Lieux où ils les voudront porter. Davantage nous voulons & entendons, qu'où il se verifieroit qu'aprés la descente desdites Marchandises esdits Lieux, l'on les eut aprés rechargées & portées ausdits Païs obeïssans ausdits Roi d'Espagne & Archiducs de Flandres, que lesdites cautions en demeurent responsables, & qu'il soit loisible à nos Juges & Officiers d'agir contre icelle & leur posterité: & afin qu'aucun ne se puisse excuser de n'avoir été averti du contenu des Presentes, nous voulons & entendons qu'elles soient tenuës pour notifiées à toutes personnes, 15. jours aprés la publication d'icelles par les Bailliages & Senéchaussées de nôtre Roiaume, pour ce qui est de la Terre; & par les Officiers de l'Amirauté, pour ce qui est des Ports de Mer: ausquels Baillifs & Senéchaux & Officiers de l'Amirauté, & à chacun d'eux endroit soi, nous enjoignons faire faire ladite publication en toute diligence, & aux Substituts de nos Procureurs Generaux, d'y tenir la main, à peine d'en répondre en leurs propres & privés noms. Si donnons, &c.

(1) *L'interdiction & défense du Trafique en Espagne & Flandres aux François étoit le seul moien pour contraindre le Roi d'Espagne de lever son nouvel impost de trente pour cent (ainsi qu'il a été contraint de faire comme nous dirons sur la fin de cette année); mais nonobstant ces défenses, plusieurs Marchands ne laissoient par le moien des Etrangers, d'y trafiquer, & rendoient l'intention de Sa Majesté sans fruit; ce qui fut cause qu'il fit d'autres défenses encore plus amples le septiéme jour de Juillet, sur peine de punition corporelle aux contrevenans, leurs fauteurs, recelleurs ou entremetteurs, avec confiscation de toutes leurs Marchandises, desquelles il veut que les dénonciateurs en aient la moitié, sans être sujets à paier les frais de Justice, lesquels se prendroient sur l'autre moitié. Et pour éviter aux fraudes & abus, que les Marchands qui ont des Marchandises ès Ports de Mer & Villes frontieres, pourroient commettre, il leur enjoint de faire marquer & enregistrer par ses Officiers toutes denrées & marchandises, sans que ses Officiers prennent aucune chose pour la marque, ni pour l'enregistrement. La punition corporelle de quelques Marchands donna crainte aux autres, & les fit obeir aux défenses du Prince, qui par ce moien en reçût le fruit de ses intentions.*

(1) On lit cette Note à la fin de la Déclaration précédente dans l'Edition de Léonard, & l'on n'a pas crû devoir l'omettre.

XX.

28. Avril. ESPAGNE ET SUISSE. *Renouvellement de l'Alliance entre* PHILIPPE III. *Roi d'Espagne & les cinq petits Cantons* SUISSES *&* FRIBOURG *&* APPENZEL, *du* 28. *Avril* 1604. [Manuscrit.]

AU nom de la Tres-Sainte & individuë Trinité Amen, Nous Philippe III. par la Grace de Dieu Roi d'Espagne, de Portugal, des deux Siciles, de Hierusalem, de Majorque, de Sardaigne, des Isles Canaries, des Indes Orientales & Occidentales, des Isles & Terre Ferme, de la Mer Oceane, Archiduc d'Austriche, Duc de Bourgogne, de Brabant, de Milan, Comte d'Hapsbourg, de Flandres, de Tirol & Barcellona, Seigneur de Biscaye &c. & nous les Advoyers, Ammans, Conseils, Communautés, Bourgeois & Conseils Generaux des Cantons Suisses des Hautes Allemagnes sousnommez, savoir Lucerne, Ury, Swits, Underwald dessus & dessous le Bois, Zoug, avec ses Officiers, Fribourg & le Pays Catholique d'Appenzel, à tous savoir faisons & publiquement confessons par les presentes comme ainsi soit qu'en l'Année de Nôtre Seigneur Jesus Christ 1583. Entre sa Majesté Catholique Philippe II. de ce nom Roi d'Espagne & de Portugal Nostre Tres-honoré Seigneur & Pere de glorieuse memoire d'une part, & nous les sousnommés Catholiques Suisses, savoir de Lucerne, Ury, Swits, Underwald, Zoug, & Fribourg d'autre part, ait esté concluë, traittée stable une louable Amitié, Union & Alliance, laquelle devoit durer pendant la Vie dudit Seigneur Roi de glorieuse memoire & de la nostre & cinq Ans apres à l'honneur & à la gloire de Dieu & pour la conservation, & manutention de la Sainte Foi Catholique, Apostolique & Romaine & defence des Pays, Villes, Domaines & Seigneuries de l'Estat & Duché de Milan, & des Pays que nous les susdits Cantons Catholiques des Ligues avons eu & possedé & possedons selon le contenu de ladite Confœderation & conformement à icelle, laquelle Alliance fut l'Année suivante 1588. solemnellement & autentiquement jurée en la Ville de Milan avec les Ceremonies accoustumées en semblables actions comme conste du tout par les Procedures, Actes & Instruments sur ce faits, expediés & séellez, à laquelle Confœderation nous les Catholiques susdits d'Appenzel nous joignismes en l'Année 1597. & d'autant que sadite Majesté Philippe II. de glorieuse memoire nostre Tres-honoré Seigneur & Pere a laissé cette vie pleine de calamitez, sollicitudes & miseres pour joüir d'un repos éternel, & que par la Grace de Dieu nous Philippe III. du nom ayant comme son Fils & Heritier succedé à la Couronne & au Gouvernement de ses Royaumes & Estats ayons conservé ladite Union & Amitié, avec reciproque tesmoignage tant d'un costé que d'autre de toute bonne Intelligence & Confiance, toute fois pour oster tout soupçon & doubte qui à l'advenir pourroit naistre contre ladite louable & tant utile aux deux Parties Amitié & Alliance, ains qu'au contraire ceste reciproque bonne confiance soit non seulement continuée & conservée, comme doivent faire vrais & sinceres Alliés, mais encore accreüe & augmentée pour la reputation toutesfois bien, & profit commun, nous les susdits Cantons Catholiques compris en ceste Aliance, sçavoir Lucerne, Ury, Swits, Underwald, Zoug, Fribourg, & les Catholiques d'Appenzel par bonne & meure deliberation & du commun consentement & advis de nos Conseils, Bourgeois, Paysans, Communautez & Conseils Generaux auxquels la chose a esté proposée & acceptée par vertu des presentes, de nostre propre science & volonté nous avons fait declaration, & declarons que nostre intention n'est point par aucun Traitté d'Alliance par nous fait depuis l'Année 1587. ou que nous pourrions faire par ci-aprés, de contrevenir ni prejudicier aucunement ni en aucun point audit Traitté de l'année 1587. ains de nouveau le ratifions, promettans l'observer & accomplir fidelement & sincerement sans aucun contredict, difficulté ni reserve pour le temps qu'il durera, en la forme & maniere qu'il a esté conceu de mot à mot, toutesfois avec les declarations suivantes. La premiere est expressement portée par le 4. Article de la susdite Alliance en termes formels, sçavoir nous les susdits Cantons promettons à sa Majesté & à ses gens de Guerre soit à cheval ou à pied, & au cas qu'il arrivât que sa Majesté eust besoin & desirast de faire passer un grand nombre de Gens de Guerre pour la defence de ses Estats & Pays qu'il possede à present & de ceux qui ont esté donnez au Serenissime Archiduc Albert son Beaufrere & à sa Femme la Serenissime Infante Sœur de sa Majesté, qu'il sera loisible & permis à sadite Majesté & à ses Officiers de ce faire, à condition toutesfois que quand on voudra faire passer lesdits Gens de Guerre, en soit donné advis quelques jours auparavant à nous lesdits Cantons afin de pouvoir faire provision de vivres & autres choses necessaires, & que les Compagnies soient de deux cent Soldats & éloignées les unes des autres d'une journée jusques à ce que tout soit passé & que chaque Compagnie ait sa Guide & Capitaine qui les tienne en discipline pour empêcher tout desordre qui pourroit survenir en payant par lesdits Soldats les vivres & peages accoustumés & qu'ils ne puissent porter avec eux leurs armes sur le col. &c. comme plus amplement est arresté audit Article.

De plus a la fin du 10 Article sont contenus les termes suivans: Et en outre nous les 2 Parties susdits promettons reciproquement qu'aucun de nous ne donnera passage

ANNO 1604.

sage par ses Terres ni de ses Subjects à aucuns Gens de Guerre de quelque Nation qu'ils soient ou en service de quelque Prince ou Seigneur que ce soit qui puisse offenser ouvertement ou en cachette l'autre Partie, ains que nous l'empêcherons de tout nostre pouvoir, declarant en outre que la Partie, à laquelle sera demandé le passage, sera tenue de le refuser & l'empêcher, lors qu'elle sera advertie par l'autre Partie que les Gens de Guerre qui demandent passage pourroient estre employez & auroient dessein de nuire & endommager les Terres & Pays compris en la susdite Alliance, & par contre nous Philippe III. Roi d'Espagne, & de Portugal en vertu des presentes avons ratifié & ratifions la susdite Alliance faite entre sadite Majesté Philippe second de glorieuse memoire nostre Tres-honoré Seigneur & Pere avec les susdits Cantons Catholiques de ladite Ligue, promettans l'observer & faire sincerement & fidelement sans contredict, refus ni reserve observer par nostre Gouverneur de Milan qui est à present, & par ceux qui à l'advenir seront par nous establi: en outre nous Roi voulons & ordonnons que toutes les Hardes & Marchandises qui passeront & seront conduites d'Italie en nostre Estat, & Duché de Milan, soit en Lorraine, Bourgogne, France, Flandres, & le long du Rhin en Allemagne, & celles qui desdits Pays seront conduites en nostre Estat de Milan ne puissent prendre autre passage ni chemin que par les Terres desdits Cantons Catholiques nos Alliez, pourveu qu'ils donnent bon ordre que les Marchands, Muletiers & Chartiers ne soient surchargés de peages que des ordinaires.

Et pour plus grande confirmation & ratification de la susdite Alliance, Intelligence & Amitié, & particulierement des presens Articles du susdit renouvellement d'Alliance & Declaration comprise aux presens Articles, nous Roy Philippe III. confessons que tout le contenu au present Traitté a esté conclu & arresté entre les susdits Seigneurs Suisses nos Alliés de nostre vouloir & consentement & par nostre certain & expres Mandement & Commission par l'entremise de l'Illustre & feal Alphonse Casal nostre Conseiller & Ambassadeur Ordinaire au nom & par l'ordre de nostre cher Cousin Don Pedro Henriques de Azevedo Comte de Fuentes Conseiller en nostre Conseil privé & nostre Capitaine General en Italie & Gouverneur de nostre Duché de Milan specialement par nous deputé pour cet effect avec Plein pouvoir, promettans en outre par nostre Roiale Dignité & sur nostre foy & honneur pour nous & nos Successeurs d'observer & executer tout le contenu en la susdite Alliance, renouvellement, & presente Declaration en ce qui nous oblige & peut concerner. Semblablement nous les susdits Cantons Catholiques de ladite Alliance compris aussi audit renouvellement & presente Declaration nous obligeans & promettans pour nous & nos Successeurs entant que ladite Alliance, renouvellement & Declaration nous peut obliger & toucher, de l'observer & accomplir sincerement & fidelement par nostre bonne foy & honneur tout le contenu en ladite Alliance & presente Declaration, & en signe & vray tesmoignage de toutes les choses sus escrites nous Roy Philippe III. susdit avons fait séeller la presente & une semblable de nostre Royal & Grand Seau, & nous les susdits Cantons Catholiques compris en ladite Alliance, renouvellement & Declaration, pour Tesmoignage & asseurances de toutes les choses susdits, avons semblablement fait séeler deux Copies toutes semblables de propres & ordinaires Seaux de nos Villes & Cantons l'une desquelles a esté remise entre les mains de sa Majesté, & l'autre reservée pour nous les Cantons Catholiques compris audit Traitté, fait & passé à Lucerne le 28. d'Avril l'An de nostre Seigneur Jesus Christ 1604.

XXI.

20. Mai.

FRANCE ET TURQUIE.

Articles du Traité fait entre HENRI le Grand, *Roi de France & de Navarre; &* SULTAN AMAT, *Empereur des Turcs, en l'année* 1604. *Par l'entremise de Messire* François Savary, *Seigneur de* Breves, *Conseiller du Roi en ses Conseils d'Etat Privé, lors Ambassadeur pour Sa Majesté à la Porte dudit Empereur.* [FREDERIC LEONARD, Tom. V.]

ANNO 1604.

L'EMPEREUR AMAT FILS DE L'EMPEREUR MEHEMET toûjours Victorieux.

Marque de la haute Famille des Monarques Ottomans, avec la beauté, grandeur & splendeur de laquelle tant de Païs sont conquis & gouvernez.

MOI qui suis par les infinies graces du Juste, Grand & Tout-Puissant Createur, & par l'abondance des Miracles du Chef de ses Prophetes, Empereur des victorieus Empereurs, Distributeur des Couronnes aux plus grands Princes de la Terre, Serviteur des deux tres-sacrées & tres-augustes Villes Meque & Medine, Protecteur & Gouverneur de la sainte Jerusalem, Seigneur de l'Europe, Asie & Afrique, conquises avec nôtre victorieuse épée & épouventable lance; A sçavoir des Païs & Roiaumes de la Grece, de Themisvar, de Bossena, de Seguetvar, des Païs & Roiaumes de l'Asie, de la Natolie, de Caramanie, d'Imadie, d'Ægypte, & de tout le Païs des Parthes, de Cars, des Georgiens, de la Porte de Fer, de Tiflis, de Sirvan, & des Païs du Prince des Tartares, nommez Cerim, & de la Campagne nommée Dest Cipehac, de Chipre, de Zeulcaderie, de Chereseul, de Diarbequier, d'Alep, de Rom, de Childeur, d'Arzeron, de Damas, de Babylone, demeure des Princes de Ciouse, de Basera, d'Ægypte, de l'Arabie heureuse, d'Abas, d'Aden, de Tunis, la Goulette, Tripoli de Barbarie, de plusieurs autres Païs, Villes, & Seigneuries conquises avec nôtre Puissance Imperiale, Seigneur des Mers blanche & noire, & de l'inexpugnable Forteresse de Aigria, de tant d'autres divers Païs, Isles, Détroits, Passages, Peuples, Familles, Generations, & de tant de cent milliers de Victorieux Gens de Guerre, qui reposent sous l'obéissance & Justice de Moi, qui suis l'Empereur Amat, Fils de l'Empereur Mehemet, de l'Empereur Amorat, de l'Empereur Selim, de l'Empereur Soliman, de l'Empereur Selim, de l'Empereur Bajazet, de l'Empereur Mehemet, de l'Empereur Amorat, &c. par la grace de Dieu recours des grands Princes du monde, & refuge des honorables Empereurs.

I. Au plus glorieux, magnanime & grand Seigneur de la Creance de JESUS, éleu entre les Princes de la Nation du Messie, Mediateur des differens qui surviennent entre le Peuple Chrêtien, Seigneur de Grandeur, Majesté & Richesses, glorieuse Guide des plus Grands, HENRI IV. Empereur de France, Que la fin de ses jours soit heureuse.

II. Ayant nôtre Altesse été priée du Sieur de Breves au nom de l'Empereur de France son Seigneur, comme son Conseiller d'Etat, & son Ambassadeur ordinaire à nôtre Porte, de trouver bon que les Traitez de Paix & Capitulations qui sont de longue memoire entre nôtre Empire & celui de sondit Seigneur, fussent renouvellées & jurées de nôtre Altesse, sous cette consideration, pour l'inclination que nous avons à conserver cette ancienne amitié, avons commandé que cette Capitulation soit écrite de la teneur qui s'ensuit.

A SÇAVOIR.

III. Que les Ambassadeurs qui seront envoiez de la part de Sa Majesté à nôtre Porte; les Consuls qui seront nommez d'Elle pour resider par nos Havres & Ports; les Marchands ses Sujets qui vont & viennent par iceux, ne soient inquietez en aucune façon que ce soit, ains au contraire receus & honorez avec tout le soin qui se doit à la foi publique. Voulons de plus, qu'outre l'observation de cette nôtre Capitulation, celle qui fut faite & accordée par nôtre deffunt Pere l'Empereur Mehemet, heureux en sa vie & Martyr en sa mort, soit inviolablement observé & de bonne foi.

IV.

IV. Que des Venitiens & Anglois en là, les Espagnols Portugais, Cattelans, Ragusois, Genevois, Anconitains, Florentins, & generalement toutes autres Nations quelles qu'elles soient, puissent librement venir, trafiquer par nos Païs, sous l'aveu & seureté de la Banniere de France, laquelle ils porteront comme leur Sauvegarde, & de cette façon ils pourront aller & venir trafiquer par les lieux de nôtre Empire comme ils y sont venus d'ancienneté, obéïssant aux Consuls François qui resident & demeurent par nos Havres & Eschelles. Voulons & entendons qu'en usant ainsi, ils puissent trafiquer avec leurs Vaisseaux & Gallions sans être inquietez, & ce seulement tant que ledit Empereur de France conservera nôtre amitié, & ne contreviendra à celle qu'il nous a promise. Voulons & commandons aussi que les Sujets dudit Empereur de France, & ceux des Princes ses Amis, Alliez & Confederez, puissent sous son aveu & protection, venir librement visiter les Saints Lieux de Jerusalem, sans qu'il leur soit fait ou donné aucun empeschement. De plus pour l'honneur & amitié d'icelui Empereur, Nous voulons que les Religieux qui demeurent en Jerusalem, & servent l'Eglise de Coumame (c'est à dire le Saint Sepulchre de Nôtre Seigneur JESUS-CHRIST) y puissent demeurer, aller & venir seurement, & sans aucun trouble & destourbier, & y soient bien receus, protegez, aidez & secourus en la consideration susdite.

V. Derechef nous voulons & commandons, que depuis les Venitiens & Anglois en là, toutes les autres Nations alienées de nôtre grand Porte, lesquelles n'y tiennent Ambassadeur, voulans trafiquer par nos Païs, elles aient d'y venir sous la Banniere & protection de France, sans que jamais l'Ambassadeur d'Angleterre ou autres aient de s'en empescher, sous couleur que cette condition a été inserée dans les Capitulations données de nos Peres, aprés qu'elles auroient été redigées par écrit.

VI. Voulons & ordonnons que toutes permissions qui se trouveront avoir été données, ou qui se pourroient donner ci-aprés par surprise ou mégarde, contraires à l'Article precedent, soient de nul effet & valeur, ains que cette Capitulation soit inviolablement gardée & entretenuë.

VII. Item, Permettons aux Marchands François, en consideration de la bonne & parfaite amitié que leur Prince conserve avec nôtre Porte, d'enlever des Cuirs, Cordoans, Cires, Cottons, Cottons filez, jaçoit que ce soient Marchandises prohibées & deffenduës d'enlever; Ratifions la permission que nôtre Bisaieul Sultan Selim, & nôtre deffunt Pere Sultan Mehemet, en ont donnée. Nous voulons aussi que ce qui est porté par cette nôtre Capitulation, en faveur & pour la seureté des François, soit encores dit & entendu en faveur des Nations estrangeres qui viennent par nos Païs, Terres & Seigneuries, sous la Banniere de France, laquelle Banniere elles porteront & arboreront pour leur seureté & marque de leur protection, comme dit est ci-dessus.

VIII. Que les Monnoies qu'ils apportent par les lieux de nôtre Empire, ne puissent être prises de nos Tresoriers ni de nos Monnoieurs, sous pretexte & couleur de les vouloir convertir en Monnoie Ottomane, & ne voulons pareillement qu'il se puisse pretendre aucun droit sur ni à cause d'icelles.

IX. Et parce qu'aucuns Sujets de la France navigent sur Vaisseaux appartenans à nos Ennemis, & y chargent de leurs Marchandises, & étans rencontrez ils sont faits le plus souvent Esclaves & leurs Marchandises prises; Pour cette cause nous commandons & voulons, que d'ici en avant ils ne puissent être pris sous ce pretexte, ni leurs facultez confisquées, s'ils ne sont trouvez sur Vaisseaux de cours. Voulons & commandons que ceux qui ont été faits Esclaves de cette façon, soient mis en pleine liberté, & leurs Hardes & Marchandises restituées sans aucun contredit.

X. Deffendons que les Vaisseaux François qui seront rencontrez chargez de victuailles prises és Païs & Seigneuries de nos Ennemis, puissent être retenus & confisquez, & les Marchands & Mariniers faits Esclaves.

XI. Deffendons qu'aux François qui se trouveront pris sur les Vaisseaux de nos Sujets portans des vivres à nos Ennemis, encores que nosdits Sujets & Vaisseaux en soient en peine, il soit fait ni donné aucune fâcherie, ains enjoignons qu'ils soient relâchez & mis en liberté sans aucune peine ni punition.

XII. Deffendons que les Vaisseaux François, Marchands & Mariniers, qui se trouveront chargez de Bled acheté de nosdits Sujets, puissent être pris & faits Esclaves, ni leurs Vaisseaux confisquez, encore que ce soit chose prohibée, mais demeurera seulement le Bled confisqué. Voulons & commandons que ceux qui se trouveront par tout nôtre Empire avoir été faits Esclaves de cette façon soient mis en liberté, & que leurs Vaisseaux leur soient restituez. Que les Marchandises qui seront chargées à Nollis sur Vaisseaux François, appartenantes aux Ennemis de nôtre Porte, ne puissent être prises sous couleur qu'elles sont de nosdits Ennemis, puis qu'ainsi est nôtre vouloir. Que les Marchandises qui seront apportées des Marchands François en nos Havres & Ports, ou celles qu'ils enlevent d'iceux, ne soient sujettes à autres droits & imposts que ceux qui sont de l'ancienne coûtume. Voulons & ordonnons que les Marchands François, & leurs Vaisseaux qui viennent par nos Ports & Havres, ne soient obligez de paier autre droit que celui des Marchandises qu'ils débarqueront, & qu'ils les puissent aller vendre en quelle Eschelle ils voudront, & où bon leur semblera, sans aucun empeschement.

XIII. Que lesdits François soient exempts de l'impôt de Cassapelic, autrement nommé l'Aide des Chairs; comme aussi de celui des Cuirs nommé Rest. Qu'ils ne soient non plus recherchez de paier celui des Buffles, nommé Bas. Qu'ils soient aussi exempts de paier aucune chose aux Gardes de nos Ports & Peages. Qu'à la sortie de leurs Vaisseaux ils ne puissent être forcez de paier plus de trois Ecus, sous le nom de bon & heureux voiage.

XIV. Et d'autant que les Corsaires de Barbarie allans par les Ports & Havres de la France, y sont receus, secourus & aidez à leur besoin de poudres, plomb, & autres choses necessaires à leur navigation, & neanmoins trouvans des Vaisseaux François à leur avantage ils ne laissent pas de les piller & saccager, en faisant les personnes Esclaves, contre nôtre vouloir & celui du deffunt Empereur Mehemet nôtre Pere, lequel pour faire cesser leurs violences & depredations, auroit diverses fois envoié ses puissans Ordres & Commandemens, & enjoint par iceux de mettre en liberté les François detenus Esclaves, & leur restituer leurs facultez, sans que pour cela ils ayent discontinué leurs actes d'hostilité. Nous pour y remedier commandons par cette nôtre Capitulation Imperiale, que les François pris contre la foi publique soient remis en liberté, & leurs facultez restituées. Declarons qu'en cas que lesdits Corsaires continuent leurs brigandages, à la premiere plainte qui nous en sera faite par l'Empereur de France, les Vicerois & Gouverneurs des Païs de l'obéïssance desquels seront les Voleurs & Corsaires, seront tenus des dommages & pertes qu'auront faites les François, & seront privez de leurs Charges: & promettons de donner croiance & ajoûter foi aux Lettres qui nous en seront envoiées dudit Empereur de France. Aussi consentons nous & avons agreable, si les Corsaires d'Alger & Tunis n'observent ce qui est porté par cette nôtre Capitulation, que l'Empereur de France leur fasse courir sus, les chastie, & les prive de ses Ports; & protestons de n'abandonner pour cela l'amitié qui est entre nos Majestez Imperiales. Approuvons & confirmons les Commandemens qui ont été donnez de nôtre deffunt Pere pour ce sujet.

XV. Consentons & accordons que les François nommez & avoüez de leur Prince, puissent venir pescher du Poisson & Corail au Golfe de Stora Courcouri, dépendant d'Alger, & en tous autres lieux de nos Côtes de Barbarie, & en particulier aux lieux de la Jurisdiction de nos Roiaumes d'Alger & Thunis, sans qu'il leur soit donné aucun trouble ni empeschement. Confirmons toutes les permissions qui ont été données par nos Aïeuls, & singulierement par nôtre deffunt Pere touchant cette Peschetie, sans qu'elles soient sujettes à autre confirmation qu'à celle qui en a été faite d'ancienneté.

XVI. Voulons & Nous plaît que les Interpretes & Truchemens qui servent les Ambassadeurs d'icelui Empereur, soient francs & exempts de paier Tailles, Imposts de Chairs, & tous autres subsides quels qu'ils soient.

XVII. Que les Marchands François, & ceux qui trafiquent sous leur Banniere aient à paier les droits des Consuls sans aucune difficulté. Que nos Sujets qui trafiquent par les Lieux & Païs de l'obeïssance de nos Ennemis, soient obligez de paier les droits de l'Ambassadeur & Consul François, sans contradiction, jaçoit qu'ils trafiquent avec leurs Vaisseaux, ou autrement.

XVIII. Que survenant quelque meurtre, ou autre inconvenient entre quelques Marchands François & Negocians, les Ambassadeurs & Consuls d'icelle Nation, puissent selon leurs Loix & Coûtumes en faire Justice, sans qu'aucun de nos Officiers en prenne aucune connoissance ni Jurisdiction.

XIX.

ANNO 1604.

XIX. Que les Consuls François qui sont établis par les Lieux de nôtre Empire pour prendre soin du repos & seureté d'iceux trafiquans, ne puissent, pour quelque cause que ce soit, être constituez Prisonniers, ni leurs Maisons scellées & bullées, ains commandons que ceux qui auront pretention contre eux soient renvoiez à nôtre Porte, où il leur sera fait Justice. Que tous commandemens ou autres rescripts qui pourroient avoir été ci-devant, ou seroient ou pourroient être ci-aprés impetrez de nous par mégarde ou surprise contre cette nôtre promesse & Capitulation, soient de nul effet & qu'il n'y soit ajoûté aucune foi.

XX. Et pour autant qu'icelui Empereur de France est entre tous les Rois & Princes Chrêtiens le plus noble, & de la plus haute Famille, & le plus parfait Ami que nos Aieuls ayent acquis entre lesdits Rois & Princes de la croyance de JESUS, comme il a été dit ci-dessus, & comme le témoigne par les effets de sa sincere Amitié; en consideration de ce nous voulons & commandons que son Ambassadeur qui reside à nôtre heureuse Porte, ait la préseance sur l'Ambassadeur d'Espagne, & sur ceux des autres Rois & Princes soit en nôtre Divan public, ou autres Lieux où ils se pourront rencontrer.

XXI. Que les Etoffes que les Ambassadeurs d'icelui Empereur residens à nôtre Porte, feront venir pour leur usage & presens, ne soient sujettes à aucunes daces ou impôts.

XXII. Que lesdits Ambassadeurs ne paient aussi aucun impôt de leurs Victuailles, & de tous les vivres qui seront achetez pour la provision de leur Maison. Que les Consuls François joüissent de ces mêmes Privileges aux Lieux où ils resideront, & qu'ils ayent la préseance sur tous les autres Consuls de quelque Nation qu'ils soient.

XXIII. Que les François qui viennent avec leurs Vaisseaux & Marchandises par les Echelles, Havres & Ports de nos Seigneuries & Païs, y puissent venir seurement sous la foi publique: & en cas que la fortune & orage jettât aucun de leurs Vaisseaux au travers se rencontrant de nos Galleres ou Vaisseaux aux Lieux circonvoisins, Nous commandons tres-expressement aux Capitaines d'iceux de les aider & secourir, portant honneur & respect aux Patrons & Capitaines d'iceux Vaisseaux François, leur faisant donner, avec leur argent tout ce qui leur sera necessaire pour leur vie & autres necessitez.

XXIV. Et en cas qu'aucun d'iceux Vaisseaux fasse naufrage, Nous voulons que tout ce qui se recouvrera soit remis au pouvoir des Marchands à qui les facultez appartiendront, sans que nos Vicerois, Gouverneurs, Juges & autres Officiers y contreviennent, ains voulons qu'ils les secourent à leur besoin, leur permettant qu'ils puissent aller, venir, sejourner & retourner par tout nôtre Empire, sans qu'il leur soit donné aucun empeschement, s'ils ne commettent chose contre l'honnêteté & la foi publique.

XXV. Nous ordonnons aussi & commandons aux Capitaines de nos Mers, leurs Lieutenans & tous autres qui dépendent de nôtre obeïssance, de ne violenter ni par Mer ni par Terre lesdits Marchands François, ni pareillement les Etrangers qui viennent sous la seureté de leur Banniere: Voulons toutefois qu'ils soient tenus de paier les Droits ordinaires de nos Eschelles.

XXVI. Qu'iceux Marchands ne puissent être contraints d'achepter autres Marchandises que celles qu'ils voudront, & leur seront duisibles.

XXVII. Et en cas qu'aucuns d'iceux se trouvent redevables, voulons que la dette ne puisse être demandée qu'au detteur, ou à celui qui se sera rendu pleige & caution pour lui, par Contract passé pardevant personne publique.

XXVIII. Et si aucuns d'iceux Marchands, ou autres d'icelle Nation meurent en nos Païs, que les facultez qui seront trouvées leur appartenir soient remises au pouvoir de celui qu'ils auront nommé pour Executeur de leur Testament, pour en tenir compte à leurs Heritiers. Mais s'il arrive qu'ils meurent *ab intestat*, Voulons que les Ambassadeurs ou Consuls qui sont par nos Eschelles, se saisissent de leurs facultez pour les envoier à leurs Heritiers, comme il est raisonnable, sans que nos Gouverneurs, Juges & autres qui dépendent de nôtre obeïssance en puissent prendre aucune connoissance.

XXIX. Que les Consuls, ou Interpretes François, ou ceux des Lieux qui dépendent d'eux, aient en leurs ventes & achapts, plegeries & tous autres Points, d'enpasser Actes devant le Juge ou Cady des Lieux où ils se trouveront, au deffaut de quoi nous voulons & commandons, que ceux qui auront quelque pretention contre eux, ne soient écoutez ni receus en leurs demandes, s'ils ne font apparoir, comme dit est, par Contrat public leur pretention & Droit. Voulons que tous les témoins qui seront produits contre eux & à leur dommage, ne soient receus ni écoutez, si premierement, comme dit est, il n'est suivi Acte public de leurs ventes, achapts & plegeries.

XXX. Etant formé quelque accusation contre les Marchands, ou autres d'icelle Nation, les accusant d'avoir parlé, ou blasphemé contre nôtre Sainte Religion, & produisant de faux témoins pour les travailler, Nous ordonnons qu'en telles occasions nos Gouverneurs & Juges, aient de se porter prudemment, que les choses ne se passent plus avant, & qu'iceux François ne soient indeuement & calomnieusement vexez & travaillez.

XXXI. Si aucun d'eux se trouvant endetté, ou aiant commis quelque mauvais acte, fuit ou s'absente, Nous voulons & commandons que les autres d'icelle Nation ne puissent être responsables pour lui, s'ils n'y sont obligez, comme dit est, par Contract autentique, & passé pardevant personne publique.

XXXII. Que se trouvant par nôtre Empire des Esclaves François étans reconnus pour tels des Ambassadeurs & Consuls, ceux au pouvoir desquels ils se trouveront faisant refus de les delivrer, soient obligez de les amener ou envoier à nôtre Porte, afin d'être jugé à qui il appartiendra.

XXXIII. Qu'aux changemens & établissemens des Consuls François en nos Echelles d'Alexandrie, Tripoli de Syrie, Alger, & autres Païs de nôtre obeïssance, nos Gouverneurs, & autres Officiers, ne se puissent opposer, ni empescher qu'ils soient établis ou changez.

XXXIV. Si quelqu'un de nos Sujets a different avec un François, dont la connoissance appartienne à nos Juges, Nous voulons que le Juge qui en connoîtra ne puisse écouter la demande du Demandeur, qu'un Interprete de la Nation ne soit present, & si pour lors il ne se trouve aucun Interprete pour comparoir devant le Juge, & deffendre la cause du François, que le Juge remette la cause à un autre tems, jusques à ce qu'il se trouve un Interprete, lequel toutefois le François sera obligé de trouver & faire comparoir, afin que l'effet & expedition de la Justice ne soient differez.

XXXV. S'il naît quelque contention & different entre deux François, que l'Ambassadeur ou Consuls aient à le terminer, sans que nos Juges & Officiers s'en empeschent, & en prennent aucune connoissance.

XXXVI. Ordonnons que les Vaisseaux François esquels aura été faite la cherche en Constantinople, ne soient recherchez en autre part, sinon au sortir des Dardanelles. Deffendons qu'ils soient forcez de la souffrir à Galipoli, comme ils y ont été contraints par le passé.

XXXVII. Les Vaisseaux, Galeres, & Armées Navalles appartenantes à nôtre Altesse, se rencontrans avec ceux de la France, Nous exhortons les Capitaines d'une part & d'autre, qu'ils aient à s'aider & servir, sans se procurer les uns aux autres aucun dommage, ains tout aide, secours & confort.

XXXVIII. Voulons & Nous plaît que tout ce qui est porté par les Capitulations accordées aux Venitiens ait lieu pour les François.

XXXIX. Que les Marchands, leurs facultez & Vaisseaux venans par les Mers & Terres de nôtre Empire, y soient bien receus, maintenus en toute seureté, & deffendus de toute hostilité ainsi qu'il doit être fait selon la foi publique. Ordonnons qu'ils y puissent venir, aller, retourner, & sejourner sans aucun empeschement, & si quelqu'un étoit volé, qu'il se fasse une recherche tres exacte pour le recouvrement de sa perte; & chastiment de celui ou ceux qui auront commis le méfait.

XL. Que les Admiraux de nos Armées Navales, nos Vicerois, Gouverneurs de nos Provinces, Juges, Capitaines, Chastelains, Daciers, & autres qui dépendent de nôtre obeïssance, soient soigneux d'observer ce nôtre Traité de Paix & Capitulation, puis que tel est nôtre plaisir & commandement.

XLI. Declarons ceux qui contreviendront à ce nôtre vouloir, rebelles, desobeïssans, & perturbateurs du repos public, & pour ce voulons que sans aucune remise ils soient condamnez à un grief chastiment, étans apre-

Anno 1604. aprehender, afin qu'ils servent d'exemple à ceux qui auroient envie de les imiter à mal faire. Et outre la promesse que nous faisons de l'observation de cette nôtre Capitulation, nous entendons que celles qui ont été faites avec nôtre Bisaieul Sultan Soliman, & consecutivement celles qui ont été faites de tems en tems par nos Aieuls & Pere, ausquels Dieu fasse misericorde, soient observées & entretenuës de bonne foi.

XLII. Nous promettons & jurons par la verité du Grand Dieu Tout-Puissant, Createur du Ciel & de la Terre, & par l'ame de nos Aieuls & Bisaieuls, de ne contrarier ni contrevenir à ce qui est porté par ce Traité de Paix & Capitulation, tant que l'Empereur de France sera constant & ferme à la conservation de nôtre Amitié. Acceptons dés à present la sienne, avec volonté de la tenir chere & en faire estime: & telle est nôtre intention & promesse Imperiale.

Ecrit environ le 20. Mai 1604.

XXII.

12. Oct. FRANCE ET ESPAGNE. *Traité pour le rétablissement du Commerce, entre le Roi* HENRI IV. *Roi de France d'une part, le Roi d'*ESPAGNE *& les Archi-Ducs* ALBERT *&* ISABELLE *d'autre part. Fait à Paris le* 12. *Octobre* 1604. [FREDERIC LEONARD, Tom. IV.]

HENRI, &c. Ayant été reconnu que l'imposition ci-devant mise par nos tres-chers Freres le Roi d'Espagne & les Archi-Ducs de Flandres, de trente pour cent sur les Marchandises qui y pouvoient être apportées de ce Royaume, ou qui de leur Païs & Etats étoient apportées en icelui. Comme pareillement les défenses qui en suitte & consequence de ladite imposition avoient par nous été faites à tous nos Sujets de trafiquer és Païs & Etats desdits Princes, alteroient du tout le Commerce qui souloit être entre nos Etats, & qui est un des meilleurs & plus fermes liens de l'entretenement de la Paix: Ce que nôtre tres-Saint Pere le Pape ayant bien consideré, & que cela avec le temps pourroit faire & attirer de pires consequences, auroit pris soin, pour la paternelle affection qu'il nous porte, & à la continuation de ladite Paix, & au bien & repos de nosdits Etats, de nous exhorter tous par ses saintes admonitions de faire cesser tous ces differends survenus pour les publications susdites, & rendre au Commerce la liberté qui auroit toûjours été depuis ladite Paix. Comme aussi nôtre tres-cher Frere le Roi d'Angleterre avoit voulu faire envers nous ce même Office, qui auroit été cause que nous nous serions unanimement resolus de faire traiter par nos Ministres sur lesdits differends, qu'ils auroient enfin terminés par un mutuel accord les Conventions que nous aurions depuis respectivement ratifiez, & desirans de nôtre part qu'il soit inviolablement gardé & observé: Et à cet effet qu'il soit connu & notoire à tous: Sçavoir faisons, que par nôtre Cousin le Sieur Marquis de Rosny Grand-Maître & Capitaine General de l'Artillerie de France; & le Sieur de Sillery, Conseiller en nôtre Conseil d'Etat, de nôtre part: Et de celle de nosdits Freres le Roi d'Espagne & Archi-Ducs, Dom Baltazar de Cuniga Ambassadeur dudit Roi d'Espagne, & le Senateur Alexandre Rovidius, ont été traités, accordés, signés, & depuis respectivement confirmés & ratifiés comme dit est, les Articles desquels la teneur ensuit.

I. Il a été arresté que de part & d'autre & en même jour seront ôtés & levés par lesdits Rois & Archi-Ducs les Placards publiés pour l'imposition de trente pour cent, & Interdiction du Commerce.

II. Item, a été convenu que ledit Sieur Roi Tres-Chrêtien, défendra par Edit public, incontinent aprés la publication des présents Articles, que aucuns de ses Sujets, Vassaux ou Regnicoles, n'enleve ou transporte directement ou indirectement en quelque sorte & maniere que ce soit, en son nom ou celui d'autrui, & ne prête son nom ni aucun Vaisseau, Navire, ou Chariot pour porter ou conduire Navires, Marchandises, Manufactures ou autres choses des Provinces de Hollande & Zelande en Espagne, ou aux autres Roiaumes & Seigneuries desdits Roi d'Espagne & Archi-Ducs, & ne charger en ses Vaisseaux pour transporter audit Païs aucuns Marchands Hollandois & Zelandois, sous l'indignation de Sa Majesté, & aux peines portées par les Ordonnances contre les infracteurs d'icelles.

III. Et afin d'empêcher les fraudes qui se pourroient ensuivre à cause de la ressemblance des Marchandises, il a été arresté par les presents Articles, que les Marchandises de France qui se transporteront & conduiront aux Roiaumes & Païs desdits Roi Catholique & Archi-Ducs seront enregistrées & scellées du Sceau de la Ville d'où elles seront enlevées: & ainsi enregistrées & marquées seront tenuës & reputées pour Marchandises Françoises, & comme telles approuvées & admises, sauf à prouver la fraude, sans retarder ni empêcher toutes fois le cours des Marchandises & des Vaisseaux. Et quant aux Marchandises qui ne seront regîtrées & marquées, elles seront confisquées & déclarées de bonne prise. Semblablement aussi tous Hollandois & Zelandois qui seront trouvés dans lesdits Navires pourront être pris & arrêtés.

IV. Item a été accordé que pour le regard des Marchandises que les Marchands François apporteront en Espagne & autres Païs du dit Roi Catholique, & qu'ils transporteront dans leurs propres Navires ou autres loüés & empruntés pour leur usage, excepté toutes fois les Navires Hollandois & Zelandois, & comme il est dit ci-dessus, ne paieront point ladite imposition de trente pour cent, pourveu qu'ils les conduisent au Païs dudit Roi Tres-Chrêtien, ou aux Ports de l'obeïssance desdits Archi-Ducs ou lieux & endroits non défendus par le Placard sur ce fait. Et afin d'éviter à toutes fraudes, & que lesdites Marchandises ne soient transportées ailleurs, & specialement en Hollande & Zelande, a esté resolu que lesdits Marchands au même temps qu'ils chargeront leurs Navires en Espagne ou autres Roiaumes & Seigneuries de l'obeïssance desdits Roi Catholique & Archi-Ducs, s'obligeront pardevant le Magistrat du Lieu d'où lesdites Marchandises seront enlevées, de paier ladite imposition de trente pour cent, en cas qu'ils les transportent en autres Lieux, & de raporter dans un an Certificat du Juge des Lieux où lesdites Marchandises auront esté déchargées soit au Roiaume de France ou aux Ports & Havre desdits Archi-Ducs ou autres non défendus par ledit Placard. Lequel Certificat estant rapporté, les obligations sur ce faites seront renduës & demeureront nulles.

V. Il a esté aussi accordé que le Roi Tres-Chrétien incontinent aprés la publication du present Accord, défendra qu'aucun ne transporte des Marchandises d'Espagne ou d'autres Païs dudit Roi Catholique, ailleurs qu'en ses Roiaumes, & esdits Ports & Havres de Flandres & Lieux ci-dessus specifiés ou autres non défendus par ledit Placard, à peine de confiscation desdites Marchandises au profit dudit Roi Tres-Chrétien, dont la moitié ou la valeur appartiendra au dénonciateur, deduction préalablement faite dudit droit de trente pour cent: lequel sera paié aux Commissaires députés par ledit Roi Catholique, foi estant ajoûtée aux preuves legitimement receuës en Espagne & envoiées en France en forme authentique, sauf les exceptions & défenses contre lesdites preuves.

VI. De même a esté accordé que aucun Magistrat des Lieux & Villes desdits Roiaumes, qui baillera Certificat de la charge des Navires, ou de l'enregistrement des Marchandises, n'y commettra aucune fraude, à peine d'encourir l'indignation de Sa Majesté, d'estre privé de son Office, & d'autre plus griéve punition si elle échet.

VII. Et parce que l'intention desdits Princes est de procurer que le Commerce d'entre leurs Sujets leur apporte plus de commodité & utilité, ils donneront ordre autant qu'en eux sera, que les chemins soient ouverts à l'entrée & sortie de leurs Ports, Roiaumes & Seigneuries, afin que leursdits Sujets puissent plus librement aller & venir avec leurs Marchandises.

VIII. Et pour le regard de la revocation des Daces imposées à Calais, depuis le Traité de Vervins, sur les Marchandises qui sont transportées d'Espagne en Flandres, & de Flandres en Espagne, cet Article aiant déja esté arresté à l'instance du Cardinal Delbuffalo au nom de Sa Sainteté, il sera ensemble executé selon sa forme & teneur.

Tous les Articles ci-dessus specifiez seront reciproquement publiés avec ce qui y est contenu. Et sera la ratification desdits Princes sollicitée, afin que la publication s'en fasse en même jour de part & d'autre quarante jours aprés la datte des Presentes. Fait le 12. Octobre 1604. *Signé*, MAXIMILIAN DE BETHUNE, N. BRULARD DE SILLERI. DOM BALTAZAR DE CUNIGA, ALEXANDER ROVIDIUS. *Et plus bas est écrit*, Si donnons en mandement, &c.

XXIII.

ANNO 1604. Novem.

FRANCE ET LA HANSE TEUTONIQUE.

XXIII.

Privilèges accordez par HENRI IV. *Roi de France aux Villes de la* HANSE TEUTONIQUE, *donné à Fontainebleau, au mois de Novembre,* 1604. [AITZEMA, Histoire des Affaires d'Etat & de Guerre, Tom. VIII. pag. 306. de l'Edition in 4°. d'où l'on a tiré cette Pièce, qui se trouve aussi dans LONDORPII *Acta Publica*, Tom. VII. pag. 993. Col. 2.]

HENRY par la grace de Dieu, Roy de France & de Navarre; A tous presens & advenir, Salut: Comme nos tres-chers, grands Amis & Confederez les Proconsuls, Senateurs, Marchands, Anciens, Aldremans, Manans & Habitans des Villes & Citez de la Nation & Hanse Teutonique, dits Osterlins, ayant n'agueres envoyé leurs Deputez & Ambassadeurs devers nous, pour nous requerir de la continuation & confirmation, tant de nostre Amitié, Alliance & Confederation, que des Privileges qui leur ont esté octroyez par le passé par nos Predecesseurs Roys de France d'heureuse memoire: Sçavoir faisons que nous desirons singulierement l'entretenement de ladite Amitié, Alliance & Confederation, & suivant la bonne & loüable coustume de nosdits Predecesseurs, la promouvoir & avancer autant qu'il nous sera possible. POUR CES CAUSES, & autres bonnes, grandes & raisonnables considerations à ce nous mouvans; Avons par l'advis & deliberation des Princes de nostre Sang & Gens de nostre Conseil d'Estat, continué & confirmé, continuons & confirmons par ces presentes ladite Amitié & Confederation, ensemble tous les Privileges par nosdits Predecesseurs donnez & octroyez ausdites Villes & Citez de ladite Nation de la Hanse Teutonique, & leurs Sujets: Voulons & nous plaist, qu'ils en jouïssent pleinement & paisiblement, & que selon la teneur d'iceux & des Traitez par nosdits Predecesseurs Roys à eux octroyez, ils puissent venir & frequenter seurement & sauvement en nostredit Royaume, Pays, Terres & Seigneuries de nostre obeyssance, trafiquer avec nosdits Sujets par Terre & par Mer, ainsi qu'ils ont cy-devant accoustumé, & ramener Marchandises non prohibées ny deffenduës, en payant & acquitant les droicts & devoirs pour ce deus, & ainsi qu'il appartiendra: Deffendans tres-expressement à tous nos Sujets, de quelque estat & condition qu'ils soient, de donner ny souffrir estre fait, mis ny donné aucun arrest, destourbier, ny empeschement ausdites Villes de la Hanse Teutonique, ou leurs Sujets, ny entreprendre aucune chose préjudicable à ladite Amitié & confirmation d'icelle, nonobstant qu'ils n'ayent depuis le deceds du feu Roy Henry II. pris Lettres de confirmation des Roys François II. Charles IX. & Henry III. nos tres-chers & tres honorez Seigneurs & Freres, que Dieu absolve, dont les avons relevées & dispensées, relevons & dispensons par cesdites presentes pour ce signées de nostre propre main: SI DONNONS EN MANDEMENT à nos amez & feaux les Gens tenans nos Cours de Parlement, & autres nos Cours Souveraines; A tous nos Lieutenans, Generaux, Gouverneurs de nos Provinces, Admiraux, Vice-Admiraux, Tresoriers generaux de France, Officiers de la Table de Marbre de nos Palais de Paris & Roüen, Baillifs, Seneschaux, Prevosts, Juges, Maires de nos Ports, ou leurs Lieutenans, Officiers de nos Traittes-foraines, & à tous nos autres Justiciers & Officiers, ou leurs Lieutenans, presens & advenir, & à chacun d'eux, si comme à luy appartiendra, que le contenu en ces presentes, ensemble ladite Amitié, Alliance, Confederation, Privileges, & cette presente Confirmation, ils entretiennent, gardent & observent, & fassent entretenir, garder & observer de Poinct en Poinct selon leur forme & teneur, & le publient & fassent publier par tous les Havres de nostre Royaume, & autres Lieux que besoin sera, & de ladite Amitié, Alliance, Confederation & Privileges, ils fassent lesdites Villes de la Hanse Teutonique, & leursdits Sujets, jouïr & user plainement, & paisiblement, contraignans à ce faire souffrir & obeyr tous ceux qu'il appartiendra, & procedant contre ceux qui feront le contraire, comme il est accoustumé contre les infracteurs de nos Ordonnances & volontez, nonobstant Clameur de Haro, oppositions & appellations quelconques, pour lesquelles ne voulons estre differé: Et parce que de cesdites presentes, l'on pourra avoir affaire en plusieurs & divers Lieux, Nous voulons, qu'aux Vidimus d'icelles deuëment collationnés, foi soit adjoustée comme au present Original; CAR tel est nostre plaisir; Et afin que ce soit chose ferme & stable à tousjours, Nous avons fait mettre nostre Seel à cesdites presentes, sauf en autres choses nostre droict, & l'autruy en toutes. DONNEE à Fontainebleau au mois de Novembre l'an de grace mil six cens quatre. Et de nostre regne le sixiéme. *Signé*, HENRY. *Et plus bas*, Par le Roy, DE NEUFVILLE.

ANNO 1603.

XXIV.

12.-22. Novem.

Hagenauischer Vertrag zwischen den Römisch-Catholischen / und der Augspurgischen Confession zugethanen Thumb-Herren und Capitularen des Stiffts Straßburg / über die wegen der Bischoffl. Wahl / und des Stiffts einkünfften ꝛc. entstandene Streittigkeiten getroffen den 12. 22. Novembris 1604. nebst der Prolongation dieses Vertrags auff 7. Jahr / beschehen zu Hagenau / den 12-22. Febr. 1620. des Ertz-Hertzogs zu Oesterreich Leopoldi alß Bischoffs zu Straßburg Revers, wegen festhaltung solchen vertrags. Geben Elsaß-zabern den 17. Januarii 1608. und endlich noch einen andern Revers, so ein Neuerwehlter Bischoff und das Capitel des Stiffts Straßburg der Stadt zu geben pflegt / und Ertzhertzog Leopold bemelter alß Bischoff daselbst nebst dem Capitul daselbst der Stadt außgestellt / Geben Elsaß-zabern den 17. Januarii 1608. [LUNIG, Teutsches Reichs-Archiv. Part. Special. Abtheilung III. Absatz IV. pag. 504. d'où l'on a tiré cette Pièce, qui se trouve aussi dans LONDORPII *Acta Publica* Part. III. pag. 966.]

C'est-à-dire,

Transaction de HAGUENAU *concluë entre les* CHANOINES *&* CAPITULAIRES *Catholiques de l'Evêché de* STRASBOURG *d'une part, & ceux de la* CONFESSION D'AUGSBOURG *d'autre part, sur les diférents agités entr'eux au sujet des Elections & des Revenus de l'Evêché &c. le* 12-22. *Novembre* 1604. Avec *la* PROLONGATION *de ce Traité pour sept ans à Haguenau le* 12-22. *Fevr.* 1620. Comme aussi *les Lettres de* LEOPOLD *Archi-Duc d'Autriche & Evêque de Strasbourg, par lesquelles il s'oblige comme Evêque à l'observation dudit Traité. A Saverne le* 17. *Janvier* 1608. Et enfin *les Lettres de* REVERS *que les Evêques de* STRASBOURG *nouvellement élus & le Chapitre ont accoûtumé de donner à la Ville, & qui furent aussi données par l'Archi-Duc* LEOPOLD *comme Evêque, à Saverne le* 17. *Janvier* 1608.

ZU wissen und kund sey hiermit / nachdem nun mehr dann vor zwantzig Jahren auf dem hohen Stifft Straßburg ein hochschädlicher Zwiespalt und Trennung zwischen den Römisch-Catholischen und Augspurgischer Confeßion Religions-verwandten Thumb-Herren und Capitularen sich erhaben / also / daß jeder Theil sein sonder Capitul gehalten / auch nach Absterben weyland Herren Bischoffen Johansen etc. Hochlöblicher Gedächtnüß zu einer sonderbaren Wahl gegriffen / die Catholische Herren den Hochwürdigsten / Durchleuchtigen / Hochgebohrnen Fürsten und Herrn / Herrn Carolen / Cardinalen zu Lothringen etc. zum Bischoff / die Augspurgische Confessions-verwante Herrn aber den Durchleuchtigen / Hochgebohrnen Fürsten und Hrn. Herrn Johann Georg / Marggraffen zu Brandenburg ꝛc. zu Administratorn deß Bistumbs nominirt und erwehlet haben / und dahero die Sachen

zwischen

zwischen beyden Theilen in grosse und gefährliche Weitläufftigkeiten/ und zum zweyten mahl erfolgten offenen Krieg außgebrochen/ auch noch mehrere weitere Unruhe und Lands-Verderbung entstehen mögen/ aber solchem Unheil vor zu kommen/ und dargegen gemeine Ruhe/ Fried und Sicherheit im Heiligen Römischen Reich/ sonderlichen diesen desselben Grentz-Landen/ wiederumm zu pflantzen/ der Durchleuchtig-Hochgebohrne Fürst und Herr/ Herr Friedrich Hertzog zu Würtenberg und Teck/ Grafe zu Mömpelgart/ Herr zu Haidenheim sich auß Christlichem friedliebendem Eyffer/ einer gütlichen Unterhandlung zwischen hoch-und wohlgedachten Partheyen unterfangen/ und mit vielfältiger Bemühung zuförderst deß Herrn Marggraffen zu Brandenburg Fürstl. Gnaden dahin freundlichen vermöcht und gehandelt/ daß seine Fürstliche Gnaden endlich bewilliget/ gegen gebührliche Vergleichung gäntzlich auf alle Ansprach an das Bistumb-Straßburg zu verzeihen/ und die noch inhabende Stiffts-Stätt/ Schlösser/ Döffer/ Häuser/ und alles andere/ so darzu gehörig/ inn-und ausserhalb der Stadt/ nichts davon außgenommen/ in deß Hertzogs zu Würtenberg Fürstlicher Gnaden Handen zu übergeben/ und denn folgends ihre Fürstl. Gnaden auß gleichförmiger Intention wohlmeynende freundliche Tractation zwischen Hoch-und wohlermeldten Herren Catholischen Capitularen und Augspurgischen Confessions-verwandten Herren/ zu verhoffter Erledigung des Haupt-Streits/ an die Hand genommen/ in dem dieselben durch vielfältiges schrifftliches tractiren/ auch unterschiedlicher nach Zabern verordnete Schickungen/ auf die nach und nach vorgeschlagene Mittel mit allem Fleiß handeln lassen/ und dieweil ihre Fürstl. Gnaden darbey fur rathsam befunden/ noch weiter erspriessliche Unterhandlung/ deren deß Herrn Cardinals von Lothringen Hochfürstliche Gnaden in der Person beywohnen könten/ anzustellen/ dero Gesandten deßwegen nach Nancy zum andern mahl abgefertiget/ und gleichwohl daselbst/ mit zuthun so wohl des Durchleuchtigsten/ Hochgebohrnen Fürsten und Herrn Carolen/ Hertzogen zu Calabrien/ Lothringen/ Barr/ und Gelderen ꝛc. Marggraffen zu Pontamouson/ Graffen zu Provintzo/ Baudement/ Plamont/ Zircken/ als sein Herr Cardinals/ Hochfl. Gnaden/ allen möglichen Fleiß nochmahlen anwenden lassen/ jedoch unter allen vorgeschlagenen Mitteln kein annehmlichers gefunden werden können/ als daß ein Anstand auff funffzehen Jahr getroffen würde. Dahero dann jüngst zu Nancy verabscheidet/ daß man auff den acht und zwantzigsten Tag Octobris alten-und siebenden dieß neuen Calenders allhie in des Heil. Reichs Stadt Hagenau zusammen kommen/ u. die Herren Augspurgischer Confession sich/ ob sie den Nancyschen Abschied/ so hernacher beym andern Puncten von Wort zu Wort inserirt/ anzunehmen gemeinet/ erklären und resolviren sollen/ und darauff nicht allein beyderseits Herren Interessenten/ theils in Person/ theils durch abgeordnete Gewalthaber/ neben des Herrn Cardinals Hochfürstl. und Hertzogen zu Würtemberg/ sondern zugleich auch des Herrn Marggraffen zu Brandenburg/ Fürstl. Fürstl. Gnaden Gn. Gn. und eines Erbaren Raths der Stadt Straßburg ansehnliche Gesandten/ wie auch Herren Senior und Deputaten des Chors und Gürtlers-Hoff/ zu ebenmäßiger Richtigmachung ihres bey dieser Sachen habenden Interesse, allhie an-und zusammen kommen/ und sich in gütliche Tractation eingelassen/ darunter von den Fürstlichen Würtembergischen Abgeordneten (ihrer empfangenen Instruction, auch den an sie beschehenen vielfältigen Ersuchungen nach) bey allen Theilen gantz fleißige Unterhandlung vorgenommen/ gepflogen und fortgetrieben. Daß nach embsiger und sehr mühesamer Tractation diese langwürige/ hochwichtige und beschwerliche Stiffts-Sache endlich mit Verleihung göttlicher Gnaden/ zu Pflantzung und Erhaltung gemeinen heilsamen und friedlichen Wohlstands/ in der Güte nachfolgender massen wohlbedächtlich verglichen worden.

1. Erstlich haben sich die Herren Brandenburgische Gesandten/ krafft ihres von wegen dieses Vertrags Handlung empfangenen Gewalts/ so sie den Fürstl. Würtenbergischen Abgesandten in Originali fürgezeigt/ bey dieser Zusammenkunfft erklärt: Nachdem hochgedachtes Herrn Marggraffen zu Brandenburg Fürstl. Gn. und zwar auff der Röm. Käyserl. Majestät Unsers Allergnädigsten Herrns zu unterschiedlichen mahlen/ so schrifftlich/ so dann durch ansehnliche Gesandten interponirte gnädigstes Erinnern u. Ermahnen sich mit des Hertzogen zu Würtenberg Fürstl. Gnaden/ auff die von deroselben vorgeschlagene Weg/ in gütliche Vergleichung einzulassen/ des Stiffts Cession und Abtretung mit dem Beding/ vor der Zeit bewilliget/ da zuvor der Haupt-Streit auff annehmliche Weg ermittelt/ auch ein Erbarer Rath der Stadt Straßburg der von Sr. Fürstl. Gnaden denselben Pfandweiß eingeraumbter Stuck/ genugsam versichert/ aber anietzo so viel befunden/ daß Hoch-und wohlermeldte Herren Augspurgischer Confession im Bruder-Hof nachfolgende Vergleichung angenommen/ auch des Herrn Cardinals zu Lothringen Hochfürstliche Gnaden sich nicht entgegen seyn lassen/ in ietztangeregte Pfandschafft zu bewilligen/ daß hierauff seine Fürstl. Gnad. gegen würcklicher Vollziehung zwischen derselben und des Hertzog zu Würtemberg Fürstl. Gnaden/ deßhalben getroffener Vergleichung/ innerhalb fünff Wochen vom Stifft cediren und abtreten/ sich alles Bischöfflichen Rechtens/ Interesse und Ansprachen zum Bistumb Straßburg/ so sie durch dero Postulation, oder in andere Weg jemahls erlangt/ gäntzlichen begeben/ auch des Hertzogs zu Würtemberg Fürstliche Gnaden zuvorderst den Bischofflichen Hoff zu Straßburg/ samt darzu gehörigen forder Schreiber-Stuben/ u. darinn verwahrte zum Bischofflichen Consistoric gehörige Acten/ so dann alle und jede noch inhabende Stiffts-Städte/ Schlösser/ Aemter/ Dörffer/ Stuck/ Güter in-und ausserhalb der Stadt/ und insgemein alle Stiffts-Gerechtigkeit/ nichts davon ausgenommen/ abtreten/ übergeben/ und einräumen; hinwiederumb auch von aller Ansprach und Forderung/ die von ermeldtem Stifft/ und ihrer Furstl. Gnaden gefuhrter Administration herruhren/ erlassen seyn/ auch nimmermehr deßwegen molestirt oder angefochten/ ferner auch zwischen des Herrn Cardinals Hochfurstlicher/ und Herrn Marggraffen Furstl. Gnaden Gnaden/ auch deroselben Hochlöblichen Häusern/ gute beständige Freundschafft gepflantzet und erhalten werde/ und also aller furgegangene Mißverstand gäntzlich gefallen seyn soll.

2. So viel dann zum andern Hoch-und Wohlgedachter Herren Augspurgischer Confession Interesse, und vorangezogenen jüngst zu Nancy auffgerichteten Abschied/ darumb jetzige Zusammenkunfft fürnemlich angesehen/ anlanget/ haben deroselben Gesandten sich dahin erklärt; Nachdem/ wie obgemeldt/ unter allen vorgeschlagenen Mitteln kein annehmlichers gefunden werden können/ als daß ein Anstand auff funffzehen Jahr gemacht würde/ mit diesem Geding/ daß die acht Fürsten/ Graffen oder Herren Augspurgischer Confession, die jetzo den Brüder-Hoff innen haben/ gemelten Brüder-Hoff/ und andere Capitular-oder Thumb-Herrn-Höfe und Capituls-Häuser/ die in der Stadt Straß-

ANNO 1604. Straßburg gelegen seyn / besagte funffzehen Jahr mit allen hergebrachten Freyheiten und Gerechtigkeiten behalten und besitzen / desgleichen auch des halbe Theil des Dorffs Lampertheim / und alles Einkommen und Gefäll des Capituls / so unter der Stadt Straßburg Jurisdiction oder Gebiete gelegen / inhaben und geniessen / alles / wie sie es anietzo besitzen und inhaben / gantz / ohne daß von höchstgedachten Herrn Cardinal und wohlbesagten Capitularen weder durch sich selbsten / noch durch andere gesuchte Mittel / es sey mit Gewalt oder Recht / ihnen hierzwischen einige Verhinderung oder Eintrag geschehen soll. Dargegen Hoch- und Wohlgedachte Herren Augspurgischer Confession nichts zu fordern / oder prætendiren haben an den andern Einkommen und Gefällen des Capituls / an die Prælaturen / an den Chor / die Vicariaten / Caplaneyen / und gantzen Bistumb / ihnen auch nicht zugelassen seyn / in währender Zeit der funffzehen Jahr ihre Anzahl zu mehren / oder mehr Herren auffzunehmen / und zu sich zu ziehen / sondern zu Ausgang dieser funffzehen Jahr die Anzahl nicht grösser seyn / als acht Personen / auch dem Capitul vorbehalten / alsdann sich der Käyserlichen Mandaten zu gebrauchen / und in Krafft derselbigen / dasjenige / so ihnen gebühret / und in währendem Anstand den Herrn im Brüder-Hoff gelassen ist worden / einzunehmen und an sich zu ziehen / welche Herren auch zu Ende der funffzehen Jahr zu diesem Vertrag nicht weiter verbunden seyn sollen / sondern alsdenn ihre Ansprach und Forderung durch solche Mittel und Weg / wie sie für gut ansehen werden / nachsetzen / und dieselben ausführen mögen. Daß hierauff an statt ihrer Herren und Principalen sie diß Mittel jetztbeschriebener Massen hiemit angenommen haben wolten; Also daß beyde Theil bey solchem funffzehenjährigen Anstand von dato dieß Brieffs zu rechnen / allerdings / inmassen obstehet / zu bleiben / zum allerkräfftigsten verbunden seyn sollen. Es sollen auch Hoch- und Wohlgedachte Herren Augspurgischer Confession in den funffzehen Jahren solche mit allen ihren hergebrachten Freyheiten und Gerechtigkeiten / inhabende Höf / Häuser / Dörffer / Renten und Gefäll nicht versetzen / beschweren / verkauffen / oder sonst alieniren / und dann alle in der Sacristey verwahrte Meßgewandt / Reliquien und was sonsten mehr darinnen vorhanden / den Catholischen Herren allerdings folgen lassen.

3. Nachdem auch zum dritten unter währender Trennung ex parte der Herren Augspurgischer Confession, allerhand Contractus und Veränderungen des Thum-Capituls oder Brüder-Hoffs Güter / Gefäll / Einkommen / und anderer Pertinentien halber fürgangen / sollen alle solche Contræct in ietztgemeltem Anstand und Wesen allerdings bleiben / doch nach Ausgang dieses Anstands jedem Theil sein Jus nicht weniger diß Orts / als nechstvermeldter Massen in der Haupt-Sachen vorbehalten sein / dann aber nicht begriffen die Contræct, derowegen hernacher bey dem sechsten Puncten sonderbahre Vergleichung folget.

4. Es sollen auch zum vierdten die Herren Augspurgischer Confession unter solchem Anstand den Catholischen Herren Thumb-Dechand und Capitul auff deren Erforderung nicht allein vidimirte Copias aller im Brüder-Hoff verwahrter Rechnungen / Colligenden / Lehnungen / und all anderer zur Capituls-Administration gehöriger brieflicher Documenten und Urkunden / sondern auch die daselbst liegende Originalia selber / doch gegen gebuhrlichen Revers ad restituendum wiederfahren lassen. Jnmassen auch gleiche Communication über das Dorff Lampetheim und andere unter der Stadt Straßburg Jurisdiction liegende Gefäll / so ihnen in handen gelassen worden / da sie deren hiezwischen bedürfftig / von den Catholischen Herren Thum-Dechandt und Capitul verwilliget werden. ANNO 1604.

5. So viel zum fünfften den Gürtler-Hoff zu Straßburg betrifft / sollen sich mehr hoch und wohlgedachte Herren Augspurgischer Confession aller Administration besagtes Gürtlers-Hofs gäntzlich u. zu ewigen Zeiten begeben / und desselben Senior und Deputaten ietztgemeldten Gürtler-Hoffs sampt allen und jeden darzu gehörigen Brieffen / Gült-Verschreibungen / Colligenden / Rechnungen / Saal-Büchern / und allen andern Documenten / item alle Kleinodien / Kelch / Monstrantzen / Gesang- und alle andere Bücher / item Altar-Taffeln und Ornamenten / wie auch alle Reliquien / so viel deren Stuck in dem Chor-Hof desselben Archiv und auff der Cammer des Chors / auch in denen darinnen stehenden Trögen u. Kästen / (so in Beyseyn der Deputaten zu eröffnen) noch verhanden / und befunden werden möchten / alsbald einraumen / also / daß ihnen darzu zu ewigen Zeiten kein weitere Anforderung gebühre / noch sie hierzwischen der Einraumung und Liefferung / darvon etwas weiters alieniren / oder in einigen Weg beschweren sollen; hingegen aber sollen denselben gemeldte Senior und Deputaten / und ihre Successores, über das / was bißhero aus dem Gürtler-Hof dem Stifft zu S. Marx / nemlich jedes Jahr sechshundert Gulden für ihre Ministros gereicht worden / den Herren Augspurgischer Confession im Bruder-Hof / gegen Herausgebung der Fundation, Colligenden / Brieff und Siegel / die sie über gehabte Vicariaten in Händen haben / funffzehen Jahr lang / jedes Jahr sechs hundert Gulden / für ihre Pensionarios, an statt der Vicariaten / deren Gefäll so wohl in corpore, als præsentiis, die sie bißhero eingezogen / genutzet und genossen / ohn alles Verweigern und Auffhalten / unter was Schein solches immer gesucht werden möchte / lieffern / und die erste Liefferung dieser sechs hundert Gulden / von dato diß über ein Jahr / richtig leisten / aber nach Verfliessung ietzt bestimbter funffzehen Jahren / hoch und wohlermeldten Herren Augspurgischer Confeßion etwas weiters zu richten nicht schuldig seyn. Es soll auch von gemeltem Senior und Deputaten an die allbereit alienirte zum Gürtlerhoff gehörig gewesene Häuser / Guter / Einkommen / Zinß und Gulten / so viel deren in litera A. gezeichneter / von beyden Theilen unterschriebener specification begriffen / kein weitere Ansprach gesucht / noch iemand deshalb hinfüro molestirt, oder in einigen Weg angefochten werden / iedoch das auf etliche Vicariat-Häuser geschlagene Präsentz-Geld darunter nicht verstanden / sondern ausgesetzt / und Senior und Deputaten solches auf sich zu nehmen nicht schuldig seyn. Uber das mögen Senior und Deputaten dasjenige / das an denen in besagten Guldverschreibungen versetzten Haupt-Gutern und davon verfallenen Interesse sich weiter / als fur solche Zinß-Brieff verpfändet worden / befinden möchte / zu fordern haben / und auch mit den Possessoren der versetzten / oder sonst auff gewisse Maaß und Zeit ubergebener Häuser / der Wiederlösung und Restitution halben / nicht weniger auch mit den Käuffern der alienirten Häuser / befundener Billichkeit nach / sich vergleichen.

6. Was dann zum sechsten die zwischen des Herrn Cardinals Hoch-Furstlichen Gnaden / samt dero Thum-Capitul / und einem Erbahren Rath der Stadt Straßburg entstandene Mißverstand und Jrrungen beruhret / sollen ihre Hochfurstl. Gnaden einen geschriebenen Revers neben leystung des Eyds von sich geben / wie dero nechste Vorfahren im Stifft der Zeit gethan haben / und dann neben und

ANNO 1604.

sampt dero Thum-Capitul die Stadt für sich / ihre gemeine Bürgerschafft und Angehörige in der Stadt und auf dem Land / in allem bey ihrem Herbringen / Rechten und Gerechtigkeiten / wie es bey Bischoff Johansen Regierungs-Zeiten vor entstandener Unruh damit beschaffen gewesen / durchaus bleiben / und dann ferner nach-specificirte Stuck / Gefäll / Einkunfft / Recht und Gerechtigkeiten / pfandsweiß umb achtmahl hundert tausend Gulden / wie sie sich mit des Herrn Marggraffen zu Brandenburg Fürstlicher Gnaden / unter derselben fürgangener Administration, vermög darüber auffgerichter und in originali vorgelegter auch copeylich übergebener Verschreibung (welche ihre Hochfürstl. Gnaden und Dero Thum-Capitel nicht allein ratificiren / sondern auch Hoch- und wohlermeldt Thumb-Capitul / daß es bey künfftigen Successionen dabey iederzeit / wie auch allen anderen Puncten dieser Vergleichung gelassen / krafft dieses Vertrages zum beständigsten versichert haben will) verglichen / biß zu Widerlösung in Händen behalten / ruhiglich nutzen und niessen lassen.

Als erstlich den Zoll-Keller mit allen seinen Gefällen / Nutzungen / Rechten und Gerechtigkeiten. Weil aber auf demselben ein benannte Anzahl ansehnlicher Personen belehnet / und ihre Hochfürstliche Gnaden dero Stifft Mannschafft nicht ringern lassen können / haben sie ihro und deren Successoren solche Mannschafft und Lehens-Gerechtigkeit vorbehalten; doch sollen denselben Lehens-Leuten / so viel derselben zu des nechstverstorbenen Bischoffs Johannis Zeiten belehnet gewesen / und hernacher von des Herrn Cardinals Hochfürstl. Gnaden wieder investiret worden / von einem Erbarn Rath / ihre auff dem Zoll-Keller habende Lehen-Gefälle jährlich entrichtet / und ordentlich bezahlt werden.

Fürs ander die Gemeinschafft der Voigtey Marienheim / und darein gehörige Dörffer / Recht und Gerechtigkeiten / so viel iederzeit einem Bischoff zu Straßburg daran gebühret hat / doch daß die Stadt die Catholische Religion daselbsten unverhindert lassen / auch den Collatoribus der Pfarren in ihrem Jure Collationis, Pfarr-Bestellung / und Zehends-Gerechtigkeiten kein Eintrag nicht thun solle.

Fürs dritte / die Gemeinschafft des Dorffs Nunenweiher / so viel dem Stifft oder Bistumb daran biß dahero zugestanden.

Fürs vierdte / den geringen Spital oder das Stifft S. Barbara zu Straßburg mit allem seinen Einkommen / Rechten und Gerechtigkeiten / wie solche bißhero iederzeit einem Bischoff zu Straßburg oder dem Stifft seind gelieffert worden.

Fürs fünffte die Gerechtigkeit des Schultheissen-Gerichts.

Fürs sechste / die Gerechtigkeit / welche ein Erbarer Rath bey dem Stifft Sanct Steffan zu Zeiten voriger regierender Bischoff hergebracht / jedoch / wann ein Abtißin abstirbt / soll ein andere / wie bißher / erwehlt / und Ihrer Hochfürstl. Gnaden und deren Successoren / in recognitionem ordinariæ Jurisdictionis, iederzeit hundert Gulden erlegt werden.

Zum letzten / demnach von einem Erbaren Rath beygethane Lit. B. signirte, beyderseits unterschriebene Specification etlicher Contracten / welche des Herrn Marggraffen zu Brandenburg Fürstliche Gnaden / und mehr hoch- und wohlgedachte Herren der Augspurgischen Confeßion / mit der Stadt und Burgerschafft getroffen und auffgericht / übergeben / darinnen sich befindt / daß etliche Thumb-Herren / Vicarien / Stiffts-Höff-Güter und Zehenden theils verpfänd und versetzt / theils verkaufft / in etlichen Höfen aber Baukosten angewendet worden; Item / daß etliche Zinß-Brieff theils gleichfals versetzt / theils veralienirt; Item / daß dieselbige etlich Geld / so wol bey gemeiner Stadt / als Privat-Bürgern aufgenommen / dafür ihnen kein Unterpfand verschrieben; Als haben ihre Hochfürstl. Gnaden sampt Dero Thum-Capitul / bewilliget / wann die Kauff- und Versatzungs-Brieff über die Höff / Häuser / Zehenden und Zinß-Brieff auffgelegt werden / daß man darauß sehen kan / wie es damit beschaffen / was eigentlich darauf geliehen / oder darfür bezahlet; Item wann die an berührte Höff und Häuser angewandte Bau-Kosten / ordentlich specificirt / und darauff / nach eingenommen Augenschein / darzu jeder Theil zwo Personen zu verordnen / der billiche Werth taxirt, und befunden wird / daß derselbig Bau-Kosten nothwendig / nützlich und wohlangelegt / daß sie alsdann solche Beschwerden über sich nehmen / und inwendig fünff und zwantzig Jahren den Kauff- und Pfand-Schilling oder Bau-Kosten abzulegen / dargegen die verkauffte / verpfändte und beschwerdte Stück wieder zu ihren Handen zu ziehen / ihnen vorbehalten; Das es aber innerhalb ietzt besagter Zeit der fünff und zwantzig Jahren nicht beschehe / alsdann darauff Verzüg gethan haben. Mit den übrigen gemachten Schulden haben ihre Hochfürstl. Gnaden sich / sampt dero Thum-Capitul / nicht beladen wöllen. Gegen solchen allen / wie obsteht / soll und will ein Erbarer Rath sich vor der / zwischen den Herrn Marggraffen zu Brandenburg Fürstlichen Gnaden / auch viel und wohlgedachten Herren Augspurgischer Confession / und der Stadt gemachter Union / erledigen / des Herrn Cardinals Hochfürstl. Gnaden gleich nach geleistem Eyd und vollzogenen Reverß / für das eintzige Haupt und Bischoff dieses Stiffts / wie auch dessen Thumb-Capitel iederzeit recognosciren und mit gewöhnlicher Huldigung ihrer Hochfürstl. Gnaden und dero ordentlichen Successoren dasjenige leisten / was sie dem nechstverstorbenem Bischoff Johansen vor entstandener Capituls-Unruhe und Trennung geleistet haben.

Es soll und will auch ein Erbarer Rath auf gewöhnlichen jährlichen Schwer-tag ihre Hochfürstl. Gnaden / dero Successorn auch ein Hoch- und Ehrwürdig Thum-Capitul darzu / alten Gebrauch nach / beschreiben / sie oder ihre Abgesandte aus dem Bischöfflichen Hof abholen / und auf die Pfaltz führen und begleiten; Uberdiß soll auch insgemein alles dasjenige / was bißhero von Zeit entstandener Unruhe in dieser Stifft-Sachen sich begeben / vorgangen und zugetragen hat / keinem Theil zu einigem præjudicio, Nach- oder Vortheil / zu ewigen Tagen gedeutet / angezogen oder fürgewendet / und da inskünfftig ein oder dem anderen Theil etwas begegnet / dessen er sich ob dem andern rechtmäßig zu beschweren vermeynt / dasselbe durch Freund- und nachbarliche vertrauliche Communication, oder durch unpartheyische benachbarte Unterhändler und Scheids-Leute / wo möglich / in der Güte componirt, hingelegt und verglichen / oder auf den widrigen unverhofften Fall durch eines jeden Theils ordentliche Richter ausgetragen und entschieden werden.

7. Ferner und zum siebenden / da eines oder des andern Theils Herren Räthe / Diener oder Unterthanen wieder einen oder den andern Theil oder desselbigen Diener und Angehörigen / bey gewährter Uneinigkeit / etwas / wie es immer Nahmen haben und beschaffen seyn möchte / gehandelt / solches alles soll weder mit Worten noch Wercken gegen jemanden geandet oder geefert / sondern alle dahero erfolgte offensionen / eben als wann niemahls etwas ungleiches vorgangen wäre / hingelegt / gefallen / todt und ab / und also männiglich deshalb aller Gefahr / Nachtheil und Beschwerung allerdings gesichert seyn.

Endlich

ANNO 1604.

Endlich soll ein jeder Punct allein auf diejenige/ so sich darüber miteinander gütlich verglichen/ andern Theilen zu keinen præjudicio verstanden/ als auch eines jeden Theils nachfolgende Subscription und Besieglung/ allein auf die denselben berührende Articul oder Puncten gezogen werden. Und daß dem allen und jeden so obstehet/ Fürstlich/ fest/ erbar/ auffrichtig/ unverbrüchlich/ getreulich und ohn alle Gefehrde gelebt und nachkommen/ noch ichtwas darwieder in einigen Wege/ wie solches immer erdacht und angemast werden könte/ vorgenommen werden soll/ haben die abgeordnete Gesandten an statt und im Nahmen ihrer gnädigsten und gnädigen Herrschafften/ auch hoch- und wohl- und obgemelte Interessenten für sich/ ihre Nachkommen und Erben im Wort der Wahrheit/ bey Fürstlichen/ Gräfflichen und Herrlichen Ehren und Treuen/ an eines geschwornen leiblichen Eydsstatt/ zum aller kräfftigsten zugesagt/ versprochen und gelobt/ mit wissentlicher und wohlbedächtiger Verzeihung aller und jeder Exceptionen/ Einreden/ Privilegien/ Indulten/ Dispensationen/ auch aller anderer Behelff so hierwieder in einigerley Weiß anietzo zu gebrauchen/ oder noch zu erlangen und für zu wenden seyn möchten/ in der allerbesten und beständigsten Form/ Weiß und Gestalt/ wie solches von Recht und Gewonheit wegen/ zum allerständigsten geschehen soll/ könte oder möchte; Also daß die gantze Vertrags-Handlung/ und was darbey zugesagt/ und versprochen/ für kräfftig erkandt/ und steiff gehalten werden soll/ ungeachtet in einen oder mehr Articuln einiger Defect, Fehl oder Mangel nothwendiger Solennitäten und Requisiten/ gemeiner geschriebener geistl. und weltl. Rechten/ wie auch insonderheit des Bistumbs und Capituls/ hohen Stiffts Straßburg sonderbahrer Ordnung/ Statuten/ Satzungen/ Vergleichung oder üblichen Herkommens halben/ etwas darwieder könte angezogen werden. Und dessen zu wahrem Urkund seynd dieses gütlichen Vertrags acht gleichförmige Originalia, eines für des Herrn Cardinals zu Lothringen Hochfürstliche Gnaden/ das ander für des Herrn Marggraffen zu Brandenburg Fürstliche Gnaden/ das dritte die Catholische Herren Thumb-Dechant/ und das Capitul/ das vierdt für die Hoch- und Wohlgedachte Herren Augspurgischer Confeßion/ das fünffte für einen Erbaren Rath der Stadt Straßburg/ das sechste für Senior und Deputaten des Chors und Gurtlershoff/ das siebende/ für des Hertzogen zu Lothringen Fürstl. Durchleuchtigkeit/ und das achte des Hertzogen zu Würtemberg Fürstliche Gnaden/ in Handen zu lassen gefertiget/ von den anwesenden Herren Gesandten und Principalen mit eigener Händen unterschreiben und ihren gewöhnlichen Ringpitschiren bekräfftiget/ und seind auch ferner des Hertzogen zu Lothringen Fürstl. Durchl. erbeten worden/ zu mehrer Corroboration dieses Vertrags dero Fürstl. Insiegel neben des Hertzogen zu Würtemberg Fürstlichen Gnaden hieran zu hencken. Es ist auch hiebey weiter abgeredt und verglichen worden/ daß dieser Vertrag auf Pergament ingrossirt, und durch die Herren Principalen selber mit eigner Subscription und angehengten Fürstlichen und gewöhnlichen Insiegeln in vierzehen Tagen gefertiget/ und gegeneinander ausgewechselt worden sollen. Geschehen zu Hagenau den 12. (22.) Novembris nach Christi Unsers lieben Herrn und Seligmachers Geburt in sechzehen hundert und vierdtem Jahr.

L. S.

Herr von Maillane.

L. S.

Frantz/ Freyherr zu Kriechingen/ Thumb-Dechandt/

L. S.

Hermann Adolff/ Graff zu Salm/ Thub-Cammerer.

L. S.

Hieronymus/ Freyherr zu Mörsperg.

L. S.

Hartwich von Stitten/ Fürstl. Brandenb. Geheimer Rath.

L. S.

Johann Franciscus Castillion/ Fürstl. Brandenb. Rath.

L. S.

Matthæus Entzlin/ D. Fürstl. Würtenbergischer Rath.

L. S.

Michael Daniel Polant.

L. S.

Jacobus Statuarius.

L. S. L. S.

Hieremias Rapp/ Deputatorum Senior,
Johannes Wagnerus Deputatus.

L. S. L. S. L. S. L. S.

Hanß Philip Böcklein.
Heinrich Baumgarttner/ der Elter.
Georgius Obrecht/ J. C.
Josephus Jundt.

Prolongation des vorherstehenden Vertrags.

Zu wissen/ und kund seye hiemit Männiglichen/ demnach zwischen den Römischen Catholischen und Augspurgischen Confeßions-Verwandten Thumb-Herren und Capitularen hoher Stifft Straßburg/ in Anno 1604. durch wohlgemeinte Unterhandlung etlicher benachbarter Stände allhie zu Hagenaw ein funffzehenjähriger Vertrag und Vergleichung auffgerichtet worden/ zu dem Ende/ damit immittelst in ermeltem Stifft Straßburg/ und dann mit den anruhrenden Landschafften und Stäten/ Fried/ Ruhe und Einigkeit erhalten/ auch das hochschädliche Landverderben verhutet werden möge/ und aber solcher funffzehen-Jähriger Anstand in nechst abgewichenem 1619. Jahr seine Endschafft erreicht/ in welchem gleichwohl die zwischen beyden Theilen sich verhaltene Streitigkeiten ihre Abhelffung nicht erlangt/ und dahero man nichts anders/ als das erbärmliche Landverderben/ in Entstehung fernerer Vergleichung/ zu besahren: Daß demnach auf Erinnerung beederseits Religion höher und respective gleicher und anderer Stand/ der hochwohlgebohrne Graff und Herr/ Herr Johann Reinhardt/ Graff zu Hanau und Zweybrucken/ Herr zu Lichtenberg und Ochsenstein rc. Auch die gestrengen/ Edlen/ Ehrenvesten/ Vorsichtigen/ Ersamen und weisen Herren/ Meister und Rath des H. Reichs Freystatt Straßburg/ wie nicht weniger ein löbl. Ritterstand im Untern-Elsaß/ ihnen angelegen seyn lassen/ so wohl die Herren Catholischen Thum-Dechant und Capitel/ als der Augspurgischen Confessions-verwandte Herren/ dahin zu erhandlen/ daß selbige sich zu noch mehrerer Verlängerung angeregten Hagenauischen Vertrags verstehen wollen/ und

Anno 1604. daß allein zu dem Ende / wie oben angeregt / damit das erbärmliche Lands-Verderben / unschuldig Blutvergiessen / und andere / in Entstehung dessen / besorgende Ungelegenheit / vermitten bleiben möge / auch zur Fortsetzung solchen ihres wohlmeynenden treuhertzigen Intents auff allerseits Belieben abermahlen nach anderen vorhergangenen Tagsatzungen den siebenden und siebenzehenden diises Monats nach ermeldten Hagenaw angesehen.

Da es dann auf vielfältig-beschehen Unterhandlen ob-Hoch-Wohl-und Ehren-ernandten drey Ständen Abgeordneter endlich dahin gebracht / daß vor-angeregter Hagenauischer Vertrag noch sieben Jahr / nächst nacheinander folgen (woferrn hie zwischen durch einen allgemeinen Reichs-Schluß von den gesambten Churfursten und Ständen des Heiligen Röm. Reichs beederseits Religions-Verwandten diese Sach nicht anderwertigen verglichen wird) mit allen seinen Clausuln / Puncten und Articuln / nichts davon ausgenommen / auch wie derselbe buchstablichen begriffen und abgefaßt / in seinem richtigen und klahren Verstand ohne eine Enderung von beyden Theilen steiff und fest wurcklich observirt / gehalten / und sonderlichen auch die sechshundert Gulden / deren in solchem Vertrag im funfften Puncto Meldung geschicht / völliglichen / auch furterhin die nechst nacheinander folgende sieben Jahr / auff den in vorbemeldten Hagenauischen Vertrag bestimbten Termin / von den Herrn Senioren und Deputaten des Chors und Gurtler-Hoffs / den Herren Evangelischen ohne einige Wiederred oder Auffhalt gefolgt und gelieffert / gestalt sie auch darzu angehalten werden sollen.

Wann aber auch solche sieben Jahr zu Ende gelauffen / und immittelst die Sachen durch einen allgemeinen Reichs-Schluß / wie oben gemelt / nicht componirt und hingeleget worden / soll ein iedweder Theil in dem Stande seyn und bleiben / wie der Hagenauische Vertrag solches mit mehrerm ausweiset / und mit sich bringt / alles getrewlich und ohne Gefehrde. Dessen zu wahrem Urkund und Steiffhaltung ist dieser Nach-Vertrag unter deren hieunten vermeldten eignen Subscription und Ring-Pittschafften in funff Original verfaßt / deren zwey Hoch-wohlernandten beyderseits / so wohl den Herren Catholischen Capitularen / als auch der Augspurgischen Confeßions-verwandten Herren / und denn dem Herrn Graven zu Hanaw / einem Ersamen Rath der Stadt Straßburg / wie nicht weniger dem löblichen Ritterstand im Untern-Elsaß die übrige zugestellet worden.

Es ist auch weiter hiebey abgeredt / daß dieser Nach-Vertrag / immassen hiervor geschrieben stehet / in dreyen Wochen aufs Pergament gebracht / und von beeder Parten selbsten / wie nicht weniger den Herren Unterhändlern besiglet / und ausgefertiget werden / immittelst aber diese Abred und Vergleichung kräfftig seyn und bleiben solle. Geschehen zu Hagenaw den zwölfften und zwey und zwantzigsten Monats-Tag Februarii, Anno ein tausend / sechshundert und zwantzig.

(L. S.)

Christoph von Wangen und zu Geroltzeck am Waßichen.

(L. S.)

Johann Scheyd / D.

(L. S.)

Philips Böcklin von Böcklinsaw.

(L. S.)

Georg Jacob Wormbser.

(L. S.)

Wolff Böcklin von Böcklinsaw.

(L. S.)

Heinr. Andr. Gail. D.

(L. S.)

Ernst Heyß / D.

(L. S.)

Hartmann Orstringer.

(L. S.)

Christophel Städel der Eltere.

(L. S.)

Sambson von Landtsperg.

(L. S.)

J. Landerschlott.

(L. L.)

Jacob Sarscher / Secret.

(L. S.)

Caspar Schmid.

(L. S.)

Sebastian Leytersperger.

Anno 1604.

Revers Ertz-Hertzogs Leopoldi zu Oesterreich / als Bischoff zu Straßburg / wegen Festhaltung vorherstehenden Hagenauischen Vertrags / de Anno 1608.

WIr Leopold von GOttes Gnaden / Ertz-Hertzog zu Oesterreich / Bischoff zu Straßburg und Passaw / Hertzog zu Burgund / Steyr / Kärndten / Crain und Würtenberg / Graf zu Habspurg / Tyrol und Görtz / &c. Landgraff zu Elsaß / &c. Bekennen und thun kundt hiemit / als wir durch Göttliche Schickung zu einem Bischoffen der Stifft Straßburg postulirt und erfordert worden / und Uns bey Antrettung Unserer Bischöfflichen Regierung von den Würdigen Wolgebornen / Unsern Lieben Andächtigen und Getrewen / Dechant und Capitul / besagten Unsers Stiffts Straßburg vorbracht / und zu erkennen geben worden: Daß hiebevor in Anno 1604. in der Stadt Hagenaw zwischen weilandt Unserm geliebten Vettern und nechsten Vorfahren am Bisthumb / &c. wolseligen Angedenckens / auch gemeldten Dechant und Capitul / und dann einem Ehrsamen Rath der Stadt Straßburg / ein Friedens-Handlung vorgangen / und damaln / die zwischen ihrer Libd. Unserm Capitul und der Stadt / sich erhaltene Streit und Irrung hingelegt und verglichen / und darüber sub dato den zehenden Decembris newen / und letzten Novembris alten Calenders / gemeldtes ein tausend / sechßhundert vierten Jahrs / ein Vertrag aufgericht / und von allen Theilen unterschrieben und versiegelt worden. So seye nun jetzo eines Ehrsamen Raths unterthänigstes nachbahrliches Begehren / daß wir als ietzt regierender Bischoff zu Straßburg / sie versichern wolten / alles das jenige zu observiren und zu halten / was in solchem Vertrag begriffen / und ein Ehrsamen Rath und gemeine Stadt Straßburg berührt und antrifft.

Wann

Anno 1604. Wänn wir Uns dann berührten Vertrag vorlesen lassen / und dessen Inhalt nach Nothdurfft verstanden, Als haben wir daraus zugesagt und versprochen / zusagen und versprechen auch in krafft dieses Brieffs / daß wir alles dasjenige / was in obangezogenem Vertrag begriffen / und die Stadt Straßburg angehet / die Zeit Unser Bischofflichen Regierung stätt und vest halten / darwieder nicht thun / noch handeln / noch gestatten wollen / daß von den Unserigen darwieder gethan / oder gehandelt werde. Dessen zu Urkund haben wir diesen Brieff mit Unsern Händen unterschrieben / und mit Unserm gewöhnlichen Fürstlichen Insiegel bewährt. Der geben ist in Unser Stadt Elsaß-Zabern den siebenzehenden Januarii, Anno ein tausend / sechß hundert und acht.

Leopold.

(L. S.)

Revers. welchen ein neuerwehlter Bischoff und das Dom-Capitul der Stifft Straßburg / der Stadt Straßburg zu geben pflegt / und Ertz-Hertzog Leopold zu Oesterreich / als Bischoff zu Straßburg / nebst dem Dom-Capitul der Stadt Straßburg ausgestellet / Anno 1608.

WIr Leopold von Gottes Gnaden / Ertz-Hertzog zu Oesterreich / Bischoff zu Straßburg und Passaw / Hertzog zu Burgundt / Steyr / Kärndten / Crain und Würtenberg / Graf zu Habspurg / Tyrol und Görtz etc. Landgraff zu Elsaß etc. Wir Frantz / Freyherr zu Criechingen und Püttingen / Thum-Dechant / und das Capitul der mehrern Stifft Straßburg / bekennen und thun kund allen denen / die diesen Brieff ansehen oder hören lesen / als von alter herkommen und gehalten ist / so lang das niemand für denckt / daß ein jeglicher Bischoff zu Straßbung erwöhlt oder erkosen / oder von Unserm Heiligen Vater dem Pabst zu dem Bistuhm von Straßburg versehen wird / schweren sollen an die Heiligen mit aufgelegter Hand / auf seinen Hertzen / die Stadt Straßburg / ihre Bürger und die ihren lassen zu bleiben by allen ihren Freyheiten / " Gerichten / Rechten / Herkommen und Gewohn- " heiten / als sie die hergebracht hant / und ihnen " die zu mehren / und nicht zu mindern / desselbig " alles und was davon geschrieben stehet / wir der vorgenanndt Ertz-Hertzog Leopold / Bischoff zu Straßburg / geschworen hand / auf heut dato dieß Brieffs mit aufgelegter Hand auf Unser Hertz / zu halten / ohne Gefährde / doch alles mehr und fernern Inhalts durch die Röm. Kayserl. Majestät dieses Eyds halben den 8. Sept. Anno 1578. aufgerichten und confirmirten Vertrags / Wir / der vorgenandt Ertz-Hertzog Leopold / Bischoff zu Straßburg / wollen auch bey Unsern Fürstlichen Treuen und Ehren die Stadt Straßburg / ihre Bürger und die ihren / bey diesen nach geschriebenen Stücken und Articulen lassen bleiben / als die von Wort zu wort hernach geschrieben stehn.

Item zum ersten wollen wir / was ein jeglicher Bischoff zu Straßburg und das Capitul versiegelt haben / vor sich und ihre Nachkommen / gegen der Stadt Straßburg / ihren Bürgern / und den ihren zu halten / daß das gehalten, und vollzogen werde. Wir wollen / daß der freye Gezug gehalten / und die unverzogene Recht genommen / und dem nachgangen werde / ohne allen Eintrag. Wir wollen auch von der Stadt Straßburg / ihren Bürgern und den ihren in dem Stifft und Bisthumb zu Straßburg / keinen Zoll / Newerungen noch Auffsatzung nehmen / noch schaffen genommen werden / anders dann von alters herkommen. Anno 1604.

Wir wöllen auch / daß die geistlichen Gericht in dem gäntzen Bisthumb ihren Gang haben / und niemand kein Indultum geben / ohne des Klägers Willen / und demnach Unsere Vorfahren am Stifft Christmilter Gedächtnuß / sich auch reversirt / dieselben geistliche Gericht nicht ausser der Stadt Straßburg zu ziehen / ehe daß sie gelöst werden / und aber von wegen derer / nach Absterben weyland Herrn Johann Bischoffen zu Straßburg Wohlseeliger Gedachtnüß im Stifft entstandener Trennung / bemeldte Geistliche Gericht ausserhalb der Stadt angestellet worden; Aiß soll solche Veränderung keinem Theil an seinen hergebrachten Rechten / Gerechtigkeiten und Forderungen / præjudicirlich oder nächtheilig / sondern jederm Theil sein Recht derowegen vorbehalten seyn / alles bey Unsern Fürstlichen Trewen und Ehren. Und dessen zu wahrem Urkundt und Handfestung aller vorgeschriebenen Ding / so haben wir der vorgenannt Ertz-Hertzog Leopold / Bischoff zu Straßburg / &c. Unser Fürstlich Insiegel thun hencken an diesen Brieff / und wir Frantz / Frey-Herr zu Criechingen und Püttingen / Dechant und das Capitul gemeinlich der mehrern Stifft zu Straßburg obgenandt / haben Unsers gemeinen Capitels Insiegul zu des obgenandten Unsers Gnädigsten Herren Bischoff von Straßburg Insiegel auch lassen hencken an diesen Brieff / der geben ist zu Elsaß-Zabern / den 17. Januar. Annp 1608.

(L. S.) (L. S.)

XXV.

Vertrag zwischen Graff Heinrich zu Sayn und dessen Herrn Vettern Graff Wilhelm zu Sayn-Witgenstein. Worinn jener diesem die gantze Grafffschafft Sayn sambt der Regierung eigenthümbl. cediret / davor ihme entgegen Graff Wilhelm / Jährl. zu seinen unterhalt aus dem Ambt Sayn und den Freußburgischen Kirch-Spielen an Geld und Früchten acht tausend Gulden / nebst auch Fünff hundert Gulden Pension zu bezahlen / und mit allen dessen Creditorn sich abzufinden verspricht. Geben zu Sayn den 24. Januarii 1605. [LUNIGS Teutsches Reichs-Archiv. Part. Spec. Continuat II. Abtheilung VI. Absatz XXVII. pag. 418.] 1605. 24. Janv.

C'est-à-dire;

Accord entre HENRI *Comte de Sayn & son Cousin* GUILLAUME *Comte de Sayn-Witgenstein, par lequel* HENRI *céde à* GUILLAUME *tout le Comté de* Sayn, *en échange de quoi* GUILLAUME *lui promet une Alimentation de* 8000. *Florins par An, tant en fruits qu'en argent, à prendre sur les Revenus de* Sayn *& sur ceux des Paroisses de* Freisburg, *comme aussi une Pension de* 500. *Florins par An. Fait à Sayn le* 24. *Janvier* 1605.

WIr Heinrich Graf zu Sayn / Herr zu Homburg / Muncklar und Meintzburg / und wir Willhelm von Sayn / Graf zu Witgenstein und Herr zu Homburg &c. Thun kund und bekennen hiermit offentlich / als dero in der Graffschafft Sayn für diesen eingefallener / und biß anhero unerörteter Gebrechen halber / zu unterschiedlichen mahlen / zwischen Uns / durch Unsere hierzu erbethene Herren

Anno 1605. und Freund und insonderheit durch Herrn Salentin, Graven zu Isenburg 2c. und dann Herrn/ Georgen Graven zu Nassaw/ Catzenelnbogen/ Vianden und Dietz/ Herrn zu Beilstein 2c. Unsere freundliche liebe Vettern/ gütliche Unterhandlung gepflogen worden/ dieselbige aber niemahls/ dann allein unterm dato Engers/ den 19. Tag Novembris nechst abgewichenen 1603. Jahres zu einiger Verabscheidung gebracht werden können/ und sich aber gleichwohl hierauf auch begeben und zugetragen hat/ daß gedachter Abschied nicht allein von den Interessirten Chur- und Fürsten/ als uf welcher Ratification, wie auch etzliche Conditiones und Abschaffung unterschiedener Impedimenten/ so sich darbey ereuget/ derselbige seines Inhalts gäntzlichen gericht gewesen/ nicht hat ratificirt noch angenommen werden/ sondern auch sonsten den Impedimenten verabschiedeter maßen/ nit geholffen/ noch andern Conditionen der Gebühr gelebt/ noch nachgegangen worden/ daß demnach zu Abhelffung und gäntzlicher Hinlegung aller solcher Gebrechen/ wie auch zu Erhaltung und Fortpflantzung gutes Vertrauens und verwandlicher Freundschafft/ auch damit so wohl wir/ als auch die Unterthanen zu Fried und Ruhe kommen mögen/ wir beyde Graven und Vettern obgenandt/ Uns selbsten in der Persohn zusammen verfügt/ und den 5. Tag diß Monaths uff dem Hause Sayn mit einander underredt/ und mit Vorbehalt eines ieden Interessenten Chur- und Fürsten habenden Rechtens/ verglichen und vereinbaret haben/ wie folgt:

Als erstlich/ so soll dasjehnige/ das zwischen Uns/ und allerseits Dienern und sonsten iedermänniglichen sich biß dahero in dem einen und andern begeben/ und zugetragen haben mag/ hiermit allerdings hingelegt und ufgehoben seyn und bleiben/ und sollen und wollen einander hin künfftig allen Freundvetterlichen guten Willen erweisen/ und also erzeigen/ daß keiner über den andern mit Fugen zu klagen Uhrsach noch Anlaß haben möge.

Vors andere/ nachdem wir Heinrich Graf zu Sayn/ nunmehr GOtt Lob und Danck/ zu einen hohen Alter kommen/ und also mehr zur Ruhe/ dann den Regierungs-Sachen/ und dahero täglicher herrührenden Beschwerungen abzuwarten geneygt; So haben Wir aus freyen guten Willen/ und wohlbedachten Gemüth/ wohlgedachten Unsern Vettern Graff Wilhelmen zur Witgenstein/ als im Nahmen und von wegen seiner Liebden Herrn Vatters/ Ludwigs von Sayn/ Graffen zu Witgenstein 2c. Unsers freundlichen lieben Vetters/ als nechsten Lehns-folgers/ die gantze Graffschafft Sayn/ sampt deren Regierung/ ausserhalb daß Wir in diesen beyden Thälen Sayn und Freußberg/ Strombergk und Mülhoven/ Uns die Landherrliche Hoch- und Obrigkeit vorbehalten/ gantz und zumahlen erblich und eigenthümlich cedirt und übergeben/ thun auch dasselbige hiemit und in Krafft dieses/ dergestalt/ daß ihre Liebden dieselbige fürter besitzen/ nützen/ niessen/ gebrauchen/ damit thun/ lassen/ buesen und brechen sollen und mögen/ nach ihrem Besten und Wohlgefallen/ ungehindert von Uns und iedermänniglichs von unsertwegen.

Wegen solchen freundwilligen Abstandts/ welchen Wir Graf Wilhelm zu Witgenstein 2c. acceptiret/ haben Seiner Liebden Wir versprochen/ und zugesagt/ derselbigen jährlichs und ieden Jahrs/ so lang sie leben wird/ zu ihren Underhalt aus dem Ambt Sayn/ und den Freysburgischen Kirspeln/ an Gelt/ Frucht/ und andern Gefällen/ in einen billigen Anschlag acht tausent Gulden/ und dann noch darzu von dem reservat der zehen tausend Gulden/ iedes Jahrs fünffhundert Gulden Pension, berührter Wehrung/ zu bezahlen/ und sollen die in beyden Aembtern notdürfftige Dienste/ Jachten/ Fischereyen/ und andere Assumenten nit angeschlagen/ sondern frey gefolgt werden/ den Uberschuß aber beyder Aembter wollen wir/ Graf Wilhelm zu Witgenstein Uns hiemit austrücklich vorbehalten/ wir Graff Henrich zu Sayn/ auch solches gewilligt haben/ da sich aber die Einkombsten und Intraden beyder Aembter so hoch nicht belauffen solten/ als soll der Mangel durch Uns Graf Wilhelmen erstattet werden.

Zu welchem Ende dann/ und damit an Erhebung und Einbringung solcher jährlichen Gefällen/ auch Dienstleistung kein Mangel erscheinen möge/ ist durch Uns ferner abgeredt/ geschlossen und verwilliget worden/ daß die Ambts-Diener deren Aempter Sayn und Freußburg/ so wohl Uns Graff Henrichen zu Sayn/ als auch Graf Wilhelmen zu Witgenstein/ mit Aydspflichten verbunden/ und Uns Graf Henrichen dieselbe iederzeit gehorsamlich zu reichen schuldig seyn sollen/ und dieweil Wir Graf Henrich zu Sayn/ wegen des Ambts Freußburg/ wie auch des halben Theils an dem Gründ Seelbach und Reinbroel Uns vor diesen mit andern in Verkauf eingelassen/ darneben auch andere Gebrechen mehr/ so zu Unruhe und Weiterung Ursach geben können/ fürhanden seyn mögen/ damit dann wohlermeldter Unser Vetter/ Graf Wilhelm zu völliger ruhiger Possession gebracht/ und ohne einigen Eintrag darbey gelassen werden möge; So haben Wir hiebey gelobt und zugesagt/ zum förderlichsten J. L. alle nach eingelieferten Brief und Siegel einzuhändigen/ auch mit allen möglichen Fleiß dahin zu sehen und zu trachten/ daß ermelter Kauff wiederumb/ so viel immer thunlich/ retractiret/ auch bey Trier/ Cöllen und Gülch/ der Belehnung halber/ alle mögliche Beförderung erzeigen.

Verzeyhen demnach uf alle und iede Graff- und Herrschafften/ und andere Stück und Güther/ zumahl nichts/ ausserhalb des ad dies vitæ verordneten Deputats und Reversats, ausgenommen/ in bester und beständigster Form Rechtens/ dargegen nichts zu thun/ noch zu handeln/ mit diesem ausdrücklichen Anhang/ daß wir Uns des Beneficii L. si unquam C. de revocand. donat. zu überflüßiger Seiner Liebden Versicherung wohl erinnert/ und nach Nothturfft gnugsam underrichtet/ ausdrücklich und wohlbedächtlich hiemit begeben/ und darauff bey Unsern Gräflichen Ehren und wahren Worten/ an eines leiblichen geschwornen Ayds statt/ renunciiret/ und dahin ausdrücklich verpflichtet und erkläret haben wollen.

Versprechen ferner ein gewisse und beständige specification aller Schulden/ so viel Uns wißlich/ zu übergeben/ und in summa alles zu thun/ und zu befürdern/ was zu ihrer Liebden/ deren Erben und Nachkommen/ wie auch der ermelter Graffschafft Sayn Ufnehmen und Wohlfarth in einigen Weg gedeyen kan oder mag/ aller massen wir dann noch weiters versprechen und zusagen/ die eingereumbte Stück in keine Wege zu verpfenden/ zu vereusern/ und sonsten in andere Wege zu beschweren/ sondern alles in ietzigem Stand zu lassen/ und mit obgenannten Unsern jährlichen deputat und reservat Uns gebührlich lassen begnügen/ wie wir ohne das Uns hierzu schuldig wissen.

Dargegen aber sollen und wollen wir Graff Wilhelm zu Witgenstein hinwiederumb schuldig seyn/ Uns mit allen und ieden Saynischen Creditorn, vermög obangedeuter Designation, ihrer bekentlicher und rechtmäßiger liquidirter Schulden halben/ ohne Unsers Vettern/ Graf Heinrichs zu Sayn/ Zuthun/ nach Gebühr/ und so viel man von Rechts wegen schuldig/ in der Güthe/ oder sonsten abzufinden/ deswegen J. L. zu vertretten/ und allerdings

dings Anno 1605.

ANNO 1605. dings schadloß zu halten / auch zu dem Ende eine gewisse Assecuration, so wol der Creditorn, als des deputats und reservats halben / beständigst zu zustellen / wie dann schließlich alle und iede Saynische Unterthanen bey hergebrachten Rechten / Privilegien und Gerechtigkeiten zu schützen und zu handhaben / auch mit aller Gebühr daran zu seyn / daß wohlermelts Unsers Vetters / Graf Heinrichs zu Sayn / und S. L. löblichen Vorfahren seeligen / mit guten Bedacht / der Grafschafft Sayn / und dero Erben zum besten aufgerichte rechtmäßige Contracten, item Brief und Siegel gebührlichen gehalten / und denselben unerkanten Rechtens nichts zugegen gehandelt möge werden.

Zu dessen vester und unverbrüchlichster Haltung / haben wir Graf Henrich / und wir Graf Wilhelm obgenant / dieses also mit handgegebener Treue an Ayds statt einander zugesagt / und zu ferner Bekrafftigung mit Unsern ufgetruckten Ring-Pitschafften und underschriebenen Handen bestätiget. Geben zu Sayn den 24. Tag Januarii, anno Christi Unsers Herrn und Seeligmachers Geburth 1605.

(L. S.)

Heinrich Graf zu Sayn.

(L. S.)

Wilhelm von Sayn zu Witgenstein.

XXVI.

28. Mars **Vertrag zwischen denen Land-Ständen des Marggraffthumbs Ober-Laußitz an einem / und der Königlichen Haubt-Stadt Budißin andern Theils / durch Kayserl. Commissarios aufgerichtet. Worinn der zwischen denselben / wegen des achten Puncts / so in der neü-vermehrten Gerichts-Ordnung enthalten / die Appellation betreffend / entstandene Irrungen beygelegt worden / geschehen zu Budißin den 28. Martii. Anno 1605. Sambt Confirmation Römischen Kaysers Rudolphi des andern. geben zu Prag den 6. Martii. Anno 1606.** [LUNIG, Teutsches Reichs-Archiv. Part. Spec. Continuation II. Absatz II. im Anhang vom Marggrafthum Laußitz. pag. 75.]

C'est-à-dire,

Accord fait par l'intervention des Commissaires Imperiaux entre les Etats de la HAUTE LUSACE *d'une part, & la Ville Metropole de* BUDISSIN *d'autre part, par lequel les Différents survenus entr'eux au sujet du huitieme Article de l'Ordonnance Civile & Judiciaire, qui concerne les Appels, sont accommodés. A Budissin le 28. Mars 1605. Avec la* CONFIRMATION *de l'Empereur* RODOLPHE II. *donnée à Prague le 8. Mars 1606.*

WIr Rudolph der Ander / von GOttes Gnaden / erwehlter Römischer Käyser / zu allen Zeiten Mehrer des Reichs / in Germanien / zu Hungarn / Böheimb / Dalmatien / Croatien König / Ertz-Hertzog zu Oesterreich ꝛc. Marggraff zu Mähren / Hertzog zu Lützenburg und in Schlesien / Marggraffe zu Laußitz ꝛc bekennen öffentlich mit diesem Brieff vor allermänniglich / nachdem sich eine Zeithero zwischen den Wohlgebohrnen / Würdigen / Gestrengen und Ehrenvesten / Unsern lieben Getreuen / Herrn / Prælaten / Ritterschafft und Mannschafft des Marggraffthums Ober-Laußnitz / an einem / dann den Ehrsamen / Unsern lieben Getreuen N. Bürgermeister und Rathmannen der Stadt Budißin / anders Theils / Speen und Irrungen / wegen eines in ihrer der Rathmannen hiervon verneuerten und confirmirten Gerichts-Ordnung inserirten Articuls / der Appellation halb / erhalten / die wir zu Erhaltung guter Nachbarschafft und Vertrauligkeit / den Wohlgebohrnen / Ehrenvesten und Gelehrten / Unsern lieben Getreuen / Abrahamen Burggraffen von Dohnau / Freyherrn auf Wartenberg und Bralin / Land-Voigt des Marggraffthums Ober-Laußitz / Caspar von Metzrad zu Doberschitz / Hauptmann daselbst / und Hieronymo Treutlern von Kroschwitz / der Rechten Doctorn / Cammer-Fiscaln in gedachtem Marggraffthum Ober-Laußitz / Unsern Räthen / gütlich hinzulegen committirt und anbefohlen haben.

Wann sie dan zu folge desselben beyde Partheyen auf Maß und Wege / wie der zwischen ihnen aufgerichtete und hierin inserirte Vertrag mehrers ausweiset / vereiniget und verglichen / welcher von Wort zu Wort also lautet:

Wir Abraham Burggraff zu Dohnau / Freyherr auf Wartenberg und Brälin / Röm. Käyserl. Majestät Rath und Land-Voigt des Marggraffthums Ober-Laußitz / auch Fürstl. Durchleuchtigkeit Ertz-Hertzogs Maximiliani zu Oesterreich Rath und Cämmerer ꝛc. Casper von Metzrad auf Doberschitz / Röm. Käyserl. Majestät Rath und Landes-Hauptmann des Marggraffthums Ober-Laußitz / und Hieronymus Treutler von Kroschwitz / Römischer Käyserl. Majest. Rath / der Cron Böheimb Lehens-Rath und Cammer-Procurator im Marggrafthum Ober-Laußitz / der Rechten Doctor &c. hiemit und in krafft dieses Brieffs uhrkunden gegen jedermänniglich sonderlich aber wo Noth.

Demnach sich zwischen den Wohlgebohrnen / Würdigen / Edlen / Gestrengen / Ehrenvesten Herrn / Prælaten / Ritterschafft und Mannschafft erwehnten Marggraffthums Ober-Laußitz / an einem / und den Ehrenvesten / Ehrsamen und Wohlweisen N. Bürgermeister und Rath der Königlichen Haupt-Stadt Budißin daselbsten / am andern Theil / eine Zeitlang hero nicht geringer Mißverstand erreget / aus Ursachen / daß ietzo gemelter Rath zu Budißin / in ihrer unlängst neu-vermehrter Gerichts-Ordnung / beym achten Punct derselben / der Appellation halben / von des Rath und Gerichte zu Budissin Abschieden / einen Punct gewillkühret / und ihnen forderst bey der Käyserl. Majest. confirmiren lassen / des Inhalts / daß es künfftig und zu ewigen Zeiten / weil die Appellation-Cammer im Königreich Böhmen seyn wird / also und nicht anders gehalten werden solle / daß niemand / er sey auch wer er wolle / von ihren des Raths oder Gerichte zu Budißin / mündlichen oder Schrifftlichen Bey-oder End-Urteln / oder andern gegebnen Bescheiden sich anderswohin / als an wohlgedachte Appellation-Cammer ziehen und beruffen solle / wie solches mit mehrerm in solcher öffentlich publicirten Budißinischen neuen Gerichts-Ordnung zubefinden / dessen aber wohl ermeldten Herren / Prälaten / Ritterschafft und Mannschafft / als der gesamte Land-Stände dieses Marggraffthums sich beschweret / und bey der Röm. Kayserlichen auch zu Hungarn und Böheimb Kön. Majest. Unserm allergnädigsten Herrn / umb Cassirung solches Puncts der neuen Gerichts-Ordnung / und derer Confirmation, allerunterthänigst angehalten / hierauf auch höchstgedachte Römische Käyserliche Majestät uns allergnädigst aufgetragen / angezogene Strittigkeit / zu Erhaltung guter Vertraulichkeit und Nachbarschafft / so wohl Verhütung allerhand ferner Weitläufftigkeit / biß auf ihrer Majestät gnädigste Ratification in der Güte beyzulegen.

Anno 1605.

Als haben wir zu gehorsamster Folge ihrer Käyserl. Majestät gnädigsten Anordnung / auch einig und allein aus gutem Vorsatz / Einigkeit / Friede und Ruhe zustifften / und die Stände beyderseits / nehmlich die von Lande und Städten / sonderlich aber die Herrn Land-Ständte mit der Stadt Budißin / wiederum in vorige vertrauliche nachbahrliche Correspondence zubringen/ und mannigfältiges Unheil / so in benachbarten Landen aus dergleichen Strittigkeiten / zwischen Land und Städten / zu beyder Theilen großen Schaden fast undämpflich entbronnen/ dieser Ort abzuwenden / angeregte Handlung heute dato für Uns genommen / und beyder Partheyen nach weiter hinc inde beschehenen Zugemüthführung / mit ihrer allerseits gutem Wissen und Willen / dieses Streits halben / zu Grunde nun und zu ewigen Zeiten verglichen / wie folget: Nehmlichen / weil der Rath zu Budißin vornehmlich angezogen / daß solche Punct / wie auch die gantze Gerichts-Ordnung nicht dahin gemeinet/ ihnen einige Jurisdiction über die Herren / Prælaten / Ritterschafft und Mannschafft in Ober-Lausitz / oder ihre Unterthanen zu ziehen / sondern einig und allein gehorsam unter den ihren zu erhalten / und jederman gleichmäßige schleunige Justiz zu ertheilen / dargegen sich die Herrn Land-Stände erkläret / daß sie ihnen dißfals einzugreiffen / gute Policey zu hindern/ oder jemands Ursache zum Ungehorsam zugeben nicht gesonnen.

Daß demnach solche Budißinische Gerichts-Ordnung in allen und jeden Puncten in esse bleiben/ bloß und allein in diesem gar zu generalen Verstand derselben restringiret und eingezogen werden solle/ daß nehmlich in der Herren / Prælaten und derer von Adel/ so in diesem Marggraffthum aufm Lande und Städten angesessen und begütert/ wie auch in aller und jeder der Herrschafft Erbpflichten nicht loß gezehlten/ begüterten oder angesessenen / so wohl derer zu den Aembtern der Landvogtey und Landes-Hauptmannschafft behörigen/ und mit keinem Bürger-Recht in der Stadt Budißin versehener Unterthanen eigenen Willkühr / und ohne Hinderung/ gantz freystehen solte/ ob sich künfftig derselben einer oder mehr / wer sie auch seyn möchten / durch des Raths oder Gerichte zu Budißin mündlichen oder schrifftlichen Abschiede oder Urtel beschwert befinden werden / daß sie entweder der Gerichts-Ordnung und darinnen ausgesetzten Mittel/ mit Verfolgung der Appellationen nachgehen / oder do es ihnen lieber und gefälliger / von solchen Urteln und Abschieden sich zugleich für das Königl. Ober-Amt/ und die Verordnete von Land und Städten beruffen wollen/ welche Beruffung der Burgermeister/ Richter oder Rath zu Budißin / jetzige und künfftige / jedoch außer der Pœnal- und Criminal-Sachen/ sie seynd Peinlich oder Bürgerlich/ hierinnen aber der Rath gebührliche Maß halten/ und nach rechtlicher Disposition und Juhalt des Ober-Gerichtes-Concession verfahren solle/ ohne einige Wiederrede/ Exception und Behelff unsäumlichen zulassen / den Appellanten gewöhnlich verschlossene Apostil oder Abschieds-Brieffe mittheilen / die Execution des vergangenen Urthels oder Abschiedes suspendiren/ die Appellanten aber / ihre Appellation bey der nechsten Ordinari vorbescheiden ; Jedoch daß zum wenigsten ein Sächsischer Termin hierzu Frist gelassen / durch mündlichen Vertrag justificiren / oder in Verbleibunge/ außer beweißlicher ehehafften/ die doch auch auf Erkändtnüß des Königlichen Ober-Amts und der Verordneten zustellen/) in contumaciam, oder sonst nach Befindung der Appellation, (in welcher instantia, nach allbereit erlangten und confirmirten Privilegien/ Statuten/ Willkühren und alten Gewohnheiten der Stadt Budißin zu sententiouiren/) verlustig erkant/ und so bald solches geschehe/ oder auch sonsten in gehaltener Verhör vor dem Königlichen Ober-Amt und Verordneten von Land und Städten der gegebene Abschied für billich befunden/ die Execution desselben an den Rath oder Gerichte zu Budißin hinwieder remittirt / und sie als Judices darein keineswegs gemenget / oder in ihrer Jurisdiction turbirt/ noch muthwilligen supplicanten/ ausser allen Fällen denegirten oder protrahirten Justiz, do der Rath selbst zu Parth angezogen werden möchte/) im Königl. Amt diesem zuwieder statt gethan werden solte. Dieser Freyheit aber von des Raths oder der Gerichte zu Budißin Abschieden zugleich an das Königliche Ober-Amt und Verordnete von Land und Städten zu appelliren/ soll sich niemand anders/ als (wie gemeldet/) die Inländischen Herren/ Prælaten / und vom Adel / auch deroselben der Erbpflicht nicht loßgezehlet/ begüterte oder angesessene / so wohl unter den Aembtern Wohnhaffte/ Begüterte/ und in Bürgerrecht zu Budißin nicht angesessene Unterthanen gebrauchen.

So viel aber alle andere In- und Ausländische / wes Standes die seyn / betrifft / hat ihnen der Rath vorbehalten / sich auch die Landständte dahin erkläret / daß dieselben in diese Transaction und Vergleichung nicht gezogen/ noch darinne begriffen/ auch diese Abhandlung und Vertrag allein zwischen den Herren Land-Ständen und der Stadt Budißin verstanden werden soll.

Schließlichen solle dieses alles / was biß anhero schrifftlichen und mündlichen vorgelauffen/ publicæ Tranquillitatis causa, gäntzlich sopiret und aufgehoben / auch keinem Theil sampt und sonderlich / und allen ihren Nachkommen / an ihrem guten Nahmen / Ehr und Glimpff / nachtheilig / verfänglich und aufrücklich seyn und verbleiben / hierdurch also die Parten beyderseits angeregter geschwebter Irrungen halber / nachbahrlich und freundlich zu Grunde verglichen / und einander alle nachbahrliche Freundschafft und guten Willen zuerzeigen/ sich erkläret / welche obgeschriebene abgehandelte Articul wohlgedachte Herren Land-Stände / und ein Ehrbar Rath zu Budißin / für sich und alle ihre Nachkommen / stet / fest und unverbrüchlich zu halten / zugesagt und versprochen / auch zu mehrer Vergewisserung und Bekräfftigung dessen allen / ist auch diß zwischen den Parten abgeredet und abgehandelt worden/ daß dieser Vertrag höchstgedachter Römischer Käyserl. auch zu Hungarn und Böheim Königl. Majestät/ deroselben gnädigsten Anordnung nach/ zur Ratification unterthänigst fürbracht / und den Herrn Land-Ständen frey stehen solle / ob sie die Confirmation auf ihre selbst Darlage bey der Käyserlichen Majestät ausbringen wollen / alles treulich und sonder Gefehrde. Dessen zu Urkund haben wir Eingangs genandte Commissarii und Unterhändler diese Abhandlung und Vortrag zweyfach verfertigen lassen / und mit Unsern angebohrnen Petschafften und Handunterschrifften bekräfftiget. Actum Budißin auf dem Königl. Schloß / den acht und zwanzigsten Martii / des sechzehenhundert und fünfften Jahres.

Als haben wir auf beschehenes unterthänigstes Anlangen und Bitten/ auch ihr der Commissarien Relation, Uns bemeldten Vertrag nicht allein belieben und gefallen lassen / sondern auch denselben ratificiret und confirmiret : Ratificiren und confirmiren solchen auch aus Böhmischer Königl. Macht / auf vorgehabten Unserer Obristen Land-Officirer und Edlen Räthe des Königreichs Böhmen / und lieben getreuen Rath/ und rechten Wissen / hiemit und in krafft dieses Brieffs / meinen / setzen und wollen / daß es nun hinführo und zu ewi-

gen

Anno 1605.

gen Zeiten / dieses streitigen Puncts halber / die Appellation betreffend / bey diesem gemachten Aussatz / (wie oben berührt /) gäntzlichen verbleiben / und kein Theil dem andern in mehr Weg keinen Eintrag daran thun solle.

Und gebieten darauf allen und jeden Unsern Unterthanen / wes Würden / Standes / Amtes oder Wesens die seyn / insonderheit Unsern Land-Voigten oder Landes-Hauptleuten berührtes Marggraffthumbs Ober-Lausitz / jetzigen und künfftigen / und sonsten Männiglichen / daß sie ob diesen Vertrag festiglich handhaben / die Parten darinnen nicht hindern noch irren / sondern vielmehr schützen und erhalten / auch solches niemands anders zuthun gestatten / in kein Weiß noch Weg / so lieb ihnen allen / und einem jeden sey / zuvermeiden Unsere schwere Straff und Ungnad / solches meinen wir ernstlich.

Zu Uhrkund dieses Brieffs besiegelt mit Unserm Käyserlichen anhangenden Insiegel. Geben auf Unserm Königlichen Schloß Prag / den sechsten Tag des Monaths Martii / nach Christi Unsers lieben HErren und Seeligmachers Geburth / im ein tausend / sechs hundert und sechsten Jahre / Unserer Reiche des Römischen im ein und dreyßigsten / des Hungarischen im vier und dreyßigsten / und des Böhmischen auch im ein dreyßigsten Jahre.

Rudolph

Sdenco Popp de Lobcowitz S. R.
Bohemiæ Cancellarius.

Ad Mandatum S. C. Majestatis
Proprium.

Heinrich von Pißnitz.
H. von Plateiß.

XXVII.

25. Avril.

LES PROVINCES UNIES ET LES ELECTEURS PALATIN ET DE BRANDEBOURG.

Tractaet tusschen FREDERICK *Palts-Grave ende Keurvorst by Rhyn*, JOACHIM FREDERICK *Marck-Grave ende Keurvorst tot Brandenburg, ende* JOHAN SIGISMUND *Marck-Grave van Brandenburg in Pruyssen, Stetin, Pomeren &c. ter eenre, en de Heeren* STATEN GENERAEL *der* VEREENIGDE NEDERLANDEN *ter andere zyde, tot conservatie van byde zyn Keurvorstlelycke Hoogheydt ende Vorstelycke Doorl. tegenwoordige ende toekomende Rechten ende Gerechtigheden aen ende in de Vorstendommen van* Gulick, Cleve *ende* Berge, *sampt der Graefschappen van de* Marck *ende* Ravensberg *ende Heerlyckheyt van* Ravenstein *&c. mitz eenige Subsidie door hooggedachte Keurvorsten ende Vorst aen hooggemelden Heeren Staten Generael belooft en gepromitteert aldus beslooten in den Hage den 25. April* 1605. [AITZEMA, Affaires d'Etat & de Guerre, Tom. XI. Part. II. pag. 1086.]

ALSO den Doorluchtichste hoochgeboorne Vorst en Heer, *Heer Frederik*, *Palts-Grave* by Rhijn, des Heyligen *Roomschen Rycx*, Ertzruchtses ende Keur-Vorst, Hertoch in Beyren, deur den Edelen Erntfesten, sijne Keur-Vorstelijcke Hoocheyt geheymen Raadt, *Volraden van Plessen*, ende die oock Doorluchtichster, Doorluchtich und Hoochgeboorner Vorst ende Heer, *Heer Joachim Frederick*, Marckgrave tot *Brandenborch* des *H. Roomschen Rijcx*, Ertz Cammerer ende Keur-Vorst, ende Heer *Johan Sigismund*, Marckgrave van *Brandenburch* in Pruyssen, tot Stettin, Pomeren; &c. Hertoch en Burchgrave tot *Neurenburch*, ende Vorst tot *Rugen*, door den welgebooren Edel gestrengen Heer, *Otto Heynrichen van der Bylant*, Vry-Heer van Reydt ende Brembt, sijn Keur-Vorstelijcke Hoocheyt ende Vorstelijcke Doorluchticheyts gewesen Oversten ende geheymen Raedt, volgens sijn Keur-Vorstelijcke Doorl. ende Vorstelyke Doorl. Brieven van Credentie ende Ratificatie, respective ghedateert tot *Heydelberch* den *achtienden* February, ende tot Ceulen aen den *Sprey* den *derden* January beyde lestleden, de Heeren Staten Generael der Vereenichde Nederlanden genadichst believt hebben te proponeren, dat tot den dienst van den Heyligen Rijcke, bescherminge van de Steden ende Ingesetenen desselfs, tegens uytheemse overvallen, ende tot conservatie van sijn Keur-Vorstelijcke Hoocheyt ende Vorstelijcke Doorl. tegenwoordige ende toekomende Rechten ende Gerechticheden aen, ende in de Vorstendommen van *Gulick*, *Cleve* ende *Berge*, sampt der Graefschappen van der *Marck* ende *Ravensberch*, ende *Heerlijckheyt van Ravesteyn*, tegens onrechtmatige voorgenomen Usurpatie, beyde sijn Keur-Vorstelijcke Hoogheydt ende Vorstelijcke Doorl. de voorsz. Heeren Gesanten gelast hebben, daar op met de Heeren Staten Generael te beraetslagen ende handelen; welke

XXVII.

25. Avril.

LES PROVINCES UNIES ET LES ELECTEURS PALATIN ET DE BRANDEBOURG.

Traité entre FREDERIC Electeur Palatin du Rhyn, JOACHIM FREDERIC Marc-Grave & Electeur de Brandebourg, & SIGISMOND Marc-Grave & Electeur de Brandebourg en Prusse, Stetin, & Pomeranie d'une part, & les Seigneurs ETATS GENERAUX *des* PROVINCES UNIES du Païs bas d'autre part, pour la conservation des Droits presents & avenir de leurs Altesses Electorales & dudit Prince sur les Duchés de *Juliers*, *Cleves* & *Bergue*, sur les Comtés de la *Marck* & *Ravensberg*, & sur la Seigneurie de *Ravenstein* &c., moyennant un certain Subside promis auxdits Seigneurs Etats, par lesdits Electeurs & Prince. Fait à la Haye le 25 Avril 1605. [AITZEMA *Affaires d'Etat & de Guerre*, Tom. XI. Part. II. pag. 1086]

COmme le Serenissime Prince & Seigneur Frederic Comte Palatin du Rhin, Electeur du S. Empire & Duc de Baviere a, par le noble & honorable le Sr Volrade de Plessen Conseiller Privé de Son Altesse Electorale, & le Serenissime Prince & Seigneur Joachim Frederic Marquis de Brandebourg Chambellan & Electeur dudit St. Empire; & le Seigneur Jean Sigismond Marquis de Brandebourg en Prusse, Stettin, Pomeranie &c. Duc & Burgrave de Nurenberg & Prince de Rugen par le noble Seigneur Otton Henri vander Bylant, Seigneur de Keydt & de Brempt cy devant Colonel de Son Altesse & Serenité Electorale & son Conseiller Privé, suivant les Lettres respectives de Creance de leurs Serenité & Altesse Electorale dattées à Heydelberg le 18. Fevrier & à Cologne sur la Sprée le 3. Janvier tous deux dernier, proposé aux Seigneurs Etats Generaux des Provinces Unies que pour le Service du St. Empire, & la deffence des Etats & Habitans d'iceluì contre les irruptions étrangeres, & pour la conservation des droits presens & futurs de son Altesse & Serenité Electorale dans les Principautés de Juliers, Cleves, & Bergue, ensemble les Comtés de la Marck & Ravensberg & Seigneurie de Ravensteyn, contre l'usurpation qui en a été entreprise injustement, lesdits Electeurs ont tous deux chargé leurs Envoyez d'en communiquer & deliberer avec lesdits Seigneurs Etats Generaux. La- quelle

ANNO 1605. welke propositie welgemelte Heeren Staten aengenaem zijnde, en hebbende eenige uyt hare Vergaderinge gecommitteert, om met de selve Heeren Gezanten te beraetslagen. Zo is 't: dat dienvolgende gehouden zijnde, verscheyde conferentien en beraetslagingen, en daer van rapport aan de Heeren Staten Generael gedaen wezende, by welgemelde Heeren Staten goetgevonden is te versoeken en te committeeren den Doorl. Hooghgebooren Heer ende Vorst, *Maurits* Prins van *Oranzie*, Grave van *Nassau*, *Catzenelleboge*, *Vyanden*, *Diest*, *Meurs*, Marquis van der *Veere* ende *Vlissingen*, *&c.* Gouverneur ende Capiteyn van *Gelderlandt*, *Hollandt*, *Zeelandt*, *West-Vrieslandt*, *Utrecht*, ende *Over-Yssel*, Admirael Generael der Vereenigde Nederlanden; ende den welgebooren Heer *Willem Lodewijck* Grave tot *Nassau*, *Catzenelleboge*, *Vyanden*, *Diest*, Gouverneur ende Capiteyn Generael van *Vrieslandt*, *Groeningen*, *Ommelanden*, *Drenthe*, *&c.* mitsgaders uyt hare Vergaderinge de Edele Erntfeste, wyze ende discrete Heeren, *Johan van Oldenbarnevelt*, Heer van den *Tempel*, *eerste Raadt* ende Advocaet der Graefschap ende Landen van *Hollandt ende West-Vrieslandt*, ende *Aelbrecht Joachimi*, Raedt ende Pensionaris der Stadt *vander Goes*, om mette voorsz. Heeren Gezanten eyntlijk te besluyten ende accorderen, en is dienvolgens tusschen de voorsz. Heeren Gezanten van hare Keur ende Vorstelyke Doorl. ende andere Gecommitteerden, verdragen, besloten ende geaccordeert, 't geene hier na volgt:

Te weten: dat ten eynde hier voor verhaelt, die voorsz. Heeren Gezanten van wegen hoogst ende hooggedachte sijn Keur-Vorstelyke Doorl. ende Vorstelyke Doorl. belooft hebben, ende belooven mitsdesen, de welgemelde Heeren Staten Generael voor den Jaere van *sestienhondert vyf*, *ses* ende *seven*, te assisteren met de somme van *hondert duysent* duytse guldens jaerlijcx, maekende in de voorsz. *drie* Jaren, *drie hondert duysent* der voorsz guldens, doch de *vijftigh duysent* guldens, welke de Heeren Keur-Vorsten, Paltsgrave, Keur-Vorstelyke Hoogheyt albereyts verwilligt ende de termynen halver, met welgemelde Heeren Staten *Agenten* in Duytslandt, geaccordeert heeft daer van afgetrokken, ende de *twee hondert en vijftigh duysent* guldens, door sijn Keur-Vorstelyke Hoogheyts ende Vorstelyke Doorl. van *Brandenburg* op nader vergelykinge (welke ten langsten in de naeste *twee* Maenden afgedaen zal werden) te betalen.

Waer tegens hare Ed: ende andere Gecommitteerden van wegen welgemelde Heeren Staten Generael belooft hebben, ende belooven mitsdesen, ingevalle van het overlyden van den Doorl. Hoochgebooren Vorst ende Heer, *Heer Johan Willem*, Hertogh tot *Gulick*, *Cleve* ende *Berge*, Grave van der *Marck* ende *Ravensberch*, ende Heer tot *Ravensteyn*, ingevalle van een onversiene Resolutie, ofte alteratie ende veranderinge in 't Rijk, ofte dat yemand het zy uytlandisch of Lantzaet, door sijn Vorstelyke Doorl. indispositie, ofte om eenige andere redenen, moste ontrent die voorsz Vorstendommen, Graafschappen, Heerlijkheden, Plaetsen ende Steden der selver, yets metter daed tegen sijn Keur-Vorstelyke Hoogheyt ende Keur-Vorstelyke Doorl. hebbende, ofte toekomende Rechten zouden willen attenteren, ofte den selven sich opponeren, dat welgemelte Heeren Staten Generael, op die voorsz gevallen, ende op die ordre van hoogst: ende hooghged: sijn Keur-Vorstelyke Hoogheyt ende Vorstelyke Doorl. om zulks af te helpen weren, ende van Keur-Vorst, Palts hooghst-gedachte ende Vorstelyke Doorl. Marckgrave *Sigismond* respective hebbende ende toekomende Rechten, te helpen de possessie apprehenderen, promptelijk ende datelijk zullen schikken, ende tot haren last ende kosten, ende houden een noorwendigh aental Krijgsvolks te paerde en te voet met sijn toebehooren, ende tot beschermingе ende conservatie der selver possessie, sijn Keurvorstelyke Hoogheyt ende Vorstelyke Doorl. assistentie doen, ende dit alles, noch dat haer Ed: Mog: mette behoudenis van den welstant der Vereenigde Provintien, Quartieren, Steden ende Leden van dien, eenigsints zal mogelijk ende doenlijk zijn. Aldus geaccordeert en besloten in den Hage, tusschen de voorsz Heeren Gezanten, ende andere Gecommitteerden, ende in Oirkonde by de selve, met hare Signature ende Pitsire bevestigt den *vyf-en-twintigsten* April 1605. Geteekent WOLRADT VAN PLETSEN, OTTO HENRICX, *Vryheer tot Reith.* MAURICE DE NASSAU. WILHEM LUDWIGH, *Graef zu Nassou.* JOHAN VAN OLDENBARNEVELT, ALBERT JOACHIMI.

quelle proposition étant agreable auxdits Seigneurs Etats, & ayant deputé quelques uns de leur Assemblée pour en deliberer avec lesdits Sieurs Envoyez. C'est pourquoi ayant en consequence plusieurs deliberations & conferences été tenues, & d'icelles fait rapport aux Seigneurs Etats Generaux, lesdits Seigneurs Etats ont trouvé bon de prier & commettre le Serenissime Seigneur & Prince Maurice Prince d'Orange, Comte de Nassau, Catzenellebogne, Vyanden, Diest, Meurs, Marquis de der Veere, & Flessingue & Gouverneur & Capitaine General de Gueldre, Hollande, Zélande, West-Frise, Utrecht & Overyssel, Amiral General des Provinces Unies; & le Seigneur Guillaume Louis Comte de Nassau, Catzenelleboge Vyanden, Diest, Gouverneur & Capitaine General de Frise, Groningue, Ommelandes, Drenthe &c. Ensemble de leur Assemblée le noble, sage & discret Seigneur Jean de Oldenbarnevelt, Seigneur de Tempel, Premier Conseiller & Advocat des Comté & Pais de Hollande & West-Frise, & Albert Joachimi Conseiller Pensionaire de la Ville de der Goes, pour avec lesdits Sieurs Envoyez conclure & accorder, comme de fait ils ont lesdits Sieurs Envoyez de leurs Serenité & Altesse Electorale & lesdits autres Deputez, accordé & conclu ce qui s'ensuit. ANNO 1605.

Sçavoir que pour la fin cy-dessus mentionnée, les susdits Sieurs Envoyez au nom de leurs Serenitez Electorales & Prince ont promis & promettent par ces presentes d'assister les susdits Seigneurs Etats Generaux pour les années mil six cens cinq, six & sept, de la somme de cent mil livres monoye Allemande annuellement, faisant pour lesdittes trois années trois cent mille livres, mais les cinquante mille livres, lesquelles les Seigneurs Electeurs, Comte Palatin & Altesse Electorale ont déja stipulé en Allemagne, avec les Agens desdits Seigneurs Etats, il a été accordé qu'ils seront rabattus, & les deux cent & cinquante mille livres seront payés suivant la repartition qui en sera faitte entre lesdites Altesses & Serenitez Electorales, laquelle repartition se fera au plus tard dans le tems de deux mois prochains.

C'est pourquoy leurs N. & autres Deputez au nom des susdits Seigneurs Etats Generaux ont promis & promettent par ces presentes, en cas que le Serenissime Prince & Seigneur, le Seigneur Jean Guillaume, Duc de Juliers, Cleves & Bergue, Comte de la Marck & de Ravensberg & Seigneur de Ravensteyn, vienne à mourir, & qu'il arrivât quelque alteration, & changement dans l'Empire, ou que quelqu'un, soit étranger ou du Pais, par l'indisposition dudit Prince Serenissime ou pour quelque autre sujet, voulut attenter quelque chose par voye de fait sur lesdites Principautez, Comtés, Seigneuries, Places & Villes d'icelles contre les droits que son Altesse & Serenité Electorale y a ou lui apartiennent, ou voulussent s'opposer à lui, que lesdits Seigneurs Etats Generaux, en cesdits cas & sur l'ordre de S. Altesse & Serenité Electorale pour l'assister à se deffendre & aider Son Altesse Ser. le Marquis Sigismond à prendre possession des droits qu'il y a & lui apartiennent, envoyeront promptement à leurs frais & depens & entretiendront un nombre necessaire de Cavalerie & d'Infanterie avec ses dependances, & que pour la deffence & possession d'icelles, ils donneront à saditte Altesse & Serenité Electorale toute l'assistance qui sera possible & faisable pour la conservation & prosperité des Provinces Unies & des Quartiers, Villes & Membres d'icelles. Ainsi accordé & conclu à la Haye entre les susdits Sieurs Envoyez & autres Deputez; en Témoin dequoi ont confirmé ces presentes de leurs Signatures & Seaux le 25 Avril 1605. Signé WOLRADT DE PLETSEN, OTTON HENRI *Seigneur de Reyth*, MAURICE DE NASSAU, GUILLAUME LOUIS *Comte de Nassau.* JEAN d'OLDENBARNEVELT. ALBERT JOACHIM.

XXVIII.

ANNO 1605.

XXVIII.

28. Août. ZURICH, FRANCE ET GENEVE.

Declaration du Canton de ZURICH, *qu'il entre en la Confédération & Alliance avec* HENRI IV. *Roi de France, & les Cantons de* BERNE *&* SOLEURE, *pour la défense & conservation de la Ville de* GENEVE, *du 28. Août 1605.* [FREDERIC LEONARD, Tom. IV.]

AU nom de la Sainte Trinité, Dieu le Pere, le Fils & le Saint Esprit. Amen. Nous le Bourguemestre, ou Consul, le Conseil & le Grand Conseil, que l'on nomme les Deux Cens de la Ville de Zurich, reconnoissons & faisons à savoir par ces presentes, que s'étant en l'an passé 1579. fait & conclu un Traité & Accord pour justes causes & considerations, entre le feu tres-illustre, tres-puissant, & tres-Chrêtien Prince & Seigneur Henri III. du nom, Roi de France & de Pologne, d'heureuse memoire; & les Prudens & Honorables Schultheis, ou Chefs du Conseil des deux Villes de Berne & de Soleure, nos fidels, chers Alliez, avec certaines clauses & conditions touchant la protection & conservation de la Ville de Geneve, & du Païs qui y apartient; par lequel Traité il est reservé aux autres Cantons de Suisse, & leurs Alliez d'y pouvoir entrer.

Et aïans consideré comme il importe à tous les loüables Cantons, en commun, que la Ville de Geneve demeure en l'état & condition qu'elle est à present, & que rien ne peut plus troubler la paix, repos & prosperité desdits Cantons en commun, que si ladite Ville de Genéve (qui est la clef & le principal Boulevart des Païs desdits Cantons) tombe és mains de quelque autre, & vient au pouvoir d'aucun Prince ou Potentat, quel qu'il soit, par force ouverte, surprise, ou en autre maniere que cela arrive; Que pour ce de nostre libre volonté, & aprés y avoir meurement pensé, meus du desir que nous avons d'aider ensemblement avec nosdits chers Alliez de Berne & de Soleure, à ce qui peut servir à nôtre sureté en commun, & au maintien & conservation de ladite Ville de Geneve (laquelle nous est aussi alliée) avec le consentement & octroi du tres-Illustre, tres-puissant, & tres-Chretien Prince & Seigneur Henri IV. du nom, Roi de France & de Navarre, nôtre tres-clement Seigneur & Allié; & aussi du sçû de nosdits chers Alliés de Berne & de Soleure, nous sommes entrez audit Traité & Accord fait audit an 1579. & icelui accepté pour nous & nos Successeurs, recevons le même Traité en vertu de ces Lettres. Desorte que nous devons & voulons y être compris & obligez, & liez à tous les Articles, conditions, clauses specifiées & contenuës en icelui, en la même maniere, & non moins, comme si nous y avions été nommez & compris du commencement, & au tems qu'il fut fait. Assurans & promettans par ces presentes sur nôtre bonne foi & honneur, entretenir le même Traité en tout ce qu'il contient, de point en point & y satisfaire constamment en tout tems fidelement & sans fraude. En foi & témoignage de quoi nous avons fait apposer à ces Lettres le grand Scel de nôtre Ville. Fait le 28. du mois d'Aoust, l'an de la Nativité de Nôtre Seigneur & Sauveur Jesus-Christ 1605.

XXIX.

1. Oct. FRANCE ET SUISSE.

Déclaration du Canton de ZUG, *de vouloir entretenir le Traité de Confédération & Alliance du 31. Janvier 1602. fait entre* HENRI IV. *Roi de France & les Cantons des Suisses, & leurs Alliez, du 1. Octobre 1605.* [FREDERIC LEONARD, Tom. IV.]

AU nom de la Sainte individuë Trinité. Amen. Nous Henri par la grace de Dieu, Roi de France, & de Navarre, &c. Et nous l'Amman, ou Chef du Conseil, & le Conseil, & aussi la commune Bourgeoisie, ensemble nos Bailliages, & Communautez exterieures de la Ville & Baillage de tout le Canton de Zug, notifions & faisons à savoir par ces presentes à tous & un chacun ausquels il apartient, d'en avoir connoissance. Que aprés que Dieu nous a voulu émouvoir & disposer à ce que l'ancienne Paix, Amitié & Alliance, qui à son honneur & gloire, & aussi à nôtre profit commun & repos, a commencé de se traiter dés le Regne du Roi Charles VII. de tres-heureuse memoire, & depuis a été continuée par les autres Rois Predecesseurs de nous Henri IV. comme aussi par les Predecesseurs de nous susdit Canton, ait été renouvellée le dernier Janvier 1602. qui doit durer & persister autant de temps qu'il plaira à Dieu de nous conserver en vie & nôtre fils qui nous succedera à la Couronne, & huit ans aprés. Et toutefois à la charge de la Contrelettre que nous Henri IV. susnommé avons accordé le même jour ausdits Amman, & Conseil, & à la commune Bourgeoisie, & Communauté de la Ville & Bailliage de Zug, à leur priere & demande, touchant la garde & protection des deux Duchez de Milan & de Savoie. Hors & excepté laquelle protection lesdits Sieurs ont juré solennellement par leurs Ambassadeurs à Paris le 22. d'Octobre audit an, de fidellement tenir & accomplir tout ce qui est écrit au susdit Traité d'Alliance, auquel l'on se raporte & remet. Et neanmoins à ce qu'il soit prevenu & obvié à toutes doutes, & mes-intelligences, par lesquelles cette bonne Paix, Amitié & Alliance pourroit être troublée, & qui, comme dit est, a été continué pour l'entretien & accroissement de nôtre commune utilité & prosperité. Nous susdit Canton Catholique de Zug, avons declaré & declarons par ces presentes Lettres, aprés meur conseil & deliberations, & aussi du sçû & vouloir de tous nos Souverains devant lesquels cela a été proposé, & par eux aprouvé; que aïans observé & entretenu fidellement ladite Alliance en tout ce qu'elle contient, nôtre vouloir & intention n'a jamais été ni sera dorénavant, & n'est de traiter & agir contre & au prejudice d'aucuns Articles, quels qu'ils soient, dudit Traité, du dernier Janvier 1602. ni au semblable contre ladite Contrelettre du même jour, ainsi qu'elle a été acceptée, & que derechef nous persistons en ce nôtre dessein & resolution.

N'aïans eu l'intention de traiter & aporter aucun prejudice, en quelque façon & maniere que ce soit à ladite Alliance, quelque Declaration & Promesse que nous aïons baillé depuis ledit Traité du dernier Janvier 1602. ainsi confirmons derechef ledit Traité, assurans & promettans de l'entretenir, & accomplir fidellement & loialement, sans aucune exception ou contredit, autant qu'il plaira à Dieu qu'icelui dure, & en telle sorte & maniere, & mot pour mot, comme il a été écrit, & ensuite juré de l'entretenir, & specialement le seizieme Article qui concerne nos passages.

Et davantage que ladite Alliance concluë le dernier Janvier 1602. sera toûjours clairement, & expressement reservée & preferée à toutes autres Alliances d'autres Princes & Potentats, de quelque dignité & qualité qu'ils soient, qui ont été faites depuis l'an 1521. depuis lequel tems celle de France a toûjours continué, & sans qu'il y puisse être contrevenu, & encore d'observer le vingt-cinquieme Article de ladite Alliance renouvellée en l'an 1602. selon qu'il le porte & contient, sans toutefois contrevenir & prejudicier au contenu en ladite Contrelettre.

Et au reciproque nous Henri IV. du nom, Roi de France & de Navarre, assurons & promettons sous nôtre foi & parole roiale, d'observer & entretenir tout le contenu audit Traité, pareillement la Lettre Patente que nous avons fait expedier le même jour pour ledit Canton Catholique de Zug, & pourvoir à ce qu'il soit entretenu par nos Sujets au contentement dudit Canton.

En foi & témoignage de quoi nous avons fait apposer nos Sceaux aux deux Lettres presentes; dont l'une a été délivrée entre les mains de nous Roi, & l'autre entre les mains de nous Canton Catholique de Zug, & icelles aprouvées, fait le premier jour du mois d'Octobre l'an 1605. aprés la Nativité de Jesus-Christ nôtre cher Seigneur, Sauveur & Redempteur. *Signé*, CONRAD DE LOUBEN, Secretaire de la Ville de Zug.

XXX.

4. Dec. FRANCE ET SUISSE.

*Déclaration du Canton d'*URY, *de vouloir entretenir le Traité de Confédération & d'Alliance du 31 Janvier 1602. fait entre* HENRI IV. *Roi de France, & les* CANTONS SUISSES *& leurs Alliez du 4. Décembre 1605.* [FREDERIC LEONARD, Tom. IV.]

AU

ANNO 1605.

AU Nom de la Sainte, tres-loüable & individuë Trinité, Dieu le Pere, le Fils, & le Saint Esprit. Amen. Nous Henri par la grace de Dieu Quatriéme du nom, Roi de France & de Navarre, Et nous le Stathalter, ou Chef du Conseil, le Conseil, & toute la Communauté du Païs d'Ury, notifions & reconnoissons par ces Lettres, qu'aiant plû à Dieu nous disposer à ce que l'ancienne Paix, Amitié, Union & Alliance, qui à son honneur & gloire, & aussi à nôtre utilité & commun repos, a commencé du tems du Roi Charles VII. de glorieuse memoire, & qui depuis a été continuée par les Rois Predecesseurs de nous Henri IV. & les Ancêtres de nous & des autres Cantons de l'ancienne Alliance des Païs de la Haute Allemagne, ait été renouvellée le dernier jour de Janvier de l'année 1602. qui doit durer & continuer aussi long-temps qu'il plaira à Dieu nous conserver en cette vie, & aussi nôtre fils qui parviendra à la Couronne aprés nous, & huit ans aprés, toutefois avec la reserve de la Contrelettre & promesse reciproque, que nous Henri Roi avons accordé le même jour ausdits de Ury, & aux autres Cantons, à leur priere & recherche seulement pour la protection des Duchez de Milan & de Savoie. Excepté laquelle protection lesdits Sieurs ont juré solennellement par leurs Ambassadeurs à Paris le 20. Octobre dudit an, d'entretenir & entierement accomplir en bonne foi tout ce qui est compris au Traité de ladite Confederation, au contenu duquel l'on se raporte. Or à present pour obvier à tout doute & mes-intelligence, qui pourroit troubler ou changer ladite bonne Paix, Amitié & Alliance, laquelle, comme dit est, a été continuée pour l'entretien & accroissement de nôtre salut, & commune utilité & prosperité, nous susdits Stathalter, Conseil, & toute la Communauté du Païs de Ury, avons declaré & reconnu, & aussi declarons par ces presentes Lettres, que aprés avoir le tout meurement deliberé & proposé à nos Conseillers, & Souveraines Puissances lesquels l'ont aussi confirmé & accepté, d'autant que nous avons bien & honorablement entretenu le contenu en lad. Alliance, que nôtre vouloir & intention n'a jamais été & ne doit être, de rien faire ou traiter contre & au prejudice du moindre des Articles du Traité fait au mois de Janvier en l'an 1602. en y comprenant ladite Contrelettre faite au même-tems, & que nous persistons derechef en la même volonté & resolution; & aussi n'entendons traiter contre icelle, ni voulons faire contre ladite Alliance, en aucune forme ni maniere que ce soit, par aucune Lettre, Declaration ou Promesse que nous aurions fait depuis ledit dernier jour de Janvier de l'an 1602. ains confirmons derechef le Traité fait au même jour, & promettons icelui entretenir fidellement & honorablement, sans aucune reserve ni contredit, & aussi longtems qu'il plaira à Dieu qu'il dure, de mot à mot, & en la maniere & forme, comme il est écrit, & depuis a été juré, & particulierement le contenu & substance de l'Article seizieme d'icelui, qui fait mention de nos passages; comme encore tous les autres Points & Articles convenus, compris & mentionnez en ladite Alliance de l'an 1602. & toutesfois sans prejudice de ce qui est contenu en ladite Contrelettre. Et nous Henri IV. Roi de France & de Navarre, promettons aussi sous nôtre foi & parole roiale, d'entretenir & accomplir tout le contenu dudit Traité, & aussi les Lettres Patentes que nous avons baillé aux susdits Seigneurs de Ury; & encore faire qu'il soit entretenu par nos Sujets à l'avantage desdits Seigneurs de Ury. En foi de quoi nous les deux Parties avons fait aposer nos Sceaux aux presentes Lettres; l'une desquelles a été délivrée à nous Henri Roi, & l'autre à nous de Ury, fait le 4. Decembre l'an que l'on conte 1605. aprés la Nativité de Christ. *Signé*, JERÔME MUHELM, Secretaire du Païs de Ury.

XXXI.

8. Dec.

FRANCE ET SUISSE.

*Déclaration du Canton d'*UNDERWALD, *au dessus de la Forêt, de vouloir entretenir le Traité de Confédération & d'Alliance du 31. Janvier, 1602. fait entre* HENRI IV. *Roi de France, & les* CANTONS SUISSES, *& leurs Alliez du 8. Decembre, 1605.* [FREDERIC LEONARD, Tom. IV.]

AU nom de la Sainte Trinité, Dieu le Pere, le Fils, & le Saint Esprit. Amen. Nous Henri IV. par la grace de Dieu, Roi de France & de Navarre; Et nous Landtaman, ou Chef du Conseil, & le Conseil de Underwald, ensemble toute la Communauté du Païs au dessus de la Forêt des Chênes, faisons à savoir à tous à qui il apartient & reconnoissons par cette Lettre, que aiant plû à Dieu de nous disposer que l'ancienne Paix, Amitié, Union & Alliance qui a commencé à son honneur & gloire, & aussi à nôtre utilité & commune renommée par le Roi Charles VII. de bonne memoire, & qui depuis ce tems jusqu'à cette heure a été continuée par tous les autres Rois Predecesseurs de nous Henri IV. & les Ancêtres de nous & des autres Cantons de l'ancienne Alliance des Païs de la haute Allemagne, ait été renouvellée le dernier jour de Janvier de l'année 1602. & doit continuer & durer autant de tems qu'il plaira à Dieu nous conserver en cette vie, & aussi nôtre fils qui viendra aprés nous à la Couronne, & huit ans aprés, toutefois avec la Contrelettre ou Reversale que nous Henri Roi avons accordé ausdits de Underwald, & autres Cantons, le même jour, à la priere & recherche qu'ils nous en ont fait seulement pour la protection des Duchez de Milan & Savoie, excepté laquelle protection les susdits Seigneurs ont juré solemnellement à Paris par leurs Ambassadeurs, le 20. Octobre de ladite année, d'entretenir & entierement accomplir en bonne foi tout ce qui est compris audit Traité de ladite Union, au contenu duquel l'on se remet & raporte. Or à present pour obvier à tous doutes & mes-intelligences qui pourroient troubler ou changer ladite bonne Paix, Amitié, Union, qui, comme dit est, a été continuée pour l'entretien & augmentation de nôtre salut, commune utilité & prosperité. Nous susdits Landtaman, Conseil, & toute la Communauté du Païs, avons declaré, reconnoissons & declarons par cette presente Lettre, aprés avoir le tout meurement consideré & representé à nos Conseillers & Souveraines Puissances, qui l'ont aussi confirmée & acceptée, dautant que nous avons bien & fidellement entretenu le contenu de ladite Union, que nôtre vouloir & intention n'a jamais été, & ne doit être à present, de rien faire ou traiter en la moindre chose qui soit contre & au prejudice des Articles du Traité fait au mois de Janvier de l'année 1602. en y comprenant aussi ladite Lettre de Reversale fait au même tems, & que derechef nous persistons au même vouloir & resolution, & aussi nous ne pensons point que nous ayons traité au contraire, ni ne voulons faire contre ladite Union en aucune maniere ou sorte que ce soit, ni par aucune Lettre, Declaration ou Promesse que nous puissions avoir fait depuis ledit dernier jour de Janvier 1602. ains confirmons derechef le Traité conclu ledit jour, & promettons de l'entretenir fidellement & comme gens d'honneur, sans aucune exception ni contredit, autant qu'il plaira à Dieu qu'il dure mot pour mot, en la maniere & forme, ainsi qu'il est écrit, & que depuis il a été juré, & specialement le contenu du seizieme Article, faisant mention de nos passages; comme encore tous les autres Points & Articles compris & mentionnez en lad. Union concluë audit tems 1602. toutefois sans prejudice de ce qui est contenu en ladite Lettre reversale. Et nous Henri IV. Roi de France & de Navarre, promettons d'entretenir & accomplir tout le contenu audit Traité sous nôtre foi & parole Roiale, & pareillement les Lettres Patentes que nous avons baillées ausdits Seigneurs au dessus de la Forêt, & aussi pourvoir à ce qu'il soit entretenu par nos Sujets au profit desdits Seigneurs au dessus de la Forêt. En foi & temoignage de quoi nous avons fait aposer nos Sceaux des deux côtez aux presentes Lettres, l'une desquelles a été délivrée à nous Henri IV. Roi, & l'autre à nous d'Underwald au dessus de la Forêt. Fait le jour de la Conception de Nôtre-Dame qui est le 8. Decembre l'an 1605.

XXXII.

1606.

15. Janv.

FRANCE ET SUISSE.

*Déclaration du Canton d'*UNDERWALD, *au dessous de la Forêt, de vouloir entretenir le Traité de Confédération & d'Alliance, du 31. Janvier 1602. fait entre* HENRI IV. *Roi de France & les Cantons* SUISSES, *& leurs Alliez; du 15. Janvier, 1606.* [FREDERIC LEONARD, Tom. IV.]

AU nom de la Sainte Trinité. Nous Henri par la grace de Dieu, Roi de France & de Navarre; Et

ANNO 1606.

Et nous le Landtaman ou Chef du Conseil, le Conseil, & toute la Communauté du Païs du Canton de Underwald, au dessous de la Forêt des Chênes, notifions & faisons à favoir par ces presentes à tous & un chacun à qui il apartient, que aprés que Dieu nous a voulu mouvoir & disposer à ce que l'ancienne Paix, Amitié & Alliance, qui à son honneur & gloire, & aussi à nôtre commune utilité & repos, a commencé du tems du Roi Charles VII. de tres-heureuse memoire, & depuis ce tems a été continuée par les autres Rois Predecesseurs de nous Henri IV. & de nous dudit Canton, & autres Cantons de l'ancienne Alliance des Païs de la haute Allemagne, ait été renouvellée le dernier Janvier l'an mil six cens deux, qui doit continuer & durer autant de tems qu'il plaira à Dieu de nous maintenir en vie, & nôtre Fils qui nous succedera à la Couronne, & huit ans aprés, toutefois avec la reserve & condition de la Contrelettre que nous Henri Roi avons accordé ausdits de Underwald, & autres Cantons le même jour, à leur priere & demande seulement pour la garde & protection des deux Duchez de Milan & Savoie, excepté laquelle protection lesdits Seigneurs ont juré solemnellement à Paris par leurs Ambassadeurs le vingtieme jour d'Octobre dudit an, de garder fidellement & entierement accomplir tout ce qui est écrit audit Traité d'Alliance auquel l'on se raporte & remet. Et neanmoins pour prevenir & obvier à tous doutes & mes-intelligences qui pourroient troubler cette bonne Paix, Amitié & Alliance, qui, ainsi comme il a été remarqué, a été continuée pour le maintien & accroissement de nôtre commune utilité & prosperité. Nous susdits Landtaman, Conseil, & Communauté du Païs de Underwald, au dessous de la Forêt, avons declaré & declarons en vertu de cette presente Lettre, avec meur Conseil, que aiant été accomplie ladite Alliance par nous fidellement en tout ce qu'elle contient, que nôtre vouloir & intention n'a jamais été & n'est à present, ni sera dorénavant, de traiter en la moindre chose contre & au prejudice des Articles du Traité passé le dernier Janvier l'an mil six cens deux, ni au semblable à ladite Contrelettre qui a été expediée le même jour, & que derechef nous persistons en cetui nôtre dessein, vouloir & resolution, & n'entendons aussi avoir traité contre ladite Union, en aucune sorte ni maniere, par aucune Lettre, Declaration ou Promesse que nous aurions delivré depuis ledit Traité de mil six cens deux, ni que nous y voulions porter prejudice, ains confirmons derechef ledit Traité fait audit jour, assurans & promettans icelui entretenir & accomplir fidellement & candidement, sans aucune exception ni contredit aussi long-tems qu'il plaira à Dieu qu'icelui dure, & aussi en la forme & maniere qu'il est écrit mot pour mot, & depuis a été juré, specialement pour le regard du seizieme Article touchant nos passages, ensemble tous les autres Points & Articles qui sont compris & mentionnez en ladite Union de l'an mil six cens deux, toutefois sans prejudice ni aller au contraire du contenu en ladite Contrelettre. Au reciproque nous Henri Quatrieme du nom Roi de France & de Navarre, assurons & promettons sous nôtre foi & parole roiale, d'entretenir & accomplir tout le contenu dudit Traité, & encores ladite Contrelettre & Patente que nous leur avons fait expedier, & aussi pourvoir à ce que nos Sujets l'entretiennent au profit & contentement desdits Seigneurs de Underwald au dessous de la Forêt. En foi & témoignage de quoi nous avons fait apposer ouvertement nos Sceaux à ces deux presentes Lettres, l'une desquelles a été delivrée & mise és mains de Nous Roi, & l'autre à nous de Underwald au dessous de la Forêt. Fait à Underwald au dessous de la Forêt, le quinzieme jour de Janvier, l'an que l'on conte mil six cens six. *Signé* GASPAR LOEW, Secretaire du Païs.

XXXIII.

5. Mars. FRANCE ET SUISSE.

*Déclaration du Canton d'*APPENZEL, *de vouloir entretenir le Traité de Confédération & d'Alliance du 31. Janvier 1602. entre* HENRI IV. *Roi de France, & les* CANTONS SUISSES *& leurs Alliez, du 5. Mars, 1606.* [FREDERIC LEONARD, Tome IV.]

AU nom de la Sainte Trinité, Dieu le Pere, le Fils, & le Saint Esprit, Amen. Nous Henri quatrieme, par la grace de Dieu, Roi de France & de Navarre &c. Et nous Landtaman ou Chef du Conseil, & le Conseil doublé du Païs d'Appenzel, Notifions à tous à qui il appartient, & reconnoissons par ces presentes Lettres, que aiant plû à Dieu nous disposer à ce que l'ancienne Paix, Amitié, Union, & Confederation, qui à son honneur, & gloire, & aussi à nôtre utilité, & commune gloire, a commencé par le Roi Charles septieme, de bonne memoire, & depuis a été continuée par tous les autres Rois, Predecesseurs de nous Henri quatrieme, & nos Ancêtres, & ceux des autres Cantons de l'ancienne Confederation des Païs de la haute Alemagne, ait été renouvellée le dernier Janvier l'an mil six cens deux, qui doit continuer & durer autant de tems qu'il plaira à Dieu de nous conserver en cette vie, & aussi nôtre Fils, qui viendra à la Couronne aprés nous, & huit ans aprés toutefois avec l'exception & reserve contenuë en la Contrelettre ou Reversale, que nous Henri Roi avons accordée le même jour audit Landtaman, Conseil, & Communauté du Païs d'Appenzel, & aux autres Cantons, à leur priere & recherche, pour la deffence & protection des deux Duchez de Milan, & de Savoie, excepté laquelle Protection, lesdits Seigneurs ont solemnellement fait le Serment, à Paris, par leurs Ambassadeurs, le vingt-deuxieme Octobre dudit An, d'entretenir & entierement accomplir de bonne foi tout ce qui est porté au Traité de ladite Alliance, au contenu duquel l'on se rapporte. Or maintenant, pour empêcher tout doute, & mes-intelligence, qui pourroit troubler ou changer ladite bonne Paix, & Union, qui, ainsi qu'il est remarqué, a été continuée pour l'entretien & accroissement de nôtre Salut, commune utilité, & prosperité, Nous susdits Landtaman & tout le Conseil du Païs d'Appenzel, avons reconnu & declaré, reconnoissons & declarons aussi par ces presentes Lettres, aprés avoir consideré le tout meurement, & proposé à nos Conseillers, & Souveraines Puissances, qui l'ont aussi confirmé, & accepté d'autant que nous avons bien & fidelement entretenu le contenu de ladite Union, que nôtre vouloir & intention n'a jamais été & ne doit être, de faire ou traiter la moindre chose contre & au prejudice des Articles du Traité du mois de Janvier l'an mil six cent & deux, en y comprenant ladite Contrelettre faite au même tems, & que nous persistons derechef au même vouloir & resolution & aussi n'entendons point ni voulons qu'il soit traité en ladite Union en aucune maniere ni façon que ce soit, même par aucune Lettre, Declaration ou Promesse que nous puissions avoir fait depuis ledit dernier jour de Janvier de l'an mil six cens deux, ains confirmons derechef le Traité fait audit jour. Et promettons icelui entretenir fidelement & en gens d'honneur, sans aucune exception & n'y contredire autant de tems qu'il plaira à Dieu qu'il dure, de mot à mot, & en la forme & maniere, ainsi qu'il est écrit, & depuis a été juré, & pareillement le contenu & substance du seizieme Article, qui fait mention de nos passages, comme encore tous les autres Points, & Articles compris & mentionez en ladite Union de ladite année mil six cens deux, & toutefois sans prejudice du contenu en ladite Lettre reversale. Et nous Henri quatrieme Roi de France & de Navarre, promettons aussi, sous nôtre foi & parole Roiale, d'entretenir & accomplir tout le contenu du susdit Traité, & aussi les Lettres Patentes, que nous avons baillé aux susdits Seigneurs d'Appenzel. Et encores faire que par nos Sujets il soit entretenu à l'avantage desdits Seigneurs d'Appenzel, en foi & temoignage de quoi Nous les deux Parties avons fait apposer nos Sceaux à ces presentes Lettres, l'une desquelles a été delivrée à nous Henri Roi, & l'autre à nous d'Appenzel. Fait le cinquieme du mois de Mars, l'an mil six cent six, aprés la Nativité de Jesus-Christ nôtre Redempteur & Sauveur.

XXXIV.

10. Mars. FRANCE ET SUISSE.

Déclaration du Canton de LUCERNE, *de vouloir entretenir le Traité de Confédération & d'Alliance du 31. Janvier 1602. fait entre* HENRI IV. *Roi de France & les* CANTONS SUISSES, *& leurs Alliez, du 10. Mars, 1605.* [FREDERIC LEONARD, Tom. IV.]

NOUS le Schultheis, ou Chef du Conseil, & le Conseil de la Ville de Soleurre, certifions au Serenissime, tres-puissant, & tres-Chrêtien Prince & Sei-

ANNO 1606. Seigneur Henri IV. Roi de France & de Navarre, que nos fideles chers Alliez, Combourgeois, & Freres de la Ville de Lucerne, nous ont delivré depuis quelque tems une Declaration en parchemin, à laquelle le Scel de leur Canton est apposé, qui contient mot pour mot ce qui s'ensuit.

AU nom de la sainte Trinité, Dieu le Pere, le Fils, & le saint Esprit. Amen. Nous Henri IV. par la grace de Dieu Roi de France & de Navarre; & nous le Schultheis, ou Chef du Conseil, & le Conseil, & aussi le Grand Conseil, que l'on nomme les Cent de la Ville de Lucerne, notifions à tous ausquels il apartient, & reconnoissons par cette Lettre, que aiant plû à Dieu nous disposer à ce que l'ancienne Paix, Amitié, Union & Alliance, qui à son honneur & gloire, & aussi à nôtre profit & commun repos, a commencé par le Roi Charles VII. de bonne memoire, qui depuis ce tems a été continuée par tous les autres Rois Predecesseurs de nous Henri IV. & nos Ancêtres, & ceux des autres Cantons de l'ancienne Alliance des Païs de la haute Allemagne, ait été renouvellée le dernier jour de Janvier de l'an 1602. qui doit continuer, & durer aussi long-tems qu'il plaira à Dieu nous conserver en cette vie, & aussi nôtre Fils qui aprés nous viendra à la Couronne, & huit ans aprés. Toutefois sous la reserve de la Contrelettre ou Reversale, que Nous Henri avons accordé le même jour ausdits de Lucerne, & autres Cantons, à leur priere & recherche, seulement pour la protection des Duchez de Milan & de Savoie. Hors laquelle protection lesdits Seigneurs par leurs Ambassadeurs ont juré à Paris solemnellement le vintiéme jour du mois d'Octobre audit an, d'entretenir & entierement accomplir de bonne foi tout ce qui est contenu au Traité de ladite Union, au contenu duquel l'on se remet & raporte. Or à present pour empêcher tout doute & mes-intelligence qui pourroit troubler & changer ladite bonne Paix, Amitié & Union, qui, comme dit est, a continué pour l'entretien & accroissement de nôtre salut, & commune utilité & prosperité. Nousdits Schultheis, petit & grand Conseil de Lucerne, avons reconnu & declaré, & aussi reconnoissons & declarons par cette presente Lettre, aprés avoir le tout meurement consideré, & proposé à nos Conseillers & souveraines Puissances, qui l'ont confirmé & accepté, dautant que nous avons bien & fidellement entretenu le contenu de ladite Union, que nôtre vouloir & intention n'a jamais été & ne doit être à present de faire ou traiter en la moindre chose contre & au prejudice des Articles du Traité fait au mois de Janvier l'an mil six cens & deux, en y comprenant aussi ladite Contrelettre faite au même tems; & que nous persistons derechef au même vouloir & resolution, & n'entendons aussi que nous y aions contrevenu, ni voulons faire contre ladite Union en aucune forme ni maniere que ce soit, ni par aucune Lettre, Declaration, ou Promesse que nous aions fait depuis ledit dernier jour de Janvier dudit an mille six cens deux, ains confirmons derechef le Traité conclu audit jour, & promettons icelui entretenir fidellement & honorablement, sans aucune reserve ni contredit, autant de temps qu'il plaira à Dieu qu'il dure, de mot à mot, & en la forme & maniere comme il est écrit, & a été depuis juré: & aussi ce que comprend & contient le seizieme Article d'icelui, qui fait mention de nos passages; comme encore tous les autres Points & Articles conclus, contenus & mentionnez en ladite Union dudit An 1602. Toutefois sans prejudice de ce qui est compris en ladite Lettre reversale. Et nous Henri IV. Roi de France & de Navarre, &c. prometons aussi par nôtre foi & parole roiale d'entretenir & accomplir tout le contenu dudit Traité & aussi les Lettres Patentes que nous avons baillé ausdits Seigneurs de Lucerne: & pareillement pourvoir qu'il soit entretenu par nos Sujets au profit desdits Seigneurs de Lucerne.

En foi & témoignage de quoi, Nous les deux Parties avons fait apposer nos Sceaux à la presente Lettre, qui pour certaines causes a été consignée à nos fideles, chers, anciens, Alliez & Confederez, & aussi Combourgeois & Freres, où elle doit demeurer seurement entre leurs mains, & être mise avec la Lettre d'Union qui y est. Fait le vintieme de Decembre, que l'on contoit mil six cens cinq, depuis la tres-sainte, tres-clemente, & tres-heureuse Nativité de Christ nôtre cher Seigneur & Sauveur.

Depuis en presence desdits nos Alliez de la Ville de Lucerne, & aussi de nos fidelles, chers Alliez, Combourgeois & Freres de la Ville de Fribourg, Nous avons baillé la même Declaration au Sieur de Caumartin, Ambassadeur resident de sa Roiale Majesté, lequel nous l'a derechef remise & laissée entre nos mains, nous priant que la veuillons garder, & la mettre avec la Letre d'Union qui dernierement a été dressée & renouvellée en l'an mil six cens deux, pour en pouvoir faire aparoître derechef, si pour cela nous en sommes recherchez par sa Majesté, ce que nous avons promis & promettons par la presente Letre de faire & accomplir de bonne foi. En témoignage de quoi nous avons fait aposer le Scel de nôtre Ville à cette Lettre, & signer par nôtre Secretaire, le dixieme jour de Mars l'an mil six cent six. *Signé*, GEORGE WAGNER. ANNO 1606.

XXXV.

Vertrag / so zwischen Ertz-Hertzog Maximilian zu Oesterreich / als der zeit Regierenden Landes Fürsten in Tyrol an einem / und Christoph Andree Bischoffen zu Brixen andern Theils / von wegen der Geistlichen Jurisdiction getroffen worden. Geschehen den 13. Decembris 1605. 1605. 13. Dec.
[Commentarii Theoretico-Politico-Practici in Jus Statutarium Tyrolense. *Part. I. Proem.* §. 3. pag. 99.]

C'est-à-dire,

Accord entre MAXIMILIEN *Archi-Duc d'Autriche, comme Comte de Tyrol &* CHRISTOPHLE ANDRE' *Evêque de Brixen, sur les Droits de la Jurisdiction Ecclesiastique. Fait le* 13. *Decembre* 1605.

ZU wissen / nachdem zwischen einem Regierenden Herren und Lands-Fürsten in Tyrol eines / und dann einem Ordinario und Herrn Pischoffen zu Prixen andern Theils / um und von wegen der Geistlichen Jurisdiction, und waß darinnen berühret / und deren anhängig / allerhand spänn und irrungen nun lange Jahr hero unerörtert geschwebt / daß hierauff und zu abschneid / auch künfftiger verhütung ungleichen verstands / mit belieben und Ratification der Fürstlichen Durchleucht rc. Ertz-Hertzogen Maximilian zu Oesterreich rc. Alß der zeit Bevollmachtigten Regierer dießer Ober- und vorder-Oesterreichischen Landen / so wohl ihrer Fürstlichen Gnaden Herrn Christophen Andreen jetzigen Pischoffen zu Prixen / dero beyderseits hierzu verordnete Räthe und Commissarien obangedeute differenzien und Streitt-Sachen / durch gepflogne mündliche Conferentz / auff ein stätts / ewiges / und unwiderruffliches Ende abgehandlet und verglichen / wie hernach folgt.

Alß Nemblichen: und fürs erste / soll bey dem Privilegio Fori und Exemption der Clerisey von weltlichem Gerichts-Zwang dießer unterschied gemacht und observirt werden / daß zwar die Geistlichen in Actionibus Personalibus (doch ohnbenohmen der alten hergebrachten Verwandtnus) für keinem anderen dann Geistlichen Richter citirt / noch gezogen werden können / noch sollen; deßelben gleichen auch in Realibus, waß unter den Lands-Fürstlichen District gelegen / die Kirchen / Clöster / Widum / Pfründ / und Pfründ-Häußer / so wohl andere Geistliche / und darein gehörende Sachen / der Geistlichen Jurisdiction unterworffen verbleiben / der übrigen Güther halber aber / so den Clericis, oder auch den Kirchen-Pfründen / Pfarr-Höffen / Spittälleren und Bruderschafften gehörig / und noch erkaufft werden / oder sonst darzu kommen möchten / sie Geistliche vor der Weltlichen Obrigkeit / darunter solche Güther gelegen / per se vel Procuratorem Recht geben und nehmen sollen und mögen / sie wären dann von alters her der Geistlichen Obrigkeit unterwürffig geweßen / soll es noch darbey gelassen werden.

Zum

Anno 1605.

Zum andern. Die Abhandlung der Geistlichen-Verlassenschafft betreffend / soll es darmit alßo gehalten / und derselben Abgeleibten hinterlassnen Haab und Güther durch die Geistliche Obrigkeit / neben / und in beysein der Weltlichen Obrigkeit (wofern sie beyde an der hand) samentlich versecretirt werden; ob sie aber beyde nicht gleich zu gegen wären / soll der Geistlich- oder Weltliche Richter / so erstens des Priesters Abgang errinnert / die Secretur bey ihr iedes Plüchten ohne Verruck- oder Veränderung der Güther solcher gestalt für handen nemmen / daß der Geistlich in Abwißen des Weltlichen einen oder zween ehrliche Layen / deßgleichen der Weltlich in Abweßen deß Geistlichen ein oder zween nächist geseßene Priester / wie es seyn kan / zu sich ziehen / und in wenigen Verdachts-Willen / der oder die zugezogene (ob sie Sigel hätten) neben dem Geistlich- oder Weltlichen Richter versecretiren: nachfolgend soll der Geistlich Richter die Inventur, Abhandlung deß Testaments (da einiges vorhanden) und der Verlassenschafft auch alle inzwischen nothwendig- und gebührende Gerichtliche-Actus gütlich oder rechtlich / neben und in beyseyn der Weltlichen Obrigkeit (jedoch daß dem Geistlichen die Præeminenß gelassen werde / es wäre dann einer von einem Regierenden Herrn und Land-Fürsten auß erheblichen ursachen verordnete Commissarius, so soll derselbig bey wehrender Handlung gleichwohl ein Præcedentz, und die Geistliche Obrigkeit ein alß den andern Weeg das Directorium, biß zu seiner zeit / wie hernach folgt / haben) soweit pflegen und verrichten / biß das Vermögen im Inventario ergantzt / der Kirchen / Priester und Cooperatorum. auch das Widums Gebühr davon vergnügt / das vorhanden Testament erläutert / und zu kräfften erkennt / und letzlich diß zeitlich verlaßene Haab und Guth / laut Testaments / oder ab intestato den Weltlichen Erben eingehändiget und übergeben worden / alsdann / da sich die Weltliche Erben neuer Strittigkeiten halber nit vergleichen könnten / oder wolten / soll daßelb übrige vermögen sambt dem Inventario gleichwohl (zu Räumung des Widums) hinauß gegeben / und die Sachen vor dem Weltlichen Richter zu handlen ihnen bevorgestellt / aber waß der Geist- oder Weltlich Richter / alß obgemelt / Gütlich oder Rechtlich handlen wird / das soll einer wie der andere / innaßßen ohne daß an ihm selbst billich / hand zu haben schuldig seyn / doch vorbehalten jeder Parthey fernerer Rechtens und Appellation, in welcher mit beeder Hocher Obrigkeiten verordenten Commissarien es gleich-förmig gehalten werden / wie in prima instantia, und waß alßdann erkennt / darbey allerdings verbleiben soll.

Anlangend fürs dritte die Lands-Fürstliche Mandata, alß diejenige / so von Geistlichen Kirchen-Sachen / oder sonsten Gottseeligen Ordnungen (doch hierinnen dem Ordinario in seinem Officio unvergriffen) tractiren: mögen gleichwohl in der Kirchen durch die Curatores publicirt / entgegen aber sollen mera politica, vana & profana, Vermög SS. Canonum und Concilii Tridentini von den Kirchen und geweyheten Orthen abgeschaffet werden / und dann mit Abforderung der Beicht-Register bey dem alten Gebrauch und Herkommen ungeändert verbleiben.

Viertens in Einsetzung der Prälaten und Pfarrer solle einem Herrn und Lands-Fürsten / so wohl auch anderen / die deßen befugt / die Gebühr wegen der Temporalität bey der Posses-Nemmung / und sonsten bevorstehn.

Zum fünfften in den Visitationen des Pistums solle auff Ersuchen der Geistlichen von der Weltlichen Obrigkeit alle gute Beförderung und Handhabung erfolgen.

Ferner und zum sechsten sollen die Kirchen / Spitäler und dergleichen Raittungen die Geistlichen mit sambt der Weltlichen Obrigkeit auffnemmen / und darbey der Kirchen / und deß Widums Nothdurfft und Wohlfahrt in acht nemmen / und ins Werck richten / aber in deisen und anderen Fällen in allweeg die Geistliche Obrigkeit (doch nach Würde der darzugezognen Layen-Persohnen / wie oben gedeutet worden) die Præeminentß haben.

Sodann und fürs sibend / ist in zehend-Strittigkeiten / und ventilirung derselben / diße Erklärung gemacht / das causa petitorii für den Geistlichen Gerichts-Zwang immediate, und allein gehörig seyn / das Possessorium aber / so wohl vor dem Weltlichen (so viel doch diß Orths die Recht zulassen) alß Geistlichen Richter möge ventilirt werden / und dißer gestalt die Prævention statt haben.

Waß nun zum achten die decimas novalium, und Neu-Raut berührt / weilen dieselbe de Jure communi & magis approbatâ D D. sententiâ dem Pfarrer oder Curato loci alleinig (auch an denen Orthen da sonsten jemand anderen antiquas decimas auffzuheben gebührt) zugehören / so soll es darbey bewenden / und die Geistlichen von der Weltlichen Obrigkeit / der Billichkeit nach / gegen männiglich geschützt / und hand gehabt werden. Es hatte dann jemand anderer umb die Novalia sonderbar genugsamen schein für zuweißen / so soll demselben an seinen habenden Rechten und Gerechtigkeiten hierdurch nichts præjudicirt seyn.

Nachdem auch zum neunten etlicher Orthen dieses Pistums / unter wehrenden Gottes-dienst / der Weltlichen Obrigkeit Beambten und diener in den Widumen eßen / drincken / und andere ungebühr verüben / deßentwegen sie sich auff das alte Herkommen ziehen / soll gleich wohl nun hinfüro diese unordnung und Mißbrauch hiermit eingestellt / auch den nachgesetzten Obrigkeiten dessen Execution anbefohlen / jedoch aber / was man / vermög der alten Stifftungen / in dießem fall berechtiget / dessen sich mit gebührender Beschaidenheit / und ausserhalb der Gotts-dienst zu gebrauchen / unbegeben / daneben auch / und ob dergleichen rechtmässige onera um ein benannt Jährlichs Gelt / oder Gelts werth abzuledigen wären / dasselbe beyderseits / dem Pfarrer und gemelten Ambt-Leuten bevorgestellet / und unverwaigert seyn.

Daß zum zehenden die Pfärrer neben dem sie das Jäger-Gelt bezahlen / noch durch die Jägerey / und mit Hunden beschwert worden / alßo sollen sie der einkehr und haltung der Jäger Herr / und Lands-Fürst das Jäger-Gelt bevor.

Es solle auch zum eylfften / waß mit Stürnnung der Pfarr / Widumen / Fasnacht-zeiten an etlichen Orthen in dißem Pistumb geübt / und denen Pfarreren zugemuthet wird / alles dergleichen unweeßen und Mißbrauch ins künfftig ab- und eingestellt verbleiben / deshalben auch / wie zu gleich andere oberzehlte Puncten / so vil die nachgesetzte Obrigkeit wissen sollen / ihnen zur nachrichtung angekündt / und demselben gemäß sich zu verhalten / Befelch gegeben werden.

Schlieslichen und damit man auch wegen Confiscirung der unehlig ableibenden Priester verlaßenschafft ein richtiges habe / so solle und mag ein jeder weilen Regierender Herr Bischoff zu Brixen / alß Ordinarius, solche Haab und Güther einziehen / und ebner massen mit derjenigen Priester verlassenschafft / so ohne rechmäßigen Erben oder Testament (wie nit weniger in anderen dergleichen Fiscalischen fällen) Tods verschaiden / oder abweichen wurden / verstanden / und hieran ihme Herrn Bischoffen von der Weltlichen Hehen- oder Nidern-Obrigkeit kein ein-

ANNO 1605. trag zugefügt; Sondern vilmehr in diessen und anderen gute befürderung / Schutz / und Schirm / gehalten werden / alles getreulichen und ohne geferde: mit Urkund diß Brieffs / und verschreibung: deren seynd zwey gleich-lautende unter ob Höchst-gedachter beyder / alß ihrer Fürstlichen Durchleucht 2c. Ertz-Hertzog Maximilianus zu Oesterreich / und Herrn Christophen Andreen Bischoffens zu Brixen / eines Ehrwürdigen Domb-Capitels daselbst fertigung anhängender Insigl auffgericht. Beschehen den 13. Tag Monaths Decembris, nach Christi Unsers lieben Herrens und Seeligmachers Geburt im 1605. Jahr.

XXXVI.

1606. *Testament de* CHARLES II. *Duc de Lorraine du*
22. Janv. *22. Janvier* 1606. [BALEICOURT, Traité Hist. & Crit. sur l'Orig. & la Genéal. de la Maison de Lorraine. Aux Preuves, pag. cclxv. d'où l'on a tiré cette Pièce, qui se trouve aussi en abrégé dans *la véritable Origine des Maisons d'Alsace, de Lorraine* &c. pag. 242]

CHARLES par la grace de Dieu Duc de Calabre, Lorraine, &c. à tous presens & avenir, Salut. Dieu de sa divine Providence nous ayant dez le berceau & presque au point de notre naissance, privé de la presence, support & apuy de notre tres-cher & honoré Seigneur & Pere, & dez ce même temps en l'âge seulement de deux ans & quatre mois, par sa bonté infinie nous ait aussi laissé en Succession les Couronnes Ducales de Lorraine & Barrois, ensemble tous autres Terres, Droits & pretentions de son Hoirie universelle, avec cette grace particuliere de nous y avoir continué jusqu'à present, & si favorablement, que tant du temps de notre Minorité que depuis, toutes choses y ayent assez heureusement succedé, & été maintenant en bon & tranquille état tant en l'affection commune de ceux de notre Noblesse, Vassaux & Sujets des Pays au devoir dont ils nous étoient & sont naturellement attenus, & nous à eux par correlation proportionnée, qu'en l'état particulier de notre Maison & Famille; en ce que joints par Mariage avec notre tres-chere, tres-aimée & tres-fidele Compagne Madame Claude de France, Dieu nous y auroit beni d'une belle & ample Lignée, & fait voir un entour de beaux Enfants de l'un & de l'autre sexe; que aussi nous ayant rendu ce qu'ils nous devoient de respect & d'obeissance, se sont entretenus & cheris comme Freres & Sœurs bienveillans les uns aux autres, & nous ont donné de leur comportement un tres-agreable & extréme contentement, pendant lequel nous aurions encore receu cet heur du Ciel que d'avoir allié par Mariage trois de nos Filles avec des grands Princes de Maison Auguste; sçavoir Chrestienne à Monsieur le Grand Duc de Toscane, Anthoinette à Monsieur le Duc de Cleves & Juliers, & Elizabeth à Monsieur le Duc de Baviere; & de plus de nostre tres-cher & tres-amé fils François Comte de Vaudemont, avec nostre tres-chere & tres-amée Belle fille Madame de Vaudemont heritiere de Salm, sans toutesfois avoir encor à notred. fils assigné partage, ny le rendû certain de ce qu'il devra attendre & succeder des biens de nostre Hoirie & Succession à l'ouverture d'icelle par notre decés. C'est pourquoi mesme pour nostre contentement particulier, repos de nostre conscience, quand nous reconnoissons la cause la plus ordinaire de discorde entre Freres leur estre levée, aussi pour le bien & l'union de l'Estat, & pour leur donner à tous les moyens & occasions de s'entretenir & continuer aprés nostre decés la mesme bonne volonté & amitié Fraternelle qu'ils se sont portez & portent de nostre vivant, nous aprés avoir sur ce longuement deliberé en nous-mesme, & en ce faisant consideré que desja nostre tres-cher & tres aymé fils Charles Cardinal de Lorraine Legat, pour beaucoup de bonnes considerations & signamment pour la conservation du nom & grandeur de nostre Maison, comme aussi pour l'affection particuliere qu'il a envers nostre semblablement tres-cher & tres aymé Fils Henry Duc de Bar, Marquis du Pont à Mousson son Frere aisné, luy ayt de nostre adveu & consentement dés le huictiesme jour d'Avril mil cinq cens nonante-six fait cession & transport de la quotte-part & droict que ledit Cardinal pouvoit espérer en nostredite Hoirie & Succession, avons presentement, comme pour lors de l'ouverture d'icelle, donné, transferé & appartagé, donnons, transferons & appartageons à nostredit fils François Comte de Vaudemont, pour luy & les siens en plein droict & proprieté & tous autres que nous avons, pouvons & devons avoir, sçavoir les Comté, Terre & Seigneurie de Clermont & de Creil en Beauvoisis, Droits feodaux, & toutes autres authoritez, droictures, Jurisdictions, quintz, requints, droicts de lots & ventes, & en somme tous les profits, revenus & émoluments y appartenants & appendants, selon & en tel droict de gagere du Roy de France qu'elle a esté & est tenue par nous, avec unze mils quatre cents trente-huict Livres tournois de rente sur Orleans; le tout racheptable de la somme de six vingt mils Escus à soixante sols piece, à la charge du Fief à Sa Majesté; la Terre & Baronnie de Choiseux, avec aussi toutes ses dépendances & appartenances, mouvante en Fief de Sadite Majesté; la Barronnie de Monstreüil sur Saone au Bailliage de Vosges, selon que nous l'avons n'aguerre acquesté, sans en rien reserver; la Terre & Seigneurie de Hattonchâtel en toutes aussi ses appartenances & dépendances, que nous voulons & entendons estre erigée en Marquisat, comme de faict par ces mesmes presentes, de nostre pleine puissance & authorité nous l'y avons erigé & erigeons, avec toutes authoritez, préeminences, droicts & prerogatives appartenantes & qui doivent appartenir à cette dignité, soub le Ressort & Grands Jours de Saint Mihiel, par nous particulierement, & jusqu'à nostre bon plaisir, commise à la vuidange des appellations dudit Hastonchastel, & dont, comme dudit Montreüil, nous voulons nostredit Fils François, à l'ouverture de nostredite Succession, reprendre dudit Duc de Bar son Frere aisné, encor luy avons-nous appartagé & donné, appartageons & donnons, comme dessus, les Chasteau, Ville, Prevosté, Gruyrie, Terre & Seigneurie de Gondrecourt en Bassigny, avec toutes ses appartenances & dépendances, avec pouvoir, droit & faculté de reachapt de quelques Villages, Droicts & revenus presentement & jusques à la datte de cestes engagés, pour de mesme que l'achapt n'aguiere à puissance de Fief fait par nous de la moitié de la Seigneurie de Demenge-aux-Eaux luy demeurer propre avec le reste & l'ayde de S. Remy, & en somme tous autres droicts, profits & revenus d'icelles, sans en rien reserver que les Aydes generaux, Droicts de Souveraineté du Fief, Ressort & Jurisdiction du Siege particulier du Bailliage dudit Bassigny y estably, que nous voulons y estre continué soub l'authorité regalienne de nostredit Fils le Duc de Bar, avec sa Jurisdiction, telle & ainsi que jusques icy elle y a esté exercée sous nostre authorité: Avons de plus à nostredit Fils François donné lesdittes Terres & Seigneuries que dessus, cedé, renoncé & transporté, cedons, renonçons & transportons la rente de vingt quatre mils Escus à soixante sols l'un, que nous avons sur l'Hostel de Ville de Paris, à prendre & lever annuellement tant sur le Clergé, Gabelle du Sel, que sur les Aides & équivalents, ensemble le capital du rachapt d'icelle au denier douze, le tout des Terres & Seigneuries, droits & rentes que dessus, deschargé de toutes charges, hypotéques & obligations autres que en anciennes & ordinaires, comme de dotations, fondations, & autres semblables, & celle des gageres cy-dessus en la Terre & Seigneurie de Gondrecourt; & moyennant ce, & la cession de nostredit Fils le Cardinal audit Duc de Bar son Frere, avons à iceluy Duc de Bar, comme à nostre Heritier universel, tel que nous le dénommons & declairons, & entant que besoin l'instituons, transferé, donné & delaissé, transferons, donnons & delaissons tout le reste entierement desdits deux Duchez de Lorraine & de Bar, comme de long-temps unis, Terres & Seigneuries y enclavées, par tout où elles soient assises & scituées, & tout ce generalement que peut & pourra estre au temps de nostre decez de nos biens, actions & Successions, de quelles qualitez & especes soient lesdits biens meubles ou immeubles, & où assis & scituez en nostre Souveraineté & dehors, declarans par exprés, que dés ce jourd'huy nous avons audit Duché de Lorraine uny & incorporé, unissons & incorporons inseparablement les meubles, bagues, & joyaux precieux, desquels l'Inventaire sera à la fin de cette inseré. Signé de nous, & de l'un de nos Secretaires de commandement, lesquels outre & par dessus ceux que j'ay ont esté de nostre adveu & consentement joints & unis par Madame nostre tres-chere & tres-amée Compagne, nous voulons & entendons tellement y estre réunis & joints, & y demeurer à tousjours inalienablement, qu'ils n'en puis- ANNO 1606.

ANNO 1606. puissent estre par aucuns moyens valablement distraicts ny separez, ains demeureront successivement pour tousjoursmais à l'Heritier ou Successeur dudit Duché de Lorraine; à charge aussi à nostredit Fils le Duc de Bar, de satisfaire à toutes & chacunes les debtes passives, & toutes autres charges & hypoteques generalement qui seront par nous delaissées, signamment à ce qu'il reste des Mariages de nosdittes Filles les grande Duchesse de Toscane, de Cleves & de Baviere, & de fournir à celuy aussi de nostre tres-chere & tres-aymée Fille Catherine Princesse de Lorraine, tel & semblable que celuy de nosdittes Filles ses Sœurs, & de la garandie au surplus desdites Terres & Seigneuries, Droicts, & toutes autres choses cy-dessus, à nostredit Fils le Comte de Vaudemont son Frere appartagées; & affin que nostredit Fils Charles Cardinal, ayant ainsi cedé que dit est, ses pretentions en nostreditte Hoirie audit Duc de Bar son Frere, ne demeure neanmoins de ce moyen exclus de se ressentir des biens d'icelle, nous luy avons donné, transferé, donnons & transferons en usufruit sa vie durante, & pour aprés icelle retourner audit Henry Duc de Bar son Frere, & au cas de son decez à l'aisné de ses Enfants Duc de Lorraine descendant de luy en Mariage, les Ville, Prevosté, Chastellenie & Recepte de Charmes, en tous droicts de haulte, moyenne & basse Justice, rentes, proffiɑ̃s & revenus d'icelles, & du Domaine ordinaire de laditte Châtellenie & Recepte, l'Ayde de S. Remy y comprise; & d'abondant, pour luy donner sujets & moyens de pouvoir s'accommoder, si faire le veut, de quelque logis & bastiment au Chasteau démoly dudit Charmes, nous voulons lesdittes rentes & revenus luy valoir annuellement sadite vie durante jusqu'à vingt mils Francs, à prendre ce que fourny n'en pourra estre de ladite Recepte de Charmes par chacun an, sur la Saline de Dieuze, laquelle nous avons à ce dés maintenant affectée & affectons par exprés; & si à l'occurrence de quelques necessitez, luy avons permis & permettons d'engager ce surplus en laditte Saline, jusques à telle somme qu'il verra ainsi estre necessaire, lesquels partages ainsi par nous projetez & proposez, ayant, avant les resoudre, à chacun de nosdits Enfans communiqué & fait entendre, en presence d'aucuns des principaux de nostre Conseil cy-bas denommés, & nous ayants iceux chacun à son égard declaré les avoir pour agreables; nous les avons ainsi conclus, fait & arresté, desirons & voulons qu'ils soient aussi ainsi suivis & observez par eux, lorsque laditte ouverture de nostreditte Hoirie & Succession sera escheüe & advenue, dont audit cas, & en ces points de nostre decez, les en avons investis, saisis & empossessionez, investissons, saisissons & empossessionons, sans qu'il leur soit besoin de les prendre ny reprendre l'un de l'autre, & lesquels en foy & tesmoignage que le tout a esté ainsi fait & arresté en bonne volonté & consentement de nosdits Fils, Charles Cardinal, Henry, & François, & qu'ils l'ont pour bien agreable, ils ont cette presente declaration solemnelle signée de notre main, soubscripte avec nous, & y appendu leurs scels avec le nostre, & avons icelle fait contresigner par l'un des Secretaires de nos Commandements, d'Estat & Finances, & fut le tout ainsi fait, declairé, accordé, & passé à Nancy le vingt-deuxiesme jour de Janvier mil six cens & fix. *Signé,* CHARLES, *& plus bas signé,* CHARLES Cardinal de Lorraine, HENRY de Lorraine, & FRANÇOIS de Lorraine; *& encor plus bas est escrit:* Par son Altesse, du consentement de mesdits Seigneurs, les Sieurs de GOURNAY Chef du Conseil & Bailly de Nancy, Maréchal de Lorraine, & Chef des Finances, DE MAILLANNE Mareschal de Barrois; DE BOURBONNE grand Maistre en l'Hôtel & grand Chambellan, DE HARRAUCOURT Gouverneur de Nancy, DE LA BASTIDE Capitaine des Gardes, & MAIMBOURG Maistre des Requestes ordinaire, & BONNET President des Comptes de Lorraine, presents. *Contresigné* pour Secretaire, M. BONNET, *Registrata pro* C. BONNET.

XXXVII.

24. Fev. FRANCE ET ANGLETERRE. *Traité entre* HENRI IV. *Roi de France &* JACQUES I. *Roi d'Angleterre, pour la fureté & liberté du Commerce entre leurs Sujets. A Paris le* 24. *Février, & ratifié par* HENRI IV. *le* 26. *Mai* 1606. [FREDERIC LEONARD, Tom. V. pag. 3. d'où l'on a tiré cette Pièce, qui se trouve aussi dans le MERCURE FRANÇOIS, Tom. IX. Part. I. sur la fin de l'Ann. 1623. des Pièces ajointes.] ANNO 1606.

HENRI par la grace de Dieu Roi de France & de Navarre: A tous ceux qui ces presentes Lettres verront, Salut; Comme nous avons ci-devant commis & député nos amés & feaux Conseillers en nostre Conseil d'Etat, les Sieurs de Maisse & de Boissize, pour traiter, conferer, & resoudre avec le Sieur Thomas Parry, Chevalier, naguere Ambassadeur prés de Nous, de la part de nostre tres-cher & tres-amé bon Frere, Cousin & ancien Allié le Roi de la grand' Bretagne, du moien de continuer & augmenter de plus en plus la bonne amitié & intelligence qui est entre nous, & procurer le bien & commodité de nos Roiaumes: mêmement en ce qui concerne le trafic & commerce entre nos communs Sujets. Et soit ainsi que suivant les Pouvoirs & Commissions qui ont esté respectivement données par Nous & nostredit bon Frere & Cousin, lesquelles seront inserées en la fin des Presentes: Nosdits Commissaires de part & d'autre aient conclu & arresté entre eux, sous nos bons plaisirs, le Traité & Articles, desquels la teneur ensuit.

Au nom de Dieu Tout-Puissant, soit notoire à un chacun, comme ainsi soit que Henri IV. par la grace de Dieu Roi de France & de Navarre, T. C. & Jacques par la même grace de Dieu Roi de la grand' Bretagne & d'Irlande, desirans de continuer & augmenter de plus en plus la bonne amitié & intelligence qui est entre leurs Majestés, & procurer le bien & commodité de leurs Roiaumes: mêmement en ce qui concerne le trafic & commerce d'entre leurs Sujets; afin qu'ils puissent en toute seureté & liberté trafiquer les uns avec les autres. Et pour remedier à toutes les difficultés qui se rencontrent maintenant & peuvent naître à l'avenir au trafic & commerce qui se fait entre leurs Roiaumes, eussent commis & député, c'est à sçavoir, le Roi Tres-Chrétien, nous André Hurault Sieur de Maisse & de Bellebat, & Jean de Thumery Sieur de Boissize, Conseillers de Sa Majesté Tres-Chrétienne en ses Conseils d'Etat & Privé, ses Commissaires & Procureurs; avec Commission & Pouvoir suffisant pour cet effet, signé de sa propre main, & scellé de son grand Sceau: & ledit Sieur Roi de la grand' Bretagne eût aussi commis & député nous Thomas Parry, Chevalier, & Ambassadeur de Sa Majesté de la grand' Bretagne prés de Sa Majesté Tres-Chrétienne, son Procureur & Commissaire, suffisamment authorisé & garni de charge & pouvoir, ainsi qu'il apparoîtra par la teneur de nosdits Pouvoirs & Commissions à nous respectivement données par lesdits Rois Tres-Chrétien, & de la grand' Bretagne, qui seront inserées de mot à mot à la fin des Presentes. Nous avons convenu & traité au nom desdits Rois les Capitulations, Pactions, & Articles qui ensuivent, sous les bons plaisirs & vouloirs de leurs Majestés.

PREMIEREMENT: A esté convenu & accordé, qu'en nul des Articles contenus au present Traité, il ne sera aucunement reputé que l'on se soit departy des precedens Traités, mais qu'ils demeureront en leur premiere force & vertu, finon en ce qui est dérogé par ce present Traité.

II. Aussi a été convenu & accordé, pour confirmer & accroître de plus en plus la bonne amitié & intelligence qui est entre Sa Majesté Tres-Chrétienne & Sa Majesté de la grand' Bretagne, qu'il sera mandé par toutes les Provinces, Villes, Ports, & Havres des Roiaumes, de bien & favorablement traiter les Sujets de l'un & l'autre Prince, & les laisser trafiquer en toute seureté & liberté les uns avec les autres, sans les molester, ni permettre qu'ils soient induëment travaillés ni molestés, pour quelque cause & occasion que ce soit, contre les Loix & Constitutions des Lieux où ils se trouveront: & sera enjoint aux Officiers de part & d'autre, de tenir la main à l'execution de ce que dessus, à peine de répondre en leurs propres & privés noms des dépens, dommages & interests des parties où ils se trouveront avoir fait le contraire.

III. Aussi a été convenu & accordé, que toutes daces & impositions, qui se levent maintenant sur les Sujets, Marchandises & Danrées de l'un & l'autre Royaume, au profit desdites deux Majestés, & par leurs Fermiers & Commis, continueront d'estre levés, comme ils se font à present; & ce par maniere de provision, en attendant que l'on les puisse ôter, ou mode-

ANNO 1606.

moderer : Ce qui se fera au plûtôt que le bien des affaires de l'un & l'autre Prince le pourront porter. Et afin qu'un chacun de part & d'autre soit certain des daces & impositions qu'ils devroient paier, en sera dressé Pancarte en l'un & l'autre Roiaume, qui sera mise & attachée és Lieux publics, tant de la Ville de Roüen, & autres Villes de France, que de la Ville de Londres & autres, pour y avoir recours quand besoin sera.

IV. Pour le regard des levées & impositions qui se levent au profit de certaines Villes particulieres de l'un & l'autre Royaume, a été avisé, que les Maires & Echevins des Villes de Roüen, Caën, Bourdeaux & autres, rapporteront au premier jour au Conseil de Sa Majesté les Lettres en vertu desquelles ils font & continuent lesdites levées, pour icelles vûës, estre cassées & abolies, si les Lettres en vertu desquelles elles ont été faites se trouvent mal ordonnées, leur faisant cependant inhibitions & défenses, à peine de la vie & du quadruple, de lever plus que ce qui est porté par lesdites Lettres, ni exceder les conditions portées par icelles: & le semblable sera fait par les Maires & Echevins de Londres, & autres dudit Royaume de la grand' Bretagne.

V. A été aussi accordé, que les Marchands François trafiquans en Angleterre, ne seront contraints bailler autre caution de leur vente & emploits de leur Marchandise, entr'autres, que leur caution juratoire, ni d'obtenir aucunes prolongations, ni décharges, ni faire aucuns frais & dépens pour ce regard.

VI. Plus, a été accordé & convenu, que les Navires François pourront aller librement jusques au Quai de la Ville de Londres, & autres Ports & Havres de la grand' Bretagne, & y étans pourront charger & freter avec les mêmes libertés & franchises dont les Navires Anglois joüissent en France, sans qu'il leur soit donné de part ni d'autre aucun empêchement avant ni aprés le frettement, ni contraints de décharger leurs Vaisseaux en autres, & en toutes autres choses la liberté & égalité du commerce sera gardée & observée le plus que faire se pourra.

VII. Et parce qu'il est impossible de pourvoir aux plaintes particulieres, & même sur la qualité des Marchandises & Danrées qui se transportent de l'un en l'autre Royaume, & des fautes & abus qui s'y commettent, a été accordé, que pour mieux & promptement y pourvoir en la Ville de Roüen seront nommés par Sa Majesté Tres-Chrêtienne deux notables Marchands François, gens de bien, & experimentés : lesquels avec deux Marchands Anglois de pareille qualité, qui seront aussi nommés par l'Ambassadeur de la grand' Bretagne, resîdant prés Sa Majesté Tres-Chrêtienne, recevront les plaintes desdits Marchands Anglois, & vuideront tous differents qui pourront intervenir sur le fait dudit trafic & commerce en ladite Ville de Roüen, & Havres de ladite Province: comme aussi Sa Majesté de la grand' Bretagne nommera en la Ville de Londres deux notables Marchands Anglois, lesquels pareillement avec deux Marchands François, qui seront nommés par l'Ambassadeur de France, resîdant prés Sa Majesté de la grand' Bretagne, feront le semblable, & pourvoiront promptement à toutes les plaintes qui pourroient survenir pour le fait dudit trafic & commerce : & où ils ne se pourront accorder, les dessusdits quatre Marchands conviendront d'un cinquiéme François, si c'est à Roüen; & d'un Anglois, si c'est à Londres. En sorte que le jugement passé par la pluralité de voix, sera suivi & executé : & pour cet effet leur seront de part & d'autre baillées des Commissions & Pouvoirs necessaires; & au cas qu'il survienne quelque notable difficulté, qui meritât d'estre entenduë par l'un & l'autre Prince, lesdits Marchands ainsi députés de part & d'autre, en donneront respectivement avis au Conseil de l'un & l'autre Prince, pour y estre pourvû sans aucune dilation.

VIII. Le semblable établissement sera fait & observe és Villes de Bourdeaux & Caën : comme aussi és Villes dudit Royaume de la grand' Bretagne & Royaume d'Irlande, pour par ceux qui seront nommés & députés, estre pourvû aux plaintes & difficultés qui peuvent survenir sur le Reglement dudit Commerce & trafic en la même forme que dessus.

IX. Et pour mieux pourvoir au soulagement desdits Marchands de part & d'autre, a été avisé, que lesdits Marchands tant François que Anglois, lesquels seront appellés dorénavant *Conservateurs du Commerce*, seront nommés & députés d'an en an, & feront serment devant le Prieur & Consuls, tant de la Ville de Roüen & autres Villes du Royaume de France où ils seront établis; qu'en la Ville de Londres, & autres où besoin sera, de bien & fidelement s'acquitter de ladite Charge : & seront tenus pendant ledit temps d'y travailler selon les occasions gratuitement, sans exiger aucunes choses des uns & des autres Sujets, si ce n'est pour les Actes par écrit que les Parties voudront lever, dont par eux en sera fait taxe raisonnable.

ANNO 1606.

X. Que tous les salaires excessifs & autres profits & menus droits que prenent les Officiers des lieux sur lesdits Marchands de l'un & de l'autre Royaumes, les Gardes & Contre-gardes, les Chargeurs, Déchargeurs, Amballeurs, Porteurs, & generalement tous autres, seront reglés & moderés par lesdits Conservateurs, & en sera fait par eux une taxe raisonnable, qui sera envoiée au Conseil de l'un & l'autre Prince, pour y estre vûë & arrestée, & puis publiée & attachée par les carrefours & places publiques des Lieux, afin qu'un chacun de part & d'autre soit certain & asseuré de ce qu'il en devra paier.

XI. Les Conservateurs s'informeront aussi particulierement des Franchises & Privileges que prétendent aucunes Villes & Bourgeois d'icelles de l'un & l'autre Royaume, de la commodité & incommodité d'iceux, & en donneront avis à l'un & à l'autre Prince, pour estre reglés & moderés selon les anciennes usances des Lieux, ainsi qu'il sera avisé au Conseil desdits Princes.

XII. Sera la Charge desdits Conservateurs de prendre garde aux poids & mesures en chacune Ville de l'un & l'autre Royaume, afin qu'il n'y ait fraude, ni abus de part ni d'autre : Et pour le regard des Marchandises, regleront celles qu'ils jugeront estre sujettes à visitation ou non.

XIII. Et d'autant que la principale plainte faite par l'Ambassadeur de la grand' Bretagne, & par les Marchands Anglois, est contre un Arrest donné au Conseil de S. M. T. C. le 21. jour d'Avril 1600. portant Reglement sur le fait de la Draperie qui se transporte par les Marchands Anglois au Royaume de France, & principalement és Provinces de Normandie, Bretagne & Guienne : Sa Majesté Tres-Chrêtienne voulant de plus en plus contenter le Roi de la grand' Bretagne son bon Frere, sur l'instance qui lui a été faite par plusieurs fois de la part de son Ambassadeur : desirant aussi faciliter le commerce de ladite Draperie, sans toutefois apporter incommodité au public, sadite Majesté tres-Chrêtienne a revoqué & revoque ledit Arrêt, & a déchargé & décharge pour l'avenir lesdits Marchands Anglois de la confiscation portée, tant par icelui, que par tous autres Arrests & Ordonnances faits pour raison de ladite Draperie, & leur a permis & permet de remporter en Angleterre les Draps vicieux & mal façonnés: Et d'autant que lesdits Marchands Anglois sur la dispute qui pourroit intervenir sur la qualité de ladite Draperie, pourroient estre travaillés, & leurs Draps retenus & saisis, avec perte de temps & dommage, il a été accordé & convenu, que lesdits Conservateurs du Commerce députés comme dessus, au cas que la plainte en vienne jusques à eux, jugeront lesquels desdits Draps seront bons & marchands, selon leur prix & valeur, pour estre vendus & debités, ou ceux qui devront estre renvoiés en Angleterre, comme étans vicieux, & s'en rapportera Sa Majesté à leur conscience & loiauté, ayant pour agréable ce que par eux en sera ordonné; n'entendant toutefois que pour lesdits Draps vicieux qui seront ainsi raportés en Angleterre, il soit paié aucune chose pour le droit de sortie.

XIV. Aussi a été accordé & convenu, que la liberté du Commerce sera entretenuë comme elle est à present de part & d'autre, tant des Marchandises manufacturées, que non manufacturées, selon le present Traité & les précedens, & ne pourront de part & d'autre estre faites aucunes défenses d'en trafiquer : & si aucunes ont été faites, seront revoquées ; excepté toutefois les Marchandises qui sont de contrebande, & dont le transport a été de tout temps, & est encore prohibé & défendu par les Loix de l'un & l'autre Roiaume, dont sera baillé état de part & d'autre.

XV. Item, a été accordé, qu'au cas qu'il se trouve aucun Vaisseau venant d'Angleterre en France, ou de France en Angleterre chargé de plus grande quantité de Marchandise, que celle pour laquelle il aura paié & acquitté les droits dûs à l'un & l'autre Prince, ladite quantité non acquittée sera seulement saisie & confisquée, & non le surplus desdites Marchandises, s'il ne se trouve parmi des Marchandises de contrebande prohibées & défenduës en l'un & l'autre Roiaume : auquel cas les

Ordon-

Anno 1606. Ordonnances de l'un & l'autre Prince seront observées.

XVI. Aussi a esté accordé; que les Habitans des Isles de Jerzai & Guernezai pourront librement & seurement passer & trafiquer dans le Roiaume de France, & joüiront en France de pareils privileges dont les François joüissent esdites Isles, en paiant toutefois par les uns & les autres les droits appartenants à l'un & à l'autre Prince.

XVII. Sera rendu aux Sujets de Sa Majesté de la grand' Bretagne en leurs causes & procés prompte & briéve Justice, & mandé és Officiers des Ports & Havres de Normandie, Bretagne, & de la Guienne, de les traiter favorablement: Et où il y auroit quelque affaire d'importance, Sa Majesté Tres-Chrêtienne enjoint son Conseil d'en prendre la connoissance, ou leur pourvoir de Juges non suspects. Comme aussi le semblable sera fait par le Roi de la grand' Bretagne aux Sujets de Sa Majesté Tres-Chrêtienne, se trouvans en Angleterre, & y demandans Justice.

XVIII. Les Sujets de Sa Majesté Tres-Chrêtienne, entrans aux Ports de Mer dudit Païs d'Angleterre, ne paierónt ci-aprés le droit de Cocquet plus que les naturalisés Anglois.

XIX. Les Sujets de Sa Majesté Tres-Chrêtienne, & ceux de Sa Majesté de la grand' Bretagne, qui seront par tourmente, fortune de Mer, ou contrainte de Guerre, contraints jetter l'anchre dans aucuns Ports & Havres de l'un & l'autre Roiaume; ne seront tenus de paier aucun droit, ni pour l'entrée, ni pour la sortie de leurs Marchandises, à la charge toutefois que le Maître du Navire ou Marchand Facteur, seront tenus le même jour ou le lendemain de leur arrivée faire reconnoître aux Officiers de la Justice de l'un & l'autre Roiaume, appellé *le Commis du Fermier*, la verité & l'occasion de leur entrée audit Havre, & même exhiber leur charte partie, si besoin est, à la charge aussi de sortir au premier temps convenable: Et si pendant le sejour ils sont contraints de vendre leur Marchandise, ou partie d'icelle, par necessité ou autrement, ils seront tenus d'en paier les droits pour la quantité qu'ils en auront vendu: & pour le surplus, le pourront transporter comme dessus.

XX. Et voulant Sa Majesté Tres-Chrêtienne faire connoître de plus en plus l'estime qu'elle fait de l'amitié du Roi de la grand' Bretagne son bon Frere, & le desir qu'elle a de bien & favorablement traiter ses Sujets trafiquans & demeurans en France: & aussi en faveur du Commerce & Trafic, encore que le droit d'Aubeine soit un des plus ancieus privileges de son Roiaume; neanmoins Sadite Majesté Tres-Chrêtienne a permis & permet aux Marchands Anglois, leurs Facteurs, & tous autres Sujets du Roi de la grand' Bretagne, de disposer à leur volonté, soit entre vifs, ou pour cause de mort, de toutes leurs marchandises, argent, monnoie, dettes, & tous biens meubles qu'ils auront és Païs de l'obeissance de Sa Majesté Tres-Chrêtienne, & qu'aprés leur mort, soit qu'ils aient testé ou non, leurs heritiers leur puissent succeder, selon les Loix d'Angleterre, tellement que par droit d'Aubeine leurs biens ne puissent estre confisqués à l'avenir.

XXI. Semblablement a été accordé aussi, que les François disposeroient à leur volonté de leurs biens qu'ils auront en Angleterre, Escosse & Irlande, & autres Païs de l'obeïssance du Roi de la grand' Bretagne, soit par mort ou autrement, & qu'aprés leur mort, soit qu'ils aient testé ou non, leurs heritiers institués ou legitimes leur succederont, selon les Loix de France; pourveu toutefois que les testamens & prochaines successions, tant des Sujets du Roi de France, que du Roi de la grand' Bretagne, soient legitimement prouvées ou en France ou en Angleterre, sçavoir au Païs des deux Princes où ils seront decedés.

XXII. Et en attendant que Justice se fasse des Pirateries & depredations prétenduës avoir été faites de part & d'autre par les Sujets de l'un & l'autre Roiaume, à quoi faire sera pourvû le plus promptement que faire se pourra, a été conclu, que toutes les Lettres de marque & de represaille, qui ont été ci-devant expediées par l'un & l'autre Prince, seront surcises, sans qu'elles se puissent executer de part ni d'autre, jusques à tant qu'autrement en ait été avisé par le Conseil de l'un & l'autre Prince, & que pour l'avenir ne seront expediées aucunes Lettres de marque & represaille, que premierement l'Ambassadeur residant prés de l'un & l'autre des Princes ne soit averti, & qu'elles n'aient été vûës & deliberées au Conseil de l'un & l'autre Prince, scellées de leurs grands Sceaux, & que toutes les solemnités en tel cas requises n'y aient été gardées & observées. Anno 1606.

XXIII. Pour la fin a été conclu & accordé, que le present Traité sera ferme & stable & entretenu, tant & si longuement, que l'Alliance & mutuelle Amitié & Intelligence durera entre lesdits Rois & leurs Successeurs; & que ce Traité aura le sens & intelligence que la force & proprieté des paroles represente, & ne recevra aucune interpretation, qui puisse changer ou empêcher en façon quelconque la force, forme & effet des paroles claires & simples, exprimées par ce Traité; mais que toute subtile recherche & invention rejettée, qui a accoûtumé de subvertir la sincere & concorde intention des Contractans, que ce qui a été accordé & geré par ce Traité, sera aussi entierement & sincerement gardé, entretenu & observé.

Lesquels Articles ci-dessus contenus, & chacun d'iceux ont été traités, passés & accordés entre nous susdits Députés, en vertu de nos Pouvoirs & Commissions: le tout sous le bon plaisir & vouloir de leursdites Majestés: Et nous Député du Roi Tres-Chrêtien, avons promis & promettons que Sa Majesté Tres-Chrêtienne ratifiera, approuvera, & authorisera tous & chacuns les Articles contenus au present Traité par Lettres patentes signées de sa main, & scellées de son grand Sceau, qui seront verifiées où besoin sera. Lesquelles Lettres de ratification en forme suffisante & valable, ledit Roi Tres-Chrêtien fera bailler & délivrer dans trois mois du jour & datte des Presentes à l'Ambassadeur de sa Majesté de la grand' Bretagne residant prés Sa Majesté Tres-Chrêtienne, qui sera garni de suffisant Pouvoir pour les recevoir.

Et semblablement, nous susdit Ambassadeur & Député du Roi de la grand' Bretagne, avons promis & promettons que tout ce que par ces Articles ledit Roi Tres-Chrêtien est tenu de faire & accomplir, ledit Roi de la grand' Bretagne fera & accomplira le même, & ratifiera & approuvera le present Traité dans le même temps, & en la même forme & maniere que dessus, si leursdites Majestés l'ont pour agreable.

En foi & témoignage de chacune lesquelles choses nous Commissaires députés avons soussigné de nos mains le present Traité, & iceluy muni & confirmé par l'apposition de nos Sceaux. Fait à Paris le 24. jour de Fevrier 1606. *Signé* HURAULT, DE THUMERY, & PARRY, avec un cachet des armes de chacun desdits Sieurs.

Sçavoir faisons, que nous desirans embrasser de bonne foi tous les moiens d'entretenir & accroître la bonne & sincere amitié & correspondance qui est entre Nous & nôtredit Frere, & n'obmettre aucune chose qui puisse servir à faciliter ledit Commerce, avons le contenu audit Traité ci-dessus écrit en tous ses Points & Articles agréé, ratifié & approuvé, agréons, ratifions & approuvons par ces Presentes, promettant en foi & parole de Roi de l'entretenir & observer inviolablement, sans jamais aller, venir, directement ou indirectement, au contraire. En témoignage dequoi Nous avons à ces Presentes signées de nostre main, fait mettre & apposer nostre Scel. DONNE' à Fontainebleau le 26. jour de Mai l'an de Crace 1606. & de nostre Regne le 17. *Signé*, HENRI. Par le Roi étant en son Conseil, DE NEUFVILLE.

XXXVIII.

Kaysers Rudolphi II. Confirmation deß Anno 1605. zwischen denen Land-Ständen deß Marggraffthumbs Ober-Laußitz, und der Stadt Budißin, wegen des achten Puncts in Neu-vermehrter Gerichts-Ordnung aufgerichten Vertrags. geben Prag den 6. Martii 1606. 6. Mars

C'est-à-dire,

Confirmation de l'Empereur RODOLPHE II, *de l'Accord fait l'an* 1605. *entre les Etats de la* HAUTE LUSACE, *& la Ville de* BUDISSIN, *sur le huitieme Article de l'Ordonnance civile & judiciaire, qui concerne les Appels. Donnée à Prague le 6. Mars* 1606. [Voyez la sous le 21. Mars 1605. pag. 52. col. 2.]

XXXIX.

ANNO 1606.

2. Avril. FRANCE ET SEDAN.

XXXIX.

Protection de SEDAN, *accordée par* HENRI IV. *Roi de France au Duc de* BUILLON, *à Doncheri le 2. d'Avril 1606.* [FREDERIC LEONARD, Tom. III.]

HENRI par la grace de Dieu, Roi de France & de Navarre; A tous ceux qui ces presentes Lettres verront: SALUT, comme nôtre tres-cher Cousin Henri de la Tour, Duc de Buillon, Seigneur Souverain de Sedan, Vicomte de Turenne, Mareschal de France & Premier Gentilhomme de nôtre Chambre; Nous ait tres-humblement supplié par Acte datté d'aujourd'hui, signé de sa main & scellé de ses armes, de continuer nôtre Roiale protection à lui, son Fils & ses Successeurs avec les mêmes honneurs, graces & faveurs qui ont été departies par les Rois nos Predecesseurs aux anciens Seigneurs de Sédan, & promis sur sa foi & honneur pour lui, sondit Fils & les autres Enfans qu'il plaira à Dieu lui donner, ensemble pour ses Successeurs Seigneurs dudit Sedan & sur l'obligation de sa personne & de tous ses biens, tant & si avant qu'on peut faire en tel cas de Nous bien & loiallement servir, nôtre Fils le Dauphin & nos Successeurs Rois, envers tous & contre tous sans nul excepter ni reserver, tant de sa Personne que de tout son pouvoir de la Ville & Château de Sedan & des autres Places de ladite Souveraineté; & qu'esdites Ville & Château de Sedan & autres Places, il Nous mettra & recevra nôtredit Fils le Dauphin & nos Successeurs Rois, & tels de nos Serviteurs qui seront ordonnez & désignez par nos Lettres Patentes, scellées de nôtre grand Sceau adressantes à nôtredit Cousin, sondit Fils, ou leurs Successeurs, & en leur absence, ou à lui, ou à ceux qui commanderont esdites Ville & Château de Sedan & autres Places fortes ou foibles à nôtre choix, & toutesfois & quantes que besoin sera pour nos affaires & service, sans aucune longueur ni difficulté, & sans aussi que lesdites forces estans entrées & receuës esdites Places puissent attenter ou entreprendre aucune chose au préjudice de la Souveraineté & proprieté de nôtredit Cousin, & sesdits Enfans & Successeurs, & en outre ait icelui nôtredit Cousin promis de jurer sur les Saints Evangiles de Dieu, en nôtre presence ou de tel autre de nos Serviteurs que nous commettrons pour cet effet & en tel lieu que bon nous semblera de faire accomplir ladite promesse, ainsi qu'il est plus au long porté par ledit Acte qu'il nous a presentement fait representer & délivrer: Sçavoir faisons, que Nous desirans, à l'exemple de nos Prédecesseurs Rois d'heureuse memoire, témoigner à nôtredit Cousin, sondit Fils & Successeurs les effets de nôtre bonne volonté, tant pour les asseurances qu'il nous a donnés de sa fidelité & devotion à nôtre service, que pour aucunement le remunerer desdites promesses & obligations: A ces causes Nous lui avons promis & accordé, promettons & accordons de le proteger & défendre lui, sondit Fils & leurs Successeurs, avec lesdites Places & Châteaux & la possession & joüissance d'iceux, & outre ce lui donner la somme de dix mille livres de pension par chacun an, & à sondit Fils deux mille livres de pension aussi par chacun an, au paiement desquelles pensions sera par nous pourveu sans qu'il y ait aucun manquement, & avenant que nôtredit Cousin ait autres Enfans mâles étans à nôtre service, nous leur accordons les mêmes graces & pensions qu'ont fait nos Prédecesseurs aux Enfans desdits Seigneurs Souverains de Sedan: Et pour plus grande marque de la bonne volonté que nous lui portons, & combien nous voulons affectionner sadite protection, nous lui entretiendrons & à ses Successeurs pour la garde desdits Châteaux & Places fortes de ladite Souveraineté de Sedan, le paiement & solde de cinquante Chevaux, de la Compagnie d'hommes d'armes de nos Ordonnances de nôtredit Cousin qui est composée de cent, avec l'entretennement du Lieutenant & du Guidon, ainsi qu'il a été fait ci-devant. A la charge que tous lesdits Gens de Guerre qui seront entretenus & paiez de ladite solde, feront serment quatre fois l'an aux jours du paiement qui leur sera fait, de nous bien & fidellement servir à la garde desdits Châteaux & Places suivant les anciennes Declarations, ce que nôtredit Cousin a promis de leur faire observer & entretenir. Davantage, nous avons promis & promettons donner au Capitaine dudit Château de Sedan la somme de douze cent livres de pension par chacun an, lequel fera le serment tel que dessus, & sera couché & emploié en nôtre Etat pour ladite somme, & avenant le decedz dudit Capitaine ou changement d'icelui, celui qui lui succedera sera tenu nous faire le même serment, & de plus nous a nôtredit Cousin promis, arrivant qu'il ait plusieurs Enfans qu'aucun d'iceux n'entrera esdites Ville & Château de Sedan, s'il n'est à nôtre service; & ne nous a prêté le serment que dessus. En témoin de ce nous avons signé ces presentes de nôtre main, & à icelles fait mettre & apposer nôtre Seel. Donné à Doncheri le deuxiéme jour d'Avril, l'an de grace 1606. & de nôtre Regne le dix-septiéme. *Signé* HENRI. *Et sur le repli*, par le Roi, DE NEUFVILLE: *Et scellée sur double queuë pendante du grand Sceau de cire jaune.*

ANNO 1606.

XL.

17. Avril.

Bulla Excommunicationis & Interdicti summi Pontificis PAULI V. *contra* DUCEM *&* SENATUM VENETIARUM, *omnesque Statutarios, & eorum Fautores, Consultores & Adhærentes lata. Romæ 17. Aprilis 1606.* [Ambassades & Negociations du Cardinal DU PERRON pag. 630. AMELOT DE LA HOUSSAYE, Histoire du Gouvernement de Venise Tom. I. page 421. en François. MERCURE FRANÇOIS. Tom. I. Fol. 48. aussi en François]

PAULUS PAPA V. Venerabilibus Fratribus, Patriarchis, Archi Episcopis, Episcopis per Universum Dominium Reipublicæ Venetorum constitutis, & dilectis Filiis eorum Vicariis in Spiritualibus generalibus, nec non universis Abbatibus, Prioribus, Primiceriis, Præpositis, Archidiaconis, Archi Presbyteris, Decanis, Plebanis, & Parrochialium Ecclesiarum Rectoribus, aliisque Personis in Dignitate Ecclesiastica constitutis, in eodem Dominio existentibus, tam Secularibus, quam quomodovis Ordinum & Institutionum Regularibus, salutem & Apostolicam benedictionem.

In superioribus mensibus ad nostram & Apostolicæ Sedis audientiam pervenit, Ducem & Senatum Venetorum, annis elapsis, in eorum Consiliis plura & diversa Decreta, tum Sedis Apostolicæ authoritati, & Ecclesiasticæ libertati ac immunitati contraria, tum generalibus Ecclesiis, ex Sacris Canonibus, nec non Romanorum Pontificum Constitutionibus, repugnantia, statuisse, & inter cætera sub die 23. Mensis Maii 1602. sumpta occasione ex quadam Lite seu Controversia inter Doctorem Zabarellam ex una, & Monachos Monasterii de Praïa nuncupati, Ordinis Sancti Benedicti, Congregationis Cassinensis, aliàs Sanctæ Justinæ de Padua in Diœcesi Paduana, ex altera partibus, vertentibus in eorum Consilio statuisse, non solùm dicti Monachi, tunc aut deinceps, nullo unquam tempore, actione, per quam sub quovis titulo aut colore, in bonis Ecclesiasticis, Amphiteoticis, à Laicis possessis, præferrentur possidere, ac etiam jure prælationis seu consolidationis directi cum utili Dominio, aut extinctionis lineæ imprimis Investituræ comprehensæ, aut alia quavis causa, bonorum prædictorum proprietatem sibi vendicare, minime possent: sed tantummodo jus directi Dominii illis præservatum esset. Verum etiam, ut idipsum quoad cæteras omnes Personas Ecclesiasticas Seculares & Regulares, Monasteria Monialium, Hospitalium, & alia Loca pia in eorum temporali Dominio existentia, declaratum & firmiter deliberatum censeretur.

Et sub die 10. Januarii 1603. ad superiora quædam Consilia ab eorum Majoribus, ut etiam asserebant, habita respicientes, quibus cavebatur ne quisquam sive Secularis, sive Ecclesiasticus, in Urbe Venetiarum Ecclesias, Monasteria, Hospitalia, ac alias Religiosas Domos, & pia Loca sinè eorum speciali licentia fundaret, & erigeret; ex Consilio rogatorum congregatos item decrevisse, ut id eandem in omnibus Jurisdictionis eorum Locis vim obtineret, & præterea exilii ac perpetui carceris, & publicationis fundi venditionisque ædificii, contra secus facientes pœnam edixisse. Ulterius eosdem Ducem & Senatum die 26. Mensis Maii Anni 1605. inhærentes alteri Decreto Anno 1536. ab eodem Senatu facto, in quo, ut asserebant, erat expresse prohibitum, ne quis, sub certis in illo contentis pœnis, in Urbe Venetiarum ejusque Ducatu bona immobilia, ac pias causas, Testamento, seu Donatione

inter

ANNO 1606. inter vivos relinqueret, aut alio quovis titulo alienaret, sive ad earum favorem, ultra certum tunc expressum tempus obligaret, quod in illum usque diem, ut ibi etiam dicebatur, usu receptum & observatum non fuerat, non modò iterum vetuisse, sed expressè etiam prohibuisse, ne bonorum hujusmodi immobilium alienationes in favorem personarum Ecclesiasticarum sine Senatus potestatis licentia fierent, ac insuper Decretum ipsum & pœnas in eo contentas, per universum eorum Dominium extendisse, & per Rectores & Potestates Civitatum & Locorum sui Dominii promulgari fecisse, atque bona immobilia quæ contra præmissorum formam vendi aut quovis modo alienari contingeret, ultra nullitatis pœnam, publicari & vendi, eorumque pretium inter Remp. ipsam Magistratum exequentem, & ejus Ministros, ipsumque Denuntiatorem dividi mandasse, & aliàs, prout in Decretis & Mandatis Ducis & Senatus prædictorum latius dicitur contineri, ac præterea eosdem Ducem & Senatum Scipionem Sarracenum Canonicum Vicentinum, & Blandolinum Baldemarinum, Forolivienscm Abbatem Monasterii seu Abbatiæ de Nervesa, Tervizinæ Diœcesis, Personam in Dignitate Ecclesiastica constitutam, ob quædam prætensa crimina in Civitate Vicentina, & alibi per illos, ut dicebatur, commissa, carceri mancipasse, & mancipatos detinuisse, sub prætextu quod eis hæc facere liceret, & inter alia, ob quædam ipsis Duci, & Reip : à quibusdam Romanis Pontificibus Prædecessoribus nostris concessa, ut asserebant, privilegia. Cumque premissa in aliquibus Ecclesiarum jura etiam ex Contractibus initis, ipsis Ecclesiis competentia afferrant, ac præterea in illis & aliis Sedis Apostolicæ ac nostræ Authoritati & Ecclesiarum juribus, & Personarum Ecclesiasticarum privilegiis, præjudicium inferant, ipsamque libertatem ac immunitatem Ecclesiasticam tollant, ac ea omnia in ipsorum Ducis & Senatus animarum perniciem, & scandalum plurimorum tendant. Et cum ii qui hinc supradicta ac similia edere & promulgare, illisque uti ausi sint, in censuras Ecclesiasticas à Sacris Canonibus generalium Conciliorum Decretis, & Romanorum Pontificum Constitutionibus inflictas, nec non etiam privationis Feudorum & bonorum, si quæ ab Ecclesiis obtinent, pœnam eo ipso incurrerint; à quibus censuris & pœnis, non nisi à nobis, aut Romano Pontifice, pro tempore existente, absolvi, & liberari possint, ac propterea inhabiles & incapaces sint, qui absolutionis & deliberationis beneficium consequantur, donec editas Leges novis Edictis atque Decretis sustulerint, omniaque inde secuta reipsa in pristinum statum reintegraverint. Cumque etiam Dux & Senatus præfati, post plures paternas nostras monitiones, à multis mensibus citra eis factas, adhuc Decreta & Edicta non revocaverint, ac eosdem Canonicum Sarracenum, & Abbatem Blandolinum, carceratos detineant, & illos Venerabili Fratri Episcopo Juracensi, nostro & Apostolicæ Sedis apud eos Nuntio, ut debebant, non consignaverint. Nos qui nullo pacto ferre debemus, ut Ecclesiastica Libertas & Immunitas, nostraque & Apostolicæ Sedis Authoritas, violetur, & contaminetur, inhærentes plurium generalium Conciliorum Decretis, ac vestigiis recolendæ memoriæ Innocentii III. Bonifacii VI. Bonifacii IX. Martini V. & Nicolai VI. & aliorum Romanorum Pontificum Prædecessorum nostrorum, quorum aliqua similia Statuta, alias contra Libertatem Ecclesiasticam edita, tanquam ipso jure nulla, invalida & irrita revocarunt, ac nulla, invalida, & irrita esse decreverunt, & declararunt; & alioqui contra similium Edictorum Statutarios, & alios ad Excommunicationis Promulgationem, nec non ad alia infrascripta seu aliorum aliqua devenerunt. Hàbita cum Venerabilibus Fratribus nostris S. R. E. Cardinalibus matura Consultatione, de ipsorum Consilio & assensu, licet supradicta Decreta, Edicta, & Mandata, ipso jure nulla, invalida & irrita sint, ea nihilominus, ipso jure, adhuc de novo nulla, invalida & irrita nulliusque roboris, & momenti fuisse, & esse & neminem ad illorum observantiam teneri, per præsentes decernimus & declaramus. Et insuper Authoritate omnipotentis Dei ac beatorum Petri & Pauli Apostolorum ejus, ac nostra, nisi Dux & Senatus prædicti, intra viginti quatuor dies, à die publicationis præsentium, in hac alma Urbe faciendæ computandos, quorum primos octo pro primo, octo pro secundo, & reliquos octo pro tertio & ultimo ac peremptorio termino, & pro Monitione canonica, illi assignamus, prædicta Decreta omnia & in illis contenta, & inde secuta quæcunque, omni prorsus exceptione & excusatione cessante, publice revocaverint, & ex eorum Archiviis seu Capitularibus Locis aut Libris hujusmodi annotata reperiuntur, deleri, & cassari, & in Locis ejusdem Dominii, ubi promulgata fuerunt, revocata, deleta, & cassata esse, neminemque ad illorum observantiam teneri, publicè nuntiarint, ac omnia inde secuta in pristinum statum restitui fecerint, & ulterius nisi à similibus Decretis, contra Libertatem, Immunitatem & Jurisdictionem Ecclesiasticam ac nostram, & Sedis Apostolicæ authoritatem, ut præfertur, facientibus, edendis & respective faciendis in posterum cavere, & penitus abstinere promiserint; ac nos de revocatione, deletione, cassatione, nuntiatione, restitutione ac promissione prædictis certiores reddiderint, & nisi etiam præfatos Scipionem Canonicum, & Abbatem Blandolinum, prædicto Episcopo & Nuntio cum effectu consignaverint, seu consignari fecerint: Ipsos tunc, & pro tempore existentem Ducem & Senatum Reip: Venetorum, & Statutarios, & eorum Fautores, Consultores, & Adhærentes, & eorum quemlibet, etiamsi non sint specialiter nominati, quorum tamen singulorum nomina præsentibus pro expressis haberi volumus; Ex nunc prout ex tunc, & econtra excommunicamus, & excommunicatos denuntiamus & declaramus, à qua Excommunicationis Sententia, præterquam in mortis articulo constituti, ab alio quam à nobis & Romano Pontifice pro tempore existente, etiam prætextu cujuscumque facultatis, eis & cuilibet illorum, tam in genere quam in specie pro tempore desuper concessæ seu concedendæ, nequeant absolutionis beneficium obtinere. Et si quempiam eorum tanquam in tali periculo constitutum, ab hujusmodi Excommunicationis Sententia, absolvi contigerit, qui post modum convaluerit, is in eandem Sententiam reincidat, eo ipso, nisi Mandatis nostris, quantum in se erit, paruerit. Et nihilominus si obierit post obtentam hujusmodi absolutionem Ecclesiasticam, careat sepultura, donec Mandatis nostris paritum fuerit. Et si dicti Dux & Senatus per tres dies post lapsum dictorum 24. dierum Excommunicationis Sententiam animo, quod absit, sustinuerit indurato, Sententiam ipsam aggravantes, ex nunc pariter; prout ex tunc, Civitatem Venetiarum, & alias Civitates, Terras, Oppida, Castra, & Loca quæcunque, ac universum Temporale Dominium dictæ Reipublicæ, Ecclesiastico Interdicto supponimus, illaque & illud supposita esse nuntiamus & declaramus. Quo durante; in dicta Civitate Venetiarum, & aliis quibuscunque dicti Dominii Civitatibus, Terris, Oppidis, Castris & Locis, illorumque Ecclesiis, ac Locis piis, & Oratoriis etiam privatis, & domesticis Capellis, nec publice nec privatim Missæ tam solemnes, quam non solemnes, aliaque divina Officia, celebrari possint, præterquam in casibus à jure permissis, ex tunc in Ecclesiis tantùm & non alibi, & in illis etiam, januis clausis, non pulsatis campanis, ac excommunicatis & interdictis prorsus exclusis, neque aliter quæcunque Indulta & Privilegia Apostolica, quoad hoc quibuscumque tam Secularibus, quam Regularibus Ecclesiis, etiam quantumcunque exemptis, & Apostolicæ Sedi immediate subjectis, etiam si de ipsorum Ducis & Senatus jure Patronatus & etiam fundatione & dotatione, aut etiam ex Privilegio Apostolico existant: Sed de illis & specialis & individua mentio habenda sit Monasteriis, Ordinibus Mendicantium, aut Institutis Regularibus, eorumque Primiceriis; Prælatis, Superioribus, & aliis quibuscunque etiam particularibus Personis, aut piis Locis & Oratoriis etiam domesticis ac Capellis privatis, ut præfertur, in genere vel in specie, sub quibuscunque tenoribus & formis hactenus concessa, & in posterum concedenda, nullatenus suffragentur; ac ulterius eosdem Ducem & Senatum, & quemlibet eorum non solum Reipublicæ, sed etiam privato nomine, si aliqua bona Ecclesiastica in Feudum seu alias quovis modo à Romana aut vestris seu aliis Ecclesiis concessa, obtineant, illis Feudis & bonis, nec non etiam omnibus & quibuscunque Privilegiis & Indultis, in genere vel in specie, in quibusdam casibus & delictis contra Clericos procedendi, illorumque causas, certa forma præscripta cognoscendi, à Romanis Pontificibus Prædecessoribus nostris illis forsan quomodolibet concessis; ex nunc similiter prout ex tunc, & è contra privamus, & privatos fore & esse pronuntiamus, & decernimus. Et nihilominus si ipsi Dux & Senatus in eorum contumacia diutius perstiterint indurati, censum & pœnas Ecclesiasticas contra illos illisque Adhærentes, & in præmissis quovis modo facientes, aut auxilium, consilium & favorem præstantes, etiam iteratis vicibus aggravandi, & reaggravandi, aliasque etiam pœnas contra ipsos Ducem & Senatum declarandi & ad alia opportuna remedia, juxta Sacrorum Canonum dispositionem,

ANNO 1606.

contra eos procedendi, facultatem nobis & Romanis Pontificibus Successoribus nostris nominatim & in specie reservamus; non obstantibus quibusvis Constitutionibus & Ordinationibus Apostolicis, nec non Privilegiis, Indultis, & Literis Apostolicis, eisdem Duci & Senatui, aut quibusvis aliis Personis in genere vel in specie, præsertim quod interdici, suspendi, vel excommunicari non possint per Literas Apostolicas, non facientes plenam & expressam ac de verbo ad verbum de Indulto hujusmodi mentionem, ac alias sub quibuscunque tenoribus & formis, & cum quibusvis etiam derogatoriarum derogatoriis aliisque efficacioribus & insolitis clausulis, ac irritantibus & aliis Decretis, & in specie cum facultatibus absolvendi in casibus nobis & Apostolicæ Sedi reservatis, quovis modo per quoscunque Romanos Pontifices, ad nos & Sedem Apostolicam in contrarium præmissorum, concessis, confirmatis & approbatis. Quibus omnibus & singulis, & aliis supra expressis, eorum tenores præsentibus, pro expressis habentes, hac vice duntaxat specialiter & expresse derogamus, cæterisque contrariis quibuscunque. Ut autem præsentes nostræ Literæ, ad omnem majorem notitiam deducantur, vobis & cuilibet vestrum, per easdem præsentes committimus, & in virtute Sanctæ Obedientiæ, & sub divini interminatione Judicii, nec non sub Interdicti ingressus Ecclesiæ, ac suspensionis, ac Pontificalium exercitio, ac fructuum mensarum Patriarchalium, Archi-Episcopalium, & Episcopalium perceptione, quoad vos Fratres Patriarchæ, Archi-Episcopi & Episcopi, ac etiam privatarum Dignitatum, Beneficiorum & Officiorum Ecclesiasticorum quorumcunque, quæ obtinueritis, ac etiam Vocis activæ & passivæ, ac inhabilitatis ad illa & alia in posterum obtinenda, quoad Vos Filii Vicarii, & alii supradicti, eo ipso incurrendis, aliisque arbitrio nostro infligendis pœnis, districte præcipiendo, mandamus, ut, per vos, vel alium, seu alios, præsentes Literas receperitis, seu eorum notitiam habueritis, in vestris quisque Ecclesiis, dum major in eis populi multitudo ad divina convenerit, ad majorem cautelam solemniter publicetis, & ad Christi fidelium notitiam deducatis, nec non ad earundem Ecclesiarum vestrarum valvas affigi, & affixas dimitti, faciatis. Et ulterius volumus, ut præsentium Transsumptis etiam impressis manu alicujus Notarii subscriptis, & Sigillo Personæ Dignitate Ecclesiastica constitutæ munitis, eadem prorsus fides utique habeatur, quæ ipsis præsentibus haberetur, si forent exhibitæ vel ostensæ, quodque eædem præsentes, sive illarum exempla etiam, ut præfertur, expressa, ad Ecclesiæ Lateranensis & Basilicæ Principis Apostolorum & Cancellariæ nostræ Apostolicæ valvas, & in acie Campi Floræ, ut moris est, affixæ & publicatæ, eosdem Ducem & Senatum, aut alios quoscumque præfatos, vosque etiam universos & singulos respectivè perinde afficient, ac si eorum ac vestrum cuilibet personaliter directe intimatæ, & præsentatæ fuissent. Datum Romæ apud Sanctum Petrum sub annulo Piscatoris, die 17. Aprilis 1606. Pontificatus nostri anno primo.

M. VESTRIUS BARBIANUS.

Anno à Nativitate Domini nostri Jesu Christi 1606. Indict. 4. die vero 17. Mensis Aprilis, Pontificatus Sanctissimi in Christo Patris & Domini nostri Domini Pauli divina providentia Papæ V. anno ejus primo, supradictæ Literæ eorumque Exempla impressa, affixa & publicata fuerunt ad Valvas Ecclesiæ Lateranensis ac Basilicæ Principis Apostolorum & Cancellariæ Apostolicæ, nec non acie Campi Floræ, ut moris est, per nos Christophorum Fondatum, & I. Dominicum de Pace, Apostolicos Consortes.

P. ALOYSIUS PEREGRINUS,
Curtorum Magister Romæ, ex
Typographia Vaticana 1606.

XLI.

6. Mai. L'EGLISE, ET VENISE.

Protestation du Senat de VENISE *contre le Monitoire de* PAUL V. *Pape. Faite à Venise, le* 6. *Mai* 1606. [MERCURE FRANÇOIS, Tom. I. Feuill. 52. d'où l'on à tiré cette Pièce, qui se trouve aussi dans AMELOT DE LA HOUSSAYE, *Hist. du Gouvernement de Venise*, Tom. I. pag. 430.]

ANNO 1606.

LEONARD DONAT, par la grace de Dieu Duc de Venise, &c. Aux Reverendissimes Patriarches, Archevêques, Evêques de toute nostre Seigneurie de Venise, & aux Vicaires, Abbez, Prieurs, Curez, & autres Prelats Ecclesiastiques, Salut. Il est venu à nostre notice, que le dix-septiéme d'Avril dernier passé, par l'Ordonnance du tres-sainct Pere le Paul cinquiéme a été publié & affiché à Rome un Bref expres fulminé contre Nous, le Senat, & nostre Seigneurie, adressé à vous, de la teneur & du contenu qu'on y void. Or étans obligez de conserver en paix & tranquillité l'Estat que Dieu nous a donné en Gouvernement, & de maintenir l'authorité du Prince, qui ne recognoit és choses temporelles aucun Superieur que la Majesté Divine, protestons par cestes nos Lettres patentes devant le Seigneur Dieu & tout le monde, que nous n'avons failli d'employer tous moyens possibles pour faire comprendre à sa Sainteté nos tres-fermes & irrefutables raisons. Premierement par le moyen de nostre Ambassadeur residant aupres de sa Sainteté, & puis par nostre Response à son Bref: finalement par un Ambassadeur envoyé expres à celle fin. Mais ayant trouvé closes les oreilles de sa Sainteté, & voyant le Bref susdit publié contre toute forme de raison, & contre ce que les sainctes Escritures, la doctrine des Saincts Peres, & les sacrez Canons enseignent, au prejudice de l'authorité seculiere que Dieu nous a donné, & de la liberté de nostre Estat, avec trouble de la paisible possession dont nos fideles Subjets jouissent, par la grace de Dieu sous nostre Gouvernement, de leurs biens, honneurs, vies, & au tres-grand & universel scandale de tous: Nous ne faisons difficulté de tenir le susdit Bref pour injuste & indeu, item pour nul & de nulle valeur, par consequent invalide, frustratoire, illegitimement fulminé, & de fait aucun ordre de droit n'y ayant été observé, avons estimé convenable d'user contre icelui des remedes dont nos Ancestres, & autres Princes Souverains se sont prevalus à l'endroit des Papes, lesquels, en lieu d'employer en edification la puissance que Dieu leur a donnée, ont outrepassé les limites: sur tout étans asseurez, que vous & nos autres fideles Sujets tiendrez (comme fera aussi tout le monde) tel Bref pour nul & de nulle valeur: Nous asseurant que comme jusques à ce jour vous avez vacqué soigneusement à ce qui concerne le salut des ames de nos Subjets, & au Service divin, lequel par vostre diligence florit en nostre Estat, autant qu'en nul autre; ainsi continuerez-vous pour l'advenir en vos charges Pastorales: nostre deliberation & resolution est de vouloir persevèrer en la saincte Foi Catholique & Apostolique, & en la reverence de la S. Eglise Romaine, comme nos Ancestres dés le commencement de la fondation de ceste Cité, jusques à présent, ont continué par la grace de Dieu.

Et nous voulons que nos presentes, pour estre entendues de tous, soyent affichées es lieux publics de ceste Cité, & de toutes nos autres Places subjettes à la Seigneurie: estans asseurez qu'une publication si manifeste parviendra jusques aux oreilles de tous ceux qui ont ouy parler du Bref susmentionné, voire que sa Sainteté en aura cognoissance. Nous prions le Seigneur nostre Dieu qu'il lui plaise icelle inspirer pour cognoistre la nullité de son Bref, & des autres Actes faits contre Nous, à bien comprendre aussi l'equité de nostre cause: nous accroissant le courage de reverer le S. Siege Apostolique, auquel Nous, vos Predecesseurs, & tous les Membres de ceste Republique avons esté tousjours & serons tres-affectionnez. Données en nostre Palais Ducal, le sixiesme jour de May, Indiction quatriesme, 1606. *Signé*, JAQUES GIRARD, Secretaire.

XLII.

6. Mai. L'EGLISE ET VENISE.

Lettre du Senat de VENISE *écrite aux Recteurs, Consuls, & Communautez des Villes, & des autres Lieux de l'Etat Venitien, au sujet de l'Interdit du Pape* PAUL V. *A Venise, le* 6. *Mai* 1606. [MERCURE FRANÇOIS, Tom. I. Feuill. 72.]

DIEU Eternel voulant & ayant ordonné que les Princes ses Lieutenans & imitateurs paroissent au monde pour gouverner les hommes & maintenir la Societé civile: de là vient que comme lui, Pere & Conservateur universel, assiste & pourvoid à tous par sa grande bonté & sapience: qu'ainsi les Subjets des Prin-

cès

ANNO 1606.

ces soyent maintenus & garantis par les Loix, & par la prudence d'iceux es Gouvernemens particuliers. La Republique ayant l'œil continuellement ouvert sur cela, & non moins soigneuse des biens & commoditez des Villes & Communautez à elle sousmises que de la propre Cité de Venise, a voulu d'un zele paternel que les Habitans d'icelles Villes & Communautez, comme Membres bien-aimez & portion de son Corps d'Estat, eussent part aux Statuts & à l'ordre qu'elle a cogneu leur estre advantageux & profitables. Estant doncques il y a quelques centaines d'années defenduë en ceste Cité & Duché l'alienation des biens immeubles au profit des Personnes Ecclesiastiques : puis qu'en continuant par icelles d'acquerir, & rien ne retournant de tels biens aux Personnes Laicques, pour certain l'on voyoit la plus-part des fonds & biens immeubles de la Seigneurie passer en la main des Ecclesiastiques, au prejudice de l'Estat, & au grand interest des Citadins, qui cependant demeuroient sous le faix des charges personnelles, & des contributions au public en temps de Paix & de Guerre : tellement que privez d'heritages & biens immeubles, ils n'avoient peu fournir à ce dont ils sont obligez contre leur patrie. Ce qu'entendant avoir été introduit avec grand desordre, & pouvoir entrevenir es autres lieux & endroits de son Estat, ou par la finesse des Ecclesiastiques, & par la simplesse des Personnes devotes l'on void aliené le quart, voire le tiers des immeubles de la Seigneurie : pourtant en ayant égard au bien & profit particulier de leurs Subjets, ont ordonné que la deffense & prohibition susdite, comme loy tres-juste, soit observée en tout leur pays : estimans chose indeuë, que vous ayez à supporter toutes les charges ordinaires & extraordinaires, & que les autres, sans aucune recognoissance envers le public, jouissent à l'ombre des biens que vos Predecesseurs ont acquis à la sueur de leurs visages & au peril de leurs vies. Nous conformans en ce faict à l'usance de tous les Princes Chrestiens, lesquels par le bon Gouvernement de leurs Estats, & leurs Subjects, observent le mesme. Ceste Loi est establie pour les Subjets Laics seulement, & pour les biens laiques soumis à la Jurisdiction temporelle, sans toucher ni prejudicier comment que ce soit aux biens spirituels & de l'Eglise, à laquelle est reservé le moyen, non seulement d'amasser & abonder en deniers & autres meubles de valeur : mais encore par permission du Senat elle peut acquerir des biens immeubles : tous lesquels biens d'Eglise maintenus & garantis par les Princes aux despens du public, doivent tousjours demeurer hypothequez & obligez ausdits Princes pour les necessitez publiques en tems de Guerre & d'autres telles difficultez, comme a esté decreté par les S. Conciles. Advient encores bien souvent que sous pretexte de Religion, se glissent és Villes & fortes Places, troupes de gens estrangers, qui bastissent Maisons, Chapelles, Eglises, en lieux dangereux & prejudiciables à la seureté d'icelles Villes & Forteresses, outre l'introduction des Coûtumes differentes & contraires au bien public, peuvent produire des meschants effects : tellement que par divers artifices, & venant à multiplier en grand nombre, les aumosnes & charitez accoustumées ne suffisent pas au grand nombre qu'il y a de Religieux : dont s'ensuit l'incommodité, voire la ruine des anciennes, naïfves, & patrones Religions, les merites & prieres desquelles ont toujours garanti la Cité de Venise & la Seigneurie aussi. A quoy estant prouveu, par ordre tres-ancien, que sans licence nul n'ait à bastir tels edifices en mesmes lieux, non pour empescher de bastir des Eglises dont le nombre est plus grand aujourd'hui en nostre Estat qu'en nul autre de toute la Chrestienté, mais pource que le Senat, qui a soin de nostre franchise, & de la conservation publique, a descouvert les innovations commises en cet égard : par ainsi cet ordre s'estant depuis changé par l'inadvertance de ceux qui en avoient charge, a eu besoin maintenant d'estre renouvellé, reiglé & publié pour la seureté de vostre Patrie & conservation de la Liberté publique. Quoi faisant nous estimons servir à Dieu, asseurer & maintenir de nouveau ceste Seigneurie & les Subjets que sa Majesté divine lui a recommandez. Outre plus, il convient pour vivre paisiblement & à recoi, exercer indifferemment justice contre les scandaleux & perturbateurs du repos public, entre lesquels, comme chacun sçait, se trouvent souvent des Religieux & Ecclesiastiques en grand nombre aujourd'hui, devenus si audacieux & desbauchez, qu'avec tresgrand scandale ils troublent & tourmentent non seulement les Citadins, mais les Citez mesmes, ravissent les biens, l'honneur, la vie du prochain, & se licentient à cela pour assouvir leurs appetits insatiables, outre les litigieuses & cauteleuses plaideries, leurs meurtres & empoisonnements, attentats contre le sang plus prochain, pour courir avec tant plus d'audace en la voye de leurs pensées diaboliques. Mais nos Ancestres qui ont catholiquement & religieusement gouverné la Republique, ont toûjours chatié & puni tels desbauchez, quoi qu'ils se nommassent Religieux & Ecclesiastiques, telle Justice étant permise par les Loix divines & humaines, à l'honneur de Dieu & de l'Eglise, & au soulagement des oppressez : dont nosdits Predecesseurs ont en divers tems été toûjours louez & approuvez par plusieurs tressaincts Papes en leurs Brefs & Bulles Pontificales. Or nous étans deliberez & resolus, selon nôtre devoir, de maintenir la tres-juste Loi susmentionnée, & ceste si ancienne coustume de justice, sur tout à present contre Personnes suspectes de plus grands excez que les paravant mentionnez, Paul V. de present nouveau Pape a été circonvenu & persuadé par des flatteurs, ennemis du bien public, de vouloir empescher tel œuvre, entrerompre les Coustumes tres-anciennes & francs Privileges, ensemble le cours regulier de nos tres-justes Loix, ce qu'aucune Puissance du monde n'a osé entreprendre en l'espace de douze cens ans, & empêcher que pour le bien & advantage de vous, tres-fideles & bien aimez Enfans, nous ne puissions établir Loix ni punitions à ceux qui vous offensent : comme si cela qui est licite à tout particulier, de disposer de sa famille, de ses affaires, & repousser les torts qu'on lui fait, ne puisse à meilleure raison estre fait par une Republique establie de Dieu pour la garde & conservation de vous, Principauté libre, non jamais subjecte d'aucun, & qui merite pour ses thresors employez, & pour le sang de ses Sujets & Citadins espandus en defendant l'Eglise Romaine, d'estre non seulement louée & honorée, mais aussi d'obtenir acroissement & étendue par le moyen d'icelle Eglise. Or encore qu'avec toute humble affection de reverence & de service, pour lever toute sinistre opinion, nous ayons fait representer au Pape par nostre Ambassadeur à Rome plusieurs fois nos tres-justes raisons : combien aussi que contre les changes de Brefs, Monitoires, & de tres severe Protestation, le propre jour tres-sainct de Noël, au temps de recevoir la sacrée-saincte Communion, & que nôtre Prince Grimani rendoit l'ame, il se soit plaint à tort de nous aux Princes, & au Consistoire des Cardinaux : toutefois continuans toûjours en nôtre humble & accoustumée obeïssance, en signe de plus grande submission, nous avons encore par Ambassade extraordinaire renouvellé tout devoir & convenable office. Mais pour tout cela le Pape n'a rien rabatu de sa rigueur premeditée & aspreté deliberée : ains s'eschauffant encore plus qu'il n'avoit fait, & son courage venant à s'endurcir par conseils depravez, a resolu de dresser contre nous, quoi qu'à grand tort, ses Interdits & autres siennes armes ordinaires & accoustumées, lesquelles, puis que nous avons bonne conscience devant la Majesté divine, ne pourront nous nuire, & en sommes bien asseurez. Aussi pour témoignage d'amour & bien-veuillance paternelle avons voulu vous advertir de tout : nous confiant que vous qui sçavez le contraire par la protection & defense de vos biens & honneurs, sans aucune offense de Dieu ni de l'Eglise, serez desplaisans de si indue & inique procedure, & procurerez en tout evenement de deffendre les causes communes, & les vôtres particulieres.

ANNO 1606.

XLIII.

Revocation faite par le SENAT *de* VENISE *de sa Protestation, contre le Monitoire du Pape. A Venise le 21 Avril* (1) *1607.* [AMELOT DE LA HOUSSAYE, Histoire du Gouvernement de Venise, Tom. I. pag. 443.]

LEONARD DONAT par la Grace de Dieu Doge de Venise, Aux Reverendissimes, Patriarches, Archevesques, Evesques &c.

Puisque par la Grace de Dieu, il s'est enfin trouvé un moyen de faire connoitre à N. S. P. le Pape Paul V. la candeur de notre Reverence pour le St. Siege, & que sa Sainteté gagnée par nos raisons, a bien voulu faire cesser la cause de tous nos diferents, cho-

(1) Cette Date qui manque à la Pièce est tirée de l'Histoire du même *Amelot* pag. 419. [DUM.]

ANNO 1606. se que nous avons toujours desirée, & recherchée tres ardamment, comme Enfans tres obeïssants de l'Eglise, ce nous est maintenant un grand sujet de joye, de voir l'accomplissement de nos justes desirs. C'est pourquoi nous avons voulu vous en informer, par nos presentes Letres, vous avertissant que comme sa Sainteté a levé ses Censures, nous entendons que la Protestation que nous fimes, lors qu'elle les publia, reste abolie, & suprimée, afin qu'il paroisse par là, comme par toutes nos autres actions, que c'est notre dessein de conserver inviolablement la Pieté & la Religion de nos Ancestres. *Signé*, MARC OTTOBON Secretaire.

XLIV.

25. Avril. *Instrumentum Transactionis initæ inter Archi-Duces Austriæ* MATTHIAM, MAXIMILIANUM, FERDINANDUM, & MAXIMILIANUM ERNESTUM; *Quâ, ob indispositionem Romanorum Imperatoris* RUDOLPHI II, *in Caput & Columen Domus Austriacæ, Archi-Ducem* MATTHIAM *seligunt, & in casu, quo Sacrum Romanum Imperium de eligendo Romanorum Rege deliberaret, eundem* MATTHIAM *in Regem promovendum adjuvare promittunt. Actum Viennæ die 25. Aprilis 1606.* Cum *Confirmatione* ALBERTI *Archi-Ducis Austriæ. Datum Bruxellæ 11. Novembris 1606.* Nec non (1) *Transsumpto præfatæ Transactionis, per Consules, Magistratumque Bohemo-Brodensem. Datum Bohemo-Brodæ die 24. Maii 1606.* [BALBINI Histor. Miscellan. Regni Bohemiæ, Decad. I. Libr. VIII. Epistolar. Part. I. Epist. 85. pag. 114. LUNIG, Teutsches Reichs-Archiv. Part. Special. Continuat. I. Absatz IV. von Osterreich pag. 74. d'où l'on a tiré ces Pièces.]

Nos Consules & Senatus Bohemo-Brodæ notum facimus tenore præsentium universis & singulis, & præcipue quorum interfit eas legisse, infra scripta vidisse, audisse, & cum suo Originali contulisse & de verbo ad verbum conformia reperisse, quæ jam hic describi curavimus.

CUM rerum præsentium deplorato statu, perdita jam penè Hungaria, & inclytæ Domus Austriacæ Provinciis, Hungariæ vicinis devastatis, aliisque multis de causis (proh dolor) constat, Sacram Cæsaream Majestatem Dominum & Fratrem nostrum observandum, ex quadam animi indispositione & infirmitate, quæ sua periculosa intervalla habet, in Gubernatione Regnorum & Provinciarum minus sufficientem & idoneum esse, ita ut iis à Deo sibi commissis, eo, quo par est modo, præesse nequeat; Hisce aliisque rationibus adducti, Nos Matthias, Maximilianus, Ferdinandus, & Maximilianus Ernestus, & Archi-Duces Austriæ; Fratres & Patrueles, ingenti dolore permoti, à nobis illud, quod à Deo & Natura concessum est, negligendum non esse, merito considerantes: accelerandum nobis conventum hic Viennæ existimavimus, ubi negotio hoc maturè & benè deliberato, nullum aliud remedium præsentius esse comperimus, quam ut vigore Pactorum & Transactionum inter nos initarum, tum etiam hactenus laudabili à Majoribus nostris conservata consuetudine, & attenta sacræ Majestatis indispositione, superiusque commemorata infirmitate, Caput nobis & Columen Domus nostræ, nempe Archiducem Matthiam secundum naturæ ordinem, & felicissime recordationis Avi nostri Imperatoris Ferdinandi dispositionem, nobis in hac causa seligamus, & ore & corde unanimi constituamus: Sed ut tenore præsentium, omnes Nos, tam nomine nostro, quam eorum, qui minores sunt, omnem in eandem potestatem & autoritatem, meliori, quo possumus, modo conferimus. Et quicquid in hoc negocio arduo agendum, deliberandumque sit, tam apud Summum Pontificem Dominum Nostrum colendissimum, quam etiam apud Serenissimum Hispaniarum Regem; ac Fratrem & Patruelem nostrum Charissimum Archiducem Albertum, aliosque Principes, nos omnes simul firmum & ratum habituri sumus. Ita tamen, ut in quibuscunque rebus, negotium hoc concernentibus, consilio & opera nostra indiguerit, ad requisitionem illius, ad ea omnia parati sumus. ANNO 1606.

Quod si etiam Sacrum Romanum Imperium propter easdem causas allatas, de eligendo Romanorum Rege deliberaret; Nos omnes, in unicum hunc, quem natura post Imperatorem primum dedit, videlicet Archiducem Matthiam Fratrem & Patruelem nostrum Charissimum, conatus nostros impendemus, & alium nullum, quo ad nos, promovebimus.

Attamen cum fine fideli & sedula Consiliariorum, Ministrorum & Subditorum nostrorum opera, tantum tamque grave negotium expediri commode non possit. Nos eorundem securitati non minus hoc modo providendum esse putavimus ut ad eorum majorem assecurationem, quotiescunque opus, aut ab eorum uno vel pluribus petitum fuerit, illos in protectionem nostram à quocunque etiam nostrum literæ securitatis datæ fuerint, nos omnes Archiduces simul clementissimè recipiamus. Ea in supradictis rebus cunctis nostra expressa est voluntas & sententia.

Quæ ut firma omnia & perpetuò rata sint, Transactionem hanc manibus nostris subscripsimus, ac secretioribus Sigillis comprobavimus: Actum Viennæ 25. die Aprilis, Anno Salutis Humanæ 1606.

MATTHIAS, MAXIMILIANUS, FERDINANDUS, MAXIMILIANUS ERNESTUS.

In cujus rei testimonium Literas hasce Sigillo Civitatis nostræ munitas & obsignatas esse voluimus. Bohemo-Brodæ 24. Maii, 1606.

Nos Consules & Senatus Bohemo-Brodæ, notum facimus tenore præsentium universis & singulis, & præcipuè quorum interfit eas legisse, infra scripta vidisse, audisse & cum suo Originali contulisse, & de verbo ad verbum conformia reperisse, quæ jam hic describi curavimus.

CUM Serenissimus Archidux Matthias Frater noster charissimus nobis miserit quandam Transactionem, per ipsum, nec non Serenissimos Archiduces Maximilianum, Ferdinandum & Maximilianum Ernestum, Fratrem & Patrueles nostros charissimos factam, & singulorum manibus subscriptam, Sigillisque suis secretioribus munitam, qua Serenissimus Archidux Matthias, ut post Sacræ Cæsareæ Majestatis Personam, major natus, à cæteris Caput & Columen inclitæ Domus nostræ Austriacæ constituitur, & quicquid ad ejusdem Domus incrementum & conservationem necessarium, aut quodammodo opportunum fuerit deliberandi agendique potestas illi confertur.

Quin etiam cum Sacrum Romanum Imperium de eligendo Romanorum Rege deliberaret, omnes in unum Archiducem Matthiam, Fratrem nostrum charissimum conatus sint impensuri suos, Consiliarios quoque aliosque Ministros ac Subditos, quorum opera uti necessarium fuerit, in suam protectionem suscipere promittunt. Cum idem Serenissimus Archidux Matthias desideret instanterque requirat, ut ejusmodi resolutionem ratam habeamus. Hinc est quod Fraterna benevolentia, qua illum semper complexi sumus, eidem in omnibus gratificari desiderantes, supradictam Transactionem per nos etiam ratificandam & confirmandam libenter decrevimus, prout ratificamus & confirmamus per præsentes subscriptione nominis, Sigilliique nostri impressione corroboratas. Datæ Bruxellæ die undecima Mensis Novembris, Anno 1606.

ALBERTUS.

In cujus rei testimonium Literas hasce Sigillo Civitatis nostræ munitas & obsignatas esse voluimus. Bohemo-Brodæ 24. Maii. 1606.

XLV.

Pacificatio Viennensis, sive Tractatus Reconciliationis STEPHANI BOCHKAY DE KIS-MARIA, *& sibi Adhærentium Hungarorum cum Imperatore & Rege* RUDOLPHO II. *per* MATHIAM *Archi-Ducem promotæ ac sancitæ. Viennæ die 23. Junii 1606.* Cum Ac- 23. Juin.

CEP-

(1) Ce *Transsumpt* ne se trouve point dans *Balbinus*. [DUM]

ANNO 1606.

CEPTATIONIBUS *& Obligationibus compluriun Magnatum, nomine Ordinum & Statuum tam Regni* HUNGARIÆ, *quàm Regni* BOHEMIÆ *hoc super hinc inde commutatis. Viennæ die* 23. *&* 26. *Septembris* 1606. [Pièces tirées de la Chancelerie Imperiale Aulique de Guerre.]

NOS MATTHIAS Dei gratia Archidux Austriæ, Dux Burgundiæ, Styriæ, Carinthiæ, Carniolæ & Wittembergæ, Comes Habsburgi & Tirolis, &c. Memoriæ commendamus tenore præsentium, significantes, quibus expetit, universis. Quod cum Sac. Cæs. Regiaque Maj. Dominus & Frater noster observandissimus, ad singularem nostram intercessionem benigne condescenderit, & ad sopiendos in inclito Regno Hungariæ exortos motus & tumultus nobis totalem superinde Plenipotentiam concesserit, prout etiam mediantibus tunc temporis Sac. Cæs. Regiæque Ma. intimis ac aliis Consiliariis & Comissariis, Tractatus habitus; & denique etiam conclusus, ab utriusque Partis Comissariis, eorum subscriptione, & Sigilli impressione confirmatus fuerit. Quia tamen ex parte Spectabilis & Magnifici Domini Stephani Bochkay, de Kissmaria, & sibi Adhærentium Hungarorum, superinde nonnullæ adhuc difficultates remansisse videbantur. Ob quas revidendas denuo Magnificus Stephanus Ilieshazii de Ilieshaza, Comes Comitatuum Liptoviensis & Trinschin. cum aliis sibi adjunctis Nobilibus, Thoma videlicet Witzkeletii de eadem Wizkelet, Andrea Oztrossit, de Giletincz, & Paulo Apponi de Nagii Appon, huc ad nos, cum sufficientibus Plenipotentiis instructus, Viennam venerit.

Ideo nos, ex prædicta Plenipotentia nobis concessa, in bonum Reipublicæ Christianæ, & Pacis publicum, ac Regni hujus conservationem, nec propriis & intestinis dissidiis conflagraret, atque ut tantæ Christiani Sanguinis effusioni parceretur; Vicina etiam Regna & Provinciæ à continuis incursionibus tandem liberari, & unà cum Regno Hungariæ respirare possint, benigne assensimus & annuimus, ut difficultates illæ, quæ ex priori Tractatu remansisse videbantur, denuo reassumerentur, tractarentur, & finaliter superinde concluderentur: Prout etiam per Illustres, Spectabiles, & Magnificos, Paulum Sixtum Trautsonium, Comitem in Falkenstain, Liberum Baronem in Sprechen & Schrovenstein, Dominum in Kaya & Laa; Hæreditarium Marschalcum Comitatus Tyrolensis; Carolum à Lichtenstein de Niclsburg, Czernahor & Biskupitz, Marchionatus Moraviæ Generalem Capitaneum: Ernestum à Molart, Liberum Baronem in Reineck & Drossendorf, Archiducatus Austriæ Inferioris Regiminis Locum tenentem: Sigefridum Christophorum Preiner, Liberum Baronem in Shibing, Fladnicz & Rabenstein; inferioris Austriæ Cameræ Præsidentem.

Thomam Erdodi de Monio-kerek, Comitem perpetuum Montis Claudii, & Comitatus Waradiensis Comitem, Tavernicorum: Georgium Turzo de Bethlemffalu, Comitem Liberum & perpetuum de Arva; atque ejusdem Comitatus Arvensis Supremum Comitem, Dapiferorum: Sigismundum Forgatsch de Ghymes, Comitem Comitatus Nogradiensis Pincernarum Regalium in Hungaria, Magistros, & Ulricum à Krenbergk in Neuwaldeck, Sac. Cæs. Maj. Intimos, & alios Consiliarios ad hunc Tractatum adhibitos, in hunc, qui sequitur, modum, utrinque concordatum fuit.

Ad Primum ARTICULUM.

Quantum itaque ad Religionis negotium attinet, non obstantibus prioribus pro tempore Constitutionibus publicis, sed neque Articulo postremo Anni 1604. (cum is extra Diætam & sine Regnicolarum assensu adjectus fuerit; & propterea etiam tollitur:) Deliberatum est, ut juxta Sac. Cæs. Regiæque Maj. priorem resolutionem, ad quam se Regnicolæ in sua Replicatione referunt: Nimirum, quod omnes & singulos Status & Ordines, intra ambitum Regni Hungariæ solum existentes, tam Magnates, Nobiles, quàm liberas Civitates & Oppida privilegiata, immediate ad Coronam spectantia. Item in confiniis quoque Regni Hungariæ, Milites Hungaros in sua Religione & Confessione, nusquam & nunquam turbabit, nec per alios turbari aut impediri sinet. Verum omnibus prædictis Statibus & Ordinibus liber Religionis ipsorum usus & exercitium permittetur: absque tamen præjudicio Catholicæ Romanæ Religionis & ut Clerus Templa & Ecclesia Catholicorum Romanorum intacta & libera permaneant, atque ea, quæ hoc disturbiorum tempore utrinque occupata fuere, rursum eisdem restituantur.

ANNO 1606.

Ad Secundum.

Manet prioris Tractatus Conclusio, ut simul cum Hungaris & Turca Pax & reconciliatio fiat.

Ad Tertium.

Palatinus eligatur cum sua dignitate, more antiquitus consueto, in proxime primitus celebranda Diæta. Quia vero sua Cæs. ac Reg. Maj. ob varias Reipublicæ Christianæ necessitates, in Hungaria aut vicinis Locis residere nequit, ne opus sit propter quasvis causas Regnicolis ad remotiores suæ Majestatis residentias venire, gravesque sumtus propterea facere, ubi neque Consiliarii Hungari semper suæ Majest. ad latus præsentes esse possunt. Ideo statutum & conclusum est, quod sua Serenitas, secundum Plenipotentiam sibi per suam Maj. non ita pridem propterea omnimode concessam, in Negotiis Regni Hungariæ, per Palatinum & Consiliarios Hungaros, non secus ac si sua Cæs. Regiaque Maj. personaliter præsens adesset, audiendi, proponendi, judicandi, concludendi, agendi & disponendi in omnibus iis quæ ad conservandum Regnum Hungariæ, ejusdemque Regnicolarum quietem & utilitatem videbuntur esse necessaria, plenariam potestatem & facultatem habeat.

Et personalis præsentia modernus in suo loco relinquatur: ita tamen ut deinceps juxta Statuta Regni eligatur.

Ad Quartum.

Supplicant adhuc Regnicolæ suæ Maj. ut Coronà in Regnum Hungariæ Posonium post tempora pacatiora, more aliorum Regnorum solito, reducatur.

Ad Quintum.

De Thesaurario manet quoque iste Articulus secundum primi Tractatus conclusionem, quod Thesaurarius iste, sive hic perceptor proventuum Regiorum, sive Præfectus, aut quovis alio nomine appelletur, cum aliis sibi adjunctis, in nullam partem gubernationis Regni sese immisceant; sed Regios duntaxat & Coronæ proventus curent.

Quinimo ut deinceps nativi Hungari semper & seculares eligantur, conclusum est, sicut etiam ad contributiones publicas, Regnicolæ, ad modum antea consuetum, Perceptores seu Dicatores, quos volunt habere, eligere poterunt.

Quod ambos Reverendissimos Episcopos Agriensem nempe & Varadiensem, concernit, isti interim à Regno abstinebunt, donec eorum causa decisa, vel aliàs composita fuerit.

Ad Sextum.

Maneat iste quoque Articulus antea conclusus, ne Sac. Cæs. Regiæque Majestatis authoritati & potestati quippiam derogetur. In ejus arbitrio relinquitur, Episcopos quos voluerit eligere. Ne tamen in Consilium alii, quam qui Episcopales suas Ecclesias, vel alia Jura Episcopalia habuerint, admittantur. Et inter hos quidem, ut eorum, qui ex Nobili Prosapia oriundi habiles sunt, condigna ratio præ cæteris, sicut ante, ita in posterum observetur, sua Cæsarea & Regia Majest. benigne curabit.

Quæ vero de Episcopis Comitibus Comitatuum in particulari recensentur, & utrum hujusmodi Personæ Ecclesiasticæ seculares habere possint Dignitates, id in futura Diæta Rex & Regnicolæ concludent.

Præpositura tamen & Abbatiæ, maneant in suo statu & fundatione.

Et quia cum appendice in hoc Articulo Oppidorum Modor, Sancti Georgii & Bozin mentio fit, utrum nimirum ipsi inter Prælatos, Magnates, Nobiles, Status, & Ordines assidere, votaque sua habere possint, pro ulteriori deliberatione & resolutione suæ Majest. ac Statuum & Ordinum Regni, ad proxime futuram Diætam, horum quoque totum negotium rejicitur.

Bona vero Communitatibus Sac. Cæs. Regiaque Majest. juxta Statuta publica Ferdinandi Regis, Anni 1542. non conferet.

I 3 Ad

ANNO 1606.

Ad Septimum.

Etiam iste Articulus confirmatur juxta prioris Tractatus conclusionem; quod maneant Sedes Spirituales: Si tamen in iisdem aliqui abusus inolevissent, possunt illi in proxime futura Diæta coram sua Majestate & Statibus Regni proponi, limitari & emendari, ubi similiter querelas de Decimis, eorumque abusibus, Rex & Regnicolæ component.

Ad Octavum.

Hungari non consentiunt quod Jesuitæ in Regno Hungariæ Jura stabilia & possessionaria habeant & possideant. Sua tamen Majestas Juribus suis Regiis inhæret, quoad clausulas Donationalium, fiant Donationes juxta Decreta Regni, & more antiquitus solito.

Ad Nonum & Decimum.

Sacra Cæs. & Reg. Majest. Hungariam & partes ei annexas, Sclavoniam videlicet, Croatiam, & Dalmatiam, per Hungaros Nativos, & Nationes ei subjectas & annexas possidebit. Item, tàm majora quàm minora Officia Regni, etiam externa & confiniorum Præfecturas, ex Consilio Hungarico, Hungaris & Nationibus ei annexis idoneis, nullo interposito Religionis discrimine, conferet. Si tamen suæ Cesareæ Regiæque Majest. ita videbitur, poterit in partibus Danubianis duorum Confiniorum Præfecturas pro arbitrio suo externis benemeritis, ex viciniis Provinciis suæ Majest. conferre.

Ad Undecimum.

Articulus hic de Palatino, in tertio jam conclusus est, hoc addito; quod querulantes injurias suas Juris ordine prosequantur, & nemo nisi legitimè citatus, jurisque ordine condictus, puniatur. Nec hoc prætermisso, quod Decreta Regni, quæ per hæc disturbia & varias Regni Constitutiones multis in locis antiquis Legibus Regni contrariantur, in Diæta proximè futura emendentur; juxta Constitutiones Annorum 1550. & 1553. & 1563.

Ad Duodecimum.

1. Stephani Ilieshazi & Uxoris suæ causa componetur, & contentabuntur.
2. Negotium Hæredum Dobonis, per Sophiam Prinii, tamquam primariam Hæredem, cum sua Majestate concordatum est.
3. Georgius Homonnaii, vigore Constitutionis publicæ fuit condemnatus, quod tamen Camera intempestivam Sententiæ executionem fecerit, id suæ Majestati imputari non potest: in posterum tamen omnes Sententiæ, debito modo, juxta Decreta Regni, executioni demandabuntur.
4. Arces Zoliom & Dubrawina, juxta inscriptionem Sac. Cæs. Majest. reddantur Francisco Dersffii, & Nicolai similiter Dersffii Uxori & Hæredibus, vel summa inscriptionis eis deponatur.
5. A Dionysio Banffii, generalis Belgiojosa quatuordecim millia Talerorum accepit: illum igitur sua Majestas vel bonis vel pecuniis contentatura est.
6. Bona Palochiana, siquidem Successores sponte pecuniis illa à sua Majestate redemerunt, nulla egent rectificatione; volenti enim non fit injuria.
7. Possessionum Reche & Bohoniz, ac bona Deregniana, in proxime futura Diæta, coram Judicibus Regni ordinariis, jure extraordinario revideantur.
8. Bona Kalo Hæredibus suis jam antea Majestas sua cessit & restituit.
9. Bona Pellenii, Melegh & Chapii, jure revideantur in Diæta per Judices Regni ordinarios extraordinarie.
10. Franciscum Magochii & Valentinum Homonnaii Majestas sua ab impetitione Juris, Castri Regetz, liberos pronunciare dignetur, siquidem & alioquin cum Francisco Alaghii, Hærede masculino, jam illi concordarunt.
11 Civitas Cassoviensis, bona ab antiquis Regibus eis collata, libere, modo antiquo, teneat & possideat.
12. Bona Telegdiana jure revideantur in futura Diæta, per Judices Regni extraordinarie.
13. Thomam Nadasdii Sac. Cæs. Reg. Majest. ratione Matrimonii, nec ratione bonorum, jure non impediet.
14. Similiter Sigismundus Rakoczii & Familia Balassii, ratione Arcis Makovitza, non impedientur à sua Majest. Cæs. atque Regia.
15. Vidua Casparis Bamfii, per Christophorum & Georgium Bamfii omnibus spoliata, in integrum restituatur.
16. Ita etiam Sigismundus Ballassa, qui contra æquitatem & ipsum jus naturæ Sororem Matris suæ carnalem, & Fratrem quoque suum carnalem captivavit, omnibusque bonis, tam mobilibus quam immobilibus, privavit; illis omnia bona ablata, tam mobilia quam immobilia, statim restituat, quod nisi fecerit, citetur per spoliatos Actores in proxime futuram Diætam, & Judices Regni ordinarii de facto extraordinarie causam hanc assumant, revideant & juxta Decreta Regni dijudicent.

ANNO 1606.

Ad Decimum Tertium.

Cum impossibile esse videatur hujusmodi ablata & deprædata bona mobilia, in hoc disturbiorum tempore rehabere, in bonum itaque Pacis publicæ, damna hinc inde accepta oblivioni traduntur.

Ad Decimum Quartum.

Donationes per Dominum Bochkaii editæ, cùm nonnullæ ex sinistra quorumdam informatione cum apertissimo Regni damno, aliæ verò diversis modis sint emanatæ: Ideo necessario requiritur, pro bono publico & conservatione Pacis & Amicitiæ mutuæ in Regno Hungariæ, ut Regnicolæ communi voto in proxime futura Diæta Donationes illas revideant, & quæ meritò manere judicabuntur maneant in suo vigore.

Inscriptiones autem & bona illa, quæ vel per Dominum Bochkaii, vel Stephanum Ilieshazii impignorata sunt, maneant in suo vigore, donec Regnicolæ in publica Diæta illa eliberabunt, illosque qui pecuniam dederunt, contentabunt: amodo autem nullæ amplius inscriptiones fiant, sub quovis titulo aut prætextu.

Nobilitationes per Dominum Bochkaii factæ maneant in suo vigore, ita tamen, ut in publica Diæta Literæ superinde producantur, ut sciatur eorum Nobilitas, nequid contra Leges in eo peccetur.

Quoniam verò in proxime Conventu Cassoviæ peracto à Regnicolis ipsi Domino Bochkaijo adhærentibus conclusum erat, quod ii, qui se ad festum Jacobi proxime affuturum eidem & aliis sibi adhærentibus non adjunxerint, universa eorum bona & jura possessionaria amittant: Conclusum itaque est, hanc Constitutionem omnino silere, & invigorosam esse debere.

Ad Decimum Quintum.

Hic Articulus, similiter juxta prioris Tractatus conclusionem confirmatur, Nimirum, quod bona & Arces extraneis inscriptæ, per Hungaros, restituta eis pecunia ipsorum, cum consensu suæ Majest. redimere liceat.

Privilegia autem liberarum Civitatum, in quorum usu fuerunt, conserventur, & in posterum illis privilegiis tam Hungari quam Germani, & Bohemi inhabitatores, indifferenter & æquali jure gaudeant, fruantur & utantur.

Querelæ verò contra illos in publica proxime futura Diæta audiantur, & per Regnicolas vel Judices Regni judicentur.

QUOD PERSONAM DOMINI BOCHKAII EJUSQUE Contentationem concernit:

AD Transylvaniam, cum partibus Hungariæ, quas Sigismundus Bathori habuit, etiam Arx Thokaii, ei cum omnibus suis pertinentiis nunc existentibus, unà cum duobus & integris Comitatibus, Ugochia, & Beregh, tam intra quam extra Tybiscum habitis, similiter cum antiquis suis metis & pertinentiis, & Fortalitium Zachmar, cum eodem Comitatu conceditur.

Duo autem illa Oppida Kereztwr & Tarczal, cum sint oppignorata Sigismundo Rakoczi, & Sebastiano Tekoli, assentit sua Cæs. Regiaque Majest. ut illa per Dominum Bochkaijum redimantur, & ad Castrum Thokaii, more antiquo teneantur & possideantur.

Decima

ANNO 1606.

Decimæ vero Agrienses ultra Tybiscum, & aliæ omnes similiter ultra Tybiscum maneant ipsi Domino Bochkaii: Intra Tybiscum autem ad rationem suæ Majest: Cæs: & Reg: colligantur.

Atque hæc quidem Domino Bochkaii jure Hæreditario habenda conceduntur: si tamen in linea ejus masculina, ex propriis lumbis & thoro legitimo procreati & descendentes non essent, ex tunc eo facto omnia illi concessa in legitimum Regem Hungariæ, & per consequens ad Coronam Regni devolvantur, ita quod nullum suorum consanguineorum, vel affinium, eorumque Hæredum, aliquid Juris aut Jurisdictionis, neque ad Principatum, neque ad Ditiones & Comitatus ipsi Domino Bochkaii concessos, ullo unquam tempore sint prætensuri.

Quod si vero Filiam relinqueret, Filia jure quartalitio, juxta Regni constitutionem, contenta esse debeat, aut requiescere in eo, quo sua Majest: cum ipso Domino Bochkaii convenerit.

Oppidum Lizka, cùm pertineat ex antiqua fundatione ad Præposituram Scepusiensem, conceditur quidem & illud ipsi Domino Bochkaii, quousque sua Majest: cum eodem aliter conveniet & concordabit.

Gubernatio Cassoviæ & reliquarum Partium Regni Hungariæ superiorum, pro Hungaris fiat, prout in Articulo generali conclusum est.

De Capituli vero Agriensis intertentione, sua Cæs. Regiaque Majest: & Regnicolæ in futura Regni Diæta de securo & oportuno loco providebunt, si Cassoviæ non poterit esse.

Ratione tituli, conceditur ei is, quem Sigismundus Bathori habuit, ut nimirum se Principem Imperii, Transylvaniæ, Siculorum Comitem, & Partium Regni Hungariæ Dominum nominare possit: Insignia vero similiter Transylvaniæ gerat, quæ Sigismundus Bathori habuit, præter gentilitia & alia ejus adventitia.

Introductio autem in Provinciam & Partes sibi à sua Majest: concessas, fiat per Commisarios suæ Majest: quamprimum omnia ab ipso Domino Bochkaii & sibi adhærentibus fuerint ratificata, ubi etiam relaxatio fiet Juramenti Transylvanorum ratione fidelitatis suæ Majest: præstitæ. Pollicetur quoque idem Dominus Bochkaii se curam habiturum, ut ipsi in viam rectam & antiquam deducantur, sicut etiam Nuntios à Comitatibus illis, quæ ad Hungariam pertinent, ad generales Diætas in Hungaria celebrandas mittet & expediet.

Conclusum quoque est, quod Domini Magnates & Nobiles ab utraque parte, tam à suæ Majestatis quam ipsius Domini Bochkaii, omnia bona sua & jura sua possessionaria, tam intra quam extra Tybiscum, libere possideant, eaque suis prioribus Dominis & possessoribus restituantur.

Similiter Civitas Żakolczensis, alia item Castra, Sassin, Holich, Berengh, & quævis alia ad Hungariam pertinentia, prioribus Possessoribus restituantur, & quilibet coram legitimis Comitatuum Comitibus & Judicibus Nobilium jura sua prosequi possit & valeat, similiter etiam in Octavis.

Item, quod si Malefactores, Officiales & Factores suæ Majest: vel aliquorum Regnicolarum damna aut maleficia perpetrantes, in Transylvaniam vel Partes sibi adjunctas transfugerint, ex tunc tales; tam ad requisitionem suæ Majest: quam quorumvis Regnicolarum querelas ibidem quam primum juri sistantur, atque hi de damnis illatis juxta Decreta Regni puniantur: Idem etiam ex parte Sac: Cæs: Regiæque Maj: fiet.

Statutum est etiam, quod statim conclusa & confirmata conclusione hujus Pacis; omnia executioni demandentur, & ut supra memorata universa Castra, Fortalitia, Civitates, Oppida, Pagi, & aliæ quævis Ditiones, exceptis illis, quæ vigore præsentis Reconciliationis Domino Bochkaijo conceduntur, in manus ejusdem suæ Majest. & Regnicolarum, priorumque Dominorum & Possessorum omnia cedantur & resignentur, demptis Donationibus & bonis impignoratis, de quibus in Articulo 14 Regnicolarum superius conclusum est.

Quod vero fideles suæ Majestatis, nempe Balthasarem Kornis & Pancratium Semnieii & alios omnes Transylvanos concernit, qui ob fidelitatem & Juramentum suum Sac: Cæs: Regiæque Majestati præstitum, in Transylvania bona sua amiserunt, cum illi merito apud omnes hoc facto suo laudem potius quam pœnam aliquam mereantur, ipsisque Domino Bochkaii adhærentibus omnia sua restituantur, & oblivio omnium præteritorum fiat, sua Serenitas adhuc benigne insistit & requirit, ut hi quoque fideles suæ Majest: idem jus sentiant & experiantur, & ut illis bona ipsorum restituantur, atque ea per ipsos aut per alios possidere aut verò, illis eadem pretio competenti divendere ac alienare liceat.

Ultra hæc verò, Dominus Bochkaii Coronam sibi à Vezerio donatam, in derogamen Regis & Regni Hungariæ & Coronæ ejusdem antiquæ, se non accepisse asserit.

Denique etiam conclusum est, quod debita, quæ Sac: Cæs: Maj: Comissarii, ad necessitates suæ Majestatis à Transylvanis levassent, sua Cæs: Regiaque Maj: curet exolvi, vel ex questu illorum ex tricesimis successive defalcari permittet.

Quibus omnibus ita transactis & compositis, superest, ut omnes, qui Domino Bochkaijo adhæserunt, fide, quam illi dederunt, renunciata, rursum in gratiam & fidelitatem suæ Sac: Cæs: Reg: Majest: tanquam legitimi ipsorum Regis redeant & recipiantur. Et à modo in posterum ipsi & Successores illorum nullo unquam tempore à fidelitate suæ Cæs: Reg: Majest: ejusdemque Successorum legitimorum Regum Hungariæ, salvis juribus & libertatibus Regni permanentibus, desciscant.

Quod ut commodius fiat, perpetuaque firmitate roboretur, atque ipsi Hungari Domino Bochkaijo adhærentes, assecurato, quieto & tranquillo superinde sint animo; Nos ex Plenipotentia nobis à Sac: Cæs: Reg: Majest: concessa, omnibus & singulis, qui hoc modo suæ Sac: Cæs: Reg: Majest: reconciliati fuerint, oblivionem omnium eorum quæ à 15. die Octob. anni 1604. usque modo hinc inde gesta commissaque fuerunt, benigne concedimus, ita quod omnes cædes; rapinæ, spolia Castrorum, interceptiones Civitatum, Oppidorum, Possessionum, & Villarum occupationes, generaliter vero universæ violentiæ sub hoc tempore factæ & patratæ nulli omnium cujusvis status, conditionis, ordinis ac præeminentiæ, demptis superius exceptis, imputentur, sed de plano & simplici obliterentur, & nullo unquam tempore, quovis exquisito modo & colore, neque Majestas Cæs. Reg. ac Successores sui legitimi Reges Hungariæ, nec ipsi damnificati Regnicolæ ad invicem, palam vel occulte, in vel extra judicium, per se vel per alios, possint propterea vel impediri vel aliqualiter aggravari.

Quinimo hi omnes universi super suis factis, intra præfatum tempus commissis, à quibusvis Actoribus, Causidicis, litigantibus, tam intra quam extra judicium, liberi penitusque absoluti sint & habeantur: nec eos quivis Judex ordinarius judicare valeat aut præsumat, quovis modo, præter quam Servitores suæ Maj. Cæs. aliorumque Dominorum & Nobilium, ad dandas rationes obligatos, qui hinc excepti, ad dandas rationes omnino adstringentur. Quod si compertum fuerit, ejusmodi proventus tam suæ Maj. Cæs. quam Regnicolarum, armis aut violenter ab illis ablatos fuisse, in eo casu, ad talium proventuum restitutionem non tenentur.

Si quis etiam prædictis Domino Bochkaijo adhærentibus Hungaris, quævis Castra, Fortalitia aut Munitiones sponte vel invite manibus Hungarorum tradidissent, aut assumpto sibi exterorum Turcarum & Tartarorum auxilio, suæ Cæs. Reg. Majest. aut Hungaris, vel etiam vicinis Provinciis damna intulissent, nec non liberas Civitates, Fodinas, Oppida, Villas, possessiones, Taxas, census vel proventus quovis nominis vocabulo nuncupatos percepissent, & pro se usurpassent, sint sicut supra dicti, absoluti, ita tamen, ut de cætero ab omnibus hujusmodi penitus abstineatur.

Ad cujus uberiorem effectum consequendum denique; conclusum est, quod omnes Hungari, qui Domino Bochkaii adhæserunt, post horum omnium hic factam conclusionem & confirmationem, ipsius juramento, nexui ac vinculo quam primum & cum effectu renuntient, ab eo recedant & liberentur: ipse Dominus Bochkaii nullo unquam tempore eos sibi obnoxios habeat; quinimo eosdem etiam ab eodem Juramento sibi præstito, eo facto liberos faciat & pronunciet.

Ut verò hæc omnia majori robore firmentur, omnisque scrupulis diffidentiæ ex cordibus Domino Bochkaii adhærentium radicitus evellatur, atque hic Tractatus & Reconciliatio stabilior sit, sua Sac. Cæs. Reg. Maj. Diplomate suo superinde confecto & emanato firmiter promittet, & penes eandem Regnum quoque Bohemiæ, Archiducatus Austriæ, Marchionatus Moraviæ, Ducatus Silesiæ, & Serenissimus Dux Ferdinandus cum Ducatu Styriæ assecurabunt. Quod sua Sac. Cæs. Regiaque Majestas hanc Reconciliationem cum Hungaris factam inviolabiliter in omni sua parte observabit, & vicina quoque Regna ac Provinciæ nihil,

quod

ANNO 1606.

ANNO 1606. quod vicinitatis jus possit lædere, attentabunt. Sicut etiam vicissim Regni Hungariæ Regnicolæ, & ad illud pertinentes Provinciæ & Comitatus suæ Reg. Majest. & Successoribus ejus legitimis Regibus Hungariæ ad perpetuam fidem, fidelitatem & observantiam sese obligabunt per publicas Regni Constitutiones, quod, salvis semper juribus & libertatibus Regni permanentibus, nunquam defectionem, rebellionem, insurrectionem, publicæ Pacis perturbationem, vicinarum Provinciarum invasionem & populationem, internam & externam conspirationem, Turcarum & Tartarorum, aliorum quorumcumque hostium in REGNUM HUNGARIÆ & vicinas privata conventicula contra suam Cæs. Reg. Maj. contra bonum Regni, in æternum molientur, vel quovis exquisitò colore & pretextu attentabunt. Quinimo, quod secundum antiqua Pacta & Fœdera bonam vicinitatem & mutuum amorem tam Hungari quam vicinæ Provinciæ, mutuo colent, & ultro citroque commercium Christianorum liberum omnibus relinquent. Sicut etiam vicissim reciproce Hungari vicinis Provinciis de conservanda vicinitate, & quæ ad eam necessaria esse videbuntur, suas quibuslibet Literas peculiares assignabunt.

Et si cum Turca Pax honesta concludi non possit, ipsique Turcæ conditionibus inhærerent, & talia proponerent, quæ Regno Hungariæ vicinisque Provinciis damnosa & periculosa essent, quod ex tunc conjunctis viribus cum Milite Sac. Cæs. Reg. Maj. contra eum, ut communem Christiani nominis & Patriæ hostem, secundum Decreta & Constitutiones Regni, pari alacritate & promtitudine, absque ulla tergiversatione, ad contestandam eorum fidelitatem procedent.

Quod si verò secus fieret, contrarium facientes eo ipso notam perpetuæ infidelitatis incurrent.

Acta & conclusa sunt hæc Viennæ Austriæ, 23. die Mensis Junii, Anno 1606.

MATHIAS

PAULUS SIXTUS TRAUTSON.

ERNESTUS à MOLART.

THOM: ERDODI, *Comes perpetuus* MONT. CLAUDII.

SIGISMUNDUS FORGATSCH DE GHYMES.

CAROLUS à LICHTENSTAIN.

SIGFRIDUS CHRISTOPHORUS PREINER.

GEORG: TURZO, *Comes perpetuus* DE ARVA.

ULRICUS DE KRENBERGK.

STEPHANUS ILIESHASII.

THOMAS WIZKELETHI.

ANDREAS OSTROSSITH.

PAULUS APPONII.

Nos Franciscus Forgach de Gymes Nitriensis Locique ejusdem Comes perpetuus & per Regnum Hungariæ Cancellarius; Demetrius Naftragi Vespriniensis, & Loci ejusdem Comes. Petrus Radovicius Vaciensis, & Valentinus Lepes Ticiniensis Ecclesiarum Episcopi. Thomas Erdeodi de Moniokerek perpetuus Montis Claudii ac Comitatus Varasdien. supremus Comes Tavernicorum: Georgius Thurzo de Betlenfalva, Comes perpetuus de Arva, atque ejusdem Comitatus Arvensis supremus Comes, Dapiferorum; Nicolaus Isthuanffii de Kisaszomfalva, Propalatinus Regni Hungariæ Janitorum; Sigismundus Forgach de dicta Ghymes, Comes Comitatus Neogradiensis, Pincernarum Regalium in Hungaria Magistri. Petrus Reway Comes Comitatus Turcoziensis. Andreas Doczii, Comes Comitatus Parsiensis; Joannes Lippari de Zombor, Personalis præsentiæ Regiæ in Judiciis Locumtenens, ac Sacr. Cæsar. Regiæque Majest. Consiliarii. Franciscus de Battyam, Comes Comitatus Saproniensis; ac partium Regni cis-Danubianarum Generalis Capitaneus. Nicolaus Comes perpetuus de Zrinio, & Comitatus Zaladiensis supremus Comes, Sigefridus à Kolonich, Eques auratus præfatæ Sacr. Cæsar. Regiæque Majest. Consiliar. Bellicus ac partium Regni Hungariæ ultra Danubianarum Generalis, Præsidiique Vyvariensis supremus Capitaneus. Thomas Zechy de Rumazech. Joannes Keglevich de Buzin. Emericus Balassa de Gyarmath. Benedictus Thucroczy. Georgius Pecho de Gersse. Georgius Zombathely Vice-Comes Comitatus Monsoniensis; Franciscus Keri, Vice-Comes Comitatus Zoliensis. Franciscus Thury Vice-Capitaneus Præsidii Vyvariensis. Emericus Megyery; Petrus Kohari, Moyses Czitaky, Director Causarum Regalium, nec non Regnorum Dalmatiæ, Croatiæ & Sclavoniæ Nuncii & Ablegati, Christophorus Mernauchichz dictorum Regnorum Vice Banus, & Johannes Kitonich, ex parte suæ Majestatis a sua Serenitate Evocati. ANNO 1606.

Item Nos Stephanus Illeshazy de Illieshaza Comes Comitatuum Trenchin, & Lipto, Curiæ Regiæ in Hungaria Magister ac præfatæ Sacr. Cæsar. Regiæque Majestatis Consiliarius, Franciscus Magochy, Comes Comitatus de Ungh. Stanislaus Thurczo de dicta Betlenfalva, Comes perpetuus Comitatus Scepusiensis. Sebastianus Teokeoly, Georgius Hoffman; Petrus Horvathz. Madosovich. Andreas Osztrolich de Gileimez, Thomas Viszkelethy de ead., Paulus de Nagii Apponii, ex parte Domini Stephani Principis, & Hungarorum sibi adhærentium, huc Viennam missi & ablegati; memoriæ commendamus tenore præsentium significantes, quibus expedit universis. Quod cum ad sopiendos motus intestinos superioribus temporibus in Hungaria exortos, inter Sacram Cæsar. Regiamque Majestatem Dominum nostrum clementissimum ex una; & Dominum Stephanum Principem ejusque adhærentes Hungaros ex altera partibus; per Serenissimum Principem ac Dominum Dominum Matthiam Archi-Ducem Austriæ, Dominum itidem nostrum clementissimum, ad Plenipotentiam sibi ab eadem Majestate concessam, res tandem in certam Reconciliationis formam reducta est. Quæ quidem sub dato vigesima tertia mensis Junii proxime elapsi, tam a sua Serenitate & Dominis Commissariis ad illud utrinque deputatis subscripta, & Sigillis corroborata quam a sua Majestate sub dato sexto die mensis Augusti hujus anni confirmavit.

Nos itaque suprascripti, nunc invicem concordati, nomine omnium Statuum & Ordinum Inclyti Regni Hungariæ & partium sibi annexarum, libere & spontanee, animoque vere deliberato spondemus, promittimus & recipimus, Quod Reconciliationem hanc, cum sua Majestte & vicinis Regnis & Provinciis factam, nos & prædicti universi Status & Ordines Regni Hungariæ & partes sibi annexæ, eorumque Successores & posteri, inviolabiliter in omni sui parte observabimus. Quinimo juxta antiqua Pacta & Fœdera (quæ præsentibus hisce renovamus, & in integrum si nunquam violata fuissent, restituimus:) bonam vicinitatem & mutuum amorem in perpetuum cum iis colemus, & ultra citraque commercium Christianorum omnibus relinquemus, non secus ac si ista omnia in publica Regni Hungariæ Diæta tractata ac conclusa fuissent. In quorum fidem & testimonium hasce Literas nostras manibus nostris subscriptas & Sigillis roboratas, Statibus & Ordinibus Regni Bohemiæ, ejusdemque incorporatarum Provinciarum Marchionatus Moraviæ, Ducatus Silesiæ, nec non Marchionatuum superioris & inferioris Lusatiæ pro futura ipsorum cautela & assecuratione dandas duximus & concedendas. Datum Viennæ Austriæ vigesima tertia die mensis Septembris. Anno Domini millesimo sexcentesimo sexto.

Novendecim sequuntur Sigilla minora; tandem subscriptiones triginta sex.

Nos Adamus a Sternbergh, Baro, Dominus in Bichinia & Sedlecz, Sacræ Cæsar. Regiæque Majestatis Consiliar. & supremus Regni Bohemiæ Camerarius; Adamus Junior Baro de Waldstein in Stradek, supra Sazawam, & Lowositz Sacr. Cæsar. Regiæque Majestatis Consiliarius, Camerarius, & Regiæ Bohemiæ Majestatis Aulæ Marsalcus; Matthæus Diepoldus Poppelius, Baro de Lobkowitz in Strakonicz Sacræ Cæsar. Regiæque Majestatis Consiliarius, & Palatinus, Regni Bohemiæ Magister; Joannes de Klenowecho & Janowictz in Zinkova & Zitnia, Sac. Cæsar. & Regiæ Majest. Consiliarius, & supremus Regni Bohemiæ Notarius; Georgius Gersdorff in Chioltitz, Sacr. Cæsar. Regiæque Majest. Consiliarius & Joannes Vostrounecz, di Kralovitz in Vlassim & Damassim Sacr. Cæsar. Regiæque Majest. Dapifer, Statuum & Ordinum Inclyti Regni Bohemiæ. Carolus a Lichtenstein & Niclasburgh,

Anno 1606. purgh, Dominus in Veltspergh, Hern Baumgarten Erzgrub, Plumblan, Prosznitz Auhorin, & Czernohori, Sacr. Cæsar. Regiæque Majestatis intimus Consiliarius, & supremus Marchionatus Moraviæ Capitaneus, Weykardus, Comes a Salnus & Neuburgh supra Oenum in Stounizann Sacr. Cæsar. Regiæque Majestatis Consiliar. Georgius Hodichky in Plauuertz, & Rudoczy, Guillelmus Zanbeg de Zdetin in Zdankach & Hatrovanetz supremus Marchionatus Moraviæ Notarius; Venceslaus Zahradeczky de Zahradecz in Budisskounicz, Guntherus Golcz de Golczian in Klabersdorff, Marchionatus Moraviæ.

Joachimus Malczan, Liber Baro à Bartenbergh & Penzlin in Militzsch, Ronaw & Drumb, Sacr. Cæsar. Regiæque Majestatis Consiliar., Fridericus Ratzhor & Przibor Illustriss. Electoris Brandeburgici Consiliarius & Ducatus Carnoviensis Capitaneus superior; Christophorus Henscher, Juris utriusque Doctor Syndicus Uratislaviensis eorumque per Ducatum Uratislaviensem eidemque conjunctos Districtus, Procancellarius; Ducatuum superioris & inferioris Silesiæ. Joannes Fabianus à Ponikaw in Elscra Provinciarum superioris Lusatiæ Senior, & Sigismundus Kindlerus, Civitatis Zittaviensis Secretarius, Marchionatus superioris; & Maximilianus a Loben in Ambticz, Regii Judicii Provincialis Præses, & Abraham Gasto, Civitatis Gubiensis Syndicus, ac Judicii Provincialis Assessor, inferioris Lusatiæ Legati. Memoriæ commendamus tenore præsentium significantes quibus expedit universis. Quod cum ob sopiendos motus intestinos, superioribus temporibus in Regno Hungariæ exortos, inter Sacram Cæsar. Regiamque Majestatem, Dominum nostrum clementissimum ex una, & specialem, ac Magnificum Dominum Stephanum Boczkay de Eysmaria ejusdemque asseclas Hungaros, ex altera partibus; per Serenissimum Principem ac Dominum Dominum Matthiam ArchiDucem Austriæ Dominum nostrum gratiosissimum, ad Plenipotentiam sibi ab eadem sua Majestate concessam, res tandem in certam Reconciliationis formulam reducta est, quæ quidem sub Dato vigesimo tertio die Mensis Junii, proxime elapsi, tam a sua Serenitate & Commissariis ad illud negotium utrinque deputatis, subscripta & Sigillis corroborata, quam a sua Majestate sub Dato 6 die mensis Augusti hujus anni confirmata fuit.

Nos itaque nominati & ex Plenipotentia Nobis a nostris Principalibus Statibus Regni Bohemiæ, ejusdemque incorporatarum Provinciarum attributa, accedenti consensu & autoritate bene præfatæ Sacr. Majestatis libere & non coacte spondemus, & prædictum Dominum Bochkay universosque Status & Ordines Regni Hungariæ & Transylvaniæ assecuramus, quod Sacr. Majestas hanc Reconciliationem cum Hungaris factam non solum inviolabiliter in omni parte observabit, sed etiam Status & Ordines Inclyti Regni Bohemiæ, ejusdem incorporatarum Provinciarum nihil contra Hungaros, quod vicinitatis jus lædere possit, attentabunt; quinimo secundum antiqua Pacta & Fœdera (quæ præsentibus hisce renovamus & in integrum ac si nunquam violata fuissent, restituimus:) bonam vicinitatem & mutuum amorem sincere colent, & ultro citroque Commercium Christianorum liberum omnibus relinquent, non secus ac si ista omnia in publicis Comitiis Regni Bohemiæ, Marchionatus Moraviæ, Ducatus Silesiæ, nec non Marchionatuum superioris & inferioris Lusatiæ, acta & conclusa fuissent; modo id ipsumque ab Hungarica Natione secundum ipsorum Literas nobis propterea specialiter assignatas præstetur. In cujus corroborationem præsentes nostras Sigillorum nostrorum appensione communiri fecimus. Actum Viennæ Austriæ die 26 mensis Septembr. Anno salutis 1606.

Loca Sigillorum.

XLVI.

13. Août. **Erb-Vertrag** und Statutum primogenituræ zwischen Ludwig / Philipp / und Fridrich gebrüdern / allerseits **Land-Graffen zu Hessen Darmstadt** aufgerichtet; Worinn verabredet wird / daß alle Land und Güter Ludwigen alß dem ältesten erbl. verbleiben / dahingegen aber denen andern zwey Brüdern / und zwar Philippo Jährl. zur Pension 24000. gulden / und Friderico 20000. gulden gefolget werden / nach tödtlichen hintritt aber deren zweyen eines / dem überlebenden so viel erbl. accresciren solle / daß er Jährl. vom Landgraf Ludwig mit seinem Deputat 30000. gulden zu empfangen habe / nach des ersten hintritt aber / sollen alle dessen lande / an dero Erben / in ermangslung aber derer / an diese zwey verfallen. geschehen Darmstadt den 13. Aug. 1606. Nebst Confirmation Kaysers Rudolphi II Geben Prag den 29. Maii 1608. Anno 1606. [Lunigs Teutsches Reichs-Archiv. Part. Spec. Continuat II. Absatz VIII. pag. 812.]

C'est-à-dire,

Accord hereditaire & Statut de Primogeniture entre Louis, Philippe, & Frederic, *Freres & Landgraves de Hesse Darmstadt, portant que tous les Etats & Domaines de la Maison appartiendront à* Louis *comme à l'aîné, & que les deux autres Freres se contenteront chacun d'un Appanage qui leur est assigné, Sçavoir à* Philippe *de 24 mille Florins par an, & à* Frideric *de 20. mille; en telle maniere que si l'un des deux vient à mourir sans enfans, l'Appanage du Survivant augmentera, jusqu'à 30 mille Florins par an & non plus; Et qu'après la mort de* Louïs, *toute la Succession passera à ses Fils, s'il en a, &, au défaut d'Hoirs Mâles, à sesdits Freres. Fait à Darmstadt le 13 d'Août.* 1606. Avec *la Confirmation de l'Empereur* Rodolphe II. *A Prague le* 29. *Mai* 1608.

Wir Rudolph der Ander von GOttes Gnaden / Erwöhlter Römischer Käyser zu allen Zeiten Mehrer des Reichs in Germanien / zu Hungarn / Böheimb / Dalmatien / Croatien und Sclavonien rc. König / Ertz-Hertzog zu Oesterreich zu Burgund / zu Braband / zu Steyr / zu Kärnden / zu Lützenburg / zu Würtemberg / Ober-und Nieder-Schlesien / Fürst zu Schwaben / Marggraff des Heiligen Römischen Reichs / zu Burgau / zu Mehren / Ober-und Nieder-Laußnitz / Gefürsteter Graff zu Habspurg / zu Tyrol rc. zu Pfirrd / zu Küburg und zu Görtz / rc. Land-Graff in Elsaß / Herr auf der Windischen Marck / zu Portenau und zu Salines rc. Bekennen für Uns / und Unsere Nachkommen am Reich / öffentlich mit diesen Brieff / und thun kund allermänniglich / alß Uns die hochgebohrne Ludwig / Philips und Friederich / Gebrüdere / Landgraffen zu Hessen / Graffen zu Catzenelnbogen / Dietz / Ziegenhain und Nidda rl. Unsere liebe Oheimen und Fürsten / in glaubwürdiger Form unter ihren Handschrifften und Sigillen unterthänigst haben fürtragen lassen / wessen sie sich in Krafft eines ewigen Statuts und Erbeinigung / der Administration und Regierung halber ihrer Land und Leuthe / so sie ietzo haben und künfftig gewinnen mögen / mit einander erblichen verglichen / und mit guter Vorbetrachtunge / rechten Wissen und freyen Willen, vereiniget haben; Weil durch Vertheilung der Fürstenthumb und Herrschafften und durch Menge der regierenden Herrn so wohl die Familien an Reputation und Vermögen mercklich geschwächt / und mit der Zeit gar zu boden zu gehen / als auch Land und Leute in Verderben gestürtzt zu werden pflegen.

Damit dann neben Erhaltung und Fortpflantzung guten Vertrauens / Lieb / Treu und Einigkeit / so wohl Abwendung alles Mißverstandes und Unwillens / Sie bey ihren Land und Leuten / was sie deren ietzo haben / oder künfftig weiter ererben / gewinnen oder bekommen werden / beharrlich verbleiben / und dieselben nicht zerrissen / noch mit unterschiedlichen Regierungen beschweret werden mögen / daß unter ihnen den Landgraffen / Ludwigen / Philipsen und Frie-

ANNO 1606.

Friederichen / Gebrüdern / und allen ihren der Fürsten zu Hessen Darmstattischer Linien Nachkommen / ietzo und hinfürtter nicht mehr als nur ein einiger regierender Lands-Fürst und Herr seyn solle / welcher die andern / nach Gelegenheit der Land und Leute / mit Geld oder in andere Wege / nach billicher Ermessunge Ritter und Landschafft ablegen / und sie die Gebrüdere und ihre Nachkommen / sich darneben freund- und treulich meynen / ehren / fordern / verantwortten / vertretten / und einer dem andern in seinen anliegenden Sachen behülfflich und beyständig seyn solle / ob treffe es ihren Jeden selbsten an / zu welchem Ende Sie die Gebrüdere / obgenannt / Uns ein schrifftlich verfasset / von ihnen allen und ihrer jeden mit eignen Händen unterschrieben und mit ihren Sigillen bekrefftiget / auch mit leiblichen Eyd bestättiget Pactum und Statutum fürgelegt / von Worten zu Worten lautende / wie hernach folget:

Von GOttes Gnaden wir Ludwig / Philips und Friedrich Gebrüdere / Landgraffen zu Hessen / Graffen zu Catzenelnbogen / Dietz / Ziegenhain und Nidda / rc. Bekennen öffentlich mit diesem Briefe vor Uns / Unsere Erben und Nachkommen Fürsten zu Hessen; Demnach wir bey Uns vernünfftiglich ermessen / auch die tägliche Erfahrung bezeuget / daß durch Vertheilung und Zerreissung der Fürstenthum / Graff- und Herrschafften / und Menge der regierenden Herren / nicht allein Land und Leute in Abgang und Verderben kommen / sondern auch die Häuser und Geschlechter / so wohl an ihrer Reputation als auch am Vermögen sehr geschwächet werden / und letzlich gar zu Boden gehen / Und dann auch / daß neben deme zu beständiger Aufkunfft / Wohlfart und erspriesslichen Gedeyen nichts verträglichers seye / dann beharrliches brüderliches Vertrauen / Lieb / Treu und Einmüthigkeit. Damit wir dann bey solchen brüderlichen und auffrichtigen Vertrauen beständiglich zu verharren um so viel mehr Ursach haben / darzu bey unsern Landen und Leuten / was wir dero ietzo haben / oder künfftig weiter ererben / oder bekommen werden / beharrlich verbleiben / und dieselbe nicht zerriessen / auch allen besorgenden Irrungen vorgebauet werden möchte: Daß wir demnach in dem Namen GOttes / zu Vermehrung brüderlicher Lieb / Treu und Einigkeit Uns mit gutem Vorbetracht / Wissen und Willen / ungezwungen und ungedrungen auch nicht hintergangen / unwiederrufflich verglichen / vereiniget und verbunden haben; vergleichen und vereinigen Uns auch hiermit und in Krafft dieses Brieffs / wissentlichen in der allerbesten Form und Gestalt / solches immer am kräfftigsten und beständigsten geschehen soll / kan und mag / immassen unterschiedlich hernach folgt:

Erstlich sollen und wollen wir Gebrüdere obbenant / Unser ein ieder den andern / die Zeit Unsers Lebens brüderlich / freundlich und treulich meynen / ehren / fördern / verantwortten und vertretten / auch behülfflich und beyständig seyn / gleich als wann es sein eigen Sach wäre / und ihn selbst antreffe. Auff daß auch Unsere Land und Leute mit unterschiedlichen Regierungen niet beschweret / auch solche Land und Leute zu Untergang und Verderben so wol der Herrschafften und Familien / als auch Land und Leute selbsten nicht zerrissen werden:

So ist bewilliget / abgeredt und beschlossen / daß unter Uns und Unsern Nachkommen / Unserer lieben Fürsten zu Hessen / nit mehr als ein regierender Herr sey / die andern aber sich nach Gelegenheit der Land / mit Geld oder in andere Wege / ablegen lassen sollen / zu welchen Effect und Ende dann wir obgemelte beyde Brüdere Landgraf Philips und Landgraf Friedrich samptlich / und ein ieder insonderheit verwilliget; von allen Landen und Leuten / auch liegenden und fahrenden Haab und Gütern / die seyn von Unserm geliebten Herren Vatern / Landgraf Georgen / oder Unsern Vettern / Landgraffe Ludwigen dem Eltern / beyden lobseeliger Gedächtniß / herrührend / gegenwertig oder durch rechtliche oder gütliche Erörterung künfftig / ersucht und unersucht / nichts ausgenommen / allerdings abgetreten / und aus Unsern Händen und Gewehr gegeben / und dieselbige alle und iede obbenante Unserm freundlichen lieben Brudern Landgraf Ludwigen / und seiner L. manlichen Lehens-Erben gäntzlichen und zumahl erblichen übergeben / cedirt und eingeraumt haben / gestalt wir Landgraf Ludwig ietzt gemelt / solches alles von hocherwehnten Unserer freund-lieben Brüder Ld. Ld. acceptirt und angenommen haben.

Gegen solche Cession, Ubergabe und würckliche Einräumung haben wir Landgraf Ludwig versprochen und Uns verbunden / daß wir / oder Unsere eheliche manliche Leibs-Erben vor-ernenten Unsern freundlichen lieben Brüdern / jährlich und iedes Jahrs besonder / eine Summen Gelds / benantlich Landgraf Philipsen vier und zwantzig tausend Gülden / und Landgraf Friedrichen zwantzig tausend Gülden / ieden Gülden zu funffzehen Batzen / oder sieben und zwantzig Alb. gerechnet / an bahren Gelde gangbarer guter harter Müntz / gegen Ihrer Ld. Ld. Qvittungen / erblich und eigenthümlich einhändigen / und ohne dero Kosten und Gefahr durch Unsern Cammerschreiber / den wir iedesmahl haben werden / zu beyden Franckfurter Meß-Zeiten / iedesmahls die Helffte solcher benändten Summen einliefern sollen und wollen / wie solches die nechste Jahr hero zu Unser der beyden jüngern Brüdern guten Genügen geschehen. Worbey auch ferner abgeredt ist / da uns Landgraf Ludwigen an Erlangung Unserer Landgraf Philipsen und Landgraf Friedrichen zugefallenen Theilen an Unsers Vetter Landgraf Ludwigen des Eltern / Hinterlassenschafft / Eintrag oder Hinderung geschicht / daß wir ietzt bemeldte beyde jüngere Brüdere Sr. Landgraf Ludwigs Ld. treulich und brüderlich beyspringen / und vor ein Mann mit Sr. Liebden stehen sollen und wollen.

Wir Landgraf Ludwig haben auch über das / mehrgedachten Unsern beyden Brüdern / aus brüderlicher Zuneigung verwilliget / daß Ihre Ld. Ld. deren Belieben nach / an Unserer Hofhaltung ab- und zureiten / auch ein viertel-halb- oder gantzes Jahr ohne Entgeld oder Abkürtzung fürbeschriebenen jährlichen Deputats / daran verharren / wie nicht weniger die Oeffnunge in allen Unsern einhabenden Häusern haben / und in dieselbige ihrer Gelegenheit nach einkehren mögen. Begebe es sich auch (das GOtt verhüte) daß Ihrer Ld. Ld. einer oder der ander in Krieges-Laufften gefangen würden; Sollen und wollen wir Landgraf Ludwig uns desselben treulich / brüderlich annehmen / auch die Außlage und sonsten alle Beförderung thun / damit die Erledigung erfolge / wie wir auch auf den Fall Ihrer Ld. Ld. einer oder der ander / Geldes halben / oder sonsten benöthiget seyn würden / denselben alle brüderliche Hülffe und Vorschub thun wollen. Die zutragende Todes-Fälle und Succession betreffend / ist zwischen Uns dreyen obgemeldten Gebrüdern verglichen / angenommen und beschlossen / auf den Fall / über kurtz oder lang / unter Uns Landgraf Philipsen und Landgraf Friedrichen / einer oder der ander ohne eheliche Mans-Leibs-Lehens-Erben mit Tod abgehen würde / daß dem überlebenden an des verstorbenen Deputat so viel accresciren und erblichen anfallen solle / daß Er jährlichs mit seinem Deputat von Uns Landgraf Ludwigen oder Unsern ehelichen Leibs-Erben zusammen dreyßig tausend Gülden für bemeldter Wehrung haben solle und möge. Was aber an des abgestorbenen Quota oder jährlichs gehabten Deputat übrig seyn würde /

ANNO 1606.

ANNO 1606. dasselbe soll Uns Landgrafe Ludwigen / oder Unsern Leibes-Erben zurück und heim gefallen seyn; Solte dan nach dem Willen GOttes / der Letztlebende / unter beyden jüngern Gebrüdern / auch ohne männliche Leibs-Lehens-Erben Tods verfahren / alsdenn sollen jetztbemeldte dreyßig tausend Gülden / und was derselbige letzt-lebend sonsten verlässet / gleich als wären es Land und Leute / uns Landgraf Ludwigen / oder Unsern mannlichen ehelichen Erben heimgefallen seyn / und da Fräulein fürhanden / dieselbe / wie beym Fürstlichen Hause Hessen herkommen / von uns und der Landschafft ausgesteuert werden. Solte sichs aber / nach dem gnädigen Willen GOttes / zutragen daß wir Landgraf Ludwig / vor Uns Landgraf Philipsen und Landgraf Friedrichen / ohne mannliche Leibs-Lehens-Erben Todes verfallen würden. So sollen alle Unsere Land und Leute auf Uns Landgrafe Philipsen / oder Unsere mannliche Leibs-Lehens-Erben / da wir deren hinterlassen / erb-und eigenthümblich allein fallen / und wir Landgraf Friedrich / oder Unsere mannliche Leibes-Lehens-Erben / keinen Zuspruch noch Forderung darzu haben / sondern dargegen das Deputat, so wir Landgraf Philips dero Zeit gehabt / einnehmen / und dasselbige zu seinem Deputat jährlichs empfangen / welches wir Landgraf Philips / Sr. Landgraf Friedrichs Ld. Ld. auch auf solchen unverhofften Fall jährlichs / zu obgesetzten Zielen / gut zu machen und erlegen zu lassen schuldig und willig seyn sollen und wollen; Würden aber fürters Wir Landgraf Philips auch ohne mannliche Leibs-Lehens-Erben Todes verfahren; So sollen alsdan alle solche Land und Leute / und was wir Landgraf Philips hinterlassen würden / auf Uns Landgraf Friedrichen oder Unsere mannliche Leibs-Lehens-Erben / erb-und eigenthümlich verfallen seyn.

Damit auch Wir Landgrafe Philips und Landgraf Friedrich / und Unsere mannliche Leibes-Lehens-Erben des verglichenen jährlichen Deputats desto gewisser und habhaffter seyn; So ist verglichen / daß Unser Landgraf Ludwigen Land und Leut / jederzeit dafür verhäftet seyn sollen / derogestalt / da Wir Landgraf Ludwig / oder Unsere mannliche Leibs-Lehens-Erben / oder successivè ein jeder regierender Herr / berührt Deputat nicht ausrichten / und zu gebührlicher Zeit zahlen lassen würde / daß Wir Landgraf Philips und Landgraf Friedrich / oder unsere mannliche Leibs-Lehens-Erben / uns jederzeit an solchen Land und Leuten zu erholen haben sollen.

Alle und jede vorgesetzte Puncten sollen und wollen wir drey Gebrüdere obgemeldt / und ein jeder insonderheit / alles ihren Inhalts / stett / fest und unverbrüchlich halten / und darwider nicht thun / noch schaffen gethan werden / in keinerley Weise / und soll Uns dargegen nicht schützen einige Freyheit / Auszug / Behelff oder auch Indult, geistlich oder weltlich Recht / wie das Nahmen haben oder genennet werden mag / sondern wir wollen Uns derselbigen allen und jeden wissentlich hiermit begeben und verziehen haben / als stünde es von Wortten zu Wortten hierin begriffen / wie solches in Rechten am kräfftigsten geschehen kan und mag / treulich und ohne Gefehrde.

Dessen zu mehrer Urkund haben wir obgemeldte Gebrüdere / Ludwig / Philips und Friedrich / alle Landgrafen zu Hessen rc. diesen Einigungs-Brieff dreyfach also gleiches Lauts verfertiget / mit eigenen Handen unterschrieben / und Unser jeder sein Fürstlich Insiegel oder Petschafft daran hangen lassen / auch einen leiblichen Eyd mit auffgereckten Fingern zu GOtt und seinem heiligen Wort würcklich geschworen und anietzo solches alles bestättiget; Geschehen zu Darmstatt den 13. Monats-Tag Augusti, nach Christi Unsers lieben HErrn Geburt im sechzehen hundert und sechsten Jahr.

Ludwig / Landgräf zu Hessen. ANNO 1606.
Philips / Landgr. zu Hessen.
Friederich / Landgr. zu Hessen.

Damit dan solch ihr wohlangesehen Vereinigung / Erb-Vertrag / Statut und Ordnung / auch bey ihren Nachkommen / und auf alle zutragende Fälle stett und fest und unverbrüchlich gehalten / u. also ob-und erstgemeldter Zweck allwegen in acht genommen und erreicht werden möge / haben Sie Uns durch ihre unterschiedliche versiegelte / und mit ihren-selbst Handen unterschriebene Brief und Siegel unterthänigst und zum fleißigsten einhelliglichen ersucht und gebeten / daß wir als regierender Römischer Kayser und obrister Lehn-Herr / zu Erhalt-und Fortpflantzung ihres Stammes und Namens existimation, auch Vorkom-und Abwendunge alles Mißverstands und Unheils in ihrem Hause / damit ihre gegenwärtige und zukünfftige Land und Leute allwege nur von einem eintzigen Fürsten aus des ältisten Geburts-Linien / nach den Rechten der Primogenitur, und also fürters / regieret werden; Solche ihre brüderliche Erb-Vereinigunge / Statuta, Ordnunge und Satzunge / die sie eines Theils für sich und ihre Erben / Erbens-Erben und Nachkommen ihrer Linien / Fürsten zu Hessen / gemacht / mit Verzeihung aller rechtlichen Wohlthaten insonderheit restitutionis in integrum, der Exception Mangels vollkommenen Alters / und richterlichen Decrets / Item übermäßiger Verletzung / ehelicher Leibs-Erben Erzielunge / und sonsten aller Behelffen / in allen ihren Puncten / Clausuln / Articuln / Sentenzen und Begreiffungen / aus Käyserlicher Hoheit / Würde und Gütigkeit zu approbiren / zu confirmiren / authorisiren und bestetten / mit verbändlichen Clausuln extensè in besten versehen zu lassen / und als solches am beständigsten geschehen soll / kan und mag / zu bestetigen geruheten.

Auf solches und nachdeme wir die obbeschriebene Statuta und Ordnungen durch Unsere Räthe alles Fleisses examiniren und erwegen lassen / auch für Uns selbst bewogen und befunden / daß dieselben erbar / und der Billigkeit gemäß / und zu Conservation und mehrerm Aufnehmen und Wohlstand des Hauses Hessen / Darmstettischer Linien / dienlich und nützlich / auch Uns und dem Heil. Reich zuträglich seyn / und darneben angesehen Ihre / der sämtlichen Brüdern einmüthige ziemliche Bitte / auch die treuen Dienste / die ihre Vorfordern Uns und Unsern Vorfordern und dem Heil. Reich vielfältig erzeiget und bewiesen / und sie auch selbst wohl thun mögen und sollen / denen Wir auch deren und andern Ursachen wegen / sondere Gnad zu erzeigen und mitzutheilen geneigt seynd:

Als haben Wir mit wohlbedachten Muth / zeitigem Rath und rechtem Wissen / solch obberührte Statuta und Ordnungen von eintzeliger Administration und unverscheidner Regierung und Succession an allen ihren Land und Leuten / so sie jetzo haben / oder sie oder ihre Nachkommen künfftig bekommen mögen / auch alle andere sampt und sondere Disposition, so diese ihre sondere Statuta und Ordnunge in sich halten / in allen und jeden ihren Articuln / Puncten / Inhalten / Meynungen und Begreiffungen / in der besten Maß und Gestalt / so das zu Recht seyn soll oder mag / gnädigst vor Uns und Unsere Nachkommen am Reich approbirt / zugelassen / confirmirt und bestättiget; approbiren / lassen zu / confirmiren und bestättigen dieß auch also von Röm. Kays. Macht Vollkommenheit und rechten Wissen / in Krafft dieses Brieffs.

Und als darin auch verordnet ist / daß wegen Land und Leute / so sie und ihre Nachkommen in künff-

Anno 1606.

künfftigen Zeiten bekommen werden/ es anders nicht/ als mit den gegenwärtigen gehalten / und dieselben bey einem Erstgebohrnen oder nechsten Juris primogenituræ fähigen Fürsten gelassen werden.

So erklären wir dasselbige aus Röm. Kays. Macht Vollkommenheit wissentlich also und dergestalt / daß solche Abfindunge/ nach billigen Dingen und Ermessunge des Erstgebohrnen/ mit Zuziehung Ritter-und Landschafft / und wie es bey andern Fürstlichen Häusern im Heil. Reich / so dergleichen Statuta und Ordnunge der Ersten Geburth Rechtens haben / gebräuchlich ist / geschehen soll / deme allen nach decerniren Wir vor Uns und Unsere Nachkommen am Heil. Reich durch dieß kräfftigst Kayserlich Edict, setzen und wollen/ daß diese Statuta und Ordnungen und deren einverleibte Puncten und Erklährungen / sampt dieser Unserer Approbation und Confirmation hinfüran zu ewigen Zeiten tauglich / kräfftig und beständig seyn / die Krafft und Wirckung eines immerwährenden ewigen Statuti oder Pacti gentilitii und Juris Primogenituræ, als das von Rechts-und Gewohnheit wegen am allerkräfftigsten und beständigsten seyn soll/ kan und mag/ haben/ und desselben Inhalt stracks in-und ausserhalb Rechtens nachgefolgt / gelebt / und gleich als ob dieselben Gesetze und Ordnungen in Unser Gegenwertigkeit auffgerichtet / geschworen / und publicirt weren / Vollziehung geschehen soll / unverhindert männiglichs / auch aller Exceptionen und Einreden / so ietzo oder künfftig dargegen vorgewendt würden / oder werden möchten / und sonderlich unangesehen / ob gesagt würde / daß Ihr der Gebrüder einer oder der ander in Zeit der Auffrichtung dieser sondern Gesetze und Statuten / noch pupill oder minderjährig gewesen/ oder daß sie dermassen zu ordnen und Gesetz zu machen / in Recht keine Macht und Gewalt gehabt hätten / oder daß solche Verpflichtung / so diese Ordnung mit sich brächte / zwischen Gebrüdern vor sich / und ihre Leibs-Lehens-Erben/ von dem ersten acquirirenden posterirende / im Recht nicht seyn möcht / oder / daß der eine oder der andere Bruder / oder deren Nachkommen zu viel und übermäßig/ entweder an der Legitimâ, Falcidiâ Trebellianicâ oder sonsten lædiret / benachtheilet und beschweret seyn / oder daß dieselben Satzungen in lediger Weise und ohn Bedacht ehelicher Kinder / so erziehlet werden möchten / aufgerichtet weren / und darum solcher Statuten / ohnangesehen die jüngere Brüdere und deren eheliche Leibes-Erben/ zu obbestimbten Erbfällen ihren Zugang haben könten ; dan wir dieselben und dergleichen Auszüge und Einreden/ so wieder gedachte Statuta und Ordnungen immer fürgewendet werden / und denen Hinderung und Abbruch thun möchten / sampt und sonder hiermit aus eigner Bewegniß / rechten Wissen und Kayserlicher Macht hinweg nehmen / aufheben und vernichten / und derhalben auch alle und iegliche Mangel / Abfall und Gebrechen / sie stehen in Rechten / oder in der That / auch aller Solennitäten / wo die unterlassen weren / wie auch / da ichtwas viel oder wenig an Erfüllung Ihrer der dreyen Gebrüdern voigtbaren Jahren und Alters noch gefehlet haben solte / wissentlich erfüllen / suppliren / ersetzen / und auf ietzterwehnten Fall veniam ætatis ertheilen / und wollen auch insonderheit alle andere Statuten / Verträge / letzte Willen / Gewohnheiten / Gebräuche und Herkommen / ob einige im Heil. Reich / es sey wo es wolle / auffgerichtet und eingeführet weren oder würden / dergleichen die gemeine geschriebene Recht / Gesetz und Constitution, auch besondere Gnaden und Privilegien / es seyn Käyserliche oder Königliche / und alle andere / so und als fern die gemeldten diesen sondern Statuten und Ordnungen gar oder zum Theil zuwider weren oder seyn möchten / abgethan und denselben derogirt haben / als auch Wir zu solcher Wirckung / und weiter oder anders nicht / dieselben hiermit und in Krafft dieses Brieffs aus Unserer Macht Vollkommenheit / eigner Bewegnüß und rechten Wissen / also und sonsten in der vollkommlichsten Maaß und Gestalt abthun / auffheben / und ihnen derogiren / gleich als ob dieselben andere Verträge / Statuta und Gewohnheiten / auch Käyserliche Gesetze und Constitution, denen / wie ietzt gemelt / derogiret wird / von Wort zu Worten hierin sonderlich benennt und inserirt weren ; Dergleichen derogiren Wir aus rechtem Wissen der Rechtsgelehrten Opinion und Meynung / die wollen / daß gemeine Derogation nicht statt habe / es werden dan die Leges, Constitutiones und anders / deme derogirt wird / nämlich und mit sondern Worten specificirt und ausgetrückt.

Und gebieten hierauf allen und ieden Unsern des Heil. Reichs Churfürsten / Fürsten / Geistlichen und Weltlichen / Richtern und sonderlich Cammer-Richtern und Urtheilsprechern Unsers Kayserlichen Kammer Gerichts / auch allen Unsern und des Heil. Reichs Hof-und andern wie auch austräglichen und compromittirten Richtern und Gerichten / in-und ausser dem Land zu Hessen / Prälaten / Grafen / Freyen / Herren / Rittern / Knechten / Hauptleuten / Vicethumen / Voigten / Pflegern / Verwesern / Amtleuten und Schultheissen / Bürgermeistern / Richtern / Räthen / Bürgern / Gemeinden / und sonsten allen andern Unsern und des Reichs Unterthanen / in was Ehr / Würde / Stand oder Wesen die seyn / und wollen / daß Sie obgenente Gebrüdere Ludwig / Philips und Friedrich / alle Landgrafen zu Hessen 2c. Ihre Erben / Erbens-Erben und Nachkommen ihrer Linien und Familien des Hauses Hessen-Darmstadt / für und für / und allen denen obgemeldte ihre sondere Gesetz und Statuta zu Nutz und Guten gereichen mögen / an denselben Statuten und Ordnungen sampt Unserer derhalben gethanen Confirmation, Derogation und was deme anhängt / nicht irren noch hindern / sondern sie derselben / wie obstehet / gebrauchen / und gantzlich darbey bleiben / und die vollnziehen lassen / darwider auch mit Urtheil nicht sprechen / oder sonst / in-oder ausserhalb Rechtens nichts thun noch vornehmen / sondern sie von Unser / Unserer Nachkommen am Reich / und des heiligen Reichs wegen / darbey und sonderlich der eintzigen unzertheilten Regierunge und Succession nach Recht der Primogenitur, wie oblautet / handhaben / schützen und schirmen / und sich deme in keine Weise noch Wege wiedersetzen / als lieb einem ieglichen sey Unser / und Unserer Nachkommen / und des Heil. Reichs schwere Ungnad / und darzu bey der Pön fünffhundert Marck lötigs Gold / die ein ieder / so freventlich hierwieder thäte / Uns halb in Unser / Unserer Nachkommen und des Reichs Cammer / und den andern halben Theil den obgenandten dreyen Landgrafen zu Hessen / 2c. sampt und sonder / auch ihren Erben und Nachkommen / so hierwieder beschweret oder belästiget würden / unabläßlich zu bezahlen verfallen ; Zu deme / daß alles so den vielgedachten sondern Gesetzen / Statuten und deren Inhaltungen / auch Unserer derhalb geschehener Confirmation, Willen und Meynung zuwieder geurtheilet / oder sonst in-oder ausserhalb Rechtens gethan / fürgenommen und gehandelt würde / krafftloß und von Unwürden seyn soll / als wir auch solches durch dieses Unser irritirende Decret nichtig erkennen und sprechen / decerniren und erklären ; Mit Urkund dieses Briefs / besiegelt mit Unserm Kayserlichen anhangenden Insiegel. Geben auff Unsern Königlichen Schloß zu Prag / den neun und zwantzigsten Tag des Monats May / nach

Christi

ANNO 1606. Christi Unsers lieben HErren Und Seligmachers Geburt / sechzehen hundert und im achten / Unserer Reiche des Römischen im drey und dreyssigsten / des Hungarischen im sechs und dreyssigsten / und des Böhmischen auch im drey und dreyssigsten Jahren.

Rudolph

Ad Mandatum S. C. Majestatis proprium.

L. von Stralendorff.

G. Hertel.

XLVII.

22. Sept. *Breve Apostolicum* PAULI *Papæ V.* Catholicis Anglis *missum, nè Juramentum à Rege Angliæ* JACOBO I. *circa Potestatem Pontificis in Temporalibus iisdem propositum, ibidemque insertum, præstent. Dat. Romæ apud Sanctum Marcum sub Annulo Piscatoris X. Cal. Octobris* 1606. Cum *altero* BREVI *ejusdem Papæ prius confirmante. Dat. ibid.* 10. *Calend. Octobr.* 1607. [M. ANTONII CAPELLI Disput. de Regis Primatu. Apud ROCCABERTUM in Biblioth. Maxima Pontifi. Tom. XVI. pag. 141.]

PAULUS *Papa Quintus.*

DILECTI Filii, salutem, & Apostolicam Benedictionem. Magno animi mœrore nos semper affecerunt Tribulationes, & Calamitates, quas pro retinenda Catholica fide jugiter sustinuistis, sed cum intelligamus omnia hæc magis exacerbari, afflictio nostra mirum in modum aucta est. Accepimus namque compelli vos, gravissimis pœnis propositis, Templa Hæreticorum adire, Cœtus eorum frequentare, Concionibus illorum interesse. Profectò credimus proculdubio eos, qui tanta constantia, atque fortitudine atrocissimas persecutiones, infinitas propemodum miserias hactenus perpessi sunt, ut immaculatè ambularent in Lege Domini, nunquam commissuros esse, ut coinquinentur communione desertorum Divinæ Legis. Nihilominus zelo Pastoralis Officii nostri impulsi, & pro paterna sollicitudine, qua de salute animarum vestrarum assidue laboramus: cogimur monere vos, atque obtestari, ut nullo pacto ad Hæreticorum Templa accedatis, aut eorum Conciones audiatis, vel cum ipsis in ritibus communicetis, ne Dei iram incurratis. Non enim licet vobis hæc facere, sine detrimento divini Cultus, ac vestræ salutis. Quemadmodum etiam non potestis, absque evidentissima, gravissimaque divini honoris injuria, obligare vos Juramento, quod similiter maximo cum cordis nostri dolore audivimus, propositum vobis fuisse præstandum infrascripti tenoris, videlicet.

Ego A. B. verè, & syncerè agnosco, profiteor, testificor, & declaro in conscientia mea, coram Deo, & Mundo, Quod supremus Dominus noster Rex Jacobus est legitimus, & verus Rex hujus Regni, & omnium aliorum Majestatis suæ Dominiorum, & Terrarum; & quod Papa, nec per seipsum, nec per ullam aliam auctoritatem Ecclesiæ, vel Sedis Romanæ, vel per ulla media cum quibuscumque aliis, aliquam potestatem nec auctoritatem habeat Regem deponendi, vel aliquorum Majestatis suæ Dominiorum, vel Regnorum disponendi, vel alicui Principi extraneo ipsum damnificare, aut Terras suas invadere auctoritatem concedendi, vel ullos Subditorum suorum ab eorum suæ Majestatis obedientia, & subjectione exonerandi: aut ullis eorum licentiam dare arma contra ipsum gerendi, tumultus seminandi, aut aliquam violentiam, aut damnum Majestatis suæ Personæ Statui, vel Regimini, vel aliquibus suis Subditis, infra sua Dominia, offerendi.

Item juro ex corde, quod non obstante aliqua Declaratione, vel Sententia Excommunicationis, aut deprivationis facta, vel concessa; aut facienda, vel concedenda per Papam, vel Successores suos, vel per quamcumque auctoritatem derivatam, aut derivari prætensam ab illo, seu à sua Sede contra dictum Regem, Hæredes, aut Successores suos; vel quacunque absolutione dictorum Subditorum ab eorum obedientia; fidelitatem tamen, & veram obedientiam suæ Majestati, Hæredibus, & Successoribus suis præstabo ipsumque, & ipsos totis meis viribus contra omnes Conspirationes, & attentata quæcunque, quæ contra Personam illius, vel illorum, eorumque Coronam, & Dignitatem, ratione, vel colore alicujus Sententiæ, vel Declarationis, aut aliàs facta fuerit, defendam; omnemque operam impendam revelare, & Majestati suæ, Hæredibus, & Successoribus suis manifestum facere omnes proditiones, & proditorias Conspirationes, quæ contra illum, aut aliquos illorum ad notitiam, vel auditum meum pervenerint. ANNO 1606.

Præterea juro, quod ex corde abhorreo, detestor, & abjuro, tanquam impiam, & hæreticam hanc Doctrinam, & propositionem: Quod Principes per Papam excommunicati, vel deprivati, possint per suos Subditos, vel alios quoscumque deponi, & occidi.

Et ulterius credo, & in conscientia mea resolvor, Quod nec Papa, nec alius quicumque potestatem habet, me ab hoc Juramento, aut aliqua ejus parte absolvendi. Quod Juramentum agnosco rectà, ac plena auctoritate esse mihi legitimè ministratum, omnibusque indulgentiis, ac dispensationibus in contrarium renuntio. Hæcque omnia planè, & syncerè agnosco, & juro, juxta expressa verba per me hîc prolata, & juxta planum, ac communem sensum, & intellectum eorumdem verborum, absque ulla æquivocatione, aut mentali evasione, vel secreta reservatione quacumque. Hancque recognitionem & agnitionem facio cordialiter, voluntariè, & verè, & in vera fide Christiani viri, sic me Deus adjuvet.

Quæ cum ita sint, vobis ex verbis ipsis perspicuum esse debet quod hujusmodi Juramentum, salva fide Catholica, & Salute animarum vestrarum præstari non potest; cum multa contineat, quæ fidei & saluti apertè adversantur. Propterea admonemus vos, vel ab hoc, atque similibus Juramentis præstandis omnino caveatis; quod quidem eò acrius exigimus à vobis, quia experti vestræ fidei constantiam (quæ tanquam aurum in fornace perpetuæ tribulationis igne probata est) pro comperto habemus, vos alacri animo subituros esse quæcumque atrociora tormenta, ac mortem denique ipsam constanter oppetituros potius, quam Dei Majestatem ulla in re lædatis. Et fiducia nostra confirmatur ex his, quæ quotidie nobis afferuntur de egregia virtute, atque fortitudine, quæ non secus ac in Ecclesiæ primordiis, resplendet novissimis hisce temporibus in Martyribus vestris.

State ergo, succincti lumbos vestros in veritate, & induti loricam justitiæ, sumentes scutum fidei; confortamini in Domino, & in potentia virtutis ejus, nec quicquam vos detineat. Ipse autem qui coronaturus vos certamina in Cœlo intuetur, bonum opus, quod in vobis cæpit, perficiet: Nostis quod discipulis suis pollicitus est se nunquam relicturum esse eos orphanos, fidelis enim est, qui repromisit. Retinete igitur disciplinam ejus, hoc est radicati, & fundati in charitate, quicquid agitis, quicquid conamini, in simplicitate cordis, & unitate Spiritus sine murmuratione; aut hæsitatione unanimes facite. Si quidem, in hoc cognoscunt omnes, quod discipuli Christi sumus, si dilectionem ad invicem habuerimus. Quæ quidem charitas cum sit omnibus Christi fidelibus maximè appetenda, vobis certè, dilectissimi Filii, prorsus necessaria est. Hac enim vestra charitate Diaboli potentia infringitur, qui nunc adversus vos tantopere insurgit, cum ipsa contentionibus, atque dissidiis nostrorum Filiorum præcipuè nitatur.

Hortamur itaque vos per viscera D: Jesu Christi, cujus charitate à faucibus æternæ mortis erepti sumus, ut ante omnia mutuam inter vos charitatem habeatis. Præscripsit sanè vobis præcepta maximè utilia, de Fraterna Charitate vicissim exercenda, fælicis record. Clemens Papa VIII. suis Literis in forma Brevis ad dilectum Filium Magistrum Georgium Archipresbyterum Regni Angliæ, datis die quinta mensis Octobris 1603. Ea igitur diligenter exequimini. Et ne ulla difficultate, aut ambiguitate remoremini; præcipimus vobis, ut illarum Literarum verba ad amussim servetis, & simpliciter prout sonant, & jacent accipiatis, & intelligatis, sublata omni facultate aliter illa interpretandi. Interim nos nunquam cessabimus Deum Patrem misericordiarum precari, ut afflictiones, labores vestros clementer respiciat, ac vos continua protectione custodiat, atque defendat. Quos Apostolica Benedictione

nostra

ANNO 1606. nostra clementer impertimur. Datum Romæ apud Sanctum Marcum sub annulo Piscatoris, X. Cal. Octobris M. DCVI. Pontificatus nostri anno secundo.

Secundum BREVE *Pontificis Dilectis Filiis* Anglis Catholicis.

PAULUS *Papa Quintus.*

DILECTI Filii, Salutem, & Apostolicam Benedictionem. Renuntiatum est nobis reperiri nonnullos apud vos, qui (cum satis declaraverimus per Literas nostras anno superiore X. Calendas Octobris in forma Brevis datas, vos tuta conscientia præstare non posse Juramentum, quod à vobis tunc exigebatur, & præterea strictè præceperimus ne ullo modo illud præstaretis :) nunc dicere audent hujusmodi Literas de prohibitione Juramenti, non ex animi nostri sententia, nostraque propria voluntate scriptas fuisse, sed potius aliorum intuitu, atque industria, eaque de causa iidem persuadere nituntur, Mandata nostra dictis Literis non esse attendenda. Perturbavit sanè nos hic nuntius eoque magis, quia experti obedientiam vestram (Filii nostri unice dilecti) qui ut huic Sanctæ Sedi obediretis, opes, facultates, dignitatem, libertatem, vitam denique ipsam piè, ac generosè nihili fecistis; nunquam suspicati essemus, potuisse vocari apud vos in dubium fidem Literarum nostrarum Apostolicarum, ut hoc prætextu vos ex Mandatis nostris eximeretis. Verùm agnoscimus versutiem, atque fraudem adversarii humanæ salutis, eique potius, quam vestræ voluntati tribuimus hanc renitentiam. Eapropter iterum ad vos scribere decrevimus, ac denuo vobis significare, Literas nostras Apostolicas, anno præterito X. Calendas Octobris datas, de prohibitione Juramenti, non solùm motu proprio, & ex certa nostra scientia, verùm & post longam, & gravem deliberationem de omnibus, quæ in illis continentur adhibitam fuisse scriptas; & ob id teneri vos illas omnino observare, omni interpretatione secus suadente rejecta. Hæc autem est mera, pura, integraque voluntas nostra, qui de vestra salute solliciti semper cogitamus ea, quæ magis vobis expediunt, & ut cogitationes, & consilia nostra illuminet is, à quo Christiano Gregi custodiendo nostra fuit præposita humilitas, indesinenter oramus. Quem jugiter precamur, ut in vobis, Filiis nostris summopere dilectis, fidem, constantiam, mutuamque inter vos charitatem, & pacem augeat. Quibus omnibus cum omni charitatis affectu peramanter benedicimus. Datum Romæ apud Sanctum Marcum sub annulo Piscatoris X. Calendas Octobris MDCVII. Pontificatus nostri anno tertio.

XLVIII.

11. Nov. *Instrumentum Cæsareum Pacificationis ad* Situa Torock *inter* RUDOLPHUM II. *Romanorum Imperatorem ac Hungariæ Regem, &* HEHOMATEM (1) *Turcarum Sultanum initæ in Festo Sancti Martini 1606.* Cum CONFIRMATIONE *Cæsarea. Data in Arce Brandisii die 9. Decembris 1606.* [Pièces tirées de la Chancelerie Imperiale Aulique de Guerre.]

NOS Joannes à Molart, Liber Baro in Reinek & Trosendorff, Sac. Cæs. Regiæque Majestatis Consiliarius Bellicus, supremus Capitaneus Comaromiensis, & supremus Præfectus Tormentariorum in Confiniis suæ Majestatis; Adolphus ab Althann, Liber Baro in Goldberg, & Murstetten, Sac. Cæs. Reg. Majestatis Bellicus, supremus Præfectus Tormentariorum Campestrium, & Gubernator Exercitûs Sac. Cæs. Regiæ Majestatis; Comes Georgius Thurzo de Betlehemfalva, perpetuus Comes Comitatûs Arvensis, Dapiferorum regalium in Hungaria Magister, Sac. Cæs. Reg. Majestatis Consiliarius; Nicolaus Istvanffy de Kisasszonyfalva, Janitorum regalium in Hungaria Magister, Sac. Cæs. Reg. Maj. Consiliarius; Sigefridus à Kolonich Sac. Cæs. Reg. Majestatis partium Regni Hungariæ Cis-Danubianarum Generalis Capitaneus, Consiliarius Bellicus & Eques auratus; Franciscus de Batthian, Comes Comitatus Soprohiensis, Sac. Cæs. Reg. Maj. partiumque Regni Hungariæ Ultra-Danubianarum Generalis Capitaneus; Christophorus Erdodi de Erdod, perpetuus Comes Montis Claudii Serenissimi Archi-Ducis Austriæ Matthiæ, Cubicularius, ad Tractatum Pacis designati Commissarii, ac per Illustrissimum Principem Stephanum Transylvaniæ Principem, Siculorum Comitem, ac partium Regni Hungariæ Dominum, ad Tractatum ejusdem Pacis delegati, Stephanus Illieshazy, Comitatus Trinchiniensis, & Liptov. Paulus Nyary de Bedegh, Michael Czobor de Czobor-Szentmihaly, & Georgius Hoffman, memoriæ commendamus tenore præsentium, significantes, quibus expedit, universis: Quod postquam inter suam Majestatem Rudolphum II. Dei gratia Romanorum Imperatorem, semper Augustum, ac Germaniæ, Hungariæ, Bohemiæ, Dalmatiæ, Croatiæ, Sclavoniæque Regem &c. Dominum nostrum Clementissimum, & Murathem II. atque Mehmet tertium, quondam Turcarum Imperatores, rupto ex parte ipsorum prius Fœdere, Bellum motum, usque ad præsens tempus Hehomatis, moderni nimirum Potentissimi Turcarum Imperatoris, continuatum est: iidem ergo Imperatores, erga plebem tam diuturno, quindecim nempe Annos, variis utrinque duelli fortunis gesto Bello afflictam, misericordia moti, ipsis ac reliquis quoque eorum Subditis quietem & tranquillitatem parare, atque à Bellorum periculis aliquantulum sublevare cupientes, denuò ad renovationem Fœderis animum induxerunt; Potentissimusque Turcarum Imperator, Spectabilem, ac Magnificum Dominum, Aly Bassam, Budæ Locumtenentem suum, supremum Kudiam ad hoc delegit, qui post diversos ultro citroque habitos Tractatus & Sermones, tandem in sequentes futuræ Pacis Conditiones, utrinque firmiter observandas, condescendimus. ANNO 1606.

Prima CONDITIO.

Ut advenientibus ad utrosque Imperatores Legatis, unus in Patrem, alter verò in Filium se suscipiant; idque fiat per istam Legationem.

Secunda.

Ut in omnibus Scriptis, Literis, Visitationibus, humaniter procedatur; & unus alterum Cæsarem appellet, non autem Regem.

Tertia.

Ut Tartari quoque, & reliquæ Nationes in Pace comprehendantur, nec durante Pace quicquam damni Regnis Christianorum & Provinciis inferant.

Quarta.

Ut inter istos duos Imperatores sit Pax in omnibus Locis, præcipue verò in Hungaria, & Provinciis ab antiquo ad illam pertinentibus, ac aliis Regnis, Regionibus & Provinciis, tam in Mari, quam in Terra, ad eos nempe Imperatores pertinentibus; includunturque cuncta Regna ad inclytam Domum Austriacam addita, vel ab ea dependentia. Et si Rex Hispanus quoque Pacem inire vellet, non contrariaremur.

Quinta.

Ut omnes excursiones penitus tollantur; si casu aliquo Prædones insurgerent, damnaque cuilibet Partium inferrent, liceat hujusmodi nefarios carcerare, & de captivitate eorum alteram Partem certificare; cum quibus postmodum Jure procedatur coram eo Capitaneo, sub cujus Capitaneatu hujusmodi violentiæ contigerint, resque ablatæ restituantur.

Sexta.

Ut Arces invadere & occupare, nec clam nec palam, vel aliqua practica sit licitum, neque tentando illas occupare sub quovis prætextu, nec ab ulla parte Homines in captivitatem ducere, nec receptaculum vel fomentum dare malis Hominibus & inimicis utriusque Cæsaris. Quod autem concessum est Illustrissimo Domino Bochkay, illud maneat juxta Pacta Viennæ facta.

Septi-

(1) Il semble qu'il faudroit lire *Achomatem*, comme on le trouve écrit dans la Ratification de l'An 1615. qui se fit à Vienne entre l'Empereur *Mathias* & le même Sultan. Mais l'Exemplaire dont on a eu communication l'écrit ainsi. [DUM.]

ANNO 1606.

Septima.

Ut Captivi ab utraque parte restituantur, & juxta æqualitatem personarum permutentur, ita ut juxta Tractationem Domini eorum contententur utrinque. Qui autem jam cum suis de redemptione concluserunt, id solvant, qui autem in suspensione armorum capti sunt, ii gratis dimittantur.

Octava.

Ut Jaurinensi Capitaneo Generali, similiter & Bassæ Budensi, (reliqui autem ab illo dependeant) & Bano in Sclavonia reliquisque Capitaneis supremis, ultra & cis Danubium pro evitandis forte in Confiniis oriendis contentionibus & scandalis, omnis potestas detur: quod si autem aliqua magni momenti negotia intervenerint, quæ per eos decidi non possent, ex tunc de hujusmodi uterque Imperator requiratur.

Nona.

Ut Arces in suis antiquis Locis, liceat cuilibet Parti reædificare, & fortificare. De novo autem Castra & Castella ædificare non liceat.

Decima.

Ut ex nostra parte mittatur Legatus cum Muneribus ad Imperatorem Turcarum, & Magnificus Murath Bassa Zerdar, mittat etiam Legatum suum ad nostrum Serenissimum Archi-Ducem Matthiam, Dominum nostrum benignissimum, cum muneribus; & quando nostri Legati Constantinopolim venerint, ad Ratificationem Pacis, inde quoque mittat Turcarum Imperator ad nostrum Pragam Legatum cum majoribus muneribus quam antea solitum erat.

Undecima.

Ut nunc Legatus suæ Majestatis Cæsareæ adferat Constantinopolim munus valoris ducentorum millium Florenorum, juxta promissum, semel pro semper.

Duodecima.

Ut Pax duret per Annos 20. computando à primo Januarii futuri Anni, & post Triennium mittat uterque Imperator Legatos cum muneribus ad invicem sine obligatione & nomine munerum, ad libitum cujusque & arbitrium suum. Item Personas æquales & condecentes. In his 20. Annis intelligantur omnes suæ Cæsareæ Majestatis legitimi Hæredes & Successores Regni Hungariæ Reges. Item, Fratres, Affines, & Nepotes, & horum legitimi Successores & Hæredes comprehendantur, & cum illis firma Pax maneat. Illud idem ex parte Turcici Imperatoris fiat & intelligatur.

Decima Tertia.

Ut Waizium possit ædificari & amplificari, in manibus nostris manens.

Decima Quarta.

Ut quando S. C. M. Legati ad Portam pervenerint, sit illis liberum petere à Cæsare Turcico quicquid voluerint.

Decima Quinta.

De Villis deditiis transactum est, ut illæ, quæ cum Arcibus Tulek, Somosko, Hainaczko, Diuin, Kekko, Zechen, Gyarmach, Palanka, Nograd, & Vacia, a deditione & jugo Turcico liberatæ sunt, illæ nec in posterum illis sint deditiæ aut tributariæ, postquam Arces illæ nunc in manibus nostris habeantur, & ad illas nemo Turcarum aut Ispaiarum quicquam Juris habeat, ubicunque tandem habitent, nec eas ad deditionem compellant. Exceptis illis Pagis qui post captam Agriam continue & semper fuerunt Tributarii, quos in ea deditione manere necesse est: Extra illas, Agrienses Turcæ nullas Villas sibi subjungent.

ANNO 1606.

Decima Sexta.

Quod ad partes Strigonii attinet, quando Christiani illud à Turcis receperunt, sicut eo tempore Turcæ Villas illas subjugarunt, & possederunt, illas etiam nunc & deinceps eo sint subditæ, sed aliæ extra illas à Turcis non compellantur ad deditionem.

Decima Septima.

De Villis circa Canisam sitis tractatum est, quod Bassa Budensis, similiter & Dominus Franciscus Battyani suos homines præcipuos expediant, & ii revideant Villas & recenseant, quæ illic fuerint & rectificent. Inter Villas deditias, si qui Nobiles habitant, aut domos habent, ii Turcis nec Tributum, nec Decimas pendant, neque ulla in parte Tributarii sint, sed per omnia tam in bonis, quam in Personis liberi habeantur. Et quicunque legitimo Regi nihil pendunt, nec Turcis aliquid pendant. Et Turcæ ad Villas ne egrediantur, sed per Judices Villarum suos proventus exigant. Verum si Judices id non præstarent, scribatur Capitaneis & Dominis Terrestribus eorum, ut ii compellant. Si eo modo quoque nihil efficeretur, tunc exeant Turcæ ad compellendum. Eodem modo ex parte Hungarorum fiat & intelligatur.

Nos itaque sæpefatæ suæ Majestatis Cæsareæ & Regiæ, Domini nimirum nostri clementissimi, Commissarii & Consiliarii, nomine & in Persona suæ Majestatis atque præcipue Serenissimi Archi-Ducis Matthiæ, Domini itidem nostri clementissimi, totiusque Inclytæ Domus Austriacæ, nos obligamus, certoque promittimus, præscriptos suæ Majestatis Cæs. & Regiæ, Serenitatisque suæ Articulos, inter nos & prædictos, Magnificum Aly Bassa, atque Hebil Efendi Kadiam Budensem, nomine Potentissimi Turcarum Imperatoris conclusos, donec ex parte Turcarum non infringentur, in omnibus punctis & clausulis observabimus, & per eorum quoque supremum Szerdar, Capitaneosque & reliquos Præfectos, quorum interest, firmiter & inviolabiliter observabuntur. In cujus rei fidem & firmitatem, præsentes hasce Literas, manibus nostris subscriptas, & Sigillis roboratas universis & singulis, quorum interest, pro Testimonio dandas duximus & expediendas. Datum in Castris infra Danubium & Fluvium Situa positis, in Festo St. Martini, Anno Domini MDCVI.

Confirmatio Cæsarea.

RUDOLPHUS Secundus Divina favente Clementia electus Romanorum Imperator semper Augustus; ac Germaniæ, Ungariæ, Bohemiæ, Dalmatiæ, Croatiæ, Sclavoniæ Rex, Archi-Dux Austriæ, Dux Burgundiæ, Brabantiæ, Styriæ, Carinthiæ, Carniolæ &c. Marchio Moraviæ, Dux Lucenburgæ, ac superioris & inferioris Silesiæ, Wurttenbergæ & Teckæ, Princeps Sueviæ, Comes Habspurgi, Tyrolis, Ferretis, Kyburgi & Goritiæ, Landgravius Alsatiæ, Marchio Sacri Romani Imperii, Burgoviæ ac Superioris & Inferioris Lusatiæ, Dominus Marchiæ, Sclavoniæ, Portus Naonis & Salinarum &c.

Recognoscimus & memoriæ commendamus tenore præsentium, quibus expedit universis pro nobis & Hæredibus & Successoribus nostris. Quod cum inter nos ab una, & Serenissimum ac Potentissimum Principem Dominum Sultanum Achometem Imperatorem Turcarum ac Asiæ & Græciæ, parte ab altera, per communes nostros Commissarios, cum idoneis Plenipotentiis instructos & ad id deputatos, sit inita, facta & conclusa Pax in viginti Annos proxime sequentes videlicet, ut inter utriusque Partis Regna, Provincias, Principatus, Dominia, Urbes, Terras, Oppida, ac Loca, tam terrestria quam maritima, omnesque & Subditos & Milites eorum, mutua, bona, vera, firma & constans ac sincera esse debeat, eaque a Nobis juxta conditiones, quorum Tenor de verbo ad verbum sequitur, vere, sancte atque inviolabiliter observetur, & mutuo universis & singulis Capitaneis, Præfectis, Officialibus utriusque Partis omnibus Ordinum Bellicorum Ductoribus, nec non Militibus & Subditis, & quibuscunque aliis Finitimis, serio ac stricte demandatur, ut ab ipsis quoque hæc Pax firmiter & inviolabiliter observetur.

Fiat Insertio.

Nos volentes iis, quæ nobis hoc loci vigore hujusmodi

ANNO 1606. modi Tractationis incumbunt, eadem integritate, qua ad hosce Tractatus accessimus, satisfacere, prænotatam Pacificationem, & omnes ejusdem conditiones atque Articulos, prout superius sunt descripti, & de verbo ad verbum inserti habentur, pro nostra parte, ex certa nostra scientia, animoque bene deliberato, & omni meliori modo approbavimus, ratificavimus & corroboravimus, prout vigore præsentium approbamus, ratificamus & corroboramus. Promittentes in verbo & fide Imperatoris pro Nobis & Hæredibus ac Successoribus Nostris, quod illa omnia & singula sincere, sancte & inviolabiliter tenebimus, observabimus, adimplebimus, ac per supradictos Hæredes & Successores nostros, eodem plane pacto observari, adimpleri debere volumus atque decrevimus: ac tam nos ipsos quam eos ad id quam efficacissime obligamus & obligatos & adstrictos reddimus, omni dolo ac fraude postpositis & semotis: dummodo similiter Serenissimus quoque Turcarum Imperator hæc omnia rata grataque habuerit, observaverit, adimpleverit, ac Literis suis corroboraverit & confirmaverit, quemadmodum non diffidimus ex parte Serenitatis suæ Ministros, Subditos ac Milites iis quæ juxta promissa tractata & conclusa fuerint, directe vel indirecte, quovis prætextu quæsito, contraventuros esse. Harum testimonio Literarum, manu nostra subscriptarum & Sigilli nostri Cæsarei appensione munitarum. Datum in Arce nostra Brandisii die nona Mensis Decembris Anno Domini millesimo sexcentesimo sexto, Regnorum Nostrorum Romani trigesimo secundo, Hungarici trigesimo quinto & Bohemici itidem trigesimo secundo. ANNO 1606.

RUDOLPHUS.

LEOPOLDUS a STRALENDORFF

Ad Mandatum Sac. Cæs. Majestatis proprium.

JO. BAROCTIUS.

XLIX.

1607. 7 Mars. HOLLANDE ET ZELANDE.

Provisioneel Accoord tusschen de Heeren Staaten van HOLLANDT *en* WEST-VRIESLANDT *en de Heeren Staaten van* ZEELANDT *op het Redres in eenige Poincten van de Administratie van Justitie, Electie van de President ende Officiers, mitsgaders het getal van de Raeden van den Hove van Hollandt. Gedden in 's Gravenhage op den 7 Martii 1607.* [Groot Placaet-Boeck Tom. II. col. 774.]

ENDE eerst, wes aengaet d'administratie van Justitie, ende redres van eenige Poincten ende Articulen van de Instructie van den Hove, sullen die van den voorsz Rade ter eerster instantie gheen kennisse of judicature nemen, tusschen private ende particuliere Persoonen, alwaer 't oock *in possessorio*. Ende dat het selve oock plaetse sal hebben ten regaerde van de Weduwen, Weesen, ende andere miserable Persoonen.

II. Alle questien van schiftinge, scheydinge of deylinge, oock raeckende partyen in diversche Jurisdictien ghesteten, sullen in *prima instantia* beslist worden ter plaetse daer het sterfhuys gevallen is.

III. De gene die onder eenen dagelyckschen Rechter in Zeelandt zijn geseten, sullen van nu voortaen d'een den anderen niet mogen verbinden elders te Recht te staen, by prorogatie ofte onderwerpinge van Jurisdictien: Ende sal niemandt uyt Obligatien die van nu voortaen verleden sullen worden, mogen betrocken worden voor den voorsz Hove, dan die geene die uytdruckelijcken ende specifice hen denselven Hove by prorogatie onderwerpen sullen, ende boven dien onder diversche Jurisdictien geseten zijn.

IV. Sal oock niemant uyt Zeelant te Hove betrocken mogen worden *ex l. diffamari*, onder pretext van vantisen van eenige t'achterheyt, maer die geene die sulcks pretenderen te doen, sullen schuldigh zyn hen partyen te dachvaerden *in prima instantia*, voor des diffamants competente Rechters, blyvende nochtans de diffamant saulfs om sijn actie te mogen institueren, daer ende soo hy sal meenen geraeckt te zijn.

V. Die vanden voorsz Hove en sullen geen kennisse of judicature nemen van eenige Licenten, Convoyen, Imposten ende andere Inkomsten, aenkomende de gemeene saecke, nochte oock van Geestelijcke oft Wereltlijcke goederen, uyt saecke van der Oorloge aengeslagen ofte geconfisqueert, nochte oock van saecken vande Admiraliteyt, ende dependentien ende appendentie van alle de selve.

VI. 't Voorsz Hoff en sal niet mogen verleenen eenige Mandamenten ofte provisien tegens notoire ende bekende Privilegien van den Lande ende Steden van Zeelandt, ofte jegens de poincten in desen Tractate besproocken. Ende by aldien in prejuditie gedaen wort van dien, sullen de Heeren Staten ende Steden van Zeelant mogen volstaen, midts die vanden voorsz Raede 't selve by Missive adverterende, sonder daer toe in Rechte te moeten treden.

VII.

XLIX.

1607. 7 Mars. HOLLANDE ET ZELANDE.

Accord provisionel entre les Etats de HOLLANDE & de WEST-FRISE d'une part, & les Deputez des Etats de ZELANDE d'autre, touchant les Griefs proposez par lesdits Etats de ZELANDE, pour ce qui concerne l'Administration de la Justice de la Cour Provinciale de ladite Province, le nombre des Conseillers de ladite Cour, & l'élection du Président & des Officiers d'icelle. Fait à la Haye le 7. Mars 1607. [*Le Grand Recueil des Placards*. Tom. II. col. 774.]

P*Remierement, pour ce qui regarde l'administration de la Justice & le redressement de quelques Points & Articles de l'instruction de la Cour, ceux dudit Conseil ne connoîtront en premiere instance des affaires entre les Personnes particulieres & privées, fût-ce même au possessoire, & que la même chose aura lieu à l'égard des Veuves, Orfelins, & autres Personnes dignes de commisération.*

II. *Tous les differens de division & partage, même concernant les Parties residentes en diverses Jurisdictions seront terminés en premiere instance aux lieux où la succession sera ouverte.*

III. *Ceux qui sont residens sous la Jurisdiction d'un Juge ordinaire, ne pourront d'ici en avant s'obliger l'un l'autre à repondre par-devant un autre Juge par prerogative ou soumission de Jurisdiction; & aucunes Personnes, en vertu d'obligations qui seront ci après passées, ne pourront plus être traduites par devant ladite Cour, que ceux qui expressément & specialement se seront par prerogative soumis à ladite Cour, & qui outre cela seront residens sous diverses Jurisdictions.*

IV. *Aucun de Zélande ne pourra être traduit à la Cour* ex l. diffamari, *sous pretexte de vantise de quelques arrerages à lui dûs, mais celui qui le pretendra sera obligé d'ajourner sa Partie en premiere instance par devant le Juge competant du diffamant, demeurant pourtant en sa liberté d'intenter son action où & comme il le jugera convenable.*

V. *Ceux de ladite Cour ne prendront aucune connoissance de Judicature des Tailles, Convois, Impôts & autres revenus concernant les affaires publiques, non plus que des biens spirituels, & temporels, arrêtez & confisquez pour cause de Guerre, ni des affaires de l'Amirauté, ni apendances & dépendances d'icelles.*

VI. *Ladite Cour ne pourra accorder aucun Mandement ou provision contre les Privileges notoires & connus des Pais & Villes de Zélande, ou contre les Points mentionnez en ce Traité. Et au cas qu'il soit rien fait au préjudice, les Etats & Villes de Zélande pourront en avertir ceux du Conseil par une Missive, sans être obligé d'en venir en justice.*

VII.

ANNO 1607.

VII. Die geene die hem besaemt vint met eenige delicten, sal hem selven ter purge mogen stellen voor sijne competente Rechters, ofte voor den Hove Provinciael tot sijner keure.

VIII. Ende wat aengaet de kennisse ende judicature in criminele saecken, en sal 't voorschreve Hoff gheen vordere ofte andere kennisse hebben, dan den Hoogen Rade by den laetsten Tractate is toegelaten.

IX. Sullen oock alle saecken van Dyckagie, voor den Rechter, ende ter plaetse daer die behooren ghetermineert worden, ende hebben haer volkomen effect ende executie onder cautie, niet tegenstaende appellatie ofte reformatie, ende sonder prejuditie van dien: Ende sal 't selve oock plaets hebben, alwaer 't dat 't gewijsde *in facto* consisteerde, of andersints liquide ware.

X. Als eenige van Partyen hen hebbende ghesubmitteert in eenige Arbitres of Seghs-luyden, begeeren van de arbitrale Sententie te reduceren: Sullen het selve gehouden zijn te doen voor den Rechter van der plaetse, daer de arbitrale uytsprake is gedaen.

XI. By den Steden van Zeelant, sal generalijck gewesen worden by arrest, in saecken niet meer bedragende dan vier ponden Vlaems, sonder appellatie ofte reformatie toe te laten, als de saecke alleene in gelde bestaet, ende niet en heeft sequele van infamie ofte ander prejuditie.

XII. In Matrimoniale ofte huwelijcksche saecken geappelleert zijnde aen den Hove, sullen Partyen gehouden zijn deselve sommierlick by Pleydoye te instrueren, omme daer op ghedecideert te worden, soo het Hof bevinden sal sulcks te behooren; soo niet, sullen deselve saecken van acht te acht dagen werden volschreven, ende sal de productie daer inne noodich, *hinc inde* binnen een Maent daer nae moeten werden gedaen. Ende voorts by reprochen ende Salvatien van acht tot acht dagen *hinc inde* worden geschreven, alles op peyne van versteck. Ende sullen die vanden Rade gehouden zijn deselve saecke binnen een Maent daer nae te termineren, naer-latende alle andere saecken.

XIII. Die vanden Rade voorsz, sullen in 't termineren vande Processien van den Ingesetenen van Zeelant hen reguleren conform de Privilegien vanden Lande van Zeelant, Steden ende Leden van dien: Midtsgaders conform d'Octroyen, Ordonnantien ende Placaten by den Staten van Zeelandt ghemaeckt of als noch te maecken, soo in cas van Policie, administratie van Justitie als andersints, in alder manieren ghelijck 't selve gheschiet in reguard vanden Heeren Staten van Hollandt.

XIV. De Gront-Heeren om te komen tot betalinge van hare pachten, genootsaeckt zynde de Vruchten ofte Bestialen te Velde t'arresteren, sullen de selve niet mogen ontslagen worden van den arreste, dan mits dat die Pachter eerst sal gehouden wesen te namptiseren, ende de Vonnissen dien aengaende by den legen Rechter ghewesen, sullen werden geexecuteert, niet tegenstaende appellatie ofte reformatie, ende sonder prejudicie van deselve.

XV. Soo wanneer eenige Partyen hen willen beklagen dat sy qualijck werden geexecuteert, ofte andersints verongelyckt, uyt krachte van eenige Sententie in Zeelandt gegeven, sal 't selve moeten geschieden voor den Rechter daer de Sententie is ghewesen, ofte daer d'executie by Brieven requisitoriael ofte andersints geschiet, sonder dat Partyen geoorloft is by Mandament Penael of andere provisie de saecke tè Hove te betrecken.

XVI. Alsoo by dagelijcksche experientie bevonden wort, dat de onroerende goederen die by executie van den Hove verkocht worden, dickwils ten vylen prysen werden ghedistraheert, overmidts den Koopers ende gheinteresseerden ongelegen is van verre wegen te Hove te compareren. Soo wordt verstaen dat die vanden voorsz Hove de finale verkoopinge by delegatie sullen laten doen, den Wethouderen van de naeste Steden daer de gedecreteerde goederen zyn liggende, naer het gebruyck inde selve Steden geobserveert, blyvende alle andere solemniteyten ende decisien van de oppositie ende preferentie als tot noch toe is gebruyckt.

XVII. Sullen oock alle provisien van Gratien, als Remissien, Pardoenen ende Abolitien, midtsgaders Creatien van Notarisen, Ligitimatien ende andere diergelycke saecken binnen Zeelandt vallende, gheexpedieert ende ghesegelt worden van wegen den Staten van Zeelandt, als geschiet in Hollandt.

XVIII. Ende aengaende het getal van de voorsz Rade, is verstaen ende gheaccordeert, dat den voorsz Raedt

VII. *Celui qui se trouvera accusé de quelques delicts, il s'en pourra purger par devant son Juge competant, ou par devant la Cour Provinciale à son choix.*

VIII. *Et quant à la connoissance en judicature des affaires criminelles, ladite Cour n'en prendra point d'ulterieure ou autre connoissance, que celle qui par le dernier Traité est permise au grand Conseil.*

IX. *Toutes les affaires qui concerneront les Digues seront terminées par devant le Juge & au lieu qu'il appartiendra & auront leur parfait effect & execution en donnant caution, nonobstant appellation ou reformation, & sans prejudice. Et cela aura aussi lieu encore que la chose consistât* in facto, *ou fût autrement liquidée.*

X. *Quand quelques Parties se seront soumises à quelques Arbitres, si elles desirent que la Sentence arbitrale soit reformée, on sera obligé de le faire par devant le Juge du lieu où la Sentence arbitrale aura été renduë.*

XI. *Les jugemens des Villes de Zélande auront généralement force d'Arrêt, en choses qui ne passeront pas quatre Livres Flamandes, sans en permettre appellation ou reformation, si la chose seulement consiste en argent, & ne fait point de consequence pour quelque infamie ou autre préjudice.*

XII. *Quand il y aura appel à la Cour en matiere matrimoniale, les Parties seront obligées d'instruire le procez par un plaidoyé sommaire, pour être decidé comme la Cour le jugera convenable; sinon l'affaire sera instruitte par écrit de huit en huit jours, & la production en devra être faite* hinc inde *dans le mois; & en suitte on fournira des reproches & salvations de huit jours en huit jours* hinc inde, *le tout sur peine d'être forclos. Et ceux du Conseil seront tenus de terminer ladite affaire dans un mois en suitte, laissant toutes les autres affaires.*

XIII. *Ceux du Conseil susdit se régleront en terminant les procez des habitans de Zélande conformement aux privilèges du Pais de Zélande, Villes & Membres d'icelui; Ensemble conformement aux Octrois, Ordonnances & Placards faits ou à faire par les Etats de Zélande, tant en matiere de Police, administration de la Justice qu'autrement, en la même maniere que la chose se fait à l'égard de Messieurs les Etats de Hollande.*

XIV. *Les Proprietaires des Fonds pour parvenir au payement de leur ferme étant necessitez de saisir les fruits & bestiaux au champ, il n'en pourra pas être donné main levée qu'au preallable, le Fermier n'ait nanti, & les Sentences données par le Juge inferieur seront executées nonobstant appellation ou reformation quelconque, & sans préjudice.*

XV. *Quand quelque Partie se voudra plaindre d'avoir été mal executée, ou autrement lezée en vertu de quelque Sentence renduë en Zélande, la plainte s'en fera par devant le Juge où la Sentence aura été renduë, ou bien où l'execution en vertu de Lettres requisitoires ou autrement, sans qu'il soit permis aux Parties de traduire l'affaire à la Cour par un Mandement peinal, ou autrement.*

XVI. *Comme on a trouvé par une experience journaliere que les biens immeubles qui par execution sont vendus par la Cour, le sont souvent à vil prix, parce qu'il est incommode aux acheteurs & aux interessez de venir de loin comparoir à la Cour; on entend que la vente finale se fasse par la delegation que fera ladite Cour au Magistrat de la Ville la plus proche des lieux où les biens décretez sont situez, selon l'usage observé dans lesdittes Villes, demeurant toutes les autres solemnitez & decisions, pour les oppositions & préferences comme il en a été usé jusques à present.*

XVII. *Toutes Provisions de grace, comme pardons & abolitions, ensemble les creations de Notaires, legitimations & autres semblables choses qui écherront à faire en Zélande seront scellées & expediées de la part des Etats de Zélande avec le Sceau dudit Pais de Zélande, comme il se prattique en Hollande.*

XVIII. *Et quant au nombre des susdits Conseillers, il est convenu & accordé que le susdit Conseil sera de* onze

ANNO 1607.

ANNO 1607.

Raedt sal wesen van elf Persoonen, ende dat daer inne de Heeren Staten van Hollandt ende West-Vrieslant sullen hebben acht Raden, ende de Heeren Staten van Zeelandt drie. Welverstaende dat in den voorsz ghetale van d'een ofte van d'ander zyde niet en sal wesen begrepen den President. Ende soo verre die Heeren Staten van Hollant ende West-Vrieslandt belieft noch een twaelfden Raedt te stellen, dat die van Zeelandt den derthienden by sullen voegen. Behoudelyck dat den voorsz Provincialen Raedt niet en sal mogen verandert, vermeerdert of vermindert werden, dan met consente ende gemeen advyse.

Ende raeckende voorts het stellen ende nomineren van den President ende Officiers van den voorsz Provincialen Hove, ghemerckt 't selve is ten beyden zyden gestelt aen de verklaringe ende decisie van syne Excellentie, heeft Syne Excell. deselve belieft te doen inder manieren hier naer volgende.

XIX. Alsoo tusschen den Heeren Staten van Hollant ende West-Vrieslandt ter eenre, ende den Heeren Staten van Zeelandt ter andere zyden, different ghebleven is op 't nomineren ende committeren van den President, Advocaet Fiscael, Procureur Generael, Griffier, die ses Secretarisen, Rentmeester van de exploicten van den Hove van Hollandt, Zeelandt ende West-Vrieslant, ende andere Officien van den voorsz Hove, daer inne de Heeren Staten van Hollandt ende West-Vrieslandt, nominatie of dispositien gebruycken, sustinerende de Heeren Staten van Hollant ende West-Vrieslant, dat hare E. behooren drie beurten tegens de Heeren Staten van Zeelandt een te hebben: Ende die Heeren Staten van Zeelandt ter contrarie, dat hare E. de derde beurte behoorde te volgen: welcke different eyndelijck ten wederzyde gestelt zynde aende verklaringe ende decisie van sijne Excellentie. Soo ist, dat zyne Excell. op alles rypelyck ghelet hebbende, tot nederlegginge van 't voorsz different, verklaert heeft ende verklaert by desen, Dat de Heeren Staten van Zeelant sullen hebben die eerste beurte om te denomineren drie gequalificeerde Persoonen tot het vaceerende Presidentschap. Ende dat de Heeren Staten van Hollandt ende West-vrieslandt gelycke denominatie sullen doen de drie naeste reysen, als den voorsz staet van President sal komen te vaceren, ende daer nae die van Zeelandt de vierde; die van Hollandt ende West-Vrieslandt de vyfde ende seste; die van Zeelandt de sevenste; die van Hollandt ende West-Vrieslandt, de achtste, negende ende tiende, ende soo voorts de eene reyse een van vieren, ende de andere reyse een van dryen voor die van Zeelandt.

XX. Ende aengaende de Officien van den Advocaet Fiscael ende Procureur Generael, sullen met de eerste ghelegentheyt, naer ouder gewoonte, tot eenen staet ghebracht, ende by een Persoon bedient werden. Welcke Officie mede by drie ende vier reysen als vooren gheconfereert sal werden. Dies sullen de Heeren Staten van Hollandt ende West-Vrieslandt de eerste ende twede denominatie hebben. Die Heeren van Zeelandt de derde, die van Hollandt de vierde, vyfde ende seste. Ende die van Zeelandt de sevende, ende soo consequentelyck.

XXI. Ende in gevalle het Griffierschap niet en wordt verpacht met onderlinge Accoort, sal daer inne den voet van het voorgaende Article ghevolght worden.

XXII. Belangende de ses Secretarissen, Rentmeester vande Exploicten, ende alle andere Officien van den voorsz Hove, daer inne de Heeren Staten van Hollandt ende West-Vrieslandt nominatie ofte dispositie gebruycken, sal mede ghebruyckt werden den derden ende vierden tour. Sulcks dat de Heeren Staten van Hollandt ende West-Vrieslant tot de twee eerste vacerende sullen denominatie doen; De Heeren van Zeelandt tot het derde; De Heeren van Hollandt ende West-Vrieslandt tot het vierde, vijfde ende seste; De Heeren van Zeelandt tot het sevenste, ende soo voorts die eene reyse twee van dryen voor Hollandt ende West-Vrieslandt, ende een voor Zeelandt, die andere reyse drie van vieren voor Hollandt ende West-Vrieslandt, ende een voor Zeelandt. Alles indistinctelyck, ghelyck die voorsz Officien sullen komen te vaceren.

XXIII. Aldus ghedaen by Syne Excell. in 's Gravenhage, den tweeden Marty 1607. *Ende was onderteeckent*; MAURICE DE NASSAU. *Lager stondt*, Ter Ordonnantie van Syne Excellentie. *Geteyckent*, MILANDER, *Hebbende daer beneffens een opghedruckt Cachet-zegel in roode Wassche, met een Pampieren Couvert daer over.*

ANNO 1607.

onze personnes, & que les Etats de Hollande & de West-Frise y auront huit Conseillers, & les Etats de Zélande trois. Bien entendu que dans l'un & l'autre nombre ne sera compris le Président. Et au cas que les Etats de Hollande & West-Frise y veuillent encore établir un douziéme Conseiller que ceux de Zélande y en joindront un treiziéme. Excepté que le susdit Conseil Provincial ne pourra point étre changé, augmenté ni diminué que par un consentement & avis commun.

Et en outre quant à l'établissement & nomination du Président & des Officiers de la susditte Cour Provinciale, vû que de part & d'autre elle est remise à la declaration & decision de son Excellence, il a plu à sadite Excellence de la faire en la maniere qui s'ensuit.

XIX. *Comme les Etats de Hollande & de West-Frise d'une part, & les Etats de Zélande d'autre, sont restez en different sur la nomination du Président, Avocat Fiscal, Procureur General, Greffier, six Secretaires, Receveur des Exploits de la Cour de Hollande, Zélande & West-Frise & autres Officiers de la susditte Cour, où Messieurs les Etats de Hollande & West-Frise se servent de leur nomination & disposition, lesdits Etats de Hollande & de West Frise soutiennent qu'ils doivent nommer trois fois contre les Etats de Zélande une, & les Etats de Zélande au contraire, qu'ils doivent avoir le troisiéme tour à nommer, lequel different ayant été remis à la decision de son Excellence, sadite Excellence ayant meurement consideré le tout, il a declaré, pour terminer ledit different, & declare par ces presentes, que les Etats de Zélande auront le premier tour à nommer trois personnes qualifiées pour la place vacante de Président; & que Messieurs les Etats de Hollande & de West-Frise auront la nomination trois fois en suitte, quand ladite place de Président viendra à vacquer, & en aprés ceux de Zélande la quatriéme, ceux de Hollande & West Frise la cinq & sixiéme, ceux de Zélande la septiéme; ceux de Hollande & West-Frise la huit, neuf & dixiéme, & ainsi de suitte, une fois, une de quatre, & de l'autre fois suivante un de trois auparavant ceux de Zélande.*

XX. *Et quant aux charges d'Avocat Fiscal & Procureur general, elles seront remises à la premiere occasion sur l'ancien pié, & exercées par une seule personne. Laquelle charge sera conferée au troisiéme & quatriéme tour comme dessus. C'est pourquoy Messieurs les Etats de Hollande & de West-Frise auront la premiere & seconde nomination; ceux de Zélande la troisiéme; ceux de Hollande la quatriéme, cinquiéme & sixiéme; & ceux de Zélande la septiéme, & ainsi de suitte.*

XXI. *Et au cas que la place de Greffier ne soit pas donnée à ferme d'un Accord particulier on suivra à cet égard le même pied que dans l'Article precedent.*

XXII. *Quant aux six Secretaires, Receveurs des Exploits, & tous les autres Officiers de ladite Cour dont Messieurs les Etats de Hollande & de West-Frise ont la nomination & disposition, cela se pratiquera aussi au troisiéme & quatriéme tour. En sorte que Messieurs les Etats de Hollande & de West-Frise nommeront aux deux premiers vacans. Messieurs de Zélande au troisiéme, Messieurs les Etats de Hollande & de West-Frise au quatriéme, cinquiéme & sixiéme; Messieurs de Zélande au septiéme, & ainsi de suite une fois, deux de trois pour Hollande & West-Frise, & un pour Zélande; l'autre fois trois de quatre pour Hollande & West Frise, & un pour Zélande, le tout indistinctement, comme lesdits Offices viendront à vacquer.*

XXIII. *Ainsi fait par son Excellence à la Haye le 2. Mars* 1607. Et étoit signé MAURICE DE NASSAU. plus bas étoit, *par ordonnance de son Excellence*, signé MYLANDER. Y ayant de plus un Sceau en cire rouge, avec un couvert de papier au dessus.

XXIV.

Anno 1607.

XXIV. Alle 't welcke hebben de Parthyen ten beyden zyden gelooft te onderhouden, ende doen onderhouden, ende voorts oock gheaccordeert, dat de Heeren Staten van Hollandt ende West-Vrieslant ter eenre, ende die van Zeelandt ter andere zyde, in 't stellen van den voorsz President, Raden ende Officiers sullen nomineren t'elcken drie gequalificeerde Persoonen, daer uyt Syne Excellentie sal eenen kiesen. Ende sullen de Commissien werden gedepescheert by beyde de Provincien, ghelijck 't selvige in den Hoogen Raedt geschiet. Mits dat de Commissie gedepescheert zijnde by de Provincie op wiens nominatie den staet is gheconfereert, ende d'andere Provincie in ghebreecke blyvende, de selve te depeschieren veerthien dagen naer het versoeckt aen deselve ghedaen, dat als dan de Gecommitteerde op de Commissie by hem van d'eene Provincie ontfangen, in possessie van sijnen staet gestelt ende ontfangen sal worden.

XXV. Ende sal dese gestelt worden in handen van die vanden Hoogen ende Provincialen Rade, ten eynde sy hen daer nae, voor soo veele hen aengaen mach, reguleren, ende doen publiceren op de Rollen, het welcke oock in Drucke sal uyt-ghegeven worden, ende alomme in Zeelandt ghepubliceert, ten eynde niemandt daer af ignorantie en pretendere.

XXVI. Alles by provisie, ende met conditie, soo verre d'een ofte d'andere hen by den Accorderen in 't generael ofte particulier bevonden beswaert, men deshalven sal komen met ten anderen in communicatie: Ende soo verre in deselve communicatie d'een ende d'andere in heur redenen gehoort, niet en konnen accorderen, dat als dan de respective Provincien sullen daer van mogen scheyden ende blyven op haer geheel, gelyck sy waren voor date van desen.

XXVII. Ende tot meerder bevestinge ende confirmatie van alle 't geene des voorsz, is dese van wegen de Heeren Staten van Hollant ende West-Vrieslant by hunnen Secretaris, ende by den Ghedeputeerden van de Heeren Staten van Zeelandt onderteyckent. Beloovende de voorsz Gedeputeerden hier van by d'eerste gelegentheyt over te seynden Acte van approbatie van den Heeren Staten voornoemt.

Aldus gedaen in 's Gravenhage, op den sevenden Marty Anno sesthien-hondert seven. Onderstont; Ter Ordonnantie van de Staten van Hollandt ende West-Vriesland. Ende was gheteyckent, *A. Duyck*. Was noch gheteyckent van wegen die van Zeelant, *I. de Malderée*; *A. Schotte*; *L. Werckendet*; *Alb. Joachimi*; *B. de Witte*; *Jan Janssz Huge*; *Ingel Leunissz*; *G. van Vosbergen*; *J. van de Warck*.

DE Staten 's Landts ende Graeffelijckheyt van Zeelandt, ghesien ende geexamineert hebbende het Provisioneel Accoort by hunne Gedeputeerden gemaeckt, met den Gedeputeerden van den Heeren Staten van Hollandt ende West-Vrieslandt, op het Redres in eenige Poincten van de administratie van Justitie, electie van den President ende Officiers; Mitsgaders het getal van de Raeden van den Hove van Hollandt, Zeelandt ende West-Vrieslandt, hier vooren ghestelt in date den sevenden deser, by de boven-genomineerde onse Gedeputeerden onderteyckent, met belofte van Aggreatie in behoorlijcke forme. SOO IST, dat wy dien conformelijck hebben verklaert, ende verklaren mits desen, dat wy alsen 't selve goet vinden, aggreëren ende approberen, Consenterende dat daer af Acte sal worden ghemaeckt om te dienen daer 't selve behoort. Aldus gedaen ende gearresteert ter Vergaderinge van de Heeren Staten voornoemt, in 't Hof aldaer tot Middelburgh, den twintighsten Marty sesthien-hondert ende seven. *Onderstonds*, Ter Ordonnantie van de Staten voornoemt. *Ende was onderteyckent*, B. DE JONGE.

XXIV. *Toutes lesquelles choses ont les Parties de part & d'autre promis observer & faire observer; Et en outre a été accordé que Messieurs les Etats de Hollande & de West-Frise d'une part, & ceux de Zélande d'autre, pour l'installation du susdit Président, Conseillers & Officiers, nommeront chacun trois personnes qualifiées, dont Son Excellence en choisira un. Et les Commissions en seront depêchées par les deux Provinces, comme cela se pratique au Grand Conseil. Et au cas que la Commission étant depêchée par la Province à la nomination de laquelle la place est conferée, & que l'autre Province demeure en deffaut de le depêcher aprés quinze jours qu'elle en sera requise; qu'alors les Deputez sur la Commission qu'ils auront receuë d'une des Provinces, recevront & installeront celui qui sera élû.*

XXV. *Et ladite Commission sera mise ès mains du Grand & Provincial Conseil, afin qu'il ait à s'y régler autant qu'en lui sera, & le fasse publier sur le rôle, ce qui sera aussi imprimé & publié par tout en Zélande, afin que personne n'en pretende cause d'ignorance.*

XXVI. *Le tout par provision & à condition, qu'au cas que l'une ou l'autre, en general ou en particulier, se trouvât lezé par ledit Accord, on en communiquera les uns avec les autres. Et si par la communication reciproque, & les raisons ouïes on ne peut s'accorder, qu'alors lesdites Provinces s'en pourront departir & demeurer en leur entier, comme elles étoyent avant la datte de ces presentes.*

XXVII. *Et pour confirmation & fermeté de tout ce que dessus les presentes ont été signées par le Secretaire des Etats de Hollande & West-Frise, & par les Deputez des Etats de Zélande; Promettant lesdits Deputez d'en envoyer à la premiere occasion Acte d'aprobation de Messieurs les Etats susdits.*

Ainsi fait à la Haye le septiéme Mars mil six cent & sept. Etoit sous écrit par Ordonnance des Etats de Hollande & de West-Frise; Et étoit signé A. Duyck. *Et étoit aussi signé de la part de Zélande* J. de Malderée, A. Schotte. L. Werckender, Ab. Joachimi, B. de Witte, Jean Jeansse Huge, Ingel Leuniss. G. de Vosbergen, J. van de Warck.

L*ES Etats des Païs & Comté de Zélande, ayant vû & examiné l'Accord provisionel fait par leurs Deputez, avec les Deputez de Messieurs les Etats de Hollande & de West-Frise, touchant le reglement de quelques points de l'administration de la Justice, l'élection des Président & Officiers, ensemble le nombre des Conseillers de la Cour de Hollande, Zélande & West-Frise, ci dessus écrit en datte du septiéme du présent mois, & signé par nos Députez susmentionnés, avec promesse de le faire agréer en la forme convenable. Nous en conformité avons declaré & declarons par ces presentes, que nous l'avons trouvé bon, agréé & aprouvé, consentant qu'il en soit fait un Acte pour servir où il apartiendra. Ainsi fait & passé en l'Assemblée des Etats susdits à la Cour de Middelbourg, le vingtiéme Mars mil six cent & sept.* Dessous étoit ecrit, *par Ordonnance des Etats susdits.* Et étoit signé B. DE JONGE.

L.

3. Mars. & 24. Avril.

SPAGNE T LES ROVIN- NIES.

Traité de Trêve pour huit mois entre les Archiducs ALBERT & ISABELLE, & *les* PROVINCES UNIES *des Pays-bas, fait le 24. Avril 1607.* [EMANUEL METEREN, Histoire des Pays-bas, Feuill. 608. d'où l'on a tiré cette Pièce, qui se trouve aussi dans les *Négociations du Président* JEANNIN, Tom. I. pag. 425. Edit. de 1659. *in 12.*]

QUE les Archeducs ont trouvé bon de faire la declaration, l'offre & presentation suivante aux Estats Generaux des Provinces Unies du Pays-bas. Que les Archeducs n'ayans rien plus à cœur, que de voir les Pays-bas, & les habitans d'iceux delivrés des miseres de la Guerre, declarent par la presente, & avec bonne deliberation, qu'ils sont contens, de traicter avec les Etats Generaux des Provinces Unies, en qualité, & comme les tenant pour Païs, Provinces, & Estats libres, sur lesquels leurs Altesses ne preten-

dent

ANNO 1607.

dent rien, soit par voye d'une perpetuelle Paix, ou Trêve, ou par cessation d'armes pour 12, 15, ou 20. ans, au choix desdits Etats, le tout sous raisonnables conditions : & notamment, que si on vient à arrester une Paix perpetuelle, ou une Trêve, & cessation d'armes, qu'un chacun demeurera en la possession de ce qu'il tient, n'est que pour accommoder leurs Altesses, ou les Estats, comme aussi les respectives Provinces, on vint à faire quelque eschange de quelques Villes ou Places, & ce selon que par commun consentement on en pourroit accorder, pareillement que touchant l'ordre & l'asseurance de la Navigation, du Traffic mutuel, & de la frequentation, on en arrestera par ensemble l'intervention, aggreation & manutention. Leurs Altesses ont aussi consideré meurement la commodité & l'estat des Provinces Unies, tellement qu'ils veulent aussi traicter avec eux sans fraude, & donner temps aux Estats pour considerer & resoudre ce qu'ils trouveroient estre le plus expedient pour le bien public : & partant sont contens que les personnes, qu'ils choisiront d'entre les naturels du Païs, & qu'ils deputeront pour traicter de ce faict, s'assemblent avec les Deputés des Estats qui seront en pareil nombre, en tel temps, & en telle place, qu'il plaira aux Estats susdits de choisir. Et afin que ce que dessus puisse estre d'autant mieux effectué, soit pour venir à une Paix pérpetuelle, ou à la Trêve susditte, leurs Altesses sont contentes qu'il y ait cessation d'armes, & de tous assiegemens, surprinses de Villes ou Forteresses, invasions de Provinces ou quartiers, & fabrication de nouveaux Forts, pour huict mois prochainement venans : à condition que les Estats accorderont la susdite Trêve provisionnelle en huict jours, apres la presentation de la presente, & en feront declaration par escrit à leurs Altesses, devant le premier de Septembre prochainement venant, touchant le principal Traicté susdit de Trêve ou cessation d'armes, avec le temps & le lieu qu'ils pourront avoir choisi. Faict à Brusselles sous les signatures, & le cachet de leurs Altesses, le 13. de Mars 1607. *Etoit paraphé* : RICH. *Vt. Signé* J. ALBERT, A. ISABELLE. *Et au bas il y avoit*, par Ordonnance de leurs Altesses, *Signé*, VERREYCKEN : *Et cacheté du cachet de leurs Altesses.*

Que les Estats Generaux en qualité & comme Estats de Païs & Provinces libres, sur lesquelles leurs Altesses n'ont rien à pretendre, ne desirans pareillement rien plus, que d'entendre à une Chrestienne, honnorable & asseurée issuë & delivrance des miseres de cette Guerre : apres meure deliberation, & avec l'advis de son Excellence & du Conseil d'Estat ont accepté la susdite Declaration des Archeducs de tenir les Provinces Unies pour Païs libres, & sur lesquels leurs Altesses n'ont rien à pretendre : & la Trêve pour 8. mois prochainement venans, commençant le 4. de May de cette année, selon le nouveau style, pour cesser de tous assiegemens, & surprinses de Villes, ou Forteresses, invasions de Provinces, ou quartiers, comme aussi de ne point faire de nouveaux Forts : & trouvé bon, de communiquer & rapporter les autres offres & presentations de leurs Altesses, à tels qu'il appartiendra, & d'en faire declaration à leurs dites Altesses, devant le premier de Septembre prochainement venant. Voyla pourquoy les Archeducs d'un côté, & les Etats Generaux des Provinces Unies de l'autre, ont promis en bonne foi & promettent par la presente d'entretenir la susdite Declaration, & Tresve provisionelle, & de reparer & faire reparer toutes contraventions directes ou indirectes : Et promettent en outre leurs susdites Altesses, d'apporter & de delivrer aux susdits Estats Generaulx, en trois mois prochainement venans l'aggreation du Roi d'Espaigne, touchant ce Traicté, sous toutes renonciations & obligations necessaires, tant generales que particulieres. En témoignage dequoi ont été faicts deux Escrits de même teneur, & confirmés des signatures & du grand Seau de leurs Altesses : & des paraphes & soubsignatures ordinaires, de leur Greffier. Faict à Brusselles & à la Haye, le 24. d'Avril l'an 1607. *Au dessoux il y avoit le seing de* JEAN NEY, Commissaire General : *& encores* J'ai soubsigné cecy, comme Deputé de Messeigneurs les Estats Generaulx des Provinces Unies du Païs bas : *Signé*, C. AERTSSENS.

LI.

8. Sept. **RATIFICATION** *du Roi d'Espagne donnée à Madrid le* 18. *Septembre* 1607. [Négociations du Président JEANNIN. Tom. I. pag. 451. Edit. de 1695. *in* 12]

ANNO 1607.

DOM PHILIPPE par la grace de Dieu Roy de Castille, de Leon, d'Arragon, des deux Ciciles, de Hierusalem, de Portugal, de Navarre, de Grenade, de Tolede, de Valence, de Galice, de Maillorque, de Seville, de Sardaigne, de Cordouë, de Corseque, de Murcie, de Jaen, des Algarbes, de Algecar, de Gilbroatar, des Isles de Canarie, des Indes Orientales & Occidentales, Isle de Terre ferme, de la Mer Oceane, Archiduc d'Autriche, Duc de Bourgogne, de Milan, Comte de Halsbourg, de Tirol & de Barcelone, Sieur de Biscaye & de Molina, &c. Sçavoir faisons à tous ceux qui ces presentes verront, Que ayans veu la declaration, offres & presentations des Serenissimes Archiducs Albert, & Dame Isabella Clara Eugenia, nos tres-chers & tres-amez freres, faites aux Estats Generaux des Provinces-Unies des Païs-bas, ensemble les Lettres d'obligation là-dessus, d'entre lesdits Archiducs d'une part, & lesdits Estats d'autre, sous leurs signatures & grand Seel, confirmées le 24. d'Avril dernierement passé, dont la teneur est celle qui ensuit.

Comme ainsi soit que les Archiducs &c. *Voiez ci-dessus* N°. L.

Et dautant que par ledit Traité lesdits Serenissimes Archiducs nos freres ont promis de delivrer là-dessus nos Lettres de Ratification, & semblable Declaration avec toutes les generales & particulieres renontiations & obligations que le cas requiert, Nous avons, apres meure deliberation & advis de nostre Conseil, de nôtre certaine science & puissance Royale absoluë, pour l'accomplissement de ladite promesse & asseurance du Traitté principal de la Paix ou longue Tréve, fait & faisons par la presente ausdits Estats, declaration semblable à celle que nosdits freres ont faite, dont cy-dessus est fait mention, pour autant que la chose nous touche: Et principalement declarons que nous sommes contens, qu'en nostre nom & de nostre part l'on traitte avec lesdits Estats en qualité, & comme tenans iceux pour Païs, Provinces & Estats libres, sur lesquels nous ne pretendons rien. Aussi nous avons loüé, approuvé, confirmé & ratifié, comme par la presente nous loüons, approuvons, confirmons & ratifions tous & chacuns les Poincts contenus audit Traitté; Promettant en foy & parole de Roy de les entretenir, garder & faire garder & accomplir tous entierement & ponctuellement, comme si dés le commencement nous les eussions nous mesmes declaré, consenty & promis, & comme s'ils eussent esté traittez & concluds avec nostre intervention & authorité; & ne ferons ny ne consentirons jamais chose au contraire : & promettons de mesme de reparer & faire reparer toutes violations directes & indirectes d'iceux, de maniere que tout ce que dessus soit de bonne foy gardé & accomply ausdits Estats; A quoy nous nous obligeons en parole de Roy, avec toutes les generales & particulieres renonciations & obligations qui conviennent & sont necessaires. Aussi nous promettons que dés incontinent que sera conclud le Traité de Paix ou longue Tréve, nous ferons faire toutes les Depesches necessaires pour l'accomplissement & execution de ce qui aura esté traitté & capitulé en plus ample forme. De sorte qu'en tout & par tout se donne pleine & entiere satisfaction ausdites Provinces-Unies: mais nous declarons que si le Traitté principal de Paix ou Tréve longue de plusieurs années, auquel se proposeront & resoudront les pretensions des entre-deux Parties, tant en matiere de Religion que de tout le surplus, ne se conclut, cette Ratification devra estre, & ne sera d'aucune valeur & effet, comme si oncques elle n'eust esté faite, & qu'en vertu d'icelle ne sera veu que nous perdions un seul poinct de nostre droit, ny l'acquerront ny le pourront acquerir lesdites Provinces-Unies: sinon, les choses demeureront quant au droit des deux Parties, au mesme poinct & estat qu'elles sont presentement, pour pouvoir chacune d'icelles faire ce que bon leur semblera. Pour confirmation & corroboration dequoy avons fait depescher la presente signée de nostre main, & séelée avec nostre grand Séel, & contresignée de nostre Secretaire d'Estat souscrit. Donné à Madrid le 18. de Septembre l'an 1607. Souscrit *Io el Rey*. Et plus bas, par Ordonnance du Roy nostre Sire, & signé ANDRES DE BADA : Et séellé du grand Séel de sa Majesté en forme de placart avec un cordon de soye blanche, rouge, & jaune.

LII.

ANNO 1607. 26. Juin.

LII.

Gräntz-Vertrag zwischen Ernsten Grafen zu Holstein-Schauenburg / dann dem Rath der Stadt Hamburg / und den Vorstehern des Closters St. Joannis daselbst; Worin aller zwischen denenselben / wegen der Gräntz Scheidung zu Einpßbuttel / Lockstede / Eppendorff / und Altona, sich erhaltene zwitrachten beygelegt / und die alte Gräntz-Stein theils reformiret / theils bestättiget werden. Geben den 26. Junii 1607. [LUNIG, Teutsches Reichs-Archiv. Part. Spec. Continuat. II. Fortsetzung II. Absatz X. pag. 313.]

C'est-à-dire,

Traité, entre ERNEST *Comte de Holstein Schauenburg, le* MAGISTRAT *de* HAMBOURG, *& le* PRELAT *du Monastere de* St. JEAN, *par lequel tous les differents survenus entr'eux, au sujet des anciennes Limites entre* Eimesbuttel, Lockstede, Eppendorf, Altena, *sont accommodés & terminés, Fait le 26 Juin 1607.*

VOn GOttes Gnaden Wir Ernst / Graff zu Hollstein / Schauenburg und Sternberg / Herr zu Gehmen / und wir Bürgermeister und Rath der Stadt Hamburg / auch Vorstehere des Closters St. Johannis daselbst / vor Uns / Unsere Erben / Lehens- und Nachfolgere / hiermit thun kund und bekennen / daß die Mißverstände / so sich uf Unserer beyderseits Grentz-Scheidung zu Eimeßbüttel / Lockstede / Eppendorff und Altonae / eine Zeit hero erhalten / und welche zuforderst die nicht weit von Joachim von Campenhoffe / auf Schauenburgischer berümbter Hoheit gelegten beiden Brücken verursachet / nach angestälter Besichtigung / Beziehung der Grentze / auch eingenommenen Bericht und Gegen-Berichte / und entlich vielfältiger gepflogener Handlung / heut dato mit Hindansetzung allerhand erhobener Disputat, und also gentzlich und zu Grunde / mit allerseits gnädiger und freywilliger Beliebung / verglichen / beygelegt und vertragen sind worden.

Anfänglich und zum ersten / ist aus bewegenden billigmeßigen und vernünfftigen Uhrsachen verabredet und beschlossen / weil Unsere Unterthanen und Leute an denen Oertern / da die Grentze entscheiden / die Huete-trifft Plackenhäuen / Sodenstechen insgesambt gebrauchen und geniessen / und derowegen diese Grentz-Ziehung und Entscheidung keinem Theile an seinem hergebrachten Rechte / wie es Nahmen haben mag / soll nachtheilig seyn / also daß Unser Graff Ernst zu Hollstein / Schauenburg ꝛc. Unterthanen / was sie an den Oehrtern / so durch diese neue gemachte Grentze in der Stadt Hamburg Gebiethe gerathen / für Recht und Gerechtigkeit haben / dasselbe auch hinführo männigliches ungehindert behalten / und was dessen hinwiederumb Unsere der Stadt Unterthanen / auf den unß Graff Ernst zu Holstein / Schauenburg / ꝛc. und Unseren Unterthanen zugehörigen Oehrtern hergebracht / ebener Gestalt sollen zu geniessen und zu gebrauchen haben / da aber deßwegen einiger Mißverständ und Differenz verhanden / sollen Unsere Graff Ernsts Drosten und Beambten zum Pinnenberg / Vollmacht haben / nebenst Uns dem Rath / die Leute zu hören / und nach billigen Dingen zu vergleichen / und damit solche sambt- und Gemeinschafft / und von jeden Theile hergebrachtes Recht und Gerechtigkeit / desto besser in Esse bleibe / und keine mehr Uneinigkeit gebiere / soll keinem Theil freystehen / einige Zuschläge noch sonsten zu erlauben / wodurch den angrentzenden Unsern beiderseits Interessenten einig Nachtheil und Schade könte und mögte zugezogen werden; Weil dann auch etliche von Uns Graff Ernst zu Holstein Schauenburg / und Unsern hochgeehrten Verfahren und Vorgängern verwiesene Zuschläge / Unserer des Raths Hoheit und Jurisdiction nunmehr unterworffen; So soll / was die Einhaber derofelben bis dahero von berührten Zuschlägen in Unser Graf Ernst Ambt-Register zur Grundhaur oder sonsten gegeben / Unsern oder Unsern mitbemelten hierzu verordneten Beambten und Dienern / nichts destoweniger zu jeder Zeit entrichtet und unwegerlich gereichet werden:

Demnach ist der Terminus der Grentze a quo mit austrücklichen Vorbehalt Unser Graff Ernst zu Hollstein / Schauenburg ꝛc. sowohl Unser des Raths zu Hamburg und der Vorsteher des Closters jährlicher Hebungen / auch beiderseits Unterthanen und Leuthen genießlichen habenden Rechten und Gerechtigkeiten; auch daß alles in jetzigem Stande / ohne Verweisung einiger mehr Zuschläge / wie zuvor gemeldet / verbleibe / mit beider Theile gnädiger und freywilliger Beliebung der gemachten Grentzen / die Pfeffer-Mülenbecke / da nemblich dieselbe bey dem alten Schläg-Baume hergehet / und itzo ein grosser Gräntz-Stein gelegt / gemacht und bestimbt / und bleibet die dabey herlauffende Herstrasse / und auf diese jenseit demselben / wenne die jetzo vermüge solcher Grentz Urkundt gebühren will. Darob ziehet man auf den Rosenhoffes-Graben / daselbst auf die Ecke an den Zuschlägen / so den Schenefeldern ausgewiesen / ist abermahls ein Grentz-Stein hingeleget worden / von dannen gehet die richtige Schnede bey dem Rosenhofes-Graben / welche unverendert bleibet / und bey Vermeidung gebührlicher Straffe nicht verrücket werden soll / gerad hinan / und endiget sich da der Grabe ein Ende hat / da dan wiederumb ein Stein geleget / folgendes ziehet man durch das Feldt auf dem daselbst bey der Brücke gelegten Steine / von darob fehret man aufm Hohenrade oder Hohenfelde / und wird der Grentz-Stein nahe hin bey den Graben / so an der Eidelstätter Wege verhanden / niedergelegt / und bleiben also die obbemelte beyden Brücken in Unser Graff Ernst Hoch- und Botmeßigkeit / ümb den Ohrt ziehet man ins Westen niederwerts / also daß der Eimesbüttler Ecker zur rechten Handt liegend bleiben / und ist daselbsten auf der ersten Ecke des ümb die Ecker geführten Grabens gegen den Steinfuhrt / wie wir der Raht solchen benahmet / aber nicht gestanden werden wollens wiederumb ein Grentz-Stein abgeworffen / ümb die Eimesbüttler Ecker herumb zu der rechten Handt bey der negsten Ecke / ist nochmahl ein Stein abgelegt / wie auch noch einer nicht weit davon in einer gebogenen Krümme oder Winckel / wann man nun also ümb der Eimesbütteler Länderey daselbsten aufm Hohenrade oder Hohenfelde belegen herümb ziehet / und wieder den Wegk unterwerts nach Eydelstätte antrifft / daselbst am Ende des ümb solche Länderey gezogenen Grabens ist abermahls ein Gräntz-Stein niedergelassen / von darab ist die Schnbde gerad auf die Otterbecke gerichtet / mitten in der Heyde sowohl / als vor-an der Otterbecke / ist wieder ein Grentz-Stein geleget / dan ferner von den Zuschlägen / so Hanß Berner / Droste / ausgewiesen / und Joachim Hinsche itzt im Gebrauche hat / und so zur rechten Handt liegen / hinan bis auf die Ecke daselbst auch ein Stein abgeworffen worden / ob auch wohl die Eimsbütteler Ecker zur lincken Hand e regione des Hohenrades oder Hohenfelds und Hunschen Ackers ins Westen gelegen / in Unser des Raths Grentze nicht begriffen / jedoch bleibet all solcher aus der Grentz liegenden Ecker Eigenthumb / Nütz und Grund-

ANNO 1607. Grundhäur dem Closter / die Hoheit aber und Jurisdiction unß Graff Ernsten zu Hollstein / Schaumburg rc. von deme fehret man forth nach der Stellinger Feldt / und dafür here zur lincken Handt bey der Müntz / immassen wir Bürgermeister und Rath denselben Ort dafür halten und also nennen / wir Graff Ernst aber ihnen nicht geständig gewesen / ist nochmahls ein Stein geleget / daselbsten ferner durch die Heyde fortgefahren / und ist dar wieder ein Stein abgeweltzet / von dar ist man gezogen bis an die Eppendorper Ecker / welche der Köteners Cann genennet wird / und über dieselben / biß da sich solche Ecker nach dem Pfahle / so in der Heyde in Unser Graff Ernstes Hoheit stehet / und an dem eines gerechtfertigten Schenckel gehangen / endigen / dann vor den Pfahle über / und alsofort nach der Eppendorffer und Lohstetter Felde / immassen solches alles mit denen daselb gelegten Grentz-Steinen ist discriminiret / und seindt von darab weiter die Rechte Schneede und Grentze / da sich der Eppendörffer und Lokstetter Ecker mit einander scheiden / nach Anweisung der Steine / so ebenmäßig daselbst hingelegt / wann man nun daselbst / alß durch das Sandige Landt fortziehet / biß nach der Awe / ist alda erstlich bey der Ecker Ende / und dan ferner bey der Eiche Stubbe / niederwarts nach der Awe und an das Ufer der Awe ein Stein gesetzet / und sollen nun ferner zu schließlicher dieses Wercks Vollnziehung von beyden Theilen etzliche verordnet werden / welche vorbemelte Grentzen und Schnede allermassen zuvor specificiret / beziehen / abtheilen / und was alßdann die Linie geben wird / daselbst die Steine / wie in solchen Fällen gebräuchlich / eines vor alles setzen sollen / worbey es hinführo unverrucket bleiben muß / zu welcher Behuff wir Graff Ernst zu Hollstein Schaumburgk Unsere Drosten und Beambten Unsers Gräfflichen Hauses Pinnenberg Vollmacht aufgetragen / vorgemelte Grentze itzo verabscheideter massen zu exequiren und zu setzen. Wegen der Jagt ist verabredet / daß sich deroselben jedes Theil / wie es von Alters hergebracht / und noch geübet / gebrauchen soll / es were dann / daß man sich eines andern vergleichen würde. Alß auch wegen der Schaaff-trifft Irrung und Mißverstand vorgelauffen / und wir der Rath und Vorstehere uns auf ein Privilegium und Besitz beruffen / wir Graff Ernst aber berichtet / daß die Schaaff-trifft den Hamburgischen Unterthanen in Unser Bothmäßigkeit nicht verstattet; So ist dieser Punct dahin ausgesetzet / daß auf ein benandte Zeit Unser Drost und Beambten / auch respective Unsere des Raths Verordnete zusammen kommen / und auf producirung des berührten Privilegii und Beweisung angezogener possess diesem Streit seine Richtigkeit soll gegeben werden / die Lockstedter aber mögen nach alten Herkommen der Eppendorper Ecker mit ihren Schafen betreiben / jedoch dann erstlich / wann das Korn vom Felde / und sie mit ihren Viehe die Ecker behütet haben / und stehet ein solches den Eppendorpern auf der Lockstedter Felder / doch anders nicht / wie jetzo gemeldet / auch bevor und frey / und soll nun auf obangedeuteten richtig gemachten / und durch beschehener Versteinigung disterminirten oder discriminirten Oertheren / gleichwie uns Graff rc. also auch uns Burgermeister / Rath und Vorsteher des Closter St. Johannis jedem Theile auf deme ihm assignirten Ohrte / vielberührte Gerechtigkeit / Jurisdiction und Hoheit respective bleiben und zustehen / und keiner den andern auf seinen ihm zugeeigneten Theile / an der hohen Obrig- und Hoheit / Jurisdiction, erlangten Rechten und Gerechtigkeit / beeintrechtigen / hindern oder turbiren / auf was masse solches auch ohne / oder unter dem Schein des Rechtens / offentlich oder heimlich / selbst oder durch andere / geschehen / oder verhenget werden kan oder mag. ANNO 1607.

Was die Irrung an und auf beiden Teichen zwischen Altona und Nobis-Hause belegen / betreffen thut / ist vor gut angesehen / daß das Ufer nach Altona / am Teiche / so ins Norden gelegen / und nicht das Ufer des umbfliessenden Bächleins / folgends die zweene daselbst gelegene Steine / und dann der Tamm am andern Teiche / so nach den Süden gelegen / und der Bach / so auß dem Teiche in die Elbe streichet / die rechte Grentze seyn soll / wann aber an den obgemelten Uferen / Temmen und des Orths liegenden Siehlen etwas nöthiges ist zu machen / repariren und zu bessern / daß soll unß Burgermeister und Rath der Stadt Hamburg unbenommen seyn / doch sollen und wollen wir damit Ihr Gnaden und deroselben Unterthanen keinen Abbruch / Nachtheil oder Schaden zufügen. Wormit also diese vielgemelte Gebrechen gäntzlich vergleichet und vertragen / ohne Argelist und Gefehrde / dessen zur Urkund sein dieser Recesse drey gleichen Lautes aufgerichtet / von unß Graff Ernst zu Hollstein Schaumburg mit eigen Händen unterschrieben / und mit aller Theile anhangenden Insiegeln befestiget. Geschehen uff Unser Graff Ernstes Voigtey zu Ottensen / den andern Tag Junii Anno nach Christi Gebuhrt Tausendt Sechshundert und Sieben.

(L. S.)	(L. S)	(L. S.)
Comitis.	Hamb.	Der Kloster-Vorsteher.

LIII.

Certificat du Canton du Haut UNDERWALD *que la Declaration qu'il avoit baillée à* Alphonse Casate, *Ambassadeur du Roi d'Espagne, au préjudice de l'Alliance avec la* FRANCE, *avoit été revoquée par eux d'un commun consentement; du 5. Juin* 1607. [FREDERIC LEONARD, Tom. IV.] 5. Juin. FRANCE ET UNDERWALD.

NOus Landtamant, ou Bailly, le Conseil, & toute la Communauté du Haut Underwald, certifions par ces presentes au Sieur Ambassadeur du Roi Tres-Chrêtien nôtre tres clement Seigneur, & nôtre confederé Allié, que la Declaration écrite en parchemin & scellée du Scel de nôtre Païs, que nous avons montrée audit Ambassadeur & dont lui avons délivré copie, étoit la même Declaration que celle que cidevant avions baillée au Sieur Ambassadeur d'Espagne qu'il nous a volontairement renduë & remise en main comme nulle & de nul effet & valeur, & à cet effet elle a été déchirée de nôtre commandement par nôtre Deputé le Sieur Pierre Infeld Landtamant, en presence dudit Sieur Ambassadeur de France. Et aussi nous voulons l'assurer par ces mêmes presentes qu'il n'en est demeuré aucune autre devers le susnommé Sieur Ambassadeur d'Espagne. Et promettons sur nôtre honneur ne lui en bailler aucune autre dorenavant, ains d'entretenir le contenu de l'Alliance avec sa tres-Chrêtienne Majesté en tous ses Points & Articles, au cas aussi qu'elle accomplisse le même en nôtre endroit comme nous esperons qu'il se fera. En foi de quoi nous avons fait sceller le Certificat du propre Scel du Païs, le cinquieme jour de Juin l'an mil six cens sept.

LIV.

Vertrag zwischen Johann Friderich / Abbten des Stiffts Fulda und dessen Capitul an einem / und dero Ritterschafft am andern theil / wodurch sie sich vergleichen / daß die Ritterschafft einen ordentl. erwehlten oder Postulirten Abbt vor ihren Fürsten und Herrn erkennen und ihm huldigen ferner vor Ihro Fürstl. Gnaden in personalibus & realibus causis, erscheinen und ohne ausflüchtige Exception Recht nehmen / 15. Dec.

auch

ANNO 1607. auch im fall der Vormundschafft den inserirten Vormunder-Eyd leisten sollen; dargegen der Abbt und dessen Capitul versprochen / daß sie die Ritterschafft in Pfarr-Bestellungen / Religions-frieden und dessen Exercitio nicht turbiren / wie auch des Stiffts Adeliche Personen vor andern Ausländischen in Bestallung und dienste nehmen wollen; wobey sie dann nicht weniger beyderseits wegen der von der Ritterschafft zu erlegenden Reichs und andern Steuern sich vergleichen / auch daß ein jeglicher zu Abteilicher Würde gelangender diesen Vergleich solle bestättigen / und die Capitulares jedesmahls solchem nach zu kommen versprechen sollen. Geschehen Fulda den 15. Decemb. 1607. [LUNIG, Teutsches Reichs-Archiv. Part. Special. Abtheil. III. Absatz IV. pag. 512.]

C'est-à-dire,

Accord entre JEAN FRIDERIC *Abbé de Fulde & son* CHAPITRE *d'une part, & la* NOBLESSE *de* FULDE *d'autre part, portant que ladite Noblesse reconnoitra toujours pour son Prince l'Abbé qui aura été canoniquement élu ou postulé, qu'elle lui rendra foi & hommage, comparoitra en jugement par devant lui dans les Causes réelles & personnelles, & lui prêtera le serment de Tutelle, inseré dans le même Recès, toutes les fois que le cas s'en présentera; en échange de quoi l'Abbé & le Chapitre promettent de ne point troubler ladite Noblesse dans la Collation des places de Pasteurs ou Ministres, ni dans le libre Exercice de la Religion, & que les Sujets Nobles de l'Eglise de* Fulde *seront toujours avancez aux Charges, Emplois, & Dignités par preference aux Etrangers. On y convient aussi de ce qui regarde les Contributions dues à l'Empire par la Noblesse, & que tous ceux qui à l'avenir seront élevez à la Dignité d'Abbé ou même de Capitulaire seront obligés de prometre l'observation du présent Accord. A Fulde le 15. Decembre 1607.*

KUndt und zu wissen sey männiglich / demnach in vor-Jahren ein regierender Fürst und Abt des Stiffts Fulda sampt gesamptem Capitul mit gemeiner Ritterschafft desselben Stiffts / und sie hinwieder mit ihrer Fürstlichen Gnaden und Ehrwürden / in gnedigen / gutem und unterthenigen Vertrauen gewesen / dardurch von allen Seiten ersprießliches Aufnehmen erfolget / und verderblicher Schade verhütet worden / einzeithero aber wegen vieler entstandener mißhelliger Irrsalen und differentien weit außsehende gefehrliche Trennungen sich ereignet / welche / so denen nit in Zeit vorgebawet / und Ihro abgehülffliche Erledigung gegeben würde / nicht allein zu mercklicher Zerrüttung / sondern auch leichtlichen zu verderblichem Untergang des Stiffts in diesen ohne das so schwirigen Leufften / gereichen möchten; Alß haben wir Johann Friedrich von Gottes Gnaden Abbt des Stiffts Fuld / Römischer Käyserin Ertz-Cantzler / durch Germanien und Gallien Primas etc. Und wir das Capitul desselben Stiffts ingemein mit dem Außschuß dero Ritterschafft / solches zu bedächtlichem Gemüth gezogen / und nach zeitlicher reiffer Betrachtung aller umbständiger Gelegenheit / nochmahls nichts vorträglichers zu beharrlicher Continuirung friedliches Wesens / und Abwendung besorglichen Unheils befunden / denn daß die alte vertrauliche Einigkeit durch Abhelffung dero allbereit zu viel eingerissenen mißverständigen Gebrechen fortgesetzet / und als vermittelst Gottes gnediger Verleyhung allerseits verhofftes Ufnehmen beharrlich gepflantzet werde / und darauff nach gnugsamen reiffen Bedacht und wohl gegründetem Rath / aus obangeregten und viel andern nothdringlichen Bewegnüssen / Uns mit ihnen folgender massen endlich und ewiglich vor Uns und aller dero von der Ritterschafft Erben / Erbnehmen und Lehnsfolger vergleichen und vereinbahret. ANNO 1607.

Anfänglichen / da in zukünfftigen Zeiten ein Abbt von gemeinem Capitul oder mehrer theil deroselben ordentlich erwehlet oder postulirt, daß die von der Ritterschafft / so bald ihnen solches wissend gemacht / denselben vor des Stiffts Fuld Fürsten und Herrn in schuldiger Gebühr erkennen / zu ehren und zu halten / deren und ihres Stiffts nützlichen Frommen zu prüfen und Schaden zu warnen / Ihren Fürstl. Gnaden darbeneben auch einem Dechanten / an statt deß Capituls / uff die zuvor und hierinn zwischen den Fürsten und Ihnen bedingte Fäll mit handgebenden Treuen angeloben und darauff ihre Lehns-Pflicht / bißherigerÜbligkeit gemäß / leisten sollen und wollen.

So denn vors ander / ob wohl bißdahero höchlichen im Streit gewesen / ob die von der Ritterschafft tam in personalibus Actionibus quam in realibus, vor einem regierenden Herrn / und dessen verordneten Marschalcken / Cantzler und Räthen uff Erfordern zu erscheinen schuldig So ist doch dieser Paß dahin wissentlich und wohlbedächtlich vermittelt / und schlißlichen betheidigt / daß fürohin die von der Ritterschafft unter sich sambt und sonders / so wohl in personalibus als realibus causis, vor Ihren Fürstl. Gnaden und dero Verordneten erscheinen / und ohne außflüchtige Exception Recht nehmen und geben wollen.

Als auch zum dritten / der Vormünder Bestättigung wegen Irrungen vorgefallen / welche so weit gerathen / daß derenthalben ein Rechtfertigung an dem Käyserl. Cammer-Gericht angesponnen / und bißdahero continuirt worden / damit dan Wittiben und Waisen hierin / wie offtermahls beschehen / an ihren nothwendigen Tutelen und Curatelen nicht beschwerlichen verabseumet werden mögen / ist eingewilliget / daß Sie von dero Ritterschafft hinführo einem regierenden Herrn folgenden Vormünder-Eydt würcklichen leisten / und sich jeder ohne zu Recht erhebliche Ursachen / vom Vormünder Bestettigung nicht ausziehen / und also hiemit erwehnte Rechtfertigung gentzlich und zumahl uffgehoben und erörtert sein und bleiben soll. Und lautet nechst-angeregter Vormünder-Eyd / wie wortlich nach beschrieben: Ihr sollet schweren einen Eyd zu GOTT und seinem heiligen Wort / daß ihr N. verlassenen Waisen N. und N. seiner Hauß-Frauen getrewlich nach bestem Vermögen und Verständnüß vorseyn wollet / alle und jegliche Sachen vor Gericht / oder ausserhalb Gerichts / getrewlich vertreten / auch alles und jegliches / so denen Waisen von seinem verstorbenen Vater und Mutter in Erbschafft hinterlassen / und künfftiglich zufallen wird / getrewlich / alles sampt und sonderlich / wie ihr das erstlich befunden habt / beschreiben und inventiren lassen / wollet auch ewerer Vormundschafft jährlichen / vor des Pupillen nechsten Freunden und denen / so wir ihnen zuordnen würden / gründliche Rechnung / und zu Ausgang der Vormundschafft / volnstendige ohnweigerliche Überantwortung thun / auch in dapffern Sachen mit Rath und Wissen des Stiffts Fuld regierenden Abbts und Fürsten / auch der Pfleg-befohlnen nechster Freund handlen / und ferner alles und jedes schaffen und thun / das den Waisen und Wittiben zum besten erspriessen und kommen möge / und daran alles ewers Vermögens nichts unterlassen / getreulich und ohngefehrlich.

So viel dann zum vierdten die Reichs-und ande-

re

ANNO 1607.

re Stewer belangt / darvon auch zu etlich malen Disputat entstanden / soll hinführo die Reichs-Steuer von der Ritterschafft und ihren Leuten / darauff sie es zu erheben herbracht / ohnweigerlich erstattet / was aber andere Stewern betrifft / soll von denen ihnen mit Gerichtbarkeit oder Voigthey angehörigen Leuten / ohne ihr / ihrer Nachkommen / und gemeiner von der Ritterschafft gütliches eingehellen / klare Verwilligung und Herausgebung gnugsamer Revers, keine erhoben / auch obgedachte von der Ritterschafft gleich dem Capitul / und etlichen von den Städten / wie sich in alle Weg gebühren will / zur Einnahm / Ausgab und Berechnung gezogen / auch davon keines weges ausgeschlossen / und der in Rechnung verbleibende Uberschuß aus der Ober-Einnehmer Händen nicht genommen / sondern biß zu andern bewilligten Reichs-Stewern von denselben verwahrlich behalten werden.

Als auch bey diesen Posten erwogen / daß die von der Ritterschafft gleich dem Capitul von ihren selbst-eigenen Gütern bißhero die Reichs-Steuer den Ober-Einnehmern nicht darzu gezehlet / sondern in die darzu sonderbare gebräuchliche Truhen eingeworffen. So soll es ins künfftig dabey verbleiben / gleichwohl aber ein jeder erinnert seyn keine Gefährden zu gebrauchen / sondern dero jederzeit beschehener Abredt und Beschluß gemäß / ohnverweißlich sich zu bezeigen / wie auch hingegen ein regierender Herr des Stiffts / dem Herkommen / und der vorigen Herrn Abten getroffenen Abred gemäß / mit einzuwerffen / sich unbeschwert erweisen wird.

Uber dieses und zum fünfften haben die von der Ritterschafft sich rund / ausdrücklich und verbündlich erklärt / daß sie als getrewe Vasallen nicht allein / was ihnen zustehet / eignet und gebühret / einem jederzeit regierenden Fürsten und Herrn / deßgleichen Dechant und Capittul unterthänig / und dienstlich mit bereitester Willfährigkeit leisten / sondern auch alles / was zu Erhaltung deren und des Stiffts Wohlfahrt und gedeylicher Auffnahm dienstlich / ersprießlich / und ihnen ohnabbrüchlich / ihrer eins theils hierinn vermeldter und sonsten ferner herbrachten Rechten / Privilegien und Freyheiten immer thunlich / eusserstem Vermögen nach und ungespartes Leibs- und Fleisses gantz treulich und williglich præstiren / verrichten und daran nichts ermangeln lassen sollen und wollen

Darentgegen und zum sechsten / als Uns samt Unserm Capitul von denen von der Ritterschafft zu Gemüth geführet / wie sie und ihre Vor-Eltern unterschiedliche Pfarr-und andere Recht / Gerechtsamb und Privilegia im Herbringen / insonderheit des Religion-Friedens und freyen Exercitii, so wohl in ihren in des Stiffts Aembtern gelegenen Adelichen Wohnungen / als deren Oerter / da sie die Pfand-Bestellung selbsten herbracht / und anderer des Reichs befreyten von Adel competirenden Constitutionen sich zu gebrauchen wohl befugt / darauff angehalten / ihnen erwehnte Reichs-Constitutiones fürters nicht zu verkürtzen / noch sie deren / und anders ihres Herbringens zu destituiren / und dann wir samt Unsern Capitularn Uns / daß dem also / dabey bedächtlich erinnert / daß niemand seiner Possession vel quasi, de facto ohne Erkäntnüß Rechtens zu entsetzen / auch nicht gemeinet / einig Streit zu erwecken / noch jemand wiederrechtlichen an den seinigen zu beeinträchtigen / nicht weniger jedern regierenden Fürsten und Herrn / und alle dessen / und ihren Nachkommen gleichermassen / zur Billigkeit fürstlich und wohlgeneigt seyn werden / ohnzweiffentlich achten. Derentwegen haben wir hiermit Uns und alle Unsere Nachkommen gantz kräfftiglich obligirt und verschrieben / daß wir offtgemeldte von der Ritterschafft ingesampt / und jedem absonderlich / bey obbemeltem Herbringen / und dato dieses inhabigen Pfarr-Bestellungen / Religion-Frieden / und dessen Exercitio, wie auch ihren Gütern / Rechten / Frey-und Gerechtigkeiten / geruhiglich verbleiben / und keinen an seinem besitzlichen Inhaben thätlichen turbiren / vielweniger entsetzen / sondern sich in zusammen-gewinnenden Zuspruch und Förderung des verglichenen / schleunigen Austrags begnüglich ersättigen lassen: wie nicht weniger auch denjenigen von der Ritterschafft / welche von dato dieses an Pfarr-oder andern vermeinten Gerechtigkeiten beschwert und turbiret zu seyn vermeynen / im Fall sie Uns und Unser Stifft nicht klagloß lassen wolten / frey und bevorstehen / solchs vermög des Austrags (wofern albereit dieselbige am Cammer-Gericht nicht anhengig / und lis pendens) zu erörtern. Desgleichen sie dann ihres Theils auch zu thun schuldig seyn sollen und wollen / sich auch in Religion-Sachen Christlicher Bescheidenheit gebrauchen / weder vor sich selbsten / noch die Ihrigen / eines regierenden Herrns / Dechants und Capituls Glaubens-Genossen / dero Religion halber / ufzüglichen antasten / noch dieselbe wider ihre Fürstl. Gnaden und Ehrwürden zu steiffen sich anmassen; uf den unverhofften begebenden Fall aber / daß ein regierender Herr mit der That verfahren / und einen oder mehr seiner inhabigen Possession vel quasi zu destituiren sich unterfangen / über gebührliches Ersuchen davon nicht ablassen / und nechst angeregten Austrage entweder nicht einschreiten / oder vermög dessen ergangenen Entscheid und Urtheil / keine Folg oder Gnüge leisten wolte; So sollen uf solchen Fall die von der Ritterschafft / dero Religions-und andern Reichs-Constitutionibus sich gebrauchen / darauff Proceß auszubringen / gut Fug / Macht / und die Exceptio subjectionis keinerley Weiß / zu Hintertreibung solcher Proceß / nicht eingewendet / oder / da sie schon vorgeschützt würde / kein Raum noch Statt / oder Würcklichkeit haben / wie dann auch sonsten / insonderheit mit Ausbringung Mandatorum executorialium simplicium & arctiorum, vermög bemeldtes Austrags / und dessen / was hierinnen gesetzt / zu verfahren / ihnen frey und bevorstehen soll.

Als auch zum siebenden beschwerlich vorbracht / daß zu Raths-Amt-und Dienst-Bestellung die Ausländischen denen im Stifft gebornen von Adel meistentheils vorgezogen und sie / wie auch andere des Stiffts angewandte / von Aembtern und Diensten ausgeschlossen würden / welches zu allerhand wiederwärtigen Mißtrawen anläßige Ursachen zu geben pflegt. Wiewohl nun hierinnen einem Herrn keine gewisse Maaß zu geben / gleichwohl aber des Stiffts Verwandte die tägliche vorfallende Gefeyrde ausstehen / dabey Glück und Unglück an Leib und Gut wagen und auffsetzen / hinwieder nicht ohnbillich auch der Ehr und Vorzugs geniessen / und do sie qualificirt / vor andern ufzunehmen; Haben wir dieses Stiffts Adeliche Vasallen vor andern in Bestallung und Dienst zu nehmen gnädig bewilligt.

Und damit allem und jedem obbeschriebenen stracke unverminderte Folge geleistet / und in keinen Weg dem entgegen gehandelt werde / so ist dahin bedächtlich geschlossen / welcher künfftiglich zu Abteylicher Würden gelangt / daß derselbige diese vergleichliche Einigung ohnverlangt bestettigen / deren sonder Wiederrede zu geleben sich obligiren und ihme ehe und bevor solches beschehen / keine Gelübd / Lehens-Pflicht noch Ayd / von Dechant / Capittel / Ritterschafft und Landschafft geleistet werden / auch sollen jede / so zu Capituln angenomen / gleichfalls diesem williglich ohne einige Sperrung nachzukommen geloben / zusagen und verschreiben. Uf den gantz unverhofften Fall auch ein regierender Herr einem oder

dem

ANNO 1607. dem andern das Capitul oder die Ritterschafft betreffenden hierinnen obgeschlossenen Puncten und verglichenen Austrägen über gebührende Erinnerung zuwider handlete / sollen die von der Ritterschafft ietzo alsdann / und dann als jetzo / biß so lange ein regierender Fürst sich dieser Transaction gemäß bezeiget / und veranlaßte Kosten und Schäden erstattet / deren Ihro Fürstl. Gnaden gethanen Pflichten / ipso jure erledigt / und immittelst dem Stifft / Herrn Dechant und Capitul damit gewertig seyn / innassen denn dieselbe auff jetzo angeregten Fall denen von der Ritterschafft / nach aller verantwortlichen Thunligkeit / handbietig und mit nichten einem regierenden Herrn / dieser Transaction zu entgegen / beystendig seyn sollen oder wollen.

Wann aber das doch nicht seyn noch geschehen soll / und neben einem regierenden Herrn / Dechant und Capitul dieser Vergleichung wiederlebten / und über erinnerl. Anmahnung davon nicht abstehen wolten / so sollen uf solchen gar unversehentlichen Fall / die von der Ritterschafft / alle mügliche / gegen die Röm. Kayserl. Maj. verantwortliche / und den Reichs-Befreyten vom Adel sonderbahr / sowohl in des Reichs-Constitutionibus, als sonsten zugelassene Mittel an die Hand zu nehmen / hiermit erlangt Recht / Fug und Macht haben. In dem Fall aber einer oder mehr von der Ritterschafft sich dieser austrägl. Vereinbarung widersetzig machete / wieder denselben soll einem regierenden Herrn mit Wissen Dechants und Capituls / gebührende Mittel ihne / oder sie zur Schuldigkeit zu bringen / vorzunehmen expresse ausbedingt seyn.

Und soll diese vergleichliche Abrede in allen u. jeden Puncten vim rei judicatæ und paratam executionem würcken / auch darauff Mandata sine clausula simplicia & arctiora erkandt und ausgebracht; Ebenermassen / als wann sie von Päbstlicher Heiligkeit und der Röm. Käyserl. Majest. prævia ordinaria causæ cognitione, oder ex plenitudine, kräfftiglich / cum omnibus necessariis requisitis, clausulis oder per definitivam inappellabilem bestettigt / auch darentgegen keine Absolution, Dispensation, Indult, Gebott oder Verbott / noch einige andere dero Rechten Gutthaten / wie die Nahmen haben / wann sie schon aus eigener Bewegnüß gegeben werden / Raum noch Statt gewinnen / vielweniger von einem Theil gebraucht noch vorgeschützt werden / dan deren samt und sonderlich / bevorab Exceptionum simulati vel non satis deliberati contractus, doli mali, metus, læsionis enormis & enormissimæ, deficientis consensus Superiorum, restitutionis in integrum, ac quod generalis renunciatio non valeat, nisi specialis præcesserit, Wir Johann Friedrich / Abbt des Stiffts Fuld / und wir das Capittul desselben Stiffts in gemein / vor Uns / Unsere Nachkommen / und wir zu End Bezeichnete / als hierzu sonderlich Gevollmächtigte / vor Uns und alle Unsere Adeliche Mit-Glieder / Erben und Lehns-Folger gäntzlich und zu Grund verziehen und begeben / doch hiermit deren von Adel habenden Burg-Frieden und darauff gerichten Verträgen nichts derogirt / beyderseits arglistige Gefehrden ausgeschlossen; Dessen zu mehrer Urkund haben wir ietztbenannte Unser Fürstl. Secret und Insiegel ad causas, der zu End beschriebene Ausschuß der Ritterschafft aber vor Uns u. Unsere Mit-Glieder / Erben und Lehns-Folger / Unser Adeliche angeborne Ring-Pitschafften hieran vordrucken lassen. So geschehen Fuld / Sambstags den funffzehenden Decembris im sechszehen hundert und siebenden Jahr.

Johannes Fridericus, Abbas Fulden. mpp. ANNO 1607.

Georgius ab Hatzfeld Ecclesiæ Fuldensis Capitularis ac Novimontis ad S. Andream propè Fuldam Præpositus.

Eberhardus Herm. Schütz alias Mechling, Ecc. Fuldensis Capitularis & Monasterii Thalbensis Præpositus.

Johannes Bernardus Schenck à Schweinsberg Eccl. Fuld. Capitularis, & Præpositus in Blancknaw, mpp.

Cuntz von der Tann.
Georg Christoffel von Buchenaw / mpp.
Wilhelm Balthasar von Schlitz / genannt von Görtz.
Georg Friedrich von der Thann / mpp.

LV.

Käysers RUDOLPHI II. Confirmation deß zwischen dem Hochgräffl. Hauß Hanau anno 1375. aufgerichten Erb-Statuti und Juris Primogenituræ. Geben Prag den 19. Decembris 1607. 19. Dec.

C'est-à-dire,

Confirmation du Statut de Succession établi en 1375. dans la Maison des Comtes de HANAU, *faite par l'Empereur* RODOLPHE II. *à Prague le* 19. *Decembre* 1607. [Voyez-la ci-devant sous le 30. Novembre 1375. Tom. II. Part. I. pag. 108.]

LVI.

Revers, so ein Neuerwehlter Bischoff und das Capitul zu Straßburg / der Stadt zu geben pflegt / und Ertz-Hertzog Leopold zu Oesterreich alß Bischoff daselbst / der Stadt außgestellet hat. Geben Elsaß-Zabern den 17. Januarii 1608. 1608. 17. Janv.

C'est-à-dire,

Revers que les EVEQUES *de* STRASBOURG *nouvellement élus & le* CHAPITRE *ont accoûtumé de donner à la Ville, & qui fut aussi donné par l'Archi-Duc d'Autriche* LEOPOLD *comme Evêque de Strasbourg. A Saverne le* 17. *Janvier* 1608. [Voyez-le sous le 12.22. Nov. 1604. pag. 48. col. 2.]

LVII.

Traité de Ligue défensive entre HENRI IV. *Roi de France, & les Etats des* PROVINCES UNIES *des Pays-bas. Fait à la Haye, le* 23. *Janvier*, 1608. [Negociations du Président JEANNIN. Tom. II. pag. 69. FREDERIC LEONARD, Tom. IV.] 23. Janv. LA FRANCE ET LES PROVINCES UNIES.

LES Estats-Generaux des Provinces-Unies du Païs-bas, A tous ceux qui ces presentes verront, salut. Comme ainsi soit que le vingt-troisiéme de ce mois de Janvier, l'an seize cens & huict, un Traité d'Alliance & Confederation ait été fait & accordé en ce lieu de la Haye, entre Maistre Pierre Jeannin Sieur de Montjeu Chevalier Conseiller du Roi Tres-Chrêtien en son Conseil d'Estat, & Maistre Helie de la Place Sieur de Russy, aussi Chevalier Conseiller & Gentilhomme ordinaire de sa Chambre; au nom, & comme Procureurs speciaux en vertu des Lettres de Commission; Pouvoir & Procuration dudit Sieur Roi Tres-Chrêtien, du 23. jour de Novembre dernier, d'une part; & les

ANNO 1608.

Sieurs Corneille Degent, Sieur de Loenen, & Meynerwik, Vicomte & Juge de l'Empire de la Ville de Nymmeguen, Maiſtre Jean d'Oldenbarnevelt Chevalier Sieur de Tempel, Rodenris, & Advocat d'Eſtat, Garde du Seel, Chartres & Regiſtres de Hollande, & Weſt-Frize, Maiſtre Jacques de Maldrée Chevalier Sieur de Heyes, & premier repreſentant les Nobles aux Eſtats & Conſeil de Zelande, Nicolas de Berck, premier Conſeiller de l'Eſtat de la Province d'Utreht, Erneſt Dailva de Herwy Gritman Dooſt-dongerdeel, Jean Slooth Sieur de Saillits, Droſſart du Pays de Wollenho, & Chaſtelain de la Seigneurie de Cunder, & Abel Coenders de Helpen, Sieur Enſaen & Cantes, au nom & comme Deputez & Commis ſpecialement à ce par leſdits Sieurs Eſtats Generaux, en vertu des Lettres de Commiſſion & Procuration, du 22. du mois, d'autre part, dont la téneur enſuit. Comme ainſi ſoit que les tres-hauts, tres-puiſſans, & tres-excellens Princes Henri IV. par la grace de Dieu Roi Tres-Chrêtien de France & de Navarre; & Jacques auſſi par la meſme grace de Dieu Roi de la grande Bretagne & d'Irlande, ayent ci-devant été priés & requis par leurs tres-chers & bons amis Meſſieurs les Eſtats-Generaux des Provinces-Unies des Pays-bas, de les vouloir aſſiſter de leur authorité & Conſeil, pour mettre leur Eſtat affligé d'une longue Guerre en quelque bon & aſſeuré repos, pour lequel obtenir ils étoient preſts d'entrer en conference avec tres-hauts, & tres-puiſſants Princes les Archiducs, tant en leurs noms, que de tres-haut, tres-puiſſant, & tres-excellent Prince, le Roi d'Eſpagne en ce qui le peut toucher. Et que pour ſatisfaire à leur deſir, & aider à l'avancement d'un ſi bon œuvre, ils ayent envoyé dês long-temps au lieu de la Haye en Hollande prés d'eux, aucuns de leurs plus ſpeciaux & fidelles ſerviteurs Conſeillers en leur Conſeil d'Eſtat, leſquels y ont travaillé avec grand ſoin, & fait aſſez connoiſtre par toutes leurs actions & conduite, qu'ils n'avoient rien plus à cœur que de leur procurer ce bien, en recherchant avec ceux, qui eſtoient touchez de ce meſme deſir en leur Eſtat, les moyens de ſurmonter les difficultez, qui ſemblent y pouvoir donner quelque empeſchement. En quoi ils auroient reconnu & apris tant d'eux que des Deputez deſdits Sieurs les Eſtats, avec leſquels ils ſont entrés ſouvent en conference ſur ce ſujet, que les Guerres paſſées avoient laiſſé une ſi grande defiance és eſprits de leurs Peuples, que le ſeul & vray moyen de la faire ceſſer, & leur perſuader d'embraſſer tous enſemble, & d'une meſme volonté, les conſeils qui les pouvoient faire joüir de ce bon-heur, feroit qu'il pleuſt auſdits Sieurs Roys ſe rendre garants de l'obſervation de la Paix; & leur promettre par un Traité d'Alliance & Confederation fait avec eux avant la concluſion d'icelle, de prendre leur deffence contre tous Princes, Potentats, & autres perſonnes quelconques qui voudroient entreprendre l'enfreindre & violer, ayans les Deputez deſdits Eſtats, ſuivant les deliberations priſes en leur Aſſemblée generale, prié & requis inſtamment par plusieurs fois les Deputez deſdits Sieurs Roys de les en avertir, ce qu'ils auroient fait: & leurs Majeſtez, aprés meure deliberation ſur cét affaire, conſenti & accordé d'y entendre, tant pour le bien & repos deſdits Sieurs Eſtats que des Princes, avec leſquels ils avoient à traiter, dont ils deſirent conſerver l'Alliance & Amitié. Ce qu'ils eſtiment pouvoir mieux faire Paix, la étant bien établie & ſincerement gardée, que ſi cette longue & perilleuſe Guerre venoit à continuer, qui pourroit eſtre cauſe de troubler quelque jour par divers accidens le repos de pluſieurs Princes & Eſtats qui penſent avoir intereſt à l'evenement d'icelle. Et neantmoins étans les Deputez deſdits Sieurs Roys preſſez de faire & paſſer dés à preſent ledit Traité par leſdits Sieurs les Eſtats, qui le jugeoient plus utile & advantageux pour eux, fait avant la Paix que differé apres la concluſion d'icelle, ceux dudit Sieur Roi de la grande Bretagne s'en feroient excuſez, à cauſe de quelques difficultez concernans les affaires particulieres dudit Sieur Roi advenues entr'eux, & leſdits Sieurs Eſtats és dernieres Conferences qu'ils ont eues par enſemble, ſur leſquelles leur étoit beſoin recevoir nouveau commandement avant que pouvoir paſſer outre. Nonobſtant quoi leſdits Sieurs les Eſtats n'auroient delaiſſé de continuer leur priere & inſtance envers les Deputez dudit Sieur Roi Tres-Chrêtien, pour les induire à faire & paſſer entr'eux dés maintenant icelui Traité, les aſſeurant que ledit Sieur Roi de la grande Bretagne ne feroit aucune difficulté d'y entrer aprés. A quoi ayans conſenty pour les conſiderations ſuſdites, ce jourd'hui vingt-troiſiéme jour de Janvier, l'an mil ſix cent huict, furent preſents en leurs perſonnes Maiſtre Pierre Jeannin Sieur de Monjeu, Chevalier, Conſeiller dudit Sieur Roi Tres-Chrêtien en ſon Conſeil d'Eſtat, & Maiſtre Helie de la Place Sieur de Ruſſy, auſſi Chevalier, Conſeiller, & Gentilhomme ordinaire de ſa Chambre, au nom & comme Procureurs ſpeciaux en vertu des Lettres de Commiſſion, Pouvoir, & Procuration dudit Sieur Roi Tres-Chrêtien du vingt troiſiéme jour de Novembre dernier d'une part: & les Sieurs Corneille de Gent, Sieur de Loenen & Meynerwick Vicomte & Juge de l'Empire de la Ville de Nymmeguen, Maiſtre Jean d'Oldenbarnevelt Chevalier, Sieur de Tempel, Rodenris, Advocat d'Eſtat, & Garde du Seel, Chartres, & Regiſtres de Hollande, & Weſtfrize, Maiſtre Jacques de Maldrée, Chevalier, Sieur de Heyes, & premier repreſentant les Nobles aux Eſtats & Conſeil de Zelande, Nicolas de Berck, premier Conſeiller de l'Eſtat de la Province d'Utrecht, Erneſtus Dailva de Herwry Grutman Dooſt Dongerdeel, Jehan Slooth Sieur de Saillits, Droſſart du pays de Wollenho, & Chaſtelain de la Seigneurie de Cunder, & Adel Coenders de Helpen, Sieur Enſaen & Cantes, au nom & comme Deputez & Commis ſpecialement à ce par les Eſtats Generaux deſdites Provinces aſſemblez à preſent en ce lieu de la Haye, en vertu des Lettres de Commiſſion & Procuration du vingt-deuxiéme de ce mois d'autre part, & ont fait par enſemble eſdits noms le Traité d'Alliance & Confederation qui enſuit.

ANNO 1608.

I. Premierement, ledit Sieur Roi Tres-Chrêtien a promis, & promet aſſiſter de bonne foi leſdits Sieurs les Eſtats, pour leur donner aide en ce qu'il pourra à obtenir une bonne & aſſeurée Paix; & s'il plaiſt à Dieu la leur donner, ſe mettre en tout devoir de la faire garder, & les deffendre eux & leur pays de toute injure, violence & invaſion contre tous Princes, Potentats, & autres perſonnes quelconques qui voudroient entreprendre d'enfreindre, & violer ladite Paix, ſoit directement ou indirectement, & les ſecourir à cet effet de dix mille hommes de pied à ſes frais & deſpens, pour autant de temps qu'ils en auront beſoin.

II. Et ſi les forces de leurs ennemis étoient ſi grandes, qu'il fût requis pour leur conſervation de donner un plus grand ſecours, promet encore de l'accroiſtre d'autant de gens de Guerre à cheval & à pied, que ſes affaires & la ſeureté de ſes Royaumes & Païs lui pourront permettre, à la charge toutefois que cet outreplus ſera par forme de preſts aux frais & deſpens deſdits Sieurs les Eſtats, pour en eſtre reinbourcé, lui ou ſes ſucceſſeurs, aprés la Guerre finie, & aux termes, dont ils conviendront par enſemble.

III. Et pource qu'il eſt expedient de tenter tous moyens pour faire reparer par voyes amiables les attentats, ſi aucuns étoient faits contre, & au prejudice de la Paix, avant que venir aux armes, les agreſſeurs ſeront requis & ſommez de le faire. Et s'ils refuſent ou different plus de trois mois, le ſecours ſera donné ſans autre remiſe. N'entend toutesfois ledit Sieur Roi de le retarder jusques aprés l'expiration de ce delai, quand les entrepriſes auront été faites à force ouverte par ſurpriſe de Places, ou par quelque ſaiſie generale faite par authorité publique; Mais d'y acourir incontinent, & envoyer ledit ſecours au plutoſt qu'il pourra, aprés avoir été prié & requis.

IV. En reconnoiſſance dequoi, & des autres grandes faveurs & aſſiſtances que leſdits Sieurs les Eſtats ont receues de ſa Majeſté, ils ont promis & ſeront tenus, ſi ledit Roi eſt aſſailly, ou troublé dans ſes Royaumes & Païs par quelque Prince & Potentat que ce ſoit, de le ſecourir & aſſiſter incontinent, aprés qu'ils en auront été requis, de cinq mille hommes de pied, qui eſt la moitié du ſecours promis par ledit Sieur Roi: Et ce pour autant de temps qu'il en aura beſoin, & auſſi à leurs frais & deſpens.

V. Et ſera à ſon choix de le demander en gens de Guerre, ou bien en Navires de Guerre, equipez, fournis, & armez, ainſi qu'il apartient, de munitions de Guerre, Victuailles, Pilotes, Mariniers, & de Soldats auſſi, ſi ledit Sieur Roi le deſire: leſquels Navires ne pourront eſtre moindres que de deux à trois cens tonneaux, & le prix & eſtimation dudit équipage & ſecours de Mer evalué & arreſté, ſelon le projet contenu en un Eſcrit particulier, ſigné d'une part & d'autre, qui ſera tenu pour inſeré au preſent Traité.

VI. Promettent auſſi audit Sieur Roi, en cas qu'il ait beſoin d'un plus grand ſecours, de l'en aider & aſſiſter, ſoit par Mer ou par Terre, en Gens ou Navires,

avec

Anno 1608.

avec autant de soin & d'affection qu'ils reconnoissent y être tenus & obligez, sans rien espargner de ce que la seureté de leur Estat leur pourra permettre de fournir & avancer ; à la charge toutesfois que lui ou ses Successeurs seront pareillement tenus de les rembourcer de l'outre plus dudit secours aprés la Guerre finie, & aux termes dont ils convjendront par ensemble.

VII. Lesdites forces ainsi promises, & qui doivent estre données d'une part & d'autre, seront employées, selon que celui qui aura demandé le secours, jugera estre requis, soit dans son païs pour se deffendre, ou ailleurs, s'il est trouvé plus utile pour sa conservation.

VIII. S'il avient que ledit Sieur Roi donne secours ausdits Sieurs les Estats, ou eux à lui, l'assailly ayant receu ledit secours, ne pourra faire aucun Traité avec l'agresseur sans le consentement exprés de l'autre.

IX. Le présent Traité n'aura lieu qu'aprés la Paix, & continuera dés lors, non seulement à la vie dudit Sieur Roi, mais aussi durant celle de son Successeur & Heritier en ses Royaumes, Païs, Terres, & Seigneuries, pourveu qu'il le confirme dans l'an & jour du deceds d'icelui ; à quoi ledit Sieur Roi entend l'obliger autant qu'il lui est permis, & que cette Alliance, comme faite avec ses Estats & Couronne, soit perpetuelle.

X. En consequence duquel Traité les Sujets & Habitans dudit Sieur Roi & Estats, vivront en bonne amitié, & auront le trafic libre entr'eux, & dans l'étenduë des Estats & Païs l'un de l'autre, tant par Mer que par Terre, de toutes Denrées & Marchandises, dont le commerce n'est prohibé & deffendu par les Ordonnances, qui ont lieu esdits Estats & Païs, sans qu'ils soient tenus payer plus grands droits pour lesdites Denrées & Marchandises qui entreront esdits Royaumes, Païs & Estats, ou qui en sortiront, que ceux qui ont accoustumé d'estre payez par les naturels Habitans & Sujets.

XI. Lequel Traité sera ratifié bien & deuëment par les Estats Generaux de present assemblez au lieu de la Haye, dans trois jours, & par ledit Sieur Roi deux mois aprés, comme aussi dans pareil temps par les Provinces qui ont envoyé leurs Deputez en ladite Assemblée. Et lesdites Ratifications delivrées d'une part & d'autre en bonne & deuë forme en même temps, & deux autres mois aprés, les publications qui auront été faites dudit Traité par tout où il apartiendra. Fait au lieu de la Haye l'an & jour susdit. Signé par lesdits Sieurs Deputez, & cachetté de leurs armes esdits noms. *Estant signé*, P. JEANNIN, HELIE DE LA PLACE, CORNEILLE VAN GENT, JEAN VAN OLDENBARNEVELT, J. DE MALDREE, NICOLAS BERCKO, ERNEST DAILVA, JEAN SLOTTH, ABEL CONDERA VAN HELPEN, *& cacheté de leurs respectives armes.* Ont iceux Sieurs Estats ledit Traité ratifié, aprouvé & confirmé, le ratifient, aprouvent & confirment par cettes, prometans de le garder, entretenir, & observer inviolablement, sans jamais aller ou venir au contraire directement ou indirectement, en quelque sorte & maniere que ce soit, sous l'obligation & hypotheque de tous les biens & revenus desdites Provinces Unies en general & en particulier, presens & avenir. En témoin dequoi ont lesdits Sieurs Estats fait séeller ces presentes de leur grand Sceau & signer par leur Greffier, le vingt-cinquiéme jour de Janvier l'an mil six cents huict. *Signé* J. DE MALDREE : *Et plus bas, est escrit* par ordonnance d'iceux Sieurs les Estats, AERSENS : *& scellé sur lacs de soye blanche d'un grand Séel en cire rouge, aux armes desdits Estats.*

LVIII.

1. Fev.

Engeres Bundnuß zwischen Ertz-Hertzoggen Matthias / Gubernatorn und Generaln in Ungarn und Oesterreich / und den Hungarischen wie auch Oesterreichischen Landständten / daß wenn ein feind in Ihre Lande einen einfall thun würde / sie einander helffen wollen. Preßburg den 1. Febr. 1608. [JACOBI FRANCI Relationis Histor. Francofurt. Contin. vernalis Anni 1608. pag. 60.]

C'est-à-dire,

Confederation plus étroite, faite & concluë par MATHIAS *Archi-Duc d'Autriche, Gouverneur & Genéral de Hongrie entre lui & les* ETATS *du même Royaume de* HONGRIE, *& ceux d'*AUTRICHE, *portant que si quelque Ennemi vient à faire irruption dans leurs Provinces, ils se devront aider & secourir reciproquement de toutes leurs forces. A Presbourg le 1 Fevrier 1608.*

WIr Matthias von Gottes Gnaden Ertz-Hertzog zu Oesterreich / Röm. Käyserl. Majest. Unßers allergnädigsten freundlichen geliebten Herrn und Brudern / Gubernator und General in Ungarn und Oesterreich / ꝛc. Und wir Prelaten / Herren und vom Adel / so wol auch andern Stände deß Konigreichs Hungarn / wie auch Ertz-Hertzogthumbs Ober-und Unter-Oesterreichs / so jetzigerzeit in der Statt Preßburg allhir versamlet / fügen menniglich für Uns / und im Namen derselben so Uns außgesandt / zu wissen / daß nachdem wir / zu dampff-und stillung der auffruhr und Rebellen / deren sich die Heyducken von neuem / auff anstifften der Türcken / von wegen der zwischen dem Röm. und Türckischen Käyser auffgerichten friedens-Capitulation undersangen / allhie zusammen kommen und nichts liebers gesehen / dann daß das Königriech Ungarn / wie auch andere benachbarte Königreich und Lande / von ihrem Endlichen undergang errettet / und dahero das Königreich von der Christenheit nicht abgerissen / oder der vorigen verwüstung nit offen stehe / also haben wir Unß für Uns / und der abwesenden / mit starcker verbündnuß zusammen gethan / wie wir dan hirmit und in krafft diß gegenwertigen Brieffs thun / alßo und dergestalt / da sich kunfftig begeben würde / daß von wegen vorgedachter Capitulation, die wir des Unsers Theils zu halten gemeynt / Uns / wie auch gemeltem Königreich und Landen / oder deroselben Gliedmaßen und Bundsgenossen / der feind oder sonst ein zerstörer deß gemeinen friedens / gewaltsamer weise ein einfall thete / das alsdann wir und alle Stände diß Königreichs Ungarn / wie auch Ertz-Hertzogthumb Ober-und Nider-Oesterreichs / mit gesampter Hülff und Hand / Uns und Unsern Mitgliederen und Bundsverwandten zu Hülff kommen / und Uns sampt all die unserigen / gleichsam in gemeiner gefahr / auch die so wegen dieses friedens / und verbündnuß interessirend / schütz-und handhaben / und derowegen zugleich leben und sterben / und also einander verbunden seyn wollen. Zu Urkundt und mehrer bekräfftigung dessen / haben wir diesen offenen Brieff mit Unsern Handtschrifften und Pettschafft verfertigt / so geben zu Preßburg / den 1. Febr. Anno 1608.

LIX.

22. Fevr. SAVOYE ET MODENE.

Contract de Mariage entre ALFONSE D'EST *Duc de Modene & de Reggio, &* ISABELLE *de* SAVOYE. *Fait à Ravennes, le 22. Février, 1608.* [S. GUICHENON, Histoire Généalogique de la Maison de Savoye, Preuves, pag. 567.]

In Christi Nomine Amen.

ANNO à Nativitate ejusdem M. DC. VIII. Indict. VI. die vero XXII. mensis Februarii, Pontificatus autem Sanctissimi in Christo Patris & D. N. Pauli divinâ Providentia Papæ V. anno III. hora II. noctis tribus luminibus ardentibus. Cùm Tractatum & Dei dono medio infrascripti Illustrissimi & Reverendissimi Domini Cardinalis Aldobrandini fœliciter conclusum fuerit Matrimonium salvo benè placito & bonâ gratiâ Majestatis Catholicæ invictissimi Hispaniarum Regis ex nunc petito inter *Serenissimam Infantem Isabellam Filiam Serenissimi Domini Caroli-Emanuelis Sabaudiæ Ducis & Serenissimum Principem Dominum Alfonsum Primogenitum Serenissimi Domini Cæsaris Estensis Mutinæ Ducis*, velintque modò Partes de prædictis

ANNO 1608.

dictis apparere per publicum Instrumentum ad perpetuam rei memoriam. Hinc est quòd Illustrissimus & Reverendissimus D. Petrus tituli Sanctorum Joannis & Pauli Presbyter Cardinalis Aldobrandinus S. R. E. Camerarius & Ravennatensis Ecclesiæ Archiepiscopus, vice & nomine dicti Serenissimi D. Ducis Sabaudiæ virtute authoritatis eidem Illustrissimo & Reverendissimo D. Cardinali datæ & attributæ per patentes & authenticas Literas manu & Sigillo dicti Serenissimi Ducis Sabaudiæ subscriptas & signatas, omni quo potest meliori modo, in executionem Capitulorum jam conventorum spopondit & destinavit in Sponsam & Uxorem futuram prædictam Serenissimam Infantem Isabellam licet absentem prædicto Serenissimo Principi Alfonso etiam absenti, & Illustrissimo Domino Comiti Alfonso Saffo Nobili Mutinensi dicti Serenissimi Ducis Mutinæ Consiliario Procuratorique specialiter constituto patentibus & authenticis Literis manu & Sigillo Celsitudinis suæ similiter subscriptis & signatis. Promittens dictus Illustrissimus & Reverendissimus Dominus Cardinalis, nomine quo supra, curare cum effectu omni Juris & facti excusatione & impossibilitatis remotis; quòd dicta Serenissima Infans eundem Serenissimum Principem accipiet in ejus Sponsum & Maritum futurum, ac per verba de præsenti consentiet, Matrimoniúmque cum eo contrahet; & debito tempore consummabit juxta ordines S. R. E. ac Sacro-sancti Concilii Tridentini, & viceversa prædictus D. Comes Alfonsus dicto nomine promittit curare cum effectu, omni Juris & facti excusatione, & impossibilitatis ut suprà remotis, quòd dictus Serenissimus Princeps eandem Serenissimam Infantem accipiet in ejus Uxorem futuram & pro dote dictæ Serenissimæ Infantæ Isabellæ; ipse Illustrissimus & Reverendissimus Dominus Cardinalis obligans omnia, & singula ejusdem Serenissimi Sabaudiæ Ducis bona præsentia & futura in executionem Capitulorum prædicto Serenissimo Duci Cæsari ejusdem Serenissimi Principis Alfonsi Genitori absenti, ducentum millia scutorum promittit & convenit solvere, & dare in terminis & sub pactis & conditionibus contentis Capitulis. Ipseque Dominus Comes Alfonsus dicto nomine & obligans omnia & singula bona, præsentia & futura, dicti Serenissimi Ducis Mutinæ ex authoritate eidem ut suprà attributa titulo, & ex causa donationis puræ, meræ, simplicis inter vivos donavit & donat dictæ Serenissimæ Infantæ Isabellæ absenti, eidemque Illustrissimo & Reverend. Domino Cardinali pro ea acceptanti Ducatonorum quinquaginta mille, quorum media pars ad eundem Serenissimum Mutinæ Ducem revertatur, si dicta Serenissima Isabella sine liberis ex hoc Matrimonio moriatur; si vero liberi existunt, ad eosdem redeat dicta media pars, quam Dotem ut suprà constitutam & promissam, ea tamen prius habita, & non aliter, nec alio modo; idem Dominus Comes Alfonsus obligans bona omnia Serenissimi Principis sui, dare & restituere promittit ipsi Serenissimæ Infantæ Isabellæ in omnem casum & eventum dictæ Dotis solvendæ seu restituendæ. Quæ omnia ipsemet Illustrissimus & Reverendissimus D. Cardinalis; nomine quo suprà, ex una, & D. Comes Alfonsus, nomine prædicto, ex altera, sibi vicissim & mutuò & uniuscujusque eorum Hæredibus habere perpetuò firma, rata & grata promiserunt, obligantes omnia & singula Serenissimorum Principum bona, &c. Actum apud Ravennam *nel Palazzo dell' Archevescovato* anno & die quibus suprà.

LX.

29. Mai. **Käysers RUDOLPHI II. Confirmation deß zwischen denen Landgraffen zu Hessen-Darmstadt/ Ludwig/ Philipp und Friedrich/ anno 1606. aufgerichten Erb-Vertrags/ und Primogenitura. Geben Prag den 29. Maii 1608.**

C'est-à-dire,

Confirmation de l'Accord Hereditaire & Statut de Primogeniture conclu l'an 1606. *entre* LOUÏS, PHILIPPE, & FREDERIC *Landgraves de Hesse Darmstadt; par l'Empereur* RODOLPHE II. *donnée à Prague le* 29. *Mai* 1608. [Voyez-la sous le 13. d'Août 1606. pag. 75. col. 2.]

ANNO 1608.

LXI.

7. Juin. RUDOLPHI II. *Cæsaris ac Regis Bohemiæ Reversales Ordinibus Regni datæ; Quod Agnitio Archi-Ducis* MATHIÆ *pro futuro Rege Bohemiæ per ipsos facta, Regni Juribus, & Consuetudinibus nihil præjudicare debeat. Datum in Arce Pragensi die Sabbati* .... 1608. [BALBINI Miscellanea Histor. Regni Bohemiæ. Decad. I. Lib. VIII. Epistolaris. Vol. I. Epist. LXXXVII. pag. 116. d'où l'on a tiré cette Piéce, qui se trouve aussi dans GOLDASTI Commentarii de Regni Bohemiæ Juribus & Privileg. in Supplem. Actorum publicorum. Num. LX. pag. 342. ex *Balbino*. Ejusdem GOLDASTI Commentar. de Regni Bohem. Juribus & Privileg. Lib. VI. in Beylagen Num. XCIV. pag. 360. en Allemand. LUNIG, Teutsches Reichs-Archiv. Part. Spec. Abtheil. I. pag. 49. en Allemand.]

Nos RUDOLPHUS II. *D. G. Electus Romanorum Imperator Semper Augustus &c. Hungariæ, Bohemiæ, Dalmatiæ; Croatiæ Rex &c. Archi-Dux Austriæ, Marchio Moraviæ, Dux Lucemburgi & Silesiæ, Marchio Lausnicensis.*

(1) REVERSALIBUS hisce notum facimus omnibus & singulis inprimis ubi opus fuerit; notâsse nos à multo tempore, ac in animum revocâsse *plurima magni nominis fidelia, ac utilissima officia ab Ordinibus Regni Bohemiæ, annis compluribus, imò ab ipso,* DEO *ità favente, Regnum ingressûs initio liberalitate suâ, in subsidiis & contributionibus maximæ notæ in usum & salutem universæ Christianitatis nobis præstita, nec quidquam ipsis erat tam carum, quin & vitam gratiâ nostri impendere fuêre promtissimi. Quo nomine vasti ipsorum animi sinceritas emicuit, curæ ipsis esse gloriam & honorem* DEI, *reverentiam supremæ potestatis, Patriæ conservationem hoc ipso testati sunt.* Eodem titulo cæteris quoque nostris *Regnis exemplum* laudabile dedêre, continuaturos ipsos in eadem affectione certò persuasum gerimus. Ob tanta ergo ipsorum erga *nos, Prædecessorésque nostros sanctæ memoriæ* seriò præstita officia, ac merita; *Imperatoriâ, ac Regiâ nostrâ* singulari gratiâ ipsos afficere, curam paternam ipsorum gerere, &, si Altissimo ità placuerit, diebus adhuc vitæ & Regni nostri, non modò gratos nos ostendere, sed ipso facto gratitudinem nostram exhibere constituimus, *Regnúmque* istud unà cum incorporatis ità disponere proposuimus, ut in perpetuum in statu integro conservari, Incolæ, Civésque charitate perpetuâ gaudere, vivere unanimes possint. Prospecturi quoque sumus, ut discordia omnis & cætera, quæ ad ipsam inservire possint, media procul aversa maneant.

His ità pensatis cùm sciamus nos non minùs ut cæteri mortales vitæ discrimini subjectos (quod DEUS avertat) nec optaremus ut post excessum ex hac vita nostrum *Imperitante vacans, ullis inquietudinibus, aut injuriis* afficiatur, sicuti Regna alia tali casu magnas experta vicissitudines, consultum invenimus diebus adhuc nostris inconvenientias tales prævenire de remedio convenienti prospicere. Disponente nobiscum ità Altissimo, ut sive in Cœlibatu aut matrimoniali Thoro sine prole diem supremum nobis obire contigerit, ut *Regno Bohemiæ* eique incorporatis rectè consultum sit, de Capite ipsis prospicere, quo omnes fortè imminentes averteremus inconvenientias, nervis omnibus laboravimus. Eo nomine ad sæpius petita & postulata seria *Illustrissimi Principis ac Domini Matthiæ Archi-Ducis Austriæ, Ducis Burgundiæ, Styriæ, Carinthiæ, Crain, & Wirtenbergæ, Comitis Tyrolis, Senioris Fratris Germani*

(1) Cette Copie est celle de *Balbinus*. On la préfere à cause de la Langue, & parce aussi que c'est un Auteur du Pais, qui a traité son sujet avec beaucoup d'érudition. La Date en est pourtant défectueuse; mais la Copie Allemande de Mr. *Lunig* y supplée, la marquant en cette sorte: Datum auf unsern Prager Schloß Sonnabends nach Fronleichnams-Tag Anno 1608 und unserer Reiche des Röm. im 33. des Ungarischen im 36. und des Böhmischen auch im 33. Jahr. La Copie Allemande des *Beylagen* de *Goldast*, est la même que celle de Mr. *Lunig*, & probablement, c'est de lui qu'elle est tirée. [DUM.]

ANNO 1608.

mani nostri dilecti ut *Comitia generalia Regni scriberemus*, quibus *omnes tres Ordines Bohemiæ* comparerent, nominatâ die Martis post *Dominicam Exaudi* Anni 1608. ibi apud ipsos nomine ejus intercederemus (eâ tamen conditione, si sinè prole excesserimus) meo tanquam *Regis Bohemiæ* consensu ut nominatus *Archi-Dux Austriæ Matthias senior Frater germanus noster*, si fortè more consueto, debitóque, salvis ipsorum *Privilegiis & Libertatibus*, apud ipsos quæsiverit, ut nemo præter ipsum pro Expectante *Regni Bohemiæ* admittatur, impetrare, post excessum verò nostrum in Regem eligi possit. Confisi certò, *nominatos Ordines Regni Bohemiæ charissimos, ac dilectos nostros*, consideratis suprà recensitis considerandis intercessioni huic nostræ gratiosæ satisfacturos & negotium istud, *bonum Patriæ*, privatúmque concernens, Comitiis præsentibus expedituros. Impetrato dicto ad peticessionem nostram petito, pollicemur nos penes *Archi-Ducem Mathiam Fratrem Charissimum nostrum Literis Reversalibus* sufficientibus attestaturos in nullum præjudicium *Regni Bohemiæ, Privilegiorum, Libertatum, Consuetudinum, Ordinationum & Statutorum* præsentem cessisse Actum.

Cùm itaque *Ordines Regni Bohemiæ, dilecti & fideles nostri* offerta nostra sano judicio considerâssent, nos utpote *Regem pacis amantem*, nil nisi *Regni* istius cum incorporatis salutem & quod in privatum ipsorùm commodum cederet, ut Patrem Filiis gratiosè promovere quæsiisse, nec ipsos alienos esse, quàm ut quod in Regni pernitiem præcaveri posset; Eo ipso commoti fuêre, ut in propositum nostrum consentirent, intercessionem susciperent, neque *Archi-Ducis Matthiæ Senioris, Domini Fratris nostri* recusarent petita: quinimo suprà nominatâ conditione, Expectantem ipsum Regni susceperunt, consenserúntque ut in Regem eligeretur ab obitu nostro.

Ea propter nos à parte nostra, *Heredum ac Posterum Regum Bohemiæ* nomine, *omnibus Baronibus, Nobilibus, Pragensibus & cæteris Civitatibus ac omni Communitati Ordinum Regni Bohemiæ* testamur, & pollicemur, nominati *Archi-Ducis Matthiæ Domini Fratris nostri* agnitionem istam pro Expectante, & ab obitu nostro in *Regem* Electionem esse factam, Salvis manentibus omnibus *Regni Bohemiæ Juribus, Ordinationibus, Ritibus, & Consuetudinibus*, inprimis verò *Regis Ottogari, Regis Joannis, Caroli Imperatoris, Regis Wenceslai, Regis Sigismundi, Regis Alberti, Regis Ladislai, Regis Georgii, Regis Vladislai, Imperatoris Ferdinandi, Imperatoris Maximiliani &c. Domini Patris nostri charissimi sanctæ memoriæ, & aliis Regno Bohemiæ* datis Diplomatibus, salvis, inquam, & integris omnibus istis recensitis, manentibus nunc & perpetuum.

Ad confirmationem harum Reversalium Sigillum nostrum Imperiale appendere jussimus. Datum in Arce nostra *Pragensi*, die Sabbathi, Anno 1608. Imperii nostri Romani 33. Hungarici 36. & Bohemici 33.

RUDOLPHUS.

ZDENKO ADAM POPEL DE LOBKOWICZ S. R. Bohemiæ Cancellarius.

Ad mandatum S. C. Majestatis proprium.

JOHAN: MENCELIUS.

LXII.

24. Juin. *Reversales Archi-Ducis Austriæ* MATTHIÆ, *Ordinibus Regni Bohemiæ datæ, cùm pro futuro Rege agnosceretur, quibus promittit, dictorum Ordinum Jura & Privilegia servare, atque superstite adhuc sua Majestate Cæsarea, regimen præfati Regni non suscipere; Datæ in Castris Striebobolez & Micholup die Mercurii Festo Joannis Baptistæ Anno* 1608. [BALBINI Miscell. Histor. Regni Bohemiæ Decad. I. Libr. VIII. Epistolar. vol. I. Epist. LXXXVIII. pag. 118. qui desumpsit ex Bello Boh. ANDREÆ HABERFELD, d'où l'on á tiré cette Piece, qui se trouve aussi dans GOLDASTI Commentarii de Regni Bohemiæ Jur. & Privilegiis in Supplem. Actorum publicorum Num. LXI. pag. 345. ex BALBINO. Ejusdem GOLDASTI Comment. Lib. VI. in *Beylagen* Num. XCV. col. 363. en Allemand.]

ANNO 1608.

Nos MATTHIAS *D. G. Archi-Dux Austriæ, Dux Burgundiæ, Istriæ, Carinthiæ, Crainæ, Wirtebergæ, Comes Tyrolis &c.*

REVERSALIBUS hisce notum facimus, nos innatam quasi erga *Ordines Bohemiæ Regnumque* ipsum, *tanquam ex stirpe Bohemica oriundi*, affectionem habuisse & habere, gessisseque semper in animo ac omnibus viribus nostris apud nos cogitâsse, ut commodam occasionem invenire possemus, quâ nominato *Regno*, in bono ipsius publico gratificaremur. Quapropter non tantùm in exorto isto *Bello Hungarico* in conservationem *suæ Majestatis Domini Fratris nostri Rudolphi Imperatoris* Regionum, sed & nominati *Regni Bohemiæ* ab hoste *totius Christianitatis hereditario Turca* intentati, defendebamus ab crebrioribus insultibus, sæpius in persona, cum periculo vitæ nostræ, nos opposuimus; nec quidquam nobis tam carum erat, quod non pro tutela ipsorum exposuissemus; sed etiam cùm superiorem armis, & viribus hostem notâssemus, in conditiones Pacis perpetuum duraturæ acceptabiles cum ipso descendere laborabamus, ut à diuturno isto Belli onere ipsos liberaremus.

Consideravimus etiam apud *Nos*, *Majestatem suam Imperatoriam* humanæ mortalitati (à qua Omnipotens ipsam conservare velit) non minùs, ut & alii subjectam; metuebamus etiam, si fortè absque prole mascula *Majestatem suam* ex hac vita discedere contingeret, nè *Regnum* dictum, unà cum incorporatis, Curatore carens, periculosas sicuti circumjacentia Regna experiretur vicissitudines, quod ipsum vivente adhuc Imperatoriâ suâ Majestate prævenire volumus; cujus caussa sæpiùs *suam Majestatem* solicitabamus, rationem nostri hoc nomine haberet, eóque apud *Ordines Regni Bohemiæ* rem disponeret, si fortè tale quidpiam ex more, & secundum Privilegia ac Libertates ipsorum consueto, apud ipsos quæreremus, eâ tamen conditione, ut suprà meminimus, si *Imperatoriam suam Majestatem Dominum Fratrem nostrum*, absque prole mascula ex hac vita decedere contigerit; ut pro *Exspectante Regni Bohemiæ* præ cæteris susciperemur; & tandem post obitum *suæ Majestatis* in Regem eligeremur. Sicuti eo nomine sua *Cæsarea Majestas Comitia Generalia* ad diem Martis post *Dominicam Exaudi* Anni 1608. scribere in forma uberiori negotium Ordinibus proponere voluit, quibus etiam Legati nostri præsentes aderant. His ità propositis, additum, quòd si in caussa *Electionis pro Exspectante* suscepti fuerimus, futurum id extra omne *Privilegiorum Regni Bohemiæ, Libertatum, Ordinationum & Consuetudinum præjudicium* sicuti nunc, ità etiam in posterum. Tale *suæ Majestatis propositum & postulatum*, in deliberationem sumsêre, invenere etiam, quod bono publico salutare, non contemnendum, præveniendum & avertendum, quod noxium, resolutionem in nostri favorem sumsêre. Et iisdem Comitiis, consensu *suæ Majestatis Regis Bohemiæ*, & ex bona ac libera ipsorum Ordinum libertate pro Exspectante *Regni Bohemiæ* communi voto nos susceperunt, suprà nominatâ tamen conditione, si absque *prole mascula suam Cæsaream Majestatem* discedere ex hac vita contigerit: ac tum demum etiam in Regem nos electuros sunt polliciti.

Quapropter sicuti supra pollicebamur *omnibus Baronibus, Nobilibus, Pragensibus & cæteris Civitatibus* ac universæ Communitati, *Ordinibus dicti Regni Bohemiæ*, nostro, Posterorúmque nomine pollicemur, ac promittimus, liberam istam ipsorum Personæ nostræ pro *Exspectante*, & ab obitu sub nominata conditione *suæ Majestatis, in Regem Bohemiæ Electionem*; ipsorum Juribus, *Ordinationibus, Privilegiis, Libertatibus*, Statutis, Gratiis, Donationibus, antiquis Ritibus & laudabilibus Consuetudinibus, inprimis verò *Regis Ottogari, Regis Joannis, Caroli Imperatoris, Regis Wenceslai, Cæsaris Sigismundi, Regis Alberti, Regis Ladislai, Regis Georgii, Regis Vladislai, Cæsaris Ferdinandi, Cæsaris Maximiliani gratiosi Domini nostri Parentis, & Cæsaris Rudolphi Domini Fratris nostri charissimi* & omnibus aliis Scriptis, & Rescriptis, usque ad mortem *suæ Majestatis* sese extendentibus (unico saltem eo fine, quod pro *Exspectante Nos* susceperit, quod ipsum *Reversalibus suis* nobis confirmârunt) in nullum præjudicium, nec nunc, neque in posterum sese extensuram. Pollicemur & promittimus etiam vivente adhuc *suâ Im-*

Anno 1608. *Imperatoriâ Majestate* ,nullius Regiminis vel Gubernationis, nec in *Regno Bohemiæ*, neque in incorporatis, utpote *Principatu Silesiæ*, *Marchionatu Moraviæ*, *superiori & inferiori Lusatia*, citra voluntatem & consensum *suæ Imperatoriæ Majestatis*, omniumque trium Ordinum *Regni Bohemiæ*, aut post obitum *suæ Imper: Majestatis* officium nos suscepturos. Quod si verò superstite adhuc *suâ Majestate*, tale quidpiam susceperimus vel commiserimus, vel etiam contra Juramenta & Sanctiones *Antecessorum Regum Bohemiæ* deliquerimus, vel si omnibus nostris superiùs pollicitis postquam ad Regimen admissi fuerimus non satis fecerimus, Non obligati erunt nobis Regni Ordines vel in minimis stare promissis. Ad confirmationem horum omnium Sigillum nostrum innatum Reversalibus hisce Literis appendere mandavimus, illásque propriâ manu subscripsimus. Datæ in Castris nostris *Striebobelez & Miechelup*, die Mercurii, festo Joannis Baptistæ Anno 1608.

LXIII.

26. Juin. L'Angleterre, et les Provinces Unies.

Traité de Garantie, promise par JAQUES I. *Roi d'Angleterre, pour le Traité entre les Archi-Ducs* ALBERT & ISABELLE, & *les Etats Généraux des* PROVINCES UNIES; *fait à la Haye, le 26. Juin 1608.* [AITZEMA, Affaires d'Etat & de Guerre Tom. I. pag. 26]

COMME ainsi soit que Messieurs les Estats Generaux des Provinces Unies, ayans depuis n'agueres envoyez en Angleterre leurs Deputez au treshault, trespuissant, & tresexcellent Prince *Jacques*, par la grace de Dieu Roi de la Grande Bretagne, France & Yrlande, avec charge de lui faire entendre les offres & presentations, faites par les Serenissimes Archiducs *Albert & Isabella*, de contracter avec eux une bonne & asseurée Paix, recognoissans les Provinces Unies, Estats *sur lesquelles ils ne pretendent rien*, & s'obligeants de procurer du Roi d'Espagne d'agreer de sa part la même recognoissance, lesquels Deputez desdits Seigneurs les Estats ont prié quant & quant sadite Majesté de la grande Bretagne, de vouloir envoyer vers leurs Provinces quelques Personnes qualifiées pour assister lesdits Seigneurs les Estats de leur meilleur advis, conseil, & jugement, en cette negotiation tant importante au bien de leur Estat avec charge, si Dieu leur donne la Paix, de faire avec eux en son nom & de sa part une *Ligue deffensive* pour la manutention d'icelle; sa Majesté sçachant combien il y va du bien de toute la Chrétienté, que ces Provinces, aprés avoir été harassées, d'une miserable, & sanguinaire Guerre, soient enfin établies en un bon & asseuré repos, a trouvé bon d'envoyer vers icelles, ses tres-chers & fidelles Serviteurs *Richard Spencer*, Chevalier, Gentilhomme de sa Chambre privée & ordinaire, & *Rudolphe Winwod* Conseiller de sa part au Conseil d'Estat des Estats Generaux des Provinces Unies, du rapport desquels ayant entendu les serieuses instances que Messieurs les Estats de jour à autre leur avoient faits pour l'advancement de cette *Ligue*, & veu les deffiances & jalousies que cette longue Guerre avoit enracinées aux Esprits de tout leur peuple, que ce seroit le moyen unique d'induire toutes les Provinces Unies d'un consentement unanime, d'entendre aux ouvertures presentées par lesdits Seigneurs les Archiducs, & maintenant ratifiées par ledit Seigneur Roi d'Espagne: aprés meure deliberation & avec l'advis de son Conseil, afin qu'un si saint & pieux œuvre puisse le plûtôt sortir son effect; a donné charge & plain pouvoir à ses susdits Ministres d'entrer avec Messieurs les Estats en une *Ligue deffensive*, Laquelle, la Paix estant faite, la puisse rendre inviolable & à jamais perpetuelle: suivant laquelle charge, ce jourd'hui *vingt & sixiesme jour de Juin mil six cens & huit*, Messires *Richard Spencer*, & *Rudolphe Winwod*, Chevaliers, &c. En vertu des Lettres de pouvoir & procuration dudit Seigneur Roi de la Grande Bretagne &c. du 21. de Decembre dernier d'une part, & les Seigneurs *Corneille de Gent*, Seigneur de Loenen & de Meynerswyck, Viconte & Juge de l'Empire & de la Ville de Nymegen, Messire *Johan de Oldenbarnevelt*, Chevalier, Seigneur de Temple, Rodenrys, Advocat d'Estat & Garde du Seel, Chartres & Registres de Hollande & Westfrise, *Jacques Malderée* Chevalier, Seigneur des Heyes, Premier & representant les Nobles aux Estats & Conseil de Zeelande, *Nicolas de Berck*, premier Conseiller de l'Estat de la Province de Utrecht, *Sixtus Dekama* Sr. de Jellum, Tammingaborgh & la Marne, *Johan Sloeth*, Seigneur de Sallick, Drossart du Pays de Vollenhove, & Chastelain de la Seigneurie de Cuinder, & *Abel Coenders* de Helpen, Sr. en Faen & Cantes, specialement Deputez & Commis à cet effect par les Estats Generaux desdites Provinces, assemblez à present à la *Haye* en Hollande & en vertu des Lettres de procuration du 20. de ce mois, ont fait par ensemble le Traité *d'Alliance & Confœderation* qu'ensuit.

I. Premierement, tous Traictez, Alliances, & Confœderations, faictes auparavant entre ledit Seigneur Roi de la Grande Bretagne &c. & la feue Reine d'Angleterre &c. de haute memoire, & les Seigneurs les Estats, demeureront entieres en leur premiere vigueur en tous Points non changées ou derogées par ce Traicté.

II. Ledit Seigneur Roi de la Grande Bretagne a promis & promet assister de bonne foi lesdits Seigneurs les Estats pour leur aider, en ce qu'il pourra, à obtenir une *bonne & asseurée Paix*, & s'il plaist à Dieu la leur donner, se mettre en tout devoir *de la faire garder, & defendre* eulx & leur Païs de toute *injure, violence & invasion contre tous Princes, Potentats, & autres Personnes* quelconques, qui voudroient entreprendre d'enfraindre & violer ladite Paix, soit directement ou indirectement, & les secourir à cet effect *de vingt bonnes Navires de trois cents* jusques à *six cents* tonneaux, bien armées & équipées, tant de gens que de vivres, & de toutes autres necessaires pour la Guerre. Et les assister chasque *année de six mille hommes de pied & quatre cens chevaux, à ses frais & despens*, de trois mois en trois mois, par anticipation, suivant le pied que lesdits Seigneurs les Estats sont accoustumez de tenir en la solde & au payement de leurs gens de Guerre.

III. Les frais & despens de ces *vingt Navires* de temps en temps faits par sa Majesté, comme aussi les sommes des deniers lesquelles par icelle seront desboursées d'année en année comme dessus pour le traictement des gens, les Seigneurs les Estats obligent les Provinces Unies tant en general qu'en particulier de lui faire *rembourser*, ou à ses Hoirs, & Successeurs dans *cinq ans* aprés la Guerre finie, par égales portions annuellement.

IV. Et pour ce qu'il est expedient de tenter tous moyens pour faire reparer par voye amiable les attentats, si aulcuns étoient faits, contre & au prejudice de la Paix, avant que venir aux armes, les aggresseurs seront sommez & requis *de le faire*. Et s'ils refusent ou different plus de trois mois, le secours sera donné sans autre remise: n'entend toutefois ledit Seigneur Roi de retarder jusques aprés l'expiration de ce delai, quand les entreprinses auront été faites à force ouverte par surprinse de Places, ou par quelque arrest de Navires, & saisie generale faite par authorité publique, mais d'y accourir incontinent & envoyer ledit secours au plûtôt qu'il pourra, aprés en avoir été prié & requis.

V. En recognoissance de quoi, & des autres *grandes faveurs & assistances* que lesdits Seigneurs les Estats ont receües de sa Majesté, ils ont promis & seront tenus, si ledit Seigneur Roi est assailly ou troublé dans quelqu'un de ses Royaumes ou en quelque Isle, qui est soubs son obeissance, par quelque Prince ou Potentat que ce soit, de le secourir & assister incontinent aprés qu'ils en auront été requis de *vingt Navires* de *trois cens* jusques à *six cens* tonneaux, ou de tant de Navires, qui leur seront equipollents en force & en grandeur bien armées & equipées tant de gens que de Vivres, & de toutes autres choses requises à la Guerre, & de l'assister chasque année de *quatre mille hommes de pied, & trois cens chevaux* defrayez par eux & soldoyez de trois mois en trois mois par anticipation, & de lui fournir la despense & traictement desdits gens chasque année de trois mois en trois mois par anticipation, au choix de sa Majesté suivant le pied qu'eux mesmes ont accoustumés de tenir en solde & au payement de leurs gens de Guerre.

VI. Les frais & despens de tant de Navires que lesdits Seigneurs les Estats mettront en mer pour le service de sa Majesté fait par eux de temps en temps, comme aussi les sommes de deniers, lesquels ils debourseront d'année en année pour le traictement des gens, sa Majesté s'oblige soy mesme, ses Hoirs, & Successeurs de le leur faire rembourser dans *cinq ans* aprés la Guerre finie, par esgales portions annuellement.

VII.

ANNO 1608.

VII. Lesdites Forces ainsi promises & qui doivent estre données d'une part & d'autre, seront employées, selon que celuy, qui aura demandé le secours, jugera estre requis, soit dans son Pays pour se defendre, ou ailleurs, s'il est trouvé plus utile pour sa conservation.

VIII. S'il advient que ledit Seigneur Roy donne secours auxdits Seigneurs les Estats, ou eux à lui; l'assailly, ayant receu ledit secours ne pourra faire aucun Traicté avec l'aggresseur sans le *consentement* expres de l'autre.

IX. Le present Traicté n'aura lieu qu'apres *la Paix* & continuera dés lors non seulement à la vie dudit Seigneur Roy, mais aussi durant celle de son Successeur & Heritier en ses Royaumes, Pays, Terres & Seigneuries; pourveu qu'il le confirme dans l'an & jour du decez d'iceluy. A quoy ledit Seigneur Roy entend s'obliger autant que luy est permis, & que cette Alliance, comme faite avec ses Estats & Couronnes, soit perpetuelle.

X. Ce present Traicté ne sera nullement prejudiciable au Traicté faict par les Seigneurs les Estats avec le Roy Treschrestien *le 23. du mois de Janvier* dernier, ny celuy à cestuy cy, ains tous deux demeureront tousjours en leur force, suivant le contenu des Articles & l'intention des Contractans.

XI. Et sera ce Traicté ratiffié bien & deüement par les Estats Generaux de present assemblez au lieu de la Haye, dans trois jours, & par ledit Sr. Roi dedans deux mois apres; comme aussi dans pareil temps *par les Provinces* qui ont envoyé leurs Deputez en ladite Assemblée, & lesdites Ratiffications delivrées d'une part & d'autre en bonne & deüe forme en mesme temps, & deux autres mois apres les Publications qui auront esté faites dudit Traicté par tout où il appartiendra. Faict au lieu de la Haye, l'an & jour susdit, signé par lesdits Seigneurs Deputez & cachetté de leurs armes & dits noms, & *estoit signé* RICHARD SPENCER, RUDOLPHE WINWOD, CORNELIS VAN GENT, JOHAN VAN OLDENBARNEVELT, J. DE MALDEREE, NICOLAES VAN BERK, SIXTUS DECAMA, JOHAN SLOETH, ABEL COENDERS VAN HELPEN, & *cachetté des respectives armes desdits Seigneurs Deputez.*

LXIV.

27. Juin. L'EMPEREUR ET L'ARCHIDUC SON FRERE.

Extrait des Articles principaux du Traité de Paix entre RODOLPHE II. *Empereur*, & MATTHIAS *Archiduc d'Autriche son Frére. Fait à Prague le 27. Juin*, 1608. [MERCURE FRANÇOIS, Tom. I. Feuill. 238.

CETTE Conference acceptée par les Ambassadeurs de l'Archiduc, ils s'en retournerent au Camp le neufiéme de Juin. Et deux jours aprés les Deputez de part & d'autre se trouverent à Debrits, là où aprés plusieurs allées & venues, l'Empereur se despouillant de la plus grand' part de son Domaine patrimonial entre les mains de son Frere l'Archiduc Matthias, eut Paix avec lui. Les Articles furent leus & signés par Sa Majesté Imperiale, le dix-septiéme Juin en presence de Licthenstein & Kintski Ambassadeurs de l'Archiduc, par lesquels l'Empereur accorda:

I. Qu'il feroit delivrer la Couronne de Hongrie à l'Archiduc Matthias, lui cederoit le Royaume, remettroit le serment aux Hongrois, à condition qu'ils n'en éliroient point d'autre que lui.

II. Qu'à la premiere Diette Imperiale, lui Empereur feroit proposer le besoin que l'on avoit de lever une contribution pour payer les Gens de Guerre qu'il fait entretenir sur les Frontieres du Turc en Hongrie.

III. Que tous les Tiltres, Enseignemens, & Privileges concernants le Royaume de Hongrie, seroient baillez dans deux mois audit Archiduc.

IV. Qu'il cederoit audit Archiduc & à ses Enfans masles toute l'Archiduché d'Autriche, sans s'y reserver aucun droit, & lui en feroit delivrer tous les Tiltres & Enseignemens qu'il en avoit.

V. Que les Estats de Boheme ratifieroient la Paix faite avec les Turcs & les Seigneurs de Hongrie, au nom & du consentement de sa M. Imperiale.

VI. Que si l'Empereur mouroit sans enfans masles, que l'Archiduc lui succederoit au Royaume de Boheme, ce que les Estats du Pays ratifieroient. Et si l'Empereur aussi avoit des Enfans masles, & qu'il mourut les laissant en bas aage, que l'Archiduc seroit leur tuteur, & gouverneroit la Boheme en leur minorité, avec les Estats.

VII. Que l'Archiduc promettroit par escrit aux Estats de Boheme (en cas que le Royaume lui advinst par legitime succession) de prêter le serment pour la conservation de tous leurs Privileges, ainsi que les Rois de Boheme ont accoustumé de faire.

VIII. Que l'Archiduc mettroit en ses tiltres & qualitez, designé Roi de Boheme.

IX. Que l'Archiduc & ses Heritiers auroient aussi l'administration de la Moravie, avec tiltre de Marquis.

X. Que l'Evesché d'Olmuts, lequel a été de tout temps subject pour le temporel au Roi de Boheme, ne reconnoistroit d'oresenavant en la temporalité que ledit Archiduc.

XI. Que l'Empereur à l'intercession de l'Archiduc conserveroit les Privileges de la Silesie.

XII. Que les Estats de Boheme, pour la conservation des Frontieres de la Hongrie contre le Turc, en temps de Guerre ne contribueroient point davantage qu'ils avoient accoustumé de contribuer, sauf à l'Archiduc d'user de la même liberté envers eux, comme l'Empereur s'estoit reservée.

XIII. Que de toutes les Provinces cedées à l'Archiduc, l'Empereur en ses qualitez ne laisseroit pas d'en porter le tiltre.

XIV. Que l'Archiduc Matthias renonceroit à la part qu'il tenoit en la Comté de Tirol, & la cederoit à l'Empereur.

XV. Qu'aux Assemblées des Estats desdits pays cedez, l'Archiduc soigneroit qu'il se fit une annuelle contribution pour l'Empereur.

XVI. Que ce qui s'estoit passé durant ce trouble tant de parti que d'autre ne seroit nullement recerché.

XVII. Que l'on mettroit bas les armes.

LXV.

30. Août.

Vereinigung zwischen den drey Politischen Ständen des Ertz-Hertzogthumbs Oesterreich ob der Enß/von Herren/Ritterschafft und Städten/ wodurch sie beschliessen den vom Kayser RUDOLPHO II. designirten König in Böhmen Matthiam vor ihren Landes-Fürsten an- und aufzunehmen/ bey ihren freyheiten absonderlich des freyen Evangelischen Religions-Exercitii sich zu mainteniren/doch also/ daß denen Katholischen kein Eintrag geschehe/ mit dem zusatz/ daß wer aus ihren mittel darwider handeln würde/ der solle als ein abgeschnitten glied aus ihnen ausgeschlossen seyn und zu keiner Versammlung mehr gelassen werden. Geben Lintz den 30. August. 1608. [LUNIGS Teutsches Reichs-Archiv. Part. Spec. Abtheil I. pag. 51.]

C'est-à-dire,

Union entre les trois ETATS POLITIQUES *de l'Archi-Duché d'Autriche sur l'Enz, savoir les Seigneurs, les Chevaliers & les Villes, par laquelle ils resolvent de reconnoitre pour leur Prince territorial l'Archi-Duc* MATHIAS *designé Roi de Boheme par l'Empereur* RUDOLPHE II., *& de se maintenir dans la possession de leurs Privileges, principalement dans le libre Exercice de la Religion Evangelique, toutefois sans troubler ni molester les Catholiques dans l'Exercice de la leur; avec cette Clause; que si quelqu'un d'entr'eux vient à faire ou entreprendre quelque chose contre la présente Union, il sera exclus de la Diéte comme un Membre retranché, & n'y sera plus admis. A Lintz le 30. d'Août* 1608.

DEmnach durch sonderbare Schickung und Providenz Gottes des Allmächtigen es dahin kommen/ dz der Allerdurchl. Großmächtigste Fürst und Herr/ Herr Rudolff der II erwählter Römischer Kayser/ auch zu Ungarn und Böhmen König/ Unser allergnädigster Herr/ krafft dessen sub dato

Mit-

Anno 1608.

Mitwoch nach Johann Baptistä gegenwärtigen 1608. Jahrs/ mit dem Durchl. Fürsten und Herrn/ Herrn Matthia / designirten König in Böhmen/ Ertz-Hertzogen zu Oesterreich / dero geliebten Brudern/ Unserm gnädigsten Herrn aufgerichteten verfertigten Vertrags / und darin angezogener hochbeweglichen Ursachen/ die gemeine Landschafft und Stände deren Ertz-Hertzogthum Oesterreich ob der Enß / deren Eyd und Pflichten / damit die Ihr. Kayserl. Maj. zuvor gethan / und verbunden gewest/ allerdings entbunden und erlassen: Also/ daß sie nunmehr ob-höchstgedachter Königl. Würden nach Vermögen und Inhalt ihrer Landes-Freyheiten/ Privilegien/ altes Herkommen/ Rechten und Gerechtigkeiten / die gebührliche Huldigung leysten und erstatten mögen. Und aber hierzwischen bey erledigtem Land / vor mehr höchstgedachter Königl. Würden Ankunfft / und geleisteter neuer Erbhuldigung wieder allerley äusser und innerlicher Gewalt/ feindliche Attentata und gefährliche Practiqven sich billig fürzusehen und zu verwahren / als haben die drey politischen Stände von Herren/ Ritterschafft und Städten dieses Ertz-Hertzogthums Oesterreich ob der Enß / aus obliegender Schuldigkeit/ damit sie ihrem geliebten Vaterland verbunden/ zu Schutz des Landes / auch ihrer und der ihrigen mehrer Versicherung / zuförderst aber höchstgedachter Königl. Würde/ als dero künfftigen Herrn und Landes Fürsten zum besten (immassen auch von ihren lieben Voreltern / auf Absterben weyland Kaysers Maximiliani des ersten/ bey währenden Interregno, mit allergnadigsten Danck nachfolgender Röm. Kayser und Lands-Fürsten lobwürdig beschehen) sich in ietziger grossen Zusammenkunfft im Nahmen des allmächtigen Gottes mit einhelligem Gemüthe / und als Mitglieder eines Leibes mit Mund und Hertzen eyfrig gegen einander verbunden/ wie es ietzt und ins künfftige / in einem und dem andern zu Abhelffung ihrer vielfältigen Gravaminum und neuer Bestättigung ihrer Freyheiten / Privilegien / Rechte und Gerechtigkeiten / auch alt Herkommen / Gebräuche und Gewohnheiten solle gehalten werden.

Erstlich daß die mehr höchstged. Königliche Würde obstehender Gestalt auff vorangehende offt vertröstete Abhelffung ihrer Gravaminum, auch Restitution und neue Bestett-und Bekräfftigung ihrer in mehr Wege bishero geschwächten Freyheiten/ Privilegien/alten Herkommen / Rechten und Gerechtigkeiten/ darunter sie sonderlich die Evangelische Religion und gewesene Freyheit / für das höchste und fürnehmste halten / für ihren Landes-Fürsten und Erbherrn in Oesterreich/ als ihre nach Gottes gnädigen Willen angehende Obrigkeit/ auf- und annehmen/ die Erbhuldigung leisten /und nicht weniger als dero hochstgeehrte Vorfahren rühmlich beschehen/ schuldigsten Gehorsam mit getreuer Darsetzung Guts und Bluts / leisten sollen und wollen.

Zum andern / weiln diese neu ergangene gantze Mutation und Regiments-Veränderung fürnehmlich daher erfolget / daß die unirte Lande in grosser Unruhe und Wiederwärtigkeit gestanden/ darunter zugleich auch sonderlich die drey politischen Stände dieses Ertz-Hertzogthumbs ein Zeithero / wieder ihre Privilegia, Recht und Gerechtigkeit / und altes Herkommen / an Seel und Gewissen / Ehr / Leib und Guth zum höchsten bedrängt / und fast alles zum Verderben und Untergang/ etwan aus der Verursachung friedhässiger böser Räthe / und wiederwärtigen Mißgönnern gerichtet worden / dahero Ihr. Königl. Würde verursachet worden / sich dero selbst anzunehmen / und mit getreuer Zusetzung der Stände auf Mittel und Wege/ so zu des löblichen Hauses Oesterreich Conservation und Wohlstand/ auch zu endlicher Abhelffung obgedachter Gravaminum nützlich seyn möchten / zu gedencken / dergestalt alle Sachen in den alten Stand / wie es bey deroselben hochgeehrten Herrn Vatern / weyland Kays. Maximiliani Lebzeiten und seligen Absterben/ auch ietztregierender Kays. Maj. Antretung dero Regierung gewest / und gefunden / wieder restituiret werden / inmassen Ihr. Königl. Würden solch Ihr. Maj. Gemüth und väterliche Affection so wohl gegen den getrenen Ständen / als Chur-und Fürsten des heiligen Reichs / nicht allein in verschlossenen und öffentlichen Druck abgefertigten Schrifften / vom 26. April und 7. auch 17. May / sondern auch durch Botschafft / und sonst mündlichen erkläret / die gehorsambsten Stände auch selbsten kein ander noch erspriеßlicher Mittel / zu Erhaltung Fried / Ruhe und voriger alten Vertrauligkeit befinden können / als daß förderst GOtt dem Allmächtigen / mit seinem allein seligmachenden Wort / Platz und Raum gegeben / derselbige mit Worten und Wercken ernstlich geehret / gelobet und gefürchtet werde / auch männiglich bey seinen alten Rechten und Gerechtigkeiten erhalten / und also dasjenige was höchstgedachte Königl. Würden mit dieser Regiments-Aenderung gesucht und begehret / nach Möglichkeit befordert und zu Werck gezogen worden / daß ein ieder das seinige / dessen er ohne rechtliche Erkäntnüs de facto entsetzt worden / auf zustehende erste Gelegenheit / wieder an sich nehmen möge.

Anno 1608.

Demnach haben sich offtgemeldte gehorsame drey politische Stände mit einhelligem Gemüth / Stimm und Schluß dahin verglichen / daß sie sampt und sonders angezogener ihrer Freyheiten / Privilegien / Rechten und Gerechtigkeiten / auch alter hergebrachten Gewohnheiten und Gebräuchen / so wohl bey den Städten mit Auffnehmung der Bürger / freyer Bürgermeister - Richter - und Rath-wahlen / wie sie es hiebevor gehabt / als sonderlich und förderlich aber des freyen Religions-Exercitii (durch dessen Abstellung und Hinderung fast alle Gravamina ihren Ursprung gewonnen / und daran hafften /) in Kirchen und Schulen / in Städten / Märckten / und auf dem Lande / in dem Stand und Gestalt / wie einer und der ander / oder dessen Vorfahren solches hiebevor / und bey glücklicher Regierung weyland Kaysers Maximiliani, auch ietziger Kays. Maj. Regiments-Antretung und auffgenommener Huldigung / und nachmahls / bis auf angefangene Landsverderbliche Reformation, in ruhigem Brauch gehabt / wiederum würcklichen unterfangen / und quasi jure postliminii gebrauchen sollen / wollen und mögen; Und demnach iedem frey stehen solle / seine Kirch und Schulen so wie gemeldt / er oder seine Vorfahren zuvor innen gehabt / deren aber seydhero de facto, ausser gerechtlichen Erkäntnüs / entsetzet worden / wieder zu eröffnen / dieselben mit Evangelischen Lehrern / Predigern und Schulmeistern zu ersetzen / und mit eyfriger Andacht dahin zu trachten / damit vor allen Dingen GOtt der Allmächtige von männiglichen recht erkandt / geehrt / auch mit Worten und Wercken gelobet und geheiliget werde / die Unterthanen nach Gottes Gebot / in Schutz und Straffen regieret / ein ehrlich / züchtig und nüchtern Leben und Wandel angestellet / und eyfriger Gehorsam gegen der hohen und niedern Obrigkeit gepflantzet werde. Dieweil aber fürs dritte sonderlich zu besorgen / es werde der böse Feind als ein Zerstörer des Friedens und Christlicher Einigkeit / dem sonderlich Gottes Wort unleidlich / sich durch allerley Practicken / auch wiederwärtiger friedhässiger Leut Antreibung / Uns bey der hohen Obrigkeit und andern Potentaten dadurch mit ungleicher Angebung verhaßt zu machen / kein Mittel und Wege unterlassen / damit einem oder dem andern Stand gantz beschwerlichen möchte zugesetzet werden.

Demnach

ANNO 1608.

Demnach sollen und wollen in allen furfallenden Gelegenheiten / nicht allein ein Stand dem andern / sondern auch ein Mitglied dem andern getreuen und eyfrigen Beystand leisten / der Gestalt / daß / was einem begeanet / solches nicht anders für genommen / auch mit Erstattung der Schäden aus dem gemeinen Einkommen nicht anders gehalten solle werden / als ob solches den drey Ständen sämptlichen beschehen und begegnet wäre / wie denn deswegen so bald einem oder mehren hierin was beschwerliches wiederführe / deren oder dieselben alsbald bey Tag und Nacht den verordneten Herren im Land mit Schickung der Beschlch oder Citation und allen Umständen und Nothdürfften zu wissen machen / und dero Raths gebrauchen sollen : Da auch eine Sach so wichtig und gefährlich sich erzeigete / daß gedachte verordnete Herren der gesammten Stände Zusammenkunfft von nöthen hielten / so solle auff erstes ihr Ausschreiben ein ieder (der nicht durch erweißlichen Gottes Gewalt verhindert wird /) in der Person alsbald zu erscheinen schuldig / und ihme die Sach anders nicht / als obs ihm selbst angienge / lassen angelegen seyn / und dann die Verantwortung und Handhabung dieses Schlusses durch die gesammte unzertrennte Stände geschehen. Derowegen sich keiner davon absonderlich / es sey auf waserley Zunöthigung es wolle / selbst verantworten / auf Citationes erscheinen / noch in andere Wege in geringsten einlassen oder pariren solle / damit durch eines Abtritt den gesammten Ständen kein Præjudicium zugezogen / noch einige Zerrüttung oder Veränderung gemachet werde / da aber von einem darwieder was geschehe / solle solches unbündig / und dieser Vergleichung unverbrüchig seyn.

Damit auch fürs vierdte die Wiederwartigen vor GOtt und der Welt keine Ursach haben mögen / einen oder den andern einiges Unrechts zu bezüchtigen / weil sonderlich diese Vergleichung fürnemlich zu Erhaltung gutes Friedens / Einigkeit und beständigen Vertrauens zwischen beyden Religions-Verwandten angesehen / so soll nicht allein den Röm. Catholischen in ihrer Religions-Ubung an denen Orten / da sie es zur Zeit Maximiliani löbl. Abgangs / ruhig gehabt / kein Eintrag geschehen / sondern auch der Evangel. keiner weiters / als was er oder seine Vorfahren vor der Zeit innen gehabt / und hergebracht / dessen er auch mit rechtl. Procefs und Erkäntnüs nicht entsetzt worden / sich anzumassen / auch daher die Stadt / welche nicht einige Kirchen / darüber die Recht und Lehnschafft haben / anderwerts entweder in Häuser oder ausser den Städten Exercitium anstellen, und suchen / sonderlich soll ein iede Obrigkeit mit Fleiß darauf sehen / daß das unnöthige scaliren / und calumniren auff den Cantzeln abgestellet / und auch sonsten / so viel müglich dem Gegentheil kein Ursach zu billiger Klage gegeben werde.

Schließlich / und weil solches einig und allein zu Gottes Ehren / Erhaltung der Seelen Freyheit und Gewissen / u. Beforderung höchstgedachter Königl. Würden / eigen Intent / auch Erhaltung des Landes Wohlstand und Freyheiten / und wieder die wiederwärtige friedhässige Rathgeber / die sich eines mehrern Gewalts als ihnen gebühret / und der Zeit geben worden / angesehen / und ohne männigliches Offension treuhertzig von den Ständten gemeynet / damit es darnach um so viel besser und gewisser unwiederrufflich gehalten werde / so sollen nicht allein die iezt Anwesende / die diesen Vergleich und Verbündnüs mit einhelligem Hertzen und Sinn bestättiget / dieselbe mit ihren Handschrifften und Petschafften der Städt Ausschuß und Gesandten neben hier Eingebung gefertigten Gewalts / daß sie dessen von ihrer Bürgerschafft Macht und Befehl haben / aber gleichfalls mit ihrer Händen Unterschrifften und ieder Stadt Insiegel gefertiget / sondern auch die Anwesenden hierzu verbunden / und gleichsfals zu fertigen schuldig seyn : Welcher sich aber dessen verweigert / und nochmahlen / was hier oben gesetzt oder geschlossen worden / nicht halten / sondern darwider handeln würde / derselbe als ein abgeschnitten Glied aus der Stände Mittel ausgeschlossen / zu keiner Versammlung mehr beschrieben oder gelassen / und des Landes Freyheiten sich dadurch allerdings unfähig und untüchtig gemacht haben solle / alles getreulich und ohne Gefährde. Geben zu Lintz den 30. Augusti Anno 1608.

LXVI.

1609. 11. Janv.

Déclaration Préliminaire des Seigneurs ETATS GENERAUX *des* PROVINCES UNIES, *des Païs-Bas touchant la qualité d'*Etats Libres, *qui devra leur être donnée par les Serenissimes Archi-Ducs dans la Trève à longues années, qui se négotie entr'eux. Fait à la Haye le* 11. *Janvier* 1609. [Negociations du Président JEANNIN Tom. III. pag. 251. de l'Edition de 1695.]

COMME ainsi soit que dés le 23. de Decembre de l'an 1607., les Sieurs Estats Generaux des Païs-Bas unis ont unanimement, sincerement & de bonne foy promis, qu'en cas de progrez du Traité pour une Paix, ou Tréve à longues années avec leurs Adversaires, au premier Article d'iceluy seroit accordé clairement & expressément la qualité des Païs unis, comme Païs & Provinces libres, sur lesquels ny le Roy d'Espagne ny les Archi-Ducs ne pretendent rien, en la meilleure forme, & qu'au mesme Traité ne seroient admis ou accordez aucuns points, ny és causes Ecclesiastiques ny Seculiéres contre la liberté des Païs; & en cas que de la part desdits Sieurs Roys ou Archiducs seroit persisté, au contraire, que le Traité seroit rompu, lesdits Roys & Archiducs mis en leur tort, & de commune puissance des Païs unis, & s'il fust à impetrer des Roys, Potentats & Estats, favorisans la cause de ces Païs, la Guerre reprise, & par l'aide de Dieu Seigneur Tout-Puissant & bonne conduite, suivant la sincere intention desdits Sieurs Estats, seroit mené à une Chrestienne, honorable & asseurée fin. Et que le Traité entamé pour la Paix, par bonnes & bien fondées raisons, en conformité de ladite resolution estant rompu; les Sieurs Ambassadeurs des Roys Tres-Chrestien, & de la grande Bretagne, Electeurs Palatin, & de Brandebourg, Marquis d'Ansbach, & Landgrave de Hessen, estant à la serieuse instance des Sieurs Estats envoyez icy sur le lieu pour en diriger ledit bon œuvre à une bonne issuë, ayent proposé une Tréve à longues années sur les conditions contenuës en un Escrit par eux delivré tant d'un que d'autre costé, avec exhortation de s'y vouloir conformer; & qu'apres plusieurs difficultez, finalement les Provinces-Unies se confians sur la tres-grande affection, sagesse, prevoyance, & Royale resolution desdits Sieurs Roys pour l'asseurance & liberté desdits Païs, leur bien & conservation, ont unanimement accordé & consenty d'entrer en Traité sur ladite proposée Tréve. Mais craignant que leurs Adversaires derechef ne voudront proceder de bonne foy, mais tascher de tenir lesdits Sieurs Roys & Païs-Bas unis par longueurs & remises en incertitude, ils ont, en conformité de ladite resolution du vingt-troisiéme Decembre de l'an 1607. de nouveau unanimement, sincerement & de bonne foy promis l'un à l'autre, & prometent par cestes, qu'en cas du progrez dudit Traité sur ladite Tréve, le premier Article d'iceluy precisément sera maintenu comme s'ensuit. Premierement, que lesdits Sieurs Archiducs declareront d'abondant, comme ils declarent, tant en leurs noms qu'au nom dudit Sieur Roy, qu'ils sont contens de traiter avec lesdits Sieurs Estats Generaux des Provinces-Unies, en qualité & comme les tenans pour Païs, Provinces & Estats libres sur lesquels ils ne pretendent rien, & faire avec eux és noms & qualitez susdites une Tréve aux conditions cy-aprés escrites. Qu'aussi ne seront admis aucuns points és Causes Ecclesiastiques ny Seculieres contre ladite liberté, ny nouveaux delais sur le trafiq & navigation aux Indes, ou autres

autres Articles. Et en cas que de la part dudit Sieur Roy d'Espagne ou des Archiducs soit soustenu le contraire, & qu'ils y persistent plus que huict jours, le Traité sera rompu, les Roy d'Espagne & Archiducs mis en leur tort, & la Guerre reprise avec vigueur & commune puissance des Païs-Unis, &, s'il est possible, des Roys, Potentats, & Estats, favorisans leur cause, & par l'assistance de Dieu & bonne conduite, suivant l'originelle & immuable intention des Sieurs Estats, mené à une Chrestienne, honorable & assurée issuë. Fait en l'Assemblée desdits Sieurs Estats Generaux. A la Haye le onziéme de Janvier l'an 1609. JEAN OLDENBARNEVELT Vt. Et plus bas, par l'Ordonnance desdits Seigneurs les Estats Generaux, *Signé* AERSENS.

LXVII.

Articul / so von Jhro Käyserl. Maj. RUDOLPHO II. als König in Böhmen denen 3. Ständen sub utraque dieses Königreichs bewilliget worden / nemlich aus ihren mittel Defensores über das in ihren gewalt gegebene Pragerische Consistorium und Academiam mit gnugsamer vollmacht zu verordnen / und wenn es die noth erfordert / gewisse Personen ihrer Confession aus jedem Creyß gen Prag zu erfordern / und mit solchen die gedachtes Consitorium und Academiam angehende Sachen ab zu handeln / mit beygefügter Maasgebung / wie die fürfallende Religions-Strittigkeiten sollen beygeleget werden. [LONDORPII Acta Publica. Tom. I. pag. 468. LUNIG, Teutsches Reichs-Archiv. Part. Special. Abtheil. I. pag. 60. d'où l'on a tiré cette Pièce.]

C'est-à-dire,

Articles accordés par l'Empereur RODOLPHE II., *comme Roi de Boheme, aux* ETATS *du Royaume de* BOHEME sub utraque, *portant qu'ils pourront établir certains Défenseurs sur le Consistoire & l'Academie de* Prague, *& les munir de sufisans Pouvoirs & Instructions, que même, en cas de necessité, ils pourront convoquer à Prague un certain nombre de Personnes de leur Corps tirées de chaque Cercle, pour y traiter avec les autres des Affaires de l'Academie & du Consistoire; Ils contiennent aussi un Reglement pour accommoder à l'amiable les Diférents qui pourront survenir au sujet de la Religion.*

NAchdem Jhre Käys. Majest. als König zu Böhmen durch dero Käyserl. und Königlichen / allen dreyen Ständen dieses Königreichs sub utraque. so sich zur Böhmischen Confession bekennen / über das freye Exercitium Religionis ertheilten Majestät-Brief unter andern in solchem Majestät-Brieff gesetzten Articuln / hierzu gnedigst bewilligt: daß gleichfalls die vereinigte Stände / über das ihnen in ihren Gewalt gegebene Prägerische Consistorium und Academiam, aus ihrem Mittel gewisse Personen zu Defensorn verordnen möchten / mit diesem Anhang: So viel Personen aus ihrem Mittel die Stände sub utraque zu Defensorn über dis ihr Prägerich Consistorium und Academiam, aus ihrem gesambten Beschluß / von allen dreyen Ständen in gleicher Anzahl ordnen / und Jhrer Käys. Maj. als ihrem König und Herrn / mit Namen auffgezeichnet übergeben würden / daß Jh. Kays. Maj. dieselben Personen alle / welche also auffgezeichnet überreichet werden / keinen ausgenommen / ohne Ziehung in andere Pflicht oder Instruction über diejenige / so ihnen von den Ständen anvertrauet werden wird / von den Tag der überreichten Verzeichnüs anzurechnen / inner zweyer Wochen darauff folgend / hierzu bekräfftigen / und sie zu solchen Defensorn publiciren wollen und sollen: Jnmassen gedachter Majestät-Brief in diesem Articul weiters ausweiset. Welchem nach nun die Stände unter beyder Gestalt / bey Jhrer Kayserl. Maj. dieses in aller Unterthänigkeit gesucht / damit Jhr. Kays Maj. hierzu gnädigst bewilligen wolten / daß sie die Stände sub utraque solchen Defensoribus, so von ihnen verordnet würden / die Vertretung und Beschützung ihrer Religion und Versehung erwehntes Consistorii und Academien / in ihren Gewalt geben könnten; Als haben Jhre Kays. Maj. mit allen dreyen Ständen dieses Königreichs sich verglichen / und hierzu gnädigst bewilliget.

Erstlichen / daß alle diese drey vereinigte und zu erwehnter Böhmischen Confession sich bekennende Stände sub utraque, den angeregten Defensoribus werden diese Macht geben können / daß sie auf alles dasjenige / so ihrer der Stände Religion sub utraque, so wohl die Versehung des Consistorii und der Academien betrifft / wie alles in guter und friedlicher Ordnung erhalten möge werden / gut Achtung geben: Und da es von nöthen / unter denen sub utraque allein / irgend was anzuordnen / zu componiren / oder zu reformiren / dasselbe ohne alle Hindernüß / und ohne Jhrer Kayserl. Maj. Bemühung thun.

Desgleichen ob es die Nothdurfft erforderte / hierzu die oberste Land-Officirer / Landrichther / und Jhr. Kays. Majest. Räthe des Hoff- und Cammer-Rechtens / so wol andere Jhrer Kays. Maj. Böhmische Räthe / nur allein die so unter beyder Gestalt / und sich zur Böhmischen Confession bekennen / und aus jedem Creyß bey sechs Personen aus der Gemeine / von allen dreyen Ständen unter beyder Gestalt / in gleicher Anzahl / zu Berathschlag und Erörterung derselben Sachen / gen Prag erfordern / solche mit ihnen erwegen / und zu Ort und Ende bringen sollen.

Jm Fall sie auch in solcher Anzahl irgend was selbsten nicht erörtern könten / sollen sie diejenige Sach / biß auff den nechsten darauff folgenden Landtag verschieben / und alsdann bey solchem Landtag die unter beyder Gestalt / so sich zur Böhmischen Confession bekennen / selbsten unter einander in mehrer Anzahl aus der Gemein / welche bey solchem Landtag sich versammlen werden / berathschlagen / schliessen / und zu einem End bringen.

Darinnen nun ihnen weder von Jhrer Königl. Maj. künfftigen Königen zu Böhmen / noch von dem Theil sub una, einige Hindernüs zugefüget werden soll.

Jedoch bey solcher Berathschlagung und Anordnung / sollen die sub utraque, in dem sie ihre eigene Sachen erwegen / nichts dergleichen berathschlagen / noch schliessen / so wieder Jhr Kays. Maj. als Königen zu Böhmen / so wol wieder die sub una, noch denen sub utraque ertheilten Majestät-Brief und die zwischen beyden Theilen auffgerichte und in die Landtaffel einverleibte Vergleichung seyn möchte.

Sondern / wenn zwischen denen sub una und sub utraque, in fürfallenden / die Religion betreffenden Sachen / irgend ein Streit entstünde / also daß eine Person die andere / aus den geistlichen oder weltlichen wegen der Religion schmähen und verachten / oder einer dem andern / die zu seiner Pfarr billiger weiß gehörige Zehenden und Zinsen entziehen / oder in sein Pfarr und Collatur irgend Eingriff thun / oder aber in seinem Exercitio Religionis, einige Hindernüs oder Bedrängnüs / wider der offtgemelten Majestät-Brief und die bey diesem Landtag zwischen denen unter einer und beyder Gestalt

ANNO 1609.

stalt auffgerichtete Vergleichung zufügen würde; So haben Ihre Kayserl. Majestät damit man wegen solcher Bedrängnüssen und fürfallenden Differenzen nicht allezeit ein Landtag legen dörffte / mit allen dreyen Ständen sich dahin entschlossen / und zu Recht statuirt: Wann jemanden aus den sub utraque, von einem sub una irgend Wiederwärtigkeit zugefügt / oder was hinterhalten werden wolte / daß die von denen unter beyder Gestalt erwehlte Defensores, erstlichen solche fürgefallene Sach mit den Obersten Land-Officirern / Landrechtsitzern und Ihrer Kayserl. Majest. Räthen des Cammer-Rechts / desgleichen denen Personen aus der Gemein / allen aus denen sub utraque, welche sie hierzu aus allen Creyssen / in der Zahl / wie oben berührt / beschicket hetten / anfänglich berathschlagen / nacher Ihrer Kayserlichen Majestät vorbringen / und umb Versorgung bitten / Ihre Kays. Maj. auch alsbald die Partheyen / welche es angehen wird / auff das Präger Schloß / in die Landstuben / wo man das Landrecht hält / von dem Tag des Anbringens auff sechs Wochen veranlassen / ein Relation wegen Zeugen-verführung zur Landtaffel thun / und hierzu ein ordentlich Recht von zwölff Personen / aus denen sub utraque, so die Defensoren und Obristen Land-Officirer / Landrechtsitzer auch Ihrer Majestät Räthe / bey Hof-und Cammer-Rechten / sampt denen aus der Gemein erforderten Personen darzu erwehlen; Dann andern zwölff Personen / deren sub una, welche die Stände unter einerley Gestalt dieses Königreichs unter sich gleichfals erwehlen werden / besetzen / den Partheyen eine gewisse Zeit benennen / vor Ausgang der sechs Wochen verhören und durch einen Rechtlichen Entscheid / und obgeschriebene zufällige Sachen ein End machen sollen.

Gleicher gestalt / da jemand aus denen sub una, von einem wer der were / aus denen sub utraque, in diesen oberwehnten Sachen / zu kurtz geschehe / oder was vorenthalten würde / soll es ebener massen von den Officirern und Landrechtsitzern deren unter einer Gestalt / Ihre Kayserl. Maj. vorgebracht / und disfals mit Besetzung des Rechts und Rechtlichen Entschied / allermassen wie obgedacht / gehalten werden. Auch ein jeder / er sey geistlichen oder weltlichen Standes / schuldig seyn / vor solchem Recht sich zu gestellen / und deme / was ihme allda zuerkennt wird / gnug zu thun / und nach zu kommen.

Wolte aber zu solchem Recht jemand sich nicht gestellen / und dem Ausspruch gnug thun / soll alsdann gegen jedwederm solchem verfahren werden / wie die Lands-Ordnung D. 49, ausweiset. Und zu solchem Recht sollen diejenigen / welche vorhin keine Pflicht zu ihren Ampt und Dienst nicht hätten / ein besonderlichen Eyd thun. Die andern aber auf ihr vorig Jurament urtheilen und richten. Doch werden bey solchem Recht / wenn es gehalten wird / alle Rechtsitzer darauff wohl Achtung geben / daß sie nichts dergleichen beschliessen oder aussprechen / welches im geringsten wieder offters erwehnten Majestät-Brieff / und deren darin verfasten Vereinigung / also auch wieder die mit den Ständen sub una getroffene Vergleichung seyn möchte; Sintemahln in solchen Maj.stät-Brief unter andern Articuln auch dieses gesetzt ist: Daß diesem oberwehntem von der Religion gemachten Fried / und ihnen den Ständen unter beyderley Gestalt von Ihrer Majestät erfolgten starcker Versicherung zu wieder / keine Befelch / auch nichts dergleichen / so ihnen in dem geringsten zur Verhindernüs / oder dessen Veränderung gereichen wolt / weder von Ihrer Kayserl. Majestät / deren Erben / oder künfftigen Königen in Böheimb oder jemand andern / ausgehen / noch angenommen: Und ob auch gleich was ergienge / oder von jemanden angenommen würde / es doch kein Macht haben / auch in solchen Sachen weiter nichts / es sey rechtlich / oder ausser dessen / geurtheilet / noch gesprochen werden soll. Darbey es nun disfalls gelassen wird.

ANNO 1609.

LXVIII.

Traité de Trêve, pour douze ans, entre PHILIPPES III. *Roi d'Espagne, &* ALBERT ET ISABELLE-CLAIRE-EUGENIE *Archi-Ducs de Brabant, d'une part; Et les Etats des Provinces-Uniés des Païs-Bas, d'autre: par l'entremise des Rois de France & d'Angleterre. Fait à Anvers le 9 Avril 1609.* [Negociations du Président JEANNIN, Tom. IV. pag. 62. d'où l'on a tiré cette Pièce & celles qui en dépendent. METEREN, Hist. des Païs-Bas, Ann. 1609. Fol. 658. FREDERIC LEONARD, Tome V. & autres.]

9. Avril. L'ESPAGNE ET LES PROVINCES-UNIES.

COMME ainsi soit que les Serenissimes Princes Archiducs, Albert & Isabelle-Claire-Eugenie, &c. aient dés le 24. d'Avril 1607. fait une Tréve & cessation d'armes pour huit mois avec les Illustres Seigneurs les Etats Generaux des Provinces-Unies des Païs-Bas, en qualité & comme les tenants pour Etats, Provinces & Païs libres, sur lesquels ils ne prétendoient rien: laquelle Tréve devoit estre ratifiée avec pareille Declaration par la Majesté du Roi Catholique, en ce qui le pouvoit toucher, & la Ratification & Declaration délivrées aux Sieurs Etats trois mois aprés icelle Tréve, comme il s'est fait par Lettres Patentes du 18. Septembre audit an; & outre ce Procuration speciale donnée ausdits Sieurs Archiducs du 10. de Janvier 1608. pour, tant en son nom comme au leur, faire tout ce qu'ils jugeroient convenable pour parvenir à une bonne Paix ou Tréve à longues années. Ensuite de laquelle Procuration, lesdits Sieurs Archiducs auroient aussi par leurs Lettres de Commission du vingt-septiéme du même mois nommé & député Commissaires, pour en conferer & traiter esdits noms & qualités, & à cette occasion consenti & accordé que ladite Tréve fut prolongée & continuée, par diverses fois, même le 20. de Mai jusques à la fin de ladite année 1608. Mais aprés s'estre assemblés plusieurs fois avec les Députés desdits Sieurs Etats, qui avoient aussi Procuration & Commission d'eux du cinquiéme de Février audit an, ils n'auroient pû demeurer d'accord de ladite Paix, pour plusieurs grandes difficultés survenuës entre eux: au moien dequoi les Sieurs Ambassadeurs des Rois Tres-Chrêtien & de la grande Bretagne, des Princes Electeurs Palatin & de Brandebourg, Marquis d'Anspach, & Landgrave de Hesse, envoiés sur le lieu de la part desdits Rois & Princes, pour l'avancement d'un si bon œuvre; voiant qu'ils estoient prêts de se separer & rompre tout Traité, auroient proposé une Tréve à longues années, à certaines conditions contenuës en un Ecrit donné de leur part aux uns & aux autres, avec priere & exhortation de s'y vouloir conformer: sur lequel Ecrit plusieurs autres difficultés estant derechef survenuës: Enfin ce jourd'hui neuviéme jour du mois d'Avril 1609. se sont assemblés Messire Ambrosio Spinola Marquis de Benafro, Chevalier de l'Ordre de la Toison d'Or, Conseiller du Conseil d'Etat & de Guerre de Sa Majesté Catholique, & Mestre de Camp Général de ses Armées, Messire Jean Richardot Sieur de Barlby, du Conseil d'Etat, & Chef President du Conseil de leurs Altesses, Jean de Mancicidor du Conseil de Guerre & Secretaire de Sadite Majesté Catholique, le Reverend Pere Frere Jean de Neyen Commissaire General de l'Ordre de Saint François és Païs-Bas, & Messire Loüis Werreyken Chevalier Audiancier & premier Secretaire de leurs Altesses, & ce en vertu des Lettres de Procuration desdits Sieurs Archi-Ducs, pour traiter tant en leur nom qu'au nom dudit Sieur Roi Catholique, la teneur de laquelle Procuration est ci-après inserée avec celle dudit Sieur Roi, d'une part: Et Messire Guillaume Loüis Comte de Nassau, Catzenelebogen, Vianen, Diets, Seigneur de Bilstein, Gouverneur & Capitaine General de Frise, Ville de Groninguen, des Ommelandes & Drente, Messire Walraven Sieur de Brederode & Vianen, Vicomte d'Utrecht, Sieur de Amoden, Cloetinguen, le Sieur Corneille de Gent Sieur de Loenen & Meynerswiek, Vicomte & Juge de l'Empire & de la Ville de Nimeguen, Messire Jean d'Oldenbarnevelt, Chevalier, Sieur de Tempelec, Rodenris, Avocat & Garde du grand Scel, Chartres & Registres de Hollande & Westfrise, Messire Jacques de Malderée, Chevalier le premier & representant la Noblesse aux Etats & Conseils de la Comté de Zélande, les Sieurs Gerard de Renesse Sieur de Wander Aa de Streefkerken, Nieulekerlandt, &c. Gellinus Hillama, Docteur és Droits, Conseiller ordinaire au Conseil de Frise, Jean Slooth, Sieur de Sallik, Drossart du Païs de Vollenhove, & Châtelain de la Seigneurie de Cunder, & Abel Coenders de Helpen, Sieur en Faen & Cantes, aux noms desdits Sieurs Etats, aussi en vertu de leurs Lettres de Procuration & Commission ci après semblablement inserées, d'autre. Lesquels avec l'intervention & par l'avis de Messire Pierre Jeannin, Chevalier, Baron de Chagny & Monjeu, Conseiller du Roi Tres-Chrétien en son Conseil d'Etat, & son Ambassadeur extraordinaire vers lesdits Sieurs Etats, & Messire Elie de la Place, Chevalier, Sieur de Russi, Vicomte de Machault, aussi Conseiller audit Conseil d'Etat, Gentilhomme ordinaire de la Chambre dudit Sieur Roi, Baillif & Capitaine de Vitry le François, & son Ambassadeur ordinaire residant prés lesdits Sieurs Etats, Messire Richard Spenser, Chevalier, Gentilhomme ordinaire de la Chambre privée du Roi de la grande Bretagne, & son Ambassadeur extraordinaire vers lesdits Sieurs Etats, & Messire Rodolphe Winverood, Chevalier, Ambassadeur ordinaire & Conseiller dudit Sieur Roi au Conseil d'Etat des Provinces-Unies, sont demeurés d'accord en la forme & maniere qui s'ensuit.

PREMIEREMENT. Lesdits Sieurs Archiducs declarent, tant en leurs noms que dudit Sieur Roi, qu'ils sont contens de traiter avec lesdits Sieurs Etats Generaux des Provinces-Unies, en qualité & comme les tenans pour Païs, Provinces & Etats libres, sur lesquels ils ne prétendent rien, & de faire avec eux és noms & qualités susdits, comme ils font par ces Presentes une Tréve aux conditions ci-aprés écrites & déclarées.

II. A sçavoir, que ladite Tréve sera bonne, ferme, loiale & inviolable, & pour le temps de douze ans, durant lesquels il y aura une cessation de tous actes d'hostilité entre lesdits Sieurs Roi, Archiducs, & Etats Generaux, tant par Mer & autres Eaux, que par Terre en tous leurs Roiaumes, Païs, Terres & Seigneuries, & pour tous leurs Sujets & Habitans, de quelque qualité & condition qu'ils soient, sans exception de lieux ni de personnes.

III. Chacun demeurera saisi, & joüira effectuellement des Païs, Villes, Places, Terres & Seigneuries qu'il tient & possede à present, sans y estre troublé ni inquieté durant ladite Tréve: en quoi on entend comprendre les Bourgs, Villages, Hameaux, & plat Païs, qui en dépendent.

IV. Les Sujets & Habitans és Païs desdits Sieurs Roi, Archiducs, & Etats, auront toute bonne correspondance & amitié par ensemble durant ladite Tréve, sans se ressentir des offenses & dommages qu'ils ont reçû par le passé: pourront aussi frequenter & séjourner és Païs l'un de l'autre, & y exercer leur trafic & commerce en toute seureté, tant par Mer & autres Eaux, que par Terre; ce que toutefois ledit Sieur Roi entend estre restreint & limité aux Roiaumes, Païs, Terres & Seigneuries qu'il tient & possede en l'Europe & autres Lieux & Mers, où les Sujets des autres Princes, qui sont ses Amis & Alliés, ont ledit trafic de gré à gré; & pour le regard des Lieux, Villes, Ports & Havres qu'il tient hors les limites susdites, que lesdits Sieurs Etats, & leurs Sujets, n'y puissent exercer aucun trafic sans la permission expresse dudit Sieur Roi: bien pourront-ils faire ledit trafic, si bon leur semble, és Païs de tous autres Princes, Potentats & Peuples, qui leur voudront permettre, mesme hors lesdites limites, sans que ledit Sieur Roi, ses Officiers & Sujets qui dépendent de lui, donnent aucun empêchement à cette occasion ausdits Princes, Potentats & Peuples qui le leur auront permis, ni pareillement à eux ou aux particuliers avec lesquels ils ont fait & feront ledit trafic.

V. Et pour ce qu'il est besoin d'un assez long temps pour avertir ceux qui sont hors lesdites limites avec forces & Navires, de se desister de tous actes d'hostilité, a esté accordé que la Tréve n'y commencera que d'aujourd'hui en un an; bien entendu que si l'avis de ladite Tréve y peut être plûtôt, que dés lors l'hostilité y cessera: Mais si aprés ledit temps d'un an quelque hostilité y étoit commise, le dommage en sera reparé sans remise.

VI. Les Sujets & Habitans és Païs desdits Sieurs Roi, Archi-Ducs & Etats, en faisant trafic és Païs l'un de l'autre, ne feront tenus paier plus grands droits & impositions que leurs Sujets & ceux de leurs Amis & Alliez qui seront les moins chargés.

VII. Et auront aussi les Sujets & Habitans des Païs desdits Sieurs Etats, la même seureté & liberté és Païs desdits Sieurs Rois & Archi-Ducs qu'elle a esté accordée aux Sujets de la grande Bretagne par le dernier Traité de Paix és Articles secrets, faits avec le Connestable de Castille.

VIII. Ne pourront semblablement les Marchands, Maîtres de Navires, Pilotes, Matelots, leurs Navires, Marchandises, Denrées & autres biens à eux appartenans, estre saisis & arrestez, soit en vertu de quelque Mandement general ou particulier, ou pour quelque cause que ce soit, de Guerre ou autrement, ni mêmes sous pretexte de s'en vouloir servir pour la conservation & défense du Païs, on n'entend toutesfois en ce comprendre les Saisies & Arrests de Justice par les voies ordinaires à cause des dettes propres, Obligations & Contracts valables de ceux sur lesquels lesdites saisies auront esté faites, à quoi il sera procedé selon qu'il est accoûtumé par droit & raison.

IX. Et pour le regard du Commerce des Païs-Bas, & des daces & impositions qui se leveront sur les denrées, s'il est trouvé ci-aprés qu'il y ait de l'excez & qu'il en soit incommodé, à la premiere requisition qui en sera faite d'une part ou d'autre, Commissaires seront deputez pour les regler & moderer par avis commun si faire se peut, sans que pourtant la Tréve soit rompuë, au cas qu'ils n'en puissent demeurer d'accord.

X. Si quelques Sentences & Jugemens avoient esté donnez entre personnes de divers Partis non défendus, soit en matiere Civile ou Criminelle, ils ne pourront estre executez contre les personnes des condamnez, ni sur leurs biens durant ladite Tréve.

XI. Lettres de marque & Represailles ne seront octroiées durant ledit temps, si ce n'est à connoissance de cause, & és cas esquels il est permis par les Loix & Constitutions Imperiales, & selon l'ordre établi par icelles.

XII. On ne pourra aborder, entrer, ni s'arrester aux Ports, Havres, Plages, & Rades és Païs l'un de l'autre, avec Navires & Gens de Guerre en nombre, qui puisse donner soupçon, sans le congé & permission de celui sous lesquels sont lesdits Ports & Havres, Plages & Rades, sinon qu'on y fut jetté par tempeste ou contraint de le faire par necessité & pour éviter quelque peril de Mer.

XIII. Ceux sur lesquels les biens ont esté saisis & confisquez à l'occasion de la Guerre, ou leurs Heritiers & aians cause joüiront d'iceux biens durant la Tréve, & en prendront possession de leur autorité privée & en vertu du present Traité, sans qu'il soit besoin d'avoir recours à Justice, nonobstant toutes incorporations au Fisque, engagemens, Dons, Traités, Accords & Transactions pour exclure de partie desdits biens, ceux à qui ils doivent appartenir, quelques renonciations qui aient esté mises esdites Transactions, à la charge neanmoins qu'ils n'en pourront disposer, ni les charger, ou diminuer pendant le temps de ladite joüissance, sinon qu'ils en aient obtenu la permission desdits Archi-Ducs & Etats.

XIV. Ce qui aura aussi lieu au profit des Heritiers du feu Sieur Prince d'Orange, mêmes pour les droits qu'ils ont és Salines du Comté de Bourgogne, qui leur seront remises & délaissées avec les Bois qui en dépendent, & quant au Procez de Châtelbelin intenté du vivant dudit Sieur Prince d'Orange en la Cour de Malines contre le Procureur du Roi Catholique, lesdits Sieurs Archi-Ducs promettent de bonne foi de leur y faire rendre justice dans un an aprés la poursuitte qui en sera faite par eux, sans autre longueur ni remise & en toute droiture & sincerité.

XV. Si le Fisque a fait vendre d'une part & d'autre quelques biens confisquez, ceux à qui ils doivent appartenir en vertu du present Traité, seront tenus se contenter de l'interest du prix à raison du denier seize, pour en estre paiez chacun an durant ladite Tréve à la diligence de ceux qui possedent lesdits biens, autrement leur sera loisible de s'en addresser au fonds & heritage vendu.

XVI. Mais si lesdites ventes avoient esté faites par

Justice,

ANNO 1609. Justice, pour les dettes bonnes & legitimes de ceux à qui lesdits biens fouloient appartenir avant la confiscation, leur sera loisible ou à leurs Heritiers & aians cause, de les retirer en paiant le prix dans un an à compter du jour du present Traité, aprés lequel temps ils n'y seront plus receus, & ladite retraite & rachât aians esté faits par eux, ils en pourront disposer comme bon leur semblera sans qu'il leur soit besoin d'en obtenir autre permission.

XVII. On n'entend toutesfois donner lieu à cette retraite pour les Maisons scituées dans les Villes venduës à cette occasion, pour la grande incommodité & notable dommage, qu'en recevroient les Acquereurs à cause des changemens & reparations qu'ils pourroient avoir fait esdites Maisons dont la liquidation seroit trop longue & difficile.

XVIII. Et quant aux reparations & meliorations faites & autres biens vendus dont le rachapt est permis, si elles sont prétenduës, les Juges ordinaires y feront droit avec connoissance de cause, demeurant le fonds & heritage hipotecqué pour la somme à quoi les meliorations seront liquidées, sans neanmoins qu'il soit loisible à l'Achepteur user du droit de retention pour en estre paié & satisfait.

XIX. Si quelques fortifications & ouvrages publics ont esté faits d'une part ou d'autre avec permission & autorité des Superieurs, en des lieux dont la restitution doit estre faite par le present Traité, les Proprietaires d'iceux seront tenus se contenter de l'estimation qui sera faite par les Juges ordinaires, tant desdits lieux que de la Jurisdiction qui leur appartenoit, sinon que les Parties s'en accordent de gré à gré.

XX. Quant aux biens d'Eglise, Colleges & autres Lieux pieux assis dans les Provinces-Unies, lesquels estoient Membres dépendans d'Eglises, Benefices & Colleges qui sont en l'obeïssance des Archi-Ducs, ce qui n'a esté vendu avant le premier de Janvier 1607. leur sera rendu & restitué & y rentreront aussi de leur autorité privée, sans ministere de Justice, pour en joüir durant la Tréve, & sans en pouvoir disposer selon qu'il a esté dit ci-dessus, mais pour ceux vendus avant ledit temps ou donnez en paiement par les Etats d'aucunes des Provinces, la rente du prix leur sera paiée chacun an à raison du denier seize par la Province qui aura fait ladite vente ou donné lesdits biens en paiement, en sorte qu'ils en puissent estre asseurez. Et le semblable sera fait & observé du côté desdits Sieurs Archi-Ducs.

XXI. Ceux à qui les biens confisquez doivent estre restituez, ne seront tenus paier les arrerages des rentes, charges & devoirs specialement affectez & assignez sur iceux biens pour le temps qu'ils n'en ont joüi, & s'ils en sont poursuivis & inquietez d'une part ou d'autre, en seront renvoiez absous.

XXII. On ne pourra prétendre aussi pour les biens vendus ou accordez afin d'estre diguez ou rediguez, sinon les redevances ausquelles les Possesseurs se sont obligez par les Traités sur ce faits avec les interests des deniers denrée, si aucuns ont esté donnez, aussi à raison du denier seize comme dessus.

XXIII. Les jugemens donnez pour les biens & droits confisquez avec Parties qui ont reconnu les Juges & ont esté legitimement défendus tiendront, & ne seront les condamnez receus à les contredire sinon par les voies ordinaires.

XXIV. Lesdits Sieurs Archi-Ducs & Etats commettront chacun en droit soi les Magistrats & Officiers pour l'administration de la Justice & Police és Villes & Places fortes, lesquelles par le present Traité doivent estre renduës aux Proprietaires pour en joüir durant la Tréve.

XXV. Les meubles confisquez, & fruits qui seront écheus avant la conclusion du present Traité, ne seront sujets à restitution.

XXVI. Les actions mobiliaires qui ont esté remises par lesdits Sieurs Archi-Ducs ou Etats, au profit des Déteurs particuliers avant le premier jour de Janvier 1607. demeureront éteintes d'une part & d'autre.

XXVII. Le temps qui a couru pendant les troubles à compter depuis l'année 1567. jusques à present, ne sera compté pour induire prescription contre ceux qui estoient de divers partis.

XXVIII. Ceux qui se sont retirés en Païs neutre durant la Guerre, joüiront aussi du fruit de cette Tréve, & pourront resider où bon leur semblera, retourner même en leurs anciens domiciles, pour y habiter en toute seureté, observant les Loix du Païs, sans qu'à l'occasion de la demeure qu'ils feront en quelque lieu que ce soit, leurs biens puissent estre saisis, ni eux privés de la joüissance d'iceux. ANNO 1609.

XXIX. Aucuns nouveaux Forts ne seront faits durant ladite Tréve dans les Païs-bas d'une part ni d'autre.

XXX. Les Sieurs de la Maison de Nassau ne pourront estre poursuivis ni inquietés durant ladite Tréve en leurs personnes ou biens, soit pour dettes contractées par le feu Sieur Prince d'Orange depuis l'an 1567. jusques à son trépas, soit pour les arrerages échûs pendant le saisissement & anotation des biens qui en estoient chargés.

XXXI. S'il y a quelque contravention à la Tréve faite par quelques particuliers, sans commandement desdits Sieurs Roi, Archiducs, ou Etats, le dommage sera reparé au même lieu où la contravention aura esté faite, s'ils y sont surpris, ou bien en celui de leur domicile, sans qu'ils puissent estre poursuivis ailleurs en leurs corps ou biens, en quelque maniere que ce soit; & ne leur sera loisible de venir aux armes, & rompre la Tréve à cette occasion; mais bien permis, en cas de negation manifeste de Justice, de se pourvoir ainsi qu'il est accoûtumé par Lettres de marques & represailles.

XXXII. Toutes exheredations & dispositions faites en haine de la Guerre, sont déclarées nulles, & comme non advenuës.

XXXIII. Les Sujets & Habitans és Païs desdits Sieurs Archiducs & Etats de quelque qualité & condition qu'ils soient, sont déclarés capables de succeder les uns aux autres, tant par Testament que ab intestat, selon les Coûtumes des Lieux; & si quelques successions estoient ci-devant échûës à aucuns d'eux, ils y seront maintenus & conservés.

XXXIV. Tous Prisonniers de Guerre seront délivrés d'une part & d'autre, sans paier rançon.

XXXV. Et afin que le present Traité soit mieux observé, promettent respectivement lesdits Sieurs Roi, Archiducs & Etats, de tenir la main & emploier leurs forces & moiens, chacun en droit soi, pour rendre les passages libres, & les Mers & Rivieres navigables & seures contre l'incursion des mutinés Corsaires & Voleurs, & s'il les peuvent apprehender, de les faire châtier avec rigueur.

XXXVI. Promettent en outre de ne rien faire contre & au préjudice du present Traité, ni souffrir estre fait directement ou indirectement, & si fait estoit, de le faire reparer sans aucune difficulté ni remise: & à l'observation de tout ce que dessus ils s'obligent respectivement, même lesdits Sieurs Roi & Archiducs, leurs Successeurs, & pour la validité d'icelle obligation, renoncent à toutes Loix, Coûtumes, & choses quelconques à ce contraires.

XXXVII. Sera le present Traité ratifié & approuvé par lesdits Sieurs Roi, Archiducs & Etats; & les Lettres de Ratification desdits Sieurs Archi-Ducs & Etats, délivrées de l'un à l'autre en bonne & dûë forme dans quatre jours: & quant à la Ratification dudit Sieur Roi, lesdits Sieurs Archiducs ont promis & seront tenus la donner dans trois mois, aussi en bonne & dûë forme, afin que lesdits Sieurs Etats, leurs Sujets & Habitans puissent joüir effectuellement du fruit du present Traité en toute seureté.

XXXVIII. Sera ledit Traité publié par tout où il appartiendra, incontinent aprés que la Ratification aura été faite par lesdits Sieurs Archiducs & Etats, cessans dés à present tous actes d'hostilité.

Ainsi fait & arrêté en la Ville & Cité d'Anvers le 9. d'Avril l'an 1609. & signé par les Ambassadeurs desdits Sieurs Rois Tres-Chrêtien & de la grande Bretagne, comme Mediateurs; puis par les Députés desdit Sieurs Archiducs, & aprés eux par ceux desdits Sieurs Etats ci-devant nommés. P. JEANNIN, ELIE DE LA PLACE, SPENSER, RODOLPHE WINUFEROD, AMBROISE SPINOLA, *le President* RICHARDOT, JU. DE MANCICIDÓR, FR. JEAN NEYEN, L. VERREYCKEN, GUILLAUME LOÜIS COMTE DE NASSAU, W. DE BREDERODE, CORNEILLE DE GENT, JEAN DE OLDENBARNEVELT, J. DE MALDERÉE, G. DE RENESSE, G. HILLAMA, JEAN SLOETH, ABEL COENDER.

(1) *Traité particulier & secret, que les Deputez des Estats ont demandé au Roi d'Espagne, & qui leur a été accordé en la forme qui ensuit.*

(1) Cet Article est dans *Jeannin*; mais il ne se trouve point dans le Recueil de LEONARD; non plus que les suivans.

ANNO 1609.

COMME ainsi soit que par l'Article quatriéme du Traité de la Tréve fait ce même jour, entre la Majesté du Roi Catholique, les Serenissimes Archiducs d'Autriche d'une part, & les Sieurs Estats Generaux des Provinces-Unies, d'autre : Le commerce accordé ausdits Sieurs les Estats, & à leurs Sujets, ait été restreint & limité aux Royaumes, Pays, Terres & Seigneuries, que ledit Sieur Roi tient en l'Europe & ailleurs, esquels il est permis aux Sujets des Rois & Princes qui sont ses amis & alliez d'exercer ledit commerce de gré à gré; & outre ce, ledit Sieur Roi ait declaré qu'il n'entendoit donner aucun empeschement au trafic & commerce que lesdites Sieurs les Estats & leurs Sujets pourront avoir cy-aprés en quelque Pays & Lieu que ce soit, tant par Mer que par Terre, avec les Potentats, Peuples & Particuliers qui le leur voudront permettre, ny pareillement à ceux qui feront ledit trafic avec eux, ce que toutes fois n'a été touché par escrit audit Traité. Or est-il, que ce même jour neuviéme Avril mil six cents neuf, qui est celui auquel ladite Tréve a été accordée, les Sieurs Marquis Spinola, President Richardot, Mancicidor, Frere Jean de Neyen, & Verreiken, au nom & comme Deputez, tant dudit Sieur Roi que Archiducs, en vertu du même Pouvoir à eux donné; & sous la même promesse de faire ratifier en bonne & deuë forme ce present Escrit avec le Traité general, & dans le même temps : ont promis & promettent au nom dudit Sieur Roi, & de ses Successeurs pour le temps que ladite Tréve doit durer, Que sa Majesté ne donnera aucun empeschement, soit par Mer ou par Terre, ausdits Sieurs les Estats, ny à leurs Sujets au trafic qu'ils pourront faire cy-aprés és Païs de tous Princes, Potentats, & Peuples, qui le leur voudront permettre, en quelque lieu que ce soit, même hors les limites cy-dessus designées, & par tout ailleurs, ny pareillement à ceux qui feront ledit trafic avec eux, & d'effectuer tout ce que dessus de bonne foi, en sorte que ledit trafic leur soit libre & assuré, consentans même, afin que le present Escrit soit plus autentique, qu'il soit tenu comme inseré au Traité principal, & faisant partie d'icelui. Ce que lesdits Sieurs Deputez des Estats ont accepté. Fait à Anvers les an & jour susdits. *Signé*, AMBROSIO SPINOLA, LE PRESIDENT RICHARDOT, MANCICIDOR, FRERE JEAN DE NEIYEN, & WERREIKEN.

Certificat de Messieurs les Ambassadeurs de France & d'Angleterre, touchant le fait des limites, & le commerce des Indes.

NOUS sous-signez Ambassadeurs des Rois Tres-Chrestien, & de la grande Bretagne, certifions à tous qu'il apartiendra, Que par l'Article troisiéme du Traité fait ce jourd'hui entre les Deputez des Sieurs Archiducs & Estats Generaux des Provinces-Unies, on a entendu d'une part & d'autre, & nous l'avons ainsi compris, Que tout ce que lesdits Sieurs Estats tiennent en Brabant & en Flandres, aussi bien qu'és autres Provinces dont ils joüissent, leur doit demeurer en tous droits de superiorité, même le Marquisat de Bergues sur le Zoon, les Baronnies de Breda, Graves, & ce qui est joint & uni avec tous les Bourgs, Villages, & Territoires en dépendans. Certifions aussi les Deputez desdits Sieurs Archiducs avoir consenti & accordé, tout ainsi que lesdits Sieurs Etats & leurs Sujets ne pourront trafiquer aux Ports, Lieux & Places tenuës par le Roi Catholique aux Indes, s'il ne le permet; Qu'il ne sera loisible aussi à ses Sujets de trafiquer aux Ports, Lieux & Places que tiennent lesdits Sieurs Estats esdites Indes, si ce n'est avec leur permission. Et outre ce, que les Deputez desdits Sieurs ont declaré plusieurs fois en nôtre presence, & des Deputez des Archiducs, si on entreprend sur leurs Amis & Alliez esdits Païs, qu'ils entendent les secourir & assister, sans qu'on puisse pretendre la Tréve estre enfreinte & violée à cette occasion. Fait à Anvers le neuviéme jour d'Avril 1609. *Signé* P. JEANNIN, ELIE DE LA PLACE, RUSSY, RI. SPENCER & RODOLPHE WINNOOD.

Déclaration des Ambassadeurs de France à Anvers le 9. Avril 1609. que les Etats des Provinces-Unies des Païs-bas ont promis qu'il ne sera rien innové en l'exercice de la Religion Catholique és Villages du Ressort des Villes desdites Provinces situées en Brabant.

ANNO 1609.

NOUS soussignés Ambassadeurs du Roi Tres-Chrétien, emploiés par Sa Majesté prés de Messieurs les Etats Generaux des Provinces Unies, pour aider à faire la Tréve avec leurs Altesses, certifions lesdits Sieurs des Etats & Monsieur le Prince Maurice nous avoir promis & donné leur foi, que rien ne sera innové en la Religion és Villages qui sont du Ressort des Villes des Provinces-Unies situées en Brabant; & tout ainsi que le seul exercice de la Religion Catholique, Apostolique & Romaine y a été fait du passé, qu'il y sera continué de même sans aucun changement, & sans qu'on leur donne aucun scandale. Promettons à cette occasion au nom de Sa Majesté, que si quelque contravention y étoit faite, elle poursuivra instamment envers lesdits Sieurs des Etats, pour la faire reparer, en sorte que ladite promesse soit executée de bonne foi. Fait à Anvers le neuviéme jour d'Avril 1609. *Signé*, P. JEANNIN, ELIE DE LA PLACE, RUSSY.

Reconnoissance des Deputez des Estats, qu'une promesse des Archiducs de trois cents mille Florins payable aux heritiers de feu Monsieur le Prince d'Orange, a esté mise entre leurs mains.

NOUS sous signez Deputez de Messieurs les Estats Generaux des Provinces-Unies, declarons par ces presentes, que Messieurs les Deputez des Serenissimes Archiducs, nous ont presentement mis en main une promesse de leurs Altesses pour la somme de trois cens mille Florins, payable aux Sieurs Heritiers de feu Monsieur le Prince d'Orange en deux termes, à sçavoir moitié dans la fin de la presente année, & l'autre moitié à la fin de la suivante, en acquit de certaines sommes que lesdits Sieurs Heritiers pretendoient estre deuës audit feu Sieur Prince d'Orange leur pere, laquelle promesse contient qu'en faisant le dernier payement, tous les papiers concernant lesdites debtes leur seront rendus. Ce que nous Deputez susdits au nom desdits Sieurs Estats promettons de faire effectuer de bonne foy; & au cas que lesdits Sieurs Heritiers en fissent refus, de faire rendre à leurs Altesses le premier payement qui leur auroit esté fait. Fait à Anvers le neuviéme jour d'Avril 1609. Signé enfin par tous lesdits Sieurs Deputez.

LXIX.

SIGISMUNDI III. *Regis Poloniæ Diploma, quô* JOANNI SIGISMUNDO *Electori Brandenburgico Munus Curationis ægri in Prussia Ducis* ALBERTI FRIDERICI, *defert, eundem sic Curatorem dicti Ducis constituit, Tutelamque & Administrationem Ducatûs universi in Prussia committit. Datum Cracoviæ 29. Aprilis* 1609. [Acta & Decreta Commissionum S. R. M. Poloniæ & Sueciæ Regiomonti in Annis 1609. & 1612. habitarum pag. 37.] 29. Avril.

SIGISMUNDUS III. Dei gratia Rex Poloniæ, Magnus Dux Lithuaniæ, Russiæ, Prussiæ, Masoviæ, Samogitiæ, Livoniæque, nec non Suecorum, Gottorum, Vandalorumque Hæreditarius Rex. Significamus præsentibus Literis nostris quorum interest, universis & singulis. Cum vetustas majorum nostrorum D. D. Poloniæ Regum ac ab iis derivatas nostras quoque proprias necessitudines cum Illustrissima Domo Brandenburgica, perpetuumque illius erga nos Regnumque nostrum studium magni, ut par est, faciamus: defuncto Illustrissimo Principe, Domino Georgio Friderico, Marchione Brandenburgensi, & in Prussia Duce, jus Curatorium ægri in Prussia Ducis, Illustrissimi Principis Domini Alberti Friderici, ad nos uti supremum directumque Dominium devolutum, Illustrissimo Principi Domino Joachimo Friderico, Marchioni & Electori Brandenburgen: ad contestandam nostram erga eam Domum propensissimam voluntatem, benigne contuleramus: is cùm decessisset è vita superiore Anno, devenissetque denuò ad nos eadem illa Cura ipsam, non necessitate aliqua Juris sed quasi pignus nostræ benevolentiæ erga Illustrissimi defuncti Electoris Filium,

ANNO 1609.

Filium, Illustrissimum Joannem Sigismundum, Electorem itidem & Marchionem Brandenburgensem, transferendam iterum putavimus, quod is majorum suorum erga nos, Regnumque nostrum, studium quasi Hæreditate in se transmissum amplexus præclare tueatur & colat ejusque singularia jam specimina ediderit; quique non solum ob vetus agnationis, sed eo magis ob recens affinitatis vinculum, quo ducta in Conjugem Filia Illustrissimi ægri Principis Illustritati ipsius, arctissime conjunctus est, ex usu & dignitate ejus Illustritatis Curam eam maxime gesturus esse videatur. Itaque ex consilio amplissimi Senatus nostri, rebus Ducatus illius per Commissarios nostros constitutis, jureque nostro directi Domini stabilito, deferimus ad Celsitudinem ipsius munus Curationis, eumque Curatorem commemorati Illustrissimi Principis D. Alberti Friderici in Prussia Ducis Authoritate nostra Regia constituimus, Curationemque & Administrationem Ducatus universi in Prussia, bonorumque ac redituum quacunque ratione inde provenientium omnium, committimus præsentibus Literis nostris, admittimusque Celsitudinem ipsius ad Regimen Ducatus ejusdem jure & potestate Curatoris ac vetere titulo in Prussia Ducis, eodem plane modo iisdemque per omnia conditionibus, de quibus inter nos & felicis recordationis Parentem ipsius Illustrissimum Principem, Joachimum Fridericum, Sacri Romani Imperii Electorem, ac Marchionem Brandenburgensem Anno 1605. conventum, non modò per Legatorum Chirographa, sed etiam ejusdem Illustrissimi Electoris authenticam Comprobationem transactum fuit, potissimum autem quoniam Curatio & Administratio hæc universa, ob Illustrissimi Principis Alberti Friderici mentis ægritudinem defertur, volumus atque cavemus his Literis nostris ut Illustritati ejus in ea valetudinis infirmitate constitutæ, de rebus omnibus ad victum & cultum corporis pertinentibus per Illustrissimum Principem Electorem Dominum Joannem Sigismundum, pro dignitate prospiciatur: sin vero quod optamus Illustritas ejus ad pristinam mentis sanitatem, per Dei gratiam redierit, prolemque Conjuge ducta masculum Hæredem susceperit, ipsi quidem Principi Alberto Friderico, si vigorem mentis recuperaverit, Administratione sine difficultate & negotio decedere; sin Filio demum ea dimittenda veniret, tum demum ad legitimam ætàtem pervenerit, non alias nec prius Illustrissimus Princeps Dominus Joannes Sigismundus, Ducatu eo, Administrationeque ejus cedere, & Curationis suæ rationem reddere tenebitur; in iis tamen reddendis, si quid respectu ejus Ducatus Celsitudinis ipsius sumptus fecerit, aut erogaverit, id omne ut recte expensum suscipi debebit. Atque hæc quidem Curatoris Constitutio & Ordinatio nostra ut debitum sortiatur effectum, dedimus negotium Commissariis nostris ad constituendas Ducatus ejusdem rationes ablegatis, ut eam Concessionem nostram Statibus & Ordinibus ejusdem Ducatus denuncient, Celsitudinemque ipsius in possessionem Curatoriæ inducant. Promittimus vero nostro ac Serenissimorum Successorum nostrorum nomine, nos Serenissimosque Successores nostros, commemorato Illustrissimo Principi Electori Curationem præfati Illustrissimi Principis Domini Alberti Friderici, Ducatusque in Prussia Administrationem & Gubernationem, modo & conditionibus superius descriptis, integram expeditamque præstituros, salvis ibidem per omnia Juribus nostris Regalibus, Regni nostri Ducatusque illius, ac Subditorum ejus, tum & Pactis antiquis, quæ per omnia sarta tecta conservare neque iis ullum præjudicium hac Curationis atque Administrationis Concessione allatum esse volumus. In quorum omnium fidem præsentes subscripsimus, & Sigillo Regni nostri communiri mandamus. Datum Cracoviæ die vigesima nona Mensis Aprilis. Anno Domini millesimo sexcentesimo nono Regnorum nostrorum Poloniæ 22, Sueciæ vero 16.

SIGISMUNDUS Rex.

ANNO 1609.

LXX.

31. Mai. BRANDEBOURG ET NEUBOURG.

Abschied zwischen Churfürst Johann Sigißmund zu Brandenburg von wegen seiner Gemahlin Anna gebohrnen Hertzogin zu Gülich eines / dann Wolfgang Wilhelm Pfaltzgraffen am Rhein / statt seiner Frau Mutter / auch Hertzogin zu Gülich andern Theils / wegen der Succession in deren nach Hertzog Johann Wilhelm zu Gülich hinterlassenen Landen / Krafft dessen Sie bis zur güt-oder Rechtl. austrag dieser sachen einander Jure familiaritatis meynen / zur defension der Landen sich zusammen setzen / und innerhalb vier monathen alles / was dem rechten Successori zu nutzen gedeyen mag / befordren sollen. Geben Dortmunt den letzten May 1609. [AITZEMA, Saeck van Staet en van Oorlogh. Tom. I. pag. 245. LUNIG, Teutsches Reichs-Archiv. Part. Spec. Abtheil. IV. Absatz III. pag. 69. d'où l'on a tiré cette Pièce en Allemand & les suivantes.]

Zu wissen / als nach dotlichem Abganck weylandt des Durchleuchtigen / Hooggebohrnen Fürsten und Herrn / Herrn Johann Wilhelms / Hertzogen zu Gülich / Cleve / und Berge / Grave zu der Marck Moers / und Ravensbergh / Herren zu Ravenstein 2c. Hochlöblicher gedächtnus / zwischen den Durchleuchtigsten / und Hochgebohrnen Chur-und Fürsten Herrn Johan Sigesmundte Marg-Graven zu Brandenburg / des Heyligen Römischen Reichs Ertz Cammerer und Churfürst / Hertzogen in Preussen 2c. Aen stadt und von wegen S. Chur-Fürstl. Gnade Gemahlin / Frauwen Anna Marg-Gravin und Chur-Fürstin zu Brandenburg / Weyland der auch Durchleuchtigen undt Hoochgebohrnen Fürstin / Frauwen Maria Leonora / Marg-Gravin zu Brandenburg / Hertzogin in Preußen gebohrner Hertzogin zu Gulich / Cleve undt Berge 2c. Christmilder gedachtenus / hinterlaßenen eltisten Dochter / aen eynem / und

LXX.

31. Mai. BRANDEBOURG ET NEUBOURG.

Recès conclu entre JEAN SIGISMOND *Electeur de Brandebourg pour & au nom de sa Femme* ANNE *née Duchesse de Juliers d'une part, &* WOLFGANG GUILLAUME *Comte Palatin du Rhyn, du chef de sa Mere* ANNE *née aussi Duchesse de Juliers, touchant la Succession de* JEAN GUILLAUME *Duc de Juliers, par lequel ils conviennent de conserver entr'eux l'amitié & bonne harmonie, jusques à ce qu'ils ayent pû terminer leurs diferents par un Accommodement amiable, ou par une Décision Judiciaire; que cependant ils s'uniront pour la Défense des Etats en question, & que, pendant quatre mois, ils prendront les mesures les plus avantageuses, pour le profit de celui qui sera déclaré Successeur. Fait à Dortmund le dernier de Mai 1609.*

COMME après la mort du Sérénissime Prince & Seigneur le Seigr. Jean Guillaume Duc de Juilliers, de Cléve, & de Bergue, Comte de la Marc, de Meurs, & de Ravensperg, Seigneur de Ravenstein, de glorieuse memoire, il est survenu quelque dispute & mesintelligence entre les Serenissimes Princes, le Seigneur Jean Sigismond Marcgrave de Brandebourg Grand Chambellan & Electeur du Saint Empire, Duc en Prusse, & le Seigneur Wolffgang Guillaume Comte Palatin du Rhin Duc de Baviére, par ce que le premier au nom de son Epouse la Serenissime Dame Anne Marcgrave & Electrice de Brandebourg Duchesse en Prusse, & Fille ainée de la Serenissime Dame Marie Eleonor Marcgrave de Brandebourg, Duchesse en Prusse, de Juillers, de Cléve & de Bergue d'un côté, & le dernier au nom de Madame sa Mere la Serenissime Dame Anne Comtesse Palatine du

ANNO 1609.

und des Wolffganck Wilhelmen Phalts-Grave bey Rhein / Hertzogen in Beyeren / in nahmen undt von wegen S. F. Gn. Frauw Mutter / der auch Durchlauchtigen und Hochgebohrnen Frauwen / Annen Phalts-Gravin bey Rhein / Hertzogin in Beyeren / gebohrner Hertzogin zu Gulick / Cleve undt Berge rc. als weylandt gedachter Hertzogin in Preußen rc. seliger nachgelassener frau Schwester / an anderen Theil / von wegen Hooggedachten Hertzog Johan Wilhelms zu Gulich / als ihrer beyderseits seligen Bruders / nachghelassene Fürstenthumb / Graef-und Herschafften Succession, streyt und Misverstandt ist vorgevallen: In dehme das beyde Chur-und Fürstliche theyle sich zu solchem Hertzogh Johan Wilhelms / Hochseliger gedachtnis / hinterlaßenen Land und Leuthen befueght und berechtigt zu sein prætendiert, und voorgegeven / auch darauff hochstgedachter Chur-Fürst zu Brandenburg durch Sr. Churfürst. Gen. Volmachtigde und Abgesandten / undt Hochermelter Herr Phalts-Grave Wolffgangh Wilhelm sich in Persoon zu possession derselben Landen gethan undt genaheret / und dan nicht allein der Herr Chur Fürst zu Brandenburg / Sr. Churf. Excellencie Herrn Bruder / den auch Durchleuchtigen / Hohgebohrnen Fürsten Herrn Ernsten Marggraven zu Brandenburg / Hertzogen in Preußen / zu dem auch / den Durchleuchtigen Hoch-gebornen Fürsten Herrn Moritzen Land-Graven zu Hessen / Graven zu Catzenellenbogen / Dietz / Ziegenhain und Nidda rc. abgefertiecht / wie auch den dessen seyne Excellentie geschrieben / sondern auch des Herren Phalts-Graven Wolffganck Wilhelms Herr Vater / der auch Durchleuchtige Hochgebohrne Fürst Herr Philips Ludewig Pfalts-Grave bey Rhein / Hertzogh zu Bäyeren / wie auch Gesanten S. Furstlycke Genade Sohn / aen Herrn Landt-Graef Moritzen freundlichen geschrieben und umb Raht und Assistents gebeten und aengehalten / in Masen auch die Gulicksche Land-Stände selbste ihre deputierte zu ihren seyn Excellencie gegen Ziegen / Hamburch / auch anhero / und alsoo zu unterscheidenen mahlen abgeordnet und unterthanig ihr seyne Excellence ersuchen und bitten lassen / sich dieser Sachen gutlich an zu nehmen / und die Fürstelycke Herrn Parthien der gestalt mit einander zu vergleichen / damit die Landen in Ruhe und Frieden verbleiben / und alle thatlicheyten verhütet werden möchten / wie auch ermelte Landt-Stände nicht weyniger beyde Fürstliche Theile selbsten so schrifftelich so mundtlichen aenbelangt / sich zu solcher gutlicher Vergleichung zu bequemen / und Hochermelter Herr Land-Graef Morits zu Hessen / darrauf so well by den Chur-und Fürstlichen theilen / und von wegen der nahe Verwantenuß / und Freundschafft / als auch die Gulischen / und darzu gehörigen Landen und Leuthen selbst / zu guthen und besten / auch zuer behuetung allerhant besorgenden Gefahr und Weiterungen der gemeinen / in heiligen Reich / Unsern geliebten Vatterlandt und sonderling der benachtbaerten Wolfahrt und Ruhe / nicht allein Herrn Phalts-Graven Wolfganck Wilhelm zu sich gen Hamburch an der Brabender Hofe / als einen Neutralen Orth freundlich bescheidten / sonderen auch Herr Marggraef Ernst zu Brandenburg in die nahe daher kommen / und beyde Fürstlicken theile auff allerhand ihrer seyner G. G. dabey zu gemuthe geführten erheblichen Gedancken und Uhrsachen / zur gutlicher heil-und beylegung der Sachen freundtlich erinnert und ermahnet / und ob sie syne Excellentie verhoff die deswegen gäntzlich mit einander zu vergleichen / iedoch und weil solches bey ihren syn / seyne Excellentie Ex. dazumahl nicht zuerheben gewesen / unterscheidtliche Mittel und Wege fürgeschlagen / wie und auff was Weyse ein Theil dem andern / doch auf gewisse

du Rhin, Duchesse de Baviére née Duchesse de Juillers, de Cleve, & de Berghe, & Sœur de ladite Duchesse de Prusse de l'autre côté, croyoient avoir droit à la Succession du Prince defunct, & que Monsieur l'Electeur de Brandebourg par ses Deputés, & Monsr. le Comte Palatin du Rhin Wolfgang Guillaume s'approchoient en personnes desdits pays pour en prendre possession. S. A. E. n'a pas manqué d'envoyer Monsr. son Frere le Serenissime Prince Ernest Marcgrave de Brandebourg, Duc de Prusse, & d'écrire aussi au Serenissime Prince Maurice Landgrave de Hesse, Comte de Catzenellenboghen, Dietz, Sieghem & de Nida: de même que le Serenissime Prince Philippe Louis Comte Palatin du Rhin Duc de Baviere y a député son Fils le Serenissime Prince Wolfgang Guillaume Comte Palatin du Rhin, & ont demandé au dit Landgrave Maurice de Hesse son conseil & assistance dans céte affaire, comme aussi les Etats mêmes de Juillers ont plusieurs fois envoyé & écrit à son Excellence, tant à Sieghem qu'à Hombach & icy, & l'ont très-humblement supplié de vouloir bien avoir soin, que les Princes Pretendans à céte succession s'accommodent à l'amiable, & qu'on n'y parvienne à des faits, qui pourroient troubler le repos de ces Pays, faisant cependant leurs instances aussi tant de bouche que par écrit à ces Princes mêmes, afin qu'ils voulussent s'entendre à céte voye de douceur: & comme son Excellence le Prince Maurice Landgrave de Hesse également pour le bien desdits Princes & de ces Pays contestés, & en dessein d'empecher les suites fâcheuses & les perils dans l'Empire Romain nôtre tres chere Patrie, & dans les Provinces voisines à invité le Serenissime Comte Palatin Wolfgang Guillaume à Hombach pour s'y voir dans la maison de Brabant comme dans un lieu neutre, & qu'en même tems le Serenissime Prince Ernest Marcgrave de Brandebourg s'est trouvé dans le voisinage, sa dite Excellence le Landgrave y fit toute sorte de remontrance, & apporta des raisons les plus propres pour persuader ces Princes à une composition amiable, mais comme il n'y eût pas pour lors moyen d'y reussir si bien, que S. E. avoit esperé, elle leur proposa davantage de quelle maniere une partie pourroit deferer l'administra-

ANNO 1609.

Anno 1609.

gewisse Maße/ und versicherte Conditiones, auch mit vorbehalt eines jederen Rechtens/ die Administration derselben Landen und Leuthe/ sine vel cum adjunctione etlicher des anderen Theils Räthen konte deferiren/ oder sich hierunter einer alternirenten Administration mit ein ander vergleichen/ oder daß ein Herr die Cantzeln zu Cleve doch ungeschädicht der Landen Union, Privilegien und seyne Genade Pacten/ beywohnen/ und alsoo die Regierung derselben Landen bis zu ferner gutlicher Handlungh/ oder rechtlichen Austragh dieser Sachen führen/ und weil sich kein Theil auff solche vom Herren Land-Graef Moritzen seyn Gn. damaals vorgeschlagene Mittel schiesslich erkleren konnen/ ihre F. F. G. G. geruhten denselben Mitteln ferners nach zu dencken/ oder ihre seyne Excellence dargegen andere und vertraglichere an die Hand zugeben/ und daerauf ist vor guth aengesehen/ den volgenden 27. May alhier zu Dortmunt wieder zusammen zu kommen/ und sich auf opbedachte Middel eines oder des anderen endtlichen zu resolviren/ und zu erkleren/ alles vermöge zu Hambach genohmene Affscheyt sub dato den 22 ejusdem, undt solchen zu Folge Hochermelter Hr. Landt-Graaf Morits und beyde Fürstlycke Partheyen alhier wiederumb seind zusammen kommen/ das demnach Herr Landt-Graaf Moritzen F. Excellentie, vermittels godtlicher Hulff und Beystand beyde Chur-und Fürstliche Theile mit dero guthen Wißen undt Willen folgender maßen mit einander vergliechen und vertragen: Daß erstlich beyde F. Persohnen/ biß zur fernern gutlichen oder rechtlichen Austragh/ sich jure familiaritatis, und als nahe Verwandten undt Bludtfreunden mit ein ander freundlich wollen begehen/ undt wieder alle andere Anmassunge/ zu erhaltung und defension der Landen/ zu sammen setzen/ undt innerhalb der nechsten vier Monatten/ ob etwan der Herr Churfürst zu Brandenburch ein mittel selbst bey der Hand nehmen mögte/ alles was den rechten Successori undt Erben derselben Landen/ undt wie auch deren Unterthanen zu guthen kommen und gereichen mag/ bestes undt mögliches fleisses bedencken/ befordern und aenstellen helffen/ und daarauf den nechsten tagen gen Düsseldorff ziehen/ undt solches den Stenden und ghewesenen Rahten zuerkennen geben/ wie auch ermelten Rahten/ doch das ihnen etliche aus der Stenden mittel zugeordenet werden/ nochmaels undt bis zu anderwerts beßerer Bestellung der Regierung derselben Landen/ befehlen/ und folgents so wol von den Regiments-Rahten/ als auch den anderen Stenden und Unterthanen allenthalben die Huldung einnehmen/ und sie demjenigen Herrn sweeren lassen/ welcher hiernechst und inskünfftigh unter Chur-Brandenburg und Phalts-Neuburch der rechte Erve und Successor zu dem Gülichschen undt darzu gehörigen Landen erklaret/ wie auch fürters die Fürstliche Begrabnus anstellen/ undt die Fürstliche Wittibe wöllen abfertigen/ das archivum versigelen/ den ansuchenden Lehen-Leuten indult geben/ Creis-und Reichstage besuchen lassen/ und alles anders thun und verordnen was der Sachen nohtturfft erfordern wird/ dardurch doch keinem theil aen seynem Recht tam in possessorio, quam in petitorio etwas benohmen/ sonderen/ so viel ferners den guth-und rechtlichen Austrag der Hauptsachen anlangt/ beyde theil in dem Standt/ wie sie jetzo seyndt/ verbleiben/ undt kein Theil immittels ihme etwas zur vortheil/ undt den anderen zuer Nachtheil voor sich erlangen/ undt hier nechst entziehen/ wie dan auch weniger nicht Phalts-Zweibrugge/ undt den Marggraven zu Burgau ihr Recht in alle wegen vorbehalten/ und durch dieser Vergleichung nicht præjudicirt sein oder werden sol/ im maßen auch mehr hochstgedachte Fursten beyde

nistration de ces pays à l'autre, à la reserve pourtant de leurs droits communs, & à telle condition, que chaque Prince croyroit necessaire pour s'y maintenir, soit par une administration alternative; ou par concurrence de ses Deputés, ou bien qu'un Prince assisteroit à la Chancelerie de Cleve & ainsi à la Regence de ces pays jusqu'à une decision ou accommodement entier, & sauf toutefois les Traités & les priviléges d'union & d'autres Recés: & encore qu'aucun de ces Serenissimes Pretendans ne se pouvoit pour lors positivement resoudre sur ces moyens que Monsr. le Landgrave leur avoit indiqués, ils convinrent pourtant d'y reflêchir dans la suite ou de songer à d'autres plus convenables & à céte fin on trouva à propos de s'assembler derechef ici à Dortmond le 27. de Mai, & de s'y déclarer positivement sur un des moyens proposés en conformité du Recés fait à Hombach le 22. du Courant; les Serenissimes Princes Pretendans rentrant, comme il a été convenu, en conférence, S. E. le Landgrave Maurice les mit d'accord par l'assistance du Ciel & de la maniere qui suit: que premierement ces deux Princes se traiteront toûjours en grands amis & en bons Parens, & concourront en tout pour la défense des pays contestés jusqu'à ce que par Sentence ou autre accommodement la succession seroit établie: qu'ils s'aviseront pendant les 4. Mois suivans, si peut-être Monsieur l'Electeur de Brandebourg ne fournit pas d'autres moyens, de tout ce qui pourroit être utile à la conservation du successeur légitime dans ces Provinces & de ses Sujets, & qu'ils le mettront en pratique: qu'en suite de ce ils se rendront au plûtôt à Dusseldorp, pour donner à connoître tout ceci aux Etats & au Conseil du Prince défunct, & pour y autoriser encore ce dit Conseil en y ajoutant quelqu'uns des Etats jusqu'à un établissement de la Régence de ces Pays: qu'ils recevront par aprés l'homage par tout tant de la Regence que des Etats & Habitans, desorte qu'ils y feront jurer fidelité au Successeur légitime dans les Pays de Juillers & Provinces y annexées qui que ce soit entre les Serenissimes Princes le Seigneur Electeur de Brandebourg & le Seigneur Comte Palatin du Rhin: qu'ils ordonneront l'enterrement du Duc defunct, & donneront à la Duchesse Veuve son doüaire, qu'ils y cacheteront l'Archive de leurs Sceaux, & bailleront des Indults aux Vassaux, qui demandent leurs investitures: qu'ils enverront à la Diete de l'Empire & aux Assemblées du Cercle, & regleront toute autre chose nécessaire, sans que par cela les droits de l'un ou de l'autre soient diminués ou alterés *nec in Possessorio, nec in Petitorio*, ni qu'il lui en revienne quelque avantage ou préjudice, mais que toute chose demeure dans son entier? de même qu'on ne prétend pas en cela préjudicier ou déroger aux droits du Comte Palatin des Deuxponts & du Margrave de Burgau, qu'on les leur reserve plûtôt, & c'est ce que les susnommés Serenissimes Princes se sont reciproquement

Anno 1609.

beyde Parthyen einander mit Handt undt treuwen bey Fürstlichen Ehr und Glauben haben versprochen/ solcher Vergleichung stets und fest zu geloben und nach zu kommen/ alles ohne gefehrde. In Uhrkundt ist dieser Abscheyt in tryplo verfertigt/ von nur Hochgedachten Herrn Land-Graef Mauritzen zu Hessen als hierzu gebettener Unterhandtler/ sondern auch beyden Fürstlichen theilen mit eigenen Handen unterzeichnet/ ihren Fr. syne G. Gn. Excellence allerseits Furstelyck Ring-Pitschafften becrefftigt und bestettigt worden. So geschehen zu Dortmont am letzten Tagh May Jahrens 1609.

Nachdem bey yets gehaltener Tractation und Handlung alhier zu Dortmunt/ beyde Chur- und Fürstliche Theile sich mit einander verglichen/ daß die Hauptsach von wegen des Successions-Streyts zwischen ihrer Curfürstlyche Gen. und den Herren Palts-Graven/ nochmaln in der güte/ oder in entstehung derselber/ durch einem Summarischen Austrag verglichen werden sollen: Als ist daneben verafscheydet/ das mit zuziehung beyderseits Verwanten Potentaten Chur- und Fürsten die Parthyen dißfals in der guete so viel mögelich nochmaels zu vergleichen sein muchten/ im Fal aber die guete nicht Staet finden würde/ nach folgenden Summarischen Austrag/ tam in possessorio quam in petitorio, daerin gehalten werden/ das nach Ausganck der im vorigen Abscheyt gedachten vier Monahten/ jeder theil schuldig sein solle/ innerhalb negsten zweyen Monaten/ nach entstehung der gute/ sein Libell pari & simultaneo processu zu ubergeben und daerauff ferners die responsiones und defensionales wiederumb in den nechst folgenden zweyen Monathen ein zu bringen/ und wan es ad terminum probandi kommen ist/ als dan beyde theile ihre probationes innerhalb dreyen Monathen einzu lieffern/ und daerauff in den negsten zweyen Monathen in zwey Schrifften finaliter zu concludiren und zu schliesen/ und was darüber dan in Rechten erkent und gesprochen werden wirt/ ohne Weigerung/ appellation, revision, reduction, exception, nullitæten und allen anderen behulffen und beneficien, wie dieselbe in Geist- und Weltlichen Rechten namen haben muchten/ verbleiben zu lassen/ wie auch den samptlichen Landt-Standen hierunter die Notification zu thun/ und den obliegenden vor ihren alleinigen Herren und Landt-Fürst zue erkennen schuldig sein sollen/ und seint zur nachmahliger gutlicher Handtlung/ und in enstehung derselben/ zu Unterhandelern und Austrags-Richtern Chur-Phaltz/ Chur-Saxen/ Coeburg/ Braunschweig/ Luneburg/ Wirtenberg/ Hessen/ Baden/ Meckelenburg/ Pommern/ Holstein und Anhalt fürgeschlagen/ daerunter ein jeder Chur- und Fürstliche Parthy zwischen einen Evangelischen Graven/ und einer Evangelischen Reich-Stadt zue wehlen und zu ersuchen hett/ sich darmit freundlich beladen zu lassen/ und post Conclusionem causæ innerhalb dreyen Monaths den Rechten gemäs/ und auf voorgehende Verpflichtung derjenigen/ so dar zue gezogen wurden/ zu Laudiren und zusprechen/ daer aber einer oder mehr derjenigen/ so aus den obbemelten Chur- und Fürstlichen Häuseren seyn/ zu diesen Compromis ersucht/ sich dessen zu unternehmen/ behorliche einwenden würden. So sollen nicht desto weniger die anderen und ubrigen/ wofern sie nicht hierunter mit interessiret/ oder die Chur- und Fürstliche Parthyen dessen erheblich Bedenckens tragen werden/ würde aber über Zuversicht derer hiergedachten auf beyden Theilen nicht zu vermögen seyn/ alsdan sollen die Parthehen innerhalb Monats Frist sich weiter vergleichen/ was vor ein Modus Compromissi anzustellen; doch das solche neuwe Verfassung und Ausspruch der Sachen eygentlick und gewis in einen Jar

ment promis par la main & en honneur de Prince d'accomplir ponctuellement & sans supercherie : en foi de quoi on a dressé de cette Convention trois exemplaires, qui ont été signés tant par le Serenissime Mediateur le Landgrave de Hesse, que par les Serenissimes Contractans. Fait à Dortmond le dernier jour de Mai l'an 1609.

Anno 1609.

Comme en traitant cecy à Dortmond on convint expressément que la cause principale de la succession contestée entre les susdits Serenissimes Princes seroit ajustée à l'amiable ou bien par Procés sommaire, ainsi a-t-on réglé de plus, que cette voye de douceur seroit tentée derechef, en autant qu'il seroit possible, & conjointement avec des Princes Parens de ces Serenissimes Pretendans, & qu'en cas qu'on n'y pût réussir on s'y servira du Procés sommaire ou compromis *tam in Petitorio quam in Possessorio*, de sorte qu'aprés les 4. mois expirés chaque Partie seroit obligée de former & presenter ses prétensions par ecrit pendant les deux mois suivans, comme aussi de fournir leurs réponses & déffenses en deux autres mois, & quand la cause sera avancée jusqu'aux preuves, qu'ils auront pour cela un terme de 3. Mois, aprés quoi ils concluront par deux Ecrits & en terme de deux Mois, & que ils se tiendront finalement à la Sentence, qui y sera donnée, sans avoir aucun recours à l'appel, revision, exception, pretexte de nullité ou de tout autre bénéfice competant par les Droits Ecclésiastiques ou Profanes, mais qu'ils le notifieront d'abord aux Etats du pays, afin que ceux-cy reconnoissent celui, qui obtient par Composition ou Sentence, pour leur seul Seigneur & Souverain. Finalement on a proposé pour Mediateurs, ou, en cas que l'accommodement à l'amiable ne se fasse pas, pour Arbitres les Electeurs Palatin & de Saxe, & les Princes de Colburg, Brunswigh, Lunebourg, Wirtemberg, Hesse, Baden, Meklembourg, Pomeranie, Holstein-, & d'Anhalt, & que de plus chacun des Princes Pretendans pourroit encore choisir entre un Comte & une Ville Impériale de la Religion Protestante, qu'ils prieront de se vouloir bien charger de ce Compromis, & de prononcer l'arbitrage conformément aux Loix en terme de 3. mois aprés la conclusion en la cause : mais quand un ou plusieurs de ces Princes proposés s'excuseroient de ce Compromis, les autres y poursuivront, supposé qu'ils n'y soient pas intéressés, ni que les Princes prétendans n'ayent des difficultés ou exceptions à faire, mais si contre toute espérance on ne pouvoit réussir par cette voye de Compromis, les Parties en auroient pendant le terme d'un mois à resoudre à un autre, & à condition, que cette nouvelle procedure ou accommodement de leur cause s'achéve pour le plus tard dans un an de tems, & que durant ces 19 mois destinés

ANNO 1609. Jahr zu Ende geführet werde / und sollen in obgemelter zeyt der neunzehen Monath / so zu dem güt- und rechtlichen außtrag sein / beyde Theile mit aller thätlicheyt in Ruhe stehen. Actum Loco, die & Anno wie im Abschiede.

Neben-Recess; Worinn sie beschliessen / daß / falls sie sich nit in güte vergleichen könten / sie dan nach außgang des im Abschied angesetzten Termins, gehalten seyn sollen / ihre libelle pari & simultaneo processu zu übergeben / und den darauf erfolgenden Spruch zu acceptiren. Geschehen wie oben.

VOn GOttes Gnaden wihr Ernst / Marg-Grave zu Brandenburg / in Preußen Hertzog / &c. als deß hochgebohrnen Fürsten und Herrn / Herrn Johan Sigismundt Marg-Graven zu Brandenburg des Heyligen Römschen Reichs und Ertz-Camerer undt Chur-Fürsten / Hertzogen zu Preußen / Unsers freundlichen lieben Bruders gevollmächtigter Gwalthaber / und wihr Wolffgang Wilhelm Paltz-Grave bey Rhein / Hertzog zu Beyeren / als der Hochgebohrnen Fürstin / Frauwen Anna Paltz-Gravinne bey Rhein / Hertzogin zu Beyeren / gebohrner Hertzogin zu Gülich / Cleve und Berge / gevolmächtigter Gewalthaber / thun kundt hiemit / und in Krafft dieses Briefs / jegen menniglichen bekennend / als nach tötlichen Abganck / weiland des hochgebohrnen Fürsten / Hern Johann Wilhelms Hertzogen zu Cleve und Berge / Grave zu der Marck / Moers und Ravensbergh / Herren zu Ravenstein Unsers freundlichen Herrn Vatters Christseligen Sr. L. hinterlassenen Landen und Erbschafften / haben sich zwischen hochgedachte Herrn Churfürsten zu Brandenburg an eynen / so dann auch hochgemelte Frau Paltz-Gravinne aen anderen theil / ein zeithero ungleicher Verstandt und Mishelligkeiten ekhalten / und aber auf Unterhandelung des hochgebohrnen Fürsten / Herrn Moritsen Land-Graven zu Hessen / Grave zu Catzenellenbogen / Diets / Ziegenhein und Nedda / &c. Unsers freundlichen lieben Herrn Vatters und Respective Gevattern / angedeutete Mishelligkeyten / nach besage zweyer derowegen in des Heyl. Reichs-Stadt Dortmundt an dreyzigsten und ein und dreysigsten May 1609. Jaers getroffene Vergleichung / durch darin befindtliche Verfaßung / ihr Ziel und Maß gegeben / daernach sich beyde Chur- und Fürstlycke theile biß zu dero entlichen güt- oder rechtlichen entscheit zu gehalten / und aber zu besorgen / das etwa durch andere zu diesen Sachen ungleich affectionierte Leuthe; daer durch das gewunschte friedt und zusammensetzung / darauf man hiebey fürnemblich gesehen / gehindert werden konte / das wir dem allen nach / in tragender Vollmacht hochermelten Unseren Principalen Herrn Bruders / und Respective Vrau Mutter / und in sonderlicher Betrachtung / das Ihren L. L. hieran / und da es bey solcher Verfaßung unverruckt pleiben mochte / zum höchsten gelegen / ein ander versprochen und zugesaegt / ob dem allen / was gedachte beyde Vergleichungen in ihren Puchstaben ausweysen / alles ihres Inhalts selbst steyff und auffrichtig halten / und uns davon in allen und jeden ihren Puncten sampt und sonders kein Verbot oder Gebot / es komme auch her / von wehme es wolle / noch einige Verhinderungen / in was weyse / Form und Gestaldt auch solches immer geschehen mogte / in einigen Wege abhalten oder abschrecken zulassen / und sonderlich da man etwan diese Sachen an einen andern Ohrt / wieder beyder ihren L. L. Willen / zu gütlicher oder rechtlicher Handtlung ziehen und avociren / oder sonsten etwas vornemen wolte / so dieser Vergleichung zu wieder lauffen / oder daer durch derselben Verfassung aufgehaben / oder aber ge-

ANNO 1609. destinés pour decider cette succession, les Serenissimes Prétendans se tiendront en repos, & ne procederont à aucun fait. Fait le jour, an, & lieu, que dessus.

Recès particulier, portant que si, dans le tems de deux mois, ils ne peuvent pas convenir à l'amiable, en ce cas, ils seront obligés, après le terme marqué dans le Recès général, de produire en Justice leurs Documents & raisons, & de se soumettre sans Appel au Jugement qui en sera rendu. Fait ledit jour & an que dessus.

NOus Ernest par la grace de Dieu Margrave de Brandebourg, Duc en Prusse &c. en qualité de Plenipotentiaire de nôtre tres aimé Frere le Serenissime Prince & Seigneur Jean Sigismond Margrave de Brandebourg grand Chambellan & Electeur du S. Empire, Duc en Prusse &c. & nous Wolfgang Guillaume Comte Palatin du Rhin Duc de Baviere en qualité de Plenipotentiaire de nôtre tres honorée & tres aimée Mere la Serenissime Princesse & Dame Anne Comtesse Palatine du Rhin Duchesse de Baviere, née Duchesse de Juillers, de Cléve & de Berghe, publions & sçavoir faisons par cette Lettre, comme quoy aprés la mort du Serenissime Prince & Seigneur le Seigneur Jean Guillaume Duc de Juillers, de Cléve, & de Berghe, Comte de la Mark, de Meurs, & de Ravensperg, Seigneur de Ravenstein nôtre tres honoré Pere de glorieuse memoire, plusieurs disputes, méfiances, & mesintelligences, qui s'étoient émuës à l'occasion de cette succession entre les Serenissimes Princes le Seigneur Electeur de Brandebourg & Madame la Comtesse Palatine du Rhin, avoient été heureusement terminées par l'entremise de nôtre tres honoré Pere & respectivement compere le Serenissime Prince & Seigneur Maurice Landgrave de Hesse Comte de Catzenelleboghen, Diets, Siegem & Nida, & nommement par deux Accords, qui furent là dessus dressés dans cette ville Imperiale de Dortmond le 30. & 31. de Mai de l'an 1609. auxquels Accords les deux Parties se tiendront inviolablement & fidélement jusqu'à l'entiere décision de la cause principale; soit qu'elle le fasse par une amiable composition ou par forme de Procés: mais comme il étoit à craindre que l'effect de cette Paix & bonne intelligence, qu'on pretend principalement de retablir, pourroit être empeché ou interrompu par des gens mal affectionnés, nous en vertu des Pleinpouvoirs reçus respectivement de nôtre tres aimé Frere & tres honorée Mere, & en considération, qu'il importe extrémement à ces nos Serenissimes Principaux de maintenir tels Accords, declarons de nous avoir reciproquement promis & obligé, d'observer exactement & tres fidélement tout ce qui y est compris, & que nous ne nous en laisserons jamais detourner par qui que ce soit, & de quelque maniere que nous y puissions être sollicitez, ni de permettre, qu'on entreprenne malgré nos Principaux la decision de cette cause dans quelque autre endroit par procés, ni qu'on fasse la moindre chose au prejudice de cette Convention; mais

Anno 1609.

gehindert werden mochte; Sondern wir ſollen und wollen treulich zuſammen ſetzen / und einander mit Rath und That beyſtehen / und weder offentlyck noch heimlich etwas vor uns ſelbſten thun / oder durch andere thun laſſen / ſo zu einigen miſtrauwen / oder zur Kränckung guter vertrauwlichen Vreuntſchafft und Einigkeit Anlas oder uerſach geben mochte / verſprechen und verheyſſen auch nochmaals wie oben / bey Unſeren Fürſtlichen Ehren / wahren Worten / trauwen und glauben / deme allen alſo Fürſtliche nachzuſetzen / zu dem Behuoff wir dan auch umb mehrer ſicherung willen / ſolches zuthun / mit Handtgegebenen trauwen ahn eydes Statt einander gelobt undt zu geſaegt haben.

Zu deſſen Urkundt haben wihr dieſen Brief met eigen Handen unterſchrieben und mit Unſern darunter aufgedruckten Fürſtlycken Ringpitſchafften verſiegelt. Geſchehen zu Dortmundt am letzten May im Jahr nach Chriſti Geburth ſeſzehen hondert und neunten.

Von Gottes Gnaden wihr Ernſt zu Brandenburg / in Preußen / zu Stettin / Pommern / der Caßuben und Wenden auch in Schleſien zu Croßen und Jägerendorff Hertzog / Burg-Graef zu Nuremberg / und Fürſt zu Rugen / u. wir Wolffganck Wilhelm Palts-Graef bey Rhein / Hertzog zu Beyeren / Grave zu Valdents / und Spanheim / thun kund und bekennen hiemit / nach dem zu folge Dortmundſcher Vergleichung / wihr in Unſeren ſampt und ſonders Nahmen unterſcheytliche ſchreibens / an Rom. Keyſerliche Majeſteyt / Könige / auch Chur- und Fürſten des Reichs / und andere hohes undt niederiges ſtandes Perſohnen zu verfertigen haben / und vielleicht vereinichten Sachen zu guten / darin ſolche Worte gefunden werden möchten / deren hernach ein oder mehren theils ungleichen Verſtandts ſich zu ſeinen Inteut und prejudicierlichen Vortheil zu gebrauchen hette / daß demnach wihr einander veſtiglich verſprochen / undt zugeſagt / auch Krafft dieſes wiſſentlich und zu ſagen / daß ſolche Worter keiner Partheien zu Vohr- und Nachtheil / berührter Vergleichung zu wieder / gereichen / ſohderen anders nit dan denſelben gemäs / hiernegſt gedeutet oder verſtanden werden ſollen / alles bey Unſeren Fürſtlichen Ehren / auch ohne / geſehrde und Argliſt. Zu Urkunt haben wihr dieſes mit eygner Handen unterſchrieben / und Unſer Taumbrinck auffstrucken laſſen; geſchehen zu Düſſeldorff den $\frac{1}{11}$ Juny Anno 1609.

mais declarons de plus de nous y entre aſſiſter toûjours de nos conſeils & de nos forces, & de ne rien faire publiquement ou à la ſourdine, ni permettre que rien ſe faſſe par d'autres, qui pourroit cauſer de la méfiance, ou alterer aucunement leur bonne intelligence & amitié. C'eſt ce que nous repetons de nous promettre en parole de Prince & de bonne foi, & nous nous ſommes mutuellement donné la main pour en aſſûrer l'accompliſſement, & avons pour cela ſigné cette Lettre & y appoſé le Cachet de nos Seaux. Fait à Dortmond le dernier de Mai 1609.

Nous Erneſt par la grace de Dieu Margrave de Brandebourg, Duc en Pruſſe, de Stettin, de Poméranie, des Caſſubes, des Vandales, de Groſſen & de Jagherdorf, Burgrave de Nuremberg & Prince de Righen, & nous Wolfgang Guillaume par la même grace de Dieu Comte Palatin du Rhin, Duc de Baviere, Comte de Veldentz & de Spanheim, ſçavoir faiſons, que comme en conformité des Conventions faites à Dortmond nous aurions à écrire tant conjointement que ſeparement pluſieurs fois des Lettres à ſa Majeſté Imperiale, à des Rois, aux Electeurs, & à des Princes dans l'Empire & hors d'icelui, & comme il ne ſeroit pas difficile d'en interpreter ou tirer quelques mots à l'avantage ou au prejudice de l'un ou de l'autre de nous, nous avons mutuellement declaré & promis, comme nous nous prometons & declarons par celle-cy, que les paroles trouvées dans telles Lettres ne nous doivent ſervir d'aucune conſequence, ni d'avantage, ni de préjudice aucun; mais qu'elles doivent être interpretées & entendues conformément aux ſudites Conventions. Atteſtons le tout en parole de Prince & ſans ſupercherie, En foy de quoy nous avons ſigné cette Lettre & fait appliquer le cachet de nos bagues du gros doigt. Fait à Duſſeldorff le $\frac{1}{11}$ Juin l'an 1609.

Revers ſo beſagte Parthyen denen Ständen ertheilet / dieſelbe bey ihren Exercitio religionis zu laſſen / und alle ihre Privilegia zu confirmiren. Geben Duißburg 4-14. July 1609.

Reverſal donné par les deux Princes aux Etats desdites Provinces, qui s'étoient obligés envers eux à ne reconnoitre aucun Tiers pour Seigneur Territorial, portant aſſurance de ne point les troubler dans l'exercice de leur Religion, mais au contraire de les y maintenir, & de leur confirmer tous leurs Privileges. A Duysbourg le 4-14. Juillet 1609.

Wihr von GOttes Gnaden Ernſt / Marg-Grave zu Brandenburgh / in Preußen Hertzog / undt von deſſelben Gnaden Wolffganck Wilhelm Palts-Grave bey Rhein / in Beyeren Hertzog / als der zur Zeit Chur-Brandenburgiſche undt Pfalts-Neuburgſche Gewalthaber / bekennen hiemit / nach deyme die lobliche Stenden des Fürſtenthums Cleve undt Graaffſchafft von der Marck / auch der Herſchafft Ravenſtein Uns mit Handt gebenden treuwen verſprochen / undt zugeſaegt / das ſie ſich uns an ſtatt Unſerer Principalen der hochgebohrnen Furſten undt Furſtinne / Herr Johan Sigismundten / Marggrafen und Chur-Fürſten zu Brandenburg / in Preuſſen Hertzogen / in Ehelicher Verwantſchafft Sr. L. Gemahlin / auch Frauen Anna Pfalts-Gravinne bey Rhein / in Beyeren / mit ſchuldigen Gehoorſamb und treuwen ſubmittiren / keinen Tertium, wer der

Nous Erneſt par la grace de Dieu Margrave de Brandebourg, Duc en Pruſſe, & Nous Wolfgang Guillaume par la même grace Comte Palatin du Rhin, Duc de Baviere, en qualité de Plenipotentiaires de l'Electeur de Brandebourg & du Comte Palatin de Neubourg, certifions & ſçavoir faiſons par celle-cy, aprés que les illuſtres Etats de la Principauté de Cléve & de la Comté de la Marc conjointement avec ceux de la Seigneurie de Ravenſtein nous ont promis par ferment & leur bonne foy de nous rendre toute obeiſſance & ſoumiſſion, qu'ils doivent à nos Principaux le Sereniſſime Prince & Seigneur Jean Sigismond Margrave & Electeur de Brandebourg, en conſideration de Madame ſon épouſe, & la Sereniſſime Dame Anne Comteſſe Palatine du Rhin, Ducheſſe de Baviere, de n'accepter aucun tiers,

ANNO 1609.

der auch sein mochte / annehmen / auch keinen aus Unser Principalen Mittel sich ad partem anhengich machen/ vielmehr aber Uns beyde / an Statt des rechtmäßigen successoris, vor ihren Landes-Fürsten und Herren erkennen / bis das einer von Unseren Principalen der rechte einige Successor dieser Landen güht- oder rechtlyck erklert werde / denne sie alsdan nach eusserstem Vermögen beyspringen / an dem allein sich halten / undt solche fernere gebührliche Huldigung leysten sullen; daß wihr hingegen ihnen versprechen.

Daß die Stenden in alle Wege sich wollen vorbehalten haben / das wihr die Keyserlycke Majestät als Obristen haupt der Christenheydt und Lehen-Herrn / vermoge Unsere proposition in unterthänigster respect halten / wie auch die Stenden allein Hochstgedachte Keyserlicke Majesteyt / ingleichen keinen anderen pretendenten hie unter nicht præjudiciret haben.

Die Catholische Romische / wie auch andere Christliche Religion, wie so wol in Römischen Reich / als diesen Fürstenthumb und Graefschap von der Marck ahn einem jeden Ohrt / in offentlichen Gebrauch und Ubunge zu continuiren / zu manuteniren und zu lassen / und darüber niemandt in seynen Gewissen noch exercitio zu perturbiren / zu molestiren / noch zu betruben.

Alle von den vorigen dieser Landen Fürsten und Regenten ertheilte Brief und Siegel / wie auch Verpfandschafften und andere Fürstliche Verschreibungen / steht und unverbrochen nach eines jedern Inhalt zu halten.

Alle Privilegien und Fürstlichen Begnadungen zu confirmiren / zu befestigen / und nach Billigkeydt zu augiren / auch die Gravamina zu erledigen.

Daß falls wihr beyde vor haubtsachlicher Entschey dung dieser successions-Sache / wieder einander etwas de facto vornehmen wurden / welches doch die Stenden nicht vermuthen / noch hoffen / sollen sie biß zu Unserer reconciliation sampt undt sonders ihrer gethanen Handgelubte auch erlassen sein.

Item da jemandt met Gewelt wieder diese Landen etwas attentiren wiert / das wihr / laut der proposition, aussersten Vermogens mit Darsetzung Leibes / Guthes / und Bluets / dieselbe verthätigen / schutsen / und beschermen wollen.

Item die Stand und Unterthanen sampt und sunders / für allen dieser wegen entstandenen Anspruch und forderunge / wie auch die Nahmen haben mögen / zu verthätigen und schadlos zu halten / in was Herrn Lande solches auch geschehen mogte.

Item das die Hoff-Haltung / Cantzely-besetzung / und anderen Ampt-Bedienungen / durch Landtsaßige qualificirte / und nicht fremde / eines jedes Stants-Gebühr und Ampt / alten herkommen nach / zu besetzen.

Das auch die Stiffte / Cloosteren / und alle andere Collegia ebener gestalt durch Landtsaßige in esse gelassen / gehalten / und niemandt, innmitelst in sein Gewissen betrübt werden möge.

Letzlich das die Lobliche / Alte / der samentliche Landen Unionen unterhalten / und was sonsten / nach der Erbhuldigung / diesen Landen zu Nutz und besten ferners in unterthänigheyt mochte fürbracht und angedeutet werden / vorbehalten pleiben. Signatum Duisburgh unter Unserm Supscription und vorgedruckten secreten den $\frac{4}{14}$ Julii Anno 1609. Ernst Marck-Graeff. Wolffganck Willem: met aengedruckte Wapens.

tiers, qui que ce puisse être, ni même de s'attacher en particulier à aucun de nous deux, ou de nos Principaux séparément, mais de nous reconnoître tous deux ensemble, & de la part de nosdits Serenissimes Principaux, jusqu'à ce qu'un de ceux-cy soit declaré le seul & le legitime Successeur & Souverain de ces pays, soit par Sentence ou Composition amiable, & à laquelle ils se tiendront alors & l'assisteront avec tous leurs biens, & lui préteront duement hommage, qu'en échange nous leur avons accordé, & leur accordons en vigueur de la presente.

Que les Etats se reservent expressément, que nous reconnoitrons avec obeissance & respect Sa Majesté Imperiale comme le Chef de la Chrétienté & le Seigneur direct, selon nôtre proposition, comme aussi, que les Etats n'entendent pas de prejudicier en aucune maniere à sa dite Majesté Imperiale, ni à aucun autre Pretendant.

Que nous maintiendrons l'exercice public de la Religion Catholique Romaine, & de toute autre Religion Chrétiene selon l'usage de l'Empire, & selon qu'elle se trouve établie dans des lieux de cette Principauté & de la Comté de la Marc, & que nous ne permettrons jamais, que personne en soit inquieté ou forcé dans les affaires de conscience.

Que nous observerons & maintiendrons les Lettres patentes, que les Princes ou les Regences de ces Pays avoient accordées cy-devant, comme aussi toutes leurs hypoteques & obligations.

Que nous confirmerons leurs Privileges & les augmenterons même, si l'équité le requiert ainsi, & que nous ôterons les griefs de chacun.

Qu'en cas que nous deux, devant la decision principale de cette succession, aurions des démêlez & viendrions à des voyes de fait entre nous mêmes, ce que les Etats n'esperent pas, ils seront generalement, & chacun en particulier, dispensés & absous de leur hommage & fidelité jusqu'à nôtre reconciliation.

Quand quelqu'un tenteroit quelque chose par la force contre ces Pais, que nous, selon nôtre proposition, les défendrons & maintiendrons de tout nôtre possible, même au prix de nôtre sang & de tous nos biens.

Comme aussi dedommagerons les Etats & les Sujets de toute perte ou préjudice, qu'ils auront soufert dans ces sortes d'occasions, par tout que ce soit.

Que nous remplirons nôtre Cour, la Chancelerie, & tous les autres Offices des gens du Pais, & qui seront qualifiés selon l'usage établi dans chaque Etat.

Que nous conserverons de même les Chapitres, les Cloîtres & autres Colléges à ceux du Païs, & empêcherons, qu'on n'y force, ni inquiete personne dans sa Conscience.

Finalement que nous observerons l'ancienne union de ces Pais, & toute autre chose, qui aprés l'homage fait nous pourroit être tres-humblement remontrée comme utile au bien public de ces Pais. Fait & signé à Duisburg avec l'apposition de nos Sceaux le $\frac{4}{14}$ Juillet l'an 1609.

ANNO 1609.

ANNO 1609.

17. Juin. LA FRANCE, L'ANGLETERRE, ET LES PROVINCES UNIES.

LXXI.

Traité de Garantie de la Tréve du 9. Avril 1609. par les Ambassadeurs de France & d'Angleterre avec les Deputez des Etats Généraux des PROVINCES UNIES, *Fait à la Haye le 17. Juin 1609.* [AITZEMA, Affaires d'Etat & de Guerre, Tom. I. pag. 16. FREDERIC LEONARD, Tom. V.]

COMME ainsi soit que les Rois Tres-Chrêtien & de la grande Bretagne se soient emploiés dés long-temps avec grand soin & affection, pour faire cesser la Guerre des Païs-Bas par une Paix perpetuelle, & pour n'y avoir pû parvenir, aians depuis proposé une Tréve à longues années, dont le succez eût esté aussi peu heureux, si pour ôter toute défiance aux Etats Generaux des Païs-Bas-Unis, leurs Majestés ne leur eussent offert de s'obliger à l'observation d'icelle Tréve, & de leur donner assistance & secours, au cas qu'elle fût enfreinte & violée : même s'ils estoient troublés & empêchés au Commerce des Indes, que les Députés des Archiducs leur accordoient de gré à gré par ladite Tréve, au nom du Roi Catholique, sans neanmoins l'exprimer nommément, ainsi que lesdits Sieurs Etats le demandoient pour leur plus grande seureté, eux faisans à cette occasion refus de l'accepter, si ladite promesse de Garantie, faite de bouche par les Ambassadeurs desdits Sieurs Rois, en presence même des Députés desdits Sieurs Archiducs, ne les y eût induit ; de l'accomplissement de laquelle promesse lesdits Sieurs Rois aians esté priés, requis & sommés, & y voulans satisfaire de bonne foi.

Ce jourd'hui dix-septiéme jour de Juin mil six cens neuf se sont assemblés Messire Pierre Jeannin, Chevalier, Baron de Chagni & Montjeu, Conseiller dudit Sieur Roi Tres-Chrêtien en son Conseil d'Etat, & son Ambassadeur extraordinaire vers lesdits Sieurs Etats, & Messire Elie de la Place, Chevalier, Sieur de Russy, Vicomte de Machaut, aussi Conseiller audit Conseil d'Etat, Gentilhomme ordinaire de la Chambre dudit Sieur Roi, & son Ambassadeur ordinaire residant prés lesdits Sieurs Etats, au nom & comme aiant charge de tres-Haut, tres-Puissant & tres-Excellent Prince Henri IV. par la grace de Dieu Roi de France & de Navarre, Messire Richard Spenser, Chevalier ordinaire de la Chambre privée dudit Sieur Roi de la grande Bretagne, & son Ambassadeur extraordinaire vers lesdits Sieurs Etats, & Messire Rodolphe Winvrood, Chevalier, Ambassadeur ordinaire & Conseiller dudit Sieur Roi au Conseil d'Etat des Provinces-Unies, aussi au nom & comme aiant charge de tres-Haut, tres-Puissant & tres-Excellent Prince Jacques par la grace de Dieu Roi de la grande Bretagne, &c. & les Sieurs Corneille de Gendt Sieur de Loenen & Meyners-Wick, Vicomte & Juge de l'Empire & de la Ville de Nimeguen, Messire Jean d'Oldenbarnevelt, Chevalier, Sieur de Tempel, Rodenriis, Avocat & Garde du grand Seel, Chartres & Registres de Hollande & Westfrise, Messire Jacques de Malderée, Chevalier, Sieur de Heyes, &c. premier President & representant la Noblesse aux Etats & Conseil de la Comté de Zelande, les Sieurs Gerard de Renesse Sieur de la Aa, de Streeskercke, Nieulekerlandt, & Ernestus Avalys, &c. Jean Sloet Sieur de Sallik, Drossart du Païs de Vollenhoe & Châtelain de Cuinder, & Abel Coenders de Helpen, Sieur en Faen & Cantes, au nom des Illustres, Hauts & Puissants Seigneurs les Etats Generaux des Païs-Bas-Unis: lesquels en vertu de leurs pouvoirs, & avec promesse de faire ratifier respectivement le contenu en ces Presentes ausdits Sieurs Rois & Etats dans deux mois prochains, ont consenti & accordé ce qui s'ensuit.

PREMIEREMENT. A sçavoir, que les Traités faits separément avec lesdits Sieurs Etats Generaux par ledit Sieur Roi de France le 23. Janvier 1608. & par ledit Sieur Roi de la grande Bretagne le 26. Juin au même an, pour l'observation de la Paix qu'on prétendoit lors faire, ensemble les conventions, promesses & obligations reciproques y contenuës pour la défense & conservation mutuelle de leurs Roiaumes, Païs, Terres & Seigneuries, seront entretenuës & gardées pour le temps que ladite Tréve doit durer, tout ainsi que si elles estoient repetées & inserées de mot à autre au present Traité.

II. Et auront lieu lesdites obligations & assistances de secours, non seulement en cas d'infraction de la Tréve és limites specifiées par le quatriéme Article du Traité d'icelle Tréve; mais aussi si lesdits Sieurs Etats, ou leurs Sujets, sont troublés & empêchés pendant ledit temps au Commerce des Indes de la part desdits Sieurs Roi Catholique & Archiducs, leurs Officiers & Sujets ; & sera aussi entendu ledit trouble & empêchement, tant s'il est fait aux Sujets desdits Sieurs Etats, qu'à ceux qui ont fait ou feront ledit Commerce avec eux, ou bien si ces Princes & Peuples, qui leur auront donné la permission d'exercer ledit Trafic en leur Païs, étoient en cette occasion molestés eux ou leurs Sujets; pourveu toutefois, que pour obliger lesdits Sieurs Rois à donner ce secours, le jugement desdits empêchemens soit fait par avis commun d'eux & desdits Sieurs. A quoi ils promettent apporter la diligence & sincerité requise, pour faire reparer le dommage aux interessés, & repousser la violence dont on auroit usé contre eux : pourront toutefois lesdits Sieurs Etats, s'il y a de longueur en ladite deliberation, pourvoir a la seureté de leurs affaires & Sujets, comme ils se trouveront convenir.

III. En reconnoissance de laquelle Garantie, & du secours que lesdits Sieurs Etats ont déja reçû desdits Sieurs Rois, ils leur promettent de ne faire aucun Traité, durant icelle Tréve, avec lesdits Sieurs Roi Catholique ou Archiducs, sans leurs avis & consentement : & pareillement lesdits Sieurs Rois de ne faire aucun Traité avec quelque Prince ou Potentat que ce soit, au préjudice de celui-ci & de leur liberté : de la conservation de laquelle & de leur Etat ils auront soin, comme de leurs bons Amis & Alliés. Ainsi fait, accordé, conclu, signé & cacheté par lesdits Sieurs Ambassadeurs Députés à la Haye l'an & jour susdit. *Ainsi signé*, P. JEANNIN, ELIE DE LA PLACE RUSSY, R. SPENSER, RUDOLPHE WINWOOD, CORNELIS VAN GENDT, JEAN VAN OLDENBARNEVELT, DE MALDRE'E, J. RENESSE, ERNESTUS AYLUA, JEAN SLOET, & COENDERS. *Et cacheté des armes tant desdits Sieurs Ambassadeurs de France & d'Angleterre, que des Deputez desdits Sieurs Etats.*

ANNO 1609.

LXXII.

22. Juin. FRANCE ET LES PROVINCES UNIES.

Traité entre HENRI IV. *Roi de France & les Etats Généraux des* PROVINCES-UNIES, *pour le payement des gens de Guerre François, fait à la Haye le 22. Juin 1609.* [FREDERIC LEONARD, Tom. V.]

LES Sieurs Jeannin & de Russy, Ambassadeurs pour le Roi Tres-Chrêtien prés Messieurs les Etats Generaux des Provinces-Unies des Païs-Bas, ont ce jourd'hui 22. Juin 1609. traité de la part de Sa Majesté avec les Sieurs Députés Conseillers de Messieurs les Etats de Hollande & Westfrise, au nom de Messieurs les Etats Generaux susdits, ce qui s'ensuit.

PREMIEREMENT. Que Sadite Majesté fera mettre par son Ambassadeur residant prés lesdits Sieurs Etats, chacun an, deux ans durant, à commencer au premier jour du mois de Mai dernier, és mains de celui qui sera commis & ordonné par ladite Province de Hollande, la somme de six cens mille livres en deux termes par moitié & égale portion : sur le premier desquels la somme de cent mille livres a été paiée, & les deux cens mille livres restant dudit premier paiement, le seront dans le prémier jour du mois d'Aoust prochain. Et pour le regard des termes suivans, seront toûjours avancés au commencement de chacune demie année; par ainsi le second terme de la premiére année écherra au premier de Novembre, & les deux termes de la seconde année aux premiers jours de Mai & de Novembre en l'année 1610.

II. Moiennant laquelle somme de six cens mille livres, paiable au terme susdit, lesdits Sieurs Etats promettent au nom de la Province de Hollande faire paier & entretenir les deux Regimens de gens de pied François, qui sont sous la charge des Sieurs Colonels de Chatillon & de Bethune, composés les deux ensemble de trente huit Enseignes, dont celles desdits Sieurs Colonel sont de deux cens hommes, & les autres de cent, fors celles desdits Lieutenans Colonels, qui en ont chacune vingt-cinq de plus, & celle du Sieur de la Force qui en a aussi cinquante outre les cent, faisant

ANNO 1609.

sant lesdits gens de Guerre, compris esdits deux Regimens le nombre de quatre mille cent hommes.

III. Seront pareillement paiées & entretenuës les Compagnies de Chevaux legers des Sieurs de Villebon & du Meys, qui sont de soixante & dix Chevaux chacune, & lesdits paiemens faits à même raison & solde qu'ils ont été paiés jusqu'à present, fors que sera par avance, & sans attendre la fin du mois.

IV. Outre les Commissaires qui sont emploiés de la part desdits Sieurs Etats pour faire les montres desdites Compagnies, tant de pied que de cheval, il y aura aussi un Commissaire de la part de Sa Majesté, à mêmes gages & droits que ceux desdits Sieurs Etats, lequel sera tenu mettre les rôles desdites montres signés & duëment expediés és mains de son Ambassadeur, pour les lui envoyer; afin qu'elle puisse être assurée que le nombre y soit toûjours complet.

V. Les frais pour faire venir les deniers seront aussi pris sur cette somme de six cens mille livres, outre lesquels frais & paiemens susdits Sa Majesté s'est reservée d'y prendre vingt cinq mille livres chacun an, pour gratifier ceux qui ont charge desdits Regimens, selon l'état qu'elle en fera dresser & envoïer à son Ambassadeur, pour leur être distribuée de quartier en quartier, dont le premier écherra à la fin du mois de Juillet prochain: voulant qu'il soit usé de cette gratification envers eux, afin qu'avec cette commodité & avantage, ils puissent mieux appointer & retenir leurs Officiers & bons Soldats, & que lesdits Sieurs Etats en soient aussi par ce moien mieux servis & assistés.

VI. Si Sa Majesté a besoin pour le secours de son Royaume de retirer dans les deux ans les forces susdites, tant de gens de pied que de cheval, elle le pourra faire, & seront tenus lesdits Sieurs Etats de les lui renvoier incontinent & à leurs frais, jusques à Calais ou à Dieppe, à son choix.

VII. Sera la Ratification du present Traité envoiée par Sa Majesté dans un mois, & par lesdits Sieurs les Etats dans le même temps. Fait à la Haye les an & jour susdits, & signé par lesdits Sieurs Ambassadeurs, & Députés desdits Etats de Hollande.

LXXIII.

25. Juin. **Union der Evangelischen dreyen Ständen im Königreich Böheim, mit den Herren, Fürsten und Ständen in Ober- und Nider-Schlesien zur Religions-Defension geschlossen aufm Prager Schloß den 25. Junii 1609.** [LONDORPII Acta Publica Parte I. pag. 466. d'où l'on a tiré cette Pièce, qui se trouve aussi dans. LUNIGS, Teutsches Reichs-Archiv. Part. Spec. Abtheil I. pag. 62.]

C'est-à-dire,

Traité d'Union entre les trois ETATS EVANGELIQUES *du Royaume de* BOHEME *& les* ETATS *de la Haute & Basse* SILESIE *pour la Défense de leur Religion, conclu le 25. Juin 1609.*

IM Nahmen der heiligen unzertheilten Dreyfaltigkeit/ Gottes deß Vatters/ Sohns und heiligen Geistes: Haben heute dato, mit zuvor beschehener/ ernster und demüthtiger Anruffung Gottes/ und Beystand deß heiligen Geistes/ durch Christum seinen eingebornen Sohn/ und ewigen Mitler zwischen Gott und uns Menschen/Die löblichen Evangelischen drey Stände der Cron Böheimb/ mit den Herrn/Fürsten und den Ständen/ in Ober- und Nider-Schlesien Augspurgischer Confession, nachfolgendes Christliches/ und allein zu Beförderung Gottes Ehre/Fortpflantzung und Beschützung reiner ungefälschter Religion/ ja zu Erhaltung aller unser und der gantzen Posterität Seelen-Heyl und Seeligkeit/ gemeines Religions-Defension-Werck angerichtet/ geschlossen/ und unaufflößlichen/ nun und zu ewigen Zeiten/ sich mit einander verbunden/ allenthalben wie folget.

Demnach das Land Schlesien/ seiter es mit der Cron Böheimb anfangs incorporirt worden/biß zu dato allezeit standhafftig und treu bey deroselben verblieben/ auch jederzeit zu Beschützung der Cron/ und hiergegen wider die Cron Böheimb gegen dem Land Schlesien sich also erwiesen/ daß nicht zu zweiffeln/ es werde dieselbe Union/ und Incorporation, vielmehr das dannenhero geflossene sondere grosse Vertrauen/ Freund- und Nachbarschafft/ gute verträuliche Correspondentz/ Liebe/ Einigkeit/ auch forter also zwischen beyden Landen continuirt, erhalten/ vermehret/ auff die Posterität gepflantzet/ und also ein indissolubile vinculum suhrohin und zu ewigen Zeiten/ seyn und verbleiben/ wie dan beyderseits Gott den Allmächtigen hierumb täglich zu bitten/ mehr dann gnugsame Ursache haben/ auch nicht unterlassen wollen noch sollen.

Und aber doch beyde Lande/ so wol die Cron Böheimb/ als auch das Land Schlesien/ nun eine zimbliche Zeit hero/ mit sonder grossen Beschwer und fast eusserster Gedult erfahren/ und ertragen müssen/ die heimliche und offentliche angestelte Practiken/ so von Gottes und seines heiligen Worts Feinden/ nemblich von der unruhigen Geistlichkeit/ und etlichen politischen hochschädlichen Räthen/ als zum Unfrieden und Zustöhrung alles Wolstandes in den Ländern dienenden Instrumentis und Werckzeugen/ durch welche nicht allein die wahre Christliche rechte Religion verdruckt/ ja da es in ihrer/ und nicht vielmehr in Gottes Macht allein gestanden/ gantz und gar were vertilget und außgerottet worden/ ob gleich Land und Leute darüber zu Grund und Boden gehen/ und biß auff den eussersten Grad verderbet werden sollen: Auch noch/ und biß auff gegenwertige Stunde/ man spühret und sihet/ daß solche Gottes und seines Worts Feind nicht auffhören: sondern je länger je mehr/ wie in dieser Cron Böheim/ also auch in dem Land Schlesien/ unauffhörlichen practicken und Persecutiones anzustifften/ eusserst sich bemühen.

Und ob zwar die beyden Länder gar nicht zweifseln/ daß wie bißhero/ also noch künfftig/ der Allmächtige Gott die wahre Religion selbst schützen/ verthäydigen/ und alle Practiken und Practicanten endlich schamroth und zu schanden machen werde.

Jedoch handelt Gott allhie auff Erden mit den Menschen durch Mittel/ die in allwege in acht genommen/ und neben inbrünstigem Gebäte und Seufftzen zu Gott/ gebraucht werden müssen.

Als haben diesem allem nach/ offt und wol ermelte die drey Evangelische Stände der Cron Böheimb mit den Herrn/Fürsten und Ständen in Schlesien/ Augspurgischer Confession, einer Religions-Defension, wie ob vermeldet/ sich verglichen und vereiniget. Vergleichen und vereinigen sich hiemit an Eydes statt/ für sich und die liebe Posterität/ in und zu ewigen Zeiten/ im Nahmen deß Allmächtigen Gottes/ ohne dessen Beystand wir nichts thun können noch mögen/ also daß Anfangs sie die Röm. Keyserl. auch zu Hungarn/ Böheimb/ Königl. Majest/ ꝛc. Ihren allergnädigsten Keyser/ König und Herrn/ als von Gott vorgesetzte höchste Obrigkeit/ derselben Königliche Person außgezogen/ dero gestalt/ daß wider dieselbe/ mit dieser Religions-Defension, im allerwenigsten nichts unverantwort- und thätliches vorgenommen werden solle. Wo aber ausser höchstgedachter Ihrer Keyserlichen Majestät Person sonsten jemands/ was Würden oder Herkommens/ geistliches oder weltliches Standes er sey/ niemand außgeschlossen/ von dem höchsten biß auf den niedrigsten/ sich entweder in Ihrer Keyserlichen Majestät Namen/ oder für sich/ oder in was Namen es immer beschehen könte oder möchte/

unterste-

ANNO 1609.

Anno 1609.

unterstehen wolte / die Herren Evangelischen drey Ständ der Cron Böheimb / oder die Herrn Fürsten und Ständ in Schlesien / Augspurgischer Confession, oder allerseits Unterthanen und Glaubensgenossen / nemblich sie seynd unter geist-oder weltlichen / Catholischen oder Evangelischen gesessen / in ihrer Christlichen Religion / Kirchen / Schulen / Consistorien zu turbiren / oder auß einiger Prætension, so vor diesem die Catholische zu Stifftern / Klöstern / Kirchen / Schulen / Consistorien, Renten / Einkommen / gehabt haben möchten / und die anjetzo / bey den Evangelischen in beyden obgedachten Ländern stehen / und im Brauch erhalten werden / sie die Evangelische anfassen wolten / sie für einen Mann stehen / beysammen standhafftig und fest halten / und alles das eusserste / als Leib / Gut und Blut / biß auff den letzten Blutstropffen / zu Beschützung der Evangelischen Lehre / Kirchen / Schulen / Consistorien, und was diesem allem anhängig / bey einander zusetzen / und dieses auch für ihre beste Assecuration halten und haben wollen.

Und diesem nach erklären und verwilligen in specie, sich die Herrn Evangelische drey Ständ / der Cron Böheim / gegen den Herrn Fürsten und Ständen in Schlesien Augspurgischer Confession, daß wann sie oder ihre Unterthane oder Glaubensgenossen / so nemblich unter Geistlichen oder Weltlichen gesessen / wie obgedacht / in ihrer Christlichen Religion / Kirchen / Schulen / Consistorien, und was dem allem anhängig / turbiret / bedränget / oder angetastet werden wolten / es geschehe auch unter was Prætext oder Schein es immer wolle / mit Rebellion oder ander gestalt / wie solches Gottes und seines Worts Feinde listig erdencken / und zuthun wol zu wissen pflegen / und es je immer seyn möchte / sie die Herrn Evangelischen drey Ständen der Cron Böheimb auff die erste Erforderung / innerhalb eines Monats / mit tausend geworbenen Kriegsvolcks zu Rosse / und zwey tausent geworbener Knechte / auff Ihre der Herren Böheimischen Stände selbst eigene Unkosten und Verlag: auff die andere Erforderung aber wieder innerhalb eines Monats / ingleichem wie zuvorn / mit ein tausent geworbener Pferde / und zwey tausent zu Fuß / auch auff ihrer der Herrn Evangelischen Böheimischen drey Stände Unkosten und Verlag / und dann auff den eussersten Nothfall / mit aller ihrer höchsten Macht also / wie sie zuforderst / ihren König / sich selbst / ihr Weib und Kind / und das gantze Vaterland zubeschützen vermeynen / auffs schleunigste zuspringen und zu Hülffe kommen wollen.

Welche Hülffen auch die Herren / Fürsten und Stände in Schlesien / zu sonderem angenehmen Gefallen / und grossen Danck auff-und angenommen / und sich hingegen wiederumb gegen ihnen den löblichen Herren Evangelischen drey Ständen der Kron Böhmen / dahin verwilliget und obligirt, daß sie gleichfalls / wann die löblichen Herrn Evangelische Stände / so ihre Unterthanen und Glaubens genossen / nemblich sie sind unter Geistlichen oder Weltlichen gesessen / jemand / als wie oben vermeldet / in ihrer Christlichen Religion / Kirchen / Schulen / Consistorien, oder allem was dem freyen Exercitio Religionis anhanget / betrüben / beängstigen und turbiren wolte / es beschehe solches quocunque colore, daß sie auff die erste Ermahnung innerhalb einem Monat / mit 1000. geworbenen Kriegsvolcks zu Roß / und 2000. geworbenen Fußvolcks / auff Ihre der Herrn Fürsten und Stände in Schlesien Unkosten und Darlage: Auff die andere Ermahnung ebenermassen / wie auff die Erste / in gleicher Frist / Anzahl und Verlag. Auff die eusserste Noth und dritte Erforderung zum schleunigsten mit aller ihrer höchsten Macht / wie sie ihren König und obersten Hertzog in Schlesien / sich selbsten / ihr Weib und Kind / ja das allgemeine Vaterland zubeschützen und zu handhaben gemeynet / ihnen zuspringen und Hülffe leisten wollen. Jedoch soll diese Defension bloß und allein auff die Religion / wie obvermeldet / gemeynet / und ausser deren in allen andern den dreyen Evangelischen Ständen der Cron Böhmen / so wol den Herrn Fürsten und Ständen in Schlesien / unnachtheilig und verfänglich seyn. Und weiln dieses zu Beförderung Gottes Ehre / Beschützung und Assecuration ihrer Christlichen Religion / keines weges aber wider Ihr Keys. und Königlichen Majestät Person / noch zur Offension der Catholischen Stände beyder Lande: sondern zu Erhaltung Fried / Lieb und Einigkeit / unter beyden Religions-Verwandten / ja zu Ihrer Keys. Majest. sebst eigenen Dignität / Hochheit und allem auffnemblichen Wolstand / wie auch der Länder selbst / Defendirung / auff vorgehende Offension, einig und allein gerichtet und gemeynet ist. So seynd beyde Theil der unterthänigsten Hoffnung und Zuversicht / Ihr Keys. Maj. solches ungnädigst nicht empfinden: sondern vielmehr die Länder selbst / wie bey ihren Freyheiten und Privilegien / also auch bey ihrer Christlichen Religion allergnädigst schützen und handhaben werden.

Und dieses haben die löblichen Herrn Evangelischen Ständ / durch ihre Vollmächtige und hinc inde durch Eydespflicht einander verbundene Directores, die Wolgeborne / Edle / Gestrenge / auch Ehrenveste und Wolweise:

Hans Georg Herr von Schwainbergk / und auff Wortigk / Römischer Keys. Maj. Rath und Oberster Hofflehen-Richter deß Königreichs Böhmen.

Hans Sezyma von Sezyma Austi / Herr auff Ausse / Röm. Keys. Maj. Rath und Erb-Fürschneider deß Königreichs Böhmen.

Theobald Herr von Ryzmberg und Schwichau / auff Horatzdiowitz / Röm. Keys. Maj. Rath und Fürschneider.

Carl Herr von Wartenbergk / auff Rossitz und Skala / Röm. Keys. Maj. Rath.

Hanß Lidtwin Herr von Rzizan und auff Horzowitz / Röm. Keys. Maj. Rath.

Wilhelm der Elter Herr von Lobkowitz / Herr auff Bischoff Teinitz / Tschetzowitz und Mukaw / Röm. Keys. Maj. Mundschenck.

Joachim Andres Schlick / Graf zu Passaun und Weißkirchen / Herr auff Swiganech.

Wentzel Welhelm Herr von Ruppa auff Truowan und Zitenitz.

Wentzel Budowetz von Budowa / auf Minchengratz an der Iser / Kotznowitz und Sassaka / Röm. Keys. Maj. Rath.

Auß dem Herren Stand.

Georg Gersdorff von Gersdorff auff Choltitz und Schweischütz / Röm. Keys. Maj. Rath.

Matthias der Elter Stampach von Stampach / auff Scewetsch / Kornhauß und Prerubenitz / Röm. Keys. Maj. Rath.

Niclas Berkowsky von Schebirzowa auff Koschetitz / Röm. Keys. Maj. Rath.

Christoff von Vitztum / auff neuen Schumburgk und Klösterle.

Bernhard der älteste Hodiejowsky von Hodiejowa / und auff Rzepitz.

Georg Wanschura von Rzchnitz und auff Studentz.

Georg Hohmuth und Harasaw / auff Radonin und Chaustnick.

Bohußlaw von Michalowitz / auff Seestädle / und Neudorff / Vice-Landschreiber deß Königreichs Böhmen.

Heinrich

ANNO 1609.

Heinrich Otta von Loß auff Komarow.

Wentzel der älteste Wratißlaw von Mitrowitz/ auff Litiß:

Auß dem Ritter Stand.

Adam Leonhard von Newenberg/ auff Wilkaw/ Röm. Keys. Maj. Diener.

Wentzel Magrle von Sobischk / Röm. Keys. Maj. Diener.

Martinus Fruewein von Bodosi.

Simeon Humburgk/ von Humburg.

Natanael Wodniankky von Uratschaw / Röm. Keys. Maj. Diener.

Gilgi Berger von Czastolowitz.

Valentinus Kochan von Proaaw.

Christoff Kober von Kobersberg.

Daniel Koralck Tieschin.

Adam Woprcha von Uratzaw.: Auß dem dritten Stand. Von wegen und im Namen aller dreyer Evangelischen Stände.

Wegen der Herrn Fürsten und Stände in Schlesien aber die Wolgeborne/ Edle/ Gestrenge/ Ehrnveste/ Hochgelährte/ Wolweise:

Weigkhard von Promnitz/Freyherr zu Pleß/ auff Soraw/ Triebel / Hoierswerda / Falckenbergk und Kuya.

Hanß Georg von Zedlitz/ auff Stroppen.

Sigmund von Burghauß/ auff Stoltz.

Andreas Geißler/ beyder Rechten Doctor/ Fürstlicher Liegnitzischer Brigischer Rath / und der Herren Fürsten und Stände in Ober- und Nider-Schlesien Lands-Besteller.

Wentzel Otter / deß Raths zu Schweidnitz.

Als verordnete und hierzu insonderheit gevollmächtigte Abgesandte:

Acceptirt, beliebet / angenommen / auch in allen Clausulen/ Puncten und Articuln / steiff / feste / und unverbrüchlichen / für sich und ihre Herrn Principalen/ und die gantze Posterität / nun und zu ewigen Zeiten / zuhalten / an Eydes statt versprochen und zugesagt / alles treulich ohne Gefahr. Welches geschehen auffm Prager Schloß/ bey allgemeiner Landtags-Versamblung / den 25. Junii / Anno 1609. Zu Urkund haben alle Theil für sich und ihre Herrn Principalen / ob angezogener masse / solche Religions Defension mit ihren Pittschafften besiegelt / und mit eigenen Handen unterschrieben.

LXXIV.

27. Juin. ORANGE.

Partage fait entre les Princes d'Orange MAURICE & HENRI *de Nassau Freres, des biens délaissés par la mort du feu Prince d'Orange leur Pere. Fait à la Haye, le 27. Juin, 1609.* [Negociations du Président JEANNIN, Tom. IV. pag. 173.]

COMME ainsi soit, que Háuts & Puissants Princes Messire Philippes Guillaume par la Grace de Dieu Prince d'Orange Comte de Nassau, & de Buren, &c. Messire Maurice Comte de Nassau, Marquis de Verre, Flessingue, & Messire Henry Comte de Nassau & de Catzenellenboge Freres, ayent desiré dés long-temps de faire partage entr'eux par voye amiable, des biens delaissez par le deceds de feu Monsieur le Prince d'Orange de loüable memoire leur Pere: Ce que toutefois ils n'ont peu jusques à present, à cause de plusieurs difficultez qui s'y sont rencontrées, lesquelles ont tenu en grande contention & diversité d'opinions leurs Conseils, & aucuns de leurs Parens & Amis qui se sont entremis à leur priere pour les accorder; pretendant ledit Sieur Prince d'Orange le bien entier de la succession luy apartenir, en vertu du Fideïcomis contenu au Testament de feu Messire René de Nassau, dit de Chalon, fait par luy à Charlemont en l'án 1544. du moins avoir sur iceluy bien de grands preciputs, & avantages,

tant à cause du droit d'ainesse, que par la Coustume des lieux où les biens sont assis, & le Traité de Mariage de Dame Anne de Guemont sa Mere: A quoy les deux Freres contredisoient ensemblement, soustenant ledit Fideïcomis estre esteint en la personne dudit feu Sieur Prince d'Orange, & qu'il estoit raisonnable de s'arrester au Testament d'iceluy Sieur leur Pere parfait quant à la volonté, quoy qu'il y eust quelques defauts en la solemnité: qu'à tout autre droit, & en particulier ledit Prince Maurice qu'il se vouloit arrester au Traité de Mariage de Dame Anne de Saxe sa Mere, suivant lequel il devoit prendre sur tous les biens de ladite succession de soixante à septante mille livres de rente & revenu annuel en Terres & Seigneuries, entre lesquelles le Comté de Vianden estoit nommé & compris; avec promesse de le faire eriger en Marquisat; & outre ce repeter la Dot de ladite Dame sa Mere. Toutes lesquelles pretentions qui les eust voulu faire juger contentieusement, & par la voye de Justice, eussent tenu en proces lesdits Sieurs Freres par un bien longtemps, & pouvoient estre cause de mettre de l'inimitié entr'eux, au lieu qu'ils ont toujours esté desireux de vivre en une fraternelle, vraye & sincere amitié, pour rendre par ce moyen toutes sortes de devoirs les uns aux autres, & mieux conserver l'honneur, grandeur, & dignité de leur Maison. Or est-il, qu'aprés s'estre assemblez à diverses fois avec Messire Guillaume Loüis Comte de Nassau leur Beau-frere & Cousin germain, Messire Walraven Seigneur de Brederode, *Viannen*, &c. Messire Jean d'Oldenbarnevelt Chevalier Sieur de Tempel, &c. qu'ils avoient choisi pour amiables compositeurs, & avoir aussi deliberé meurement de cét affaire avec leurs Conseils, ausquels ils ont fait voir lesdits Testaments & Traitez de Mariages, ensemble les titres & enseignemens necessaires pour connoître la valeur, revenu, & charges qui sont sur les biens de ladite succession. Enfin cejourd'huy vingt-septiéme jour du mois de Juin 1609. lesdits Sieurs Princes d'Orange, Prince Maurice, & Prince Henry, establis, en leurs personnes par l'advis desdits Sieurs cydessus nommez, & avec l'intention de Messire Pierre Jeannin, Chevalier, Conseiller du Roy Tres-Chrestien en son Conseil d'Estat, Messire Elie de la Place aussi Chevalier & Conseiller audit Conseil, Ambassadeurs dudit Sieur Roy Tres-Chrestien prés de Messieurs les Estats, Messire Richard Spencer, Chevalier, Gentilhomme ordinaire de la Chambre privée du Roy de la Grande Bretagne, & Messire Rodolphe Winnood, Chevalier, Ambassadeurs aussi dudit Sieur Roy de la grande Bretagne: lesquels, à la priere desdits Sieurs Princes, se sont tres volontiers employez pour aider à ce bon œuvre, ont traité, accordé, & transigé de tous les differends qui pouvoient survenir entr'eux, à cause desdits partages ainsi que s'ensuit.

A sçavoir, que ledit Sieur Prince d'Orange aura pour son partage, & tout le droit qu'il peut prendre desdits biens, à quelque titre que ce soit, la Principauté d'Orange, les quatre Baronnies, Terres & Seigneuries sises en Dauphiné, avec les noms, droits & actions qui en dépendent; comme aussi tous les droits & actions qui apartiennent à leur Maison dans le Royaume de France contre qui que ce soit: Toutes les Terres & Seigneuries qui sont situées au Comté de Bourgogne y compris aussi les Salines, l'action pour le recouvrement de la Seigneurie de Chastelbelin, & autres Terres qui en dépendent, & generalement tout ce qui pouvoit apartenir audit Comté de Bourgogne à feu Messire René de Chaalon; Le Vicomté de Besançon, les Baronnies & Seigneuries de Breda, Stienbergue, Grinibergue, Diest, Sichem, le Vicomté d'Anvers, les Seigneuries d'Herstal, Ruthen, Seelhem, & Warnesten, & generalement tous les biens scis au Duché de Brabant & Comté de Flandres avec les noms & actions qui en dépendent. Joüira encore ledit Sieur Prince d'Orange par forme d'usufruict, sa vie naturelle durant, du Comté de Vianden, Seigneuries de St. Vith, Burgenbach, Daesborg, & de tous les autres biens situez au païs de Luxembourg, ensemble de tous droits, preminences, authoritez, & revenus qui en dépendent, sans que ledit Sieur Prince Maurice, au partage duquel la proprieté d'icelui Comté, Terres & Seigueuries doit escheoir, comme il sera dit cy-aprés, s'y puisse aucunement entremettre ny y pretendre aucune chose du vivant dudit Sieur Prince d'Orange, sinon ladite proprieté nuë & simple, pour la conservation de laquelle il pourra neantmoins faire ce qu'il jugera estre requis par droit & coustume. Sera tenu ledit Sieur Prince d'Orange à cause dudit usufruict de payer les

arrerages

ANNO 1609. arrerages, qui sont escheus & escherront pendant le temps de sa joüissance, des rentes constituées, & specialement assignées sur ledit Comté, Terres, & Seigneuries : prendra encore sa part pour un tiers, à la somme promise & accordée par les Archiducs à Messieurs des Estats, au profit des trois Freres, le mesme jour que la Tréve fut concluë & arrestée, sur lequel partage sera aussi tenu de contenter Madame la Comtesse de Hoello sa Sœur aisnée.

Et quant audit Sieur Prince Maurice, il aura pour son partage, & à cause des droits par lui pretendus, les Terres & Seigneuries qui ensuivent, avec les biens, noms, & actions qui en dépendent; a sçavoir le Marquisat de la Verre, & Flessingue, ensemble les Seigneuries de Dumburch, avec les autres biens situez en l'Isle de Walchren, selon qu'il en joüit de present: La Seigneurie de Nieovaert, la Seigneurie & Ville de Grave avec le païs de Cuyth, la Seigneurie de la Lecque & Pelavan, ensemble la proprieté du Comté de Vianden, & autres Terres & Seigneuries sizes au païs de Luxembourg, dont l'usufruit a été cy-devant compris au partage dudit Sieur Prince d'Orange : aprés le deceds duquel ledit usufruict sera reüny & consolidé à la proprieté, au profit dudit Sieur Prince Maurice, s'il est lors vivant, sinon de ses Heritiers, ou qui auront droit & cause de lui. Demeurera encore au partage dudit Sieur Prince Maurice, l'action entiere, & pour le tout, du Païs, Baronnie, & Seigneurie de Linguen Cloppenbroch, & autres apartenances qui en dépendent, comme aussi le tiers de ce qui doit provenir du Traité fait par Messieurs les Estats avec les Archiducs en faveur desdits Sieurs Freres: moyennant quoy sera à la charge de contenter Madame la Princesse de Portugal de la rente de deux mille florins chacun an, racheptable au denier vingt à elle delaissée par la derniere disposition du feu Sieur Prince d'Orange; comme aussi de payer à Monsieur le Comte Guillaume pareille rente de deux mille florins pendant sa vie, à cause de feuë Dame Anne de Nassau sa femme, & à ce moyen la succession de ladite Dame demeurera, & apartiendra pour le tout audit Sieur Prince Maurice, & à ladite Dame Princesse de Portugal sa Sœur.

Et ledit Sieur Prince Henri troisiéme Fils aura pareillement pour son partage, les biens, Terres, & Seigneuries qui en suivent, avec les noms, droits, & actions qui en dépendent, la Seigneurie & Ville de Gertrudembergue, la Maison & Moulins qui sont tant au dedans que hors icelle Ville; la Seigneurie de la haute & basse Zualierre, celle du Drumeiclem, & Waspreh, la Seigneurie de Stauthase, Almonde, Debelmonde, Twintrich Hoenen, avec les Pescheries qui sont prés de Saint Gertrudembergue, pour joüir cy-aprés desdites Terres & Seigneuries, à la charge du Doüaire de Madame la Princesse d'Orange sa mere, & sans qu'il puisse rien pretendre des fruits perceus du passé. Aura encore ledit Sieur Prince Henry un tiers en la somme accordée par les Archiducs, dont mention a esté faite cy-dessus.

Joüiront lesdits Sieurs Freres des droits, biens, Terres, & Seigneuries escheuës à leur partage, comme de leur propre, & en pourront disposer & ordonner en toute liberté ainsi que bon leur semblera;& s'ils avoient quelques actions l'un à l'encontre de l'autre, tant pour les biens paternels que maternels, pour quelque autre cause que ce soit, elles demeurent confuses & esteintes, moyennant le present partage.

S'il advient aussi que ledit Sieur Prince d'Orange par les actions qu'il a intentées, ou pourroit intenter cy-aprés, fasse declarer en Justice quelques engagemens, ventes ou autres alienations faites par le feu Sieur Prince d'Orange leur Pere nulles, comme le profit en doit demeurer à luy seul, aussi est-il convenu & accordé, si les acquereurs qui auront esté evincez des choses par eux acquises, pretendoient avoir recours contre lesdits Sieurs Princes Maurice, & Henry, que ledit Sieur Prince d'Orange leur Frere sera tenu d'entrer en cause pour eux, & les en aquiter & desdommager.

Encore que par la nature du partage qu'ils font à present, ils soient respectivement tenus de garantir l'un à l'autre ce qui est écheu à leurs partages; ils ont neantmoins accordé, afin qu'ils n'entrent cy-aprés en nouvelles disputes & procez, qui pourroient estre cause d'interrompre & troubler leur amitié; Que chacun joüira de son partage à ses perils & fortunes, & supportera seul les charges reelles qui sont dessus, comme aussi les rentes constituées à prix d'argent assignées specialement sur les biens advenus à son partage, encore que ladite assignation speciale n'ait esté faite par œuvre de Loy; mais par la seule declaration dudit feu Sieur Prince d'Orange faite par contract ou bien de son Ordonnance, ou de celle de son Conseil, pourveu qu'en vertu desdites Ordonnances les payemens ayent esté faits & continuez au moins cinq années avant ou aprés son deceds. Et pource qu'il y a des hypotecques speciales d'une mesme rente sur diverses Terres & Seigneuries qui peuvent estre escheuës au partage de deux d'iceux, ou des trois ensemble, l'acquitement d'icelles rentes, tant en principal qu'arrerages, sera pris sur la Terre du revenu de laquelle les arrerages ont esté payez du passé : & si aucuns payemens n'en avoient esté faits, ils seront tenus suporter ensemblement, & par égale portion ladite charge, & à la garantie l'un de l'autre pour ce regard, encore que les Terres sujettes ausdites assignations ne fussent de mesme valeur. ANNO 1609.

Et quant aux creanciers ou autres qui peuvent pretendre droit sur les biens de ladite succession par actions personnelles, ou en vertu d'hypotecques generales qui n'ont aucune assignation speciale, ny payement fait en la forme contenuë cy-dessus, encore que les trois Freres y soient obligez chacun pour un tiers; neantmoins lesdits Sieurs Freres Princes d'Orange & Maurice consentent, pour gratifier & descharger d'autant ledit Sieur Prince Henry Frere, de le prendre à leur charge, & acquiter par moitié jusques à la somme de cent cinquante mille florins, si tant lesdites debtes & actions peuvent monter; mais s'ils excedent ladite somme, ce qui sera de plus sera suporté par eux trois ensemble chacun pour un tiers: N'entendent toutesfois lesdits trois Freres s'obliger, par ce que dessus, au payement des debtes contractées pour le fait de la Guerre; mais suplient ensemblement Messieurs des Estats de les vouloir prendre à leur charge.

Les titres & enseignemens concernans les biens advenus au partage de chacun d'eux seront delivrez de bonne foy: Et quant aux titres communs, & qui peuvent servir à l'un & à l'autre, ils demeureront és mains dudit Sieur Prince d'Orange pour en faire la garde, & communiquer les Originaux quand il en sera prié & requis, & de permettre qu'extraits soient faits pour s'en servir au besoin.

Pour le regard des Dames Princesses leurs Sœurs, elles sont priées de se vouloir contenter; asçavoir, Madame la Princesse de Portugal de la rente de trois mille cinq cens florins racheptable au denier vingt, qu'il a pleu à Messieurs les Estats luy accorder, à la charge desdits Sieurs Freres, & les Dames Princesses issues de Madame Charlotte de Bourbon, de la rente de six mille florins chacun an, aussi racheptable au denier vingt, que lesdits Sieurs Estats ont consenty leur donner pour mesme consideration, en y joignant les Terres qui sont au Duché de Bourgogne, lesquelles on delaisse à icelles Dames sorties du Mariage de ladite Dame Charlotte de Bourbon; Estimans lesdits Sieurs Freres, qu'à cause des grandes charges, rentes, & debtes qui sont sur la Succession, & leurs partages, les choses susdites devoir suffire pour les droits qu'elles y pourroient pretendre. Et à cette occasion s'il advient cy-aprés qu'elles poursuivent pour obtenir plus grand partage, les trois Freres seront tenus de prendre la defence contre elles, & par ainsi l'evenement du procez demeurera en commun sur eux.

Prometent lesdits Sieurs Freres sur leur foy & honneur de garder & observer inviolablement le contenu au present Traité, sans jamais aller au contraire, & s'entremettre en quelque sorte que ce soit, au bien & partage l'un de l'autre, ny s'attribuer aucune authorité sur les droits & preéminences qui en dépendent : à l'effet dequoy, & pour l'accomplissement de tout ce que dessus, ils obligent respectivement tous & uns chacuns leurs biens. Ainsi fait, conclu & arresté, à la Haye les an & jour que dessus, & en presence des Seigneurs y mentionnez, fors ledit Sieur de Brederode qui n'y estoit present; & ont lesdits Sieurs Freres, en tesmoin de verité signé les presentes de leurs mains, ce qu'ont fait aussi lesdits autres Seigneurs à leur requisition, & en outre lesdits Sieurs Freres y ont fait aposer le seel de leurs armes. *Ainsi signé*, P. JEANNIN, ELIE DE LA PLACE-RUSSY, RI. SPENCER, RODOLPHE WINNOD, PHILIPPES G. DE NASSAU, MAURICE DE NASSAU, HENRI DE NASSAU, GUILLAUME LOUÏS *Comte de* NASSAU, & JEAN VAN OLDENBARNEVELT.

Revers

ANNO 1609.

Revers de PHILIPPES GUILLAUME & de HENRI.

NOus Philippes Guillaume de Nassau Prince d'Orange, & Henry Comte de Nassau Freres, reconnoissons de bonne foy Monsieur le Prince Maurice, nôtre Frere, n'avoir consenty au partage fait ce mesme jour entre nous, des biens delaissez par feu Monsieur le Prince d'Orange nôtre Pere, si non sous l'assurance qui luy a esté donnée, que moyennant ledit partage il sera gratifié par Messieurs les Estats de vingt-cinq mille livres de rente & revenu annuel pour luy, ses Hoirs, & ayans cause, rachetable au denier vingt. Au moyen dequoy, consentons que ledit partage demeure nul, & comme non avenu, & que chacun de nous soit remis au mesme droit qu'il estoit avant iceluy partage, au cas que ledit Sieur Prince Maurice ne reçoive d'eux cette gratification & bien-fait, dans la fin du mois d'Octobre prochain; mais où il la recevroit en la forme susdite, ledit partage tiendra & sera effectué d'une part & d'autre sans jamais y contrevenir, & le present Escrit rendu, rompu, & tenu pour nul. Fait à la Haye le vingt-septiéme jour de Juin 1609. *Signé* PHILIPES G. DE NASSAU, & HENRY DE NASSAU.

LXXV.

28. Juin. PROVINCES UNIES. ET BRABANT.

Déclaration & Certificat des Sieurs JEANNIN *& de* RUSSY, *sur l'Interprétation de* (1) *la Promesse par eux baillée aux Députez des Archiducs en la Ville d'Anvers, au sujet de la Religion dans les lieux du* BRABANT *tenus par les Etats des* PROVINCES UNIES. *Fait à la Haye, le 28. Juin.* 1609. [Negociations du Président JEANNIN, Tom. IV. pag. 181.]

NOus soussignez Ambassadeurs du Roy Tres-Chrêtien, prés de Messieurs les Estats, declarons & certifions, que par la promesse donnée par nous à leurs Altesses, au nom de nostre Roy, qu'il ne seroit rien innové de la part desdits Sieurs les Etats en la Religion Catholique, és Bourgs, Villages, & plat Païs, qui dépendent des Villes tenuës par eux en Brabant, Nous n'avons entendu que Monsieur l'Evesque d'Anvers y puisse à cette occasion exercer aucune Jurisdiction, ny pretendre authorité au prejudice des Loix de leur Estat, & de l'obeïssance qui est deuë à leurs Magistrats, ny qu'il soit loisible non plus aux Curez & autres personnes Ecclesiastiques, d'user d'inquisition & recherche pour contraindre ceux qui resident esdits Villages de suivre ladite Religion Catholique, si bon ne leur semble. Fait à la Haye le vingt-huictiéme jour de Juin 1609. sous nos seings & seel de nos armes. *Signé* P. JEANNIN, ELIE DE LA PLACE-RUSSY: Et scellé des Cachets de leurs armes.

(1) Voyez ci-dessus pag. 102.

LXXVI.

11. Juill. RUDOLPHI II. *Imperatoris Edictum de* Pace Religionis *concessa* BOHEMIS *& conjunctarum Provinciarum Incolis* SILESIIS, LUSATIS *&c. Dat. Pragæ die* 11. *Julii* 1609. [CHRIST. GODEF. HOFMANNUS in Appendice Diplomat. & Documentor. Historiam Lusatiæ illustrantium Tom. IV. Scriptor. Lusaticor. pag. 221. BALBINUS inter Literas Publicas de Bohemia Miscellaneis Historicis ejusdem Regni adjectas Vol. I. Part. I. Epist. LXXXIX. pag. 120. LUNIG, Teutsches Reichs-Archiv. Part. Spec. Continuat. I. Abtheil. I. Absatz I. vom Königr. Böheim pag. 122. d'où l'on a tiré cette Piéce.]

RUDOLPHUS DEI gratia II. Imperator Augustus Rex Hungariæ, Bohemiæ &c. Notum facimus & testamur ad æternam rei memoriam. Postquam omnes tres Regni nostri Bohemici Status qui corpus & sanguinem Christi Jesu sub utraque specie in Cœna participant, Subditi nostri dilecti, in Comitiis Anno 1608. in Arce Pragenti habitis id humili observantiæ studio petierunt, uti Confessionem suam Augustanam ab aliquibus dictam, & Maximiliano Cæsari, nostro felicissimæ memoriæ Parenti exhibitam, ab eoque Ordinibus permissam, retinere, & Religionem suam libere exercere sibi permitteretur; Nos verò tum propter negotia alia quorum causâ Comitia ista instituta fuerant, quæque procrastinationem & dilationem nullam pati poterant; petitionis istius approbationem & ratificationem ad hæc usque Comitia differre, consultum judicaverimus: Ordines isti & Status jam denuo congregati petitionem istam suam repetentes indefinenter, adhibitis etiam Illustrium quarundam personarum intercessionibus, satisfieri sibi cupiverunt, & uti, qua ratione tam sub una quam sub utraque specie communicantibus nostris Subditis in Regno Bohemiæ consuleretur, deliberationem cum Consiliariis nostris institueremus, tandem effecerunt.

ANNO 1609.

Cum igitur voluntas suaserit, ut inter omnes omnium trium Regni Bohemiæ Status Subditos, tam sub una quam sub utraque specie communicantes, his & futuris temporibus, Pax & Amicitia pro amplificando Regno isto conservetur, utraque Pars Religionem suam, unde salutem æternam consequi sese posse sperent, libere & absque nullo impedimento exerceant, & Recessui Comitiorum de Anno 1608. Mandatoque nostro non ita pridem publicato, (quo Ordines istos sub utraque communicantes, & Confessioni isti subscribentes, pro fidelibus nostris Subditis ad quos Jura & Communitates Regni Bohemici pertinent, agnovimus, & etiamnum agnoscimus) per omnia satisfiat, de communi Consiliariorum aliorumque Officiariorum Regni istius consilio, decernimus, ut & sub una, & sub utraque specie communicantes, concorditer & amice invicem vivant & Pars altera alteram nec injuria afficiat, nec calumniis proscindat, proposita secus facientibus, quæ in Jure municipali expressa est, pœna.

Deinde cum sub una specie communicantes libero per omnia Religionis suæ exercitio in Bohemiæ Regno fruantur, potestatem facimus & volumus, ut sub utraque etiam specie communicantes, Status nimirum Evangelici omnes, cum omnibus qui Confessionem Bohemicam Maximiliano quondam Cæsari, Parenti nostro in Comitiis publicis Anno 1575. celebratis & nobis jam denuo exhibitam amplectuntur, Religionis suæ exercitium ubique, & in omnibus Regni istius locis habeant, & absque ulla alicujus turbatione, donec universalis in universo Regno Religionis unio, & dissidiorum omnium compositio constituatur, retineant.

Præterea hanc etiam Evangelicis Statibus præstamus benevolentiam quod Pragense Consistorium inferius illis permittimus, potestatemque illuc juxta Confessionem suam constituendi facimus, ut Sacerdotes suos tam in Bohemica, quam in Germanica Lingua ordinare, & Ecclesiis suis, absque ullo Pragensis Archiepiscopi impedimento, præficere jure optimo possint.

Quin & Academiam Pragensem, quæ à multis annis ad Status sub utraque pertinuit, illis restituimus, facta ipsis potestate eam iterum aperiendi, doctis & eruditis suæ Confessionis viris exornandi honestis Legibus condecorandi, & certos ex suo consortio Defensores tam Consistorio quam Academiæ præficiendi, quos nobis à Statibus designatos, & electos nos, sine ulla vel cunctatione & mora, vel alia, quam à Statibus acceperint, instructione, & informatione, in Officio isto confirmare, & pro legitimis Defensoribus declarare volumus, ita tamen, ut si interveniente forsitan graviorum quorundam negotiorum impedimento, id duarum septimanarum spacio non possit, Defensores ibi nihilominus maneant, & demandati sibi Officii munere æque ac si confirmati in Officio isto fuissent, fruantur. Quin & uno atque altero ex eorum numero demortuo alios in eorum locum Statibus sufficere, & si præterea, quæ jam tenent & possident Templa, plura adhuc alia, Scholasve aliquas pro instituenda juventute, erigere, & ædificare velint, facere id ipsis; tam in Urbibus, quam in Oppidis & Pagis, libere & absque ullo impedimento liceat.

Quandoquidem porro etiam in aliquibus Regni Bohemiæ Civitatibus, utriusque Religionis homines, h. e. tam sub una, quam sub utraque specie communicantes, conjunctim habitent, mandamus & volumus, ut pro pace & tranquillitate conservanda, Pars quælibet Religionem suam libere colendo & Sacerdotibus suis obtemperando alteram Partem nullo modo vellicet vel conturbet; multo minus vero sepulturas in Templis & Cœmiteriis, cum Campanarum pulsu & sonitu peragere prohibeat, aut aliquem cujuscunque status & conditionis sit, sive in Civitatibus sive in Oppidis & Pa-

Anno 1609. gis habitet, à Religione sua avertere & per vim in sua Castra suamque Sententiam pertrahere satagat.

Nos enim id spectamus unice, ut pax & tranquillitas conservetur, & amor mutuus inter omnes tres Status vigeat quo fine quidem pro nobis *& Heredibus nostris, subsequentibusque Bohemiæ Regibus*, hæc omnia Statibus Evangelicis, ad quos communis etiam ista Pax, quam vocant, Religionis, tanquam ad Principale Imperii Membrum pertinet, frustra vel Politicis, vel Ecclesiasticis Personis quibuscunque repugnantibus, inviolabiliter perpetuis temporibus servatum iri, in fide & verbo Regio affirmamus, & pollicemur; ita quidem ut nullum Mandatum contrarium, vel à nobis vel ab ullo Heredum & Successorum nostrorum, adversus Status Evangelicos publicetur, vel publicatum ab aliquo, ratum & validum habeatur. Insuper etiam omnia adversus Status istos sub utraque specie communicantes, publicata hactenus Edicta, invalida, annihilata, & sublata omnino hisce Literis pronunciamus, ne quicquam eorum, quæ, dum confirmationem hujus Articuli quærerent, facta à Statibus Evangelicis sunt, in malum ipsis cedere, & vitio verti à quoquam in æternum volumus.

Mandamus igitur omnibus cum Imperio passim in Bohemia constitutis, ut trium istorum Statuum, omniumque Confessionem istam Bohemicam patrocinium, & defensionem suscipiant, & nec molestiam ipsis circa Religionis suæ exercitium creent, nec ab aliis creari patiantur. Nos enim *& futuri Bohemiæ Reges* in omnes contra has Majestatis nostræ Literas, quas ad futuram memoriam Actis Comitialibus publicis inseri volumus, delinquentes, sive Ecclesiastici illi sint, sive Politici, tanquam in Pacis publicæ perturbatores gravissime animadvertemus. Datum Pragæ die 11. Julii Anno 1609.

LXXVII.

28. Sept. **Deret Stände des Königreichs Böhmen sub utraque Vergleichung unter sich selbsten getroffen/ wie sie nicht nur in ihrem Glauben wollen beständig verharren/ sondern auch das Pragerische Consistorium mit guten Priestern besetzen/ und die Priester weyhen und ordiniren wollen. Geschehen Montags am Tage des H. Wenceslai 1609.** [Lunig. Teutsches Reichs-Archiv. Part. Special. Abtheil. I. pag. 68.]

C'est-à-dire,

Convention des Etats *du Royaume de* Boheme sub utraque, *faite entr'eux, par laquelle ils resolvent de perseverer constamment dans leur Religion, & de pourvoir le Consistoire de Prague de Prêtres bons & capables, &c. Le Lundi Jour de St. Wenceslas.* 1609.

Nachdem der Allerduchleuchtigste Fürst und Herr/ Herr Rudolph der Ander von Gottes Gnaden erwöhlter Römischer Kayser/ auch zu Hungarn und Böhmen rc. König/ rc. Unser allergnädigster Herr/ auf Unser demüthig und untertheniges Bitten/ wie auch auf stattliche und ansehnliche bey Ihrer Majestät für uns vorkommene Intercessiones Uns allen dreyen vereinigten Ständen dieses Königreichs Böhmen/ unter beyderley Gestaldt/ durch Ihrer Kayserl. und Königlichen Majestät-Brief gnedigst verwilligt/ Recht und Macht darzu gegeben/ daß wir bemeldte vereinigte unter beyderley Gestalt/ wie die Herrn und Ritterschafft/ also auch die Präger/ Kuttenberger und andere Städte/ sampt ihren Unterthanen/ und in Summa alle die/ welche sich zu ermeldter weyland heyligster und löbligster Gedächtnüs Kayser Maximiliano, auf allgemeinem Landtag Anno 1575. und ietzund der auch jetzt regierenden Kayserl. Majest. ubergebenen Böheimischen Confession, bekandt haben/ und noch bekennen/ keinen ausgenommen/ Unsere Christliche Religion unter beyderley Gestalt/ laut derselben Confession, unter Unserer unter Uns aufgerichten gleichstimmenden Vereinigung/ frey und ungehindert an allen Orten verbringen/ bey Unserm Glauben und Gottesdinst/ auch bey Unser Priesterschafft und Kirchen-Ordnung/ wie wir diese anietzo halten/ oder ins künfftige unter Uns aufrichten möchten/ friedlich gelassen werden/ Kirchen und Gottes-Hauser zum Gottes-Dinst/ so wohl Schulen/ zu Unterweisung der Jugend/ vor männiglich ungehindert/ aufzubawen Macht haben. Nach den Compactatis aber/ welche allbereit auf gemeinem Landtag Anno 1567. aufgehört/ und aus den Land-Privilegiis und anderswo ausgelassen/ sich zu reguliren/ gar nicht verbunden sein/ noch sein sollen: Beneben Ihre Kayserliche Majestät auch Uns diese besondere Gnade erzeigt/ und Uns allen dreyen Ständen unter beyderley Gestalt/ so sich zu dieser Böhmischen Confession bekennen/ das unter-Präger Consistorium in Unsern Gewalt und Versorg wieder geben/ und darzu allergnedigst bewilligt/ daß wir die vereinigten Ständ unter beyderley Gestalt/ bemeldt Consistorium mit Unsern Priestern/ nach Unserer Confession und der Vergleichung vernewern/ Unsere Böhmische und Teutsche Priester nach derselben ordiniren lassen/ oder welche also ordiniret sein/ ohne einige Verhinderung des Prägerischen Ertz-Bischoffs oder iemands anders/ auf Unser Collaturen nehmen/ und dieselben damit ersetzen sollen: wie auch die Prägerische von uralten Zeiten her den Ständen unter beyderley Gestalt zugehörende Academiam mit aller Zugehör von Ihrer Kayserl. Majestät Uns eingeraumt/ also/ daß wir dieselbe mit tüglichen und gelehrten Männern besetzen/ gute und löbliche Ordnung aufrichten und über dieses beydes gewisse Personen aus Unserm Mittel zu Defensoren und Beschützern anordnen sollen und mögen: Mit Versprechung in gemeltem Majestät-Brief/ daß Ihre Majestät Uns in diesem allen bey der im heiligen Römischen Reich in Religions-Sachen aufgerichten Pacification, so der Religions-Fried genennet wird/ als ein vornehmes Glied desselben/ auch gnedigst schützen und verlassen wolte: Innmassen denn solches der Majestät-Brief/ dessen Datum aufm Prager Schloß Donnerstag nach S. Procopii, Anno 1609. welcher auch auf eine sondere Landtags-Relation in die Landtaffel einverleibt/ mit mehrerm in sich begreifft und besaget.

Was aber belangt Unsere Christliche Vereinigung/ Vertrag oder Vergleichung/ von welcher in obgemeltem Kayserl. Majestät-Brief offtmahls Meldung geschehen/ ist dieselbe/ wie menniglich in gemein bewust/ und Ihr Kays. Maj. auch in Unsern Unterthänigsten Schrifften wohl berichtet sein/ zwischen Uns Ständen unter beyderley Gestalt/ so sich zu der Böhmischen Confession bekennen/ welche etliche die Augspurgische nennen für eins: und Unsern lieben Herrn und Freunden/ welche sich aus der Brüder Einigkeit genannt/ aber doch zu diesen heiligen Christlichen Glauben/ so in dieser Confession begrieffen/ wie dan auch ihre Vorfahren sich bekandt haben und noch bekennen/ andern Theils beschehen/ und solches vermeldet nicht allein die Vorrede oder Supplication, welche die Stände sub utraque dieses Königreichs Anno 1575. heyliger und löblicher Gedächtnüs weyland Kaysern Maximiliano, bey dieser ihrer Confession übergeben/ und in offenen Druck verfertiget/ auf welche in bemeldter Vorrede begriffene Vergleichung sich auch obgedachter Kayserliche Majestät-Brief erstreckt klar und offentlich/ daß nit allein alsbald damahls im 1575. Jahr ein Anfang des Vertrags und Vereinigung zwischen Uns erfolgt/ ja das auch über dieses wir bey samentlicher Suchung bey Ihrer Majestät des Majestät-Brieffs mit Ihnen und sie mit

Uns

ANNO 1609. Uns eine gewisse Vergleichung und Vereinigung aufgerichtet/ daß wir in heyligen Glauben/vermög dieser Confession. Anno 1575. hochlöblicher Gedächtnüs Kayser Maximiliano, wie auch anietzo Unserm allergnädigsten Käyser/ von Uns Ständen ubergeben worden/ vor einen Mann bey einander anjetzo und ins künfftige stehen und halten wollen/ wie wir dann Ihrer Kayserl. Majestät in Unsern unterthänigen Schrifften und Antworten klärlich angezeiget/ was sie belangt/ dieweil sie mit Uns nach gemeldter Confession eins sein/ wir auch zu vor und ietzt/gesambt und einhellig bey Ihrer Kays. Majestät Unser Begehren vorbracht. Ihre Vorfahren aber mit den Unsern und Uns auf beschehene Vergleichung übereingestimmet/ zu Uns sich bekandt/und daß sie mit Uns und dieser Confession, welche wir hochlöblicher Gedächtnis weyland Kaysern Maximiliano Anno 1575 auch itz regierender Kayserl. Majestät ubergeben/ gleich gesinnet sein/ und neben Uns bey derselben stehen/ und sich darzu bekennen/ erkleret haben.

Zu welchem hernach auch dis kommen/ daß der grösser Theil der Prägerischen Priester unter beyderley Gestalt/ welche noch allezeit ihre Priesterschafft von denen unter einerley Gestalt/ das ist/ von den Römischen Bischoffen oder Prägerischen Ertz-Bischoff/ empfangen hatten/ gutwillig zu Uns den vereinigten Ständen getretten/ sich zu dieser Böhmischen Confession auch bekandt/und gebeten/ daß wir sie disfalls zulassen wolten/ dann sie dieselbe für heylig/ und aus dem Grund der heyligen Schrifft zusammen getragen erkennten: versprechende/ daß sie dem Volck Gottes/ welchem sie vorgestellt sein/ oder sein werden/ ebensfalls solche heilsame Lehre in der Christlichen Kirchen fürtragen/ die Menschensatzungen/ dem Worte Gottes und dieser Confession zuwieder/ aus dem Weg raumen/ die Leut durch das Wort Gottes davon abfüren/ und in dem allen solche Ordnung/ welche dem Worte Gottes gemeß und gleichstimmig halten/ und sich darnach reguliren wolten: Derentwegen wir sie gern in Unser Vereinigung auf- und angenommen.

Und dieweil sehr viel daran gelegen/ daß in der Kirchen Gottes unter Uns allen vereinigten Ständen unter beyderley Gestalt/ so wohl zwischen den Priestern und Kirchen-Dienern/als dem Volck und Zuhörern/ rechte Lieb und Einigkeit erhalten und fortgesetzt werde: welches ohne gute Ordnung nicht geschehen kan/ wie der Geist Gottes die gantze Christliche Kirche (in der 1. Corinth. 14.) fleissig darzu ermahnet/ als er sagt: Es sollen alle Ding bey euch erbar und ordentlich zugehen: So haben wir bemeldte im Glauben alle drey vereinigte Stände/ wie vorhin/ also auch itz/ Uns hier auf folgende Weise verglichen.

Erstlich/ was belanget Unser offtbemeldte Vereinigung/ durch welche wir in Unsern Christlichen Glauben eins worden sind/ bey demselben sollen und wollen wir/ durch Gottes Hülff/ Unserer Seelen Seligkeit zum besten trewlich verharren: GOtt Unsern HErren über alle Dinge lieben/ nach seinem heyligen Wort/ welches in dieser Confession begriffen/. Unser Leben richten/ in Christlicher Lieb bey einander halten/ einer dem andern zu allen guten befördern und beschützen: damit wir also durch solche Anfäng/ mit welchen wir allhier in dieser streittenden Kirchen GOtt loben und preisen/ desto geschickter werden/viel herrlicher und vollkommener/ mit der gantzen Triumphirenden Kirchen/ solches in den himmlischen Wohnungen zu vollbringen/ und also alle mit einander aus Gnaden Gottes/ des himmlischen Vaters/ wegens des Verdienst JEsu Christi/ seines lieben Sohns/ und der Gütigkeit des heiligen Geistes/ die ewige Seligkeit erlangen mögen. ANNO 1609.

Nachdem auch vor diesem nicht wenig Ergernüs und Mißverstand zwischen den Partheyen/ durch hönische Schmachwort/ wieder die Landes-Ordnung/ auch durch ungereumte Namen sich hergesponnen. Damit solche forthin abgeschafft und eingestellt würden/ so haben wir Uns dahin verglichen: Weiln wir Uns alle zu einer Confession bekennen/ und im Glauben vereinigt sein/ daß sich hinfürter von dato an/bey gebührlicher Straff/ nachdem einem solche zuerkandt werden möchte/ keiner mehr dessen unterstehe/ sondern daß wir alle mit einander Uns Christen unter beyderley Gestalt nennen/ darvor ausgeben/ und also nach Göttlicher Ordnung in Christlicher und brüderlicher Lieb einmüthiglich mit einander verbleiben sollen.

Was aber belangt die Einsetzung der Priesterschafft in das Consistorium, und Weihung derselben/ haben wir Uns also mit einander beredt und verglichen: Daß wir Uns aus Unserer Priesterschafft sub utraque einen Gottesfürchtigen/ gelehrten/ tüchtigen/ erbaren Lebens und Wandels/ wie auch guten Exempel gebenden Mann/zu einem Administratore kiesen und erwehlen: Hernach andere fünff Priester unter beyderley Gestalt/ ihme als Consistoriales zu geben und einsetzen wollen.

Item/ von den Priestern/ so sich aus der Bruder Einigkeit genennet/ einen zu einem Seniore und Eltisten/ der seine Stelle bald nachdem Administratore habe/ sambt noch andern zweyen/ welche aus und von derselben Priesterschafft gewehlt sein. Dieser Administrator, sambt allen bemeldten Priestern/neben noch andern drey Personen aus den Professoribus der Prägerischen Academiæ, welche auch ins Consistorium gesetzt werden/ sollen zugleich mit einander in Prägerischen Consistorio sitzen/ das Gericht in Ehe-und andern geistlichen Sachen hegen und halten: wie ihnen dann dessen eine gewisse Instruction, nach deren sie sich reguliren sollen/ wird ertheilt werden.

Ferner/ belangend die Priester-Weyhung/ hierbey soll man folgende Ordnung halten: Er Administrator selbst/ neben seiner Priesterschafft/ so in Consistorio neben ihn sitzen/ soll die Personen/ welche von ihren Collatoribus aus den drey Ständen beruffen/ und darzu tüchtig erfunden werden/ vermöge dieser Böheimischen Confession, so Uns von Ihrer Kays. Maj. bestettiget/ examiniren/ ihrer Lehr und Leben fleißig nachforschen/ und also die/ welche in specie unter seine Jurisdiction gehörig/zum Priester-Ambt weihen/ und die Händ auflegen. Und auf solche soll auch der Eltiste ebenfalls die Hände auflegen.

Und wo iemand aus allen dreyen Ständen dis Königreichs Böhmen von dem Administrator und seiner Priesterschafft begehrte/ daß er ihm oder ihnen einen Priester seines Ordens und Weyhens auf sein Collatur und Pfarr einsetzte/ soll er solches thun: bey welchem jene der offtgemeldte Eltiste keinen Eintrag thun soll.

So soll auch der Administrator keinen aus allen dreyen Ständen wieder des Collatoris Wissen und Willen/einigen Priester nicht eindringen/ noch wegnehmen oder sonst jrer Priesterschafft/wie dieselben ein jeder auf seiner Collatur hat/ oder in künfftig haben wolt/ Eintrag zufügen. Entgegen soll auch der Eltiste/die Priesterschafft/ so sich aus der Brüder-Einigkeit genandt/ mit seiner Priesterschafft die Personen/ welche zu seinem Orden/ oder auf seine Seyte gehörig/ sich zum Priester-Ampt begeben/ und von ihnen vor würdig und tüchtig darzu erkandt würden/ daß sie sich der Lehre/so diese Confession in sich begreifft/

Anno 1609. gemeß verhalten wolten / examiniren / sie nach Art und Ordnung / so unter ihnen bräuchlich / zu Priestern ordiniren und weyhen: Und gemeldter Administrator auch die Hände auf sie legen. Solche Priester / welche auf gemeldte Form ordiniret / soll der Eltiste mit Rath der andern Priester seines Ordens auf die Pfarr und Collatur deren so es begehren / oder wo sie es selbst bey ihren Zuhörern vor nöthig erachten / hingeben und einsahren.

Hierbey soll ihme ebenermassen der Administrator und also einer dem andern / auf was für Weise es wolle / keine Verhinderung thun / sondern ein jeder bey seinen Ordnungen / Ceremonien und Gebräuchen verbleiben / und also einer dem andern / zu Christlicher Lieb und Einigkeit / in einem friedfertigen Leben und Wandel / aus Pflicht / so ihnen derentwegen aufgelegt / als die / welche sich zu einem Glauben und der Böheimischen von Ihrer Kays. Maj. Uns bestettigten Confession bekennen / und darinnen vereinigt worden / förderlich und dinstlich seyn. Derowegen soll von wegen der Ordnung und Ceremonien / wie auch von wegen härterer Disciplin, so sich etwa bey einem oder dem andern Theil deren Priesterschafft befinde / gar keine Verkleinerung oder Verachtung einer des andern im geringsten gestattet werden.

Die Priester aber / welche vorhin ordiniret / oder noch im Reich und anderstwo möchten ordiniret werden / und in diesem Königreich der Kirchen und Gottesdinst vorzustehen begehrten / sollen sich bey dem Administratore und Consistorio einstellen / zu der Böhmischen Confession bekennen / und daß sie derselben nach lehren und leben / Einigkeit / Lieb und Gehorsamb suchen und leysten wollen / versprechen und zusagen: Darauf ist der Administrator schuldig / sie in das Buch und Album Consistorii einzuschreiben / in welchem ihme auch von den Herrn Defensoribus eine gewisse Ordnung vorgestellt und gegeben werden soll.

Diese vorher gezeichnete Articul haben wir alle drey vereinigte Stände unter beyderley Gestalt / beydes / so ietzo bey diesem allgemeinen Landtag gegenwärtig / und an statt der Abwesenden / zu künfftiger und ewiger Gedächtnüs / mit eygenen Händen unterschrieben / und dieselbe in das Buch Unsers Consistorii einzuverleiben befohlen. So beschehen am Montag welches da war der Tag des Gedächtnüs des H. Wenceslai / des Böhmischen Erben / im 1609. Jahr.

LXXVIII.

22. Dec. **Käyserl. Urtheil / wodurch die Succession im Fürstenthum Grubenhagen Hertzog Heinrich Julio von Braunschweig ab / und denen Hertzogen Ernsten / Wilhelmen / Julio Ernsten und Augusto von Braunschweig zugesprochen wird. Signat, Prag den 22 Decemb. 1609.** [Sigism. Latomii Relation. Historicæ Semestrales, Autumnal. sub Anno 1616. pag. 18.]

C'est-à-dire,

Sentence Imperiale, par laquelle la Principauté de Grubenhagen *est ajugée aux Ducs de Brunswich* Ernest, Guillaume, Jules Ernest, & Auguste, *contre* Henri Jules, *aussi Duc de Brunswich. A Prague le* 22 *Decembre* 1609.

In Sachen Herrn Ernsten / Herrn Wilhelm / Herrn Julii Ernsten und Herrn Augustus, respective Gevettern und Brüdern / allen Hertzogen zu Braunschweig und Lüneburg / Klägern eins / gegen und wider Herrn Heinrich-Julium Hertzogen zu Braunschweig und Lüneburg andren theils / die Succession im Fürstenthum Grubenhagen betreffend / ist allem fürbringen nach zu Recht erkant / daß die Klagende Hertzoge in das Fürstenthum Grubenhagen / samt desselben pertinentien / und alle andere Stück / so weyland Hertzog Philipps zu Braunschweig und Lüneburg ingehabt und besessen / und besagter Herr beklagter Fürst selbe nach seinem todt eingenommen / zu immittiren und einzuweisen / auch Herr beklagter Hertzog schuldig seyn / alsbald possession vel quasi, zusampt allen von zeit an beschehener Kriegßbevestigung / aufgehobener Nutzung / und dieser Rechtfertigung halben auffgeloffenen kosten / und erlittene Schaden einzuräumen / zuzustellen / folgen zu lassen / und zu erstatten / wie dann Ihr Kayserl. Maj. sie hirinn immittiren / einweisen und condemniren / doch seynd bedachten geklagten Hertzogen / sowohl dem Herrn Churfürsten von Sachsen / Abtisin zu Quedlinburg / ihre Spruch und forderungen in petitorio, an diesen Kayserl. Hoff vorzubringen / hierdurch unbenommen / sondern vorbehalten. Signatum zu Prag / unter Ihrer Kayserl. Maj. aufgetruckten Secret Insiegel den 22. Octob. 1609. Anno 1609.

Rudolff.

(L. S.)

Leopold von Stralendorff.

LXXIX.

Liga Catholica, oder Articul der Bündnuß / so von denen Katholischen Ständen zu Würtzburg aufgerichtet worden / worinnen sie 9. Jahre lang einander beyzuspringen versprechen / Hertzog Maximilian aus Bayern zum Obersten dieses Bündnüß erwehlen / solchem die Bischoffe von Würtzburg / Passau und Augsburg adjungiren / und wegen der zu leistenden Kriegshülffe ein und anders verordnen. [Lunig, Teutsches Reichs-Archiv. Part. Spec. Abtheil. II. pag. 283.] 1610.

C'est-à-dire,

Articles de la Ligue Catholique *conclue pour neuf ans à Wurtzbourg, entre divers Princes & Etats Catholiques de l'Empire. Ils y établissent* Maximilien *Duc de Baviere pour Chef, lui ajoignant les Evêques de* Wurtzbourg, *de* Passau, & *d'*Ausbourg; *& se promettent reciproquement le secours de Troupes, & les autres Assistances dont ils auront besoin.*

(1) ERstlich sollen die Verbundenen einander mit beständiger Treu beyspringen / und sich keiner unterstehen / seinen Mitbruder oder dessen Unterthanen zu unterdrucken / oder zu beschweren / noch wider dieselben etwas fürnehmen.

Zum andern / wann unter den Verbundenen einiger Mißverstand erwächset / soll der Oberste dieser Verbündnüs sich bemühen / sie wieder mit einander zu vergleichen / und so es auch von nöthen / soll er sich der andern Mit-Verbundenen Hülff bedienen.

Zum dritten / keiner von den Vereinigten soll wis-

(1) Toutes les solemnités manquent à ce Traité. On n'y voit ni Preambule, ni Date, ni Signature; mais, comme il est fort considérable en lui-même, on n'a pas cru le devoir omettre. [Dum.]

ANNO 1610.

wissentlich des andern Feind in seinen Gebieten gedulden / vielweniger denselben defendiren / sondern solches alles ernstlich verfolgen / oder wo müglich / mit aller seiner Macht aus dem Lande bringen.

Zum vierdten / die Verbundenen sollen aller Orten fleißige Acht haben / und alles / was sie vernehmen / so ihnen zu Schaden gereichen möchte / sollen sie mit dem ehisten dem Obersten berichten.

Zum fünfften / so einer von den Verbundenen ungebührlicher Weiß angefallen würde / soll der Obriste mit den andern Verbundenen denselben für sich fordern / seine Sprüche hören / und alsdann / was zur Defension nothdürfftig / mit dem ehesten / so möglich / fürnehmen / auch mit Hülff der Verbündnüs denselben überfallen.

Zum sechsten / dann so jemand mit den Vereinigten einen andern unbilliger Weise / und aus vermessenen Gewalt / oder de facto anfiele / so soll ihm / vermög der Verbündnüs / keine Hülff dazu geleistet werden.

Zum siebenden / der Deputirten Theil mag sich über diejenige Ordnung / so in der Reichs-Constitution begriffen / und ausser der Verbündnüs-Hülffe / auch dessen Mittels der Execution gebrauchen.

Zum achten / wann einer aus den Verbundenen mit der andern Authorität ausser der Verbündnüs-Hülffe etwas spendirt hätte / so soll ihm solches auff vorhergehendes Anmelden gut gemacht werden.

Zum neundten / wann in der Beratschlagung gleiche Vota wären / so soll der Oberste jederzeit ein Einspruch thun.

Zum zehenden / wann aus dem Verzug Gefahr erscheinete / so soll der Oberste mit den Verbundenen Macht haben / Reuter und Fuß-Volck zu werben.

Zum eilfften die Defension soll niemahls so lange auffgeschoben werden / biß einer aus den Vereinigten offendirt würde / sondern man soll sich zu derselben Zeit gefertigt machen.

Zum zwölfften / diese Verbündnüs soll neun Jahr an einander währen.

Zum dreyzehenden / zum Obersten dieser Bündnüs soll erwählet werden Hertzog Maximilianus in Bäyern.

Zum vierzehenden / sollen andere Fürsten vermahnet werden / sich in diese Bündnüs zu begeben. Das Negotium aber wird dem Obristen heimgestellt.

Zum funffzehenden / dem sind adjungirt die Bischöffe von Würtzburg / Passau und Augspurg.

Zum sechzehenden / wann die Verbundenen zugleich auff einmahl unterschiedlichen überfallen würden / so soll die Verbündnüs-Hülffe nach Gelegenheit und Noth der Gefahr / augirt werden.

Zum siebenzehenden / da die Nothdurfft erforderte / ein Kriegs-Heer zu formiren / so soll allein dem Obersten das Directorium heimgestellt werden.

Zum achtzehenden / so die Verbundenen jemands Sachen annehmen / soll demselben nicht mehr erlaubet seyn / mit seinem Wiedersacher ohne der Verbundenen Consens sich in gütliche Vergleichung einzulassen.

Zum neunzehenden / der Obrist soll von allen künfftigen Schäden entlediget seyn.

Zum zwantzigsten / die Verbündnüs-Hülff soll nach des Reichs Matricul jedern Vereinigten / der Proportion nach / angelegt werden.

Zum ein und zwantzigsten / die Verbundenen sollen ehist / so müglich / in bestimmter Zeit / einen guten Vorrath / dem Verlaß nach / zusammen bringen / und solle jährlich darzu gesammlet werden.

ANNO 1610. 7. Janv. LE PAÏS-BAS ET LES PROVINCES UNIES.

LXXX.

Déclaration faite par les Deputez des ARCHIDUCS *& des Etats Généraux des* PROVINCES-UNIES, *sur le Traité d'Anvers du* 9. *Avril* 1609. *Fait à la Haye le* 7. *Janvier* 1610. [FREDERIC LEONARD, Tom. V. d'où l'on a tiré cette Pièce, qui se trouve aussi dans METEREN, *Hist. des Païs-Bas*, Liv. XXXI. Fol. 677. & par Extrait dans le MERCURE FRANÇOIS, Tom. I. Ann. 1610. Fol. 291.]

ET d'autant qu'on trouva puis aprés és Articles précedens quelque difficulté & obscurité, les Députés des Archiducs & de Messeigneurs les Etats firent depuis la Declaration & l'augmentation suivante, dont la teneur de mot à mot estoit comme s'ensuit.

Les Etats Generaux des Provinces-Unies du Païs-Bas, à tous ceux qui ces Presentes verront, Salut. Sçavoir faisons, qu'aiant vû les Points & Articles qui ont été accordés le septiéme de ce mois de Janvier, ici à la Haye, entre les Députés des tres-Illustres Archiducs d'Austriche Albert & Isabella Clara Eugenia, & les nôtres, en vertu des Procurations données respectivement ausdits Députés touchant quelques difficultés & ambiguités procedées du Traité de Tréve arrêté le 9. Avril 1609. en la Ville d'Anvers entre lesdits Archiducs & Nous d'une part, & proposés d'autre part par les Officiers & Sujets respectivement, & pris pour y penser, afin de bien considerer à l'accroissement & plus ample declaration des Points & Articles, desquels le contenu s'ensuit de mot à mot ci-aprés.

D'autant que du Traité de Tréve fait le 9. Avril en l'an 1609. en la Ville d'Anvers entre les Commis & Députés de Messeigneurs les Archiducs d'Austriche, & ceux des Etats Generaux des Provinces-Unies du Païs-bas, quelques difficultés & ambiguités ont été proposées de part & d'autre par les Officiers & Sujets, & pris en consideration afin de penser de plus prés à l'accroissement & plus ample declaration desdits Articles, il a enfin été trouvé bon d'aviser par les Députés de part & d'autre à ces difficultés, pour se pouvoir accorder là-dessus : Aprés que lesdits Députés ont été plusieurs fois assemblés pour parler ensemble, suivant leurs Procurations & Commissions de part & d'autre, ils se sont enfin accordés sur les Points & Articles qui s'ensuivent ci-aprés. Et pour ce faire estoient assemblés le 7. de Janvier de l'an 1610. en la Haye en Hollande Baltazard de Robiano Tresorier General des Domaines & Finances desdits Seigneurs Archiducs, le Sieur Loüis Verreyken, Chevalier, Sieur de Hamme, Conseiller du Conseil de Guerre, Audiancier & premier Secretaire de leurs Altesses, & Jean Baptiste Maes, Conseiller & Avocat Fiscal du Conseil de Brabant, de la part de mesdits Seigneurs les Archiducs, le Sieur Henri de Brieuen Lancien, Seigneur en Sinderen, le Sieur Jean d'Oldenbarnevelt Chevalier, Sieur de Tempel, Rodenriis, &c. Avocat & Garde du grand Sceau, des Chartres & Registres de Hollande & Westfrise, le Sieur Jacques de Malderée, Chevalier Sieur de Heyes, &c. le premier & representant les Nobles és Etats & au Conseil de la Comté de Zelande, le Sieur Justus de Rysenbourg, Sieur de Rysenbourg, premier Bourg-Maistre de la Ville d'Utrecht, Tinco de Oennama, Justicier de Schooterlant, le Sieur Ernest de Ittersom, Drossart de Tuven, & le Sieur Abel Coender de Helpen, Seigneur de Faën & Cantes, de la part de mesdits Seigneurs les Etats Generaux.

PREMIEREMENT. Que les Habitans des Provinces-Unies du Païs-Bas, venant és Païs & Provinces de l'obeïssance des Archiducs, auront & joüiront en se reglant suivant le susdit Traité, de la même liberté qu'ont les Sujets du Roi de la grande Bretagne; & à cette fin les Articles qui en disposent seront envoiés à tous Gouverneurs, Magistrats & Officiers és respectives Provinces par leurs Altesses, avec commandement de se regler selon iceux : & lesdits Habitans & Sujets des Provinces-Unies du Païs-Bas se pourront par tout sous l'obeïssance de leurs Altesses servir de tel Avocat, Procureur, Notaire, Solliciteur & Executeur, que bon leur semblera, qui aussi en estant requis seront ordonnés à cela par les Juges ordinaires.

II. Que leurs Altesses pourvoiront en premier lieu qu'on ordonne des lieux propres & honorables, pour y enterrer les corps de ceux qui du côté de Messeigneurs

ANNO 1610.

grieurs les Etats viendront à mourir és lieux de l'obeïssance de leurs Altesses.

III. Lesdits Seigneurs Archiducs & Etats ne pourront point recevoir, hors de leurs limites, de part ni d'autre, des biens passans, ni par eau ni par terre, entrans ou sortans, quelques autres charges.

IV. Les Sujets desdits Seigneurs Archiducs & Etats joüiront respectivement & reciproquement, és Païs les uns des autres, de leurs anciennes franchises & droits de Gabelle, dont ils ont été joüissans paisiblement devant la Guerre.

V. La frequentation, conversation, & le Commerce entre les Sujets respectivement, ne pourra pas estre empêché; & tous les empêchemens, qui ont été faits, seront ôtés.

VI. Tous biens & droits, qui suivant le Traité ont été restitués ou doivent estre restitués aux vieux Proprietaires, leurs Heritiers, ou qui y ont quelque action, pourront estre vendus par les mêmes Proprietaires, sans qu'il soit besoin d'obtenir pour cela quelque particulier consentement, nonobstant l'Article 13. du present Traité, où il est dit autrement, excepté la proprieté des rentes, lesquelles seront reconnuës par le Fisc, au lieu des biens vendus, comme aussi les rentes & actions estans à la charge du Fisc respectivement.

VII. Tous les biens recelés, ou droits, meubles, immeubles, rentes, actions, dettes & autres choses, lesquelles n'ont pas été saisies par le Fisc avec bonne connoissance devant le 9. d'Avril de l'an 1609. les Proprietaires, leurs Heritiers, ou ceux qui prétendent action, en pourront joüir avec tous les fruits, rentes, revenus & profits, librement & à leur disposition; & les Receleurs ne pourront ni eux ni leurs Heritiers, estre molestés pour cette cause par les Fiscs de part ou d'autre; mais les Proprietaires, leurs Heritiers, ou qui y prétendent action, auront touchant ce fait droit contre un chacun, comme si c'étoit leur propre bien.

VIII. Les arbres qui ont été coupés aprés le dernier de Janvier de l'an 1609. & qui au jour de l'arrest dudit Traité ont été encore sur le fond, aussi ceux qui ont esté vendus au même jour sans estre coupés, seront octroiés aux Proprietaires, nonobstant la vente faite, & sans qu'ils soient tenus de paier quelque chose.

IX. Les fruits, loüages, fermes & revenus des Seigneurs, Terres, Dixmes, Pêcheries, Maisons, rentes & autres revenus des biens qui suivant le Traité, ont été restitués ou doivent estre restitués, échûs aprés le 9. d'Avril 1609. seront octroiés pour toute l'année aux Proprietaires, ou leurs Heritiers, ou qui y prétendent quelque action.

X. On donnera des biens vendus, des rentes déchargées ou du capital levé par les Fiscs de part & d'autre, des Lettres aux Proprietaires, leurs Heritiers, ou qui y prétendent action, lesquelles leur serviront comme de preuve déclaratoire en conformité du Traité, avec assignation du paiement annuel sur un Receveur és Provinces où ils ont été vendus ou rachetés, qui y sera denommé aprés la premiere vente publiquement ou autrement, selon qu'il appartiendra, & les rentes de la premiere année qui en echerra & sera paié le 9. d'Avril 1610.

XI. Les loüages faits des biens confisqués ou annotés (encore qu'ils aient esté faits pour plusieurs années) seront expirés avec l'an 1609. selon la coûtume des Lieux où les biens sont situés, & lesdits loüages échûs aprés le 9. d'Avril (comme a esté dit) seront paiés aux Proprietaires; mais à cette condition il est accordé, que si le joüissant desdits biens a fait quelques depens pour les faits de l'Aoust à venir, que lesdits dépens, selon la coûtume ou discretion de la Justice du lieu où lesdits biens sont situés, seront paiés par le Proprietaire à celui qui en a eu l'usufruit.

XII. Les ventes faites des biens confisqués ou annotés depuis l'arrest du susdit Traité seront tenuës pour nulles, & semblablement celles qui ont esté faites auparavant contre l'accord fait avec quelque Ville en particulier.

XIII. On fera satisfaction aux Proprietaires pour les biens emploiés aux fortifications, œuvres publiques ou Hôpitaux, suivant l'Article 19. du Traité.

XIV. Les Maisons des Particuliers, lesquelles ont été restituées ou doivent estre restituées suivant ledit Traité, ne pourront pas estre reciproquement chargées de Garnison ou autrement, plus que celles des autres Sujets qui sont de même condition.

XV. Si on fait difficulté en quelque Lieu de rendre les biens & droits qui doivent estre restitués, le Juge dudit Lieu fera que ladite restitution puisse incontinent estre effectuée, & se servira à cela du plus court chemin; sans que sous pretexte que la capitation n'a pas été paiée ou autrement, contre le contenu du 13. Article du Traité, la restitution puisse estre differée.

XVI. Es Lieux où l'on trouvera que tous les biens de quelqu'un, de l'un ou de l'autre côté, ont été confisqués ou annotés, en telle sorte qu'il n'ait retenu aucun moien pour pouvoir paier les rentes ou interests de ses dettes faites durant la confiscation ou annotation, il ne sera pas seulement libre de toutes charges & rentes suivant ledit Traité, mais aussi de la charge generale & personnelle, des rentes & interests échûs audit temps.

XVII. On entend que, sous les exheredations faites en haine de Guerre, sont aussi comprises les exheredations faites à cause de quelque chose procedante de la Guerre, & qui en dépende.

XVIII. Nul ne pourra estre empêché d'un côté ou d'autre directement ou indirectement en changeant le lieu de sa demeure, en paiant les droits qu'il faut paier: & tous empêchemens depuis le Traité accordé, seront réellement & de fait ôtés.

XIX. On entend aussi de comprendre sous la restitution des biens & droits accordés par le Traité, les biens & droits situés és Comtés de Bourgogne & Charolois, & ce qui suivant le Traité n'a pas encore été restitué, sera par tout de part & d'autre restitué fidellement & bien-tôt par les Proprietaires, leurs Heritiers, ou qui y prétendent action.

XX. Lesdits Seigneurs Archiducs & Etats promettent d'accomplir & de faire accomplir tous & un chacun des susdits Points fidelement; à quoi ils s'obligent selon l'obligation contenuë au principal Traité, & en telle sorte comme si ces Points ici y étoient aussi mentionnés.

XXI. Finalement a été accordé que tous & un chacun des Points & Articles du Traité susdit du 9. Avril passé, desquels on n'a point fait de changement exprés, ni de plus ample declaration, demeureront pour un chacun en leur entier, sans estre préjudiciés ou interessés; & sans que ce qui a été en ce Traité de bouche ou par écrit proposé ou allegué de part ou d'autre, puisse tendre ou estre aucunement interpreté à l'avantage ou desavantage de quelqu'un, & ce directement ou indirectement; mais tant lesdits Seigneurs Archiducs & les Etats Generaux & particuliers, qu'aussi tous Princes, Comtes, Barons, Villes, Colleges, Seigneurs, Gentilshommes, Bourgeois & autres Habitans des respectives Provinces, de quelque qualité ou condition qu'ils soient, demeureront en leurs droits selon la teneur dudit Traité, & mesdits Seigneurs les Archiducs & les Etats agréeront en un mois prochainement venant ce Traité, & en livreront les uns aux autres leurs Lettres d'agréation en dûë forme.

Ainsi accordé & arrêté en la Haye en Hollande le jour, mois & an susdit, en témoignage de quoi la Presente a esté confirmée par la signature desdits Deputés de part & d'autre, & estoit signée, B. DE ROBIANO, VERREYKEN, J. B. MASIUS, HEN. VAN BRIENEN, d'Aliste ou l'Aîné, JEAN DE OLDENBARNEVELT, J. DE MALDERE'E, JUSTUS DE RYSENBOURG, T. VAN OENNAMA, ERNEST DE ITTERSUM, A. B. COENDER.

APrés meure déliberation nous avons accepté, approuvé, confirmé & ratifié, acceptons, approuvons, confirmons & ratifions par ces Presentes les mêmes Points & Articles, promettant en bonne foi de les observer & faire observer de point en point, comme si nous mêmes les avions traités & promis, sans jamais faire quelque chose au contraire, ou permettre estre fait en quelque maniere que ce soit, directement ou indirectement: obligeant pour cela tous nos biens & de nos Successeurs. En témoignage dequoi nous avons fait sceller la Presente de nôtre grand Sceau, parapher & fait signer par nôtre Greffier en nôtre Assemblée à la Haye le 29. Janvier 1610. *Estoit paraphé* J. MAGNUS, V[t]. *Et plus bas*, Par Ordonnance de mesdits Seigneurs les Etats Generaux. *Signé*, C. AERTSEN.

Anno 1610. 17. Janv. Brandebourg et Palatin.

LXXXI.

Anderweiter Recesſ zwiſchen Johann Sigmund Churfürſten zu Brandenburg an einem / dan denen Pfalzgrafen bey Rhem / Philipp Ludwig / und Wolffgang Wilhelm / Vater und Sohn / und zwar dem letſten im nahmen ſeiner Fr. Mutter am andern Theil: Wodurch der im verſchienen vorigen Jahr zu Dortmunt in Monath May aufgerichtete Recesſ beſtättiget / und dann ferners beſchloſſen wird / daß nach Ankunfft zu Duſſeldorff Pfalzgraff Wolffgang Wilhelms / die Archiven eröffnet / die das Succesſions-Werck in den Landen Gülich / Cleve ct. betreffende Acta, in abſchrift beyden Fürſten gefertiget / und innerhalb 3. Monathen durch Compromiſſarien mit Außtrag der Sachen verfahren werden ſolle. Hall in Schwaben den 17. January 1610.

[Aitzema, Saaken van Staat en van Oorlogh. Tom. I. pag 254. d'où l'on a tiré cette Pièce, qui ſe trouve auſſi dans Lunigs Teutſches Reichs-Archiv. Part. Spec. Abtheil IV. Abſatz III. pag. 70.]

Zu wiſſen / daß die Durchleuchtigſte / Durluchtige / Hochgeborne Furſten und Herren / Herr Johan Sigismundt Marg-Graef und Chur-Vorſt zu Brandenburg / und Herr Philips Ludwich / auch Herr Wolffganck Wilhelm / Vatter und Sone / beyde Palts-Grave bey Rhein / und zwar Palts-Graef Wolffganck Wilhelm als Gewalthaber S. Furſtelycke Genade Frau mutter / ſich uber neghſt ſtehenden Puncten volgender maſſen / wolwiſſent und wolbedacht vereenicht und verglichen haben.

I. Anfancklich ſollen die in Majo verſchienenen Jaers zu Dortmundt aufgerichteten Reces und andere ſint hero daer auf erfolghte vergleichungen und affſcheyd / auſſer deme daerinnen ſie durch dieſe Weitere Handtlung hiemiet ferners erleutert worden / uberal by wurden und krafften bleiben / beyde theil denſelven zu geleben ſchuldich ſyn.

II. Und da man wol ſolchem zue folge / beyderſeyts mit denen daerin aengedeuteten gütlichen Tractaten / wie auch / da die guet entſtunde / daß mit den daſelbſten beſaghtem Compromis verſharen / und hierdurch den ob verſtandenem Dortmunſchen Recesſ gern ein genügen gethan hette; nachdem es aber vor diſmahl / allerhandt urſachen und verhinderingh halber / nicht geſchehen konte / So iſt abgeredt und verglichen / daß nach hochernantes Pfaltz-Graven Wolffganck Wilhelms gluckliche hierankunſt / nach Duſſeldorff / die eroffnungh der Archiven der geſtalt angehen ſol / daß ſo wol Marg-Graef Ernſt F. Genade / als auch iets Hochgedachter Pfaltz-Grave / ein jeder Zween aus deren Rhaten und einen Secretarium und Notarium hierzu verordnen / dieſelve ſollen den biß dahero geweſen Regiſtratorn zu ſich ziehen / jhn auffs newwe in pflicht / und in ſpecie zu dieſen Actum reviſionis Archivorum nehmen. Doch ſol er keyn Direction des werks haben / noch auch die Acta heraus langen / oder etwas daerinnen machen / ſondern allein ſeynen bericht und anzeigh / ſo oft dieſelve von ihme begehrt wird / thuen / dabey jhme dan ausdrucklich vermelder werden ſol / daß / ob ſich jetzo oder jns kunftich einiger mangel oder defect aen den Acten vinden ſolte / er in der zeyt rehdt und Antwordt hiervor zu geben ſolle ſchuldich ſyn / und keines wegen deſſen erlaſſen werden mugen; beyde theyle ſollen auch daerneben daer aen ſein / daß das ſo hinweg / hinwieder zur hant gebracht werden moge: die Acten aen ſich betreffent / ſollen dieſelbe alle und jede eiſchen / die jenige aber allenn welcke den Succesſions-werck / oder aber den Churfürſtelycke Pfaltz-

LXXXI.

Recès Ulterieur entre Jean Sigismond *Electeur de Brandebourg d'une part*, & Philippe Louïs, & Wolfgang Guillaume *Pere & Fils, tous deux Comtes Palatins du Rhyn, le dernier agiſſant au Nom de ſa Mere d'autre part; portant que le Recès fait au Mois de Mai de l'année précedente à Dortmund demeurera dans toute ſa forme & teneur; Que dès que le Prince* Wolfgang Guillaume *arrivera à Duſſeldorp, on ouvrira les Archives, & qu'on tirera tous les Actes qui concernent la ſucceſſion de Juliers. Qu'ils ſeront également communiqués aux deux Princes; & que trois mois après, les Arbitres commenceront l'examen & le Jugement decisif de l'affaire. A Halle en Suabe le 17. Janvier 1610.*

Les Sereniſſimes Princes & Seigneurs le Seigr. Jean Sigismond Marcgrave & Electeur de Brandebourg, d'un côté, & les Seigneurs Philippe Louïs & Wolfgang Guillaume Pere & Fils, tous deux Comtes Palatins du Rhin, & le dernier au nom de ſa tres honorée Dame & Mere de l'autre côté, ſe ſont accordés aprés une meûre deliberation ſur les points ſuivans.

I. Tous les Recés faits au mois de Mai de l'année paſſée à Dortmond, & les autres Conventions ſuivies par aprés demeureront en leur entier, même dans les points, qui ne ſe trouvent pas déduits ou éclaircis davantage dans le preſent Traité; & l'on s'y tiendra toûjours de la part de ces Sereniſſimes Pretendans.

II. Encore qu'on auroit ſouhaité de ſatisfaire aux dits Recés en ce qui y eſt convenu, de la voye amiable ou du Compromis pour decider la cauſe principale de la ſucceſſion; ſi eſt-ce pourtant, que des raiſons & des empêchemens y ſurvenus ne l'ont pas ſoufert pour le préſent, on a concerté & reglé, comme quoy à l'arrivée du Sereniſſime Prince Wolfgang Guillaume Comte Palatin du Rhin à Duſſeldorp on commencera inceſſamment l'ouverture des Archives, & qu'il y aura deux des Conſeillers de chaqu'un de ces Sereniſſimes Pretendans avec un Secretaire & un Notaire pour chaque Partie, & que ceux-cy prendront derechef au ſervice & au ſerment le Regiſtrateur, qui y étoit jusqu'à preſent, particulierement pour cét Acte de reviſion, en ſorte pourtant, qu'il n'ait aucune direction, ni qu'il touche les Papiers; mais qu'il en réponde ſeulement, & donne des éclairciſſemens, quand il ſera requis & demandé, & on luy declarera d'abord expreſſement, qu'il aura à répondre de tout le defaut, qui ſe trouvera préſentement, ou à l'avenir dans ces Papiers & Inſtrumens & qu'il n'en ſera jamais diſpenſé, où les Parties contribueront auſſi pour ravoir les Actes, qui y manqueroient. Et quant aux Actes mêmes, ils les demanderont tous, mais n'en prendront que ceux, qui concernent cette ſucceſſion & les Fiefs des Comtes Palatins du Rhin; pour faire copier ceux-cy & les autoriſer par le dit Notaire, & en pouvoir donner copie à chaqu'un de leurs Sereniſſimes Principaux, aprés quoy ils remettront tels Actes dans les Archives, comme tous les autres, & tacheront pour-

ANNO 1610.

Pfaltz-Gravischen Lehenstucken angehorig / heraus genommen / und den beyden residerenden Fürsten abschriften hiervon gefertiget undt durch oben gedachten Notarium vidimirt werden / hernacher aber sollen diese Originalia hinwieder in die Archiva reponiert / und andere Acta aber aufangs soo fort daerin gelassen / und danebens / mit gantzlicher inventarisation aller Acten zur gelegener zeyt / doch ehist als muglich / verfaren werden / und weilen besharen wirt / daß dem Vero Successori (wer es dan auchkunstich zu sein bevonden wirt) etwa zu nachteil und præjuditz / die secreta des Landes mochte offenbaret werden / sollen dieselve Rahte und Diener sonderbare plicht leisten / niemanten hievon etwas ausser den beyden Fürsten / und dero Herrn Principalen, undt wen sie es je weiter zu entdecken befehlen werden / zu offenbaren / und wan man nun mit ersehung der Archiven hindurch ist / sollen ihre beyderseyts Chur-und Furstlycke Gnade zu dem in den Dortmundischen Reces bedachten Außtragh schreiten / Ihre Chur-und Furstelycke Genade benennen auch in solchem fal conjunctim und zu sammen die Durchleuchtige Hochgebohren Fürsten und Hern Johan Frederichen Hertzogen zu Wirtemberg / Hern Georgh Friederichen Marck-Graven zu Baden cz. Herrn Adolffen Hertzogen zu Holsteyn cz. hiermit undt in kraft dieses zu Compromissarien und Scheyts-Richteren / wollen auch die anwesende Fürsten itzo so baldt solch Compromis auff-undt uber sich zu nehmen freuntlich ersuchen und erbitten lassen / Hertzogh Johan Adolff zu Holstein aber sol durch ein gesambt Schreiben derhalven ersucht werden.

Es sol auch mit dem Compromis der aenfang innerhalb dreyer Monaten / den negsten von zeyt empfangener vidimirten Copeyen der uhrkunden aen zu rechenen / und uberal nach ahnweysung Dortmuntschen Reces hiemit verfahren werden : oder da es auch ihren Chur-und Fürstlycke Genade geliebt / solle als dan noch ein versuch durch eben diese in Eventum benante Scheits-Richter / ob ein guter ausganck inder saechen zu bekommen / gethaen werden.

III. Aldieweil aber biß daher / was spaltige meynunge im Rath vohrgefallen / uberdeme wobey es bleiben undt wer den schlus machen solle / allerhande Controvers vorgelauffen / daeruber viel stattliche occasiones pflegen versaumt zu werden / so ist es in futurum also zu halten / das wan die beyde residerende Fürsten / Marg-Graef Ernst zu Brandenburch cz. undt Hertzogh Wilhelm Wolffgangh Pfaltz-Graef uber dem / so in consultation etwa wehre / es wäre was es wolle (jedoch ausgeslossen was in Fürst Christians zu Anhalt F. G. von Ihro Chur-undt F. G / habenden Generalat bestallungh versehen undt abgehandelt) sich nicht vereinigen konten / daß alsdan den anwesentlichen Koniglichen / auch Chur-undt F. Gesanten die beyde unterschiedtliche meynungen mit den rationibus , jedoch unvermelt welcher meinunge eyner oder der ander von den Fürsten zugethan / umb dero sembtlichen bedencken furterlich aengebracht ; gleichwol in sachen die Landtschaft und Landt-Stande vornemlich undt eygentlich betreffendt / auch dieselbe oder deren etliche umb ihr guet-achten daneben gehohrt / undt da darauff die Fürsten sich als balden vor sich selbsten einhellich nicht vergleichen / als dan entelich des jenigen Fürsten meynung / mit welcher der obgedachter Gesanten guthachten sich conformirt, vorgehen / den Schluß undt ausschlagh machen / undt darauff die volziehung und execution in beyder Fürsten namen / ohn alles cunctiren forth und zu werck gestelt worden sol / doch alles mit dem anhang / daß obgesetzte vergleichung in diesen püncten nur soo lange / als die vorhabende Kriegs-expedition wehret / in ubung bleiben sol.

pourtant d'en faire l'Inventaire entier, si tôt que le tems le leur permettra. Et comme il est à craindre, que par cette occasion on pourroit découvrir quelque secret du Pays au prejudice du seul & légitime Successeur, qui que ce puisse être, lesdits Conseillers & Serviteurs préteront un serment particulier de n'en parler à personne, hormis à leurs Serenissimes Principaux ou sur leurs ordres exprés. Et aprés avoir ainsi visité les Archives on procedera au Compromis de la maniere, qu'il est porté dans le Recés fait à Dortmond, & leurs Altesses Electorale & Serenissimes nomment pour cette fin conjointement les Serenissimes Princes & Seigneurs Jean Frederic Duc de Wirtemberg, George Frederic Marcgrave de Bade & Adolphe Duc de Holstein &c. pour leurs Arbitres, & en requerront d'abord ceux de ces Princes, qui sont presents, de vouloir bien se charger de ce Compromis, & écriront ensemble & prieront par Lettre commune le Seigneur Duc Jean Adolphe de Holstein de cette même faveur.

L'on commencera ce Compromis au terme de trois mois à compter du jour de la reception des susdites Copies autentiques des Archives, & on y procedera en tout conformement au Recés de Dortmond, ou bien que les Serenissimes Arbitres, qui y sont eventuelement nommés, tenteront encore une fois la voye de l'accommodement à l'amiable, en cas que les deux Parties le souhaitent, ou en esperent un bon succés.

III. Et puisque par les opinions differentes du Conseil on a été plusieurs fois obligé de demeurer là & sans conclusion, & de négliger ainsi plusieurs bonnes occasions, & de laisser indecises les controverses, on est convenu, qu'à l'avenir, quand les deux Princes Regens, les Seigneurs Ernest Marcgrave de Brandebourg, & Guillaume Wolffgang Comte Palatin du Rhin, feront d'un avis opposé ou different en quelque matiere que ce soit, hormis en ce qui touche les appointemens accordés par leurs Altesses au Prince Christian d'Anhalt : on communiquera d'abord les avis de l'un & de l'autre Prince Regent sans pourtant les nommer distinctement, avec leurs raisons, aux Ministres Royaux, Electoraux, & d'autres Princes, qui seront presens, pour en avoir leurs sentimens, & dans les affaires qui concernent principalement les Etats du Pays, on y écoutera de plus les avis de ceux-cy ou de quelqu'uns d'iceux, & si là dessus les Princes Regens ne se conforment pas à l'instant, qu'on preferera le sentiment de celui d'eux, qui seroit appuié des opinions desdits Ministres étrangers, & qu'on en fera la conclusion & l'arrêt, qui fera executé, sans aucun delay, mais le tout à condition, que les procedures de cette maniere dureront seulement tant que les expeditions Militaires.

ANNO 1610.

IV. Pour

Anno 1610.

IV. Des Landtdaghs halben da drunten in dem Lande ist vor guth angesehen / überwogen daß derselve bereyts ausgeschriben / solchen noch bis auf den 20. Aprilis alten Calenders zu verschieben.

V. Mit den unaccommodierten Räthen / Amptleuten / oder anderen vorbedachten personen in richtigen Sachen in gegenward / da drunten residerende Fürsten / entweder die gelegentheyt der Lande von Ihnen zu erkundigen undt die zu einem besseren zu disponiren / eynem jeden nach gelegentheyt frey seyn / doch seynt keynem theil die absonderliche audientzen verbotten / mit der condition / daß keyner in præjudicium des anderen etwas mit ihnen handelen oder furnemen sollen.

VI. Daneben ist auch dis in guter obacht zu halten / daß die jenigen so von aenfangs den beyden Fürsten wolzugetahn gewesen / oder sich noch accommodieren würden / oder sich sunsten mit befürderung des gemeynen Wolfarths verdienet gemacht undt wol affeccioneret erwiesen / auch vor anderen qualificiert / auch dahingegen mehr favorisirt undt zu Ampteren / digniteten undt Wurden vor anderen mochten befürdert worden: Sintemahl es sonsten heimliche alterationes . kleinmutigheydt / auch zu letst gantzliche Factiones macht undt verursachet / andere wiederigen auch in ihren vorhaben nur steyf undt mehr halsstarrich gemacht.

VII Was sonsten noch die unaccommodirte Landt-Ständen ahnbelanght / sol mit allem fleyß sie zu gewinnen / und zu schuldigen gehorsamb zu bewegen versucht; uf beharliche verweygerungh aber andere mittel / nach ausweysungh der Landen Rechten und Privilegien / auch mit Rath und gudtachten der gehorsamen Ständen / gegen ihnen vorgenohmmen werden / so viel aber die Räthe Diener und Ambtleuth belanget / sollen dieselve deren herkommen und billigheyt gemeeß / in aidt-phlicht genommen / deswegen auch ehist erfordert / und mit ihnen daruber Tractation gefolgen. Diejenige aber so die pflicht verweigeren / mith Rath eines ausschuß von den gehorsamen Stenden / der alsbaldt nach Pfaltz-Graef Wolffganck Wilhelms hinabkunst beschriben werden sol (dessen sich die beyde residierende Fürsten mit ein ander zu vergleichen) von den Ampteren abgeschaft / und andere wol affectionirte / gegen Leystungh gebuhrender pflicht / aen ihre Stette gestelt : gegen denjenigen / aber so wider die Fürsten unziemliche practiquen mith anderen furnemen / oder sich sunsten ongehorsamb erzeigen / uf vorhergehende genuchsame inquisition / und mit des ausschuss Raeth / die gebuer vorgenohmen werden.

VIII. Hie uber ist weitter vergliechen / daß sich weder mit der Keyserlycke Majesteyt Ertz-Hertzogen Leopoldo und desselben Leuten / oder anderen pretendenten / oder auch sonsten jemandten / wer der auch wehre / in keine Tracktaten / ohn vorhewust des Konigs zu Franckreich und Navarre cz. also auch der Hulffleystenden Chur- und Fursten (so lang die hulfleystung wehren wirt) einlassen sol / doch den Fürstlichen Swestern und dero Erben / sich selbsten unter ein ander zu vergleichen / hiemit unbenohmen.

IX. Demnach auch wegen Marg-Graef Ernst zu Brandenburgh volmacht ahnregung geschehen / damit derhalben kunftich keine verlengerungh zu besorgen / so wirt es dahin gestelt / daß alles das yenige was bishero so wol zwisschen den beyden Herrn Principalen Chur-Brandenburgh und Pfaltz-Neuwburgh / als dero Gewalthabere / den Herrn residerende Fürsten / uf der Herrn principale erfolgte Ratification vergliechen / verabscheidet / also in kreften bleiben und dahero Hochermelter Herr Marg-Graef hiemit gewalt haben sol / alle das jenige in Regierings und anderen gemeinen sachen verhandtlen zu helffen / als

Anno 1610.

IV. Pour ce qui est de la Diete Provinciale on a trouvé à propos, d'en differer l'ouverture jusqu'au 20. d'Avril ancien stile.

V. Chaqu'un des deux Serenissimes Regens pourra librement communiquer avec des Conseillers, Officiers & autres personnes qui ne se sont pas encore accommodés, soit pour apprendre d'eux la situation des pays, ou pour les disposer à un accommodement. Il pourra de plus donner des audiences particulieres, à condition pourtant, que rien ne s'y traite au préjudice de l'autre Prince Regent.

VI. On aura bonnement soin de gratifier de Charges & de Dignités ceux, qui ont toujours été attachés aux interêts de ces Serenissimes Regens, ou qui le seront à l'avenir, ou qui l'auroient merité par de bons services pour le bien commun, en cas qu'ils y soient qualifiés, à fin qu'on ne leur donne pas sujet à aucune alteration, pusillanimité ou complot, & que les autres ne soient pas favorisés dans leur opiniâtreté.

VII. Quant à ceux des Etats du Pays, qui ne se sont pas encore accommodés avec les Serenissimes Regens, on tâchera en toute maniere de les gagner, & de les persuader à se soumettre, & en cas de refus on procedera contre eux selon les Loix & Privileges du Pays, & de concert avec ceux des Etats, qui se sont soumis. Mais pour ce qui est des Officiers & des Serviteurs du Conseil, on les prendra au serment, conformement au stile & à l'equité, & ils en seront requis à la premiere, à fin qu'ils en puissent duement convenir. Tous ceux, qui ne s'y accommoderont pas, seront privés de leurs Charges par les Etats obeïssans, qui seront expressement deputés pour cela par leurs Altesses, si tôt que le Serenissime Comte Palatin Wolfgang Guillaume sera arrivé, & qui y mettra d'autres dans les Charges moyennant le serment de fidelité, commé de coutume; mais ceux, qui auroient tramé quelque chose contre les Serenissimes Regens, ou les auroient desobligé par leur desobeissance, en seront chatiés par les mêmes Deputés & selon l'exigence du crime.

VIII. L'on est convenu de plus, qu'on ne traitera ni avec sa Majesté Imperiale, ou l'Archiduc Leopold, ou leurs Ministres, ni avec aucun autre Pretendant, sans en donner connoissance au Roy de France & de Navarre, & aux Electeurs & Princes, qui nous assistent, & tant qu'ils nous assisteront, les Serenissimes Sœurs auront pourtant la liberté toujours de s'y accommoder entre elles.

IX. Et comme on a mis en question le Plein-pouvoir pour le Serenissime Marcgrave Ernest de Brandebourg, on est convenu, pour éviter les longueurs, que tout ce qui a été traité jusqu'à present entre les Serenissimes Principaux mêmes, ou entre les Serenissimes Regens avec Ratification de leurs Principaux, demeurera également dans sa vigueur, & que par ce Traité ledit Serenissime Marcgrave aura pouvoir de traiter à l'avenir de tout ce qui concerne cette Régence &

cause

ANNO 1610.

als wañ daruber ein sonderbare volmacht von Chur-Brandenburgh ubergeben worden wehre/ in sachen aber das haupt-werck der Succession selbsten betreffent/ oder die sunsten hochster wichticheyt seyn/ und gleichwol kein verzug wol leyden muegen/ sol gebuhrende relation ahn die Principalen beschehen/oder je nit anders dan uf derselben Ratification geslossen werden.

cause commune, tout de même, comme s'il en avoit une Commission particuliere de son Altesse Electorale de Brandebourg, mais pour les affaires, qui concernent la cause principale de la succession, ou qui seroient autrement de grande importance, on en fera rapport aux Serenissimes Principaux, ou si elles ne soufrent aucun delay, on n'y conclura que jusqu'à leur Ratification.

X. Da auch zweiffel vohrfiel / ob verzugh statt oder nicht haben moghte / oder ob die sach auch so wichtig daß sie necessario muste aen die Principalen gebracht werden/auff solchem fal sol es bey der versehung verbleyben / in massen oben bey dem dritten puncten verabschehydet worden.

X. En cas de doute, si l'affaire soufre ou delay ou non, ou bien si elle est de telle importance, que le rapport en soit necessaire, on se tiendra au réglement fait dans l'Article troisiéme.

XI Demnach auch ex parte Pfaltz für eine Nothturst eracht worden/die Lehen so wol bey der Keys. Majesteyt als auch by Ertz-Hartzogen Alberto zue Ostenreich undt anderen intra debitum tempus zu suchen;als hat man sich verglichen/ daß bey der Höchst-Ernantes Ertz-Hertzogen F. Dhlt wegen der Herlickheyten Ravestein, Wynendal undt Breschessant, wieder an zu mahnen mit ersten gewisse Persohnen / ein oder meer/ sonderbare gewalt zufertigen / was aber die Reichs-Leen aenbelangt/haben sich ihro Churf. Genade dahin-erkleret daß / sie die weitere ansuchung bey Keyserlicke Majesteyt dero theyls noch zur zeit vor unnotig achten / dabey sie doch des Pfaltz-Graven Furstelycke Genade nicht maase oder ordnungh gegeben / sondern deroselben / was sie disfals thuen oder lassen werden / frey gestelt haben wollen / was andere Lehen belanget / sol denselben drunten mit allen fleiß nach getracht die gebuhr ehist undt vor verlauffungh der zeyt darauf verordnet / undt wo die belenungh oder aber ein indult nicht zu erhalten / sich durch sonderbare protestation verwaret werden.

XI Comme on a proposé de la part du Serenissime Comte Palatin du Rhin, qu'on devroit en tems demander Investiture des Fiefs tant à sa Majesté Imperiale, qu'à l'Archiduc Albert d'Autriche & autres Seigneurs Directs, on est convenu, qu'on enverra aux premiers jours un ou plusieurs Députés avec instruction d'aller demander à sa dite Altesse l'Archiduc Albert l'Investiture pour les Seigneuries de Ravenstein, Winendal, & de Breschesond; Mais pour ce qui est des Fiefs de l'Empire, S. A. E. de Brandebourg s'est declarée, qu'elle ne croit pas encore nécessaire d'en demander l'Investiture à Sa Maj. Imperiale, toutefois qu'elle ne prétend pas empêcher le Serenissime Comte Palatin de faire à cét égard tout ce que bon luy semblera : & quant aux autres Fiefs, qu'on en aura soin sur les lieux ou dans les pays en question, qu'on y demandera l'Investiture ou l'Indulte dans le terme, & si on ne les obtient pas, qu'on y fera des protests pour éviter la confiscation.

XII. Nachdem auch ihre Churf. Genade sich des tituls undt schiles undt helms der Hertzogen zu Gülich geprauchen / welches von jhre des Pfaltz-Graven Furstlichen Genade contradiciert worden / haben jhre Chur-Fürstl. Genade sich erklaret/ daß solches weder jhre Fürstelycke Genade dem Herrn Pfaltz-Graven noch sonsten yemants anders in petitorio oder auch possessorio nachteylich sein solte; worbey ihre F. Genade mit furbehalt vor sich undt die ihrigen dergleichen auch (jedoch ohn alles Præjuditz jhr Chur-Furstl. Genade undt deren Nachkommen) zuthun / dafern es jhren Chf. Genade undt deren Nachkommen oder den jhrigen geliebte/ bewenden lassen.

XII. Puisque S. A. E. de Brandebourg se servoit du titre & des armes de Duc de Juillers, & que le Serenissime Comte Palatin s'y opposoit, sadite Altesse Electorale a declaré de le faire sans qu'elle prétende par là porter prejudice aucun ni à S. A. le Serenissime Comte Palatin, ni à aucune autre personne, soit pour le Petitoire ou le Possessoire : & le Serenissime Comte Palatin du Rhin s'est reservé là-dessus le même droit, de se servir de ce même titre & armes, quand luy ou ses Successeurs le voudront, sans prétendre faire préjudice à Son Altesse Electorale, & à ses Successeurs.

XIII. Undt lestlichen die von Chur-Phalts angesprochene Lehenstuck belangendt / lassen es jhre Chur-undt F. F. G. G. bey der den 22. January jungsthin den Chur-Pfaltzischen Räthen undt Abgeordtneten gegebener Fürstelycker Resolution allerdings bewenden.

XIII. Finalement touchant les Fiefs, que l'Electeur Palatin a demandés, leurs Altesses Electorale & Serenissime s'en remettent & se tiennent à la resolution, qu'elles en donnerent le 22. de ce même mois de Janvier au Conseiller Deputé de sadite Altesse Electorale Palatine.

XIV. Alles getrewlich-urkuntlich haben ob-Höchst-und Hoch-gedachte ihr allerseyts Chur-und F. F. G. G. diesen Recess durch Chur-und F. secreten auch underschrifft uber al volnzogen/ und sich dadurch zu vester halt-und erfolgung allen dessen so hier in begriffen stehet/bey Furstlyken wurden und worten verbunden gemacht. Geschehen zu Hall in Swaben am 17 January 1610.

XIV. Leurs Altesses Electorale & Serenissime ont promis de faire accomplir tout cecy, fidélement & sans supercherie, & en foi de quoi elles ont signé ce Recés & y fait apposer leurs Sceaux. Donné à Hall en Suaube le 17 Janvier l'an 1610.

LXXXII.

24 Janv. Declaration Churfürst Johann Sigmunds zu Brandenburg / im nahmen seyner Gemahlin Anna / dann Philipp Ludwigs Pfaltz-Gravens am Rhein / anstatt seyner Gemahlin Anna/ gebohrner Hertzogin zu Julich/ wie auch Wolfgang Wilhelms Pfaltzgraffs am Rhein/ als Gevollmächtigten seyner Frau Mutter Anna erstgedacht; Worinnen dieselbe bekennen/ daß sie durch den zu Dortmunt am letzten May aufgerichten Vergleich / dem Fürstl. Hauß Pfaltz-zwey-Brücken nichts zu nachtheil weder in Possessorio noch Petitorio verhandelt haben noch wollen / sondern ihr Recht und Anforderung an den Gülichischen Landen ungeschmäh-

ANNO 1610. schmählert vorbehalten seyn. Geben zu Hall in Schwaben den 24. January 1610. [LUNIG, Teutsches Reichs-Archiv. Part. Special. Abtheilung IV. Absatz III, pag. 76.]

C'est-à-dire,

Declaration de JEAN SIGISMOND *Electeur de Brandebourg, pour & au Nom de sa Femme,* ANNE, *née Duchesse de Juliers, de* PHILIPPE LOUÏS *Comte Palatin du Rhyn, au Nom de la sienne* ANNE, *née pareillement Duchesse de Juliers, & de* WOLFGANG GUILLAUME *aussi Comte Palatin du Rhyn, au Nom de la même* ANNE *sa Mere, portant que la Convention faite par eux à Dortmund ne pourra ni ne devra préjudicier aux Prétentions de la Maison Palatine de* DEUX-PONTS *sur la Succession de Juliers, lesquelles demeurent en leur entier. A Halle en Suabe le 24. Janvier 1610.*

VOn Gottes Gnaden / wir Johann Sigmundt Marggrafe / und Churfürst zu Brandenburg/ als legitimus Administrator Unserer geliebten Gemahlin / Frauen Anna / Pfaltz-Gräfin bey Rhein / geborner Hertzogin zu Gülich/ Cleve und Berg: Und Wir von desselben Gnaden Philips Ludwig/ Pfaltzgrafe bey Rhein/ ꝛc. als gleichmässiger legitimus Administrator Unserer geliebten Gemahlin Frauen Anna / Pfaltzgräfin bey Rhein/ gebohrner Hertzogin zu Gülich/ Cleve und Berg/ ꝛc. Und dann Wir Wolffgang Wilhelm Pfaltz-Graffe bey Rhein/ ꝛc. als Gevollmächtigter Unserer gnädigen geliebten Frau Mutter erstgedacht/ Bekennen und thun kund hiemit offentlich: Demnach nach begebenen tödlichen Abgang weyland deß Hochgebornen Fürsten/ Herrn Johann Wilhelmb/ Hertzogen zu Gülich/ Cleve und Berg/ ꝛc. Christmilder Gedächtnuß / Unserer deß Churfürsten zu Brandenburg geliebter Bruder / Marggraf Ernst / zu Brandenburg / und Wir Pfaltzgrafe Wolffgang Wilhelm / als beederseits in der Gulichschen Lande sonderbar Abgeordnete / aus vielen wichtigen/ erheblichen Ursachen / zu Vorkommung und Abwendung gewissen Nachtheil und Schadens/ so den sämptlichen Interessenten an diesen Landen sonsten/ zubefahren gewesen / bewogen / und gleichsamb gedrungen worden/ uns beyderseits in der Eyl/ durch zuthun/ embsige und eyferige Bemühung und Interposition des Hochgebornen Fürsten / Herrn Moritzen Landgrafen zu Hessen/ ꝛc. Unsers freundlichen lieben Vettern und Gevattern / gedächten samptlichen Interessenten/ so wol auch den Gülichschen und andern zugehörigen Landen selbsten zum besten / eines Interim-Mittels Provisions-Weiß/ zu Dortmund / unterm letzten May / nechst verschienen Jahrs zu vergleichen: Und aber deß Hochgebornen Fürsten / Herrn Johannsen Phaltz-Grafen bey Rhein / Unsers freundlichen lieben Vettern / Sohns / und Brudern Ld. zuforderst aber dero Frau Mutter / Frau Magdalena / gebohrne Hertzogin zu Gülich / Cleve und Berg ꝛc. ob solcher Vergleichung/ ungeacht deß Reservats, so der Vergleichung/ Ihrer / so wohl auch deß Marggrafen zu Burgau / und dessen Gemahlin L. L. L. wegen / einverleibt gewesen / Beschwerung getragen / und solche für præjudicirlich / Ihr / und Ihrem bey diesen Gülichschen Landen Succession habenden Recht angezogen / laut deß sub dato am 1. July Anno 1609. an Marggraff Ernst zu Brandenburg / und Uns / Hertzog Wolffgang Wilhelmen Pfaltzgrafen abgangenen Schreibens; daß wir Hertzog Wolffgang Wilhelm/ neben Sr. Marggrafe Ernsts Ld. darauff / durch eine sonderbahre Abordnung S. Hertzog Johansen Pfaltzgraf und dero Frau Mutter LL. Unsers Intents/ durch angeregte aus tringenden Ursachen eylfertig vorgenommene Vereinigung / in einigen Weg zu præjudiciren nicht gemeynt gewesen / so dann auch sonsten vom gantzen Verlauff Bericht und Information thun lassen/ dergestalt/ daß ihre Ld. uff embsige und innständige Erinnerung und Unterhandlung des Herrn Chur-Fürsten/ Pfaltz-Graven/ Würtenberg und Badens / LLL. und endlich sie Ihres Theils / vermög ihrer deßhalb an Marggrafe Ernsten zu Brandenburg/ und Uns Hertzog Wolffgang Wilhelmen Pfaltz-Grafen/ so wol auch die sämptliche Landstände gethanen sonderbaren Erklärungs-Schreiben/ damit sich begnügen lassen / doch wofern wir Uns deßwegen gegen deroselben etwas mehrers erklärten / und zu Bezeugung dessen ein sondere Schrifft dero einhändigten und überreichten. Wann dan wir die Principalen selbsten / so wohl als wir Hertzog Wolffgang Wilhelm Pfaltz-Grafe / dessen durch aus keins Bedenckens gehabt; So bekennen und erklären wir Uns ferner hiemit in Krafft diß / in bester form und Maß es immer geschehen kan / oder mag/ daß durch die angeregte zu Dortmund unter dem letzen May nechsthin auffgerichte / mit Handen und Siegel bekräfftigte / auch seithero von Uns den Principaln ratificirte Vergleichung/ weder offtbemeldter Fürstl. Zweybrückischen Frau Wittiben / noch auch einigen Ihrer Ld. Erben / Unsern freundlichen lieben Baasen / Muhmen / Schwägerin / Vetter / Sohn und Brudern / nichts zu Nachtheil / weder in possessorio, noch petitorio, in keinerley Weiß noch Weg / wie das erdacht werden möchte / verhandelt / oder verhandelt haben wollen/ daß auch dasjenige / so wir Krafft mehr gedachter Dortmundischer Vergleichung / oder sonsten auch noch ferner in diesen Landen vornehmen/ und anordnen würden / Ihrer L. L. gleichermassen zu keinem Verfang / Abbruch / oder Schmählerung Ihrer habenden Befugnüß / oder Recht / bey dieser Succession in einigen Wege nicht gereichen / verstanden und gedeutet werden / sondern soll Ihren LL. ihr Recht / Anspruch und Forderung an die sämptliche hinterlassene Gülichsche Lande durchauß gantz vollkommentlich/ u. allerdings ungeschmählert / allermassen / als wann diese Dortmundische Vergleichung niemahln wäre getroffen / oder auffgericht worden/ vorbehalten seyn und bleiben/ biß entweder durch gütliche oder rechtliche Erörterung diese Sach hingelegt/ und ihr Endschafft erreicht haben wird/ auf welchen Fall wir sampt und sonders hiermit bey Unsern Fürstlichen wahren Worten / Trauen und Glauben / versprechen und zusagen / demjenigen / so dergestalt gutlich oder rechtlichen einem oder dem andern ab- oder zuerkandt wird / ohne einige Ein- oder Widerred / würcklich zugeleben / und Vollnstreckung zuthun. Dabey wir Uns dessen auch hiermit erklären / daß Ihr L. L. in dem zwischen Marggrafe Ernsten zu Brandenburg / und Uns Hertzog Wolffgang Wilhelm / Pfaltzgrafen zu Dortmund / unterm dato den letzten May jungsthin verglichenen / und von Uns unterschriebenen und gefertigten Außtrag / oder einen andern / dessen man sich noch vergleichen möchte / so wol als wir begriffen seyn / auch zu dero bevorstehenden Tractation, durch die allbereit erbettene / oder andere Unterhändler / oder Schieds-Richter / erfordert / zugelassen / und wegen dero Anforderung gehört / und also diese gemeine Sach conjunctim & pari passu fürgenommen / verglichen und entschieden werden soll. Zu Urkund haben wir die obbenante Chur- und Fürsten / diesen Brieff mit eygnen Händen unterschrieben / und mit Unsern Secreten versiegelt und bekräfftiget. Geschehen

ANNO 1610. zu Hall in Schwaben den 24. Januarii Anno 1610.

Hanß Sigismund / Churfürst / Philips Ludwig / Pfaltz-Graf / Wolffgang Wilhelm / Pfaltzgr.

LXXXIII.

30. Janv. ALLEMAGNE ET LA SUCCESSION DE CLEVE ET DE JULLIERS.

*Déclaration des Princes Unis d'*ALLEMAGNE*, au sujet de* Cléves & Julliers*, par laquelle ils s'obligent au Roi de France, de proteger cette affaire contre la Maison d'*AUTRICHE*. Donné à Hal en Suaube le 30. Janvier 1610.* [FREDERIC LEONARD, Tom. III. pag. 1.]

SUR ce que Monsieur l'Ambassadeur du Tres-Chrestien & Tres-Puissant Roi de France & de Navarre, par le commandement de son Maistre, a dernierement exposé en l'Assemblée des Electeurs, Princes & Ordres Unis. Eux avant toutes choses desirent que Sa Majesté Roiale croye que telle Legation si honorable & splendide leur a esté extremement agreable. Il est tout notoire avec combien de soin, de sollicitude un si bon Roi est affectionné envers les Princes & Ordres Unis, & comme il desire conserver le repos acquis à la Chrestienté, & la dignité & la liberté entiere à la Germanie. Que si les Etrangers entreprenoient moins en l'Empire, & que sous pretexte de Justice les hommes malins & corrompus n'en abusoient point pour l'ambition & la cupidité des autres, la Germanie joüiroit d'une heureuse & perpetuelle Paix. L'Honneur & la splendeur demeureroit aussi aux Familles des Princes, lesquelles pour la plusparr sont descenduës des Rois de France & d'Allemagne, & toute crainte d'Armes cesseroit, lesquelles quelques-uns prennent plûtost pour établir leur Puissance particuliere & procurer l'avancement des Etrangers, qu'il soit necessaire de ceux-là, non seulement le Roi tres-prudent par sa sagesse incomparable, découvre leurs conseils & mouvemens, qui regardent un grand changement des choses; mais aussi pour empescher tout trouble en la Religion Chrêtienne, & principalement en la Germanie, offre son soin, ses conseils, ses moiens & son aide, pour lesquels tant de bienfaits, lesdits Princes Unis ne sçavent quelles graces rendre à Sa Maj. Car combien que par la singuliere vertu (de laquelle il ne doit rien aux anciens Heros) & poussé par l'exemple de ses Ancestres, il s'offre pour deffenseur de la liberté de la Germanie, & ensemble veuille se ressouvenir des bons offices receus des Princes Unis aux tems necessiteux de la France, & maintenant l'occasion se presentant, s'offre si liberalement lui-mesme & ce qui dépend de lui. Ainsi la grace engendre la grace, & cette obligation de ceux qui ont bien merité est si belle qu'elle ne peut jamais estre effacée par aucune prescription de tems. C'est pourquoi lesdits Princes se sentent obligez à Sa Majesté Roiale, & attachez par ce lien de gratitude & de souvenance, & estiment cela vraiement Roial, non seulement de rendre bienfaits pour bienfaits, mais aussi en les comblant de vaincre tout le monde. Or en cette affaire le Roi a tres-bien jugé que pendant que ceux qui aboient aprés si grasse proie, s'efforcent de renverser aux legitimes Successeurs la possession des Provinces de Julliers, il faut craindre les embrasemens d'une Guerre, & se montre tres-amateur de la Justice, en ce qu'il a fait sçavoir à tous les Princes de l'Europe, & asseure encore maintenant vouloir empescher en une cause legitime toute injure & force estre faite à des Princes qui sans aucune violence, au contraire avec l'approbation & consentement quasi de tous les Ordres & Sujets, ont esté receus dans lesdites Provinces, & qu'ils ne soient chassez indignement des Sieges de leurs Ancestres. Magnanimité & vertu certes tres-digne d'un si grand Roi, laquelle lesdits Princes Unis reconnoissent & loüent extremement, & reçoivent les secours si splendidement offerts, & sous sa parole Roiale prest pour tous evenemens, se confians que Dieu n'abandonnera point en une cause si juste les droites intentions de Sa Majesté Roiale & ses entreprises tres-fortes, & les vœux des Princes Alliez; Qu'ils ont toûjours desiré une honneste & asseurée Paix, & que les debats fussent terminez par un Jugement legitime non corrompu ou que l'on les pust évincer; que tous ceux qui pretendent quelque action ou droit, s'arrestent au Jugement qui en sera donné comme ils sont encores prests aujourd'hui; que le tres-Illustre Prince Maurice Landgrave de Hesse, par le moien de la Transaction, s'est efforcé de détourner les mouvemens des Armes civiles entre les Princes de l'Empire; que les Princes Unis par une honorable Legation, ont intercedé à l'Empereur; que laissant là la haine & le desir de vengeance en une cause de toutes la plus importante, aiant appellé les Officiers de l'Empire, ou accordât les Parties ensemble par une amiable composition, ou par une Sentence definitive à l'exemple de ses Ancestres mist fin à cete affaire, toutes lesquelles choses sans doute le tres-Illustre Prince Christien d'Anhalt a soigneusement rapportées à Sa Majesté Roiale, ensemble lui aura montré combien il importe aux Princes Unis & même au Roiaume de France, que par les machinations cauteleuses de certains Etrangers (qui pour parvenir à la Monarchie du Monde, ont accoûtumé de ne rien laisser à tenter) l'ingenuë candeur & sincere foi & integrité des Allemans succombe, le Roi tres-vigilant a bien reconnu ces choses comme il paroist, & ne l'a pas voulu celer aux Princes ses Alliez ni à leur Ambassadeur, Monsieur le Prince d'Anhalt; quant à ce qu'il a promis à Sa Majesté, ils le lui reconfirment maintenant par Monsieur son Ambassadeur, assurans qu'étans joints ensemble avec ses forces Roiales d'estre prests pour secourir les Princes Heritiers contre toute force injuste, principalement, pourveu que ledit Roi puisse défendre de toute sorte d'aide, les Princes Heritiers & leurs Alliez contre tous efforts ennemis, & qu'il aura promis de les assister & de son Conseil & de ses moiens. Quant à la forme que l'on doit tenir pour commencer & faire toutes choses necessaires pour un si grand œuvre, l'on en pourra traiter plus particulierement avec M. l'Ambassadeur, s'acheminant toûjours au but des intentions Roiales, & est raisonnable de le faire sans plus grand retardement: & cependant il semble à propos d'avertir Sa Majesté au plûtost par Lettres de toutes ces choses, encore que l'on ne doute point de la tres-grande volonté de Sa Majesté en leur endroit, mais seulement afin qu'elle sçache que les Princes Unis feront en leur lieu ce qu'ils ne lui ont pas fait sçavoir jusques à cete heure; & qu'ils lui confirment maintenant sincerement, & ne laisseront passer aucune occasion pour témoigner leur foi & perpetuelle devotion & observance envers Sa Majesté, comme ils ont toûjours fait. Au reste ledit Sieur Ambassadeur s'est si dignement acquité de la Charge qui lui a esté imposée, & y a fait paroître tant de soin, de diligence & de prudence, que le jugement du Roi paroist par cete élection; & sa presence est tres-agreable ausdits Princes & Ordres assemblez; car ils se persuadent & l'éprouvent déja, que ledit Sieur Ambassadeur emploiera toute son industrie pour faire que Sa Majesté Roiale remporte une immortelle gloire de la deffense de la liberté & tranquillité de la Germanie, & principalement de la cause des Princes Heritiers & de la Justice qui deffend faire violence à celui qui est prest d'acquiescer à un legitime Jugement & non corrompu. Donné à Hal en Suabe le 30. Janvier 1610.

LXXXIV.

3. Fev. **Abschied und Engere Verein der Evangelischen Ständen: Worinn sie erstens zu widerstehung deren Gegentheil sothane Verein mit verschiedenen Potentzien und Evangelischen Städten zu vermehren / wie nichtweniger sich der betrangten Stadt Donauwert / im fall selbe nicht restituirt würde / anzunehmen / was auch ferners der übrigen zu Prag angebrachten Puncten halber vorzunehmen / wie den beschwerlichen Gulichischen Sachen zu rathen / und dann was bey den Oesterreich-Böhmisch / Mährisch / Schlesisch / und Cärndtischen Sachen und handlungen in acht zunehmen seye / beschliessen / und hierzu verschiedener Mitteln ubereinkommen / ferners wird abgeredet / bey dem Graffen zu Hanau-Lichtenberg um einstellung der wider die Stadt Straßburg am Käyserl. Hoff hangenden Processen super accusatione fractæ pacis publicæ, anzuhalten: Sonsten wird auch verschiedener**

ANNO 1610.

ner Irrungen halber vorsehung gemacht. Zu Schwäbisch Hall geschehen den 3. Febr. 1610 [LUNIG, Teutsches Reichs-Archiv. Part. Special. Continuat. II. Absatz. I. pag. 154.]

C'est-à-dire,

Recès d'une Union plus étroite entre les ETATS EVANGELIQUES. *On y convient de la fortifier par l'Accession de quelques Puissances & de quelques Villes, afin de pouvoir d'autant mieux resister à la Partie adverse. On y avise à ce qu'il sera à propos de faire en faveur de la Ville affligée & oppressée de* Donawerth, *en cas qu'elle ne soit pas restituée; des ordres qu'il faudra donner sur les Points remis à la Legation Imperiale à Prague, & des Resolutions à prendre sur l'affaire perilleuse de* Juliers; *comme aussi sur les mouvemens d'*Autriche, *de* Boheme, *de* Moravie, *de* Silesie, *& de* Stirie, *à quelle fin on prend diverses Resolutions. On y convient encore de faire instance auprès du Comte de* HANAU LUCHTENBERG, *à ce qu'il veuille suspendre le Procès commencé à la Cour Imperiale contre la Ville de* Strasbourg *pour cause d'infraction de la Paix Publique, &c. A Hall en Suabe le 3. Fevrier 1610.*

Zu wissen: Demnach aus vielen hochwichtigen und erheblichen Ursachen / insonderheit aber / daß auf gemeiner Unirten Stände wohlmeinende Legation und Werbung an die Röm. Kayserl. Majest. Unsern allergnädigsten Herrn / wenig Hoffnung zu einiger / wiewol guten theils vertrösteter Willfahrung sich erzeigt / sondern auch / daß gleichsam in conspectu bemeldter Gesandten / zu deren und Ihrer Herrschafft nicht geringer Verkleinerung / die hochbetrübte Statt und Burgerschafft Donauwörth des Hertzogen in Bayern Fürstl. Gn. gäntzlich eingeraumet und übergeben / und also den Evangelischen Burgern und Inwohnern daselbsten ihre Christliche Religion und Freyheit allerdings benommen / und ihre Gewissen geängstiget und betrübet worden / auch in den übrigen Puncten / als Abhelffung der gravaminum und remedirung des am Kayserl. Hoff übel bestelten Regiments / gleichergestalten man sich einiges guten Effects nicht versichern können / und ingemein so wohl ausserhalb des Heyl. Reichs als in demselben / und sonderlich den Gülichischen benachbarten Landen / sich die Sachen je länger je gefährlicher ansehen lassen; Als hat der Durchleuchtigst und hochgebohrne Fürst und Herr / Herr Friederich / Pfaltz-Graf bey Rhein / des Heyl. Römischen Reichs Ertz-Truchses und Churfürst / Hertzog zu Bayern / rc. dieser und anderer gemeiner Evangelischen Stände Nothdurfft zu bedencken / und wie obangezogenen Beschwerden zu rathen und zu helffen / auf gehabte Communication mit den übrigen Unirten Chur-Fürsten und Ständen / eine abermahlige Persönl. Zusammenkunfft in dieser des Heyl. Reichs Statt Schwäb. Hall / Sontag den 24. nechstverschienenen Septembr. einzukommen / ausgeschrieben. Dieweiln aber bald hernacher auff emsiges und eyfriges Erinnern und Annahnen des auch Durchleuchtigen und Hochgebohrnen Fürsten und Herrn / Herrn Christian / Fürsten zu Anhalt / rc. und deroselben zugeordneter ansehnlicher Assistentz-Räthen / man sich daselbsten in etwas Handlung eingelassen / und Vertröstung gethan / den Sachen sich mehr zu nähern: Derowegen hochgedacht. Ihr. Fürstl. Gn. sich länger daselbsten aufhalten müssen / und also bey damahls angesetztem Tag einiger gründlicher Bericht / worauf die gantze Handlung bestanden / nicht geschehen / noch ohne vorgehende Relation etwas fruchtbarliches geschlossen werden können / hat von Ihrer Churfürstl. Gn. solche Tagleistung wiederum nothwendig abgekündet / und biß auf ferner Zuschreiben / ausgesetzt werden müssen. Ob man nun wohl in Hoffnung gestanden / es solte vertröster massen / die so hoch-ansehnliche Legation, und derselben billichmäßige Werbung in etwas Respect gehalten werden / und gefruchtet haben; ist doch hernacher offenbar worden / daß man allein Ihren Abzug befürdern / und Sie mit guten Worten und blossen Vertröstungen abfertigen wollen; immassen dann die zeithero continuirte Hoff-Processe und fernere äusserste Bedrangnus / so den Donauwörthern zugefügt / genugsam ausweiset; Dannenhero und dieweil auch die übrige gravamina je länger je steiffer behauptet / und durch allerhand Practiken und Thatlichkeit durchgedrungen werden wollen / auch in unterschiedlichen Orthen des Heyl. Reichs starcke Kriegs-Werbungen angestellet / und theils Völcker auf den Beinen; Als haben höchstgedachte Ihre Churfürstl. Gn. auf Ersuchen etlicher vornehmer Unirten Stände / so gleichfalls auf diese Sachen ein Aug gehalten / diese abermahlige Persönliche Zusammenkunfft / wie gern sie auch sonsten / jüngstem Abschied gemäß / die samtliche Unirte mit dergleichen Tagleistungen verschont gesehen / länger nicht differiren können; sondern auf den Ersten diß Jahrs allhie ein Zusammenkommen ausgeschrieben und benandt / von obgemeldten und andern / im Ausschreiben angeregten Puncten zu deliberiren und zu handlen.

Und hätten Ihro Churfürstl. Gn. liebers nicht wünschen mögen / als daß Sie dero Leibs Gelegenheit halber bey einer so ansehnlichen Zusammenkunfft und Persönl. Gegenwart der unirten Chur-und Fürsten auch selbsten ebenmäßig in der Person beywohnen können; Weiln es aber GOTT dem Allmächtigen vor dißmahl anderst gefallen / verhoffen Sie um so viel mehr von denen gesamten unirten Ständen Dero nicht erscheinens mitleidentlichen entschuldiget zu seyn; Damit aber gleichwohl an ihrem Orth kein Mangel oder Versaumnung herrührete / haben sie den auch Durchleuchtigen und Hochgebohrnen Fürsten und Herrn / Herrn Johann / Pfaltz-Grafen bey Rhein / Hertzogen in Bayern / rc. Grafen zu Veldentz und Sponheim / rc. rc. abermaln freundtlichen ersucht / bey dem Directorio ihre Statt und Stelle zu vertretten / und beneben hochgedachtes Fürsten zu Anhalt Fürstl. Gn. (welche Sie gleicher gestalten hierzu vermöcht /) und andern zu geordneten Räthen / alles dasjenige / so zu Erhaltung gemeiner Wolfahrt nöthig erachtet werden möchte / mit einrathen und schliessen zu helffen / genugsamen Gewalt und Vollmacht aufgetragen und übergeben.

Und dieweil ohne vorhergehende völlige Behandlung und Einnahm derjenigen Chur-Fürsten und Stände / welche sich in Schrifften / doch auf gewisse Maß / zu dieser löbl. Verein erkläret / nicht wol zu der Proposition geschritten werden können / auch theils Chur-und Fürsten / oder dero Gesandten Ankunfft noch erwartet worden; Als ist zu Gewinnung der Zeit / mit denen anwesenden Herren Wetterawischen und Fränckisch. Correspondentz-Grafen und Herren / wie auch der Erbarn Reichs-Städte Abgeordneten / der Handlung ein Anfang gemacht worden.

Wiewohln nun die Herren Wetterawischen Correspondentz- und die Fränckis. Grafen und Herren zu dieser Zusammenkunfft beschrieben worden / Ihrer völligen Einnahm halben mit denenselben zu handeln und zuschliessen / gestalt dann theils durch Gevollmächtigte / theils in der Person selbsten erschienen; So hatt doch vor dißmahln / aus aller-

ANNO 1610.

ANNO 1610.

allerhand eingefallenen Verhinderungen / kein endliche Vergleichung getroffen werden können / und ist derowegen solche Handlung zur andern Zeit ausgestellet / und dabey vor rathsam ermessen worden / durch des Herrn Pfaltz-Grafens Churfürstl. Gn. dieselbe hiernechst mit Gelegenheit wieder reassumiren zu lassen / in Hoffnung Se. Churfürstl. Gn. solche Bemühung unbeschwert auf sich nemmen werden.

Mit denen Erbarn Fränckischen und Schwäbischen Reichs-Stätten aber ist wegen der noch unerörterten Puncten / auf gepflogene Tractation, und etliche hinc inde gewechselte Schrifftl. Erklärung / nachfolgende Vergleichung getroffen worden:

Erstlichen / so viel den Puncten der Oeffnung belangt; Demnach die von Worms / Speyer / Nördlingen / Rotenburg an der Tauber / S. Hall / Windsheim und Schweinfurth ihre Stätt vor Bestungen dergestalten angeben / daß Sie mit Hülff des Allmächtigen einen zimlichen Gewalt aufzuhalten und abzuwenden getraueten; da aber der einbrechende Gewalt so groß / daß Sie demselben für sich selbsten Widerstand zu thun nicht vermöchten / daß auf solchen Fall / gegen Annehmung der bedachten Caution, dem ansuchenden unirten Stand die Oeffnung zu thun erbotten; Die übrige aber / als nehmlich Cron-Weissenburg / Landau / Memmingen / Kempten / und Weissenburg am Nordgau / ihres theils sich erkläret / da die gesuchte Oeffnung allein auf den äussersten Nothfall gemeint / und ihnen nicht mehr Kriegs-Volck / als sie mächtig seyn möchten / eingelegt / gute Disciplin und Ordnung erhalten / auch dem Magistrat der Stätt das Directorium gelassen würde / gegen verglichener Caution, die Oeffnung zu thun; die von Heilbronn aber / aus Mangel genugsamer Instruction, ihren Herren und Obern diesen Puncten zu referiren / und ihre Erklärunge zu befördern übernommen; Als ist insgemein den Erbarn Reichs-Städten / ausserhalb denen dreyen Ausschreibenden / ob sie sich vor Bestungen halten wollen oder nicht / freygestellet / allein daß die / so sich vor Bestungen angeben / auch mit genugsamer Provision, an Propiant / Geschütz / Munition und anderer Nothdurfft / nach Einrathen und Gutachten derjenigen Ständ / so dem Kriegs-Wesen vorgesetzt / gefaßt halten sollen / und die Oeffnung allein auf den unverhofften Nothfall / gemeinet / und gegen beyderseits hinc inde verglichener Caution Lit. A. gleichwohln / in massen es ohne das die Union mit sich bringt / das Directorium bey der Statt / welche solches Kriegs-Volck eingenommen / doch den Obristen und Befelchshabern über derselben Soldaten das Commando gelassen / und mit derselben Zuthun gehandelt / auch die Tax der Proviant / nach moderirten Kriegs-Gebrauch / damit der Soldat dabey bleiben könne / gesetzt werde / und ferner / daß alles / so dißfalls in der Union wolversehen / welches auch auf desjenigen Standts / so die Oeffnung geben / Land-Volck zugewante / und alle die / so denselben zu vertreten stehen / auch in specie, da es die Statt Speyer betreffen sollte / das hochlöbl. Kayserl. Cammer-Gericht / und was solchem anhängig / gemeint und erstreckt werden soll Und dieweiln alle künfftige occurrenzien nicht eben auf einmahl bedacht werden mögen / ist verglichen / daß in zweiffelichen Fällen der sämtlichen unirten Ausschlag Maß geben solle / wie es in einem oder andern zu halten seyn würde.

Den Puncten Votorum betreffend / ist derselbe entlichen dahin ingemein verabschiedet / daß nehmlichen beständiglichen / und es nemme gleich diese Union künfftig ab-oder zu / auch sonsten in allen andern / diese Verein betreffenden Fällen / die unirte Chur-und Fürsten / die Erbl. Städte mit zweyen Votis übertreffen / und diese Proportion einen Weg als den andern bleiben / und gehalten werden soll; Es wäre dann Sach / daß ein anders künfftig verglichen und verabschiedet werden möchte.

Solchem nach sind die Städte / Nördlingen / Schwäbischen Hall / Heilbronn / Memmingen und Kempten / in diese wohlgemeinte Union eingenommen / welche Sie auch durch ihre gevollmächtigte Gewalthabere unterschreiben / siegeln / und also / gebührlicher Weise / vollziehen lassen / dabey nachmahln / wie hiebevor auch geschehen / verabschiedet / daß diese Union keinem Stand an seinen Rechten / Gerechtigkeit und compactaten nachtheilig seyn soll.

Und dieweiln immittelst der Durchleuchtigst- und hochgebohrne Herr / Herr Johann Sigismund / Marggraf zu Brandenburg; des heyl. Römischen Reichs Ertz-Cammerer und Churfürst rc. allhie gleicher gestalten angelangt / seynd / nach hinc inde gepflogener Handlung und communicirten Haupt-Noteln, höchstged. Ihre Churfürstl. Gn. vor sich / dero Churfürstenthum / und die Marck Brandenburg / mit diesem ausdrucklichen Bedingen / daß in allwegen dero Erb-Einigungen und Erb-Verbrüderungen mit andern Chur-und Fürstlichen Häusern vorbehalten und ausgenommen seyn sollen / ebner massen zu dieser Christl. Verein getretten / haben auch dieselbe mit der Subscription und Siglung allerdings vollzogen. Inmassen dann auch etliche Tag hernacher / und in währender Tractation, des auch Durchl. und hochgebohrnen Fürsten und Herrn / Herrn Morizen / Land-Gräfen zu Hessen rc. ansehnliche Gesandschafft und Räthe / die Edle / Veste und Hochgelehrte Asimus von Bumbach / Obrister / und Rheinhard Schäffer / Vice-Cantzler / sich mit Sr. Fürstl. Gn. Creditiv und Gewalt angeben / und / auf beschehene gleichmäßige Communication der vornehmsten Haupt-Puncten / und demjenigen / so biß dahin gehandelt worden / sich allerdings / wie des Churfursten zu Brandenburg Churfürstl. Gn. doch mit ebenmäßigem ausdrücklichen Vorbehalt der Erb-Verein-und Erb-Verbrüderung / mit den Chur-und Fürstl. Häusern Sachsen und Brandenburg / dero Vettern / Fürstl. Darmstattischer Linie / im Nahmen und von wegen Hochged. Ihres Herrns Fürstl. Gn. willfährig zu dieser Union erkläret haben / auch dieselbe mit ihrer Subscription und Ring-Pittschafft solchergestalt ausgefertiget / daß künfftig gegen eines Exemplares / von Ihrer Fürstl. Gn. unterschrieben / ihnen dieses von dem Directorio wiederum heraus gefolget / und zugestellet werden soll; Beneben dem Erbieten / da mehrer Befelch / als in ihren übergebenem Gewalt begriffen / von nöthen seyn solte / solchen aus ihrer habenden Instruction zu ersetzen;

Diesem allem nach / ist man / in Beyseyn der anwesenden unirten Chur-Fürsten und Stände und der abwesenden Gesandten und Räths-Pottschafften / ausser vorgemeldten Heßischen abgeordneten Räthen / als die sich damahls noch nicht erkläret / nach Ersehung der abwesenden Gewalt und Vollmachten / zu der Proposition geschritten / welche dann auf die vier im Ausschreiben vermeldte Haupt-Puncten gerichtet worden.

Erstlichen von Vermehrung / Stabilirung und Beständigung dieser Union, so wol in-als ausserhalb Reichs.

Zum andern / was der hoch-bedrängten Statt und Burgerschafft Donauwörth / auf dem Fall dieselbe / wie versprochen / nicht restituirt werden solte / und der übrigen zu Praag bey jüngster Legation angebrachter Puncten wegen / ferner vorzunemmen.

Für-

Anno 1610.

Fürs dritte / wie den beschwerlichen weitaussehenden Gülchischen Sachen zu rathen und zu helffen.

Zum vierdten / was bey den Oesterreich. Böhm. Mähr. Schlesß. Steyer- und Kärndt. vorlauffenden Handlungen in acht zunemmen.

Und haben darauf die samtliche unirte Chur-Fürsten und Ständ obangeregte Puncten und Articuln mit zeitlichen dapfern Rath erwogen / und sich eines gemeinen Abschieds vereinigt und verglichen / wie der von Articul zu Articul hernach folget.

Und anfänglichen / so viel den ersten Puncten belangt ; Dieweiln bewust / wie schwerlich und gefährlichen sich die Läufften an allen Orthen / besonders aber im Heyl. Reich Deutscher Nation unsers geliebten Vatterlandts ansehen lassen / und nicht zu zweifflen / daß solches alles Straffen seynd / damit dasselbige GOtt der Allmächtig / wegen der vielfältigen Sünden und Unbußfertigkeiten / heimsuchet / und also eine Nothdurfft seyn will / Sr. Göttl. Allmacht in die angetrohete Ruthe zufallen / dasselbig aber durch kein ander- und Ihme annehmlicher Mittel beschehen kan als das eyferige Gebet und bußfertige Bekehrung des Lebens ; Ist solchemnach in gemein beschlossen / daß in allen unirten Ständen / Churfürstenthum / Herrschafft / Land / Stätt und Gebieten fürterhin das gemeine Gebet unverzüglich / um gnädigste Abwendung und Linderung der angetroheten Straffen / anzuordnen / daß seine Allmacht die gemeine Rathschläge der Unirten insgesamt also wolle dirigiren und leiten / daß dieselbe zu seines Heyl. Nahmens Ehre / Aufnehmen der wahren Christl. Religion / Erhaltung der Libertæt und Wolfarth des gemeinen Vatterlands / und der geliebten Justitien / gedeyhen und ausschlagen mögen. Damit auch durch solch inbrünstig Gebet die Unterthanen die Christl. Union sich treulich anbefohlen seyn lassen / und daher so viel dämehr wol disponirt werden / die gemeine und ihre selbst eigene Gefahr in acht zu nemmen / und in begebenden Nothfällen ihren von GOtt vorgesetzten Obrigkeiten die Hand mit Eyfer und Ernst dermassen zu bieten / damit das geliebte Vatterland vor ausländis. Gewalt und Tyranney möge gesichert und vertheidiget werden / darzu dann billich alle getreue Patrioten helffen / und darinnen ihr eusserstes anzuwenden unverdrossen seyn / und sich erzeigen sollen.

Ferners und demnach man gewisse Nachrichtung / daß die Papistische / und derselben Anhängere / sich so starck mit einander ligirt und verbunden / eintzig und allein mit den Practiken umgehen / die Evangelische Stände dieser vorseyender löbl. Union in einander zu verwicklen / und zu verhetzen ; Solchem vorzukommen / und Trennungen zu verhüten / hätte man um so viel mehr sich in Einigkeit und wolangefangener Vertraulichkeit zu halten / und dasjenige / so demselbigen so wohl in Geistlichen als Politischen Wesen zuwider seyn möchte / abzuschneiden / sich auch zu befleissen / alle nachbarliche Irrungen und Spenn / sonderlich die nicht so gar grosser Importantz seyn / und doch offtmahln grosse Widerwärtigkeit erregen / in Güte zu schlichten / und hinzulegen.

Ob auch wol in der Union versehen / daß ein jeder unirter Stand sich nach Nothdurfft und seinem Vermögen gefaßt halten soll ; Ist jedoch nöthig ermessen / daß alle Unirte nochmahln ihrer Proportion nach / mit Gelt / guten erfahrnen Kriegs-Leuthen / Geschütz / Munition, und Proviant sich also præpariren / und fertig halten / daß man nicht allein einen unversehenen Uberfal aufhalten / sondern / da es die Nothdurfft / auch effective und würcklichen etwas verrichten / und dardurch zur Sicherheit und Reputation gelangen möge.

Wie dann ingleichem dem Gegentheil nicht allein keine Werbung oder Durchzüge in der unirten Lande zu gestatten / sondern auch / so viel möglich / zu verhindern / daß Ihme einige Rüstung / Pulver / Munition und anders nicht zukomme / und / da es ohne Hinderung und Sperrung der Commercien immer thunlich / alle Practiquen und Wechsel / als dardurch ihm Teutschland fast allein die Unruh fomentirt / abzustellen und zu verbieten.

Und obwohl diese löbl. Union anjetzo / durch hinzutreten so vieler ansehnlicher Stände / um ein grosses gemehrt / dafür dem Allmächtigen billich eyferig zu dancken ; Dieweil jedoch diese nähere Zusammensetzung vornehmlichen allen Evangelischen Ständen zu gutem angesehen / hätte man sich um so viel mehr / sonderlich aber in Ansehung der Päbstischen und Spanis. erneuerten Liga, zu bemühen / die im Reich gesessene darzu zu vermögen / und also zu stärcken / damit man auf den Nothfall Ihren unnutzlichen und sehr gefährlichen Practiquen Widerstand thun könne ; Und wiewohln biß anhero auf unterschiedliche ansehnliche Behandlungen / das Chur- und Fürstl. Hauß Sachsen zu dieser Verständnus nicht hat gebracht werden können / wäre doch mit der Behandlung nicht nachzulassen / sondern diejenige dubia, so von demselben angeregt worden / wie beyliegende Schrifft Lit B. ausweiset / zu benemmen / und aus dem Weg zu raumen.

Demnach auch des Herrn Churfürsten zu Brandenburg Churfürstl. Gn. bereits aus treueyferiger Affection, bey der Königl. Würden in Dennemarck / ratione Holstein / wie auch Hertzogs zu Holstein / Pommern / Mechelnburg und anderer darinnen Landtsgesessenen Fürsten und Ständen / allerhand gute Erinnerung gethan / sind Se. Chur-Fürstl. Gn. freundtlich / unterthänigst und unterthänig ersucht worden / solche Tractation, krafft deroselben zugestelten Creditiv, auf Maß die General-Instruction mit sich bringet / zu continuiren ; Gleicher gestalt sind Se. Chur-Fürstl. Gn. freundlich vermöget worden / daß Sie ebenmäßige Behandlung auch mit dem Hn. Ertz-Bischoff zu Magdeburg unternemen wolten / darzu Se Chur-fürstl. Gn. sich auch gutwillig erbotten.

Und wiewohl aus jüngst vorgangener Verhandlung mit des Hertzogens zu Braunschweig Fürstl. Gn. der Hansee-Stätte / und sonderlichen der Statt Braunschweig wegen / sich allerhand difficultæten erreget ; Ist jedoch dafür gehalten worden / daß nachmahln / ob- und welchergestalt zuvorderist die hochbeschwerliche und dem gantzen Evangelischen Wesen nachtheilige und præjudicirliche Strittigkeiten und Mißverständ in etwas moderirt / und auf erträglichere Wege / wo nicht gar verglichen werden möchten / und mehr hochgedachts Chur-Fürsten zu Brandenburgs / wie auch Herrn Marggraffen zu Onolzbach Chur- und Fürstl. Gn. beneben den Erbarn von Nürnberg (deren Abgeordnete es zwar ad referendum angenommen /) gleichergestalt freundtlich / unterthänigst und unterthänig / auch günst-nachbarlichen vermögt / und in gemeiner Unirten Nahmen / auf beygefügte Creditiv und Instruction, Lit C. & D. solche wie auch die fernere Behandlung zu der Union ehist vorgehen zu lassen ; Immassen dann beyde Ihre Chur- und Fürstl. Gnaden / auf beschehen Ersuchen / mit denen Hansee-Stätten fernere Tractation zu pflegen / auch wie und welcher gestalt Sie zu dieser Union zu tretten gemeint / von Ihnen zu vernehmen / auf sich genommen haben.

Es ist auch vor gut angesehen / daß die angefangene Behandlung Hn. Land-Grafen Ludwigen zu Hessen Fürstl. Gn. durch Pfaltz- und Baadens Chur- und Fürstl. Gn. ehisten an Hand genommen / und wo möglich vollzogen werde.

Anno 1610.

Die übrige Evangelische Stätt belangend/ wird es bey vorigem Hallischen Abschied gelassen/ daß Sie den Creysen nach von den damahls committirten unirten Chur-Fürsten und Ständen/ zu völliger Erklärung ermahnet und behandelt werden sollen.

Als auch mit der Statt Regenspurg zu unterschiedlichen mahlen Handlung gepflogen worden/ damit sie auch zur Union gebracht werden möchte/ und es aber biß anhero auf Ihrer Erklärung gestanden; So haben Sie bey gegenwärtigem Convent zween aus ihrem Mittel anhero abgeordnet/ und den unirten Chur-Fürsten und Ständen die Anzeig thun lassen/ daß sich zwar etliche aus dem Rath/ super quæstione An? affirmativè, der mehrer und fürnehmste Theil aber negativè erkläret hätten; Und sich derwegen bey dieser disparitæt, und daß hieraus/ auf den Fall/ der Burgerschafft und dem Rath allerhand Ungelegenheit entstehen möchte/ für entschuldiget zu halten gebetten; dabey aber erbotten/ alles dasjenige/ so zu der Union Besten gereichen mag/ zu befördern/ Ihre Wachten zu stärcken/ und da was der Union nachtheiliges an Sie gelangte/ solches zeitlich zuberichten.

Ob nun wol gemeldten Abgeordneten durch Hertzog Philipps Ludwigen/ Pfaltzgrafens Fürstl. Gn. und beyder Stätt Nürnberg und Ulm Gesandten/ mehrere Information mitgetheilet/ und Ihr/ der Statt/ selbst eigene Gefahr zu Gemüth geführet/ und darbey erinnert worden/ daß diese Union allein auf die Reichs-Constitutiones gegründet/ auch zu niemandens offension, vielweniger zu der Kayserl. Majest. despect, sondern zu Conservation der Unirten, und in subsidium der Reichs Ordnungen/ angesehen/ mit dem Begehren/ dahin bedacht zu seyn/ wie nunmehr in dieser Handlung zu entlichem gutem Schluß zu gelangen, So haben sich doch gemeldte Abgeordnete/ daß Sie sich/ ausser Befehl/ weiters nicht einzulassen wüsten/ entschuldiget/ und diese Erinnerung allein ad referendum angenommen/ dabey gleichwol diese Andeutung gethan/ da man ihnen zulassen wolte/ daß Sie dem gantzen Innern Rath die generalia Unionis capita, sub fide silentii schrifftlich eröffnen/ und den noch unaccommodirten des äussern Raths/ und des Ausschus mündtlich anzeigen dörfften/ daß weitere Handlung nicht undienstlich seyn möchte.

Weiln der Union an dieser Statt nicht wenig gelegen/ als ist denen Abgeordneten Bewilligung geschehen/ daß dem Innern Rath die generalia Unionis, sub fide silentii, communicirt/ dem äussersten Rath und Ausschuß aber allein in genere nachmahls zugesprochen/ und etwas mehrs von der Commoditæt der Union, und der Statt selbst eigenen Gefahr/ Ausführung gethan/ aber die generalia capita nicht eröffnet werden solten/ mit dem Anerbieten/ wofern der Rath solche Erinnerung in Beyseyn etlicher/ von der unirten Ständ Räth zu thun vermeinte/ daß Sie Hertzogs Philipps Ludwigen Pfaltz-Grafen Fürstl. Gn. und die Erbare von Nürnberg und Ulm darunter ersuchen möchten/ welche/ zu gemeiner Stadt selbst besten/ fernere Bemühung gern auf sich nemmen würden.

Es hat auch Georg Ludwig von Freyberg/ Freyherr zu Justingen ꝛc. sich in die Union zu nemmen begehrt; weil man aber die Nachrichtung gehabt/ daß es keinen Anschlag/ und sonsten viel strittige Privat-Sachen; als ist für rathsam erachtet worden/ für dißmahl dieses Suchen/ an statt einer abschlägigen Antwort/ mit stillschweigen zu umbgehen.

So viel nun das zweyte Membrum in diesem ersten Puncten/ von Vermehrung und Bestärkung der Union ausserhalb Reichs/ anbelangt/ hat man sich bey Berathschlagung desselben erinnert/ welcher gestalt bey den vorigen Conventen nicht vor rathsam gehalten worden/ daß fremde Potentaten und Herrschafften/ dieweil die Union vornehmlich auf des Reichs Ordnungen und Constitutiones gegründet/ in dieselbe directo genommen/ sondern es eintzig bey einer guten und vertreulichen Correspondence hinc inde gelassen/ und dieselbe erhalten werden sollte/ damit man aufs wenigste um so viel versichert/ daß sich ihrenthalben keines widrigen zu befahren/ sondern vielmehr alles favors, Nutzen und Beförderung zu vertrösten seyn möchte.

Wiewol es nun dabey billich nochmahln sein Verbleiben hat; nichts destoweniger aber/ weiln die unirte Chur-Fürsten und Ständ die Nachrichtung erlangt/ daß die neue Ligisten sich starck bemühen/ die ausländische Potentaten auf ihre Seiten und zu ihrem favor zu bringen; Ist vor rathsam ermessen worden/ diß Orths den Vorsprung zu nemmen/ und sich zu bemühen/ wie der König in Groß-Brittannien/ Dennemarck/ (denn so viel die Königl. Würden in Franckreich anbelangt/ hat es mit demselben König seinen geweißten Weg/) die Herrschafft Venedig/ wie auch die Eydgenoßschafft in Schweytz/ also zu disponiren/ daß Sie dieser Christl. Union gewogen und ersprießlichen favor erzeigen/ und auf den Fall/ wo nicht die hülffliche Hand bieten/ doch zum wenigsten sich also in terminis halten/ daß sich die Union dannenhero keiner Gefahr zu besorgen.

Derowegen dann von den unirten Chur-Fürsten und Ständen/ so viel hochged. König in Groß-Brittanien anbelangt/ auf eine ansehnliche Legation, deren caput, wo möglich/ eine Fürstl. Person seye/ und über welchen die Chur-Pfaltz/ und dessen Hertzogen zu Würtemberg Chur- und Fürstl. Gnaden/ so mit Sr. Königl. Würden einer Correspondence halber allbereit etwas tractation gepflegen/ zu vergleichen/ Deroselben etliche Dero Räth zuzuordnen/ und gleichwohl alles also zuverfassen hätten/ damit grosser Unkosten vermietten/ und dißfalls der Union, so viel immer möglich/ kein sonderer Last zu verursachen wäre/ geschlossen; Dabey auch dieses bedacht worden/ weiln wegen des Gülichischen Wesens periculum in mora, daß solche Legation je ehe je besser/ und so bald man Nachrichtung empfangen/ was des Königs in Franckreich/ der Gülchischen Sachen halber/ in Engelland Abgesandter für gute Expedition gehabt/ ins Werck gerichtet werde/ deren Verrichtung seyn solle/ daß Sie Sr. Königl. Würden diese löbl. Union zum besten recommendire/ und wohin sie eigentlich gemeint und angesehen/ zu erkennen gebe; Zum andern/ einer Correspondentz halber Tractation pflege/ und von Sr. Königl. Würden verneme/ was Sie bey den Gülchis. Sachen zu thun gemeint/ dieselbe auch ersuche/ daß Sie Ihro nicht wolle zuwieder seyn lassen/ die Königl. Würden in Dennemarck zu ebenmäßigem so gut gemeinten Intent zu disponiren/ insonderheit aber bey Chur-Sachsen/ durch gute Erinnerung/ es dahin zu richten/ daß sich Se. Churfürstl. Gn. so wohl in dem Gülchischen Werck/ als auch zu dieser Union, und andern gemeinen/ die Evangel. Stände betreffenden Sachen etwas näher bequemen wolten;

Entlichen auch/ weiln die Erhandlung des Hertzogens zu Braunschweig/ und der Statt Braunschweig/ wie auch der Hansee-Städte/ bißhero an dem angestanden/ daß gehörter Hertzog/ und die Statt/ biß noch in schweren und weitläufftigen differentien

ANNO 1610. rien gegen einander begriffen / seynd Se. Königl. Würden zu ersuchen / daß Sie auf Mittel bedacht seyn wolten / wie solche Irrsaalen durch ihre stattliche Interposition dermahleinest hingelegt / und dardurch so wohl der Hertzog und die Statt / als auch die Hansee-Stätt zur Union gebracht werden / wie solches alles die verfaßte / und sub Lit. E. beyliegende Instruction der Länge nach ausweisen thut.

Dabey ist es auch dahin gestellt / daß die Legation, wann sie diß Orths etwas gewühriges ausgericht / aus Engelland zu der Königl. Würde in Dennemarck / und von dannen zu denen Hn. Staaten in den Niederlanden verreisen / und daselbsten ebenmäßge Werbung ablegen soll; Gestalt auch Chur-Brandenburg aufgetragen / mit Sr. Königl. Würde / als einem Hertzogen zu Holstein / der Union halben Tractation zu pflegen / und sonsten wegen der Gülchischen Sachen beyden Hrr. Interessenten / Chur-Brandenburg und Pfaltz-Neuburg / frey und bevorstehet / die Ihrige bey solcher Legation auch zugleich / nach Dero Gelegenheit und Gefallen / mit abzufertigen; Bey welchem Puncten gleichwol der Erbarn Stätte Abgeordnete Mangel Befelchs angezogen / und was dieses Puncten wegen vorgegangen / allein ad referendum angenommen haben.

Sonsten ist auch zu Pfaltz und Würtembergs Chur-und Fürstl. Gn. wie auch der Legation selbsten Discretion allerdings gestellt worden / wie nach befundener Verrichtung der Königl. Würd. in Franckreich Gesandtens / bey Engelland die Reyß an Hand zu nemmen / und ob Sie nach erlangter Expedition bey derselben Königl. Würd. zuvorderst nach Dennemarck oder zu den Hrn. Staaten zu verreisen / rathsam ermessen werden.

Demnach auch an guter Kundschafft viel gelegen / und daß man etwas gewissere Nachrichtung / als etwan bißhero aus Italia, und daselbsten angräntzenden Orthen / haben möchte; Ist für eine Nothdurfft erachtet worden / daß ein sonderbahr- und der Union verwandte Person / auf gemeinen- der Unirten Costen / zu Venedig zu unterhalten / damit man stetigs von dannen aus / geschwind Nachrichtung haben könne / was jederzeit in Italia zu Rom und anderer Orthen für Anschläg und Practiquen obhanden: Und obwohln einer solchen Person halben etwas Vorschlags geschehen; So ist doch vor dißmahls / und auf einen Versuch dasjenige / so bey der Herrschafft zu Venedig / der Union, Gülchis. Sachen und Päsße halben / nach Ausweiß beyliegenden Schreibens / sub Lit. F. zu verrichten / deme aufgetragen / welcher allbereits vor diesem zu obigem End / von etlichen unirten Chur-und Fürsten / nach Venedig verordnet / und bißhero daselbsten unterhalten worden / und daß künfftig zu vergleichen / auch der Stätt Abgeordnete durch Ihre Relation bey Dero Hrn. und Obern dabey Fleiß anwenden solten / daß solche Occasion mit Nutz gebraucht werden möchte / weiln auch Ihnen selbst / Dero Commercien und sonsten viel daran gelegen ist.

So viel die Eyd-Genoßschafft in Schweitz anbelangt / haben die Unirten nicht wenig ein Nothdurfft zu seyn erachtet / darauff zu dencken / wie man sich auch derselben in etwas mehr vergwissere / aufs wenigst um so viel / daß Sie in ihrem Gebieth weder Werbung noch Durchzug / oder andere Vortheil / da derselb entweder wider die Union, oder die possedirenden Fürsten in Gülch / angesehen / verstatten / und zu dem End ihre Päsße wol verwärt halten; und dann da sie ichtwas / so zu dieser Union zu Nachtheil gemeint seyn und gereichen solte / in Erfahrung brächten / dasselbig jederzeit verträulich advertiren wolten; Sintemahl dann wegen der ANNO 1610. jetzigen gefährlichen Läufften / an Beförderung viel gelegen; also ist der Statt Straßburg / welche ohne das mit ged. Eydgenossen in Verbündtnüs stehet / aufgetragen worden / solcher Handlung fürderlichst einen Anfang zu machen / damit hiernechst / auff geschehene Communication der Verrichtung / Chur-Pfaltz / der Hertzog zu Würtemberg / und Marggraff zu Baaden und Hochberg / &c. als Sie darunter von denen Unirten ersucht worden / mit Zuziehung gemelter Statt Straßburg / dieselbe continuiren mögen.

Demnach entlichen auch von Stabilimento der Union, und wie auf eylenden Nothfall ein unirter Stand dem andern zu Hülff kommen / und sich sonsten der Gegenbereitschafft halben zu verhalten seyn solte? Deßgleichen wann hinführo mit widerrechtlichen Hoff-Processen und Achts-Erklärungen / wider einen oder den andern verfahren würde? was hingegen zu thun / geredt worden; und man sich aber erinnert / daß in der Union, und vorigen Abschieden / hievon allbereits genugsame Vorsehung zu finden; Als ist es dieser beyden Puncten halben dabey nochmaln gelassen / jedoch für gut angesehen worden / daß sich ein jeder unirter Stand in Seinem Land in guter Bereitschafft / die Unterthanen und deren Ausschuß / wie auch die Landsässen / Beamte / und andere Reysige Diener / in guter Rüstung und fleissiger Ubung halten / nothwendige Kundschafften ausmachen / auch gleich / nach Endtschafft dieses Convents, seine Lehenleuth zum erstenmahl aufmahnen / die Gräntzen und Päß wohl verwahren / kein fremd Kriegs-Volck durch Sein Land und Gebiet durch passiren / oder einige Werbung darinnen / auch keine Waffen und andere Kriegs-Nothdurfften / daraus zu bringen / den Widerwärtigen zum besten / gestatten / sondern vielmehr verhindern / auch gute Vorsehung / durch Mandata und andere Weeg / thun sollen / damit die Unterthanen und Verwante sich in fremde Werbungen nicht einlassen / sondern vielmehr ihren Land-Fürsten / Herrschafften und Obrigkeiten gewärtig verbleiben / und was also insgemein zu der unirten Stände / und dero Land / Leuth und Unterthanen Versicherung und Abwendung aller Gefahr zuträglich seyn mag / inmassen dann ein jeder Stand für sich selbsten hierinnen sorgfältig zu erzeigen sich befleissen wird.

Bey diesem 1. Puncten hat man sich auch beyliegender / von denen unirten Ständen unterschriebener / und per copias allenthalben communicirten Matricul, und eines beständigen Valors der Guldin und Silbern Müntz-sorten / in welchen dieselben hinfüro zur Union zu erlegen / sub Lit. G. & H. verglichen / jedoch daß diejenige Zahl / so allbereit erlegt worden / oder werden sollen / in dem zu Rottenburg verabschiedeten Valor zu erstatten / und jetzige specificirte Verordnung nur auff die künfftige Zihl zuverstehen / und obwohln dabey die Stadt Straßburg für sich und die andere des Ober-Rheinischen Creyses Stätt sich dessen / so viel die allbereits erschienene zwey Zihl betrifft / beschwerdt / und es auch in præteritum auf jetzige Valuation gern gerichtet gesehen hätte / jedoch und dieweil alle andere unirte Ständ es bey vorged. Unterschied gelassen / dahero auch der Union nicht allein was zugehet / sondern auch eine Gleichheit durchaus nothwendig seyn / und Weitläufftigkeit verhütet werden muß / so stellt man in keinen Zweiffel / die Ober-Rheinis. Stätt dißfalls / das Werck schwer zu machen / kein sondere Ursach haben würden; Sonsten hat der Hr. Churfürst zu Brandenburg zur Legstätt die Vestung Spandau / Herrn Land-Grafen Moritzen Abgesandten die Vestung Cassel nahmhafft gemacht / die Reichs-Stätt / so erst zur Union getreten / sollen sich

Anno 1610. sich gegen dem Directorio erklären / welche unter ihnen den Unions-Nervum bey sich behalten / oder in die Creyß-Legstätt schicken werden.

Ferners hat man sich verglichen / daß hinfüro die unirte Chur-Fürsten und Ständ nachfolgender Gestalt visitirt werden sollen:

Die Chur-Pfaltz am Rhein soll visitiren der Hertzog zu Würtemberg und Teckh rc. Georg Friederich / Marggraf zu Baaden und Hochberg rc. und Straßburg.

In Ober-Bayern beyde Hrn. Hrn. Marggrafen zu Anspach und Culmbach / und die Stadt Nürnberg.

Chur-Brandenburg; Land-Graff Moritz zu Hessen / die Fürsten zu Anhalt und die Stadt Nürnberg.

Hertzog Philipps Ludwigen / Pfaltz-Grafen; Marggraff Joachim Ernst zu Brandenburg / Hertzog zu Würtemberg und Teckh / rc. und die Stadt Ulm.

Hertzog Johannesen zu Zweybrüggen; Chur-Pfaltz / Marggraf Georg Friederich zu Baaden / und die Statt Straßburg.

Marggrafen Christianen zu Brandenburg; Chur-Pfaltz / von Amberg aus / Hertzog Philipps Ludwig / Pfaltz-Graff / und die Statt Nürnberg.

Marggrafen Joachim Ernsten zu Brandenburg; Hertzog Philipps Ludwig / Pfaltz-Graf / Hertzog zu Würtemberg / und die Statt Nürnberg.

Den Hertzog zu Würtemberg / Hertzog Philipp Ludwig / Pfaltz-Graf / Marggraf Georg Friederich zu Brandenburg und Hochberg rc. und die Statt Ulm.

Land-Graf Moritzen zu Hessen; Chur-Pfältz / Chur-Brandenburg / und die Statt Schweinfurth.

Marggraf Georg Friedrichen zu Baaden / rc. Chur-Pfaltz / Hertzog zu Würtemberg rc. und die Statt Ulm.

Die Fürsten zu Anhalt; Chur-Brandenburg / Land-Graf Moritz zu Hessen / und die Statt Schweinfurth.

Graff Gottfrieden zu Oettingen; Hertzog Philipp Ludwig / Pfaltz-Graf / Hertzog zu Würtemberg / und die Statt Nördlingen.

Die Statt Straßburg; Chur-Pfaltz / Hertzog Johannes / Pfaltzgraf / und die Statt Speyer.

Die Statt Nürnberg; beyde Marggrafen zu Culmbach und Anspach / und die Statt Wintzheim.

Die Statt Ulm: der Hertzog zu Würtemberg und Teck / Marggraf Georg Friederich zu Baaden und Hochberg / rc. und die Statt Memmingen.

Die übrige Reichs-Stätt / so ihre Quotam der Contribution bey sich behalten / sollen durch zwey Fürsten und eine Statt / in dem Creyß / da solche Statt gelegen / visitirt werden:

Derjenigen Stätte Vorrath / die denselben in die Creyß-Legstatt schicken / kan zugleich besichtiget werden / wann bemeldte Legstatt visitirt wird; Dabey gleichwohln verabschiedet / wann die Zeit zur Visitation vor der Hand / und nicht eben alle drey Stände bey derselben / etwan Weite des Wegs / oder anderer Ursachen halben / zugleich die Ihrige abordnen könten / daß alsdann entweder die andere zween / oder auch ein ander Stand / mit der Visitation verfahren / und Sie sich dessen je nach Gelegenheit mit einander wol vergleichen mögen; Der Zeit halben / wann solche Visitation geschehen soll / ist unter den Unirten / so allbereit eine Zeitlang in der Union gewesen / und denjenigen / so erst darzu kommen / ein Unterschied dergestalt gemacht worden / daß es derjenigen halben / so allbereit bey der Union gewesen / und noch nicht visitiret worden / bey der gemachten Ordnung der Zeit zu lassen / den Antrettenden aber / welchen so viel Termin auf einmahl zu erlegen / zu schwer fallen wollen / der Termin, auf welchem Sie zum erstenmahl visitirt werden sollen / von nechst künfftig Trinitatis an / auf ein Jahr zu erstrecken / doch daß es hiernechst bey dem einmahl gemachten Vergleich verbleibe; Worbey gleichwol vorbehalten ist worden / da ein Nothfall verhanden wäre / daß alsdann solcher Zeit nicht zu erwarten / sondern / daß auf solche Nothfälle ein jeder mit seiner Quota bereit und gefaßt / auch die Visitation unverlengt an Hand zu nemmen / doch daß es einem jeden Stand um Nachrichtung willen zuvor zu erkennen gegeben werde. Anno 1610.

Der zweyte Punct im Ausschreiben ist / was nunmehr / nach zu Praag jüngsthin verrichter Legation wegen der Statt Donauwörth / der beschwerlichen Hoff-Procels, und des übel bestelten Regiments am Kayserl. Hoff zu thun / möchte für rathsam ermessen werden; Bey deme sich die unirte Chur-Fürsten und Stände gegen Fürst Christian zu Anhalt Fürstl. Gn. und Dero zugeordneten Räthen / so wol der so gutwillig auf sich genommenen Legation, als auch bey derselben angewendeten Fleiß / Sorgfalt und Mühe nochmahln freundlich / unterthänigst und unterthänig / gnädig und günstig bedanckt / daneben noch guter Massen erinnert / wie treuhertzig / eyferig und wohlmeinlich die unirte Chur-Fürsten und Stände es mit der Kayserl. Maj. und Derselben sorglichen Zustand gemeint / indem Sie in äusserster geschöpffter Hoffnung gestanden / etwas gewühriges zu verrichten / Ihrer Maj. die Noth und Gefährlichkeit / darinnen Sie / samt dem Heyl. Reich und dessen Ständen begriffen / so umständlich durch die ansehnlichen Legation, dergleichen bey Ihrer Maj. Regierung nicht geschehen / nicht allein zu Gemüth führen / sondern auch die Ursachen und den Brunnquell / daraus alles hergeflossen / entdecken / und auch in specie die Haupt-Ursachen / nehmlich die beschwerliche Hoff-Processe und das böse Regiment / aus welchen das beschwerliche Donauwörthische Wesen seinen Ursprung genommen / nahmhafft machen / und dabey Mittel und Weg / solchem ins künfftig zuvorkommen / eröffnen und an die Hand geben lassen; Und obwohln zu unterschiedlichen Jahren und Zeiten von etlichen vornehmen Evangelischen Chur-Fürsten und Ständen um Abschaffung solcher Hoff-Processen ebenmässig vielmahln / aber gantz und gar vergebens angehalten / und es derowegen das Ansehen gewonnen / als wären fürohin / etwas gewühriges zu erlangen / alle Mühe / Arbeit und Kosten verlohren; so haben doch die unirte Chur-Fürsten und Stände zu Ihrer Maj. die unterthänigste Zuversicht getragen / wann Sie Derselben durch eine ansehnliche Legation, wie es mit Ihrer Majest. Hoff-Räth und Regiments unrechtmäßigen Processen und Verhandlungen / und daraus dem gantzen Reich angetroheten Gefahr beschaffen / aus dem Grund berichten liessen / und also noch gleichsam das eusserst- und glimpflichste Mittel gebrauchen thäten / Ihrer Majest. wurden die Augen aufgehen / und dermahleinst vermercken / was es so wohl mit Ihr selbst / als auch dem gantzen Reich für einen sorglichen und gefährlichen Zustand habe / darauff auch die Mittel und Weg / die Ihr gewiesen worden / an Hand nemmen / und dardurch die Beschwerdte mit würcklicher Hülff zu erfreuen; Gestalt dann Ihre Majest. was die Statt Donauwörth anbelangt / sich in einer Resolution dahin erkläret / daß Sie / was an völliger Restitution gedachter Statt noch übrig / a dato solcher Resolution in vier Monathen vollendes ins Werck richten wolten / darneben auch die Vertröstung thun lassen / mit den Hoff-Processen und Ihrem Regiment eine solche Moderation und Anordnung zu treffen / daß sich hinfüro

niemand

ANNO 1610.

niemand zu beschweren haben solte / allermassen dasselbe die Prag. Relation mit mehrerm in sich halten thut.

Es haben aber die unirte Chur-Fürsten und Stände mit höchster Bekümmernüs erfahren / daß obschon der zur Restitution der Statt Donauwörth benannte Termin allbereits vorüber / nichts destoweniger die so hochversprochene Kayserl. Zusag nicht erfolgt / sondern berührte Statt einen Weg als den andern / in des Hertzogen in Bayern Handen verbleiben thut / und gegen den bedrangten Burgern immerfort mit harten Bestraffungen an Geld und Verweisung der Statt verfahren / ja ererst von Ihrer Majest. von den unirten Ständen / Mittel / wie dem Hertzogen der Unkosten zu erstatten / vorzuschlagen begehrt worden / unangesehen man sich bey vorgewesener Legation ausdruckentlich bedingt / daß kein Evangelischer Stand einigen Heller und Pfenning darzu geben / und dardurch den unbillichen Procefs gut zu heissen gedacht seye; darauff dann auch die Resolution simpliciter und ohne Meldung des Unkostens erfolgt und ertheilt worden.

So ist auch mit den Hoff-Processen / versprochener Massen / keine Milterung vorgenommen / sondern vielmehr werden dieselben strenger als vorzemahls fortgetrieben / so bleibt das Kayserl. Regiment in seinem vorigen Unwesen / und wird einige Verbesserung nicht angestellt; Dannenhero die unirte Chur-Fürsten und Stände Ihnen keine andere Gedancken und Rechnung machen können / als daß nunmehro an dem Kayserl. Hoff / etwas gewühriges durch Schreiben oder Schickung zu erlangen / eintzige Hoffnung nicht mehr übrig seye / haben demnach obgemeldter Statt Restitution, wie auch andere Beschwerden dahin gestellt / biß künfftig zur Besserung thunliche und bequemliche Mittel sich an die Hand geben möchten;

Jedoch daß unterdessen / von solcher gemeinen Sach nicht abzusetzen / sondern sich derselben würcklich anzunemmen / vereinbaret und verglichen / wie Sie dann zu allen Uberfluß / und damit ja keine Gelegenheit / etwas gutes zu erhalten / verabsaumen / abermahl ein Schreiben an die Kayserl. Majest. abgehen lassen / des Innhalts / wie hiebey sub Lit. I. zu sehen / und des Herrn Pfaltz-Gräfens Chur-Fürstl. Gn als Directori, anvertraut worden / wie Sie dasselb dergestalt / nacher Praag zu überschicken / ratsam befunden werden / daß es der Kayserl. Maj. als Deren sonsten dergleichen und andere Schreiben schwerlich zuzubringen / zu Handen geliefert werden möchte.

Bey diesem Puncten / wegen der beschwerlichen Hoff-Procefs, und damit man wider dieselbe je länger je mehr mit gutem und beständigem Grund aufkommen möge; Ist für gut angesehen worden / daß bey eines jeglichen unirten Stands Archivo fürderlich und mit allem Fleiß aufgesucht / was an Documenten / so hierzu dienlich / vorhanden / und abschrifftl. zum Directorio überschickt werden soll / damit von demselben auch anderwerts nothwendige Communication geschehen möge.

Bey dem dritten Haupt-Puncten / wie und welcher Gestalt dem beschwerlichen / wichtigen und weit aussehenden Gülchischen Wesen zu rathen und zu helffen; Sind allerseits gute Vorschläge geschehen / ingemein aber von Chur- und Fürsten / auch der Abwesenden Gesandten und etlichen Ständen dafür gehalten / obwohln diese Sache vermög jüngst allhie deswegen gemachten Abschiedts eigentlich nicht vor ein Unions-Werck zu erachten / jedoch / dieweiln es damit solcher Gestalt bewandt / daß dahero dem gantzen Evangelis. Wesen / und also auch der Union, grosser Nutz und Vortheil / wie auch im Widrigen / Schaden / Nachtheil und Gefahr entstehen und zuwachsen kan / daß auch billig alle Evangelische Stände sich mit Rath und etwas würcklichem Zuthun derselben anzunemmen; Welches gleichwohl die Abgeordnete der Erbarn Reichs-Stätte / alldieweil Sie dißfalls nicht genugsam befehlt / ad referendum auf sich genommen / und erbotten / bey Ihren Herren und Obern es dahin zu richten / daß dißfalls derselben Resolution dem Directorio, innerhalb 14. Tagen schrifftlichen überschickt werden solle.

ANNO 1610.

Vor allen Dingen aber ist insgemein und bey allen dahin verstanden / daß diese das Gülchische Wesen betreffende und allhier voorgangene Handlungen und übernommene Hülffleistung keinen Interessenten / und also auch den Chur- und Fürstl Häusern Sachsen und Zweybrücken an Ihren Rechten / Ansprüchen und Forderungen zu einigem præjudicio oder Nachtheil nicht gemeint / sondern damit diese so stattliche / und der Päß / Wasser-Strömen und anderer Bequemlichkeit halber / so wol gelegene Lande den Evangelischen Interessenten / denen Sie von Rechts- und Billigkeit wegen gebüren / zukommen und bleiben mögen / und den Fremden / auch Widrigen / so ein Aug darauff geschlagen / möchte begegnet / und deroselben schädlich Vornehmen verhindert und abgehalten werden.

Immassen dann auch hiemit verabschiedet wird / da von wegen dieser Hülff-Leistung oder beschehenen An- und Vorleihungen an Geldt einer oder der andere unirte Stand / durch Acht- und Executions Procefs angefochten / oder würcklichen verfolgt werden solte / die übrigen demselben beyzuspringen / und die Hand zu bieten / auch zu beschützen schuldig seyn sollen.

Und dieweiln man die Nachrichtung erlangt / daß Hertzog Johanns Georgen zu Sachsen Fürstl. Gnaden mit Chur-Brandenburg Chur-Fürstl. Gn. zu einer vertreulichen Conversation kommen möchte / auch zu dem Ende zum Hoff eine Zusammenkünfft verglichen worden; Ist ingemein vor ratsam ermessen / daß Ihre Chur-Fürstl. Gn. solche Occasion nicht ausser acht zu lassen / sondern bey Derselben beneben Marggraff Christian zu Brandenburg Fürstl. Gn. als welche bereit interponendo sich in etwas Tractation von wegen der Unirten mit hochgedachts Hertzogs Hanns Jörgen Fürst. Gn. eingelassen / die vorgeschlagene und andere bequeme und thunliche Mittel an Hand zu geben hätten / damit Ihre Chur- und Fürstl. Gn. Gn. bey diesen ohne das schwürigen Zeiten / von den gefährlichen und Ihrer Consequentz halben allen Evangelischen hoch præjudicirlichen Hoff-Processen zu besserer und gemeiner Correspondentz und Vertreulichkeit disponirt und gewonnen werden mögen; Darüber des Verfolgs zu seiner Zeit zu erwarten stehet.

Den Vierten Haupt-Puncten belangend / was bey den Oesterreichis. Böhmischen / Mähris. und Schlesischen Handlungen in acht zu nemmen / ist für ein Nothdurfft gehalten worden / dabey bedacht zu seyn / wie bey denselben etwas Correspondentz zu erhalten seyn möchte / dahin gerichtet / wie die Beylag sub Lit. K. / welche künfftig mutatis mutandis und je nach Gelegenheit der Zeit und Umständ loco Instructionis zu gebräuchen / mit mehrem ausweiset / und ist diese Handlung von den Unirten Fürst Christians zu Anhalt Fürstl. Gn. aufgetragen worden / und könte bey der Tractation mit den Oesterreichern der Vorschlag beschehen / ob Sie sich mit den Unirten sofern vergleichen / und ein Summa Geldts zu der Union hinterlegen wolten / deren Sie sich in Nothfällen zu gebrauchen hätten / und daß hingegen die Unirte erbietig wären / wann Sie / die Oesterreichis. / angefochten / und

ANNO 1610.

mit Gewalt bedrangt würden / Ihnen als dann zu gestatten / daß Sie von solchem deponirten Geldt eine gewisse Anzahl Volcks in Dero Land und Gebieten werben lassen möchten / da Sie nun mit solchen Vorschlag zu frieden / ist geschlossen / denselben zu acceptiren und nicht aus der Acht zu lassen.

Mit der Königl. Würd. in Hungarn / und den Ständen in Hungarn einer solchen Correspondentz halben etwas Handlung pflegen zu lassen / ist noch zur Zeit / aus allerhand Bedencken / nit für rathsam und thunlich erachtet; wie in gleichem auch mit den Steyrern und Kärntern noch in etwas inzuhalten / für gut angesehen worden / inzwischen wird der Oesterreichis. Land-Tag zu Wien mehr Anleitung geben können / und ist gleichwol denen bedrangten Oesterreichis. Ständen / und vornehml. den Stätten zum Besten / an König Mathiam abermahln geschrieben worden / wie die Beylag Lit. L. mit mehrerm mit sich bringt.

An die Böhmische Land-Stände / damit dieselbe durch innerliche Trennung so wol Ihnen selbsten / als dem gemeinen Evangelis. Wesen kein Ungelegenheit zuziehen / wie auch anjetzo / da im Königreich Böheim unterschiedliche Werbungen vorgenommen werden wollen / welche den benachbarten unirten Ständen leichtlich groß Gefahr bringen möchten / ist dergestalt zu schreiben nicht für undienlich ermessen worden / wie ebenmäßig die Beylage Lit. M. vermag.

Neben-Sach.

DEmnach auch bey diesem Convent über die im Ausschreiben begriffene Puncten noch allerhand andere Sachen vorkommen; So hat man dieselbe durch sonderbahr darzu verordnete Räthe berathschlagen lassen / welche sich beyliegenden Bedenckens sub Lit. N. an die unirte Chur-Fürsten und Stände verglichen / gestalt auch hiernechst dasselbe in Pleno verlesen worden.

So viel nun anfänglich der Statt Straßburg Beschwerung wider den Herrn Grafen zu Hanau-Lichtenberg / der am Kayserl. Hoff und dem Cammer-Gericht zu Speyer super accusatione fractæ pacis publicæ wider Sie anhangig gemachte unterschiedliche Procesś anbelangen thut; Dieweil bemeldter Herr Graf in Seinem Antwort-Schreiben an die unirte Stände gedachte Procesś nochmahln / und ungehindert der eingewanten Intercession, zu prosequiren gemeint; so ist darvor gehalten worden / daß Ihme durch des Hn. Pfaltz-Grafen / Chur-Fürsten / und Hn. Johann Friederich zu Würtemberg / Chur-und Fürstl. Gn. und die Statt Worms in der samtlichen unirten Nahmen etwas mehrere Information, Erinner- und Vermahnung zu thun seyn / und zu dem Endt entweder nacher Heydelberg oder Stuttgardt beschrieben werden solte / dahin alsdann die andern die Ihrigen auch verordnen könten / und ist dahin gestellt worden / daß dem Hn. Grafen zu Gemüth zu führen / daß Er in dieser Sachen gleichwol bedencken wolle / daß die Statt Straßburg principaliter den Krieg nicht geführt / sondern allein auf der Evangelis. Stände Ansuchen treuhertzig-und keiner feindlicher oder freventlicher Meinung / Assistentz und Beystand geleistet / und derhalben die Requisita pacis publicæ sich auff gemelte Statt nit appliciren liessen; So seye neben deme / Ihme / dem Herrn Grafen / nicht allein / sondern auch andern benachbarten Fürsten und Herren / insonderheit auch der Statt Straßburg selbsten / grosser Schaden zugefügt worden / wäre auch nunmehro das Kriegs-Wesen gantz und gar aufgehoben / und alles / was derentwegen vorgeloffen / cassirt / und da dißfalls accusationes solten zuläßig seyn / würden sich die angesessene Fürsten und Herren nicht weniger derselben zu gebrauchen haben.

Was aber solches vornehmlich unter denen Evangelischen Ständen für Unwill und Zerrüttung verursachen könte / hätt Er billig zu ermessen; Begehrten demnach die unirte Chur-Fürsten und Stände / Er / der Herr Graf / wolle diese wolmeinende Erinnerung erwegen / und den allgemeinen Evangelischen Ständen und derselben Aufnehmen zum besten / auch zu Vermeidung aller Weitläufftigkeit und Unruh / von den beyden Procesśen abstehen / und da Er je den Procesś am Kayserlichen Cammer-Gericht zu verfolgen gedächte / jedoch zum wenigsten den am Kayserl. Hoff entweder gar einstellen / oder zugleich ans Cammer-Gericht transferiren wolte / in Betrachtung / daß / obwohl Kayserl. Maj. fundatam Jurisdictionem super actione intentata habe / jedannoch notoriè und bekant seye / wie es jetziger Zeit eine Beschaffenheit mit Dero Reichs-Hoff-Räthen habe / bey welchem / dem Herrn Grafen / etwas Ausführung zu thun seyn möchte; Dabey Ihme auch entlichen anzudeuten / zum Fall in beyden Processen wider die Statt Straßburg unförmliche und widerrechtliche Urtheil ergehen / oder per viam facti etwas tentirt und vorgenommen werden sollte / Er unschwer zu erachten hätte / daß die unirte Chur-Fürsten und Stände nicht würden fürüber können sich ged. Statt Straßburg anzunemmen / und solches durch zustehende Mittel abzuwenden / und ist zu Ihren Chur-und Fürstl. Gn. und der Statt Worms Discretion allerdings gestellt worden / was Sie vermeinen werden / für fernere Motiven / den Hrn. Grafen von seinen Procesśen zu bringen / zu gebrauchen seyn möchten.

Wegen der Statt Landau Beschwerung / wider den Bischoffen zu Speyer und etliche wenig Capituls-Herren zu ged. Landau / allerhand deren zugefügten Neuerung halben / ist an den Hn. Pfaltz-Grafen / Chur-Fürsten und obberührten Bischoffen von den Unirten geschrieben worden / wie sub Lit. O & P. mehrers Inhalts zu befinden.

Ingleichem seynd Se. Chur-Fürstl. Gn. von den samtlichen Unirten auf der Statt Worms Abgeordneten Anbringen / daß sich die Jesuiter daselbsten einschleichen / und durch Vorschub des Bischoffen zu Worms ein Collegium bauen wollen / beyliegender Massen sub Lit. Q. freundtlich und unterthänigst ersucht worden / diß Orths mögliche Verhinderung zu thun / wie das Schreiben mit mehrerm ausweiset.

Auff Hertzogs Philipps Ludwigen Pfaltz-Gräffl. sub Lit. R. S. beyliegende Erinnerung und hiernechst ferners erholtes Begehren in der Kaißhaimischen Sach sind Se. Fürstl. Gn. von den Unirten an statt Bedenckens beantwortet worden / wie die Beylag sub Lit. T. U. zu erkennen geben.

Was Marggrafen Georg Friederichs zu Baaden Fürstl. Gn. der Eyckischen Sach halber gesucht / und was derselben für ein Bedencken geben / dan auch von den Unirten an den Ertz-Hertzog Albertum ꝛc. abermahln geschrieben worden / ist hiebey sub. Lit. W. X. Y. befindtlich.

Der Freyen Ritterschafft im Untern Elsaß Abgeordneten / so ihrer Beschwerden halber Rath gesucht / ist beyliegende Resolution sub Lit. Z. mitgegeben worden.

Demnach auch Herr Philipps / Freyherr zu Pappenheim / wider seinen Vettern / Herrn Alexander / etlicher Einträg wegen / die Er ihme am Stifft Gräffenbach zugefügt / darüber auch ein Kayserl. Conservatorium aufgebracht / Rath gesucht / ist Ihm eine schrifftl. Resolution, wie sub Lit. Aa. hiebey zu sehen / zugeschickt worden.

Auff

ANNO 1610.

Auff der Evangelis. Thum-Capitulars zu Straßburg hiebevor gethanes Suchen / Ihrer Unterhaltung halben / ist beyliegende Erklärung sub Lit. Bb. erfolgt.

Demnach man auch bey der Union allerhand extraordinari Außgaben wird von nöthen haben; Ist verglichen worden / daß diejenige Stände / so zur Pragis. Legation Ihren Monath noch nicht erlegt / denselben nochmahln erstatten / und dan die samtliche unirte Stände noch ein Monath aus der Union-Cassa (gleichwol nur vor dismahl) zwischen hie-und künfftige Ostern unfehlbar darschiessen / und Burgermeister und Rath zu Nürnberg zuschicken sollen / welche solche gegen gebührende Urkunden durch eine gewisse darzu deputirte Person einzunemmen / und mit der samtlichen Unirten Vorwissen anzuwenden / und künfftig zu verrechnen wissen werden / welches auch Deroselben Abgeordnete ad referendum also auf sich genommen / daß dißfalls an gemeldter Statt Nürnberg gutem Willen gar nicht gezweiffelt wird.

Dessen allem zu Urkund und Festhalten ist dieser Abschied mit der unirten Chur-Fürsten und Ständen Subscriptionibus, Secreten und Pettschafften bekräfftiget worden.

Geben Schwäbisch-Hall den dritten Februarii Anno Sechzehnhundert und Zehen.

Aus Vollmacht und an statt Chur-Pfaltz / Johannes / Pfaltz-Graf.
Philipp Ludwig / Pfaltz-Graf.
Johannes / Pfaltz-Graf.
Joachim Ernst / Marggraf zu Brandenburg.
Johann Friederich / Hertzog zu Würteinberg.
Georg Friederich / Marggraf zu Baaden.

Christian / Fürst zu Anhalt / und in Vollmacht Sr. Fürstl. Geliebte Gebrüdere.

In Vollmacht Ihrer Chur-Fürstl. Gn. zu Brandenburg ꝛc. subscr. Friederich Pruckmann / D.

Aus Vollmacht Herrn Marggraf Christians zu Brandenburg ꝛc. meines gnäd. Fürsten und Herrn Fürstl. Gn.

Arnold Muhlmann / D.

An statt und in Vollmacht Herrn Moritzen / Land-Grafen zu Hessen / Unsers gnädigsten Fürsten und Herrn.

Aßmus von Baumbach.
Rheinhard Schäffer / D.
Gottfried / Grafe zu Oettingen.

Aus Vollmacht / und Krafft beschehener Substitution der Erb-Frey-und Reichs-Stätte / Straßburg / Worms / Speyer / Weissenburg und Landau / subscripsit.
Johann Hartlieb / gen. Wallsporn / D.

Wegen der Statt Nürnberg / Krafft habenden Gewalts / und den andern Fränckischen Stätten / Leonhard Grundherr.

Von wegen der Statt Ulm / und der andern unirten Stätt im Schwäbis. Creyß /
Conrad Krafft.

(L. S.) (L. S.) (L. S.) (L S.)
(L. S.) (L. S.) (L, S.) (L. S.)
(L. S.) (L. S.) (L S.)
(L. S.) (L. S.) (L. S.)

LXXXV.

ANNO 1610. 11. Fev.

ALLEMAGNE ET FRANCE AU SUJET DE LA SUCCESSION DE JUILLIERS.

Traité de Confederation & Alliance, entre HENRI IV. *Roi de France & les Electeurs* PALATIN *& de* BRANDEBOURG, *& autres Princes & Etats de l'*EMPIRE, *pour conserver les Duchez de Julliers, Clev's & Berg, le Comté de la Marck, & autres Seigneuries, aux plus proches Héritiers. A Hall en Suaube le* 11. *Février* 1610. *Ratifié par le Roi à Paris le* 23. *desdits mois & an.* [AITZEMA, Affaires d'Etat & de Guerre, Tom. I. pag. 25. de l'Edition *in folio.* & FREDERIC LEONARD, Tom. III. pag. 3.]

HENRI par la grace de Dieu, Roi de France & de Navarre : A tous ceux qui ces presentes Lettres verront, Salut. Comme ainsi soit que nostre amé & feal Conseiller en nostre Conseil d'Etat, le Sieur de Boissise, n'aguere par nous envoié en Allemagne, pour comparoistre en nostre nom en l'Assemblée de Hall en Sueve, faite par les Electeurs & Princes du Saint Empire, nos tres-chers Cousins, & les Etats d'icelui unis au Traité commencé & accordé avec iceux, dont la teneur ensuit.

Aujourd'hui 11. jour du mois de Fevrier 1610. en l'Assemblée où estoient Messeigneurs Jean Comte Palatin du Rhin, Duc de Baviere, au nom & se faisant fort pour Monseigneur Frederic Comte Palatin du Rhin Electeur du S. Empire, Duc de Baviere.

Le Sieur Frederic Brochman, Conseiller d'Etat & Chancellier, & aiant pouvoir de Monseigneur Jean Sigismond, Marquis de Brandebourg, Electeur du Saint Empire, Duc en Prusse.

Philippes Louis & ledit Jean Comtes Palatins du Rhin, Ducs de Baviere.

Joachim Ernest, Marquis de Brandebourg, Duc de Prusse, tant pour lui qu'au nom de Christian, Marquis de Brandebourg, Duc de Prusse son Frere.

Jean Frederic, Duc de Wirtemberg; & Teck, Comte de Mombeliard; George Frederic, Marquis de Baden & de Hochberg.

Christian Prince d'Anhalt pour lui, & Messeigneurs Jean, George, Louïs, Auguste, Rudolphe ses Freres, & Etats du S. Empire Unis & Confederez.

S'est presenté Monsieur Jean de Thumery, Seigneur de Boissise, Chevalier & Conseiller au Conseil d'Etat de Tres-Haut, Tres-Puissant & Tres-Excellent Prince Henri Roi de France & de Navarre, & son Ambassadeur vers lesdits Princes & Etats.

Lequel adressant sa parole ausdits Princes & Etats, leur a dit; Que pour entiere confirmation & assurance de l'amitié & bienveillance de Sadite Majesté envers eux, & aider à assurer & conserver la liberté & tranquilité de la Germanie, maintenir & deffendre les Princes ausquels la Succession de Cleves & de Juilliers, & autres Principautez & Seigneuries qui en dépendent, appartient par droite & legitime Succession; qu'il declaroit derechef, & en tant que besoin estoit, ausdits Sieurs Electeurs, Princes, & Etats Unis & Confederez. Outre ce que Sa Majesté en auroit ci-devant dit & baillé par écrit signé de sa main, à Monsieur le Prince d'Anhalt, & ledit Ambassadeur ausdits Sieurs Princes, tant en public que privé; que le Roi son Maistre vouloit emploier en faveur desdits Princes Heritiers de Cleves pareil nombre de Gens de Guerre à pied & à cheval, & semblable équipage d'Artillerie avec ce qui en dépend à ses dépens, que lesdits Princes Heritiers de Cleves & leurs Confederez y emploieront, laquelle bonne volonté & offres de Sadite Majeste ainsi témoignée par ledit Ambassadeur, lesdits Sieurs Electeurs, Princes & Etats Unis auroient accepté avec humbles remercimens envers Sadite Majesté, la suppliant de les vouloir effectuer au plûtost, comme ils estoient prests de satisfaire à ce que ledit Prince d'Anhalt auroit de leur part proposé à Sadite Majesté, en quoi il estoit besoin d'user de diligence, attendu que leurs aversaires tâchoient de les prevenir, & faisoient de grands preparatifs pour envahir les Païs, dont lesdits Princes Heritiers estoient en possession.

A quoi ledit Sieur Ambassadeur auroit repliqué, que lesdits Electeurs, Princes & Etats Unis se devoient assurer en la parole de Sa Majesté, qui leur avoit été tant de fois confirmée, & reïteroit par sondit Ambassadeur

ANNO 1610.

ſadeur à preſent; pour laquelle effectuer ledit Ambaſſadeur auroit requis de la part de Sadite Majeſté, leſdits Sieurs Electeurs, Princes & Etats Unis, de vouloir declarer leur vouloir & intentions ſur les points & articles qui enſuivent.

PREMIEREMENT. Si leſdits Sieurs Princes entendent obeïr, ou defferer aux Commandemens & Bans qui pourront venir de la part de l'Empereur, & ſe départir pour iceux de la défenſe de la cauſe qu'ils ont entrepriſe.

II. Sa Majeſté deſire ſçavoir au vrai & eſtre aſſuré du nombre des Gens de Guerre, & quel équipage d'Artillerie, tant les Princes intereſſez que leurs Confederez, ont déliberé d'entretenir, du fonds qu'ils ont pour le paiement & la forme d'icelui.

III. Sa Majeſté deſire pour le bien de la cauſe commune, que Meſſieurs les Princes Unis promettent dés à preſent d'entretenir les forces dont ils doivent aſſiſter cette cauſe, non pour ſix mois ſeulement de la preſente année, mais tant que durera la Guerre, les évenemens de laquelle eſtans incertains, ne ſe peuvent limiter d'aucun eſpace de tems.

IV. Il eſt beſoin que le Roi ſache en quel tems Meſſieurs les Princes mettront leurs forces aux champs, d'autant qu'à l'occaſion de l'aſſiſtance que Sa Majeſté donne aux Sieurs Princes, le Roi d'Eſpagne & les Archiducs de Flandres pourroient rompre la Paix.

V. Sadite Majeſté deſire ſçavoir quel ſecours en ce cas meſdits Sieurs les Princes lui voudroient donner.

VI. Sa Majeſté deſire que l'Electeur de Brandebourg & Prince Palatin de Neubourg, & les autres Princes Unis, lui promettent que les Habitans Catoliques des Païs de Cleves, Julliers & autres Provinces qui en dépendent, ne ſeront aucunement troublez en l'exercice libre de leur Religion.

VII. Leſdits Sieurs Princes promettront à Sa Majeſté de ne faire aucun Accord ou Traité general ou particulier enſemblement ou ſeparement qui ſoit contre l'union qu'ils ont entr'eux, ſoit pour le fait de Cleves, ou autres qui importe à la cauſe commune, ſans le conſentement de Sa Majeſté.

Sur leſquels Points & Articles leſdits Sieurs Electeurs, Princes & Etats Unis aïans meurement deliberé, meſme conferé avec ledit Sieur Ambaſſadeur auroient donné la réponſe telle qui s'enſuit.

Sur le premier Article, l'union generale portant article exprés là deſſus, les Princes & Etats Unis promettent à Sa Majeſté de n'abandonner ladite cauſe pour Mandement ou Ban qui vienne de la part dudit Empereur, ains demeurer fermes en leur union, & pourſuivre leur entrepriſe, tant que Dieu leur en donnera les moiens.

Sur le ſecond Article, Meſſeigneurs les Princes intereſſez s'offrent d'entretenir jusqu'à l'acheminement des forces de Sa Majeſté & celles des Princes & Etats Unis, le nombre qu'ils ont déja en ſolde; A ſçavoir cinq mil Hommes de pied & treize cens Chevaux; & aprés que le ſecours ſusdit ſera joint, le nombre de quatre mil Hommes de pied & douze cens Chevaux, quinze Canons & ſix pieces de Campagne, avec les proviſions neceſſaires d'atirail, munitions & Vivres. Et les Princes & Etats Unis pareil nombre de quatre mil Hommes de pied & mil Chevaux, pour l'entretenement & paiement deſquels les uns & les autres ſont tellement pourveus, qu'ils promettent qu'il n'en arrivera aucune faute. Comme auſſi l'ordre & la conduite ſera tellement établie, que Sa Majeſté en aura ſatisfaction.

Sur le troiſiéme Article, leſdits Seigneurs Princes & Etats Unis reconnoiſſent que les évenemens de la Guerre ſont incertains, & qu'il eſt malaiſé de la limiter à certain tems; mais ils ont d'autre part cete creance, que moienant le ſecours & aſſiſtance de Sa Majeſté, la preſente ſe pourra finir en moins de tems que les ſix mois, pour leſquels ils offrent les forces ſusdites; & que par ainſi l'on n'en aura plus beſoin. Promettans neanmoins, au cas que ladite Guerre ne ſoit finie eſdits Quartiers de Julliers, Cleves & Provinces en dépendantes, de continuer leur dit ſecours ſpecifié ci-deſſus.

Sur le quatriéme Article, quant au tems de la levée, meſdits Seigneurs les Princes Unis & Etats s'accommoderont toûjours avec Sa Majeſté pour faire acheminer leurs forces lorſqu'elle ſera preſte. Et partant deſirent ſçavoir de Monſieur l'Ambaſſadeur ledit tems pour ſelon icelui regler leurs preparations, eſtimans neanmoins que celui qui previent a l'avantage, & que par ainſi il ſera beſoin de diligenter ce ſecours le plus qu'il ſera poſſible. Comme de leur part ils feroint marcher une bonne partie des forces ſusdites vers la mi-Mars, & le reſte dans un mois aprés au plus tard.

Sur le cinquiéme Article, les Maiſons Palatine & de Brandebourg, aïans eſté compriſes par Sa Majeſté au dernier Traité de Vervin, Meſſeigneurs les Princes eſtiment que le Roi d'Eſpagne ni l'Archiduc ne pourront avec bon titre rompre la Paix à l'occaſion de ce ſecours qui ſe fait hors de leurs Terres, & jaçoit qu'il avienne, ils ſçavent Sa Majeſté ſuffiſamment pourveuë pour reſiſter à telle rupture priſe ſur un ſujet ſi mal à propos: & en ce cas promettent & aſſurent Sa Majeſté que n'aïans plus de Guerre ouverte auſdits Païs de Julliers & appartenances, ni en celui des Unis & Confederez, qu'ils ſecourront Sa Majeſté avec quatre mil Hommes de pied & mil Chevaux. Comme auſſi Sa Majeſté promettra reciproquement, au cas qu'eux ou aucuns d'entre leſdits Princes & Etats Unis fuſſent attaquez par voie d'Armes ſur le ſujet de Julliers, ou autre concernant l'union, que Sa Majeſté les ſecourra de huit mil Hommes de pied & deux mil Chevaux, en cas qu'il ne ſoit empeſché de Guerre en ſon Roiaume.

Et outre ce que deſſus, d'autant que le Comté, Ville & Fortereſſe de Monbeliard, avec les Terres, Places & Seigneuries Souveraines en dépendantes, appartenants à Monſeigneur le Duc de Wirtemberg, ne peuvent en cas de neceſſité facilement ni promptement eſtre ſecourues dudit Seigneur Duc, ni d'autres ſes Alliez, à cauſe de leur ſituation éloignée, Sa Majeſté ſe chargera d'en prendre la protection particuliere, ſoit par ſoi meſme, ou par moien d'autres ſes Alliez, ainſi que ci-aprés ſera plus particulierement accordé; en ce non comprins neanmoins les Terres & Seigneuries appartenantes audit Sieur Duc, qui relevent du Comté de Bourgogne, s'eſtant ledit Seigneur à cauſe de la foi & hommage dont il eſt tenu audit Comté expreſſement reſervé, qu'en tout évenement le ſecours porté par le preſent Article pour ſa part, ne puiſſe aucunement eſtre employé au prejudice dudit Comté de Bourgogne.

Sur le ſixiéme Article, Meſſeigneurs les Princes intereſſez ont ſatisfait à cet Article par une Declaration imprimée, & par ainſi ne font difficulté d'en aſſurer de nouveau Sa Majeſté.

Sur le ſeptiéme & dernier Article, leſdits Sieurs Princes ſe ſouvenans par diverſes Declarations de Sa Majeſté, combien Elle deſire procurer & maintenir la Paix en general, & particulierement celle de la Germanie, ont cete aſſurance que l'occaſion ſe preſentant de pouvoir ſortir de ce fâcheux affaire par Traité ou Accord; Elle n'aura deſagreable cete voie, puis qu'on entend y comprendre Sa Majeſté. Et en ce cas ſont contens de ne rien conclure ſans le conſentement & avis de Sa Majeſté, laquelle aſſurera pareillement leſdits Princes Unis de ne faire aucun Traité pour leſdites Terres de Julliers & dépendances, ou autres quelconques qui les concernent ſans leur ſceu, intervention & gré, laquelle réponſe (horſmis le ſeul article touchant le mutuel ſecours & protection du Comté de Monbeliard, duquel ledit Sieur Ambaſſadeur n'avoit pour le preſent exprés commandement) comme conforme à l'intention du Roy, ledit Sieur Ambaſſadeur auroit receuë & acceptée au nom de Sa Majeſté ſon Maiſtre, & promis icelle envoier en la plus grande diligence qu'il ſeroit poſſible à Sadite Majeſté, pour avoir ſur le tout ſa Ratification & ſes Commandemens, leſquels il delivrera à Monſeigneur l'Electeur Palatin dans trois ſemaines ou un mois au plûtard; deſquelles dites Declarations & Offres leſdits Sieur Ambaſſadeur & Sieurs Electeurs, Princes & Etats Unis, ſe ſont les uns aux autres délivrez Actes pour leur ſervir & valoir, ainſi que de raiſon. Signé, Jean de Thumery. Jean Comte Palatin du Rhin, au nom & aiant le pouvoir de Monſeigneur l'Electeur Palatin. Philippes Louis, Comte Palatin du Rhin. Jean Comte Palatin. Joachim Erneſt, Marquis de Brandebourg, tant pour moi que pour mon Frere Chriſtian. Jean Frederic Duc de Wirtemberg. George Frederic, Marquis de Bade. Chriſtian Prince d'Anhalt. Wolfgang. Guillaume, Comte Palatin du Rhin. Et plus bas, *Ad Mandatum Illuſtriſſimi Electoris Brandeburgici*, &c. *propria manu ſubſcripſit Frid. Bruchman de manu propria Gotfrid Grave M. Otinguen*, & cacheté d'un Cachet ſous lacs de ſoie blanche & bleuë.

NOUS, aprés nous eſtre fait repreſenter leſd. Articles, & aïans tous leur contenu bien agreable, Avons leſdits

ANNO 1610.

lesdits Articles en general & en particulier; acceptez, approuvez, ratifiez & confirmez, acceptons, approuvons, ratifions & confirmons; & le tout promettons en foi & parole de Roi, & sous l'obligation & hipotecque de tous & chacuns nos biens presens & à venir, garder & observer inviolablement, sans aller ni venir au contraire: Car tel est nostre plaisir. En témoin de quoi Nous avons fait mettre nostre Scel à ces Presentes. Donné à Paris le 23. jour de Fevrier, l'an de grace 1610. & de nostre Regne le vingt-uniéme. *Signé*, par le Roi, BRULART. *Et scellé du grand Sceau de cire jaune.*

LXXXVI.

25. Avril. FRANCE ET SAVOYE.

(1) *Traité entre* HENRI IV. *Roi de France &* CHARLES EMANUEL *Duc de Savoye, pour la Conquête du* Duché *de* Milan, *fait à Brusol le 25. Avril* 1610. [FREDERIC LEONARD, Tom. VI. d'où l'on a tiré cette Pièce, qui se trouve en Italien dans VITTORIO SIRI *Memorie recondite*, Tome II. pag. 238.]

I. IL auroit plû à sa Majesté d'envoier devers son Altesse le Sieur de Bullion, Conseiller en son Conseil d'Etat, pour faire entendre à sadite Altesse les intentions de sa Majesté sur les Articles proposez au fait de la Guerre, & aiant vû Sa Maj. les réponses, les auroit approuvez suivant ce que plus particulierement Monsieur le Maréchal des Diguieres devoit faire entendre à son Altesse: & pour cet effet mondit Sieur le Maréchal s'estant acheminé vers son Altesse à Brusol, auroit fait entendre à sadite Altesse la continuation de l'affection & bonne volonté de sa Majesté envers elle & ses enfans; & que Sa Majesté se servant de l'occasion de l'affaire de Cleves, faisoit estat d'estre dans son Armée au mois de Mai prochain, & que comme le Roi d'Espagne assiste le Parti contraire, sa Majesté a resolu avoir Guerre contre lui. Et parce que son Altesse auroit declaré au Roi qu'elle estimoit estre à propos d'avancer l'execution des entreprises, Monsieur le Maréchal auroit declaré à son Altesse avoir commandement de sa Majesté de resoudre toutes choses necessaires à cet effet, surquoi auroient eu plusieurs Conferences sadite Altesse & ledit Sieur Mareschal; & icelles entreprises reconnuës & jugées faisables, auroit sadite Altesse declaré vouloir de sa part emploier pour parvenir à la conqueste du Duché de Milan, quatorze mille Hommes de pied, (a) mille Maistres gens de cheval, & mille Arquebusiers à cheval. Et par Mondit Sieur le Mareschal auroit été dit, que sa Majesté pour parvenir à icelle execution; auroit donné charge d'offrir à son Altesse douze cens Maistres gens de cheval, (b) quatre cens Carabins, & quatorze mille Hommes de pied, paiez & maintenus aux dépens de Sa Maj. Et auroit son Altesse fait instance qu'il n'étoit à propos de tenter l'execution d'icelles entreprises, que la plus grande partie, voire toutes les forces de Sa Majesté, ne fussent passées deçà les Monts, & la conduite de gens de Guerre, & la forme de l'execution desdites entreprises, resoluë entre son Altesse & ledit Sieur Mareschal.

(a) 1500. dans *Vittorio Siri*.

(b) 14000. *Ibid.*

II. Et pour ce qui est des canons; poudres; balles & chevaux d'artillerie, a esté convenu qu'il sera fourni par son Altesse trente pieces de canons avec l'attirail aux dépens de son Altesse, & dix canons avec l'attirail aux dépens de Sa Majesté; Comme aussi trente mille balles & de la poudre le plus que faire se pourra, & pour tirer jusqu'à vingt mille coups, & pour les autres vingt pieces son Altesse les fournira, à la charge qu'on s'aidera de l'attirail desdits vingt canons ci-dessus specifiez, tant du Roi que de son Altesse.

III. Et parce que par le Traité du septiéme Janvier 1610. auroit esté dit expressément qu'il estoit necessaire de convenir du profit & sureté de la Guerre; & sur la declaration faite au nom de Sa Majesté par ledit Sieur Mareschal, de la recompense que demandoit sa Majesté du Duché de Savoie, au lieu de la Conqueste de celui de Milan, pour lequel le Roi emploioit ses forces & moiens, son Altesse pourtant en la premiere réponse ci-devant faite au mois de Novembre dernier, seroit demeurée d'accord que lors qu'elle sera en possession de la Ville & Chasteau du Duché de Milan, elle fera remettre és mains d'un Gentilhomme, duquel sa Majesté & son Altesse conviendront, toute la Forteresse entiere du Fort & Chasteau de Montmelian pour la faire démolir & raser incontinant; bien entendu que la Conqueste entiere dudit Duché de Milan demeurera toute entiere au profit de son Altesse.

IV. Et quant à la fureté demandée par ledit Sieur Mareschal de la part du Roi à son Altesse, mettant en avant que comme les choses humaines sont sujettes à variation & changement par mort ou autrement, n'estant raisonnable que les forces de sa Majesté dépendent entierement de la fortune du hazard, auroit esté faite instance de mettre en dépost le Chasteau & Ville de Pignerol, en donnant de part & d'autre les seuretez & promesses necessaires. Surquoi auroit esté dit par son Altesse, qu'elle supplie le Roi de se contenter des offres ci-devant faites touchant un ou deux de Messieurs les Princes ses enfans, & mesme attendu la Ligue offensive & defensive accordée entre le Roi & son Altesse, estime qu'il est raisonnable que sa Majesté se contente que pour retraite & commodité des Troupes qu'envoiera sadite Majesté, que Valence & Alexandrie, ou deux autres de pareille qualité, si ces deux n'étoient prises, provenans de ladite Conqueste dudit Duché de Milan, soient laissées en dépost és mains de Gens de Guerre de sa Majesté, Catoliques Romains, & que ausdites Villes ne se fera exercice d'autre Religion que la Romaine; demeurant aussi à son Altesse la Souveraineté d'icelles & tous les revenus, lesquelles seront remises à son Altesse lors que la Guerre du Duché de Milan sera finie, ou lors que les Gens de Guerre de son Altesse se retireront hors du Duché de Milan.

V. En outre est accordé entre son Altesse & Mondit Sieur le Mareschal, que sadite Altesse, dans la fin du mois prochain, fera partir ses Ambassadeurs pour se rendre vers le Roi au vingt-cinquiéme de Juin prochain, pour passer le Contract autentique du Mariage de Madame avec Monseigneur le Prince de Piedmont. Fait à Brusol ce vingt-cinquiéme jour d'Avril 1610. *Signé*, DES DIGUIERES, & BULLION.

LXXXVII.

25. Avril. FRANCE ET SAVOYE.

Traité de Ligue offensive & défensive entre HENRI IV. *Roi de France &* CHARLES EMANUEL *Duc de Savoye, contre* PHILIPPE II. *Roi d'Espagne, fait à Brusol, le 25. Avril* 1610. [FREDERIC LEONARD, Tom. IV. d'où l'on a tiré cette Pièce, qui se trouve aussi en Italien dans VITTORIO SIRI, *Memorie recondite*, Tom. II. pag. 236; mais elle y est moins entiere & divisée seulement en VII. Articles.] [DUM.]

COMME ainsi soit que par ci-devant il y ait eu plusieurs Traitez entre les Rois de France & Ducs de Savoie, pour le bien, avantage & seureté de leurs Roiaumes & Etats, & que maintenant il ait été convenu entre tres-haut, tres-puissant & tres-excellent Prince Henri IV. Roi de France & de Navarre; & tres-haut & tres-puissant Prince Charles Emanuel Duc de Savoie, Prince du Piedmont; du Traité de Mariage de Madame Elisabeth, fille aînée dudit Sieur Roi de France, & de Monseigneur le Prince de Piedmont, fils aîné dudit Monseigneur Duc, pour témoigner par Sa Majesté Tres-Chrestienne, qu'il affectionne la prosperité & grandeur de la Maison de Son Altesse, à l'égal de la sienne, & mesme pour affermir davantage de part & d'autre la bonne amitié & voisinance qui doit estre entre lesdits Seigneurs Roi & Duc, auroit esté avisé sur les presentes occurrences de traiter une Ligue defensive & offensive, entre Sa Majesté & son Altesse. Et à cete cause il auroit plû à Sa Majesté commander au Sieur de Lesdiguieres, Maréchal de France, & au Sieur de Bullion, Conseiller en son Conseil d'Etat, de venir trouver Son Altesse pour s'aboucher ensemble avec lui, & déliberer ce qu'il convenoit pour tel effet, suivant que les presens Articles ont été accordez entre Son Altesse & ledit Sieur Maréchal & Sieur de Bullion, le tout sous le bon plaisir de Sa Majesté, avec promesse de les faire ratifier par Sa Majesté dans un mois.

Premierement, les precedens Traitez & Confederations,

(1) Ce Traité & le suivant furent sans effet, *Henri IV.* ayant été tué 19. jours après, savoir le 14. de Mai suivant.

ANNO 1610.

rations, qui sont encores de present en vigueur entre le Roi & son Altesse, demeureront confirmez en leur premiere force & vertu, & ne seront tenus pour revoquez en quelque sorte que ce soit, sinon en tant que par le present Traité il y pourroit estre dérogé & innové.

II. Cete Confederation sera offensive & defensive, entre le Roi & le Duc, leurs Roiaumes, Païs & Etats, contre tous Rois, Princes, sans nul excepter, mesme contre le Roi d'Espagne, ses Roiaumes & Païs.

III. Et durera ladite Confederation pendant la vie desdits Seigneurs Roi & Duc, & de leurs enfans, & quatre ans aprés le decez du dernier desdits enfans.

IV. A ladite Ligue & Confederation seront invitez tous autres Princes & Etats ausquels il importe de conserver la liberté de l'Eglise, du S. Siege Apostolique, de toute la Chrestienté, & particulierement de l'Italie, & par ce moien empescher les desseins du Roi d'Espagne & entreprises contre ses Voisins : & pour cet effet seront depeschez par le Roi & le Duc, Ambassadeurs à autant de Princes & Etats qu'ils estimeront à propos, pour les persuader d'entrer en ladite Confederation, sans toutefois y comprendre ceux contre lesquels Sa Maj. & son Altesse peuvent avoir action de querelles, pour quelques considerations & pretentions qui puissent estre de part & d'autre.

V. Et le plutost que commodement faire se pourra on dressera une Armée composée de forces communes tant du Roi que du Duc, que des autres Princes & Etats qui entreront en ladite Confederation, pour courir sus audit Roi d'Espagne, & à ses Roiaumes, Païs & Etats, quels qu'ils soient, mesme au Duché de Milan, suivant ce qu'il a plû particulierement accorder par sa Majesté à son Altesse sur le fait des entreprises, & sans que, pendant ladite Guerre de Milan, son Altesse soit tenuë de fournir Gens de Guerre ailleurs que dudit costé de Milan.

VI. Lesdits Seigneurs Roi & Duc, ne pourront traiter aucune Paix ni Tréve avec ledit Roi d'Espagne, ses Lieutenans & Capitaines, sans le consentement l'un de l'autre ; lequel consentement sera autorisé par lesdits Seigneurs, de la propre main dudit Seigneur Roi & dudit Seigneur Duc.

VII. En cas de Guerre offensive par ledit Sieur Roi, du consentement dudit Sieur Duc, il fournira quatre cens chevaux & deux mille Hommes de pied, pour estre emploiez au service dudit Sieur Roi, tant & si longuement qu'il lui plaira. Et en cas que ledit Sieur Roi ait Guerre deffensive, ledit Sieur Duc fournira pareil nombre de Gens de Guerre.

VIII. Comme aussi si ledit Sieur Duc entreprend de son costé Guerre offensive, Sa Majesté lui fournira douze cens chevaux & neuf mille hommes de pied, pourveu que telle Guerre soit du consentement dudit Sieur Roi. Et en cas de defensive sera fourni pareil nombre.

IX. Et si la Guerre s'entreprend par l'un desdits Princes, sans le consentement de l'un & l'autre, sera fourni de part & d'autre la moitié moins du nombre de Gens de Guerre ci-dessus specifiez.

X. Et sera fait estat de la solde & appointement des Gens de Guerre, qui seront fournis tant de part que d'autre, avec le mesme ordre & forme qu'il a accoûtumé d'estre convenu en pareils Traitez.

XI. Lesdits Seigneurs Roi & Duc promettent reciproquement que si l'un d'eux a affaire d'armes, poudres & canons, ou autres munitions de Guerre, qu'on les pourra acheter & transporter, dont neanmoins il faudra prendre passeport de Sa Majesté & de son Altesse ou de leurs Lieutenants Generaux.

XII. Promettent de bonne foi lesdits Sieurs Rois & Duc, en Parole de Prince, de ne se desunir ni separer à l'avenir en quelque maniere & façon que ce soit, au prejudice l'un de l'autre.

En foi de quoi le present Traité a esté signé par son Altesse & ledit Sieur Mareschal, & dudit Sieur de Bullion, pour témoignage de ce que dessus. Fait à Brusol le vingt-cinquiéme d'Avril 1610. *Signé*, DES DIGUIERES, & BULLION.

LXXXVIII.

ANNO 1610. 31. Mai. & 20. Juin.

Declarations reciproques de LOUIS XIII. *Roi de France, & des Seigneurs Etats Généraux des* PROVINCES-UNIES *des Païs-bas, celle-ci en date du dernier Mai* 1610. *l'autre en date du 20 Juin de la même Année, pour le renouvellement & le maintien des Traitez d'Alliance & de Garantie du* 23. *Janvier* 1608. *&* 17. *Juin.* 1609. Avec *Insertion de ces mêmes Traitez, & des Ratifications de leurs Hautes Puissances.* [Pièces tirées des Archives de L. H. P. les Seigneurs Etats Generaux des Provinces Unies.]

LOUIS par la grace de Dieu Roy de France & de Navarre. A tous ceux qui ces presentes Lettres verront, Salut. Comme des le 23. jour de Janvier 1608. certain Traité d'Alliance & Confederation ait esté fait, conclu & arresté entre Tres-haut, tres-Excellent & tres-Puissant Prince, le feu Roy nostre tres-honnoré Seigneur & Pere que Dieu absolve ; & Hauts & Puissans Seigneurs nos tres-chers & grands Amis, Alliez & Confederez les Srs. les Etats Generaux des Provinces Unies des Païs-Bas par leurs communs Ambassadeurs & Deputez, en vertu des Pouvoirs à eux respectivement donnez ; & depuis autre Traité ait esté aussi fait le 17. Juin 1609. entre les mêmes Ambassadeurs dudit feu Roy nostre tres-honnoré Seigneur & Pere, Ceux de Tres-Haut, tres-Excellent & tres-Puissant Prince, nostre tres-cher & tres-amé bon Frere, Cousin & ancien Allié le Roy de la Grande Bretagne, & les Deputez desdits Srs. les Estats Generaux, pour la garantie, observation, & entretenement de la Tréve faite le 9. Avril audit an 1609. entre Tres-Hauts & tres-Puissans Princes nos tres-chers Freres & Cousins les Archiducs de Flandres, tant en leurs noms que de Tres-Haut, tres-Excellent & tres-Puissant Prince, nostre tres-cher amé bon Frere & Cousin le Roy d'Espagne, en ce qui le pouvoit toucher & lesdits Srs. les Etats ; lesdits Traitez ratifiez respectivement durant le Regne dudit feu Roy nôtre tres-honnoré Seigneur & Pere ; depuis le decés duquel, lesdits Sieurs les Estats Generaux nous ayant envoyé leurs Lettres de Declaration par lesquelles ils consentent & accordent la continuation, entretenement desdits Traitez d'Alliance & Confederation fait ledit 23. Janvier 1608. ensemble de celuy fait sur la garantie, entretenement & observation de ladite Tréve ledit 17. Juin 1609. en nostre personne & durant notre vie, desquelles Lettres de Declaration, la teneur ensuit. COMME ainsi soit, que dés le vingt troisieme jour du mois de Janvier l'an 1608. certain Traité d'Alliance, Confederation aye esté fait, conclu & arrêté entre les Commissaires de Tres-Haut, tres-Puissant & tres-Excellent Prince Henri quatrieme en son vivant par la grace de Dieu Roy tres-Chrestien de France & de Navarre, de Tres-Haute & de tres-Loüable Memoire, au nom & comme Procureurs speciaux, en vertu des Lettres de Commission, Pouvoir & Procuration dudit Roy Tres-Chretien en date du 23. jour de Novembre l'an 1607. d'une part, & les Deputez des Hauts & Puissans Seigneurs les Etats Generaux des Païs-Bas Unis, en vertu de leurs Lettres de Commission & Procuration du 22. du mois de Janvier 1608. d'autre. Et que depuis aucun Traité aye eté fait entre lesdits Commissaires dudit Seigneur Roy. Tres-Chretien de Tres-Haute & de tres-loüable Memoire ; ceux du Tres-Haut, tres-Puissant & tres-Excellent Prince Jaques, par la grace de Dieu Roy de la Grande Bretagne &c. & desdits Srs. Etats Generaux des Païs-Bas Unis, audit lieu de la Haye le 17. jour de Juin l'an 1609. sur la garantie, observation & entretenement de la Tréve, faite par lesdits Srs. les Etats Generaux, avec tres-hauts & tres-Puissans Princes les Archiducs d'Autriche, tant en leurs noms, que de Tres-Haut, tres-Puissant & tres-Excellent Prince le Roy d'Espagne en ce qui le pouvoit toucher, le 9. jour d'Avril dudit an 1609. Lesquels Traitez ont esté ratifiez de part & d'autre : Et nommement par lesdits Srs. Estats Generaux en la forme que leurs Ratifications sont ci dessous inserées. Sur ce que depuis le detestable & malheureux assassinat perpetré en la personne dudit Seigneur Roy Tres-Chrêtien de tres-haute & de tres-loüable Memoire, au tres-grand regret & deplaisir desdits Srs. les Estatz, il auroit plû à Tres-Haute, tres-Puissante & tres-Excellente Princesse Marie Reine Regente & Administratrice tant de la Personne

ANNO 1610.

ſonne de Tres-Haut, tres-Puiſſant & tres-Excellent Prince Louis Treizieme par la grace de Dieu Roy Tres-Chrêtien de France & de Navarre, que de ſon Roiaume, que de faire declarer auxdits Srs. les Etats par Meſſire Helye de la Place Chevalier, Seigneur de Ruſſy, Vicomte de Machau, Gentilhomme ordinaire de la Chambre de Sa Majeſté, ſon Conſeiller & Ambaſſadeur reſidant prés leſdits Srs. Eſtats, que le bon plaiſir dudit Seigneur Roy Tres-Chrêtien & celui de ladite Reine Regente ſeroient de continuer, entretenir, & obſerver leſdits Traitez, ſelon leur forme, & teneur, & ſur la continuation, entretenement & obſervation d'iceux avoir pareille declaration deſdits Srs. les Etatz. A CES CAUSES leſdits Srs. les Eſtats remerciant bien humblement leurs Majeſtez du temoignage qu'il leur a plû declarer de leurs bonnes volontez, en leur endroit & les certifie qu'ils s'en ſentent honnorez : Ont declaré & declarent qu'ils ont conſenty & accordé, conſentent & accordent la continuation, entretenement & obſervation dudit Traité d'Alliance & confoederation fait le 23. jour de Janvier 1608. enſemble de celuy fait ſur la garantie, obſervation & entretenement de la Tréve le 17. Juin l'an 1609. en la perſonne & pour la vie dudit Seigneur Roy Tres-Chrêtien Louis treizieme, promettans de les garder, entretenir & obſerver inviolablement en tous & chacuns ſes points, ſans jamais y contrevenir directement ou indirectement en quelque maniere que ce ſoit, ſous l'obligation & ypotecque de tous les biens & revenus deſdits Païs Unis, tant en general qu'en particulier, preſens & advenir.

S'enſuit la teneur des Actes de Ratification deſdits Seigneurs les Eſtats ci deſſus mentionnez.

Les Eſtats Generaux des Provinces Unies du Païs-Bas a tous ceux qui ces preſentes Lettres verront Salut. Comme ainſi ſoit que le 23. jour de ce mois de Janvier l'an ſeize cens & huict un Traité d'Alliance & Confederation ait eſté fait & accordé en ce lieu de la Haye entre Meſſire Pierre Jeannin Sr. de Montjeu, Chevalier Conſeiller dudit Seigneur Roy Tres-Chretien en ſon Conſeil d'Etat, & Meſſire Helye de la Place, Sr. de Ruſſy, auſſi Chevalier Conſeiller & Gentilhomme ordinaire de ſa Chambre, au nom & comme Procureurs ſpeciaux, en vertu des Lettres de Commiſſion, Pouvoir & Procuration dudit Seigneur Roy Tres-Chreſtien du 23. jour de Novembre dernier d'une part, & les Sieurs Corneille de Gent Sr. de Loenen & de Meynerswyk Vicomte & Juge de l'Empire & de la Ville de Nimmegen; Meſſire Jehan d'Oldenbarnevelt Chevallier Sr. de Tempel, Rodenrys, & Advocat d'Eſtat & Garde du Seel, Chartres & Regitres de Hollande & Weſtfrize; Meſſire Jacques de Malderée, Chevalier Sr. des Hayes & premier & repreſentant les Nobles aux Eſtats & Conſeil de Zeelande; Nicolas de Berck, premier Conſeiller de l'Etat de la Province d'Utregt, Erneſtus d'Aylua de Heeriben & Grietman d'Ooſtdongerdeel; Johan Sloeth Sr. de Sallick, Droſſart du Païs de Vollenhoe & Chaſtelain de la Seigneurie de Cuinder, & Abel Coenders de Helpen, Sr. en Faen & Cantes, au nom & comme Deputez & Commis ſpecialement à ce par leſdits Seigneurs Eſtats Generaux, en vertu des Lettres de Commiſſion & Procuration du 22. de ce mois d'autre part, dont la teneur enſuit.

COMME ainſi ſoit que Tres-Hauts, tres-Puiſſants & tres-Excellents Princes Henri quatrieme par la grace de Dieu Roy tres-Chreſtien de France & de Navarre, & Jaques auſſi par la meme grace de Dieu Roy de la Grande Bretagne & d'Irlande aient ci devant eſté priez & requis par leurs tres-Chers & bons Amis, Meſſieurs les Eſtats Generaux des Provinces Unies des Païs-Bas, de les vouloir aſſiſter de leur autorité & conſeil pour mettre ledit Eſtat affligé d'une longue Guerre en quelque bon & aſſeuré repos, pour lequel obtenir ils eſtoient preſts d'entrer en conference avec Tres-Hauts & tres-Puiſſans Princes les Archiducs tant en leurs noms que de Tres-Haut, Tres-Puiſſant & Tres-Excellent Prince le Roy d'Eſpagne en ce qui le peut toucher, & que pour ſatisfaire a leur deſir, & aider à l'avancement d'un ſi bon œuvre, ils ayent envoyé des long temps au lieu de la Haye en Hollande prés d'eux, aucuns de leurs plus ſpeciaux Serviteurs Conſeillers en leurs Conſeils d'Eſtat, leſquels y ont travaillé avec grand ſoin; & fait aſſez connoiſtre par toutes leurs actions & conduite qu'ils n'avoient rien plus a cœur que de leur procurer ce bien, en recherchant avec ceux qui eſtoient touchez de ce meſme deſir en leur eſtat les moiens de ſurmonter les difficultez qui ſembloient y pouvoir donner quelque empeſchement; En quoy ils auroient recognu & appris tant d'eux, que des Deputez deſdits Srs. les Eſtats avec leſquels ils ſont entrez ſouvent en conference ſur ce ſubjet, que les Guerres paſſées avoient laiſſé une ſi grande deſſiance és eſprits de leurs Peuples, que le ſeul & vray moien de les faire ceſſer & leur perſuader d'embraſſer tous enſemble, & d'une meme volonté les Conſeils qui les pouvoient faire jouir de ce bonheur, ſeroit qu'il plût auxdits Seigneurs Rois ſe rendre garans de l'obſervation de la Paix, & leur promettre par un Traité d'Alliancee, Confederation fait avec eux avant la concluſion d'icelle de prendre leur deffenſe contre tous Princes, Potentats & autres perſonnes quelconques qui voudroient entreprendre de l'enfraindre & violer : ayans les Deputez deſdits Sieurs les Eſtats, ſuivant les deliberations priſes en leur Aſſemblée Generale, prié & requis inſtamment par pluſieurs fois les Deputez deſdits Seigneurs Rois de les en advertir : Ce qu'ils auroient fait. Et leurs Majeſtez, aprés meure deliberation ſur cette affaire, conſenti & accordé d'y entendre tant pour le bien & repos deſdits Srs. les Eſtats que des Princes avec leſquels ils avoient à traiter, dont ils deſirent conſerver l'Alliance & Amitié, ce qu'ils eſtiment pouvoir mieux faire, la Paix bien etablie & ſincerement garder que ſi cette longue & perilleuſe Guerre venoit a continuer, qui pourroit eſtre cauſe de troubler quelque jour, par divers accidens, le repos de pluſieurs Princes & Eſtats qui penſent avoir intereſt en l'evenement d'icelle, & neantmoins eſtans les Deputez deſdits Seigneurs Rois preſſez de faire dés à preſent ledit Traité, par leſdits Srs. les Eſtats qui le jugeoient plus utile & avantageux pour eux, fait avant la Paix que differé, aprés la concluſion d'icelle. Ceux dudit Seigneur Roy de la Grande Bretagne s'en ſeroient excuſez, à cauſe de quelques difficultez concernans les affaires particulieres dudit Seigneur Roy advenuës entr'eux & leſdits Srs. les Eſtats en diverſes Conferences qu'ils ont eu parenſemble, ſur leſquels il leur eſtoit beſoin recevoir nouveau commandement, avant que pouvoir paſſer outre; Nonobſtant quoy leſdits Srs. les Eſtats n'auroient laiſſé de continuer leur priere & inſtance envers les Deputez dudit Seigneur Roy Tres-Chrêtien pour les induire a faire & paſſer avec eux dés maintenant iceluy Traité; les aſſeurans que ledit Seigneur Roy de la Grande Bretagne ne feroit aucune difficulté d'y entrer aprés. A quoy ayant conſenty pour les conſiderations ſuſdites. Ce jourd'huy 23. jour de Janvier 1608. furent preſens en leurs Perſonnes Meſſire Pierre Jeannin Sr. de Montjeu Chevalier Conſeiller dudit Seigneur Roy Tres-Chrêtien en ſon Conſeil d'Eſtat, & Meſſire Helye de la Place Sr. de Ruſſy auſſi Chevalier Conſeiller & Gentilhomme ordinaire de ſa Chambre, au nom & comme Procureurs ſpeciaux, en vertu des Lettres de Commiſſion, Pouvoir & Procuration dudit Seigneur Roy Tres-Chrêtien du 23. jour de Novembre dernier, d'une part, & les Sieurs Corneille de Gent Seigneur de Loenen & Meinerswyk, Vicomte & Juge de l'Empire & de la Ville de Nymmegen, Meſſire Johan d'Oldenbarnevelt Chevalier Seigneur de Tempel, Rodenrys & Advocat d'Eſtat, Garde du Seel, Chartres & Regiſtres de Hollande & Weſtfriſe; Meſſire Jaques de Malderée, Chevalier Sr. des Hayes & Premier & repreſentant les Nobles aux Eſtats & Conſeils de Zeelande; Nicolas de Berck, premier Conſeiller d'Eſtat de la Province d'Utregt; Erneſtus d'Aylua de Heeriben, & Grietman d'Ooſtdongerdeel; Johan Sloeth Seigneur de Sallick, Droſſart du Païs de Vollenhoo, & Chaſtelain de la Seigneurie de Cuinder; & Abel Coenders de Helpen, Seigneur en Faen, & Cantes, au nom & comme Deputez & commis ſpecialement à ce, par les Eſtats Generaux deſdits Provinces aſſemblées à preſent en ce lieu de la Haye, en vertu des Lettres de Commiſſion & Procuration du 22. de ce mois d'autre part; & ont fait par enſemble eſdits noms le Traité d'Alliance & Confederation qui enſuit.

Premierement, ledit Seigneur Roy Tres-Chrêtien a promis & promet aſſiſter de bonne foy leſdits Sieurs les Eſtats; pour leur aider en ce qu'il pourra a obtenir une bonne & aſſeurée Paix, & s'il plaiſt à Dieu la leur donner, ſe mettre en tout devoir de la faire garder & les deffendre eux & leurs Païs de toute injure, violence & invaſion contre tous Princes, Potentats & autres Perſonnes quelconques qui voudroient entreprendre d'enfraindre & violer ladite Paix ſoit directement ou indirectement, & les ſecourir à cet effet de dix mille hommes de pied à ſes fraiz & depens pour autant de temps qu'ils en auront beſoin.

Et ſi les forces de leurs ennemis eſtoient ſi grandes, qu'il

ANNO 1610.

qu'il fut requis pour leur conservation, de donner un plus grand secours, promet encore de l'accroitre d'autant de Gens de Guerre à cheval & à pied que ses affaires & la seureté de ses Royaumes & Païs luy pourront permettre, à la charge toutesfois que cet outreplus sera par forme de prest aux frais & depens desdits Sieurs les Estats pour estre rembourfé, luy ou ses Successeurs aprés la Guerre finie, & aux termes dont ils conviendront par ensemble. Et pource qu'il est expedient de tenter tous moiens pour faire reparer par voie amiable les attentats, si aucuns etoient faits contre & au prejudice de la Paix, avant que venir aux armes, les Aggresseurs seront sommez & requis de le faire, & s'ils refusent ou different plus de trois mois, le secours sera donné sans aucune remise. N'entend toutefois ledit Seigneur Roy de le retarder jusques aprés l'expiration de ce delay, quand les entreprises auront esté faites, à force ouverte, par surprise des Places, ou par quelque saisie generale faite par autorité publique : Mais d'y accourir incontinent, & envoier ledit secours au plustost qu'il pourra, aprés en avoir esté prié & requis.

En reconnoissance dequoy, & des autres grandes faveurs & assistances que lesdits Sr. les Estats ont receu de Sa Majesté, ils ont promis & seront tenus, si ledit Seigneur Roy est assailly ou troublé dans ses Royaumes & Païs, par quelque Prince & Potentat que ce soit, de le secourir & assister, incontinent aprés qu'ils en auront esté requis, de cinq mille hommes de pied, qui est la moitié du secours promis par ledit Seigneur Roy; Et ce pour autant de tems qu'il en aura besoin, & aussi à leurs frais & depens.

Et sera à son choix de le demander en Gens de Guerre, ou bien en Navires de Guerre, equipés, & fournis & armez ainsi qu'il appartient, de munitions de Guerre, Victuailles, Pilottes, Mariniers, & de Soldats, aussi si ledit Seigneur Roy le desire; lesquelles Navires ne pourront estre moindres que de deux à trois cens tonneaux, & le prix & estimation dudit Equipage & secours de mer, evallüé, & arresté selon le project contenu en un Ecrit particulier, signé d'une part & d'autre, qui sera tenu pour inferé au present Traité.

Promettent aussi audit Seigneur Roy, au quel cas qu'il ait besoin d'un plus grand secours, de l'en aider & assister soit par Mer ou par Terre, en Gens ou Navires, avec autant de soin & affection qu'ils reconnoissent y estre tenus & obligez sans rien epargner de ce que la seureté de leur Estat leur pourra permettre de fournir & avancer. A la charge toutefois que lui ou ses Successeurs seront pareillement tenus de les rembourser de l'outreplus dudit secours, aprés la Guerre finie, & aux termes dont ils conviendront par ensemble.

Lesdites forces ainsi promises, & qui doivent estre données d'une part & d'autre, seront emploiées, selon que celui qui aura demandé le secours, jugera estre requis, soit dans son Païs pour se defendre, ou ailleurs, s'il est trouvé plus utile pour sa conservation.

S'il advient que le Seigneur Roy donne secours audits Sieurs les Estats, ou eux à lui, l'Assailli ayant receu ledit secours, ne pourra faire aucun Traité avec l'Aggresseur sans le consentement exprés de l'autre.

Le present Traité n'aura lieu qu'aprés la Paix, & continuera dés lors non seulement à la vie dudit Seigneur Roy; mais aussi durant celle de son Successeur & Heritier, en ses Roiaumes, Païs, Terres & Seigneuries, pourvû qu'il le confirme, dans l'an & jour du decés d'icelui. A quoi ledit Seigneur Roy entend l'obliger autant qu'il lui est permis, & que cette Alliance, comme faite avec ses Estats & Couronnes, soit perpetuelle.

En consequence duquel Traité, les Subjets & Habitans desdits Seigneur Roy, & Estats vivront en bonne amitié, & auront le traficq libre entre eux, & dans l'etenduë des Estats & Païs l'un de l'autre, tant par Mer, que par Terre, de toutes Denrées & Marchandises, dont le Commerce n'est prohibé & defendu par les Ordonnances qui ont lieu esdits Estats & Païs, sans qu'ils soient tenus payer plus grands droits pour lesdites Denrées & Marchandises qui entreront ésdits Roiaumes, Païs & Estats, ou qui en sortiront, que ceux qui ont accoutumé d'estre payez par les Naturels Habitans & Subjets.

Lequel Traité sera ratifié bien & deuement par les Estats Generaux de present assemblez au lieu de la Haye, dans trois jours & par ledit Seigneur Roy, deux mois aprés, comme aussi dans pareil temps par les Provinces qui ont envoyé leurs Deputez en ladite Assemblée, & lesdites Ratifications delivrées d'une part & d'autre en bonne & deüe forme en mesme temps. Et deux autres mois aprés les publications qui auront esté faites dudit Traité, par tout où il appartiendra. Fait au lieu de la Haye, l'an & jour susdit, signé, par lesdits Sieurs Deputez & cachetté de leurs Armes esdits noms, *Et etoit signé*, P. JEANNIN, ELYE DE LA PLACE, CORNEILLE VAN GENT, JOHAN VAN OLDENBARNEVELT, J. DE MALDERÉE, NICOLAS DE BERCK, ERNEST D'AYLUA, JOHAN SLOET, ABEL COENDERS VAN HELPEN, *& cacheté de leurs respectives Armes*. Ont iceux Seigneurs Estats ledit Traité ratifié, aprouvé & confirmé, le ratifient, aprouvent & confirment par cettes : Promettans de le garder, entretenir & observer inviolablement, sans jamais aller ou venir au contraire, directement ou indirectement, en quelque sorte & maniere que ce soit, sous l'obligation & ypotecque de tous les biens & revenus desdites Provinces Unies en general & en particulier, presens & avenir. En temoin dequoi ont lesdits Seigneurs Estats fait sceller ces presentes de leur grand Scel & signer par leur Greffier le 25. jour de Janvier l'an 1608.

LES ESTATS GENERAUX des Provinces Unies des Païs-Bas, à tous ceux qui ces presentes Lettres verront, salut. Comme en vertu des Pouvoirs respectivement donnez par les Tres-Hauts, Tres-Excellents & Tres-Puissants Rois Tres-Chrêtien, & de la Grande Bretagne & nous, à nos communs Deputez, ils aient le 17. jour de Juin dernier, passé, conclu & arresté entre eux, aux noms de leursdites Majestez & des nostres, le Traité dont la teneur s'ensuit.

COMME ainsi soit, que les Rois Tres-Chrestien, & de la Grande Bretagne se soient emploiez dés longtemps avec grand soin & affection pour faire cesser la Guerre des Païs-Bas par une Paix perpetuelle, & pour n'y avoir pû parvenir, aient depuis proposé une Tréve à longues années dont le succés eut esté aussi peu heureux, si pour oter toute defiance aux Estats Generaux des Païs-Bas Unis, leurs Majestez ne leur eussent offert de s'obliger à l'observation d'icelle Tréve, & de leur donner assistance & secours, au cas qu'elle fut enfrainte & violée, mesmes s'ils etoient troublés & empeschez au commerce des Indes, que les Deputez des Archiducs leur accordoient de gré à gré par ladite Tréve au nom du Roy Catholique, sans neanmoins s'exprimer nommément aussi que lesdits Estats le demandoient pour leur plus grande seureté. Eux faisant à cette occasion refus de l'accepter, si ladite promesse de garantie faite de bouche par les Ambassadeurs desdits Seigneurs Rois, en presence mesme des Deputez desdits Srs. Archiducs ne les y eut induit. De l'accomplissement de laquelle promesse lesdits Seigneurs Rois aiant esté priez, requis & sommés, & voulant satisfaire de bonne foy. Ce jourd'hui 17. jour de Juin 1609. se sont assemblés Messire Pierre Jeannin, Chevalier Baron de Chagny & Montjeu Conseiller dudit Seigneur Roy Tres-Chrêtien en son Conseil d'Estat, & son Ambassadeur extraordinaire vers lesdits Srs. Etats, & Messire Elye de la Place Chevalier, Sr. de Russi Vicomte de Machault, aussi Conseiller audit Conseil d'Estat, Gentilhomme ordinaire de la Chambre dudit Seigneur Roy & son Ambassadeur ordinaire resident prés lesdits Srs. Estats au nom, & comme ayans charge de Tres-Haut, Tres-Puissant & Tres-Excellent Prince Henri quatriéme par la grace de Dieu, Roy de France & de Navarre; Messire Richard Spencer, Chevalier, Gentilhomme ordinaire de la Chambre dudit Seigneur Roy de la Grande Bretagne, & son Ambassadeur extraordinaire vers lesdits Srs. Estats; & Messire Rudolphe Winwood Chevalier, Ambassadeur ordinaire & Conseiller dudit Seigneur Roy au Conseil d'Estat des Provinces Unies, aussi au nom & comme ayans charge de Tres-Haut, Tres-Puissant & Tres-Excellent Prince, Jaques par la grace de Dieu Roy de la Grande Bretagne; & les Sieurs Corneille de Gent, Sr. de Loenen & Meinerswyk, Vicomte & Juge de l'Empire, & de la Ville de Nymmegen; Messire Johan d'Oldenbarnevelt, Chevalier, Sieur de Tempel, Rodenrys, & Advocat & Garde du grand Scel, Chartres & Registres de Hollande & Westfrise, Messire Jaques de Malderée, Chevalier, Sr. des Hayes, & Premier & representant la Noblesse aux Etats & Conseil de la Comté de Zéelande; les Sieurs Gerard de Renesse, Sr. van der Aa de Streefkerken, Nyen Leckerland, & Ernestus d'Aylua de Heeriben, & Grietman d'Oostdongerdeel, Johan Sloeth Sr. de Sallick, Drossard du Païs de Vollenhoo, & Chastelain de la Seigneurie de Cuinder; & Abel Coenders de Helpen Sr. en Faea & Cantes, au nom des Hauts, Puissants & Illus-

ANNO 1610.

Illustres Seigneurs les Estats Generaux des Païs-Bas Unis, lesquels, en vertu de leurs Pouvoirs, & avec promesse de faire ratifier respectivement le contenu en ces presentes, auxdits Seigneurs Rois & Estats dans deux mois prochains, ont contenty & accordé ce que s'ensuit.

A sçavoir que les Traitez faits separément avec lesdits Seigneurs Estats Generaux, par ledit Seigneur Roy de France le 23. Janvier 1608., & par ledit Seigneur Roy de la Grande Bretagne le 26. Juin au mesme an pour l'observation de la Paix, qu'on pretendoit lors faire ensemble, les Conventions, Promesses & Obligations reciproques y contenuës pour la defense & conservation mutuelle de leurs Royaumes, Païs, Terres & Seigneuries, seront entretenuës & gardées pour le temps que ladite Tréve doit durer, tout ainsi que si elles estoient repetées & inserées de mot à mot au present Traité.

Et auront lieu lesdites obligations & assistance de secours, non seulement en cas d'infraction de Tréve és limittes specifiez par le 4. Article du Traité d'icelle Tréve, mais aussi si lesdits Seigneurs Estats, ou leurs Subjects sont troublez & empeschez, pendant ledit temps, au Commerce des Indes, de la part des Seigneurs Roy Catholique ou Archiducs, leurs Officiers & Subjects; & sera aussi entendu ledit trouble, & empeschement, tant s'il est fait aux Subjets desdits Seigneurs Estats qu'à ceux qui ont fait ou feront ledit Commerce avec eux: Ou bien si les Princes ou Peuples qui leur auront donné la permission d'exercer ledit trafiq en leur Païs, estoient à cette occasion molestez eux ou leurs Subjets; pourvû toutesfois que pour obliger lesdits Seigneurs Rois à donner ce secours, le jugement desdits empeschemens soit fait par advis commun d'eux & desdits Srs. Estats; A quoy ils promettent aporter la diligence & sincerité requise pour faire reparer le dommage aux interessez, & repousser la violence, dont on auroit usé contre; pourront toutesfois lesdits Seigneurs Estats, s'il y a de la longueur en ladite deliberation, pourvoir à la seureté de leurs affaires, & Subjets, comme ils trouveront convenir.

En reconnoissance de laquelle Garantie & du secours que lesdits Estats ont déja receu desdits Seigneurs Rois, ils leur promettent, de ne faire aucun Traité durant icelle Tréve avec lesdits Seigneurs Roy Catholique ou Archiducs, sans leur avis & consentement. Et pareillement lesdits Seigneurs Rois de ne faire aucun Traité avec quelque Prince ou Potentat que ce soit, au prejudice de celui-ci, & de leur liberté, de la conservation de laquelle & de leur Estat, ils auront soin, comme de leurs bons Amis & Alliez. Ainsi fait, accordé, conclu, signé & cachetté par lesdits Sieurs Ambassadeurs & Deputez, à la Haye l'an & jour susdit. *Signé* P. JEANNIN, ELYE DE LA PLACE, RUSSI, L. SPENCER, RODOLPHE WINWOOD, CORNELIS VAN GENT, JOHAN VAN OLDENBARNEVELT, J. DE MALDERÉE, G. VAN RENESSE, ERNEST D'AYLUA, JOHAN SLOET, ABEL COENDERS. *Et cachetté des Armes desdits Sieurs Ambassadeurs & Deputez respectivement.*

Nous ayans ledit Traité agreable en tous & chacuns ses Points & Articles, avons iceux en general, & en particulier, acceptez, aprouvez, ratifiez & confirmez, acceptons, aprouvons, ratifions & confirmons, & le tout promettons garder, entretenir & observer inviolablement, sans jamais aller ni venir au contraire, directement ou indirectement, en quelque sorte & maniere que ce soit, sous l'obligation & ypoteque de tous les biens & revenus desdites Provinces Unies en general & en particulier, presens & avenir. En temoin de quoi, nous avons fait sceller ces presentes de nostre grand Scel, & signer par nostre Greffier, à la Haye le 16. jour de Juillet 1609.

En temoin dequoy ont lesdits Sieurs les Estats fait sceller ces presentes de leur grand Scel, & signer par leur Greffier à la Haye le dernier jour du mois de May 1610. *Signé* T. v. ANNAMART, *& plus bas*, Par Ordonnance desdits Seigneurs Estats Generaux *Signé* AERSENS 1610.

Sçavoir faisons, que nous desirans temoigner auxdits Sieurs les Estats Generaux, la souvenance que nous avons de la bonne volonté que ledit feu Roy nostre tres-honnoré Seigneur & Pere, leur a souvent fait paroistre pour leur bien, repos & advantage, leur continuer la nostre à son imitation, & leur donner toute occasion d'en attendre les mesmes effets, Avons, par l'advis & prudent Conseil de la Reine Regente nostre tres-honnorée Dame & Mere, des Princes de nostre sang, autres Princes, Officiers de nostre Couronne, & autres grands & notables Personnages de nostre Conseil, estans prés de nous, le contenu ci dessus aggréé & confirmé, agreons & confirmons; Promettans en foy & parole de Roy, le contenu desdits Traitez, observer & entretenir inviolablement, sans jamais aller ni venir au contraire, directement ou indirectement. Car tel est nostre plaisir, en temoin de quoy nous avons fait mettre nostre Scel à ces presentes. Donnez à Paris le 20. jour de Juin, l'an de grace 1610. & de nostre Regne le premier. *Signé* LOUIS; *& plus bas* par le Roy, la Reine Regente sa Mere, presente. *Signé* BRULART.

LXXXIX.

24. Juin. L'Archiduc d'Autriche et les Provinces Unies.

Poincten en Articulen, verdragen ende geaccordeert in den Hage in Hollandt den 24 Juny in den jare 1610. *tusschen de Gecommiteerden van hare Doorluchtighste Hoogheden die Eertz-Hertogen van Oostenryck, &c. Ende van de Hoogh Mogende Heeren die Staten Generael der Vereenighde Nederlanden, tot meerder bevestinge van het Tractaet van Bestant: Begrypende mede d'aggreatien van hare Hoogheden, ende der Heeren Staten, van 't selve Tractaet.* [Groot Placaet.Boeck van de H. M. Heeren Staten Generael der Vereenigde Nederlanden. Tom. II. col. 581.]

DE Staten Generael van de Vereenighde Nederlanden. Allen den geenen die dese jegenwoordige sullen sien, Saluyt. DOEN TE WETEN, Dat gesien hebbende de Poincten ende Articulen die verdragen ende geaccordeert zijn geweest opten vier entwintigsten dach Juny deses Jaers sesthien-hondert ende thiene, alhier in den Hage, tusschen de Heere Johan Baptista Maes, Raedt ende Advocaet Fiscael in den Raede van Brabandt, last hebbende vande Doorluchtighste Eertz-Hertogen van Oostenryck Aelbert ende Isabella Clara Eugenia, ende onse Gecommitteerde, tot meerder bevestiuge van het Tractaet van Bestant op den negensten Aprilis sesthien-hondert ende negen binnen de Stadt van Antwerpen tusschen de hoogst-

LXXXIX.

24. Juin. L'Archiduc d'Autriche et les Provinces Unies.

Points & Articles ulterieurement reglés entre les Archiducs Albert & Isabelle Souverains des Païs-Bas Espagnols d'une part, & les Estats Generaux des Provinces Unies d'autre part, pour une plus entiere confirmation, élucidation, & maintien de la Tréve faite à Anvers au Mois d'Avril 1609., comme aussi de la Declaration subsequente faite à la Haye au Mois de Janvier 1610. On y convient de ce qui regarde la conservation, ou la cessation de quelques Peages, & de la possession de quelques Lieux. A la Haye le 24. Juin 1610. *Avec* les Ratifications de part & d'autre, données à Bruxelles & à la Haye le 10. d'Août 1610.

LES Etats Generaux des Provinces Unies à tous ceux qui ces presentes Lettres verront, Salut. Sçavoir faisons qu'ayant vû les Points & Articles qui furent convenus & accordez le vingt quatrieme Juin de l'an 1610., *ici à la Haye entre le Sieur Jean Baptiste Maes Conseiller Advocat Fiscal au Conseil de Brabant, ayant charge de Serenissime Prince & Princesse Albert & Isabelle Claire Eugenie Archiduc & Archiduchesse d'Autriche & nos Deputez, pour plus grande confirmation du Traitté de Tréve conclu à Anvers le neuviéme d'Avril* 1609. *entre lesdits Archiduc & Archiduchesse d'une part,* &

hoogst-gemelte Eertz-Hertogen ende Ons•gesloten ter eenre, ende ter andere zyden; Van welcke Poincten ende Articulen het inhouden hier na volgt van woorde te woorde.

ALsoo nae het Tractaet van Bestandt in Aprili in den Jare sesthien-hondert ende negen binnen Antwerpen, ende de naerder Verklaringe daer op in de Maent van Januario lestleden, tusschen den Commissarissen vande Heeren Eertz-Hertogen ter eenre, ende vande Heeren Staten General vande Vereenighde Nederlanden ter andere zyde, alhier inden Hage gemaeckt, noch eenige Poincten tot meerder bevestinge van 't selve Tractaet dienden vergeleken, ende geaccordeert, ende dat daer toe by hare Hoogheden gecommitteert is Heere Johan Baptista Mâes, Raedt ende Advocaet Fiscael in den Rade van Brabandt, dewelcke volgende den last vande Heeren Eertz-Hertogen, hem gevonden hebbende inden Hage in Hollandt: Is op heyden den vier-en-twintichsten Junii inden Jaere sesthien-hondert ende thien, met Heeren Joncker Heyndrick van Brienen d'Asste, Heere van Sinderen; Heer Johan van Oldenbarnevelt, Ridder, Heere vanden Tempel, Rodenrys, &c. Advocaet ende Bewaerder van 't groote Zegel, Chartren ende Registeren van Hollandt ende West-Vrieslandt; Jacob Magnus, Leenman van de Provincie van Zeelandt, ende Oudt-Burgemeester der Stadt van Middelburg; Tinco van Oennama, Grietman over Schoterlant; Jan Jellesz, Burgemeester der Stadt Zwol; ende Joncker Eylko Clanth tho Stedum, Hovelinck, Gecommitteerden van de voorschreve Heeren Staten Generael, eyntelijk daer op verdragen, gelyck hier na volght. In den eersten, dat geduerende het tegenwoordigh Bestant, die Heeren Eertz-Hertogen van den lesten dagh der tegenwoordiger Maendt van Junio af, sullen doen cesseren op den Rhijn ende Maze, die lichtinge van alle Thollen die voor dato van den Oorloge zyn geweest onder het ressort ende district der Vereenichde Nederlanden, namentlijcken mede vanden Thol van Zeelandt, sulcks dat dien noch binnen der Stadt van Antwerpen, noch elders van wegen heure Hoogheden sal worden ontfangen, Behoudelijck ende op expresse conditie, dat die Heeren Staten van Zeelandt reciproquelijck vanden voorsz lesten dach deser Maent van Junio tot heuren laste sullen nemen; Ende eerst van als dan betalen die Jaerlijcxe Renten die opten voorsz Thol van Zeelandt voor den jare vijftienhondert twee ende tseventigh zijn beset, ende daer af de Proprietarisen ende Rent-heffers, voor date van den voorsz oorloge in possessie ende ontfangh zijn geweest: soo oock van gelijcken sullen doen die Proprietarisen van de voorsz andere Thollen. Aengaende de Twente, laten die Heeren Eertz-Hertogen geduyrende het voorsz Bestant, deselve aen de Heeren Staten Generael, ende Landtschap van Over-Yssel, op expresse conditie, niet te min dat roerende het stuck ende exercitie van de Religie, alle saecken aldaer sullen blyven in den selven staet soo die geweest zijn ten dage van het besluyt des voorsz Bestants, sonder dat daer inne yet sal worden geinnoveert, noch oock die Officiers by den Heeren Eertz-Hertogen aldaer gecommitteert ter saecken van heuren voorleden dienst, eenichsints gerechercheert of wedersien: Ende in conformiteyt van dien sullen de voorsz Heeren Eertz-Hertogen van den lesten dach af deser Maent van Junio, aldaer oock doen cesseren alle vordere lichtinge van de Contributien van heuren wegen: ende dat voorts aende selve Heeren Eertz Hertogen geduyrende het tegenwoordige Bestant sullen blyven die Stadt van Oldenzeel, ende het Casteel van Lagen, met allen toebehoorten ende dependentien van dien. Belangende die Vrouwe Gravinne van Solms, sal by den voorsz Heeren Eertz-Hertogen prompte ordre gegeven worden, dat deselve Wel-gedachte Vrouwe gestelt worde inde possessie vande beleeninge van Kessel ende Krijckenbeeck, mette vruchten van dien, verschenen 't sedert date van den voorsz Tractate, sonder prejuditie niet te min vander actie, die soo heure Hoogheden ter saecke van de diminutie, ende gebreecke van bewys van eenige parthyen onder de voorsz beleeninge begrepen soude mogen competeren, als aen den Grave van Solre, ende andere heure Vassalen, waer af de kennisse ende judicature staen sal aen die van den grooten Rade tot Mechelen. Aengaende de restanten van de Contributien in Brabant, dat mits by de selve promptelijck fornerende een derdendeel, sal by den voorsz Heeren Staten Generael noopende de reste met hun gehandelt worden in alle rede-

& nous d'autre, desquels Points & Articles le contenu s'ensuit mot pour mot.

COMME ensuite du Traitté de Tréve fait à Anvers au mois d'Avril 1609 & la declaration ulterieure faite ici à la Haye au mois de Janvier dernier entre les Commissaires des Seigneurs Archiduc & Archiduchesse d'une part & les Etats Generaux des Provinces Unies d'autre part, il restoit encore, pour plus grande confirmation du Traité de Tréve, quelques points à régler & à accorder, & que pour cet effect leurs Altesses ont deputé le Sieur Jean Baptiste Maes Conseiller & Advocat Fiscal au Conseil de Brabant, lequel suivant le Pouvoir desdits Duc & Archiduchesse s'étant transporté ici à la Haye a été ce jourdhui vingt quatriéme Juin de l'an 1610. avec les Sieurs Henri de Brienen d'Alste, Seigneur de Sinderen, le Sieur Jean de Oldenbarnevelt, Chevalier Seigneur du Temple, Rodenrys &c. Advocat & Garde du grand Sceau & des Chartres & Registres de Hollande & de West-Frise, Jaques Magnus Seigneur du Fief de la Province de Zelande, & ancien Bourguemaître de la Ville de Middelbourg, Tinco de Oennama Grietman de Schoterland, Jean Jellessz, Bourguemaître de la Ville de Zwol; & Joncker Eylko Clanth tho Stedum Gentilhomme, Deputez des susdits Seigneurs Etats Generaux, enfin accordé comme s'ensuit; Premierement que durant tout le tems de la presente Trêve lesdits Ducs & Duchesse depuis le dernier jour du present mois de Juin feront cesser sur le Rhin & la Meuse les levées de deniers de tout Peage qui avant la Guerre ont été du ressort & district des Provinces Unies, nommément aussi du Peage de Zelande, ensorte que dans la Ville d'Anvers ni ailleurs il ne sera reçu de la part de leurs Altesses, sous la condition expresse que les Seigneurs Etats de Zelande, reciproquement, du susdit dernier jour de Juin, prendront à leur charge, & premierement de payer alors les rentes annuelles qui ont été mises sur ledit Peage de Zelande avant l'an quinze cent soixante & douze & dont les proprietaires & leveurs de rente ont été mis en possession avant la susditte Guerre. Et feront aussi le semblable les Proprietaires des susdits autres Peages. Pour ce qui regarde le Twente lesdits Duc & Duchesse le laissent pendant tout le tems de cette Trêve aux Seigneurs Etats Generaux & à la Province d'Overyssel, sous l'expresse condition neantmoins, que touchant le point, & l'exercice de la Religion, toutes choses y demeureront au même état qu'elles étoient au jour de la conclusion de la susditte Trêve; sans qu'il y soit rien innové ni les Officiers commis par lesdits Duc & Duchesse recherchez en quelque maniere que ce soit à cause de leur service passé; Et en conformité de ce les susdits Duc & Duchêsse du dernier jour du present mois de Juin feront aussi cesser toutes levées de contributions de leur part, & qu'en outre la Ville de Oldenzeel & les Chateau de Lagen avec toutes leurs apartenances & dependances demeureront aux susdits Ducs & Duchesse. Pour ce qui concerne Madame la Comtesse de Solms sera par lesdict Duc & Duchesse promptement donné ordre, que laditte Dame soit mise en possession du Fief de Kessel & Kryckenbeeck. avec les fruicts d'iceux échews depuis la datte du susdit Traitté, sans prejudice neanmoins de l'action qui peut competer tant à leurs Altesses pour cause de diminution & deffaut de preuve de quelque partie compris sous lesdits Fiefs, qu'au Comte de Solre & autres leurs Vassaux dont la connoissance & jugement demeureront au grand Conseil de Malines. Quant au restant des contributions en Brabant pourvu qu'il en soit promptement payé le tiers Messeigneurs les Etats Generaux traitteront raisonablement avec eux pour le reste. Et sera la presente Negociation agréée

ANNO 1610.

redelijckheyt; Ende sal dese handelinge by den Heeren Eertz-Hertogen ende Staten Generael binnen een Maent eerstkomende worden geaggreert, ende daer van Brieven van Aggreatie overgelevert in gewoonlycke forme. Aldus geaccordeert ende besloten, ten dage, Maent, ende Jare voorsz, ende ten oorkonde by den voorsz. Gecommitteerden onderteeckent. Is geteeckent, *J. B. Masius* : *Hen. van Brienen d'Alste*: *Johan van Oldenbarnevelt* : *J. Magnus* : *T. v. Oennama* : *Johan Jellessz* : *Eylko Clant*.

Wy naer rype deliberatie deselve Poincten ende Articulen hebben aengenomen, geapprobeert, geconfirmeert ende geratificeert, nemen aen, approberen, confirmeren ende ratificeren by desen, Beloovende ter goeder trouwen die punctuelyck te onderhouden ende doen onderhouden, als of wy die selfs hadden gehandelt, getracteert ende belooft, sonder immermeer yets daer tegen te doen, of gedoogen gedaen te worden in eeniger maniere, directelyck ofte indirectelyck: Verbindende daer vooren onse ende onser Nakomelingen goederen. Des t'oorkonden hebben wy dese jegenwoordige met onsen grooten Zegel doen zegelen, parapheren ende teeckenen, in onse Vergaderinge, inden Hage, opten sesten dach in Augusto, in 't Jaer sesthien-hondert ende thien. Geparapheert, C. BIESMAN, [vt] Onder stont, Ter Ordonnantie van de hoochgemelte Heeren Staten Generael. In absentie vanden Griffier, By my als jonghst gepresideert hebbende, Geteeckent, *Eylko Clanth*.

agréée dans un mois prochain par lesdits Ducs & Duchesse & par les Etats Generaux, & en seront données Lettres d'agreation en la forme accoutumée. Accordé & convenu les jour, mois & an susdit, & en temoin de ce ont les presentes été signées par les susdits Deputez. Signé J. B. Matius, Henr. van Brienen d'Alste, Jean de Oldenbarnevelt, J. Magnus, T. v. Oennama, Jean Jellessz, Eylko Clant.

Nous aprés meure deliberation avons lesdits Points & Articles, accepté, approuvé, confirmé, & ratifié, les acceptons, aprouvons, confirmons & ratifions par ces presentes, promettant en bonne foi de les observer & faire observer ponctuellement comme si nous même les avions negociez, traittez & promis, sans jamais rien faire ni souffrir être fait allencontre, en quelque maniere que ce soit, directement ni indirectement, obligeans pour ce les biens de nous & de nos successeurs. C'est pourquoi nous avons ces presentes fait sceller de nôtre grand Sceau & parapher & signer en nôtre Assemblée à la Haye le sixiéme jour d'Août de l'an mil six cent dix. Paraphé C. Biesman, *& plus bas étoit écrit, par ordonnance de nosdits Seigneurs les Etats Generaux en l'absence du Greffier, par moi comme ayant presidé le dernier, signé* Eylko Clanth.

Volgt den inhoudt der Aggreatie van de Doorlugtigste Eertz-Hertogen van Oostenryk, &c.

ALBERT ende Isabel Clara Eugenia, Infante van Spangien, by der gratien Godts Eertz-Hertogen van Oostenryck, Hertogen van Bourgundien, van Lothryck, van Brabandt, van Lemborgh, &c. Graven van Hapsborgh, van Vlaenderen, van Arthoys, van Bourgondien, van Thirol, Paltz-Graven, ende van Henegouwe, &c. Marckgraven, des Heyligen Rycks van Rome, &c. Allen den geenen die dese jegenwoordige sien sullen, Saluyt. Also wy gesien hebben seeckere Pointen ende Articulen die op den vier en twintighsten dach der Maent van Junio lestleden, inden Hage tusschen die Gecommitteerde van Ons, ende vande Staten Generael der Vereenichde Provincien zyn verdragen ende geaccordeert geweest, tot meerder bevestinge van het Tractaet van Bestant, ende naerder Verklaringe daer op ghevolgt: Van welcke Poincten ende Articulen het innehouden alhier is geinsereert van woorde te woorde. *Alsoo naer het Tractaet van Bestant, &c.* DOEN TE WETEN, dat wy houdende de voorsz. Poincten ende Articulen voor goet ende van weerden, hebben de selve soo voor ons, als voor onse Erven ende Nakomelingen, geapprobeert, geratificeert ende geconfirmeert, approberen, ratificeren ende confirmeren by desen, Beloovende in Souveraine Princelycke woorden, deselve onverbreeckelyck t'observeren ende t'onderhouden, sonder daer tegen yet te doen, ofte te laten geschieden, directelyck ofte indirectelyck in eeniger manieren. Des t'oorkonden hebben wy dese jegenwoordige met onse eygen handen onderschreven, ende daer aen doen hangen onsen Zegel. Gegeven in onse Stadt van Brussel den sesten dach van Augusto, in 't Jaer ons Heeren duysent ses hondert ende thien. Was geparapheert, *S.*[vt] Geteeckent, *C. Albert. A. Isabel*. Opte Plycke stont geschreven, By de Eertz-Hertogen. Geteeckent, *Verreycken*. Ende gesegelt metter groote Zegel van hare Hoogheden in rooden Wassche, hangende aen dubbelden staerte van Silver, roode ende blauwe Zyde.

Suit le contenu de l'agréation des Serenissimes Duc & Duchesse d'Autriche &c.

ALBERT & Isabelle Claire Eugenie Infante d'Espagne, par la grace de Dieu Duc & Duchesse d'Autriche, Duc de Bourgogne, de Lorraine, de Brabant, de Limbourg, &c. Comte de Hapsborg, de Flandre, d'Artois, de Bourgogne, de Thirol, Comte Palatin & de Hainaut &c. Marquis du St. Empire Romain &c. A tous ceux qui ces presentes Lettres verront, Salut. Comme nous avons vû certains Points & Articles qui furent traittez & accordez à la Haye le vingt quatriéme du mois de Juin dernier entre nos Deputez & ceux des Etats Generaux des Provinces Unies, pour plus grande confirmation du Traitté de Trêve & declaration ulterieure qui s'en est ensuivie, desquels Points & Articles le contenu ici inseré de mot à mot commence ainsi; Comme ensuite du Traitté de Trêve &c. *Sçavoir faisons que nous tenons les susdicts Points & Articles pour bons & valables, les avons tant pour nous que pour nos Heritiers & Successeurs approuvé, ratifié & confirmé, les aprouvons, ratifions & confirmons par ces presentes, promettans en Paroles de Prince & Princesse de les observer & entretenir inviolablement, sans rien faire ni permettre être fait allencontre, directement ni indirectement, en quelque maniere que ce soit, en témoin dequoi nous avons ces presentes signé de nôtre main & y fait apposer nôtre grand Sceau. Donné en nôtre Ville de Bruxelles le sixiéme jour d'Aout l'an de nôtre Seigneur mil six cent & dix: étoit Paraphé S. Signé* C. Albert. A. Isabelle: *étoit sur le repli écrit par l'Archiduc & l'Archiduchesse, signé* Verreyken, *& scellé du grand Sceau de leurs Altesses en cire rouge pendant en double queuë d'argent, soye rouge & bleuë.*

XC.

3. Juill. L'EMPEREUR ET LE ROI DE HONGRIE.

Articles de la Reconciliation de RODOLPHE II. *Empereur, avec* MATTHIAS *Archiduc d'Autriche & Roi de Hongrie, conclus à Vienne le* 3. *Juillet*, 1610. [MERCURE FRANÇOIS, Tom. II. Feuill. 27.]

LE troisiéme de Juillet mil six cents dix, l'Electeur de Cologne, l'Archiduc Ferdinand, & le Duc de Brunsvic Henri Jules, allerent de sa part à Vienne par devers le Roi Matthias pour apporter ce qu'ils pourroient en la reconciliation des deux Freres: Le Duc de Brunsvic travailla tant à la faire, qu'enfin il leur fit signer les Articles suivans.

I. Que le Roi Matthias recognoistroit son Frere Rodolphe pour Empereur & Chef supreme de la Chrestienté, Roi de Boheme, Seigneur du Marquisat de Moravie, & le premier de la Maison d'Austriche.

II. Que tous les ans ledit Roi lui envoyeroit deux mille vaisseaux de vin, & lui payeroit cent mille florin.

III. Que ledit Roi, & toutes les Provinces qui lui avoient

ANNO 1610.

avoient été cedées, ne feroient aucunes Alliances sans le consentement de sa Majesté Imperiale.

IV. Que ledit Roi demanderoit pardon des choses passées à sa Majesté Imperiale, & qu'elle le lui donneroit en certaines paroles & particuliere formalité.

V. Que dans un mois tant d'une part que d'autre tous gens de Guerre seroient licentiez.

VI. Que toutes les fois qu'il seroit besoin de faire la Guerre contre le Turc, qu'elle ne se feroit point que par l'authorité de sa Majesté Imperiale.

VII. Qu'és Forteresses de la Hongrie les Allemans y seroient mis pour les deffendre & garder avec les Hongriens: aussi que sa Majesté Imperiale feroit continuer le payement ordinaire que la Boëme fournissoit pour l'entretien des Garnisons desdites Forteresses.

VIII. Que l'Empereur & le Roi joindroient à l'advenir leurs forces pour reprimer & chastier tous les Subjects rebelles & seditieux.

IX. Que si aucun des Officiers desdits Empereur & Roi ne faisoient observer incontinent les susdicts Articles, qu'ils seroient privez de leurs Offices.

X. Que les Electeurs & Princes de l'Empire assemblez à Prague, soubscriroient de faire conserver lesdits Articles: & qu'elles seroient signées tant de part que d'autre avant la my-Septembre.

XI. Que le Comté de Tyrol seroit delaissé au seul pouvoir de l'Empereur, sans que le Roi Mathias & tous les Archiducs ses Freres & Cousins y pretendissent aucune chose.

XCI.

7. Juill.

Lehen-Brieff Römischen Kaysers Rudolphi des anderen / Christian Churfürsten zu Sachsen / wie auch dem sambentlichen Fürstlichen Hauß Sachsen ertheilet; Wodurch Ihro Majest. die von seinen Vorfahren Röm. Käysern / denenselben zu Lehen ertheilte Fürstenthumber Julich / Clev / Berg / und darzu gehörige Graf-Herrschafften und Lande / zu Lehen gnädigst gereicht / und verlihen. Geben zu Prag den 7. July 1610. [LUNIGS Teutsches Reichs-Archiv. Part. Spec. Theil II. Abtheil IV. Absatz II. pag. 131.]

C'est-à-dire,

Lettres d'Investiture de RODOLPHE II. *Empereur des Romains pour* CHRISTIAN *Electeur de Saxe, & pour toute la Serenissime Maison avec lui, des Principautés de* Juliers, Cleves, Bergues *& de toutes leurs Dépendances & Appendances, pour les tenir en Fief de l'Empire, aux mêmes charges & conditions que ses Prédecesseurs les ont tenues. A Prague le 7. Juillet 1610.*

WIr Rudolph der Ander / von GOttes Gnaden / erwehlter Römischer Käyser / zu allen Zeiten Mehrer des Reichs / in Germanien / zu Hungarn / Boheim / Dalmatien / Croatien / und Sclavonien / zc. König / Ertz-Hertzog zu Oesterreich / Hertzog zu Burgund / zu Braband / zu Steyern / zu Kärndten / zu Crain / zu Lützenburg / zu Würtemberg / Ober- und Nieder-Schlesien / Fürst zu Schwaben / Marggraffe des Heiligen Römischen Reichs / zu Burgau / zu Mähren / Ober- und Nieder-Laußnitz / Gefürster Grave zu Habspurg / zu Tyrol / zu Pfirdt / zu Kieburg und Göritz / zc Land-Grafe in Elsaß / Herr auf der Windischen Marck / zu Portenau und zu Salins / cz. bekennen hiermit öffentlich / und thun kund allermänniglich / als Uns der Hochgebohrne / Christian der Ander / Hertzog zu Sachsen / des Heiligen Römischen Reichs Ertz-Marschall / Burggraff zu Magdeburg / zc. Unser lieber Oheim und Churfürst / für sich selbst / und in Vollmacht / auch an statt Hertzog Hannß Georgen / so dann in Vormundschafft Hertzog Augusti Sr. des Churfürsten L. freundlichen geliebten Brüdere / auch weiland Friedrich Wilhelms und Johannsen / Gebrüderer / hinterlassenen Söhnen / Johann Philips / Friedrichs / Johann Wilhelms / Friedrich Wilhelms / Johann Ernsts / Friedrichs / Wilhelms / Albrechts / Johann Friedrichs / Ernsts / Friedrich Wilhelms und Bernhardts / Gebrüderer und Vettern / wie nicht weniger Hertzog Johann Casimirs / und Johann Ernsts / Gebrüderer / aller Unserer lieben Oheimen und Fürsten / Hertzogen zu Sachsen / Land-Graffen in Döringen / Marggraffen zu Meissen / rc. gehorsamlich an- und fürbringen lassen / welchergestalt weiland Unser Uhr-Uhr-Anher / Friedrich / dieses Nahmens der Dritte / Römischer Käyser / hochlöbl. Angedenckens / unterm dato Grätz den 16. Jun. Anno 1483. weyland Hertzog Albrechten zu Sachsen / zu einer recompensation und Ergetzlichkeit seiner getreuen annehmlichen und nützlichen Dienste / so er in unterschiedlichen Kriegen wider Hertzog Carln von Burgund in eigener Person / und nachmahls wider den König in Hungarn / mit schwerer Darlegung und in andere Weis unverdrossen gethan / mit wohlbedachtem Muth / zeitlicher Vorbetrachtung / gutem Rath / eigener Bewegnüß und rechtem Wissen den Anfall der Hertzogthum / Jülich und Berg / wann solche dem Heiligen Reich / durch tödtlichen Hintritt Hertzog Wilhelms zu Jülich und Berg / oder sonst ledig würden / aus Käyserlicher Macht / und Vollkommenheit gegeben / und zu Lehen gnädigst verliehen / dero gestalt / daß wolgedachter Hertzog Albrecht zu Sachsen und seine Lehens-Erben / von regierenden Römischen Käysern / und dem Reich / solche uf vorberührten Fall / mit allen Obrigkeiten / Herrlichkeiten und andern Ein- und Zugehörungen / nichts ausgeschlossen / in Lehensweis solten innen haben und verdienen / wie des Heiligen Reichs und solcher Regalien und Lehen Recht und Gewohnheit ist / welche Käyserl. Verschreibung folgends Käyser Maximilian der Erste / mit Wiederholung der mannigfältigen köstlichen Dienste / so mehrgemeldter Hertzog Albrecht zu Sachsen Käyser Friedrichen dem Dritten / und desselben Vorfahren am Reich / offtmahls scheinbarlich geleistet / sub dato Valenzin / den 18. Sept. Jahrs 1486 nicht allein gnädigst ratificirt und genehm gehalten / sondern auch solches erlangtes Recht ihme / Hertzog Albrechten / und seinem Brudern / Hertzog Ernsten / Churfürsten zu Sachsen / von neuen / als Römischer König / dergestalt geliehen / und verschrieben / daß uf den Fall / do ehegenante Hertzogthum / Jülich und Berg / Mangels halben rechter mannlicher Leibes-Lehens-Erben verlediget würden / solche zur Stund und ohne Mittel an Sie und dero Leibes-Lehens-Erben / lediglich und unverhindert kommen und fallen solten / die mit allen Prælaturen / Graff-Herrschafften und allen Zugehörungen / nichts ausgenommen / einzunehmen / von den regierenden Käysern und dem Reich innzuhaben / zu besitzen / zu gebrauchen / und zu verdienen; Damit auch hochgedachter Käyser Maximilian der Erste destomehr dessen Käyserlich Gemüth und Intention bezeuget / hätten Ihr. Maj. und L. jetztgemeldte Concession und Verschreibung / Dienstags nach Nativitatis Mariæ Anno 1495. aus Königlicher Macht Vollkommenheit und rechtem Wissen / anderweit gnädigst confirmiret / bestätiget / und in Krafft dero eigenen Handschrifft mächtig roborirt / vor sich und nachkommende Römische Käyser und Könige / jetzt als dann / und dann als jetzt / bestätiget / und als gedachter Hertzog Wilhelm zu Jülich Anno 1511. ohne männliche Leibes-Lehens-Erben mit Tode abgangen wäre / hätten die Chur- und Fürsten zu Sachsen bey Ihr. Majest. und L. in Schrifften und durch Schickungen zwar damahls um fernere Belehnung der verledigten beyden Fürstenthumen / Jülich

ANNO 1610.

Jülich und Berg/ deren utile Dominium, Krafft obangezogener Käyserl. Concessionen und denselben einverleibten Clausulen/ uf sie/ existente conditione, ohne einige apprehension corporalis possessionis, unzweifflich transferiret worden/ zu unterschiedlichen mahlen angesucht; Es hätte aber der junge Hertzog Johanns zu Cleve/ kurtz vor dem Fall/ sich in Heyrath mit gedachtes Hertzog Wilhelm zu Jülich und Berg Tochter eingelassen/ die Lande Jülich und Berg/ des Hauses Sachsen theuer erworbenen Gerechtigkeiten zu præjudiz, vor sich voreilend eingenommen/ dahero das Chur- und Fürstliche Hauß Sachsen/ mit gesuchter neuer Belehnung/ etwas aufgehalten worden/ vor sich aber und authoritate propria die ihnen mit Recht an- und heimgefallene Lande zu occupiren/ hätte das Chur- und Fürstliche Hauß Sachsen/ aus getreuer Sorgfältigkeit vor des Heiligen Reichs Wohlfarth/ darum Bedenckens gehabt/ damit innerlicher Unfried und Unruhe nicht angerichtet/ besorgendes Blutvergiessen abgewendet/ und Land und Leute in Ihrem guten Wohlstande möchten erhalten werden: Entzwischen seye vom Käyser Maximiliano primo das Hauß Sachsen zur Gedult ermahnet/ und interim allerhand Mittel zur söhnlichen Vergleichung fürgeschlagen/ mit dieser ausdrücklichen Erklärung/ daß der Anstand demselben an seinen Rechten und Gerechtigkeiten solte unabbrüchig seyn/ wie ihnen dann uf ihr Begehren/ gesuchter Lehn wegen/ schrifftliche Recognitiones, Bekänntnüß und Muth-Zettel ausgeantwortet worden. Indeme nun mit dieser Sach sichs wider Vermuthen von einer Zeit zu der andern/ aus vorgewandten unabwendlichen Verhinderungen/ verweilet/ die dem Hauß Sachsen beschehene Vorschläge auch nicht annehmlich gewesen/ wäre endlich Käyser Maximilian der Erste/ nach des Allerhöchsten Willen/ Todes verfahren: Nach dessen Ableiben/ als Unser Herr Vetter und Anherr/ Käyser Carl der Fünffte/ zum Käyserthum erhoben worden/ hätten die Chur- und Fürsten zu Sachsen von neuem um die Belehnung angesucht/ und zu Eroberung deren Ihnen heimgefallenen Hertzogthum/ Jülich und Berg/ Hülff und Förderung gehorsamst gebethen/ und ob sie wohl hierzu Käyserl. stattliche Vertröstungen empfangen/ so sey jedoch uf ungestümes Anhalten des Gegentheils Anno 1522. erfolget/ daß die Clevische vom Jahr 1511. angestandene unverhoffte Belehnung ihren Fortgang erreichet; Gleichwol aber auch habe Käyser Carl dem Hauß Sachsen/ über mehr obbemeldte Fürstenthum/ einen gleichlautenden Lehn-Brieff verfertigen lassen/ mit der münd- und schrifftlichen Erklärung/ daß vorangeregte Clevische Belehnung dem Hauß Sachsen/ bis zu Erörterung der Sachen/ unschädlich seyn solte/ darwider aber und insonderheit so viel den fürgangenen Actum investituræ betrifft/ die Chur- und Fürsten zu Sachsen zum öfftern zierlich protestirt/ und warum derselbe unerkanntes Rechtens nicht hätt beschehen sollen/ mit tapfferer Ausführung der Ursachen/ solchen zu cassiren und aufzuheben/ auch um forderlichen schleunigen Austrag und Erkänntnüs inständig angesuchet/ Darauf so viel erhalten worden/ daß Ihre Majest. und L. sich dahin resolvirt/ es sey durch Hertzog Johannsen zu Cleve geschehene Belehnung dem Hauß Sachsen nichts widerwertigs gehandelt/ und Ihrer Majest. Meynung nie gewesen/ jemanden sein Recht zu nehmen und zu schwächen/ Immassen das Hauß Sachsen ihme solches allewege aufs zierlichste reserviret/ und für und für an der Hand behalten: Mitler Zeit sey eine Heyraths-Handlung zwischen weyland Churfürst Johann Friedrichen von Sachsen/ und Fräulein Sibyllen/ offtgemeldtes Hertzog Johannsens zu Cleve Tochter/ so sich im Jahr 1518. angesponnen/ fortgetrieben/ und folgends zu Mayntz den 8. Aug. Anno 1526. solcher massen/ wie die damahls aufgerichtete Ehe-Beredung vermöge/ vollnzogen worden/ darinnen unter andern abgeredet/ bewilliget und beschlossen/ ob vielgedachter Hertzog Johanns zu Cleve und dessen Gemahlin/ Frau Maria/ Herzogin zu Cleve/ Jülich und Bergk/ keine Männliche Erben hinter sich verliessen/ daß alsdenn Ihre Fürstenthum/ Cleve/ Jülich und Berg/ die Graffschafften von der Marck und Ravensberg/ samt allen Gütern/ Ein- und Zugehörungen/ An- und Zufällen/ Gerechtigkeiten/ und was sie beyde/ oder dero männliche Erben hinter sich verlassen würden/ nichts ausgeschlossen/ an obbenandte ihre älteste Tochter/ Fräulein Sibyllen/ und vorgemeldten Churfürsten/ Johann Friedrichen zu Sachsen/ auch deren beyderseits Erben/ ob sie die miteinander zeugen würden/ kommen und geerbet seyn/ daran sich denn die Landschafft halten/ den andern zweyen Hertzog Johannsen zu Cleve Töchtern aber/ alsdann inner vier Jahren/ vor alle Gerechtigkeit/ so sie an den verlassenen Landen und Gütern/ Kleinodien/ Baarschafften/ Silber-Geschirr/ fahrenden Haab und andern gehaben möchten/ ein hundert und sechzigtausend Gülden geben werden solten; Über welchen Articul die Räthe/ Ritterschafft/ Bürger-Meister/ Schöppen und Räth/ der sämtlichen Städt/ Fürstenthumb und Landen/ Sonntags nach Reminiscere Anno 1527. einen besiegelten Revers abgegeben/ darinnen sie bekannt/ auch in Treuen/ Ehren und Glauben vor sich/ ihre Erben und Nachkommen gelobet/ da der Fall also/ wie obstehet/ sich begebe/ daß sie sich alsdann nach Inhalt desselben Articuls aufrecht und frömlich halten und leben solten; zu dem/ so werde in erst angezogener Ehestifftung noch ferner klärlich befunden/ daß offtgedachter Churfürst Johann Friedrich zu Sachsen die Forderung/ so er und sein Hauß an den Fürstenthumen Jülich und Berg/ vorhin gehabt/ ihme vorbehalten/ und solte dieselbe jedem Theil unvorgreifflich seyn und bleiben/ darüber und in specie den Articul, den Fall betreffend/ habe mehr hochermeldter Käyser Carl der Fünffte/ den 13. Maij Anno 1544. seinen Käyserlichen Consens ertheilet/ aus Käyserlicher Macht und Vollkommenheit confirmirt/ und ferner gesetzt/ daß jetztangedeuteter Articul, in allen seinen Worten/ Puncten/ Clausuln/ Inhaltungen/ Meinungen und Begreiffungen/ kräfftig und mächtig seyn/ stet und fest gehalten und vollnzogen/ und die gemeldeten Fürstenthum/ samt allen Gütern und Zugehörungen/ An- und Zufällen/ Gerechtigkeiten/ Landen und Leuten/ auf vielbesagtes Churfürst Johann Friedrichs zu Sachsen Gemahl/ Frauen Sibyllen/ und ihn/ Churfürst Johann Friedrichen/ im Fall/ wie obstehet/ und dann forderst auf ihre Mannliche Lehens-Erben/ von beyder ihrer Leibe gebohren/ kommen und fallen/ und derselben Mannliche Lehns-Erben die zu jederzeit/ so offt solche zu Falle kämen/ von den regierenden Römischen Käysern und dem heiligen Reich/ zu rechten Fürstlichen Reichs-Lehen empfahen/ innhaben/ und von allermänniglich unverhindert geniessen/ also/ daß die Art der obberührten Lehen/ durch solche Anwartung und Anfall nicht verändert/ sondern in ihrem Wesen bleiben/ und nach Abgang beyder Ihrer/ uf dero männliche Lehens-Erben/ als obstehet/ kommen und fallen sollen/ welche Käyserl. Confirmation und Satzung von allen Theilen unterthänigst acceptiret/ beliebet und angenommen/ auch durch die nach und nach darauf gefolgte Römische Käyser/ als weiland Unsern Anherrn und Herrn Vater/ Käyser Ferdinand/ und Maximilian, so wohl Uns selbsten

ANNO 1610.

durch die Universales omnium Domus Saxoniæ Privilegiorum, Gratiarum & Concessionum Confirmationes, gnädiglich ratificirt / confirmirt und bestättet worden / Alles ferners Inhalts unterschiedlicher Uns deswegen überreichter Deduction und Bericht.

Dahero und dieweil sich dann nun nach dem Willen Gottes begeben / daß weiland Unser lieber Vetter und Fürst Hertzog Johann Wilhelm / zu Jülich / der letzte des Stammes und Nahmens / ohne Hinterlassung einiger Leibes-Lehens-Erben / Todes verfahren / und also die Condition / so oberzehlten Käyserl Begnadungen / Concessionibus, Donationibus, Investituris, Pactis dotalibus, Confirmationibus & Ratificationibus einverleibt ist / purificirt und erfüllet;

Als hat Uns obbenannter Churfürst Christian der Ander / für sich / auch in Vollmacht und auf Ratihabition / wie obgehört / Hertzog Hannß Georgen zu Sachsen / dann in Vormundschafft Hertzog Augusten S. L. freundlichen geliebten Brüder / so wohl weiland Friedrich Wilhelms und Johannsen / Gebrüder / Herzogen zu Sachsen hinterlassenen unmündigen Söhne / Johann Philipps / Friedrichs / Johann Wilhelms / Friedrich Wilhelms / Johann Ernsts / Friedrichs / Wilhelms / Albrechts / Johann Friedrichs / Ernsts / Friedrich Wilhelms und Bernhardts / Gebrüder und Vettern / wie nicht weniger Hertzog Johann Casimirs und Johann Ernsts zu Sachsen / Gebrüder / Nahmen angeruffen und gebethen / Wir geruheten dieselbe / Krafft obangeregter Gerechtigkeiten / mit offtbemeldten Jülichischen / Clevisch und Bergischen Fürstenthumen / auch darzu gehörigen Graff-Herrschafften und Landen zu ihrem Rechten gnädiglich zu belehnen und zu investiren / Das haben wir angesehen / seine des Churfürsten L. wie auch dessen gantzen Hauses Sachsen gehorsame ziemliche Bitt / und die getreue nützliche willige angenehme Dienste / die ihre Vorfahren und sie selbst weiland Unsern Vorfahren / Römischen Käysern und Königen / Uns und dem heiligen Reich in vergangenen Zeiten gethan haben / noch täglich thun / und fürbashin nicht weniger zu thun uhrbietig / willig und bereit seyn / auch wohl thun können / sollen und mögen: Und darum mit wohlbedachtem Muth / auch vorgehabten zeitlichen Rath deren jetzund bey Unserm Käyserl. Hoff Anwesenden / der Ehr-und Hochwürdigen / Durchlauchtigen / Hochgebohrnen / Johan Sweickhards zu Maintz / und Ernsts zu Cölln / Ertz-Bischoffen / des Heil. Römischen Reichs durch Germanien und Italien Ertz-Cantzlern / Maximiliani, Ferdinandi, und Leopoldi, aller dreyer Ertz-Herzogen zu Oesterreich / Herzogen zu Burgund / Steyer / Kärndten / Crain und Würtenberg / Administrators des Hoch-Meisterthumbs in Preussen / Meisters Deutsch-Ordens in Deutsch-und Welsch-Landen / Graffen zu Habsburg / Tyrol und Görtz / Bischoffs zu Straßburg und Passau / Heinrich Julius, Hertzogen zu Braunschweig und Lüneburg / Ludwigen / Land-Graffen zu Hessen / Graffen zu Catzenelenbogen / Dietz / Ziegenhain und Nidda / Unserer lieben Neven / Vettern / Bruders Söhn / Oheim / Chur-und-Fürsten / auch des Edlen / Unsers lieben getreuen / Graff Octavii Visconte, Unsers freundlichen geliebten Bruders / Ertz-Hertzogs Alberti zu Oesterreich / rc. Abgesanden / als regierender Römischer Käyser / des Churfürsten zu Sachsen L. für sich selbst / auch in Vollmacht und Vormundschafft Nahmen / wie obstehet / zu ihrem Rechten die Hertzogthum Jülich / Cleve und Berg / die Graffschafften zu der Marck und Ravensberg / auch die Herrligkeit zu Gennep / und alle andere darzu gehörige Herrschafften und Lehenschafften / welche vorgenannter Hertzog Johann Wilhelm zu Jülich / der letztlebende dieses nahmens und Stammes / auch seine Vorfahren von Uns und dem Heiligen Reich Lehns-Weiß innen gehabt / genutzt und genossen / mit allen deren Fürstlichen Ehren / Würdigkeiten / Titul / Wappen / Städten / Schlössern / Märckten / Dörffern / Landen / Leuten / Mannen / Rechten / Gerichten / Gebieten / Zöllen / Strassen / Geleiten / Fahnen / Paniern / Lehen / Mannschafften / Eigenschafften / Gütern / Gülten / Zinsen / Nutzen / Wildbahnen / Fischereyen / Wassern / Wasserleufften / Berg-Wercken / Müntzen / Mühlen / und mit allen andern ihren Zugehörungen / wie die genennet / und woran die seyn / nichts ausgenommen / noch hindangesetzet / wie solches alles und jedes vorige Hertzoge zu Jülich / Cleve und Berg besessen / und die darüber aufgerichte alte und neue Lehen-Briefe besagen / zu Lehen gnädiglich gereichet / und verliehen / Reichen und verleihen Sr. L. für sich / auch in Vollmacht und auf Ratihabition Hertzog Hanuß Georgen zu Sachsen / dann in Vormundschafft Herzog Augusten / Sr. L. freundlichen geliebten Brüder / so wohl weiland Friedrich Wilhelms / und Johannsens / Gebrüdere / Herzogen zu Sachsen hinterlassenen unmündigen Söhne / Johann Philipps / Friedrichs / Johann Wilhelms / Friedrich Wilhelms / Johann Ernsts / Friedrichs / Wilhelms / Albrechts / Johann Friedrichs / Ernsts / Friedrich Wilhelms / und Bernhardts / Gebrüdere und Vettern / wie nicht weniger Herzog Johann Casimirs und Johann Ernsts zu Sachsen / und allen deroselben männlichen Leibes-Lehens-Erben / die auch hiemit von Römischer Käyserlicher Macht und Vollkommenheit wissendlich / in Krafft dis Briefs / was Sr. L. und dero Hauß wir daran von Rechts und Billigkeit wegen leihen sollen und mögen / die von Uns und dem Heiligen Reich zu Fürstlichen Lehen und ihrem Rechten einzunehmen / innen zu haben / zu besitzen / zu geniessen / zu gebrauchen und zu verdienen / jedoch also und dergestalt / daß diese Belehnung weiter nicht / dann wie offt gehört / und Uns der Churfürst deswegen einen sonderbahren schrifftl. Revers gegeben / Sr. L. und dero Hauses Sachsen Rechten / salvo jure aliorum Interessentium, und männiglich / insonderheit aber Uns und dem Heiligen Reich / an deme Uns zustehenden directo dominio, Lehens-Diensten / und Reichs-Pfandschafften / wie auch andern Chur-und Fürsten an ihren in denen Landen verfallenen Lehen / Pfandschafften und Stücken / darzu sie befugte Anspruch hätten / auch künfftig ausführen würden / wie ingleichen obberührten Fürstenthumen / Graff-Herrschafften und Landen an ihren in Religion und Prophan-Sachen bey vorigen Fürstl. Regierungen herbrachten / der jetzt regierenden Käyserl. Majest. und dero hochgeehrten Vorfahren erlangten Privilegiis, Freyheiten / Ordnungen / Satzungen und Herbringen / wie die Nahmen haben möchten / nichts ausgeschlossen / zu keinem Nachtheil verstanden werden / auch da Sr. L. und dero Hauß Sachsen von einem oder dem andern Prætendenten / dieser Belehnung halber / in Anspruch genommen würde / S. L. und sie vor Uns / als dem unzweiffelichen und unmittelbahren Richter / einem jeden Red und Antwort geben / und darwider nicht seyn sollen / noch wollen.

Darauf hat Uns mehr benannter Churfürst / Christian der Ander / persöhnlich vor sich / darzu in Vollmacht und Vormundschafft / wie offtgemeldt / gewöhnlich Huldigung / Gelübd und Ayd gethan / Uns und dem heiligen Reich dieser Lehen wegen getreu / gewärtig und gehorsam zu seyn / Unser Bestes zu fordern / Arges zu wenden / und endlich insgemein alles dasjenige zu thun und zu leisten / was ge-

trene

ANNO 1610.

treue Fürsten gegen einem Römischen Kayser / ihrem Lehen-Herrn / und dem Heiligen Reich zu thun pflichtig seynd / getreulich ohne Gefehrde / Besiegelt mit Unsern anhangendem Käyserl. Insiegel / Geben auf Unsern Königl. Schloß zu Präg / den 7. Monats-Tag Julii, nach Christi Unsers lieben Herrn / Erlösers und Seligmachers Geburt 1610. Unserer Reiche / des Römischen im 35. des Ungarischen im 38. und des Böhmischen auch im 35. Jahren.

Rudolff.

Jo. Suicardus Archi-Eps. Mogts. Archi-Cancellarius Imperii.

Ad mandatum Sac. Cæsar. Majestatis proprium.

Rta. Sartor.

God. Hertell.

XCII.

14 Août. Accord zwischen dem Stifft zu Straßburg / und denen Unirten Fürsten und Ständen in unterm Elsaß / durch Vermitlung Hertzog zu Lothringen / und anderer mehr geschlossen; des lauts / daß beederseits Kriegs-Volck auf den 27. Augusti aus dem Stifft und gantzem lande des untern Elsaß außgeführet / alle gefangene ledig gelassen / dann alle Schadens-Procefs cassiret / wie auch ferners durch den Bischoff oder das Capitul in unterm Elsaß keine Kriegs-præparation verstattet werden solle. Geschehen Willstädt den 14. August. 1610. Sambt des Capituls Obligation; daß es die Ratification dieses Accords bey Ertz-Hertzog Leopold zu Oesterreich suchen / und in nicht-erhaltung derselben / den unirten Ständen die Stadt Dachstein bis zu fernern Vergleich einräumen wolle. Geben wie oben. Nebst auch einen Neben-Recefs; daß allen ihre Verfallene zinß und gülten gefolget werden sollen. Geben den 15. Augusti 1610. [LUNIG, Teutsches Reichs-Archiv. Part. Special. Continuat. I. Fortsetzung III. Abtheilung III. pag. 301.]

C'est-à-dire,

Accord entre l'Evêché de STRASBOURG *& les Princes & Etats unis de la* BASSE ALSACE, *par la médiation du Duc de Lorraine, & du Comte de Hanau, portant que de part & d'autre les Troupes seront retirées de l'Evêché & de la Basse Alsace dans le 27. d'Août prochain venant; que tous les Prisonniers seront mis en liberté, toutes les Procedures judiciaires annulées, & qu'à l'avenir il ne se fera aucun Armement ni de la part de l'Evêque, ni de la part du Chapitre. A Willstadt le 14. d'Août* 1610. Avec *une* PROMESSE *du Chapitre, portant qu'il obtiendra de l'Archi-Duc d'Autriche* LEOPOLD *la Confirmation de cet Accord & qu'en cas de non succès, il remettra auxdits Etats la Ville d'*Achstein, *pour la tenir jusqu'à une ulterieure Convention.* Comme aussi *un* RECES *particulier fait entre les mêmes pour la sureté des Cens & Rentes dûs à tous & chacun d'eux. Fait le 14. d'Août* 1610.

Erstlich soll beyderseits Kriegsvolck auff einen Tag / nehmlich auff Montag den 27. Alten Augusti / oder den 6. Septem. Newen Calenders / auß dem Stifft Straßburg und gantzen Land des unter Elsaßischen Bezircks ab / und nit mehr darin geführt werden / und dasselbig der gestalt / daß in solchem Abzug weder den unirten Fürsten und Ständen / noch dem Bißthumb oder andern benachbarten Land und Leuten / insonderheit des Hertzogen zu Lothringen / deß Herrn Grafen zu Hanaw / der Statt Straßburg / der Ritterschafft / und aller angrentzenden Landen / einiger Schad nicht zugefügt werden / sondern im abzihen sich der Reichs-Constitution gemeß verhalten / aller Landen Obrigkeiten / dardurch sie Paß begeren / ersuchen / der Quartier und Commiß halben vergleichen / an keinem Ort zwey Nachtläger nemmen / sondern verglichener massen durchziehen; daß auch der unirten Chur- und Fürsten Volck kein Statt oder Bestung im Stifft vorenthalten / noch das darinn gefunden grobe Geschütz / was über Mußketen / mitnemmen / oder nach dieser Vergleichung einigen Schaden mit Plündern / Schleiffen / Demoliren / Abbrechen oder Brennen / es sey an Stattmawren / Kirchen / Collegien / Clöstern oder Privat-häusern und Wohnungen zufügen / auch alsobald beyderseits die Waffen und Wehren nieder zu legen / unnd das Land insgemein zu sichern und zu befreyen / schuldig und verbunden seyn sollen.

2. Sollen beyderseits Gefangene / so wol Soldaten als andere / ohn allen Entgelt / Rantzion und Brantschatzung / alsobald / jedoch gegen billicher Bezahlung des Atzes und Zehrung ledig gelassen / auch Lixheym und was den unirten Chur-und Fürsten für noch mehr Oerter abgenommen seyn möchten / restituirt werden.

3. Was bey währender dieser Kriegs-unruhe im Bißthumb und benachbarten Orten fürgangen / soll weder mit oder ohne Recht geandet werden. Wo auch Schadens halben Proceß angestellt / solche hiemit wircklich caßirt und auffgehaben seyn.

4. Die einem oder dem andern Theil Beystand oder Vorschub geleistet / sollen deßwegen gäntzlich unangefochten bleiben.

5. Demnach auch zwischen dem Stifft Straßburg und der gefreyten Reichs-Ritterschaffe im untern Elsaß / in puncto Religionis biß dahero allerhand Streit und Mißverstand vorgefallen / soll hinfüro gedachter Ritterstand in dem was der Religionsfrieden jhnen zugibt / unturbirt und unbeschwert gelassen werden.

6. Soll man beyderseits auff die erlittene Schäden / Interesse / Unkosten / selbige nimmermehr zu fordern / hiemit Verzieg thun: auff den unverhofften Fall aber / diesem Vertrag von einem Theil zu wider gehandelt werden solte / dem andern Theil alle billichmäßige Forderung angeregter Schäden / Interesse unnd Unkosten / außtrücklich reservirt und vorbehalten seyn.

7. Soll auch ins künfftig / durch einen jederzeit regierenden Bischoffen / und desselben Thumb-Capitel im Bißthumm Straßburg / und diesem unter Elsaßischen Bezirck / einige Kriegs-Präparation / Einlägerung oder Musterplatz nicht mehr geschehen noch verstattet werden / es erfordere dann solches die kündliche und erweißliche Notturfft / dasselbig zu schützen / schirmen und zu erhalten. Wie auch gleicher gestalt die unirte Chur-Fürsten unnd Stände dasselbe nicht mehr feindlich uberziehen / auch keinen Musterplatz darein legen / noch einigen Vorschub oder Beförderung darzu thun sollen / doch jhnen an vorigem Hagenawischen Vertrag unnachtheilig.

8. Die Ratification dieses Vertrags soll bey Ihr. F. D. Ertzhertzog Leopolden zu Oesterreich / als jetzt regierenden Bischoffen zu Straßburg / vermöge eines Hoch-und Erwirdigen Thumb-Capitels sonderbaren auffgerichten Obligation / ausgebracht / oder

ANNO oder was dieselbe außweiset / effectuirt und ins
1610. Werck gerichtet werden.

Und zu mehrer Sicherheit / Bekrefftiging und Bestättigung aller und jeder obgesetzter Puncten und Artickeln / haben beyde Parteyen / durch ihre allhier zur Stell gewesene hochansehenliche Abgesandten / Räthe und Bottschafften / diesen Accord und Vergleichung / in allen seinen Artickeln begriffen / stät / vest und unverbrüchlich zu halten / darwider nicht zu thun / schaffen / noch gestatten gethan zu werden / in keinerley weiß noch wege / wie es jmmer geschehen köndte oder möchte / mit wolbedachter Verzeihung unnd Begebung alles dessen / so ein oder ander Theil sich darwider behelffen / unnd Menschen Sinn erdacht oder erdencken köndten / zugesagt und versprochen / alles aufrecht und ohne gefehrde. Zur Urkund desselben / mit auch ob-hoch-unnd wolgedachter Unterhändler hiefür getruckten Pitschafften / und eygener Handen Unterschrifft / So geben unnd geschehen zu Willstädt den 14. Augusti, im Jahr als man zehlt nach Christi Unsers Herrn Geburt / 1610.

Hans Engelbert von Lautern.
Herman Adolff Graff zu Salm.
Simeon de Mien.
Hans Reinhart Graff zu Hanaw.
Hugo Sturm von Sturmeck.
Wolff Stöckle von Böckelsaw.
Christoff von Wangen und zu Gerolzeck.
Peter Sterck.
Samson von Landsperg.
Georg Michel Lingelsheym.
Johan Arnold Mitterspach.
Johan Gleffe von Igni / D.
Steffan Berechthold. D. Jur.
Johann Scheidt.

Des Dom-Capituls zu Straßburg Obligation und zusage.

WIr Frantz Freyherr zu Kriechingen / Thumbdechant / und Wir Hermann Adolff Graff zu Salm / Herr zu Reifferscheid / Thumb-Cämmerer / und die jetzt anwesende Capitularen hoher Stifft Straßburg / thun kund unnd offenbar / für Uns selbs und an statt und im Namen eines gantzen Hochwirdigen Thumb-Capitels gemeldtes Stiffts Straßburg / mit gegenwertigem Brieff / Nachdem verschienen Früling in diesem Bißthumb sich ein geworbenes Kriegsvolck zu Roß und Fuß versamblet / eingelägert / unnd eine zeitlang auffenthalten / darob sich etliche benachbarte unirte Chur- und Fürsten hoch beschwert erachtet / sich derwegen mit starcker Kriegsmacht ins Stifft begeben / etliche Stiffts-Stätt und Oerter / darinnen besagt Kriegsvolck gelegen / belägert / beschossen und eingenommen / dadurch dann dieses Stifft / dessen arme Leuth und Unterthanen / zugleich von Feinden und Freunden / unverschuldter Weiß / nun uber 5. Monat zum höchsten betrangt / beschwert / nach und nach in eusserstes Verderben gerichtet und gestürtzt worden.

Wann nun Uns / vermög Unser Eyd und Pflichten / damit wir dem Stifft verwandt und zugethan seynd / obgelegen / auff alle Mittel und Weg zu trachten / wie der Stifft solches verderblichen Verhaffts entlediget unnd vor weiter vor Augen schwebender Gefahr conservirt und erhalten werden möchte: darzu denn der Durchleuchtig Fürst und Herr / Herr Heinrich / Hertzog zu Calabrien / Lothringen / Barr / Geldern / Marggraff zu Pontamousen / etc. mit Beystand deß Wolgebornen / Unsers freundlichen lieben Vettern / Herrn Johann Reinharten / Graffen zu Hanaw / etc. und dann eines Erbarn Rahts der Statt Straßburg / und der Ritterschafft im untern Elsaß / auß gnädiger freund- und Nachbarlicher Zuneigung / und zu Verhüttung fernern Landverhergens / unnd unschuldigen Christlichen Blutvergiessens / etliche Mittel vorgeschlagen / auch durch embsige gepflogene Unterhandlung die Sach so weit gebracht / daß man daselbsten zu beyden Theilen einig worden / allein auff deß Stiffts Seiten / noch an dem bestanden / daß J. F. D. Ertz-Hertzog Leopolden zu Oesterreich / Bischoffen zu Straßburg / Unsers gnädigsten Herrn / Ratification uber berührte Artickel hat sollen erlangt und zuwegen gebracht werden.

Dieweil aber dabey reifflich erwogen / daß es sich noch lang verweilen würde / ehe bey höchstgedachter J. D. angeregte Ratification außzubringen / oder auch / daß vielleicht dieselbige darzu schwerlich werde zubringen seyn / dem Stifft aber ein unträgliche Beschwerde seyn würde / daß es eben von wegen erst angezogener J. D anstehender und manglender Ratification diejenige Vergleichnuß auß Händen lassen / und darüber in grösser Unheyl / Gefahr und Untergang gerathen solte:

Als haben wir obgenannte / jetzt beym Stifft anwesende Capitularen / für und im Namen aller der Abwesenden (an deren statt die præsentes, wie gering sie gleich in der Anzahl vorhanden / in dergleichen gefährlichen Stiffts-nöthen und Zuständen / vermög sonderbarer hiebevor auffgerichter Capitular-Decreten / deß Stiffts und Capitels Notthurfft zu verhandeln / allen vollkommenen Gewalt und Macht haben) und also nomine totius Capituli, welches des Stifts Grund-und Erb-Herr ist / Uns in obangezogene Friedenshandlung und Tractation eingelassen / dieselbige auff Uns genommen / und darauff im Namen deß Stiffts unnd Capitels / in die verglichene Friedens Artickel unnd Puncten / wie sie in einen sondern Abschied gebracht / consentirt unnd bewilligt / solche stät unnd vest zu halten versprochen / darneben auch ferner zugesagt / daß noch zwischen hie und dem 27. Alt. Dec. dieses ablauffenden / oder der H. drey-König Tag / so der 6 Jenner des künfftigen 1611. Jahrs N. Cal. bey vor höchst ernennter F. D. Ertzhertzog Leopolden / Unserm gnädigsten Herrn / unterthänigst bearbeyten wöllen / offt angezogene dero Ratification über diesen getroffenen Accord außzubringen. Falls aber wir solche nit vermöchten zuerhalten / so thun an statt und von wegen eines Hochwürdigen Thum-Capitels / wir hiemit zusagen und versprechen / daß wir als dann ob hochgedachten unirten Chur-und Fürsten / von den Stätt / Oertern und Plätzen / die sie mit jhrem Kriegsvolck eingenommen / und auff berührten Vertrag abgetretten / das Schloß / Statt und Ampt Dachstein / mit allen seinen Zugehörden / außgenommen 2. Dörffer / Awelsheym unnd Dembfietren / so unter der Statt Moltzheym Zwing und Bann gehören / alsobald / ohn einiges lenger Verweigern / abzutretten / einzuräumen und zuzustellen / biß auf weitere und endliche Vergleichung / verbunden seyn sollen und wöllen. Doch soll in mittels auß der besetzten Dachsteinischen Guarnison / gegen dem Stifft nichts feindliches fürgenommen werden.

Und zu mehrer Versicherung / Bekräfftigung und Befestigung solcher Obligation / Zusag / und Versprechung / haben wir beyde obgenannte Uns mit eygenen Händen unterschrieben / und des Capitels Insigel an diesen Brief hengen lassen / So geben ist den 14. Augusti Anno 1610. Willstätt.

Neben

ANNO 1610.

Neben-Abschied.

Zu wissen als im Jahr 1610. den 14. Augusti, wegen damaln im Bisthumb Straßburg gewesener verderblicher Kriegs-Unruhe / zwischen beyden kriegenden Theilen / durch des Durchl. Hochgebornen Fürsten und Herren / Herren Henrichen / Hertzogen zu Calabrien / Lothringen / Barr / Geldern und Pontamouson / rc. Auch dem Wolgebornen Herren / Herren Johann Rheinhardten / Graffen zu Hanaw / Herren zu Liechtenberg / und eines Erbarn Raths der Statt Straßburg / sampt der Ritterschafft in unterm Elsäß zu Wilstätt beysammen gewesene furnemme Räth / Gesandten und Ausschuß aufgericht und verbriefft worden ist / daß auch vieler beweglicher Ursachen halben für gut und nothwendig angesehen worden / diesen Neben-Abschied aufzurichten / und zu verfassen / daß nemlich unverhindert / was biß dahero im selbigen Kriegs-Wesen allerseits fürgangen und beschehen / allen und jeden Obrigkeiten / dero Angehörige und Privat-Personen / ihre / so wohl des Jahrs verfallene / auch künfftig verfallende Zinß / Gülten und Einkünfften / sie rühren von dem Bisthumb / oder anders woher / unverwehrt und unverweigerlich / jedoch nach Gelegenheit der Armen und beschädigten Leuten erlittenen Schadens / geliefert / gereicht und gefolgt werden sollen. Zu Urkund der Warheit haben sich die obgesetzter maßen also mit einander verglichene Partheyen / unnd in diesem Land gesessene Ständ mit eigener Handt hier underschrieben / unnd ihre Pitschafften hierauf getruckt. Geschehen im Jahr 1610. den 15. August. Herman Adolff Graff zu Salm. Hanns Rheinhardt Graff zu Hanaw. Hugo Sturm von Sturmneck. Wolff Böckle von Böckelsaw.

XCIII.

29. Août. FRANCE ET ANGLETERRE.

(1) *Traité de Confédération & d'Alliance entre* LOUIS XIII. *Roi de France &* JACQUES I. *Roi d'Angleterre; Fait à Londres le 29. Août* 1610. [FREDERIC LEONARD, Tom. V. pag. 12. d'où l'on a tiré cette Pièce, qui se trouve en Latin dans le Recueuil de RYMER, Tom. XVI. pag. 694. mais daté à la fin pag. 703. de Woodstocke le 25. d'Août.]

AU NOM DE DIEU TRES-PUISSANT, TRES-BON ET TRES-GRAND : Soit notoire à tous ceux qui ces Presentes Lettres verront ; Comme ainsi soit que pour conserver & accroître entre Princes voisins une bonne Paix & Amitié, il n'y ait rien plus necessaire & utile que de tems en tems l'établir & confirmer par mutuels & asseurés Traités & Alliances, afin même de la rendre plus illustre & la perpetuer à la posterité, & soit ainsi que les plus anciens Traités & Alliances d'entre les Couronnes de France & d'Angleterre, aient par l'injure du temps passé esté aucunement intermis ou écheus ; & iceux mêmes tâchoient de renouveller & rétablir tres-invincible Prince Henri IV. Roi Tres-Chrêtien de France & de Navarre, & Jacques Roi de la Grande Bretagne & d'Irlande, lors que le Traité s'en faisant par leurs Députés en vertu de leurs Commissions, il est inopinément arrivé que ledit Henri Roi Tres-Chrétien est decedé, & que depuis Loüis XIII. Roi Tres-Chrétien de France & de Navarre à present regnant, ait témoigné par l'avis & prudent Conseil de la Serenissime Reine Marie sa treshonorée Dame & Mere Regente en France, des Princes de son sang & autres principaux Officiers & Conseillers de la Couronne, ne desirer rien davantage que de suivre les vestiges de son tres invincible Pere, & cherir la même amitié avec le Serenissime Roi de la Grande Bretagne & ses Enfans, ce que desire même avec tres-grande affection ledit Roi de la Grande Bretagne, & pour ce lesdits Rois aient jugé rien ne pouvoir estre plus salutaire & profitable, non seulement à leurs Roiaumes, mais aussi à la Republique Chrétienne, que de reintegrer & mener à bonne fin ce Traité d'Alliance & confirmation d'amitié mutuelle & interrompu par cette malheureuse mort, & chacun desdits Sieurs Rois nous ait chacun pour soi donné charge, c'est à sçavoir ledit Sieur Roi Tres-Chrétien à nous Antoine de Boderie Chevalier Sieur dudit lieu de Pompone & de Brou, Conseiller au Conseil d'Etat de Sa Majesté son Ambassadeur vers ledit Sieur Roi de la Grande Bretagne & icelui Roi de la Grande Bretagne à nous Robert Comte de Salysberi, Henri Comte de Northampton, Edoüard de Zouche-Saint-Maur, & Chanteloup, Charles Comte de Notingham, Edoüard Sieur de Waoton, de Marley, Edoüard Sieur de Bruyere, de Kinlosse, Jules-Cesar Chevalier, Chancelier de l'Eschiquier Roial, & Thomas Parry, Chevalier Chancelier du Duché de Lanclastre, entre lesquels de part & d'autre a esté convenu & accordé en forme & maniere qui ensuit.

PREMIEREMENT. A esté convenu, accordé & conclu que par aucun des Pactes, Conventions, Articles ou Chapitres contenus au present Traité d'Alliance & Union, l'on n'a entendu en aucune sorte se départir des précedens Traités ou Confederations faites entre lesdits Sieurs Rois Confederés ou leurs Prédecesseurs, tant pour les Roiaumes de France & d'Angleterre que pour les Roiaumes de France & d'Ecosse; mais que neanmoins ils demeureront en leur entiere force, fermeté & vigueur, pourveu qu'ils ne soient contraires ou repugnans au present Traité d'union, ou à aucuns des Articles contenus en icelui.

II. Item a été convenu, accordé & conclu qu'il ne sera donné aucun secours, faveur, ni aide, publiquement ou occultement, directement ou indirectement, par l'autre des Confederés, ni souffrira estre donné par ses Sujets à celui, qui, de quelque condition, grade, état, dignité ou autre qu'il puisse estre, envahira ou s'éforcera d'envahir les Roiaumes, Païs, Terres, Domaines ou autres lieux appartenans à l'un desdits Sieurs Contractans.

III. Mais qu'il y aura entre lesdits Princes Confederation, Ligue & Union pour la mutuelle défense de leurs Etats, Dignité ou Ordre contre tous ceux, de quelque condition qu'ils soient, qui, sous quelque pretexte ou couleur, ou pour quelque cause, sans en excepter aucune, quelle qu'elle soit, envahiront & s'éforceront d'envahir par voie d'hostilité, force & armes, les Personnes, Roiaumes, Païs, Seigneuries, Domaines ou Territoires possedés & détenus par lesdits Princes ou l'un d'eux au temps de la conclusion du present Traité.

IV. Aussi lesdits Princes ne donneront aucun secours, ni aide en quelque façon que ce soit, ou souffriront estre donné par leurs Sujets à ceux qui seront rebelles à l'un ou l'autre desdits Princes, ou qui prendront les armes contre eux.

V. Item a été convenu, accordé & conclu que le present Traité de Ligue, Alliance & Union sera perpetuel, de sorte que tant que vivront lesdits Serenissimes Rois Tres-Chrétien & de la Grande Bretagne il demeure ferme, stable & inviolable sans aucune exception, & aprés la mort de l'un d'eux soit transferé à leurs Successeurs, pourveu que dans un an aprés le deceds de l'un desdits Princes son Successeur signifie au survivant par son Ambassadeur & par Lettres qu'il accepte les mêmes conditions & la même Alliance, & qu'il veut continuer la même amitié; mais si dans un an le Successeur du decedé ne fait sçavoir ce que dessus audit Prince survivant: icelui Prince survivant sera tenu quitte & libre de toute l'obligation du present Traité.

VI. Et le même & en la même maniere que dessus, se fera & observera entre les Heritiers & ceux qui succederont aux Couronnes & Etats des Roiaumes de France, & de la Grande Bretagne.

VII. Item a été convenu, accordé & conclu que pour la tuïtion & défense, conservation des Personnes desdits Serenissimes Princes, de leurs Etats, Roiaumes, Païs, Terres, Domaines, Villes, Bourgs, Châteaux & Territoires au tems de la conclusion du present Accord & Traité possedés & tenus par l'un ou l'autre d'entre eux contre tous les Envahisseurs & Agresseurs, par voie d'hostilité, voire Princes, Potentats, Communautés quelles qu'ils soient, quelque grade, dignité qu'ils ayent ou autrement; de quelque état, grade ou condition qu'ils soient, & quelque lien de consanguinité ou affinité qu'ils ayent, qui par voie de fait & en hostilité aura ou auront envahi ou attaqué les Roiaumes, Païs, Terres, Domaines, Villes,

(1) Il y a un fort mauvais Extrait de ce Traité, en date du 14. Septembre, dans les *Memorie recondite* de SIRI, Tom. II. pag. 170. [DUM.]

ANNO 1610.

Bourgs, Villages, Châteaux, Territoires ou autres lieux quelconques possedés & detenus, comme dit est, par l'un desdits Princes ou qui sera ou seront entremis, aura ou auront attenté de lui faire ou susciter Guerre, injure ou dommage à l'un desdits Princes ou à aucuns des Habitans, Sujets ou autres retirés dans leursdits Royaumes, Païs, Terres, Domaines, Villes, Bourgs, Villages, Châteaux, Territoires & lieux quelconques les envahissant hostilement nonobstant quelconques Traités, Ligues, Alliances, Amitié & Confederations comment que ce soit confirmées, ou qui se contracteront & confirmeront ci-aprés avec quelques Princes, Potentats & Communautés, que ce soit, encore qu'ils fussent Alliés de consanguinité, Affinité & Confederation ausdits deux Rois ou à l'un d'iceux (ausquels Traités, Ligues, Alliances, Amitié & Confederations est & a esté en cela expressément renoncé & dérogé) & pour leur mutuelle tuïtion, défense & conservation de bonne foi, réellement & de fait s'aideront l'un l'autre, d'un secours mutuel de gens de Guerre armés, tant de cheval que de pied, de Navires & Mariniers, Canons, Bombardes, Poudres, Boulets & autres Instrumens de Guerre, aux dépens de celui des deux Princes qui demandera le secours toutesfois & quantes que besoin sera, & au plûtôt que commodement ils le pourront faire aprés en avoir esté requis; au prêt duquel secours pour ce qui regarde le nombre des Gens de Guerre & des Navires, Armes, Canons, Pieces d'Artillerie & autres choses susdits, lesdits Princes s'aideront l'un l'autre en la forme & maniere qui ensuit.

VIII. Il a esté convenu, accordé & conclu que le Serenissime Roi de la Grande Bretagne aprés la requisition à lui faite par Lettres signées de la main & fermées du Cachet secret du Roi Trés-Chrétien, envahi ou assailli par Guerre, demandant secours deux mois aprés ladite requisition, sera tenu pour sa défense par Terre lui fournir passés en France six mille hommes de pied au moins armés, partie d'arquebuses, partie d'escopetes, partie d'halebardes ou piques au choix & option dudit Roi Tres-Chrêtien, ou tel autre moindre nombre selon qu'il sera par lui demandé, ausquels Gens de Guerre ledit Sieur Roi Tres-Chrêtien fera fournir leur solde depuis le tems seulement qu'ils seront arrivés en France.

IX. Plus a été convenu & conclu que toutefois & quantes que ledit Sieur Roi Tres-Chrêtien demandera audit Sieur Roi de la Grande Bretagne, plus grand nombre de Gens de Guerre en la forme & maniere que dessus, il sera tenu le lui envoier, si commodement il se peut faire, eu égard au temps & lieu & à l'état des affaires dudit Sieur Roi, le tout sera remis à sa conscience.

X. Item pour la Guerre & defense Navale, il a esté convenu, accordé & conclu que audit Roi Tres-Chrêtien sera tenu ledit Roi de la Grande Bretagne fournir huit Navires de juste grandeur, ou tel nombre & en tel état que sur iceux puissent estre mis douze cent hommes combattans, lesdits Navires suffisamment armés de toutes choses necessaires pour combattre, comme de Canons, Poudres, Boulets & autres choses semblables, sans que ledit Sieur Roi Tres-Chrêtien soit tenu en paier aucune chose que l'évaluation desdites Poudres & Boulets, & ne seront mis sur lesdits Navires autres Gens de Guerre que des Sujets dudit Sieur Roi de la Grande Bretagne sans son consentement, & sera tenu ledit Sieur Roi Tres-Chrêtien leur faire paier, & aux Mariniers leur solde & nourriture raisonnable & convenable depuis le tems seulement que lesdits Gens de Guerre & Mariniers auront esté embarqués pour servir ledit Sieur Roi Tres-Chrêtien, depuis lequel tems aussi lesdits Vaisseaux pendant qu'ils seront au secours dudit Sieur Roi obeïront à l'Admiral de France, ou à son Lieutenant ou autres aians Charges & Commandement sur les Vaisseaux dudit Sieur Roi Tres-Chrêtien.

XI. Item, a esté convenu, accordé & conclu que neanmoins ledit Sieur Roi de la Grande Bretagne sera tenu fournir lesdits Vaisseaux de vivres qui leur seront necessaires durant deux mois qui seront comptés seulement du jour, que lesdits Gens de Guerre & Mariniers se seront embarqués pour servir ledit Sieur Roi T. C., desquels vivres l'estimation sera faite & sera l'évaluation d'iceux paiée par ledit Sieur Roi Tres-Chrêtien dans deux mois, s'il arrive que lesdits vivres aient esté consommés pendant que lesdits Vaisseaux auront esté à son service, ou bien au prorata du temps qu'ils auront servi.

XII. Item, a esté convenu, accordé & conclu que semblablement & reciproquement ledit Sieur Roi Tres-Chrêtien, aprés la requisition qui lui en sera faite par Lettres signées de sa main, & fermées du cachet secret dudit Sieur Roi de la Grande Bretagne, envahi ou assailli en Guerre demandant secours, sera tenu lui fournir deux mois aprés ladite demande pour sa défendre par Terre six mille hommes de pied au moins passés en la Grande Bretagne, Irlande ou autres ses Païs, armés partie d'arquebuses, partie d'halebardes, & piques au choix & option dudit Sieur Roi de la Grande Bretagne, ou si mieux il aime trois mille chevaux montés & armés suffisamment à la Françoise, ou bien tel autre moindre nombre de Gens de cheval & de pied qu'il demandera, selon & ainsi que ledit Sieur Roi Tres-Chrêtien en sera requis. Ausquels ledit Sieur Roi de la Grande Bretagne sera tenu faire paier leur solde depuis le tems seulement qu'ils seront arrivés en la Grande Bretagne, Irlande & autres ses Païs.

XIII. De plus a esté convenu & conclu que toutefois & quantes que ledit Sieur Roi Tres-Chrêtien sera requis par ledit Sieur Roi de la Grande Bretagne, de lui fournir plus grand nombre de Gens de Guerre, ou Gens d'armes en la forme & maniere susdite, il sera tenu les lui envoier si commodement il se peut faire; eu égard au tems & au lieu & à l'état de ses affaires; ce qui sera remis à la conscience dudit Sieur Roi Tres-Chrêtien.

XIV. Item pour la Guerre & defense Navale, il a esté convenu, accordé & conclu qu'audit Roi de la Grande Bretagne, sera tenu ledit Sieur Roi Trés-Chrêtien fournir huit Navires de raisonnable grandeur, ou tel nombre & en tel estat que sur iceux peussent estre mis douze cent Hommes combattans; lesdits Navires suffisamment armés de toutes choses necessaires pour combattre, comme de Canons, Poudres, Boulets & autres choses semblables sans que ledit Sieur Roi de la Grande Bretagne soit tenu en paier autre chose que l'évaluation desdites Poudres & Boulets; & ne seront mis sur lesdits Navires autres Gens de Guerre que des François, sans le consentement dudit Sieur Roi Tres-Chrêtien & sera tenu ledit Sieur Roi de la Grande Bretagne faire paier ausdits Gens de Guerre & Mariniers leur solde & nourriture raisonnable & convenable, depuis le temps seulement que lesdits Gens de Guerre & Mariniers auront esté embarqués pour servir ledit Sieur Roi de la Grande Bretagne, depuis lequel temps aussi lesdits Vaisseaux pendant qu'ils seront au service dudit Sieur Roi de la Grande Bretagne obeïront à l'Admiral d'Angleterre, & à son Lieutenant ou autres aians Charge & Commandement sur lesdits Vaisseaux dudit Sieur Roi de la Grande Bretagne.

XV. Item, a esté convenu, accordé & arresté que neanmoins ledit Sieur Roi Tres-Chrêtien sera tenu faire fournir lesdits Vaisseaux des vivres qui leur seront necessaires pendant deux mois, qui seront comptés seulement du jour que lesdits Gens de Guerre & Mariniers se seront embarqués pour servir ledit Sieur Roi de la Grande Bretagne, desquels vivres l'estimation sera faite, & sera l'évaluation d'iceux paiée par ledit Sieur Roi de la Grande Bretagne dans deux mois, s'il arrive que lesdits vivres aient esté consommés pendant que lesdits Vaisseaux auront esté à son service, ou bien au prorata du tems qu'ils auront servi.

XVI. Item, a esté convenu, accordé & arresté que les Troupes du secours susdit, tant par Terre que par Mer, seront tenus de servir fidellement le Prince auquel elles seront accordées, aussi long-tems qu'il jugera les devoir retenir, & qu'il leur aura fait payer leur solde & nourriture, ainsi que dessus est dit.

XVII. Il a esté convenu, accordé & arresté pour éviter tous scrupules & doutes qui pourroient naître du nombre de Gens de cheval & de pied, & des appointemens des Colonels, Capitaines, Enseignes & autres aians charge desdits Gens de cheval & de pied, qu'au prêt desdits secours entre ces deux Roiaumes & au paiement des soldes, la forme y sera perpetuellement gardée & observée ainsi qu'elle est contenuë en la Cedule qui sera transcrite au bas du present Accord.

XVIII. Item, a esté convenu, accordé & arresté qu'à celui des Confederés que quelqu'un aura attaqué, l'autre Confederé vendra à juste prix si commodément qu'il se peut faire, ou souffrira estre vendu & transporté de son Roiaume, harquebuses, morions, cuirasses, poudres, canons, boulets, souffres, salpestres & autres choses semblables qui peuvent servir à repousser les Ennemis.

XIX. Item, a esté convenu, accordé & arresté que si

ANNO 1610.

si par avanture aucun Prince en quelque tems que ce soit ci-aprés, avoit commandé ou permis que les Marchands Anglois, Ecossois, ou Irlandois ou autres, quels qu'ils soient, Sujets du Roi de la Grande Bretagne, & leurs Merceries, Marchandises ou autres biens à eux appartenans, fussent molestés, apprehendés, & detenus en quelques Roiaumes, Terres & Seigneuries de quelques Princes que ce soit. Alors & en ce cas ledit Sieur Roi Tres-Chrétien, ses Heritiers & Successeurs admonesteront & requerront avec toute diligence, & celerité par leurs Lettres & leur Ambassadeur qu'ils envoieront exprés vers lesdits Princes, qu'ils aient à renvoier lesdits Anglois, Ecossois & Irlandois avec toutes leurs Marchandises & Biens en quelques Provinces desdits Princes qu'ils soient pris, arrestés & detenus & les remettre en leur premiere & pleine liberté, avec faculté d'en sortir, ensemble leursdits biens & Marchandises.

XX. Et en cas que ledit Prince, ainsi que dessus est dit admonesté & requis refusant de le faire ou dilaiant, a esté convenu, accordé & conclu que ledit Sieur Roi Tres-Chrétien, ses Heritiers & Successeurs sans aucun retardement, ou tergiversation & toutes excuses & allegations postposées, feront arrester, prendre & retenir, sous bonne & seure garde, tous & chacuns les Marchands Sujets dudit Prince refusant qui se trouveront en leurs Provinces Habitans d'icelles, ou comment que ce soit y exerçans trafic, leurs Facteurs, Agens & Negociateurs, mêmes leurs Marchandises, Terres, Revenus, Patrimoines, Biens, Meubles & Immeubles quelconques qui se trouveront assis aux Roiaumes, Terres, Païs & Seigneuries dudit Sieur Roi Tres-Chrétien, & ne les laisseront ni restitueront en aucune sorte, qu'au préalable chacun desdits Anglois, Ecossois, Irlandois, ainsi que dit est, arrestés & retenus, n'aient eu entiere liberté en leurs personnes & leurs Biens generalement quelconques esté restitués.

XXI. Laquelle pleine & entiere restitution si elle ne peut estre faite par lesdits Marchands Sujets du susdit Prince, leurs Agens, Facteurs, & Negociateurs, ni par le moien de leurs Terres, Revenus, Biens, meubles & immeubles lors trouvés & arrestés; a esté convenu, accordé & arresté qu'alors pour la seconde & troisiéme fois, de tems en tems ledit Sieur Roi Tres-Chrétien, ses Heritiers & Successeurs, feront autant & si longuement arrester & retenir lesdits Marchands & Biens que ladite restitution demeurera à estre faite entierement & que lesdits Marchands & Sujets dudit Sieur Roi de la Grande Bretagne.

XXII. Item, a esté convenu, accordé & arresté que pour accomplir ce que dessus, il faut envoier un Ambassadeur aux Princes pour aller & retourner à faire les remontrances, pour ladite restitution & le séjour que ledit Ambassadeur sera à attendre la réponse, il a esté determiné & préfix entre nous qu'il faut limiter l'espace de dix-huit jours pour les Provinces Belgiques, tant celles qui appartiennent aux Archi-Ducs Albert & Isabelle, que celles qui sont sujettes aux Etats des Provinces-Unies, ensemble les lieux d'Allemagne les plus voisins, & pour Espagne, Italie, Pologne & autres contrées d'Allemagne plus éloignés l'espace de quarante jours au plus, partant aprés cet espace de temps passés, alors aussi-tôt & immediatement & sans aucun délai toutes excuses cessantes, l'arrest & detention des choses susdites se fera, ainsi qu'il est dit ci-dessus.

XXIII. Item, a esté convenu, accordé & arresté que le Roi de la Grande Bretagne, ses Heritiers & Successeurs seront tenus mutuellement, & reciproquement faire de même pour les Sujets dudit Sieur Roi Tres-Chrétien, leurs Biens & Marchandises detenus & arrestés & saisis és Roiaumes, Païs, Terres & Seigneuries de quelque Prince que ce soit, ainsi qu'en l'Article ci-dessus ledit Sieur Roi Tres-Chrétien a promis devoir faire pour les Sujets dudit Sieur Roi de la Grande Bretagne.

XXIV. Item, a esté convenu, accordé & arresté que les Marchandises & tous autres Biens, lesquels sous quelque pretexte auront esté pris & arrestés seront départis, de sorte qu'ils puissent paier & recompenser la perte, dommage & dépense faits & supportés à cette occasion par les Sujets desdits Sieurs Rois de France & de la Grande Bretagne respectivement.

XXV. Il a esté convenu, accordé & arresté qu'en cas que ledit Prince pour quelque raison, cause ou matiere juste & probable & qui fut comprise aux précédens Traités de Paix & Amitié, faits & conclus ci-devant entre ledit Prince qui auroit convenu à faire tort, & lesdits Princes Confederés, il auroit premierement demandé autentiquement à l'un desdits Princes, leurs Heritiers & Successeurs, que justice lui fut faite ou à ses Sujets, & puis en cas de déni de Justice ainsi demandée, icelui Prince eut arresté ou fait arrester aucuns Marchands Sujets de l'un desd. Sieurs Rois, leurs Biens, Navires, Marchandises ou Denrées, alors & en ce cas lesdits Sieurs Rois, leurs Heritiers & Successeurs en vertu des Presentes, ne seront tenus ni obligés de faire faire les restitutions & indemnitez aux Parties interessées, ainsi qu'il est convenu ci-dessus; pourveu que dans trois mois prochainement suivans les susdites détentions & remontrances, ledit Prince par legitimes preuves ait fait voir ausdits Sieurs Rois de France & de la Grande Bretagne, leurs Heritiers & Successeurs, que pour les susdites raisons & matieres & non autrement il ait fait arrester lesdits Marchands, ainsi que dit est, Sujets de l'un desdits Sieurs Rois ou permis qu'ils aient été arrestez.

XXVI. Car autrement il a été convenu & arresté que lesdits Sieurs Rois de France & de la Grande Bretagne, leurs Heritiers & Successeurs, seront tenus reciproquement de bailler & delivrer, voire mêmes entierement convertir tous & chacuns les Biens, ainsi par eux arrestez & detenus au profit & avantage de leurs Sujets respectivement, c'est-à-dire de ceux desquels ledit Prince, ainsi que dessus est dit, auroit premierement fait arrester les Biens, ou permis qu'ils fussent arrestez, bien pris garde toûjours que lesdits Sieurs Rois, leurs Heritiers & Successeurs pendant & au milieu du temps que la Justice de tel arrest ainsi faite par le susdit Prince, pour les causes ci-devant dites, soit legitimement pardevant eux prouvée, devront & seront tenus non seulement, continuellement & de temps en temps faire arrester & retenir tous & chacuns les Sujets du susdit Prince, leurs Biens, Navires, Denrées; Mais aussi s'il advient que les Biens des Sujets de l'un desdits Sieurs Rois, ainsi que dit est, par ledit Prince arrestez, excedent & surpassent le juste nombre, prix & valeur des Biens de ceux, au nom & sous pretexte desquels ledit arrest auroit été fait par ledit Prince, alors lesdits Sieurs Rois, leurs Heritiers & Successeurs feront restituer, & bailleront aux Sujets l'un de l'autre respectivement ainsi interessez autant de Biens des Sujets dudit Prince, par eux arrestez & detenus, qu'il leur en faudra & devra suffir, pour leur juste satisfaction & recompense de la valeur qui aura excedé.

XXVII. Item, a esté convenu, accordé & arresté que si ledit Prince n'avoit arresté ainsi que dessus est dit, ou permis estre justement arrestez plus de cinq ou six au plus Marchands Sujets de l'un desdits Sieurs Rois, leurs Biens, Navires ou Denrées, ou que c'eut esté pour quelque fait particulier & quelque raisonnable interest, lequel soit à vuider entre eux & ledit Prince ou leurs Sujets, alors & en ce cas lesdits Sieurs Rois, leurs Heritiers & Successeurs ne seront, en vertu des Presentes, reputez obligez de faire aucunes des remontrances ou arrests compris au present Traité.

XXVIII. Item, a esté convenu, accordé & arresté que le Roi Tres-Chrétien ne permettra, ni ses Successeurs qu'aucun des Sujets du Roi de la Grande Bretagne soit molesté par les Inquisiteurs ou autrement, en son corps ni biens à cause de la Religion maintenant approuvée en la Grande Bretagne; mais si aucun comment que ce soit avoit entrepris de ce faire, ledit Sieur Roi défendra par son autorité, empêchera qu'il ne soit fait & fera rétablir le fait en son entier, à condition toutefois que les Sujets dudit Sieur Roi de la Grande Bretagne se comporteront modestement.

XXIX. Item, a esté convenu, accordé & arresté qu'ausdits Marchands sera permis exposer en vente, vendre & changer leurs Marchandises à toutes personnes de quelque Nation & Contrée qu'ils soient, en acheter d'eux ou leurs échanges chacun jour, hormis les Dimanches & autres Festes ausquelles il est défendu aux François originaires & autres Regnicoles de commercer & trafiquer.

XXX. Item, afin que les Marchands puissent plus seurement aller, venir & negotier au commun bien & avantage des deux Roiaumes, a esté convenu, accordé & arresté que s'il arrivoit Guerre entre les Rois de France & de la Grande Bretagne (que Dieu ne veüille) il sera donné trois mois aux Marchands Sujets de l'un & l'autre Prince aprés la publication de la Guerre faite en la Ville où ils habiteront, dans lequel tems il leur sera loisible d'en ôter, vendre & transporter seurement leurs Marcandises & tous autres Biens.

XXXI.

XXXI. Et si dans ledit tems aucune chose leur auroit esté pris & ôté par l'un ou l'autre Prince ou aucuns de leurs Sujets, ledit Prince & ses Successeurs seront tenus les restituer ou faire restituer entierement.

XXXII. Item, pour obvier aux depredations & autres larcins & pirateries, a esté convenu, accordé & arresté que bonne & suffisante Caution avec Certificateurs, sera prise par l'Admiral, Vice-Admiral ou leurs Lieutenans aux Ports de l'un & l'autre Prince d'où sortiront aucuns Vaisseaux, c'est-à-dire pour les Navires des Marchands & autres Sujets que l'on fera ci-aprés sortir avec équipage de Guerre, & repressaille en double appareil & valeur d'avitaillement, mais des autres qui sortiront seulement pour faire Marchandise, sera prise la Caution juratoire des Maîtres, & autres Officiers des Navires, de se bien comporter & ne commettre aucune piraterie sur les Marchands ou autres Sujets desdits Sieurs Rois; mais s'il arrive que ledit Admiral, Vice-Admiral ou leur Lieutenant n'aient point aucuns Certificateurs, ou du moins insolvable, & que ce soit leur faute, ils seront tenus répondre des torts qui auront esté faits.

XXXIII Item, a esté convenu, accordé & arresté que tous les biens, qui par les Capitaines & autres Ministres de l'un & l'autre Prince, auront esté pris sur les Pirates, ou autres Ecumeurs de Mer, seront respectivement amenez à certain Port de l'un & l'autre Roiaume, & là mis sous la bonne & seure garde de l'Admiral, Vice-Admiral, ou autres Officiers dudit Port, lesquels Officiers seront tenus répondre desdits Biens en leur propre & privé nom.

XXXIV. Item, a esté convenu, accordé & arresté que tous les Biens, qui, ainsi que dit est, auront esté pris & recouvrés sur les Pirates, soit qu'ils soient en or ou argent monnoié ou autres Marchandises, appartenans aux Sujets de l'un desdits Sieurs Rois, seront rendus & restituez aux vrais proprietaires d'iceux sans aucun délai, préalablement fait preuve légitime de la proprieté d'iceux.

XXXV. Item, a esté convenu, accordé & arresté qu'aux preuves & depositions legitimement faites devant les Juges du lieu où lesdites Marchandises & autres Biens ainsi depredez auront este chargez, signez de la main du Notaire & scellées du Sceau autentiques desdits Juges, il y sera ajoûté autant de foi que si lesdites preuves avoient esté faites par commission du Juge du lieu où seront appellez ceux qui seront accusez desdites depredations, sauf toutesfois ausdits accusez toutes les exceptions & défenses à admettre de droit.

XXXVI. Item, a esté convenu, accordé & arresté que tous & chacuns les habitans de l'un & l'autre Roiaume & de toutes les Terres & Seigneuries, qui sont & seront ci-aprés possedez par l'un & l'autre desdits Sieurs Rois, de quelque dignité, état ou condition qu'ils soient, pourront rendre & recevoir les uns des autres, tous bons & mutuels offices d'amitié, librement & seurement de part & d'autre, trafiquer ensemble par Terre, Mer & Rivieres, y demeurer & séjourner, ou en sortir & retourner quand bon leur semblera sans aucun empêchement, offense, arrest ou inhibition.

XXXVII. Et specialement que les Navires des Marchands & autres Sujets du Roi de la Grande Bretagne, ou ses Successeurs qui iront à Bordeaux, ou entreront dans la Riviere de Garonne, ne seront tenus ni contraints de laisser & déposer au Château de Blaye, leurs Canons, Pieces d'Artillerie ou autres armes & munitions de Guerre, suivant ce que leur avoit accordé de tres-heureuse memoire, Henri IV. Roi Tres-Chrétien de France & de Navarre, par ses Lettres Patentes n'agueres expediées de son grand Sceau, à l'instance de George Carrew Ambassadeur, lors Residant prés dudit Sieur Roi, de la part dudit Roi de la Grande Bretagne, tout ainsi que les Marchands, ni autres Sujets de Loüis Roi Tres-Chrétien de France & de Navarre ou ses Successeurs, ne seront tenus ni contraints de subir semblables empêchemens en aucuns Ports de la Grande Bretagne ou d'Irlande, ce qui sera semblablement observé en tous les autres Ports de France, pour le regard des Marchands ou autres Sujets dudit Roi de la Grande Bretagne ou ses Successeurs.

XXXVIII. Item, pource qu'en aucuns Porrs de France & d'Angleterre, par certaines mauvaises Coûtumes qui ne sont autorisées d'aucune Loi, les Officiers desdits Lieux exigent quelques petits Tributs pour l'entrée & sortie, qu'ils appellent *Tribut du Chef* vulgairement, en Angleterre *Head-mony*, a esté convenu, arresté & accordé que ci-aprés tel & semblable Tribut ne s'exigera dans les Roiaumes & Païs de l'un & l'autre desdits Princes, afin que l'entrée & sortie soit libre à tous, de quelque qualité & condition qu'ils soient sans aucune telle ou autre exaction de quelque tribut que ce soit, afin qu'en cela tous Etrangers soient traitez tout ainsi que les naturels Sujets des Lieux.

XXXIX. Item, afin que l'Amitié s'étreigne davantage entre lesdits Princes & leurs Sujets, & qu'il soit plus manifeste & apparent, avec quelles regles & conditions les Marchands de l'une & l'autre part, & les Sujets desdits Princes doivent instituer & exercer leur Commerce & Negoce, a esté convenu, accordé & arresté qu'en tout & par tout ils suivront la force, forme & effet de tous les Articles du Traité fait pour le Commerce, le quatorziéme de Février mil six cent six stile d'Angleterre; Fait à Paris, lequel Traité ensemble tous & chacuns les Articles d'icelui, nous voulons estre ci-tenus pour inserez.

XL. Item, a esté convenu, accordé & arresté qu'aucun desdits Princes ne protegera, ni retiendra comment que ce soit, ni permettra estre receu, protegé & retenu par ses Sujets aucuns Rebelles, ou Traitres ausdits Princes ou Criminels de Leze-Majesté de l'un d'eux, & ne sera ausdits Rebelles ni Traitres qui se-roient retirez aux Terres de l'obeïssance desdits Princes, ou d'aucun d'eux donné par l'autre comment que ce soit, conseil, aide, faveur, secours, ou assistance; mais vingt jours aprés, que par Lettres ou par Ambassadeur desdits Princes, qui reclamera lesdits Rebelles ou Traitres, l'autre desdits Princes qui en aura esté requis sera tenu de les rendre & delivrer tous & chacuns de bonne foi, ou faire rendre & delivrer audit Ambassadeur ou autre aiant esté nommé pour cet effet par lesdites Lettres & à ce deputé.

XLI. Item, combien que par le Traité de Commerce d'entre les Sujets des deux Couronnes, fait à Paris le quatorziéme Février, il ait esté convenu qu'aucunes Lettres de marque & Repressailles ne seront ci-aprés expediées, sinon sur certains moiens & considerations exprimées audit Traité. A esté en outre convenu, accordé & arresté que si par ci-apres pour quelque cause juste, telles Lettres de marque s'accordoient; elles ne seront toutesfois mises à execution sur Marchandises ou Biens quelconques, amenez ou remis aux Ports & Terres de l'un ou l'autre Prince.

XLII. Item, comme ainsi soit qu'il arrive souvent que les Etrangers qui plaident, succombans en Jugement, soit Civil ou Criminel, soit en demandant ou défendant aient coûtume de se venir plaindre, comme ils n'auroient obtenu en leur Cause bonne Justice des Juges de l'autre Prince, pour donc éviter telles fausses plaintes & calomnies, a esté accordé & arresté que l'Ambassadeur resident prés l'un & l'autre Prince respectivement, ou telle autre personne capable qu'il voudra pour cet effet députer: pourront assister à quelque Jugement que ce soit, qui se fera des biens ou de la vie de l'un des Sujets de son Prince, & principalement quand il sera question d'en donner un Jugement définitif.

XLIII. Plus a esté convenu, accordé & arresté que le present Traité en toutes choses sera fermement & sincerement observé, tant que durera l'union mutuelle, amitié & bonne intelligence d'entre lesdits Princes & leurs Successeurs.

De tous & chacuns lesquels Articles ci-dessus exprimés convenus & accordés par ce Traité en vertu des Commissions & Pouvoirs à nous donnés, avons promis & promettons nous Députés du Roi Tres-Chrétien, que le Roi nôtre-dit Seigneur, ensemble la Serenissime Reine Regente sa Mere, par l'avis & conseil des Princes du sang & autres Officiers de la Couronne s'obligeront de les garder & observer, leurs mains touchans les Saints Evangiles, toutesfois & quantes que par Ambassadeur ou Ambassadeurs aians Pouvoir suffisant quant à ce ils en seront deuëment requis.

Lequel serment ledit Sieur Roi reiterera quand il sera devenu Majeur, en estant comme dit est deuëment requis, & cependant qu'il declarera dés maintenant qu'il aura agreable, approuvera & de son autorité confirmera tous & chacuns desdits Articles contenus en ce Traité par ses Lettres Patentes, signées de sa main & scellées de son grand Scel, lesquels seront émologuées és Cours Souveraines du Roiaume où besoin sera, sans aucune restriction, exception, ou modification, lesquelles Lettres de Ratification, en bonne & valable forme, fera bailler & délivrer dans trois mois du jour & datte des Presentes à l'Ambassadeur

ANNO 1610. deur du Serenissime Roi de la Grande Bretagne lors resīdant en France, ou autre aiant pouvoir & mandement pour les recevoir, comme pareillement nous Députés du Serenissime Roi de la Grande Bretagne, avons promis & promettons, que tout ce que par cet Article le Roi Tres-Chrêtien est tenu faire & bailler, le même dans le tems même fera & baillera le Roi nôtredit Seigneur en la même forme & maniere que le Roi Tres-Chrêtien le fera & baillera.

Fait à Londres le vingt-neuviéme jour d'Aoust mil six cent dix, *signé* DE LA BODERIE, R. SALYSBERY, NORTHAMPTON, NOTINGHAM & WAOTON, JUL. CESAR, THO. PARRY *avec chacun le Cachet de leurs armes.*

XCIV.

1. Sept. BRANDEBOURG, PALATIN, &c. ET JULLIERS, &c.

Articles accordez au Gouverneur, Capitaines, Officiers, Magistrats, Bourgeois, Habitans & Soldats de la Garnison de JULLIERS *par les Princes de* BRANDEBOURG, PALATIN, &c. *Fait au Camp devant Julliers le premier Septembre* 1610. [FREDERIC LEONARD, pag. 7. Le Grand Recueil des Placards, Tom. II. Col. 2261.]

AYANT ci-devant esté promis par Messieurs les Princes, au feu Roi de loüable memoire, l'Invincible HENRI LE GRAND, Quatriéme du nom Roi de France & de Navarre, que és Païs de Julliers, Cleves, Berg, & autres appartenans & possedez par lesdits Sieurs Princes, qu'il ne se feroit aucun changement en l'exercice de la Religion Catolique, Apostolique & Romaine, ains qu'icelui exercice sera permis à toutes personnes esdits Païs. Lesdits Princes promettent le faire ainsi garder & observer, & seront toutes personnes Ecclesiastiques conservez & maintenus en leurs privileges & immunitez, en la joüissance de leurs biens, rentes & revenus.

II. Que le Gouverneur, Capitaines, Officiers, & Soldats de la Ville & Château, remettront entre les mains de Messieurs les Princes de Brandebourg & Nieubourg, ladite Ville & Château, avec l'Artillerie, munitions de Guerre, vivres, & autres instrumens de Guerre, sans rien aliener ou gâter, aprés l'Accord arresté, ni de mettre aucunes méches ou autres instrumens à feu, pour allumer poudres, à condition qu'étant trouvé chose semblable, le Traité sera nul.

III. Qu'à cette condition on permettra audit Gouverneur, Capitaines, Officiers & Soldats, de sortir avec leurs armes, chevaux & bagage telle part qu'il leur plaira, & qu'il leur sera fourni à cet effet des chariots pour mener lesdits bagages, blessez & malades, jusques au nombre de cent cinquante.

IV. Qu'en sortant hors de ladite Ville & Château de Julliers, leur est accordé de pouvoir marcher tambour battant, méches allumées, balles en bouche, & drapeaux déployez.

V. Que les Officiers de l'Archiduc Leopold, & tous autres tant Ecclesiastiques comme autres, de quelque condition qu'ils soient, pourront sortir avec eux librement, avec leurs hardes & bagages.

VI. Que ledit Gouverneur laissera entre les mains de ceux qui seront deputez par lesdits Sieurs Princes, tous les chartres, titres, enseignemens, sans que rien soit alienè ou emporté, ni par lui ni par autre.

VII. Que le Magistrat & Bourgeois seront maintenus en leurs privileges, & ceux qui voudront sortir le pourront faire librement avec leurs hardes & bagage.

VIII. Qu'étant l'Accord arresté, ils laisseront entrer quelqu'un de la part desdits Sieurs Princes, pour recevoir lesdits Chartres, l'Artillerie, munitions & toutes autres comme dessus.

IX. Que ledit Gouverneur fera sortir ceux de la Garnison de Bredeben, sur les mêmes conditions qui sont accordées à ceux de ladite Ville de Julliers.

X. Que ledit Gouverneur rendra tous les Prisonniers de ce Camp, en payant chacun ses dépens, comme aussi tous les chevaux qui ont esté pris durant ce Siege.

XI. Que ledit Gouverneur de Julliers sera remis en la possession & jouïssance de tous ses biens ainsi qu'ils sont à present, avec tous privileges, franchises, immunitez y appartenans, & ne sera ledit Gouverneur molesté ni inquieté pour les choses avenuës pendant cette Guerre, en faisant par ledit Gouverneur serment de fidelité & obeïssance ausdits Sieurs Princes, telles que l'ont fait les autres Gentilshommes du Païs, lequel serment il sera tenu faire dans quatre mois.

XII. Sera permis audit Gouverneur, Capitaines & Soldats, estans dans la Ville & Château de Julliers, de se retirer où bon leur semblera, hors de l'obeïssance des Princes, & de Messieurs les Etats Generaux des Provinces des Païs-Bas, & y pourront demeurer le tems & espace de quarante jours en toute seureté, sans estre assaillis ni endommagez par les Troupes desdits Sieurs Princes, ni autres venuës à leur secours, moiennant que les Troupes qui sortiront de Julliers, & autres estans au service de l'Empereur, ne fassent aucun acte d'hostilité, foule ni oppression envers les Sujets & Païs desdites Provinces desdits Sieurs des Etats Generaux.

XIII. Qu'ils seront tenus de donner deux Capitaines, qui demeureront en ôtage jusques à ce que les chariots & chevaux qui leur seront baillez pour mener leursdits blessez, malades & bagage soient retournez.

Ce que dessus sera executé dans demain Jeudi deuxiéme du present mois de Septembre 1610.

Fait sous nos Seins & Seel de nos Armes au Camp devant Julliers, le premier jour de Septembre 1610. *Signé*, ERNEST, Marquis de Brandebourg. WOLFGANG GUILLAUME, Comte Palatin du Rhin, Duc en Baviere, Julliers, Clèves & Berg. CHRESTIEN D'ANHALT. LA CHASTRE. MAURICE DE NASSAU. JEAN DE ROCHEMBERG.

XCV.

12. Dec. DUCHÉ ET COMTÉ DE BOURGOGNE.

(1) *Traité de Neutralité entre les* DUCHÉ & COMTÉ *de* BOURGOGNE, *Terres & Seigneuries y enclavées, fait sur la fin de* 1610. & *ratifié au commencement de* 1611. [Recueil des Traitez de Paix entre les Couronnes d'Espagne & de France, imprimé à Anvers in 12. pag. 370. FREDERIC LEONARD, Tom. IV. &c. Placards de Brabant, &c.]

ALBERT & ISABELLE Clara Eugenia Infante d'Espagne, par la Grace de Dieu Archiducs d'Austriche, Ducs de Brabant, de Lembourg, de Luxembourg, de Gueldres, &c. Comtes de Flandres, de Bourgogne, de Hainau, d'Artois, &c. A tous ceux qui ces presentes verront, Salut. Comme il soit, que le douzieme de Decembre de l'an passé M. DC. X. entre nostre amé & feal Messire Pierre Pecquius, Maistre aux requestes de nostre Hostel, Conseiller de nostre Conseil Privé, & nostre Ambassadeur ordinaire aux Païs du Roi Tres-Chrestien, nostre Procureur, d'une part: & Messire Nicolas Brulard Chevalier, Sieur de Sillery, Chancellier de France & de Navarre; Roger de Bellegarde Grand Escuyer de France, premier Gentilhomme de la Chambre dudit Seigneur Roi, & Gouverneur de la Duché de Bourgongne & Païs de Bresse; Nicolas de Neufville Chevalier, Sieur de Villeroy; Louis Potier aussi Chevalier, Sieur de Gesvres, Conseiller dudit Seigneur Roi en son Conseil d'Estat, & Secretaire de ses Commandemens & Finances; Pierre Jeannin aussi Chevalier, Sieur de Montjeu, Conseiller audit Conseil d'Estat; Edme de Malain Baron de Lux, Chevalier des Ordres, Conseiller audit Conseil d'Estat, Capitaine de cinquante hommes d'armes, & Lieutenant General au Gouvernement de ladite Duché de Bourgongne & Bresse; & Matthieu Boulard aussi Chevalier, Sieur de Bermy, Conseiller audit Conseil d'Estat; commis & deputez de la part dudit Seigneur Roi, d'autre part; a esté contractée, passée & accordée bonne & seure Neutralité entre nostre Franche Comté de Bourgongne, y comprise la Cité de Besançon, avec leurs appartenances & dépendances, Terres & Seigneuries y enclavées, ainsi que de present nous les tenons & possedons; & ladite Duché de Bourgogne, Viscomté d'Auxonne & Païs de Bassigny, avec leurs appartenances & dépendances, Terres & Seigneuries y enclavées, ainsi que ledit Seigneur Roi Tres-Chrestien les tient & possede semblablement: & ce pour le temps & terme de vingt neuf ans, à commencer au jour que la precedente Neutralité s'est expirée, qui fut le vingtneufierme de Juillet de l'an mille six cens neuf: & selon qu'il est plus à plein contenu & declaré au Traitté qui en a été fait & passé, & duquel la teneur s'ensuit.

V COMME

(1) Ce Traité fut renouvellé en 1644.

ANNO 1610.

COMME ainsi soit, que la Neutralité faicte & accordée avec l'intervention des Seigneurs des Ligues le premier jour de Mars mille cinq cens quatre vingt, au lieu de Baden, pour vingtneuf ans, entre les Duché de Bourgongne, Viscomté d'Auxonne, Païs de Bassigny avec leurs appartenances & dépendances, Terres & Seigneuries y enclavées d'autre part, soit finie & expirée dez le mois de Juillet de l'année mille six cens neuf; & que lesdits Seigneurs des Ligues, desireux de voir que lesdittes Provinces, qui leur sont voisines, vivent en amitié & concorde, tant pour la commodité mutuelle des uns & des autres, que pour la leur propre; ayant peu auparavant l'expiration d'icelle si souvent depuis prié & exhorté le Roi Tres-Chrestien, & les Archiducs Seigneurs des Païs-Bas & de ladite Franche Comté, de le renouveller: ce que le defunct Roi Henri IV. de bonne memoire, que Dieu absolve, auroit eu intention de faire, & donné charge peu auparavant son decés à aucuns de ses Ministres de conferer sur ce subjet avec l'Ambassadeur desdits Seigneurs Archiducs. Or est-il que le jourdhui douzieme de Decembre M. DC. X. en la Ville de Paris Hauts & Puissans Seigneurs, Messire Nicolas Brulard Chevalier, Sieur de Sillery, Chancelier de France & de Navarre; Roger de Bellegarde Grand Escuyer de France, premier Gentilhomme de la Chambre du Roi, Gouverneur & Lieutenant General pour Sa Majesté en ses Païs de Bourgongne & Bresse; Nicolas de Neufville Chevalier, Sieur de Villeroi; Louis Potier aussi Chevalier, Sieur de Gesvres, Conseiller de Sa Majesté en son Conseil d'Estat, Secretaire de ses Commandemens & Finances; Pierre Jannin aussi Chevalier, Sieur de Monjeu, Conseiller audit Conseil d'Estat; Edme de Malain Baron de Lux, Chevalier des Ordres de Sa Majesté, Conseiller en sondit Conseil d'Estat, Capitaine de cinquante hommes d'armes de ses Ordonnances, Lieutenant General audit Gouvernement de Bourgogne & de Bresse; & Matthieu Boulard aussi Chevalier, Sieur de Bermy, Conseiller audit Conseil d'Estat, au nom & comme ayant charge & commission expresse de Tres-Haut, Tres-Puissant & Tres-Excellent Prince Louis Treizieme par la Grace de Dieu Roi de France & de Navarre, en vertu des Lettres de commission faictes & passées en cette dite Ville de Paris, le troisieme jour de Novembre dernier, par l'advis & en la presence de Tres-Haute, Tres-Puissante & Tres-Excellente Princesse la Roine Mere Regente, dont la copie est ci-aprés inserée, d'une part: & Messire Pierre Pecquius Maistre des Requestes de l'Hostel de Tres-Hauts & Tres-Puissants Princes les Archiducs Seigneurs des Païs-Bas & de ladite Franche Comté de Bourgongne, Conseiller en leur grand Conseil, & leur Ambassadeur ordinaire, resident prés ledit Seigneur Roi, ayant outre ce charge, pouvoir & commission expresse desdits Seigneurs Archiducs, dont la teneur est aussi inserée ci-aprés, d'autre part; ont pour le renouvellement de ladite Neutralité accordé les Articles qui s'ensuivent.

I. A SÇAVOIR, que pour le tems & terme de vingtneuf ans, à les commencer au jour que la precedente Neutralité est expirée, qui fut le vingtneufieme de Juillet de l'an dernier M. DC. IX. il y aura bonne Paix, Union, voisinance & amitié entre les Païs ci dessus nommez, & ne s'y pourra mouvoir Guerre ne commettre aucun acte d'hostilité par envahissement, force ouverte, surprise ou autrement, par quelque voye & maniere que ce soit, directement ou indirectement, de la part des Souverains Seigneurs desdits Païs, sur les Païs, Terres & Seigneuries comprises en ladite Neutralité, ny sur les Subjets & Habitans y residens: ce que leurs Successeurs esdits Païs seront tenus aussi d'observer, au cas qu'eux ou l'un d'entre eux vinssent à deceder avant ledit temps: ce que Dieu ne veuille.

II. Et afin que l'observation en soit plus ferme & stable; lesdits Seigneurs Archiducs ont promis, & seront tenus de faire ratifier & approuver le present Traitté dans six mois, par Tres-Haut, Tres-Puissant & Tres-Excellent Prince le Roi Catholique des Espagnes, à ce qu'il demeure obligé à l'observation d'icelui, & soit pareillement tenu, aussi bien que lesdits Seigneurs Archiducs, de s'abstenir de tours actes d'hostilité & entreprise sur les Païs & Subjets dudit Seigneur Roi Tres-Chrestien, compris en ladite Neutralité.

III. Et combien qu'on ait toute occasion d'esperer, que la Paix, qui est de present entre lesdits Seigneurs Rois Tres-Chrestien, Catholique & Archiducs, sera perpetuelle & inviolable; neantmoins si quelque rupture advenoit contre leur intention & desir (ce qu'ils prient Dieu vouloir destourner) ladite Neutralité ne laissera aussi de continuer entre lesdits Païs & Subjets durant ledit tems.

IV. Ne sera mesme interrompuë, violée & enfrainte, si aucuns particuliers desdites Provinces & Païs, compris en icelle, venoient à faire quelque entreprise ou attentat au prejudice de ladite Neutralité; mais en sera seulement poursuivie la reparation pardevant les Gouverneurs & Lieutenans Generaux des Duché & Comté de Bourgongne; qui s'assembleront avec quelques Deputez des Parlemens de Dijon & Dole, pour y pourvoir à la premiere plainte qui leur en sera faicte, en sorte que le dommage soit reparé, & justice favorable renduë aux interessez: à quoi les Souverains d'une part & d'autre apporteront aussi leur autorité, quand besoin sera, pour empescher que tort & violence ne soit faicte d'une part; sans toutesfois venir aux armes à cette occasion.

V. Que durant icelle Neutralité, les Manans & Habitans des Duché de Bourgongne, Viscomté d'Auxonne & Païs de Bassigny, avec leurs appartenances & dépendances, Terres & Seigneuries y enclavées; & ceux d'icelle Franche Comté, & Cité de Besançon, leurs appartenances & dépendances, Terres & Seigneuries y enclavées, pourront hanter, converser, frequenter, trafiquer & marchander de choses loyables & non prohibées, aller, demeurer, sejourner & retourner de Païs à autre avec leurs marchandises librement, & sans que respectivement ils puissent estre constituez prisonniers de Guerre ou leurs biens arrestez, ny que les biens immeubles, que les Habitans desdites Provinces, Terres & Seigneuries pourroient avoir respectivement (a sçavoir ceux desdites Duché de Bourgongne, Viscomté d'Auxonne, Païs de Bassigny, Terres & Seigneuries y enclavées; ny semblablement ceux desdites Comté de Bourgongne, Cité de Besançon, Terres & Seigneuries y enclavées) riere lesdites Duché de Bourgongne, Viscomté d'Auxonne, Païs de Bassigny, Terres & Seigneuries y enclavées, puissent estre mis hors leurs mains, saisis & arrestez, ny declarez commis ou confisquez, comme biens d'ennemis tenans party contraire.

VI. Pendant le tems de ladite prolongation de Neutralité, lesdits Seigneurs Rois & Archiducs, ensemble les Gouverneurs desdites Provinces & Cours de Parlement, en cas de necessité de vivres esdits Païs, pourront defendre la Traitte tant d'un costé que d'autre.

VII. Ceux de ladite Franche Comté, Cité de Besançon, leurs appartenances & dépendances, Terres & Seigneuries y enclavées, qui suivront le party dudit Seigneur Roi Catholique ou Archiducs, ne pourront estre travaillez ny molestez pour leurs Fiefs & autres biens, qu'ils ont auxdites Duché de Bourgongne, Viscomté d'Auxonne, Païs de Bassigny, Terres & Seigneuries y enclavées: ny pareillement ceux desdites Duché, Viscomté d'Auxonne, Païs de Bassigny, Terres & Seigneuries y enclavées, qui suivront le parti dudit Seigneur Roi Tres-Chrestien, ne pourront estre travaillez ny molestez, pour leurs Fiefs & autres biens qu'ils ont en icelle Franche Comté, Cité de Besançon, leurs appartenances & dépendances, Terres & Seigneuries y enclavées; ains en joüiront respectivement durant ladite Neutralité sans aucune difficulté, & sans qu'ils soient tenus, pour transporter les fruits provenans des heritages qu'ils ont ou auront aux Païs de l'une des Souverainetez à l'autre, payer aucunes daches, gabelles ny impositions, non plus que pour les fruits & denrées sortans d'un lieu de ladite Franche Comté, pour estre transportées en un autre de mesme Païs, encore qu'on les fasse passer & repasser par quelques lieux des Terres de France comprises en ce Traitté de Neutralité.

VIII. Les Manans & Habitans desdits Païs respectivement ne conspireront ny entreprendront aucune chose l'un contre l'autre: & s'il estoit fait par aucuns des Subjets d'une part ou d'autre, les contrevenans & transgresseurs en seront aigrement punis & corrigez.

IX. Si aucuns Subjets desdites Duché & Comté de Bourgongne, Païs, Terres, Seigneuries & Lieux dessusdits se retirent d'une obeïssance à l'autre, pour eviter la punition qu'ils pourroient avoir meritée pour quelques crimes par eux commis, lesdits Seigneurs Roi Tres-Chrestien & Archiduc seront tenus respectivement les faire rendre és mains des Officiers où ils seront juridiques, pour en faire la punition: & le semblable sera fait des Voleurs non Subjets desdits Seigneurs Roi & Prince.

X. Et pour ce qu'au Traitté dernier de l'an mille cinq cens octante, plaintes furent faictes de la part des

Depu-

ANNO 1610.

Deputez du Roi Tres-Chrestien, qu'à l'occasion de quelques Edicts publiez en la Comté de Bourgongne, la liberté de joüir des benefices assis audit Comté de Bourgongne, par ceux de ladite Duché de Bourgongne, Bassigny, Viscomté d'Auxonne & Terres y enclavées, leur estoit ostée, du moins diminuée de beaucoup; l'abolition desquels Edits estoit à present requise: ce que l'Ambassadeur desdits Seigneurs Archiducs auroit declaré n'avoir charge ny pouvoir consentir, les Deputez dudit Seigneur Roi Tres-Chrestien ont protesté & declaré, qu'il en sera usé de mesme, en cas, qu'à cause desdits Edits, les Subjets de sa Majesté Tres-Chrestienne reçoivent quelques incommoditez & dommages.

Commission du Roi de France.

LOUIS par la Grace de Dieu Roi de France & de Navarre, à nostre Tres-cher & feal le Sieur de Sillery, Chancelier de France & de Navarre; à nostre cher Cousin le Sieur de Bellegarde, Grand Escuyer de France, premier Gentilhomme de nostre Chambre, Gouverneur & nostre Lieutenant General en Bourgongne & Bresse; à nos amez & feaux Conseillers en nostre Conseil d'Estat, les Sieurs de Villeroi & de Gesvres, Secretaires de nos Commandemens & Finances; Jannin Conseiller en nostredit Conseil d'Estat, Baron de Lux, Chevalier de nos Ordres, Capitaine de cinquante hommes d'armes de nos Ordonnances, nostre Lieutenant General audit Gouvernement de Bourgongne & Bresse; & de Bermy, aussi Conseiller en nostre Conseil d'Estat, Salut. Comme pour satisfaire à l'instante priere, qui nous a esté faicte & souvent réiterée de la part de nos tres-chers & grands Amis, Alliez & Confederez les Sieurs des Ligues des treize Cantons des hautes Allemagnes, pour la prolongation ou renouvellement de la Neutralité, faicte & accordée au lieu de Baden le premier jour de Mars mille cinq cens octante, entre nos Duché de Bourgongne, Viscomté d'Auxonne, Païs de Bassigny, Terres & Seigneuries y enclavées, leurs appartenances & dépendances d'une part; & la Franche Comté de Bourgongne, Cité de Besançon; leurs appartenances & dépendances, Terres & Seigneuries y enclavées, d'autre part; ladite Neutralité expirée dez le mois de Juillet mille six cens neuf, nous ayons advisé, suivant la bonne intention du feu Roi nostre Tres-Honoré Seigneur & Pere, que Dieu absolve, & par l'advis & prudent Conseil de la Roine Regente, nostre Tres-Honorée Dame & Mere, d'en faire traiter avec celui ou ceux qui à ce faire seront commis par nos Tres-chers & amez Cousins les Archiducs, Seigneurs des Païs-Bas & de ladite Franche Comté: A ces causes à plein confians de vos sens, suffisance, loyauté, preudhommie, experience & bonne diligence, Nous vous avons par le mesme advis & conseil de ladite Roine Regente, nostre Tres-Honorée Dame & Mere, commis & deputé, commettons & deputons par ces presentes signées de nostre main, pour & en nostre nom traitter, accorder & convenir avec celui ou ceux qui seront, comme dit est, à ce faire commis par lesdits Archiducs, de la prolongation ou renouvellement d'une bonne, seure, ferme & commune Neutralité & Amitié entre nosdites Duché de Bourgogne, Viscomté d'Auxonne, Païs de Bassigny, leurs circonstances & dépendances, Terres & Seigneuries y enclavées, & ladite Franche Comté de Bourgongne, Cité de Besançon, leurs appartenances & dépendances, Terres & Seigneuries y enclavées: & ce pour le temps de vingtneuf ans, ou autres que vous adviserez, soubs les mesmes conditions & conventions portées par ledit dernier Traitté de Neutralité, ainsi que vous jugerez estre plus à propos pour le bien de nostre service, profit & utilité de nos Duché & Païs susdits: & generalement faire en ce que dessus, circonstances & dépendances tout ce que nous mesmes ferions, si present en personne y estions, selon la fiance que nous en avons en vous; jaçoit que le cas requist mandement plus special que n'est contenu en cesdites presentes: promettant en foi & parole de Roi avoir agreable, tenir ferme & stable à tousjours tout ce que par vous sera fait, traitté & conclu en ce que dessus, sans jamais aller ny venir au contraire, directement ou indirectement; & d'en bailler nos Lettres de Ratification, toutes fois & quantes que requis serons de ce faire: vous avons donné & donnons plein pouvoir, puissance, authorité, commission & mandement special; car tel est nostre plaisir. Donné à Paris le XIII. jour de Novembre, l'an de Grace mille six cens dix, & de nostre Regne le premier. Signé *Louis*, & plus bas, *Par le Roy, la Reine Regente sa Mere presente*, *Brulard*: & scellées sur double queuë du grand seau de cire jaulne.

ANNO 1610.

Commission & Ratification des Archiducs.

ALBERT & ISABELLE CLARA EUGENIA Infante d'Espagne, par la Grace de Dieu Archi-Ducs d'Austriche, Ducs de Brabant, de Lembourg, de Luxembourg, de Gueldres, &c. Comtes de Flandres, de Hainau, d'Artois, &c. A tous ceux qui ces presentes Lettres verront, Salut. Comme pour satisfaire à l'instante priere & requisition qui faicte nous a esté de la part de nos tres-chers & bons Amis & anciens Confederez les Seigneurs des Ligues de tous les Cantons de la haulte Allemagne, par leurs Lettres à nous escrites le dixhuictieme du mois de Juillet de l'an passé mille six cens & neuf, nous nous ayons condescendus de deputer Personnages, pour traitter de la prolongation ou renouvellement de la Neutralité, accordée entre nostre Franche Comté de Bourgongne, y comprise la Cité de Besançon avec ses appartenances & dependances, Terres & Seigneuries y enclavées, d'une part; & les Duché de Bourgongne, Viscomté d'Auxonne & Païs de Bassigny, avec leurs appartenances & dépendances, Terres & Seigneuries y enclavées, d'autre part: SÇAVOIR FAISONS, que nous confians entierement de la personne de nostre tres-cher & feal Messire Pierre Pecquius, Maistre aux requestes de nostre Hostel, Conseiller en nostre grand Conseil, & nostre Ambassadeur ordinaire auprés du Roy Tres-Chrestien, & de ses sens, suffisance, loyauté, preudhommie & bonne diligence; iceluy pour ces causes & autres à ce nous mouvans, avons fait, créé, ordonné & estably; faisons, creons, ordonnons & establissons par ces presentes nostre Procureur special; luy donnant plein pouvoir, puissance & authorité de, pour & en nos noms, traitter, accorder & passer avec celuy ou ceux qui seront deputez de la part dudit Sieur Roy, & qui de ce auront pouvoir suffisant, le renouvellement d'une bonne & seure Neutralité & Amitié entre nostredite Franche Comté de Bourgongne, y comprise ladite Cité de Besançon, avec toutes leurs appartenances & dépendances, Terres & Seigneuries y enclavées, ainsi que le tout s'estend & comporte avec ladite Duché de Bourgongne, y comprise ladite Viscomté d'Auxonne & Païs de Bassigny, avec toutes & chacunes leurs appartenances & dépendances, Terres & Seigneuries y enclavées: & ce pour le temps de vingt ou vingtneuf ans, ou tel autre plus bref qui sera entre eux advisé; qui commenceront à courir dez le jour & date dudit renouvellement, ou tel autre qu'ils adviseront, & soubs les mesmes Pactes & Conventions portées par ledit dernier Traitté de Neutralité, & selon que ledit Pecquius verra estre à faire, pour le plus grand bien, profit, utilité & commodité de nous & de nostredite Franche Comté. Mesmes lui donnons pouvoir de promettre en nostre nom, que nous ferons advoüer & ratifier ledit Traitté de Neutralité par nostre bon Frere le Roi Catholique des Espagnes: & ce dedans six mois prochains, ou tel autre terme qu'il sera advisé; & qu'il n'entreprendra rien contre icelui: & generalement de faire, traitter & negotier par nostredit Procureur au present affaire tout ce que nous mesmes ferions & faire pourrions, si presens y estions; jaçoit qu'il y ait chose qui requist mandement plus special que le contenu en ces presentes; lesquelles promettons en bonne foi & parole de Prince, & soubs l'hypotheque & obligation de tous & chacun nos Biens, presens & à venir, avoir agreable, & tenir pour ferme & stable tout ce que par nostredit Procureur sera fait, traitté & negocié en cet endroit, sans y contrevenir, ny souffrir qu'il y soit contrevenu, directement ou indirectement, en quelque sorte & maniere que ce soit: & de ce faire expedier, fournir & bailler nos Lettres d'agreation & ratification en dedans le terme qui aura esté pris, convenu & accordé par nostredit Procureur. En temoin dequoi nous avons subsigné ces presentes de nostre main, & fait mettre & appofer à icelles nostre seel. Donné en nostre Ville de Bruxelles le vingtquatrieme jour du mois Septembre, l'an mille six cens dix. Signé *Albert & Isabelle.* Sur le reply, *Par les Archiducs*: *Prats*: & seellé en cire rouge. Fait & arresté à Paris par nous Commissaires susdits, les an & jour que dessus. Lequel susdit Traitté tous les Deputez du Roi Tres-Chrestien ci-dessus nommez ont signé l'un aprés l'autre à l'un des costez de l'escrit

ANNO 1610.

l'efcrit; à fçavoir *Brulard*, *Rogier de Bellegarde*, *de Neufville*, *Potier*, *P. Jannin*, *de Malain-Lux*, *Boulard*: & de l'autre cofté, *P. Pecquius*. SÇAVOIR FAISONS, que nous voulans proceder fincerement & de bonne foi, en tout ce que noftredit Procureur a traitté, promis & accordé en cet endroit; avons, en agreant le fusdit Traité, tel qu'il eft ci-deffus referé, icelui confirmé, ratifié & approuvé; confirmons, ratifions & approuvons, tant pour nous que pour nos Hoirs & Succeffeurs, pour ledit temps de vingt-neuf ans, à commencer comme deffus eft dit: promettons en parole de Princes foubs noftre foi & honneur, & l'obligation de tous & chacuns nos Biens, tant meubles qu'immeubles, prefens & à venir, & ceux de nosdits Hoirs & Succeffeurs, l'obferver & faire obferver inviolablement, fans y contrevenir, ny fouffrir qu'il y foit contrevenu, directement ou indirectement, en quelque forte ou maniere que ce foit. En tesmoin dequoi nous avons foubfigné ces prefentes de nos mains, & fait à icelles appofer noftre grand féel accouftumé. Donné en noftre Ville de Bruxelles le vingtieme jour de Janvier l'an de Grace mille fix cens onze. *Grij v't*, Signé *Albert & Ifabelle*: & plus bas, *Prats*. Collationné à l'Original, & trouvé concorder par moi *Pecquius*.

Ratification du fusdit Traitté par le Roy de France.

LOUIS par la grace de Dieu Roi de France & de Navarre, à tous ceux qui ces prefentes Lettres verront, Salut. Comme en fuite de la bonne intention du feu Roi, noftre Tres-Honoré Seigneur & Pere, Henri le Grand, que Dieu abfolve, & à la priere qui nous en a efté faicte par nos tres-chers & grands Amis, Alliez & Confederez des Ligues Suiffes, nous ayant cidevant, par l'advis & prudent confeil de la Roine Regente, noftre Tres-Honorée Dame & Mere, fait expedier nos Lettres de commiffion à aucuns des principaux Seigneurs de noftre Confeil, pour traitter avec celui ou ceux qui feroient à ce commis par nos Tres-chers Coufins les Archiducs Seigneurs des Païs-bas & de la Franche Comté de Bourgongne, du renouvellement de la Neutralité, faicte & accordée avec intervention des Seigneurs des Ligues le premier jour de Mars mille cinq cens quatrevingt, au lieu de Baden, pour vingt-neuf ans, expirez du Regne dudit feu Seigneur Roy, noftre Tres-Honoré Seigneur & Pere, entre les Duché de Bourgongne, Vifcomté d'Auxonne, Païs de Baffiguy, avec leurs appartenances & dépendances, Terres & Seigneuries y enclavées, d'une part; & la Franche Comté de Bourgongne, Cité de Befançon, leurs appartenances & dépendances, Terres & Seigneuries y enclavées, d'autre part; nosdits Deputez & le Sieur Pecquius, Ambaffadeur de nosdits Coufins les Archiducs, refidant prés de nous, ayant traitté & convenu pour le renouvellement de ladite Neutralité les Articles ci attachez foubs le contrefeel de noftre Chancelerie; SÇAVOIR FAISONS, que nous eftant iceux fait lire en prefence de ladite Roine Regente, noftre Tres-Honorée Dame & Mere, nous avons iceux par fon bon advis & prudent confeil agreé, appreuvé, ratifié & confirmé; agreons, appreuvons, ratifions & confirmons, & le tout promettons en foy & parole de Roi, & foubs l'obligation & hypotheque de tous & un chafcun nos Biens, prefens & à venir, garder, obferver & entretenir inviolablement, fans jamais aller ny venir au contraire, directement ou indirectement, en quelque forte & maniere que ce foit. En tesmoin dequoi, nous avons figné ces prefentes de noftre propre main, & à icelles fait mettre & appofer noftre feel. Donné à Paris le premier jour de Fevrier l'an de Grace mille fix cens onze, & de noftre Regne le premier. Ainfi figné, *Louis*: & fur le reply, *Par le Roi, la Roine Regente fa Mere prefente*: *Brulart*: feellé d'un grand feel en cire jaulne à double queuë de parchemin pendant.

CE Traitté fut publié en l'audiance de la Cour Souveraine de Parlement à Dole, le Procureur General le requerant par la voix de Meffire Antoine Bereur Docteur és Droits, Confeiller & Premier Advocat Fifcal en ladite Cour, le dixhuictieme d'Avril, l'an mille fix cens onze: à Dijon le vingtunieme du mesme mois: à Chaumont en Baffigny, le trenteunieme du mois de Mars: & le troifieme d'Avril au Siege Royal de Langres: le tout en la mesme année M. DC. XI.

XCVI.

24. Dec. PROVINCES UNIES ET MAROC.

Tractaet ghemaeckt tuffchen den Ambaffadeur ende den Agent des Koninghs van MAROCOS, *ende de Ghecommitteerde van de Heeren* STATEN GENERAEL *befloten in 's Gravenhage den 24. December* 1610. [AITZEMA, Sacken van Staet, en van Oorlog. Tom. I. pag. 325.]

ALSOO die Hoogfte ende Groot-machtighften *Mulay Zydan*, Keyfer van *Marocos*, Koning van de Koninckrycken van *Barbaryen*, *Fez*, *Sus*, *Tafilette*, ende Konigh van *Guinea*, *Hogo*, *Janibuta*, *Jenez*, ende hare Provintien, &c. uyt fyne Koninckl ycke gunfte, affectie ende welgevallen tot de Vereenighde Nederlanden, goetgevonden ende belieft heeft aende Hooge Mogende Heeren Staten Generael vande felve Vereenighde Nederlanden te fenden den Edelen ende Geftrengen Heere *Alcay de Hamet*, *Ben Abdela*, als fynes Majefteyts Ambaffadeur, mitsgaders *Samuel Pallache*, deffelfs Agent, met behoorlijcke Brieven van Credentie, van fyne Majefteyt, die welcke uyt krachte van felve, geproponeert ende verklaert hebben gelaft ende geauthorifeert te wefen, omme van wegen fyne Majefteyt met de Hoogh-gemelte Heeren Staten Generael te handelen ende tracteren eene vafte, feeckere, ende onverbreeckelycke vruntfchap ende correfpondentie tuffchen fyne Majefteyt, deffelfs erfgenamen ende nakomelingen, ende haer Ho. Mo: alfoo dat de Subjecten, Ingefetenen ende Onderfaten ten beyder zyden voortaen vry, vranck ende onbefchadigt, met ende onder malkanderen fouden mogen handelen ende trafficqueren te Lande, ter Zee, ende op de Rivieren in fijne Majefteyts Rycken ende Landen, ende defe Vereenighde Provintien refpective, alles in conformité van de affcheyt gegeven aen fyne Majefteyts voorgaende Ambaffadeur den Heere *Alcay de Hamet Ben Bechier*, ende den voorfz Agent *Samuel Pallache* by de Hooghgemelte Heeren Staten Generael, ende dat

XCVI.

24. Dec. PROVINCES UNIES ET MAROC.

Traité fait entre les Etats Généraux des PROVINCES-UNIES, & MULAY ZEIDAN, Roi de Maroc, fait à la Haye le 24. Decembre, 1610. [AITZEMA, *Affaires d'Etat & de Guerre, Tom. I. pag.* 325. METEREN, *Hift. des Païs-Bas fol.* 707. *Ann.* 1610.]

COMME le trés-haut & trés-puiffant Prince Mulay Zidan *Empereur de Maroc, Roi des Royaumes de* Barbarie, Fez, Sus, Tafilette, *& de* Guinée, Hogo, Janibuta, Jenez *& leurs Provinces &c. Par l'affection & bienveillance qu'il porte aux Provinces Unies, a trouvé bon & lui a plu d'envoyer à leurs Hautes Puiffances, les Seigneurs Etats Generaux desdites Provinces Unies, le noble & difcret Seigneur* Alcay de Hamet, Ben Ahdela, *en qualité d'Ambaffadeur de fa Majefté, enfemble* Samuel Palache *fon Agent, avec Lettres convenables de creance de fa Majefté; lesquels en vertu d'icelles ont propofé & declaré avoir charge & être authorifez, pour, de la part de fa Majefté, negocier & traitter avec les fusdits Seigneurs Etats Generaux une ferme, fure & inviolable amitié & correfpondance entre faditte Majefté, fes Heritiers & Succeffeurs, & leurs Hautes Puiffances, afin que les Sujets & Habitans de part & d'autre puiffent negocier & trafiquer par Eau, par Terre & fur les Rivieres des Royaumes & Pais de fa Majefté & des Provinces Unies refpectivement, le tout en conformité de la permiffion, donnée au precedent Ambaffadeur de fa Majefté le Sieur* Alcay de Hamet Ben Bechier *& au fusdit Agent* Samuel Pallache, *par lesdits Seigneurs Etats Generaux, & y ayant eû fur ce fujet plufieurs* Con-

ANNO 1610.

dat daer op tusschen die Wel-gemelte Heeren Ambassadeur ende Agent, ende de Edele Erentfeste ende Hoogh-geleerde Heeren *Hendrik van Brienen d'Altjte*, Heere van Sinderen; *Nicolaes Syms*, Oudt-Burgermeester der Stadt *Hoorn*, ende Meester *Jacob Magnus* der Rechten Doctor, Oudt-Burgermeester der Stadt *Middelborgh* in *Zeelandt*, Commissarisen van haer Ho. Mo. hier toe specialyck gecommitteert ende geauthoriseert, verscheyden Conferentien ende communicatien waren gehouden, vermogens den last haer E. daer toe gegeven: soo zyn eyndtlyck tusschen die selve Heeren Ambassadeur ende Agent van syne Majesteyt ter eenre; ende die voorsz Heeren Commissarisen van de Hooggemelte Heeren Staten Generael ter andere zyden, verdragen ende geaccordeert de navolgende Poincten ende Articulen.

I. Eerst sal van nu voortaen en voor altyd tusschen syne Hooghst-gemelte Kon. Majesteyt desselfs Erfgenamen ende Nakomelingen, ende die Hoogh-gemelte Heeren Staten Generael der Vereenighde Nederlanden, der selver respective Koninckrycken, Landen, Subjecten ende Ondersaten wesen, geoeffent ende onderhouden worden, vaste, seeckere ende onverbrekelycke vrundtschap ende correspondentie te Lande, ter Zee, ende op de Rivieren: Alsoo dat de voorsz Subjecten, Ingesetenen ende Ondersaten ten beyden zyden, vry, vranck, ende onbeschadigt *sonder eenige Sauvegarde*, *Sauf-Conduicten*, *Paspoorten*, *ofte Zee-Brieven*, d'een van d'ander daer toe te behoeven, moeten hebben, oft thoonen, te Lande, ter Zee, ende op de Rivieren sullen mogen varen, passeren ende repasseren voor hare Persoonen, met hare schepen, koopmanschappen, andere goederen, ende bagagien, ende vryen toe ende inganck met deselve hebben tot de Rycken, Landen, Steden, Reden, Inhammen en Havens ten beyden zyden, na dat elcx gelegentheyt ende gedestineerde reyse sal wesen, windt en weder sal dienen, oock den noodt door tempeesten, onweder, vervolgh van vyanden, Zee-roovers, lecken, ende andere toevallen, egeen uytgesondert vereyschen sal, ende in de selve blyven converseren, en hare saecken verrichten, soo lange haer dat gelieven ende goet duncken sal.

II. Ende op dat de *Schepen* van dese Landen seeckerlycx bekent mogen worden, sullen de Schippers ofte andere op de selve commanderende, versien worden met behoorlycke *Zee-Brieven* van de traffiquerende Steden, daer uyt de selve sullen varen, ende en sullen egeene *Zee-Brieven* mogen gegeven worden aen *eenige Oosterlingen* ofte aen yemandt anders, als die ghene, die sijn oprechte Ondersaten ende *Inwoonderen van de Vereenigde Provintien*.

III. Alle *Schepen* van de voorsz Vereenigde Provintien, versien met sulcke *Zee-Brieven*, varende naer *Spangien*, *Italien*, ende andere Landen, in wat quartieren de selve gelegen zyn, en sullen in hare reyse by de Schepen, Ondersaten, ofte andere synes Majesteyts onderhoorige, ofte met desselfs commissie in *Zee* wesende, niet mogen in eeniger manieren bekommert, verhindert, opgehouden, ofte andersints vernadeelt ende beschadigt worden, maer sullen de selve vry ende vranck moeten laten passeren ende gedogen hare reyse te vorderen daer die gedestineert zyn.

IV. Sal oock syne Majesteyt niet toelaten dat sulcke Schepen van dese Landen by eenige *Zee-roovers* ofte andere in Zee genomen wesen in *Barbarien* gebracht, ende aldaer verkocht worden, maer sal sijne Majesteyt deselve Schepen mette ingeladen goederen den Eygenaer, van den *Zee-roover* datelyck doen restitueren, ende desselfs geleden schaede door het nemen ende berooven, vergoeden, soo veel doenlyck, sonder syne Majesteyt voorder te verbinden.

V. Sullen oock in deselve *Rycken*, *Landen*, *Steden*, *Reden*, *Inhammen*, *ende Havens* van beyde zyden vry onbeleth, onbekommert ende onverhindert moogen frequenteren, innebrengen, koopen, verkoopen ende met haer eygen Schepen, ofte andere die sy ter plaetse sullen moogen koopen ofte hueren, uytvoeren alderhande soorten van goederen ende Koopmanschappen, naar haar goet-duncken ende gelieven, uytgenomen alleen alsulcke goederen die van outs by de Wetten en Costuymen vande voorsz Rycken ende Landen te verhandelen ende uyt te voeren verboden sijn, sonder te moeten gehouden ofte verbonden wesen yet anders ofte meer van deselve goederen in 't innekomen ende uytvaren te betalen, als de gewoonlycke Rechten van *Tollen ende Impositien* die welcke betalen de naturele Ingebooren, ende andere Ondersaten van de Coninckrycken, Landen ende Steeden, alwaer sulcken handel Negotiatie

Conferences & communications entre lesdit Sieurs Ambassadeurs & Agent & les nobles discrets & tres-sçavans Seigneurs Henri de Brieneu l'Aîné, *Seigneur de Sinderen*; Nicolas Syms *ancien Bourguemaitre de la Ville de* Hoorn *& Maitre* Jacob Magnus *Docteur ès Droits, ancien Bourguemaitre de la Ville de* Middelbourg *en* Zelande, *Deputez de leurs Hauttes Puissances à ce specialement authorisez en vertu des Pouvoirs à eux accordez, lesdits Sieurs Ambassadeur & Agent de sa Majesté, d'une part & les susdits Deputez desdits Seigneurs Etats Generaux d'autre, ont traitté & accordé les Points & Articles suivants.*

Premierement il y aura & sera entretenuë une ferme, sure & inviolable amitié & correspondance par Terre, par Mer & Eaux douces des maintenant & pour toujours, entre la susdite Royale Majesté, ses Heritiers & Successeurs, & les susdits Seigneurs Etats Generaux des Provinces Unies & leur Royaumes, Païs, Sujets & Habitans respectivement; en sorte que les susdits Sujets & Habitans de part & d'autre pourront aller, passer & repasser par les Terres, Mer & Eaux douces l'un de l'autre avec leurs Vaisseaux, Marchandises & autres Biens & bagages, librement, francs & sans dommage, & sans avoir besoin de sauvegardes, sauf-conduict, passeports & Lettres-de-Mer; Et auront libre entrée pour leurs personnes, Vaisseaux, & Marchandises & bagages susdits dans les Royaumes, Pais, Villes, Rades, & Havres de part & d'autre, selon l'occurrence & le voyage qu'un chacun aura destiné de faire, soit qu'ils viennent à bon vent, ou qu'ils y soient poussez par la tempête & poursuivis par des Ennemis, Pirates & autres accidens, nuls exceptez: & y pourront converser & faire leurs affaires aussi long-tems qu'il leur plaira & que bon leur semblera.

II. Et afin que les Vaisseaux de ces Pais puissent surement être connus, les Bateliers & autres qui les commanderont seront pourvûs de Lettres-de-Mer convenables des Villes marchandes d'où ils sortiront; & ne pourront être données aucunes Lettres-de-Mer à aucuns Oosterlins *ou à aucun autre que ceux qui seront veritablement Sujets & Habitans desdittes Provinces Unies.*

III. Tous Vaisseaux des susdites Provinces Unies pourvûs de Lettres-de-Mer, navigeant en Espagne, Italie *& autres Pais en quelques quartiers qu'ils soient situez ne pourront en quelque maniere que ce soit être inquiettez, empêchez, ni retenus dans leur voyage par les Vaisseaux des Sujets & autres dependans de sa Majesté, étant en Mer avec commission d'icelle, ni autrement être molestez ni endommagez; mais ils les laisseront passer librement & franchement & continuer leur chemin pour le lieu où ils seront destinez.*

IV. Sa Majesté ne permettra point que tels Vaisseaux de ses Pais pris en Mer par quelques Pirates & ramenez en Barbarie *y soient vendus; mais sa Majesté les fera restituer aussi-tôt aux Proprietaires d'iceux par lesdits Pirates avec les Marchandises y chargées, & les fera indemniser de tous dommages soufferts par laditte prise & Piraterie, si faire se peut, sans que sa Majesté s'engage à davantage.*

V. Pourront aussi dans lesdits Royaumes, Païs, Villes, Rades, Ports & Havres, de part & d'autre, frequenter librement & sans empêchement ni moleste, & y amener avec leurs propres Vaisseaux ou autres qu'ils auront achettez ou loüés, y achetter, vendre, & en transporter toute sorte de Marchandises & Denrées, selon qu'ils le trouveront à propos, excepté seulement les Marchandises dont le transport & négoce a été deffendu d'ancienneté par les Loix, Coutumes des susdits Royaumes & Pais, sans être tenus ni obligez de payer autre chose ni plus que les droits & impots ordinaires que les naturels & autres Sujets desdits Royaumes, Pais & Villes sont tenus de payer où lesdits negoces & trafics se font,

ANNO 1610.

Negotiatie ende traffique gedreven ende geexerceert wort; ende sulcke rechten behoorlijck betaelt hebbende, sullen hare ingeladen goederen mogen transporteeren, vervoeren ende brengen tot sulcke Koninckrycken, Republycken, Landen ende Steden, gelyck haer dat goet duncken sal: midts dat die in egeene openbare Artyckle oorloge en zyn tegen sijne Hooghst-gemelte Koninckl ycke Majesteyt ende desselfs Rycken, ofte tegen de Hooge Mogende Heeren Staeten Generael der Vereenigde Nederlanden.

VI. Sullen oock de Subjecten, Ondersaten ende Inwoonderen van syne Majesteyts Koninckrycken in de Vereenigde Nederlanden, ende wederom die Ondersaten ende Inwoonderen van de selve Vereenigde Nederlanden in de Koninckrycken van sijne Majesteyt, hebben deselve verseeckertheyt ende vryheyt die hebben ende genieten die *natuyrlycke* Ingesetenen van de Koninckrycken van syne Majesteyt.

VII. Insgelycken sullen die Koopluyden, Schippers, Piloten, Scheeps-volck, hare Schepen, Koopmanschappen, Waren, ende andere goederen ten beyden zyden niet mogen aengeslagen, oft *gearresteert* worden, 't zy in krachte van eenigh bevel generael, oft particulier, ende voor wat saecke dat het zy van oorloge ofte andersints, selfs niet onder pretext van hem daer van te willen laten dienen voor de conservatie ende beschermenisse des Landts (daer onder men nochtans niet en bestaet te begrypen die *aenslagingen*, ende arresten van de Justitie door die ordinaire wegen ter oorsake van eygen schulden, Obligatien, ende bondige Contracten van de geenen jegens den welcken de voorsz *aenslagingen* sullen zyn gedaen) daer inne geprocedeert sal worden, gelyck gebruyckelyck naer recht en redenen, volgende de costumen van de plaetsen, daer het aenhouden ende arrest sal vallen.

VIII. By soo verre syne Coninckl ycke Majesteyt voor synen dienst, ofte die Hoogh-gemelte Heeren Staten Generael voor haren dienst, ofte om de Navigatie, Commercie, ende traffique ter Zee beter te vorderen, bewaren ende verseeckeren, geraden vinden eenige *Schepen van oorloge* elck in syne Rycken ende Landen te doen toerusten, ende de selve in Zee te brengen ende te houden in sulcke quartieren als elck sal achten daer toe bequaemst te vereysschen: Ende het geviel dat sulcke *Schepen van oorloge* in Zee wesende, eenige *ververschinge* van provisien, van Munitien van Oorloge, lyftochten, water ofte andere, hoedanige die souden mogen wesen, van noode hadden, oft door *lecken*, oft door andere toevallen haer moesten calefateren, sullen de selve *Schepe van oorloge* tot dien eynde mogen inne-loopen in al sulcke Steden, Havens ofte plaetsen, ten beyden zyden als haer bequaemst ende goet duncken sal. Ende sullen aldaer als goede vrienden, wel ontfangen, getracteert, geaccommodeert ende geriest worden voor haer gelt van 't geene sy behoeven ende noodich sullen hebben. En sal hen oock daer na t'allen tyden als hun sal goet duncken ende believen sonder eenige swarigheyt oft difficulteyt moeten toegelaten worden, wederom te vertrecken ende in Zee te keeren, sonder tot dien eynde te moeten erkennen, consent ofte permissie versoecken van de *Vice-Rois*, Gouverneurs ofte Commandeurs van de voorsz Steden, Havens ofte plaetsen.

IX. Ende sullen ten beyden zyden niet geaccordeert worden eenige Brieven van Marcke ende *Repressalien*, maer sal een yegelyck recht en justitie gedaen ende geadministreert worden nae behooren ende vereysch van de saecken in questien.

X. Ingevalle eenigh Subject ende Ondersaet van syne Majesteyt in de Vereenigde Provintien wesende, in deselve komt te *sterven*, ende van gelycken eenigh Onderdaen ende Inwoonder van de Vereenighde Nederlanden in de Koninckrijcken ende Landen van syne Majesteyt, die goederen ende koopmanschappen die sulcken afgestorven heeft nagelaten, 't zy dat die andere daer van hy is geemployeert geweest, ofte hem selven hebben toebehoort, en sullen ten beyden zyden van wegen sijne Majesteyt nochte van wegen die Ho. Mo. Heeren Staten Generael niet mogen aengevaert noch aengeslagen worden by eenige rechten ofte gebruycken vande Rijcken ende Landen van sijne Majesteyt ende van hoogh-gemelte Heeren Staten Generael als vervalle aen deselve, maer t'samen volgen aenden rechten Erfgenaem des aflyvigen na de Rechten vande Lande daerinne deselve erfgenaem geboortigh is, ten ware, dat by dispositie van den aflyvigen daerinne anders versien ware, het welcke nagevolcht sal worden.

XI. In

sont, & lesdits droits étant payez, ils pourront transporter les Marchandises qu'ils auront chargées, les conduire & mener, en tels Royaumes, Republiques, Pais & Villes que bon leur semblera, à moins qu'ils ne soient en Guerre ouverte avec sadite Royale Majesté, ou les susdits Etats Generaux des Provinces Unies.

VI. Auront aussi les Sujets, & Habitans des Royaumes de sa Majesté, dans les Provinces Unies, & reciproquement les Sujets & Habitans des Provinces Unies dans les Royaumes de sa Majesté, la même sureté & liberté que les naturels du Pais.

VII. Semblablement, les Marchands, Batteliers, Pilotes, Mariniers, leurs Vaisseaux, Marchandises, Denrées & autres Biens de part & d'autre ne pourront être saisis & arretés, soit en vertu de quelque ordre general ou particulier, pour quelque sujet que ce soit, soit de Guerre ou autrement, & même sous pretexte de s'en vouloir servir pour la conservation & deffence du Pais, (n'y comprenant pourtant point les saisies & arrêts par les voyes ordinaires de Justice, pour quelques dettes, Obligations ou Contracts en vertu desquels lesdittes saisies ou arrets auroient été faites) à l'égard dequoi il sera procedé comme il est d'usage selon le droit & la raison, & suivant la coûtume des lieux où lesdittes saisies & arrêts auront été faits.

VIII. S'il arrivoit que sa Royale Majesté, ou les susdits Seigneurs Etats Generaux, trouvassent expedient pour leur service ou pour la Navigation, Commerce ou trafic d'equiper dans chacun leurs Royaumes & Pais quelques Vaisseaux de Guerre pour tant mieux pousser & assurer leurdit commerce, & de les mettre en Mer & les tenir dans tels quartiers qu'ils jugeront le mieux convenir; Et que ces Vaisseaux de Guerre étant en Mer eussent besoin de quelques provisions, de munitions de Guerre, vivres, eau ou autres choses, quelles qu'elles puissent être, ou qu'ils eussent besoin d'être radoubez, lesdits Vaisseaux de Guerre pourront entrer dans telles Villes, Havres & lieux de part & d'autre qu'il sera jugé être le mieux & le plus convenable. Et ils y seront receus, traittez, accomodez & pourvûs des choses necessaires comme bons amis, & pour leur argent. Et leur sera aussi permis en tout tems & quand bon leur semblera d'en partir & retourner en Mer sans aucune difficulté ou empêchement, & sans être obligé à cette fin de demander le consentement ou permission des Vice-Roys, *Gouverneurs ou Commandeurs des susdites Villes, Havres, ou Places.*

IX. Et ne seront de part ni d'autre accordées Lettres de Marque & Represailles; *mais sera à chacun fait droit & justice comme il apartient & selon l'exigence des cas & differens.*

X. Si le cas echeoit que quelque Sujet de sa Majesté étant dans les Provinces Unies vint à mourir, & que semblablement quelques Sujets des Provinces Unies vinssent à mourir dans les Royaumes & Pais de sadite Majesté, les biens que les deffunts auront laissé, soit qu'ils apartiennent à ceux qui les auroient employez ou à eux-mêmes, ne seront arretez ni par sadite Majesté ni par les Etats Generaux par quelque droit & usage des Royaumes & Pais de sadite Majesté ou desdits Etats Generaux comme à eux echeus; mais lesdits biens suivront aux Heritiers des deffunts selon le droit du Pais où lesdits Heritiers seront nez; à moins qu'il n'en fut autrement disposé par le deffunct, ce qui sera suivi.

XI. Si

ANNO 1610.

ANNO 1610.

XI. In gevalle de Wettige ofte Testamentaire *Erfgenaem* niet en sijn by der handt, ende de gestorven by *Testament* ofte *Codicille* daer inne niet en heeft versien, in sulcken gevalle sullen vyf ofte ses van de Principaelste van dese Landen *in Barbarien* jegenwoordich wesende des gestorven goederen, mogen aennemen onder Inventaris by henluyden geteeckent, ende deselve bewaren tot behoef van den oprechten Erfgenaem voorsz, sonder dat d'Officieren respective haer in 't minste sullen hebben te bemoeyen.

XII. Soo verre eenige Schepen van de Subjecten ende Onderdanen van sijne Coninckl ijcke Majesteyt door *tempeest*, onweder, Jacht ofte vervolgh van Vyanden kommen te stranden aen de Vereenigde Provintien, ofte eenige schepen van de Ondersaten van deselve Vereenigde Provintien aen de Coninckrycken ende Landen van syne Majesteyt van wat quartieren, Coninckrycken, Landen ende Steden 't selve soude mogen wesen egeen uytgesondert, deselve Schepen ende ingeladen goederen sullen volgen den eygenaers respectivelijck, mits betalende daer voren redelyck Berg-loon.

XIII. Oft gebeurde dat eenige *Koopvaerdye ofte andere Schepen* van weder-syde door leckinge, storm, contrarie wint ofte andere nooden mochten komen in de Havenen ofte opte Reden van syne Majesteyt ofte van dese Landen, sullen deselve Schepen reciproquelyck (egeen last breeckende omme die goederen te verhandelen, vertieren, ofte verkoopen) weder vry moogen vertrecken, sonder eenige Tollen oft anderen gerechticheden te betalen, ofte aengehouden te mogen worden, alwaert also dat de voorsz Schepen quamen uyt *Spagnien*, *Italien* ende andere quartieren, ofte derwaerts wilden varen; Indien verstande nochtans, dat sulcke Schepen in *Barbarien* niet en sullen moogen handelen sonder expresse ordre ende consent van syne Majesteyt, ofte van desselfs Commandeur, ter plaetse daer den cas sal vallen.

XIV. Ende alsoo de experientie leert dat alle handelingen die by *Monopolien* aen eenige besondere ende particulieren verleent worden, het gemeene welvaren van de Koningen, Princen, ende Republycken, hare Landen ende Ondersaten schadelijk ende tegens de gemene vryheydt der Traffijcque strydende sijn; is verdragen by so verre als eenige sulcke handelingen by syne Majesteyt tot nadeel van de Vereenigde Provincien van de Rycken ende Landen van sijne Majesteyt voor desen geaccordeert sijn, dat deselve datelijck wederroepen ende cesseren sullen, ende die Handelinge ende Traffique in alles ten beyden syden een yegelijcken vry gestelt worden.

XV. By soo verre hier na sijne Majesteyt tot synen dienst meer Volcx, Schepen, Geschut ende Munitien van Oorloge uytte Vereenigde Provintien tot syne kosten soude begeren ofte noodich hebben aen te nemen, te koopen ende te voeren, sullen die hoog-gemelte Heeren Staten Generael (daerom van wegen syne Majesteyt versocht wesende) daer op favorabelyck letten en disponeren ten besten contentemente van sijn Majesteyt, soo veel als de gelegentheyt en constitutie van haren staet ende saken sal kunnen ende mogen lyden.

XVI. Ende also by dese handelinge vrye traffique ende toeganck totte Koninckrycken ende Landen ten beyden syden wordt toe-gelaten, sal syne Koninckl ycke Majesteyt alle de *gevangens* ende *Captiven* van de Vereenigde Provintien in *Barbaryen* wesende, effectuelijck doen relaxeren, los ende vry laten, en verbieden, dat voortaen egeen *Captiven* meer van dese landen in syne Majesteyts Koninckrijcken en worden vermaeckt ende verkoft.

XVII. Alle de voorsz Poincten ende Articulen ende elcke van de selve, zyn by ons onder genoemt in den naem ende van wegen als boven getracteert, verdragen, ende geaccordeert in *'s Graven-Hage* in *Hollandt*, ende hebben die voorsz Heeren Ambassadeur ende Agent van den Hooghst-gemelte Heere Keyser van *Marocos* belooft te leveren ofte doen leveren aen de Hoogh-gemelte Heeren Staten Generael van de Vereenigde Nederlanden binnen den tydt van ses maenden naestkomende, ofte eer, is 't doenlyck, Brieven van *Ratificatie* van syne Majesteyt, in behoorlijcke forme van 't voorsz gehandelde: ende die Gecommitteerde van de selve Heeren Staten Generael aen de voorsz Heeren Ambassadeur ende Agent, die Brieven van Ratificatie van haer Hoog Mog. binnen gelijcken tydt.

XVIII. Het tegenwoordigh Tractaet sal ten beyden zyden alomme daer sulcx behoort ende gewoonlijck

ANNO 1610.

XI. Si l'Heritier legitime ou testamentaire n'étoit pas en lieu & que le deffunct n'en ait pas disposé par Testament *ou* Codicille, *en ce cas, cinq ou six des Principaux du Pais pourront prendre les biens suivant l'Inventaire qu'ils en signeront, & les garder au profit du veritable Heritier, sans que les Officiers de l'un ou l'autre lieu où les biens seront, puissent s'en mêler en aucune maniere.*

XII. En cas que quelques Vaisseaux des Sujets de sa Royale Majesté vint à échouer sur le rivage ou côtes des Provinces Unies, soit par tempête ou étant poursuivi par l'ennemi, ou que quelque Vaisseau des Sujets des Provinces Unies vint à echouër sur les côtes de sadite Majesté en quelque endroit de ses Royaumes & Pais, & Villes que ce soit, nuls exceptez, lesdits Vaisseaux, & Marchandises qui y seront chargées demeureront aux proprietaires respectivement, en payant auparavant le droit & salaire pour les avoir mis à couvert.

XIII. S'il arrivoit que quelques Navires Marchands ou autres Vaisseaux, d'une ou d'autre part, soit qu'ils eussent besoin d'être radoubez, ou qu'ils fussent poussez par tempête ou autrement dans les Havres ou Rades de sa Majesté, ou de ses Pais, lesdits Vaisseaux reciproquement, (ayant pouvoir de negocier ou vendre les Marchandises dont ils seront chargez) pourront retourner librement sans payer aucun peage ni droits, & sans pouvoir être arrêtez, quand même lesdits Vaisseaux viendroient d'Espagne, Italie *ou autres quartiers, ou qu'ils y voulussent aller, bien entendu pourtant que tels Vaisseaux ne pourront negocier en* Barbarie *sans ordre & consentement exprés de sa Majesté, ou de ses Commandeurs, au lieu où le cas écherra.*

XIV. Et comme l'experience apprend que tous les Negoces qui par Monopole *sont accordez à quelques particuliers sont nuisibles au bien des Roys, Princes & Republiques, dommageables à leurs Sujets, & contraires à la liberté du Trafic, il est convenu qu'au cas que quelques tels Negoces eussent cy-devant été accordés par sa Majesté au prejudice des Provinces Unies, & des Royaumes & Pais de sa Majesté, qu'ils seront incessamment revoquez & n'auront plus de lieu, & que ces Negoces & Trafics seront libres à tous de part & d'autre.*

XV. S'il arrivoit que sa Majesté desirât cy-aprés davantage de troupes, Vaisseaux, Canons & Munitions de Guerre des Provinces Unies à ses dépens, & qu'il jugeât à propos d'en prendre, d'en acheter & transporter, les susdicts Etats Generaux, (en étant requis par saditte Majesté) prendront la chose en consideration au plus grand contentement de saditte Maj. autant que la conjoncture des temps & la constitution de leurs affaires le pourront permettre.

XVI. Et comme par ce Traitté libre trafic est permis dans les Royaumes & Pais l'un de l'autre, sa Royale Majesté fera relâcher libres & francs tous les Prisonniers & Captifs *des Provinces Unies qui sont en* Barbarie, *& deffendra qu'à l'avenir il n'en soit plus fait dans les Royaumes de sadite Majesté.*

XVII. Tous les susdits Points & Articles & chacun d'iceux ont été par nous soubsignez & au nom que dessus, traittez, convenus & accordez à la Haye *en* Hollande, *& ont les susdits Sieurs Ambassadeur & Agent du susdit Seigneur Empereur de* Maroc *promis de fournir ou faire fournir aux susdits Seigneurs Etats Generaux des Provinces Unies, dans le tems de six mois prochains ou plûtôt, si faire se peut, Lettres de* Ratification *en bonne forme de sa Majesté; Et lesdits Deputez desdits Seigneurs Etats Generaux aux susdits Ambassadeur & Agent, Lettres de Ratification de leurs Hautes Puissances dans pareil tems.*

XVIII. Le present Traitté sera de part & d'autre publié par tout où il appartient, après que la Ratification en

ANNO 1610. lijck is *gepubliceert* worden, nae dat de Ratificatie sal wesen by syne Majesteyt, ende die Hoogh-gemelte Heeren Staten Generael gedaen.

Aldus gedaen ende besloten in *'s Graven-Hage* voorsz op den 24. dagh der maendt van December in 't jaer ons Heeren Jesu Christi *sestbien hondert en thien*.

en sera faitte par sadite Majesté & lesdits Seigneurs Etats Generaux. ANNO 1610.

Ainsi fait & conclu à la Haye *le* 24. *jour du mois de Decembre l'an de nôtre Seigneur* 1610.

XCVII.

1611. 17 Mars. *Literæ Reversales Regis Hungariæ* MATTHIÆ *Ordinibus Regni Bohemiæ datæ, quod suus ingressus in hocce Regnum in nullum præjudicium Libertatum, Privilegiorum &c. vergere debeat. Datæ in Urbe Iglavia, die Jovis post Dominicam* Lætare. *Anno* 1611. [BALBINI Miscellaneor. Historicor. Regni Bohemiæ Decad. I. Libr. VIII. Epistolar. Part. I. Epist. XC. pag. 122. LUNIGS Teutsches Reichs-Archiv. Part. Special. Abtheil. I. pag. 71. en Allemand.]

NOS MATHIAS II. *Dei Gratia Rex Hungariæ, Designatus Rex Bohemiæ &c. Archi-Dux Austriæ, Dux Burgundiæ, Marchio Moraviæ, Comes Tyrolis &c.*

NOTUM Regiis hisce Reversalibus facimus, omnibus & singulis, imprimis, ubi competit; Postquam nos Ordinibus Regni Bohemiæ, caussâ exercitûs ipsis in subsidium à nobis expediti, per Literas patentes Viennæ die Mercurii post Dominicam *Invocavit* datas; sicuti etiam per nostrum, ipsorum ad nos expeditis Commissariis, datum responsum sub dato 4. Martii Anni 1611. eò nos resolvissemus & declarâssemus, Nos ex innato nobis erga dictum Regnum Boëmiæ amore & affectione, vigore nostræ Anno 1608. Pragæ factæ Transactionis & Pacti, adversus Passaviensem Exercitum, qui primò Archiducatum nostrum Austriæ superioris hostiliter insiliit, igne ferróque vastavit, deprædatusque est. Post hoc etiam in Bohemia Urbes, Villásque nonnullas depopulatus est, ultimò dolosè in minorem Pragam irrupit, posseditque, Incolarum, sive Civium plurimos interemit, Arcem quoque ubi Sedes Regia, in qua sua Majestas Cæsarea, Charissimus Dominus Frater noster, Regalia omnia, Libertates, Privilegia, Tabulas, Clenodia & omnem Thesaurum Regni servabat, obsedit, cæterásque etiam Antiquam & Novam Urbes Pragenses expugnare in animo habebat, nos inquam, in subsidium accessimus nominatorum Ordinum bonum publicum & incrementum defensuri, promoturi, adstituri ipsis etiam propriâ Regiâ Personâ nostrâ, ut etiam futurum malum, injuriam avertere & præcavere possemus, Hostes nostros vastatorésque Regnorum nostrorum, ut decet profligaturi. Daturi etiam operam, ut malum ipsorum intentum & detestandum propositum avertere & in nihilum redigere possemus. Ad tale nostrum gratiosum & Regium offertum omnes tres nominati Regni Bohemiæ Ordines, postulabant à nobis precariò, antequam limites Regni transgressi fuerimus, Literis Reversalibus nos ipsis obligaremus, ingressum istum in Regnum Bohemiæ nostrum in nullum præjudicium Libertatum, Privilegiorum, Jurium, Ordinationum, Statutorum, Rituum, Consuetudinum, neque ad rupturam Pacti Pragæ sub dato die Mercurii festo S. Joannis Baptistæ Anno 1608. facti, futurum.

Cum itaque honestum istud ac dignissimum ipsorum postulatum agnoverimus, nosque etiam nullo alio intento, nisi boni ipsorum publici Patriæque incrementi caussâ, ad defensionem & conservationem ipsorum, animo mentéque & corde sincero id susceperimus. Nos igitur, unà cum Consiliariis nostris, ex sano fidelique consilio & bona conscientiâ, ex potestate Regia, sicuti more ordinario Electus & designatus Rex Bohemiæ, vigore præsentium Reversalium, toties nominati Regni Bohemiæ Ordines Hæredes & posteros ipsorum assecuramus, certificamus, confirmamus & in omni necessitate tutos reddimus ingressum istum nostrum cum Exercitu nostro in Regnum Bohemiæ, nullo alio nomine fieri, nisi in subsidium & succursum, & neque ipsis tribus Ordinibus celeberrimi Regni Bohemiæ, neque ipsorum posteris in ullum præjudicium, vel damnum aut diminutionem vel cessationem ipsorum Privilegiorum, Libertatum, Jurium, Regni Ordinationum, Statutorum Donationum, Rituum & Consuetudinum, in primis verò supra nominatæ Pragensis Transactionis sub dato S. Joannis Baptistæ Anno 1608. factæ fieri neque nunc, neque in posterum futurum. 1611.

Cum itaque ipsos omnes, & singulos in omnibus ipsorum Privilegiis, Libertatibus, Majestatibus, Gratiis, Juribus, Ordinationibus, Consuetudinibus, Ritibus, Statutis, Pactis, ac etiam in Religionis caussa Transactionibus inviolabiliter confirmare, tutari ac defendere simus polliciti, promittimus & pollicemur adhuc etiam nunc & in futura sæcula.

Ad confirmationem horum omnium & ad æternam memoriam, bonâ nostrâ conscientiâ & promta voluntate, Regium nostrum Sigillum appendere mandavimus, manuque nostrâ propriâ Reversales hasce subscripsimus. Datæ in Urbe nostra Iglavia, die Jovis post Dominicam *Lætare* Anno 1611. Regni nostri Hungarici tertio.

MATHIAS.

Ad Mandatum Sacræ Regiæ Majestatis proprium,

FRIDRICH JORDAN VON KLAUSENBURG.

XCVIII.

Vergleich zwischen den Chur-und Fürstl. Häusern Sachsen / Brandenburg und Pfaltz-Neuburg / wegen der Gülich-Clev-und Bergischen Succession, daß neml. das Chur-und Fürstl. Hauß Sachsen auf gewisse maß und weise / in die Real Communion des besitzes eingenommen / und biß zu außgang der Haubt-sache neben Chur-Brandenburg und Pfaltz-Neuburg die Gülich-Clev-und Bergische Lande pro indiviso possediren / das Regiment durch ein Consilium formatum bestellet / und allen 3. Theilen mit Pflichten verwand seyn / die Unterthanen und Gubernator in der Vestung Gülich allen 3. Theilen huldigung leisten / das Haus-Sachßen vor Chur-Brandenburg-und Neuburgs außsöhnung bey dem Kayserl. Hof intercediren und die Haubtsache vor Kayserl. Maj. als Judice Ordinario ausgeführet werden solle. Jüterbock den 21. Martii 1611. [LUNIGS Teutsches Reichs-Archiv. Part. Spec. Abtheil IV. Absatz II. pag. 135.] 21. Mars.

C'est-à-dire,

Traité d'Accommodement entre les Maisons de SAXE, *de* BRANDEBOURG, *&* PALATIN NEUBOURG *touchant la Succession de* Juliers, Cleves *&* Berg, *portant que la Maison Electorale & Ducale de* SAXE *sera reçue en certaine maniere à la possession commune, que réellement & de fait elle possedera lesdites Provinces de* Juliers, Cleves, *&* Berg, *par indivis, avec les Maisons de* BRANDEBOURG, *& de* NEUBOURG, *jusqu'à ce que le Diférent principal soit terminé; que le Conseil de Regence sera obligé de prêter serment de fidelité aux Trois Maisons; comme aussi les Sujets, & le Gouverneur du Château de* Juliers; *que la Maison de* SAXE *intercedera auprès de l'Empereur, pour la Reconciliation de celles de* BRANDEBOURG *& de* NEU-

ANNO 1611.

ANNO 1611.

NEUBOURG, *& que tout le Diférent sera renvoyé au suprême Jugement de l'Empereur. Fait à Juterbock* (1) *le* 21. *Mars.* 1611.

ZU wissen / Als auf Absterben weilandt des Durchlauchtigen / Hochgebohrnen Fürsten und Herrn / Herrn Johann Wilhelms / Herzogen zu Jülich / Cleve und Bergk / Graffens zu der Marck und Ravensbergk / und Herrn zum Ravenstein / Hochlöblicher Gedächtnüs / wegen Succession desselben hinterlassenen Fürstenthumen / Graff- und Herrschaften / zwischen den Durchlauchtigsten / Durchlauchtigen / Hochgebohrnen Fürsten und Herren / Herrn Christian dem Andern / des Heil. Röm. Reichs Ertz-Marschalln und Churfürsten / Burggraffen zu Magdeburg / Herrn Johanns Georgen / Herrn Augusten / Herrn Johann Casimirn / und Herrn Johann Ernsten / für sich und in Vormundschafft ihrer unmündigen Herren Vettern / zu Altenburgk und Weymar / allen Herzogen zu Sachsen / Gülich / Cleve und Bergk / Land-Graffen in Thüringen / und Marggraffen zu Meissen / Graffen zu der Marck und Ravensburgk / Herrn zu Ravenstein / an einem / Und dann auch den Durchlauchtigsten / Durchlauchtigen / Hochgebohrnen Fürsten und Herren / Herrn Johann Sigismund / Marggraffen zu Brandenburgk / des Heil. Römischen Reichs Ertz-Cammerern und Churfürsten / Herzogen in Preussen / zu Jülich / Cleve und Bergk / Stetin / Pommern / der Cassuben und Wenden / auch in Schlesien zu Crossen und Jägerndorff / Burggraffen zu Nürnbergk / und Fürsten zu Rügen / Grafen zu der Marck und Ravensbergk / und Herrn zu Ravenstein / Und Herrn Philipp Ludwig / Pfaltz-Graffen bey Rhein / Herzogen in Bäyern / zu Gülich / Cleve und Berg / Graffen zu Veldentz / Spanheim / der Marck und Ravensbergk und Herrn zu Ravenstein / im Nahmen und von wegen beyder ihrer Churfl. und Fürstl. Ggl. hertzvielgeliebten Gemahlin / am andern Theil / im verwichenen 1609. Jahre allerhand Streit / Irrungen und Mißhelligkeiten entstanden / derowegen dann etzliche vornehme des Heil. Reichs Chur- und Fürsten / mit der Röm. Käyserl. Majest. allergnädigster Bewilligung / im nachfolgenden und verflossenen 16 0. Jahre / sich durch eine ansehnliche nach Cöln am Rhein beschehene Abredung aus ihrem Mittel wohlmeinendt interponiret / und zwischen höchst- und hochgedachten allerseits Chur- und Fürstlichen Partheyen gütliche Unterhandlung gepflogen / auch Ihre Käyserl. Majest. selbst hierzu ihre vortreffliche Commissarien daselbst hingeschickt und abgefertiget.

Und aber jetztangeregte Käyserl. Commission / auch Chur- und Fürstl. Interposition / wider alles Verhoffen / den fürgesetzten und erwündschten Effect damahl nicht erreichen wollen / Und gleichwohl die Durchlauchtigen / Hochgebohrnen Fürsten und Herren / Herr Christian / Marggraff zu Brandenburgk / in Preussen / zu Stettin / Pommern / der Cassuben und Wenden / auch in Schlesien zu Crossen und Jägerndorff Herzog / Burggraff zu Nürnbergk / und Fürst zu Rügen / Herr Moritz und Herr Ludwig / Land-Grafen zu Hessen / Graffen zu Catzenelenbogen / Dietz / Ziegenhain und Nidda / sich hierbey ihrer vielfältigen Verwandtnüs / damit sie den beyden hochlöblichen Chur- und Fürstlichen Häusern / Sachsen und Brandenburg / zugethan / insonderheit aber der Erb-Vereinigung und Erb-Verbrüderung also erinnert / daß J. F. Ggl. in alle wege obliegen und gebühren wollen / diejenigen Mittel und Occasion zu suchen und zu befordern / damit die zwischen denen so nahe verwandten Chur- und Fürstlichen Häusern eingefallene / und nicht alleine zu ihrer selbst / sondern auch des gantzen Heyligen Röm. Reichs deutscher Nation eusserstem Verderb- und Zerrüttung aussehende beschwerliche differentien und Mißhelligkeit hingeleget und verglichen werden möchten.

Daß demnach J. F. Ggl. nichts unterlassen / und nehmlichen ihre / Marggraff Christians und Land-Graff Ludwigs F. Ggl. in der Person / sodenn Land-Graff Moritzens F. G. durch unterschiedene freundliche Schrifften / bey beyden Chur- und Fürsten Theilen / Erinnerung gethan / daß sie andere besorgliche weitläufftige und harte Wege einstellen / nicht so sehre auf ihre selbst eigene / als die gemeine Wohlfährigkeit sehen / und die Sache durch ein bequehm schiedlich Mittel schlichten und hinlegen lassen wollen.

Dahero gleichwohl allen erwogenen Umständen nach / sich kein anders fügen noch schicken wollen / als das auch vorhin zu Cöln am Rhein vorgeschlagen / und so von vielen Potentaten / auch Chur- und Fürsten des Reichs / approbiret worden / nehmlichen / daß Ih. Chur- und F. G. zu Brandenburgk und Neuburgk das Chur- und Fürstliche Hauß Sachsen / bis zu der Haupt-Sachen rechtlichen Austragk und Entscheid / in realem communionem possessionis der Gülichischen Lande / uf Maß und Condition / wie man sich der mit allerseits gutem Begnügen / und allerhöchst-ermeldter J. K. Majest. Ratification / untereinander vergleichen würde / mit einnehmen möchten.

Und ob wohl J. Churfl. G. zu Brandenburgk solch Mittel aus vielen angeführten Ursachen hoch difficultiret / und das bey der Cöllnischen Handelung de Judicio sisti & judicatum solvi gehabtes Erbieten erwiedert / So haben aber jedoch Ihre Churfl Gnaden aus getreuer Liebe und Affection gegen ihr erbvereinigt Chur- und Fürstlich Hauß Sachsen / insonderheit auch um gemeiner Ruhe / Fried und Wohlstandes willen / gegen Marggraff Christians und Land-Graffen Ludwigs Fl. G. G. in derselben Persönlicher Anwesenheit / eheberührtes medium communicandæ possessionis, und darzu gehörige Conditionen endlichen bewilliget / auch solche Bewilligunge Land-Graff Moritzens F. G. den nehsten in Schriften notificiret / darauf dann erfolget / daß Ihr. Churfl. G. G. G. G. G. G. zu Sachsen und Brandenburgk freundlichen nachgegeben / daß zu Abhandlung eheberürter Notification und Conditionen / eine gewisse Zusammenkunfft angestellet / und gehalten / darzu der dritte nechst verschienenen Monats Februarii anhero nacher Jüterbock bestimbt / und durch ihre allerseits Chur- und Fürstl. Gn. besucht und beschickt worden.

Und nachdem Ihr. Churfurstl. G. zu Brandenburgk diese gantze Handlung uf zweyerley gestellet / Als erstlichen uf den modum der Einnahme an sich / wie nehmlich das Chur- und Fürstl. Hauß Sachsen zu der Participation des Besitzes der erledigten Gülichischen Fürstenthumen und Lande zu erstatten / und die Regierung stante communione dadrunter zu führen / Und das andere / auf die Conditionen / vermöge welcher Ihr. Churfl. G. jetztangeregte Gemeinschafft des würcklichen Besitzes und der Administration. dem Churfl. Hause Sachsen einzuräumen gemeinet / So haben die Fl. Herren Unterhändeler alles dasjenige / was deswegen hinc inde diese Zeit über ausführlich angebracht / und fürgeschlagen worden / in fleißige Berathschlagung gezogen / der Nothdurfft nach erwogen / und darauf endlichen beyde Chur- und Fürstliche

(1) GASTELIUS *de statu publico Europæ noviss.* Cap. IX. pag 417. date ce Traité du 18. Mars; en quoi il convient avec GABR. CHAPPUYS, *Hist. generale de la Guerre de Flandres*, Part. II pag. 291 & le MERCURE FRANÇOIS Tom. II. *Fol.* 217. *verso*, où l'on n'en trouve que des Abregés, au lieu que l'Exemplaire de LUNIG est entier. [DUM]

Anno 1611.

che Theil / mittels göttlicher Hülffe und gepflogener treueyfriger Unterhandelung / mit derselben allerseits gutem beliebten Consens und Einwilligen folgender massen mit einander verglichen und gentzlichen vertragen.

Erstlichen / so viel den modum participandæ possessionis und Administrationis anbelanget / soll das Chur-und Fürstl. Hauß Sachsen uf Maß und Condition / wie unterschiedlich folgen wird / in die Real-Communion des Besitzes eingenommen / und von solcher Zeit an / biß zu Erörterung der Haupt-Sache / neben Chur-Brandenburg und Pfaltz-Neuburg die Gülichschen / Clevischen und Bergischen Lande / mit allen ihren Ein-und Zugehörungen / darunter dann die Bestung Gülich auch mit begriffen / und nichts überall ausgenommen seyn solle / pro indivisio possediren und besitzen / das Regiment aber durch ein Consilium formatum bestellet / und darzu redliche qualificirte Leute aus den Ständen gebrauchet / und allen dreyen Chur-und Fürstlichen Theilen zugleich mit Eyden und Pflichten verwandt gemacht werden.

Und ob wohl / nach reiffer Erwegung aller Umstände / darfür gehalten worden / daß jetztangeregtes Consilium ohne einen Directorem nicht wohl bestehen / noch der Herrschafft und den Landen nütz-und vorträglich seyn könne / auch wie solch Directorium am bequemsten zu bestellen / von beyden Theilen unterschiedliche Vorschläge geschehen.

Dieweil sich aber befunden / daß deswegen vor dismahl schwerlich zu einen richtigen Schluß zu gelangen / sondern daß bey künfftiger Einnahme und Bestellung des Regiments am besten davon zu tractiren seyn / und sich nach der Gelegenheit desfalls zu richten / die Nothdurfft erfordert wird; Als ist dieser Punckt bis dahin / und also zu fernerer der Chur-und Fürstlichen Partheyen freundlicher Vergleichung ausgesetzt und vorbehalten.

Hierbey aber ferners abgeredet und verglichen / daß es in künfftig bey dem Consilio formato, ohne einige andere Verordnung des Directorii, sein Verbleibens haben / und wo vorkommen solte / daß wenn jetztermeltes Consilium in einem oder dem andern den Sachen etwan zu viel oder zu wenig thäte / daß alsdann alle drey possedirende Theil / nach Gestalt und Wichtigkeit der Sachen / entweder in der Person sich selbst zu Hauff verfügen / oder ihre gevollmächtigten Räthe zusammen schicken / und aus den Sachen mit einander communiciren / und da es nöthig / ihre gewisse Gewalthabere / jedoch in gleicher Anzahl und mit gewisser Instruction deputiren / und in die Gülichsche Lande solchergestalt abordnen sollen / daß sie über deme / so wider das Consilium vorgebracht worden / Erkundigung einziehen / und worinnen es dißfalls der Verbesserung bedürfftig / die Gebühr darinnen zu verschaffen / ihme mit Fleiß angelegen seyn / nach Verrichtung aber dessen / an ihre Herrschafften sich wiederum begeben / und dem Consilio, nach wie zuvor / seine ordentliche Verrichtung lassen.

Damit auch mehr berürt Consilium formatum, wie nichts minder der künfftige Director, da man sich desselben allerseits nechstangedeuter massen bey der Einnahme vergleichen würde / gleichsam eine gewisse Normam und Richtschnur vor sich haben möge / nach welcher sie sich in allen vorlauffenden Sachen überal / zu richten / so soll mit Zuziehung der Lands-Stände die hiebevor verfaßte Regiments-Notul mit Fleiß übersehen / und dieselbe / nach Befindung / entweder bey der vorigen Verfassung gelassen / oder / wo es nützlichen und nöthig / mit gesambten Rath geändert und gebessert / so wohl auch mit dem Consilio formato, dessen und andern Räthen / Officirern und Dienern im Lande / so wenig als in Religion-und Prophan-Sachen / sie gehören gleich ad justitiam, den Hoff-Staat / oder Oeconomiam, ohne gemeinen Vorbewust / Willen und Zuthun / einige Aenderung nicht geschehen noch vorgenommen werden.

Und ob wohl hierbey Ihr. Chur-und Fürstl. G. G. G. G. G. zu Sachsen begehret / daß etzliche alte Räthe und andere / so ihrer Aemter und Güter entsetzet worden seyn sollen / wieder restituiret werden möchten;

Weil aber Ihr. Churfürstl. G. zu Brandenburg sich erboten / da sich jemand wider dieselbe / wegen Einziehung seiner Güter / oder auch versagter Justien / zu beschwehren hätte / daß sie zufrieden / daß derselbe mit seiner Klage und Nothdurfft coram Paribus Curiæ gehöret / und vernommen / und ihme aufs schleunigste / als muglich / durch guttliche Handlung / oder rechtlichen Entscheid / was billich und recht wehre / wiederfahren möchte.

Als haben es Ihre Chur-und Fürstliche G. G. G. G. G. zu Sachsen bey diesem Erbieten allerdings bewenden lassen.

Was dann forders die Conditiones, darauf die Einnahme des Chur-und Fürstl. Hauses Sachsen in die gemeine Possession der Gülichschen und derselbigen angehörigen Lande geschehen soll / belangen thut.

Hat erstlichen Ihr. Churfürstl. Gn. zu Brandenburg begehret / daß das Churfürstliche und Fürstliche Hauß Sachsen / ihr und Pfaltz-Neuburg / die Investitur bey der Käyserlichen Majestät befordern helffen / und unterdessen die zu Prag erlangte Belehnung / gegen denselben nicht anziehen noch gebrauchen solte; Sintemahl Churfürstl. Gnaden sich besorgten / daß jetztangeregte Sächsische Investitur, so lang Ihre Churfürstliche Gn. und Neuburg nicht auch Investitirt und belehnet werden / derselben in viel Wege præjudicirlich / hinderlich und nachtheilig seyn / auch in wehrender Communion possessionis, wie nicht weniger vorhabender Sachen rechtlicher Ausführung / bey andern / und auch vielleicht dem Richter selbst / in besondere Uffacht genommen werden mochten / Und daß es ohne das die Billigkeit erforderte / gleich wie Brandenburg und Neuburg das Chur-und Fürstliche Hauß Sachsen zu sich in gemeine Possession der Lande gutwilligen einnehmen / und des Commodi possessionis mit theilhafftig machen / daß also auch hinwiederum und pari jure Sachsen den titulum investiturarum mit Brandenburg und Neuburg communiciren müsse / damit sie also beyderseits in titulo & possessione parificirt / auch dahero vorerwehnt besorglich præjudicium, welches Brandenburg wegen der Sächsischen Investitur und Einnahme in der possession / und als desselben gleichsam zwiefachen Rechtens / hierauf erwachsen möchte / um so vielmehr verhütet und abgewendet würde /

Als aber hierentgegen das Chur-und Fürstliche Hauß Sachsen sich ausdrücklichen schrifft-als mündlichen erkläret / daß sie ihres Theils nicht ermessen könten / wie ihre Investitur Brandenburgs Chur-und Neuburgs Fürstl. Gn. zu Nachtheil / Abbruch und Schmählerung ihres Rechtens gereichen möchte / in sonderlicher Betrachtung / daß solche Investitura anderer gestalt nicht / als salvo jure tertii geschehen / die Käyserliche Majestät / &c. auch Ihr nie in Sinn genommen / andern Interessenten durch diesen Actum an Ihren prætensionen in etwas zu præ-

Anno 1611. præjudiciren/ sondern / daß die erlangte Investitur, mit Vorbehalt eines jeden Prætendenten bisher angegebenen Rechtens/ beschehen / und männiglich / in specie aber Chur-Brandenburg und Pfaltz-Neuburg zu keinem Nachtheil / sondern salvo eorundem Jure gesuchet und erfolget / gestalt denn auch Jhr. Chur-und Fürstliche Gggggl. zu Sachsen/ der Käyserlichen Majestät hierüber einen sonderbahren Revers zugestellet / und dessen Copiam unter ihren Handen und Siegeln Chur-Brandenburg einzuhändigen / erbötig wären / mit der fernern Andeutung / daß Chur-Branden und Neuburg Fürstl. Ggl. mit dieser Sächß. Erklärung als einer Confession partis, so die stärckste probatio in Jure, sich billich auch derogestalt contentiren könten/ daß / wenn diese Investitur gegen Brandenburg und Neuburg allegiret worden/ Sie aus dem allen/ wie obstehet / solche Exceptiones in Händen hätten / damit sie sich zu defendiren und es abzulehnen/ wie denn auch Brandenburg und Neuburg/ ratione titulatæ possessionis Brandenburg und Neuburg zuwider / in processu gar nicht gebrauchen wolte.

Und ob wohl auch in sein Sachsens Händen und Macht nicht stünde/ auch ohne des seinen Rechten nachtheilig were/ die Käyserl. Belehnung vor Chur-Brandenburg und Neuburg erlangen und befordern zu helffen / daß aber jedoch J. Churfurstliche und Fürstliche Gggggl. nicht zuwider seyn/ sondern geschehen lassen wolten/ daß Brandenb. und Neuburg solche Investitur bey der Käyserlichen Majestät vor sich / jedoch mit Vorbehalt in specie des Sächsischen habenden Rechtens / suchten/ mit dem fernern angehengten Erbieten und Erklärung / daß Jhr. Churfürstl. Gn. und Fürstl. Ggggg. zu Sachsen/ solches weder heimlich noch offentlich / vor sich oder durch andere/ so wenig bey Jhre Majestät selbsten/ und dero Hoff / als auch denjenigen / die um beförderung deswegen ersucht werden möchten / hindern wolten/ Und über das alles zwischen beyden Theilen albereit verglichen / daß Brandenburg und Neuburg/ weniger nicht als Sachsen / in wehrender Communions-possession sich der Titul und Wapens zu dem Gülichschen Landen / jedoch keinem Theil an seinem Rechten schädlich / gebrauchen mögen/. Als haben es demnach alle Chur-und Fürstliche Theil dabey endlich bewenden lassen/ und Jhr. Chur-und Fürstl. Ggggg. zu Sachsen / Brandenburgs Chur-Fürstliche Gn. frey gestellet/ Ob und welchergestalt Sie bey der Käyserlichen Majestät um Belehnung vorberührter massen ansuchen wolten/ Jedoch mit der ausdrücklichen bedingten und beyderseits eingewilligten Condition : Woferne Brandenburg solche. Investituram innerhalb sechs Monath / von Zeit an beschehener Aussöhnung bey Jhr. Käyserlichen Majest. und derselbigen Ratification über diesen Abschied anzurechnen / nicht ausbringen noch erlangen mochten/ daß alsdann nichts desto weniger und unerwart solcher Belehnung / Sachsen zwart ohne einige fernere Frist und Verlengerung hiermit und in Krafft dieses in die gemeine possession auf-und eingenommen seyn / Jedoch aber und uf obenberührten Fall / da nemlichen die Käyserliche Investitur von Brandenb. und Neuburg in obbestimbter Frist der sechs Monathen nicht ausgewürcket und erlanget werden könte/ der Gerichtliche Proceß / dessen man sich auch in diesem Abschiede beyderseits verglichen / noch ein Jahr lang nach Verfliessung solcher sechs Monathen / und der würcklichen Einnahme des Chur.und Fürstlichen Hauses Sachsen/ in die possession / wofern es Chur-Brandenburg und Pfaltz-Neuburg nicht ehe gefällig/ anstehen und ruhen solte / Und nachdem vors andere Pfaltz-Neuburgs Fürstliche Gn. ob sie wohl von den Hhl. Fürstl. Unterhändlern und Chur-Brandenburg zu dieser Tractation gleichfalls beschrieben worden/ Jedoch selbst nicht angelanget/ auch Jhre anhero abgefertigte Räthe mit gnungsamer Vollmacht nicht versehen gewesen/ Und aber Jhr. Churfl. Gn. zu Brandenburg sich derer mit Jhr. Churfl. Gn. aufgerichten Verträg erinnert und befunden/ daß Krafft derselben Jhr. Fürstliche Gn. Mit-Einwilligung von nöthen / So haben Jhr. Churfürstl. G. mit dem Chur-und Fürstl. Hauß Sachsen sich freundlich verglichen / daß sie die Neuburgische Ratification ins ehest / als nur immer möglich / zu erlangen/ keinen Fleiß nicht spahren/

Anno 1611. Wie dann auch vors Dritte und so bald nur Jhr. Churfürstl. Gn. solche erlangen / die Chur-und Fürstl. Partheyen allerseits nicht unterlassen wollen/ die Röm. Käyserl. Majest ingesamt allerunterthänigst zu ersuchen/ diese ihre Chur-und Fürstl. Gggl. freundliche Vergleichung mit dero allergnädigsten Confirmation zu corroboriren/ solches auch den Gülichschen Landständen durch ein Käyserlich Rescript zu notificiren / und zu eröffnen/ Und damit die Käyserliche Confirmation desto eher und forderlicher erlanget werden möchte / so haben Jhr. Chur-und Fürstl. Gggggl. zu Sachsen / uf Brandenburgs Churfürstl. Gn. gethane freundliche Erinnerung und Begehren / sich gutwillig erboten / bey Jhro Käyserl. Majest. rc uf vorgehende Chur-Brandenburgs und Pfaltz-Neuburgs unterthänigste Entschuldigung / gute officia und intercession einzuwenden / damit Jhr. Churfl. Gn. und dero Räthe und Diener/ als auch alle anders Assistenten / was Würden und Standes oder Condition die seyn / die sich Jhrer Chur-und Fürstl. Gn. zu guten in dieser Sachen gebrauthen lassen / oder mit Rath und That derselben würcklichen angenommen / mit ihrer Käyserl. Majestät wiederum allerdings ausgesöhnet / und wieder reconciliiret werden möchten.

Darbey denn auch zum Vierdten noch weiter für gut und nöthig angesehen / und verglichen/ weiln gleichwohl jetzternelte Land-Stände ihrer habenden Privilegien/ und erlangten Reverialen halber nichts zurück setzen / die Nothdurfft auch ohne des erfordert/ daß um die Landes-Huldigung und begehrten Caution willen/ darvon hernacher Meldung geschehen wird / ein allgemeiner Land-Tag gehalten werde / Daß derowegen Jhr Chur-und Fürstl. G. zu Brandenburg und Neuburg nach erfolgten offt angedeuteten beyden Ratificationen / vor der Einnahme in ihren Nahmen allein vor dismahl noch einen Land-Tag ausschreiben/ denselben zu erkennen geben/ und bey solchen mit den Ständen/ von der Einnahme des Hauses Sachsen durch Brandenburg und Neuburg / nach erfolgeter solcher Einnahme aber von andern des Landes obliegenden und gemeinen Sachen ingesambt/ und in aller dreyer Chur-und Fürstl. Theilen Nahmen tractiret und gehandelt werden möge / Jedoch ist Chur-Brandenburg nicht zuwider/ daß Jhr. Chur-und Fürstl. Gggggl. zu Sachsen der Einnahm halber unter wehrendem Land-Tage gebürliche Erinnerung a parte thun lassen.

Zum Fünfften haben Jhr. Churfl. Gn. zu Brandenburg auch diese Conditionem annectiret / Nachdem sie neben Pfaltz-Neuburg nach apprehendirter possession, Pfaltz-Zweybrücken einen schrifftlichen Revers des Inhalts zugestellet / daß solche apprehension seiner angegebenen prætension zu keinem præjudiz und Nachtheil gereichen solte/ Jngleichen auch gegen Chur-Pfaltz sich schrifftlich erklärет/ daß sie denselben/ von deme/ so erweißlich Chur-Pfältzische Lehen wäre / und die Hertzogen zu Gülich/ Cleve und Berg von der Chur-Pfaltz allewege zu Lehen getragen/ und also mit den Reichs-

Anno 1611.

Lehen-Stücken gantz keine Gemeinschafft hätten/ nichts überall vorenthalten wolten.

Und aber beyde Theil/ so gegen Ihre Churfürstl. und Fürstl. Ggggl. zu Sachsen kein Bedencken haben wolten/ sich ebenfalls gegen Chur-Pfaltz und Zweybrücken schrifftlich zu erklären/ welches dann Ihre Chur-und Fürstliche Ggggl. nicht allein gewilliget/ sondern auch so balde Copiam des Zweybrückischen Revers und der Chur-Pfältzischen Erklärung übergeben/ und dieselbe originaliter vor der Einnahme zu vollnziehen versprochen.

Als auch/ was sechstens/ Ihr. Churfl. Gn. zu Brandenburg/ die Chur-und Fürstl. Sächßl. Einnahm anders nichts/ dann gegen Erstattung dessen/ so sie und Pfaltz Neuburg Fl. Gn. ufgewendet/ bewilligen wolten/ und begehret/ daß daran jetzo/ also fort der dritte Theil/ das übrige aber dermahln uf den Fall/ der Rechtliche Verlust der Hauptsachen Brandenburg und Neuburg betreffe/ abgetragen werden mögen/ Ihre Churfürstliche und Fürstliche Ggggl. zu Sachsen aber sich darüber nicht wenig beschweret befunden/ Ist endlichen dieser Punckt durch die Fürstliche Herren Unterhändlere/ nach fleißiger Erwegung eines und des andern Theils eingeführten Ursachen und motiven/ dahin verglichen/ daß nehmlichen nach erfolgter Einnahm des Chur-und Fürstlichen Hauses Sachsen/ in die Possession/ Ihrer Churfürstlichen Gn. zu Brandenburg und Pfaltz Neuburg ihre Forderung/ doch ausserhalb des Proceß/ von Freunden/ deren man sich mit einander zu vergleichen/ ordentlich und richtig liquidiren/ Ihre Chur-und Fürstliche Ggggl. zu Sachsen derselbigen Nothdurfft dargegen einwenden/ auch wo von nöthen/ beyde Theil darunter noch weiter und gnugsam vernommen/ Und alsdenn die angeregte Freunde/ nach Gelegenheit des befundenen Aufwendens/ ex æquo & bono eine gewisse Summa Geldes/ die künfftig der obsiegende Theil dem Verlustigten uf leidliche Termine zu zahlen schuldig sey/ arbitrirt/ darbey es dann allerdings zu lassen/ und darüber von allen Theilen gnungsame Caution mit Land und Leuthen gegen einander ufgerichtet werden soll/ an welcher durch die Freunde moderirten Summa/ Ihr. Chur-und Fürstl. Ggggl. zu Sachsen/ uf künfftigen Abschlag bey der würcklichen Einnahme alsofort und zugleich viermahlhundert und funffzigtausend Gülden/ jeden vor 21. Fürsten-Groschen gerechnet/ Chur-Brandenburg und Neuburg/ beyden ingesamt/ auf einmahl bahr in Leipzig erlegen und richtig machen/ und denselben hingegen über Brandenburg und Neuburg darüber gnugsame Versicherung de refundendo in gleichmäßiger Wehrung/ wie obstehet/ auf den Fall sie in der Hauptsachen obsiegen würden/ auf gleichmäßigen Schlag/ wie vorgedacht/ ausgerichten/ und gegen Auszahlung des Geldes vollnzogen/ einantworten; wofern aber ein und der ander Theil uf obgesetzten beyden Fall nicht gnungsame Caution mit Land und Leuten bestellen würde/ so solt gegen denselben nicht cavirenden Theil/ uf dem Fall er im Rechten obsiegen würde/ das Jus retentionis gebraucht/ und die Land in des verlustigten Theils mit-Handlung und Niessung so lang gelassen werden/ bis der Obsiegende dem Verlustigten der Gebühr contentire und abfinde.

Und damit vors siebende dasjenige/ was zwischen höchst-und hochgedachten beyden Chur-und Fürstlichen Partheyen allenthalben verglichen/ desto richtiger erfolgen/ und jedweder um so viel mehr sich darauf zu verlassen haben möge/ So haben beyde Theil versprochen und zugesagt/ über solches alles gnungsame und unterschiedliche Cautiones gegen einander aufzurichten/ deren etzliche mit cörperlichen Eyde in ihre der Chur-und Fürsten Person Seelen/ durch Special-Gewalthaber/ etzliche durch Ihre/ die Königliche Würde zu Dennemarck/ das Fürstliche Hauß Lüneburg/ und Hertzog Johann Friedrich von Würtenberg/ welche alle beyde Partheyen in vielen zu Bürgen vorgeschlagen/ und ersuchen wollen/ oder da sie nicht darzu zu vermögen/ durch andere annehmliche Fürstliche Personen/ und etliche von dem engen und weiten Ausschusse/ aus allerseits hierobiger Landschafft/ vollzogen werden soll/ Inmassen dann Ihr. Chur-und Fürstliche Gnaden allerseits sich der Notuln allbereit mit einander verglichen/ und solcher/ nach erlangter Neuburgischen Verwilligung und Käyserlicher Ratification/ vor der Einnahme allerdings aus zu händigen/ und bey einem oder zweyen Freunden/ gegen einer Recognition/ jedoch folgender Gestalt zu hinterlegen bewilliget/ daß nehmlich dieselbe den Partheyen nicht ehe/ dann bey der Land-Huldigung/ zu ihren Handen eingeantwortet werden möchte/

Es sollen auch von den Gülichischen Landes-Ständen in Gülich bey der Einnahme verbündliche Reversalen übernommen werden/ darinnen sie zwar allen denen Prætendenten ingesambt eydlich angeloben/ sie vor ihre Herren/ so lange das Interim wehren wird/ zu recognosciren, post sententiam latam aber an niemand anders als dem im Rechten obliegenden Theil/ ohne vorgehende Relaxation der gesambten Pflicht/ zu halten/ Ingleichen auch die Erbhuldigungs-Pflicht bey allen Räthen/ Dienern und Unterthanen/ darauf in specie gerichtet/ und das Krieges-Volck/ so in Guarnisonen nothwendig unterhalten werden muß/ gleichfalls uf solche Caution zu schweren angehalten werden.

Zum achten den Haupt-Proceß betreffende/ haben sich beyde Chur-und Fürstl. Partheyen deswegen nachfolgender massen miteinander vereinbahret;

Erstlich/ daß von Ihrer Käyserl. Majest. nebst unpartheylichen Chur-und Fürsten des Reichs ein Ausspruch/ dem Rechten und Billigkeit gemäß/ geschehen/ und zu dem Ende die drey Chur-und Fürstliche Theile/ und nehmlichen ein jeder zwene annehmliche Chur-und Fürsten/ deren sie sich zuforderst selbsten untereinander salva recusatione zu vergleichen/ benennen/ und der Proceß inner Jahres Frist/ nach geschehener und oben verglichener Einnahme des Chur-und Fürstlichen Hauses Sachsen/ in die würckliche Communionem possessionis, und stracks in puncto probationis (weil alle Theil ihre petitiones albereit vor notorie erachten) anfangen/ ihre Deductiones am Käyserlichen Hoff/ so viel der Mitlitigirenden seyn werden/ eingeben/ Und darauf jeder Theil nach erlangter Communication seine Ablehnung und Gegenhandlung inner fünff Monat/ bey Verlust der Sätze thun/ Es wäre dann/ daß solche impedimenta bey einem und dem andern Theil vorstelen/ und beybracht würden/ daß der Richter auß erheblichen Ursachen eine ziemliche Dilation und Aufschub zu verstatten Anlaß geben möchte/ gleichesfalls einbringen/ Und also auch bis zum End-Urthel mit dreyen Schrifften/ in welcher letzten nichts neues weder in jure noch facto (exceptis tamen de novo repertis, mit welchen es/ wie es in dergleichen Fällen im Rechten versehen/ zu halten) eingeführet/ sondern plenarie conventirt/ auch die übergebene Neuerung von den Actis removiret/ und darbey nicht gelitten/ und also/ nach beschehenem völligen Schluß/ die Käyserl. Maj. und beygesatzte Chur-und Fürsten inständig ersucht werden sollen/ die gnädigste und gebührliche Verfügung zu thun/ daß innerhalb vier Monat a die Conclusionis das Urtheil gewiß heraus kommen möge/

Käme

ANNO 1611. Käme auch im Proceß etwas für / so eines Interlocut bedürfftig / in demselben Fall soll keinem Theil nachgesehen werden / die Nothdurfft weiter als mit einer Schrifft einzuwenden / und darauf der Richter ein Interlocut ehest zu fällen haben /

Und was alsdann höchstgedachte Ihre Käyserl. Majest. zusambt den beygesetzten Chur-und Fürsten / auf allerseits eingebrachte Schrifften und stattliche Conclusiones, also erkennen werden / darbey sollen es die Partheyen ohne Appellation / Revision / Reduction / und andere dergleichen Mittel gäntzlich und unverhindert bewenden und bleiben lassen.

Würde aber je einer oder der ander Theil durch die eröffnete rechtliche Erkänntnüs sich beschwert befinden / ist bewilliget / daß derselbige seine Gravamina in einer Schrifft / zu welchem jeden Theil drey Monat vergönnet / darauf verfahren / aber in diesen beyden Schrifften abermahl nichts neues / sondern alleine die Gravamina und derer Ablehnung eingebracht / und kein Partheyen weiter oder mehr Schrifften nicht zugelassen / das Urtel inner zwey Monaten a Conclusione facta gestellet und ausgesprochen / Und darauf ohne einig ferner Suppliciren oder andern behelffen / dadurch die Executio des Urthels vel de Jure vel de facto ufgezogen werden wolte / mit der Execution stracks verfahren / und Ihre Käyserliche Majest. darüber festiglichen zu halten / und wider die Contravenienten ad pœnam banni zu procediren / unterthänigst ersucht werden / Und weil dis gleichwohl eine hochwichtige schwere Sache / daran allen litigirenden Chur-und Fürsten sehr mercklichen hoch und viel gelegen / So leben die beyde Chur-und Füstliche Partheyen der tröstlichen Zuversicht / es werden diejenigen Churfürsten und Stände / die man hierzu denominiren wird / ihnen nicht zu entgegen seyn lassen / so wohl auch ihre Räthe sich mit einem geschwohrnen cörperlichen Eyde zu dem gantzen Proceß / zuforderst aber bey Begreiffung des Urtels / uf nichts anders / als uf Gott / und das Recht zu sehen / anheischig zu machen / und zu versprechen / dessen sich dann die Käyserl. Räthe auch nicht zu verwegern haben werden / gleichwohl aber auch ihre Exceptiones gegen einem oder dem andern / wo von nöthen / einzuwenden vorbehalten.

Begebe sichs dann auch / daß nach Gottes Willen ein oder mehr von den Ihrer Käyserl. Majest. beygesetzten Chur-und Fürsten unter währendem Proceß mit Tode abgingen / oder sonsten sich Aenderungen mit demselben begeben werden / so ist vereinbahret / daß an des oder derselben statt andere denominirt und surrogirt / dieselben gleichfalls mit leiblichen Eyden beladen / und es mit ihnen / wie mit den Præcessoren in allen gehalten werden soll / da auch andere Intervenienten sich angeben würden / und ihr Recht gnungsam zu bescheinen hätten / solten dieselben zugelassen / und es mit ihnen / ob sie wollen / in Proceß / gleich wie mit den andern / gehalten werden /

Als auch vors 9te von beyden Theilen / wie es mit den jährlichen Einkünfften und deren Theilung zu halten / Erinnerung geschehen / so ist aber vor gut angesehen / daß man sich zuforderst / wie es um die hinterlassene Schulden und versetzte Tafel-Gütter bewandt / erkundigen / und daß man beyde Theil / auch noch vor der Theilung / sich deswegen miteinander freundlichen vergleichen möge.

Was nun zum 10ten die von Sachsen Chur-und Fl. Ggggl. begehrte Abschaffung derer ufn Reinstrohm / Maas und Weser / angelegter Licenten betrifft / hat Brandenburg / Churfl. Gn. mit diesem Unterschied sich erkläret / daß nehmlichen die nach tödtlichen Abgange des letzen verstorbenen Herzogs zu Gülich / Christmilder Gedächtnüs / aufs neue angelegte Licenten abgeschafft / aber die vorige herkommene Zöll und Licenten in ihrem Gang und esse erhalten / und fortgesetzet werden solten. Darbey es auch Ihre Chur-und Fl. Ggggl. zu Sachsen begnüglichen bewenden lassen / ungezweiffelter Zuversicht / es werde denselben unverzüglichen Folge geschehen. ANNO 1611.

Ob dann schließlich und endlichen sich durante hac communione dergleichen Miß Verstände in solcher / die Gülischen Lande / und diese darüber getroffene Vergleichung betreffend / zutrügen und begeben / welche weder durch die Herren Chur-und Fürstl. Partheyen selbsten unter einander / oder auch die allerseits anverwandte Freunde / über angewandten Fleiß / componirt und beygelegt werden könten / so soll doch keinem Theil / so sich beschweret zu seyn vermeinet / darunter freystehen / von diesem Vertrag gleichfalls zu resiliren und abzuspringen / und de facto quasi ad extrema zu schreiten / vielmehr noch zuvor (wiewohl nur in denen Fällen und Sachen / so an ihnen selbsten wichtiger und erheblicher importanz) sich eines kurtzen und schleunigen Austrags und Compromiss verglichen werden.

Diesem allen nun / wie obstehet / getreulich und festiglichen nachzukommen / auch aller vorigen Verlauffenheit und offensionen / so dieser Sachen halber hinc inde vorgegangen seyn möchten / allerdings zu vergessen / und dieselben weder unter sich / noch an allerseits Assistenten / Officirern und Dienern / nimmermehr zu eifern und anthen / oder auch andern von ihrentwegen zu verstatten / sondern alles nunmehr Gott dem allregierenden / der heiligen Justitien und den Rechten lediglichen zu committiren / heimzustellen und zu befehlen / Dahingegen aber einander mit allen rechten / aufrichten / Teutschen Treuen forthin in Noth-Fällen mit Rath und That beyzuspringen / beysammen zu treten / vor aller unziemlichen Gewalt defendiren zu helffen / und sich sonst allenthalben gegen einander also friedlich und vertreulich zu bezeugen / wie solches / nicht allein der nahen Verwandtnüs nach / sich geziemet / und es die löbl. Exempla der Hochgeehrten Vorfähren weisen / sondern auch die Erb-Vereinigung und Erb-Verbrüderung dieser hochlöbl. Chur-und Fürstl. Häuser mit sich bringet / und die Nothdurfft an ihr selbsten / wegen derer / im heiligen Römischen Reich gantz weit aus sehenden gefährlichen Leufften und besorglichen Zeiten erfordert. Das haben mehr-und Höchst-und Hochbesagte bey ihren Chur-und Fürstl. Ehren / Trauen und Glauben einander mit Mund und Hand versprochen und zugesaget / Auch zu mehrer Versicherung desselben diesen Recess und Abschied mit eigenen Händen unterzeichnet / und mit ihren Chur-und Fürstlichen Secreten bedrucken lassen. Jüterbock den 21. Martii 1611.

XCIX.

Articoli Preliminari conchiusi tra *Nicolas de Neufville* Commissario di sua Maestà Cristianissima, e *D. Innigo di Cardenas* Ambassiadore di sua Maestà Cattolica per pervenire al doppio Maritaggio di LUIGI XIII. Rè di Francia con ANNA Infante di Spagna, e di FILIPPO Principe di Spagna, & ELISABETTA Principessa di Francia. A Fontainebleau li 30. d'Aprile 1611. [VITTORIO SIRI, *Memorie recondite. Tom. II. pag.* 528.] 30. Avril.

ANNO 1611. *IN nome di Dio, e della sua gloriosa Madre, e per suo servigio, bene, e tranquillità del Cristianesimo hanno trattato, convenuto, & accordato à Fontanoblo il Sig. di Villeroy, & D. Innigo di Cardenas li 30. d'Aprile 1611. gli Articoli seguenti.*

Che'l Principe di Spagna D. Filippo Quarto di questo nome sposerà Madama Isabella di Francia Figlia primagenita d'Enrico Quarto di felice memoria, e della Regina Reggente d'oggi.

I quali Matrimonii si faranno mediante le Capitulationi publiche che si stipuleranno per essi con le conditioni, particularità, e confederationi che si tratteranno nelle Corti delle loro Maestà in questa maniera.

Il Matrimonio del Re Cristianissimo con la Dama Infanta D. Anna si tratterà ò publicherà nella Corte del Re Cattolico, e quivi si daranno gli Atti della detta Capitulatione, e Maritaggio.

Che'l Maritaggio del Principe di Spagna con Madama Isabella si tratterà, e publicherà nella Corte del Re Cristianissimo; e quivi si daranno gli Atti di detto Trattato, e Matrimonio.

Che Sua Santità, e'l Granduca di Toscana come Mediatori interveranno alle Capitolationi de' detti Maritaggi, ò in loro nome li Nuntii di S. Santità, e gli Ambasciadori di detto Granduca che si troveranno all'hora in quelle Corti.

Il Re Cattolico D. Filippo Terzo di questo nome hà accordato i presenti Articoli, e promesso in fede, e parola di Re d'accomplirli, ed effettuarli, e per il quale, e in suo nome Reale ha comandato a me D. Innigo di Cardenas Ambasciadore inverso le Maestà Cristianissime, del Consiglio del Re mio Signore, e suo Gentil'huomo di bocca Sig. della Città di Zuubes che in virtù del suo mandato qui inserto io segnassi la presente promessa; il che è stato fatto, e in nome del Re Cattolico mio Padrone l'hò messo in questa forma per le loro Maestà Cristianissime nelle mani del Sig. Nicolas Neufville, Sig. di Villeroy, e Segretario di Stato delle loro Maestà.

Le loro Maestà Cristianissime col parere de' Principi, e Signori che le assistono hanno accordato li presenti Articoli, e promesso in fede, e parola di Re d'accomplirli, ed effettuarli. In testimonio, e certezza di che Io Nicolas di Neufville Sig. di Villeroy loro Consigliere, e Segretario di Stato, in virtù del potere che le loro Maestà mi hanno dato qui inserto, hò confermato la presente promessa, e l'hò posta in nome delle loro Maestà Cristianissime nelle mani del detto Sig. D. Innigo de Cardenas del Consiglio di Sua Maestà Cattolica, e suo Ambasciadore in Francia

C.

Altri Articoli Preliminari conchiusi tra li medesimi Ministri di SPAGNA e di FRANCIA per pervenire all' istesso doppio Maritaggio. A Parigi li 13. Luglio 1611. [VITTORIO SIRI, *Memorie recondite. Tom. II. pag. 532.*]

LUIGI &c. Maria &c. tanto in suo nome che come Reggente del Regno, e Tutrice della persona del Re nostro Signore, e Figlio, Conciosiache Messire Nicolas de Neufville Cancelliere, Sig. di Villeroy nostro Consigliere, e Segretario di Stato: e il Sig. D. Innigo di Cardenas Consigliere, e Ambasciadore del Re Cattolico nostro carissimo Fratello residente presso di noi, hanno, in virtù de' loro poteri da registrarsi qui sotto che sono loro stati rispettivamente dati da Noi, e da nostro Fratello, fatto, convenuto, e accordato le Promesse, & Articoli dell'infrascritto tenore.

Il Re Cristianissimo, e la Regina sua Madre tanto in suo nome che come Tutrice, e Reggente di S. M. Cristianissima, e del suo Regno da una parte; e il Re Cattolico delle Spagne dall' altra, hanno, con la gratia di Dio, e della gloriosa sua Madre per suo servigio, bene, e riposo della Cristianità, trattato, convenuto, e accordato gli Articoli seguenti.

Che'l sudetto Cristianissimo sposerà, e prenderà in nome di Maritaggio l'Infanta D. Anna Figlia primagenita di S. M. Cattolica à conditione che la sudetta Infanta D. Anna rinuntierà à qualsivoglia diritto ch'ella potesse havere ne' Regni, e Ditioni di S. M. Cattolica.

Che'l Principe di Spagna D. Filippo IV. di nome sposerà altresì, e prenderà in matrimonio Madama Elisabetta Figlia primagenita del fù Re Cristianissimo Enrico IV. di buona memoria, & della detta Dama Reggente.

Li quali duoi Matrimonii saranno fatti mediante gli Articoli, e conditioni publiche che per questo effetto saranno trattate, e pattonite nelle due Corti delle loro Maestà in questa forma, e maniera. ANNO 1611.

Il Contratto di Matrimonio del detto Principe di Spagna con Madama Elisabetta sarà trattato, e publicato nella Corte del Re Cristianissimo one si dichiareranno gli atti del detto Maritaggio; e il Maritaggio del Re Cristianissimo coll' Infanta si tratterà, e publicherà nella Corte del Re Cattolico; e là si dirizzeranno gli Scritti, & Atti del detto Maritaggio.

Che'l Sommo Pontefice, e il Granduca di Toscana interverebbono a'Contratti de' detti Matrimonii come Mediatori; e à loro nome li Nuntii di Sua Santità, e gli Ambasciadori di detto Granduca residenti presso le loro Maestà. Parigi li 13. Luglio 1611.

CI.

Traité d'accommodement entre LOUIS XIII. *Roi* 10. Mai.
de France, & CHARLES EMANUEL *Duc de Savoye, par lequel le Duc s'engage à desarmer, & le Roi T. C. à remettre toutes choses en leur premier état & à terminer à l'amiable l'affaire de ses prétentions sur le Pais* de Vaux. *A Turin le* 10. Mai 1611. [Pièce tirée du XCVIII. Volume des Manuscrits de la Bibliotheque Royale de Berlin pag. 397.]

SON ALT: se confiant entierement en la continuation des bonnes volontés & intentions de leurs Majestez promet de licentier promptement tous les Soldats & Estrangers & autres du Pays levés, en ces derniers mouvemens, à la reserve de ce qui pourra être necessaire pour la garde des Places Frontieres, comme la Cavallerie d'Ordonnance & Gardes ordinaires ausquelles se trouveront compris quinze cens Suisses, lesquels il designe mettre en la place des Espagnols, qui se sont retirés de Savoye ou autre part de deça les Monts où il jugera convenable: A quoi s'est accordé le dit Sr. de Varenne, & ce faisant promet à son Alt: au nom de leurs Majestez de faire aussi lever de toutes parts les Garnisons & reduire en l'estat qu'elles étoient par le passé, & de remettre au même instant du des-armement du soir au lendemain, le Pont de Grezin, & toutes autres innovations faites contre le Traité de Paix en leur premier estat, laissant à un chacun les passages libres & ouverts sans que rien se puisse innover de part ny d'autre.

Promet de plus que leurs Majestez protegeront son Alt: & ses Estats envers tous & contre tous: le maintiendront en sa grandeur & authorité: le releveront aussi de toutes pretentions qu'on lui pourroit demander pour le dernier armement, & termineront par l'amiable ses justes pretentions & notamment celles du Pays de Vaux: le tout de bonne foi, ainsi que leurs Majestez ont promis de faire.

Et quant aux entreprises que son Alt: pretent faire sur Mer contre les Infidellès, pour ne contrevenir aux volontés de leurs Majestés son Altesse n'y envoyera aucunes troupes Francoises.

Deux Escritz seront dressés de la presente Capitulation, l'un signé par son Alt: Et l'autre par le Sieur de Varenne qui le fera ratifier par leurs Majestez. Fait à Turin le dixiéme jour de May mil six cent onze.

CII.

MATTHIÆ *Regis Hungariæ & Designati Regis* 21. Mai.
Bohemiæ Literæ Reversales antè suam in Regem Bohemiæ Coronationem Ordinibus Regni datæ quod omnia ipsorum Privilegia & Majestatica donata in Ecclesiasticis & Politicis observabit & manutenebit. Datæ Hradczini superioris Urbis Pragensis die Sabbathi post Dominicam Exaudi 1611. [BALBINI Miscellanea Historica Regni Bohemiæ Decad. I. Libr. VIII. Epistolar. Part. I. Epist. XCI. pag. 123. d'où l'on a tiré cette Pièce, qui se trouve aussi en Allemand dans LUNIG, Teutsches Reichs-Archiv. Part. Spec. Abtheilung I. pag. 72.]

NOS MATTHIAS II. *Dei gratiâ Rex Hungariæ, Designatus Rex Bohemiæ, Archi-Dux Austriæ, Dux Burgundiæ, Marchio Moraviæ, Comes Tyrolis &c.*

CON-

ANNO 1611.

CONFITEMUR *Reversalibus* hisce, coram omnibus, ubicunque locorum aut ubi opus fuerit: Postquam Serenissimus, Potentissimus, ac Invictissimus Princeps, Dominus Dominus *Rudolphus secundus*, Dei gratiâ Electus *Romanorum Imperator*, *Hungariæ*, *Bohemiæque Rex*, Archi-Dux Austriæ, Dux Burgundiæ, Marchio Moraviæ, Dux Lucemburgi & Silesiæ, Marchio superioris & inferioris Lusatiæ, Dominus Frater noster charissimus, omnibus *tribus Ordinibus Regni Bohemiæ* in Propositione Publicis Comitiis facta, die Lunæ post Dominicam *quasi modo geniti* 2. Aprilis injunxisset, *Majestatem suam* ex singulari erga nos fraterno amore, tanquam erga seniorem Fratrem suum, tum quoque boni publici causâ dicti *Regni Bohemiæ*, ut omnibus inconvenientiis, discordiisque præveniret, & consuleret, in id consensisse, utpote si ex Divina dispositione absque prole mascula, *suam Majestatem* decedere contingeret, & libero quoque omnium trium Ordinum consensu, ad nostrum ab ipsis more solito & consueto postulatum, ut post obitum *S. Cæsareæ Majestatis*, præ cæteris in *Regem Bohemiæ* designaremur & superstite adhuc *S. Cæsareâ Majestate* etiam Regio Diademate coronaremur, sic pro Domino & Rege ipsorum agnosceremur. Quapropter nominati tres *Ordines Regni Bohemiæ*, revocato in memoriam caussâ nostri à *Majestate sua Cæsarea* Domino Fratre nostro carissimo Postulato præsentibus Comitiis ad considerationem & sanam deliberationem id assumsêre, considerato etiam hæc penes eo, quòd Anno 1608. præterito, ad intercessionem *suæ Majestatis Cæsareæ* nobis designati Regis, sub certa conditione Titulum contulerunt. Post hæc etiam liberè ad Electionem & publicationem nostri in *Regem Bohemiæ*, sese declarârunt & unà cum *Majestate sua Cæsarea*, de die certa Coronationis convenerunt, quæ nominata erat dies Lunæ 23. Maji, eâ tamen conditione, ut ante nominatam Coronationis diem, nos Matthias Rex dictis *tribus Ordinibus Regni Bohemiæ* sufficientibus Litteris reversalibus nos obligaremus, & intra dies quatuordecim à Coronatione nostra effectualiter id, omnibus & singulis in communi etiam omnibus tribus Ordinibus, non in genere tantum, sed in particulari ab antecessoribus nostris *Regibus Bohemiæ*, data ipsis Privilegia & Majestatica donata, sicuti etiam à *sua Majestate Rudolpho secundo* Domino Fratre nostro ipsis collata, non solùm quoad exercitium Religionis sub utraque, sed etiam in Politicis omnium mulctarum, quibus in corpore & bonis luere solebant remissionem. Sicuti etiam omnium Libertatum, Jurium, Ordinationum, antiquarum Consuetudinum, Rituum, Conventionum, etiam in specie illarum Anno 1608. & 1610. factarum. Sic quoque Ordinum inter se in caussa Religionis præstitarum, non minùs etiam conjunctionis istius Anno præterito 1609. sub utraque Ordinum cum Principibus & Ordinibus Silesiæ in Comitiis publicis factæ, in omnibus Punctis, Articulis & Conclusionibus in illa comprehensis, nullis exceptis, totaliter & plenariè renovaremus & Literis nostris *Regiis Majestaticis* confirmaremus, Literâsque tales intra dies quatuordecim ad summum, sub potestatem & in manus *Ordinum Regni Bohemiæ* vel ipsorum supremi Burggravii traderemus, hoc ipsum Regiâ nostrâ fide gratiose ipsis sumus polliciti.

Cùm itaque nos *Matthias Rex Bohemiæ* ab omnibus tribus Ordinibus *Regni Bohemiæ* ob causam recensitam, videlicet, quia in *Regem Bohemiæ* proclamati, vel designati sumus; tandem etiam de Coronatione nostri cum *Sacra Cæsarea Majestate* Domino Fratre nostro carissimo convenêre & effectualiter & mera ipsorum ac libera voluntate præstitêre. Ea propter daturi sumus operam, quomodo omnibus *tribus Ordinibus Regni Bohemiæ*, Regiâ nostrâ gratiâ gratos nos ostenderemus, ità ut optimè nobiscum contenti sint.

Pollicemur etiam & promittimus vigore harum nostrarum *Reversalium*, nominatis tribus Ordinibus, verbis nostris Regiis, nos in omnibus istis supra recensitis, propositis renovationibus, omnium & singulorum ad omnes & singulos ipsorum pertinentium Privilegiorum, tam in Puncto Religionis, quàm in Politicis, tum quoque omnium Libertatum, Jurium, Ordinationum antiquarum ipsorum, Consuetudinum & Rituum, Comitialium Conclusionum illarum inprimis, quæ Annis 1608. & 1610. factæ similiter etiam in Puncto Religionis sub una & sub utraque, inter ipsos *Regni Bohemiæ* Ordines & Incolas, nec minùs *cum Ordinibus Ducatûs Silesiæ*, Transactionum & Unionum Anno præterito 1609. publicis ac plenis Comitiis absolutarum, nominato spatio duarum hebdomadarum, mox à Coronatione nostra (quam Deus faustam, felicemque esse velit) in omnibus Punctis, Clausulis, Articulis & Summariis, cujus tenoris illa fuerint, totaliter, complete, nullis exceptis; ex gratia nostra, nos confirmaturos, omniaque bonâ fide, bono animo, fideliter præstituros, Literâsque hasce nostras *Reversales & Majestaticas* eo nomine disposituros; manu propriâ subscripturos & Sigillo nostro Regio consignaturos, obfirmaturos & in manus omnium trium Ordinum *Regni Bohemiæ*, vel ipsorum summi Burggravii tradituros. Quantum ad alios, nobis ab Ordinibus *Regni Bohemiæ* propositos communes Articulos, quos ad proxima Comitia, Deo dante, ex certis caussis distulimus in illis etiam antè omnia proximis Comitiis nos ipsis gratificaturos. Quod ipsis omnibus dictis tribus Ordinibus *Regni Bohemiæ*, sicuti ipsis verbis, ita bonâ fide nostrâ Regiâ promittimus. Certi hac in re sunto omnia ista à bonis; fide nostra Regia promittimus. Certi hac in re sunto omnia ista à nobis, *utpote Rege Christiano*, cujus verba ut in ore, sic in pectore, bona fide & conscientia præstita & satisfacta fore.

Ad horum confirmationem *nos Reversales* hasce manu propria subscripsimus, Sigilloque nostro Regio consignavimus. Datæ *Hradczini* superioris Urbis *Pragensis*, die Sabbathi post Dominicam *Exaudi*, Anno 1611. Regni nostri Hungarici tertio.

ANNO 1611.

CIII.

MATTHIÆ *Ungariæ & Bohemiæ Regis Literæ Reversales & Obligatio universalis post Coronationem suam Ordinibus Regni Bohemiæ datæ, quibus Tutelam & conservationem ejusdem Regni, Ordinumque Jurium & Libertatum, tam quoad Religionem quàm quoad Politiam, promittit. Datæ in Arce Pragensi die Veneris post Festum Corporis Christi.* [BALBINI Miscellaneor. Historicor. Regni Bohemiæ Decad. I. Lib. VIII. Epistolar. Part. I. Epist. XCII. pag. 125. d'où l'on a tiré cette Pièce, qui se trouve aussi en Allemand dans LUNIG, **Teutsches-Reichs-Archiv. Part. Spec. Abtheilung I. pag. 74.**] 3. Juin.

NOS MATTHIAS II. *D. G. Hungariæ*, *Bohemiæ*, *Dalmatiæ*, *Croatiæ Rex &c. Archi-Dux Austriæ*, *Marchio Moraviæ*, *Dux Lucenburgi*, *& Silesiæ*, *Marchio Lusatiæ &c.*

NOtum facimus *Reversalibus* hisce, omnibus & singulis: Promisisse nos tutelam, & conservationem *Regni Bohemiæ*, *Nobilium*, *Pragensium*, *aliarúmque Civitatum*, totiúsque Communitatis Regni, ita ut irrita, integtaque ipsorum *Jura*, *Ordinationes*, *Majestatica*, *Privilegia*, *Libertates*, *Statuta*, *Gratiæ*, *in Ecclesiasticis & in Politicis*, Conclusiones denique Regni, in primis verò Anni 1608. & 1610. factæ, sic quoque Transactiones ipsorum in Puncto Religionis, cum communicantibus *sub una*, *& sub utraque*, eorumque unionis; Nec minùs cum Principibus, & Ordinibus Silesiæ *sub utraque*, eorumque Anno 1609. facta, & aliæ ipsorum Consuetudines, & Ritus, ac Donationes, imprimis verò piæ, & sanctæ memoriæ *Regis Ottogari*, *Regis Joannis*, *Caroli Imperatoris*, *Regis Wenceslai*, *Cæsaris Sigismundi*, *Regis Alberti*, *Regis Ladislai*, *Regis Georgii*, *Regis Vladislai*; *Imperatoris Ferdinandi*, *Cæsaris Maximiliani*, *& Domini Fratris nostri Carissimi Rudolphi Imperatoris.* Ab omnibus ipsorum Majestatibus procedentes Donationes, & Rescriptiones, cis omnem contradictionem, ut diximus, sartæ tectæque, integræque ut maneant, & promittimus adhuc, in omnibus istis nos fidem servaturos. *Promisimus etiam*, *Arcem Carlstein*, *ubi Diadema Regium*, *cum cæteris Clenodiis*, *Tabulis & Privilegiis Regni asservatur*, *nemini citra voluntatem*, *& consensum Ordinum*, *Baronum*, *Nobilium & Pragensium*, *nisi illis*, *quos ipsi elegerint*, *sub curam daturos.* Polliciti quoque sumus, *nos* sub bono ordine, antiquaque consuetudine *Regnum Bohemiæ* directuros, & conservaturos. Cæterum promisimus, nullum exterum, vel peregrinum, sive ille sit *Ecclesiastici*, vel *Politici Ordinis*, in ullum Officium sive Regni, aut Civile nos intrusuros, vel admissuros. Neque ad ulla particularia *Officia Regni*, *Præfecturas*, aut cujuscunque nominis illa fuerint, promoturos. Sed solis *Natione Bohemis* id relicturos, facturos nos ista non nisi cum Consilio Ordinum: Observaturos nos etiam hoc idem in circumjacentibus, & incorporatis Regionibus, *sicuti*

ANNO 1611. *sicuti Carolus Imperator*, & *alii Reges Prædecessores nostri* fecêre. Promisimus insuper, nulla nos bona, sive sint *Principatus*, *Urbes*, *Arces*, *Fortalitia*, *Feuda*, & quæ his similia, *à Corona Bohemiæ*, vel incorporatis, neque per dotes, aut alio quocunque modo nos abalienaturos: imo potius, quod à Corona unquam separatum, ut restituatur, procuraturos. Simul etiam quantum ad *Monetam*, promisimus, in suo valore ipsam nos relicturos, nec ullo pacto extenuaturos absque *Ordinum* consensu, sed sicuti à *Corona Bohemiæ* vigore Privilegii ipsorum statutum est, ita relicturos. Hæc penes quoque promisimus, si cui ex Ordinibus in particulari *ab Antecessoribus nostris Bohemiæ Regibus* fuerat donatum, sive illud in Ecclesiasticis, aut Sæcularibus, vel Regiis bonis fuerit, nos nihil immuraturos, modò id contra *Regis Vladislai* omnibus Ordinibus *Regni Bohemiæ gratiam*, & libertatem datam non quadret. Finaliter, promisimus *Ordini cuivis* in specie, ipsum in suis *Juribus*, *Ordinationibus*, *Privilegiis*, *Libertatibus*, *Statutis*, *Consuetudinibus*, *Gratiis*, prout cuique proprium est, conservaturos, & confirmaturos.

Ad confirmationem harum *Reversalium*, cum subscriptione manus nostræ propriæ, Sigillum nostrum Regium appendi mandavimus. Datæ in *Arce Pragensi*, die Veneris post Festum Corporis Christi Anno 1611.

CIV.

9. Juill. **Brüderlicher Erb-Theilungs Vertrag zwischen Adolph Fridrich / und Johann Albrecht Hertzogen zu Mecklenburg; wodurch dieselbe dero Lande in zwey theil vertheillet / nemblich den Schwerinischen / und Gustrowischen Theil / deren erster Hertzog Adolph Fridrich / der andrer aber Hertzog Johan Albrecht zu kommen / anbey auch einige Güter biß auff ferner total division, in Communione behalten worden. Geschehen Vahrenholtz den 9. Julii 1611.** [Lunig, Teutsches Reichs-Archiv. Part. Spec. Continuat. II. Absatz IX. pag. 1038.]

C'est-à-dire,

Accord & Partage Héréditaire entre les deux Freres Adolphe Frederic, & Jean Albert *Ducs de Mecklenbourg, par lequel leurs Etats & Domaines sont divisés en deux portions, dont la premiere, savoir celle de* Schwerin *demeure au Duc* Adolphe, & *l'autre, qui est celle de* Gustrauw, *au Duc* Jean Albert. *Outre cela ils reservent en commun quelques autres biens pour les possèder ensemble jusques à un Partage ulterieur & final. Fait à Vahrenholtz le 9 Juillet* 1611.

VOn Gottes Gnaden wir Adolph Friederich und Hanß Albrecht / Gebrüder / Hertzogen zu Mecklenburg / Fürsten zu Wenden / Grafen zu Schwerin / der Lande Rostock und Stargart Herren / Thun hiemit für Uns und Unsere Erben / Erb-Nehmen und Nachkommen / wissentlich bekennen / Nachdem durch Weiland der Hochgebohrnen Fürsten / Herrn Johans und Herrn Caroln / Hertzogen zu Mecklenburg / Fürsten zu Wenden / Grafen zu Schwerin / der Lande Rostock und Stargardt Herrn ꝛc. Unser gnädigen Herren Väter und Vettern / Christmilder Hochlöblichen Gedächtnis / tödtlichen Abgang / alle und jede Unsere Fürstenthumen / Lande und Leute / auf Uns erlediget und verfallen / und wir dieselbigen GOtt dem Allmächtigen zu Ehren / und zu Erhaltung und Außbreitung GOttes allein Seligmachenden Wortes und wahrer Religion, auch Fortsetzung der Heyligen Heilsamen Gerechtigkeit / und Unß und Unsern Unterthanen zu gedeylichen Aufnehmen an Unß genommen / und in zweene gleiche Theile abzutheilen geschlossen / daß wir demnach dessenthalber freund-brüderliche Tractaten gepflogen / und Unß durch göttliche Verleihung folgender Gestalt vertragen: Erstlich haben wir auf vorgehende reiffe Deliberation und Vergleichung fünff auß Unser Ritterschafft erwehlte und deputirte Personen verordnet / und durch dieselbige Unsere sämptliche Furstliche Aempter und Güter beziehen / in Augenschein nehmen / beschreiben / æstimiren und taxiren lassen / auch Unserer Beambten Meynung und Bedencken gehöret / und die geschehene Beschreibung und gemachten Taxt fur Unß und mit Zuziehung Unser Land- und Hoff-Räthe / mit gebührendem Fleiß verlesen und erwogen / und darauff ermeldte Aempter und Güter gegen einander gesetzet / und in das Schwerinische Theil folgende Aempter gebracht: Schwerin / Crivitz / Tempzien / Neuen Puckow / Dobberan / Mecklenburg / Gadebusch / Goldberg / Werdenhagen / Zarrentien / Neustadt / Strelitz / Fürstenberg / Mantzke / Ivenack / Eldena / Dömitz / und die Höfe Pölen und Wichmansdorff / und dann zu dem Güstrowischen Theil gelegen folgende Aempter / Güstrow / Sterneberg / Schwan / Ribbenitz / Gnögen / Darguen / Neuen Calen / Stavenhagen / Stargardt / Bröde / Feldberg / Newenkloster / Boytzenburg / Plawen und Mernitz. ANNO 1611.

So viel denn die Leibzeding betrifft / soll Lüptze / nebst dessen Zubehörungen / nach wie vor / bey Schwerin / und dann Grabow und dessen Pertinentien bey Güstrow bleiben; Weil aber Grewis-Mühlen dem Schwerinischen Theil besser gelegen / so soll auf künfftige Fälle ermeldtes Ampt Grewis-Mühlen nebenst dem Hofe Löwes nacher Schwerin / und dagegen Ivenack und Wentzke nacher Güstrow geleget werden / und soll auf solchem Fall der eine dem andern die Ubermaß mit gelegenen Gütern zu erstatten verpflichtet seyn; Jedoch haben wir Uns dahin verglichen / daß bey Æstimirung der Leibgedinge derselbige Taxt, so itzo bey den andern Aemptern fürgenommen / auch gehalten und gefolget / aber die Gebeude in keinen Taxt gebracht / sondern demjenigen / welchen sie fallen / ohn einige Erstattung verbleiben sollen. Und weil die Leibgedinge etwan ungleich fallen möchten / so soll derjenige / welchem das Leibgeding erstlich anfällt / dem andern pro quota, bis das ander Leibgeding auch fällig / jährliche Erstattung thun / und sonsten beede Theile / was die Leibgedings-Verschreibungen vermügen / zu præstiren und zu verrichten schuldig seyn / und soll hierauff / in dem Nahmen der Heyligen Dreyfaltigkeit / das Loß geworffen / und durch dasselbige Mittel die Theilung geschehen / und zu Wercke gerichtet werden / und ein jeder mit dem Antheil / welches ihm der Allmächtige durchs Loß geben und zueignen wird / ohn einiges gegenwärtiges oder künfftiges Widersprechen / excipiren / querulireu und dergleichen Behelffe / wie die auch heissen und Nahmen haben mügen / und wie hoch immer von dem einen oder andern Theil eine læsio künfftig angegeben / oder auch beygebracht werden könte / friedlich und begnügig seyn / und dagegen weder in- noch ausserhalb Rechtens das geringste nicht tentiren noch fürnehmen. Und obwohl bey etlichen Aemptern diese Beschwerung sich befindet / daß dieselbige zu vielen Jahren noch zur hypotheca ausstehen und obligiret seyn; Weil aber das gantze Werck zum Loß / welches GOttes Gericht ist / gestellet und gesetzet wird; Als haben wir Uns verglichen / daß der eine oder der ander / welchem ermeldte Aempter fallen werden / auch dahero keine læsion anziehen / noch diesen Vertrag impugniren und anfechten soll; Und ob wir auch wohl / so viel müglich / dasjenige / was im Gemenge gewesen / durch Unsere Deputirte haben ausrechnen / und gegen einander compensiren lassen / da aber sich künfftig befinden solte / daß darinn das eine oder ander übergangen / und aus dem Gemenge nicht gebracht / und unter andern

in

ANNO 1611. in den Kirch-Lehen etwas übersehen were / so soll dahero kein Streit erreget / sondern das Jus Patronatus bey denen Aemptern / darinn die Kirche gelegen / hinfüro verbleiben / und keiner in des andern Aemptern etwas behalten / ausserhalb was in specie dem einen oder andern Ampt in diesem Vertrage zugeeignet. Weil nun etliche Aempter den Pensionariis eingethan / so soll denselbigen dieß Jahr der Contract gehalten / und hernacher mit ihnen / daß sie sich desselbigen Contracts gutwillig begeben / geredet und gehandelt werden. Und nachdem das Güstrowische Theil an Gebeuden auf ein Hohes besser ist / als das Schwerinsche Theil / so soll derjenige / welchem Güstrow fallen wird / dem andern / welchem Schwerin fällt / in alles dreyßig tausend Gülden herausser zu geben hiemit verpflichtet seyn / dergestalt / daß er auf bevorstehenden Antonium Anno 1612. fünff tausend / und dann übers Jahr / Anno 1613. zehen tausend / und endlich Anno 1614. die übrige funff zehen tausend Gülden / jedoch ohne einige Zinse / entrichte und bezahle.

Und wann das Loß / wie itzo vermeldet / geworffen / so soll einem jeden Theil den ihm angefallenen Antheil alsbald anzunehmen und zu occupiren freystehen / jedoch daß dasjenige / was an Viehe / Hauß-Geräth / Victualien und andern Vorraht / und was dem anhängig / laut der Inventarien auf dem einen oder andern Theil sich mehr befinden wird / solches mit Gelde oder sonsten erstattet / und dem andern gebührlich entrichtet werde. Weil aber wir beederseits etliche Aempter bis dahero in Besitz und Gebrauch gehabt / und darauf Unser Fürstlich Gerähte und Vorrath noch haben / so sollen und wollen wir solches alles zwischen dies und Bartholomæi durch die Ampts-Fuhr abführen lassen / aber die Administration und Verwaltung der Aempter sollen itzo alsobald abgetreten und eingeräumet werden. Das Hoff-Gerichte soll nach Besage Unser von der Käyserl. Maj. confirmirter Hoff-Gerichts-Ordnung gehalten / und ein jeder darinn zweene Rähte sitzen haben / und wollen wir Uns / wie und welcher Gestalt ermeldte Hoff-Gerichts-Ordnung in bessere Richtigkeit zu bringen sey / künfftig mit einander zu vergleichen wissen.

Mit Unser Universität in Rostock soll es vermüge der fundation, dotation und aufgerichteter Verträgen / nach wie vor gehalten / und wenn die nominatio neuer Professoren von Unserm Collegio, dem Herbringen nach / geschehen / und bey Uns Confirmation gebeten wird; So sollen und wollen wir Hertzog Adolph Friederich / in allen und jeden Facultäten erstmal / und dann wir Hertzog Hanß Albrecht / das andermal / und also immer und immer Wechselsweise die nominirten düchtigen Persohnen confirmiren und bestätigen / jedoch soll Uns Einhalts des Anno 1599. aufgerichteten Visitation-Abschiedes / eine gnugsame qualificirte Persohn / von Unß auch zu nominiren / fürzuschlagen und zu confirmiren unbenommen seyn.

Das Consistorium und geistliche Gericht soll wie vor mit drey Theologen / als nemblich zweene eltesten Professorn aus Unserer Universität / und Superintendenten zu Güstrow / und denn zwene JCtis, so auch die eltesten seyn / besetzet / und der dritte Juris Consultus anfänglich von Uns Hertzog Adolph Friederichen / und folgens von Uns Hertzog Hanß Albrechten und also per vices geordnet / und nach Besage Unsers Consistorii Ordnung stets gehalten werden.

Die Superintendenten sollen Wechselsweise eligiret und confirmiret werden / und wann wir Hertzog Adolph Friedrich einen verordnet und confirmiret / so soll die andere Verordnung und Confirmation bey Uns Hertzog Hanß Albrechten stehen / aber hierunter soll der Superintendens zu Güstrow nicht begriffen und gemeinet seyn / sondern demjenigen / welchem Güstrow fallen wird / einen Superintendenten zu ordnen frey stehen. Und weil zu Schwerin kein Superintendens, so soll demjenigen / welcher Schwerin bekomt / den Superintendenten zu Parchen einzusetzen bemächtiget seyn. ANNO 1611.

So bleibet auch das Jus Patronatus zu Parchen dem Schwerinschen / und das Jus Patronatus zu Güstrow dem Güstrowischen Theile / aber in den andern Städten soll das Jus Patronatus gemein seyn und bleiben / und die electio, nominatio und confirmatio der Pastorn und Prediger / und was dem anhängig / per vices geschehen.

Und weil bis dahero das Fürstl. Hauß zu Wißmar zum halben Theil gen Schwerin / und zum andern halben Theil gen Güstrow belegen gewesen; So soll es damit auch nach wie vor ebener massen gehalten / und das Theil / so zu Schwerin zuvor geleget gewesen / dabey bleiben / wie dan das andere Theil bey Güstrow auch gelassen worden.

Immassen dann der zu Rostock belegener Dobberanscher Hoff / wie auch Carsten Hoffmeisters an Uns gefallen, und zur Wißmar belegene Behausung auch hinfüro gemein bleiben / und sollen und wollen wir Hertzog Adolph Friederich ermelten Dobberanschen Hoff zum ersten mahl / und dann wir Hertzog Hanß Albrecht zum andern mahl / und also folgends per vices zu verleihen und auszuthun / aber die jährliche Heur von Carsten Hoffmeisters Behausung zu gleichen Theilen / bis wir Uns dessenthalber auf andere Wege vergleichen / einzunehmen berechtiget und bemächtiget seyn.

Der Kloster-Hoff zu Güstrow soll hinfüro beym Güstrowischen Theil seyn und bleiben / und derjenige / welchem das Güstrowische Theil fallen wird / denselben zu vereussern befuget seyn / und soll dagegen der Kloster-Hoff oder Stäte zu Parchem beym Schwerinschen Theil gelassen / jedoch beide Kloster-Höfe ehistes Tages durch besondere darzu Deputirte æstimiret / und das der eine mehr als der andere werth ist / gleich gemachet / und einer dem andern heraus zu geben schuldig seyn.

Und haben wir Hertzog Adolph Friederich Uns dahin erkläret und verpflichtet / wofern Hertzog Hanß Albrechten das Güstrowische Theil fallen wird / daß wir alsdenn Hertzog Hanß Albrechten Unsere daselbst erkauffte Behausung und Buden / da es Se. Lbd. begehren wird / gegen Erstattung des Kauff-Geldes und scheinbahrer Besserung / abtreten sollen und wollen.

So soll des Tonnies Hofes Herberge in der Wißmar Uns Hertzog Adolph Friederichen / auf den Fall / da Uns Tempzin fallen wird / gegen Erstattung eines andern Behausung oder Geldes gefolget und gelassen werden.

Der Dobberansche Hoff daselbst in der Wißmar / so Seel. Vicke Bülowen Wittiben ad vitam verliehen / wie auch Marien Ehe / bey Rostock belegen / bleiben nach wie vor beim Ampt Dobberan.

Immassen auch die andere in Wißmar belegene Behausungen bey denen Aemptern / dahin sie von Alters hero belegt und gebraucht worden / gelassen / und von denen Aemptern / dahin dieselben belegen / die scheinbaren Verbesserungen erstattet werden sollen.

So soll auch das Kloster in Sterneberg / beym Güstrowischen Theil / wie von Alters hinfüro bleiben.

Anno 1611.

Mit dem Kloster zum heiligen Creutze in Rostock soll es nach Besage des Anno 1584. aufgerichteten Güstrowischen Erb-Vertrags gehalten/ und von einem jedem Theil eine qualificirte Persohn zum Visitatore verordnet werden.

Der Hoff Goldebow soll beym Ampt Strelitz bleiben und gelassen werden / und derjenige/ welchem Strelitz fallen wird / gegen die jährliche Abnützung des Hoffs die jährliche Zinse der Hertzogin zu Lüneburg entrichten.

Wann aber J. Lbd. mit Tode abgehet / und also der Hoff an Strelitz vollkommlich kommen wird / den halben Theil des Kauff-Geldes dem andern heraussen zu geben verpflichtet seyn.

Das halbe Müncher-Werder-Holtz soll bey Schwan / wie denn auch der Hoff zu Brunshevede beym Ambt Buckow / und der Heger-See / im Ambt Goldberg dem Herbringen nach bey Neuen Kloster bleiben.

Die Tapezereyen sollen auch an jedem Ort gelassen werden / aber derjenige / welchem Güstrow zukommen wird / von wegen der Tapezereyen/ demselbigen / welchem Schwerin fallen thut / zwey hundert funffzig Gülden heraussen zu geben schuldig seyn

So bleiben auch die Bibliothecæ und Rüst-Kammern bey einem jeden Ort / ohn einige des einen oder andern Erstattung.

Es sollen die Original-Siegel und Brieffe / und was deme anhängig / und itzo auf Schwerin oder Güstrow verhanden seyn / an einem jeden Ort gelassen / aber auf des einen oder andern Theils Begehren / glaubhaffte Abschrifft erfolget / und da es die Notthurfft erfordert / auch die Originalia, bona fide, gegen gnugsamen Revers, sich deren zu gebrauchen / eingeantwortet / und weil über die Schwerinische Sachen eine Registratur allbertit gemacht / davon demjenigen / welcher den Güstrowischen Theil bekommen wird / Copey und Abschrifft auf gemeinen Unkosten mitgetheilet / und die in Güstrowischen Gewelbe verwahrte Originalia und andere Sachen / gleichfallß mit gemeinen Kosten registriret / in Ordnung gebracht / und einem jeden Theil davon Copey gegeben werden.

Die Geschütze auf Unsern Fürstl. Häusern sollen in zwey gleiche Theile gesetzet / und darüber das Loß geworffen / und einem jeden dasjenige / so ihm durchs Loß zukommt / gelassen werden. Jedoch soll hierunter das Geschütz zu Gadebusch nicht begriffen seyn / sondern dasselbige / weil es mehrentheils aus Schweden anhero gebracht / und weyland Hertzog Christoffen verehret worden / Hertzog Hanß Albrechten bleiben / und gleichwohl nicht als ein Erb / sondern als ein Pertinenz und Zubehörung des Fürstl. Hauses Mecklenburg gehalten werden / und von Fällen zu Fällen auf männliches Geschlechts Erben verfallen.

Das Leinengewandt / Hauß-Geräth / Pulver und Salpeter / so zu Güstrow noch verhanden / und zu dem Ampt daselbst nicht gehöret / soll gleich von einander getheilet werden.

Die Abläger auf den Dörffern bey denen Aemptern / darzu sie von Alters gelegen und gebraucht worden; Jngleichen.

Die Abläger in den Städten sollen auch abgetheilet / und zweene Theil gemachet / und es also damit gehalten werden / daß derjenige / welcher das eine Jahr in seinem Antheil das Ablager gehalten / das folgende Jahr in dem andern Theil das Ablager beziehen / und also alle Jahr umbgewechselt werden soll / biß deßwegen auch von Uns andere und fernere bequemere Anordnung und Vergleichung nach Gelegenheit gemacht werde.

Die Ohrbahr soll in den gemeinen Städten / Rostock / Wißmar / Parchem / Brandenburgk / Friedland / Sternberg / Malchin / Teterow / Wahren / Röbel und Woldeck getheilet / und davon einem jeden der halbe Theil jährlich entrichtet werden.

Aber die Ohrbahr aus Schwerin und Güstrow bleibet demjenigen allein / welchem das eine oder ander fallen wird. So sollen auch die Stadt-Vögte itzt vorgedachter gemeine Städte per vices eligiret und eingesetzet / aber in ermeldten beeden Städten / Schwerin und Güstrow / einem jeden an seinen Ort / den Stadt-Vogt zu verordnen / frey stehen.

Das Saltzwerck zur Sültze soll bey den Aembtern Ribbenitz und Gnoyen geleget werden.

Die Deputaten / welche von Unsern Vorfahren ad vitam vermacht / sollen nach der Persohnen Anzahl getheilet / deßwegen geloset / und ein jeder den Seinigen das Deputat entrichten lassen.

So sollen gleichfallß die geistlichen Lehen und Stipendia, so von Unsern löblichen Verfahren gestifftet / auch außgefraget / und von den Aemptern / dahin dieselbigen geleget / hinfüro entrichtet / und von Uns per vices verlehnet / auch da das eine oder andere Lehen in des Ampts Anschlag gebracht / soll solches von den andern zum halben Theil abgetragen werden.

Die Pappier-Mühlen / wie dann das Hütten / Allaun- und Eisenwerck / bleiben bey den Aemtern / dabey dieselbigen gelegen seyn / und sollen demjenigen / welchem solche Aemter fallen / allein gelassen werden / und der ander sich deren anzumassen / und zu geniessen nicht bemächtiget / sondern da er des Orts Pappier zu holen gemeynet / den billigen Werth dafür zu geben schuldig seyn. Und wird hierunter die Pappier-Mühle zu Gadebusch nicht mit begriffen / sondern als eine erkauffte Mühle Uns Hertzog Hanß Albrechten billig gelassen / und gleichwohl Uns Hertzog Adolph Friederichen / auf den Fall / da das Schwerinische Theil Uns fallen solte / ermelte Mühle für billige Erstattung abgetreten.

Der Abfuhren halber haben wir Uns verglichen / daß einer dem andern dieselbige von seinen Aemtern zu thun nicht verpflichtet seyn soll.

Die Abfuhren von Malchow aus den beeden Dörffern Dabel und Hagenow / bleiben anitzo nach Güstrow.

Der eine Schahl-Zoll soll bey Zarrentien / und der ander bey Boytzenburg bleiben und gelassen werden.

Die Anfuhr der drey hundert Klaffter Holtzes / so der Stadt Lüneburg jährlich geschehen / soll von beeden Aemptern auf beyder Theile Unkosten verrichtet werden.

Die Ströme in Unsern Fürstenthumen und Landen / welche durch beeder Theil Aempter fliessen / darunter denn die Schwerinische neue Schiffart / wofern dieselbe anzurichten were / mit begriffen ist / bleiben gemeine / obgleich dieselbigen ins Meer gehen / oder dahin geleitet würden / und wofern dadurch dem einen oder andern Theil Schaden geschehen solte / so soll dasselbige von dem einen oder andern Theil zum halben Theil erstattet werden.

Die Portus am Meer / als zu Ribbenitz und dergleichen / hat ein jeder / an dessen Aempter dieselbigen stossen / für sich zu gebrauchen / zu verbessern / und nach Gelegenheit auf seinen Unkosten einzurichten / und dagegen des Vortheils zu geniessen.

Jnmassen dann auch die Ströme / so bey einem jeden Ampte seyn / und des andern Antheil nicht berühren / demjenigen / in dessen Aemptern dieselbe fliessen /

ANNO 1611.

fliessen / billig allein bleiben / obgleich dieselbigen durch der Ritterschafft oder Städte Güter lauffen thäten.

Wann Fürstliche Persohnen durch Unsere Fürstenthümer und Lande den Durchzug begehren / oder Uns beederseits besuchen werden / so soll die Annehmung / Beleitung und Ausrichtung von Uns und in Unser beeder Nahmen / und mit gemeinen Unkosten geschehen und verrichtet werden. Würde aber Unser einer allein besucht werden / so soll es mit Annehmung und Begleitung itzt vorgesetzter massen auch gehalten werden / aber die Ausrichtung von dem / welcher besucht wird / allein geschehen / bis wir Uns dieses Puncts halber auf andere Wege vergleichen.

Die Durchzüge und Werbungen Krieges-Volcks / als Land und Leuten hoch nachtheilig und beschwerlich / sollen nicht gestattet / sondern deswegen die Reichs-Abschiede in acht genommen / und von Uns einhelliglich darüber gehalten / und da etwa aus hochwichtigen Ursachen ermelte Durchzüge oder Werbungen nachzugeben / dessenthalber mit gemeinem Rath / was Uns und Unsern Fürstenthümen / Landen und Leuten erspriesslich ist / tractiret / geschlossen und fürgenommen werden.

Die gemeine Land-Grentz und Irrungen sollen zu beeder Theile Vertretung und gemeiner Ausführung des Processes stehen / und mit gemeinen Unkosten verrichtet werden / und da der eine oder ander mit den rechtshängigen und streitenden Benachbarten / durch gütliche Wege und Mittel / so dem Fürstlichen Hause Mecklenburg nicht nachtheilig / dieselbigen Irrungen beyzulegen und aufzuheben / Anlaß und Gelegenheit haben würde / der ander solches nicht hindern / sondern auf beschehene notification vielmehr befördern und fortsetzen helffen.

Gleicher Gestalt soll es mit denen Mißverständnissen / welche von wegen des Stiffts Schwerin entstanden / und weiter / über Hoffnung und Zuversicht entstehen könten / und entweder die Asses, für in Unserm Hoff-Gericht oder gantzen Fürstenthumbs Hochheiten und Gerechtigkeiten / und sonsten Land und Leute / und gemeine Unterthanen betreffen thun / auch gehalten werden.

Die Privat Grentz-Irrungen / welche die Aempter unter sich / oder mit dem Stifft Schwerin / oder den angesessenen von Adel und Städten haben / sollen bey denselbigen Aemptern bleiben / und davon ohne des andern Zuthun nicht getrieben werden.

Solten auch von der Königl. Majestät in Dennemarcken einige Rechtfertigungen / Uns beede zu gleich betreffend / erhoben werden oder Anforderung geschehen; So wollen wir Uns dessen zugleich annehmen / und der Gebühr nach / auf gemeinen Unkosten zu verantworten wissen.

Und damit mit dem Stifft Schwerin destoweniger / von wegen der Privat-Grentz / Irrungen fürfallen mögen; so soll dem einen und andern Theil freystehen / dasjenige / was im Gemenge ist / oder sonsten den Fürstlichen Aemptern zum Besten gereichen und gelegen seyn mag / zu permutiren und auszuwechseln / wie auch demselbigen / welcher Schwerin bekombt / frey ist / mit der Stadt Lübeck zu handeln / und von wegen des Rhein-Weins / so jährlich entrichtet wird / für sich zu transigiren.

Gleicher Gestalt ist demjenigen / welchem Ribbenitz fallen wird / erlaubet / das Closter daselbst an sich zu bringen / und dafür der Landschafft Erstattung zu thun.

Die bey der Keyserl. Maj.st. gesuchte Erhöhung Unser Zölle auf der Elbe / wollen wir zugleich suchen / und mit gemeinen Unkosten treiben.

Die Cammer-Gerichts-Unterhaltung / wie dann Unseres Procuratoris zu Speyer jährliche Besoldung / die gemeine Sachen betreffend / soll ein jeder zu seinem Antheil abtragen.

Der Jagten und Vor-Jagten hat sich ein jeder in seinen Aemptern und Antheil seiner Gelegenheit nach / wie zuvor geschehen / zu gebrauchen / und soll der eine den andern darein zu behindern nicht befugt seyn. Und in specie sollen die Jagten zu Parchim gen Schwerin / und die Jagten zu Friedland gen Güstrow hinfüro noch gebraucht werden.

Und da das Lehn-Gut Klincke alieniret werden solte / soll es demselbigen / welchem Schwerin zufallen wird / zu Kauff gelassen / und der ander darzu nicht verstattet werden.

Wie es denn ebener gestalt / mit denen an eines jeden Wildbahnen belegenen Gütern / so fern dieselbige verkaufft und alieniret werden solten / zu halten ist / und derjenige / dem des Orts die Wildbahn zugehöret / des Kauffs Nächster seyn soll.

Da auch das eine oder ander an der Wildbahn belegenes Lehn-Gut erlediget / und Uns anfallen würde; So soll dasselbige demjenigen / welchem die Wildbahnen des Orts zugehören / gelassen werden / und dagegen den billigen Werth zum halben Theil heraus zu geben schuldig seyn. Solte aber auch ein Lehn-Gut an Uns erlediget / oder zu Kauff werden / welches beede Unsere Wildbahnen berühren thäte; So soll dasselbe demjenigen / in dessen Ampt es belegen / für dem andern / gegen billige Erstattung gelassen werden.

Die Tischgüter / als eine unfeilbahre wesentliche Erhaltung Unser Fürstenthumen / wollen und sollen wir nicht alieniren noch veraussern / sondern Uns und Unsern Nachkommen zum Besten und Gedey / bey Uns behalten / und conserviren. Es were dan / daß solche Güter durch fürfallende gute bequeme Gelegenheit / mit andern Gütern ausgewechselt / oder sonsten auch gegen andere gnugsame billiche Erstattung veraussert werden könten / auf welche Fälle die Auswechselung oder Veraussferung dem einem oder andern unbenommen seyn soll.

Würde der eine oder andere unter Uns jemande ein Angefäll verschreiben / so soll dasselbige / wann es bey dessen Lehen / der es verschrieben / fallen wird kräfftig seyn.

Es soll der eine dem andern zu wider die gemeine Unterthanen nicht an sich ziehen / noch das Justitien-Werck / in einige Wege nicht behindern / auch einer des andern Räthe und Diener nicht gefähren / sondern sich am Rechte ersättigen lassen.

In Criminal- und Peinlichen Sachen soll der eine oder ander ohn gemeinen Rath und Bewilligung die begangene That und verwirckte Straff nicht remittiren / noch dessenthalber für ergangene End-Urtheil transigiren / sondern dem Procefs bis zum End-Urtheil seinen Lauff lassen / und stehet alsdann dem einen oder andern Theil frey / die erkannte Mulctas zu seinem Antheil nachzugeben und zu erlassen.

Die nachstehende Schulde betreffend / soll anfänglich von wegen der 300. Rthlr. welche die Fürstl. Wittwe zu Grabow zu heben haben soll / Erkündigung angestellet / und in Befindung J. Ebd. dieselbige Jährlich von Uns / und also von einem jeden 150. Rthlr. entrichtet werden.

So soll auch mit Dethloff Pentzen / der ihm verschriebenen halben Mernitz wegen / geredet / und da er sich gebührlich und zimlich wird finden lassen / mit ihm Richtigkeit gemacht / und von beyden Theilen abgelegt werden.

Immassen denn mit den Provisoren des Closters zum heil Creutz gleichfalls gehandelt / und das Closter von wegen des Sprentzer-Sees / und andern

Anno 1611.

dern darzu gehörigen Gütern abgefunden / und etwa 600. oder zum höchsten 1000. Fl. gegeben / und da das Closter solches über Zuversicht nicht annehmen wolte / dieselbige Sache zum ordentlichen Rechte verwiesen werden soll.

Der Stralendörffer Foderung von wegen Pölen / wie auch Molini Ansprach / Retz betreffend / und andere dergleichen Recht und Schuld-Forderungen / wie dieselbige immer Nahmen haben / und angestellet werden mögen / stehen zum Austrag des Rechten / Und da etwas Widriges erkannt / so wollen und sollen wir solches zu beeden Theilen abtragen. Solten aber solche und dergleichen Rechtfertigungen / auch durch gütliche Wege und Mittel tractiret und beygelegt / und dannenhero der eine oder ander Theil eine Geld-Summen heraussergeben / oder mit Gütern Erstattung thun müssen; So soll der eine oder ander Theil den halben Theil abtragen.

Die Kornschülde auf den Aembtern / Strelitz / Stavenhagen / Neuen Closter / Gadebusch und Tempzien / und was den Bauren daselbst zur Notturfft fürgestrecket / sollen eingemahnet / und Anordnung und Versehung gethan werden / daß dieselbige innerhalb zweyen Jahren abgelegt und bezahlt werden mögen.

Und soll ebener Gestalt mit den Pensionariis gehalten / und ihnen zu den restirenden Schulden innerhalb zwey Jahren verholffen / und ihre Bezahlung verschaffet / und sonsten nach Besage der mit ihnen gemachten Verträge verfahren werden.

Die alten Schulde / so auf der Sültze häfften / und auch bey Annehmung der Aembter von dem einen oder andern Theil abgetragen worden / oder auch noch abgetragen werden müssen / darunter der Hertzoginn zu Lüneburg Foderung mit begriffen / sollen auch zugleich von beeden Theilen bezahlet und erstattet werden.

Der Königl. Wittiben zu Dennemarcken Schulde sollen bey beyden Theilen bleiben / und da J. Kön. W. eine oder mehr grosse Summen loßkündigen / oder auch J. Kön W. von Uns die Loßkündigung geschehen würde / solches von beeden Theilen zugleich abgetragen werden / obgleich das Ambt / darauf dieselben loßgekündigte Gelder häfften / einem Theil allein zugehörig were.

So seyn auch die Zernickower von wegen des Holtzes / welches zu dem Hofe Quastenberg angewendet und gebraucht / so fern dasselbige noch nicht bezahlet / von beeden Theilen zu befriedigen. Und weil denselbigen Zernickowern auch noch etzliche hundert Rthlr. von wegen des aus dem Ampte Fürstenberg verkaufften Holtzes nachständig / und davon Wir Hertzog Adolph Friederich den dritten Theil von den empfangenen 2000. Rthlr. zu entrichten erbötig; So muß das übrige aus dem gemeinen und von beyden Theilen erleget werden. So soll auch derjenige / welchem Fürstenberg fallen wird / die noch restirende 800. Bäume dem Kauffer folgen zu lassen schuldig seyn.

Den Hypothecariis, welchen die Aembter verunterpfändet / sollen die von ihnen bis anhero angewendete meliorationes und Verbesserungen / so viel sie deren gebührlich liquidiren mügen / auch billiger massen / wenn sie die Güter hinwiederum abtreten / von beeden Theilen bezahlt werden.

Die Aussteuer Unser vielgeliebten Schwester Fräulein Annen Sophien / soll nach Landes Gebrauch und Gewohnheit künfftig geschehen / und J. Lbd. immittelst Ihr. Fürstl. Unterhalt von Uns verschaffet werden.

Wir wollen auch Unsers in GOtt ruhenden Herrn Vettern und Vatern Hertzog Caroln hinterlassenen beeden Söhnen zu ihren bessern Unterhalt einem jeden 300. Fl. vermachen / und wofern sie sich wohl und recht schicken und verhalten / und der Tugend befleißigen / auf zehen Jahr / jährlich entrichten lassen.

Die meliorationes und Verbesserungen / welche wir auf denen Aemptern / so wir beederseits eingehabt / angewendet / und gemacht / sollen gegeneinander gehalten / und compensiret / und welchem Theil noch etwas nachstehen wird / solches gebührlich erstattet werden.

So sollen auch die Zettel des verzeichneten Silbers / so wir zu Schwerin beederseits empfangen / aufgesucht und beygebracht werden / und derjenige / welcher mehr bekommen / dem andern Erstattung thun.

Deme Marnitz itzo in der Theilung zufällt / soll der ander den halben Taxt, so darauf gesetzet / als nemblich 1300. Fl. jährlich zu erlegen schuldig seyn / bis Marnitz erlediget / und würcklich anfallen wird.

Die Pfand- und dergleichen Güter / wie denn in specie Pipersdorff / sollen einem jeden Theile / in dessen Aempter dieselbige belegen / von den Seinigen einzulösen / und dagegen er solche eingelösete Güter alleine behalten / und auch hinwiederum seiner Gelegenheit nach zu alieniren und zu veräussern / berechtiget / und bemächtiget seyn.

Es sollen aber die 35. Fl. 20. gl. welche vormahls aus Pipersdorff gegeben / hinfüro der Geistlichkeit zu Schwerin aus dem Schwerinschen Antheil / unangesehen / ob solche Gelder in den Anschlag gebracht oder nicht / entrichtet und bezahlet werden.

Wann wir Hertzog Adolph Friedrich von wegen der Comterey Mirow / Tractaten fürnehmen und pflegen / und solches Uns Hertzog Hanß Albrechten gebührlich notificiret / und wir dazu gezogen werden; So sollen und wollen wir Hertzog Hanß Albrecht solche Tractaten / und was geschlossen wird / auch belieben / und Uns mitgefallen lassen.

Wir haben Uns auch verglichen und verpflichtet / da über obgesatzte specificirte Schulde noch einige mehr von wegen hochgedachtes Hertzog Caroln Lbd. sich künfftig ereugen würden / und gebürlich liquidiret werden konten / daß wir dieselbigen zu gleichen Theilen erlegen und erstatten wollen.

So haben wir Uns auch mit gutem Bedacht wissentlich obligiret / und Krafft dieses verbunden / daß wir einer dem andern seinen Antheil und dessen Zubehörungen in- und ausserhalb Rechtens / wie es zum kräfftigsten und beständigsten immer seyn kan und mag / gewehren und schadloß halten / und Uns davon durch keinerley exceptiones, Behelff und Einrede / wie dieselbige Nahmen haben mögen / entwircken und entbrechen wollen.

Wann wir aber zu der Total-division Unser Ritterschafft und Städten schreiten und greiffen werden / deren wir Hertzog Adolph Friederich Uns durchaus nicht begeben / sondern in bester Maaß und Form pure und ohn allen Anhang reservi-ret und vorbehalten haben / alßdenn sollen alle die Puncta, so dahin gehören / und in diesem Vertrag disponiret / aufgehoben und cassiret / und was jedem Theile dadurch zuwächset und zufället / unter seiner freyen disposition seyn und bleiben.

Solten auch nach geschlossenen diesen Vertrage neue Irrungen / über alle Hoffnung und Zuversicht / einfallen / oder von wegen ungleichen Verstandes dieses Vertrags Streit erreget werden; So sollen darzu Unsere Räthe / und zwar von einem jeden Theile zweene ernennet / ihrer Eyde und Pflichte zu diesen Sachen erlassen / und ihnen die Entscheidung solcher Irrungen und Mißverständnissen / auf

masse

ANNO 1611.

masse und weise / wir wri Uns beederseits dessen vereinigen wollen / committiret und anbefohlen werden / oder da durch denselbigen Weg den Sachen nicht abgeholffen / Unsere beederseits nahe Verwandten / und von einem jeden einer zu Verhör und Hinlegung solcher Irrungen von Uns erbeten werden.

Und haben wir schließlich hierauf allen und jeden rechtlichen Beneficien / Verordnungen und Exception minoris ætatis, restitutionis in integrum, læsionis etiam ultra dimidium, doli mali, rei non sic sed aliter gestæ, simulati contractus, und allen andern dergleichen Einreden und Behelffen / wissentlich und wohlbedächtlich renunciiret / und diesen brüderlichen Vertrag dergestalt / wie obstehet / steiff / fest / und unverbrüchlich stets zu halten / und dagegen im geringsten nicht zu handeln / an Eydes stat / und beym Wort der Wahrheit und Unsern Fürstl. Ehren und Würden / Fürstl. mit Hand gegebener brüderlichen Treue Uns versprochen / und zu dessen mehrer Bestätigung den Vertrag mit Unsern Handzeichen und Fürstl. Insiegeln confirmiret und bekräfftiget / alles getreulich und ohn Gefehrde.

Und ist hierauf das Loß in dem Nahmen GOttes geworffen / und Uns Hertzog Adolph Friederichen das Schwerinsche Theil / und Uns Hertzog Hanß Albrechten das Güstrowische Theil gefallen. Actum Bahrenholtz / den ·. Monats Julii, nach Christi Unsers einigen Erlösers und Seligmachers Geburt / im Ein Tausend / Sechs Hundert und Eilfften Jahre.

Adolph Friederich *mppr.*

Hanß Albrecht *mppr.*

CV.

14. Juin. **Bestättigung und Verneuerung des Abschiedes / so anno 1535. zwischen den Bambergischen Ambtleuthen in dem Fürstenthumb Kärndten gelegen / an einem / dann der Landschafft Kärndten aufgerichtet worden / durch Ferdinand Ertzhertzogen zu Oesterreich beschehen. Geben Grätz den 14. Julii Anno 1611.** [LUNIGS Teutsches Reichs-Archiv. Part. Spec. Continuat. I. Absatz VI. von Kärndten pag. 193.]

C'est-à-dire,

Confirmation de FERDINAND *Archi-Duc d'Autriche avec Prorogation du Traité conclu l'an 1535. entre les Officiers de* Bamberg *en Carinthie, & les Etats de la Province. A Gratz le 14. Juillet 1611.*

WIR Ferdinand von GOttes Genaden Ertz-Hertzog zu Oesterreich / Hertzog zu Burgundt / Steyer / Kärndten / Crain / und Würtenberg / Grave zu Tyrol und Görtz / ꝛc. ꝛc. Bekhennen öffentlich mit diesem Brieff / und thuen khundt menigkhlich / daß Uns der Hochwürdige Fürst / Herr Johan Gottfridt Bischove zue Bamberg und Thumprobst zu Würtzburg / Unser besonders lieber Freundt / zuerkhennen geben / demnach vor villen abgewichnen Jahren zwischen dero geehrten Vorfahrern am Stüfft Bamberg / derselben Ambtleuthen und Unterthanen so in den Bambergischen Herrschafften / in Unserm Fürstenthum Kärndten gelegen / gesessen und wonhafft seyn / an einem / und dan den damalß gewesten Landtshaupleuthen / Verwesern / auch gemainlich einer gantzen Ehrsamben Landtschafft berürts Unsers Fürstenthumbs Cärndten / am andern Theil / der Rechtlichen Processen und anderer mehr unterschiedlichen Handlungen halber immerwehrende Mißverstandnussen / Streitt und Irrungen zuegetragen / daß damallen und im 1535. Jahr Weilandt der Durchleüchtigiste Fürst und Herr / Herr Ferdinandt zu derselbigen Zeit Römischer / auch zu Hungarn und Behaimb Khönig / Infant in Hispanien / Ertzhertzog zu Oesterreich / Hertzog zu Burgundt (Titul Unser Gnedigster geliebter Herr und Anherr Lobseligister Gedechtnuß / auf billich und unterthänigstes Ersuchen Weilland Bischoven Weigandt zu Bamberg / hierunter genedigstes Einsehen gethan / und zu Hinlegung so woll der damallen spannigen sachen / alß ins khonfftig besorgten Streitigkheiten / wie auch zu beeder Theil Wollfahrt und Aufnemmen / besserer Nachbarschafft / Fridt undt Ainigkheit ein gewisse und bestimbte Maß oder Ordnung / wie hinfüro die sachen solten abgehandelt werden / gegeben und auffgerichtet / und solliches alles in ein schrifftlichen Recess verfasset und beederseits zuhalten und deme zugeleben bevohlen habe / des hinachvolgenden Buechstablichen Inhalts /

Der Recess mit dem Herrn Bischoffen Weigandt de dato 27. Tag Januarii des 1535sten Jahrs ist unter besagtem Jahr Tom. IV. Part. II. pag 126. zu befinden:

Darauff Uns dan wolberüerter Herr Bischov zu Bamberg Freundt- und dienstlichen ersuecht obbeschribnen Brieff nit allein in allen seinen Puncten / Articulen / Mainungen und Begreiffungen biß auf Außgang der darinnen bestimbten Zeit / als nemlich khunfftiges 1637. Jahr / bey seinen Crefften und Würden verbleiben zu lassen / und darwider nichts zuhandlen / noch den unserigen zugestatten / sondern auch denselben zuverhüettung allerhand khünfftigen Irrungen und Ungelegenheiten noch ferners zu prorogieren und zu bestatten.

Wan wir dan die mehrberüerte Ordnung / der Billichkheit gemäß / und zu Erhaltung beederseits Unterthanen und zuegewandten guter nachbarlichen Ainigkheit dienstlichen befunden / auch S. L. und dero Stifft Unser zu denselben tragendten freundlichen Willen / und Annaigung zuerzaigen geneigt seyen / so haben wir Uns S. L. und deren Khäyserlichen Lehen Stifft Bamberg diesem ihren freundlichen Ansinnen Freundt- und nachbarliche Willfarung zuthuen / umb so viel lieber vermögen lassen / thuen sollichem nach mehrberüerte Khäyser Ferdinandi auf 101 Jahr gestelte Ordnung / inmassen dieselbige diesem Brieff hierumben von Wort zu Wort inseriret und eingeschrieben ist / nit allein auf den völligen Ausgang der vorbestimbten 101 Jahren / das ist / biß auf das 1637. Jahr inclusive hiemit ratificiren / verneuern und bestatten / sondern auch auf 101. von Endschafft der abgesetzten Zeit anzurechnen / und also biß auf das 1737. Jahr nach Christi Unsers Heilands und Selligmachers Gebuhrt erstrekhen / und von neuem aufrichten / aus Landsfürstl. Macht / wissentlich in Crafft dis Brieffs: setzen / und wöllen auch / daß der darinnen begriffnen Maß und Ordnung / von Unsern Landtshaubtleuthen / und Verwesern / berüert Unsers Fürstenthumbs Cärndten / auch allen andern Unsern Unterthanen und Gethreuen vestigkhlich nachgesetzt / und in Gehorsamb gelebt werde. Alß lieb ihnen allen / und ihren iedem ist Unser schwere Ungnad zu vermeiden / iedoch solle solliches alles Unsern / der orten habenden Privilegien / Hochheiten / und andern Gerechtsamben / einig Nachtheil

oder

ANNO 1611.

oder Beriatung nit geberen / noch bringen / ohn: Geverde. Wan nun wolberurter Herr Bischov zu Bamberg sich ebenfalls dahin verbunden und versprochen / hiobbeschribner Maß oder Ordnung vestigkhlich zugeleben/ darwider nit zu handlen / auch vill weniger zugestatten / daß durch seine Vitzdomb/ Ambtleuth / Verweser und Unterthanen ichtes denselbigen zuwider oder entgegen fürgenommen / und gehandelt werde. Destwegen er dan neben einem Domb-Bropst / Dechant / und Capitl bemelts Stiffts Bamberg einen schrifftlichen Revers übergeben. So haben wir hierüber zween Brieff gegenlautent aufrichten/ mit Unserm Fürstlichen Insigil verfertigen / und einen mehr wollberürten Herrn Bischoven zu Bamberg / den andern Unser Landschafft in Cärndten / überantworten und zuestellen lassen/ 2c. Geben Grätz den 14 Julii 1611.

CVI.

15. Août. Des Bischoffs zu Bamberg Johann Gottfried und seines Dom Capituls Reversales an Ertz-Hertzog Ferdinanden von Oesterreich / daß sie die / wegen der Bambergischen Unterthanen in Kärnthen vom Käyßer Ferdinando I. gemachte / und von gedachten Ertz-Hertzogen auf 101. Jahr confirmirte Ordnung halten und observiren wollen. Geben am Himmelfahrts-tag Unser Lieben Frauen 1611. [Christophs Abele Wohlgegrundte gegen-Deduction der Oesterreichischen Jurium wider das Stifft Bamberg. LUNIG Teutsches Reichs-Archiv. Part. Special. Abtheil. I. pag. 48. d'où l'on a tiré cette Pièce.]

C'est-à-dire,

Lettres de JEAN GODEFROI *Evêque de Bamberg & de son Chapitre, portant promesse & obligation d'observer religieusement le Reglement fait par l'Empereur* FERDINAND I. *pour les Sujets de* Bamberg *habitués dans la* Carinthie, *& confirmé pour cent & un an par l'Archiduc* FERDINAND. *Données le jour de l'Assomption de la Ste. Vierge Marie* 1611.

VON GOttes Gnaden / Wir Johann Gottfried/ Bischoff zu Bamberg und Thumb-Probst zu Würtzburg / und von desselben Gnaden Wir Johann Christoph Neusteter/ genant Stürmer / Thumb-Probst / Hector von Kötzau/ Thumb-Dechant/ Michael Grotz / Herßfelder genannt / Senior, und das gantze Capitul gemeiniglich des Thumb-Stiffts daselbst zu Bamberg/ bekennen mit diesem Brieff für Uns und Unsere Nachkomunen / und thun kund männiglich / demnach von wegen bemeltes Stiffts Herrschafften / Bürger / Leuth und Inwohner / so in des Durchleuchtigsten Fürsten und Herrn / Herren Ferdinand Ertz-Hertzogen zu Oesterreich / Hertzogen zu Burgund / Steuer / Kärnden / Crain und Würtenberg 2c. Unsers besondern Lieben und gnädigsten Herrn Fürstenthumb Kärnden gelegen und gesessen / in etlich Fällen vor diesem Beschwerungen vorgefallen / und aber Ihrer Liebden und Fürstl. Durchl. höchstgeehrter Herr und Anherr / weyland der Allerdurchl. Großmächtigste Fürst und Herr / Herr Ferdinand von Gottes Gnaden / Röm. Käyser / zu allen Zeiten Mehrer des Reichs in Germanien 2c. Königl. Infant zu Hispanien / Ertz-Hertzog zu Oesterreich 2c. Unser Allergnädigster Herr / mild-und lobseligster Gedächtnüß / unter dato den 27 Januarii 1535. Jahrs / damahlen in Königl. Würden / in solchen fürgebrachten Beschwerungen / Maß und Ordnungen / wie hierunter die Sachen in folgenden hundert und einem Jahr / in dem 1535. Jahr sollen abgehandlet werden / gegeben und darüber schrifftliche Urkunden auffrichten und verfertigen lassen / solche aber wohl und höchstgedachter Ihrer Liebden und Fürstlische Durchl. Ertz-Hertzogs Ferdinands / als ietziger Zeit regierender Lands Fürst derselben Nieder Oesterreichischen Fürstenthumben und Landen / auff Unser bittlich und gehorsambst Ersuchen / anietzo auff andere 101. Jahr / welche in künfftigen 1636. Jahr Anfang / und im 1737. Jahr ihre Endschafft haben sollen / zu prorogiren und zu bestättigen sich freundlich und gnädigst gefallen lassen / daß wir demnach berührte Confirmation zu danckbahrem und demüthigstem Gefallen angenommen / nehmen auch solche in Krafft dis Brieffs oder Revers hiemit wissentlich an / zusagen und versprechen darauff / berührter von allerhöchstged. Kayserl. Maj. gegebener / und von Ihrer Liebden und Fürstl. Durchl. anjetzo auff 101. Jahr confirmirter Ordnung oder Maß / in allen ihren Articuln / Puncten / Meynung und Begreiffungen / durch Unser und Unserer Nachkommen am Stifft / ohne einige Weygerung oder Wiedersprechen / die darzu bestimbte Zeit festiglich zu geleben und nach zukommen / daß auch diese Concession und Ordnung / und derselben erlangte prorogation Ihrer Liebd. und Fürstliche Durchl. deroselben Erben und Nachkommen / und dem gantzen hochlöbl. Haus Oesterreich / in andern ihren Obrigkeiten Hochheiten / Rechten und Gerechtigkeiten / Unser und Unsers Stiffts halben / ohne Schmälerung / Abbruch und Nachtheil seyn solle / getreulich ohne Gefährde / mit Urkund dis Brieffs / der mit Unserm / des Bischoffen / auch Thumb-Probsts / Dechants / Seniors und Capituls / gemeinen anhangenden Insiegeln bekräfftiget / und geben ist am Tag Unserer lieben Frauen Himmelfarth den 15. Augusti Anno 160c. darnach im 11. Jahr.

CVII.

21. Sept. PROVINCES UNIES, BRANDEBOURG ET NEUBOURG.

Accoort tusschen de Heeren Staten Generael der VEREËNIGDE PROVINTIEN, *en den Keurvorst van* BRANDENBURG *en Hartog van* NEUBURG, *wegens de Tollen op de Goederen de Rhyn en Maas passerende. Gesloten den* 21. *Septembris* 1611. [Manuscrit.]

ALsoo in de voorleden Jaeren, gedurende den Gulickschen Krijgh, eenige Impositien ende Licenten by die possiderende Chur ende Fursten in die Landen van Gulick, Cleve, en de Berge &c. op gestelt sijn geweest, over welcke nochtans hare Chur ende Furstelycke Doorluchtigheden sich namaels met die Hooge ende Mogende Heeren Staten Generael der Vereenighde

CVII.

Traité entre les PROVINCES-UNIES, l'Electeur de BRANDEBOURG, & le Duc de NEUBOURG, au sujet du Transport des Marchandises sur le Rhin & la Meuse. Fait le 21. Septembre 1611. [*Manuscrit.*]

21. Sept. PROVINCES UNIES, BRANDEBOURG ET NEUBOURG.

COMME les années passées, pendant la Guerre de Juliers, quelques Impositions & Licentes ont été mises dans les Pays de Juliers, Cleves & Bergue par les Electeurs & Princes qui les possedoient, sur quoy neantmoins led. Elect. & Princes se sont offerts de s'accorder cy-aprés avec les Hauts & puissants Seigneurs les Etats Generaux des Provinces-Unies des Pais-Bas pour la

ANNO 1611.

nighde Nederlanden, tot conservatie ende meerder bevorderinge van de Negociatie, ende Commercie op de stroomen van den Rhijn ende de Maze naerder te vergelijcken, erboden hebben, zoo tijn tusschen beyderzyts Gecommitteerden den 21. September 1611. de navolgende Articulen beraemt en geaccordeert.

In den eersten, dat alle Goederen, op ofte uyt dese Landen komende niet meer, noch eerder sullen betalen, als die vande Lande van Cleve, ende sullen oock goude, zilvere ende zyde Laeckenen, zyde ende alle andere fijne Waren by de stucken niet betalen, ten zy sulcke op Brabandt ende andere passagien by de stucken oock terstont in train gebracht worde, continueerende anders de betalinge by de Centener, indien dat sulcx op Brabandt ende andere passagien niet geredresseert wordt.

De Goederen den Rhyn, Maze ofte te Lande, uyt oft op dese Landen komende, sullen eens opgaende ende eens afkomende betaelen, nae de beraemde ende gearresteerde Lijste, ende dat by provisie.

Den Churvorst van Keulen, ende het Dom Cappittel sullen neffens Gezanten van de Fursten van wegen dese Landen versocht ende besonden worden om verminderinge ofte afstellinge haerer Licenten tot Kaifers-weert, ende tot Zons, ende daer nae oock die Ertzhertogen, van wegen Berck ende Venlo.

De restitutie van 't gene gedurende die cautie aen de Officieren van de Fursten meer is betaelt als dese beraemde Lijste, zal by de Ingezetenen deser Landen gekort worden in twee ofte dry reysen, mits dat sy genoegsaem schijn daer van vertoonen.

Het Gewasch van Huyschen, Seventer, ende andere Cleefsche plaetsen, mit Gelderlandt, Zutphen ende den Lande van Cuyck gemeen leggende, passeerende den Gelderschen Bodem nae Cleef ende Emmerick, als mede de Goederen van 't Lant van Cuyck na Nymegen ofte de Stadt Grave, gaende oock van Nymegen op Aernhem, ende van Aernhem op Nymegen ofte het Territorium van Cleef passerende, sullen ten beyden zyden vry zyn.

Salpeeter, Waepenen ende alderhande Amunitie sal voor dese Landen, Provintien ende Steden, in 't Cleefsche Licent vry zijn, gelyck oock 't geene die Fursten, Lantschappen ende Steeden tot haeren dienst uyt deese Landen sullen doen komen, die particuliere Ingezetenen abers sullen nae de generale clausulen sich reguleren. Dies en sal den uytvoer van de voorschreve Amunitie niet mogen geschieden, sonder speciael consent, op te Attestatie van hare Principalen.

Ende sullen alsoo haere Chur en Furstelycke Doorluchtigheden deese Lijste die deselve op een Nabuyrlijcke vertrouwen tot bevorderinge van de Negotiatie tot gemeynen beste met die hoog-gemelte Heeren Staten Generael, als met hare goede Vrinden ende Nabuyren provisionelijck beraemt hebben op de stroomen vanden Rhijn ende Maze. Als oock op die Landtpassen te gebruycken, datelijck in 't werck te doen stellen, sonder nochtans dat deese gehoudene Communicatie aen die Lant-Furstelijcke Hoogheyt, Regalien, Overigheyt, ende wat van dien dependeert in yets sal mogen præjudicieeren ofte derogeeren, ter eenre ofte ter andere zyde.

Geextraheert uyt het Acte-boeck van de Hoog Mogende Heeren Staten Generael, beginnende met den jaere 1608, ende eyndigende met den jaere 1613. staende aldaer geregistreert fol. 2. C. LXXXVII.

FURSTELYKE CLEEFSCHE

L Y S T E.

(1) *Overlegt ter Vergaderinge van de Hoog en Mog: Heeren de Staten Generael der Vereenigde Nederlanden, by de Heeren Gecommitteerden van haer Hoog. Mog. ende de Commisen Generaels van de Convoyen, op ten een-en-twintighsten dag der Maent van September in 't Jaer XVIC. en elf,*

(1) On n'a pas fait traduire cette Liste, parce qu'il est très-difficile d'entendre tous ces termes de Négoce, & que ceux à l'usage desquels elle peut être entendent ces termes sans traduction.

la conservation & plus grand avancement du Commerce & Negoce sur les Fleuve & Riviere du Rhin & de la Meuze, les Deputez de part & d'autre sont convenus le 21. Septembre 1611. des Articles suivans.

Premierement que toutes les Marchandises qui viendront dans ces Pais & en sortiront ne payeront pas davantage que ceux du Pais de Cléves, & les draps d'or, d'argent & de soye & les autres fines Marchandises ne payeront point par pieces, à moins qu'ils ne viennent du Brabant, & autres passages par pieces, le payement s'en continuant autrement par cent, si la chose n'est pas redressée en Brabant & autres passages.

Les Marchandises qui viendront en ces Pais ou en sortiront par le Rhin, la Meuze ou par Terre, payeront une fois en montant & une fois en descendant, suivant la Liste ou Tarif qui en a été conçu & arrêté, & ce par provision.

L'Electeur de Cologne & le Chapitre seront requis par les Deputez des Princes de la part de ces Pais, de diminuer ou ôter leurs Licentes à Keiserswert & à Zons, & en aprés aussi les Archiducs, de la part de Berck & de Venlo.

La restitution de ce qui durant cette caution aura plus été payé aux Officiers des Provinces que ce qui est porté par cette Liste, sera rabattu par les Habitans de ces Pais en deux ou trois fois, pourvu qu'ils en fassent suffisamment apparoir.

Les grains du cru de Huysschen, Seventer, & autres Places de Cleves dont la situation est commune avec les Pais de Gueldres, Zutphen, & le Pais de Cuyck passant par le Territoire de Gueldres à Cleves & Emmerick, comme aussi les Marchandises du Pais de Cuyck allant à Nimegue ou la Ville de Grave, & aussi de Nimegue à Arnhem, & d'Arnhem à Nimegue, ou qui passeront le Territoire de Cleves, seront libres & exemptes de part & d'autre.

Le Salpetre, les Armes & toute sorte de munitions seront francs pour ces Pais, Provinces & Villes des Licentes de Cleves, comme aussi ce que ces Princes, Provinces & Villes feront venir de ces Pais pour leur service; mais les Habitans particuliers se regleront suivant les clauses generales. C'est pourquoy le transport desdites Munitions ne se pourra faire sans un consentement special sur une Attestation de leurs Principaux.

Et ainsi lesdits Electeurs & Princes feront mettre cette Liste, qu'ils ont, par une confiance de bon voisinage fait dresser provisionellement pour le bien & avantage commun du Commerce & Negoce avec lesdits Seigneurs Etats Generaux comme avec de bons Amis, à execution sur le Rhin & Meuse, comme aussi sur les passages du Pais, sans que pourtant de part ni d'autre cette communication qui a été tenuë puisse prejudicier ou deroger aux Regales, Souverainetez & dependances d'icelles des Princes & Souverains du Pais.

Extrait du Regitre d'Actes des Hauts & Puissants Seigneurs les Etats Generaux, commençant avec l'année 1608. & finissant avec l'an 1613. y étant enregistré fol. 2. C. LXXXVII.

ende is by hare Hoog Mog. haren Greffier geordonneert dese Furstelijcke Cleefsche Lyste te teekenen ten dage en jaere voorsz.

L Y S T E.

A.	*Dal.*	ß	₰
AMandelen de centener		5	0
Appelen van Oraignen het duysent		6	0
Appelen en Peeren dat malder		1	0
B.			
Bant messer of bant messen de 6. centener.	2	12	0
Bant messer scheyden het vadt van 3. amen	1	6	0

Bedden

ANNO 1611.

	Dal	ß	₰
Bedden olde Bedden, het ſtuck		5	0
Bedden zoo nieuw dat ſtuck		8	0
Beſſemen wit ende root de dozijn		0	9
Bier, Jopen Bier de ame		10	0
Bier Onnaſch, Paterborns en diergelycke Bieren de tonne		5	0
Bier gemeen Bier de ame		3	0
Bier Nederlants Bier de tonne		vry	0
Bly Tafel Bly de centener		3	0
Block Bly de centener		1½	0
Bleck in tonnekens de 100 ſtuck		4	0
Bly witſer ofte Lootwit de centener		4	0
Bort Baſelaer bort ofte Deelen 't hondert	1	24	0
Bort Francforter Kentiger en Meuſer Bort, 't hondert	1	6	0
Francforter thyen ſchouch Bort, 't hondert		18	0
Eycken Bort ofte Plancken en geſneden Eyken Hout, de hondert voet		2	0
Neus ofte Noten, Keerſen boomen Bort, de hondert voeten		3	0
Boter dat vadt		22	0
Boter in reepen geſmolten de centener		8	0
Boecker-faiſer, ofte vaten met Boeken	1	0	0
Boeck-balen, ofte Boecken in balen.		12	0

C.

	Dal	ß	₰
Cannary zaem ofte zaet, de centener		6	0
Clamey de tonne van 9 centener		15	0
Cappers in quartelen, 't quarteel		15	0
Cabs ofte Kool de 100 ſtuck		2	0
Caſſia Fuſtula de 100 ponden		6	0
Caſtanien dat malder		3	0
Cattoen de bael 2 centener		18	0
Conynen 't paer		vry	0
Corenten in quarteelen, de 100 ponden		5	0

D.

	Dal	ß	₰
Duyven dat paer		vry	0
Deeckens Franckendaelder Deeckens, de dozijn		6	0
Gemeene Deckens ofte Carpetten, de dozijn		4	0
Doornickſe Dis-deekens de dozijn		3	0
Draet-vat, 't vat van duyſent pont	1	0	0
Droog-giſterien en Confyten, een vat van 2 amen	1	0	0

E.

	Dal	ß	₰
Eiſen ofte Yſer de duyſent ponden		12	0
Eiſch platen, daer onder alderhande gegoten Yſerwerck de duyſent ponden		12	0
Iſer-draet de centener		2	0
Eiſch pannen de 9. centener		20	0
Iſere Nagelen de duyſent ponden		20	0
Nagel Iſer de bout.		½	0
Iſen olt Iſen Scroten het duyſent ponden		5	0
Iſerwerk ſoo inlants ſoo plyen gebracht als Harnas, Klingen, Hellebaerden, Vedder Staf van ieder Daelder weert . . . Vry op de Nederlanden.			
Eiſenſteen dat Voeden a 900. pont		2	0
Olyphants-tanden den centener		7	0
Eyntvogels ſtuck		vry	0
Edic ofte Afijn d'ame		6	0
Eyeren dat hondert		vry	0

F.

	Dal	ß	₰
Fas ſoo Fœderick ofte Leege Vaten 100. ſtucx d'ander naer advenant	4	24	0
Verwere Conchenilla oder Carmoſijn het pont		¼	0
Anyl ofte Indigo dat pont		⅛	0
Spaenſch-groen de centener		8	0
Saffelor de centener		6	0
Braſilien-hout ende Fernanbouk gerapſt de Centener		3	0
Braſilien-hout ongerapſt de centener		3	0
Gomme de centener		5	0
Wynſteen de centener		2	0
Galnoten twee centener		8	0
Weet gebrandt Weet, ſoo in het land van Gulich waſt, een Siſſel, ofte ſes tonnen		24	0
Weet Turinger Weet, dat vat een half Voeder		18	0
Crappen de baele ordinary		15	0
Mee-Crappen de baele ordinary		10	0
Sinacq een centener		3	0
Koperroot een centener		½	0
Rota oder garanſe breſloſe oder Lingerſer de centener		1	0
Alnyn dat vat negen centener		10	0
Swevel dat vat a 9. centener		vry	0
Aiſchen, Weet-aſſchen de centener		1	0
Pot-Aiſchen de centener		3	0
Fedderen ofte Pluymen de centener		8	0
Schryf-vedderen ofte Schachten 't Duyſent		½	0
Vedder-boſch oder plumagie van een dalder weert		1	0
Fygen in korven ieder korf, de halve naer advenant		1	0
Wouwe de centener		1	0
Vellewerck, ofte Pelterye zeeme Vellen, als namentlyk Buffel, Elants, Harts, Poſt, 't vat van drie amen	1	15	0
Rhe, Schaaps, Lam ende Kalfsvellen de deecken a 10. ſtucx.		1	0
Pelterye van Sabel, Marteren, Fluwynen, loſſen oder grau werck 't vat van dry amen		3	0
Pelterye, gemeen als Wolf, boſch, Wilde-Katten dat vat van 3. amen	1	15	0
Schaap, Lam oder Cropvel, het pack		18	0
Viſch zoo groenen ofte verſchen Viſch, onder een anderen de wage a 20. pondt		1	0
Zalm ſoo groen de centener		24	0
Zalm geſouten Salm de Tonne		15	0
Schelvis de laſt 24 korven	1	18	0
Den korf der ſelver		2	0
Ton Viſch oder Bollich de laſt	1	12	0
De Tonne derſelver		3½	0
Stock-Viſch de 300. ponden		6	0
Vleten ende Rochen het duyſent	1	10	0
Pladyſen ende Schollen geſouten 't laſt		24	0
Schollen drooge Schollen den ganſchen korf	1	0	0
Bollick ofte Bollinck in korven 24 in het laſt, den korf		2	0
Buckinck de laſt a 12. tonnen ofte 20. ſtroyen	1	0	0
Ider tonne der ſelver		2½	0
De ſtroo derſelver		2¼	0
Harinck in 't gemeen het laſt	1	20	0
De tonne der ſelver		4⅛	0
Vlaſch den ſack van hondert ſteenen		25	0
De halve ende kleene naer advenant			
Vleyſch de centener		4	0

G.

	Dal	ß	₰
Sleſiger Gaeren, dat vat van 4. amen	2	0	0
Evelder ende diergelyke de centener		7	0
Cortſinger Gaeren de centener oder toch		1	0
Sayette gaern, de centener		10	0
Ganſen het ſtuck		vry	0
Geerſte geſchelde Geerſte den ſack 200 ℔		4	0
Glas Schof-glas de kiſt ordinari		10	0
Drinck-glaſen een daelder weert		½	0
Clocken ofte Clock-ſpyſe de centener		4	0

H.

	Dal	ß	₰
Hennif ofte Hennip den ſack		12	0
Haſſel ende Lammers Nues ofte Haſenooten, dat malder		6	0
Haſen het ſtuck.		vry	0
Huysraat die uyt den Lande werd gevoert, wert een 40. penninck, de Rivieren opgaende ende de Rivieren afkomende		vry	0
Hoy dat Voeder		5	0
Huyden Oſſen-huyden, geſouten ofte ongeſouten de hondert ſtuck	3	10	0
Gemeene oder Land-Oſſen ofte Coeyenhuydt de hondert ſtuck	2	0	0
Harts-huyden onbereyt ſtuck.		1	0
Ree-huyden het ſtuck		½	0
Zeehonds-huyden de 100. ſtuck		15	0
Herts gewicht oder hoornen de 100. ſtucx		8	0
Deits-huyden de hondert ſtucx		8	0
Hoenderen het ſtuck		vry	0
Hoeden Vilten-Hoeden dat vat van twee amen	1	0	0
Hoornen Oſſen ende Coe-hoornen de 100. ſtucx		3	0
Hout, eyken-hout, met knyen 40 voeten lanck ende 40. voeten breet	1	15	0

Hout

ANNO 1611.

	Dal		
Hout, buygen ende cluepel-hout dat veerdeel		16¼	0
Cleupel-hout burgerhoudt dat veerdeel		16¼	0
Ordenbacher-hout, burger-hout dat veerdeel		25	0
Cleupel-hout, Brackel-holt, dat veerdeel		8¼	0
Spelder-hout, dats veerdeel		8¼	0
Branthout, kromhout ende alderhande timmerhout, twee ten hondert ofte den 50. penninck.	Twee ten hondert		
Dennebalken van 60. schouf stuck		6	0
De grosser en kleynder naer advenant.			
Buygen ofte bogenhout de 100. steef		10	0
Ebbenhout, de centener		3	0
Pochout de centener		4	0
Solsholt de dosijn		½	0
Honigh dats vat oder ame		12	0
Hoppe dat malder a 13. pont.		1	0

I.

Indiaensche Hoenderen dat stuck		vry	

K.

Kalk dat malder		½	0
Kannen Fregeuer ende diergelyke dat hondert werp		6	0
Een Peerts vragt der selver.		3	0
Zipertse kannen van een daelder weert		½	0
Caerden van Distelen de schyf		½	0
Caerten, Speel-kaerten het grosken of 12. dosyn		4	0
Caes de 100 ponden		6	0
Groene oder Canter de 300 ponden		5	0
Keersen het centener		4	0
Kehels ofte Ketelvaten dat 1000. pont	1	22	0
Kessel ofte Ketel-schof oder korf of a 800. ℔	1	2	0
Knickerkens het vat van eender ame		6	0
Keersen de hondert zommeren	1	0	0
Clingen, Messen, Scheeren, Slohger en diergelyke Iserwerck dat vat wegende 900. pondt	1	0	0
Iserwerk, Norenborger kleyn Iserwerk oder malderye, dat vat a 900. pondt	1	15	0
Coolen, Steen-coolen de 100. gangen		12	0
Smit Colen dat malder		½	0
Holts ofte hout-Colen den sack		vry	0
Creps ofte Cresten dat hondert		vry	0
Krydt de tonne		½	0
Koecken peper Koecken, de centener		3	0
Coperdraat dat vat a 900. pondt.	1	6	0
Coper geslagen oder fijn Lattoen de centener		4	0
Coper gemeen Lattoen een ker a 900 ℔	1	0	0
Coper, root Coper, hongers, Islanen ofte Duytsland een centener.		3	0
Sweets Coper, welker uyt Holland naer Aken om te bearbeyden gevoert werd de 9. centener	1	0	0
Coper-werk zoo olt, negen centener	1	0	0
Commyn een sack		8	0

L.

Lakenen, alle gulden, silver-Lakenen 't stuk		8	0
Sammet Armozijn, Genua, Luca, Neapolis, en Levanten, Setinen van Bolonia, Florens de ordinari kiste of kassa	1	10	0
Sammet von Modena en Regio, en Damasten de ordinari kassa	1	0	0
Neapolisse Grougrainen, en alle andere Napolisse Zyde-Laeckenen van Bolonia de ordinari kassa	1	5	0
Rassa van Florens ende Milane de ordinari bael	1	0	0
Lampersen de ordinari kiste	2	0	0
Cassa ende Armosijn allerhande gadinge en Snusse een ordinari of mittel kas		20	0
Gemosiese Boratten met Trensen en andere soorten de ordinari kassa		15	0
Legaturen van Zyden, Cattoen en Garen breet en smal, dat stuck		½	0
Ledder een lap Ledder een rol van 6 stucken		12	0
Droog en smeer overledder de dosijn		10	0
Cordewan Ledder de dosijn		5	0
Besanen ofte Packlederen het dosijn		2	0
Peerts Ledder de dosijn		6	0

ANNO 1611.

	Dal		
Kalfs Leeder, dat hondert		6	0
Lijm de duysent ponden	1	0	0
Vogel-Lijm de tonne a 3 centener		12	0
Limoenen het duysent		20	0
Limoenen gesouten Limoenen 't quarteel		10	0
Leyen Rys ofte Leyen		1	0
Lint van Evervelt de 100 ponden		8	0
Looge-mael ofte Runnen een daelder weert		½	0
Looge ofte Runnen ongemalen een daelder weert		¼	0
Lonten den centener		vry	0

M.

Mede de ame		6	0
Morren ofte Peen, de hondert gebunt		5½	0
Mostaert-zaet een Centener		4	0
Mostaert-mullen dat last tot 24 stuck.			
Molensteenen, bereyt-steen oder seventiender.			
Een sex en vyftiender.			
Een vier en dertiender.			
Wolfkens.			
Tafel-quernen de last a 24 stucken.			
Quernen van elf stuck in 't last.			
Quernen van agt en negen in 't last.			
Alle de voorsz Moolensteenen en Quernen hier boven gespecificeert, sullen betalen van een daelder waerd		½	0

N.

Nussen ofte Noten, Boom noten 100 malder	3	10	0

O.

Oly, Boom-oly, de pijpe van 2½ ame	1	15	0
Raap en Lin-oly, de last	4	0	0
Een Tonne der selver		10	0
Olijven 't quarteel ofte halve pijpe		15	0

P.

Papier-balen, alderhande gadinge, de 20 riemen		10	0
Peck oder Harts de last dubbelt bant	1	20	0
De tonne daer af		4½	0
Pauwen het stuck		vry	0
Potloot de tonne van 300 ponden		4	0
Pruymen van Damast de 100 ℔		3	0
Polver de Tonne 300 pont		vry	0
Poppen-werck van Aken, het vadt van 3 amen.		20	0

Q.

Quickzilver de centener		12	0

R.

Riemen zoo nieuw hondert borden		16¼	0
Olde Ramen ofte Riemen 100 buerden		5¼	0
Ryssen ofte Reepen het hondert gespan		2½	0
Rys een ordinary zack		8	0
Rogge dat malder Cuels oder hoop-mate		1	0
Weyts ofte Tarwe, dat malder		2	0
Geerste oder Moudt, dat malder		½	0
De reste van Granen het malder		½	0
Rosijnen in korven, de korf		2	0
De halve korven naer advenant.			
Rosijnen, blaeuwe Rosijnen in quarteelen 100 ℔		5	0
Rubben ofte Rapen den zack		¼	0
Rup ofte Raep Kool en ander Zaad, het malder		5	0
Rup ofte Raap-koeken de 100 stucx		10	0

S.

Sals ofte zout 't hondert Cuels	14	0	0
Sals te Lande gevoert, yder zack		2	0
Salpeter de Centener		vry	0
Sayetten Hosen, Bendelen en aldergading, twaelf rollen		1	0
Schanssen oder Wellen ofte Mutsart, de hondert stucx		16¼	0

Orden-

ANNO 1610.

	Dal	ß	§
Ordenbacher middel-gadinge 't 100		12	$\frac{1}{2}$
Mullen-schans ofte Mutsaert de 1000 ℔		$6\frac{1}{4}$	0
Scheer-hair, de zack 300 ℔		10	0
Schellen den korf van 300 ℔		15	0
Slyf oder Wynmoeder, de last		20	0
De Ton daer af		$1\frac{1}{2}$	0
Schryf-getuyg het vat van 3 amen		12	0
Swijnborstelen het vat van 2 amen		15	0

Zyde Lakenen.

	Dal	ß	§
Zyde rouwe gewerckte Zyde van Salvatica, de baal ordinaris	1	10	0
Orgasiune van Vincentia, Neapolis, Bolognia, Cursirme de Napolis de Verona de Venetia, de baal	2	0	0
Dopi Zyden der baal	1	0	0
Capitoen der baal		20	0
Zyde zoo geverwt de caerde tot 2 ℔		1	0
Florette superfin en Caummen de kaerte		$\frac{1}{2}$	0
Gallette de kaerte 2 ℔		[illegible]	0
Golt en silveren Draat de kassa oder kiste van 100 ℔	3	0	0
Golde, silvere Passementen, de kassa van 80 ℔	3	0	0
Zyde Passement, alderhande gading, dat pondt		1	3
Vloer oder Fluweelen Korden, alderhande gading, yeder 100 stuck	1	0	0
Coolse Zyde Lint, de 100 ℔	1	6	0
Zyde Frangien het pondt		$\frac{1}{2}$	0
Middelzyde ofte middelbaer, het pondt		$\frac{1}{2}$	0
Gemeen van de Capitoen, het pondt		$\frac{1}{4}$	0
Zyden Haren Knoopen, het gros		$\frac{1}{4}$	0
Zeep, de last 48 kinnekens	1	20	0
Een kintgen der selver		$1\frac{1}{2}$	0
Spaansche Zeep den Centener		10	0
Sysen en Hakmessen, de karre op een paerd	2	12	0
Silverenzant, de karre op een paerd		$8\frac{1}{4}$	0
Speck en Schincken den Centener		5	0
Speceryen, Saffraen 't pont		1	0
Nagelen, Foullie, Massis en Noten muskaten bloemen den Centener		25	0
Canneel oder den Simmet de Centener		20	0
Muskaten Nus ofte Noten den Centener		12	0
Peper den Centener		10	0
Gengber den Centener		5	0
Maniget oder Paris Koren de 100 ℔		4	0
Suycker dat vat van 250 ℔		20	0
Suycker, Confyt den Centener		10	0
Baeckelaer de ordinaris zack		6	0
Anys de zack		8	0
Hans ofte Johannes-Brood, de zack		10	0
Staal, een ordinary van 1000 ℔		25	0
Stael de bunde 100 pont		2	0
Steenroeder en Vursteen, dat vat van 300 ponden Almagio		3	0
Steen gebacken, oder Tihgelsteen het duysent		$1\frac{1}{2}$	0
Steen oder Tihgel pannen, de duysent		3	0
Strickwerck dat te Mets gemaeckt word, 't vat van 3 amen	1	15	0
Strickwerck zoo te Keulen gemackt, dat vat van 3 amen		25	0
Siden Stromp, yder paer		1	0
Hanskoeten, Franckendaelder dat paer		$\frac{1}{4}$	0
Leydensche en diergelyke fijne zyde Stromp, dat dozyn paer		6	0
Engelsche, Doornicksche middel fijn, de dozyn		2	0
Gemeene der selver, dat dozijn		1	0
Tabijn en Zyde Tort gewatert en ongewatert, dat stuck		3	0
Camelotten gewatert, dat halve stuck		1	0
Turcx Grofgrain dat stuck tot		2	0
Turcx Macharia, dat stuck		1	0
Calianten ofte gemeen Macharia, dat stuk		$\frac{1}{2}$	0
Riselsche, Doornicker Waren, als Porsis oder Vierdraet Groffgrein, Sorsetten, Linnen Trip, Dorstryp, drie en vier vierendeel, Honscoeten, Gans-ogen, oder Violetter, en diergelycken, dat stuck		1	0
Calendres, oder Voerhengen, dat Stuck		$\frac{1}{2}$	0
Brede Valentiner en Leytsche Fersetten, en Honscoten vyf vierendeel breet, dat stuck		1	0

ANNO 1611.

	Dal	ß	§
Tryp hoochpael tot Coelen gemaeckt, dat stuck		3	0
Siden Trip, dat halve Stuck		2	0
Doornickse Trip, dat stuk		1	0
Boratten Side Boratten, dat stuck		2	0
Gemeen Boratten, dat stuck		1	0
Bombasynen, dat stuck		$\frac{1}{2}$	0
Cameux douck, dat stuck		2	0
Reyn Hollands Linwaet, dat stuck		1	0
Gemeen Linnen douck, die kist 300 ℔		20	0
Hessens Linnendouck een Rolle van 50. ellen		1	0
Putteldouck de Baele		2	0
Canefas de ordinary Baele		20	0
Sirope de Pype		1	0

T.

	Dal	ß	§
Teer de last groot bandt de tonne desselfs	1	18	0
Terras oder Duysteen de tonne		$\frac{1}{2}$	0
Tapisterie een Muylbael swaer		25	0
Terpentyn de last	4	0	0
De Tonne derselven		10	0
Turf de 100 Tonnen		[illegible]	0
Traen Inlants ofte Vlilants last	2	0	0
De Tonne desselfs		5	0
Traan Muscovits 't last	2	0	0
De Tonne derselver	2	0	0
Tucker, Engelsche Tucker ofte laekenen een bale a 12. stucken	2	0	0
Packlaeckenen de Bale a 10. stucken	1	5	0
Carseyen het stuck		2	0
Baeyen dat stuck		2	0
Inlandsche Tucher ofte Laken, stuck		3	0
Tucher sonder borg gemaeckt, dat stuck		2	0
Wippel voordeels, dat stuck		1	0
Lenneper, dat stuck Laecken		1	0
Ratinge dat stuck laken		$\frac{1}{2}$	0

V.

	Dal	ß	§
Vee alderhande Vee			
Een goet Coppel Peert		20	0
Een Gemeen Coppel Peert		12	0
Een slegt Peert		6	0
Een Voel van een jaer		8	0
Een Gras oder zoch Voelen		2	0
Een Osse soo vedt, door 't land gedreven		12	0
Een Osse in 't Land geweydet, en weder uytgedreven		12	0
Een Osse soo mager door 't Land gedreven, en overgevoert werd		8	0
Een Koe wel gevedt die uyt den Lande gedreven werdt		10	0
Een Koe soo mager dat stuck		6	0
Een Rundt van $1\frac{1}{2}$ jaer		5	0
Een Kalf		1	0
Een Sweyn soo vedt		4	0
Een middelmatigh Swyn		2	0
Een mager Swyn		1	0
Een Bock oder Geyt dat stuck		2	0
Een Hamel soo vedt dat stuk		2	0
Een Schaap soo vedt dat stuck.		$1\frac{1}{2}$	0
Een Lam dat stuck		$\frac{1}{4}$	0
Schaap dryf Schapen dat hondert	1	0	0
Ollich ofte Ajuyn de tonne ofte 40 risten		3	0
Ollich oder Swivet-saemen of loock-saedt de 100. ponden		15	0
Ungel oder Ongel of Talck Hollants de Centener		4	0
Muscovits derselver		3	0

W.

	Dal	ß	§
Wachholter een sack Genever beyeren		1	0
Was de Centener		8	0
Spaansche Lack het pont		$\frac{1}{4}$	0
Wannen de Dosyn		6	0
Weyden, bandt weyden de 100. Soppen		$5\frac{1}{2}$	0
Wyn, Rynsche Wyn een Slecht-voeder	2	10	0
Franschen Wyn het Oxhooft		10	0
Spaansche Wyn en Malwesey de Pype	1	0	0
Bastaert Romeney ofte Zeck de Pype		20	0
Brandewyn de Ame		20	0
Wolle een sack van 8. Centener groot en kleynder naer advenandt	1	10	0

Tia

Anno 1611.

Z.	Dal : s	g
Tin ofte Tzin den Centener	: 6	: 0
Tennewerck soo nieuw den Centener	: 6	: 0
Olt Tennewerck den Centener	: 6	: 0
Tycken, bed tycken dat vadt oder Kist van 6. Centener	1 : 10	: 0

Souften aber van allen anderen soorten oder partyen, soo voor hen niet gespecificeert, sal betalen twee ten hondert. Twee ten hondert, ofte den vyftigsten penninck.

Was geteekent.

J. von Wittenhorst,
Christof Stick,
Marcell Dieterick.

Ter Ordonnantie van hoog-gemelte Heeren Staten Generael.

Geteeckent.

C. Aerssen.

CVIII.

5. Nov. Sigismundi III. *Regis Poloniæ Literæ, quibus continentur atque confirmantur Articuli & Conditiones Investituræ simultaneæ in Ducatum Prussiæ à dicto* Sigismundo *Amplissimisque Regni Ordinibus* Joanni Sigismundo *Electori Brandenburgensi concessæ. Varsaviæ 5. Novembris 1611.* [Acta & Decreta Commissionum S. R. M. Poloniæ & Sueciæ Regiomonti in annis 1609. & 1612. habitarum pag. 53.]

Sigismundus III. Dei gratia Rex Poloniæ, Magnus Dux Lithuaniæ, Russiæ, Prussiæ, Masoviæ, Samogitiæ, Livoniæque, nec non Suecorum, Gottorum, Vandalorumque Hæreditarius Rex. Significamus præsentibus hisce hujus & futuri temporis universis & singulis. Cum Illustrissimus Princeps D. Joannes Sigismundus Marchio Brandenburgen. S. R. I. Archi-Camerarius & Elector in Prussia &c. Dux &c. Cognatus noster charissimus per Legàtos suos, magnificos, generosos ac Nobiles Abrahamum Baronem & Burgravium à Dhona, Joannem Truchses à Wetzhausen Capitaneum Fischhausen: & Joachimum Huebner plenis cum mandatis, summaque facultate in Comitiis hisce ad nos missos, diligenter apud nos Ordinesque Regni institissent, ut secundum superiorum Comitiorum responsa conditionesque ab aliquot jam Comitiis, tam a laudatæ memoriæ Parente ipsius Illustrissimo quondam Principe Joachimo Friderico, Marchione Brandenburgen: &c. &c. quam Illustritate ejus ipsa per Legatos tractatas, dubitationem tandem eam quæ de jure simultaneæ Investituræ Illustrissimæ Domus ejus exorta fuerat, explicaremus. Nos, consilio & auctoritate consensuque omnium Ordinum Regni nostri adhibito, sequente modo, ac ratione, nullo plane ex commemoratis Ordinibus repugnante, protestante, contradicente, sed omnibus unanimiter consentientibus, eam definivisse terminasseque, de eademque plenè & integrè transegisse, quemadmodum quidem definimus, determinamus, transigimusque præsentibus hisce. Imprimis quidem omnia, quæ ex pristinis Pactis, quæ unquam inter Serenissimos Reges Decessores nostros, Regnum Magnumque Ducatum Lithuaniæ, & Ducatum Prussiæ, Dominos suos Duces, aut Ordines ejus, nominatim autem D. Sigismundum Primum Regem Avum & Decessorem nostrum, & laudatæ itidem memoriæ Albertum Marchionem Brandenburgen: Primum Prussiæ Ducem, tum Illustrem, Principem Georgium Fridericum Marchionem Brandenburgen. Ducatus ejus Administratorem & Gubernatorem & alios quoscunque intercesserunt; hac nova Transactione & Conditionibus nulla in re derogatum quicquam volumus, sed in robore suo firma immotaque omnia manere debere decernimus. Præter hæc vero Conditiones etiam omnes, de quibus Anno M. DC. V. in Comitiis itidem Varsovien: tum in hisce præsentibus inter nos, Ordinesque Regni nostri, & Legatos laudatæ memoriæ Parentis Illustritatis suæ, nuncque Illust. ipsius convenit, quemadmodum & quæ per Commissarios nostros in Conventu Regiomontano ex præscripto nostro, quod ad Jura Privilegiaque Ducatus ejus accommodatum fuit, constituta sunt. Secundum quam quidem Transactionem Conditionesque commemoratus Illustrissimus Princeps Elector à Nobis accersitus vocatusque in primis ad diem tertiam Mensis hujus Novembris Varsoviam huc ad nos venire tenebitur, rituque & Cæremonia solenni, nobis Regnoque nostro, infrascriptum Homagium & Juramentum præstare eodem nimirum modo, iisdemque Cæremoniis quibus proximè Illustrissimus Princeps Georgius Fridericus Marchio Brandenburgen. in Prussia &c. Dux & Curator id præstitit; Nimirum Ego Joannes Sigismundus Marchio Brandenburgen. S. R. I. Archi-Camerarius & Elector in Prussia, &. Dux &c. juro super hæc Sancta Dei Evangelia, quod ab hac hora deinceps usque ad ultimum diem vitæ meæ ero fidelis & obediens, tibi Serenissimo Principi D. Sigismundo III. Dei Gratia Regi Poloniæ, &c. &c. sicuti meo naturali & Hæreditario Domino & Successoribus legitimis tuis Regibus & Regno Poloniæ, Dominis meis, contra omnem hominem, nemine prorsus excepto. Et quod nunquam ero scienter in consilio, vel auxilio, vel in facto; ex quo (quod absit) amittas vitam vel membrum aliquod, vel per quod accipias in persona aliquam læsionem; aut injuriam, vel contumeliam, vel per quod amittas aliquem honorem, quem nunc habes, vel post habebis, & si sciero; vel audiero de aliquo, qui velit aliquid istorum contra te & Regnum hoc Poloniæ facere, pro posse meo ut non fiat, impedimentum præstabo; & si impedimentum præstare nequivero, quam citò potero, tibi nunciabo, & contra eum, juxta Pacta, auxilium tibi & Regno præstabo. Et si contigerit te rem aliquam quam habes, vel post habebis casu aliquo amittere, eam recuperare curabo, in recuperataque retinenda, de omni tempore juvabo. Et si scivero te velle contra aliquem publico consilio arma sumere, & de eo generaliter vel specialiter fuero requisitus, meum tibi secundum Pacta præstabo auxilium; & si aliquid mihi de secreto manifestaveris, illud sine tua licentia nemini pandam, neque quidquam per quod pandatur faciam. Et si consilium à me super aliquo facto postulaveris, illud tibi dabo consilium, quod tibi Dominisque tuis judicavero magis expedire, & nunquam ex persona mea aliquid scienter; quod pertineat ad tuam vel Regni Dominiorumque tuorum Regno adjunctorum, vel inposterum adjungendorum, injuriam, vel contumeliam faciam; imo honorem, dignitatem, commodaque tua, Regni, & Dominiorum tuorum, tuebor & conservabo, & quoad maximè potero augebo. Denique etiam Pacta priora antiqua; omnia & singula quocunque tempore a Decessoribus meis Prussiæ Dominis aut Ducibus, cum inclyto hoc Poloniæ Regno conventa, tum postremam hanc Transactionem & Conditiones per Oratores meos tecum & Ordinibus Regni tractatas, constitutasque & à me peculiari Diplomate confirmatas, servabo, & implebo. Sic me Deus adjuvet & hæc Sancta Dei Evangelia. Declaratio autem hæc nostra, amplissimorumque Ordinum, de jure hoc simultaneæ Investituræ, beneficiumque hoc in Feudo Ducatus Prussiæ succedendi non ulterius extendi debebit, quam quemadmodum conditionibus Anni M D. C V. nostro & amplissimi Senatus nomine propositum fuit, ad unam tantum lineam laudatissimæ memoriæ Parentis Illustritatis suæ Illustrissimum nimirum Electorem ipsum Joannem Sigismundum, Illustresque Fratres ejus, Joannem Georgium in Silesia Ducem Jegersdorffi: Ernestum & Christianum Wilhelmum Archiepiscopum Magdeburgen: quatuorque Fratrum horum legitimos posteros masculos; ita ut in singulis horum stirpibus ut quisque major natu in Electoratu successerit & una forte stirpe extincta, altera, sicque deinceps in commemorato Feudo Ducatus Prussiæ sibi succedent, quemadmodum quidem supra nominati Fratres soli etiam ad contactum Vexilli admittentur. Alii si qui sint nihil omnino sibi Juris observare poterunt vel debebunt. Religio deinde Catholica Romana, omnibus in Ducatu eam profiteri volentibus, libera esse debebit, neque ullus unquam ex Ducalibus vel jam eam profitentibus, vel inposterum professuris, eam ob rem interpellari debebit. Sacella itidem & Oratoria ubivis, tam in Confinibus quam alibi, integra, tuta & concessa illis sint, in iisdemque liberum pietatis ex Doctrina institutisque Catholicis exercitium habeant: nemo eo nomine prematur turbeturve: nemo Religionis Catholicæ causa ullam vim, injuriam, contumeliam, molestiamve perferat; munera etiam & honores, si qui ex Catholicis idonei fuerint, liber aditus

Anno 1611.

iis fit. Quicunque etiam in Ducatu Catholicæ Romanæ Religionis, Barones, Nobiles, & Civitates, Jura Patronatus à Magistris Ordinis Cruciferorum, vel Serenissimis Regibus Poloniæ Decessoribus nostris vel ipsis Ducibus habuerint, vel præscriptione consecuti fuerint, integrum licitumque illis erit, Religionis Catholicæ Romanæ exercitium in iisdem introducere, instituere, habereque. Si ex Nobilibus plures extiterint, qui in uno eodemque Templo Jus Patronatus sibi vendicent, partim Catholici, partim Evangelici, nemoque eorum reliquis de publico Exercitio decedere velit, in Illustritatis ejus judicio Causa primum cognosci, definirique ex præscriptione Juris Canonici debebit; si quis autem Sententia gravatum se existimaverit, ad judicium nostrum Regium provocare integrum, liberumque illi esse debebit. Cum vero præter hæc, in Conditionibus Anni M.DCV. nostro & amplissimi Senatus nomine postulatum fuisset, ut ad minimum Regiomonti unum atque alterum Templum, ad Religionis Catholicæ usus, cum reditibus justis assignetur non solum propter eos qui ex Ducatu ejus Religionis essent, aut in posterum forent, verum etiam qui ex Regno Magnoque Ducatu Lithuaniæ Catholicæ Religionis homines, negotiorum suorum causa, frequenter eo convenire solerent : ac vero ita de eo tum convenisset, ut per Commissarios nostros, cum ipsis Provincialibus hac de re ageremus, neque tamen apud illos quidquam adhuc perfici potuerit ; ita interim inter nos de eo convenit, ut Illustritas sua in usus hosce Religionis Catholicæ Romanæ unum Templum, cujus justa capacitas sit lateritium seu ex muro loco decenti & honesto in suburbio aliquo ubi Commissarii nostri qui in possessionem Illustritatem ejus mittent commodissimum judicaverit. Cæmiterium etiam circum circa & Campanile ad summum intra triennium suo sumptu extruat : similiter etiam Domum & habitationes necessarias & commodas, pro Parocho & Ministris, tam ejus quam Ecclesiæ, infra scriptum tempus extruat in dotem etiam Ecclesiæ & alimenta Parochi, mille florenos annuos certi reditus, certis in fundis, villis, agris aut censibus assignet. Jus præsentandi Parochum, idoneum tamen & inprimis quidem Sacerdotem Catholicum Religionis Romanæ, tum qui utriusque Linguæ tam Polonicæ nimirum quam Germanicæ peritus sit, ut ad Illustritatem ejus pertineat concedimus. Si tamen intra semestre tempus Illustritas ejus, Successoresve ipsius, eum præsentare neglexerint, Reverendo Episcopo Varmiensi, uti viciniori Episcopo. Successoribusve ejus, de Parocho Ecclesiæ ei providere, ipsumque instituere liberum erit: ad eundem Successoresve ejus inspectio in doctrinam, mores & vitam Parochi pertinere debebit ; qui quidem, ut eodem, quo alii in Regno nostro Sacerdotes, jure privilegiatus & ab omni jurisdictione sæculari exemptus omnino esse debebit; exceptis tamen Casibus, in Jure Canonico expressis. Cæterum eidem Parocho Illustritas ejus, Successoresve ipsius, nec non Magistratus illius, tam Castrenses quam Urbani, securitatem ab omni vi, injuria, contumeliis bona fide præstare tenebuntur. De altero autem Templo, quemadmodum & de dote redituve eorum augendo, integram nobis cum ipsis Provincialibus, per Commissarios nostros, qui Illustritatem ejus in possessionem mittent, agendi facultatem reservamus; quam ad rem non modo nihil impedimenti Illustritas ejus afferre debebit, verum favorem studiumque suum apud Ordines Ducatus ejus candidè, syncerè, bona fide nobis præstabit. Ne quoque Ducatus ejus rationes à rationibus Regni, cujus corpore continetur, discrepent, Calendarium novum ut in Ducatum introducatur, in Conventu Provincialium omni studio & opera quam primùm curare debebit, inque Ducatu posthac servari mandare. Subsidii deinde nomine, præter ea quæ ex pristinis Pactis Ducatus hujus nomine debentur quemadmodum iisdem conditionibus Anni M. D. C. V. Convenit Illustritas sua Successoresve ejus quotannis in Ærarium publicum inferre tenebuntur triginta millia annua Florenorum Polonicalium triginta grossis quemque computando. Quoties vero publica aliqua necessitate postulante in Regno tributum publicè decretum fuerit, totidem triginta alia, nimirum millia ejusdem valoris seu monetæ, ita ut cum tributum scitum fuerit, sexaginta millia annua ab Illustritate ejus dependantur. Quarum quidem Summarum nomine quoties numeratæ fuerint, Thesaurarius Regni nostri vel ad quos ea res pertinuerit, idoneè Illustritatem ejus Ministrosve illius liberare, seu quietare tenebuntur, quemadmodum etiam Conditionibus iisdem Anni M. D. C. V. statutum est, quoties necessitas postulaverit, quatuor Naves Illustritas sua ad tuendam Oram maritimam Prussiæ, suo sumptu habebit. Quod, si ipsi uti illis voluerimus de sumptu in illas faciendo, cum Illustritate sua tractabimus, Privilegia Juraque Incolarum Ducatus Prussiæ cætera itidem Pacta omnia quæque ex iis & pristinis Investituris debentur, omnia in sua robore integra, inviolataque permanere debebunt ; nominatim vero ac Honores & Officia publica, Magistratusque & Arcium Præfecturas, nulli alii quam Ducatus Prussiæ indigenæ secundum Privilegia Juraque vetera Ducatus adhiberi promoverique debebunt. Tributa nova, Conventu Ordinum prius non habito, invitis repugnantibusve, nulla etiam eis imponi poterunt, vel debebunt. Eorum etiam qui per hoc tempus ad nos aliqua in re confugerunt, supplicesque Libellos obtulerunt securitati indemnitatique per omnia cautum esse debebit, neque ea res unquam apud Illustritatem suam, Successoresve ejus aut Magistratum, cuiquam fraudi damnoque esse debebit. Appellationes à Sententiis Illustritatis suæ judiciove aulico ejus, sine ulla exceptione liberæ omnibus ad judicium nostrum Regium esse debebunt, ita tamen, ut non nisi à definitiva Sententia aut vim definitivæ habente appelletur, quantitasque, de qua appellatum fuerit, summam quingentorum Florenorum Polonicalium æstimationis valorisque usitati excedat intra quam appellare nemini liberum erit; similiter tamen de injuria, quæ ei summæ de qua appellaretur æquiparari possit, appellare licebit. Si fide publica etiam ex Ducalibus alicui cavendum Nos Successoresve nostri censuerint, Salvumque Conductum tribuendum, ii secundum Jus publicum sacrosancti semper esse debebunt. Non dabuntur autem Salvi Conductus Hominibus ullis facinorosis, vel in crimine sceléreve aliquo deprehensis. Sed si quis ex sinistra aliqua delatione offensionem Illustritatis suæ Successorumve ejus incurrerit, vel adversarii alicujus potentia premeretur aut aliqua alia justa ex causa dignus præsidio & patrocinio nostro videatur, dabunturque non à jure, sed a vi tantum & potentia, ut juri nihilominus se sistere, reique judicatæ parere teneatur. Durante itidem Salvo Conductu, modeste se gerat, nullum injuria afficiat, tum verò Salvum Conductum illum publicè ad notitiam omnium maximè autem Magistratus adducat; ad extremum etiam ad sex tantum Mensium spatium dabitur, intra quod & jure experiri, & alia honesta sua negotia gerere administrareque qui Salvum Conductum habuerit, possit. Spatio autem exacto, si ulterius eo dignus fuerit, alium impetrare. Illustris etiam Principis Alberti Friderici, Ducis ægri, quoad in vivis extiterit, jus id Illustritatis suæ nullo detrimento præjudicióque esse debebit. Interim etiam dum in valetudine ista permanebit, ex dignitate ejus ab Illustritate ejus exhibebitur; omniaque, quæ tam ad alimenta necessitatemque, quam etiam dignitatem ejus pertinebunt, liberaliter illi ab Illustritate sua subministrabuntur. Si quando etiam ex Ducatu Prussiæ ad alias Ditiones, extra Regnum discedere, Illustritatem suam contigerit, & à Ducatu abesse necesse fuerit, Gubernationem Administrationemque ejus nullis aliis quàm secundùm formam Regiminis à nobis confirmatam, Consiliariis Regentibus, Nobilibus, indigenis & possessionatis Illustritas sua committet. Quæ quidem omnia & singula suprascripta, Illustritas sua peculiaribus suis etiam Literis, manu Sigilloque ejus munitis ex sua etiam parte confirmare, deque iis cavere nobis, Regnoque debebit. Interim vero Oratores Illustritatis ejus in eandem rem, cautionem nobis præstare, Mandatumque seu Plenipotentiam, quam ab Illustritate sua in has res habent, exhibere tenebuntur. Quæ cum omnia præstita fuerint, nos etiam Investituræ ejus, solenne Diploma, manu Sigilloque Majestatis nostræ munitum è Cancellaria nostra Illustritati ejus edi mandabimus. Simul etiam Commissarios nostros designabimus qui in possessionem Ducatus, Feudique ejus Illustritatem ejus mittent, coram quibus quidem Commissariis Subditi simul Ducatus ejus tam Nobiles quam Civitates, seu ex singulis Districtibus, duo ex Nobilitate & Civitatibus in easdem suprascriptas hasce Conditiones omnes Corporale Juramentum suo posterorumque suorum nomine præstare tenebuntur, quod omnia ea ipsi quoquè posterique eorum rata grataque habituri, servaturique sint : maxime autem quod post obitum quatuor prædictorum Principum Fratrum, eorundemque legitimorum Feudi Hæredum, si Deo permittente ita acciderit, nulli alii, quam Regibus, Regnoque Poloniæ immediate tum parere, subjectique esse debebunt, neque quenquam alium, nisi Regem & Regnum Poloniæ tanquam naturalem Hæreditariumque suum Dominum agnoscere, aut fidelitatem, subjectionemque præstare debeant, sed in commemoratorum

Regum.

ANNO 1611. Regum, & Regni Poloniæ potestatem recident, fineque ulla cunctatione tergiversationeque, tam quoad utile & directum Dominium, quam merum itidem & mixtum imperium, se subjicient obedientque. Juribus nostris Regalibus supremique Dominiis Regni nostri, Incolarum itidem Ducatus ejus per omnia salvis manentibus. In cujus rei fidem & testimonium præsen. manu nostra subscriptas Sigillo Regni communiri mandavimus. Varsoviæ in Comitiis Regni Generalibus, die quinta Mensis Novembris Anno M. DC. XI. Regnorum nostrorum Poloniæ XXIV. Sueciæ XVIII. Præsentibus Reverendissimis, Reverendis, Illustribus, Magnificis &c. &c. ut inferius in ipso Feudo.

SIGISMUNDUS REX.

HIERONYMUS CIELECKI.

In simili forma Cautio supradicta Illustrissimo Electori cum Subscriptione ejusdem prout cum Legatis Illustritatis suæ conventum fuerat, extradita.

CIX.

Novem. SIGISMUNDI *Electoris Brandenburgici Litteræ, quibus continentur confirmanturque Articuli, & Conditiones Investituræ simultaneæ in Ducatum* Prussiæ, *à* SIGISMUNDO III. *Rege Poloniæ, amplissimisque Regni Ordinibus ei concessæ, cum inserto Juramento Fidelitatis ab eo præstito, cumque Declaratione & Cautione suorum Legatorum in Comitiis Varsovienfibus super hoc Negotio data, die.. Novemb.* 1611. [Acta & Decreta Commissionum S. R. M. Poloniæ & Sueciæ Regiomonti in annis 1609. & 1612. habitarum. pag. 47.]

SIGNIFICAMUS præsentibus Literis nostris quorum interest hujus & futuri temporis universis & singulis. Cum ab Illustrissimo Principe ac Domino D. Joanne Sigismundo, Marchione Brandenburgen. Sac. Rom. Imperii Archi-Camerario & Electore, in Prussia, Juliæ, Cliviæ, Montium, Stetini, Pomeraniæ Cassuborum Vandalorum & Crosnæ, Carnoviæque in Silesia Duce, Burgravio Norimbergen. & Principe Rugiæ, Comite Marchæ & Ravensburgi, ad præsentia Regni Comitia, de negotio simultaneæ Investituræ in Ducatum Prussiæ tractandi causa ad Serenissimum Principem Dominum Sigismundum tertium Dei gratia Regem Poloniæ, Magnum Ducem Lithuaniæ, Russiæ, Prussiæ, Massoviæ, Samogitiæ Livoniæque &c. nec non Suecorum, Gottorum, Vandalorumque Hæreditarium Regem, amplissimosque Regni Ordines, plenis cum mandatis summa potestate missi fuissemus, de certis conditionibus, nomine Serenissimæ Regiæ Majestatis suæ & Ordinum nobis propositis convenisset; pleneque transactum constitutumque fuisset, certoque Scripto à commemorato Illustrissimo Principe nostro sub manu & Sigillo Illustrissimæ Celsitudinis ejus edendo comprehensis. Cujus quidem tenor ad verbum sequitur, & est talis.

JOANNES SIGISMUNDUS Dei gratia Marchio Brandenburgen: Sac. Rom. Imperii Archi-Camerarius & Elector in Prussia, Juliæ, Cliviæ, Montium, Stetini, Pomeraniæ, Cassuborum, Vandalorumque, Crosnæ, Carnoviæque in Silesia Dux, Burgravius Norimbergen: & Princeps Rugiæ, Comes Marchæ & Ravensburgi, Dominus in Ravenstein, Significamus præsentibus hisce quorum interest, hujus & futuri temporis, universis & singulis. Cum de Successione in Feudo Ducatus Prussiæ ab aliquot jam annis, partim ab inclytæ memoriæ Domino Joachimo Friderico Principe, itidem Electore Brandenburgen: Parente nostro desideratissimo, partim à nobis ipsis, cum Serenissimo Principe ac Domino, Domino Sigismundo tertio Rege Poloniæ, Magno Duce Lithuaniæ, Russiæ, Prussiæ &c. &c. Domino & Cognato nostro observandissimo, amplissimisque Regni Ordinibus diversis temporibus actum esset, ac tandem in hisce Comitiis Varsovien: per Legatos nostros Magnificos & Generosos Abrahamum Baronem & Burgravium à Dhona, Joannem Truchsesium à Wetzhausen Præfectum nostrum Fischhausanum & Joachimum Hubnerum Consiliarium nostrum, quos ad negotium hoc perficiendum plenis cum Mandatis summaque Facultate miseramus, cum eodem Serenissimo Rege amplissimisque Regni Ordinibus tota de re certis conditionibus convenisset, pleneque transactum fuisset, atque ex vi Transactionis hujus Conditionibusque ejus ad hommagium præstandum, ab eodem Serenissimo Rege, amplissimisque Ordinibus accersiti, vocati, admissique fuissemus: Nos in commemoratam Transactionem Conditionesque omnes eas quæ à commemoratis omnibus nostris, nomine nostro acceptæ sunt, non solum consensum nostrum libere præstitisse, sed easdem etiam peculiari hoc Scripto approbandas, confirmandas firmasque & ratas habendas dixisse, quemadmodum quidem approbamus, confirmamus, firmasque & ratas habemus præsentibus hisce. Inprimis autem, tam nostro quam Successorum nostrorum nomine, approbamus, confirmamus, maturoque consilio ac deliberatione adhibita, ultro in nos & Successores nostros recipimus omnia quæ ex antiquis Pactis quæcunque inter Serenissimos Reges, Regnumque Poloniæ, Magnum Ducatum Lithuaniæ & Ducatum Prussiæ Dominosve Duces aut Ordines ejus, nominatim autem Divum Sigismundum Primum Regem & inclytæ itidem memoriæ Albertum Marchionem Brandenburgen., agnatum nostrum primum Prussiæ Ducem, tum Illustrem Principem Georgium Fridericum Marchionem Brandenburgen. &c. &c. ejusdem Ducatus Dominum & Gubernatorem, aut quoscunque alios unquam intercesserunt debentur: quibus postrema hac Tractatione Transactioneque & insertis Conditionibus nulla in re derogatum quicquam volumus, sed & in robore suo firma immotaque omnia manere debere, cavemus, promittimusque. Præter ista verò, Conditiones etiam omnes de quibus Anno sexcentesimo quinto in Comitiis itidem Varssavien: per Legatos inclytæ memoriæ Parentis nostri, tum in hisce per nos convenit, quemadmodum & quæ per Commissarios Regios in Conventu Regiomontano, ex præscripto Sac. Regum Majestatis, quod ad Jura & Privilegia Ducatus ejus accommodatum fuit, constituta sunt. Secundùm quas quidem Conditiones inprimis profitemur nos vocatos in Persona ad Comitia Varsaviam venisse, rituque & Cæremonia solenni, commemorato Serenissimo Regi Sigismundo tertio & Regno, infrascriptum Homagium & Juramentum præstitisse, eodem nimirum modo iis denique Ceremoniis, quibusque proxime Illustrissimus Princeps Georgius Fridericus Marchio Brandenburgen. in Prussia Dominus & Curator id præstitit, verbis ita conceptis: Ego Joannes Sigismundus Dei gratia Marchio Brandenburgen. Sac. Rom. Imperii Archi-Camerarius & Elector, in Prussia, Juliæ, Cliviæ, Montium, Stetini, Pomeraniæ, Cassuborum, Vandalorum & Crosnæ Carnoviæque in Silesia Dux, Burgravius Norimbergen: & Princeps Rugiæ &c. Juro super hæc Sancta Dei Evangelia quòd ab hâc hora deinceps usque ad ultimum diem vitæ meæ, erò fideliter obediens tibi Serenissimo Principi Domino Sigismundo tertiò Dei gratia Regi Poloniæ, & Magno Duci Lithuaniæ, Russiæ, Prussiæ, Masoviæ, Samogitiæ, Livoniæque &c. &c. Domino, sicuti meo naturali & Hæreditario Domino & Successoribus tuis legitimis Regibus & Regno Poloniæ Dominis meis, contra omnem hominem, nemine excepto. Et quod nunquam ero scienter, in consilio vel auxilio, vel in facto, ex quo (quod absit:) amittas vitam vel membrum aliquod, vel per quod accipias in Persona aliquam læsionem aut injuriam vel contumeliam, vel per quod amittas aliquem honorem quem nunc habes, vel post habebis; Et si scivero, vel audiverò de aliquo, qui velit istorum aliquid contra te & Regnum hoc Poloniæ facere, prò posse meo ut non fiat, impedimentum præstabo. Et si impedimentum præstare nequivero, quam cito potero tibi nuntiabo, & contra eum juxta Pacta auxilium tibi & Regno præstabo. Et si contigerit te rem aliquam quam habes vel habebis, casu aliquo amittere, eam recuperare curabo, & in recuperata retinenda, te omni tempore adjuvabo. Et si scivero te velle contra aliquem publico consilio arma sumere & de eo generaliter vel specialiter fuero requisitus, meum tibi secundum Pacta præstabo auxilium. Et si aliquid mihi de secreto manifestaveris, illud sine tua licentia nemini pandam, neque quidquam per quod pandatur faciam. Et si consilium à me super aliquo facto postulaveris, illud tibi dabo consilium quod tibi Dominiisque tuis judicavero magis expedire, & nunquam ex persona mea, aliquid scienter quod pertineat ad tuam vel Regni, Dominiorumque tuorum Regno adjunctorum, vel inposterum adjungendorum, injuriam vel contumeliam faciam, immò honorem, dignitatem commodaque tua Regnique ac Dominiorum tuorum tuebor & conservabo, vel quod maxime potero augebo. Denique Pacta etiam priora

ANNO 1611.

priora & antiqua, omnia & singula quocunque tempore Decessoribusque meis Prussiæ Dominis aut Ducibus cum inclyto hoc Poloniæ Regno conventa tum postremam hanc Transactionem & Conditiones per Oratores meos tecum & Ordinibus Regni tractatas, constitutasque & à me peculiari Diplomate confirmatas servabo & implebo. Sic me Deus adjuvet & hæc Sancta Dei Evangelia. Quod quidem Homagium seu Juramentum ut ex Pactis feudalibus Conditionibusque à nobis initis, in persona præstitimus, ita nos Successoresve nostri, quoties secundum Leges feudales renovari Investituram contigerit, eodem omninò modo eademque forma, Serenissimis Regibus pro tempore extituris, Regnoque præstare semper tenebimur, tenebunturque. Declarationem autem hanc Serenissimi Regis & Amplissimorum Ordinum de jure hoc simultaneæ Investituræ beneficioque in Feudo hoc Ducatus Prussiæ succedendi, non ulterius extendi debere statuerunt, decreveruntque quam quemadmodùm Conditionibus Anni M. D. C. quinti Sacræ Regiæ Majestatis & Amplissimorum Ordinum nomine propositum fuit, ad unam tantum lineam laudatissimæ memoriæ Parentis nostri, Nos nimirum ipsos, Successoresque nostros per rectam lineam à Nobis descendentes Illustrissimosque Fratres nostros Germanos Joannem Georgium in Silesia Ducem Jegersdorffen: Ernestum & Christianum Wilhelmum, Archiepiscopum Magdeburgen. eorundemque legitimos posteros masculos, ita ut in singulis stirpibus, ut quisque major natu in Electoratu successerit, & una fortè stirpe extincta altera; sicque deinceps in commemorato Feudo Ducatusque Prussiæ, invicem sibi succedant: quemadmodum etiam hos solos ad contactum Vexilli Regia Majestas, & amplissimi Ordines admittendos statuerunt; alios vero nullum omnino jus usurpare in eo sibi posse aut debere. Religio deinde Catholica Romana, in Ducatu eam profiteri volentibus, libera erit, neque ullus unquam ex Ducalibus, vel jam eam profitentibus aut inposterum professuris, eam ob rem interpellabitur. Sacella itidem & Oratoria ubivis tam in Confinibus quàm alibi integra, tuta & concessa illis erunt in iisdemque liberum pietatis ex Doctrina institutisque Catholicis Romanis exercitium habebunt. Nemo eo nomine turbabitur premeturve; nemo Religionis Catholicæ causa ullam vim, injuriam, contumeliam, molestiamve perferet, aut perferre perpetique debebit. Ad munera etiam & honores, qui ex Catholicis idonei fuerint, liber aditus erit. Quicunque etiam in Ducatu Catholici Romanæ Religionis Barones, Nobiles & Civitates, Jura Patronatus à Magistris Ordinis Cruciferorum vel Serenissimis Poloniæ Regibus, vel Decessoribus nostris Ducibus Prussiæ habuerint vel præscriptione consecuti sint, integrum licitumque illis erit, Religionis Catholicæ Romanæ exercitium in iisdem introducere, instituere, habereque. Si verò ex Nobilibus plures extiterint, qui in uno eodemque Templo Jus Patronatus sibi vendicent, partim Catholici partim Evangelici, nemoque eorum reliquis de publico exercitio decedere velit, à nobis judiciove nostro, causa cognosci, exque præscripto Juris Canonici definiri debebit. Qua Sententia si quis gravatum se existimaverit, ad Judicium Sacræ Regiæ Majestatis provocatio integra ei erit. Cum vero præter hæc in Conditionibus Anni millesimi sexcentessimi quinti, nomine Serenissimi Regis & amplissimi Senatus postulatum fuisset, ut ad minimum Regiomonti unum atque alterum Templum ad Religionis Catholicæ usus, cum reditibus justis, assignaretur, non solum propter eos qui ex Ducatu ejus Religionis essent, aut imposterum forent, verum etiam qui ex Regno, magnoque Ducatu Lituaniæ Catholicæ Religionis homines negotiorum suorum causa frequenter eo convenire solerent, ac vero ita de eo tum convenisset, ut per Commissarios suos cum ipsis Provincialibus Serenissimus Rex ageret, neque tamen apud illos quidquam adhuc perfici potuerit. Nos quidem Transactionis Conditionumque harùm vi authoritateque præsentium Literarum nostrarum recipimus, promittimus spondemusque in usus hosce Religionis Catholicæ Romanæ unum Templum cujus justa capacitas sit latericium, seu ex lapide, Loco decente & honesto, in Suburbio aliquo ubi Commissarii Regii, qui in possessionem nos mittent, commodissimum judicaverint, Cœmiterium item circum circa & Campanile ad summum intra triennium nostro sumptu extructuros. Similiter etiam juxta Templum Domum & Habitationes necessarias & commodas, pro Parochis & Ministris, tàm ejus quam Ecclesiæ infra suprascriptum tempus; tum in dotem etiam Ecclesiæ & alimenta Parochi mille Florenos annuos certi reditus, certis in fundis, villis, agris aut censibus

ANNO 1611.

assignaturos. Jus præsentandi Parochum idoneum tamen, & inprimis quidem Sacerdotem Catholicum Religionis Romanæ, tum qui utriusque Linguæ tam Polonicæ nimirum quam Germanicæ peritus sit, ad nos pertinere debebit, si tamen intra semestre tempus, nos Successoresve nostri præsentare eum negligeremus, Reverendissimo Episcopo Varmiensi, uti Episcopo viciniori, Successoribusque ejus, de Parocho ei Ecclesiæ providere, ipsumque instituere liberum erit, ad eundem Successoresque ejus inspectio in doctrinam, mores & vitam Parochi pertinere debebit, qui quidem eodem jure quo alii in Regno Poloniæ Sacerdotes, Privilegiatus & exemptus omnino ab omni jurisdictione seculari esse debebit, exceptis tamen casibus in Jure Canonico expressis cæterum eidem Parocho, nos Successoresque nostri, nec non Magistratus nostri, tam Castren: quam Urbani, securitatem ab omni vi, injuria, contumeliis, bona fide præstabimus, illique præstabunt. De altero autem Templo, quemadmodum & de dote redituve eorum augendo, integrum erit Serenissimo Regi cum ipsis Provincialibus, per Commissarios qui nos in possessionem mittent, agere. Quàm ad rem non modò nihil impedimenti nos allaturos, verum favorem studiumque nostrum apud Ordines Ducatus, candidè, sincerè, bonaque fide præstituros promittimus. Me quoque Ducatus ejus nostri rationes à rationibus Regni cujus corpore continetur discrepent; Calendarium novum ut in Ducatum introducatur in Conventu Provincialium, omni studio & opera quam primum curabimus, idque posthac in Ducatu servari mandabimus. Subsidii nomine, præter illa quæ ex pristinis Pactis Ducatus hujus nomine debentur, quemadmodum iisdem Conditionibus Anni sexcentesimi quinti convenit, nos Successoresque nostri, quotannis in Ærarium publicum inferre tenebimur tenebunturque triginta millia Florenorum annua Polonicalium, triginta grossis unumquemque computando. Quoties vero necessitate aliqua publica postulante in Regno tributum decretum publicè fuerit, totidem alia triginta nimirum millia ejusdem valoris seu monetæ; ita ut cum tributum scitum fuerit, sexaginta millia à nobis dependantur.

Quarum quidem summarum nomine, quoties numeratæ fuerint, Regni Thesaurarius vel ad quos pertinuerit, idoneè nos Ministrosve nostros liberare, seu quietare tenebuntur. Quemadmodum etiam conditionibus ejusdem Anni sexcentesimi quinti, statutum est, quoties necessitas postulaverit. Quatuor Naves ad tuendam Oram maritimam Prussiæ, nostro sumptu habebimus: quod si Sacra Regia Majestas uti illis voluerit de sumptu in illas faciendo nobiscum tractabit. Privilegia juraque Incolarum Ducatus Prussiæ, cætera itidem Pacta omnia quæque ex iis & pristinis Investituris debentur, omnia in suo robore integra inviolataque permanere debebunt, quemadmodum quidem nulla re ea infirmaturos, verum omnia sarta tectaque conservaturos, promittimus, spondemusque, nominatim vero ad Honores & Officia Publica, Magistratusque & Arcium Præfecturas, nullos alios quam Ducatus Prussiæ indigenas, secundum Privilegia Juraque vetera Ducatus, nos Successoresve nostros, adhibituros promoturosve. Tributa nova, Conventu Ordinum prius non habito, invitis repugnantibusve, nulla etiam imponere eis poterimus aut debebimus. Horum etiam qui per hoc tempus ad Sacram Regiam Majestatem aliqua in re confugerunt, supplicesque Libellos obtulerunt, securitati indemnitatique per omnia cavemus, neque eam rem unquam apud nos Successoresve nostros, aut Magistratus cuiquam fraudi damnoque esse debere, promittimus spondemusque. Appellationes à Sententiis nostris Judiciive nostri Aulici sine ulla exceptione libere omnibus ad Judicium Regium erunt, ita tamen ut non nisi à definitiva Sententia aut vim definitivæ habente appelletur, quantitas de qua appelletur, summam quingentorum Florenorum Polonicalium, æstimationis valorisve usitati excedat, infrà quam appellari nulli integrum erit. Similiter tamen de injuria, quæ ei summæ de qua appellaretur, æquiparari possit, appellare licebit. Si fide publica etiam ex Ducalibus alicui cavendum Sacra Regia Majestas Successoresve ejus, Salvumque Conductum tribuendum censuerint; ii secundum Jus publicum, apud nos Successoresve nostros sacrosancti semper erunt, & esse debebunt. Ita tamen ex parte Regiæ Majestatis, & amplissimorum Ordinum convenit, ne Salvi Conductus aliqui hominibus ullis, vel facinorosis, vel in crimine scelereve aliquo deprehensis, dentur, sed siquis ex sinistra aliqua delatione offensionem nostram Successorumque nostrorum incurrerit, vel adversarii alicujus potentia premeretur,

ANNO 1611.

aut aliqua alia justa ex causa dignus præsidio ac patrocinio Regio videretur; datumque eosdem iri non à jure sed à vi tantum & potentia ut juri nihilominus se sistere reique judicatæ parere teneatur. Durante itidem Salvo Conductu modestè se gerat, nullum injuria afficiat, tum veró publice Salvum Conductum illum ad notitiam omnium, maximè autem Magistratus adducat: ad extremum etiam ut ad sex tantum mensium spatium tenetur, intra quos & jure experiri & alia negotia sua honesta gerere administrareque qui Salvum Conductum habuerit, possit spatio autem eo exacto, si ulterius eo opus habuerit, alium impetrare. Si quando etiam ex Ducatu Prussiæ ad alias Ditiones nostras extra Regnum discedere nobis contigerit, & à Ducatu abesse necesse fuerit, Gubernationem Administrationemque ejus nullis aliis, quam secundum formam Regiminis à nobis confirmatam Consiliariis Regentibus Nobilibus, indigenis & possessionatis, committemus. Illustrissimi etiam Principis Alberti Friderici agnati & soceri nostri charissimi juri, quoad in vivis extiterit, jus hoc nostrum nullo detrimento præjudicioque esse debebit. Interim etiam tum in valetudine ista permanebit ex dignitate ejus à nobis exhibebitur; omniaque quæ tam ad alimenta necessitatemque quam etiam dignitatem ejus pertinebunt, liberaliter illi à nobis suppeditabuntur. Designabit autem Regia Majestas Commissarios suos qui nos in possessionem Ductus Feudique ejus mittant, coram quibus quidem Commissariis Subditi simul Ducatus ejus, tam Nobiles quam Civitates, seu ex singulis Districtibus duo ex Nobilitate & Civitatibus in easdem suprascriptas hasce Conditiones & Transactionem Corporale Juramentum, suo posterorumque suorum nomine, præstare tenebuntur, quod omnia ea ipsi quoque, posterique eorum rata grataque habituri servaturique sint; maxime autem quod post obitum quatuor prædictorum Principum, Fratrum, eorumque legitimorum Feudi Hæredum, si Deo permittente ita acciderit, nulli alii quam Regibus & Regno Poloniæ, immediatè tum parere subjectique esse debebunt, neque quenquam alium, nisi Reges & Regnum Poloniæ, tanquam naturalem Hæreditariumque suum Dominum agnoscere, aut Fidelitatem Subjectionemque præstare debent, sed in commemoratorum Regum, & Regni Poloniæ potestatem recident, sine qua ulla cunctatione tergiversationeque eis, tam quoad utile & directum Dominium, quam merum itidem & mixtum imperium se subjicient obedientque, veteribus tamen Juribus, Privilegiis, Libertatibusque eorum salvis. Quæ quidem omnia & singula suprascripta, tam in genere quam in specie, Nos Successoresque nostros in omnibus eorum punctis, & clausulis diligentissime sanctissimeque adimpleturos, executioni demandaturos, observaturosque, neque quicquam vel per nos, vel quemcunque alium, contra eadem attentaturos, facturos aut attentari fierive passuros, sub fide & honore Principis, nostro Successorumque nostrorum nomine, spondemus, promittimus, cavemusque. In quorum omnium fidem, præsentes manu nostra subscripsimus, Sigilloque nostro communiri mandavimus.

Nos igitur supra commemorati Legati quemadmodum ex vi mandatorum nostrorum, ab Illustrissima Celsitudine sua nobis datorum in suprascriptas Conditiones omnes & singulas, maturo consilio deliberationeque adhibita, sponte ultroque consensum nostrum præstitimus, inque Illustrissimum Principem nostrum & in nos recepimus; ita easdem hisce Literis nostris ex hoc mox tempore accipimus, approbamus, confirmamus, roboramus, perpetuæque firmitatis robur obtinere debere attestamur: commemoratum etiam Illustrissimum Principem nostrum quam primum ad præstandum homagium admissus fuerit, suprascriptas Literas hisce nostris insertas, sine ulla cunctatione tergiversationeque sub manu & Sigillo suo Sacræ Regiæ Majestati, & Amplissimis Ordinibus editurum omniaque bona fide, fuco, dolo, fraudeque omni remotis, adimpleturum sub fide & honore virorum Illustrium sanctè promittimus, pollicemur, spondemus cavemusque. In quorum fidem hasce manibus nostris subscripsimus, Sigillisque nostris munivimus. Dat. Varsoviæ in Comitiis Regni Generalibus, die.. Mens. Novembr. Anno Domini millesimo, sexcentesimo undecimo.

ABAHAMUS Burgravius & Baro à Dhona,
(L. S.)
JOANNES TRUCHSES à WEZHAUSEN,
Capitaneus Fischhausen.
(L. S.)
JOACHIMUS HUBNER.
(L. S.)

ANNO 1611. 16. Nov.

CX.

SIGISMUNDI III. *Regis Poloniæ Diploma Investituræ Ducatus* Prussiæ JOANNI SIGISMUNDO *Electori Brandenburgico & tribus ejus Fratribus, in perpetuum & individuum Feudum concessi. Datum Varsoviæ* 16 *Novemb. Anno* 1611. [Acta & Decreta Commissionum S. R. M. Poloniæ & Sueciæ Regiomonti in Annis 1609. & 1612. habitarum pag. 61.]

In Nomine Sanctæ & Individuæ Trinitatis Amen ad perpetuam rei memoriam.

NOs Sigismundus III. Dei Gratia Rex Poloniæ, Magnus Dux Lithuaniæ, Russiæ, Prussiæ, Masoviæ, Samogitiæ: Livoniæque nec non Suecorum, Gottorum Vandalorumque Hæreditarius Rex. Significamus præsentibus hisce quorum interest intereritve, hujus & futuri temporis universis & singulis: quod cum jam ante à divæ memoriæ Decessore nostro Stephano Rege, deinde etiam nobis ipsis cura Illustris Principis D. Alberti Friderici, Marchionis Brandenburgen. &c. in Prussia &c. Ducis cognati nostri charissimi in ea ejus ægritudine, in quam permissu divino incidit, atque ad tempus hoc versatur, Illustri Principi Domino Georgio Friderico, Marchioni Brandenburgen: multis justisque de causis, benignitateque & gratia nostra Regia demandata collataque fuisset, ac vero ille, commemorato illustri Principe D. Alberto Friderico in eadem invaletudine permanente, decessisset, nos ex Senatus Consiliique nostri Sententia non minoribus causis animum nostrum moventibus adductos proque summa necessitudine, quæ cum Illustrissima Electorali Domo Brandenburgica à Majoribus nostris mutua tradita nobis fuit eandem curam primum Illustrissimo Principi D. Joachimo Friderico Marchioni Brandenburgen: &c. &c. deinde, post Illustritatis ejus decessum, ejusdem Illustritatis Filio nimirum Illustrissimo Principi D. Joanni Sigismundo, Marchioni Brandenburgen: S. R. I. itidem Archi-Camerario & Electori contulisse. Cum autem Illustritates eorum ab aliquot jam Comitiis, ut dubitationem quoque, tam quæ de jure simultaneæ Investituræ jureque in Feudo Ducatus Prussiæ succedendi exorta fuerat, simul explicaremus per suos atque adeo Regum quoque & permultorum Sac. Rom. Imperii Principum Legatos apud nos, Ordinesque Regni nostri diligenter institissent, ob superiorum autem temporum difficultates in Comitia Anni hujus M. DCXI. proxime hisce diebus peracta extractaque res fuisset; tandem in iisdem hisce Comitiis, certis conditionibus, ita tota fere convenit, transactumque fuit ut re in Conventibus particularibus antè proposita deliberataque tam amplissimi Senatus, quam Nunciorum Terrestrium ab universa Nobilitate ad Comitia commemorata missorum, omniumque Ordinum nostrorum authoritate unanimique consilio, & consensu adhibito, publice per Marschalcum ejus Ordinis generosum Joannem Swoszewski Notarium Terrestrem Leopolien: declarato ac Lege quoque lata firmato, commemorato Illustrissimo Principi, Domino Joanni Sigismundo Fratribusque Illustritatis ejus Germanis, Illustribus nimirum Principibus, Joanni Georgio in Silesia Duci Jegersdorffen: Ernesto & Christiano Wilhelmo, Archi-Episcopo Magdeburgen: eorundemque omnium legitimis Successoribus Masculis ex lumbis eorum descendentibus, jus simultaneæ Investituræ Successionisque in Feudo Ducatus Prussiæ tribueretur, conferetur, confirmareturque; Quæ quidem conditiones cum peculiari Decreto nostro comprehensæ sint ab Illustrissimo etiam Principe Electore peculiaribus Literis manu Sigilloque Illustritatis ejus editis, acceptæ, approbatæ confirmatæque sint; secundum easdem conditiones, commemoratus Illustrissimus Princeps Elector intra tempus legitimum juxta prorogationem in Comitiis, publica Ordinum authoritate factam solennis Juramenti, nobis Regnoque nostro præstandi causa, Varsoviam in propria Persona venisset, dieque decimo sexto mensis hujus Novembr. publice solenniterque, in loco publico & theatro, sub dio ex tempore excitato, Senatoribus lateri nostro assidentibus Officialibusque & Aulicis nostris magnaque

Anno 1611.

que frequentia Nobilitatis præsentibus, Investituram à nobis petiisset, jusjurandumque præscriptis verbis solenni ritu ac cærimoniâ nobis Regnoque nostro præstitisset; Nos, authoritate, consilio, consensuque omnium Ordinum nostrorum jam ante durantibus Comitiis in eam rem præstito, peculiarique Constitutione declarato, Pacta vetera, tum postremam hanc Transactionem in omnibus & singulis conservando iisdem causis, singularisque erga Illustritatem ejus universamque Illustrissimam Domum Brandeburgicam benevolentia nostra quæ antea ad concedendam Illustritati ejus Curationem & Gubernationem supradictam adducti fuissemus; cum præsertim commemorati Illustris Principis D. Alberti Friderici in Prussia Ducis, non solum valetudo sed ætas etiam magis in dies ingravescat, inque ætate hac ipsius, vitaque cælibe seu viduali, proles ulla mascula vix expectanda sit; nunc quoque non inviti faciendum nobis putavimus ut Illustritatem ejus ad Terras, Civitates, Oppida, & Arces, Feudalis Ducatus in Prussiâ investiremus, uti investimus præsentium Literarum tenore, ea nimirum ratione, ut quoad Illustris D. Albertus Fridericus in Prussia Dux, cujus Juri nihil derogatum volumus, in eâ quæ nunc est valetudine perseveraverit commemoratus Illustrissimus Princeps Elector Joannes Sigismundus, tanquam Curator ipsius Ducis & Gubernator Ducatus cum titulo & præeminentia Ducis, Ducatum ipsum teneat; iis nimirum Conditionibus, quæ veteribus Pactis Decretoque nostro & postrema Transactione, Diplomate ab ipso Illustrissimo Electore subscripto, confirmata convenerunt. Quod si vero præfatus Dux in ægritudine decesserit, & tunc suo jure, vigore veterum & nostræ hujus Investituræ, prædictus Illustrissimus Princeps Joannes Sigismundus Marchio & Elector Ducatum in Prussia in Feudum à Nobis & Regno nostro retineat. Eo igitur modo Illustrissimo D. Joanni Sigismundo Electori & Marchioni Brandenburgen. ejusque Hæredibus Masculis, legitimis Feudi Successoribus, in perpetuum & individuum Feudum omnes Ducatus Prussiæ, Terras, Civitates, Oppida, & Arces, videlicet Arcem Konigsberg cum tribus Civitatibus, item Arces & Oppida, Lochsteten, Wargen, Germau, Pubeten, Radau, Schaken, Kaimen, Kremiten, Waldau, Tapiau, Taplaken, Narketen, Insterburg, Abenburg, Wonsdorff, Gerdauen, Angerburg, Nordenburg, Labiaw, Laukisken, Tilze, Ragnet, Roziten, Wientzberg, Memel, Brandeburg, Kreuchburg, Fridland, Dominau, Barten, Lecen, Balge, Heiligen-Beil, Cinten, Canzberg, Preischeilau, Bartestein, Schonstein, Schensburg, Rein, Rastenburg, Lekk, Stradaun, Joansburg, Holand, Libstat, Milhausen, Morugen, Passenheim, Ortelsburg, Ostrode, Hoenstein, Neidenburg, Soldau, Hilgenburg, Schipenpeil, Oteroslau, Preismarck, Libemil, Salfeld, Risenburg, Marienuerder, Isenberg, Pownden, Georgenburg, Rosenberg, Gardenschec, Neihaus, Freistadt, Salau, Fischhausen, Bischoffswerder, Wedenau, cum omnibus & singulis Subditis, Vasallis, Fructibus, Dominiis, Superioritatibus, Libertatibus, & Juribus, una cum omnibus Arcibus, Civitatibus, Foris, Villis, Mansis, Curiis Molendinis, Molendinorum locis, Censibus, Vectigalibus, Reditibus, Theloneis Servitiis, Feudis spiritualibus & secularibus, Lacubus, Fluminibus, Piscationibus, Aquis, Aquarumque decursibus Ferarum lustris, Ferarum mearibus, Venationibus, Sylvis, Nemoribus, Pascuis, Pratis, Actibus etiam cum omnibus metallis, quæ modo sunt, seu in futuro fieri possunt, Auro, Argento, Cupro, Stano, Plumbo, & Salinis supra, & suptus Terram similiter una cum omnibus & singulis juribus, eminentiis, pertinentiis universis, nullis penitus exceptis sicut ejusmodi terras quondam Magistri Generales, & Ordo habuere & usque ad Ducem in locum Magistrorum creatum, usu & fructu tenuerunt, inposterum perpetue, & Hæreditarie, in commune, & individuum Feudum, tenendas, fruendas, utendas, & possidendas. Ubi vero & Illustris Albertus Fridericus, nunc æger, & ipse Illustrissimus Joannes Sigismundus Elector, Marchiones & Duces in Prussia, sine legitimis Feudi Hæredibus Masculis, vel eorum Hæredes post eorum obitum, sine legitimis Masculini Generis Feudi Hæredibus, ex humanis concederent; dictæ Terræ, Civitates, Oppida & Arces ad commemoratos Illustres Principes Illustritatis ejusdem Germanos Fratres, vel eorum legitimos posteros masculos, ex lumbis eorum descendentes, pro ut quisque eorum in Electoratu sibi successerit, quorum Oratores in hac Inauguratione & renovatione Feudi, ex singulari nostra gratia benignitateque, ac postrema hac Transactione, ad Contactum Vexilli admisimus, ita tamen, ut postquam alicui ex iis aperietur suo ordine Feudum, Ducatus in Prussia, ne per assecutionem priorem Electoratus aliqua in re præjudicaret, juribus nostris, & Regni nostri, quod habemus legitime Hæreditarium ad Terras Prussiæ derivari & devolvi debere: ita ut dictæ Terræ, Civitates, Oppida, ubi divina ordinatione ejusmodi casus futuris temporibus acciderent, de uno in alium, & eorum legitimos Feudi Hæredes masculos, illo ipso ordine, qui superius expressus est, cedant & devolvantur, sine nostro Hæredumque & Successorum nostrorum Regum, & Regni Poloniæ impedimento & præjudicio. Ea ratione, ut quoties se obtulerit ejusmodi casus devolutionis de uno in alium Marchiones prædictos & eorum legitimos Feudi Hæredes masculos debebunt illi & quisque eorum debebit, Nobis & Successoribus nostris Regibus & Regno Poloniæ, infra tempus debitum ac legitimum, debitam subjectionem, & Feudi Obligationem ac Homagium præstare, neque prius Feudum Ducatus in Prussia accipere, aut susceptum adire, à Subditisve Juramentum exigere poterunt aut debebunt quam nobis Successoribusve nostris Regibus ac Regno Poloniæ in propria Persona, Juramentum Fidelitatis Homagiumque præstiterint. Quod si prædicti Marchiones, divina voluntate sic disponente, sine mascula prole feudi hærede legitima, ex lumbis eorum, ordine suprascripto procedente, decederent, tunc omnes & singulæ Terræ, Civitates, Oppida, Bona & Arces suprascriptæ, ad nos Successoresve nostros Reges, & Regnum Poloniæ, sine omni impedimento, & contradictione, Incolarum tamen Privilegiis & Juribus salvis, debent & redire. Debebit item Illustrissimus Marchio Elector & Dux in Prussia, ejusque prænominati Successores, Feudi Hæredes, pro hac nostra in se beneficentia, Nobis & Regno nostro tale obsequium præstare, quod ut ratione Concordiæ & Concessionis Feudi, à quocunque cujusvis eminentiæ, & conditionis Principe, seu Potentatu impeteremur aut Successores nostri impeterentur, tenebitur ipse Illustrissimus Dominus & Marchio Elector & Dux in Prussia aut ejus prædicti Feudi Successores, Duces in Prussia, in propria Persona, Nobis & Regno nostro, ubique, una cum omnibus Subditis suis, pro summis viribus adesse: Quod si vicissim nos & Successores nostri Reges, & Regnum Poloniæ alia quavis ex causa, tam ab infidelibus, quam à quocunque alio impeteremur & ipsi in propria Persona ad bellum cum Subditis nostris proficisceremur, aut Successores nostri proficiscerentur, debebit dictus D. Marchio & Dux in Prussia & ejus prænominati Feudi Successores Duces in Prussia, nobiscum cum centum Equitibus armatis proficisci & intra limites Terrarum Prussiæ nobis servire. Quod si educere extra terminos Prussiæ illum aut ejus Successores in Prussiâ cum ipso equitatu voluerimus, aut Successores nostri voluerint, debebimus & nos, & Successores nostri in eosdem centum Equites stipendium tale præbere, quale aliis mercenariis, Equitibus nostris dari solet. Ubi vero nos vel Successores nostri, vellemus ipsum D. Marchionem aut ejus nominatos posteros Nobis & Successoribus nostris, majori Comitatu servire, debebimus, nos & Successores nostri his omnibus Militibus quos ultra centum prædictos conducere posset, mox post egressum à Domibus eorum, stipendium quod nostris Militibus dabitur quamdiu servierint persolvere. Si autem plures quam centum prædictos Equites ipse Illustrissimus D. Marchio Elector, aut ejus Successores, Duces in Prussia, educere non possent, non debebimus nos aut Successores nostri ab illo aut Successoribus ejus, Ducibusque in Prussia, plures exigere. Præter hæc ex postrema etiam hac Transactione & Conditionibus ejus, idem D. Marchio Elector, legitimique ejus Feudi Successores in Ærarium publicum quotannis inferre tenebitur, & tenebuntur, triginta millia annua Florenorum Polonicalium triginta grossis unumquemque computando. Quoties verò publica aliqua necessitate postulante, in Regno publicè Tributum decretum fuerit, totidem alia nimirum triginta millia ejusdem valoris, ac monetæ, ita ut cum Tributum in Regno scitum fuerit, sexaginta millia annua ab eis dependantur. Quarum quidem Summarum nomine quoties numeratæ fuerint, Thesaurarius Regni nostri, vel ad quos ea res pertinuerit, idoneè prædictum Illustrissimum D. Marchionem Electorem Successoresve ejus, in Prussia Duces, Ministrosve eorum, liberare seu quietare tenebuntur. Quoties etiam necessitas postulaverit, quatuor Naves tum Illustrissimus

Marchio

ANNO 1611.

Marchio Elector quam Successores illius legitimi, in Prussia Duces, ad tuendam Oram maritimam Prussiæ suô sumptu habebunt. Quod si nos ipsi, aut Successores nostri ut illis voluerimus, aut voluerint de sumptu in illas faciendo cum iisdem tractabimus aut Successores nostri tractabunt, constituentque. Alias etiam conditiones, de quibus inter nos convenit quæque peculiari Scripto commemorati Illustrissimi Principis sub ipsius Chirographo & Sigillo continentur, debebit ipse Illustrissimus Elector, ac ejus Successores adimplere. Præterea, non debebit ipse Illustrissimus D. Marchio Elector, & ejus prænominati Feudi Successores, Duces in Prussia, quidquam ex Terris, Civitatibus, Oppidis, Arcibus, & bonis prædictis vendere; verum si ad hoc illum, aut Successores ejus, ingens urgeret necessitas, tenebuntur nobis & Successoribus nostris tanquam Dominis suis Hæreditariis, ante omnia denunciare. Quod si nos ipsi emere non curaverimus, aut Successores nostri non curaverint, in hoc casu ipse postea Illustrissimus D. Marchio Elector & Dux in Prussia, aut ejus legitimi Feudi Hæredes seu Successores cui voluerint vel potuerint, liberam vendendi habebunt facultatem, Regalibus tamen nostris Feudi & obsequiorum juribus semper salvis permanentibus: poterit autem ipse Dux in Prussia & ejus Feudi Hæredes, ubi necessitas urgens premeret, ex bonis prædictis quantum opus foret, impignorare suis duntaxat Vasallis & Subditis, ut eadem bona unita & indivisa permaneant. Quæ omnia & singula suprascripta, & quæcunque alia quæ Vasallus & Feudalis Princeps erga suum naturalem Hæreditarium ac superiorem Dominum, præstare ac observare tenetur, quæque spontanea voluntate se præstiturum spopondit ac recepit, debebit ipse Illustrissimus D. Marchio Elector & Dux in Prussia, ac ejus Feudi Hæredes, legitimi Successores, firmiter & inviolabiliter adimplere, nosque vicissim illum, & Successores ejus, omni gratia & favore Regio complecti, ac illos in juribus & immunitatibus eorum conservare, pro Nobis & Successoribus nostris Regibus & Regno Poloniæ pollicemur; Juribus nostris Regalibus, directique ac supremi Dominii nostri & Regni nostri & Incolarum Ducatus, salvis per omnia manentibus. In quorum omnium fidem & testimonium præsen: manu nostra subscripsimus, Sigillumque nostrum appendi jussimus. Dat. Varsoviæ ex prorogatione ad hunc actum Conventionis Regni nostri generalis, die XVI mensis Novembris Anno Domini M. DC. XI. Regnorum nostrorum Poloniæ XXIV. Sueciæ vero XVII. præsentibus Reverendissimis Reverendis, Illustribus, Magnificis, Venerabilibus, ac Generosis: Alberto Baronowski Archi-Episcopo Gnesno Legato nato, Regni nostri Primate: Petro Tylicki Cracovien: Laurentio Gebicki, Wladislavien: & Pomeraniæ Regni nostri supremo Cancellario Benedicto Wogna, Valnen. Martino, Sozyfzkowski, Plocen: Simone Rudniki Varmien: Georgio Zamoyski, Chelmen: Joanne Pruchniki, Comenecen: Othone à Schenking Venden, Episcopis. Joanne Comite ab Ostrorog Posnanien: Mariæburgen: Garvolien; Stanislao Bykowski Siradien: Adamo Sandivogio à Czarnkow Czarnkowski Lancicien: Majoris Poloniæ Generali Stanislao Zolkiewski, Kiiovien: Exercituum nostrorum Duce Thoma Gostomski, Masoviæ Ryczyrolen Stanislao Gulski, Russiæ, Baren: Palatinis & Capitaneis Adamo de Zmigrod Stadnicki Callissien: Andrea Przyemski, Gnesnen: Michaele Konarski Culmen: Stanislao Dzialynski, Elbingen: Andrea Comite à Tenczyn, Wissicien: Jacobo Gawronski Vielunen: Stanislao Kielczewski, Biechovien: Martino. Sirekowski, Inowioden: Constantino Plichta, Sochaczovien: Adamo Kossobucki, Wyssogroden: Joanne Podoski, Ciechanovien: Castellanis. Sigismundo Mirow Myszkovski, supremo Regni, Christophoro Monvido Dorostayski, M. Duc. Lithuaniæ, Marschalcis. Felice Kryski in Drobnin Vice Cancellario Regni, Stanislao Warszycki Regni, Hieronymo Wolowicz, Mag. Ducat: Lith. Thesaurariis. Nicolao Wolski de Podhayce, Marschalco Curiæ Regni, Henrico Firley de Dambrovica, Præposito Plocen: Joanne Swetoslawski, Referendariis Regni. Sebastiano Sobieski Vexilifero, Joanne Branicki Gladifero Regni, Joanne Radziwil Duce in Olyka & Nieswiesz, Joanne Duce de Zbarasz, Pinscensi Capitaneo, Stanislao Lubienski Gnesnen: Mathia Lubienski Lancicien: Hieronymo Cielecki Posnanien: Jacob Zadzik Wladislavien: Præpositis Reinholdo Heidenstein, Solescio, Secretariis nostris: nec non Terrarum Nunciis qui ad actum hunc remanserunt, & aliis quam plurimis ad præmissa fide dignis testibus D. per manus Reverendissimi D. Laurentii Gebicki Episcopi Wladislavien: & Pomeraniæ ac Regni nostri Cancellarii Supremi, syncere nobis dilecti.

SIGISMUNDUS REX.

REINHOLDUS HEIDENSTEIN.

S. R. M. Secretarius.

CXI.

1612. 13. Janv.

Innhalt der Wiennerischen Articulen, so Anno 1612. zwischen Ferdinand König in Böhmen / und der Herrschaft Venedig / wegen außtreibung der Meer-Räuber auß Zeug seynd geschlossen worden.

C'est-à-dire,

Extrait des Articles conclus à Vienne en l'an 1612. entre FERDINAND *Archi-Duc d'Autriche & Roi de Boheme, & la Seigneurie de* VENISE, *pour chasser les Pirates de Zeng.* [Voyez-les ci après sous le 26. Septembre 1617.]

CXII.

Edict JOHANN GEORG I. Churfürstens zu Sachsen / wodurch Er denen Ständen des Reichs dem Sächßischen Vicariat unterworffen den Todesfall Kaysers RUDOLPHI II. und die dahero auf sich genommene Administration und Vicariat des Reichs an Enden des Sächßischen Rechtens notificiret. Dresden den 13. Januar. 1612 [LONDORPII Acta Publica, Parte I. Lib. I. Cap. XXVI. pag. 99.]

C'est-à-dire,

Edit de JEAN GEORGE I. *Electeur de Saxe, par lequel il fait savoir aux Etats de l'Empire, usans du Droit Saxon, que l'Empereur* RODOLPHE II. *étant mort, il a pris en main l'Exercice & l'Administration du Vicariat de l'Empire. A Dresde le 13. Janvier 1612.*

VOn Gottes Gnaden / Wir Johannes Georg / Hertzog zu Sachsen / Jülich / Clev und Berg / des H. Röm. Reichs Ertzmarschall / Churf. und desselben Reichs in den Landen des Sächsischen Rechtens / und an Enden in solchen Vicariat gehörende / dieser Zeit Vicarius, Landgraff zu Thüringen / Marggraff zu Meissen / Burggraff zu Magdeburg / Graff zu der Marck und Ravenspurg / Herr zu Ravenstein: Entbieten allen und jeglichen Churfürsten / Fürsten / Geistlichen und Weltlichen Prälaten / Graffen / Freyen / Herren / Rittern / Knechten / Hauptleuten Vitzthumben / Amptleuten / Vögten / Pflegern / Verwesern / Schultheissen / Bürgermeistern / Richtern / Räthen der Städt / Bürgern / Gemeinden / und sonst allen andern / was Würden / Stands und Wesens die seynd / Unser freundliche Dienst / auch was wir Liebs und Guts vermögen / freundlichen und günstigen Gruß / Gnad und alles Guts zuvor. Hochgeborne / Hochwürdige / Wolgeborne / Edle / Würdige / Andächtige / Ehrsame und Weise / liebe Oheim / Brüder / Vetter / Schwäger / Freund / Getreue und Besondere / Ew. L. und Euch geben Wir auß hochbetrübtem Gemüth zu erkennen / daß Gott der Allmächtige weiland den Allerdurchleuchtigsten / Großmächtigsten Fürsten und Herrn / Herrn Rudolffen den Andern / erwehlten Röm. Keyser / zu allen Zeiten Mehrer deß Reichs / in Germanien / zu Hungern / Böheimb / Dalmatien / Croatien / und

ANNO 1612. Schlavonien / König / Ertzhertzog zu Oesterreich / Hertzogen zu Burgund / Steier / Kärndten / Crain und Würtenberg / Graffen zu Tyrol / etc. Unser allergnädigster Herr / lobseliger Gedächtnuß / vor wenig Tagen durch ein seligs Ende auß diesem Jammerthal zu sich in die ewige Freude gnädiglich abgefordert / dessen Seelen der barmhertzige Gott gnädig seyn / und am grossen Tage deß Herrn eine frölich: Aufferstehung zum ewigen Leben verleyhen wolle.

Wann dan Uns / als Churfürsten und Hertzogen zu Sachsen / nach Außweisung der Gülden Bull / Keyserlichen Belehnung / und uhralten Herbringen Unser hochgeehrten Vorfahrn / dieser Zeit / da das Reich mit keinem Haupt versehen / die Verwaltung und Versehung desselbigen Reichs an Enden des Sächsischen Rechtens / und in Unser Vicariat gehörenden Provincien zustehet; So haben wir Uns auß angebohrner Lieb und schuldigen Gehorsamb gegen das H. Reich Teutscher Nation, Unser geliebtes Vatterland / demselben zum Trost und gutem / mit solchem zwar müheseligen Ampt / beladen wollen. Damit nun guter Fried und Ruhe in Unserm geliebten Vatterland Teutscher Nation erhalten / auch allerhand Unruhe und Empörung verhütet bleibe / So ist von wegen Unsers Ampts / Unser Begehren / unserthalben / Unser freundlich Bitt / günstiges und gnädiges gesinnen / E. L. und ihr wollet bey Ew. Geistlichkeit verfügen und verschaffen / auch vor euch selbst Gott den Allmächtigen andächtiglich anruffen und bitten / das H. Reich gnädiglich mit einem Haupte ihm gefällig / und Uns allen tröstlich / förderlichst zuversehen / auch dem H. Röm. Reich und Teutscher Nation zu Ehren und Wolfahrt / euch selbst zu gut / und Uns zu gefallen / in Zeit solcher Verwaltung und Vicariat Ampts / euer jeder gegen dem andern sich friedlich halten / und in guter nachbarlicher Einigkeit seyn und bleiben / zu Gezänck / Auffruhr / gewaltigen Thaten oder Zugrieffen mit nichts bewegen / sondern ob jemands irrige Sachen / Gebrechen oder Mangel gegen dem andern hätte oder gewünne / dadurch Auffruhr und Empörung entstehen möchten / das Gott der Allmächtige gnädiglichen verhüten wolle / dißmal einstellen / und auffziehen / oder wo der Verzug beschwerlichen / die an Uns gelangen / und zur Verhör und Handlung kommen lassen / darauff wir freundliches und gnädiges Einsehen thun wollen / daß solche Irrungen mit Gottes Hülff / entweder in Güte beygelegt / oder wo es die Notthurfft erfordern würde / mit E. L. euch und andern deß Heil. Röm. Reichs Ständen / Rath und Hülff / alle Thätlichkeit mügliches Fleisses abgewendet werden möge / E. L. und ihr wollen sich auch dem H. Reich zu gutem einheimisch / und in guter Bewahrung dermassen halten / wo im Reich sich Sachen begeben / daß einer den andern gewaltiger Weiß belästigen / und bey Billigkeit nicht bleiben lassen wolt / oder wo sich jemands unterstehen würde in ordentlicher Wahl eines Römischen Königs / was widerwertiges einzuführen / oder Verhinderung zu thun / da Gott vor sey / daß E. L. und ihr dann neben den andern Ständen deß Reichs / Fried und Recht zuerhalten / und Uns alle für aller Gewalt und Beschwerung zu schützen / Raht Hülff und Beystand thun / biß auß Verleihung Gottes deß Allmächtigen und Obersten Regierers / das Reich wieder mit einem Haupt versehen werde / und euch in deme allein freundlich und gutwillig erzeigen / in Ansehung was der gantzen Christenheit / dem H. Reich Teutscher Nation, und Uns allen daran gelegen / darumb Unser besonders vertrauen zu E. L. und ihr für sich selbst ohn einig Unser Erinnern darzu geneigt und willig seyn werden. Das wollen wir Uns E. L. und euch sampt und sonders freundlich vertrauen / günstig beschuldigen / und gnadiglich erkennen. ANNO 1612.

Datum Dreßden / unter Unserm auffgetruckten Secret, am Montag nach Trium Regum, den 13. Januarii. Anno 1612.

CXIII.

Edict Pfaltz-Graff Philipp Ludwigs zu Neuburg / wodurch Er denen Ständen dem Pfaltzischen Vicariat unterworffen den Todesfall Kaysers RUDOLPHI II. und die dahero auf sich genommene / ihme als nächstem Agnaten und Vormund / wie auch Administratori der Chur-Pfaltz zukommende Versehung und Vicariat des Reichs an Enden des Fränckischen Rechtens notificiret. Neuburg an der Thonau den 14. Januar. 1612. [LONDORPII Acta Publica, Part. I. Lib. I. Cap. XXVIII. pag. 100.] 14. Janv.

C'est-à-dire,

Edit de PHILIPPE LOUÏS *Comte Palatin Duc de Neubourg, par lequel il fait savoir aux Etats de l'Empire usans du Droit Franconien, que, l'Empereur* RODOLPHE II. *étant mort, il a pris en main l'Exercice & l'Administration du Vicariat comme plus prochain Parent, & Administrateur de l'Electorat & Palatinat du Rhyn. A Neubourg sur le Danube le 14. Janvier 1612.*

WIr Philips Ludwig von Gottes Gnaden / Pfaltzgraff bey Rhein / Vormund / und der Churf. Pfaltz Administrator, deß H. Röm. Reichs in den Landen deß Rheins / Schwaben / und deß Fränckischen Rechtens / Fürseher und Vicarius; Hertzog in Bayern / zu Gülich / Cleve und Berg / Graff zu Veldentz / Spanheim / der Marck Ravenspurg und Mörs / Herr zu Ravenstein / ꝛc. Entbieten allen und jeden des H Reichs Churfürsten / Fürsten / Geistlichen und Weltlichen / Prälaten / Graffen / Freyen / Herrn / Rittern / Knechten / Hauptleuten / Vitzthummen / Vogten / Pflegern / Verwesern / Amptleuten / Schultheissen / Bürgermeistern / Richtern / Rähten / Bürgern / Gemeinden / Lehenleuten / Unterthanen / Zugehörigen und Verwandten / und sonst allen andern / in was Würden / Stand und Wesen die seynd / Unsere freundliche Dienst / auch was Wir liebs und guts vermögen / Freundschafft / Gunst und gnädigen Gruß / auch geneigten Willen zuvor / Hoch- und Ehrwürdige / Hoch- und Wolgeborne / Edle / Würdige / Andächtige / Fürsichtige / Ehrsame und Weise freundliche liebe Vetter / Brüder / Oheim / Schwäger / besonders liebe Freunde / Getreue und Besondere / Ew. L. Freundschafften und euch fügen wir hiemit zu wissen / daß der Allmächtig getreue liebe Gott / seinem unerforschlichen allein guten Raht und Willen nach / weiland den Allerdurchleuchtigsten / Großmächtigsten und Unüberwindlichsten Fürsten und Herrn / Herrn Rudolphen den Andern / erwehlten Röm. Keyser / zu allen Zeiten Mehrer deß Reichs / in Germanien / zu Hungarn und Böhmen / Dalmatien / Croatien und Schlavonien / König / Ertz-Hertzogen zu Oesterreich / Hertzogen zu Burgund / Steyer / Kärnten / Crain und Würtenberg / Grafen zu Tyrol / Unsern allergn. Herrn / Freytags den $\frac{10}{20}$. Januar dieses unlängst eingetrettenen Jahrs; durch den zeitlichen Todt auß diesem elenden mühsamen Leben abgefordert / deren Majest. Seelen seine Allmacht mit Gnaden pflegen / und sie sampt dem Leib an dem herbey dringenden grossen Tag seiner herrlichen Zukunfft der ewigen Freud und Se-

ligkeit

Anno 1612. ligkeit vollkömlich theilhafftig machen wölle. Nun ist Uns solche leydige unversehene Zeitung/ wie leicht-lich zu erachten/ vieler Hochansehnlicher Considerationen halben/ wehemüthig und schmertzlich zu Hertzen gangen/ in Erwegung daß deß H. Röm. Reichs Unsers geliebten Vatterlands Zustand heutigs Tags also beschaffen/ daß es eines beständigen getreuen Haupts und Regentens nie mehr bedörfftig/ dannenhero auch diese beschwerliche Veränderung billich für eine Göttliche Heimsuchung zuerkennen: Nachdem es aber dem getreuen Gott je also wolgefallen/ so muß man sich desselben Willen mit Gedult ergeben/ und der zuversichtigen Hoffnung leben/ er werde solchen Riß ehist wiederumb mildiglich erstatten/ und seine Bedrangte/ allenthalben in höchster Gefahr schwebende Christenheit mit einem andern wohl qualificirten ansehnlichen Fried- und Geistliebenden Haupt segnen/ und also beseligen/ damit das H. Röm. Reich/ Unser geliebtes Vatterland/ unter desselben Schutz und Schirm mit Göttlicher Hülff in guter Ruh und Frieden bey allen erwünschten gedeylichen Wolstand grünen/ und beständiglich erhalten werden möge. Wir machen Uns aber beneben gar keinen Zweiffel/ E. L. Freundschafften/ und euch sampt und sonders/ seye unverborgen/ wie es dan nunmehr Brieffs-ja Weltkündig/ daß Uns nach Absterben weyland deß auch Hochgebornen Fürsten/ Unsers freundlichen lieben Vetters und Bruders/ Herrn Friederichen/ Pfaltzgraffen bey Rhein/ deß H. Röm. Reichs/ Ertztruchseßens und Churf. Hertzogen in Bayern/ rc. Christseligster Gedächtnuß/ die Vormundschafft und Administration S. L. nachgelassener unmündiger Kinder/ und derselben Land und Leut/ als den nechsten und ältesten Agnaten im Churf. Hauß/ der Pfaltzgraffschaft am Rhein/ vermög Keyser Carls deß Vierdten/ Anno 1356. mit zeitlichem gutem Raht und Zuthun aller Geistlichen und Weltlichen Chur-Fürsten und Stände deß H. Röm. Reichs/ in desselbig publicirter Gülden Bull/ und darauff erfolgter Keyserl. und Königl. declarationen und confirmationen/ als deß H. Reichs Fundamental-Gesetz/ einig und allein unwiedersprechlich angehalten und zugewachsen/ deren wir Uns auch/ alsbald wir deß Falls verständigt/ lege Imperii publica ita permittente & jubente; würcklich unterzogen und angenommen. Dahero wir Uns auch obliegender Pflicht halben in allweg schuldig erkennen/ Uns Krafft tragender Titul und Administration der Churf. Pfaltz/ zugleich auch/ vermög klarer Disposition angeregter Güldenen Bull/ der Fürsehung und Vicariats bey jetzo nach Gottes Willen erledigten Kayserthumb/ und so lang das H. R. Reich ohn ein ordentlich Haupt ist/ in den Landen deß Rheins/ Schwaben und Fränckischen Rechtens zu unternehmen. Wann wir dann an allem dem jenigen/ so Uns/ als wissentlichem und unwiedersprechlichem Vormund und Administratorn der Churf. Pfaltz bey gegenwertigem Zustand/ deß H. Röm. Reichs gebühret und obgelegen/ mit Fürsehung und Verwaltung/ auch Jurisdiction, Gerichtszwang/ und andern/ so dem Vicariat-Ampt anhängig/ Unsers Bezircks in den Landen deß Rheins/ Schwaben und Fränckischen Rechtens/ bey Uns nicht gern ichtwas ermangeln lassen wolten/ sondern Uns damit zu beiden verpflicht wissen/ und endlich gemeynet seynd: So haben wir demnach für nöthig ermessen/ E. L. Freundschafften/ und euch dessen hierumb zur Nachrichtung durch diß Patent freundlich/ günst- und gnädig zu erinnern. Und wie wir Uns zu E. L. Freundschafften und euch/ freundlich/ günst- und gnädig versehen/ sie sampt und sonders werden sich nach Außweisung obangeregter Gülden Bull/ Keys. und Kön. Declarationen und Confirmationen/ wie auch deß wissentlichen Herkommens im H. Reich selbsten der obliegenden Schuldigkeit gutwillig erinnern/ und von dem Gehorsam dazu sie dem H. Röm. Reich verbunden/ nicht abführen noch irr machen lassen: Also ermahnen wir auch E. L. Freundschafften und Euch hiemit freundlich/ günst und gnädig gesinnend/ sie wollen Uns in tragender Vormundschafft und Administration der Churf. Pfaltz/ für den einigen rechtmässigen und unwiedersprechlichen Fürseher und Vicarium in den Landen deß Rheins/ Schwaben und Fränckischen Rechtens/ so lang und viel gutwillig recognosciren, halten und erkennen/ biß schierst nach Gottes Willen ein ander Haupt dem Heil. Röm. Reich durch die ordentliche Wahl fürgesetzt/ sich auch von solchem einigen Respect oder Fürwendung/ wie die Namen haben/ von jemanden erdacht/ oder fürgebracht werden möchten/ nit wendig machen/ oder abhalten lassen. Immassen wir dan auch nicht befinden/ daß Uns einig Keys. Rescript, Confirmation oder Decret, an exercirung solchen Uns zustehenden Vicariat Rechtens in einigem Weg hinderlich/ sondern wir vielmehr vorhabens und entschlossen seyn/ Uns Unsers angewachsenen Rechtens würcklich zugebrauchen/ und zu Erhaltung deß geliebten Friedens/ Ruhe und tranquillität in Unserm geliebten Vatterland/ so lang Uns deß H. Reichs Vicariat und Fürsehung obgelegen seyn würden/ an dem jenigen/ was mehr angeregte Gülden Bull/ in dem 5. Articul/ auch andere Reichs-Ordnungen und Verfassungen von Uns in einem und dem andern erfordern/ mit Hülff und Beystand des Allmächtigen/ nit Mangel erscheinen zu lassen. Demnach sich Ew. Libd. Freundschafft und Ihr zu richten. Geben unter unserm hiefür getruckten Churf. Vormundschafft und Administration-Secret zu Neuburg an der Thonaw den 14. Monats Tag Januarii, Anno Domini sechzehen hundert und zwölffe.

Anno 1612.

CXIV.

Edict Pfaltz-Graff Johannis zu Zweybrucken/ wodurch er denen Ständen des Reichs dem Pfaltzischen Vicariat unterworffen/ den Todt Kaysers RUDOLPHI II. und die auf sich genommene/ ihme als einigem/ rechtmässigen und von Kayserl. Majest. confirmirten/ von sämtlichen Churfürsten erkandten/ auch in die Löbl. Chur-Fürstl. Verein eingenommenen Possessori der Chur Pfaltz Administration zukommende Provision und Vicariat des Heil. Reichs in den Landen des Fränckischen Rechtens/ notificiret. Heydelberg den 21. Januari 1612. [LONDORPII Acta Publica Tom. I. Lib. I. Cap. XXIX. pag. 101.] 21. Janv.

C'est-à-dire,

Edit de JEAN *Comte Palatin & Duc de Deux-Ponts, par lequel il fait savoir aux Etats de l'Empire, usants du Droit Franconien, que, l'Empereur* RODOLPHE II. *étant mort, il a pris en main l'Exercice & l'Administration du Vicariat; à lui apartenant en qualité de legitime Possesseur de l'Electorat & Palatinat du Rhyn; confirmé par l'Empereur, reconnu par tous les Electeurs, & reçu comme tel dans l'Union Electorale. A Heidelberg le 21. Janvier 1612.*

WIr Johannes von Gottes Gnaden/ Pfaltz-Graff bey Rhein/ Vormund und der Churf. Pfaltz Administrator, deß H. Reichs in den Landen

ANNO 1612.

Landen deß Rheins/ Schwaben/ und Fränckischen Rechtens/ Fürseher und Vicarius, Hertzog in Bayern/ Graff zu Veldentz und Spanheim/ 2c. Entbieten allen und jeden/ deß H. Reichs Chur-Fürsten/ Fürsten/ Geistlichen und Weltlichen/ Prälaten/ Graffen/ Freyen/ Herren/ Rittern/ Städten/ Gemeinden/ und sonsten allen andern deß H. Reichs Verwandten/ Unterthanen und Angehörigen/ was Würden/ Stands/ oder Wesens die seyn/ Unsere freundliche Dienst/ freundlichen/ günstigen und gnädigen Gruß/ Gnad und alles Gutes zuvor.

Ehrwürdige/ Hochgeborne/ Würdige/ Wolgeborne/ Edle/ Ehrsame und Weise/ besondere liebe Freunde/ freundliche liebe Oheime/ Vettern/ Schwäger/ Brüder/ und Gevattern/ liebe Getreue und Besondere. E. L. und Euch/ fügen wir hie mit diesem Unsern offenen Brieff/ freundlich/ günstig und gnädiglichen zu wissen: Nachdem Gott der Allmächtige/ nach seinem unwandelbahren Raht und Willen/ weyland den Allerdurchleuchtigsten und Großmächtigsten Fürsten und Herrn/ Herrn Rudolphen den II. erwählten Röm. Keyser/ zu allen Zeiten Mehrer deß Reichs/ zu Hungarn/ Böheim/ Dalmatien/ Croatien und Slavonien/ 2c. König/ Ertzhertzogen zu Oesterreich/ Hertzogen zu Burgund und Braband/ Graffen zu Habspurg/ Flandern und Tyrol/ 2c. Unsern allergn. Herrn hochlöbl. Gedächtnuß Freytags den 10. gegenwertigen Monats Januarii, auß diesem müheseligen und zergänglichen Leben/ durch den zeitlichen Todt abgefordert/ und dardurch nunmehr/ vermög und nach Außweiß der Güldenen Bull/ Keys. und Kön. Confirmationen und Privilegien/ und deß klaren unverrückten Herkommens und Observantz/ dem Hochgebor. Fürsten Unsern freundl. lieben Vettern und Pflegsohn Herrn Friederichen/ Pfaltzgraffen bey Rhein/ deß H. Röm. Reichs Ertztruchsessen/ und Churf. Hertzogen in Bayern/ als weyland deß jüngst verstorbenen Hn. Pfaltzgraffen Frieder: Churf. Hertzogen in Bayern/ 2c. seligen ältesten Sohn/ die Provision, Verwaltung und Vicariat deß H. Reichs/ in den Landen deß Rheins/ Schwaben und Fränck. Rechtens/ biß dasselbe/ nach dem Willen deß Allmächtigen/ anderwerts wiederumb mit einem ordentlichen Haupt versehen/ anerwachsen/ dessen Verwesung aber bey S. L. noch minnerjährigem Alter/ vermög oberwehnter Güldenen Bull/ uns als jetziger Zeit S. L. Vormünden/ und der Churf. Pfaltz rechtmässigem und würcklichem Administratori eygenet und zustehet/ daß wir Uns zu deß H. Reichs und dessen Ständ/ Ehr/ Nutzen und Wolfart schuldig erkant/ solche Verwaltung und Vicariat, nach Anleitung obberührter Güldenen Bull/ Confirmationen, Privilegien, und Herkommens/ bey diesem Churhauß der Pfaltz/ in Namen obgemeldt/ auff Uns zu nehmen und demselben/ unserm besten Verstand und Vermögen nach/ vorzustehen.

Wiewol wir Uns nun keinen Zweiffel machen/ E. L. und Ihr/ dieses der Chur-Pfaltz anerwachsenen Rechtens/ Würden und Dignität/ ohne das gute Wissenschafft tragen werdet: So haben wir jedoch zu männiglich Nachrichtung/ dasselbe/ und daß wir Uns/ als einiger/ rechtmässiger/ und von höchstberührter Käys. Majest. confirmirter, und von den sämptlichen deß H. Reichs Churf. erkanter/ auch in die löbliche Churfürst. Verein eingenommener Possessor der Chur-Pfaltz Administration, solcher Verwaltung und Vicariats würcklich unterzogen/ durch diesen Unsern offenen Brieff/ allenthalben verkünden und publiciren wöllen: Uns demnach freundlich/ gunst- und gnädig versehend/ auch begehrend E. L. und Ihr/ werden und wollen sich/ in Zeit dieses Unsers Vicariats, zu gedeylicher Wolfahrt deß H. Reichs/ auch erhalt- und Fortpflantzung Fried/ Ruhe und Einigkeit/ alles friedlichen und ruhigen Wesens befleissen/ keiner den andern mit Gewaltthaten beschweren/ sondern vielmehr/ da je eins oder andern Orts Mißhelligkeiten entstehen wolten/ dieselben und deren Erörterung/ bey und an Uns/ als Vicarius suchen und bringen. Sind wir deß Fürstl. geneigten Gemüths und Erbietens/ männiglichen in seinem Anbringen zu hören/ und darauff Recht und Billigkeit dermassen wiederfahren zu lassen/ daß sich niemand mit Fugen zu beschweren/ Ursach haben möge. Neben dem auch/ ob wir Uns wol nicht versehen/ daß sich/ Zeit wärenden Unsers Vicariats, in dem H. Reich/ ichtwas beschwerlichs erheben werde (dafür dan auch die Göttliche Allmacht inniglichen anzuruffen und zu bitten/) Nichts destoweniger aber/ auff den unverhofften wiederwertigen Fall/ mit E. L. euer/ und anderer deß H. Reichs Stände/ Raht und Hülff/ allen möglichen Fleiß anwenden/ damit durch verleihung deß Allmächtigen/ Ungemach/ Schaden und Gefahr/ von dem H. Reich abgewendet/ und alles in gutem friedlichem Stand und Wesen erhalten werde: Zu denen wir Uns dan auch alles getreuen Beystands und Assistentz/ der Gebühr nach/ getrösten und versehen/ wie dißfalls zu Ew. L. und euch/ Unser gäntzliches Vertrauen gerichtet ist/ und dieselben/ und ihr daran ein gut löblich und billich Werck/ wie es deß H. Reichs unvermeidentliche Notthurfft erfordert/ bezeigen thut. Das wollen wir umb E. L. und euch/ sampt und sonders/ mit Freundschafft/ günstigen Willen und Gnaden beschulden und erkennen.

Geben zu Heydelberg unter Unserm aufgetruckten Vormundschafft Secret, den 21. Jan. nach Christi Unsers Heylands und Seligmachers Geb: im 1612. Jahr.

ANNO 1612.

CXVI.

15. Fev.

FRANCE ET LES ARCHIDUCS POUR LA BOURGOGNE, &c.

Traité entre LOUIS XIII. *Roi de France & les Archiduc* ALBERT ET ISABELLE, *pour les Limites des Duché & Comté de Bourgogne & autres Provinces voisines. Avec le Partage des Terres restées en surséance par le Traité de Paix de 1559. fait à Auxonne le 15. Février 1612.* [FREDERIC LEONARD, Tom. IV]

LOUIS PAR LA GRACE DE DIEU ROY DE FRANCE ET DE NAVARRE: A tous presens & à venir; Salut. Comme sur l'ouverture qui nous avoit esté faite de la part de nos tres-chers Cousins les Archiducs, Seigneurs des Païs-Bas, & de la Franche Comté de Bourgongne de traitter, resoudre, & accorder à l'amiable plusieurs difficultez & differents qui estoient survenus, comme il en naissoit encore tous les jours sur les Frontieres de nôtre Royaume entre nos Sujets de nostre Duché de Bourgogne, & de nos Provinces de Champagne & Bresse, & ceux de nosdits Cousins en ladite Franche-Comté, tant pour raison des limites desdites Provinces, que pour la Souveraineté des lieux où elles estoient encore contentieuses, & semblablement faire partages des Terres qui estoient jusques alors demeurées en surséance, suivant & conformement au Traité de Paix fait en l'an mil cinq cens cinquante-neuf entre le feu Roi Henri II. nôtre Predecesseur, & Philippes II. Roi d'Espagne. Nous aurions dés l'année mil six cens & dix, suivant les bonnes intentions du feu Roi nostre tres-honoré Seigneur & Pere Henri le Grand (que Dieu absolve) celles des autres Rois nos Predecesseurs, témoignées par plusieurs Députations & Conferences, que depuis le Traité de l'an mil cinq cens cinquante-neuf se sont faites de part & d'autre sur ce sujet, & toutesfois separées sans aucun fruit. Et par le bon avis & prudent Conseil de la Reine Regente nostre tres-honorée Dame & Mere, commis

&

& deputé Messire Jean Baptiste le Goux, Conseiller en nostre Conseil d'Estat, & President en nostre Cour de Parlement de Dijon, Jacques Venot Conseiller & Maistre ordinaire en nostre Chambre des Comptes dudit Dijon, assistez de Maistre Marc-Antoine Millotet nostre Avocat General en nostredite Cour pour proceder de nostre part audit partage, & à la décision de tous lesdits differents, avec ceux qui feroient à ce commis par nosdits Cousins les Archiducs, lesquels ayans au même temps & au même effet deputé de la leur Maistre Antoine Garnier & Claude le Brun, Conseillers au Parlement de Dole, & Jean Boivin aussi Conseiller & Avocat Fiscal audit Parlement, assistez de Messire Luc de saint Mauris Procureur General audit Parlement de Dole; les uns & les autres se feroient veus & assemblez; & auroient conferé ensemble par plusieurs fois, tant en nostre Ville d'Auxonne, qu'autres lieux desdites Frontieres; & aprés avoir conjointement dressé procez verbaux, communiqué & consideré les Tiltres, enseignemens & productions, examiné & debattu les raisons de part & d'autre, auroient finalement procedé d'un commun accord au partage desdites Terres de Surséance, & à la décision de tous lesdits differents, & en auroient sous notre bon plaisir, & de nosdits Cousins les Archiducs, fait, arresté & conclud le Traité, dont la teneur s'ensuit.

JEAN BAPTISTE LE GOUX, Chevalier, Seigneur de la Berchere, & Boncour, Conseiller du Roi Tres-Chrestien en son Conseil d'Estat, & President en sa Cour de Parlement à Dijon, Commissaires deputez par sadite Majesté: Antoine Garnier & Claude le Brun Conseillers, & Jean Boivin aussi Conseiller, & Avocat Fiscal en la Cour de Parlement de Dole, Commissaires deputez par les Serenissimes Archiducs, Comtes de Bourgongne, pour traiter & décider les differens des limites entre le Duché de Bourgogne, Païs de Bassigny & Bresse, avec le Comté de Bourgogne: même ceux qui concernent la Souveraineté des Terres de Savigny & saint Loupt: comme aussi pour partager les Terres & Lieux demeurez jusques à present en surséance. Desquels par le Traité de Paix de l'an mil cinq cens cinquante-neuf, fait entre les défunts Rois Henri II. Roi de France, & Philippe II. Roi d'Espagne de tres-heureuse memoire, il fut convenu & accordé que partage feroit fait à l'amiable. SÇAVOIR FAISONS, Qu'estans assemblez en la Ville d'Auxonne avec M. Marc-Antoine Millotet Avocat General audit Parlement de Dijon, Luc de saint Mauris Procureur General audit Parlement de Dole, Antoine Joly Greffier audit Parlement de Dijon, & Jacques de la Barre Juré au Greffe dudit Parlement de Dole, nommé pour Greffier en ladite Commission: Aprés avoir receu les procez verbaux par nous ensemblement dressez sur le fait desdites Terres de Surséance, & differend des limites. Les tiltres, pieces, & productions communiquées d'une part & d'autre, representé & debattu les raisons à divers jours. Finalement a esté par nous procedé au partage desdites Terres de Surséance, accord & décision des differends desdites limites, suivant nos Pouvoirs comme s'ensuit.

PREMIEREMENT. Avons accordé & convenu qu'au partage desdites Terres de surseance seront comprises celles cy-aprés nommées, par nous reconnuës estre de ladite qualité, A SÇAVOIR Fontaine-Françoise, Chaulme, Mantoche, Achey, Delain, Montot, Nervesain, Fonuans la ville, avec les Granges d'Anvillers, & Dialoste en dépendans, Farincourt, Raucourt, la Grange d'Erucourt, Pisseloux, Suaucourt, Tournai, Belmont, Bussieres, non compris ce qui est du Bailliage de Dijon, Duché de Bourgongne, & la Terre entiere de Vauvillers, de laquelle dépendent les Bourgs dudit Vauvillers, les Villages du Pont du Bois; Ambivillers, Ailloncourt en partie, Haumongey, Grandtupt; Sorans, Harsault, Gruyer, la Haye, avec les Forges, & Verrieres encloses dans les Finages & Forests dudit Vauvillers. Et pour proceder audit partage selon l'assiette & proximité des deux Souverainetez & commodité des Sujects, Avons déclaré & accordé, Qu'en la Souveraineté de France demeureront le Chastel & Bourg de Fontaine-Françoise, les Villages de Chaulme, Belmont, Bussieres, non compris ce qui est du Bailliage de Dijon, & Duché de Bourgogne, Farincourt, Tournai, Fonuans la Ville, avec les Granges d'Anvillers, & Dialoste. Et en la Terre de Vauvillers les Villages d'Harsault, la Haye, & Gruyer, la Forest de Vauvillers & Verrieres estant en icelle. Item ce qui joint & avoisine lesdits trois Villages de part & d'autre à proportion de leurs Finages, ensemble les Territoires des susdits Bourgs & Villages, ainsi qu'ils s'extendent pour estre les Seigneurs desdits Bourgs & Villages, & habitans en iceux, Vassaux, Hommes & Sujets de Sa Majesté Tres-Chrestienne, & de ses Successeurs Roys de France, tout ainsi que les autres Vassaux & Sujets de son Royaume.

II. Comme au semblable les Villages de Mantoche, Delain, Achey, Montot, Nervesain, Raucourt, Grange d'Erucourt, Pisseloux, Suaucourt, le Chastel & Bourg de Vauvillers, avec ce qui depend dudit Vauvillers en la Terre d'Alaincourt, Villages d'Ambevillers, Pont-du-Bois, Hamongey, Grandrupt, & Sorans, ensemble, la Forest dudit Vauvillers, Forges & Verrieres estans en icelle, en ce qui joint lesdits Vauvillers, Ambevillers, Pont-du-Bois, Hamongey, Grandrupt, & Sorans de part & d'autre à proportion de leurs Finages, avec tous les Territoires des susdits Bourgs & Villages; ainsi qu'ils s'extendent, & mesmement celui de Delain, selon le partage fait de quelque portion de bois entre les S. dudit Delain, & de Fonuans, demeureront à la Souveraineté des Serenissimes Archiducs, & leurs Successeurs Comtes de Bourgogne, pour estre les Seigneurs desdits Bourgs & Villages, & Habitans d'iceux, Vassaux, Hommes & Sujets de leurs Altesses, & Successeurs Comtes de Bourgogne, tout ainsi que les autres Vassaux & Sujets dudit Comté. Et neanmoins où les Finages de Gruyer & Sorans ne se trouveroient reglez, sera la Souveraineté de ladite Forest entre iceux partagée par une droite ligne traversant icelle, & également distante des deux Villages.

III. Et le differend de la Souveraineté de Savigny en Ravermont a été par nous déclaré & accordé le Château, Bourg, Fauxbourg, vieille Ville, Eglise & Halles dudit Savigny, avec le Village du Vernoy, leurs Finages & Territoires, ainsi qu'ils s'extendent, demeureront à la Souveraineté du Roi & de ses Successeurs Rois de France à cause du Comté d'Auxonne, tout ainsi que les Villages de Vera la Chaux, Chavannes, Leleẞ, Bauvernois les Maigains, Villeron, Ablavey, Villebaudey, Bonnemarc, & les Gobards dépendans de ladite Terre de Savigny, qui sont sans contredit de la même Souveraineté, & dont jusques à present n'y a eu contention. Et quant aux Villages de Condamines, Nilley, Treval, Bonnault, & ce qui peut estre du Territoire de Bonnaisot, dépendant aussi de ladite Terre de Savigny, & faisant parties d'icelle avec leurs Territoires, ainsi qu'ils s'extendent, demeureront en la Souveraineté des Comtes de Bourgogne & leurs Successeurs, laquelle les Seigneurs dudit Savigny en jouïront, & seront tenus de faire administrer la Justice aux Sujets desdits Lieux, au dedans du Comté de Bourgogne par Officiers originaires, habitans & residents en icelui.

IV. Pareillement en ce qui touche les difficultez des Villages de Colligny le vieil, Colligny le neuf Bourg dudit Colligny proche la Tour de Manton Communal dudit Colligny, & Eglise d'icelui les Villages de Chasselle, saint Jean Detreux, petit Villers Grange de Mauflier Charmoux, Ville sous Charmoux, Cenat Cyvria, & Champel, pour les portions respectivement pretenduës par les deux Souverains desdits Lieux, afin de terminer lesdits differents par accommodement & échanges, suivant les Pouvoirs particuliers qui nous en ont esté donnez. Avons traité & convenu que le corps de Colligny le neuf, à prendre du costé de Soleil couchant, y compris le ban de la Cour; où la Justice est exercée, avec les trois maisons estans du mesme costé de Soleil couchant, & approchant l'Eglise; qui sont partie en la Souveraineté de France, & partie en icelle dudit Comté, selon qu'il est contenu en nos procez verbaux. Comme aussi le Bourg dudit Colligny le neuf proche la Tour de Manton, y compris les maisons des Sieurs de Martinat, Gros-Bois, & Claude-Roi, & les Villages de S. Jean Detreux, Charmoux, Petit-Villars, & Grange du Maufier, autrement dite Maix Petraudin, avec leurs Finages, Territoires, Hommes & Sujets demeureront entierement de la Souveraineté du Roi, & de ses Successeurs Rois de France, à cause de son Comté de Bresse.

V. Et réciproquement le corps de Colligny le vieil estant du côté du Soleil levant, la grande ruë entre deux, ainsi qu'il se continuë le long d'icelle du mesme costé, tirant contre l'Eglise avec les Halles & autres maisons suivantes, ainsi qu'il en a esté usé ci-devant, & de plus le Communal dudit Colligny & maisons d'i-

 celui

celui, selon qu'il se comporte, ensemble les Villages de Chaselles compris, la contrée des Rippes-ville sous Charmoux, Cenat, Champel, Cyvria, leurs Finages & Territoires, Hommes & Sujets demeureront entierement en la Souveraineté desdits Serenissimes Archiducs, & leurs Successeurs Comtes de Bourgogne. Le Finage duquel Cyvria du costé du Planchan sera limité avec les Territoires de Chevignia & Rossia Pays de Breile, par l'endroit appellé le Goullet-au-Loup, & d'icelui descendant droit au Buisson ou Meurgier-Ragoix; & dudit Meurgier en droite ligne à la Combe, au Soub, selon laquelle limitation les bornes y seront plantées.

VI. Demeurera neanmoins l'Eglise & Prioré dudit Colligny sous la Souveraineté commune des deux Princes, qui joüiront chacun en sa part du droit de nomination qu'ils ont audit Prioré, comme ils ont fait du passé. Le tout sans préjudice des droits particuliers que les Seigneurs de Colligny le vieil, Colligny le neuf, & autres peuvent avoir és susdits lieux soit en Justice, Fiefs, Censes, Dismes, & autres droits qui leur sont reservez pour en joüir sous la Souveraineté du Prince, où lesdits droits se trouveront leur appartenir.

VII. Avons aussi accordé que le Village de Ryan avec tout son Territoire selon qu'il s'extend, demeurera de la Terre de S. Oüyan de Joux, Souveraineté du Comté de Bourgogne.

VIII. En ce qui concerne le differend des Limites des Territoires des Villages d'Arben Pays de Beugey Souveraineté de France, & de Very Terre de Saint Oüyan Souveraineté du Comté de Bourgogne. Avons dit & accordé que les Territoires desdits Villages seront limitez, à commencer dés le Goullet de la Roche taillée qu'est du costé d'Orient, & d'icelui à l'Occident, au Molard d'Anticone, ou de Verlon, & dois ledit Molard par la Crete d'icelui au chemin de Roche taillée qui tire audit Arben, continuant par ledit chemin jusques à l'endroit où il coupe le ruisseau de la Fontaine sous Roche taillée, & par ledit ruisseau au Lac de Very, & contornant ledit Lac de vers Soleil couchant jusques à l'endroit du Mont des Saults, couppant icelui au Mont de Lesay, continuant par le sommet de la Roche d'Avarice ou des Varices, & au Molard Rond, ou d'Arlon, & d'icelui à la Fontaine Noire; & de ladite Fontaine tirant en droite ligne à la Croix d'Epicier; en sorte que ce qui est du costé des limites susdites de vers le Midy, demeure au Finage & Territoires d'Arben Souveraineté de France. Comme au semblable ce qui est du costé de bise, le Lac y compris entierement, sera du Territoire de Very, sous la Souveraineté du Comté de Bourgogne, sans préjudice du droit de proprieté, & joüissance des heritages des particuliers qui se trouveront enclos esdites limites en la Souveraineté de l'un ou l'autre des Princes.

IX. Encore avons déclaré & accordé que la montagne de Chalamont entre les Villages de Montanges, Païs de Beugey, Souveraineté de France, & d'Esbouchoux Terre de saint Oüyan de Joüy, Souveraineté du Comté de Bourgogne, sera separée par le chemin, dit la Vie des Croix, qui conduit de Chaisery à Esbouchoux, à commencer dés le lieu appellé la Clea, jusques au sommet de la petite Creste des Nerbiers qui separe la Combe Froide, de celle du Remble ou des Nerbiers; & dés-là de long de l'areste d'icelle petite Creste des Nerbiers jusques au Bief Brun, & à l'Encrenna; & dudit Bief, à l'endroit où il se rend dans la Riviere de la Semine; & dés-là tirant à une Roche à l'opposite du costé du Soleil Couchant, appellé le Four de la Pellete: de sorte que tout ce qui est de ladite Montagne de Chalamont au delà desdites limites du costé d'Orient & Midy, demeurera de la Souveraineté de France. Et au reciproque tout ce qui est delà dudit chemin des Croix du costé de Septentrion, avec la pente de ladite Creste des Nerbiers du costé de Soleil Couchant; & dés le chemin des Croix jusques au Bief Brun, & l'Encrenna qui comprend la Combe Froide, la grande Creste des Nerbiers, & la Combe de la Semine jusques audit Bief Brun & Roche de la Pellette, & demeurera du Territoire dudit Village d'Esbouchoux Souveraineté dudit Comté de Bourgogne, comme le surplus du Territoire dudit lieu d'Esbouchoux.

X. Au regard des differens à cause des accruës & mutations du cours de la Riviere du Doubs, aux endroits des Finages de Chaulcin Souveraineté de France. Longuy, Peseul, Campdivers, & Hottelans Souveraineté du Comté de Bourgogne. Avons semblablement declaré & accordé que la Contrée dite le Glairon du Pesché, ou Isle d'accreuë de Madame, avec l'Isle y joignante, dite le Glairon de la Roye, ou Isle d'accreuë de Madame l'Isle du Pont, autrement l'Isle devant le Moulin Bretenois. Le Pasquier de Glairon du Bief, autrement l'accreuë des Aillets, les Terres appellées le Pasquier sous le Parrolois, autrement le Pasquier du Bief, & Recorne, avec les accreuës de Montrobert, y joignans le Pasquier entre la Riviere de Doubs & l'Isle d'Hottelans, joignant à ladite Isle, & le Pasquier & accreuë estant entre Chanterene, & la pointe Amyot demeureront du Territoire de Chaulcin sous la Souveraineté de France.

XI. Et quant à la contrée des grands Pevillots, celle des Terres appellées de Ransonniers, ou devers la Borde Reunot, le prel au Mayte, l'accreuë des Pevillots, ou petit Pevillot du costé de la borde Jean Prestre, ou Borde Reunot, le bois appellé les Vulpes de Peseul, ou les Vulpes des accreuës de Chaulcin, reservé le droit de l'Ataiche du Portal dudit Chaulcin en iceluy, & le passage pour y aller en payant seulement la redevance accoûtumée au Seigneur de Peseul. L'accruë proche l'Isle du Portal à l'opposite du vieil Jousserot la Riviere entre-deux, le Glayron-Rondot, la Quelatte, autrement l'Isle Guychard, & Trenal demeureront des Territoires desdits lieux de Longuy, Peseul, & Champdivers chacun en droit soy sous la Souveraineté des Comtes de Bourgogne.

XII. Le tout sans prejudice des droits de parcours, & de proprieté qui pourroient appartenir és susdits lieux, tant aux Seigneurs, Communautez, que particuliers, qui leur demeureront reservez: pour raison desquels s'il survenoit quelque difficulté, dont les parties ne s'en pourroient accorder à l'amiable, elles se pourvoiroient pardevant les Juges en la Souveraineté desquels seront lesdits lieux.

XIII. Et pour obvier cy-après aux contentions qui pourroient naitre pour le changement du cours de ladite Riviere de Doubs entre les Finages desdits Lieux de Chaulcin, Peseul, Champdivers, & Hottelans. Avons dit & declaré, Que advenant changement dudit cours, procez verbal en sera dressé par les Officiers des Lieux y pretendants interêts ensemblement, que sera par eux signé, & registré és Greffes de leurs Justices, & Bailliages de leurs Ressorts, pour y avoir recours quand besoin sera, afin que la proprieté, Justice, & Souveraineté soit conservée à qui il appartiendra & selon son droit.

XIV. Entant que touche le differend pour la separation des Territoires des Villages de Freterans Duché de Bourgogne, & Neublans Comté de Bourgogne, avons declaré & accordé que dois l'extremité du Déchargeoir des estanchots, la plus avancée du costé de Freterans sera tirée une ligne droite, jusques au lieu dit le Saulce à la Renette, & delà une autre ligne droite qui traversera la contrée des Fraſches, & la divisera en deux portions égales: en sorte que ce qui sera du costé dudit Freterans, demeurera du Territoire d'iceluy, & Souveraineté de France. Et ce qui sera du costé de Neublans aussi Territoire d'icelui Souveraineté du Comté de Bourgogne: sans attoucher à l'Isle de la Forteresse, qui demeurera en la Souveraineté des deux Princes, selon le partage qui en a esté fait entre les deux Communautez, ni aux limites dudit Neublans du costé du bois, tirant à Authume, au-dessus dudit Déchargeoir, desquels n'est à present contention; & sans préjudice des droits de dismes qui se leveront comme du passé, censes, & proprietez des Heritages enclos au dedans des susdites limites qui demeureront à ceux ausquels ils appartiennent.

XV. Finalement avons dit & declaré, qu'en tous Lieux, ci-dessus par nous limitez, seront plantées bornes où besoin sera, par nous lesdits Deputez, ensemblement l'un de nous de chacune part, ou tels autres que nous y commettrons: lesquelles bornes seront armoyées des deux Souverains, pour servir de perpetuelle memoire. Et en cas qu'il arriveroit difficulté pour les Finages & Territoires desdits Bourgs, & Villages ci-dessus mentionnez & non limitez, dont les Seigneurs & Communautez ne puissent entr'eux convenir; la limitation sera par nous faite, ou par ceux qui seront par nous deputez.

XVI. Et d'autant qu'à l'occasion des susdits differents ont esté ci-devant donnez contre aucuns Particuliers des Jugemens par contumace és Parlemens de Dijon & de Dole, & par Juges de leurs Ressorts, contenant condamnation d'amandes, bannissemens, & autres peines. Avons accordé que lesdites condamnations demeureront comme non advenuës.

XVII. Et outre que les procez pendants esdits Parlemens entre les Sujets, tant desdites Terres de surseance

ce

ANNO 1612. ce qu'autres Lieux ci-dessus specifiez seront renvoyez en l'estat qu'ils sont, au Parlement auquel ils doivent ressortir.

XVIII. Et comme les Souverainetez & Territoires communs sont souventefois cause de dissentions & troubles entre les Sujets, avons ensuite des Pouvoirs particuliers à nous donnez, convenu; Que la Vallée commune de Mijoux, selon qu'elle s'étend en toutes ses Limites, sera partagée par la Riviere de la Vaulserine qui la traverse, le cours de laquelle sera commun pour la pêche, & autres commoditez entre tous les Habitans d'icelle. Demeurant tout ce qui est de ladite Vallée du costé de Soleil couchant de la Terre de saint Ouyan de Joux sous la Souveraineté du Comté de Bourgogne. Et l'autre part du costé d'Orient & de la Montagne des Faucilles sous la Souveraineté de France, à cause de la Baronnie de Gex: pour estre les Habitans en icelle Hommes & Sujets de Sa Majesté; & des Comtes de Bourgogne chacun en sa part respectivement, comme seuls Seigneurs & Souverains. Et la Justice ciaprés exercée separément en icelle Vallée par les Officiers qui seront établis en chacune desdites portions.

XIX. Le droit que les Habitans de ladite Vallée avoient de prendre du sel en la Saulnerie de Salins, leur sera reservée, au cas que Sa Majesté ait agreable que ceux qui sont à sa part en usent, & les Comtes de Bourgogne leur en veuillent faire délivrer. A quoi nous Deputez de part & d'autre avons promis de nous employer & le procurer de tout nostre pouvoir.

XX. Avons aussi accordé que les Sujets du Comté de Bourgogne possedans à present quelques Granges & Heritages en ladite Vallée à la part de Sa Majesté, leurs Hoirs, Successeurs, & ayans cause, Sujets, & Habitans dudit Comté de Bourgogne, ne pourront estre cottizez aux tailles par les Esleus, ou autres Officiers du Roi; ainsi en demeureront francs & quittes, comme ils ont esté du passé, & sans nouvelles charges sur leurs Heritages; desquels ils seront tenus de bailler declaration ausdits Esleus, ou autres Officiers de Sa Majesté. Et neanmoins où les Sujets dudit Comté acquerroient ci-aprés aucuns Heritages en ladite part, ils pourront estre imposez par lesdits Esleus & Officiers pour lesdites acquisitions, comme les autres Sujets de Sa Majesté possedans biens en icelle Vallée.

XXI. Semblablement les Abbé & Religieux de saint Ouyan jouiront des droits spirituels & dismes en ladite Vallée, comme ils ont fait du passé, & du droit de Collation de l'Hospital estant en icelle à la part dudit Comté de Bourgogne: Et sans prejudice du Fief pretendu en ladite Vallée par lesdits Abbé & Religieux, pour raison duquel ils se pourvoiront comme ils verront estre à faire.

XXII. Et sur l'instance faite par nous lesdits Deputez des Serenissimes Archiducs à ce que ci-aprés aucune Forteresse ne soit construite en l'une ou l'autre part de ladite Vallée, conformément au premier & ancien Traité d'Association, ni aucune nouvelle Gabelle établie en icelle, qui puisse empêcher la liberté du Commerce. Nous Deputez de Sa Majesté Tres-Chrétienne avons déclaré n'avoir aucun Pouvoir pour ce regard; & neanmoins promis de le representer à Sadite Majesté, & nous employer à ce qu'elle l'ait agreable.

XXIII. Tous lesquels Partages & Accords nous lesdits Deputez avons respectivement fait & passé sous le bon vouloir & plaisir de Sa Majesté Tres-Chrétienne, & de leurs Altesses Serenissimes Comtes de Bourgogne, & promis de le leur faire ratifier entant qu'en nous sera dans deux mois: Et contiendra la Ratification clauses expresses de faire valoir & garantir lesdits Partages des Terres de Surseance, & d'accomplir tout le contenu au present Traitté; & dans ledit temps en donner & fournir les uns aux autres Lettres authentiques, signées & scellées, pour icelles estre verifiées, & émologuées és Parlemens de Dijon, Dole, & autres que besoin sera. Le tout de ce que dessus sans prejudicier à tous autres droits appartenans à nosdits Princes, dont mention n'est faite à nos procez verbaux, qui leur demeurent reservez, sans que la possession d'une part ni d'autre puisse faire perdre l'ancien droit ni nouvel acquerir.

XXIV. Et où pour iceux, ou pour les choses cidessus accordées surviendroit ci-aprés quelque difficulté entre les deux Souverainetez, il y sera procedé à l'amiable par Commissaires, qui seront deputez à cét effet de part & d'autre; & les pretentions decidées par voye de droit & de Justice.

XXV. Ainsi nous lesdits Commissaires l'avons conclud & arresté en la Ville d'Auxonne ce jourd'hui quinziéme Fevrier l'an 1612. En foy de quoi nous nous sommes tous soussignez avec lesdits Greffiers. *Signé* le Goux, Venot, Garnier, Brun, Jean Boyvin, Millotet, de saint Mauris, Joly, & la Barre. ANNO 1612.

Lequel Traité ayant esté veu, & lesdits Commissaires oüys en nostre Conseil, la Reine Regente nostre tres-honorée Dame & Mere presente, y assistans plusieurs Princes, Officiers de cette Couronne, & autres plus notables Personnages de nostre dit Conseil, & le tout y ayant esté meurement consideré & examiné. SÇAVOIR FAISONS, que nous avons ledit Traité, tel qu'il est ci-dessus inseré, agréé, approuvé & ratifié, agréons, approuvons, & ratifions par ces presentes; Voulons & nous plaist, qu'il sorte son plain & entier effet. Promettant en foi & parole de Roi, tant pour nous, que pour nos Successeurs Rois à perpetuité sous l'obligation & hypoteque de tous & chacuns nos biens presens & à venir, faire valoir & garentir tous & chacuns lesdits partages de Terres de Surseance, comme generalement & en particulier, entretenir, garder, faire garder & observer tout le contenu en icelui selon sa forme & teneur inviolablement, sans aller, ni venir jamais, ni permettre que de nostre part il y soit allé, ni venu au contraire, directement ou indirectement, en quelque sorte & maniere que ce soit. Si donnons en Mandement à nos amez & feaux Conseillers, les Gens tenans nos Cours de Parlemens, Chambres des Comptes, & Aydes à Paris, & Dijon, qu'ils ayent à faire registrer ces presentes: & ledit Traité faire garder & observer selon sa forme & teneur. Car tel est nostre plaisir; & afin que ce soit chose ferme, & stable à toûjours, Nous avons fait mettre nostre scel à ces dittes presentes, sauf en autre chose nôtre droit, & l'autruy en toutes.

Donné à Paris au mois d'Avril, l'an de grace mil six cent & douze, Et de nostre regne le deuxiéme.

Signé,

LOUIS.

Et sur le reply, *Par le Roy, la Reyne Regente sa Mere presente,*

POTIER.

Et scellé en cire jaune, à double queuë de parchemin pendant.

Ratifié par leurs Altesses Serenissimes à Bruxelles le 2. May 1612.

Signé,

ALBERT & ISABELLE.

Et plus bas,

PRATZ.

Ratifié par le Roy d'Espagne à Saint Laurens le 2. Aoust 1612.

Signé,

PHILIPPE.

Et plus bas,

MALDONAT.

Et cachetté de cire rouge.

Publié judiciellement en l'Audience de Cour Souveraine de Parlement de Dole le 10. Decembre 1612.

CXVI.

Contract de Turnhout concernant le tiers dans la grande Saulnerie nommé le Partage de Châlons, entre ALBERT *Archiduc d'Autriche, &* ISABELLE CLAIRE EUGENIE *Infante d'Espagne, Ducs de Brabant &c. d'une part, &* PHILIPPE-GUILLAUME *Prince d'Orange, d'autre part. A Breda le 23. Fevrier 1612.* Avec *la* RATIFICATION *de Leurs Altesses Serenissimes les Archiducs. A Bruxelles le 21. Mars 1612.* Et *un* ARTICLE *posterieur* 23. Fev. AUTRICHE ET ORANGE.

ANNO 1612.

rieur, à Bruxelles le 19. Aoust 1614. [Manuscrit.]

COmme le Reverend Pere en Dieu, Pere Johan Neyen, Commissaire General de l'Ordre de saint François Païs de par deça, meu d'une affection & zele au bien des affaires des Serenissimes Archiduc, Albert & Isabelle Clara Eugenia Infante d'Espagne, par la grace de Dieu Duc de Brabant &c. Et particulierement de voir terminer par accord le différent & mes-entendu advenu entre les Officiers de leurs Altesses Serenissimes & ceux de Messire Philippe-Guillaume par la Grace de Dieu, Prince d'Orange, sur le tiers part, & portion, competant audict Prince en la Saulnerie, & puis au muyr de Salins, se seroit offert audit Sérénissime Archiduc de s'y entremettre, pour moyenner ledit Accord, & que son Altesse cognoissant par longue experience ses fidelité & capacité, l'auroit à ce commis par Procure signée de sa main, & contresignée par son Audiencier en date du 14. jour de Decembre dernier, & que suivant ce ledit Reverend Pere Commissaire se seroit à trois diverses fois transporté en cette Ville de Breda pour esclaircir & vuider aucuns differents qui se presentoient, & sur tous & chacun d'iceux bien informé de l'inclination, vouloir & consentement de sadite Altesse, & finalement tombé d'accord avec mondict Seigneur Prince d'Orange en telle forme & maniere que ledit Seigneur Prince de son propre mouvement, sa franche volonté, & sans contrainte ait quitté, cedé & transporté, comme il quitte & cede par ces presentes, au profit de leursdites Altesses Serenissimes ledit Reverend Pere Commissaire general present & stipulant & acceptant au profit d'icelles, de leurs Hoirs ou Successeurs, Comtes, ou Comtesses de Bourgoigne, le tiers qu'à lui appartient, & compete en ladite Saulnerie de Salins, communément appellé, le partage de Chalon, tant en muyres, fruicts, profits, revenus, & emolumens, qu'en Fiefs, arriere-fiefs, droictures, & préeminences, & en la même forme & maniere que ledit tiers souloit appartenir en fonds, trefonds, proprietez, & aisances, aux Princes d'Orange de la maison de Nassau & de Chalon, ses Predecesseurs, sans en rien retenir, & de même a cedé & transporté, cede & transporte à leursdites Altesses, les dix quartiers & selles qui lui ont appartenu au Païs à muyre de dessous Salins, & tout ce qu'à cause d'iceux & ce qui en depend lui a appartenu, avec tous fruicts & revenus, tant ladite grande Saulnerie, que desdits Païs à muyre escheus, & non écheus de la part dudit Seigneur Prince d'Orange jusques à maintenant, date des presentes, & en outre a quitté ledit Prince au profit de leursdites Altesses, tout ce que lui est deu & escheu du droict du Troncq de la fassure & coupage des Bois & Forests, tant devant qu'aprés la Trefve (& jusques à maintenant) laquelle cession & transport ledit Prince promet de garantir & faire valoir envers & contre tous, & nommément envers les Seigneurs ses Freres, & les Dames, leurs Enfans, Heritiers & Successeurs, consentant ledit Prince que leursdites Altesses puissent retenir tous les Chartres, Tiltres, & Papiers, concernant ladite tiers de Chalon, & les quartiers du Païs à muyre & promettant de restituer ceux qui pourroient encore estre ou se trouver dessous lui, ou ses Officiers.

A condition que leursdites Altesses Serenissimes porteront (ainsi que ledit Pere les en charge maintenant) toutes & chacune, les rentes & Hypotheques particulierement assignées & constituées sur ledit tiers du partage de Chalon & Païs à muyre par les Seigneurs Princes d'Orange, ses Predecesseurs, devant l'an quinze cents soixante sept, comme si elles fussent ici particulierement & nommement exprimées, ce qui ne se fait, pour ce qu'iceluy Seigneur Prince n'en peut avoir particuliere connoissance, & dont ledit Pere Commissaire (au nom que dessus) s'oblige de guarandir & tenir franc, libre & exempt ledit Prince & ses Hoirs & Successeurs.

Bien entendu qu'en cet Accord n'est comprinse la Seigneurie de Chastelguion, qui demeurera audit Prince, ni aussi le sixte du partage d'Auxerre, faisant partie des biens Chastelbelin, dont la cause est pendante au Grand Conseil à Malines au regard duquel ledit Prince demeure en son entier.

Item qu'audit Prince demeurera la proprieté & l'usufruict de tous les Bois & Forests, ayant appartenu à la Maison de Chalon, & dernierement possedez, par le feu Prince d'Orange, son Pere, jusques au saississement advenu audit an quinze cent soixante sept, saulf qu'iceulx demeureront affectez à la fassure & quitte du tiers du sel de ladite grande Saulnerie, comme ils estoyent devant ladite saisie, & non plus avant, à condition neantmoins que de tous les Bois & fassures que l'on en tirera pour ladite Cuytte, leurs Altesses payeront audit Prince le Droict du Troncq & demeurence, à l'advenant qu'il s'est payé devant ledit temps.

Que ledit Prince à l'effect de la conservation dudit Droict seulement, pourra mettre, instituer & destituer de son authorité, & à ses frais & gaiges, son tailleur & son receveur de ces tailles à la porte de la grande Saulnerie, & pourra aussi instituer & destituer, de mesme authorité, tels Forestiers, Gruyers, Guarde des Bois, & autres Officiers, qu'il trouvera convenir, pour la conservation d'iceux Bois, & pour mieux obvier au mesus & desgastz qui s'y commettent & l'amende ancienne de trois livres est d'avenans accrue & augmentée à quinze semblables livres, pour la premiere fois, de trente, pour la seconde, & de soixante livres pour la derniere fois, contre les mesus; lesquels pour ce seront poursuivis & condemnez par les Officiers & Juges particuliers des Seigneurs, appartenans audit Seigneur Prince d'Orange.

En payement & eschange de la cession que dessus, Pere Commissaire General, en vertu de sadite Procure & selon l'intention de leursdits Altesses Serenissimes, a cedé & transporté, comme il cede & transporte par ces presentes, au profit dudit Seigneur Prince à ce present stipulant & acceptant pour soy même ses Hoirs, & ayant cause, la Franchise & Seigneurie de Turnhout, avec toute sa jurisdiction haute, moyenne, & basse, tous les Villages, Bois, Terres, Domaines, & revenus en despendans, ensemble le pouvoir, & faculté de rachepter, redimer, & revenir audit Domaine & revenu de Turnhout, les Villages & parties qui en sont engagés avec tous les Droicts, Preeminences, Appendances, & Dependances sans rien en reserver, saulf le reljef, foi & hommage, vers leursdites Altesses Serenissimes comme Ducs de Brabant, avec la Souveraineté, Resort, Aydes, son de Cloche, confiscation, à cause de Guerre & Rebellion, à la charge de porter par ledit Prince les rentes réelles, & anciennes, assignées sur ledit Turnhout, & les arrierages d'icelles qui escherront depuis le commencement de cette année; qu'il prouffitera aussi du revenu comme aussi de faire couper, regler, & ménager lesdits Bois, en bon Pere de Famille, & pourra ledit Prince demettre les Officiers qui y sont presentement, & y instituer autres, si ainsi il le trouve convenir, à condition, neantmoins, que leursdites Altesses Serenissimes auront & reservent, pour eulx leurs Hoirs & Successeurs, Ducs de Brabant, le Droict & faculté perpetuelle, & non subjecte à aucune prescription de pouvoir rachepter, quand bon leur semblera, aprés le trespas de mondit Seigneur le Prince d'Orange, & non devant, ladite Franchise, Terre, & Seigneurie de Turnhout, ses appendances, & dependances, pour la remettre & reunir à leur Domaine de Brabant en rendant aux Heritiers, ou ayant cause dudit Seigneur Prince, la somme de deux cent mille livres de quarante gros la Livre, Monnoye de Flandres, avec ce que ledit Prince aura deboursé, pour le raschapt des rentes assignées sur ledit Turnhout, & pour le desengagement des parties en dependantes, engagés à diverses personnes, ensemble le prix & valeur des meliorations, que ledit Seigneur Prince y aura mises, & qui se trouveront en estre au temps dudit rachapt, à faire par leursdites Altesses Serenissimes leurs Hoirs & Successeurs jusques à la somme de douze mille livres, une fois, monnoye que dessus, lequel rachapt de Turnhout, les Successeurs & Heritiers dudit Prince seront tenus de souffrir, sans aucun obstacle, refus, ou difficulté, promettant ledit Pere Commissaire faire depescher & delivrer audit Prince, Lettres patentes de ladite Cession & Transport, en forme deüe, interinées & verifiées en leurs Finances, Chambre des Comptes, & ailleurs, où besoin sera, avec l'aggreation & ratification des Estats de Brabant, en la forme que besoin & requis est, pour aliener parties du Domaine, par les Privileges, stil & usance dudit Païs de Brabant, & ce dans le terme de deux mois, aprés la date de cette, & qu'endeans le même terme il fera mettre entre les mains dudit Prince tous & chacun les Papiers, Rentiers, Chartres, & Enseignemens, concernans ladite Franchise. Davantage a ledit Pere Commissaire promis & promet par cestes, au nom que dessus, de payer & fournir audit Seigneur Prince en la Ville de Bruxelles,

ou

ANNO 1612. ou d'Anvers, la somme de cent cinquante mille livres, de quarante gros, Monnoye de Flandre, la livre, par dedans le terme de six mois prochains, qui escherront le dernier jour du mois d'Aoûst de la presente année, & pour l'asseurance du payement, ledit Pere a promis, & promet de bailler des Assignations au contentement de celui que ledit Prince envoyera pour les recevoir de sa part, à quoi il a commis & authorisé, commet & authorise par ces presentes Messire Jean Baptiste Keeremans, Chancelier, son premier Conseiller, lui donnant Pleinpouvoir, Mandement & Authorité especiale de recevoir lesdites Assignations, Lettres patentes, Approbations, & Emologations en la meilleure forme & maniere qu'il trouvera convenir, à sa plus grande seureté, aussi de recevoir lesdites tiltres & lettrages, & d'en bailler quitance, qui sera vaillable comme si ledit Prince mesme l'eust signé de sa main.

Lesquelles susdicts Eschanges, Cessions, & Transport lesdits Seigneur Prince, & Pere Commissaire General, en la qualité que dessus, ont promis, & promettent respectivement d'accomplir & effectuer, tenir fermes & stables en tout & chacun leurs Points, Articles, & Conditions y stipulez en bonne foy, en témoin de verité ont signé les presentes & le double d'icelles de leurs mains, en la Ville de Breda le 23. du mois de Fevrier l'an seize cents & douze.

Estoit signé,

J. NEYEN.

LEurs Altesses Serenissimes ayans veu & fait examiner l'Escrit ci-dessus, contenant les conditions sur lesquelles le Prince d'Orange, Comte de Nassau & de Bueren, a esté contant pour faire service à leursdites Altesses leur ceder & transporter le tiers, que lui compete, en la grande Saulnerie de Salins, à savoir le partage de Chalon avec tous les Droicts y appartenans, sans rien reserver, aussi les dix quartiers & neuf selles & demie, ou environ, que ses Predecesseurs ont d'ancienneté eu au Pays à Muyre, au Bourg dessoubs Salins, en conformité & selon qu'amplement est reprins par ledit Escript, aux charges & devises reciproquement promises de la part de leursdites Altesses, par le Reverend Pere Jean Neyen, Commissaire General de l'Ordre de Saint François, icelles leurs Altesses ayant le tout pour agreable ont ratifié & confirmé, ratifient & confirment par cestes le susdit Accord, promettent de bonne foy & en parole de Prince de punctuellement satisfaire à tout ce que par ledit Commissaire en cet endroit a esté promis, & ordonnent que les Lettres patentes & autres Depesches à ce requises soyent faites, verifiées & interinées, & les consentements à ce necessaires pour suivre & obtenir le tout en forme deue, & comme au contentement & à la seureté dudit Prince d'Orange, appartiendra: Fait à Bruxelles sous le nom de leursdites Altesses le 21. de Mars 1612.

M. vt. dessoubs estoit signé, ALBERT, N. DE MONT-MORENCY, DE ROBIANO, STERCKS, IDENNETIERES.

DEpuis comme difficulté se seroit presentée sur l'aggreation des Estats de Brabant, pour l'engagement dudit Turnhout, appendences & dependences, a esté convenu entre ledit Prince & leurs Altesses, que à icellui Prince seront fournis & comptez en deniers comptans à son contentement, autres cent cinquante mille florins, outre & par dessus semblable somme, par lui receue, en vertu du Contract escrit ci-devant, & ce moyennant se deportera, comme se deporte par ceste, de ladite gaigure & achapt de Turnhout, appendences & dependences, ains se tiendra, possedera dans le mois de Janvier 1612. sa vie naturelle durant tant seulement, pour aprés son trespas retourner à leursdites Altesses, leurs Hoirs & Successeurs, Ducs & Duchesses de Brabant & estre reuny à leur Domaine, comme il a esté auparavant le susdit Accord, sans que les Heritiers dudit Seigneur Prince y auront ou pourront contredire ou pretendre chose quelquonque, ayant aussi ledit Seigneur Prince renoncé à la condition qui a esté pourparlé, de lui rendre les meliorations qu'il y auroit fait & qui s'y trouveroient en estre jusques à la somme de 12000. livres, de quarante gros, une fois seulement, lui demeurera la Jurisdiction, haulte, moyenne, & basse, és Villages dependans dudit Turnhout ci-devant engagés, que leursdites Altesses ont promis eux-mesmes de faire desengaiger en deans l'an de leur profit par ledit Prince en jouïr de ladite Jurisdiction avec le surplus de ladite Terre de Turnhout, sa vie durant, & aprés retourner à leursdites Altesses, avecques le surplus comme dessus, en tesmoing de ce ont icelles & ledit Prince, avec ceux des Finances signé ceste à Bruxelle le 19. d'Aoust 1614.

M. vt. *soubs estoit signé* ALBERTS, PHILIPPE *Prince de Nassau*, N. DE MONTMORENCY. STERCKS, P. DE AYALA.

CXVII.

2. Mars. *Cautio* SIGISMUNDI *Regis Poloniæ* III. *Ordinibus Ducatus Prussiæ exhibita ad conservationem eorum Privilegiorum in puncto Investituræ concessæ. Datum Varsoviæ 2. mensis Martii 1612.* [Acta & Decreta Commissionum S. R. M. Poloniæ Regiomonti in annis 1609. & 1612. habitarum, pag. 81.]

SIGISMUNDUS III. *Dei gratia*, *Rex Poloniæ*, *Magnus Dux Lithuaniæ*, *Russiæ*, *Prussiæ*, *Samogitiæ*, *Livoniæque nec non Suecorum*, *Gothorum*, *Vandalorumque Hereditarius Rex.*

SIGNIFICAMUS præsentibus Literis nostris quorum interest, universis & singulis, quod cum post diuturnos multiplicesque Tractatus, qui inter nos, Ordinesque Regni & Illustrissimam Domum Brandeburgicam de Jure Feudi in Ducatu Prussiæ intervenerant in aliquot Regni Comitiis, citro ultroque propositis rationibus agitabantur: Tandem in proxime præteritis Varsoviensibus Comitiis de iis communi accedente consensu transactum fuisset, nosque cum Ordinibus Regni, Ducatum Prussiæ ad Corpus Regni pertinentem Jure Feudi Illustrissimo Principi Domino Joanni Sigismundo Marchioni Brandenburgen: & Electori ejusque Fratribus germanis contulissemus, licet in iisdem Comitiis, ac Actu ipso Investituræ Ordinum illius Provinciæ Nuncii & Mandatarii non interfuerint, eo quod ob temporis angustiam Conventus particulares in Ducatu illo ante Comitia indici non potuerint; tamen cum & ante in aliquot Regni Comitiis, iidem Ducatus Ordines, suam erga Illustrissimam Domum Brandenburgicam voluntatem declaraverint, & apud nos Ordinesque Regni, ut hoc ipsum Feudum eidem Illustrissimæ Familiæ conferetur, publice institerint; hisce Literis nostris declaramus, testamurque nos eorum assensus & voluntatis, in inclytam illam Domum propensæ, toties declaratæ, & in præteritis etiam Comitiis, Actuque Investituræ, per Literas Primariorum è Ducatu testificatæ; eam quam par erat rationem habuisse & ea cognita, ad hanc de Feudo Prussico Transactionem descendisse, ac proinde nostram cum Illustrissimo Electore & Familia ipsius ea de re compositionem jurisque Feudalis traditionem, non modo Juribus, Privilegiis & Prærogativis Ordinum cujuscunque status & conditionis præjudicare non debere: verum etiam eo ipso, quod voluntate assensuque illorum facta sit, & nos Pactis Feudalibus ei inprimis pro nostra erga Subditos illos totamque eam Provinciam propensione caverimus, tanto magis robur & firmamentum temporibus perpetuis obtinere, idque nos censeri debere, decernimus & statuimus & declaramus. In cujus rei fidem præsentes manu nostra subscripsimus, ac Sigillo Regni communiri mandavimus. Datum Varsoviæ die 2. Mensis Martii Anno Domini M. D. CXII. Regnorum nostrorum Poloniæ XXV. Sueciæ vero XVIII. Anno.

SIGISMUNDUS REX.

JACOBUS ZACLZIK.

CXVIII.

21. Mai. LITTERÆ *Reversales Dominis Commissariis Regiis*, *ab Ordinibus Ducatus* PRUSSIÆ *datæ Regiomonti die 21. Maii anno 1612.* [Acta & Decreta Commissionum S. R. M. Poloniæ & Sueciæ Regiomonti in annis 1609. & 1612. habitarum, pag. 78.]

ANNO 1612.

NOs infrascripti Ludovicus Rautter, Hoffmeister, Fabianus Burgrabius & Baro à Dhona, Supremus Burgrabius, Christophorus Roppe, Cancellarius, Joannes Albertus Borck Supremus Marschalcus, tanquam Regentes Consiliarii; Fridericus Burgrabius, & Baro à Dhona Brandenburg: Ottho von der Groben Schake: Joannes Truchses von Wetzhausen, Fischhausen, Martinus von Waltenrode Tapiavien:, tanquam Majores Capitanei; Fridericus S. R. Imperii Dapifer & Baro zu Waldtburg, Capitaneus Balgenn: Botto Albertus Baro van Egnlenburg Capitaneus Joansburgen: Sigismundus Birckhan Capitaneus Soldavien: Andreas von Kreutzen, Capitaneus Angeburgen: Fabianus Sack, Albertus Finck, tanquam Consilliarii Terrestres, Albertus ab Ostaw, Præses Judicii Aulici, Joannes à Falckenheim, Joachimus Wenediger, Ludovicus Kalcstein, Georgius a Schubath, Levinus Buchius J. U. Doctor; Christianus Dorffer J. U. Doctor, Balthasarus Braunsberger J. U. Doctor, tanquam Consiliarii Aulici; Eustachius von der Groben Provinciæ Marschalcus, Andreas Ripp, Albertus Weissel, ex Districtu Brandenburgen: Gerlacus Gaudecker ex Districtu Fischhausen: Christophorus Dellau ex Districtu Tapiavien: in Sterburgen: Taplavien: Salavien: & Georgenburgen; Theodoricus Kanitz, ex Districtu Balgen, Casparus ab Hoendorff, ex Districtu Eylavien: Joannes Eberhardus à Thettau, ex Districtu Bartensteinen: Joannes ab Hohendorff, Ludovicus à Pudewels, ex Districtu Rastenburgen: Fabianus à Milbe ex Districtu Risenburgen, & Mariæwerden: Albertus à Polentz ex Districtu Schonbergen: Martinus Wenediger; & Albertus de Milbe, ex Districtu Preuschmarken: Libnuch & Deutsch Etlau, Henericus Finck ex Districtu Osterode, Hoenstein & Gilgenburg, Joannes Georgius de Sanden ex Districtu Holland, Morungen & & Libstad, Georgius Schwider; ex Districtu Partensi, Georgius Spigel ex Districtu Sestensi, Nicolaus Reytein ex Districtu Neidenburgen: & Soldavien: Georgius à Krosten ex Districtu Lick, Henericus ab Halle ex Districtu Oleczko, Angerburg & Lessen, Christophorus à Schlieben ex Districtu Gerdavien: & Nordenburgen: tanquam Nuncii Nobilitatis & Ordinis Equestris, Michael Wilhelmi antiquæ Civitatis Regiomontanæ, Michael Friese J. U. Doctor, Knipavien: Philippus Dawel Lobnicen: Proconsules, Hieronymus Schultz, Christophorus Klein, Jacobus Nietz Magistri Scabinorum, Daniel Bartsch, Tobias Schlicht, Joannes Nagel, ex Communitate trium Civitatum Regiomontan:, Chrispinus Betschlager, Gregorius Ferman, Jordan Joannes ex Bartenstein, David Reich ex Rastenburg, Angerburg, Margrabowa, Michael Frick ex Fridelandt, Conradus Wideman & Michael Lietze ex Welau; Sacharias Schroter ex Schieffenburg, Valentinus Blumichem ex Hollandt Mulchausen; Joannes Wegel ex Heiligenbeil, Antonius Rautenberg ex Mariemverder, Garnsche, Abraham Mittelpfort ex Risenburg, Freustadt, Joannes Sackersdorff ex Osterod, Hohenstein, Gilgenburg, Christophorus Prætorius ex Neidenburg; Soldau, Passenhim, Petrus Lenck ex Zinten, Joannes Brin ex Preuschculau; Christophorus Geroedt ex Bischoffswerder, Petrus Fuchs ex Dringfort, Augustinus Schiekes ex Sahfeld, Morungen, Liebstadt, Liebmuchle, Christophorus Wichert ex Fischhausen, Henricus Friese & Christophorus Wolff ex Creutzburg, Joannes Wolbertus ex Insterburg, Petrus Reimanus ex Goldop Oppidis tanquam Civitatum Ducatus Prussiæ Legati in hoc Conventu Regiomontano legitime convocati & congregati tam nostro; quam eorum quorum Mandata sustinemus nomine recognoscimus, attestamur profitemurque præsentibus hisce Literis cum tandem Alberti inclitæ memoriæ primi in Prussia Ducis, jam fere deficiente nullaque adeo spe Masculæ prolis existente Serenissimus Princeps ac Dominus Sigismundus III. Dei gratia Rex Poloniæ, Magnus Dux Lithuaniæ, Russiæ, Prussiæ, Masoviæ, Samogitiæ, Livoniæque, nec non Suecorum, Gottorum Vandalorumque Hæreditarius Rex, simul & Ordines Regni, singulari quodam amore & benevolentia ducti, commemoratum Prussiæ Feudum Illustrissimo Principi Domino D. Joanni Sigismundo, Fratribus etiam Illustrissimæ Cels. ejus germanis, nimirum Joanni Georgio, Ernesto Christiano, Wilhelmo eorumque omnium legitimis masculis Hæredibus simultaneæ Investituræ Jus certis Conditionibus Legibusque contulissent, eandemque Transactionem Conditionesque ut nos etiam consensu Ratificationeque nostra firmaremus, ratas, gratasque haberemus, ex ejusdem Transactionis vi à nobis postulassent; non invitos nos fecisse, ut eadem nos quoque approbaremus confirmaremus, rataque & firma haberemus. Quemadmodum quidem non solum libere in eosdem consentimus, verum eadem omnia, Transactiones nimirum Conditiones Pactaque omnia & singula, tam vetera quam nova, inter Serenissimos Poloniæ Regis, Regnique Ordines, nec non Cruciferos Prussiæ Duces, Curatores Ordinesque Ducatus & nuper in proximis Comitiis Varsoviensibus inter commemoratum Serenissimum Regem, Regnique Ordines & Illustrissimam Domum Brandeburgicam, inita constitutaque, quemadmodum & per Regios Commissarios ante triennium in Conventu Regiomontano constituta sunt in omnibus eorundem Punctis, Clausulis, Capitibusque quemadmodum jam corporali Juramento nostro confirmavimus, ita nunc Reversalibus etiam Literis nostris, pro nobis Successoribusque, & posteris nostris, grata rataque habituros, necque quicquam vel ipsos nos, posterosque nostros, in iis immutaturos, vel à quoquam mutari passuros promittimus, spondemusque, ita tamen ne Juribus & Libertatibus, antiquisque Privilegiis nostris quemadmodum & Testamento inclytæ memoriæ Alberti primi in Prussia Ducis tum Responsis Regiis, aliisque jurium nostrorum confirmationibus quicquam ulla in re hisce derogetur, sed ea omnia, tum universæ, singulæque Immunitates nostræ, integræ salvæque maneant; neque vel novis ullis Tributis, vel Transactionibus præter consensum voluntatemque nostram, nobis imponendis, vel ineundis vel qua alia re violentur lædanturque; Promittimus deinceps pro eo, authoritateque præsentium, nostro Successorumque nostrorum nomine, sanctissime pollicemur si aliquando commemoratos quatuor Fratres germanos illorumve posteros sine masculis Hæredibus steriliter, Deo ita permittente, decedere contigerit, nos, posterosque nostros, nulli alii quam Regibus, & Regno Poloniæ; immediate tum parituros, subjectosque futuros, neque quenquam alium nisi & Regem Regnum Poloniæ tanquam naturalem & Hæreditarium Dominum agnituros, aut fidelitatem subjectionemque præstituros, obedituros que, salvis tamen in eum casum Juribus, Libertatibus, Immunitatibus; Privilegiisque tam publicis quam privatis omnibus & singulis nominatimque iis, quæ à Sac. Regiæ Majestatis Antecessoribus ab Anno M. CCCC. LIV. ad hæc usque tempora, tum & modernæ Regiæ Majestatis Responsis nobis indulta, confirmata; & renovata sunt, quæ omnia in eum casum cum Ducatus hic immediate & plene modo prædicto Regno incorporabitur visceràbiturque sarta tecta inviolataque esse debebunt, hoc etiam specialiter adjecto vel quoties nos, posterive nostri, novo Principi homagium præstare tenebimur, toties semper iidem hæc omnia recognoscere prius & eodem modo quo à nobis factum, juramentis scriptisque suis ea comprobare tenebuntur, si quid etiam contra jus, formam Regiminis, Testamentum commemorati inclytæ memoriæ Alberti Ducis, aliaque Jura ac Privilegia nostra interim intercessisset obrepsissetque; eadem corigantur, in integrumque prius restituantur; cujus rei curam executionemque ad Serenissimos Reges pro tempore existentes, ac Regnum tanquam supremos, & directos Dominos, Patronosque ac Defensores nostros delegamus pertinereque volumus. In quorum fidem, & evidentius testimonium, hasce manu nostra subscripsimus, sigillis sub appressis à nobis deputatorum nimirum ex Consiliariis Regentibus Ludovici Rautter: ex Consiliariis tribus, Friderici Burgrabii & Baronis à Dhona: ex Nunciis Nobilitatis, Eustachi à Groben: ex Nunciis Civitatis Michaelis Guilhelmi J. U. Doctoris. Datum & pactum in Conventu Regiomonti, die XIXI. mensis Maii Anno M. D. C. XII. stylo antiquo.

LUDOVICUS RAUTER, *Hoffmeister.*

(L. S.)

FRIDERICUS *Burgrabius & Baro à* DHONA.

(L. S.)

EUSTACHIUS à GRÖBEN.

(L. S.)

MICHAEL GUILHELM *J. U. Doctor.*

(L. S)

CXIX.

ANNO 1612. 22. Mai.

CXIX.

Formulæ Juramentorum, SIGISMUNDO III. *Regi Poloniæ, nec non* JOANNI SIGISMUNDO *Electori Brandenburgico, ab Ordinibus Ducatus* Prussiæ *præstitorum; cum Literis Commissariorum Regiorum desuper confectis. Regiomonti 22. Maii* 1612. [Acta & Decreta Commissionum S. R. M. Poloniæ Regiomonti in annis 1609. & 1612 habitarum pag. 73.]

NOs Simon Rudniki Dei Gratia Episcopus Varmien: Stanislaus Dzialynski, Palatinus Mariæburgen: Rogosnen: Tolkinitenque Capitaneus: Venceslaus Kielczewski, Castellanus Biechovien: Wschovien: Capitaneus Reinholdus Heidenstein Secretarius Sacræ Regiæ Majestatis Serenissimi Potentissimique Principis ac D. D. Sigismundi III. Dei gratia Regis Poloniæ, Magni Ducis Lithuaniæ, Russiæ, Prussiæ, Masoviæ, Samogitiæ, Livoniæque, &c. nec non Succorum Gottorumque Hæreditarii Regis, & inclyti Regni Poloniæ in Ducatum Prussiæ delegati Commissarii. Significamus præsentibus hisce hujus & futuri temporis quorum interest intereritve universis & singulis: Cum à Sacra Regia Majestate Domino nostro Clementissimo, Inclitisque Regni Ordinibus ad Illustrissimum Principem ac Dominum D. Joannem Sigismundum Dei Gratia Marchionem Brandenburgen: Sacri Romani Imperii Archi-Camerarium & Electorem in Prussia, Juliæ, Cliviæ, Montium, Stetini, Pomeraniæ, Cassuborum Vandalorum; nec non in Silesia Crosnæ Carnoviæque Ducem, Burgravium Norimbergen. Principemque Rugiæ, Comitem Marcæ & Ravensburgi, Dominum in Ravenstein &c. Ordinesque Ducatus Prussiæ, ad ea quæ ex superiorum Comitiorum Anno Domini M. D.C. XI. Transactione præstari deberent, peragenda, maximeque, ut commemorato Illustrissimo Principi Electori possessionem realem ejusdem Ducatus traderemus, in eandemque Illustrissimam Cels: ejus ex authoritate Reg: Majestatis ac Regni introduceremus immitteremusque, missi delegatique essemus, aliis rebus quæ à Sacra Regia Majestate Domino nostro Clementissimo, mandatæ nobis fuerant ex præscripto eorundem mandatorum constitutis, definitisque tandem die XII. Mensis Maii ad Juramentum ab Ordinibus Ducatus Prussiæ exigendum non accessisse, exque commemorata Transactione in Pacta Transactionemque sequens Juramentum iisdem proposuimus, nimirum: *Ego N. N. juro, meo, Ordinumque Ducatus hujus Posterorumque ac Successorum nostrorum nomine, quod Pacta tam vetera, quam postremam etiam Transactionem, Conditionesque inter Serenissimum ac Potentissimum Principem ac Dominum, D. Sigismundum III. Dei gratia Regem Poloniæ, Magnum Ducem Lithuaniæ, Russiæ, Prussiæ, Masoviæ, Samogitiæ, Livoniaque, nec non Suecorum, Gottorum Vandalorumque Hæreditarium Regem Successoresque; ejus Reges, ac Regnum Poloniæ, tanquam supremos directos* Dominos *meos & naturales & Illustrissimum Principem ac Dominum D. Joannem Sigismundum Dei gratia Marchionem Brandenburgen. S. R. I. Archi-Camerarium, & Electorem in Prussia, Juliæ, Cliviæ, Montium, Stetini, Pomeraniæ, Cassuborum Vandalorum, nec non in Silesia Crosnæ Carnoviæque Ducem; Burgravium Norimbergen: Principemque Rugiæ, Comitem Marcæ & Ravensburgi, Dominum in Ravenstein &c. &c. Ducem & Dominum nostrum constitutas in omnibus earundem punctis & clausulis servabimus Posterique ac Successores nostri servabunt; maxime autem si, Deo ita permittente, fortè acciderit, ut commemoratus Illustrissimus Princeps Elector sine legitimis masculis Hæredibus, post eumque Illustrissimi Fratres ejus Germani simultaneam Investituram habentes, sine legitimis itidem Feudi Successoribus decederent, nulli alii, quam Regibus & Regno Poloniæ immediate tum parebimus, aut Posteri nostri parebunt, neque quenquam alium nisi Reges & Regnum Poloniæ, tanquam Naturales & Hæreditarios Dominos nostros agnoscemus aut Fidelitatem Subjectionemque præstabimus, Successoresque nostri agnoscent aut præstabunt: Sed in commemoratorum Regum, & Regni Poloniæ potestatem sine nulla cunctatione aut tergiversatione concedemus eisque tam quo ad utile & directum Dominium, quam merum & mixtum imperium, Juribus tamen ac Libertatibus Privilegiisque nostris & Ducatus hujus salvis manentibus, Nos subjiciemus obediemusque, Posterique ac Successores nostri concedent, subjicient, obedientque. Ita me Deus adjuvet, & hæc Sancta ejus Evangelia.*

ICh N. N. schwehre für mich / und im Namen der Stände dieses Hertzogthumbs / wie auch Unserer Nachkommen und Erben / daß so wohl die alte Verträge und Pacta / als auch die letzt geschlossene Transaction in ihren gefaßten Conditionibus, und die neue erlangte Belehnung und Lehns-Briefe / so zwischen dem Durchleuchtigsten und Großmächtigsten Fürsten und Herrn / Herrn Sigismundum dem dritten / Königen in Pohlen / Großfürsten in Lithauen und der Lande Reussen / Preussen / Mazowen / Samoyten und in Liefland / wie auch der Schweden / Gothen und Wenden erblichen Könige und dessen in der Kron Pohlen nachkommenden Königen / und dem löblichen Reich derselben Krone / als meinen Ober-und natürlichen Herrn / und dann dem Durchleuchtigsten hochgebohrnen Fürsten und Herrn / Herrn Johann Sigismund / Marggrafen zu Brandenburg / des Heil. Röm. Reichs Ertzkämmerern und Churfürsten / zu Preussen / zu Gülich / Cleve / Bergen / Stettin / Pommern / der Cassuben und Wenden / auch in Schlesien / zu Crossen und Jägerndorff / Hertzogen rc. Burggrafen zu Nürnberg und Fürsten zu Rügen / Grafen zu der Mark und Ravensburg / Herrn zu Ravenstein / Unsern Gnädigsten Hertzogen und Herrn / auffgerichtet und verbrieffet / in allen ihren Puncten und Clausulen / wir und Unsere Nachkommende Erben halten und demselben nachkommen: Sonderlich da nach Gottes willen und schikung es sich dahin begeben solte / daß Hochermeldte Ihre Churfürstl. Gn. ohne leibes-lehens-Erben / wie auch derselben mit-belehnte Leibliche Hr. Hr. Brüdere und derselbigen Männliche Leibes-Lehens-Erben versterben und abgehen würden / wir alsdan und Unsere Nachkommen keinem andern dan den Königen und der Kron Pohlen unmittelbar unterthänig und gehorsamb / wir auch / und sie / sonst keinen andern dan die Könige und die Kron Pohlen / als Unsere Natürliche und Erbliche Herrn erkennen / und Unsere Treu und Pflicht Ihnen leisten und beweisen / sondern in derselben Könige und der Cron Pohlen gewalt / ohn einige Verwegerung und Hindernuß treten / und Ihnen sowohl wegen des utilis und directi Dominii, als auch des meri und mixti Imperii halben gehorsamen / und unterthänig / getreu und hold seyn wollen und sollen; Doch damit die Rechte und gerechtigkeit / wie auch die Privilegia, Freyheit und Indulten dieser Lande Preussen an sich unverrückt und vollkommlichen seyn und bleiben. So wahr mir Gott helff und sein heiliges Evangelium.

QUo Juramento exacto præstitoque, ex mandato atque authoritate Sac. Reg. Majest. Domini nostri Clementissimi, Ordinumque Regni supra memorato Illustrissimo Principi Electori, Joanni Sigismundo &c. &c. in loco publico universoque populo præsente, integram, plenam realemque possessionem commemorati Ducatus hujus cum omni jure, Dominio, potestate ex Pactis, novissimaque Transactione ad Duces in Prussia quocunque modo pertinente tradidimus, in eademque omni meliore modo, ac ratione quocunque id de jure vel consuetudine fieri potest, aut debet cum effectu intromisimus, quemadmodum quidem præsentibus etiam hisce tradimus, intromittimusque; quod ad omnium & singulorum maxime autem Ordinum Ducatus Prussiæ notitiam deducentes authoritate Sac. Reg. Majestatis amplissimique Senatus atque omnium Regni Ordinum ut commemoratum Illustrissimum Principem D. Joannem Sigismundum Marchionem Brandenburgen. S. R. Imperii Archi-Camerarium & Electorem &c. tanquam Ducem in Prussia, pro Principe Duceque suo habeant, agnoscant, eidem tanquam Principi Regni Poloniæ Fiduciario ac Feudali, Duci autem ac Domino suo

Anno 1612. suo Hæreditario ac naturali, omnem fidem, honorem, obedientiam, omniaque subjectionis officia deferant præstentque mandamus. Juramentum autem cum Illustrissima Celsitudo sua exigere ab iis voluerit tale præstare debebunt videlicet : *Ego N. N. Juro Serenissimo Principi ac Domino D. Joanni Sigismundo Marchioni Brandenburgen: &c. &c. Domino meo Hæreditario, tanquam Duci in Prussia, Serenitatisque ejus legitimis Hæredibus masculis, & si illorum nulli amplius extiterint, tum demum Serenissimis Principibus & D. D. Serenitatis ipsius tribus Germanis Fratribus simultaneè investitis, nimirum Domino Joanni Georgio, Domino Ernesto, & Domino Christiano Wilhelmo Marchionibus Brandenburgen : in Prussiâ Ducibus, & illorum legitimis Hæredibus masculis, uti illud inter Serenissimum Regem Poloniæ, & Illustrissimum Electorem Brandenburgen : in Prussia Ducem, Dominos meos Clementissimos, Anno Domini* 1611. *Varsoviæ Transactionis pacta, conventa, & noviter consecuta Infeudatio, & Diplomata exprimunt, & in se continent. Et si illorum quoque nullus amplius extiterit, tum demum etiam Serenissimo ac Potentissimo Principi Domino D. Sigismundo III. illiusque Successoribus Regibus & inclyto Regno Poloniæ tanquam non solum supremis & directis, quales nunc sunt, sed etiam utilibus & immediatis tunc futuris Dominis meis, tùm uti cæteri Regni indigenæ subditus fidelis & subjectus esse. Ejus Serenitatis commoda & emolumenta quærere & promovere, omnibusque Terrarum & Incolarum Serenitatis ejus damnis & incommodis pro posse meo, & quantum ex me fieri potest, præcavere, amovere, prævenire uti fidelem & probum Subditum decet, nec quicquam quod humano ingenio excogitari poterit impediet vel obstabit.. Sic me Deus juvet, & Sanctum ipsius Evangelium.* Quod in Germanicam Linguam translatum, sequentibus verbis præstabunt.

ICh N. N. gelobe und schwehre dem Durchleuchtigen/ Hochgebohrnen Fürsten und Herrn/ Herrn Johann Sigismunden / Marggrafen zu Brandenburg/ des H. Römischen Reichs Ertz-Kämmerern und Churfürsten/ in Preussen / zu Gülich / Cleve / Berg / Stettin / Pommern / der Caßuben und Wenden / auch in Schlesien / zu Crossen und Jägerndorff / Hertzogen / Burggraffen zu Nürnberg und Fürsten zu Rügen / Grafen zu der Mark und Ravensburg / Herrn zu Ravenstein / Meinem Erb-Herrn / als einem Hertzogen in Preussen / und seiner Churfürstl. Gn. Leibes-Lehens-Erben / und so derselben nit mehr seyn würden / als dan / und nicht eher / den Durchleuchtig / Hochgebohrnen Fürsten und Herrn ꝛc. Seiner Churfürstl. Gn. mit-belehnten dreyen Brüdern / Herrn Johann Georgen / Herrn Ernsten / und Herrn Christian Wilhelm / Marg-Grafen zu Brandenburg / in Preussen ꝛc. Hertzogen / und ihren ehelichen Männlichen Leibes-Lehens-Erben / wie solches zwischen dem Durchleuchtigsten und Großmächtigsten Könige in Pohlen ꝛc. und dem Durchleuchtigsten Hochgebohrnen Churfürsten zu Brandenburg ꝛc. in Preussen Hertzogen / meinem Gnädigsten Herrn / im Jahr Christi 1611. zu Warschau aufgerichtete Verträge und neue erlangte Belehnung und empfangene Lehens-Briefe namhafftig machen und in sich halten : und so alsdan derselben auch keiner mehr seyn würde / alsdan / und nicht eher / dem Durchleuchtigsten / Großmächtigsten Fürsten und Herrn / Herrn Sigismundo dem dritten / und derselben nachkommenden Königen und der Löblichen Cron Pohlen / als meinen nicht allein Oberherrn / wie sie ietzo seyn / sondern auch zu der zeit unmittelbaren und gäntzlichen vollkommen Natürlichen Herrn / alsdan wie die andere des Reichs Einzöglinge / unterthänig / getreu und hold seyn / Ihrer Churf. Gn. frommen und bestes zu fördern und zu wissen / und derselben / auch Ihro Churf. Gn. Landen und Leuthen Schaden und Nachtheil / so viel immer möglich und an mir ist / fürkommen / verwarnen und abwenden / wie einem getreuen / frommen Unterthanen eignet und gebühret / und mich an solchem nichts / wie des auch durch Menschen-Sinn immermehr erdacht werden mag und kan / davon abhalten oder verhindern lassen / treulich und ungefehrlich. Als mir Gott helffe und sein heiliges Wort. Anno 1612.

In quorum fidem & evidentius testimonium nos suprascripti Commissarii Regii manu propria subscripsimus, & Sigilla nostra apponi fecimus : Datæ Regiomonti ipsa die immissionis factæ Anno M. D. C. XII. die XXII. Mensis Maii.

SIMON RUDNIKI *Episcopus Warmien.*

(L. S.)

STANISLAUS DZIALYNSKI *Palatinus Mariæburgen.*

(L. S.)

WENCESLAUS KIELCZEWSKI *Castellanus Biechovien.*

(L. S.)

REINHOLDUS HEIDENSTEIN. *S. R. M. Secretarius.*

(L. S.)

CXX.

Commissariorum Regiorum RECOGNITIO *de acceptis Literis Reversalibus, ab Ordinibus Ducatus* PRUSSIÆ *Regiomonti 22. Maii 1612.* 22. Mai. [Acta & Decreta Commissionum S. R. M. Poloniæ Regiomonti in annis 1609. & 1612. habitarum, pag. 80.]

NOs Simon Rudniki Dei gratia Episcopus Warmien:, Stanisllaus Dzialinski Palatinus Mariæburgen : Rogosnen : Tolkomitten : Wenceslaus Kielczewski ; Castellanus Biechovien : Wschovien : Capitanei : Reinholdus Heidenstein Secretarius Serenissimi ac Potentissimi Principis ac Domini D. Sigismundi III. Dei gratia Regis Poloniæ, & inclyti Regni Poloniæ in Ducatum Prussiæ deputati Commissarii, omnibus & singulis cujuscunque status, dignitatis & præeminentiæ fuerint præsentibus & futuris notum testatumque facimus : Posteaquam memorata S. R. Majestas, inclytique Poloniæ Regni Ordines Illustrissimo Principi ac Domino Domino Joanni Sigismundo Dei gratia Marchioni Brandenburgen : S. R. Imperii Archi Camerario & Electori in Prussia, Juliæ, Cliviæ, Montium, Stetini, Pomeraniæ, Cassuborum Vandalorum ; nec non in Silesia Crosnæ, Carnoviæque Duci, Burgravio Norimbergen : Principique Rugiæ, Comiti Marcæ & Ravensburgi, Domino in Ravenstein &c. & Illustritatis suæ Masculis Feudi Hæredibus cum & Illustritatis suæ tribus Fratribus eorumque Masculi Feudi Hæredibus Ducatum Prussiæ certis Conditionibus, quæ & in Diplomate Investituræ & Literis authenticis reversalibus continentur, concesserit, & inter alia convenerit, ut Ordines Ducatus jurisjurandi religione Conditiones illas approbarent, illi verò Juramenti præstationem ex hac causa deprecarentur, quod majores suos Anno 1578. toti Domui Brandenburgicæ, & sic modernæ etiam Culnbachianæ, & Onoldinæ Lineæ juramenti vinculo se se obligasse dicerent, quam tamen in Literis Investituræ præteritæ animadverterent tanquam studiosissimis verbis a nobis peterent, ne illis retro præstitum juramentum, vel nunc vel in præteritum apud quempiam noxæ, fraudique esset, ut S. R. Majestatis & Ordinum Regni nomine solenniter caveremus. Nos saltem justis illorum præcibus annuentes verum etiam juri S. R. Majestatis & Regni caventes, inprimis omnia ista Juramenta Anno 1578. & quocumque tempore à Subditis Ducatus præstita, ut potè quæ inscia S. R. Majestate & Regno requisita & facta, quæque & à Commissariis Regiis, tum & à Serenissimo Rege Sigismundo, Augusto & Ordinibus Regni omnibusque sequentibus Investituris cassata fuerunt, illegitima, nul-

ANNO 1612.

la, & invalida pronunciamus, declaramusque tum etiam pro authoritate nostra Commissoriali, nomine S. Majestatis Domini nostri Clementissimi & omnium Ordinum inclyti Poloniæ Regni, omnibus Ordinibus Ducatus Prussiæ, vigore harum quarum fieri potest & debet, certissime cavemus, promittimus & pollicemur S. R. Majestatem Regnique inclytos Ordines, ratione commemorati præstiti Juramenti & prætentæ memoratæ Lineæ Culmbachianæ & Onoldinæ omni tempore apud omnes & singulos, illos defendere ac tueri velle. In quorum fidem manibus nostris subscripsimus & sigillis sub appensis communiri fecimus. Datum Regiomonti die 22. Maii Anno M. DCXII.

SIMON RUDNIKI *Episcopus Varmien.*

(L. S.)

STANISLAUS DZIALINSKI *Palatinus Marieburgen.*

(L. S.)

WENCESLAUS KIELCZENSKY *Castel. Biechovien.*

(L. S.)

REINHOLDUS HEIDENSTEIN *S. R. M. Secretarius.*

(L. S.)

CXXI.

29. Mai. *Commissariorum Regis Poloniæ* SIGISMUNDI III. *in Ducatu* Prussiæ *Recessus, circa Manutentionem Privilegiorum in Ecclesiasticis & Politicis; Exclusionem peregrinarum Religionum & Introductionem Novi Calendarii. Datum Regiomonti 29. Maii 1612.* [Acta & Decreta Commissionum S. R. M. Poloniæ in annis 1609. & 1612. habitarum, pag. 83.]

NOs Simon Rudniki Dei gratia Episcopus Varmien: Stanislaus Dzialynzki Palatinus Mariæburgen. Rogosnen: Tolkmitten: Venceslaus Kielczewski Castellanus Biechovien: Wschovien: Capitanei: Reginholdus Heidenstein S. R. M. Secretarius, Serenissimi Potentissimique Principis ac Domini, D. Sigismundi III. Dei gratia Regis Poloniæ, Magni Ducis Lithuaniæ, Russiæ, Prussiæ, Massoviæ, Samogitiæ, Livoniæque, nec non Suecorum, Gottorum, Vandalorumque Hæreditarii Regis, & inclyti Regni Poloniæ, in Ducatum Prussiæ delegati Commissarii, Significamus præsentibus hisce hujus & futuri temporis, quorum interest, intereritve, universis & singulis cum à S. R. Majestate Domino nostro Clementissimo, inclitisque Regni Ordinibus, ad Illustrissimum Principem ac Dominum D. Joannem Sigismundum Dei gratia Marchionem Brandenburgen. S. R. Imperii Archi-Camerarium & Electorem in Prussia, Juliæ, Cliviæ, Montium, Stetini, Pomeraniæ Cassuborum Vandalorum, nec non in Silesia Crosnæ Carnoviæque Ducem; Burgravium Norimbergen: Principemque Rugiæ, Comitem Marcæ, & Ravensburgi, Dominum in Ravenstein &c. &c. Ordinesque Ducatus Prussiæ, ad ea quæ ex superiorum Comitiorum Anni Domini 1611. præstari deberent, peragenda maximeque ut commemorato Illustrissimo Principi Electori Possessionem realem ejusdem Ducatus, in eandemque Illustrissimam Celsitudinem ejus ex authoritate Regiæ Majestatis ac Regni introduceremus immitteremusque, plenis cum mandatis missi delegatique essemus, præscripto mandatorum nostrorum diligenter examinato expensoque in eum qui sequitur modum quæ officio nostro incumbant, constituisse explicasseque. Inprimis loco Templi ex Transactione ædificandi, pro arbitrio & voluntate nostra definito, obligatione etiam mille florenorum annuorum, in usus Parochi & dotem, præstandorum, certis in fundis, villis, agris, censibus redditibusque constituta inscriptaque. Alterius autem Templi de quo ad Ordines relatum fuerat, causa in eo quo in Transactione erat statu integra S. R. Majestati Domino nostro Clementissimo inclitisque Regni Ordinibus relicta conservataque omnia hæc certis cautionibus inscriptionibusque à supra memorato Illustrissimo Principe in ea præstitis edictisque firmavimus sancivimusque. De Callendario deinde novo, cum Serenissimæ Cels: suæ omniumque Ordinum Ducatus consensu ac voluntate nomine S. R. Majestatis nobis postulantibus receptum jam sit ut ad proxima Festa Pentecostes, currentis hujus Anni, millesimi, sexcentesimi duodecimi, publice etiam introducatur, promulgetur constanterque in posterum servetur; constituimus edicimusque. Secundum hæc cum à S. Regia Majestate Domino nostro Clementissimo imprimis mandatum nobis esset, ut si quæ contra jus supremi directique Dominii Regiæ Majestatis, Regnique vel etiam Jura, Privilegia, Libertates ipsius Ducatus Ordinumque ejus irrepsissent, introductaque essent; de his cognosceremus Gravaminaque omnia authoritate Regiæ Majestatis, ac Regni, tolleremus aboleremusque: similiter, si quæ ex superioris Commissionis Statutis Decretisque, nondum executioni mandata essent, inspiceremus atque ad effectum deduceremus. Cum verò ne contra Jus publicum Privilegiaque Ducatus hujus, maxime autem Lublinen: quo penes Religionem Catholicam Romanam ut in Ducatu hoc antiquissimam & purissimam exercitio Religionis Augustanæ libertas etiam in Ducatu hoc indulta, aliæque omnes cujuscunque generis aut nominis Sectæ exclusæ exterminatæque sunt divisæ in Religione opiniones in Ducatum invehantur non pauci vereantur: Appellationem deinde contra Jus publicum & expressa Pacta novissimamque Transactionem proxime præteritorum Comitiorum Varsaviensium variis modis partim impediri, partim excludi cognovissemus: inprimis de duobus hisce capitibus sequentem in modum definivimus, constituimusque. Et ad Sectas quidem peregrinasque Religiones quod attinet, siquis posthac ad Magistratum & Officium adscitus promotusque repertus fuerit, qui diversam à Religione Catholica Romana, vel Augustanæ Confessionis Anno Domini, M. D. XXX. publicæ Augustæ propositæ & Apologiæ ejus, tanquam publico Ordinum Ducatus hujus consensu receptæ & approbatæ, indultoque Serenissimorum Regum Poloniæ in Ducatu hoc permissæ, quamcunque vel Zwinglianorum, Calvinianorumque, Anabaptistarum, Arrianorum vel quibuscunque nominibus vocentur, Sectam foveat profiteaturque à Consiliariis terrestribus, vel iis negligentibus, à Conventu universæ Nobilitatis, aut quocunque in Ordine sibi pari, in Civitatibus autem à Magistratu Civium aut quocunque de Populo, primò ad judicium Illustrissimi Principis Auslicum vocari poterit, ac debebit; & in defectu quidem plenariæ probationis, non aliter liber pronunciari aut evadere debebit, quam ut supra nominatis Zwinglianis, Calvinianis, Anabaptistis, Arrianis, vel quibuscunque nominibus vocentur Sectis, manifeste contradicat & renunciet, & convictus quidem arbitraria pœna à Sacra Regia Majestate, quæ pro delicti aut delinquentis qualitate, quousque visum fuerit, ex arbitrio Sacræ Regiæ Majest. extendi poterit, puniri animadvertique in eum debebit: & à Magistratu, aut Officio, in quo constitutus est mox moveri cedereque debebit, salva ut in aliis causis ita maxime in hac quoque per omnia appellatione ad Sacram Majestatem. Quod si quis vero dictorum actionem alicui movere velit, huic ex officio idoneus Procurator dari debebit, qui si à prædictis Consiliariis vel Ordinibus petatur, omnes sumptus quemadmodum suas aras & præmia ex publico pecuniæ ærario habebit; ita tamen ut Consiliariorum Terrestrium duo, tres vel plures, si quem hæreseos suspectum cognoverint, Serenissimo Principi id vel ejus loco D. D. Consiliariis Regentibus denunciare debeant, qui tum cognitis causæ indiciis, omnes Terrestres Consiliarios convocabunt, ut ii adscitis Consistorialibus conjunctim deliberent, an actio publico nomine contra suspectum sit instituenda nec ne; & si eam suscipiendam judicaverint, tum Procuratorem constituere & sumptus ex publico Provinciæ ærario in id impendere debent; alias Ordinibus Ducatus, & cuilibet privato agendi facultas contra quemlibet in publica hac causa erit: si vero reus convictus fuerit hæc cuilibet omnia accusatori refundere teneatur. Provocatio etiam appellatioque ad judicium Sacræ Regiæ Majestatis, cum & jure publico & commemorata novissima Transactione, integra liberaque omnibus esse debeat, ut cujuscunque fortunæ aut conditionis fuerit,

 qui

ANNO 1612.

qui gravatum ſe Sententia exiſtimarit, more aliorum judiciorum omnium ſumma ſex florenorum Polonicalium depoſita, cujus amittendæ periculo ſi in ultima inſtantia cauſa ei abjudicetur appellet in judicio, ſine ulla aut ſubſcriptione aut aſſiſtentia Procuratoris, vel quacunque alia conditione; modo infra ſummam quingentorum florenorum Tranſactione definitam, à judicio Aulico ad Regiam Majeſtatem Judiciumque appellare liberum integrumque ſit. Neque ullo alio prætextu, colore, quicunque ingenio humano excogitari poſſit, præterquam infra commemoratam ſummam quingentorum florenorum appellationem quis interponat, ab ea quis prohibeatur, impediatur, excludaturque ſub pœna in Judices appellationi ultimæ inſtantiæ non deferentes jure publico conſtituta in Judicio itidem Regio ſuccumbenda. Quod ſi etiam contra jus, Tranſactionem definitionemque hanc noſtram appellatio cujuspiam à Judicio Aulico non reciperetur, admitteretur ve; tali extra ordinem, vel in quocunque alio jure; aut ad Acta quæcunque, vel etiam apud Notarium publicum, appellationem ſuam interponere, interpoſitamque ad notitiam Partis contra quam appellarit Judiciique ipſius à quo appelarit, deducere liberum integrumque ſit. In omni autem appellatione ſive ordinaria, ſive extraordinaria etiam ſine ulla Judicis aſſignatione, aut Partis citatione, in Judicio Regio terminum ipſo Jure Partes habebunt, poſtridie poſt duodecim ſeptimanas à tempore Appellationis interpoſitæ exactas; quem ſi Partes non obſervaverint, etiam nulla alia citatione præcedente, contumaciæ, pœnisque ejus ſubjecti erunt. Cum etiam Sacra Regia Majeſtas Dominus noſter Clementiſſimus, triennio abhinc Literas quasdam ad Ordines Ducatus hujus dediſſet, quæ, durante Commiſſione hac noſtra, hunc primum illis redditæ quidamque in eam Sententiam interpretati eas fuerint, quaſi Regia Majeſtas aliqua in re officio functos non exiſtimaſſet, eoque nomine accuſaſſet, arguiſſetque: Regia autem Majeſtas recentibus Literis nunc ad illos datis ita mentem ſuam declaret; non eo animo quicquam à ſe ſcriptum eſſe, quaſi fidei & obſequiorum Regiæ Majeſtati, & Principi ſuo debitorum promptitudinem ullam in iis requiſiviſſet; ſed ut illa Cohortatione eo quo ſponte ferebantur illos tanto magis incitaret mandato, authoritateque Sacræ Regiæ Majeſtatis; nos etiam præſentibus hisce Literis noſtris ſupradictas priores Literas ita explicamus, declaramusque neque ulla in re exiſtimationi, honorique commemoratorum Ordinum aut poſterorum eorum, derogare debere, pronunciamus, decernimus, ſtatuimusque; in univerſum vero Jura Privilegiaque Libertates, Immunitates omnes, tam univerſorum Ducatus hujus Ordinum, quam ſingulorum ſpeciatim etiam ne exteri ulli ad Conſilia Negotiaquæ ulla publica adhiberentur, ſed ſecundum formulam Regiminis, Teſtamentumque inclitæ memoriæ Alberti primi in Pruſſia Ducis aliaque jura Ducatus hujus per Conſiliarios Regentes, aliosque Magiſtratus indegenas omnia agantur, adminiſtrenturque, commemoratæ etiam ſuperioris, & præſentis hujus etiam Commiſſionis noſtra Acta Decretaque, quæque præſenti hoc Edicto noſtro conſtituta ſunt, omnia tanquam Sacræ Regiæ Majeſtatis Ordinumque Regni authoritate adminiſtrata, firma inviolabiliaque ab omnibus ſervari, tenerique debere volumus, decernimus ſtatuimusque. Ne etiam cuipiam Jura, Legesque Ducatus hujus ignotæ ſint, ſubſellia quoque Tribunalque Regium habeat, quid in judicando ſequi debeat, quæ ad Jura Ducatus Ordinum pertinent, ut Pacta, Privilegia Tranſactio Varſavienſis noviſſima, ſuperioris Commiſſionis Acta & Decreta tam præſentes hæ Literæ authoritasque noſtra, ut publice etiam promulgentur, & quo facilius Copia ſingulis fieri poſſit typis impreſſæ edantur cenſemus, ſtatuimusque. Præter hæc, cui diligenter etiam à Sacra Regia Majeſtate Domino noſtro Clementiſſimo, mandatum nobis ſit authoritatem noſtram apud Illuſtriſſimum Principem ut interponeremus, ne Generoſi & Nobiles Domini Berzevicii, Rivocii, Rosciszevii, in Exercitio Religionis Catholicæ in ſuis quisque Templis impedirentur, eamque rem ad publicam cauſam Tranſactionemque pertinere, Sacra Regia Majeſtas Dominus noſter Clementiſſimus exiſtimet: Illuſtriſſimus autem Princeps à publica cauſa ſeparatam prius ad ſuum judicium cognitionemque ſpectare arbitretur, totam hanc cauſam privatorum horum Templorum quemadmodum & poſtulationem Sacræ Regiæ Majeſtatis de Notario in Portu Pilavien: ad Regiam Majeſtatem integram revocamus referimusque: quæ quo ulterius in hisce cauſis progrediendum ſit judicabit. Similiter & Decreta in cauſa Nobilium &c. & ſi quæ alia in tali cauſa ſint, à Commiſſariis Regiis Anno Domini M. D. C. IX. lata executioni nondum demandata, cum tota cauſa effectuque ſuo integra ad Sacram Regiam Majeſtatem remittimus, referimusque; jure tamen tam Illuſtriſſimi Principis, quam ſupremi ac directi Domini Sacræ Regiæ Majeſtatis ſalvo. Quibus quidem rebus partim ita explicatis definitisque partim ad Regiam Majeſtatem integris relatis eidemque reſervatis, inprimis ex commemorata Tranſactionis formula in loco publico univerſoque Populo præſente, in ipſa Pacta, Tranſactionem, Juramentum ab Ordinibus Ducatus exegimus. Ex Mandato inde atque authoritate Sacræ Regiæ Majeſtatis Domini noſtri Clementiſſimi, Ordinumque Regni, integram, plenam realemque poſſeſſionem commemorati Ducatus hujus cum omni Jure, Dominio, poteſtate ex Pactis noviſſimaque Tranſactione ad Duces in Pruſſia quocunque modo pertinente ſupra memorato Illuſtriſſimo Principi tradidimus, in eandemque cum effectu Illuſtriſſimam Celſ. ſuam intromiſimus, in omnibus quæ nobis conſtituta ſupraſcripta ſunt juribus ſupremi ac directi Dominii Sacræ Regiæ Majeſtatis & Regni, quæ in primis ſarta tectaque eſſe debent, per omnia ſalvis integrisque manentibus. Quorum fidem haſce manibus noſtris ſubſcripſimus, Sigillisque noſtris communiri fecimus. Datum Regiomonti die XXIX. Menſis Maii Anno Domini, M. D.C. XII.

SIMON RUDNIKY *Episcopus Warmien.*

(L. S.)

STANISLAUS DZIALINSKI *Palatinus Mariæburgen.*

(L. S.)

VENCESLAUS KIELCZENSKI *Castel: Biechovien.*

(L. S.)

REINHOLDUS HEIDENSTEIN *S. R. M. Secretarius.*

(L. S.)

CXXII.

Ihro Römischen Königl. Majest. Matthiæ Wahl-Capitulation, enthaltend die Articuln, wornach dieselbe das Römische Reich zu gouverniren versprochen. Beschlossen zu Franckfurt am Mayn den 18. Junii Anno 1612. [CHRISTOPH ZIEGLERN Wahl Capitulationes, pag. 73. LONDORPII Acta Publica Tom. I. pag. 103. col. 2. d'où l'on a tiré cette Pièce. LYMNÆI Capitulationes Imper. & Regum Romanor. pag. 544.] 18. Juin.

C'eſt-à-dire,

Capitulation Imperiale de MATTHIAS *Roi des Romains, contenant les Articles, ſelon lesquels il promet de gouverner l'Empire. A Francfort ſur le Meyn* 18. *Juin* 1612.

WIr Matthias / von Gottes Gnaden / Erwölter Röm. König / zu allen Zeiten Mehrer deß Reichs / in Germanien / zu Hungern / Böheim / Dalmatien / Croatien und Sclavonien / ꝛc. König / Ertzhertzog zu Oesterreich / Hertzog zu Burgund / zu Braband / zu Steyer / zu Kärnten / zu Krain / zu Lützenburg / zu Würtemberg / Ober- und Nieder-Schlesien / F. zu Schwaben / Margg. des H. R. Reichs zu Burgau / Mahren / Ober- und Nieder-Laußnitz / Gefürster Graf zu Hapsburg / zu Tyrol / zu

ANNO 1612. zu Pfird / zu Kyburg / und zu Görtz / Landgraf zu Elsaß / H. auf der Windischen Marck zu Portenau / und zu Salius / ꝛc. Bekennen offentlich mit diesem Brief / und thun kund aller männiglich: Als wir mit Schickung des Allmächtigen / in kurtz verwichenen Tagen / durch eine ordentliche Wahl der Ehrwürdigen / und Hochgebornen / Joh. Schweickarten zu Maintz / Lotharien zu Trier / Ferdinanden zu Cöllen / Ertzbischoffen; Joh. Pfaltzg. am Rhein / Vormund / und der Churpf. Administratorn, Hertz. zu Bayern / Joh. Georgen / Hertzogen zu Sachsen / Gülich / Cleve und Berg / Burgg. zu Magdeburg / und an statt / und von wegen Joh. Sigmunden Margg. zu Brandenburg / aller des H. R. R. durch Germanien / Gallien und das Königr. Arelaten / auch Italien Ertzcantzlern / und respective Ertzmarschalcken / und Ertzkammerern / Unsere lieben Neven / Oheimen und Churf. S. L. vollmächtigen Bottschafft / Adam Gansen / Edlen H. zu Putlitz auff Wolffhagen / und Churbrandenb. Erbmarschalck / zu der Ehr und Würde des R. Königl. Namens und Gewalts erhoben / erhöhet und gesetzt worden / der wir Uns auch Gott zu Lob / dem H. R. R. zu Ehren / und der Christenheit und Teutscher Nation, auch gemeines Nutzens willen beladen / daß wir uns demnach auß freyen gnädigen Willen / mit denselben Unsern lieben Neven / Oheimen / und Churf. dieser nachfolgenden Articul Ewig und Packsweis vereiniget und vertragen / die angenommen / bewilliget und zugesagt haben / alles wissentlich und in Krafft dieses Brieffs.

1. Zum Ersten / daß wir in Zeit solcher Unser Königl. Würden / Ambts und Regierung / die Christenheit / und den Stul zu Rom / auch Bäbstliche H. und die Christliche Kirch / als derselben Advocat, in gutem treuen Schutz und Schirm halten / darzu insonderheit in dem H. R. Reich Fried / Recht und Einigkeit pflantzen / richten und verfügen sollen und wollen / daß die ihren gebürlichen Gang / den Armen als den Reichen / gewinnen und haben / auch gehalten / und derselben Ordnungen / auch Freyheiten / alten Löbl. Herkommen nach / gerichtet werden soll. Gleichwol so viel diesen Art. betrifft / auch den nachfolgenden 17. Artickel gegenwärtiger Obligation, vers. Daß sollen und wollen wir / mit J. der Churf. ꝛc. Haben ehegemelte Unser liebe Oheimen / die weltliche Churf. sich außtrücklich gegen Uns erklärt / was daselbst von dem Stul zu Rom / auch der Bäbstl. H. für Meldung geschicht / daß Ihre Liebden darinn nicht bewilligen / noch Uns damit verbunden haben wollen.

2. Wir sollen und wollen auch / sonderlich die vorgemachte Guldene Bull / den Frieden in Religion und profan-Sachen / auch den Landfrieden / sambt der Handhabung desselben / so auff jüngst zu Augspurg im fünff und funffzigsten Jahre gehaltenen Reichstage auffgerichtet / angenommen / verabschiedet / verbessert / auch in den daraufgefolgten Reichs-Abschieden widerhohlet und confirmirt worden / stät und vest halten / handhaben / und darwieder niemands beschweren / oder auch durch andere beschweren lassen / und die andere des H. Reichs Ordnung und Gesetze / so viel den obgemelten angenommenen Reichs-Abschied im 55. Jahr zu Augspurg auffgericht / nicht zu wieder / confirmiren / erneuern / und wo es Noth / dieselben mit Rath / Unser und deß Reichs Churf. Fürsten / und anderer Stände / bessern / wie es jederzeit des Reichs Gelegenheit erfordern wird.

3. Und in allweg sollen und wollen wir die Teutsche Nation / das H. R. Reich / und die Churf. als die vorderste Glieder desselben / auch andere Fürsten / Grafen / Herren und Stände / bey ihren Hochheiten / Würden / Recht und Gerechtigkeiten / Macht und Gewalt / jeden nach seinem Stand und Wesen / bleiben lassen / ohn Unser oder männigliches Eintrag und Verhinderung / und ihnen darzu ihre Regalia und Obrigkeit / Freyheiten / Privilegia, Pfandschafften und Gerechtigkeit / auch Gebräuch und gute Gewohnheiten / so sie bißdaher gehabt haben / oder in Ubung gewest seyn / zu Wasser und Land / in guter beständiger Form / ohne alle Wegerung / confirmirn und bestättigen / sie auch darbey / als erwöhlter R. König / handhaben / schützen / und schirmen / doch männiglich an seinem Rechten ohne Schade

4. Wir lassen auch zu / daß die gedachten 6. Churf. je zu zeiten / nach vermög der Gülden Bullen / und ihrer Gelegenheit / des H. Reichs / zu ihrer Nothdurfft / auch so sie beschwerliche Obliegen haben / zusammen kommen mögen / dasselbig zu bedencken und zu berathschlagen / daß wir auch nicht verhindern oder irren / und derohalb kein Ungnad noch Widerwillen gegen ihnen / sambtlich und sonderlich / schöpffen und empfahen / sondern Uns in dem / und andern der Gulden Bull gemäß gnädiglich und unverweißlich halten sollen und wollen. Gestalts wir dann auch der Churf. gemeine / und sonderbare Rheinische Verein / als welche ohne das mit Genehmhaltung und approbation der vorigen Keyser rühmlich aufgericht / so wol diesen als alle darinnen begriffene Puncten / auch Unsers theils approbiren und confirmiren thun.

5. Wir sollen und wollen auch / alle unziemliche häßige Bündnuß / Verstrickung / und Zusammenthun der Unterthanen / des Adels / und gemeinen Volcks / auch die Empörungen und Auffruhr / und ungebührliche Gewalt gegen den Churf. Fürsten / und andere fürgenommen / und die hinführo geschehen möchten / auffheben und abschaffen / und mit ihrer der Churf. und anderer Ständen / Raht und Hülff darau seyn / daß solches wie sichs gebührt / und billich ist / in künfftigen Zeiten verbotten / und fürkommen werde.

6. Wir sollen und wollen auch für Uns selbst / als erwöhlter R. König / in des H. Reichs Händeln keine Bündnüß / oder Einigung / mit frembden Nationen, oder sonst im Reich machen / Wir haben dann zuvor die 6. Churf. deßhalben / an gelegene Mahlstatt zu ziemlicher Zeit erfordert / und ihren Willen / sämbtlich / oder des mehrern Theils auß ihnen / in solchem erlanget.

7. Was auch die zeithero / einem jeden Churf. Fürsten / Herren und andern / oder dero Voreltern / und Vorfahren / Geistliches und Weltliches Stands dergestalt ohne Recht gewaltiglich genommen / oder abgetrungen / sollen und wollen wir / der Billichkeit nach / wie sich im Reich gebührt / wider zu dem Seinigen verhelffen / bey solchem auch / so viel er Recht hat / handhaben / schützen / und schirmen / ohn alle Verhinderung / Aufhalt oder Saumnüß.

8. Zu dem und insonderheit sollen und wollen wir dem H. R. Reiche und desselben Zugehörenden / nicht allein ohne Wissen / Willen / und Zulassen / gemelder Churf. sämptlich / nichts vergeben / verschreiben / verpfänden / versetzen / noch in ander weg veräussern / oder beschweren sondern auch Uns auffs höchst bearbeiten / und allen möglichen Fleiß und Ernst fürwenden / das jenige so davon kommen / als verfallen Fürstenthumb / Herrschafften / und andere auch confiscirte und unconfiscirte merckliche Güter / die zum Theil in anderer frembden Nationen Hände / ungebührlicher Weise gewachsen / zum fürderlichsten wieder darzu bringen / zueignen / auch darbey bleiben lassen.

9. Fürnehmlich auch / dieweil vorkommen / daß etliche ansehentliche / dem Reich angehörige Herrschafften und Lehen in Italia und sonsten / vereus-

sert ANNO 1612.

ANNO 1612.

fert seyn sollen / eigentliche Nachforschung derentwegen anstellen / wie es mit solcher alienation bewandt/und in diesem / wie auch obigem allen / mit Rath / Hülf / und Beystand / der 6. Churf. und anderer Fürsten und Ständen / jeder theil an die Hand nehmen / was durch Uns und sie für rathsamb/ nützlich und gut angesehen / und füglich seyn wird/ doch männiglich an seinen gegebenen Privilegien, Recht-und Gerechtigkeiten ohne Schade.

10. Und ob Wir selbst / oder die Unserigen/ ichtwas das dem R. Reich zuständig / und nicht verliehen / noch mit einem rechtmäsigen Titul bekommen were / oder würde / innen hetten / das sollen und wollen wir / bey Unsern schuldigen und gethanen Pflichten demselben Reich ohne Weigerung / auff ihr der Churf. Gesinnen / wieder zu handen bringen / zustellen / und folgen lassen.

11. Wir sollen und wollen darzu / in zeit bemelder Unser Regierung / Uns friedlich und nachbarlich / gegen den Anstossenden / und Christlichen Gewälten verhalten / kein Gezänck / Unruhe / Fehde und Krieg / in oder ausserhalb des Reichs von desselben wegen anfahen oder vornehmen / noch einig frembd Kriegsvolck in das Reich führen / ohne Vorwissen / Rath und Bewilligung der Reichs-Stände / zum wenigsten / der 6. Churf. daß auch von einem oder mehr Ständen des Reichs / dergleichen fürgenommen / und ein frembdes Kriegsvolck in das Reich geführet würde / dasselbe mit Ernst abschaffen. Wo wir aber von des Reichswegen / oder das H. Reich angegrieffen und bekrieget würde / alsdan mögen wir Uns dargegen aller Hülff gebrauchen.

12. Deßgleichen sie / die Churf. und andere des H. Reichs Stände / mit den Rechts-tägen / Cantzleygeldern / Nachreisen / Aufflagen / und Steuern / unnothdürfftiglich / und ohne redliche dapffere Ursachen nicht beladen noch beschweren / auch in zugelassenen nothdürftigen Fällen die Steuer / Aufflagen und Reichstäge / ohne Wissen und Bewilligung der 6. Churf wie obgemeld / nicht ansetzen / und außschreiben / und sonderlich / keinen Reichstag / ausserhalb deß Reichs Teutscher Nation fürnehmen / oder außschreiben / auch die von dem Reich / und desselben Ständen / eingewilligte Steuer und Hülffen / zu keinem andern End / als wozu sie bewilliget werden / anwenden.

13. Wir sollen und wollen auch / Unser Königliche / und die Ambter am Hoff / und sonsten im Reich / mit keiner andern Nation, dan gebohrnen Teutschen / die nicht nieders Stands noch Wesens seyn / sondern namhafftige / redliche Leut / von Fürsten / Grafen / Herren / von Adel / und sonsten dapffers und hohen Herkommens / hohen Personen / besetzen / und sonst niemands / als die Uns und dem H R. Reich mit Pflichten und Diensten verwandt / auch die obbenanten Aembter / bey ihren Ehren / und Würden / Gefällen / Rechten und Gerechtigkeiten bleiben / und denselben nicht entziehen oder entwenden lassen / in einige Weg / sonder Gefährde.

14. Dazu in Schrifften und Handlungen des Reichs / keine andere Zungen und Sprachen gebrauchen lassen / dan die Teutsche und Lateinische Zungen / es wehre dan an Orten / da gemeiniglich ein ander Sprach in Ubung wehre / und in Gebrauch stünde / alsdan mögen wir und die Unserigen / Uns derselben daselbsten auch gebrauchen und behelffen.

15. Auch Churf. Fürsten / Prælaten / Grafen / Herren / von Adel / auch andere Stände / und Unterthanen deß Reichs / mit rechtlichen oder gütlichen Tagleistungen / ausserhalb Teutscher-Nation, von ihren ordentlichen Richtern / nicht dringen / erfordern / noch vorbescheiden / sondern sie alle und jede insonderheit / im Reich / laut d'Gülden-Bull / auch wie des H. Reichs-Ordnung / und andere Gesetz vermögen / bleiben lassen.

ANNO 1612.

16. Insonderheit auch / nachdem die Churf. deß Reichs / als die fürnehmste Glieder desselben vor andern Ständen / nicht allein in Krafft der Gülden Bull / sondern auch durch andere hohe privilegia, vor allen Frembden / zuforderst aber dem Rohtweilischen Gericht / so wol für sich / als ihre Unterthanen und Zugewandten gefreyet seyn / nichts destoweniger als durch dessen Hoffgerichts-Procefs je zuweilen dero Unterthanen molestiret werden wollen / in alleweg vorsehen / daß solches gedachtem Hoffgericht abgestelt / und da hinführo eines oder andern Churf. Unterthanen und Zugewandten / mit dergleichen processen fernere molestation geschehe / daß sie nicht allein die Procels nicht annehmen sollen / sondern auch die Churf. diejenigen / so über Verwarnung / der continuation solcher proces nicht müssig gehen wollen / mit Straffen ersehen mögen / und sollen.

17. Und als über und wieder die concordata Principum, auch aufgerichte Verträg / zwischen der Kirchen / Päbstlicher Heiligkeit / oder dem Stul zu Rom / und Teutscher-Nation, mit unformlichen Gratien, Rescripten, Annaten der Stifft / so täglich mit Mannigfaltigung / und Höhung der Officien am Röm. Hoff / auch Reservation und Dispensation . oder in andere weg / zu Abbruch der Stifft Geistlichkeit und anders / wieder gegebene Freyheiten / darzu zu Nachtheil juris patronatus, und den Lehenherren / stäts und ohne unterlaß offentlich gehandelt / derhalben auch unleidenliche verbottene Gesellschafft / Contract oder Bündnüß / wie wir berichtet / fürgenommen / und ufgerichtet werden / das sollen und wollen wir / mit der Churf. Fürsten / und anderer Stände Rath / bey Unserm Heil. Vatter dem Pabste und Stul zu Rom / Unsers bestens Vermögens abwenden und fürkommen / auch daran und darob seyn / daß die vermeldete concordata Principum, und uffgerichte Verträg / auch Privilegia und Freyheiten / gehalten / gehandhabt / und denselben vestiglich nachgelebt / und nachkommen / jedoch wo Beschwerung darin gefunden / und Mißbrauch entstanden / daß dieselben Vermög deßhalben gehandhabung zu Augspurg / der minder Zahl im dreyssigsten Jahr gehaltenen Reichstags / abgeschickt / und hinfürters dergleichen ohne Verwilligung der Churf. nicht zugelassen werden.

18. Wir sollen und wollen auch die grosse Gesellschafften der Kauffgewerbsleute / so bißhero mit ihrem Geld regiert / ihres Willens gehandelt / und mit Steigerung viel ungeschicklichkeiten dem Reich / dessen Inwohnern und Unterthanen unräthlichen Schaden / Nachtheil und Beschwerung zugefügt / einführn / und noch täglich thun gebären / mit Ihr der Churf. und anderer Stånd Rath / wie dem zubegegenen / ferner auch bedacht / und fürgenommen / aber nicht vollstreckt worden / gar abthun.

19. Wir sollen und wollen auch insonderheit / dieweil Teutsche Nation, und das H. Röm. Reich / zu Wasser und Land / zum höchsten von darauß beschwert / nun hinführo keinen Zoll von neuem geben / noch einige alte erhöhen / sonder Rath / Wissen / Willen und Zulassung der 6. Churf. wie vor, und offtgemeld.

20. Und weil männiglich bekandt / wie hoch fürnehmlich der Rheinstrom / wegen vieler hohen und schweren / an unterschiedlichen Orten / des untern Rheins / bey den vorgewesenen Niederländischen Kriegs-Empörungen / angestelten Licenten beschwert / also daß die Rheinische Churf. neben ihren Unterthanen und Zugewanden / dahero in mercklichen Abgang ihrer Einkommen / und Nahrung gerahten; darzu fast alle commercien auff solchem Rhein-

strom

ANNO 1612.

strom erlegen bleiben; über das auch bey kurtzer Zeit unterschiedliche Außleger und Kriegsschiff / und ungescheuet der Rheinischen Churf. in ihr hohes Regal auff dem Rheinstrom / auß dem Niederland geführt worden / dardurch der Handelsman / und Schiffer / mit noch weitern exactionen und Abnahm beschwert / und solche Außlager und armirte Schiff / auch bißdahero / über alles Anlangen / Ersuchen / Erinnern / und Ermahnen der Churf. bevorab der Rheinischen / nicht wollen abgefürt werden; Als sollen und wollen wir ehist möglich / auff Mittel und Wege / so wol vor Uns / als auch mit Rath der 6. Churf. trachten / wie man solcher Außleger von des Reichs Boden ledig / und deren künfftig gesichert / sowol auch die Licenten abgeschafft werden mögen.

21. Und da jemand bey Uns / umb neue Zoll-Begnadigung / oder Erhöhung der alten / und vorerlangten Zöllen suppliciren / und anhalten würde / so sollen und wollen Wir ihm einige Vertröstung / promotoriales oder vorlöbliche Schreiben / an die Churf. nicht geben / oder außgehen lass.n.

22. Auff dem Fall auch einer / oder mehr / weß Standts oder Wesens der oder die wehren / die einigen newen Zoll / in ihren Fürstenthumben / Landschaften / Herrschafften / und Gebiethen für sich selbst / außerhalb Unser Begnadigung und der 6. Churf. Bewilligung / angericht oder auffgesetzt hetten / oder künfftig also anstellen oder auffsetzen würden / den / oder dieselben / alsobald wir deßen für Uns selbsten in Erfahrung kommen / oder von andern Anzeig davon empfangen / so sollen und wollen Wir durch mandata sine clausula, und in alle andere mögliche Weg / davon abhalten / und gantz und zumahln nicht gestatten / daß jemands / de facto, und eigenes Vornehmens / neue Zöll anstellen / für sich dieselben erhöhen / oder sich deren gebrauchen und einnehmen möge.

23. Und were es Sach / daß in solchen Fällen / neuer Zöll oder Aufflagen halber / dadurch der Churf. Zöll / geringert und geschmälert werden möchten / die Churf. zu rechtlichem Anspruch / activè oder passivè geriethen / demnach solche Zoll-regalia und privilegia, allein von dem R. K. und König mit Bewilligung der 6. Churf. im Reich ertheilt / und gegeben werden / und also / der darüber einfallenden Stritten Entscheidung / vor niemand anders / als Uns gehörig / sollen solche Ansprüche vor Uns angeführt / und erledigt werden / und kein Churf. schuldig seyn / sich derenthalben / weder an Unserm und deß Reichs Cammerg. oder andern Gerichten / mit ordinariis actionibus anstrengen zu lassen. Gestalt wir dan hierüber / bey gedachten Cammerg. gebührende Erinnerung und Verfügung zuthun / nit unterlassen wollen.

24. Und nach dem etliche zeithero die Churf. am Rhein / mit vieler und grösser Zoll-Freyung / über ihre Freyheit und Herkommen / offtmals / durch Befürderungs-Brieff / und in andere Weg ersucht / und beschweret worden / daß sollen und wollen Wir / als unerträglich / abstellen / fürkommen / und zumal nicht verhengen / noch zulassen / forderst mehr zu üben / noch zu geschehen.

25. Und insonderheit sollen und wollen wir / ob einiger Churf. Fürst / oder anderer / dieser / oder andern seiner Regalien / Freyheiten / Privilegien / Recht und Gerechtigkeiten halber / das ihme geschmälert / geschwächt / genommen / einzogen / bekümmert / oder betrübt worden / mit seinem Gegentheil / und Widerwertigen / zu gebührlichen Rechten kommen / oder fürzufordern understehen wolte / oder auch anhängig gemacht hätte / dasselbe / und auch alle andere / ordentlich schwebende Rechtfertigung / nicht hindern noch verbiethen / sondern den freyen stracken Lauff lassen.

26 Wir sollen und wollen / auch die Churfürsten / Fürsten / Prælaten / Grafen / Herren / und andere Ständ deß Reichs / selbst nicht vergewaltigen / solches auch nicht schaffen / noch andern zuthun verhengen / sondern wo wir / oder jemand anders / zu ihnen allen / oder einem insonderheit / zusprechen hetten / oder einige Forderung fürnehmen / dieselben ambt und sonders / Auffruhr / Zwytracht / und andern Unrath im H. R. Reich zuverhüten / auch Fried und Einigkeit zuerhalten / zu Verhör und gebührlichen Rechten stellen / und kommen lassen / und mit nichten gestatten / die in dem / und andern Sachen / in was Schein / und was Namen es geschehen möchte / darin sie ordentlich Recht leiden mögen / und des urbötig seyn / mit Raub / Nahme Brand / Fehden / Krieg / und anderer gestalt zubeschädigen / anzugreiffen oder zu überfallen.

27. Wir soll.n und wollen auch fürkommen und keins wegs gestatten / daß nun hinführo jemands hohes oder nieder Stands / Churfürst / Fürst oder andere / ohne Ursach / auch unverhört in die Acht / und Oberacht gethan / gebracht / oder erklärt werde / sondern in solcher ordentlicher Procefs, und deß Heiligen Reichs vorauffgerichte Satzung / nach Außweisung des H. Reichs in bemeltem fünff und fünffzigsten Jahr reformirten Cammergerichs Ordnung / und darauff erfolgten Reichs-Abschieden / in dem gehalten und vollzogen werde / jedoch dem Beschädigten seine Gegenwähr / vermög des Land-Friedens / unabbrüchig.

28. Und nachdem das Röm. Reich fast und höchlich in Abnehmen und Ringerung kommen / so söllen und wollen wir / neben andern die Reichs-Steuer der Städte / und andere Gefälle / so in sonderer Personen Hände gewachsen und verschrieben / wieder zum Reich ziehen / und nicht gestatten / daß solchs dem Reich und gemeinen Nutzen / wider Recht und alle Billichkeit / entzogen werde; es wehre dan / daß solches mit rechtmässiger Bewilligung / der 6. Churfürsten beschehen were.

29. Wann auch Lehen dem Reich von Uns / bey zeit Unser Regierung eröffnet / und lediglich heimfallen würden / so etwas merckliches ertragen / als Fürstenthumb / Graffschafften / Herrschafften / Städte und dergleichen / die sollen / und wollen Wir ferners niemand leihen / sondern zu Unterhaltung des Reichs / Unser und Unsere Nachkommen / der König und Keyser behalten / einziehen und incorporiren, biß so lang dasselbig Reich wider zu Wesen und Auffnehmen kompt: Doch Uns von wegen Unser Erbland / und sonst männiglich an seinen Rechten und Freyheiten / unschädlich.

30. In allweg wollen wir Uns zum besten angelegen seyn lassen / alle dem Reich angehörige Lehen / in oder ausserhalb desselben gelegen / auffrichtig zuhalten / und derentwegen zuverfügen / daß sie zubegebenen fällen / gebührlich empfangen / und recognoscirt werden / und nicht unempfangen bleiben. Da auch / nach Erhebung zum Röm. König / wir deren eins oder mehr / Uns anhengend / befinden / sollen und wollen wir das denselben ohnweigerlich empfangen lassen / oder wan das nicht bequemlich geschehen köndte / derwegen den Churf. zur Sicherung des Reichs gebührenden Revers / oder Recognition zustellen.

31. Auff den Fall aber / zukünfftiger Zeit / Fürstenthumb / Graffschafften / Herrschafften und andere Güter / dem H. Reich / mit Gerichtbarkeiten / Recht / Anlagen / Steuren und sonsten verpflicht / dessen Jurisdiction unterwürfflich / und zugethan / nach Absterben der Inhaber / und durch Erbschafften heimfallen / oder auffwachsen / und wir die zu Unsern Handen behalten / oder andern zukommen lassen würden / davon sollen dem H. Reich / seine Ge-

ANNO 1622.

rechtigkeiten/ Anlagen/ Steuer/ und andere schuldige Pflicht/ wie darauff hergebracht/ geleist/ abgericht und erstattet werden.

32. Wo wir auch mit Rath und Hülff der Churfürsten/Fürsten/und anderer Stånd des Reichs ichts gewinnen/ überkommen/ oder zu handen bringen/ das alles sollen und wollen wir dem Reich zu wenden und zueignen. Wo wir aber in solchen/ohne der Churf. Fürsten/ und anderer Stånde/wissen und willen/ ichts fürnehmen/ darinnen sollen sie Uns zuhelffen unverbunden seyn/ und wir nichts desto minder das jenige/ so wir in solchem erobert oder gewonnen hetten/ oder würden/ und dem H. Reich zustünde/ dem Reich wider zustellen lassen/ und eignen.

33. Und nachdem im Reich bißhero viel Beschwerung und Mångel des Müntzens halben gewesen und noch seyn/ wollen wir denselben zum förderlichsten mit Rath der Churf. Fürsten und Stånde des Reichs/ zuvorkommen/ und in beståndige Ordnung und Wesen zustellen/ möglichen Fleiß anwenden: Auch zu dem Ende/ die jenige Mittel so Anno 1603. und auff vorigen Reichstågen/ durch Churf. Fürsten/ und andere Stånd des Reichs/ in gemein bedacht/ in gute Obacht nehmen/und was ferners zutrågliches/zu Abwendung solcher lang gewehrten Unrichtigkeit/ bedacht werden möchte/ zumal nicht underlassen.

34. Wir sollen und wollen auch hinführ/ ohne Vorwissen der 6. Churf. niemands/ weßen Standes oder Wesens der sey/ mit Müntz-Freyheit begaben/. oder begnadigen: auch wo wir beståndig befinden/ daß der jenige Stand/ dem solchs Regal und Privilegien verlichen/ dasselb/ dem Müntz-Edict zugegen/ mißbrauche/ ihme dasselbige/ vermög der disposition, in denen hierüber verfasten constitutionen, nicht allein suspendiren/ sondern die jenige/ welche dasselbige Regal nicht mit der Churf. Bewilligung erhalten/ dessen gantz priviren/ und ohne Vorwissen der 6. Churf. dazu nicht restituiren/ fürnehmlich aber bey denen Ståtten/ so dem Reich immediatè nicht/ sondern den Reichs-Stånden unterworffen/revociren/ cassiren/ und hinführo ferner nicht ertheilen.

35. Und insonderheit sollen und wollen wir Uns auch keiner Succession oder Erbschafft des offternannten Röm. Reichs/ anmassen/ unterwinden/ noch in solcher gestalt unterziehen/ oder darnach trachten/ auf Uns selbst/ Unser Erben und Nachkommen/ oder auff jemand anders/ unterstehen zuwenden; sondern wir/ dergleichen Unsere Kinder/ Erben und Nachkommen/ der gemelden Churf. ihre Nachkommen und Erben/ zu jederzeit/ bey ihrer freyen Wahl/ eines Röm. Königs/ dieselb/ so offt sie es einem Keyser zu Behülff/ oder sonsten dem H. R. Reich nothwendig oder nützlich befinden/ auch bey Lebzeiten eines Röm. Keysers/ mit-oder/ wann derselbig auff angelegte Bitte der Churf. ohne gnugsahme erhebliche Ursachen verweigert werden solte/ ohne eines Regierenden Keysers consens vorzunehmen.

36. Auch die Vicarien, wie von Alters her auff sie kommen/die Gulden Bull/Påbstl. Recht/ und andere Gesetz/ oder Freyheit vermögen/ so es zu Fållen kommet/ die Nohtdurfft und Gelegenheit erfordert wird/ auch bey ihrem gesonderten Recht/ in Sachen das H. R. Reich belangend/ geruhiglich bleiben/ und gantz unbetrangt lassen; wo aber deme zu wieder von jemand gesucht/ gethan/ oder Churf. in dem getrungen würden/ das doch keines Wegs seyn soll/ das alles soll nichtig seyn/ und darfür gehalten werden.

37. So sollen und wollen wir auch alles das/ was durch die zween des heiligen Reichs Churfürsten/ und Vicarien in mittlerzeit/ so das Vicariart, laut der Gulden-Bull/ nach vermög deß Reichs Ordnung/ gehandelt und verglichen/ genehm halten/ auch confirmiren und ratificiren/ in der allerbeståndigsten Form/ wie sich dasselbig geziemet und gebührt.

ANNO 1612.

38. Wir sollen und wollen auch die Röm. Königl. Kron/ wie Uns als erwöhltem Röm. König wol geziemet/ empfahen; wenigers auch nicht Uns zu Empfahung der Keyserl. Kron befördern/ und bey allen denselben das/ so sich deßhalben gebührt/ thun/ auch Unser Königliche Residentz/Anwesen und Hoffhaltung in dem Heil. Reich Teutscher Nation, allen Gliedern/ Stånden und Unterthanen desselben/ zu Ehren/ Nutzen/ und Gutem/des mehrentheils soviel möglich/ haben und halten/ alle und jede Churfürsten/ ihr Ambt zuversehen/ zu obbemelter Krönung erfordern/ Uns auch in dem allen dermassen erzeigen und erweisen/ daß unserthalben an aller Möglichkeit kein Mangel gespührt oder vermerckt werden soll.

39. Wir wollen auch in dieser Unser Zusag der Guldenen-Bull/ des Reichs-Ordnung/den angeregten Frieden in Religion-und Profan-Sachen/ auch den Landfrieden sambt Handhabung desselben und andere Gesetze/ so jetzo gemacht/ oder künfftig auch mit Ihrer der Churfürsten/ Fürsten/ und anderer Stånde des Reichs/ Rath möchten auffgerichtet werden/ zuwieder kein Rescript, Mandat, oder etwas anders beschwerlichs außgehen lassen/ oder zugeschehen verstatten/ in einige Weiß oder Wege. Deßgleichen auch für Uns selbst/ wider solche Gulden-Bull/. und deß Reichs-Freyheit/ den Frieden in Religion-und Profan-Sachen/und Landfrieden/ sambt Handhabung desselben/ von einiger Hohen-Obrigkeit nicht erlangen/ noch auch/ ob Uns etwas dergleichen/ auß eigener Bewegnus gegeben wehre/ oder würde/ nicht gebrauchen/ in keine Weiß/ sonder alle Gefåhrde. Ob aber diesem oder andern/ vorgemelten Articuln und Puncten einiges zu wieder erlangt/ oder außgehen würde/ das alles soll krafftloß/ todt/ und abseyn/ inmasen wir es auch/ jetzo als dann/ und dann als jetzo/ hiermit cassiren, tödten/ und abthun/ und wo Noth/ der beschwerten Parthey derhalben nothdürfftiglich urkund oder trefflichen Schein zugeben und widerfahren zulassen/ schuldig seyn sollen/ alle arge List und Gefåhrde hierinnen außgeschlossen.

40. Wir sollen und wollen auch/ allen des Heil. Reichs Churf. Fürsten und Stånden/ sowol ihren Bottschafften und Abgesandten/ jederzeit schleunige Audientz und expedition ertheilen/ denselben ihre Lehen und Lehen-Brieff/ nach der vorigen Treue unverweigerlich wiederfahren lassen. Zu wichtigen Sachen/ so das Reich betreffend/bald anfangs der Churf. Rath und Bedenckens Uns gebrauchen. Insonderheit aber Unsern Geheimen und Reichs-Hofrath/ mit Fürsten/ Grafen/ Herrn/ und von Adel/ und sonsten ehrlichen Leuten/ so im Reich Teutscher Nation erzogen/ und gebohren/ darinnen begütert/ der Reichs-Sachen wol erfahren/ guten Namens und Herkommens seyn/ also bestellen/ darmit månniglich schleunige und unpartheyische justitia administrirt werden möge.

41. Benanten Unseren Hoff-Rath wollen wir auch gewisse Ordnungen und Instruction verfassen/ die alten revidiren/ und bey nechster Versamblung den gesambten Churf. zu ihrem Gutachten ubergeben; denselbigen auch Jåhrlich/ oder in 2. Jahren einmal/ mit zuziehung des Ertz-Bischoffen zu Maintz/ als Ertz-Cantzlers/ visitiren/ und sonderlich das jüngst zu Nürnberg verfaste Bedencken/ zu Förderung der Justitien; in besonder Obacht nehmen/ und dasselbe furderlich in das Werck richten.

42. Solches

ANNO 1612. 42. Solches alles/ und jedes absonder/ wie obstehet/ haben wir obbemeldter Röm. König den gedachten Churf. gered und versprochen/ und bey Unsern Königl. Ehren/ Würden/ und Worten/ im Namen der Warheit zugesagt/ thun dasselbige auch hiermit/ und in Krafft dieses Brieffs/ inmasen wir dann deß einen leiblichen Eydt zu GOtt und dem H. Evangelio geschworen/ dasselbe stät/ vest/ und unverbrüchlich zu halten/ deme getreulich nachzukommen/ darwider nicht zu seyn/ zu thun/ nach schaffen gethan werden/ in einige Weiß/ noch Wege/ wie die erdacht oder Namen haben mögen. Dessen zu Urkund haben wir dieser Brieff 6. in gleichem Laut verfertiget/ und mit Unsern anhangenden Insiegel besiegelt/ und jedem obgemeltem Churf. einen zustellen lassen/ der geben ist/ in Unser und des H. Reichs Stadt Franckfurt am Mayn/ den 18. Monatstag Junii, nach Christi Unsers lieben Herrn und Seligmachers Geburt im 1612. Jahre; Unserer Reiche/ des Röm. im ersten/ des Hungarischen im vierten/ des Böhmischen im vierdten Jahre.

CXXIII.

24. Juin. ou 27. Dec. Wiederkauffs-Contract; Krafft dessen Graff Bruno der älter zu Manßfeldt/ dem Dom-Capitul zu Magdeburg einige Zinsen und Renthen an dem Ampt Friedeburg/ umb achtzehen tausend Reichsthaler/ dan auch zwey tausend Reinische Goldgulden auf sechs Jahr verkaufet. Geschehen am tag Joannis 1612. [LUNIG, Teutsches Reichs-Archiv. Part. Special. Continuat. II. Abtheilung VI. Absatz XII. pag. 164.]

C'est-à-dire,

Contract entre BRUNON *Comte de Mansfeldt & le Chapitre de* MAGDEBOURG, *par lequel ledit Comte vend, cede & transporte audit Chapitre, certains Revenus du Bailliage de* Friedbourg *pour la somme de* 18. *mille écus & deux mille Florins du Rhyn, à condition de rachapt dans le terme de six ans. Fait le jour & Fête de St. Jean* 1612.

WIr Bruno der Aelter/ Graff und Herr zu Manßfeldt/ Edler Herr zu Heldrungen/ vor Uns und Unsere Lehen- und Landes-Erben/ thun kund und bekennen hiermit/ vor jedermänniglichen/ daß wir aus guter Vorbetrachtung/ und zeitigen Rath/ auch mit Vorwissen und Bewilligung aller Unser Mitbelehnten/ zu Beförderung Unsers kundbaren Nutzen/ und zu Wieder-Einlösung des Hauses und Ambts Friedeburg/ einem Hochwürdigen Domb-Capitul der Primat-Ertzbischofflichen Kirchen zu Magdeburg/ und deren Nachkommen/ auf einen zu Recht beständigen Wiederkauff aus bemeldtem Unserm Ambt Friedeburg/ desselben Dörffen/ Vorwerckern/ Renten/ Gefällen/ Zinsen/ Diensten/ Ackern/ Wiesen/ Holtzungen/ Jagten/ Fischereyen/ Schäffereyen/ Viehezuchten/ Gerichten/ und Gerichts-Gefällen/ und aus allen andern desselben Hauses Ein-An- und Zubehörungen/ gar nichts davon ausgeschlossen/ Eintausend und achtzig gute gantze und vollwichtige unvalvirte Reichsthaler/ ingleichen einhundert und zwantzig Gold-Gülden/ gut am Golde und Gewichte/ und also beyde Sorten/ so wohl die Reichsthaler/ als die Goldt-Gülden des heyligen Römischen Reichs/ von Käyser Ferdinanden Anno 1569. zu Augspurg publicirten und hernacher Anno 1571. zu Franckfurth wiederholten/ und darauff im Ober- und Nieder-Sächsischen Krayß/ Anno 1572. erfolgten Valvation und Müntz-Ordnung/ an Schrot und Korn/ und also antiquæ bonitati in rinsecæ durchaus gemäß/ Stück vor Stück/ aller Müntzsteygerung und Verringerung unerachtet/ jährlicher wiederkauff-licher Zinsen/ von dato auf sechs Jahr lang/ verkaufft haben/ verkauffen/ und geben auch zum Kauffe hiemit Krafft dieses/ wohlermeldten Domb-Capitul/ und deren Nachkommen/ solche eintausend und achtzig Reichsthaler/ und dan einhundert und zwantzig Rheinischer Goldtgülden/ Stück vor Stück/ wie erineldt/ und von dato auff die nachfolgende sechs Jahre/ jährlichen wiederkäufflichen Zinsen/ gereden und geloben bey Unsern Gräfflichen Ehren/ Trauen und Glauben/ ihnen dieselbe jährlichen/ und zwar auf Johannis des künfftigen 1613. Jahres anzuführen/ gegen Quittung/ so lange Jahr dieser Wiederkauff stehen wird/ nach Magdeburg in ihren Gewahrsamb/ ohne Mänliches Verhafften/ Verbieten und Hinterlegen/ auch unbekümmert aller geistlicher und weltlicher Rechte/ und Gerichten/ ingleichen ohne alle Acht/ Nahme/ Raub/ Brand/ Wasser/ Steuern/ und also auch ohne alle andere Einfälle und Gebrechen/ Verzug und Wiederrede/ wie die Nahmen haben/ und ihnen hieran zu Schaden kommen/ oder vorgewandt werden möchten/ vollständig und ohne allen Abgang/ Kosten und Schäden/ zu guter Gnüge zu verschaffen/ zu bezahlen und einzuschicken.

Gestalt wir Unsern Schösser und andere Befehlichshabere des Ambts Friedeburg/ so jedes Jahres daselbst seyn werden/ hiemit und Krafft dieses dahin befehligen/ daß sie benannte Geld-Summen/ alle 6. Jahre/ und jedes Jahres besonders zu rechter bestimbter Zeit/ wohlgedachtem Domb-Capitul nach Magdeburg verschaffen/ und daselbst bezahlen/ auch Uns von den jährlichen Aufkünfften bemeltes Ambts/ ehe und zuvorn jedes Jahrs die Zinsen richtig abgetragen/ nichts zu geben oder zu reichen schuldig noch verpflichtet seyn solle.

Und hievor hat Uns wohlermeldtes Domb-Capitul auf Unser dahin gelangtes Suchen/ achzehen tausend gute gangbare vollwichtige unvalirte Reichsthaler/ und dann auch zwey tausend Rheinische Goldtgülden/ in aller Güte/ wie hieroben bey wiederkäufflichen Zinsen vermeldet/ Stück vor Stück/ in einer/ unzertrennten Summa baar über ausgezählet/ und in Unsern Händen gestellet. Welche wir auch also zu vollständiger Gnüge empfangen/ und zu wieder Einlösung Unsers Hauses und Ambts Friedeburg/ sambt dessen Ein- und Zubehörungen nützlich gebraucht/ und angewendet haben/ und dahero obwohlermeldtes Domb-Capitul und ihre Nachkommen/ vor Uns/ und Unsere Mitbeschriebene, solcher wohlempfangenen Kauff-Summen halber/ mit Verzeyhung der exception non soluti pretii & non impleti contractus in bester Form Rechtens qvit und ledig zählen.

Damit aber wohlermeldtes Domb-Capitul und ihre Nachkommen der Zahlung solcher wiederkäufflichen Zinsen; gestalt auch der Hauptsummen/ wie auch auffgewandter Unkosten/ Schäden und Interesse desto mehr versichert seyn mögen; So wollen wir ihnen hiermit in Krafft dieses Brieffes; und zwar mit gnädigstem Consens des Hochwürdigsten/ Durchläuchtigsten/ Hochgebohrnen Fürsten und Herren/ Herrn Christian Wilhelmens/ Postulirten Ertz-Bischoffen zu Magdeburg ꝛc. und dann mit freundlicher Einwilligung aller Unser Mitbelehnter/ der ꝛc. N. N. N. N. ꝛc. das Hauß und Ambt Friedeburg/ zu dessen Einlösung wir diese Gelder angelegt/ mit seinen Dörffern/ Vorwercken/ Gerichten/ Ober- und Niedern-Frohnen/ Diensten/ Aeckern/ Wiesen/ Holtzungen/ Gefällen/ Renten/ Zinsen/ Pächten/ Jagten/ Fischereyen/ Schäffereyen/ ANNO 1612.

Anno 1612.

reyen / Viehezuchten / und in Summa mit allen Rechten / Herrligkeiten und Gerechtigkeiten / wie die in genere oder specie Nahmen haben ; auch mit allen Vorrath daselbst / es sey an Geträydig oder andern Sachen / davon durchaus nichts ausgeschlossen / zu einem verhafften unwiederrufflichen Unterpfande / cum clausula constituti possessorii eingesetzet / beschrieben und eingeraumet haben. Verschreiben und einsetzen auch wohlermeldten Domb-Capitul und ihren Nachkommen bemeltes Hauß und Ambt Friedeburg / mit allen Ein- und Zubehörungen / gantz frey / niemanden versetzet noch verpfändet / dergestalt / daß wir auch hinfort dasselbe / so lange dieser Wiederkauff stehet / niemanden mehr verhypotheciren / verkauffen / verschreiben noch einräumen / auch nicht verleibdingen ; Ja daß wir solches mit allen Zubehörungen nicht vor Uns / und Unsere Mitbeschriebene ; sondern an statt und von wegen obwohlermeldtes Domb-Capituls possediren / besitzen / gebrauchen / und inne haben wollen / mit dieser ausdrücklichen Verpflichtung / da es Sache wäre / und sich zutragen solte / daß wir oder Unsere Mitbeschriebene an der Zahlung dieser wiederkaufflichen Zinsen / wie auch der Hauptsummen / Schäden / Interesse, und Unkosten säumig seyn / und dieselbe / vermöge dieses Brieffes / nicht thun oder leisten würden / welches doch keineswegs geschehen soll ; daß auf solchen Fall obwohlgemeldtes Domb Capitul und ihre Nachkommen / in Krafft dieser Obligation, gut Fug und Macht haben sollen / sich ihres verschriebenen Unterpfandes des Amts Friedeburg / nebenst allen desselben Ein- An-und Zubehörungen / dergestalt anzumassen / daß sie entweder selbsten propria authoritate, ohne einige Ersuchung der Gerichten / Weiterung oder Rechtfertigung / diesen Besitz und Possess würcklich einnehmen ; oder aber durch schleunige richterliche Hülffe sich in bemeltes Ambt sollen und mögen einweisen lassen / und so lange dasselbe mit allen Ein- An-und Zubehörungen innen haben / besitzen und gebrauchen / oder auch andern zu gebrauchen / einräumen / bis sie der Achtzehen tausend Reichsthaler / ingleichen der 2000. Rheinischen Goldgülden Haupt-Summa / sambt allen nachständigen wiederkäuffl. Zinsen / Schäden / Interesse, und Unkosten / vollständig und zu guter Gnüge / ihrer eignen Liquidation nach / darinnen ihren blossen Worten / ohne Eydes-Beschwerung / oder andern Beweiß / soll gelaubet werden / befriediget und bezahlet seyn / und durch solche Anmassung des Hauses und Ambt Friedeburg / so Unsere Käuffer alsdann vor sich selbst vornehmen würden / sollen sie nichts gefrevelt / noch etwas gemißhandelt haben / noch ihnen solches zu einigen Frevel oder Landtfriedebruch gedeutet werden / sondern wir und Unsere Mitbeschriebene / wollen und sollen wohlermeldtes Domb-Capitul und ihre Nachkommen in diesen allen und jeden / wie und welchergestalt es auch vorgenommen / zu jederzeit vertretten / benehmen / und schadloß halten.

Wie wir Uns dann dieses zu Unserm willkührlichen Recht selbst also setzen / auch Unsern Schössern und Befehlichhaber bemeldtes Hauses Friedeburg dahin verweissen ; Daß auf solchen Fall / sie an niemand anders / auch an Uns selbsten oder Unsere Mitbeschriebene nicht / sondern eintzig und allein an wohlermeldtes Domb Capitul halten / und sich demselben in keine Wege wiedersetzig machen / sondern ihres Gefallens mit solchem Ambt / bis zu vollständiger Befriedigung und Zahlung der ihnen nachständigen wiederkaufflichen Zinsen / auch der Haupt-Summen / Schäden und Unkosten / zu gebahren frey lassen / und daran keine Hinderung thun sollen ; Wie wir dann Unsern Schössern und Befehlichhabern / der Uns geleisteten Pflichten / auf solchen zwar unverhoffentlichen Fall / da die Zahlung an den Zinsen / Haupt-Summen / Schäden oder Unkosten gebrechen / und zu rechter Zeit nicht erfolgen solte / ledig zehlen / und an obermeldtes Domb-Capitul / Krafft dieses Brieffs / in bester Form Rechtens verweisen thun.

Und wir haben Uns auch dieses vor Unser eigen willkührliches Recht gesetzet und abgeredet : Obwohl in allen Wiederkauffen die Lose nicht bey dem Gläubiger / und Käuffer / sondern allein bey dem Verkäuffer / nach Besage gemeiner Rechte / stehet : Daß jedoch dieser Wiederkauff länger nicht / denn von dato anzurechnen auf sechs Jahr / welche sich in Anno 1618. enden werden / bleiben und wehren solle.

Wie wir denn / und Unsere Mitbeschriebene / hiemit in Krafft dieses Brieffs / wohlermeldtem Domb-Capitul auf solche Zeit eine beständige Lose thun / und Uns dahin erklären / daß wir auf Johannis vorbemeldtes 1618. Jahres die Wiederkauffs-Summen der achtzehen tausendt Reichsthaler / und der zwey tausend Rheinischer Goldtgülden sambt den Current und nachständigen Wiederkauffs-Renten / da deren etliche nicht abgeben seyn solten / beneben allen Schäden / Interesse, und Unkosten / an eitel guten gantzen vollwichtigen und unvalvirten Reichsthalern und Rheinischen Goldtgülden / so obberührter massen dem altem Schrot und Korn / und also antiquæ bonitati intrinsecæ gemäß / allerdings / wie dieselben Uns jetzo ausgezählet / wir empfangen und hieroben vermeldet / Stück vor Stück / aller Müntzsteygerung und Verringerung unerachtet / vollkömblich / zu guter Gnüge / baar über entrichten und zahlen wollen.

Würde aber hierüber einiger Mangel vorfallen / so stehet in hochermeldtes Domb-Capituls Macht und Gewalt / obberührte Mittel vor die Hand zu nehmen / und sich also ihrer Wiederkauffs-Summen / auch der Zinsen / Schäden / und Unkosten / vollständig bezahlt zu machen.

Und diese Unsere Verpflichtung soll bey Gräflichen Ehren / Treuen und Glauben steiff und vest gehalten werden / und Uns wieder dieses alles nicht schützen / noch vertheydigen / noch auffenthalten / einigerley Privilegien / Freyheiten / Wohlthaten / der Rechte / geistlicher oder weltlicher / einiger Herren Gebot / oder Verbot / Constitution, Reformation, Ordnung / Satzungen / weder neue noch alte Fünde / so allbereit vorhanden / oder zukünfftig Unsern Gläubigern zu Schaden und Nachtheil erdacht / oder erfunden werden möchten / sondern wollen denen allen und jeden / insonderheit jetzo alsdenn / und denn als jetzo / sonderlich aber der Exception doli mali, Contractus simulati & usurarii, rei non sic, sed aliter gestæ, persuasionis, læsionis auch in specie der Exception, ne processus ab Executione inchoetur, item ne bona alterius propria authoritate occupentur: appellationis, restitutionis, supplicationis. Ingleichen des Behelffs / daß in Wiederkauffs-Verschreibungen dis Loß-und Auffkündigung allein dem Debitori zustehen / und in Summa / allen und jeden Privilegien / Behelffen / und Exceptionen / wie die jetzt Nahmen haben / oder in Zukunfft überkommen möchten / gar keine ausgenommen ; Ingleichen die Rechts-Regul / so da sagt : Generalem renunciationem non valere, nisi præcesserit expressa specialis, hiermit vor Uns / Unsere Lehen-undt Landt-Erben / wissentlich verziehen und renunciret haben / deren keine wider diese Verpflichtung zu gebrauchen / noch andern Uns zu gute zu gebrauchen / verstatten.

Wir wollen auch diese Verschreibung und Verunterpfändung keines weges disputirlich machen /

anders

ANNO 1612.

anders deuten / noch in Mißverstand ziehen / sondern derselben Erklärungen / so die in einem oder dem andern Punct von nöthen / soll den Käuffern und deren Nachkommen frey und bevor bestehen.

Wenn auch dieselbe an Substantialien / oder Formalien / Pergamen / Schrifften oder Sigill, schadhafft / in Feuer oder Wassers-Noth verwarloset / oder sonsten von abhänden käme / so wollen wir dessen ungeachtet / als wenn solche Wiederkauffs-Verschreibung an Substantialien / oder Formalien / Pergamen / Schrifften und Sigilln / untadelhafftig wäre / Unsere Bezahlung würcklich leisten / oder Unsern Käuffern das verschriebene Unterpfand sich / allermassen obangesetzet / anzumassen verstatten. Wie wir auch auf solchen unversehenen Fall / da diese Verschreibung durch Feuer / Wasser oder in andere wege schadhafftig werden / oder von abhänden kommen würde / eine andere von Uns zu stellen / wollen verpflichtet und schuldig seyn / und soll also gar nichts hervor gesucht werden / wodurch diese Wiederkauffs-Verschreibung aufgehoben werden möchte / denn einzig und allein vollkommene Bezahlung / auff massen / wie hieroben verpflichtet / verschrieben / und zugesaget / und diese Unsere Verpflichtung wollen wir bey Unsern Gräfflichen Ehren / Treuen und Glauben / stett und fest halten / und derselben in allen Puncten und Articuln / treulich sonder alle Argelist und Gefährde Folge thun.

Und wir Hanß Georg / Vollrath / Jobst / Albrecht / Wolff / Friederich-Christoph / und David / Gebrüdere und Vettere respectivè, Graffen und Herren zu Mannßfeld / Edle Heren zu Heldrungen / hiermit vor Uns / und Unsere Lehen- und Landes-Erben / uhrkunden und bekennen / daß wir / als alle die Mitbelehnte des Hauses und Ambts Friedeburg / in vorgeschriebenen Wiederkauff / alles Inhalts dieses Brieffs / gewilliget / und Unser Volwort darzu gegeben haben / thun das auch hiermit und in Krafft dieses Brieffs / mit Verpflichtung / wenn das Hauß und Ambt Friedeburg / sambt dessen Pertinentien / wiederumb an Uns fallen würde / daß wir Uns desselben / auch aller dessen Zubehörungen / Nutzungen / Rechten und Gerechtigkeiten / nicht ehe anmassen / noch jemand anders anzumassen / verstatten sollen noch wollen; es sey dann dieser Verschreibung in allen Puncten und Articuln / gebührliche und vollkömmliche Folge geleistet.

Immassen wir dann auch Unsers Theils dieselben obwohlermeldten Domb-Capitul vestiglich zu halten / bey Unsern Gräfflichen Ehren / Trauen und Glauben / vor Uns und Unsere Lehen- und Landt-Erben / zusagen / und Krafft dieses Brieffs Uns hierzu ausdrücklich mit freywilliger und wissentlicher Renunciation, und Verzeihung aller und jeder Exception und Behelffen / als wären dieselben specificiret / gleich als obgedachter der Principal und Verkäuffer selbsten / verpflichten / und obligiren / und solches alles getreulich / sonder einige Argelist und Gefährde.

Dessen zu Uhrkund / auch stetter und vester Haltung haben wir Bruno der Aelter / Graff und Herr zu Mannßfeld / Edler Herr zu Heldrungen / der Verkäuffer / und wir Hanß Georg / Wolradt rc. als die Mitbelehnte / Uns mit eigenen Händen unterschrieben / und Unsere Gräffliche Secreta wissentlich an diesen Brieff hengen lassen / So gegeben am Tage Johannis / nach Christi Unsers Seeligmachers Geburt / im 1612. Jahr.

CXXIV.

Juillet.

PROVINCES UNIES ET TURQUIE.

Capitulatie ende Privilegien by zyn Keizerlycke Majestyt van Turckyen SULTAN ACHMET CHAN *gegeven aan de Hooge ende Mogende Heeren Staten Generael van de Vrye* VEREENIGHDE *Nederlandtsche* PROVINTIEN, *in zyn Majesteyts Landen. Gedaen in Constantinopolen in 't beginsel van Julio* 1612. [AITZEMA, Saaken van Staet en van Oorlog. Tom. I. pag. 331.]

IN de Name Godts des Alderhooghsten, want het is goet, recht, ende behoorlijck, eerst synen Naem aen te roepen, ende daer na sijn genade te ontfangen. *Met hulp* van den heerlijcken Koningh der Koningen, den Alderhooghsten Heere Autheur van alle gaven, ende bewegingen, sonder comparatie, ende gelijckenisse, onsienlijck, ende onbegrypelijck door eenige aertsche gedachten, Heere van de oneyndtlijcke macht, liberael van genaden, sonder vermindering van de oneyndelijckheyt van sijn gaven en genaden, ende *met de protectie* van 't zegel van de schoonheyt der Prophetien, ende Heer en Patroon van 't Casteel der deugden, Heer van 't geselschap der Propheten, verkooren van de gantsche vergaderinge van de onbesmette, wel gewildt van Godt, Zalichmaker van de geslachten in den dagh des algemeenen oordeels, *Mehemet Mustapha*, op welcken de gebeden, ende de vrede Gods beruste, met de heerlijcke, ende menichvuldige benedictien van die geene, die in syn geselschap zijn, ende Patronen van de Wetten, ende andere heylige Propheten, met den welcken de eere Godts zy, ende het verbondt, waer mede de *Heyligen*, dewelcke zy een prys der eeren, ende de *zalige* zijnde een heerlijckheyt der heyligheyt, aen Godt verbonden zijn, moet geheylight zijn, ende hare *heylige zielen* altyt de Godtlijcke glorie besitten.

Hier

CXXIV.

Juillet.

PROVINCES UNIES ET TURQUIE.

Capitulation & Priviléges accordez par SULTAN ACHMET CHAN, Empereur des Turcs, aux Etats des PROVINCES-UNIES des Pays-Bas. Fait à Constantinople, au commencement de Juillet, 1612. [AITZEMA, *Affaires d'Etat & de Guerre Tom. I. pag.* 331]

A*U nom de Dieu le tres-haut, car il est bon, juste & convenable, d'invoquer premierement son nom, pour en aprés recevoir sa grace; Avec l'assistance du Souverain Roy des Rois, le trés Haut Seigneur & auteur de tous dons & mouvemens, incomparable, sans pareil, invisible, & incomprehensible à aucun esprit terrestre, Seigneur de puissance infinie, liberal en grace, sans diminution de l'infinité de ses dons & graces, & avec la protection du sceau de la beauté des Prophetes, & Seigneur & Patron de la Forteresse des vertus, Seigneur de la societé des Prophetes, élû de toute l'assemblée des immaculés, bien voulu de Dieu, sauveur des Nations au jour du dernier jugement*, Mahomet Mustapha, *sur lequel reposent les prieres & la paix de Dieu, avec les souveraines & abondantes benedictions de ceux qui sont en sa compagnie, & patrons des loix, & autres saints Prophetes, avec qui soit l'honneur de Dieu, & l'Alliance, dont les Saints, qui sont un prix des honneurs, & les bienheureux une souveraineté de la sainteté, sont liez à Dieu, doit être sanctifiée, & leurs saintes ames jouir toujours de la gloire divine.*

Suit

ANNO 1612.

Hier volght de Teyckeninge van de Keyſerlijcke Majeſteyt, vervat in een Gouden ſtrick met deſe woorden, SULTAN ACHMET CHAN *altydt geluckigh.*

ICk die ben een *Koningh der Koningen*, Princen ende Keyſers, uytdeeler van de Croonen der Koningen van 't oude Keyſerdom der Aerden, ende der Caſtelen, Adminiſtrateur van 't beſte van alle Landen ende Chaſtelen: de hooge Godt beſcherme met ſyn ſchaduwe de Landen ende de Inwoonders van dien, onder de Regeeringe ende heerſchappye van myn Majeſteyt, ende beware mijn Majeſteyt in de wereldt, de welcke ben geſtelt in de plaets van den Propheet, ende een Heer van Steden, Rycken, Keyſer-rijcken, Provintien, ende haer omleggende plaetſen, behouder van de twee hooge Hoven, ende Rechter van dat gebenedyde *Jeruſalem*, ende Keyſer van 't Hoogh Koninckl ijck Hoff van de Heerlijckheyt van *Conſtantinopolen*, het welcke Godt wil bewaren van alle quaet, ende van *Adrianopoli*, ende *Bruſſa*, ende heel *Grieckenlandt* ende *Temiſwar*, ende de Steden van *Boſnia*, ende *Boddim*, ende *Segitwar*, ende *Egri*, ende *Caniſſa*, ende *Semendra*, ende *Bellegrado*, ende het Landt van *Anatolia* ende *Caramina*, ende de Provintien van *Arabiſtam*, ende *Damaske*, de Stede des Vredes, ende ſuyverheyts, ende *Cairo*, ende *Jemen*, ende *Chabex*, ende de Steden van *Heden*, ende de Stadt van den Propheet, *Babylonia* ende *Gock*, ende *Baska*, *Lachſa*, ende *Gavaquin*, ende *Linan*, ende *Alleppo*, ende *Zul*, *Cadrie*, *Geerezul*, ende *Adna*, ende *Tripoli de Soria*, ende *Antalie*, ende *Cipro*, ende *Chio*, ende *Diarbeger*, ende *Rucaram*, ende *Gieldel*, ende het Hertoghdom van *Amadie*, ende al het *Curdiſtan*, ende *Cars*, ende *Eſrum*, ende al het *Giurgiſtan*, ende *Demir Cappy*, ende *Teflis*, ende *Girvan*, ende *Caffa*, ende *Gioſlef*, *Deſtcapehiac*, ende *Tunes*, ende *Tripoli dy Barbaria*, ende de Steden van *Algieri*, ende het Koninckrijck van *Tranſilvania*, ende *Bogdania*, ende *Walachia*, en de reſte van de Koninckrijcken van Chriſtenrijck, dewelcke door de hulpe Godts, die is een overwinnende Koningh met louter Koninckl ijck gewelt, ende door de merckelijcke vroomheyt van onſe Koningen, uyt de macht der vyanden geruckt zyn. Ick zynde een Koningh van alle de Rijcken, Steden, ende Caſtelen, die genomen zyn met de vuyſt der overwinningen, ende der victoryen. Ick zijnde een gekroonde Koning van de hoogſte Koninckl ijcke Stoel, Koningh van de *Witte* en *Zwarte Zee*, ende Koningh van veel andere Eylanden en Koninckrijcken, ende Schalen, ende Zee-havens, Monarch van veel volckeren, ende geſlachten, een Keyſer van veel duyſent onverwinnelijcke Heyr-leghers, een oprecht Keyſer, een Licht, een Fackel, ende de Godtvruchtigheyt des wereldts, een Grave van de Wet van *Mehemet*, *Sultan Achmet Chan*, *Soon van Sultan Mehemet Chan*, *Soon van Sultan Murat Chan*, *Soon van Sultan Selim Chan*, *Soon van Sultan Soleiman Chan*, *Soon van Sultan Selim Chan*, *Soon van Sultan Baiazeth Chan*, *Soon van Sultan Mehemet Chan*. Welckers zielen moeten ruſten in de barmhertigheyt ende glorie Godts, de welcke ons, zijnde beſchermers van den *Coran*, die genade gedaen, ende onſe macht alle de vier deelen des weerelts onderworpen heeft, die hooge ende groote Godt vergunne mijne Majeſteyt een lanck leven, dewelcke ben een hulp van de Koningen, ende geſlachten, een Excellentie van de Princen. Aen ons hoogh, ende verheven Keyſerlijck Hof, zynde onſe geluckige *Porta* door de genade Godts, de welcke is een gever der Genaden, ende een Koningh aller volckeren, wiens naem zy in der eeuwigheyt gepreſen, een hulp der Koningen, ende een beſchermer aller fameuſer Princen, hebben geſonden die geene die zijn.

II. Een eere van de grootheyt van de heerlijkheyt des *Chriſtendoms*, grootſte Hoogheydt van de Excellentie ende grootheyt des Wets Chriſti, Regeerders van de Regeeringe der Ghemeente der Chriſtenen, Patronen van de beleeftheyt ende eere, Heeren van macht ende eere, de *Generale Staten*, Heeren, ende Patronen van de Vereenighde Provintien, ghelegen onder Nederlandt, als zijn *Gelderlandt*, *Hollandt*, *Zeelandt*, *Utrecht*, *Vrieſlandt*, *Over-Iſſel*, *Groeningen en Groeningerland*, en daer en boven van ſoo veel Rijcken, als ſy in *Ooſt-Indien* beſitten, den Heeren en Patronen van al het boven-gheſchreven, zy heyl, en welvaert van harent weghen; is aen mijn Keyſerlijck Hoff gekomen een Brief van vriendtſchap van haer Hoogh-

Suit la Signature de ſa Majeſté Impériale contenuë en un nœud d'or avec ces paroles, SULTAN ACHMET CHAN toujours heureux.

MOy qui ſuis le Roi des Rois, Princes & Empereurs, diſtributeur des Couronnes des Rois de l'ancien Empire de la Terre & des Forteresſes; Adminiſtrateur des biens de tous les Païs & Chateaux; le grand Dieu protege de ſon ombre les Pais & Habitans d'iceux, ſous le gouvernement & Seigneurie de ma Majeſté & conſerve ma Majeſté dans le Monde, moi qui ſuis établi en la place du Prophete, & Seigneur des Villes, Royaumes, Empires, Provinces & de leurs places adjacentes, Conſervateur des deux grandes Cours, & Juge de la benite* Jeruſalem, & *Empereur de la haute royale Porte de la Seigneurie de* Conſtantinople, *que Dieu veuille garder de tout mal, &* d'Andrinople & Burſa, *& de toute la* Grece, *& de* Temiſwar, *& des Villes de la* Boſſine, & Boddin & Segitvar, Agria *& de* Caniſe *& de* Semendrie, *& de* Belgrade, *& du Pais de l'*Anatolie & Caramanie, *& des Provinces d'*Arabie *& de* Damas, *Villes de paix & de pureté, & du* Caire, *& de* Jemen *& de* Chabex, *& des Villes de* Ateden *& de la Ville du Prophete;* Babilone & Gock, & Baska, Lachſa, & Gavaquin, & Linan, & Alep & Zul, Cadrie, Geerezul, & Adna, & Tripoli *de* Sourie & Antalie & Chipre, & Chio & Diarbeger, & Rucarum & Gieldel, *& du Duché d'*Amadie, *& de tout le* Curdiſtan, & Cars & Eſrum *& tout le* Giurgiſtan, & Demir Cappy, & Teflis & Girvan, & Caffa, & Gioſlef, *& du Royaume de* Deſtcapehiac, *& de* Tunis, *& de* Tripoli *de* Barbarie, *& des Villes d'*Alger, *& du Royaume de* Tranſilvanie, Bogdanie, Walachie *& du reſte des Royaumes de la Chreſtienté, qui par l'aſſiſtance de Dieu qui eſt un Roi victorieux d'une force royale, & par la conſiderable probité de nos Rois, ſont delivrez de la puiſſance des Ennemis, moi, qui ſuis Roi de tous les Royaumes, Villes & Forteresſes qui ont été conquiſes par la main des invincibles & des victoires, moi qui ſuis un Roi Couronné du haut Siége royal, Roi des Mers Blanche & Noire, & Roi de pluſieurs autres Iles & Royaumes & Ports de Mer, Monarque de pluſieurs Peuples & Nations, & Empereur de pluſieurs miliers d'armées invincibles, un Empereur legitime, une lumiere, un Flambeau, & la devotion du monde, un Comte de la Loi de Mahomet, Sultan Achmet, fils de Sultan Mahomet Chan, fils de Sultan Murat Chan, fils de Sultan Selim Chan, fils de Sultan Soliman Chan, fils de Sultan Selim Chan, fils de Sultan Bajazet Chan, fils de Sultan Mahomet Chan, dont les ames doivent repoſer dans la miſericorde & gloire de Dieu qui nous a fait la grace, à nous qui ſommes les deffenſeurs de l'Alcoran, de ſoumettre à nôtre puiſſance les quatre parties du Monde, le grand Dieu veuille accorder à ma Majeſté une longue vie, à moi qui ſuis l'aide des Rois & des Nations, & l'excellence des Princes. A nôtre haute & ſublime Cour Imperiale, qui eſt nôtre heureuſe Porte par la grace de Dieu qui eſt un donneur des graces & un Roi de tous Peuples, dont le nom ſoit eternellement loué, une aide des Rois & un Protecteur de tous fameux Princes, ont envoyé, ceux qui ſont.*

II. L'honneur de la grandeur de la Souveraineté du Chriſtianiſme, la plus haute Excellence de la Loi de Chriſt, Regens du Gouvernement des Communautés des Chrêtiens, modeles de civilité & d'honneur, Seigneurs de Puiſſance & d'Honneur les Etats Generaux, Seigneurs & Patrons des Provinces-Unies ſituées dans les Païs-Bas, ſavoir Gueldre, Hollande, Zeelande, Utrecht, Friſe, Over-Yſſel, Groningue, & Pais en dependans & outre ce de tous les Royaumes qu'ils poſſedent dans les Indes Orientales, aux Seigneurs & Patrons ſusdits, ſalut ſoit & proſperité; de leur part eſt venuë en nôtre Cour Imperiale une Lettre d'amitié & a été

ANNO 1612.

Hoogheden, en gebrocht van den Heere Edelen Heere van den Edeldom der Christenrijcxe Wetten, de eere der Ambassadeuren *Cornelio Haga*, des welcx digniteyt ende eere moet sijn vermeerdert: dese Brief komende tot dit Keyserlijck Hof, is ge-examineert ende naerstelijck doorgelesen gheweest; ende 't inhout van dien was om onse Majesteyt te kennen te gheven, dat *haere Hoogheden uyt gantscher herten ende ghemoet, een vaste Vrede, ende Vruntschap met ons willen houden*, daer beneven soo hebben sy in de selvige verklaert, dat in de Scheepen van 't Landt des Christenrijcx eenige *Turcksche Slaven* gevonden waren, dewelcke sy al-tesamen vry gemaeckt, ende met groote beleestheyt in haer Landt weder gesonden hebben; daerom beveelen wy oock in mijn Rijck, dat Godt bescherme, ende in alle de omleggende plaetsen dat niemandt ter geeniger tydt, de voornoemde haer Schepen ofte Volck eeniger moeyte ofte quellingen aan en doe.

III. Gelijckerwys nu in mijn hooge Keyserlijcke Hoff *Vranckrijck* ende *Engelandt*, ende de Inwoonders vande plaetsen haer onderworpen, met hare *Drogemans* in alle de Landen van mijn Rijck, seecker, ende vry komen ende gaen, soo wel haere Persoonen als met hare Goederen ende Coopmanschappen over al negotierende, ende handelende, ende dat uyt kracht van vruntschap tusschen ons onderlingh gemaeckt in conformiteyt van de Capitulatie van mijn Majesteyt ende de stercke beveelen van mijn Rijck, desgelijcx oock is van wegen de Hoochgedachte Heeren *Staten Generael* vande vereenichde Nederlande versocht geweest, dat mijn Majesteyt al het gunt aande voornoemde gegeven is, oock aen haere Hoogheden soude willen vergunnen, ende van dese sake versoeck gedaen synde aende Majesteyt van mijn Croon, heeft my wel gevallen, ende goetgedocht, met groot contentement in alle hare versoecken volkomentlyk te consenteren, hebbende ook aenden Ambassadeur van hare Hoogheden verlof gegeven, dat hy soude aen myn Keyserlijcke Hof komen Reverentie doen, ende de handen van mijn Majesteyt kussen, gelijck de andere Ambassadeurs plegen te doen, ende hebbe gelast met het gebodt van mijn Rijck den voorschreven *Cornelio Haga*, Ambassadeur aen mijn Keyserlijcke Hof, dat hy soude blyven inden dienst van het Ambassadeurschap, ende dat hy soude stellen syn *Consuls* in alle de Provintien, ende aen alle de Schalen van mijn Rijck, ende het gebodt van mijn Keyserlijcke bevelen is vergunt op dese wijse, haer ghevende de *Capitulatie* van mijn oprechticheyt, ende van mijn Majesteyt.

IV. Dat alle de gene, die de Geunieerde Nederlantsche Provintien onderworpen sijn, ende alle de Coopluyden van de voorsz plaatse, mogen *gaen*, *ende komen* in alle Steden van mijn Rijck, ende dat sy in de selvige vry ende onverhindert moghen handelen.

V. Men sal haer van de *Daelders* ende *Goude Munten*, die sy sullen brengen geen *dacio*, ofte *Tol* mogen afnemen, ende *Begi*, *Cady*, *Tresoriers*, ofte *Enimi* vae de Munte, ende de opsienders van dien, sullen hare *Daelders* die sy brengen niet moghen nemen, om in de Munte te breken, ende *aspers* daer van te maecken, ofte haerluyders derhalven eenighe moeyten, ende bekommernis, om wat oorsaecke het soude moghen wesen, in 't minsten aan doen.

VI. Niemant sal mogen seggen teghen eenich Coopman van Nederlant, die soude mogen varen in een Schip van andere Christenen, die hier geen Ambassadeur ofte vrientschap houden, *na dien ghy gevonden sijt op een Schip van Volk, dat geen Vrede met den Gran Seigneur en heeft, soo willen wy V. slave maecken, ende u goet confisqueren*, het selve sal niet moghen geschieden, by aldien sy gaen om haar Coopmanschap te doen.

VII. Ende soo yemant van 't voorsz. Nederlant, ofte van de Landen van dien in eenige Christen Schepen ghevonden werden voerende eenige verboden goederen van Victualie, *al hoewel het voorsz. goet geconfisqueert*, ende andere Christenen daer op sijnde, tot Slaven gemaeckt worden, Soo sullen evenwel de *Nederlanders tot geen Slaven* moghen gemaeckt worden.

VIII. Ende al hoe-wel yemandt van 't voorsz Nederlant gaende om Koopmanschap te doen, gevonden werde in een schip dat in *Corso* gaet, by aldien soodanighen gheen compagnon van de Roovers, maer alleenlick om syn Negotie als een *Passagier* mede gaet, soo sal men hem ten oorsaecke van dien, om dat hy op een Vrybuyters schip genomen is; evenwel syn goedt niet mogen confisqueren noch hem tot een Slave maecken.

a été aportée par le noble Seigneur, Seigneur de la Noblesse du Christianisme, l'honneur des Ambassadeurs Corneille de Haga, dont la dignité & l'honneur soit augmentée; Cette Lettre adressée à nôtre Cour Imperiale a été examinée & leuë exactement, & le contenu en icelle étoit pour faire sçavoir à nôtre Majesté, que leurs Hautesses veulent de tout leur cœur entretenir une solide paix & amitié avec nous; & en icelle ils ont outre ce declaré que dans les Vaisseaux du Pais de la Chrêtienté il y avoit quelques Turcs esclaves lesquels ils ont relâchez & les ont avec grande civilité renvoyé en leurs Pais, c'est pourquoi nous ordonnons aussi dans nôtre Empire que Dieu protége, que dans toutes les places circonvoisines personne, en quelque tems que ce soit, n'ait à inquietter ni faire aucune peine ni dommage à leurs Vaisseaux ni Sujets.

III. Tout ainsi que la France & l'Angleterre & les Habitans des Lieux qui leur sont soumis avec leurs Droguemans *vont & viennent surement dans mon Empire, tant à l'égard de leurs personnes que de leurs biens & marchandises, trafiquant & negociant par tout; & ce en vertu de l'amitié faite singulierement avec nous, en conformité de la Capitulation de ma Majesté & des ordres exprés de mon Empire. Semblablement aussi a été requis de la part desdits Seigneurs Etats Generaux des Provinces-Unies, que tout ce que ma Majesté leur a donné, soit aussi accordé à leurs Hautesses, & la demande en ayant été faite à la Majesté de ma Couronne, il m'a plû & semblé bon, de consentir entierement avec grande satisfaction à toutes leurs demandes; ayant donné aussi permission à l'Ambassadeur de leurs Hautesses, qu'il auroit à venir me faire la reverence en ma Cour Imperiale & baiser la main de ma Majesté, comme les autres Ambassadeurs ont accoutumé de faire, & ay ordonné, avec commandement de mon Empire, audit Corneille Haga Ambassadeur à madite Cour Imperiale d'y demeurer, d'y faire sa fonction, & qu'il établiroit ses Consuls en toutes les Provinces & Echelles de mon Empire; Et l'ordre de mes Commandemens Imperiaux a été accordé en cette maniere; leur donnant la capitulation de ma sincerité & de ma Majesté.*

IV. Que tous ceux qui sont Sujets des Provinces-Unies des Païs-Bas, & tous les Marchands des susdits lieux pourront aller & venir dans toutes les Villes de mon Empire, & qu'ils y pourront trafiquer librement & sans être inquiettez.

V. On ne leur prendra aucune dace ou peage des Daelders ou Monoye d'or qu'ils aporteront, & les Begis, Cadis, *Tresoriers, ou* Enimi *de la Monnoye & les Inspecteurs d'iceux ne pourront prendre leurs Daelders qu'ils aporteront, pour les refondre & faire des aspres, ni de leur faire à cet égard aucune peine ou trouble, pour quelque sujet que ce puisse être.*

VI. Personne ne pourra dire à quelques Marchands des Païs-Bas qui navigeront dans un Vaisseau des autres Chretiens qui n'ont point ici d'Ambassadeurs ou n'y entretiennent point d'amitié, puis que vous êtes trouvé sur un Vaisseau de gens qui ne sont point en Paix avec le Grand Seigneur, nous vous voulons faire esclave, & confisquer vos Marchandises. *Cela ne se pourra faire au cas qu'ils aillent pour faire leur trafic.*

VII. Et si quelqu'un des Provinces-Unies, & des Païs d'icelles étoit trouvé sur quelque Vaisseau des Chrêtiens menant quelques Marchandises ou Victuailles deffenduës, quoi que lesdites Marchandises fussent confisquées, & que les autres Chrêtiens étant sur lesdits Vaisseaux fussent faits esclaves, lesdits Sujets des Païs-Bas ne pourront neanmoins pas être faits esclaves.

VIII. Et encore que quelques Sujets desdits Païs-Bas allant en Marchandises fussent trouvés dans quelque Vaisseau allant en course, pourvû qu'ils ne soient pas associez des Pirates; mais seulement qu'ils s'y trouvent comme Negotiants ou Passagers, leurs Marchandises ne seront pas confisquées ni leurs personnes faites esclaves, parce qu'ils se servient trouvez sur un Vaisseau de Pirate.

ANNO 1612.

ANNO 1612.

IX. Overmidts de Koningen van *Vranckrijck*, van oudts-her, Vrienden zijn van ons Keyserlijcke Hoff, ende noyt yets begaen hebben streckende tot verhinderingh van de Vrede gemaeckt tusschen haer, ende onse Keyserlijcke Croonen, soo hebben sy ten tijden van mijn Groot-vader Hooghloffelijcker, ende geluckiger ghedachtenis *Sultan Selim* die nu in glorie leeft, versocht, dat sy eenige verbode goederen, als zijn *Cattoen*, *Filady*, ende *Corduanen* souden mogen uytvoeren, 't welk haer vergunt is; daer beneven van weghen de groote ende oprechte vrientschap van goeder herten, ende gemoedt, met dit Keyserlijcke Hof ghehouden, soo heeft mijn Vader van Hooghloffelijcke ende geluckige memorie, die nu in glorie leeft, haer in syn tijdt oock vergunt, dat sy *Was*, ende *Huyden* om haer geldt souden mogen koopen, ende dat het haer in geenderly wyse mogen verboden werden, gelijck 't zelve verklaert staet in de Capitulatie, die ik selve gheconfirmeert hebbe, desgelijcx ook aen de Hoochgemelte Heeren Staten Generael van de Geunieerde Nederlanden, overmits sy aen mijn Keyserlijcke Hof gesonden hebben, met begeerte van oprechte te vriendtschap, ende van wegen hare Hoogh: aen mijn Majesteyt daer van versoeck gedaen is geweest, ende ick 't zelve van goeder herten en bly gemoet ontfangen hebbe: soo ist ook, dat ik hare E: goetwillighlijck alles wat van wegen hare Hoogheden versocht is, gheconsenteert heb, ende ghelijck het de voornoemde Françoysen vergunt is, alsoo vergunne ick het oock de voorsz van Nederlandt, te weten, dat sy met haer geldt sullen moghen koopen ende laeden, *Catoenen*, *Filady*, *Cordoani*, *Wasch*, ende *Huyden*, ende in dese saecke sal niemandt haer eenighe moeyten mogen aen doen, noch oock hem daar mede moeyen, noch haer 't selfde verbieden.

X. De voorsz Natie reysende nae haer Landt, ofte uyt haer Landt na mijn Rijck komende, sal seeckerlijck by contrarie weder, ende windt, in alle de Havenen van mijn Rijck met haer Schepen mogen leggen, ende handelen, ende niemant sal hem 't selfde mogen beletten.

XI. Alle Recht-saken, ende *differentien* rijsende tusschen die van de Landen van Nederlandt, oock aanklachte van *doodtslagh*, soo den eenen den anderen quam te dooden, sullen *by den Ambassadeur*, ende syne *Consuls*, achtervolghende hare Wetten ende coustumen *gheoordeelt worden*, sonder dat de Rechters, ofte Gouverneurs van mijn Rijck, haer ghenighsints daer mede sullen moghen bemoeyen.

XII. Soo yemant yets uytstaande heeft met de *Consuls*, die gestelt sijn tot opsicht van de Negotie, en sal die selvige niet mooghen doen vangen, noch ook haer huysen versegelen, dan men sal de voorsz. *Consuls* ende *Drogemans* citeren voor mijn Keyserlijke Hof, ende aldaer sullen haer aanklachten gehoort worden.

XIII. Ingevalle dat eenige Commandementen gelicht waren voor 't maecken van dese Capitulatie, ofte gelicht souden mogen werden na het maecken van deselvige, stryd ende teghens dese jeghenwoordige Capitulatie, sullen van gheender waerde sijn, ende men sal die selvighe gheen gehoor moghen geven, maar alleen onderhouden werden 't gunt in dese Capitulatie van mijn Majesteyt vervattet is.

XIV. Soo eenighe Ondersaten vande Hoochgedachte Heeren Staten Generael, ofte yemant onder haer staende in dese Landen quamen te sterven, soo sal noch de *Peitemaal*, noch yemant anders over de Tollen van de verstorvene gestelt, in haer goet ofte middelen mogen treden, noch oock eenichsints haer daer mede bemoeyen, sullen oock niet mogen seggen, dat het *goederen syn sonder Eygenaer*, noch yets doen teghen dese Capitulatie, ende alle de Commandementen, die men aen de voornoemde Nederlanders gheven sal, sullen in *Bona Forma*, ende starck gemaeckt worden, soo dat sy al te samen strecken tot haer meeste profijt ende voordeel, ende de *Cassani*, ende *Cadys* (dat syn *Rechters*) ofte oock yemant van haer wegen, sullen in 't minsten niet mogen pretenderen aen de goederen vande afgestorvenen, noch oock eysschen het *resme* van 't *kismet*, 't welck syn *Gravamina* en exactien, soo ten profijt van den *Gran Seigneur*, als der Officieren op de goederen van de afgestorvenen gestelt.

XV. De *Ambassadeurs* ende *Consuls* sullen haer laten dienen van alsulcke *Janitsaren*, als haer believen sal, ende tot *Drogemans* stellen, die sy willen, sonder dat de *Janitsaren*, ofte yemant anders haer selven in den

IX. Comme les Rois de France ont été de tout tems amis de nôtre Cour Imperiale, & qu'ils n'ont jamais rien commis qui soit en obstacle à la paix faite entre eux & nôtre Couronne Imperiale, ils ont, du tems de mon Grand Pere de glorieuse & d'heureuse memoire, Sultan Selim qui vit dans la gloire, demandé qu'il leur fut permis de transporter quelques Marchandises deffenduës, Cottons, Filadi *&* Cordouans, *ce qui leur est accordé, outre ce à cause de la grande & sincere amitié entretenuë de bon cœur avec cette Cour Imperiale, mon Pere de glorieuse & d'heureuse memoire, qui vit presentement dans la gloire, leur a aussi accordé de son tems, qu'il leur fut permis d'achetter de la Cire & des Peaux, pour leur argent, & que cela ne leur fût deffendu en nulle maniere, comme cela est declaré dans la Capitulation, que j'ai moi-même confirmée, comme aussi aux susdits Seigneurs Etats Generaux des Provinces-Unies, à cause qu'ils ont envoyé à ma Cour Imperiale, avec desir d'une sincere amitié, & que de leur part demande en a été faitte à ma Majesté, ce que j'ai reçu de bon cœur, de sorte que j'ai de bon cœur consenti à ce qui m'a été demandé de la part de leurs Hautesses, & comme il a été accordé auxdits François, de même je l'accorde auxdits des Pais-Bas, sçavoir que pour leur argent ils peuvent achetter & charger du* Cotton, Filadi, Cordouans, Cire *&* Peaux *& en cela personne ne les inquiettera ni leur fera aucune deffence.*

X. Ceux de la susditte Nation s'en retournant en leur Pais, ou venant de leursdits Pais dans mon Empire pourront étant poussez par tems ou vent contraire, entrer dans nos Ports avec leurs Vaisseaux, & y trafiquer, & personne ne les en pourra empêcher.

XI. Tous les procés & differens qui seront entre ceux des Pais-Bas, même les plaintes de meurtres, si l'un ou l'autre venoit à mourir, seront jugez par les Ambassadeurs & Consuls suivant leurs Loix & Coûtumes, sans que les Juges & Gouverneurs de mon Empire s'en puissent mêler en aucune maniere.

XII. Si quelqu'un a quelque chose à demêler avec les Consuls, qui sont établis à l'égard du Negoce, il ne pourra les faire aprehender ni sceller leurs maisons, mais on citera lesdits Consuls pardevant ma Cour Imperiale, où on entendra la plainte.

XIII. Au cas que quelque Mandement ait été donné avant cette Capitulation, ou qu'aprés icelle faite, il en fut donné quelqu'un contraire à icelle, ils seront nuls, & on n'y obeira point, mais seulement sera observé ce qui est contenu dans cette Capitulation de Ma Majesté.

XIV. Si quelques Sujets desdits Seigneurs Etats Generaux, ou quelqu'un étant de leur obeissance, venoit à mourir dans ce Pais, aucuns de ceux établis sur les Impots mis sur les morts, ne pourront se saisir de leurs biens, ni s'en mêler, & on ne pourra dire non plus que lesdits biens sont sans Proprietaires, ni rien être fait contraire à cette Capitulation, & tous les Commandemens que l'on fera auxdits des Pais-Bas seront en bonne forme, & faits forts, en sorte que le tout tende à leur meilleur proffit & avantage, Et que les Cassani, *&* Cadys *(ce sont les Juges) ou personnes de leur part ne pourront en la moindre maniere rien pretendre aux biens des deffunts, ni non plus demander le droit de* Kismet *qui sont les* Gravamina *& impots tant au proffit du grand Seigneur que des Officiers sur les biens du deffunct.*

XV. Les Ambassadeurs & Consuls se feront servir par tels Janissaires que bon leur semblera, & ils établiront pour Droguemans *ceux qu'ils voudront, sans que*

ANNO 1612.

den dienſt van den voornoemden ſonder haer conſent, ſullen mogen ingereren.

XVI. In haer Woonſteden ende *Huyſen* ſullen ſy moghen *Wyn in leggen*, voor haer Huysgeſin, 't welk haer niemant ſal mogen verbieden, ende niemant, hy ſy wie hy wil, ſoo wel mijn ſlaven de *Ianitſaren*, als yemant anders, ſal derhalven yet van haer moghen eyſſchen, ofte met gewelt nemen, noch haer ongelijck ofte eenich impediment aen doen.

XVII. De Kooplieden van de voorſz plaetſe ſullen voor alle Waren, ende Koopmanſchappen, ſoo wel die ſy uyt haar Landen ſullen brenghen, als oock die ſy van hier uyt mijn Rijck, ſoo van *Aleppo*, ende *Alexandrien*, als oock uyt alle andere deelen mijns Rijcx ſullen wech voeren, alleen voor *Dacio* ofte *Tol* betalen *drie ten hondert*, en niet meer, men ſal oock geene Waren hooger als de waerdye mogen eſtimeren.

XVIII. Ende ſy ſullen gehouden ſyn van alle Waren, ſoo wel die ſy met haer Schepen brengen, als die ſy hier koopen om in haer Landt te voeren daer men *Dacio* of betaelt, de *Conſulaten* volkomentlijck aan hare *Conſuls* te betalen.

XIX. Van alle de Waren, die ſy met hare Schepen brengen ſullen ſy alleenlijck *Dacio* betalen van die geene, die ſy uyt hare Scheepen loſſen ſullen om verkocht te werden, ende van die andere, die niet gheloſt, maer in de Schepen geladen blyven, om op andere plaetſen te vervoeren, ende te verkoopen, ſalmen ſoo wel in *Conſtantinopolen* als andere *Schalen* geen *Dacio* moghen afeyſchen, noch ook verbieden deſelvige Waren aen andere *Schalen* te brengen, noch haer dwingen die aen de ſelvige *Schalen* te loſſen.

XX. De nieuwe *Impoſitie van Caſſapie*, ende *Reſt*, ende *Bach*, ende het *Jaſaccullı*, ſalmen haer niet moghen afnemen, ende als de Schepen wech gaen, ſalmen haer voor 't *Salameilich* niet meer moghen afnemen, als *drie hondert Aſpers*.

XXI. Aengaende de *Corſaren van Algiers*, ende *Barbaria*, komende te havenen in eenige havens van de Nederlanden, na dien men ghewoon is haer corteſie te bewijſen, ende *Kruyt*, *Loot*, *oock Zeylen*, *met alles* wat ſy meer van nooden hebben te laten volghen: ſoo en is de wille oock niet gheweeſt van mijn Majeſteyt dat ſy de Scheepen van de Nederlanders ghemoetende, haere Goederen nemen, ende de luyden tot Slaven maecken, maer dat ſy alle de Slaven, die ſy ghenomen hebben, vry ſullen laten, ende alle de goederen wedercomme reſtitueren, ſonder dat daer aen yet mancquere. Ende by aldien de voornoemde *Corſaren* hier na eenighe quade feyten bedryven ſullen, ſoo ſullen de ghemelte Heeren Staten Generael ſulx aen ons Keyſerlijck Hof te kennen geven, ende in welker *Beglerbey*, ofte Gouverneur ſyn tijdt ſulx ſal geſchiet ſijn, dieſelvige ſal van ſijn Officie afgheſet worden, ende men ſal maecken, dat alle de Goederen, die de *Corſaren* gerooft ſullen hebben, ten vollen gheretitueert, ende alle de Slaven vry ghelaten werden. Ende of de voorgenoemde van *Algiers*, ende *Barbaria*, deſe mijne beveelen niet na en quamen, ſoo ſullen oock de Heeren Staten van Nederlant deſelvige, als ſy in haer Landen komen, in haer havenen, ende kaſteelen niet ontfanghen; ende alwaert ſchoon dat ſy oock haer qualijck, ende Vyantlijck tracteerden, ſoo ſal daer door niet verſtaan werden het Accoort tuſſchen ons gemaeckt, gebroocken te ſyn, ende in deſe ſaecke ſal ick altijdt de informatie die de Heeren van Nederlandt doen ſullen, geloof geven, ende altijt hare excuſen voor goet ende oprecht aannemen.

XXII Men ſal commandementen ſenden aen den *Beglerbey*, aen *Bey*, aen den *Cadis*, ende aan alle de *Emini* vande *Schalen* van mijn gantſche Rijck, inhoudende dat het Gebodt van mijn Majeſteyt beveſticht is op deſe manier. Dat tot allen tijden ſoo langhe van wegen de Hooch-gedachte Heeren Staten Generael vande-voorſz Nederlanden, de vrientſchap ende het Accoort tuſſchen ons gemaeckt, ghelijck alſt behoort; onderhouden ſal worden, dat oock van onſe ſijde niemant hare Goederen, Waren, Coopmanſchappen, de Gallioenen over Zee komende, ofte andere Scheepen, ende de perſoonen daarin ſijnde, met goet, ende Coopmanſchappen, de perſoonen met hare laſtpaerden, ende goet te lande komende, inden alderminſten eenige ſchade, ofte moleſtie aen doen ſal, maer dat menſe met vreden haer Negotie ſal laten doen.

XXIII. In alle de Landen van mijn Rijck ſullen alle de *Slaven*, Onderſaten van Hooggedachte Heeren Staten Generael, oock die voor deſen genomen ſijn,

que les Janiſſaires, ou quelques autres s'ingereront de les ſervir ſans leur conſentement.

XVI. Ils pourront avoir du vin dans leurs maiſons & demeures, pour eux & pour leur menage; ce que perſonne ne leur pourra deffendre, & qui que ce ſoit, auſſi bien mes eſclaves Janiſſaires qu'aucun autre, ne leur pourra rien demander ou prendre, ni leur faire aucun tort ou empêchement.

XVII. Les Marchands des ſuſdits lieux payeront ſeulement pour Daces, ou Peage trois par cent, pour toutes les Marchandiſes & Denrées, qu'ils ameneront de leurs Païs ou qu'ils transporteront de mon Empire, ſoit d'Alep & d'Alexandrie, comme auſſi des autres endroits de mon Empire; & l'on ne pourra non plus eſtimer les Marchandiſes par de là leur juſte valeur.

XVIII. Et ſeront obligez de payer entierement à leurs Conſuls les Conſulats *tant des Marchandiſes dont on paye les Daces, qu'ils ameneront avec leurs Vaiſſeaux, ou de celles qu'ils acheteront ici pour transporter dans leur Païs.*

XIX. De toutes les Marchandiſes qu'ils ameneront avec leurs Vaiſſeaux, ils payeront ſeulement les Daces de celles qu'ils dechargeront de leurs Vaiſſeaux pour être vendues, & des autres qui ne ſeront point dechargées, mais qui reſteront dans les Vaiſſeaux, pour les transporter en d'autres lieux & les y vendre, on ne leur pourra point demander de Daces tant à Conſtantinople qu'aux autres Echelles, ni auſſi on ne leur pourra deffendre de mener lesdites Marchandiſes en d'autres Echelles, ni les obliger de les y decharger.

XX. On ne pourra leur faire payer les nouvelles impoſitions de Caſſapie, Reſt, Bach, *ni le* Jaſaccullı, *& quand les Vaiſſeaux partiront, on ne pourra leur faire plus payer pour le* Salameilich *que* trois cens Aſpres.

XXI. Pour ce qui regarde les Corſaires d'Algers *& de* Barbarie *qui viendront dans les Ports des Païs-Bas, comme on eſt accoutumé de leur témoigner de la courtoiſie, & de leur donner* de la poudre, du plomb, même des voiles, *avec tout ce dont ils ont beſoin, auſſi n'eſt-ce pas la volonté de ma Majeſté, que quand ils rencontreront des Vaiſſeaux du Païs-Bas, ils leur prennent leurs Marchandiſes, & les amenent captifs, mais qu'ils relâcheront francs tous les eſclaves qu'ils auront fait, & leur reſtitueront toutes leurs Marchandiſes ou effects, ſans qu'il y manque rien. Et au cas que ci-aprés lesdits* Corſaires *commettent quelque mechant acte, les ſuſdits Seigneurs Etats Generaux en donneront connoiſſance à notre Cour, & ſous quelque* Beglerbey *ou Gouverneur que la choſe ſoit arrivé, tel ſera démis de ſa charge, & l'on fera en ſorte que tous les biens que les Corſaires auront pillez ſeront entierement reſtituez, & tous les eſclaves relâchez. Et ſi lesdits* d'Alger *& de* Barbarie *n'obeiſſoient point à mes preſents ordres, les ſuſdits Seigneurs Etats Generaux des Provinces-Unies, quand iceux Corſaires viendront en leur Païs, ils ne les recevront pas en leurs Havres & Forts, & quand même ils les traitteroient mal ou hoſtilement, le preſent Accord ne ſera pas pour cela réputé être enfraint, & en ces occaſions j'ajouterai toujours foi aux informations que lesdits Seigneurs Etats Generaux en feront, & j'agréerai toujours les excuſes qu'ils en feront.*

XXII. On envoyera des ordres au Beglerbey, *au* Bey, *au* Cadis, *& à tous les autres Officiers des Echelles de tout nôtre Empire, contenant que le Mandement de ma Majeſté eſt confirmé en cette maniere. Que pendant tout le tems que l'Amitié & l'Accord fait entre nous, ſera obſervé comme il faut du côté des ſuſdits Hauts Seigneurs les Etats Generaux des Provinces-Unies, de nôtre côté on ne fera non plus le moindre dommage ni moleſte à leurs Biens, Marchandiſes, Denrées, Galions, venant par Mer, ou autres Vaiſſeaux, ni aux perſonnes qui y ſeront, avec quelques effets & Marchandiſes, ni aux perſonnes venant par terre avec leurs chevaux de charge, mais qu'on leur laiſſera faire leur negoce en paix.*

XXIII. Dans tous les Païs de mon Empire tous les eſclaves, Sujets des ſuſdits Hauts Seigneurs les Etats Generaux, comme auſſi ceux qui ont été pris ci-devant

ANNO 1612.

ANNO 1612.

in watplaetsen die gevonden sullen werden, *in volkomen vryheyt gestelt werden*; sonder dat de *Patronen* 't gunt de *Slaven* gekost hebben vande Nederlanders in eenigerley manieren sullen mogen eyschen, maer den prijs daer van vorderen van die geenige, daer sy die van gekocht hebben.

XXIV. Soo yemandt vande voorgenoemde Nederlanders *Eetbare Waren* koopende, uyt de Scheepen vande *Turcken* ende dat met haer wil, brengende deselvige in haer Landen ende niet in de Steden van andare Natien geen Vreede met ons houdende, daer na eenige Turcksche Oorloch-scheepen ontmoete, ende daer van genomen werden, in sulcken gevalle salmen haer Scheepen *niet* mogen *confisqueren*, noch het Volck daer op sijnde tot *Slaven* maecken, maer by aldien dat in sulken kas, als dit is, eenige Nederlanders genomen werden, salmen deselvige wederom vry laen, ende oock al haer goet restitueren.

XXV. Soder eenige *Coopluyden* ende *Christenen*, die geen Vrede met ons en hebben, op de Scheepen vande voorschreve Nederlanders, eenige Goederen laden sullen, salmen in het selvigen goet niet mogen confisqueren, onder 't pretext dat het andere luyden toekomt, geen Vrede met ons hebbende; ende ingevalle yemant vande voorsz 't sy wech gaende uyt de Landen van mijn Rijck ofte uyt andere Landen, 't sy komende om haer Coopmanschap te doen in de Scheepen vande voorgenoemde Nederlanders, in sulcken kas tot *Slaven* gemaekt waer, sal hem datelijck sijn *vryheyt* gegeven worden.

XXVI. Ende de voorgenoemde Natie sal in alle de Steden van mijn Rijck met groote vryheydt ende seekerheyt mogen komen ende gaen; ende soo 't geviel, dat sy by ongeval in perijckel der Zee quamen, soo sullen alle de Scheepen, soo wel die van mijn Majesteyt als van andere particulieren haer alle mogelijcke gunste bewijsen, ende assistentie doen, ende soo sy eenige *Victualie*, ende provisie voor haer Schepen sullen willen koopen, soo en sal haer 't selfde niemant mogen verbieden noch eenige molestie ofte ongemack aen doen.

XXVII. Alle de *Coopluyden*, *Drogemans*, ende alle de andere Ondersaten van de Hoogh-gedachte Heeren Staten Generael vande Nederlanden, sullen soo te Water als te Lande, mogen komen in alle Steden van mijn Rijck, haer Coophandel drijvende, ende na dat sy betaelt sullen hebben haer gewoonlijcke *Dacio*, soo in 't gaen, als in 't komen, soo sullen de Capiteynen, ende *Beys* ('t welk sijn Capiteynen vande Galeyen) over Zee varende, ofte eenige andere die *Slaven* sijn van mijn Majesteyt, niet moogen haere Persoonen, Dienaers, goet, ofte last-Paerden in geenderley manieren molesteren, noch de *Cadijs*, ofte yemant anders sullen haer lastich vallen, ofte eenigerley verhinderinge aen doen.

XXVIII. Soo sy door Tempeest, ende Onweder quamen *Schip breeckinge* te lyden, ende hare Scheepen over Zee gaende, quamen te stranden, soo sullen alle de *Beys*, ende *Cadys*, gelijck oock andere, haer alle mogelijcke hulp doen, alle de Waren ende Goederen, die geberght sullen sijn, salmen haer wederom geven, sonder dat de *Peitmalgijs*, noch oock yemant anders haer daer mede eenichsints sullen mogen bemoeyen,

XXIX. Soo yemant vande voorsz yemant *schuldigh* ware, soo salmen de *schult* moeten eyschen vanden debiteur, ende alsser geen Borgh gestelt is, salmen niemant anders mogen manen, als den schuldenaar.

XXX. Soo yemant van de voorsz quam te *sterven*, soo sullen de Waren, ende alle sijne Goederen geconsigneert werden in handen vanden geenen, die hy in sijn *Testament* geordonneert sal hebben, ende geen *Testament* gemaeckt hebbende, sullen de goederen gegeven worden door order vande *Consul*, aen yemandt van sijn Compagnons, sijnde vande selve, ofte naestgelegen plaets, sonder dat yemant anders hem daerin mach ingereren.

XXXI. Soo eenige vande voorsz Nederlanders, ende alle andere haer onderworpen sijnde, 't sy *Coopluyden*, *Consuls*, ofte *Drogemans*, in eenige Landen van mijn Rijck eenige contracten maeckten, 't sy van wegen de Handeling, Coopmanschap, ofte Borchtocht, ofte eenige andere saecken, daer voor sy by yemandt anders in Recht souden mogen geroepen werden, soo sullen sy met haer Parthye gaen voor den *Cady*, ende daer sullen sy van haer Contract een hantschrift, oft *Hogiet* ('t welck is een publijcke Acte vanden

en quelque lieu qu'ils se trouvent, seront relâchez entierement francs, *sans que les Patrons puissent rien demander en quelque maniere que ce soit à ceux des Païs-Bas de ce qu'ils auront couté, mais seulement ils en redemanderont le prix à ceux de qui ils les auront achetez.*

XXIV. Si quelques-uns des susdits Païs-Bas viennent à acheter des munitions de bouche des Vaisseaux des Turcs, & cela de leur consentement, pour les mener dans leur Païs, & non pas aux Villes des autres Nations qui ne sont point en paix avec nous, & que rencontrant quelque Vaisseau de guerre Turc ils en soient pris, en ce cas leurs Vaisseaux ne pourront pas être confisquez, ni l'équipage d'iceux être fait captif; mais si dans un cas pareil à celui-ci on prenoit quelques Vaisseaux des Païs-Bas, on les remettra en liberté, & restituera toute la Marchandise.

XXV. Si quelques Marchands ou Chrêtiens qui ne sont point en paix avec nous, chargent quelques Marchandises sur les Vaisseaux des susdits des Païs-Bas, on ne les pourra confisquer, sous pretexte qu'elles apartiennent à d'autres personnes n'étant pas en paix avec nous; Et au cas que quelqu'un des susdits, soit en sortant des Païs de mon Empire ou d'autres païs, soit venant pour faire leur negoce sur les Vaisseaux des susdits des Païs-Bas, vinssent à être faits captifs, ils seront relâchez aussitôt.

XXVI. Et ceux de la susdite Nation pourront en toute sureté & liberté aller & venir dans toutes les Villes de mon Empire; Et s'il arrivoit qu'ils fussent en danger sur la Mer, tous les Vaisseaux tant de ma Majesté, que ceux d'autres particuliers, les favoriseront & assisteront autant qu'il sera possible; Et s'ils veulent acheter quelques Victuailles & Provisions pour leurs Vaisseaux, personne ne le leur deffendra, ni leur fera aucune moleste ou incommodité.

XXVII. Tous les Marchands, Droguemans *& autres Sujets des susdits Seigneurs Etats Generaux des Provinces-Unies, pourront venir dans toutes les Villes de mon Empire pour y trafiquer; Et aprés qu'ils auront payé les* Daces *ordinaires, tant en entrant qu'en sortant, les Capitaines &* Beys, *(qui sont les Capitaines des Galeres) étant en Mer, ou quelques autres qui sont esclaves de ma Majesté ne pourront les molester en nulle maniere en leurs personnes, serviteurs, biens ou chevaux de charge, non plus que les* Cadis, *ou quelques autres ne leur pourront faire tort ou empechement en quelque maniere que ce puisse être.*

XXVIII. Si par tempête ou gros tems ils venoient à faire naufrage & que leurs Vaisseaux vogans à la merci de la Mer se jettassent sur quelques Côtes, tous les Beys & Cadys, *comme aussi tous autres leur donneront toute l'assistance possible, & toutes les Marchandises & effects qu'on aura sauvés leur seront rendus, sans que les* Peitmalgis, *non plus qu'aucun autre, leur puissent faire tort en quelque maniere que ce soit.*

XXIX. Si quelques uns des susdits étoient redevables de quelque chose à quelqu'un il faudra demander la dette au debiteur, & s'il n'y a point de Cantion donnée, on ne pourra se prendre à personne qu'au debiteur.

XXX. Si quelqu'un desdits venoit à mourir, ses Marchandises & tous ses effects seront consignez és mains de ceux qu'il aura pour ce nommé dans son Testament; & étant mort sans en avoir fait, les effects seront donnez par ordre du Consul à quelqu'un de ses Compagnons, étant de la même ou plus prochaine Ville, sans qu'aucune autre personne puisse s'en ingerer.

XXXI. Si quelqu'un des susdits Païs-Bas *& tous autres qui leur seront Sujets, soit Marchands, Consuls, ou* Droguemans *font quelques contracts dans quelques pays de mon Empire, soit touchant le Negoce, Marchandises, ou autres choses, pourquoi ils devroient être traduits en Justice, ils iront avec leurs Parties pardevant le Cady, & là ils feront faire de leur contract un écrit, ou* Hogiet *(qui est un Acte public du Cady) & s'il y survient quelque*

ANNO 1612.

ANNO 1612.

den *Cady*) doen maecken, ende by aldien daer naer eenige questie, ofte rechts-vorderinge ontstaen sal, soo sal de selvige conform de voorsz hantschrift, ofte *Hogiet* gedecideert worden, ende anders niet, sulcx dat sy derhalven by yemant in Recht geroepen sijnde, om haer t'onrecht eenige Penningen te extorqueren, ende geen van beyde 't sy hantschrift ofte *Hogiet* gemaeckt sy, soo salmen soodanigen aenklachten, ende ongefondeerde eysch, als strydende tegen de waerheyt, in geenderley manieren mogen hooren.

XXXII. Soo yemandt vande voorsz Natie, door eenige *Vanie* t'eeniger tijden valschelijck soude mogen beschuldigt worden, als of hy de *Wet* ofte yemant anders *gelastert*, ofte oock andere quade feyten *strydende tegen* de *Wet*, bedreven hadden, sulcke aenklachten, als alleen gedaen om eenigh gelt te genieten, salmen niet mogen derhalven ymant eenig molestie aen doen, maer de Partie ontslaen.

XXXIII Soo eenige Nederlander yemant *schuldig* waer, ofte van andere saecken beschuldicht sijnde hem verborgde, soo salmen niemant anders ten sy hy borch gebleven is, daer voor mogen aentasten.

XXXIV. Ende in alle manieren eenige *Slaven*, die gevonden sullen werden, uyt eenige Steeden vande voorschreve Nederlanden, sal de *Consul* die selvige eyschen, ende verklarende dat sy van sijn Landen sijn, dieselvige sonder tegen-spreecken hem laten volgen.

XXXV. Ende wie vande voorsz Nederlanders soude mogen *woonen* in eenige plaets van mijn Rijck hy sy gettowt, oft ongetrouwt, sal mogen handelen sonder dat men hem eenigh *Harach*, dat is *Tryhuyt*, sal mogen af-eyschen, van gelijcken de *Consuls* sijnde in dienst vanden Ambassadeur oock de *Drogemans*, gelijck gebruyck is, sullen soo wel van 't *Harach* (dat is tribuyt) ende *Cassapie*, als oock van alle andere Keyserlijcke beswaernissen volkomentlijck exemt sijn.

XXXVI. Sy sullen oock soo wel in *Alexandria*, *Tripoly de Soria*, *Algiers*, *Tunis*, als oock in *Gesairegart* ende *Cairo*, ende in alle andere *Schalen* van mijn Rijck moogen setten, en afsetten hare *Consuls*, na dat sy haer bequaem sullen achten, en niemant sal sulcx mogen verbieden.

XXXVII. Niemant sal de voorsz Coopluyden eenige goederen, waren ofte Coopmanschappen tegens haer danck onrechtelijck mogen doen aennemen, ende haerluyden derhalven oock in geenigerley manieren eenige overlast, ende moeyte aendoen.

XXXVIII. Soo wie met yemandt vande voorsz Nederlanders eenich verschil ofte questie hebbende, hem voor de *Cadi* doet gaen, sal de *Cadi* syn eysch niet mogen hooren, ten sy de *Drogeman van Nederlandt* daer present sy, ende de *Drogeman* geoccupeert zijnde in importante saken, soo sullen sy wachten tot dat hy kome, nochtans soo sullen sy-luyden oock door de excuse van de absentie van den *Drogeman* niet mogen eenige onrechte uytvluchten soecken, alleen om haer Partyen te quellen, ende de saken met quade practijcquen dilayeeren.

XXXIX. Soo yemant vande Nederlanders in eenige *fusten van Rovers* gevangen sijnde in *Asia*, ofte *Gretia* als een *Slaef* verkocht werde, sal men naerstige ondersoekinge doen, ende 't sy in wiens handt deselvige soude mogen gevonden werden, al-hoe-wel hy oock tot een *Turck* soude mogen gemaeckt sijn, die sal te kennen geven, van wien hy hem gekocht heeft, ende sal syn Penningen van den Verkooper mogen eyschen, ende den Slaef vry laten gaen, daer het hem believen sal.

XL. In alle de Landen van mijn Rijck soo wel de *Galeyen* als mijn Keyserlijcke *Armada* over Zee varende, als sy eenige Nederlantsche Schepen ontmoeten, sullen malkanderen vrientschap bewysen, ende mogen haer in 't minste geen schade, noch eenige overlaste doen, ende 't selfde soo wel op de Zee, als in *Havens*; ende soo verre sy met haer vrye wil geenige presenten gaven, soo salmen haer nochtans geen Scheeps Wapenen, Gereetschap, eenige Goederen, ofte Jongens, noch eenige sake ter Werelt met gewelt mogen afnemen, noch oock haer eenige overlast, ofte quellinge aen doen.

XLI. Alle de *Capitulatie* van mijn Rijck, die *Vranckrijck* ende *Engeland* vergunt sijn, en alle het geene dat in deselvige geschreven ende verklaert staet, wert die van Nederlandt oock vergunt, ende al wat in die voorsz *Keyserlijcke Capitulatie* vervat is, soo van waren, als andere saken, 't selfde sal haer oock geconfirmeert werden, ende dese Keyserlijcke Capitulatie, ende heylige Wet, sal niemant mogen tegen spreken, noch

que different ou demande, la chose sera decidée conformement à l'ecrit, ou Hogiet, *& non autrement, en sorte qu'étant pour ce appelé en Justice par quelqu'un, pour leur extorquer quelques deniers, on n'entendra en nulle maniere à telle plainte ou demande malfondée & contraire à la verité.*

ANNO 1612.

XXXII. Si quelqu'un de la susditte Nation venoit à être accusé faussement par quelque Avanie *comme ayant fait quelque injure à la Loi ou à quelque autre, ou commis quelque autre acte contraire à la Loi, telle plainte faite seulement au sujet de quelque argent qu'on pretendra ne sera entendue; & il ne sera permis de molester personne à cause de la sainte Loi, mais on dechargera les Parties.*

XXXIII. Si quelque Sujet des Pays-Bas étoit redevable de quelque chose à quelqu'un, ou qu'étant accusé de quelque autre chose il se cachât, on ne pourra attaquer personne pour ce sujet à moins qu'on ne s'en soit rendu caution.

XXXIV. Et s'il se trouve des Esclaves qui soient de quelques Villes des Pays Bas susdits, si le Consul qui les répetera declare qu'ils sont de son pays, on les lui rendra sans contradiction.

XXXV. Et quiconque des susdits Pays-Bas demeurant dans quelques Lieux de mon Empire, soit qu'il soit marié ou non marié, on le traittera en sorte, qu'on ne lui pourra demander aucun Harach, *c'est à-dire tribut; semblablement les Consuls étant au service des Ambassadeurs, & même les* Droguemans, *comme la coutume est, seront entierement exempts, tant du* Harach, *c'est-à dire tribut,* Cassapie, *que de toutes autres charges Imperiales.*

XXXVI. Ils pourront aussi tant dans Alexandrie, Tripoli de Sourie, Alger, Tunis, que dans Gesairegard, & le Caire, & autres Eschelles de mon Empire, mettre & deposer leurs Consuls, selon qu'ils le jugeront à propos, & personne ne le leur pourra deffendre.

XXXVII. Personne ne pourra auxdits Marchands faire prendre quelques denrées ou marchandises malgré eux, & ne sera fait à cet égard aucune violence ni grief.

XXXVIII. Si quelqu'un ayant quelque different ou question avec quelques-uns des susdits Pays-Bas, le fait aller pardevant le Cadi, *ledit Cady ne pourra prendre connoissance de l'affaire, à moins que le* Drogueman *des Pais bas ne soit present; Et si le* Drogueman *est occupé à quelque importante affaire, ils attendront jusques à ce qu'il vienne; Cependant ils ne pourront non plus chercher quelque injuste subterfuge à cause de l'absence du* Drogueman, *dans la veuë seule de tourmenter leur Partie & de dilayer l'affaire par mauvaise pratique.*

XXXIX. Si quelque Sujet des Pais-Bas *étant pris par quelque Vaisseau de Corsaires, vient à être vendu en Asie, ou dans la Grece comme Esclave, on en fera diligemment information, & en quelque main qu'il se trouve, quand même il se seroit fait Turc, l'acheteur fera sçavoir de qui il l'aura achetté, & pourra redemander son argent au vendeur, & donner la liberté à l'Esclave, en le laissant aller où il voudra.*

XL. Dans tous les Pais de mon Royaume, si les Galeres ou mon Armée navale Imperiale rencontrent quelque Vaisseau des Pais-Bas, ils se temoigneront amitié, & ne se feront le moindre tort ni dommage, & cela tant en Mer que dans les Havres, & s'ils ne veulent de leur pleine volonté leur faire aucun present, on ne leur pourra neantmoins prendre aucunes Armes navales, Equipages, Marchandises, Garçons, Matelots, ni aucune autre chose du monde, ni leur faire aucun grief, ni tourment.

XLI. Toutes les Capitulations de mon Empire qui sont accordées à la France & à l'Angleterre, & tout ce qui est écrit & declaré est aussi accordé à ceux des Pais-Bas; *Et tout ce qui est contenu dans les susdites Capitulations Imperiales leur sera aussi confirmé, & cette Capitulation Imperiale & sainte Loi ne pourra être contredite*

ANNO 1612.

noch haer-luyden in eenigerley manieren moeyten aen doen.

XLII. Soo wel *Galioenen*, als de Schepen die van hier vertrecken ſullen eens beſocht werden in de Haven van *Conſtantinopolen*, ende een andermael aende Casteelen beſocht ſijnde, mogen ſy wech gaen, ende tegen mijne *Capitulatie* en ſullen ſy in *Galipoli* niet mogen beſocht werden, veel weyniger ſalmen haer, om die oorſaecke wil, eenich gelt af-nemen, noch in eeniger wyſe ongenucht aendoen.

XLIII. Ende in alle de andere *Schalen* van mijn Rijck, ſalmen de *Galioenen*, ende *Schepen*, na dat ſy geladen ſullen ſijn ende haer *Dacio* ten vollen betaelt hebben, door geenigerley pretentien mogen beſoecken, noch ook derhalven eenich gelt van haer nemen, noch in geenderley maniere moleſteren.

XLIV. Soo wel in *Aleppo*, als in alle andere plaetſen van mijn Rijck de voornoemde Nederlanders ſoo wel *Syde* als andere Waren koopende, naer dat ſy alle hare gerechticheyden ſullen betaelt hebben, ſoo eenich haer Schip, daer op de voorſz Goederen geladen ſijn na haer vertreckt quam te arriveren in *Cipro* ofte aen eenige andere *Schalen* van mijn Rijck, ende ſoo by avonture de voorſz Waren in een ander Schip overſetten, ofte oock voor eenen tijdt ontladen, ende in Pack-huyſen bewaren wilde, om daer na in eenige ander Schepen te laden, ſoo ſulcx niet en geſchiet, om te verkoopen, en ſalmen haer derhalven geen moeyten mogen aen doen, ter oorſaecke dat ſy die Waren ontladen hebben, ende met deſe excuſe en ſal niemant haer een penninck mogen afnemen ende yegens deſe Keyſerlijcke Capitulatie, ſoo en mogen de *Cadis*, noch de Gouverneurs, noch de Correcteurs vande Steden haer eenige faſtidie aen doen.

XLV. De voorſz Nederlanders, ende die onder haer ſtaen komende met haer *Galioenen* ofte *Schepen*, ſoo wel in *Cipro*, als in eenige andere Steden van ons Rijck, ſullen voor ſulcken prijs, als de *Turcken* het *Sout* koopen, ſoo veel *Sout* mogen laden, als ſy willen om wech te voeren, ende niemandt en mach haer verbieden, noch meer van haer nemen, als den ordinaris prijs van die plaetſe, noch haer in geenigerley wyſe quellinge aen doen.

XLVI. In 't Eylandt van *Cipro* met haer Schepen komende, ende *Sout* begerende tot ballaſt van hare Schepen, overmits het ſelfde *Sout* niet en is van ſulcke waardye, als het ander, ende van ouden tijden gebruyckelijck datmen voor yder Karre daer van betaelde *een en 't ſeventich aſpers*, ſoo ſullen ſy hare *Gallioenen*, ende Schepen desgelijx met *Sout* mogen ballaſten, betalende als van den ouden tijden gebruykelijck is geweeſt *een en t' ſeventich aſpers* voor de *Karre*, ſonder dat men haer een aſper meer ſal mogen afnemen, ende in deſe ſaecken ſullen de *Cady*, noch de *Emini* noch de reſte van de Officieren haer geenderley moeyten mogen aendoen.

XLVII. In alle de Steden van mijn Rijck, daer de voornoemde ſo wel *Loot*, *Tin*, *Yſer*, *Stael*, als oock alle andere ſoorten van *Krameryen* ſullen brengen, en ſal niemandt haer 't ſelfde mogen verbieden, noch eenige moeyte, ofte ſwaricheydt aen doen, ende gelijck als geſchreven ſtaet in deſe mijne Keyſerlijcke Capitulatie, ſullen alleen daer van *drie ten hondert* voor *Dacio* betalen, ende men ſal haer in geenderley maniere yet meer mogen afnemen, ofte oock derhalven eenich faſtidie aen doen.

XLVIII. De *Gallioenen ende Schepen* vande voorſz Nederlanders gaende op *Damiata* ofte op *Alexandrien*, ende aen alle andere *Schalen* ſoo eenige Turcken deſelvige met eenige Waren willen laden, 't ſelvige ſullen ſy mogen doen, ſoo wel voor *Conſtantinopolen*, als op eenige andere Landen van mijn Rijck, ende niemant en mach hem dat verbieden, ende men ſal vande ſelve goederen, om die oorſake datſe op Chriſtenſe Schepen geladen ſijn, geen meerder *Dacio* mogen af-nemen, alleen 't gunt men van alle die ander *Turcken* gewoon is te eyſſchen.

XLIX. De voorſz *Schepen ende Gallioenen*, dewelcke van mijn Havens komen, nadien de *Dacio* in voegen als in deſe Keyſerlijcke Capitulatie geſchreven is van alles betaelt ſal weſen, ſullen om geenderley oorſaken gearreſteert, ofte door eenige *angarie* (dat ſijn Keyſerlijcke beſwareniſſen) ofte voor onſe Majeſteyts dienſt opgehouden mogen werden.

L. Soo yemant vande voorſz Coopluyden hier met eenige Waren komende, hem *Turcx* maeckte, ſal de Ambaſſadeur ende de Conſuls het gelt, ende de Waren, die hy van de Coopluyden van ſyn Landt mede gebrocht

tredite par perſonne, & on ne leur pourra faire de peine en aucune maniere.

XLII. Si tant les Gallions que les Vaiſſeaux qui partiront d'ici ſont viſitez dans les Havres de Conſtantinople, étant encore une fois viſitez aux Forts, ils pourront s'en aller, & ne pourront contre ma Capitulation être viſitez à Gallipoli, encore moins leur pourra-t-on pour ce ſujet prendre de l'argent ni leur faire aucun deplaiſir en quelque maniere que ce ſoit.

XLIII. Et dans toutes les autres Echelles de mon Royaume aprés que les Gallions & autres Vaiſſeaux auront chargé & payé leur Dace *entiere, ne pourront être viſitez pour quelque pretention que ce ſoit, ni ne pourra-t-on prendre d'eux aucun argent, ni les moleſter.*

XLIV. Tant à Alep que dans les autres Places de mon Empire, les ſusdits des Pais-Bas achettant tant de la ſoye qu'autres Marchandiſes, ſi quelqu'un des Vaiſſeaux, où leſdites Marchandiſes ſeront chargées, aprés avoir payé leurs droits venoient à aborder en Chipre, ou en quelque autre Echelle de mon Empire, & qu'ils dechargeaſſent leſdittes Marchandiſes dans un autre Vaiſſeau, ou qu'ils les dechargeaſſent pour un tems, & les vouluſſent garder dans un Magaſin, pour les charger ſur un autre Vaiſſeau, ſi cela ne ſe fait pas pour les vendre, on ne leur fera pour cela aucune peine, à cauſe qu'ils auront déchargé leſdittes Marchandiſes, & ſous ce pretexte perſonne ne pourra prendre d'eux aucun denier; & les Cadis, *Gouverneurs ni Correcteurs des Villes ne pourront leur donner aucune fâcherie contre cette Capitulation Imperiale.*

XLV. Les ſusdits des Pais-Bas, *& ceux qui ſont de leur obeiſſance venant avec leurs* Gallions *& Vaiſſeaux tant en* Chipre, *que dans quelques autres Villes de nôtre Empire achetteront le ſel pour le même prix que les Turcs, & ils en chargeront pour l'emporter autant qu'ils voudront, & perſonne ne le leur pourra deffendre, ni prendre d'eux plus que le prix ordinaire de ces Lieux ni les inquietter en aucune maniere.*

XLVI. Venant dans l'Iſle de Chipre, *& deſirant d'avoir du ſel pour charger ſur leurs Vaiſſeaux, parce que ce ſel n'eſt pas de même valeur que l'autre, & que d'ancienneté l'uſage eſt de payer ſoixante & onze aſpres de chaque chariot, ils pourront ſemblablement charger de ſel leurs* Gallions *& leurs Vaiſſeaux, en payant comme on en a uſé d'ancienneté ſoixante & onze aſpres pour un char, ſans qu'on puiſſe prendre d'eux un aſpre de plus, & dans ce cas le* Cady *ni les* Emini *ni le reſte des Officiers ne leur pourront faire aucune peine.*

XLVII. Dans toutes les Villes de mon Empire, où les ſusdits ameneront tant du plomb, de l'étain, fer, acier, qu'autres ſortes de Marchandiſes, perſonne ne le leur pourra deffendre ni leur faire aucune difficulté, & comme il eſt contenu dans cette mienne Capitulation ils en payeront ſeulement trois pour cent de Dace, *& on ne pourra leur rien prendre de plus, ni leur faire à ce ſujet aucune moleſte.*

XLVIII. Les Gallions *& Vaiſſeaux des ſusdits des Pais-Bas allant à Damiette ou à Alexandrie, & dans toutes les autres Echelles, ſi quelques Turcs veulent en même tems charger avec eux quelques Marchandiſes, ils le pourront faire, tant pour Conſtantinople que pour quelque autre Pais de mon Empire, & perſonne ne le leur pourra deffendre, & on ne prendra de ces Marchandiſes, ſous pretexte qu'elles ſeront chargées ſur des Vaiſſeaux des Chrêtiens, plus de Daces, qu'on eſt accoutumé d'en demander de tous les autres.*

XLIX. Les ſusdits Vaiſſeaux & Gallions qui auront ainſi payé dans les Havres où ils viendront, les Daces, comme il eſt ſpecifié dans cette Capitulation Imperiale, ne pourront pour quelque ſujet que ce ſoit être arretez, ni retenus par aucunes augaries, *(ce ſont des charges Imperiales) ou pour le ſervice de nôtre Majeſté.*

L. Si quelqu'un des ſusdits Marchands, venant icy avec quelques Marchandiſes, ſe fait Turc, l'Ambaſſadeur & le Conſul pourront lui ôter l'argent & ſes Marchandiſes qu'il aura aporté de ſon Pays, apartenans à d'autres Mar-

ANNO 1612.

ANNO 1612.

gebrocht heeft, hem afnemen, ende onder haer houden om die selvige te bestellen in handen vande eygenaer, invoegen dat onder hem niets en blyve van 't gene de Nederlantsche Coopluyden is toe-behoorende, ende in sulcken cas sullen de *Cady* ende andere Gouverneurs haer niet mogen met die sake bemoeyen, of eenigh beletsel doen.

LI. Soo yemandt eenig *Nederlander* wilde overtuygen dat hy hem soude tot een *Turck* gemaeckt hebben, ende hem om dese oorsaecke eenige moeyten aen doen, soo sal 't selvige van geender waerden zijn, ten ware hy in presentie van een Nederlandtschen *Drogeman* met sijn vrye wil seyde, *ick wil my Turcx maecken*; 't welck alleen gelden sal, ende soo menichmael als de de *Drogemans* niet en komen, soo en mach niemant hem om die oorsaecks wille molesteren, doch salmen de *Drogemans* soecken, op dat sy haer presenteren.

LII. Soo de *Estimateurs* van den *Tol* de goederen van de voorsz Nederlanders, die sy met haer *Schepen en Gallioenen* brengen, hooger schatten als 't waerdt is, soo sullen sy haer met Waren mogen betalen tot alsulcken prijs, als die geschat zijn, sonder dat sy geldt mogen eysschen, maer moeten met de Waren te vreden zijn.

LIII. Ingevalle de *Gallioenen* ende *Schepen* vande *voorsz* komen te slaen met eenige die geen vrede met ons en hebben, ende hare schepen nemen, soo sullen sy tot allen tijden, 't sy met haer vryen wil, ofte door onweder en tempeest, mogen komen in alle de Landen van mijn Rijck, in welcke Haven ofte *Sebale* dat sy sullen willen gaen, alwaer 't oock schoon dat sy haer daer wilden versamelen, dat sullen sy oock mogen doen, ende daer sal niemandt zijn die haer fastidie, of eenig impediment doen sal: ende al 't geene sy tot hare nootdruft van doen sullen hebben, dat sullen sy om geldt vryelijck mogen koopen, sonder dat yemandt haer dat sal mogen verbieden.

LIV. De Ingesetenen van de Hoog-gedachte Heeren Staten Generael, ende alle die onder haer staen, die na *Jerusalem* sullen reysen, *om de Landen te besien* soo wel in 't heen gaen, als in 't weder keeren, vryelijck na haer believen mogen gaen, sonder dat hem yemant eenige moeyte mach aen doen: de *Munnicken* zijnde in *Camania*, noch oock yemant anders en sal durven eenich beletsel ofte bekommernis geven, noch oock seggen, *gy sijt Luteranen, wy willen u de plaetse niet laten sien*; maer sullen gehouden wesen de plaetsen die men gewoon is te sien, haer te toonen, sonder eenig tegenstant te doen, ofte eenich excusen voor te brengen.

LV. Als de *Gallioenen ende Schepen* vande *voornoemde* hier koomen, soo sullen alle de Landen van mijn Rijck haer de *Guardia* doen, ende eeren, soo veel als mogelijck sal sijn, ende sullen maecken, dat sy met vreden in alle seeckerheyt sullen mogen, soo wel komen, als wederom weg gaen, soo wel de schepen als oock haere goederen.

LVI. Oft gebeurde dat haer eenich goet, ofte yemant van haer Volck *ontroost* werde, salmen alle mogelijcke devoiren, ende naersticheden doen om den dief te ontdecken, ende den misdadiger 't sy oock wie hy soude mogen sijn, na verdiensten rigoureuselijck straffen.

LVII. Men sal vanden *Ambassadeur* van den voornoemde Nederlanders, noch vande *Consuls* noch vande *Drogemans*, noch van sijn ander Volck voor eenige dingen, die aan haer sullen gebracht werden, soo wel om te vereeren ende te kleeden, als oock voor eetbare, ende drinckbare Waren, die sy voor haer gelt sullen koopen, ende laten komen geen *Dacio*, noch *Bach*, noch *Cassapio*, noch *rest* mogen af-nemen, noch derhalven eenichsints haerluyden yet mogen afeysschen.

LVIII. Alle de *Beglerbeys*, de *Sangiakbeys*, de *Capiteynen* mijn Slaven sijnde, als oock de *Cadijs*, ende *Emmi*, *Soprostanten*, ende de *Patronen vande Galeyen* dewelcke mijn *Slaven* sijn, ofte andere *Patronen* van haer eygen *Galeyen*, ende alle het Volck van mijn Rijck, sullen alles doen conform dese Capitulatie van bevelen van mijn Majesteyt, ende niemant sal in 't alderminsten Artijckel manqueren maer ter contrarie alle hare Poincten stricktelijck onderhouden.

LIX. En ingevalle dat yemant tegen dese mijne bevelen van mijn eer en Majesteyt yet committeerde, sodanig als sijnde een oorsaeck van diergelijcke overtredinge, als gehouden werden in 't getal der rebellen van mijnen Staet, ende den selvigen salmen plaets noch tijdt geven, maer datelijck alsoo straffen dat alle de andere daer een exempel aen mogen nemen.

LX.

Marchands, & les retiendront entre leurs mains pour les restituer aux proprietaires d'iceux, ensorte qu'il ne leur reste rien de ce qui appartiendra auxdits Marchands Chrêtiens, & en tel cas les Cadis & autres Gouverneurs ne les pourront inquietter ni empêcher en nulle maniere.

ANNO 1612.

LI. Si quelqu'un vouloit convaincre quelque Sujet des Pais-Bas qu'il se seroit fait Turc & que pour cette raison il voulût lui faire de la peine, cela ne sera point vallable, à moins qu'il ne dise en présence d'un Droguemān *des Pais-bas avec franche volonté,* je me veux faire Turc, *ce qui seul sera vallable, & si le* Drogueman *ne vient point, on ne pourra pas le molester pour cela, mais on cherchera le* Drogueman *afin de le lui presenter.*

LII. Si les Estimateurs du peage estiment les Marchandises que ceux des Pais-Bas auront amenées avec leurs Gallions & Vaisseaux, plus que leur valleur, ils pourront les payer en Marchandises sur le pied qu'elles seront estimées, sans qu'ils puissent demander de l'argent, mais ils se devront contenter de la Marchandise.

LIII. Si les Gallions & Vaisseaux des susdits viennent à se battre avec quelques-uns qui ne soient point en paix avec nous, & leur prennent leurs Vaisseaux, ils pourront en tout tems, soit de franche volonté, soit qu'ils soient poussés par la tempête ou gros tems, venir dans tous les Pais de mon Empire, en quelques Ports & Echelles qu'ils veuillent aller, & quand même ils voudroient s'y rassembler, ils le pourront faire, & personne ne leur pourra faire moleste ou empêchement, & tout ce dont ils auront besoin ils pourront l'acheter pour leur argent, sans que personne le leur puisse deffendre.

LIV. Les Sujets des susdits Seigneurs Etats Generaux & tous ceux qui sont sous leur obeissance qui voudront voyager à Jerusalem pour voir le Pais, tant en allant qu'en retournant, ils le pourront faire librement, sans que personne leur fasse aucune peine, les Moines étant dans la Camanie, & personne non plus ne pourra les inquietter ni les empêcher ni leur dire, vous êtes Lutheriens, nous ne voulons pas vous laisser voir les lieux, *mais ils seront obligez de leur montrer les lieux qu'on a coutume de voir sans faire aucune opposition, ni alleguer aucune excuse.*

LV. Tous les Gallions & Vaisseaux des susdits venans icy, tous les Pais de mon Empire les honoreront autant qu'il sera possible, & feront en sorte qu'ils puissent aller & retourner en paix & toute sureté, tant les Vaisseaux que leurs Marchandises.

LVI. S'il arrivoit qu'on leur emportât quelques gens ou effets, on fera tous les devoirs & diligences possibles pour découvrir le voleur, & l'on punira le delinquant, quel qu'il puisse être, rigoureusement selon son merite.

LVII. On ne prendra ni Dace, *ni* Bach, *ni* Cassapi *& le reste, des Ambassadeurs des susdits des Pais-Bas, ni des* Consuls, *ni des* Droguemans, *ni de leurs gens, pour toutes les choses qui leur seront apportées, soit pour faire des presens, soit pour s'habiller, ni pour dan-rées servant au boire, ou manger, qu'ils achetteront & feront venir pour leur argent, & ne leur pourra être rien demandé du tout à ce sujet.*

LVIII. Tous les Beglierbeis, Sangiacbeis, *& les* Capitaines *étant mes esclaves, comme aussi les* Cadis, Emmi, Soprostanten *& Patrons de mes Galleres qui sont mes Esclaves, ou autres Patrons qui ont leurs propres Galeres, & tous les Peuples de mon Empire, feront tout conformement à cette Capitulation de commandement de ma Majesté, & personne ne pourra le moins du monde manquer à aucun Article, mais au contraire ils les executeront ponctuellement en tous leurs points.*

LIX. Et si quelqu'un vient à commettre quelque chose contre les commandemens de mon honneur & Majesté, tel étant la cause d'une semblable contravention sera compté au nombre des rebelles de mon Etat, & à tels ne sera donné ni lieu ni tems, mais seront aussi-tôt punis pour servir d'exemple aux autres.

LX.

ANNO 1612.

LX. De Onderdanen vande Hooggedachte Heeren Staten Generael vande Nederlanden sullen mogen koopen Waeren, ende Koopmanschappen, ende deselvige brengen tot *Trebesonde* ende *Caffa*, ende aen alle de plaetsen, ende *Schalen* van mijn Rijck gelegen nen de *Swarte Zee*, desgelijcx oock te Lande aenden *Danubium*, *Osag in Moscovien*, ende alle Steden van *Russia*, desgelijcx sullen sy van daer oock Waren mogen brengen in alle de Steden van mijn Rijck, ende haer Coophandel doen, sonder dat yemant het hen mach verbieden, ende van de voorsz Coopmanschappen salmen alleenlijck mogen nemen *drie ten hondert*, sonder dat men yet meer sal mogen eyschen, in manieren als wy verklaert hebben in dese Capitulatie van ons Rijcke.

LXI. Ende soo sulcke haer Schepen komende na *Constantinopolen*, door contrarie Wint, verbleven in *Caffa*, ofte daer ontrent aen die selvige kusten, het sy oock dat sy met haren vryen wil na de voorsz plaetsen zeylen, soo sal niemant haer met gewelt mogen dwingen, hare Coopmanschappen ende Waren daer te ontladen, ten sy de Coopluyden die selvige goetwillichlijck verkoopen willen, ende niemant sal soo wel aende *Galyoenen* als de Schepen, die aende selfde Custen willen seylen, eenige verhinderinge mogen doen, noch haer 't selfde verbieden.

LXII. Ende in plaetsen, daer eenige vreese, ofte perijckel is, sullen de Gouverneurs ende Regenten vande selfde plaetsen, de voornoemde Schepen met het gunt dattet in is, soo wel het Volck als Waren, ende Coopmanschappen, in sulcker vougen bewaren, ende beschermen, dat haer geen schade, noch eenich verlies overkome en in al het geen, dat sy van noode sullen hebben, tot victualie van hare Schepen, ende alles anders, sullen haer alle mogelijcke cortesie bewysen, op dat sy 't selvige met haer gelt mogen bekomen.

LXIII. Ende soo sy eenige Karren, ofte andere Schepen van doen souden mogen hebben, om haer Waren daer in te laeden, salmen haer die selvige soo verre die van niemant anders gehuert sijn, doen hebben, ende niemant sal 't mogen verbieden.

LXIV. Ende soo sy eenige Coopmanschappen brengen sullen, om tot *Constantinopolen* te voeren, salmen van deselvige in genige andere plaetsen, ten sy sy gelost worden om te verkoopen, *Dacio* mogen eyschen, tot dat sy tot *Constantinopolen* sullen gekomen sijn, en oock hier te *Constantinopolen* gearriveert sijnde salmen haer *Dacio* afnemen, alleen vande Goederen die sy sullen lossen, ende van wegen de Goederen die niet gelost werden, salmen haer oock alhier tot *Constantinopolen* in 't minste niet af-nemen, ende sullen met vrede gaen, ende komen, ende hare Negotie doen, daer-en-boven salmen oock binnen *Constantinopolen* haer-luyden voor alle Coopmanschappen alleenlijck mogen af-eyschen drie ten hondert sonder meer.

LXV. Ende alle 't gunt voorsz is, in sulcker voegen als verklaert staet in dese Capitulatie, soo lange sy luyden de Vrientschap met *oprechtigheyt van goeder harten*, ende gemoederen sullen onderhouden, soo neme ick haer vrientschap oock aen, ende beloove, ende sweere by dien, die Hemel ende Aerde geschapen heeft, dewelcke is die grooten, ende hoogen *Godt*, buyten den welcken geen ander en is, wiens naem sy groot gemaeckt, ende by de zielen van mijne Vaders, ende voor-Vaders, dewelcke *Godt* in sijn eeuwige glorie wil verlichten, dat desgelijcks oock van mynent wegen in het alderminsten tegen een eenich punct van al 't gunt belooft is, niet gedaen, maer alleenlijck dat alles in conformité van dese mijne Keyserlijcke Capitulatie van mijn Majesteyt sal onderhouden werden. Ende dit is de teyckeninge van mijn Majesteyt aende welcke de gantsche Werelt een vast geloof sal geven, ende de tegenwoordige is geschreven in 't beginsel van de Maent van Giamasi Elebla, 't welck is in 't Jaer na de openbaringh vanden Propheet 1021. 't welck is in 't beginsel van Julio in 's Jaer ons Heeren Jesu Christi 1612.

In den Staet van 't Hooge Coninckiijck Hof van *Constantinopolen*, 't welck *Godt* bescherme van alle quaet, en van alle tegenspoet.

Is geteyckent op den rug vanden RAIS KITAP, dewelcke is de groote *Cantselier* van 't Rijck.

*LX. Les Sujets des susdits Hauts Seigneurs les Etats Generaux des Païs bas pourront achetter des Denrées & Marchandises, & les aporter à Trebisonde & Caffa & en tous les lieux & Eschelles de mon Empire scituez sur la Mer noire, comme aussi aux Païs scituez sur le Da*nube, Asoph *en* Moscovie, *& dans toutes les Villes de la* Russie. *Semblablement ils pourront aussi mener des Marchandises dans toutes les Villes de mon Empire, & faire leur negoce, sans que personne le leur deffende; & des susdites Marchandises ne sera pris seulement que trois pour cent, sans qu'on puisse rien demander davantage, de la maniere que nous l'avons declaré dans cette Capitulation de nôtre Royaume.* ANNO 1612.

LXI. Et s'il arrivoit que leurs Vaisseaux venans à Constantinople *demeurent à* Caffa, *ou environ sur les côtes, soit qu'ils fassent volontairement voile vers lesdites Places, personne ne pourra les contraindre par force, d'y decharger leurs Marchandises, à moins que les Marchands ne desirent volontairement de les y vendre, & personne ne pourra, tant aux Gallions qu'aux Vaisseaux qui voudront faire voile sur lesdites Côtes, donner aucun empêchement, ni le leur deffendre.*

LXII. Et dans les lieux où il y pourroit avoir crainte ou peril, les Gouverneurs & Regens desdittes Places garderont & protegeront les susdits Vaisseaux, avec tout ce qui y sera tant monde que Marchandises & Denrées; de telle maniere qu'ils n'en souffrent aucun dommage ni perte, & en tout ce dont ils auront besoin; soit pour victuailles pour leurs Vaisseaux ou autrement, leur sera temoigné toute courtoisie, afin qu'ils en puissent avoir pour leur argent.

LXIII. Et s'ils ont besoin de quelques Chariots ou Vaisseaux pour y charger leurs Marchandises, on les leur fera avoir, pourvû qu'ils ne soient pas loués à d'autres, & personne ne pourra le deffendre.

LXIV. Et s'ils aportent quelques Marchandises pour les mener à Constantinople, *on ne pourra dans aucune autre Place leur faire payer les* Daces, *à moins qu'ils ne les y ayent dechargées pour les vendre, jusques à ce qu'ils soient venus à* Constantinople, *& même étant arrivez ici à* Constantinople, *on leur fera seulement payer les* Daces *des Marchandises qu'ils dechargeront, & quant aux Marchandises qu'ils ne dechargeront pas, on n'en prendra rien ici à* Constantinople *en nulle maniere; & iront & viendront en paix pour faire leur negoce. De plus on ne pourra même leur demander à* Constantinople *que trois pour cent de leurs Marchandises, & non plus.*

LXV. Et tout ce qui est mentionné cy-dessus en telle maniere qu'il est declaré dans la presente Capitulation tant qu'ils entretiendront sincerement & de bon cœur & courage, j'agréeray leur amitié, & promets & jure par celui qui a créé les Cieux & la Terre, qui est le grand Dieu, outre lequel il n'y en a aucun, dont le nom soit magnifié, & par les ames de mes Peres & Ancêtres, que Dieu veuille soulager dans sa Gloire éternelle, qu'il ne sera rien en nulle maniere fait de ma part contraire aux Points de ce qui est promis, mais que tout sera observé en conformité de la presente Capitulation de ma Majesté: Et c'est ici la signature de ma Majesté à laquelle tout l'Univers donnera une entiere creance; Et ces presentes sont écrites au commencement du mois de Giamasi Elebla, qui est l'an d'aprés la manifestation du Prophéte 1021, *qui est au commencement de Juillet de l'année de nôtre Seigneur Jesus Christ* 1612.

Dans l'Etat de la haute Cour Royale de Constantinople *que Dieu garentisse de tout mal, & de toute adversité.*

Sur le dos est signé par le RAIS KITAP, *qui est le grand Chancelier de l'Empire.*

ANNO 1612.

20. Août.

FRANCE ET ESPAGNE.

CXXV.

Contract de Mariage de LOUIS XIII. *Roi de France avec la Séréniſſime Infante Dona* ANNA *d'Autriche, Fille de* PHILIPPE III. *Roi d'Eſpagne, paſſé à Madrid le 20. Août 1612.* [Recueil des Traitez de Confédération, &c. entre la Couronne de France & les Princes & Etats Etrangers, pag. 482. FREDERIC LEONARD, Tom. IV. d'où l'on a tiré cette Pièce, qui ſe trouve auſſi dans THUCELII *Reichs Staats Acta*, Cap. V. pag. 419. & dans *La Vérité défendue des Sophismes de la France*, aux Preuves, pag. 82.]

AU nom de la Sainte Trinité, du Pere, du Fils & du benoiſt Saint Eſprit, trois perſonnes en un ſeul, & vrai Dieu, pour ſa gloire & ſervice, & pour l'avancement de ſes Royaumes. Soit notoire à tous ceux qui verront cette préſente Ecriture & Inſtrument, contenant l'Accord & Traité de Mariage qui s'enſuit: Comme ainſi ſoit, qu'en la Ville de Madrid, Cour de Sa Majeſté Catholique, en ſon Palais Royal, le Mercredy 20. d'Aouſt de l'an 1612. en la preſence d'Illuſtre Dom Anthoine Cayetan Archevêque de Capoüe, Legat à latere de noſtre ſaint Pere le Pape Paul V. ſon Nonce Apoſtolique en ſes Royaumes au nom de Sadite Sainteté; & du Seigneur Comte Orſo Delzi, Ambaſſadeur du Grand Duc de Toſcane en ce qu'il poſſede; & en la preſence des Seigneurs Ducs de l'Infantado & d'Alburquerque, des Marquis de Caſtel-Rodrigo & de Villafranca, tous quatre du Conſeil d'Eſtat de Sa Majeſté Catholique, du Duc de Uzeda, Amiral de Caſtille, Prince de Tyngry, du Duc de Maqueda, Duc de Pegnaranda, du Duc d'Albe, du Duc Ceſſa, Duc de Feria, Duc de Montalto, Duc de Villa-Hermoſa, Duc de Veraguas, de Dom Joan de Idiaque, Grand Commandeur de Leon, du Conſeil d'Eſtat de Sadite Majeſté & Preſident des Ordres, de Dom Auguſtin le Mezie auſſi du Conſeil d'Eſtat, & du Licentié Dom Diego Lopes de Ayala, auſſi du Conſeil d'Eſtat, & Grand Chambellan de Sa Majeſté, & de pluſieurs autres Seigneurs & Chevaliers. Pardevant moi Antoine de Aroſtegny, Chevalier de l'Ordre de S. Jacques, Secretaire d'Eſtat, Eſcrivain & Notaire de Sa Royale Majeſté Catholique: Comparant l'Excellentiſſime Seigneur Dom François de Sandoval, du lignage de Rozas, Duc de Lerme, Marquis de Denia, Grand Commandeur de Caſtille, du Conſeil d'Eſtat de Sa Majeſté, & ſon Sommelier de corps, grand Eſcuyer, Gouverneur & premier Maiſtre d'Hoſtel de Tres-Haut & Triomphant Philippes Prince d'Eſpagne, Capitaine General de la Cavalerie d'Eſpagne: Au nom & comme Procureur de Tres-Haut, Tres-Excelent & Tres-Puiſſant Prince Dom Philippe, III. de ce Nom noſtre Seigneur, par la grace de Dieu Roi de Caſtille, de Leon, d'Arragon, des deux Sicilles, de Jeruſalem, de Portugal, de Navarre, des Indes Orientales & Occidentales, & Duc de Milan, &c. En vertu du Pouvoir que ledit Sieur Duc de Lerme a receu de Sa Majeſté Catholique, par Brevet & Proviſion ſignées de ſa Royale Main, ſcellées de ſon Sel Royal, & contre-ſignées par moi ſusdit Secretaire Royal, fait & paſſé à ſaint Laurens de l'Eſcurial, le 30. Juillet audit an: Comme Roi, Pere & legitime Adminiſtrateur de la Sereniſſime Infante ſa Fille, & de la Majeſté de la Reine Marguerite ſa legitime Femme & Epouſe d'une part. Et d'autre part, comparant l'Excellentiſſime Seigneur Henry de Lorraine, Duc de Mayenne & d'Eſguillon, Pair & Grand Chambellan de France, Gouverneur & Lieutenant General pour Sa Majeſté Tres-Chreſtienne en l'Iſle de France: Et avec lui pour l'aſſiſter, ſont perſonnellement preſens & comparans le Sieur Vicomte de Puiſieux, Conſeiller d'Eſtat de Sa Majeſté Tres-Chreſtienne, Secretaire de ſes Commandemens & Finances, Grand Treſorier de ſes Ordres, & ſon Ambaſſadeur Extraordinaire d'autre part, exprés pour cet effet vers Sa Majeſté Catholique, & le Seigneur Baron de Vaucelas, Conſeiller d'Eſtat de Sa Majeſté Tres-Chreſtienne: Pour & au nom de Tres-Haut, Tres-Excellent & Tres-Puiſſant Prince Loüis XIII. par la grace de Dieu Roi Tres-Chreſtien de France & de Navarre; & de Tres-Haute, Tres-Excellente & Tres-Puiſſante Dame Marie, Reine Tres-Chreſtienne de France & de Navarre ſa mere, Tutrice & Regente en ſes Royaumes: En vertu de leurs Pouvoirs qu'ils ont exhibez & repreſentez écrits originairement en Langue Françoiſe, ſignez de leurs royales mains, & ſcellez de leurs Sceaux Royaux, donnez & octroyez en leur Royale Ville de Paris. C'eſt à ſçavoir celui du Roi Tres-Chreſtien le 17. du mois de Juillet de la preſente année, & celui de ladite Reine Tres-Chreſtienne du 19. deſdits mois & an. Les Originaux deſquels Pouvoirs des ſusdits demeurent par devers moi preſent Secretaire d'Eſtat, pour eſtre inſerez conſecutivement aprés le preſent Ecrit. Ledit Duc de Lerme au nom de Sa Majeſté Catholique, & leſdits Sieurs Ducs de Mayenne, Vicomte de Piſieux & Baron de Vaucelas, au nom de leurs Majeſtez, comme Rois Tres-Chreſtiens & Catholiques, auſquels touche le bien de leurs Royaumes, & pour aſſeurer la paix de leurs Couronnes & de toute la Chreſtienté, laquelle a eſté obſervée depuis qu'elle fut concluë & arreſtée entre la Majeſté Catholique du feu Roi Dom Philippe II. noſtre Seigneur, & Sa Majeſté Tres-Chreſtienne deffunt le Roi Henri IV. Peres de leurs Majeſtez Catholiques & Tres-Chrêtiennes, à preſent regnans, deſirans qu'elle ſe perpetuë & continuë, non ſeulement durant la vie de Leurs Majeſtez, mais auſſi de celle de leurs deſcendans & ſucceſſeurs: elles n'auroient eſtimé plus propre ny plus convenable moyen que celui des Mariages, ny qui fuſt de plus grande efficace quand ils ſe peuvent accomplir par doubles & renforcez liens. Moyennant la grace de Dieu, à l'augmentation de ſon divin ſervice, & même qu'avec le Mariage de l'Infante, & avec la benediction de nôtre Tres-Saint Pere le Pape Paul V. & l'entremiſe auſſi du Grand Duc de Toſcane: *Sont déja traitées & accordées les Epouſailles & Mariages du Sereniſſime Prince d'Eſpagne, Dom Philippes, avec la Sereniſſime Iſabelle, Sœur & Fille aiſnée de leurs Majeſtez Tres-Chreſtiennes: Comme auſſi du Roi Tres-Chreſtien LOUIS XIII. avec la Sereniſſime Infante, Dame Anne, fille aiſnée de Sa Majeſté Catholique.* Afin qu'avec les nouveaux liens s'allient plus étroitement, & ſe confirme davantage l'amour, l'amitié & la fraternité qui eſt & qu'on deſire eſtre conſervez entre leurs Majeſtez, afin auſſi qu'elles reſſortiſſent leur plein & entier effect. Les ſusdits Seigneurs Commiſſaires és Noms cy-deſſus, en ce qui concerne le Mariage du Roi Tres-Chreſtien avec la Sereniſſime Infante, Dame Anne, ont capitulé & conſenti ce qui s'enſuit.

Qu'avec la grace & benediction de Dieu préalablement obtenuës, diſpenſe de Sa Sainteté, à raiſon des proximitez & ſanguinitez, qui ſont entre le Roi Tres-Chreſtien & la Sereniſſime Infante, ſi-toſt qu'elle aura atteint l'âge de douze ans accomplis, ils faſſent celebrer leurs Epouſailles & Mariage par paroles de preſent, ſelon la forme & en la ſolemnité preſcrite par les ſacrez Canons & Conſtitutions de l'Egliſe Catholique, Apoſtolique & Romaine: Et ſe feront leſdites Epouſailles & Mariage en la Cour, Palais & Maiſon de Sa Majeſté Catholique, où ſa Sereniſſime Infante, Dame Anne, fait ſa reſidence; & ce en vertu du Pouvoir & Commiſſion du Roi Tres-Chreſtien, & comme il ſera fait, le Roi Tres-Chreſtien le ratifiera & accomplira en perſonne, quand la Sereniſſime Infante, Dame Anne, ſera amenée & arrivée en France, Sa Majeſté ſe joignant avec ſon Alteſſe: & ſe fera ladite ſolemnité des Epouſailles, ſoit par Pouvoir ſpecial, ou en preſence, quand le temps de l'accomplir ſera concerté & arreſté entre leurs Majeſtez.

Que Sa Majeſté Catholique promet & demeure obligée de donner & donnera à la Sereniſſime Infante, Dame Anne, en dot & en faveur de Mariage, avec le Roi Tres-Chreſtien de France, & payera à Sa Majeſté Tres-Chreſtienne, ou à celui qui aura Pouvoir & Commiſſion d'elle, la ſomme de cinq cent mil écus d'or de la valleur de ſeize réalles la piece, & ce en la Ville de Paris un jour avant la celebration dudit Mariage.

Que leurs Majeſtez-Tres-Chreſtiennes s'obligeront d'aſſeurer ou aſſeureront le dot de la Sereniſſime Infante, Dame Anne, ſur rentes bien aſſeurées & bonnes, & ſur fonds & aſſignations valables, au contentement de Sa Majeſté Catholique ou des perſonnes qu'elle nommera pour cet effet; & en cas de diſſolution de Mariage, en cas que de droit, la reſtitution du dot ait lieu, elles le rendront à la Sereniſſime Infante, ou à celui qui aura charge de ſon Alteſſe; & pendant que le temps qu'il courra qu'on ne lui rendra point ſondit dot, Son Alteſſe ou ſes Heritiers & Succeſſeurs jouïront

ANNO 1612.

Anno 1612.

jouiront du revenu, à quoi monteront lesdits cinq cent mil écus à raison du denier seize, qui seront payez en vertu des susdites assignations.

Que la Serenissime Infante, Dame Anne, se tiendra pour contente, & se contentera du susdit dot, sans que par cy-aprés elle puisse alleguer aucun sien autre droit, ni intenter aucune autre action ou demande, pretendans qu'il lui appartienne ou puisse appartenir autres plus grands biens, droits, raisons & actions, pour cause des Heritages & plus grandes Successions de leurs Majestez Catholiques ses Peres, & Meres, ny pour contemplation de leurs personnes considerables, en quelque autre maniere ou pour quelque cause & titre que ce soit, soit qu'elle le sçust, ou soit qu'elle l'ignorast; attendu que de quelque qualité & condition que lesdites actions & choses cy-dessus soient, elle pourtant ne laissera d'en faire la renonciation en bonne & deuë forme, & avec toutes les asseurances, formes & solemnitez qui y seront requises & necessaires; laquelle dite renonciation elle fera avant que d'estre mariée par parole de présent. Qu'elle aussitost aprés la celebration du Mariage, approuvera & ratifiera conjointement avec le Roi Tres-Chrestien, avec les mesmes formes & solemnitez qu'elle aura faite à la susdite premiere renonciation: voire avec les clauses qu'ils verront estre les plus convenables & necessaires à l'effet & accomplissement: de laquelle renonciation Leurs Majestez demeureront & demeurent dés à present comme pour lors obligez. Et au cas qu'elles ne fassent ladite renonciation & ratification en vertu du present Contrat par capitulation, icelles susdites Traitez, Renonciation & Ratification, sont tenuës & censées dés à present, comme pour lors, pour bien & deuëment faites, passées & octroyées. Ce qui se fera en la forme la plus authentique & efficatieuse que faire se pourra, pour estre bonnes & valides, ensemble avec toutes les clauses dérogatoires des derogatoires, de quelconques Loix, Jurisdictions, Coustumes, Droits & Constitutions à ce contraires, ou qui empeschassent du tout ou en partie lesdites renonciation & ratification, ausquelles à l'effet & validité que dessus, leurs Majestez Catholiques & Tres-Chrestiennes dérogeront, & dés à present elles y dérogent entierement: & pour l'approbation & ratification qu'elles feront de ce present Contrat & Capitulation, dés à present comme dés lors, elles entendront & entendent avoir dérogé à toutes exceptions cy-dessus. Que d'autant que Leurs Majestez Catholiques & Tres-Chrestiennes sont venus & viennent à faire les Mariages, afin de tant plus perpetuer & asseurer par ce fort nœud & lien la Paix publique de la Chrestienté; & entre Leurs Majestez l'amour & la fraternité que chacun esperent entre-elles, & en contemplation aussi des justes & legitimes causes, qui montrent & persuadent l'égalité & convenance desdits Mariages, par le moyen desquels & moyennant la faveur & grace de Dieu, chacun en peut esperer de tres-heureux succez, au grand bien & augmentation de la Foi & Religion Chrestienne, au bien & benefice commun des Royaumes, Sujets & Vassaux des deux Couronnes; comme aussi par ce qui touche & importe au bien de la chose publique & conservation d'icelle. Consideration de telle importance qu'il seroit à craindre que les occasions qui se presentent de tels Mariages ne fussent prevenus ou tollez: Donques attendu la qualité des susdits & autres justes raisons qui se pourroient dire ou alleguer: Leurs Majestez accordent & arrestent par contrat & pache conventionnelle entre-elles, qui sortira & aura lieu, force & vigueur de Loi, ferme & stable à tout jamais, en faveur de leurs Royaumes & de toute la chose publique d'iceux. Que la Serenissime Infante d'Espagne, Dame Anne, & les Enfans procréez d'elle, soient mâles ou femelles, & leurs descendans, premiers ou seconds, troisiéme ou quatriéme naiz, cy-aprés en quelque degré qu'ils se puissent trouver, voire à tout jamais ny puissent venir ny succeder és Royaumes, Estats, Seigneuries & Dominations qui appartiennent & appartiendront à Sa Majesté Catholique, & qui sont compris au-dessous des titres & qualitez mentionnez en cette presente Capitulation, ny en aucuns de ses plus grands Royaumes, Estats, Seigneuries, Provinces, Isles adjacentes, Fiefs, Capitaineries, ny és Frontieres que Sa Majesté Catholique possede de present, ou qui lui appartiennent ou pourront appartenir dedans & dehors le Royaume d'Espagne, que par cy-devant leurs Majestez Catholiques & leurs ascendans predecesseurs eurent, possederent & leur appartindrent, ny en tous ceux qui sont compris en iceux ou dépendans d'iceux, ny mêmes en tous ceux que par cy-aprés en quelque temps que ce soit, elle pourroit acquerir ou accroistre & ajoûter aux susdits siens Royaumes, Estats & Dominations, ou qu'elle pourroit retirer ou qui leur pourroit échoir par devolus, ou par quelques autres titres, droit ou raison que ce soit ou puisse estre, encore que ce fust durant la vie de la Serenissime Infante, Dame Anne, ou aprés sa mort, en celle de qui que ce soit de ses descendans premiers, seconds ou troisiemes nez, ou en quelque maniere qui puisse avenir, ou que le cas ou les cas par lesquels ou par droit, ou par les Loix & Coustumes desdits Royaumes, Estats & Dominations, soit par dispositions du titre par lesquels ils puissent succeder ou pretendre pouvoir succeder esdits Royaumes, Estats ou Dominations, en tous lesquels susdits cas dés à present ladite Dame Anne Infante, dit & déclare estre & demeurer bien & deuëment excluse, ensemble tous les Enfans & Descendans, mâles & femelles, encore qu'ils se voulussent ou pussent dire & pretendre qu'en leurs personnes ne courent ny ne se peuvent & doivent considerer icelles raisons comme de nulle valeur de la chose publique, ny autres esquelles ladite exclusion se pourroit fonder, ou qu'ils voulussent alleguer (ce qu'à Dieu ne plaise) que la succession du Roi Catholique ou de ses Serenissimes Princes & Infantes, & d'abondant des mâles qu'il a & pourra avoir pour ses legitimes Successeurs, eust manqué & defailly: parce que comme & en aucun cas ny aucun temps, ny en quelque maniere qu'il pust avenir, elle ni eux, ses Hoirs & Descendans n'ont à succeder ny pretendre pouvoir succeder, sans préjudicier ausdites Loix, Coustumes, Ordonnances & dispositions, en vertu desquelles il a succedé en tous ses Royaumes, Estats & Seigneuries, que ce ne soit préjudicier aussi à toutes les Loix des Lieux & Coustumes de la Couronne de France: lesquelles au préjudice des Successeurs en icelle, n'empeschent cette susdite execution, aussi bien à present, comme en temps & és cas qui different lesdites Successions. A toutes lesquelles considerations ensemble, & à chacune en particulier d'icelles, leurs Majestez dérogent en ce qu'elles contrarient ou empeschent le contenu en ce Contrat, ou l'accomplissement & execution d'icelui. Et que pour l'approbation & ratification de cette presente Capitulation, elles y dérogeront & dérogent; veulent & entendent que la Serenissime Infante & les Descendans d'icelle, demeurent à l'avenir & pour jamais exclus de pouvoir succeder en aucun temps, ny en aucun cas és Estats du Païs de Flandres, Comté de Bourgogne & de Charrollois; leurs appartenances & dépendances: lesquels Pays & Estats furent donnez par Sa Majesté Catholique à la Serenissime Infante, Dame Isabelle, & qui doivent retourner à Sa Majesté Catholique & à ses Successeurs. Pareillement aussi ils déclarent tres-expressement, qu'en cas que la Serenissime Infante demeurast veuve (ce qu'à Dieu ne plaise) sans enfans de ce Mariage, qu'elle demeurera libre & franchie de la susdite exclusion; & partant declarée personne capable de ses droits, & de pouvoir succeder en tout ce qui lui pourra appartenir ou échoir en deux cas seulement: Si elle demeurant veuve de ce Mariage & sans enfans, venant en Espagne; l'autre, si par raison d'Estat pour le bien public, & pour justes considerations elle se remarioit par la volonté du Roi Catholique son Pere, ou du Prince des Espagnes son Frere, esquels deux cas elle demeurera capable & habille à pouvoir succeder & heriter.

Que si-tost que la Serenissime Infante, Dame Anne, aura accompli l'âge de douze ans, & avant que celebrer le Mariage par paroles de present, elle donnera, promettra & octroyera son escrit, par lequel elle s'obligera, tant pour elle que pour ses Successeurs, à l'accomplissement & observation de tout ce que dessus, & de son exclusion & de celle de ses Descendans, approuvant le tout selon comme il est contenu en ce present Contrat & Capitulation, avec les clauses & juremens necessaires & requis: & en jurant cette presente Capitulation & la susdite Obligation & Ratification que son Altesse aura faite & donnée, elle en fera une autre pareille & semblable avec le Roi Tres-Chrestien, si-tost qu'elle sera mariée & épousée, laquelle sera enregistrée au Parlement de Paris selon sa forme & teneur, comme aussi dés à present Sa Majesté Catholique fera approuver & ratifier ladite Renonciation & Ratification en la forme accoustumée, la fera aussi enregistrer en son Conseil d'Estat, & soit que lesdites Renonciations, Ratifications & Approbations soient faites ou non faites dés à present en vertu de cette Capitulation & present Contrat, & du Ma-

riage

ANNO 1612.

riage qui s'en ensuivra, & en contemplation de toutes les choses susdites, elles seront tenuës & censées pour bien faites & deuëment octroyées & passées.

Que Leurs Majestez Tres-Chrestiennes donneront à la Serenissime Infante, Dame Anne, pour ses bagues & joyaux, jusqu'à la valeur de 50. mil écus sol lesquelles & toutes autres qu'elle portera avec elle lui appartiendront sans aucune difficulté, comme estans biens de son patrimoine, qui appartiendront à son Altesse & à ses Heritiers & Successeurs, ou à ceux qui auront son droit & cause. Que leurs Majestez Tres-Chrestiennes, selon l'ancienne & louable coustume de la Maison Royale de France, assigneront & constitueront à la Serenissime Infante, Dame Anne, pour son Doüaire vingt mil écus d'or sol par chacun an, qui seront assignez sur revenus & Terres où y aura Justice. Dont le principal lieu aura titre de Duché ou plus consecutivement, & jusques à la concurrence de ladite somme de vingt mil écus par chacun an, desquels lieux & Terres ainsi données & assignées, ladite Serenissime Infante joüira par ses mains & de son autorité ou de celles de ses Commissaires & Officiers avec la Justice: Comme il a esté dit, & davantage à elle appartiendra la provision de tous les Offices vaccans, comme ont accoustumé d'avoir les Reines de France, attendu neanmoins que lesdits Offices ne pourront estre donnez qu'à naturels François. Comme aussi l'administration & les fermes desdites Terres, conformément aux Loix & coustumes du Royaume de France; de laquelle susdite assignation ladite Serenissime Infante, Dame Anne, entrera en possession & joüissance si-tost que la viduité aura lieu pour en joüir toute sa vie, soit qu'elle demeure en France ou qu'elle se retire ailleurs & hors de France.

Que Sa Majesté Tres-Chrestienne donnera & assignera à la Serenissime Infante, Dame Anne, pour la dépense de sa chambre & entretenement de son estat & de sa Maison, somme convenable & telle qu'appartient à Fille & Femme de tant de grands & puissans Rois, la luy assignant en la forme & maniere qu'on a accoustumé en France, de donner assignation pour tels entretenemens & despences.

Que la Serenissime Infante ayant accomply les douze ans de son âge, ils épouseront & mariront par Procureurs qu'envoira le Roy Tres-Chrestien, & la Serenissime Infante par parole de present: Ce qu'estant fait Sa Majesté Catholique la fera mener à ses frais & dépens, jusqu'à la Frontiere du Royaume de France, avec l'authorité & appareil qui appartient à Fille & Femme de si grands & puissans Rois, dont avec le même appareil elle sera aussi receuë & recüeillie par le Roy Tres-Chrestien.

Qu'en cas que le Mariage se dissolve & rompe entre Sa Majesté Tres-Chrestienne & la Serenissime Infante, Dame Anne, & que son Altesse survive Sa Majesté Tres-Chrestienne, en ce cas elle s'en pourra retourner & retirer librement & sans aucun empéchement és Royaumes d'Espagne, ou és lieux & endroits qu'elle choisira plus commode hors de France, toutefois & quantes que bon luy semblera se retirer, elle le pourra avec tous les biens susdits, Dot & Doüaire, bagues & joyaux, habits & vestemens, vaissellés & argent, & tous autres meubles quelconques, & avec ses Officiers & Serviteurs, sans que pour aucune chose qui soit ou seroit survenuë, on luy pust donner empéchement quelconque, ny arrester son départ directement ou indirectement empécher la joüissance & recouvrement de sesdits Dot & Doüaire, ny les assignations que l'on luy aura données ou deu donner; & pour cet effet Sa Majesté Tres-Chrestienne donnera à Sa Majesté Catholique, & à la Serenissime Infante, Dame Anne, sa Fille, telles Lettres & Brevets de seureté qui seront necessaires, signées de sa propre main, & de la Reine Tres-Chrestienne, sa Mere, Tutrice & Regente du Royaume, & scellées de son scel, & dés à present, comme dés lors, Leurs Majestez Tres-Chrestiennes le leur asseureront & promettront pour eux & leurs Successeurs Rois, en foy & parolle de Roy.

Qu'attendu que le Traitté & Pourparlé à present du Mariage a esté désiré & puis concerté & promeu par nostre S. Pere, & par ses entremises acheminé en l'estat où il est à present: sera bien à propos de supplier sadite Sainteté: Comme dés à present Leurs Majestez la supplient trouver bon & avoir agreable d'en donner la benediction & intervenuë de son autorité Apostolique, & ce present Contrat & Capitulation la vouloir approuver & inserer dans ses Bulles, ensemble les approbations qu'en auroient faites Leur Majesté & son Altesse: aussi avec les écritures & juremens qui sont donnés & octroyez. Bref tout ce qui a esté fait & passé pour l'accomplissement & seureté d'iceluy.

ANNO 1612.

Que Leurs Majestez Catholiques & Tres-Chrestiennes approuveront & ratifieront cette presente Capitulation, promettront sur la foy & parole de Roy, de la garder & accomplir inviolablement, délivreront à cet effet leurs Brevets en la forme accoustumée, avec les dérogatoires & quelconques Loix, Justices & Coustumes qui sont ou seroient à ce contraires & estant raisonnable. Lesquels dits Brevets de Ratification de la presente écriture, ils bailleront & délivreront l'un à l'autre respectivement dans deux mois, à compter du jour & de la datte de la presente, & ce par le moyen des Ambassadeurs ordinaires residans és Cours de Leurs Majestez Catholiques & Tres-Chrestiennes.

De tout ce que dessus lesdits Sieurs Commissaires esdits noms promirent, consentirent & accorderent selon qu'il est contenu en la presente Capitulation, y ayans obligez Leurs Majestez Catholiques & Tres-Chrestienne, ensemble son Altesse avec l'obligation & le lien de leur foy, & parole de Roy, qu'ils l'effectueront & garderont: commanderont qu'il soit gardé & accomply entierement, sans qu'en tout ou en partie il faille ou manque chose quelconque, ny iront ny viendront au contraire: même consentiront aller ny venir directement, ou indirectement, de quelque façon & maniere que ce soit: car ainsi l'ont promis lesdits Commissaires en vertu des Pouvoirs qu'ils ont de Leurs Majestez, à quoy furent presens lesdits dénommez au commencement de cette Capitulation, & lesdits Seigneurs promettans & octroyans ce que dessus l'ont signé de leurs mains & de leurs noms, & me requirent de toute cette Capitulation, je leur en baillasse copie, & de toutes celles qui seront traduites & translatées qui leur seront necessaires. *Ainsi signé des deux costez.*

LE DUC DE LERME. HENRY DE LORRAINE.

MARQUIS DE DENIA. BRULARD.

ANDRE' DE COISEFILLES.

Fait & passé pardevant moy le Secretaire cy-dessus, Notaire public, les an & jour susdits. *Ainsi signé.*

ANTOINE ARESTIGNY.

CXXVI.

Contract de Mariage entre PHILIPPES, *alors Prince d'Espagne, & depuis Roi Catholique IV. du Nom, &* ELIZABETH *de France, Fille aînée du feu Roi* HENRI IV, *portant Renonciation de la part de ladite Princesse à la Couronne de France, & à toute Succession paternelle, maternelle, & collaterale qui pourroit lui avenir. A Paris le 25 d'Août 1612.* [Recueil de FRIDERIC LEONARD, Tom. IV, d'où l'on a tiré cette Piéce, qui se trouve aussi dans VITTORIO SIRI, *Memorie Recondite*, Tom. II. pag. 697. par extrait, & en Italien; & dans THUCELII *Reichs Staats Acta.* Cap. V. pag. 420. col. 2.] 25 Août.

COMME ainsi soit que Tres-Haut, Tres-Excellent & Tres-Puissant Prince Loüis Treiziéme du Nom, par la grace de Dieu, Roy de France & de Navarre, & Tres-Haute, Tres-Excellente & Tres-Puissante Princesse Marie, par la mesme grace, Reine de France & de Navarre, Mere & Tutrice du Roy & Regente de ses Royaumes, & Tres-Haut, Tres-Excellent & Tres-Puissant Prince Dom Philippes III. de ce Nom, aussi par la grace de Dieu, Roy de Castille, de Leon, d'Arragon, des deux Siciles, de Jerusalem, de Portugal, de Navarre & des Indes, &c. Duc de Milan, &c. meus conjointement d'un singulier soin, comme Rois Tres-Chrestiens & Catholiques, d'affermir & asseurer la Paix & concorde publique, de laquelle il a pleu à Dieu benir depuis aucunes années la Republique

Anno 1612.

que Chrestienne à la gloire & loüange de son saint Nom, & au commun benefice des Peuples qui sont sous leur domination, & des autres qui joüissent avec eux des mesmes graces & felicité. Ayent d'une égale volonté & inclination reciproque, à ce exhortez & confortez par nostre Tres-Saint Pere le Pape Paul V. comme Pere commun des Chrestiens, & par l'entremise de Haut & Puissant Prince Cosme de Medicis, Grand Duc de Toscane, à ce assistant. pour Sa Sainteté l'Illustrissime & Reverendissime Seigneur Waldin, Evesque de Montepulciano, Nonce Apostolique de Sa Sainteté en ce Royaume, & le Marquis de Campigle, Ambassadeur du Grand Duc de Toscane, en son nom proposé & déliberé pour les considerations & fins susdites de fortifier & tellement étraindre les liens de l'amitié fraternelle & bonne. Paix contractée par Tres-Hauts, Tres-Excellens & Tres-Puissans Princes Henry IV. & Dom Philippes II. d'immortelle memoire, leurs Tres-honnorez Seigneurs & Peres (que Dieu ait en sa gloire) laquelle a esté depuis observée & entretenuë sincerement par leursdites Majestez par nouvelles & redoublées Alliances de Mariages qu'elle soit perdurable, non seulement pour leurs personnes, & en leurs jours, mais encore pour leurs Enfans & Successeurs à perpetuité; pour à quoy parvenir Leurs Majestez Tres-Chrestiennes & Catholiques ayent trouvé bon, convenu & accordé ce qui s'ensuit.

Que la Serenissime Infante Donna Anna, fille aisnée du Roy Catholique, soit baillée en Mariage audit Sieur Roy Tres-Chrestien; & que en mesme temps Madame Elisabeth de France, Sœur & Fille aisnée de leursdites Majestez Tres-Chrestiennes, soit aussi baillée en Mariage à Tres-Haut & Puissant Prince Dom Philippes IV. du Nom, Prince d'Espagne, Fils aisné dudit Roy Catholique, pour estre lesdits deux Mariages parfaits, accomplis & solemnisez au bon plaisir de Dieu, en l'Eglise Catholique, Apostolique & Romaine, moyennant la préalable dispense de sa Sainteté, pour les parentez & consanguinitez qui sont entre leursdites Majestez & Altesses: lesquels deux Mariages se feront, lors que lesdits Roy, Prince & Princesses auront atteint l'âge legitime, & se celebreront par paroles de present en la forme & avec les solemnitez ordonnées par les sacrez Canons & Constitutions de la Sainte Eglise Catholique, Apostolique & Romaine.

Ensuite & execution de quoy a esté proposé & accordé entre lesdits Roy & ladite Dame Reyne Regente, que les Pactions, Articles & Contrats desdits Mariages seront Traitez & resolus, & dés à present mis par écrit, passez & délivrez de part & d'autre: Sçavoir est celui dudit Roi Tres-Chrestien, & ladite Donna Anna, auprés & en la Cour dudit Roi Catholique, & celui dudit Prince d'Espagne; & de madite Dame Elisabeth auprés de Leurs Majestez Tres-Chrestiennes.

Et soit ainsi pour l'accomplissement des choses susdites, que Tres-Illustres Duc de Pastrane, Prince de Melito, Duc de Franqueville, & le Sieur Dom Inigo de Cardenas du Conseil dudit Roy Catholique, & son Ambassadeur auprés de Leursdites Majestez Tres-Chrestiennes, ayent esté commis & députez par sadite Majesté Catholique, avec charge & Pouvoir de traiter & résoudre pour ledit Prince Dom Philippes, son Fils aisné, les Articles & Capitulations du Mariage dudit Prince d'Espagne, & de madite Dame Elisabeth.

L'an de Nostre Sauveur Jesus-Christ 1612. furent presens en leurs personnes les susdits Seigneur Roi Tres-Chrestien Loüis XIII. de ce nom, & la susdite Dame Reyne Tres-Chrestienne Marie, Regente, Mere & Tutrice de Sa Majesté, assistée des Princes du Sang, autres Princes, Officiers de la Couronne, & des Seigneurs de leur Conseil, qui seront cy-aprés nommez, d'une part. Et ledit Sieur Duc de Pastrane, & Dom Inigo de Cardenas, au nom & comme Procureurs desdits Rois & Prince des Espagnes ayans Pouvoir, Procuration & Mandement special de ce faire, comme il appert par les Lettres de Procuration données à Madrid le 20. jour de Juillet 1612. écrites en Langue Castillane, & traduites en celle de France, deuëment collationnées sur l'Original, qui est demeuré par devers Leursdites Majestez Tres-Chrestiennes, & sont cy-aprés inserées, d'une part. Lesquelles Parties de leur bon gré dirent & confesserent en la presence de Monseigneur, Frere du Roi, de Madame Chrestienne sa Sœur, de la Reyne Marguerite, de Messeigneurs les Princes de Condé, Prince de Conty & Comte de Soissons, Princes du Sang, de Messieurs les Duc de Guise, Prince de Joinville, Chevalier de Guise & Duc d'Elbeuf, & Messire Nicolas Brustart, Chevalier Chancelier de France & de Navarre, des Ducs de Luxembourg, de Ventadour, de Montbazon & Danville, Pairs de France, du Duc de Boüillon, Premier Mareschal de France, & des Sieurs de Brissac & de Lavardin, de Bois-Dauphin & Lesdiguieres aussi Mareschaux de France & de Mesdames les Princesses de Condé, Princesse de Conty & Comtesse de Soissons, Madame la Duchesse Doüairiere de Guise & autres Princesses, Duchesses & Dames, de Messire Pierre Jeanin, Conseiller d'Estat de Sa Majesté Tres-Chrestienne, & de plusieurs autres Seigneurs, avoir fait & font les Traitez, Accords & Conventions cy-aprés déclarez, pour raison du Mariage qui s'effectuera cy-aprés, moyennant la grace de Dieu, entre ledit Dom Philippes IV. & madite Dame Elisabeth de France, Sœur & Fille aisnée de leursdites Majestez Tres-Chrestiennes.

1. Premierement, que lesdits Roi & Reyne Regente, Mere & Tutrice de Sa Majesté Tres-Chrestienne, ont promis & promettent de bailler en nom & Loi de Mariage madite Dame Elisabeth de France, leur Sœur & Fille aisnée, de son bon gré & consentement, autorisée de ladite Dame Reyne sa Mere, audit Prince d'Espagne, Fils aisné dudit Roi Catholique. Lesquels Roi & Prince d'Espagne ont ensemblement promis & promettent par la bouche dudit Duc de Pastrane, & Dom Inigo de Cardenas, en vertu des susdites Lettres de Pouvoir, que ledit Prince prendra pour Femme & loyale Epouse madite Dame Elisabeth de France, suivant les Loix & Constitutions de l'Eglise Catholique, Apostolique & Romaine, aussi-tost qu'elle aura atteint l'âge capable & requis pour estre mariée.

2. En faveur & contemplation duquel Mariage, & pour à celui parvenir, Leursdites Majestez Tres-Chrestiennes ont promis & promettent de bailler pour Dot & Mariage de ladite Dame leur Sœur & Fille aisnée, la somme de cinq cent mille écus d'or sol. Et ce pour tous Droits paternels & maternels, & autres qui lui pourront appartenir & échoir par succession & autrement. Laquelle somme sera comptée & delivrée à celui que ledit Roi Catholique & ledit Prince des Espagnes députeront pour la recevoir à une seule fois en payement, la veille de la consommation dudit Mariage en la Ville de Madrid, comptant les écus sols au prix de treize réales pour piece.

3. Et ledit Roi d'Espagne a promis & promet d'asseurer ladite somme de cinq cent mil écus sur bonnes & suffisantes rentes, à raison du denier seize, au contentement raisonnable des Ministres, qui à cet effet seront nommez & députez par Leursdites Majestez Tres-Chrestiennes, & seront données bonnes & suffisantes hypoteques pour la seureté dudit Dot: Et si madite Dame Elisabeth aime mieux joüir desdites rentes és Villes qui lui seront données pour hypoteques, que de la rente dudit Dot à la raison susdite du denier seize, & qu'il lui soit pourveu comme aux autres Reynes d'Espagne pour leurs maisons en la forme & grandeur qui a esté usée & s'use en tel cas, la rente desdits hypoteques sera comptée selon & ainsi que lesdites rentes ont à present en Espagne, & à raison que les autres de mesme qualité sont assignées.

4. Et comme Leursdites Majestez Tres-Chrestiennes & Catholiques font les susdits deux Mariages dudit Roi Tres-Chrestien avec la susdite Infante Donna Anna, & dudit Prince d'Espagne avec madite Dame Elisabeth, pour par ce double lien mieux asseurer la Paix publique de la Chrestienté, & perpetuer entre Leursdites Majestez & leurs descendans une parfaite amitié & confederation, ainsi qu'il a esté dit cy-devant. Aussi il a esté convenu & accordé entre elles, pour retrancher toutes causes & pretextes de querelles & contentions à l'avenir entre les descendans desdits Mariages, fondées sur les droits que lesdites Dames & leurs Enfans masles ou femelles pourroient pretendre aux successions des Royaumes, Pays, Seigneuries & Bien qui appartiennent à Leursdites Majestez Tres-Chrestienne & Catholique, que madite Dame Elisabeth & ses Enfans procedans dudit Mariage ne pourront en aucun temps, sorte & maniere succeder aux Royaumes & Seigneuries dudit Roi Tres-Chrestien son frere, mesme à ceux ausquels par faute de mâle, les femmes ont droit de succeder, ny aux biens appartenans à ladite Dame Reyne Regente sa Mere, & autres qui pourroient lui échoir & avenir par succession collaterale, moyennant le payement de ladite

foui-

ANNO 1612.

somme de cinq cent mil écus d'or sol, & les autres Conventions portées par le present Contrat.

5. Et dautant que ledit Prince d'Espagne & madite Dame Elisabeth ne sont à present en âge competant & requis par les Loix divines & humaines pour faire ladite renonciation, & en asseurer l'accomplissement & observation, comme il convient pour la seureté des Parties.

Il a esté accordé que ladite Dame Reyne Regente, comme Mere & Tutrice de ladite Dame Elisabeth & Regente dudit Royaume, & ledit Roi d'Espagne comme Pere dudit Prince Dom Philippes son Fils; & Leursdites Majestez ensemble l'une & l'autre Partie promettront & s'obligeront, comme de fait ils promettent & s'obligent réciproquement par le present Contrat & Instrument que madite Dame Elisabeth, ny ledit Prince & les Enfans mâles & femelles qui naitront dudit Mariage ne pourront pretendre ny pretendront aucun droit aux susdits Royaumes, Seigneuries, Pays & Biens Paternels & Maternels, ni autres cy-devant déclarez.

6. En foi & seureté de quoi Leursdites Majestez Tres-Chrestiennes & Catholiques ont dés à present renoncé & renoncent, tant pour ladite Dame Elisabeth, que pour ledit Prince & leurs descendans au profit dudit Roi Tres-Chrestien & ses Successeurs Rois de France, à tous droits, noms, raisons & actions qu'ils pourroient avoir & pretendre en aucune sorte & maniere que ce puisse estre, à cause desdites Successions dudit Roi Tres-Chrestien, & de ladite Reyne Regente, ses Frere & Mere & autres collaterales, ausquelles les Femmes peuvent pretendre droit par les Constitutions, Loix & Coutumes des Pays, ausquels lesdites Seigneuries & Biens sont situez.

7. Plus a esté convenu & accordé entre Leursdites Majestez Tres-Chrestienne & Catholique que madite Dame Elisabeth au temps & devant qu'elle parte de France pour s'acheminer en Espagne, acceptera, approuvera & ratifiera la susdite Renonciation, promettra & s'obligera par serment & en telle maniere que besoin sera de la garder, & observer & entretenir, & de n'aller ny venir au contraire, sous quelque pretexte que ce soit, de quoi sera dressé & delivré à Leurs Majestez Tres-Chrestiennes, Acte en forme requise.

8. Pareillement a esté convenu & accordé que lors que ledit Mariage sera celebré entre ledit Prince d'Espagne & madite Dame Elisabeth, tous deux ensemble confirmeront & ratifieront la susdite Renonciation, & approuveront les premiers Actes susdits; lesquels seront par eux inserez en l'Instrument qu'ils feront de ladite Renonciation, par laquelle ils s'obligeront derechef aussi par serment & par toutes voyes & obligations qui seront jugées les meilleures, d'observer ladite promesse, nonobstant toues Loix & Coustumes desdits Royaumes & Pays contraires à icelles, ausquelles il sera dérogé par ladite Ratification.

Lesquelles promesses & obligations susdites ainsi réiterées seront enregistrées par le Conseil d'Estat dudit Roi d'Espagne en la forme & à mesure qu'elles seront faites, dont sera fait & délivré par eux les Actes necessaires expediez en forme deuë, ausquels ceux desdites Renonciations seront aussi inserez.

9. Plus a esté promis par ledit Duc de Pastrane & ledit Dom Inigo de Cardenas, Ambassadeur susdit, au nom dudit Roi d'Espagne & dudit Sieur Prince son Fils, de donner à madite Dame Elisabeth des bagues & joyaux de valeur de cinquante mil écus d'or sol, qui sortiront nature d'heritage à ladite Dame, comme feront aussi toutes les autres bagues & joyaux qu'elle portera; lesquels demeureront par aprés pour elle, ses Hoirs, Successeurs & ayans cause.

10. Que ledit Roi Catholique & ledit Prince d'Espagne son Fils donneront à madite Dame Elisabeth entretenement pour son Estat & Maison, tel qu'à Sœur, Fille & Femme de si Grands & si Puissans Rois appartiennent, & icelui assignera sur bonnes rentes avec seures & fermes assignations & suffisantes hypoteques au contentement de ladite Dame Elisabeth.

11. Est aussi convenu & accordé qu'au lieu de Douaire dont on a accoustumé d'user en France, ladite Dame Elisabeth aura pour augment de Dot dudit Mariage selon l'usage des Royaumes dudit Roi d'Espagne, la somme de cent soixante six mil six cent soixante six écus sol deux tiers, qui reviennent au fur de ladite somme entiere dudit Dot, chacun écu évalué & estimé comme il a esté dit cy-dessus pour ceux dudit Dot: lequel augment de Dot, estant ledit Mariage dissolu, & ladite Dame survivant ledit Prince d'Espagne son Mary, lui sortira nature d'heritage pour elle, les siens & ayans cause, pour en pouvoir disposer, soit entre vifs ou par derniere volonté, conformement à l'usage & coustume d'Espagne: Et lors que ledit Mariage sera consommé, sera baillée assignation à ladite Dame de ladite somme de cent soixante six mil six cent soixante six écus sol deux tiers pour en joüir ledit cas d'augment de Dot avenant, & ce en la mesme forme & maniere que les deniers & rentes dudit Dot lui seront assignez.

12. Plus est accordé que la dissolution dudit Mariage avenant & survivant ladite Dame Elisabeth ledit Prince d'Espagne, elle pourra partir & se retirer franchement & librement dudit Royaume d'Espagne toutes & quantes fois qu'il lui plaira, & avec elle tous ses Officiers, Domestiques & Serviteurs, & retourner en France, faire emmener & apporter avec soy tous & chacuns ses biens, joyaux, accoustremens, vaisselles & autres meubles quelconques, sans que pour quelque occasion que ce soit ou pourroit survenir, il soit fait ou mis directement ou indirectement aucun empeschement ou retardement à son départ, ny en la joüissance dudit augment de Dot, & assignation de deniers de sondit Mariage, qui lui auront esté donnez ou deu donner.

13. Pour seureté de quoi sera donné à Leursdites Majestez Tres-Chrestiennes pour madite Dame, Femme, Sœur & Fille devant qu'elle parte d'auprés d'elles, par ledit Roi Catholique, & par ledit Prince son Fils, les Lettres d'asseurance qui leur seront necessaires, scellées des Sceaux de Sa Majesté Catholique, & dudit Prince son Fils, avec promesses sur leur foi & paroles Royales de les garder & accomplir inviolablement, tant pour eux, que pour leurs Successeurs aux Couronnes d'Espagne.

14. Plus est convenu & accordé que ladite Dame Elisabeth sera honorablement conduite & renduë aux frais de leurs Majestez Tres-Chrestiennes, comme il convient à Princesse de telle qualité & alliance qu'elle prend jusques aux Frontieres du Royaume d'Espagne, au mesme temps que Sa Majesté Catholique pour le mesme effet fera conduire au Royaume de France ladite Serenissime Infante Donna Anna, où elle sera recueillie & receuë honorablement de la part desdits Roi Catholique & Prince d'Espagne, comme appartient à Dame de si haute Maison & Parantage.

15. Leursdittes Majestez Tres-Chrestiennes ont promis, traité & accordé les presens Articles, & ont obligé leur foi & parole de Roi de les accomplir, garder & ordonner qu'ils soient gardez & accomplis entierement sans faute ny manquement aucun en tout ny en partie, sans aller ny venir au contraire, ny consentir y estre allé ny venu au contraire, directement ny indirectement, en quelque sorte & maniere que ce soit: Et lesdits Députez & Ambassadeurs dudit Roi Catholique & Prince d'Espagne ont promis, traité & accordé le semblable au nom d'iceux, & sur pareilles obligations de leur foi & parole Royale: Ainsi il a esté promis & juré de part & d'autre; & ont signé de leurs propres mains le present Contrat, duquel l'Original est demeuré par devers Nous, pour en vertu d'icelui leur estre par nous délivrez les Contrats necessaires en la forme ordinaire: Et ont signé Loüis, Marie Regente, Elisabeth, le Prince de Melito, Duc de Pastrane & de Franqueville, & Dom Inigo de Cardenas. Fait & passé en la Ville de Paris au Royal Palais du Louvre, le jour & Feste Saint Loüis, le 25. du mois d'Aoust audit an mil six cent douze. Pardevant nous Nicolas de Neufville & Paul Phelippeaux, Conseillers & Secretaires d'Estat de Leurs Majestez Tres-Chrestiennes, Secretaires & Notaires de la Couronne de France.

Acte de Renonciation.

L'Acte de Renonciation au profit du Roi à toutes Successions a esté fait par Marie Reyne Regente de France & de Navarre, pour & au nom d'Elizabeth de France sa Fille, accordée à Philippes IV. Prince d'Espagne Fils aisné de Philippes III. Roi d'Espagne, tant pour elle, que pour les Enfans, qui procederont dudit Mariage. A Bourdeaux le quatorziéme Octobre mil six cent quinze.

Et par Madame Elisabeth de France a esté fait une pareille Renonciation, avec serment & promesse de confirmer & ratifier ladite Renonciation avec le Prince d'Espagne, lors que le Mariage seroit consommé, nonobstant

ANNO 1612. obstant toutes Loix & Coustumes des deux Royaumes & Pays à ce contraires, ausquels ils dérogeront mesme au Droit, ou par faute de masle, les femelles ont droit de succeder; ensemble à tous les Biens appartenans à ladite Dame Reine sa Mere, & autres generalement quelconques qui pourroient lui échoir & avénir par Succession directe ou collaterale, moyennant la Dot de cinq cent mil écus d'or sol à eux faite en faveur dudit Mariage. En l'Eglise Saint André, à Bourdeaux le dix-neuviéme Octobre mil six cent quinze: A laquelle Renonciation & prestation de serment fut present & est intervenu de la part du Roi d'Espagne Dom Inigo de Cardenas, son Ambassadeur Ordinaire près de Sa Majesté Tres-Chrestienne.

CXXVII.

1613. 23. Mars. *Pactum & Fœdus inter Imperatorem Romanorum* MATTHIAM, *& Regem Poloniæ* SIGISMUNDUM III, *Quo priora Pacta atque Fœdera inter* Poloniam *&* Austriam *inita renovantur, mutuum sibi invicem amorem, auxilium, perpetuam Pacis & Commerciorum culturam pollicentur, atque hæc & reliqua conclusa insimul ratificant. In Castris Posoniensi & Varsoviensi die 23. Martii Anno 1613.* [Piéce tirée de la Registrature d'Etat de la Chancelerie de la Cour de Sa Majesté Imperiale.]

NOs Matthias Divina favente Clementia Electus Romanorum Imperator semper Augustus ac Germaniæ, Hungariæ, Bohemiæ, Dalmatiæ, Croatiæ, Sclavoniæ &c. Rex, Archidux Austriæ, Dux Burgundiæ, Brabantiæ, Styriæ, Carinthiæ, Carniolæ &c. Marchio Moraviæ &c. Dux Lucenburgiæ, ac Superioris & Inferioris Silesiæ, Wirttenbergæ & Teckæ, Princeps Sueviæ, Comes Habspurgi, Tyrolis, Ferretis, Kyburgi & Goritiæ, Landgravius Alsatiæ, Marchio Sacri Romani Imperii, Burgoviæ, ac Superioris & Inferioris Lusatiæ, Dominus Marchiæ Sclavonicæ, Portus Naonis & Salinarum &c. Et Nos Sigismundus Tertius Dei Gratia Rex Poloniæ, Magnus Dux Lithuaniæ, Russiæ, Prussiæ, Massoviæ, Samogitiæ, Livoniæque &c. nec non Suecorum, Gottorum, Vandalorumque Hæreditarius Rex. Tenore præsentium recognoscimus ac notum facimus, Universis & singulis, præsentibus & futuris, harum notitiam habituris. Quandoquidem, qui Christi locum in terris gerunt, eos in hoc elaborare maxime decet, ut cujus locum obtinent, ejus vestigiis incedant: Nos memoria tenentes, quod non aliunde potestas nostra sit quam ab eo, à quo Nomen ducimus, cujus appellatione censeri volumus, Domino nostro Jesu Christo, qui, quos ipse Nobis subjecit Populos, eos loco suo regere nos voluit & gubernare. Huc omnes curas & cogitationes nostras convertendas duximus, ut quatenus id humanitus præstari potest, adjuvante eo, cujus id solius munere contingit, quam proximè ad similitudinem ejus accederemus, per quem Reges regnant, Principes imperant, & Potentes decernunt Justitiam. Quoniam verò non ille potentiam suam, non sapientiam, sed eam solam qua Societas hominum inter ipsos continetur, dilectionem qua nos prior ipse præter meritum ullum prosecutus est, imitari voluit, ut sicut ipse dilexit nos, ita & ipsi vicissim diligeremus invicem, ac Pacem, Concordiam, tranquillitatemque mutuam inter nos conservaremus, neque potest illi Sacrificium ullum à Mortalibus offerri gratius, quam sit fraterna Charitas inter Unius Corporis membra. Hanc illius dilectionem qui Nobis tot Civitates, tot Populos, lingua, moribus, habitu, inter se diffidentes, tot tam latè patentes Provincias, tot amplissima Regna subjecta esse voluit, præcipue pro virili nostra imitandam esse duximus. Itaque cum inter recolendæ memoriæ Majores Nostros, jam inde à longissimo tempore certamen amoris benevolentiæque susceptum fuisse cognovissemus, cujus rei tanquam testes sunt Pactorum & Fœderum Literæ, quæ inter Nostras Austriæ & Jagellonicam Domum quæque inter utriusque Domus, Regna, Imperia, Provincias, Populos, & Nationes, nominatim verò, quæ inter quondam Albertum Archiducem Austriæ cum quondam Casimiro Poloniæ Rege, & Divum Fridericum Imperatorem, cum eodem Casimiro Rege, postea vero etiam inter recolendæ memoriæ Ferdinandum & Maximilianum Imperatores, cum itidem recolendæ memoriæ, Sigismundo Augusto Rege, ac tandem inter Rudolphum Secundum, & nos Sigismundum intercesserunt. Nos Majorum Nostrorum exemplo provocati, qui summam semper inter se necessitudinem & amicitiam conservare studebant, atque eam arctis præterea affinitatis vinculis fortius colligabant, quam ut dissolvi facile posset, ea nimirum Pacta & Fœdera, quæ inter præfatos Majores Nostros quondam Albertum, Fridericum, Ferdinandum, Maximilianum Secundum, Rudolphum Secundum, & Casimirum, Sigismundumque Augustum observata fuerunt, id quod felix faustum & fortunatum Deus esse velit, utrique Nostrum, ac utriusque Nostrum Imperiis, Regnis, Terris, Civitatibus, Populis, & Nationibus, in Dei Optimi Maximi Nomine, à quo tanquam fonte perenni manat quicquid bonorum est rerum, inter nos quoque & pro nobis & Successoribus nostris continuanda, confirmanda, instauranda, & renovanda, atque adeo declaranda, corroboranda, & amplificanda duximus, ità ut continuamus, confirmamus, instauràmus, renovamus, declaramus, corroboramus, & amplificamus, præsentium per tenorem. Ac primum quidem, sicut in Litteris quondam Alberti Archiducis præscriptum est, nos omni honore, fide, & amore nos invicem prosequi, & promovere debemus, & volumus in locis omnibus & temporibus ubi nos id faciendi se facultas obtulerit, citra dolum & fraudem aliquam; neque committemus unquam ut alter alteri, aut familiaribus ejus Vasallis & Subditis, quibuscunque Regnis, Ducatibus, Terris & Civitatibus ei subjectis, & sub ejus obedientia, & defensione constitutis quacunque ex causa Bellum inferamus, inimicitias denunciemus, diffidemus, aut hostiliter eos impetamus, per nos aut per submissas Personas, fraude & dolo semotis. Ac non modo ipsi ab ejusmodi rebus abstinebimus, verum etiam Subditos nostros & quicunque in fide, potestateque nostrâ sunt, eos prohibebimus, ac ab omni vi, modo superius descripto, temperare sibi cogemus. Habebunt etiam potestatem homines nostri cujuscunque statûs & conditionis fuerint, in quibuscunque Terris, Dominiis, Civitatibus nostris, & nostræ Obedientiæ subjectis, agendi, & commorandi, atque etiam inde libere & secure, cum illis visum fuerit, discedendi; Deinde sicut etiam Literis divi Friderici cautum est, ita nos invicem uniendos, obligandos, alligandos, confœderandos, duximus, quemadmodum unimus, obligamus, promittimus, alligamus, confœderamus præsentibus, quod ex hoc tempore ipso perpetuo, realiter, & cum effectu invicem & mutuo obligati, alligati, & confœderati simus, & erimus, & inter Nos, & Subditos Nostros, nec non Regna, Principatus, & Dominia, quæ nunc uterque nostrûm possidet, & quæ Deo concedente in futurum acquiremus, constans, perpetua, indissolubilis, & Christiana Pax esse, & servari debet, & debebit, & in omnibus utriusque nostrûm honorem, dignitatem, statum, augmentum concernentibus, & concernere valentibus, mutuo nobis auxiliabimur, consulemus, invicem promovebimus, & assistemus, nec alteruter nostrûm quicquam faciet, cupiet, pertractabit, aut molietur, quod contra alterutrum nostrum Regna, Principatus, Dominia, Subditos, honorem, statum, dignitatem, aut augmentum sit, seu esse aut tendere possit. Neque nostrum alter alteri ipsius Regnis, Principatibus, Dominiis, & Subditis, bellum, damnum, aut quodvis aliud nocumentum inferet, nec à suis quovis quæsito colore inferri permittet.

Sed quilibet nostrum contra Subditos suos, qui hujusmodi faciunt aut facere & moliri vellent, totis viribus suis & potentia in Terris, & Dominiis suis consurget, & eos pro hujusmodi excessibus pœna condigna puniet, & castigabit, donec damnorum datorum integram compensationem, & refusionem facient. Præterea nullus nostrûm ad alterius Regna, Principatus, & Dominia adspirare aut anhelare debet, nec alterius nostrum Regna, Principatus, & Subditos, si quos (quod DEUS avertat) ab altero nostrum deficere, aut recedere, aut rebellare contingeret, contra alium, ejus Regna, Principatus, Dominia & Subditos suscipere, tenere, protegere, juvare, assistere, neque consulere, aut favore prosequi debet, neque à suis talia fieri patiatur, sed contra tales Infideles unus alteri auxiliabitur, & assistet, atque Dominiis suis eos excludet; si verò alter nostrûm ejus Regna, Principatus, aut Subditi contra alterum ipsius Subditos, Principatus, aut Dominia actionem realem seu personalem, civilem seu criminalem, aut qualemcunque querelam habet, aut imposterum habuerit, si super ea non potuerimus amicabiliter concordare, dum neque ipse, neque Subditi ejus

ANNO 1613. ejus contra alterum ipsiusque Subditos, Regna, Principatus, & Dominia, quicquam viâ facti attentare, neque sibi ipsi Jus dicere, aut ulcisci, sed super eo, Jure & non aliter experiri debent. Cæterum pro majori supra scriptorum Fœderum declaratione, proque tranquilliore Subditorum nostrorum statu, quiete & bonæ Vicinitatis conservatione, & quo firmior inter nos, Regna, & Subditos nostros Pax, Amicitia, & Benevolentia perpetuò constare queat, utque omnes diffidiorum causæ, quoad ejus fieri potest, præscindantur; Ordinamus, statuimus, declaramus & volumus, quod cum initio scriptum est, quod mutua nobis invicem auxilia ferre debemus: Quomodo alter alteri auxilia ferre velimus, id in arbitrio utriusque nostrum, & Ordinum Regnorum nostrorum positum esse debere. Hoc tamen expresso, ut liceat utrique nostrûm ex Terris & Provinciis alterius, voluntarios Milites ære suo conductos, & arma in usum suum exportare. Eatenus tamen Milites educere liceat, quatenus id sciente fiat altero nostrûm, neque sit alteruter nostrum bello suo proprio contra Hostes aliquos suos impeditus. Hostibus verò ne id liceat, neuve favor ullus præstetur, qui alteri obesse possit, ità tamen ut ne dum juxta præscripta Majorum nostrorum Fœdera nullus nostrûm alteri, vel ipsius Regnis, Principatibus, Dominiis, & Subditis, bellum, damnum, aut quodvis aliud nocumentum inferre, sed neque alterius Hostes aut Rebelles fovere, protegere, seu eis assistere, vel favorem, consilium, aut auxilium quovis modo præstare debeat. Volumus præterea Vias & Flumina publica, nec non Commercia, & Negotiationes mutuas, per Regna & Provincias nostras, omnibus & singulis Regnicolis, Provincialibus & Subditis nostris, tam Terrâ quam Aquâ, utrinque libera esse, nec ullis unquam interdictis, arrestationibus, seu Repressaliarum Concessionibus impediri, sed utriusque nostrûm Subditos in alterius Regnis, & Dominiis libero transitu, ac fide publica, quem Salvum Conductum vocant, non minus quam proprios cujusque Subditos gaudere, uti, ac frui posse, & debere. Neque denique cuiquam nostrûm, aut his, qui nobis Subditi sunt, querelas & actiones suas, siquæ jam sunt, vel futuris temporibus oboriantur, aliter quam mediante Jure prosequi liceat. Ut autem omnes vel protelatæ vel denegatæ Justitiæ querelæ tam inter nos quam Subditos nostros hinc inde præcaveantur, sed cuique expeditum Jus, & Justitia summarie & de plano administrari, ejusdemque debitâ executio effectualiter obtineri valeat, convenimus & concordavimus, quod si quis nostrûm, vel unius nostrûm Subditi contra alterius unum vel plures privatos Subditos actiones, sive personales sive reales, intentarent, tunc semper Pars agens Forum & Judicium ipsius rei sequi debeat. Et quod in Personalibus Injuriarum, Violentiarum super spoliatione seu similibus Judex permissione subitarii Judicii citra dilationum & exceptionum admissionum Actori Forensi de simplici & plano Justitiæ complementum facere. In realibus verò secundum uniuscujusque Ditionis Consuetudinem ita procedere teneatur, ut quilibet citra dilationem, Justitiæ Executionem obtinere queat, id quod per Superioritates & Magistratus fideliter profiteri & dirigi par est. Quod si alter nostrûm contra alterius Provinciam vel Communitatem aliquam, vel vicissim Provincia, Communitas vel privati Subditi Unius nostrûm contra alterum ex nobis vel ejus Provinciam seu Communitatem privatas actiones prætenderent, tunc Causa hujusmodi coram alterius nostrûm, sub quo Pars rea degit, Consiliariis, seu Commissariis per eundem juxta Partium conditionem & Causarum exigentiam, non minus septem numero designandis summarie audiri, & vel amicabiliter componi, vel Jure mediante determinari & executioni demandari debeant. Porro si inter nosmetipsos Reges, seu forsan Regna, & Provincias nostras, tum metarum, & terminorum, tum Commerciorum, seu quarumlibet aliarum, tam veterum quam novarum, Causarum, Jurium, vel Obligationum occasione querelæ, Gravamina, & Controversiæ suborirentur, tunc alter nostrûm, qui, vel cujus Regnum seu Provincia, Jus vel querelam prætendit, alium per Nuncios vel Litteras suas amicabiliter informare ac pro tollendo, sarciendo, amovendoque gravamine admonere, & requirere debet. Quod si obtinere nequeat, tunc quilibet nostrûm statim intra duorum mensium spatium à facta amicabili requisitione tres Consiliarios suos è Proceribus Regnorum Hungariæ, Bohemiæ, Moraviæ, Silesiæ, & vel ex aliquibus harum, prout quodque negotium ad aliquam harum Provinciarum pertineat, vel etiam ex omnibus pro exigentia & gravitate Negotii ab una Regnique Poloniæ, magni Ducatus Lithuaniæ &c. & ab altera Partibus ad convenientem diem & locum per Partem læsam seu querulantem nominandum, semota omni excusatione, mittere debeat. Qui utriusque nostrûm Consiliarii summam inprimis diligentiam adhibeant, quo hujusmodi querelæ, gravamina & controversiæ inter Nos, Regna & Provincias nostras amicabili Compositione transigantur. Causa vero non succedente, tunc læsa Pars sive agens coram prædictis 6. Consiliariis actionem suam statim ipso die juridice exhibendi potestatem habeat, idque duplicatis scripturis, quarum unam Consiliarii penes se retineant, aliam vero Parti reæ transmittant. Quo facto, Pars rea Responsum suum etiam scriptis duplicatis sæpedictis Consiliariis, vel ei, cui ex illis hoc demandatum fuerit, intra spatium proximorum duorum mensium à transmisso Actionis Libello mittere teneantur, ut scilicet Actor Replicas, reus verò Duplicas, ac præterea utraque Pars tertiam quoque Conclusionem & submissivam Scripturam de bimestri in bimestre duplicatis, ut præfertur, scriptis offerre queat, eo sane modo & ordine utrique Parti transmittendis, sicut de actionis Libello demonstratum est. Oblatis tandem successivè ab utraque Parte duplicatis trinis scripturis, in quibus utrinque omnia sua Jura explicabunt, sex illi Commissarii Partibus ad promulgandam Sententiam inter proximum sequens bimestre diem ad eum locum, ubi Causa primo agi cœpit, indicent. Quo loco & tempore Partes per Procuratores suos pleno Mandato suffultos comparere; illicque & ipsi Consiliarii convenire ac diligenter visis Scriptis & discussis Actis totius Causæ Partes rursum ad Concordiam, & amicabilem Compositionem invitare, & cohortari, nihilque in eo opere & diligentiæ intermittere debeant, quam si ne tunc quidem inter Partes obtinere queant, statim ad ferendam Sententiam procedant, ad id, quod Juris ac Justitiæ fuerit, cognoscant, ac decernant. Quod si supradicti Consiliarii de ferenda Sententia, sive interlocutoria, sive definitiva fuerit, concordare non possint, tunc toties quoties opus fuerit, Arbitrum communi voce deligant, vel per quamlibet Consiliariorum partem duabus idoneis personis propositis ex iisdem sorte constituant, cujus partes sint, huic Consiliariorum opinioni, quæ & Juri & æquitati magis consona videatur, subscribere, eandemque laudare & approbare. Quidquid autem per ipsos Consiliarios nostros seu majorem eorum partem separatim, vel per eosdem, vel Arbitrum conjunctim decretum & pronunciatum fuerit, id ratum firmumque maneat, ac statim debitæ demandetur executioni, remotâ omni plane Appellatione, Supplicatione, Reductione, & in integrum restitutione, aliisque Juris Beneficiis, & Remediis, etiam motu proprio concessis, obtentis non obstantibus. Debent autem Consiliarii per nos pro tempore deputandi, nec non & Arbiter ipse, per nos & quantum ad quemlibet nostrum spectat, ab obedientiæ & Juramenti debito ad eam Causam tantum absolvi, ac pro administranda Justitia, novo consultoque Juramento obstringi. Quod si pendente lite unus vel plures ex ipsis Consiliariis mortem obierent, tunc in demortuorum locum, prout ad quemlibet nostrûm pertinebit, alios semper surrogabimus. Ipsi quoque Consiliarii non plures Scripturas admittant, aut terminos alio modo quam supra dictum est prorogandi, aut alterandi potestatem habeant, sed forma & modo illis concesso procedant, excepto casu, quo Partes Testes producere necesse haberent, tunc ipsi Consiliarii Jurisdictionem suam prorogandi potestatem habeant, tantisper, donec Testes ejus Causæ conscii secundum Juris dispositionem legitime producti & auditi fuerint; ita tamen ne ulla minus necessaria Prorogatio quæratur, vel admittatur, sed omnes Testes ad unum diem & terminum, quantum fieri potest, audiantur; à publicatis attestationibus non nisi unica Scriptura à qualibet Parte recipiatur. Proinde quo magis Regna, Principatus, & Dominia nostra, ab omni bellorum, deprædationum, latrociniorum, hostilitatisque periculo libera, secura, purgataque esse queant, conventum inter nos est, quod nullus nostrum alterius seu Regnorum, Provinciarum, vel Subditorum suorum diffidatores, hostes, homicidas, raptores, seu damnificatores; nec non profugos, cujuscunque conditionis, sive Ecclesiasticos sive Sæculares, item Rebelles Subditos, quicunque in alterius nostrûm Regnis & Ditionibus reperti, denunciati, vel per nosmet aut Officiales nostros pervestigati fuerint, nequaquam amplius fovere, & assecurare, multominus verò per Subditos nostros ullo hospitio, auxilio, sive receptatione, quocunque prætextu, directe & indirecte, publice vel ANNO 1613.

 occul-

ANNO 1613.

occulte, recipere, juvare vel intertenere debeat. Sed ubicunque hujusmodi grassatores, raptores, diffidatores & damnificatores, ubilibet in præfatis Regnis & Ditionibus nostris deprehensi fuerint, contra eos jussu nostro, & directione aliisque accurata diligentiâ Officialium utrobique Parti læsæ atque deferenti Justitia immediate atque irrecusabiliter permitti, atque administrari aut etiam citra Partium requisitionem de iis, ut communibus hostibus, à Capitaneis & Magistratibus ubicunque ex Officio inquiri, insequi, & pœnaliter procedi debeat. Casu autem quo aliquis ex Officialibus aut Subditis nostris propter receptationem, assecurationem, vel defensionem antedictorum diffidatorum, aut omissionem antedictorum diffidatorum Insecutionis, Captivationis sive animadversionis scienter contravenerit, in tales utrobique, si delati à Parte altera, sive alias verisimili suspicione deprehensi forent, capitali Supplicio irremissibili debet animadverti.

Quod si alterutrius nostrûm unus, vel plures Incolæ vel Subditi alteri nostrûm, seu Regnis & Dominiis nostris generaliter, vel singularibus Personis, Incolis & Subditis privatim hostilitatem denunciaverint, tunc statim Præfectus Capitaneus, aut Officialis illius Loci, seu Districtus, cui diffidatio indicta est, Generales Præfectos & Capitaneos Regnorum & Provinciarum alterius nostrûm sub quo tales diffidatores degunt, eâ de re certiores reddere, ipsisque Exemplar diffidatoriarum Literarum transmittere debeat, quo accepto præfati Præfecti & Capitanei, diffidatores pro publicis hostibus judicare, promulgare, publicare, omnibusque & singulis Incolis, cujuscunque ordinis & conditionis extiterint, eorum Consuetudinem interdicere, & ne a quoquam hospitio recipiantur, aut consilio, auxilio, sive re ulla alia juventur, prohibere & cavere, bonaque diffidantium applicare Fisco & Cameræ Regiæ. Ac proinde in hospites socios, conscios, & complices pari quoque severitate animadvertere teneantur, ignorantiæ excusatione universis penitus sublata. Quod si quisquam Præfectus, Capitaneus aut Magistratus in hujusmodi Casibus subitam Justitiam administrare cunctaretur, aut etiam alias ex Officio, Inquisitione, Insecutione, & Animadversione debita non procederet, tunc tales nostræ punitioni immediate obnoxii & rei esse debeant. Ut autem præcipuus diffidationum aut grassationum fons, quo hujusmodi Latrocinia inprimis aluntur, e medio tollatur, coërceaturque licentia & impunitas receptandi hostes, prædones & diffidatores serò inter nos convenit, ut omnes Promotores, detentores, receptatores, complices dictorum facinorosorum hominum, qui vel notorietate facti, vel ex veraci denunciatione spoliatorum, aut ex fuga Captivorum (modo tales Captivi aut spoliati bonæ fidei & integræ famæ sint) sive aliis tam *manifestis* indiciis, ut ulteriori probatione res non egeat, convicti, vel deprehensi forent, iidem citra ulteriorem purgandi sui admissionem & concessionem, spoliatis & damnum passis ad restitutionem & satisfactionem probabilium damnorum de bonis suis teneantur, aut si solvendo non sint, secundum qualitatem delicti corpore luant. Quod si tales etiam patrati Criminis conscii vel complices essent, & ad illata damna, eademque evidentem caussam scienter præbuerint, iidem non tam Parti ad restitutionem damnorum, ut jam præmissum est, teneantur, quam & Superioritatis suæ cognitioni ad sumendum de eis pro modo delicti supplicium citra evasionem subjaceant. Si verò aliqui Receptatorum, aut Complicum non omnino manifestis Indiciis, nec apertis Captivorum Confessionibus, sed aliàs delati & de tali facinore suspecti potius quàm convicti fuerint, contra tales tam ex delatione damnificatorum vel alterius Superioritatis Officialium, quam ex Officio per Capitaneos, aut Magistratus ejus Regni aut Ditionis, in qua fuerint, hac tamen conditione, differentia sive moderatione debet procedi, nisi forent Nobiles, aut possessionati Cives antehac in talibus non infamati, neque ullis prioribus confessatis suspecti, tales in casu negationis sese proprio eorum Juramento coram supremo ejus Ditionis Magistratu publice de hujusmodi infamatione exonerare & purgare queant; si verò iidem anterioribus infamiæ, aut confessatorum Præjudiciis notati & semi-manifesti forent, ita tamen ut hujusmodi confessata non omnimode certum facti indicium præbere possent, tales etiam ad purgationem sui medio Juramento, & tertiâ manu integræ famæ Possessionatorum Vicinorum admitti, aut si in utroque Casu in purgatione sui defecerint, debite Capitis animadversioni subjici debeant. Quod si quis ex Regnis & Provinciis nostris ausu temerario contra jus & æquitatem ac publica, mutuaque Regnorum nostrorum Fœdera in alterius Regna vel Ditionem, excursionem & irruptionem faceret, atque ibi Mercatores & Vectores deprædaretur, aut detineret, homines occideret, vel abduceret, pecora abigeret, incendio sæviret, aut alio quovis modo damnum & injuriam inferret, & patrato nefario scelere rursum se domum, vel cum præda securus, vel fugiens insequentium manus, in hospitia consueta & solita diverticula reciperet, tum in eo Regno Præfecti illius Territorii vel Districtus, & omnes Incolæ, totaque Vicinitas, mox, ut à damnificatis & injuriatis, seu quibusvis aliis Hostem, Prædonem, & communium Fœderum Violatorem insequentibus commonefacti, evocatique extiterint, debeant læsis ferre opem, adesse in armis fortiter & graviter insequi, & inquirere noxios, & turbatores Pacis publicæ, & tranquillitatis. Et si sui tuendi causâ in aliqua Castra & Fortalitia, vel loca abdita seu naturâ munita profugerint, acriùs ac diligentiùs insistere, & ipsos & eorum hospites, socios, conscios, complicesque obsidere, oppugnare, & ita omnes ad deditionem urgere, ad debitum supplicium trahere, & ad restitutionem, recompensationemque damnorum illatorum cogere teneantur.

ANNO 1613.

Si qui autem negligentiores & remissiores in ferendo offensis auxilio & prosequendo Hostes & damnificatores sese exhibuerint, hi sciant se indignationem nostram & severam animadversionem irremissibiliter incursuros esse.

Si vero contingeret, aut per subordinationem Superioritatis aut alios, qui per damnificatos, atque diffidatos, contra præmissos Damnificatores, Diffidatores, Malefactores, Receptores, aut Complices captivandos, sive etiam jam tum captivos & convictos in alterutrius Regnum & Ditionem pro imploratione Justitiæ mitti, iidem imploratores non solùm ad Executionem Justitiæ pro ratione delicti cum omnibus in tali facto necessariis admitti & profiteri, verùm etiam tam in loco administrandæ Justitiæ, quàm in reditu ad propria omnimode tuti atque assecurati esse debeant. Casu etiam quo in alterutrius nostrûm Regno aut Ditione, aliquis ex Nobilibus, aut aliis zelo honestatis & studio supprimendorum publicorum Malefactorum, aut jussu Magistratuum, aut motu proprio hujusmodi publicos Prædones & Grassatores insequeretur, idque sibi à quoquam ut inhonestum exprobraretur, talis exprobratio nulli cujuscunque status ullum honoris sui discrimen, imminutionem & præjudicium aliquod generare queat; sed Exprobrator ad revocationem probri una cum aliquali Carceris punitione & restitutione Expensarum, cogi, atque læsum rogare debet, ut sibi talem injustam imputationem, propter Deum remittere velit. Cùm denique nostra, Regnorumque & Provinciarum nostrarum maximopere intersit, ut in Regnis, & Dominiis nostris bonam eandemque justam habeamus Monetam, quamobrem pro bono communi utrinque curabimus, & efficiemus, ne illegitima, prava, & reproba Moneta in Regnis, Provinciisque nostris cudatur, recipiaturque. Quod si hac ex parte quæstio inter nos inciderit, agemus, quantum opus fuerit, cum Ordinibus Regnorum, Provinciarumque nostrarum atque eorum assensu, Commissarios nostros utrinque deputabimus, qui habita ratione communium Regnorum Provinciarumque nostrarum eas teneant, ineantque rationes, quibus vel eadem bonitate & valore utrobique Moneta cudatur, vel diversarum Monetarum, prout quævis vel melior vel deterior reperta fuerit, justum semper pretium æstimatioque constituatur. Sed quod de Sale utriusque nostrûm in alterius Regna & Provincias educendo pariter cautum esse volumus. Quod si tamen hæ res vel utroque casu inter communes nostros Commissarios transigi nequeant, tunc salvum liberumque semper utrique nostrûm esse debere, & de Monetâ, & de Sale suo statuendi id quod cujusvis, ac Regnorum, & Provinciarum suarum necessitas, utilitasque exigerit. Quæ omnia & singula maturâ Procerum, & Consiliariorum nostrorum deliberatione prævia: Nos Imperator Matthias & Nos Sigismundus tertius pro nobis & pro Successoribus nostris acceptamus, approbamus, & Regiâ Authoritate ratificamus per præsentes, promittentes in verbo nostro Imperiali & Regio & bonâ fide, sub onere Juramenti mediante, præinserta Pactorum & Fœderum Capitula in omnibus eorum Punctis, Clausulis, Conditionibus & Articulis firma, rata & grata semper habituros, ac sancte inviolabiliterque observaturos, nec non per Officiales, & Subditos nostros, ac omnes quorum interest, pariformiter observari, & manuteneri curaturos, dolo & fraude semotis, Reservantes postremo ab hac Confœderatione pro nobis Imperatore Matthia, S. D. Papam,

Sanc-

ANNO 1613.

Sanctamque Sedem Apostolicam, nec non Sacrum Romanum Imperium, cui pro ea fide, quâ illi Jurejurando obstricti sumus, si quis illud injuriâ afficere vellet, deesse non possemus. Præterea verò Serenissimum ac Potentissimum Principem & Dominum Dominum Philippum Regem Hispaniarum Catholicum, Transylvaniam; Ad extremum etiam Turcarum Principem, per præsentes & futuras quoque, si quæ intercesserint, Inducias, ita, ut isthoc Fœdus nostram Majestatem contra illum ligare non possit, nec debeat. Spondemusque vicissim nos Rex Sigismundus Tertius præfatum S. D. N. Papam, Sanctamque Sedem Apostolicam, nec non Regnum nostrum Hæreditarium Sueciæ, in quo recuperando Nobis, Successoribusque nostris deesse non possumus, Turcarum Principem, & Transylvaniam pro nobis pariter excipiendos, reservandosque duximus.

Cum verò eadem Pacta ante etiam per recolendæ memoriæ Carolum Quintum Imperatorem, Hispaniarum Regem, ratione quorumcunque Hæreditariorum Regnorum suorum confirmata fuerint. Promittimus itidem, spondemusque nos Imperator Matthias effecturos nos, ut per Serenissimum & Potentissimum Principem, ac Dominum Dominum Philippum Hispaniarum Regem Catholicum, tanquam in iisdem Hæreditariis Regnis & Dominiis Successorem, quoad eadem Regna & Dominia sua similiter renoventur, confirmenturque: Confirmationemque eam intra octo Mensium spacium à præsenti die numerandorum ad Serenissimum Poloniæ Regem transmissuros.

Nos vero Sigismundus Rex, jam ex hoc ipso tempore, atque hisce Literis itidem pro parte nostra ac pro Regno, & cæteris Dominiis nostris eadem Pacta & Fœdera cum eodem Serenissimo & Potentissimo Rege Catholico, Regnis, Provinciis ac Dominiis ejus Hæreditariis continuamus, confirmamus, instauramus, renovamus, declaramus, corroboramus, amplificamus, & præsentibus Literis nostris nos obligamus, & verbo nostro Regio, bonaque fide promittimus, ea nos, & omnia ac singula in eis contenta, & expressa inviolabiliter observare & adimplere, & in nullo illis contravenire velle, dolo aut fraude semotis. In quorum omnium robur & evidens testimonium nos præfati Reges binas ejusdem tenoris Literas manuum nostrarum subscriptione, sigillorumque appensione munitas, ac cuilibet nostrum alteras consignatas expediri fecimus. Datæ in Nostris Posoniensi, & Varsovienti Arcibus Regiis die 23 mensis Martii Anno D. 1613. Regnorum nostrorum, Matthiæ Imperatoris, Romani primo, Hungarici quinto, Bohemici secundo: Nostrorum verò Sigismundi Tertii, Poloniæ 25to Sueciæ 19no.

MATTHIAS.

(L. S.)

SIGISMUNDUS Rex.

(L. S.)

CXXVIII.

11. Avril. LA SUEDE ET LES PROVINCES UNIES.

Accoort wegens een koop van twee hondert Schippont Cooper tusschen de Heeren STATEN GENERAEL DER VEREENIGHDE PROVINTIEN *met de* KONINCK VAN SWEDEN *tot veertich Rycxdaalders het Schippont. Gedaen den* 11 *April* 1613. [Manuscrit.]

OP heden den 11. dag der Maent van April in 't Jaer 1613 heeft inden naem ende van wegen den Koninck van Sweden &c. Heer en Meester Jacob van Dyck, Gesante van sijne KoninckLijcke Majesteyt bekent, volgende sijn Majesteyts ordre ende bevel verkocht te hebben, ende verkoopt mits desen aen de Hooge ende Mogende Heeren Staten Generael der Vrye Vereenichde Nederlanden, twee hondert Schippont Seugen Cooper, de beste soorte, goet oprecht goet, beloovende 't selve Cooper gereet te leveren tot Stockholm, te weeten elck Schippont Bergs gewichte voor veertich Rycxdaelders, om uytgevaert te werden nae de Vereenichde Nederlanden, vry van 's Konincks van Sweden Tollen, ende andere lasten, welcken prys van veertich Rycxdaelders die Hooghgemelte Heeren Staten Generael belooft hebben, ende belooven mits desen binnen de voorschreve Stadt van Stockholm gereet aen sijne Majesteyt ofte desselfs Ontfanger Rentmeester ofte geauthoriseerde te doen betaelen, na dat de voorschreve Leverantie, in de voornoemde Stadt, aen den gelasten van haer Hoog-Mogende sal sijn geschiet, ende is ten beyder syden belooft dese handelinge ter goeder trouwen na te komen, ende doen naer komen, sonder eenige fraude ofte List; inde oirkonde is desen by den voorschreve Gesante in den name van sijne Majesteyt, ende van wegen de Heeren Staten Generael onder de gewoonelijcke paraphure ende signature geteekent ten daege ende Jaere voorschreeve. Was geparapheert *J. V. Oldenbarnevelt*, *Vt.* onderstondt *J. van Dyck*; ende laeger stont *ter Ordonnantie van de Hoog-gemelte Heeren Staten Generael*, ende onderteeckent,

C. AERSEN.

CXXVIII.

11. Avril. LA SUEDE ET LES PROVINCES UNIES.

Contract pour deux cens (1) *Schippont* de Cuivre, que les Seigneurs ETATS GENERAUX DES PROVINCES-UNIES achetent du ROI DE SUEDE, à raison de quarante écus le *Schippont*. Fait le 11 d'Avril 1613. [*Manuscrit.*]

CE jourdhui onziéme jour du mois d'Avril de l'année 1613. Monsieur Maitre Jacob van Dyck Envoyé de sa Majesté le Roy de Suede & en son nom a confessé suivant l'ordre & commandement de sa Majesté avoir vendu & vend par ces presentes aux Hauts & Puissants Seigneurs les Etats Generaux des libres Provinces-Unies des Pais-bas deux cent quintaux de Cuivre de Seugen, de la meilleure sorte, bonne & loyale Marchandise, promettant de livrer ledit Cuivre tout prêt à Stokolm, sçavoir chaque Schippont poids des mines, moyennant quarente Risdales, pour être transporté aux Provinces-Unies des Pais-bas, exempt des Peages du Roy de Suede & autres charges, lequel prix de quarente Risdales les susdits Seigneurs Etats Generaux ont promis, & promettent par ces presentes de faire payer comptant en laditte Ville de Stokolm à sa Majesté ou à son Receveur, Tresorier ou autre à ce autorisé, aprés que la delivrance susdite aura été faite dans la susdite Ville à celui qui sera authorisé de L. H. P. Et a été promis de part & d'autre d'observer ce Traité de bonne foy, sans aucune fraude ni tromperie, & en témoignage de ce ont ces presentes été signées par ledit Envoyé au nom de sa Majesté, & de la part desdits Seigneurs Etats Generaux sous les paraphe & signature accoutumées, les jour & an que dessus. Etoit paraphé, J. V. Oldenbarnevelt Vt. *plus bas étoit* J. van Dyck, *& plus bas encore étoit écrit* par Ordonnance des susdits Hauts Seigneurs Etats Generaux, *& étoit signé*,

C. AERSEN.

(1) *Schippont*, c'est un Poids de 300. Livres. [DUM.]

CXXIX.

11. Mai.

Vergleichung zwischen Johann Georg Churfürsten zu Sachsen eines/dann auch der Frauen Anna Maria Verwittibten Hertzogin zu Sachsen anderntheils/ wegen des/ derselben durch dero Gemahl Seeligen Fridrich Wilhelm/ gewesenen Administrator der Chur-Sachsen verschriebenen Leibguths Dornburg / wir auch des unterhalts halber beschehen. Geben zu Dornburg am 11. Maii. 1613.

[LUNIGS Teutsches Reichs-Archiv. Part. Special. Continuat II. Absaz II. pag. 388.]

C'est-à-dire,

Accord entre JEAN GEORGE *Electeur de Saxe, &* ANNE MARIE *Veuve de* FRIDERIC GUILLAUME *Administrateur de l'Electorat de Saxe*,

ANNO 1613.

Saxe, au sujet de la Ville & Seignerrie de Dornburg *qui avoit été assignée à ladite Dame Veuve, par le feu Administrateur son Epoux. On y convient aussi de ce qui regarde sa Subsistance & Alimentation. A Dornburg le 11. Mai 1613.*

ZU wissen: Als weiland der Durchlauchtigste/ Hochgebohrne Fürst und Herr/ Herr Friedrich Wilhelm/ Hertzog zue Sachsen/ ꝛc. und der Chur Sachsen gewesener Administrator, Hochlöblichester Gedächtnis/ Sr. Fürstl. Gnd. Hertzgeliebten Gemahlin/ der auch Durchlauchtigsten/ Hochgebohrnen Fürstin und Frauen/ Frauen Anna Marien/ Hertzogin zu Sachsen/ gebornen Pfaltz-Gräfin bey Rheyn/ꝛc. Wittwen/ dero Stadt und Ambt Dornburgk zue einem bestendigen Leib-Geding verschrieben/ Laut und Inhalts einer sonderbaren darüber aufgerichteten und vollzogenen Leib-Gedings-Verschreibung/ derer Datum stehet/ geschehen zue Neuburgk an der Thonau den 30. Augusti Anno 1591. und nach seeligem Absterben Hochgedachtes Hertzog Friedrichen Wilhelms Fürstl. Gnaden/ zwischen weiland den auch Durchlauchtigst-und Durchleuchtigen/ Hochgebohrnen Fürsten und Herren/ Herrn Christiano dem Andern/ Hertzogen zu Sachsen/ Gülich/Cleve und Berg/ des Heiligen Römischen Reichs Ertz-Marschaln und Churfürsten/ in Vormundschafft ietzt bemeltes Hertzog Friedrich Wilhelms/ ꝛc. hinterlassener junger Herrschafft ꝛc. aneinem/ und Herrn Johansen/ Hertzogen zu Sachsen/ ꝛc. Beyden Höchst-und Hochseeliger Gedächtnis/ am andern Theil/ eine richtige beständige Erb-Theilung vorgenommen und beschlossen/ auch darbey unter andern in einem Neben-Abschied sub dato Weymar den 13. November 1613. abgeredet und vor guet angesehen worden/ daß Höchstgedachte Fürstl. Frau Wittwe ꝛc. solche Zeit Ihr eingezogenes Hoff- und Anwesen zue Altenburgk anstellen/ auch aldo zuegleich die Fürstl. Kinder/ erster und anderer Ehe/ in Gottesfurcht und andern Fürstl. Tugendenufferziehen solte/ darbey es auch etliche Jahr allenthalben also verblieben ist; Nachdem aber nicht allein vorhöchstgedachtes Herrn Christiani Churfürstl. Gnd. sondern auch/ nach deroselben Christlichen Hintritt/ Dero vielgeliebter Herr Bruder und Gevatter/ der Durchlauchtigste/ Hochgebohrne Fürst und Herr/ Herr Johanß Georg/ Hertzog zu Sachsen/ Gülich/ Cleve und Berg/ des Heil. Römische Reichs Ertz-Marschalch und Churfürst/ ꝛc. als uff Sr. Churfürstl. Gnd. die Vormundschafft Ihrer geliebten jungen Vettern/ der Hertzogen zu Sachsen Altenburgischen Theils kommen/ vor hochnöthig erachtet/ Ihre F.F.F.F. G.G.G.G. zue Continuirung Dero wohlangefangenen Studien nacher Leipzig zue schicken/ und darauff aus Vater und-Vetterlicher Vorsorge Anordnung gemacht/ wie hinfürter dero Hoffstatt zue Altenburgk eingezogen/ und alle unnöthige Unkosten verhütet werden und nachbleiben möchten; So hetten zwar Ihro Churfurstl Gnd. nichts liebers gesehen/ dann daß vorhöchstgedachte Fürstl. Frau Wittwe ꝛc. mit dero geliebten Töchtern/ erster und anderer Ehe/ noch ferner zue Altenburgk beysammen blieben weren/ und Dero wesentlich Hofflager/ Inhalts obberürtes Bey-Abschiedts/ und Ihr. Churfürstl. Gnd. gnädigst beschehener Anordnung/ daselbsten gehalten hetten; Weil es aber J. F. G. Gelegenheit nicht gewesen/ sondern gegen Ihro Churfürstl. Gnd. sich freundlich erkläret/ dero von Ihrem in GOtt ruhenden geliebten Herrn und Ehe-Gemahl ꝛc. verschriebenes Leib-Guth Dornburgk zu beziehen/ und aldo neben J. F. Gnd. geliebten zweyen Freulein/ als Freulein Annen Sophien/ und Freul. Dorotheen/ Hertzoginnen zu Sachsen/ ꝛc. das Hoff-Wesen anzustellen/ Inhalts J. F. G. gegen Ihr. Churfürstl. Gn. deswegen unterschiedener gethanen Erklerungen; Als haben es auch Ihre Churfürstl. G. weil J. F. G uf solchen Ihrem Intent bestendig beruhet/ dahin gestellet seyn lassen müssen/ ist derowegen/ biß uff Ihrer Churfürstl. G. Ratification, mit J. F G. nachfolgende Vergleichung getroffen/ und zu Pappier bracht worden;

Und Anfenglich soll es allerdings bey vorgemelter Fürstl. Witthumbs-Verschreibung gelassen/ auch derselben jetzo und künfftig in allen Puncten und Clausulen nachgegangen werden. Und weil zu Folge obangedeutes Bey-Abschiedes das Fürstl. Witthumb von Höchstgedachten Hertzog Johansen zu Sachsen/ ꝛc. vor sich und neben Herrn Christiani des Andern Churfürstl. Gnd. in gesambter Vormundschafft/ durch Ihrer Chur-und Fürstl. Gn. Gn. darzu sonderbare verordneten Commissarien/ im abgewichenen 1605. Jahr/ Höchstermelter Fürstl. Frau Wittwen/ ꝛc. Inhalts der Fürstl. Ehe-Beredung/ mit den Unterthanen und andern/ ausser der Lands-Fürstl. Obrigkeiten/ Weltlichen/ Ritterlichen/ Steuer und Folge/ angewiesen/ dieselben auch in Ihr. F. Gn. Pflicht genommen seynd; So bleibet es nochmahls allerdings dabey/ und wird J. F. Gn. billich daran kein Einhalt gethan.

Als auch ferner und zum Andern die Fürstl. Frau Wittbe/ ꝛc. sich gnedigst ercleret/ Inhalts der Fürstl. Ehe-Beredung/ einen sonderbahren Hoff-Prediger und Seelsorger Ihr zu halten und zu bestellen. Ob nun wohl Ihr. Churfl. Gnd. dafür gehalten/ weil nicht allein im Fürstl. Witthumb zu Dornburgk/ sondern auch dem gantzen Lande/ durch GOttes Gnad und Güte/ sein heylig allein seeligmachendes Wort lauter und rein geprediget würde/ so wohl die Stadt Dornburgk albereit mit einem Pfarrer versehen were/ Ihre Fürstl. Gnd. würden solchen Pfarrer hierzu gebraucht haben; Wann aber J. F. G. hingegen allerhand erhebliche Motiven angezogen; Als ist J. F. G. freygestellet worden/ uff eine Christliche Gott fürchtige Person zu dencken/ dieselbe sonderlich/ wann sie nicht im Predig-Ampt gewesen/ dem Fürstl. Sächsis. Altenb. Consistorio zum Examine und Ordination zu præsentiren/ sondern auch J. Churfürstl. Gn. in Vormundschaft Cantzler/ Cammer-Hof-Räthen und Rentmeister daselbsten solches gnedigst zu erkennen zu geben/ damit sie der Besoldung halben mit ihme tractiren/ und biß uff Ihr. Churfürstl. Gn. gnedigste Beliebung handlen mögen; Darbey aber Höchstgedachte Fürstl. Frau Wittwe ꝛc. billich gnedigst in Acht zu nehmen haben wird/ daß J. F. Gn. dero geliebten Söhne ꝛc. so viel müglich/ mit vielfeltigen Unkosten verschonen/ und uff eine solche Person bedacht seyn wolle/ welche nicht etwan eine übermeßige Besoldung fordern thete/ sondern sich mit einem ziemblichen Unterhalt contentiren liesse.

Zum Dritten/ das Jährlich deputirte roth und schwartz Wiltpret betreffend/ alldieweiln in der Fürstl. auffgerichteten Ehe-Beredung klar versehen/ daß auff den Fall die Fürstl. Frau Wittwe ꝛc. Ihren Witthumb würcklichen beziehen würde/ Ihr. F. Gn. Jährlichen 10. Stück Hirschen oder Wilt/ ingleichen 10. gute Schwein und 10. Rehe gereicht/ und wann/ es zu seiner Zeit am besten ist/ geliefert werden solten/ und numehr die Beziehung erfolget/ so soll es dabey beruhen/ der Fürstl. Ehe-Beredung nachgegangen/ und J. F. Gn. auf derselben gnedigstes Begehren/ solch Wiltpret eingeschickt/ und ohne einigen Anschlag und Entgeld gefolget werden.

Und obwohl vors Vierdte von Höchstermelter Fürstl. Frau Wittwen begehrt worden/ nicht allein

die

ANNO 1613.

die Gebeude am Schloß / und andere darzu gehörende / so etwa itziger Zeit wandelbahr und baufellig / nach besagter vielgedachter Fürstl. Ehe-Beredung / zum Bestande zu bringen / sondern auch andere Gebeude mehr / an Capellen / Cantzley / Gewelben / Apothecken und was sonsten von nöthen / anzurichten und auffzuführen; Dieweil aber Ihr. Churfl. Gn. sich dahin resolvirt / daß solche Gebeude itziger Zeit zur Nothurfft angerichtet / die Fürstl. Ehe-Beredung auch gewisse Maß gebe / wie es damit gehalten werden solte / darum Ihr. Churfl. Gn. neue Gebeude vornehmen zu lassen / nicht wenig bedencklichen were; Als haben sich auch dieses Punctens halben die Churfürstl. Sächsis. in Vormundschafft Abgeordneten weiter nichts ercleren / noch anordnen können / doch Ihr. F. Gn. hierdurch unbenommen / bey Ihr. Churfürstl. Gn. selbsten / berührter neuen Gebeude halben / was weiters auszubringen.

Wegen der andern wandelbahren Gebeude aber / on Tachung und sonsten / was sich vermög der Fürstl. Ehe-Beredung gebühret / sollen verstendige Meister und Commissarien förderlichst bestellet / durch dieselbigen ein Besichtigung genommen / Anschlege darüber verfertigt / und aus der Fürstl. Rent-Cammer zu Altenburgk wiederumb in beulichen Standt gebracht / wie dann ingleichen durch solche Verordnete die angezogene wandelbahre Mühl zu Dorndorff / auch das Forwergk Wilsdorff besichtiget / und in Bedencken gezogen werden / wie etwan die Mühle wieder anzurichten / auch der Fürstl. Frau Wittwen 2c. ein Gemach an einer Stuben und Cammer in Forwergk zu Wilsdorff zu erbauen.

Was zum Fünfften das Bett und Leinin Geräthe anlanget / hat zwar die Fürstl. Frau Wittwe 2c. ein schrifftlich Verzeichnüs / was etwa Ihr. F. Gn. begehrt / übergeben lassen / dieweil aber dasselbige / in Erwegung dieser Fürstl. Hoffstatt / zu hoch lauffen wollen / ist von dem Churfl. Sächsis. Abgeordneten ein andere Designation, wie hierbey zu befinden / verfertigt / dem Herrn Pfaltzgräfl. Gesandten zugestellet / und darauf dahin sich ercleret worden / daß dasjenige / so jetzo allbereit verhanden seyn möchte / J. F. Gnd. eingeantwortet / der Mangel aber von Jahren zu Jahren / und also innerhalb zweyen Jahren / von dato an / mit guten Rath der Fürstl. jungen Herrschafft / geschafft werden / und dardurch der Fürstl. Ehe-Beredung und übergebenen Designation völlige Gnüg geschehen soll.

Ob auch nun wohl von der Fürstl. Frau Wittwen 2c. eine sonderbahre Designation wegen begehrter Tapezerey und anders übergeben worden; Dieweil aber Ihre Churfl. Gnd. sich dieses Punctens halben allbereit untern dato Dreßden am 10. Decembris jüngst abgelauffenen 1612. Jahres ercleret; Als haben es auch Ihrer Churfl. Gn. Abgeordnete darbey bewenden und bleiben lassen / wollen aber dieses Begehren Ihren Churfl. Gn. umb dero weitere gnedigste Ercleruug unterthenigst referiren / haben sich auch darneben erbothen / daß immittelst zur Frembder Herrschafft Ankunfft auf Begehren jedesmahl die Nothurfft an dergleichen Tapezereyen nach Dornburgk geschafft / und also J. F. Gnd. nicht darfür stehen / aber doch nach Abzug der Herrschafft alsbalden dieselben wiederumb nach Altenburgk gebracht werden sollen.

Was den andern Haußrath in Küchen / Keller und sonsten / so wohl das Silber-Geschirr / betrifft / soll solches alles / darzu man sich / nach Besage der übergebenen Designation, erboten / J. F. Gn. überliefert / und was etwan itzo nicht verhanden / mit dem ehisten geschafft werden.

Zum Sechsten / der beyden Fürstl. jungen Freulein / Freulein Annen Sophien / und Freulein Dorotheen / Hertzoginnen zu Sachsen / 2c. Unterhaltung anlangend / dieweil Höchstermelte Fürstl. Frau Wittbe 2c. dieselbigen / wie oben gemelt / bey sich behalten will / und derentwegen 4000. Thaler jährlichen Unterhalts begehrt / solches aber aus allerhand Bedencken / sonderlichen / daß Ihre Churfl. Gn. sich weiter nicht / dann auff 2000 fl. gnedigst resolvirt / nicht zu bewilligen gewesen / und doch gleichwol allerhand Motiven mit eingefallen; So hat man sich / jedoch auff Ihrer Churfl. Gn. gnedigste Ratification, dahin verglichen / daß Hochermelten Beyden Fürstl. Freulein 2c. von nun an / und so lang dieselben Ihr. Fürstl. Gn. als die Frau Mutter / bey sich behalten wird / jährlichen 3000. fl. vor Kost / Kleidung und andere Auferziehung / aus Fürstl. Renth-Cammer zu Altenburgk auf 3. unterschiedene Fristen und Termin, als die drey Leipzigische Märckte / Ostern / Michaelis und Neuen Jahrs-Marckt / und weil der itzige Oster-Termin allbereit vorüber / mit dem ersten Termin nechst vorstehenden Petri Pauli Marckt dieses lauffenden Jahrs zu Naumburgk anzufahen / folgende Jahr aber obbestimte Termin zu continuiren / und darüber noch jährlichen 150. Klaffter Scheidt von der Saalflösse unter Dornburgk ausgesetzt und geliefert / ingleichen hierüber 3. Tannen-Hirschen / und 2. Schweinen eingesaltzens Wiltpret / beneben 15. Hasen / jährlichen gefolget werden sollen; Dargegen zu J. F. Gn. man des unterthenigsten Vertrauens / dieselbige hinwiederumb mehr Hochgedachte Beyde Fürstl. Freulein / dero geliebte Kinder / 2c. zu aller Gottesfurcht / und Fürstl. Tugenden anzureitzen / und auf zu erziehen / Ihr gnedigst angelegen seyn lassen / desgleichen auch in Fürstl. Kleidung / wie sichs gebühret / unterhalten werden.

Wann nun dieses alles erfolget / soll hinfüro offt höchstgedachte Fürstl. Frau Wittwe 2c. sich an solchem Ihrem Witthumb und Vermächtnüs / Inhalts der darüber sonderbar uffgerichten Verschreibung / genügen lassen / und an der Fürstl. jungen Herrschafft 2c. Landschafften / Erbschafften und Gütern / kein weitere Forderung haben.

Ob auch wohl schließlichen hiebevor wegen 60000. fl. Anlehens / welche Ihr. F. Gn. dero geliebten Herren Söhne 2c. Rent-Cammer umb Verzinsung vorgesetzt / so wohl auch wegen Verbesserung des Fürstl. Leib-Gedings der 20000. fl. auff Hardisleben / auch der dahero rührenden Zinsen halben / allerhand Ungelegenheiten sich ereignen wollen / seynd doch dieselben allbereit vor diesem durch höchstermelte Ihre Churfürstl. Gn gnedigst erörtert / Ihr. Fürstl. Gn. auch derentwegen anderweit Obligation und Ercleruug eingeantwortet / und der Jährlichen Zinß-Reichung halben in den Aembtern / Camburgk und Bürgel / auch respective wegen Hardisleben / aus der Fürstl. Rent-Cammer nothürfftige Verordnung gemacht worden / derowegen es dann billich darbey beruhet.

Dieses alles / wie vorstehet / haben sich die Churfürstl. Sächs. in Vormundschafft / 2c. auch Fürstl. Pfaltzgräfl. Abgesandte / 2c. biß uff Ihrer Chur-und Fürstl. Gn. Gn. gnedigste Ratification, verglichen / wie es dann auch die Fürstl. S. Frau Wittwe 2c. uff Ihres gnedigsten vielgeliebten Herrn Vaters 2c. Beliebung gestellet; So bald nun gemelte Ratificationes einkommen / soll folgende Wochen hernacher diese abgeredte Vergleichung angehen / und höchstermelte Fürstl. Frau Wittwe 2c. Dero eigen Hoffstadt / ohne ferner Darlegung und Bestellung der Fürstl. Rent-Cammer zu Altenburgk / anstellen und vollführen; Wie sich dann auch Ihr. F. Gn. immittelst dahin gnedigst

Anno 1613. digst ercleret / biß uff solche erfolgte Ratification alle überflüßige vergebliche Ausgaben und Uncosten einziehen / und dermassen haußhalten zu lassen / daß Ihre Churfürstl. Gn. damit wohl zu frieden / und Dero geliebten Herren Söhne ꝛc. Rent-Cammer mit übrigen Ausgaben verschonet bleiben möchte.

Zu Uhrkund solcher Abhandlung ist dieser recess in triplo auffgerichtet / und haben wir des Durchlauchtigsten / Hochgebornen Fürsten und Herrn / Herrn Philipps Ludwigen / Pfaltzgraffen bey Rheyn / Vormunds und der Churfl. Pfaltz Administratoris, in Bäyrn / Gülich / Cleve und Berg Hertzogens / ꝛc. abgesandte Räthe solches auf Ratification, wie obgemelt / angenommen / und an statt obhöchstermelter Fürstl. Frau Wittwen / ꝛc. neben Unsern vorgedruckten Petschafften / mit eigenen Händen unterschrieben. Geschehen zu Dornburgk am 11. May Anno 1613.

CXXX.

6/16 Mai. (1) **Allianz-Tractat zwischen Pfaltzgraff Johan bey Rhein / der Churpfaltz Administratorn, Churfürst Johann Sigmund zu Brandeburg / deßen Brüder Marggraffen daselbst Christian / und Joachim Ernest / Hertzog Johann Fridrich zu Würtemberg / Landgraff Moritz zu Hessen / Marggraff Georg Fridrich zu Baaden / Johann Georg / und Ludwig Fürsten zu Anhalt / Graff Gottfried von Ottingen / durch unterhandlung Churfürst Fridrich zu Pfaltz / als dazu von allen mit Vollmacht versehenen eines / und denen Herrn General-Staaten der Vereinigten Niederlande andern Theils / zu gemeinschafftl. vertheydigung und beystandt wider all unbillichen gewalt auf 15. Jahr geschlossen / in Gravenhaag den 6-16 Maii 1613. Mit der Unirten Churfürsten und Stände Vollmacht an Chur-Pfaltz. Geben den 20. Martii 1613. Wie auch der Herrn General Staaten Volmacht sub dato 13. Maii 1613. und dann beydertheils Ratificationes, nebst des Churfürst zu Pfaltz Special Ratification. Welchen endlich folget. Ein absonderl. Articul des lauts; daß die Unirten den Hr. Staaten sollen monathlich 43 mil. Brab. Gulden liefern / diese aber mit 4000. Man assistiren. Und letzlich Die außtheilung unter den Aliirten obbemelter 43. mil. Gulden.** [Lunig, Teutsches Reichs-Archiv. Part. Special. Continuat. I. Abtheilung II. pag. 281.]

C'est-à-dire,

Traité d'Alliance entre Jean *Comte Palatin du Rhin, Administrateur de l'Electorat Palatin,* Jean Sigismond *Electeur de Brandebourg,* Chretien *&* Joachim Ernest *Marcgraves de Brandebourg,* Jean Frederic *Duc de Wirtemberg,* Maurice *Landgrave de Hesse,* George Frederic *Marcgrave de Baden,* Jean George *&* Louïs *Freres Princes d'Anhalt, &* Godefroi *Comte d'Ottingen, par l'entremise de* Frederic *Comte Palatin du Rhin & Electeur, qui avoit bien voulu se charger de leurs Pouvoirs d'une part, & les Seigneurs* Etats Generaux *des* Provinces Unies *d'autre part, pour leur commune défense & assistance reciproque contre toute injuste hostilité; lequel Traité devra durer 15. ans ou plus. Fait à la Haye le 6/16. Mai 1613.* Avec *les* Plein-pouvoirs *des Princes Unis pour l'Electeur* Frederic *du 20. Mars 1613. Celui des* Etats Generaux *à leurs Deputez du 13. Mai 1613. Les Ratifications de part & d'autre, & en particulier celle de l'Electeur* Frederic. Comme aussi *l'*Article *separé conclu le même jour; portant que l'assistance des Princes unis auxdits Seigneurs Etats sera de 43 mille Florins de Brabant par Mois, & celle des Etats aux Princes unis de quatre mille Hommes effectifs.* Et enfin *la* Repartition *convenüe desdits 43. mille Florins entre les Princes qui doivent les fournir.* Anno 1613.

Von Gottes Gnaden / Wir Johannes / Pfaltz-Grave bey Rhein / Hertzog in Beyeren / Grave zu Veldents und Spanheim / ꝛc. Wir Johannes Frederick / Hertzog zu Würtenberg und Teck / Grave zu Mumpelgard und Herr in Heydenheim / ꝛc. Wir Moritz / Land-Grave zu Hessen / Grave zu Catzenellebogen / Diets / Ziegenheim und Nidda / ꝛc. Wir Georg Friederich / Marggrave zu Baden und Hochberg / Landgrave zu Sausenburg / Herr zu Rötteln und Badenweiler / ꝛc. Wir Christian / Fürst zu Anhalt / Grave zu Ascanien / Herr zu Berenburg und Zerbst / ꝛc. von wegen Herrn Joachim Ernsten / Marggraven zu Brandenburg / in Preussen / zu Stettin / Pommern / der Cassuben und Wenden / auch in Schlesien / zu Crossen und Jägerendorf Hertzogen / Burggraven zu Nürenburg und Fürsten zu Riegen / ꝛc. Craft habenden Gewalts / so wol auch vor Uns und habender Vollmacht Unser geliebten Herren Gebrüderen / Herrn Hanß Georgen / Herrn Augusti / Herrn Rudolphen und Herrn Ludwichen / aller Fürsten zu Anhalt / ꝛc. und an statt und von wegen Herrn Marggrav Christians zu Brandenburg / wir Johann Philips Fuchs van Bambach / Ritter und Obrister / und Johann Pappista Baun / der Rechten Doctor, geheime Räth / ꝛc. wegen Herrn Gottfrieden / Graven zu Ottingen / ich Ludwig Müller / der Rechten Licentiat, und Sr. G. Cantzler ꝛc. Bekennen und thun kund und offenbar mit diesem offnen Brieffe: Demnach der Hochgeborn / auch Durchleuchtigst Fürst und Herr / Friederich / Pfaltzgraf bey Rhein / des H. Röm. Reichs Ertz-Truchses und Churfürst / Hertzog in Beieren / ꝛc. Unser freündlicher lieber Oheim / Vetter / Schwager und Sohn / auch gnedigster Herr / vermög eines sonderbaren von Uns unterschriebenen und gesiegelten Gewalts / unter dato Rotenburg an der Tober den 20. Mart. dieses 1612. Jahrs / auf Unser freundlich und unterthenigs Ersuchen / in dero Zurückreiß aus Engelland nicht allein freundlich und gnedigst aufgenommen / und die vor diesem mit dem Herrn General Staat der unirten Niederländischen Provincien angefangene Tractaten / wegen einer mehrern Correspondenz und Alliantz / zu reassumiren / sondern auch dero Hochvernünfftigen Vorsichtigkeit nach mit den da zu Deputirten von gedachten Herrn Staten dieselbe abgeredet / verglichen / und auf allerseits Belieben geschlossen / uf maß dieselbe in zween unterschiedliche Abschied unter dato den 6 / 16. Mai. gedachtes Jahrs 1613. begriffen worden. Wie dieselbe von Worten zu Worten / samt beygefügten Gewalden / hernacher volgen;

Dem-

(1) Il y a quelque chose dans ce Traité qui demande explication. *Frideric V*, Electeur Palatin, y paroît muni d'un Plein-pouvoir de l'Administrateur de son propre Electorat, & traiter en son nom, avec les Etats Generaux des Provinces Unies, ce qui semble impliquer contradiction, & ce qui pourtant est vrai. Il faut remarquer ici deux choses; l'une, que *Frederic* etoit encore Mineur, & qu'ainsi il ne pouvoit traiter valablement, sans y être autorisé par *Jean* Comte Palatin, son Tuteur & Administrateur de l'Electorat; l'autre, que ce *Jean* étoit aussi Duc de Deux-Ponts, & qu'il entroit comme tel dans le Traité pour son propre compte. Cela paroît dans la Repartition des 43. mille Florins par mois, où il est taxe, comme les autres, à proportion de ses Freres. [Du M.]

ANNO 1613.

Demnach von alten Zeiten hero zwischen den Durchluchtigsten / Durchleuchtigen / Hochgebornen Fürsten und Herrn / Herrn Johann / Pfaltz-Graven bey Rhein / der Churfürstlichen Pfaltz Administratoren / Hertzogen in Beyeren / Graven zu Veldentz und Spanheim ꝛc. Herrn Johann Sigismund Marggraven zu Brandenburg / des Heiligen Röm. Reichs Ertz-Cammerern und Churfürsten / Herrtzogen in Preussen ꝛc. Herrn Christian und Herrn Joachim Ernst / Marggraven zu Brandenburg / in Preussen / zu Stetin / Pommern / der Cassuben und Wenden / auch in Schlesien / zu Crossen und Jägerendorf Hertzogen / ꝛc. Herrn Johann Friederichen / Hertzogen zu Würtenberg und Teck / Graven zu Mompelgard und Herrn zu Heidenheim ꝛc. Herrn Moritzen / Landgraven zu Hessen / Graven zu Catzenellebogen / Ziegenheim und Niedda ꝛc. Herrn Georg Friedrichen / Marggraven zu Baden und Hochberg / Landgraven zu Sausenberg / Herrn zu Rötteln und Badenweiler / ꝛc. Herrn Hanß Georgen / Herrn Ludwig / Gebrüdern / Fürsten zu Anhalt / Graven zu Ascanien / Herrn zu Zerbst und Berenburg / auch den wolgebornen Herrn Gottfrieden / Graven zu Ottingen / sämptlichen vereinigten Churfürsten und Ständen / und die Hoch-und Mächtige Herren Staten Generael der freien Vereinigten Niederlanden / sich eine gutte und vertreüliche Correspondents verhalten / und Höchst-und Hochgedachte unirte Chur-und Fürsten / wie auch Staten General gut und ratsaem befinden / vorbesagte Correspondents und Freundschafft / vermittelst einer engern Allianze und beyderseits versprochener Hülffleistung und Assistens zu vermehren und zu bestercken / auch zu dem Ende dem Durchleuchtigsten und Hochgebohrnen Fürsten und Herrn Friedrichen / Pfaltz-Graven bey Rhein / des Heiligen Röm. Reichs Ertztruchsässen und Churfürsten / Hertzogen in Beiern / ꝛc. von Höchst-und Hochgedachten Chur-und Fürsten / auch Ständen / freundlich und undertheniglich solche Commission uffgetragen worden / wie auch von Hochgemeldten Herren Staten Generael / den Wolgebohrnen / Gestrengen / Edelen und Ereuvesten Herrn Walraven / Herrn von Brederode / Biahen / Burg-Graven von Utrecht / Herrn von Ameyden / Clutingen / ꝛc. Johann von Luchteren / alten Burgemeister der Stadt Zutphen / Johann van Oldenbarnevelt / Rittern / Herrn van Berckel und Rodenryß / Advocaet und Verwahrern des grossen Siegels / Archiven und Registern von Hollandt und Westvrießlandt / Jacob Magnus / Herr von Melissant / alten Burgermeister der Stadt von Middelburg in Zeelandt / Joncker Justus von Rysenburg / Herr zu Rysenburg / Joncker Kempe von Donia / Grietman van Leenwarderadeel / Arent Gerrits / Burgemeister der Stadt Schwoll / und Joncker Abel Coenders von Helpen / Hoveling zu Faen und Cantes / als haben dieselbe vermög beyderseits Commission und Gewalt / welche zu Ende diesem Tracktaet inserirt / und demselbigen beigefügt / uf vorhergehende freundliche Communication und Conferents / welche jedoch uf Belieben und Ratification beiderseyts Principalen Committenten gestellet / sich nachvolgender Gestalt verglichen:

I. Ist beyderseyts ausdrückelichen vorbehalten / daß diese Alliantie zu Niemands offension gemeint / sondern allein defensive gemeint seyn soll / und zu dem Ende angesehen / damit Höchst-und Hochgedachte Chur-und Fürsten / auch Staten General / dero Landen und Undetthanen in ihrem respective Hochheyt / Liberteit / Rechten / billigen und wohlhergebrachten Gebreüchen manutenirt / und wieder alle unrechtmäßige Thätligkeiten und Gewalt geschützet und beschirmet werden mögen.

II. Es soll auch durch diese Handlung die Verainung / Verbündtnüssen / Freundschafft und Alliançen / so Höchst-und Hochgemeldte Chur-und Fürsten / auch Staten General / so wol in Respect der Keyserlichen Majesteyt und des Heiligen Röm. Reichs / Königen in Franckreich und Groß-Brittanien / auch das Hochlöbliche Churfürstl. Collegium oder andere Fürsten und Stenden haben / nicht gemindert noch geendert werden / oder denselbigem im geringsten einiger Abbrugh geschehen / sonder in ihren Kreften gants unversehrt verpleiben.

III. Da nun Höchst-und Hochgedachte Chur-und Fürsten / oder Staten General / ihre Landen und Underthanen oder derselben Güter / wider ihre Freyheit / Recht / Hochheit / löblich und wolhergebrachten Gebreuchen / thätlich / feintlich oder unbilliger Weyse molestirt / gehindert / bekriegt / angefochten oder beleidicht / ihme keine billige Widerkehr oder Erstattung in der Gütte geschehe; Nachdem solches von den vereinichten Chur-und Fürsten oder Staten General für eine thätliche und feintliche Erzeigung / und welche zu Nachtheil ihrer Verainung gemeint / erkant und angenommen worden / soll von dem andern Theil gegen dem Anfechter Hülff und Assistents geleistet werden / nach ihrer respective Gelegentheyt und Vermögen / ufmassen / heut dato dieses in einem absonderlichen unterschriebenen und gesiegelten Tractaet abgeredet und verglichen worden.

IV. Es soll auch die versprochene Assistents vermehret werden / nach der Proportion der Contribution solcher Churfürsten und Stenden / auch Staten / so sich künfftig in die Verainigung Höchst-und Hochgedachten Chur-und Fürsten begeben möchten / des würcklichen effects dieser Handlung theilhaftigh zu werden und zu genissen.

V. Die versprochene Hülff soll innerhalb zweyen Monathen / nach beschehener Anmahnung / so wol von Reutern und Knechten / und zu dem Krieg erforderter Notturfft / als auch in guter Ordnung von wol versuchten Kriegs-Volck / die wol mondirt und armirt seind / mit Proviand / Kriegs-Munition und andere Zugehöre versehen / und die eusserste Frontieren / und am negsten zu desjenigen Grentzen / welcher assistiret werden soll / fertig sein / also bald fort zu ziehen und zu marchiren / mit genugsamer Anstalt der Bezalung ihres Soldes uf drei Monat / welche Bezalunge je von drey Monaten zu drey Monaten soll continuirt / und vermittelst einer anticipation dargelegt und entrichtet werden / so lang es die Notturfft erfordert / und dieser Tractaet in Kreften bleiben wirt.

VI. So bald die versprochene Hülff aus den Landen und Gebiet der assistirenden wirt marchiren / sollen diejenige / welche assistirt werden / Verordnung thun / daß solcher Secours; so wol vor das Kriegs-Volck / als die Pferde / mit nötigen Proviand und Füterung / in einem billigen Werth / welchen sie von ihrer Besoldung zu bezalen / versehen werden / innassen sie auch mit zugehörender Munition, Kriegs-Instrumenten / alles uf desjenigen / welchem die Assistents geschiehet / Costen versorget / nach der Arth und Gebrauch / so bey denselbigen assistirten üblich und herkommen.

VII. Der zugeschickte Secours von Reutern und Knechten soll über die Obristen / Ritmeister / Capitain und andere Officirer / mit einem oder mehr / die commandieren / uf des Hülfleistenden Kosten versehen werden / doch mit diesem Vorbehalt / daß sie demjenigen underworffen sein / welchen der assistirte / oder dem Hülff geleistet wirt / von Zeit

Anno 1613.

zu Zeit / es sey zu Velt / zu Wasser / oder zu Landt / in Besetzung Stette oder Vestungen / zu ihrem Behulff / Vortheil und Dienst / jederzeit wirt verordnen oder ihnen fürstellen.

VII. Die versprochene Hülf in Geld / gants oder zum theil / vermög vorbesagter sonderbahren Versprechung / soll beyderseits vor die erste drei Monat / mit Ubersendung des Secours, und also vortan von drei Monaten zu drei Monaten / vermittelst einer anticipation, in die negste Stadt des assistirten / an die Grentsen des jenigen / so assistents leistet / gelegen / welche besagter assistirender ihme schriftlichen und in geheim zu benennen /) entrichtet und geliefert werden.

IX. Und dieweil Höchst-und Hochgedachte Chur- und Fürsten / auch Staten General / mit dem Koning in Vranckreich und Groß-Brittannien / auch andern Konigen / Printen ende Stenden / sonderbare Verbündtnüssen und Defensiv-Alliancen usgerichtet / ist beyderseits accordirt und verglichen / uf den Fall mehr Höchst- und Hochgedachte Chur-Fürsten oder Staten General / ehe und zuvor sie craft dieser engeren Verfassung umb Hülff ersucht / bereits von andern ihren obgesagten Mitvereinigten / vermög voriger Tractaten / umb die verglichene Hülff solten angeruffen sein worden / daß als dann ein Theil dem andern mit dem halben Theil der versprochenen und zugesagten assistents ein Genügen und Satisfaction thun mag / alles uf massen hier befohr angeregt.

X. Item: Ob es sich begeben würde / daß Höchst-und Hochgedachte Chur-und Fürsten / oder Staten General / in ihren eygenen Landen angefochten und feintlich angegriffen / und die unirte Chur-und Fürsten / oder Staten General / solche Angreiffung vor ein Thathandlung / die sie schuldig abzuwehren / erkennen und annehmen würden / in solchem Fall sollen die Angefochtene oder feintlich Angegriffene nicht allein krafft dieses entschuldiget sein / einige Hülff in wehrender solcher ihrer Anfechtung zu schicken / sondern ihnen auch bevor und frei stehen / ihren bereits überschickten Secours, nach Verfliessung der drei Monaten / von dem Tag der Ratification, so den assistirten zu thun / anzurechnen / zu revociren / und wieder abzufordern.

XI. Höchst- und Hochgedachte Churfürsten / Fürsten und Staten General / sollen in wehrender dieser Alliantie keine Verbündtnüssen zu Nachtheil oder præjudiz dieses gegenwertigen Tractats machen oder eingehen.

XII. Diese Alliants oder Verainung soll fünffzehen Jahr bestendig wehren / auch beyderseits respectivè Successorn darin mit verbunden sein / und ein Jahr vor Verfliessung solcher fünffzehen Jahren sollen diese Alliirte oder ihre Successorn ihre respectivè Commissarien und Gesandten mit volkommen Gewalt zusammen schicken / diese Handlung zu prorogiren / und was in gemein nützlich sein möchte / mit einander zu berathschlagen.

Endlich soll dieser Tractat in einem Jahr negstkünftigh von Höchst- und Hochgedachten Chur-und Fürsten / auch Staten General / ratificirt / approbirt / und beyderseits die Ratification underschrieben und gesiegelt / je von einem Theil dem andern geliefert und zugestellet werden. So geschehen / verglichen und geschlossen / uff Gutbefinden / Belieben und Ratification beyderseits Principalen Committenten und Gewaltgeberen / in dem Graffen-Hage den 6 / 16. Maj. im Jahr sechtzehen hondert und dreyzehen. Und dessen zu Uhrkund seind zwey gleichlautende exemplaria dieses Tractats von Höchstgedachten Herrn Churfürsten und Committirten / auch der Staten General / onderschrieben / mit Ihre Churfürstl. Gn. Secret und ihren Insiegeln und Pitschafften gesiegelt worden.

Der unirten Churfürsten und Stände Vollmacht an Churfürst Friederich zu Pfaltz.

VOn Gottes Gnaden / Wir Johannes / Pfaltz-Graf bey Rhein / Vormund und Churfürstlichen Pfaltz Administrator, Hertzog in Bäyern / Graf zu Veldentz und Spanheim / für Uns / und aus Vollmacht Land-Graff Moritzen zu Hessen Ld. im Nahmen und von wegen des Herrn Churfürsten zu Brandenburg / ich Christian von Gellyn zu Marcklaro, Cantzler und geheimer Rath / Wir Joachim Ernst / Marggraf zu Brandenburg / in Preussen / zu Stettin / Pommern / der Cassuben und Wenden / auch in Schlesien / zu Crossen und Jägerndorff Hertzog / Burggraf zu Nürnberg / und Fürst zu Rügen / rc. Wir Johann Friedrich / Hertzog zu Würtenberg und Teck / Graf zu Mümpelgard und Herr zu Heidenheimb / rc. Wir Georg Friedrich / Marggraf zu Baden und Hochberg / Land-Graf zu Stauffenberg / Herr zu Rötteln und Badenweiler / Wir Christian / Fürst zu Anhalt / Graf zu Ascanien / Herr zu Berenburg und Zerbst / für Uns / und aus habender Vollmacht Unser geliebten Herren Gebrüder / und von wegen Herrn Marggrafen Christians zu Brandenburg: Ich Friederich Hulderich von Barell auf Burghorig / Altendrebgast und Unteren-Steinach / Fürstl. Gnaden Cantzler / wegen Herrn Gottfrieden / Grafen zu Ottingen. Ich Ludwig Müller / der Rechten Licentiat, seiner Gnaden Cantzler / bekennen und thund kund offenbar mit diesem offenen Brieff:

Demnach wir den Hochgebohrnen / auch Durchlauchtigsten Fürsten und Herrn / Herrn Friedrichen / Pfaltz-Grafen bey Rhein / des Heil. Röm. Reichs Ertz-Truchsaßen und Churfürsten / Hertzogen in Beyern / rc. Unsern freundlichen lieben Oheimb / Vettern / Schwagern und Sohn / auch gnädigsten Herrn / freundlich und unterthänigst ersuchet / und endlichen vermögt / daß Se. Ld. und Churfürstl. Gnaden / bey bevorstehender Zurückreise auß Groß-Britannien / da sie ihren Weg durch die Niederland nehmen werden / freundlich und gnädigst uff sich genommen / die vor diesem mit den Herren Staaden General der unirten Niederländischen freyen Provintzien / im Nahmen der sämtlichen Chur-und Fürsten / angefangene Tractaten / zu beyderseits Uffrichtung einer nähern Correspondenz und Allianz, zu reassumiren / daß wir zu solchem Ende in Unseren und der übrigen mit-unirten Chur-und Fürsten / auch respective gnädigster und gnädigen Herren Nahmen / hiemit und im Nahmen dieses Brieffs / S. L. und Churfürstl. Gnaden vollkommene Macht und Gewalt gegeben haben / geben denselben auch hiemit dergestalt / daß Sie nach Anleitung eines besonderbahren habenden Memorials entweder selbsten / oder durch dero bey sich habende der Churfürstl. Pfaltz geheimen Räthe / solche Handlung mit den Herren General-Staaden vornehmen / darinne verfahren / und endlich schliessen und abhandeln mögen / was Sie auch also verrichten / abhandeln und schliessen werden / das versprechen wir / und an statt obgemeldt / bey Fürstlichen wahren Worten / Treuen und Glauben / allerdings genehm zuhalten / nicht anders / als ob wir und respectivè Unser gnädigster und gnädiger Churfürst und Herr in der Person solches alles gethan / verrichtet und abgehandelt / wir und Unser gnäd. Churfürst und gnädiger Herr wollen auch Sr. Ld. und Churfürstl. Gnaden / dero subdelegirte deswegen allerdings schadloß halten. Dessen zu Uhrkund haben wir Uns mit Händen unterschrieben / und Unsere

ANNO 1613.

sere Secreta und Pittschaffte angehängt. So geben und geschehen Rotenburg an der Tauber den 20. Martii, nach Christi Geburth im 1613. Jahr.

Also unterschrieben wegen Pfaltz und Land-Graf Moritzen zu Hessen / Johannes / Pfaltz-Graf / der Churf. zu Brandenb Joh. Friederich / George Friederich / Margeraf zu Baden / Christian / Fürst zu Anhalt / aus Befelch Herrn Christian / Marggrafen zu Brandenburg / Friederich Hulderich von Barell / von wegen Herrn Gottfrieden / Grafens zu Ottingen / L. Ludwig Müller / mit anhangenden 8 Capselen / darinne Ihr. Fürstl. Gnad. und der abwesenden Churfürsten und Grafen Gesandter Secreta und Pittschafften.

Derer Herren General-Staaten der vereinigten Niederlande Vollmacht.

DIe General-Staaden der vereinigten Niederlanden entbieten allen denjenigen / so diesen gegenwärtigen Brieff zu sehen bekommen / oder lesen hören / Ihren Gruß. Demnach der Höchstgebohrne und Durchleuchtigste Fürst und Herr / Herr Friedrich / Pfaltz-Graf bey Rhein / des Heiligen Römischen Reichs Ertz-Truchses und Chur-Fürst / Hertzog in Beyern / rc. vermöge dessen Credenz Brieffs von der Höchst-und Hochgebohrnen sämptlichen unirten Chur-und Fürsten / sub dato Rotenburg an der Tauber den 21. Martij, auf heut in Unserer Versamblung erschienen / umb mit Uns von wegen derselben Höchst-und Hochgebohrnen sämptlichen unirten Chur-und Fürsten in eine nähere Defensiv-Union und Correspondenz zu treten und zu schliessen / worzu Se. Churfürstl. Durchl. specialen Gewalt und Commission hätte. Und daß Wir zu diesem Ende einige aus Unserer Versamblung abordnen und bevollmächtigen wolten / hierüber mit Sr. Churfürstl. Durchl. Communication und Unterhandlung zu pflegen / wie auch den Schluß / was vorbemeldten Unions-Vertrag belanget / zu machen. Als haben Wir besagten Vertrag in behörige Deliberation gezogen / und in die gedachte Handlung gewilliget. Hierauf haben Wir verordnet und authorisirt / verordnen und authorisiren hiemit den Wohlgebohrnen Herrn Walraven / Herrn von Brederode / Burg-Grafen van Utrecht / Herrn von Ameyden / Clötingen / rc. Johann van Luchtern / Alt-Burgermeistern der Stadt Zütphen / Herrn Johann von Oldenbarnevelt / Rittern / Herrn van Berckel / Rodenryß / rc. Advocaten und Bewahrern des grossen Siegels / Brieff und Register- von Holland und West-Frießland / Jacob Magnus / Herrn von Melissant / Alt-Burgermeistern der Stadt Middelburg in Seeland / Juncker Justus von Rysenburg / Herrn zu Rysenburg / Juncker Kempo von Donia / Grietman von Leeuwaerden / Adel Arent Gerrits / Bürgermeistern der Stadt Swoll / und Juncker Abel Coenders von Helpen / Hoveling zu Faen und Cantes / denen Wir gegeben haben / und geben hiemit vollkommene Macht / Authorität / general-und special-Befehl / umb mit Höchstgemeldten Chur-Fursten / Pfaltz-Grafen / von Unsert wegen und in Unserm Nahmen / auf die vor proponirte nähere Defensiv Union und Correspondenz der sämptlichen uniirten Chur-und Fürsten / in Unterhandlung zu treten / dieselbe dergestalt zu tractiren und zu concludiren / als sie es selbsten zu Aufnahm und Versicherung des gemeinen Bestens nöthig zu seyn befinden werden. Des zu Uhrkund haben Wir diesen Brieff unterschrieben / mit Unsern Contra-Siegeln besiegeln / und bey Unsern Secretari einzeichnen lassen / zu Gravenhag den 13. Monats-Tag Maii, im Jahr 1613. War unterschrieben / Alb. Joachim. Auf der Plicque stund / durch Ordinanz der hochgemeldten Herren Staaden / und war gezeichnet / Aerssen, mit einem grossen Siegel von rothen Wachs. War unterschrieben / Friedrich / Pfaltz Graf / Churfürst / rc. W. Brederode. J. von Luchteren. J. von Oldenbarnevelt. J. Magnus. Justus von Rysenburg. K. von Donia. Arent Gerrits. Ab. Coenders / rc. Mit nachgedruckten Siegeln höchstged. Chur-Fürstl. Durchl. und der respective Herren Committirten der Hochgem. Herren General-Staaden. Den nähern Tractat, dessen hierinnen gedacht wird / anfahend.

Demnach rc.

Hierauf folget ferner:

Daß wir demnach ingesambt / und ein jeder vor sich selbsten solche Abschiede fleißig gelesen und considerirt / dieselbe auch der Instruction und Unsern dabey gehaltenen Protocolls einig / auch der Sachen Nothdurfft nach / und dem gemeinen Wesen zum besten / auch Uns zu sonderbaren Nutzen / hochvernünfftig und wohlbedacht befunden. Gereden und versprechen demnach / bey Unsern Fürstlichen wahren Worten und Glauben / solches alles und jedes / so hieoben gemeldet / und in beyden angezogenen Abschieden begriffen / vor Uns / Unsere Erben und Nachkommen / so lang die Zeit währet / in allen Puncten und Clausuln stet / vest und unverbrüchlich zu halten / auch würcklichen zu vollziehen / und in allem nachzukommen / allermassen als wan solches von Uns selbsten und jedem insonderheit wäre abgeredet und verglichen / ohn einige Exception und Behülff der Rechten / denen wir hiermit bester massen Verzieg thun / alles treulich und ohne Gefährde. Und zu Urkund dessen haben Wir Uns mit eigenen Händen unterschrieben / und Unsere gewöhnliche Pittschafften und Secreta angehängt. So gechehen zu Heilbrun den 20. Sept. A. 1614. War unterzeichnet / Johannes / Pfaltzgraf / rc. Friedrich / rc. Moritz / Landg. zu Hessen / rc. Georg Friedrich / Marggraf zu Baden / rc. Christian / Fürst zu Anhalt / rc. auch aus Vollmacht Marggraf Joachim Ernstens zu Brandenburg / rc. auch von wegen meiner geliebten sämptlichen Gebrüdern / rc. Von wegens meines gnädigen Herrn / Herrn Graf Gottfrieden zu Oettingen / L. Ludwig Müller / rc.

Ratification des Churfürsten zu Pfaltz.

WIr Friederich / von GOttes Gnaden Pfaltzgraf bey Rhein / des Heil. Römischen Reichs Ertz-Truchsaß und Churfürst / Hertzog in Bayern / rc. bekennen gleichergestalt / und thun himit kund und offenbar / daß wir hie obgesetzte Vergleichung einer vertreulichen Allianz und engern Verstandnüß / so wir den 6. Maii jüngst verschienen Jahrs / auf zugeschikten Gewalt der Mit-Unirten Chur-und Fürsten Ld. Ld. so auch des Grafen von Oettingen / selbsten tractirt und verabschiedet haben / auch Unsers Theils nochmahln bey Uns im Rath erwogen / und von neuem bedacht. Gereden und versprechen demnach bey Unsern Fürstl. Würden / wahren Worten und Glauben / vor Uns / Unsere Erben und Nachkommen / solches alles und jedes / so darinnen begriffen / stet und unverbrüchlichen zu halten / und in allen Puncten und Clausuln zu vollziehen / ohne einige Exception oder Behülff des Rechtens / deren Wir hiemit Uns begeben / alles getreulich und ohne Gefehrde. Dessen zu Uhrkund haben Wir Uns auch mit eigenen Händen unterschrieben / und Unser gewöhnlich Secret daran hängen lassen. So geschehen den 20. Sept. 1614. War unterzeichnet / Friedrich / Pfaltz-Graf / Churfürst.

Anno 1613.

Ratification der Herren General-Staaten über vorbemelten teutschen Tractat.

WIr die General-Staaden / ꝛc. bekennen und thun kund hiemit: Demnach wir gesehen und verstanden haben den Tractat von einer nähern Correspondenz, Allianz und Verbündnis / zwischen den Durchleuchtigsten Hochgebohrnen Fürsten und Herrn Friedrichen / Pfaltz-Grafen bey Rhein / des Heil. Römischen Reichs Ertztruchsassen und Churfürsten / Hertzogen in Bayern / ꝛc. in Nahmen der unirten Evangel Churfürsten / Fürsten und Ständen des H. Reichs eines / und im Unsern Nahmen / und von unsertwegen / Unsern darzu Deputirten anders theils / nach laut beyderseits habenden und exhibirten special-Procuration und Vollmacht / auf allerseits Principalen Belieben den 6 / 16. Maii des Jahrs 1613. aufgericht und beschlossen / begriffen in zweyen unterschiedlichen Abschieden / wie dieselbe von Wort zu Wort / sampt beygefügten Gewalten] hernach folgen:

Demnach von alten zeiten ꝛc.

Und nach Verlesung reiffer Deliberation und Examination befunden / daß die obbeschriebene Abschied zu Beförderung des gemeines Bestens / und auch dieser Lände sonderlichen Nutzen gereichen: Derowegen haben wir / mit Vorwissen / vollkommenen Erkänntnüs und Wohlgefallen der Herren Staaden der respectivè vereinigten Provincien / dieselbe ratificirt / approbirt und bewilliget / ratificirn / approbirn und bewilligen sie hiermit; Gelobende mit güten Treuen / vor Uns und Unsere Nachkömlingen / den Inhalt dessen in allen und jeglichen Puncten und Clausulen / so lang diese Verbündnüs wehren und stehen wird / stet / fest und unverbrüchlich zu unterhalten / und würcklich zu vollstrecken und nachzukommen; renunciren und verzeihen uns austrücklich aller Exceptionen und Behülf der Rechten / so dargegen einiger Weiß erdacht werden könnten / wie die Nahmen haben mögen. Des zu wahrer Uhrkund und Bevestigung haben wir denselben unterschrieben / Unser groß Siegel daran hangen / und bey Unserm Secretari einzeichnen lassen. Datum in Unser Versamblung in Gravenhag. den 22. Decembr im Jahr Unsers Herrn und einigen Verlösers und Seligmachers Jesu Christi 1614. War unterzeichnet / Justus Rysenburg. Unten stund: durch hochgemeldter Herren General-Staaden ausdrücklichen Befelch gezeichnet.

C. Aerssen.

Absonderlicher Articul. [Londorpii Actor. Publicor. Tom. I. pag. 112.]

C'est-à-dire,

Article *Separé, du $\frac{16}{26}$ Mai* 1613.

DEmnach auff heut dato den $\frac{16}{26}$ May dieses 1613. Jahrs bey dem dritten Articul deß Tractats zwischen dem Durchleuchtigsten / Hochgebornen Fürsten und Herrn / Herrn Friederichen / Pfaltzgraffen bey Rhein / deß H. Römischen Reichs Ertztruchsessen un Churf. Hertzog in Bayern / etc. (Als auch von den auch Durchleuchtigsten / Durchleuchtigen / Hochgebornen unirten Chur-und Fürsten in besagtem Tractat bennet / ersuchten Gevollmachtigten Gewalthaber) Und den Wolgebornen / Gestrengen / Edlen und Ehrnvesten daselbsten gleicher Gestalt denominirten und committirten der Herrn General Staaden / der vereinigten Niderländischen Provincien, unter anderen vermeldet / daß die beyderseyts versprochene Assistentz in ein sonderbare versiegelte und unterschriebene Schrift abgered / und nambhafft gemacht werden solle / als ist auff gut befinden / belieben und aggregation beyder respective committenten vereinbart und verglichen / daß die Assistentz / welche höchst-und hochgedachyte Chur-und Fürsten Monatlichen zuleisten / jeder Monat vor 30. Tag gerechnet seyn soll / 43. m. fl. Brabandscher Wehrung / jeden flor. zu 20. Stiber angeschlagen. Und die Herren General Staaden hingegen hochst-und hochgedachten Unitten Chur-und Fürsten assistiren sollen mit 4000. wohlversuchter Soldaten zu Fuß / darunter der halbe Theil mit langen Spiessen und Rüstungen / die Officirer darinnen begrieffen / der ander halbe Theil mit Mußqueten armirt, oder an statt ein tausend Soldaten von gemeldten vier tausenden / so viel Kürisser / die wol beritten / armirt; und nicht mit Bidetz oder Clepper versehen / und die arcquebousier zu Pferd gleicher Gestalt nach der Herren Staaden Ordnung und Gebrauch wel montirt und armirt, als gedachter 1000. Soldaten Besoldung sich wird erstrecken.

Und auff den Fall der General Staaden Gelegentheit zu einiger Zeit also beschaffen seyn würde / daß es ihnen unmüglich besagten Secours von Reutern und Knechten zu überschicken und zu unterhalten / sollen sie vor dieselbe Anzahl solche Summam Geldes Monatlich contribuiren / als sie billicher discretion gemäß werden arbitriren und erkennen mögen: Und soll diese Handlung eben so verbündlig und kräfftig seyn / als ob sie dem Haupt. Tractat per expressum inserirt, und einverleibt worden. Also geschehen und vergliechen auff Gutachten / belieben und ratification beyderseyts committirenden. Und dessen zu Urkund sind zwey Exemplaria eines Lauts unterschrieben und gesiegelt / außgefertigt / und jedem Theil eines in Handen gelassen worden.

Friederich Churfürst.

Kuan Donnia Justus von Risenburg.

Johannes Olden Barnefeld.

Abel Condres: Arrent Gerritz

W. de Brederote.

Johann von Lochtern.

Folgt die Außheilung unter den Unirten / wie viel jeder an den 43 m. fl. zu erlegen.

Die Hülffleistung welche der Herr Churfürst Pfaltzgraff im Namen der Unirten Chur-Fürsten und Ständ / den Herren Staden der Unirten Niderländischen Provintzien zu leisten versprochen / thut Monatlich den Monat zu 30. Tag gerechnet 43 m. Brabandischer Gülden.

Thut Jährlich / das Jahr zu 12. Monat gerechnet 518. m. Brabandischer Gülden.

An Teutschen oder Reichs Gulden / jedes mal 5. Brab. Gülden / für 3. Teutsche oder Reichs Gülden gerechnet.

C. M. C.

III IX. VI. Gülden / id est, 309600. fl.

Diese obgemelte Summa nun in ein richtige Außtheilung unter die Unirte zu bringen / hat man die proportion genommen nach Advenant, und auff die

ANNO 1613.

die Richtschnur der ordinari Reichssteueren/ wie solche den Reichs-matriculn einverleibt / und es damit von allen Zeiten hero nach gestalt eines jeden Chur-Fürsten und Stands Land und Leut und habenden Einkommen gehalten/ und wie einem jeden sein Monatlischer Anschlag darauff gemacht/ welchem nach obgemeldte Jährliche Hülff außgetheilt und assigniret werden/ wie folgt.

Chur-Pfaltz/ wegen der Chur/ und andere zugehöriger Fürstenthumb.	Reichsfl.	Brab. fl.
	39660.	66100.
Chur Brandenburg.	35399.	58999.
Pfaltz Neuburg.	14795.	24643.
Pfaltz Zweybrück.	4873.	8123.
Marggraffe von Culmbach.	9992.	16660.
Marggraffe von Onoltzbach.	9992.	16660.

Würtenberg auch wegen der Grafffchafft Mümpelgart und	Reichsfl.	Brab. fl.
zugehörigen Souverainen Herrschafften.	35399.	58999.
Landgraff Moritz zu Hessen.	22366.	37278.
Baden.	13865.	32109.
Anhalt.	4337.	7229.
Oettingen.	2672.	4454.

Den Städten in gesampt die sich zu der Union bekennen / kompts gemeldter

Proportion nach auff 116243. 193739.
Kompt also heraußer obgemeldter

Summa Jährlicher 309600. 516000.

So lang aber obgemeldte Unirte Reichs-Städt nicht hiezu / (wie noch nicht) contribuirn, und also die Chur-und Fürsten neben Oettingen allein den Last tragen/ und obgemeldte der Sädt quotam auff sich nehmen müssen/ kompts Jährlich einem jeden unter ihnen wie folgt.

	Reichsfl.	Brab. fl.
Chur Pfaltz.	63[illegible]03.	105039.
Chur Brandenburg.	56681.	94469.
Pfaltz Neuburg.	23689.	39483.
Pfaltz Zweybrück.	7803.	13005.
Marggraff von Culmbach.	15999.	26665.
Marggraff von Onoltzbach.	15999.	26665.
Würtemberg.	56981.	94469.
Landgraff Moritz zu Hessen.	34813.	59689.
Baden.	22101.	33669.
Anhalt.	6945.	11175.
Oettingen.	4279.	7133.

Und wird hiemit abermal obgemelte.
Summa der Jährlichen 309600. oder 516000. fl. ergäntz.

Wann aber deß Churfürsten zu Brandenburg/ und Pfaltzgraffen zu Neuburg obgemeldte quotæ (die sich mit einander 80371. fl. Reichswehrung belauffen) auß denen darbey einlauffenden wichtigen Ursachen/ abgezogen werden/ so bleibt die gantze Summa zu dero richtiger Erklärung die übrige obgemeldte Chur und Fürsten sich erbieten/ Jährlich bey dem Gülchischen Wesen/

229229. 400050. fl.

Und käme dan noch weiter darzu/ was das Hauß Brandenburg für sich allein zuthun/ mit den Herren Staaden sich vergleichen möchte.

Ausser deß Gülchischen Wesens aber/ weil Neuburg allein abgezogen wurd/ bleibt die Summa/

285901. 476500. fl.

CXXXI.

Mai. PROVINCES UNIES ET LUBECK.

Tractaet tusschen de Ho: Mog. Heeren STATEN GENERAEL *en de Stadt* LUBECK *gemaakt in Mey* 1613. [AITZEMA, Saaken van Staat en van Oorlogh. Tom. I. pag. 170.]

ALsoo van ouden tijden den Eerbaren Raed der Keyserlijcken Freyen ende des Heyligen Rijcx Stadt *Lubeck* ende veele andere Steden aen die Noordt ende Oost-Zee gelegen met veele ende verscheyde Steden vande vrye Vereenichde Nederlanden in eenicheyt ende Vrundtschap sijn geweest tot handthoudinge ende beschermige van de Vrye Schip-Vaert, handelingen, ende Commertien, mitsgaders daer toe hare Respective hebbende Vryheyden, Gerechticheyden ende Privilegien, ende dan nu by den Hoogen ende Mogende Heeren Staten Generael der voornoemde Vereenichde Landen, sampt Heeren Burgermeesteren ende Raedt der Stadt *Lubeck* by de tegenwoordige gelegentheyt voor Raet-saem aengesien ende noodich geachtet worden door haar respective Gecommitteerden Edelen Erentfesten ende Hoochgemelde *Hendrick van Brienen* d'Altste Heere in Sinderen, *Dirck Baes*, Gecommitteerden Raed der Ed: Ho: Mo: Heeren Staten van Hollandt ende West-Vrieslandt oudt Borgemeester der Stadt Amsterdam, *Jacob Magnus* Heere van Melissant oudt Borgemeester der Stadt Middelborgh in Zeelandt, *Justus van Rysenburgh* Heere tot Rysenburgh, *Wilhelm van Velsen* out Borgemeester der Stadt Leeuwaerden, *Arent Gerritsz* Borgemeester der Stadt Swolle, ende *Abel Coenders van Helpen* Hoveling tot Faen ende Cantes, ende dan *Hendrick Brookes* Borgemeester, mitsgaders *Martinum Nordanum Syndicum* der Stadt *Lubeck* te doen handelen ende tracteeren tot hervattinge ende verniewinge van de voorsz oude vereeninge ende Vrundschap, Soo ist, dat na verscheyde voorgaende t'samen-komsten onderlinge conferentien, oock beyderssijts Gecommitteerden gedane rapport van haer gebesoigneerde ende op allen wel ende rypelijck gelet sijnde, die Hoochgedachte

CXXXI.

Mai. PROVINCES UNIES ET LUBECK.

(1) Traité entre les Etats des PROVINCES-UNIES des Païs-Bas, & la Ville de LUBECK, fait en Mai 1613. [AITZEMA, *Affaires d'Etat & de Guerre, Tom. I. pag.* 170.]

COmme ainsi soit que d'ancienneté l'honorable Conseil de la Ville libre & Imperiale de Lubeck *& de plusieurs autres Villes scituées sur la Mer du Nord & de l'Est ont été en Union & amitié avec diverses Villes des libres Provinces Unies pour la deffence & maintien de la liberté de la navigation, negoce & commerce, ensemble des droits, & privileges y apartenants, Et que presentement leurs Hautes Puissances les Seigneurs Etats Generaux des susdittes Provinces Unies, ensemble Messieurs les Bourguemaitres & Conseils de la Ville de* Lubeck *ont trouvé à propos & utile dans la conjoncture presente de negocier & traitter pour le renouvellement des susdites union & amitié, par les Nobles Deputez Messieurs* Henri de Brienen *l'ainé, Seigneur de Sinderen;* Dirck Baes *Conseiller deputé des nobles & puissans Seigneurs Messieurs les Etats de Hollande & de West-Frise ancien Bourguemaitre de la Ville d'Amsterdam;* Jacob Magnus, *Seigneur de Melissant ancien Bourguemaitre de la Ville de Middelbourg en Zelande*, Justus de Rysenburg *Seigneur de Rysenbourg*, Guillaume de Velsen, *ancien Bourguemaitre de la Ville de Lewaerde;* Arent Gerritsz *Bourguemaitre de la Ville de Swolle, &* Abel Coenders de Helpen *Seigneur de Faen & Cantes, &* Henri Brookes *Bourguemaitre, ensemble* Martin Nordanus, *Syndic de la Ville de* Lubeck; *C'est pourquoi aprés differentes Conferences & assemblées, & rapport fait par les Deputez de part & d'autre de ce qu'ils ont besoigné, & ayant meurement consideré le tout, lesdits* Sei-

(1) Le Roi de Danemarc crut que ce Traité avoit été fait contre lui, quoi qu'il n'y soit fait aucune mention expresse de ce Prince.

ANNO 1613.

dachte Heeren Staten Generael, ende Borgemeeſter ende Raedt der Stadt *Lubeck* voornoemt eyntelijck met malkanderen ſijn overkomen ende t'ſamen hebben verdragen geaccordeert ende beſlooten, die Poincten ende Articulen hier na volgende.

I. Ende ten eerſten dat deſe Vereeninge ofte Unie niet en ſal weſen tot yemandts offenſie maer alleen tot conſervatie ende onderhoudinge der vrye Navigatie, Commercien, ende Traffiquen in die Ooſt ende Noorder Zee, ende niet anders gemeynt ſijn, als dat de reſpective Vereenigde Burgeren ende Onderdanen na aller Volckeren rechten ende hare erlangte ende hebbende Vryheyden, Rechten, Privilegien, ende welhergebrachte gebruycken in die voorſz Ooſt ende Noort Zee (ſtreckende tot die Hoofden toe) onverhindert mogen gebruycken, alſoo dat jegens den geenen die den Burgeren, Inwoonderen, ende Onderſaten der Geunieerde met gewelt ende onrechtmatige middelen daer aen hinderen ende turberen wilden, die ſamentlijcke Geunieerde derſelven defenderen ende ſchutten ſullen, op dat die veel vuldige beſwaernisſen, ſoo haer Burgeren Inwoonders ende Onderdanen tot groot bedruck ende verhinderinge der algemeyne Commercien ende Schipvaert wedervaren afgeſchafte, ende dieſelve Navigatien ende Commercien den heyligen Roomſchen Rijck, gants Duytſlandt, den nagebuyre Rijcken ende Landen, ende namentlijck mede den Vereenigden tot nut ende voordeel behouden ende gemeerdert mogen worden.

II. Derwegen dan deſe Unie niet en ſal prejudicieren die Vruntſchap mette Roomſche Keyſerlijcke Majeſteyt ſampt 't Heyl: Rijcke noch oock mette Koninckliјcke Majeſteyt van Vranckrijck, ende Groot Britanien eenſamentlijck die Vereenigde Evangeliſche Chur-Furſten ende Stenden des Heyligen Rijcx tot noch toe mette Heeren Staten onderhouden, als dan oock jegens de Keyſerlijcke Majeſteyt ende den H. Rijcke die Stadt *Lubeck* by ſchuldige gehoorſaemheydt ſal ende wil verſchynen, ende inſgelijck vereenichde by hare Alliantien, Rechten, Statuten ende Bontniſſen, welcken allen hier mede niet verandert, geſchweckt, noch opgeheven ſijn ſal, maer alles in haer geheel ende volle weerde blyven, alles nochtans *ſalvo præſenti Fœdere.*

III. Die Vereenigde ſullen deſe Artikulen getrouwlich ende oprechtich onderhouden ende die met Eede beſtedigen.

IV. Die Heeren Staten Generael ſullen deſe Unie des gemeynen weſen der Vereenigde ten beſten *dirigeren*, doch alſoo dat eenen Eerbaren Raedt der Stadt *Lubeck* alle wegen met haren *Voto* daer by gehoort werde, ende in allen wat voorgenomen werden ſal, hare vrye ſtemme mede geven, tot welcken eynde dan alle tijdts van wegen die Stadt *Lubeck* een Perſoon in den Hage ofte andere plaetſe daer de Heeren Staten Generael ſullen vergaderen, mede by den Raedtſlagen, ſoo deſe Unie ende wat daer van dependeert aengaende ſijn ſal, ende ſullen die Heeren Staten Generael eenige mogen ſtellen ende committeeren tot *Lubeck*, daer mede die *conſilia* des te beter mogen gecommuniceert, ende 't geene wat vorders te effectueren van nooden is in acht genomen werden konnen, behoudelijck dat indien hier na eenige andere Hanſe-Steden haer in deſe Vereeninge begeven, als dan gelet ende gereſolveert ſal worden oft die Reſidentie derſelver verandert ſal worden.

V. Die Vereenigde ſullen haer Contributiones daer toe dieſelve verplicht ſijn, ende ſoo veel daer van tot yeder tijdt voor goet aengeſien ſal worden, op haer eygene onkoſten aen gelt, Schepen, ende Volck te Peerde ende te Voete met allen toebehoor ende gebeur in goede Vruntſchap ende ordeninge houden, ende met derſelven ter plaetſen daer ſulcx van nooden ende beſtemmet wort, ſich vinden laten.

VI. Even verre nu by den geenen ſoo die *Commertien ende Schipvaert* verhindert na voorgaende goetlijcke ende vruntlijcke aenſoeckinge niet te erhouden en ſy, wat recht, reden ende billicheyt vereyſcht, ſoo ſal men defenſive daer tegens *met macht* procederen, *gelijck men ſich des wegen voorher vereenigen wert*, daer mede die *Privilegien*, *Commercien*, *ende Schipvaert* bevryt ende geſekert werden mogen als voorts.

VII. Ende daer het alsdan tot der Wapenen komen ſoude, ſullen die Vereenigde haer inwoonende Burgeren ende aengehörigen ſoo Krijgs als Zee-Varent Volck, ſoo der wederpartye dienet, by verlies van Lijf ende Goet afvorderen, oock gelijcker geſtalt niet geſtaden dat derſelver wederpartyen uyt haren Steden ende

Seigneurs Etats Generaux, & les Bourguemaitres & Conſeils de la Ville de Lubeck *ſusdite, ont enfin enſemble convenu, traitté, accordé & conclu les Points & Articles ſuivants.*

ANNO 1613.

I. Et premierement que cette Union ne ſera point pour offencer perſonne, mais ſeulement pour l'entretenement & conſervation de la libre Navigation, Commerce & Traffic dans les Mers du Nord & d'Eſt, & que leur penſée n'eſt point autre, ſinon que les Bourgeois & Sujets reſpectifs de l'Union ſuivant le Droit des Gens & les Libertez, Droits & Privileges à eux accordez pour les ſusdittes Mer du Nord & d'Eſt, puiſſent à cet égard en jouir ſans empêchement, en ſorte que les Bourgeois, Habitans & Sujets de ladite Union ſe pourront reciproquement & conjointement deffendre & proteger, contre ceux qui les voudroient troubler & empêcher, afin que la multitude des difficultez qui ſont au grand dommage de la Navigation & du Commerce commun de leurs Bourgeois, Habitans, & Sujets & qui leur ſont ſi à charge, ſoient terminées, & que lesdittes Navigation & Commerce puiſſent être maintenus & augmentés par tout l'Empire & toutte l'Allemagne à l'avantage & utilité de l'Union.

II. En ce faiſant cette Union ne préjudiciera point à l'amitié avec ſa Majeſté Imperiale ni le Saint Empire ni auſſi avec leurs Majeſtés Royales de France & de la Grand' Bretagne, enſemble les Electeurs & Cercles Evangeliques du St. Empire, qui a été entretenuë avec les Seigneurs Etats, Comme auſſi laditte Ville de Lubeck *veut demeurer dans l'obeiſſance qu'elle doit à ſa Majeſté Imperiale, ſemblablement les Alliances, Droits, Statuts, & Traittez qu'ils ont enſemble ne ſeront point changez par ces preſentes, ni affoiblis, mais demeureront dans leur entiere force & valeur, le tout neanmoins* ſalvo præſenti Fœdere.

III Ceux de l'Union obſerveront ces Articles fidelement & ſincerement, & les confirmeront par ſerment.

IV. Meſſieurs les Etats Generaux dirigeront de leur mieux cette Union du bien commun, mais cependant en telle ſorte que le Conſeil de la Ville de Lubeck *y pourra voter, & donner ſa voix libre en tout ce qui ſera reſolu, que pour cette fin une perſonne de la part de la Ville de* Lubeck *pourra toujours ſe trouver à la Haye ou autre lieu où les Etats Generaux s'aſſemblent & deliberer avec eux de la part de la Ville de Lubeck, tant ſur cette Union que ſur les choſes qui en dependront; Et les Etats Generaux pourront deputer quelqu'un à* Lubeck *pour tant mieux communiquer avec le Conſeil & prendre des meſures pour mettre en execution les choſes qui auront été reſoluës, ſauf toutefois, s'il arrivoit que quelques autres Villes Anſeatiques vouluſſent entrer dans l'Union, d'examiner & reſoudre ſi la reſidence d'icelle ne ſera point changée.*

V. Ceux de l'Union contribueront à leur depens comme ils y ſont obligez en argent, Vaiſſeaux, Infanterie & Cavallerie & tout ce qui en depend, qui ſeront entretenus en amitié & en bon ordre & ce en tel nombre & dans le tems qu'il ſera trouvé neceſſaire, & les feront rendre en tel lieu qu'il ſera jugé à propos.

VI. Et ſi ceux qui empêcheront le Commerce & la Navigation aprés avoir été requis amiablement de s'en abſtenir ne le veullent pas faire, quoi que le droit & la raiſon le demanderoient, on ſe deffendra vigoureuſement contre eux, puis que c'eſt dans cette intention que cette Union ſe fait, & afin que les Privileges, Commerce & Navigation ſoient aſſurés, & libres.

VII. Et en aprés s'il en falloit venir aux armes ceux de l'Union rapelleront ceux qui ſerviront les Parties adverſes, ſur peine de mort & de la confiſcation de leur biens, & ſera deffendu d'envoyer ou faire avoir aux

ANNO 1613.

ende gebieden *Geldt*, *Volck*, *Schepen*, *Ammonitien*, *Wapenen*, *Vivres oft dergelijcke* Goederen toegesonden oft gevolgt werde, maer sulcx by Lijf-straffe verbieden, ende oock soo veele mogelijck verhinderen, dat het van anderen ohrten niet en geschiede.

VIII. By aldien oock by die wederpartye der Geunieerde Onderdanen, Persoonen, Schepen, Goederen, ende uytstaande schulden in sijne Landen wierden gearresteert ofte in der Zee aengehouden, wechgenomen ende prijs gemaeckt, soo sal in der Geunieerde Landen Steden en gebieden dergelijcken oock geschieden, ende daer tegens een jeder een helpen weeren ende tegenthuen.

IX. Der Geunieerde Schepen sullen eene des anderen Havenen ende Stroomen vry ende onverhindert te gebruycken hebben, ende daer inne haer nootdruft verrichten ende repareren, doch dat niemandt van hem eenige gewelt gebruycke, maer 't geene hy noodich heeft sich verschaffen ende danckbaerlijck betale.

X. Soo sal der Geunieerde Onderdanen alomme in die Landen ende Steden deser Unie, dat Burger-Recht gegunnet oock die Erfnissen daer toe hy bevoecht is, onweygerlijck gevolcht werden by erlegginge tot Nach-Schos ofte Erve des *dertigsten Penninck*, alleen sonder onderscheydt der Religion soo die in 't Heylige Rijcke gerecipieert ofte toegelaten is, doch sal een yeder sich andersints Burgerlijck verholden, ende den *Statutes Loci*, onderworpen ende conform betoonen.

XI. Niemant van die Vereenigde sal sonder den anderen *consent* ende willen mit den jegendeel sich *vergelijcken noch verdragen*, ofte andersints yetwes ingaen, dat den anderen tot prejuditie ende schaden gereycken konde, maer veel meer daer heen trachten dat die Vrede in 't gemeen erholden ende den Vereenichden Burgeren, Inwoonders, Onderdanen, Schepen, Goederen, ende *Commercia* van den beswaernissen bevryt worden, ende men tot den voorigen Vryheyden ende Privilegien seecker, ende onbehindert gelangen moge.

XII. Daer oock een *Vrede* ofte *Stilstandt* met den jegendeel soude gemaeckt worden, soo sal sulx geschieden by gemeynen Raedt ende believen ende verders niet.

XIII. Deser *Bundt* sal duyren *vyftich* Jaren, ende op gemeene believinge vorder gecontinueert worden, maer daer van wegen desselven ende wat daer van dependeert yemandt van de Vereenichde bystaende Bundtnisse ofte oock na geeyndigden Bundt te Water ofte Lande soude aengevochten ende beswaert werden, soo sal die eene den anderen tegens eenen yederen getrouwe hulpe ende bystandt leisten.

XIV. Indien eenige Potentaten, Landen ofte Steden ende namentlijck oock de andere Hanse-Steden in dese Vereeninge begeeren te komen, sullen op redelijcke conditiones daertoe ontfangen werden.

In oirkonde zijn hier van twee gelyckluydende Instrumenten opgerichtet ende verferdicht, soo met eet leistinge behoorlijck gestercket oock met der Ho: Mo: Heeren Staten Generael ende der Stadt *Lubeck* aenhangende grooten Insiegelen bekreftigt ende by deselve Respective Griffier ende Syndico onderworpen, waer van yder deel een beholden. Aldus gedaen in die *Maent van Mey in den Jare* 1613. onderstont, ter Ordonnantie vande Hoochgemelde Heeren Staten Generael; geteyckent *C. Aerssen*, aus bevel E. Erb: Raets der Stadt *Lubeck*, geteyckent *Martines Nordanus Reip. Lubecensis Syndicus*, ende Gesegelt mette Zegelen vande Hooggemelde Heeren Staten in rooden Wassche, ende der Stadt *Lubeck* in geelen Wassche, hangende een dobbelen staerte van witte, roode en blauwe zyde.

aux Parties adverses, Argent, Troupes, Vaisseaux, Munitions, Armes, Vivres & autres choses *semblables, sur peine de punition corporelle, & même on empêchera autant qu'il sera possible qu'il ne leur en soit envoyé d'autres lieux.*

VIII. Si aussi les Parties adverses arrêtoient des Sujets, Personnes, Vaisseaux, Marchandises, & dettes de ceux de l'Union dans leur Pais ou en Mer ou les enlevoient, on ordonnera aux Pais & Villes de l'Union d'user de represailles, & de se prêter en cette occasion un secours mutuel.

IX. Les Vaisseaux de ceux de l'Union pourront entrer librement dans les Havres & Rivieres les uns des autres, & sans aucun empêchement pour y prendre leurs necessitez & y être reparez; mais personne n'usera de violence, & on payera avec remerciment ce qu'on aura eu.

X. Les Sujets de l'Union jouiront dans les uns & les autres Pais du droit de Bourgeoisie, même du droit de Succession qui pourra être recueillie sans difference de Religion, comme cela est reçu & permis dans le saint Empire; mais chacun se comportera bourgeoisement & s'assujettira & conformera aux Statuts des lieux.

XI. Personne de ceux de l'Union ne pourra se reconcilier ni traiter avec l'ennemi sans le consentement des autres, ni faire autre chose qui seroit prejudiciable aux autres; mais au contraire chacun fera tout son possible que les Bourgeois, Habitans, Sujets, Vaisseaux, Marchandise & commerce soient exemps de tout dommage, & qu'on puisse jouir des Libertez & Privileges precedens sans aucun empêchement.

XII. Et qu'ainsi aucune paix ou treve ne se fera avec l'ennemi que par une deliberation & un consentement reciproques.

XIII. Cette Alliance durera cinquante années, & d'un commun consentement pourra être continuée. Mais qu'à cause d'icelle & de ce qui en depend si quelqu'un de l'Union, durant icelle, ou icelle finie, recevoit quelque dommage par Mer ou par Terre on se secourra les uns & les autres contre tous & un chacun.

XIV. Si quelque Potentat, Pais ou Ville & même quelque autre Ville Anseatique desire d'entrer dans cette Union ils y seront reçus à des conditions raisonnables.

En témoing dequoi ont ces presentes été faittes doubles, & confirmées par serment, & fortifiées des Seaux de leurs Hautes Puissances Messieurs les Etats Generaux & de ladite Ville de Lubeck, *& signées par leur Greffier & Sindic respectifs, dont chacune Partie en a retenu une; Ainsi fait au mois de Mai de l'année* 1613. *étoit sous écrit par Ordonnance de Messieurs les Etats Generaux signé* Aerssen, *Par l'ordonnance de l'honorable Conseil de la Ville de* Lubeck, *signé* Martin Nordanus Sindic de la Republique de Lubeck, *& scellé du Sceau des Seigneurs Etats en cire rouge, & celui de la Ville de* Lubeck *en cire jaune, pendant à double queuë de soye blanche, rouge & bleuë.*

CXXXII.

8. Octob.

Lehen-Brieff vom Käyser Matthia Churfürst Friderich dem V^ten von der Pfaltz über das Furstenthum Simmern ertheilt. Regensburg den 8. Octobr. 1613. [LUNIG Teutsches Reichs-Archiv. Part. Special. IV. Abtheil. I. Absatz. pag. 686.]

C'est-à-dire,

Lettres d'Investiture données par l'Empereur MATHIAS *à* FRIDERIC V. *Electeur Palatin pour la Principauté de* Simmeren. *A Ratisbonne le 8. d'Octobre* 1613.

Wir Matthias / von GOttes Gnaden / erwehlter Röm. Käyser zu allen Zeiten Mehrer des Reichs / etc. Bekennen offentlich mit diesem Brieff und thun kund allermänniglich; wiewohl wir aus Käyserl. Höhe und Würdigkeit / darein Uns GOTT der Allmächtige durch seine göttliche Güte gesetzet hat / und angebohrner Tugend und Mildigkeit / allen und jeden Unsern und des Heil. Reichs Unter-

ANNO 1613.

thanen Gnad und Gutthat zu erzeigen geneigt; So ist doch Unser Käyserl. Gemüth billig denen mehr wohl geneigt / die Unser gesipte Freund / auch Unser und des Heil. Reichs Fürsten und Glieder seyn / und Uns die Würde des Heil. Reichs helffen mit tragen / auch stäte Lieb und Treu beweisen; Wann Uns nun der Hochgebohrne Friedrich Pfaltzgraff bey Rhein / Hertzog in Bayern / und Graffe zu Sponheimb / des Heil. Römischen Reichs Ertz-Truchsäß / Unser lieber Oheim und Churfürst / durch sein vollmächtige Anwald und Gesandten / demüthiglich angeruffen / und bitten hat lassen / daß wir ihme alle und jegliche seine Regalia und Lehen des Fürstenthums Simmern mit Mannschafften / Herrschafften / Lehenschafften / Artzten / Bergwercken / Zöllen / Glaidten Strassen / Wildbannen / Waidneyen / Ehren / Rechten / Würden und Zierden / hohen und niedern Gerichten / und allen andern Rechten und Gerechtigkeiten darzu gehörige / nichts ausgenommen / so von Uns und dem Heil. Reich zu Lehen rühren / und seine Voreltern und Er / insonderheit und in Gemeinschafft / geübt / gebraucht / besessen und herbracht haben / auch jüngst hiervor weyl. sein Vater Pfaltzgraff Friedrich seelig. von weiland dem Durchläuchtigsten Fürsten und Herrn Rudolphen dem andern / Römischen Käyser / Unserm geliebten Herrn und Brudern / Christmildister Gedächtnüs / und dem Heil. Reich zu Lehen empfangen / und ihme / auf vorgenannt seines Vaters absterben / von Uns / als ietzt regierenden Röm. Kaysers von neuem wiederum zu Lehen zu erkennen und zu empfahen gebührt / zu Lehen zu reichen / und zu verleyhen gnädiglich geruheten / des haben wir angesehen und betracht / solch des obgenannten Unsers Oheims und Churfürstens demüthig und ziemliche Bitte / auch die getreuen / nützliche und unverdrossene Dienst / so seine Vorfahren auch weyland sein Vater / Pfaltzgraff Churfürst Friederich und er / Unsern Löblichen Vorfahren am Reich / Römischen Käysern und Königen und Uns / offt und dickhwilliglich und unverdrossenlich gethan haben / und er hinführo wohl thun mag und soll / und darum mit wohlbedachtem Muth / gutem Rath und rechten Wissen dem obgenannten Unserm lieben Oheim und Churfürsten / Pfaltzgrafe Friederichen / alle und jegliche seine Regalien und Lehen mit ihren Mannschafft / Herrschafften / Lehnschafften / Artzten / Bergwercken / Zöllen / Glaidten / Strassen / Wildbannen / Weidneyen / Ehren / Rechten / Würden / Zierden / hohen und niedern Gerichten / Gerichtszwängen / und allen andern ihren Rechten / und Gerechtigkeiten / darzu gehörend / nichts ausgenommen / zu lehen gnädiglich gereicht und verliehen / reichen und verleihen Ihme die auch also von der Röm. Kayserlichen Macht Vollkommenheit in Crafft dis Brieffs / was wir Ihme daran von Rechts / Billigkeit und Gnaden wegen zu verleihen haben sollen und mögen / Also daß er die nun fürbaß von Uns und dem Heil. Reich in Lehenweise inhaben / besitzen / nutzen / niessen und gebrauchen soll und mag / in allermassen und Rechten sein Vorfordern und er die bishero ingehabt / besessen / gebraucht und genossen haben / und von rechtswegen zu gebrauchen haben / und mögen / ungefährlich von allermänniglich unverhindert / doch Uns und dem Reich und sonst männiglich an seinen Rechten unvergreifflich und unschädlich. Der mehrgenannt Unser lieber Oheim und Churfürst Pfaltzgraff Friederich hat auch darauf von solcher Lehen und Regalien wegen Uns durch seine vorged. vollmächtigte Anwald und Gewalthaber die Edel / Ehrsam und Gelehrte / Unsere und des Reichs liebe getreue Philipsen / Freyherren zu Winneberg / und Peyelstein / Johann Engelbert von Lautern und Ludwigen Cammerarium der Rechten Doctorn, in Crafft des Uns fürgebrachten schrifftlichen Gewalts / gewöhnlich Glübd und Ayd gethan / Uns und dem Heil. Reich von solcher Regalien und Lehnschafft wegen getreu / gehorsam und gewärtig zu seyn / für seinen rechten natürlichen Herrn zu halten / zu dienen und zu thun / alß daß ein Churfürst einem Römischen Kayser alß seinem Lehen-Herrn von solcher Lehen wegen zu thun schuldig und pflichtig ist / ungefährlich / und gebieten darum allen und jeglichen des ehegenannten unsers lieben Oheims und Churfürsten Herrschafften / Graffen / Freyen / Herrn / Rittern / Knechten / Mannen / Amptleuthen / Burgermeistern / Räthen / Burgern / Vögten / Gemeinden / Hintersassen und Unterthanen / in was Würden / Standts oder wesens die seyn / von Römische-Keyserlicher Macht ernstlich und vestiglich mit diesem Brieffe / daß sie dem vorgenannten unserm lieben Oheim und Churfürsten in allen und jeglichen Sachen und Geschäfften seine Regalia, Gericht und Herrligkeit berührend / alß ihrem rechten natürlichen Herrn ohne alle Irrung und Widerred gehorsam und gewärtig seyn / alß lieb einem jeden seye unser und des Reichs schwere Ungnad zu vermeiden. Mit Urkund dis Brieffs besiegelt / mit unserm Kayserlichen anhangenden Innsiegel. Geben in unserer und des Heil. Reichs Stadt Regenspurg den 8. Monatstag Octobr. nach Christi unsers lieben Herrn und Seeligmachers Geburt 1613. unserer Reiche des Röm. im andern / des Hungarischen im fünfften / und des Böheimischen im dritten Jahren.

Matthias.

Vice Rmi Dni. Jo. Swicardi Archicancellarii & Electori. Mog.

Vt. H. L. von Ulm.

Ad mandatum Sac. Cæs. Majestatis proprium.

Joh. B. Bucher.

XXXIII.

1614. 20 Janv.

Accession des Seigneurs du Canton de ZURICH *au Traité d'Alliance conclu à Soleure en 1602. par les autres* CANTONS HELVETIQUES, *avec la* FRANCE, *les intérêts de la Religion exceptés. A Zurich le 20. Janvier 1614.* [Piéce Manuscrite tirée de la Bibliotheque Royale de Berlin, en Feuille volante.]

NOUS Petit & Grand Conseil de la Ville & Canton de Zurich certifions à tous qu'il appartiendra, que, Comme ainsi soit que Noble & Magnifique Seigneur Messire Pierre de Castille, Conseiller au Conseil d'Etat & privé du Roi T. C. de France & de Navarre, notre tres benin Seigneur, & son Ambassadeur ordinaire aux Ligues des Suisses, se soit aujourdui presenté en notre Assemblée tenüe à l'Hotel de Ville, pour nous faire entendre de la part de sa Majesté, Qu'ayant reconnu, comme avoient fait aussi ses Predecesseurs Rois, le zelle & sincere affection de notre Canton, à desirer & procurer, autant qu'en eux étoit, la Grandeur & Prosperité de l'Etat & Couronne de France, combien qu'ils ne fussent compris au Traité d'Alliance fait par les autres Cantons rendant ce temoignage de leur Intention sans y estre obligés par autre devoir ou serment, le feu Roi son tres honoré Seigneur & Pere, qui soit en la Gloire de Dieu, auroit desiré, & sa Majesté qui regne à present à son exemple, d'affermir & d'etreindre cette bonne volonté d'une Declaration speciale & Temoignage public avec la m me forme & solemnité que les autres Cantons avoient fait, & par ce lien conjoindre tous les Membres & Cantons de notre Nation en un meme Traité d'Alliance, comme ils le sont en celui de la Paix perpetuelle; Ce que

metant

ANNO 1614. metant en consideration, & meus de ce même desir par lequel sa Majesté rend un singulier temoignage de sa bienveillance envers Nous, Nous avons, pour le bien commun des Etats de sa Majesté, & de notre Nation, declaré & declarons par ces presentes: Que nous approuvons, voulons & entendons garder & observer inviolablement & de point en point, sans soufrir ni permetre qu'il y soit aucunement contrevenu, le Traité d'Alliance fait & passé à Soleure le dernier Janvier 1602. & d'y estre obligés tout ainsi que si nous y avions été expressément nommés & compris, fors & excepté que n'entendons en approuver le Titre, & Qualité de Pape & de St. Siege Appostolique y mentionnés, comme contraires à notre Creance & Religion, & à condition aussi, qu'avenant qu'il y ait Guerre en France, & autres Terres & Seigneuries de sa Majesté, ce que Dieu ne veuille, pour le fait de la Religion, nous ne serons tenus y envoyer ni fournir gens; ains en ce cas, s'il y avoit desja des notres en France à son service, il nous sera loisible de les revoquer, & sa Majesté, en etant par nous requise, sera tenüe de les licentier amiablement, & payer neantmoins ce qui leur sera du de solde, à raison du tems qu'ils auront servi, avec passeport & saufconduit, pour s'en retourner seurement & librement en leurs Maisons. Et Nous dict de Castille, etant bien informé que l'intention de sa Majesté est, que ledit Traité d'Alliance soit observé en faveur desdits Sieurs du Canton de Zurich, en tout ce qui les pouroit concerner tout ainsi que le feu Roi s'étoit obligé envers les autres Cantons denommés audit Traité, prometons ladite observation en son nom en vertu du Pouvoir & Lettres Patentes du . . . . jour de . . . . & de lui faire ratifier, agréer & affirmer le contenu cy dessus, dont Lettres de Ratification bien & duement expediées leur seront fournies & delivrées par nous d'aujourdui en deux mois de ce &c. A Zurich ce 20. Janvier 1614.

CXXXIV.

20. Fevr. **Paritions und End-Urtheil Jhro Käyserl. Maj. MATTHIÆ wider die Stadt Aachen / die Wiedereinsetzung des von den Bürgern daselbst abgesetzten Raths / und wider in Standsetzung alles / wie es vor dem Tumult gewesen / betreffend. Budweiß den 20. Februar. 1614.** [LONDORPII Actor. Publicor. Tom I. Lib. I. Cap. XLIX. pag. 160.]

C'est-à-dire,

Sentence Imperiale & définitive rendüe par l'Empereur MATHIAS *contre la Ville d'*AIX LA CHAPELLE *pour le rétablissement du Magistrat déposé par les Bourgeois, & le rétablissement de toutes choses au même état où elles étoient avant le Tumulte. A Budovissa le 20. Fevrier 1614.*

WIr Matthias / von Gottes Gnaden erwehlter Römischer Keyser / zu allen Zeiten Mehrer deß Reichs / in Germanien / zu Hungarn / Böhmen / Dalmatien / Croatien und Sclavonien / König / 2c. Ertzhertzog zu Oesterreich / Hertzog zu Burgund / Steyer / Kärndten / Crayn und Würtenberg / 2c. Graff zu Tyrol / 2c. Fügen allen und jeden Unsers Königl. Stuels und Stadt Aachen Bürgern und Einwohnern / was Namen / Stand oder Würden dieselben seyn / hiemit zu wissen / daß nach glücklicher Antretung Unserer Keyserl. Regierung / zu deren wir durch Göttliche gnädigste Fürsehung beruffen / wir Uns nichts mehr und höher angelegen seyn lassen / dann daß die liebe und Gott wolgefallige heilige Justitia aller Orten im Heil. Reich bester Möglichkeit fortgepflantzt / und dardurch Fried / Ruhe und Einigkeit zwischen den Ständen und Gliedern desselben manutenirt und erhalten werde; So Uns dan bald im Anfang Unser Keyserl. Regierung umbständlich fürgebracht worden / was für Zerrüttung und Empörung beydes in weltlichen und geistlichen Sachen / sich seithero deß 5. Julii verwichenen 1611 Jahrs / in Unser und deß Reichs Stadt und Königl. Stuel zu Aach zugetragen: also haben wir dieselbige als eine hochwichtige Sach / Uns mit sonderm Fleiß und Eifer angelegen seyn / und nach und nach / was hievor / so wohl im Namen deß alten Catholischen Raths und Bürgerschafft daselbst / als auch deß andern Theils / nemlich den jetzigen Regimentsführern durch ihre beyderseits Abgeordnete zu unterschieplichen malen / und nun von guter Zeit hero / so wol zu Wien / als auch bey und unter nechst vorgewesenem Reichstag zu Regenspurg / mit mehrer Außführung schrifft- und mündlich in Unterthänigkeit für- und angebracht / gesucht und gebeten worden / Uns nicht allein aller Nothdurfft gehorsambst fürtragen und verlesen lassen / sondern auch umb desto mehrer Gewiß- und Sicherheit / auch Erkündigung der Sachen Gelegenheit / und verübten Tumults eigentlichen Umbstand willen / im jüngstabgewichnen 1613. Jahr / ein ansehnliche Commission von Unsern Keyserl. Hoff auß nach Aach in die Stadt verordnet / damit bey künfftiger Resolution weniger geirret / und die Justitia desto bequemer und gewisser fortgestellet werden könne; Innassen wir dann eben zu dem Ende all das jenige / so von etlichen Churfürsten und Ständen deß H. Reichs / beyder Religionen / nunmehr in das dritte Jahr nach einander schrifftlich / und durch andere Wege dieser Sachen halben an Uns gelangt / mit nicht wenigem Fleiß in Berathschlagung gezogen / und in Summa / in all demjenigen nichts unterlassen / was zu eines so wichtigen Wercks gebührlichen Fortstellung die heischende Nothdurfft erfordert hat. Nun haben wir aber auß allem dem / so oberzehlt / zuförderst auß denen in dieser Sachen vorlängst verübten gerichtlichen Acten und Processen / unleugbar zu seyn befunden / als im Jahr 1581. bey obgemeldten Königl. Stuel und Stadt Aach / die erste beschwerliche Unruhe und Empörung entstanden / durch welche der alte Rath und Magistrat daselbst seines Ampts de facto entsetzt / und bey und in der Stadt / beydes im Geistlichen und Politischen Stand und Wesen eine merckliche Veränderung dem alten Herbringen gäntzlich zuwider / gewaltiger Weis eingedrungen worden: Daß weyland Unser geliebter Herr und Bruder / Keyser Rudolff der Ander hochlöblichster Gedächtniß / auß getreuer vätterlicher Lieb und Sorgfältigkeit / auch tragendem Keyserl. Ampt / auff schleunige Mittel und Wege gedacht / wie solch Feur noch im Anfang gedämpfft / und ohne grössern Schaden außgelescht werden könte. Dereuthalben dann J. Keys. Maj. und L anfänglich die nechst angesessene Fürsten und Stände deß Reichs / nemlich den damals regierenden Bischoff zu Lüttich / den Hertzog zu Gülich und Cleve / mit Zuziehung Philippsen deß ältern Freyherrn zu Winnenberg / damals gewesenen Reichs Hoffraths-Präsidenten / und Philippsen Graffen zu Nassau / zu Commissarien verordnet / welche sich zwar der Commission bestes Fleisses unterfangen / aber bey den Tumultuirenden / (so damals ohn allen Respect gegen der Keyserl. Majest. und deren so hochansehnlichen Keyserl. Commissarien / die Wehr und Waffen ergriffen / und sich der Stadt / Zeug- und Rathhäuser / wie dann auch deß Regiments allerdings bemächtigt gehabt) nichtes fruchtbarlichs außrichten können. Darauff dennoch Ihre Keyserl. Maj. und L. noch nicht zu der wolverdienten Schärffe geschritten / sondern auß treuer väterlicher Milde und Sanftmüthigkeit / noch einst den gelindern Weg gegen den Verbrechern fürgenommen / und die zweyte oder andere neue Commission auff der damals gewesenen zween Churfürsten / Johannsen von Trier / und Augusti zu Sachsen / deß Heil. Römischen Reichs durch Gallien und das Königreich Arelat Ertz-Cantzlers / und Ertz-Marschallen seligen L. L. mit noch erwegli- ANNO 1614.

Anno 1614.

chern Umbständen und Motiven / dann zuvor / außgeschrieben / und zu Werck gesetzt / da doch abermahls ein mehrers nicht verrichtet worden / dann daß derselben Commissarien ansehentliche Subdelegirten / so sich in der grossen Gefahr deß wärenden Tumults gen Aach begeben / nach Spendirung vieler Zeit und angewendten eussersten Fleisses / letzlich ein Recess hinter sich verlassen / wessen einer und der ander Theil daselbst sich interims-weis / biß zu Erörterung der Hauptsachen, so Anno 1582. am währenden allgemeinen Reichstag zu Augspurg von den gesampten Ständen deß Reichs / zu mehr höchstgedachter Keyserl. Maj. und L. Desicion und Entschied heimgestellt worden / verhalten solten; Welchen Recessum beyde Theil nicht allein gutwillig acceptirt, sondern auch darauff vorobhöchstgenanntes Unsers Bruders Keyser Rudolffen Majest. und L. ein und der ander Theil / wie dann auch die darbey Interessenten ihre erheischende Nothdurfften zu allem Uberfluß viel lange Jahr nach einander / gerichtlich für- und eingebracht / biß endlich in der Sachen beschlossen / sie zu Anhörung der gefasten Urthel / ordentlicher Weis citirt, und den 27. Augusti Anno 1593. ein Sentenz in Ih. Keys. Maj. persöhnlichen Gegenwärtigkeit / solenniter, deß unlaugbaren im gantzen Heil. Reich bekennten Innhalts publicirt und eröffnet worden / daß Beklagte an ihrem gebrauchten Frevel und wiederrechtlichem Beginnen unrecht und übel gethan / und derowegen solches alles und jedes / was sie fürgenommen / wiederumb cassirt, und auffgehaben / und in dem vor eingerissener Neuerung / gewesenen alten Stand redintegrirt und gesetzt werden solte; Inmassen dann Ihre Keyserl. Maj. solches respectivè erkennt / cassirt, revocirt und restituirt haben. Und als hernach durch den verlustigten Theil / den Keyserlichen hierüber außgefertigten Executorialen nicht allerdings gebührlich parirt werden wollen / und also in Anmerckung deß geführten beharrlichen Ungehorsams / die allbereit Condemnirte im Jahr 1598. daß ist erst 5. Jahr nach der publicirten Definitiva, mit Urtel und Recht in deß Heiligen Reichs Acht gefallen / ist darauff erst endlich erfolget / daß sie sich gegen Ihr. Keyserl. Majest. zum Gehorsam schrifft- und mündlich / mit Worten und der That selber erboten / darauff auch nach beschehener parition, deprecation, und mit einem leiblichen Eyd gethanen hochbetheurten Zusagen / hinführo der Keyserl. Majest. Verordnungen unterthänigst zu gehorsamen und nachzuleben / sie von der erkannten Acht entledigt / und wieder zu Gnaden auff und angenommen worden seyn.

Demnach aber im 13. Jahr hernach / an dato den 5. Julii obgemeldtes 1611. Jahrs / über alles versehen / nicht allein obangezogenen und publicirten Keyserl. Urtheil / Executorialen und Declaration Banni, sondern auch der Condemnirten selbst eigenen parition und geleistem eydlichem Versprechen zu entgegen / durch unruhige widerwärtige Leut / (unter welchen gleichwol der meiste Theil nicht eingeborne Bürger / sondern frembde von andern Orten vertriebene und außgewichene Leute seyn sollen) abermals ein neuer Tumult und Lermen / in vielgedachter Stadt Aach sich erreget / und diese neue Empörungen mit allerhand groben und unverantwortlichen thätlichen Verbrechen zu Werck gesetzt worden: So haben vielhochbesagtes Unsers Bruders Keyser Rudolffen Mäjestät und L. weil solche Sachen Ihrer Majestät höchste Authorität und Reputation, ratione sententiæ latæ & rei judicatæ berührt / billig gantz höchlich empfunden / und derhalben zu Erhaltung Keyserlicher Hochheit / und gebührlicher Handhabung der einmal erkannten und publicirten Urtheil / also bald ein scharffes und hochernstliches Mandatum pœnale an die Tumultuirenden zu Aach deß Innhalts abgehen lassen: Daß sie / die Tumultuirenden / alle von neuem abermals vorgenommene attentaten abstellen / und der offtgedachten Keyserlichen Sentenz de Anno 1593. wie dann auch der darauff gefolgen Execution, parition, promission, und Zusagung eine gewiße und endliche Folg leisten sollen. Es ist auch in gar keinen Zweiffel zu stellen / Ihre Keyserlich. Majest. und L. würden ihr die Handhabung vorgehörter dero Keyserl. Authorität und Reputation, da dem lieben Gott dero das Leben länger zu fristen gefällig gewesen / nicht weniger haben angelegen seyn lassen / als fast Ihre Majestät und L. nach Vernehmung obangedeuten Tumults und Empörung / zu Vollziehung obbemeldten Mandats / ein ansehnliche Commission, auff den Ehrwürdigen und Hochgebornen Ernestum, Ertz-Bischoffen zu Cölln / deß Heiligen Römischen Reichs durch Italien Ertz-Cantzlern / Bischoffen zu Lüttich / Hildesheim und Freysing / Administratorn deß Stiffts Stabull / Pfaltzgraffen bey Rhein / Hertzog in Ober- und Nieder Beyern / damaligen Herrn Churfürsten zu Cölln / und den Durchleuchtigen / Hochgebohrnen Albrechten / Ertz-Hertzogen zu Oesterreich / Hertzogen zu Burgund / Steyer / Kärndten / Crayn / und Würtenberg / Graffen zu Habspurg / Flandern und Tyrol / Unsern freundlichen geliebten Brudern und Fürsten / cum plenissima potestate exequendi, würcklichen verordnet haben. Sintemahl aber nach fürgefallenem Ableiben Ihrer Keyserl. Majest. und L. in währendem interregno durch deß Hochgebornen Johann Pfaltzgraffen bey Rhein / Vormund und der Chur-Pfaltz Administratorn, Hertzogen in Beyern / Graffen zu Veldentz und Spanheim / Unsers lieben Oheim und Fürsten / als deß Heiligen Reichs in Landen deß Rheins / Schwaben und Fränckischen Rechtens Vicarii, Abgeordnete daselbst zu Aach dieser Sachen halben den 19den Tag deß Monats Maij / im 1612. Jahr / ein neuer schrifftlicher Recess gemacht und publicirt werden / solches aber der vor diesem außgesprochenen / und in rem judicatam erwachsenen obverstandenen Urtheil / Executorialen, zugesagter / geleister / und ins künfftig eydlich betheuerten Zusagungen klar und è diametro zuwiderlaufft / und nicht allein zu mercklichem Schaden und Nachtheil der jenigen / so allbereit ein jus quæsitum, oder erstandenes Recht haben / sondern auch / welches noch mehr ist / zu etwas Verkleinerung offthöchstbesagtes Unsers geliebten Herrn und Bruders / wie dann auch andern nachkommenden Römischen Keysern und Königen Authorität und Reputation / gereichen würde: Wann so wohl berathschlagte Sachen / reifflich gesprochene Urtheil / stattliche exequirte Fälle / und so hoch betheurte pariciones, durch extrajudicial-Weg könten oder solten wiederumb auffgehaben / und zurück gesetzt werden.

Hierumb und diesem allen nach / so haben Wir nach fleissigst gepflogener Berathschlagung / und Erwegung aller und jeder dieser Sachen Umbstände / uns keines andern / welches gegen GOtt und der Heiligen Justitia zu verantworten were / resolviren und entschliessen können / Inmassen Wir uns dann hiermit resolviren und entschliessen / nemlich / daß es bey dem 27. Augusti / Anno 1593. publicirten und ergangenen Keyserlichen Urthel / wie dann auch denen darauff erfolgten paritionibus und eydlichen Zusagungen / endlich verbleiben / und gedachte Urthel / Executiones und pariciones, wie dann auch insonderheit das jüngstlich den letzten Octobris Anno 1611. zu Aach insinuirt und publicirte Keyserliche Mandat und Gebot / in allen und jeden ihren Puncten und Articuln / unangesehen deß den 12. Maji / deß 1612.

Jahrs

ANNO 1614. Jahrs gemachten obbestimpten Recesses / unweigerlich vollzogen / und zu Werck gesetzt werden sollen. Zu welchem Ende und desto besserer und gewisser Verrichtung Wir die Ehrwürdigen / Durchleuchtigen und Hochgebohrnen / Ferdinanden / Ertz-Bischoffen zu Cölln / des Heiligen Römischen Reichs durch Italien Ertz-Cantzlern / Bischoffen zu Lüttich / Administratorn des Stiffts Hildesheim / Münster und Stabul / Coadjutorn deß Stiffts Paderborn / Probsten zu Berchtesgaden / Pfaltzgraffen bey Rhein / Hertzogen in Ober- und Nieder-Beyern / und Albrechten / Ertz-Hertzogen zu Oesterreich / Hertzogen zu Burgund / Steyer / Kärnten / Crayn und Würtenberg / Graffen zu Habspurg / Flandern und Tyrol / rc. Unsere freundliche geliebte Vettern / Brüder / Churfürsten und Fürsten / zu Unsern Keyserlichen Commissarien, nicht weniger als zuvor / von viel höchstgenanntes Unsers Brudern Keyser Rudolffen Majestät und L. geschehen / erkieset und verordnet haben / daß sie an Unser statt durch sich selbst oder ihre ansehentliche Subdelegirte / die Unser Keyserliche rechtmässige Resolution, Erklärung und Continuirung voriger Keyserlicherlicher Urtheil / Executionen und Mandaten, den Theilen in Unser und deß Reichs Stadt und Königl. Stuel Aach publiciren und eröffnen / die schuldige parition von den Condemnirten auff- und an nehmen / sie auch im Fall der Noth hierzu durch alle bequemliche Mittel / mit Ernst / darzu Wir ihnen abermahls Unsern Keyserlichen Gewalt und Vollmacht auffgetragen / und mitgetheilt haben wollen / anhalten / und von der Stelle sich nich hinweg begeben sollen / biß alles und jedes wiederum in den vorigen Stand / wie es vor den fünfften Julii / Anno 1611. gewesen / vollkommenlich gerichtet sey. Gebieten hierauff euch allen und jeden Bürgern / Einwohnern / Unterthanen / oder wer sich sonst dieser Thätlichkeiten wider vorige Keyserliche Urtheil / res judicatas, Executiones, paritiones, und insonderheit wider das jüngst ergangene Keyserliche Mandatum de Anno 1611. einigerley Weis / unter was Prætext das seyn möchte / theilhafftig gemacht haben oder machen wollen / daß ihr sampt und sonderlich von allen denselbigen Neuerungen / wie die immer Namen haben möchten / würcklich abstehet / und alles und jedes wiederumb in den Standt setzet / wie es nach erfolgter parition de Anno 1598 und vor dem 5. Julii / 1611. allerseits gewesen ist / und daß ihr solche eure schuldige Parition mehrgedachten Unsern Keyserlichen Commissarien, oder derselben Subdelegirten, mit dem Werck selber alsobald auff der Stell bescheiniget / auch sonsten obberührten Unsern ansehnlichen Commissarien, in dem / so sie in Unsern Namen / und von Unsertwegen euch dißfalls befehlen und aufferlegen werden / alle gehorsame Folg leistet und erweiset / und darwider nicht thut / so lieb euch allen und jeden ist / Unsere Keyserliche höchste Ungnad / und alle die Straffen und Pœnen zu vermeiden / welche mehr hocherwehnten Keyserlichen Urtheilen / Executorialen, Zusagungen / und respective Keyserlichen jüngsten Mandato inserirt, und einverleibt seyn. So viel die Erstattung der zugefügten oder erlittenen Unkosten und Schaden / so dann die special Bestraffung der jenigen / welche sich vor andern bey diesem Werck straffmässig gemacht haben mögen / anreicht / derselben Sachen Cognition, Erkäntniß und weitere Verordnung / wollen wir uns Krafft wegen Keyserlichen Ampts vorbehalten haben. Inmassen Wir dann nach vollzogener vollkommlicher angeordneter parition, da jemands were / der sich über den alten und ordentlichen Magistrat zu Aach in ichtwas zu beschweren hätte / den oder dieselbe zur Genüge zu hören / und darauff / was recht und billich seyn wird / zu verordnen nicht unterlassen wollen; Das alles meynen Wir ernstlich. Geben in Unserer Königlichen Stadt Böhmischen Budweiß / den zwantzigsten Tag deß Monats Februarii / nach Christi Unsers lieben HErrn und Seligmachers Geburt Eintausend / Sechshundert und Vierzehen / Unserer Reich deß Römischen in Zweyten / deß Hungarischen im Sechsten / und deß Böhmischen in Dritten Jahr. ANNO 1614.

Matthias / rc.

IL. V, Ulm / rc.

Ad mandatum Sac. Cæs. Majest. proprium.

J. R. Pucher.

CXXXV.

Verneuerte und Bestättigte Erb-Vereinigung zwischen denen Chur- und Fürstl. Häusern / Sachsen / Brandenburg / und Hessen / durch Johann Georg / Churfürsten zu Sachsen / Johann Sigmund / Churfürsten zu Brandenburg / und dann Moritz / Ludwig / Philipp und Fridrich / Land-Grafen zu Hessen / zu gemeinschafftl. freundschafft / Hülffe und Einigkeit. Geschehen zu Naumburg den den 29. Martii. Anno 1614. [LONDORPII Acta Publica, Part I. Lib. I. Cap. XLVII. pag. 153. d'où l'on a tiré cette Pièce, qui se trouve aussi dans LYMNÆI Juris Publici Imperii Romanor. Germanici Tom. I. Lib. IV. Cap. VII. Num. XXV. & dans LUNIG, Teutsches Reichs-Archiv. Part. Spec. Abtheilung IV. Absatz. II. pag. 148.] 29. Mars.

C'est-à-dire,

Renouvellement & Confirmation de l'Union héréditaire entre les Maisons respectivement Electorales & Serenissimes de SAXE, *de* BRANDEBOURG, *& de* HESSE, *faite par les Serenissimes Princes* JEAN GEORGE, *Electeur de Saxe,* JEAN SIGISMOND *Electeur de Brandebourg &* MAURICE, LOUÏS, PHILIPPE, *&* FRIDERIC, *Landgraves de Hesse, dans la vûe d'une reciproque amitié, concorde, & assistance. A Naumburg le 29 Mars 1614.*

Von Gottes Gnaden / Wir Johannes Georg / Hertzog zu Sachsen / Ertzmarschalck / Landgraf in Thüringen / Marggraff zu Meissen / und Burggraff zu Magdeburg; Johann Sigmund / Marggraff zu Brandenburg / Ertz-Cämmerer / in Preussen / zu Stettin / Pommern / der Cassuben und Wenden / auch in Schlesien zu Crossen / und Jägerndorff Hertzog / Burggraff zu Nürnberg / und Fürst zu Rügen / beede deß Heil. Röm. Reichs Churfürsten; Augustus / Johann Philipps / Friderich / Johann Ernst der jüngere / Fridrich Wilhelm / Albrecht / auch Johann Casimir / und Johann Ernst der ältere / Gebrüdere und Vettern / Hertzogen zu Sachsen / Landgraffen in Thüringen / und Marggrafen zu Meissen; Christian / Joachim Ernst / und Johann Georg Marggraffen zu Brandenburg / in Preussen / zu Stettin / Pommern / der Cassuben und Wenden / auch in Schlesien / zu Crossen und Jägerndorff / Hertzogen / Burggraffen zu Nürnberg /

ANNO 1614.

berg/ und Fürsten zu Rügen; Christian Wilhelm/ Postulirter Ertz-Bischoff deß Primats und Ertz-Stiffts Magdeburg/ als ein geborner Marggraff zu Brandenburg/ Georg Albrecht/ Sigmund und Hans/ Gebrüdere/ auch Marggrafen zu Brandenburg; Und dann Moritz/ Ludwig/ Philipps und Friderich/ Brüdere und Vettern/ Landgrafen zu Hessen/ Graffen zu CatzeElnbogen/ Dietz/ Ziegenhain und Nidda: Bekennen in diesem Brieff/ vor Uns/ Unsere Erben und Nachkommen: Als weyland die Hochgeborne Fürsten/ Unsere Anherren/ Väter/ Vettern und Vorfahren/ die Chur-und Fürsten/ der Häuser/ Sachsen/ und Brandenburg/ und Hessen/ seliger und löbl. Gedächtniß/ vor langen Jahren eine freundliche und brüderliche Erbeinigung und Verständniß/ wie und welcher gestalt Sie/ Ihre Erben und Nachkommen/ ewiglich bey einander in freundlicher Einigkeit/ gutem Friede und ewiger Ruhe sitzen und leben/ auch in derselben Widerwertigkeit und Nöthen/ einander Rath/ Hülff und Beystand thun solten und möchten/ vermacht/ verbriesset/ versiegelt/ gelobt und geschworen haben/ und sonderlich der weyland Hochgeborne Fürst/ Herr Fridrich Hertzog zu Sachsen/ deß Heil. Römischen Reichs ErtzMarschalck/ Landgraff in Thüringen/ und Marggraff zu Meissen; Herr Johanns Marggraff zu Brandenburg/ deß Heiligen Röm. Reichs ErtzCämmerer/ zu Stettin/ Pommern/ der Cassuben und Wenden Hertzog/ Burggraff zu Nürnberg/ und Fürst zu Rügen/ beede Churfürsten; Herr Albrecht und Herr Johanns Gevettern/ Hertzogen zu Sachsen/ Landgrafen in Thüringen/ und Marggraffen zu Meissen/ Herr Fridrich und Herr Sigmund/ Gebrüdere/ Marggrafen zu Brandenburg/ zu Stettin/ Pommern/ der Cassuben und Wenden Hertzoge/ Burggrafen zu Nürnberg/ und Fürsten zu Rügen/ Herr Wilhelm der ältere/ Herr Wilhelm der jüngere/ Herr Wilhelm der jüngste/ Graff zu Catzen-Elnbogen/ Dietz/ alle drey Landgraffen zu Hessen/ Graffen zu Ziegenhain und Nidda/ solche Fürstliche und ewige Erbeinigung wiederumb erneuert/ und derohalben eine Einigungs Verschreibung auffgerichtet haben/ welcher Datum stehet/ geschehen zu Nürnberg/ im 1487. Jahr auff Mittwochs seiner Himmelfahrt Abend/ dieselbe auch hernacher durch weyland die Hochgeborne Fürsten/ Hn. Johann Friderichen/ Hertzogen zu Sachsen/ Ertzmarschallen/ Landgraffen in Thüringen und Marggrafen zu Meissen/ Joachim Marggraffen zu Brandenburg/ Ertz-Cämmerern/ zu Stettin/ Pommern/ der Cassuben und Wenden Hertzogen/ Burggrafen zu Nürnberg/ und Fürsten zu Rügen/ beyde deß Heil. Römischen Reichs Churfürsten/ Henrich und Johann Ernsten/ Hertzogen zu Sachsen/ Landgrafen in Thüringen und Marggraffen zu Meissen/ Georgen/ Hansen und Albrechten/ Marggraffen zu Brandenburg/ zu Stettin/ Pommern/ der Cassuben und Wenden Hertzogen/ Burggraffen zu Nürnberg/ und Fürsten zu Rügen/ und Philippsen/ Landgraffen zu Hessen/ Graffen zu Catzen-Elnbogen/ Dietz/ Ziegenhain und Nidda/ zu Zeitz Mittwochs nach Judica nach Christi Unsers lieben HErrn Geburt 1537. Jahrs wiederumb vorgenommen/ verneuert/ und darüber gebührliche Erbeinigungs-Verschreibung auffgerichtet worden/ und aber die jeztbenannten Chur-und Fürsten von Sachsen/ Brandenburg und Hessen/ seel. und löbl. Gedächtniß/ alle in Gott und Tod abgangen und verstorben.

Derohalben weyland die auch Hochgeborne Fürsten/ Herr Augustus Churfürst/ Johann Wilhelm und Johann Fridrich der jüngere/ alle Hertzogen zu Sachsen/ Landgrafen in Thüringen/ und Marggrafen zu Meissen/ Herr Johanns Marggraff zu Brandenburg/ zu Stettin/ rc. Hertzog/ Herr Philipps der älter/ Landgraff zu Hessen/ Graff zu Catzen-Elnbogen/ zu Dietz/ Ziegenhain und Nidda/ Hans Georg und Georg Fridrich/ Marggraff zu Brandenburg/ Gevettern/ und Wilhelm/ auch Ludwig Landgraff zu Hessen/ solche freundliche und ewige Erbeinigung auch wieder erneuert/ und derowegen eine Verschreibung auffgerichtet/ welcher Datum stehet/ geschehen zu Naumburg/ Sonnabends nach Invocavit/ welcher war der neundte Tag deß Monats Martii/ nach Christi Unsers lieben HErrn Geburt 1555. Jahrs.

Welche hernachmahls von den weyland Hochgebornen Fürsten und Herren/ Herrn Christian/ Hertzogen zu Sachsen/ Johann Georgen/ Marggraffen zu Brandenburg/ beeden Churfürsten/ Friedrich Wilhelm und Johannsen/ Hertzogen zu Sachsen/ Landgraffen in Thüringen/ und Marggraffen zu Meissen/ Georg Friderich und Joachim Friedrichen/ Marggraffen zu Brandenburg in Preussen Hertzogen/ Herrn Wilhelm/ Ludwigen und Georg/ Landgraffen zu Hessen/ Graffen zu Catzen-Elnbogen/ Ditz/ Ziegenhain und Nidda/ und vns den obgenannten Hans Sigmunden/ Churfürsten/ Marggrafen zu Brandenburg/ Johann Casimir vnd Johann Ernst Gebrüdern/ Hertzogen zu Sachsen/ und Moritzen Landgrafen zu Hessen/ wiederumb renovirt, welcher Datum stehet/ geschehen zu Naumburg den 5. Julii nach Christi Unsers lieben HErrn Geburt 1580. Jahr.

So haben Wir obgemeldte Chur-und Fürsten zu Sachsen/ Brandenburg und Hessen/ Unserer Vor-Eltern/ Vätter/ Anherren und Vorfahren/ guten/ freundlichen/ getreuen und geneigten Willen/ so sie/ wie gemeldt/ zusammen getragen/ auch die Ehre/ Nutz und Wolfahrt/ so gemeldten Unsere Häusern/ auß solcher freundlichen Einigung und Verständniß gedyen ist/ und künfftiglich in viel Wege gedeyen und erwachsen mag/ zu Hertzen geführt unde bedacht/ und als ihre Erben und Nachkommen/ die obgemeldte Erbeinigung wiederumb verneuert/ bestätiget/ verbriefft/ versiegelt/ gegen einander gelobt/ und wir anderen die vormaln nicht Pflicht gethan/ wie sich gebürt/ geschworen/ und thun diß alles in und mit Krafft dieses Brieffs/ in der allerbesten Form und Gestalt/ so das am allerbesten geschehen sol/ kan und mag/ und haben darumb den Allmächtigen GOtt zu Lob/ der heiligen gemeinen Christlichen Kirchen/ und dem Heiligen Römischen Reich zu Ehren/ und umb gemeines Nutzes/ Fried/ Ruhe/ und ewiger Einigkeit Unserer Lande und Leute/ und zukünfftigen guten Willens/ und sonderlich von angeborner Liebe und Freundschafft wegen/ wir uns alle mit einander/ einträchtiglich und ungesondert einer rechten ewigen Erbeinigung vertragen/ geeinet und verbunden/ vertragen/ einen und verbinden uns auch darmit also gegenwärtiglich zusammen in Krafft dieses Brieffs/ als hernach geschrieben stehet:

Zum ersten/ daß wir/ Unsere Erben und Nachkommen/ alle Unsere Lebtage einander brüderlich/ freundlich und gütlich meynen/ ehren/ fördern/ verantworten/ und Unser einer deß andern Schaden warnen/ und sein bestes mit Worten und Wercken/ ungefährlich und getreulich vornehmen sollen und wollen/ gleicher Weiß/ als ob es Unser jeglichen selbst antreffe/ ohne Gefährde.

Wir sollen und wollen auch einander mit Leib und Gut/ Landen und Leuten/ getreulich beholffen und berathen seyn/ zu allen Unsern und jegliches Nöthen/ Kriegen und Geschäfften/ ohne allerley Helfrede/ und Gefärde.

Es sol auch Unser keiner deß andern Feind werden/ umb niemands/ noch umb keiner Sache willen/

ANNO 1614.

len/ noch ihne beschädigen noch beschädigen lassen/ oder Unsern Mannen/ Dienern und Unterthanen/ die in Unsern oder anderen Landen gesessen seyn/ das nicht gestatten zu thun/ in keinerley Weiß/ ohne Gefährde.

Geschehen aber darüber einigerley Zugriffe oder Beschädigung/ aus Unserer eins/ oder auß anderen Landern/ von Unsern Mannen/ Dienern und Unterthanen/ in deß andern Herrn Land/ so sollen Unser jeglicher dem andern getreulich/ beyständig und beholffen seyn/ den oder diese/ so solche Zugriff und Beschädigung gethan hetten/ erstlich darzu zu bringen/ daß solche Schäden mit Eyden und Wiederthaten gekert werden in vier Wochen/ nachdem und wir deß vermahnt worden/ ohne Widerreden/ und ohne alle Gefährde.

Es sol auch keiner Unser Fürsten vorgenannt/ keinen Diener zu Diensten/ noch sonsten jemand in Versprechniß nehmen/ er sol ihne zuvor fragen/ ob er nicht Fehde oder Unwillen zu dem andern Theil habe/ und würde sich das also befinden/ so sollen sie ihn in keine Weiß auffnehmen ohne der andern Willen/ ohne Gefährde.

Erfinde sich aber darüber an Unser Fürsten vorgenannt eines oder mehr Dienst jemand/ der wider den andern einigerley Sprüch/ Fehde oder Unwillen meynet zu haben/ so sollen der oder die Herren/ dero Diener der oder die weren/ oder zuständen/ zu Ehren und Recht/ gantz mächtig seyn/ ohne Gefährde.

Welcher über das darüber nicht zu folgen meynte/ als dann sol sich der Herr/ bey dem er were/ deß oder derer zustände/ an Unserm und dem andern Theil getreulich über sie beholffen und berathen seyn/ ohn alle Gefährde.

Und auser das sol Unser keiner dem andern seine Diener oder Unterthanen/ inn-oder ausser Land gesessen/ der er zu Ehren und Recht mächtig were/ nicht vergwaltigen noch vergwaltigen lassen/ ohne Gefärde.

Es sol auch Unser obgenannten Fürsten keiner deß andern Feind/ Aechter und Räuber in seinen Landen/ Schlössern/ Städten und Gebieten/ wissentlich und mit Vorsatz/ nicht hausen/ hegen/ beschirmen/ noch dem einigerley zulegen/ Förderung/ Hülffe noch Rath thun/ noch durch seine Gezwang und Landwehr nicht kommen lassen/ heimlich noch offentlich/ oder den seinen gestatten/ das zu thun in keinerley Weiß/ und ihnen auch kein Geleit geben/ noch geben lassen/ ohne Gefärde.

Were aber/ daß Unser eines Männ oder Untersassen/ einer oder mehr/ oder sonst jemand unter uns/ in Unsern Landen/ darüber beschädiget würde/ und solche Raub und Nahme in deß andern Land/ Schloß/ Städte oder Gebiet kommen/ und daß man demselben Raub oder Nahme/ auff frischer That nachfolge/ oder in vierzehen Tagen darnach/ und dieselben Nachfolger Unsere Amptleute/ Manne/ Städte/ oder Untersassen/ heischen oder fordern/ so sollen wir oder Unsere Amptleute/ Manne/ Städte oder Untersassen/ die also geheischen und angeruffen würden/ zu dem beschädigten deß Rechten helffen/ daß die Nahme ohne Widerrede gekehrt/ und wieder gegeben würden/ und nach Rechten oder nach Gnaden Wandel darumb ergehen/ ohne Gefärde.

Auch sollen und wollen wir in allen Unsern Landen/ Ampten und Gebieten/ ernstlich bestellen/ daß man die Knechte/ so eigne Pferde haben/ nicht/ hausen/ hegen/ noch ihnen Fried noch Geleit geben/ noch haben sollen sie haben dann Herren in Unsern Landen gesessen/ die sie versprechen oder ihrer mächtig seyn.

Würde es sich auch also machen/ daß Unser einer dem andern zu folgen/ heischen oder fordern würde/ welcher das unter uns wer/ so sol ihm der andere/ der erfordert wird/ von stund an nach seinem besten Vermögen/ folgen und beholffen seyn/ und alsbald der Geforderte deß Herrn Land rühret/ der ihn gefordert hat/ der sol ihme ziemliche Nothdurfft an Essen/ Trincken/ und Futter geben/ so lang biß das geändert wird/ darumb die Folge geschehen ist/ und als lang die Geforderten in derselben Herren Land seyn ohne Gefährde.

Wolten auch Unsere ehegenannen Fürsten einer oder mehr/ oder Unsere Erben/ einigerley Einung und Bündnuß/ mit jemands/ wer der were/ eingehen und auffnehmen/ so sollen solche Einungen und Bündniß wider diese Unsere ewige Erb-Einigung/ uns/ Unsere Erben/ Unser Land und Leut zu thun/ nicht seyn noch geschehen/ ohne Gefährde.

Ob sich das auch machen würde/ wie das zukäme/ daß uns Fürsten obgenannt/ jemand/ wer der were/ an Unsern Fürstenthumen/ Herrschäfften/ Land und Leuten/ inhabenden Gütern und Gerechtigkeiten/ wo wir die jetzo haben/ oder künfftig gewinnen/ irren/ engern/ hindern/ oder sich darein legen wolten und würden/ so sollen und wollen wir vorgenandte/ und Unsere Erben/ einander getreulich und einmüriglichen/ oder jeglicher besonder/ welcher deß ermahnet oder gefordert würde/ beholffen/ berathen/ und beyständig seyn/ derselben Unser jegliches Lands Gerechtigkeit/ Freyheit/ Gewonheiten und Herrligkeiten/ als vorberührt/ zu verhüten/ zu handhaben/ zu schützen/ zu schirmen/ zu vertheidigen/ zu verantworten/ gleich Unser jetziger selbst Fürstenthumb und Lande/ so offt und dick das Noth geschicht/ ohne Gefährde.

Würde auch jemands/ wer der were/ Unser eines oder mehr Fürstenthum/ Herrschafften/ Lande und Leute überziehen/ beschädigen/ angreiffen und verunwilligen/ oder ihme sein Schloß verlegen/ oder verbauen/ wider denselben sollen wir andern alle/ deme/ den man bekriegen wolte/ wann wir darzu geheischt worden/ ohngefährlich mit aller Unser jeglichs Macht/ ohne Verzug/ von stund an/ ohne Widerred und ohne Erkantnuß/ getreulich beholffen seyn.

Und sol die Hülffe der Reisigen halben geschehen auff des Helffenden Schaden/ und deß/ deme die Hülffe geschicht/ Futter und Mahl/ wann sie deß Bekriegten Land berühren: Aber alles Fußvolck und Geschütz sol auff deß/ der die Hülffe thut/ Kosten oder Besoldung geschehen. Wolte auch jemands/ es were König/ Fürsten oder Städte/ oder andere/ in waserley Stand und Wesen die seyn/ einen oder mehr unter uns bekriegen/ so sollen und wollen wir wider die jenigen/ die das thäten/ deme es unter uns noth würde/ auch nach Unserm besten Vermögen beholffen seyn/ und zu täglichen Kriege zu legen.

Und ob uns Johann Georgen Churfürsten; Deßgleichen Augusto/ Johann Philippsen/ Friderichen/ Johann Ernsten dem jüngern/ Fridrichen/ Wilhelm und Albrechten/ Johann Casimiri und Johann Ernsten dem ältern/ Gebrüdern und Gevettern/ Hertzogen von Sachsen/ samptlich und sonderlich/ oder Unsere Erben/ das angienge/ so sollen wir Marggraff Johann Sigismund/ Churfürst auß der Marck Brandenburg/ zwey hundert Pferde/ und funff hundert Knechte/ und Wir Christian und Joachim Ernst/ Marckgrafen zu Brandenburg/ von Unsern jetzo inhabenden Landen/ auch zwey hundert Pferde und fünffhundert Knechte/ und Wir Moritz und Ludwig/ Landgrafen zu Hessen auch zweyhundert Pferde und fünffhundert Knechte/ schicken/ und abermahls der Reisigen und Fußknechte Kosten/ Schaden und Unterhaltung halben/ als obbemeldt ist.

Deßgleichen ob das Uns Marggrafen oder Unsere

Anno 1614. re Erben/ samptlich oder sonderlich/ angienge/ sollen Wir Johann Georg Churfürst/ und Augustus/ Gebrüdere/ Hertzogen zu Sachsen/ zweyhundert sechtzig Pferde und siebenhundert Knechte/ und Wir die Hertzogen zu Sachsen/ Gebrüdere und Vettern/ Altenburgischen/ Weymarischen/ Coburgischen und Eisenachischen Theils/ einhundert viertzig Pferde/ und dreyhundert Knechte/ und Wir Moritz und Ludwig Gevettern/ Landgraffen zu Hessen/ zweyhundert Pferde und fünffhundert Knechte/ alles auff Kosten und Schaden/ wie obgemeldt/ schicken.

Ingleichem ob solches Uns Landgraff Moritzen und Ludwigen Gevettern/oder Unsere Erben/samptlich und sonderlich angienge/ so sollen Wir Johann Georg Churfürst/und Augustus Hertzoge zu Sachsen/ zweyhundert sechtzig Pferde/ und siebenhundert Knechte/ und Wir die Gebrüdere und Vettern/ Hertzoge zu Sachsen/ Altenburgischen/ Weymarischen/ Coburgischen und Eisenachischen Theils/hundert viertzig Pferde und dreyhundert Knechte/ und Wir Johann Sigismund Churfürst/ zweyhundert Pferde und fünffhundert Knechte/ schicken/ alles auff Kosten und Schaden/ wie obstehet.

Und solches sol auch also unter den Fürsten der gemeldten Häuser/ mit derselbigen Hülffe/ nach Anzahl/ gegen ein ander unter ihnen selbst gehalten werden.

Würden aber zwey Häuser oder zween Fürsten zu einer Zeit von andern bekriegt/ so sollen die andern ihre Hülffe unter die Bekriegten/ nach Anzahl zugleich theilen/ und ob das/ wie nechst gemeldt/ nicht verfahen wolte/ und fürder Hülffe noth seyn würde beyzulegen/ wann wir andern dann dessen erinnert werden/ darumb zusammen schicken/ und Uns darumb mehr mit einander/ Beylegung zu thun/ vertragen/ ohne Gefährde.

Ob auch einer minder bedürffen würde/ dann die nechstgemeldte Zahl/ so mag er auch minder fordern.

Es sol auch Unser keiner deß andern Land und Leute/ Schloß/ Städte oder Voigtey wider den andern nicht einnehmen/ oder innen haben/ vertheidigen/ oder ihnen Hülff noch Rath wider den andern thun/ in keine Weise/ ohne Gefährde.

Es soll auch Unser keiner dem andern/ Schloß/ Städte/ Leut oder Manne/ in welchen Würden/ Stand oder Wesen die weren/ in deß andern Land oder Voigtey gelegen/ in keinerley Weiß in Versprechniß oder Vertheidigung nehmen/ oder wider solchen Herrn/ in deß Land oder Voigtey sie gelegen weren/ vertheidigen und versprechen/ oder ihnen keinerley Hülff/ Rath oder Beystand thun/ sondern sich dero gäntzlichen eussern und müssig gehen/ ohne Gefährde.

Were es auch/ daß Unser eines Untersassen oder Landsassen/ einer oder mehr/ inner oder ausser Unsern Landen gesessen/ Uns widersetzig und ungehorsam weren oder würden/ so sollen und wollen wir einander getreulich beholffen seyn/ den oder dieselbe/ die also widersätzig weren/ gehorsam zu machen. Und welcher unter Uns Fürsten den andern also umb Hülffe gefordert hette/ der sol sich ohne die andern Fürsten/ mit dem oder denselben Wiedersetzigen nicht frieden/ richten noch sühnen/ er ziehe den die andern in solche Fried/Richtung und Sühne/ ohne Gefahrde.

Ob auch Unser einiger Fürst in deß andern Fürsten Landen/ Lehen/ oder sie und die ihren Gülte oder Zinsen hätten/ damit sol man sich halten nach Lehen-Rechten/ und einem jeglichen auch seine Gülte oder Zinse folgen/ und auch in solchem seinem Lehen ungehindert lassen/ ohne Gefährde.

Es sollen auch alle Unsere Amptleute in allen Unsern Landen/ niemand kein Geleit geben/ anders dann nach Anweisung dieser Einigung.

Wir sollen und wollen auch diese obbeschriebene Einigung in allen Unsern Landen/ Ambten und Gebieten/ offentlich gebieten/ und verkünden lassen/ daß sich ein jederman wisse darnach zu richten/ und sich mit Unwissenheit nicht entschuldigen möge.

Würde aber einige Hellung oder Zwietracht zwischen Uns obgenannten Fürsten/ oder Unsern Erben entstehen/ und Unser einer zu dem andern/ oder Unsere Erben gegen einander/ Schuld oder Sprüch gewinnen/ welcherley Weiß/ und wohin sich das zutragen möchte/ das Gott lange Zeit verhüten wolte/ so solten die Fürsten/ die das berühret/ oder ihre Erben/ die oder den Fürsten/ zu dem sie zu sprechen haben/ umb Recht in ihren Hoff nachfolgen/ und ihre Edle und andere gelehrte Räthe/ doch daß er derselben Räthe unter zwölffen nicht setzen/ und sie ihrer Eyd und Pflicht/ zu solcher Nothdurfft der Rechten ledig zehlen/ und sie zu dem Rechten mit sonderlicher Pflicht/ wie sich das gebühret/ wieder vereyden solle/ und nachdem die klagende Parthey das erfordert/ sol ihnen von den angesprochenen Partheyen/ in einem Monat ein Rechtstag bescheiden/ und also vor ihren Räthen/ wie vorgeschrieben stehet/ zu Recht stehen/ und in den nechsten sechs Wochen und dreyen Tagen/ ob anderst die Räthe solche Spääne zwischen den Partheyen/ in der Gütlichkeit mit der Partheyen Wissen/ nicht hinlegen mögen/ die Sachen mit einem endlichen Urtheil entscheiden lassen/ und was dar für Recht gesprochen wird/ darbey sol es ohne fernere Wegerung bleiben/ und von beyden Theilen auffgenommen/ gehalten und vollführt/ und sol solches darüber nicht verzogen werden. Es were dann/ daß sich die Sachen mit Gerichts-Ordnungen länger verzögen/ darinnen doch keine Gefährde/ noch unbilliger Verzug gebraucht sol werden/ und der klagende Fürst oder sein Anwalt/ sol mit allen denen/ die er mit ihm bringt/ doch daß er über zweyhundert Pferde nicht habe/ zu und auff den Rechtstag/ und wieder an seine Gewarsame/ deß angesprochenen Fürsten frey/ sicher Geleyt haben/ und der Fürst/ der angesprochen wird/ sol darumb seinen Hoff legen in die nechsten Schlösser oder Städt/ die er bey deß klagenden Fürsten Landen hat/ ungefährlich.

Und ob Unser eines Fürsten Mann oder Diener/ einer oder mehr/ zu den andern Fürsten zu sprechen gewinne/ sol ihme derselbige Fürst/ der angesprochen wird/ vor seine Edle und andere gelehrte Räthe zu recht kommen/ und ihme in dreyen Monaten Recht widerfahren lassen/ ohne länger Verziehen/ und sol zu dem Rechten/ darbey/ und wiederumb biß an seine Gewarsame/ deß angesprochenen Fursten Fried und Geleit haben/ alles ungefährlich.

Ob auch Unser eines Mann oder Diener/ in welchem Stand oder Wesen die seyen/ zu deß andern Herrn Mann oder Diener zu sprechen hetten/ oder gewinnen/ darumb sol sich ein jeglicher an Recht genügen lassen/ vor demselben Herrn und seinen Räthen/ deß Mann oder Diener der Antworter ist. Treffe es aber Bürger und Bauern gegen einander/ denen sol man mit Recht von einander helffen/ vor den Gerichten/ darunter ein jeglicher Antworter gesessen ist/ und sol zu allem Rechten Fried und Geleit jederman haben/ ohne Gefährde

Wolt auch Unser Fürsten einer/ oder seine Erben/ unräthliche Kriege vor sich nehmen/ darinnen wir andern/ ihnen zu recht nicht mächtig weren/ zu einem solchen sol Unser ein Theil oder seine Erben/ dem andern/ oder seinen Erben/ der solchen Krieg vornehmen wolt/ dieser Einigung halber Hülff zu thun nicht pflichtig seyn. Wann aber Unser einer deß andern

ANNO 1614.

andern zu recht mächtig were / so soll er ihme ohne Wegerung helffen / inmassen vorberührt ist / getreulich und ohne Gefährde.

Auff daß auch der Kauffmann und ein jeglicher anderer mit ihrer Haab auß / und ein jeglicher in Unsern Landen und Gebieten sicher seyn / ihre Kauffmannschafft und andere Händel ungehindert treiben / und wir dieselben Unsere Lande in solchen Fried wieder setzen und bringen mögen / als sie vorzeiten gewesen seyn / so sollen und wollen wir und Unsere Erben / Unsern Amptleuten und Städten / in ihren Eyd geben und empfehlen / daß sie die Strassen durch und in denselben Unsern Fürstenthumben und Landen bestellen und rein halten / darüber wir sie auch handhaben / schützen und verthädigen sollen / wie da noth seyn wird / ohne Gefährde.

Geschehen aber darüber einigerley Zugriff oder Beschädigung auß oder durch eines Unsere Lande in deß andern Lande / von Unsern Mannen / oder Untersassen / oder jemand anders / so sol Unser einer dem andern / dem es noth seyn wird / getreulich beyständig und beholffen seyn / und mit gantzem Ernst darzu thun und gedencken / den / oder die solche Ubergriff hetten gethan / darzu zu bringen / daß solche Nahmen wiedergekehrt / und die Beschädiger darumb gestrafft und gerechtfertiget werden.

Were es dann umb die Beschädiger also bewand / daß die in Unser eines Land gelegen / wir darbey gesessen / und doch an dem Ort zu schwach weren / so daß Unser einer allein / sie zu der Kehrung nicht bezwingen möchte / so sollen die andern / wann sie darumb vermahnt werden / mit gantzer Macht / oder wie das die Nothdurfft erfordert / auff ihren eignen Kosten und Ebentheuer Hülff und Folg darzu thun / daß solche Beschädiger zur Rechtfertigung gebracht / auch zu Wiederkehrung aller Kosten und Zehrung bezwungen / und nach Rechtigkeit bestrafft werden / ohne Gefährde.

Ob auch jemand / wer der were / Unser eines Fürsten Diener / Mann oder Untersaß / vor deß andern Fürsten Gericht verladen würde / wann dann der Fürst / deß die Geladenen oder Geforderten weren / sie abforderte / und begehrte / ihme die vor sein Gericht zu weisen / so sol derselbe Fürst / deß das Gericht ist / die Abgeforderten weisen / und der Fürst / deß die Beklagten seyn / sol förderlich Recht dem Kläger von dem Beklagten / nach laut dieser Einigung / widerfahren lassen / ungefährlich.

Wir obgenandten Fürsten sollen und wollen auch allen Unsern Amptleuten / wo wir die in Unsern Fürstenthumben / auff Unsern Schlössern / Städten oder anderswo haben / gebieten ernstlich und festiglich / diese Unsere brüderliche und freundliche Einigung auffzunehmen und zu Gott schweren lassen / die also vollkommlich und auffrichtig zu halten / laut der Form deß Eyds in dem Anno 1555. den 12. Martii allhie auffgerichteten Bey-abschied begriffen / welche Eyde dann von neuem jetzo wiederumb / von Unser allerwegen / durch einen jeden Fürsten in seinem Lande genommen und verneuert werden sollen. Und ob Unser Amptmann / einer oder mehr abgienge von Todeswegen / oder von Uns entsetzt würden / welche wir an derselben statt dann setzen / der oder dieselbigen Amptleute sollen in obgeschriebener massen geloben und schweren / als dann die vorderen gethan haben / in den nechsten vierzehen Tagen / nach dem Tag / als der oder die abgesetzt worden / oder weren / und dieselben Eyd durch Unser jedem also / von Unser allerwegen / wircklich genommen werden / ohne Gefährde.

Were es auch / daß Unser obgenannten Fürsten einer oder mehr von Todeswegen abgiengen / das Gott lange friste / so sol der oder die lebendig blieben weren / der abgegangenen Kindern und Erben / die er hette / oder gewinne / getreulich beholffen und berathen seyn / daß sie bey allen ihren Landen und Leuten / Ehren und Würden bleiben / als auff sie gekommen ist und were.

Und auff solches / daß diese Unsere Erbeinigung von Unsern Erben ewiglich unzerbrochen gehalten werde / setzen und ordnen wir / daß hinführo alle Unsere jedlichs mannliche / eheliche Leibs-Lehens-Erben / so sie vierzehen Jahr alt werden / diese Unsere Erbeinigung mit allem ihren Innhalt / wann er deß von den andern allen / oder eines Theils unter ihnen / erinnert wird / geloben und schweren sol / ohne allen Verzug und Behelff.

Doch nehmen wir in dieser Einigung auß die Römische Keyserl. Maj. Unsern allergnädigsten Herrn / seine Keyserl. Person und Würden.

Alle diese obbeschriebene Stücke / Puncten und Articul haben wir obgenannte Fürsten einander bey Unsern Fürstlichen Hand gegebnen Treuen / Würden und Ehren gelobt / geredet / und leiblichen mit auffgereckten Fingern zu Gott geschworen / stet / vest und unverbrüchlich zu halten / sollen und wollen die auch nicht articuliren / noch die anders außlegen / oder verstehen / sondern denen nach ihrer schlechten Form / Worten und Innhalt / getreulich nachkommen / ohne einigerley Behelff / Eintrag und Außzug / sonder alle arge List und Gefährde.

Und deß alles zu mehrer Urkund / ewiger Bekäntniß und stetiger Bevestigung / haben Wir obgenante / Hertzog Johann Georg / und Marggraff Johann Sigmund / beyde Churfürsten; Wir Augustus / Johann Casimir / und Johann Ernst / Gevettern / Hertzoge zu Sachsen; Christian / Joachim Ernst / und Johann Georg / Marggrafen zu Brandenburg; Moritz und Ludwig Gevettern / Landgrafen zu Hessen / vor Uns / Unsere Erben und Nachkommen / Unser Insigel / mit gutem Wissen / an diesen Brieffe / als dieser Zeit regierende Hertzogen zu Sachsen / Marggraffen zu Brandenburg / und Landgraffen zu Hessen / hängen lassen / darzu auch mit eignen Handen unterschrieben / und Wir obgemeldte / Johann Philipps / Fridrich / Johann Ernst der jüngere / Fridrich Wilhelm / und Albrecht / Gebrüdere und Gevettern / Hertzoge zu Sachsen / Marggraff Christian Wilhelm / Georg Albrecht / Sigmund und Hans / auch Philipps und Fridrich / Landgraffen zu Hessen / als noch zur Zeit nit regierende Hertzogen zu Sachsen / Marggraffen zu Brandenburg / und Landgraffen zu Hessen / zusagen und versprechen / gleicher gestalt / das alles / wie obgemeldt / vestiglich zu halten / und die Hülff / wann wir zu der Regierung kommen / zu leisten / ohne Gefährde.

Und haben derenthalben / beneben gethanem Eyd / Uns mit eignen Handen unterzeichnet / alles das treulich zu halten / das in diesem Brieff von Uns geschrieben stehet / ohne Gefährde.

Nach dem aber auch Landgraff Moritz zu Hessen / wegen eingefallener Verhinderung / dieser Erbeinigungs-Verneuerung persöhnlich nicht beywohnen können / und derentwegen S. Liebden Räthe / Otho von Starschedel auff Redern / Hermann von Bersabe / und Reinhard Scheffern / beyder Rechten Doctorn, anhero abgefertigt / als haben dieselbige solche Erbeinigung / wie die jetzo allenthalben wieder verneuert / und auff Papier gebracht worden / an statt S. Liebden unterschrieben und besiegelt / darnach auch die Haupt Original ohne diesen Anhang auff Pergament verfertigt / und von S. Liebden selbsten / so wol als von obgenannten Chur- und Fürsten / unterzeichnet und vollzogen worden.

Geschehen zu Naumburg / den 29. Monatstag Martii / nach Christi Unsers lieben HErrn Geburt / im 1614. Jahr.

CXXXVI.

Anno 1614. 30. Mars.

CXXXVI.

Verneuerte Erb-Verbrüderung zwischen denen Chur- und Fürstl. Häusern Sachsen / Brandenburg und Hessen / durch Johann Georg / Churfürsten zu Sachsen / Johann Sigmund / Churfürsten zu Brandenburg; und dann Moritz und Ludwig / Philipp und Fridrich / Land-Grafen zu Hessen / worinn sie sich vereinen / wie nach Absterben eines von diesen Häusern dessen Land und Leuth / Haab und Gut / auf die andern Chur- und Fürstl. Häuser fallen solle. Naumburg den 30. Martii. 1614. [Londorpii Acta Publica. Tom. I. Lib. I. Cap. XLVIII. pag. 157. d'où l'on a tiré cette Pièce, qui se trouve aussi dans Lymnæi Juris Publici Imperii Romanor. Germanici Tom. I. Lib. IV. Cap. VIII. Num. CLXXII. dans Christ. Gastelius de Statu Publico Europæ Noviss. Cap. IX. pag. 433. & dans Lunig, Teutsches Reichs-Archiv. Part. Spec. Abtheil. IV. Absatz. II. pag. 154.]

C'est-à-dire,

Renouvellement de Confraternité entre les Maisons respectivement Electorales de Saxe, *de* Brandebourg, *& de* Hesse, *par laquelle les Serenissimes Princes* Jean George *Electeur de Saxe*, Jean Sigismond *Electeur de Brandebourg*, *&* Maurice, Louïs, Philippe, *&* Frideric *Landgraves de Hesse, conviennent de la maniere dont leurs Serenissimes Maisons doivent se succeder les unes aux autres dans leurs Terres, Provinces, Seigneuries, & Biens Meubles & Immeubles en cas d'extinction des Lignes Masculines Legitimes. A Naumbourg le 30. Mars 1614.*

VOn Gottes Gnaden / Wir Johann Georg / Hertzog von Sachsen / Ertzmarschall / Landgraff in Thüringen / Marggraff zu Meissen / Burggraff zu Magdeburg; Johann Sigismund / Marggraff zu Brandenburg / Ertz-Cämmerer / in Preussen / zu Stettin / Pommern / der Cassuben und Wenden / auch in Schlesien zu Crossen Hertzog / Burggraff zu Nürnberg / und Fürst zu Rügen / beede deß Heiligen Römischen Reichs Churfürsten; Augustus / Johann Philipps / Friderich / Johann Ernst der jüngere / Fridrich Wilhelm / und Albrecht / Johann Casimir / und Johann Ernst der ältere / Gebrüdere und Vettern / Hertzoge zu Sachsen / Landgraffen in Thüringen / und Marggrafen zu Meissen; Johann Sigismund / Churfürst / Marggraff zu Brandenburg / in Preussen / Stettin / Pommern / der Cassuben und Wenden / auch in Schlesien / zu Crossen / Jägerndorff Hertzog / Burggraff zu Nürnberg / und Fürst zu Rügen / vor Unsern freundlichen lieben Herrn Schweher-Vatern und Vettern / Albrecht Fridrichen / Marggraffen zu Brandenburg / Hertzog in Preussen; Christian / Joachim Ernst / Johann Georg / Marggrafen zu Brandenburg / in Preussen / auch Schlesien / zu Crossen und Jägerndorff Hertzogen / Christian Wilhelm / Postulirter Administrator deß Primats und Ertz Stiffts Magdeburg / als ein geborner Marggraff zu Brandenburg; und Georg Albrecht / Sigmund und Johanns / gleichfalls Marggrafen zu Brandenburg; Und dann Moritz und Ludwig / Philipps und Friderich / Landgrafen zu Hessen / Graffen zu Catzen Elnbogen / Dietz / Ziegenhain und Nidda / etc. Bekennen für Uns / Unsere Erben und Nachkommen / offentlich in diesem Brieffe / allen Leuten / die ihn sehen oder hören lesen. Nach dem Unser der Chur- und Fürsten zu Sachsen und Hessen / Ur-Eltern und Vorfahren löbl. und seel. Gedächtniß / von undencklichen Jahren / sich mit allen ihren gegenwertigen und zukünfftigen Landen / Chur- und Fürstenthumben / mit gnädigstem Consen-, und Bekräfftigungen / weyland der Römischen Keyser und Könige / zusammen verbrüdert / auch Unser der Chur- und Fürsten zu Brandenburg Ur-Eltern löbl. Gedächtniß / sich vor dieser Zeit gleicher gestalt / in dieselbe der Häuser Sachsen und Hessen herbrachte Erbverbrüderung begeben und eingelassen / darzu alle drey Häuser / Sachsen / Brandenburg und Hessen / in besondere Erbvereinigung / vor langer Zeit hero mit einander herkommen / inmassen deßhalben auch sonderliche Sigill und Brieffe zwischen ihren Liebden / allerseit auffgerichtet / und noch vorhanden seyn / daß wir Uns dem allen zu folge / Gott zu Lob und Ehren / und sonderlich wegen jetziger läufften / und vorstehends Heil. Reichs Gelegenheiten / umb gemeiner Wolfahrt willen / mit wohlbedachtem Muth und gutem Rath Unserer Räthe / Manne und der Unsern / durch angeborne Lieb / rechter Treu / und sonderlicher Freundschafft willen / auch mit sonderlicher Erlaubniß und Gunst deß Allerdurchleuchtigsten / Großmächtigsten und Unüberwindlichsten Fürsten und Herrn / Herrn Matthiæ, Röm. Keysers / Unsers gnädigsten lieben Herrn / Uns / Unsern Landen / und den Unsern zu Fried / in dem besten Erblich verbrüdert / gütlich vereinigt / zusammen gethan / und gesetzt / und gegen einander Auff- und Ubergebung gethan haben:

Verbrüdern / verein- und thun Uns zusammen / gegenwertiglich / in und mit Krafft dieses Brieffs in der allerbesten und beständigsten Form / Weis und Maaß / als solches jure publico militari, und sonst zurecht geschehen kan und mag / mit allen Unsern Churfürstenthumben / Fürstenthumben und Herrschafften / Lehen / Angefällen / Anwartungen und Pfandschafften / mit allen Unsern Landen und Leuten / die wir jetzo haben / oder hernachmals gewinnen mögen / also es geschehe / das der Allmächtige Gott lange zu verhüten geruhe / daß Unsere einige vorgenannte Parthey / oder Unsere Leibs-Lehens-Erben / nach Uns hinfüro von Erben zu Erben stürben / und von Todeswegen abgiengen / ohne mannliche Eheliche / rechte Leibs- und Lehens-Erben / daß alsdann derselben abgangenen Churfürstenthumb / Fürstenthumb / und Herrschafft / Lehen / Angefällen / Anwartungen und Pfandschafften / mit Landen und Leuten / Erben / Eigen / Kleinodien / Schulden und Gülte / Geschütz und zugehörige Artolleri, auch aller anderer fahrender Haab / nichts außgeschlossen / beweglich oder unbeweglich / die wir jetzund haben / oder wir oder Unsere Leibs-Lehens Erben / noch gewinnen würden / in allermassen / wie folget / auff die andere Chur- und Fürsten / und alle ihre leibliche Lehens Erben / gäntzlich und gar zu Erbeigen / in aller massen / als die von natürlicher angeborner Sipschaft / nach Keyserl. Recht / gesetzten Rechten / und löbl. Lands-Gewonheit vererbt und angestorben weren / gefallen und erblich bey ihnen und ihren Erben / als rechten Erbherren / bleiben sollen: Nemlich unterschiedlich / da es Gott der Allmächtige also schickte / daß sich die Fälle an Uns dem Landgraffen zutrügen / so sollen die Chur- und Fürsten zu Sachsen / an Unsern Landen und Leuten / zwey / und das Hauß Brandenburg den dritten Theil ererben.

Wo sich aber die Fälle nach Gottes Willen also begäben / daß das Hauß Brandenburg ledig verfiele / so sollen die Chur- und Fürstliche Häuser / Sachsen und Hessen / Unser der Chur- und Fürsten zu Brandenburg / verlassene Lande und Leute zugleich erben / und unter dem Theil / welcher alsdann auff Hessen fallen wird / die Dignität der Chur mit begriffen seyn: Jedoch haben wir / die Chur- und Fürsten zu Brandenburg /

ANNO 1614. denburg / Uns außdrücklich bedinget und vorbehalten / daß von solchen Unsern Land und Leuten der Ort Landes / so auff jener Seiten der Oder gelegen / nemlich die neue Marck und Land Sternberg / deßgleichen auch die Lehenschafft über die Häuser Lokenitz und Bürraden / sampt derselben zugehörigen Gütern / so viel der über die Märckische Landgräntze in Pommern gelegen / so lange die Hertzogen zu Pommern / und deroselben männliche Erben / für und für im Leben / hievon außgezogen seyn / und in diese Erbverbrüderung nicht gehören / die übrige Lande aber alle auff Sachsen und Hessen fallen sollen.

Wo sich aber die Fälle / Gottes gnädigem Willen nach / also zutrügen / daß sich das gantze Chur- und Fürstl. Hauß Sachsen verledigte / so sollen an allen der Chur- und Fürsten zu Sachsen jetzigen / und zukünfftigen Landen und Leuten / nichts außgenommen / die Chur- und Fürsten zu Brandenburg einen / und die Landgraffen zu Hessen zwey Theil / unter welchen zwey Theilen die Dignität der Chur mit begriffen seyn solle / zu erben haben.

Dieweil aber einig Mannsbild auß Uns obgenanten Chur- und Fürsten / oder Unsern rechten ehelichen Leibs-Lehens-Erben bey Leben ist / sollen die andere solcher Erbschafft sich nicht gebrauchen / sondern denselben geruhiglich / ohn alle Irrung und Eintrag / bey seinen Landen / Leuten und Regiment bleiben lassen / behülfflich seyn / schützen und schirmen / wie hernach geschrieben stehet / getreulich und ungefährlich.

Und hat jegliche Parthey der andern Parthey auf solche Brüderschafft / Versammlung / Auff- und Ubergebung aller ihrer Mannschafft / sie seynd Grafen / Herren / Ritter oder Knecht / Burgman / Voigte / Amptleute und Bürger / und gemeiniglich Burg / Städte / Land und Leute / eine rechte Erbhuldigung / inmassen sie als ihren rechten Erbherrn / nach löbl. Herkommen und Gewonheit / zu leisten pflegen / thun lassen / nemlich mit solchem Unterscheid / ob geschehe / daß ihrer Herrschafft eine ohne mannliche rechte eheliche Leibs-Lehens Erben mit Todt abgiengen / daß sie dann der andern unter Uns Partheyen / als ihren rechten natürlichen Erb-Herrn gehorsam seyn und gewarten / sie auffnehmen und darfür halten sollen und wollen / inmassen alles vorgeschrieben stehet / ohne alles Gefährde.

Und welche Unsere Städte von allen Seiten Uns verbrüderten Herrn / also Huldigung gethan haben / die sollen deß zu Bekantniß / und Sicherheit ihre Brieffe / mit ihrer Stadt gewönlichen Insiegel bevestet / darüber geben.

In dieser Unserer Brüderschafft ist auch namlich beredet / ob Unser ein Theil / ohne maunliche eheliche Leibs-Lehens-Erben abgiengen / also daß ihr Churfürstenthumb / Fürstenthumb und Herrschafft / an die andern / die noch im Leben weren / nach Laut dieser Brüderschafft käme / daß wir und Unsere Erben / als dann alle deß abgegangenen und verstorbenen Churfürstenthumbs / Fürstenthumbs und Herrschafften / Mannschafften / sie seyn Grafen / Herren / Ritter / Knechte / Burgman / Bürgere / und gemeiniglich / Burg / Städte / Land und Leute / Geistlich und Weltlich / bey allen ihren Rechten / Ehren / Würden / Freyheiten / allen guten Gewonheiten und Herkommen / bleiben lassen / und sie getreulich dabey schützen / schirmen und handhaben / und behalten sollen und wollen / daß wir Uns auch / ob sie das begehren seyn / gegen ihnen auff ziemliche und erbare Form verschreiben sollen.

Es sollen auch alle Unsere Vögte und Amptleute / die wir allerseits jetzund haben / oder hernach setzen werden / geloben und leiblich zu Gott schweren / wann ein Chur- oder Fürstlicher Stamm / Sachsen / Bradenburg und Hessen / das Gott nach seinem Lob gnädiglich verhüten wolle / ohne männliche Lehens-Erben abgienge / daß sie sich an niemand anders / dann an die andere Chur- und Fürstl. Häuser / männliches Geschlechts mit denen Schlössern / Vesten und Ampten / die ihnen befohlen seyn / oder befohlen werden / und mit allen ihren Zugehörungen / es sey fahrende Haab oder anders / allenthalben / wie oben erkläret / getreulich halten / gewarten / ihnen damit gehorsam und unterthänig seyn sollen und wollen / gleicher weise / und in aller massen / als sie ihren Herren / die sie zu den Schlössern und Aemptern gesetzt hätten / gethan solten haben / ohn allen Verzug / Eintrag und Gefährde.

Dergleichen Eyd / sol auch einem jeglichen / weß Stands er sey / der von Uns den Chur- und Fürsten von Sachsen / Brandenburg / und Hessen / Lehen trägt / so offt einer Lehen empfängt / ihme in seine Lehens-Pflicht gegeben werden / wie die Haupt- und Amptleute / als obberührt / schweren sollen / und solches sol in einen jeglichen Lehensbrieff gesetzt / und mit deutlichen Worten außgedruckt werden.

Und so auch in Unsern der Chur- und Fürsten / Sachsen / Brandenburg und Hessen / Städten / ein neuer Rath auffgehet und bestättiget / oder auch in denselbigen Städten ein neuer Bürger sol auffgenommen werden / sol in der Rathsbevestigung außgetruckt / auch dem neuen Bürger in seinen Eyd und Pflicht eingebunden werden / dieser Erbverbrüderung Auff- und Ubergebungen / auch den Fällen nach wie obstehet / treulich und ohne Wegerung sich mit ihren Städten und Bürgern / gegen den Fürsten / Stämmen / mannlichs Geschlechts / welche nach Absterben deß andern bleiben würden / als die getreuen Unterthanen / wie oben vermeldet / zu halten.

Es sollen auch alsdan die Chur- und Fürsten / auf welche der abgangenen Churfürstenthumb / Fürstenthumb und Herrschafften / nach Laut dieser Brüderschafft und Versammlungen kommen weren / nach eines jeden zugefallenen Antheil / derselben Voigten / Amptleuten / Schössern / Schultheissen und Geleitsleuten / wer die weren / redliche Außrichtung und Bezahlung thun / was man ihnen nach Laut ihr kündlichen und redlichen Rechnungen / die man von ihnen auffnehmen und hören sol / schuldig wird / auch ohn alle Gefährde.

Were auch / daß dieselbe abgangene Parthey / umb ihrer oder ihrer Lande Nutz und Noth wegen / Schloß / Gült oder Güter versetzt hetten / oder sonsten schuldig weren / wann solche Versatzung und Schulde kündlich und wissentlich gemacht wird / sollen die andern unter Uns / an die deß abgangenen Churfürstenthumb / Fürstenthumb und Herrschafften / Land und Leute / nach Laut dieser Brüderschafft / also kämen / denjenigen / denen die Versatzung geschehen / und denen man schuldig were / nach Laut der Brieff darüber gegeben / oder wie solche Versatzung und Schuld genugsam kündlich gemacht weren / unverrückt und gäntzlich halten / und nach eines jeden zugefallenen Antheil / Bezahlung thun / ohne Gefährde.

Unser jegliches Hauß / auff die deß andern Churfürstenthumb / Fürstenthumb und Herrschafften also kämen / sol auch der abgegangenen Testament / ob sie anders Testament gesetzt hetten / ohn allen Eintrag handhaben / darzu helffen und thun / daß es auff das redlichste / nach deß abgangenen letzten Willen und Begehrung / außgerichtet werde: Doch sol dasselbe deß letzten Herrn / so von demselben Hause abgangen / Testament die Summa dreyssig tausend Gülden nicht ubertreffen / und auch mit keinen Schlössern / Städten noch Dörffern / sondern auß fahrender Haab gemacht und gesetzt seyn.

Und ob solche Summa deß Testaments / auff Schlössern / Städten / Märckten oder Dörffern verschrieben oder gemacht were / so sol doch die angehende

Anno 1614.

Parthey/ an die Erbschafft/ wie vorgeschriben stehet/ solcher Schlösser/ Städte/ Marckten oder Dörffern/ darauff die Summa deß Testaments vermacht were/ Macht haben/umb solche Summa/ die also in vorgeschriebener Maaß darauff zu Testament geschafft ist/ wieder abzulösen.

Es ist auch in dieser Unserer Brüderschafft und Versammlung namlich bedingt/ ob einige unter uns vorgenannten Partheyen/ also ohne eheliche mannliche rechte Leibs-Lebens-Erben abgiengen/ und doch Töchter/ Schwestern/ oder andere Fräulein/ auß demselben Hause geboren/ einer oder mehr hinter sich verliessen/ die zu der H. Ehe noch nicht außgesetzt noch berathen weren/ daß alsdann die andern Partheyen/ auf die deß abgegangenen Churfürstenthum/ Furstenthumb/ Herrschafften und Landen/ immassen wie vorgeschrieben stehet/ verstorben weren/ dieselben Töchter/ Schwestern oder Fräulein/ als viel der weren/ jegliche besonder mit vier und zwantzig tausend Gülden Rheinisch/ Ehegelds und sonsten allen andern Fürstlichen Außsetzungen/ außsetzen und berathen sollen/ in aller massen als die abgestorbenen Fürsten/ darvor in vergangen Zeiten/ ihre Schwestern und Tochter gewöhnlich außgesteuert und berathen haben/ und wo der Fürst/ der also der letzte unter einer Partheyen verstürbe/ nicht mehr dann ein Fräulein desselben Stammes verliessen/ sol derselben die Summa ihrer Heimsteur gebessert werden mit viertzig tausend Gülden: Wo sie aber der mehr verliessen/ so sol ihnen die gebessert werden/ ihr jeglicher mit zwantzig tausend Gülden/ und ihnen fürder keine Besserung/ noch wegen vätterlicher/ mütterlicher oder brüderlicher Erbschafften/ Legitima, oder anderer Angefäll/ was mehr zu reichen/ zu geben/ oder folgen zu lassen/ schuldig seyn/ sondern sie sollen mit obberührten Summen/ allenthalben vergnüget und abgerichtet seyn und bleiben, und sich hierüber keiner Succession, oder anderer Anforderung an den Häusern/ Sachsen/ Brandenburg und Hessen/ anmassen/ in keinerley Weise oder Wege.

Wo aber die verlassene Fräulein/ ihrer weren eine oder mehr/ wie vorgeschrieben stehet/ nicht ehelich worden/ das doch in ihrem Willen stehen solle/ dieselben sol die Parthey/an welche die Land und Leut verfallen/ in ihrem Frauenzimmer Fürstlich unterhalten/ oder aber/wo ihr nicht gelegen seyn wolte/ in und bey desselben Chur-und Fürsten Hoffhaltung und Frauenzimmer zu seyn/ oder zu bleiben/ in andere Wege mit nothdrüfftiger Unterhaltung und Leib-Geding/ als jährlichen viertausend Gülden/ versehen und versorget werden.

Ob auch nach deß letzten Fürsten-Abgang/ etliche Fürstin Wittiben/ sie weren desselben letzten verstorbenen Fürsten/ oder andererr Fürsten desselbigen Stammes/ als der Parthey dieser Erbverbrüderung/ verwand/ ihr weren eine oder mehr/ nach seinem Todt im Leben/ die dann auff solchen der verstorbener Churfürstenthumb Fürstenthumben/ Herrschafften/ Schlössern/ Städten/ Märckten/ Dörffern/ Landen oder Leuten/ Verschreibung/ Verweisung oder Vermächtniß/ ihres Heurathsgut/ es were Hauptsteuer oder Morgengab/ wie das genannt were/ hetten/ dieselben und ihr jeglichen sol bey solcher Verschreibung/ Verweisung und Vermächtniß/ geruhiglich bleiben/ der geniessen und gebrauchen/ nach Laut der Brieffe/ ihnen von ihren Gemahlen darüber gegeben/ und von der angehenden Partheyen darbey geschützt/ geschirmet/ und getreulich gehandhabt werden/ ohne Gefährde.

Und ob solche Wittibe ihres Heyrathsguts/ Morgengab oder Leib-Geding/ nicht vermacht/ oder verweiset were/ sollen die angehenden Partheyen sie gebührlich nach Redligkeit verweisen/ und sie darbey schirmen und handhaben/ in aller massen/ als ob das von ihren Gemahlen verwiesen und verschrieben were/ auch ohne Gefährde.

Anno 1614.

Wir obgenannte Fürsten/ noch keiner Unserer Erben nach Uns/ sollen und wollen/ in diese Unsere Brüderschafft hinführo nimmermehr ichtes legen/ gesprechen noch thun/ daß diese Unsere Brüderschafft/ Auff-und Ubergab/ in einigem Stuck/ kräncken/ hindern/ oder darwider seyn möge/ in keine Weis/ sondern wir sollen und wollen alle Punct und Articul derselben Unserer Brüderschafft/ wie die hinfüro/ und hernach von Uns geschrieben stehen/ gäntzlich und stät halten/ in keine Weis darwider thun oder kommen.

Da auch unter vorgenannten dreyen Häusern/ Sachsen/ Brandenburg und Hessen/ eines nach dem Willen Gottes abstürbe/ und desselben hinterlassene Lande und Leute unter die zwey überbliebene Häuser/ immassen als obstehet/ vertheiler würden/ so sollen dieselbigen zwey überbliebene Häuser/ nichts desto weniger in dieser Erbverbrüderung/ gegen einander ewiglich verharren.

Und als nun Unser jegliche Parthey/ der andern Churfürstenthumb/ Fürstenthumb/ Herrschafft/ Land und Leute/ nach Laut Unserer Brüderschafft/ rechter Erb ist/ so sollen wir und Unser jeglicher dem andern getreulich mit Landen und Leuten verholffen seyn/ Unser jeglicher auch deß andern Land und Leute/ Mann und Diener/ ihre Güter und Haab/ gleich seinen eignen Landen/ Leuten und Haab/ helffen/ wehren/ schützen/ schirmen und vertheidigen/ wider männiglich/ wann und wie dick das immer Noth geschicht/ ohne Gefährde.

Es sollen auch unser jeglicher Parthey Schloß/ Vestung und Städte der andern Parthey offen seyn/ sich darauß und ein zu behelffen/ in allen ihren Nöthen/ wider allermänniglich/ auch ohne alles Gefährde.

Und wir Fürsten und alle obgenanten/ sollen und wollen untereinander/ darzu getreulich beholffen und förderlich seyn/ daß diese Unsere Brüderschafft und Sammlung bestättiget werde von Unserm allergnädigsten Herrn dem Keyser/ und uns jeglichen Chur-und Fürsten/ besondere Bestattigungs-Brieff darüber werden geben.

Und daß diese Unsere erbliche Brüderschafft/ gütliche Vertinigung/ Zusammensetzung/ Auff-und Ubergab/ in allen Stücken/ Puncten und Articuln dieses Brieffs/ von uns allen/ und allen Unsern Erben und Nachkommen/ stet/ gantz und unverbrochen sollen gehalten werden/ haben Wir Johannes Georg/ Hertzog von Sachsen/ und Johann Sigismund/ Marggraff zu Brandenburg/ beyde Churfürsten; Augustus/ Johann Philipp/ Friderich/ Johann Ernst der jüngere/ Fridrich Wilhelm/ Albrecht/ Johann Casimir/ und Johann Ernst der ältere/ Gevettere und Brüdere/ Hertzogen zu Sachsen; Johann Sigmund/ Churfürst und Marggraff zu Brandenburg/ vor Unsern Vettern/ Albrecht Fridrichen/ Marggraffen zu Brandenburg/ in Preussen Hertzog/ rc. Christian/ Joachim Ernst/ Johann Georg/ Marggrafen zu Brandenburg/ Christian Wilhelm/ Postulirter Ertz-Bisschoff des Primats und Ertz-Stiffts Magdeburg/ als ein geborner Marggraff zu Brandenburg; und Georg Albrecht/ Sigmund und Johannes/ gleichfalls Marggrafen zu Brandenburg; Und dann Moritz/ Ludwig/ Philipps und Friderich/ Landgrafen zu Hessen/ Unser einer dem andern Hand in Hand/ in Treuen gelobt/ und zu Gott geschworen/ geloben schweren das auch gegenwärtiglich in und mit Krafft Brieffs/ und es sollen Unsere jeder Parthey/ mannliche Lebens-Erben/ Fürsten zu Sachsen/

Bran-

ANNO 1614.

Brandenburg und Hessen / diese Erbverbrüderung / wann deren einer oder mehr vierzehen Jahr alt / auch geloben und schweren / wie von Alters herkommen.

Und haben des zu wahrer Urkund und mehrer Sicherheit / wir obgenante beyde Churfürsten / Sachsen und Brandenburg / deßgleichen wir Augustus / Johann Casimir / und Johann Ernst / Gebrüdert und Vettern / Hertzoge zu Sachsen / Christian / Joachim Ernst / und Johann Georg / Marggrafen zu Brandenburg; und wir Moritz und Ludwig / Landgrafen zu Hessen / vor Uns und Unsere allerseits rechtliche manliche Lehens-Erben / als dieser Zeit regierende Chur- und Fürsten / der Häuser / Sachsen / Brandenburg und Hessen / Unser Insiegel wissentlich an diesen Brief lassen hängen / Uns auch mit eignen Handen unterschrieben / und wir Johann Philipp / Fridrich / Johann Ernst der jüngere / Fridrich Wilhelm / Albrecht / Gebrüdere und Vettern / Hertzoge zu Sachsen; Christian Wilhelm / und Georg Albrecht / Sigmund und Johann / Marggraffen zu Brandenburg; Philipps und Fridrich / Landgraffen zu Hessen / als noch zur Zeit nit regierende Herren / zusagen und versprechen gleicher gestalt / das alles / wie obbemeldt / auch vestiglich zu halten / und haben derohalben neben gethaner Eydsleistung / Uns mit Unsern Händen auch unterzeichnet. Geschehen zu Naumburg / den dreyssigsten Monats-Tag Martii / nach Christi Unsers lieben HErrn Geburt / im sechszehenhundert und vierzehendem Jahr.

CXXXVII.

5. Avril.
SUEDE ET PROVINCES UNIES.

Tractaet tusschen GUSTAEF ADOLPH *Koningh van Sweden &c. en de Heeren Staten Generael der* VEREENIGDE NEDERLANDEN. *Gesloten in s'Gravenhagen den 5 April* 1614 [AITZEMA, Saaken van Staat en van Oorlogh. Tom. I. pag. 175.]

DE Staten Generael der Vereenigde Nederlanden &c. gesien, ende gevisiteert hebbende de Aggreatie en Ratificatie van de Doorluchtigen Grootmachtigen Vorsten ende Heeren, Heer *Gustaef Adolphen* der Sweden, Gotten ende Wenden erkorene Koninge ende Erfvorsten, Grootvorsten, in Finlant, Hertogen tot Eston ende Westmanlant &c. over het Tractaet van Alliantie en verbintenisse tusschen syn Majesteyts Hofraed ende Gesanten den Edelen Erentfesten ende Hoochgeleerden Heer *Jacob van Dyck* der Rechten *Doctoren* in derselver name, kracht syner Credents-brieve ende Instruction ter eenre, ende in onsen name ende van onsen 't wegen, den Edelen Erentfesten ende wel wysen Heere *Nicolaes de Voocht*, Burgermeester der Stadt Arnhem in Gelderlandt, *Diederick Bas* Gecommitteerde Raed der Edelen vermogenden Heeren Staten van Hollandt ende Westvrieslandt, ende alt Burgermeester der Stadt Amstelredam. *Jacob Magnus* Heere van Mellssant, alt Burgermeester der Stadt van Middelborch in Zeelant; *Johan de Goyer*, Raedt der Edelen vermogende Heeren Staten des Landes van Wtrecht, *Marcus van Lycklama* tot Nieholt, Grietman van Stellingewerf Oosteinde in Vrieslandt, *Arent Gerritsen* alt Burgermeester der Stadt van Swolle in Overyssel, en *Albart Clant* zu Meina zu Braffelt ende Rasquart Joncker ende Hovelingh, na luyt harer hebbenden speciael Procuratie ter anderen syden. Den 5. Aprilis deses noch loopenden 1614. jaers alhier in 's Gravenhage in Hollant op welbehagen ende approbatie van beyderzyts Principalen opgericht ende besloten, luydende van woort tot woort als hier na volcht.

Alsoo die Doorluchtigste, Grootmachtigen Hooggeboren, Vorst ende Heere, Heer *Gustaff Adolph* van Godes Genaden der Sweden, Gotten ende Wenden erwelten Koningh ende Erff-Vorst, Groot-Vorst in Finlandt, Hertoch tot Eston ende Westmanlant &c. in erfaringh gekomen was, dat die Hoog ende Mogende Heeren Staten Generael der vrye Vereenigde Nederlanden goet gevonden hebben met den Eerbaren Raedt der Keyserlycke fryen, ende des Heyligen Rycx Stadt *Lubeck* te handelen ende te tracteeren, om te vernieuwen ende te hervatten die eenicheyt ende vruntschap, daerinne die vrye Vereenichde Landen, met deselve Stadt *Lubeck* ende met veele andere Steden aen die Noort ende Oost-Zee gelegen van ouden tyden hebben gestaen, tot hanthoudinge ende bescherminge van die vrye Schipvaert, handelinge en Commercien, mitsgaders daer toe haere hebbende respective vryheden, gerechtighede en Privilegien, en dat sijne Conincklycke Majesteyt by die Welgedachte Heeren Staten Generael door den Heer Dr. *Jacob van Dyck* sijne Majesteyts Hoff-Raet ende Gesante was gedaen Communicatie van de Articulen in die voorgemelde handelinge beslooten ende geaccordeert, die sijn Majesteyt hebbende doorlesen ende wel over-wogen bevinden niet alleen seer proffitelijck ende vorderlijck voor die

CXXXVII.

5. Avril.
SUEDE ET PROVINCES UNIES.

Traité entre GUSTAVE ADOLPHE Roi de Suéde & les Etats Généraux des PROVINCES-UNIES des Païs-Bas. Fait à la Haye, le 5. Avril, 1614. & ratifié le 11. Décembre de la même année. [AITZEMA, *Affaires d Etat & de Guerre, Tom. I. pag.* 175.]

LEs Etats Generaux des Provinces Unies &c. ayant vû & examiné l'Agreation & Ratification de Serenissime & Puissant Prince & Seigneur Gustave Adolphe *Roi de Suede; des Gots & des Vandales, Prince de Finland, Duc d'Eston; & de Westmanlant, &c. touchant le Traitté d'Alliance entre les Conseillers & Deputez de sa Majesté, le noble & grave Seigneur* Jacob van Dyck, *Docteur en Droit audit nom, en vertu de ses Lettres de creance & Instruction d'une part; Et en nôtre nom & de nôtre part le noble Seigneur* Nicolas de Voocht *Bourguemaitre de la Ville d'Arnhem en Gueldres*, Dyderick Bas, *Conseiller deputé des Nobles & Puissans Seigneurs les Etats de Hollande & de West-Frise, ancien Bourguemaitre de la Ville d'Amsterdam*, Jacob Magnus *Seigneur de Melissant, ancien Bourguemaitre de la Ville de Middelbourg en Zelande*; Jean de Goyer *Conseiller de leurs nobles Puissances les Etats du pays d'Utrecht*, Marcus de Liclama *de Niebolt, Gritman de Stellingwerf; Oosteinde en Frise*; Arent Gerritsen, *ancien Bourguemaitre de la Ville de Zwol en Overyssel, &* Alhart Clant *de Meyna de Baffelt, & Rasquart Gentilhomme, selon le contenu de leur Procuration speciale d'autre part, le 5. Avril de ce present mois* 1614. *ont été conclu & arreté à la Haye du consentement & de l'approbation reciproque des Parties comme s'ensuit de mot à mot:*

Comme le Tres Puissant Prince & Seigneur Gustave Adolphe, *par la grace de Dieu Roy de Suede; des Gots & des Vandales, Grand Prince en Finland, Duc d'Eston & de Westmanland &c. a appris que les Seigneurs Etats Generaux des libres Provinces Unies ont trouvé bon de traitter avec le Conseil de la Ville libre de* Lubeck *pour renouveller l'ancienne Amitié & Union qui a été d'ancienneté entre lesdittes Provinces Unies libres & laditte Ville de* Lubeck, *& entre plusieurs autres Villes situées sur la Mer du Nord & d'Est, pour la deffence & le maintien de la libre Navigation; Negoce & Commerce, ensemble leurs Droits, Libertez & Privileges respectifs; & que communication aiant été donnée par lesdits Seigneurs Etats à saditte Majesté de laditte Alliance, par les mains du Seigneur* Jacob van Dyck *Conseiller deputé de saditte Majesté & de tous les Articles d'icelle, & lesquels saditte Majesté ayant lû & consideré ne les trouve pas seullement proffitables* &

die Vereenichde Nederlanden ende die andere Steden an die Oost ende Noort-Zee gelegen, maer oock door die onderdanen ende gemeine beste van sijn Majesteyts eygen Rycken ende Landen, sulcx dat sijne Majesteyt daer door bedacht was, soo om de voorgemelde Handelinge voor die liberteyt van de gemeyne *Commercie* te helpen styven ende stercken, als oock ten opsien van de oude ende voorgaende Tractaten, Alliantien, ende onderhandelingen, ende andere goede reden ende motiven, raeckende den Staet van sijne Majesteyts Rycken ende Landen, mitsgaders van de Vereenichde Nederlanden met die Wel-gemelte Heeren Staten Generael hem naeder te verbinden, soo hadde sijn Hoochst-Gemelte Koninckllijcke Majesteyt voor goet aengesien den Voorgemelten Heere van *Dyck* wederom af te veerdigen, om die welgedachte Hooch ende Mogende Heeren Staten Generael met sijne Majesteyts genadige Brieven van Credentie ende volkomene Instructien omme die goede gunstige meninge van sijn Koninckllijcke Majesteyt desen aengaende hare Ho: Mo: te doen verstaen, ende met die selve te delibereren ende te beramen die conditien ten weder sijde hier toe dienstich, de welcke Hooge Mogende Heeren Staten Generaal na verscheyde mondelinge conferentien hier op gehouden metten voorsz Heere van *Dyck*, door de Gedeputeerde van haer Ho: Mo: namentlijcken die Heeren *Nicolas de Voocht* Burgemeester der Stadt Arnhem, *Dirck Bas* Gecommitteerde Raedt der E. Mo: Heeren Staten van Hollandt ende West-Vrieslandt ende Oudt Burgemeester der Stadt Amsterdam, *Jacob Magnus* Heere van Melissant, oudt Burgemeester der Stadt Middelborgh in Zeelant, ende naer dat daer van was gedaen rapport aen haer Ho: Mo: bevindende die voorgedachte syne Majesteyts goede gunstige intentie ende meyninge seer noodich tot vermeerderingh ende versterckinge van voorgemelte besloten Handelinge met die van *Lubeck*, als voorsz is aengegaen soo sijn haer Ho: Mo: te rade geworden, hare Gedeputeerden te authoriseren, omme metten voornoemden Heere van *Dyck* uyt den name van sijn Hooch-Gemelte Majesteyt op het welbehagen van beydersyde te ramen, voltrecken ende te sluyten seecker Accord ende Verdrach, gelijck dan op huyden, date deses alhier in den Hage vergadert sijn geweest, die voornoemde *Heere van Dyck*, Hoff-raedt ende Gesanten van sijne Hoochstgedachte Koninckllijcke Majesteyt als specialijcken by Brieven van Credentie ende Instructie van sijne Majesteyt hier toe gelast ende geauthoriseert ter eenre, ende de Edele Ernveste, wyse end voorsienige Heeren, als namentlijck die voornoemde Heeren *Nicolas de Voocht* Burgemeester der Stad Arnhem in Gelderlandt, *Diederick Bas*, Gecommitteerde Raet der Ed: Mo: Heeren Staten van Hollant ende West-Vriesland ende Oudt Burgemeester der Stadt Amsterdam, *Jacob Magnus* Heere van Melissant, Oudt Burgemeester der Stadt Middelborgh in Zeelandt, ende beneffens die selve de Heeren *Johan de Goyer*, Raedt van de Ed: Mogende Heeren Staten des Lants van Wtrecht, *Marcus van Liklama* tot Nieholt, Grietman van Stellingwerf Osteinde in Vrieslandt, *Arent Gerritsz* Oudt Burgemeester der Stadt Swolle in Over-Ysel, ende *Albart Clant* tot Meina tot Baffelt ende Rasquart Jonckerende Hoveling, uyt den Name ende als speciale Gecommitteerde van de wel-gemelte Hooge ende Mogende Heeren Staten Generael ter andere zyde. Ende hebben tusschen haer-luyden beyden in qualiteyt ende op het believen als vooren, mitsgaders uyt kracht van haere respective speciael Commissien ende Procuratien nae eenige voorgaende rype deliberatien hier over gehouden, eyntlijcken geraempt, besloten ende geaccordeert, dese navolgende Poincten ende Articulen.

I. Inden eersten, sal sijne Majesteyt aennemen ende bewilligen alle de Articulen van 't voorsz Verbondt, tusschen de Heeren Staten Generael ende de Keyserlijcke vrye Rijcx-Stadt *Lubeck*, opgericht in dato den naest-lesten dach Marty des verledenen Jaers 1613. om 't selve Verbondt te helpen styven ende handthouden die liberteyt ende vryheydt der Commercien, na alle Volckeren ende een yeder der Bondtgenoten hebbende Rechten, Vryheden, Privilegien ende wel-hergebrachte gebruycken op de Oost ende Noort-Zee (gelyck die woorden in 't achste ende elfde Artikulen van 't voorsz Verbondt sijn luydende) nevens die andere Bontgenoten, te beschermen ende te beschutten, sulcx de noodt ende gelegentheydt van saecken in tyden ende wylen sal vereyschen. Doch alles onder expresse conditien ende interpellatien, als hier na breeder staen verklaert.

II. Waert by aldien (dat Godt wilde verhoeden) sijne

& avantageux auxdittes Provinces Unies & pour les autres Villes scituées sur la Mer d'Est & du Nord, mais aussi pour les Sujets des Royaumes & Pais de sa Majesté & pour leur bien commun, sa Majesté a trouvé à propos pour la liberté du Commerce commun de concourir à la confirmation & soutien dudit Traité, comme aussi à l'égard des anciens & précedens Traitez, Alliances, & Negotiations & autres raisons & motifs qui regardent les Royaumes & Pais de sa Majesté; ensemble d'allier encore plus étroitement lesdits Etats Generaux avec les Pais-Bas Unis, de sorte que sadite Majesté avoit trouvé à propos de deputer derechef le susdit Seigneur van Dyck *avec une Lettre de creance & une parfaite Instruction pour faire entendre aux Seigneurs Etats Generaux les bons sentimens de sa Majesté, & pour deliberer ensemble sur les conditions à ce necessaires; lesquels Hauts & Puissans Seigneurs les Etats Generaux, aprés avoir conferé plusieurs fois de bouche avec ledit Sieur* van Dyck *par leurs Deputez, assavoir le Seigneur* Nicolas de Voocht, *Bourguemaitre de la Ville d'Arnhem;* Dirck Bas, *Conseiller deputé des Nobles & Puissans Seigneurs les Etats de Hollande & de West-Frise, ancien Bourguemaitre de la Ville d'Amsterdam;* Jacob Magnus *Seigneur de Melissant, ancien Bourguemaitre de la Ville de Middelbourg, en Zelande; & aprés rapport fait à leurs Hautes Puissances, & trouvant la bonne intention & la pensée de sadite Majesté tres necessaires pour l'augmentation & corroboration du susdit Traitté fait avec ceux de* Lubeck *comme il est dit, leurs Hautes Puissances ont trouvé à propos d'authoriser leurs Deputez pour, du consentement des deux parts, traitter & conclure certain Accord avec le susdit Sieur* van Dyck *au nom de sa susditte Majesté; En consequence de quoy ont en effect été assemblé ici à la Haye le susdit Sieur* van Dyck *Conseiller & Deputé de sa susdite Royale Majesté comme specialement chargé des Lettres de creance & Instruction de sadite Majesté, & à ce authorisé d'une part, Et les nobles, graves, sages, & prudens Seigneurs, c'est à sçavoir les susdits* Nicolas de Voocht, *Bourguemaitre de la Ville d'Arnhem en Gueldres;* Dyderik Bas *Conseiller deputé des Nobles & Puissans Seigneurs les Etats de Hollande & de West-Frise ancien Bourguemaitre de la Ville d'Amsterdam;* Jacob Magnus *Seigneur de Melissant, ancien Bourguemaitre de la Ville de Middelbourg en Zelande, & avec iceux Seigneurs* Jean Goyer *Conseiller de leurs Nobles Puissances Messieurs les Etats du Pais d'Utrecht;* Marcus de Liclama *de Nieholt, Gritman de Stellingwerff, Osteinde en Frise;* Arent Gerrits *ancien Bourguemaitre de la Ville de Swoll en Overyssel; Et* Alhart Clant *de Meyna du Baffelt & Rasquart Gentilhomme, au nom & speciallement Deputez de leurs susdittes Hautes Puissances les Etats Generaux d'autre part. Lesquels ont esdittes qualitez & consentement comme dessus, ensemble en vertu de leurs Commissions & Procurations reciproques, aprés quelque prealable mure deliberation tenuë à ce sujet, enfin conclu, arreté & accordé les Points & Articles suivants.*

I. En premier lieu sa Majesté acceptera, & agréera tous les Articles du susdit Traitté fait entre les Etats Generaux & la Ville libre & imperiale de Lubeck *l'avant dernier jour de Mars 1613. pour concourir à maintenir cette Alliance, & deffendre & proteger avec les autres Alliez la liberté du Commerce chez tous les Peuples, & les Droits, Privileges & Usages introduits de chaque Allié sur les Mers de Nord & d'Est, (comme portent les mots des Articles huitiéme & neufieme de ladite Alliance) & ce selon que la necessité & les conjonctures le demanderont, mais le tout sous les expresses conditions & interpellations cy-dessous plus amplement deduittes.*

II. Que s'il arrivoit, (ce qu'à Dieu ne plaise) que sadite

ANNO 1614.

fijne hoochſt-gedachte Koninckl ijcke Majeſteyt ende die Kroon Sweden ofte oock die Ho: Mog : Heeren Staten Generael der Vereenighde Nederlanden, het ſy ter occaſie van deſe ofte oock van eenige andere oorſake; hoe deſelve ſoude mogen weſen, van nu af ofte in toekomende tyden in Vyantſchap mochten geraken, met eenige Potentaten, Princes, Landen; Republicquen, ofte yemant anders wie het ſoude mogen weſen, ende by dieſelve in hare reſpective Rycke ende Landen, Koninckl ijcke hoogheden, hebbende gerechticheden ende Vryheden mochten bevochten ende by wegen van Oorloge aengevallen ende gekrenckt werden, in ſulcken gevalle ſal die eene den anderen gehouden weſen by te ſtaen ende te aſſiſteren *met al ſulken macht en middelen als tot defenſie vanden aengevochtenen van noode weſen ſal*, ende ſulcx als men hem *na gelegentheyt* van een yder ſijn ſtaet metten aldereerſten hier over ſal konnen vergelyken ende verdragen.

sadite Majesté Royale, & la Couronne de Suede ou auſſi leurs Hautes Puiſſances les Seigneurs Etats Generaux des Provinces Unies, ſoit à l'occaſion de ce, ou pour quelque autre ſujet, quel qu'il puiſſe être, d'icy en avant, vinſſent en inimitié avec quelque Potentat, Princes, Pais, Republiques, ou quelque autre que ce ſut; & qu'il fallut qu'ils combattiſſent dans leurs Royaumes, & Pais, & qu'ils euſſent à eſſuyer quelque guerre, en tel cas ils ſeront obligez de ſe ſecourir & s'aſſiſter les uns les autres, avec telles forces que beſoin ſera pour la deffence de celui qui ſeroit attaqué, & cela ſelon la diſpoſition des affaires d'un chacun, & dont on pourra convenir au plutôt.

III. Welverſtaende ingevalle die ſaken noch niet en waren gekomen tot feytelijckheyt van Oorloge, ſulcx dat d'een ofte d'andere partye onverſiens noch niet en ware beſprongen met Wapenen, ſoo ſal die geene die ſich ſoodanige Oorloge is vermoedende, gehouden weſen zijne Geallieerden ſulcx in tydts te doen weten, ende dieſelve zijne Geallieerde mogen toeſtaen, mits eerſt doende alle mogelijck devoir om ſulcke geſchillen ende queſtien, daer uyt een Oorloge ſoude ſtaen te verwachten, inder goede ende vrientſchap te doen by-leggen, ofte anderſints 't ſelfde niet konnende gedaen worden verplicht blyven zyne Geallieerde alle hulpe ende aſſiſtentie te doen, als onderlinge verdragen is.

III. Bien entendu, que ſi les affaires n'étoient point encore venues au point d'une Guerre ouverte, & que l'un ou l'autre ne fût pas attaqué par ſurpriſe, celui qui s'apercevra qu'on a deſſein de l'attaquer ſera tenu d'en avertir à tems ſes Alliez, en faiſant au preallable tout ſon poſſible d'aſſoupir à l'amiable les differents d'où la Guerre pourroit s'enſuivre, autrement cela ne ſe pouvant faire, on ſera obligé de ſecourir ſon Allié, comme cela eſt particulierement ſtipulé.

IV. Syne hoochſt-gedachte Koninckl ijcke Majeſteyt ende die Hooge Mogende Heeren Staten Generael, ſullen betrachten harer beyder *mutuum Commodum* ende welvaert, ſoo veel immers mogelijck ende behoorlijck ſal weſen, inſonderheyt ſal d'een den anderen voor alle ſchade ende heymelijcke practycken waarſchouwen, ende ſoo verre het geſchiede kan, het ongeluck helpen verhoeden ende afweeren.

IV. Sa ſuſditte Royale Majeſté & leurs Hautes Puiſſances Meſſieurs les Etats Generaux travailleront à l'avantage & proſperité l'un de l'autre, du moins autant qu'il ſera poſſible & convenable; particulierement ils s'avertiront l'un l'autre de tous dommages & pratiques ſecrettes, & autant qu'il ſe poutra on tâchera de prevenir & detourner le malheur.

V. Nademael oock ſyne Hoochſt-gemelte Majeſteyt aen d'een, ende die Ho : Mog : Heeren Staten Generael aen d'andere zyde, niet weynigh en is gelegen, dat hare Vyanden niet en mochten op eenigerley maniere geſterckt worden, ſoo ſal deſen die eene des anderen Vyanden die jegenwoordigh ſijn ofte in toekomende tijden mochten komen, nimmermeer met *Raedt*, *Volck*, *Gelt*, *Ammunitie van Oorloge*; *Victuaille ende diergelijcken Aſſiſtentie* ofte eenige toevoer van ſijne Onderdanen ende Burgeren laten geſchieden, maer alles helpen verhoede ende afweeren 't gene den Vyant ten beſte dienen; ende ſijne voornemen ſoude mogen ſtrecken, ende ſijne Majeſteyt ofte der Heeren Staten Generael tot ſchade ende afbreucke mochte gedyen.

V. Et comme il n'importe pas peu à ſa ſuſditte Majeſté d'une part & à leurs Hautes Puiſſances les Seigneurs Etats Generaux d'autre, que leurs ennemis ne puiſſent ſe renforcer en quelque maniere que ce ſoit, les uns ni les autres ne permettront pas que les ennemis d'apreſent ni ceux de cy-aprés puiſſent jamais être aſſiſtez de conſeil, gens, argent, munitions de guerre, victuailles ou ſemblables aſſiſtances, de leurs Sujets; mais ils concourront à deffendre qu'ils ſoient aidez d'aucune choſe qui pourroit faire réuſſir leurs deſſeins, & qui ſeroit dommageable à ſaditte Majeſté ou auxdits Seigneurs Etats Generaux.

VI. Doch met dit verſtaende, dat hier mede niet en ſal werden verhindert die *vrye Handelinge ende Commercie* uyt die Vereenichde Landen, ſoo op die Stadt *Riga* als eenige andere Steden, Landen, ende Havenen aende Ooſt ende Noort-Zee gelegen, ſtaende onder 't gebiet van ſijner Majeſteyt ende de Kroon Zweden Vyanden, die nu zyn ende namaels ſouden mogen komen. Welcke *vrye Handelinge ende Commercien* aen die Inwoonderen ende Burgeren van de Vereenighde Nederlanden van nu af voor altydt by zyne Koninckl ijcke Majeſteyt werden toegeſtaen ende gepermitteert, ſonder dat hunluyden daer in voortaen eenich empeſchement, hinder ofte belet ſal gedaen worden, ten waere zyne Koninckl ijcke Majeſteyt die voorgemelte Stadt *Riga* ofte eenige andere der voorſchreven Steden aen die Ooſt ende Noordt-Zee gelegen, door ſijn Volck van Oorloge te Water ende te Lande hadde belegert ofte doen beſetten, met intentie om de ſelve te veroveren.

VI. Bien entendu toutefois, que par là ne ſera point deffendu le Trafic & Commerce libre hors desdites Provinces Unies, ſoit pour la Ville de Riga comme pour quelque autre Ville, Pais, & Havres ſcituez ſur la Mer du Nord ou de l'Eſt qui ſont ſous l'obeiſſance des ennemis preſens ou futurs de ſa Majeſté ou de la Couronne de Suede; Lequel libre Trafic & Commerce ſa Majeſté Royale permet auxdits Habitans des Provinces Unies dés maintenant & pour toûjours, ſans qu'il leur puiſſe être fait aucun trouble ou empêchement à l'avenir; à moins que ſaditte Majeſté n'eût aſſiegé la Ville de Riga ou autres Villes ſcituées ſur les Mers du Nord & de l'Eſt pour les conquerir.

VII. Dat t'allen tyden geduyrende dit Verbont ſijne Koninckl ijcke Majeſteyt in der Heeren Staten Generael gebiet ende *vice verſa* de Heeren Staten Generael in die Koninckrijcken ende Landen van ſijne Majeſteyt ſal toegelaten werden, *allerley Kryghs ende Zee-Varent Volck* aen te neemen, te doen werven, ende over-ſcheepen, te mogen doen maecken en koopen allerley *Scheepen*, *Ammunitien van Oorloge*, *Geweer*, *Wapenen*, *ende wat d'een of d'ander* dergelijcke meer van node mochte hebben, insgelijcken dat d'een in des anderen Havenen ſal mogen inloopen, liggen, ende derſelver vryheyt genieten, ende wat ſy van haar Vyanden veroveren, aldaer onverhindert ver-

VII. Qu'en tout tems durant la preſente Alliance ſaditte Majeſté pourra dans les Etats de l'obeiſſance des Etats Generaux, & vice verſa, les Etats Generaux dans ceux de ſaditte Majeſté lever des troupes tant pour ſervir en Mer que par Terre & les embarquer; & faire faire & achetter toute ſorte de Vaiſſeaux, Munitions de Guerre; Armes, & telle autre choſe dont l'un ou l'autre pourroit avoir beſoin: ſemblablement qu'il ſera permis aux uns & aux autres d'entrer dans les Havres l'un de l'autre & y vendre ce qu'ils pourroient avoir pris ſur l'ennemi ſans au-

ANNO 1614.

cun

ANNO 1614. verkoopen, ende dat haerer beyder vyanden, die nu ſijn, ofte hier naermaels mochten worden, ten weder ſijden, ſulcx alle tydt ſal worden verboden ende belet.

VIII. Deſe verbinteniſſe, noch oock het voorige Tractaet aengegaen ende gemackt tuſſchen de Hooge Mogende Heeren Staten Generael ende die Stadt *Lubeck*, dewelcke ſijne Koninghlijcke Majeſteyt hier vooren *Art. Primo* heeft aengenoomen tot beſcherminge van die *vryheyt der Zee-vaert ende Commercien* op de *Ooſt ende Noort-Zee*, na allen Volckeren en een yeder der geconfedereerdens Rechten ende Gerechticheden, te hanthouden ende te mainteneeren, ſal noch en mach in geender manieren prejudicieeren ſijne Koninghlijcke Majeſteyt ende die Croon Sweeden, in haere Hoogheydt, Regalien, Rechten, *Dominio Maris Balthici*, *&c.* Maer ſal ende mach ſijne Majeſteyt ende die Croon Sweden, ſulcx alles ende wat daer van dependeert nae deſen gelijck als van te vooren, vry ende onverhindert behouden, nutten ende genieten.

IX. Die Onderdanen ende Inwoonderen der Vereenichde Nederlanden, ſullen in die Rijcken ende Landen van ſijne Koninghlijcke Majeſteyt behouden ende genieten alſulcke *Privilegien*, *Contracten*, *ende Beloſteniſſen* aengaende den *vrydom* van de *Tollen*, *Impoſitien*, *Laſten ende opliggen* aldaer, als voor deſen by ſijne Majeſteyts Predeceſſeurs geaccordeert ende belooft ſijn. Ende daer-en-booven noch andere Vrydommen die ſijne Koninckljjcke Majeſteyt noch ſoude mogen toeſtaen ende accorderen.

X. Ende alſoo dit jegenwoordigh Verbont alleenlijck is gemaeckt ende opgericht tot *defenſie* ende wederſtant van allen gewelt ende ongelijck daer mede ſijne Majeſteyt, ende de Heeren Staten Generael van hare Vyanden ſouden mogen werden beſprongen ende verongelijckt, ſoo hebben ſijne Koninglijcke Majeſteyt ende die Hooge Mogende Heeren Staten Generael by deſen verklaert ende verſtaen, dat deſe *Unie* niet en ſal verminderen die Vruntſchap daerinne ſy ſtaen, met die Majeſteyt van Vranckrijck, groot Brittannien, Vereenichde Duytſe Churvorſten en Stenden en allen anderen, wie die ſouden mogen weſen, en inſonderheydt ook dat daer door in 't minſte niet en ſal gebroken of in eeniger manieren gevioleert werden die Vruntſchap ende Vredes-Verdrach, door interceſſie van die Koninglijcke Majeſteyt van Groot Britagnien tuſſchen ſijne Hoochſt-gemelte Majeſteyt ende die Kroon Sweden ter eenre, ende die Konicklijcke Majeſteyt van Dennemarcken &c. ter andere ſijde, in Januario des voorleden Jaers 1613. beſloten ende gemaeckt, welcke Vredens-verdrach gelijck mede alle voorgaende andere Tractaten, Verbinteniſſen ende Unien der Ho: Mog: Heeren Staten Generael ſullen blyven, *ſalvo tamen præſenti & Lubecenſium Fœdere*, in haer geheel ende volle weerden.

XI. Indien 't geſchiede dat ofte ſijne Koninckllijcke Majeſteyt ofte de Heeren Staten Generael genootſaeckt waren te treden in een Oorloge, daerinne die eene den anderen achtervolgende dit Verbont by-ſtonde ende te hulpe quame, ſoo ſal noch de eene noch de ander vryſtaen, noch vermogen met den Vyandt te tracteren ofte handelen over eenige Vreden ofte Stilſtandt van Wapenen, *ſonder expres voor-weten ende bewillinge van elckanderen.*

XII. Sijne Konincklijke Majeſteyt ſal ſijnen Ordinaris Ambaſſadeur houden by de Heeren Staten Generael in 's Graven-Hage, ofte elders na goet duncken, ende de Heeren Staten haren Ordinaris Ambaſſadeur binnen Stockholm ofte elders aen 't Hoff van ſijne Konincklijcke Majeſteyt, als hunluyden dat goet duncken ende de gelegentheydt van ſaken ſulcx in tijden ende wijlen ſal vereyſchen.

XIII. Deſe Unie ſal ſtaen ende duyren voor den tijdt van *vyſthien Jaren*, ende nae expiratie van den ſelven tijdt mogen op-geſegt worden by den eenen ofte den anderen, ofte oock gecontinueert op gemeen behaegen.

XIV. Ende ſal dit Contract, ſoo by ſijne Hoochſtgemelte Koninccklijcke Majeſteyt ende die Stenden des Rijcx Zweden, als by de Ho: Mog: Heeren Staten Generael na behooren en in gewoonlijcker forme en manieren werden *geapprobeert ende geratificeert*, met beloften by Konincklijcke woorden van dit alles ter goeder trouwe te ſullen naerkomen ende volbrengen, ende dat binnen ſes maenden nae date van deſen. In oirkonde der waerheydt, ſijn twee gelijckluydende Exemplaria deſes Tractaets vervoerdight, ende by

cun empêchement, & que la même liberté ſera deffendue & ôtée aux Ennemis des uns & des autres. ANNO 1614.

VIII. Cette Alliance, non plus que le precedent Traité fait & paſſé entre les Hauts & Puiſſans Seigneurs les Etats Generaux & la Ville de Lubeck, *lequel ſa Royale Majeſté a accepté de maintenir pour la deffence de la liberté de la Navigation & du Commerce, ſur les Mers de Nord & de l'Eſt, ſelon le Droit des Gens & de chacun des Confederez, ne préjudiciera, ni ne pourra préjudicier à ſa Royale Majeſté ni à la Couronne de Suede en leurs Droits, Regale, Domaine de la Mer Baltique &c. tellement que ſa Majeſté & la Couronne de Suede en jouiront & de tout ce qui en depend, comme auparavant ſans aucun empêchement.*

IX. Les Sujets & Habitans des Provinces Unies jouiront dans les Royaumes & Pais de ſa Majeſté Royale de tels Privileges, Contracts, & Promeſſes, touchant l'exemption du Peage, Impots, Charges & Levées qui s'y font, comme ils ont été cy-devant accordez & promis par les Predeceſſeurs de ſa Majeſté, & outre cela des autres exemptions que ſa Royale Majeſté pourroit accorder à l'avenir.

X. Et comme cette preſente Alliance eſt faite pour ſe deffendre contre les ſeuls ennemis qui pouvoient aſſaillir ou attaquer ſadite Majeſté ou leſdits Seigneurs Etats Generaux, ſaditte Majeſté & leſdits Etats Generaux ont declaré par ces preſentes, que cette Union ne diminuera point l'amitié qu'ils ont avec leurs Majeſtés de France, & de la Grande Bretagne, les Electeurs & Cercles Unis de l'Empire & quelques autres que ce pourroit être, & que particulierement ne ſera non plus violée ni enfreinte en nulle maniere l'Amitié & les Traitez de Paix qui par la mediation du Roi de la Grand' Bretagne a été faitte entre ſa ſusdite Majeſté & la Couronne de Suede d'une part & ſa Majeſté Royale de Dannemarc d'autre, fait & conclu en Janvier de l'an dernier 1613. lequel Traité de Paix, auſſi bien que tous autres precedens, Alliances & Unions des Hauts & Puiſſans Seigneurs les Etats Generaux demeureront en leur entier, & en toute leur valeur, Salvo tamen præſenti & Lubecenſium Fœdere.

XI. S'il arrivoit que ſa Royale Majeſté ou les Seigneurs Etats Generaux fuſſent obligez d'entrer en guerre où l'une, conformément à la preſente Alliance, vint à ſecourir l'autre, il ne ſera libre à l'un ni à l'autre de traiter avec l'ennemi touchant aucune Paix ou Trêve, ſans le ſçu & le conſentement exprés de l'autre.

XII. Sa Royale Majeſté tiendra ſon Ambaſſadeur ordinaire auprés de Meſſieurs les Etats Generaux à la Haye, ou ailleurs, ſelon qu'il ſera jugé à propos, Et les Seigneurs Etats Generaux tiendront auſſi leur Ambaſſadeur à Stockolm ou ailleurs à la Cour de ſa Royale Majeſté, s'ils le trouvent à propos, & ſuivant que la diſpoſition des affaires & des tems le demandera.

XIII. Cette Union durera le tems de quinze années & aprés l'expiration d'icelle il y pourra être renoncé, ou pourra icelle être continuée d'un conſentement commun.

XIV. Et ſera ce Traité approuvé & ratifié par ſa ſusdite Royale Majeſté & les Cercles du Royaume de Suede, auſſi bien que par leurs Hautes Puiſſances les Seigneurs Etats Generaux en la forme & maniere convenable & accoutumée, avec promeſſe en parolles Royales de l'obſerver & executer en bonne foi; & cela dans ſix mois de la datte de ces preſentes. En temoin de la verité le preſent Traitté a été fait double, & ſigné par le

ANNO 1614.

by welgemelte Heeren Gesante van *Dyck* uyt den name ende van wegen Hoochst-gemelte sijne Konicklijcke Majesteyt, mitsgaders de voorgemelte Heeren Gecommitteerden van de Hoogh ende Mogende Heeren Staten Generael : uyt den name ende van wegen hare Ho: Mog: onderteycken, ende met opdruckinge van hare respective Pit-schaften bekraftight.

Gedaen in 's Graven-Hage in Hollant den 5. April inden Jare 1614. en was onderteeckent *I. van Dijck*, *N. de Vooght*, *Dirck Bas*, *I. Magnus*, *I. de Goyer*, *M. van Lycklama*, *Arent Gerritsz*, *A. Clant*, ende der selver respective Pit-schaften daer op geset.

Ende bevindende na rijpe deliberatie ende examinatie 't bovengeschreven Tractaet niet alleen te strecken tot voortsettinge ende erholdinge der vrye Commercien op die Oost ende Noort-Zee, maer voornamentlijck oock tot bescherminge van Hoochst-gemelte sijne Majesteyt ende onse respective Koninckrijcken, Landen ende Onderdanen, sampt derselven hebbende Privilegien, Vryheden, Rechten ende Gerechtigheden tegens beyderlyts Vyanden, ende dan mede noch tot voortplantinge ende onderhoudinge van Vrede ende eenicheyt tusschen den nabuyren ten weder-sijden seer proffitelijck ende bevorderlijck te sijn. Soo ist, dat wy met voor-weten volkomen kennisse ende wel-gevallen van de Heeren Staten der Respective Vereenichde Provintien 't selve Tractaet van Alliantie ende Verbintenisse ende wat daer op tusschen Gemelten sijne Majesteyts Hoff-Raedt ende Gesanten ter eenre, mitsgaders den boven-gemelten onsen Gedeputeerden ter andere sijde, ten selven dage den 5. April voornoemt tot werklijker effectueringe en voltreckinge van dien meer en wyders is verafscheyt, besproken, geresolveert ende besloten in alle syne Puncten ende Articulen, geratificeert, geapprobeert ende gelaudeert hebben, ratificeren, approberen, ende lauderen by desen, belovende ter goeder trouwe voor ons ende onse naerkomelingen, den inhouden van dien onverbreeckelijck te onderhouden, ende onderhouden te laten, oock daer tegens geduyrende ende staende dese Verbintenisse directelijck noch indirectelijck tot eenigen tyden niet te doen noch te geschieden te laten. Des tot bevestiginge, hebben wy desen doen parapheren ende onsen grooten Zegel aenhangen, ende by onsen Griffier doen teyckenen. Actum in onse Versamelinge in 's Gravenhage den 11. December in den Jare onses Heeren eenigen Verlossers ende Salichmaeckers Jesu Christi *duysent ses hondert ende veerthien*. Was geparapheert, *Albert Joachimi* Vt. Onderstont, door de Hoog-gedachte Heeren Staten Generael uytdruckelijck bevel, Geteyckent.

C. AERSEN.

le susdit Sieur Deputé van Dyck *de la part de sa Majesté Royale & par les susdits Deputez de leurs Hautes Puissances les Seigneurs Etats Generaux & de leur part, & confirmée de leurs Cachets respectifs.*

Fait à la Haye en Hollande le 5. Avril l'an 1614. & étoit signé J. van Dyck, N. de Voocht, Dirck Bas, J. Magnus, J. de Goyer, M. de Lycklama, Arent Gerritsz, A. Clant, *avec apposition de leurs Cachets respectifs.*

Et trouvant après meure déliberation que le present Traitté tend non seulement à l'avancement & entretenement du libre Commerce sur les Mers du Nord & de l'Est, mais principalement aussi pour la deffense de la susditte Majesté & de nos Royaumes, Pais & Sujets respectifs, ensemble des Libertez, Droits & Prerogatives, contre les ennemis d'une & d'autre part, & encore pour le maintien & entretien de la Paix & Union entre les voisins reciproques. C'est pourquoi nous, avec la certaine science & bon plaisir des Seigneurs Etats des Provinces Unies respectives, avons icelui Traité d'Alliance & ce qui à cet égard a été conclu & arresté entre les susdits Conseiller & Deputez de ladite Majesté d'une part, & nos susdits Députez d'autre, le susdit 5. d'Avril ratifié, aprouvé, & agreé en tous ses Points & Articles, les ratifions, aprouvons & l'agreons par ces presentes, promettons en bonne foi, pour nous & nos Successeurs, d'entretenir & faire entretenir inviolablement le contenu en icelui ni de rien faire ni permettre être fait directement allencontre, en quelque tems que ce soit; En confirmation dequoi nous avons fait parapher ces presentes, y fait apposer nôtre Grand Seau, & signer par nôtre Grefier. Fait en nôtre Assemblée à la Haye le 11 Decembre l'an de nôtre Seigneur & seul Redempteur & Sauveur Jesus Christ mil six cens quatorze. Etoit signé Albert Joachimi Vt. *Et dessous étoit par Ordonnance des susdits Seigneurs Etats Generaux, signé*

C. AERSEN.

ANNO 1614.

CXXXVIII.

5. Avril. SUEDE ET PROVINCES UNIES

Naerder Tractaet tusschen GUSTAAF ADOLPH *Koningh van Sweden &c. en de Heeren Staeten Generael der* VEREENIGDE NEDERLANDEN *gesloten in s'Graven-Haghe den 5. April*, 1614. [AITZEMA, Saaken van Staet en van Oorlog. Tom. I. pag. 181.]

ALso die Doorluchtigste, Grootmachtige Hooghgeboren Furst en Heer, Heere *Gustaff Adolph* van Godes Genades der Sweden, Gotten en Wenden erwehlter Coning en Erfvurst, Groot-Furst in Finlant, Hertog tot Eston en Westmanlandt &c. goet gevonden heeft te doen oprechten en maken seker Verbont ende Unie met die Ho: Mog: Heeren die Heeren Staten Generael der Vereenigde Nederlanden &c. tot mutuele defensie tegens 't gewelt harer beyder Vyanden, als blijcken mach by het Tractact daer van besloten tusschen die Heer Doctor *Jacob van Dyck* sijne Koninghlijck Majesteyts Hof-Raedt ende Gesante, uyt den name van sijne Majesteyt ende uyt krachte van sijne Majesteyts genadige Brieven van Credentie ende Instructien ter eenre, ende de Edele, Erntfeste, Wyse ende Voorsienige Heeren *Nicolaes de Voocht* Burgemeester der Stadt Aernhem in Gelderlandt, *Dyderich Bas*, Gecommitteerden Raedt der Ed: Mogende Heeren Staten van Hollandt ende West-Vriesland, Oudt Burgermeester der Stadt van Amsterdam, *Jacob Magnus* Heere van Melissant Oudt Burgemeester der Stadt Mid-

CXXXVIII.

5. Avril. SUEDE ET PROVINCES UNIES

Traité entre GUSTAVE ADOLPHE *Roi de Suède & les Etats Généraux des* PROVINCES-UNIES *des Pays-Bas, fait à la Haye le 5. Avril, 1614. & ratifié au mois de Décembre de la même Année.* [AITZEMA, Affaires d'Etat & de Guerre, Tom. I. p. 181.]

COmme *le Sérénissime & Puissant Prince & Seigneur, le Seigneur* Gustave Adolphe, *par la grace de Dieu Roi de Suede, des Gots & des Vandales, grand Prince de Finland, Duc d'Eston & de Westmanlant &c. a trouvé bon de faire dresser certain Traitté & Union avec les Hauts & Puissans Seigneurs les Etats Generaux des Provinces Unies &c. pour une deffence contre les violences de leurs ennemis reciproques, comme il se peut voir par le Traitté qui en a été conclu entre le Sieur Docteur* Jacob van Dyck, *Conseiller & Ambassadeur de sa Majesté Royale, au nom de sa Majesté & en vertu de ses Lettres de Creance & Instructions d'une part; & les nobles, graves, sages & prudens Seigneurs* Nicolas de Voocht *Bourguemaitre de la Ville d'Arnhem en Gueldres*, Theodore Bas *Conseiller Deputé des Nobles & Puissans Seigneurs les Etats de Hollande & West Frise, ancien Bourguemaitre de la Ville d'Amsterdam*, Jacob Magnus *Seigneur de Melissant ancien Bourguemai-*

ANNO 1614.

Middelborg in Zeelant, *Johan de Goyer*, Raedt van die Ed: Mog: Heeren Staten des Landts van Wtrecht, *Marcus van Liclama*, tot Nieholt Grietman van Stellingwerf Oosteinde in Vrieslandt, *Aert Gerritsz* Oudt Burgemeester der Stadt van Zwolle in Over-Yssel, ende *Albert Clant* van Meyna tot Baffelt ende Rasquart Joncker ende Hovelingh &c. van wegen welgedachte Hoogh ende Mogende Heeren Staten Generael, ende als specialijck by hare Ho: Mog. daer toe geauthoriseert ende gelastigt ter ander sijde, ende in het tweede Articul van 't voorgemelte Tractaet verstaen ende geaccordeert was: *dat men malkanderen sal assisteeren ende bystaen met alsulcke middelen als tot defensie van den aengevochtenen van nooden weesen sal, ende als men hem daer over naerder sonde konnen verdragen.* Soo ist, dat op huyden date deses tusschen den voorgedachte Heere *van Dyck* ende die voornoemde Heeren Gedeputeerden beyde in qualité ende uyt krachte van hare respective Brieven van Commissie als vooren, op het believen ende Ratificatie van sijne Hoochstgedachte Koninglicke Majesteyt ende die welgedachte Hooge Mogende Heeren Staten Generael, tot voldoeninge van 't selve tweede Articul van 't voorsz Tractaet van Alliantie, ende van 't gene daerinne wert belooft, ende geconditioneert, is beslooten ende gearresteert 't geene hier naer is volgende.

I. Namentlijck dat sijne Coninckliјcke Majesteyt in tijde van Oorloge gelijck in het voorsz 2 ende 3. Articul van 't voorschreve Tractaet is gementionneert, by die welgedachte Heeren Staten Generael der Vereenigde Nederlanden, sal werden geassisteert met den Nombre *van vier duysent mannen*, die haer Hoogh Mogende ten dienst van sijn Koninghlijcke Majesteyt tot haren koste sullen onderhouden, geduyrende dit Verbondt, ofte soo lange sijne Majesteyt dieselve van doen sal hebben.

II. Dat van gelijcken die Heeren Staten Generael in tyde van Oorloge van sijne Majesteyt sullen hebben ende genieten gelycke secours van *vier duysent Mannen*, te onderhoude tot laste van sijn Koninglijcke Majesteyt, geduyrende dit Verbondt, ofte soo lange die Hooge Mogende Heeren Staten Generael die van doen sullen hebben.

III. Wel verstaende dat tot keure van d'eene ende d'andere sal staen het voorsz secours van 4000. mannen te genieten, geheelijck in 't onderhout van soo veel Crysch-Volck ofte voor een gedeelte, als te weten voor het getal van twee of drie duysent mannen, ende het vordere in gelde, Ammunitie van Oorloge, Scheepen, ende Equipagie daer toe dienende, ofte andersints na gelegentheyt van saken ende een yeder sijne welgevallen, ge-estimeert yeder duysent mannen ter lopende maent in gelde de somme van tien duysent ponden tot xl. grooten Vlaems 't stuck.

IV. Doch is expresselijck geconditionneert, waert by aldien sijne Coninglijcke Majesteyt aen d'een oft oock die Heeren Staten Generael aen d'ander sijde, uyt saecke van voorgaende Alliantien, ende Verbintenisse daerinne sy ten wedersyden staen met andere Potentaten, Koningen, Princen, Republijcken ofte andere aen die selve mochte gedaen hebben, ofte alreede gesommeert waren, om te toen die assistentie, daer toe sy sijn gehouden volgende die voorsz andere Alliantien, voor ende aleer sy tot dit secours waren versocht, dat in sulcken gevalle, soo wel d'eene als de andere sal mogen bestaen met de helft van 't selve beloofde secours van vier duysent mannen, of het æquivalent van dien.

V. Soo wel d'eene als d'andere, tot het voorsz secours by sijn geallieerden sijnde versocht, sal gegeven worden, bequamen tyt, om hem daer toe te mogen prepareren, als te weten den tydt van *drie Maenden* naer dat hy om 't selve te presteren sal sijn geinsinueert, naer expiratie van dewelcke 't voorsz secours promptelycken sal moeten gedaen worden, sonder eenige vorder dilayen ofte uytstellen.

VI. Soo het mochte gebeuren dat sijne Hoochstgemelte Coninglycke Majesteyt ofte de Ho: Mog: Heeren Staten Generael in haer eyge respective Rycken, ende Landen aengevochten ende Vyantlycken aengetast wierden, ende dat sijne Coninglycke Majesteyt ende Hooge Mogende Heeren Staten Generael sulcke datelycke aenvechtinge voor een Oorloge hielden, die sy schuldich ende genootsaeckt zijn af te weeren, sulx dat den Staet van hare Rycken ende Landen, omme de selve tegens hare vyanden wel te mogen defenderen, niet en sonden konnen lyden, de voorsz assistentie in 't geheel ofte ten deele te doen, soo

guemaitre de la Ville de Middelbourg en Zelande, Jean de Goyer *Conseiller des Nobles & Puissans Seigneurs les Etats du Pais d'Utrecht*, Marcus de Licklama *de Nicbolt, Gritman de Stellingwerf Oosteinde en Frise*, Aert Gerritz *ancien Bourguemaitre de la Ville de Zwoll en Overyssel*, & Albert Clant *de Meyna de Baffelt & Rasquart Gentilhomme &c. de la part desdits Hauts & Puissans Seigneurs les Etats Generaux, & comme étant specialement chargez & authorisez de leurs Hautes Puissances d'autre part; Et que dans le second Article dudit Traitté il estoit entendu & accordé*, qu'on s'aidera & s'assistera l'un l'autre avec telles forces qu'il sera jugé necessaire pour la deffence de celui qui sera attaqué &c. *C'est pourquoy, ce jourdui datte des Presentes, entre le susdit Sieur* van Dyck *& les susdits Sieurs Deputez, les uns & les autres en qualité & vertu de leurs Lettres de Creance & Commission comme dessus, sous le bon plaisir & ratification de sa susditte Royale Majesté, & des susdits Hauts & Puissans Seigneurs les Etats Generaux pour satisfaire au susdit deuxiéme Article du susdit Traitté d'Alliance & de ce qui y est promis a été conclu & arrêté ce qui s'ensuit.*

I. Sçavoir que sa Royale Majesté en tems de guerre, comme il est mentionné au second & troisiéme Article du susdit Traité, le secours desdits Seigneurs Etats Generaux sera de quatre mil hommes qu'ils entretiendront au service de sadite Majesté à leurs depens, pendant le tems de cette Alliance; ou durant tout le tems que saditte Majesté en aura besoin.

II. Que semblablement lesdits Seigneurs Etats Generaux en tems de guerre recevront de sa Majesté un semblable secours de quatre mil hommes à entretenir aux depens de sadite Majesté, durant cette Alliance, ou pendant le tems que lesdits Seigneurs Etats Generaux en auront besoin.

III. Bien entendu qu'il sera au choix de l'un & de l'autre de jouir du secours susdit de 4000 hommes entierement par l'entretien d'autant de troupes, ou pour une partie, à sçavoir pour le nombre de deux ou trois mil hommes & le reste en Argent, Munitions de Guerre, Vaisseaux & Equipage servant à ce, ou autrement selon la disposition des affaires, & le bon plaisir d'un chacun, chaque mil hommes estimez par mois en argent à la somme de dix mil livres à quarante gros de Flandres la piece.

IV. Mais il est expressément stipulé, que si saditte Royale Majesté d'un côté & aussi les Seigneurs Etats Generaux de l'autre, pour raison des precedentes Alliances & obligations, où ils sont de part & d'autre avec d'autres Potentats, Rois, Princes, Republiques & autres avoient donné, ou fussent déja sommés de donner l'assistance à laquelle ils seroient obligez en vertu des susdittes precedentes Alliances, avant qu'ils l'eussent fourni, qu'en ce cas tant l'un que les autres se pourra contenter de la moitié du secours de quatre mil hommes promis ou l'équivalent d'iceux.

V. Tant de part que d'autre étant requis par son Allié ou Alliez de fournir le susdit secours, il sera donné un tems convenable pour s'y preparer, à sçavoir le tems de trois mois aprés la signification qui lui aura été faitte d'y satisfaire, aprés l'expiration duquel tems le secours devra être promptement fourni, sans aucun nouveau delai.

VI. S'il arrivoit que saditte Royale Majesté, ou les Hauts & Puissans Seigneurs les Etats Generaux vinssent à être attaqués dans leurs Royaume & Pais respectifs; Et que saditte Majesté & lesdits Seigneurs Etats Generaux reputassent cette attaque être une guerre qu'ils se sentiroient obligez de repousser, en sorte que l'état de leurs Royaume & Pais ne leur permit pas à cause de la deffence d'iceux, contre l'ennemi, de donner laditte assistance, laditte Partie attaquée ne sera tenuë en ce cas de four-

ANNO 1614.

ANNO 1614. ſoo füllen in deſen gevalle de eene ende d'andere aengevochtene parthyen, niet alleen ongehouden ende niet ſchuldich zyn de voorſz aſſiſtentie ende hulpe geduyrende de voorſz aenvechtinge te preſteren, maer de ſelve aſſiſtentie alreets gedaen, ende geſonden zynde, ſal na verwittinge van drie maenden te vooren, mogen gerevoceert ende te rugge ontboden worden.

Aldus gedaen ende gearrefteert op believen ende Ratificatie als vooren, ende in oirkonde der waerheyt zijn hier van twee gelyckluydende Exemplaria verveerdigt, ende by Welgemelde Heere Geſante *van Dyck* uyt den name en van wegen de Hoogſtgedachte ſyne Koninckllyke Majeſteyt, mitſgaders den voornoemde Heeren Gecommitteerde van de Hooge ende Mogende Heeren Staten Generael uytten name ende van wegen haer Ho: Mog: onderteyckent, ende met hare reſpectiven Pitſchaften bekraftight. In *'s Graven-Hage* in *Hollandt, op den vyfden* Aprilis, in den jare *ſestien hondert en veerthien*, ende was onderteekent, *J: van Dyck, N. de Voocht, Dirck Bas, I. Magnus, I. de Goyer, M. van Lycklama, Arent Gerritſz. A. Clant.* &c. ende der ſelver reſpective Pitſchaften daer op geſettet.

Aggreatie des Konings van Sweden op 't voor, z Tractaet.

WIr Guſtaff Adolph von Gottes Gnaden der Sweden / Gotten / und Wenden Erkohrner König und Erb-Fürſt / Grosfürſt in Finlant / Hertzog zu Eſthon und Weſtmanlandt: Entbieden allen / und jedermaniglichen / ſo dieſes werden ſehen und leſen / Unſeren gruſz und gnadigen guten willen / und thun hiemit kundt / Nach dem uns iſt exhibirt / und wir geſehen und geleſen haben den Tractaet der Alliantien und Verbüntniſſe / ſo durch Unſeren Hof-Radt und Geſandten / den Edelen Ernveſten und Hochgelahrten Herrn Jacob van Dyck / der Rechten Doctorn / in Unſeren Nahmen / kraft Unſeren Gnedigen Credents-Brieff und Instructions an einen / und den Edelen Ehrnveſten und Wolweiſen Herrn Nicolaes de Voocht / Burgemeiſter der Stadt Arnheimb in Gelderlant; Diederick Bas / Gecommittirten Rath der Edelen Vermogenden Herrn Staten van Hollandt und West-Brieſlandt / und alt Burgermeiſter der Stadt Amſtelredam; Jacob Magnus / Herr van Meliſſant / alt Burgemeiſter der Stadt Middelburg in Zeelandt; Johan de Goyer / Rath der Edlen Vermogenden Herren Staten des Landts von Uytrecht; Marckus Lycklama zu Nicholt / Grietman von Stellingwerff Ooſteinde in Brieſlandt; Arent Gerritſen / alt Burgemeiſter der Stadt Zwolle in Over-Yſſel / und Arent Clant zu Meyma / zu Baffelt und Raſquart / Junker und Hoveling / ꝛc. In namen und von wegen der Hoochvermogenden Herrn der Herren Staaten Generael der Vereinigten Niederlanden / laut ihrer habenden ſpecial Bevehl / zur andern ſeiten / den 5. Aprilis dieſes lauffenden 1614. Jahrs / in 's Gaven-Hrage in Hollandt aufgerichtet und beſchloſſen / wie uns dan das ſelbig die wolgedachte Herrn Staaten in ihren Brieffen *ſub dato* den 19. Aprilis dieſes jahres zu geſchrieben / und obenermelter Tractaet laut van wort zu worten / wie hernach folget: (Alſoo die Doorluchtigſte Groot-machtige Hooch-gebohrne Fürſt und Herr / Herr Guſtaf Adolph. ꝛc.) und weilen wir aus den oben beſchriebenen tractaet (welchen wihr dan bey uns mit groſſen fleiſe gants wol haben examiniret und ponderiret) befunden / das er nicht allein zu furtſetzung / und erhaltung / der Freyen Commercien auf die Ooſt und Noort-Sehe / beſonderen auch zu beſchirmung aller Unſerer / und der wol erwehneter Hooch-vermeugenden Herrn Staten Generael / reſpective Koninckreichen / Landen / und Unterthanen / ſampt Unſerer habenden Koniglichen / Rechten / und gerechtigheyten / wie-

fournir pendant le tems de laditte Guerre ledit ſecours promis ni en tout ni en partie, mais même ſi ledit ſecours étoit déja envoyé, il pourra en avertiſſant trois mois auparavant être rapellé & remandé. ANNO 1614.

Ainſi fait & paſſé ſous le bon plaiſir & ratification comme deſſus. Et en témoin de ce a été des preſentes expedié deux Exemplaires conformes l'un à l'autre, & ſignez par ledit Sieur Ambaſſadeur van Dyck *au nom de ſaditte Majeſté, & par lesdits Deputez de la part des ſusdits Seigneurs Etats Generaux & confirmez de leurs Sceaux. A la Haye, en Hollande le cinquiéme Avril de l'an mil ſix cent quatorze, & étoit ſigné* J. van Dyck, N. de Voocht, Dirck Bas, J. Magnus, J. de Goyer, M. de Liklama, Arent Gerritſz, A. Clant *& avec appoſition de leurs Sceaux.*

Agreation du Roi de Suede du ſusdit Traitté.

NOus Guſtave Adolphe *par la grace de Dieu Roy de* Suede, *des* Gots *& des* Vandales, *Prince en* Finland, *Duc d'*Eſton, *& de* Weſtmanland, *mandons à tous & un chacun qui ces preſentes Lettres verront ou orront lire, qu'ils aprendront par ce nôtre volonté. Aprés qu'il nous a été exhibé & que nous avons vû & lû le Traitté d'Alliance fait & conclu à la Haye en Hollande le 5. Avril* 1614, *tant par nôtre Conſeiller & Deputé, le noble, grave, & ſçavant Seigneur* Jacob van Dyck *Docteur en Droit, en nôtre nom, en vertu de ſes Lettres de Creance & Instructions d'une part, & les nobles, graves & ſages Seigneurs* Nicolas de Voocht *Bourguemaitre de la Ville de Arnhem en Gueldres;* Diderick Bas *Conſeiller Deputé des Nobles & Puiſſans Seigneurs les Etats de Hollande & de Weſtfriſe, ancien Bourguemaitre de la Ville d'Amſterdam;* Jacob Magnus *Seigneur de Meliſſant ancien Bourguemaitre de la Ville de Middelbourg en Zelande;* Jean de Goyer *Conſeiller de leurs Nobles Puiſſances les Etats du Païs d'Utrecht;* Marcus de Lyclama *de Nieholt, Grietman de Stellingwerf Ooſteinde en Friſe;* Arent Gerritz *ancien Bourguemaitre de la Ville de Zwoll en Overyſſel; &* Albert Clant *de Meyna de Baffelt & Raſquart Gentilhomme. Nous ayant donc conſideré la Lettre des ſusdits Seigneurs Etats à nous écritte en datte du* 19. *Avril de cette année, & le ſusdit Traitté qui commence mot pour mot comme s'enſuit* (Comme le tres Puiſſant Prince & Seigneur Guſtave Adolphe &c.) *& qu'il nous a paru par ledit Traitté, lequel nous avons examiné & peſé avec grande diligence, qu'il eſt trés-utile, trés-proffitable & trés-bon pour l'avancement du Commerce libre ſur les Mers d'Eſt & du Nord, particulierement auſſi pour la deffence de nos Royaumes, Païs, & Sujets & de ceux desdits Seigneurs Etats Generaux reſpectifs, enſemble des droits & privileges de nos Royaumes, & pour l'entretenement & augmentation de nôtre amitié reciproque, de nôtre autorité & Puiſſance Royale, avec la connoiſſance, bon conſeil & bon plaiſir des Hauts Princes & Seigneurs* Jean *par la grace de Dieu Princes Hereditaires de* Sue-

ANNO 1614.

wieder Unsere beiderseits feinde und dan auch zu vortplantzung und unterhaltung alles guten friedens und einichkeyt zwisschen Unseren Nachbaren sehr nutzlichen / beförderlichen und guth ist / als haben wihr auß Koniglicher macht und authoriteyt / mit vorwissen / guten rath und vollenkommenen gefallen des auch Hooch-gebohrnen Fürsten und Herrn Johan / von Gottes Gnaden der Sweden / Gotten / und Wenden Erb-Fürsten / Hertzogen zu Oster Gothlandt / Unsers hertz-geliebten Bruderen / sampt den Wolgebohren Edlen / gestrengen Herrn Magnussen des Reichs Truchses und Land-Richter in Upland / Graff zu Wisingsburgh / Frei-herr zu Ridbeholm und Anholm / Herr Abraham Landt-Richter in Westmanland und Dalem / Graffen zu Wisings-Burgh / Frey-herr zu Ridbeholm und Lindholm; Axel Reyningh / des Reiches Marschalcks Landt-Richter in Sudermanlandt / Erbgesessen zu Thuna; Herr Georen Guldenstern / des Reiches Admiral und Landt-Richter in Wester Goet-landt / Frey-herr zu Lundholm; Herr Axel Oxenstierne / unser / und deß Reichs Cantzler / Land-Richter in Nordtlandt und Lappemarck / Frey-herr zu Vyholm / &c. Herr Nicolas Bielcke / Landt-Richter in Schmalandt / Frey-herr zu Sahl-Stadt; Hans Erickson / Stadt-halter uff Calmar und in Smalandt / Landt-Richter in Wermelandt / Erbgesessen zu Broxwyck; Herr Gustaff Steenbock / Stadthalter in Westergoth-land / und Landt-Richter in Tuch-heerth / Frey-herr zu Chronebeck und Erbstein / Erb-herr zu Torpa und Lehen; Hans Achson / Reichs-Cammer-Rath / Erbgesessen zu Byrum; Roo Ribbingh / Erbgesessen zu Saby; Erlant Biersson / Erbgesessen zu Schatmansa; Nicolas Anderson / Reiches Cammer-Rath / Erbgesessen zu Fardala; Heinrich Hoorn Unser Maerschalck / Land-Richter in Olandt / Erbgesessen zu Wenden; Jasper Maltson Krause / Landt-Richter in Morda Finlandt / Erbgesessen zu Harwila / Unseren Lieven getrouwen Reichs Rahte / den obengeschriebenen Confederations Tractaet / und was daer auf zwisschen gemelten Unseren Hof-Rath und Gesanten einer / und den oben gedachten Deputirten der Hoch-vermugenden Herrn Staten General zur anderen seiten / am selbigen tage den 5. Aprilis des jtzighen jahrs zu wircklicher effectuiring solches Tractats mehr und ferner ist abgeredt / resolviret / und beschlossen / in allen puncten ratificiert / approbirt / und laudirt; wie wihr dan deselven hiemit ratificieren / approbieren und laudiren / geloben bey Koniglicken worten / und trauwen / den inhalt dessen / unverbrüchlichen zu unterhalten zu lassen / auch darwieder directe noch indirecten bey wehrenden diesen nicht zu thun / oder thun noch geschehen lassen. Dessen zu befestigung haben wihr es mit eigener hant unterschriben und wissentlyck Unser grosses Konickliches Secret hier anhangen lassen / wie dan imgleichen zu mehrer urkundt Hooch-gedachte J. Ldc. auch wol erwente Unsere Reiches Rathe und lieben getrauwen dieses mit jhrer unterschreibung und respective Insiegel und Pitschaften bevestiget haben. Actum in Unserer Koniglichen vestungh Narffue / den 28. July / Anno ein tausend sechs hundert und vierzehen. Is geteeckent Gustave Adolphus / Johannes Magnus / Graf zu Wisings-Burg / Abraham Graff zue Wisings-Burgh / Axel Reyning / Georgius Guldenster / Axel Oxenstiern / Nicolas Bielcke Freyherr zu Salstath. Hans Erickson / Hans Achson / Boo Ribbing / Erlandt Bierson / Millis Anderson / Henrich Horrn / Jasper Marsen Krus.

Suede, des Gots & des Vandales, Ducs de Est Godt-land, nos chers Freres, ensemble des nobles & discrets Seigneurs Magnussen Juge du Pays en Upland, Comte de Wisingsburgh, Seigneur de Ridbeholm & Anholm, du Seigneur Abraham *Juge du Westmanland & Dalem, Comte de Wisingsburgh, Seigneur de Ridbeholm & Lindholm;* d'Axel Reyning, *Mareschal du Royaume, Juge du Sudderman-landt, Assesseur Hereditaire de Thuna; du Seigneur* Goeren Guldenstern, *Amiral du Royaume & Juge du Wester Goet-landt, Seigneur de Lundholm; du Seigneur* Axel Oxenstierne *Chancelier de nous & du Royaume, Juge du Nordland & de Lappemarck, Seigneur de Vyholm &c. du Seigneur* Nicolas Bielcke *Juge de Schmaland, Seigneur de Sahl-Stadt;* de Jean Erickson, *Gouverneur de Calmar & de Smalandt, Juge du Wermeland, Assesseur Hereditaire de Broxwyck; du Seigneur* Gustave Steenbock, *Gouverneur de Wester Gotlandt, & Juge de Tuch-heert, Seigneur de Chronebeck & d'Erbstein, Seigneur Hereditaire de Torpa & Leben;* de Jean Achson *Conseiller de la Chambre, Assesseur Hereditaire de Byrum;* de Boo Ribbing, *Assesseur Hereditaire de Saby;* d'Erland Biersson, *Assesseur Hereditaire de Schatmansa;* de Nicolas Anderson, *Conseiller de la Chambre, Assesseur Hereditaire de Fardala;* de Henri Hoorn, *nôtre Maréchal Juge d'Oland, Assesseur Hereditaire de Wenden;* de Gaspard Maltzon Krause *Juge de Morda Finland, Assesseur Hereditaire de Harwila nos chers Conseillers fideles; nous avons le susdit Traité de Confederation fait & conclu par nôtre Conseiller Deputé d'une part, & par les susdits Deputez desdits Hauts & Puissants Seigneurs les Etats Generaux d'autre part le susdit jour 5. Avril de laditte année, ratifié & aprouvé & agréé en tous ses Points & Articles, le ratifions, aprouvons & agreons par ces presentes; & promettons en parole de Roi & de bonne foi d'entretenir inviolablement le contenu en icelui, de le faire observer, sans rien faire ni permettre que directement ou indirectement il soit rien fait au contraire; En confirmation dequoi nous avons signé ces presentes & y avons fait apposer nôtre grand Sceau royal & secret, lesquelles ont pareillement eté signées par nos susdits Conseillers, qui y ont mis leur Cachet; Fait en nôtre Forteresse Royale de Norffue le 28. Juillet de l'an 1614. Etoit signé,* GUSTAVE ADOLPHE, Joannes Magnus, *Comte de Wisings-Burg,* Abraham *Comte de Wisings Burg;* Axel Reyning, George Guldenstern, Axel Oxenstiern; Nicolas Bielcke, *Seigneur de Sal-Stadt;* Jean Herisson, Jean Achson; Roo Ribbing; Erland Bierson; Millis Andersson; Henri Horren; Gaspar Matson Krus.

ANNO 1614.

ANNO 1614. 15. Mai. FRANCE ET CONDE'.

ANNO 1614.

CXXXIX.

Articles accordez par les Députez de LOUIS XIII. *Roi de France à* HENRI *de Bourbon Prince de Condé, arrêtez à Sainte Menehould, le 15. Mai* 1614. [MERCURE FRANÇOIS, Tom. III. pag. 428. d'où l'on a tiré cette Pièce, qui se trouve en Allemand, dans THEODORI MEURERS *Relat. Histor. Continuat. Vernal. sub anno* 1614. pag. 38.]

ARTICLES accordez par le Duc de Ventadour, Pair de France, & Lieutenant pour le Roy au Gouvernement de Languedoc, les Sieurs de Thou, Jeannin, de Boissize, & de Bullion, tous Conseillers au Conseil d'Estat, & Commissaires deputez par sa Majesté, en vertu du Pouvoir du cinquiesme jour de Mai dernier, A Monseigneur le Prince de Condé, premier Prince du Sang, tant en son nom, que des autres Princes, Officiers de la Couronne, & Seigneurs qui l'ont assisté, soit presens ou absens.

I. Que les Estats Generaux du Royaume seront convoquez & assemblez en la Ville de Sens à la maniere accoustumée, dans le vingt-cinquiesme du mois d'Aoust prochain, en laquelle les Deputez des trois Ordres qui y assisteront, pourront en toute liberté faire les propositions & remonstrances qu'ils jugeront en leurs consciences estre utiles pour le bien du Royaume, & le soulagement de ses Subjects, afin que sur icelles sa Majesté, par l'advis des Princes de son Sang, autres Princes, Officiers de la Couronne, & principaux Seigneurs de son Conseil, puisse faire quelques bons Reglements & Ordonnances, pour contenir un chacun en devoir, affermir les Loix & Edicts faicts pour la conservation de la tranquilité publique, & reformer en mieux les desordres qui peuvent donner quelque juste occasion de plainte & de mescontentement à ses bons Subjets.

II. Quant aux Mariages d'Espagne, la Royne Regente a escrit à Monseigneur le Prince sur ce sujet, Lettres dont il a receu contentement. Ainsi n'est besoing d'en faire mention en cet Article.

III. Les Fortifications de la Citadelle de Mezieres qui sont du costé de la Ville, seront desmantelées & ostées, & sur la supplication faicte par Monsieur le Duc de Nevers qu'il plaise à sadite Majesté lui ordonner assignation de quelque somme de deniers pour luy aider à construire une maison, au lieu de celle qu'il avoit en ladite Ville de Mezieres, laquelle fut desmolie lors qu'on bastit ladite Citadelle : a esté accordé qu'il sera pourveu cy-aprés d'assignation de la somme dont on conviendra avec lui.

IV. Le Fort de Blavet, dont on s'est saisi depuis ces derniers mouvements, & que l'on a commencé à restablir & fortifier, sera entierement desmoly, razé, & remis au mesme estat qu'il estoit auparavant ladite saisie & surprise, sans que cy-aprés il y ait aucun Capitaine ny Garnison, & le feront pareillement toutes autres nouvelles Fortifications faictes en la Province de Bretagne par qui que ce soit, pendant & à l'occasion du present mouvement.

V. Et pour faire cesser les ruïnes & oppressions que le peuple souffre à l'occasion des gens de guerre, tant François qu'Estrangers, qui ont esté levez depuis le premier jour de Janvier dernier, & sont à present espanchez en divers endroits de ce Royaume, soit pour sa Majesté ou pour ledit Sieur Prince, seront licentiez, & lesdits Estrangers conduits hors le Royaume par Commissaires qui seront à ce deputez par sa Majesté, & ledit Sieur Prince, dans douze jours aprés la signature des presents Articles. Et pour le regard des François, leur sera enjoint de se retirer en leurs maisons douze jours aprés la signification qui leur en sera faicte, à peine d'estre punis comme vagabonds, & gens sans adveu.

VI. Sa Majesté voulant gratifier ledit Sieur Prince, a tres-volontiers accordé sur la priere & instance qu'il lui en a faict & l'asseurance qu'il a de son affection & fidelité à son service, la Ville & Chasteau d'Amboise en depost, jusques aprés la tenuë des Estats generaux, & pour la garde d'icelui Chasteau, cent hommes de garnison.

VII Monsieur le Duc de Vendosme absent, rendant l'obeyssance qui est deuë à sa Majesté, pour les causes contenues au present Traicté, elle veut & entend qu'il soit remis en son Gouvernement, Charges, Honneurs, Capitaineries & Estats, pour en jouir tout ainsi qu'il souloit faire cy-devant, & que toutes interdictions faictes par Lettres Patentes ou autrement, soient levées & ostées par autres Lettres Patentes, addressées au mesme Parlement de Bretagne, en sorte qu'elles ne lui peussent estre d'aucun préjudice.

VIII. Et sur ce qu'il a faict representer avoir obtenu le consentement des Estats de Bretagne, pour lever dans les Païs l'argent necessaire pour l'entretenement de ses Gardes, sadite Majesté a trouvé bon de confirmer & approuver ce que lesdits Estats ont faict en cet endroit.

IX. Comme aussi ayant esgard à la supplication qui lui a esté faicte de la part de Monsieur le Duc de Rets, de vouloir entretenir le nombre des gens de guerre dans Machecou & Belle Isle, selon qu'il est contenu au Brevet octroyé par le feu Roi, elle a accordé de le faire pour quatre ans.

X. L'entreprise faicte sur Hennebon au préjudice du Sieur de Camore qui en est Capitaine & Gouverneur, sera reparée, & lui remis en sa charge, comme il souloit estre avant ce mouvement.

XI. Toutes les Garnisons mises dans les Villes & Places du Royaume, à l'occasion du present mouvement depuis le premier jour de Janvier dernier, seront ostées, fors & excepté cent hommes qui seront entretenus à Mezieres, jusques apres la tenuë des Estats generaux du Royaume, & deux cens hommes pour le mesme temps en la Ville de Soissons, dont Monsieur le Duc de Mayenne est Gouverneur, & demeureront toutes les autres Places au mesme estat qu'elles estoient auparavant.

XII. Lettres Patentes seront expediées, & l'addresse d'icelles faite à tous les Parlemens pour les verifier, par lesquelles sa Majesté declarera avoir esté bien & deuëment informée, ledit Sieur Prince, & les autres Princes & Officiers de la Couronne, de quelque qualité & condition qu'ils soient, & qui l'ont suivi & assisté en ce mouvement, n'avoir eu aucune mauvaise intention contre son service, avec les clauses necessaires pour leurs seuretez & descharges, & empescher qu'ils ne puissent estre poursuivis & recherchez à ceste occasion à l'advenir, ensemble pour les restablir en leurs Charges, Estats & Dignitez, pour en jouyr tout ainsi qu'ils souloient faire avant ce mouvement.

XIII. Et pareillement sera escrit par sa Majesté aux Princes, Estats & Republiques Alliez de ceste Couronne & personnes de qualité envoyées exprés vers eux, pour leur faire entendre ce qu'elle a recogneu de l'innocence & bonne intention desdits Sieurs Princes & Officiers de la Couronne & Seigneurs qui les ont assistez.

XIV. Accorde encor sa Majesté pour tous les fraits que lesdites Sieurs Princes, Officiers de la Couronne, & Seigneurs pourroient avoir fait à l'occasion de ce mouvement, de donner comptant audit Sieur Prince de Condé la somme de quatre cents cinquante mil livres, à departir par lui entr'eux ainsi que bon leur semblera.

XV. Moyennant les choses susdites, qui autrement n'eussent esté consenties & accordées par sa Majesté, se sont lesdits Sieurs Princes, Officiers de la Couronne, & Seigneurs, departis de toute Ligue & Association avec qui que ce soit, tant dedans que dehors ce Royaume, avec promesse de n'en jamais faire à l'advenir.

XVI. Accorde aussi sa Majesté en consideration des grands & signalez services faicts à ceste Couronne, tant par les Predecesseurs dudit Sieur Duc de Nevers, que par luy mesme, de luy donner un Brevet & toutes autres expeditions necessaires pour la survivance du Gouvernement de Champagne au nom de son fils aisné.

XVII. Faict & arresté à Saincte Menehould le quinziesme jour de May, mil six cents quatorze.

Signé, *Henry de Bourbon, Vantadour, Charles de Gonzague de Cleves, Henry d'Orleans, Henry de Lorraine, Henry de la Tour, Au. de Thou, B. Jeannin, de Thumery, Bullion, Henry de Luxembourg, Tavanes.*

CXL.

25 Sept. FRANCE ET ESPAGNE.

Articles accordez entre les Rois de FRANCE & *d'*ESPAGNE *par les Sieurs de Vaucelas & le Marquis de Laguna pour raison des differens des*

ANNO 1614.

des bas & haut Navarrois fait à S. Laurens le 25. Septembre 1614. [FREDER. LEONARD, Tom. IV.]

LOUIS par la Grace de Dieu Roi de France & de Navarre: A tous ceux qui ces presentes Lettres verront, SALUT. Comme ainsi soit que nôtre amé & feal Conseiller en nôtre Conseil d'Etat, Me. André de Cochefilet nôtre Ambassadeur en Espagne, & Dom Sancho de la Cerda Marquis de Laguna, du Conseil d'Etat, & Gentilhomme de la Chambre du Roi Catholique des Espagnes, nôtre tres-cher & tres-amé bon Frere & Beau-pere, aient, en vertu des Pouvoirs à eux donnez respectivement, conclud & accordé certains Articles & Conventions par forme de Provision sur les differens advenus entre les Sujets confins de la basse & haute Navarre pour l'usage & jouïssance des Montagnes d'Aldude, desquels Articles & Conventions la teneur s'ensuit.

ARTICLES convenus & accordez entre Messire André de Cochefilet, Baron de Vaucelas, du Conseil d'Etat de Sa Majesté Tres-Chrétienne, & son Ambassadeur en Espagne d'une part: Et el Seignor Dom Sancho de la Cerda Marquis de la Laguna, du Conseil d'Etat de Sa Majesté Catholique, & Gentilhomme de sa Chambre d'autre. Sur les Differens des Sujets des confins de la basse & haute Navarre, & sur l'usage & jouïssance des Montagnes d'Aldude, en vertu des Pouvoirs qu'ils ont pour cet effet de leurs Majestés tres-Chrétienne & Catholique, desquels la teneur se mettra & inserera aprés lesdits Articles.

I. Que les Habitans de Baigorri en la basse Navarre, Sujets de Sa Majesté Tres-Chrétienne, joüiront du Pâturage de jour & de nuit esdites Montagnes d'Aldude, avec corales, couvertes & cabannes, tant pour les jumens, brebis & chévres pour toute l'année, que pour les pourceaux, aux saisons qu'il n'y aura point de glandage, jusques aux limites & bornes de Meassea & de Beorseu du côté de Valtan ou Bastan faisant & tirant une droite ligne de l'un à l'autre, auront aussi la facerie de Soleil à Soleil depuis ladite ligne & limites de Meassea & Beorseu jusques à la premiere borne de Mendicoetagaigna, s'il s'en trouve aucune ou marque d'icelle, autrement s'en mettra & plantera une nouvelle, & dudit Mendicocetagaigna jusques audit Beorseu, faisant aussi une droite ligne de l'un à l'autre, sans qu'ils puissent passer plus avant vers la Vallée de Valderro en la haute Navarre: jouïront pareillement dudit pâturage du côté de Valcarlos, tant de jour que de nuit, avec coralles, couverts & cabannes jusques aux lieux & endroits de leurs labourages plus proches & plus avancez vers Roncesvaux, & sera faite une droite ligne vers Aldude à la prendre au deça de douze labourages plus proches dudit Roncesvaux. Pourtant depuis ladite ligne que de celle qui va par Ourdis & Ocora jusques audit Meassea avoir eux la facerie de Soleil à Soleil jusques à vis-à-vis dudit Mendicocetagaigna, sans toutefois qu'ils approchent de trois cens pas du grand chemin Roial qui va & passe de la basse Navarre vers la haute, ni puissent descendre plus bas, ni leur soit prejudicié aux autres droits qu'ils peuvent avoir és susdits lieux specifiez selon la coûtume & ancien usage. Declarant qu'il suffit de faire un couvert & un coralle pour chaque troupeau de bétail, & une cabanne pour le Pasteur.

II. Pourront aussi les Habitans de Valderro en la haute Navarre qui sont de l'obeïssance de Sa Majesté Catholique joüir avec leur bétail comme bon leur semblera desdites Montagnes jusques à Euncarai du côté de Valcarlos & Istans du côté de Valtant tirant une droite ligne de l'un à l'autre sans qu'ils puissent passer ni en jouïr plus avant vers Baigorri, ni leur soit préjudicié aux autres Droits qu'il peuvent avoir és susdits lieux specifiez selon la coûtume & ancien usage, & pareillement ceux des Vallées de Valan & Valcarlos de ladite haute Navarre, & de l'obeïssance de S. M. C. auront la facerie de Soleil à Soleil esdites Montagnes selon qu'ils l'ont accoûtumé, & outre ce que lesdits de Valcarlos pourront jouïr comme bon leur semblera & selon leur coûtume jusques à Eihabiai du côté de ladite Vallée, sans qu'il leur soit fait tort, & leurs bois Vedatz, Vedados, s'ils en ont aucuns.

III. Quant aux vaches que la coûtume ancienne & pratiquée aux buttes ou vacheries de Nôtre-Dame de Roncesvaux, soit gardée & suivie, & les mêmes de Roncesvaux seront obligez de recevoir les Porcionn'stes de Baigorri & Valderro avec leurs vaches & vachers selon ladite coûtume. Declarant que tant les uns que les autres jouïront des Privileges, Franchises & Exemtions, qu'ont & tiennent lesdites buttes ou vacheries, sans que moiennant ce lesdits de Baigorri & Valderro en puissent faire ni fonder de nouveaux, & s'ils en ont fait ou formé aucuns, ils seront joints, unis & incorporez à ceux desdits Roncesvaux.

IV. Les pascages ou seles desquels seront aussi remis en leur premier état, & gardez & conservez selon la même coûtume; & ne pourront les uns ni les autres couper les holls ou corrostiac esdites Montagnes.

V. Qu'en ce qui concerne le pâturage des pourceaux des uns & des autres au tems & saison de Glandée, ils en joüiront avec leurs couverts, tant du côté de Valcarlos qu'en tout le demeurant desdites Montagnes, selon la coûtume qu'il y a toûjours eu, gardant à un chacun ses Droits, Franchises, Exemptions & Privileges accoûtumez.

VI. Que lesdits de Baigorri bâtiront les Granges necessaires és environs de leursdits labourages, pour seulement y amasser les fruits, retirer & battre les bleds, & y habiter aux saisons qu'il conviendra faire ladite recolte, & travailler & semer lesdites Terres, sans y faire Bourgs, ni Villages sous ombre desdites Granges, desquelles les fondemens seront de pierres jusques à la superficie de la terre, & le reste de bois.

VII. Que pour le Terroir qui est entre Baigorri, Ispegni & Elhorrieta, du côté de Bastan & de Ocaca du côté de Valcarlos, lesdits de Baigorri le tiendront & en joüiront aux mêmes Droits qu'ils ont accoûtumé, sans préjudice des buttes ou vacheries de Roncesvaux & de la Facerie Soleil à Soleil de ceux de Bastan & Valcarlos, selon qu'ils la peuvent avoir accoûtumé.

VIII. Que ceux qui auront des Palomiers esdites Vallées & Montagnes en joüiront comme ils avoient accoûtumé, & ne pourra personne couper arbres au préjudice de la chasse desdits Palomiers.

IX. Et afin que la Paix soit durable entre lesdits Peuples, leur est declaré que lesdits de Baigorri & de Valderro ne pourront donner ni vendre l'herbage qui est entre les susdites limites de Eunsarai, Istans, Mendicoceta, & Beorsu, les uns en préjudice des autres.

X. Que les pierres ou bornes que les Commissaires de leursdites Majestez avoient fait remettre en la Conference d'Arranegui seront remises de nouveau si elles sont tombées, aux mêmes conditions & en la même qualité que dés lors, & demeureront avec la même force que lors qu'elles furent remises & non davantage & sans prejudicier au droit des Parties.

XI. Et pour mettre en execution le contenu en ce Traité, & marquer & seinnaler les lignes d'une borne à autre, leursdites Majestez nommeront & deputeront telles personnes que bon leur semblera avec Pouvoir d'établir & ordonner les peines qu'ils jugeront estre justes & raisonnables contre les contrevenans.

XII. Tout ce que dessus a esté convenu, arresté & accordé entre lesdits Sieurs Baron de Vaucelas, & Marquis de la Laguna par provision & sans préjudicier aux droits de leursdites Majestez; & se sont obligez de faire ratifier le tout chacun de sa part dans soixante jours à leursdites Majestez, à compter du jour de la datte du present Traité, & la Ratification de S. M. T. C. sera délivrée à Dom Inigo de Cardenas, Ambassadeur en la Cour de France, & celle de S. M. C. audit Sieur de Vaucelas Ambassadeur en la Cour d'Espagne. Fait à S. Laurent le 25. Septembre 1614. *Signé*, A. DE COCHEFILLET, & M. DE LA LAGUNA.

Sçavoir faisons que nous aians bien entendu le contenu esdits Articles, & conformement à ce qui est porté par le treziéme & dernier d'iceux: Nous avons lesdits Articles approuvez & ratifiez, approuvons & ratifions, & tout leur contenu, & promettons & nous obligeons sur nos foi & parole de Roi que nous les garderons & accomplirons, ferons garder & accomplir de nôtre part & par nos Sujets inviolablement, sans aller ni venir au contraire en aucune maniere.

En témoin dequoi Nous avons signé ces Presentes de nôtre propre main, & à icelles fait mettre nôtre Scel; Car tel est nôtre plaisir. Donné à Paris le 21. jour de Novembre l'an de grace 1614. & de nôtre Regne le cinquiéme. *Signé*, LOUIS, *& plus bas*, Par le Roi. BRULART. Et scellées.

Collationnées par moi.

BRULART.

CXLI.

ANNO 1614. 9. Nov. / 26. Octo.

CXLI.

Vergleich zwischen des Heyl. Römis. Reichs Erb-Marschallen denen von Pappenheim / und denen Sämbtl. Frey-und Reichs Städten / über die / zwischen Ihnen / bey denen in gemelten Reichsstädten angestellten Reichs-Versamblungen / strittigen Jura, in puncto des einfurirens / einlogiren der Juden in den Christen Häusern und deren Verglaiten / sambt Zulassung eigener Garkuchen; Item in puncto der Civil-und Criminal-Jurisdiction über die Frembden 2c. Durch die Käyserl. Commission benanntl. Hertzog Maximilian von Bayern / und Fridrich von Würtemberg. Zu Augspurg den (1) $\frac{9}{26}$ Novembr. (Octobr.) 1614. Mit Käysers MATTHIÆ Ratification. Geben Prag den 18. Febr. 1617. [LEHMANNI Chronicon Spirense Lib. VII. Cap. CXXIII. pag. 953. Ex Addit. JOH. MELCHIOR. FUCHS.]

C'est-à-dire,

Traité d'Accommodement entre les Maréchaux Hereditaires de l'Empire de PAPPENHEIM *d'une part, & les* VILLES IMPERIALES *d'autre part, sur les Différents survenus entr'eux, au sujet de la Protection des Juifs, de l'Assignation des Quartiers, de l'Etablissement des Cabarets, & de la Jurisdiction Civile & Criminelle des Etrangers dans les Diètes Générales qui se trouvent assemblées en quelques-unes desdites Villes; conclu par une Commission Imperiale adressée à* MAXIMILIEN *Duc de Baviere, & à* JEAN FREDERIC *Duc de Wirtemberg. A Augsbourg le 9. Novembre (26. Octobre) 1614. Avec la Ratification de l'Empereur* MATTHIAS. *A Prague le 18. Fevrier 1617.*

WIr Matthias von Gottes Gnaden erwählter Röm. Käyser / zu allen Zeiten Mehrer des Reichs / in Germanien / zu Hungarn / Böheim / Dalmatien / und Sclavonien 2c. König / Ertz-Hertzog zu Oesterreich / Hertzog zu Burgund / zu Brabant / zu Steyr / zu Kärnten / zu Kräin / zu Lützenburg / zu Würtenberg / Ober-und Nieder-Schlesien / Fürst zu Schwaben / Marggraf des H. Röm. Reichs zu Burgau / zu Mähren / Ober-und Nieder-Laußnitz / Gefürster Graf zu Habspurg / zu Tyrol / zu Pfird / zu Kiburg und zu Görtz 2c. Landgraf im Elsaß / Herr auf der Windischen Marck / zu Portenau und zu Salins 2c. bekennen für Uns und Unsere Nachkommen am Reich öffentlich mit diesem Brieff / und thun kund allermänniglich: Als wir in dem verwichenen sechszehenhundert zwölfften Jahr / bald nach Unserer erfolgten Wahl und Krönung / und darauf angetrettenen Regierung / die von Weyland dem Durchleuchtigsten Fürsten / Herrn Rudolffen dem II 2c. Unserm geliebten Herrn Brudern auch nechsten Vorfahren / Höchlöbl. Gedächtnuß unterm Dato den 24. October / Jahrs 1583. auf die Hochgebohrne / Wilhelm / Pfaltzgrafen bey Rein / Hertzogen in Ober-und Nieder-Bayern 2c. und Ludwigen / Hertzogen zu Würtenberg und Teck / Grafen zu Mümpelgart / beyde Unsere liebe Vettern und Fürsten / gestellte / und hierzwischen zu unterschiedlichen mahlen / so oft sich bey Ihrer Lbd. Lbd. Regierungen / entweder durch Todes-Fall oder auch in andere Wege eine Veränderung zugetragen / erneuerte Commission, die zwischen Unsern und des Heil. Reichs Erb-Marschallen / denen zu Pappenheim und denen sämptlichen Frey-und Reichs-Städten bey den angestellten Reichs-Versammlungen / über die hinc inde strittige Jura und Gerechtigkeiten / und was davon herrührig / erregte Irrungen belangend / auf des Hochgebohrnen / Johann Georgen / Hertzogen zu Sachsen / Gülich / Clev und Berg / Landgrafen in Düringen 2c. Marggrafen zu Meissen / und Burggrafen zu Magdeburg / des H. Röm. Reichs Ertz-Marschallen / Unsers lieben Oheim und Churfürsten / als bey erstgemelten Strittigkeiten ihres tragenden jetzt vermeldten Reichs-Marschallen-Ampts halben / mit interessirten / wie nit weniger auch beyder Partheyen freundlich und gehorsames Ansuchen / auf die auch Hochgebohrne / Maximilian Pfaltzgrafen bey Rhein / Hertzogen in Ober-und Nieder-Bayern / und Johann Friderichen / Hertzogen zu Würtenberg und Teck / Grafen zu Mümpelgart / Unsern lieben Vettern und Fürsten wiederumben renovirt. So haben demnach Ihre Lbd. Lbd. sich dieser schwären langwürigen Sachen Uns zu vetterlich-und gehorsamen Ehren und Gefallen / und beyden obgenanten Partheyen zu Ruhe und Besten / gutwillig unternommen / vermittelst ihrer im Monat Octobri verflossenen 1614. Jahrs / in Unsere und des H. Reichs-Stadt Augspurg abgefertigter subdelegirter Räth / zwischen mehrgedachten Theilen gütige Unterhandlung gepflogen und obbestimmte gantze Sach zuvorderst auf Unser als regierenden Röm. Käysers und obwohlernants Churfürsten zu Sachsen / als wie oben verstanden / des H. Reichs Ertz-Marschallen Lbd. Ratification, welche S. Lbd. am Dato den 9. Novemb. Neuen / und 26. Octob. Alten Calenders obberührtes 1614. Jahrs von sich gegeben / und Uns zu Unserm Käys. Archivo unter seiner Lbd. Churfürstl. Handschrifft und Secret eingelieffert worden ist / auf solche Weg und Conditionen verglichen / wie dieselbe in nachfolgend inserirten / Uns in Originali überschicktem Vergleich begriffen seyn / und von Wort zu Wort also lauten:

Zu wissen / demnach nunmehr eine lange Zeit und viel Jahr hero zwischen des H. Reichs Erb-Marschallen dem Herrn zu Pappenheim 2c. und denen sämptlichen Erbb. Frey-und Reichs-Städten / wegen etzlicher / bey denen in gemelten Reichs-Städten angestelten Reichs-Versammlungen / der hinc inde, unter ihnen strittigen Jurium und Gerechtigkeiten halben / sich Irrungen und Mißverstand enthalten / benantlich und in specie Erstlich wegen des Einfurirens / Zum andern Einlosiren der Juden in der Christen Häusern und deren Vergleiten / sampt Zulassung eigener Garkuchen und Wirthschafften.

Drittens / Jurisdiction in civilibus & criminalibus über die Frembde beschriebene und unbeschriebene.

Viertens / Bottmässigkeit über frembde Krämer / Fechter / Handwercker / Spielleut und dergleichen / so wol als von selbigen erfahrenden Einschreib-Schutz-und Politen-Geld.

Fünfftens / Einnehmung Stand-Gelds / Sechstens / Uffschlag-Enthaltung eigener Garkuchen und dann Schenckung darauß nit verungelten Weins. Siebenden angemasten Ungelds / Achten / Ehlen / Maaß und Gewicht. Neundten Verfassung und Handhab der Tax-Ordnung / Zehenden / Abnehmung Zolls auf alle zu Marckt getragene Victualien / Eylfften / Bestellung der Wachten / Zwolfften / des Glaids / Dreyzehenden Audientz / Vierzehenden gegen den Bürgern / ja wol / Fünffzehenden / der Stadt Obrigkeiten selbsten angemaster unterschiedlicher Gebott / Sechszehenden / fürgeloffener Injurien auch Sieben-

(1) On donne cette Date comme on la trouve, mais elle est corrompue, & la Ratification Imperiale, qui devroit servir à la rectifier, en confirme l'erreur, en la marquant du 9 Novembre 26. Octobre. On juge qu'il faut lire *die 5 Novembris 26. Octobris*, ou bien *die 9. Novembris 30. Octobris.* [D. L. M.]

ANNO 1614.

benzehendens darauf gewendter Unkosten / wie solches alles in Actis mit mehrerm specificirt zu befinden ist / dieselbe auch in dem An. 1582. allhier zu Augspurg gehaltenen Reichstag zwischen weyland dem Wohlgebohrnen Herrn / Herrn Conraden / Herrn zu Pappenheim / des H. Reichs Erb-Marschallen &c. und den Edlen / Wolgebohrnen / Ehrenvesten / Fürsichtigen und Weisen Herrn Stadtpflegern / Burgermeistern und Rath allhiesiger Stadt / auch andern interessirenden Frey-und Reichs Städten / sich ereugnet / und so starck außgebrochen / daß die damals bey demselben Reichs-Tag allhier befundene Röm. Käys Maj. &c. Rudolff der II. Höchstseelichst / Christmildester Gedächtnuß sich interponirt / den Partheyen unterschiedliche Käys. und endlichen auch ein provisional-Decret de Dato den 17. Sept. Anno 1582. ertheilt und zugestelt / von deme aber erwehnte Städt / als gleich an Allerhöchstgedachte Jh. Käys. Maj. und des H. Reichs Stände appellirt / und hinnach Jh. Käys. Maj. den 24. Octob. Anno 1583. eine Commission an die Durchleuchtigst / Durchleuchtig / Hochgebohrne Fürsten und Herren / Herrn Wilhelm Pfaltzgrafen bey Rhein / Hertzogen in Obern und Nieder-Bayern &c. auch Herrn Ludwigen / Hertzogen zu Würtenberg und Teck / Grafen zu Mümpelgart &c. des Inhalts außgehen lassen / daß Jh. Fürstl Durchl und Gn. obbemelten Partheyen fur sich selbst / oder Dero subdelegirte Räthe auf einen benanten Tag bescheiden / und zwischen ihnen eines kurtzen summarischen Processes wegen Handlung pflegen / denselben / Inhalt angeregter Commission, verfassen / in der Sachen ferner verfahren und nach Beschluß derselben die Acta dem Käys. Cammergericht verschlossen zuschicken sollen / damit dasselbig / gegen Erlegung gebührender Sportulen darauf was Recht ist endlich erkennen und außsprechen / alles fernern Inhalts obangezogener Käys. Commission: Und solchem nach Jh. Fürstl. Durchl. und Gn. vorderist Allerhöchstgedachter Jh. Käys. Maj. zu aller unterthanigstem Gefallen und dann allerseits Partheyen zu Gnaden sich solcher Commission unterzogen / auch sie Partheyen den $\frac{8}{18}$ten Martii An. 1584 nach Fridberg vor Dero subdelegirten Räthen zu angedeuter Handlung zu erscheinen erfordert / zwischen ihnen laut aufgetragener Commission, Handlung gepflogen / sie des compromißlichen Processes wegen miteinander verglichen und vereinbahret / wie das deßhalben außgefertigte compromiss de Dato $\frac{22}{12}$ Martii An. 1584. buchstablichen Inhalts mit sich bringen thut; darauf auch die Partheyen / Inhalt dessen / in der Sachen gegen einander verfahren / und ihre Nothdurfften schrifftlich eingebracht haben / also daß es nunmehr an fernerer Vollziehung desselben Compromissi bestanden.

Wann aber die jetzo regierende Röm. Käys. Maj. Herr Matthias der I. Unser Allergnädigster Herr / die obvermelte Käyserliche Commission an die Durchleuchtigst / Durchleuchtig / Hochgebohrne Fürsten und Herren / Herren Maximilian Pfaltzgrafen bey Rhein / Hertzogen in Obern-und Nieder-Bayern und Herrn Johann Friderichen Hertzogen zu Würtenberg und Teck / Grafen zu Mümpelgart / Herrn zu Heidenheim &c. abermahls und dergestalt ernennet / daß Jh. Fürstl. Durchl. und Gn. sich solcher Commission auch gutwillig unterziehen / darauf beyde Partheyen auf einen förderlichen Tag und gelegene Mahlstatt für sich und ihre Subdelegirte selbst / oder durch ihre Gevollmächtigte Gewalttragende / zu erscheinen / heischen und laden / die Sachen in dem Stand / wie sie jetzo befunden wird / reassumiren und allen äussersten Fleiß anwenden sollen / damit die angezogene Strittigkeiten / wo möglich / in der Güte hin-und beygelegt werden mögen; In Entstehung derselben aber in gemein das jenige thun und handlen / was die obangezogene / weyland Käyser Rudolffen des Andern / Christmilder Gedächtnuß in Anno fünffzehenhunder achtzig drey außgegangene Commission, und dar auff Anno fünffzehenhundert achtzig vier / verglichen und außgefertigtes Compromiss erfordern thut; Als haben höchst-und hochgedacht ihre Fürstliche Durchleucht und Gnaden zuforderst höchst-ermeldter Käyserl. Majest. zu unterthänigsten Ehren / und dan den ermeldten Partheyen zu sonderbahren Gnaden solcher Commission sich gehorsamlich beladen / die vielangezogene Partheyen den $\frac{22}{12}$ October nächsthin (alldieweilen wegen vorgefallener Verhinderung und theils der Partheyen eingewendeten Entschuldigungen es eher nicht seyn können) allhero nach Augspurg vor dero Subdelegirte und zu End diß unterzeichnete Commissarien und Räth vertagt / und auff der Partheyen / benantlichen der Wohlgebohrnen Herrn / Herrn Maximiliani / Landgrafen zu Stülingen &c als jetztmahls wircklich bedienten Reichs-Erb-Marschallen / und dann Herrn Philipsen / Herrn zu Pappenheim und Gräventhal / auff Röthenstein und Kalhin / als dieser zeit Aeltesten für sich selbsten und Gewalthabern der abwesenden Mit-Interessirten Agnaten / Herrn zu Pappenheim / Reichs-Erb-Marschallen / und dann wegen der Erbb. Frey-und Reichs-Städt / die verordnete und gevollmächtigte Anwälde der Stadt Regenspurg / Augspurg / Nürnberg und Ulm (als welche nach laut des bey jüngst den letzten Augusti zu Ulm gehaltenen Städt-Tag gemachten Abschieds / von allen andern Erbb. Frey-und Reichs-Städten zu solcher Handlung Vollmacht und Gewalt empfangen) gehorsames erscheinen / ihnen nächstangezogene Commission eröffnet / und die darinnen angedeutete gütliche Handlung entzwischen denselben vorgenommen / mit embsigem Fleiß etliche Tage gepflogen / und sie endlich mit wissenden Dingen / einmüthig in solchen ihren Strittigkeiten folgender Massen vereinbahret / jedoch von ihnen Partheyen sammtlich solcher Vergleich auff der Römischen Käyserlichen Majestät Unsers Allergnädigsten Herrn Confirmation, und dann von dem obvermeldten Herrn Reichs-Erb-Marschallen auff des Durchleuchtigsten Hochgebohrnen Fürsten und Herrn / Herrn Johann Georgen / Hertzogen zu Sachsen / Gülich / Cleve und Berg / als des Heil. Römis. Reichs Ertz-Marschallen und Churfürsten &c. und der sammtlichen Erb-Marschallen Herrn zu Pappenheim &c. der Städt Abgeordneten und Deputirten aber auff ihrer Herren und Obern / auch der gesammten Erbb. Frey-und Reichs-Städt Ratification (welche jeder Theils auffs längst innerhalb vier Monaten von Dato dieses Abschieds zu Ihrer Fürstlichen Durchleucht in Bayern Cantzley zu übersenden / oder sich sonsten seines Gemüths erklären / also und dergestalt / auff den Fall in solcher Zeit / dieselbe nicht erfolgen solte / alsdann von sich selbsten pro ratificato gehalten werden solle) gestellet worden.

Und Erstlich / so viel das entzwischen obbemelten Partheyen bißhero strittig gewesene Einfuriren / dero bey jeden Reichs-Versammlungen in denen Frey-und Reichs-Städten erscheinenden Reichs-Ständen / oder derselben / wie auch Fremder / ausser Reichs gesessenen Potentaten Bottschafften und Gesandten belangen thut / ist verabschiedet / daß solches Recht einzufuriren gleichwohlen dem Reichs-Marschallen / als dessen Amptes anhängig / allein verbleiben / zu jeden Zeiten aber / wann in einer Reichs-Stadt eine Reichs-Versammlung angestellet / und solch Einfuriren vorgenommen werden will /

Anno 1614. will / und es zuvor durch jeden Reichs-Marschallen derselben Stadt / Rath und Obrigkeit verkündiget / darauß von demselben jemand aus deren Mittel verordnet werden / welche der Besichtigung und Beschreibung der Losamenter / Einquartiren und Einfuriren / beywohnen / und wofern jemand aus denen Bürgern oder Einwohnern derselben Stadt hierinnen beschwert werden wolten / solches ahnden / und daß es geändert werde / begehren / der Reichs-Marschall auch nach billigen Dingen abstellen / hingegen da auch ein oder der ander Burger bey dem gebührlichen Einfuriren sich ihm Reichs-Marschallen unziemlichen widersetzen / oder sich eine Nothdurfft / daß mehr Losamenter / Stallungen oder anders / zu Unterbringung der Ständ oder bemeldter Bottschafften / Gesandten und ihres Comitats zugerichtet werden müsten / bescheinen würde / sie Verordnete / von gedachten Raths wegen / dieselben zur Gebühr anhalten / und bey ihnen verschaffen / der Reichs-Marschall aber denselben nichts gebiethen solle.

Zum Andern / der Juden Verglaitens / Einlosiren und Garküchen / wie auch der Obrigkeit wegen über dieselben / ist es dahin abgeredet / daß der Reichs Erb-Marschall alle Jurisdiction über die bey denen Reichs-Tägen ankommende Juden in Civil-und Criminal-Sachen / eintzig und allein haben und behalten / was aber die Zeit ihrer der Juden Verglaitens und Einlassens antrifft / solle weder er / der Reichs-Erb-Marschall / noch der Stadt Obrigkeit / da die Reichs-Versammlung gehalten wird / selbige vor des Reichs Marschallen / oder seines Ampts-Verwesers Ankunfft an / biß zu der Römischen Kayserlichen Majestät / oder deren Commissarien Einzug / sondern allein mehr wohlgemeldter Reichs-Erb-Marschall oder dessen Ampts-Verweser / nach Ankunfft Ihrer Kayserlichen Majestät oder deren Commissarii, biß zu dero Abzug vergleiten; jedoch unabbrüchig dessen / so sonsten wegen Durchlassung und Vergleitung der Juden auff den Reichs-Versammlungen / bey den Erbb. Frey-und Reichs-Städten Herkommens / sie Juden auch mit nächst obangezeigten Zuthun oder Beyseyn deren / von derselben Stadt Raths wegen Zugeordneten / an ein abgelegen Ort der Stadt einlosiren / darneben dero Namen / die er vergleitet / dem Stadt-Rath zur Wissenschafft anfügen solle / denen auch ohne seine Verwilligung weder bey Tag noch Nacht / ausser ihrem Quartier zu gehen verstattet / und da sie je bey Nacht außzugehen haben würden / sie jederzeit von einem Christen von und zu ihrer Wohnung begleitet / so sie auch des Umblauffens in der Stadt sich zu viel anmassen / und durch den Rath der Stadt solches gegen dem Reichs-Erb Marschallen geandet würde / es von ihm nach befundenen Dingen abgestellet werden / und alle Juden / (ausser denen / so bey dem Kayserlichen oder Chur-und Fürstl. Höfen / zu verrichten haben / und deßhalben beschrieben sind / derenthalben es bey des Reichs Erb-Marschallen Discretion bestehen) gelbe Ring an ihren Mänteln öffentlich / darmit sie vor denen Christen zu erkennen seyen / tragen / der Reichs Marschall auch ihnen Juden eine Garküchen / jedoch allein sie und ihre Angehörige darauß zu speisen / auch ohne Befreyung des Ungeldes / zu erlauben / berechtigt seyn / ihnen Juden aber / in denen Städten / da sie hievor nicht ihre beständige Wohnung haben / einige Synagogen oder Schulen zu halten / oder anzustellen / nicht erlaubet oder verstattet werden / dabey sich dann auch wohlgedachter Herr Erb-Marschall anerbotten / gegen die Juden / ihrer befundenen Verbrechungen wegen / den gemeinen Kayserlichen Rechten nach / also mit gebührender Straff zu verfahren / daß sich niemand deßwegen zu beklagen Ursach haben solle.

Was zum dritten die bißhero entzwischen obbemeldten Partheyen bestrittene Jurisdictionalia betrifft / ist es dahin gestellt / daß der Reichs-Erb-Marschall die Jurisdiction in civilibus über der Reichs-Stände oder deren Gesandten oder ihrer Bottschafften / Diener und Gesind / sie hätten gleich unter-und wieder einander selbsten / oder andern / so der Stadt Jurisdiction unterworffen / wider sie zu klagen / gantz und allein haben und behalten / jedoch einige Strittigkeiten / welche von der Tax-Ordnung herkommen / außgescheiden / derentwegen der Erbb. Frey-und Reichs-Städt Verordnete zur Erkantnuß und Entscheidung / altem Herkommen nach / mit niedergesetzt werden sollen. Anno 1614.

Was aber Criminalem Jurisdictionem belangen thut / ist es folgender Massen mit solcher zu halten / daß der Reichs-Erb Marschall dieselbe über der Stände oder deren Gesandten / wie auch der frembden Bottschafften Dienern und Gesind / doch mit folgender Maß haben und zu exerciren berechtiget seyn solle. Wann nehmlich ein delictum allein zwischen gedachter Stände oder Bottschafften Gesind sich begeben / daß selbe von den Reichs-Erb-Marschallen abgestraffet / auch zur Execution der Leib-oder Leben-Straffen derselben Stadt Diener / da die Reichs-Versammlung ist / auff sein Reichs-Erb-Marschallen Kosten gebrauchet / da sich aber ein Fall zwischen ermeldten der Ständ Gesandten oder Bottschafften Gesind / und einem Burger derselben Stadt / oder einem sich daselbst befindenden Fremden / und viel obgedachter Reichs-Ständ Gesandten und Bottschafften nicht Angewandten zutrügen / und wider der Reichs-Ständ / oder deren Gesandten / wie auch frembder Bottschafften Gesind / derohalben zu klagen / auch die Bürger oder bemeldte Frembde als Principales, Urheber oder Anhänger / bey der Sachen nicht interessirt sind / der Reichs-Marschall ermeldter Ständ Gesandten und Bottschafften Gesind allein abzustraffen haben / woferne nächsterwehnte Bürger und Fremde aber mit der Sachen / als Principales verhafft / alsdann folgender Unterschied gehalten werden / daß nehmlich dann dazumahl / wann eines Reichs-Stands Gesandten oder Bottschafften Gesind mit einer Geld-Buß abzustraffen / solches gedachtem Reichs-Erb-Marschallen zu berechtigen und zu bussen / alleine gebühren / wann aber solcher Delinquent mit der Relegation oder einer corporis afflictiva pœna anzusehen / wie auch sonsten / wann der Reus der Stadt Obrigkeit unterworffen / dessen Abstraffung der Stadt zustehen / und zwar diß in notorischen Fällen / ohneinträglich also gehalten werden solle; wann es aber / ob der Fall Civil oder Criminal, auch mit was Straffen der Verbrecher zu belegen seye / noch zweiffentlich / und der Mißthätige von der Reichs-Ständ Gesandten oder Bottschafft Gesind ist / soll alsdann der Reichs Erb-Marschall die cognitionem deßhalben allein haben / jedoch vorderist hierinnen nach denen jedes Orts / da die Reichs-Versammlung ist / Statuten und Gewonheiten / oder in dero Ermanglung / denen gemeinen beschriebenen Kayserlichen Rechten erkennen und verhandelen / unterdessen aber und biß solche Cognition erfolgt / der Verbrecher unverlängt in des Reichs-Erb-Marschallen Hafftung gelieffert und auffgehalten werden.

Die Captur oder Beyfahung der Verbrecher aber in allen und jeden Criminal-Fällen / ohne Unterschied der Persohnen / entzwischen dem Reichs Erb-Marschallen / und derselben Stadt gemein seyn / und die Prævention doch also statt haben / daß wann einer in flagranti crimine von eines Theils hierzu verordneten Dienern ergriffen und bergefangen / derselbe alsobald dem jenigen Theil / deme

ANNO 1614.

er zu berechten und abzustraffen notoriè gebührt / gelieffert werden: Wann aber obgemelter der Reichs-Ständ Gesandten oder Bottschafften Gesind eines gefänglich angenommen worden / und es den Umständen nach / oder sonsten zweiffelhafftig / ob die Mißhandlungen Civil oder Criminal, und auch ob sie eine pecuniariam oder corporis afflictivam pœnam auff sich habe / derselbe / wie nächst obgemelt / dem Reichs-Erb-Marschallen gelieffert / von ihm die obgesetzte Erkantnuß fürderlich gethan / und alsdann ferner / wie oblaut / verfahren werden solle.

Was aber die civilem und criminalem jurisdictionem über die Frembde sich zur Zeit währender Reichs-Versammlungen / in denselben Städten auffhaltende zu- oder abreisende / und die Stände des Reichs / wie auch dero oder fremder Potentaten Gesandten und Bottschafften nicht berührende Personen / so wohl in denen zwischen sich selbst untereinander als auch mit einem Bürger sich begebende Handlungen / auch alles was solcher Jurisdiction anhängig / und die dahero fliessende emolumenta und fructus, benantlich die Einziehung alles / auch bey der Juden-Garküchen gefallenden Ungelds / oder dessen Befreyung / Anrichtung der Glückshafen / Garküchen / Elen / Maß und Gewicht / Schutz- oder Politen-Geld von denen frembden Krämern / Fechtern / Spielern / Spielleuten und unzüchtigen Weibern / Erforderung Zolls / oder andern angemasten Rechtens von denen Victualien und dergleichen / wie das Namen haben mag / so von dem Reichs Erb-Marschallen bißhero gesucht / angerichtet / zugelassen oder eingezogen werden wollen / belangen thut / solle solches alles hinführo vom Erb-Marschallen unterlassen / und er sich dessen ferner nicht anzumassen haben / jedoch von gedachten Frey- und Reichs-Städten ihm Reichs-Erb-Marschallen nach Einkunfft der Käyserl. Majestät / oder Dero Commissarii und also völligen Anfang des Reichs-Tages in recompensam dessen alles und zu gütlicher Hinlegung deren dieser Puncten halben bißhero gehabten Stritten / ein tausend Gülden / zu sechszig Kreutzer / gemeiner Reichs-Währung / wie die an jedem Ort geng und geb ist / erstattet werden.

Zum vierdten / die bey jedem Reichs-Tag nothwendige Tax-Ordnung solle durch den Käyserlichen Hof-Marschallen / die Chur-Sachsische Räth / sampt dem Reichs-Erb-Marschallen / und der Stadt / da der Reichs-Tag gehalten wird / hierzu Verordneten / gleiches zu thun / verglichen / gemacht und außgefertiget / auch die hierauß entstehende Stritt / in erstbesagter gesampter Audientz entscheiden / so dann jeder Ubertretter derselben von seiner Obrigkeit / benantlichen der Ständ / deren Gesandten / und frembder Bottschafften Gesind und Diener von dem Reichs-Erb-Marschallen / die Burger und andere Frembde aber von derselben Stadt Obrigkeit ernstlich und also abgestraffet werden / daß man nicht Ursach habe / wegen dessen Unterlassung / sich zu beschwehren.

Als zum fünfften der Reichs-Erb-Marschall sich auch vernehmen lassen / daß er / der Stadt bestellter Wachten oder Schlüssel zu denen Thoren für sich selbst / und wegen tragenden Reichs-Erb-Marschallen-Ampts anzunehmen oder nachzufragen nicht begehre / jedoch aber / wann die Käyserliche Majestät von ihm oder andern einem Reichs-Erb-Marschallen deßhalben Berichts begehre / und daß er solchen von der Stadt Verordneten einziehen solte / befehle / seye man deme zu gehorsamen schuldig / versehe sich auch / daß alsdann ihm solcher würde gebührlich erstattet werden / immassen er auch leyden möge / daß jedesmahls ein Rath derjenigen Stadt / darinnen ein Reichs-Tag angesetzet / sich anfangs gleich bey der Käyserlichen Majestät oder Dero Commissario Berichts oder Bescheids erhole / ob durch den Hof- oder Reichs-Erb-Marschallen / oder weme sonsten Ihre Majest. oder Dero Commissarius solche Bericht von der Stadt Verordneten jederzeit erfordern lassen wolle: Er versehe sich aber / es werde jede Stadt / da die Reichs-Versammlung ist / ihme im zutragenden Tumult / Aufflauff und Feuersnöthen / dem Herkommen nach / auch so viel die Nothdurfft erfordere / von dero Bürgern oder andern Personen zuordnen; So sind der Erbb. Frey- und Reichs-Städt Bevollmächtigte und Deputirte mit solcher seiner Reichs-Erb-Marschallen Erklärung zu frieden gewesen / haben sich auch gedachter Städt wegen erbotten / daß auff Allergnädigstes Begehren der Käyserlichen Majestät oder dero Commissarii, demjenigen / so deßwegen von der Käyserlichen Majestät / oder dero Commissario, Befelch haben wird / Sie jederzeit derowegen nothwendigen Bericht geben / zu Erholung nächst obgedachter und von dem Herrn Reichs-Erb-Marschallen angedeuteten Bescheids aber eben nicht verbunden seyn / auch in begebendem Tumult / Aufflauffen und Feuers-Nöthen dem Reichs-Erb-Marschallen jederzeit Leut / der Nothdurfft nach / zu seiner Wohnung zu ordnen und verfolgen zu lassen / jedoch hierdurch ihm keine Bottmassigkeit über die Ihrige eingeraumt haben wollen.

Der bißhero bey denen Reichs-Tägen strittig gewesener Begleitung der Ständ / wie auch der Malefitzischen Persohnen wegen / ist es zum Sechsten dahin verglichen / daß der Reichs-Erb-Marschall sich dessen hinführo nicht mehr anzunehmen oder zu unterziehen / diß jedoch ihme an seiner Obrigkeit und Rechten nichts præjudiciren solle.

Was vor das Siebende die Besichtigung der Rath-Stuben / auch Weg und Steg der Orten / da der Reichs-Tag zu halten / belangen thut / hat der Herr Reichs-Erb-Marschall sich erklärt / daß er diß Orths von eines Raths der Stadt Verordneten allein Berichts / und wie in einem oder andern / die Anstellung füglich zu machen / wohlmeynende Erinnerungen zu thun / aber nichts zu befehlen begehre / auff daß / wann dißfalls etwas abgehen solte / bey der Käyserlichen Majestät und denen Ständen / er entschuldiget seye / damit vielgedachte der Städt Deputirte zu frieden gewesen / mit dem Anerbiethen / daß von ihnen deßhalben jederzeit gute Vorsehung / damit man nicht zu klagen Ursach habe / geschehen solle / sie auch wohl leyden mögen / daß der Erb-Marschall die Besichtigung deren Ort jederzeit in Beyseyn eines Raths Verordneten fürnehme / und seine Erinnerungen (doch nicht Befehls-Weise) thue / welche sie jederzeit gerne anhören / und wann sie gut befunden / in Acht nehmen wolten.

Wegen der Personen / so von inficirten Orten sich einschleichen wollen / ist es dahin gerichtet / daß der Stadt Obrigkeit die Versehung thun solle / damit sie nicht eingelassen / auch die inficirte Ort an den Stadt-Thoren öffentlich angeschlagen werden.

Gleicher Gestalt sollen auch durch der Stadt Verordneten jederzeit Verzeichnussen deren / in der Stadt inficirt und sterbenden Personen gemacht und dem Marschallen zugeschickt werden / oder mag er sie durch seine Diener erfordern und abholen lassen.

Schließlichen haben die vielgedachte Partheyen / auch verwilliget / daß die / unter diesen Strittigkeiten vorgegangene und in Actis benahmste Anzüg / und Dero / wie auch allerseits angewandten Kosten halben / beschehene Forderungen / allerdings auffgehaben und gefallen / so wohl als jede eingangs in specie ermeldte Strittigkeiten und Puncten (jedoch mit Vorbehalt der daselbsten gesetzten Confirmation und Ratification) hierdurch abgethan / erledigt /

ANNO 1614. ledigt / auch gäntzlich entschieden seyn und bleiben sollen.

Zu dessen wahren Urkund sind dieses Vergleichs vier gleichlautende Recess und Abschied unter dero subdeligirten Commissarien und Räthen / auch der Partheyen und der Stadt Abgeordneten eigener Hand Subscriptionen und derselben auffgetruckten Pettschafften auffgedruckt / deren einer dann dieser Sachen bey der Fürstlichen Durchl. in Bayern Cantzley zu München verwahrlich auffgehaltenen Actis beygelegt / der andere dem Herrn Erb-Marschallen / der dritte der Stadt Augspurg / und der vierdte der Stadt Ulm zugestellt worden. So geschehen und geben zu Augspurg den $\frac{8}{18}$ Novembris (Octobris) Anno Sechzehenhundert und vierzehen.

Otto Forstenhäuser zu Pilhofen / Fürstl. Durchl. in Bayern rc. Rath.
Sebastian Faber D. Fürstl. Würtenbergischer Vice-Cantzler.
Joh. Ch. Stainhart / Fürstl. Würtenbergischer Rath.
Maximilian des Reichs Marschall / Landgraf zu Stulingen.
Philip der Aeltest / Reichs-Erb-Marschall / Herr zu Pappenheim.
Georg Philip Reichs-Erb-Marschall / Herr zu Pappenheim.
Heinrich Westendorffer von wegen der Stadt Regenspurg.
Wegen der Stadt Nürnberg Georg Adalbert Buckhart D.
Von wegen Ulm Hieronymus Schleicher Doctor.
Hanns Lauginger.
Bernhard Reichlinger rc.

Und Uns darauff vielgenant beyde Partheyen neben obbesagter Unserer Käyserl. Commissarien Ldd. Ldd. gebührlich angesucht und gebetten / daß wir jetzt erzehlten Vergleich Unsers tragenden Käys. Ampts / und desselben Macht Vollkommenheit halben zu confirmiren und zu bestättigen in Gnaden geruchen wolten.

Des haben wir angesehen solche ihre demüthige ziemliche Bitte / und darum mit wohlbedachtem Muth / gutem Rath und rechtem Wissen / obbegriffenen Vergleich in allen und jeden seinen Worten / Puncten / Clausuln / Articuln / Inhalt / Meynungen und Begreiffungen / als Röm. Käyser gnädiglichen confirmirt und bestättet / confirmiren und bestätten denselben auch hiemit von Röm. Kayserlicher Macht Vollkommenheit / wissentlich in Krafft dieses Brieffs: Und meinen / setzen und wollen / daß der obinverleibte Vergleich in allen und jeden seinen Worten / Puncten / Clausulen Articuln / Inhalt / Meynung und Begreiffungen / kräfftig und mächtig seyn / von allen Interessirten Theilen / so weit derselbe einen jeden berühren thut / stät / vest und unverbrüchlich gehalten / und von niemand darwider gethan oder gehandelt werden / sondern sie sich dessen gebrauchen und geniessen sollen und mögen von allermänniglich unverhindert / doch Uns und dem H. Reich an Unserm und sonst manniglich an seinen Rechten und Gerechtigkeiten unvergriffen und unschädlich.

Und gebieten darauff allen und jeden Churfürsten / Fürsten / Geistlichen und Weltlichen / Prælaten / Grafen / Freyen / Herren / Rittern / Knechten / Landvögten / Hauptleuten / Vitzdomben / Vögten / Pflegern / Verwesern / Amptleuten / Landrichtern / Schultheissen / Burgermeistern / Richtern / Räthen / Burgern / Gemeinden und sonst allen andern / Unsern und des Reichs Unterthanen und Getreuen / in was Würden / Stand oder Wesen die seyn / ernstlich und vestiglich mit diesem Brieff / und wollen / daß sie die obgemelte Partheyen allerseits / an obbegriffenen zwischen ihnen aufgerichten Vergleich / und dieser Unser darüber gegebenen Confirmation und Bestättigung nicht hindern noch irren / sondern sie dessen geruhiglich gebrauchen / geniessen und gäntzlich dabey bleiben lassen; Insonderheit auch vorgedachten Partheyen / daß sie solchem Vergleich allerseits in allen Worten / Puncten / Clausuln / Articuln / Inhalt / Meynungen und Begreiffungen / wie obsteht / gestracks nachkommen und geleben / darwider nichts thun / handeln / oder fürnehmen / noch jemand andern zu thun gestatten in keine Weiß / als lieb einem und ihr jedem seye / Unser und des Reichs schwehre Ungnad und Straff / und darzu eine Pön / nehmlich 30. Marck löttigs Golds zu vermeiden / die ein jeder / so offt er freventlich hiewider thäte / Uns halb in Unser und des Reichs Cammer / und den andern halben Theil obgemeldt verglichenen Partheyen / oder dem haltenden Theil unnachlässig zu bezahlen verfallen seyn solle.

Mit Urkund dieses Brieffs / besiegelt mit Unserm Käyserl. anhangenden Insigel. Geben auff Unserm Königl. Schloß zu Prag / den Achtzehenden Monats-Tag Februarii, nach Christi Unsers lieben HErrn und Seligmachers Geburt Sechszehenhundert und im Siebenzehenden / Unserer Reiche des Römischen im Vierdten / des Hungerischen im Achten / und des Böhmischen im fünfften Jahren.

Matthias

Vice Rev. Domini Joh. Swicardi Archicancellarii & Elect. Mog.
Vt.

L. S. Ulmen.

Ad mandatum Sac. Cæs. Majestatis proprium.

L. R. Lucher.

CXLII.

12. Nov. BRANDEBOURG, NEUBOURG, CLEVES &c.

Traité entre GEORGE GUILLAUME *Marquis de Brandebourg*, & WOLFGANG GUILLAUME *Comte Palatin Duc de Neubourg, pour le Gouvernement provisionel & l'Administration des Duchez de* Julliers, Cleves & Berg, *les Comtez de* la Marck & *de* Ravensberg, & *la Seigneurie de* Ravenstein, *par l'entremise des Rois de France & d'Angleterre. Fait à Santen le douziéme Novembre* 1614. [FREDERIC LEONARD, Tom. III. pag. 9. d'où l'on a tiré cette Pièce, qui se trouve aussi en Allemand dans (1) CHRISTOPH. GASTELIUS de Statu publ. Europæ noviss. Cap. IX. pag. 119 dans LUNIGS Teutsches Reichs-Archiv. Part. Special. Abtheil IV. Absatz III. pag. 82. & dans JACOBI FRANCI Relationis Historicæ Continuat. Autumnal. pag. 52.]

ARTICLES accordez entre les Ambassadeurs des Rois, Princes & Potentats soussignez, sur les differens survenus entre les tres-illustres, hauts & puissans Princes, George Guillaume, Marquis de Bran-

(1) Il est bon de remarquer que dans ces trois derniers Auteurs la Date du Traité est du 28, & qu'ils le donnent tous trois en Allemand. Mais, comme il fut fait par la mediation des Ministres de France & d'Angleterre, il y a de l'aparence qu'on se servit plutôt de la Langue Françoise. [DUM.]

Brandebourg, Duc de Prusse, &c. d'une part : & Wolfgang Guillaume, Comte Palatin, Duc de Neubourg, &c. d'autre ; touchant le Gouvernement & Administration provisionnel des Païs de Julliers, Cleves, & autres dépendans de la Succession du feu Duc de Cleves.

Lesquels Articles ont esté redigez par écrit aprés plusieurs & diverses Conferences faites, tant entre lesdits Ambassadeurs soussignez, qu'avec ceux qui ont esté commis par lesdits Princes à cet effet : & aprés le consentement d'iceux Princes de Brandebourg & de Neubourg, sur la plusspart & les principaux desdits Articles. Et afin de retrancher plusieurs legeres difficultez qui pourroient causer une grande longueur au Traité encommencé pour parvenir audit accommodement, & par ce moien prolonger l'oppression des Peuples desdits Païs, éloigner le rétablissement desdits Princes en la commune Administration d'iceux, & par continuation du sejour des Armées & Garnison, engendrer plusieurs défiances & inconveniens, au grand préjudice de la tranquilité publique, a esté avisé que lesdits Articles seroient presentez par lesdits Ambassadeurs ausdits Princes, & priez de s'y conformer, & les accepter pour le bien & repos d'eux mesmes, desdits Païs, & de toute la Chrestienté ; promettans lesdits Ambassadeurs, au nom de leurs Rois, Princes & Superieurs, de maintenir lesdits Princes de Brandebourg & de Neubourg, en ladite Administration provisionnelle suivant lesdits Articles.

I. Les Garnisons qui ont esté mises en toutes les Villes, Châteaux, & autres Lieux des Duchez de Julliers, Cleves & Berg, Comtez de la Marck & Ravensberg, & Seigneurie de Ravenstein, lesquelles ont esté occupées par qui, sous quelque nom & pretexte que ce soit, mesmement celles qui ont esté mises en la Ville & Chasteau de Julliers, & en celle de Wesel, seront incontinent ôtées, & pourront estre emmenées les munitions qui s'y trouveront par ceux qui les y ont mises ; & toutes les Troupes de l'une & de l'autre Armée, se retireront en leur Païs sans pretention quelconque pour ce regard, & sans endommager les Habitans des Villes, ni les Sujets desdits Duchez & Comtez.

II. S'obligeront lesdits Princes de ne mettre aucune Place desdits Païs, entre les mains d'un tiers, quel qu'il soit, mais s'assisteront l'un l'autre contre tous qui par voie de fait ou autrement pretendront sur lesdits Païs, sauf ausdits pretendans de se pourvoir par voyes amiables ou de Justice, & ne seront aucunes Garnisons mises ni establies en aucunes Villes ni Chasteaux desdits Païs, par qui que ce soit, sinon du consentement commun desdits Princes, lesquels aussi ne pourront avoir au plus pour la garde & seureté de leurs personnes, que cinquante hommes de cheval, & cent hommes de pied chacun.

III. Les fortifications faites de part & d'autre esdits Lieux occupez depuis le mois de Mai dernier, seront ruinées & démolies, sans que cy-aprés il soit permis à qui que ce soit de les reparer, ni de fortifier aucune Place esdits Païs, jusques aprés la decision entiere de la cause principale.

IV. Les Ecclesiastiques, Officiers, Gentilshommes, ou autres de quelque Religion, condition & qualité qu'ils soient, lesquels auroient esté depossedez de leurs Benefices, Offices, Maisons & Biens, ou auroient esté chassez ou se seroient retirez à l'occasion de la mes-intelligence survenuë entre lesdits Princes, seront restituez & rétablis en leurs Benefices, Offices, Charges, Maisons & Biens sans aucune exception, & ceux qui se trouveront avoir esté ci-devant legitimement pourveus desdits Benefices & Offices, selon les Reversales, Accords & Conventions d'entre lesdits Princes, y seront receus, sans toutesfois qu'il soit permis à aucuns desdits Officiers communs de s'engager particulierement au service de l'un plus que de l'autre desdits Princes.

V. Toutes choses innovées tant en l'Etat Ecclesiastique que Politique, seront par Commissaires Deputez par l'un & l'autre Prince conjointement redressées & reintegrées, comme aussi reglées à l'avenir, le tout en conformité des Traitez de Dortmund & de Halle, des Lettres Reversales & Declarations qui se trouveront faites sur icelles du commun consentement desdits Princes & Etats du Païs, en tant que lesdites Declarations ne seront contraires à la promesse faite au deffunt Roi Tres-Chrestien Henri le Grand, d'immortelle & tres glorieuse memoire, par les Princes de Brandebourg & de Neubourg, laquelle sera en tout & par tout gardée & suivie, selon qu'elle est rapportée au Traité fait pour la reduction de Julliers. Et seront les Commissaires à ce deputez par lesdits Princes, choisis Personnages de qualité, de moiens resseans dans le Païs, & interessez au repos & à la concorde publique, lesquels seront nommez dans un mois du jour de la datte du present Traité. Et où l'un desdits Princes seroit en demeure d'en nommer dedans ledit temps, l'execution du present Article se fera par les Commissaires qui auront esté nommez par l'autre desdits Princes : & s'il avenoit que lesdits Commissaires fussent en quelque doute entre eux sur l'execution desdits Traitez, Reversales, Declarations & Promesses susdites, les Etats de la Province de laquelle dépendra le differend, nommeront deux personnages de l'une & de l'autre Religion, pour conjointement avec lesdits Commissaires aviser & resoudre ce qu'ils jugeront plus conforme ausdits Traitez, Reversales, Declarations & Promesses.

VI. Lesdits Princes resideront separément esdits Païs, & pour cet effet seront iceux Païs provisionnellement separez en deux parts, sans prejudice de l'union d'iceux, & des Traittez de Dortmund & de Halle.

VII. En l'une desquelles parts sera le Duché de Cleves, le Comté de la Marck, Ravenstein, avec le Comté de Ravensberg, & toutes les appartenances & dépendances de la Chancellerie & Chambre des Comptes dudit Cleves ; comme aussi les Fiefs, Terres & Seigneuries situées au Duché de Brabant & au Comté de Flandres : & sera ledit Comté de Ravensberg distrait de la Chancellerie & Chambre des Comptes de Dusseldorp pour estre joint à celle de Cleves.

VIII. Et en l'autre part seront les Duchez de Julliers & de Berg, avec leurs appartenances & dépendances, à la charge que la Ville & Citadelle de Julliers avec toute leur enceinte, seront mises hors de defense, & ladite enceinte reduite à une simple clôture ; comme aussi en même tems la nouvelle fortification de la Ville, Citadelle & Chasteau de Dusseldorp, sera pareillement ruinée & démolie ; & pour l'execution du present Article sera nommé un Capitaine ou Ingenieur par chacun desdits Princes, pour estre procedé ausdites démolitions avec toute diligence & sans intermission, & ce aux depens du Païs.

IX. Et attendant que les fortifications de Julliers & Dusseldorp soient entierement démolies, seront lesdites deux Villes, avec leurs Chasteaux & Citadelles, remises & consignées en la puissance des Etats de Julliers, Cleves, &c. pour estre commis par lesdits Etats à la garde desdites Places, Personnages de qualité, fidelles & affectionnez audit Païs.

X. Et pour cet effet seront nommez par les Etats de la Duché de Julliers quatre Personnages, deux de l'une & deux de l'autre Religion, les deux d'iceux pour estre Capitaines & les autres Lieutenans : & de chacune des Duchez de Cleves & Berg, & de la Comté de la Marck, deux de l'une & de l'autre Religion, pour aussi estre l'un Capitaine & l'autre Lieutenant, & auront chacun desdits Capitaines charge de cent hommes, lesquels seront levez audit Païs sans qu'aucun Etranger y puisse estre admis. Desquels cinq Capitaines trois seront mis à la garde de la Ville & Citadelle de Julliers ; & deux pour la Ville, Citadelle & Chasteau de Dusseldorp, pour raison de quoi sera par eux tiré au sort.

XI. Jureront & promettront lesdits Capitaines, Lieutenans & Soldats, de bien & fidellement garder lesdittes Places pour ledit Païs jusques à l'entiere démolition d'icelles, & de n'y recevoir aucun de quelque part que ce soit qui puisse entreprendre sur icelles, & qu'ils ne defereront à aucun commandement de qui que ce soit, lequel leur seroit fait au préjudice de la garde de la Place qui leur sera commise, ou de la démolition d'icelle.

XII. Lesquelles parts ainsi faites lesdits Princes tireront au sort, & chacun d'eux gouvernera celle qui lui écherra au nom de tous deux ; comme aussi tous les Actes publics tant en l'une qu'en l'autre desdites residences, s'expedieront au nom desdits deux Princes, sous les signatures des Presidens de chacune Chancellerie, & sous un Scel commun desdits Princes, dont ils conviendront.

XIII. En l'une & en l'autre residence chacun Prince mettra deux Presidens, pour servir tant à la Chancellerie qu'à la Chambre des Comptes, avec quatre Conseillers, & tel nombre de Secretaires qui sera trouvé necessaire par lesdits Princes : & presideront les Presidens alternativement par Semaines ; & pour celui qui commencera, comme aussi pour la signature,

ANNO 1614. sera gardée la preference à celui qui l'a euë ci-devant ; & se resoudront les affaires de Justice & de Finance à la pluralité des voix, sans qu'il soit permis de s'adresser à aucuns desdits Princes soit pour interrompre le cours ou l'execution de la Justice, ou les affaires qui s'y traiteront. Où toutesfois il arriveroit quelque contention avec les voisins, ce qui sera ordonné pour ce regard esdites Chancelleries, ne sera mis en exécution sans en avoir prealablement conferé avec l'un & l'autre Prince. Que si les Presidens & Conseillers d'une Chancellerie se trouvent partis en opinions, l'affaire sera derechef reveuë, & mise en deliberation par deux fois & deux jours differens, & où ils seroient derechef partis, le Prince de la residence avec les Presidens les départira.

XIV. Demeureront ausdits Princes les graces & distributions des Offices & Benefices en tous lesdits Païs, & en disposeront alternativement par mois, selon leurs Conventions precedentes & les Reversaux ; & ce aprés information deuëment faite de la qualité, vie & mœurs des poursuivans, par les Conseillers des Chancelleries qui seront à ce commis, & aprés examen de ceux qui poursuivront lesdits Benefices, lequel sera fait selon l'ancien ordre, & sera le Benefice qui vacquera deservi par le plus proche Ecclesiastique de semblable Religion & dignité, jusques à ce qu'il y ait esté pourveu par ledit Prince, & pour cet effet icelui jouïra du revenu affecté audit Benefice, à proportion du tems qu'il servira.

XV. Et s'il arrive que l'un ou l'autre desdits Princes soit en demeure par l'espace de trois mois de nommer personnes capables aux Cures & Benefices vacquans à son tour, il sera loisible en tel cas à l'autre Prince de le conferer à personne de qualité convenable.

XVI. Les revenus desdits Païs seront partagez également entre lesdits Princes, aprés l'acquitement des gages, pensions & charges ordinaires : & recevront ce qui devra revenir à chacun d'eux des revenus desdits Païs, par les mains des Receveurs à ce commis, & par Ordonnance des Chambres des Comptes, sans que l'un desdits Princes puisse ordonner d'aucune partie desdits revenus separément d'avec l'autre, ni en faire aucun divertissement.

XVII. L'on ne pourra lever ni même demander aucunes contributions ni impositions au profit desdits Princes, sans leur commun consentement & aveu. Et ce que les Etats desdits Païs contribueront de leur mouvement ou à l'instance desdits Princes, sera parti entre eux par égales portions.

XVIII. Les Comptes des Receveurs generaux & particuliers, tant depuis ladite Communion que auparavant, seront rendus, & aprés information prise du revenu desdits Païs par les Presidens ou autres qui seront à ce commis par la Chambre des Comptes, en sera dressé Etat certain. Et seront les Baux à Ferme, engagemens & dettes desdits Païs examinées, & corrigées si besoin est.

XIX. Les Archives & autres lieux où se trouveront les Titres & Registres concernans les droits de l'une & de l'autre Chancellerie, & Chambre des Comptes, seront exactement & diligemment reveuës dedans un an à compter du jour du present Traité, par Commissaires à ce deputez par l'un & l'autre Prince, & Inventaire sera dressé par eux des Titres qui s'y trouveront.

XX. Sera aussi fait separément Inventaire des Titres du Comté de Ravensberg, qui sera laissé à la Chancellerie de Dusseldorp, lorsque l'on en tirera les Originaux pour les porter à la Chancellerie de Cleves : & promettra celui à qui écherra le Département dudit Cleves, de restituer lesdits Titres à celui à qui en fin de cause Ravensberg sera adjugé.

XXI. L'effet de toutes les alienations, donations & engagemens qui pourroient avoir esté faits par lesdits Princes avant le mois d'Octobre dernier, sera suspendu jusques à la decision de la cause principale ; sauf à icelui desdits Princes qui se trouvera avoir aliené, donné ou engagé quelque chose hors la residence qui lui sera écheuë, de recompenser en l'étenduë de sa residence comme il avisera ; ceux ausquels lesdites Alienations, Donations ou Engagemens auroient esté faits, & mêmement le Sieur Ketler pour la Terre & Baronnie de Montjoie ; & ce provisionnellement & à la charge que pour l'avenir la somme à laquelle se pourra monter le revenu des choses alienées, données ou engagées, sera reduite sur sa moitié au revenu du total desdits Etats. Et pour le regard des alienations & engagemens qui auroient esté faits depuis le commencement dudit mois d'Octobre dernier, les choses ainsi alienées & engagées seront restituées de part & d'autre. ANNO 1614.

XXII. Lesdits Princes vivront & se conduiront esdits Païs, *jure familiaritatis*, conformement aux Traitez de Dortmund & de Halle, aux Lettres Reversales & aux Privileges desdits Païs, jusques à la decision de la cause principale.

XXIII. Par ce present Traité n'est entendu que soient revoquées aucunes Reversations, Offres, Reversales, ou autres Declarations, que lesdits Princes pourroient avoir ci-devant données ou faites en faveur de quelconque des pretendans à la Succession desdits Païs, ains qu'elles demeurent en pareille sorte & valeur qu'elles estoient auparavant ledit Traité.

XXIV. Promettront lesdits Princes en parole de Prince, & jureront les Officiers desdites deux Chancelleries & Chambres des Comptes, esquelles le present Traité sera lû, publié & registré, de le garder, observer & entretenir inviolablement selon sa forme & teneur, & même lesdits Princes d'en fournir Ratifications bonnes & valables dans six semaines pour toutes prefixions & délais ; & où l'un desdits Princes n'y satisferoit dedans ledit tems, icelui passé il sera décheu de tirer au sort : & à celui qui auroit rapporté la sienne, & icelle notifiée à l'une & à l'autre des Chancelleries desdits Païs, sera deferé le choix des residences cidessus mentionnées.

XXV. Sans attendre lesquelles Ratifications le present Traité ne laissera d'estre executé pour le regard de la retraite des Armées & des Garnisons, & demolitions des Fortifications ci-dessus mentionnées, & rétablissement des innovations ; à la charge qu'en même tems que les Armées & Garnisons se retireront, la Ville & Citadelle de Julliers, & la Ville, Citadelle & Chasteau de Dusseldorp, seront remises en la puissance de ceux qui auront esté commis par les Etats du Païs pour la garde desdites Places ; & ce pour le bien de la tranquilité publique, seureté de l'Administration commune desdits Princes, repos & soulagement des Sujets desdits Païs. Fait & conclu à Santen le 12. Novembre 1614.

REFFUGE, Conseiller du Roi Tres-Chrestien en ses Conseils d'Etat & Privé, & Ambassadeur de Sad. Majesté pour la pacification des differens de Julliers, Cleves, &c.

DU MAURIER, Conseiller de Sa M. T.C. & son Ambassadeur ordinaire vers Messieurs les Etats Generaux des Païs-Bas Unis, Deputé à mesme effet.

HENRI WOTON, Chevalier, Ambassadeur Extraordinaire de S. M. de la Grande Bretagne, pour la pacification des differens de Juliers, Cleves, &c.

Pour & au nom des Electeurs, Princes & Etats Unis du S. Empire.

JEAN ALBERT, Comte de Solms, & Grand Maitre du Palatinat Electoral.

B. BUWIN CHAUSSEN-DE WALMEROD, Conseillier aux Conseils de Monseigneur le Duc de Wirtemberg.

JEAN DICKENSON, Agent de S.M. de la Grande Bretagne, prés des Princes possedans.

Pour & au nom des Etats Generaux des Provinces-Unies des Païs-Bas.

DIRCH BAS.

ALB. JOACHIMI.

MARCH. DE LYCLAMA EN NIEBSOLT.

JEAN GOCH.

W. BORTE VAN ALMERONG. S. VAN HAERSOLTE.

Tous Ambassadeurs & Deputez des Rois, Princes & Potentats, lesquels ont ci-devant assisté lesdits Princes de Brandebourg & de Neubourg, en leur establissement provisionnel ès Païs de la Succession du feu Duc de Cleves.

CXLIII.

Hertzog Wolffgang Wilhelms von Pfaltz-Neuburg Ratification des obenstehenden Tractats/ geben den 18. Novemb. 1614. [CHRIST. GASTELIUS de Statu Publico Europæ Noviss. Cap. IX. pag. 422. LUNIG, Teutsches Reichs-Archiv. Part. Spec. Abtheil. IV. Absatz. III. pag. 12.] 18. Nov.

C'est-à-dire,

Ratification de WOLFFGANG GUILLAUME *Duc Palatin de Neubourg du* 18. *Novembre* 1614.

WIr Wolffgang Wilhelm von Gottes Gnaden/ Pfaltzgraff bey Rhein/ Hertzog in Bayern/ Gülich/ Cleve und Berg/ Graf zu Veldentz/ Sponheim/ Marck/ Ravensberg/ und Mörs/ Herr zu Raven-

ANNO 1614. Ravenstein / bekennen und thun kund allen denen / welche gegenwärtigen Brieff sehen werden so wohl von Uns / und in Unsern Namen / als auch der Durchleuchtigen Fürstin und Frauen / Frauen Annen / Pfaltzgrafin bey Rhein / Unserer hochgeerthen Frau Mutter / Krafft Vollmacht und gewalt / so wir von derselben haben vorzulegen / und dann für Unsere Erben und Nachkommen / und die so hierzu berechtiget / daß / zu hinlegung und Vergleichung der Irrungen wegen deß Kriegs / so sich innerhalb etlichen Monathen in diesen Landen der Saccession halben / weyland deß Hochgebohrnen Fürsten und Herrns / Hertzogs zu Gülich / Cleve rc. Unsers hochgeliebten Herrn Vatters hoch und wohlseeliger Gedachtnus / zwischen Uns und Unserm Vetter / Marggraff George Wilhelm von Brandenburg / Hertzogen in Preussen rc. verhalten / und dann wiederumb in rechten Stande zu bringen die Neuerungen / so sich begeben in diesen Landen / nach Absterben hochermeldtes Hertzogs zu Gülich / und eine gute und richtige Ordnung anzustellen / wie dahin zu gelangen / daß die Hauptsache / so die Succession betrifft / entweder durch eine freundliche Vergleichung oder den weg Rechtens hingelegt werden möchte / nach vielen gehaltenen Tägen / oder Versammlungen und Unterredungen / so derowegen in der Stadt Xanten / in Lande zu Cleve gehalten worden : Wir Uns endlich auf intervention und dreinlegung der hochansehnlichen vornehmen Gesandten beyder Könige in Franckreich und Groß-Brittannien oder Engelland und anderer Fürsten / welche sich der Mühwaltung / ein solch Werck zu verrichten / untersangen / und allen guten fleiß anzuwenden / so sie hierzu dienstlich erachtet / unternommen / eine Vergleichung interims-weise / oder provisionaliter, mit gedachten Herrn Marggrafen zu Brandeburg beschlossen / und zu Werck gerichtet haben / auf form und maß / wie in den Articuln / so hernach von einem zum andern folgen / begriffen steht.

Fiat Insertio,

Welchen Vertrag und Interims-weise gestellte Vergleichung wir aus vollkommenen Wissen und gehörten Nahmen gelobt / angenommen / genehmgehalten und ratificiret haben / nehmen denselben auch an / ratificirn und halten Ihn vest in allen seinen Puncten und Articuln / so daroben vermeldet und erzehlet worden. Versprechen auch darauf in Krafft Fürstlicher Worte / vor Uns / Unsere Erben / Nachkommen / und wer hierzu berechtiget / alles zu halten / zu observiren und hand zu haben unverbruchlich / und nimmermehr nichts darwieder zu thun / directe vel indirecte, doch mit vorbehalt Unsers Rechtens / in petitorio, und biß zu endlicher Decision der Hauptsach / und ohne præjudiz der Käyserlichen Majestat Authorität. Zu Urkund der Wahrheit haben Wir gegenwärtigen Brieff mit eigenen Händen unterschrieben / und Unser Secret Insiegel daran verfügen lassen. So geschehen den 18. Novemb. Anno 1614.

CXLIV.

17. Nov. (1) Trattato di Vercelli, overo Articoli sbozzati dal' Signor *Giulio Savelli* Nuntio di Sua Santità e dal' Signor Marchese di *Rambugliet* Ambasciadore di Francia, come Mediatori, per procurare un final Accommodamento tra il Duca di Savoia CARLO EMANUEL, & il Duca di Mantoua FERDINANDO. Fatto in Vercelli li 17. Novemb. 1614 [VITTORIO SIRI, *Memorie recondite* Vol. III. pag. 288. d'où l'on a tiré cette Pièce, qui se trouve aussi en François dans le Recueil de LEONARD, Tom. IV. dans le MERCURE FRANÇOIS Tom. III. page 519. année 1614. & dans LUNIG, Teutsches Reichs-Archiv. Part. Spec. Abtheil. IV. Absatz XII. pag. 95.] ANNO 1614.

AD ogn' uno sia manifesto che havendo il Serenissimo Signor Duca di Savoia per scrittura à parte sotto il giorno d'hoggi diciasette Novembre cominciante Havendo, *e finente* determinato; *in fede di che S. A. hà firmata la presente di sua mano in Vercelli le diciasette di Novembre rimesso all' arbitrio di noi sottoscritti la forma del disarmare trà l'A. S. e il Governatore di Milano; & il deposito che S. A. pretende delle Terre che'l Signor Duca di Mantona hà nel Canavese per sicurezza delle doti in essa scrittura enunciate; noi unitamente, e l'uno per l'altro spontaneamente promettiamo à S. A. presente, & accettante che non ci serviremo di tale remissione se non con determinare precisamente, e puntualmente così intorno a' detti punti come nell' altre cose nel modo che seguita. Cioè S. A. licentierà il suo essercito ritenendo pero quel numero di soldati che sarà bisogno per la difesa, e sicurezza delle sue Piazze, il qual numero sarà quell' istesso fù stabilito da Monsieur della Varenna sotto li 9. di Maggio 1611. e quello di più sarà giudicato da noi essere bisogno havuto risguardo al nuovo Forte. Con questo, & non altrimenti ch'el Governatore di Milano in nome di S. M. Cattolica dia parola à N. S. come Padre comune, e al Re di Francia di non offendere S. A. nè li suoi Stati diretta nè indirettamente per qualsivoglia colore ò pretesto; e di haver disarmato fra quindici ò venti giorni dopo disarmato S. A. E in caso di mancamento di quanto sopra la S.ta S. & il Re Cristianissimo habbiano a pigliare la difesa di S. A. E che S. A. & il Governatore di Milano come sopra habbino da rimettere gli Stati, luoghi, e prigioni che si trovassero presi & occupati tanto dall' una Parte, quanto dall' altra nel tempo che sarà accordata, & publicata la presente scrittura. E per conto delle differenze che passano trà S. A. & il Signor Duca di Mantona per levare tutte l'occasioni che per l'auvenire si potrebbono presentare di ripigliare l'armi per questo stesso effetto detti Signori Duchi eleggeranno ciascheduno di loro Arbitri a' quali rimetteranno, come rimettono, tutte le pretensioni & differenze che passano trà essi per le cose del Monferrato, & altre per essere decise, & terminate de jure, & all' amicabile frà sei mesi à venire dopo l'elettione loro.*

Con questo però che di presente per le doti della Serenissima Infanta, e sue gioie, & per le doti di Madama Bianca, & suoi accessorii il Signor Duca di Mantona lasci nelle mani di noi infrascritti, e del Governatore di Milano, caso ch' esso Governatore se ne compiaccia, quella parte che detto Signor Duca di Mantona hà nel Canavese. Con dichiarationi che finito esso giudicio esse Altezze sieno obligate di stare, & effettuare tutto quello che dalli medesimi arbitri verrà ordinato, perche quanto alla dote, & gioie dell' Infanta come cose certe non si rimettono se bene restano sicure sopra il deposito.

E finalmente determinammo che fra le sudette Altezze non si habbi à parlare nè pretender mai per l'auvenire nè al presente li danni seguiti, e patiti rispettivamente da loro, & loro Sudditi nella passata Guerra del Monferrato; & che l'una, e l'altra Altezza habbia da ricevere in gratia sua quei Vassalli, & Sudditi dell' una che havevano servito all' altra; & che si restituiscano loro i beni occupati dando licenza à chi gli vorrà vendere di poterlo fare; nel qual caso le loro Altezze li compreranno à onesto prezzo. E quanto alle persone sudette, e beni come sopra occupati s'intenda ancorche fosse seguita condanna corporale ò confiscatione de' beni per altri delitti non dipendenti dalle cose di guerra acciò sotto queste pretesti non restassero li dannificati delusi. Intendendosi però che la detta condanna ò pena pecuniaria ò confiscatione sia seguita dopo mossa la detta Guerra di Monferrato. Con dichiaratione espressa che ogn' altra nostra determinatione in altro modo fatta sia ipso jure, *&* *fatto* nulla, *& di niun valore come fatta da chi non hà autorità alcuna. E questo anco senza che S. A. sia tenuta à fare altra eccettione in contrario; & per fede di tutte le sudette cose habbiamo sottoscritta la presente di nostra mano, & il di, & anno sudetto.*

Io Giulio Savelli Nuntio straordinario di N. S. prometto

(1) On donne ce Traité en Italien, parce qu'on croit qu'il fut fait en cette Langue. [DUM.]

ANNO 1614. metto assolutamente quanto di sopra per quel che concerne il mio arbitrare, con dichiaratione però che per qualsivoglia parte che la S.ta S. resti obligata nella presente scrittura per la difesa di S. A. si habbia da stendere la forma dell' obligatione puntualmente conforme all' ordine che mi verrà con la risposta delle Lettere che scrive S. A. ed io all' Illustrissimo Signor Cardinale Borghese.

GIULIO SAVELLI NUNTIO.

Io Carlo d'Angennes Marchese di Rambugliet Consigliere di Stato del Re, e Mastro della Guardaroba di S. M. e suo Ambasciadore straordinario in Italia prometto assolutamente, & senza l'eccettione fatta da Monsignor Nuntio Savelli il contenuto nel presente scritto.

CARLO D'ANGENNES.

CXLV.

1. Dec. Primo Trattato d'Asti, per il quale, il Serenissimo Duca di SAVOIA si contenta di disarmare e di far la pace col Serenissimo Duca di MANTOUA, & di rimettere tutte le differenze che possino essere trà di loro a gli Arbitri ch' esse Altezze elegeranno. Fatto in Asti il 1. di Decembre 1614. [VITTORIO SIRI, *Memorie recondite*, Vol. III, pag. 291. d'où l'on a tiré cette Pièce, qui se trouve aussi en François dans le MERCURE FRANÇOIS Tom. III pag. 522. dans le Recueil de LEONARD Tom. IV. & dans LUNIG, Teutsches-Reichs-Archiv. Part. Spec. Abtheil. IV. Absatz XII. pag. 96. Mais ce ne sont que des Traductions. Le Traité fut fait en Italien.]

Havendo Monsignor Nuntio Savelli à nome di N. S. & il Signor Marchese di Rambugliet Ambasciadore della M. Cristianissima di ordine suo fatto molte volte istanza al Serenissimo Sr. Duca di Savoia perche si compiacesse di disarmare; far la pace col Signor Duca di Mantoua; & rimettere tutte le differenze che sono trà loro Altezze avanti al suo Giudice ò Arbitri; l' A. S. per sodisfare a' desiderii della M. Cattolica verso la quale sà molto bene l'ossequio, & la riverenza che se le conviene; & per compiacere alle richieste fattele da sì gran Principi, desiderate per beneficio della Cristianità, e publica quiete si è contentata di accordare li seguenti Capi.

Primo S. A. licentierà il suo esercito ritenendo però quel numero di Soldati che sarà di bisogno per la difesa, e sicurezza delle sue Piazze, il qual numero sarà quell' istesso stabilito con M. della Varenna per sua scrittura sotto li nove di Maggio 1611. & quel di più sarà giudicato da' sudetti Monsignor Savelli, & Signor Marchese di Rambugliet essere bisogno havuto riguardo al nuovo Forte fabricato à Borgo verso Vercelli.

Il Signor Marchese dell' Inoiosa Governatore di Milano in nome di S. M. Cattolica darà parola à N. S. come Padre commune, & al Re di Francia di non offendere S. A. nè li suoi Stati diretta nè indirettamente per qualsivoglia colore, pretesto, ragione, & per qualsivoglia persona: & d'haver disarmato frà quindici giorni ò venti in circa dopo che haverà disarmato S. A. & questo senza collusione. In caso di mancamento di quanto sopra S. Santità & il Re Cristianissimo piglieranno come pigliano la difesa di S. A con tutti quei modi che sarà di bisogno.

S. A. & il Signor Marchese dell' Inoiosa al nome come sopra rimetteranno a' possessori di prima tutti li luoghi, e prigioni che si sono, & saranno presi per cagione della presente guerra; & questo subito che S. A. haverà disarmato come sopra con tutte le artiglierie, & armi che si saranno ritrovate ne' sudetti luoghi al tempo dell' occupatione d'essi, & per l'auvenire cesseranno trà le medesime parti tutti gli atti d'hostilità.

Per conto delle differenze che passano trà S. A. & il Signor Duca di Mantoua per levare tutte le occasioni che per l'auvenire si potrebbono presentare di ripigliar l' armi si farà trà le sudette Altezze la pace; e rimetteranno tutte le differenze quali si sieno, & possano essere trà di loro per qualsivoglia causa à gli Arbitri ch' esse Altezze eleggeranno perche giudicialmente, & amichevolmente da loro possino essere terminate frà sei mesi dopo l'elettione.

Che'l Signor Duca di Mantoua sia tenuto di restituire prontamente à S. A. di Savoia tutte le gioie della Serenissima Infanta Margherita; & insieme pagare di presente alla detta Altezza la dote della medesima Serenissima Infanta; & indi frà quattro mesi da cominciar dopo accettata la presente scrittura pagarle l'augumento, & accessorii dovuti. Et in caso d'oppositione le sieno dovuti ò non; e quanto alla quantità d'essi si starà alla dichiaratione che ne faranno i sudetti Arbitri.

E per conto del principale della Dote della fù Madama Bianca il Signor Duca di Mantoua la pagherà frà'l termine di due anni i quali cominceranno dopo accettata la presente scrittura come sopra, e non facendo esso Signor Duca di Mantoua tal pagamento, in tal caso il Re di Francia sia obligato à pagarla del suo fra'l sudetto tempo di due anni senza che l' Altezza di Savoia sia tenuta fare attione alcuna verso esso Signor Duca di Mantoua; come così esso Signor Marchese in nome di S. M. Cristianissima per degne, e grandi considerationi che riguardano il ben publico, & il vantaggio di queste due Case, le quali la detta Maestà particolarmente ama, promette à S. A. la quale l' hà accettata restando gli accessorii de gli Arbitri come sopra eligendi per i quali accessorii però non resterà S. M. Cristianissima in alcun modo tenuta nè obligata.

Che le sudette Altezze habbino da ricevere in gratia loro quei Vassalli, & Sudditi dell' una che haveranno servito all' altra, & di far restituir loro i beni occupati dando licenza à chi gli volesse vendere di poterlo fare nel qual caso le Altezze sudette le compreranno à onesto prezzo. E quanto alle persone sudette, e beni come sopra occupati s'intenda ancorche fosse segnita condanna corporale ò pecuniaria, ò confiscatione de' beni per altri delitti non dependenti dalle cose di guerra acciò sotto questo pretesto non restassero i sudetti delusi. Intendendosi però che la detta condanna ò pena pecuniaria ò confiscatione sia seguita dopo la mossa della guerra del Monferrat.

E tutte le sudette cose s'intendino con dichiaratione espressa che non essendo accettate come stanno, & osservate conforme alla loro dispositione così della parte delle sudette Maestà come dall' Altezze loro, ciascheduna delle Parti resti disobligata dall' osservanza loro come che non fossero state fatte nè accordate; & che resti con questa annullata ogn' altra scrittura sopra ciò fatta. De' quali sudetti Capitoli ne saranno fatte tre scritture segnate da S. A. e dalli sudetti Monsignor Nuntio, & Signor Marchese di Rambugliet il quale sarà tenuto di farli ratificar tutti come stanno dalla Maestà del suo Re frà un mese dopo accettati dalle Parti. Fatto in Asti il primo di Decembre 1614.

C. EMANUEL.

IO GIULIO SAVELLI come nel Trattato di Vercelli.

CXLVI.

Vergleich zwischen denen Prælaten, Stadt und Ständen des Stiffts Halberstadt an einem und desselben Ritterschafft am andern Theil/ worinnen diese zusagen / daß sie / so offt / als von Ihro Kayserl. Majest. oder dem Reiche Reichs- und gemeine Anlagen angelegt werden / allzeit den 8. Pfennig darzu abstatten wollen. Geben Freytags post Andreæ 1614. [LUNIG, Teutsches Reichs-Archiv. Part. Special. Abtheilung III. Absatz IV. pag. 515.] 5. Dec.

C'est-à-dire,

Accord entre les Prélats, les Villes, & Etats de l'Evêché d'HALBERSTADT, d'une part, & la Noblesse du Païs d'autre part, portant que toutes les fois que l'Empereur ou l'Empire imposeront des Collectes générales, ils y contribueront le huitiéme denier. Le Vendredi après la St. André 1614.

Zu wissen / als eine Zeithero zwischen den Herrn Prælaten / Stätt-und Ständen an einem / und denen

ANNO 1614. denen von der Ritterschafft dieses Stiffts andern Theils sich wegen der Reichs-Türcken-und Creyß-Steuren Jrrungen und rechtliche Procels am Käyserl. Cammer-Gericht erhoben/ daß heute dato ein hochehrwürdiges Dom-Capitul der Bischöffl. Kirchen hierselbst auff beyder Theil geführt-und gehörtes An-und Fürbringen umb Erhaltung innerlicher Ruhe / Fried und Einigkeit willen / dieselbe dahin abgehandelt / vermittelt und beygelegt / und ermelte von der Ritterschafft gewilliget / angelobet und zugesaget/ daß sie und Jhre Nachkommen nun fortmehr jedesmahl/ wann von Röm. Kayserl. Majestät / unserm allergnädigsten Herrn / oder dem Reiche/ Reichs-und gemeine Anlagen/ Hülffe und Steuern / und was zu-und unter denselben in Executions-Ordnungen / Landfrieden und Deputations-Tagen könten begriffen und verstanden werden / indiciret und angelegt würden/ den achten Theil oder Pfennig ohne alle Wiederrede / jedesmahl darzahlen/ einbringen und abstatten / in andern Creyß-Steuren aber zu mehrem / als andere benachtbarte Ritterschafften allemahl thun / leisten und verrichten würden/ keineswege obstrict und verbunden seyn sollen und wollen. Wormit dann alle Theile schiedt-und friedlich gewesen / liti & Causæ , und aller daher-rührenden Anspruch und Forderung renunciiret / und diesem Vergleich und Abscheid / so mit hochgemeltem Dom-Capituls ad Causas gewöhnlichen Secret bedrucket / benebenst dem Herrn Dohm-Dechanten / Herrn Matthias von Oppen / an statt und wegen der Herren Prälaten und Stände / durch den Herrn Abten zu Hyseburg / Henricum Delwich / Herrn Christoph Wulffen / Canonicum Unser lieben Frawen Stiffts-Kirchen / Henningium Diederichs und Andream Müller zu Halberstadt und Aschersleben respectivè Burgermeister/ an der Ritterschafft Seiten aber durch Lippolten von Meindorff und Jordan von Bornstedt / eigenhandig unterschrieben. Geschehen und geben Freytags post Andreæ , war der ander Monats-Tag Decembris , des ein tausend / sechshundert und vierzehenden Jahres.

(L. S.)

Matthias von Oppen / Dechant.
Henricus , Abt zu Hyßeburgk.
Christoff Wulff / mpp.
Henningius Diederich.
Andreas Müller /
Lippoldt von Meindorff.
Jordan von Bornstädt.

CXLVII.

1615. *Renovatio Pacis Situatorocensis novis Articulis auctæ, & in viginti annos proximos prorogatæ, inter* MATTHIAM *Imperatorem Romanorum, &* ACHOMATEM *Turcarum Sultanum. Facta Viennæ* 1615. Cum RATIFICATIONE *ex parte Romanorum Imperatoris præfati. Data Pragæ* 1. *Decembris* 1615. [Pièce tirée de la Chancelerie Imperiale Aulique de Guerre.]

MATTHIAS Dei gratia Romanorum Imperator semper Augustus, & Hungariæ, Bohemiæ, Dalmatiæ, Croatiæ, Sclavoniæ aliorumque eo pertinentium Regnorum, Ditionum ac Provinciarum &c. Rex, Recognoscimus & memoriæ commendamus tenore præsentium, quibus expedit universis, pro Nobis, Hæredibus & Successoribus nostris. Quod cum super Pace, quæ inter Divum quondam Rudolphum secundum Romanorum Imperatorem, Dominum Fratrem nostrum colendissimum augustæ memoriæ, & Serenissimum ac Potentissimum Dominum Sultanum Achomatem Turcarum Imperatorem, ac Asiæ & Græciæ &c. vicinum & amicum nostrum honoratum ad Situatoroch per utriusque Partis Commissarios ad id deputatos in viginti annos immediate sequentes inita & conclusa mutuoque Juramento grata habita, & corroborata fuit, certæ difficultates & controversiæ exortæ essent, atque ad eas explicandas & componendas novi utrinque Commissarii in nostra Austriæ Civitate Vienna convenissent, ex parte scilicet nostra Reverendissimi spectabiles & Magnifici, Dominus Franciscus Forgach de Ghymes Sanctæ Romanæ Ecclesiæ Presbyter Cardinalis & Archiepiscopus Ecclesiæ Metropolitanæ Strigovien : locique ejusdem Comes perpetuus Primas Hungariæ Legatus natus summus & Secretarius Cancellarius & Consiliarius noster Melchior Silesiæ Episcopatuum Viennensis, & novæ Civitatis Episcopus, Consilii nostri Intimioris Director, Joannes a Molart Liber Baro in Reineg & Drosendorf &c. intimus Consiliarius & Concilii nostri Bellici Præses, Viennensis nostræ Guardiæ Supremus Capitaneus & Cubicularius, Adolphus Comes ab Althaim de Goltburg, Liber Baro in Muerstetten, Philippus Comes de Solms, Baro in Muntzenberg, & destinatus noster supremus Capitaneus Ladislaus Pethe de Hethes, Comes Comitatus Thornensis Consiliarius noster, & Cameræ nostræ Hungaricæ Præfectus, Paulus Apponii de Nagii Apponii &c. fideles nobis sincere dilecti, & ex parte dicti Imperatoris Turcarum Magnifici sincere nobis dilecti Ahmet Tihaja & Gasparus Gratiani Pax illa prior Situatorocensis renovata & confirmata, sed duodecim etiam novis Articulis aucta, & in viginti annos proximos continuo duratura extensa fuit, quemadmodum ad verbum sequitur. ANNO 1615.

I. ARTICULUS.

Ut Pax hæc sancta & salutaris a Die decima quarta Julii Anno scilicet Nativitatis Domini Nostri Jesu Christi millesimo sexcentesimo decimo quinto, Mahometano vero anno millesimo vigesimo quarto, Mense Chomarilakar usque ad annos viginti proxime sequuturos sancta & conclusa sit & intelligatur. Cum enim circa eas Inducias, quæ ad Situatorock firmatæ & transactæ fuerant, multæ utrinque difficultates & controversiæ obortæ essent, necesse omnino fuit eas de novo stabiliri, atque hanc quidem Pacem, ut supra dictum est, ab hoc tempore in annos viginti proxime sequentes conservari debere placuit.

II. ARTICULUS.

Ut Pax ad Situatorock una cum omnibus suis Punctis & Articulis in vigore suo permaneat, uti eam augustæ memoriæ Imperator Rudolphus Secundus manu & sigillo suo firmatam Serenissimo Turcarum Imperatori Suthano Ahmeto Haan transmiserat & ipse Turcarum Imperator eandem acceptaverat, confirmationemque suam Majestati suæ Cæsareæ Imperatori Rudolpho augustæ recordationis remiserat. Quorum quidem Diplomatum alterum datum erat 9. Decembri 1606. Confirmatio vero Serenissimi Turcarum Imperatoris, ut omnia rite observentur, Anno Mahometano millesimo vigesimo primo, circa initium Mensis Rebiuleuvell firmata, & ut supra dictum Majestati Cæsareæ transmissa fuit.

III. ARTICULUS.

Agriam, Canisam, Albam Regalem, Pesthium, Budam, Solnock, Hatwan aliaque Castra quod attinet, ii Pagi qui a tempore occupationis dictorum Castrorum eo spectasse, & iisdem semper tributarii fuisse comperientur, iterato quæ antehac illis præstiterunt, præstare tenebuntur. Qui vero Pagi contra Transactionem Situatorockien : utrinque hactenus a tributi præstatione impediti, vel vi ad eandem adacti fuerint, a Commissariis utrinque deputandis in rem præsentem ituris diligenter inspicientur, & confestim in Libertatem pristinam reducti legitimis Dominis suis restituentur.

Quod vero ad Pagos utrique Parti obstrictos attinet, inter quos nonnulli sunt ad Regnum Hungariæ pertinentes, utique Novogrado, alfisque Castris Tributarii esse consueverunt, eos Commissarii utrinque ordinandi accurate investigabunt, describent ac distinguent, ne deinceps a Turcarum limitaneis ullo damno, injuria,

ANNO 1615.

juria, vel molestiâ afficiantur. Similiter etiam dicti Commissarii eos Pagos, qui vel utrique Parti, vel Majestati suæ Cæsareæ, vel Strigonio, aliisque Castellis deditii sunt, diligenter annotabunt, ut singulorum haberi ratio possit, ne qua deinceps hoc nomine inter unam & alteram Partem difficultas oriatur.

Porro ad controversos 158. Pagos Strigonien: quod attinet, utrinque convenit, ut eorum sexaginta Strigonio propinquiores tributarii sint, & in cæteris Commissariorum qui deputandi sunt dispositioni acquiescatur.

Hi vero Strigonienses aliique omnes Pagi Tributarii in Hungaria, ubicunque siti, neutra ex parte ultra solitas & consuetas contributiones arctari debebunt, sed id saltem quod antiquitus pendi solebat Dominis illorum per Judices consignabitur: qua in re si quæ mora vel negligentia intercesserit, eorundem locorum Bassa vel Beghus Subditos ternis vicibus monebit, ut contributiones suas per Judices exolvant, quod ni fiat, supremus limitum Præfectus, quicunque tandem is sit, per Literas requirendus erit, ut Subditi Judices cum contributionibus omnino mittant.

Longiore vero mora intercedente, ejusdem Loci Bassis vel Beghis Subditos illos vi adducere, & ad debitas contributiones præstandas compellere licebit. Per totam vero Hungariam qui tributarii sunt Pagi, ita permanebunt, neque ultra solitas & antiquas contributiones adigi poterunt. Supradicti quoque Commissarii in Hungaria tam Superiore quam Inferiore, item in Croatia & Sclavonia Limites diligenter & accurate observabunt & adnotabunt, ne quod majores difficultates excitare posset, remaneat.

IV. Articulus.

Quia vero impossibile est, ut in violatores Pacis ita repente, antequam legitime auditi & convicti sint, animadvertatur, utrinque conclusum est, ut intra Menses quatuor Justitia contra tales administretur.

Ad ea vero, quæ Serenissimi Turcarum Imperatoris Militibus in Alba Regali destinata erant, erepta stipendia, & damna Boluntuariensia quod attinet, ut de iis jam nunc, absque mora, cognoscatur atque ea deinde resarciantur, placuit.

Conclusum est itidem, ut qui post Transactionem Situatorockien: utrinque capti sint, sine lythro vel pretio dimittantur, & in libertatem pristinam restituantur.

V. Articulus.

Postquam Achmet Tihaja indicem Palankarum, quæ post initas inducias exstructæ fuerunt, exhibuit, hoc Articulo transactum est, ut in omnes Palankas, quæ a tempore Tractatus Situatorokiensis utrinque contra Pacem initam exstructæ fuerunt, diligenter inquiratur, & Testibus sub juramento examinatis solidæ informationes super iis capiantur, atque tunc quænam contra Induciarum tenorem ædificatæ fuerint, intra menses quatuor proxime sequuturos decidatur. Ad cujus rei cognitionem certius investigandam ex limitaneis aliqui vel Beghi vel Capitanei aut alii Officiales, aut etiam aliquis Procerum utrinque designabitur, qui Palancas hujusmodi contra Pacem extructas demoliri debebunt.

VI. Articulus.

Et quandoquidem subinde accidere solet ut utrinque homines turbulenti Pacem & Amicitiam initam illicitis machinationibus violare studeant, ii, si deinceps deprehendantur, sacra Cæsarea Majestas sua eos Serenissimo Turcarum Imperatori quam primum denunciabit, a quo super iis vicissim sufficiens informatio quam primum remittenda erit, ne fides istiusmodi hominibus temere adhibeatur.

VII. Articulus.

Ii quoque qui Sanctissimi Jesu Christi populum se profitentur Papam sequentes, sive Sacerdotes, sive Monachi, sive Jesuitæ nominentur, Ecclesias in Ditionibus Serenissimi Turcarum Imperatoris extruendi facultatem habebunt, in quibus pro more suo, & Ordinis sui Statutis, rituque antiquo Evangelium legere, Conciones habere, Divinoque cultui vacare poterunt, iique Serenissimo Turcarum Imperatore suisque benevole haberi, & a nullo hominum præter jus, fas & æquum ullo modo gravari debebunt.

VIII. Articulus

In Pagos circa limites utrinque devastatos & Colonis destitutos, ut ad pristinam culturam redigantur, novi utrinque Coloni deduci poterunt, nec quicquam hoc nomine controversiæ moveri debebit, quod iis in locis siti sint, ubi utrique Parti contribui soleat, nam si Pagi vicini utrinque contribuant, hi quoque eodem jure censeri debebunt.

IX. Articulus.

Mercatoribus Turcicis ex Constantinopoli in has Provincias mercaturam libere exercere volentibus, id ita licebit, ut a limitaneis Gubernatoribus vel Tricesimariis Literas passus habeant, & quacunque iter facturi sint, easdem exhibeant, quas singulorum locorum Dominus vel Tricesimator sigillo suo impresso vel signo inscripto firmabit, qua tamen occasione nihil a Mercatoribus exigi, quin si ulterius proficisci decreverint, commeatus illis sufficiens in locis periculosis præberi, & postquam tricesimam, vel alias de more solvenda ubique solverint, a nullo hominum ulterius molestari, aut iter ipsorum, quorsumcunque id dirigant, impediri debebit.

X. Articulus.

Qui vero Mercatores ex Sacræ Cæsareæ Majestatis suæ Regnis & Provinciis, & Augustæ Domus Austriæ Ditionibus in Serenissimi Turcarum Imperatoris Provinciis, sive Mercibus, sive parata pecunia, negotiari voluerint, Majestatis suæ Cæsareæ Banderio sive Vexillo & Literis patentibus muniti id libere facere poterunt, sine quibus nequaquam illis hoc permissum erit. Quod si qui dictis Vexillo & Patentibus destituti ad ea loca appulerint, ad Majestatis suæ Cæsareæ Agentes vel Consules spectabit, ut tales detineant, & de iis quam primum Majestatem suam Cæsaream informent. Subditi proinde Majestatis suæ Cæsareæ & Augustæ Domus Austriæ, nec non Serenissimi Hispaniarum Regis Catholici, cum alibi, tum in Belgio sub auspiciis & vexillo Rom. Imp. una cum Navibus & Mercimoniis suis libere tutoque accedere, negotiari & recedere poterunt, dummodo ratione omnium eorum quæ vel empturi, vel vendituri sunt, in singulos Centenarios tres: Agentibus vero vel Consulibus Majestatis suæ Cæsareæ, qui occurrentia illorum negotia curæ habebunt, in singulos Centenarios duos Asperinos persolvant.

Si quem eorundem Mercatorum mori contingeret; Agentes sive Consules Majestatis suæ Cæsareæ merces ipsorum adservabunt & describent, nec quidquam cum illis Turcarum Fisco negotii erit: Porro a dictis Mercatoribus, sic ubi in Porta ratione mercium suarum tricesimam, aut alias solvenda solverint, nihil ulterius exigi debebit. Si quid vero litis, aut controversiæ inter dictos Mercatores oboriri contigerit, cognoscendi & decidendi facultatem non ultra summam quatuor millium Cruciferorum vel Asperinorum particulari ejusdem loci Kadio, sed Kadiis Constantinopolitanis qui illorum controversias ex Juris & æquitatis præscripto dirimant, competere placuit.

XI. Articulus.

Salutari hac Pace durante quotiescunque contigerit a Majestate sua Cæsarea ad Serenissimum Turcarum Imperatorem aut inde vicissim ad Majestatem suam Cæsaream Cursores, Tabellarios aut Literas expediri, vel a Præfectis & Capitaneis quibuscunque Bassis, Beghis, aut Agentibus aut Veziriis hinc inde Nuncios mitti, ii utrinque in utriusque Imperatoris Provinciis & Ditionibus a Gubernatoribus honorifice tractari, & per loca non tuta sufficienti commeatu seu conductu secure deduci, ipsorumque itinera quovismodo promoveri debebunt. Literæ vero ultro citroque mittendæ ut per postam recte curentur, neque ullibi detineantur Bassæ Budensis diligentiæ & industriæ committendum.

XII. Articulus.

Deinceps nullus Vayvodarum, Bassa vel Beghus ad Pagos in persona proficiscetur, sed Judices ipsimet Dona & Contributiones quo spectent, & ubi solvi debeant, deferent.

Nos ea omnia, prout superius descripta, & de verbo

ANNO 1615. verbo ad verbum inserta habentur, pro nostra parte ex certa nostra scientia, animoque bene deliberato, & omni meliori modo ac forma, quibus potuimus ac debuimus, approbavimus, ratificavimus & corroboravimus, prouti vigore præsentium approbamus, ratificamus & corroboramus, promittentes in verbo ac fide Imperatoris pro Nobis ac Regibus & Successoribus nostris, quod illa omnia & singula sincere, sancte & inviolabiliter tenebimus, observabimus & adimplebimus, ac per supradictos Reges & Successores nostros eodem plane pacto observari & adimpleri debere volumus, atque decernimus, ac tam nos ipsos, quam illos ad id quam efficacissime obligamus & obligatos atque adstrictos reddimus omni dolo ac fraude sepositis & semotis, dummodo & quamdiu similiter Serenissimus quoque Turcarum Imperator hæc omnia rata grataque habuerit, observaverit sua ex parte & adimpleverit. Ne autem vel in minimo quidquam ex parte nostra desideretur, quod ad firmam, sanctam atque inviolabilem Pacis observationem quocunque modo pertinere aut requiri possit usque ad confines nostros Capitaneis, Provisoribus & Militibus nostris exacte demandaturi sumus, quemadmodum non diffidimus ex parte Serenitatis suæ, quæ Literas suas confirmatorias & ratificatorias super his omnibus solenniter expeditas ad nos transmisit, perinde loca & integra fide agi neque Serenitatem suam ejusque Ministros, Subditos, & Milites iis, quæ juxta præmissa tractata & conclusa fuerint, directe vel indirecte, quovis prætextu quæsito, contraventuros esse. Harum testimonio Literarum &c. Datum Pragæ die prima Decembris, Anno Domini 1615.

CXLVIII.

12. Mars. **Vertrag zwischen Maximilian Churfürst zu Bayern / und Marx Sittich Ertzbischoff zu Saltzburg eines / dann der Stadt Regenspurg andern Theils getroffen; wodurch die zwischen jener Vorfahren und besagter Stadt des Saltz-Verschleisses / und neu angestellter Niederlaagen halber entstandene Irrungen beygelegt werden / und dann sie sich eines gewissen pretii, wie solches verkaufft werden solle / vergleichen / wie auch zu dessen verwahrung / Zufuhr / und niederlag verschiedene Ordnungen machen. Geschehen in München den 12. Martii 1615. [LUNIG. Teutsches Reichs-Archiv. Part. Spec. Continuat. I. Fortsetzung III. pag. 124.]**

C'est-à-dire,

Accord entre MAXIMILIEN *Electeur de Baviere, &* MARC *Archevêque de Salsbourg d'une part, & la Ville de* RATISBONNE *d'autre part, sur les anciens diférents qui étoient entr'eux au sujet de la Vente du Sel, & de l'établissement d'un certain Marché. Ils y conviennent du prix que le Sel se devra vendre, & de divers Reglemens, touchant ledit Marché. A Munich le* 12 *Mars* 1615.

VOn GOttes Gnaden / Wir Marx Sittich / Ertz-Bischoff zu Saltzburg / Legat des Stuels zu Rom / und von denselben Gnaden Wir Maximilian, Pfaltz-Grave bey Rhein / Hertzog in Ober- und Nieder-Bäyern / rc. als einiger regierender Fürst / für Uns / Unsere Nachkommen und Erben / ains / dann Wir Cammerer und Rath des Heil. Reichs Stadt Regenspurg / für Uns / auch gemeiner Stadt und Burgerschafft und alle Unsere Nachkommen andern Theils / bekhennen hiemit diesem Brieff öffentlichen / und thun kund allermänniglichen. Demnach sich zwischen Unser Ertz-Bischoffens negsten Vorfahren am Ertz-Stifft / und Unser Hertzog Maximilians in Bäyern geliebten Vattern / Hertzog Wilhelmen in Bayern / rc gesambtlichen / und dann Uns Camerer und Rath zu Regenspurg / ein geraume Zeithero / wegen des Hällingischen ob der Thonau von Passau hinhauff gehendes Saltzes / zwischen besagtem Passaw und Regenspurg / auch zuer Stadt am Hoff / neue angestelten Niederlagen und Verschleis / strit und Irrung erhalten / derentwillen dann wir an das Hochlöblich Khäyserlich Cammer-Gericht / im Recht so weit erwachsen / daß ex parte des Ertz-Stiffts Saltzburg / auch Unser Hertzogs Maximilians in Bäyern / rc. vor höchstgedachts Unsers geliebten Herrn Vatters / über die disfalls in Sachen Mandati sine clausula den Saltz-Handel betreffend / in puncto paritionis gethane Erkhantnüs / Revisio Actorum begert / welche auch würcklich ausgeschrieben worden / Immassen solches die hierunder / hinc inde fürgangene Acta, mit mehrern zu erkennen geben / daß wir Unß durch gepflogene güttliche Underhandlung / zue Fortpflantzung gueter beständiger Nachbarschafft / wegen solcher in diesem Fall enstandener Irrung / und Strittigkheiten des Saltzes-Ausgangs nunmehr gäntzlich / auff ein stets ewigs Ende veraint und verglichen / wie dasselbe unterschiedlichen von Puncten zu Puncten hernachfolget. ANNO 1615.

Nemblichen und zum Ersten zuesagen und versprechen Wir Hertzog Maximilian in Bäyern / rc. für Uns / Unsere Erben und Nachkommen / und Wir Ertz-Bischoff Marx Sittich / für Uns / und Unsere Nachkommen so viel Uns / auch Unsern Ertz-Stifft berürt / und Wir dabey interessirt / einwilligen hiemit / wie es zum cräfftigsten beschehen kan / obbemelten Cammerer und Rath / auch gemeiner Stadt und Burgerschafft zue Regenspurg / und deren Nachkommen / die Notturfft Hällingisch Saltzburgischen Saltz / und was sie jeden Jahrs für ein Anzahl bedürfftig seyn / oder der Verschleis erfordern wirt / gleich von der Wurtz / als dem Uhrsprung aus / in der Würde / Gütte / und Gewehrschhafft / wie solches von den Pfießl und Stoßstechen herkhombt / auch inskünfftig ungeendert bleiben solle / Immassen dann solcher Gewehrschafft halber / dieselben fürohin also zu continuiren / zwischen Uns dem Ertz-Bischhoven und Unsern Thumb-Capittel / auch Unser Hertzog Maximilian in Bäyern / rc. der Nothdurfft nach pactirt worden / und wie es folgendts ob dem Wasser am besten fortzubringen / (unter welchhem Fortbringen es an gewöhnlich guter Verwahrung / für Regen und Ungewitter / aller gestalt es bishero beschehen / auch Verschonung in dem Umblegen / so viel seyn kan / nicht ermangeln solle) in lauter Khueffen an guten wohlgesottenen Saltz / und zur Einfül daruf vereinbarten Anzahl fudern / alles gutem Kauffmanns Guet / (dann ihrer mit dem spaten Herbst-Saltz / so viel füeglich seyn kan / verschont werden solle) an das Ortt oder Lendstatt des Krenichs / zwischen beeden der stainern und hültzern Regenspurgischin Pruckhen / (daselbsten die Saltz vor allen andern Schiffen ihr ordentliche Hafft haben sollen) oder so ferr es dahin in Mangel bequember Lendt / wohl auch der kleinen Wasser halb / mit eingeschlagenen Schiff-Zug / so balden derselbe ankombt / sichertlich nicht zu bringen / gleich hernieden / an und bey der hültzern Prückhen uff Unßer Wagnüs / Costen und Gefahr / ohn ihren Entgelt hefften / und weitter auch anders nicht / dann der gestalten lieffern zu lassen / daß / und wann ein solch Saltz-Schiff angelendet / den Hefft-steckhen erraicht und angehefftet ist / Cammerer und Rhat von Regenspurg schuldig und verbunden seyn sollen / dasselbe als ihr erkhaufftes Gutt / alsbalden unter ihre Hafft (darzu wir gleichwohl Unser bey jedem Schiff habendes Hefft-Seil / wann sie es die von Regenspurg damit wagen wellen / herleyhen und gebrauchen lassen sollen) Wagnus und Verwahrung zu nemmen / und gleich daruff / so viel es starckhen Hoch-Wetters und Platz-

Anno 1615. Platz-Regen halben seyn kan/ zur Arbeitt gehn Hauß/ das ist/ dem Ab-und Eintragen zugreiffen/ damit die Saltz-Zillen nach Müglichkheit leer gemachet/ und am Zuruckhfahren nicht gehindert werden. Jngestalt auch Wir Verordnung thun lassen/ daß solch geleerte Böden/ an der Regenspurgischen Lendtstadt nicht stehendt bleiben/ sondern den nechsten und so bald es nur seyn kan/ dannen geführet werden sollen/ diese Arbeit gehn Hauß/ was auch noch weitters für Uncosten nach der Anhafft (ausserhalb was Unser Hertzogs Maximilian Diener und Arbeiter belangt) uffgehen würdet/ seyn Wier die von Regenspurg zuebezahlen und abzurichten schuldig.

Wür Hertzog Maximilian, mögen auch fürs ander/ Unserer Notturfft und Gelegenheit nach/ einen oder zwen Beambten/ mit denen Cammerer und Rhat von Regenspurg/ so viel ihr der Officier Saltz-Aimbt belangt/ nichts zu thun haben sollen/ sambt einen Wässerer und Zuhelffer/ uff unßern Costen/ zwar zu diesem Ende/ dahin stellen und halten/ daß Sie Beambte Jhnen Regenspurgern die ankhommene Saltz/ gleich auf den Schifftungen/ so balden die angelendet/ darzehlen und beschreiben/ welchen auch unverwährt sein solle/ in die Städt/ wann dieselbe ohne das offen stehen/ oder darinn gearbeittet wird zugehen/ doch/ daß Sie darin nichts zu gebieten oder anzeordnen haben/ da sie aber wieder die uff dato vereinbarte Ordnung ichtes vorgangen zu seyn verspuren solten/ mügen sie solches einen regierenden Stadt Cammerer/ oder eines Erb-Raths verordneten Saltz-Beambten/ umb Abstellung/ anzeigen/ Wäßterer aber hat beim Wässern/ und daß dabey nichts verabsäumbt werde/ nit nur fleißig zuzesehen/ sonder auch im Nothfall selbst zuzugreiffen/ und zu wässern/ jedoch keines wegs darumben/ daß wir beim Saltz der Orten am Hefft-steckhen Gefahr zuegewarten/ oder ichtwas zu entgelten/ weillen solches alles/ wie verstanden/ denen von Regenspurg allein obliegt/ sondern damit umb so viel desto weniger die Underist im Sestal liegende Scheiben nicht erst alda an der Hafft/ durch Unfleiß Wäss.rn schaden nehmen/ oder etwas ausgetrenckht werde.

Der Zuhelffer hat seine Verrichtung mit dem Sail-Werckh und andern nothwendigen Schiff-Zeug/ zu welches Underbringung dann wir die von Regenspurg/ ein taugsame Hütten hergeben und verordnen wollen. Was uns nun iede Wochen für Saltz zukhommen/ an die hefft gelieffert und abgezehlet worden/ es sey gleich ob-und zu Hauß getragen oder nicht/ darumben sollen und wollen wir die von Regenspurg/ der Fürstl. Durchlauchtigkeit in Bäyern/ rc. hierzu Deputirten Beambten/ bis zur ordentlicher Abrechnung und Abezahlung durch Unser Verordnete der Stadt-Meister jederzeit gefertigte Schein und Recognition geben und zustellen lassen.

Des pretii und Kauff-Geldts/ auch dessen Bezahlung halben/ hat man sich fürs Dritte einhellig dahin verglichen/ daß von der Fürstlichen Durchlauchtigkeit Hertzog Maximilian in Bayern/ rc. Wir die von Regenspurg jedweder/ ausserhalb hernach vermeldter darauf verglichener Einfüll/ darfür Wir nichts zu geben schuldig/ gewehrhaffte Khueffen umb einen Gulden/ Vier und Funffzig Creutzer annehmen/ und darfür die Bezahlung von Monathen zu Monathen thun sollen/ dergestalten/ was Uns von Georgi anzurechnen/ umb welche Zeit ungefehrlichen der Hällingischhe Saltz-Ausgang seinen Anfang jährlich nimbt/ inner vier Wochen oder eines Monaths/ umb V.rschlissenes Saltz/ an Gelt eingehet/ das alles seyn Wir Jhrer Durchleuchtigkeit hieher verordneten Beambten in Abschlag/ und ausser deren/ über die Saltz-Officier und Arbeit/ in solchem Monatt lauffende Belohnung/ alsbalden zu erlegen/ und fortan alle Monat/ bis zue Ende oder Beschluß des Jahrs/ dergleichen zu thun verbunden. Anno 1615.

Wann aber von besagten St. Georgen-Tag an/ bis wieder uff solche Zeit eines andern darauf folgenden Jahrs/ zu den bestimbten/ und in vermittelst vergangenen Zahl-Fristen/ die gantze Summa geliefferten Saltz völlig nit ersetzet/ sonder umb das uns vielleicht ein Anzahl Scheiben unverschlissen in Handen geblieben/ noch etwas an Gelt abschiessen würde/ uff solchen Fall erbieten Wir Uns schuldig zu seyn/ diesen verbleibenden Rest/ inner den negsten Sechs Wochen/ oder lengst zwey Monathen nach Georgi oder beschlossenen Jahr/ auch richtig zu machen/ und also völlige Bezahlung damit zu thun/ dieselbe auch lenger nicht zu verschieben/ es were dann/ daß Uns wieder Verhoffen ein so grosser Saltz-Rest in Handen bliebe/ daß dannenhero khundlich und am Tag/ wie je vonn der Saltz Lösung (dann wir ohne das mit Unsern darbey verhoffenden Uberschuß/ allwegen so lang zurück stehen/ und Uns gedulden sollen und wollen/ bis wir das gelieffertе Saltz vorigen Jhares völlig bezahlet) so balden nicht uffkhommen möchten/ alsdann/ sonsten aber nicht/ ist Uns zu völliger Bezahlung/ bis in den dritten Monat zuzewartten/ bewilligt/ was aber underdessen von neuen Saltz/ über den alten verbliebenen Rest in solcher Zeit verschlissen worden/ wollen Wir/ so viel jedes Monat an Gelt eingehet/ zue Ende desselben unfehlbarlichen erlegen/ und versprechen Wir die von Regenspurg/ für Uns und Unsere Nachkommen/ mit dieser verglichenen Bezahlung niemaln säumig zu seyn/ dieselbe auch an solchen Reichs-und andern Müntzen thun zu lassen/ wie es bey den Bayerischen Saltz-Aemtern/ Jngolstadt und Straubing/ von Zeit zu Zeit gangbar/ gib und gäb ist und seyn würdet.

Was dann zum Vierdten den Verschleis betrifft/ haben Wier die von Regenspurg zuegesagt/ von negsten neuen Ausgang an/ bis zue Ende desselben/ zu welcher Zeit/ das ist/ Georgi dis Jahrs/ dieser Contract seinen rechten Anfang erreicht/ an lautern Khueffen oder Scheiben ein gewisse Anzahl/ und nemlich Fünffhundert Pfund/ darunder auch so viel Schelnberger an guten wolgesottenen Saltz und Kauffmanns-Guett/ in eben der Güette und Gewehrschafft/ wie sie bisher gewesen und herkommen/ auch zue andern Jhrer Durchlauchtigkeit Saltz-Aembtern eingeliefert/ und gehn Regenspurg am besten zubringen seyn werden/ anzunehmen/ als die proportion des Ausgangs von der Wurtzen des Hällingischen und darein gezehlten Schelnperger Saltzes erfordern würdet/ zu verstehen/ wie heuer von Schelnberg/ drey und dreyßig Pfundt/ und des andern Hällingischen Eintausendt sieben und sechtzig Pfundt/ ausgehen werden/ so triffts under hundert Pfundt Hällingisch 3. Pfund Schellnperger Khueffen/ und also uff 500. Pfundt/ so bey der Stadt Regenspurg gemeinlich zu verschleissen/ fünffzehen Pfundt Schelnberger Saltz/ gestalter maßen es fortan also zu halten/ es werde gleich des ein/ oder andern Saltz/ ins khünfftig/ mehr oder weniger ausgeführt/ soll es doch allemahlen nach denselben Ausgang angedeute Proportion haben/ jedoch wann Wir Hertzog Maximilian in Bayern rc. Jhnen gar khein Schelnberger Saltz geben lassen wolten/ oder khünten/ soll es auch bey Unserm Willen und Belieben stehen/ also Wir dazu nicht adstringirt seyn/ Befinden Wir die

ANNO 1615.

von Regenspurg nun dis Jahr hindurch / wie auch ins khünfftig den Verschleis also beschaffen / das zu verhoffen und zu ermessen / folgende andere Jar wuerde auch so viel / als die gemelten 500. Pfundt / oder etwan ein mehrers zu vertreiben seyn / so sollen und wollen Wir dieselbe / oder wie gemelt / ein grösser / hingegen aber / da sich der Verschleiß etwas steckhen wolte / nach Erzeigung desselben / bisweillen auch geringere Anzahl Khueffen / weder fünff hundert Pfundt annehmen / ein solchs auch zeitlichen und allwegen umb den halben Januarii jeden Jahrs schrifftlich ersuchen und begehren.

Do sich aber je begebe / daß die von Regenspurg / mit einer solchen dem gemeinen Jahr-Verschleis ähnlichen Anzahl Saltzes sich gleichwohl versehen / dieselbe jedoch nicht erkhleckhen wolten / alsdan erst / und sonsten nicht / seindt wir Hertzog Maximilian uhrbietig / do anders ein Saltz-Vorrath bey Unsern Aembtern / Straubing / Vilßhoven oder St. Nicola vorhanden / und füeglich zu entberen / Ihnen so viel müglich / mit etwas davon beyzuspringen / und wie oben verstanden / uf Unsern Costen und Wagnüs / an den heffsteckhen mit verglichhener Füll und Gewehrschafft lieffern zue lassen / doch weiln alsodann / da die Schiff-Zeug in keinem Ordinari-Gang unvermeidentlich mehr Unkosten aufgehen mueß / als zue den Ordinari-Zeitten / und gewöhnlich gehenden Schiff-Zeugen zue geschehen pflegt / daß sie den Uber-Schuß so wohl was über das Aus- und Eintragen an dem Ortt / wo das Saltz überwintert worden / lauffen wurdet / auch erstatten / und ohne Unsern Entgelt abtragen.

Solte Ihnen Regenspurgern aber dergestalt je mit Saltz nicht geholffen und beygesprungen werden mügen / so wollen Wir doch unfehlbarlich verfüegen / daß zum neuen Saltz-Ausgang / aus den ersten zweyen nach Regenspurg ankommenden Hohenauen / aines zu Regenspurg / wans anderst der Verschleiß alda erfordert / gelassen / und auf diesen Fall solches eine / aus den ersten zweyen Hohenauen / eines ieden Jahrs / weiter oder fürüber nach Ingolstadt nicht geführet werden solle.

Wir die von Regenspurg sollen und wollen auch iede Scheiben / wanns zuvor von dem Unserigen der Gebür und uff dato verglichener Ordnung nach / gefüllt und abgemacht / anderst oder höher nicht / dann wie es der Zeitten zur Stadt am Hoff geben wurdet / und nemblichen umb zween Gulden / meniglich / der es begehrt / verkhauffen / und durch die Unserigen / ohne alles Aufhalten / Verziehung oder Auftringung einiger weiter newer Anforderung / wie solche Nahmen haben mag / oder auch Ersteigerung / Mautt und Zoll / allerdings guttwillig folgen lassen / auch bey solchem Khauffgelt / der zwen Gulden / durch aus beharren und still stehen.

Es were dann / daß über lang oder kurtz / das Saltz entweders bey der Wurtzen / oder andern Ihrer Durchleuchtigkeit Saltz-Aembtern / aus erheblichen Ursachen ferner würde gesteigert werden / seyn uff solchen Fall / Wir die von Regenspurg ebenmäßig verbunden / solchen Auffschlag zusambt und über dem jetzt verglichenen Tax des einen Gulden Vier und funfftzig Creutzer / völlig auch zue bezahlen / und haben herentgegen Fug und Recht / dasselbige Saltz / umb so viel als der Auffschlag sich belaufft / und ein Mehrers nicht / höher und theuerer zu verkauffen.

Do Wir die Fürsten aber einhellig / oder Wir Hertzog Maximilian allein / bey Unsern Saltz-Aembtern etwan aus gewissen Ursachen mit dem Khauff herab setzen solten oder würdten / alsdann solle gegen Ihnen von Regenspurg / in dem Kauff-Geldt / auch umb so viel / als der Abschlag ist / oder sein wurdet / gewichen werden / doch daß sie folgendes dasselbe Saltz umb eben so viel wohlfeiler geben und verkhauffen / also weder des auf- noch Abschlags ins khünfftig kheinem Entgeld / noch Genies haben / Ihres Theils aber / und von selbsten würdet ihnen ausser verstandener / kheine Steigerung weder jetzt / noch ins künfftige zue gelassen / wie dann Wir Cämmerer und Rhat von Regenspurg bey Unsern Dienern und Arbeitern / in Hinausgeb- und Ladung des Saltzes / verfüegen / und steiff darob halten sollen und wollen / daß hierunter niemandt beschwerdt oder übernommen / sondern disfalls der uff dato verglichenen Ordnung / davon hernach in folgenden Puncten mehrers gemeldet werden soll / allerdings gelebt und nachgangen werde.

Fünfftens / was die Einfüll und Gewehrschafft anbelangt / seind die Sachen dahin gemittelt / und wollen Wir Hertzog Maximilian in Bayern etc. denen von Regenspurg zue solcher Saltz-Einfüll / so wol hinzu von Schifftungen in den Stadt / als von demselben fürters dem Fuhrmann oder Khauffer / uf die Wägen samentlich / in allen uff Acht Khueffen / oder Scheiben / ein Fuder unbezahlt geben und arbeiten lassen.

Und damit man / was ein Gewehr- oder ungewehrhaffte Khueffen seye / eigentlichen verstehen und wissen möge / wird es beederseits dahin gestelt / wan ein Khueffen oder Scheiben / als ungewehrhafft im Heben und Abtragen uff dem Schiff / aus oder beyseits gesetzt wirdet / darunder kein Gefahr gebraucht werden solle /

Wir Cämmerer und Rhat der Stadt Regenspurg / alsdann den Achten Theil (deswegen man sich eines Maß verglichen hat) von einem mittelmeßigen Fueder / wie die uns zur Einfüll geliefert werden / darein füllen:

Wir Hertzog Maximilian aber / so fern bis zur völligen Verrichtung uff den Wagen noch etwas ermangelte oder abgienge / den Uber-Rest alsbald darauf geben lassen wollen

Sonsten wie an Seiten der Stadt Regenspurg die notdürfftige Füll / durchgehendt verricht / die Khueffen abgemacht / und gezwickht werden sollen / damit sie ohne allen Mangel dem Fuhrmann uff den Wagen oder Kharn geladen werden müge / des willen haben Wir Unnß ingleichem uff dato einer sonderbaren Ordnung verglichen / die auch ohne beeder höchst- und offtgedachter Fürsten Einwilligen zue kheiner Zeit geendert / sondern stets bleiben / und derselben unzerbrochen nachgangen werden solle.

Und weil Wir Cammerer und Rhat von Regenspurg den Saltz-Verschleiß bey Uns nach Müglichkheit zubefürdern versprochen / und ohne das hier zu urbietig / als wollen wir / was zu schleuniger Befürderung dienlich / und nothwendig seyn mag / ufs beste verordnen / und den Ladern und Wagen-zuerichtern ihres Lohns / oder disfalls nöttigen Uncostens willen ebenmäßig mit höchstgedachter beeder Fürsten Consens ein Ordnung / die ohne dero Einwilligen zue kheiner Zeit geendert werden solle / begreiffen / und jetzt negst benente Ordnung offentlich anschlagen lassen / damit ein und ander Theil zue ieder fürfallenden Gelegenheit sich darnach zu richten habe.

Im Fall auch ihnen denen von Regenspurg an Ihren Saltz-Gebeuen / oder dem Saltz uff dem Wasser oder zu Lande / ein wissentlicher ungewöhnlicher grosser Schhaden beschehe / wollen Wir die Fürsten solches in gebührende Obacht nemmen / und alsdann nach Gestalt der Sachen / ob Ihnen (welches gleichwohl zu Unser Willkhür und Beliebung stehen solle) als etwan / doch nur uff ein bestimbte Zeit Ichtwas uf die Scheiben

oder

ANNO 1615. oder Khueffen zeschlagen / zue bewilligen Unß ercleren.

Und ob wol zum Sechsten Wir Hertzog Maximilian in Bayern ꝛc. in der Stadt Regenspurg ein ordentliche Maut allda von Alters her/ alles Saltz / so zue Wasser oder Landt/gen Regenspurg khombt / daselbsten bleibt / durch-oder fürgeführt wirdet / angesagt und vermautet werden mueß / haben Wier doch solche Mautt zue Wasser hinzu gegen denen von Regenspurg /aber allein von Saltz/ so Wir Ihnen liefern lassen / selbst zu übertragen / hiemit bewilligt / was aber von oder aus der Stadt Regenspurg weiter verführt wirdet/davon soll Unser Mautner daselbst die gewöhnliche Mautt / jedoch nur das simplum nehmen / dann Wir das duplum zue mehrer Beförderung des Verschleiß / bey dieser Mautt und dem Zoll am Hoff eingestellet und nachgesehen haben / wie dann besagte Unsere Mautt-Beambte zue Regenspurg und am Hof albereit Bevelch empfangen / von dem verführten Saltz der Orten des Dupli halber/ niemand anzelangen /sondern wann die vorige alte Mautt und Zoll / nemblich in der Stadt Regenspurg/ ein schwartzer Pfennig/ von einer / und am Hoff von 2. Scheiben / ein Regenspurger davon bezahlt / meniglich fort passiren zu lassen.

Demnach aber die Regenspurgische Burger / vermög hievoriger Verträg / von ihrem eigenem Gutt zur Stadt am Hoff des Zolls gar befreyet / Als solle es mit dem Saltz/ so viel sie dessen erkhauffen und eigens verführen/ dermassen auch gehalten/ und sie darwider nicht beschwert werden/ doch daß hierunter khein Gefahr fürgehe / sonder ieder zue benüegen bescheine / daß solches Saltz sein aygenthafftes Gutt seye / und Ers nicht etwan andern factorire / oder gleich / do er das Saltz für die Stadt am Hoff hinauß bringt / andern verkhauffe/ oder hinumb lasse / uff welchen Fall Wier Unß Unsere Notturfft und gebührende Straff gegen denselben vorzenehmen/ gentzlich vorbehalten.

Hingegen haben Wir die von Regenspurg zugesagt / von allen dem Saltz/so Ihre Durchlauchtigkeit in Bayern ꝛc. Unß liefern lassen / weder Scheff-Roß-oder Landt-Recht zuenehmen / oder sonst ichtwas für gemeine Stadt derentwegen zuesuchen noch einzufordern / zugleich vom jenigen Saltz / welches Ihr. Durchleuchtigkeit in Bayern ꝛc. uff den Thonau-Stromb für und gehn Ingolstadt führen lassen / alles Lendt-oder Scheff-Recht / und was gemeine Stadt bey andern fürüber durch die stainern Pruckhen gehenden Last-Schiffen / sucht und einfordert / ietzt und hinführo / gentzlich nachzesehen und fallen zu lassen.

Weiln aber von solcher gehn Ingolstadt gehörender Schiffarten wegen / an seiten der Stadt Regenspurg / die Schleiff-Mahl-und Loh-Mühlen-Räder uffgezogen /zuweilln auch die hierzue gemachte Winden und Seil gebraucht werden mueß ; Seindt Wir Hertzog Maximilian uhrbietig / was hievon den privat-Persohnen für ihr Arbeit / Bemühung und Versäumbnüs gebührt/ also auch vom Winden-Sail / da wier dasselbe gebrauchen liessen/ zugeben / und von andern geraicht wirdet / auch abrichten zu lassen / doch / daß damit kein übermässige Anforderung beschehe / auch solch Saltz-Schiffarten/ do wirs anderst der Orten durchgehen lassen wollen/ mit Aufziehung der Räder / oder in andere Weg nicht aufgehalten / oder verhindert / sondern / vielmehr befördert werden / Im Fall aber bey solcher Ingollstetterischen Saltz-Schiffarten / deren von Regenspurg Wind-Seil nicht / sondern allein die Winden gebraucht wuerde/solle dasselbe unverwährt/ und man uff solchen Fall von der Winden nichts schuldig seyn.

Und damit zum 7. solche nach Ingolstadt gehende Saltz-Schiff / bis etwa der hierzue bestelte Zug oder die läre Böden von dannen zueruckhkhommen / und eingeschlagen werden mag / allda zue Regenspurg / immittels uff etliche Täg sicherlich anzuhefften / haben Wir Camerer und Rath daselbsten Unnß erboten / erbieten und zuesagen auch hiemit / für dieselben Saltz-Schiff / ohn allen Ihr. Fürstlichen Durchlauchtigkeit in Bayern ꝛc. Entgelt/ ein bequeme Lend-Statt und Anhefft / im Undern Wörtt / wie dann auch alda einen gelegenen Platz zue Auffsetzung einer Hütten / auf Unser Hertzogs Maximilian in Bayern ꝛc. Unkosten und besagten Orts / an Unser deren vonn Regenspurg habenden Rechten / unvergriffen / darinnen neben den Sail-Werckh und Schiff-Zeug etwas wenigs von nottwendigen Füll-Saltz (doch zue keinen andern Gebrauch) und so lang dieser Vertrag in seinen Würden verbleiben wierdet / füeglich unterzubringen fürzeigen und verordnen zu lassen.

Nit weniger sollen solche Ingollstetterische Saltz-Schiff / nit zu lang an diese Lendt geheft verbleiben/ sonder so bald es thunlich / weitter fortgeführt werden.

Und ob gleichwohl zum 8. Wier / die von Regenspurg / an solcher Ingolstedterischer Saltz-Durchfahrt / wie zugleich auch dern Niederlag zu Straubing und Vilßhoven / beschwerdt zu seyn vermeint / seindt Wier doch unter gegenwärttigen Tractat dahin vereinbahrt und verglichen / daß gegen Ihrer Hoch-Fürstlichen Gnaden zu Saltzburg und Ihrer Durchlauchtigkeit in Bayern ꝛc. so lang Sie beede Fürsten den getroffenen Contract continuiren / und bey demselben interessirt bleiben werden / Wir alle Unsere disfalls gesetzte Prætensiones gentzlichen und allerdings schwinden und fallen lassen / Es sollen auch solche Saltz-Durchfartt und Niederlagen ohn Unser und Unser Nachkhommen einige Einreden / darwider-legen und beschwehrden / in ihrem esse und gentzlichen unangefochten verbleiben / doch daß ausser dieser dreyer kein andere / oder mehrere neue Saltz-Niederlagen / zwischen Passau und Ingolstadt am Thonau-Stromb nicht uffgerichtet / noch einiges Saltz/ dem Regenspurgischen Saltz-Verschleiß zue Nachteil / von den Schiffen underwegs abgeben werden / sondern es bey denen jetztgemeldten allerdings bestehen solle / wie dann zue diesem Ende / Wir Hertzog Maximilian Unsere zur Stadt am Hoff und Wintzer / negst bey Regenspurg habende Saltzstädel / zu kheinen solchen Saltz-Niederlagen / davon/ diesem Vertrag zuwider / der Stadt Regenspurg und gemeiner Bürgerschafft an dem Verschleiß / Nachteil / Schaden / Abbruch und Schmelerung ervolgen möchte / von nun an / und so lang dieser Vertrag / in seinem esse bestehet / ferrer nicht gebrauchen sollen noch wollen.

Neben diesem und zum 9. ist Uns Hertzog Maximilian nicht zu entgegen / durch ausgefertigte Bevelch / bey Unsern Beambten zu verfüegen / diejenige Fuhrleuth / welche nach Gelegenheit ihrer Heimbwesen allein / anderer gestalt aber nicht / weder umb Saltz den negsten Weg und ordenliche Straß uff Regenspurg zu fahren haben / doch aber nicht gar hinein khommen / sondern sich jenseit des Regen-Fluß / vonn dieser Straß abziehen / und den Weg mit leeren Geschirr uff Thonau-stauff / folgends gehn Straubing nehmen / und dort Saltz laden wolten / es weren dann etwan solche Fuhrleuth / die sonsten fürnehmblich andere Sachen oder Gütter verführten / und Ihnen aber / wie bald geschehen khan / noch etwas an völliger oder rechter Ladung manglete / und derentwegen zue Ergentzung derselben noch etliche Stücke Saltz / oder aber / da sie andere Wahren oder Pfenbert / nach Straubing geführt

Anno 1615. hetten / damit sie nicht leer zuruckh fahren dörffen / wol die gantze Wagen schwer / allda zue Straubing zu laden / begehren würden / (welches dann nicht zu verwehren) also mit passiren zu lassen / oder do sich dieselben / je unvermerckhter Sachen durchschleichten und Straubing erraichten / solle doch solchen / wie verstanden / mit lörem gefördt / von der Regenspurgischen Saltz-Niederlag und Strassen abgewichenen Fuhrleuthen alda zu Straubing khein Saltz gegeben / sondern sie umb ihre Ladung dahin gehn Regenspurg (es were dann nicht Saltz alda / oder man khundts oder wolts nicht hergeben) gewißen werden.

So wollen Wir auch den Unsern zur Stadt am Hoff / und im Landt-Gericht daselbst herumb / weder mit Khueffen oder offenen Saltz / sie nehmen es dann zue Regenspurg / einig Gewerb anzustellen / nicht gestatten.

Aber die Hauß-Notturfft mögen Sie / doch nichts vom Wasser hergeführt / wie es ihnen beliebig khauffen / und an sich bringen.

Ferner haben Wir Hertzog Maximilian in Bayern 2c. Uns dahin erclärt / da über khurtz oder lang / zwischen Uns und denen von Regenspurg in andern Sachen und Fällen / ausser des Saltz-Wesens / Stritt und Irrungen sich erregen würden / daß alsdann dieselbe Stritt und Irrungen / diesem Vertrag und ins Werckh gerichten Saltz-Verschleis allerdings unpræjudicirlich seyn sollen.

Wofern auch offt angeregten Saltz-Verschleiß selbsten halb / etwas Zwispalt und Irrung sich ereignen solte / welches über zuvorher beschehenes hin- und wiederschreiben und Berichten / oder Zusammen-Ordnung nicht verglichen werden khundt / soll alsdan solche Irr entweder durch schleunigen fürderlichen Compromißlichen Austrag da man sich anderst dessen vergleichen khan / dahin dann vor allen Dingen zu trachten / und zusehen / oder ordentlichen Weg Rechtens entscheiden und hingelegt werden; Doch soll hierzwischen dieser Contract nicht gefallen seyn / Es were dann / daß Wir die von Regenspurg / den Saltz-Verschleiß vorsetzlichen und khundlichen (welches doch nicht geschehen soll hindern / oder die Saltz-Schiffarth nacher Ingolstadt / wie hierinnen vermeidet / nicht fort passiren liessen / oder die verglichene und versprochene Saltz-Bezahlung pactirter Maßen / Ihr. Durchlauchtigkeit Hertzogen Maximilian in Bayern 2c. nicht leisten wolten oder würden / alsdann und uff jetzgemelte Fäll / sollen Wir erstgemelter Hertzog Maximilian, Unsere Erben und Nachkhommen / zue Haltung des Vertrags / (bis so lang Wir die von Regenspurg solches angeregter maßen wiederumben præstiren / auch dene hierdurch verursachten billichen Uncosten / Schaden und Interesse abstatten) nicht verbunden seyn.

Da auch der zwischen Uns beeden Fürsten negst aufgerichte Saltz-Vergleich aufhören / und Wir Hertzog Maximilian oder Unsere Stätt / den Saltz-Verschleiß nit mehr in Händen haben / oder sonsten bey dem Contract mit interessirt seyn wurden / sollen uff solchen Fall Uns nichts destoweniger all Unßer andere / vor diesem Contract habende Regalia, Recht und Gerechtigkeiten / wie die immer beschaffen oder Nahmen haben / unbenommen sein; Wie auch Uns Cammerer und Rhat zue Regenspurg / die wegen der Saltz-Niederlag Unsers Theils allegirte habende / aber doch von Uns den Fürsten widersprochene Privilegia, durch diesen Vergleich ungeschmelert / reservirt / auch das Saltzwesen mit andern / welche die Ausfuhr alsdann an sich bringen wuerden / zue continuiren / ein freye Handt vorbehalten bleiben.

Wir aber Hertzog Maximilian wollen auch Unsern Lands Unterthanen Ihre Privilegia, Gewohnheiten / Recht und Gerechtigkeiten / gantz und ungeschmelert reservirt haben. Anno 1615.

Es were dann / daß Wir Hertzog Maximilian, Unser Erben und Nachkhommen / zwar besagtes Saltz-Wesen mit dem Ertz-Stifft Saltzburg continuiren / aber dasselbe etwan gantz oder zum Theil Unsern Stetten überlassen würden:

Auf welchen Fall alsdann zwischen solchen Stetten / dann Uns Cammerer und Raht zu Regenspurg / und Unsern Nachkhommen / dieser Vergleich nit erloschen oder aufgehebt seyn / sondern in allen Puncten und Articuln, wie hieoben nach lengs verordnet / gehalten werden / doch auf diesem Fall auch solche Stett schuldig und verbunden seyn sollen / woferre sie anders das Saltz durch die steinerne Pruckhen durchgehen lassen werden / den halben Theil aus dem von andern reichendem / so viel von einen Schiff trifft / des Scheff-Lend- und Roß-Rechts zue bezahlen.

Hergegen sollen die Hertzogen von Bayern von den Stetten oder andern / die die Saltz zuführen thun / die mit bestimbter Condition eingestellte Saltz Maut einzufordern Fug haben / doch so ferrn durch Bezahlung solcher Maut der Ankhauff gesteigert wurde / und der Stadt Regenspurg ein Khüsten höher als umb 1. fl. 54. Kr. in die Hand kehme / sollen alsdann Sie wie hievor vermelt / und bedingt ist / anders aber nicht / Macht haben / dieselben Khüsten umb eben so viel als der Aufschlag höher ist / zuverkhauffen.

Wir thun auch an Unser / Marx Sittichen / Ertz-Bischoffen zu Saltzburg und Hertzog Maximilian in Bayern Seiten / als auch von Unser / Cammerer und Rhat zue Regenspurg wegen deme am Kaiserlichen Cammer-Gericht zue Speyer ausgebrachtem Mandato sine clausula, den Saltzhandel betreffend / und darauf beschehener Erkhantnüs / auch von Uns beeden Fürsten / darwider so woll begerter und erhaltner / als noch unerledigt hangender Revision respective und also diesen gantzen Streit / hiemit und in Krafft dieses güetlichen Vergleichs in bester Form Rechtens renunciren / Immassen Wir samentlich solches inner zwey Monaten von dato dis gefertigten Vertrags anzerechnen / an gebührenden Orten zu insinuiren / und anzubringen nit unterlassen wollen noch sollen / jedoch soll dieser Special-Vertrag andern Unsern allerseits habenden Rechten / Gerechtigkheiten / Verträgen / Ansprachen / Forderungen / Privilegien / Freyheiten und altem Herkommen / so viel einem jedem von-Rechtenswegen gebüret / unabbrüchig und unpræjudicirlich / sondern dieselben jedem Theill sambt und sonders hiemit vorbehalten und præservirt seyn.

Solches alles und jedes / wie es unterschiedlichen abgeredet / verglichen und vorgeschrieben ist / gereden und versprechen Wir Marx Sittich / Ertz-Bischoff zu Saltzburg / und Wir Hertzog Maximilian in Bayern / so viel das ein jeden aus Uns betrifft / für Uns / Unsere Nachkhommen / und Erben / bey Unsern Fürstlichen Würden / auch Wir Cammerer und Raht der Stadt Regenspurg / für Uns / auch gemeine Bürgerschafft und Unsere Nachkhommen / bey Unsern wahren Worten / Trauen und Glauben / crafft dis / stett / vest und unverbrüchlichen zu halten / darwider nicht zuthun / noch durch andere darwider etwas fürzunehmen / zuebevelchen / oder geschehen zu lassen / in kheine Weiß noch Wege.

So bekhennen Wir N. N. Thumb Probst und Wir Dechant / Senior, und gemeiniglich das Thumb-Capitel des vielgesagten Ertz-Stiffts Saltzburg / daß Wir in diesem Vertrag auch verwilligt haben.

Gereden und versprechen auch denselben seines Inhalts / so viel Uns betrifft / stett und unzerbrochen

ANNO 1615. zu halten. Alles getreulich ohne Gevehrde. Dessen zue vesten wahren und steiffen Uhrkhundt und ewiger Gedächtnüs / seyn dieses Vertrags drey gleichlauttendte Brieff aufgericht / von allen Theilen angenohmen / und durch Uns obgemeldte Fürsten / mit Unsern Fürstlichen Handt-Zeichen underzogen und Secret Instguln becrefftigt / daneben haben auch Wir Thumb-Capittel und Wir Reichs-Stadt Regenspurg Unser Insiegel daran gehangen / Geschehen in München den 12. Martii 1615.

CXLIX.

16. Mai. Lehen-Brieff auf die anwartung der Chur-Pfaltz / von Käyser MATTHIA Pfaltz-Graff Wolffgang Wilhelm gegeben. Wienn den 16. Maii. 1615.

C'est-à-dire,

Investitures de Succession dans l'Electorat Palatin, données par l'Empereur MATTHIAS, *au Comte Palatin* WOLFGANG GUILLAUME. *A Vienne le 16. Mai 1615.* [Voyez-les ci-après sous le 30. Mars 1623.]

CL.

3. Juin. Promessa fatta dal Duca di Savoia, e consegnata all' Ambasciadore di Francia, intorno alla negociatione del disarmo di S. A. & del Accommodamento suo col' Duca di Mantoua, e col Governatore di Milano. Data nel Campo fuori d'Asti li 3 di Giugno 1615. [VITTORIO SIRI, *Memorie recondite*, Vol. III. pag. 353.]

ALla richiesta fatta nuovamente dall' Eccellentissimo Signor Marchese di Rambuglıet à S. A. in nome di S. M. Cristianissima di accordare li tre Punti proposti per l'accomodamento che'l Signor Commendatore de Sillery hà riportato di Spagna, cioè, che S. M. Cattolica non pretende da S. A. sodisfatione, nè sommessione, ma solamente che disarmi di presente effettivamente, & senza dilatione ritenendo però il numero conveniente per la sicurezza de' suoi Stati, & difesa delle sue Piazze; che si rimettano le differenze che sono trà S. A. e il Signor Duca di Mantoua alla giustitia ordinaria dell' Imperadore; che S. A. prometta di non offendere il detto Signor Duca nè d'agire alla conservatione delle sue ragioni, e pretensioni contro di esso per via della forza; S. A. hà pregato istantemente S. E. à contentarsi della totale remissione che S. A. farà in iscritto della sua volontà tanto circa i tre Punti sudetti quanto circa tutti gli altri particolari che possano concernere l'accomodamento secondo l'ordine dato da S. M. Cristianissima à S. E. sopra la rappresentatione che'l Signor Maresciallo d'Esdiguiere gli hà fatta in nome di S. A. al qual ordine S. A. adesso hà promesso di consentire. Dato nel Campo fuori d'Asti li 3. Gingno 1615.

C. EMANUEL.

CLI.

21. Juin. (1) Secondo Trattato di Asti trà il Re Cristianissimo LUIGI XIII. ed il Serenissimo Duca di Savoia CARLO EMANUEL, sopra il Disarmamento di S. A. ed il suo Accomodamento con il Governatore di Milano. Firmato li 21. di Giugno 1615. [VITTORIO SIRI *Memorie recondite*, Vol. III. pag. 361.] ANNO 1615.

HAVENDO S. M. Cristianissima per mezzo del Signor Marchese di Rambugliet suo Ambasciadore straordinario fatto sapere al Signor Duca di Savoia quello che per opera de' suoi Ministri hà rapportato da S. M. Cattolica sopra le presenti occorrenze della Guerra; e quanto da S. M. Cristianissima venga desiderato che S. A. s'acquieti alla sudetta negociatione, come anco havendo la Sta. S. col mezo di Monsignor Costa Vescovo di Savona, e suo Nuntio ordinario presso S. A. e la Serenissima Republica di Venetia per mezo del Signor Ranier Zen suo Ambasciadore straordinario per le presenti occorrenze fatto efficacissimi officii per esortarla alla pace, e alla quiete per bene e servitio universale, S. A. per riverire, servire e compiacere S. Sta. S. M. Cristianissima e la Serenissima Republica di Venetia; e parimente per confermare al Mondo l'ossequio e divotione particolare che sempre hà professato à S. M. Cattolica; e per palesare maggiormente il suo desiderio della quiete della Cristianità, e tranquillità del suo Stato corrispondente appunto à quello che li detti Signori Nuntio, e Ambasciadori hanno detto essere ne' loro Principi; si è contentata di promettere, come promette, di disarmare effettivamente frà un mese prossimo dopo la data della presente; licentiando a questo effetto tutti li suoi Soldati forestieri tanto da piede che da Cavallo; nè potrà ritenere del presente esercito per la sicurezza de' suoi Stati, e difesa delle sue Piazze più di quattro Compagnie di Suizzeri del numero ordinario, & tanti de' Sudditi di sopra più che bastino per la loro sicurezza.

Promette di più di non offendere gli Stati del Signor Duca di Mantoua, e per conto delle differenze, e pretensioni che sono frà di loro S. A. non agirà per via della forza contra esso Signor Duca, ma civilmente avanti la giustitia ordinaria dell' Imperadore (2).

Mediante il che il detto Signor Marchese di Rambugliet promette a nome del suo Re che i Vassalli, e Sudditi del Signor Duca di Mantoua quali hanno portato l'armi, ò in altra maniera servito à detta A. di Savoia nell' ultima Guerra del Monferrato saranno assicurati come si assicurano delle loro persone, e che li saranno restituiti li loro beni, per goderli come avanti la Guerra.

Si restituiranno frà un mese dopo tutte le Piazze, e Luoghi tolti con tutte le artiglierie, e armi, e munitioni in esse trovate al tempo delle prese; come anco tutti li prigioni fatti da una parte, e dall' altra. Et caso che gli Spagnuoli, contra la parola data dal Re di Spagna al Re Cristianissimo come assicurava il Signor Marchese di Rambugliet Ambasciadore di S. M. Cristianissima volessero diretta ò indirettamente infestar S. A. nella Persona, e ne gli Stati, S. M. Cristianissima piglierà l'una e gli altri nella sua protettione; e darà a S. A. ogni aiuto necessario per la sua difesa. E perche è necessario dovendosi venire all' esecutione di quanto sopra il concertar la forma del ritiramento della Gente da un canto e dall' altro, si farà nel modo seguente.

Il Signor Marchese di Rambugliet pregarà S. A. di far uscire della Città d'Asti mille Fanti, e nell' istesso tempo che questo si effettuerà, scriverà al Signor Governatore di Milano pregandolo, e facendoli discostar l'Armata del Re Cattolico da' posti ove si ritrova, e ritirarla sino alla Croce bianca, e à Quarto; il che fatto esso Signor Marchese tornerà à pregare di nuovo S. A. di ritirare tutto il rimanente della sua Soldatesca ritenendo quel numero che basti per la sicurezza, & difesa come sopra; e nel istesso giorno che si effettuerà il medesimo Signor Marchese pregarà, e farà che'l detto Signor Governatore di Milano se n'andrà con tutta l'Armata del Re fuori dello Stato di S. A. E questo eseguito interamente, e di buona fede S. A. disarmerà come sopra; e il Signor Marchese promette a S. A. in Nome del suo Re che'l Governatore di Milano, seguito esso disarmamento, disponerà della sudetta Armata in maniera che nè per lo Stato di essa, nè per il tempo S. A. nè alcun' altro Principe dovrà haverne gelosia nè ombra; nè verrà in nome di S. M. Cattolica dimandato passo a S. A. sopra il suo Stato per alcuna Gente di Guerra per sei mesi prossimi.

S. M. Cristianissima comanderà sin d'adesso al Signor Mare-

(1) On fit deux Instrumens de ce Traité, dans l'un desquels, qui est celui-ci, le Nom de *Costa* Nonce ordinaire du Pape fut inseré avec celui de *Ranier Zen*, comme Principal Mediateur de la Negociation, & dans l'autre celui de *Dudley Carleton*, Ministre du Roi de la Grande Bretagne. *Siri* fait mention de cet autre Instrument pag. 364. & il se trouve tout entier dans le MERCURE FRANÇOIS Tom. III. Ann. 1615. pag. 714. A cette diférence près, les deux sont semblables. Celui-ci pourtant est preferable à l'autre à cause de la Langue, car il est sûr que le Traité fut fait en Italien. Pour les Lettres de l'Ambassadeur de France au Gouverneur de Milan, il est probable qu'elles furent écrites en François, & que les Reponses en Apostille du Gouverneur de Milan le furent en Espagnol, comme je les donne ici, tirées du même MERCURE FRANÇOIS pag. 718. La Promesse de *Dudley Carleton*, Ambassadeur de la Grande Bretagne, m'est venue de la Bibliotheque Royale de Berlin, où elle se trouve ajoutée au bas d'une Traduction Françoise du même Instrument, entre les Manuscrits relies en rouge Vol. XCVIII. pag. 215. [DUM.]

(2) NB. Que dans l'Exemplaire François de la Bibliotheque de Berlin, l'Instrument est ici interrompu par une Date & une Signature du Serenissime Duc en cette sorte: *Fait au Camp hors la Ville d'Ast le 21. Juin 1615.* CHARLES EMANUEL; après quoi suit immediatement le Paragraphe *Mediante* &c.

ANNO 1615.

Mareſciallo della Dighiera, & à tutti gli altri Governatori delle Provincie confinanti a gli Stati di S. A. ch'effettuato da lei quanto ſopra, caſo che gli Spagnuoli mancaſſero dal loro canto debbano ſoccorrere S. A. con Gente armata ſenza aſpettare nuovo ordine dalla Corte, & non oſtante quello che poteſſero havere in contrario.

Sarà reſtituito biſognando a' Grigioni, Suizzeri, e Valleſi il libero commercio, ſopra lo Stato di Milano, come l'havevano avanti la Guerra.

S. M. Criſtianiſſima perdonerà à tutti i ſuoi Vaſſalli, e Sudditi che contra le ſue proibitioni ſono venuti aſſiſtere ò ſervire S. A. in queſte occaſioni etiandio à quelli che hanno voluto venirgli, reſtituendoli nella ſua gratia, honori, è carichi, penſioni, e trattenimenti ſe ne havevano prima; concedendone le Lettere neceſſarie da verificarſi da' Parlamenti ſecondo l'uſo del Regno in ſimili caſi.

Si dà tempo à S. A. di tre meſi per poter far avviſare i ſuoi amici che ſi aſtenghino da ogni atto d'oſtilità; e ſi dichiara che tutti quelli che veniſſero à ſeguire frà detto tempo s'intenda che non rompino nè pregiudichino alla Pace, reſtituendo però S. A. le coſe che ſi trovaſſero tolte ò rilevando per eſſe gl' Intereſſati di perdita.

E tutte le ſudette coſe, eccettuati gli ordini che come ſopra ſi deono dare al Signor Mareſciallo, e altri Governatori delle Frontiere s'intenderanno doverſi effettuare da S. M. Chriſtianiſſima dopo il reale, & effettivo diſarmamento di S. A. ſolamente. Promettendo eſſo Signor Marcheſe à nome della ſudetta M. Criſtianiſſima (la quale fà ciò caſo ſuo proprio) l'oſſervanza del contenuto nella preſente Scrittura tanto per quello che tocca à S. M. Criſtianiſſima, come dalla parte di S. M. Cattolica per quello che le ſpetta, e di fare ratificare il tutto come ſtà da S. M. Criſtianiſſima, frà venti giorni dopo firmata la preſente Scrittura. Fatta nel Campo fuori d'Aſti li 21 di Giugno 1615.

C. EMANUEL.

D. ANGENNES.

E. GUEFFIER *Agente di S. M. preſente.*

PROMESSA dell' Ambaſciadore Straordinario della Republica di Venetia ſopra il Trattato per la ſicurezza di S. A.

IO Ranier Zen Ambaſciadore Straordinario della Sereniſſima Republica di Venetia appreſſo l'Altezza di Savoia collaudo il ſopraſcritto partito; e prometto in nome d'eſſa Sereniſſima Signoria che ſe, dopo diſarmato il Signor Duca, gli Spagnuoli mancaſſero alle conditioni del partito, e voleſſero offendere S. A. ella unitamente con la Corona di Francia, e con gli altri Principi che ſi ſono ſottoſcritti aſſiſterà alla ſua difeſa.

RANIER ZEN.

PROMESSE *de l'Ambaſſadeur Extraordinaire du Roi de la Grande Bretagne pour la ſûreté du Duc de Savoye dans l'execution dudit Traité.*

JE promets, au Nom du Roi de la Grande Bretagne, que ſi de la part du Roi d'Eſpagne on manquoit, ou qu'on voulût agir directement, ou indirectement contre la Perſonne de Son Alteſſe, ou contre ſes Etats, que le Roi mon Maiſtre prendra l'un & l'autre en ſa protection, & qu'il donnera à Son Alteſſe tous les ſecours neceſſaires à ſa defenſe.

DUDLEY CARLETON.

LETTRE *du Marquis de* RAMBOUILLET *Ambaſſadeur de France au Marquis* DELL' INOJOSA *Gouverneur de Milan, avec la Réponſe dudit Gouverneur en Apoſtille.*

MONSIEUR,

POUR concluſion de ces affaires je ſuplie V. E. de me faire ſçavoir, ſi après que S. A. de Savoye aura executé, pour ſatisfaire à nos Maitres, les trois points; de deſarmer, en retenant ſeulement quatre Compagnies de Suiſſes du nombre ordinaire, & autant de ſes Sujets de ſurplus qu'ils ſufiſent pour la ſeureté de ſes Places & Etats; N'offenſer les Eſtats de S. A. de Mantouë; & de remetre les differents à la Juſtice de l'Empereur, les Armes de Sa Majeſté Catholique n'offenſeront point ſa Perſonne & ſes Eſtats, & V. E. accomplira ce qui a eté accordé en Eſpagne entre noſdits Maiſtres; qu'eſt que ſa Majeſté Catholique metra après le deſarmement de Son Alteſſe ſes forces en tel eſtat, qu'elle ni les autres Princes pour le tems & le lieu, n'en pourront juſtement concevoir ombrages, & reſtituera les Places priſes & Priſonniers depuis & à l'occaſion de ces mouvements, afin que je le puiſſe (3) promettre à S. A. Et en attendant ſur ce la reponſe de V. E. je la ſuplie de me croire, comme je ſuis aſſurement,

MONSIEUR, de V. E.

Des Capucins près d'Aſt ce 22 Juin 1615.

Serviteur très affectionné.

C. D'ANGENNES.

(3) Cette maniere de parler, & celles de la Lettre ſuivante donnent lieu de juger que l'une & l'autre furent ecrites avant la Signature du Traité. Cependant elles ſont datées du 22 Juin. Peut etre faut-il lire le 20., ou le 21. [DUM.]

YO prometo en nombre de ſu Mageſtad, y por lo que à mi tocca, de cumplir todo lo que V. E. me pide en eſta carta. Fecha en el Campo de la Certoſa de Aſti a 21 de Junio 1615. años. Beſa las manos à V. E. ſu ſervidor. El Marques DE LA INOJOSA.

Autre LETTRE *du Marquis de* RAMBOUILLET *Ambaſſadeur de France, au Marquis d'*INOJOSA *Gouverneur General du Milanois, avec la Réponſe dudit Gouverneur.*

MONSIEUR,

JE fais ce mot à V. E. pour la ſuplier de me mander, ſi après que S. A. de Savoye aura ſatisfait aux trois Points deſirés de lui, ſçavoir de deſarmer, n'offenſer les Eſtats de S. A. de Mantouë, & remettre ſes differents à la Juſtice de l'Empereur, V. E. ne rétablira pas le Commerce des Suiſſes & Valleſiens en l'état qu'il étoit auparavant avec l'Etat de Milan; ne donnera pas le tems de trois mois à S. A. d'avertir les Vaiſſeaux qui lui pourront venir, pendant lequel, s'ils entreprennent quelque choſe, la Paix ne ſe pourra dire rompuë, S. A. reſtituant les choſes qu'ils pourroient avoir priſes & dedommageant les intereſſez; faire l'éloignement de Son Armée, & ſortir icelle hors de ſes Eſtats en la forme areſtée entre voſtre Excellence & moi, & que pour ſix mois prochains on ne demandera point à S. A. de paſſage de Gens de Guerre par ſes Eſtats; afin que je lui en puiſſe bailler aſſeurance, & achever l'affaire que je traite avec elle. J'atendrai ſur ce la reponſe de V. E. & cependan à toujours demeurerai, comme veritablement je ſuis,

MONSIEUR, de V. E.

Des Capucins près d'Aſt ce 22 Juin 1615.

Serviteur très affectionné.

C. D'ANGENNES.

YO prometo en nombre de ſu Mageſtad e por lo que a mi toca, de cumplir todo lo que V. E. me pide en eſta carta. Fecha en el Campo de la Certoſa de Aſti a 22 de Junio. 1615. años. Beſa las manos à V. E. ſu ſervidor. El Marques DE LA INOJOSA.

CLII.

27. Nov. LIEGE ET BRABANT.

Recès de la Conférence tenuë à Maſtricht entre les Commiſſaires du Prince & Evêque de LIEGE, *& ceux des Archiducs d'Autriche Ducs de* BRABANT. *Fait le 27. Novembre, 1615.* [Placards, Ordonnances, Edits, &c. de Brabant. Tom. I. Liv. V. Tit. I. Chap. XXIII. pag. 647.]

COMME ainſi ſoit qu'à l'inſtance du Sereniſſime Electeur de Cologne Eveſque & Prince de Liege les Sereniſſimes Archiducs Ducs de Brabant, Ayent par

ANNO 1615. par leurs Lettres patentes du 26. de Juillet dernier passé, commis & deputé Messires Pierre Pecquius Chevalier leur Chancellier de Brabant de leur Conseil Privé & Sur-intendent de la Justice Militaire, Charles Malineus President de leur Chambre des Comptes, & Jean Baptiste Maes Conseiller & Advocat fiscal de leur Conseil de Brabant pour avec les Commis dudit Prince Electeur entrer en communication & conference sur plusieurs difficultez & differences tant de Jurisdiction & limites, qu'autres meus entre leur Pays de Brabant & de Liege, Ayans à ces fins par Lettres patentes dudit Prince Electeur en date du 29. d'Avril dernier esté deputez Messires Christophe de Blocquerie Chanoine de l'Eglise Cathedrale de Liege son Chancellier, Godefroye de Bockholt Sr. dudit lieu Cortesem & Orey de son Conseil secret, & François Diffius aussi dudit Conseil secret & son Advocat fiscal lesdits Commissaires des deux Princes aprés avoir, par l'espace de quelques mois, vacqué & entendu à ladite Conference en la Ville de Maestricht, y examiné bien & au long lesdits differens, ouy ceux qui faisoient sur ce à ouyr, veu & visité plusieurs Procés avec les Appointemens & Sentences y renduës par les Juges de l'un & l'autre desdits Pays, prins inspections oculaires d'aucuns lieux contentieux & faire autres devoirs à l'esclaircissement des matieres mises en dispute, Ont enfin aprés meure & grande deliberation par advis commun prins & arresté les resolutions, reglemens & recés cy aprés particulierement declarez.

Et post multa.

Comme l'experience a faict cognoistre qu'entre les Sujects desdicts Pays de Brabant & de Liege plusieurs differents ont cy devant esté meus & se pourroient mouvoir à l'avenir au grand retardement du jour & execution de la Justice és cas & matieres de jurisdiction cy aprés specifiées, lesdicts Commissaires y voulant pourvoir & remedier ont conclu & resolu ce que s'ensuit.

Premierement que les poursuittes reelles non procedantes d'actions personnelles intentées ou qui s'intenteront pardevant les Juges & Justices ordinaires dudict Pays de Liege sur fonds y gisants & situez ne seront d'oresnavant empeschées ny retardées par mandemens cassatoires ou autres provisions du Conseil de Brabant non-obstant que les proprietaires desdits fonds soyent Brabançons, mais leurs Recepveurs Serviteurs & fermes de tels fonds ne pourront estre convenus à raison des fruicts & levées d'iceux, sinon pour autant qu'ils les auroient perceus depuis l'insinuation faicte à leurs personnes desdits procedures & poursuittes.

L'on n'accordera aucunes Lettres de cassation au prejudice de la jurisdiction dudit Pays de Liege à personnes estrangeres n'ayans residence ou domicille en Brabant.

Les causes personnelles intentées contre ceux demeurans & residens actuellement au Pays de Liege au temps de l'action encommencée ne seront empeschées par provisions cassatoires ou autres semblables dudit Conseil, encores que les adjournez se soyent depuis retirez ou ayent prins residence aux Pays de Brabant.

La Reparation des dommages faicts par les bestiaux des Brabançons sur les fonds de Liege & au contraire appartiendra d'icy en avant à la cognoissance des Juges du fond où le dommage aura esté fait.

Les Sentences des Juges de l'un ou l'autre desdicts Pays rendues contre Brabançons ou Liegeois ayans recognu & prorogé leur jurisdiction, sans que devant la prononciation d'icelles il y ait eu opposition de la part des Princes, sortiront leur plain & entier effect, sans prejudice de la Jurisdiction desdicts Pays au regard d'autres Parties.

Mais s'il arrive que devant les Sentences rendues l'un ou l'autre des Princes ait fait mettre empeschement à telles procedures pour la conservation de sa Jurisdiction & que par ce moyen la Partie protogante s'en veuille aussi deporter elle ne pourra estre receuë qu'en payant à la Partie adverse tous despens à la taxation du Juge pardevant lequel aura esté procedé.

Les Juges de l'un desdicts Pays estant requis de faire mettre à execution les Sentences des Juges de l'autre passées en force & chose jugée les devront faire executer au plutost selon les Loix & Coustumes du Pays de l'execution en vertu des Lettres requisitoriales à eux addressées & delivrées, sans donner lieu aux difficultez ou debats que les condamnez voudroient susciter contre lesdictes executions, soubs couleur de l'injustice ou iniquité desdictes Sentences, ny d'exceptions de payement, quittance, compensation, ou autres semblables, pour lesquelles ils seront tenus de pourvoir pardevant les Juges ayants rendu les Sentences, & suffira qu'il apparoist au Juge requis qu'il y a Sentence depeschée en forme deuë & probante selon les Loix & Coustumes desdits Pays. Que si toutesfois il y avoit de l'obscurité ésdites Sentences les Juges requis renvoyeront ceux qui en poursuivroient l'execution pardevant les Juges requerans pour y donner l'esclaircissement & interpretation que besoing sera. ANNO 1615.

Ce que se gardera & observera aussi au regard des Sentences renduës par le Conservateur des Privileges de l'Université de Louvain, & mesmement de celles renduës en vertu du Privilege accordé aux Estudians de ladicte Université, que l'on appelle *Privilegium tractus*, aux restrictions qui s'ensuivent. A sçavoir lors que les cessions & transports sur lesquels les Sentences seront renduës auront esté faictes aux Suppôts de ladicte Université actuellement y estudians pour continuation, & en subside de leurs estudes par leurs Parens en ligne directe, & non autrement, aussi que la somme soit aucunement proportionnée à la qualité, l'Estudiant & dont l'exaction n'auroit esté differée par l'espace de seize ans, que la cession soit de chose ou actions non defenduës par le droict commun & qu'il ny ait simulation ny collusion

Et tiendront lesdits Commissaires de Brabant la main envers ceux de ladite Université qu'ils ayent à donner acte & declaration par escrit qu'ils n'entendent de se servir du privilege de nomination au prejudice des Prebendes & Benefices venans vacquer és mois des Ordinaires audit Pays de Liege.

Comme aussi lesdits Commissaires de Liege continueront de faire bons devoirs que ledict Evesque & Prince de Liege soit servi de faire instance envers sa Saincteté de n'accorder à l'advenir aucuns Briefs ny autres Lettres Apostoliques en prejudice dudit Privilege de nomination & de l'execution d'icelui audit Pays selon qu'il se practique à present.

L'on ne pourra donner aucun empeschement aux Juges dudit Pays de Liege en l'administration & execution de la Justice criminelle contre les delinquans Brabançons saisis & apprehendez en icelui Pays de Liege en present meffait ou fraische coulpe, ni reciproquement aux Juges du Pays de Brabant contre les delinquans Liegeois aussi apprehendez en Brabant.

Et s'il advenoit que les delinquans se retirassent de l'un desdits Pays, où ils auront commis les delicts & malefices en l'obeissance de l'autre, en ce cas les Officiers du Lieu où les delicts auront esté commis & perpetrez les pourront poursuivre, saisir & apprehender en l'obeissance de l'autre Pays où ils se seront retirez en les delivrant à Officier ou Officiers où ils seront trouvez & prins chargés de leurs cas, lesquels Officiers seront tenus, en faire incontinent la punition & correction selon les merites des malfaicteurs sans port ou dissimulation & à l'exemple des autres, selon ce qui en a cy devant esté accordé entre les deux Princes par le Traicté du 12. de Novembre mil cinq cent & dixhuict.

A fin d'accomplissement de la promesse cy devant faicte par feüe sa Majesté Catholique de treshaulte memoire de recompenser l'Evesque de Liege & son Eglise du terroir de Mariembourgh, Philipville & Charlemont au moyen de la Terre & Seigneurie de Herstal Pays de Brabant & autres Seigneuries, lesdicts Commissaires de Brabant entendans que sur ce auroient de temps passé esté tenuës plusieurs communications & diverses journées & assemblées des Deputez desdicts Princes, ont requis lesdicts de Liege de leur communiquer les Pieces ou bien les Copies d'icelles qu'ils en avoient en leur pouvoir. A quoi a esté satisfaict, & ne laisseront lesdicts Commissaires de Brabant de faire rapport audicts Serenissimes Archiducques de tout ce qui concerne ceste matiere de recompense aussi-tost qu'ils seront de retour audit Bruxelles pour y estre prinse la resolution qu'il conviendra.

Ainsi faict, avisé, & conclu par lesdicts Commissaires des deux Princes soubs le bon plaisir d'iceux, 27. de Novembre 1615. *Estoit signé*,

BLOCQUERIE, PECQUIUS, BOCKHOLTZ, MALINEUX, FRAN. DIFFIUS, I. MASIUS.

Anno 1615.

CLIII.

Decemb. PROVINCES UNIES ET VILLES ANSEATIQUES.

Tractaet van Unie tusschen de Ho: Mog: Heeren STATEN GENERAEL DER VEREENICHDE NEDERLANDEN; *ende de* OOSTERSCHE HANSEE-STEDEN, *tot conservatie van hare Vryheyden, Rechten, Privilegien, ende welhergebrachte Gebruycken. Gedaen in de Maent van December* 1615. [AITZEMA, Saaken van Staat en van Oorlogh. Tom. I. pag. 186. d'où l'on a tiré cette Pièce, qui se trouve aussi en Allemand, dans LONDORPII **Acta Publica Tom I. pag. 220.** & dans LUNIG, **Teutsches Reichs-Archiv. Part. Special. Contin. IV. Abtheil. IX. von Hansee-Städten insgemein. pag. 142.**]

ALsoo van Ouden ondencklijcken tijden tot den gemeynen Hanseschen Verboudt niet alleene hebben gehoort de *Oostersche Hanse-Steden* aen die Oost-Zee, mitsgaders aen die Wixel, Oder, Elbe ende Weser, ende daer ontrent gelegen, maer oock veele *Nederlantsche Steeden* aen die *Noort* ende *Zuyde-Zee*, als oock aen die *Mase*, *Wale*, *Rhyn*, *Yssule* ende andere Wateren ende Stroomen, in deselve Noort ende Zuyder-Zee, exonererende, gelegen ende metten anderen in vaste Eenicheyt ende Vruntschap sijn geweest, ende in de Nabuyre Koninckrijcken ende Landen veele gemeyne Vryheden, Gerechticheden ende Privilegien, door *verdiensten ende Contracten* hebben verkregen, deselve oock met gemeynen Raedt middelen ende machten, somwylen oock met defensive Wapenen hebben bevochten ende staende gehouden, ende dan noch die Nederlantsche Hanse-Steeden metter tydt, door den Lang-weerenden Krygh, ende eenige door ingevallene misverstanden in 't besoecken der gemeyne *Hansische t'samenkomsten* verhindert, ende van wegen haer eygene sware lasten niet mede des gemeynen Verbónts lasten en hebben konnen afdragen, 't welck dan het aensien van eene scheuringe ofte affscheydinge by eenige Nabuyren heeft gevonden, ende dan inde vrye Navigatie, Commertien ende Traffiquen, verscheydene beswaernissen voorvallen, ende noch wyders te besorgen staen, soo heeft 't selve den interessenten van nieus te samen geset ende genoodiget, omme op middelen ende wegen te gedencken, hoe sy naest God den voorbreeckenden onraet weeren, ende haer gemeyne *Vryheydt*, *Recht ende Gerechticheyt* bevestigen ende erhouden mochten; ende dan in desen verloop van Jaeren die meeste Nederlantsche Hansche-steden totte vervattinge der Ho: Mog: Heeren Staten Generael der vrye Vereenichde Nederlanden geraecket, ende mede Lidtmaten sijn van deselve Staet, datmen so niet met haer afsonderlijck maer mette gantsche vervattinge van hare Ho: Mog: veel beter, voegelijck ende vorderliken hadde te tracteren, waer over dan nu ettelijcke Jaere herwaerts dit werck aen allen zyden in sorghvuldige ende vlytige beradinge getogen, dienthal van mede verscheydene Communicatien door schryven ende Gesanten aengestelt ende gehouden, ende in middelst oock de Heeren Burgemeesters ende Raedt der vrye ende des Heyligen Rijx Stadt *Lubeck*, met Hooch-gedachte Heeren Staten Generael albereyts in de Maent van Mey des Jaers 1613. dessels hebben gesloten, Soo ist, dat na gehoude rijpe raedt, Hooch-gedachte H: H: Staten Generael door derselve Gedeputeerde met die Eerbare *Oostersche Hanse-Steden*, ende die Erbare *Oostersche* door haer respective gemachtigde Gesanten ende Gedeputeerden met hooch-gedachte Heeren Staten Generael die oude Vereeninge ende Vrundtschap hebben vernieut, sich vorder vrundlijck ende vastelijck te samen geset, vereeniget en verbonden, ende na volgende Poincten ende Articulen eyntlijcken hebben vergeleecken ende gesloten.

I. Inden eersten, dat dese Vereeniginge ofte Unie niet en sal wesen tot yemants offensie, maer alleen tot conservatie ende onderhoudinge der vrye Navigatie, Commercien ende Traffiquen in de *Oost* ende *Noort-Zee*, mitsgaders in de *Stroomen*, *Rivieren ende Wateren*, haer in deselve Oost ende Noort-Zee exonererende, ende niet anders en sal gemeynt sijn, alsoo dat de respec-

Anno 1615.

CLIII.

Decemb. PROVINCES UNIES ET VILLES ANSEATIQUES.

Traité d'Union entre les Hauts & Puissants Seigneurs les ETATS GENERAUX des PROVINCES UNIES des Païs-Bas, & les VILLES ANSEATIQUES, pour la conservation de leurs Libertés, Droits, Privileges, & legitimes Usages. Fait au mois de Decembre 1615. [AITZEMA, *Affaires d'Etat & de Guerre*, Tom. I. pag. 186.]

COmme de tout tems immemorial non seullement les Villes Anseatiques de l'Est, scituées à la Mer de l'Est, ensemble celles scituées sur le Wixel, l'Oder, l'Elbe & le Weser & és environs, ont été comprises dans l'Alliance commune des Villes Anseatiques, mais aussi plusieurs Villes des Pais-bas scituées sur les Mers du Nord & du Sud, comme aussi celles scituées sur la Meuse, le Wale, le Rhin & l'Issel & autres Eaux & Fleuves, se dechargeans dans les Mers du Nord & de Sud, ont été en une ferme union & amitié avec les autres & ont obtenu des Royaumes & Pais voisins plusieurs Libertés communes, Prerogatives & Privileges, qui par conseil, biens & forces communes, & par les armes deffensives de plusieurs ont été deffendüs & maintenus; & qu'aussi les Villes Anseatiques des Païs-Bas ont dans la suitte du tems, & par une longue Guerre & des mesintelligences survenuës, été empêchées d'assister aux Assemblées generales des Villes Anseatiques, & n'ont pû, à cause de leurs propres charges, supporter les charges de l'Alliance commune, ce qui chez quelques voisins a paru être une rupture & separation, & a causé plusieurs accidens onereux dans les libres Navigation, Commerce, & Traffique, à quoi il s'agit de remedier, cela a porté & obligé de nouveau les Interessez, de penser aux moyens & voyes, comment avec l'assistance de Dieu on pourra remedier à ces inconveniens, & rétablir & confirmer lesdittes Libertez, Droits & Prerogatives communes, & comme dans cette revolution d'années la plûpart des Villes Anseatiques des Pais-bas regardent leurs Hauttes Puissances les Etats Generaux des Provinces Unies; comme étant Membres de l'Etat, & qu'ainsi il ne convient pas de travailler en particulier au redressement susdit, mais avec leursdittes Hauttes Puissances, le Traitté qui en sera fait devant être par là plus utile, plus proffitable & plus convenable, il y auroit eû sur ce sujet plusieurs deliberations diligentes, depuis quelques années, & diverses communications par Ecrit & par Deputez, surquoy même Messieurs les Bourguemaitres & Conseil de la libre & Imperiale Ville de Lubeck ont traité avec les susdits Seigneurs Etats Generaux dès le mois de May de l'an 1613. C'est pourquoi aprés meure deliberation les susdits Seigneurs Etats Generaux ont par leurs Deputez avec ceux des Villes Anseatiques de l'Est renouvellez l'ancienne Amitié & Union qui étoit entre eux, & pour s'unir encore plus étroittement, ont conclu & arresté les Points & Articles suivans.

I. En premier lieu que cette Union ne sera point offensive à l'égard d'aucun; mais seullement pour l'entretenement & conservation des libres Navigation, Commerce & Trafic dans les Mers du Nord & de l'Est, ensemble dans les Fleuves, Rivieres & autres Eaux qui se dechargent dans les Mers du Nord & de l'Est, & ne sera pas

ANNO 1615.

respectivе Vereenighde, hare Burgeren ende Onderdanen, de rechten aller volckeren ende haer erlangte ende hebbende *Vryheyden*, *Rechten*, *Privilegien*, *ende wel-hergebrachte gebruycken* in de voorfz. Ooft ende Noort-Zee, ftreckende totte Hoofden toe, ende op de voorfz Stroomen, Rivieren ende Waeteren, onverhindert mogen gebruycken, en dat jegens den geenen die den Burgeren, Inwoonderen ende Onderfaten der geunieerde met gewelt ende onrechtmatige middelen daer aen hinderen en turberen, ende endtweder den eenen der Geunieerden voor den anderen die Commercien nederleggen ende verbieden, ofte des eenen voor des anderen aen, ofte afgaende waren, fonderlinge *beleggen ende befwaren* wouden, die famentlijcke geunieerde denfelven defenderen ende fchutten fullen, op dat die veelvoudige befwaernifsen foo haeren Burgeren, Inwoonders ende Onderdanen tot groot bedruck ende verhinderinge der algemeyne Commertien ende Schipvaert wedervaren, afgefchaft, ende defe Navigatie ende Commertien den Heyligen Rycke ganffes Duytflandt, die nabuyrige Rycken ende Landen ende namentlijck mede den vereenighden, tot nut ende voordeel gehouden ende gemeerdert moge werden.

II. Derwegen dan defe Unie niet en fal prejudicieren de vruntfchap mette Roomfche Keyferlijcke Majefteyt fampt den Heyligen Rycke, noch mette Koninckl ijcke Majefteyt van Vranckrijck ende Groot-Britagnien, eenfamentlijck die, de vereenichde Evangelifche Chur-Furftlijcken ende Stenden des Heyligen Rijcx tot noch toe mette Heeren Staten onderhouden, als dat oock die Erbare Hanfe-fteden, die tot noch toe in de Keyferlijcke Majefteyts ende des Heyligen Rijcx fchuts, Scherm, verwantenus ende gehoorfaem geweeft, oock hier vorder daer in ende onder fijn, ende verblyven, oock een yeder Stadt die eene *Middelbare* overicheyt heeft, defelve wat recht is, yeder tijdt leyften ende mede van defelve verwachten fal, ende ingsgelijcx die famentlijcke vereenichde hare *Allianties*, *Rechten*, *Statuten*, *Ordinantien ende Bondenifsen* in haer geheel en volle weerden, onverandert ende ongefwackt fullen gehouden, alles nochtans *falvo præfenti fœdere.*

III. De Vereenichde fullen defe Articulen trouwelijck ende oprechtelijck onderhouden ende die met Eede beftedigen.

IV. Die Heeren Staten Generael fullen defe Unie den gemeynen wefen den Vereenichde ten beften dirigeren, doch alfo, dat in allen wat voorgenomen werden fal, een yegelijck deel de vrye Stemme fal hebben te geven, tot welcken eynde dan alle tijt van wegen de Ooftetfche Hanfe-fteden eenige in den Hage, ofte andere plaetfen daer de Heeren Staten Generael fullen vergaderen, mede fullen mogen fijn by den raetflagen, die defe Unie ende wat daer van dependeert, aengaed. Ende fullen de Heeren Staten Generael eenige mogen ftellen ende committeren tot *Lubeck*, ofte daer het noot ende gelegentheyt fal vereyfchen daer mede die *Confilia* des te beter gecommuniceert, ende 't geene wat vorders te effectueren van noode is, mach genomen werden.

V. Die Vereenigde fullen hare *Contributiones* daertoe de felve verplicht zijn, ende foo veel daer van tot yder tijdt voor goet aengefien fal worden, op haer eygene onkoften aen Gelde, Schepen ende Volck, te peerde ende te voete, met allen toebehooren ende gebeur in goeder bereytfchap ende ordeninge houden, ende daer mede ter plaetfe, daer fulcx van noode ende beftemmet wordt, fich vinden laten, gelijck dan in befondere Schriften de namen van de vereenichde Hanfe-Steden, ende der felven contributions quoten ende aenflagen zijn vervat ende uytgedrukt.

VI. Evenverre nu by den geenen fo de Commercie ende Schipvaert behinderen tegens de voorfz. Privilegien ende verdraegen handelt naer voorgaende goetlijcke ende vruntlijcke aenfoeckinge niet te erhouden en zy, wat Recht, reden, ende billickheyt vereyfcht, foo falmen defenfive daer tegens met macht procederen, gelijck men fich deswegen voor hen vereenigen wert, daer mede die voorfz. Privilegien ende verdragen gehouden ende de Commercie ende Schipvaert bevryt en gefeeckert werden mogen, foo verre oock de eene ofte de andere Stadt wegen defe Union, ofte der voorgemelte gemeyne en fonderlinge Privilegien halven, vernut, verdorven, ofte in andere wegen befchadiget worden, foo fal defelve tot weeringe ende ontlaftinge van de aengetogene befwaernifsen en reparatie van de fchaden fpoedige en getrouwe byftant gefchieden.

pas entendu autrement; enforte que ceux de l'Union refpective, leurs Bourgeois & Sujets puiffent fans empêchement jouir du Droit des Gens, & de toutes les Libertez, Droits, Privileges, & Ufages accordez pour lesdittes Mers du Nord & de l'Eft, & dans les Fleuves, Rivieres & autres Eaux; tous ceux de l'Union deffendront enfemblement & protegeront les Bourgeois, Habitans & Sujets d'entre eux qui par d'autres pourroient être troublés par quelques moyens injuftes, & à qui on voudroit deffendre le commerce, ou en impofant quelque charge particuliere fur les Marchandifes en allant & venant, ou autrement, afin que lesdits empêchemens ou charges redoublées, tant nuifibles au Commerce, & à la Navigation, puiffent être abolis & que lesdittes Navigation & Commerce foient pouffés par tout le Saint Empire d'Allemagne, & foient augmentés au proffit & utilité de ceux de l'Union.

II. C'eft pourquoi cette Union ne prejudiciera point à l'amitié contractée avec fa Majefté Imperiale & le Saint Empire, avec leurs Majeftez de France & de la Grand' Bretagne, & avec les Electeurs & Cercles Evangeliques du Saint Empire & qui a jusques à prefent été entretenuë avec les Seigneurs Etats, comme auffi avec les honorables Villes Anfeatiques, qui ont été jusques à prefent fous la protection & obeiffance de fa Majefté Imperiale & du St. Empire, & chaque Ville qui a une authorité mediate, toutes les Alliances, Droits, Statuts, Ordonnances, & obligations demeureront dans leur entier, le tout neantmoins falvo præfenti fœdere.

III. Ceux de l'Union obferveront & entretiendront ces Articles fincerement, & les confirmeront par ferment.

IV. Les Seigneurs Etats Generaux dirigeront cette Union au meilleur proffit de ceux de l'Union; mais cependant d'une telle maniere qu'en tout ce qui fera entrepris, chaque partie donnera librement fa voix; à laquelle fin, il y aura toûjours quelqu'un à la Haye de la part des Villes Anfeatiques de l'Eft, ou dans les autres lieux où les Seigneurs Etats Generaux s'affembleront, & pourra donner fon avis, en ce qui concerne l'Union; & pourront les Seigneurs Etats Generaux commettre quelqu'un à Lubeck *ou au lieu que la neceffité & l'occafion le requerra, afin que les avis & fentimens puiffent d'autant mieux fe communiquer, & effectuer ce qui fera de befoin.*

V. Ceux de l'Union tiendront en bon ordre, & bien preparez à leurs propres frais, les Vaiffeaux & Troupes de pié & de Cavalerie, avec tout ce qui en depend, felon les contributions auxquelles un chacun eft obligé & ce pour le tems qu'il fera trouvé bon, & les feront rendre aux lieux où il fera trouvé neceffaire, & ce fuivant que les noms de chaque Ville Anfeatique de l'Union & les quottes desdittes contributions font contenus dans des Ecrits particuliers.

VI. Et s'il arrivoit que ceux qui voudroient donner quelque empêchement à la Navigation & Commerce contre les fusdits Privileges & Traittez accordez, ne vouluffent s'en abftenir, aprés en avoir été requis amiablement, & felon que le droit, la raifon & l'equité le demanderoit, on procedera contre eux deffenfivement, car pour ce a laditte Union été faitte, & afin que lesdittes Navigation & Commerce foient affurez & rendus libres: Et s'il arrivoit que l'une ou l'autre des Villes à caufe de cette Union ou de quelque Privilege particulier fouffriffent quelque dommage, on l'affiftera au plûtôt pour leur faire obtenir l'indemnité & reparation du dommage fouffert.

ANNO 1615.

ANNO 1615.

VII. Ende daer het alsdan beyder deelen toestemminge tot de Wapenen komen soude, sullen de Vereenichde hare inwoonende Burgeren, Ingesetenen ende aengehoorigen, soo Krygs als Zeevarent volck so der weder-partye dienet, by verlies van Lyf en Goet afvorderen, oock gelijcker gestalt niet gestaden, dat derselver wederpartye, uyt haer steden ende gebieden Gelt, Volck, Scheepen, Ammunitien, Wapenen, Vivres, ofte diergelijcke goederen toegesonden ofte gevolget werden, maer sullen by lijfstraffe verbieden, en oock soo vele mogelijck, verhinderen dat het van anderen niet en geschiede.

VIII. By aldien oock by de wederpartye der Geunieerde Onderdanen, Persoonen, Schepen, Goederen en uytstaende schulden in zyne Landen werden gearresteert, ofte in der Zee aengehouden, wegh genomen, en prijs gemackt, soo sal in der Geunieerde Landen, Steden, ende gebieden, dergelijcken oock geschieden, ende men sal daer jegens eenen yederen helpen weeren ende tegenstaen.

IX. Der Geunieerde Scheepen, sullen eene des anderen Haven ende Stromen vry en onverhindert te gebruyken hebben, ende daerinne haere nootdruft verrichten en repareren, doch dat niemant van hun eenich gewelt gebruycke, maer 't gene hy noodich heeft sich verschaffe, en danckbaerlyck betale.

X. Soo sal der Geunieerden Onderdanen alomme in de Landen en Steden deser Unie, des Burgerrecht gegunnet, oock die erffenisse daer toe hy bevoegt is, onweygerlijck gevolget worden by erleginge tot nachschos ofte exüe des dertichsten ofte des thienden penningh, gelijck sulckx aen elcker oort hergekomen ende gebruyckelijck is, alleen sonder onderscheyt der Religien, soo die in 't Heylige Rijcke gerecipieert, ofte toegelaten is, doch sal een yeder sich andersints Burgerlijck verhouden, en den Statuties loci onderworpen en conform betoonen.

XI. Niemant van de Vereenigde en sal sonder des anderen consent en wille met den jegendeel sich vergelijcken noch verdragen ofte andersints yetwes ingaen, dat den anderen tot prejuditie en schade gereycken konde, maer veel meer daer heen trachten, dat de Vrede in 't gemeyn erhouden, ende der Vereenighde Borgeren, Inwoonders, Onderdaenen, Scheepen, Goederen en Commertie van de beswaernissen bevryt werden men tot die voorige vryheden en Privilegien seeker en onbehindert gelangen moge.

XII. Daer oock een vrede ofte stillestant met den jegendeel soude gemaeckt worden, so sal sulcx geschieden by gemeyne Raet en believen, en anders niet.

XIII. Dit Verbont sal duyren twaelf jaren en op gemeyne believinge vorder gecontinueert worden, maer daer van wegen desselven en wat daer van dependeert, yemant van de Vereenighde bystaende Bontenisse, ofte oock naer ge-eyndighde Bont te Water ofte te Landen soude aengevochten ende beswaert worden, soo sal d'eene den anderen tegens d'eenen getrouwe hulpe ende bystant leysten.

XIV. Indien eenige Potentaten, Landen ofte Stenden in dese Vereeninge begeeren te komen, sullen op redelycke conditien met gemeen consente daer toe ontfangen worden.

In oirkonde zijn hier, van voor haer Ho: Mog: en voor de Vereenighde Hanse-Steeden verscheydene gelijck-luydende Instrumenten opgericht ende verveerdiget, sullen oock noch wyders, na dat hier van ten beyden syden sal wesen gerefereert, met Eedes leistinge en met eenes yederen aenhangende groote Zegelen behoorlick bekraftiget worden; aldus gedaen in de Maent van December in den Jaere 1615.

VII. Et si par l'avis commun on en venoit à une Guerre, ceux de l'Union ordonneront à leurs Habitans, & Sujets, soit Matelots, soit Soldats, qui seront au service de la Partie adverse, de le quitter, sur peine de mort & de confiscation de biens; & pareillement il ne sera pas permis qu'à laditte adverse Partie soient envoyez de leurs Villes & des Terres de leur obeissance, aucun Argent, Troupes, Vaisseaux, Munitions, Armes, Vivres, ou choses semblables, mais cela sera deffendu sur peine de punition corporelle, & même, autant qu'il sera possible, on empêchera que d'autres ne lui en fournissent.

VIII. Au cas aussi que l'adverse Partie vint à arrêter les Personnes, Vaisseaux, Marchandises, & dettes des Sujets de ceux de l'Union, ou qu'ils fussent arrêtés en Mer, enlevez, ou pris, on usera de represailles dans les Pais de ceux de l'Union; & en cela chacun s'assistera & se deffendra l'un l'autre.

IX. Les Vaisseaux de ceux de l'Union pourront frequenter dans les Rivieres & Havres les uns des autres, sans aucun empêchement & s'y reparer & prendre les choses qui leur seront necessaires, mais à condition que personne n'usera de violence, mais ce qui sera fourni sera payé avec remerciment.

X. Les Sujets de ceux de l'Union jouïront par tout dans les Pais & Villes du Droit des Bourgeois, & pourront recueillir les successions qui leur apartiendront comme c'est la coutume en chaque lieu, sans difference aucune de Religion, comme cela est reçu ou permis dans le saint Empire; mais chacun se comportera Bourgeoisement, & se soumettra & conformera aux Statuts du lieu.

XI. Personne de ceux de l'Union ne s'accordera avec l'adverse Partie, sans le consentement des autres, ni permettra qu'il soit rien fait au préjudice & dommage des autres; mais au contraire tâchera que la Paix commune soit entretenuë, & que les Bourgeois, Habitans, Sujets, Vaisseaux, Marchandises & Commerce soient exempts de toute moleste, & qu'on puisse jouir surement & sans empêchement des Libertez & Privileges susdits.

XII. S'il se fait Paix ou Treve avec l'adverse Partie, ce sera de l'avis & consentement commun, & non autrement.

XIII. Cette Alliance durera douze années, & sera continuée d'un consentement commun; mais si quelqu'un de l'Union, durant laditte Alliance, ou même aprés l'expiration d'icelle, venoit à être attaqué ou lezé à ce sujet & ce qui en depend, on se prêtera l'un l'autre secours & assistance.

XIV. Si quelque Potentat, Pais, ou Villes desirent d'entrer dans cette Union, ils y seront, à conditions raisonnables, reçus d'un consentement commun.

En témoin de ce, ont été pour leurs Hautes Puissances, & pour les Villes Anseatiques Unies, dressez divers Instruments conformes, des presentes, lesquelles seront confirmeés par serment & apposition des Sceaux reciproques, aprés que le rapport en aura été fait. Ainsi fait au mois de Decembre l'an 1615.

(1) RATIFICATIONES des obstehenden Tractats von Beeden Theilen/ und zwar von seiten der Städte beschehen zu Lubeck den - - April 1616. Von seiten der General Staaten in s'Gravenhaag den 13. Juny. 1616. [LONDORPII Acta Publica Tom. I. pag. 220. [LUNIG, Teutsches Reichs-Archiv. Part. Special. Continuatio IV. Abtheilung IX. pag. 142.]

C'est-à-dire,

RATIFICATIONS *des deux Parties, savoir de la part des* VILLES ANSEATIQUES *à Lubeck au mois d'Avril 1616 & de la part des* PROVINCES UNIES *à la Haye le 13. Juin 1616.*

WIR Burgermeister und Rath des Käyserl. Freythumbs und des Heil. Römischen Reichs-Stadt Lubeck/ thun hiemit kund und bekennen/ daß zwischen den Hochmögenden Herren der Vereinigten Niederlanden an einer/ und der Commun der ehrbahren Hansee-Städt/ an der andern seiten/ eine Verbündnuß und freundliche vereinigung getroffen worden/ immaßen wie folgt:

Fiat

(1) Ces Ratifications manquent dans AITZEMA, [DUM.]

ANNO 1615.

Fiat Insertio,

UNd demnach die Stadt Lubeck des Hänsischen Verbunds ein uhraltes Glied ist / und die erste Quartier-Stadt / so auch der Hansee directorium führet / auch allbereit in Majo Anni 1613. dieser Bündnüß mit Hochgemeldten Herren Staaten / wie oben in Eingang dieses Bundbriefs vermeldt / eingangen und geschlossen / also bewilligt sie abermahl diese / wie sie alhie erweitert und verbessert / und was ihr laut des zu end gedachter Bündnus angedeuten Verlasses / und sonderlich des 3. Articuls obliegen thut / auch dieselbe in zukünfftigen Monat Majo / als welcher beyderseits darzu bestimt / vielgedachte Bündnuß mit Eidsleistung und dero Stadt grossen Insiegel zu befestigen.

Daß wir demnach und zu Vollnziehung solches Eyds an Unser Statt und von Unsert und gemeiner Unser Stadt wegen ersucht / darzu constituirt und verordnet haben / constituiren und verordnen krafft dieses / wie es aufs kräfftigst geschehen kan und mag / den Ehrnvest und Hochgelehrten Johann Doman / der Rechten Doctoren und des löbl. gemeinen Hansee-Bundes verordneten Syndicum, daß er in Unsere Seel schwöhren mag und soll / daß wir diese einverleibte Union in allen ihren Puncten / Clausulen / und Artickelen (jedoch daß wir bey der behaudeiten contributions quota, als fünff und ein halb gegen einhundert der Hochmögenden Herren Staten / dafern hernach kein fernere moderation zu erhalten / sollen gelassen werden) stet / vest und unverbruchl. zu halten. So wahr Uns Gott helff. Ohn Arg und List / zu wahrer Urkund haben wir wissentlich und wohlbedacht Unserer Stadt Insigel an diesen Brieff hangen lassen / so geschehen zu Lubeck in Unserer Versammlungen in Aprill Anno 1616.

Ist darauf angeregter Verbünd von denen Herrn Staaten approbirt / bestetigt / und mit Eyd befestigt worden / in folgenden Clausulen und worten: die Staaten General der Vereinigten Niederlanden thun männiglich kund und zu wissen / so dieses angehen mag / daß zwischen Uns eines / und dan den gemeinen ehrbarn Hansee-Städten / andern Theils / ein Verbund und freundliche Vereinigung gemacht und aufgerichtet ist / dessen Anfang also lautet.

Fiat Insertio.

UNd daß obgemeldter Hansee-Städten Abgeordnete / besagte Union und Bündnuß auf heutigen tag / &c. unterzeichnet / endlich vollnzogen / die Statuten desselben unter ihrem grossen Insiegle Uns überantwortet / und den Eyd durch ihren bestellten Syndicum, nach gnugsamer Uns fürgebrachter / und gezeigter Vollmacht / leisten und schwehren lassen / deßgleichen haben wir besagte Union Uns belieben lassen / belieben und approbiren dieselbe krafft dieses / und geloben und versprechen dieselbe in allen dero Puncten / Clausuln und Articuln stet und vest zu halten / sonderlich in der bestimt und bewilligten hülff / so offt die Hansee-Städt / ein jede nach ihrer hieoben specificirten quota wird erlegen / so viel 100. herzuschießen und zuerlegen: zu welchen Ende wir Unserer seiten gestellt und gevollmächtigt haben / stellen und bevollmachtigen krafft dieses / den Edlen und Vesten Jacco von Burmannia / itziger zeit Unserer Versammlung Præsidenten, daß er in Unsere Seel schweheren mög und soll / daß wir obgesetzte Union in allen dero Puncten / Clausuln und Articuln stet / vest und unverbruchlich halten wollen. So wahr Uns Gott helff. Alles treulich und ohne Arglist / zu Urkund dieses haben wie diesen Verbundtbrief mit unserm angehenckten großen Insigle und gewohnl. paraphur bekräfftigen / und von Unsern Grephier oder Secretario unterzeichenen lassen. Geschehen Gravenhaag den 13. Junii 1616.

ANNO 1615.

CLIV.

Traité de Paix entre FREDERIC ULRIC *Duc de Brunswic, & la Ville de* BRUNSWIC, *fait à Steterbourg, le* $\frac{21}{31}$ *Decembre*, 1615. [MERCURE FRANÇOIS, Tom. IV. pag. 433. d'où l'on a tiré cette Pièce, qui se trouve aussi en Allemand dans LIMNÆI Jus Publicum Rom.-Germanicum, Tom. III. Lib. VII. Cap. VII. Num. IX. LUNIG, Teutsches-Reichs-Archiv. Part. Spec. Abtheil. IV. Absatz IV. pag. 102. Relationis Historicæ Semestralis Continuat. Autumnal. per SIGISM. LATOMUM facta. Sub anno 1615. pag. 77.]

$\frac{21}{31}$ Dec. LE DUC ET LA VILLE DE BRUNSWIC.

FRIDERIC Ulrich Duc de Brunswic confirmera tous les Privileges, Immunitez, & Coustumes de la Ville de Brunswic, & promettra de satisfaire aux Sentences prononcées en la Chambre Imperiale, pourveu que le Senat, & les Citoyens de Brunswic luy rendent l'hommage & lui prestent le serment en la mesme forme qu'ils firent l'an 1569. & qu'ils le tiennent pour leur legitime Duc, comme ils ont faict ses Predecesseurs. Demeurans en leur entier tous les Accords cy-devant faicts entre les Ducs & la Ville de Brunswic.

II. S'estant esmeu beaucoup de contentions & differents sur la Jurisdiction du Duc, & sur les termes où il dit, qu'elle se doit estendre, il a semblé bon, Que l'on en traicteroit en un autre temps, ou par Arbitres, ou en la Chambre Imperiale: Et ne s'agissant maintenant, sinon comme l'on pourra composer ceste Guerre, & delivrer de toute Gendarmerie ceste Province, reservant les Privileges & les Droicts des deux Parties, il a esté accordé, Que le Ban Imperial contre la Ville de Brunswic donné cy-devant à la poursuite dudict Duc, demeurera nul, & que ledit Duc renoncera à toutes les pretentions, qu'il pense luy estre acquises par iceluy, duquel Ban il en impetrera l'abolition de sa M. I.

III. Quant à ce qui regarde la demande que la Bourgeoisie faict sur la retention de plusieurs biens immeubles, moulins, decimes & pensions qui sont au Duché, bien que le Duc ait plusieurs exceptions à l'encontre, il a semblé bon, que tous ces biens seront restituez par le Duc, à la Ville, & à ses Eglises, Monasteres, Escholes, Hospitaux, Bourgeois, & autres ausquels ils appartiennent: & pour les dommages receus à cause de l'alienation ou vente qui en a esté faite par le Duc, ceux qui en ont tiré l'usufruict en payeront à la Ville de Brunswic cent mille florins, & ce durant cinq ans prochains, le premier terme commençant à la S. Michel de l'an suivant: excepté les biens scis à Riddergeshus, & les Minieres metalliques, lesquelles seront remises aux proprietaires. Toutes actions pour ce regard intentées depuis l'an 1591. seront esteintes. Les biens enlevez à ceux de Brunswic & des Villes Anseatiques ne seront restituez, mais compensation s'en fera. Et sera libre à un chacun de se faire payer de ce qui lui est deub.

IV. Que les tiltres & enseignemens gardez à S. Blaise seront derechef restituez & rendus à la Ville.

V. Qu'il ne se fera de part ne d'autre aucune demande pour les dommages receus pendant la guerre.

VI. Que les chemins & le Commerce seront libres, & tous nouveaux imposts abolis.

VII. Que tous Faiseurs de cervoise & autres ouvriers demeurant aux Villages seront abolis, & à eux enjoinct de suivre le Reglement faict l'an 1569.

VIII. Que la Transaction faicte en 1569. concernant les Fiefs d'Eichuse & Venhuse, & autres, seroit gardée, & la forme du serment feodal receuë l'an 1571. observée, sans que par faute d'hommage ou de-

ANNO 1615.

voirs non faicts, on peust jusques à present intenter aucune action.

IX. Si d'aventure cy-aprés il advenoit quelque different entre le Duc & la Ville de Brunswic sur les Articles de la presente Transaction, ou pour quelque autre cause que ce soit, ledict Duc & Villes s'en remettront par Arbitres, ou se pourvoiront par la voye de Justice en la Chambre Imperiale, sans en venir plus aux Armes l'un contre l'autre.

X. Que si ledit Duc contrevient de sa part à ceste Transaction, dés à present il delivre ses Subjects de Volfelbit & de Calvimont de l'obeyssance qu'ils lui doivent, & à ses Successeurs: Et afin qu'il ne reste aucune chose qu'il ne face entretenir, le Senat & les Bourgeois de Brunswic delayeront de lui prester l'hommage jusques à ce que les Articles cy-dessus soient solemnellement confirmez & establis. Que de l'autre part, si le Senat & les Bourgeois de Brunswic violoient en quelque façon que ce fust ceste Transaction, ils se soubmettroient à n'estre secourus des Villes Anseatiques leurs Alliées.

XI. Que toute la Gendarmerie tant d'une part que d'autre seroit licentiée, sans qu'elle apportast incommodité: reservé la Garnison ordinaire du Chasteau & de la Ville de Brunswic.

XII. Que sous ceste Transaction de Paix seront compris d'une part, tous ceux de la Maison de Brunswic de la branche de Sellen, les Conseillers du Duc, Prevosts, Chefs de Cavalerie, Capitaines, Officiers, Vassaux, Ministres & Subjects. Et de l'autre, toutes les Villes Anseatiques; & principalement Lubec, Breme, Magdebourg, Lunebourg, & tous leurs Syndics, Prevosts, Chefs de Cavalerie, Officiers, Bourgeois & Subjects.

XIII. Que dans deux mois le Duc & la Ville deputeront vers l'Empereur, pour le prier avoir aggreable ceste Transaction de Paix, & imposer une grande peine à celui qui y contreviendra: laquelle Transaction sera auparavant signée & séellée par le Duc, tant en son nom que pour ses Successeurs: Et par le Consul au nom de la Ville.

CLV.

1616. 20. Janv. FRANCE ET CONDE'.

Articles accordez, sous le bon plaisir de LOUIS XIII. *Roi de France, entre Messieurs* de Brissac *Maréchal de France,* & de Villeroy, *Conseillers d'Etat de sa Majesté, d'une part,* & *Mr. le Prince de* CONDE' *premier Prince du Sang, d'autre; afin de parvenir à une Conference pour la pacification des troubles de France. Fait à Fontenay-le-Comte, le 20 Janvier 1616.* [MERCURE FRANÇOIS Tom. IV. Part. II. pag. 19. d'où l'on a tiré cette Pièce, qui se trouve aussi dans *Relationis Historicæ Francofurtanæ Continuatio Autumnalis Anno 1616.* pag. 90.]

I. LE Roi se contentera de traicter en ladite Conference avec mondit Seigneur le Prince, & autres Princes, Ducs, Pairs, Officiers de la Couronne & tous autres, tant Catholiques, que de la Religion pretenduë Ref. qui l'ont assisté & se sont joints avec lui, y compris mesme les Deputez de ceux de ladite Religion assemblez à Nismes.

II. Ladite Conference se fera en la Ville de Loudun par Commissaires deputez par sa Majesté pour traicter avec mondit Seigneur le Prince, & les Seigneurs susnommez, laquelle commencera le dixiesme jour de Fevrier prochain.

III. Et afin que rien ne puisse troubler un si bon œuvre, a esté trouvé à propos, sous le bon plaisir de sa Majesté, de faire une Suspension d'armes & de toutes actions militaires par tout le Royaume & autres Païs de l'obeissance de sa Majesté; comme pareillement dans les Souverainetez de Sedan & de Raucourt, A commencer, pour le regard des Provinces de Poictou, Xaintonge, Angoumois, Bretagne, Anjou, Touraine & Berry, du jour que les presens Articles auront esté ratifiez par sa Majesté. De la volonté de laquelle ledit Seigneur Prince sera esclaircy dans le trentiesme du present mois. Et pour le regard des autres Provinces esloignées, ladite suspension d'armes commencera du jour qu'elle sera publiée dans lesdittes Provinces, par les Gouverneurs, ou Lieutenans generaux d'icelles, pour finir par tout au premier jour du mois de Mars aussi prochain. Dequoi ledit Seigneur Prince advertira en mesme temps ceux qui commandent dans les Places & Lieux de ceux qui se sont joints & unis avec lui.

ANNO 1616.

IV. Et pour faire que ladicte suspension d'armes soit promptement executée & observée par toutes les Provinces du Royaume, sa Majesté sera suppliée tres-humblement d'y envoyer en diligence ses commandemens necessaires pour la faire publier. Et si attendant ladicte publication aucunes personnes estoient arrestez prisonniers apres ledit trentiesme jour du present mois, sont dés à present declarez de mauvaise prise, & seront relaschez à la premiere demande qui en sera faicte de part & d'autre.

V. Durant ladicte suspension ne sera fait de part & d'autre aucune fortification és Villes & Places prises depuis le premier jour de Septembre dernier, ny aucune levée de gens de Guerre dans le Royaume, & Pays de l'obeissance de sa Majesté.

VI. Et pour empescher que la proximité des armées n'apporte aucune alteration de part & d'autre; a esté accordé, soubz le bon plaisir de sa Majesté, qu'en attendant ladicte Conference, nuls des Trouppes de sadicte Majesté, ne passeront, ny demeureront deça la riviere du Clain: Comme aussi durant ladite Conference les forces de sa Majesté se retireront au delà de la riviere de Vienne, sans approcher de huict lieuës de ladicte Ville de Loudun. Mais quant aux Garnisons qui pourroient estre necessaires pour la seureté des Villes & Places au deça des Rivieres de Vienne & du Clain, lesquelles pourroient donner quelque jalousie, il sera dressé un estat avec Monsieur le Prince, ou autre qu'il commettra, du nombre d'hommes qui seront mis en icelles.

VII. Comme au semblable aucun des Troupes de l'armée de Monseigneur le Prince n'approchera de la Ville de Poictiers durant ladicte suspension, de six lieuës, ny logeront au delà de la Riviere de Toué, ny és Provinces d'Anjou & de Bretaigne, au delà de ladicte Riviere de Toué. Et quant aux Garnisons qui pourroient estre necessaires pour la seureté des Places de Mondit-sieur le Prince, lesquelles semblablement pourroient donner jalousie, en sera dressé estat avec ceux qu'il plaira à sa Majesté commettre.

VIII. Et pour le regard de la Province de Xaintonge, n'y logeront aucunes Trouppes, depuis Taillebourg remontant sur la Riviere de Charente.

IX. Quant aux autres Provinces, sa Majesté & Mondit-Seigneur le Prince deputeront quelques-uns pour regler les Trouppes qui y seront, & convenir de leur forme de vivre.

X. Mondit-Seigneur le Prince pourra durant ladicte Conference, & pour la seureté d'icelle, loger cent Hommes de Guerre en la Ville de l'Isle-Bouchard, & jusques à huict cens hommes dans celle de Loudun: ensemble quatre cens chevaux és environs de ladicte Ville de Loudun, és lieux & endroits qui seront cy-aprés nommez avec sa Majesté, ou ceux qu'il lui plaira ordonner.

XI. Les Trouppes desdictes Armées qui se voudront retirer par commandement ou congé des Generaux d'icelles, ou desdits Seigneurs, Princes, Ducs, Pairs, Officiers de la Couronne, Gouverneurs des Provinces, & Lieutenans Generaux du Roi, le pourront faire en toute seureté, advertissant les Gouverneurs des Villes & Places par lesquelles ils passeront: Et n'y pourront neantmoins passer que vingt à vingt à la fois. Faict & signé à Fontenay-le-Comte le vingtiesme Janvier, 1616.

Ordonnance pour la suspension d'Armes.

De par le Roy. Sa Majesté voulant embrasser tous moyens convenables pour mettre son Royaume en repos, & faciliter la tenuë de la Conference qui se doit faire à ceste fin, A ordonné que suspension d'armes, & de toutes actions militaires sera faicte & observée par tout son Royaume, Pays, & Terres de son obeïssance, à commencer du jour de la publication de la presente Ordonnance, jusques au premier jour de Mars prochain; pendant lequel temps, ne pourront estre prins aucuns prisonniers de Guerre, ny faict aucunes entreprises de part ny d'autre. Mandans à ceste fin à tous Gouverneurs & Lieutenans Generaux de ses Provinces & Villes, Baillifs, Seneschaux, Prevosts, Juges, ou leurs Lieutenans, Capitaines, Chefs & Conduc-

teurs

ANNO 1616. teurs de ses gens de Guerre, & à tous ses autres Justiciers, Officiers & Subjects qu'il appartiendra, de faire publier la presente Ordonnance, & icelle faire entretenir & observer, & reparer toutes Contraventions qui y pourroient estre faictes. Donné a Chastelleraud le 23. jour de Janvier 1616. *Signé*, LOUYS. *Et plus bas*, DE LOMENIE.

CLVI.

17/27. Janv. **Correspondenz-Vergleich zwischen den beeden Bischoffen Johann Gottfried zu Bamberg/ und Julium zu Würtzburg/ dan denen Marggraffen zu Brandenburg/ Christian zu Bayreuth/ und Joachim Ernst zu Anspach; Worinnen sie sich gewisser Mittele vergleichen/ wodurch sie dem von der Reichs-Ritterschafft in Francken-Orths gebürg wider Bamberg und Bayreuth angefangenen/ allen Churfürsten/ Fürsten und Ständen des Reichs præjudicirlichen process, wegen der heimgefallenen Lehen/ Guter Besteurung zu der Ritterschafft-Cassa, remediren/ und dem von besagter Ritterschafft wider sie erhaltenen poenal-befehl de solvendo Collectas möchten begegnen können. Geben Ochsenfurt den 17/27. Januarii 1616. [Hochfürstl. Würtemberg. gegen-Vorstellung an Ihro Käyserliche Majest. in sachen der Schwäbischen Reichs-Ritterschafft des Orts am Kocher contra Würtemberg prætensi Mandati de solvendo Collectas &c. pag. 69. in Beylagen Lit A.]**

C'est-à-dire,

Convention entre JEAN GODEFROI *Evêque de Bamberg*, JULES *Evêque de Wurtzbourg*, CHRISTIAN *Marcgrave de Brandebourg-Bareith*, & CASIMIR ERNEST *Marcgrave de Brandebourg-Anspach, par laquelle ils s'unissent & concertent les moyens de s'opposer ensemble au Procès commencé par la Noblesse de Franconie du Quartier des Montagnes, touchant les Contributions des Fiefs revolus qu'elle prétend attirer à sa Caisse, & de remedier au Mandement pénal qu'elle a obtenu sur ce sujet, comme étant contraire aux Droits des Electeurs, Princes & Etats de l'Empire. A Ochsenfurth le 17/27 Janvier 1616.*

DEmnach die Fränckische Ritterschafft Orths Gebürgs/ unter dato Speyer den 3. Julii Anno 1615. insgemein Churfürsten und Ständen des Reichs hochpræjudicirliche Cameralische process verkundigen lassen dem Hochwürdigen Fürsten und Herrn/ Herrn Johann Gottfriden Bischoffen zu Bamberg und Thomprobsten zu Würtzburg/ ꝛc. So dann dem Durchleuchtigen und Hochgebohrnen Fürsten und Herrn/ Herrn Christian/ Marggrafen zu Brandenburg/ in Preussen zu Stettin/ Pommern/ der Cassuben und Wenden/ auch in Schlesien zu Crossen und Jägerndorff Hertzogen Burggrafen zu Nürnberg/ und Fürsten zu Rugen/ darinnen sub pœna dupli, auch 6. marck löthigen Goldes gebotten wird/ ettliche Gütter/ welche als zur Ritterschafft gehörig/ angezogen worden/ zu der Ritterlichen Einnahm zu versteuren/ mit dem Anhang/ daß solches geschehen sey/ auf einen gewissen termin glaubliche anzeige zu thun/ alles mehrern Inhalts obangeregter process; So haben in Ansehung besorgenden General Præjudicii, beede obhochgedachte beklagte Fürsten ein Notturfft erachtet/ auf das wenigste mit etlichen in diesen Sachen mitinteressirten Fürsten berathschlagungen anzustellen/ wie diesem werck/ zu vorkommung weiterer beschwerlicher sequel, abgeholffen und remediret werden möchte: derwegen die Hochwürdige/ Durchläuchtige und Hochgebohrne Fürsten und Herren/ Herrn Julium, Bisschoffen zu Würtzburg/ ꝛc. Herrn Joachim Ernsten/ Marggrafen zu Brandenburg/ in Preussen/ zu Stettin in Pommern/ der Cassuben und Wenden Hertzogen/ Burggrafen zu Nürnberg/ und Fürsten zu Rügen! So dann Herrn Johann Fridrich/ Hertzogen zu Würtenberg und Teckh/ Grafen zu Mömpelgardt/ Herrn zu Heydenheimb/ freundlich ersucht/ solchen Wercks halben ein Correspondentz-Berathschlagung Ihnen nicht entgegen seyn zu lassen/ darauf auch verglichen worden eine Zusammen-Ordnung auf den 17/27 dieses zu solchem End nach Ochßenfurth anzustellen/ bey welcher heut dato (zwar abwesend Ihro Fürstl. Durchl. von Würtemberg Abgesandten/ deren alle Anwesende einen Tag erwartet/ und ermessen müssen/ daß Ihr Ankunfft aus erheblichen Ursachen gehindert) beschlossen worden/ daß beede Hochgedachte beklagte drey Fürsten von Bamberg und Brandenburg/ jeder für sich am Cammer-Gericht Exceptiones fori declinatorias, auch in quantum videbitur, doch allein Eventualiter cum reservatione expressa declinationis fori, non competentis actionis, einwenden sollen/ darbey alle anwesende Gesandten ad referendum, und zu fernerer Erklärung Ihrer Gnädigen Fürsten und Herrn zu der Fürstlichen Bambergischen Cantzley aufgenommen: Ob-und was gestalt unterdessen pari passu dieses Werck mit außführung daraus entstehenden Præjudicii an die Römische Käyserl. Majestät Unsern Allergnädigsten Herrn/ und Allergnädigste Declaration deren in mandat angezogenen Privilegien möchte gebracht werden. Und damit allerseits bey dem Käyserlichen Cammer-Gericht dieser insgemein zusammen ziehenden Fürsten intention desto besser möge verspühret/ und in acht genommen werden; So haben sich die Herren Würtzburg-und Brandenburg-Onoltzbachische Abgesandten anerbotten/ was Ihres Theils hiebevor auf dergleichen process zu Speyer für acta judicialiter einkommen/ zu der Furstl. Bambergisch-und Culmbachischen Cantzley furderlichst zu communiciren/ ist auch ferner insgemein beschlossen worden/ daß diese Sache von allen abgeordneten Fürsten auf alle Vorfallenheit soll favorisirt/ und möglichst befördert werden/ auch in diesem Werck alle für einem Mann stehen sollen/ zu welchem Ende auch so offt am Cammergericht pro oder contra etwas einkommt oder einzugeben/ es seyen gleich exceptiones, replicæ, duplicæ, conclusiones, und dergleichen/ derjenige/ so beklagter seyn wird/ allen mit-correspondirenden Fürsten abschrifftlich zuschicken/ und so viel immer möglich/ und die Terminen leyden wollen/ der Antwort erwarten soll. Und dieweil ohne zweiffel aus erheblichen Ursachen Ihrer Fürstl. Durchl. von Würtemberg Abgesandten diesen Tag nicht besucht/ auch von den Fürstl. Brandenburgisch-Onoltzbachischen Gesandten so viel Bericht einkommen/ daß vor dieser zeit mit Ihrer Fürstl. Gnaden von Pfaltz-Neuburg Correspondentz gehalten/ so ist für gut befunden worden/ um mehrerer Bestärckung dieser Correspondentz/ beeder Fürstl. Fürstl. Gnaden von Neuburg und Wurtemberg diesen Recess durch ein Communication-schreiben unterthänig zuzuschicken/ als auch sonsten unterschiedliche gravamina, so insgemein Fürsten und Ständen des Reichs zum præjudicio gereichen/ vorkommen/ ist die remedirung/ derselben ad referendum genommen und veranlaßet worden/ daß jedes Fürsten Erklährung derselben halben zur Bambergis. Cantzley eingeschickt/ und von selbst aus den andern communicirt werden

ANNO 1616. den soll. So geschehen zu Ochssenfurth den 17/27. Januarii 1616.

(L. S.)

Sebastian Schenck von Stauffenberg Dhum-Herr.
Georg Neustatter/ Stürmer genannt.
Georg Hahn/ Doc.
Johann Christoph Peßler/ Doc.
Cunrad Fridrich von Thüngen.
Hrn. Brand/ Doc.
Urb. Caspar von Seilsch.
G. Scheid.
P. M. Wolfarth/ Doc.
Ernst Pfenning/ S.

CLVII.

1. Mai. *Tractatus inter* MATHIAM *Romanorum Imperatorem*, & ACHOMETUM *Turcarum Sultanum*, *quo Pacificatio Situatorockiana*, *anno* 1606. *inita*, *ad viginti annos prorogatur*; *Controversiaque de Pagis dedititiis Palankis & Damnis hactenus restantia componuntur*. *Viennæ die* 1. *Maii* 1616. Cum RATIFICATIONE *Cæsarea Dat. Pragæ die* 10 *Maii* 1616. [Pièce tirée de la Chancelerie Imperiale Aulique de Guerre.]

MATHIAS Dei gratia Romanorum Imperator semper Augustus, ac Germaniæ, Hungariæ, Bohemiæ, Dalmatiæ, Croatiæ, Sclavoniæ, aliorumque eo pertinentium Regnorum, Ditionum, & Provinciarum, &c. Rex. Memoriæ commendamus, tenore præsentium significantes, quibus expedit universis. Quod licet inter felicis recordationis, Rudolphum secundum Romanorum Imperatorem, Dominum Fratrem nostrum observandissimum, ac Serenissimum Sultanum Achometem Turcarum Imperatorem, Vicinum & Amicum nostrum, per utriusque Partis Commissarios ad id deputatos, Pax & Concordia viginti proximè insequentibus Annis inviolabiliter observanda, Anno Domini 1606. ad Situatorock conclusa, mutuoque juramento corroborata fuerit; multæ tamen deinceps controversiæ ac difficultates, tam circa sensum ac intelligentiam ipsarum Capitulationum, quam etiam circa executionem rerum sancitarum obortæ sunt; quæ, ut rite complanarentur, ac dilucidarentur, idem Turcarum Imperator Achometes Legatos suos cum Regiis muneribus, ac plena tractandi concludendique autoritate, Viennam Austriæ ad nos destinavit.

Nos verò, pro eo pacis studio, quo, cùm alia nostra Regna, ac Provincias, tum præsertim multis bellorum calamitatibus afflictam Hungariam, respirare cupimus, ad complanandas ejusmodi difficultates, quæ Pacem præmissam labefactare posse videbantur, nostros itidem Commissarios cum plena tractandi ac concludendi potestate, Anno proxime elapso 1615. destinavimus, Reverendissimos utpote, Spectabiles, & Magnificos Dominos, Franciscum Forgach de Ghymes S. R. E. Presbyterum Cardinalem, Archiepiscopum Strigonien. locique ejusdem Comitem perpetuum, Primatem Hungariæ, Legatum natum, Summum & Secretarium, Cancellarium, & Consiliarium nostrum, bonæ memoriæ. Melchiorem Kieseli, nunc itidem S. R. E. Presbyterum Cardinalem, Episcopum Viennensem, & Neustadien. Secreti Consilii nostri Directorem, &c. Joannem à Molard Liberum Baronem in Raineck & Drosendorff, intimum Consiliarium, Cubicularium, Bellici Consilii nostri Præsidem, ac Civitatis nostræ Viennensis Supremum Capitaneum, Adolphum ab Althan, nostrum, & Sac: Rom: Imp: Comitem, Liberum Baronem in Goldburg & Muerstetten, &c. Philippum Comitem à Solms, Liberum Baronem in Muntzenber, & destinatum nostrum Supremum Capitaneum, Ladislaum Pethe de Hethes, Comitem Comitatus Thornen: nec non Janitorum Regalium Magistrum, Consiliarium nostrum & Cameræ Hungaricæ Præfectum, Liberum Baronem in Ormosd, Dominum in Hrusso, & Kistapolcsan. Paulum Appom de Nagii Appon. &c. Fideles nobis syncere dilectos. Qui quidem Commissarii nostri, cum Magnificis, nobis dilectis, Achmet Tyhaja, ac Caspare Gratiani, Imperatoris Turcarum Plenipotentiariis in Aula nostra Viennensi, certos Articulos ad stabilitatem initæ Pacis sanciverunt, eosque ad Portam Ottomannicam transmiserunt. Hos porro Articulos postquam Imperatoris Turcarum Diplomate, ac Jurejurando approbatos recepissemus, ne quid in nobis desiderari videretur, nos quoque eosdem Articulos ratificavimus, approbavimus ac jurejurando firmavimus.

Et licet hi Articuli, una cum iis, qui ad Situatorok stabiliti fuerant, Typis ante vulgati prodieriut: quia tamen Scribarum & eorum, qui operis Typographicis præfuerunt, inadvertentia, haud sane leves in Articulos dictos irrepsere defectus; idcirco necesse fuit, accuratam rursus ejusdem Pacificationis editionem moliri. Cum verò præcipuæ difficultates circa Situatorokianam Transactionem ex eo ortæ sint, quod Turcici Imperatoris confirmatio, verbis & sensu interdum obscurior, à nostra, utpote liquida, claraque discreparit; idcirco, ut omnis denique similium contraversiarum ansa præscindatur, neve obtendi unquam possit Turcicorum Exemplarium discrepantia, visum est, ex ipso Turcici Imperatoris Diplomate, fideliter & verbatim exscriptos Viennenses Articulos, Typis subjicere, juxta quos, utpote à nobis acceptatos, ac firmiter roboratos, ut Pax deinceps inviolata custodiatur, omnimodo volumus ac decernimus.

Pari ratione, ne ullis obscuritatibus, vel Situatorokianæ Pacificationis vel postremæ hujus Viennensis Conclusionis Articuli involvantur, non solùm annecti volumus ea, quæ circa executionem dictorum Articulorum recenter à nostris & Turcicis Commissariis statuta sunt ac definita; verum etiam Situatorokianas Capitulationes, prout à felicis recordationis Rudolpho Secundo Fratre nostro charissimo, Anno 1606. die 9. Decembris confirmatæ ac ratificatæ, & ab Imperatore Turcarum acceptatæ, ac novissime in Articulo secundo Viennen. Tractationis, approbatæ & stabilitæ fuere, de verbo ad verbum excudi curavimus. Quorum quidem omnium tenor ad verbum sic se habet.

Articuli anno M. DC. XVI. *Viennæ conclusi*, *ac de verbo ad verbum*, *ex Imperatoris Turcici approbatorio Diplomate*, *in Latinum Sermonem translati*.

ARTICULUS I.

QUIA contra conclusam ad Situatorok. Pacem, multæ res contigerunt ab utraque parte, necessarium est, ut de novo roboretur, ac ad rectam viam reducatur. Itaque hæc sancta Pax ad Situam stabilita & conclusa, integris viginti annis observetur; computando hos viginti annos, à data præsentium Literarum, à Mense Chomazilahir, anni 1024.

ARTICULUS II.

Pax antehac ad Situatorok conclusa, in omnibus Articulis salva permaneat, juxta Capitulationes, quas Rudolphus Imperator, manus subscriptione, ac Sigilli impressione, firmatos, ad nos misit: & à nobis gratanter acceptata sunt. Ex parte quoque nostra, Literis roboratas Capitulationes, Imperatori Romanorum misimus, quas gratanter acceptavit. Illæ porrò, datæ fuere, venerandi ac beatæ memoriæ Jesu, anno 1606. die 9. Decembris. Et ut de verbo ad verbum observarentur, Capitulationum Copia ad nos missa. Capitulationes verò à nobis ad Imperatorem Romanorum missæ, & ab ipso acceptatæ, datæ fuerunt, Anno 1021.

ARTICULUS III.

Ex quo tempore Agria, Canisia, Alba Regalis, Pest, Buda, Zolnok, Hatvan, & aliæ Arces occupatæ sunt, Pagi, qui semper ad illas Arces dedititii fuerunt, deinceps etiam sint dedititii.

Illi vero Pagi, qui contra Pacificationem Situatorokianam, ex utraque parte impediti sunt à solutione tributorum, vel contra Pacem vi, ac coacte dedititii facti sunt, illi Pagi, à Commissariis nostris ac Romanorum Imperatoris, ab utraque parte revideantur, & eadem

ANNO 1616.

eadem hora eliberentur, ac Dominis suis restituantur.

Inter Pagos ad utramque Partem tributa pendentes, ii Pagi, qui ad sola confinia Romanorum Imperatoris, Nogradum scilicet ac alias Arces debent tributa solvere, per deputatos ab utraque parte Commissarios investigentur, & Registris adscribantur, ut ex confiniis nostris, Pagi illi non molestentur. Pagos etiam, qui ad utramque partem tributarii sunt, utpote ad Arces Romanorum Imperatoris, & ad Strigonium, ac alias Arces, Commissarii utrinque ordinati, in Registris consignent, ut palam sit, qui Pagi sint utrique Parti obstricti, ne propter illos posthac controversiæ oriantur.

Quod ad Strigonienses controversos Pagos spectat, qui essent numero 158. ex illis, Strigonio viciniores sexaginta Pagis fiant deditiii. Ita siquidem concordatum est: & hoc Commissarii utrinque missi videbunt.

Hi autem nominati Pagi Strigonienses, & alii, qui ubicunque in Regno Hungariæ deditiii sunt, ex neutra parte, supra antiquam consuetudinem turbentur: nec quidquam supra tributa ipsorum, ab iis exigatur.

Tributa verò ad quæ ex veteri consuetudine obstringuntur, Judices Pagorum Domino pendant. Quod si Judices non deferant, Bassa vel Beghus loci illius, eisdem Colonis ter denunciet, ut Judices tributa sua deferant: si nec tunc quidem solverint, ad Capitaneum Confinii, quicunque is fuerit, ea de re scribat, ut scilicet illorum Pagorum Judices, una cum tributo ad se mittantur. Ad extremum, si nec sic præstiterint, ille Bassa vel Beghus eosdem Colonos etiam vi ad se deduci, & modo decenti deditiios facere possit. Et in toto Hungariæ Regno, Pagi qui nobis deditiii sunt, modo prædicto permaneant ita tamen, ut Pagi deditiii, seu tributarii, id pendant, quantumcunque sit, quod ab antiquo ipsorum tributum fuit, nec amplius ab iis possit peti.

Ab utraque parte, in Superiori & Inferiori Hungaria, Regnis Croatiæ ac Sclavoniæ, circa Confinia nostra, per Commissarios utrinque nunc designatos, limites demonstrentur, & inter se concordando, metas ab utraque parte rectificent, ac liquidas reddant.

ARTICULUS IV.

Qui utrinque contra Pacem stabilitam deliquerunt, nisi testibus convicti, puniri repente non possunt conclusimus, ut utrinque revideatur, ac Justitia administretur. Ad hanc rem autem, quatuor mensium terminus est assignatus: ac ab utraque parte ad hoc obstricti manent. Ademptum vero Stipendium Albæ Regalis Militum, & damna Bolondvariensia, nunc revideantur, & restituantur.

Illud insuper conclusum, ut capti utrinque post Situatorokianam Pacificationem, sine litro ac prætio omni, liberentur.

ARTICULUS V.

Achmet Tihaja, Registrum exhibuit Palankarum post initam Pacem exstructarum. De hoc Articulo ita conventum. Quod utrinque post Pacem Situatorokianam, contra Pacem ædificatæ Palankæ, ab utraque parte inquirantur; & postquam intellectum ac probatum fuerit, quod aliqua Palanka contra Pacem est ædificata, quatuor istis mensibus ab utriusque Partis Capitaneis, vel singulis ab utraque Parte Deputatis Proceribus, videantur, & quæcunque Palankæ ab utraque Parte contra Pacem sunt exædificatæ, illæ destruantur.

ARTICULUS VI.

Quoniam maligni homines, absque intermissione, multa inique perpetrarunt, contra sanctam Pacem, & bonam amicitiam: Idcirco ita conclusimus & sancivimus. Si posthac tales Personæ fraudulentæ ab utraque Parte, contra mutuam Pacem ac benevolentiam scelestè machinarentur, à nobis, Imperatori Romanorum significetur: Similiter Rex Hungariæ, & Bohemiæ, Cæsar Romanorum, ad Portam nostram, nobis quoque perscribat. Et ejusmodi hominibus, fides non habeatur.

ARTICULUS VII.

Ex Populis Sancti Jesu, qui Papæ Religionem sequuntur, Sacerdotes, Monachi, Jesuitæ, in nostris Regnis, sua Templa exædificent, & ritu suo, Divinum Servitium peragant; Evangelium legant: Nos omni gratia ipsos prosequamur, & contra Jus ac Leges, nemo illos perturbet.

ARTICULUS VIII.

Ab utraque Parte deserta Pagorum loca, Colonis Regni indigenis inhabitari facere licitum sit, nec ullus adversetur. Postquam incoli cœperint, postmodum tributa ad utramque Partem persolvant, siquidem ex iis Pagis fuerint, qui utrique Parti solvunt.

ARTICULUS IX.

Mercatorum Negotiatio, ab utraque Parte, à Nostra Porta usque ad illas partes, licita sit. Commeatus ultro citroque liber erit iis, qui à Capitaneis Confiniorum, vel Tricesimatoribus Literas habuerint, quas exhibebunt ubi transeunt; & loci Dominus ac Tricesimator, manus subscriptione, seu sigillo firmabit illas Literas: nullum tamen ob id numum à Mercatore recipiet. Quod si periculosa loca erunt superanda, comitivam sufficientem illis adjungant, & salvos pacifice deduci curent. Ex utraque Parte, persolutis, quæ ex Justitia debent Tricesimis, nemo postmodum ipsos molestet: quocunque ire voluerint, nemo obsistat.

ARTICULUS X.

Ex Regnis ac Ditionibus Imperatoris Romanorum, ac Domus Austriacæ, Mercatores qui ad nostra Regna venire voluerint, mercibus, aut pecunia, ii sub Vexillo Romanorum Imperatoris veniant, ac ejus Patentes in manu habeant. Quæ nisi habuerint, non licebit ipsis eò accedere. Sin autem absque Vexillo & Patentibus eò venirent, Romani Imperatoris Agentes & Consules, Naves, Mercimonia, ac pecunias illorum occupent, eaque de re Cæsaream Majestatem certificent. Itaque Mercatores ad Imperatorem Romanorum, ad Domum Austriacam, & ad Regem Hispaniarum spectantes Belgicæ Provinciæ, ac ad alia eorum Regna pertinentes Negotiatores, ad Regna nostra, Navigio, pecunia, rebus salvis, pacifice venire, redire possint, & quicquid divendent, ex centum pendent tres pro Tricesima. Similiter ex rebus quas emunt, ternos ex centenis solvent. Agenti vero Imperatoris Romanorum aut Consulibus, quod illis debitum est, persolvant, duos Asperinos, ex quovis centenario. Horum verò Mercatorum Negotia, idem Agens & Consules Imperatoris Romanorum perficient.

Si quis ex Mercatoribus mortuus fuerit, Agens Imperatoris Romanorum & Consules, consignent omnes illius res, ac ad se recipiant, nec Fiscus noster quicquam cum illis negotii habeat. Quando Mercatores in uno Portu, quod justum est, seu Tricesimam, persolverint, ab iisdem mercibus alibi nihil teneantur solvere. Quod si Mercatores inter se, vel cum aliis, litem aliquam seu controversiam habuerint, Kadia loci illius cognoscere causam, supra valorem quatuor millium Asperinorum non possit, sed coram Kadia Portæ dijudicetur.

ARTICULUS XI.

Quoadusque Pax hæc sancta duraverit, à me ad Imperatorem Romanorum, & ab illo vicissim ad nostram Portam, cum Literis Cursores ultro citroque expediti, à Bassis, Beghis, Dominis, & Agentibus, vel à Viziris, honorifice habeantur à Nostris Officialibus. Ubi periculosi passus forent, sufficientes Comites adjungant, & unà cum Literis per loca minus secura, eò deducant, salvos pacificè, quò ire debent. Si autem Agens hinc ex Nostra Porta, solas sine Nuncio Literas illuc miserit, per postam ad Imperatorem deferantur. Hocque Bassa Budensis, sollicitè curabit, ut tam ab una quam ab altera Parte, Literæ perferantur, ac consignentur.

ARTICULUS XII.

Nunquam imposterùm Bassarum ac Begorum Waivodæ ad Pagos egrediantur, sed Judices suum tributum juste deferant, & tradant quò debent.

CONCORDATUM *circa executionem Articulorum de Pagis deditiis, Palankis, ac Damnis.*

UT finem optatum sortirentur omnes difficultates circa Pagos, de quibus controversia est, juxta Capitula-

ANNO 1616.

tulationes, & ædificatas contra Situatorokiana conventa Palankas, denique circa damna utrinque illata, quatuor menses erant destinati, ut intra hos, conclusi, & ab utroque Cæsare confirmati Articuli executioni demandarentur.

Verum quoniam multa occurrerunt impedimenta, huc usque ad finem perduci res ista non potuit. Idcirco ut res jam conclusæ optatam executionem sortiantur, utriusque Partis consensu, duodecim menses deputati sunt, ad rerum omnium rectificationem. Intra decursum hujus temporis, omnia maneant, ut jam sunt.

Finitis duodecim mensibus, si casu aliquo, contra voluntatem nostram, necdum possent omnes differentiæ accomodari, tunc ab utraque Parte liberum erit juxta Capitulationes, ut repetant, ac recipiant suos Pagos, qui, in controversia sunt. Ac idipsum intelligatur de Palankarum demolitione ab utraque Parte.

Nihilominus propter hoc non rumpatur nec perturbetur Pax stabilita per annos viginti, sed in omnibus punctis ac partibus integra permaneat.

Ad harum rerum tractationem, ex parte Majestatis Cæsareæ, Romanorum Imperatoris, mittetur Illustrissimus Dominus Adolphus ab Althan Sac Rom. Imp. Comes, cum aliis, juxta beneplacitum Majestatis suæ. Ex parte verò Imperatoris Ottomanni destinatus est Illustrissimus Dominus Vizir Ali Bassa.

Ad horum majorem firmitatem, sex eodem sensu, Italica, Hungarica, Ottomannica Lingua scriptas hujusmodi Capitulationes confecimus. Nosque Sacr. Cæsar. Regiæque Maj. Domini Nostri Clementissimi Secreti Consilii Director ac Cardinalis, cæterisque Secreti, ac alii Consiliarii, & Plenipotentiarii Commissarii, manus subscriptione, ac Sigilli impressione firmavimus. Sicut & nos quoque potentissimi Ottomanorum Imperatoris Sultani Achomet Han, Budensis Vizir Ali Bassa, & ab Imperatore Turcarum, ad sacram Romanorum Imperatoriam Majestatem Legati, ac in Negotio Tractationis & Conclusionis Pacis Plenipotentiarii, Achmet Tyhaja Mutafaraga, & Caspar Gratsiani, manus subscriptione, Sigillo solitoque Signo confirmavimus, & Parti utrique tres ejusmodi Scripturas dedimus.

Actum Viennæ prima die Maii Anno 1616.

NOs igitur hæc omnia prout superius descripta & de verbo ad verbum inserta habentur, ex certa nostra scientia, animoque benè deliberato, & omni meliori modo ac forma, quibus debemus, approbavimus, ratificavimus. Promittentes in verbo ac fide Imperatoris, pro Nobis ac Successoribus Nostris Regibus Hungariæ, quod illa omnia & singula, sanctè, sincere, ac inviolabiliter, observabimus & adimplebimus. Ac tam nos ipsos, quam supradictos Reges ac Successores nostros, ad id, quam efficacissimè obligavimus obstrictosque reddidimus, omni dolo & fraude semotis: dummodo & quamdiu similiter Serenissimus Turcarum Imperator hæc omnia rata grataque habuerit, & sua ex parte inviolabiliter observaverit.

Proinde omnibus ac singulis fidelibus Subditis Nostris, Statibus & Ordinibus sæpefati Regni nostri Hungariæ, aliorumque eidem incorporatorum Regnorum & Provinciarum, Incolis, harum serie firmiter committimus & mandamus, quatenus juxta præscriptos Articulos, tot tantisque sumptibus ac laboribus stabilitos, Pacem hanc inviolatam integramque observare, colereque debeant ac teneantur: nec quidquam in contrarium facere aut admittere præsumant modo aliquali. Secus sub pœna contra turbatores publicæ Pacis & quietis, in generalibus Regni Constitutionibus statuta, non facturi. Datum Pragæ decima die mensis Maii Anno Domini M. DC. XVI.]

CLVIII.

Mai.

FRANCE ET CONDÉ.

Edit de LOUIS XIII. *Roi de France, pour la Pacification des Troubles de son Royaume, donné à Loudun, au Mois de Mai* 1616. *& verifié au Parlement de Paris le* 13. *Juin de la même année.* [MERCURE FRANÇOIS, Tom. IV. Partie II. pag. 89. d'où l'on a tiré cette Pièce, qui se trouve aussi en Allemand, dans *Relationis Historische Francofurtanæ Continuatio Vernal. anno* 1616. pag 42.]

LOUIS par la grace de Dieu Roy de France & de Navarre, A tous presens & à venir, Salut. Considerant les grands maux & calamitez advenuës par les troubles & Guerres, desquelles nostre Royaume a esté depuis quelque temps, & est encores de present affligé: & prevoyant la desolation qui pourroit cy-aprés advenir, si par la grace & misericorde de nostre Seigneur lesdits troubles n'estoient promptement pacifiez: Nous pour à iceux mettre fin, remedier aux afflictions qui en procedent, remettre & faire vivre nos Subjects en paix & union, repos & concorde, comme tousiours a esté nostre intention: Aprés avoir sur ce pris l'advis de la Royne nostre tres honorée Dame & Mere, des Princes, Ducs, Pairs, Officiers de nostre Couronne, & autres Seigneurs & notables Personnages de nostre Conseil, estans prés de nous: Avons par cestuy nostre Edict perpetuel, & irrevocable, dit, statué & ordonné, disons, statuons & ordonnons ce qui s'ensuit.

ANNO 1616.

PREMIEREMENT, que la Memoire de toutes choses passées d'une part & d'autre, en cestuy nostre Royaume, depuis le premier jour de Juillet, dernier, que les presens troubles & mouvemens de Guerre ont commencé, & à l'occasion d'iceux jusques à la publication qui sera faicte dans les Provinces, par nos Gouverneurs & Lieutenans Generaux en icelles de l'Acte de la Paix, demeurera esteincte & assoupie, comme de chose non advenuë, & ne sera loisible, ni permis à nos Procureurs Generaux, ni autres Personnes publiques, ni privées quelconques, en quelque temps, ni pour quelque cause que ce soit, en faire mention, procez, ni poursuitte en aucune Cour, ni Jurisdiction.

II. Deffendons à tous nos Subjects de quelque estat & qualité qu'ils soient, d'en renouveller la mémoire, s'attaquer, injurier, ni provoquer l'un l'autre par reproche de ce qui s'est passé, en contester ou quereller, ni s'outrager, offenser de faict ou de parole: Mais leur ordonnons se contenir & vivre paisiblement ensemble, comme Freres, Amis & Concitoiens, sur peine aux contrevenans d'estre punis comme infracteurs de Paix, & perturbateurs du repos public.

III. Ordonnons que la Religion Catholique, Apostolique, & Romaine, sera presentement remise & restablie en tous les lieux & endroicts où l'exercice d'icelle pouvoit avoir esté intermis, à l'occasion des presens mouvemens: deffendans à toutes personnes de quelque estat, qualité & condition qu'ils soient, sur les peines que dessus, de ne troubler, molester, ni inquieter les Ecclesiastiques en la celebration du service divin, jouyssance & perception de leurs dixmes, fruicts & revenus de leurs Benefices, & en tous les autres droicts & devoirs qui leur appartiennent: mesmes leur laisser la libre demeure & habitation dans leurs maisons, ausquelles ils souloient demeurer auparavant ces mouvemens. Voulans que tous ceux qui durant iceux se sont emparez des Eglises, biens & revenus desdits Ecclesiastiques, & qui les detiennent & occupent, leur en delaissent l'entiere possession, & paisible jouyssance, avec tels droicts, libertez, & seuretez qu'ils avoient auparavant.

IV. Combien que par le soing & prudent advis de la Royne, nostre tres-honorée Dame & Mere, nous ayons cy devant commandé & ordonné tres-expressément de bouche, & par escrit, à nostre Cour de Parlement, & à nostre Procureur General, de faire toutes poursuittes & recherches de ceux qui ont participé au detestable parricide du feu Roy nostre tres-honoré Seigneur & Pere (que Dieu absolve,) Nous ayant esté neantmoins representé, que contre nostre intention aucuns de nos Officiers sont reputez avoir usé de nonchalance & negligence en ladite recherche: Nous ordonnons derechef, & tres-expressément enjoignons à nostredite Cour de Parlement de Paris, & à nostredit Procureur General de recevoir tous advis, memoires & enseignemens qui leur seront apportez sur ce subject, pour faire la recherche, poursuitte & punition de cet execrable crime: leur mandant de faire en cet endroict ce qui est du deub de leur charge, pour l'exacte execution de ceste nostre volonté. Et afin de destourner les esprits de nos Subjets de penser à l'advenir à ces damnables actes & impietez, nous escrirons à tous les Evesques de nostre Royaume, de faire publier chacun en leurs Dioceses le Decret du Concile de Constance, qui fait mention de la seureté de la vie des Roys & Princes Souverains,

V. Et encore que la surseance de l'execution des Arrests de nostre Cour de Parlement de Paris, portée par l'Arrest de nostre Conseil du sixiesme Janvier mil six cents quinze, & les Declarations que nous

avons

ANNO 1616.

avons envoyées hors nostre Royaume, ayent esté par nous ordonnées en la presence de la Royne nostre tres-honorée Dame & Mere, des Princes, Ducs, Pairs de France, Officiers de nostre Couronne, & autres principaux Seigneurs de nostre Conseil, estans prés de nostre personne, avec grande cognoissance de cause, meure deliberation, & pour bonnes & importantes considerations & raisons, afin de conserver & entretenir, suivant l'exemple & la prudence du feu Roy nostre tres-honoré Seigneur & Pere, pour le bien & grandeur de nostre Royaume, toute bonne correspondance, paix, amitié & intelligence avec nostre tres-sainct Pere le Pape & le S. Siege Apostolique, sans pour cela avoir fait aucune Declaration prejudiciable, ny desavantageuse en sorte quelconque à nostre auctorité Royale, ny à nostre puissance Souveraine, & à l'independance de nostre Couronne: dont par le prudent Conseil de nostredite tres-honorée Dame & Mere, Nous avons toujours esté & serons plus jaloux & soigneux protecteurs que tous autres, ainsi que le requiert & nous y oblige nostre interest. Neantmoins nous ordonnons que ladite surseance portée par l'Arrest de nostre dit Conseil du sixiesme Janvier 1615. soit levée, pourveu & à la charge aussi que ce qui reste à executer de l'Arrest ou deliberation de nostre dite Cour de Parlement, du deuxiesme dudit mois de Janvier y mentionné, demeurera sans execution.

VI. Et bien que nous ayons eu soing de commander à ceux de nostre Conseil de travailler à la Response, qu'il nous convient faire aux Cahiers qui nous ont esté presentez par les Etats Generaux de nostre Royaume, & que mesmes ils y ayent desja beaucoup advancé, en ayant faict le rapport d'une partie en nostre presence: neantmoins pour tesmoigner à tous les Ordres d'iceluy le desir que nous avons d'y pourvoir promptement, & satisfaire autant qu'il nous sera possible à leur contentement: Nous voulons & entendons qu'il soit cy-aprés travaillé incessamment à la response desdits Cahiers, en sorte qu'elle soit expediée dans trois mois aprés la publication des presentes.

VII. Voulons aussi que le premier Article du Cahier du Tiers Estat nous soit lors representé, pour estre par nous pourveu sur le contenu en iceluy, avec l'advis des Princes de nostre sang, autres Princes, Pairs de France, Officiers de nostre Couronne, Principaux de nostre Conseil, & aucuns de nos Cours de Parlement qui y seront par eux envoyez, suivant le commandement que nous leur ferons d'y deputer pour deliberer sur ledit Article.

VIII. Declarons, suivant les anciennes Loix du Royaume, renouvellées par l'Ordonnance faicte sur les remonstrances des Estats de Bloys, en l'année 1576. Qu'aucuns Estrangers ne seront à l'advenir admis és Offices de nostre Couronne, ni és Gouvernements de nos Provinces & Places fortes, Charges & Dignitez Militaires, Offices de Judicature & des Finances, Dignitez & Prelatures Ecclesiastiques, & autres Fonctions publiques: sinon qu'en consideration de leurs signalez & recommandables services, & de leurs qualitez & merites, & que pour la reputation de nos affaires & grandeur de nostre Couronne, il y soit par nous desrogé, ainsi qu'il a esté souvent faict par les Roys nos Predecesseurs, que l'on a veu par experience en avoir esté utilement servis.

IX. Voulons & entendons, comme nous avons tousjours faict, que les Cours Souveraines de nostre Royaume soyent maintenuës & conservées en la libre & entiere fonction de leurs Charges, & en l'authorité de Jurisdiction qui leur a esté donnée par les Roys nos Predecesseurs.

X. Pour pourvoir aux Remonstrances qui ont esté faictes par nostre Cour de Parlement de Paris, en ce qui concerne la Jurisdiction à eux attribuée, tant par leur establissement, que Ordonnances des Roys nos Predecesseurs, sera faict une Conference suivant ce qui a esté ci-devant proposé des principaux de nostre Conseil, & de nostredite Cour de Parlement, nonobstant l'Arrest de nostredit Conseil du 23. May dernier, lequel demeurera sans effect.

XI. Voulons & ordonnons que tous ceux qui ont esté pourveus par les Roys nos Predecesseurs, ou par nous des Charges, Estats, Offices & Dignitez: & qui en ont esté depossedez; ou qui sont en quelque sorte que ce soit troublez en la fonction & exercice d'iceux, contre les Loix du Royaume, y soient remis & restablis, pour en jouyr par eux, suivant & conformement aux Provisions & Pouvoirs qui leur en ont esté expediez, s'en acquittans de leur part, comme ils sont tenus de faire par leurs provisions, & les serments par eux prestez, & suivant nos Edicts & Ordonnances.

XII. N'entendons que desormais les Charges de nostre Maison, des Roynes nos Mere, & Frere, Gouvernements de nos Provinces & Villes, Lieutenances Generales desdites Provinces, Capitaineries de Places & Chasteaux, & toutes Charges militaires, & autres qui n'entrent point en nos parties casuelles, soient venales: Ce que nous interdisons & deffendons à tous generalement quelconques.

XIII. Et afin que nous ayons plus de moyen de recompenser la vertu & les merites de ceux qui nous auront bien & fidellement servis, nous declarons que nous n'entendons donner à l'advenir aucunes survivances ni reserves d'aucuns Estats & Offices, Charges & Dignitez, soit de nostre Couronne ou de nostre Maison ou autres; comme aussi des Gouvernements des Provinces & Villes, Lieutenances Generales, & Capitaineries de Places. Voulans que si par importunité ou surprise aucunes Lettres ou provisions en estoient ci-aprés expediées, elles soient revoquées sans que l'on y ait aucun esgard.

XIV. Voulons & entendons que les Edicts de Pacification, Declarations, & Articles secrets, verifiez en nos Cours de Parlement, comme aussi les Brevets & Responses des Cahiers faicts par le feu Roy nostre tres-honoré Seigneur & Pere, & Nous, en faveur de nos Subjets de la Religion pretenduë reformée, soient observez & executez, & qu'ils en jouyssent selon leur forme & teneur.

XV. Et d'autant que Maistre Pierre Berger Conseiller en nostre Cour de Parlement de Paris qui estoit pourveu d'un des six Offices qui par le trentiesme Article dudit Edict furent affectez à ceux de ladite Religion pretenduë reformée, a faict profession de la Religion Catholique, Nous avons créé & erigé, creons & erigeons de nouveau un Office de Conseiller en nostredite Cour de Parlement de Paris, aux mesmes Gages, Droicts, Privileges, Authoritez, & Fonctions que les autres. Et lequel Office (ainsi que dit est) par nous presentement créé, Nous affectons à ceux de ladite Religion pretenduë reformée au lieu de celui que tient ledit Berger, & dont nous ferons pourveoir un personnage de ladite Religion pretenduë reformée suffisant & capable, suivant la forme portée par le cinquantiesme des Articles particuliers accordez à Nantes à ceux de ladite Religion.

XVI. Voulons & entendons que l'exercice de ladite Religion pretenduë reformée soit remis & restabli aux Lieux où il pourroit avoir esté discontinué ou interrompu depuis ledit premier jour de Juillet, & à l'occasion des presents mouvements, ainsi & en la mesme forme qu'il estoit auparavant.

XVII. Et afin qu'il ne soit doubté de la droicte intention de nostre tres-cher Cousin le Prince de Condé, & de ceux qui se sont joincts avec lui, nous declarons que nous reputons & tenons nostredit Cousin le Prince de Condé, pour nostre bon parent & fidel Subject & Serviteur, comme aussi les autres Princes, Ducs, Pairs, Officiers de nostre Couronne, Seigneurs, Gentils-hommes, Villes, Communautez, & autres, tant Catholiques, que de la Religion pretenduë reformée, de quelque qualité & condition qu'ils soient, qui l'ont assisté, & se sont joincts & unis avec luy, soit avant ou durant la suspension d'armes, y compris mesmes les Deputez de ladite Religion pretenduë reformée n'agueres assemblez à Nismes, & de present en nostre Ville de la Rochelle, pour nos bons & loyaux Subjets & Serviteurs. Et aprés avoir entendu la Declaration à nous faicte par nostredit Cousin le Prince de Condé; nous croyons & estimons que ce qui a esté faict par luy & les susnommez, a esté à bonne fin & intention, & pour nostre service.

XVIII. Nostredit Cousin le Prince de Condé, & les autres Princes, Ducs, Pairs, Officiers de nostre Couronne, & Seigneurs, tant Catholiques que de la Religion pretenduë reformée qui l'ont assisté, & se sont joincts & unis avec lui, soit avant ou durant la suspension d'armes, y compris mesme les Deputez de ladite Religion pretenduë reformée cy-devant assemblez à Nismes, se desisteront & departiront dés à present de tous Traictez, & Negociations, Unions, Intelligences, Jonctions, & Associations qu'ils pourroient avoir, tant dedans que dehors nostre Royaume, avec quelques Princes, Potentats & autres Personnes quelconques, & pour quelque cause & occasion que ce soit, & y renonceront, sans pouvoir cy-aprés les con-

continuër ny renouveller : Ce que nous leur deffendons trés-expressement. Comme aussi de faire d'oresnavant aucunes cottizations & levées de deniers sans nostre permission, fortifications, enroollements d'hommes, Congregations & Assemblées autres que celles qui sont permises par nous ou nos Edicts, & par les Loix des Estats de nostre Royaume. Le tout sur peine d'estre punis rigoureusement, comme contempteurs & infracteurs de nos Ordonnances.

XIX. Voulons & entendons que nostredict Cousin, & tous lesdits Princes & autres susnommez & specifiez, demeurent entierement quittes & deschargez de tout ce qui s'est faict & passé, depuis le premier jour de Juillet dernier, à l'occasion desdits mouvements, jusques au jour de la publication qui sera faicte dans les Provinces, & par les Gouverneurs ou Lieutenans Generaux d'icelles, de l'Acte de la Paix, qui y sera envoyé, sans que cy-aprés ils en puissent estre recherchez ny inquietez, pour quelque cause & pretexte que ce puisse estre, soit pour la prise des armes, port d'icelles, enroollemens & conduite de gens de Guerre, establissements & entretenements des Garnisons, entreprises, sieges & prises de Villes, Places, Chasteaux & Maisons fortes, par assault, composition ou autrement, Fortifications, demantelemens, & demolitions d'icelles, pillages & bruslements de Faux-bourgs & Villages, Eglises & Maisons, commandez & advoüez par les Chefs, selon l'ordre & necessité de la Guerre, équipage & conduite d'Artillerie, prise ou foute d'icelle, & de boullets, confection de pouldres & salpestres, armement de Vaisseaux sur la Mer & Rivieres, congez donnez aux Capitaines de Marine, prises & butins faicts en consequence desdits congez sur ceux du parti contraire, prise de Couriers & Messagers de leurs pacquets & Lettres, mesme durant la Trefve, emprisonnement d'Officiers, ou autres personnes, establissement de Conseils generaux ou particuliers, tant pour la direction des finances que pour autres affaires de la Guerre, jugemens & execution d'iceux, tant civils que criminels, de police, ou reglements, translations de Chambre de Justice, de Generalitez, d'Eslections & Greniers à sel, executions de mort faictes par droict de Guerre par les Prevosts des Mareschaux, leurs Lieutenans ou autres Commis, & establis és Armées, ou par commandement des Chefs, les formes de la Justice non gardées, jugements & declarations de rançons, amendes & butins, impositions de nouveaux droicts & devoirs, continuation des anciens, ou augmentation d'iceux, levées de pionniers, estape, munitions de Guerre & Magazins de vivres, & fourrages, corvées d'hommes pour fortifier ou abattre Places fortes ou Chasteaux, prise de chevaux, de navires, de batteaux chargez de Marchandises & biens sur Mer, ou sur les Rivieres, prise & vente de biens, meubles, bagues & joyaux, & argenterie, appartenant tant aux Ecclesiastiques qu'aux particuliers, dons d'iceux, baux à ferme des immeubles, couppes & ventes de bois taillis, ou de haute fustaye à nous appartenans, ou à autres, assemblées & tenuës de Conseils, establissement de Bureaux & Pancartes, introduction d'estrangers, infraction ou contravention faicte à la Suspension d'Armes de part & d'autre, dont la reparation n'aura esté faicte, & tout ce qui a esté fait, geré, & negocié, dit ou escrit és livres, declarations & expeditions d'affaires, voyages, intelligences, Traictez, Associations & Negociations faictes par quelques personnes que ce soit, en quelque lieu, & pour quelque effect que ce puisse estre, tant dedans que dehors le Royaume : comme aussi toutes prises & levées de nos deniers, ou des particuliers, de quelque nature que ce soit, & à quelques sommes qu'ils se puissent monter, soit en nos receptes ou hors d'icelles, tant de domaine, decimes, aides, tailles, taillon, vente de sel, prix d'icelui, tant des Marchands, que de la Gabelle, Imposts & Octroys mis sur iceluy, Traictes & Impositions mises sur les bleds, vins, vivres & denrées, & sur toutes autres sortes de Marchandises, entrans & sortans des Villes & autres Lieux, prise de deniers des deposts, consignations d'amendes, butins, & rançons; & biens meubles, saisies d'arrerages, rentes & revenus appartenans à quelques personnes que ce soit, fruicts de benefices, subsides, subventions, contributions, emprunts sur les Villes & Bourgs, & toutes autres prises & levées de deniers publics ou particuliers faictes, les formes acoustumées non gardées, par quelques personnes que ce soit, & generalement tous actes d'hostilité, desordres & exceds faicts & commis par la licence & necessité de la Guerre, & toutes autres choses quelconques, ores qu'elles ne soient plus particulierement ici exprimées, faictes & executées pendant lesdits troubles, & qui se sont ensuivis à l'occasion d'iceux, en quelque sorte & maniere que ce soit, & par qui que ce soit qu'elles ayent esté faictes avec pouvoir, charge, commandement ou adveu de nostredit Cousin, ou des Princes, Ducs, Pairs, & Officiers de nostre Couronne, Chef d'Armées, ou Commandans dans les Provinces qui se sont joincts & unis avec luy. Deffendons à toutes personnes quelles qu'elles soient d'en faire aucune mention, recherche, procez, ny poursuite, en quelque temps que ce soit, en aucune Cour ou Jurisdiction, en general, ou en particulier, soit contre nostredit Cousin & tous autres auctorisez & advouez de luy, & qui ont esté employez par luy : entendans qu'ils en demeureront entierement quittes & deschargez, comme nous en quittons & deschargeons par ces presentes, soit que les choses susdictes ayent esté faictes par les Commissions, Lettres & Mandemens de nostredit Cousin, ou des autres susnommez, imposans sur ce silence perpetuel à nos Procureurs Generaux, leurs Substituts, presens & à venir, & à toutes nos Cours de Parlement, Juges, Officiers, & tous autres, sans qu'il soit besoing aux particuliers d'obtenir de nous, pour ce qui les concerne, autres Lettres que ces presentes.

ANNO 1616.

XX. Demeureront pareillement quittes & deschargez tous ceux qui ont esté commis par nostredit Cousin le Prince de Condé, pour la direction des finances & deniers publics, ensemble de nos Officiers, tant de nos Generalitez, que des Eslections & Greniers à sel, & tous autres qui ont executé les Commissions & Ordonnances de nostredit Cousin, & se sont entremis par son Commandement, & en vertu de ses Commissions des levées desdits deniers des autres Expeditions & Actes de Jurisdictions sur ce faictes és Villes qui se se sont joinctes & unies avec luy, sans qu'ils en puissent estre ores & à l'advenir inquietez, poursuivis, ny recherchés en façon que ce soit. Voulons que tout ce qui a esté par eux executé ayt pareil effect comme s'il avoit esté fait en vertu de nos Commissions.

XXI. Voulons aussi que tous nos Receveurs Generaux & Particuliers, Fermiers, ou autres Comptables, lesquels font leur demeure & residence és Villes & Lieux tenus par nostredit Cousin, mesmes les Collecteurs des Parroisses & Communautez, & tous ceux qui ont esté par luy commis & establis, ou par les autres Princes, Ducs, Pairs, & Officiers de la Couronne, & autres joincts & unis avec luy, & ayans pouvoir de luy à la levée & distribution desdits deniers, demeurent quittes & deschargez vers nous de tout ce qui aura esté payé par eux à quelques personnes, & pour quelque cause que ce soit, en vertu de leurs Ordonnances, Mandemens, & Quittances : comme aussi de tous deniers qui auront esté pris par force & violence dans nos receptes ou hors d'icelles, des mains de nos Receveurs, Fermiers, & autres Comptables qui les auroient transportez ailleurs, sans qu'eux, leurs Cautions & Certificateurs presens & à venir en puissent estre recherchez ny inquietez, en quelque façon que ce soit. Voulans que tout ce qui aura esté par eux payé, soit passé & alloüé en tous Estats, Comptes & Comptereaux, en rapportant par eux pour toute descharge les Ordonnances ou Quittances de nostre-dit Cousin, ou d'autres authorisez, & advouez de lui; & les Actes & Procez verbaux de force & contrainte, bien & deuëment certifiez : pourveu neantmoins qu'ils en baillent estat certifié d'eux, & fassent paroistre desdictes Quittances ou Procez verbaux, au bureau des Thresoriers de France de leur Generalité, dont ils prendront Acte dans un mois aprés la publication des presentes, lequel tems passé ils n'y seront plus receus ny admis : & cependant toutes contrainctes qui pourroient estre faictes par les Thresoriers de France, ou Receveurs Generaux contre lesdits Receveurs particuliers, pour le regard desdits deniers, seront surcises.

XXII. Validons & auctorisons pour cest effect tous Comptes & Compteraux qui auront desia esté rendus par lesdits Receveurs, Fermiers, ou Commis, soit pardevant nostredit Cousin, ou autres par luy commis, pour les ouyr & arrester : ensemble les Ordonnances, Mandemens, & Acquits de l'emploi desdits deniers, & payemens faicts en vertu d'iceux, & Quittances de nostredit Cousin, ou autres auctorisez de luy, & qui se sont joints avec luy, encores que l'ordre de nos Finances n'ait esté gardé, sans qu'il leur

soit

ANNO 1616.

soit besoin d'obtenir d'autres Lettres de validation, ny declaration de nous, que les presentes, lesquels Comptes ou Compterenux avec lesdites Ordonnances, Mandemens, Acquits, & Quittances, lesdits Comptables seront tenus porter ou envoyer dans quatre mois en nos Chambres des Comptes, au ressort desquelles lesdictes levées & receptes de deniers auront esté faictes; sans qu'ores ny à l'advenir lesdits Comptes puissent estre subjects à revision ny correction, ny lesdits Comptables tenus à aucune comparution pour cest effect, sinon en cas d'obmission de recepte ou faux employ, ny rendre autre nouveau Compte que ceux qu'ils auront (comme dit est) rendus à nostredit Cousin, ou à ceux qui auront esté ordonnez par luy pour les ouyr; nonobstant toutes deffectuositez & manquemens de formalitez qui s'y pourroient trouver, imposans sur ce silence perpetuel à nos Procureurs Generaux de nosdictes Chambres, presens & à venir.

XXIII. Et pour le regard de ceux qui n'auront encores rendu leurs Comptes, nous les en avons deschargez & deschargeons, attendu le peu de temps de leur maniement. Pourra neantmoins nostredit Cousin les faire compter par estat par devant lui, ou autres qui seront à ce par lui ordonnez pour cet effect: Lequel estat ou coppie collationnée d'icelui, ils mettront dans six mois és mains de nos Receveurs Generaux des finances, chacun en sa Generalité, pour servir & valoir tant à nosdits Receveurs Generaux que Particuliers, & autres Officiers comptables, pour la justification des reprises de leurs Comptes, sans que lesdits Receveurs Generaux soient tenus de la validité ou invalidité des Acquits: validant pour cest effect ainsi que dessus, toutes Ordonnances, Mandemens, Acquits & Quittances de nostredit Cousin, & des autres Princes, Ducs, Pairs, Officiers de nostre Couronne, & autres joints & unis avec lui & authorisez de lui.

XXIV. Voulons & entendons que les susdits Articles ayent aussi lieu pour les Maire, Eschevins, Pairs, Bourgeois & Habitans de nostre Ville de la Rochelle, & qu'ils demeurent deschargez de tout ce qui a esté faict par eux, geré & negocié durant ces presens mouvements, & jusques à present, tant en ladite Ville que dans le Pays d'Aulnis, soit pour levée & assemblée de gens de Guerre, prises de Places fortes, Chasteaux & Maisons dans ledit Gouvernement, & confins d'icelui, establissement des Garnisons, armement des Vaisseaux, prise & retention de Navires, Commissions & Congez donnez pour cest effet, & generalement de tous autres actes d'hostilité: comme aussi de toutes impositions & levées de deniers, tant en ladite Ville que hors d'icelle, mesmes du subside par eux imposé à Rochefort sur Charante, prises de deniers publics tant ordinaires qu'extraordinaires, de quelque nature qu'ils soient: pareillement des deniers de nos tailles, taillon, aides & creuës, desquelles Maistre Jean Royer Receveur des tailles de ladite Ville auroit esté contraint de vuider ses mains, ensemble des deniers qu'ils ont receu de maistre Jacques Raizin, Receveur du domaine d'icelle, qui nous ont esté cy devant adjugez & confisquez par Sentence du Juge des traictes de ladite ville du 11. jour de Juillet, 1614. dont ils demeureront deschargez, nonobstant tous dons qui en pourroient avoir esté par nous auparavant faicts à quelques personnes que ce soit, & sans que lesdits Royer & Raizin en puissent estre recherchez à present ni à l'advenir: voulans que les quittances qu'ils rapporteront desdits Maire, Eschevins ou autres par eux commis pour les recevoir, soient receuës en la Chambre des Comptes, & par eux lesdits deniers passez & alloüez en vertu d'icelles sans difficulté, & cependant mettront dans les Bureaux des Thresoriers de France à Poictiers dans un mois, estat de tous les deniers qu'ils auront ainsi payez pour servir à la descharge du Receveur general; pour justification de la recepte de ses Comptes, & pour le regard de ce qui a esté receu par le Receveur ordinaire des deniers communs & patrimoniaux de ladite Ville, ou autres commis par eux pour recevoir lesdits deniers cy dessus specifiez, ils seront deschargez, rendans compte desdits deniers ainsi receus par devant lesdits Maire & Eschevins, comme ils ont accoustumé faire des autres deniers de leur charge.

XXV. Les Commissaires & Controlleurs des Guerres, Payeurs & autres qui ont esté commis & ordonnez par nostredit Cousin; Gouverneurs des Provinces ou commandans en icelles au faict des monstres, & payement des gens de Guerre tant de cheval que de pied, qui estoient à sa suitte, ou sous son authorité, & de ceux qui estoient joints & unis avec lui durant les presents troubles, demeureront pareillement deschargez de tout ce qui regarde la certification des Acquits & Payement d'iceux, selon les roolles qu'ils en auront signez & expediez, encores que les formes n'y ayent esté gardées & observées.

ANNO 1616.

XXVI. Comme pareillement ceux qui ont esté establis durant lesdits presents mouvements, pour exercer les charges de Commissaires & Gardes des vivres & munitions és Armées conduites par nostredit Cousin, & autres Princes, Ducs, Pairs & Officiers de nostre Couronne, & Seigneurs tant Catholiques que de la Religion pretenduë reformée, joincts & unis avec lui, demeureront deschargez de leur administration, & de tout ce qui s'est passé, fait & executé par eux esdites charges, de l'Ordonnance de nostredit Cousin, ou des Princes & Seigneurs pour toutes sortes de munitions, vivres, chevaux, harnois, & autres choses levées & exigées sous leurs noms, sans qu'ils soient responsables du faict de leurs Commis, Clercs, & autres Officiers par eux employez, le tout en rapportant par eux dans quatre mois declaration & certification de nostredit Cousin, ou desdits Chefs & Gouverneurs, comme ils auront bien & fidelement servi en l'exercice de leurs Charges, en vertu dequoy nous les dispensons pareillement de rendre aucun Compte en nos Chambres des Comptes.

XXVII. Et pour ce que les Veufves & Heritiers de ceux qui sont morts au service ou à la suitte de nostredit Cousin, ou ont esté employez par luy, pourroient estre poursuivis & recherchez pour raison des choses faites durant lesdits presens troubles & mouvements, & à l'occasion d'iceux par leurs Maris, ou ceux desquels ils sont heritiers, nous voulons & entendons qu'ils jouyssent de la mesme descharge que les deffuncts pourroient faire suivant les Articles precedents.

XXVIII. Ne pourra estre tenu nostredit Cousin, ny les autres Princes & Seigneurs qui l'ont assisté, & se sont joints & unis avec luy, ensemble les Comptables par eux commis ou auctorisez, de payer ou faire valoir en leurs noms à qui que ce soit, ce dont pour la necessité des affaires durant lesdits presens mouvemens, & à l'occasion d'iceux, ils auront baillé leurs Mandemens, Lettres, Rescriptions, Assignations ou Promesses.

XXIX. Et pour plus grande asseurance & effect de nostre intention, nous voulons & ordonnons que tous Edicts, Lettres patentes, Declarations, faictes & publiées, Arrests, Sentences, Jugemens & Decrets donnez sur icelles en nostre Conseil, Cours de Parlement, & autres Cours souveraines, & en tous autres Lieux & Jurisdictions de nostre Royaume, & Pays de nostre obeyssance tant contre nostredit Cousin, que les autres Princes, Ducs, Pairs & Officiers de nostre Couronne, Seigneurs, Gentilshommes, Officiers, Corps de Villes, Communautés & Particuliers de quelque qualité & condition qu'ils soient, tant Catholiques que de la Religion pretenduë reformée, qui se sont joints & unis avec lui, & l'ont suivi, assisté & secouru, presté aide & faveur en quelque sorte & maniere que ce soit, pendant & à l'occasion desdits presens troubles & mouvemens: comme aussi toutes poursuites qui pourroient avoir esté faites contre les Deputez de ladite Religion pretenduë reformée cy-devant assemblez à Nismes, & autres pour s'estre trouvez és Assemblées tenuës à Nismes & à la Rochelle, Assemblées Provinciales, & aux Conseils des Provinces, demeurent nulles, & de nul effect & valeur, & comme tels soient rayez & tirez des Registres de nostredit Conseil, Cours de Parlements, & autres Jurisdictions: Ensemble toutes Informations, Procez verbaux, prises de corps decernées, & procedures commencées, & autres actes de Justice faits pour raison des choses advenuës durant & à l'occasion desdits mouvements. Defendons à nos Procureurs Generaux, leurs Substituts, & à tous autres Particuliers d'en faire aucune instance ny poursuitte à l'advenir.

XXX. La declaration faicte à Poictiers au mois de Septembre dernier, demeurera nulle & de nul effect, comme si jamais elle n'estoit advenuë, & sera ostée des Registres du Parlement de Paris, sans qu'elle puisse porter prejudice, ny l'exemple d'icelle estre tiré à consequence à l'advenir, en ce qui regarde l'honneur & dignité des Princes de nostre sang, lesquels neanmoins demeureront subjects à nostre Justice, selon les formes anciennes & accoustumées en ce Royaume pour leur regard. Et quant à l'enregistrement de ladite Declaration, nous entendons qu'en quelque sorte qu'il ait esté fait en nostre Cour de Parlement de Paris, il soit

 tiré

tiré des Registres d'icelle, & pareillement que ladite Declaration, & les Arrests, Sentences & Jugemens intervenus sur icelle en toutes nos autres Cours de Parlement, & Jurisdictions inferieures, soient aussi ostées & tirées des Registres d'icelles.

XXXI. Comme aussi nous voulons que s'il avoit esté donné quelque Arrest en nostre Cour de Parlement de Bordeaux au mois de . . . . 1614. ou faict quelque arresté qui se trouvast dans les Registres de ladite Cour contre nostredit Cousin le Prince de Condé, il soit tiré & osté desdits Registres.

XXXII. Toutes Places, Villes & Communautez qui se sont jointes & unies à nostredit Cousin le Prince de Condé, & lesquelles à l'occasion des presens mouvemens pourroient estre troublez en la libre & entiere jouissance de tous leurs anciens Droicts, Privileges, Franchises, Libertez, Dons, Concessions & Octrois, y seront remises & restablies à pur & à plain: Voulans qu'ils en jouyssent, en la mesme forme & maniere, qu'ils ont bien & deuëment fait jusques au premier jour de Juillet dernier; Comme pareillement, Nous voulons & ordonnons que toutes Instances, Jurisdictions, Bureaux de receptes generales & particulieres, qui auroient depuis ledit temps, & à l'occasion de cesdits mouvemens esté ostées & remises ailleurs, y seront remises & restablies en la mesme forme qu'ils estoient auparavant, & notamment la Chambre de l'Edict de Guyenne à Nerac, cessant & revocquant tous nouveaux restablissemens d'Eslection qui pourroient avoir esté faits pendant cesdits mouvements, & à l'occasion d'iceux.

XXXIII. Que les Habitans de nostre Ville de Poictiers, tant Ecclesiastiques, Officiers, qu'autres, de quelque qualité & condition qu'ils soient, lesquels à cause de ce qui est advenu le 23. du mois de Juin 1614. & jours suivants, & depuis se sont retirez de ladite Ville, seront incontinent aprés la publication du present Edict remis & establis en icelle, & en la possession & fonction de leurs Charges, Dignitez, Benefices & Offices, tant Militaires que de Judicature, de la Police, des finances, & gages, ensemble tous autres qui pour mesme subject ont esté depossedez de quelques Charges, & toutes Lettres, Actes, Procedures & Informations faictes à l'encontre d'eux, par quelques Commissaires que ce puisse estre, & qui pourroient en quelque façon que ce soit toucher nostredit Cousin le Prince de Condé, ensemble l'honneur desdits Habitans, de la fidelité & innocence desquels nous nous tenons bien & deüement informez, soient cassées & revoquées comme nulles, & de nul effect & valeur, & ôtées des Registres, tant du Siege Presidial que de la Maison de Ville, & de tous les autres Lieux: Et sont tous les dessus-nommez mis en nostre protection, de nos Gouverneurs & Officiers dans la Province, & de ceux de ladite Ville.

XXXIV. Toutes Procedures, Informations, recherches faites, Sentences & Jugemens donnez à l'encontre d'iceux depuis ledit vingt-troisiesme Juin mil six cents quatorze, tant pour ce qui regarde la Navigation de la Riviere de Clin, construction de la ruë neufve de Poictiers, que pour les eauës & forests, demeureront nulles, & de nul effect & valeur, & les Parties remises pour ce regard en l'estat qu'elles estoient auparavant, & les Arrests de nostre Conseil suivis.

XXXV. Voulons aussi, que nostredit Cousin & lesdits Princes, Ducs, Pairs, Officiers de nostre Couronne, & Seigneurs; Ensemble tous Gentils-hommes, Officiers, Ecclesiastiques & autres, tant Catholiques que de la Religion pretenduë reformée qui l'ont suivi & assisté & se sont joints & unis avec lui, tant avant que durant la suspension d'armes, soient restablis, maintenus & conservez en la libre & entiere jouyssance de leurs Gouvernemens, Estats, Charges, Offices, Benefices & Dignitez: ensemble des gages, droicts & revenus qui en escheront ci apres, dont ils jouyssoient avant le mois de Juillet dernier, & ausquels ils pourroient avoir esté troublez à l'occasion des presens mouvemens, sans qu'ils soient tenus ni adstraints à prendre autres provisions ou confirmations de nous que ces presentes, ni à faire aucun remboursement ou recompense, à ceux lesquels pendant leur absence s'en sont fait pourvoir, & les ont exercées: & ce nonobstant toutes Declarations, Arrests, & Jugemens donnez contr'eux, lesquels comme nuls & de nul effect demeureront cassez & revoquez, comme nous les cassons & revoquons, & ordonnons qu'ils soient tirez des Registres, tant de nos Cours souveraines qu'autres Jurisdictions inferieures.

XXXVI. Voulons & entendons que toutes personnes tant d'une part que d'autre, soient remises, comme nous les remettons & restablissons, en la jouyssance de tous & chacun leurs biens, meubles & immeubles, heritages, rentes & revenus, droicts, devoirs, noms, raisons & actions, & quelque part qu'ils se trouvent, dont ils pourroient avoir esté depossedez, troublez ou empeschez à cause des presents troubles & mouvements: nonobstant tous dons qui en pourroient avoir esté faits à leur prejudice ou de ceux ausquels ils appartenoient, leurs Veuves, Enfans & Heritiers: Lesquels dons, confiscations & toutes autres dispositions d'iceux; & toutes obligations & promesses sur ce faites, nous voulons demeurer nulles, ensemble toutes Procedures, Jugements, Sentences, Arrests, saisies, & ventes faites en execution d'iceux, & generalement tout ce qui s'en est ensuivi.

XXXVII. Entendons aussi que le present Edict ait lieu pour nostre tres-cher Frere naturel le Duc de Vendosme, & tous ceux qui l'ont suivi & assisté, *soit avant ou depuis qu'il s'est joinct & uny avec nostredit Cousin le Prince de Condé*, & qu'ils soient compris en la descharge generale portée par le present Edict, pour tout ce qui s'est passé pendant les presents troubles, & à l'occasion d'iceux: Et pour cest effect, Nous avons cassé & revoqué, cassons & revoquons tous Jugements, Sentences, & Arrests qui pourroient avoir esté donnez, tant contre luy que ceux qui l'ont suivy, soit en nos Cours de Parlement & autres lieux, & specialement l'Arrest de nostre Cour de Parlement de Rennes, du vingt-sixiesme Mars dernier, donné contre les Sieurs d'Alegre, Sainct Denys Maillot, Pierrepont, la Roche-giffart, de Camors, de Charuacé, & la Barre-Chivray: Et celuy de nostre Cour de Parlement de Rouen, du onziesme Mars dernier, donné contre le Sieur de la Balivierre, & autres y nommez, lesquels nous avons entierement deschargez, ensemble les Veufves, Enfans, & Heritiers de ceux qui ont esté executez, de toutes les condamnations portées par iceluy: Lesquels Jugements, Sentences, & Arrests, nous voulons estre tirez des Registres, tant de nosdites Cours de Parlement de Rennes & Rouen, qu'autres lieux & Jurisdictions inferieures, & imposons sur ce silence perpetuel à nos Procureurs Generaux, leurs Substituts presents & à venir.

XXXVIII. Comme aussi, nous revoquons tous les Arrests donnez en nostre Cour de Parlement de Rennes, contre nostredit Frere naturel le Duc de Vendosme, & ceux qui l'ont suivi depuis le premier Janvier mil six cents quatorze, jusques à present tant à l'occasion desdits presens mouvements, qu'au prejudice du Traicté de Saincte Manehould, & de l'Edict qui fut faict en consequence d'iceluy en sa faveur: Comme aussi tout ce qui s'est fait & passé és derniers Estats de nostre Province de Bretagne, tenus en nostre Ville de Nantes en ladite année 1614. au prejudice des Charges qu'il a audit pays.

XXXIX. L'Edict faict sur le Traicté de S. Manehould au mois de Juillet 1614. sera suivi & observé en toutes ses parties, & toutes procedures, Sentences, Jugements & Arrests donnez au prejudice d'icelui, demeurent nulles & comme non advenuës; comme pareillement seront revoquez l'Arrest de condamnation donné en l'an 1615. en nostre Parlement de Rennes contre le Sieur de Camore, Et le Jugement donné prevostablement par le Seneschal de sainct Sever en Guyenne, contre le Sieur de Stignoly, & ceux qui l'ont assisté pour l'entreprise dudit sainct Sever en l'année mil six cents quatorze, lesquels seront tirez des Registres de nostredicte Cour de Parlement de Rennes, & du Siege de sainct Sever, & de tous autres Lieux & Jurisdictions: voulans les condamnez estre remis en leur bonne renommée, honneurs, & biens, pour en jouyr comme auparavant, & que toutes marques, vestiges, & monuments desdictes executions soient ostées.

XL. Toutes Sentences, Jugements, & Arrests donnez pendant les presens mouvemens contre les absens & non deffendus d'une part & d'autre, soit en Justice civile ou criminelle, en toutes nos Cours ou Jurisdictions, mesmes les poursuittes faictes en execution d'Arrests ou Sentences données auparavant les presens troubles, seront nulles, & de nul effect & valeur, & seront les Parties remises au premier estat, & ainsi qu'elles estoient ledit premier jour de Juillet. Et pour le regard des executions de mort qui ont esté faictes de part ou d'autre à l'occasion desdits presens mouvemens, Nous voulons que la memoire de ceux qui

ont

ANNO 1616.

ont esté condamnez & executez soit restablie & restituée, & les Veufves, Enfans, ou Heritiers, deschargez de toutes amendes & confiscations qui pourroient avoir esté adjugées, ensemble de tous interests civils, ou despens, & que toutes marques & monuments desdictes executions soient ostées : Ce que nous voulons specialement avoir lieu pour la condamnation & execution de mort intervenuë en la personne de Jacques de Normanaille, Sieur des Heberts : Comme en semblable, Nous voulons que toutes poursuittes faictes à l'occasion de cesdits troubles contre Visbailly de Gien, & ceux qui l'ont delivré, demeurent nulles, & de nul effect.

XLI. Le temps qui a couru depuis le premier de Juillet dernier jusques à present ne pourra servir pour acquerir aucune peremption d'instance, ny prescription coustumiere, legale, ou conventionelle contre ceux qui ont suivy nostredit Cousin, & qui se seront joints & unis avec lui ; & neantmoins toutes Sentences, Jugemens, Arrests, & procedures, & tous autres actes de Justice faictes & donnés, tant en nos Cours souveraines, qu'en toutes nos autres Justices & Jurisdictions inferieures, entre personnes de mesme party, & entre tous autres qui auront volontairement contesté & suby Jurisdiction ne seront subjects à aucune revocation, ains demeureront en leur force & vertu, sauf là voye de droict où le cas y escherra : Comme aussi tous Jugements qui auront esté donnez par le Conseil estably par nostredit Cousin entre gens de mesme party, & dont l'execution s'en sera ensuivie, tiendront: mesmes les Jugemens criminels donnez sur duëls qui se sont faicts, tant par nostredit Cousin, qu'aux Armées, & Provinces, sauf les interests des Parties civiles.

XLII. Tous Memoires, Libelles diffamatoires, Lettres, Escrits, & Livrets injurieux & scandaleux demeureront supprimez : Et sont faictes deffenses tres-expresses à tous Libraires & Imprimeurs d'en imprimer ny exposer en vente cy aprés, & à toutes personnes d'en escrire & composer, sur peine de la vie. Enjoignant à tous nos Juges & Officiers de faire leur devoir à la recherche & punition des Autheurs d'iceux : ensemble des contrevenans ausdictes deffenses : Et neantmoins pour entierement esteindre la memoire des choses passées, Voulons que ceux qui pourroient estre poursuyvis & recherchez à l'occasion de tous Escrits faicts & mis en vente depuis l'Edict de saincte Manehould, en estre deschargez, comme aussi ceux qui pourroient estre detenus prisonniers sur ce subject.

XLIII. Voulons & ordonnons que poursuitte & punition soit faicte des crimes & delicts commis entre personnes de mesme party pendant les presens mouvemens : Comme aussi de ceux qui seront attaints & convaincus d'incendie & assassinats de sang froid, violemens, ravissemens, & forcemens de femmes & filles, & sacrileges.

XLIV. Toutes Personnes estans de contraire party, tant d'une part que d'autre, qui ont esté pris durant les premiers mouvemens, & à cause d'iceux, ou sont detenus prisonniers en quelque lieu que ce soit, mesmes en Galleres, ou qui ont esté eslargis à leur caution juratoire, ou d'autruy, seront remis en leur pleine & entiere liberté, sans pouvoir estre detenus, poursuivis, ny condamnez en aucune peine, tant corporelle, infamante, que pecuniaire, dequoy nous les avons deschargez & deschargeons par ces presentes. Et quant aux prisonniers de Guerre il en sera usé comme s'ensuit ; C'est à sçavoir, que toutes Personnes de contraire party, tant d'une part que d'autre, qui ont esté prises durant les presens mouvements, & à cause d'iceux ont esté jugez de bonne prise, & en vertu desdits Jugemens ont payé rançon, ne pourront intenter aucune action pour ce subject, ny pretendre aucune restitution de deniers contre qui que ce soit. Tous ceux aussi qui ont esté pris & jugez de bonne prise, qui en vertu desdits Jugements ont composé & convenu de leur rançon à prix & sommes certaines & limitées, qui sont encores detenus prisonniers, se sont obligez ou baillé caution pour le payement desdictes sommes certaines & limitées, pourront estre poursuivis pour ce regard, & contraints au payement d'icelles sommes. Et quant à tous autres qui n'ont convenu ny composé de leur rançon à prix & sommes limitées, soit qu'ils soient encores detenus prisonniers ou mis en liberté souz leur caution juratoire, ou d'autrui de se representer, ne pourront nullement estre poursuyvis pour aucun payement de rançon, comme par ces presentes, Nous les avons deschargez & deschargeons de l'un & de l'autre, sans qu'ores, ny à l'advenir ils en puissent estre recherchez, molestez, ny inquietez en quelque sorte & maniere que ce soit.

XLV. Seront restituez de part & d'autre tous Tiltres, Papiers & Enseignemens qui pourroient avoir esté pris dans les Maisons & Chasteaux particuliers, sans qu'ils puissent estre retenus, pour quelque cause & pretexte que ce puisse estre.

XLVI. Toutes prises qui auront esté faictes par mer durant le present mouvement en vertu des Congez & Adveuz donnez par les Chefs de part & d'autre sur ceux du Party contraire, & qui auront esté jugez par les Juges de l'Admirauté, ou autres Officiers à ce commis, demeureront assoupis sous le benefice du present Edict, sans qu'il en puisse estre faict aucune poursuitte, ny les Capitaines & leurs Cautions, Bourgeois, & Advitailleurs, & lesdits Juges & Officiers recherchez & molestez en quelque façon que cè soit : Comme aussi, Nous voulons que tous ceux qui auront obtenu congé de nostredit Cousin pour aller sur mer, & qui avec iceux seront ja partis, soient deschargez de toutes les prises qu'ils ont faictes, ou pourront faire en vertu d'iceux, pendant le temps de trois mois aprés la datte des presentes, tout ainsi qu'ils feroient s'ils avoient eu congé de nous, ou de nostre Cousin l'Admiral, dont les Jugemens se feront par les Officiers ordinaires de nostre Admirauté, ou autres à qui la cognoissance en appartient.

XLVII. Nostredit Cousin le Prince de Condé fera remettre incontinent aprés la publication de la Paix dans les Provinces, les Villes & Places de Chasteau-Thierry, Espernay, Tonné-Charante, Damajan, & generalement toutes les autres Villes, Places & Chasteaux que luy ou ceux qui sont assistez par luy, & se sont joincts avec luy, tant Catholiques que de la Religion pretenduë reformée, ont prises pendant ces mouvemens, & ce entre les mains de ceux qui les avoient en garde, sans aucune en excepter : Comme aussi seront remis & restituez de part & d'autre toutes autres Places, Maisons, & Chasteaux appartenans, soit aux Ecclesiastiques, ou aux Gentils-hommes particuliers, entre les mains des Seigneurs proprietaires d'iceux, ou de ceux qui en jouyssoient auparavant cesdits mouvemens. Et pour le regard de Tartas, attendu qu'il a esté surpris sur le Sieur de la Harie pendant la suspension d'armes, il sera presentement remis en ses mains, & devant que l'on procede à la restitution des autres.

XLVIII. Comme en semblable nous voulons & entendons que les Villes & Chasteaux de Craon, Creil & Clermont en Beauvoisis soient remis incontinent entre les mains de nostredit Cousin le Prince de Condé en l'estat qu'elles sont, Et aussi les Villes de Bryenne, Rosnay & Montbron, entre les mains de nostre Cousin le Duc de Luxembourg à qui elles appartiennent : à la charge neantmoins de faire demolir les fortifications qui y pourroient avoir esté faictes pendant ces mouvemens, si aucunes y en a.

XLIX. Nos Officiers, tant Catholiques que de la Religion pretenduë reformée, qui ont demeuré és Villes qui ont suivi & assisté nostredit Cousin, & qui à l'occasion de ce, ou en suitte du present mouvement n'ont peu payer le droict annuel de leurs Offices dans le temps pour ce prefix aux Bureaux qui en avoient esté establis, ou en leur defaut leurs Veufves, Enfans, ou Heritiers, seront receuz à payer ledit droict un mois aprés la publication du present Edict, & en ce faisant jouyront du benefice dudit droict.

L. Et d'autant que pour subvenir aux grandes sommes de deniers qu'il nous convient recouvrer, tant pour le licentiement des Gens de Guerre qui sont sur pied de part & d'autre, & autres affaires de la Guerre ; seront les cinquante sols sur minot de sel qui avoient esté ostez en l'année mil six cens dix, remis & reimposez, ainsi qu'ils estoient du vivant du feu Roi nostre tres-honoré Seigneur & Pere.

LI. Pour pareilles considerations seront restablis les quarante sols qui se souloient lever sur chacun quintal de sel en l'estenduë de la Ferme de Lyonnois, dicte à la part du Royaume.

LII. Comme aussi pour subvenir ausdictes despenses, nous avons ordonné quelques droicts estre imposez & levez sur les Marchandises dont on trafique sur quelques-unes des Rivieres de cestuy nostre Royaume, afin de soulager d'autant le Peuple de la campagne, & de nos bonnes Villes.

LIII. Les Articles secrets qui auront par nous esté accordez, & qui ne se trouveront inserez en ce present Edict seront entretenus de poinct en poinct, & inviolable-

ANNO 1616.

lablement observez, & sur l'extraict d'iceux, ou de l'un desdits Articles signez par l'un de nos Secretaires d'Estat, toutes Lettres necessaires seront expediées.

LIV. Et afin qu'il soit promptement pourveu à l'observation de nostre present Edict, mandons à nos amez & feaux Conseiller les gens tenans nos Cours de Parlement, qu'incontinent aprés iceluy receu, & toutes choses cessantes, ils ayent à le faire publier & enregistrer en nosdictes Cours selon sa forme & teneur, purement & simplement, sans user d'aucunes modifications ny restrictions, ny attendre autre jussion & mandement de nous, & à nos Procureurs en requerir & poursuivre incontinent & sans delay la publication, laquelle nous enjoignons aux Gouverneurs & nos Lieutenans Generaux de nos Provinces de faire pareillement faire chacun en l'estenduë de sa Charge, & par tous lieux & endroits à ce faire accoustumez, & ce au premier commandement qu'ils en recevront de nostre part, & sans attendre que ladicte publication ait esté faicte dans nosdictes Cours de Parlement, à ce que nul n'en pretende cause d'ignorance, & que plus promptement toutes voyes d'hostilité, levées de deniers, payemens & contributions escheuz & à escheoir, prises, demolitions, & fortifications de Villes, Places & Chasteaux cessent, declarons dés à present icelles levées de deniers, fortifications, demolitions, contributions, prises de biens, meubles, & autres Actes d'hostilité qui se feront aprés la publication ainsi faite par les Provinces subjectes à restitution, punition & reparation, à quoi nous voulons estre procedé contre les contrevenans. Sçavoir est, contre ceux qui useront d'armes, forces & violences en la contravention & infraction de cestuy nostre present Edict, empeschant l'effect & execution d'icelui de peine de mort, sans espoir de grace ny remission: Et quant aux autres contraventions qui ne seront faites par voyes d'armes, forces & violences, seront punis par autres peines corporelles, bannissemens, amandes honorables, & autres, suivant la gravité & exigence des cas, à l'arbitre & moderation de nos Juges & Officiers, ausquels nous en avons attribué & attribuons la cognoissance, chargeant en cet endroict leur honneur & conscience d'y proceder avec la Justice & égalité qui y appartient, sans exception ou difference de personne. Si donnons en Mandement ausdits Gens tenans nosdites Cours de Parlement, Chambres de nos Comptes, Cours de nos Aydes, Baillifs, Seneschaux, Prevosts, & autres nos Justiciers & Officiers qu'il appartiendra, ou à leurs Lieutenans, qu'ils fassent lire, publier & enregistrer cestuy nostre present Edict & Ordonnance en leurs Cours & Jurisdictions, & iceluy entretenir, garder & observer de poinct en poinct, & du contenu en faire jouyr & user pleinement & paisiblement tous ceux qu'il appartiendra, cessant & faisant cesser tous troubles & empeschements au contraire. Car tel est nostre plaisir. Et afin que ce soit chose ferme & stable à tousjours, nous avons faict mettre nostre séel à nostredit present Edict, sauf en autre chose nostre droit, & l'autruy en toutes. Donné à Blois au mois de May, l'an de grace mil six cens seize. Et de nostre regne le sixiesme. *Ainsi signé*, LOUIS. *Et à costé* visa, *& au dessous*, Par le Roi, estant en son Conseil, DE LOMENIE. Et séellé du grand Seau de cire verte, sur lacs de soye rouge & verte.

Leu, publié & registré, ouy & consentant le Procureur General du Roy, du trés-exprés & reiteré commandement dudit Seigneur, aprés tres-humbles remonstrances à luy faictes & reiterées sur les cinq, quatorze, quinze & cinquante-troisiesme Articles, & sans tirer à consequence à l'advenir pour la creation de l'office de Conseiller de la Religion pretenduë reformée, mentionné au quinziesme Article. A Paris en Parlement le 13. *Juin* 1616. Signé, DU TILLET.

Leu, publié, & registré en la Chambre des Comptes, ouy, & ce consentant le Procureur General du Roi, suivant l'Arrest de ce jourd'huy vingt-huictiesme Juin, mil six cens seize. Signé, BERTHELIN.

VEU par la Chambre les Lettres Patentes du Roy en forme d'Edict, données à Blois au mois de May dernier, & les Articles particuliers y attachez sous le Contreséel, l'Edict de Pacification donné à Nantes au mois d'Avril 1598. *verifié & registré en ladite Chambre le dernier Mars ensuivant: conclusions du Procureur general du Roi, & tout consideré, LA Chambre, les deux Semestres assemblez, a ordonné & ordonne, que sur ledit Edict & Articles sera mis, leu, publié, & registré, ouy, & ce consentant le Procureur General du Roy pour le contenu és quatorze & cinquante-troisiesme Articles dudit Edict, & cinquiesme desdits Articles particuliers, estre gardé & observé en ce qu'ils sont conformes aux Edicts & Declarations du Roy, verifiez & registrez en ladite Chambre, & à la charge que ceux qui ont receu & manié les deniers & compté d'iceux, suivant le vingt-deuxiesme Article dudit Edict, satisferont à iceluy dans le temps qui leur est prefix, & que les autres qui n'ont encores rendu compte, compteront en icelle Chambre dans deux mois, sans que la despense desdits Comptes rendus & à rendre, puisse exceder la recepte: Et sera sa Majesté tres-humblement suppliée, de pourvoir au remplacement des deniers pris & affectez au payement des rentes, & sans approbation du contenu és cinquante, cinquante-un, & cinquante-deuxiesme Articles dudit Edict. Et au regard de Maistre Isaac le Maistre, Conseiller & Maistre en ladite Chambre, mentionné au quatriesme desdits Articles particuliers: Ordonne ladite Chambre, qu'aprés qu'il sera purgé suivant l'Arrest d'icelle, du* 22. *de ce mois, il jouyra du contenu en iceluy. Faict le* 28. *jour de Juin* 1616.

Extraict des Registres de la Chambre des Comptes.

Signé, BERTHELIN,

Leu, publié, & registré en la Cour des Aydes, ouy, & ce consentant le Procureur General du Roy, aux modifications portées par l'Arrest du jourd'huy. A Paris le huictiesme Juin, mil six cents seize.

Signé, BERNARD.

Extraict des Registres de la Cour des Aydes.

VEU par la Cour les Chambres assemblées, les Lettres Patentes du Roy en forme d'Edict, pour la pacification des troubles de ce Royaume, données à Blois au mois de May dernier, signées LOUIS, Et plus bas, Par le Roy estant en son Conseil, DE LOMENIE, *A costé, Visa; & séellées de cire verte sur lacs de soye rouge & verte, Articles particuliers accordez par sa Majesté estant en son Conseil, la Royne sa Mere presente, à Blois le sixiesme jour dudit mois de Mai, signées LOUIS, A costé, Visa, & plus bas,* DE LOMENIE, *attachez audit Edict, Conclusions du Procureur General du Roy: & tout consideré, La Cour les Chambres assemblées a ordonné & ordonne que lesdites Lettres seront leuës, publiées & registrées en icelle, à la charge que la levée des cinquante sols pour minot, & quarante sols sur quintal de sel mentionnez par icelles, n'aura lieu que pendant le temps de six années, sans qu'elle puisse estre continuée pour quelque cause & occasion que ce soit, & sans approbation des Lettres, Brevets, & Traictez non verifiez en ladite Cour, ensemble des Articles secrets non inserez audit Edict, contenu és Articles quatorze, trente-neuf, cinquante-trois dudit Edict, & cinquiesme des Articles particuliers attachez à iceluy, jusques à ce qu'iceux veuz & rapportez il en soit deliberé par ladite Cour: Et pour le regard du cinquante-deuxiesme Article dudit Edict, la Cour dit qu'elle ne peut entrer en la verificatim d'iceluy. Prononcé le* 8. *jour de Juin*, 1616. *Signé*, BERNARD.

ARTICLES *Particuliers accordez au nom du Roy par ses Deputez, envoyez en la Conference de Loudun, à Monseigneur le Prince de* CONDE', *& autres joints avec luy, pour parvenir à la Pacification des troubles: depuis veuz, approuvez & ratifiez par sa Majesté.*

I. LE Roy veut & entend à l'exemple des Roys ses Predecesseurs, que l'Eglise Gallicane soit conservée en ses Droicts, Franchises, Libertez, & Prerogatives.

II. Ce qui a esté fait par le Clergé sur la publication du Concile de Trente n'a esté approuvé par sa Majesté, aussi n'a-il eu aucune suitte, ne permettra point qu'il y soit encores rien faict cy aprés, sans ny contre son authorité.

III. Et encores que dans l'Edict il soit porté que toutes Places qui ont esté prises de part & d'autre durant ces mouvemens, seront restituées & restablies entre les mains & en l'estat qu'elles estoient auparavant iceux: Néantmoins il a esté convenu que le Chasteau de Lectoure sera mis entre les mains d'un Exempt des Gardes du Corps du Roi, ou autre, de la Religion pretenduë reformée, qui sera choisi par sa Majesté, pour le garder jusques à ce que le different qui est entre

ANNO 1616.

tre les Sieurs de Fonterailles & d'Augalin, pour raison de la Capitainerie dudit Chasteau, soit jugé par sa Majesté.

IV. L'Article 27. de l'Edict de Nantes fait sur la pacification des troubles concernant l'admission indifferente de ceux qui font ou feront profession de la Religion pretenduë reformée, à tous Estats, Dignitez, Offices, & Charges publiques quelconques Royalles, Seigneuriales ou des Villes, sera suivi & observé, & en ce faisant les Sieurs de Villemereau Conseiller en la Cour de Parlement, & le Maistre, Maistre en la chambre des Comptes, seront admis en la fonction de leurs Charges, comme ils estoient auparavant qu'ils eussent faict profession de ladite pretenduë Religion reformée.

V. Les Ministres de la Religion pretenduë reformée jouyront de la grace & des exemptions à eux concedées par les Lettres patentes du Roi, du quinziesme Decembre 1612.

VI. Les Sieurs Durant, Louys & Gaufin seront restablis en la Ville de Mets, ainsi qu'ils estoient par cy-devant.

VII. Les Habitans de la Ville de Millau, & des Villes, Bourgs, & Communautez du Comté de Foix qui se trouverent à la prise du Chasteau de Camerade, comme aussi quelques Particuliers de la Ville de Nismes, jouyront de l'effect des abolitions qui leur ont cy-devant esté octroyées pour aucuns crimes & excez y mentionnez, sans qu'il soit besoin d'autre verification que l'enregistrement qui sera faict des presents Articles, & sans que ledit enregistrement puisse prejudicier aux interests civils des Parties, pour lesquels ils se pourvoiront ainsi que de raison. Et pour le regard de la Ville de Millau, les Catholiques tant Ecclesiastiques que autres y pourront faire leur demeure & residence, & continuër le Service divin en toute seureté. Le Roi les mettant en la garde de ceux de la Religion pretenduë reformée qui en demeureront responsables.

VIII. La Dame d'Audoux, & le Sieur de Saincte Foi, ensemble ceux qui les ont assistez, demeureront entierement deschargez de tout ce qui leur peut estre imputé, à cause de ce qui se passa à Belestat l'année 1613. Ce qui sera esteint, aboly & supprimé, & sans que pour l'enterinement de la grace ou descharge qui en a esté ou sera expedié, ils soient tenus se mettre en estat, dont ils seront dispensez & deschargez, à la charge aussi de l'interest civil, s'il y eschet, & que les Habitans qui font profession de la Religion pretenduë reformée y pourront faire leur demeure en toute seureté & liberté, & y faire l'exercice de leur Religion selon qu'elle leur est permise par les Edicts, lesquels demeureront en la garde des Catholiques.

IX. Le Sieur d'Aradon sera restably dans le Gouvernement de la Ville de Vannes, lequel restablissement sera faict par le Gouverneur & Lieutenant General de la Province.

X. La Declaration qui a esté expediée en faveur du Sieur de Bors, au prejudice de la Charge du Grand-Maistre de l'Artillerie, sera revoquée, & ladite Charge remise en la mesme authorité & fonction dont ont joüy les Grands-Maistres qui l'ont cy-devant exercée.

XI. Les Sieurs Marquis de Bonnivet & de Friaize seront delivrez & mis en liberté, & seront toutes informations & procedures commencées à l'encontre d'eux, à cause & ensuitte des presens troubles, nulles & de nul effect & valeur.

XII. Maistre Nicolas Cugnois Receveur Provincial des Decimes de Bourgongne en Bourgongne, demeurera deschargé, ensemble ses Cautions & Certificateurs de la somme de vingt-un mil livres qu'il avoit esté contraint de payer & fournir à Monsieur le Duc de Mayenne, tant des deniers de ladicte recepte des Decimes, que de la consignation qu'il estoit poursuivi faire au Chastelet de Paris, de la somme de six mil quatre cens livres pour le prix de la vente dudit Office, & des années restans à exercer d'iceluy, sans que pour ce ledit Cugnois soit tenu de rapporter aucun Procez verbal de ladicte contraincte, dont il est dispensé, attendu la declaration que ledit Sieur Duc de Mayenne a faicte d'avoir receu ladicte somme de vingt-un mil livres dudit Cugnois, & icelle employée aux affaires de la Guerre, dont ledit Cugnois demeurera vallablement deschargé envers le Receveur general du Clergé de France : celuy des Consignations dudit Chastelet & tous autres en vertu de la quittance dudit Sieur Duc de Mayenne, de ladicte somme de vingt-un mil livres, qui servira aussi de descharge ausdits Receveurs.

XIII. La Commission qui a esté expediée pour le razement du Chasteau de Tigny en Anjou sera revoquée si ja elle ne l'a esté.

XIV. Monsieur le Duc de Vendosme, ensemble tous ses Domestiques, ceux de sa Compagnie de gens d'armes, & ceux de la Compagnie de chevaux legers; qui a esté soubz le tiltre de Monsieur le Duc de Mercure son Fils, & qui a esté commandée par le Sieur de la Barre-Chivray, ensemble les Sieurs Marquis Doissan, d'Aradon, Baron de Quernenau, Baron de Vieux-Chasteau, & les Vefves & Enfans du Sieur d'Oervaux, & du Sieur de Camors, auront Evocation de tous les Procez & Differends, tant civils que criminels, qu'ils ont ou pourroient avoir en deffendant, en la Cour de Parlement de Rennes, & iceux Procez seront renvoyez au grand Conseil, & ce pour un an, dont seront expediées les Lettres d'évocation pour ce necessaires, soubz le contreséel desquelles sera attaché l'estat, tant desdits Domestiques, que desdites Compagnies.

XV. Le Roi accorde à Monseigneur le Prince de Condé, tant pour luy que pour les autres Princes & Seigneurs, tant Catholiques que de la Religion pretenduë reformée, qui se sont joincts & unis avec luy; la somme de quinze cents mil livres, tant pour le payement des levées, entretenement & licentiement des Gens de Guerre, qu'autres frais & despense de ladicte Guerre.

Fait & arresté par le Roi estant en son Conseil, la Roine sa Mere presente, le sixiesme jour de Mai, mil six cens seize. *Signé* LOUIS. *Et plus bas.* Soubz le contreséel de l'Edict. POTHIER.

CLIX.

30. Sept. FRANCE ET CONDE'.

Articles présentez à LOUIS XIII. *Roi de France de la part des Princes, Ducs, Pairs, Officiers de la Couronne, Seigneurs & Gentilshommes retirez de la Cour, depuis la détention de la personne du Prince de* CONDE', *avec les Réponses du Roi sur ce sujet. Fait le 30 Septembre & reçu par les Princes, le 6. d'Octobre 1616.* [MERCURE FRANÇOIS, Tom. IV. Part. II. pag. 259.]

I. QUE le Traicté de Loudun, Articles particuliers & secrets accordez en consequence d'iceluy, seront gardez, observez, & promptement executez en tout & par tout; Tant en ce qui concerne mondit-seigneur le Prince de Condé, qu'autres Princes, Ducs, Pairs, Officiers de la Couronne; Seigneurs, Gentils-hommes, & Officiers qui s'y trouvent compris : Et en ce faisant, s'il plaist au Roi, Que les sieges mis devant la Ville & Chasteau de Chinon, & Tour de Bourges soient levez, & ceux qui commandent esdites Places; maintenus & conservez en leurs Charges.

L'intention de sa Majesté est d'entretenir & faire executer de bonne foy, ce qui a esté accordé audit Traicté de Loudun: Mais pour le regard de Monseigneur le Prince de Condé, Sa Majesté s'est reservé d'en ordonner ainsi qu'elle advisera devoir estre fait cy aprés pour le bien de son service.

II. Que la declaration qu'il plaira au Roi accorder ausdits Princes, Ducs, Pairs, Officiers de la Couronne, Seigneurs, Gentils-hommes, & autres, sera publiée en tous les Parlements de son Royaume, Bailliages, & Seneschaussées, ainsi qu'il est accoustumé : Et pour cest effect Lettres expediées aux Parlements. *Accordé.*

III. Que la somme de cent mil escus promise par ledit Traicté de Loudun, assignée sur les impositions des Rivieres; qui n'ont pas esté establies, sera remplie, toutes difficultez cessantes, attendu que lesdits Princes, Seigneurs & Gentils-hommes en ont faict l'advance pour le licentiement des troupes.

Y a esté satisfaict par le premier Article. Et si les assignations qui ont esté baillées ne sont bonnes & valables, en sera pourveu d'autre.

IV. Que les Garnisons estant és Places que tient Monsieur le Duc de Mayenne, seront augmentées de deux cents hommes de pied : Et les Compagnies de Gens d'armes & Chevaux legers entretenus & payez suivant le Traicté de Loudun, pour tenir Garnison és Places & Lieux où ledit Sieur de Mayenne advisera le plus expedient pour le service du Roy.

Sa Majesté accorde audit Sieur Duc de Mayenne la somme à laquelle se pourroit monter le payement desdits deux cents hommes de pied, pour les trois mois restans de l'année

ANNO 1616.

l'année courante, & de l'année prochaine entiere : Pour estre ladite somme payée ainsi que seront les autres Garnisons du Royaume; Et pour le regard des Compagnies de Gens d'armes & Chevaux legers, seront icelles entretenues selon qu'il a esté accordé par ledit Traicté, Et ladite Compagnie de Gens d'armes payée de deux quartiers de l'année courante : Et de trois quartiers de l'année prochaine, & autre à l'advenir.

V. Que le Payement des Pensions, Estats, & Appoinctemens, & entretenement des Garnisons & Compagnies de Cavalerie dudit Sieur de Mayenne soit assigné sur la recepte generale de Soissons, Taillon, & Gabelles de ladite Generalité, par l'ordre accoustumé des Finances, & ce pour la presente année, & la prochaine suivante.

Sa Majesté ne peut affecter particulierement aucune recepte au payement du contenu audit Article : Et neantmoins y sera pourveu en sorte, que ledit Sieur de Mayenne aura subject d'en demeurer content.

VI. Que la somme de dix mille livres cy-devant accordée audit Sieur, pour les Fortifications des Places qu'il tient, luy soit continuée pour deux ans.

En dressant l'Estat des Fortifications sa Majesté aura esgard à la Remonstrance contenuë au present Article.

VII. Que la Commission pour tenir les Estats de Bretagne en la presente année soit envoyée à Monsieur le Duc de Vendosme, suivant la promesse qui lui en fut faicte à Loudun.

Les Expeditions pour l'Assemblée desdits Estats ayans desia esté envoyées, sa Majesté ne peut faire aucun changement pour ceste année; Mais aprés que ledit Sieur de Vendosme sera venu recevoir les commandements de sa Majesté, sadite Majesté luy donnera toute occasion de contentement; & luy accordera la tenuë desdits Etats de l'année prochaine.

VIII. Que ledit Sieur Duc de Vendosme soit assigné de la somme de trois cents mil livres à luy promises par ledit Traicté de Loudun pour recompense de la Charge de Capitaine & Gouverneur de la Ville & Chasteau de Nantes, Offrant moyennant ce d'en bailler sa demission.

Ledit Sieur de Vendosme estant prés de sa Majesté en sera advisé avec luy dedans le temps de la tenuë des Estats de l'année prochaine.

IX. Que la Compagnie de Chevaux legers dudit Sieur de Vendosme servira où par ledit Sieur de Vendosme luy sera ordonné, & par luy advisé plus expedient pour le service du Roi.

Ladite Compagnie de Chevaux legers a esté créée comme toutes les autres pour servir auprès du Roy: Mais les Mandemens & Commandemens de sa Majesté pour le faict de ladite Compagnie s'addresseront audit Sieur Duc de Vendosme.

X. Sa Majesté, s'il luy plaist, ordonnera l'entretenement de cent hommes de pied, pour tenir Garnison en la Ville & Citadelle de la Fere.

Sa Majesté a accordé audit Sieur Duc de Vendosme la somme à laquelle se montera le payement de cent hommes de pied pour les trois mois restans de l'année courante: Et l'année prochaine entiere. Pour estre ladite somme payée ainsi que seront les autres Garnisons du Royaume.

XI. Sa Majesté commandera, s'il luy plaist, le razement des Fortifications faictes à Blavet & Donarvenez, en execution des Traictez de sainte Manehould & Loudun.

Par lesdits Traictez sa Majesté ne s'est obligée à razer aucunes Fortifications faictes par son commandement, ny de s'oster la liberté de faire telles Fortifications qu'elle advisera pour le bien de son service.

XII. Que les Garnisons nouvellement mises és Villes & Places seront ostées & licentiées, & lesdits lieux remis ainsi qu'ils estoient auparavant la detention de mondit Seigneur le Prince de Condé. Supplient tres-humblement les Princes, Ducs, Pairs, & Officiers de la Couronne sa Majesté, de mettre en bonne consideration s'il est expedient pour son service de tenir sur pied son armée nouvellement dressée.

Sa Majesté n'entend entretenir autres Garnisons que celles qui seront necessaires pour la seureté des Places. Et pour le regard de l'Armée sa Majesté ayant pris l'advis des Princes & Seigneurs qui seront prez sa personne, en ordonnera pour le bien de son service.

XIII. Qu'il soit baillé ausdits Princes, Seigneurs & Officiers, un Duplicata de la Declaration susdite. *Accordé.*

Faict & accordé au Conseil du Roi tenu à Paris, le Roi y estant, & la Royne sa Mere, les Sieurs Cardinal & Duc de Guise, & Prince de Joinville, & autres Princes & Officiers de la Couronne: le dernier jour de Septembre 1626. *Signé*, LOUIS. *Et plus bas* MANGOT.

ANNO 1616.

Ces Responses du Roi estans renvoyées à Soissons, les Princes mirent au dessous.

Nous avons reçeu les Articles & Responses cy-dessus portées par Monsieur de Boissize, par commandement exprés du Roy, & pour obeyr à ses volontez. Faict à Soissons le sixiesme jour d'Octobre 1616.

CLX.

Traité de Paix entre CHARLES EMANUEL I. *Duc de Savoye*, & HENRI *de Savoye Duc de Nemours, fait le* 14. *Novembre*, 1616. [S. GUICHENON, Histoire Généalogique de Savoye. Preuves. pag 626. MERCURE FRANÇOIS, Tom. IV. Partie II. pag. 395. VITTORIO SIRI, *Memorie Recondite*, Vol. III. pag. 552. en Italien.] 14. Nov. SAVOYE ET NEMOURS.

S'ETANT depuis quelques mois en çà glissé une mauvaise intelligence entre son Altesse & Monsieur le Duc de Nemours & de Genevois, laquelle auroit esté suivie de mouvemens & prises des armes; son Altesse desirant rapprocher pres d'elle ledit Sieur Duc, & iceluy se remettre & rentrer, comme estant Prince de sa Maison, en la bonne grace de son Altesse par l'entremise de Monsieur le Prince de Piedmont, lequel pour l'asseurance qu'il a de la volonté dudit Sieur Duc, & de l'affection que sadite Altesse luy a tousjours portée, voulant encor la luy tesmoigner en ceste occasion, comme chose qu'il sçait devoir estre tres-agreable à sadite Altesse, a volontiers embrassé ceste affaire, pour l'entiere resolution & accomplissement des choses qui auront esté commencées; Ledit Sr. Prince tant en son nom, que pour & au nom de sadite Altesse d'une part, & ledit Sieur Duc d'autre, estimant le faire trouver bon à Monsieur le Duc de Guise son Nepveu, ont entre eux accordé les conditions qui s'ensuivent.

Premierement, que ledit Sieur Duc de Nembours sera remis & restably en la pleine possession & jouyssance de tous ses Biens, Appanages, Droicts, devoirs, & pretentions tels que ses Predecesseurs & luy en ont jouy & jouyssoient avant ladite prinse des armes.

II. Comme aussi les saisies & main-mises, si aucunes y en a, apposées sur les Biens & Appanages dudit Sieur Duc, ceux de ses Officiers, Serviteurs ou Amis seront levées & ostées : Et s'ils avoient esté emprisonnez ou depossedez de leurs Charges & Offices y seront restablis, & toute recherche & pretention que l'on pourroit faire contre eux, pour & à l'occasion des presents differens, demeureront aneantis.

III. Sera encores iceluy Sieur Duc maintenu & conservé à l'advenir en la jouyssance de vingt mil Ducatons à luy concedez par sadite Altesse, sa vie durant. Et pour plus grande asseurance, elle luy en fera expedier les Lettres de confirmation verifiées en la Chambre de Chambery, pour l'avoir & prendre sur les tailles & deniers extraordinaires de Genevois & Faussigny, le tout à la forme des Arrests sur ce rendus.

IV. Et pour plus grande asseurance audit Sieur Duc tant de sa promesse que de la libre jouyssance de ses Biens, son Altesse luy a accordé pour un an cent hommes de Garnison ordinaire dans le Chasteau de Nicy, à son choix, lors & quand ledit Sieur Duc y sera & y sejournera; & hors ledit sejour à Clermont : Laquelle Garnison sera payée & soudoyée aux despens de sadite Altesse, sur le mesme fonds que les autres Garnisons de Savoye, & l'entretenement d'icelle mis & delivré de quatre mois en quatre mois par le Tresorier general du Pays, ez mains d'un Commissaire particulier à ce deputé.

V. Et d'autant que ledit Sieur Duc pretend sur les deniers extraordinaires qui se sont imposez & levez cydevant, & qui se leveront & imposeront cy-aprés riere les Estats de son Appennage luy en devoir appartenir une partie, selon les Traictez faicts par ses Predecesseurs & son Altesse. Au contraire qu'il ne luy en appartient aucune chose, & ne luy en est rien deu: Pour le decider, l'on deputera dans trois mois de part & d'autre une ou deux personnes de leur Conseil, & aux fins de telle qualité & condition que son Altesse & ledit Sieur Duc adviseront chacun de leur costé, lesquelles si faire se peut conviendront à l'amiable de ladite

ANNO 1616. te pretention : Et où ils ne le pourroient faire, la decision en est remise à l'arbitrage des Sieurs le Grand, Escuyer de France, Mareschal de Lesdiguiéres, & d'Alincourt, Gouverneurs des Provinces voisines de l'Estat de Savoye. Lesquels comme amis communs, lesdites Parties ont accordé & choisi pour Arbitres & Juges en cest affaire, & se soubsmettent à ce qui en sera par eux decidé & ordonné.

VI. Et pour soulager aucunement les affaires dudit Sieur Duc, son Altesse promet de luy payer & bailler la somme de quarante-cinq mille Ducatons, A sçavoir vingt mille contant en Lettres de Change, payables à Lyon, & pour les vingt-cinq mille restans, elle les luy fera fournir par tiers en dix-huict mois prochains.

VII. L'accomplissement des choses cy-dessus promises, & entiere observation d'icelles, son Altesse, & ledit Sieur Duc prient & requierent Monsieur le Duc de Guise, lesdits Sieurs le Grand, Mareschal de Lesdiguieres, & d'Alincourt, Gouverneurs des Provinces voisines de l'Estat de Savoye, de s'en vouloir charger & obliger, & en outre d'assister, defendre & secourir tant de leurs forces que de leur pouvoir & creance celuy auquel l'autre des Parties aura manqué & defailly en quelque chose du present Traicté : Le tout sous le bon plaisir du Roy, lequel son Altesse & ledit Sieur Duc supplient le vouloir ainsi commander & ordonner ausdits Sieurs Gouverneurs le faire par eux observer & garder.

VIII. Et encores ledit Sieur Prince de Piémont promet & sera tenu de faire ratifier, approuver & aggreer par son Altesse le present Traicté, & en fournir & mettre és mains dudit Sieur Duc Lettres de Ratification dans huict jours prochains : comme aussi ledit Sieur Duc promet de continuer par cy-aprés en la mesme bonne volonté qu'il a faict cy-devant au service de son Altesse comme son devoir & sa naissance l'y obligent. Faict & arresté le 14. jour du mois de Novembre 1616.

CLXI.

1617. 18 Fev. **Ihro Kåyserl. Majest.** MATTHIÆ **Ratification deß Anno 1614. zwischen denen Reichs-Erb-Marschallen Herrn von Pappenheim / und dann denen såmbtl. Frey-und Reichs-Stådten / aufgerichten Vergleichs. Geben zu Prag den 18 Februarii 1617.**

C'est-à-dire,

RATIFICATION *du Traité d'Accommodement conclu, l'an 1614. entre les Maréchaux hereditaires de l'Empire de* PAPPENHEIM, *& les* VILLES IMPERIALES, *par l'Empereur* MATTHIAS, *donnée à Prague le 18. Fevrier 1617.* [Voyez-la sous le 9. Novembre 26 Octobre 1614]

CLXII.

1. Mars. EXTRAIT *des Regîstres de la Chambre Imperiale de Spire, pour l'Enregistrement de la Transaction Lorraine. Du 1. Mars 1617.* [Voyez-le ci-devant sous le 26 Août 1542. Tom. IV. Part. II. pag. 238. col. 1.]

CLXIII.

19. Mars. MILAN ET LA VALTELINE. *Articles & Capitulations dressez par le Sieur* Alphonso Casal, *Conseiller du Roi* D'ESPAGNE, *& son Ambassadeur en Suisse, agissant au nom de* Dom Pietro de Toledo; *Gouverneur du Duché de* MILAN, *d'une; & les Seigneurs Chefs & Députez des Communes des trois* LIGUES, *d'autre part; le tout sous l'aveu de Sa Majesté & desdites trois Ligues. Fait à Covére le 19. Mars 1617.* [Histoire de la Valteline & Grisons, &c. pag. 110. MERCURE FRANÇOIS, Tom. VI. Part. II. pag. 176.

AYant de tout temps esté une bonne amitié & correspondence entre les Ducs de Milan & les trois Ligues, & icelle continuée avec les Rois Catholiques depuis qu'ils sont devenus Seigneurs de ce Duché: les deux Partis, considerans le bonheur, profit & seurté, qu'apporte une bonne intelligence entre deux Estats voisins ; afin d'oster aussi toute meffiance ; qui cy-devant pourroit avoir esté causée entre la Majesté de Philippe III. de ce nom, comme Duc de Milan, & predites trois Ligues, & en sa place establir & conserver à tousjours une bonne amitié & correspondence ; ont resolu, à l'honneur de l'Eternel, & bien de leurs Etats, les suivans Articles de Confederation, qui auront force d'une Alliance perpetuelle. Donques S. Ex. Dom Pietro de Toledo, Gouverneur dudit Duché de Milan, au nom de ladite Majesté & de ses Successeurs audit Duché, d'une ; & les Seigneurs Presidens, Conseillers, & Communautez desdites trois Ligues, pour eux & leurs Successeurs, d'autre part; prometrent qu'entre sadite Majesté comme Duc de Milan, avec ses Subjects dudit Duché, & les trois Ligues avec leurs Subjects de la Valtoline, Wormse, & Comté de Chavenne, sera & devra estre à perpetuité, une vraye amitié, bonne voisinance, & correspondence. De sorte que aucune des Parties ne se laissera employer à chose quelconque, qui puisse porter préjudice ou dommage à l'autre Partie; & ne permettra, qu'à aucun qui voudroit offencer l'autre Partie, ouvertement ou clandestinement, soit donné passage par dessus ses Terres, ou celles de ses Subjects; moins qu'il lui soit donnée aucune assistance, directement ou indirectement : ains s'opposera à iceluy de tout son pouvoir. Et advenant, que l'une des Parties decouvre quelques menées ou pratiques secretes, tendantes au préjudice de l'autre, elle sera tenue d'en donner advis à l'autre au plustost que faire se pourra; & cependant taschera de tout son pouvoir d'empescher & divertir telles menées & pratiques.

Et dautant que son Excellence a esté advertie, que les trois Ligues en general desiroyent que le Fort qui a esté basti aux Frontieres de la Valtoline en l'an 1603. fust demoly, pour leur tesmoigner qu'iceux sont restablis aux bonnes graces de sa Majesté, & leur faire voir la singuliere affection de sadite Majesté envers les trois Ligues : sadite Excellence promet de faire demolir & razer ledit Fort avec le petit Fort, incontinent aprés que les presens Articles auront esté acceptez & seellez par sa Majesté & lesdites trois Ligues : & que sadite Majesté ne permettra, qu'il soit onques rebasti, tandis que lesdites trois Ligues de leur costé observeront fidelement le contenu és presentes Capitulations, & ne donneront occasion à sadite Majesté d'entrer avec eux en defiance, comme ils avoyent fait en l'an 1603. Et d'autant que les Seigneurs Presidens, Conseillers, & Communes desdites trois Ligues recognoissent assez, que la defiance, qui a esté cause de la construction dudit Fort, provient de l'Alliance & passage qu'en l'an 1603. ils avoyent promis & octroyé à la Seigneurie de Venize: ils promettent, pour eux & leurs Successeurs quelconques, que tandis que les presentes Capitulations dureront, ils ne renouvelleront plus à l'advenir ladite Alliance, ni ne permettront ledit passage. Le Commerce d'un Estat à l'autre sera libre, tant pour les Seigneurs, que pour leurs Subjects, sans respect des personnes : à condition, qu'elles ne donneront point scandale en fait de Religion, & ne porteront des livres secrets & defendus. Quant à la contagion, l'on observera l'ordre qu'on y a tenu ci-devant. Item jouïront lesdites trois Ligues, & leurs Subjects, touchant le peage du bestail, & autres choses, qu'ils ameneront sur les terres de Milan, ou qu'ils en emmeneront, des mesmes franchises, que sont les Cantons Suisses Alliez avec ladite Majesté.

Et advenant que sa Majesté eust besoin de Soldats de nostre Nation, pour la defence dudit Duché de Milan lui sera permis de faire une levée ausdites trois Ligues, mais non plus de quatre mille, & non moins de deux mille hommes. Excepté neantmoins, si lesdites trois Ligues lui vouloyent octroyer plus grand nombre. Les Ambassadeurs de sadite Majesté, qui feront ladite levée, auront la puissance de nommer le Colonel, & les Capitaines, & de traiter & convenir avec eux des Armes & de leurs gages. Que si sadite Majesté, pour la conservation de ses Estats, vouloit faire passer quelque nombre des Soldats estrangers, pour les mener sur le Milanois, cela lui sera permis, & à ses gens : à condition toutes fois, qu'ils passent par Troupes, dont chacune n'excedera le nombre de 200. hommes, & que tousjours l'une soit distante de l'autre d'une journée. Chaque Troupe aura son Capitaine ou Con-

ANNO 1617. Conducteur, qui la tiendra en ordre, avec un Commissaire, que lesdites trois Ligues ordonneront aux despens de sa Majesté, afin d'eviter tout inconvenient. Lesdits Soldats passans seront tenus payer leurs vivres & les peages, selon la raison, se comportans au reste, ainsi comme il convient. Item ne porteront autres Armes, que leurs espées, & poignards, fors les gens de cheval, ausquels il est aussi permis de porter leurs pistolets. Et au cas que ceste Gendarmerie apportast quelque dommage ausdites trois Ligues, soit à leurs Subjects, & qu'icelui fust deuëment verifié, sa Majesté sera tenue de le reparer. Au reciproque, s'il advenoit, que lesdites trois Ligues fussent assaillies par quelque Prince ou Estat, sadite Majesté sera tenue fournir ausdites trois Ligues, toutesfois & quantes elle en sera par icelles recherchée, assavoir 2000. Fantassins & 200. Chevaux, & iceux entretenir & souldoyer tandis que la Guerre durera. Et advenant, que lesdites trois Ligues eussent besoin de plus grand secours, sa Majesté sera tenue de le leur mander sans aucun delay. Que si au lieu du susdit nombre de Soldats, lesdites trois Ligues aimassent mieux l'argent, sa Majesté sera tenue leur fournir, & payer par mois 10000. escus pendant que la Guerre durera. Item les fournira de six grosses Coulevrines, & des munitions requises, qu'il fera livrer & rendre au Comté de Chavenne : à condition, que la Guerre estant finie, lesdites trois Ligues les restitueront. Il sera permis aux susdites trois Ligues, & à leurs Subjects, d'achetter de toutes sortes de denrées pour leur usage, sur les Marchés de Come & de Palantza au Duché de Milan, tout ainsi comme font les Cantons Suisses, qui sont alliez avec sadite Majesté. Icelle, comme Duc de Milan, de sa Royalle liberalité, & pour tesmoigner ausdites trois Ligues sa bienveuillance & affection, leur promet de faire payer à leur Fisque annuellement à la Feste S. Jean Baptiste, assavoir Florins 3000. à raison de 15. Batz piece monnoye de Covere, à chacune desdites trois Ligues. Et doit commencer ce payement dès la premiere Feste dudit Sainct, qui suivra la solennisation de ce Traitté. Que s'il advient question & difficulté entre sadite Majesté, comme Duc de Milan, & lesdites trois Ligues, ils seront choisis deux Arbitres de chasque part, qui s'assembleront à Chavenne ou Lorico, selon que chasque Partie sera Actrice, ou Rée : & decideront lesdits Arbitres telle difficulté sommairement dans l'espace de deux mois. Mais quand il surviendra procès entre particuliers des deux Estats ; en ce cas l'Acteur sera tenu de compeller le Rée par devant son Juge ordinaire. Que si les susdits Arbitres ne pouvoient tomber d'accord, chaque Partie choisira sur l'Estat de l'autre un personnage sage & expert, qui soit de qualité & en Office : & lors icelles jetteront le sort, lequel des deux sera le Superarbitre.

Et faut entendre, que la presente Capitulation ne devra en façon que ce soit prejudicier à l'Alliance, & Lettres Reversales, que lesdites trois Ligues ont avec la Couronne de France : ains ladite Alliance, & Revers, resteront en leur force & vigueur ; & sera la presente Capitulation perpetuelle & hereditaire. Sa Majesté se reserve le S. Siége de Rome ; le sacré Empire Romain ; la tres Illustre Maison d'Austriche ; l'Alliance que sadite Majesté a avec les Cantons Catholiques en Suisse ; & toutes autres precedentes Alliances, & Traittez qui pourroient encores valoir. Et lesdites trois Ligues reservent de leur costé, ledit Sacré Empire Romain ; l'Alliance & Revers avec la Couronne de France ; l'Alliance hereditaire avec la tres-Illustre Maison d'Austriche ; les Alliances avec Messieurs les Suisses, & toutes autres Alliances precedentes, qui sont encores en valeur.

CLXIV.

28 Mai. **Brüderlicher Erb-Vertrags Recess zwischen Johann Fridrich Hertzog zu Würtemberg / Regierenden Lands-Fürsten / und dero Herrn Brüdern / Ludwig Fridrich / Julio Fridrich / Fridrich Achille, und Magno aufgerichtet; Wodurch dem ersten das Hertzogthum Würtemberg mit allen zugehörungen / dem andern aber die Graffschafft Mumpelgard nebst allen zugehörungen / wie auch die Herrschafften Horburg / und Reichenweiler zukommen / und denen übrigen drey Brüdern gewisse deputat assigniret / anbey auch / wie es ferners mit der Succession, auf eines oder des andern hintritt / gehalten werden solle / verabredet worden. Geschehen zu Stutgart den 28. Maii 1617.** [LUNIGS Teutsches Reichs-Archiv. Part. Special. Contin. II. Absatz VII. pag. 745.] ANNO 1617.

C'est-à-dire,

Recès & Accord Hereditaire entre JEAN FRIDERIC, *& ses Freres* LOUÏS FRIDERIC, JULES-FRIDERIC, FRIDERIC ACHILLE *&* MAGNUS, *tous Ducs de Wirtemberg, portant que* JEAN FRIDERIC, *comme aîné, aura le Duché tout entier, que* LOUÏS FRIDERIC, *qui est le second, sera en partage du Comté de* Monbeliard *avec le Domaine de* Horburg *& de* Reichenweiler ; *mais que les autres se contenteront d'une alimentation. On y convient de plus de ce qui regarde l'ordre de succeder, dans les cas de mort soit des uns, soit des autres. A Stutgart le 28 Mai 1617.*

Zu wissen / Alß uff seelig Ableiben Weyland des Durchläuchtigen Hochgebohrnen Fürsten und Herren / Herrn Friedrichen / Hertzog zu Würtemberg und Teck / Grafen zu Mümpelgarth / Herrn zu Haydenheimb rc. Hoch-Fürstl. Angedenckens / der auch Durchl. Hochgebohrne Fürst und Herr / Herr Johann Friedrich / Hertzog zu Würtemberg und Teck / Graf zu Mümpelgarth / Herr zu Haydenheimb / rc. als der ältiste hinterlassene Sohn / und regierender Landes-Fürst / das Regiment des Hertzogthumbs Würtemberg und Graffschafft Mümpelgarth / mit allen denen datzu gehörigen Graff- und Herrschafften / Land und Leuten den 30 Januarii / Anno 1608. glücklich angetretten und bißher löblich geführet; Unndt dann die Succession von Würtemb. bey diesem Fürstl. Hauß vornemlich an den Altväterlichen hochbetheuerten und von den regierenden Römischen Käysern nach und nach confirmirten Verträgen / sonderlich aber der darauf erfolgten Erection, Landtags-Abschied / und weylandt Hertzog Christoph und Ludwigs hinterlassenen Testamentarischen Dispositionen ohnmittelbahr hafftet / und selbigem nach formiret / gerichtet und angestellet werden soll. Alß haben hochermeldte Ihre Fürstl. Gnaden solches alles mit sampt dero freundlich geliebten Gebrüdern / Herrn Ludwig Friedrichen rc. Herrn Julio Friedrichen / Herrn Friedrich Achille &c. und Herrn Maguo, allen Hertzogen zu Würtemberg rc. Bey dieser Brüderlichen Vergleichung / in fleissiger Consideration und Obacht gehabt / und zuförderst dasselbige alles Ihres Inhalts / deßgleichen der Landtschafften Ihre Privilegien / Herkommen und Verträgen / auch nochmahlen wie bißher bey allen Ihren Kräfften / Würden und Vollkommenheit ietzo und ins künfftige erblich und beständig für sich und Ihre Fürstl. Posterität verbleiben / auch von Ihrer Fürstl. Gnad. Gnad. Gnad. Gnad. Gnad. selbsten getreulich und brüderlich gehalten und vollzogen werden sollen / hiermit und in Krafft dieses Abschieds einander vestiglich versprochen und zugesagt / auch solchem nach sich ferner Freund- und Brüderlich verglichen / wie unterschiedlich hernach folget: Und erstlich ist in Krafft solcher angezogenen Verträgen und Erection, dahin einmüthiglich abgeredet / auch hiermit kräfftiglich verabschiedet / daß hochgedachter Hertzog Johann Friedrich rc. als der erstgebohrne und ältiste Herr Bruder / das Hertzogthum Würtenberg und Teck / samt allen deren Graff- und Herrschafften / Ein- und Zugehörungen / an Landt und Leuten / Lehen / Lehnschafften und aigen / liegend und fahrend

auch

ANNO 1617. auch deren Renthen und Einkommen / sampt aller und jeder Ihrer Herrlichkeit / Landes-Fürstl. hohen Obrigkeit und Gerechtigkeit / Regalien und Würden in Geistlichen und weltlichen / wie solche dero geliebter Herr Vater und Vor-Eltern / regierende Hertzogen zu Würtemberg würcklich besessen / regieret / genossen und gebrauchet / überall nichts ausgenommen / für sich und dero Eheliche männliche Leibes-Erben und derselben Nachkommen / in Krafft / Form und Maaß / wie ob angezogene Verträge / und darauff erfolgte Erection, alles Ihrs Innhalts ausweisen / haben und behalten; Und hingegen die Onera und Beschwerden / so wohl wegen des Reichs / als Abfertigung beeder Fräulein Schwestern / Fräulein Agnes, und Fräulein Anna / und sonsten / wie beym Hauß Würtemberg herkommen und einem regierenden Hertzog oblieget und gebühret / tragen soll.

Zum andern ist ebenmäßig abgehandlet und verglichen / daß hochgedachtem Hertzog Ludwig Friedrichen / als dem andern regierenden Herrn / die Fürstl. Graffschafft Mümpelgarth sammt allen und jeden darzu gehörigen und bißher dahin gebrauchten unterschiedlichen Herrschafften in und ausser der Graffschafft Burgund gelegen / deßgleichen beede eigenthümliche Graff- und Herrschafften Horburg und Reichenweiler in Elsaß / mit allen ihren Landes-Fürstl. hohen Regalien / Dignitäten / Ober- und Gerechtigkeiten / Lehenschafften / Bergwercken / Renthen und Einkommen / Geist- und Weltlichen / sampt den Festungen und darin verhandenen Geschütz / Munition und Rüstungen / wie auch Silber-Geschirr / und allem andern zugegen liegenden Vorrath / an Einkommen und Fahrnüß / nichts ausgenommen / insonderheit aber die Præeminenz der Reichs-Graffschafft Mümpelgarth / mit deren Stand / Stimme und Session im Reich / wie solches und alles anders dero Herr Vater / Groß-Herr Vater und derselben hochgeehrte Voreltern üblich hergebracht / genossen und gebraucht / für sich und dero Eheliche männliche Leibes-Lehns-Erben übergeben / und erblich gefolgt / auch förderlichst die Unterthanen und Beambten / deren bißhero getragenen Pflicht und Huldigung wiederum erlassen und Ihrer Fürstl. Gnaden als den künfftigen Landes-Fürsten gebührlich angewiesen werden sollen / immassen auch hingegen Ihro Fürstl. Gnaden / alle und jede auff solchen Graff- und Herrschafften ietzo befundene und künfftige Onera und Beschwerden / wie die Namen haben / auff sich selbst nehmen / haben und tragen sollen und wollen / ohne Entgeld des ältisten Herrn Bruders / Und nachdem die Irrungen / so sich zwischen der Graffschafft Burgund und Mümpelgarth / wegen der prætendirten Souverainität an den Herrschafften Hericout, Blaumont, Clemont und Chastelor bieshero erhalten / nach der Zeit nicht zur Richtigkeit gebracht; Als hat mehr hochgedachter Hertzog Johann Friedrich ꝛc. freundlich bewilliget / die angefangene gütliche Handelung / neben Hertzog Ludewig Fridrichen ꝛc. als nunmehro Inhabern / nochmahlen zu reassumiren / und dahin noch Möglichkeit trachten zu helffen / damit derselben dermahleins auch Ihr abhelffliche Maaß / so viel geschehen kan / gegeben werden möge. Uber dieses seindt auch Ihro Fürstl. Gnaden des brüderlichen Erbiethens / die Grafen zu Ortenburg Ihrer sonderbahren prætension halben / so sie an gedachte Herrschafften zu haben vermeinen / abzufinden / und Hertzog Ludwig Friedrichs Fürstl. Gnaden dessen zu entheben / und obwohl Ihro Fürstl. Gnaden sich nicht schuldig erachten / aus dero Kirchen Kastens-Verwaltung allhie zu Stuttgarthen / wegen hiebevor beschehener Ablösung ichtwas jährlich zum Ministerio nacher Mümpelgarth verschaffen zu lassen / so ist doch von derselben zu besserer Erhaltung der Kirchen und Schulen daselbsten gutwillig vergunt und zugesagt worden / jährlich auff Georgii zwey tausend Gülden allein zu solchem gottseeligen Ende zuzuschiessen / und von Stuthgarten aus verabfolgen zu lassen. Deßgleichen hat auch hochermelter Hertzog Johann Friedrich ꝛc. aus brüderlicher Wohlmeinung freundlich bewilliget / daß Hertzog Ludwig Friedrichen ꝛc. die mit Recht aberhaltene Sechs tausent Cronen Willerminischer Schulden / erblich angewiesen und geliefert werden sollen. Dabey seine Hertzog Ludwig Friedrichs Fürstl. Gnaden sich dahin freundlich erkläret / daß Sie und Ihre Fürstliche Nachkommen / zu Erhaltung friedlichen und Christlichen Regiments / ihre Unterthanen mehr bemelter Graffschafft und Herrschafften Mümpelgarth / Horburg und Reichenweiler / bey ihren Verträgen / Rechten und Gerechtsame / so viel selbige ausweisen / und kundlich herkommen / wie auch die Verordnungen beedes in geistlichen und weltl. Stand und Regiment / wie sie bißher von dero hochlöblichen Herrn Vatern und Voreltern Augspurgischer Confession gehalten / und noch befunden werden / handzuhaben / und dagegen keine Neuerung / sonderlich aber der Religion halber Augspurgischer Confession, der Enden einzuführen / noch andern von ihrentwegen zu thun / wissentlich zu verstatten. So viel dann die Reichs- wie auch Burgundische Lehnschafft offtberührter Graffschafft Mümpelgart betrifft / hat zwar Hertzog Ludwig Friedrich ꝛc. die Burgundische / so viel derenwegen so wohl in Empfahung als Bedienung derselben herkommen ist / auff sich genommen / Nachdem aber mehr hochermeldter Hertzog Johann Friedrich ꝛc. die Mümpelgartische Reichs-Regalien / bey der Kayserlichen Majestät und dem Reich / in Krafft geleister Lehns-Pflicht / für sich ohnlängsten empfangen; Als ist verglichen / daß es nach der Zeit dabey zu lassen / auch Ihro Fürstliche Gnaden dieselbe vollends biß auff begebende Aenderung / und Hertzog Ludwig Friedrichs ꝛc. anderwerts erfolgte Belehnung / tragen / vermannen und bedienen / auch sonsten die Schuldigkeit / wie bißhero / dem Reich davon leisten sollen. Endlich hat auch Hertzog Johann Friedrich freundlich bewilliget / daß Hertzog Ludwig Friedrichen ꝛc. beede Höf in der Stadt Basel und Straßburg gelegen / mit deren Gerechtsame / Zugehör und Beschwerden erblich übergeben und gelassen werden sollen.

Zum dritten / ist gleichwohl in weyland Hertzogs Christophen ꝛc. und Ludwigs ꝛc. Hochfürstl. Andenckens hinterlassenen Testamente gewisse Ordnung geben worden / welcher massen der dritte gebohrne Hertzog zu Würtenberg nicht mit Land und Leuthen / sondern einem jährlichen Deputat von funffzehen tausend Gülden / samt einem Ansitz / und darzu nothwendigen Hausrath und Fahrniß contentiret werden soll / immaßen auch solchem zu Folge Hertzog Julio Friedrichen ꝛc. selbig bestimmt Deputat auf denen hiernechst benanten Gütern Weiltingen und Brentz / wie auch in eventum, auf der Herrschafft Heydenheim / alles hierunten angedeuteter maßen angewiesen / und von Seiner Fürstl. Gnaden angenommen worden. Es hat aber offt hochbesagter Hertzog Johann Friedrich aus freyer brüderlicher Lieb und Affection noch ferneres bewilliget und zugelassen / daß Hertzog Julius Friedrich / als der dritte Bruder / über das ietzt angedeutete Deputat, die aufs neu ohnlängst acquirirte eigenthümbliche Gütter Weyltingen und Brentz mit aller Zubehör an Land und Leuten sambt hoher Oberkeit und aller Gerechtsamen / Renthen und Einkommen / wie selbige die vorige Inhabere besessen / genutzt und gebraucht / nichts ausgenommen / 1617.

Anno 1617.

men / von nechst verwichenen Georgii dieses itzt lauffenden Jahres anzurechnen / erblich / doch nachfolgender gestalt haben soll.

Nehmlich erstlich / dieweil solche erbliche Uberlassung aus keiner Schuldigkeit beschicht / so ist verglichen / daß Sie allein auf Hochgedachten Hertzog Julium Friedrichen ꝛc. und dessen hinterlassene Eheliche Männliche Leibes-Erben gemeint und verstanden / dergestalt / daß in deren Abmangel / oder auch auf den Fall Hertzog Julius Friedrich ꝛc. in der Graffschafft Mümpelgart hie unten erzehlter maßen succediren würde / alsdenn diese beyde Güter niemand anders / als dem ältisten regierenden Herrn Bruder / und dessen Erben / und dem Hertzogthum Würtenberg / daher sie gehen / wiederum heimfallen und zukommen sollen. Nachdem aber gedacht Guth Weiltingen / wiewohl ohne beständige Ursache / sondern aus lauterm Gesuch / anspрüchig gemacht werden wil / so ist zum andern von offtgemeldten Hertzog Johann Friedrichen die brüderliche Verwilligung geschehen / auf den Fall die Sach ins Recht erwachsen solte / die Rechtfertigung zu führen / und Hertzog Julium Friedrichen ꝛc. deßwegen in Rechten zu vertreten; Und dieweil Ihro Fürstl. Gnaden auf solchen zweyen Güttern ein nahmhaffts / nehmlich auf Weiltingen / Sechs und Achtzig tausend Gülden / und auf Brentz ein mahl hundert drey und zwantzig tausend Gülden liquidirter Schuld zu fordern / haben dieselbe zum dritten / und zu noch mehrerer Bezeugung deren Brüderlichen Freywilligkeit / solche Schuld / die in Summa thut zwey mahl hundert und neun tausend Gülden / sincken und fallen lassen / doch dergestalt / woferne Hertzog Julius Friedrich ꝛc. solcher Güter eins oder sämptlich ins künfftig verkauffen oder sonsten vereußern / und hinweg geben würde / daß alsdenn hochgedachtem ältern regierenden Herrn Brudern / oder dessen männlichen Erben und Nachkommen / die selbiger Zeit im Regiment seyn werden / solche zweymahl hundert und neun tausend Gülden von den Güttern oder dero Kauff-Schilling wiederum heraus gegeben und bezahlt werden / die Käuffer auch sich derselben vor solcher baaren Bezahlung nicht annehmen / sondern dem ältern regierenden Herren / als dessen special und ausdrücklich Unterpfand / frey und zu würcklichem Besitz lassen sollen.

Nachdem sich aber auf diesen beyden Gütern noch gegen einander ein starcke Schulden-Last / welchen die hierbevorigen Innhaber / ehe Sie an das Hauß Würtenberg kommen / darauf gemacht / befindet / nemlich auff Weiltingen / Haupt-Guth Ein und Funfftzig tausend und funfftzig Gülden / viertzig Fünff-Kreutzer / trifft an jährlichem Zinß / zwey tausend fünff hundert funfftzig zween Gülden / dreyßig zween / ein halben Creutzer / und auf Brentz an verzinsenden Haupt-Guth / neunzehen tausend / neun hundert achtzig / ein Gülden / funfftzig vier Creutzer / thut jährlich an Zinß / Neunhundert / Neuntzig neun Gülden / sechs Creutzer / an unverzinsenden aber Eilff tausend Fünff hundert Gulden / so dann an verzinsenden Stifftungen / Sechs tausend Gulden / so zusammen thun / Sechs zehen tausendt / Neun hundert Gulden; Als hat mehr hochernanbter Hertzog Johann Friedrich ꝛc. freundlich bewilliget / gedachte Brentzische unverzinsende Haupt-Summen und Stifftungen der Sechszehen tausend Neun hundert Gulden vom Guth Brentz ab- und auf sich zu nehmen / und zu jedes Terminen anderwerts richtig machen zu lassen. Die übrige hier oben vermelte verzinsende Weilting- und Brentzische Haupt-Summen aber sollen von den jährlichen Gefällen zu Weiltingen und Brentz jedes mahl biß zu Ablegung des Capitals verpensioniret werden / dergestalt / daß das übrige Einkommen / so hoch sich dasselbe nach ausbezahlten Zinsen erstrecken wird / Hertzog Julio Fridrichen ꝛc. in Abschlag seines bestimmten Deputats der funffzehen tausent Gulden / bey den Voigten daselbsten geliefert / und was alsdenn noch zu Gantzmachung berührten Deputats ermangelt / von der Herrschafft Heidenheim / und des Orths jedesmahl verordneten Voigt vollendts vor Hertzog Johann Friedrichs Antheil gegen Quittung eingehändiget und zugestellet werden soll. Würde denn Hertzog Julius Friedrich / an vorgedachten Weiltingischen und Brentzischen Haupt-Guth / so sich in Summa auf ein und siebentzig tausend / dreyßig zween Gülden / dreyßig und neun Creutzer beläufft / über kurtz oder lang / viel oder wenig ablegen / soll es dero Fürstlichen Gnaden zu gut kommen / und doch nichts destoweniger das bestimmte Deputat gefolget werden. Damit man aber eigentlich Nachricht haben möge / wie hoch sich das jährliche Einkommen beeder Gütter Weiltingen und Brentz beständig erstrecke / ist darüber ein gemein Jahrgang gemacht / und nach selben der Anschlag jährlichen Einkommens umb beständiger Gewißheit willen gericht / und deren zwey Originalia unter Hertzog Johann Friedrichs ꝛc. und Julii Friedrichs Fürstl. Fürstl. Gn. Gn. eigner Handt unterschrifft / neben angehengeten Secreten ausgefertiget / und jedem eines deren eingehändiget worden.

Zum Vierdten. Dieweil diese Eigenmachung der Vor-Eltern Exempeln zuwieder / sondern aus freywilligem guten brüderlichen Gemüth hergeflossen / so ist ausdrücklich hiermit verabschiedet / daß es in dergleichen künfftigen Fällen und Handlungen bey dem Fürstlichen Hauß Würtenberg und dessen Posterität zu gantz keinem Eingang oder Præjudicio verstanden oder gedeutet / viel weniger gleichfalls zu practiciren von jemand begehrt noch gestattet / sondern nur als ein special-Fall / der aus sondern bekandten und darzu bewegenden Ursachen geschehen / gehalten werden soll.

Zum Fünfften soll Hertzog Julio Friedrichen die Benennung der Schul- und Kirchen-Diener zu Weiltingen und Brentz / auch andern Orthen so dahin gehörig / zu deren Belieben heimgestellet seyn. Dieweil aber offt hochgedachtem Hertzog Johann Friedrichen alle Jura Episcopalia und geistliche Jurisdiction im Hertzogthum zuständig / als soll es auch mit beeden Gütern Weiltingen und Brentz / sampt allen und jeden derselben Kirchen / Schulen und Unterthanen / in allen Fällen / gleicher gestalt also gehalten / und darum die verordnete Pfarrer und Schulmeister daselbst jedesmahl zum Examine, Approbation und sonsten auf begebende Fälle ins Fürstliche Consistorium nacher Stuttgarten erfordert / und von dem Superintendenten der Herrschafft Heydenheim visitiret werden. Neben diesem seind auch Hertzog Julio Friedrichen ꝛc. zu mehrerer Recreation desselben / nachfolgende Jagten eingeräumet worden / nemlich alle und jede Jagten und Weidwerck / so gen Weiltingen gehörig / sampt dem Weidwerck in Brentzer Marckung / folgends die Würtenbergische Jagten in Weiden-Loch / Metlinger Hart und Burggarten / so weit das gemein Jagen mit Pfaltz Neuburg gehet / weiter die Jagten in Bingen unterhalb Fleckens Herbrechtingen / einer seits an und zwischen dem Falckensteinischen Gehöltz und Jagen / und sonsten aller andern Orten / dem Baufeld liegt / aus dem fleust das Wasser die Brentz genandt / gerings weise darum / so denn die Jagten im Holtz / das Haymat genannt / zwischen dem Flecken Memmingen und Stauffen gelegen / item das Rauchen Laug / nicht weit von der Gräntz gelegen / stößt an das Hochmat / doch ein Feld darzwischen / so seynd auch diejenige Jagten /

Anno 1617.

Anno 1617. ten / welche der ven Knörringen von dem Herren Grafen von Oettingen umb ein tausend Gülden insgesambt mit gleichmäßigem Geld und Condition erhandelt / und Sr. Fürstl. Gnaden zum Gebrauch assigniret worden Endlich haben auch J. Fürstl. Gnaden diejenige Fahrniß und Haußrath / so in dem Hauß Weiltingen befunden werden / daselbsten zu lassen gutwillig zugegeben und verstattet / auch den Wildzeug so daselbsten gewesen / wiederum dahin zu verschaffen Befehl ertheilet.

Zum Sechsten ist gleichfalls in angeregten Testamentis Verordnung beschehen / wie zu mehrerm Aufnehmen und Conservation dieses Hochlöbl Hauses / und Handhabung der Erection, der vierdte und fünffte Herr mit einem gewissen jährlichen Deputat jedem von Zehen tausend Gülden an Geld sampt einer Fürstl. Residenz, auch nothwendigem darzu gehörigem Haußrath und Fahrniß / wie auch Brennholtz versehen werden soll. Welchem vorgeschriebenen und heilsamlich bedachtem Exempel gemäß / Hertzog Friedrich Achilli &c. das Hauß zur Neustadt / und Hertzog Magno &c. das Hauß zu Neuenburg / doch ohne einige Jurisdiction oder Obrigkeit / auser was ihre besoldete Diener belanget / sondern allein zur Residenz mit angeregtem Haußrath und Fahrniß / wie auch dem jährlichen Deputat für jeden zehen tausend Gülden zu Hertzog Johann Friedrichs &c. Antheil bestimmt / von nechst abgewichenen Georgii dieses lauffenden Jahres an zu rechnen / eingeräumt und übergeben werden / dergestalt / daß ein Keller zu Neuenstatt / Hertzog Friedrich Achilli &c, deßgleichen der Voigt zu Neuenburg Hertzog Magno &c. zu jedem Quartal angeregtes Deputat an Geld / oder da es von J. J. F. F. G. G. begehrt würde / in Abschlag dessen zu eines jeden Hoffstatt / gegen Quittung verfolgen lassen und verrechnen soll / an Rocken / zwantzig fünff Scheffel / jeden zu dreyen Gülden gerechnet / thut siebentzig fünff Gülden / Dinckel ein hundert achtzig Scheffel à einen Gülden dreyßig Creutzern / thut zwey hundert siebentzig Gülden / Haber vier hundert Scheffel à einen Gülden dreyssig Creutzer / thut sechs hundert Gülden / Wein hundert Einer à zehen Gulden / thut ein tausend Gulden / Summa eintausend / neun hundert viertzig fünff Gulden / desgleichen Brenn Holtz zweyhundert Klafftern.

Nechst diesem aber sollen beede Jhro Fürstl. Fürstl. G. G. solche Häuser / wie sie denselben eingeräumet werden / fürther / so lange die Residenz wehren wird / im baulichen Wesen / doch ohne Haupt-Bau zu erhalten / auch den darinn gebrauchten Haußrath und Fahrniß auff alle Fälle bey dem Hauß zu lassen schuldig seyn. Solte sich dann befinden / daß die jährliche Geld-einkommen in beeden Aembtern Neuenstatt und Neuenburg / zu Erstattung dieser zweyen Deputaten Quota nicht erklecklich seyn würden. Damit man nun die andere Gefälle an Frücht und Wein / nicht etwa zu Unzeiten und mit Schaden zu verkauffen genöthiget werde / ist Verordnung beschehen / daß der jedesmahl befundene Abgang an Geld / Wein und Früchten von den nechstgelegenen Aembtern Weinsberck / Meckmühl und Kellerey Haylbronn / gen Neuenstatt / von Calw und Wildberg aber nacher Neuenburg auf erfordern und Verlang gefolgt und verstattet werden soll.

Über dieses seynd auch Hertzog Friedrich Achilli &c. die Küchen-Gefäll und Geflügel an Capaunen / Gänß / Hüner / Eyern / Käße / Kälber / Lämmer im Ambt Neuenstadt in gewöhnlichen Schlag um einhundert dreyßig vier Gulden / viertzig sechs Creutzer / und Hertzog Magno &c. in Ambt Neuenburg umb viertzig Gulden angeschlagen zu empfahen / und an deren ordentlichen Deputato abzukürtzen bewilliget. Dieweil aber offt hochgedachter Hertzog Johann Friedrich &c. an den Deputaten, so wohl für Hertzog Julium Friedrichen &c. als Friedrich Achillem und Magnum &c. mehr nicht als zwey Drittheil / Hertzog Ludwig Friedrich aber einen Drittel daran zuzuschiessen schuldig / als ist abgeredt / und von Hertzog Ludwig Friedrichen &c. versprochen worden / dero angebührenden Drittentheil von Horburg und Reichenweiler aus / jedes Jahrs in zweyen Terminen / nehmlich auf Martini und Georgii, und damit dieses allbereit eingegangenen Sechszehenhundert siebenzehenden Jahres anzufahen / jedem Herrn Bruder zu seiner verordneten Residenz nacher Weiltingen / Neuenstadt und Neuenburg / oder nacher Stuttgarthen ohnfehlbar / damit durch Abmangel dessen an Unterhalt keine Ungelegenheit verursachet werde / zu verschaffen und auszahlen zu lassen / zu welchem Ende ein jeder Ambtsschaffner / so zu Horburg und Reichenweiler ietzo ist / oder hernach angenommen werden möchte / hocherleuchten Hertzog Johann Friedrichen &c. solchen also vor allen andern Ausgaben eigentlich nachzukömmen / insonderheit verpflicht gemacht werden soll. Nicht weniger haben sich auch Jhro sämbliche Fürstliche Gnaden / Gnaden / Gnaden / Gnaden / Gnaden / dahin brüderlich vereinbahret / daß Hertzog Johann Friedrich &c. und Ludwig Friedrich &c. den andern dreyen Brüdern / jedem so viel Silber-Geschirr / als zu einer Fürstlichen Taffel ungefährlich gehörig seyn mag / auff drey tausend Gulden werth / her zu geben und zuzustellen / davon Hertzog Johann Friedrich &c. gleichsalls zwey Drittheil / und Hertzog Ludwig Friedrich &c. ein Drittheil zuschiessen / und auß machen soll und will / und dieweil die nothdürfftige Beholtzung zum Hauß Neuenstadt und Neuenburg / so wohl zum brennen / als die Häuser im baulichen Wesen zu erhalten / von Hertzog Johann Friedrich &c. auff obangeregte Weise bewilliget / als sollen selbige die Beambte durch die gewöhnliche Frohn der Unterthanen / dem Herkommen gemäß / jährlich zu gewöhnlicher Zeit / an unschädlichen Orten fällen / und aufs Hauß verschaffen lassen / und seind beneben auch zu mehrer Recreation und Versehung der Küchen beeden Fürstl. Herren Brüdern die Jagten und Weidenwerck zu bemeldtem Neuenstadt und Neuenburg / so weit sich derselben Aemter Marckung zu Holtz und Feld erstrecken / Jagens Gebrauch nach / zu besuchen vergönnt und zugelassen / darzu die Amtleut den Unterthanen / doch nicht wieder das Herbringen noch zu ihrer Beschwerde gebiethen / auch beede Herren Brüder mit Fleiß dahin bedacht seyn sollen / damit die Wildfuhr nicht allein von den Jhrigen nicht verderbt / sondern auch von den benachtbahrten und andern an der Jagens Gerechtsame kein Schad oder Eintrag zugefüget werden.

Damit es aber nicht das Ansehen habe / gleichsam wären sämtliche Herren Gebrüder / durch solche verschiedene Residenzien gar von einander getrennt / und hingegen dennoch auch dem regierenden Herrn durch viel und öffters Anwesen der Herren Gebrüderen / in dero formirten und angestellten Hoffstatt und Regiment keine Hinderung oder Unordnung zugefügt werde ; so ist nach dem löblichen Exempel der hochgeehrten Vor-Eltern / Hertzogen zu Würtemberg &c. dahin gesehen und hiermit verabschiedet worden / daß zwar hochgedachte Herren Gebrüdere / so Deputata haben / auff ihren assignirten Residenzien ordinariè verbleiben / und hochermeldten regierenden Herren nicht überlästig seyn sollen / auff den Fall ihnen aber Sr. Fürstl. Gnaden ohnerfordert je weilen zu besuchen Anno 1617.

Anno 1617.

suchen gefallen würde / soll es auffs eingezogenste / und nicht über zehen / zwölff oder höchst funffzehen Pferden / und so viel Diener / allein auf Futter und Mahl / und anders / oder mehrers nicht / beschehen. Das Gesind aber die Zeit solches Anwesens dem Marschall oder Hauß-Hofmeister / oder wer von des regierenden Herren wegen sonsten darzu verordnet / unter sein Commando gegeben werden / deme / wie auch der Hof-Ordnung sie sich gemäß und gehorsam erzeigen sollen. Ob nun wohl mehr hochgedachte jüngere Herren Brüder sich selbsten der brüderlichen guten Discretion, wie Fürstlichen nahen Blutverwandten gebühret / zu gebrauchen / und den regierenden Herren zu viel oder über die Zeit nicht zu discommodiren / sondern vornemlich zusehen müsten / wie sie ihres eigenen Fürstlichen Hauses Aufnehmen und Reputation durch nützliche Sparsamkeit und Fürstliche Tugenden befördern helffen / und sich selbsten auch dadurch bey Manniglichen einen guten Nahmen machen mögen:

Damit aber jedennoch auff alle Fall auch hierunter / der erheischenden Nothdurfft nach / etwas gewiß geordnet werde / ist solch Anwesen / auf den Fall sie nicht erfordert / oder sonsten eingeladen wären / jedesmahl ungefähr auff acht / oder nach Gelegentheit der Verrichtung zum längsten auf vierzehen Tage / doch mit der dabey angehefften Erinnerung gestellt worden / da es sich darüber verweilen möchte / daß alsdann das bestimmte Deputat proportionabiliter, und so viel sich selbiges der Zeit nach belauffen mag / durch den Keller oder Voigt der Residenz ohne weitern darüber erhaltenen Befehl abgekürtzt und einbehalten / auch sonsten auffm Lande durchaus nichts auff des regierenden Herrn Kosten auffgeschlagen / sondern von einem jeden selbsten was auffgegangen / oder er auch sonsten für Schulden ietzo oder künfftig machen / oder auffwenden würde / abgelegt und ausgezahlt werden soll. Sonsten aber hat sich hochermeldter Hertzog Johann Friedrich freundlich erbothen / da dero Jüngere Gebrüdere / so Deputata haben / von Jhro Fürstl. Gnaden erfordert würden / es mit denselben der Auslösung halben / nach gestallten Sachen / wie unter Fürsten herkommen / zu halten. Dieweil auch durch brüderliche Liebe / ungefärbtes und getreues zusammen setzen / diß Fürstl. Hauß / nechst GOttes milden Seegen / und Benedeyung wohl und ansehnlich erhalten werden kan / so haben sich Jhro sämbtliche Fürstliche Gnaden / Gnaden / Gnaden / Gnaden / Gnaden / mit einander brüderlich dahin vereiniget / daß keiner ohne des andern Wissen / Willen und Gutachten sich hinführo mit andern in Bündniß einlassen / noch des andern heimlicher oder öffentlicher Feind werden / sondern selbsten einander treulich und brüderlich meinen / respectiren / in allen Nothfällen mit Leib und Gut / Land und Leuten / auffrecht und redlich beystehen / retten und nacheilen / auch alles was zu Ehren / Auffnemen und Wohlfahrt dieses Hochlöblichen Stamms und Nahmens dienlich ist / thun und leisten soll. Und nachdem durch hitzige und unruhige Diener vielmahl / bevorab zwischen nahen Verwandten / merckliche Uneinigkeit und Wiederwillen / ohne rechtmäßige Ursachen / erweckt werden können; so ist insonderheit hiermit geschlossen / und einander zugesagt / daß keiner des andern Feind oder Wiederwärtige hausen / Hülff oder Unterschleiff geben / noch einander die Diener abpracticiren / oder ohn Auffweisung / Abschied und Paßport auf- und annehmen soll. Deßgleichen wollen auch Jhro Fürstl. Gnad. Gnad. Gnad. Gnad. Gnad. in gemeinen Reichs- und andern Privat Sachen / daran diesem Fürstl. Hauße gelegen seyn mag / mit einander jedesmahl vertraulich correspondiren / das Land und Festungen / so wohl darinnen als hie aussen Lands unter Jhro sämtl. Fürstl. Gnad. Gnad. Gnad Gnad. Gnad. doch dergestalt offen halten / daß derjenig / so sich in Feinds-Kriegs- und andern Nothfällen derselben zu seiner Defension gebrauchen will / sich und die seinige zuförderst bey dem Herrn / deme solche Festung gehörig / anmelden / demselben die direction, wie viel / auch wie und wann selbige einzulassen / und was sonsten dem Commando durchaus anhängig / ungehindert lassen / auch seine Diener den Burgfrieden zu schweren / und alle Geheimnüssen / die sie darin gesehen oder gehöret / verschwiegen zu halten / anweisen soll.

Am allerförderšten aber sollen und wollen Jhro Fürstl. Gnad. G. G. G. G. sämt und sonders / wie auch Jhro Fürstl. Nachkommen mit Hülff und Beystand der heiligen ewigen Dreyfaltigkeit bey der bißher erkannten und bekanten Warheit des heiligen Evangelii / wie selbige in der reinen ungeänderten Augspurgischen Confeßion begriffen / und in der formula Concordiæ wiederhohlet / auch bißhero in diesen Landen durch GOttes merckliche Gnade exerciret worden / ohnwandelbahr und beständig verbleiben / Jhre von GOtt anvertraute Kirchen und Schulen / aller Orthen / nach dem löblichen Exempel Jhrer gottseeligen Vor-Eltern dabey erhalten / und kein widriges dagegen einführen / noch andern einzuführen im wenigsten verstatten / damit Jhro Fürstl. Gnad. G. G. G. G. und deren Fürstlichen Nachkommen / den durch GOttes Benedeyung reichlich erlangten Seegen / auch auff ihre geliebte Posterität bringen / und lang erhalten mögen. Dieweil auch Jhro sämtliche Fürstl. Gnaden gleichen Fürstl. Geblüths und Herkommens / sollen und wollen sie sich hinführo / wie bißhero / gleiches Titulß und Wapens gebrauchen / haben auch hiermit / als an sich selbsten löblich / Fürst- und billich / die fernere Verordnung gethan / daß keiner unter Jhren Fürstl. Gnad. Gnad. Gnad. Gnad. Gnad. sich ohn des andern / sonderlich aber des Eltern regierenden Herrn Brudern / als des Haupts dieses Fürstl. Haußes Rath / vorwissen / Willen und Belieben / zumahl aber nicht ausser dem Fürstl. Stand verheurathen soll noch will.

Desgleichen sollen auch die Fürstl. Fräulein zu denjenigen Fürsten / so der Religion Augspurgischer Confeßion / hie oben angedeuteter massen zugethan / versprochen / und dabey die gewöhnliche Verzicht / wie selbige bey diesem Fürstl. Hauße herkommen / zu leisten / zu förderst angewiesen und gehalten werden / die auch neben gebührender Abfertigung Jhrem Stand gemäß zugleich / (doch ohne des ältern regierenden Landes-Fürsten Fraulein / als mit denen es seine besondere Maaß und Herkommen hat /) nach Besag des im Jahr Sechzehen hundert und sieben auffgerichteten Landtags-Abschieds / von gemeiner Landschafft in Würtenberg / mit zwantzig tausend Gülden Heyraths-Gut versehen / und sonsten der Ausfertigung halben / wie hierunten gemeldt / gehalten werden sollen / als denn auch nicht allein in unterschiedlichen Verträgen / sondern auch in Hertzog Ludwigs Testament mit sattsamer starcken Ausführung verordnet / auch damahlen unter einander versprochen und zugesaget worden / daß zu Erhaltung dieser Landen und besserer Fortbringung Stammens und Namens / keiner ichtwas an seinem inhabenden Landt und Leuthen erblich hingeben / verkauffen oder sonst veräusern soll / es geschehe denn in Nothfällen / da sonst kein ander Mittel sich zu retten verhanden / als dann derjenige / so ichtwas zu verwenden Vorhabens / solches dem andern zuvor wissend machen / und käufflichen / oder Kauffschilling Weise anbieten: Da aber dieselben einzustehen oder

ANNO 1617.

oder sonsten durch Anlehnung / oder in andere Wege solche Güter an sich zu bringen Bedencken trügen / alsdenn einen ewigen Wiederkauff und Erblassung denselben nichts destoweniger expresse vorzubehalten schuldig; oder do auch diß nicht beschehe / Jhme ipso jure reservirt und unbenommen seyn und bleiben / auch deßhalben beederseits Fürstenthum / Graff-und Herrschafften jedem zu seiner Angebühr ausdrücklich afficirt / verunterpfändt und verschrieben seyn soll. Sintemahl denn diese Verordnung aus vernünfftigen / treflichen und heilsamen Ursachen beschehen; Als haben offt hochermeldte sämtl. Herrn Gebrüder / die seyn gleich ietzo oder ins künfftige mit eigenen Landt und Leuthen versehen / sich mit einander einmüthiglich für sich und Jhr jedes Nachkommen vereinbahrt und versprochen / daß sie sich auch dieser vor gut angesehenen hochnützlichen Anordnung / wegen Jhrer ietziger und künfftiger Land und Leuthe gemäß erzeigen / und derselben zu wieder oder gefährlichen Abbruch nichts thun noch verhandeln / noch von andern zu thun verstatten wollen / mit dem fernern Zusatz / do einer oder der ander unter Jhren Fürstl. Gnad. Gnad. Gnad. Gnad. Gnad. oder deren Nachkommen zu Erkauffung Landt und Leuthen Geldes benöthiget / daß er alsdenn dieselbe um ein Vorlehen anlangen: Sie auch Jhme / so viel eines jeden Gelegenheit alsdenn seyn und erleiden würde / gegen gnugsame Versicherung freund- und brüderlich wiederfahren sollen.

Solte es sich denn / nach dem unwandelbahren Willen des Allmächtigen begeben / daß einer aus diesen Fürstlichen Herrn Brudern über kurtz oder lang ohne männliche Eheliche Leibes-Erben Todes verfahren würde / ist hiermit insonderheit verabschiedet / auch wissentlich einander versprochen und zugesagt / daß dem Verstorbenen / der nechste nach dem Alter folgende Bruder in seinem ingehabten Fürstenthum / Graff-Herrschafften und Landen / oder assignirten Deputaten / sambt dem dazu eingeantworteten Hauß-Rath und Fahrnüß / (doch ohne die Güter Weiltingen und Brentz / als mit denen es / wie hier oben angedeutet / gehalten werden soll /) dergestalt substituirt seyn / daß er alsdan seine zuvor gehabte eingeräumte Graff-und Herrschafften / Land und Deputaten / er habe gleich männliche Leibes-Erben oder nicht / verlassen / und Jhme der nechstgebohrne Bruder ohne Mittel succediren / und weiter der dritte folgen / und also jeder jüngere an des nechst vorgehenden ältern Brudern Stelle und Verlassenschafft tretten / und solchem nach der männliche Stamm jedesmahls die Töchter ausschliessen soll. Wofern aber der jüngste gleichfalls ohne männliche Ehliche Leibes-Erben versterben / oder auch seiner Herrn Brüder einem succediren würde / soll als den dessen Deputat seine Endschafft haben / und beeden ältisten Herrn Brudern / als von denen es herkommen / wiederumb heimfallen / und die andern sich an Jhrer Competenz und Innhaben ersättigen lassen.

Was aber die übrige von einem oder dem andern unter den Herrn Gebrüdern / oder auch deren Erben und Nachkommen / erheurathe / erkauffte / oder anderwers acquirirte / und zuweg gebrachte Güter / darüber keine sonderbahren Pacta und Bedüngniße / oder testamentliche Verordnungen verhanden seyn würden / belangend / soll es nachfolgender Gestallt damit gehalten werden. Nemlich: Wofern auff Absterben des Herrn Vaters / durch GOttes Seegen / so wohl junge Herren als Fräulein im Leben seyn würden / sollen die acquirirte hinterlassene Herrschafften und alle andere erworbene Güter liegend und fahrend dem männlichen Leibes-Erben allein verbleiben; hingegen aber dieselben Jhre Fräulein Schwestern zu sich zunehmen / zu unterhalten und hernacher zur Zeit der Verheurathung / Jhrem Fürstlichen Stand gemäß / neben dem Heurath Guth / so von der Landschafft / hie oben angeregter massen / erlegt wird / gegen Leistung schuldigen / und bey diesem Hauß gebräuchlichen Verzicht / ans zufertigen / hiermit verbunden seyn. Solte es sich dan begeben / daß allein Fräulein verhanden / damit nun dieselben nicht zu viel beschwehret / und dannoch auch der Stamm und Nahm bey diesem Fürstl. Hauß / zu dessen mehrerm Auffnehmen / in Obacht gehalten werde; so ist verglichen / daß auff solchen Fall / dem nechsten Agnaten alle liegende Güther / wie auch das Silber-Geschirr / so zur Fürstl Taffel oder Credenz gehörig / deßgleichen an den Kleynodien zween Drittheil / dem Fräulein aber ein Drittheil / samt dem übrigen erzeugten Silber-Geschirr Erblich zuständig seyn / hingegen aber derselb die Fräulein / da es ihnen gefällig seyn wird / biß zu Jhrer Verheurathung bey sich haben / und unterhalten soll / auff den Fall aber auch angefallene oder zugebrachte Mütterliche Güter liegend oder fahrend verhanden seyn würden / ist es mit denselben nicht unbillich / nach Ausweiß der gemeinen beschriebenen Kayserlichen Rechte zu halten.

Endlich / würde dann nach GOttes Schickung der gantze Männliche Stamm des Hauses Württemberg zu seiner von GOtt vorgesehenen Zeit allerdings abgehen und verleschen / welches doch der Allmächtige noch lange Zeit seegnen und gebenedeyen lassen wolle / So soll die Graffschafft Mümpelgarth / wie auch Horburg und Reichenweiler sampt allen Jhren Herrschafften und Zugehörungen / den alsdenn lebenden Fräulein vom Hauß Würtemberg / und Jhren Nachkommen / nach Art und Eigenschafft derselben Landen / darum nicht benommen / sondern hiermit vorbehalten seyn.

Wann denn auch nöthig erachtet / auff alle Todfälle / die der Allmächtige nach seinem ohnwandelbahren Willen / zuschicken möchte / der Vormundschafft halber über die hinterlassene Fürstl. Kinder und deren Zugehörigen Landt und Leuth / und andern / gewisse Verordnung zu thun; So ist nach fleißiger Erwegung hiermit verabschiedet / wofern der ältiste regierende Herr Bruder zeitlichen Todes verfahren würde / welches doch der ewige gütige GOtt / nach seinem allein weisen Rath / lang verhüten und abwenden wolle / und hierüber durch Testamentliche Disposition nichts anders befohlen hätte / daß alsdenn dero Herr Bruder Hertzog Ludewig Friedrich rc. als ältister / wie auch die alsdann hinterlassene Fürstl. Frau Wittib / als die Frau Mutter / sich der Vormundschafft und deren Verwaltung / mit zuthun vertrauter Räthe / wie in weylandt Hertzog Christoph rc. und Hertzog Ludwigs rc. zu Würtemberg / Hoch-Fürstl. Andenckens / hinterlassenen Testamenten Verordnung geschehen / unternehmen. Die Fürstl. Kinder in Gottesfurcht / nach Anleitung der reinen Augspurgischen Confeßion / und allen Fürstlichen Tugenden / aufferziehen / Kirchen und Schulen / auch Land und Leut mit Christlichen Regiment getreulich vorstehen / und sonsten insgemein dieses hochansehnlichen Haußes Auffnehmen / Reputation und Wohlfarth / nach allem getreuen Vermögen / suchen und befördern sollen. Würde aber der andern Herrn Gebrüder einer / mit Hinterlassung Ehelichen Leibes-Erben / und ohne Testamentarische / oder andere Verordnung / über der Curatel absterben / so soll die Vormundschafft dem ältisten / als dem noch lebenden Bruder / gelassen / und zu dessen Gutachten und wolgefälligen Belieben gestellet werden / Ob und welchen Er unter den andern Herrn Brüderen zu sich zu ziehen / und die Mitadministration zu verstatten / rathsam und dienlich befinden möchte / nicht zweiffelnd / derselbe / als

ANNO 1617. als der ältiste / sich hierunter in der That eiferig / und also Fürstl. beweisen werde / wie dieses Haußes Conservation, und der hinterlassenen Pupillen Wohlfarth in alle Wege erfordert.

Damit aber endlich diese brüderliche Einigkeit und getreue Affection zwischen Ihren allerseits Fürstl. Gnad. Gnad. Gnad Gnad. Gnad. und deren Erben und Nachkommen / beständig erhalten / und dem Land und Unterthanen / zu wohlgedeylichem Auffnehmen / fortgepflantzet werde / ist auch nach dem Exempel dero hochgeehrten Vor-Eltern / und des Haußes Würtemberg / insonderheit verglichen und abgeredt / da Ihro Fürstl. Gnad. Gnad. Gnad. Gnad. Gnad. oder Ihre Erben und Nachkommen einige Irrungen / Streit oder Wiederwillen / in was Sachen / die treffen gleich diesen Abschied oder ein anders an / oder unter was Schein / Namen und Vorwand das immer geschehen kan oder mag / wieder einander hinführo haben und gewinnen würden / daß sie sich alsdann zu gantz keiner Thätligkeit gegen einander bereden oder bewegen / sondern durch die übrigen Herren Gebrüder und deren Erben / und beederseits schiedliche Räthe / gütlich / und der Billigkeit nach / födberlichst vergleichen / in Entstehung aber der Güthe / sich durch einen Compromißlichen kurtzen Austrag / mit Niedersetzung dreyer Räthe von jedem Theil / (darunter einer von Adel / und zween Rechts-Verständige / und also beederseits sechs Personen /) die Ihrer Pflicht und Eidt zu diesem Austrag / erlassen / und do nöthig einen Obman erwehlen sollen / auff eingebrachte zwo oder drey Schrifften von jeder Parthey rechtlich entscheiden lassen sollen / dabey es auch endlich ohne Reduction, Supplication, Revision, Restitution in Integrum, Nullitatis, oder wie das sonsten Namen haben kan / gäntzlich verbleiben soll. Dieses alles haben offt hochgedachte Hertzog Johann Friedrich rc. Ludwig Friedrich rc. Julius Friedrich rc. Friedrich Achilles &c. und Magnus, Gebrüdere / Hertzogen zu Würtenberg rc. nach reiflicher Erwegung des unverdencklichen Herbringens / und dieses Hertzogthums Bewandniß / auch aller andern dabey befundenen Umstände / mit gutem Vorbedacht / Wissen und Belieben unter sich endlich erhandelt / verglichen und abgeredet / und damit alle und jede Puncten desto steiffer / gewisser und beständiger jetzo und ins künfftige von Ihren sämtlichen Fürstl. Gnad. Gnad. Gnad. Gnad. Gnad. und deren Fürstl. Posterität gehalten und vollenzogen werden / haben dieselbe / nach dem Exempel deren hochgeehrten Vor-Eltern / diesen brüderlichen Vertrag für sich und deren Erben und Nachkommen / Sie hierdurch ebenmäßig zu verbinden / unter einander mit Handt gegebenen Treuen und Leistung eines auffgerichten rechten leiblichen geschwornen Eids / ohnwandelbahr nicht allein befestiget / sondern es hat auch hochermeldter Hertzog Magnus, weil Seine Fürstliche Gnaden das Fünff und zwantzigste Jahr ihres Alters noch nicht vollständig erreicht / zugleich mit angelobet und versprochen / so bald Sie das Fünff und zwantzigste Jahr abgeleget haben würden / diese Abrede und Vergleichung zu allem Uberfluß und Bezeugung / daß Sie es Ihres Theils ungefärbt und brüderlich meinen / unter deren Hand und Innsiegel nochmahls auff beyliegende Form und Maaß zu ratificiren und zu bestättigen. Dessen allen zu wahrer Uhrkundt und mehrer Bekräfftigung haben viel hochbesagte sämtliche Herren Gebrüder diesen Vertrags-Abschiedt mit eigenen Händen unterschrieben / und jedes Innsiegel wissentlich daran hängen / dabey auch die Prälaten und Landschafft Würtemberg gnädig ersuchen lassen / alldieweil Ihnen selbsten / und diesem Hertzogthum / an solcher Vergleichung / und daß sie jetzo und in künfftigen Zeiten ohngewanckt / fest und standhafftig gehalten / auch ein jeder unter den Herrn Brüdern und deren Nachkommen dabey gehandhabet werde / mercklich und viel gelegen / daß Sie Ihr gemein Innsiegel gleichfalls daran gehencket / welches wir / die Prälaten und Landschafft / unterthänig und wissenlich gern gethan / und seind dieses Abschieds zwey gleichlautende Originalia ausgefertiget / darunter eines Hertzog Johann Friedrichen rc. das andere Hertzog Ludwig Friedrichen rc. übergegeben / Hertzog Julio Friedrichen / rc. Friedrich Achilli &c. und Magno &c. aber jedem glaubhaffte vidimirte Abschrifften davon zugestellet worden. Geben und geschehen zu Stuthgarth / den acht und zwantzigsten Monaths-Tag Maii, Im Jahr nach Christi Unsers Herrn und Heylandes Geburth / Sechtzehenhundert / und in dem siebenzehenden. ANNO 1617.

Johann Friedrich
Ludwig Friedrich
Julius Friedrich } Hertzoge zu Würtemberg.
Friedrich Achilles
Magnus

CLXV.

Pactum de Successione Regnorum Hungariæ & Bohemiæ *inter* PHILIPPUM III. *Hispaniarum Regem &* FERDINANDUM *Archi-Ducem Austriæ posteaque Imperatorem hujus nominis* II. *factum. Quò Rex* PHILIPPUS *renovans & confirmans Renunciationem Matris ejus* ANNÆ, *renunciat de novo pro se, & omnibus Descendentibus suis, in beneficium* FERDINANDI *& ejus Descendentium, omni Juri quod eidem, aut Infantibus Filiis ipsius, in dicta Regna, & Provincias annexas competit, vel competere potest; hac lege, ut, Jure Fœmineo servato, Linea tamen Fœminea, in omni tempore, quò Casus eveniri contingeret, per Lineam Masculinam excludatur.* FERDINANDUS *verò acceptat conditionem, & promittit pro se & suis, sub vinculo juramenti, eam semper gratam & ratam habere. Actum in Arce Regia Pragensi die 6 Junii* 1617. Cum ACCEPTATIONE *& Ratificatione per* Inacum Velez de Guevarâ *Comitem* de Ognate, *Nomine Regis Catholici, & vigore ejus specialis Mandati. Eodem Die, Mense, & Anno ut supra.* [BALBINI Miscellanea Historica Regni Bohemiæ, Decad. I. Lib. VIII. Volum. I. Epist. XCII. pag. 126. d'où l'on a tiré cette Pièce, qui se trouve aussi dans GOLDAST. Collectio variorum Consiliorum, de Successione & de Jure Hereditario Famil. Reg. in Hungar. Bohem. in Append. Document. Num. 112; dans CARAFA Comment. de Germ. Sacra restit. init.; dans LONDORPII Acta publica Tom. I. pag. 355. en Allem.; & dans LUNIG, Teutsches-Reichs-Archiv. Part. Spec. Continuat. I. Fortsetz. I. Absatz I. pag. 131. en Latin. 6. Juin.

Nos FERDINANDUS *Dei Gratiâ, Archi-Dux Austriæ, Dux Burgundiæ, Styriæ, Carinthiæ, Carniolæ, & Wirtembergæ &c. Comes Tyrolis, & Goriciæ &c.*

ATTESTAMUR, & notum volumus omnibus, ac singulis has Literas nostras, seu Diploma publicum lecturis, visuris, vel audituris. Cùm *Sacra Cæsarea*, nec non *Hungariæ, ac Bohemiæ Regia Majestas, Matthias II. Dominus Patruelis, ac Pater noster Clementissimus*, superioribus proximis annis, post suscepta Regnorum suorum *Hungariæ, & Bohemiæ*, gubernacula, pro paterno suo, & singulari in Rempubl. Religio-

ANNO 1617.

ligionem, ac universam *Domum nostram Austriacam* amore, curâ, & sollicitudine statuisset, ad horum omnium salutem, & incolumitatem pertinere magnopere, ut sese adhuc in vivis existente, de futura eorum Successione prospiceretur, ac re cum *Serenissimo ac Potentissimo Hispaniarum Rege Philippo III. Fratre, & Patruele nostro amantissimo, & observantissimo*, nec non *Serenissimis Fratribus suis Maximiliano, & Alberto, Archi-Ducibus Austriæ, Patruelibus, & Fratribus nostris amantissimis*, mature deliberata; unanimi consensu, quoad prætensionem dicti Regis Catholici, conclusum est. *Primum*, quod *Majestas sua Catholica*, ad intercessionem *Cæsareæ Majestatis* publicum privatis anteponens, renunciet juri suo, quod tanquam *unicus Annæ, Hungariæ, & Bohemiæ Reginæ*, per lineam rectam *Maximiliani II.* ejusdem *Reginæ Annæ Primogeniti Pronepòs*, in successione dictorum *Regnorum*, & eis annexarum *Provinciarum* habet, in favorem nostri, nostrorumque masculorum, per lineam rectam masculinam, non interrupta masculorum serie, descendentium: reservata tamen compensatione, de qua propter periculum moræ (quæ ad inspectionem, & *examen Privilegiorum, & Compactatorum Domûs nostræ Austriacæ* requiritur) aliàs agetur.

Deinde, quòd in favorem nostrum, & descendentium nostrorum, ut suprà, confirmet Renunciationem *à Serenissima Regina Anna* ejus Matre, dicti *Maximiliani II.* Filia, 29. Aprilis, Anno 1571, factam: prout *Illustriss. D. D. Inacus de Guevarra, Comes de Ognate, suæ Regiæ Catholicæ Majestatis ad Cæsaream Majestatem Orator*, ejusdem *Regiæ Majestatis nomine*, & vigore Plenipotentiæ sibi hac in parte traditæ, re ipsa cessit, renunciavit, & præfatam Renunciationem maternam confirmavit. In quo cessionis, & confirmationis actu, nos singulare beneficium, ac propensam erga nos voluntatem, & benevolum affectum suæ *Catholicæ Majestatis* agnoscimus, & acceptamus, cum debita animi gratitudine, atque existimatione, hanc cessionem, & renunciationis confirmationem. Atque ex parte nostra, nostrorumque descendentium, consentimus, statuimus, gratum, & ratum habemus, ut linea masculina suæ *Catholicæ Majestàtis*, in hac successione dictorum *Regnorum, & annexarum Provinciarum*, fœmininam, paternæ nostræ stirpis, nec non filiós ex filiabus ejusdem stirpis descendentes, præcedat, sine gradus aut temporis limitatione, vel præscriptione; Ita quidem, ut casu quo quandoque (quod DEUS avertat) *omnes nostros* per lineam rectam masculinam, non interrupta masculorum serie descendentes, *masculos* decedere contingeret, *fœminæ* quæcunque fuerint, & earum filii, ac dependentes, per descendentes ex linea recta *Regis Catholici Philippi III.* (modò feliciter regnantis) in infinitum à dictorum Regnorum successione excludantur. Quoad *compensationem*, quæ in aliqua *Provinciarum Austriacarum* fieri postulatur, promittimus: Quòd super ea, quantocyus fieri poterit, tractatio instituetur, habita etiam ratione tot beneficiorum, & auxiliorum, quibus *Augustam Domum nostram* in his partibus *Catholica sua Majestas* semper tutata est: ita ut, consideratis his omnibus, hac in parte, ipsius *Catholicæ Majestati* quantum fieri poterit, satisfiat. Atque jam dictam cessionem, & renunciationis confirmationem, prædictis conditionibus, & oneribus, confirmamus, acceptamus: & agnoscimus nostram, nostrorumque filiorum, & descendentium, in hoc Tractatu apertam utilitatem: Ex certa scientia, & deliberata voluntate, omni dolo, & fraude remota, aliàsque omni meliore modo, via, & forma, quibus de jure, *Constitutionibus Imperii* vel *Regni*, aut *Provinciæ*, ejusque Consuetudinibus, ac Statutis id fieri potest, ad majorem hujus Tractatus securitatem *promittimus*, nostro, nostrorumque utriusque sexus descendentium nomine, quod omnia & singula in hoc Instrumento contenta, sanctè, & immutabiliter servabuntur, & adimplebuntur. *Promittimus* item, neque nos, neque posteros nostros, per Testamentum, aut aliam ullam ultimam voluntatem, aut dispositionem inter vivos, quicquam in contrarium hujus Transactionis ordinaturos, vel facturos: & si secus à quopiam nostrorum factum fuerit, id irritum, & nullius momenti valorisque fore. Renunciando exceptionibus quibuscunque, doli mali, enormissimæ læsionis, restitutionis in integrum, *successionis fœminarum* ad dicta Regna, Provincias, item Juribus; & Privilegiis, Legibus, Consuetudinibus, Statutis, Decretis, Pactis, Familiæ Transactionibus, & observationibus quibusvis prædictorum *Regnorum, & Provinciarum* ad ea pertinentium, si quæ in favorem nostrum contra conditiones in hoc Instrumento contentas essent, quæ omnia pro hic insertis esse volumus: ut etiam contra juratum hoc Instrumentum, & Pactum, nulla *Pontificum Romanorum*, aut *Imperatorum* dispensatio, vel relaxatio, peti aut impetrari possit: aut si quæ à nobis, vel successoribus nostris impetraretur, vel ab ipsis *Pontificibus aut Imperatoribus* motu proprio, aut sponte concederetur, nullius roboris, & valoris esse volumus. *Promittimus* etiam nos *Sacram Cæsaream Majestatem* rogaturos, ut tam *Concessionem, & Renunciationis* ratificationem *ex parte Regis Catholici* factam, quam *Instrumentum*, expressa hujus præcedentiæ *ad successionem dictorum Regnorum, & Provinciarum* annexarum conditione, *authoritate Imperiali, & Regia*, ex plenitudine potestatis, & qua fieri poterit meliori forma, confirmet. Obligamus nos præterea, quod intra *terminum sex Mensium*, postquam tam in hoc *Bohemiæ quam Hungariæ Regno*, coronati fuerimus, utrobique hoc Instrumentum, solenniter de novo confirmaturi simus. Et si qua ex caussa, præmeditata, vel non præmeditata, hîc vel ibi id omitteremus: habeatur nihilominus, quasi factum esset, & hoc Instrumentum suum vigorem, & integrum effectum habeat. Præterea, si *Regi Catholico*, aut ejus Filiis, visum fuerit, aliquid pro majori sua, suorumque descendentium securitate, & cautelà, circa hoc Instrumentum in clausulis innovandum, addendum, aut aliquid ulterius pro majori totius Instrumenti autorizatione faciendum esse; non mutatis tamen conditionibus, aut rei ipsius substantia ad id in ea omnino forma, prout ex parte suæ *Catholicæ Majestatis*, ejusque Filiorum petitum fuerit, *Nos, Nostrosque* Filios (dummodo ista petitio intra unius anni spatium, à dato hujus Instrumenti computandum, fiat,) absolutè obligatos fore fatemur, & pollicemur. Demum promittimus, omnia, & singula supradicta, nostro, nostrorumque nomine sub obligatione omnium bonorum nostrorum præsentium & futurorum, qualiacunque ea sint, cum renunciatione Legum, & Constitutionum quarumcunque, huic obligationi contrariarum, in verbo, ac vera fide *Principis & Archi-Ducis, & in vinculo juramenti ad Sancta DEI Evangelia manibus nostris corporaliter tacta præstiti.* Et in horum omnium firmius robur, ac certum testimonium, hoc Instrumentum non tantum manu nostra propria subscripsimus, & sigillo nostro Archiducali communiri, sed etiam in præsentia *Jacobi Chisel Baronis in Kaltebrunn, Consiliarii, Camerarii, & Magistri stabuli nostri*, item *Urbani Baronis de Bettingen, Consiliarii nostri bellici, & Camerarii*, Testium ad hunc Actum solenniter vocatorum; per *Leonhardum Gezium, J. U. Doctorem, Consiliarium nostrum Secretum, & Procancellarium Aulicum*, subscribi fecimus. Acta, & facta sunt ista in *Arce Regia Pragensi*, in *Camera*, vel *Cubiculo* nostro Ordinario, die 6. Mensis Junii Anno 1617. Indictione 15. Imperante Invictissimo, & Potentissimo Romanorum Imperatore *Matthia*.

ANNO 1617.

FERDINANDUS.

JOHANNES JACOBUS CHISEL, Liber Baro in Kaltenbrunn.

URBANUS DE PÖTTINGEN, Liber Baro in Falckenstein, & Persiti.

LEONHARDUS GEZIUS Procancellarius.

Et egò *Comes de Ognate, Potentissimi Hispaniarum Regis Catholici Domini mei, Legatus*: in præsentia *Serenissimi Domini Archi-Ducis Ferdinandi*, Testiumque, & *Cancellarii* supra nominatorum, acceptum, & ratum habeo, *Regio Catholicæ suæ Majestatis* nomine, vigore specialis Mandati ad me directi, dati *Madriti* 21. Aprilis, præsentis hujus anni 1617. & *Cancellario* prænominato, eidemque *suæ Serenitati* ad recognoscendum originaliter exhibiti: Scriptum, Instrumentum, & Obligationem hanc *suæ Serenitati* promissam, in omnibus iis, quæ & quatenus in favorem, ac beneficium *Regis Catholici, Principisque Castellæ, & Serenissimorum Infantium, Dominorum meorum*, descendentiumque ipsorum, in infinitum facit, & facere potest, modo, & forma, quæ *Catholicæ suæ Majestati*, suisque *Serenissimis Heredibus*, ac ipsorum descendentibus utilior, ac melior, atque de jure validior esse potest, ac debet. In ejus rei fidem, hanc acceptationem, in præsentia *suæ Serenitatis*, Testiumque, & Cancellarii prænominatorum, manu

ANNO 1617.

manu propria, fubfcripfi. Die, Menfe, & Anno fupra dictis.

El Conde de OGNATE.

JOHANNES JACOBUS CHISEL, L. B. in Kaltenbrunn.

URBANUS DE PÖTINGEN, L. B. in Falckenftein, & Perfin.

LEONHARDUS GEZIUS, ut fupra.

Ad mandatum Domini Comitis Legati proprium.

GUILIELMUS PORTUGAL, Secretarius.

Wolff Adam Geiß de Pirnova, Regiftrator.

Collationatum, & concordat cum Originali. Actum in Cancel. Sac. Cæf. Maj. Bohemica. Pragæ 7. Octob. Anno 1617.

CLXVI.

6. Juin.

Reverfales Literæ de Renunciatione prætenfæ Succeffionis in Regnis Hungariæ *&* Bohemiæ *nomine* PHILIPPI III. *Hifpaniarum Regis per Comitem* de Ognate *Oratorem fuum confcriptæ & datæ in Arce Pragenfi die 6. Junii 1617.* [BALBINI Mifcellanea Hiftor. Regni Bohem. Decad. I. Lib. VIII. Vol. I. Epift. XCIV. pag. 130. d'où l'on a tiré cette Pièce qui fe trouve auffi dans GOLDAST, Collectio Var. Confilior. de Jure Her. Famil. Reg. in Hungar. & Bohem. in Append. Document. Num. 113. dans LONDORPII Acta Publica, Tom. I. Lib. II. Cap. IV. pag. 353. en Allemand; & dans LUNIG, Teutfches Reichs-Archiv. Part. Special. Abtheilung I. Continuat. I. Fortfetz. I. Abfatz I. pag. 132. col. 2.]

Ego Don Inacus Velez de Guevarra, Comes de Ognate, Sac. Reg. Catholicæ Majeftatis in Germania Legatus, notum facio per præfentem Scripturam, & Inftrumentum.

CUM *Sacra Cæfarea*, nec non *Hungariæ, & Bohemiæ Regia Majeftas Matthias II.* pro Paterno fuo, ac fingulari in Religionem Catholicam, *Auguftamque Domum Auftriacam*, amore, cura, & follicitudine, ad horum omnium falutem, & incolumitatem pertinere ftatuiffet, ut fe adhuc fuperftite de futura fucceffione *Regnorum fuorum Hungariæ, ac Bohemiæ, & Provinciarum* ad ea pertinentium profpiceretur; atque in hunc finem varia officia apud *Regem, Dominum meum*, interpofuiffet, quo *Catholica fua Majeftas* induceretur ad ratificandam *Renunciationem* per *Sereniffimam Reginam Annam fuæ Majeftatis Matrem, Dominam meam*, 29. die Aprilis, 1571. in favorem defcendentium mafculorum *Imperatoris Ferdinandi* gloriofæ memoriæ factam; nec non ad cedendum, & renunciandum juri, quod in dicta Regna, ac Provincias illis annexas ipfi, tanquam unico *Annæ, Hungariæ, & Bohemiæ Reginæ*, per Filii ipfius Primogeniti *Domini Maximiliani II.* Imperatoris, lineam rectam defcendenti *Pronepoti* competit, aut quoquo modo competere poteft, in favorem, & beneficium *Sereniffimi Archi-Ducis Ferdinandi*, Confobrini, & fororii fui amantiffimi. Hinc eadem *Catholica Majeftas, Prædecefforum fuorum Regia veftigia, & exempla munificentiæ* imitando, & quanto fit in fanctæ Religionis, boni publici, Domusque fuæ confervandæ, & amplificandæ amore, & defiderio; uti fæpius antehac, auxilia fua præftando, aliisque modis, ità & nunc egregiè commonftrando, publicum bonum privatis fuis commodis anteponens; mihi prænominato *Oratori, feu Legato fuo*, per Mandata Procuratoria & Inftrumenta in debita forma *Madriti* ad vicefimum primum diem Aprilis Anno 1617. nunc currente confecta, atque in autographis fuis, præter copiarum authenticarum communicationem, hìc exhibita, fpecialem poteftatem, & auctoritatem dedit, ad Regio fuo nomine dictam ceffionem cum confirmatione fupra fcriptæ renunciationis, ad fatisfactionem *Sereniff*: *Archi-Duci* faciendam. Quodcirca ego fupra nominatus *Orator, & Mandatarius*, vigore dicti Mandati Procuratorii, in originali exhibiti, & per copiam traditi, ac Plenipotentiæ mihi conceffæ, nomine *Regis Domini mei*, nec non *Sereniffimi Principis*, aliorumque Infantium, Filiorum ejus, ratifico, approbo, & confirmo dictam *Renunciationem*, à fupra nominata *Regina Anna*, ejusdem *Regis Domini mei Matre* factam. Cedo item, & renuncio eodem nomine omni juri, quod eidem *Regi Domino meo*, aut *Sereniffimo Principi, & Infantibus Filiis* ipfius, in dicta *Regna, & Provincias* illis annexas competit, feu quavis ratione competere poteft in favorem, ac beneficium *Sereniffimi Archi-Ducis Ferdinandi*, ejusque per lineam rectam mafculinam non interrupta ferie legitimè defcendentium mafculorum, fine gradus & temporis limitatione, vel præfcriptione; fub hifce conditionibus, & pactis: ut fcilicet compenfatio, quæ in aliqua *Provinciarum Auftriacarum* fieri poftuletur, aut poftulari poffet, ad aliam Tranfactionem differatur. Quæ quidem Tractatio quantocyus fieri poterit, inftituenda erit, habita in ea etiam ratione tot beneficiorum, & auxiliorum, quibus *Auguftam Domum fuam* in his partibus *Catholica fua Majeftas* femper tutata eft: ità ut, confideratis hifce omnibus, ipfi hac in parte, quantum fieri poterit, fatisfiat, cum expreffa etiam obligatione, & pacto, ut quandocunque *linea recta mafculina* ejusdem *Sereniffimi Archi-Ducis Ferdinandi* defecerit, dicta hæc *Regna* unà cum annexis *Provinciis ad Pofteros Majeftatis Catholicæ, per lineam rectam mafculinam legitimè devolvantur*: ita ut *filiæ*, ex fua *Serenitate*, ejusque Pofteris natæ, aut nafcituræ, earumque Filii, & defcendentes mafculi in infinitum per mafculos à Rege Domino meo in linea recta mafculina legitime defcendentes, nunc & perpetuis abhinc temporibus, à dictorum *Regnorum, ac Provinciarum* eò pertinentium fucceffione excludantur. Quibus ità per *Sereniffimum Archi-Ducem* promiffis, in fe *fua Serenitas* recipit, opportunis officiis apud *Cæfaream Majestatem* inftare, & curare, ut hæc utriusque fuper hæc confecta Inftrumenta, ac Literæ, per eandem, *auctoritate Imperiali ac Regia*, in ampliffima forma de plenitudine poteftatis confirmentur. Quæ omnia ego *Comes de Ognate, Legatus, & Mandatarius*, nomine quo fupra, acceptans, & rata habens, ex certa fcientia, deliberata voluntate, aliisque omni meliori modo, vià, & formà, quibus de *Jure, Conftitutionibus Imperii*, vel *Regnorum fuæ Majeftatis Cæfareæ*, vel *quarumcunque Provinciarum confuetudinibus, ac Statutis* id fieri poteft, ad majorem hujus Tractatus fecuritatem promitto, *dicti Regis, Domini mei, & Principis, ac Infantium, Heredumque ipforum*, ac pofterorum utriusque fexus nomine, quod omnia, & fingula in hoc Inftrumento contenta, fancte, & inviolabiliter fervabuntur, & adimplebuntur. Neque à *Rege*, aut *Principe*, Infantibusque ipfius Filiis, five per Teftamentum, five per aliam ullam voluntatem ultimam, ac difpofitionem inter vivos, quicquam in contrarium ordinandum effe; & fi fecus factum fuerit, id irritum, & nullius valoris fore: renunciando, nomine quo fupra, exceptionibus quibuscunque, doli mali, enormiffimæ læfionis, reftitutionis in integrum, *fucceffionis fæminarum* ad dicta Regna, & Provincias, item Juribus, & Privilegiis, Legibus, Confuetudinibus, Statutis, Decretis, Pactis, Familiæ, Tranfactionibus, & Obfervationibus quibufcunque prædictorum *Regnorum, & Provinciarum* ad ea pertinentium, fi quæ in contrarium effent, quæ omnia quafi hìc verbotenus inferta effent, habebuntur. Iisque ego, nomine quo fupra, ad effectum harum Literarum abfolute renuncio, & adeo derogatum effe volo, ut etiam contra juratum hoc Inftrumentum, & Pactum, nulla *Pontificum Romanorum*, aut *Imperatorum* difpenfatio, vel relaxatio peti, aut impetrari poffit, aut fi quæ impetraretur, vel ab ipfis *Pontificibus & Imperatoribus*, motu proprio, aut fponte concederetur, nullius omnino roboris aut valoris effe volo. Præterea fi *fuæ Serenitati* vifum fuerit, aliquid pro majori fua, fuorumque defcendentium fecuritate, & cautela, circa hoc Inftrumentum in claufulis innovandum, addendum, aut quid ulterius pro majori totius Inftrumenti authorifatione faciendum effe: non mutatis tamen conditionibus, aut rei ipfius fubftantia; ad id in ea omnino forma, prout ex parte *fuæ Serenitatis*, ejúsque Filiorum, petitum fuerit, eundem *Regem Dominum meum* Principemque, & Infantes ejus Filios (dummodo intra unius anni fpatium à dato hujus Inftrumenti computandum ifta petitio fiat) abfolute obligatos fore promitto: Obligans ad executionem, & impletionem horum omnium, univerfa Regis Domini mei bona, qualiacunque ea fint, cum renunciatione Legum,

&

ANNO 1617.

& Constitutionum, aliorumque beneficiorum quorumcunque, huic Obligationi contrariantium, *in verbo, ac vera fide Regis, Domini mei*, & in vinculo Juramenti per me, *Catholicæ suæ Majestatis* nomine, *ad DEI Sancta Evangelia* manibus meis corporaliter tacta præstiti.

In horum omnium firmius robur, ac certum testimonium, hoc Instrumentum, Sigillo meo communitum manu propria subscripsi coram sæpe dicta *sua Serenitate*; præsentibus ibidem Domino *Jacobo Chisel Barone in Kaltebrunn*, *ejusdem Serenissimi Archi-Ducis Consiliario, Camerario, & Magistro Stabuli*; item *Domino Urbano, Barone de Potingen, & Persin*, ejusdem *suæ Serenitatis Consiliario Bellico, & Camerario*, tanquam Testibus ad hunc actum vocatis: adsistente quoque ex mandato *suæ Serenitatis*, ejusdem Consiliario secreto, & Procancellario Aulico, Domino *Leonhardo Gezio, J. U. Doctore*. Qui omnes à me rogati hîc quoque manu propria subscripserunt. Acta sunt hæc in *Arce Regia Pragensi*, in Camera vel Cubiculo *Serenissimi Domini Archi Ducis* ordinario, die sexta Mensis Junii. Anno 1617. Indictione 15. Imperante Invictissimo, & Potentissimo Imperatore semper Augusto Matthia II.

Illust. Conde de OGNATE &c.

JOHANNES JACOBUS CHISEL, Liber Baro in Kaltenbrunn.

URBANUS DE POTINGEN, & Persin, L. B. in Falckenstein.

Ad Mandatum Domini Comitis Legati proprium.

GUILIELMUS PORTUGAL, Secretarius.

Wolff Adam Geiß de Pirnovva, Registrator.

Collationatum, & concordat cum Originali. Actum Pragæ in Cancell. Sac. Cæs. Majest. Bohemica, 7. Octob. Anno 1617.

CLXVII.

Ratificatio Cæsaris MATTHIÆ *super Pacto Successionis Regnorum* Hungariæ *&* Bohemiæ *inter* REGEM CATHOLICUM, *&* FERDINANDUM *Archi-Ducem facto.* [GOLDAST. Collectio Var. Consil. de Jure Hered. Famil. Reg. in Hungar. & Bohem. in Append. Document. Num. 114. pag. 238. BALBINI Miscellanea Histor. Regni Bohem. Decad. I. Lib. VIII. Vol. I. Epist. XCV. pag. 132. d'où l'on a tiré cette Pièce]

MATTHIAS.

RECOGNOSCIMUS, ac notum facimus vigore præsentium universis, ac singulis, ad quos hæc res spectabit: Quod *Serenissimus Hispaniarum Rex Catholicus Philippus III. Nepos, Affinis, & Frater noster* charissimus, ab aliquo tempore cœperit rationes quasdam, & prætensiones proponere, quarum vigore *Serenitas sua* ad successionem *Regnorum Hungariæ, & Bohemiæ*, post extinctam, si DEO ita visum foret, *Divi Maximiliani II. Imperatoris, ac Hungariæ, & Bohemiæ Regis, Domini Genitoris nostri observandi Augustæ memoriæ masculinam lineam*, seclusa *Divi* quoque *Ferdinandi Imperatoris, & Regis, Domini & Avi nostri* colendissimi, *masculina prosapia*, præferri debeat. Quæ res desiderium nostrum, quod in conservanda *Inclyta Domo nostra*, & promovenda re Christiana, in statuendo legitimo successionis ordine, modo, & tempore semper habuimus, multisque modis hactenus demonstravimus, nonnulla sollicitudine affecit, ac perplexit: ità ut nollemus adversus *Serenitatis* suæ voluntatem quippiam hactenus in effectum deduci: Illa tandem, non minori zelo publici boni accensa, per Oratorem suum *Illustrissimum Dominum Inaco de Guevarra, Comitem de Ognate*, adjunctis desuper conditionibus, Litteris, & interveniente assidua, & fideli opera *Reverendissimi S. R. E. Presbyteri Cardinalis Cleselii, amici nostri, arcani Consilii Directoris*, cui totum hoc negotium commiseramus, sese declaravit: Quod sua *Serenitas* rationibus certis permota, *Renunciationem*, quam *Serenissima ejus Mater, Regina Anna, Soror nostra dilectissima* piæ recordationis, in jus & favorem prosapiæ masculinæ *D. Ferdinandi Imperatoris* supradicti 19. die Mensis Aprilis, Anno 1571. confecerat, ac *Sacramento Regio* firmaverat, absolute ratificatam fore, & esse promisit, ut inpræsentiarum dictus Orator attestatus est. Quapropter *Nos*, & *Serenissimus Frater* noster *Archi-Dux Maximilianus*, nec non *Serenissimus Patruelis*, & Filius noster *Archi-Dux Austriæ Ferdinandus*, hac ipsa de causa ad *Nos* accersiti, ad demonstrandum sincerum nostrum erga *Serenitatem* ipsius animi affectum, ac singulare gratificandi studium permittimus: ut articulus pro hac *Regis* benevolentia prætensæ aliqualis compensationis *in Provinciis Austriacis*, quæ sine matura inspectione, & ponderatione *Privilegiorum*, & *Compactatorum Augustæ Domûs Austriacæ* nostræ, fieri, & concedi nequit, in aliud tempus, & ulteriorem Tractationem differatur. Consentit insuper memoratus Filius, & patruelis noster *Archi-Dux Ferdinandus*; ut futuris temporibus, casuque ità eveniente, dicta *Regis Catholici linea masculina præferatur fœmineæ lineæ paternæ stirpis memorati Archi-Ducis Ferdinandi*. Quam quidem præcedentiæ conditionem *Nos Authoritate nostra Imperiali*, ac Regia confirmamus, & roboramus. Utque hæc omnia, communi atque majori utriusque Partis applausu perficiantur, atque amoris & consanguinitatis vinculum totius *Austriacæ Domus* magis magisque connectatur, atque constringatur; *Nos*, pro *Paterno nostro* affectu, vigilantiaque opportuna, apud *Serenissimum Regem* officia interponemus, ut Filium suum *Serenissimi Archi-Ducis Ferdinandi Filio Archi-Duci Joanni Carolo* in matrimonium collocare velit. Quæ omnia perpetuis dehinc temporibus fixa, rata & sancta esse volumus, adhibita, quatenus opus est, *Imperiali*, *ac Regia nostra* auctoritate: cujus vigore hæc omnia, & singula approbamus, ratificamus, & confirmamus. Harum testimonio Literarum, manus nostræ subscriptione munitarum, & Sigillo nostro Cæsareo roboratarum. Quæ datæ sunt &c:

CLXVIII.

15. Juin.

MATTHIÆ *Imperatoris Confirmatio Pacti sive Transactionis inter Regem Catholicum* PHILIPPUM III. *&* *Archi-Ducem* FERDINANDUM, *de Successione Regnorum* Hungariæ & Bohemiæ. *Datum in Arce Regia Pragæ 15 Junii 1617.* [BALBINI Miscellanea Histor. Regni Bohemiæ Decad. I. Lib. VIII. Vol. I. Epist. XCVI. pag. 134. d'où l'on a tiré cette Pièce, qui se trouve aussi dans GOLDAST. Collectio Var. Consil. de Jure Hered. Famil. Reg. in Hungar. & Bohem. in Append. Document. Num. 115. pag. 239. dans LUNDORPII Acta Publica Tom. I. Lib. II. Cap. VI. pag. 356. en Allemand & dans LUNIG, Teutsches Reichs-Archiv. Part. Spec. Continuat. I. Fortsetzung I. Absatz I. pag. 133.]

MATTHIAS *Divinâ favente Clementiâ Electus Romanorum Imperator semper Augustus, ac Germaniæ, Hungariæ, Bohemiæ, Dalmatiæ, Croatiæ, Sclavoniæ &c. Rex, Archi-Dux Austriæ, Dux Burgundiæ, Brabantiæ, Styriæ, Carinthiæ, Carniolæ &c. Marchio Moraviæ &c. Dux Lucemburgiæ, ac inferioris, & superioris Silesiæ, Wirtembergæ, & Teckæ &c. Princeps Sueviæ, Comes Habsburgi, Tyrolis, Ferreti, Kiburgi, & Goritiæ &c., Landgravius Alsatiæ, Marchio Sac. Rom. Imperii, Borgoviæ, ac superioris, & inferioris Lusatiæ: Dominus Marchiæ, Sclavoniæ, Portûs Naonis, & Salinarum &c.*

AGNOSCIMUS, & notum facimus tenore præsentium, quibus expedit, & ad quos pertinet, universis. Cùm in hac rerum humanarum incertitudine, ea Nos cura majorem in modum sollicitos haberet, quo pacto *Regnorum nostrorum*, ac Ditionum salus, ac prosperitas, & quam *Divinæ Majestatis* concessu, ac munere *Domus nostra Augusta* consequuta fuit, Majestas, ac dignitas continuari, ac perpetuari, certaque successio stabiliri possit, eaque de causa, primum cum *Serenissimo Rege Hispaniarum Catholico, Domino Philippo III. Consobrino, ac Nepote nostro charissimo*; deinde

ANNO 1617.

de cum *Serenissimis Archi-Ducibus Austriæ*, *Maximiliano*, *&* *Alberto*, Fratribus nostris charissimis, egissemus: ut quod in nostra *Hungariæ*, *&* *Bohemiæ Regna*, haberent, vel habere possent jus, *Serenissimo Archi-Duci Ferdinando Patrueli nostro charissimo*, resignarent, & cederent. Tandem obtentâ utriusque Fratris nostri cessione, Renunciatio etiam consequuta, ac impetrata fuit. Ad quam quidem commodiùs, ac pleniùs pertractandam, perficiendamque & absolvendam, *Serenitas sua Illustri Domino Inaco de Guevarra*, *Comiti de Ognate*, Oratori suo, plenum, ac sufficiens Mandatum, ac Potestatem, cujus copia authentica nobis exhibita, dedit & concessit. Inter quos, & supra nominatum *Archi-Ducem Ferdinandum*, *Patruelem nostrum charissimum*, præsens super ea re Tractatus hic in Aula nostra *Cæsarea Pragæ* habitus est, & in hunc, qui sequitur, modum concorditer conclusus, confectisque super eo, quæ requirebantur, Instrumentis finitus fuit.

Ego Don Inacus Velez de Guevarra &c.
Nos Ferdinandus Dei Gratiâ Archi-Dux Austriæ &c.

Postquam igitur ex parte suprascripti *Serenissimi Regis Catholici*, per nominatum *Serenitatis suæ Oratorem Comitem de Ognate*, *&* *Serenissimum Archi-Ducem Ferdinandum*, *Patruelem nostrum charissimum* rogati fuimus, ut Tractatum hunc, & suprà inserta Instrumenta, approbare, & confirmare dignaremur: Nos pro zelo, ac studio nostro, quo *Augustæ Domûs* nostræ conservationem, ac dignitatem procuratam, & stabilitam cupimus, authoritate nostrâ *Cæsarea*, *ac Regia*, suprà insertum cessionis, ac renunciationis Tractatum, & Instrumenta super eo confecta, approbavimus, rataque habuimus, quemadmodum vigore præsentium approbamus, rata habemus, & confirmamus: ut scilicet futuris perpetuò temporibus, juxta supradictum resignationis, ac renunciationis Contractum, nostramque hanc approbationem, ratificationem, & confirmationem, quæcunque ratione supra explicatæ concessionis oriri, aut moveri queant dubia, resolvantur, ac decidantur, ac resoluta, & decisa censeantur: ità quidem, ut nihil aut à successoribus nostris, aut quocunque alio, in contrarium statui, aut decerni possit: defectum omnem, qualiscunque allegari, vel nominari possit, ex plenitudine potestatis nostræ supplentes, aut suppletum esse volentes. Harum testimonio Literarum manu nostrâ subscriptarum, & Sigilli nostri Cæsarei appensione munitarum. Datum in *Arce nostra Regia Pragæ* 15. Junii. Anno Domini 1617, Regnorum nostrorum, Romani quinto, Hungariæ nono, Bohemiæ verò sexto.

MATTHIAS, &c.

Vice-Reverendiss. Domini Joannis Swicardi Archi-Cancellarii, & Electoris Mogunt.

V. H. L. von Ulm.

Ad Mandatum Sac. Cæs. Majest. proprium.

JOHAN BARVITIUS.

Wolff Adam Geiß de Pirnova Registrator.

Collationatum, & concordat cum Originali. Actum in Cancellaria Bohemica Pragæ 7. Octob. Anno 1617.

CLXIX.

6. Sept. (1) *Traité préliminaire conclu entre les Commissaires de* LOUÏS XIII. *Roi T. C. de France*, *&* *les Ambassadeurs de la Sereníssime République de* VENISE, *pour procurer la Paix entre* MATHIAS *Empereur des Romains*, *&* FERDINAND *Roi de Boheme & Archi-Duc d'Autriche d'une part*, *&* *ladite République de* VENISE, *d'autre part*, *sur le pied des Articles proposés à Madrid*; *Comme aussi pour procurer l'execution du Traité d'*Ast *&* *terminer les Diférents du Duc de Savoye*, *&* *du Duc de Mantoüe. A Paris le 6. Septembre* 1617. [MERCURE FRANÇOIS Tom. V. Année 1617. pag. 262. FREDERIC LEONARD, Tom. IV.]

ANNO 1617.

COMME ainsi soit que tres Haut, tres Excellent, & tres Puissant Prince Philippes III. Roi Catholique des Espagnes, desireux de faire cesser les Guerres qui troublent encores la Chretienté, & temoigner sa pieté, ait fait entendre à tres Haut, tres Excellent, & tres Puissant Prince LOUÏS XIII. Tres Chretien Roi de France & de Navarre, tant par Messire Henri de Beaufremont Marquis de Senecey Ambassadeur en Espagne, que depuis & fraichement encore, par Dom Hector Pinatello Duc de Monteleon, Ambassadeur dudit Roi Catholique en France, la bonne volonté qu'il avoit de pacifier lesdits troubles, & metre les Païs d'Italie, & de Piemont où ladite Guerre se faisoit, en repos; ledit Roi ayant à cette fin fait proposer à Madrid depuis le 18. jour du mois de Juin dernier jusqu'au vingtquatrieme d'icelui, par Dom François de Sandoval & Rojas, Duc de Lerme, Marquis de Denia, en la presence de Messire Antoine Gaëtano, Archevesque de Capoüe, Nonce de notre tres saint Pere le Pape Paul V. en Espagne; du Comte de Chevenhuller Ambassadeur en Espagne du tres Haut, tres Excellent, & tres Puissant Prince Mathias, Empereur du St. Empire; & de tres Haut, & tres Excellent Prince Ferdinand Roi de Boheme, Archi-Duc d'Autriche; & du Sieur Pierre Griti, Ambassadeur de la Serenissime Republique de Venise en Espagne, certains Articles propres pour composer les diferends d'entre ledit Ferdinand Roi de Boheme, & ladite Serenissime Republique de Venise & pareillement pour l'execution du Traité d'Ast, cy-devant accordé, pour terminer ceux d'entre tres Hauts, & tres Excellents Princes Charles Emanuel Duc de Savoye, & Ferdinand de Gonzague Duc de Mantoüe, lesquels Articles auroient eté depuis confirmés à sa Majesté par le Duc de Monteleon, par declaration signée de lui, sa Majesté ayant le même desir dudit Roi Catholique, affectionné pareillement au bien & repos de la Chretienté, auroit receu avec grand contentement la susdite Proposition & confirmation, par le Duc de Monteleon; ce qui l'auroit mu de deputer & commettre Messires Nicolas Brulart, Sieur de Silleri, Chancelier de France & de Navarre; Guillaume du Vair, Garde des Sceaux de France; Nicolas de Neufville Sieur de Villeroi, Conseiller & premier Secretaire d'Estat; Pierre Jeannin Conseiller au Conseil d'Estat de sa Majesté, & super-Intendant de ses Finances; & Pierre Brulart, Vicomte de Puisieux aussi Secretaire d'Estat & des Commandements de sa Majesté, pour en conferer avec les Sieurs Octavien Bon & Vincent Grissoni, Ambassadeurs extraordinaire, & ordinaire de la Serenissime Republique de Venise; ainsi qu'ils auroient fait par diverses fois, & auroient trouvé lesdits Ambassadeurs tres disposés d'accepter lesdits Articles, suivant le Pouvoir à eux donné par ladite Republique, ci apres transcript. En laquelle Conference lesdits Seigneurs Deputez de sa Majesté, ont eté grandement assistés de l'autorité de sa Sainteté, & de l'entremise de Maistre Guy Bentivoglio, Archevesque de Rhodes, Nonce d'icelle en France, tellement que sa Majesté auroit trouvé bon, pour éviter les inconvenients, que la dilation, & le retardement pourroit apporter en cette affaire, & pour, par la conclusion desdits Articles, faire pareillement avancer l'execution du Traité d'Ast, de faire arrester, resoudre & signer par lesdits Commissaires & Ambassadeurs, les Articles & Conditions susdites, lesquelles sont par le present Acte, & Instrument, des à present comme des lors, agreés, & accordés entre les Parties, pour estre à l'avenir executés, gardés & observés par elles de bonne foi, suivant la teneur desdits Articles cy-apres transcrits; à quoi sa Majesté est contente, pour le desir qu'elle a d'avancer une si bonne œuvre, d'engager sa foi & parole Royalle, comme elle fait par ces presentes, Promettant semblablement que l'Accord fait en Ast, au mois de Juin 1615. pour composer les diferents qui regardent lesdits Ducs de Savoye & de Mantoüe, & faire finir la Guerre qui se fait en Piemond pour cette occasion, sera aussi accompli & executé de bonne foi, & toutes les Villes, Places & Prisonniers pris devant & depuis ledit Traité d'Ast, rendus & restitués, de part & d'autre, en la même forme qu'il est convenu audit Traité, comme il a eté promis à sa Majesté de la part dudit Roi Catholique

(1) Les diférentes Pièces qui composent ce Traité, ou qui en dépendent, sont fort derangées dans le MERCURE FRANÇOIS, aussi bien que dans LEONARD. On a reparé ici ce desordre, sans rien changer neanmoins ni au Traité ni aux Termes. [DUM.]

ANNO 1617.

que, & souvent eté declaré de celle dudit Duc de Savoye de se contenter de l'execution dudit Traité d'Ast.

Articles dressez à Madrid, sur les Différents d'entre le Roi Archi-Duc FERDINAND, *& la République de* VENISE.

I. QUE le Roi Archi-Duc Ferdinand ayant mis une Garnison d'Allemands à Segna, les Venitiens rendront une Place d'Istrie, la plus proche de Segna, que sa Majesté Imperiale ou ledit Roi Archi-Duc Ferdinand nommeront.

II. Qu'en ce qui touche les Uscoques, & ceux qui doivent estre chassés, il sera nommé quatre Commissaires; à sçavoir deux de sa Majesté Imperiale, & deux autres par les Venitiens, qui seront personnes hors d'Interest, & de l'Authorité requise à un tel effect. Qu'eux quatre joints ensemble, vingt jours apres qu'on aura mis Garnison à Segna, feront un équitable raport de ceux qui auront à sortir; car l'intention est de chasser seulement les Uscoques, qui aloient en course, avant ces derniers mouvements, & avec eux tous ceux qui vivent encore en Pirates, & des voleries qu'ils font. Pour le regard de ceux, qui en la presente Guerre auront seulement fait par Mer, des Actes d'Hostilité, ils ne seront point tenus pour Corsaires, ou pour Pirates, s'ils n'en faisoient metier auparavant. Quant aux Bannis de la Republique, on les fera sortir de tous les Estats de sa Majesté Imperiale, & dudit Roi Archi-Duc.

III. Que les Uscoques & Bannis, etant chassés de Segna, lesdits quatre Commissaires Deputés pour metre à execution ce Traité, feront metre le feu dans les Navires de Course, sans toucher aux Vaisseaux Marchants. Aussi de leur costé les Venitiens rendront toutes les Places, Ports, & autres lieux qu'ils auront occuppés durant la Guerre, sans en reserver aucune de quelque genre & qualité qu'elle soit, tant en Istrie qu'au Païs de Frioul, & aux autres Estats de sa Majesté Imperiale & de sa Serenité.

IV. Que l'execution de ce Traité se fera dans deux mois, & l'on posera les Armes bas tant par Mer que par Terre, & toutes Fortifications & autres Hostilités seront cessées, apres l'execution desquelles le Commerce sera rendu libre, par Mer & par Terre, tant de l'un, que de l'autre Parti, comme il etoit avant qu'on eut rompu la Paix, & ainsi les Armes mises bas, les affaires demeureront en leur premier etat, & telles qu'avant ces derniers mouvements.

V. Qu'on donnera aux Prisonniers des deux Partis une liberté reciproque & un pardon general à ceux qui auront servi à la Guerre, tant le Seigneur Roi Archi-Duc que les Venitiens, outre que tous leurs biens leur seront rendus.

VI. Que sa Majesté & ledit Roi Archi-Duc promettront mutuellement & sous la parole de Princes, de ne recevoir jamais plus les Uscoques qu'on aura chassez, & de ne permetre que les Venitiens ou leurs Sujets en soient molestez à l'avenir, suivant l'Accord qui en fut passé au Traité de Vienne en l'an 1612. dont la teneur sera ici inserée, & selon la declaration de l'Ambassadeur de Venise, en la reponse par lui faite au Duc de Lerme, le sixiéme jour de Mai 1617. disant que la Republique ne pretendoit autre chose, sinon qu'on eust à faire sortir de Segna, les Uscoques & Bannis qui sçavoient la route des courses & le mestier de voler, si bien qu'on n'en receust à l'avenir ni dommage ni facherie, ajoutant à cela, qu'il n'entendoit parler de ceux qui vivoient paisiblement dans leurs Maisons avec leurs femmes & leurs enfans, comme il a été deja dit; Et que sa Majesté Imperiale, comme Mediatrice de cette Paix, donnast sa parole de faire observer le tout, puis qu'en ceci les Venitiens ne pretendoient autre chose que de se delivrer des outrages que durant tant d'années ils avoient receus desdits Uscoques. Pour le regard de la Navigation libre, dont il est fait mention au dernier Article dudit Traité de Vienne, on en remet d'en traiter à une autre fois.

Traité de Vienne, 1612.

I. QUE l'Archi-Duc Ferdinand prometra de rendre la Mer Adriatique assurée de Pirates & que ceux de Segna, & tous autres de ses Terres, n'iront plus en course & ne porteront plus aucun dommage a leurs voisins.

II. Que ceux qui se trouveront coupables d'avoir été en course, seront punis ou proscrits.

III. Qu'un Gouverneur personnage de qualité & d'autorité sera etabli dans Segna. ANNO 1617.

IV. Que l'on y mettra une Garnison d'Allemans.

V. Que les Venitiens qui seront trouvez detenus en Terres de l'Archi-Duc, seront mis en liberté.

VI. Que la Navigation & le Commerce seront remis en leur pristin etat.

VII. Que toute Paix & bonne Amitié sera entretenuë de part & d'autre.

VIII. Et quant à ce qui touche les Privileges & Franchises en la Navigation, il en sera deliberé à la premiere commodité.

Articles pour les Ducs de Savoye & Mantouë.

I. Pour le regard des differends survenus entre les Seigneurs Ducs de Savoye & de Mantouë, on repond; que sa Majesté Catholique tiendra ce qui est porté par le Traité d'Ast suivant l'offre qu'il en a faite à sa Sainteté & au Roi T. C.

II. Quant au point de desarmer & que l'on demande de faire alternativement, & que le Duc de Savoie ait à depescher deux ou trois mille hommes, & le Gouverneur de Milan autant, on repond, que sa Majesté n'admettoit point cette demande, qu'on sçait bien quelles armes elle a en main pour se faire obeïr, que le Duc de Savoie doit encore moins pretendre que ce Traité altere à son occasion: surquoi on est demeuré d'accord de rendre tout ce qui a esté pris devant & apres le Traité d'Ast.

III. Qu'avant que le Seigneur Duc de Savoie commence à desarmer, les Armées de Sa Majesté C. ayent à se retirer du Piemont, s'il y en a dedans, ensemble du Montferrat: à quoi a été fait reponse, que S. M. C. accomplira le Traité d'Ast, suivant l'offre qu'il en a faite au Roi T. C.

Ce qui a esté accordé & resolu par lesdits Seigneurs Commissaires.

Et pour l'accomplissement de ces presentes, lesdits Ambassadeurs de Venise residens pres sa Majesté envoyeront audit Sieur de Gritti, Ambassadeur de leur Republique en Espagne, leur Procuration & substitution, en vertu de leur Pouvoir pour confirmer & ratifier lesdits Articles dans vingt cinq jours, à compter du jour de la date de ces presentes, comme il sera fait au même tems par ledit Comte de Chevenhuller en vertu du Pouvoir qu'il en a de sa Majesté Imperiale & dudit Roi de Boheme, & qui sera aussi ratifié & agréé par ledit Roi Catholique, pour ce qui leur concerne du present Traité, & fera cesser tous Actes d'Hostilité de ses Armées & Forces, tant sur Mer que par Terre; incontinent apres lesdites Ratifications, conformement à ladite assurance que ledit Duc de Monteleon en a donné par ecrit. Fait à Paris le sixiesme du mois de Septembre 1617. en la presence de M. Guido Bentivoglio Archeveque de Rhodes Nonce de nostre tres-saint Pere le Pape Paul V. en France. *Signé*, Guy Bentivoglio Archeveque de Rhodes, Nonce Apostolique. Brulart. Du Vair. De Neufville. Jeannin & Brulart. Octavio Bon, Ambassadeur extraordinaire, Vincent Grissoni, Ambassadeur ordinaire.

Plein-Pouvoir du Roi T. C. pour ses Commissaires, donné à Paris le 31. d'Août 1617.

LOUIS par la grace de Dieu, Roi de France & de Navarre: A nos tres-chers & feaux les Sieurs de Sillery, Chanceller de France & de Navarre; du Vair, Garde des Sceaux de France; de Villeroi, Conseiller & Premier Secretaire d'Etat; Jeanin, Conseiller en nostre Conseil d'Etat, Super-Intendant de nos Finances; & de Puisieux, aussi Conseiller & Secretaire d'Etat & de nos Commandemens, Salut. Le desir que nous avons de voir finir les troubles qui agitoient la Chrestienté, & dont l'Italie a esté depuis quelques années affligée, Nous aiant ci-devant fait emploier nos Ambassadeurs & Ministres residens és Cours des Princes, où nous aurions estimé le devoir faire comme Roi Tres-Chrestien, amateur de la Paix publique, & du bien & repos de nos Voisins & Alliez, pour l'accommodement des differens survenus entre nos chers & bien aimez Oncles & Cousins les Ducs de Savoie & de Mantouë; & nostre tres-cher & bien aimé Oncle l'Archiduc Ferdinand d'Autriche Roi de Boheme, & la Sere-

ANNO 1617. Sereniſſime Republique de Veniſe; ce qui nous auroit tellement ſuccedé, qu'aiant appris avec noſtre tres-grand contentement, tant du Marquis de Senecey noſtre Ambaſſadeur en Eſpagne, que du Duc de Monteleon, Ambaſſadeur prés de Nous de noſtre tres-cher Frere & Beau-pere le Roi Catholique des Eſpagnes, les propoſitions qui avoient eſté faites en Eſpagne au mois de Juin dernier, de certains Articles propres pour compoſer leſdits differens, & depuis encore par la declaration que nous a fait ledit Duc de Monteleon de la bonne intention du Roi Catholique à faire ceſſer cette Guerre. Nous, conſpirans au meſme deſſein, avons aviſé de commettre quelques Perſonnages qui puiſſent en nôtre nom conferer, reſoudre & accorder deſdits Articles, tant avec ledit Duc de Monteleon, Ambaſſadeur dudit Roi Catholique reſident prés de nous, qu'avec les Sieurs Octavien Bon & Vincent Griſſoni Ambaſſadeurs de ladite Republique de Veniſe, eſtans auſſi prés de Nous, ſuivant les Pouvoirs qu'ils en ont. A ces cauſes, à plein confians de vos ſuſdites ſuffiſance, loiauté, experience & affection, vous avons commis, ordonnez & députez, commettons, ordonnons & députons par ces preſentes ſignées de noſtre main, pour de par Nous & en noſtre nom conferer, reſoudre & accorder leſdits Articles & conditions avec leſdits Ambaſſadeurs d'Eſpagne & de Veniſe, & engager noſtre foi & parole Roiale pour la ſureté & execution de ce qui aura eſté par vous convenu; de ce faire vous avons donné plein pouvoir, puiſſance, autorité & mandement ſpecial, promettant en foi & parole de Roi, avoir pour bien agreable tout ce que par vous aura eſté en cette occaſion fait & accordé en noſtre nom: Car tel eſt noſtre plaiſir. Donné à Paris le dernier jour d'Aouſt, l'an de grace 1617. & de noſtre Regne le huitiéme. *Signé* LOUIS. *Et plus bas*: Par le Roi, PHILIPEAUX *Et ſcellé du grand Sceau de cire jaune ſur ſimple queuë.*

Plein Pouvoir des Ambaſſadeurs de VENISE *du 31. Juillet 1617.*

JOANNES Benbo, Dei gratia Dux Venitiarum, &c. La Majeſté du Roi Tres-Chreſtien eſtant intervenuë à l'accommodement des differens de la Sereniſſime Maiſon d'Autriche, tant avec noſtre Republique qu'avec ſon Alteſſe de Savoie, eſperans que l'entremiſe de Sa Majeſté pourra introduire une bonne Paix & un repos univerſel pour abreger tous les moiens qui peuvent conduire les affaires à une bonne fin, nous avons conſtitué & conſtituons nos Procureurs generaux & ſpeciaux, nos bien aimez & Nobles Octavien Bon & Vincent Griſſoni nos Ambaſſadeurs prés ſa meſme Majeſté, pour intervenir en noſtre nom & traiter de ce qui ſera neceſſaire & opportun avec Sa Majeſté Tres-Chreſtienne, & enſemble avec ſes Miniſtres & autres ſelon qu'il en ſera beſoin, leur octroiant à cet effet l'autorité de propoſer, accepter, conclure, donner parole, l'arreſter & la ſouſcrire, avec tous les Articles que nous declarons ici convenables au ſuſdit accommodement; comme pareillement de faire toutes les choſes que nous pourrions effectuer nous meſmes ſi nous y eſtions en perſonne, quoi qu'on vînt à rechercher un mandement plus exprés que celui qui eſt contenu en ces preſentes, avec permiſſion encore de conſtituer un ou pluſieurs Procureurs de ceux qui nous repreſentent ailleurs, en cas qu'il en fuſt beſoin; promettans ſous la parole & la foi de Prince d'avoir pour agreable, & ratifié tout ce qui par nos Ambaſſadeurs & Procureurs ſuſdits, ou par l'un d'iceux en l'abſence de l'autre, & meſme par tous autres qu'ils auront conſtitué, ſera propoſé, accepté, promis & conclu. Donné à noſtre Palais Ducal le 31. Juillet Indiction XV. 1617. *Signé* ANDRE' LUCIANO, Secretaire. *Et ſcellé de plomb du Sceau de la Republique en lacs de ſoie rouge.*

CLXX.

26. Sept. Trattato di Pace conchiuſo per la mediatione di PHILIPPO III. trà Mathia Imperatore de' Romani, e FERDINANDO Rè di Bohemia ed Archiduca d'Auſtria d'una parte, e la Republica di VENETIA dall'altra parte; col quale ſi promette che i Pirati Uſcoqui ſaranno ſcacciati da Segna ed altri Luoghi maritini appartenenti alla Caſa d'Auſtria, e che in vece di eſſi i Venetiani reſtituiranno alle loro Maeſtà Imperiale e Reale tutti i Luoghi e Paſſaggi occupati da loro in Iſtria, ed in Friulo. In Madrito il 26. Settembre 1617. ANNO 1617.

[SIRI, Memorie Recondite Tom. IV. pag. 260. d'où l'on a tiré cette Piéce, qui ſe trouve auſſi en Allemand dans *Relationis Hiſtoricæ Francofurt. Autumnal. Continuat. ann.* 1617. pag. 19. & dans LUNIG, **Teutſches Reichs-Archiv. Part. Spec. Continuat. I. Abtheil. I. Abſatz VII. von Crain. pag. 19.**]

CONciosiacosache ſia tanto nota al Mondo la giuſta intentione che hà nodrito, e nutre S. M. Cattolica di promnovere, e conſervare la pace, e quiete della Criſtianità, e quella d'Italia in particolare ſin dall' hora che cominciarono i preſenti moti di guerra applicando à queſta in primo luogo co' buoni uſici che convenivano, e dipoi colle ſue armi preferendo il ſervigio di Dio, e del ben publico à qualche altri riſpetti, proponendoſi per principale quello della quiete della Criſtianità, e di evitare i danni che dal contrario no potevano ſeguire; conoſcendo altreſi il deſiderio che gl' intereſſati in quella Pace tengono d'acconciare le loro differenze, e conſeguire il commune beneficio d'eſſa, e canſare i mali che dalla guerra derivano, & eſſendo venuto à queſto effetto il Signor Conte Franceſco Criſtofano Quevenhiller Ambaſciadore ſtraordinario della Maeſtà Ceſarea del Signor Imperadore Mathias con ſuoi Poteri per quello li tocca, e della Maeſtà del Re di Boemia Ferdinando Arciduca d'Auſtria, quello della Maeſtà dell' Imperadore fattoſi in Praga nel ſuo Reale Palagio alli 3. di Febbraio del preſente anno contraſegnato da Gian Barvicio ſuo Secretario, e quello del Re di Boemia fatto à Gratz a' ſedici del medeſimo meſe di Febbraio contraſegnato da Gio-Criſtofano Gienberg ſuo Segretario; e il Signor Pietro Griti Ambaſciadore della Sereniſſima Republica di Venetia con ſua Procura, e del Signor Duca di Savoia fatta in Venetia li 24. di Gennaio di queſto anno contraſegnata da Andrea Soriano ſuo Segretario, tutti li quali Poteri ſono ſufficienti per trattare, e firmare gli Accordi trà tutte le Parti onde S. M. Cattolica gli admeſſe affinche queſta negotiatione ſi concluda in queſta Corte; e facendo altreſi la medeſima conſideratione all' iſtanza che gli hanno fatta il Papa, e'l Re Criſtianiſſimo, & alla loro interpoſitione, e de' loro Miniſtri reſidenti in Corte, come appare per un' Accordo che in eſſo ſi fece alli 6. del preſente meſe quale S. M. Cattolica approvava in quello che lo tocca conforme al Trattato d'Aſti, & all' ordine che diede al Signor Marcheſe di Villafranca, e ſuo Governatore di Milano, e Capitano generale in Italia affinche lo compiſſe, & eſeguiſſe hà S. M. Cattolica accordato alla ſatisfattione di dette Parti che ſono il detto Signor Conte Franceſco Criſtofano Quevenhiller per quello concerne S. M. Ceſarea, & il Re di Boemia, & il Signor Pietro Griti per la Sereniſſima Republica di Venetia, e Signor Duca di Savoia che ſi preſentino qui li Capitoli che ſi formarono in queſta Corte dalli 18. ſino alli 23. di Giugno del preſente anno, e che in ſuo Real nome aſſiſta al detto Trattato il Signor Duca di Lerma in virtù del Potere che à tal effetto gli hà dato fatto in S. Lorenzo il Reale alli 24. del preſente meſe, contraſegnato d'Antonio d'Aroſtequi ſuo Segretario di Stato; & i detti Capitoli ſono del ſeguente tenore.

1°. *Che mettendo il Signor Re Ferdinando preſidio Todeſco in Segna la Republica ſubito reſtituirebbe parimente una Piazza in Iſtria la più vicina à Segna che nominerà S. M. Ceſarea ò il detto Re Ferdinando.*

2°. *Quanto à gli Uſcocchi ſi nomineranno quattro Commeſſari, duoi per la parte di S. M. Ceſarea, e duoi per quella de' Signori Venitiani, perſone diſintereſſate, e dell' autorità che conviene; à tal' effetto habbiano tutti uniti dentro di venti giorni dopo l'introduttione del preſidio in Segna, e conſegnatione della Piazza à fare la veritiera liquidatione de gli Uſcocchi che hauranno da uſcire intendendoſi che devano eſſere ſcacciati gli Uſcocchi venturieri, e ſtipendiati che attendevano à corſeggiare avanti queſti ultimi moti di guerra, e quelli che di preſente attendono, e fanno profeſſione di corſeggiare, e rubare. Non intendendoſi per Corſari nè Pirati quelli che nella preſente guerra havranno commeſſo atti d'hoſtilità in Mare ſe prima non l'erano d'offitio; nè parlando di quelli che vivevano, e vivono quietamente alle caſe loro con le mogli, e figli; e che debbano parimente uſcire i banditi della Republica, e di qualſivoglia altro Stato.*

3°. *Ch' eſpulſi in Segna, e d'altri Luoghi maritimi gli*

Uſcocchi

ANNO 1617. *Uscocchi venturieri, e stipendiati, & auventicci come si aggiusterà da' detti quattro Commessari conforme il concertato tirate le barche da corso à ripa si brucieranno lasciando illese le sole del Traffico, e Commercio; & all' hora li Signori Venitiani similmente restituiranno tutte le Piazze, posti e luoghi occupati da loro nella presente Guerra niuno eccettuato di qualsivoglia genere, e qualità tanto in Istria come nel Friuli, & altri di qualsivoglia Stato di S. M. Cesarea, e del Re di Boemia.*

4°. Che subito cominciata l'esecutione del Trattato si farà una sospensione d'armi per lo spatio di duoi mesi che in Mare che in Terra con cessare ogni sorte di fortificatione, e d'ostilità trà'l detto Signor Re Ferdinando, & i Signori Venitiani; & in questo intervallo di duoi mesi si eseguirà tutto il concertato, e compito che si apra, e continui trà le Parti il Traffico, e libero Commercio per Mare, e per Terra come avanti questa rottura di guerra; e si ritirino l'armi lasciando le cose nel pristino stato; intendendosi che se avanti di questi duoi mesi si compisse l'esecutione di questo Trattato subito si ricominci il detto Commercio; e se nel detto tempo non si accordassero i Commessari possano essi prorogare il termine conforme stimeranno conveniente; imperoche finito il tempo de' detti duoi mesi dall' Accordo il detto Commercio sia libero come avanti la Guerra.

5°. Che si conceda reciproca libertà a' prigioni fattesi dalle Parti; e si dia perdono generale à quelli che havessero servito nella Guerra tanto al Re Ferdinando che a' Signori Venitiani con la restitutione di tutti i loro beni.

6°. Che parimente S. M. Cesarea, e'l detto Re Ferdinando dieno parola di Principi di più non ammettere i detti Uscocchi espulsi nè permettere che i Signori Venitiani, e loro Sudditi rimangano molestati da essi come resta appuntato nel Trattato di Vienna dell' anno 1612. il cui tenore sarà inserto al piè di questa Capitolatione, poiche la Republica altro non pretende se non che si caccino di Segna, e da quelle marine gli Uscocchi venturieri, banditi, e stipendiati che andavano in corso, & à rubare di maniera che da essi non riceva danno nè disturbo in auvenire non intendendo di quelli che vivono quietamente colle loro mogli, e figli ne' proprii habituri come si è detto, e che S. M. Cattolica come Mediatore della Pace dia altresi la sua parola che così si adempirà, poiche quello che in ciò pretendono i Signori Venitiani non è che per liberarsi dalle vessationi che per tanti anni hanno ricevuto da' detti Uscocchi; & i Signori Venitiani la daranno similmente à S. M. Cattolica che dal canto loro accompliranno à quello che loro tocca.

7°. In quanto al punto della libera Navigatione della quale si parla nell' ultimo Capitolo del Trattato di Vienna si rimette à quanto si è disposto per avanti.

8°. Parimente dà parola S. M. Cattolica che nel tempo che si concluderà la detta Pace, e si sarà ratificato il Trattato da ambe le Parti comanderà di sospendersi, e cessare le sue armi per Mare, e per Terra, & ogni sorte d'ostilità.

Tutti li quali Articoli, e ciascuno d'essi si obligano i detti Signori Ambasciadori di S. M. Cesarea, e del Re di Boemia, e della Serenissima Republica di Venetia in virtù de' detti Poteri che saranno osservati, & eseguiti come in essi si contiene, e per maggiore abbondanza saranno approvati, e ratificati dentro due mesi dalla data di questa. Fatto nella Città di Madrid Corte di S. M. Cattolica, e nel suo Palagio Reale li 26. del mese di Settembre della nascita di N. Signore Giesu Cristo 1617.

CLXXI.

9. Octo. *Convention faite par l'Intervention de Mr. le Cardinal* LUDOVISIO *au Nom de sa Sainteté, entre Mr. de* BETHUNE *Ambassadeur de Sa Majesté Très-Chrétienne & D.* PEDRO DE TOLEDE *Capitaine Général de sa Majesté Catholique, pour l'Exécution du Traité* d'Ast, *& l'Accommodement final des Diférens du Duc de* SAVOYE, *avec le Duc de* MANTOUE. *A Pavie le 9. Octobre* 1617. [MERCURE FRANÇOIS Tom. V. Année 1617. pag 214.]

CONFORMEMENT à ce qui a esté concerté, accordé & resolu, Monsieur de Bethune, Ambassadeur extraordinaire en Italie pour Sa Majesté Tres-Chrétienne a donné au Sieur D. Pedro de Tolede, Capitaine General pour Sa Majesté Catholique en Italie, un Ecrit fait à S. Germain en Laye le treiziéme Septembre 1617. par lequel Sa Majesté Tres-Chrestienne certifie que Monsieur le Duc de Savoie a accepté le Traité d'Ast, & a promis l'accomplir en ce qui le regarde, en consequence dequoi ledit Sieur D. Pedro de l'ordre de Sa Majesté Catholique, a aussi accepté ce qui regarde en icelui ladite Majesté du Roi son Maistre, & moiennant ce ont arresté que tous actes d'hostilité cessent, tellement que ce qui reste maintenant à faire est : ANNO 1617.

I. Que ledit Seigneur Duc de Savoie desarmera dans un mois, conformement à ce qu'il est obligé de faire par ledit Traité d'Ast, lequel mois commence du present mois d'Octobre, de l'accomplissement & effectuation dequoi ledit Sieur de Bethune donnera certification de sa Majesté Tres-Chrestienne.

II. Que ledit Sieur Duc rendra toutes les Places qu'il a occupées auparavant & depuis le Traité d'Ast, ainsi qu'il est porté par icelui Traité, tant en ce qui est & dépend des Etats de Monsieur le Duc de Mantouë, comme de l'Eglise & de l'Empire, que de quelques autres personnes & en quelque part que ce soit, & ce durant la Guerre.

III. Qu'apres que ledit Sieur Duc aura desarmé & restitué, led. Sieur D. Pedro au nom de sa Majesté Catholique, pour satisfaire au desir de sa Sainteté & de sa Majesté Tres-Chrestienne, tout aussi-tost immediatement & sans intervale de tems, rendra & restituera toutes les Places qui ont esté prises & occupées devant & depuis ledit Traité, ainsi qu'il est aussi porté par icelui Traité, tant de ce qui appartient audit Sieur Duc & dépend de ses Etats, comme de ce qui appartient aux Particuliers de quelque part que ce soit, & ce durant la Guerre.

IV. Que tous les Prisonniers tant d'une part que d'autre, generalement seront rendus & mis en liberté; aussi-tost aprés que ledit Sieur Duc aura faites lesdites restitutions.

V. Que ledit Duc aiant desarmé & restitué conformement à ce que dessus, ledit Sieur D. Pedro sera obligé de disposer son Armée selon & ainsi que le veut le Traité d'Ast, & ce dans tout le mois de Novembre prochain.

VI. Que les Articles ci-dessus & le contenu en icelui, s'accomplira & executera réellement, sincerement & de bonne foi.

Conclu & arresté, avec l'assistance & intervention de Monsieur le Cardinal Ludovisio, au nom de sa Sainteté. Fait à Pavie le 9. Octobre 1617.

CLXXII.

Déclaration de CHARLES EMANUEL *Duc de Savoye, en faveur des Bourgeois & Habitans de* GENEVE, *portant qu'ils sont & doivent être exempts de tous Daces, Péages, & Traites. Donnée à Turin le* 21. *Decembre* 1617. [Voyez-la sous le 21. Juillet 1603. pag. 29. col. 1.] 21. Dec.

CLXXIII.

Testament de PHILIPPE *de Nassau, Prince d'Orange, fait à Bruxelles, le* 20. *Février*, 1618. [AITZEMA, Affaires d'Etat & de Guerre. Tom. I. pag. 11. 71.] 1618. 20. Fev. ORANGE.

AU nom de la Tres-saincte, Ineffable & indivisible Trinité, le Pere, le Fils, & le St. Esprit, un seul & vray Dieu, à qui j'ayme, crains, adore, & honore comme Autheur de toute chose & comme icelluy qui m'a donné l'estre & peult disposer de moy & de tout ce qui est à moy, de ma vie & de ma *mort* : Laquelle nous estant aultant incertaine, comme a luy asseurée, de jour, heure, & moment ; pour ne tomber à une *mort subite* (dont la divine Majesté par sa misericorde infinie me veuille delivrer) & demeurer de tout frustré de declairer mes dernieres voluntés, Ay bien voulu avec sa divine permission en disposer au temps, affin qu'à son temps, aprés estre hors des miseres de ce monde, soyent notoires à un chacun.

Nous *Philippe Guillaume*, par la Grace de Dieu, Prince *d'Oranges*, Comte de *Nassau*, *Vianden*, *Dietz*, *Catzenellenbogen*, *Buren*, & *Lerdam* : Seigneur & Baron de *Breda*, *Diest*, *Steenberge*, *Warneton*, *Grimbergen*, *Laney*, *Herstal*, *Arlay*, *Nozeroy*, *Sainct Martensdyck*, & aultres appendances & dependances, Viconte Hæreditaire *d'Anvers* & *Besançon*, Chevalier de l'Ordre de la *Toison d'Or*.

A tous ceuls qui ces presentes verront, sçavoir faisons

ANNO 1618. sons que le *vingt troisiesme* jour d'Aougst aprés midy l'an 1603 pardevant *Estienne Colleron* & *Jean François* Notaires du Roy Tres-Chrestien en son Chastelet de *Paris*, & en presence de Messeigneurs *François d'Arssens* Escuier, *Jacques Bongart* Escuier & aultres soubs signés en la maison dudit Seigneur *d'Arssens*, Faubour *Sainct Germain*, Rue de Tozonnes, &c.

Avons faict un *Testament* duquel nous avons envoyé un double de la mesme teneur a nostre trescher & aymé Frere, le Prince *Maurice de Nassau*, lequel le trouverat en son pouvoir maintenant; mais comme ayant changé d'estat & desirant laisser mes dernieres voluntez plus amples & plus esclaircies, & adjouster des *Legats* particuliers, pour ne pas estre surprins de la mort, dont l'heure & le jour nous est incertain, & me trouvant, Dieu mercy, avec le bon sens & capacité qu'il luy a pleu me donner, de meure deliberation & sans intention de ne rien innover quant au principal du susdit Instrument, je l'ay ouvert & veu pour coucher cestuy-cy à l'advenant du sens & comme il nous semblera mieux convenir *pour le bien & conservation de la „ grandeur de nostre maison, que Dieu veuille prosperer „ de plus en plus & la remplir de sa saincte benediction; „ ramenant tous ceux qui en seront Heritiers à la vraye „ cognoissance de leur salut, se voyant esloignés d'icelle: à fin que conservant ce que je leur laisse, dessoubs sa divine protection, ils puissent conjoinctement joüir heureusement les biens celestes; au lieu que les autres ne sont que prestez, remplis de vanitez, plains de miseres, & souvent plustost perdus que joüis.* Retournant doncques à l'establissement du project de nos dernieres volontez & disposant absolutement des biens temporels qu'il y a pleu a Dieu nous eslargir, nous conservant tousjours l'entiere disposition de changer, accroistre & diminuer lesdites volontez jusques au dernier jour & heure de nostre trespas, ayant le jugement bon, que Dieu me veuille conserver jusques au dernier souspir de ma vie; neantmoins dés maintenant par forme de Testament avons ordonné & statué, ordonnons & statuons & voulons estre executé (deroguant tout autre) tout ce que sera contenu en ce present Instrument escript de ma propre main & la teneur qui s'ensuit: Car telle est nostre volonté.

Premierement comme tout bon Chrestien est obligé de faire, se confiant en l'intime misericorde de nostre bon Dieu, qui a voulu espandre le precieux sang de son Fils *Jesus Christ* nostre Sauveur, pour rachepter nos ames des eternels torments, ou le peché de nos premiers Peres & depuis les nostres nous les font meriter tresjustement. Mais en luy demandant pardon avec repentance de l'offence il nous lave de ce precieux sang, & par la passion & mort nous rend dignes de la joüissance de sa gloire. Je remets doncq & recommande mon ame remplie de pechez, entre les mains de ceste infinite misericorde, afin que demeurant nette & lavée par un si grand & puissant benefice, demeurant en la *vraye croyance de la saincte Mere Eglise Apostolique & Romaine*, & contribuant la repentance de tant de pechez commises par elle, elle puisse aller joüir de l'eternelle gloire que sa Majesté divine luy a promise & à tous bons Chrestiens; luy suppliant avoir pour agreable les prieres & suffrages qui luy ont esté faictes par la *benoitte Vierge Marie* & de tous les Apostres & Saincts de Paradis pour moi indigne: en vos mains doncques encores une fois, mon Dieu, je recommande mon ame, vous m'avés redimé, Dieu de verité, faictes que je vous en puisse rendre les loüanges eternellement, en ta gloire, glorifiant le Pere, & Fils & Sainct Esprit; qui est le but de tous mes desirs & souhaits.

Secondement nous desirons & voulons que nostre corps soit ensevely en une de ces quatre Villes, *Breda*, *Diest*, *Lens le Saulnier*, ou *Orainges* le plus proche du lieu ou nostre bon Dieu sera servi nous appeller de ce monde & ou l'Office divin de la Messe se celebre ordinairement. Car en tel cas pourrat le corps demeurer deposité audit lieu ou en quelque autre, ou la continuation de ce Sainct Sacrifice sera continué & asseuré, jusques à ce que Dieu le remettra entierement aux lieux sus nommez; voulons & mandons expressement que les solemnités & Ceremonies de l'enterrement soyent mediocres sans y faire despens superflus, neantmoins convenables à la qualité de la maison: ne faisant aucun estat en mon particulier de ces vaines coustumes, mais bien voulons qu'en l'Eglise ou nostre corps sera deposité soyent dictes la mesme année *trois mille Messes*, pour les offences que mon ame pourroit avoir commis, n'ayant faict *deüe penitence*; l'aumoine sera faict des deniers que je veux reserver de la rente de *toute une année* depuis mon trespas, „ pour estre encores employez a aultres Legatz, que je „ veulx faire. Et si l'Heritier que nous nommérons en fisse difficulté nous le privons dés maintenant & tousjours de nos biens maternels comme pour tout aultre manquement qu'il pourroit faire au moindre de mes Legats, combien que je m'asseure qu'il satisfaira tres volontiers à mes dernieres voluntés. Nous laissons encores une Messe perpetuelle qui se dira tous les jours au lieu ou nostre Corps sera enterré: de cedit argent s'acheptera une *Rente annuelle* pour le Chapellain qui la dira ou on la luy fera bonne sur les Rentes dudit lieu de l'enterrement. Mandons & voulons aussi que trois ans consecutivement soyent distribués desdits deniers trois mille escus aux pauvres & necessiteux qui soyent de nos Subjects, asçavoir en chasque année mille escus par gens de bien & de conscience tant au Territoir de Breda qu'aux aultres lieux & ou l'on pourra sçavoir, qu'il y aye plus de necessité: ce que par les Paroisses sera facile de sçavoir & ceulx qui en auront la charge s'en pourront enquerir, & Dieu aydant en donnerons d'avantage. ANNO 1618.

Troisiesmement ordonnons & recommandons que toutes & chacune de nos debtes, si en laisserons au jour de nostre trespas depuis la moindre jusques à la plus grande soyent payées des deniers comtents ou plus prompts biens qui seront par nous delaissés, sans espargner aulcuns meubles de ceulx que j'auray, si besoing fusse; Car cest le premier que voulons estre payé & satisfaict.

Quatriesmement: comme depuis ledit Testament que nous avons faict à Paris, dont Monsieur le Prince *Maurice* mon Frere en a eu ung double, que par cestuy-cy est annullé & invalidé, aurions changé d'estat ayants prins femme, qui nous a constraint aussi a l'ouverture dudit Testament & en faire cestuy de nouveau, nostre volunté doncques est que nostre treschere & bien aymée Femme & Compaigne *Leonore de Bourbon* soit enthierement satisfaicte & payée de son Douaire en forme & maniere que le Contract de nostre Mariage porte sans aulcune reserve ny chose au contraire, la laissant joüir paisiblement sa vie durant de tout ce qu'a este stipulé & conclud audit Traicté. Nous voulons de plus qu'elle aye le lict de velours passementé d'or & argent, avec tout son ameublement; & la Tapisserie de Orlando, qui nous a esté donné en partie de nostre Ville de Breda avecq la moictié de nostre linge, je dis de celluy de nostre Maison tant seullement (exceptant celluy qui est venu de la maison mortuaire de Buren, duquel disposerons a nostre volunté) de toute nostre vaisselle tant dorée que blanche, & la donnons de plus tous les joyaulx & perles qu'elle a eue de nous, excepté ce qu'elle a eu de celles & ceulx de feu ma Sœur la Contesse de Rhœux: comme aussi est excepté mon cordon de Chappeau tout enthier avec mes deux enseignes petite & grande, les bouttons que je porte sur mes abillemens avecq diamans & ma chaine de diamans faict en boutons ovales, & aultres minutez qui se trouveront en mon pouvoir pour en disposer a ma volunté soit maintenant ou apres; Si Dieu me faict la grace de me pouvoir conserver en mon bon sens jusques au dernier de ma vie; comme je luy en supplie tous les jours, demeureront à moy pour en disposer & faire d'advantage pour elle. Car je reserve la libre disposition jusques au dernier.

Cinquiesmement: comme au second Article de nos dernieres voluntez avons reservé une année du net & enthier revenu de nos biens tant Paternels que Maternels, payés les charges, qui sont sur lesdits Biens, y ayant desia assignés dessus quelque legat; desirons que le surplus soit distribué pour satisfaire a tous nos bons serviteurs qui pour lors se trouveront en nostre service Domesticque, n'ayans esté remunerés en vie; nous voulons doncques que nostre Heritier, en suitte de la clausule inserée audit Article sans difficulté fasse distribuer ladite Rente de l'année aprés ma mort a tous mesdits serviteurs en la forme suivante. Devant qu'entrer en possession desdits Biens premierement il leur fera payer tout ce que leur est deü de toutes leurs Gaiges l'année de mon trespas & apres a rate des Gaiges annuelles distribuer ledit Argent pour leur achepter une Rente viaigiere; A sçavoir celluy qui aura trois cens Florins par an en tirera deux mille & quatre cent en Argent contant pour l'achapt d'une Rente viaigiere de trois cens Florins ou pour l'employ, comme il trouvera le mieux convenir pour son bien, aussi des plus hauits Gaiges n'excédant la somme de mille Florins & ayant

ANNO 1618.

ayant satisfaict aux plus grands Gaiges, y restant encoires bonne somme, en pourra accroiistre la quantité de ceux qui auront eu plus petits Gaiges selon la qualité des personnes & les soings & bons services qu'ils nous auront rendus, par ou l'Heritier demeurera deschargé des Rentes viaigieres qui se pourroyent donner sur les Biens. Bien entendu neantmoings que si le revenu de ladite année ne fusse suffisante pour payer le tout, en tel cas mandons & voulons, que ceux qui ne pourront estre payés en argent comptant, soyent leurs Rentes viaigieres Hypotecquées sur mes Biens Maternels, jusques a estre deschargées du Revenu desdits Biens par mon Heritier, devant d'entrer en l'enthiere possession desdits Biens, ce que je veux aussi estre observé par tous les legats portés en cest Instrument, comme ceux que nous pourrions encoires faire, & par ce que nous ne pouvons pour le present sçavoir ceux qui pourroient avoir esté remunerés par nous en vie ny ceulx qui a nostre trespas pourroient se trouver en nostre service, ne nommans personne en particulier, Dieu nous en fera la grace comme luy en supplions de le pouvoir faire quand il luy plaira nous appeller. Mais l'Incertitude de la vie humaine nous oblige faire ces preventions de nos dernieres voluntez, le remettant avec particuliere recommendation & injunction de nostre Heritier qui sera nommé cy-aprés de faire équitable repartition, sans laisser aulcun plainctijf ny mal satisfaict. Car telle est nostre volunté, & ainsi luy recommandons estre faicts punctuellement; & ne le faisant; que tous les Biens Paternels & Maternels viennent au second appellé par moy en Testament, & ne le faisant le second; au troisiesme. Car je veux punctuel accomplissement de ce mon Testament, & comme le dessusdit Testament annullé & cassé par cestuy-cy, comme desia a esté dict, fut avant avoir esté en estat de mariage, l'estant maintenant & l'ayant y a esté dix ans, ausquels Dieu n'a encores esté servy nous donner lignées; Neantmoins si Dieu nous en donasse soit Fils ou Fille: En tel cas nous voulons soit l'un ou l'autre qu'il aye l'entier Heritage de tous nos Biens, tant Paternels que Maternels, sans en excepter aucuns meubles & immeubles, droicts, noms, & actions, de quelle nature & condition qu'ils soyent & en quel lieu & endroict qu'ils soient scituez: & en tel cas la Mere ne pourroit disposer d'aucune chose de tout ce que luy laissons declaré au *quatriesme* Article de ce present Testament, que pour sa vie durante, le faisant remettre tout au Fils ou à la Fille, que Dieu nous auroit donnée à mon trespas, s'il fusse un male & qu'il puisse parvenir à l'aâge de discretion n'ayant Hoirs de legittime mariaige. Il appellera comme je fais en cest Instrument le masle le plus proche de la Maison de *Nassauw*. s'Il a une fille qu'il *si allie à la dite Maison*, comme est & sera ma volunté qui soit faict de la Fille que nous pourrions encores avoir. Mais comme jusques ores il y a peu d'apparence, ayant desia si long temps esté mariez, d'avoir des Enfans, ce que neantmoins je meɑ̃ en la main de Dieu; & si en cas nous n'en avons poinct, & les ayant, vinsent à faillir sans laisser Hoirs legittimes *Fames* ou *femelles*, en tel cas nous avons nommé, institué, nommons & instituons nostre Heritier Universel en tous nos Biens & chascun nos Principaultez, Contez, Baronnies, Terres, & Seigneuries & aultres Biens quelconques tant paternels que maternels, droicts, noms, & actions de quelle nature ou condition qu'ils soyent & en quel lieu & endroict qu'ils soyent scitués (reservant nos meubles comme n'en ayant eu aulcun en Heritage de feu mon Pere ny de la Maison) nostre Trescher Monsieur Frere le Prince *Maurice de Nassauw* & aprés luy ses Enfans Males procréez en legittime mariage & leurs Hoirs & descendants d'eux, preferant tousjours le plus prochain masle unicq & Universel successeur, substituant au deffault de luy pour l'estre l'ensuivant: & en cas que mondit Frere & ses Fils allassent de vie à trespas sans delaisser Enfans males procréez de leurs Corps en loyal mariaige, instituons à nostre Heritier pour le tout & en la forme susdite nostre tres aymé Frere le Prince *Henry de Nassau* & au deffault de luy ses Hoirs males procréez en legittime mariage & descendans d'eulx successivement, preferant tousjours l'aisné & le plus prochain pour representation & substituans les ensuivants selon l'ordre que dict est: & si l'un ou l'autre de nos dits Freres decedassent sans Enfans males legitimes ou qu'iceux Enfans ou descendans d'eux apres estre venus en nostre hoirie, allasent de vie à trespas, sans Hoirs males legitimes procréez de leurs Corps, nous ordonnons & instituons audit cas nostre Heritier Universel *le Fils aisné* de nostre Oncle Paternel, Monsieur *le Conte Jean de Nassau & apres & en deffault de luy* le plus prochain de ses Hoirs males selon le mesme ordre que dessus: & advenant que semblablement ledit Fils aisné vint à mourir sans delaisser Fils, petit Fils, ou descendans d'eulx, nous delaissons tous nosdits Biens au second Fils de nostre dit Oncle, à ses Enfans masles & descendans d'eux, asçavoir tousjours le premier Fils & à leur deffault au *troisiesme* Fils & descendans & au *quatriesme* & ensuivans pour succeder successivement selon l'ordre & la suitte que dessus, entendant nommement d'instituer tous les Heritiers ou descendants cy dessus nommés & mentionés, ores que ne fut que conditionellement. Ordonnons que tous lesdits Biens sans alienation, charge, ou deminution, ou detraction d'aucune *quarte* ou *Trebellianicque* soyent successivement delaissés & rendus au plus prochain de nosdits Hoirs & successeurs procréez en loyal mariaige portant le nom & armes de *Nassau*, la representation ayant lieu. J'ay dict en *loyal mariage*: J'adjoutte qu'il ne soit mesallié. Car en tel cas je veulx que la succession passe au second, estant marié selon sa qualité.

Et si au jour de nostre trespas nosdits Freres ou aultres susdits Heritiers suivants fussent tenus pour inhabils & empeschés à heriter ou apprehender aulcun de nosdits Biens pour quelque inhabilité ou empeschement de droict ou de faict que ce soit: nous avons en cas de l'empeschement ou inhabilité du premier de nosdits Heritiers institué le second: & en cas de l'empeschement du second, substitué le troisiéme & ainsi consecutivement selon l'ordre predit pour ledit habilité & non empesché, pour jouyr les fruicts & revenus d'iceux Biens, tant que tel empeschement durera au regard de tous les precedens institués; & iceluy venant à estre levé & osté, voulons & ordonnons deslors tous & chacun lesdits Biens estre rendus & restitués: & que, de faict & plain droict, ils retournent au plus prochain de nosdits Heritiers institués & Fidei-commissaires purement substitués, habiles à nous succeder.

Et par ce que nous desirons & voulons que tous ceux qu'aurons beneficié tant de *Rente viaigere*, qu'autrement & à qui aurons donné Biens & Rentes perpetuelles, soyent entierement satisfaicts, selon & en conformité des tesmoignages qu'ils exhiberont par les Escripts & Ordonnances soubs nostre Seel & signées de nostre Nom & contresignées de nostre Secretaire, & Greffier de nostre Chambre des Comptes: Nous ordonnons à celuy qui sera nostre premier Heritier & qui entrera en nostre Hoirie, de faire payer le tout punctuellement & sans dilay ausdits qui produiront leurs Actes en deüe forme signez & contre-signez comme dict est; comme aussi tous *Legats* inserez en ce Testament, & qui aprés pourront estre faicts, comme en reservons le pouvoir d'accroistre & deminuer à nostre volonté jusques au dernier souspir de nostre vie ayant le pouvoir de les signer de nostre main y comprennant toutes les debtes non payez & tout autre chose, de laquelle, par faute de payement, pourrions demeurer chargez. A quoy contrevenant perdra la succession des Biens *Paternels* & *Maternels*, que nous voulons estre donnez au second appellé à nostre succession: comme nous avons enjoint cy-dessus audit Heritier: & ne payant tous & chacun nos Legats bien & deüement, soit en argent de l'année qu'avons reservé entiere des rentes de tous nos Biens tant Paternels, & Maternels, payer, les charges annuelles que ceux qui seront chargez sur quelque Bien & Hypotecque particuliere, ne puisse entrer en nostre Hoirie ny joüir de nosdits Biens jusques à l'entier furnissement desdits Legats, bien faicts, payements des debtes, & en oultre perdre l'entiere succession de tous les Biens Paternels & Maternels, les donnant au second qui pourra succeder legittimement selon les ordres cy-dessus nommez de nos dernieres voluntez; lesquels voulons estre inviolablement gardez & observez par tous ceux qui successivement viendront à la succession de tous nos Biens, voyant la liberalité que j'use pour la Maison de *Nassaw*, que Dieu veuille prosperer, garantir & proteger tousjours par sa bonté infinie. Car nous avons par le Traicté de partaige & autrement l'entiere disposition de tous nos Biens, & puis que je le leur laisse avec si bonne affection, je me veulx asseurer qu'ils accompliront entierement nos derniers Mandats & dernieres volontez: Car aussi le recommandons comme estant de tout à nous.

Et par ce que nous voulons rendre nostre derniere disposition ferme & valide par forme de Testament *Inscriptis & Codicille* ou autrement, comme mieux peut subsi-

ANNO 1618.

ANNO 1618.

subsister non obstant aucuns droicts, coustume, statuts, stijl, & usance au contraire desquels avons derogué & deroguons par les presentes, nous avons prins les Octrois necessaires pour pouvoir tester absolument de tous nos Biens, sans qu'il y puisse avoir contradiction ny opposition quelconque, tant pour les Biens Paternels que Maternels; les donnans entierement & absolutement aux Heritiers susnommez avec les clausules & reserves, notez, & inserez cy-dessus en ce mien Testament & derniere volonté: Mandons & ordonnons à nosdits Heritiers d'ainsi faire. Et comme jusques ores mes plus prochains Heritiers sont Messieurs les Princes *Maurice* & *Henry* mes Freres, je les laisse aussi avec ceux de mon Conseil qui pour lors seront trouvez en mon service d'estre les Executeurs de mesdites Ordonnances & dernieres volontez. Il leur va du leur & du mien; & que mes dernieres voluntez soyent bien & promptement executez & accomplis; je les encharge & prie & en témoignage & approbation de tout ce que dessus nous avons escript de nostre propre main & signé d'icelle nostre nom au dessous de ceste nostre presente Ordonnance & disposition & derniere volunté & avec les solemnitez requises devant Notaire & Tesmoings sellé de nostre Seau & Armoiries, pour plus ample verification, ainsi par nous faict, comme constera: voulons en oultre qu'apres nostre trespas chacun en aye la cognoissance. Ordonnant à nostre dit Heritier au premier degré, qu'à chacun de nosdits denommez, instituez ou substituez Heritiers ou Legataires de donner Copie au publicq de cest, quand requiz en seront, la voulant laisser jusques lors incognue, & reservant le Pouvoir & Authorité d'accroitre, changer, & diminuer les Legats & toute autre chose jusques au dernier souspir de la vie ayant force, sens, & vigueur de signer & donner à cognoistre mesdites voluntez: Neantmoins des maintenant & jusques lors que pourrions faire quelque changement ou y adjouster; ou survenant que fussions surprins de la mort (que Dieu ne veuille) voulons que ce Testament aye son plain effect & que demeure ferme & estable comme estant tesmoignage de nos dernieres voluntez; Et affin qu'il puisse estre conservé & retrouvé à son temps, l'avons fait depositer en la Maison de Ville de nostre Ville de *Breda*, avec la solemnité requise en tel cas. Ordonnons à ceux qui seront lors de nostre Conseil & qui se trouveront à nostre trespas de faire mettre avec le Magistrat de ceste Ville le Testament entre les mains de l'Heritier nommé & qu'il soit leu publiquement: afin que Copies en puissent estre données à qui il appartiendra, & à ceux qui en demanderont ce qui sera endossé au-dessus dudict Testament, afin qu'il soit notoire à un chacun avec le tesmoignage du Notaire & Tesmoings qui auront soubsigné le Testament, fermé & cachetté de nostre main, le jour & an que ledit Notaire aura inscrips, devant les Tesmoins au bas de cedit Instrument. Et pour plus grande asseurance & affin qu'il n'y puisse avoir aucune fraude, avons voulu envoyer un semblable Instrument signé, serré, & fermé à Monsieur le Prince *Maurice* mon Frere, escript aussi de ma propre main, me reservant cestuy-cy, affin qu'apres mon decés puissent estre par les Executeurs du Testament collationnés ensemble pour faire plus de foi, & ce que pourrois encores adjouter de plus devant mon trespas, comme ayant reservé la libre disposition jusques au dernier de ma vie, estant signé, je veux que ces dernieres volontés soyent accomplies avecq la mesme restriction que dessus: Car ce ne feront que Legats, n'entendant rien changer quant à la Succession susdite des Heritiers appellez, si ce ne fut arrivant du changement devant mon trespas; cependant n'y ayant chose au contraire, voulons & ordonnons que ce Testament subsiste & soit entierement en sa force & vigueur, valide & sans contradiction. Car telle est pour le present nostre derniere volonté absolue, & ce jusques à tant qu'il n'ÿ ait autre Instrument, qui le derogue: Signé par nous en deüe forme, comme le sera tout ce qu'à l'advenir pourrons adjouster & diminuer & changer.

Et pour ce que nous desirons laisser toute chose en bon estat & pour les pouvoir mieux conserver & maintenir: Nous mandons & ordonnons au premier appellé à nostre Hoirie, qu'il n'innove rien quant au faict de la *Religion* en nostre Principaulté d'*Orange*, ains les laisser vivre aux uns & autres paisiblement chacun en sa Religion, conservant; quant aux Officiers, le mesme Ordre & Police que nous y aurons laissé sans faire tort à personne & les traictant esgallement soubs condition, que ne le faisant, tous les Biens soyent apprehendés par le second appellé à nostre dite Hoirie & consequemment aux autres, si en cas les premiers n'accomplissent punctuellement tout le contenu en cest Instrument de nos dernieres voluntez. Car ainsi voulons & commandons comme absolut Seigneur & dispositeur de tous mes Biens. Je me veuls promettre de la prudence & probité du premier appellé, qu'il ne vouldra en aulcune maniere contrevenir à mes saintes & justes voluntés: c'est ce qui me les a faict exprimer tout à faict & y mettre ces clausules presentes & obligatoires. Je le prieray doncques de mesme ordre en ses Enfans, procréez en legitime Mariage & de Femme conforme à sa qualité, si Dieu luy en donne. Et si non: Je prierai le même au second, au troisiesme, finalement à tous ceulx qui pourront ou viendront à ceste mienne Hoirie & succession, & celluy qui n'y vouldra entendre & se monstrera ingrat à mes bienfaicts & Ordonannces de cest Instrument Testamentaire, sera forclos de la succession: laquelle passera au suivant & de l'ung à l'autre, demeurant à celluy qui accomplira entierement ce que luy est enjoinct par ce Testament, & qui est inseré, & bien particulierement declairé l'intention de mes dernieres voluntés, pour estre observées en tous & chacun de ces poincts absolutement & expressement soubs la susdite condition & perte. Fait à *Bruxelles*, le vingtiesme Fevrier *mille six cent & dixhuict*, sellé de mon Seau, escript & sellé de ma propre main, comme en feront foy Tesmoings & Notaire soubs signez. *Signé*, PHILIPPE GUILLAUME DE NASSAUW. Au dos dudit Testament estoit escrit ce que s'ensuit.

Aujourd'hier vingtiesme jour du mois de Febvrier *mille six cent & dixhuict*, comparant personnellement hault & puissant Prince *Philippe Guillaume de Nassau*, Prince d'*Orange*, &c. pardevant nous *Jehan Mendez* de *Salas*, Greffier de l'Audience de l'Armée & Notaire publicq, & *Libert Melyn* aussi Notaire; Auquel estant par nous Notaires presens les Tesmoings cy en bas denommés montré le *Testament* contenu & *en ces neuf feuilles* escript, A dict & declairé que le tout estoit escript de sa *propre main* & qu'y estoit escript son *Testament*, & derniere volonté & que pour tel le vouloit estre tenu & observé. Ainsi faict & passé à Bruxelles en presence de hault & puissant Seigneur Messire *Christoffe de Rye*, Marquis de *Warambon*, Chevalier de l'Ordre du Thoizon d'Or, & hault & puissant Sieur Monsieur *Jean de Croy*, Comte de *Solre*, aussi Chevalier de l'Ordre du Thoison d'Or, & Monsieur *Philippe* de *Merode*, Comte de *Middelborgh*. Signé: *Christophe de Rye, de la Palud, Marquis de Warambon, Le Comte de Solre, Philippe de Merode, de Salas, &* *Libert Melyn*, Notaire. Cacheté du Cachet dudit Seigneur Prince. *Embas estoit escript*, Concorde par moi

L. MELYN Notarius.

CLXXIV.

Traité de Paix entre GUSTAVE ADOLPHE *Roi de Suède &* MICHEL FEDERVITZ *Grand Duc de Moscovie, fait à Stockholme par l'entremise du Roi d'Angleterre, en l'année* 1618. [MERCURE FRANÇOIS, Tom. V. Partie II. pag. 29. d'où l'on a tiré cette Pièce, qui se trouve aussi dans *Relationis Historicæ Francofurtanæ Contin. Vernal. sub Anno* 1618. pag. 3. dans JULII BELLI *Laurea Austriaca*, Lib. I. pag. 30. sous l'Année 1617. en Latin & avec quelque diférence, & dans VITTORIO SIRI, *Memorie recondite*, Tom. V. pag 29.]

SUEDE ET MOSCOVIE.

I. QUE tous actes d'hostilité commis de part & d'autre, depuis l'an 595. au contraire de la Transaction de Tensin, jadis faicte entre le feu Roy Charles de Suece, present son fils Gustaf Adolph, & Michel Federvits Grand Duc de Moscovie, feroient mis en un eternel oubli, & la Paix derechef restablie, & confirmée entre le Roy de Suede & le Grand Duc de Moscovie, leurs Estats, Pays, & Villes.

II. Que le Roy de Suede Gustav Adolph, tant pour luy que ses heritiers, & pour & au nom de la Couronne de Suece promettoit de rendre au Grand Duc de Moscovie, tous les Pays, Villes, Chasteaux, & Bourgades qui avoient esté par les Sueciens pris les années

ANNO 1618.

années precedentes fur les Mofcovites, fçavoir, Novogard, Stararuff, Porchov, Ladg & Augdov, avec toutes les Terres qui en dependoient, excepté les Chasteaux, Villes & Bourgades delaiffez audit Roy de Suece, par le prefent Traicté.

III. Que tous les ornemens, livres, & uftanciles d'Eglife, les Regiftres publics, enfemble les canons, avec les cloches qui fe trouveroient dans lesdites Forteresfes & Bourgs (excepté celles que les Novogardiens avoient vendues par neceffité) feroient reftituez & rendus au Grand Duc de Mofcovie, & à fes Subjects. Et que deffenfes feroient faictes à tous Sueciens d'acheter plus aucunes cloches des Novogardiens : & pour celles qui avoient efté par eux venduës & non enlevées, les Mofcovites rendroient l'argent qu'ils en auroient receu.

IV. Que les Sueciens en rendant les Villes & Forteresfes cy deffus, n'uferoient d'aucune violence contre les Habitans, & leurs Biens, & n'en ameneroient aucun avec eux. Et quant aux biens appartenant aux Sueciens lesquels ils ne pourroient emporter desdites Villes & Forterefles, lors qu'ils en fortiroient, ils feroient fidellement gardez comme un depoft, pour leur eftre rendus à leur premiere demande.

V. Que les Villes de Novogard, Stararuff, & Porchov avec toutes leurs dependances, & tout le diftrict de Sommorenfe, feroient dans quatorze jours, apres le ferment faict de part & d'autre d'obferver de bonne foy les prefents Articles, remis entre les mains de l'Ambaffadeur du Roy de la Grand' Bretagne, pour eftre rendus & reftituez au Grand Duc de Mofcovie.

VI. Que le Chafteau de Lagd & fes dependances trois femaines apres, feroient reftituez de la mesme façon.

VII. Quant à la Forteresfe d'Augdov & fon Territoire, ils ne feroient point rendus, que jusques à ce que le Grand Duc de Mofcovie euft ratifié & mis fon feing au prefent Traicté, que les Ambaffadeurs de part & d'autre ne fuffent feurement retournez vers leurs Maiftres : Et que les Habitans d'Augdov & de fes appartenances n'euffent auffi payé & fatisfaict ce qu'ils devoient aux Sueciens des tributs des années precedentes.

VIII. Que le Roy de Suece, & fon Frere Charles-Philippe jureroient qu'à l'advenir ils ne pretendroient avoir aucun droict fur les Villes & Forterefles de Novogard, Porchov, Stararuff, Augdov, Lagd, & en tout le Diftrict Sommorenfe, & en leurs appartenances & dependances, & promettroient de jamais n'y faire la Guerre.

IX. Quant au Grand Duc de Mofcovie, que tant pour luy que pour fes Succeffeurs, il cederoit au Roy de Suece, & pour eftre eternellement unis à la Couronne de Suece, les Villes & Forterefles d'Iiavogrod, Jamme, Caporit & Noteburg dependantes de Novogard, avec leurs Territoires & Jurisdictions.

X. Qu'il payeroit auffi au Roy de Suece, vingt mille Rubles, avant l'execution du prefent Traicté.

XI. Que tous les canons, & les cloches transportées en Suece, durant la Guerre, demeureroient aux Sueciens : & ceux qui eftoient dans les Places, Villes & Chafteaux qui devoient eftre rendus au Grand Duc, y feroient delaiffez.

XII. Que Cherholm, jadis baillée par le Grand Duc Bafile, au Roy Charles pour le fecours qu'il avoit donné aux Mofcovites contre les Polonois, feroit delaiffée encores entre les mains du Roy de Suece.

XIII. Que pour eviter toute contention à l'advenir, il feroit deputé de chafque cofté trois perfonnes pour borner les limites.

XIV. Qu'à l'advenir le Grand Duc de Mofcovie renonceroit à la Livonie, & n'en ufurperoit plus le tiltre de Duc.

XV Que le Commerce feroit d'orefnavant libre entre les Sueciens & les Mofcovites.

XVI. Que les prifonniers de part & d'autre feroient mis en liberté.

XVII. Que fur quelque incident qui pourroit advenir pour erreur, ce Traicté ne feroit point rompu ; mais la partie lezée en advertiroit l'autre pour eftre recompenfée & fatisfaicte.

XVIII. Que le Roy de Pologne, & fon Fils Vladiflas, ne feroient fecourus d'armes, d'argent, & de gens de Guerre en quelque façon que ce peuft eftre du Roy de Suece, lors qu'ils feroient Guerre en Mofcovie : & de mefme en feroit le Grand Duc s'ils avoient Guerre contre le Roy de Suece.

ANNO 1618. 27 Fev.

CLXXV.

Articuli inter MATHIAM, *Imperatorem ; & Regem Hungariæ ab una, &* OSMANUM HAN *Turcarum Sultanum ab altera parte conventi, in continuationem Pacificationis Situatorockienfis, nec non Articulorum Viennæ defuper factorum, & ad evitandas impofterum Inconvenientias, quæ hactenus ab utraque parte contra dictos Articulos fecutæ funt. Actum Comaronii die 27 Februarii anno* 1618. [Pièce tirée de la Chancelerie Imperiale Aulique de Guerre.]

QUOAD Pagos fexaginta Strigonio viciniores, qui Strigonium prætenduntur, conclufum eft : ut fiat generalis fumma contributionis de omnibus illis quæ ab antiqua confuetudine in omnibus & per omnia contribuere debeant : Coloni autem illi ultra Taxam ordinariam non turbentur, fub pœna indignationis utriusque Imperatoris in tanta fumma pecuniarum juxta Capitulationem in Sytuatorock Anno 1606. erectam, & de illa fummæ defalcentur mille Floreni Rhenenfes, numerando unum Florenum pro fexaginta Cruciferis, ratione quarundam prætentionum ad Cameram Sac. Cæf. Regiæque Majeftatis reliquum quod concernit, illud omne deferatur, à Judicibus dictorum Pagorum duabus vicibus Strigonium, ita ut uno medio anno, dimidium annum, altero vero anno, alterum dimidium eo perfolvatur, idque de anno in annum fiat ; quod fi factum non fuerit, fervetur tertius Articulus Viennæ conclufus.

De Palanckis determinatum, ut ab utraque Parte mittantur Commiffarii, qui revideant, quales nimirum Palankæ demoliendæ fint, & dicti Commiffarii habeant duorum menfium terminum ad recipiendam fuperinde informationem : Ad faciendam autem executionem aliorum adhuc duorum menfium terminus conceffus eft, intra quem fine dubio Palankæ illæ, quæ de æquitate ut demoliantur fuerint judicatæ, deftruantur, prout in Tractationis Viennenfis quinto Articulo conclufum eft.

Quantum ad Bolonduvar fiet fecundum benignum Decretum Sac. Cæf. Majeftatis defuper datum.

Quandoquidem ab utraque Parte multa gravamina occurrerunt, conclufum eft a Parte utriusque Imperatoris, ut impofterum omnes excurfiones tollantur, & fi quas probabiliter cum voluntate aut præfcitu utriusque Partis Superorum factas effe oftendetur, ipfi Superiores fevere puniantur, Officiisque fuis priventur, utque nemo ignorantiæ caufam voluntatis utriusque Imperatoris hac in parte prætendere poffit, publicabitur iftud ab utraque Parte per omnia illa Confinia utriusque Imperatorum, tam in Hungaria, quam in Croatia.

Ut omnes illi qui poft conclufionem in Situatorock Anno 1606. factam captivati funt, ab utraque Parte eliberentur : Ii vero qui pro lytro fefe liberarunt, eo reftituto, captivo per lytrum illud redemto deponatur ; illud autem intelligatur de iis, qui contra tenorem fupradictæ Capitulationis in captivitatem deducti funt, utque Articulus quintus, quantum ad excurfiones conclufus, in vigore maneat.

Univerfa damna, excepto Egerzegh & Bolonduar ; ex una alterave Parte, fint fopita, refervando tamen res & animalia, quæ ablata effe ab utraque Parte probabiliter fuerit demonftratum, & illa reftituantur. Quia etiam jam antehac in fæpius dictæ Anno 1606. conclufæ & ab utraque Imperatore confirmatæ Capitulationis octavo Articulo determinatum eft : ut ad evitandas omnes illas differentias, quæ in Confiniis oriri poffent ; fi querela aliqua ab una aut altera Parte occurreret, quæ de Confiniorum hujusmodi Capitaneo decidi non poffet, illa remittatur ad generalem Capitaneum Jaurien. fimiliter ad Baffam Buden. a quo in hujusmodi rebus reliqui Baffæ dependeant, hoc ipfum intelligatur de Bano Croatiæ juxta prædictum Capitulationis Articulum octavum ; & Baffa Bosnen.

Notandum.

Utrinque conventum eft, fiquidem Croatiæ Banus ob Juftitiam adminiftrandam occupationibus continuis detinetur, quod in gravioribus Negotiis pro eorum decifione requi-

ANNO 1618.

requirendi sint supremi Locorum Capitanei, utpote Banus in sibi commisso Bannali Districtu, Sclavonicus in Sclavonia & Petrinia: In Confiniis autem maritimis & Croatiæ eo destinatus supremus Capitaneus, qui pro occasione difficultatum emersarum cum Bosnensi Bassa eas complanent.

Quandoquidem multæ offensæ & injuriæ Hung. Nobilibus à Turcis illatæ sunt, maneat superinde in suo vigore decimus quintus Articulus in Sytuatorokiana Capitulatione conclusus, sub pœna indignationis utriusque Imperatoris. Et Subditi Walachi, qui antehac in Turcia nunquam dederant contributionem nec imposterum dent.

De Egerszegh tractatum est, ut juxta Capitulationis Sytuatorokianæ septimum Articulum captivi eliberentur; si qui autem pro æstimatione liberati sunt, aut de illa, sive in pecuniis, sive in aliis bonis quid persolverunt, pecuniæ illæ aut Bona iis, qui in captivitate fuerunt, juxta Regestum a Melchiore Ratthii & Simone Eórdógh, Commissariis Sultani, exhibitum ut restituantur, nomine Imperatoris Turcarum promissum est, prout ipse Dominus Amhas Bassa Caniiiensis desuper se diligenter inquisiturum, ac satisfactionem à malefactoribus Turcis Egerszeghiensibus faciendam ipsis Turcis mandaturum se obligavit.

Quandoquidem Turcæ de tributo, quod Subditi Pagorum Barанniæ Comitatuum, item Szomogien. & Tolnen. Dominis suis Nobilibus Ungaris deferebant Tricesimas acceperunt, præcautum est, ne imposterum hujusmodi Tricesimas Turcæ petant, cum idipsum antehac etiam usu receptum non fuerit.

Ut Canisien. ultra Articulum Tertium Viennæ factum Subditos ad pendenda tributa insolita non compellant, sed iis contenti sint, quæ ex veteri consuetudine, ipsis dare obstringuntur, idque sub pœna indignationis Turcarum Imperatoris: Et quia per totam Hungariam à Subditis, qui Turcis tributum pendere coguntur, contra ipsorum Dominos multæ lamentationes, quod nimirum ad præstanda tributa insolita contra Viennen. Tractationis tertium Articulum ipsos compellant: idcirco conclusum est, ut imposterum, si miseri hujusmodi Subditi querelas contra tales ipsorum Dominos habuerint, ipsas Capitaneis Confiniorum denuncient, qui ad Bassam Budensem præscribens & ab ipso Bassa hujusmodi Subditorum Domini bonis & Subditis priventur, & aliis Turcis bona ac Subditi illi tradantur.

Episcopum Quinque Ecclesien. quod concernit, quandoquidem multæ occurrerunt lamentationes & querelæ, quod Arendæ istorum locorum, aliis particularibus demissæ fuerint, sic conclusum est, ut imposterum talibus in locis detineat suos Sacerdotes & Officiales, quibus quod de æquitate tandem convenit, exhibebitur, & non impediantur.

Quod ad Pagos Baranniæ attinet qui ab utraque Parte contribuerunt, adhuc tributum dent.

Quoad Mercatores maneat nonus Articulus Viennæ factus.

Etiam ex parte suæ Cæs. Maj. mittetur nobiscum Ablegatus, & munera ad Portam, in signum lætitiæ, quod feliciter fuerit conclusum & effectuatum.

Ista tamen omnia non intelligantur, quod novi sint Articuli, sed continuatio Articulorum in Situatorok conclusorum ad effectuandos Articulos, qui Viennæ desuper facti sunt, & ad evitandas imposterum inconvenientias, quæ usque huc ab utraque Parte contra conclusam Capitulationem sunt secutæ.

In cujus rei majorem comprobationem Puncta hæc ab utriusque Imperatoris Commissariis Comaronium deputatis subscripta, Sigillisque suis munita sunt Actum Comaronii 27. Februarii Anno 1618.

CLXXVI.

15. Mars. *Declaration de la Chambre des Comptes de Piemont, portant que les Bourgeois & Habitans de Geneve sont exempts de tous Péages, Du 15. Mars 1618.* [Voyez-la sous le 21 Juillet 1603. pag. 29. col. 2.]

CLXXVII.

14. Avril. NEMOURS ET LORRAINE. *Contract de Mariage entre* HENRY *de Savoye Duc de Nemours &* ANNE *de Lorraine, Duchesse d'Aumale le 14. Avril 1618.* [S. GUICHENON, Histoire Génealogique de la Maison de Savoye. Preuves pag. 617.]

ANNO 1618.

AU nom de la Tres-sainte Trinité du Pere, du Fils & du sainct Esprit. Par devant moy Charles de la Taille Secretaire d'Estat de leurs Altesses en la Ville de Bruxelles dans leur Palais, y estants presens & assistans Messire Jean de Pericard Sieur de Meridon Conseiller du Roy Tres-Chrestien en son Conseil d'Estat, Ambassadeur de sa Majesté pres leurs Altesses de la part de sadite Majesté. Et Dom Rodrigo Nino Lasso de la Veza Comte d'Avoveo du supremé Conseil de Guerre de sa Majesté, Sommelier de corps de Monseigneur l'Archiduc, Grand Maistre d'Hostel, & Grand Escuyer de leursdites Altesses, & Messires Engelbart Maes Chevalier Chef President du Conseil privé, & Conseiller de leur Conseil d'Estat, & Pierre Pecquius Chevalier dudit Conseil d'Estat & Chancellier de Brabant de la part de leursdites Altesses; Comparurent en leurs personnes Tres-haut & puissant Prince Monseigneur Charles de Lorraine Duc d'Aumale, Pair de France, Grand Fauconnier des Serenissimes Archiducs, & Tres-excellente & Illustre Princesse Madamoyselle Anne de Lorraine Duchesse d'Aumale Fille unique dudit Seigneur Duc d'une part; & Haut & puissant Seigneur Messire Jaques de Montgommery Chevalier Seigneur de Courbouzon Conseiller du Roy Tres-Chrestien en son Conseil d'Estat, Gentilhomme de sa Chambre, Mareschal de Champ en ses Armées, & l'un de ses Pentionnaires, chef du Conseil & comme Procureur fondé de Procuration speciale de Tres-haut & puissant Prince Monseigneur Henry de Savoye Duc de Genevois, de Nemours & de Chartres, Comte de Geneve & de Gisors, Marquis de sainct Sorlin & de sainct Rambert, Vicomte de Lyone, Vernon & Andely, Baron de Fouciguy Beaufort, Chasay & Bray sur Seigne, Seigneur de Poncin, Cerdon, Nogent & Pons sur Seine & autres Lieux, ladite Procuration passée soubs le Seel du Chastelet & Prevosté de Paris par devant Dupuis & Nutrat Notaires audit lieu le vingt-septieme Mars mil six cents dix-huict qui sera transcripte en fin des presentes, par laquelle mondit Seigneur Duc de Nemours, ledit Sieur de Courbouzon audit nom, promettant de faire agréer & ratifier le contenu és presentes & en fournir Lettres de ratification en bonne & deüe forme dans deux mois d'autre part; lesquelles Parties du vouloir, authorité & consentement de sadite Majesté Tres-Chrestienne & de leurs Altesses Serenissimes, ont recogneu & confessé avoir fait, firent & font ensemble de bonne foy, les Traittés, Accords, Promesses de Mariage & Conventions qui ensuivent. C'est à sçavoir que ledit Seigneur Duc d'Aumale a promis & promet de donner par nom & Loy de Mariage madite Damoyselle Anne de Lorraine Duchesse d'Aumale sa Fille unique à ce presente & consentente audit Seign. Duc de Nemours, & le dit Sieur de Courbouzon audit nom & en vertu de sa Procuration, a promis que ledit Seigneur Duc de Nemours prendra madite Damoyselle la Duchesse d'Aumale à Femme & legitime Espouse, & que ledit Mariage & benediction nuptiale seront solemnisées en face de saincte Eglise Catholique, Apostolique & Romaine, si Dieu & elle s'y accordent, dedans le plus brief temps que faire se pourra & qu'il sera advisé, laquelle Damoyselle Duchesse, ledit Sieur Duc de Nemours épousera avec ses droicts tels qu'il competent à madite Damoyselle, tant à cause de la succession par benefice d'Inventaire de feuë Madame la Duchesse d'Aumale sa Mere qu'autrement. En faveur duquel Mariage ledit Seigneur Duc d'Aumale Pere de madite Damoyselle a confirmé, ratifié, & approuvé, confirme, ratifie & approuve la donation qu'il a cy-devant faite & dez le premier jour de Decembre mil six cens seize en faveur de madite Damoiselle, voulant qu'elle sorte son plain & entier effect, & en tant que besoin est, ou seroit, a donné, quitté & delaissé, donne, cede, quitte & delaisse par ces presentes par donation entre vifs & irrevocable à madite Damoiselle tous & chascun ses Biens, Meubles, Immeubles, Terres & Seigneuries en quelques Lieux qu'elles soient scituées & assizes dans le Royaume de France, specialement les Duchés d'Aumale, Comté de Maulevrier, Comté de sainct Vallier, l'Estoille & la Vache scituez en Provinces de Normandie & Dauphiné, leurs appartenances & dependances, sans que la specialité deroge à la generalité, ny au contraire, avec tous droits, noms, raisons & actions qui pouvoient & peuvent competer & appartenir audit Seigneur Duc d'Aumale, à cause desdits Biens & specialement tous les droits & actions rescindantes & rescissoires qu'il peut avoir pour le recouvrement des Terres & Biens immeu-

ANNO 1618.

meubles à luy appartenans, qui se treuveront avoir esté mal vendus, engagez ou hypotequez à son prejudice, sans toutesfois que pour raison desdits Biens & droits cedez, à cause de l'acceptation faite par madite Damoiselle, elle puisse estre tenuë des debtes dont lesdits Biens estoient chargez plus avant que jusqu'à la concurrence d'iceux, & sans aucune confusion des droits qu'elle peut avoir sur lesdits Biens, à cause des conventions & avantages accordés à feuë Madame la Duchesse d'Aumale sa Mere par le Traitté de Mariage d'entre ledit Seigneur Duc & elle, remploy de ses Biens alienez; & autres droits quelconques que ledit Seigneur Duc d'Aumale, consent estre poursuivis sur sesdits Biens par madite Damoiselle comme heritiere de madite Dame sa Mere, lesquelles choses il veut & accorde estre prises & payées sur le plus clair de son bien; & pour cét effect ledit Seigneur a remis & quitté à madite Damoiselle tous les droits qu'il eust pû avoir & pretendre sur les Biens de madite Dame la Duchesse d'Aumale jadis son Epouse à quelques tiltres que ce soit, sans qu'à l'advenir il luy en puisse rien demander, pour desdites choses & Biens ainsi par luy donnés & delaissés, jouïr par lesdits futurs Epoux dez lors de la consommation dudit Mariage, tant en la proprieté que fruits & revenus plainement, & paisiblement, sans desdits Biens aucune chose retenir & reserver par ledit Seigneur Duc d'Aumale, sinon le seul titre & qualité de Duc d'Aumale, sa vie durant; seront les futurs Epoux unis & communs en tous biens, meubles, acquests & conquests immeubles feodaux & autres qu'ils feront constant leur Mariage en quelque lieu qu'ils soient situés & assis, laquelle communauté avec toutes les conventions du present Contract seront reglées suivant la coustume de la Prevosté & Vicomté de Paris, à laquelle lesdites Parties se sont expressement soumises, renonçant pour cet effet à toutes autres Coustumes: Et neantmoins est accordé que lesdits futurs Espoux ne seront tenus des debtes l'un de l'autre créés avant ledit Mariage, ny les meubles & acquets de ladite Communauté chargées d'icelles, & pour cét effect sera fait Invantaire, ou sommaire description au desir de ladite Coustume, en laquelle communauté madite Damoyselle aportera la somme de trois cens mille livres; sçavoir deux cens mille livres que ledit Seigneur Duc de Nemours luy auroit promis par la Transaction faite entre lesdites Parties le XIX Juin M. DC. XI. dont en ce faisant il demeurera quitte & déchargé, tant en principal que de tous interests jusqu'à huy, à condition toutesfois que si madite Damoiselle predecedoit ledit Seigneur sans Enfans ou avec Enfans, ladite somme de deux cens mille livres & interests demeureront au proffit dudit Seigneur, sans qu'elle puisse estre repetée, soit par lesdits Enfans ou par ledit Seigneur Duc d'Aumale survivant, ny par d'autres Heritiers collateraux ou creanciers de madite Damoiselle & encores cent mille livres à prendre sur le plus clair de ses biens & droits, tant meubles qu'immeubles, lesquels immeubles elle a pour cét effet ameublys & ameublyt par ces presentes jusqu'au parfournissement de ladite somme de cent mil livres pour avoir lieu ledit ameublissement, apres la dissolution dudit Mariage. Au surplus est accordé que tous les deniers provenans de la vente des Biens dudit Seigneur Duc, ou de feu madite Dame la Duchesse d'Aumale consignés au Greffe du Parlement de Paris & ailleurs, ensemble ses fruicts & revenus desdits Biens qui sont entre les mains des Commissaires, Fermiers & Receveurs d'iceux; Reliqua des Comptes des Tresoriers, Receveurs & autres qui en ont eu le maniement jusqu'à huy, seront employés en payements & acquits des rentes & debtes dudit Seigneur Duc d'Aumale, & succession de madite Dame la Duchesse sans aucune confusion & sans qu'ils puissent entrer en ladite communauté sinon jusques à la concurrence des cent mil livres dessusdits, à la charge toutefois que sur lesdits deniers, fruicts, revenus & droicts escheus & reservés, seront prealablement pris & remboureés tous les frais de procés, & despens des poursuites cy-devant faites & qu'il conviendra faire cy-aprés pour le recouvrement d'iceux, tant en demandant qu'en defendant. Comme aussi pour le regard dudit Seigneur Duc de Nemours sera pareillement accordé que tous les deniers provenans des fruicts & revenus de ses immeubles, debtes actives & generalement tous autres droicts à luy deubs & escheus auparavant ledit futur Mariage, & qui luy peuvent competer & appartenir, à cause des successions, tant de defunte Dame Jeanne de Hocberg Marquise de Rotelin, que de feus le Seigneur Duc & Madame la Duchesse de Nemours ses Pere & Mere, & encores du Seigneur Duc de Nemours son Frere, serout employés au rachat des rentes, payement & aquit des debtes passives deuës par ledit Seigneur Duc de Nemours futur Espoux & autres debtes, dont lesdites successions sont chargées; sans que desdits deniers, debtes actives, fruicts, revenus & droicts escheus au precedent ledit futur Mariage, aucune chose puisse entrer en ladite Communauté, advenant le decez de l'un desdits futurs Espoux, le survivant d'eux aura par preciput & avantage sur les biens de la Communauté; Sçavoir ledit Seigneur Duc de Nemours ses habits, armes, chevaux & ameublemens, & madite Damoiselle ses habits, bagues & joyaux, jusques à la concurrence de cinquante mil livres ou ladite somme à leur choix & option. Si durant & constant ledit Mariage aucuns Biens desdits futurs Espoux sont vendus, ou alienés ou aucunes rentes racheptés, remploy en sera fait en acquests, pour sortir nature de propre, à celuy auquel les terres venduës ou rentes racheptées apartenoient, & à faute d'avoir fait ledit remploy, il sera repris sur les Biens de la Communauté, & où ils ne suffiroient pour le regard de madite Damoyselle future Espouse, ce qui defaudra sera pris sur les biens propres dudit Seigneur Duc de Nemours, lequel a donné & donne à madite Damoyselle sa future Espouse de Doüaire prefix, vingt mil livres de revenu annuel de proche en proche, en cas que lors de la dissolution dudit Mariage, il n'y eust aucuns Enfans d'icelui, & ou il y auroit Enfans ou Enfant dudit Mariage, ne sera madite Damoyselle doüée que de douze mil livres de revenu seulement, pour avoir & prendre ledit Doüaire en l'un & l'autre cas sur le Duché de Genevois, Baronnie de Foucigny, Domaines & Tailles desdits Lieux; & generalement sur tous & chacun les autres Biens dudit Seigneur futur Espoux en quelques lieux qu'ils soient situés; sans que la specialité deroge à la generalité, ny la generalité à la specialité au choix & commodité de madite Damoiselle future Espouse, avec son habitation au Chasteau d'Annecy ou en tel autre des Chasteaux & Maisons dudit Seigneur qu'elle choisira; lequel Chasteau & Clostures d'iceluy ne tomberont en l'estimation dudit revenu, pour joüyr dudit Doüaire prefix sa vie durant, sans qu'elle puisse pretendre Doüaire coustumier, auquel elle a renoncé & renonce, & s'est contenté de ladite habitation tant & si longuement qu'elle demeurera en viduité: Et outre aura madite Damoyselle future Espouse l'Hostel de Nemours situé en la Ville de Paris pour sa demeure audit lieu meublé de meubles necessaires pour sa commodité, sans neantmoins qu'elle en puisse disposer par accommodation au profit d'autres personnes, ny autrement que pour son habitation, laquelle demeure & retraite n'aura lieu, au cas qu'il y ait Enfans dudit Mariage, sinon tant qu'elle demeurera en viduité, & à la charge d'entretenir les lieux de toutes reparations viageres & rendre le tout en bon estat. Advenant le decez dudit Seigneur Duc de Nemours, madite Damoyselle survivante pourra accepter la Communauté ou à icelle renoncer, auquel cas de renonciation s'il y a Enfans ou Enfant procréez dudit Mariage, elle ne reprendra desdits trois cents mil livres par elle apportées en ladite Communauté, que la somme de cent mil livres seulement avec ses propres, & tout ce qui luy sera advenu par succession, donation ou autrement, ensemble son preciput, Doüaire, habitation & demeure tels que dessus franchement & quittement, sans qu'elle soit tenuë d'aucunes debtes, encore qu'elle y eust parlé, dont les Heritiers dudit Seigneur Duc de Nemours seront tenus l'acquiter & descharger, & s'il n'y a point d'Enfant survivant ledit Seigneur, en ce cas, madite Damoyselle reprendra desdits trois cent mil livres par elle portés en Communauté, la somme de deux cents mil livres seulement, outre sesdits propres non ameublés, preciput, Doüaire, habitation & demeure dessusdits, sçavoir est cent mil livres en pleine proprieté, pour en faire & disposer à sa volonté, & autres cent mil livres pour en jouyr par usu-fruict sa vie durant seulement, & à la charge de retour aprés son deceds au profit des heritiers collateraux, ou ayant cause dudit Seigneur le tout franchement & quittement de toutes debtes & hypotecques comme dit est. Et pour tesmoignage du grand respect que ledit Seigneur Duc de Nemours & madite Damoyselle future Espouse ont à la Maison, au nom & à la memoire dudit Seigneur Duc d'Aumale est accordé que le second Enfant masle qui naistra dudit Mariage, l'aisné survivant, & au

deffaut

ANNO 1618.

deffaut de l'aisné le troisiéme desdits Enfans, le second pareillement survivant, ou tel autre desdits Enfans masles puisnés qui sera choisi par madite Damoiselle, portera le nom & armes de la Maison de Lorraine, sans pour ce toutefois leur en affecter les Biens, ny prejudicier en rien que ce soit à la liberté de madite Damoiselle d'en ordonner, faire & disposer à sa volonté. Toutes lesquelles promesses & conventions de Mariage dessusdites ont esté faites & accordées comme dit est, du vouloir, authorité & consentement expres du Roy tres-Chrestien & des Serenissimes Archiducs, & sera Monseigneur le Duc de Savoye supplié de les avoir pour agreables, ce faisant ledit Seigneur Pericard Ambassadeur de sa Majesté tres-Chrestienne en vertu des Pouvoirs & Commandemens particuliers qu'il en a receu, a promis & promet au nom & de la part de sadite Majesté d'employer ce qui sera de son pouvoir & autorité, pour faire observer, garder & entretenir de bonne foy tout le contenu esdites Promesses & Conventions, pour l'execution desquelles se sont en outre toutes lesdites Parties volontairement soubmises, & sousmettent à la Jurisdiction des Juges & Cours Souveraines du Royaume de France, & specialement de la Prevosté & Vicomté de Paris, tout ainsi que si le present Contract de Mariage avoit esté fait & passé soubs le Séel du Chastelet & Prevosté de la Ville de Paris, pour lequel insinuer & enregistrer tant au Greffe dudit Chastelet, qu'en tous autres lieux & endroits ou besoin sera, ont lesdites Parties esdits noms constitué & constituent respectivement leur Procureur special & irrevocable le porteur des presentes, luy donnant pouvoir de le faire & tout ce qu'au cas appartiendra. Promettans icelles Parties contractantes esdits noms en foy & parolles de Prince & Princesse par elles baillées, mises & jurées és mains de moi Charles de la Faille dessus nommé, cesdites presentes & tout le contenu en icelles, avoir & tenir pour bien agreable, ferme & stable à tousjours, sans jamais aller, faire ny venir contre directement ou indirectement, à peine de tous despens, dommages & interests: Et à ce faire ont obligé & hypotecqué respectivement tous & chacun leurs Biens, Terres, Seigneuries & Heritages, meubles, immeubles qu'icelles dites Parties, esdits noms & qualitez & chacune d'elles endroit soy, ont sousmis & sousmettent à Jurisdiction & contrainte de ladite Prevosté de Paris & de toutes autres Justices & Jurisdictions ou trouvés seront, pour tout le contenu en cesdites presentes deüement effectuer & accomplir de part & d'autre, & renoncent en ce faisant à toutes choses generalement quelconques à ce contraires. Fait & passé en presence desdits Sieurs Ambassadeurs & Deputés dessusdits encore & de noble Homme Messire Simon Tubeuf Advocat au Parlement de Paris Conseiller & Advocat ordinaire dudit Seigneur Duc de Nemours, lesquelles Parties avec lesdits Sieurs presens & assistans ont signé les presentes ce jourd'huy quatorziéme du mois d'Avril mil six cens dix-huict.

CLXXVIII.

21. Avril. **Accords-Puncta und Versicherung von Ihro Churfürstl. Durchl. zu Maynz der Stadt Erffurth und deren Angehörigen auf dem lande ertheilet in puncto der freyheit der Religion Augspurgs. Confession. Erffurth den 21 April 1618.** [Piéce tirée de la Registrature d'Etat de la Chancelerie de la Cour de sa Majesté Impériale.]

C'est-à-dire,

Articles accordés par l'Eminentissime Electeur de MAYENCE *à la Ville d'*Erford *& à son Territoire, au sujet du libre Exercice de la Religion pour ceux de la Confession d'Augsbourg. A Erford le 21 d'Avril 1618.*

Als durch Unsere gemeldte Rathmeistere/ Rath/ Räthe/ und gantze gemeine Burgerschafft unterthenigst vorbracht/ ob sie zwar zu Unß/ Unsern Nachbarn/ und Ertz-Stifft/ die unterthenigste Zuversicht trügen/ Wir wurden Sie und andere Unserer Statt Inwohner/ welche der Augspurgischen Confession zugethan/ und ihre Nachkommen künfftiglich nicht weniger/ als bißher von Unß und Unsern geehrten Herrn Vorfahren am Ertz-Stifft geschehen/ bey dem exercitio gemelter Confession ruhig verpleiben lassen/ jedoch damit künfftiger Zeit/ Sie und ihre Nachfahren destobesser verwahret seyn mögten/ unterthenigst und demüthigst gebetten/ Wir und Unser Ertz Stifft auß sondern Gnaden/ Unß so mild gegen Ihnen erzeigen/ und Ihnen derowegen einen schrifftlichen Schein/ Unsers gnädigsten Nachgebens und indults ertheilen wollen.

Wann Wir dann die Enderung der Religion so vor vielen Jahren in bemeldter Unser Statt vorgangen/ zwar ungern/ auch nichts liebers sehen und wünschen/ alß daß die gesambte Statt und alle dero Burger und Einwohner/ bey der Christlichen Catholischen Lehr/ in welcher sie Anfangs von Unsern lieben Vorfahren und Ersten Ertz-Bischoven ahn Unsern Ertz-Stifft/ dem Heyl. Bonifacio underwißen/ und fürders so viell hundert Jahr/ mit zeitlicher und ewiger Wohlfarth aller Einwohner verplieben/ auch in viellen ansehentlichen Kirchen und Gottes-Heußeren bey Geistlichen/ und theils unßern Burgern daselbst annoch in guten ruhiglichen Wesen floriren thut/ durch Göttliche Gnad gäntzlich widergebracht/ und fürders ohne allen Zweyspalt und Trennung einmüthiglich erhalten werden mögten/ hingegen aber dieser beschwerlichen Zeiten und läufften Ahngelegenheit/ dadurch solcher Unser Wunsch und Hoffnung gehindert wird/ mit betrübtem Gemüth erkennen und vor Augen sehen/ dabey Uns mehrers nicht angelegen/ alß damit in dieser Unsers Ertz-Stiffts uralten Statt/ bey einmahl entstandner Spaltung der Religion/ zwischen beeden Theilen/ und ingesambt jetzo und künfftiger Zeit/ allerseits Lieb/ Einigkeit und gutes Vertrauen zu Fortpflantzung beständigen Friedens/ und mehrung der Ehr- und Kirchen-GOttes erhalten wurde/ daß wir derowegen und auß andern erheblichen Unß darzu bewegenden Ursachen/ insonderheit uf gedachter unserer Rathmeister/ Raths/ und der Augspurgischen Confession zugethaner Burgerschafft underthänigst/ demüthigst und inständigst bitten und erbietten/ Sie sich gegen Uns und Unser Ertz-Stifft/ in verpflichteten Treuwen und Gehorsamb/ und aller underthäniger Schuldigkeit/ yederzeit desto eiffriger und bestendiger erzeigen/ und mit dem Werck erfinden lassen wollen/ aus Churfurstlicher milter Gnad/ vor Unß und Unsere Nachkommen und Ertz-Stifft Ihnen und Ihren Nachkommen gnädigst nachgesehen und verhenckt haben/ thun auch solches hiemit/ und in Crafft dieses/ also und dergestalt/ daß Sie in nachbenanten Elff Kirchen/ nemblich zu den Predigern/ Barfüssern/ Augustinern/ und Regularn St Gregorii Mercatorum genannt/ St. Michael/ St. Andreas/ St. Thomas/ in grossen und kleinen Hospital und dem Siegenhauß in und vor unser Statt Erfurth/ wie auch in allen uff Ihren Dörffern gelegenen Kirchen/ in welchem sie obgedachte Augspurgische Confession anytzo in Ubung haben/ solche nachmahls gleicher weiße ruhelich lehren und exerciren/ auch die differentien/ so zwischen bemeldten unseren Burgern und Einwohnern/ auch unserer Statt Unterthanen/ auf dem Landt/ und dero aller Haußgenossen und Angehörigen/ in Ehe-Sachen vorfallen/ und die Hinderung oder Verbindung der Heilligen Ehe betreffen/ doch allein zwischen Partheyen und Interessenten/ so allerseits solcher Confession zugethan/ durch Ihr darzu verordnete/ vorangezogener Augspurgischen Confession gemeß/ ohngehindert entscheiden mögen/ und sich dessen von Unß/ Unsern Nachkommen und Ertz-Stiffts einigen Hindernuß nicht zu befahren haben/ yedoch mit dieser außdrücklicher Erklärung/ daß dadurch Unser Ertz-

Bischof-

ANNO 1618. Bischofflich / und Churfürstl. Gewalt und Jurisdiction keineswegs geringert / noch ichtwas derogirt / sondern ohngeschmelert vorbehalten seyn / und pleiben solle / Crafft welcher wir dan hiemit sonderbahr setzen / ordnen und wollen gnädigst und ernstlich befehlende / daß außerhalb Unserer Uralten Catholischen Religion / und der Confession, welche im Jahr 1530. der Römisch-Kayserl. Majestät zu Augspurg übergeben / und fürderst im Heil. Reich geduldt und zugelassen worden ist / keiner andern Confession, wie die auch Nahmen haben möchten / Ubung oder exercitium in offtbemelter Unserer Statt / weder heimlich noch offentlich eingeschleifft / geduldet / oder verstattet / auch wissentlich keiner so dergleichen gethan / in Unßer Burgerschafft / vielweniger in den Rath auffgenohmen / oder erwöhlet / da auch jemandt under den Raths-Persohnen / oder der Gemeinde künfftiger Zeit dießem Unserm Geboth / zuwider sich understehen würde / außer oben in specie gemelten beyden Lehren und Kirchen-Ordnungen einige andere offentlich / oder auch durch sonderbahre conventicula und Winckel-predigen / heimlich ein zuführen / und uf gebührliches abmahnen / von derogleichen seinen ohnziemenden Vorhaben guetwillig nicht abstehen würde / Unsere Rathmeistere und Rath solches alles Ernsts und unnachläßig wehren / auch uff beharrliches widersetzen / die Ubertretter / in dem Rath und Burgerlicher Gemein weiters nicht leiden / oder gedulten / darzu auch sie allen und yeden Ihren Predigern in Ihren Bestallungs-Brieffen ahn Aydtstatt / sonderbahr einbinden sollen / daß sie in ihren Predigen und Lehren / obigen allen und yeden sich alles Fleiß gemeeß verhalten / auch aller Neuwerung / ingleichen alles scheltens und schmehens uf die Geistliche und sambtliche Catholische allerdings sich enthalten müssen / und dann die gewisse Vorsehung thun / damit zu Schimpf und Verachtung Unserer Catholischen Religion / Orden und Gottesdienst einige Paßqvill / Schmehe-Schrifften / Gemahlte oder dergleichen ohnziembliche Sachen in unserer Statt nit getrueckt / faill gehabt / oder sonsten spargirt werden / In Verbindung dessen und Crafft Unserer hohen Obrigkeit / obgemelte Vertretter selbsten / auch dergleichen Schmehe-Gedichte oder Schrifften / durch Unsere Beambten auß- und abzuschaffen / und dieyenige / so solche Gedicht getruckt / faill gehabt / oder sonsten spargirt / je nach der Sachen Gelegenheit abzustraffen vorbehalten sein / wie wir dann auch Unsere Beambten darauf fleißige Obacht zu halten / auch zugleich Unßern Sieglern sonderbahren gnädigsten Bevelch ertheilt / dergleichen scheltens / schmehens und spargirens / ehrenrührigen Schrifften gegen der Augspurgischen Confession und dero Verwandten under Unsern Pfarrherrn und Geistlichen bey ernstlicher Straff ebenmäßig allerdings zu verwehren / und zu verbiethen / auch wider die Ubertretter / mit obangedeuter Straff würcklich zu verfahren.

Es soll auch Unser Catholischer Gottesdienst / processiones, Creutzgang und Pittfahrten / in allen Unsern Catholischen Stifften / Pfarren / Clöstern und Capellen / auch auf den Gassen / Feldter / und sonsten / mit allen Ihren solennitäten / ceremonien und Ordnungen / ohne aller Schmehler- Hinder- und Irrung gehalten / und durch Unsere Raths-Meistere und Rath yederzeit alles fleißig verhütet werden / damit solcher durch yemandts / wer der auch wäre / nit verspottet oder sonsten verunehret / wie ingleichen auch die Catholischen Geistliche und Weltliche ahn feyerlicher Haltung der heiligen Täg / nach Ordnung des neuen Calenders einigerley weiß / nit molestiret / turbirt / oder gehindert / sondern solche Täg gegen Ihnen / in Gerichtlichen und . . . . . andern Sachen eben sowohl / als gegen den andern der Augspurgischen Confession zugethan / die Feyertag nach dem alten Calender gebahnet / und befreyet gehalten werden. ANNO 1618.

Sie sollen auch unsere Stiffter / Clöster / und Ordens-Persohnen / Patres Societatis, gantze Clerisey / Universität und particular-Schulen / und dero allen Angehörigen / ohne allen Eintrag / Irrung und molestation bey ihren Ordnungen / guten Freyheiten / privilegien / Rechten und Gerechtigkeiten ruhiglich verbleiben lassen / auch getreulich und würcklich erhalten / schützen und schirmen helffen / was ihnen vor ihre Persohn / oder zu der Ehren GOttes / oder Catholischen Gottesdienst von Burgern oder andern bey lebendigen Leib oder in letzten Willen / fahrend oder liegend geschenckt / legirt / gegeben / oder sie sonsten rechtmaßiger weiß an sich pringen werden / wo solches auch gelegen / ohne alle Sperr- und Hinderung frey- und eigenthümblich verfolgen lassen / hingegen soll ahn den liegenden schoßbahren und mit andern oneribus realibus afficirtten Güthern / welche dergestalt ahn Unsere geistliche Stiffter / Societät und Clöster kommen mögen / Unserer Statt an Geschoß und anderer herkommener Gepür nichts entzogen werden.

So soll auch einem jeden Burger und Einwohner Unserer Statt Erffurth ohne alle Verkleinerung und Entgeld / auch ohne menniglichs Eintrag und Hinderung / freystehen und ungewehrt sein / Unsere Catholische Religion anzunehmen / auch seine Kinder in der Patrum societatis, oder andere Unsere Catholische Schulen zu schicken / wie auch in Rath und zue Rathmeistern / auch Vierern / Vormündern der Viertheilen und Handwercken / und deren vor den Thoren / ingleichen in unsere Burgerschafft / Innungen / Zünfften nit allein der Augspurgischen Confession sondern auch Unserer Catholischer Religion Zugethane gezogen und erwehlet / und zumahl dießer beyder Religion halben im gantzen Burgerlichen Weßen in allen Würden / Aembtern / Ehren / wie auch den Hospitalien / Allmußen / und andern Nutzungen / wie die immer genanndt werden mögen / keiner dem andern vorgezogen / oder einiger Underschied oder Absonderung einigerley weiß gestattet / oder eingeführt / deßgleichen auch in Bestellung der Professoren in der hohen Schuel / so wohl in den freyen Künsten alß in den höhern facultäten gehalten werden / hierbey aber die Oberauffsicht / und die Theologische Professur allerdings Uns vorbehalten seyn sollen / darunder wir doch der Augspurgischen particular-Schuelen angebene Theologische lectur, dero stipendium von bemeldten Confessions-Verwandten / schon jetzo sonderbahr gestifftet nit verstanden / sondern solche in obiger Unserer der Religion halben gethaner gnädiger Erklärung auch begriffen haben / und verbleiben lassen wollen.

Weiters sollen Unsere Rathsmeistere und Rath der Bahrfüßer / Prediger / und Augustiner Clöster / wie auch der Marien Knechten Kirchen und Closter / so denn die Kirchen Leonardi, Sti Servatii, Sti Gerhardi, S. Benedicti, S. Albani, alias allen Kirchen genanndt / St. Ægidii, St. Martini, St. Viti, St. Georgii, St. Mauritii, und St. Marien Magdalenen Capellen / und die Schiedstetter Kirchen im Fluer gelegen / wie sie anietzo in esse befinden werden / sambt deren allen Zugehörenden / neben gebauten Garten / Viehoffen und gantzen Begrieff Unß lediglich wieder einraumen und überantworten.

Doch haben Wir auß sonderen Gnaden und Lieb / so Wir zu Unsern Rath / Burgerschafft und gantzer Gemein tragen / auff deroselben underthänigst pitten / und flehen gnediglich zuegeben / und verstattet / damit das Augustiner Closter zu deme durch ermeldten Unsern Rath darinnen angestellten pædagogio, auch künfftiglich zu obbemeldter Ihrer son-

ANNO 1618. derbahren Theologischen professur, wie ingleichen auch in nechst benanndten der Heil. Servatii Gothardi, Benedicti, Martini intra, Viti, Georgii & Mauritii Kirchen/ der Gebrauch des Geläuts und auf darzu gehörigen/ wie auch den Frauen Knechter Kirchhoff (und nit in der Kirch selbst) die Begräbnüsser vor beeder obbemeldter Religion Verwanten gemein sein/ aber auf den Stifft B. Mariæ, St Severi, und dem vortheren Theill unserer Clöster Novi operis und Martini extra Kirchhoffen/ niemandtes anderes alß Catholische begraben werden.

Damit auch der Wechter und Klöckner halber künfftiglichen Irrungen und Strittigkeiten vorkommen werden/ so sollen die Wechter uf unsern dreyen Kirchen S. Wiperti, omnium sanctorum und S. Nicolai Thürnen auch bey ihren vorigen Aydten und Pflichten/ wie sie solche bißhero Unserem Rath geleistet/ verbleiben/ und von demselben aufgenommen und unterhalten/ aber ermeldten ihren Aydten diese Clausul einverleibt/ von ihnen fürter hinan auch gesprochen und ahnverbrüchlich gehalten werden/ neimblich dem Gottesdienst under den Kirchen und den Thürnen/ und was an Geleuth/ oder sonsten darauf ist/ kein Schimpf/ Schaden/ Nachtheil/ oder Hinderung vor sich selbst zuzufügen/ noch auch die ihrige oder andere zufügen zu lassen oder zu verstatten/ sondern solches alles zu verhüten/ und hingegen in guter Verwahrung und sorgen trew und weißlich zuhalten und zu bewahren.

Deßgleichen sollen Unsere Glöckener in denjenigen obbenandten Kirchen/ darinnen wir das Geleuth zu gemeinen Gebrauch und Nothurfft/ bey der Catholischen und Augspurgischen Confessions-Verwandten gnediglich erlaubet/ von Unsern Siegler angenommen/ und von ihme mit gewohnlichem Aydt belegt/ doch demselben auch außdrücklich einverleibt werden/ deß leuthens halben gegen der Augspurgischen Confessions-Verwandten aller Notthurfft und Gebühr nach/ sich bedienet/ willig und geflissen zu erzeigen/ und sollen bemeldte Glöckner solches gemeinen Dienstes wegen/ von Unseren Rath zu Erfurth/ wie bißhero jährlich besoldet/ und von denen/ so es in Hochzeit oder Begräbnussen begehren/ auch sonderbahr (wie ohne das Herkommen/ und umb mehrerer Richtigkeit willen/ uff ein gewisses zu benehmen) belohnet werden/ uber daß/ so haben Wir gnedigst zugeben/ daß Unsere Rathsmeistere und Rath die übrige Kirchen/ so sie bißhero in ihrem Gewalt gehabt/ alß St. Joannis, St. Pauli, St. Gangolphi, S. Matthiæ, S. Bartholomæi, und die Capell im Rathhauß zu ihrem Gebrauch/ auch fürters beharrlich behalten mögen/ jedoch daß sie solche/ auch vorernanndte unsere Kirchen/ wie auch bemeltes Augustiner Closter und die Klöcken-Thürne/ deren Gebrauch wir ihnen/ der Wechter und Geleuth halben/ oberclarter massen auß Gnaden nachgegeben/ uff ihren Kosten/ und dabey dergestalt in guettem bäwlichen Wesen/ gantz und ohne mangelhafft erhalten? wie sie es gegen Uns/ Unsere Nachfahren/ und Ertz-Stifft zu verantworten getrauwen/ und ohne Unser Vorwissen und Bewilligung an deroselbigen jetziger Gestalt/ und noch darin befindlichen Choren/ Altaren/ Bilderen/ und anderen/ nichts in Abgang kommen lassen/ oder weiters profaniren/ doch dadurch solche mit Ziehrung oder andren zu verbesseren ohnbenommen seyn solle.

Auch bey den aus Gnaden von Uns ihnen bewilligten sonderbahren Entscheidung in Ehe-Sachen/ zumahl in einige andere Puncten oder Streit/ alß welche in obspecificirten sonderbahren Fällen vermöge der Augspurgischen Confession.

Daß Gewissen und Glaubens-Articul lediglich betreffen/ auch Verschreibung der Acten oder Erhohlung Urtheill von andern Orthen (ausserhalben waß in zweiffelichsten Fällen alleinig in thesi und ohne Benennung der Partheyen per modum Consilii, beschehen möchte) sich mit nichten anmassen/ und wann ein solche Entscheidung vorgangen/ alsobald ohne einiges weitters appelliren oder suppliciren mit der Execution. gleich wie in dem Urtheillen nit appellirt worden/ allerdings verfahren/ auch von den Partheyen kein Gerichtes Kosten/ ausserhalb was ahm Gebieth/ oder Schreib-Geldt den Dienern und notario vor ihre Mühe leidentlichermassen gegeben werden mögt/ aber zumahl kein Straff-Geld erfordert/ noch genohmen werden/ aber alle andere Sachen/ Clagen und Straffen/ welche von den matrimonial-Sachen sonsten dependiren mögen/ alß da seyn Adulterii, Stupri, fornicationis, commixtionis in gradibus prohibitis clandestinorum & prohibitorum sponsalium, & duplicis matrimonii, auch dotium, donationis propter Nuptias, Status seu legitimorum natalium, Vnionis, prolium, de alimentis Conjugi aut Liberis præstandis, de bonis, constante Matrimonio quæsitis, und was dergleichen mehr seyn möge/ solle jede ihrer Arth und gestalten Dingen nach vor Unser Geist- und Weltlich Gericht in Erffurth alleinig gehören/ und daselbsten/ wie vor Alters/ gerechtfertiget/ und eingezogen/ und zu deroselben Anbring- und Erkundigung/ auch execution, und Endtrichtung vor Unserem Rath die schuldige Hülff jedesmahls getreu und ohnwaigerlich geleistet werden;

Weil auch in nachbenannter Unserer Statt Erffurth Dörffern alß Aßpersleben/ Viti Unserem Stifft/ B. Mariæ zu Fluergehauen/ Bieselbach und Atzmansdorff dem Probst yetztbemeldtes Unsers Stiffts/ zu Andersleben/ Busleben/ und Brudersleben Unserm Stifft St. Severi zu Hochstatt/ Olleindorff/ Goltstatt/ und endlich Unserem Abt uf dem Petersberg/ zu Büchstatt uf der Wagenweid/ unserem Closter Regularium zu Eirleben/ Münstershoven und Kühnhaußen/ so unserm Closter novi operis Schlneroda und Egestatt Unserem S. Cyriaci in Unserer Statt Erffurth/ und dann zu Statternheimb Unsers Domstiffts zu Maintz Custern die jura parochiæ und præsentationum, wie hingegen Unserm Rath auch etliche Kirchen/ Alter-Leuthen/ Collegiis, Hospitalien/ und sondern Geschlechtern und Burgern in Unserer Statt Erffurt die jura præsentandi uff etliche geistliche beneficia in altarien von rechtwegen und Alters her zustehen/ damit dann wegen Unterschiedt der Religion alle künfftige Strittigkeiten vermitten pleiben/ so soll es mit solchen præsentationen zu beeder Theilen fürterhin also gehalten werden/ daß uff begebendte vocaturen der benanten Achtbahren Unsere Rathmeister und Rath neben der Gemeint daselbsten/ diejenige welche Sie Ihnen vorgenohmen und Ihrer Kirchen Ordnung/ vermög obangezogener Confession, gemees achten/ wie auch die yetzige ohne ordentliche præsentation schon angenohmene Prediger mit einem Verbott-Schreiben ahn die benante Patronos, also auch in Vacatur derjhenigen Altar oder beneficien/ deren præsentationes ermelten Unsern Rath/ Alter-Leuthen/ Collegiis, Hospitalien/ Geschlechten/ oder sonderbahren Burgern/ in Unserer Statt Erffurth/ so der Augspurgischen Confession zugethan wehren/ gehörig/ durch Unsern Siegler und derjenigen Stifft und Kirchen/ darinnen die beneficia befindlich/ Capitula, Pfarren oder Oberherren/ der Catholischen Kirchen Ordnung und Canonibus nach/ qualificirte Persohnen mit gleichen promotorialen an yetztgedachte Patronos, beederseits gleicher weiß gewießen/ und ohne alle Weiterung und Auffhalt/ von denselben/ wie ordentlichen und herkommen nomi-

nirt ANNO 1618.

ANNO 1618. nirt und præsentirt / und in diesen letzten fällen / welche der Cathol. Persohnen præsentation betreffen / alle symonia und in den geistlichen rechten verbottene contract und vorbedingnussen gäntzlich vermitten bleiben / auch in wiedrigen fällen / Uns und Unsern Siegler die gebührende Aufsicht und Bestraffung / gegen beyden contrahirenden Theilen / außtruckhlich vorbehalten seyn sollen.

Wann auch mittelst Göttlicher Gnad / durch ein General-Concilium, oder einen gemeinen Reichs-Abschied / das Exercitium der Augspurg. Conf. in dem Heyl. Reich Teutscher Nation aufgehaben werden solte / so sollen auch obige Unsere beschehene indult / begnadig- undt bewilligungen allerdings cessiren / und uffhören sondern Unser Rathsmeister / Rath / gantze Burgerschafft / Unßerer Statt Erffurth / auch deroselbe Dörffer / der Cathol. Kirchen Ordnung sich vorders allerdings gehorsamb und gemeeß erzeigen / und verhalten / signatum Erfurth den 21. Aprilis Anno 1618.

Deß Hochwürdigsten Unsers Gnädigsten Churfürstens und Herrn des Herrn Ertz-Bischoffen zu Maintz gnädigsten / wie auch der Altisten Meister / und vieren und fünff Räth / Vormünder / von Viertheil und Handwercken / und deren von den Thoren ratification vorbehalten.

(NB.) (W. D. V.) (G. V. W) (P. S.)

CLXXIX.

4. Mai. *Transactio inter* FRIDERICUM *Electorem Palatinum*, & PHILIPPUM CHRISTOPHORUM *Episcopum Spirensem, de suscepto per dictum Episcopum novo opere circà Arcem & Oppidum* Udenhemium *sancita. Actum* 4. *Maii Anno* 1618. [JULII BELLI Laurea Austriaca Libr. II. pag. 95.]

NOs Fridericus, Dei gratia, &c. & nos Philippus Christophorus, &c. his Literis, nostro, nostrorum Hæredum & Successorum in Electorali Palatinatu & Episcopatu Spirensi nomine, testamur, quoniam propter novum opus nuper à me Episcopo circum & juxta meam Arcem & Oppidum Udenhemium institutum suspicio quædam & controversia orta est, & nos Comes Palatinus, qui verebamur, nè illud juri Salvi Conductus, quod illic habemus, præjudicium aliquod afferret, incitati fuimus, ut rerum nostrarum satageremus, & materiam aliaque ad illud opus necessaria per nostras Ditiones transvehi prohiberemus: quod reciprocis inter nos, Electorem & Episcopum, Literis, Legationibus & Protestationibus occasionem præbuit: unde major simultas, diffidentia & hostilitas hoc inprimis periculoso Imperii statu facile subnasci potuisset: quod nos pacis & quietis studio, atque ut concordia inter Imperii Ordines conservetur vitare cupientes, bonis viris se interponentibus, & habitis amicis colloquiis, inter nos, testibus his Literis, firmissima & constantissima, qua id fieri potest ratione transegimus, & in sequentia Capita fidem mutuo dedimus ac obligavimus, damus ac obligamus.

Primo, Nos Philippus Christophorus, Episcopus Spirensis, denuo declaramus, quemadmodum Electori Palatino & aliis summi & infimi ordinis viris sæpe à nobis est indicatum, nos nunquam in animo habuisse, ac ne nunc quidem habere hic Udenhemii insigne aliquod & primarium munimentum excitare, multo minus tale quid struere, quod Vicinis Electoribus, Principibus atque Ordinibus, inprimis Electori Palatino, ullam molæstiam, æmulationem, periculum, hostilitatem, damnum aut præjudicium, quocunque nomine illud appellari aut intelligi possit, nunc aut in futurum creet, quemadmodum sinceram hanc nostram mentem Electori Palatino diversis vicibus, ore & scriptis bona fide testatam fecimus: ad quod nos etiamnum referimus, & nos omnesque nostros Successores in Episcopatu, sicut & nostros atque illorum Capitulares, Præfectos, Consiliarios, Officiales, Ministros, Subditos & Clientes, Ecclesiasticos & Politicos, denuo quam efficacissime obstringimus, quod nec nos nec illi quicquam ullo unquam tempore contra faciemus, aut fieri permittemus. ANNO 1618.

Secundo, nos Episcopus declaramus, nos vicinitatis jure concessuros, ut ardente bello & tumultu aliquo excitato Electoralis Palatinatus Subditi & Clientes qui circum Udenhemium habitant, res suas pretiosas eo non minus quam Subditi & Clientes Episcopatus in Electoralem Palatinatum, convehere, periculo eripere, & custodiendas dare possint: quibus tunc aditus eo loci non denegabitur, sed benigne concedetur. In primis autem nos omnesque Successores, & qui Episcopatui quocunque tempore, nunc & in futurum, devincti, addicti, obstricti, aut aliquo vinculo juncti erunt, firmissimo nexu, obligamus, quod nunc aut in futurum atque ita in æternum nulli notorii hostes & adversarii Electoralis Palatinatus, aut alii suspecti & perniciosi homines, à quibus Electorali Palatinatui, ejusque Subditis & Incolis, aut etiam vicinis Ordinibus, & qui sunt sub ipsorum Ditione, aliqua vis, præjudicium, damnum aut periculum intentari posset, belli aut pacis tempore, nec sigillatim, nec turmatim multo minus pleno agmine in nostram Arcem aut Oppidum Udenhemium, ejus ambitum & conceptaculum, totumque adeo loci illius circuitum eo fine admittentur, aut illic tolerabuntur, hospitio excipientur, fovebuntur, aut ullum eis subsidium, adminiculum aut occasio Electoralem Palatinatum ejusque Subditos & Incolas aut etiam vicinos Ordines lædendi & detrimento aliquo afficiendi, ulla, quæ excogitari possit, ratione à nobis suppeditabitur: atque ita ex hoc loco contra Electoralem Palatinatum & vicinos nulla hostilitas exercebitur, nulla vis aut impressio fiet, nullum damnum inferetur: omnia sincere, Germanica atque integra fide, absque ulla collusione, exceptione, fraude & excusatione, quæcunque excogitari possit.

Tertio. Quandoquidem nos Episcopus supradictum opus tantum ad nostri & nostrorum tutelam suscepimus, nos & nostri Successores nullum in eo præsidium ordinarium collocabimus & alemus, sed necessariis tantum excubiis custodiendum curabimus. Quod si vero ingruens periculum aliud poscat, & nobis consultum ac necessarium videatur, locum præsidio firmare, cavebimus, ne Electorali Palatinatui aut aliis vicinis ulla hostilitas, periculum aut incommodum ab eo inferatur.

Quarto. Ut omnis diffidentia tollatur nos Philippus Christophorus, Episcopus, nostro & Successorum in Episcopatu nomine firmissime spondemus, nos cæptum hoc opus Udenhemianum, quando erit absolutum, eo ambitu, amplitudine, magnitudine, latitudine, altitudine, profunditate & forma propugnaculorum, vallorum, fossarum, omnibusque dimensionibus & proportionibus, quocunque nomine appellentur, quibus in ea, quæ jam subsignata est, descriptione determinatum ac designatum est, prorsus relicturos, & extra Oppidum nihil dilatando, amplificando, augendo aut exaltando ei addituros. Nec aliud opus cornutum præter id, quod in typo subsignato lit. O. cum sua proportione & mensura notatum est, aut ullum aliud opus exterius, cujuscunque nominis, quod extra vallum humilius collocari possit, instituturos, aut exstructuros. In primis ad & contra Rhenum nullam munitionem excitabimus, nihilque ædificabimus aut moliemur, quo liber Rheni ascensus & descensus in Electoralis Palatinatus & aliorum vicinorum Ordinum, nec non Commerciorum & Reipub. detrimentum ac præjudicium intercludatur aut impediatur.

Quinto. Hoc opus ita instituemus, in eoque exstruendo hunc modum servabimus, ut neque vallum neque ullum aliud ædificium viam regiam, per quam Electoribus Palatinis jus Salvi Conductus competit, ullo modo attingat, nec quicquam suscipiatur aut permittatur; quo jus modo dictum Electorum Palatinorum & securitas publica ulla ratione violetur, minuatur, turbetur, aut impediatur: sed Electores Palatini ea via & jure, quod in illam habent, non secus uti poterunt ac si hoc opus non fuisset exstructum, prout hactenus in more habuerunt & specialibus Pactis ac Transactionibus cautum est.

Ut autem hæc omnia tanto firmius & certius observentur, nos Philippus Christophorus, Episcopus, ulterius promisimus & nos obstrinximus, & his loco singula-

ANNO 1618. gularis & ſufficientis obligationis, cautionis & fidejuſſionis promittimus, & nos obſtringimus, quod ſi nos aut Succeſſores noſtri contra ſuprapoſitos Articulos, unum aut plures, vel etiam omnes, ullo modo, qui ab humano ingenio excogitari poſſit, quidquam committamus, aut ab aliis committi permittamus: (quod tamen nullo modo fieri debet:) hoc caſu Electoris Palatini & ipſius poſterorum erit, nos noſtrosve Succeſſores interpellare, & monere, ut ab hujusmodi contraventione deſiſtamus, & quod a nobis extructum eſt, demoliamur: ad quam admonitionem nos Epiſcopus & noſtri Succeſſores tenebimur protinus & ſine ulla contradictione ab eo, quod contra hanc Tranſactionem exſtrui cæptum, aut alia ratione ſuſceptum eſt, abſtinere & ceſſare. Si non pareamus, & neglecta admonitione in opere cæpto pergamus, nobis, Electori Palatino & noſtris poſteris jus faſque erit opus illud propria auctoritate deſtruere ac demoliri.

Quod ſi nos Epiſcopus & noſtri poſteri, ut jam ante declaravimus, & nos obſtrinximus, ad Electoris Palatini admonitionem ab opere inſtituto, quieſcamus, & tamen illud continuandum & perficiendum eſſe arbitremur: tunc ſine mora inter Electorem Palatinum & nos, aut delectos ab utraque parte Conſiliarios, colloquium propter illam contraventionem inſtituetur: & ſi de ea inter Partes conveniri non poſſit intra menſem à nobis duobus, Electore & Epiſcopo, duo Principes, atque hac vice Dux Bavariæ & Marchio Brandenburgicus Onolsbacenſis, transmiſſa hac Tranſactione & typo ſubſignato cum proportionibus & enarratione facti, de quo quæſtio eſt, rogabuntur, ut de cauſa cognoſcant, nempe an à nobis Epiſcopo aut noſtris Succeſſoribus, quidquam contra hanc Tranſactionem ſuſceptum & tentatum ſit, & intra duos menſes ad ſummum quæſtionem propoſitam decidant. Sententia lata, nos Epiſcopus confeſtim & intra menſem ad ſummum ei ſatisfaciemus, & omnia, quæ ea continebuntur, præſtabimus. Epiſcopo autem cunctante & tergiverſante, nobis Electori Palatino licebit Sententiam latam noſtro arbitrio & noſtris viribus, aut vicinorum atque amicorum auxiliis, ſumptibus ſecundum æſtimationem ſupradictorum duorum Principum nobis refundendis, exequi, quod recens exſtructum fuit, deſtruere ac demoliri, atque ita noſtræ & noſtrorum ſecuritati proſpicere. Contra ſi cauſa nobis Epiſcopo aut Succeſſoribus noſtris adjudicetur, Elector Palatinus nullum in eo, quod obtinuerimus, impedimentum nobis objiciet, aut ab aliis objici patietur. Sin accidat, ut inter duos Principes à nobis electos inferenda Sententia de capite controverſo conveniri non poſſit, tunc cognitio cauſæ abſque ulteriori ſcriptione intra quatuordecim dies Cameræ Imperialis judicio per compromiſſum ſubjicietur, eaque rogabitur, ut cauſæ cognitionem ſuſcipiat, & quod ab ea pronunciatum fuerit, abſque mora aut exceptione, poſtpoſita omni reviſione, reductione, reſtitutione aut alia quacunque tergiverſatione executioni mandabitur, eique ab utraque Parte obtemperabitur. Quod ſi unus aut uterque duorum Principum, qui electi fuerint, Deo ita volente, decedat, nos Elector Palatinus, & nos Epiſcopus ſinguli unum Principem Politicum, unius & alterius Religionis, intra quatuor hebdomadas nominabimus, qui ſimiliter rogabuntur, ut de cauſa cognoſcant, ſi quid contra hanc Tranſactionem admitteretur, atque hæc eadem ratio obſervabitur, quoties nova Principum Electio facienda erit. Viciſſim nos Elector, noſtro & Hæredum ac poſterorum nomine, Epiſcopo, Succeſſoribus & Diœceſi Spirenſi offerimus & confirmamus, nos arctam illam amicitiam, quæ inter noſtros Majores & Epiſcopos Spirenſes antiquitus interceſſit, ſincero animo continuaturos, & in cauſa neceſſitatis Epiſcopo & Diœceſi Spirenſi, ſi quæ vis aut injuria ipſis inferatur, tanquam vicinis & amicis, prompte libenterque opem laturos, utque ipſis à noſtris vis aut injuria fiat, neutiquam conceſſuros, & Epiſcopatus Spirenſis Subditos libero tranſitu nullo unquam tempore prohibituros. Atque ita hac Tranſactione omnis ſuſpicio & metus, ex hoc opere conceptus, tolletur.

Denique convenit, ut hæc Tranſactio neutrius Partis juri quicquam deroget, neque uni aut alteri præjudicio ſit. Hæc omnia quæ ſupra ſunt commemorata nos Fridericus Elector Palatinus & Philippus Chriſtophorus Epiſcopus Spirenſis nos firmiter & conſtanter ſervaturos, noſtro & noſtrorum Hæredum ac Succeſſorum nomine promiſimus. Atque harum Literarum tria ſunt ejusdem tenoris exempla à nobis ſubſignata, & noſtro Sigillo confirmata. IV. Maii, Anno M. DC. XVIII.

CLXXX.

ANNO 1618.

Inſtrumentum Publicum de Conſtructione & reſtitutione Fortalitii Udenhemiani, *per Conventionem inter Electorem Palatinum, & Epiſcopum Spirenſem facta poſtridie Kalend. Septembris* 1618. Cum *Deſignatione Altitudinis & Latitudinis præfati Valli. Dat. Warſaviæ Kalend. Maii* 1618. [JULII BELLI Laurea Auſtriaca. Lib. II. pag. 91.]

In Nomine S. Trinitatis, Amen.

NOTUM ſit omnibus per hoc publicum Inſtrumentum, quod anno à nativitate Chriſti Domini, & Servatoris noſtri milleſimo ſexcenteſimo decimo octavo, Indictione prima, regnante Sereniſſimo, Potentiſſimo, & Invictiſſimo Principe, ac Domino, Domino Mathia electo Romano Imperatore ſemper Auguſto Germaniæ, Hungariæ, Boemiæ, Dalmatiæ, Croatiæ, & Illyrici Rege, Archiduce Auſtriæ, Duce Burgundiæ Stiriæ, Carinthii, Cranii, & Wirtembergæ, &c. Comite Tirolenſi, & Habſpurgenſi, &c. Domino noſtro Clementiſſimo anno Regnorum ſuæ Majeſtatis, Romani ſeptimo, Ungarici undecimo, Boemici octavo, die Dominico poſtrid. Calend. Septembr. inter horam octavam, & nonam ante meridiem, hic Udenhemii in Reverendiſſimi Principis, ac Domini, Domini Philippi Chriſtophori Epiſcopi Spirenſis & Præpoſiti Weiſſenburgenſis Cæſ. Majeſt. Conſiliarii & Judicis Cameralis, Principis, ac Domini mei Clementiſſimi, Arce & Domicilio, nempe in illius Tabulario coram me infra ſcripto Notario comparavit, ipſius Reverend. Dignit. Archigramateus, honoratus, & ſpectabilis vir, Dominus Joannes Wolfius Hundhemius mihique ſignificavit, quod accurratam deſcriptionem operis à quatuor Architectis in vallo hujus loci ſuſcepti, ſed non perfecti ocularis demonſtratio ab Electoris Palatini Architecto Manheimenſi, & à Rever. ipſius Dignit. delegatis inſtituenda eſſet. Quapropter nomine Reverend. ipſius Dignit. fidem, & jusjurandum, quo illi obſtrictus eram, mihi remiſit: poſtea à me tanquam publico Notario Imperiali legitime petiit, ut demonſtrationi illi intereſſem, & quæ in illa proponerentur, aut tranſigerentur, diligenter notarem: & ſuper iis unum vel plura Inſtrumenta publica conficerem, ac Reveren. ipſius Dignit. traderem: quod me prompto, ac lubenti animo, ut deberem, facturum recepi. Cum igitur hora nona Elect. Palat. Architectus, honoratus, & præſtans vir, Adamus Staphius cum duobus valli ſtructoribus, M. Joanne Weinderle, & Joanne Silvano, nec non Reverend. ipſius Dignit. delegati, nobiliſſimi, ſtrenui, & honorati viri, Philibertus ab Hocheneck, Aulæ Magiſter, Philippus Melchior à Dalheim, Præfectus Prorhenanus, & ſupradictus Joannes Wolfgangus Hundhemius, Archigrammateus, atque ego Notarius, cum infraſcriptis teſtibus, apud Portam Spirenſem ad deſtructum vallum acceſſiſſemus, & usque ad medium propugnaculum lit. E. veniſſemus, inter alia quæſitum fuit ab Archigrammateo, annon hoc primum propugnaculum eſſet, quod primo loco excitatum, & ſecundum ſuam altitudinem, & latitudinem exſtructum fuiſſet: cui ambo præſentes valli ſtructores, M. Joannes Wenderle, & Joannes Silvanus reſponderunt, fuiſſe illud primum quod etiam ante hyemem ea latitudine, qua die demolitionis fuit, congeſtum, & præter ſuperiorem loricam ac terram argilloſam, quæ aggerenda erat, perfectum, atque ob eam cauſam ea latitudine ex conſilio ſupradicti Architecti conſtructum fuerit, quod locus ille arena abundaret. Ad hæc Joannes Silvanus indicavit; Chriſtianum, Principem Anhaltinum cum menſe Aprili hic eſſet, vallum cum Domino Epiſcopo perambulaſſe, & animadvertiſſe, propugnaculum litera E. cæteris aliquando latius eſſe: Exinde autem à ſe ſtructoribus ne tantillum quidem terræ latitudini fuiſſe adjectum, præterquam quod interiori devexitati propugnaculi terra argilloſa dimidii pedis craſſitie juxta formam præſcriptam aggeſta fuerit.

Recordatus eſt etiam ſupradictus Architectus, quod ſciſcitantibus valli ſtructoribus eos monuiſſet, ut quoniam juxta hoc propugnaculum ſolum abundans eſſet, vallum tanto ſpiſſius extruerent: & faſſus eſt ne in eo propugnaculo fuiſſe, & exuberantem latitudinem obſervaſſe: illud verò, quoniam parum ad rem faceret, in operis deſcriptione prætermiſiſſe. Actum anno, indictione,

ANNO 1618.

diĉtione, Cæſareo regimine, die, hora & loco ſupra poſitis, præſentibus honoratis viris, Marcello Doplio, Jacobo Glathornio, & M. Chriſtmanno Eppelino, teſtibus ad hanc rem vocatis, & requiſitis.

N.

Altitudo præcipui valli ab imo ſolo usque ad loricam, XVI. ped.
Altitudo loricæ una cum ſuppedaneo, VI.
Infima latitudo valli, ubi horizonti incumbit, LXXXIV.
Suprema latitudo valli, cum pavimento, & lorica, LXXX.
A pavimento ſuperiori usque ad ſcamnum, XX.
A ſcamno usque ad loricam, IV.
Loricæ pars interior, II.
Superior loricæ latitudo, X.
Ima ipſius pars absque ſuppedaneo, XVI.
Exterior loricæ pars, IV.
A pavimento valli extrinſecus aſſurgit IV.
Inde exterior pars præcipui valli verſus humilius vallum alta eſt XVI. ped.
Interior pars verſus oppidum, XVIII.
Curriculum humilioris valli cum ſuppedaneo, XII.
Inde ſumuntur IV. pedes pro ſuppedaneo & VIII. pro Curriculo; Valli humilioris lorica in imo ſolo lata eſt VIII.
Alta eſt cum ſuppedaneo VI.
Intrinſecus excurrit, II.
Extrinſecus, II.
In ſuperiori parte lata eſt, IV.
Extrinſecus alta eſt, IV
Latitudo foſſæ in ſuperiori ſolo, CXXX.
In inferiori ante Propugnaculum A. B. & dimidium C. CLIV.
Verſus pratum, ubi fuit piſcina ante dimidium Propugnaculum G. & D. CCXL.
Pars procurrens ab utroque latere foſſæ, XV.
Altitudo foſſæ, X.
Exterior via teĉta trans foſſam cum ſuppedaneo, XXIV.
Ex iis ſuppedaniis attributi, IV.
Et Curriculo, XX.
Altitudo loricæ humilioris valli cum ſuppedaneo, VI.
Exterior devexitas humilioris valli à lorica porreĉti, CXX.
Altitudo valli ab Horizonte usque ad pavimentum, VI.
Altitudo loricæ cum ſcamno, VI.
Inferior latitudo valli ad imum ſolum, ubi mænia Oppidi non attingit, XXXVIII.
Pars exterior procurrens, VI.
Pars interior procurrens, VIII.
Remanent pro ſuperiori latitudine valli, XXIV.
Inde ſumuntur pro pavimento, & ſuppedaneo, XII.
Ex quibus ſuppedaneum habet, IV.
Et pavimentum, VIII.
Ubi vallum mænia attingit ei interius, VIII. pedes decedunt, & remanet tota latitudo, XXX.
Lorica in ima parte habet XII.
Ex quibus intrinſecus procurrunt, II.
Extrinſecus, IV.
Remanent latitudini loricæ in ſuperiori parte, VI.
Quæ extrinſecus alta eſt, IV.
Intrinſecus cum ſuppedaneo, VI.
Prominentia valli usque ad crepidinem foſſæ, IV.
Superior latitudo foſſæ, CX.
Inferior, XXX.
Crepido foſſæ ab utroque latere procurrit, XV.
Foſſa alta eſt, X.
Suppedaneo ubique unus pes tribuitur.
Quia apud Propugnacula lit. G. Vallum humilius per viam Salvi Conduĉtus lit. S. duĉtum eſt; illud Architeĉti perluſtrabunt, & quomodo illud absque viæ incommodo cum bona Eleĉt. Palat. pace accomodari poſſit, annotabunt, & in typo mutabunt. Aĉtum Werſaviæ Calend. Maii, Anno M. D. CXVIII.
Philippus Chriſtophorus, Episcopus Spirenſis, Chriſtianus Princeps Anhaltinus.
D. Wormſius Scriba Telonii & Prætor Manhemienſis, ſuo & Adami Staphii Architeĉti ibidem nomine, quia ille propter manuum debilitatem ſcribere non potuit.

ANNO 1618. 3. Juin.

CLXXXI.

Ehe-Stifftung zwiſchen Johann Philipps Hertzog zu Sachſen Fraulein Schweſter Annam Sophiam/ und Karl Fridrich Hertzogen zu Münſterberg; Worinnen obbenanter Hertzog zum Heurath-Gut ſeiner Fraulein Schweſter 20000. Gulden guter münz binnen einer Jahrszeit zu entrichten, ingleichen auch dieſelbe mit Kleinodien und geſchmuckh/, wie es ſich gebühret/ abzufertigen/ ſich erbiethet/ der Brautigamb aber ſeiner Brauth zur morgengab ein Halß-Band von 3000. Gulden/nebſt anderen 3000. Gulden Haubt-Geld zugeben/ wie auch zum Heurat-gut 20000. Gulden/ und ſolche mit der Stadt Ölß zu verſicheren ſich verpflichtet. Geſchehen Altenburg den 3. Junii 1618. Nebſt der Witthumbs-Verſchreibung des benanten Hertzogs zu Munſterberg. Geben wie oben. [LUNIG, Teutſches-Reichs-Archiv. Part. Spec. Continuat. II. Abſatz II. pag. 396.]

C'eſt-à-dire,

Contraĉt de Mariage entre CHARLES FRIDERIC *Duc de Munſterberg &* ANNE SOPHIE *Ducheſſe de Saxe, portant que le Duc* JEAN PHILIPPE *ſon Frere payera pour ſa Dot au Duc ſon futur Epoux, un an après la conſommation du Mariage, la ſomme de 20000. Florins, & que de plus il la pourvoira de Joyaux & d'Ornemens ſelon ſa qualité; & qu'en échange l'Epoux lui donnera pour Morganatique, 3000 Florins en bijoux, & 3000 autres Florins de Capital, comme auſſi 20 mille Florins de contre-Dot. A Altembourg le 3 Juin 1618. Avec l'Aſſignation; dudit Duc de Munſterberg pour les ſommes ſtipulées dans le Contraĉt.*

VOn GOttes Gnaden Wir Johann Philipps/ Hertzog zu Sachſen/ Jülich/ Cleve und Berg/ Landgraff in Thüringen/ Marggraff zu Meiſſen/ Graff zu der Marck und Ravensberg/ Herr zum Ravenſtein/ und denn von derſelben Gnaden/ Wir Carol Friedrich/ Hertzog zu Münſterberg und in Schleſien/ zu Oelß/ Graff zu Glatz/ Herr auff Sternberg/ Jaiſchwitz und Medzibohr/ bekennen und thun kund offentlich mit dieſem Brieffe/ für Uns und Unſere Erben/ mit Conſens der Freunde/ daß wir im Nahmen der Heil. Dreyfaltigkeit/ und alſo GOtt dem Allmächtigen zu Lob und Ehren/ auch Stärckung und Wolfarth/ Mehrung und Fortpflantzung guter Freundſchafft zwiſchen den Fürſtl. Häuſern Sachſen und Munſterberg/ wohlbedächtlichen und mit gutem Willen/ aus rechtem Wiſſen und guten Vorbetrachtung/ ſonderlich aber mit Vorwiſſen der Hochgebohrnen Fürſtin/ Frauen Annen Marien/ Hertzogin zu Sachſen/ gebohrner Pfaltzgräfin bey Rhein/ Wittben/ Unſer vielgeliebten Frau Mutter/ wie nicht weniger mit Rath und Einwilligung des Hochgebohrnen Fürſten/ Herrn Johann Georgens/ Hertzogen zu Sachſen/ Jülich/ Cleve und Berg/ ꝛc. Unſers ꝛc. ſo wohl der Hochgebohrnen Fürſtin und Frauen Sophien/ Hertzogin und Churfürſtin zu Sachſen/ gebohrner aus Churfürſtlichem Stamm Brandenburg/ Wittwen/ Unſerer ꝛc. eine Freundſchafft der Heil. Ehe zwiſchen der Hochgebohrnen Fürſtin/ Unſer Freundlichen lieben Schweſter/ Fräulein Annen Sophien/ Hertzogin zu Sachſen/ an einem/ und Uns Hertzog Carl Friedrichen von Münſterberg/ zu Oelß/ Graff zu Glatz/ am andern Theil/ abgeredt und beſchloſſen haben; Alſo/ daß wir jetztgemeldter Hertzog

ANNO 1618.

Carl Friedrich das obgenante Fräulein Anna Sophia zu einer ehelichen Gemahlin nehmen / und / wie sich nach Ordnung der Christlichen Kirchen gebühret / mit Ihrer Liebden / zwischen Michaelis und Martini schier künfftig / geliebts GOtt / das eheliche Beylager zu Oelß / uff Unser Hertzog Carl Friedrichs Unkosten / Fürstlichen und Unserm und Unserer geliebten Vertrauten Stande nach / haben und halten / Sie auch / als einer gebohrnen Hertzogin zu Sachsen geziemet / der Gebühr unterhalten / auch Sie vor allen Dingen bey der wahren Christlichen Religion / GOttes Wort und der ungeänderten Augspurgischen Confeßion / wie die Anno 1530. Käyser Carl dem Vten übergeben / gemäß / darinne Ihre Liebden gebohren und erzogen / gäntzlich verbleiben und unbedrängt lassen sollen und wollen. Da sich aber der Fall / daß wir von Ihrer Lbden abgiengen / zutragen würde / welches der Allmächtige gnädig und lang verhüten wolle / soll Ihrer Liebden frey stehen / für sich einen Prædicanten nach obberührter Religion / damit derselben Gewissen nicht beschweret werde / auf Unserer Erben und Nachkommen Kosten / zu halten. So sollen auch die Kinder / so Ihre Liebden mit uns durch GOttes Seegen bekommen / mit Vormündern / welche der bemelten Religion sind / versehen / und derselben gemäß unterwiesen und aufferzogen werden.

Wann dann solch eheliches Beylager geschehen ist / so sollen und wollen wir Johann Philips / Hertzog zu Sachsen / Jülich / Clev und Berg / gedachtem Unsern freundlichen lieben Vetter / Hertzog Carl Friedrichen zu Münsterberg / in einer halben Jahres-Frist / von dato des Hochzeit-Tages an zu rechnen 20000. fl. jeden Gülden zu 21. Gr. an guter Landüblichen / und im Hochlöbl. Chur- und Fürstl. Hause Sachsen gäng und geber Müntz; (jedoch ohne Verzinsung) gen Leipzig freundlich / ohne S. Liebden Kosten und Schaden / zu rechtem Heurath-Guth gegen gebührliche Quittung entrichten und bezahlen; Auch die obgedachte Unsere freundliche liebe Schwester / Fräulein Anna Sophia / mit Ihren Kleynodien / Kleidern / Geschmücken / Silber-Geschirr und andern / wie einer Fürstin von Sachsen wohl gebühret / ehelich abfertigen. Dagegen sollen und wollen wir / Hertzog Carl Friedrich / alsbald solch ehelich Beylager geschicht / bemeldtes Fräulein Annen Sophien / Hertzogin zu Sachsen / mit einer Fürstlichen Morgengab / wie solches Herkommens / als neulich folgenden Tages nach dem Fürstl. Beylager mit einem Halß-Band von 3000. fl. und dann drey tausend Gülden Haupt-Geldes / mit hundert funfftzig Gülden jährlichen von dato an zu verzinsen / jeden Gülden zu 21. Meißnischen Groschen gerechnet / versehen und begaben / damit Ihre Liebden handeln / thun und lassen mögen / nach derselben besten Gefallen / und wie Morgengab Recht und Gewonheit ist.

Darbey denn auch sonderlich abgeredt / daß wir Ihrer Liebden / an statt der Verzinsung von solcher Morgengab / zu desto mehr Anzeigen unsers gegen derselben tragenden geneigten Willens / jährlich / und eines jeden Jahrs besonders drey hundert Gülden / und daran siebzig funff Gülden quartaliter zu täglichen Handgeldern haben zu gebrauchen / reichen und geben lassen / die auch Ihre Liebden jederzeit dero Gefallens ausgeben / und damit zu thun und zu lassen Macht haben sollen. Doch soll solch Hand-Geld / so bald Ihro Liebden Dero Wittbenthum / nach Unserm Absterben / beziehen / allerdings gefallen / todt und ab seyn.

Die Morgengab nach Ihrer Liebden Todt / der beym Willen des Allmächtigen stehet / (wofern Sie keine Leibes-Erben / oder deßwegen keine sonderbahre Verordnung verlassen hätten) soll wieder auff uns / Hertzog Carel Friedrich / oder Unser Erben / wie Morgengab Recht ist / kommen und fallen. Da aber Ihre Liebden solche Morgengabe jemands verschafft hetten / soll uns Hertzog Carl Friedrichen / Unsern Erben und Nachkommen / dieselbige mit drey tausend Gülden Haupt-Geldes abzulösen / zu Unsern oder ihren guten Gefallen vorbehalten seyn.

ANNO 1618.

Ferner und auch so bald die Bezahlung der 20000. fl. Heurath-Guths beschicht / so sollen und wollen wir Hertzog Carl Friedrich ohne Verlängerung gemeldte Unsere zukünftige Gemahlin dargegen mit 20000. fl. Gegen-Geldes versehen / auch Ihrer Liebden des Heurath-Guths Wiederlag und Morgengab auf Unsern Schloß nnd Stadt-Oelß / und den Cammer-Gütern / Bohra / Rackau und Neuhoff / mit allen Zu- und Eingebörungen / Obrigkeit / Herrlichkeit und Gerechtigkeit / Nutzungen und Gefällen / es sey Geld / Früchte oder anders / wie uns dieselbige eigenthümlich zustehen / und mit Lehen / Pfandschafften und Schulden / oder sonst nicht beschweret seyn / verweisen / verschreiben / versichren und verpflichten / also / daß Ihre Liebden daselbst 4150. fl. zu 21. Meißnische Groschen gerechnet / jährlichen Einkommens / Nutzungen und Gefällen / wohlhabend und sicher seyn mögen / alles nach Laut und Inhalt eines specificirten Registers und darinn verleibten Inschlags / welchen wir Hertzog Carl Friedrich zu Münsterberg unter Unser Handschrifft und anhangenden Secret-Insiegel verfertiget und übergeben.

Wofern auch gedachte Schloß / Stadt und Cammer-Güter mit Ihrer Zugehörung die Abnutzung der vorgerührten 4150. fl. jährlich nicht vollkommen ertragen möchten; Da auch die vorgenante Schloß / Stadt und Cammer-Güter verwüstet und verderbet würden / (welches der Allmächtige Gott gnädig abwenden wolle /) also / daß Unsere geliebte Gemahlin / Ihre Liebden vollkommene Leib- und Morgengabe daraus nicht haben könte; So sollen und wollen wir Hertzog Carol Friedrich / oder Unsere Erben / den Abgang Ihrer Liebden in andere Wege und aus andern ausser dem Wittbenthum gelegenen Aembtern und Einkommen ergäntzen und zur Gnüge erfüllen / derselben auch ein anderes Hauß / da Sie ihre bequeme Wohnung haben möge / so lang / biß solcher Dero verschrieben Wittwenthum wieder erbauet / besetzt und in Nutzunge gebracht / dem obgenannten gleichmäßig / eingeben.

Es sollen auch Ihro Liebden in obgedachten Schloß / Stadt und Cammer-Güthern / alle Obrigkeit / Gericht und Herrlichkeit / Verboth / und Geboth / hohe und niedrige Jagten / und andere Gerechtigkeit haben / in allermassen / wie wir das bißher gehabt und gebraucht / nichts ausbeschieden / denn allein die Hohe Landes-Fürstl. Obrigkeit / auch Unsere weltliche Richterliche Folge / Creyß-Tranck- und-Land-Steuer / die wir uns und Unsern Erben vorbehalten haben wollen.

Alle Geistliche und Burg-Lehn / in solcher Ihrer Liebden Wittbenthum gelegen / soll Ihre Liebden zu verleihen und zu besetzen Macht haben / doch daß die mit tauglichen Pfarr-Herren der wahren Augspurgischen Confeßion / inmassen hierbey vermeldet / versehen werden. Auch kein Wild / ausserhalb Hasen und Feder-Wildpreth / sollen Ihrer Liebden fahen zu lassen vorbehalten seyn; Darüber sollen Ihrer Liebden zu Erhaltung der Fürstlichen Küchen jährlich 10. Stücke Hirsche oder Wild / 15. gute Schweine / und 15. Rehe / ein jegliches / wenn es zu seiner Zeit am besten ist / und ohne Jäger-Recht / Ihrer Liebden überantwortet / geliefert und alles ohne Anschlag gefolget werden.

Wann

ANNO 1618.

Wann es denn der Allmächtige nach seinem Göttlichen Willen also schicken würde / daß wir Hertzog Carol Friedrich eher / denn Unsere zukünfftige liebe Gemahlin / mit Tod abgehen würden / alsdenn / und nicht ehe / soll Ihrer Liebden solche obspecificirte Vermächtiß / dieselbe Ihr Lebelang zu gebrauchen / zuständig seyn und bleiben / und Sie deren / wie Leibes-Zuchts-Gewonheit ist / zu geniessen haben

Es sollen auch Ihre Liebden / nach Unserm tödtlichen Abgang / (der bey dem Willen GOttes stehet /) von solchen Erben bey solchen Ihrer Liebden Verweiß / Wittbenthum und Morgengab / mit Land und Leuthen / Güthern / Renthen und Gülten / gemeiniglich geschützet und geschirmet werden / gleich andern ihren Landen und Leuten / wo sie Recht vor denselben Unsern Erben und dero Räthen ungefährlich leiden will und mag.

Wir Hertzog Carl Friedrich sollen und wollen auch die Adels-Personen im Oeltznischen Fürstenthum mehrgemeldtem Fräulein Annen Sophien gehorsam machen / Ihr. Lbd. geloben und schweren lassen / nach Unsers Hertzogs Carl Friedrichs Todt derselbigen Liebden / von des ehebemeldten Wittbenthums wegen / Ihr Lebenlang / als Unterthanen ihrer rechten Herrschafft / treu und hold zu seyn / ihren Schaden zu warnen / ihren Frommen und Bestes zu werben / allermassen wie sie uns jetzt verwandt und verpflichtet / sonsten auch die zu der genannten Stadt und Schloß Oelß und berührten Cammer-Güter insgemein gehörige Amts-Diener und Unterthanen / wie auch die obgedachte 10. Adels-Personen / nach gehaltenem Hochzeitlichen Beylager / auf berührten Wittbenthums Fall / an Ihre Liebden Unsere geliebte Gemahlin mit gebührenden Pflichten / Huldigung / Gehorsam und aller Schuldigkeit anweisen zu lassen / wie die darüber auffgerichtete Brieffe solches klärlich besagen und mit sich bringen werden / und soll Ihrer Liebden zugelassen seyn / auf solchen Fall Unsers Uberlebens sechs Monate nach Unserm Absterben bey Unsern Erben und Successoren zu bleiben / und in desselben Kost und Unterhaltung zu seyn.

Aber wenn Ihre Liebden Dero Wittbenthum vor oder nach solcher bestimmten Zeit beziehen wollen / so sollen Unsere Erben nicht allein schuldig seyn / Ihrer Liebden solch Leib-Geding einzuräumen / sondern auch so viel auf Unserm Hauß zu Oelß an Wein / Früchten und andern gelassen und erstattet werden / als sich das Einkommen auf ein Jahr lang / vermög obgemelten Anschlag / erstrecket. Darzu solches Hauß mit Gebäuden / Haußrath / Bett / Leinwand und sonsten also zu bestellen / daß Sie daran / Ihrem Stande und Wesen nach / auch keinen Mangel habe. Welches vermög eines Inventarii also erhalten / und wieder geliefert werden solle.

Was aber darüber an Hauß- und Vorrath währenden Wittbenthum gezeuget / soll der Fürstlichen Frau Wittben allein erblich zustehen; Des übrigen Vorraths aber auff den andern Häusern des Fürstenthums Oelß soll sich die Wittbe nicht anzumassen haben. Ihre Liebden sollen auch den obangeregten Wittbentum die Zeit Ihres Lebens inhaben und gebrauchen / auch allein die Ingebeu des Schlosses Oelß erhalten; Den andern Grund-Bau aber / zu Ihrer Liebden Nothdurfft / sollen Unsere Erben und Successores zu thun pflichtig seyn.

Es soll auch der Fürstlichen Frau Wittben / da sie ihr Wittbenthum beziehen und besitzen würde / zu Ihrem Hoff-Brauch- Brenn- Brau- und Bau-Holtz / so viel sie dessen nach Nothdurfft bedürffen / jährlichen gefolget und gegeben / auch ohne Ihrem zuthun und Unkosten / in das verschriebene Wittbenthum verschafft und geliefert werden.

Da auch / nach Unsern Tod / durch Unsere hinterlassene Wittbe / auff ihren Kosten / mehrere Nutzung auff solchen Wittbenthum könte oder würde eingerichtet werden / soll derselben solches zu thun nicht allein frey stehen / sondern auch Ihrer Liebden deroselben Lebenlang zu geniessen zugelassen werden.

Ob auch etwas von Gülten und Nutzungen / in den Wittbenthum gehörig / versetzt / oder mit Gülten beschweret wäre / oder noch künfftig in stehender Ehe Beschwerungen erwachsen und gemacht würde / damit soll obgemelte Unsere künfftige geliebte Gemahlin gar nichts zu thun haben / sondern wir oder Unsere Erben sollen die an andern Orten auff uns nehmen / und ohne Ihrer Liebden Kosten und Schaden / innerhalb Jahres-Frist / ausrichten und erledigen.

Es sollen auch Ihre Liebden / so wir vor derselben mit Todt abgehen würden / sich an solchem Ihren Wittbenthum und Vermächtniß / Inhalt dieser und der darüber sonderbahren auffgerichteten Verschreibung / genügen lassen / und an Unsern nachgelassenen Landschafften / Erbschafften und Güthern alsdenn keine weitere Forderung / auch mit Unsern Schulden / (ob wir einige hätten /) nichts zu thun haben.

Da wir aber Ihrer Liebden aus Lieb / Freundschafft und guter Neigung / über diese Verschreibung etwas weiters williglich zugestellet / verordnet / oder verschrieben hätten / das soll Derselben in solchem Falle auch geleistet werden.

Und wo Ihre Liebden zur Zeit / wenn sie deren Wittbenthum nach Unserm Tode beziehen / mit nothwendigem Silber-Geschirr nicht versehen wären; So sollen Unsere Erben schuldig seyn / Ihr so viel Silber-Geschirr cum Inventario zustellen zu lassen / wie sichs einer Fürstin gebühret / und bey dem Hauß Sachsen gebräuchlich Herkommen ist / doch dergestalt / da sich Ihre Liebden anderwerts verheurathen / oder aber mit Tode abgehen würden / daß solches Ihr von Unsern Erben zugestelltes Silber-Geschirr / nach demselben Inventario daselbst / hinwieder Unsern Hertzog Carl Friedrich Erben überantwortet werden soll.

Es ist auch hierinnen abgeredet / ob wol die Erlegung der 20000. fl. Heurath-Guths durch uns Hertzog Johann Philipsen zu Sachsen allererst innerhalb Jahres-Frist / von dem Hochzeit-Tage an zu rechnen / geschehen soll / daß doch nichts destoweniger gemeldt Fräulein Anna Sophia / mit Unsers Hertzogs Carol Friedrichs Wissen und Verwilligung / gegen gebührlicher Caution, so wir Hertzog Johann Philips Beeden Ihren Liebden zu Versicherung des Heurath-Guths hinaus zu geben erbietig / auf alle Ihrer Fräulein Annen Sophien Liebden Väterlich / Mütterlich / Brüderlich und Schwesterliche Erbschafft und Anfälle / und alle nachgelassene Güther / so von dem Hertzoge zu Sachsen oder sonsten herrührend / wie solches bey dem Hause Sachsen allwege gebräulich gewesen / in bester und höchster Form der Rechten / für sich und Ihre Erben gebührende Renunciation und Verzicht thun / und daran alle Ihre Gerechtigkeit / so Ihre Liebden hätten oder haben möchten / vorgedachtem Unserm Freundlichen lieben Vettern / Hertzog Johann Philipsen / &c. und seinen rechten Erben zustellen solle und wolle / daran keine Ansprache oder Forderung inn- oder ausserhalb Rechtens zu haben oder zu gewinnen. Wie dann auch wir und Ihre Liebden in Krafft dieses Brieffs obgemeldter Massen verziehen haben.

Weiter ist bedingt / ob sich begebe / daß mehrgemeldtes Fräulein Anna Sophia vor uns Hertzog Carl Friedrichen mit Tod abgienge / und kei-

ne

ANNO 1618. ne Leibes-Erben / so von uns gebohren weren / hinterliesse / daß alsdann wir Hertzog Carl Friedrich die 20000. fl. Heurath-Guths Unser Lebenlang gebrauchen und behalten mögen. Aber alsbald nach Ihrer Liebden Todt solle derselben Fahrniß an Kleinodien / Kleidern / Geschmuck / Silber-Geschirr und andern / nach Besagung und Ausweisung der darüber gemachten Inventarien / nicht allein / was Ihre Liebden mit sich bringen würde / sondern auch / was derselben geschencket oder von uns gegeben / oder sie selbst in wehrenden Ehe-Stande erzeugen und machen lassen / oder sonst ererben würde / es rühre gleich her von wannen es wolle / nichts davon ausgenommen / (wofern Ihre Liebden keine sondere Verordnung ihres letzten Willens hinterlassen hätte /) desgleichen nach Unsers Hertzogs Carl Friedrichs Absterben auch die obgemeldte 20000. fl. für den Gülden 21. Meißnische Groschen gerechnet / Heurath-Guth wieder auff Hertzog Johann Philipsen zu Sachsen oder Unsere Erben / und Nachkommen / männliches Stammes / erblich fallen und kommen.

Und damit Hertzog Johann Philip zu Sachsen rc. und Sr. Liebden Erben solches Wiederfalls der 20000. fl berühter Wehrung sampt der Fahrnis und anderm desto sicherer seyn / so haben Hertzog Carl Friedrich Ihrer Liebden vorangeregt Unser Schloß / Stadt und Cammer-Güther Borau / Rackau und Neuenhoff / allerdings / wie solche zum Wittwenthum gehören und eingethan seyn / mit allen dererselben Zugehörungen / zum rechten Unterpfande dafür eingesetzt / alsdenn nach Unserm Tode Ihrer Liebden / als Ihrer rechten Herrschafft / mit aller Obrigkeit / Gehorsam und Gewärtigkeit Nutzung und Gerechtigkeit zu seyn / biß so lange Unsere Erben und Nachkommen solche 20000. fl. berührter Wehrung / sambt obangeregter fahrender Haab / gäntzlich / und zumahl zu dero gütem Gnügen / wieder erstattet und bezahlet haben / inmassen denn Unsere Unterthanen bemeldten Schlosses und Stadt Oelß / sampt den Cammer-Güthern / Borau / Rackau und Neuenhoff / solches auff Unser Geheiß und Befehl zusagen / geloben und schweren / auch deshalben neben Unsern gnugsame Brieffe und Verschreibungen zu solchem obgemelten Wittbenthums-Wiederfall geben sollen / mit Vorbehalt / nach Unserm Absterben Unsern Erben und Nachkommen in den berührten Schloß- Stadt- und Cammer-Gütern der Appellation, Bergwercker / so itzund seyn / und wo sich die erfinden werden / Erbhuldigung / Folge / Reise- und Landschatzung / auch Land- und andere Steur zu leisten / wie wir denn solcher Stücke nicht ledig gesagt / sondern Uns / Unsern Erben und Nachkommen solches alles ausgenommen und vorbehalten haben wollen / doch sollen die von Adel und Ritterschafft / welche zum gemeldten Wittwenthum gehörig / offtgemeldte Fräulein Annen Sophien zum Auffwarten und gebührenden gewöhnlichen Hofe-Dienste erscheinen / und sich dessen nicht verweigern.

Ob sich auch begebe / daß wir Carl Friedrich vor Hochernannten Fräulein Anna Sophia / Unserer künfftigen lieben Gemahlin / mit Tode abgehen würden / wir hätten denn Kinder mit Ihrer Liebden erworben oder nicht / so soll Ihre Liebden / aldieweil Sie in Ihrem Wittbenthum unverrückt sitzen bleibt / auff solchem Ihrem Wittwenthum / wie obgemelt / Ihr Lebenlang sitzen bleiben / auch Unsere Erben Ihro Liebden bey solchen Wittwenthum ruhiglich schützen / schirmen und handhaben / als ihr eigen Land un Leute / ohne alle Gefährde.

So aber Ihre Liebden nach Unserm Tode zur andern Ehe greiffen würde / alsdenn sollen Unsere Erben Macht haben / Sie mit 20000. fl. Heurath-Guths obbemelter Wehrung aus solchem Wittwenthum zu lösen / darzu Ihr denn auch die Kleidung / Klynodien / Silber-Geschirr / Haußrath / und was zu Ihrem Leibe gehöret / so sie mitgebracht hätte / auch was Ihr ferner geschenckt und gegeben wäre / oder sie selbst erzeugt hätte / oder sonst ausserhalb Unsere Landschafft an Ihre Liebden erstorben und kommen wäre / allerdings unverhindert folgen sollen. ANNO 1618.

So viel aber Unsere Wiederlage belangt / soll Ihrer Liebden dieselbe jährlich aus Unserm Fürstenthum / wie gebräuchlich / Ihr Lebenlang verzinset / auch Ihr darum nothwendige Versicherung gegeben werden.

Gleichermassen würde Ihrer Liebden auch die Morgengabe obgesetzt / biß auff ihren tödtlichen Abgang / jährlich mit 150. Floren verzinset / und wofern Ihre Liebden solche nicht verschafft oder vermacht / auch nicht Kinder verlassen / soll solch Wittwenthum auff das Fürstenthum Munsterberg und Oelß fallen.

Was aber das Geschencke / so auff künfftige bevorstehende Hochzeit verehret werden möchte / betrifft / soll solches ordentlich inventiret werden / und Hochgedachten Fräulein Annen Sophien und uns Hertzog Carl Friedrichen gemein seyn / solches die Zeit Unsers Lebens mit einander haben zu nutzen und zu gebrauchen.

Und da / nach Unserm beederseits Absterben / keine Kinder / von Unser beyder Leiben gebohren / verhanden seyn / auch keine sonderliche Disposition von uns beeden / oder Unser einem / zu seinem Theil auffgerichtet / darüber beschehen würde / so soll alsdenn der halbe Theil von solcher Verehrung auff uns Hertzog Johann Philipsen oder Unsere Erben und Nachkommen / der andere halbe Theil aber auff Unsere Hertzogs Carl Friedrichs Erben und Nachkommen erblich kommen und fallen.

Und so wir Hertzog Carl Friedrich / rc. in währenden Ehe-Stande mit und neben Unserer geliebten Gemahlin Schulden gemacht hätten / die sollen von Unsern Erben bezahlt werden / und Unsere Gemahlin mit denselben gar nichts zu thun haben.

Was aber Ihre Liebden nach Annehmung und Besitzung des Wittwenthums vor Schulden gemacht hätten / und unbezahlt verliessen / die sollen Ihre nähste Erben des Wiederfalls ausrichten / und Unsere Hertzogs Carl Friedrichs Erben damit unbelästiget bleiben.

Würden aber Ihre Liebden Unsern Todos-Fall erleben / und wiederum zur andern Ehe greiffen / auch in derselben gleicher gestalt mit Kindern von dem Allmächtigen gesegnet und begabet werden / alsdenn soll nach Ihrer Liebden Todes-Abgang alle derselben Mütterliche Verlassenschafft zugleich auff dieselbigen Kinder / so von Unsere beeder Leiberen gebohren / und auff die / so Ihre Ld. gehörter Gestalt in der andern Ehe erzeugt / erblich kommen und fallen / auch einem Kinde so viel als dem andern daran gebühren und zustehen / es hätten denn Ihre Liebden ein anders durch sonderbahre Disposition verordnet.

Es ist auch ferner und beschließlich abgeredet / ob Fräulein Anna Sophia vor uns Hertzog Carl Friedrichen / oder wir vor Ihrer Liebden / nach den Beyschlaff und vor Erlegung des Heurath-Geldes / auch Vollziehung der Verweisung / verstürbe / das doch GOtt gnädiglich verhüten wolle / daß nichts destoweniger alles das / so Sie beederseits gegen einander zu leisten / vermöge dieser Heuraths-Beschreibung / verpflichtet / gebührend vollzogen werden soll.

Und auff jetzt gethane Beredung haben wir obgemeldter Hertzog Carol Friedrich zu Münsterberg / und

ANNO 1618. und Unser Hertzog Johann Philips freundliche liebe Schwester obgenannt / Fräulein Anna Sophia / in eigener Person in Nahmen GOttes den Stand der Christlichen Ehe einander versprochen und zugesagt.

Doch ob mitler Zeit / ehe dann der Beyschlaff geschehen / bemelt Fräulein Anna Sophia / oder wir Hertzog Carl Friedrich mit Tod abgiengen / das in dem Willen des Allmächtigen stehet / so soll diese Ehe-Beredung und Beschliessung keinen Theil oder desselben Erben binden / keines Theils Erben darzu verpflichtet seyn / sondern / als wäre die nie geschehen / gehalten werden / alles treulich und ungefährlich.

Und wir Johann Philip / Hertzog zu Sachsen / auch wir Hertzog Carol Friedrich zu Münsterberg obgenannt / gereden und versprechen bey Unsern wahren und Fürstlichen Treuen / diese Unsere auffgerichtete Verschreibung stets / fest und unzerbrüchlich zu halten / und der gäntzlich nachzukommen / ohne alle Gefährde.

Das zu Urkunden haben wir Unser Insiegel an diesen Brieff / deren zween gleiches Inhalts verfertiget / gehangen / und die mit Unsern Händen unterschrieben / auch ein jeder derer einen in seine Verwahrung genommen.

Wann dann auch wir von GOttes Gnaden Hinrich Wenceslaus / Hertzog zu Münsterberg und in Schlesien zu Oelßen / Graf zu Glatz / Herr auf Sternberg / Jaischwitz und Medzibor / Römisch Käyserlicher Majestät Cämmerer / ꝛc. freundlich ersucht und gebethen seynd / in obgeschriebene Heurath-Abrede mit zu willigen / und solche mit zu besiegeln / so haben wir solches also freundlich verwilliget / mit eigener Hand hierunter geschrieben / und Unser Insiegel hieran hengen lassen / und Unsere Erben zu dem Inhalt derselben / so viel uns oder sie auf die darinn gesetzten Fälle binden und berühren mag / damit bekennende / und zu fester Haltung dessen alles versprechende. Geschehen und geben zu Altenburg den 3. Junii, Anno 1618.

H. Marschalck.
Georg Gerhardt.
Elias Förster.
Gerhardt Marschalck.
Christoph Carol von Brandstein.

Fürstliche Münsterbergische Witthums-Verschreibung.

VOn GOttes Gnaden Wir Carl Friedrich / Hertzog zu Münsterberg und in Schlesien zu Oelßen / Graf zu Glaß / Herr auf Sternberg / Jaischwitz und Medzibor / ꝛc. bekennen und thun kund allermänniglichen mit diesem Brieffe / für uns / Unsere Erben und Nachkommen: Nachdem der Hochgebohrne Fürst / Herr Johann Philip / Hertzog zu Sachsen / Jülich / Cleve und Berg / Unser freundlicher lieber Vetter / uns zu Seiner Liebden geliebten Schwester / der Hochgebohrnen Fürstin / Unsere freundlichen hertzlieben Gemahlin / Frauen Annen Sophien / Hertzogin zu Münsterberg / gebohrnen Hertzogin zu Sachsen / Landgräfin zu Thüringen / und Marggräfin zu Meissen / 20000. fl. jeden Gülden zu 21. Meißnische Groschen gerechnet / Heuraths-Guths zu geben versprochen / Inhalts einer Heuraths-Verschreibung / zwischen derselben Unserer Gemahlin und uns auffgerichtet / welche Summe Geldes der 20000. fl. Se. Lbd. von dato des Hochzeit-Tages / innerhalb Jahres-Frist / ohne alle Unkosten und Schaden / (jedoch ohne Verzinsung /) zu Leipzig gegen gebührliche Quittung gütlich und freundlich erlegen zu lassen / uns durch eine sonderbahre Obligation, deren uns wolvergnügt / versichert / auch Ihro Liebden dero Ausfertigung / nach Inhalt der Heuraths-Verschreibung / zu Ihrem und Unserm guten Vergnügen / ausrichten / liefern und bezahlen lassen / laut eines Quittantzes-Brieffes / den wir Sr. Liebden übergeben haben; Und aber wir dargegen derselben Unserer Gemahlin solche 20000. fl. Heurath-Guths / darzu noch 20000. fl. derselben Wehrung Gegen-Geldes / das ist / 40000. fl. Haupt-Geldes / oder darfür 4000. fl. jährlicher beständiger gewisser Gülden an Geld und Werth / sampt einem Wittwenthums-Sitz / mit Consens, Vorwissen und Einwilligung des Hochgebohrnen Fürsten / Unsers freundlich geliebten Bruders / Herrn Heinrich Wentceslaus / Hertzog zu Münsterberg und in Schlesien / ꝛc. zu erweisen und zu wiederlegen / auch zu versichern schuldig und verschrieben seyn / Vermöge gedachter Heurats-Verschreibung: Daß wir demnach gedachter Unserer geliebten Gemahlin Unser Schloß und Stadt Oelßl und Cammer-Güther Bohrau / Rackau und Neuhoff / mit allen ihren Zugehörungen / Obrigkeiten / Herrlichkeiten und Gerechtigkeiten / Nutzungen und Gefällen / es sey Geld / Früchte oder anders / wie uns dieselben eigenthümlich zustehen / und mit Lehen / Pfandschafft / Schulden / oder in andere Wege nicht beschwerlich seynd / bewiedmet / bewiesen und versichert / thun auch solches hiermit / und in Krafft dieses Brieffs / also daß Ihro Lbd. daselbst 4000. Gülden / 21. Meißnische Groschen für einen Gülden gerechnet / jährlicher Nutzungen / Gefälle und Einkommens ohne alle Beschwerung und Abgang wolhabend und sicher seyn möge / wie von Stücken zu Stücken in einem Neben-Register / unter Unserm Insiegel ausgangen und hierbey übergeben / anfahend: Von GOttes Gnaden wir Carl Friedrich / Hertzog zu Münsterberg / bekennen und thun kund offenbahr / ꝛc. und sich endet: Geben zu ꝛc. klährlichen ausgedruckt und erfunden wird.

Es sollen auch Ihro Liebden in obgedachtem Schloß / Stadt und Amt alle Obrigkeit / Gericht und Herrlichkeit / Geboth / Verboth / auch hohe und niedere Jagden und andere Gerechtigkeit haben / in allermassen / wie wir dasselbe biß anhero gehabt und gebraucht / nichts ausgeschieden / denn allein die Hohe Landes-Fürstl. Obrigkeit / auch Unsere Weltliche Ritter-Lehen / Folge-Reise-Tranck- und Land-Steuer / die wir uns und Unsern Erben vorbehalten haben wollen

Doch sollen die von Adel und Ritterschafft / so in bemeldtem Wittwenthum gesessen / Ihrer Liebden zum Auffwarten und gebührenden gewöhnlichen Hofe-Diensten gewärtig seyn. Auch geistliche und Burglehen in solchem Wittwenthum gelegen / sollen Ihre Liebden zu verleihen und zu besetzen Macht haben / doch daß die mit tauglichen Pfarren der wahren Augspurgischen Confession, auch Inhalt der Heyrath-Verschreibung / versehen werden. Ihre Liebden sollen auch kein Wild (ausserhalb Hasen- und Feder-Wilpret) zu fahen Macht haben / dargegen wollen wir Ihrer Liebden zu dero Fürstl. Küchen jährlich 10. Hirsche oder Wild / 15. gute Schweine und 15. Rehe / ein jegliches / wenn es zu seiner Zeit am besten ist / ohne Jäger-Recht und Fuhrlohn / auff Unsere und Unserer Erben Unkosten überantworten / liefern / und alles ohne Anschlag folgen lassen.

So sollen auch Ihrer Liebden / wenn Sie das Leib-Guth beziehen wird / jährlichen ohne Ihrer Liebden Unkosten / und dargegen so viel Brenn-

ANNO 1618. Brau-und Bau-Holtz gegeben und geliefert werden/ als sie dessen zur Nothdurfft bedürffen möchte.

Und ob das vorgenannte Schloß und Stadt Oelß samt den Cammer-Güthern Borau/ Rackau und Neuhoff/ mit ihrem Zubehör/ solche 4000. fl. obberührter Wehrung jährlicher Gült und Nutzung/ und 150. Gulden Pension, wegen der Morgengabe/ nicht gnugsam ertragen möchten/ oder da auch das Schloß/ Stadt und Cammer-Güther/ samt den darzu gehörigen Flecken und Dörffern/ verwüstet und verderbet würden/ welches der Allmächtige gnädiglich abwenden wolle/ also daß Unsere geliebte Gemahlin Ihrer Liebden vollkommene Leib-Zucht und Morgengabe daraus nicht haben könte/ so sollen und wollen wir Hertzog Carl Friedrich von Münsterberg/ oder Unsere Erben/ Ihrer Liebden/ was daran mangelt/ aus andern Unsern/ dem Wittwenthum im Fürstenthum Oelßen nächst angelegenen Aemtern Unsers Theils und dessen Einkommen gäntzlich und gnugsam erstatten und vollkommen machen.

Desgleichen Ihrer Liebden ein ander Hauß/ da Sie Ihre bequeme Wohnung haben möge/ so lange/ biß dieser verschriebene Witthum wieder erbauet/ besetzt und in Nutzung gebracht/ dem obbenanten gleichmäßig/ eingeben.

Es soll auch Unsere geliebte Gemahlin erst nach Unserm tödtlichen Abgang/ der bey dem Willen GOttes stehet/ sich desselben Ihres Wittwenthums/ samt der obspecificirten Vermächtniß unterziehen/ gebrauchen/ nutzen/ und nach Ihrem Willen/ wie Wittwenthums Freyheit/ Recht und Gewonheit ist/ Ihr Leben-lang geniessen/ darbey auch zusamt der Morgengabe von Unsern Erben/ mit Land und Leuten/ Güthern/ Renthen und Gülten gegen männiglich geschützt und geschirmet werden/ gleich andern Ihren Landen und Leuten/ wo sie Recht vor denselben Unsern Erben und dero Räthen ungefährlich leiden wil und mag.

Und soll Ihrer Liebden zugelassen seyn/ auf solchen Fall Unsers Uberlebens 6. Monate nach Unserm Absterben bey Unsern Erben und Successoren sich zu verhalten/ und in dererselben Kost und Unterhaltung zu seyn. Aber wenn Ihre Liebden dero Wittwenthum vor oder nach solcher bestimmten Zeit beziehen wollen/ so sollen Unsere Erben nicht allein schuldig seyn/ Ihrer Liebden solch dero Leib-Gedinge einzuräumen/ sondern auch an allerley Gefällen/ Wein/ Früchten und anderm Vorrath/ so viel darinn zu lassen oder zu erstatten/ als das Amt/ Vermöge des versiegelten Anschlags/ ein Jahr Einkommens hat/ darzu solch Hauß mit Gebäude/ Haußrath/ Bett/ Leinwand/ und sonst also zu bestellen/ daß Ihre Liebden daran/ Ihrem Stande und Wesen nach/ keinen Mangel habe/ welches denn alles inventiret/ und wiedergelassen werden solle/ was darüber erzeugt/ soll der Wittwen allein erblich bleiben.

Ob auch etwas von Gülten und Nutzungen/ in das Wittwenthum gehörig/ albereit versetzt oder gültenbeschwerig wäre/ oder noch künfftig jetzt stehender Ehe/ Beschwerung erwachsen oder gemacht würde/ damit soll Unsere geliebte Gemahlin gar nichts zu thun haben/ sondern wir oder Unsere Erben sollen die an andern Orten auf uns nehmen/ und ohne Ihrer Liebden Kosten und Schaden/ innerhalb Jahres-Frist/ ausrichten und bedingen. Ihre Liebden sollen auch den Wittwenthums-Sitz die Zeit Ihres Inhabens alleine mit den Ingebäuden baulich erhalten/ aber den Grund-Bau zu Ihrer Liebden Nothdurfft sollen Unsere Erben zu thun pflichtig seyn.

Da auch nach Unserm Tode durch Unsere hinterlassene Wittwe auf Ihre Kosten einige mehrere Nutzung auf solch Wittwenthum könte oder wurde angerichtet werden/ soll derselben solches zu thun nicht allein freystehen/ sondern auch Ihro Liebden dessen dero Lebenlang zu geniessen zugelassen werden. ANNO 1618.

Es sollen auch Ihre Liebden/ so wir vor derselben mit Tode abgehen würden/ sich an solchem Ihrem Wittwenthum und Vermächtniß/ Inhalt dieser Verschreibung/ genügen lassen/ und an Unserer nachgelassenen Landschafft/ Erbschafft und Gütern/ liegenden oder fahrenden/ wo dieselbige in Unserm Fürstenthum befunden/ alsdenn keine weitere Forderung/ auch mit Unsern Schulden/ ob wir einige hätten/ nichts zu thun haben/ es wäre denn/ daß wir Ihrer Liebden aus Lieb und Freundschafft und guter Neigung über diese Verschreibung etwas weiters zugestellt/ verwilliget oder verschrieben hätten/ das soll derselben/ auf solchen Fall/ auch geleistet werden.

Und wo Ihre Liebden zur Zeit/ wenn sie nach Unserm Tode dero Wittwenthum beziehen/ mit nothwendigem Silber-Geschirr nicht versehen wären/ so sollen Unsere Erben schuldig seyn/ Ihr so viel Silber cum Inventario zustellen zu lassen/ wie sichs einer Fürstin gebühret/ und bey dem Hause Sachsen gebräuchlich und Herkommens ist/ doch dergestalt/ da sich Ihre Liebden anderwärts verheurathen/ oder aber mit Tode abgehen würde/ daß solches Ihr von Unsern Erben zugestelltes Silber-Geschirr/ nach dem berührten Inventario daselbst/ hinwieder Unsern Hertzog Carl Friedrichs Erben überantwortet werden soll.

Ob sich auch begebe/ daß wir Hertzog Carol Friedrich zu Münsterberg vor Ihren Liebden mit Tode abgehen würden/ wir hätten denn mit einander Kinder erworben oder nicht/ soll doch Ihrer Liebden/ alldieweil Sie in Ihrem Wittwenthum unverrückt sitzen bleibt/ auf solchem Ihrem Wittwenthum/ auff Unserm Schloß und halben Stadt Oelß/ samt denen Cammer-Güthern Borau/ Rackau/ Neuhoff/ Ihr Lebenlang unverdrungen und unbeschwert sitzen bleiben/ auch Unsere Erben Ihre Liebden alsdenn bey solchem Wittwenthum geruhig schützen/ schirmen und handhaben/ als Ihre eigene Land und Leute/ ohne alle Gefährde.

So dann Ihre Liebden nach Unserm Tode zur andern Ehe greiffen würde/ alsdenn sollen Unsere Erben Macht haben/ Sie mit 20000. fl. Heurath-Guths obgemelter Wehrung aus solchem Wittwenthum zu lösen/ jedoch daß Ihrer Liebden jährlich noch 2000. Gülden von wegen der Wiederlage/ und 150. von wegen der Morgengabe unweigerlich gereicht/ auch darüber allenthalben gebührliche Versicherung auffgerichtet werde.

Und sollen auff solchen Fall/ da Ihre Liebden/ wie gemeldt/ Unsern Tod erleben/ und also durch Unsere Erben aus Ihrem Wittwenthum hindan gelöset würden/ derselben auch unverhindert folgen und bleiben alle und jede Kleinodien/ Kleider/ Silber-Geschirr/ Haußrath/ wie obgemelt/ und was zu Ihrem Leibe gehört/ so sie mit gebracht hätte/ Ihr gegeben oder geschenckt wäre/ oder sonst (ausserhalb Unsers Furstenthums) an Ihre Liebden kommen und erstorben wäre.

Wäre es aber Sache/ daß Unsere Hertzogs Carl Friedrichs künfftige Gemahlin/ Fräulein Anna Sophia/ mit Uns Leibes-Erben gewinne/ die doch bey Ihrer Leb-Zeit auch ohne eheliche Leibes-Erben Ihres Geblüts mit Tode abgiengen und verstürben/ alsdenn soll es mit dem Wiederfall des Heurath-Guths/ und anderer/ als obste-

Anno 1618.

obstehet / gehalten werden / und dasselbige nicht vererbet seyn.

Würde aber vielgenannte Unsere Gemahlin nach Ihrem Absterben keine Kinder noch Leibes=Erben verlassen / wo sie denn vor uns mit Tod abgienge / und wir sie überlebten / so sollen alsdenn wir gleicher Gestalt Ihrer Liebden zugebracht Heurath-Geld Unser Lebtage inne behalten / niessen und brauchen / aber alsbald nach Ihrer Liebden Tod solle es / derselben Fährniß halben / an Kleinodien / Kleidern / Schmuck / Silber-Geschier und andern / nach Besagung und Ausweisung des Heuraths- und Wiederfalls-Brieffs / so wir darüber auffgerichtet / und Sr. Ld. dem Hertzoge zu Sachsen übergeben haben / gehalten werden.

Desgleichen nach Unsers Hertzogs Carls Friedrichs Absterben sollen auch die obbemelten 20000. fl. Ihrer Liebden zugebrachten Heuraths-Guths / 21. Gr. Meißn. für einen Gülden gezehlet / wiederum auff Hertzog Johann Philips oder Sr. Ld. Erben kommen und fallen. Nach solchem Wiederfall / so der / Laut derselben Briefe / bezahlt und vergnügt wird / Unseren Erben der obgenannte Wittwenthums=Sitz / Schloß / Stadt und Cammer-Guther wiederum zustehen und bleiben sollen.

Es sollen auch Unsere Amts-Leute und Diener / die auff zutragenden Fall in obgemeltes Wittwenthum auffgenommen und gesetzt werden / von Unsern Erben / ohne der Frau Wittwen Zuthun / jährlichen unterhalten und besoldet werden / desgleichen die Unterthanen / darinne gehörig / Unserer geliebten Gemahlin Huldigung thun / geloben und schwören / da ihre Liebden nach Unserm Tode / den GOtt lange verhüten wolle / sich Ihres Wittwenthums unterziehen und gebrauchen würde / daß sie Ihrer Liebden dasselbigen eingeben / und damit gewarten und gehorsam seyn wollen / nach Vermöge dieser Unserer Heuraths-Verschreibung / als wir denn hierbey sondern Geheiß- und Befehls-Brieff an dieselben Amtleute und Unterthanen gegeben haben.

Dargegen sollen Ihro Liebden / wenn sie dero Wittwenthum vorgerührt einnehmen und besitzen wird / die Unterthanen / Geist- und Weltliche / auch bey Ihren Freyheiten / Rechten und hergebrachten gewonheiten / wie wir sie in solchen gehalten haben / bleiben lassen / davon nicht dringen oder ferner beschweren in keine Wege / und damit ernanter Unser freundlicher lieber Vetter / Hertzog Joh. Philipp zu Sachsen / rc. und Sr. Ld. Erben des Wiederfalls der 20000. fl. obbemelten Heurath-Guths / Fahrniß und anders / desto sicherer seyn / so haben wir Hertzog Carl Friedrich von Münsterberg / rc. Ihrer Liebden vorangeregt Unser Schloß und halbe Stadt Oelß / und die Cammer=Güther / Bohra / Rackau und Neuhoff / mit allen derselben Ein- und Zugehörungen / zu rechtem Unterpfande davor eingesetzt / wie solches die deswegen verfertigten und auffgerichteten Heurath- und Wiederfalls Briefe zu erkennen geben / jedoch mit Vorbehalt / daß nach Unserem Absterben Unsere Erben und Nachkommen in den berührten Schloß=Stadt- und Cammer-Güthern der Appellation, Bergwercke / wo die jetzo seyn / und wo sich die erfinden werden / Oeffnung / Erbhuldigung / Folge=Reise- und Land-Schatzung / auch Hand- und andere Steuer / wie zum Theil hier oben vermeldet / und wie solches alles Unseren Nachkommen ausgenommen und vorbehalten / haben sollen.

Wo aber der Folge / Oeffnung und Reise halben / da Unsere Erben deren Ursache wären / durch Brunst oder in andere Wege Ihrer Liebden an offtberührtem dero Wittwenthum und dessen Zugehörung einiger Schade geschehe / oder zugefügt würde / so soll ihrer und derselben von Unsern Erben zu dere guten Vergnüen verglichen werden / also / daß Sie deshalben einigen Abgang oder Nachtheil nicht dulten noch leiden dürffte.

Es sollen auch wir Hertzog Johann Philipp zu Sachsen / rc. von Unserer lieben Schwester / Fräulein Annen Sophien wegen / Macht haben / am Ende solcher Verweisung jemanden zu ordnen / welcher benennt Amt und Güther / in solch Wittwenthum gehörig / besichtigen / und eigentliche Erfahrung einnehmen möchte / wie dieselben an Gebäuden und andern gelegen / und zur Nothdurfft versehen / wie denn Hertzog Carl Friedrichen / rc. freystehen soll / solche Zeit gleichfalls jemanden dahin abzuordnen.

In den allen / wie oberzehlt / soll es des zugebrachten und wiederlegten Heurath-Guths / auch derselben Gefälle und Wittwenthums Ablösung halber / darzu auch sonsten in allen und jeden andern Puncten und Articuln / so hierin nicht ausgedruckt seyn / Laut der Heuraths-Abredung und Verschreibung / (die wir hiermit / als ob sie von Wort zu Wort hierinnen verleihet und inseriret wäre / erneuret und bestätiget haben wollen /) gehalten werden.

Und wir obgenannter Hertzog Carl Friedrich zu Münsterberg gereden / geloben und versprechen für uns / Unsere Erben und Nachkommen / bey Unsern Fürstlichen und wahren Worten / solches alles wahr / stets / auffrecht und vollkömmlich zu halten und zu vollstrecken / was in diesem Briefe geschrieben stehet / ohne allen Eintrag oder Verhinderniß Unser / Unser Erben und männiglichs / von Unsert oder ihrentwegen.

Zu dem Ende wir denn auch / wie in allem billig / der Röm. Käyserl. und Königl. Majestät / Unsers allergnädigsten Käysers / Königes und Herrens / Consens und Confirmation binnen Jahrs Frist auszubringen / und Hertzog Johann Philipsen zu Sachsen / rc. das Original auszuantworten verpflichtet seyn sollen und wollen / getreulich und ohne alle Gefährde und Argelist.

Das zu wahrer Urkund / so haben wir Unser Insiegel an diesen Brieff thun hencken / auch denselben mit eigner Hand unterschrieben.

Desgleichen auch von GOttes Gnaden wir Heinrich Wenceslaus / Hertzog von Münsterberg und in Schlesien / rc. in gegenwärtige Wittwenthums-Verschreibung / und alles andere / so dieser Heurath wegen abgeredet / Vermöge der darüber bestehenden Heurath-Notul und anderer darüber auffgerichteter Brieflicher Uhrkunden / wissentlich consentiret und verwilliget / auch dessen zu wahrer Uhrkund / steter und fester Haltung / neben gedachten Unsern freundlichen lieben Bruder / Hertzog Carl Friedrichen / Unser Insiegel gleicher gestalt an diesen Brieff hengen lassen / geschehen und geben rc. zu Altenburg den 3. Junii, im Jahr 1618.

CLXXXII.

6 Juillet.

Des Käyserl. und H. Röm. Reichs Cammer-Gerichts zu Speyer Exemptions-Urtheil / worinnen Hamburg vor eine Freye Reichs-Stadt erklähret wird. Speyer den 6. Julii. 1618. [Christ. Gastelius, de Statu Publ. Europæ Noviss. Cap. XXXII. pag. 1098. d'où l'on a tiré cette Pièce, qui se trouve aussi dans Lunig, Teutsches-Reichs-Archiv. Part. Spec. Continuat. IV. Abtheil. VIII. Absatz XXIII. pag. 1106.]

ANNO 1618.

C'est-à-dire,

Sentence rendue par la Chambre Imperiale de Justice à Spire, dans la Cause de HAMBOURG *contre la Maison Royale & Ducale de* DANNEMARC-SLESWICH-HOLSTEIN; *par laquelle cette Ville est déclarée libre & Imperiale. A Spire le 6 Juillet* 1618.

IN Sachen des Kayserl. Fiscalis, Klägern/ eins/ wider weiland Herren Christian/ Johann und Adolphen/ jetzo Herrn Christian und Friedrichen/ Hertzogen zu Holstein/ pro interesse, auch Burgermeister und Rath der Stadt Hamburg/ Beklagte anders Theils/ Exemptionis, ist diese Sache von Amptswegen vor beschlossen angenommen/ darauf und allen fürbringen nach/ zu Rechte erkandt/ daß gedachter Hertzogen fürgewandte Interesse angeregter Exemption halber ungehindert/ berührte Burgermeister und Raht der Röm. Kays. May. und des Heil. Reichs Hohen Obrigkeit/ und unmittelbaren Subjection sich geklagter massen eigens Gewalts zu entziehen/ und frey zu machen nicht gezienet noch gebühret/ sondern daran zu viel und unrecht gethan haben/ sich dessen hinführo gäntzlich zu enthalten/ und daß besagte Stadt Ihr Kayserl. Mayest. und dem Heil. Reich ohne Mittel zuständig/ unterworffen und verwandt/ auch von männiglich dafür zu erkennen/ und deswegen sie/ Burgermeister und Rath desselbigen Reichs-Anlage/ Steur und Bürden zu tragen und zu leisten/ auch deroselben Ausstand zu entrichten und zu bezahlen schuldig/ und zu solchem allem zu condemniren oder zu verdammen seyn. Als wir sie dazu condemniren und verdammen/ jedoch mehr-ernannten Hertzogen ihre Sprüch und Forderung/ so sie sonsten an gedachte Stadt zu haben vermeinen/ ordentlicher Weise Rechtens/ ob sie wollen/ auszuführen/ hiemit unbenommen/ sondern vorbehalten/ die Gerichs-Kosten deßwegen aufgelauffen/ aus bewegenden Ursachen gegen einander compensirend und vergleichend. Speyer den 6. Julii Anno 1618.

CLXXXIII.

15. Oct. Vergleich zwischen Johann Georg den I. Churfürsten zu Sachsen an einem/ dan denen frey/ Reichs-auch Unirten Teutschen Hansee-Städten andern Theils aufgerichtet; Wodurch wegen abgabe von denen waaren abgeredet und geschlossen worden. Geben zu Leipzig am Michaeli Marck den 15. Octob. 1618. Sambt Ihrer Churfürstl. Gnaden Ratification dieses Vergleichs. Geben zu Dresden den 5. Decemb. 1618. [LUNIG, Teutsches Reichs-Archiv. Part. Special. Abtheilung IV. Absatz II. pag. 158.]

C'est-à-dire,

Accord entre JEAN GEORGE I. *Electeur de Saxe, & les* VILLES *Imperiales-unies* HANSEATIQUES *en Allemagne, au sujet des Droits & Péages que les Marchandises devront payer à l'Electeur. A Leipsich le 15 Octobre* 1618. *Avec la* RATIFICATION *de l'Electeur à Dresde le 5 Decembre* 1618.

ZU wissen/ Demnach der Durchl. Hochgeb. Fürst und Herr/ Herr Johann George (tot tit.) Churfürst/ durch deroselben verordnete Cammer-Räthe/ der Erbaren Anseestädte Abgeordneten in Sachen/ das auf die Waaren gesetzte Geld betreffende/ am 22. Aprilis instehenden Jahres zum Bescheid geben lassen; Daß es höchstged. seine Churfl. Gn. bey dero aus gnugsamen und nach Gelegenheit der Umbstände erheblichen/ ihnen denen Herren Abgeordneten zum Theil mündlich angezeigten Ursachen/ in diesen Landen der Waaren halben gemachten Anordnung allenthalben bewenden liessen; Es konten denn S. Churfl. Gnaden die interessirten Handels-Leuthe/ innerhalb der nachgelassenen Frist/ solche Mittel fürschlagen/ dadurch in effectu eben das Ende/ dahin das Werck angesehen/ erreichtet werden konte: Immassen denn auch die gesamten Ober-Landischen Kauff- und Handels-Leuthe/ auf ihr schrifftl. Ansuchen/ folgends den 7. Mäy gleicher gestalt beschieden worden/ daß dato diesen zu Folge auf sonderbahrer Churfl. Gn. Anordnung vor Sr. Churfl. Gnaden Cammer-Räthen/ Renth-und Cammermeistern/ der Erbarn Ausschreibenden Frey- und Reichs-auch Unirten Teutschen Hansee-Städte Abgesandten/ Herr Georg Heher/ Herr Bened. Winckler/ Herr Peter Möller/ alle der Rechten Doctores, erschienen/ und anfänglichen zwar abermahls/ umb gäntzliche Abschaffung des uf die Waaren gesetzten Geldes/ angehalten: Dieweil sie aber hingegen voriger Bescheid erinnert/ und daß Sr. Churfürstel. Gn besagter massen/ darvon nicht abstehen könte/ verständiget/ ist nach genungsamer Deliberation von ihnen/ denen Abgesandten/ dieses Mittel/ biß auf ihrer Herren Obern und Interessenten Ratification/ beliebet/ und angenommen worden/ daß nun hinfüro an statt dieses geforderten Geldes über das Wage- und Losung-Geld/ so dem Rathe zu Leipzig jedesmahl von denen sämtlichen herein geführten Waaren abgetragen/ Sr. Churfl. Gn. noch halb so viel/ [jedoch des Raths andern Intraden und absonderlich Zoll hierdurch nicht gemeiner] wegen des gestärckten Geleits bißhero gehabten und künfftig gebethenen Schutzes und Sicherung auf denen Strassen/ unweigerlich und unwiederrufflich erlegt und richtig gemacht/ auch künfftigen Neu-Jahrs-Marck alsobald mit Erlegung des Geldes der Anfang gemacht werden soll/ dergestalt/ daß wenn gemeldetem Rath ein Gülden ausgezahlet wird/ Sr. Churfl. Gn. über dieses zugleich ein halber Gülden/ und also forthan/ jedesmahl die Helffte/ in der Wage/ und also an einem Orthe erlangen soll/ Jedoch bescheidentlich und also/ daß dieses Wage- und Losungs-Geld weder von Sr. Churfl. Gn. noch dem Rathe zu keiner Zeit fernerweit erhöhet/ sondern in dem jetzigen Zustand zu ewigen Zeiten gelassen werden soll. Wenn denn vorerwehnte Abgesandten selbsten darvor gehalten/ daß durch dieses Mittel allein bißher eingebrachten Clagen und Beschwerungen/ wegen der Ungleichheit an Special Profession und andern nicht allein gäntzlich abgeholffen/ sondern auch auf beniemte Maße die Commercia an diesem Orthe mercklich befördert/ und der Handel alhier zu einen guten und beharrlichen Aufnehmen gelangen würde. Und sich sonsten in der Erkundigung befunden/ daß gestalten Sachen und Umbständen nach/ solches dem Handel und dieser Stadt nicht unzuträglich/ Als ist auf höchstged. Sr. Churfl. Gn. gnädigste Ratification/ diese der Herren Abgesandten wohlbedächtige und freywillige Erklärung acceptiret/ ad referendum angenommen/ zu Pappier bracht/ abgelesen/ beliebt/ besiegelt und unterschrieben worden Geschehen in Leipzig Michaeli-Marck den 15. October 1618.

Chur-

ANNO 1618.

Churfl. Durchl. gnäd. Ratification vorhergeschriebenen Recesses.

VOn Gottes Gnaden / wir Johann Georg / Hertzog zu Sachsen / rc. Churfürst / etc. Hiermit thun kund und bekennen / Demnach bey Uns die Erbare ausschreibende Freye und Reichs=auch Unirten Teutschen Hansee=Städte durch Abgesandte zu unterschiedenen mahlen mündlich und schrifftlich / umb Abschaffung des auff die Waaren gelegten Geldes / angehalten / und aber ihnen / denen Abgesandten / durch Unsere Cammer=Räthe / Renth-und Cammer-Meister so viel beybracht / daß solche Unsere Anordnung aus gnugsamen / und nach Gelegenheit der Umbstände erheblichen Ursachen geschehen / und wir dahero gesuchter massen nicht abstehen könten / daß zu Verhütung ferneres Clagens / und zu Beforderung der Commercien / biß uf Unsere Ratification / von gemeldten Unsern Cammer-Räthen / Renth-und Cammermeistern unterm dato den 15. October instehendes Jahres / nachfolgendes Mittel vorgeschlagen / und von der Städte Abgesandten / dem Hochgelahrten Herrn Georg Hehern / Benedicto Wincklern und Peter Mollern / allen der Rechte Doctoren / nach genugsamer vorgehender Declaration / ebenermassen auf ihrer Herren Obern und Interessenten Ratification beliebet und angenommen worden / daß nemlich hinfüro an statt dieses geforderten Geldes über das Wage-und Losungs-Geld / so dem Rathe zu Leipzig jedesmahl von den sämtlichen herein geführten Waaren / abgetragen (jedoch des Raths andere Intraden / und absonderlich Zoll hiedurch nicht gemeinet) uns noch halb so viel / wegen des gestärckten Gleits / bißhero gehabten und noch künfftig gebetenen Schutzes und Sicherung auf den Strassen / unweigerlich und unwiederrufflich erleget und richtig gemacht / auch künfftigen Neu-Jahrs-Marck alsobald / mit Erlegung des Geldes der Anfang gemacht werden soll / der gestalt / daß wenn gemeldetem Rathe ein Gülden mehr oder weniger ausgezahlet wird / uns über dieses / so dem Rathe zustehet / zugleich ein halber Gülden / und sonsten nach Gelegenheit der Summa des Wage-und Losungs-Geldes / mehr oder weniger / als in Summa / noch halb so viel als der Rath bekomt / in der Wage und an dem Orth / da der Rath mehr erwehntes Wage-und Losungs-Geld erlanget / erleget werden soll. Jedoch bescheidentlich und also / daß dieses Wage-und Losungs-Geld jedesmahl in dem Stande verbleiben / und zu keiner Zeit gesteigert und erhöhet werden soll. Wann wir dann vermercken / daß vorerwehnte Abgesandten selbst dafür gehalten / daß durch dieses billige Mittel allen bißhero eingebrachten Clagen und Beschwerungen / wegen der Ungleichheit / Special Profession / und andern nicht allein gäntzlich abgeholffen / sondern auch auff benannte Maße die Commercia an diesem Orthe mercklich befördert / und der Handel in Leipzig zu einen guten und beharrlichen Auffnehmen gelangen würde / und sich sonsten in der Erkundigung befunden / daß gestalten Sachen und Umbständen nach / solches dem Handel dieser Stadt nicht unzuträglich; Als wollen wir diese Abhandlung / wie dieselbe jetzo erzehlet worden / hiermit gnädigst allenthalben ratificiret und beliebet haben / begehrende / daß derselben / nach Jnhalt des Buchstabens / jederzeit unverbruchlich nachgelebet werde. Uhrkundlich haben wir dieses mit eigenen Händen unterschrieben / mit Unsern Cammer-Secret becräfftigen / und den Interessenten zur Nachrichtung ausantworten lassen. Datum Dreßden den 5. December. Anno 1618.

Johann Georg Churfürst.

ANNO 1618. 26. Nov.

CLXXXIV.

Obligation Hertzogs Johann Philips zu Sachsen wegen Auszahlung des im Heüraths=Contract versprochenen Heüraths=Guths der 20000 Gulden / an Hertzog Karl Fridrich zu Münsterberg. Geben zu Oelß am 26. Novemb. 1618. [LUNIG, Teutsches Reichs=Archiv. Part. Spec. Continuat. II. Absatz II. pag. 404.]

C'est-à-dire,

Obligation de JEAN PHILIPPE *Duc de Saxe au profit de* CHARLES FRIDERIC *Duc de Munsterberg pour la somme de 20 mille Florins qu'il lui avoit promise par son Contract de Mariage. A Olss le 26. Novembre 1618.*

VOn GOttes Gnaden Wir Johann Philipps / Hertzog zu Sachsen / Jülich / Clev und Berg / Land-Graff in Thüringen / Marggraff zu Meissen / Graff zu der Marck und Ravensberg / Herr zum Ravenstein / bekennen hiermit für uns / und Unsere Erben und Nachkommen: Nachdem durch Schickung GOttes des Allmächtigen eine Christliche Heyrath zwischen der Hochgebohrnen Fürstin / Unserer freundlichen lieben Schwester / Fräulein Anna Sophia / Hertzogin zu Sachsen / rc. und dem Hochgebohrnen Fürsten / Unserm freundlichen lieben Vetter und Bruder / Hn. Carl. Friedrichen / Hertzog zu Münsterberg und Schlesien / zu Oelßen / Grafen zu Glatz / und Herrn auff Sternberg / Jaischwitz und Medziborn / abgeredt und geschlossen / und denn in solcher Ehe-Beredung / vermöge deswegen verfertigten und auffgerichteten Heyraths=Notuls, unter anderen versehen / daß wir jetzt gedächter Unserer geliebten Schwester / und obgemeldtem Hertzog Carl Friedrichen zu Münsterberg / zwantzig tausend Gülden an guter Land-gebiger Müntz / je ein und zwantzig Meißnische Groschen für einen Gülden gerechnet / zu rechtem Heyrath=Guth mitgeben / und solche 20000. fl. jetz bemelter Wehrung von dato des Hochzeit=Tages / innerhalb Jahres / jedoch ohne Verzinsung / rc. Seiner Hertzogs Carls Friedrichs Liebden / oder dero Befehlhabern / gegen Herausgebung dieser Obligation und gnugsamer Quittung / deren wir Uns allbereit mit Seiner Liebden verglichen / gütlich und freundlich / ohne allen Seiner Liebden Kosten und Schaden / entrichten lassen / auch deroselben / dessen immittelst zu dero Versicherung / gebührende Verschreibung zustellen sollen und wollen.

So haben wir demnach gedachtem Hertzog Carl Friedrichen / rc. versprochen und zugesagt / thun auch solches hiermit und in Krafft dieser Unserer Obligation, bey Unsern Fürstlichen Würden und wahren Worten / daß wir solch versprochen Heyrath-Geld der 20000. Gülden vorbestimmter Wehrung auff bemelte Zeit zu Leipzig Sr. Ld. oder Befehlhabern / Fürstlich und ehrlich / ohne alle Jhre Kosten und Schaden / nach Jnhalt besagter Heyraths-Verschreibung / erlegen und bezahlen lassen wollen / alles bey Verpfändung Unserer Cammer-Gefälle / an welchen gedachter Hertzog Carl Friedrich / rc. im Fall Unsers nicht Haltens / (welches ob GOtt will nicht geschehen soll) sich mit oder ohne Recht / wie und wo es Sr. Liebden am gelegensten / solcher obspecificirten Summe / auch Kostens und Schadens / da sie einigen deswegen erlitten / selbst habhafft und ohne alle Unsere Ein-und Wiederrede bezahlt machen soll und mag / getreulich und ohn Arglist. Deß zu wahrer Befestigung haben wir

ANNO 1618. diese Unsere Obligation mit eignen Handen unterschrieben/ und Unser Insiegel davor hangen lassen. Geschehen und geben zu Delft am 26. Novembris Anno 1618.

CLXXXV.

1619. *Confœderatio inter Ordines Regni, & Provinciarum Incorporatarum, in Comitiis Pragensibus, de Statu publico Regni & religioso, nec non de Juribus Majestatis facta; quâ etiam statuitur, ut eligendus Rex hæc Capita observet, quòd, si autem hoc non faciat, nemo ipsi parere teneatur.* [JULII BELLI Laurea Austriaca, Lib. III. pag. 186.]

I. UT omnes, & singuli, qui Religionem Evangelicam profitentur secundum præscriptum Doctrinæ Evangelii piam, & Christianis hominibus dignam vitam degant: peccata studio commissa, flagitia, publica scandala, hypocrisin quamcunque vitent, & fugiant: ad quod etiam Ministri in Concionibus Auditores suos sedulò hortentur, & Magistratus delinquentes severè puniat. II. Futurus Rex Boemiæ sequentia Capita observet, & hanc inprimis Fœderationem probet. III. Nullis Jesuitis, aut exteris in suo Consilio, aut in Legationibus utatur. IV. Jesuitæ cum ipsorum Discipulis in perpetuum proscripti maneant: bona ipsorum fisco in publicum Regni usum addicantur: quod in tabulas Regni ipsorum causa relatum est inducatur. V. Regi, aut Reginæ fas non erit, novum Ordinem Monachorum in Regnum introducere. VI. Bona Monasteriorum, ad Ecclesias, & Scholas sustentandas hactenus adhibita, in eodem usu maneant. VII. Rex Litteras Majestatis in omnibus earum Articulis, & clausulis observet. VIII. Evangelici in omnibus Urbibus, Oppidis, & Pagis, Templa, quæ jam possident, retineant. IX. Moravi, & Lusati, qui Litteras Majestatis non habent, iisdem plenè fruantur. X. Exercitium Religionis, unicuique liberum sit. XI. Reditus Ecclesiastici nullo externo concedendi. XII. Catholici, qui inter ipsos commorari velint, & locum in Senatu habeant, Decretum Concilii Constantiensis, & Tridentini, Hæreticis non esse servandam fidem, ejerent, & hæc Capita observent. XIII. Alioqui non admittantur. XIV. Nec in Regno, aut Provinciis tollerentur. XV. Catholici in rebus Ecclesiasticis non dominentur. XVI. Officiales Regni sunt Evangelici. XVII. Quos Rex in ipsorum muneribus confirmet. XVIII. In iis locis, in quibus Senatus ex solis Catholicis constabat, dimidia parte ex Evangelicis componatur. XIX. Ubi major est Evangelicorum numerus, soli Evangelici eum occupent. XX. Privilegia contra Religionem, & Litteras Majestatis data, sint irrita. XXI. Unusquisque apud suum Judicem in jus vocetur. XXII. Unicuique Provinciæ sua Privilegia salva maneant. XXIII. Nullus Rex in spem successionis eligatur. XXIV. Nec juramentum ipsi præstetur. XXV. Cessio Regi Hispaniæ facta nullo loco habeatur. XXVI. Regnum, & Provinciæ annexæ novum Regem conjunctim eligant. XXVII. In Generalibus Comitiis. XXVIII. Per sex suffragia, quorum primum Boemia, secundum Moravia, tertium Silesia, quartum superior Lusatia, quintum inferior Lusatia, sextum rursus Boemia habebit: & si duobus paria suffragia obtingant, sorte res dirimatur. XXIX. Electus Rex hæc Capita observet. XXX. Quod si non faciat, nemo ipsi parere teneatur. XXXI. Rex sine consensu Ordinum nullum bellum moveat. XXXII. Nullam munitionem exstruat. XXXIII. Neque Ordines ad fidejubendum adigat. XXXIV. Ad Cancellariæ Boemicæ Officia, & Ministeria soli Evangelici adhibeantur. XXXV. Nullum ex ea Mandatum contra Religionem, aut Litteras Majestatis edatur. XXXVI. Unaquæque Provincia suam jurisdictionem retineat. XXXVII. Hæreditates unicuique, cui illæ Jure obveniunt, reciproce adire liceat. XXXVIII. Subditi aliorum non detineantur. XXXIX. In Cancellaria erga peregrinos humanitas, & moderatio adhibeatur. XL. Partes coram audiantur. XLI. Negotia indigenis committantur. XLII. Nullus ad ea obeunda contra voluntatem adigatur. XLIII. In Boemica Cancellaria, res Boemicæ tractentur. XLIV. Nulla Mandata cæteris Provinciis dentur. XLV. Probi Catholici hoc Fœdere comprehendantur. XLVI. usque ad LV. Qua in re hac Fœderatione utendum, nempe contra omnes, qui nos in Religione contra Litteras Majestatis offendere conabuntur, & contra omnes Contumaces. LV. Fœderatæ Provinciæ omnes suas vires, & opes, ad communem causam tuendam conjungant. LVI. Tanquam membra unius corporis. LVII. Quæque Provincia suo ordinario Jure utatur. LVIII. Nec quicquam contra hanc Fœderationem agat. LIX. Singulæ Provinciæ suos Defensores Jurejurando obstrictos habeant. LX. Siquis moriatur alius ei surrogetur. LXI. Singuli in suis Provinciis controversias decidant. LXII. usque ad LXIV. Si res gravior incidat, quàm ut à singularum Provinciarum Defensoribus decidi possit, ad Ordines Provinciæ, & ab his ad universos Defensores, qui convocandi erunt, referatur. LXV. Boemi hoc casu reliquos Pragam aut alio convocare poterunt, &c. LXVI. Quibus rem ad deliberandum proponent. LXVII. LXVIII. LXIX. Omnia tentanda, priusquàm ad extrema deveniatur, & hac Fœderatione tantum in casu necessitatis utendum. LXX. Provinciæ rationes inibunt auxiliorum submittendorum, & qua ratione in necessitate sibi mutuo succurrere debeant. LXXI. Id Provinciæ intra sex menses sibi mutuo significabunt. LXXII. Subditi in re Militari exerceantur, exceptis Colonis, quibus arma non concedenda. LXXIII. De hoc exercitio Defensores se mutuo certiores faciant. LXXIV. In casu necessitatis Provincia una alteri inter quatuor hebdomadas suppetias ferre tenebitur. LXXV. Boemi submittent Silesiis & Moravis Legionem peditum, & mille equites: superiori Lusatiæ trecentos pedites & centum quinquaginta equites: inferiori Lusatiæ ducentos pedites, & centum equites. LXXVI. LXXVII. LXXVIII. LXXIX. Et sic vice versa. LXXX. Si hæc auxilia non sufficiant, omnibus viribus, una Provincia alteri succurrat. LXXXI. Quæque Provincia suos habeat militiæ Duces. LXXXII. Conjunctis auxiliis supremus Dux eligendus, qui universis Copiis cum Imperio præsit. LXXXIII. Provinciæ laboranti succurrendum pro magnitudine periculi. LXXXIV. Si duæ, aut tres Provinciæ simul petantur auxilia dividenda. LXXXV. Durante pace. LXXXVI. Annona curanda. LXXXVII. Ad belli sumptus vectigalia ex Cerevisia, & aliis rebus assumenda. LXXXVIII. Item bona Ecclesiasticorum. LXXXIX. Catholici pervicaces, & refractarii in Ordinum numero non censeantur. XC. XCI. Qui huic Fœderationi repugnabunt, puniantur. XCII. Si vectigalia illa non sufficiant, alia Provinciis imponantur. XCIII. Pecunia inde collecta tantum ad bellum, & annonam comparandam impendatur. XCIV. Defensores singularum Provinciarum, quotannis sub fide silentii de pecunia in ærario reposita rationem reddant. XCV. Quando Ordines in Comitiis aliquid certi decernent, tametsi Rex contra dicat, illud evertere, aut irritum reddere non poterit. XCVI. Nulla Comitia ultra quatuordecim dies prorogentur, nisi in gravioribus Negotiis ex Ordinum consensu. XCVII. Proscripti in perpetuum extorres maneant, & bona ipsorum in fiscum redigantur, & vendantur. XCVIII Contumaces, & inobedientes exigendi. XCIX. Quomodo Hæreditarium Fœdus cum Electore, & Regionibus finitimis renovandum. C. Addita hac protestatione, quod omnia hæc Capita nullius Provinciæ Privilegiis, Beneficiis, & Immunitatibus præjudicabunt.

ANNO 1619.

CLXXXVI.

Contrat de Mariage de CHRESTIENNE *de France, deuxiéme Fille du Roi Henri IV. avec* VICTOR AMEDE'E *de Savoie, Prince de Piémont, Fils ainé du Duc de Savoie, à Paris le* 11. *Janvier* 1619. [S. GUICHENON, Histoire Génealogique de la Maison de Savoye. Preuves. pag. 579. FREDER. LEONARD, Tom. IV.] 11. Janv. FRANCE ET SAVOYE.

COMME ainsi soit que tres-haut, tres-excellent & tres-puissant Prince Louis XIII. par la grace de Dieu Roi de France & de Navarre, desirant témoigner à tres-excellent & tres-puissant Prince Charles Emanuel Duc de Savoie, & à excellent & puissant Prince Victor Amedée de Savoie, Prince de Piedmont son Fils aîné, l'estime que Sa Majesté fait de leurs personnes & affection,

fection, par l'amitié & bien-veillance que Sadite Majesté leur porte, & pour icelle étreindre & affermir davantage, & la perpetuer à la gloire de Dieu, au benefice de la Chrestienté, & au commun bien des Peuples & Etats qui appartiennent ausdits Sieurs Roi & Duc, ait eu bien agreable la demande & recherche que lesdits Sieurs Duc de Savoie & Prince de Piedmont ont fait faire à Sa Majesté par Monseigneur le Cardinal de Savoie, du Mariage de Haute & Puissante Princesse Madame Chrestienne de France sa Sœur, pour ledit Sieur Prince de Piedmont, pour auquel parvenir,

Furent presens en leurs Personnes ledit tres-haut, tres-excellent & tres-puissant Prince Louis XIII. par la grace de Dieu, Roi de France & de Navarre en son nom, & comme stipulant pour ladite haute & puissante Princesse Madame Chrestienne de France sa Sœur, d'une part, & ledit Sieur Cardinal de Savoie, au nom & comme Procureur, & en vertu des Pouvoirs qu'il a dudit Duc de Savoie son Pere, & dudit Sieur Prince de Piedmont son Frere, lesquelles Parties de leur bon gré ont reconnu & confessé avoir faict & arresté en presence de tres-haute, tres-excellente & tres-puissante Princesse Anne, par la grace de Dieu, Reine de France & de Navarre, de Monseigneur Frere unique du Roi, de Madame Henriette de France Sœur de Sa Majesté, de Messeigneurs les Princes & Princesses du Sang, Messieurs les Cardinaux, autres Seigneurs Principaux du Conseil de Sa Majesté, étans prés de sa Personne. Et de la part dudit Sieur Cardinal; des Ambassadeurs de Savoie, Evêques, Chevaliers de l'Ordre de l'Annonciade, Ministres, Presidens, Officiers du Conseil dudit Sieur Duc, & autres Seigneurs étans prés la Personne dudit Sieur Cardinal, les Traitez, Accords & Conventions pour raison dudit Mariage qui ensuivent.

I. C'est à sçavoir, que ledit Sieur Roi a promis & promet bailler par nom & foi de Mariage, suivant les Loix & Constitutions de l'Eglise Catholique, Apostolique & Romaine, madite Dame Chrestienne sa Sœur à ce presente, audit Sieur Prince de Piedmont, laquelle du gré & vouloir dudit Sieur Roi, & du consentement de tres-haute, tres-excellente & tres-puissante Princesse Marie, par la grace de Dieu, Reine Doüairiere de France & de Navarre sa Mere, a promis & promet prendre ledit Sieur Prince de Piedmont pour son loial Epoux. Comme aussi ledit Sieur Cardinal de Savoie audit nom, a promis & promet prendre pour ledit Sieur Prince de Piedmont son Frere, ladite Madame Chrestienne pour sa Femme & Epouse, pour estre ledit Mariage solennisé en face de nostre Mere sainte Eglise, au plûtost que convenablement faire se pourra, & en la Cour & presence dudit Sieur Roi, soit par ledit Sieur Prince de Piedmont, ou par ledit Sieur Cardinal son Frere, en vertu du Pouvoir & Procuration qu'il en a, ainsi qu'il sera arresté & convenu. En faveur & contemplation duquel Mariage ledit Sieur Roi donnera pour Dot à madite Dame Chrestienne sa Sœur, la somme de quatre cens mil écus, & ce pour tous droits Paternels & Maternels, & autres qui luy pourroient appartenir ou escheoir par succession ou autrement, à sçavoir le tiers en argent contant au jour de la solennité dudit Mariage en la Ville de Paris; un autre tiers un an aprés l'accomplissement dudit Mariage, & le surplus six mois aprés ledit an expiré, laquelle somme de quatre-cens mil écus ledit Sieur Duc de Savoie, & ledit Sieur Prince de Piedmont, ont promis & promettent d'assurer suffisamment au contentement dudit Seigneur Roi, pour seureté & hypoteque du Dot de ladite Dame, comme dés à present ledit Sieur Cardinal en vertu de ses Procurations, & au nom desdits Sieurs ses Pere & Frere, hypotecque sur tous & chacuns leurs Biens & Estats, mesme sur la Duché de Savoie, Peage de Suze, Daces & Gabelle de Nice, & autres ses Lieux, Païs, Terres & Seigneuries, & demeurera icelle somme de quatre cens mil écus propre à madite Dame Chrestienne & aux siens ou aians cause: & moiennant ladite somme de quatre cens mil écus, ladite Dame a renoncé & renonce pour elle & ses descendans dudit Mariage mâles & femelles, au proffit dudit Seigneur Roi, & ses Successeurs Rois de France, à tous droits successifs Paternels & Maternels écheus ou à écheoir, tant en ligne directe que collaterale, dont elle passera tous Actes de renonciation necessaires avant la solennité dudit Mariage, qui seront ratifiez par lesdits Sieurs Duc de Savoie & Prince de Piedmont, lors de la celebration d'icelui, & ladite Dame authorisée à cette fin par lesdits Sieurs Duc & Prince, laquelle renonciation elle sera tenuë de confirmer & ratifier lorsqu'elle sera parvenuë en âge de majorité, autorisée comme dessus, nonobstant toutes Loix & Costumes à ce contraires, ausquelles sera pour ce regard expressement derogé.

II. Sera madite Dame Chrestienne honorablement conduite & renduë aux frais de Sa Majesté, & comme il convient à Princesse de sa qualité jusqu'aux frontieres des Païs dudit Sieur Duc de Savoie, au temps qui sera promis & advisé, où ladite Dame sera particulierement recueillie & reçuë de la part desdits Sieurs Duc de Savoie & Prince de Piedmont, comme il appartient.

III. Lequel Sieur Prince de Piedmont donnera à madite Dame Chrestienne en bagues & joiaux, la valeur de quarante mil écus, lesquels avec ceux que portera ladite Dame lui demeureront propres pour elle, ses Hoirs, Successeurs & aians cause.

IV. Et donneront lesdits Sieurs Duc de Savoie & Prince de Piedmont à madite Dame Chrestienne, entretenement pour son Estat & Maison, tel qu'à sa qualité & condition peut appartenir, & icelui assigneront sur de bonnes rentes & revenus assuré au contentement de ladite Dame, jusques à la somme de cent mil livres.

V. Et outre ledit Sieur Prince de Piedmont baillera & constituera pour Doüaire à madite Dame Chrestienne, la somme de quarante mil livres, à icelui avoir & prendre sur les Villes de Montcaillier & Quieras, avec pouvoir de nommer aux Offices & Benefices, & autres droits à elle appartenans à cause desdites Terres, dons & assignations, librement & à son bon plaisir & volonté, & si lesdites Terres & Places ne montent tant, ce qui s'en défaudra sera parfourni & remplacé de proche en proche sur autres Terres & Seigneuries.

VI. Et outre ce lui sera baillée une Maison par ledit Sieur Duc de Savoie & Prince de Piedmont, meublée convenablement à sa qualité, dont elle joüira sa vie durant, sans diminution dudit Doüaire, comme il est dit ci-dessus; duquel Doüaire elle sera saisie, & incontinent aprés le décez dudit Sieur Prince de Piedmont, & sitost que Doüaire aura lieu, en cas qu'elle le survive

VII. Advenant le prédeceds dudit Sieur Prince de Piedmont, pendant & constant ledit Mariage, madite Dame Chrestienne outre sondit Doüaire aura & reprendra tout ce qu'elle aura porté, tant pour son Dot, bagues & joiaux, que ceux qui lui auront esté baillées par ledit Sieur Prince de Piedmont, non compris les Bagues Ducales qui lui auront esté baillées par Inventaire pour son usage seulement, & ce qui lui pourroit estre échû par donation ou autrement pendant ledit Mariage, & pourra demeurer audit Païs de Piedmont ou retourner en France, à son choix & option, le tout franchement & quittement, & sans qu'elle soit tenuë d'aucunes debtes créées par lesdits Sieurs Duc de Savoie & Prince de Piedmont, devant ou aprés la celebration dudit Mariage, ores qu'elle y eût parlé, dont elle sera par lesdits Sieurs Duc & Prince acquittée & déchargée.

VIII. Et en cas que *madite Dame Chrestienne* vint à prédeceder ledit Sieur Prince de Piedmont, soit qu'il y ait enfans ou non dudit futur Mariage, ses Enfans, Heritiers ou ayans cause, pourront reprendre ou faire rapporter en France si bon leur semble ledit Dot, avec les bagues & joyaux, & tout ce qui aura esté propre à ladite Dame, sans estre tenus d'aucunes debtes comme il est dit ci-dessus; ce que lesdits Sieurs Duc de Savoie & Prince de Piedmont promettent leur faire rendre à la premiere requisition & demande qui leur en sera faite, & en passeront telle déclaration par écrit & obligation que besoin sera, car ainsi a esté le tout convenu, arresté & accordé par exprés en faveur dudit Mariage. Promettant sadite Majesté en foi & parole de Roi, l'entretenir & garder inviolablement, sans aller ni venir au contraire, pour quelque cause & occasion que ce soit. Comme aussi ledit Sieur Cardinal de Savoie audit nom, & en vertu de ses Pouvoirs & Procuration, en foi & parole de Prince d'entretenir, garder & effectuer tout le contenu ci-dessus, sans jamais aller ni venir au contraire directement ou indirectement, & icelui faire ratifier & approuver par lesdits Sieurs Duc de Savoie & Prince de Piedmont, & de ce en fournir Lettres de ratification en bonne & duë forme dans deux mois, à compter du jour de la datte des Présentes, & ce sous l'obligation de tous & chacuns

leurs

ANNO 1619. leurs biens presens & à venir, & renonçans à toutes Ordonnances, Loix & choses à ce contraires.

Et ont signé de leurs propres mains le present Contrat, duquel l'Original est demeuré par devers nous, pour en vertu d'icelui leur estre par nous delivré les Contrats necessaires en la forme ordinaire. Fait & passé dans le Roial Palais du Louvre à Paris, le onziéme jour de Janvier l'an 1619. Pardevant nous Pierre Brulart, & Paul Phelippeaux, Conseillers & Secretaires d'Estat & des Commandemens de Sa Majesté, Notaires & Secretaires de la Maison & Couronne de France.

CLXXXVII.

4. Fev. *Investitura Marchionatus* Finarii *in* PHILIPPUM III. *Hispaniarum Regem, & suos Successores, in perpetuum, per* MATHIAM *Imperatorem Romanorum concessa. Viennæ die* 4. *Februarii* 1619. [Pièce tirée d'une Information de Droit publiée à Milan par ordre du Roi d'Espagne en 1633. sous le Titre de *Discussio Quæstionis Salariæ Finariensis.*]

MATTHIAS Divinâ favente Clementia Electus Romanorum Imperator semper Augustus, ac Germaniæ, Hungariæ, Bohemiæ, Dalmatiæ, Croatiæ, Sclavoniæ &c. Rex, Archidux Austriæ, Dux Burgundiæ, Brabantiæ, Styriæ, Carinthiæ, Carniolæ &c. Marchio Moraviæ, Dux Lucemburgiæ, ac superioris & inferioris Silesiæ, Wirtembergæ, & Zechæ, Princeps Sueviæ, Comes Habspurgi, Tyrolis, Ferretis, Kiburgi, & Goritiæ, Landgravius Alsatiæ, Marchio Sacri Romani Imperii, Burgoviæ, ac superioris & inferioris Lusatiæ Dominus, Marchio Sclavoniæ, & Portûs Naonis, & Salinarum.

Notum facimus universis, Postquam ad Cæsareæ Dignitatis munus in primis pertinere existimamus, ut Feudis Imperialibus ubicunque sitis, maxime iis, quæ certa successione destituta sunt, prospiciatur, & adversus quorumcunque injurias, & protegantur, & defendantur. Hinc est, quod cura nostra sic se circa Feudum Marchionatûs Finariensis merito extendat. Cum itaque per defectum Marchionum de Carreto ultimorum Successorum legitimorum, & quidem tunc ante, tum post obitum proxime defuncti Marchionis Alphonsi, qui multis ante annis decessit, variæ sese difficultates, & pericula in Marchionatu Finariensi, vicinisque locis ostenderent, quæ non tantum Imperialem Dignitatem, sed etiam Statum Mediolanensem attinerent, quo nomine tam à Divo Fratre nostro fel. record. Rodulpho II. Romanorum Imperatore, qui diversos cum diversis temporibus Commissarios misit, tum à Clementissimo Hispaniarum Rege Catholico Philippo II, Avunculo nostro Carissimo, varii eas oras, adversus potentiorum Vicinorum injurias, quales jam olim expertæ fuerunt, defendendi modi, rationesque initæ, quod magnas secum expensas trahebat, quas Camera Imperialis alias gravata sustinere nequibat; tandem inter D. Divum Rudolphum Fratrem nostrum, & Serenissimum Regem Philippum Secundum solemnibus cum Pactis convenit, ut ad defensionem certiorem dicti Marchionatûs Finarii, aliorumque vicinorum Feudorum Imperialium Præsidium in Arce Finariensi, Govoni dicta, collocaretur, & à Serenissimo Rege sustentaretur, quod multos jam annos duravit, & in magnas pecuniarum summas, quæ difficulter ab Imperiali Camera refundi, multo minus utilitas, inde, aut commoda sperari possint, abierit. Nos pro eo, quod nobis tanquam Romanorum Imperatori competit jure, prædicto Marchionatui de certa successione, ne ab Imperio Feudum illud divellatur, sed ut Jura Imperii sarta tecta serventur, potenterque defendantur, ut Justitia ibi rectè administretur, prospicere volentes, opportunum in primis, & commodum censuimus, ut in Serenissimum Hispaniarum Regem Catholicum Philippum III. Consobrinum, ac Nepotem nostrum Carissimum, à quo uti & à piæ recordationis Patre ipsius Philippo II. Avunculo nostro supra commemorato, non solum magni ad sustentandum illic Præsidium sumptus facti, sed & maxima nobis, dictoque Fratri Prædecessori nostro contra Turcas, & in alias necessitates publicas, tum verò etiam in pace Italiæ armis conservanda liberaliter collata fuerunt auxilia, quæ etiam nunc Serenitas sua continuat, prædictum Feudum Marchionatus Finariensis cum omnibus Pertinendis, super quibus supradictus Rex diversa se Jura aliàs habere prætendit, quibus derogare non intendimus, transferrimus, ità nimirum, ut eundem Marchionatum deinceps jure Feudi tenere, ac possidere possit, utque Feudum Finariense cum Mediolanensi conjungatur, & uniatur, quod nullus alius aditus ex Mari ad Ducatum Mediolanensem Nobilissimum Italiæ Feudum pateat, per quem Belli temporibus, aut alia necessitate urgente eidem, sive ab Imperio, sive ab ipso Rege Catholico succurri queat. Cùm etiam nobis expositum fuerit, quod Savonæ, Clavexanæ, & Finarii Marchiones à Divis olim Prædecessoribus nostris Romanorum Imperatoribus, ac Regibus, Jus, quod ad illos pertinebat, vel quod habere debebant in ipsa Marchia, & Locis prædictis (attamen salvis servitiis Imperio debitis) obtinuisse cum mero & mixto Imperio, omnimoda Jurisdictione, & Gladii Potestate, ac omnium causarum tam civilium; quam criminalium decisione, aliisque multis insignibus Privilegiis, Gratiis, & Indultis, videlicet facultate, & potestate ædificandi in ipsa Marchia Castra, Oppida, & Fortalitia cujuscunque generis, & facta conservandi, vel destruendi, seu pro libitu voluntatis mutandi, ac deserta, vel quæ non habitata, extollendi, & habitabilia faciendi, occupata ab aliis etiam propria auctoritate recuperandi, invadendi, & offendendi, Pedagia imponendi, Monetam cudendi, Milites aureatos, & Doctores; ac Notarios creandi, Tutores, & Curatores constituendi, & ordinandi, Naturales, Bastardos, Spurios, Manseres, Nothos, incestuosos, & quoscunque alios ex illicito, & damnato coitu procreatos legitimandi, & denique ordinatos, & creatos fuisse per perpetuos Sacri Imperii Vicarios in dictis Marchionatibus Savonæ, Finarii, & Clavexanæ, cæterisque eorum Locis, Villis, Castris, Burgis, & Jurisdictionibus, prout hæc omnia latius apparent in Privilegiis Divorum quondam Romanorum Imperatorum Federici Primi, Federici Secundi, Caroli Quarti, Maximiliani Primi, & Caroli Quinti, Magni Patrui, & Avi Materni nostri Carissimi præclarissimæ memoriæ, novissimè confirmatis per Augustæ recordationis Divum Imperatorem Ferdinandum Avum Paternum nostrum observandissimum; & proinde supradictus Serenissimus Rex medio & opera Illust. sincerè nobis dilecti Don Initi Velez de Guevarra Comitis de Ognate Serenitatis suæ apud nos Residentis Oratoris hacque in parte Mandatarii, & Procuratoris singulari studio rogaverit, uti dignaremur memoratas Concessiones Divorum Federici I., & II., & secutam postmodum approbationem & ampliationem Divorum Romanorum Caroli IV. Maximiliani I. & Caroli V., & Ferdinandi, ac Rodulphi benigne approbare, confirmare, ac de novo in personam suam concedere, & modo, quo in Investituris infrascriptis continetur, ac aliis quoque honoribus, gratiis, beneficiis, libertatibus, facultatibus, concessionibus, & indultis illustrare, ampliare, & exornare, & denique ipsum Serenissimum Regem de supradictis Marchionatibus, Oppidis, Locis, Castris, & Villis, Juribus, & Pertinentiis in Feudum liberum, justum, rectum, antiquum, & antiquissimum investire; cum mero & mixto Imperio, omnimoda Jurisdictione, & Gladii potestate, omnique & plenaria tam Civilium, quam Criminalium Causarum cognitione, & determinatione, ac Jurisdictione, & quibuslibet emolumentis, tam in Terra, quam in Mari, omnibusque & singulis Gratiis, Privilegiis, & Concessionibus, sicut in dictis Investituris, & Rescriptis, & supra nominatorum Divorum Imperatorum Prædecessorum nostrorum descripta habentur, quorum tenor sequitur in hæc verba.

Seguita la Investitura dell' Imperador Rodolfo in Persona del Marchese Alfonso Carreto, l'Anno 1577. *l'ultimo giorno d'Agosto, nella quale si contengono quelle degli Imperatori Ferdinando I. l'anno* 1564. *in Persona del sudetto Alfonso. Carlo V. l'anno* 1529. *&* 1536. *Massimiliano I. l'anno* 1496. *di Carlo IV. l'anno* 1355. *di Federico II. l'anno* 1226., *e di Federico I. l'anno* 1162.

Hora seguita la sodetta Investitura dell' Imperatore Mattia doppo il tenore delle sodette altre.

Nos igitur cupientes, præfato Serenissimo Regi Philippo III benignam voluntatis nostræ propensionem re ipsa declarare, eidem ex certa nostra scientia, animoque bene deliberato, ac sano accedente Consilio, auctoritate nostra Cæsarea præinsertas Divorum Imperatorum Prædecessorum nostrorum Federici Primi, & Federici Secundi Concessiones, & secutam deinde approbationem, confirmationem, innovationem, & ampliationem Divorum Caroli Quarti, Maximiliani Primi, Caroli Quinti, Ferdinandi, & Rodulphi Imperatoris, ac omnes in iis descriptas Gratias, Libertates, Prærogativas, Privi- ANNO 1619.

Privilegia & Indulta, prout ipsi Marchiones in eorum possessione, vel quasi antehac fuerunt, in omnibus, & singulis eorum punctis, sententiis, capitulis, articulis, & verborum expressionibus, approbavimus, ratificavimus, confirmavimus, innovavimus, ac per præsentes approbamus, ratificamus, confirmamus, innovamus, & de novo concedimus, quidquid de jure, vel de gratia speciali confirmare, dare, & concedere possumus, atque debemus, dictumque Serenissimum Hispaniarum Regem Catholicum Philippum III. pro se, & Filiis suis Masculis, & legitimis, juxta seriem præinserti Privilegii Divi Roman. Cæsaris Maximiliani de suprascripto Feudo nobili, antiquo, avito, & paterno, videlicet Castri Burgi, & Villarum Finarii; Castri Franchi cum Territorio, Districtu, seu Jurisdictione, tam in Mari, quam in Terra; Castri, & Castellaniæ Vallis Teucæ cum Jurisdictione, & Potestate etiam ponendi, & removendi Consules; Castri Burgi, & Villarum Merualdi; Castri, & Burgi Massimini; Partis Rochæ Cingii, Castri, & Villarum Rivennalis, Cenexis, & Arnaschi; Castri, & Villarum Stillanillo cum Jurisdictione ponendi, & removendi Consules, prout tibi videbitur; Castri, & Burgi Saliceti, Calizani, Oxiliæ, Burmidæ, ac omnium dictorum Locorum, Castrorum, & Villarum in præscriptis Antecessorum nostrorum Investituris enunciatorum, & omnium aliorum Feudorum, & pertinentiarum per mortem ultimi Marchionis vacantium, & ad dictos Finarii Marchiones quovis modo, jure, vel titulo spectantium, cum omnibus Valvassoribus, & fidelibus, ac hominum fidelitate, homagiis, omnibusque in dictis Territoriis, & Locis habitantibus, & habitaturis, quod sint, & esse intelligantur ipsius Serenissimi Regis subjecti cum Juribus ipsorum Feudorum, cum mero, & mixto Imperio, & omnimoda Jurisdictione, Gladii potestate, omnique, & plenaria Causarum tam civilium, quam criminalium cognitione, & determinatione omnium Jurium, & Jurisdictionum, Civitatum, Oppidorum, Castrorum, Possessionum, Vassallorum, & Feudorum, cum Boschis, Sylvis, Pascuis, Fochis, Bannis, offensis, placiti districtibus, albergariis, conditionibus, usibus, operibus, angariis, perangariis, argentariis, novennis, ductis, accordamentis, fictibus Vassallorum, excedentiis, pœnarum impositionibus, mulctis, confiscationibus, & Bonorum devolutionibus, oneribus realibus, personalibus, atque mixtis, nec non & omnibus pedagiis, & bonis usibus, qui de præsenti sunt in dictis Locis omnibus, vel quos ipse dictus Rex, Filii, Hæredes, & Successores, ut supra, in dicto Marchionatu, & Locis ad honorem Sacri Imperii posuerint, fructibus, censibus, redditibus, & quibuscunque servitiis solitis, ac omnibus aliis Introitibus, emolumentis, & commoditatibus, de quibus olim Marchiones Finarii, ipsorumque, Majores, fuerunt in possessione, vel quasi, & cum Aquis, tam salsis, quam dulcibus, Pontibus, & Rivis, aquarum decursibus, ac Molendinis quibuscunque. Item Piscationibus tam Piscium, quam coralorum, & aliarum rerum, omnibusque, & quibuscunque præeminentiis, pertinentiis, & regalibus, de quibus in præscriptis Investituris, Montibus, Planiciebus, Captiis Volucrum, & Belluarum, cultis & incultis, divisis & indivisis, Ripis & Paludibus, Rupis ac rupinis, quæ & quas præfati olim Marchiones Finarii à Prædecessoribus nostris, & à Sacro Imperio obtinuerunt, & possederunt, investimus, atque suæ Serenitati in Feudum rectum, justum, nobile, liberum, antiquum, & avitum, conferimus, recepto tamen versa vice loco Serenitatis suæ per eum, qui à suprascripto ejusdem Oratore ad hoc cum potestate substituendi constituto Procuratore, & Mandatario substitutus fuit noster per fidelem Nobis dilectum Jacobum Bruneam, Hispanicæ Legationis in Germania Secretarium, & Serenissimi Archiducis Fratris nostri Carissimi Consiliarium, consueto ac debito fidelitatis, subjectionis, & obedientiæ Juramento, Volentes, & Authoritate nostra Cæsarea decernentes, quod sæpedictus Serenissimus Rex, & ejus legitimi Filii Hæredes, & descendentes præmissa omnia à Nobis, & Sacro Imperio libera, in Feudum habere, tenere, & possidere possint, debeant & ordine Primogenituræ servato, quem omnino servandum esse statuimus, ita taliter, ut ipsi Serenissimo Regi Philippo in dicto Marchionatu, ac Feudis, & Locis suprascriptis cum universis eorum Juribus, & Pertinentiis ex hoc tempore in antea perpetuis futuris temporibus succedat, & succedere debeat Filius ejus Primogenitus Masculus legitimus ex eo descendens, ejusdemque Primogenitus Masculus legitimus, & sic ordine successivo de Primogenito in Primogenitum Masculum descendentem usque in infinitum: deficientibus autem Masculis Primogenitis, succedat, & succedere debeat in prædicto Marchionatu ac Feudis, & Locis suprascriptis cum eorum pertinentiis secundogenitus Masculus legitimus ejusdem Primogeniti Primogenitus Masculus, & ab eo descendentes Masculi Primogeniti usque in infinitum, quando aliquis Masculus superstes fuerit; illud idem intelligendo de tertio, & quartogenitis Masculis, ordine Primogenituræ semper salvo, & servato. Deficiente vero linea Masculina succedat, & succedere debeat in dicto Marchionatu Finariensi, & Feudis, & Locis suprascriptis cum eorum pertinentiis Filia Primogenita, ejusdemque Primogenitæ Primogenitus Masculus, ordine suprascripto, usque in infinitum, atque eadem Lex, idemque ordo successionis intelligatur, & servetur in secundo, tertio, & quartogenitis Filiabus, earumque descendentibus Primogenitis, ità ut alii Filii, aut Filiæ nullum jus prætendant, aut prætendere possint ad dictum Marchionatum, Feuda, & Loca suprascripta, sed solum alii Fratres, & descendentes Masculi legitimi habeant, & habere possint, ac percipiant ab ipsis Primogenitis alimenta condecentia juxta gradus dignitatem; Filiabus verò, si quas habere contigerit, easque nuptui tradi, de condecente Dote, prout gradus earum, & conditio requirit prospiciatur, & honesta sustentatione alantur. Quibus ita præstitis, ipsos, & ipsas babere tacitos, & tacitas, atque contentos, atque contentas esse, ipsis super cæteris, quæ successionem hujusmodi Marchionatus, Feudorum, ac Locorum suprascriptorum, eorundemque pertinentiarum concernunt, perpetuum silentium imponentes. Quæ quidem omnia præmissa facimus, constituimus, ordinamus, & sancimus, motu, animo, consilio, scientiâ, authoritate, & potestate suprascriptâ, eaquè perpetuò firma, & valitura decernimus, non obstantibus quibuscunque Legibus, Feudorum usibus, & decretis, aliisque Statutis, Privilegiis, & Concessionibus quibuscunque, tam generalibus, quam particularibus, & aliis in contrarium facientibus quibuscunque, etiamsi talia forent, quæ hic de verbo ad verbum inserere opporteret, aut de eis facere mentionem specialem. Quibus omnibus, & singulis eorum tenorem hic pro insertis, & sufficienter expressis habentes, & haberi volentes, quatenus obstarent, seu quovis modo obstare possint huic nostræ Constitutioni, Ordinationi, Dispositioni, atque Decreto, pro hac vice, & ad hunc effectum duntaxat, expresse derogamus, & derogatum esse volumus, scientia, authoritate, & potestate prædictis; supplentes omni tam Juris, quam facti, & cujusvis voluntatis, tam intrinsecæ, quam extrinsecæ, aut formalis, quæ servari debuisset, & non esset servata, & alii cuicunque defectui, qui in præmissis quovis modo intervenisset, aut intervenisse dici vel allegari posset. Nostra tamen, & Imperii Sacri superioritate, & Feudi obsequio semper salvis, & hac lege adjecta, ut quicunque in dicto Marchionatu, Feudis, Locis suprascriptis, eorumque pertinentiis successerit, sive Masculus, sive Fæmina fuerit, quod is, vel illa eundem Marchionatum, Feuda, & Loca prædicta à Nobis, & Successoribus nostris Romanorum Imperatoribus, & Regibus, Masculi quidem pro se, Fæminæ verò mediante Persona legitimi Procuratoris, aut Feudo garuli ad gerendum, aut decernendum Feudum apti, & idonei in Feudum recognoscere, investituram, quoties casus postulaverit, petere, & debitum fidelitatis, & homagii Juramentum præstare teneantur. Committentes quoque, & expressim injungentes universis, & singulis dicti Marchionatus Finariensis, & suprascriptorum Feudorum, & Locorum Subditis, & aliis nostris, & Imperii Sacri Fidelibus, Dilectis, cujuscunque præeminentiæ, dignitatis, status, gradus, ordinis, aut conditionis existant, tam præsentibus, quam futuris, ut præfatum Serenissimum Regem Hispaniarum Nepotem, & Consobrinum nostrum Charissimum, ejusque Hæredes, & descendentes antedictos, tanquam suos veros, ordinarios, & legitimos Principes, & Dominos recipiant, & agnoscant, eisque consuetum homagium, & fidelitatem præstent, eorum præceptis, & jussionibus reverenter, & firmiter, ut par est, pareant, atque obediant, aliaque omnia, & singula præstent, & faciant, quæ fideles Vassalli, Officiales, & Subditi, suis naturalibus, veris, & legitimis Principibus, & Dominis, facere, & præstare tenentur de jure, consuetudine, aut Privilegio speciali. Præterea mandamus quoque omnibus, & singulis Electoribus, & aliis Principibus Ecclesiasticis, & Sæcularibus Sacri Romani Imperii, nec non quibuscunque aliis Prælatis, Ducibus, Marchionibus, Comitibus, Baronibus, Nobilibus, Militibus, Clientibus, Capitaneis, Præfectis,

ANNO 1619. Gubernatoribus quarumcunque Civitatum, Oppidorum, Locorum, & Terrarum, & denique omnibus aliis nostris, & Sacri Romani Imperii Subditis, & Fidelibus dilectis cujuscunque status, gradus, & præeminentiæ, dignitatis, ordinis, & conditionis fuerint, præsentibus, & futuris, tam Italiæ, quam Germaniæ, aut aliter cujuscunque de Sacro Romano Imperio dependentis Provinciæ sub pœna Banni Imperialis, nec non privationis, & amissionis omnium & singulorum Privilegiorum, Regalium Feudorum, & Bonorum, quæ à Divis Prædecessoribus nostris, & Sacro Romano Imperio quovis modo obtinent, ne ipsum Serenissimum Regem Hispaniarum Nepotem, & Consobrinum nostrum Carissimum, ejusque Hæredes, & Descendentes juxta suprascriptum ordinem successuros in memorata suprascripti Marchionatus Finariensis, reliquorumque Feudorum, & Locorum suprascriptorum, eorumdemque Jurium, & pertinentiarum Infeudatione, Investitura, confirmatione, approbatione, declaratione, dispositione, & decreto, aut in aliqua eorum parte impediant, perturbent, molestent, aut gravent, sed illis omnibus, & singulis libere, & pacifice secundum eorum formam, & tenorem, uti, frui, & gaudere sinant, & contrarium non faciant, nec fieri procurent, aut permittant, directe vel indirectè, quovis quæsito colore, ingenio, seu prætextu, quatenus pœnas suprascriptas, & præterea mulctam mille Marcarum auri puri maluerint evitare, quam quilibet contrafaciens, toties quoties contrafactum fuerit, ultra pœnas supra memoratas ipso facto se noverit irremissibiliter incursurum, quarum dimidia Imperiali Fisco, seu Ærario nostro, reliquam vero Parti læsæ decernimus applicandam; nostris tamen, & Imperii, aliorumque Juribus semper salvis. Harum testimonio manu nostra subscriptarum, & Sigilli nostri Cæsarei appensione munitarum. Dat. in Civitate nostra Viennæ die quarta mensis Februarii Anno Domini 1619. Regnorum nostrorum Romani septimo, Hungariæ undecimo, Bohemiæ vero octavo. MATTHIAS. Vice Reverendissimi D. Jo: JUVICARDI Archicancellarii, & Electoris Moguntini V. I. C. Vrlm.

Ad Mandatum Sacræ Cæsareæ Majestatis proprium.

Jo: BARVITIUS.

CLXXXVIII.

21. Mars. FRANCE ET ALGER. *Traité entre Monsieur de Guise au nom de* LOUIS XIII. *Roi de France & les Députez du Bacha & Milice d'*ALGER. *Fait à Marseille le 21. Mars 1619.* [FREDERIC LEONARD, Tom. V.]

AU Nom de Dieu, soit-il, l'an mil six cens dix-neuf, & le 21. jour du mois de Mars du régne du Tres-Chrétien & Invincible LOUIS XIII. de ce nom par la grace de Dieu Roi de France & de Navarre en la Ville de Marseille & dans l'Hôtel du Roi pardevant tres-haut, tres-puissant & tres-juste Prince Monseigneur Charles de Lorraine Duc de Guise, Prince de Joinville, Pair de France, Gouverneur & Lieutenant General pour le Roi en Provence, Amiral des Mers de Levant, & Capitaine General de ses Armées tant de Terre que de Mer se seroient presentés: Queynan Aga & Rozan Bei Députez du tres-illustre Bacha & Viceroi Divan & Milice d'Alger, lesquels en presence des Sieurs Consuls de cette Ville & de plusieurs Seigneurs & Gentilshommes ont representé à mondit Seigneur, qu'à l'arrivée qu'il lui fit en cette Province, ils lui vinrent baiser les mains de la part desdits Bacha & Divan, & lui auroient fait entendre le sujet de leur voiage & deputation qui n'est autre que pour asseurer sa Majesté qu'ils n'ont autre intention que de garder inviolablement les Capitulations & Traités de Paix qui sont entre les deux Empires, & faire cesser toutes courses, ravages & Actes d'hostilité, dont on a ci-devant usé, leur aiant pour lors mondit Seigneur fait réponse qu'il en donneroit avis à sa Majesté, & en attendroit ses Commandemens, depuis lequel temps ils ont toûjours attendu la resolution. Le suppliant la leur vouloir donner, afin qu'ils en puissent rendre compte à ceux qui les ont députez, ce qu'entendu par mondit Seigneur, leur auroit dit & fait entendre par l'organe de Pierre Suffin Interprete du Roi qu'il a donné bien particuliers avis à S. M. du sujet de leur voiage & des propositions par eux faites; mais que sadite Majesté trouve bien difficile de prendre aucune assurance en leur foi & parolle, puisque de leur part ils ont si mal observé lesdites Capitulations, méprisé les commandemens de leur Empereur, & enfraint tous les particuliers Traités faits avec ceux de cette Côte, même celui qui fut fait y a deux ans avec Agi Muhamont & Mustafa Raix leurs Députez, confirmé par le Roi, lequel voiant que la foi & parolle si solemnellement donnée, & tant de fois reïterée ne les pouvoit contenir, auroit deliberé d'y emploier ses forces qui sont assez grandes & puissantes pour tirer raison de tous ceux qui entreprendront de vexer & molester ses Sujets, & lesquelles estoient déja toutes prêtes, neantmoins que Sadite Majesté comme grand Monarque & plein d'une singuliere douceur & bonté, luy auroit entiérement remis & déposé cet affaire pour le conduire par une voie ou par autre ainsi qu'il aviseroit: c'est pourquoi c'estoit à eux d'aviser quelles asseurances ils pourroient donner pour mettre sa Majesté hors de soupçon, & lui faire connoître qu'ils y vont de bonne foi, & non point pour en user ainsi qu'ils ont fait ci-devant: Surquoi ledit Queiman Aga & Rozan Bei, ont dit que conformement à ce qu'ils representerent à son Excellence lors qu'ils eurent l'honneur de lui baiser les mains, le Sieur Baron d'Allemagne Gentilhomme de ce Païs, s'étant trouvé ces mois passez à Alger, & fait plusieurs plaintes audit Bacha & Divan des courses & infractions de Paix commises par aucuns Raix & Capitaines de Navires & Galleres, il fût deliberé de faire cesser à l'avenir toutes lesdites violences & actes d'hostilité, & rendre la Paix ferme, stable & assurée; & pour cet effet les auroient députez pour en venir donner toutes les asseurances qu'on peut desirer avec resolution; que si bien par le passé la Paix qui est entre les deux Empires, & les particuliers Traités n'ont pas esté si bien observez qu'il convenoit: Supplient son Excellence de croire que cela n'a jamais procedé de l'intention du Bacha & Divan, ni du commun d'Alger, ains de quelques particuliers Armeurs qui s'estoient attribuez trop d'autorité; mais que cela n'arrivera plus puisque la deliberation de cette Paix a esté faite & reglée d'un consentement universel, & avec des formes & solemnitez qui obligent tellement le public & particulier qu'il n'est pas loisible de l'enfraindre ny contrevenir en façon quelconque, suppliant son Excellence & le commun de cette Ville, & generalement tous autres Sujets de Sa Majesté, de n'y mettre plus aucun doute, ce qu'entendu par mondit Seigneur, & aprés avoir veu les Capitulations faites entre les deux Monarques & les particuliers Traités ci-devant accordez, & le tout bien consideré sous l'esperance que ce qui sera ce jourd'hui arresté, sera gardé & entretenu de bonne foi, il a au nom & sous le bon plaisir de Sa Majesté accordé ce qui s'ensuit.

PREMIEREMENT, que les Capitulations faites & accordées entre les deux Monarchies pour la Paix, & commun repos de leurs Estats seront exactement & sincerement gardées & observées, sans que de part & d'autre il y soit contrevenu, directement & indirectement, en façon quelconque.

Que suivant icelles toutes courses, ravages, & actes d'hostilité cesseront sans qu'à l'avenir les Corsaires du Royaume d'Alger, rencontrant les Navires, & Barques des François, tant du Levant que du Ponant, & autres negotians sous Banniere de France, puissent visiter, prendre ny toucher aux Personnes, Vaisseaux, Robbes, & Marchandises ny autres choses leur apartenant, quand bien il se trouveroit qu'il fust aux ennemis de la Porte du Grand Seigneur, suivant & conformement aux susdites Capitulations où ces mots sont expressement speciffiez, & declarez mesme sous pretexte qu'ils eussent combatu, puis que la Paix d'Alger, ne comprend pas toute la barriere, & qu'on peut estre incertain, de quel lieu est le Corsaire

Et afin que l'on soit assuré que les particuliers Armeurs ne contreviendront point à ce Traité; Il ne sera permis à aucuns Vaisseaux, Galleres ou Fregattes de cours, de sortir des Ports & Havres dudit Royaume d'Alger, sans donner au prealable caution de ne prendre aucun François, ny leur faire aucun dommage, moins les porter & conduire en autres parts hors dudit Roiaume.

Ne sera permis aux Corsaires des autres Païs, & Roiaumes de porter & conduire à Alger & sa coste aucuns François, & en cas qu'il en fust mené leur sera donné à l'instant liberte, avec restitution de leurs Barques, Navires & facultés.

Comme

ANNO 1619. Comme aussi sa Majesté ne permettra point que dans ses Ports & Havres soient armez aucuns Vaisseaux, pour courir sur ceux d'Alger, & en cas que ses Sujets se missent au service d'autres Princes, & fissent le cours sous la Banniere d'iceux, sadite Majesté les desavoüe, & n'entend leur donner aucune retraite dans les Ports, pour y conduire les Turcs, & si tant est qu'ils y abordassent les mettre semblablement en liberté avec les Navires, & facultés.

Tous les François generalement quelconques tant de cette Coste que de Languedoc, Guienne, Normandie, Picardie, Bretagne, & generallement tous les Sujets de sa Majesté, & autres qui ont esté pris sous la Banniere de France, seront delivrés & mis en liberté avec restitutions de leurs Navires & facultés qui se trouveront en état dans trois mois, comme aussi tous les Turcs dudit Roiaume d'Alger, qui sont dans les Galleres du Roi, ou qui se trouveront dans le Roiaume de France, seront mis en liberté, & delivrés és mains desdits Deputés pour les conduire audit Alger, & si à l'avenir aucuns estoient pris ou retenus seront mis és mains des Consuls de cette Ville de Marseille, pour les y renvoyer & faire conduire.

Les Italiens, & Espagnols domiciliés, & residans en France qui sont tenus, & reputés comme Sujets du Roi, seront traités & tenus à l'égal des originaires François.

Et pour plus de seureté de ces Conventions & present Traité le tres illustre Bacha, & Divan envoieront deux d'entre eux personnes de qualité qui resideront en cette Ville de Marseille, par forme d'otage, & pour entendre sur les lieux les plaintes qui pourroient arriver sur les contraventions, & avertir fidellement lesdits Bacha & Divan, & ausquels sera fait ici toute sorte de bon traitement; comme aussi le Consul des François fera le mesme office de par de là, & auquel sera rendu à l'avenir tout le respect, & honneur qui est deub à un Officier, qui represente la personne d'un si grand Monarque.

Et en cas qu'à l'avenir, il arrivât de part ou d'autre quelque action qui put estre prise, pour sujet de contravention, il ne sera pas pour cela permis, à celui qui s'estimera offencé d'user de force & d'hostilité: Mais en viendront demander raison sur le lieu, & si on refuse de lui faire justice, il pourra lors recourir à la force.

Et pour tout le surplus on s'en tient aux Capitulations du Païs qui sont entre les deux Empires, aiant mondit Seigneur remontré aux Deputés, que lesdits Traités doivent estre comme sacrés à leurs Sujets, les exhortans à ces fins de les garder, & observer de bonne foi, ensemble le present, afin que S. M. n'ayt plus occasion d'emploier ses armes invincibles, pour tirer raison des torts & oppressions qui sont faites à ses Sujets, lesquels il ne souffrira jamais; ce que lesdits Sieurs Deputés ont promis solemnellement au nom desdits Bacha, Divan, & Milice, & ont mis & apposé leurs seings accoustumés ensemble mondit Seigneur qui a commandé à moi Secretaire sous-signé d'en faire dresser le present Acte, *signé* le Duc de Guise, & *plus bas* Paulmier, avec deux cachets desdits Deputés d'Alger.

Collationné à l'Original par moi sous-signé Secretaire de mondit Seigneur,

PAULMIER.

CLXXXIX.

22. Mars. **Edict FRIDERICI V. Churfürstens zu Pfaltz/ wodurch er denen Ständen des Reichs dem Pfältzischen Vicariat unterworffen / den Todtesfall Käysers MATTHIÆ, und die dahero auf sich genommene Administration und Vicariat des Reichs an Enden des Fränckischen Rechtens notificiret. Heydelberg den 22. Martii 1619. [LONDORPII Acta Publica, Parte I. Lib. IV. Cap. I. pag. 573.]**

C'est-à-dire,

Edict de FRIDERIC V. *Electeur Palatin, par lequel il fait savoir aux Etats de l'Empire usants du Droit Franconien, que l'Empereur* MATHIAS *étant mort, il a pris en main l'exercice & l'Administration du Vicariat du Rhyn ou Franconien. A Heydelberg le 22 Mars 1619.* ANNO 1619.

WIR Friederich von Gottes Gnaden/ Pfaltz-Graf bey Rhein / deß H. Röm. Reichs Ertz-Truchsäß und Churfürst / und in den Landen deß Rheins / Schwaben und Fränckischen Rechtens Fürseher und VICARIUS. Hertzog in Bayern / ꝛc. Entbieten allen und jeden Churfürsten / Fürsten / Geistlichen und Weltlichen / Prælaten / Grafen / Freyen / Herren / Rittern / Knechten / Städten / Gemeynden / und sonsten allen andern des H. Reichs Zugewandten / Unterthanen und Angehörigen / was Würdens / Standes oder Wesens die seynd / Unser freundlich Dienst / freundlichen und günstigen Gruß / Gnad und alles Guts zuvorn / Ehrwürdige / Hochgeborne Fürsten / Würdige / Wolgeborne / Edle / Ehrsame und Weise / besondere liebe Freund / freundliche liebe Vettern / Oheim / Schwäger / Vätter / Brüder und Gevattern / liebe Getreue und Besondere: Euern Liebden und Euch fügen Wir mit diesem Unserm offenen Brieff / freundlich / günstig und gnädiglich zu wissen:

Nachdem der allmächtige Gott auß seinem allweisen / unerforschlichen Raht und Willen / weiland den Allerdurchleuchtigsten / Großmächtigsten Fürsten und Herrn / Herrn Matthiam / erwehlten Römischen Kayser / zu allen Zeiten Mehrer deß Reichs / in Ungarn / Böhmen / Dalmatien / Croatien und Sclavonien / ꝛc. König: Ertzhertzogen zu Oesterreich / Hertzog zu Burgund / Steyer / Kärnden / Crayn / und Wirtemberg / ꝛc. Grafen zu Habspurg und Tyrol / ꝛ. Unsern allergnädigsten Herrn / hochlöbseliger Gedächtnuß / Mittwochs den 10. noch lauffenden Monats Martii, durch den zeitlichen Tod auß diesem zergenglichem Leben gnädiglich abgefordert (dessen Leichnam der gütige und barmhertzige Gott an jenem grossen und herrlichen Tag eine fröliche und selige Aufferstehung mildiglich verleihen wolle) und dannenhero auff solchen jetzt verstandenen begebenen Todsfall Uns / als regirendem Pfaltzgrafen Churfürsten / vermög und nach Inhalt klärlicher Disposition der Gülden Bull / auch Außweis Käyserl. und Königlicher Privilegien / und darüber habenden Kayserlichen Confirmationen / wie nicht weniger gewissen und unzweifflichen Herkommens und Observanz, die Verwaltung / Verwesung und Vicariat deß Heiligen Reichs in den Landen deß Rheins / Schwaben und Fränckischen Rechtens / biß dasselbe nach deß Allmächtigen Willen / vermittelst ordentlicher Wahl / wiederumb anderwerts mit einem beständigen Kayserlichen Haupt versehen und versorgt seyn wird / zustehet / eignet und gebühret: daß Wir darauff zu deß H. Reichs / auch Unsers geliebten Vatterlands Teutscher Nation: und dessen Ständen / Ehr / Nutzen und Wolfahrt Uns schuldig erkandt / solche / wiewol wegen anjetzo im H. Reich und dessen angrentzenden Landen und Königreichen sich gefährlich und sorglich-erzeigender Läufften sehr mühsame Verwesung / Provision und Vicariat, nach Anleitung obgerührter Gülden Bull / auff Uns zu nehmen / Uns dessen zu unterziehen / und demselben nach Unserm besten Verstand und Vermögen / mit aller geziemenden Sorgfältigkeit / vorzuseyn.

Wiewol Wir nun ausser Zweiffel setzen / Euer L. und Ihr tragen dieses Unserem Chur-haus angefallenen Rechtens / zustehender Würden und Dignität / gut Wissens / so haben Wir doch dasselb / zu mehrer Nachrichtung / und daß Wir Uns solcher Verwaltung und Vicariats unterzögen / durch diesen Unsern offenen Ankündigungsbrief zu männiglichs Wissenschafft bringen und publiciren lassen wollen / Uns diesem nach freundlich / günstig und gnädig versehend / auch krafft tragenden Vicariat-Ampts begehrend /

rend/E. L. und Ihr werden und wöllen sich/ in Zeit dieses Unsers Vicariats, zu gedeylichem Wolstand deß H. Reichs/ auch Erhalt- und Fortpflantzung friedlichen/ ruhigen und einträchtigen Wesens/ sich aller nachbarlichen Einmüt- und Einigkeit beffleissen/ keiner den andern mit Gewalt beschweren/ sondern viel mehr/ da je eines und andern Orts Mißhelligkeiten entstehen wolten/ dieselbe an Uns/ als Vicarium und Provisorem deß H. Reichs in obberührten Landen/ bringen/ und deren Entscheid suchen und gewarten: Seynd Wir deß freundlichen/ günstig- und gnädigen Erbietens/ männiglichen gutwillig zu hören/ und darauff Recht und Gerechtigkeit also zu ertheilen und ergehen zu lassen/ daß man zu befugten Klagen nicht Ursach haben soll. Insonderheit auch mit E. L. und euerem Raht und Hülff allen möglichen Fleiß anzuwenden/ damit alles in gutem wolfahrigem Zustand erhalten werden möge. Und dieweil (wie vor angeregt) sich eben jetziger Zeit die Läufften sehr gefährlich und beschwerlich/ wegen hin und her vorgehender starken Kriegsverfassungen/ ansehen lassen/ so versehen Wir Uns abermaln/ E. L. und Euch darzu mit Fleiß ersuchend/ daß sie sich also in guter Bereitschafft und Verfassung/ darzu sie ohne das/ krafft deß Reichs Constitutionen/ verpflicht und verbunden/ verwarlich halten werden und wollen: Im fall etwas hervor brechen/ dadurch dem H. Reich und dessen zugewandten Ständen Ungemach/ Nachtheil/ Schimpff und Abbruch zuwachsen wolte/ damit mit gesammtem Raht/ Zuthun und Bestand demselben begegnet/ unbillicher Gewalt und Verschimpffung abgewendet/ deß Reichs Hochheit und Ansehen in gutem Wesen zu desselben Reputation erhalten und gehandhabet werde/ biß solchem/ mit Gottes gnädiger Verleihung/ wieder ein ordentlich Haupt vorgesetzt werde. An dem allen erweisen Euer L. und Ihr ein gut löblich und billich Werck/ welches deß Reichs hohe Nohtdurfft/ zu ihrem selbst Ruhm und Nutz/ erfordert: und Wir seynd erbietig/ solches umb dieselbe mit Freundschaft/ günstigem Willen und Gnaden zu beschulden und zu erkennen. Geben in Unserer Stadt Heydelberg/ unter Unserm vorgedruckten Secret/ den 22. Tag Monats Marcii, nach Unsers HErrn und Seligmachers Jesu Christi Geburt im sechzehenhundert und neunzehenden Jahr.

CXC.

30.Avril. FRANCE. *Articles de Reconciliation entre* LOUIS XIII. *Roi de France,* & MARIE DE MEDICI *sa Mere, conclus à Angoulesme, le* 30. *Avril,* 1619. [MERCURE FRANÇOIS, Tom. V. Part. II. pag. 200.]

I. ACCORDE sa Majesté que la Royne sa Mere dispose de sa Maison, ainsi qu'il lui plaira; appellant & retenant à son service les personnes qu'elle voudra.

II. Qu'elle puisse aller & venir, & faire sejour en tel lieu du Royaume qu'il luy plaira, mesmes pres la personne du Roi.

III. Qu'elle jouïra sa vie durant de tout ce, dont elle a jouy à tiltre d'assignat, des dons, pensions, & gratifications à elle octroyées par le feu Roi, & de sa Majesté à present, & qu'elle sera payée de ce qui luy peut estre deu de reste.

IV. Qu'elle disposera librement des Charges, Offices, & Benefices dependans tant du Domaine dont sa Majesté jouyt à present, que de ceux qui luy seront donnez pour parfaict & entier assignat de ses conventions matrimoniales, & de ses deniers dotaux, le tout conformément aux expeditions qu'elle en a.

V. Sa Majesté promet de traicter amiablement comme ses autres Subjects & Serviteurs, tous ceux qui ont servy & assisté ladite Royne à l'occasion de sa retraicte de Blois, nommément le Sieur d'Espernon, & ses Enfans.

VI. Que sadite Majesté les fera jouyr de toutes les Charges, Dignitez, Offices, Benefices, & restablir en toutes les Villes, Places & Chasteaux sans aucune exception, desquelles ils se trouveront depossedez depuis la retraicte de la Royne: en outre seront payez de leurs pensions, estats, & appoinctemens.

VII. Que tous ceux qui ont esté esloignez par jugement ou autrement de la Cour, ou du Royaume, seront rappellez, & ceux qui sont retenus prisonniers, ou és prisons, seront remis en pleine liberté.

VIII. Que tout ce qui s'est passé en suitte de la retraicte de ladite Dame Royne du Chasteau de Blois, soit levée de gendarmerie, impositions de deniers, & autres choses quelconques, sera mis en oubly par sa M. sans aucune recherche.

IX. Que dans deux mois ladite Dame Royne mere sera renduë contente & satisfaite pour la descharge des emprunts qu'elle a esté contrainte de faire depuis sa retraicte.

X. Que dedans six semaines la declaration du Roy qui lui a esté accordée sera verifiée par tous les Parlements selon sa forme & teneur sans restriction ou modification quelconques.

Faict & promis à Angoulesme par les Sieurs Cardinal de la Roche-Foucault & de Bethune *en vertu du Pouvoir à eux donné par sa Majesté.*

CXCI.

6. Mai. *Traité d'Alliance défensive renouvellé entre* JAQUES I. *Roi de la Grande Bretagne & quelques Electeurs & Princes de l'Empire. Fait à Westmunster le* 6. *Mai* 1619. [RYMER, Fœdera, Conventiones, &c. Tom. XVII. pag. 160.]

JAQUES, par la Grace de Dieu, *Roy de la Grande Bretaigne, France & Ireland* Defenseur de la Foy &c. a tous ceulx qui ces Presentes verront ou oyront, Salut.

Comme ainsi soit que pour diverses & grandes considerations tendentes au Bien & Repos comun, nous aurions trouvé bon de renouveller la Correspondence & Alliance Defensive reciproque, la quelle avions faicte & conclue avecque plusieurs *Electeurs, Princes & Estats Uniz* en Alliance, come il appert par le Traicté d'icelle, en Date de *vingt huiectiesme de Mars* l'An mil six cent & douze *stilo veteri.*

Scavoir faisons que sur la Proposition faicte a celle fin au nom des dict Seigneurs *Electeurs, Princes & Estats Uniz,* par le Sieur *Cristophre Burggrave & Baron de Dona,* Ambassadeur de nostre trescher Filz *Frederick Count Palatin du Rhin Prince Electeur,* & pour le present, *Vicaire & Administrateur du Saint Empire es Paiis du Rhein, de Sueve & du Droitt Franconien, Duc de Bavier &c.* come ayant Pouvoir de par tous les aultres *Electeurs, Princes & Estats* susdicts, & sur le mesme fondement; ascavoir, pour la conservacion de la Paix & le Repos commun de toute la Christienté, & pour la manutention de la Grandeur & Autorité du Saint Empire de sa *Majeste Imperiale,* & des Constitutions, Privileges & Droicts du dit Empire, come ausi pour l'affirmissement de la dit Union si justement fondee, & de Droict des Princes pretendentes au *Juliers, Cleves &c.* nous avons renouvellé & esclaré le dit Traicté en la maniere & soubs les condicions ensuivants.

LA DICT ALLIANCE sera defensive & reciproque entre nous, nos Royalmes & Subjects, & de entre des dicts *Sieurs Electeurs, Princes & Estats* & leurs Territoires & Subjects.

Cas advenant qu'a cause de l'Union faicte entre les subdicts *Electeurs, Princes & Estats* & des consequences & dependances d'icelle, ou a cause de l'Assistance & Secours que les dicts *Sieurs Electeurs, Princes & Estats* ont donné, ou cy apres pourront donner pour la conservation de la legitime Possession, Droicts & Justice de la cause des Princes interessés en la Succession les *Duches de Juliers, Cleves, Monts* & appertenances d'iceulx, ils seroient assailliz ou molestés par voye de faict ou autrement, contre l'ordre de la Justice & Constitutions de saint Empire, nous promettons & nous obligeons de les assister, secourir & defendre contre quelcunque qui se soit; come de mesme les dicts *Electeurs, Princes & Estats* s'obligent que si nous, nos Royalmes & Subjects soyons attacqués ou inquietés, soit par Mer soit par Terre, qu'ils nous assisteront aussi & secoureront si promptement que faire ce pourra.

Nous

ANNO 1619.

Nous promettons & nous obligeons donner aux dicts Sieurs *Electeurs*, *Princes* & *Estats*, estants assaillis comme dessus, le secours de *quatre mil Hommes a Pied* armez & fourniz à la Guerre come il appertient, ou à cause que la Solde, pour l'entretenement des Gens de Pied en Alemaigne, est beaucoup plus haulte que ne porte la Liste ordinaire de la Solde de noz Soldats telle somme d'Argent que la Solde de *quatre mil Hommes* pourra porter, selon l'estat & formulaire aussy annexé au Traicté precedent, de la part des dicts *Seigneurs Electeurs* & *Princes Uniz*, faict suyvant le reglement de leur Milice des Charges & Entretenements des Gens de Pied, avec leurs Officiers & choses necessaires à la Guerre, demeurant tous jours au nôtre choix d'envoyer l'un ou l'autre.

Les dicts *Electeurs*, *Princes* & *Estats Uniz* promettent & se obligent de nous secourir & assister, estant assailliz par Mer ou par Terre en quelcun de nos Royaulmes, de *deux mil Hommes a Pied* armez & fourniz a la Guerre, ou d'aultant en Argent que la charge d'iceux mantenera, selon le susdict estat des dicts *Electeurs* & *Princes* d'envoyer l'un ou l'autre.

Les dicts Gens de Guerre, soit de l'un ou de l'autre part, seront commandez par un Chef ou plusieurs, qui se submitteront au Chef ou General de la Partie assistee, pour estre employez par le dict Chef au plus grand advantage du service de la dicte Partie; la dicte Assistance & Secours, tant de l'un costé que de l'autre, doipt estre preste à marcher en trois mois apres la requisition faicte par la Partie assaillie; ou si on envoie de le Secours en Argent, il sera fourny dans semblable temps apres la dicte requisicion; ascavoir, la Solde pour trois mois suyvant l'estat des Charges susmentionné, & ainsi de trois mois en trois mois: la quelle solde sera delivrée en tel Lieu qui sera trouvé le plus propre & seur au jugement & discrecion de la Partie assaillie; la Dispence des Levées, Transportation & Entretien des dicts Gens, sera à la charge de l'Assistant, la quelle il continuera pour un an entier, si la necessité le requirra, & si la Guerre continue d'avantage, on y pourra pourvoyer par novelle Capitulacion.

Quant a la Transportation par Mer des dicts Gens de Guerre, d'autant que les dicts *Sieurs Electeurs* & *Princes* ne sont pas pourveus de Navires, nous nous chargerons d'icelles.

Remboursement sera faict de toutes Charges des Levées, Entretenement & aultres Frais des dicts Gens de Guerre, ou d'aultant d'Argent qui sera fourny, soit au l'un ou l'autre Partie, suivant les dicts Listes, & ce dedans trois Ans apres la Charge faicte, si ce n'est qu'il soit aultrement conveuu par nouveau Traicte.

Et d'aultant que nous & les dicts Princes avons des aultres Alliances Defensives, & particuliers avec la *France* & *Provinces Unies des Pais bas*; Cas advenant que l'un d'iceulx fust assaillie au paravant que Nous fusmes requisés des Princes de Nous pour le Secours accordé en ce Traicté, où entendu qu'estants desia entres en Guerre pour la defense de quelques uns des aultres Confœderez, les Contractantz ne seront obligez que donner reciproquement la Moitié du Secours cy dessus specifié.

Semblablement, si Nous chez Nous ou les Princes seront assaillis chez eux, Nous serons tous les deux non seulement excusez & dischargez d'envoyer aulcun Secours dehors, mais aussy pourront l'un & l'autre rapeller le Secours apparavant envoye dedans trois mois apres que la significacion en aura este deuement faicte.

Les dicts *Electeurs*, *Princes* & *Estats* ne pourront faire aulcune Alliance avec quelqu'aultre Prince & Estat, au prejudice de ceste cy; ce que Nous promettons aussy de ne faire point de nostre part.

Cett Alliance durera six Ans, & les Successeurs reciproquement, tant de Nous que des Princes, seront compris en ce Traicté, & sera en la liberté des Contractants & de leurs Successeurs, de convenir de la prorogation de cett Alliance un An avant expiracion du dict terme de six ans; que l'Alliance desia contractée, ou par Nous, ou par les dicts *Electeurs* & *Princes* avec des aultres Princes ou Estatz quelconques, ne soit nullement violée, chargée ou prejudicée, par ce Traicté en sort que soit; tous les quelles Articles, ainsi renouvellez & eschairies, nous approuvons, ratifions & promettons, en foy ac parole de Roy, tant par nous que par nos Heretiers & Successieurs, de les garder, observer & entretener, & les faire garder, observer & entretenir inviolablement de point en point sans jamais aller ni venir au contraire.

En tesmoinge de quoy Nous avons signé ces Presentes de nostre main propre, & a icelles faict mettre & apposier nostre Grand Seel d'Angleterre.

Donne nostre *Palais de Westm.* le sisiesme jour de mois de May, l'An mil six cent & dix neuf.

CAREW.

CXCII.

ANNO 1619.

(1) *Traité fait entre les* COMPAGNIES *des Indes Orientales*, ANGLOISE & HOLLANDOISE, *au sujet des differens survenus entr' elles. A Londres, le 2 Juin,* 1619. [AITZEMA, Affaires d'Etat & de Guerre. Tom. I. pag. 44.]

2. Juin.

ANGLETERRE ET PROVINCES UNIES.

LES Estats Generaux des Pays bas Unis à tous ceux qui ces presentes Lettres verront ou lire orront salut, Comme ainsi soit que le 2. jour de Juin de l'an present 1619. un Traicté ait esté faict, & accordé à Londres entre les Seigneurs Commissaires du Conseil privé de Tres-hault, tres-excellent, & tres-puissant Prince *Jacques* par la grace de Dieu Roi de la Grande Bretagne, France, & Irlande &c. & la Compagnie d'Angleterre trafficquante aux Indes Orientales d'une part, & nos Commissaires du Corps de nostre Assemblée & de la Compagnie de nos Provinces d'autre part, dont la teneur ensuit.

Comme ainsi soit que depuis quelques années il seroit survenu certains differents & malentendus entre les Subjects de Tres-haut, tres-excellent & tres-puissant Prince *Jacques* par la grace de Dieu Roi de la Grande Bretagne, France, & Irlande de la Compagnie des Marchands traffiquants és Indes Orientales & ceux de la Compagnie des Provinces Unies du Pays bas Subjects des Hauts & Puissants Seigneurs les Seigneurs Estats Generaux, pour lesquels differents accommoder diverses Conferences se feroient tenües entre les Deputez desdites Compagnies tant à Londres en l'année 1613. qu'à la Haye en l'An 1615. sans toutes fois qu'aucun accord s'en soit pû ensuivre, sadite Majesté & lesdits Seigneurs Estats desirans entretenir & estreindre de plus en plus la concorde, amitié, & bonne correspondence entre leurs Estats & Subjects & remedier soigneusement à tous inconveniens qui y pourroient apporter de l'alteration, auroient trouvé expedient & necessaire de resumer derechef ledit affaire en une troisiesme Conference par des Deputez desdites Compagnies, lesquels sadite Majesté & lesdits Seigneurs Estats auroient en outre trouvé bon de faire assister de Personnes qualifiées de leur Conseil & Corps, sçavoir sa Majesté des Seigneurs *Jean Digby*, Chevalier Baron de Scherborne, Vice-Chambellan de sa Majesté, *Thomas Edmondes* Chevalier, Tresorier de la Maison de sadite Majesté, *Henry Carey* Chevalier Controlleur de sa Maison, *Toulque Grevil* Chevalier Chancelier de l'Eschiquier, *Julius Cesar* Chevalier, Maistre des Rolles, & *Eduard Coecke* Chevalier tous du Conseil d'Estat de sa dite Majesté & lesdits Seigneurs Estats, des Seigneurs *Joan de Goch* Bourgemaistre de la Ville de Zutphen, *Ewout vander Dussen*, vicil Bourgemaistre de la Ville de Delft: *Joachim Lijens* Conseiller & Pensionaire de la Ville & Pays de Tollen, tous du Corps desdits Seigneurs Estats, & de *Noël de Caron* Chevalier Seigneur de Schonwalle Ambassadeur ordinaire desdits Seigneurs pres de sadite Majesté, lesquels sadite Majesté & lesdits Seigneurs Estats ont à cet effect auctorisez de Pouvoirs & Comissions, afin que par leur entremise & direction commune, la Conclusion d'un affaire de si grande importance peut estre facilitée & reussir au contentement mutuel des deux Parties; suivant lequel ordre & en la presence desdits Seigneurs les Deputez des deux Compagnies susdits seroient entrez en conference, sçavoir pour celle d'Angleterre les Sieurs *Thomas Smith* Chevalier, Gouverneur de ladite Compagnie des Indes Orientales, *Leonel Craenfield*, Chevalier, Gouverneur Mre. de la Cour des Garde-nobles & de la Garderobe de sa Majesté, *Dudley Digby* Chevalier, *Richard Weston* Chevalier, *Henry Martin* Chevalier Juge de l'Admirauté d'Angleterre, *Clement Edmondes* Chevalier Clerc du Conseil de sa Majesté, *Guil-*

(1) Ce Traité se trouve aussi dans *Aitzema* en Flamand; mais comme ce n'est pas la Langue Originale, on se contente de le mettre ici en François, tel qu'il est dans le même Auteur.

ANNO 1619.

Guillaume Hollidaye Senateur de la Cité de Londres, *Levinus Munck* Clerc de Signet de sa Majesté, *Maurice Abbot* Deputé en la Compagnie Angloise, *Guillaume Harison* Tresorier de ladite Compagnie : & pour la Compagnie des Provinces Unies, les Sieurs *Thiery Bas* Chevalier Bourgemaistre de la Ville d'Amsterdam, *Jacques Boreel* Bourguemaistre de la Ville de Middelborg, *Arnold Bacob Lodensteyn*, du Conseil de l'Admirauté de Zeelande, *Albert Sonck* Vieux Bourgemaistre de la Ville de Hoorne & Conseiller du Conseil d'Estat, *Andries Richarsson* Administrateurs de ladite Compagnie Generale des Indes & Maistre *Guillaume Boreel* Docteur és Droicts, Advocat d'icelle Compagnie, lesquels en vertu de leurs Lettres ou Procurations, aprés beaucoup de communications & longs debats, ont finalement, par l'entremise, conseil & direction desdits Seigneurs susnommés, conclu, & arresté les Articles qui s'ensuivent.

I. En premier lieu a esté accordé qu'il y aura à l'advenir oubly & amnestie de tous excés, offences & malentenduz, lesquels pourroient avoir esté par cy devant es quartiers des Indes Orientales entre les Subjects de sa Majesté de la Grande Bretagne, & des Seigneurs les Estats Generaux des Provinces Unies, & pour cet effect seront mises en liberté & franchement relaschées toutes les Personnes saisies & detenües d'une part & d'autre, comme aussi tous les Navires & biens qui se trouveront avoir esté pris jusques au tems de la Publication de ce Traicté esdits Indes, seront reciproquement restituez.

II. Les Officiers Commis & Serviteurs de part & d'autre se porteront & rendront mutuellement en leur conversation, & par tout où ils se rencontreront, toute ayde, amitié, & correspondence reciproque, tous offices & debvoirs necessaires entre amis & voisins si estroitement alliez, & au cas que de part ou d'autre aucuns se trouvassent reduits à quelque extremité en mer, les autres leur presteront tout le secours & assistance amiable qui sera en leur pouvoir, comme aussi ils feront tenir, ou porter promptement & fidelement les Lettres & Comptes les uns des autres.

III. Le Commerce & Traffiq sera libre és Indes Orientales tant pour la Compagnie d'Angleterre que pour celle des Provinces Unies, tellement que chacune desdits Compagnies y pourra employer à son Compte separé & particulier tel fonds & Capital que bon luy semblera.

IV. Et pour de commune main procurer le bien & soulagement du Commerce on fera tout devoir de reigler & diminuer les daces & impositions extraordinaires & excessives qui y ont nagueres esté mises, Comme aussi on fera cesser la practique & liberalité des dons & presens.

V. On tachera de reduire par commun advis és Indes toutes Marchandises à un prix raisonnable, & en la vante ou debit qui se fera par deça en ces Royaumes & Provinces Unies, de celles qui seront acheptées esdits Indes à un mesme prix & taxe commune, on conviendra de temps en temps d'un certain pris, au dessoubs duquel il ne sera licite aux uns ny aux autres de les vendre.

VI. Et pour prevenir toutes jalousies & differents, qui pourroient naistre à l'advenir, les Commis de part & d'autre adviseront & s'accorderont par ensemble d'un pris moderé, selon qu'ils estimeront convenir pour l'acheptée des poivres à *Bantam* & autres lieux de *Java Major* (demeurant la liberté du Commerce és autres quartiers des Indes, comme aussi audit *Java Major*, pour le regard des autres Marchandises, suivant le troisiesme Article :) & à cette fin seront ordonnées & commises certaines Personnes expertes pour les achepter, & l'achapt en estant faict de cette façon, ils seront partagez esgalement par moitié aux uns & aux autres.

VII. La Compagnie Angloise aura libre exercice & jouïssance de Traffiq au lieu de *Paliacate*, & portera la moitié de la despence pour l'entretenement du Fort & Garnison qui est à commencer au temps de la Publication, qui se fera de ce Traicté en ces quartiers là.

VIII. Es Isles des *Moluques*, *Banda* & *Amboina*, le commerce sera par commun advis tellement reiglé, que la Compagnie d'Angleterre y jouira de la *troisiesme partie* de tout le Trafficq tant pour *l'apport & vante* des Marchandises auxdits Isles que pour les *fruicts & Marchandises* qui y croissent & s'en transportent, & ceux des Provinces Unies auront les *deux autres tiers*.

IX. Et pour le regard de l'achapt & division desdits fruicts & Marchandises les principaux Commis & Facteurs des deux Nations residens par de là, les achepteront aux prix courant, & adviseront respectivement par sort la portion contingente aux uns & aux autres. Et à ceste fin auront libre accés & demeure és Forts & Magasins des uns & des autres.

X. Et d'autant qu'un Commerce & Trafic si esloigné, & si important ne se peut asseurer sans une vigoureuse defense, icelle se fera par le fournissement & entretenement de *vingt Navires* de Guerre moitié de l'une, moitié de l'autre Compagnie, lequel nombre (si on le trouve expedient) sera cy apres augmenté, ou diminué par commun advis, selon l'exigence des occasions & occurrences, & seront chacun desdits Navires du port de six à huict cent tonneaux, garnis chacun de cent & cinquante hommes, de trente pieces de Canon, & autres munitions necessaires, & sera la grosseur dudit Canon portant bales du poids de huict à dix huit Livres.

XI. Et le Conseil de la defense advisera quel nombre de Galleres, Fregattes, & autres petits Vaisseaux sera en outre necessaire pour ladite deffense.

XII. Les Forteresses & Garnisons qui sont es Isles des *Moluques*, *Banda & Amboyna* seront entretenues des Daces & Impositions qui se leveront sur tous fruicts & Marchandises qu'on transportera desdits Isles, lesquelles Daces & Impositions seront taxées selon l'Ordonnance du Conseil Commun de defense, & receües par le Commis de part & d'autre, & delivrées de temps en temps, autant qu'il sera necessaire aux Tresoriers des Compagnies pour en payer les Soldats.

XIII. Pour avec ordre establir & mieux administrer ceste defence, il sera erigé un Conseil de defense, composé de huict personnes des Premiers & Principaux Officiers estans par delà, lesquels seront prises & esleus, en nombre esgal, tant de l'une que de l'autre Compagnie, & presideront par tour.

XIV. Ce Conseil ordonnera de ce qui concernera le faict de la defence commune par mer, & distribuera les Navires de Guerre en tels endroicts qu'il trouvera necessaire.

XV. Comme aussi il reiglera les Daces, & Impositions qui seront necessaires pour l'entretenement desdits Forts & Garnisons d'iceux, & sera authorisé de faire rendre compte aux Receveurs desdites Impositions.

XVI. Les Navires de Guerre demeureront tousjours és lieux qui leur seront assignés & suivront les Mandements dudit Conseil de deffense, sans estre employez à transporter Marchandises en ces Royaumes ou Provinces.

XVII. Neantmoins pourront lesdits Navires pendant qu'ils seront és Indes, estre quelques fois employés à porter des Marchandises d'un lieu à autre pour le service de leurs Compagnies respectivement si ledit Conseil le trouve bon ; & non prejudicable à la defense.

XVIII. Et en cas de necessité il sera permis audit Conseil d'employer aussi les Navires Marchands en tel nombre & pour tel temps qu'il trouvera necessaire au faict de la defense.

XIX. La perte & domage qui arrivera par quelque rencontre occasionnée pour la defense commune, ou bien en allant ou retournant de la defense, se portera esgalement & sera reparé à communs frais ; comme aussi le gain & prises qui se feront, viendront au proffit commun.

XX. Le mesme s'observera pour le regard des Navires Marchands estants employez en mesme occasion, & durant cest employ, la Solde & les Vivres des Matelots seront aux despens communs des deux Compagnies & en consideration du divertissement que par iceluy ils auront souffert en leur Commerce, ils recevront en outre telle recompense qu'il leur sera adjugée par ledit Conseil de defense.

XXI. Mais si aucun Navire de Guerre estant à la rade en son quartier ou en y allant ou en revenant reçoit quelque perte par tempeste ou autre malheur, ladite perte ne se communiquera point, ains demeurera toute entiere à la Compagnie à qui appartiendra ledit Navire.

XXII. Et pour prevenir les Disputes qui pourroient naistre sur la valeur des Navires perdus, ou grandement endommagés, le Conseil de defense fera l'estimation de tous les Navires de Guerre, & autres

avant

ANNO 1619.

ANNO 1619. avant que de les employer pour la deffence commune.

XXIII. Les Forteresses tant d'une que d'autre part demeureront es mains de ceux qui les possedent presentement.

XXIV. Et d'autant qu'il a esté meu question touchant le bastiment de quelques nouvelles Forteresses que la Compagnie Angloise a jugé leur estre necessaires pour la seureté de leurs gens & biens, a esté convenu que ladite question demeurera en surcheance pour le terme de deux ou trois ans, afin qu'aprés avoir deüement recogneu & advisé par ensemble combien de Forteresses, quelles & en quelles Places seront de là en avant necessaires, alors ladite question se puisse resumer & tellement accommoder, qu'elle puisse reussir au contentement commun & reciproque des uns & des autres.

XXV. Quant aux Forts qui seront acquis es Moluques, ou en aucuns autres quartiers des Indes par l'industrie & forces communes des deux Compagnies, ils seront esgalement possedez, gardez & entretenus conjoinctement avec des Garnisons de l'une & l'autre Compagnie, qui y seront en nombre esgal ou bien ils seront partagés esgalement entre les deux Compagnies selon l'advis du Conseil de defense estant par de là.

XXVI. On fera conjoinctement debvoir d'ouvrir & establir le Trafficq libre en la *Chine* & autres quartiers des Indes par telles voyes & moyens que le Conseil commun trouvera estre expedient.

XXVII. Aucune des deux Compagnies ne previendra ny exclurra l'autre à l'advenir soit par moyen de Fortifications ou de Contracts que l'on voudroit faire cy-aprés d'aucune partie des *Indes*, mais tout le Trafficq sera libre & commun à l'une & l'autre en chaque endroict d'icelles.

XXVIII. Comme aussi il est convenu que sans le consentement de l'une & de l'autre Compagnie aucuns autres n'estans point du Corps d'icelles, ne seront admis à la participation du benefice du present Traicté : & au cas qu'aucuns des Subjects de sadite Majesté ou desdits Seigneurs Estats n'estant poinct dudit Corps, voulussent entreprendre aucune chose au prejudice de ce que dessus, ou des Privileges d'aucune desdites Compagnies ceux desdites Compagnies s'efforceront conjoinctement & separement de les en empescher & de maintenir respectivement les Privileges d'icelles Compagnies, & seront sadite Majesté de la Grande Bretagne & lesdits Seigneurs Estats suppliez de ne vouloir authoriser l'erection d'aucune autre Societé, pour s'immiscer au Trafficq & en la Navigation desdits Indes durant le Terme de ce Traicté.

XXIX. Si en aucuns endroicts des *Indes* esquels l'une ou l'autre Compagnie tient ou tiendra Facturerie, Trafficq ou moyens, il arrive, soit par la mort de Facteurs ou par autre desastre que les biens ou chevance des uns ou des autres demeurent sans Administrateur de la Compagnie à laquelle ils appartiendront, les Facteurs & Officiers de l'autre Compagnie survivans & restans esdits lieux prendront en ce cas lesdits biens & chevance en leur garde & les conserveront de bonne foy aux Proprietaires, auxquels ils les rendront en temps & lieu.

XXX. Ce Traicté sera pour le temps *de vingt ans*, & si pendant ce temps-là il arrive quelques Disputes qui ne puissent estre terminées par ledit Conseil en ces quartiers là, ny par deça par les deux Compagnies, le different en sera remis au Roy de la Grand' Bretagne & auxdits Seigneurs Estats Generaux qui daigneront prendre la peine de l'accommoder au contentement des uns & des autres.

XXXI. Tous lesquels Articles seront fidelement & inviolablement entretenus & observez de part & d'autre, suivant l'intention de ce Traicté & promettent lesdits Sieurs susnommés que tant sa Majesté de la Grand' Bretagne & lesdits Seigneurs Estats, que ceux desdites Compagnies les approuveront, confirmeront & ratifieront & en delivreront reciproquement leurs Lettres de ratification en bonne & deüe forme, sçavoir sa Majesté & ceux de la Compagnie Angloise dans le terme *d'un mois* aprés la date de ce Traicté; & lesdits Seigneurs Estats & ceux de la Compagnie des Pays Bas dans le mesme terme aprés ladite date.

Nous ayant pour aggreable ce qui a esté conclu, avons icelui Traicté ratifié, approuvé, & confirmé ; le ratiffions, approuvons, & confirmons, par ces presentes & promettons de l'accomplir & faire accomplir & observer en tous & chacun de ces poincts en tant qu'il nous touche, ou à la Compagnie de nos Provinces, sans y souffrir quelque contravention, directement ou indirectement en quelque sorte & maniere que ce soit, & mesme que durant le temps de ce Traicté nous n'erigerons autre Compagnie qu'une seule laquelle pourra trafficquer aux Indes Orientales. En tesmoing de ce nous avons faict seeler ces presentes de nostre grand Seel, Paraphé & Signé par nostre Greffier à la Haye le 22. de Juillet 1619. *Estoit Paraphé* C. MAGNUS vt. *Et sur le ply*, par l'Ordonnance desdits Seigneurs Estats Generaux *Signé* C. AERSSEN, *& seelé du grand Seau en cire rouge pendant en double queuë de soye blanc.* ANNO 1619.

Ratification du Roi de la Grand' Bretagne.

JACQUES par la grace de Dieu Roi de la Grande Bretagne, France & Yrlande, Defenseur de la Foi &c. A tous ceux qui ces presentes Lettres verront ou lire orront salut, Comme ainsi soit que le septiesme jour de Juillet de l'an present 1619. un Traicté ait esté faict & conclu en nostre Ville de Londres entre certains Commissaires de nostre Conseil privé à ce specialement par nous deputez, & autres de la Compagnie & Societé de nos Marchands d'Angleterre traffiquans aux Indes Orientales d'une part, & les Commissaires de Haults & puissants Seigneurs les Estats Generaux des Provinces Unies des Pays Bas, nos bons Amis & Alliés, estants du Corps desdits Seigneurs Estats & autres Deputez de la Compagnie desdites Provinces traffiquans esdites *Indes* Orientales d'autre part, duquel Traicté la teneur s'ensuit.

Comme ainsi soit comme dessus.

NOUS ayans iceluy Traicté, veu, eu & pleinement entendu, avons le tout approuvé, confirmé & ratiffié ; approuvons, confirmons & ratifions par ces presentes, Promettans de l'accomplir & le faire accomplir & observer en tous & chacun de ses Poincts autant qu'il nous touchera ou à la Compagnie de nos Marchands d'Angleterre, sans y faire ou souffrir estre faict aucune contravention directement ou indirectement, en quelque sorte & maniere que ce soit, & mesmes acquiescer au contenu de l'Article vingt huictiesme, nous promettons que durant le temps de ce Traicté nous n'erigerons autre Societé que celle qui est desja erigée pour s'immiscer au Trafficq & en la Navigation desdites Indes Orientales. En tesmoing de ce nous avons signé ces presentes, & les faict seeler de nostre grand Seel, fait à West-Munster ce seisiesme de Juillet 1619. & de nostre Regne le 17. *Estoit signé* JAQUES R. *Plus bas* FR. CAREIO, *& sellé du grand Seau de sa Majesté en cire jaulne, pendant en double queuë de soye blanc & rouge.*

(1) *Ordre reglé par les Compagnies des Indes Orientales, d'Angleterre & des Provinces-Unies, au sujet de l'exécution de certains Articles du Traité précédent.* [AITZEMA, Tom. I. pag. 512.]

LES Limites dans lesquelles ce Contract sera compris ont été établis par l'avis commun des Deputez des deux Compagnies, le Meridien touchant au Cap de Bonne Esperance, allant droit vers le Zud; & le Meridien Oriental, que l'on trouve quatre cent lieuës du coté de l'Orient, depuis les Isles de Salomon, allant d'un coté droit vers le Zud & de l'autre vers le Nord jusques au Tropique du Cancer, & de là en ligne oblique vers le detroit de Calyan toutes les Mers, Golfes, Detroits de Mer, Rades, Bayes, Rivieres, & ce qui sera trouvé entre ces deux Meridiens seront compris en ce Contract.

Les Marchandises & Vaisseaux pris de part & d'autre seront restituez, sçavoir les Vaisseaux tels & en tel état qu'ils seront trouvez és mains de quelqu'un de la Compagnie & les Marchandises, ou la valeur d'icelles, qui effectivement seront venuës à la Compagnie susditte.

Mais pour ce qui regarde les Vaisseaux qui ne seront pas entre les mains de la Compagnie, comme ceux qui auront été coulez à fond, qui seront peris, ou abandonnez, comme aussi le deperissement ou ce qui en aura été usé, soit qu'on s'en soit servi ou non, cela ne sera point sujet à restitution ; exceptez les Vaisseaux qui seront peris au service de la Compagnie dont la valeur sera restituée. Les prisonniers & detenus de part

(1) Cèt Ordre & le Réglement touchant *Bantam*, qui suit, ne sont qu'une suite du Traité precedent. On ne les trouve, dans *Aitzema*, qu'en Flamand. Mais comme ce n'est pas la langue en laquelle ils ont été faits, on se contente de les mettre ici en François.

ANNO 1619.

part & d'autre feront relachez francs & libres, fans payer de rançon ni leurs vivres ni les habits qui leur auront été donnez par la Compagnie. Si lesdits prisonniers ont servi la Compagnie qui les aura detenus, il est juste qu'ils soient payez de leur service par ladite Compagnie. Dans l'élargissement des prisonniers sont aussi compris les esclaves de quelqu'un de la Compagnie qui se sont sauvez vers l'autre Compagnie ou qui en ont été detenus, sous quelque pretexte que ce puisse être, lesquels seront aussi restituez à la Compagnie à laquelle ils apartiennent.

Sur l'Art. IV.

Cesseront à l'avenir à Bantam & aux autres Lieux où nous avons communauté de Commerce & même Negoce seul sans communauté, la liberalité des dons & presens, qui pourroient être employez par l'une des Compagnies, au prejudice de l'autre. Mais s'il est necessaire, qu'il se fasse quelque chose à l'avantage commun, cela se fera par commun consentement au nom & aux dépens des deux Compagnies.

Sur l'Art. V.

Les Fruits des Moluques, & d'Amboine qui seront aportez dans l'Europe, seront revendus au même prix & tems ordonné tous les ans par les deux Compagnies au mois de Mars ou d'Avril, ou en tel autre tems qu'il sera jugé convenable. Il a été jugé à propos, pour tant mieux entretenir la correspondance & la communication necessaire pour l'accord des deux Compagnies, Que chacune d'icelles tiendra respectivement en Angleterre & dans les Provinces Unies une ou deux personnes en qualité de Residens, lesquelles donneront & prendront avis & information sur les affaires concernant l'entretenement du present Traitté, & pourront au nom de leur Compagnie être presens aux Deliberations & Resolutions qui seront prises dans les Assemblées des Compagnies respectives, pour autant que cela pourra concerner le bien commun de l'Union.

Sur l'Art. VII.

VII. Les despens pour l'entretien de la Forteresse & Garnison de *Palicate* seront raportez & payez en argent (ou autres danrées de Marchandises ou vivres) comme la Compagnie des Païs-bas est accoutumée de faire, moitié par moitié par les deux Compagnies, & non pas par imposition sur les Marchandises, & commencera le payement susdit au tems que la publication de ce Traité sera faitte audit lieu de Palicatte; C'est pourquoi on en avertira les Commis de la Compagnie Angloise, pour ceux des Provinces Unies à Bantham, pour ensemblement envoyer les nouvelles de ce Contract à Palicate susdit.

Sur l'Art. VIII.

Pour mettre ordre au Negoce des Iles Moluques, Amboyne, & Banda on erigera & ordonnera certains Comptoirs aux lieux qui seront propres pour le Commerce, auxquels resideront les Commis des deux Compagnies.

Lesquels seuls pourront vendre ou acheter touttes telles Marchandises & Fruits qui peuvent être vendus & achettez dans les susdittes Iles sans qu'aucune autre personne, soit des deux Compagnies ou de quelque autre Nation, puisse achetter & vendre telles Marchandises & Fruits en aucune maniere.

Les susdits Comptoirs seront pourvûs par chaque Compagnie suivant leur portion de telles Marchandises & deniers comptans, que la nature du Negoce dans les susdites Isles le requerront, sans que l'une des Compagnies en telle rencontre soit obligée de fournir pour l'autre. Les Commis de la Compagnie Angloise demeureront avec les Commis de la Compagnie des Païs-bas, si l'occasion le permet, autrement ils pourront construire des maisons, pour y vivre & demeurer; comme il leur sera aussi loisible de radouber leurs Vaisseaux & de se servir à cet effect de la commodité des Bois, & autres choses qui se trouvent dans les susdits quartiers & ailleurs, la même chose sera aussi de part & d'autre observée dans les quartiers où les Anglois possederont les susdites commoditez desquelles les Commis des Provinces Unies pourront se servir en la même maniere.

Sur l'Art. X.

Les deux Compagnies ont declaré être prêtes pour indiquer chacune de son côté les susdits Vaisseaux qui sont destinez à la deffence commune d'entre les nombres de ceux qui sont presentement aux Indes, & en cas qu'ils ne soient pas de la grandeur & qualité requise par le Contract, Elles promettent d'y envoyer des Vaisseaux par la premiere commodité, qui seront propres, en conformité de l'esprit de l'Accord, pour la susdite deffence, au lieu des autres qui ne sont pas si propres.

Les Vaisseaux indiquez par les deux Compagnies, se rendront, sur le Mandement du Conseil de deffense & de chaque Compagnie, au lieu de residence du susdit Conseil, soit à Bantam, soit à Jacatra, ou à quelque autre lieu, à moins qu'ils ne soient en quelque endroit où il sera jugé qu'ils pourront rendre service, pour la deffence commune, & pour l'avantage des deux Compagnies. Auquel cas, ils seront taxez & estimez, ou par certains Commissaires à ce authorisez, ou par bonnes informations.

A l'égard de la Proposition qui est faite, pour sçavoir en quel lieu les Vaisseaux de deffence, seront premierement employez, il est jugé à propos que nonobstant le proffit qui pourroit revenir aux deux Compagnies par l'envoi de la Flotte sur les Côtes de Malabar & és environs, neanmoins la deffence sera employée pour gagner le Commerce de la Chine, & à cette fin sera la Flotte envoyée aux Philippines, pour empêcher que les Chinois ne commercent avec d'autres qu'avec nous. Et sera choisi un Rendes-vous, propre pour le Commerce soit à Lequio, Pecquin, Poulo-Condor ou en quelque autre lieu qui par le Conseil commun de deffence, sera jugé le mieux situé pour ce Commerce.

Et pour ce qui regarde la Côte de Malabar, il a été trouvé bon que les Flottes, qui partiront tous les ans pour les Indes, si la conjoncture des tems & la commodité des deux Compagnies le permet, prendront leur Cours entre Madagascar & la Terre ferme d'Afrique, pour passer le long des Côtes des Indes & de Malabar, avec le plus d'avantage pour les deux Compagnies, & de dommage pour ceux qui voudroient empêcher le Commerce libre, qu'il sera possible.

Il sera instament recommandé au Conseil de deffence qu'ils ayent à se servir pour leurs entreprises de forces suffisantes pour parvenir à un bon succès, principalement à present que commence l'union des deux Compagnies, afin que l'honneur & la reputation d'icelle, ne soient pas non seulement conservés, mais aussi leur perte & dommage prevenus.

Sur l'Art. XIII.

XIII. Dans le Conseil de deffence presideront les deux Nations par tour, changeant de mois en mois, & ceux d'Angleterre presideront les premiers, aprés que le Conseil susdit aura été établi; Et ceux des Provinces Unies le second mois, & ainsi tour à tour de mois en mois.

Et parce qu'il est necessaire, qu'il n'y ait qu'un seul Commandement sur l'armement general de deffence. Il est jugé à propos que la Nation au tour de laquelle sera de presider aura aussi le même mois le commandement suprême sur tous les Vaisseaux de Guerre tant de l'une que de l'autre Nation, & arborera le grand Pavillon au haut du grand Mat, & alors l'autre Nation arborera le sien sur le Mat de Misene, & sera Vice-Amiral, ce qui sera observé par tous les Vaisseaux de Guerre, tant des Vaisseaux qui seront aux environs des lieux de residence du Conseil de deffence que dans les autres lieux de ceux qui seront dans leurs quartiers.

Mais pour ce qui regarde les expeditions particulieres, à l'execution desquelles une Flotte, ou quelque nombre de Vaisseaux sera destiné sous un Chef, il est resolu que le Commandement qui sera une fois donné à l'une des Nations, durera jusques à ce que la susditte Flotte sera retournée de la susditte expedition, sans avoir égard à la Charge de President dans le Conseil ou autrement; Et sera le grand Pavillon toujours porté par la Nation qui aura une fois receu & tenu le Commandement, jusques à la fin de l'expedition & jusques au retour des Vaisseaux.

Toutes les expeditions & entreprises particulieres qui seront faittes par l'aide de quelque Flotte ou nombre de

ANNO 1619.

de Vaisseaux de Guerre, seront divisées par tour; pour ce qui regarde le Commandement & le port du grand Pavillon, le premier exploit sera commis à l'Angleterre, le second aux Provinces Unies, le troisiéme à l'Angleterre, & ainsi de suitte chaque Nation à son tour.

Le Conseil de deffence ordonnera aux Commandeurs de la Flotte ou de l'Armement qui seront envoyez à quelque expédition, qu'ils ne fassent rien d'importance pour l'execution de la susdite expedition sans l'avis preallable & consentement du Conseil de Marine de la susditte Flotte ou Armement, qui sera donné au susdit Commandeur (qui aura en cela une double voix) par le Conseil de deffence; Et il sera au pouvoir du susdit Conseil de deffence, de revoquer & de changer le susdit Commandeur de la Flotte destiné pour quelque expedition, même avant la fin de laditte expedition, si la grande necessité & un avantage considerable de la Compagnie le requiert; Et le Conseil de deffence ordonnera de choisir à cet égard ce qui sera convenable.

Il est remis au pouvoir du Conseil de deffence de choisir un lieu pour sa residence, soit à Bantam ou à Jacatra, ainsi que la commodité & la reputation de la Compagnie le requerront.

Sur l'Art. XXVIII.

Pour l'explication de ces mots de l'Article, *N'étans point du Corps d'icelles*, Il est jugé à propos d'établir que le contenu en iceux aura aussi lieu dans les équipages & Commerce que desireront faire quelques uns, qui sont bien du Corps de la Compagnie, mais qui regarderont le leur propre, lesquels n'auront point la permission de jouïr des Privileges & benefices de ce Traitté, non plus que les autres étrangers, quels qu'ils puissent être.

Ceux de la Compagnie d'Angleterre ont prómis de faire en sorte auprès de sa Majesté, qu'il sera fait deffence à tous les Sujets de sadite Majesté, de se mettre au service de quelque autre Nation pour frequenter les Indes, excepté seulement la Compagnie des Païs bas; Et pour que celle d'Angleterre puisse avoir le reciproque, lesdits de la Compagnie des Païs bas ont promis d'obtenir auprés des Seigneurs Etats Generaux des Provinces-Unies qu'il sera fait moderation dans le Placard qui ordonne, que leurs Sujets qui frequentent les Mers, ne pourront se mettre au service d'aucune Nation étrangere, & que ce Placard n'aura point de lieu à l'égard de la Compagnie Angloise, mais que les Sujets Anglois & Hollandois se mettront au service de l'une ou l'autre Compagnie reciproquement sans aucun danger de mal faire.

Sur l'Art. XXX.

Chaque Compagnie fera ordonner bien expressement à ceux qui de sa part seront commis pour l'entretien du Traitté qu'ils ayent à se conformer à l'exprés contenu d'icelui de tout leur pouvoir & affection, Et au cas qu'il survint quelque dispute ou doute sur l'interpretation de quelque article ou sur quelque autre matiere dans leurs conversations communes, il leur sera enjoint de ne point proceder les uns contre les autres par voye de fait ou d'hostilité en aucune maniere que ce puisse être, mais aprés qu'information en sera faitte, ils en donneront avis chacun à leur Compagnie qui est en Europe lesquelles tacheront d'accomoder les differens, ou par elles mêmes, ou par l'intervention de sa Majesté de la Grand' Bretagne & des Hauts & Puissans Seigneurs les Etats Generaux comme besoin en sera, tous ceux qui feront allencontre seront citez & punis comme Perturbateurs du repos public.

Ainsi fait à Londres le 15. Juillet 1619. vieux stile, & étoit signé

THO. SMYTHE,	WILL. HARRISON.	LIVINUS MUNCK.
MORRIS ABBOT.	DIRCK BAS.	ROBERT BEL.
HUMFREY HANDFORT.	ALBERT SONCK.	JACOBUS BOREEL.
ARENT LODENSTEYN.	GUIL. BOREEL.	ANDRIES RICHART.
WILL. HOLLIDAYE.		

Ordre donné pour le redrès du Commerce de Bantam.

POUR redresser le Commerce de Bantam soit nottoire que non seulement l'on met le Poivre sur l'ancien & raisonnable prix d'un & un quart, ou d'un & demi, ou deux Reales de huit le Sac; Mais il sera aussi necessaire de deduire & diminuer les droits excessifs & impots qui sont pris presentement par le Pangeram à Bantam à 57 ou 58 par cent, au lieu que dans les autres quartiers des Indes on paye seulement 1. 2. 3. 4. 5. 6. 7. & au plus 8 par cent.

Pour remedier à cet abus il sera bon qu'on se serve de voyes douces & amiables, (en representant le pouvoir des deux Compagnies Unies) pour gagner le Roi de Bantam, afin que lesdites impositions soient absolument mises par lui sur un pied raisonnable, puis qu'il ne depend que de lui de remedier à ces abus, pour à quoi parvenir il sera bon de se servir de l'exemple & de la maniere d'agir, en matiere d'imposition, de tous les Rois & Peuples des Indes. En suitte

Il sera expedient de convenir avec le Roi par voye de Contract, que le Poivre nous sera livré sans obstacle à un prix raisonnable, comme cela se fait par tout, & comme il étoit d'usage à Bantam, avant que le *Complet* de Pangoram avec les Chinois ait ruiné & détruit tout le Commerce.

A cette fin on pourra demander, Que le Roi ait à ôter & aneantir toute sorte de Monopole que les Chinois ont à Bantam, non seulement avec le sçu du Pagoram; Mais même par son Conseil & propre avis.

Et il sera loisible & permis aux païsans & gens de la Compagnie de venir & de vendre immediatement leurs Fruits dans nos Loges aux Commis des deux Compagnies, comme c'étoit la coutume, avant que le susdit Monopole fut établi, sans qu'on fasse aucune peine ni difficulté auxdits païsans, ni permettre être faitte.

Si cette voye n'est pas trouvée suffisante (comme elle ne l'est pas) alors il faudra aller plus avant & faire une convention avec le Roi

Qu'il nous vendra & livrera le Poivre au même prix que cy-devant, en telle quantité que nos affaires l'exigeront, comme c'est la coutume & la maniere de faire du Roi d'Achim.

En tel cas il ne sera pas permis au Roi de livrer aucun Poivre à d'autre Nation, jusques à ce que nous soyons satisfaits, selon la production du Contract à faire avec lui.

Si nous ne sommes pas encore contens de cela on tâchera de faire un Traitté avec le Roi par lequel il sera libre à nous, & non à aucune autre Nation, d'achetter le Poivre à Bantam, & il ne sera pas permis à aucune autre Nation soit de l'Europe soit des Indes même, de faire Negoce dans les susdits fruits. Et par ce moyen, comme personne autre que nous n'en pourra achetter, il sera tres facile de mettre ledit Poivre à un prix aussi raisonnable qu'on pourra le desirer.

Il est à croire que le Roi de Bantam accordera facilement ce Contract à l'exclusion de toutte autre Nation de l'Europe & des Indiens mêmes, si on en excepte seullement les Chinois, qui aportent beaucoup de choses necessaires à Bantam, & qui y font en grande consideration.

Aprés qu'on aura inutilement tâché d'exclure les Chinois, il sera necessaire de les souffrir sous quelques conditions,

Comme par exemple,

Qu'il sera permis aux Chinois d'achetter à Bantam conjointement avec nous. Mais à condition qu'ils seront obligez de nous livrer le Poivre à un prix raisonnable, comme on en pourra alors convenir, jusques à ce que nous soyons entierement pourvûs, sans qu'ils puissent auparavant transporter aucun Poivre en aucune maniere, Ou

L'on demandera au Roi de Bantam, qu'il ne soit point du tout permis aux Chinois de vendre aucun Poivre, sinon seulement que quand nos Commis auront entierement fait leur achapt, alors nos gens se tenant en repos, il leur sera permis d'en achetter & de le garder autant qu'ils jugeront à propos.

Lequel Poivre ainsi achetté & transporté par les Chinois ne pourra être vendu à aucune Nation de l'Europe directement ou indirectement en nulle maniere, sous telle peine qu'il sera trouvé à propos.

Ces moyens d'accord & d'amitié seront premierement tentés, comme étant les plus doux & les plus propres, mais si par iceux nous ne pouvons parvenir à nôtre but, en ce cas le Conseil de deffence sera authorisé, pour chercher tel remede qu'il trouvera utile pour la prosperité des deux Compagnies.

ANNO 1619.

CXCIII.

17. Juin. Bürgschafts-Verschreibung der Unirten Christlichen Churfürsten und Ständen auf 200000 Gulden / vor die drey Evangelische Stände des Königreichs Böhmen; Worin Sie sich gegen darleyher besagter Summe verpflichten / daß / wann benante Stände an solcher bezahlung saumig wären / sie sothane Summam bezahlen / und selben aller unkosten entheben wollen. Geben zu Heylbronn den 17. Junii 1619. [LUNIG, Teutsches-Reichs-Archiv. Part. Spec. Continuat. I. Abtheil. II. Fortsetzung II. pag. 286.]

C'est-à-dire,

Cautionnement des Electeurs & Etats de l'Empire Unis, pour la somme de 200 mille Florins, que les trois Etats Evangeliques du Royaume de BOHEME *veulent emprunter, portant promesse & obligation de payer ladite somme pour eux, en cas qu'ils diféraffent de satisfaire au remboursement de ceux de qui ils l'auront empruntée. A Heylbron le 17 Juin 1619.*

WIR der löblichen Christlichen Union zugethane sämptliche Churfürsten und Ständ / bekennen und thun kundt hiemit offenbar: Als Uns die drey Evangelische löbliche Ständ des Königreichs Böhmen / durch dero hieher an Uns abgeordnete gevollmächtigte Gesandten / den betrübten / zerrütten und hochbeschwerlichen Zustand besagtes Königreichs beweglich vor- und angetragen / auch darneben umb ein gewührige und erkleckliche Geld-Hülff zu desselben Königreichs hohen Nöthen und Nutzen / auch Abwendung mächtigen und höchstbesorglichen Schadens angelangt und ersucht / und wir Uns in Betrachtung deren von obbemelten Gesandten angebrachten Motiven und andern wichtigen und hohen Ursachen gegen ob- und wohl gedachte Ständ / an statt obangeregter Geld-Hülf auf eine Bürgschafft und rechtmäßige beständige fidejussion biß auf zweymahl hundert tausend Gülden / welche sie ehister Gelegenheit / auf fünff biß in sechs pro cento jährlicher Pension, auffbringen und auffnehmen könten / resolvirt und erklärt; Daß wir demnach und in Krafft diß in der allerkräfftigsten und beständigsten Form und Maaß / als solches von allen Rechten wegen seyn kan / soll oder mag / versprochen und zugesagt haben: Versprechen auch hiemit gegen männiglich / und einem jeden insonderheit / welcher ob- und wohlgedachten Evangelischen Böhmischen Ständen Vorleihens dißfals thun möchte / es sey in grossen oder geringen Posten / biß auf gemelte Geld-Summ der 200. mil. fl. vor dieselbe Bürg und gut zu werden / also und der Gestalt / wäre Sach / daß wieder Verhoffen ob- und wohlgedachte Ständ an schuldiger Bezahlung / es sey an Haupt-Guth oder Pensionen / eines oder andern Orts / saumig und hinterstellig wären / daß wir alsdenn obgesetzter massen an ihre Stell und statt treten / und die Herleyher alles Schadens und Kostens entheben / und selbst Zahler seyn wollen / mit wissendlicher Begebung aller und ieder Freyheiten / Rechten / Beneficien / insonderheit des beneficii excussionis, und was desgleichen mehr vorgeschützt werden möchte; geloben und versprechen bey Unsern guten / treuen und wahren Worten / auch kräfftiglicher Verpfändung und Obligirung Unserer Haab und Güter / so viel darzu von nöthen / alles obige / so in dieser Verschreibung begriffen stehet / vest und unverbrüchlich zu halten und zu vollziehen / ohn alle Inred und Hindernüß.

ANNO 1619.

Und demnach die Herleyhere von Uns sämbtlichen / aus Mangel einer allgemeinen Zusammenkunfft / die nothwendige obligationes und Bürgschafft-Verschreibungen nit also förderlich werden erlangen und erheben; So bekennen wir die unirte Fürsten und Stände hiemit / daß wir den Durchleuchtigsten / Hochgebohrnen rc. Pfaltzgraf Friederich / rc. Churfürsten / freund-vetterlich / auch unterthänig und unterthänigst erbeten / auch Gewalt und Vollmacht gegeben / daß S. Ld. und Churfürstl. Gn. solche Bürgschafft-Verschreibungen / so viel deren biß auf obgemeldte Summ der 200. mil. fl. nöthig seyn werden / ausfertigen / und in S. Ld. und Unserm Nahmen zum Stand richten lassen wöllen und mögen / inmassen wir solche auch also hiemit genehm halten / als ob dieselben von Uns selbsten mit eigenen Händen / neben seiner Liebd. und Churf. Gn. unterschrieben und ausgefertiget wären / Uns / Unsere Erben und Nachkommen damit zu besagen. Zu wahren Uhrkund haben wir uns mit eigenen Händen unterschrieben. So geschehen zu Heilbrun / den 17. Junii, Anno 1619.

Friederich / Pfaltzgraf / Churfürst.

Joachim Ernst / Marggraf.

Friederich / Hertzog zu Würtenberg.

Von wegen Herrn Land-Grafen Moritzen zu Hessen Fürstl. Gnad.

Philips Reinhard / Graf zu Solms.

Von wegen Herrn Gottfried / Grafen zu Oettingen /

L. Ludwig Müller.

Wegen der Stadt Straßburg /

Petrus Storck.

Wegen der Stadt Nürrenberg /

Endres im Hoff.

Wegen der Stadt Ulm /

Hanß Schad.

CXCIV.

(1) Confederation der Evangelischen Stände des Königreichs Böhmen / mit den incorporirten Ländern Mähren / Schlesien / Ober- und Nieder-Lausitz / zu defendirung der Religion und behauptung der Freyheiten / Worinnen Sie den König zwar mit einschliessen / doch aber sofern Er ihre Privilegia und diese Confederation in obacht nehmen würde; ferner verordnen / wir es der König mit besetzung der Aembter solle halten / und wie es mit denen Kirchen / dem freyen Evangelischen Religions Exercitio müsse gehalten werden; weiter sich vor keine Erbländer / sondern die auf freyer wahl beständen / außgeben / auch darnach die zu leistende juramenta einrichten / und vorschreiben / was bey der Wahl eines Königs zu observiren / und wie weit die macht desselben sich erstrecke; ingleichen wie starck ein Land dem andern müsse succurriren etc. Prag den 31. Julii in der General-Zusammenkunfft 1619. 31. Juill.

Mit den Special-Articuln, welche principali-

(1) On a tiré de LONDORPIUS l'Instrument principal de cette Confederation. Il y est plus entier que dans la Collection de Mr. LUNIG; mais on a pris de celui ci les Articles separés, concernant la defense, parce qu'ils manquent tout à fait dans LONDORPIUS. [DUM.]

ANNO 1619. cipaliter das Land Schlesien so wohl in puncto Religionis, als weltl. und Regierungs-Sachen angehen. [LONDORPII Acta Publica. Parte I. pag. 635. LUNIG, Teutsches Reichs-Archiv. Part. Spec. Abtheilung I. pag. 75.]

C'est-à-dire,

Confederation entre les Etats Evangeliques du Royaume de BOHEME; *& les Provinces incorporées de* MORAVIE, *de* SILESIE, *& de la haute & basse* LUSACE, *pour la défense de leur Religion & de leurs Privileges. Le Roi y est inclus, mais pour autant qu'il promettra d'observer, & qu'il observera effectivement ladite Confederation. Du reste on y convient de la maniere, dont il devra conferer les Benefices & les Charges, & de tout ce qui regarde l'état de la Religion. On y prétend que la Couronne de* Boheme *n'est point Hereditaire mais Elective; on y établit un Formulaire de Serment à prêter sur cela par les Roix; on y limite leur Autorité; on y regle ce qui devra être observé dans les Elections; & enfin on convient du Contingent à fournir par chaque Province dans les cas de nécessité. A Prague en Diete Generale le 31. Juiliet* 1619. Avec *les* ARTICLES *separés, concernant la* SILESIE *en particulier, tant à l'égard de la Religion, que de l'Etat civil, & du Gouvernement.*

DEmnach die von Uns Ständen deß Königreichs Böheimb verordnete Directores, Regenten und Räthe deß Landts/ vermög dero von Uns ihnen gegebenen Macht/ durch Patenten Uns allen dreyen Ständen dieses Königreichs/ eine Zusammenkunfft auff den Dienstag nach Maria Magdalena/ sonsten den 23. Tag. Monats Julii außgeschrieben/ und auff das Prager Schloß geleget.

Zu welcher Unser zusammenkunfft und versamblung/ Ihre Gnad die H. Ständ deß Marggraffthumbs Mähren/ auch Ihre Gnad. die Herrn Fürsten und Stände in Ober und Nieder-Schlesien/ Ober und Nider-Laußnitz/ als incorporirte Glieder/ wie nit weniger ihre Gnad. die Herrn Evangelischen Stände in Nieder und Ober-Oesterreich/ ihre ansehenliche Abgesanten mit vollmacht abgefertiget haben.

Welche Herrn Abgesandten auß allen jetzgedachten Ländern/ nach dem sie mit Uns erwogen/ welcher massen verwichner zeit/ als wir Ständ dieses Königreichs Böheimb/ auff J. Keys. M. Rudol. 2 dieses namen Hochlöblichster Gedächtnuß/ Unsers allergnädigsten Königs und Herrn/ gnädigs ersuchen und Intercession, vermög Unsern Privilegii und Freyheiten/ auß Unserm freyen und guten Willen/ Ihre F. Durchl. Ertzhertzog Matthiam zu Oesterreich/ dero Mayestät Herrn Brudern/ erstlich zu einem designirten/ dann auch zu Unserm König und Herrn gewehlet/ angenommen und gekrönet/ daß damaln J. Kön. Majest. unter andern Artickeln/ uns Ständen dieses Königreichs/ darzu gnädigst bewilliget/ auch ihren Revers darüber gegeben/ daß wir Stände dieses Königreichs/ und deme Incorporirte Lande/ sampt andern Ihr Maj. Ländern/ nemlich mit Ihren Gn. denen Herrn Ständen deß Königreichs Ungarn/ so wol auch Herrn Ständen deß Ertzhertzogthumbs Oesterreich/ eine gewisse Confœderation auffrichten möchten: welches alles geschehen/ und geschehen sollen zu dem end/ damit zuvorderst der damaln in Religions-sachen auffgerichte/ und von Ihren Königl. May. gnugsamb confirmirte H. Friede erhalten/ und ein jedes Land sich Ihrer Privilegien und Freyheiten gebrauchen/ und also dem Allmächtigen Gott/ und ihrer Obrigkeit in Frieden dienen könte. Die bösen Leut aber/ welche jederzeit Unsere gnädigste Obrigkeit wider die Stände und Inwohner deren Königreich und Land zur Ungnad angefrischt/ deß Landes Freyheiten und Privilegia zu nicht gemacht/ zu Kriegen und Unfrieden Ursachen gesucht: ja nit allein die Länder und deren Inwohner/ sondern auch die Obrigkeiten selbsten zu grösten Ungelegenheiten/ und vielem unschuldigen Blutvergiessen/ damit sie sich dessen so leichtlich nit mehr unterwinden dörfften/ gebracht. ANNO 1619.

Darzu auch/ damit solche Confœderation zwischen denen Ländern vollzogen würde/ von J. Kön. M. laut dero gnädigsten versprechen und Revers/ denen Ständen einen General Landtag/ zu dem auch alle andere Länder erfordert würden/ hat außgeschrieben werden sollen: so haben doch die bösen und schädlichen Leute/ und sonderlich etliche auß denen dieses Königreichs Obristen Land-Officirern/ und Land-Rechts Beysitzern der Röm. Religion sub una, mit ihren betrüglichen Listigkeiten/ und Practicken/ nit allein solches damit die Confœderation nicht auffgerichtet würde/ verhindert: sondern als sie bey gehaltenem Landtag/ auch andere mit solchem J. Key. M. gethanen Revers zugesagte/ diesem Königreich und Ländern nützliche Artickel umbgestossen/ und sich den Ständen dieses Königreichs sub utraq; für offentliche Feinde dargestellt/ und die gantze Königliche Gewalt an sich gezogen/ nicht allein denselben von J. K. M. Keyser Rudolpho den Ständen dieses Königreichs/ auffs freye Exercitium Unserer Christlichen Religion sub utraq; ertheilten Majestätbrieff/ ungeachtet auch der im selben gesetzten schweren Straffen/ deßgleichen auch der zwischen beyden Theilen auffgerichten Vereinigung/ zu nicht gemacht/ die Leut der Religion halben/ auff mancherley weyse bedränget/ dieselben zu ihrer Religion wider offenes Verbott/ mit Gewalt gezwungen/ andere mit langwirigen Gefangnussen geengstiget/ die Kirchen zerstören und verpetschieren lassen/ schwere Betrohungen gethan/ denen mit J. Kön. M. Bewilligung verordneten Defensoren, wie auch den Ständen/ die dero Bedrängnussen halben/ zusammenkunfften verbotten/ sie zu schweren Straffen unschuldiger weise verurtheilt/ und letzlich ihnen den Ständen sub utraque alles Gehör bey J. Key. M. versperret: Massen diß alles weitleufftiger/ durch eine und die andere außgangene Apology der gantzen Welt kund gethan worden: Also da wir Stände/ deren bösen Leute wegen keine Verbesserung in Unsern Beschwernussen erlangen kundten/ und von ihnen/ wie gemeldt/ alles Gehör bey Ihrer Key. M. Uns verschlossen: seynd wir auß solcher unumbgänglichen Notturfft/ auff etliche auß ihnen/ als Zerstörern deß gemeinen Friedens/ zugreiffen verursacht worden: Und (nach dem wir gewust/ daß dieselben/ wie auch ihre Gesellen und Mitthelffer/ durch solche der Majestätbrieffe und Privilegien umbstossung/ und Bedrängnussen der Leute/ ursach zu Unfrieden und Krieg längst gesucht/ und suchen/ und daß sie nit unterlassen würden Ihre Keyserl. Majestät wider diß Königreich zum Krieg zubewegen) ein Defension-Werck zu Erhaltung Unserer Freyheiten/ Weib/ Kind/ Haab und Gut/ an zu stellen.

Und ob zwar wir alsbald damals Ihrer Keys. M. solches nach Wien durch ein Schreiben berichtet: daß solche Defension nicht wider Ihre Keys. Maj. gesinnet und angestellet sey: sondern zu selbst eigenen Ihrer Keys. Maj. und dieses Königreichs besten/ wider jeden der Ihr Maj. und diesem Königreich Schaden zufügen wolte/ und daß wir Stände Ihrer Keys. Majest. getrewe Unterthanen verbleiben wollen/ demütigst bittende: Ihre Keys. Majest. geruheten sich wider uns Stände dieses Königr. zu etwas anders nit zu bereden lassen. Jedoch hat solches abermals keine statt finden können: sondern dieselben Fein-

ANNO 1619.

de haben Ihr Keyserl. Majestät dahin bewogen / daß Ihr Keyserliche Majestät durch grosse macht eines Feindtlichen Kriegs-Volcks / ein grossen theil dieses Königreichs verbrennen / außplündern / und viel dero Inwohner / wie auch die kleinen Kinder / unschuldig ermorden / und also darinnen erschröckliche Tyranney verüben lassen.

Und wann forderst Gottes schutz / und die von Uns angestelte Defension, wie auch die von J. G. H. Fürsten und Ständen in Schlesien Hülffe / so wol auch deren Herren Ständen deß Marggraffthumbs Mähren / deren Kriegsvolcks mit dem Unserigen zusammen gestossen / auch andere von Gott hierzu verliehene Mittel und Hülffe nicht gewesen weren / hetten dieselben Feinde schon längst leicht ihre Boßheit über diesem Königreich / und anderen umbliegenden Landern gäntzlich vollzogen.

Wan dann diß feindtliche Volck / auch nach Ihrer Keys. Maj. Tödlichen Abgang / in diesem Königreich sich auffgehalten / und noch auffhalten thut / auch durch Ihre Königliche Würden König Ferdinandum von tag zu tag sich stärcket / und grausame Tyranney / wo es nur kan / mit Schwerdt / Fewr und Raub / noch viel ärger als bey Weyland Ihrer Majest. Keys. Matthiæ Lebzeiten verübet / dieses auch offentlich reden thut: Es seye jhm solches von König Ferdinando zu thun anbefohlen / und demnach es kein andere Bezahlung zu hoffen / demselben diß Königr. gleichsamb zu einem Raub übergeben worden.

Mit welchem feindtlichen Volck wird nicht allein diesem Königreich und anderen Incorporirten und umbliegenden Ländern gedrohet: sondern auch allbereit in dem Marggraffthumb Mähren dergleichen Tyranney und grausambkeit verübet. Und anjetzo allen diesen Ländern hoch und viel daran gelegen / daß sie sich samptlich in die heilige lang gewünschte / auch zuvor von J. K. M. zugelassene und bewilligte Confœderation, begeben / und hernach mit einem gesampten Rath / vor diesen und anderen jhren Feinden sich vorsehen und defendiren möchten.

Derowegen haben wir Stände des Königreichs Böheim / mit jhren Gnaden denen Herrn Ständen / deß Marggraffthumbs Mähren / wie auch Ihren Gn. Herrn Fürsten und Ständen in Ober und Nider Schlesien / und Ständen in Ober und Nider Laußnitz / als diesem Königreich Incorporirten Ländern / nicht weniger / mit Ihren Gnaden den Herrn Ständen deß Ertzhertzogthumbs Nider und Ober Oesterreich / durch eines jeden Landes insonderheit mit gnugsamer Vollmacht ansehenlichen Abgesandten / solche vollkommene Confœderation und Vereinigung auffgerichtet / dieselbe mit Jurament, auch Unseren Siegeln und Handschrifften bekräfftiget / welche von wort zu wort also lautet.

DEmnach der Allmächtige Gott / in dessen Händen aller hohen Potentaten / und Regenten Hertzen stehen / auch alle Veränderung der Lande herrühren / es also gerichtet / daß die Länder / Mähren Schlesien / Ober und Nider Laußnitz / theils auß freyer Gutwilligkeit / theils auß andern wichtigen Ursachen / anfangs zu dem Königreich Böheim / ohne eintzige Erbligkeit / so dem Könige hierauß zuwachsen könte / sich geschlagen / und hernacher durch die vom damahligen regierenden Röm. K. und den sämptlichen Churf. deß Reichs auffgerichte Incorporation zusammen verfasset / auch als treuwe Mitglieder gegen einander / in ein solche Societet und Brüderliche Einigung gesetzet worden / daß man billig der Trennung halben / einigen zweiffel nicht hette haben sollen / massen solches alles auß dem Instrumento, der angezogenen Incorporation, wie auch auß etzlichen Güldenen Bullen / vielen absonderlichen auffgerichten pactis und vorgangenen Handlungen / mehr dann gnugsam offenbar.

Und aber sich jederzeit Friedhässige Leuthe gefunden / die öffters auß schlechten liderlichen Ursachen / oder auch bösen hochschädlichen Principiis und passionirten Rathschlägen / allerhand Mißtrawen / verbitterungen / und Schwirigkeiten gestifftet. Welches auch diese Lande mit höchstem Schaden erfahren und gedulden müssen / in deme es sich nit alleine An 1608. zimlicher massen zu einer Trennung dieses Corporis, ansehen lassen / auch bey jetzigem so betrübten und bekümmerlichen Zustande / fast dergleichen practiciret werden wöllen. Als haben die oben angezogenen samptlichen Länder / allbereit vor etzlichen Jahren / einer unvermeidentlichen Notturfft zu seyn erachtet / sich in etwas genawer / und zwar solche Verbündtnuß einzulassen / dardurch allen feindtseligen untreuwen Practicanten gesteurrt / hingegen gutes beständiges vernehmen / zwischen der hohen Obrigkeit / und den Unterthanen / auch den Ländern / unter sich auffgerichtet / alles in ruhigen Wolstand gesetzet / gleichmässiger Schutz aller Länder Ständen und Einwohnern / ohn unterscheid der Religion gehalten / anch in durchgehender Gleichheit / die Justitz nach eines jeden Landes habenden Verfassungen / Freyheiten / Privilegien / und wohlhergebrachten Gewohnheiten / befördert werden möchte / und das in allen nothfällen / sonderlich wann sich dergleichen Turbatores, beydes in Religions und Regimentssachen / ferner finden wolten / ein Land dem anderen / mit desto beständiger Zusammensetzung beystehen könte. Zu solchen Ende nun ist bey der nechst verstorbenen Röm. Kays. Maj. Anno 1611. und hernach bey gehaltenem Landtage zu Budweiß / derogleichen Confœderation unterthannigst gesucht und erhalten / und hierzu Anno 1615. der general Landtag / außgeschrieben worden. Alldieweilen aber die jenigen / so bißhero in allen Landen so viel Bedrängnuß und Beschwer angerichtet / und die Verfolgung der Evangelischen Religion eusserst fortzustellen sich bemühet / durch jhre geschwinde List / so viel böses damaln gestifftet / daß solch hochnützliches werck ersitzen bleiben müssen.

Indessen die Länder / in diesen kläglichen und erbärmlichen Zustandt / wie vor Augen / gesetzet worden / also / daß derjenige der nit eine Christliche condolentz träget / und sich dieses weit außsehenden / und einig und allein / auß Vertruckung der Evangelischen Religion / herrührende Unwesens / darbey allbereit Land und Leut zimlich erschöpfft / und viel Landes verwüstet worden / mit Trewen anzunehmen begehrt / ohn alle Erbarmung seyn / und gleichsam ein steinern Hertz haben müsse. Diß Königreich und andere Land aber / ohne eyferige Zusammentrettung / ins künfftig für dergleichen und mehrerm Unglück / nicht wol gesichert seyn können: so haben auß diesen und vielen andern erheblichen hochwichtigen Ursachen / bey dieser gehaltenen General-Zusammenkunfft / die Evangelischen Stände der Länder / Böhmen / Mähren / Schlesien / Ober: und Nider-Laußnitz / sich in nachfolgende Confœderation begeben / solche auch die Herren Stände der Cron Böheimb / zwar samptlich / die andern Länder aber / durch ihre vollmächtige Abgesandten / mit einem leiblichen Eyde / Inhalts der hernach gesetzten Notul beschworen.

WIR N. N. N. N. N schwören Gott dem Allmächtigen / in Unser und Unserer Principalen und aller derselben Nachkommen Seel / daß Wir und Sie / alle diese auffgerichte / beschlossene / und von aller Länder Gesandten besiegelte und bekräfftigte Unions-Artickel in genere, alle Länder ingesampt / und ein jedes Land absonderlich betreffend / nu und zu allen künfftigen Zeiten / standhafftig / vest und unverbrüch-

ANNO 1619.

brüchlich halten / und allem und jedem / was darinnen verordnet / auffrecht und treulich nachkommen / auch sich darvon keinen Menschen / Hohes noch Nider-Stands / auch keine Gnad noch Ungnad / Freundschafft noch Feindschafft / Geschenck oder vertröstung / wie auch durch keine Tractaten / und also auff keinerley Weg und Weiß / wie Menschen-List solches erdencken könte / abwenden lassen werden / als Ihnen und Uns Gott helffe / 2c.

Bezeugen aber darneben vor Gott und aller Welt / daß diese hochnothwendige Christliche Union / und Bündnuß niemanden zu unbillichen Verdruck und Nachtheil / sondern allein zu Beförderung Gottes Ehren / zu beständigen Schutz und Rettung eines jeden Lands Privilegien und Freyheiten / und dahin angesehen sey / damit die Unirte Länder / nach ihren Verfassungen / Privilegiis und Freyheiten / regiret / die freye Ubung der Religion / Inhalts der Böheimischen und Schlesischen Mayestätbrieffe haben / und auff alle unverhoffte weitere Turbirung / ein Land dem andern mit Treuen bey und zuspringen möge.

1. Demnach aber der Allmächtige hierzu auch seine Gnade und Segen gebe / weiln diese Confœderation, fürnemblich wegen der Defendirung der Religion angesehen / haben sich die Länder zuförderst dahin geeinigt / daß alle und jede Religions-verwandten / nach Außweisung der Evangelischen Lehr und Bekantnuß / auch ein Christlich Leben und Wandel führen / fürsetzliche Sünden / Laster / offentliche Ergernuß / Heucheley / es sey wo es woll / meyden und verhüten / auch dazu auff den Cantzeln fleissig angemahnet / und durch die Obrigkeiten / mit ernster Straff angehalten werden sollen.

2. Diesem nach / so soll Anfangs in diese Confœderation eingeschlossen / und derer sich zugebrauchen haben / der König / so fern er die Privilegia, Mayestät-Brieffe / Concessiones, und diese Confœderations-Artickul in gnädigster Obacht hält / und darnach sein Regiment anstellet / auch in Religions und Justiz-Sachen / allen Landen / ohne Unterscheid der Religion / gleichmässigen Schutz hält.

3. Der König soll mit keinem Jesuiten / Außländischen Bottschafften / noch Räthen / in Sachen diese Länder betreffend / nicht Raht halten / auch dergleichen außländische Personen zu vornehmen Officien und Rähten / oder andern expeditionen / noch zu keinen Rahtsstellen / oder andern Bürgerlichen Amptern gebrauchen.

4. Und sollen die Jesuiten / nun und zu ewigen Zeiten / in diese unirte Lande / es sey unter was Prætext oder Orden es immer wolle / nicht eingeführet: Und wo sie oder ihre Discipul noch vorhanden / oder heimlicher Weise einschleichen möchten / gantzlich abgeschafft / derselbe Orden auch / darinnen sich die Jesuiten und ihre Discipul verstecken / und befunden werden / seiner Einkommen und Güter verlüstiget seyn / und zu desselben Landes Defension gezogen und confiscirer werden / dagegen ihre Fundation und Privilegia, so woll alle und jede / worauff immer beschehene Versehungen / so sie entweder bey den Königen / oder andern Privat-Personen expracticiret, und auff eines Landtags Relation in die Landtaffel deß Königreichs Böheimb / de facto einverleibt bekommen / auß der Landtaffel widerum geleschet / und alle ihre Collegia, Güter / Gefälle und Einkommen / dem Land zum besten anheimb fallen.

5. Auch soll in diesen unirten Landen / kein neuer Orden / über die so jetzo in einem jedem Lande seyn / mehr eingeführt werden.

6. In gleichen sollen auch die Stiffter / Kirchen / Clöster und derselben Pertinentien / so anjetzo theils öde und verlassen stehen / theils auch zu Schulen und andern der Evangelischen Gottesdiensten angerichtet seyn / in der Evangelischen Stände Händen / Gebrauch und Disposition, jetzo und zu allen Zeiten gelassen werden.

7. Zu forderst aber soll der König die Mayestät-Brieffe / und Concessiones in Religions Sachen / wie auch die Anno 1609. zwischen den Evangelischen Ständen in Böhmen und Schlesien getroffene / und von Königlicher Mayestät confirmirte Union / auch die zuvor von weyland Keyser Matthia Hochlöblicher Gedachtnuß Anno 1614. den Landen zugelassene und hiemit auffgerichtete und vollzogene Confœderation, sampt deren einverleibten Puncten ad literam, ohn einige Restriction oder per consequentiam zugezogene Deutung / cum solenni renunciatione der in etlichen Conciliis, und Geistlichen Constitutionibus befindlichen Exception de fide hæriticis non servanda, nec non absolutionis a Juramento cujuscunque, confirmiren.

8. Alle Kirchen in den unirten Landen / Böhmen / Mähren / Schlesien / Ober-und Nider-Laußnitz / in allen Städten, Marckflecken / Dörffern und allen Orten / welche Kirchen die Evangelische anjetzo inhaben / sollen nunmehr und zu immerwehrenden Zeiten / ohn einige Hinderung und Eintrag / wie und von wem solcher immer erdacht / und auff die Bahn gebracht werden könne oder möge / verbleiben.

9. Es sollen alle diese unirte und confœderirte Länder / so keine absonderliche Mayestät-Brieffe uber das freye Exercitium Religionis haben / als Mähren / Ober-und Nider-Laußnitz / und welche sich zu dieser Capitulation begeben möchten / sich deß Böhemischen und Schlesischen Majestät-Brieffs in allen Clausuln / Puncten und Artickeln / zu Ubung deß freyen Religions Exercitii zugebrauchen befugt seyn.

10. In allen unirten Landen / auch in allen Städten dernselben / sie gehören entweder Ihr Königl. Mt. oder der Königin / auch aller und jeder Geist-oder Weltlichen Obrigkeit zu / in gleichem auff allen Marckflecken und Dörffen / soll das freye Exercitium der Evangelischen Religion Männlichen und Weiblichen Geschlechts Personen / nach jedes Lands und Orts Sprachen und Verfassung der Böhmischen und Augspurgischen Confession, auch Kirchen / Pfarrhäuser / Schulen und Begräbnuß darzu erbauen / wie auch Evangelische Priester oder Schulmeister / einzusetzen verstattet und zugelassen: Auch ein jeder in seinen Kirchen / die alten Ceremonien seinem Christlichen Gewissen und Gottes Wort nach zu behalten / oder fahren zu lassen befugt seyn; Hergegen aber / umb besser Einigkeit und Verhütung allerhand Schwirigkeiten und Verbitterungen / das Schmähen und alle Personalia von den Cantzeln und sonsten bey allerseits Religionsverwandten / gäntzlich und bey Straff der Remotion ab officiis verbotten seyn.

11. In gleichen sollen in diesen unirten Ländern keine Stiffter / oder Beneficia, es seyn Bistumber / Apteyen / Commenden / Propsteyen / Prælaturen / oder dergleichen hinführo den Außländischen / sonder bloß und allein denen Eingebornen / deren zur Cron Böheimb gehörigen Länder / als welche für Frembde nicht zu achten / conferiret, und über diese Stiffter oder Beneficia, die sie anjetzo haben / hinführo keine mehr auff Landgütern / weder vom Könige noch jemands andern gestifftet werden.

12. Alle Römisch Catholische in allen unirten Landen / sollen sich Juramento allen Ständen eines jedwedern Landes obligat machen / wieder den ertheilten Mayestat-Brieff und Vergleichungen wegen deß freyen Exercitii Religionis nichts zuthun noch vor-

ANNO 1619. vorzunehmen / mit außtrücklicher Renunciation der in etlichen Conciliis nud Geistlichen Constitutionibus befindlichen Exception, de hæreticis non servanda fide, nec non absolutionis à Juramento, so wol anderer Concilien, Statuten. Ordnungen und Auffsatzungen / so dem Mayestätbrieff zuwider.

13. Kein Römisch-Catholischer soll wie zu den hohen / also auch den nidern Aemptern / in gleichem in Städten / zu den Burgerlichen Aemptern nicht gebraucht werden / er obligire sich dann zuvor bey Leystung der Amptspflichte solenni Juramento, die Majestätbrieff / Uniones, und insonderheit diese Capitulation zu halten / cum renunciatione wie im 7. und 12. Artickel begriffen.

14. Kein Römisch-Catholischer Stand vom höchsten biß zum nidrigsten / soll in den unirten Landen da sie vorhanden / geduldet werden / der sich nicht ebener massen zu den Religions-Concessionen, und Unionen, fürnemblich aber zu dieser Verfassung obligat mache / mit obiger in 7. und 12. Artickel angezogenen Renunciation.

15. Es soll sich auch in allen diesen Unirten Landen kein Römisch-Catholischer hohes und nider Geistlichen Stands unterstehen / unter keinem Prætext, wie solcher herfür gesucht werden möchte / den loci ordinarium oder eine Jurisdiction über die Evangelischen in Geistlichen / noch weniger aber in Weltlichen Sachen zugebrauchen.

16. In Böheim sollen diese Aempter mit Evangelischen Personen ins künfftig besetzt werden: Der Obriste Burggraffe / Obriste Cantzler / beyde Burggraffen zum Carlstein / Obrister Landschreiber / Cämmerer / der Prager Schloß-Hauptmann / Obrister Müntzmeister / und beyde Hoffrichter. In Mähren / der Lands-Hauptmann / Obrister Land-Cämmerer / Unter-Cammerer / Obrister Land-Schreiber. In Schlesien der Ober-Hauptman / wie auch alle Hauptleut und Cantzler in den Erbfürstenthumbern. In Ober und Nider-Laußnitz / beyde Landvögte / auch Landes-und Ampts-Hauptleute und Landrichter.

17. Und damit qualificirte Personen zu obgedachten hohen und Lands Aemptern gebraucht werden mögen / soll allenthalben die Denomination gewisser Personen / in jeden Lande den Ständen / die Confirmation aber dem Könige zustehen / und was Böheimb und Mähren betrifft / von einem jedwedern Stande / welchem nun ein Ampt zuständig / ohn Impediment und Verhinderung deß andern Stands / zu einem jeden Ampt vier Personen benennt / und auß denselben vom König ein Person erwählet / und zum Ampt confirmirt werden / jedoch daß solches / was diese Benennung der Ampts-Personen in Böheimb und Mähren betrifft / den Herrn / Fürsten und Ständen in Schlesien / so wol den Landständen auß Ober-Laußnitz an ihren Concessionen und Privilegiis unnachtheilich seyn.

18. In denen Städten in allen unirten Landen / da die Rahtstellen mit Römisch-Catholischen nur alleine biß dato besetzet worden / dar sollen hinfüro zu künftigen Zeiten / dieselben Rahtstellen / halb mit Römisch Catholischen / und halb mit Evangelichen ersetzt werden / doch daß die fürnembste Personen / als der Primas, oder in den andern Landen da kein Primas ist / die Bürgermeister der Evangelischen Religion zugethan / und wol qualificirte Personen seyn.

19. Wegen der drey Prager und anderer Städten in Böheimb / Mähren und Schlesien / Ober und Nider-Laußnitz / da die Menge der Evangelischen zu befinden / sollen die Rahtstellen und andere Rahtsämpter allein mit Evangelischen Personen / jetzt und zu ewigen Zeiten ersetzt werden.

20. Zu dem Ende sollen alle Privilegia, Kauff-Brieffe und dergleichen / so zu Unterdruckung der Evangelischen außbracht worden / oder zu diesem End und Zweck gerichtet / wie zu Budweiß / Pilsen: In Mähren / fast in allen Königlichen Städten: In Schlesien / Oppeln / Rattibor / und andern Orten: In Ober-Laußnitz / Wittingaw / Bernstattel / Ostutz / Hennersdorff unter dem Königsholtz / gantz null und nichtig seyn. An welchen Orten aber die Evangelischen unter den Catholischen zu befinden / soll ihnen gleicher Schutz gehalten werden. ANNO 1619.

21. Die Evangelischen soll man keiner Orten in allen unirten Ländern von Aemptern / auch von Bürger-und Meister-Rechten umb der Religion willen / absetzen / sondern beyderseits Religionsverwandten gleiche Commercia, erbar Handthierung und Handlung frey gelassen und verstattet werden / und da einige Obrigkeit das Bürger und Meister-Recht verwiedern wolte / soll es bey derselben ferner auch nicht gesucht / sondern von dem Stand / Ampt hohen Obrigkeit dessen Orts / oder den verordneten Defensorn deß Lands gegeben / und die Leute darüber geschützet werden. Die Präger aber und andere freye Städte deß dritten Stands im Königreich Böheim sollen bey ihren Freyheiten / wegen Annehmung zum Burgerrecht verbleiben.

22. Und weil diese Länder / als Böheim / Mähren / Schlesien / Ober und Nider Laußnitz / kein Erbländer seyn / sondern auf freyer Wahl bestehen / auch theils sich auß blosser Gutwilligkeit hierzu geschlagen / so soll kein König sich unterstehen / etwas in præjudicium hiervon zu disponiren.

23. So soll auch in künfftig bey Lebzeiten eines regierenden Königs / kein anderer designiret, viel weniger zum Könige erwählet oder gekrönet werden / es sey dann / daß es die unirten Lande selbst vor eine Notturfft erachten und begehren würden.

24. Die Juramenta sollen auch künfftig bloß / und allein auff den König / und keine Erben / gerichtet werden. Und weil der König den vorgehenden Landen / als Böheim und Mähren sich durch ein Jurament verbündlich machet / als soll solches hinführo gleicher Gestalt mit den nachfolgenden Landen / als Schlesien / Ober und Nider-Laußnitz / ehe und zuvor die Landes-Huldigung beschicht / gehalten werden.

25. Die neulicher Zeit wegen deß Königreichs Böheimb / und desselben incorporirten Länder / hinder derselben Wust und Willen auffgerichtete Pacta, mit dem Hause Spanien / und was dergleichen mehr seyn möchte / seynd zwar an ihm selbst null und nichtig / werden aber hiermit cassirt und auffgehoben.

26. Es sollen auch nun und zu ewigen Zeiten / alle Consilia, so das gantze Corpus angehen / und sonderlich / wann ein König zu Böheimben erwehlt werden soll / gesampt gehalten / und ohne Anwesenheit aller Länder / als Böheimb / Mähren / Schlesien / Ober-und Nider-Laußnitz keine Proposition angehört / noch weniger was darauff votirt werden. Es wäre dann / daß ein Land auß hochwichtigen dringenden Ursachen / nicht erscheinen könte / auff solchen Fall sollen die andern anwesenden Landen / nichts destoweniger mit der Election des Königs fortzufahren und zubeschliessen macht haben. Deme dann die Abwesenden nichts wenigers beyzutretten und Folge zu leisten verbunden seyn sollen.

27. Und wann ein König erwählet werden solten sollen hierzu die unden benanten Defensores deß Königreichs Böheimb / einen General-Landtag / den Ständen dieses Königreichs / Item den Ständen deß Marggraffthums Mähren / den Fürsten und Ständen in Ober-und Nider-Schlesien / auch Ober- und Nider-Laußnitz außschreiben / und auff das Prager Schloß benennen.

28. Wie

ANNO 1619.

28. Wie nun den Herren Ständen in Böheimb/ wann es zur Wahl eines neuen Königs kommen solte/ das Jus convocandi zugelassen/ als sollen sie auch hernach bey der Zusammenkunfft aller Länder proponiren / und dabey allzeit einen Herrn nominiren und vorschlagen/ und darauff das erste Votum haben / darnach die Herrn Sände in Mähren das andere / die Herren/ Fürsten und Stände in Schlesien das dritte / die Ober-Laußnitzischen das vierdte / die Nider-Laußnitzischen das funffte / die Herren Ständ in Böheim das sechste / und also das Votum Conclusivum. Wann es sich aber über verhoffen begebe / daß paria vota gemacht würden/ und durch wichtige Motiven solche nicht geendert / oder ratificirt werden könten / alsdann und auff solchen eussersten Fall / soll per sortem der Schluß gemacht werden / und die Länder darbey gäntzlich acquiesciren.

29. Wann nu ein König diese Confœderation confirmiret, und nach derselben das Regiment anstellet/ soll er sich dieser folgenden General-Defension in allen Nothfällen/ jedoch mit Rath der Länder/ wider alle Feind und Widerwertige / zugebrauchen haben.

30. Solte aber über alles Verhoffen ein König dennoch wieder die Religions Concessiones, Uniones, auch diese auffgerichtete Verfassung/ was attentiren/ so diesem allem zuwider / also daß die Länder zu der Defension gedrungen würden / auff solchen Fall sollen alle Ständ dieser unirten Königreich/ und Provincien / ipso facto, ihrer gethanen Pflicht/ loß und ledig seyn / und dieses was sie hernach fürnehmen werden/ zu einiger Beleidigung der Königlichen Hochheit und Maj. nicht angezogen oder gedeutet werden.

31. Es soll aber auch der König nicht befugt seyn/ ohne der Länder Einwilligung einigen Krieg anzufahen/ auch keine Werbung anzustellen / weniger frembdes Volck in diese Länder einzuführen / noch einige Guarnisonen in Land und Städte einzulegen/ oder jemanden den Lauff / Durchzug / Musterung oder Abdanck zu verstatten.

32. Ferner soll auch der König nicht Macht haben in einiger unirten Lande / Castell oder Vestungen / ohne der Länder Consens und Einwilligung zu bauen.

33. Ingleichem soll der König auch auff kein Unirtes Land förter und zu ewigen Zeiten ohne derselbigen Einwilligung einige Schuld machen / und die Stände und Städte zu keiner Bürgschafft dringen.

34. So viel nun die Bestellung des Regiments betrifft/ weil wie oben im 16. Artickel außgesetzt/ der Obriste Cantzler der Evangelischen Religion verwand seyn soll. Als sollen alle Länder/ wie vor Alters/ bey dero Bömischen Cantzeley verbleiben. Jedoch daß mit dem Vice-Cantzler und Secretarien gehalten werde / wie bey eines jeden Lands Erinnerungen zu befinden/ da auch der Böhmischen Cammer halber ferner Erklärung zu vernehmen seyn wird.

35. Insonderheit, dieweil vermög alter Gewonheit der Obriste Cantzler deß Königreichs Böheimb bey Ihrer Königl. Mayt. Hofe stetigs seyn und bleiben soll und schuldig ist / damit auß der Böheimischen Hof-Cantzley keine Befelche / so wol im Namen Ihrer Königl. Maj. als auch jemand anderst/ wer der immer wäre / wissentlich außgefertiget werden / die da wider die Majestätbriffe / Landsordnung/ Recht/ Freyheiten / alt hergebrachte Gewonheiten und Gebrauch oder Satzungen/ wie auch alles dasjenige / darnach sich die incorporirten Länder reguliren und richten / einigerley Weyse lauffen / und da auch etwas dergleichen ergienge / daß es doch für unkräfftig und ungültig gehalten werden solle. Als soll es nochmalen dabey verbleiben / und solche zuvor nie gewesene ungewöhnliche wider sich selbsten lauffende unnötige/ zu verklein: und Schmälerung der Länder / und eines jedwedern habenden und eingeführten Recht , Freyheiten und Gewonheiten gereichende Befelche gar nicht gemacht noch angenommen werden. Entgegen sollen diejenigen Schreiben/ welche in Ihrer Königl. Mayt. Namen an die Stände dieser Confœderirten Länder/ oder an das Land-Recht oder Einwohner ingesampt oder absonderlich / fürnemlich auß der Böheimischen Cantzley gethan werden/ mit solchem glimpffmässig: und Bescheidenheit/ wie bey zeiten der vorgewesten Böhemischen Könige Christlöblichster Gedächtenuß im Brauch gehalten worden / hinführo ohne der zu nahgehung oder unnötiger Bedrohung der Ungnaden geschehen und ergehen.

36. Kein Obrister Officirer deß Königreichs Böheimb/ oder sonst jemand im selben Königreich / soll befugt seyn / wider einen Einwohner des Marggraffthums Mähren / Schlesien / Ober-und Nider-Laußnitz / umb einigerley Sachen willen / die da die Mährischen / Schlesischen / beyde Laußnitzischen Rechte angehen möchten / repressalia zugebrauchen/ oder sonsten einiger Thätligkeit sich zu unterstehen / wie ingleichem die incorporirten Länder gegen dem Königreich Böheimb zuthun / auch nicht befugt seyn / sondern ein jedwers confœderirtes Land bey seinen Rechten gelassen / und nach desselben Lands-Ordnung / Process und Auffsatz in und nicht ausserhalb desselben Landes verfahren werden.

37. So sollen auch von jetzt an und zu künfftigen ewigen Zeiten / alle und jede Erbschafften auß einem jeden unirten Land in das ander / als auß Böheimb in das Marggraffthumb Mähren / ins Land Schlesien / Ober-und Nider-Laußnitz / und auß diesen widerumb in Böheimb / und also wie gemelt reciproce auß einem Land ins ander / seinen rechtmässigen Erben von Land und Städten / denen solche Erbschafften zustehen / ohne Verweigerung außgefolget werden.

38. In Böheimb/ Schlesien/ Ober-und Nider-Laußnitz / soll kein Unterthane ohne Fürweisung eines Loßbrieffs oder Kundschafft auff und angenommen / auff Abforderung aber solche Personen auß einem Lande in das ander/ ohne Entgelt gefolget werden.

39. Und weil die Evocationes den Ländern zu sondern Gravamini gerichtet / so soll keiner auß den Einwohnern deß Marggraffthumbs Mähren / des Landes Schlesien / und beyder Laußnitz / im Namen Ihrer Kön. M. auß der Böheimischen Cantzley / auff solche Maß und Weise/ daß solches unter einigerley Buß oder Straff muste gehalten werden / erfordert werden: sondern da jemand auß den Einwohnern der confœderirten Länder / auß erheblichen wichtigen und gnugsamen Ursachen je solte und müste zuerfordern seyn / soll der oder dieselben auffs eheste möglich / widerumb abgefertiget und erlassen / und über viertzehen Tage lang nicht auffgehalten werden / sondern nach Hause/ ohne Besorgung einiger Straff und Ungnad / zubegeben unverschrenckt seyn.

40. Gegen einem jeglichen aber / auß allen freyen Ständen der sich auff solches Gefordern einstellet / soll gebührlich ansehen und Bescheidenheit und Reden und Fürtrag der Ursachen seiner Erforderung gehalten / und gebraucht / und ein jedweder hohes und nidriges Stands zeitlich fürgelassen / und vor Außgang der gemelten 14. Tag / expedirt, oder je auff ein ander Zeit verabschiedet / und daneben verstattet werden / daß der oder dieselben erforderten / einen oder mehr gute Freunde zum Beystand mit sich nehmen / welche mit und neben ihnen / da ihnen was fürgetragen würde / anhören / was darauff zu ant-

worten/

ANNO 1619.

worten / einrathen / und seinetwegen die Notthurfft anbringen und reden mögen.

41. Und wiewol wider diejenigen / welche zum Rechten angesessen / keine Commissiones in J. Kön. Maj. Namen in Rechtssachen / auß der Böheimischen Cantzley ins Marggraffthumb Mähren / ins Land Schlesien / Ober und Nider-Laußnitz / billich angehen sollen / jedoch da sich solches zutrüge / und von J. Kön. Maj. etwa eine Commission auß gewissen Ursachen / in die confœderirten Länder außgeschrieben und angeordnet würde / sollen keine andere Personen / als eines jeden Landes Einwohner zu Commissarien benennet / auch ausser desselben Landes die Commission an andere Orte oder Lande nicht verrichtet werden.

42. Wie dann auch kein Einwohner der incorporirten Länder gezwungen seyn soll / sich dergleichen Commission zu unterwerffen / sondern dafern er hierzu nicht gutwillig verstehen wolte / in seinem Gefallen und Willen stehen / ob er solche Commission annemen oder für sein ordentliches Recht sich ziehen und beruffen wollen / bey welchem ein jeder soll gelassen werden.

43. Es soll auch in die Böhmische Cantzeley keine Klag der Einwohner oder Unterthanen des Marggraffthumbs Mähren / deß Lands Schlesien / und beyder Laußnitz angenommen / oder einige Befelch darauf oder derentwegen außgefolget / sondern die Sachen / Klagen / und die Beschwer jedes Lands Einwohner an desselben Orts ordentliche Obrigkeit remittiret, und in das ordinarium judicium zurück gewiesen werden.

44. Kein Königlicher Befelch / der entweder mit Vorbewust deß Königs / oder in J. M. Namen außgangen / und sich zu Verhinderung oder Kleinerung der Stände von Land und Städten in den confœderirten Ländern / Rechten / Freyheiten und Ordnungen ziehen thäte / soll künfftig auß keiner Expedition außgegeben werden / auch die Städte nicht schuldig seyn / solchen Befelchen Gnügen zuthun oder nachzuleben.

45. Und obwol die Evangelischen in obberührten Landen allein diese Confœderation und Defension schliessen / so sollen doch die Röm. Cathol. Stände und Stiffter / wann sie sich obgesetzter massen / zu den Majestät-Brieffen / und Religions-Concessionen / auch dieser Union obligat machen / und ruhig / friedlich / ohne Anstifftung böser Practicken wider die Evangelischen / leben / gleichfalls hierinnen begriffen / und des Schutzes wider ihre und Unsere Feinde sich zugebrauchen haben

46. Diese Confœderation der Länder / und der auffgerichteten General-Defension soll in folgenden Fällen gebraucht werden. Wann von den Zusagungen / Privilegien / Mayestät-Brieffen / Confirmationibus, und alle dem was versprochen worden / abgewichen / und dawider was angeordnet würde.

47. Wann auch die Ober- und Unter-Officiter dieser Confœderation gemäß / nicht bestellt und ersetzt werden wolten.

48. Wider die Römisch-Catholischen Stände und Stiffte / auch wider diejenigen Personen / die zu Landes- oder Bürgerlichen Aemptern solln gebraucht werden / die sich zu Haltung der Majestät-Brieffe und Religions-Concessionen nicht obligiren / und der in etlichen Consiliis und geistlichen Constitutionibus befindlichen Exception in puncto: de fide hæreticis non servanda, & de absolutione à Juramentis, nicht renunciren wollen.

49. Wann ein Obrister und Land-Officiter / auch sonsten jemand / so wol auffm Land / als bey den Städten / insonderheit Bürgermeister / Primas und Rahtspersonen / sich ferner unterstehen wolten / wider die Evangelische Religion zu practiciren: oder wann die Röm. Cathol. die Evangelischen zu ihren Processionen und andern ihrer Religion Exercitiis zuwiderlauffenden Ceremonien;, mit waserley Prætext oder Fürgeben es immer geschehe / zwingen wolten.

ANNO 1619.

50. Wann man auch die freye Zusammenkunfften der Evangelischen / auch der vorgesetzten Defensorn dieser Confœderation, per directum oder per indirectum zu verhindern / sich unterfangen wolte.

51. Oder da sich jemand diese Confœderation zutrennen oder anzufechten / anmassen würde.

52. Wann sich auch ein Land nachmals von dieser Confœderation abziehen / oder in Nothfällen die andern verlassen / und also diesem allem / was hiemit geschlossen wird / nicht würcklich nachsetzen wolte /; so sollen die andern confœderirten Länder / das jenige Land so sich entbrechen will / wieder zu recht bringen: Die Schaden und Unkosten aber / darein die andern Länder gesetzt würden / soll dieses abfällige Land allein zutragen / und gut zu machen schuldig seyn / auch mit Hülff der samptlichen unirten Länder darzu gehalten werden.

53. Wann auch jemand / wer der auch sey / dieser confœderirten Lande eines feindlichen angreiffen und anfallen wolt / wider denselben / wie auch wider alle die in obberührten Puncten begriffenen Personen soll die General-Defension gebraucht werden.

54. Wann in künfftig / es sey der König / oder wer der auch wäre / jemanden auß den Unirten Landen / wegen dessen / was in dieser Defension vorgegangen / bedränget / und demselben etwa einen andern Prætext geben wolten.

55. Damit aber auch alles in einer gewissen Verfassung bestehe / haben sich diese Länder / Böheimb / Mähren / Schlesien / Ober- und Nider-Laußnitz / zusammen auff ewige Zeiten verbunden / bey ein ander vest und standhafft zu halten / in allen Nothfällen / auch dieser Confœderation gemäß / vor einen Mann zu stehen / Gut / Blut / und alles das eusserste bey einander zuzusetzen.

56. Doch sollen alle diese Unirte / und sonderlich die zur Cron Böheimb gehörige Länder jetzo und ins künfftig / für anderst nicht / als für trewe Mitglieder gen einander geachtet / genennet und gehalten werden; und ausser der præcedenz der Länder / wie solches von Alters herbracht / ein Land über das ander keiner Superiorität sich anzumassen haben.

57. So soll auch kein Land das ander / und in denselben kein Stand den andern / an seinen habenden Rechten / Freyheiten / Landes-verfassungen und Privilegien bedrengen / sondern gantz unbeirret lassen.

58. So soll und will auch kein Land unter diesen Confœderirten / nun und zu ewigen Zeiten nichts attentiren oder fürnehmen / das im allerwenigsten dieser Confœderation oder Defension zuwider.

59. Weil auch der höchsten Notthurfft / daß ein jedes Land seine gewisse Defensores habe / sollen von einem Lande dem andern dieselben inner drey Monatszeit notificiret werden.

Die sollen in einem jeden Land mit einem sonderbaren Jurament zur Confœderation verbunden werden / Als:

JCh N. N. gelobe und schwere Gott dem Allmächtigen / daß ich in diesem mir von den Herrn Evangelischen Ständen anvertraueten Ampt dem Vatterland und den andern unirten Königreichen und Landen zum besten / treu und gewehr seyn / alles das was vorlauffen wird / was diese Confœderations Capitulation in allen Puncten und Clausuln in sich hält und begreifft / fleissig in acht nehmen / auch

in

ANNO 1619.

in treuen einrathen helffen / und darob seyn / damit deroselben allenthalben wircklich nachgelebt werde / mich auch von diesem allen nicht abwenden lassen / weder Gnad noch Ungnad / Geschenck noch Vertrőstungen / Freundschafft noch Feindschafft / sondern beständig bey dem Vatterland halten und verharren / und was in Consiliis und sonsten vorlaufft / niemanden offenbaren noch vertrauen / sondern mit mir in die Gruben nehmen wolle / Als mir Gott helffe.

60. Wann auch einer abstirbet / soll zum allerehesten / als es nach eines jeden Landes Gelegenheit geschehen kan oder mag / die Stelle ersetzt / und den andern Defensoribus in den confœderirten Landen alsbald notificiret werden.

61. Und diese Defensores sollen sich nach eines jeden Landes absonderlich ihnen ertheilten Instruction verhalten / und jährlich wann es der Notthurfft / an einem gewissen Ort zusammen kommen / und Rath halten.

62. Wann nun Gravamina an einem Ort sich erregen wollen / sollen die Personen / welche die Beschwere betreffen / solche den Defensoribus an einem jeden Ort andeuten / dieselben sollen Rath halten / wie solchem abzuhelffen: und wofern sie es für nothwendig befinden würden / solches alsobald an den König / oder seine Stadthalter in einem jedwedern Land gelangen lassen / und der König denselben von Zeit der beschehenen Uberantwortung inner 6. Wochen abhelffen.

63. Wann aber solche in gedachter Zeit nicht erlediget würden / und sie es auch vor sich alleine beyzulegen nicht vermöchten / sollen sie es den gesampten Ständen / in jederm Land fürtragen / und dieselben gleichfals allen fleiß anwenden / damit solchen abgeholffen werde.

64. Wann aber auch dieselben / durch bequeme Mittel die Sachen nicht vertragen / oder denselben Rath schäffen könten / sollen sie es hernach an die Defensores der samptlichen confœderirten Länder gelangen lassen / die sollen an einem gewissen Ort zusammen kommen / und Rath halten / wie auffs glimpfflígste diesem Wesen zubegegnen / und alsdann das Land / so Raht suchet / bescheiden.

65. Es sollen die Böheimischen Defensores das Jus convocandi derer auß den andern vereinigten Landen Defensoren haben / wie mit mehrern der 67. Artickul solches erklären wird / und soll weder vom Könige / noch jemanden andern / ihnen solcher Zusammenkunfften wegen / keine Inhibition, oder einige Verhindernuß geschehen: Der Ort aber zur Zusammenkunfft soll seyn Prag / oder welcher Ort nach Gelegenheit der Zeit und Gefahr / am gelegensten und bequemsten.

66. Wann nun die Sachen zur Defension gelangen solten / werden die samptlichen Herrn Defensoren in treuen einrathen / und das Werck befördern helffen.

67 Es sollen aber alsdann die Defensores dieses Landes / das sich der Defension gebrauchen muß / die Direction auch das jus convocandi reliquos haben.

68. Ehe und zuvor aber eine Sache zur Defension kompt / sollen alle mensch: und mögliche Mittel aller Orte ordentlich / glimpfflich und mit Bescheidenheit vor die Hand genommen werden.

69. Es soll auch keinem Land frey gelassen werden / ohne vorgehenden Raht und Einwilligund der andern unirten Länder und Mitglieder / sich zu einigen Extremis zubegeben.

70. Was nun die General-Defension anlangt / da haben sich die Länder / Böhmen / Mähren / Schlesien / Ober und Nider-Laußnitz / dessen geeiniget / daß ein Land dem andern mit denen Hülffen / wie sie solche einander hiemit versprochen / in allen begebenen Nothfällen / unaußsetzlich und ohne tergiversation bey und zuspringen wolle.

ANNO 1619.

71. Und weil der Notthurfft ist / daß ein jedes Land unter sich selbsten / in einer gewissen Verfassung sey / damit die andern Länder wissen / wie sie sich in der Noth auff einander verlassen / und wen sie hiebey ersuchen müsten. Als soll ein jedes Land sein eigene Verfassung auffs beste und schleunigste befördern / und alsdann was geschlossen worden / den andern Ländern innerhalb sechs Monaten zuschicken.

72. Und nach dem es auch schwer mit geworbenem Volck auffzukommen / soll ein jedes Land für sich dahin bedacht seyn / wie die Unterthanen zu Roß und Fuß zwar / so wol in Dörffen / als in Städten zur Ubung gebracht werden möchten / damit man allemal zum Nachdruck ein geübtes Volck im Lande habe. Die Waffen aber der Bauren sollen den Obrigkeiten in verwahrsam zubehalten / und nur zur Ubung ihnen herauß gegeben werden.

73. Und weil ein jedes Land den modum, wie es zur Übung gelangen solle / auch wo die Unkosten her zunehmen / nach seiner Gelegenheit selbsten wird zu befinden wissen / soll derselbe hiemit einem jeden Land frey gestellet seyn. Jedoch daß Jährlich den Defensoribus aller Länder von einem und andern schrifftlicher Bericht zugeschickt werde / wie weit man in der Ubung fortkommen / und auff was modum an einem jeden Ort solche an- und fortgestellet wird.

74. Was nun den General-Succurs betrifft / so hat sich Böheimb in der quota, damit sie den andern Ländern in Nöthfällen / und zwar von dem ersten Zuschreiben inner vier Wochen (welche Frist bey andern Ländern auch inne gehalten werden soll) zuspringen will / dahin erklätet:

75. Als gegen Mähren 1000. zu Roß / und 3000. zu Fuß.

Gegen Schlesien 1000. zu Roß / und 3000. zu Fuß

Gegen Ober-Laußtz 150. zu Roß / und 300. zu Fuß.

Gegen Nider-Lausitz 100. zu Roß / und 200. zu Fuß.

76. Mähren hat sich erklärt /

Gegen Böheimb auch auff 1000. zu Roß / und 3000. zu Fuß.

Gegen Schlesien auch auff 1000. zu Roß / und 3000. zu Fuß.

Gegen Ober-Lausitz 150. zu Roß / und 300. zu Fuß.

Gegen Nider-Lausitz 100. zu Roß / und 200. zu Fuß.

77. Schlesien hat sich erkläret.

Gegen Böhmen auff 1000. zu Roß / und 3000. zu Fuß.

Gegen Mähren auff 1000. zu Roß / und 3000. zu Fuß.

Gegen Ober-Lausitz auff 150. zu Roß / und 3000. zu Fuß.

Gegen Nider-Lausitz auff 100 zu Roß / und 200. zu Fuß.

78. Ober-Lausitz hat sich erkläret.

Gegen Böheimb 150. zu Roß / und 300. zu Fuß.

Gegen Mähren 150. zu Roß / und 300. zu Fuß.

Gegen Schlesien 150. zu Roß / und 300. zu Fuß.

Gegen Rider-Lausitz 100. zu Roß / und 200. zu Fuß.

79. Nider-Lausitz hat sich erkläret.

Gegen Böheim auff 100. zu Roß / und 200. zu Fuß.

Gegen Mähren 100. zu Roß / und 200. zu Fuß.

Gegen Schlesien 100. zu Roß / und 200. zu Fuß.

Gegen Ober-Lausitz 100. zu Roß / und 200. zu Fuß.

80. Wann aber die Gefahr und Noth dergestalt überhand nehmen wolte / daß die obgesetzten Hülff nit

Anno 1619. erklecklich / soll als dann ein jedes Land auffs eusserste sich anzugreiffen / und dem bedrangten Land auffs ehiste als müglich zuzuspringen schuldig seyn.

81. Hierauff haben sich die unirte Lande entschlossen / einen General zuerwehlen / aber dieweil auff eine Zeit zwey oder drey Lande können zugleich feindlich angegriffen werden : damit nu alle Länder auff begebende Ein- und Nothfälle mit einem tüchtigen Haupt versehen / so soll ein jedes Land einen erfahrnen General-Leutenant bestellen. Da nun eins oder mehr Länder zu einer Zeit feindlich angefochten würden / so soll auff solchen Fall desselben Landes General-Obrister Leutenant das Commando, so lang biß der General daselbsten Persöhnlich anlanget / führen / alsdan soll er obgemeltes Generals-Commando gewärtig und gehorsamb seyn.

82. Da es sich aber begebe / daß aller Länder Kriegsvolck in einem Lande zusammen kämen / so soll zwar der General im Namen aller Länder commandiren / aber die andern General / Officirer / und Befelchshaber sollen ihre Stellen / wie die Länder solche untereinander in der præcedenz von Alters hero üblichen hergebracht / observiren; und einer dem andern succediren und nachfolgen.

83. Wann aber mehr denn ein Land wolt feindlich angefallen werden / soll nicht allein dasselbe Land seine Hülffen zurück halten / oder da solche allbereit fortgeschickt / dieselbe zum theil oder gantz widerumb zurück fordern : Sondern die andern Länder / so die Gefahr nicht haben / mit einem theil der Hülffe dem einen / mit dem übrigen / dem andern Lande zuspringen / nach dem die Noth und Gefahr groß seyn wird.

84. Jngleichen / wann in dreyen oder mehr Orten ein Feind einbrechen wolte / sollen diejenige / welche keine Gefahr haben / ihre Hülffen in drey und mehr theil abtheilen / und den bedrängten Ländern succurriren / jedoch nach dem die Gefahr groß oder schlecht / soll auch die Proportion der Hülffe seyn.

85. Und wann es darzu kommen möchte / daß ein Land dem andern / mit der Hülffe zuziehen müste / so soll das Land welches in Gefahr stünde / und in welchem das Kriegsvolck gehalten werden soll / das Commando über alles Kriegsvolck / in Abwesen deß Generals / durch ihren hierzu deputirten General-Leutenant / wie es im H. Röm. Reich in dergleichen Fällen gebräuchlich ist / so lang und fern haben / als der Krieg im selbigen Land wehren thut.

86. Es soll auch ein jedes Land darauff bedacht seyn / wie es in zeiten von allerhand Munition in Vorrath schaffe / und was ein jedes Land Jährlich erzeuget / solches soll den Defensoribus aller Länder / doch sub fide silentii zugeschrieben werden.

87. Weil auch keine Defension ohne Geld und Verlag kan angestellt und erhalten werden / als sollen Anfangs alle gutwillige Contributiones an Biergeldern und andern / so lang dazu gebraucht und genommen werden / biß man einen geruhigen Friedstand erlanget / weil doch der König von den Tafelgütern in Böheim / und andern seinen eigenthumblichen Landen / die Hoffhaltung wol führen kan.

88. Die Stiffter / welche sich nicht derogestalt / wie oben Articul 12. unter andern außgesetzet worden / zu den Majestät-Brieffen / mit der specificirten renunciation obligat machen wolten / solle man einziehen / und die Einkommen zur Defension gebrauchen.

89. Die Stände- und hohen Stiffter aber / als Bischoffe und dergleichen / die sich gleichfalls zu Haltung der Majest.-Brieff cum renunciatione ut supra, nicht obligiren wollen / soll man für keine Stände ferner halten / auch zu keiner Session kommen lassen.

90. Und da sich nu ein solcher Stand den Schlüssen widersetzen wolte / soll er mit Zuthat der unirten Länder zu Haltung derselben gebracht werden.

91. Welches auch mit den andern Ständen und Mitgliedern / eines jeden Lands absonderlichen Fürstenthumbs und Orts / also wie jetzt von den höhern Ständen gesetzt / soll gehalten werden. Anno 1619.

92. Das übrige würde durch Contributiones erhoben werden müssen / dabey aber nicht allein auff die Defension-zusehen seyn würde / sondern auch wie man Jährlich einen Vorrath von Geld samle.

93. Und soll von solchem gesamleten Gelde / ohne aller confœderirten Länder Vorwissen und Einwilligung / nichts an andere Ort / ausser dieser Defension angewendet / oder verwilliget werden.

94. Wann die Defensoren auß allen Ländern Jährlich zusammen kommen / sollen sie auch von der Cassa, wie von andern zur Defension gehörigen obspecificirten Sachen / einander vertraulichen sub fide silentii berichten.

95. Sonsten wessen sich die Stände eines oder des andern Landes bey den Landtägen / Fürstentägen und Zusammenkunfften der Länder einmal entschlüssen / und was sie dem König auff die Proposition zur Antwort geben und verwilligen / dabey soll es allemal endlich verbleiben / und nichts darwider replicirt werden. Oder da auch gleich einige Replicirung beschehe / dasselbe die Stände anzunehmen nicht schuldig / sondern von einander zuziehen und zuverreisen befugt seyn / wo fern auch nach ihrem hinweg reysen / von den übrigen etwas geschlossen wurde / sollen die andern demselben Satisfaction zu leisten gar nicht verpflichtet stehen.

96. Es soll auch kein Landtag über 14. Tage wären / es sey dann daß die Ständ selbst dem gemeinen Wesen zum Besten / dessen ein Notthurfft erkennen würden.

97. Dasjenige was wegen der Personen und treulosen Kinder deß Vatterlands die Stände in Böhmen / bey der nechst verwichenen Zusammenkunfft beschlossen / daß eines theils derselben nicht im Lande / und die andern in keinen Aemptern nicht gelitten werden sollen :

98. Jngleichem / was die Stände der confœderirten Länder deßhalben jetzo / oder künfftig beschliessen möchten / soll Jnhalts angenommenen Beschlusses effectuiret werden / und bey solchem Schluß also verbleiben.

99. Endlich / soll bey nechstkünfftigem Landtag erwogen / und zu End gebracht werden / in waserley Gestalt die Erbvereinigung mit ihren Churfürstl. Gn. und andern umbligenden Landern verneuert werden solle.

100. Und diese vorhergesetzte Confœderations-Capitulation, soll einem jeden Land an seiner Verfassung / Privilegien / Freyheiten / Rechten / Statuten / und allen wolhergebrachten Gewonheiten / allerdings unschädlich und unnachtheilig seyn.

Zu Urkund dessen / hat der Außschuß der obangeregten Stände in Böheimen / und der ander Länder anwesende Gesanden / Jhre Secret und Jnsigell auffgedruckt / und mit eignen Handen sich unterschrieben.

Actum auffm Prager Schloß bey offentlicher gehaltenen general-Zusammenkunfft aller obangezogener Länder / den 31. Tag Monats Julij / Anno ꝛc. 1619. Jahr.

Folgen Die Special-Articul, welche Principaliter das Land Schlesien so wohl in puncto Religionis, als weltlichen Regirrungs-Sachen angehen. [Lunig, Teutsches Reichs-Archiv. Part. Special. Abtheilung I. pag. 85.] 31. Juill.

C'est-à-dire,

Suivent les Articles *separés, en particulier concernant la* Silesie, *tant à l'égard de la Religion, que de l'Etat Civil, & du Gouvernement.*

1. Dem-

ANNO 1619.

1. DEmnach fürnemlich dahin vor zu sinnen/ wie eines jeden habenden Landes Leges fundamentales dermassen verfasset werden/ damit ins künfftig aller Disputat und Anlaß zu allerhand Mißhelligkeit gäntzlich abgeschnitten werde/ als bleibet es zwar anfangs wegen des Schlesischen Majestät-Briefes in puncto Religionis, welcher zuförderst unter die Leges fundamentales billig gesetzt wird/ allerdings bey deme/ was oben die General-Verfassung Buchstablich besaget/und vermag. Doch darneben mit dieser ausdrücklichen Erklerung/ das alle und jede Religions-Verwandte so bishero im Landt Schlesien Bedrängnis erduldet/ und denen vermittels des Ober-Ambts/ oder eines jeden Orths/ Standes oder Ambts-Obrigkeit/oder in Abgang der Ambts-Hülffe/ der verordneten Landes-Eltesten/ oder Rechtsitzer die völlige Restitution der abgenommenen/ oder vorenthaltenen Kirchen/ freyen Religions-Exercitii, Handels und Wandels/ Bürger- und Meister-Rechtens/ und was solchen allem mehr anhengig/ albereit erfolget ist/ oder noch ins künfftige erfolgen werde/ als da sein die zur Neiß/ Teschen/ Sketschaw/ Schwartzwasser/ Troppaw/ Oppeln/ Rattibor/ Oberglogaw/ Prostaw/ Strigaw/ Liebenthal/ und wie sie mehrers Nahmen haben mögen/ bey solcher Restitution, und entnombenen Religion-Beschwerden/ zu allen ewigen Zeiten ruhig gelassen/ gehandhabt/ geschützet und darbey erhalten und verbleiben.

2. Was aber die Ersetzung der Ober-Hauptmanschafft betrifft/ soll dieselbte/ aus Ursachen daß der Schutz des Majestät-Briefes/ wie auch jetzige Verfassung dem Ober-Hauptmann anvertrauet/ allezeit mit einem Evangelischen Fürsten bestellet und ersetzet werden.

3. Zu mehrem Respect aber desselbten/ soll kein Standt/ weder Bisschoff noch andere dem Ober-Hauptmann der Session halben/ eintzigen Streit zu moviren befugt sein/ Alldieweil es gar unschicklich/ daß derjenige/ so des Königs-Stelle helt/ und über alle Stände/ an stadt desselben die Ober-Ambts-Direction hat/ einem Stande in der Session weichen solte/ und kan/ und soll hierbey dasjenige/ was vor diesem aus den Cantzleyen geschrieben/ oder auch aus Gutwilligkeit nachgesehen worden/ wie auch die angeborne Hoheit anitzo nach beschehener Contradiction, gar nicht in consideration gezogen werden

4. Ferner so sollen auch im Lande/ wie alle Stände/ also auch und fürnemlich die Fürstlichen Personen über jhren habenden Privilegien/ die geistliche Stiffter/ Klöster und Geistlichkeit besagendt/ vom Könige würcklichen geschützt/ darwieder im wenigsten bedrengt/ oder jhnen einiger Eintrag/ unter waserley Schein und Prætext es immer geschehen könne/ es sey gleich/ daß sich der König für einen Obristen Patron und Schutzherren aller Gestifft in Schlesien bisher anziehen lassen/ gethan noch angefügt werden/ und soll der König solche Stiffter/ wie auch die Städte in den Erb-Fürstenthümbern für seine Kammer-Gütter anzuziehen gar nicht befugt sein.

5. Zu mehrer Gewißheit und Sicherung der Religion und Landes-Freyheiten/ sollen auch alle Hauptleute/ so wol die Cantzler in den Erb-Fürstenthümbern/ der Evangelischen Religion zugethan sein/ weil jhnen der Schutz des Majestät-Briefes mit anbefohlen worden/ massen sie dann auch jhre Aydes-Pflicht auff Beschützung des Majestät-Briefes und dieser Conjunctions-Capitulation unweigerlich zu leisten schuldig sein sollen.

6. Denjenigen Erb-Fürstenthümbern in Schlesien so der alienation halber privilegiret/ soll der vor diesem gesuchte und verwilligte Revers erfolgen.

7. Und weil auch die Herrn/ Fürsten und Stände/ wegen vieler jhren aus der Böhmischen Cantzley entstandenen Beschwerden bewegt worden/ auff eine Enderung der Cantzley vorzusinnen/ und deswegen An. sechzehen hundert und Eilff/ einen absonderl. Recess aufgebracht/ und aber in jtziger Verfassung zu befinden/ daß der Obriste Cantzler hinfüro ein Evangelischer Herr sein solle/ und die Hn. Fürsten und Stände das gute vertrawen in die löblichen Böhmischen Stände setzen/ sie werden allezeit auff solche Subjecta bey der Cantzley/ so wol bey den Appellationen trachten/ die eines jeden Landes Privilegia und Freyheiten wol in acht nehmen möchten. Als soll es in künfftig bey dem alten modo verbleiben/ daß nemlich der König die Cantzley halten/ und alle Expeditiones unter einem Obristen Cantzler sein sollen. Weil aber vor diesem mehrers theils wegen der Länder Schlesien und Lausitz ein Teutscher Vice-Cantzler/ und ein Teutscher Secretarius gehalten worden/ so wird die Nomination dieser beyden Personen nicht unbillich den obgedachten Ländern anvertrawet/ es soll aber auch der Obriste Cantzler ohne Beysein des Vice-Cantzlers/ in Sachen diese Lande betreffendt/ nichts dem Könige vortragen und referiren: Die Gutachten sollen wie vor alters aus der Appellation geholet/ und hierzu sonderlich die von den Ländern vorgeschlagene Appellation-Räthe gebraucht werden.

8. Es soll aber die Böhmische Cantzley dieses in guter Aufacht halten/ damit alle einkommende Sachen zum schleunigsten expediret/ und über drey oder vier Tage nit aufgehalten/ und jedermenniglich ohne Ansehen der Person die Justitz administriret werden.

9. Alle einkommende Supplicationes und mindere Schrifften sollen im Rath gelesen/ was aber grosse Schrifften und Acten sein/ die sollen unter den Räthen/ doch in geheimb zu halten/ ausgetheilet/ durch sie zu Hause mit Fleiß gelesen/ und nachmals im Rath ordentlich referiret/ und worinnen die merita causæ beruhen/ ad verbum abgelesen/ und darüber votiret werden.

10. Denen enormiter facinorosis, so rechtmeßig des Landes verwiesen/ oder sonst gestrafft worden/ soll ohne Einziehung der Obrigkeiten Berichts/ kein Gelaidte oder Gnade ertheilet werden.

11. Jngleichen soll denen aus den Städten beschuldeten Leuten keine Nachfrist gegeben/ noch das Recht/ wieder sie gehemmet/ oder durch die aus der Cantzley ergangene Befehlich/ den Creditorn der Rechtliche Procels wieder sie auszuführen verwehret werden: Und wann etwa ein Beschuldeter mit seinen Gleubigern handeln wolte/ daß kein Creditor wieder seinen freyen willen hiezu nit solle genötiget werden.

12. Alle Agentereyen/ Sollicitatur und dergleichen sollen denen bey der Cantzley dienenden Personen untersagt/ und bey Straff verbotten werden.

13. Weil auch die Repressalien zwischen denen Ständen in Boheimb/ und dem Landt Schlesien der Union, auch sonsten der guten Nachbarschafft/ und beyder Länder ordentlichen Rechten zuwieder/ sollen dieselben hinc inde von nun und zu ewigen Zeiten/ nachbleiben/ und beiderseits unterlassen werden.

14. Es soll das ungewöhnliche jus apprehensionis bonorum, dessen sich die Cammer in Schlesien vor Jahren angemasset/ vermöge der ergangenen Kayserlichen Resolutionen/ gentzlich auffgehaben/ und abgeschafft sein. Und so der König zu einigem Stande oder Jnwohner seiner Güter halber/ uf Lehen/ Pfandt/ oder eigen/ Zuspruch hat/ oder

Anno 1619.

zu gewinnen vermeinet / es geschehe unter was herfür gesuchter Prætension es immer wolle / soll anders nicht / als mit ordentlichen Land-üblichen Rechten wieder denselben verfahren / und keines weges einigen Fürsten / Herrn oder Standt / oder Einwohner / die gewöhnliche Confirmation, so lang bis der Zuspruch gefordert wird / oder zu Ende kombt / verweigert oder vorenthalten / noch auch in fürstossenden commodis des Landes deshalben übergangen / oder aber an Erkauffung und acquisition mehrer Güter verhindert / sondern gleich andern vor einen Stand und Inwohner des Landes so lange erkennet / und gehalten werden / und des Rechtens im Lande fähig und theilhafftig sein / bis zu rechte und ordentlich die Aussprüche ausgeführet und geendet worden.

15. Ob auch wol seithero aus Verhinderung etlicher Städte Privilegien / und alter prætendirter Gewonheiten / die Erbschafften aus dem Königreich Boheimb in Schlesien aller Orten nicht abgefolget werden wollen / so soll doch von jtzt an und zukünfftigen ewigen Zeiten es anders gehalten / und alle und jede Erbschafften seinen rechtmessigen Erben / in Schlesien aus Boheimb von Landt und Ständen und reciprocè auch aus Schlesien in Boheimb gefolget werden.

16. Dieweil auch Einwohner des Landes Schlesien keine Ausländer sein / so soll / wann jemandt ein Gut im Königreich Böheimb / oder Marggraffthumb Mähren / für sich erkaufft / oder ererbet / oder es sonst vertauschet / oder anderwerts an sich gebracht hette / und einen Revers in die Landtaffel des Königreichs Böheimb oder Marggraffthumb Mähren / üblichen Gebrauch und Rechten nach / von sich geben müste / von solchem Revers dem Obristen Landschreiber / Einhundert Ducaten Ungrisch / dem unter Landschreiber funffzig / und denen Personen bey der Land-Taffel fünff und zwantzig Ducaten zu bezahlen schuldig sein / und über dis weiter nicht überhöhet werden. Ebener gestalt dann auch / wann irgendt ein Inwohner des Königreichs Böheimb oder Marggraffthumbs Mähren in Schlesien ein Gut erkaufft oder ererbet oder anderwerts erlanget hette / soll derselbe gleichfals mit ebenmessiger und nicht höher Taxa beschweret werden.

17. Ferner ist offentlich und erweißlich / daß die Städte und Einwohner Breßlauischen auch Schweidnitsch: und Jaurischen Fürstenthümber / wie auch Wyntsch und Haynnaw / vom König Johanne Anno 1324. und Käyser Carolo IV. im Jahr 1355. und 1359. dahin ausdrücklich also privilegiret und begnadet / daß die Bürger und Einwohner derselbten / wann und wo sie durch das Königreich Boheimb und andere jhrer Kays. Maj. Städte / und sonderlich auch in der Stadt Prag / in welchen man Zoll einnimbt /. und sie mit jhren waaren durchziehen müssen / von allen Zöllen / zu ewigen Zeiten befreyet / solche Privilegia auch von folgenden Kayser und Königen allzeit confirmiret worden / werden derowegen sie billich auch dabey zulassen und zuschutzen sein.

18. Demnach auch ein alter Streit von der Geistlichkeit / wegen der Mitleidung in unterschiedenen Fürstenthümbern / in denne aufgejagt worden / daß sie in den Contributionen und Landes-Anlagen jedes Orths nicht gleich den andern Inwohnern mitleiden / und dieselben in den Territorio, wo ihre Gütter gelegen / einbringen / noch in Musterungen und Landes-auffbothen / daselbst unterstellet / sondern sich in einem und dem andern ohne Mittel an dem Bischoff halten / darüber auch mit etlichen zu Recht gediegen / das Recht aber nachmaln vorsetzlich auffgehalten / und dargegen sich per viam facti einen Weg als den andern der exemtion anzumassen vermeinen / und aber unverneinlich / daß wie die Steuern und Contributiones, also auch die Musterungen und Auffbot den Juribus Territorii anhengig / welche kein Landes Obrigkeit im Fürstenthumb Schlesien / weniger die Königl. Maj. zu Böhmen in den Fürstenthümbern dem Bischoff jemals eingeraumt / ungeacht / was für wichtige attentata mit affigirung Patenten und ausgegangenen Schreiben de facto vorgenomben werden wollen:

Als sollen von nun an und zukünfftigen ewigen Zeiten / die Geistlichen aller Ortte / die mit-Leidungen von jhren Güttern / auch die Unterstellungen bey den Landes-Musterungen / Defensionen und Landes-Ausbothen / an denen Orten / da jhre Gütter gelegen / ratione Juris Territorii befördern / und zu Werck richten / und alles dis / was bishero de facto fürgegangen / hiemit cassiret und auffgehaben sein / und zu fernerm Behelff / wie auch die geführten Processe, Item / was von dem Bischoff wegen des Loci Ordinariats, so wol das wegen seiner Taffel-Gütter fürgeschützt wird / nicht angezogen / oder attendiret werden.

19. Ingleichen solle in Actionibus Civilibus auch keiner Exceptioni fori, deren sich die Geistlichen bisanhero in Gestifften mit Beruffung auff jhre Provincialen / Ertz-Bischoff zu Prag und andere geflieſſen / in Commenden aber auff den Groß-Meister zu Malta gebraucht / deferiret werden / sondern alle Geistlichen und Commendatores an denne Orte / wo sie jhre Domicilia und Güter haben / und zwar auch secundum statuta & jura Loci, Recht geben / und nehmen.

20. Weil auch die höchste Unbilligkeit ist / daß die Stiffter und Römisch-Catholischen Geistlichen / dem Bischoffe Steuern und Contributionen auch offters zu Verdruckung und Hinderung der Evangelischen leisten müssen / da doch dergleichen / als obvermeldet / ad Jura Territorii gehörig / deren sich der Bisschoff nirgendt / als an Orten und Enden seines Bißthumbs zu gebrauchen befugt: Soll solches hiemit gäntzlich abgestellet / und allen Landes-Obrigkeiten solches bey der Pöen ein tausend Thaler abzuschaffen / und keines weges zu verstatten / mit gegeben sein.

21. Als auch zu Hinderung / ja gentzlicher Ausrottung der Religion / fast bey allen Catholischen Obrigkeiten nunmehr eingeführet / das niemandt / so nicht sub una communiciret / zum Bürger: und Meisterrechten in Städten / in Dörffern aber zu Erkauffung Grund und Bodens zugelassen wird / soll in künfftig bey dergleichen Obrigkeiten / das Meister: und Bürger-Recht nit gesucht / sondern von dem Stande / Ambt oder Obrigkeit dessen Orts / oder den verordneten Defensorn gegeben / und die Leute darüber geschützet werden.

22. Alle Privilegia, Decreta und Resolutiones, vor und nach dem Majestät-Briefe / weiln deroselbte auff die Utilitatem & tranquillitatem publicam fundiret / ausbracht / so demselben zuwieder lauffen / sollen für nichtig und krafftloß gehalten werden.

23. Es ist auch zu Erschöpff: und enervirung des Landes in Ubung gebracht worden / daß die von Land und Städten in Erb-Fürstenthümbern / mit Bedrewung Königlicher Ungnadt zu Bürgschafften und Sieglungen bey der Schlesischen Cammer gedrungen worden / ungeachtet die Schulden öffters ohne Noth und unbillicher Weise contrahiret worden / daraus dann erfolget / daß desto stärcker auff Contributiones bey gemeinem Lande gedrungen / und umb der verinteressirten Mitglieder und derer Rettung willen / auch die andere Stände zu Bezahlung der Schulden / gleichsam per indirectum gebracht werden wollen.

Diesem übel nun zu remediren / soll niemand bey

Anno 1619.

ANNO 1619. bey der Cammer ohne freyen ungezwungenen Willen in einige Sieglung oder Bürgschafft sich einzulassen schuldig sein / noch auff verwiederten Fall / einige Ungnade oder Gefehrde haben / weniger bey jemanden von den andern Ständen zu Rettung dessen / der sich disfalls freywillig eingelassen / und vertrufft / einige Contribution gemutter oder geleistet werden.

CXCV.

28. Août. Des Römischen Königs FERDINANDI II. Wahl-Capitulation, enthaltend die Artickeln / wornach derselbe das Heyl. Röm. Reich zu herrschen verheisset. Zu Franckfurt am Mayn den 28. Augusti Anno 1619. [CHRISTOPH. ZIEGLERN Wahl-Capitulation. pag. 79. LONDORPII Acta publica Tom. I. pag. 700. LIMNÆI Jur. publici Imp. Roman. German. Tom. I. pag. 12. LIMNÆI Capitulationes Imper. & Regum Romanor. pag. 584.]

C'est-à-dire,

Capitulation Imperiale de FERDINAND II. *Roi des Romains, contenant les Articles, selon lesquels il promet de gouverner l'Empire. A Francfort sur le Meyn le 28. d'Août 1619.*

I. WIR Ferdinand der Ander von Gottes Gnaden / erwehlter Römischer König / zu allen Zeiten Mehrer deß Reichs / in Germanien / zu Hungarn / Böhmen / Dalmatien / Croatien / und Sclavonien König / Ertzhertzog zu Oesterreich / Hertzog zu Braband / zu Steyer / zu Kärndten / zu Crayn / zu Lützenburg / zu Wirtemberg / Ober- und Nieder-Schlesien / Fürst in Schwaben / Marggraf deß Heiligen Römischen Reichs / zu Burgaw / Ober- und Nieder Lausitz / Gefürster Graf zu Habspurg und Tyrol / zu Pfirt / zu Kyburg und zu Görtz / Landgraf in Elsaß / Herr auff der Windischen Marck / zu Portenaw und Salin: / Bekennen öffentlich mit diesem Brieff / und thun kund allermänniglich:

Als auß Schickung deß Allmächtigen kurtzverschiener Tage durch die ordentliche Wahl der Ehrwürdigen und Hochgebornen / Johann Schweickarden zu Mayntz / Lotharien zu Trier / Ferdinanden zu Cölln / Ertzbischoffen / So dann an statt und von wegen Friedrichen / Pfaltzgrafen bey Rhein / Hertzog zu Bayern / Johann Georgens / Hertzogen zu Sachsen / Gülich / Cleve und Berg / Burggrafens zu Magdeburg / Johann Sigmunds / Marckgrafens zu Brandeburg / aller deß Heiligen Reichs durch Germanien / Gallien / und deß Königreichs Arelat und Italien Ertz-Cantzler und respectivè Ertz-Truchsassen / Ertz-Marschalln und Ertz-Cämmerern / Unserer lieben Neven / Oheimen und Chur-Fürsten / durch J. L. L. L. gevollmächtigte Bottschafften / Johann Albrechten Grafen zu Solms / und Herrn zu Müntzenberg / Wolffgang Grafen zu Mannsfeld / Edlen Herrn zu Heldrungen / Ritter und Obersten / und Adam Gansen / Edlen Herrn zu Putlitz und Wolffhagen / der Chur Brandeburg Erbmarschalln / zu der Ehr und Würde deß Römischen Königl. Namens und Gewalts erhoben / erhöhet und gesetzt seynd / deß wir uns auch Gott zu Lob / dem Heiligen Reich zu Ehren / und umb der Christenheit und Teutscher Nation, auch gemeines Nutzes willen beladen.

Daß wir uns demnach auß freyem gnädigen Willen mit denselben Unsern lieben Neven / Oheimen und Churfürsten / dieser nachfolgender Artickel / Gedingund Pacts-weise vereiniget / vertragen / die angenommen / bewilligt und zugesagt haben / alles wissendlich / und in krafft dieses Brieffs.

Articulus, sive Capitulum I.

ANNO 1619. Zum ersten / daß wir in Zeit solcher unser Königl. Würden / Ambts und Regirung / die Christenheit und den Stul zu Rom / auch Päbstliche Heiligkeit und die Christliche Kirche / als derselben Advocat, in gutem treulichen Schutz und Schirm halten / darzu insonderheit in dem Heiligen Reich / Frieden / Recht und Einigkeit pflantzen / auffrichten und verfügen sollen und wollen / daß die ihren gebührlichen Gang / dem Armen als dem Reichen / gewinnen und haben / auch behalten / und desselben Ordnungen / auch Freyheiten / und alten löblichen Herkommen nach / gerichtet werden sollen.

Gleichwol so viel diesen / auch den nachfolgenden 15. Artickel gegenwärtiger Obligation, versiculo: Das sollen und wollen wir mit ihrer / der Churfürsten / rc. belangt / haben vorgemeldte Unsere Oheim / die weltliche Churfürsten sich gegen uns außdrücklich erklärer / was daselbst von dem Stul zu Rom / auch der Päbstl. Heiligkeit vor Meldung geschicht / daß J. L. darein nit bewilligen / noch Uns damit verbunden haben wollen.

II.

Wir sollen und wollen auch sonderlich die vorgemeldte Güldene Bull / den Frieden in Religion- und Prophan-sachen / auch den Landfrieden sammt der handhabung desselben / so auff jüngst zu Augspurg im 55. Jahr gehaltenem Reichstage auffgericht / angenommen und verabschiedt / verbessert / auch in denen darauf gefolgten Reichs-Abschieden wiederholt und confirmirt worden / stet und vest halten / handhaben / und darwider niemand beschweren / oder durch andere beschweren lassen: und die andere deß H. Reichs Ordnungen und Gesetz / so viel dem obgemelden angenommen Reichs-Abschied im 55. Jahr zu Augspurg auffgericht / nicht zuwider / confirmiren / erneuren / und wo noht / dieselbigen mit Raht Unser und deß H. Reichs Churfürsten und anderer Ständ / bessern / wie das zu jederzeit deß Reichs Gelegenheit erfordern wird.

III.

Und in allweg sollen und wollen wir die Teutsche Nation, das Heilig Römisch Reich / und die Churfürsten / als die fördersten Glieder desselben / auch andere Fürsten / Grafen / Herren und Stände / bey ihren Hochheiten / Würden / Rechten und Gerechtigkeiten / Macht und Gewalt / jeden nach seinem Stand und Wesen / bleiben lassen / ohn Unser und männiglichs Eintrag und Hinderung: Und ihnen darzu ihre Regalia und Oberkeit / Freyheiten / Privilegia, Pfandschafften und Gerechtigkeiten / auch Gebrauch und gute Gewonheiten / so sie bißhero gehabt haben / oder in Ubung gewesen seynd / zu Wasser und zu Land / in guter beständigen Form / ohn alle Weygerung / confirmiren und bestättigen: Sie auch dabey / als erwehlter Römischer König / handhaben / schützen und schirmen / doch männiglich an seinen Rechten unschädlich.

IV.

Wir lassen auch zu / daß die gedachte sechs Churfürsten je zu zeiten / nach vermög der güldenen Bull / und Gelegenheit deß Heiligen Reichs / zu ihrer Nohtdurfft / auch so sie beschwerlichs Obligen haben / zusammen kommen mögen / dasselb zu bedencken und zu berahtschlagen: das wir auch nicht verhindern / noch irren / und derhalben kein Ungnad oder Wider-

Anno 1619. derwillen gegen ihnen sämmtlich noch sonderlich schöpffen und empfahen / sondern uns in denen und andern der güldenen Bull gemäß / gnädiglich und unverweißlich halten sollen und wollen. Gestalt wir dann auch der Churfürsten Gemein- und sonderbare Rheinische Vereyn / als welche ohne das mit Genehmhaltung und Approbation der vorigen Käyser rühmlich aufgericht / so wol in diesen als allen darinn begriffenen Puncten / auch Unsers theils approbiren und confirmiren thun.

V.

Wir sollen und wollen auch alle unziemliche hässige Bündnussen / Verstrickung und Zusammenthuung der Unterthanen / deß Adels und gemeinen Volcks / auch die Empörung und Auffruhr / und ungebührlich Gewalt gegen den Churfürsten und andern fürgenommen / und die hinfüro geschehen möchten / auffheben / abschaffen / und mit ihrer / der Churfürsten / und anderer Stänð Raht und Hülff daran seyn / daß solches / wie sich gebührt und billich ist / in künfftiger Zeit verboten und fürkommen werde.

VI.

Wir sollen und wollen darzu für uns selbst / als erwehlter Römischer König / in deß Reichs Händeln / auch kein Bündnuß oder Einigung mit frembden Nationen / noch sonst im Reich / machen / wir haben dann zuvor die sechs Churfürsten deßhalben an gelegene Mahlstatt zu ziemlicher Zeit erfordert / und ihren Willen sammtlich / oder deß mehrern theils auß ihnen / in solchem erlangt.

VII.

Was auch die zeit hero einem jedem Churfürsten / Fürsten / Herrn und andern / oder dero Vor-Eltern und Vorfahren / geistliches oder weltliches Stands / dergestalt ohne Recht / gewaltiglich genommen oder abgedrungen / sollen und wollen wir / der Billichkeit nach / wie sich im Recht gebührt / wieder zu dem seinen verhelffen / bey solchen auch / so viel er recht / handhaben / schützen und schirmen / ohn alle Verhinderung / Auffhalt / Seumnuß.

VIII.

Zu dem und insonderheit sollen und wollen wir von dem heiligen Rom. Reich und desselben Zugehörungen / nicht allein ohn Wissen / Willen und Zulassen gemeldter Churfürsten sämmtlich nichts hingeben / verschreiben / verpfänden / versetzen / noch in andere Weg veräussern noch beschweren / sondern uns auch auffs höchst bearbeiten / und allen möglichsten Fleiß und Ernst fürwenden / daß dasjenig / so davon kommen / als verfallen Fürstenthum / Herrschafften und andere / auch confiscirte merckliche Güter / die zum theil in anderer Nationen Händ ungebührlicher weise gewachsen / zum förderlichsten wieder dazu zubringen / zuzueignen / auch darbey bleiben zu lassen. Fürnemlich auch / dieweil uns fürkömt / daß etliche ansehenliche dem Reich angehörige Herrschaften und Lehen in Italia, oder sonsten veräussert worden seyn sollen / eigentliche Nachforschung derentwegen anstellen / wie es mit solchen Alienationen bewand / und die eingeholte Bericht zur Churfürstl. Maynzischen Cantzley inner Jahres Frist / von dato an zu rechnen / unfehlbarlich einschicken: auch in diesem / wie obigen allen / mit Raht / Hülff und Beystand der sechs Churfürsten und der andern Fürsten und Stände jederzeit annehmen / was durch uns und sie für rahtsam / nützlich und gut angesehen und verglichen seyn wird: doch männiglich an seinen gegeben Privilegien / Recht und Gerechtigkeit undschädlich. Und ob wir selbst oder die Unsern ichtes / das dem Heiligen Reich zuständig / und nicht verliehen / noch mit einem rechtmässigen Titel bekommen wäre oder würde / inne hätten, das sollen und wollen wir bey Unser schuldigen und gethanen Pflicht / demselben Reich / ohne Verzug / auff ihr / der Churfürsten / Gesinnen / wieder zu handen wenden / zustellen und folgen lassen. Anno 1619.

IX.

Wir sollen und wollen Uns darzu in Zeit bemeldter Unserer Regirung / fried- und nachbarlich gegen den anstossenden und Christlichen Gewalten halten: kein Gezänck / Fehde noch Krieg / in- oder ausserhalb des Reichs von desselben wegen anfahen oder vornehmen / noch einig freund Kriegsvolck ins Reich führen / ohne Vorwissen / Raht und Bewilligung der Reichsständ / zum wenigsten der sechs Churfürsten. Da auch von einem oder mehr Ständen deß Reichs / dergleichen vorgenommen / und ein freund Kriegsvolck in das Reich geführt würde / dasselbige mit Ernst abschaffen: Wo wir aber von des Reichs wegen / oder das Heilige Römische Reich angegriffen und bekrieget würden / alsdann mögen wir uns dargegen aller Hülff gebrauchen.

X.

Deßgleichen sie / die Churfürsten / und andere desselben Reichs-Stände / mit den Reichstägen / Cantzleygeld / Nachreysen / Aufflagen und Steuren / unnohtdürfftiglich und ohne redliche / tapffere Ursachen / nicht beladen noch beschweren: Auch in zugelassenen Fällen die Steuer-Aufflage und Reichstäge / ohne Wissen und Willen der sechs Churfürsten / nicht ansetzen noch außschreiben: Und sonderlich keinen Reichstag ausserhalb deß Reichs Teutscher Nation fürnehmen oder außschreiben. Auch die von dem Reich und desselben Ständen eingewilligte Steuer und Hülffen zu keinem andern End / als darzu sie gewilligt worden / anwenden.

XI.

Wir sollen und wollen auch Unser Königlich / und deß Reichs-Aempter am Hof / und sonst am Reich / auch mit keiner andern Nation, dann gebornen Teutschen / die nicht nieders Stands noch Wesens / sondern namhafftige redliche Leut von Fürsten / Grafen / Herren vom Adel / und sonst niemands / als die uns und dem Heiligen Reich mit Pflichten und Diensten verwand seyn / bestellen: Auch die obbenante Aempter bey ihren Ehren / Würden / Gefällen / Rechten und Gerechtigkeiten bleiben / und denselbigen nichts entziehen oder verwenden lassen / in einige Weg / sonder Gefährde.

XII.

Darzu in Schrifften und Handlungen des Reichs kein ander Zung noch Sprach brauchen lassen / dann die Teutsche oder Lateinische Zung: es wäre dann an Orten / da gemeiniglich ein andere Sprach in Ubung wäre und in Brauch stünde: dann alsdann mögen wir uns und die Unsern uns derselbigen daselbsten auch behelffen.

XIII.

Wir sollen und wollen auch die Churfürsten / Fürsten / Prælaten / Grafen / Herren vom Adel / auch ande-

ANNO 1619. andere Stände und Unterthanen des Reichs/ mit rechtlichen oder gütlichen Tagleistungen ausserhalb Teutscher Nation, und von ihrer ordentlichen Oberkeit nicht dringen/ erfordern/ noch fürbescheiden/ sondern sie alle/ und jeden insonderheit/ im Reich/ laut den güldenen Bull/ auch wie deß H. Reichs Ordnungen und Gesetz vermögen/ bleiben lassen.

XIV.

Insonderheit auch/ demnach die Churfürsten im Reich/ als die fürnemsten Glieder desselben/ vor andern Ständen nicht allein in Krafft der Güldenen Bull/ sondern auch durch andere hohe Privilegia, vor allen fremden/ zuförderst aber dem Rohtweilischen Gericht/ so wol für sich als ihre Unterthanen und Zugewanden gefreyet seynd: Nichts desto weniger aber durch desselben Hofgerichts Processe je zuweilen deren Unterthanen molestirt werden/ in alle wege versehen/ daß solches bey gedachtem Hofgericht abgestellt/ und da hinfüro eines oder andern Churfürsten Unterthanen oder Zugethanen/ mit dergleichen Processen fernere Molestation geschehe/ verstatten/ daß sie nicht allein die Proceß nicht annehmen sollen/ sondern auch die Churfürsten diejenigen/ so über Verwarnung sich der insinuation solches Proceß nicht müßigen wolten/ mit Straff ansehen mögen/ und wollen oder sollen.

XV.

Und als über und wider die Concordata Principum durch aufgerichte Vertrag zwischen der Kirchen Päbstlicher Heiligkeit/ oder dem Stul zu Rom und Teutscher Nation, mit unförmlichen Gratien/ Rescripten/ Annaten der Stifft/ so täglich mit Manigfaltigung und Erhöhung der Officien am Römischen Hof/ auch Reservation, Dispensation, oder in andere weg/ zu Abbruch der Stifft/ Geistlichkeit und anders/ wider gegebene Freyheit/ darzu zu Nachtheil des juris patronatus und deß Lehen-Herrn/ stetig und ohn unterlässig/ öffentlich gehandelt wird/ derhalben auch unleidliche/ verbotene Gesellschafften und Contract oder Bündnussen/ als wir berichtet/ fürgenommen/ und auffgerichtet/ das sollen und wollen wir mit ihrer/ der Churfürsten und anderer Stände Raht/ bey Unseren Heiligen Vatter dem Pabst und Stul zu Rom/ Unsers bestens Vermögens abwenden und fürkommen/ auch darob und daran seyn/ daß die bemeldte Concordata Principum, und aufgerichte Verträg/ auch Privilegia und Freyheiten/ gehalten/ gehandhabt/ und denselben vestiglich gelebt und nachkommen werde: Jedoch was Beschwerung darinn befunden/ und Mißbrauchen entstanden/ daß dieselben/ vermög deßhalben gehabter Handlung zu Augspurg der mindern Zahl im 30. Jahr gehaltenen Reichstags abgeschafft/ und hinfürters dergleichen ohne verwilligung der Churfürsten nicht zugelassen werde.

XVI.

Wir sollen und wollen auch die grosse Gesellschafften der Kauffgewerbsleut/ so bißher mit ihrem Geld regiert/ ihres Willens gehandelt/ und mit Wucherung viel Ungeschicklichkeiten dem Reich/ dessen Inwohnern und Unterthanen mercklichen Schaden/ Nachtheil und Beschwerung zugefügt/ zufügen/ und noch täglich thun gebähren/ mit ihrer/ der Churfürsten und anderer Stände Raht/ nachdem wie deme zu begegnen/ hiebevor auch bedacht und fürgenommen/ aber nicht vollbracht worden/ gar abthun.

XVII.

Wir sollen und wollen auch insonderheit/ dieweil die Teutsche Nation und das Heilige Römische Reich zu Wasser und zu Land zum höchsten vorhin darmit beschwert/ nun hinfüro keinen Zoll von neuen aufrichten oder erhöhen/ ohne besondern Raht/ Wissen/ Willen und Zulassen der bemeldten sechs Churfürsten/ wie vor und offt gemeldt.

XVIII.

Deßgleichen wollen wir auch diejenigen Ständ/ denen von Unsern Vorfahren/ Römischen Kaysern/ mit Verwilligung deß Reichs Churfürsten/ mit dieser Maß und Vorbehaltung entweder neue Zöll gegeben/ oder die alten erhöhet/ oder prorogirt worden: daß sie jetztgedachte Churfürsten/ ihre Unterthanen/ Diener/ Zugewandte/ und andere gefreyte Personen/ auch derselben Haab und Güter/ mit solchen von neuem gegebenen/ erhöheten und prorogirten Zöllen nicht beschweren/ sondern an allen und jeden Orten ihrer Fürstenthum und Landen/ mit ihren Waaren und Gütern zollfrey durchpassiren/ verfahren und treiben lassen/ sich auch sonst der Zöll Erhöhung halber gewisser verschriebener Massen verhalten/ und darüber vermittelst eines sondern verglichenen Reverses gegen die Churfürsten/ krafftiglich verbinden sollen/ aber solche Reverse noch nicht von sich gegeben/ mit allem ernst dahin erinnern und vermahnen/ sich hierinnen der Schuldigkeit zu bequemen/ und angeregten Revers/ ohn längern Verzug/ herauß zu geben/ und den Churfürsten einzuhändigen: Denen aber/ so inskünfftig/ obgeschriebener massen/ neue Zöll oder der alten Ersteigerung und Prorogation erhalten haben/ wollen wir vor Heraußgebung solcher Reverß Unsere Königliche Concessiones keines wegs außfertigen/ noch ertheilen lassen.

XIX.

Und dieweil männiglich bekand/ wie hoch fürnemlich der Rheinstrom/ wegen vieler hohen und schweren an unterschiedlichen Orten deß Untern-Rheins/ bey den vorig-gewesenen Kriegs-Empörungen/ angestelter Licenten beschwert/ also daß die Rheinischen Churfürsten/ beneben ihren Unterthanen und Angewandten/ dahero in mercklichen Abgang ihrer Einkommen und Nahrung gerahten/ darzu fast alle Commercia auff solchen Rheinstrom erligen bleiben: Uber das auch bey kurtzer Zeit unterschiedliche Außläger und Kriegsschiff/ unersucht und ungescheut der Rheinischen Churfürsten/ in ihr hohes Regal auff dem Rheinstrom auß den Niederlanden geführt worden/ dadurch aber der Kauff-Handels-und Schiffmann mit noch weitern Exaction und Abnehmen beschwert worden/ solche Außläger und armirte Schiff auch bißhero über alles Ersuchen/ Anlagen/ Erinnern und Vermahnen der Churfürsten/ bevorab der Rheinischen/ nicht wollen abgeführt werden/ sollen und wollen wir/ ehest müglich/ auff Mittel und Weg/ so wol für uns/ als auch mit Raht der sechs Churfürsten/ trachten/ wie man solcher Außlager von des Reichs Boden ledig/ und deren künfftig gesichert/ so wol auch die Licenten abgeschafft werden mögen.

XX.

Und da jemand bey uns umb neue Zoll-Begnadigung und Erhöhung der alten und vorerlangten Zölle/ suppliciren und anlangen würde/ so sollen und wollen wir ihme einige Vertröstung/ Promotorial, und vorbittliche Schreiben an die Churfürsten/ nicht geben oder außgehen lassen.

XXI.

ANNO 1619.

ANNO 1619.

XXI.

Auff den Fall auch einer oder mehr/ was Stands oder Wesens der oder die weren/ einigen neuen Zoll in ihren Fürstenthumben/ Landschafften/ Herrschafften und Gebiethen/ für sich selbst/ ausserhalb Unser Begnadigung und der Churfürsten Bewilligung angestellt und auffgesetzt hätten/ oder künfftig also anstellen und auffsetzen würden/ den/ oder dieselben/ so bald wir dessen für uns selbst in Erfahrung kommen/ oder von andern Anzeig davon empfangen/ sollen und wollen wir durch mandata sine clausula, und in alle andere mügliche Weg/ davon abhalten/ und gantz und zumal nicht gestatten: daß jemand de facto und eygens Fürnehmens/ neue Zöll anstellen/ vor sich dieselben erhöhen/ oder sich deren gebrauchen und annehmen möge.

XXII.

Und were es Sach/ daß in solchen Fällen/ neuer Zoll und Auffsätz halben/ dadurch der Churfürsten Zöll geringert und geschmälert werden möchten/ die Churfürsten zu rechtlichen Außsprüchen active oder passive geriethen/ demnach solche Zoll-Regal und Privilegia/ allein von Römischen Kaysern und Königen mit Bewilligung der sechs Churfürsten im Reich ertheilt und gegeben werden/ und also derer darüber einfallender Streit Entscheidung/ vor niemand anders/ als uns gehörig/ sollen solche rechtliche Ansprachen vor Uns außgeführet und erledigt werden/ und kein Churfürst schuldig seyn/ sich derenthalben/ weder an Unsern und deß Reichs Cammergericht/ oder andern Gerichten mit ordinariis actionibus anstrengen zu lassen. Gestalt wir denn hierüber bey gedachtem Cammergericht/ gebürende Erinnerung und Verfügung zu thun/ nicht unterlassen wollen.

XXIII.

Und nachdem etliche zeit her die Churfürsten am Rhein/ mit vielen und grossen Zollfreyhungen/ über ihre Freyheit und Herkommen/ offtermals durch Fürderungs-Brieffe und in andere Wege/ ersucht und beschwert worden/ das sollen und wollen wir/ als unerträglich/ abstellen/ fürkommen/ und zumal nicht verhengen noch zulassen/ fürters mehr zu üben/ noch zu geschehen.

XXIV.

Und insonderheit so sollen und wollen wir/ ob einiger Churfürst/ Fürst/ dieser oder anderer seiner Regalien/ Freyheiten/ Privilegien/ Rechte und Gerechtigkeiten halben/ daß die ihme geschwächt/ geschmälert/ genommen/ entzogen/ bekümmert und betrübt worden/ mit seinen Gegentheil und Widerwertigen zu gebürlichen Rechten kommen/ oder ihn fürzufordern sich unterstehen wolte/ oder auch anhängig gemacht hätte/ dasselb/ und auch alle andere ordentliche schwebende Rechtfertigungen nicht verhindern noch verbieten/ sondern den freyen stracken Lauff lassen.

XXV.

Wir sollen und wollen auch die Churfürsten/ Fürsten/ Prælaten/ Graffen/ Herrn/ und andere Ständ des Reichs/ selbst nicht vergewaltigen/ solches auch nicht schaffen/ noch andern zu thun verhengen. Sondern/ wo wir oder jemand anders zu ihnen allen/ oder einem insonderheit zu sprechen hätten oder einige Forderung fürnehmen/ dieselben sambt und sonders/ Auffruhr/ Zwitracht/ und allen Unrath im Heiligen Reich zu verhüten/ auch Fried und Einigkeit zu erhalten/ zur Verhör und gebürlichen Rechten stellen und kommen lassen/ und mit nichten gestatten/ in denen oder andern Sachen in was Schein oder was Namen es geschehen möcht/ darinnen sie ordentlich Recht leiden mögen/ und dessen erbietig seynd/ mit Raub/ Nahm/ Brand/ Fehden/ Krieg/ oder anderer Gestalt zu beschädigen/ anzugreiffen/ und zu überfallen.

XXVI.

Wir sollen und wollen auch fürkommen/ und keines weges gestatten/ daß nun hinfuro niemand/ hohes oder nidriges Stands/ Churfürst/ Fürst/ oder anderer/ ohn Ursach/ auch unverhört in die Acht und Oberacht gethan/ bracht oder erklärt werde. Sondern in solchem/ ordentlicher Proceß und deß Heiligen Römischen Reichs vorauffgesetzte Satzung/ nach Außweise deß Heil. Reichs im gemeldten 55. Jahr reformirten Cammergerichts Ordnunge und darauff erfolgter Reichs-Abschied/ in dem gehalten und vollzogen werde. Doch dem Beschädigten sein Gegenwehr/ vermög des Landfriedens/ unabbrüchig.

XXVII.

Und nachdem das Heilige Römische Reich fast und höchlich in Abnehmen und Ringerung kommen/ so sollen und wollen wir/ neben andern/ die Reichs-Steuer der Städte und andere Gefäll/ so in sonderer Personen Hand gewachsen und verschrieben/ widerumb zum Reich ziehen/ auch eine gewisse Designation/ in wessen Handen dieselben jetziger Zeit seynd/ inner sechs Monaten/ den nechsten zur Mayntzischen Churfürstlichen Cantzley einschicken/ und nicht gestatten/ das solches dem Reich und gemeinen Nutz/ wider alle Recht und Billigkeit entzogen werde. Es were denn das solches mit rechtmässiger Bewilligung der sechs Churfürsten geschehen were.

XXVIII.

Wenn auch Lehen dem Reich und uns bey Zeit Unserer Regierung eröffnet und ledig heimfallen werden/ so etwas mercklich ertragen/ als Fürstenthum/ Graffschafften/ Herrschafften/ Städte und dergleichen/ die sollen und wollen wir ferner niemand leihen/ auch niemand einige Expectans oder Anwratung darauff geben/ sondern zu Unterhaltung des Reichs/ Unserer/ und Unserer nachkommender König und Kayser/ behalten/ einziehen und incorporiren/ biß so lang dasselbig Reich wider zu Wesen und Auffnehmen kombt. Doch uns/ von wegen Unser Erbländer/ und sonst männiglichen an seinen Rechten und Freyheiten unschädlich.

XXIX.

In alle wege aber wollen wir uns zum besten angelegen seyn lassen/ alle dem Römischen Reich angehörige Lehen/ in und ausserhalb desselben gelegen/ auffrichtig zu halten/ und derowegen zu verfügen/ daß sie zu begebenden Fällen gebührlich empfahen und renovirt werden/ und nicht unempfangen bleiben. Da auch nach Erhebung zum Römischen König/ wir deren eins oder mehr/ uns angehend/ befinden/ sollen und wollen wir das/ oder dieselben/ unweigerlich empfangen lassen. Oder wann das nicht bequemlich geschehen könte/ deßwegen den Herrn Churfürsten/ zu Sicherung deß Reichs/ gebührenden Revers und Recognition zustellen.

XXX.

Anno 1619.

XXX.

Auff den Fall aber zukünfftiger Zeit / Fürstenthumb / Graffschafften / Herrschafften / Pfandschafften und andere Güter / dem Heil. Reich mit Dienstbarkeit / Reichs-anlagen / Steuren und sonsten verpflicht / dessen Jurisdiction unterwürfflich und zugethan / nach Absterben dero Inhaber / uns durch Erbschafft heimfallen oder auffwachsen / und wir die in Unsern Händen behalten oder andern zukommen lassen würden / oder da wir dergleichen allbereit in Handen hätten / davon soll dem Heiligen Reich sein Recht und Gerechtigkeit / Anlag / Steuer und andere schuldige Pflicht / wie darauff hergebracht / hindan gesetzt aller prætendirenden Exemtion / geleist / abgericht und erstattet werden.

XXXI.

Wo wir auch mit Rath und Hülff der Churfürsten und anderer Stände deß Reichs / ichtwas gewinnen / überkommen oder zu Handen bringen würden / das alles sollen und wollen wir dem Reich zu wenden und zueygnen. Wo wir aber in solchem / ohne der Churfürsten und anderer Stänð Wissen und Willen / ichtwas fürnehmen / darinnen sollen sie uns zu helffen unverbunden seyn / und wir nichts destoweniger dasjenige / so wir in solchem erobert oder gewonnen hätten / oder gewinnen würden / und dem Heiligen Reich zustünde / dem Reich wider zustellen und eygnen.

XXXII.

Und nachdem bißher im Reich viel Beschwerung und Mängel der Müntz halben gewesen und noch seynd / wollen wir denselben zum förderlichsten mit Rath der Churfürsten / Fürsten und Stänð deß Reichs zuvor kommen / und in beständige Ordnung und Wesen zustellen / müglichen Fleiß fürwenden / auch zu dem End die jenigen Mittel / so in Anno 1603. und auch vorigen Reichstägen durch Churfürsten / Fürsten und andere Reichsstänð in gemein betracht / in gute obacht nemen / und was ferner zuträgliches / zu Abwendung solcher lang gewehrten Unrichtigkeit / bedacht werden möcht / zumal nichts unterlassen.

XXXIII.

Wir sollen und wollen auch hinfüro ohn Vorwissen der sechs Churfürsten niemands / weß Stands oder Wesens er sey / mit Müntzfreyheiten begaben oder begnadigen / auch wo wir beständig finden / daß die jenigen Ständt / denen solches Regal und Privilegium verliehen / dasselbe dem Müntz-Edict zugegen mißbraucht / ihnen dasselbig / vermög der Disposition in den hierüber verfasten constitutionibus, nicht allein suspendiren / sondern die jenige / welche dasselbige Regal nicht mit der Churfürsten Bewilligung erhalten / dessen gantz priviren / und ohne Vorwissen der Churfürsten / dazu nicht restituiren / vornemlich aber bey den Städten so dem Reich immediate nicht / sondern den Reichs-Ständen unterworffen / revocirn, cassirn, und hinfüro ferner nicht ertheilen / auch sonsten den geringern Ständen mit dergleichen oder andern hohen Privilegien ohne Miteinwilligung der Churfürsten / vielweniger zu derselben Privilegien Verhinderung oder Abbruch / nicht willfahren.

XXXIV.

Und insonderheit sollen und wollen wir uns keiner Succession oder Erbschafft deß obgemeldten Römischen Reichs anmassen / unterwinden / noch in solchen gestalt unterziehen oder darnach trachten auff uns selbst / Unsere Erben und Nachkommen / oder auff jemand anders unterstehen zu wenden / sondern wir / dergleichen Unser Kinder / Erben und Nachkommen / wollen die gemeldten Churfürsten / ihre Erben und Nachkommen zu jeglicher Zeit / bey ihrer freyen Wahl eines Römischen Königs / dieselbe so offt sie es einem Kayser zu behuff / oder sonst dem Heiligen Reich nothwendig und nützlich befinden / auch bey Lebzeiten eines Römischen Kaysers mit / oder wann derselbige auff angelegte Bitt der Churfürsten ohnen gnugsame erhebliche Ursachen verweigert werden solte / ohne eines regierenden Kaysers Consens und Bewilligung / vorzunemen.

XXXV.

Auch die Vicarien / wie von alters hero auff sie kommen / die gülden Bull / Päbstliche Recht / und andere Gesetz oder Freyheiten vermögen / so es zu Fallen kommen / und die Nothdurfft und Gelegenheit erfordern wird / bey ihrem gesonderten Rath / in Sachen das H. Reich belangend / geruhlich bleiben / und gantz unbedrängt lassen. Auch nicht nachgeben / daß die Vicariaten und deren jura, sambt was demselben anhängig / von jemand disputirt oder gestritten werde. Wo aber dawider von jemand etwas gesucht / gethan / oder die Churf. in dem gezwungen würden / das doch keines wegs seyn sol / das soll alles nichtig seyn und dafür gehalten werden.

XXXVI.

So wollen und sollen wir auch alles das / so durch die zwey deß Heiligen Reichs Churfürsten und Vicarien / in mittler weile / so das vacirt / laut der gülden Bull / nach Vermög deß Reichs Ordnung gehandelt und verliehen / genehm halten / auch confirmirn und ratificirn in der allerbeständigsten Form / wie sich dasselb wol ziemet und gebühret.

XXXVII.

Wir sollen und wollen auch die Römische Königliche Cron / wie uns als erwehltem Römischen König / wol geziemet / empfahen. Wenigers auch nicht uns / zu Empfahung der Kayserlichen Cron befördern / und bey allen denselben das / so sich derhalben gebührt / thun / auch Unser Königliche Residentz / Anwesen und Hoffhaltung in dem Heiligen Römischen Reich Teutscher Nation / allen Gliedern / Ständen und Unterthanen desselben / zu Ehren / Nutz und Gutem / deß mehrentheilts / so viel müglich / haben und halten. Alle und jede Churfürsten / ihr Ampt zu versehen / zu obgemeldter Crönung erfordern / uns auch in dem allen dermassen erzeigen und beweisen / daß unserthalben / in aller Müglichkeit kein Mangel gespürt und vermerckt werden soll.

XXXVIII.

Wir wollen auch in dieser Unser Zusag / der gülden Bull / deß Reichs Ordnung / deß obangeregten Friedens in Religion- und Prophan-Sachen / auch den Landfrieden sambt Handhabung desselben / und andern Gesetzen / so jetzt gemacht / oder künfftiglich durch uns mit ihrer der Chur-Fürsten / auch anderer Stänð deß Reichs Rath / mochten auffgerichtet werden / zuwider / kein Rescript oder Mandat / oder nichts anders beschwerliches außgehen lassen / oder zu geschehen gestatten / in einige Weise und Weg. Dergleichen auch für uns selbst / wider solche güldene Bull und deß Reichs Freyheit / den Frieden / sambt Handhabung dessel-

Anno 1619.

ANNO 1619. desselbigen / von einiger hohen Obrigkeit nichts erlangen / noch auch ob von uns etwas dergleichen auß eygner Bewegung geben were / oder würde / nicht gebrauchen / in keine Weise. Sonder alle Gefährde. Ob aber diesen oder andern vorgemeldten Artickeln und Puncten einiges zuwider erlangt oder außgehen würde / das alles soll krafftloß / todt und ab seyn. Inmassen wir es auch / jetzo alsdann / und dann / als jetzt / hie cassiren / tödten und abthun / und wo Noth / der beschwerten Parthey derhalben nothdürfftig Urkund oder briefflichen Schein zu geben und widerfahren zu lassen / schuldig seyn sollen / arge List und Gefährde hierinnen außgescheiden.

XXXIX.

Wir sollen und wollen auch allen deß Heiligen Reichs Churfürsten / Fürsten und Ständen / so wol ihren Bottschafften und Abgesandten / jederzeit schleunige Audientz und Expedition ertheilen. Denselben ihre Lehenbrieff und Lehen / nach dem vorigen Tenor unweigerlich widerfahren lassen. In wichtigen Sachen / so das Reich betreffen / bald Anfangs der Churfürsten Raths und Bedenckens uns gebrauchen. Insonderheit aber Unsern Geheimen und deß Reichs-Hoffrath / mit Fürsten / Graffen / Herrn / vom Adel / und andern ehrlichen Leuten / nicht allein auß Unsern / auch mehrentheils denen / so im Reich Teutscher Nation / und andern Orten / erzogen und geboren / darinn begütert / der Reichssachen wol erfahren / gutes Namens und Herkommens seyn / also bestellen / damit männiglich schleunig unpartheyisch justitia administrirt werden möge.

XL.

Genandtem Unserm Hoffrath wollen wir auch gewisse Ordnung und Jurisdiction verfassen / die alte revidiren / und bey nechster Reichsversamblung den gesambten Churfürsten / zu ihrem Gutachten übergeben. Denselben auch jährlich / oder in zwey Jahren einmal mit Zuziehung deß Ertzbischoffen zu Mayntz / als Ertz-Cantzlern / visitiren / und sonderlich das jüngst zu Nürnberg / durch die Churfürsten verfassete Bedencken zu Beförderung der Justitien / insonderheit in acht nehmen / und dasselbig förderlich ins Werck richten.

XLI.

Dieweil uns auch sonderlich gebührt / deß Heiligen Reichs Churfürsten / als Unsere innersten Glieder und Hauptseulen deß Reichs / vor männiglichen in sonderer hoher Consideration zu halten / So wollen wir die Verfügung thun / wann derselben Amptsverweser und Erb-ämpter bey Unserm Hoff begriffen / daß dieselben jederzeit / und insonderheit / wann und so offt wir auff Reichs-Wahl-und andern dergleichen Tägen Unsern Kayserlichen Hoff begehen / oder Sachen fürfallen / darzu die Erb-ämpter zu gebrauchen seynd / in gebührlichen Respect gehalten / und ihnen von Unsern Hoff-ämptern keinegs wegs vor-und eingegriffen / oder da je auß gewissen Ursachen ihre Stell / mit berührten Unsern Hoff-ämptern jeweils ersetzt werden soll / wollen wir doch / daß ihnen den Churfürstlichen Amptsverwesern und Erb-ämptern / einen Weg als den andern / die von solchen Verrichtungen fallende Nutzbarkeiten / weniger nicht / als ob sie dieselben selbst verricht / und bedient / unweigerich gefolgt und gelassen werden.

XLII.

Damit auch Unsere so wol der Geheimde / als Reichs-Hoffrath / dieser Capitulation gewisse Wissenschafft haben / und in Rathschlägen und sonsten sich darnach richten mögen / wollen wir ihn nicht allein dieselbe vorbehalten / sondern auch bey Leistung ihrer Dienstpflicht ernstlich einbinden / dieselbe / so viel sie einen jeden berührt / vor Augen zu haben / und darwider weder zu thun noch zu rathen. Solches auch ihren Dienst-eydten / mit außdrücklichen Worten / einverleiben lassen. ANNO 1619.

XLIII.

Solches alles und jedes besonder / wie obsteht / haben wir obgenandter Römischer König / den gedachten Churfürsten geredt / versprochen / und bey Unsern Königlichen Ehren / Würden und Worten / in Namen der Warheit zugesagt. Thun dasselbe auch hiemit und in Krafft dieses Brieffs / Inmassen wir dann das mit einem leiblichen Eyde zu Gott und dem Heiligen Evangelio geschworen / dasselbe stet / fest / unverbrochen zu halten / dem treulich nachzukommen / darwider nicht zu seyn / zu thun / noch zu schaffen gethan werden / in einige Weise oder Weg / wie die möchten erdacht werden.

Dessen zu Urkund haben wir dieser Brieff sechs / in gleichem Laut gefertigt / und mit Unserm anhangenden Insigel besigelt / und jedem obgenandten Churfürsten einen zustellen lassen. Der geben ist in Unser und deß Reichs Stadt Franckfurt am Mayn / den 28. Monatstag Augusti / nach Christi Unsers lieben HERRN und Seligmachers Geburt 1619. Unserer Reich / deß Römischen im 1. deß Hungarischen / im 2. und deß Böhmischen im 3. Jahre.

CXCVI.

Recess zwischen Ihro Röm. Kayserl. Maj. FERDINAND II. und den Geistl. Churfürsten des Heil. Röm. Reichs eines- und Ihro Hochfürstl. Durchl. MAXIMILIAN, Hertzogen von Bayern andern Theils / über die von Ihro Hochfürstl. Durchl. von Bayern bey Ubernehmung der Direction über der Cathol. Liga Völcker sich vorbehaltenen Conditionen. Munchen den 8. Octobr. 1619. [LONDORPII Acta Publica Part. V. Lib. II. Cap. XXXII. Lit. A. pag. 795. d'où l'on a tiré cette Piece, qui se trouve aussi dans le THEATRUM EUROPÆUM Tom. IV. pag. 645. & dans LUNIG. Teutsches Reichs-Archiv. Part. Special. Abtheil. IV. Absatz I. pag. 691.] 8. Octo.

C'est-à-dire,

Recès entre l'Empereur FERDINAND II. *& les Electeurs Ecclesiastiques d'une part, & le Serenissime Prince* MAXIMILIEN *Duc de Baviere d'autre part, touchant les conditions auxquelles ce Prince accepte la Direction de la* Ligue Catholique. *Fait à Munich le* 8. *d'Octobre* 1619.

DEmnach von der Röm. Käyserl. / auch zu Hungarn und Böheim Kön. Maj. dan von den Hochwürdig. und Durchl. Geistlichen Herrn Churfürsten deß H. Röm. Reichs / durch dero Abgesandten Hn. Eytel Fridrichen Grafen von Hohenzollern / der Durchl. Fürst Herr Maximilian Pfaltzgraf bey Rhein Hertzog in Bäyrn / wegen der gegenwertigen äussersten gefahr / darin Höchsternant J. Käys. M. sambt dero löbl. Hauß / und folgends auch alle Catholiche Chur-Fürsten und Stände deß Reichs / ja die Catholische Religion selbsten / begriffen seynd / mit umbständen erinnert / und auff das beweglichste

an-

ANNO 1619.

angelangt und ersucht worden / ob J. Fürstl. Durchl. in Bäyrn das völlig Directorium über der Catholis. Verfassungs- und Defensions-wesen (zu welcher höchst: und wolermelte Catholische Stände deß Reichs J. Käys. Maj. dero Hauß / und periclitirenden Landen zu gutem / wie auch zu ihrer eignen conservation benötiget worden) über sich nemmen / und dem gemeinen Wesen zum besten führen wolte: Als seynd mehrhöchsternante J. Fürstl. Durchl. in Bäyrn / ohneracht der Schwerwichtigkeit dieses Wercks / Gefahr und Ungelegenheiten / darein sie Ihr eigne Person / dero löbl. Hauß / Land und Unterthanen setzen / nicht ungeneigt / lassen ihro auch nicht zuwider seyn / zu Bezeigung dero gegen J. Käy. Maj. der Kön. Würde in Spanien / und dem gantzen löbl. Hauß Oesterreich tragenden auffrechten / und hiebevor öffters in der That selbsten demonstrirten Gemüts / und Willfährigkeit / die Cathol. Religion und deroselben zugewandte Stände deß Reichs zu beschützen / mit hindansetzung der grossen Bürde / Gefahr / und andern incommoditeten, und die gemeine Wolfart allen privatis vorziehende / sich mit solch Ihro angetragnem freyen und absoluten directorio deß Catholis Defension-wesens mit Werbung und Anführung der Völcker / im Namen deß Allerhöchsten zubeladen: jedoch mit dieser außtrücklichen Condition und beding / daß so bald J. Fürstl. Durchl. alle hierzu gehörige notwendigkeiten und bereitschafft mit Gelt / Völcker und andern requisitis (davon man zum theil den Herrn Churf. bereit communication gethan / und mit den übrigen Catholis. Ständen des Reichs mit nechstem auch geschehen wird / was für Nohtwendigkeiten ex communi voto hierzu gehörig seyn) würcklich verordnet seyn werden / alsdan J. Durchl. nach versicherung ihrer / und dero Confœderirten Ständen / auch J. Käy. Maj. wider deroselben Feind / solcher gestalt beystehen und getrewlich succurrirn wöllen / wie J. Fl. Durchl. es nach beschaffenheit der Zeit / läuff und umbständen für nutzlich und fürständig erachten / auch die hierzu verordnete Mittel und Gelegenheit zulassen und erdulden werden. Dan weil diß alles noch ungewiß ist / könden sich J. Fürstl. Durchl. auch zu nicht gewissem verbinden / ausser daß sie für ihr Person im geringsten nit unterlassen wöllen / was in ihrem gewalt stehet. Jamassen dan auch so wol J. Käys. M. als die Herrn Churfürsten solch ihr anlangen und begern anderst nicht verstehn / oder J. Fürstl. Durchl. in Bäyrn anderer gestalt obangedeute Direction zuzumuten gedacht seyen. Es sollen auch J. Käys. Maj. noch jemand anderer von deroselben Hauß / in keinerley weiß / oder ort / solch J. Fürstl. Durchl. überlaßne absolut und völlige Direction weder selbsten verhindern / noch andern zuthun gestatten / sondern vielmehr auff allerley Weiß und Weg trachten / daß selbiges aller Orten befurdert werde.

Dieweil aber mehrhöchsternannt Ihre Fürstl. Durchl. in Bäyrn durch solch Ihrer Käyserlichen Majestät zum besten über sich genommene Direction, Hülff / und offentliche Kriegsverfassung / alle J. Maj. Feind / wie nit weniger auch die Correspondirende Protestirende Ständ / wider sich selbst erwecken / und zu Feinden machen werden / diesem nach ist außtrücklich bedingt worden / daß J. Maj. und dero Hauß sich mit den Feinden in keinen Tractat oder Suspension und Niderlegung d'Waffen / oder einicherley Fridens-conditiones einlassen solle / ohne wissen / willen und Zuziehung J. Fürstl. Durchl. in Bäyrn / mit vorbehalt der außgelegten Kriegskosten / und erlitner Schäden / von welchen hernach mehrers folgen wird. Allermassen hingegen auch J. Fürstl. Durchl. sich gleicher Gestalt obligirt haben wöllen.

Nachdem auch J. Fürstl. Durchl. in Bäyrn darfur halten / daß wan sie sich nit movirn, sonder gleichwol in ruhe stehen solten / sie in ihren Landen von der Käys. Maj. Feinden und andern sicher / und unangefochten bleiben wurden / Entgegen aber und so bald sie sich J. Maj. und dem Hauß Oesterreich zum besten erklären werden / daß alsdan Ihr eigne Person / und Lande / als welche ohne das vom Feind schier allenthalben umbgeben seynd / neben allem andern was sie haben / der grösten Gefahr und allerhand ungewissen zufälln / auch überauß vilen Sorgen / Mühe und Arbeit exponirt und unterworffen seyn werden / zu deme auch urbietig seyn / neben Ubernemmung alles oberzehlten (welches doch fur sich selbst schwerwichtige Sachen seynd) auch dasjenig zuleisten / zu contribuirn, und in allem mit ihrer portion der gestalt zu concurrirn, wie andere Catholis. Ständ zu deß Röm. Reichs anligen contribuirn, und concurrirn werden: Also / und dieweil gleichwol über diß alles in dergleichen Defensionswerck ohnzweyflich noch vielmehr vonnöthen / und von J. Fürstl. Durchl. anzuwenden / oder in dero Landen und Gütern mit schaden zu übertragen seyn wird / soll J. Käys. Maj. und dero gantzes löbliche Hauß / bey verpfändung aller dero Haab und Güter / nichts davon außgenommen / obligirt und verbunden seyn / J. Fürstl. Durchl. in Bäyrn so wol die erlitne Schäden (was anderst grosse und Landschäden seyn) als auch alle angewendte Unkosten zu refundirn und abzustatten / welche sie zu der Kriegsverfassung und der Soldatesca (die sie ausser ihrer eignen Landsdefension, J. Maj. zu hülff außführen / oder nach beschaffenheit der Umbständ auch in dero Landen zu behuff J. Maj. halten / und mehr als andere Unirte Ständt beytragen werden) angewend zu haben liquidirn werden. Inmitels auch und biß solche Abstattung geschicht / von den Oesterreichische Landen / Ihrer Fürstl. Durchl. auffs wenigist Unterpfandsweiß so viel einzuantworten.

Da auch J. Fürstl. Durchl. in Bäyrn durch diese Verfassung umb ihre Land / oder eines theils desselben kommen und verlieren wurden / versprechen J. Käys. Maj. der Fürstl. Durchl. in Bäyrn zu dem verlohrnen widerumb zu helffen / oder da es J. Käys. Maj. und Fürstl. Durchl. in Bäyrn für gut ansehen wurde / daß unerwart der restitution dessen / was Bäyrn verlohren / mit dem Feind Fried gemacht werde / oder wann auch nach vollendtem Krieg kein Frieden folgen thete / soll höchsternannt Ihre Maj. sambt dero löbl. Hauß verbunden seyn / von ihren Oesterreichis. Landen eben so viel als verlohren worden / widerumb zuerstatten.

Woferr auch J. Fürst. Durchl. in Bäyrn unter diesem Zug und Kriegswesen in den Oesterreichis. Landen den Feinden widerumb etwas abnemmen / und in ihren Gewalt bringen wurden / soll dasselbig alles / mit allen und jeden Nutzungen / Gerichten Rechten / und zugehörungen / J. Fürstl. Durchl. und dero Nachkommen / Unterpfands-weiß verbleiben / und von denselben ehender abzutretten / oder die Soldatesca abzuführen nit schuldig seyn / biß und so lang angeregte extraordinari-Unkosten / wie auch die liquidirte Schäden erstatt und abgethan seyn werden. Doch soll J. Furstl. Durchl. und dero Erben in solchen Gütern keines andern Jurisdiction und superioritet erkennen / als eben deß höchsten Haupts selbiger Landen selbst: Es sollen auch unter dieser Pfandschaffts-Inhabung die Cameral-Güter deß Saltz-Bergwercks-und Mautwesens anderer gestalt nicht begriffen seyn / es sey dann Sach / daß die andern Güter zu der völligen Erstattung nicht klecken.

Letzlich ist hoch vonnöthen / und beederseyts viel daran gelegen / daß derjenig / so J. Käys. Majest. Völcker führen wird / mit J. Fürstl. Durchl. in Bäyrn fleissig und getrewlich / von allem dem was

ANNO 1619.

fürgehet/ und wohin die intention gericht sey/ allzeit communicire und correspondire.

Zu Urkund dessen/ was jetzt erzehlter massen tractirt, gehandlet/ und beederseyts versprochen worden/ haben J. Käys. Maj. und J. Fürstl. Durchl. in Bäyrn ihre Secreta fürtrucken lassen und sich mit eignen Handen unterschrieben. München den 8. Octob. Anno 1619.

Ferdinand.

Maximilian.

(L. S.) (L. S.)

CXCVII.

1620. 15. Janv.

Fœdus inter FRIDERICUM *Comitem Palatinum tanquam Regem Bohemiæ pro se ac Regno ab una, & GABRIELEM BETHLEM Principem Transylvaniæ pro se & Regnō Hungariæ ab altera parte; in perpetuam amicitiam, mutuumque auxilium. Posonii 15. Januarii 1620.* [LONDORPII Acta Publica. Tom. II. pag. 48. col. 2. d'où l'on a tiré cette Pièce, qui se trouve aussi en François, mais en abrégé dans le MERCURE FRANÇOIS, Tom. V. Part. II. pag. 151. & dans les MEMOIRES DE VILLEROI, Tom. III. pag. 547.]

In nomine Sacro sanctæ & individuæ Trinitatis Dei Patris, Filii & Spiritus Sancti,

Moderatoris Imperiorum & Regnorum sapientissimi, æquissimi, potentissimi, laudandi per omnia Secula, Amen.

NOs Fridericus, Dei gratia Rex Bohemiæ, Comes Palatinus Rheni, Sacri Romani Imperii Princeps Elector, Dux Bavariæ, Marchio Moraviæ, Lucemburgi & Silesiæ Dux, Lusatiarumque Marchio &c. Nec non inclyti Regni Bohemiæ, Marchionatus Moraviæ, Ducatus Silesiæ, superioris inferiorisque Marchionatus Lusatiæ, utpote incorporatarum Provinciarum, Status & Ordines, ut & inferioris superiorisque Archiducatus Austriæ Status, Memoriæ commendamus, tenore præsentium significantes, quibus expedit universis. Quod tametsi multis abhinc seculis, arctissimo Fœderis nexu, inclytum hoc Regnum Bohemiæ, eique incorporatæ & unitæ Provinciæ, inclyto similiter Regno Hungariæ junctum fuisse, illudque, testantibus diversis Tractatibus Viennæ, Posonii & Evanczicii, super inde utrinque habitis & scripto comprehensis, inviolabiliter ac sancte continuare observareque studuisset. Intervenientibus tamen nonnullorum inquietorum hominum studiis, qui videlicet peregrinum sensum illis affingere, optatæque hujus conjunctionis vinculum dissolvere satagebant, Status & Ordines inclyti Regni Bohemiæ & Marchionatus Moraviæ medio Ablegatorum suorum, Sereniss. tum temporis Principi Transylv. & itidem inclyti Regni Hungariæ Statibus & Ordinibus, non solum tam pridem (sub regimine piæ memoriæ Rudolphi II. & Matthiæ Impp. Rom.) de arctiore incundo Fœdere factam mutuam Conventionem & Pactum benevole commemorarunt, sed etiam eosdem amice requisiverunt, ne ab iterata renovatione, confirmatione, dilucidiori denique explicatione antiquorum Fœderum & Pactorum, alienos se declararent. Qua quidem insinuatione, uti par est, amice ac benevole ab illis admissa; nos quoque Confœderationis ipsius condignum habentes respectum, pro ulteriori stabiliorique prætactorum Confœderatorum Regnorum & Provinciarum permansione, non solum in præfatam renovationem, confirmationem, & explicationem sæpe fatæ Confœderationis, pronos promptosque nos declaravimus; sed etiam contestandæ nostræ in Serenitatem suam, Regnum Hung. & Transylv. eorumque Status & Ordines, pro suppeditatis nobis tempestive tum cum externis bellis gravaremur, auxiliaribus copiis, gratitudinis ac ad paria facienda promptitudinis, requisitioni ipsorum benevole annuere non dubitavimus. Utque Deo bene juvante pium hoc, salutare, atque toti Christianitati utilissimum opus, optato feliciterque procederet, Confœderatioque certis conditionibus renovaretur, explicaretur & confirmaretur; de subsequentibus Articulis cum Sereniss. Principe ac Domin. Domin. Gabriele, Dei gratia Hung. ac Transylv. Principe, ac Siculorum Comite, ut & inclyti Regni Hungar. Statibus & Ordinibus Posonii in Comitiis publicis, tum temporis congregatis (pro Principatus Transylv. trium Nationum Statibus & Ordinibus prætacta sua Serenitate, eo quod ob loci itinerisque longinquitatem speciales suos Legatos huc expedire non potuissent, fide jubente, partesque eorundem in sese per omnia cum sufficienti Authoritate recipiente & assumente) per Illustres, Magnificos, Generosos, Strenuos, Prudentes ac Circumspectos, Domin. Georg. Frider. Comitem ab Hohenloe, Dn. in Langemburck, Boleslavia, Cosmonoss & Kraliss, nostrum Regni Bohemiæ Consiliarium, Bellicum Generalem, Exercitus Producem, trium millium Peditum & mille Cataphractorum Ducem & Equitem Auratum nostræ Regiæ Majest. Item Domin. Henricum Matthæum Comitem à Thurn, Domin. in Kreuz, Welisch & Lossdorf, Burggravium Arcis Carolostenii, nostrum & Regni Bohem. itidem Consil. Bellicum Generalem, Exercitus Producem, & trium millium Peditum Ducem, Dn. Leonhardum Colon, Liberum Baronem de Fels & Schenckenberg, Domin. in Engelburg, Buchan, Schenaw & Hartenstein, Generalem Marescallum Campi, & trecentorum Cataphractorum Ducem; Johannem à Bubna, Zawrschii & Borownezii, Generalem Excubiarum Magistrum, & mille Equitum Ducem, Paulum Wostrsky Kaplerum de Sulewitz, Woticzii & Zaluzii, Generalem Metatorum Præfectum, & mille quingentum Peditum Ducem, & Paulum Geschinium Pragensem; Statuum & Ordinum ejusdem Regni; Insuper Dn. Johannem, Baronem in Wurben, Dn. in Frandenthal; Dn. Wolffgangum Sigismundum, Baronem de Walschimie, Dn. in Lattein, Budeerz, & Biskupitz, Paulum Wolbran in Frischberg, Burggraf. Provincialem Marchionat. Moraviæ; Bernardum Zastrzizl in Naimecht, Fridericum Meinradium & Georgium Mullerum, Consulares Znoymenses, Marchionatus Moraviæ; (pro Ducatus S. Jeliæ & utriusque Marchionatus Lusatiæ Statibus & Ordinibus, ideo, quod ob loci itinerisque longinquitatem speciales suos Legatos huc expedire nequivissent, fide jubente Nostra Regia Majestate; eorundemque partes in nos per omnia cum sufficienti authoritate recipiente & assumente) denique Dominum Erasmum à Landau, L. B. ab Haus & Rupoltenstein, Dom. Andream Thourad L. B. de Thernberg, Dn. in Obergassing, Georgium Christophor. Rauberum de Reinegg & Oberntrixen; Zachariam Starcferum, Judicii Provincialis in inferiori Austria Assessorem; Dn. Georgium Erasmum, Baronem de Tschernembl Supremum Ducatus Carniolæ & Marchiæ Sclavonicæ Pincernam hæreditarium, Johannem Ortholphum Geyman in Galispach & Freydeneck, & Balthasarum Resselboden, Senatorem Styrensem; Utriusque Archiducatus Austriæ Legatos cum sufficientibus Plenipotentialibus ad prætacta Regni Hungariæ Comitia missos, tractavimus, deliberavimus & conclusimus in hunc modum.

PRIMO. Ut cum Regno Bohemiæ, Marchionatu Moraviæ, Ducatu Silesiæ, superiori & inferiori Marchionatu Lusatiæ, eorundemque Statibus atque Ordinibus, tanquam Provinciis incorporatis, ac consequenter legitimis Regni Bohemiæ Regibus, Marchionibus, Ducibus, Dominis, & eorum Successoribus, prout etiam inferiori superiorique Archiducatu Austriæ, eorumque tribus Statibus, modernis & futuris. Rex vel Princeps Hungariæ, ejusdemque Coronæ annexa Regna & Provinciæ, Princeps Transylvaniæ, Transylvania item & partes Regni Hungariæ ad eundem Principatum, Transylvaniæ annexæ, adeoque universi illorum Status & Ordines, moderni similiter & futuri, æternum Fœdus, perpetuamque ac inviolabilem Pacis connexionem sancte observent, bonam vicinitatem & mutuum amorem sincere colant.

SECUNDO. Si temporis successu nobis qualiscunque hostis, Pacis publicæ turbator, Regnorum ac Provinciarum Confœderatarum invasor, Confœderationis hujus directe vel indirecte oppugnator, ejusdemque Fœderis, sive etiam Sociorum Confœderatorum, fraudulentus desertor ingruat: tunc substantias, facultates, vitam etiam ipsam & sanguinem, pro salute & permansione mutua, Fœderisque hujus stabilimento profundere, ac propterea simul vivere & mori parati semper reperiri tenebimur: eo tamen apparatu & iis viribus, quales tum instans præsensve alterutrius Partis necessitas exegerit, & tempestive postulatæ fuerint, & prout in futura Generali omnium Confœderatorum Regnorum & Pro-

ANNO 1620.

ANNO 1620. Provinciarum Diæta in specie circa Defensionis modum formamque, conventum constitutumque fuerit.

TERTIO. In eam porro curam sedulo incumbere debebimus omnes, ut hæc Confœderatio latius se diffundat, & receptis in Societatem circumvicinis Regionibus, magis ac magis roboretur invalescatque, non tamen aliter, quam cum scitu, voluntate & communi omnium Confœderatorum consilio. Regiones autem illæ, quæ in Fœderis hujus societatem recipi volent, pari jurejurando & obligationis nexu adstringi, & tunc demum cæterorum Regnorum ac Provinciarum auxilii, libertatis, emolumentique participes fieri debebunt.

QUARTO. Hujus autem sancti, inviolabilis ac perpetui, in posteritatem ac omne ævum propagandi, mutui Fœderis capitulatio, debet tam apud Nos nunc in vita existentes, quam posteros nostros, attentioris ejus observationis causa, quibusvis Comitiis commemorari ac publice prælegi: Quovis enim quinquennio, certo loco ac tempore, consensu Sociorum ea in re observato, Generalis Conventus institui, quo scilicet, circa Confœderationis hujus puncta forte fortuna exortæ difficultates, tempestive componi, vel eadem puncta, pro rei necessitate, ac temporis ratione, augeri vel dilucidius explicari possint.

QUINTO. Sine scitu, voluntate & consensu Confœderatorum Regnorum Provinciarumque nulli nostrum licebit bellum ullum sive offensivum, sive defensivum, movere. Quod si tamen in Regnum vel Provinciam aliquam inopinato irruptio fiat, vel imminentis hostilis impetus (antequam scilicet ex reliquis Provinciis suppetiæ ferri, vel periculum eis insinuari possit) justus metus sit: tali occasione, cuivis Regno aut Regioni liberum erit, interea temporis hosti pro virili defensivis armis occurrere. Similiter nulli nostrum fas erit, cum ullo moderno vel futuro hoste, Pacis publicæ turbatore, Regnorum ac Provinciarum Confœderatarum invasore, Confœderationis hujus oppugnatore, & ejus vel etiam Sociorum desertore, Inducias pacisci, Pacem tractare vel concludere. Constituta vero publica & solemni Pacificatione, debebunt in illa comprehendi eæ personæ, quæ publica Officia subeundo, sive in bellicis, sive politicis Expeditionibus, Confœderatis hisce Regnis & Provinciis fidelem operam navaverunt. Neque vero integrum erit Regibus, Principibus ac Dominis, citra eorundem Regnorum Regionumque consensum, apertum bellum concitare, multo minus extraneum Militem in Confœderata ista Regna & Provincias immittere; in ullis Regionibus aut Urbibus præsidia collocare cujusquam militibus, sparsim vel catervatim, transitum permittere, aut lustrationem sive etiam exauctorationem ejus indulgere.

SEXTO. Quoniam Regna & Provinciæ Confœderatæ nequaquam salvæ esse possent, nisi Regni Hungariæ limitaneis Arcibus & Confiniis salvis & sufficienter sustentatis: Quocirca nos Rex Bohemiæ, nec non ejusdem Regni & incorporatarum superiusque specifice denominatarum Provinciarum, sicut & inferioris superiorisque Austriæ Status & Ordines: Quamvis habita ea magni momenti consideratione, quod in præsens Regni ac Provinciarum istarum inquietus adpopulata & devastata sit, & perquam ingentibus impensis in nostrum exercitum faciendis in dies aggravemur, ideoque graves & sufficientes causas in nos ulterioris non recipiendi oneris habere potuissemus: attamen testandæ summæ nostræ ac fidelis assistentiæ causa, non solum summam illam pro sustentatione Præsidiariorum, ac proinde conservatione commemoratorum Regni Hungariæ confiniorum, à singulis prædeclaratis Regionibus pro rata portione antea quotannis ordinarie pendi solitam, & in proximis Generalibus Confœderatorum Comitiis fideliter recognoscendam & notificandam, porro annuatim in posterum numerabimus, sed etiam communis salutis majori habito respectu, eandem summam, Quinquaginta millibus talerorum singulos per septuaginta cruciferos computando, itidem annuatim, & in paratis pecuniis, augebimus; ita tamen, ut omnia ista, ex libera duntaxat nostra voluntate, & bonæ vicinitatis mutuæque permansionis studio profecta, ad tutiorem prærecensitorum Regnorum ac Provinciarum Confœderatarum conservationem fieri censeantur. Et ne eadem summa aliorsum, quam ad Præsidiariorum stipendii solutionem, & Confiniorum ac limitanearum Arcium conservationem, convertatur; non solum summe cavendum, sed etiam certi Commissarii, qui curam ejus rei habeant, constituendi erunt. Casu autem, quo aliqua necessitas premeret Confinia, & eadem ruinosa egerent restauratione ubi tum in subsidii & auctionis ejusmodi ampliationem, ad amicabilem Dominorum Hungarorum requisitionem, tanquam Confœderati, promptos nos declarare non dedignabimur. ANNO 1620.

SEPTIMO. Principalis omniumque maxima necessitas id requirit, potissimum, ut Pax cum Turca non renovetur solummodo, verum tractetur, concludatur, & inviolabiliter observetur. Legatio itaque de novo ad Portam Ottomannicam ab omnibus Regnis & Provinciis Confœderatis exornari expedirique debebit, tam renovandæ quàm concludendæ & confirmandæ Pacis causa. Hujus vero rei salutaris & summe necessariæ curam expeditionemque, prout etiam consilium & promotionem, Serenitas sua ultro in sese recipere dignata est, expeditura peculiarem quoque suum Legatum, ita ut nostri quoque ac Regni Bohemiæ & vicinarum Provinciarum Legati juxta mittantur, & tam de muneribus, quam aliis expensis in Legationis peractionem faciendis quisque pro sua parte provisionem faciat & administret.

OCTAVO. Bonæ vicinitatis & Zeli in Confœderationem Sociosque contestandi gratia, limites Regni Hungariæ cum Moravia, Silesia, & Austria, de quibus hactenus controvertebatur, Domini Confœderati, per certos pari numero designatos utrinque Commissarios, statim primo vere (si quod legitimum impedimentum non obstiterit) rectificari curabunt.

NONO. Ad requisitionem Serenitatis suæ & Statuum & Ordinum Regni Hungariæ, quatenus bona ab Austriacis, in præjudicium Regni Hungariæ, qualitercunque hactenus tenta & possessa, tanquam vera Regni membra, jam tandem Regno Hungariæ applicentur & incorporentur, Domini Confœderati, bonæ vicinitatis & societatis studio, ut omnino differentia hæc finem suum sortiatur, semetipsos interponent & in recuperatione auxilio erunt.

DECIMO. In Confœderatis istis Regnis & Provinciis commercia ab omnibus ultro citroque exerceri, libereque celebrari debebunt; salvis tamen utrinque Regnorum, Provinciarum, Statuum, Ordinum, Civitatum, Communitatum, Personarumque Juribus, Immunitatibus, Privilegiis & antiquis Consuetudinibus.

UNDECIMO. Utque mutua animorum conjunctio certior extet, Monetæ valor æqualis inter Regna & Provincias istas Confœderatas constituetur, nec non pro ejus utrinque fienda limitatione sub bona liga Moneta cudetur; ita tamen, ut in proxima futura Generali omnium Confœderatorum Diæta, in loco competenti ex communi Regum consensu præfigendo celebranda, majorum Monetarum certa fiat limitatio & taxatio, minores vero Nummi Grossique currant, & expost in omnibus Regnis publicatio fiat.

DUODECIMO. Si quando temporis successu difficultas aut differentia quædam circa negotium Confœderationis oboriatur; Ex tunc Confœderata Regna & Provinciæ, ad requisitionem alterius Partis, certum terminum & locum præfigere debebunt. Quo postquam conventum fuerit, difficultas rei proponatur, ejus status specificetur, & juxta normam genuinamque Confœderationis hujus sensum rectificetur: Imo exigente aliqua communi necessitate, præcedenteque cujuspiam ex Confœderatis requisitione, Partem præmonitam speciales suos Legatos ad Generalia Comitia sive Conventum expedire debere, invicem constituitur. Ut vero publicæ & magni momenti differentiæ fortè inter Confœderata ista Regna & Provincias Confœderationem ipsam concernentes exortæ, celerius sopiantur, tenebitur in Hungaria Rex, Princeps Palatinus & Consiliarii; in Bohemia vero & aliis Provinciis incorporatis, Domini Defensores ad id deputati, quibus illæ difficultates primo insinuentur, eas componere & complanare.

DECIMOTERTIO. Strictissima æviternaque Lege cautum sit, ne in Confœderatis Regnis ac Provinciis uspiam locorum Jesuita deprehendatur, nec à quopiam, cujuscumque is sit status, conditionis, sexus aut præeminentiæ, quocunque sub colore, specie & prætextu, clam vel palam inter teneatur, alatur vel sustentetur, multo minus in Legationibus Rerumpublicarum, sive Seculares sive Spirituales illæ sint, administratione, Rex, Princeps aut Statuum quispiam, eorum opera, consiliis aut insinuationibus utatur, ad nullas dignitates quovis nominis vocabulo vocitatas admittatur: sub pœna notæ Infidelitatis, perpetuique Exilii, in Regno aut Provincia, in qua talis transgressor hujus Legis residentiam suam habuerit, per Status Regni & Provinciarum infligenda.

DECIMOQUARTO. Dum & quandocunque, contra quempiam hostem Confœderatorum Regnorum & Provinciarum auxilia impetrabuntur, militaresque suppetiæ in hoc Regnum aut Provincias Confœderatas fuerint

ANNO 1620. rint transmissæ, auxiliares ejusmodi copiæ à Rege Bohemiæ, Burggravio, supremis Provinciarum Capitaneis, Præsidibus, Præfectis & Generalibus Ducibus, dependentiam suam habeant, remque contra hostem communicatis Consiliis gerant; Miles autem taliter in auxilium missus, stipendiorum suorum continuam solutionem, à quibus expeditus fuerit, habere, & severiore disciplina in officio, ordine & obedientia, contineri debebit, ne Nobilitati, miseræ Plebi, aut Regno, ad desolationem & ruinam potius quam defensionem suppeditatus videatur. Signanter vero eum à Condesensione in Curias, Nobilitates, Civitates liberas, Templa, Parochias, Molendina, & Hospitalia, penitus arceri: denique à Dominis Confœderatis, in propriis ipsorum Regnis & Provinciis, Miles talis lustrari & exauctorari debebit.

DECIMOQUINTO. Æquum visum est Nobis & Dominis Confœderatis, si qui Libri Regii, Privilegia, aut alia literaria Instrumenta, Regna & Provincias Confœderatas concernentia ab antiquis temporibus uspiam asservarentur, nominatim vero post restitutionem Sacræ Coronæ Regni Hungariæ, in Bohemia vel Austria remanerent, aut isthic reperiri possent, ut ea diligenter in Archivis perquisita, omnia & singula, fideliter Statibus & Ordinibus, quos concernent, restituantur, ac sine defectu resignentur.

DECIMOSEXTO. Ut vero uberius omnium nostrum mutua fides, amicitia, benevolentia, & bonum vicinitatis societatisque studium elucescat, debent omnes hostilitates, si quæ unquam inter Confœderatos Reges, Principes, Regna & Provincias, earumque Status, Ordines & Incolas agitatæ fuissent, ex isto temporis momento penitus aboleri, ac in sempiternum obliterari.

DECIMOSEPTIMO. Si quis ex uno Regno vel Provincia Confœderatorum sive jam condemnatus est, sive in posterum condemnabitur aut proscribetur, ne in altero Regno aut Provincia receptetur, sed pariter inde proscriptus, adeoque in omnibus Confœderatis Regnis & Provinciis, pro exule censeatur, nec rursus insciis aliis confœderatis Regnis & Provinciis in gratiam recipiatur, convenit. Salva tamen permanente Authoritate Regum & Principum in dandis, cum consensu nempe Statuum & Ordinum Regni aut Provinciæ, gratiis. Casu vero, quo aliquis proscriptorum & exilio mulctatorum, in aliquod Regnum & Provinciam confœderatam se salvandi gratia contulerit, inibique deprehensus fuerit, teneantur illius Regni aut Provinciæ Proceres, talem (ut præmissum est) proscriptum & malæ notæ hominem, illi Regno & Provinciæ, in qua pœnam proscriptionis & exilii recepit, nulla hac in parte qualicunque excusatione valente, de simplici & plano reddere, restituere & extradere.

POSTREMO. Quicunque è modernis & futuris Regnorum Provinciarumque Confœderatarum Rex aut Princeps, Confœderationem hanc confirmaverit, eandem observare, & juxta eam Imperium suum ordinare satagerit, is ejus vigore, robore & defensione inde emanante cum consensu Statuum & Ordinum contra quosvis hostes libere uti poterit.

Viceversa: si contra omnem spem opinionemque alteruter eorum, contra concessæ Religionis Libertatum, Privilegiorumque publicorum Immunitatem, violenter quippiam facere & attentare, aut easdem turbare occœperit; in eo casu Status & Ordines à fidelitatis homagio absolutos pronunciari; eidemque contradicendi & resistendi plenariam perpetuamque potestatis facultatem habere debere, nec ideo à quoquam hominum criminis læsæ Majestatis postulari opportere, utrinque volumus & sancimus. Cæterum, in Confœderationis hujus, præmissorumque omnium & singulorum observationem, tempore solemnis suæ Coronationis Rex aut Princeps, juramentum quoque solenne præstare teneatur, sitque obstrictus.

Nos itaque præscripti, Rex Bohemiæ ac universi Regionum Confœderatarum Status & Ordines, & inferioris superiorisque Austriæ Status præmissos omnes Capitulationis hujus, initæque Confœderationis Articulos, ac omnia & singula in eis contenta, uti scilicet illa in serie ejusdem Capitulationis, de verbo ad verbum scripta & inserta habentur, pro ratis, gratis, acceptis, perpetuisque ac æviterna firmitate stabilitis, unanimi voto & consensu agnoscentes, eosdem & eandem, sancte, firmiter, & inviolabiliter, tam nos ipsi & successores ac posteritates nostræ observabimus, quam per eos, quorum unquam interfuerit, observari faciemus; non secus, ac si ista omnia in publicis Comitiis regni Bohemiæ, Marchionatus Moraviæ, Ducatus Silesiæ, nec non Marchionatuum superioris inferiorisque Lusatiæ, ut & inferioris & superioris Austriæ, acta & conclusa fuissent; firmissima spe freti, futurum ut ex partibus quoque sæpe fatorum Dominorum Confœderatorum præmissa universa & singula, pari fide, integritate & constantia, sancte observentur, bonæque vicinitatis & mutuæ connexionis studia, firmioribus indies validioribusque incrementis confirmentur, id quod faxit utrinque, supremus ille legitimorum quorumvis Fœderum & Pactorum autor, propagator & Vindex Deus Jehova. ANNO 1620.

In horum itaque omnium majus robur, & firmius perpetuum duraturæ conjunctionis testimonium, manuum nostrarum subscriptiones & Sigillorum munimina, hisce subjungenda apponendaque voluimus. Actum in Arce Regia Pragensi sub Generalibus omnium Confœderatorum Regnorum Provinciarumque Comitiis, X XV. die Aprilis, Anno à nato Salvatore nostro, supra millesimum sexcentesimum vigesimo, &c.

Nos vero supra specifice commemorati, Serenissimi ac potentissimi Regis, & inclyti Regni Bohemiæ, incorporatarumque Provinciarum, ut & inferioris superiorisque Austriæ, Legati, ad Confœderationis hujus consultationem, tractationem conclusionemque, per absoluta & plena Mandata deputati, omnia & singula illa, quæ in hac perpetui Fœderis capitulatione continentur, probatum, ratihabitum ac observatum, & per Serenissimum Regem Bohemiæ, nec non Status & Ordines ejusdem Regni ac Provinciarum Confœderatarum, peculiari Diplomate comprehensum, & Serenitati suæ, Regno Hungariæ & Transylvaniæ, authentice transmissum in fide nostra indubia pollicemur, eique fini publicum hocce Instrumentum Sigillis nostris manuumque nostrarum subscriptione corroboravimus.

Actum Posonii in Comitiis publicis Decimo quinto Januarii, Anno Christi millesimo sexcentesimo vigesimo.

CXCVIII.

Induciæ inter Imperatorem FERDINANDUM II. *& Principem Transylvaniæ* BETHLEHEM GABOR, *a dato usque ad 29. diem Septembris anni constitutæ.* [JULII BELLI Laurea Austriaca, Lib. IV. pag 289. d'où l'on a tiré cette Pièce, qui se trouve aussi en Allemand dans LONDORPII Acta Publica Tom. I. pag. 1006. & dans le *Theatrum Europ.* Tom. I. pag. 343. & en François par Extrait dans le MERCURE FRANÇOIS, Tom. VI. pag. 86.] 16. Janv.

I. ARma tam in ipsa Ungaria, quam finitimis Poloniæ locis utraque Pars ponito. Imperator eo nomine a Poloniæ Rege rogator. Induciæ sunto, & ad usque 29. diem Septembris mensis illius Anni MDCXX. duranto.

II. Induciis illis Cæsar Bohemos cum conjunctis Provinciis, ut & Austriacos, dummodo nihil iniqui postulent, ne excludito. Interim Transylvanus omni ope annitetur, ut non solum arbitris Cæsaris, sed & aliorum Regum Principumque Pax inter dissidentes Partes conciliertur.

III. Durantibus Induciis istis, ea quæ in Regno Ungariæ sunt in potestate Cæsaris manento; neuter alterius Regnis se Arbitrum immisceto.

IV. Quas Arces, Toparchias, Dynastias, Munimenta, Oppida in utraque Ungaria Transylvanus obtinet, sub ipsius dominio manento.

V. Antequam expirent Induciæ illæ, Comitia solemnia ac frequentia totius Regni Ungariæ de auctoritate Cæsaris habentor ad ultimum Maii mensis diem in Neusolio Oppido. Ad hæc Comitia vel ipse Transylvanus & Palatinus Regni venito, vel Oratores cum Mandatis mittito.

VI. In his Comitiis omnia Ordinum Gravamina ut & dissensiones inter Cæsarem & Proceres Ungariæ sive sint Ecclesiastici, sive Equestris Ordinis, e medio tolluntor, Pax sancitor.

VII. Mercimonia, Negotiationes, Commeatus, omnibus hæc libera sunto.

VIII. Poloni Milites, qui hactenus sub ductu Humanaii Ungariam in Regni finibus vexavere, primo tempore deducuntor. Hos nisi Tribuni Centurionesque deduxe-

ANNO 1620. deduxerint aut si noxiam moram ipsi fecerint, omni Provinciæ vi & armis deturbare populo jus fas esto.

IX. Induciæ illæ sacrosanctæ sunto. Neuter alterius fines, opes, possessiones, invadito, aut aliquo pacto vitam ac salutem appetito, neque clam, neque palam, bona fide & ex formula Majorum.

CXCIX.

$\frac{11}{21}$. Fev. **Prolongation auf 7. Jahr deß Anno 1604. Geschlossenen Hagenauischen Vertrags. Geben Hagenau $\frac{11}{21}$. Februarii 1620.**

C'est-à-dire,

Prolongation pour sept ans de la Transaction de HAGUENAU *concluë l'an* 1604. *Faite le* $\frac{11}{21}$. *Fevrier* 1620. [Voyez-la sous le $\frac{14}{24}$. Novembre 1604. pag. 47. col. 2.]

CC.

Fevr. L'EMPEREUR ET LA HONGRIE. *Traité de Trêve entre* FERDINAND II. *Empereur &* BETHLEM GABOR, *Prince de Hongrie & de Transylvanie, fait à Presbourg sur la fin de Février*, 1620. [MERCURE FRANÇOIS, Tom. VI. Partie II. pag. 87.]

QU'IL y auroit loyale trefve & cessation d'armes, & de tous actes d'hostilité, en toute la Hongrie & aux Provinces voisines, jusques au jour sainct Michel de la presente année mil six cents vingt, en laquelle trefve le Royaume de Pologne seroit compris.

Que la Boheme & les Provinces incorporées jouïroient de ceste trefve s'ils vouloient, afin que les troubles estans supercedez, il se peust trouver un moyen pour traicter d'une bonne paix.

Que durant ceste Treve, chacun de sa part retiendroit & gouverneroit ce qu'il avoit eu sa possession.

Que les Comtez, Domaines & Forteresses, Chasteaux & Villes prises par le Prince Bethlem, luy seroient delaissées en sa possession jusques à une finale disposition & conclusion d'une bonne Paix.

Que l'Assemblée des Estats de Hongrie seroit publiée du commandement de l'Empereur, pour estre tenuë à Neusel, là où le Palatin & tous les Ordres d'Hongrie comparoistroient personnellement.

Qu'en ceste Assemblée il y seroit traicté de l'abrogation de tous Griefs, & des moyens d'accorder par amiables compositions les dissentions entre sa Majesté Imperiale & Royale, & les Ordres de Hongrie.

Que pendant ladite Trefve le commerce seroit libre, & permis de part & d'autre, d'aller & venir en tous pays, & en toute seureté.

Et que les Gens de Guerre Polonois sortiroient de la Hongrie.

CCI.

10. Mars. **Articuli zwischen denen Schlesischen Fürsten und Ständen zu gemeiner Landes-Defension beschlossen; Worzu Sie gewisse Völcker zu werben / und zu deren unterhalt eine Summa geldes zu sammen zu schüssen verwilligen. Geschehen Wratislaviæ in generali Principum, Ordinum, ac Statuum Conventu, 10. die mensis Martii. Anno 1620. [LUNIG, Teutsche Reichs-Archiv. Part. Spec. Continuat. I. Fortsetzung I. Absatz III. pag. 423.]**

C'est-à-dire,

Articles convenus entre les PRINCES & ETATS *de* SILESIE *pour leur Défense & celle du Païs, à quel effet ils resolvent de lever un certain nombre de Troupes & de fournir entr'eux une certaine somme d'argent pour leur entretien & subsistance. A Wratislauw dans l'Assemblée générale desdits Princes & Etats, le* 10. *Mars* 1620.

ANNO 1620. DEmnach bey diesem auf der K. Maj. zu Böhmen Unsers allergnädigsten Königes und Herrn gnädigste Verordnung / von J. L. und Fürstl. Gn. dem Durchlauchtigsten Hochgebohrnen Fürsten und Herrn / Herrn Johann Christian Hertzogen in Schlesien zur Liegnitz und Brieg 2c. wegen ihrer Kön. Maj. Empfah- und Ablegung der Huldigung ausgeschriebenen Fürsten-Tage / unterschiedene noch unerörterte zur Defension gehörige / neben andern vielen Landes- und Privat-Sachen vorkommen / und aber die Herren Fürsten und Stände in demselben sich einer gewissen Meynung und Schlußes verglichen / alß ist solches alles in dieses absonderliche Memorial verfaßet / offentlich abgelesen und publiciret worden.

I. Erstlichen / alß die Herrn Fürsten und Stände in reiffliche Erwegung gezogen / wie sie zugleich den confæderirten Landen die versprochene und schuldige Assistenz-Hülffe leisten / und auch diß Land bester Möglichkeit nach / sichern möchten / haben sie an statt des unlengst aus Böhmen ankommenden und abgedanckten Kriegs-Volcks 1500. wohlgerüster hochdeutscher Reuter / und dan 1000. wohl-armirter Mußquetirer und 1000. andere hochdeutsche Knechte / mit gewöhnlicher Armatur / Musquetten und Picquen / voriger Bestall- und Besoldung nach / ehistes zu werben / und auf den Fuß zu bringen / geschlossen / auch hiezu taugliche Ober- und Unter-Befelchshaber von den Patrioten und denen so voriges Jahr in Böhmen militiret / erkieset und bestellt.

II. Zum andern / demnach die Befelchshaber zu Roß / sich bey diesen schwehren Zeiten am vorigen Anrieth-Gelde / so sich auf 7. gfl. erlauffen / nicht wollen contentiren lassen / und mit der Reuterey auf solchen Fall auffzukommen unmüglichen / angegeben / und umb Erhöhung desselbigen inständiges angehalten; Als ist ihnen hierinnen etlicher maßen und zwar wegen bevorstehender Noth / daß es künfftig keines wegs zur Sequel angezogen / auch damit desto mehr für den Musterungen alles bey dem Landmanne bezahlet / und er dannenhero weniger beschweret werden dörffte / gewillfahret / und ihnen also 12. fl. aufs Pferdt zum Anrieth-Gelde verwilliget worden.

III. Zu welchem Ende fürs dritte die Muster-Plätze alsobald ausgesetzt / und zu der Reuterey-Musterung Ottmachaw auf den andern Aprilis 5. Compagnien / und Ober-Glogaw den 6. Aprilis, die übrigen; dem Fußvolck Breßlaw / auf 1000. Musquetiter / den 10. Aprilis, und Olaw 1000. Soldaten auf den 12. Aprilis benambt worden. Daß dar zugleich geschlossen / daß die Reyen des geworbenen Volcks allezeit complet und ohne Abgang zu halten / und umb gewisser Musterung neben dem geordneten Zahlmeister Herr Sigmund Herr von Kitlitz und Hanß Buchta gebraucht werden sollen.

IV. Bey ferner Erwegung des Lands Defension und darzu gehörigen Ausschuß / ist abermahl befunden worden / daß bey der Reuterey der vorgenommene interims-modus nicht erklecklichen / sondern daß der vor diesem in der Consultation gewesene Modus nach den Forbergen und Dörffern vorzustellen hochnöthig / sollen derowegen alle Insinuationes inner vier Wochen geschehen / und dieselben Consignationes unter einer nahmhafften Poen auf 100. fl. Ungar. welche die säumigen Stände / und in Erb-Fürstenthümern die Hauptleute unfehlbarlich dargeben und auszahlen / und hernach von den säumigen Privatis hinwiederumb einfordern sollen / einbracht werden.

Nach Einkommen solcher Consignationen soll dem vorigen Schluß nach / auff jedes Dorff und Forberg / davon sich ein Edelmann nehren kan / ein

Roß

ANNO 1620.

Roß geschlagen / und ausgerüstet werden. Solte sich aber doch jemand angeben / wegen eines geringen Forbergs / daß ihme die davon zu leisten unmöglichen / oder auch eines Dorffs halben / ohne Forberg / das solche Geträid und Geldzinsen hätte / davon sich ein Edelmann nicht nehren möchte / soll dem Stande als Fürsten und Herrn Standes / in Erb-Fürstenthümern / den Hauptleuten / Eltesten und Rechtsitzern bey ihren guten Gewissen hierüber zu cognoscíren anvertrauet werden / bey deme es auch nachmahlen verbleiben / und die Ausrüstung davon abgeordnet / die Interims-Defension dargegen abgeschaffet werden solle.

V. Damit auch eine zuverläßliche Gewißheit des Ausschußes zu Roß und Fuß im Fall der Noth zu des Landes Defension zu gebrauchen / ist angeordnet worden / daß in allen Cräysen die Musterung förderſambst fortzustellen / so wohl die Reuterey / als das Fußvolck vorigem Schlusse nach / unter gewiße Fähnlein zu bringen / mit nothwendiger Bewehrung und Librey auff jedes Standes und Commun Unkosten / oder eigene Darlage zu versehen / auff Gerichte bestellte Befelchshaber / der Ubung nach ein Anfang zu machen.

VI. Zum sechsten sind die hierzu nothwendigen Befehlshaber zu Roß und Fuß bestellet / und mit nachfolgenden jährlichen Besoldungen / Wartgeld und Vortheil versehen / und ist am Wartgelde bewilliget worden einem Rittmeister jährlichen 300. fl. Seinem Leutenant 150. fl. dem Fähndrich zu Roß 150. fl. einem Capitain 00. fl. dessen Leutenant 150. fl. einem Fähnderich zu Fuß 100. fl. dem Feldwäbel 50. fl. bey dem Fortzuge sollen einem ieden Rittmeister zum Vortheil mit gewöhnlicher Besoldung unterhalten werden / 6. Pferde / dem Leutenant 5. Pferde / dem Fänderich 4. Pferde / und dem Wachmeister 2 Pferdte; bey Endung aber des Fortzuges sollen diese Vortheil fallen / und die Befehlshaber an ihrer Besoldung sich begnügen lassen.

Die Besoldung der Wartgelder / soll vom ersten Tag Januarii des 1620. Jahres / seinen Anfang nehmen / und sich / ob man schon nicht fortziehet / perpetuiren. Im Felde sollen die Befehlshaber und das untergebene Kriegsvolck mit / also auch die vorgeschlossene / wie ander geworben Volck / unterhalten werden. Die Bezahlung soll zwar aus der Befehlshaber Händen dem untergebenen Kriegs-Volck erfolgen / doch daß ihnen nichts abgekürtzet / sondern völliglich / wie die Befehlshaber von den Fürsten und Ständen den Sold empfangen / wieder ausgezahlet werden / eines halben Jahrs Wartgeld soll allezeit anticipando den Befehlshabern folgen / wie denn auch der Reuterey / wann die drey Monat im Felde gedienet / bey der Abdanckung ein halb Monat Abzug zu geben / verwilliget worden / wie auch vor diß Jahr einem iedwedern Rittmeister im Wartgelde ein Troumpeter mit 40. fl. zu unterhalten / welcher im Auffzuge nachmahls gegen Schwindung des Jahrgelds mit dem Sold eines Geworbenen zu unterhalten seyn wirdt / Der Oberste / wann er mit Reuterey und Fußvolck auffzeugt / soll mit beyderley Obersten Leutenanten zu Roß und Fuß versehen werden.

VII. Anlangend den Securs und den Persöhnlichen Zuzug / so in Fall der Noth / so wohl vom geworbenen als Landvolck beschehen soll / ist dahin geschloßen / daß in diesem Cräyß / da die Gefahr am grösten und meisten sich ereignet / sich das gantze geworbene Volck samblen / wie auch deßelben Creyses gantzer Ausschuß zu Roß aufziehen / das Landvolck aber an die nothwendigsten Päße desselben Cräyses / und in die Guarnisonen gelegt werden solle / der nechstfolgende Cräyß aber / wie auch der dritte / so ausser der Gefahr / soll sein Kriegs-Volck zu Roß und Fuß / die Guarnisonen dadurch desto besser zu versichern / bey sich behalten / der vierdte Cräyß aber / so der Gefahr am weitesten / soll eine Helffte des Landvolcks zu Roß und Fuß dem andern / und den Rest dem dritten geben / doch nur so lange als keine Gefahr bey demselbten sich vermercken läst: Solte aber in der andern Cräysen einer / es sey gleich in welchem es wolle / Gefahr verspüret werden / soll derselbte sein Volck zu behalten oder wieder abzufordern berechtiget / und die andern demselben zu succuriren schuldig seyn. Der Persöhnliche Zuzug ist in guter Bereitschafft fertig zu halten / aber ausser dem äusserſten Nothfall nicht abzufordern: was auch sonst zu dem Defension- und Kriegs-Wesen / wie auch Bestellung der hohen Aembter von nöthen seyn mag / ist dasselbe biß auff den bevorstehenden Pragerischen Landtag verschoben worden.

VIII. Und demnach das längst unter Händen gehabte Defension-Werck zu einer ziemlichen Gewißheit bracht / ist dasselbe in ein gewiß Corpus verfasset / und soll Ihr. Kön. Maj. zu Derselben gnädigsten Erwegung und Verbesserung in unterthänigstem Gehorsam übergeben werden.

IX. In dem beschehenen Ansuchen Ihrer L. und Fürstl. Gnaden des Herrn Feld-Obersten abgedanckten Reuterey / wegen der gebetenen Recompenz eines halben Monats Solds / so biß zu dieser allgemeinen Zusammenkunfft und Fürstentag verschoben worden / hat wegen besonder Sequel und erschöpfften Land-Cassa vor dißmahl nicht gewillfahret werden können.

X. Die von der Kön. Maj. so wohl den Böhmischen Ständen begehrte und gesuchte erste völlige Assistenz-Hülffe / soll so bald das geworbene Volck auff den Fuß gebracht / erfolgen / unterdessen aber 2000. Knechte und 500. Reuter ehistens und bey Tag und Nacht von hier in das Konigreich Böhmen abgeschicket / und mit 2. Monat Sold / zu Abzahlung und ferner Zehrung von den Resten versehen werden. Ob aber wieder alles Verhoffen inner der Zeit die Resten aussenblieben / soll alsdenn solch Volck derer Orte / da die stärckesten Resten stehen / unsäumlichen einquartiret / und biß zu gäntzlicher Contentirung daselbsten gelassen werden.

XI. Wiewohl auch zu denen Geld-Mitteln unterschiedliche Modi denen Herren / Fürsten und Ständen vorgebracht / sind sie dennoch aus erheblichen vorgeschützten Ursachen bey dem alten modo contribuendi verblieben / und haben dieselben wiederumb auff 40. fl. vom 1000. als 25. ietz kommende Mitfasten / und 15. auff folgenden Georgii einzubringen / geschlossen.

XII. Neben diesem und in Erwegung der unumbgänglichen hohen Angelegenheit des Vaterlandes / ist vor gut angesehen / daß von iedem Mehlscheffel / ausgeschlossen des Maltzscheffels / der zu diesem mahl beyseits gesetzt / ohne Unterscheidt des Maßes / von Obrigkeit und Unterthanen ein Groschen / auff ieder Obrigkeit Gewißen / einbracht / und was auff einen halben Scheffel / ein Viertel oder halb Viertel kommt / pro rata gegeben werden.

Ingleichen welche auch auff den Gräntzen wohnen / und über Landes im Nothfall mahlen laßen / dieselbten nichts desto weniger bey ihren ordentlichen Obrigkeiten / obgesetzten Mehlgroschen beym Gewißen einzubringen schuldig seyn / damit aber nicht Zweiffel vorfallen dörffte / auff was Weise das Gewissen hierinnen zu excutiren / oder solches auff die Müller gewiesen werden dörffte / kan es einer jeden Müllerschafft / als welche ohne dieses ihr Mühlwerck zum höchsten zu treiben und zu geniessen sich befleißigen / sicherlich / es werde gleich die Mühl vermetzet oder vermiethet / anvertrauet werden / indem die genom-

mene

Anno 1620. mene Metze den Mahlscheffel allweg gnugsam probiret / das Mietgeträyde aber / oder Mietgeld / weil es an Stan des Metzgeträydes ist / vor die Metze zu gleichmäßiger Probe des Mahlscheffels wohl angenommen / und sonderlich wenn Miedegeld genommen wird / der Anschlag des Scheffel Weitzens auff anderthalben Thaler / des Korns auff ein Thaler / die Gerste auff 24. gr. der Land-Taxa nach / gerichtet / und also beydes das Mietgeträyde / und also auch das baare Miethgeld zum Mahlscheffel reduciret werden kan / es muß aber zu solchem Intent allweg des Müllers Antheil zugleich angeschlagen / und der darauff gesetzte Groschen vom Müller eingenommen / und bey der Herrschafft alle Viertel Jahr unfehlbar angegeben werden.

XIII. Weil man aber aus allen Umständen so viel befunden / daß zu Beforderung des Vaterlandes Angelegenheiten / obgesetzte Geldmittel noch nicht erklecklich / und sonsten mit denen zuvorgeschlossenen Darlehnen auffzukommen / sehr schwer fallen wöllen / hat ein ieder Standt absonderlich folgendes Darlehen halb / auff nechstkommenden Termin Georgii und halb auff den nechsten Termin Johannis auffzubringen / allen müglichen Fleisses sich zu bemühen / und auff 4. Jahr lang anstehen zu lassen verwilliget / alß:

Fürstenthumb Brieg	9000	
Neiß	9000	
Jägerndorff	9000	
Liegnitz	9000	
Teschen	9000	
Olse / Bernstadt	9000	
Troppaw / so die Stadt auffbringen soll	2000	
Wartenberg	3000	
Militsch	3000	
Trachenberg	3000	Thaler
Pleß	3000	
Schweid- und Jaurische Fürstenthumb	18000	
Fürstenthumb Oppeln und Rattibor	18000	
Fürstenthumb Großglogau	9000	
Sagnisches Fürstenthumb	9000	
Münsterberg und Franckenstein	9000	
Das Breßlauische Fürstenthumb	9000	
Die Städte sämbtlichen unter sich selbsten / so sie werden einzutheilen wissen	22500	

Summa 162500. Thaler

XIV. Und demnach die Geistlichen des Landes Schutz gleichmäßig geniessen / dieselbten auch bey den Türcken-Kriegen derogleichen gethan / alß sind derselben gewisse Quoten an Darlehnen / so ihnen von Fürsten und Ständen gnugsam versichert / und mit jährlichen Interessen gebührlichen sollen verzinset / und nach Ausgang vier Jahren ihnen wiederumb ausgezehlet werden / auffzubringen assigniret worden: alß der

Herr Abt Leubuß	24000	
F. Abtißin zu Trebnitz	10000	
F. Abtißin Troppaw	500	
H. Abt zu Grißę	6000	
F. Abtißen zu Libenthal	6000	
F. Abtißen zu Striaw	2000	Thaler
Der Priorin zu Naumburg	600	
F. Abtißin zu Glogaw	1000	
F. Abtißin zu Sprottaw	500	
H. Abt zum Rauden	5000	
H. Abt zu Gembeling	1000	
H. Probst zu Tscharnemanes	3000	
F. Abtißin zu Rattibor	3000	
H. Abt zum Sagen	10000	
H. Abt zu Heinrichau	12000	
H. Abt zu Camens	7000	
H. Abt aufn Stande	1000	
H. Abt zu S. Vincentz	15000	
F. Abtißen zu S. Claren	6000	Thaler
F. Abtißen zu S. Claren	1000	
Dem Meister zu S. Matz	15000	
Den beyden Capiteln zu Breßlaw	20000	
Dem Capitel zu Groß Glogaw	15000	
Dem Neußischen Capitel	3000	
Dem Capitel zu Opeln	1500	
Dem Probst zu Falckenberg	500	

Summa 165100. Thaler

Diese Quoten sollen die Geistlichen obbeschriebener Massen / theils auff ietzo bevorstehend Georgii, theils auff bald künfftigen Termin Johannis, bey der General-Steuer-Cassa unfehlbarlich einbringen.

XV. Zu etlicher Massen Befriedigung des geworbenen Volcks sollen alle ausstehende Resta unsäumlich bey Tag und Nacht bey der General-Steuer-Cassa einbracht / oder auff säumlichen Fall / militari manu, wie einmüthig geschlossen worden / erzwungen werden.

XVI. Die Marggräfliche Räytung ist ersehen und acceptiret / und die Quittung darüber auszugeben / verwilliget / aber auch darneben geschlossen worden / daß ins künfftige Fürstliche Persohnen derogleichen Räytung zu halten / sollen verschonet / und dagegen die Privati damit belegt werden.

XVII. Herr Heinrich Anshelm von Promnitz ist / vermöge gemachten Schlusses von Ihrer L. und Fürstl. Gn. dem Königl. Ober-Ambt nebenst Zuziehung etlicher nechst angesäßener Stände / über den Pleßnischen Steuer-Rest / durch seine Abgesandten genüglich vernommen / und dieselbte / als ihre Einwendungen / wie auch Anno 1604. keiner Importanz befunden / eine Unmöglichkeit vorgeschützt / und dannenhero umb Nachlaß und Moderation gebethen / und dieselbigen Resten auff 3. Jahr in unterschiedenen folgenden Terminen einzubringen geschlossen worden / als künfftig Georgii / und Martini dieses Jahrs 7000. Thaler / Folgendts Jahrs eben auff selbige Termin wieder 7000. Thaler / und das dritte Jahr 8794. Thaler 30. gr. 11. hr zu gäntzlicher Bezahlung.

XVIII. Herr Sunegk hat die neuen Resta durch assignation gantz einbracht / von den alten ist er schuldig 5371. Thaler 17. gr. 2. hr. / die soll er auff 3. Jahr ablegen / iedes Jahr mit 1790. Thaler / 17. gr. 8. hr. auff nechst kommend Georgii anzufangen.

XIX. Die Groß-Glogawer sind wegen der alten Reste und derselbten Einbringung / vorhin durch einen Schluß järhlich auff 10000. Thaler verwiesen / bey welchem es auch bewendet / die neuen Steuren aber sollen sie gleich den andern abzuführen schuldig seyn.

XX. Pribus, weil es einer Privat-Persohn zusteht / mit welcher die Herrn Fürsten und Stände nichts zu thun / als wird dieselbte Herrschafft bey den Ständen des Sagnischen Fürstenthumbs dahin zu richten wissen / daß den Herren Fürsten und Ständen ferner kein Abgang erfolge.

XXI. Herrn Ludwig von Stadenberg / soll mit der gebetenen Intercession auff Ihrer L. und Fürstl. Gnaden in Ungarn und Siebenbürgen / nach dem Exempel der Böhmen und Mährer / gewillfahret werden.

Anno 1620. XXII. Der Stadt Neumarckt hat wegen Unterhaltung vieler Steinwege und Pflaster / umb Erhöhung des Vieh Zolls / Ansuchung gethan / weil man aber noch zur Zeit darinnen nichts gründliches schliessen können / soll dasselbte auff eine Commission gerichtet werden.

XXIII. Der Stadt Namslau soll wegen des erlittenen grossen Brandt-Schadens aus der General-Steuer-Cassa 4000. Thaler gefolget / und der Steuer halber von den Ständen übertragen werden.

XXIV Münsterbergischen Fürstenthumbs Protestation, wegen derer in der Interims-Defension ihnen zugeschlagenen 84. Pferde / ist auff alles was recht / angenommen / und Recognition verwilliget werden.

XXV. Die von Herrn Heinrich Anshelms von Promnitz gesuchte Recognition wegen der auffgewendeten sumptuum litis, und andern / weil sie wieder der Herren Fürsten und Stände einhellig gemachten Schluß läufft / ist abgeschlagen / wie auch seinen Abgesandten der Auffgang auff die Pleßnische Soldaten / gleicher massen verwiedert worden.

XXVI. Dem Landtshüter / so aus Poln / auff der Fürsten und Stände Verordnung Pulver bestellet / welches auffgehalten worden / weil er nur mandatarius gewesen / und nit auff Gewin gehandelt / soll das ausgelegte Geld von der Capitalschatzung halb ietzo bald / die andere Helffte von den Steuren / wann dieselbten verhanden / erfolgen. Auch umb deßwillen an den König in Polen / und weiter Schreiben gefertiget werden.

XXVII. Burgmeister / so gleich den andern bey Schlesischer Expedition gewesenen Cantzeley-Verwandten / einen Gratial begehrt / ist daher abzuweisen / daß er an Ostern abgezogen / und gleichwohl biß Michaelis völligen Sold erlanget / an deme er sich billig an statt des Gratials vergnügen läßet.

XXVIII Der umb das Priorat zur Schweidnitz geschlossene Kauf / ist nicht allein approbiret / sondern auch der Stadt Schweidnitz Confirmation, und die Cautio evictionis gewilliget / auch auf den angesetzten Termin Michaelis die Summa der 3500. Thaler / bey dem General-Steuer-Ambt einzubringen / angewiesen worden.

XXIX. Des im Ober-Ampt bißher gefänglich enthaltenen Koßlofskes Entledigung belangende / seynd Ihre L. und Fürstl. Gn. das Königliche Ober-Ambt erbötig / der Opplischen Land-Stände Ansuchen nach / nicht allein denselben ausfolgen zu lassen / sondern auch einen Revers zu ertheilen / daß was geschehen ex causa necessitatis und extraordinariè, keines weges aber zu Schwächung ihrer Privilegien vorgenommen / wo sie hieran nit content, wollen bey Ihro Kön Maj Ihr Fürstl. Gn. einen Revers ausbringen / allein begehren Ihro L. und Fürstl. Gn. vorhin ergangenem Schlusse nach / ihnen wieder mit einem Revers entgegen zu gehen / daß sie des Koßlofsky Ausfolgerung dem Jächnischky einige Gefahr / sie mag concerniren was sie wölle / nicht causiren solle.

XXX. In der Schwälbischen Sache Intercession zu ertheilen / hat bedencklichen iseyn wöllen / weil man nicht zweifflende / hierinnen erheischende Justiz werde ertheilet werden.

XXXI. Hanß Höcknern ist wegen seines bey Zahlung des Kriegs-Volcks geleisteten Diensts mit einem Gratial zu willfahren / doch nach Gelegenheit der Besoldung / so vorigen Musterschreibern gereicht worden.

XXXII. Weil auch wegen der Kriegs-Leute / so sonderlich auf die Musterplätze sich begeben / unterschiedliche Klagen gefuhret / daß sie den ohne diß erschöpfften Landmann / zu übermäßigen Unkosten treiben / auch viel Zeit sich vor dem Musterplatz sich einzulegen pflegten / ist folgender Außsatz gemacht / daß einem von Adel / doch wo der Bauermann auch mit auffkommen kan / an Speise mehr nicht als 4. Gerichte / darunter zwey Fleisch oder Fische: dem Gesinde 3. Speisen / darunter Sup und Zugemüse / sie auch mit dem Tranck / so gut er selbiger Ort vorhanden / vor gut nehmen / dieses aber alles gebührlich zahlen. Auch ein Roß Tag und Nacht / gegen billiger Zahlung / mehr nicht als ein halb viertel Haber ohne Unterschiedt des Maßes gegeben: der Bauersmann zu Fürsetz- oder Abholung des Weins keines weges gedrungen / oder auch der Soldat eher als drey Tage vor dem Musterplatz / daselbst sich einzulägern / erscheinen soll / welcher darwieder handelt / ist mit Abgang zweyer Monat Soldt unnachbleiblich zu straffen. Anno 1620.

XXXIII. Alß sich auch nechst diesem der Furir halber allerhand Beschweer erwiesen / daß sie hin und her in denen Dörffern / Geld und anders von den Leuten abforderten / oder auch wol abtrotzten / ist ihnen solches gäntzlich und endlich dermaßen abgestrickt / daß sie in weiterer dessen Verübung / ihrer Ehr und Redlichkeit unnachbleiblich entsetzet / und alß Schelmen aus den Fahnen und Fähnleyn gethan werden sollen.

XXXIV. Die Bergstädte / so Nachlaß der Capital-Schatzung / und Verschonung des Ausschusses des zwantzigsten Mannes gesuchet / weil sie des Landschutzes ebenmäßig genießen / sind abgewiesen worden.

XXXV. Mit den eingezogenen Caßäcken wird iedes Orts Obrigkeit / ihrem Verbrechen nach / gebührlichen zu exequiren wissen.

Actum Wratislaviæ in generali Principum, Ordinum, ac Statuum conventu, 1ↄ die mensis Martii, Anno 1620.

CCII.

Derer Churfürsten Schweickhardi und Ferdinandi zu Mayntz und Cölln Versicherung / welche sie sowohl in Ihrem als aller Catholischer Stände Namen denen Ständen des Ober- und Nieder-Sächßischen Creyßes der Augspurgischen Confession, so weltliche gehaber der Ertz- und Stiffter / sambt darzu gehöriger Güter sind / gegeben / daß / woferne sie es mit Ihro Käyserl. Maj. bey dem Böhmischen unwesen / als sonsten halten werden / selbige von den Catholischen deßwegen nicht überzogen noch vergewaltiget werden sollen. Dat. Mühlhausen den $\frac{10}{20}$ Martii 1620. [LUNIO, Teutsches Reichs-Archiv. Part. Special. Abtheilung II. pag. 284.] $\frac{10}{20}$. Mars.

C'est-à-dire,

Assurance donnée par SCHWEICKARD *Archevêque de Mayence, &* FERDINAND *Archevêque de Cologne, tant pour eux que pour les autres Etats Catholiques aux* ETATS PROTESTANS *de la Haute & Basse* SAXE *possesseurs Seculiers d'Archevêchés, d'Evêchés, & Biens y apartenans, portant que s'ils s'accordent avec l'Empereur touchant les Troubles de Boheme & autres Cas, ils ne seront molestés de leur part, au sujet desdits Biens Ecclesiastiques, par aucune Guerre, Hostilité, ou violence. A Muhlhausen le $\frac{10}{20}$ Mars 1620.*

WIR von GOttes Gnaden Johann Schweickhard und Ferdinandt / Ertz-Bischoffe und Chur-

ANNO 1620. Churfürsten zu Mäyntz und Cölln/ des Heil Röm. Reichs durch Germanien und Gallien Ertz-Cantzler/ und Herrn Maximilians Pfaltz-Graffen bey Rhein/ in Ober-und Nieder Beyern Hertzogs Vollmächtige und Abgesandte/ vor Uns und Unsere Nachkommen/ auch in Nahmen aller Catholischen Stände uhrkunden und bekennen; Nachdeme bey dieser zu Mühlhausen angestellten Zusammenkunfft mit und neben dem Hochgebohrnen Fürsten und Herrn/ Herrn Johann Georgen/ Hertzog zu Sachsen/ Jülich/ Cleve und Bergk/ des Heil. Röm. Reichs Ertz-Marschalchen und Churfürsten/ und Herrn Ludwigen/ Landgraffen zu Hessen/ Graffen zu Kazen-Elenbogen/ Unsern besonders lieben Freunden/ freundlichen lieben Vettern/ Herrn Sohn/ Bruder/ gnädigst und gnädigen Herren/ insonderheit die in dem Königreich Böhmen und dessen incorporirten und andern Landen entstandene und überhand genommene/ und in dem Heil. Röm. Reich mehr dann zu viel ausgeschlagene Unruhe/ auch des Bethlehem Gabers und consequenter des Türcken fürbrechende Gewalt erwogen/ und allen Umbständen nach/ dergestalt befunden worden/ daß durch keine gütliche noch rechtliche Mittel demselben zu helffen/ und zu remediren/ sondern vielmehr aus vielen und hochwichtigen Ursachen der Röm. Käys. auch zu Hungarn und Böhmen Königl. Majestät die hülffliche Hand zu bieten/ und müglichste Assistenz zu leisten/ damit höchstgedachte Römische Käyserl. Majestät bey deroselben durch rechtmäßige und ordentliche Mittel erlangten Käyserthumb/ Königreich und Landen erhalten/ die Käyserliche Würde und Hoheit nicht lædiret/ sondern vielmehr dabey/ und deroselben Lehenschafften/ Recht und Gerechtigkeit/ so wohl dero dahero rührenden Churfürstl. Hoheit und Dignität geschützet werden möge/ zu welchem grossen und hohen Wercke aber eine einmüthige Zusammensetzunge/ wo nicht aller/ doch aufs wenigste der gehorsamsten Stände des Römischen Reichs gehörig/ auf daß solches mit Ruhm und Ehren ausgeführet/ und der Zweck erreichet werde/ den man allenthalben sich fürgesetzt.

Dieweil aber wegen allerhand unter den Ständen eingetrungenen Mißtrauens darzu schwerlich zu kommen/ und zu gelangen/ es werden dann dieselbe/ wo nicht gäntzlich/ doch in etwas aufgehoben und gestillet/ sonderlich aber des Churfürsten zu Sachsen Liebden und Churfürstl.-Gnaden Andeuten nach/ dem Obern-und Nieder-Sächsischen Creiß der Argwohn und sorgliche Gedancken benommen/ als würde man dieselbe wegen inhabender Ertz-und Stiffter/ sambt darzu gehörigen Güthern/ mit Gewalt überziehen/ vergewaltigen/ und deren de facto entsetzen und destituiren/ welches durch kein besser Mittel geschehen und erfolgen kann/ denn durch gnugsame Versicherung und Assecuration, und wir obbenandte solches alles erwogen/ auch für Uns selbst geneigt/ alle und jede Unsere Mitstände zu favorisiren/ und bey Käyserl. Majestät schuldigen Devotion, so viel an Uns ist/ zu erhalten; So haben wir des Churfürsten zu Sachsen Liebden und Churfürstl. Gnaden zu freundlichsten und unterthänigsten Ehren und Gefallen/ jedoch mit ausdrücklicher Reservation des Hochbeteuerten Religion-Friedens/ und darein verleibten geistlichen Vorbehalts/ durch nachfolgende Assecuration gedachte Stände des Ober- und Nider-Sächsischen Creisses der Augspurgischen Confession versichern/ und dardurch allen Argwohn benehmen wollen/ assecuriren und versichern für Uns/ Unsere Nachkommen/ und alle andere Catholische Stände/ solche weltliche Innhabere der Ertz- und Stiffter sambt darzu gehörigen Güthern/ hiemit und in bester Form und Maaß es geschehen soll und kan/ woferne sie es mit Ihrer Käyserl. Majestät/ so wohl bey jetzigem Böhmischen Unwesen/ als zu künfftigen Fällen/ so den Rechten und Reichs-Constitutionen zu wieder lauffen möchten/ treulich halten/ und wieder alle derselben widerwärtige gebührende Assistenz leisten/ und gegen dieselbe weder directè noch obliquè ichtwas widriges thun/ rathen und fürnehmen/ den Catholischen keine Ertz-Stiffte/ Stiffte/ Clöster und geistliche Güter/ es sey mit Gewalt oder andern Mitteln/ mehr entziehen/ sondern dieselbe vielmehr bey denselben/ und was sie in obvermeldten in weltlichen Händeln begriffenen Ertz-und Stifftern für gerechtsam noch haben/ geruhig lassen/ auch gegen männiglichen schützen helffen werden/ daß dieselbe nun noch künfftig/ weder von den Catholischen selbst/ noch auff ihre Verschaffung/ durch andere mit der That angegriffen/ beleidiget und überzogen/ vergewaltiget/ noch davon de facto ausser Rechtens verdrungen werden sollen/ wollen auch/ wann vorige gedachte Innhabere bey der Käyserl. Majestät umb Indult zu administrirung der Regalien/ auch Protectoria, Schein-und Schutz-Brieff wider Gewalt/ und nach Innhalt dieser Unser Erklärung/ anhalten werden/ dieselbe daran nicht hindern noch aufhalten/ jedoch wollen wir durch diese Assecuration und etwa folgende Käyserl. Indulta oder Protectoria, wegen der Stände Session auf Reichs-Visitation-Deputation-und andern dergleichen gemeinen und particular-Zusammenkunfften/ ihnen ein mehrers nicht/ dann sie bishero gehabt/ eingeraumet/ und nachgegeben haben. Zu besserer und unverbrüchlicher Haltung dessen allen haben wir beyde Churfürsten für Uns/ Unsere Nachkommen/ auch andere Catholische Stände diese Versicherung mit Unserm Secret, wir die Bäyrischen Gesandten aber mit Unsern Petschafften Krafft habenden Gewalts bekräfftiget und mit eigen Händen unterschrieben/ so geschehen bey der Churfürstl. Zusammenkunfft zu Mühlhausen den 10. Martii Anno 1620. ANNO 1620.

CCIII.

Premier Edit d'Octroi fait par les Etats Généraux des PROVINCES--UNIES *des Pays-bas pour la* COMPAGNIE *Générale des* INDES OCCIDENTALES, *donné à la Haye, le* 9. *Juin*, 1620. [MERCURE FRANÇOIS, Tom. IX. pag. 209.] 9. Juin. PROVINCES UNIES ET LA COMPAGNIE DES INDES OCCIDENTALES.

LES ETATS Generaux des Provinces-Unies du Païs-bas. A tous ceux qui ces presentes verront, Salut. Sçavoir faisons, Que nous considerans le bien public des Provinces, & la prosperité des habitans d'icelles, consister principalement en la Navigation & Commerce, qui de tout temps a esté exercé heureusement de cesdites Provinces en tous autres Pays & Royaumes, & desirans que lesdits habitans soient non seulement conservez & maintenus en ladite Navigation & Commerce: Mais aussi qu'icelle se puisse tant qu'il sera possible accroistre & augmenter, principalement en conformité des Traictez, Alliances & Accords, faicts sur la Navigation & Commerce avec autres Princes, Republiques & Nations: Que nous entendons conserver & entretenir de poinct en poinct: & cognoissans par experience, que sans assistance commune d'une Compagnie generale, la Navigation & Commerce ne se pourroit utilement prattiquer, & estre maintenuë & defenduë és Regions & quartiers cy-aprés designez, à cause des grandes avantures des Corsaires, Pirates, & autres extorsions; qui se rencontrent sur tels longs voyages: Pour ces causes & autres grandes considerations, & raisons pregnantes, NOUS avons avec meure deliberation, & par urgente necessité trouvé bon, que la Navigation, Trafic & Commerce aux quartiers des Indes Occidentales, Affrique, & autres Regions cy-dessous specifiées, ne sera cy-après pratiquée ny exercée qu'avec une puissante Union de Marchands: Et à ces fins sera dressé & estably une *Compagnie generale*, laquelle pour la singuliere affection que

ANNO 1620. que nous portons au bien public, & pour conserver les habitans en bon trafic & prosperité, Nous maintiendrons & fortifierons de nostre ayde, faveur & assistance, autant que l'Estat present de cesdites Provinces pourra aucunement permettre, & la pourvoirons d'Octroy convenable, avec les Privileges & exemptions suivantes; A sçavoir:

I. Que pendant le temps & espace de vingt & quatre années, nul des Naturels, ny Habitans de ces Provinces Unies, ne pourront d'icelles, ny hors autres Païs, naviger ny trafiquer (que seulement, sous & au nom de ladite Compagnie generale) sur les costes *d'Affrique*, depuis le *Tropique du Cancer*, jusques au *Cap de Bonne Esperance*, ny sur les Regions, *d'Amerique & Indes Occidentales*, commençant à l'extremité du Midy de *Terra Nova*, par les Destroitz de *Magellan*, *le Maire*, ou autres Destroicts & passages és environs, jusques au Destroict d'*Anian*, tant sur la Mer du *Nort*, que sur la Mer du *Sud*, ny sur aucunes Isles entredeux d'un costé ny d'autre, ny mesmes sur les Terres *Australes* ou du Midy, assises entre les deux *Meridiens*, joignant à *l'Orient*, *le Cap de Bonne Esperance*, & à *l'Occident* la Coste Orientale de *Nova Guinea*, sur peine de confiscation des Vaisseaux, Biens & Marchandises qui se trouveront sans congé de ladite *Compagnie*, y avoir esté navigez ou envoyez: lesquels Vaisseaux, Biens & Marchandises, pourront à l'instant par tout estre pris, arrestez & saisis de la part de ladite Compagnie, & confisquez au profit d'icelle. Et en cas qu'iceux Vaisseaux, Biens & Marchandises, fussent auparavant vendus ou entrez en quelques autres Païs ou Havres, seront les Personniers, ou autres y ayant interest, executez pour la valeur desdits Navires, Biens & Marchandises; excepté seulement ceux, qui devant la date de ce present *Octroy*, pourroient estre sortis ou envoyez de ces Provinces, ou autres Pays par nosdits Originaires ou Habitans, vers quelques endroicts & Costes desdites Limites, lesquels pourront continuer leur Commerce, jusques à l'entiere vente de leurs Cargaisons & retour en ce Pays, ou jusques à l'expiration de leur Octroy, si aucun en ont obtenu par cy-devant. A condition toutesfois, que aprés le premier jour de Juillet prochain, l'on ne pourra plus envoyer aucuns Vaisseaux ny Marchandises vers les quartiers compris aux Limites de cet Octroy, quand mesmes ladite Compagnie ne seroit lors encore finalement concluë: & ordonnerons comme de raison à l'encontre de ceux, qui malicieusement voudroient frustrer le public de ceste nostre bonne intention: reservé toutesfois que le Commerce du Sel *Sur punto del Rei*, se continuëra aux conditions & instructions par nous sur ce données ou à donner, sans estre annexé ou compris en ce present Octroi.

II. Que ladite Compagnie en nostre nom & authorité dans les Païs & Limites cy-dessus, pourra faire Alliances, Traictez & Accords, avec les Princes & Nations desdits Pays, comme aussi bastir Forteresses & Lieux de seureté, y establir Gouverneurs, gens de Guerre, & Officiers de Justice, Police & autres Administrateurs necessaires, pour la conservation des Places, entretien de bonne discipline, Justice & Police, & pour l'advancement du Commerce, les deposer, licencier & subroger autres en leurs places, ainsi qu'ils trouveront necessaire & convenable selon les occurrences: Leur avons aussi permis faire peuplades aux Païs fertiles & non habitez, & tout ce qui pourra servir au bien de ces Provinces, & augmentation dudit Commerce: & sera ladite Compagnie tenuë nous communiquer & livrer successivement les Accords, Traictez & Alliances qu'ils auront faits avec lesdits Princes & Nations, ensemble nous informer de l'estat des Forteresses, seuretez, & Colonies par eux faites ou encommencées.

III. A condition toutefois, que quand ils auront choisi un Gouverneur general, & dressé son Instruction, ils demanderont nostre approbation en forme de Commission, & sera ledict Gouverneur general tenu, comme aussi tous autres Gouverneurs, Lieutenans, Commandeurs, & Officiers, faire serment de fidelité à Nous & à ladite Compagnie.

IV. Et si ladite Compagnie, sous ombre d'amitié, estoit trompée ou maltraictée, en aucuns Pays desdits Limites, soit à la finance des deniers & Marchandises, ou autrement sans pouvoir tirer restitution & payement, en tel cas pourront faire reparer la faute, & recouvrer la perte selon l'exigence du cas, par les moyens les plus convenables.

V. Et comme il sera necessaire, pour l'establissement, seureté & defence dudit Commerce, amener quelques gens de Guerre ausdits Pays estrangers: Nous assisterons ladite Compagnie de tels gens de Guerre, de Commandement, & pour les Fortifications qu'il sera necessaire, moyennant qu'ils soient payez & entretenus par ladite Compagnie. ANNO 1620.

VI. Lesquels, outre le serment qu'ils Nous auront faict, & à son Excellence, jureront aussi de suivre les commandements de ladite Compagnie, & s'employer à l'advancement d'icelle autant qu'il leur sera possible.

VII. Les Prevosts de ladite Compagnie pourront arrester à Terre, & prendre prisonniers les Soldats, & autres personnes qui seront au service de ladite Compagnie, & les mener dans les Vaisseaux en quelques Villes, Places ou Jurisdictions de ces Provinces que ce soit, moyennant que lesdits Prevosts en advertissent premierement les Officiers & Magistrats du lieu, où cela pourra arriver.

VIII. Nous ne prendrons aucuns Vaisseaux, Canons ny Munitions de ladite Compagnie, pour le service de ces Provinces, sans le consentement de ladite Compagnie.

IX. En outre, Avons octroyé, concedé & favorisé ladite Compagnie, octroyons & concedons par ces presentes, que les Vaisseaux & Marchandises de ladite Compagnie, pourront librement passer & repasser pardevant tous lieux de Peages & Daces de ces Provinces Unies, avec les mesmes franchises, immunitez & exemptions, dont jouyssent les naturels d'icelles, nonobstant l'interest que les personnes non affranchis ou estrangers pourroient avoir en ladite Compagnie.

X. Toutes les Marchandises & autres Denrées que ceste Compagnie envoyera pendant les premieres huict années de ces Provinces, vers les Pays d'Affrique, Indes Occidentales, & autres endroicts des Limites cy-dessus, & toutes celles qu'elles apporteront desdits Pays estranges en ces Provinces Unies, seront exemptes de tous droicts d'entrée & de sortie: & si aprés lesdites premieres huict années, l'estat & condition de ce Pays ne permettoit de continuer ladite exemption encore pour quelque nombre d'années, lesdites Marchandises & Denrées ne seront non plus chargées durant ce present Octroy qu'elles sont à present, si ce n'est que nous retombions en guerres, en tel cas, elles ne seront chargées d'avantage par nous, qu'elles ont esté au dernier Tariff pendant la Guerre.

XI. Et afin que ladite Compagnie puisse estre bien conduite & gouvernée, au plus grand profit & contentement de tous les interessez: Nous avons ordonné que ladite conduite consistera en cinq Chambres de Sur-Intendans. A sçavoir une Chambre en la Ville d'Amsterdam, qui aura l'administration de quatre neufiesmes parts: Une autre Chambre en Zelande, qui aura l'administration de deux neufiesmes parts: Une autre Chambre sur la Meuse, qui aura l'administration d'une neufiesme part: une autre Chambre en Nort Holande, qui aura l'administration d'une autre neufiesme part, & la cinquiesme Chambre en Frise & Groenningue, qui aura l'administration d'une autre neufiesme part; sous les conditions couchées au Registre de nos Resolutions, dont a esté passé Acte. Et les Provinces esquelles n'y aura point de Chambre, pourront establir autant de Sur-Intendans dans lesdites Chambres respectives, qu'ils fourniront de cent mil livres tournois en ceste Compagnie.

XII. Dans la Chambre d'Amsterdam, il y aura vingt Sur-Intendans, en celle de Zelande douze, & aux trois Chambres de la Meuze, Nort-Holande, Frize & Groenningue chacun quatorze: si ce n'est qu'on trouve cy-aprés que cette affaire ne se pourroit conduire qu'avec plus grand nombre de personnes, en tel cas ledit nombre sera augmenté par l'advis de l'Assemblée des dix-neuf, & de nostre consentement, & point autrement.

XIII. Et sont les Estats des Provinces respectives authorisées, soit pardevant eux, leurs Deputez ordinaires, ou par les Magistrats des Villes de leurs Provinces, mettre tel ordre pour l'enregistrement des interessez, & election de Sur-Intendans de ceste Compagnie qu'ils trouveront convenir selon la constitution de leursdites Provinces; à condition toutesfois que nul ne pourra estre esleu Sur-Intendant en la Chambre d'Amsterdam, qu'il n'ait mis pour son propre compte en ladite Compagnie la somme de six mil livres tournois, en la Chambre de Zelande la somme de quatre mil livres tournois, és Chambres de la Meuze, Nort-Holan-

ANNO 1620.

Holande, Frize & Groenningne, pareillement la somme de quatre mil livres tournois.

XIV. Les premiers Sur-Intendans, serviront l'espace de six années, aprés l'expiration desquelles sortira de l'administration un tiers d'iceux par bultin: & deux ans aprés, un autres tiers: & les deux autres années aprés le dernier tiers: & ainsi successivement les anciens en Office sortiront; Au lieu desquels, & de ceux qui decederont devant & aprés, ou pourroient estre congediez & desmis pour autres raisons, sera esleu triple nombre par les Sur-Intendans demeurez en Office, & ceux qui en seront sortis, ensemble tous les Notables interessez qui voudront comparoir à leurs despens en personne, duquel nombre lesdits Estats, leurs Deputez ou Magistrats des Villes choisiront le tiers pour estre nouveaux Sur-Intendans, & suppléeront ainsi successivement aux places vacantes: Et seront reputez Notables interessez, à ceux qui participeront pour leur particulier en ladite Compagnie, autant qu'un Sur-Intendant est tenu de faire aux Chambres respectives, suivant l'Article cy-dessus.

XV. Les comptes de l'armement, charge, & esquipage des Vaisseaux & dependances se fera trois mois aprés le partement desdits Vaisseaux, & un mois aprés sera envoyé coppie à Nous & aux Chambres respectives, comme aussi du retour & ventes d'icelles. Seront les Chambres tenues envoyer l'estat les unes aux autres, & à Nous toutes fois & quantes que nous le trouverons bon, ou qu'ils en seront requis par les autres Chambres.

XVI. Tous les six ans sera arresté compte general, de tous les envois & retours, ensemble des profits & pertes de la Compagnie, à sçavoir un compte du Negoce, & un de la Guerre, chacun à part, lesquels comptes se feront en public, aprés prealable advertissement par affiches, à fin qu'un chacun ayant interest, puisse venir à la reddition dudit compte: & si a l'expiration de la septiesme année, ledit compte n'estoit rendu, en la maniere que dessus, perdront les Sur-Intendans leur provision au profit des pauvres, & demeureront nonobstant obligez à rendre compte comme dessus en tel temps, & sur telles peines, que par nous sera ordonné contre les defaillans; & neantmoins se fera distribution des profits du Negoce, toutes fois & quantes qu'il se trouvera dix pour cent de profit.

XVII. Nul ne pourra durant le temps de cest Octroi, retirer les deniers par luy mis en ceste Compagnie, comme aussi l'on ne pourra recevoir nouveaux participans ou interessez, mais à l'expiration desdites vingt-quatre années, soit que l'on trouve bon de continuer ladite Compagnie ou en establir une autre de nouveau, il sera fait compte final & estimation par l'Assemblée des Dix-neuf, avec nostre cognoissance, de tout ce qui pourra appartenir à ceste Compagnie, comme aussi des frais necessaires par elle faits, & sera libre à un chacun de retirer sa part, & recevoir les deniers, selon ledit compte & estimation, ou de participer du tout ou de partie en la nouvelle Compagnie. Laquelle en tel cas, sera tenuë prendre à soy tous les bien restans de ceste dite Compagnie, suivant ladite estimation, & payer aux interessez qui ne voudront point continuer leur contingent, aux termes qui seront trouvez convenables par l'Assemblée des Dix-neuf, avec nostre cognoissance & approbation.

XVIII. Toutesfois & quantes qu'il sera besoin faire Assemblée generale desdites Chambres, elle se fera par dix-neuf personnes, en laquelle comparoistront huict Sur-Intendants de la Chambre d'Amsterdam, quatre de la Chambre de Zelande, deux de la Chambre sur la Meuse, deux de la Chambre de Nort-Hollande, & deux de la Chambre de Frize & Groenningue, & la dix-neufieme personne, ou autant que nous trouverons bon à chasque fois, sera par Nous deputé pour en ladite Assemblée aider y conduire les affaires de ladite Compagnie au mieux qu'il sera possible.

XIX. En ladite Assemblée generale desdites Chambres, seront traictez & resolus toutes les affaires de ladite Compagnie, à condition que sur leur resolution aux affaires de guerre sera demandée nostre approbation.

XX. Ladite Assemblée generale estant convoquée, s'assemblera pour resouldre quand on esquipera, combien de Vaisseaux on envoyera en chacun quartier, & autres affaires concernantes le commun de ladite Compagnie, sans que l'une ou l'autre Chambre puisse rien entreprendre par dessus les resolutions generales, mais seront tenuës de les suivre & mettre en execution: & si aucune Chambre se trouve en faute de ce faire, ou de contrevenir ausdites resolutions generales, Nous avons authorisé ladite Assemblée des Dix-neuf, & l'authorisons par ces presentes, de faire reparer promptement les fautes & contraventions, en quoi nous les assisterons en estant requis.

ANNO 1620.

XXI. Ladite Assemblée generale se tiendra les premieres six années en la Ville d'Amsterdam, & les deux autres années suivantes en Zelande, & ainsi consecutivement en ces deux lieux.

XXII. Les Sur-Intendants qui seront deputez de la part de ladite Compagnie en quelque voyage, soit pour aller en ladite Assemblée generale, ou ailleurs, auront pour leur despense quatre livres tournois pour chacun jour, outre le louage des coches & batteaux: mais ceux qui voyageront d'une Ville en l'autre pour frequenter les Chambres comme Sur-Intendants & Regens d'icelles, n'auront aucuns despens de ladite Compagnie.

XXIII. Et si en ladite Assemblée generale se rencontroit quelques affaires de grande importance, de laquelle ils ne pourroient tomber d'accord, & qu'ils fissent difficulté d'y proceder par pluralité de voix, en tel cas sera ladite affaire remise à nostre decision, & ce que nous en ordonnerons sera suivy & observé.

XXIV. Tous les Habitans de ces Provinces Unies, & aussi d'autres Pays, seront advertis par affiches publicques dans le mois apres la datte de ces presentes, que pendant le temps & espace de cinq mois, à commencer du premier jour de Juillet prochain, ils seront receus & admis en ladite Compagnie, & qu'ils auront à fournir les deniers qu'ils voudront mettre en quatre divers termes, sçavoir, un tiers à la fin desdits cinq mois, & les deux autres tiers en trois années consecutives, chacun en la tierce partie; s'il n'advient que l'Assemblée generale trouve cy-aprés que l'on pourroit encore prolonger lesdits termes, dont les interessez seront advertis en temps par affiches.

XXV. Les Vaisseaux revenans de leur voyage, retourneront au mesme lieu d'où ils seront sortis: & si par fortune de vent ou autrement, les Vaisseaux d'un lieu arrivoient en un autre, comme si les Vaisseaux sortis d'Amsterdam, & Nort-Hollande arrivoient en Zelande, où en la Meuse, ou bien ceux de Zelande en Hollande, & ceux de Frize & de Groenningue en un autre endroict, ce neantmoins chacune Chambre retiendra l'administration de leurs Navires & Marchandises, & les pourront faire envoyer & transporter vers les lieux, d'où lesdits Navires seront, soit par les mesmes, ou autres Navires, à condition que les Sur-Intendants desdites Chambres seront tenus se transporter aux lieux, où lesdits Navires ou Marchandises seront arrivez, sans y employer aucuns Facteurs: toutefois si leur commodité ne permettoit d'y aller en personne, ils pourront commettre ladite Administration aux Sur-Intendans de la Chambre du lieu où les Vaisseaux seront arrivez.

XXVI. Lors que l'une ou l'autre Chambre aura receu quelques Marchandises venantes des Pays comprins aux Limites, dont autres Chambres ne seront fournies, seront tenues lors que requis en seront, d'envoyer à celles qui n'en auront point selon l'occurence; & cela estant vendu, d'en envoyer d'avantage: comme aussi les Sur-Intendans des Chambres respectives, ayans affaire de quelques personnes des Villes où il y a Chambre, soit pour l'Equipage ou autres choses necessaires, ils y commettront les Sur-Intendans dudit lieu, sans y employer aucuns Facteurs ou Commissionnaires.

XXVII. Et si aucunes Provinces trouvent bon de commettre un Agent pour assembler les deniers de leurs Habitans, & les rapporter en une masse en quelqu'une desdites Chambres, ensemble pour procurer le payement des distributions qui se feront, sera ladite Chambre tenuë donner libre accés en icelles audit Agent pour y estre informé de l'estat de l'employ du retour, & de ce qui est à payer & à recevoir, pourveu que les deniers par icelui Agent apportez montent à cinquante mille livres tournois ou plus.

XXVIII. Les Sur-Intendans tireront pour leur provision de l'employ & du retour, ensemble des prises un pour cent, d'or; & argent, demy pour cent: laquelle provision sera repartie pour la Chambre d'Amsterdam quatre neufiesmes, la Chambre de Zelande deux neufiesmes, celle de la Meuse un neufiesme, celle de Nort-Hollande un neufiesme, & celle de Frize & Groenningue aussi un neufiesme.

XXIX. A condition qu'ils ne tireront qu'une fois proviſion de l'Artillérie & de la valeur des Vaiſſeaux, & ne prendront aucune proviſion des Vaiſſeaux, Artilleries, ou autres choſes, dont nous aſſiſterons ceſte Compagnie, ny meſme des deniers qu'ils leveront pour icelle, ny pour vendre & beneficier les Marchandiſes: comme auſſi ils ne pourront charger ladite Compagnie d'aucunes vacations, frais, ny deſpens de ceux qu'ils commettront pour faire l'equipage & l'achapt des choſes neceſſaires.

XXX. Ceux qui tiendront les livres de compte, & les Caſſiers, ſeront ſalariés, & payez aux deſpens des Sur-Intendans, & hors leurs proviſions.

XXXI. Les Sur-Intendans ne pourront livrer, ny vendre à ladite Compagnie aucuns Vaiſſeaux, Marchandiſes, ne Denrées à eux appartenants, du tout, ou en partie, ny achepter, ou faire achepter d'icelle aucunes Marchandiſes, ni Denrées, directement ny indirectement, ny meſmes y avoir part ou portion, ſur peine d'une année de leur proviſion au profit des pauvres, & d'eſtre demis de leur Charge.

XXXII. Les Sur-Intendans ſeront tenus notifier par affiches toutes fois & quantes qu'ils auront receu quelques Marchandiſes de nouveau, afin qu'un chacun en ſoit adverty à temps devant qu'on procede à la vente.

XXXIII. S'il arrivoit en l'une ou l'autre Chambre que quelque Sur-Intendant devint à decheoir, en tel eſtat, qu'il ne pourroit ſatisfaire à ce qui lui ſeroit confié touchant ſon adminiſtration, l'on aura recours ſur les deniers qu'il aura en ladite Compagnie, leſquels ſeront ſpecialement obligez, pour ſon adminiſtration: ce qui aura auſſi lieu envers tous les participants, ou intereſſez, qui à l'occaſion de vente de Marchandiſes, ou autrement, devront à ladite Compagnie, tout ainſi comme ſi les deniers par eux mis en ladite Compagnie euſſent eſté dés le commencement compenſez à l'encontre de ce qu'ils doivent à icelle.

XXXIV. Les Sur-Intendans des Chambres reſpectives reſpondront pour leurs Caſſiers, & pour ceux qui tiennent les livres de compte.

XXXV. Toutes les Marchandiſes & Denrées de ceſte Compagnie ſubjettes au poids ſe vendront tous à un meſme poids, à ſçavoir par la peſanteur du poids d'Amſterdam, leſquelles pourront toutesfois eſtre eſmez dans le bord des Navires & dans les Magazins, ſans payer aucun impoſt ou droict de peſage: mais lors qu'elles ſeront venduës, ne pourront eſtre livrées que ſur la balance publique, en payant les impoſts & droicts du poids, autant de fois qu'elles ſeront allienées comme autres Marchandiſes ſubjettes à ladite balance.

XXXVI. L'on ne pourra arreſter, ſaiſir, ny moleſter les perſonnes ny biens des Sur-Intendans, pour avoir compte de leur adminiſtration, ny pour le payement des gages & ſalaires de ceux qui auront eſté employez au ſervice de ladite Compagnie: mais ceux qui pretendront quelque choſe ſur eux, les feront appeller devant les Juges ordinaires.

XXXVII. Lors que les Vaiſſeaux reviendront de leurs voyages, ſeront les Commandeurs de la Flotte, Vaiſſeaux & Navires, tenus dix jours aprés leur arrivement, nous venir faire rapport du ſuccez de leur voyage, & le mettre par eſcrit, ſi le cas le requiert.

XXXVIII. Et s'il advient (ce que nous n'eſperons aucunement) que quelqu'un vouluſt endommager & empeſcher ladite Compagnie en leur Commerce, Traficq & Navigation, contre le droict commun, & le contenu deſdits Traictez, Alliances & Accords, en tel cas ladite Compagnie ſe pourra deffendre en conformité des Inſtructions que nous leur donnerons.

XXXIX. Nous avons promis & promettons par ces preſentes, que nous protegerons & maintiendrons ceſte Compagnie en ladite Navigation & libre Traficq, & à ceſte fin nous la renforcerons avec une ſomme de dix fois cent mille livres tournois, à payer en cinq années, dont le premier payement ſe fera lors que la premiere paye des autres intereſſez ou participants ſera fournie, à condition toutesfois que nous participerons pour la moitié de ladite ſomme en ladite Compagnie, comme les autres intereſſez.

XL. Si par un puiſſant, & continuel empeſchement en ladite Navigation & libre traffic, les affaires tomboient en une guerre ouverte dans les limites de ceſte Compagnie, Nous fournirons pour le ſecours de ladite Compagnie, tant que les affaires de ce Pays le pourront permettre, ſeize Navires de Guerre, le moindre de trois cens tonneaux, avec quatre bonnes Pattaches bien à la voile, le moindre de quatre-vingt tonneaux, bien & deuement munis & garnis d'Artillerie de fonte de Breteul, & autres Amonitions, avec doubles & ſimples cordages, voiles, cables, ancres, & autres appareils, ſelon qu'il ſera neceſſaire & requis pour tels voyages & exploicts; moyennant qu'elles ſoient munies d'hommes, avictuaillées, & entretenuës aux deſpens de ladite Compagnie, laquelle ſera obligée y adjouſter pareillement ſeize Navires de Guerre, & quatre Pataches auſſi, munis & garnis, comme dit eſt, pour eſtre employées enſemblement à la defence du Trafic, & autres exploicts de Guerre: A condition que tous Navires Marchands qui pourront joindre, eſtans munis & montez comme de raiſon, ſeront tous ſujects, & ſous le commandement de l'Admiral, qui ſera par Nous eſleu, aprés avoir eu l'advis de l'Aſſemblée des Dix-neuf, lequel ſuivra nos commandemens, & les reſolutions de ladite Compagnie, pour, ſi beſoin eſtoit, eſtre tous employez à la Guerre; toutesfois ne hazarderont les Navires Marchands, leur Charge, ſans grande neceſſité.

XLI. Et s'il arrivoit que ces Provinces ſe trouvaſſent viſiblement ſoulagées en leurs charges, & que le fais de la guerre tombaſt ſur ladite Compagnie: En tel cas nous avons promis & promettons par ces preſentes, d'augmenter noſtre dit ſecours; tant que les affaires de ces Provinces pourront permettre, & celles de ladite Compagnie requerir.

XLII. Nous avons auſſi ordonné qu'en cas de Guerre, toutes les priſes qui ſe feront par ladite Compagnie, ou ceux qui ſeront joincts à leur ſecours, ſur les ennemis, ou ſur les Pirates, & Eſcumeurs de Mer dans leſdites Limites, comme auſſi les priſes qui ſe feront en vertu de nos Edicts & Ordonnances, aprés que tous frais raiſonnables ſeront rabatus, & les pertes que ladite Compagnie aura ſouffertes à les recouvrer, avec le droict de ſon Excellence comme Admiral, en conformité de noſtre Reſolution ſur ce priſe le premier Avril mil ſix cens deux; & le dixieſme, des Officiers, Mariniers, & Soldats, qui auront faict ladite priſe; & ce qui reſtera, demeurera en la diſpoſition des Sur-Intendants de ladite Compagnie; à condition qu'il en ſera tenu compte à part, & ſeparé de celuy du Commerce: & que le provenu deſdites priſes ſera employé pour l'equipage des Navires de Guerre, payement des Soldats, Fortifications, Garniſons, & autres affaires de Guerre, par Mer & par Terre, ſans en faire aucune diſtribution aux intereſſez de ladite Compagnie: ſi ce n'eſt que ledit provenu ſe trouve ſi grand, que ſans affoiblir les deffences, & aprés tous frais de guerre payez, l'on pourroit diſtribuer quelque ſomme notable, laquelle diſtribution ſe fera auſſi à part, & ſeparée de celle du Commerce; le dixieſme pour les affaires communes de ces Provinces, & le reſte à tous les intereſſez de ceſte Compagnie au marc la livre, & chacun à l'equipolent des deniers qu'il y aura mis.

XLIII. Toutesfois les priſes faites en vertu de nos Edicts & Ordonnances, ſeront apportées en ces Provinces, & ſoubmiſes au Jugement des Juges de l'Admirauté du lieu, pour eſtre par eux jugées & ſententiées de la validité, ou invalidité deſdites priſes; demeurant pourtant les choſes ainſi priſes pendant le procez, en la poſſeſſion de ladite Compagnie, ſoubs bon inventaire; & ſauf l'appel ou reviſion de ceux qui ſe ſentiront grevez par la Sentence deſdits Juges de l'Admirauté, en conformité des Inſtructions par Nous ſur ce données, & n'auront les Maiſtres Vendeurs, ou autres Officiers de ladite Admirauté aucun droict ſur les priſes beneficiées par ladite Compagnie, ſans qu'ils y ſoient employez.

XLIV. Les Sur-Intendans de ceſte Compagnie, prometteront & jureront ſolemnellement, qu'ils ſe comporteront deuëment & fidelement en leur adminiſtration, qu'ils rendront bon & loyal compte de leur maniement, qu'ils procureront le profit de la Compagnie, & eſviteront ſon dommage tant qu'il leur ſera poſſible, qu'ils ne favoriſeront non plus, le plus grand intereſſé que le moindre aux payements & diſtributions des deniers, ny meſmes en la ſolicitation des debtes, & qu'ils participeront & demeureront participans, tant que leur adminiſtration durera dans ladite Compagnie, ez ſommes ordonnées par ce preſent Octroy: enſemble qu'ils ſuivront & obſerveront autant qu'il leur touche, tous & chacun les Articles cy-deſſus, & les feront ſuivre & obſerver par les autres de tout leur pouvoir.

XLV. Tous leſquels Privileges, Franchiſes & Exemptions, enſemble les aſſiſtances cy-devant mention-

ANNO 1620.

nées en tous leurs Poincts & Articles, Nous avons avec bonne cognoissance de cause octroyé, concedé, asseuré, & promis à ladite Compagnie, octroyons, concedons & asseurons par ces presentes, promettant la faire jouyr plainement & paisiblement de tout le contenu d'iceux: Et ordonnons qu'ils seront observez & suivis par tous Superieurs, Officiers & Subjects de ces Provinces Unies, sans aller au contraire, directement ny indirectement, dedans ny dehors cesdites Provinces, sur peine d'estre punis par corps & biens, comme Perturbateurs du bien public, & Infracteurs de nos Ordonnances: Promettans en outre à ladite Compagnie, que nous la conserverons & maintiendrons au contenu de ce present Octroy en tous les Traictez de Paix, Alliances & Accords à faire avec les Princes, Royaumes & Pays voisins, sans rien faire ou traicter au prejudice de ces presentes: Mandons & commandons expressement à tous Gouverneurs, Justiciers, Officiers, Magistrats & Habitans de cesdites Provinces Unies, qu'ils laissent & fassent jouyr ladite Compagnie, & les Sur-Intendans d'icelle, plainement & paisiblement, de l'entier effect de ce present nostre Octroy, Congé & Privilege, cessans & faisans cesser tous empeschements & contradictions au contraire: Et afin que personne n'en pretende cause d'ignorance, Nous avons enjoinct, que le sommaire de cét Octroy sera publié & affiché aux lieux accoustumez: car nous le trouvons ainsi convenir pour le service du Pays. Faict & arresté en l'Assemblée de mesdits Seigneurs les Estats Generaux, à la Haye, le neufiesme jour de Juin, l'an de grace mil six cents vingt: *Et estoit paraphé*, I. MAGNUS V. *Au dessous estoit escrit*, Par l'Ordonnance de mesdits Seigneurs les Estats Generaux.

Signé,

C. AERSSEN.

CCIV.

30. Juin. Mandatum Cassatorium & Inhibitorium Cæsarcum sinè Clausula an und wider die Nider-Sächsischen Crayß-Stände / die Stadt Hamburg an Ihrer Possession vel quasi auf denen Crayß-Tägen zu erscheinen / und daselbst Ihr Session und votum zu exerciren / nicht zu verhindern / das darwieder gemachte Conclus zu cassiren / und viel mehr die Stadt dabey zu schützen. Geben Speyer den 30. Junii 1620. [CHRIST. GASTELIUS de Statu Public. Europ. Noviss. Cap. XXXII. pag. 1098.]

C'est-à-dire,

Mandement Imperial Cassatoire & Inhibitoire sine clausula *aux* ETATS *du Cercle de la* BASSE SAXE, *par lequel il leur est défendu de troubler la Ville de* HAMBOURG *dans sa possession* vel quasi *de comparoitre aux Dietes Circulaires, & d'y prendre Voix & Séance, déclarant nul & de nulle valeur tout ce qui a été fait au contraire, & la maintenant dans sa possession. A Spire le 30. Juin* 1620.

WIr Ferdinand der Ander von Gottes Gnaden / erwöhlter Römischer Kayser / zu allen Zeiten Mehrer des Reichs / in Germanien / zu Hungarn / Böheimb / Dalmatien / Croatien und Schlavonien König / &c. Ertz-Hertzog zu Oesterreich / Hertzog zu Burgund / Stayer / Kärndten / Crain und Würtenberg / Graffe zu Habspurg / Tyrol und Görtz / &c. Entbieten den Ehrwürdig / Hoch- und Wolgebornen / Ehrsamen / Edlen / Unsern lieben Oheimen / Fürsten / Andächtigen und des Reichs Getreuen N. N. N. Fürsten / Prælaten / Graffen / Herrn / Ritterschafft und Städten des Nidersächsischen Craises / Unser Gnad und alles Gutes. Ehrwürdig / Hoch- und Wolgeborne / Ehrsam / Edel / liebe Oheim / Fürsten und Andächtigen.

Unserm Kayserl Cammergericht / hat der Ersam / Gelehrt / Unser Raht / Cammer-Procurator, Fiscalis Generalis und lieber Getreuer / Carl Seiblin / genant von Böhl / der Rechten Licentiat, Ampts-halber supplicirend zu erkennen geben: ANNO 1620.

Obwol nicht allein in den gemeinen geschriebenen Geist- und Weltlichen Rechten / sondern auch des Heil. Reichs hochverpönten Abschieden und Ordnungen heilsamlich und wol fürsehen / statuiret und verordnet / daß keiner den andern / der sey gleich was Standes / Würdens oder Dignität er welle / an seiner wolhergebrachter Possession vel quasi, Recht und Gerechtigkeit verhindern / viel weniger derselben gantz zu entsetzen sich unterfangen / also daß auch so gar in specie in des Heil. Reichs Abschied / so Anno viertzig acht aufgericht / in §. Würde sich aber & seqq. die Sach dahin gestelt / daß / wann ein Stand den andern zu eximiren und dem Reich zu entziehen sich unterfangen / und Unser General-Fiscal im Namen des Heil. Reichs dargegen procediren solte / der jenige so in possessione, es sey gleich das Reich / oder der angemaste Eximent, in derselben Possession, respective bis zur Austrag ordentlichen Rechtens verbleiben soll.

Obwohln auch des Heil. Röm. Reichs vor undencklichen Jahren in ruhiger Possession gewesen Burgermeister und Raht der Stadt Hamburg / als einen vor Alters hero in den Matriculn begriffenen Stand zu allen Reichs-Versamlungen zu beruffen / auch denselben ihren besondern Anschlag zu des Reichs Bürden / tragen zu helffen gemacht / die sie auch zum theil erlegt / und durch E. E. E. L. L. Ld. und Euch diese Possession gemeldte Burgermeister und Raht der Stadt Hamburg continuiren helffen / indeme dieselbe nicht allein von unüberdencklicher Zeit hero / und also überlängst für und bey wehrender Exemption-Sachen zu allen und jeden des Nidersächsischen Craiß-Versamblungen / gleich andern desselben Craiß-Stände beschrieben und erfordert / auch etwan bey wehrender Rechtfertigung / als nemlich im Jahr fünfftzig sechs / bey damaln gehaltener Craiß-Versamlung durch ihre Abgeordnete erschienen / und daselbst Ihre Session und Votum gehabt / besondern auch also nach der sechsten Julii nechst abgewichenen sechzehenhundert achtzehenden Jahrs erfolgter gerichtlicher Erörterung dieser Exemption-Sachen / ermeldte von Hamburg auf den in der Stadt Lüneburg in nechst verschienenem Monat Augusto angesetzten Nidersächsischen Crais-Tag / von Euer / als den ausschreibenden Fürsten L. L. Ld. allermassen wie zuvor jederzeit beschehen / beruffen / darauf denselben Craiß-Tag zu Lüneburg / durch Ihre Abgeordnete besucht / ihnen auch darauf ihr alte Session angewiesen / und ohngeacht die Königl. Dännemärckische und Fürstl. Holsteinische Abgesandte sich darwider opponirt, solche behalten / und über die ausgeschriebene puncta suo ordine & loco ihr Votum abgelegt / also auch / daß / weil des Hamburgischen Anschlags halber Streit eingefallen / und ein anderer Conventus auf den 26. Septemb. zu Braunschweig durch abgefastes Memorial benahmet und angesetzt / demselben unter andern mit einverleibt / daß die von Hamburg auf solchen aufgesetzten Craiß-Tag die Ihre mit genugsamer Vollmacht wegen des Anschlags zu handlen und zu schliessen abordnen solten / und also daher die kundbahre possession vel quasi dero von Hamburg / die Nidersächsische Craiß-Tage zu besuchen / und auf denselben ihre Session und Votum zu halten / gnugsam zu verspüren / und allerdings ausser zweiffel / und demnach billich / daß von obangezogenen Rechten wegen / das Heil. Reich / bey solcher wolhergebrachter / und so gar auch mit der nunmehr in petitorio ergangener Urtheil bestattig-

Anno 1620. stättigter Possession verbleiben/ und hierwider die ex officio prætendirte Revisio als bis ratio sententiæ in petitorio latæ anmassentlich ersuchet/ quoad hoc possessorium keinen effectum suspensivum haben kan.

So trage sich doch anjetzo in facto zu / daß dennoch mehrgemeldte Bürgermeister und Raht der Stadt Hamburg/ bey welchen es bis dato gehafftet/ ob sie auf so lange Zeit continuirtes Erforderen auf Reichs- und Craiß-Tägen erscheinen wollen/ nach eröffneter und publicirter Haubt-Urtheil an Unserm Kayserl. Cammergericht/ in welcher sie für eine Reichs-Stadt declarirt und erkannt / auch ihnen alle Reichsbürden / wie von Alters auch geschehen / zu tragen auferlegt / und consequenter bey ihrer Possession auf Reichs- und Craiß-Versamlungen zu erscheinen gelassen / sie auch als von obernennten Unserm Kays. Fiscal principal-Beklagte/ und welche diese Sache am meisten angehe/ solcher Urtheil zu pariren/ und so wol mit Erscheinung auf Craiß- und Reichs-Tagen/ als auch Abstattung der Reichsbürden/ nach billigen Dingen ein gehorsamet Vergnügen zu thun sich bequemet/ auch in Betrachtung / daß von dergleichen Urtheiln Unsers Kayserl. Cammergerichts in Exemption-Sachen keine suspensiva remedia Statt haben/ und bishero niemalen gesucht worden / billich thun sollen/ daß auf unzeitiges Anbringen bey E. E. E. L. L. Ld. und Euch / der Hertzogen von Holstein L. L. als in der Rechtfertigung angemasten Eximenten , aus diesem prætendirten Fundament allein/ als solten sie wegen angemaster gesuchter Revision in dieser Sachen (da doch in causis Fiscalibus, laut bekanten beschriebenen Rechten/ kein appellatio und folglich auch weniger einige Revisio Statt haben soll / zu geschweigen/ daß es wegen vernünfftigen Ursachen ein unerhörtes Ding/ von dergleichen Exemption-Sachen Revision zu suchen) bey Ihrer vermeinten Possession über die Stadt Hamburg habenden Prætensionen/ da doch einige possessio ex parte Illorum nicht erwiesen/ pendente Revisione gelassen werden / diß Orts an ihren nunmehr erkanten schuldigen Gehorsam dem Heil Reich keines wegs / durch was gesuchten Schein das immer geschehen möchte/ abzuhalten befugt/ so viel erhalten/ daß E. E. E. L. L. Ld. und ihr Nidersächsischen Crais-Stände / durch Verdrauung J. J. L. Ld. nicht-erscheinens zu des Craiß-Versamlungen dahin bewegt / von Ihrer von unvordencklichen Jahren hero gehabter und jederzeit continuirter, Possession offtermeldte Bürgermeister und Raht der Stadt Hamburg zu Craiß-Tägen zu beschreiben/ und zur Consultation und votirn zuzulassen/ nicht allein abzustehen / sondern auch so gar einen gemeinen Schluß zu machen / sie von solchem Erscheinen / inmassen Unsern Kayserl. Fiscal darvon beständige Nachrichtung zugekommen/ noch zur Zeit abzuhalten / und sie also ihrer von undencklichen Jarhen hero wol hergebrachten Possession gäntzlich zu destituiren und zu entsetzen.

Wann dann dieses alles den obangezogenen Rechten und heilsamen Reichs-Constitutionen/ sonderlich aber dem Abschied de An. 48. è diametro zu wider/ auch das Heil. Reich diß Orts merckliches Interesse damit unterlaufft / und aber bey einem Craiß gar nicht stehet/ dergleichen præjudicirliche Schlüß / als deren Jurisdictio so weit sich gar nicht erstreckt/ zu machen/ und also hierinnen Uns/ auch dem Heil. Reich und Unserm Kayserl. Cammergericht vorzugreiffen/ dardurch sie einen Stand von seinem undencklichen Herbringen de facto abzutreiben sich unternehmen wollen / dieses auch ein factum, so nullo Jure justificiret werden mag/ im Reich pessimi exempli, und periculum summum in mora, also daß à Præcepto laut des 23. Tituls Kayserl. Cammergerichts-Ordnung part. 2. in dieser ohne das Fiscalischen Sach/ als in deren Vermög ermeldter Kayserl. Cammer-Gerichts Ordnung pag. 2. tit. 20. §. fin. Jurisdictio gnugsam fundiret, wol angefangen werden mag. Derhalben um diese Unsere Kayserl. Mandat und Ladung wider E. E. E. L. L. Ld. und Euch zu ertheilen / tragenden Amptshalben unterthänig anruffend / erlangt/ das gebetene Procesś an heut dato erkannt und mitgetheilet worden seynd. Anno 1620.

Als gebieten Wir Ihro und Euch sambt und sonders von Röm. Kayserl. Macht / auch bey Pöen zwantzig Marck lötigs Golds / in Unser Kayserl. Cammer unnachläßlich zu bezahlen / hiemit ernstlich/ und wollen: daß sie und ihr ohne Verzug/ Einred und Entgelt/ offtermeldte Bürgermeister und Raht der Stadt Hamburg/ an ihrer wol- und alt herbrachter/ mit Urtheil und Recht bestättigter Possession vel quasi zu Craiß-Tägen zu erscheinen/ daselbsten ihre Session und Votum zu exerciren gar nicht verhindern/ auch das widrig/ in præjudicium Uns und des Heil. Reichs und ausgesprochener Urtheil gemachte Conclus, als ohne das an ihme selbsten gantz null und von Unkräfften/ wiederum cassiren und abthun / sondern vielmehr sich und euch selbsten/ bey Ihro und Euerer Possession die von Hamburg zu Craiß-Tägen zu beschreiben / manuteniren und handhaben / deme allem also gehorsamlich nachsetzen und zuwider nicht thun / als lieb Ihro und Euch seyn mag angedrauete Pöen zu vermeiden/ daran beschicht Unsere ernstliche Meinung.

Wir haischen und laden dieselbe E. E. E. L. L. Ld. und Euch von berührter Kayserl. Macht / auch hiemit auf den 24. Tag Monats Novembris schirstkünfftig / den wir für den ersten / andern / dritten letzten / und endlichen Rechts-Tag setzen und benennen / peremtoriè, oder ob derselbig nicht ein Gerichts-Tag seyn wird / den nechsten Gerichts-Tag darnach / selbst / oder durch einen Vollmächtigen Anwaldten an demselben Unserm Kays. Cammergericht zu erscheinen/ gebottener und in billiger massen willfährigen Gehorsam glaublich anzuzeigen und darzuthun / oder wo deme unzuversichtlich zuwider gehandelt und vorgenommen / alsdann zusehen und hören / sich und euch in angedreuete Pöen gefallen seyn / mit Urtheil und Recht sprechen / erkennen und erklären / oder aber beständige erhebliche Einreden / ob sie und ihr einige hätten / warum solche Erklärung nicht geschehen solle / fürzubringen / endlichen Entschieds darüber zu gewarten.

Wann E. E. E. L. L. Ld. und ihr kommen und erscheinen alsdann also oder nicht/ so wird doch nichts destoweniger auf des gehorsamen Theils oder seines Anwalds anruffen und erfordern/ hierinnen im Rechten mit gedachter Erkänntnuß/ Erklärung und anderm gehandlet und procedirt, wie sich das seiner Ordnung nach gebührt. Darnach sie sich / und ihr euch zu richten. Geben in Unser und des Heiligen Reichs-Stadt Speyer den 30. Tag Monats Junii / nach Christi Unsers lieben HErrn Geburt 1620. Unserer Reiche des Römischen im ersten / des Hungarischen im dritten/ und des Böhaimischen im vierdten Jahren.

Ad Mandatum Domini Electi Imperatoris proprium.

Cyprian: Vomelius Stapert / D. Verwalter / subsc.

Francifcus Henricus Faust / Judicii Imper. Cameræ Protonotarius.

CCV.

ANNO 1620. 3. Juill.

CCV.

Tractat zwischen Jhro Füstl. Durchl. MAXIMILIAN, Hertzogen in Bayern / im Nahmen und als der Catholischen Vereinigten Generaln eines / und Joachim Ernst Marggraffen zu Brandenburg Anspach / als der Evangelischen Union General-Leutenant, andern Theils / zu aufhebung alles Mißverstands / und Stifftung besserens Vertrauens unter beyden Unionen im Heil, Reich. Ulm den 3. Julii. 1620. [LONDORPII Acta Publica, Part. II. Lib. V. Cap. XXXVIII. pag 48. d'où l'on a tiré cette Pièce, qui se trouve aussi dans LUNIG, Teutsches Reichs-Archiv. Part. Spec. Abtheil. II. pag. 285. & en François dans les *Mémoires de* VILLEROI Tom. III. pag 547. aussi bien que dans le MERCURE FRANÇOIS, Tom. IV. Part. II. pag. 151. mais seulement par extrait.]

C'est-à-dire,

Traité entre MAXIMILIEN *Duc de Baviere, au nom & en qualité de Général de la* LIGUE CATHOLIQUE *d'une part, &* JOACHIM ERNEST *Marcgrave de Brandebourg-Anspach comme Lieutenant Général de* l'UNION EVANGELIQUE *d'autre part, pour parvenir à un Accommodement entre les deux Partis. A Ulme le 3. Juillet.* 1620.

VON Gottes Gnaden wir Maximilian Pfaltz-Graff bey Rhein / und von dergleichen Gnaden Wir Joachim Ernst Marggraff zu Brandenburg / thun kund jedermänniglich / demnach nunmehr ein geraume Zeit hero / so wol im H. Röm. Reich Teutscher Nation / als auch in benachbarten unterschiedlichen Königreichen und Landen gefährlich und weitaußsehende Zuständ und Kriegsempörungen sich erzeigt / und dannenhero so wol die Catholischen als Evangelischen vereinigte Churfürsten / Fürsten und Ständ sich in Kriegspræparation und Verfassung einzulassen / Anlaß genommen / und darauß Mißverständ entsprungen / sambt man angeregte von beyden Unionen gemachte Kriegespræparationes und Verfassungen zur Offension / Vergewältigung / Betrübnuß einer oder der andern Union / zu verwenden / und dardurch ein motum im H. Reich zu erwecken angesehen. Also und damit solcher Mißverstand auffgehebt / besser Vertrauen unter beyden Unionen im H. Reich gestifftet / haben wir Uns vermittelst der Königl. Würde in Franckreich wolansehenlichen Gesandten / welche sich ohne das in der Reichs-Statt Ulm befunden / eines gewissen verbündlichen Verspruchs / Zusag und Versicherung verglichen. Und erstlichen versprechen / zusagen und versicheren wir Hertzog Maximilian / als der Catholischen Vereinigten General / und wir Joachim Ernst Marggraff zu Brandenburg / als der Evangelischen Union General-Leutenant / für uns und beyderseits Unionen zugethane Churfürsten / Fürsten und Ständ / bey Unsern wahren Worten / Trauen und Glauben zum allerkräfftigsten und in aller bester Form es von Rechts wegen geschehen kan / soll und mag / daß weder ein noch der andern Union einverleibter Chur-Fürst oder Stand / in keine Weg oder Weiß / oder unter was gesuchtem Schein es immer seyn oder erdacht werden kan / weder durch sich oder durch andere / mit einer noch der andern Union zuständigen Kriegsverfassungen / dem anderen Theil und dessen angehörige Chur-Fürstenthumb / Land / Leut / Stätt / Flecken / Dörffer und Inhabung in Geist- und Weltlichen offendiren / beleydigen / wider den Religion und Prophan-Frieden beschweren / überziehen / einlägern / anfallen / turbiren / oder einige Thätigkeiten gegen einem oder dem andern fürnehmen / sondern so wol die Catholischen mit den Evangelischen / als hingegen die Evangel. mit den Catholischen / in rechtschaffenem ungeferbtem Frieden / Ruhe und Einigkeit verharren / jeden bey dem seinigen unbetrübt und sicher bleiben lassen sollen und wollen / Damit aber dieser Verspruch und gutes Vertrauen / wie unter benachbarten Fürsten und Ständen / Vermög der Reichs-Constitutionen in allweg sich gebühret / beharrlich continuirt / soll beyderseits an jetzo in der Nachbarschafft habendes Kriegsvolck von denen Orten / da sie jetzund seyn / chest so viel möglich / ohn eines oder deß andern Beschädigung abgeführt / und an desselben statt kein anders hin logirt werden.

ANNO 1620.

Zum andern ist bedingt und verglichen worden / da einer oder der andern Union verwandter Churfürst / Fürst oder Stand / oder ein und die andere Union sammentlich / ihrer erheischender Nothdurfft nach / ein Durchzug / vermög der Reichssatzung / zu ihrer und der ihrigen Defension und Versicherung / auff vorgehende gnugsame Caution suchen wird / soll einer oder der ander Stand solche nicht abschlagen / doch daß ein solches Ansuchen zeitlich und nicht unversehens / oder mit kurtzer vorhergehender Avisation / wan man mit dem Volck schon an der Grentz / oder gar in eines andern Land ist / mit Beschwerung der Unterthanen beschehe.

Und nachdem drittens wir Hertzog Maximilian in Bäyern und andere vereinte Catholische Ständ das Königreich Böheim und dessen incorporirte Länder / von dieser gegenwärtigen Handlung außgeschlossen und in solche Tractation nur die jenige Churfürstenthumb und Länder / so beyderseits unirten Chur Fürsten und Ständen gehörig / darunter auch die Chur Pfaltz sampt derselben im Reich gelegene Erbländer / (weil man dieser Zeit mit andern in obgesagtem Mißverstand nicht versirt / sondern mit denselben verhoffentlich in gutem Verstand steht) begriffen / und nicht weiter extendiret werden soll / so lassen bey dieser der Catholischen Chur-Fürsten und Ständ Erklärung / so viel das Königreich Böheimb und dessen incorporirte Länder anlangt / Wir Joachim Ernst Marggraff zu Brandenburg / für Uns und Unsere Mit-unirte Chur-Fürsten und Ständ es bewenden / und wollen nicht weniger Unsers Theils besagtes Königreich Böheimb und dessen incorporirte Länder hierunter nicht verstanden / sondern solcher Sachen ihren freyen Lauff lassen / und diese Erklärung ebenmässig von denen im Reich gelegenen Chur-Fürstenthumben und Ländern obangedeuter massen allein gemeinet haben

Zum vierdten / nach dem unter währender Tractation vielmals deren im Reich unerledigten gravaminum Anregung beschehen / so ist doch die Vergleich- und Hinlegung wegen Kürtze der Zeit / und weil solche beyderseits Union einverleibte allein nicht / sondern ins gemein Catholische und Evangelische Ständ deß Reichs / von denen man aber für dißmal nicht gevollmächtiget / berühret / biß auff andere bequemere Zeit verschoben worden.

Als auch von beyderseits Unionen Schaden / so von derselben Kriegsvolck / insonderheit aber zu Sundheim / und derselben Benachbarschafft vorgangen prætendirt / soll solcher Erstattung wegen ins künfftig nach billichen Dingen tractirt werden.

Welches alles wir Hertzog Maximilian / und wir Marggraff Joachim Ernst so wol für Uns / als gedachte Unsere Mit-conföderirte Chur-Fürsten und Ständ stett / fest und unverbrüchlich zu halten versprochen. Zu dessen mehren Versicherung haben wir Uns mit eigenen Handen unterschrieben / und Unsere Fürstliche Secret fürtrucken lassen / Geschehen Ulm den 3. Julii Neuen Calend. Anno 1620.

Anno 1620. 10. Août.

La Roi de France et sa Mere.

CCVI.

Articles accordez par Louis XIII. *Roi de France à* Marie de Medicis *sa Mere, faits au Pont de Sé, le* 10. *Août*, 1620. [Mercure François, Tom. VI. Partie II. pag. 338.]

I. LA Declaration d'innocence sera donnée pour la Royne Mere du Roy, & descharge en sa faveur pour ceux qui l'ont assistée.

II. Le Traicté d'Angoulesme sera executé de part & d'autre en toutes ses parties & conditions.

III. Les Charges & Gouvernements seront rendus, excepté ceux ausquels le Roy a pourveu, dont leur a donné Memoire.

IV. Le Roy n'empeschant pourtant à la Royne sa Mere, d'user pour ce sujet de sa supplication en la faveur de ceux qui sont contenus au Memoire qui a esté donné.

V. Seront aussi payez les Estats & gages qui appartiennent aux Gouverneurs & autres restablis en vertu des presents Articles, de mesme façon que ceux qui ont servy le Roy.

VI. Seront données charges de tous les deniers Royaux qui ont esté pris & enlevez.

VII. Sera permis à toutes sortes de personnes de quelque qualité & condition qu'ils soient, qui ont suivy le party de la Royne Mere du Roy, d'exercer librement la fonction de leurs Charges, aller, venir à la Cour, ou sejourner en leurs Maisons & Gouvernements, avec entiere & pareille liberté que ceux qui ont suivy & servy le party du Roy.

VIII. Tous prisonniers seront delivrez sans rançon de part & d'autre.

IX. Sera rendue la Maison du Pont du Sé entre les mains de qui la Royne Mere voudra.

X. Sera rendu Dreux à Monsieur le Comte, Vendosme à M. de Vendosme, qui fera oster les Fortifications faites depuis son absence de la Cour, ensemble la Ville de Verneuil, Sablé à M. le Mareschal de Boisdauphin, & la Ferté Bernard à M. de Mayenne.

XI. Seront restablis toutes sortes d'Officiers en toutes leurs Charges & fonctions de part & d'autre, en vertu de la Declaration de la Royne Mere, s'ils n'en demandent de particulieres, ou des Lettres de Cachet sur la generale.

XII. Les Compagnies de Chevaux legers de M. le Comte & autres Princes qui ont suivy la Royne Mere, leur seront rendues, comme avant les mouvements, & à l'advenir entretenues comme celles des autres qui ont servy le Roy depuis le premier Juillet. Toutes poursuites de condemnations seront cassées, à l'esgard de ceux qui ne se sont point deffendus.

XIII. Seront donnez à la Royne Mere du Roy trois cens mille livres contant, & autres trois cens mille livres dans le commencement de l'année prochaine, pour ayder à acquiter ses debtes.

XIV. Moyennant lesquels Articles, de la part de la Royne Mere, & desdits Princes qui l'ont assistée, seront remises les Places & autres Officiers des Villes, Gentilshommes & autres, en pareil estat qu'ils estoient auparavant le premier jour de Janvier passé.

XV. Seront aussi payez les entretenements & pensions de ceux qui ont suivy la Royne Mere du Roy, doresnavant, & à la mesme façon que celles qui ont suivy le Roy.

CCVII.

29. Oct. **Jhro Käyserl. Majest.** Ferdinandi II. **Confirmation, über das in dem Hochgräfl. Hauß Hanau aufgerichte Jus Primogeniturae. Geben Wienn den 29. Octobris 1620.**

C'est-à-dire,

Confirmation de l'Empereur Ferdinand II. *sur le Droit de Primogeniture établi dans la Maison des Comtes de* Hanau. *A Vienne le* 29. *Octobre* 1620. [Voyez-la ci-devant sous le 30 Novembre 1375. Tom. II. Part I. pag. 109. col. 1.]

CCVIII.

Anno 1620. 13. Nov.

Erkläuhrung der Böhmischen Ständen gegen Ferdinandum den andern Römischen Kayser; Wodurch Sie bekennen unrecht gethan zu haben/ daß Sie sich wieder Jhro Majest. alß ihren rechtmässig Succedirenden König aufgeleint haben/ Jhn ins künfftig für ihren König erkennen/ auch die huldigung zu thun sich erbiethen/ ihm allein gehorsamb und getreu zu seyn/ ferners alle wider ihn gethane Verbündnusse widerruffen und cassiren. Actum zu Prag den 13. Novembris Anno 1610. [Lunig. Teutsches Reichs Archiv. Parc. Special. Continuat. I. Absatz I. pag. 196.]

C'est-à-dire,

Déclaration des Etats *de* Boheme *à l'Empereur* Ferdinand II. *Ils y reconnoissent la grande faute qu'ils ont faite de s'élever contre lui qui étoit leur légitime Roi, prometant de le reconnoitre desormais pour tel, de lui faire hommage & de ne le rendre qu'à lui seul; de perseverer constamment dans la fidelité qu'ils lui doivent, & de se départir de toutes les Alliances contraires à son service, lesquelles ils cassent & revoquent. A Prague le* 13 *Novembre* 1620.

NAchdem die Stände/ Herren/ Ritter und vom Adel in diesem Königreich Böheim gegen dem Durchl. Fürsten und Herrn/ Herrn Maximiliano, Hertzogen in Bayern/ als von Jhr. Käyserlichen Mayestät wohlverordneten und Hochansehnlichen Commisario, in ihren Nahmen/ und von sich selbsten/ wie auch an statt ihrer Unterthanen/ und deren die sich gutwillig wegen der Huldigung erklährt haben/ daß sie in der Sachen/ darinnen sie sich bishero wieder Jhre Kayserliche Mayestät Käyser Ferdinandum den Andern/ als ihren rechten succedirenden gekröhnten und gesalbten König/ unrechtmäßig auffgeleint/ gantz unrecht gethan haben/ hergegen aber und künfftig keinen andern vor ihren rechten natürlichen König und Herrn/ als Allerhöchstgedachte Jhre Kayserliche Majestät erkennen wollen/ welche ihre Erklärung sie mit leiblichem Aydt zu bestätten/ sich unterthänigst erbieten/ und solches offt gedachte Jhre Fürstliche Durchleuchtigkeit im Nahmen Jhre Käyserlichen Majestät die Huldigung und Aydt-Pflicht auff ein Interim, bis von Jhrer Käyserlichen Majestät deswegen fernere Verordnung geschicht/ gnädigst auffgenommen/ darauff sie/ wie gedacht/ Interimsweise gebührlicher massen gehuldiget/ angelobt und geschworen/ dem Allerdurchleuchtigsten/ Großmächtigsten Fürsten und Herrn/ Herrn Ferdinando dem andern diß Nahmens/ als ietzige Römische Käyserliche auch zu Hungarn und Böheim Königliche Majestät für ihren rechten/ einigen Böhmischen König und Herrn zu halten/ zu haben und zu erkennen/ auch allein denselben und sonst keinem andern getreu/ gehorsamb und gewärtig zu seyn/ zu welchem Ende dann Allerhöchstgedachte Jhre Käyserliche und Königliche Majestät aus vollkommener Käyserlicher und Königlicher Macht und Gewalt/ alle die Eyd/ Gelübd und Verbündnüß/ welche deme zuwieder vor diesem mit einem andern vorgangen/ allerdings gäntzlich und gründlich cassirt und auffgehebt/ auch null und nichtig seyn sollen/ krafft dessen allen sie auch sambt und sonders/ alle solche Eydt/ Gelübd und Verbündnüssen/ welcher gestalt/ wie/ und gegen weme dieselben zuvor auffgerichtet/ in bester beständigster Form Rechtens/

als

Anno 1620. als solche immer seyn oder erdacht werden mag/ hiermit wiederruffen und wiedersprechen/ auch zu mehrer Versicherung solches Wiedersprechens/ und hergegen leistenden schuldigen Gehorsambs unter ihrer Verfertigung/ und eigenen Hand-Unterschrifften Hochgedachte Ihre Fürstliche Durchleuchtigkeit als Käyserlichen Commissario einen auffrichtigen Revers in 24. Stunden übergeben/ nochmahln darbey gelobend und versprechend/ hinführo der Römischen Käyserlichen auch zu Hungarn und Böheimb Königlichen Majestät Ferdinando dem andern/ solche schuldige Treu und Gehorsam standhafft und beharrlich zu leisten/ wie Ehrliebende getreue Ständt und Unterthanen ihrem rechten König und Herrn zu erzeigen vor GOtt und vor der Welt zu thun schuldig seyn. Actum in der Königlichen Haupt-Stadt Prag den 13. Tag Novembris, Anno 1620.

CCIX.

1621. Pologne et Turquie.

Extrait du Traité de Paix entre SIGISMOND III. *Roi de Pologne,* & OSMAN I. *Empereur des Turcs. Fait en l'année* 1621. [Continuation de CHALCONDYLE, par THOMAS ARTUS, Sr. *d'Embry.* Liv. XX. pag 914.]

I. STanislas SulisZow suivra Osman à Constantinople en qualité d'Ambassadeur, en attendant qu'on y en envoye un Ordinaire. II. Un Huissier de la chambre du Grand Seigneur ira en diligence vers le Roy Sigismond pour escorter celuy qu'on y envoyera, avec toute sorte d'honneur. III. Cét Ambassadeur sera d'une des plus nobles & des plus considerables Maisons de Pologne. IV. Il sera accompagné d'un Secretaire du Roy, qui à la façon de ceux des autres Princes Chrestiens demeurera a la Cour d'Osman. V. Les Polonnois defendront la Navigation sur le Boristhene aux Cosaques, & les chastieront rigoureusement s'ils font quelque tort aux Sujets de Sa Hautesse. VI. Les Tartares ne feront aucunes courses dans la Pologne; & seront chassez par Osman du passage d'Okzakow. VII. Ils recompenseront les dommages qu'ils feront aux Polonnois, & le Cham sera puny par le Sultan son propre Seigneur. VIII. Toutesfois l'Edit n'aura pas lieu à l'égard des Sujets de l'un & de l'autre Prince qui iront à la pesche, & à la chasse. IX. Quand les Tartares marcheront sous les Enseignes des Turcs sur les Frontieres des Païs appartenans à la Pologne, ils ne pourront faire leurs ravages au dedans. X. L'un & l'autre Party envoyeront leurs Commissaires gens capables, pour regler les differends touchant les limites des deux Estats. XI. Le Roy de Pologne donnera les appointemens accoustumez au Cham des Tartares, & les luy fera porter à Jassos, où le Cham les envoyera querir, & sera tenu à la façon de ses ayeuls de porter les Armes quand il y sera appellé pour la Republique de Pologne. XII. Il ne sera mis dans la Moldavie que des Palatins Chrestiens, exempts d'avarice, Amateurs de Paix, & soigneux d'entretenir l'Alliance entre les deux Couronnes. XIII. La Forteresse de Chocin sera mise és mains du Palatin de Moldavie. XIV. Le Commerce & les passages seront libres entre les Sujets d'Osman & de Sigismond. XV. Les amis & ennemis seront censez communs. XVI. Les anciens Traitez seront entretenus, & les nouveaux demeureront inviolables. XVII. Quiconque entreprendra de violer aucun de ces Articles, sera estimé parjure, & chastié comme tel.

CCX.

22. Janv. **Reichs-Achts Erklärung Ihro Kays. Majest. FERDINANDI II wider FRIDRICH Pfalzgrafen bey Rhein/ und Churfürsten/ wegen des/ durch anmassung deß Königreichs Böhmen von Ihm begangenen Criminis læsæ Majestatis. Wienn den 22. Januarii 1621. [LONDORPII Acta Publica Tom. II. Lib. IV. Cap. I. pag. 306. d'où l'on a tiré** cette Piéce, qui se trouve en François dans le MERCURE FRANÇOIS, Tom. VI. pag. 42.] Anno 1621.

C'est-à-dire,

Ban Imperial decerné par FERDINAND II. *Empereur des Romains contre* FRIDERIC *Comte Palatin du Rhyn & Electeur, pour le crime de leze-Majesté commis par lui en s'arrogeant la Couronne & le Royaume de Boheme. A Vienne le 22 Janvier 1621.*

WIr Ferdinand der Ander/ von Gottes Gnaden/ erwählter Römischer Kayser/ zu allen Zeiten Mehrer deß Reichs/ in Germanien/ zu Hungarn/ Böheimb/ Dalmatien/ Croatien und Sclavonien König/ Ertzhertzog zu Oesterreich/ Hertzog zu Burgundien/ Steyer/ Kärndten/ Crain und Würtenberg/ Graff zu Tyrol. Entbieten allen und jeden Churfürsten/ Fürsten/ Geistlichen und Weltlichen/ Prälaten/ Graffen/ Freyen/ Herren/ Rittern/ Knechten/ Landvögten/ Hauptleuten/ Vitzthumben/ Vögten/ Pflegern/ Verwesern/ Amptleuten/ Landrichtern/ Schultheissen/ Burgermeistern/ Richtern/ Räthen/ Bürgern/ Gemeinden/ und sonst allen andern Unsern und deß Reichs Lehenmannen/ Unterthanen und Getreuen/ in was Würden/ Standts und Wesen die seyn/ und sonderlich Friederich Pfaltzgraffens bey Rhein Churf. Fürstenthumb und Landständen/ Unterthanen/ Lehenleuten/ Zugehörigen und Verwandten/ denen dieser Unser Kays. Brieff oder glaubwürdige Abschrifft davon zukomt/ oder damit ersucht und vermahnt werden/ Unsere Freundschafft/ Vätter- und Schwägerlichen Willen/ Kayserliche Gnad und alles Guts. Hoch- und Ehrwürdig/ auch Durchleuchtige/ Hochgeborne/ liebe Freund/ Neven/ Oheim/ Vetter/ Schwäger/ Brüder/ Chur- und Fürsten/ auch Wolgeborne/ Edle/ Ehrsame liebe Andächtige und Getreue/ Es ist nunmehr inner- und ausserhalb deß heiligen Römischen Reichs/ bey allen Königen/ Churfürsten/ Ständen/ Nationen und Völckern Weltkündig/ was für ein Unruhe und Rebellion/ sich in Unserm Erb-Königreich Böheimb und deß heiligen Reichs ansehenlichen Churfürstenthumb und Lehen/ im verschienen 1618. Jahr/ noch bey Lebzeiten und Regierung/ weyland deß Durchleuchtigsten Fürsten/ Herrn Matthiæ Römischen Kaysers/ auch zu Hungarn und Böhmen Königs/ Ertzhertzogen zu Oesterreich/ Unsers geliebten Herrn Vetters und Vatters/ hochlöblichster Gedächtnuß/ erhoben/ und folgends mit der Zeit in andere incorporirte Land weiter außgebreitet/ wie und welcher Gestalt auch Ihre Kayserl. Majest. und L. als damahln regierender König und Churfürst zu Böheim/ solches entstandene Unwesen/ und was demselben anhängig/ auß angebohrner Vätterlich friedliebender Neigung/ zu Verhütung schweren Krieg und Blutvergiessens/ bevorab der Verderbung ihrer armen Unterthanen/ etlichen fürnehmen Chur- und Fürsten deß Reichs (unter welchen obgenandter Friederich Pfaltzgraff/ auff sein eigenes Anerbieten auch selbsten begriffen gewesen) auff beschehenes Ansuchen und Begehren/ da sich die Rebellen auch ihres theils zu gebührendem Gehorsam erzeigen würden/ zu gütiger Hinleg- und Abhelffung anvertraut und übergeben. Demnach nun Ihr Kayserl. Majest. und L. bald hernach/ und noch ehe und zuvor obangeregte gütige Einwilligung die würckliche Vollziehung erreicht/ zeitlichen Todts verschieden/ und darauff die Succession und Regierung vorberührtes Königreichs Böheim und der incorporirten Landen/ an uns/ als noch bey ihrer Maj. und Lieb. Lebzeiten ordentlich angenommen:

ANNO 1621.

erkandt: gekrönt: gesalbet und belehnt: und nach obgesagten Todtfall succedirenden König und Churfürsten / rechtmässiger weiß kommen und erwachsen / darauß dann ferner erfolgt / daß wir uns krafft vorbemelter an uns gelangten ordentlicher Succession und Krönung deß Königreichs und Chur Böheim / auff die deßwegen an uns beschehene gebürliche Denunciation, in Unser und deß Heiligen Reichs Stadt Franckfurth zu Erwählung eines Römischen Königs zum Kayser zu erheben / auff die bestimbte Zeit / vermög der güldenen Bull und deß alten Herkommens / in eigener Person begeben / und daselbsten von den anwesenden Churfürsten / und der Abwesenden und zugleich obvermeltes Friederich Pfaltzgraff / als Churfürsten / vollmächtigen Räthen / Bottschafften und Abgesandten / für einen rechtmässiger Weiß succedirend-gekrönt-und belehnten König und Mit Churfürsten zu Böheim / in allen offenen / vorberührter güldenen Bull gemässen Handlungen / nicht allein erkennt / sondern auch zu dem vorgangenen Wahl-Actu, nach geleistem theuren Eyd (den sein Friedrich Pfaltzgraffen Gesandter ebenmässig würcklich erstattet) in das Conclave zugelassen worden / darbey wir auch Unsere gebührliche Session und Stimm vertretten / und darauff mit einhelligem Consens und Einwilligung obbesagter persönlich anwesenden Churfürsten / und der Abwesenden bevollmächtigten Gesandten / auß sonderbarer Schickung deß Allmächtigen / zum Römischen König / in Kayser zu erheben / den 28 August. verflossenen 1619. Jahrs erwählt / öffentlich proclamirt, auch folgends den 9. Septemb. erstbenanten Jahrs / mit gebräuchlichen Solennitäten gekrönt worden / haben wir uns zu Erzeigung Unserer Vätterlichen / gutherzigen und friedliebenden Fürsorg / und damit wir ohn alle Weiterung / Gefahr und hochschädliches Verderben / besagt Unser Königreich / wiederumb zu friedlichem Wesen / Ruhe / und Wolstand ehest befördern möchten / nicht allein gleich / nachdem die völlig Regierung an uns gefallen / den Böhmischen auffgestandenen Ständen / mit beweglicher Erinnerung Unser Gemüth / und daß wir ihre rechtmässige Privilegien und Freyheiten confirmiren / auch sonst alles das thun und leisten wolten / ja würcklich confirmirt und geleistet / was einem ordentlichen Böhmischen König von rechtswegen obligt; sondern wir haben noch ferner allda zu Franckfurt / dem gesambten löblichen Churfürstlichen Collegio (dabey sich die Chur-Pfältzischen Gevollmächtigte auch befunden) zu sonderbaren Ehren / auff desselben inständiges einhelliges Begehren und Anhalten / die ebenmässige Einwilligung einer gütlichen Interposition, inmassen von höchstgemeltem Unserm geliebten Herrn Vetter und Vatter / weiland Kayser Matthia / zuvor auch gegen etlichen Chur-und Fürsten geschehen / ungeacht die zu denselben Zeiten vorgewendete Gravamina, unter derer Prætext von ihnen Rebellanten die Waffen ergriffen / uns nicht angangen / wir uns auch der von weiland mehr höchsternandtem Unserm Vorfahren hinderlassenen Kriegsverfassung anderst nicht / als durch die öffentliche friedbrüchige Handlungen und Gewaltthaten / so von ihnen Rebellen / (unangesehen wir Unserm Kriegsvolck den Stillstand der Waffen allbereit anbefohlen / uns auch gegen ihnen den Rebellen zu gütlicher Hinlegung dieses entstandenen Unwesens / gantz gnädigst und Vätterlich erbotten gehabt) dannoch mit veråchtlicher in Windschlagung dessen alles wider uns vorgenommen / zu gebrauchen bewogen worden / gleich so wenig entgegen seyn lassen / sondern dieselbe obberührtem Churfürstlichen Collegio, vermög der von uns bey Unserer Kayserlichen Wahl und Krönung / schrifft-und mündlich gethaner Erklärungen / gantzlich anvertraut und übergeben / und ob wol wir uns darauff keines andern / dann ungezweiffelter Fortstellung solcher neben den andern Churfürsten / von mehrgenandtem Friedrich Pfaltzgraffen selbsten so eyferig begehrten und getriebenen Interposition-Handlung versehen / bevorab / dieweil solche von obbesagtem Churfürstlichen Collegio, Unsers Königreichs Böhmen Ständen und Unterthanen / durch ein gesambts Schreiben auß Franckfurt / im Monat Septembris verschienen 1619. Jahrs denuncijrt, und zu solchem End ein gewisse Tagsatzung / nemblich auff den 20. Novemb. jetztgemelten Jahrs / in Unser und deß Heil. Reichs Stadt Regenspurg angestellt und bestimbt worden. Dannenhero wir im wenigsten nicht vermuhtet / daß sich jemands befinden solt / so ein anders zu grossem Unheil / Verwirrung und Zerrüttligkeit / auch augenscheinlichen Landverderben und Blutvergiessen im Sinn und Gemüth haben solte / so ist jedoch dem stracks zu gegen / offenbar und am Tag / ja ebenmässig Weltkündig / nachdem offtgenandt Unsers Königreichs und Churfürstenthumbs Böheim Rebellen / auff Ihr / mit deren bewusten Rathgebern lang gepflogene heimlich Practicken / gleich eben zu der Zeit / als wir obverstandener massen zu Franckfurt zu der Hochheit deß Römischen Kayserthumbs / von den sämptlichen Churfürsten einhelliglich erwählt und erhaben worden / mit Veracht-und vergeßlicher Hindansetzung ihrer uns bey obgeschriebener Königlichen Böhmischen Annem-und Krönung / öffentlich geleisteten Pflicht und Landshuldigung / zuförderst aber des Heiligen Reichs / wie auch deß Königreichs Böheim als ihres Vatterlands Constitutionen / Fundamental Gesetzen / güldenen Bull / Kayserl. und Königl. Privilegien / Declarationen und allgemeinen Landschlüssen / und also wider Gott / Recht / die Natur und alle Erbarkeit / zu einer neuen / ungültig / und wie dieselb an sich selbst null und nichtig / also auch auß Kayserl. Vollmacht von uns darvor erklärten Wahl und Krönung / mit obbesagtem Friderichen Pfaltzgraffen eigenmächtiger / thädlicher und eydbruchiger Weiß geschritten / darbey die Vacantz deß Königreichs und auffrührische Entbrechung ihrer Eyd und Pflicht / auff nichts anders / als hochschmähliche Verletzung Unserer Reputation, Ehr / Hochheit und fälschlich erdacht hochanzügliche Famos-Reden und Schrifften / de facto unerkandter Sach also fundirt und gegründet / daß er Pfaltzgraff mit eigenthätlicher Zufahrung / solche Handlungen / als einen rechtmässigen Titul zum Königreich Böheim / nicht allein acceptirt und genehmb gehabt / und sich also dadurch an statt der friedlichen Vermittlung / zu der er sich / wie obgemelt / neben den andern Churfürsten erbotten / der jenigen friedbrüchigen Handlungen / so von den Rebellen und derselben Anhängern vorgenommen / unangesehen der noch bey Lebzeiten Unsers geliebten Herrn Vetters und Vaters Kaysers Matthiæ I. wider die jenige / so sich offtermelter Rebellion annehmen / öffentlich außgegangener und ins Reich publicirter Avocatorien, im Werck theilhafftig / und zu einem Haupt dieses gantzen Rebellionwesens gemacht / sondern auch in offtermelt Unser Königreich Böheim und dessen incorporirte Land persönlich gezogen / und sich desselben Unsers Königreichs und Churfürstenthumbs (welches mit allen Zugehörungen / nicht weniger als die Stimm und das Recht der Römisch Königlichen Wahl / darzu wir von dem Churfürstlichen Collegio, wie obgemelt / gelassen worden / und den Königen zu Böheim und deroselben Erben / erblich zustehet) wider deß heiligen Reichs Fundamental-Verfassung und besagtes Churfürstenthumbs / von Unsern Vorfahren am Reich herrührende / auch seines deß Pfaltzgraffen Vorfahren / weyland Churfürst

ANNO 1621.

fürst Ruperto/ neben andern deß heiligen Reichs Churfürsten erkandte und bestättigte Privilegien/ sich thätlicher und friedbrüchiger Weiß angemast/ und uns ohn einige rechtliche Erkändtnuß/ besagte Unsere Cron/ Königreich und Land/ so viel an ihm gewesen/ entzogen und de facto abgenommen/ und wie er wider Uns seinen Kayser und Herrn/ sich von Unsern feindlichen Rebellanten würcklich gebrauchen/ für ein Haupt auffwerffen/ und ihnen alle Hülff/ Vorschub und Beförderung zu thun bewegen lassen; Also hat er auch die Böhmisch und anderer Rebellen Kriegsmacht/ sein Vornehmen gewaltsamer Weiß durchzutringen sich unterstanden/ und in diesen Unsern Oesterreichischen Erblanden alle Feindlichkeit/ so von einem offenen Feind vorgenommen werden können/ verüben/ auch durch theils Fürsten und Ständ deß Reichs/ so mit gleichmässiger Hindansetzung ihrer obligenden Pflicht/ obgedachter Sachen sich theilhafftig gemacht/ der Rebellen Kriegsvolck gleich vor Unser Residentz und Kayserl. Angesicht führen lassen/ und alles was zu Schmälerung Unserer Kayserl. Hochheit/ auch uns zu Schaden und Verderben gereichen möchte/ im Werck erwiesen/ und dardurch uns zu weiterer natürlichen Noth-Defensions-Bereitschafft/ deren wir/ umb der darauß entstehenden Ungelegenheit willen/ lieber überhaben geblieben wären/ gezwungen. Uber diß alles/ mehrgedachter Pfaltzgraff/ beneben seinem rebellischen Anhang/ wider uns/ als regierenden Römischen Kayser/ Königen/ Herrn und Landsfürsten/ zu Behuff erstgenannter Böhmen und ihrer Adhærenten, hochschädlich weitaußsehende Bündnussen und Vereinigung getroffen und eingegangen/ auch sonsten allerhand gefährliche und solche Practicken gepflogen/ dardurch gemeiner Christenheit Erbfeind der Türck/ leichtlichen in diese Länder/ so für diß heiligen Reichs Vormauer allezeit gehalten worden/ hätte gelockt und in dieses Unwesen mit eingeflochten werden mögen. Wie nun er Pfalzgraff zu Unsers/ seines Kaysers und Herrn höchsten Verkleinerung/ sich vorangeregter der Böhmen/ an uns begangenen rebellischen hochschmählichen Beleidigung angemast/ Uns Unsere Königliche Hoheit/ Königreich/ Land und Leut/ so viel an ihm gewesen/ mit Gewalt zu entziehen/ und solches mit den rebellischen Waffen und allerhand geschwinden gefährlichen Practicken/ durchzutringen sich unterstanden/ also nachdem Uns der gerechte Gott den Sieg wider ihn verliehen/ und er sich mit der schändlichen Flucht salviren müssen/ hat er sich noch feindlicher massen unterstehen dörffen/ etliche Oerther in Unserm Königreich Böhmen zu besetzen/ neue Practicken anzuspinnen/ in Unserm Hertzogthumb Schlesien Zusammenkunfften zu halten/ dieselben Unsere Unterthanen in ihrer Rebellion zu stärcken/ von ihnen Hülff und Contributiones wider Uns zu begehren/ Uns verkleinerlich bey ihnen anzuziehen/ Unsern Königlichen Titul und Namen beharrlichen zu führen/ und allenthalben Occasion zu suchen/ die von ihm verursachte Kriegs-Empörung ferner wider Uns fortzustellen.

Wann dann oberzehlte von vielgedachtem Pfaltzgraffen verübte Thätlichkeit und Handlungen dermassen notorisch/ Weltkündig/ beharrlich und also bewandt seyn/ daß er durch dieselbige Crimen læsæ Majestatis in viel Weg begangen/ und in die auff dieses allerhöchste Verbrechen beleidigter Majestät/ in deß H. Reichs Constitutionen außgemässene hohe Straffen ipso facto gefallen/ sonderlich indem er/ eben damals/ wie obverstanden/ als wir allbereit durch seine und der andern Unserer und deß heiligen Reichs Churfürsten einhellige Wahl zu dem Kayserthumb erhaben/ gleich zu mehrem Despect derselben Hochheit und Erzeigung/ daß er zwar den Titul eines Römischen Kaysers erkenne/ wider derselben Person aber/ Ehr/ Hochheit und Reputation, guten Namen/ Wolfahrt/ Erb-und andere Gerechtigkeiten/ und was sonsten die Fidelitæt mit sich bringt/ öffentlich zu machiniren/ auch was wider keinen schlechtern Standt deß Reichs/ oder auch den wenigsten Lehensherrn zugelassen/ friedbrüchiger Weiß/ wider ein Römischen Kayser wol vornehmen könne und möge/ sich unterstanden/ das gröste und hochschmählichste Præjuditz/ so jemals einem Römischen Kayser wiederfahren/ und wie obberührt/ von Unsern Rebellen wider Uns vorgenommen/ mit all seinem Vermögen/ damit er Uns mehrentheils als seinem Lehenherrn verpflichtet/ zu manuteniren, wider Uns/ mit gewehrter Hand und Gewaltthaten durchzutringen/ dadurch seine längst vorgehabte Machinationen, blutdurstige/ Landfriedbrüchige Tractaten und Anschläg an Tag zu geben/ sich Unserer rebellischen Unterthanen/ welche Uns nach Unser Hochheit/ Land und Leuten/ auch aller zeitlichen Wolfahrt/ so viel an ihnen gelegen/ öffentlich gestanden/ noch stehen/ und wider deren Helffer und Anhänger noch von weiland obhöchsterwehnten Unserm geliebten Herrn Vetter und Vatter Kayser Matthia/ obberührter massen avocatoria Mandata ergangen und würcklichen angenommen/ Uns mit und neben ihnen feindlichen bekrieget/ sie als Unsere durch Land-und Erbhuldigung verpflichte Unterthanen/ durch einen vermeynten nichtigen Eyd/ von Uns sein und ihrem Kayser/ König und Herrn ab- und an sich zu ziehen unterstanden/ mit ihnen feindlich/ wider Uns in viel Weg conspirirt, Unsern Königlichen Titul/ Wapen und Kleynod usurpirt, deß heiligen Römischen Reichs und desselben Churfürstenthümber Verfassungen (vermög welcher/ insonderheit aber/ vorangeregtes vom Kayser Rudolpho I. der Chur halben/ den Königen zu Böheim gegebenen/ vom Kayser Carl dem Vierdten confirmirten/ wie auch von sein Pfaltzgraffens Vorfahren/ weiland Churfürst Ruperto und andern Churfürsten beliebten und bestättigten Privilegii, und darinnen angezogenen uhralten Observantz; so dann auch der guldenen Bull zu Nürnberg auffgericht/ und der zuvor wegen deß Königreichs Böheim mit Vorwissen und Bewilligung der Churfürsten ertheilten Bull/ welche unter andern Privilegien die Succession obberührten Königreichs Böhmen betreffende/ in nachfolgender Nürnbergischen Bull/ alles ihres Inhalts specificirt, in gleichem weiland König Ladislai Declaration, und dann Kaysers Ferdinandi Anno 1545. den Ständen gegebenen Revers, die Chur und was deren anhängig/ den Königen zu Böhmen und ihren Erben erblichen zustehet/ auch so lang der Königliche Stamm vorhanden/ den Einwohnern eintzige Wahl nicht gebühret) durch Annehmung einer hochfreventlichen/ thätlichen/ meineydigen und nichtigen Wahl/ so wir auch auß Kayserl. Gewalt und tragendem Ampt/ zu Erhaltung der Fundamental Gesetz deß H. Röm. Reichs/ für null und nichtig erklärt/ über einen hauffen zu werffen/ und die Grundfest/ darauff das Römische Reich fundirt; anzugreiffen/ und eigenmächtiger Weiß umbzustossen/ sich angemast/ offternentes Unser Königreich Böheim/ sampt dessen incorporirten Landen (in welchem wir auff offenem Landtag von allen Ständen angenommen/ gekrönt/ darauff von ihnen den Ständen und Unterthanen besagtes Königreichs und Länder/ Uns die gewönliche Huldigung geleistet/ wir auch nicht weniger/ von Kayserl. Maj. Krafft Unserer durch das Königliche Geblüt/ auff Uns erwachsener Recht und Gerechtigkeit/ und darauff erfolgter Annehm- und Krönung belehnet/ von jedermänniglich/ auch ihm Pfaltzgraffen selbst/ für einen rechtmässigen König in

ANNO 1621.

in Böhmen erkennt und titulirt / deßwegen von deß Heil. Reichs Ertz-Cantzlern und Churfürsten zu Mayntz / obangezeigter massen / zu der Wahl eines Röm. Königs / zum Kayser zu erheben / als ein Churfürst beschrieben / auch von dem Churfürstlichen Collegio in ebenmässiger Qualität / zur Stimm und Wahl zugelassen worden) gewaltthätiger Weiß durch öffentliche Kriegsbereitschafft / Verbündnussen / auch unter anderm mit Unsers Hauses Oesterreich gleichfals eigenen Erbunterthanen auffgerichte Conspiration, alles wider klärliche Verordnung / so wol der gemeinen Rechten / als sonderlich der güldenen Bull / im Titul / von Zusammen-Verbündnussen / auch allgemeinen Landfrieden und unterschiedliche Reichs-Abschied (in welchem klärlich versehen / daß kein Churfürst / Fürst oder Stand deß Reichs / eines andern Standts Unterthanen / unter was geführtem Schein oder Ursach das seyn möchte / in Schutz auffnehmen soll) darzu nicht allein / über so vielfältig von unterschiedlichen Chur- und Fürsten beschehene treuhertzige Erinner- und Vermahnungen / sondern auch / ungeacht Unserer noch zum Überfluß auß Kayserlich friedliebenden Gemüth an ihn Pfaltz-Graffen / sub dato den letzten Aprilis / mit Bestimmung eines gewissen Termins jüngsthin abgangener ernstlicher Dehortation und Warnung / nicht desto weniger gewaltthätig vorenthält / und aller Orth und Enden solches sein unrechtlich Vornehmen handzuhaben / und sich bey demselben zu befestigen mit eusserster gesuchter Kriegs-Macht unterstehet / auch in Fortsetzung dessen / wie obsteht / alles das jenige vergeßlich hindan gestellt / worzu er Uns / als Römischen Kayser und Obersten Haupt gleich andern Chur- und Fürsten deß Reichs / wie nicht weniger auch / krafft der jenigen theuren Eyd und Pflichten / so seine Voreltern und Er / Unsern Vorfahren am Reich geleistet (welchem gegen Uns nachzukommen / er als ein Churf- und vornehmer Stand deß Reichs / gleich so wol schuldig / als hätte er dieselbe Uns allbereit würcklich geschworen) verpflichtet und verbunden ist / nemblich uns getreu / gehorsam / hold und gewärtig / und nimmer in dem Rath zu seyn / da wider Unsere Person / Ehr / Würde oder Stand gehandelt wird / noch darein zu bewilligen / sondern Unsern und deß H. Reichs Nutz und Frommen zu fördern / Schaden zu warnen und zu wenden / und so er verstünde / daß wider Unser Kayserl. Majest. oder Person ichtes fürgenommen oder gehandelt würde / deme getreulich vorzuseyn / und Uns unverzöglich zu warnen. Gestalt dann obgedachter Pfaltzgraff eben so wenig die heilsame Satzungen deß Religion- Prophan- und allgemeinen Landfriedens / worauff nunmehr viel Jahr hero / bey so widerwärtigen Läuffen deß Teutschen Reichs und seiner Glieder Conservation gestanden / hierinnen sich hindern lassen / als in welchen / sonderlich aber in besagtem Landfrieden / vom Jahr 55. außtrücklichen versehen / daß niemand weß Standts oder Wesens der sey / bey denen Pflichten / damit ein jeder einem Röm Kayser und dem H. Reich zugethan und verwandt ist / auch Vermeidung Kays. und deß Heil. Reichs schweren Ungnad und Straff / Privir- und Entsetzung aller Regalien / Lehen / Freyheiten / Privilegien / Gnaden / Schutz und Schirm / so viel ein jeder dessen von Kays. Majest. und dem H. Reich hat / zu einigem Krieg und unfreundlicher thätlicher Handlung oder Vornehmen wider Uns oder einigen gehorsamen Stand deß H. Reichs / ohn Unser oder (so viel die mittelbare Stånd betrifft) ihrer Obrigkeit Vorwissen und Bewilligung sich bestellen und bewegen lassen / noch heimlich oder öffentlich wider die Kays. Majest. oder die Stånd deß Reichs zu ziehen / noch einige Hülff oder Beystandt / Förderung oder Vorschub thun / oder sich sonsten im H. Reich in einige Vergatterung oder ungebürliche Versammlung einiges Kriegsvolcks zu Roß oder Fuß begeben / sondern ein jeder sich deß alles gäntzlich enthalten soll / welche Disposition und Satzung / theils auß den vorgehenden gezogen / und alles ihres Inhalts in dem Anno 5[illegible]. gemachten und publicirten Reichs-Abschied / als ein ewiges Gesetz und Ordnung wiederholt / confirmirt / und damit in dem Heil. Reich Teutscher Nation / Ruhe / Fried und Einigkeit desto beständiger erhalten werden möge / die darin begriffene Pön dergestalt erweitert worden ist / daß die Überfahrer solches Gebots und Reichs-Satzung / neben und über die benannte Pön / in Unser und deß Heiligen Reichs Ächt ipso facto gefallen / und dieselbe ohn einige fernere Erklärung / krafft obberührten Reichs-abschieds / für Aechter / jetzt alsdann / und dann als jetzt erkant und erklärt seyn sollen. Inmassen gleich bey auffgerichter Handhabung deß Landfriedens Anno 1495. zu End deß Reichs-abschieds noch stärcker versehen / daß in solchen öffentlichen / kündtlichen / unlaugbahren Friedbruchesachen / der Thäter ipso facto, in die Pön durch gemeinen Reichsschluß so weit erklärt / daß es weiterer Fürforderung oder einiger Erklärung oder Urtheil nicht Noth sey / welches in nachfolgenden Reichs-Abschieden nicht geändert / also jederzeit confirmirt / keinen andern Verstandt gehabt / wie dann gleicher Gestalt / vermög jetzt und mehr angeregten Reichs-Abschieden und Satzungen / gegen viel geringern Verbrechern / als gegen den falschen Muntzern / oder da ein unmittel oder mittelbarer Stand sich solcher massen allein bößlich in Kriegsbestallungen einließ / oder den Rebellen Hülff und Vorschub thäte / oder wider Uns denselben zuzöge oder Kriegsvolck samblete / also wie obsteht gantz hochvernünfftig / und zu Erhaltung gemeinen Friedens / kräfftiglich versehen ist / zu geschweigen der jenigen / welche sich gar als Häupter / Protectorn und Vertretter dergleichen Feindlichkeiten gebrauchen lassen / mit allem ihrem Vermögen den Rebellen beyspringen und bey denselben sich finden / und zu gewaltsamer Durchdringung dieses Rebellionwesens und ihrer eigenmächtigen Attentaten, nicht allein aller Orthen im Römischen Reich Volck werben und versamblen lassen / sondern auch außländisch Kriegsvolck hin und wieder auffbringen / in- und durch das Reich führen / und wider Uns hin und wieder frembde Herrschafften verhetzen und auffwickeln dörffen. Gestalt offternennte Böheimische Rebellen sampt ihrem auffgeworffenen vermeynten Haupt dem Pfaltzgraffen / zu Unser und deß Heil. Röm. Reichs noch grösserer Gefahr / Behäuptung ihres friedbrüchigen Vorhabens / und zu deß Erbfeinds augenscheinlicher Beförderung wider die Christenheit / Unser Königreich Ungarn in ebenmässigen Auffstandt / Rebellion und Abfall zu bringen / und mit besagtem Erbfeindt Christlichen Nahmens / auch dessen verwandten Fürsten in Siebenbürgen / neue Verbündtnuß wider Uns zu schliessen / und dieselbe Nation sampt denen so sich darzu schlagen / in diese und übrige Unsere Erbländer einzuführen / sich nicht Scheu tragen. Wobey wir auch zu Kayserlichem Gemüth geführet / was massen Uns / vermög hochtragenden Kayserl. Ampts / und der zwischen Uns / auch Unsern und deß Heil. Reichs Churfürsten jüngst geschlossenen und hochbetheuerten Capitulation zuförderst obliegt / neben den allgemeinen im Heil. Reich üblichen Rechten und Reichssatzungen / insonderheit über den zu Augspurg Anno 1555. auffgerichten angenommenen / verabschiedten / auch in den darauff erfolgten Reichs-Constitutionen wiederholten / confirmirten / und nach Gelegenheit deß Reichs Nothturfft / mit Rath mehrgedachter Chur-Fürsten und anderer Stånd gebesserten Lantfrieden / steiff handzuhalten / nicht weniger auch / krafft erstangezogener Capitu-

ANNO 1621.

Capitulation und der gültenen Bull Uns verpflichtet befinden / alle unziemliche hässige Verbündnuß / Verstrickung und Zusammenthuung der Unterthanen / auch die Empörung / Auffruhr und ungebührlichen Gewalt gegen Chur-Fürsten und andere Ständ abzuschaffen / und in Summa vor allen Dingen dahin bedacht zu seyn / daß deß Heiligen Reichs Wolstandt / Nutz / Frommen und Auffnehmen das vornehmste höchste Gesetz sey / und im H. R. Recht und Fried erhalten werde. Deme allem aber nichts mehrers zuwider seyn kan oder mag / als wann Auffruhr und Rebellion gegen dem höchsten Haupt (wardurch dann bald die andere Gliedmassen deß Heiligen Reichs mit ergriffen und angesteckt / auch endlich solches Reich in gäntzliches Verderben und Untergang gestürtzt werden möchte) ungestrafft gestattet / unrechtmässige Verbündnussen mit den angebornen Erb-Unterthanen gegen ihre höchste von GOTT vorgesetzte Obrigkeit / dermassen gleichsam gut geheissen und passirt werden / und einem oder dem andern Stand sich dergleichen rebellischen Unterthanen auff blosse gesuchte Schein mit gewehrter Hand anzunehmen / Unsere oder der Ständ Jurisdiction, Regalien / Recht / Land und Leut an sich zu ziehen / und eigenmächtig der Churfürstenthumben und Churfürstlichen Häuser Verfassung / Recht und Gerechtigkeiten zu ändern / und endlich gantz abscheulicher massen (wie weiland sein Pfaltzgraffens Vetter Hertzog Albrecht zu Bayern / den Böhmen / als sie auch damahln sich einer Wahl / zu König Ladislai Præjudiz anmassen wollen / geantwortet) allein auß Begierd zu regieren / einem andern seine Gerechtigkeit mit Gewalt zu nehmen / frey stehen solte.

Hierumb dann / ob wol (wie oben angeregt) offtermelter Friederich Pfaltzgraff / wegen seiner nach längs deducirten Landfriedbrüchigen unterschiedlichen Verbrechen / die Pön deß Landfriedens / ohne einige Fürheischung / Citation, Urtheil und Erklärung verwürckt / und ein würcklicher Aechter / gegen dem weiters nichts als die Execution übrig ist. So haben wir dennoch zum Überfluß / Confirmation und Bestättigung / nach abermahliger reiffer Erwegung aller Gelegenheit und Gestalt dieser Sachen / auß erheischender hohen unvermeidlichen Noth und schuldigen Pflicht Unsers von Gott anbefohlenen Kayserl. Ampts (wie wir dann auff Anruffung auch deß geringsten Standts deß Heil. Reichs / in dergleichen Fällen / nicht weniger zu thun uns verpflichtet zu seyn erachten) den obgenannten Friederich Churfürst-Pfaltzgraffen als einen / welcher sich von Unsern ungehorsamen untreuen Rebellen für ein Haupt auffwerffen lassen / Verächter und Verletzer der Kayserl. Hochheit und Maj. Verbrecher deß gemeinen außgekündten Landfriedens / auch anderer heilsamen Reichssatzungen / in Unsere und deß Heil. Reichs Acht und Oberacht / auch alle die jenige Straffen und Pönen / so dergleichen Aachts-denunciation von Recht und Gewonheit mit sich zeucht / mit der That selbst gefallen zu seyn erkennt / erklärt und verkündet / und ihn auß dem Frieden in den Unfrieden gesetzt. Erkennen / erklären und verkünden ihn also in Unser und deß Reichs Aacht / Oberacht / auch vorgemelte Pön / Straff und Bussen / setzen ihn auch auß Unserm und deß Heiligen Reichs Frieden in den Unfrieden / alles von Römischer Kayserlicher Macht und in Krafft diß. Und seynd darauff zu gebürlicher würcklichen Execution, Vollziehung und Vollstreckung dieser Unser Erklärung und Verkündigung ermelter Aacht / Pön / Straff und Bussen gäntzlich entschlossen / gegen demselben Friederich / der sich nennet Pfaltzgraff bey Rhein / als offenen Aechter / auch Unsern und deß Reichs Wiedersacher und Feind / vermittelst Göttlicher Gnad / Hülff und Beystandts / nach Außweisung obgedachter heilsamen Reichs Constitution und Ordnungen / mit gebürlicher Straff / ohne länger Verziehen fürzugehen und zu verfahren / damit wir alsdann unverhindert desselben / zu Auffrichtung beständiges Frieds / Rechtens und Einigkeit im Heil. Reich desto stattlicher greiffen und kommen mögen. Darin wir uns dann allermassen und gestalt / als Christlichem Kayser / Namens und Amptshalber eignet und gebühret / gantz gnädig und vätterlich zu erzeigen / auch der Teutschen Nation Libertät / Auffnehmen / Ehr / Nutz und Wolfahrt mit allen Gnaden und Treuen zu bedencken / zu erhalten und zu befördern / auch männiglich bey dem hochbetheuerten Religion- und Prophan Frieden hand zu haben und zu schützen / uhrbietig / willig und schuldig seynd. Welches Wir Euern L. L. A. A. und Euch derhalben hiemit anzeigen wollen / damit sie und ihr der Ursachen / dieses Unsers billichen / nothwendigen / unvermeidlichen Fürnehmens / warhafftige begründte Erinnerung und Wissen empfahet / warumb wir darzu beweget und genothdrangt seyen / und das gestallten Sachen nach / mit nichten länger einstellen / verhalten / umbgehen noch verhüten mögen. Und gebieten hierauff Euer L. L. A. A. und Euch / allen und jeden sampt und sonderlich bey den Pflichten / damit sie Uns und dem heiligen Reich verwandt seyn / auch Vermeidung obbesagter Pön und Straff / in den allgemeinen Rechten und Reichs-Ordnungen / Lehen / Rechten und Gewonheiten auff die jenigen gerichtet / so sich der Aechter annehmen / insonderheit Unser und deß Heil. Reichs Aacht und Oberacht / auch Verliehrung aller Regalien / Lehen / Freyheiten / Gnaden / Pfandtschafften / Zöll / Recht- und Gerechtigkeiten / wie solche Namen haben mögen / so ihre Vorfahren und sie von weiland Unsern löblichen Vorfahren / Römischen Kaysern und Königen / auch Uns und dem Heiligen Reich erworben / auch bey Verwürckung Leibs und Guts / hiemit ernstlich und wollen / daß ihr euch gemeltes Friederichen / so sich nennet Pfaltzgraff bey Rhein / wider Uns mit nichten annehmet noch beladet / ihm auch nicht dienet / Hülff noch Fürschub mit Geldt / Proviant / Munition / noch sonst in einig ander Weg / weder heimblich noch offentlich / unter was Schein oder Prætext solches immer beschehen möchte / beweiset. Wo auch euer einer oder mehr / in seinem oder der seinigen Dienst / Besoldung / Bestallung / oder ihm sonst zugezogen were / daß der und dieselben / Angesicht dieses Brieffs / ohn allen Auffzug und Weigerung / sich von Stund an erheben und stracks wiederumb abziehen / und sich ferner in gemeltes Aechters / oder desselben Helffershelffer Diensten nit gebrauchen lassen / auch ihr deß gemeldten Aechters Stände / Zugehörige / Verwandten / Unterthanen und Vasallen / ihm Friederichen / der sich nennet Pfaltzgraff bey Rhein / einigen Gehorsam / Hülff noch Beystandt ferner keines Wegs leistet / noch euch seiner Rebellion / Ungehorsambs und Verbrechung weiter anhängig noch theilhafftig machet / sondern euch seiner hierin gäntzlich entschlaget und enthaltet / auch E. L L. A A. und ihr sampt und sonderlich / bey denen Pflichten / damit sie Uns und dem heiligen Reich verwandt / Uns zu Vollziehung solcher obberührten erklärten Pön und Straffen / gegen gemeltem ungehorsamen / untreuen / friedbrüchigen Aechter / auch desselben Helffer und Helffershelffern / den und dieselben zu gebührendem Gehorsam zu bringen / euer getreuen Beystandt / Hülff / Fürschub / Förderung und Zuzug leistet / und euch daran nicht irren noch verhindern lasset einige Bündnussen / Verständnussen / Adhærentz und Verwandnuß / die setzen

gleich

Anno 1621. gleich hievor oder jetzt von neuem auffgerichtet/ erneuert oder erstreckt/ inmassen wir dann dieselben/ so viel sie dieser Unser Erklärung und Erkandtnuß/ oder sonst in andere Weg/ Uns als euer ordentlichen höchsten Obrigkeit zuwider seyn/reichen oder verstanden werden möchten/ als welche in diesem Fall/ vermög aller Rechten/ euch wider unsere rechtmässige Erkandtnuß und Vollziehung derselben/ ohne das nicht binden noch verhindern sollen oder mögen/ mit wolbedachtem Muth/ rechten Wissen/ und von Kayserl. Macht Vollkommenheit/ hiemit gäntzlich auffgehebt/cassirt und vernichtet/ auch E. L. L. A. A. und euch/ so viel deren darin verwandt weren/ auß derselben Unserer Kayserlichen Majest. Vollkommenheit/ darvon endlich absolvirt und ledig gezehlt/ und dann euch obgedachten Aechters Lehenleut/ Schutz-und Pfandts-V.rwandten/ Leibrigen/ Wildtfäng und Unterthanen/ von Euer Erbhuldigung/ Lehen und andern Pflichten gefreyet und entlediget/ auch allen denen/ so sich hierin gegen Uns gehorsamblich erzeigen/ Unser frey Kayserlich Geleyt und Sicherheit hiemit gnädiglich zugesagt und gegeben haben wollen. Setzen und meynen auch von jetztberührter Kayserlicher Macht Vollkommenheit/ daß denselben Aechter/ dessen Helffern und Helffershelffern hierwider nicht schützen/ schirmen/ freyen oder fürtragen soll einige Gnad/ Freyheit/ Tröstung/ Geleyt/ Sicherheit/ Land-und Burgfried/ obberührte oder einig ander Bündnuß/ Vereinigung/ Burg-oder Stadt-Recht/ so von Uns/ Unsern Vorfahren am Reich/ Röm. Kayser und Königen/ oder andern Herrschafften oder Obrigkeiten/ euch oder ihnen gemeiniglich oder sonderlich gegeben oder bestättiget wären/ oder noch würden/ auch keinerley Gewonheit/ Brauch oder alt Herkommen/ noch sonst alles anders/ das ihm oder ihnen hierin zu Hülff/ Steuer oder statten kommen solt oder möchte/ dann wir ihn den gedachten Aechter/ wie nicht weniger seine Helffer und Helffershelffer/ in dem allem/ als dessen unfähig außgeschlossen und darin nicht begriffen haben wollen. Wo aber euer einer oder mehr/ was Standts oder Wesens der oder die seyn/ sich hierüber ungehorsamb erzeigen/ offternanntes Friederichen/ der sich nennet Pfaltzgraff bey Rhein/ Hertzog in Bayern/ wider Uns/ unter was gesuchtem Schein oder Weg das immer geschehe/ annehmen/ und demselben oder den Seinigen einige Hülff und Vorschub/ heimblich oder öffentlich beweisen würden/ den oder dieselben wollen wir hiemit/ allermassen wie obbenanten Aechter selbsten/ als dessen Helffer oder Helffershelffer/ in Unsere und deß H. Reichs Aacht und Oberacht/ auch alle obbenannte Straffen und Pönen/ jetzt alsdann/ und dann als jetzt/ mit der That selbst gefallen zu seyn erkennt/ erklärt/ verkündigt/ auch ihn und dieselbige auß dem Frieden in den Unfrieden gesetzt haben. Erkennen/ erklären und verkünden auch den oder dieselbe jetzt alsdann/ und dann als jetzt/ in Unsere und deß Reichs Aacht und Oberacht/ auch gemelte Pön/ Straffen und Bussen/ und setzen ihn oder sie auß dem Frieden in Unfrieden/ alles von Römischer Kayserl. Macht und in Krafft diß. Darnach wisse sich männiglich zu richten/ und vor Nachtheil und Verderben zu hüten. Das meynen wir ernstlich. Geben in Unser Stadt Wien/ den 22. Tag deß Monats Januarii/ Anno 1621. Unserer Reich deß Römischen im Andern/ deß Ungarischen im Dritten/ und deß Böhmischen im Vierdten.

CCXI.

22. Janv. Reichs-Achts-Erklärung Ihro Kays. Majest. Ferdinandi II. wider Hanß Georg den ältern Marggraffen zu Brandenburg/ Christian Fürsten zu Anhalt/ und Georg Fridrich Graffen zu Hohenlohe/ wegen des/ durch Theilnehmung der Böhmischen und Schlesischen Rebellion, begangenen Lasters der Beleydigten Majestät. Wienn den 22. Januarii 1621. [Londorpii Acta Publica. Tom. II. Lib. VI. Cap. II. pag. 311. d'où l'on a tiré cette Pièce, qui se trouve aussi en François dans le Mercure François Tom. VI. pag. 46.] Anno 1621.

C'est-à-dire,

Ban Imperial décerné, par Ferdinand II. *Empereur des Romains contre* Jean George *l'ainé Marckgrave de Brandebourg,* Christian *Prince d'Anhalt,* & George Frideric *Comte de Hohenloe, pour le Crime de Leze Majesté commis par eux, en soutenant la Rebellion de Boheme & de Silesie. A Vienne le 22. Janvier 1621.*

WIR Ferdinand der Ander/ von Gottes Gnaden/ Erwählter Römischer Kayser/ zu allen Zeiten Mehrer deß Reichs/ in Germanien/ zu Hungarn/ Böheim/ Dalmatien/ Croatien/ und Sclavonien/ 2c. König/ Ertzhertzog zu Oesterreich/ Hertzog zu Burgund/ Steyer/ Karndten/ Crain/ und Würtenberg/ Graff zu Tyrol/ 2c. Entbieten N. allen und jeden Churfürsten/ Fürsten/ Geist- und Weltlichen/ Prälaten/ Graffen/ Freyen/ Herrn/ Rittern/ Knechten/ Landvögten/ Hauptleuten/ Vitzdomben/ Vogten/ Pflegern/ Verwesern/ Amptleuten/ Landrichtern/ Schultheissen/ Burgermeister/ Richtern/ Räthen/ Bürgern/ Gemeinden/ und sonst allen andern Unsern und deß Reichs Lehenmannen/ Unterthanen und Getreuen/ in was Würden/ Standt und Wesen die seyn/ denen dieser Unser Kayserl. Brieff oder glaubwürdige Abschrifft davon zukompt/ oder damit ersucht und vermahnt werden/ Unsere Freundtschafft/ Gnad und alles Guts. Hoch-und Ehrwürdig/ auch Durchleuchtige/ Hochgeborne liebe Freund/ Neven/ Oheim/ Vetter/ Schwäger/ Brüder/ Chur-und Fürsten/ auch Wolgeborne/ Edle/ Ehrsame liebe Andächtige und Getreuen/ ob wol in Unsern und deß Heiligen Römischen Reichs Satzungen klärlichen versehen/ daß niemand was Würden/ Standts oder Wesens der sey/ umb keinerley Ursachen willen/ wie die Nahmen haben möchten/ auch unter was gesuchtem Schein das geschehe/ den andern befähden/ bekriegen/ berauben/ überziehen/ noch einige verbottene Conspiration oder Verbündtnuß wider den andern auffrichten oder machen/ daß auch keiner den andern seiner Possession, es wären Schlösser/ Stätt/ Dörffer/ Regalia/ Jurisdiction/ Gericht/ Hoch-und Obrigkeiten/ und aller andern Gerechtigkeiten/ mit gewehrter Hand und gewaltthätiger That freventlich entsetzen/ noch seine Unterthanen abziehen/ oder zum Ungehorsamb wider ihre Obrigkeit bewegen/ auch dem/ durch den solche friedbrüchige Thaten geschehen/ keiner durch sich selbst/ oder jemandt andern/ von seinetwegen nicht dienen/ rathen oder helffen sol/ laut deß zu Regenspurg/ Anno 1548. ergangenen/ auch folgends in Anno 55. zu Augspurg publicirten Reichs-Abschieds/ bey einer namhafften Pön v.rbotten/ daß niemand/ was Standts oder Wesens der immer sey/ zu einigerley Kriegen und unfriedlichen thätlichen Handlungen oder Fürnehmen/ wider Uns oder eintzigen gehorsamen Standt deß Reichs/ ohne Unser (da es unmittelbare Ständ deß Reichs) oder ihrer Obrigkeit (so dieselbe dem Reich nicht ohne Mittel unterworffen) Vorwissen und bewilligung/ zu dienen sich

ANNO 1621. sich bestellen und bewegen lassen / noch heimlich oder öffentlich / wider uns oder die Ständt des Reichs zu ziehen / auch einzige Hülff / Beystandt / Förderung oder Vorschub thun soll / alles mehrern Inhalts angezognen Reichs Abschieds / auch damit hinfüro im Heiligen Römischen Reich Teutscher Nation / Ruhe / Fried und Einigkeit desto beständiger erhalten und gehandhabt werden möge / ist im Reichs-Abschied Anno 59. obgemelte Pön der gestalt erweitert worden / daß die Uberfahrer solches Verbotts / neben und über die berührte Pönfäll in Unser und deß Heil. Röm. Reichs Aacht ipso facto, ohn einige fernere Erklärung / gefallen seyn sollen. Ob wir auch wol bey Antrettung Unser Kayserl. Regierung / wegen der damahls von Tag zu Tag zunehmender hochgefährlichen Rebellion / welche / wann sie auch sonst einem andern Standt deß Reichs begegnet / Wir / krafft der von uns hochbetheurten Capitulation, zu dämpffen schuldig gewesen / mehrerwehnte Reichs-Abeschied / mit denen darin gesetzten Pönen / durch offentliche Patenten und Mandaten / allerdings / wie von Weyland ihrer Maj. und L. Kayser Matthia / Christmilter Gedächtnuß geschehen / und gegen etlichen Verbrechern darauff würcklich verfahren worden / jedermänniglich zur Nachricht und sich vor Schaden zu hüten / vorgestellt / und sich denselben in allen gemäß zu erzeigen / auch darwider im wenigsten zu handeln / ernstlich anbefohlen und aufferlegt / auff den widerigen Fall aber / uns die angedeuteten Straffen außtrücklichen zuvor behalten haben / zudem auch sonst vermög Unserer gemeinen geschriebenen Rechte / in einer notorischen beharrlichen Rebellion und solchem Verbrechen / da im Werck contra honorem & fidelitatem Unsers als R. Kays. kundbarlich gehandelt wird / anders nichts als die Executio Juris statt hat / wie dann alle und jede hohe und niedere deß Heil. Reichs Stände / Glieder und Unterthanen / uns / als ihrem ordentlichen eigenen rechten Herrn / Haupt und Obern verwandt / und Pflichts halber verbunden / getreu / gehorsam / hold und gewärtig / und nimmer in dem Rath zu seyn / da wider Unsere Person / Ehr / Würden / oder Stand gehandelt wird / noch darein zu bewilligen / so ist doch kund- offen- und unlaugbar / daß Marggraff Hans Georg der Aelter von Brandenburg / Fürst Christian von Anhalt / und Graff Georg Friederich von Hohenlohe / dessen allen ungeacht sich understanden / nachdem wir allbereit durch einhellige Wahl Unser und deß Heiligen Reichs Churfürsten zu der Hoheit deß Kayserthumbs erhaben / sich von Unsern rebellischen Unterthanen / zu Manutenirung ihrer Thätligkeiten / und wider uns fürgenommenen hochschmählichen Rejection-Handlungen / in welcher alles das jenige begriffen / so wider Unser Reputation, Würde / Ehr und Hochheit fälschlichen erdacht werden können / und die darauff gegründete / und von uns für null und nichtig erklärte eigenmächtige Wahl und thätliche Auffwerffung eines vermeynten Haupts / wider uns / als die vornembste Befelchshaber und Rädelsführer / würcklichen brauchen zu lassen / Kriegs-Volck zu werben / dasselbe wider uns zu führen / uns / Unsere Königreich / Land und Leut / Regalien / Jurisdiction, Hochheit / Recht und Gerechtigkeiten / so viel an ihnen gewesen / zu entziehen / obberührtem vermeynten Haupt gewaltsamlich beyzustehen / uns zu bekriegen / vorangeregte Unsere publicirte Mandata und Avocatoria verächtlich in Wind zu schlagen / die weit außsehende und dem gantzen Römischen Reich hochgefährliche Conspiration mit dem Bethlehem Gabor / so sein Dependentz von dem Erbfeind Christlichen Nahmens dem Türcken / ja so gar den Türcken selbst / wider uns befödern / rathen und eingehen zu helffen / insonderheit aber ist offenbar und Landkündig / was massen Marggraff Hans Georg der Aelter von Brandenburg / mehrgedachte zu Unserm höchsten Spott / Verkleinerung / Schaden und Verderb angesehene Handlungen / bey Unsern Unterthanen / in Unserm Land Schlesien / als wir allbereit Römischer Kayser / mit all den Calumnien / so jemals wider einzigen Fürsten / zu geschweigen einen Römischen Kayser / auff die Bahn bracht werden können / zur vermeynten Ratification richten helffen / angeregte Unsere Unterthanen / theils in ihrer Rebellion gestärckt / theils gewaltsam und listiger Weiß von Unserm Gehorsam abgehalten / neben seinem Anhang mit allerhand erdachten Practicken / von ihnen Contribution und Geldt herauß gepreßt / uns damit bekrieget / Unserm hochansehnlichen Commissario, deß Churfürsten zu Sachsen L. mit gewapneter Hand sich widersetzt / demselben vielfältige Despect bewiesen / seine Subdelegirten gefänglich einziehen lassen / Unsere Unterthanen wider ihn verhetzt / Unser Land und Leut in Ungelegenheit / Verderb und Ruin geführt / und als einer unter den fürnehmsten Rädelsführern der Rebellion Ursach an all dem Blutvergiessen / Landverderblichen Schaden / und was sonst darauß erfolgt / gewesen ist / auch endlich nichts unterlassen hat / was er mit Rath und That zu Unserer Verkleinerung / Gefahr / Schaden / und Unheil zu Werck richten können. Ingleichem ist nicht weniger Reichs- und Landkündig / daß Fürst Christian von Anhalt / neben dem / was ins gemein oberzehlt / auch sonsten für Blutdurstige / Landfriedbrüchige Tractat und Anschlag vorhanden gewesen / sich understanden / uns Friedbrüchiger Weiß in Unserm Königreich Böhmen / wie auch das Ertzhertzogthumb Oesterreich zu bekriegen / fast in Unserm Angesicht / Schlösser / Stätt / Märckt / Vestungen gewaltsamlich einzunemmen / uns Unsere Unterthanen abzupracticiren / allerhand Hostilitäten und Friedbrüchige Handlungen / biß er endlich in die Flucht geschlagen worden / wider uns zu verüben / und wie er mit Raht und That vornemlich ein Anstiffter dieses gantzen Unheils gewesen / vermittelst welches er Pfaltzgraff die wider uns fürgenommene hochschmähliche Thätlichkeiten Unserer Rebellen / ohne Recht / mit gewaltsamer That / zu seiner eygnen Sach gemacht / und dahero / das im Heil. Römischen Reich entstandene Feuer verursacht / also hat voremeldter von Anhalt / obberührte uns angethane Schmach und Gewaltthat durchzutringen / nicht allein vor der uns von der höchsten Allmacht verliehenen Victory / mit Zuführung Volcks / Bedienung des Generalats / und sonsten wider uns alles das eusserste gethan / sondern hat auch nach der Victory solches Feuer ferner außzubreiten / und in Unserm Hertzogthumb Schlesien und anderwerts / die Rebellion und Kriegsempörungen fortzupflantzen an ihm nichts erwinden lassen. ANNO 1621.

Gleicher Gestalt ist kundbar / daß Georg Friedrich von Hohenlohe / der von Unsern Vorfahren am Reich weyland Kayser Rudolpho und Matthia / ihm widerfahrner Wolthaten undanckbarlich hindan gesetzt / nicht allein denen / bey weyland höchstgedachter Ihrer Mayt. und L. Kayser Matthiæ Zeiten an ihn ergangenen Ermahnung und publicirten Mandaten zu wider / in allen den jenigen Thätlichkeiten / so in mehr erwehnten Mandaten außgetruckt / sondern auch nachmals gegen uns / wie gemeldt / als wir allbereit Römischer Kayser / deren in Unsern wiederholten publicirten Mandaten und Advocatorien außgesetzten Pönen ungeacht / zu gleichmässiger Durchtringung der wider uns vorgenommenen / rebellischen / hochschmählichen Hand-

ANNO 1621. lung- und Gewaltthaten von den Rebellen und ihrem auffgeworffenen Haupt / sich beharrlichen gebrauchen lassen / friedbrüchiger weiß in Unserm Erb-Königreich Böhmen / wie auch Unserm Ertzhertzogthumb Oesterreich Uns bekrieget / Uns Unsere Unterthanen abpracticirt / die vorangedeute hochgefährliche Conspiration mit dem Bethlehem Gabor / zu Unserer / ja deß gantzen Römischen Reichs höchster Gefahr und Verderb geschlossen / und sich in diesem gantzen Werck / als einer unter den fürnemsten Rädels-führern und Verursacher der noch wehrenden Kriegs empörungen erzeigt. Wann dann auß diesem allem erscheinet / daß obwol obgedachte von Brandenburgk / Anhalt und Hohenlohe / als unmittelbare Ständ und Glieder deß Reichs / andern mit guten Exempeln vorgehen / und vermög der jenigen Eyd / damit sie Uns und dem Heiligen Reich verbunden / alles so wider Unsere Person / Ehr / Würde und Stand gehandelt würde / abwenden und verhüten / ja auch sonst von den Unterthanen / wider ihre ordentliche Obrigkeit erhobene Empörung dämpffen helffen sollen / daß doch diesem zu wider von ihnen nichts unterlassen / so wieder Unsere Hochheit / Ehr / Reputation / Wolfahrt / ihre Uns schuldiger Fidelität / und den uhralten Wolstand deß H. Römischen Reichs / dargegen aber zu Unser und deß Reichs Unheil und Zerrüttung / in welche sie es leyder / durch diese ihre rebellische / weit außsehende gefährliche Consilia, Waffen und Abpracticirung Unserer Land und Leuth / Zweiffels ohn zu Vollziehung anderer ihrer wider gedachte deß Heiligen Römischen Reichs Verfassung / langst vorgehabten Machinationen gesetzt / gereichen könne und möge / wie dann die von Unsern Unterthanen erregte hochsträffliche Unruhe gar nicht für ein Privat-Action / so sie gegen Uns / oder wir Unserer Gerechtigkeit halber gegen ihnen intentiret / sondern anders nichts als eine offentliche Rebellion und Landfriedbrüchiger / eygenthätiger / unerhörter Gewalt der Unterthanen gegen ihre höchste Obrigkeit / deren sie mit Eyd und Pflicht verbunden gewesen / und noch seyn / zu halten / auch von keinem der nicht selbst ein Rebell / anders gedeut und gehalten werden kan. Darbey wir auch nicht allein Unser und Unsers Hauses undisputirliches Recht und Befügnuß / sondern zugleich als das Oberhaupt und Römischer Kayser / tragenden Unserm Ampt nach / solche dem gantzen Römischen Reich zu höchster Gefahr / hingegen aber / dem Feind Christlichen Namens / zu gewünschtem Vortheil ergriffene Rebellische Waffen / da auch dieselbe nicht gegen Uns / sondern dem geringsten Standt deß Reichs / ergriffen wären worden / niderzulegen / und im Heiligen Römischen Reich ein so ärgerliches / und allen Obrigkeiten hochpræjudicirliches Exempel abzuschaffen / und mit gebührender Straff demselben zu begegnen / Uns schuldig erkandt / fürnemlich auch darumb / weil mehrgedachte Unsere Rebellische Unterthanen und deren Helffer / so weit in ihrem gefasten Widersinn gerahten / daß sie sich auch deß Heiligen Römischen Reichs (deß Königreichs Böhmen Privilegien diß Orths zu geschweigen) Fundamental-Gesatz / und den Verstandt der güldenen Bull / ihres Gefallens zu invertiren / und alles gleich in ein neue Form zu giessen / sich unterstanden. Derentwegen dann mehrerwehnte Personen / vermög Unser und deß Heiligen Reichs Constitutionen und auffgerichten Landfriedens / Unserer außgegangenen publicirten Mandaten / wie auch Unserer gemeinen geschriebenen Rechten / denen durch obberührten Landfriede nichts benommen und abgebrochen / in die / den Constitutionibus und angeregten Mandaten einverleibte Straff deß Friedbruchs / und dann die Straff des abscheulichen Lasters der beleydigten höchsten Majest. wie auch die auff dergleichen felonia gesetzte Lehenstraffen / ipso facto, gefallen seyn: ANNO 1621.

Demnach haben wir / nach Erwegung aller Gelegenheit und gestalt dieser Sachen / auß Erheisch- und Erforderung der hohen unvermeidlichen Noth und schuldigen Pflicht Unsers von Gott Uns anbefohlenen Ampts / die genannten Marggraffen zu Brandenburg / Fürsten zu Anhalt / und Graffen zu Hohenlohe / als Unsere ungehorsame / untreue / Pflicht- und Eydbrüchige Rebellen / auffrührische Verächter und Verletzere Unser Kayserl. Hochheit und Majestät / Verbrechere deß gemeinen außgekünden Landfriedens / in Unser und deß H. Reichs Aacht und Oberacht / und alle angedeutete Straff und Bussen / darein sie gefallen seyn / erkennet / erkläret und verkündet / und sie auß dem Frieden in den Unfrieden gesetzt / erkennen / erklären / und verkünden also mehrbesagte Hans Georg / der sich den Aeltern Marggraffen zu Brandenburg / Christian / so sich Fürst von Anhalt / und Georg Friedrich / so sich Graff von Hohenlohe nennet / in Unser und deß H. Reichs Acht und Oberacht / auch vorgemeldte Pön / Straffen und Bussen / setzen sie auch auß Unserm und deß Heil. Reichs Frieden in den Unfrieden / alles von Röm. Kays. Macht wissentlich. Und gebieten hierauff allen und jeden Ew. LL. AA. und euch sampt und sonderlich / bey denen Pflichten / damit Ew. LL. AA. und Ihr / Uns und dem H. Reich verwandt seyet / auch bey Vermeidung Unserer schweren Straff und Ungnadt / sonderlich bey Verlierung aller ewer Regalien / Lehen / Freyheiten / Privilegien und Gnaden / so Eu. LL. AA. Euer Vorfahren und Ihr / von weyland Unsern löblichen Vorfahren Röm. Kaysern und Königen / auch Uns und dem H. Reich erworben / auch bey Verlierung Leibs und Guts / hiemit ernstlich / und wollen / daß Eu. LL. AA. und Ihr / mehrgenannter dreyen Aechtern euch mit nichten annemmet / ihnen auch nicht dienet / noch Hülff oder Vorschub / heymlich oder öffentlich thut / sie nicht ätzet / hauset / herberget / noch einigen Underschleiff verstattet. Wo auch Euer einer oder mehr / ihnen mit Adhærentz / in was Weg auch solches immer sey / zugethan / wäre / daß der oder dieselben Angesichts dieses Brieffs / ohn allen Auffzug und Weygerung sich von stund an von ihnen absondern / und ferner mit ihnen keine Gemeinschafft haben / auch Euer LL. AA. und ihr / euch daran nicht irren noch hindern lasset / eintzige Verbünd-Verständnuß / Huldigung oder Pflicht / dann wir solches alles / so viel dasselbe dieser Unserer Erklärung und Erkandnuß / oder in anderwegen Uns / als Eu. LL. AA. und Euer ordentlichen höchsten Obrichkeit zu wider seyn / oder verstanden werden möchte / mit wolbedachtem Muht / rechten Wissen / und von Unserer Kay. Macht Vollkommenheit wegen / hiemit gäntzlich auffgehoben / cassirt und vernichtet / auch Eu. LL. AA. und euch / so viel sie deren verwand wären / von derselben Unserer Kays. Macht Vollkommenheit / davon endtlichen absolvirt und ledig gezehlet haben wollen. Wo aber einer oder mehr / was Stands oder Wesens der wäre / oder die seyn / sich hierüber / in was gesuchtem Schein oder Weg das immer geschehe / ungehorsam erzeigen würde / gegen dem und denselben allen wollen wir Uns gleicher weiß / wie gegen benante Aechtern / mit ernstlicher Straff und Ungnad zuverfahren vorbehalten. Darnach wisse sich männiglich zu richten / und vor Nachtheil und Verderben zu hüten. Das meynen wir ernstlich. Geben in Unser Statt Wien / den 22. Tag deß Monats Januarii / Anno 1621. Unserer Reich deß Römischen im Andern / deß Ungarischen im Dritten / und deß Böhmischen im Vierden.

CCXII.

ANNO 1621.

8. Fev.

L'EMPEREUR ET LA SILESIE.

CCXII.

Conditions ausquelles ceux de SILE'SIE *rentrent sous l'obeïssance de l'*EMPEREUR, *reglées à Dresde le* 8. *Février* 1621. [MERCURE FRANÇOIS, Tom. VII. pag. 55.]

I. LEs Princes & Estats de la haute & basse Silesie auront grace & pardon de tout ce qui s'est passé durant ce trouble, sans qu'il soit faict recherche & punition d'aucun depuis le plus petit jusques au plus grand, & depuis le plus grand jusques au plus petit.

II. Ils aimeront & honoreront l'Empereur Ferdinand leur Roy oinct & couronné & Souverain Duc de Silesie, & de nouveau luy jureront & presteront serment de fidelité.

III. Ils payeront dans un an trois cents mille florins pour la paye de la Gendarmerie de Sa M. I. & ce en trois termes, le premier desquels commencera le jour Sainct George.

IV. Ils renonceront au serment par eux faict à l'Electeur Palatin, & n'auront plus doresnavant aucune intelligence avec lui. Ils delivreront entre les mains de l'Electeur de Saxe l'original de la Confederation faicte avec la Moravie, Boheme, Transilvanie, Hongrie & autres, laquelle sera annullée, cassée & biffée.

V. Ils licentieront leurs gens de guerre : & n'en retiendront & entretiendront que mil chevaux & trois mil hommes de pied pour leur defense jusques à ce que le trouble soit du tout appaisé, sans que lesdits gens de Guerre puissent estre en quelque occasion que ce soit employez contre sa Maj. Imp. ni contre son Altesse Electorale.

VI. Plus son Altesse Electorale revoquera ses troupes de Gendarmerie qui sont à present en la Principauté de Sagen.

VII. Plus son A. E intercedera envers sa M. I. que toutes Lettres de Majesté octroyées aux Silesiens, & leurs Privileges & Libertez, leur seront entierement conservez : que tous griefs seront ostez : le Commerce remis & permis avec les Moraves & Bohemes. Tous biens detenus seront rendus à leurs vrays Seigneurs : les Privileges appartenans aux Silesiens qui ont esté trouvez dans Carlostein leur seront seurement conservez. Aussi que les Ecclesiastiques & Catholiques seront maintenus en leurs Eglises, Monasteres & possession de leurs Terres, Seigneuries & Biens, & ne sera faicte aucune offense à iceux depuis le plus petit jusqu'au plus grand.

VIII. Si d'avanture les Protestans aussi recevoient quelque contravention en la liberté de leur Religion, alors son A. Electorale en entreprendra la protection & deffense.

IX. Si Christian Duc de Lignits, comme Capitaine de Silesie, suivant sa promesse peut estre compris en ce Traicté de Paix, il le pourra faire dans six semaines : sinon il sera en la puissance de sa Majesté Imperiale d'en disposer.

X. Jean George de Brandebourg Marquis de Jagerndorf, & Christian Prince d'Anhalt, cy-devant mis au ban & publiquement proscrits par sa Majesté Imperiale, ne seront nullement compris en ce Traicté. *Signé*, JEAN-GEORGE, *Electeur de Saxe*. CHARLES FRIDERIC *Duc de Munsterberg*.

CCXIII.

18 Fev. Capitulation zwischen Churfürst Johann Georg dem Ersten zu Sachßen/ im Nahmen Kaysers FERDINANDI, und denen Landständen in Schlesien / worinnen diese Ihro Kayserl. Majest. sich submittiren; Ihnen dagegen völliger pardon gegeben wird. Geschehen den 18. Febr. 1621 [CHRIST. GASTELIUS de Statu Publico Europæ Noviss. Cap. XXIII. pag. 773. d'où l'on a tiré cette Pièce, qui se trouve aussi dans LUNIG, Teutsches Reichs-Archiv. Part. Special. Cont. I. Abtheilung I. Absatz III. von Schlesien pag. 429. dans LONDORPII Act. Publicor. Tom. II. pag. 379. dans LEHMANNUS Suppletus & Continuatus pag. 1013. & par Extrait en François dans le MERCURE FRANÇOIS, Tom. VII. pag. 55.]

ANNO 1621.

C'est-à-dire,

Capitulation accordée par JEAN GEORGE *Electeur de Saxe, au nom de* FERDINAND II. *Empereur des Romains, aux Etats Provinciaux de* SILESIE, *par laquelle ils se soumettent à l'obéissance de sadite Majesté Imperiale. laquelle, de sa part, leur pardonne tout le passé. Le* 18. *Fevrier* 1621.

DIe Fürsten und Stände in Ober- und Nieder-Schlesien sollen Perdon haben / und ihr begangener Irrthum ferner nicht bedacht / noch über kurtz oder lang / vom Grösten bis zum Kleinsten / und vom Kleinsten bis zum Grösten nicht gestrafft werden.

1. Sie sollen und wollen Kayser Ferdinanden vor ihren rechten / erwehlten / gekrönten und gesalbten König und Ober-Hertzog in Schlesien achten / ehren und halten / und auch mit neuer Eydes-Pflicht bekräfftigen.

2. Ihrer Kayserl. Mayestät sollen und wollen die Schlesier innerhalb Jahrs Frist / vom Tag Georgi an in drey Fristen / deren sie sich förderlichst vergleichen / und gegen Ihre Kayserl. Mayestät erklären wollen / zu Bezahlung dero Kriegskosten / drey Tonnen Goldes baar erstatten.

3. Mit Chur-Pfaltz weiter nichts zu schaffen haben / auch die Confœderation, darein sie sich mit Böhmen / Mähren / Siebenbürgen / Ungarn und andern hiebevor mehr begeben / dem Chur-Fürsten zu Sachsen / ehesten in Original überschicken / damit sie von Sr. Chur-Fürstl. Gnaden selbst cassiret werden möge.

4. Ihr Kriegsvolck sollen und wollen die Schlesier so bald abdancken / doch nicht weniger 1000. Pferd und 3000. Fußvolck / bis das Kriegswesen gantz gestillet / zur Defension in Bestallung halten / aber wider Kayserl. May. noch den Chur-Fürsten zu Sachsen keinesweges gebrauchen.

Hergegen wollen S. Chur-Fürstl Gn.

1. Ihr im Fürstenthumb Sagan ligendes Volck auch abfordern lassen.

2. Seine Chur-Fürstl. Gn. wollen bey Kayserl. May. fleissig erinnern / daß Sie / die Schlesier / bey dem Mayestät-Brieff geschützet / ihre Privilegien confirmirt, denen Gravaminibus abgeholffen / die Handlung in Böhmen und Mähren ihnen wieder zugelassen / die angehaltene Güter abgefolget / auch der auf dem Carlstein mit befundenen und ihnen zustehenden Privilegien halber keine Gefahr erwachsen mögen : Hinwieder sollen die Schlesier diejenige / so der Päbstischen Religion / in Stifftern / Klöstern / und andern Orten / wie vor diesem / in geruhiger Possess verbleiben lassen / und keinen / vom Grösten bis zum Kleinsten / nicht offendiren.

3. Wann sie / die Schlesier / der Lutherischen unverfälschten Religion halber / bedrängt oder angefochten werden sollen / will der Chur-Fürst von Sachsen selbige in Schutz nehmen.

4. Wann sich Hertzog Christian von Lignitz / als Ober-Hauptmann in Schlesien / seinem Erbieten nach / innerhalb 6. Wochen zu diesem Accord verstehen wird / soll er mit darein geschlossen / im Gegenfall aber es Ihrer Kayserl. Mayestät fernerer Anordnung anheim gestellet seyn.

5. Margaraff Johann Georg von Brandenburg / und Fürst Christian von Anhalt / als welche vor

ANNO 1621.

Verfärtigung dieses Accords von Kayserl. May. in die Acht und Aber-Acht erklärt / sollen hiervon außgeschlossen seyn.

Und haben neben dem Chur-Fürsten zu Sachsen / und Burggrafen zu Magdeburg / rc. so wol Herr Hertzog Carl Friedrich zu Münsterberg / vorbenante vielberührte Accord besiegelt und unterschrieben / welches Datum stehet den 18. Febr. An. 1621.

CCXIV.

3. Mars.

Fernerweiter Erb-Vertrag zwischen Adolph Friedrich / und Johann Albrecht Brüdern / und Hertzogen zu Mecklenburg beschehen. Worinn dieselbe alle dero anererbte lande nebst allem / was nach dem de Anno 1611. den 9. July zwischen Ihnen errichtten Erb-Vertrag / in communione verblieben / in zwey Theil unwiderrufflich zertheilen / nemblich Schwerinischen und Gustrowischen Theil. Geschehen Gustrow den 3. Martii 1621. [LUNIG, Teutsches Reichs-Archiv. Part. Special. Continuat. II. Absatz IX. pag. 1045.]

C'est-à-dire,

Accord hereditaire & ulterieur entre ADOLPHE FREDERIC, *&* JEAN ALBERT *Ducs de Meckenbourg & Freres pour un Partage général, perpetuel, & irrevocable de tous leurs Biens & Domaines, nommément de ceux qui etoient demeurez en commun entr'eux par le Partage hereditaire du 9 Juillet 1611. en sorte que desormais le tout sera divisé en deux Parties égales, dont l'une sera celle de* Schwerin, *& l'autre celle de* Gustrauw. *Fait à Gustrauw le 3 Mars 1621.*

VOn GOttes Gnaden wir Adolph Friederich / und Hanß Albrecht / Gebrüdere / Hertzogen zu Mecklenburg / Coadjutor des Stiffts Ratzeburg / Fürsten zu Wenden / Schwerin / und der Lande Rostock und Stargard Herren / Bekennen hiemit für uns / Unsere Erben und nachkommende Hertzogen zu Mecklenburg / nachdem wir befunden / daß durch die von uns den 9. Julii Anno 1611. fürgenommene / und zu Werck gerichtete Theilung der Aempter / der vorgesetzte Zweck brüderlicher Einigkeit nicht gäntzlich erreicht werden mögen / sondern aus der noch übrigen Communion vielfältige Irrungen und Mißverstände eine Zeit hero unter uns entstanden / dadurch zu allerhand Weiterungen Ursach und Anlaß gegeben worden. Daß wir demnach zu fernerer Verhüt- und gäntzlichen Aufhebung derselben / GOtt dem Allmächtigen zu Ehren / richtiger administration der Justiz, Unser und Unser Unterthanen prosperität / Gedey- und Aufnehmen / auch beständiger Erhaltung brüderlichen Correspondenz, Lieb und Einigkeit / Unsere anererbte Fürstenthum und Lande in zwey Theile / das Schwerinische und Güstrowische / gleichmäßig von einander gesetzet / und dergestalt / daß keiner / ohn was nach gesetzter massen in specie eximiret / in des andern Antheil etwas behalten soll / unwiderrufflich / beständig und erblich dividiret und getheilet.

Und wir Hertzog Adolph Friederich das Schwerinische / wir Hertzog Hanß Albrecht aber das Güstrowische Theil zu Unser freyen / unbehinderten / eigenthümlichen administration und Verwaltung / in würckliche Possess und Besitz genommen / folgender Gestalt und also:

Anfangs seyn zum Schwerinischen Theil an Städten geleget worden / Wißmar sampt dem gantzen Mecklenburgischen Hofe / und andern uns Hertzog Hanß Albrechten daselbst zustehenden Häusern / Oorbähr / Concession der Accisen / und aller den Hertzogen zu Mecklenburg an der Stadt competirenden Rechten / Herrlig- und Gerechtigkeiten / nichts überall davon ausbescheiden / Parchim / Schwerin / Wahren / Sterneberg und Cröpelin / gleichfalls mit allerley Herrlig- und Gerechtigkeit / auch der zu Cröpelin erbauete Wind-Mühlen und allen Diensten / Pächten und Intraden / so das Ambt Schwan daraus zu heben gehabt.

ANNO 1621.

Und sollen dagegen die aus den Aemptern Lüptz und Plaw stehende Gelt- und Korn-Hebungen hinc inde compensiret / hinführo deswegen aus einem Ampt ins ander nichts entrichtet werden.

Jinmassen denn wir Hertzog Adolph Friedrich Erbietens / mit Unser gnädigen vielgeliebten Frau Mutter / bis auf J. Gnaden Todes / welchen der Allmächtige lange verhüten wolle / uns deswegen zu vergleichen / in dem übrigen aber bleiben beederseits Ampts-Unterthanen / nach wie vor / bey ihrer alten Pflicht / Gewohnheit und Gerechtigkeit.

Zum Güstrowischen Theil aber / Güstrouw / Tetow / Malchin / Brandenburg / Friedland / Woldegk / Röbel / Lage und Krackow / mit aller Herrlig- und Gerechtigkeit / ebener massen nichts davon ausgeschlossen.

Die Stadt Rostock / weil dieselbe in die Theilung füglich nicht gebracht werden können / soll sampt der Universität und daselbst belegenen Dobberanischen Hofe / nach wie vor gemein bleiben.

Es soll auch ein jeder in seinem Antheil die bey Städten sowoll als Aemptern befindliche anzurichtende Commoditäten der Schiffart und sonsten / darunter die Vichelsche / aus dem Schwerinischen See nach Wißmar mit begriffen / ohn Erstattung allein behalten / und seines Gefallens / ohn des andern Einrede oder Behinderung anzurichten / jederzeit bemächtiget seyn.

Die Aembter anreichend / seynd zum Schwerinischen Theil / Schwerin / Crivitz / Neuen Buckow / das Land zu Poel / Dobberan / Mecklenburg / Gadebusch / Zarrentien / Neustadt / Eldena / Dömitz / Neuen Kloster / Sterneberg / Lüptz / Rehne / Wittenburg / Grabow / Grevißmühlen / Walßmühlen / Gorlosen und Marnitz; Zum Güstrowischen Theil aber / Güstrow / Schwan / Ribbenitz / Gnoyen / Darguen / Newen Calden / Stavenhagen / Stargard / Broda / Feldberg / Boytzenburg / Plawe / Strelitz / Fürstenberg / Goldberg / Wredenhagen / Wantzke und Jvenack / geleget worden.

Und wellen wir Hertzog Adolph Friederich die beym Schwerinischen Theil befindliche Ubermaaß nachgesetzter massen gebührlich erstatten.

Das Ambt und Kloster Sterneberg wollen wir Hertzog Hanß Albrecht / mit allen pertinentien und dazu belegenen Seen / Hertzog Adolph Friederichen / gegen gebührliche Bezahlung / und wir Hertzog Adolph Friederich Sr. Ldd. hinwiederumb den zum Ambt Neuen Kloster gehörigen Techentiener Heger-See / gegen Erstattung mit gleichmäßigen Waden-Zugen / aus dem Ambt Sterneberg überlassen und abtreten.

Weil aber die Leibgedings-Aembter Lüptz und Grabow / nebenst ihren pertinentien und Zubehörungen / vor der hochgebohrnen Fürstinnen Frauen Sophien / gebohrne zu Schleßwig / Holstein rc. Hertzogin zu Mecklenburg / Unser gnädigen Frau Mutter und freundlichen lieben Muhmen Todes-Fall / welchen GOtt lange verhüten wolle / wie imgleichen Marnitz für der Erledigung uns Hertzog Adolph Friederichen würcklich nicht tradiret / und eingereumet werden können; Als sollen uns gegen

die

ANNO 1621.

die Leibgedings-Aembter / Grabow / Gorlosen / Grevismühlen / Walsmühlen / Lüptze / Wittenburg und Rehne / die Aempter Wredenhagen / Fürstenberg / Jvenack und Wantzke bis auf den Fall gelassen / und nachgesetzter massen wircklich cediret und abgetreten werden.

Wann demnach / nach dem Willen des Allmächtigen / die hochgebohrne Fürstin Frau Anna / gebohrne zu Stettin / Pommern / Hertzogin zu Mecklenburg Wittwe / Unsere geliebte Muhme und Frau Mutter / diese betrübte Welt / welches der liebe GOtt lange verhüten wolle / gesegnen / und wir Hertzog Adolph Friederich / vermüge dieses Contracts, die zu ihrer Lbd. Leibgeding gehörige Aembter / nemblich Grabow / Gorlosen / Grevismühlen und Walßmühlen in Unsern Besitz bekommen; So sollen und wollen wir dagegen Hertzog Hanß Allbrechten Lbd. die Aembter Wredenhagen und Fürstenberg alsofort abtreten.

Nachdem aber vorgedachte Leibgedings-Aembter / von den darzu Deputirten / auf 14458. Fl. 2. gl Lübisch taxiret / und wir dahero Sr. Lbd. 7229. Fl. 10. gl. 6. pf. zum halben Theil zu erstatten schuldig / die vorgedachten zwey Aempter aber / nemblich Wredenhagen auf 3343. Fl. 22. gl. 7. pf. und Fürstenberg auf 2294. Fl. 1. gl. $\frac{1}{2}$ pf. und also zusammen / dem Anschlage nach / auf 5637. Fl. 23. gl. 6$\frac{1}{2}$ pf. sich nur belauffen / und wir Sr. Lbd. deshalber noch 1591. fl. 10. gl. 11$\frac{1}{2}$ Pfennig erstatten müssen; Als wollen wir Sr. Lbd. 501. fl 19. gl. jährlich davor entrichten / wegen der Ubermaaß aber der 1889. fl. 15. gl. 10. pf. so die Leibgedings- und andere permutirende Aempter auf Unserer Hertzog Adolph Friedrichs mehr als auf Hertzog Hanß Allbrechten Lbd. Seiten an jährlichen Intraden austragen / haben wir uns mit einander dahin verglichen / daß wir Sr. Durchl. auf gemeldten Todes-Fall der Fürstl. Wittwen von Grabow 23000. fl. heraus geben wollen / und werden die zweene Pflug-Dienste im Ambt Neuen Kloster / so wir Hertzog Hanß Albrecht Sivert von Oehrzen verkaufft / über das abgerechnet / und uns Hertzog Adolph Friederichen / bey Annehmung des Ambts Neuen Kloster weiter nicht erstattet.

Zum Fall wir auch den nießlichen Gebrauch vorbenandter Leibgedings-Aembter vor St. Johannis Baptistæ Tag erlangen solten / so wollen wir auf den nechstfolgenden Meckelnburgischen Umschlag vorgemeldte 23000. Fl. Capital, nebenst halbjährigen Zinsen / auf den widrigen Fall aber / und wann wir den Nießbrauch vorgemeldter Aembter allererst nach Johannis Baptistæ bekommen / allein von der Zeit an / da wir den Nießbrauch der Aembter erlanget / bis auf den nechstfolgenden Umbschlag die von mehrberührten 23000. Fl. Capital-Geldern / gewöhnlichen Gebrauch nach / fällige Zinsen / das Capital aber auf den Umbschlag des nechstfolgenden Jahres / nebest eines Jahrs Zinsen bezahlen und abtragen.

Auf der hochgebohrnen Fürstin / Frauen Sophie / gebohrnen zu Schleßwig / Holstein 2c. Hertzogen zu Mecklenburg / Unser gnädigen Frau Mutter 2c. tödtlichen Hintritt aber / welchen der liebe GOtt lange verhüten wolle / wellen wir Hertzog Adolph Friederich / wann wir dero Leibgedings-Aembter / Lüptze / Wittenburg und Rehne / in Unsern Besitz genommen / Hertzog Hanß Albrechts Lbd. also bald dagegen die Aembter Jvenack und Wantzke abtreten und einreumen. Weil aber das Ampt Jvenack auf 5442. fl. 10. gl. 9. pf. und das Ampt Wantzke auf 30.0. fl. 4. gl. 3. pf. und also beede auf 8512. fl. 15. gl. an jährlichen Intraden taxiret und angerechnet / die vorgedachte drey Leibgedings-Aembter aber sämptlich auf 1525. fl. 4. gl. 1. pf angeschlagen / und uns also Sr. Lbd. zum halben Theil 7912. fl. 14. gl. $\frac{1}{2}$ pf. zu erstatten oblieget; Als wollen wir Hertzog Hanß Albrecht / nach erlangtem Besitz solcher Aembter / Hertzog Adolph Friederichen Lbd. die Ubermaaß / nemlich 600. fl. 11$\frac{1}{2}$ pf. jährlich heraus geben: Wegen Marnitz bleibet es bis zu Erledigung bey dem zu Varenholtz den 9. Julii Anno 1611. aufgerichteten Vertrage / und wollen wir Hertzog Adolph Friedrich / Hertzog Hanß Albrechten Lbd. vermöge desselben bis dahin die beliebte 1300. fl. jährlich entrichten und abtragen. Wann aber daß Ambt Marnitz uns eröffnet / und wir Hertzog Adolph Friedrich selbiges in Unsern Besitz erlangen / wollen wir Hertzog Hanß Allbrecht alsobald dagegen das Ambt Goldberg wircklich abtreten und einreumen.

Und weil das Ambt Marnitz auf 3318. fl. 8. gl. Goldberg aber auf 2972. fl. 6. gl. 10$\frac{1}{2}$ pf. dem Anschlag nach angerechnet; So sollen wir Hertzog Adolph Friederich Sr. Lbd. die Ubermaaß / als 346. fl. 1. gl. 5. pf. jährlich herausfolgen zu lassen schuldig seyn.

Weil wir auch die Aempter Strelitz und Neuenkloster gegen Erstattung der Ubermaaß zu permutiren und auszutauschen / beliebet; Als wollen wir solche Aembter / dafern Bertram Powischen seel. nachgelassene Wittwe das Ampt Neuenkloster gegen die Zeit reumen wird / künfftigen Trinitatis übers Jahr / wenn man Geliebts GOtt 1622. schreiben wird / oder aber in Verbleibung dessen / wenn itzt berührter Wittwen Pension-Jahrschar verflossen / mit allen Zubehörungen gegen einander abtreten.

Alldieweil aber Strelitz auf 5464. fl. 9. gl. 10. pf. Neuenkloster aber auf 5216. fl. 14. gl 4. pf. angeschlagen; Als wollen wir Hertzog Hanß Albrecht die Ubermaaß / nemlich 247. fl. 19. gl. 6 pf. Hertzog Adolph Friederichen Lbd. heraus geben. Solten aber nach GOttes gnädigen Willen die Fälle anders als vor specificiret / sich zutragen; So solle die Abtretung der Aembter nichts destoweniger obgesetzter massen hinc inde erfolgen / und einer dem andern / was die Rechnungen austragen / jährlich entrichten / bis so lange sich der letzte Fall begiebet / und alle permutation vorgedachter Aembter Ihre Richtigkeit erlanget / als da eines gegen das ander aufgehet / und keiner etwas heraus zu geben schuldig bleibet.

Und nachdem auf den Leibgedings- so wohl als andern Aembtern / das Viehe und Hausgeräth nicht mit in Anschlag gebracht / und also uns Hertzog Hanß Albrecht die Helffte desselben bey den Leibgedings-Aembtern / ausserhalb Marnitz / dabey uns das gantze Viehe und Hausgeräth alleine zugeschlagen / auf den Fall noch zustehet; Als wollen wir Hertzoh Adolph Friederich itzgedachte Helffte / und zu Marnitz das gantze Viehe und Hausgeräth / nach Abtretung der dagegen gesetzter obspecificirten Aembter / mit gleichmäßigen Viehe und Hausgeräth / so wir dabey lassen wollen / die Ubermaaß aber des Viehes und Hausgeräth / so bey den gegen die Leibgedinge gesetzten Aembtern vorhanden seyn wird / weil dieselbe uns Hertzog Adolph Friederich gantz und alleine zugeschlagen / wir Hertzog Hanß Albrechten alsdann gebührlich erstatten.

Wir verpflichten uns auch itzt berührte beede / wie auch alle andere Leibgedings- und dagegen gesetzte obspecificirte permutirende Aembter / immittelst und ehe hinc inde tradiret / und eingeantwortet worden / nicht zu deterioriren / oder verringern / sondern in dem itzigen Stande allerdings verbleiben zu lassen.

Doch soll einem oder andern Theil zu des Ambts Notthurfft / notthürfftig Holtz fällen / und verschneiden zu lassen / hierdurch nicht benom-

Anno 1621.

men / sondern ausdrücklich reserviret und vorbehalten seyn.

Und weil wir Hertzog Adolph Friederich zum Amt Strelitz einen Ahlfang / etliche Haußstette / Acker und Gärten erkaufft; Als wollen wir Hertzog Hanß Albrecht / dafern wir nach eingezogener Erkundigung / dem Ambt dieselbe zuträglich befinden wirden / gebührlich erstatten.

Im wiedrigen Fall aber soll uns Hertzog Adolph Friedrich solches selbst zu behalten / oder Unser Gelegenheit nach zu vereussern frey und bevorstehen.

Da auch durch GOttes Verhängniß den Leibgedings- und andern obspecificirten permutirenden Aembtern durch Feuersbrunst / Verheerung / Durchzüge und dergleichen casus fortuitos, welche GOtt der Allmächtige gnädig verhüten wolle / für dem Fall und Uberlieferung derselben / einiger Schaden zugefüget werden solte / dazu soll keiner dem andern obligiret und verbunden / sondern derselbe den es trifft / und die Aembter bekömmt / den Schaden allein zu tragen schuldig seyn.

Und sollen sonst mehrberührte permutirende Aembter frey und absque onere, ohne was jederzeit dabey gewesen / hinc inde tradiret und überliefert werden.

Immassen auch die bey allen Aembtern belegene / und darzu gehörige Städte / bey denselben und dem allein verbleiben sollen / welchem die Aembter obgedachter massen tribuiret und zugeeignet werden.

Gleicher gestalt sollen die Städtlein / Malchow / Brül / und Dassow / nebenst dem Adel in Unser Hertzog Adolph Friederichen / hingegen aber Pentzlin / Sültze und Marlow / in Unser Hertzog Hanß Albrecht Antheil hinfüro gehören / und da hinkünfftig die Stadt Malchow den Flotowen ab und uns zuerkannt werden solte; So wollen wir Hertzog Adolph Friederich die Jura, deren sich die Flotowen bis anhero angemasset / und was uns darinn zuerkandt wird / Hertzog Hanß Albrechten Lbd. im Gegentheil aber / da uns an deme / so dem Hertzogen zu Meckelnburg itzo daran zustehet / etwas aberkandt werden solte / wir Hertzog Hanß Albrecht S. Lbd. gebührlich erstatten.

Das Geschütz / so zu Gadebusch gewesen / soll vermöge obberührten Vahrenholtzischen Vertrags / ein Pertinenz und Zubehörung des Hauses Meckleuburg gehalten werden / und gleich allen andern beederseits Geschütz und Zeughäusern von Fällen zu Fällen auf den Erben Männliches Geschlechts / nach deren Abgang aber / wann kein männliches Geschlecht vom Hause Meckelnburg mehr vorhanden / auf das weibliche Geschlecht und deren Erben alsdenn verfallen.

Der Adel und Roßdienst und Rittersitz seyn vermöge einer sonderbahren von uns unterzeichneten Designation gleichfalls in zwey Theile gesetzet / und das eine zum Schwerinischen / das ander aber zum Güstrowischen Theil beleget worden.

Die Religion betreffend / verpflichten wir uns hiemit für uns / Unsere Erben und nachkommende Hertzogen zu Meckelnburg / daß wir Unsere getreue Ritter- und Landschafft / und einen jeden insonderheit / bey der ersten unveränderten A. 1530. Kays. Carl dem Fünfften zu Augspurg übergebenen Confession, und in Unsern Förstenthumen und Landen bishero allenthalben gelehrt- und geprediglen Lutherischen Religion, und der publicirten Kirchen-Ordnung verfasseter Lehr / Glauben und Bekäntniß / und deren Exercitio in allen und jeden Kirchen und Schulen Unser Fürstenthüme / Lande und Städte / Aembter und Dörffer auch in specie im Thumb zu Güstrow (dessen reformation wir Hertzog Hanß Albrecht uns hiemit begeben / und darinn nur allein die Sepultur und Leich-Predigten für uns und Unsere Religions-Verwandten / wie ingleichen / da wir mit Unser Hoffstat auf andere Unsere Residentz-Häuser uns aufhalten / und daselbst obberührter Unser Religions-Verwandten jemand mit Tode abgehen würde / denselben alda begraben und die Leich-Predigt dem Ordinari-Gottesdienst unverhinderlich durch Unsere Hoffprediger verrichten lassen / reserviren und vorbehalten /) ohne einige Verhinderung in doctrinalibus und ceremonialibus geruhiglich verbleiben lassen wollen.

Anno 1621.

Wir verpflichten Uns auch in allen und jeden Kirchen und Schulen (keine / ohne allein Unser Hertzog Hanß Albrecht Schloß Kirchen nachgesetzter massen ausgenommen) auch in der Universität zu Rostock keine andere als obberührter Augspurgischen Confession und Lutherischen Religion verwandte und zugethane Prediger / Professores, Lehrer und Schuldiener zu instituiren / anzunehmen / und zu gedulten

Das Consistorium und Jus Episcopale soll ausserhalb / was in specie in diesem Vertrage eximiret / nach wie vor / gemein bleiben / und das Consistorium die Inspection haben / daß in allen und jeden obbemeldten Kirchen / Schulen und Universität zu Rostock keine andere / dann die obangedeutete Kayser Carol dem Fünfften zu Augspurg übergebene unveränderte Confession und Lutherische Religion gelehret und geprediget / weniger einige andere / dann dero zugethane und wahrhafftig verwandte Kirchen- und Schuldiener angenommen / eingesetzet und gedultet werden.

Und da deren einer oder mehr in Lehr und Leben verdächtig / oder schuldig befunden wird / soll das Consistorium in Unser beeder Nahmen ohne einige Klage für sich ex officio zu inquiriren / die Sache zu cognosciren / darinn zu sprechen / die schuldig befunden / ihres Dienstes zu entsetzen und abzuschaffen / und den Beambten oder Städten / darunter der condemnirte seßhafft / die execution zu demandiren Fug und Macht haben.

Innassen es auf angestellete Klagen / vermöge des Consistorii Ordnung gehalten / und sonsten bey derselben / wie auch der Kirchen- und Superintendenten-Ordnung / ohn was in specie in diesem Vertrage anders disponiret / nach wie vor allenthalben ungändert gelassen werden soll.

So soll auch den Appellationibus vom Consistorio ans Hoffgericht ihr unbehinderter stracker Lauff / nach wie vor / gelassen / und das Consistorium mit keinen andern / als der oberwehnten unveränderten Augspurgischen Confession und Lutherischen Religion zugethanen Personen besetzet / und dieselben von uns beederseits angenommen / mit Eyden und Pflichten zugleich verwandt gemacht / und per vices eligiret werden. Also daß wir Hertzog Adolph Friederich den ersten / und wir Hertzog Hanß Albrecht den andern / und so fort an / erwehlen und annehmen sollen.

Die Relationes Visitationum, so viel der Prediger und Zuhörer Lehr und Leben betrifft / item Synodorum, sollen ins Consistorium eingeschicket / und demjenigen / darunter der visitirte Ort belegen / daneben zugefertiget werden. Und soll ein jeglicher nur in seinem Antheil / unangesehen die Mater- in einem / und die filial-Kirche im andern Theil belegen (doch daß die visitatores der Filial-Kirche den Pastorem ex Matre zu sich und seinen Bericht zu fodern / Macht haben) die visitationes verrichten lassen / Gestalt denen Pastorn ihre Hebungen / es seyn dieselbe in eines oder des andern Lande belegen / unverrückt verbleiben / und nach wie vor / ohne einige Behinderung gefolget werden sollen.

Die disposition über die Oeconomien-Güter / wollen wir ein jeglicher in seinem Antheil behalten /

und

ANNO 1621. und sollen dieselben jedes Orts unverrückt gelassen / und die Kirchen- und Schuldiener an ihrem Unterhalt und Besoldung in nichts verkürtzet / oder dieselben zu ichtwas anders ad pias causas, angewendet / auch den Burgern und Einwohnern in Städten an ihren einhabenden Oeconomie- und Kirchen-Ackern / kein Eintrag zugefügt / sondern dieselben ungehindert dabey gelassen werden.

Wolte aber eine oder andere Oeconomie aus nothwendigen erheblichen Ursachen / und um ihres bessern Nutzes willen; an unbeweglichen Gütern gantze Dörffer alieniren und veräussern; So wollen wir es der Näher-Geltung halber / bey Verordnung der gemeinen beschriebenen Rechten deßfalls verbleiben lassen.

Es behalten aber wir Hertzog Hanß Albrecht uns hiemit bevor / auf oder an Unsern Residentz-Häusern / die bereits gebauete Capellen zu erweitern / oder daselbst itzt berührter massen neue Kirchen zu bauen / und wann wir uns mit Unser Hoffstat alda aufhalten werden / durch ordinari Hoffprediger / so wir zu Unser Schloß Kirchen zu Güstrow bestellet / für Uns und Unsere Hoffdiener predigen zu lassen / dahin aber niemand eingepfarret / weniger den Eingepfarrten an der Kirchen des Orts / an ihrem Exercitio der Lutherischen Religion einige Behinderung und Eintrag zugefüget werden soll.

Wie wir denn auch auf Unser Hoffstatt / Unsere Edle und etliche wenige andere Knaben / so in der Kirche singen / doch nicht wider ihren / ihrer Eltern und Verwandten willen / privatim instituiren zu lassen / uns gleichfalls reserviren und fürbehalten.

Es sollen aber daneben keine andere Schulen der Reformirten Religion angerichtet / sondern alle und jede / auch in specie die Thumb-Schule zu Güstrow (in welcher das Ministerium die Inspection behalten soll /) bey dem Exercitio der offtgedachten unveränderten Augspurgischen Confession und Lutherischen Religion nach wie vor gelassen / und die Knaben andergestalt nicht instituiret werden. Und weil durch etlicher Prediger ungebührliches Schmähen und Schelten offtmahls viel Unruhe erreget / und die Gemeine dadurch nicht gebessert / weniger die Kirche gebauet wird: Als haben wir uns deswegen einer sonderbahren Ordnung verglichen / wie es solchenfalls damit gehalten werden soll.

Und da jemand der Prediger freventlich dawider handeln / und auf beschehene zweymahlige Erinnerung von seinem Unfug nicht abstehen wolte; Soll uns Hertzog Hanß Albrecht / denselben zu entuhrlauben / und einen andern mehrberührten unveränderten Augspurgischen Confession und Lutherischen Religion verwandten Prediger an seine Stelle wiederumb einzusetzen / frey und bevorstehen.

Es soll aber den Predigern die Reformirte Lehr und deren Authorn, mit ausdrücklicher Nennung derselben / gebürlich zu widerlegen / und mit Grunde Göttlichs Worts zu refutiren / die Theologicas Controversias auf den Cantzeln perspicue und bescheidentlich zu tractiren / auch die itzo gewönliche Confessional-Nahmen zum Underschied der Lehr und Lehrer ohne Schmähen zu gebrauchen /

Jmgleichen der Reformirten eigene Wort aus ihren Büchern und Schrifften nach Gelegenheit zu allegiren / und also die Zuhörer für allerhand Lehr / wie die Nahmen haben mag / so der ihrigen zuwider / treulich und fleissig zu warnen / und zur Beständigkeit in ihrer erkanten Religion zu ermahnen / nach wie vor unbenommen seyn.

Die Jura Patronatus soll ein jeder in seinem Antheil denen von Adel salvo jure Episcopali zu verkauffen Macht haben.

Mit Unser Universität zu Rostock soll es vermüge der fundation, donation und aufgerichteten Verträgen / nach wie vor / gehalten / und vom jeglichen der halbe Theil der Professoren / in allen und jeden Facultäten / also daß jederzeit / die von einem oder andern erwehlte Professores gleich seyn / und keiner mehr als der ander darin haben / instituiret und angenommen werden / und nach Absterben eines oder andern / die erledigte Stelle von demselben wiederumb ersetzet werden / welcher den vorigen / dessen Stelle vaciret / eingesetzet hat. ANNO 1621.

Solte aber in einer oder andern Facultät die Zahl ungleich seyn / wollen wir dieselbe per vices und umschichtig erwehlen und einsetzen / und soll hinkünfftig kein Professor zu Hofe oder im Hoffgerichte zu Diensten angenommen / weniger durch einen Substituten zu lesen permittiret und nachgegeben werden. Doch sollen die ietzige zu Hofe bestallte Professores davon eximiret und ausgenommen / wie uns imgleichen jemand der Professoren indifferenter und ungeacht / von wem er eingesetzet / von Hauß aus / doch daß dieselben mit weitleufftigen Legationibus ausserhalb Landes nicht beleget / oder ihnen per Substitutum zu lesen vergönnet werde / zu bestellen frey und unbenommen seyn.

Das Hoffgerichte betreffend / soll dasselbe ebenermassen gemein bleiben / und nach Ausweiß des Assecuration-Reverses de A. 1572. besetzet / und von einem jeden unter uns zwo Personen / derer einer des Landrichters / der ander des Vice-Landrichters officium verwalten / und per vices, jedoch daß die Stellen allemahl mit qualificirten Personen besetzt / eligiret und angenommen werden / continuirlich gehalten / und mit Zuziehung Unser getreuen Ritter- und Landschafft / imgleichen das Consistorium in einen andern und bessern Stand von uns gebracht / und mit keinen andern / alß offt berührten unveränderten Anno 1530. zu Auspurg übergebenen Confession und Lutherischen Religion verwandten Persohnen besetzet werden.

Und werden alle Urtheil / Bescheide / Mandata, Citationes, Inhibitiones, Commissiones und Executiones, so wohl in Hoffgericht als Consistorio, in Unser beeder Nahmen gesprochen / decretiret und ausgefertiget / und die Executiones denen Beamten / darunter der Verurtheilter oder condemnirter gesessen / demandiret und anbefohlen / die Remissiones aber der Straffen / wie imgleichen die dispensationes in gradibus prohibitis, kommen dem alleine zu / darunter der Verurtheilter / oder so die dispensation erlangt / gesessen / doch sollen unter itztgedachten Remissionen die Fälle / da ein Kirchen- oder Schul-Diener / abgesetzter massen von dem Consistorio seines Diensts entsetzet / nicht verstanden / besondern dem ausgesprochenen Urtheilen und darauf abgeordneten Executionen / ohn einige Appellation ihr stracker / unverhinderter Lauff gelassen werden.

Die Contributiones und Land-Tage bleiben im gantzen Lande gleichfalls gemein / und sollen die Land-Täge zum Sterneberg und Malchow per vices gehalten werden / dadurch uns aber jeder seines Orts seine Ritter und Landschafften aus erheblichen Ursachen ohn præjudiz der Contribution zu convociren / und von eines jeden Antheil Landes Nutz / Frommen und Bestes zu deliberiren / schliessen und anzuordnen nicht benommen / sondern ausdrücklich reserviret und vorbehalten seyn soll.

Die Müntz-Ordnungen sollen gleichfalls gemein seyn / und keiner in seinem Antheil absonderliche Müntz-Ordnungen zu machen befuget seyn. Von den Adelichen Gütern / so wir an Uns gekaufft / oder künfftig noch kauffen werden / sollen die Unter-

thanen

thanen gleich den andern zur contribution gehalten seyn/ aber keine Roßdienste darauf geschlagen/ oder von denselben contribuiret werden.

Ebener massen sollen auch die Jungfrauen-Kloster/ Ribbenitz/ Dobbertien/ Malchow/ und zum heil. Creutz in Rostock/ gemein bleiben/ und soll es mit dem Kloster zum heiligem Creutz in Rostock/ nach Besage des Anno 1584 aufgerichteten Güstrowischen Erb-Vertrags gehalten/ und von einem jedem Theil eine qualificirte Persohn zum Visitatore verordnet werden.

Und wollen wir mit den Provisoren/ wegen des Sprentzer Sees und andern darzu gehörigen Gütern Handlung pflegen/ und ihnen etwa 600. oder zum Höchsten 1000. Fl. geben/ und da das Kloster über Zuversicht solches nicht annehmen wolte/ die Sache zum ordentlichen Rechte verweisen.

Weil auch bey der Königl. Majest. zu Dennemarcken noch eine bezalte Obligation, wegen der Reinfeldischen Güter ausstehet; Als soll dieselbe von Uns beederseits ins gemein wiederum eingefodert werden. Die in Schweden ausstehende Obligationes aber/ Unser Hertzog Hanß Albrechten in GOtt ruhenden Gemahlin/ der Hochgebohrnen Fürstin/ Frauen/ Margarethen Elisabeth/ gebohrnen und vermählten Hertzogin zu Mecklenburg Christmilden Andenckens/ Außsteur betreffend/ wollen wir allein wieder einfordern/ und Hertzog Adolph Friedrichs Ldd. zu ihren sichern Händen zustellen lassen.

Die von Hertzog Ulrichen Hochlöbl. Gedächtniß anticipirte Crayß-Steuren/ sollen von Uns beyderseits vom Crayß in gemein gefodert werden

Wie auch die bey Hertzog Augusten zu Sachsen Ldd. noch ausstehende Geldfoderunge gemein verbleiben soll. Doch stehet einem jeden frey J. Ldd. seinen Antheil zu remittiren und nachzugeben.

Die Session-Sache bleibet gleichfalls gemein/ und wird von Uns beederseits/ wie ingleichen die Erhöhung des Erbzolls auf gemeinen Kosten zugleich getrieben.

Wegen der præcedenz bleibet es bey dem Vertrage/ so den 29. Maji Anno 1617. aufgerichtet/ und soll sonsten der Aelteste Unseres Geschlechts der Regierenden Hertzogen zu Meckelnburg/ er sey von dem primo oder secundo genito gebohren/ allwege die præcedenz und Uberstelle haben.

Wir wollen auch Hertzog Carln Hochlöbl. Andenckens/ auf gemeinen Kosten ein Fürstl. Epitaphium im Thumb zu Güstrow setzen/ und das von Sr. Ldd. darzu deputirtes Geld abfordern lassen.

Unser Fräulein Schwester Anna Sophien/ wollen wir auf J. Gnaden Unser Frau Mutter Todesfall/ welchen GOtt der Allmächtige lange verhüten wolle/ ihren Fürstl. Unterhalt auf Unsern beederseits Kosten bis an ihr Ende verschaffen.

Solten auch über Verhoffen/ noch etliche von Hertzog Carln/ Christmilder Gedächtniß/ herrührende Schulde in künfftig sich ereugen/ wollen wir dieselben zu gleichen Theilen erlegen und abtragen.

Die Cammergerichts-Unterhaltung/ wie auch Unsers gemeinen Advocati und Procuratoris Besoldung zu Speyer/ soll ein jeder zu seinem Antheil entrichten und erstatten.

So bleibt auch der Commentur zu Nemerow/ als ein Prælat des Landes/ mit seinen Roßdienst gemein/ und legt dem Herkommen nach Uns beederseits den Raths-Eyd ab/ und weil derselbe mit den Aemptern Güstrowischen Theils im Gemenge lieget/ auch über das wir Hertzog Hanß Albrecht/ das Ablager/ Hebung und andere Gerechtigkeit daran haben/ und dadurch leichtsam Streit und Irrungen erregt werden könten; Alß wollen auf den Fall itzgedachter Irrungen/ wir Hertzog Adolph Friederich Uns derselben nicht annehmen/ sondern an Hertzog Hanß Albrechten Ldd. verweisen/ und dem Recht seinen Lauff lassen.

Das Gleit durchs Stifft Schwerin/ wie auch die Streit-und Irrungen so des Hauses Meckelnburg Hoch-und Gerechtigkeit an denselben concerniren/ ingleichen waß es zu Fürstl. Beylägern und Kind-Tauffen geben muß/ bleiben gleichfalliß gemein/ und werden auf beederseits Kosten getrieben.

Die Irrungen aber/ so das ein oder ander Ambt mit dem Stifft Schwerin hat/ bleiben demjenigen auf Gewinn und Verlust allein/ dem das Ambt zukombt/ und stehet einem jeden frey/ dasjenige/ was im Gemenge ist/ oder sonst den Aembtern zum Besten gereichen und gelegen seyn mag/ zu parmutirrn und auszuwechseln.

Wie denn auch wir Hertzog Adolph Friederich mit denen von Lübeck/ wegen der jährlichen Ohmen Wein/ Unsers Gefallens zu handeln Macht haben sollen.

Und soll solches mit allen andern Aempter-Irrungen/ so dieselbe mit denen von Adel oder Städten haben/ und keine gemeine Land-Grentzen betreffen/ ebenmeßig also gehalten werden/ und keiner deswegen dem andern zu einiger Eviction verbunden seyn.

Hierunter aber sollen die Streit-und Rechtfertigungen mit den Flotowen/ wegen des Landes Malchow/ wie ingleichen die Foderung des Ambts Strelitz/ wider die Krackewitzen nicht verstanden/ sondern dieselben gemein verbleiben und gelassen werden/ und da den Flotowen die Sache aberkannt werden solte/ wollen wir Hertzog Hanß Albrecht/ den auf die streitigen Güter geschlagenen Roßdienst/ Hertzog Adolph Friederichen Ldd. zur Helffte erstatten.

Die Streitigkeiten aber mit dem Stifft Ratzeburg/ wegen des Gleits/ Ablager/ Schutz-und Schirm-Geldes/ wie auch/ was es zu Fürstl. Beylagern und Kind-Tauffen geben muß/ und was sonsten daß Hauß Mecklenburg für Jura und Gerechtigkeit daran haben möchte/ wollen wir Hertzog Adolph Friederich (weil wir Hertzog Hanß Albrecht mit dem Stifft deswegen verglichen/) auszuführen/ ren/ Uns ausdrücklich reserviret und vorbehalten haben/ zu welchem Ende Uns dann die im Fürstl. Güstrowischen Archivo verhandene alte/ und darzu gehörige Acta, unwegerlich gefolget werden sollen.

Würde auch jemand wider daß Hauß Meckelnburg/ Uns beyde/ oder ein gantzes Ambt Zuspruch und Forderung anstellen/ wollen wir solches auf gemeinen Kosten vertreten/ darzu wir auch/ zu allen andern gemeinen Sachen/ eine gewisse Persohn bestellen/ und per vices eligiren/ und den Abgang einer dem andern zum Halbschied erstatten.

Wir wollen auch beede Theile/ was der Fürstl. Wittiben Leibgedings-Verschreibungen vermügen/ zu præstiren und zu verrichten schuldig seyn.

Die Begleit-und Ausrichtungen frembder Printzen sollen jeden in seinem Antheil allein verbleiben.

Zu Rostock und Warnemünde aber soll das Gleit gemein bleiben/ und wann wir beede besucht/ oder der Durchzug von Uns beederseits allda begehret und gewilliget wird/ soll die Begleit-und Ausrichtung in beeder Nahmen/ und mit gemeinen Kosten geschehen; Würde aber nur einer allein besucht/ oder nur einer in die Ausrichtung verwilligen; Soll es mit Annehm-Begleit-und Abdanckung itztgesetzter massen gehalten/ die Ausrichtung aber von dem/ so besuchet wird/ oder in die Ausrichtung verwilliget/ nur alleine geschehen/ und an allen Orten/ da einer des andern Land berühret/ durch gewisse limites des Gleits halber/ gute Richtigkeit gemachet werden.

ANNO 1621.

Molini Erben Ansprach betreffend / und andere dergleichen gemeine Schuld-Foderungen / wie dieselben immer Nahmen haben und angestellet werden mügen / stehen zu rechtlichem Austrage / und dar in denselben etwas Widriges erkannt / wollen wir solches zu beeden Theilen erstatten.

Solten aber solche und dergleichen Rechtfertigungen durch gütliche Wege und Mittel / mit Zuziehung des andern / componiret und beygeleget werden / und dahero ein oder ander Theil eine Geld-Summa heraussser geben / oder mit Gütern Erstattung thun müssen; So soll ihm von dem andern der halbe Theil wiederum entrichtet und abgetragen werden.

Die gemeine Land-Gräntze und derselben Irrungen sollen zu beyder Theile Vertret- und Ausführung des Procesles stehen / und auf gemeinen Kosten trieben werden.

Hätte auch einer oder ander zu gütlicher / und dem Hause Meckelnburg unschädlicher Hinlegung solcher Irrungen / occasion und Gelegenheit / soll der ander solches nicht behindern / sondern auf beschehene notification vielmehr befördern und fortsetzen helffen.

Gleicher Gestalt soll es mit den bereits entstandenen / oder noch künfftig über Verhoffen entstehenden / und entweder die Aslesfur des Stiffts Schwerin in Unserm Hoff-Gericht / oder des gantzen Fürstenthums Hoch- und Gerechtigkeit / und sonst Land und Leute / und andere noch ungetheilte Unterthanen betreffenden Irrungen / gehalten werden.

Zu Richtigmachung und gütlicher composition der streitigen Gräntze mit denen von Adel und Städten / wie auch unter Unsern Aembtern / wollen wir gewisse Persohnen verordnen / so dieselbe / da müglich / entweder in Güte componiren / oder zum schleunigen Procels veranlassen sollen.

Die Rechtfertigung bey den Leibgedings-Aembtern sollen Zeit der Fürstl. Wittiben Leben / auf den Fall sie dieselben nicht fortsetzen wollen / auf gemeinen Kosten getrieben / auf den Todes-Fall aber es damit wie mit andern Aembtern gehalten werden.

Die Conlens über erkauffte Lehen / sollen von dem / darunter dieselbe gelegen / allein gesuchet / und der ander auf den Todes-Fall / Krafft dieses / solches zu halten verpflichtet seyn.

Die Adeliche Lehen / so hinkünfftig eröffnet werden / sollen deme allein heimfallen / unter welches Antheil dieselbe belegen. Weil aber bereits etliche eröffnet / darinn die Erb-Jungfrauen nur den usum fructum noch haben / als bleiben dieselbige gemein.

Eine ebenmäßige Gelegenheit soll es mit den Lehen haben / so bereits versäumet seyn möchten / und uns beederseits gemein bleiben.

In künfftig aber sollen die Fälle sowol mit den Erb-Jungfrauen als verseumeten Lehen einem jeden unter Uns in seinem Antheil allein verbleiben / worunter auch die Bauren und Pächte / so einer oder ander für der Theilung verschencket / mit begriffen / und auf den Fall der Eröffnung es damit ebener massen gehalten werden / und deme / darunter dieselben belegen / allein heimfallen sollen.

Dafern Wir Uns auch absonderlich in Confoederation und Bündnissen einzulassen gemeinet / darzu das Land contribuiren müste / soll solches keiner ohn des andern Vorwissen und Beliebung bemächtiget seyn / es were dann / daß dieselbe ohn der Landschafft und Unterthanen Contribution und Beschwerung zu Werck gerichtet werden könte. Welchenfalls einer ohn des andern Vorwissen sich wohl confoederiren und verbinden mag / sonsten aber soll Uns unbenommen seyn / mit beederseits Beliebung in Confoederation und Bündniß einzulassen.

Wann die Creyß-Hülffe gewilliget und angenommen werden soll / so wollen wir um die Bestellung der Officirer / und Werbung der Soldaten / wer die Reuter oder Knechte annehmen und werben lassen soll / jederzeit losen / und jeglicher die Helffte in seinem Antheil verlegen. Und da über die Soldaten geklaget wird / soll derselbe / in dessen Antheil sie inquartiret / gebührende Justitiam administriren und nichts desto weniger das geworbene Volck gemein bleiben.

ANNO 1621.

Die Durchzüge und Werbung frembdes Kriegs-Volcks für sich oder andere zu gestatten / bleiben jeden in seinem Antheil allein / doch daß es mit der Caution und sonsten vermöge der Reichs- und Crayß-Abschiede und Verfassung allerdings gehalten werde.

Im Fall auch unter uns (welches GOtt gnädig verhüten wolle) Streit und Uneinigkeit entstehen / und zu den Waffen gegriffen werden solte / so wollen wir Unsere Unterthanen einer gegen den andern nicht gebrauchen und affordern.

Die Abfuhren soll keiner den andern aus seinen Aembtern zu thun verpflichtet seyn

Die Malchowischen Abfuhren / aus den beeden Dörffern Jabel und Hagenow / sollen vermöge des offtangezogenen Bahrenholtzer-Vertrags / wie imgleichen aus grossen und kleinen Reheberg / zum Güstrowischen Theil verbleiben.

Die Meer-Porten bleiben jeden in seinem Lande alleine / und behalten wir Hertzog Hanß Albrecht uns bevor / bey Ribbenitz eine Schiffahrt anzurichten / obschon dieselbe zum Theil durch des Klosters Güter gehen möchten.

Die Ströme bleiben gleichfallß jedem in seinem Antheil / wie ingleichen die Jagten und Vorjagten allein.

Der von Adel und Städte Allodial-Güter / bleiben demjenigen / darunter sie gelegen / die Rostockischen aber nach wie vor gemein.

Der eine Schahlzoll soll bey Zarrentien / und der ander bey Boitzenburg bleiben und gelassen werden; Und haben wir Hertzog Adolph Friederich / wegen der Anfuhr der 300. Klaffter Holtzes / so der Stadt Lüneburg von beeden Aembtern jährlich geschehen / uns mit derselben verglichen.

Wegen des Klosters Ribbenitz / soll uns Hertzog Hans Albrecht mit der Landschafft zu handeln / und dasselbe gegen gebührliche Erstattung / gantz oder zum Theil an uns zu bringen erlaubet seyn.

So wollen auch wir Hertzog Adolph Friderich in Unserm Antheil ebenermassen eine Stadt zum Umschlage zu verordnen Macht haben.

Die zu einem oder andern Theil gehörige Consens-Bücher / oder da dieselbe füglich nicht zerschnitten werden könten / deren Copey / wie ingleichen die zu jeden Theil gehörige Siegel / Briefe / Register / und Acten und Parthey-Sachen / obschon derwegen noch lis pendens ist / sollen von jedem Theil / ohn Entgelt / so viel die Originalia betrifft / hinc inde unwegerlich ausgefolget werden.

Wenn wir Hertzog Adolph Friederich / der Comptorey Mirow halber / Handlung pflegen / und uns Hertzog Hanß Albrecht solches gebührlich notificiret / und wir dazu gezogen worden / so sollen und wollen wir Hertzog Hanß Albrecht solche Tractaten und was geschlossen wird / auch belieben / und uns mit gefallen lassen.

Da einer vom Adel in Unser beeder Länder Güter / und etwa in einem andern Theil etliche Bauren oder Pächte hätte / so soll er nur dem allein schweren / darunter der Rittersitz gelegen / und vor denselben in Persohn und dienlichen Sachen zu recht stehen.

Unsere Diener / so einem mit Diensten / und

ANNO 1621. dem andern mit Lehns-Pflichten verwandt seyn/ sollen in Personalibus, ausserhalb was von den Lehen-Gütern herrühret / und andere Schuld-Sachen für demselben / dessen Diener sie seyn / allein belanget werden.

Wenn jemand Unser Lehen-Leute / so unter uns beederseits Lehen-Güter hat / sich an uns vergriffen/ oder seiner nicht in Acht genommenen Pflicht beschuldiget / und derwegen ad privationem feudi, oder auf eine Geldstraffe criminaliter oder civiliter geklagt würde/ so soll auf dem Fall der privation durch die Patres curiæ darinn erkannt/ und die Lehen/ so viel in des beleidigten Lehen-Herrn Antheil belegen/ und weiter nicht/ eingezogen/ und in andern peinlichen und Injurien Fällen von demselben gebürlich gestrafft werden / welchen er injuriret und geschmähet hat.

In andern pein- und bürgerlichen Fällen aber soll die erkannte Straff und mulcta, und derselben remission demjenigen allein zukommen / unter welchem der condemnirte oder Verurtheilte gesessen.

Were es aber ein frembder unter uns nicht gesessen/ so soll die Straff demjenigen heimfallen / in dessen Gebiete das delictum committiret und begangen ist

Mit der Nachjagt der Ubelthäter soll es vermöge des zwischen uns und den Chur-und Fürstl. Häusern Brandenburg und Pommern beliebten constitution gehalten / und dieselben / so viel die Nachjagt betrifft / auf alle flüchtige delinquenten/ in Unsern Fürstenthümen und Landen hiemit gezogen seyn.

Wie imgleichen / wenn jemand die Relegation zuerkannt/ solche auf Unser beeder Antheil sich erstrecken/ und der condemnirte/ doch nur in eines Nahmen/ Unserer sämbtlichen Fürstenthüme und Lande verwiesen werden soll.

Würde er aber in des andern Antheil betreten/ soll er ohn einigen Revers oder Caution alsofort zu gebührender Straff an den Ort wiederum remittiret werden / da er seiner Verbrechung halber relegiret und des Landes verwiesen worden.

Gestalt auch die remissio pœnæ , welche der allein / so sie erkannt / nachzulassen Macht hat/ auf Unsere sämptliche Fürstenthüme und Länder verstanden werden soll.

Da auch in Unserm Hoff-Gericht jemand Unser Unterthanen/ oder einem frembden/ die relegatio zuerkannt würde / soll es ebener massen mit der remission gehalten/ und der allein / dessen territorium violiret/ dieselbigen zu remittiren / Macht haben. Der condemnirte auch immittelst im gantzen Lande nicht geduldet werden.

Wenn einer in des andern Lande Zeugen eydlich abzuhören gemeinet / so soll solches jederzeit per literas subsidiales geschehen.

Welcher von Adel von uns beederseits Lehen trägt/ und etwa auf eine Zeit zur Aufwartung von beeden Orten verschrieben wird / soll demselben folgen / so ihme den Befehl erst insinuiren lassen.

Den Städten soll ein jeder Privilegia, so dem Hause Meckelnburg/ dessen Regalien / Hochheiten/ Jurisdiction und Hebungen unschädlich / allein zu ertheilen Macht haben.

Doch soll uns Hertzog Hanß Albrecht mit der Stadt Brandenburg / der streitigen Jurisdiction halber / zu transigiren hiedurch nicht benommen seyn.

Würde anch der eine oder ander unter uns jemand ein Angefälle verschreiben / so soll dasselbe/ wenn es bey dessen Leben / der es verschrieben / fallen wird/ kräfftig und verbindlich seyn.

Und weil nunmehr alles getheilet / als soll einem jeden/ was er in seinem Antheil in Aembtern/ bey denen von Adel und Städten austragen kan / darinn ihme zu nahe geschehen seyn möchte / für sich allein behalten/ und dem andern dafür keine Erstattung thun/ welcher sich auch deßwegen einiger læsion nicht zu beschweren haben soll. ANNO 1621.

Es sollen auch Unsere Fürstenthümbe und Lande hinfüro und zu ewigen Zeiten von uns oder Unsern Erben und Nachkommen den Hertzogen zu Meckelnburg ferner nicht subdividiret / oder in mehr / dann itzige zwey Theile getheilet werden / sonder es bey denselbigen einig und allein verbleiben.

So haben wir uns mit gutem Bedacht wissentlich obligiret / und Krafft dieses verbunden / daß wir einer dem andern seinen Antheil und Zubehörungen (ausserhalb was der Aembter-Irrungen halber obgesetzter massen anders verglichen) in und ausserhalb Rechtens / wie es zum kräfftigsten und beständigsten immer seyn kan oder mag / gewehren/ und schadloß halten / und uns davon durch keinerley Exceptiones , Behelff oder Einrede / wie dieselbe Nahmen haben mögen / entwircken und entbrechen wollen.

Solte auch über alle Hoffnung und Zuversicht/ nach geschlossenen diesen Erb-Vertrage oder wegen ungleichen Verstand desselben einiger Streit erreget werden/ so sollen darzu Unsere Räthe / und zwar von einem jeden Theil zwene ernennet / ihrer Eyd und Pflicht zu dieser Sachen erlassen / und ihnen die Entscheidung solcher Irrungen und Mißverstände auf maß / wie wir uns dessen beederseits vereinbahren wollen / committiret / und anbefehlen werden. Oder da durch solchen Weg den Sachen nicht abzuhelffen / soll ein schleuniger Veranlassungs-Procefs darin angeordnet und beliebet werden.

Es soll auch durch diesen Erb-Vertrag allen andern vorigen Erb-Vertragen / ohn was in specie hierinn anders disponiret / nichts derogiret und benommen seyn.

Schließlich haben wir hierauf allen und jeden rechtlichen Beneficien / Verordnungen und Exceptionibus, und insonderheit die Exception læsionis etiam ultra dimidium , restitutionis in Integrum, doli mali, erroris, rei non sic sed aliter gestæ, simulati Contractus, Item Generalem renunciationem non valere nisi præcesserit specialis, und allen andern dergleichen Einreden und Behelffen / wie die immer Nahmen haben mögen/ wissend und wohlbedächtlich renunciiret / und diesen brüderlichen Erb-Vertrag/ dergestalt / wie obstehet / für uns / Unsere Erben und nachkommende Hertzogen zu Meckelnburg steiff/ fest/ und unverbrüchlich stets zu halten/ und dagegen im geringsten nicht zu handeln / bey Unsern Fürstl. Ehren und Würden mit handgegebener Treu Fürstl. versprochen und zugesaget / und zu dessen mehrer Bestätigung diesen Erb-Vertrag mit Unsern Handzeichen und Fürstl. Insiegel confirmiret und bekräfftiget. Alles getreulich und ohn Gefehrde. Actum Güstrow den dritten Monats Martii nach Christi Unsers Erlösers und Seligmachers Geburt im 1600 ein und zwantzigsten Jahre.

Adolph Friedrich *mpr.*

Hanß Albrecht *mpr.*

CCXV.

Traité de Réconciliation entre l'Empereur FERDINAND II. & MAURICE *Landgrave de Hesse ; fait à Bingen, le 23. Mars 1621.* [MERCURE FRANÇOIS, Tom. VII. pag. 84.] 23. Mars. L'EMPEREUR ET LE LANDGRAVE DE HESSE.

PREMIEREMENT, Que le Prince Maurice Landgrave promettoit de n'entreprendre par soy, ne faire

ANNO 1621. re entreprendre par d'autres, aucun Acte d'hostilité contre sa M. Imp. & son Armée, & de ne donner aucune assistance directement ou indirectement & secours de Gens de Guerre, Argent, Munitions, Vivres, & Conseil au Comte Palatin, ny aux Princes Unis, & autres Roys, Electeurs, Princes & Estats, lesquels jusques icy ont secouru ledit Palatin & Palatinat, le Royaume de Boheme & Provinces incorporées.

Secondement, Que ledit Landgrave retireroit de l'Armée des Princes Unis & du Palatinat ses Gens de Guerre.

Tiercement, Que dans le 14. du mois de May, qui estoit le terme que l'Union des Princes & Estats Correspondans devoit durer, il envoyeroit Ambassade expres pour signifier aux autres Princes qu'il renonçoit à ladite Union, & à toute autre Union nouvelle qui se pourroit faire contre sa M. I. pour secourir le Palatin & le Palatinat; mais garderoit inviolablement les presents Articles.

Quatriesmement, Que le Marquis de Spinola aussi promettroit qu'il ne feroit faict & exercé par luy, ny par son Armée, aucun Acte d'hostilité, expedition, irruption, contribution, & exaction sur les Principauté, Comté, & Pays dudit Landgrave Maurice, ny sur ses Vassaux, Conseillers, Officiers, Ministres & Subjects, ny sur leurs biens, meubles & immeubles, tant dedans que dehors ses Pays & Principauté: Mais au contraire les soulageroit & empescheroit d'estre molestez, & les laisseroit jouyr de la Paix, tant en la Religion qu'en la Police, comme le permettoient les Constitutions Imperiales. Si toutesfois il y avoit quelqu'un des Sujects dudit Landgrave qui fissent le contraire de ceste Transaction, ils en seroient exceptez.

Et cinquiesmement, Que ce Traicté seroit signé dans le 23 Avril par le Marquis de Spinola, & par le Landgrave Maurice: Et que dans trois mois ledit Marquis de Spinola le feroit signer & ratifier par l'Empereur, & par l'Archiduc Albert: laquelle Ratification seroit par luy baillée audit Landgrave Maurice. Et cependant que les Articles cy-dessus accordez seroient gardez & observez. Faict à Bingen le 23. Mars 1621.

CCXVI.

$\frac{14}{24}$ Mars. **Recess zwischen Johann Schweickhard Churfürst zu Mayntz/ und Ludwig Landgraffen zu Hessen/ als Kays. Commissarien an einem/ und der Stadt Strasburg andern Theils/ Wodurch die Stadt von der Evangelischen Union und Pfältzischen Kriegswesen abzutretten verspricht; die Kayserl. hohe Herren Commissarii dagegen die Stadt aller Kays. gnade und beystands/ und mehr anderer Puncten/ als der Zölle/ Privilegien etc: versichern. Geschehen den 24 neuen und 14. alten Calenders Martii 1621. Nebst der Attestation obbemelter Commissarien der Stadt Speyr ertheilt; daß n.mbl. solche in Conformität des obigen mit Straßburg errichten Recess, gleichfalls die Kays. offerirte Gnade angenommen/ und von obbemelter Evangelischen Union und Kriegs-Wesen abzutreten versprochen. Geben den $\frac{12}{22}$ Junii 1621. Und dem Schreiben der Stadt Speyr an obbemelte Herren Commissarien/ Worinnen sie sich zu obigen verbindet/ und zugleich um eine Attestation anhaltet. Speyr den $\frac{5}{15}$ Junii 1621.** [Pièces tirées de la Registrature d'Etat de la Chancelerie de la Cour de Sa Majesté Imperiale.]

C'est-à-dire,

Recès conclu entre JEAN SCHWEICKHARD *Electeur de Mayence, & LOUIS Landgrave de Hesse, en qualité de Commissaires Imperiaux, d'une part; & la Ville de* STRASBOURG *d'autre; par lequel ladite Ville promet de se départir de l'*Union Evangelique*, & de la Guerre Palatine; lesdits Seigneurs Commissaires l'assurant en échange, de la Grace de l'Empereur, & de divers autres Avantages, touchant les Privileges, les Péages &c. Le $\frac{14}{24}$ Mars 1621.* Avec une ATESTATION *desdits Commissaires pour la Ville de* SPIRE*, portant qu'en conformité dudit Recès, elle a pareillement accepté la Grace de l'Empereur, & promis de se départir de l'*Union Evangelique*, & de la Guerre Palatine. Le $\frac{12}{22}$. Juin 1621. Les* LETTRES *mêmes de la Ville de* SPIRE*, par lesquelles elle s'oblige, comme ci-dessus, & en demande Acte, auxdits Seigneurs Commissaires. A Spire le $\frac{5}{15}$ Juin 1621.* ANNO 1621.

VON GOttes Gnaden Wir Johann Schweickhard deß Heiligen Stuls zu Meintz Ertz-Bischoffe / deß Heiligen Römischen Reichs durch Germanien Ertz-Cantzler und Churfürst. rc. Und Wir Ludwig Landtgraff zu Hessen/ Graffe zu Catzenellenbogen/ Ditz/ Zigenheim und Nidda rc. Thun kund und bekennen offentlich/ mit diessem Brieff/ demnach sich gegen Unß/ alß hierzu von der Römischen Kays. auch zu Hungarn und Beheimb Königl. Maj. Vermöge sonderbahren Keyserlichen Befelch und Gewalts verordneten Keyserlichen Commissarien/ Allerhöchstgedachter Irer Keys. Majest. und des Heyligen Reichs Statt Speyer unterthänigst und unterthänig erclärt und zugesagt/ alles das jenige so die Statt Straßburg in deme mit Unß den Vier undt zwantzigsten Newes undt Vierzehenden Alten Calenders des Monats Martii zu Aschaffenburg auffgerichten Recess, Iren schuldigen gehorsamb zu der Keys. Maj. abtrettung von der Union undt Verlassung des Pfältzischen Kriegswessens betreffend/ under dero Statt größern Insigl versprochen/ Ires Theils auch in allen Puncten und Clausuln allerdings und vollkomnlich zuleisten und zu vollnziehen/ Inmassen Ire Erklärung von worten zu worten also lautet:

Hochwürdigster Churfürst und Durchleuchtiger Hochgeborner Fürst/ E. Chur-und Fürstliche Gn. Gena. seind Unsere underthänigste und underthänige bereitwilligste dienst jederzeit zu vor. Gnädigster und Gnädiger Herr; Ewer Chur-und Fürstliche Gn. Gn. haben auß Unserer Abgesandten mundlicher in Unserm Nahmen beschehener Erklärung/ wegen dessen mit den E. von Straßburg getroffenen und uffgerichten Recess, so wohl auch auß Unserer jüngst überschickter Urkund/ Unser Erbietten/ willen und meinung Gnädigst und Gnädig vernommen. Erklären und erbietten Uns auch nochmals puré und simpliciter dahin/ daß wir berührten mit der Statt Straßburg verbriefften Recess allerdings approbirt und genehm halten wollen/ auch demselben in allen seinen Puncten und Clausuln/ dahin wir dadurch obligirt und verbunden werden/ beständig und unverbrüchlich zu geleben und nachzukommen entschlossen und gemeint seyen/ Inmassen wir Uns auch nochmals hierzu krafft dieses Schreibens austrucklich verpflichten und verbinden/ des unterthänigsten und unterthänigen versehens/ Ewer Chur- und Fürstl. Gn. Gn. werden des angeregten Recess Copey under dero Insigl und Handschrifften/ damit wir solche/ so wohl einer Erwürdigen Clerisey/ alß auch einem Höchlöblichen Kays. Cammergericht/ uff Ir begehren/ zur nachrichtung und umb mehrer versicherung willen/ fürzeigen und demonstriren können/ Gnädigst und Gnädig außfertigen und Unß zu handen bestellen lassen.

Solches umb Ewer Chur- und Fürstl. Gn. Gn. unterthänigst und unterthänig/ nach Unserm geringen vermögen zu verdinen/ seind wir jederzeit bereitwillig.

Signatum den $\frac{5}{15}$ Junii 1621. Ewer Chur-und Fürstl. Gn.

Unterthänigst und Unterthänige Burgermeister und Rath der Statt Speyer.

Anno 1621.

DEM Hochwürdigsten Fürsten und Herrn / Herrn Johann Schweickharden Ertz-Bischoffen zu Maintz / des Heyligen Römischen Reichs durch Germanien Ertz-Cantzlern und Churfürsten / so dann dem Durchleuchtigen Hochgebornen Fürsten und Herrn / Herrn / Ludwigen Landgraffen zu Hessen / Graffen zu Catzenelnbogen / Dietz / Ziegenheim und Nidda rc. Unßerm Gnädigsten und Gnädigen Herrn rc.

Und dann obangezogene Ire Kays. Maj. Unß auffgetragene Kays. Commission dieses außtrucklich vermag / daß alle und jede der Evangelischen Union biß daher zugewandte Stätt / uff Ir allerunterthänigste und der Statt Straßburg gleichformige bezeugung / dero hochmilten und in obberührtem Recess befindlichen Allergnädigsten erclärung theilhafftig sein / und von Uns dessen zusag und versicherung erlangen solten. Daß wir darauff ermelter Statt Speyer nach Innhalt mehr berührter Keys. Commission Gnädigst und Gnädig zugesagt / thun auch solches hiemit und krafft diß / nemblichen daß sie die Statt Speyer aller und jeder in mehr gemeltem Recess befindlichen und im Nahmen allerhöchstgedachter Keys. Maj. der Statt Straßburg gegebenen ercläruugen / zusag und erbiethungen / wenigers nicht / alß die Statt Straßburg / fähig / theilhafftig seyn und deren geniessen sollen / und lautet der Recess alßo.

Demnach die Römische Keys. auch zu Ungarn und Böheimb Königliche Maj. Unser allergnädigster Herr rc. unter dato Wien den drey und zwantzigsten Januarii gegenwertigen Sechtzehenhundert Ein und zwantzigsten Jahrs / in dero Keys. Schreiben E. E. Rath der Statt Straßburg allergnädigst zu erkennen gegeben / waß massen sie zu bezeugung Ires Keys. friedliebendes hertzens und gemüths dem Durchleuchtigen Hochgebornen Fürsten und Herrn / Herrn Ludwigen Landtgraffen zu Hessen / Graffen zu Catzenellnbogen / Dietz / Ziegenheim und Nidda rc. Unsern Gnädigen Fürsten und Herrn / Commission und befelch ufgetragen / in denen von Sr. Fürstl. Gn. bey etlichen der Union zugethannen Evangelischen Fürsten auß eigener bewegnuß furgenommenen gütlichen und getreuen dem gemeinen Ruhestand zum besten gemeinten erinnerungen fortzufahren. Und obwohl allerhöchst gemelten Irer Keys. Maj. immittelst die Göttliche Allmacht unterschidliche Victorias verliehen / deroselben auch fernerer und noch stärkerer Kriegsmacht / auch Ihres Ertzhaußes Verwandten hülffliche handbietung nicht abgehen solle / daß sie doch auß angeborner zu dem friedlichen wesen und vor das Vatterland Teutscher Nation tragender getreuer Vätterlicher sorgfalt nochmalß geneigt weren / alle friedliche mittel dem rawen weg deß offentlichen Kriegs fürzusetzen / da mann nur solcher Ihrer treühertzigen Keys. intention statt geben / und sie durch gendtigte verfügung zu keinem andern verursachen würde.

Hierumben so wolten Sie gedachten Rath der Statt Straßburg / noch für eins und letzere mahl erinnert und vermahnt haben / daß so wohl derselbe alß auch alle andere seine mit-verwandte Stätt von dem Kriegs-Wesen welches sich in der Chur-Pfaltz Landen under obgehörter Union Nahmen befindet / gäntzlich und zu mahl abstehen / ja auch die Union selbst entweder alßobald / oder zum wenigsten nach Verfliessung der daran noch übrigen wenigen zeit (inmassen Ire Keys. Maj auß denen zu Prag gefundenen Schrifften darvon und noch anderen mehr gründlich und gute nachrichtung hetten) weiter nicht fortstrecken helffen oder sich darinnen vertieffen solten.

Wie nun Ire Keys. Maj. zu mehr gemeltem Rath das Gnädigste vertrawen setzen thetten / Er solte und würde solch vorgemelt Kriegs-Wesen weder in der Pfaltz noch sonst anderswo wieder Ire Keys. Majest. oder dero Niederburgundische auch andere Assistentz und Kriegs Herr in einigen weg lenger nicht fomentiren oder unterhalten helffen / oder darzu rathen oder contribuiren / alß wolten Ire Keys. Maj. denselben Rath / auf den Fall seines erfolgenden umbstandes / Ihrer Kays. Gnaden wohlbedachtlich und dergestalt versichern / daß sie jetzt alß dann / und dann alß jetzt alles und jedes / was etwa wieder Ire Keyserl. Maj. und dero hochgeehrten Vorfahren im Reich / auf seiten der Statt Straßburg / oder anderer Irer mit-Unirten Stätt jemahls verhandelt worden / todt und ab / und zu ewigen tagen / nicht anderst noch weniger vergessen seyn lassen wolten / alß wann obbesagte Union und das Bömische Wesen / sambt allen und jeden seinen dependentien niemahls gewesen / oder darvon von Ihr oder Ihrentwegen etwas gesehen / gehört / oder vernommen werden / da es auch gleich das jenige betreffen solte / so gegen Ir Maj. oder deroselben Vorfahren am Reich oder Ihr Löbliches Ertz-Hauß jemals mit worten / Schrifften oder Wercken / bekand oder unbekand / fürgangen und beschehen wäre / wie dann in diesen Irer Keyserl. Majest. Gnädigsten Erclärung alle der Statt Straßburg Räthe und Diener so jemahlen / vor kurtzer oder langer zeit / wieder Ire Keys. Majest. oder Ire Vorfahren / oder auch sonsten ehe dieselbe zu Ihren diensten kommen / gered / geschrieben / geratschlagt / oder gehandelt hetten / begrieffen sein sollen. Uber diß thetten Ire Keys. Maj. der Statt Straßburg auf obverstandenen fall / mit solchem Irem Keyserl. Gnädigsten Schreiben gute und beständige Sicherheit und Keys. Zusag geben / daß weder von Ihro / noch auch Ihrem Vettern und Schwagern der Königlichen Maj. zu Hispanien / noch auch sonsten von Irem Löblichen Hauß Oesterreich oder auch einigem Catholischen Stand Iro der Statt Straßburg einiger schad und Gewalt / heimlich noch offentlich / weder mit oder ohne mittel begegnen / ja auch Sie mit einiger Guarnison nicht beschwert / oder auch umb verstattung durchzugs durch die Statt wider deroselben willen nicht belangt / oder beladen werden / sondern dieselbe vielmehr auf Ihr begehren / da sie sich zu Irer selbst handhabung und Defension nicht gnugsam befinden würde / sich alles Keyserlich / würcklich-möglich-und unaußbleiblich gebührenden Schutz / schirm / trost / Rath / hülff und Rettung zuerfrewen haben solle.

Ferners weren Ire Keys. Maj. des Gnädigsten erbietens / alle und jede Ire (der Statt Straßburg) Privilegia / Freyheiten / Satzungen / besitzungen / Gebrauch und Gewohnheiten (so viel dieselbe dem aufgerichten Religion-und Prophan-friden nicht zu wieder) zu confirmiren / alß reich und vollkomlich Sie solches Krafft Ires Keyserlichen Gewalts und Ambts vollkommenheit ertheillen solten

Damit mann auch an dießer Ihrer Keys. Maj. auß recht und reiffem bedacht gethanen miltesten erclärung überall keinen zweifel haben / und sich auf dieselbe einmahl und endlich eigentlich verlassen möge / So hätten Sie dem Hochwürdigsten Fürsten und Herrn / Herrn Johann Schweickharden Ertz-Bischoff / und Churfürsten zu Maintz / und zuvor hochgemeltes Herrn / Herrn Ludwigen zu Hessen Fürstl. Gn. Ire Gnädigste befelch und Vollmacht ertheilt / im fall wider alles verhoffen hierunder etwas zweiffelhafftiges vorfiele / daß ein Ersamer Rath zu Straßburg oder vielbesagte andere Stätte / sambt und sonders zu Ihrer Chur- und Fürstl. Gn. Gn. Ihre Abordnung thun / bey derselben endliche satte erclärung / änderung und erleuchtung einholen sollen oder möcheen / dabey Sie es dann Gnädigst bewenden lassen und solches da es von nöthen were /

oder

ANNO 1621.

oder begehrt wurde/ selbst ferner becräfftigen wolten/ mit angehefffter Allergnädigster Vätterlicher ermahnung/ solche Keyserl. reiche und gütige anerbietung nicht ausser acht zu lassen/ sondern sich derselben zu Irem und Irer Burgerschafft besten zugebrauchen/ auch von allen jetzigen und künfftigen Unions-handlungen und Contributionen hand abzuthun und sich an die heilsamme Reichs-Constitutiones, sonderlich aber den Religion- und Prophan-frieden gehalten/ und darüber Ire runde/ richtige erclärung zu nötiger nachrichtung unverweilt von sich zugeben.

Und dann mehr Allerhöchstgedachte Keys. Maj. Höchst- und Hochgemelten Herrn Churfürsten zu Maintz und Herrn Landgraffen zu Hessen/ Chur- und Fürstl. Gn. Gn. solche erzelte einem Ersammen Rath zue Straßburg gethane allergnädigste erbietung in einem under dato Wienn/ auch am 23sten Januarii gegenwertigen Jahrs/ an Sie abgegangenem Allergnädigsten Schreiben überschickt/ mit der angehefften Keyserlichen Commission, wann sich die Statt Straßburg/ obvermeltem Irer Majest. begehren nach accommodiren/ und dessen gewisse zusage und versicherung thun würde/ daß alßdann höchst- und hochgemelte Ire Chur- und Fürstl. Gn. Gn. anstatt und von wegen Irer Keys. Maj. und Krafft Iren deswegen aufgetragener Keyserl. Commission und Vollmacht/ offtgemelter Statt Straßburg und in eventum auch den andern Stätten (wann Sie nemblich solcher Keys. Allergnädigsten erinnerung gehorsambste Statt geben/ und derselben ein gleichmässiges genügen thun werden) solche Keys. Allergnädigste milde resolution nochmahls thun und so fern darinnen dubia oder sonst difficultæten fürfallen würden/ dieselbe anstatt Irer Keys. Majest. declariren/ und die Statt Straßburg/ sambt andern Stätten darüber versichern/ auch darzu allen Gewalt und macht haben solten.

So haben sich solchem Allergnädigsten Keyserl. befelch und begehren nicht allein beede Ire Chur- und Fürstl. Gn. Gn. Maintz und Hessen/ mit übernehmung hierunder aufgetragener Keys. Commission gehorsamblich bequemet/ sondern auch ein Ersammer Rath der Statt Straßburg zu bezeugung seiner zu der Keys. Maj. und des Heyl. Reichs Ruhe und wohlfarth tragender allerunterthänigster getreuer und gehorsammer devotion, auch löblichen zuneigung und begierden/ ohne verzug/ so weit allerunterthänigst accommodirt/ daß derselbe Rath gleich nach einlangung mehrgemelten Keys. Allergnädigsten Hochgeehrten Schreibens/ wie auch auf höchst- und hochgedachter Keys. Commissarien und anderer vornehmen Fürsten und Stände des Reichs sonderbahre gnädigst/ und gnädige wohlgemeinte beedes Schrifft- und Mündliche erinnerung/ auß seinem Mittel die Edle und Veste und hochgeehrten seinen geheimen mit-Raths freünd und Dreyzehnern/ Herrn Frantz Rudolph Ingolten/ auch Rath und Syndicum Antonium Wolffen/ der Rechten Doctorn/ zu Irer Chur- und Fürstl. Gn. Gn. dem Ertz-Bischoffen und Churfürsten zu Maintz und Landgraffen zu Hessen/ alß hierzu verordneten Keyserl. höchst und hoch ansehenlichen Commissarien abgefertigt/ und sich durch mittel derofelben/ Crafft deren wegen Inen ertheilten special vollkommenen und zu allem bestand versehenen genugsammen Gewalts/ gantz cräfftig/ verbündlich/ und unwiderrüfflich/ dahin außtrucklich/ verständiglich/ wohllbedächtlich und freymütig erclärt/ thut auch solches hiemit und in Crafft dieses/ in der cräfftigsten maß solches beschehen solte/ könde oder möchte.

Nemblich und vors Erste/ daß offtermelte Statt Straßburg von dem Kriegs-Wesen/ welches sich in der Chur-Pfaltz Landen under dem Nahmen der Evangelischen Union, oder eines andern wer der auch sein mag/ Irer Keys. Maj. zu wider befindet/ oder künfftiglich befinden möchte/ gäntzlich und zumahl abstehen/ und dasselbige Kriegs-Wesen/ weder in der Chur-Pfaltz/ noch sonsten anderswo/ wider Ire Keys. Maj. oder dero Niderburgundischen oder auch andere Ire Assistentz und Kriegs Heer/ in einigen weeg lenger nicht fomentiren/ unterhalten/ oder darzu rathen oder contribuiren wolle. Allein dieweill wegen Irer bey ermelter Union vor diesem gethanen außlegen und etwann noch schuldiger gelder/ (wie sich dieselbe in der Rechung so innerhalb hernachgesetzter gewisser zeit vorgenommen und geschloßen werden soll/ befinden möchte) Ire unvermeidliche notturfft erfordert/ daß zu verhüttung anderer besorgender ungelegenheiten/ mit dem Kriegs Volck Rechnung besessen werde/ darzu noch etwas zeitt erfordert würd: So können höchst und hochermelte Keyserl. Herren Commissarii hierzu/ und zu keinem andern Ende/ geschehen laßen/ daß die Statt Straßburg innerhalb Monats zeitt von dato dieses anzurechnen/ Iren abstand von obgedachtem Kriegs-Wesen/ Iren mit-unirten notificiren/ solche Rechnung ohne befahrung einiger Keys. Ungnad oder anderer Ungelegenheiten kühnlich besitze/ und schließe/ ob Sie sich noch etwas zu erlegen schuldig befinden oder erachten möchte/ dasselbe bezahle/ oder sonst richtig mache/ und alßo dadurch von aller weiterer schuldigkeit des Kriegs-Wesens halben befreye.

So dann und vors andere soll und will E. Ersamer Rath der Statt Straßburg die mit etlich Evangelischen Ständen im Reich vor diesem aufgerichte Union und Bündnuß und was derselben anhengig/ so bald dieselbe Ire endschaffts-zeit erreicht haben würd (nemblich am Vierzehenden Newen und Vierten Alten nechst künfftigen Monaths Tag Maii) verlaßen/ und dieselbe nicht weiters verstrecken oder prorogiren: Sondern von derselben alß dann gäntzlich und zumahl abstehen/ von allen jetzigen und künfftigen Unions-handlungen erstgedachter maßen hand abthun/ und sich an die heilsamme Reichs Constitutiones, Religion und Prophan-frieden halten/ mit dießem sonderlichen vorbehalt/ daß under dessen und biß zuletzt ermeltem außgang der Union die Statt Straßburg die Unions-Tage wohl besuchen/ Ire abrechnungen mit Iren Mitt-Unirten auch in andern das Kriegs-Wesen nicht belangenden Sachen schließen möge/ und dadurch die ob- und nachgemelte Keys. und andere erclärungen/ versprächnußen und zusagen keines weegs verlohren haben soll/ doch daß die Statt Straßburg auf den Unions-tagen zumahl nichts beratschlagen/ bedencken oder schließen/ viel weniger mit Ihrem Rath/ hielff und beystand vollnziehen und befordern helffen soll und will/ so obgedachter Irer gehorsambster erclärung und Keyserl. Majest. schuldigem Respect zu widerlauffen oder zu einiger thätlicher widersetzlichkeit gegen derselben und Iren Kriegs-hülffen außschlagen möchte.

Wann nun höchst- und hochgemelte Herrn Keys. Commissarien diese der Statt Straßburg beschehene und erzelte underthänigste versprüchnus/ zusag und erklärung alßo beschaffen zu sein befunden/ daß dieselbe Ihrer Keys. Maj. Allergnädigstem begehren und intention allerdings gemeß: So haben Ihre Chur- und Fürstl. Gn. Gn. sich darauf Crafft habender Special Keys. Commission und Vollmacht/ an statt und von wegen allerhöchstgedachter Keys. Majest. gegen der Statt Straßburg außtrucklich und wohlbedächtlich zugesagt und versprochen/ thun auch solches hiemit und in Crafft dießes/ wie solches von Irer Keys Maj. wegen am bestendigsten und kräfftigsten beschehen soll/ kann oder mag/ daß die Statt Straßburg nunmehr hingegen Irer Keyserl.

Anno 1621.

Majest. hulden und gnaden wohlbedachtlich purè und allerdings versichert sein solle / und hiemit aufs beste versehen würd / alßo und dergestalt / daß Jre Keys. Majest. auch alles und jedes was etwa wieder Sie oder dero hochgeehrte Vorfahren am Reich auf seiten der Statt Straßburg jemals verhandelt sein mag / todt und ab / und zu ewigen tagen vergeßen sein laßen wollen / nicht anderst noch weniger alß wann obbesagte Union und das Böhmische wesen sambt allen und jeden seinen dependentien niemahlen gewesen / oder da von Jhr der Statt Straßburg oder Jhrent wegen etwas gesehen / gehört / oder vernommen worden wäre / es seye auch gleich das jenige / so gegen Jre Keys. Maj. oder dero Vorfahren am Reich oder obgehört Jr Löbl. Ertz-Hauß jemals mit worten / Schrifften oder Wercken vorgangen und beschehen sein möchte / Jrer Majest. bekandt oder unbekandt / wie dann auch in dießer Keys. Gnädigsten erclärung und Amnistia alle der Statt Straßburg Räth und Diener auch Bürger und angewandte / so jemahlen vor kurtzer oder langer zeit wider Jre Keys. Maj. oder dero Vorfahren / oder auch sonsten ehe dieselbe zu der Statt Straßburg diensten und pflicht kommen / gered / geschrieben / geratschlagt oder gehandelt haben möchten / der jenigen Stände würckliche Hoffdiener außgenommen / so mit der Keyserlichen Achtercläruug allbereits beladen und gravirt sein / mit begriffen sein sollen.

Über diß wird offtgemelter Statt Straßburg Crafft dißes gute und beständige unbedingliche vollkommene sicherheit und Keys. zusag gegeben / daß weder von Jrer Keys. Maj. noch auch dero Herrn Vettern und Schwägern der Königl. Majest. zu Hispanien / oder auch sonsten von dero Löblichem Hauß Oesterreich / noch einigem andern Catholischen Stand Jr der Statt Straßburg und all den Jrigen / so Sie in- oder außerhalb der Statt haben / einiger Schadt oder Gewalt / weder heimlich noch offentlich / weder mit noch ohne mittel begegnen / Ja auch Sie die Statt Straßburg mit einiger Guarnison / oder auch umb verstattung durchzugs durch die Statt / wider derselben willen nicht belangt werden / sondern dieselbe Statt Straßburg vielmehr auff Jhr begehren / und da sie sich zu Jrer selbst handhabung und Defension (welche Jr wider allen unzimlichen gewalt in alleweeg unbenommen ist) nicht genugsam befinden wurde / sich alles Keys. würcklichen / möglich / und unaußbleiblichen / gebührenden Schutz / Schirm / trost / Rath / hulff und Rettung zu erfreuen haben solle. Jn gleichem sollen die Bürger / handels-leut und andere der Statt Straßburg angewandten in verrichtung Jrer Reisen und handthierungen von Jhrer Keys. Majest. Nieder-Burgundischen oder andern Jro mediatè oder immediatè zugehörigen Kriegs-Volck nicht gehindert / noch im Fall sie Jre Patentes und Paßzettell under der Statt Strasburg Jnsigl auf zu weißen und vorzulegen haben werden / oder auch Jre bey sich führende haab und Gütter (es were dan erweißlich / daß dieselbige Jrer Keys. Maj. feinden zuständig oder zugeführt würden) geplündert / geraubt / gebrandtschätzt / Rantzionirt / oder hinweg geführt / sondern denselben und allen Jren angehörigen zu waßer und zu Land ein Offener freyer Pfaß gelassen werden.

Höchst und hochgemelte Keys. Herren Commissarii haben auch Gnädigst und Gnädiglich versprochen / allen möglichen fleiß anzukehren / auf daß die Zöll / des Heyl. Reichs Verfassungen und Constitutionen zu wider / weder under dem vorwandt einiger Convoy / Licenten / weeg- oder anderer Gelder / oder auch sonst in einige andere weege nicht erhöhet / sondern vielmehr auf befürderung / fortsetzung und mehrer befreyung der hochnötigen und vor sich ohne daß zu recht begünstigten Commercien gesehen werde.

Anno 1621.

Weiters wollen Jhre Keys. Maj. alle und jede der Statt Straßburg Privilegia, Freyheiten / Recht und Gerechtigkeiten / Satzungen / Besitzungen / Gebrauch und Gewohnheiten (so viel dieselbe dem aufgerichtem Religion- und Prophan-Friden nicht zu wider) confirmiren / sambt allen und jeden ob- und nach gemelten erbietungen und versicherungen so reich und vollkommlich / als solches Jre Keys. Majest. Crafft Jres Keyserl. Gewalts und Ambts vollkommenheit ertheillen solten / könen oder möchten:

Es soll auch die Statt Straßburg einen weg alß den andern sich des Ulmischen am dritten Julii Newen / und drey und zwantzigsten Junii alten Calenders / nechst abgewichenen Ein tausend Sechshundert und Zwantzigsten Jahrs / zwischen der Catholischen und Evangelischen Union auffgerichten Accords (so viel nemblich derselb der Ständ versicherung gegen einander berühret) zuerfreuen haben / und dabey gelassen / wie auch sonsten / wieder Recht nicht beschwert werden.

So auch wegen der noch unerörtert schwebenden Gravaminum under beyderley Religions-Verwandten Ständen des Reichs ein allgemeine Vergleichung über kurtz oder laug getroffen werden solte / deren solle die Statt Straßburg auch wenigers nicht dann andere Evangelische Stände zugenießen haben und theilhafftig sein.

Weiters / ob es Sach were / daß Straßburgischen theils ichtwas vorgienge / dardurch Jre Keys. Maj. oder dero Assistenten und Angehörige erachten möchten / daß die Statt Straßburg die terminos Jrer obvermelten gehorsambsten erclärung (welches gleichwohl wissentlich und vorsetzlich nicht geschehen soll noch wird) überschritten hette / so wollen Jre Keys. Maj sie darüber gütlich hören / und bey billigmäßiger rechtlichen verantwortung bleiben / auch außer offentlicher Notorischer und der Statt Straßburg zu forderist gütlich zu gemüth geführter widersetzlichkeit / zu scharffen thätlichen Andungs-mitteln sich nicht bewegen laßen / viel weniger ein solches von andern zu geschehen gestatten und nachsehen.

Schlüßlichen / nachdemmahl auß Jrer Keys. Majest. so wohl an dero höchst und hochansehenliche Commissarios alß auch die Statt Straßburg abgangenen Allergnädigsten Schreiben zu vernehmen ist / daß Jre Keys. Majest. in Jhrer gegen der Statt Straßburg beschehenen Keys. Erclärung nicht auf dieselbe Statt allein / sondern zugleich uff alle andere der Union zugethane Erbare / freye und Reichs Stätt gesehen / so soll jetzt berührten Reichs-Stätten frey und bevorstehen / inner Sechs wochen dem nechsten von dato anzurechnen in diesse handlung mit einzutretten / und vermittelst einer Schrifftlichen und mit der Statt Straßburg allergehorsambsten Erclärung gleichstimmigen versprechnuß und bezeügung / auch gäntzlichem Abstandt und Erledigung von dem obgemeltem Kriegs-Wesen / sich aller und jeder obgemelten Allergnädigsten Keys. Versicherungen / theilhaffrig und gewiß zu machen. Welches Falls einer jeglichen / welche sich obverstandener maßen bezeigen wird / von beeden Keys. Herren Commissarien ein Urkundt erlangter gleichmässiger Keys. Sicherheit unweigerlich ertheilt werden solle.

So viel aber den Rath der Statt Wormbs belangt / Sintemahl es mit demselben dißmahls die bekande bewandnuß hatt / daß Er selbsten der Statt nicht mächtig / so solle Er der angesetzten Sechs wochentlichen Zeit halber ungefährt sein / Jedoch vor deren Verfliessung seines guten und hierzu geneigten willens halben / und daß Er erster möglichkeit

Anno 1621.

keit die Union würcklich verlaßen/ und sich gegen Irer Keys. Majest. gleich der Statt Straßburg obstehender maßen/ aller unterthänigst bezeügen und verhalten wollen/ bestendige und cräfftige versicherung und zusag thun/ Inmittels auch vor sich eigenes freyen willens nichts thun/ rathen oder befürdern noch contribuiren helffen/ darauß Irer Keyserl. Majest. oder dero Kriegs-hielffen einige feindseligkeit widerfahren möchte.

Damit nun allerhöchstgedachte Keys. Maj sich auf diese der Statt Straßburg beschehene zusag und entschlüssung allergnädigst beständig verlassen/ hingegen auch die Statt Straßburg deren in Nahmen der Keys. Maj. Iro ertheilten und in dießem Brieff durch offt und viel höchst- und hochbesagte Keys. Gn. Commissarios widerholten Keys. zusag und ecclärung/ ohne einige gefahr zu allen zeiten gewiß und sicherlichen/ eigentlich und endlichen getrösten könne und möge/ So seynd zu dessen bezeugung und bederseits bekrafftigten unwiderrüflichen bestärkung dießer Brieff vier eines gleichlautenden Innhalts verfertiget/ von bveden Herren Keys. höchst und hochansehenlichen Commissarien mit subscription und Sigelung/ wie auch von der Statt Straßburg mit ufftruckung Ires größern Insigels vollzogen: Einer offt Allerhöchstgedachter Keys. Majest. unterthänigst überschickt/ zween bey den Hochl. Keys. Commissarien behalten/ der Vierte aber der Statt Straßburg zugestelt worden.

So geschehen den Vier und Zwantzigsten Newen und Vierzehenden Alten Calenders des Monats Martii Anno Domini Millesimo Sexcentesimo Vicesimo Primo.

Jo: Swicardus
Archi Episco: Moguntin.

Ludwig
Landgraffe zu Hessen.

Wann Uns dann die Statt Speyer unterthänigst/ und unterthänig ersucht/ Ir dessen alles/ zu künfftiger Irer nachrichtung/ notturfftigen Schein zuertheylen/ So ist darauff diße mit Unser subscription und zu end auffgetruckten Secreten bekräfftigete Urkund derselben inn Gnaden verwilligt und zugestellt worden.

So Geschehen den Zwantzigsten Newen und Zehenden alten Calenders des Monats Junii Anno Domini Millesimo Sexcentesimo Vicesimo Primo. &c.

Jo: Swicardus
Archi Episco: Moguntin.

(L. S.)

Ludwig
Landgraffe zu Hessen.

(L. S.)

CCXVII.

12. Avril. *Articles de la Réunion entre l'Empereur* Ferdinand II. *& les* Princes d'Allemagne *de l'Union, reglez à Mayence, le 12. Avril*, 1621. [Mercure François, Tom. VII. pag. 87.]

L'Empire et les Princes de l'Union d'Allemagne.

I. Avant toutes choses il a esté accordé entre les susnommez Princes, qu'à l'advenir ils s'abstiendront d'user les uns envers les autres d'aucunes hostilitez: Et que les Princes & Estats de l'Union Evangelique & leurs gens de Guerre ne feront aucune offense au Marquis de Spinola & à son Armée & Troupes, ny aux lieux qu'il a assubjectis à son obeyssance, ny à tous ceux qui sont comprins en ce Traicté, leurs Pays & Domaines.

II. Aussi ne donneront aucun secours d'argent ou gens de Guerre à Frideric Comte Palatin du Rhin, soit directement ou indirectement, par soy ou par autres, en quelque forme & maniere que ce soit.

III. Qu'ils ne continueront l'Union par eux cy-devant faite, ny en faveur du Palatin, ny en haine de sa Maj. Imp. & n'en feront point de nouvelle: mais qu'ils retireront le 14. de May prochain qu'elle doit finir, les gens de Guerre du Palatinat, soit que les Troupes soient à des particuliers, ou qu'elles soient au general, & demeureront tous tres-fidelles à sa Majesté Imperiale.

IV. Aussi le Marquis de Spinola promet de n'exercer ny faire exercer à l'advenir aucune hostilité contre les Princes & Etats unis Protestans, leurs gens de Guerre, Officiers, Subjects, Chasteaux, Villes & Domaines.

V. Qu'en ce Traicté de Paix seront compris tant ceux qui sont nommez au Traicté d'Ulme, que tous les autres Electeurs, Princes, Estats & Chevaliers de l'Empire, tant Catholiques que Protestans: sans qu'en cedit present Traicté soient compris tous les Pays & Territoires de la Maison de Julliers.

VI. Quant au Comte Palatin Frideric, apres que le Marquis de Spinola aura esté requis par le Roy de la Grand' Bretagne de n'executer point sa Commission contre les Pays qui restent en l'obeyssance du Palatin, jusques à la fin de ladite Union qui sera le 14. jour de May, ny contre ses Subjets & leurs biens, il promet qu'il n'y sera fait ny commis aucun Acte d'hostilité, ny par luy ny par d'autres jusques audit jour: sous ceste condition toutesfois, que lesdits Princes & Estats unis Protestans mettront ordre aussi que jusqu'audit jour, la Gendarmerie particuliere du Palatin qui est dans le Palatinat & Lieux voisins, n'attentera aucune chose contre ledit Marquis de Spinola, son Armée, Villes & Lieux par luy à present occupez, ny contre tous les autres Estats de l'Empire fidelles à sa M. I.

VII. Et afin que les Princes & Estats voisins, & leurs Subjects ne soient offensez par les gens de Guerre de l'un ou l'autre Party, les Princes sus-nommez promettent chacun de leur part, de tenir la main à ce que l'on ne fasse plus aucunes courses, pilleries & brigandages, & de faire tenir les chemins asseurez & libres pour la liberté du Commerce & d'un chacun.

Mesmes depuis il fut adjousté audit Traicté, que si le Roi de la Grand' Bretagne demandoit que l'execution de la Commission contre le Palatinat fust prolongée jusques au 2. Juin, que Spinola l'accordoit, pourveu-que sadite Majesté promit que son Gendre ne feroit rien entreprendre sur les lieux occupez, ny contre l'Armée de Spinola. Plus, que si les Lettres du Roy de la Grand' Bretagne ne pouvoient arriver audit 14. May, que le susdit Marquis d'Olnosbac l'ayant fait sçavoir audit Marquis de Spinola, & s'il le requeroit d'un delay encore de dix jours, qu'il luy seroit accordé: ce qui fut derechef signé par les deux Generaux, Spinola & Brandebourg Olnosbac.

CCXVIII.

Tractatus Pacis & Amicitiæ perpetuæ inter Jacobum I. *Regem Magnæ Britanniæ &* Christianum IV. *Regem Daniæ conclusus. Dat. Londini* 19. *Aprilis st. v. Anno* 1621. [Rymer, Fœdera, Conventiones, &c. Tom. XVII. pag. 305.] 19. Avril.

Christianus quartus, Dei Gratiâ *Daniæ*, *Norwegiæ*, *Vandalorum Gottorumque* Rex, Dux *Slesuici*, *Holsatiæ*, *Stormariæ ac Dithmarsiæ*, Comes *in Oldenburg & Delmenhorst*, Notum facimus omnibus & singulis præsentes Literas inspecturis.

Postquam, inter Nos & Serenissimum Principem Dominum *Jacobum Magnæ Brittanniæ*, *Franciæ*, *& Hiberniæ Regem*, Fidei Defensorem, Consanguineum, Affinem, Fratrem ac Compatrem nostrum charissimum, convenisset, ut arctissima Conjunctio & Amicitia, quam à Divis Prædecessoribus nostris in Nos propagatam, frater-

fraterno animorum consensu mutuisque studiis & officiis constanter semper coluimus, quamque non solùm utriusque Regnis ac Provinciis magno ornamento ac præsidio fuisse, sed etiam Subditorum Res privatas atque Emolumenta mirificè provexisse, re ipsâ comperimus, novo Fœdere sanciretur, & ad Hæredes ac Successores nostros utrinque propagaretur :

Inque eum finem Delegatos ac Commissarios cum plenariâ Autoritate & Potestate utrinque constituissemus, uti ex infrascriptis Commissionum ipsarum formulis uberius elucet; atque illi n...rum Commissionum Negotium suscipientes de Formulâ & Articulis hujusmodi..... Hæreditarii Fœderis inter se plenarie convenissent & transegissent; ita tamen n..... tium quatuor Mensium proximè sequentium ea omnia Diplomatibus nostris ratificaremus & rata esse juberemus, uti ex Actis & Concordatis inter prædictos Commissarios pleniùs apparet, quæ de verbo ad verbum ita se habent.

QUUM Serenissimi & Potentissimi Principes CHRISTIANUS QUARTUS, Dei Gratiâ, *Daniæ*, *Norwegiæ*, *Gotthorum Vandalorumque* REX, DUX *Slesuici*, *Holsatiæ*, *Stormariæ & Dithmarsiæ*, COMES *in Oldenburg & Delmenhorst*; Et JACOBUS, eâdem Gratiâ, *Magnæ Brittanniæ Franciæ & Hiberniæ Rex*, Fidei Defensor, &c. pro Regiis suis Prudentiis, & eximiâ Populorum suorum curâ nihil antiquius statuissent, quam Fœdera illa renovare, quæ inter Divos eorum Majores utrinque intercesserunt, ac etiam ut novi Articuli qui ex usu videbuntur, habitâ temporum & status rerum præsentium ratione, & de quibus conveniri poterit, prioribus Tractationibus adderentur ad Omnipotentis Dei Gloriam, firmiorem Christiani Orbis Pacem, Subditorum respective commodum, necnon ad Amicitiam antiquam mutuis hactenus propagatam officiis, honestissimaque jam olim firmatam necessitudine, arctiori jam vinculo stabiliendam :

Nos ex parte dicti Serenissimi *Daniæ*, *Norwegiæ*, *Gotthorum Vandalorumque Regis* &c. *Andreas Sainchlar* Eques Auratus, Regni Daniæ Senator, Militiæ Scanicæ Arcisque Landes Cronensis Præfectus Hæreditarius in Sainckl airesholm :

Similiter Nos etiam ex parte dicti Serenissimi *Magnæ Brittanniæ Franciæ & Hiberniæ Regis &c.*

Ludovicus Dux Lenoxiæ, Hospitii Regii Senescallus,

Georgius Marchio Buckinghamiæ, Magnus Admirallus Angliæ,

Jacobus Marchio Hamiltoniæ,

Gulielmus Comes Pembrochiæ Camerarius Hospitii Regii,

Thomas Comes Arundeliæ,

Jacobus Vicecomes Doncastriæ,

Henricus Vicecomes Falclandiæ,

Thomas Edmonds Thesaurarius Hospitii Regii,

Georgius Calvert Unus e Secretariis Regiis primariis,

Fulco Grevill Scaccarii Regii Cancellarius,

Julius Cæsar Custos Archivorum Curiæ Cancellariæ,

Et

Leonellus Granfeild Curiæ Pupillaris Præses, Equites Aurati, & Consiliarii omnes è Secretioribus Consiliis dicti Serenissimi Domini Regis, Procuratores ac Deputati ad hæc perficienda substituti, & sufficientibus idoneisque Mandatis, utrinque instructi, (prout patet ex Commissionibus nostris inferiùs registrandis) post frequentes Conventus & varias Disceptationes dictorum Potentissimorum Principum nostrorum nomine, communi Consilio convenimus, contraximus & concordavimus Conventiones, Capitulationes & Articulos quæ sequuntur.

I.

IN PRIMIS conventum, concordatum & conclusum est, quòd inter utrosque Reges præfatos, eorumque Hæredes & Successores, Regna, Provincias, Subditos & Vassallos, tam qui nunc sunt, quam qui in posterum erunt, sit imperpetuum, tàm per Terram, quàm per Mare & Aquas dulces ac ubivis locorum, sincera, vera, irrevocabilis & perfecta Amicitia, Pax & Confœderatio, ita ut neque ipsi sibi invicem, vel alterutrius Regnis, Provinciis, Subditis aut Vassallis incommodum ullum vel detrimentum Corporis aut Bonorum inferant, neque consentiant aut permittant, quantum in ipsis erit, ut ab aliis hoc fiat; sed se invicem sincero amore ac fide amplectantur, alter alterius utilitatem & commodum uti & Subditorum respective tanquam proprium quantum poterit promoveat & provehat, Damna autem & Interitum omnibus viribus, tam Facto quam Consiliis, itidem ac proprium impediat ac avertat.

II.

ITEM conventum, concordatum & conclusum est, quod simul atque alteruter Regum prædictorum, aut eorum respective Successores, resciverint aliquid agi, peti aut tractari quod in alterius prejudicium aut damnum vergere possit, obstricti erunt ut hoc statim alteri notum faciant & quantum in ipsis erit impediant & avertant.

III.

ITEM conventum, concordatum & conclusum est, & prædicti iidem Reges, pro se, Hæredibus & Successoribus respective suis, sancte pollicentur nihil se Subsidii Bellici alicujus eorum Hostibus unquam laturos, & quòd eorum Subditi vel Incolæ, cujuscunque sint Nationis aut Qualitatis, sive prætextu Intercursûs aut Commercii, sive alio quocunque quæsito colore, eorundem Principum aut alicujus eorum Hostes nullâ ratione juvabunt, Pecunias conferent, Commeatum, Arma, Machinas, Bombardas, Instrumenta Bello gerendo apta, aliosque Bellicos Apparatus subministrabunt, & si qui contra fecerint in illos pœnis acerbissimis animadversum iri, ut in Fædifragos ac Seditiosos solet animadverti.

IV.

ITEM conventum, concordatum & conclusum est, quòd si alteri prædictorum Regum, vel eorum Regnis Terris aut Ditionibus, aliquis quem ille non priùs aggressus fuerit seu provocaverit, Bellum moverit, vel Jus aliquod, Superioritatem aut Immunitatem in alterius prædictorum Regum Regnis, Provinciis aut Territoriis vel super ea, ubi sibi arrogare voluerit quod in præsenti non possidet neque eo fruitur, tum alter alteri contra hunc Tertium, absque ulla cunctatione, & ad plurimum infra quatuor Menses, dummodo ipse a proprio Bello immunis sit, succurret & suppetias feret; Videl : cum octo Navibus Bellicis, quarum quatuor capaces sint singulæ Oneris centum & quinquaginta aut ducentarum Lastarum Nauticarum, & centum & quinquaginta aut ducentorum Hominum Præsidio, & viginti Bellicis Tormentis sufficientibus instructæ; reliquæ quatuor sint capaces singulæ Oneris centum vel centum & viginti Lastarum prædictarum, Præsidium habeant centum vel centum & viginti Hominum, & sexdecim sufficientia Tormenta : eruntque Classes illæ subditæ Imperio Admiralli illius Regis cui Auxilio mittuntur, & continuabuntur hæc Auxilia quamdiu Bellum duraverit, nisi Auxilium ferens *Rex* proprio interea occupetur Bello, ut supradictum est, & absque ulla refusione Expensarum; atque hæ Naves ab illo Rege a quo mittuntur instruentur omnibus Armamentis Bellicis, & Commeatu Trium Mensium numerandorum a die quo oram solvent, ita ut Commeatus tantùm, quo postea indigebunt, illis subministrandus fuerit ab eo Rege cui Auxilium ferunt eâdem ratione & bonitate quâ cum suis distribuere consuevit.

V.

ITEM conventum, concordatum & conclusum est, quòd si in conjunctâ hujusmodi Expeditione, Provincias, Civitates, Castella, Fortalitia, aut aliqua alia Loca occupari contingat, ea, si alterius dictorum Regum propria sint aut fuerint, vel in ejus Dominio aut Territorio sita, eidem respective Regi restituentur.

VI.

Si quæ aliæ Civitates, Provinciæ, Castella, Fortalitia seu alia Loca capientur vel occupabuntur in dictâ Expeditione, ea inter Reges prædictos dividentur pro ratione & numero Copiarum & Militum quas uterque in illa Expeditione habuerit.

VII.

EODEM modo pro numero & quantitate Copiarum & Navium dividetur omnis Præda parta, tam super Terram quam super Mare, in eodem Bello quæ inter

ANNO 1621. inter Bona mobilia computari potest, ubicunque Hosti erepta sit, sive intra sive extra Territoria Confœderatorum Regum prædictorum.

VIII.

ITEM conventum, concordatum & conclusum est, quòd quotiescunque majorem Militum seu Navium numerum, vel Subsidium Pecuniarium, in casibus prædictis puræ Defensionis alteruter dictorum Regum ab altero postulaverit, modo & formâ præmissis, tenebitur is illud præstare quantum facere possit (habitâ tum Temporum tum Loci & statûs rerum suarum ratione) quâ in re ipsius Regis Auxilium ferentis onerabitur conscientia; Ita tamen ut infra duos Annos post finitum Bellum, sumptus in hæc extraordinaria Auxilia facti, aut Pecuniæ mutuo datæ, refundantur illi qui ea tulit vel dedit per illum qui petiit.

IX.

ITEM conventum, concordatum & conclusum est, quòd in casu quo extraordinaria hujusmodi Auxilia lata fuerint, quod tum Præda in Mari parta eâ ratione dividetur, ut, computatione factâ quantum cuique Navi obtingere possit, si æqualiter Præda dividenda esset, octo Naves ordinarii Auxilii suas Quotas integras accipiant, de ea verò parte quæ Navibus extraordinarii Auxilii obtingere debuisset, tertia pars desalcetur, & ei Regi præcipua detur qui sumptus refundit.

X.

ITEM conventum, concordatum & conclusum est, quòd cum hujusmodi Hoste, contra quem utrique Reges prædicti modo prædicto Arma ceperint, neuter Regum Pacem, Conventionem aut Transactionem inibit, nisi in ea alter etiam perfectè & plenè comprehendatur, cum Provinciis & Subditis suis.

XI.

ITEM conventum, concordatum & conclusum est, quòd si ille Rex qui suppetias sibi ferri postulat Bellum intulerit, tum alteri *Regi* a quo illæ petuntur, authoritas concessa sit eum ad Juris limites revocandi, & æquas Pacis Conditiones absque dolo malo proponendi, & ut iis acquiescat urgendi; Quas si recusaverit, neque admittere voluerit, ut res ex æquo & bono transigatur, tum alter ad Auxilium ferendum obstrictus non erit: Fœdus tamen semper vigorem suum obtinebit, neque ob id infirmabitur.

XII.

ITEM conventum, concordatum & conclusum est, quòd neuter Regum prædictorum in Regnis sive Provinciis suis alterius Inimicos seu Rebelles recipiet, occultabit aut tolerabit ultra spatium quatuor Mensium, dummodo Inimicos ejus aut Rebelles esse sciat.

XIII.

ITEM conventum, concordatum & conclusum est, quòd utriusque Regis Subditis liberum erit alterius Provincias, Emporia, Portus, Flumina cum Mercibus suis, tàm Terrâ quàm Mari, adire sine ullo impedimento, ibique versari & negotiari, dummodò consueta Vectigalia solvant; ita tamen ne Leges ac Statuta Provinciarum, quibus aliæ Nationes omnes subjacent, ullo modo violentur aut infringantur.

XIV.

ITEM conventum, concordatum & conclusum est, quòd Subditi Serenissimi *Regis Magnæ Britanniæ* ad Portus prohibitos, quorum in præcedentibus Fœderibus mentio fit, absque speciali Licentiâ *Regis Daniæ & Norwegiæ* petitâ & obtentâ, nullatenus accedant, nisi evidens Maris periculum aut Tempestatum impulsus accedere vel intrare coegerit, ubi tunc minime ipsos mercandisare licebit.

XV.

ITEM conventum, concordatum & conclusum est, quòd si aliquem ex alterius Regis Subditis juxta alterius Regis Littora Naufragium facere contingat, fractam & quassam Navem cum Mercibus vendicare poterit, neque quisquam ei in eâ re impedimento erit, quin tenebuntur potius loci Incolæ, si hoc ab iis petatur, ut, pro justâ Mercede laboris, Naufragium passo auxilio sint ad ea quæ servari poterunt ex Naufragio eripienda. ANNO 1621.

XVI.

ITEM conventum, concordatum & conclusum est, quod si alterutrius Regis Subditus in alterius Territorio lædatur, vel injuria sive detrimento afficiatur, tenebitur Rex istius loci ad Justitiam illi administrandam secundum Jura & Leges, idque prompte & sine dilatione quantum per Leges & Constitutiones Regionis fieri poterit, uti etiam ad eum puniendum qui injuriam fecerit.

XVII.

ITEM conventum, concordatum & conclusum est, quòd nulla privata injuria Fœdus hoc ullo modo infirmabit, neque odium aut rancorem inter prædictas Nationes suscitabit; sed quilibet de facto suo respondebit deque eo tenebitur; neque, per Represalias aut alios hujusmodi odiosos Processus, alius id luet in quo alius deliquit, sed ipse Autor de facto suo in Jure absque omni morâ respondebit.

XVIII.

ITEM conventum, concordatum & conclusum est, quòd si imposterum (quod tamen fore non speramus, & ut Deus clementer avertat oramus) Dissidia quædam aut Controversias inter hos Reges vel Regna oriri contingat, amicabili Tractatione componenda erunt, neque ob id præsens Fœdus ullo modo tolletur, aut irritum fiet.

XIX.

QUINETIAM Insulæ *Orcades & Schetland* absque prejudicio Successorum ab hâc Tractatione excludi nequeunt; Conventum ideo, concordatum & conclusum est, quod omnis inde Tractatus durante utriusque vel alterutrius Regis vitâ quiescet, neque de ea re quidquam movebitur; omni tamen Jure Successoribus semper & in totum salvo manente.

XX.

ITEM conventum, concordatum & conclusum est, quòd per nulla Pacta, Conventiones, Articulos sive Capitula, in præsenti Fœderis Tractatu contenta, ullo modo præcedentes Tractatus aut Fœdera, inter Confœderatos prædictos aut suos Prædecessores, tam pro Regnis Daniæ & Norwegiæ quam pro Regnis Angliæ, Scotiæ & Hiberniæ respective antehac facta, censeantur sublata vel antiquata; sed ut ea perpetuo maneant in suo pristino robore, firmitate & vigore, quatenus non sint contraria aut repugnantia præsenti Fœderi aut Articulorum alicui in eodem contento.

XXI.

ITEM conventum, concordatum & conclusum est, quòd dicti Serenissimi Principes *Christianus Daniæ, Norwegiæ, &c. Rex*, & *Jacobus Magnæ Britanniæ &c. Rex*, omnia ac singula Capitula in præsenti Tractatu conventa & stabilita, sincerè ac bonâ fide observabunt, per suosque Subditos & Incolas observari & custodiri facient, neque illis directè vel indirectè contravenient, aut per suos Subditos vel Incolas ut contraveniantur directe vel indirecte consentient, omniaque & singula ut supra conventa, per Litteras Patentes, manibus suis subscriptas, & magnis Sigillis suis sigillatas, ratificabunt, authorizabunt & confirmabunt, in sufficienti & validâ ac efficaci formâ conceptas & confectas, easdemque reciproce infra quatuor Menses post datam præsentium tradent seu tradere facient, bona fide realiter & cum effectu.

Sequuntur Commissionum ac Mandatorum Tenores.

NOS *Christianus Quartus*, Dei Gratiâ, *Daniæ, Norwegiæ, Vandalorum Gotthorumque* REX, DUX *Slesuici, Holsatiæ, Stormariæ ac Dithmarsiæ*, COMES *in Oldenburg & Delmenhorst*, Notum facimus omnibus & singulis quibus hæ nostræ exhibebuntur Literæ.

ANNO 1621.

Nos considerantes maximas utilitates quæ ex Regnorum nostrorum arctâ conjunctione cum Regno Magnæ Britanniæ ad Subditos pervenerunt, & idcirco eandem indies firmiorem & stabiliorem esse cupientes, Nobilem ac Generosum Virum Regni nostri Senatorem, Militiæ nostræ Scanicæ, Arcisque Landes Cronensis Præfectum, ac Fidelem Nobis cum primis Dilectum, *Andream Saincklair* Equitem Auratum Hæreditarium in Saincklairsholm, ad Serenissimum Principem Dominum *Jacobum Magnæ Britanniæ, Franciæ & Hiberniæ Regem*, Fidei Defensorem, Consanguineum, Affinem, Fratrem ac Compatrem nostrum Charissimum, misisse cum Mandatis, ut Fœdus antiquum quod inter Nos & Divos Prædecessores nostros utrinque fuit cum Serenitate ipsius renovaret, & novos Articulos qui ex usu videbuntur, & de quibus convenire posset, illi adderet; ut autem hoc eo commodius perficere posset, liberam ei & plenam Potestatem clementer dedimus, uti & vigore hujus Diplomatis nostri Regii plenam ac liberam Potestatem ei damus & concedimus, ita ut prædictum Negotium cum Serenitate ipsius, vel ejus Ministris ad hoc specialiter delegatis, tractare, Fœdera antiqua renovare, eadem uberius declarare, novos Articulos adjicere, Literas, si quæ super iis conficiendæ erunt, nostro nomine signare & subscribere, deniquè Actus omnes ad id requisitos perinde ac ipsimet, si præsentes essemus, faceremus, expedire possit. Promittimus etiam & spondemus in verbo ac Fide Regia, quidquid prædictus Senator Regni nostri hac ratione nostro Nomine tractarit, concluserit, signaverit aut expediverit, Nos id omne perinde ratum ac gratum habituros ac si a Nobismetipsis tractatum, conclusum, signatum aut expeditum esset.

In cujus rei Fidem Præsentes manûs nostræ subscriptione corroboravimus, & Sigillo nostro Regio muniri jussimus.

Actum *Segebergæ* 3. Martii, Anno, 1621. Signatum.

CHRISTIANUS,

Cum Sigillo Regio super impresso.

JACOBUS, Dei gratiâ, *Magnæ Britanniæ, Franciæ & Hiberniæ Rex*, Fidei Defensor, omnibus quorum ad notitiam ista pervenient, Salutem.

Quum Serenissimus Princeps *Christianus Quartus Daniæ, Norwegiæ, Gotthorum Vandalorumque* REX, DUX *Slesuici, Holsatiæ, Stormariæ & Dithmarsiæ*, COMES *in Oldenburg & Delmenhorst*, Consanguineus, Affinis, Frater & Compater noster Charissimus, pro Regia sua Prudentia & eximia Populorum subjectorum cura renovandum existimaverit Fœdus illud quod, inter Divos Majores nostros eorumque Subditos utrinque intercessit, mutuis hactenus propagatum officiis ad optimorum Regum honorem & præsidium, Subditarum vero Gentium securitatem & innumera commoda, ad eamque rem consultò ad Nos miserit plena cum Potestate Virum nobilem ac generosum Equestris Ordinis Regni Daniæ Senatorem *Andream Sainclar Dominum in Sainclairsholm*, ipse Autor & Approbator futurus eorum omnium quæ hic Vir nobilis apud Nos in Anglia facturus est, ut in suæ Serenitatis Litteris datis *Segerbæ* tertio Martii 1621. latius habetur.

Nos rei nunquam satis laudatæ, ut quæ publice interfit ad Christiani Orbis Pacem Orthodoxæque Religionis Ornamentum, privatim verò ad nostrûm utriusque & Subditorum nostrorum mutuum decus & munimentum non defuturi, decrevimus Serenitati ipsius in media occurrere via, paremque vel (si fieri possit) majorem animi alacritatem in pio & glorioso Negotio exhibere, testatumque Posteris facere nihil Nobis unquam fuisse antiquius quam cæptam sanctis artibus Amicitiam iisdem perpetuare studiis, & incrementa ab iis mereri Amoris quibuscum jam olim honestissimâ juncti sumus necessitudine; ut itaque optatissima hæc renovandi Fœderis Tractatio sine cunctatione incipiat, fœlicique post disceptationem coronetur successu, substituimus Nobis in hoc Negotio Vicarios prædilectos Consanguineos & Consiliarios nostros,

Ludovicum Ducem Lenoxiæ Hospitii nostri Senescallum,

Georgium Marchionem Buckinghamiæ Magnum Admirallum nostrum Angliæ,

Jacobum Marchionem Hamiltoniæ,

Gulielmum Comitem Pembrociæ Camerarium Hospitii nostri,

Thomam Comitem Arundeliæ,

Jacobum Vicecomitem Doncastriæ,

Henricum Vicecomitem Falcolandiæ;

Necnon prædilectos Consiliarios nostros,

Thomam Edmunds Militem Thesaurarium Hospitii nostri,

Georgium Calvert Militem unum e Secretariis nostris primariis,

Fulconem Greville Militem Scaccarii nostri Cancellarium,

Julium Cæsarem Militem Custodem Archivorum Curiæ nostræ Cancellariæ,

Leonellum Cranfield Militem Curiæ nostræ Pupillaris Præsidem,

Quibus nostram in totâ Tractatione delegamus Authoritatem, ut Capita vetusti Fœderis inspiciant, confirment, mutent, explicent, & novas si videbitur prioribus adjiciant Conditiones, disertis verbis exprimant, conscribant, consignent:

Et quicquid inter eos, aut plerosque aut sex eorum, conventum & concordatum ex hac parte fuerit cum prænominato *Andreâ Sainclar*, nos ratum, firmum, Chirographoque nostro, & Magno Sigillo Angliæ veluti a Nobis ipsis profectum fide Regia agnoscemus. Quod ut clarissimè omnibus liqueat magna Animi a Nobis factum promptitudine, Literas hasce eodem nostro Chirographo & Magno Angliæ Sigillo munimus.

Datum *apud Palatium nostrum Westmonasterii* vigesimo nono die Martii, Anno Domini millesimo sexcentesimo vigesimo primo, Regni vero nostri Magnæ Brittanniæ, &c. decimo nono.

Signatum JACOBUS R.
Et sigillatum Magno Sigillo Angliæ.

Et ita prout supra fuit per Nos supranominatos & infrascriptos Deputatos, Procuratores & Commissarios tractatum, stabilitum & conclusum virtute dictarum nostrarum Commissionum, & in omnium & singulorum fidem manibus nostris propriis singuli subscripsimus *Londini*, Die vicesimo nono Aprilis Stilo veteri, Anno Domini millesimo sexcentesimo vicesimo primo.

Signatæ.

Andres Sinclar.

LENOX.

G. BUCKINGHAM.

HAMILTON.

PEMBROCH.

T. ARUNDELL, & SURRII.

DONCASTER.

H. FALKLAND.

T. EDMUNDES.

GEO. CALVERT.

FULKE GREVILL.

JUL. CÆSAR.

LEONEL CRANFIELD.

IDCIRCO nos ea quæ Delegatus noster, vi relatæ Commissionis suæ, cum supranominatis Serenitatis ipsius Commissariis nostro Nomine tractavit & conclusit probantes & rata habentes, Articulos omnes suprascriptos in omnibus ipsorum contentis & clausulis, prout illi supra positi sunt de verbo ad verbum, vigore hujus Diplomatis nostri Regii, meliori formâ & modo approbamus, ratificamus & confirmamus: Spondemusque ac promittimus in verbo ac fide Regiâ tàm pro nobis quam pro Hæredibus & Successoribus nostris Regibus Daniæ, Norwegiæ &c. in perpetuum, nos eos sancte atque inviolabiliter observaturos, neque illis directè vel indirectè contraventuros, neque ut a Subditis aut Incolis Regnorum nostrorum hoc ulla ratione fiat permissuros.

OMNIA BONA FIDE.

In quorum omnium majus firmamentum & pleniorem autoritatem præsens Diploma Regiæ nostræ manûs subscriptione roboravimus, & Sigillum nostrum Majus eidem appendi jussimus.

Actum

ANNO 1621. Actum in *Arce nostrâ Steinburgensi*, die XX. Julii, Anno Domini millesimo sexcentesimo vicesimo primo.

CHRISTIANUS.

Sub Sigillo Majori Regis Daniæ, de cerâ rubeâ in Pyxide Argentea deaurata incluso, pendente a filis sericis de variis coloribus intertextis.

CCXIX.

25. Avril. FRANCE ET ESPAGNE. *Traité entre* LOUIS XIII. *Roi de France &* PHILIPPE IV. *Roi d'Espagne au sujet de* la Valteline, *avec la declaration dudit Roi d'Espagne, faite à Monsieur* de Bassompierre, *Ambassadeur de France, pour la restitution de la Valteline, fait à Madrid le 25. Avril* 1621. [FREDER. LEONARD, Tom. IV. d'où l'on a tiré cette Pièce qui se trouve aussi dans l'*Ambassade du Maréchal de Bassompierre en Espagne*, pag. 128. dans le *Recueil des Traitez de Confederation & d'Alliance entre la Couronne. de France & les Princes Etrangers*, pag. 1. dans la *Valteline*, ou *Memoires, Discours & Traitez sur les troubles* &c. pag. 239. & en Italien dans VITTORIO SIRI, *Memorie recondite*, pag. 300.]

AYANT esté envoié sur la fin du mois de Fevrier de l'année presente de la part du Roi Tres-Chrestien, le Sieur de Bassompierre, Chevalier des deux Ordres de Sa Majesté, Conseiller en son Conseil d'Etat, Colonel General des Suisses, & son Ambassadeur extraordinaire en Espagne, pour traiter avec le Roi Catholique du rétablissement de la Valteline, à cause des interests qui obligeoient Sadite Majesté Tres-Chrestienne de conserver & maintenir les Grisons en leur Païs, il trouva Sadite Majesté Catholique malade de telle sorte qu'il ne pust executer sa Commission de vive voix, mais aiant donné Lettre de creance, & mis par écrit les principaux points de sadite Commission, la mort de Sadite Majesté Catholique (que Dieu absolve) non preveuë, fut cause qu'Elle ne pust mettre en effet la bonne intention qu'Elle avoit de restituer la Valteline selon le desir & demande dudit Roi Tres-Chrétien: & d'autant plus qu'en ce mesme tems Sa Sainteté en fist instance fort expresse par un Bref particulier. Mais aiant Sadite Majesté Catholique d'heureuse memoire, en mourant laissé aux clauses ajoûtées à son Testament le Chapitre suivant.

D'autant que le vingt septiéme jour du mois de Mars presente année, j'ai receu une Lettre de la main de Sa Sainteté Gregoire XV. par laquelle il m'exhortoit & enchargeoit qu'en la consideration & pour l'amour de lui, aiant égard au bien public, j'avisasse de pacifier l'affaire de la Valteline & oster toutes occasions de scandalles qui en pourroient arriver. J'ordonne au Serenissime Prince mon tres-cher & tres-aimé Fils, de recevoir en ceci le Conseil paternel de Sa Sainteté en la forme susdite, puisque ma principale intention n'a esté que pour le bien public & seureté des Catholiques de cette Vallée, dont Sa Sainteté prend le soin comme Pere universel & je veux que ce mien Ecrit & Ordonnance soit tenuë pour clause speciale de mon Testament, comme si elle y avoit esté comprise en vertu de l'Article contenu en mondit Testament, par lequel je commande que tous les Papiers qui paroîtront signez de ma main & de mon nom soient tenus pour partie d'icelui. Fait en mon Palais Roial de Madrid le 30. jour de Mars 1621.

La Majesté du Roi Dom Philippe Quatriéme, incontinent aprés estre parvenu à la Couronne, voulant accomplir ce que le Roi son Seigneur & Pere lui ordonnoit, & que Sa Sainteté desiroit pour la commune tranquilité, & ce que le Roi Tres-Chrestien lui demandoit, ensuite & conformement à ce que sa parole Roiale estoit obligée envers les Seigneurs des Trois Ligues Grises, députa avec ample Pouvoir ses Commissaires, les Sieurs Hierosme Caymo, Regent de son Supreme Conseil d'Italie; & Jean de Cerica, Chevalier de l'Ordre de Saint Jacques, Commandeur de Riven, Conseiller de Sadite Majesté Catholique & son Secretaire d'Etat, pour traiter sur ce sujet avec lesd. Seigneurs de Bassompierre, & Comte de Rochepot, Conseiller du Conseil de Sadite Majesté & son Ambassadeur ordinaire en cette Cour, lesquels ont convenu au nom de leursdites Majestez des Articles suivans, en vertu de la Lettre de Creance que ledit Sieur de Bassompierre a apportée dudit Roi Tres-Chrestien, en datte du trentiéme jour du mois de Janvier de la presente année, & du Pouvoir que lesdits Sieurs Commissaires ont de Sad. Majesté Catholique, dont les teneurs sont inserées à la fin du present Traité.

PREMIEREMENT, Que toutes choses seront remises en leur premier estat, tant d'un costé que d'autre retirant chacun les forces des Garnisons que l'on avoit mises de nouveau, & consequemment que Sa Majesté Catholique retire les Troupes qu'elle a aux confins de l'Etat de Milan, joignant la Valteline & Val de Chavenne, en façon qu'il n'y ait aucunes Troupes que celles qui avoient accoûtumé d'y estre avant ces derniers mouvemens, & que d'autre part les Seigneurs Grisons en feront de mesme en ladite Valteline, Comtez de Chavenne & Bormio.

II. En second lieu, Qu'il sera fait par lesdits Seigneurs des Ligues, un pardon general de tout ce qui s'est passé en cesd. derniers mouvemens, sans que les Sujets de ladite Valteline, & Comtez de Chavenne & Bormio, puissent jamais estre recherchez ni inquietez en leurs Personnes ni en leurs Biens, pour tout ce qui s'est passé à cette occasion; & à cette fin lesdits Seigneurs Grisons mettront tout ce qui s'est fait & passé en perpetuel oubli.

III. En troisiéme lieu, Il est arresté & accordé que pour ce qui concerne la Religion en la Valteline, Comtez de Chavenne & Bormio, on ostera toutes nouveautez prejudiciables à la Religion Catholique, lesquelles pourroient avoir esté introduites dés le commencement de l'année 1617. jusques à present.

IV. En quatriéme lieu, Que les Ligues desdits Seigneurs Grisons feront le serment & promesses requises, conformement à ce qui est accoûtumé en semblables occasions, pour l'entretenement de ce qui est accordé ci-dessus, & donneront lesdits serment & promesses en autentique forme aux personnages declarez en l'Article suivant: & le Roi Tres-Chrestien promettra de faire entretenir la mesme chose, comme feront pareillement les Treize Cantons & Valaisiens, ou la plus grand part d'iceux.

V. En cinquiéme lieu, que le Roi Catholique donnera incontinent avis au Seigneur Archiduc Albert, son Oncle, afin qu'il envoie le President du Parlement du Comté de Bourgogne, ou autres personnes du mesme Comté à Lucerne, pour se trouver le plutost que faire se pourra, mais au plustard & pour tous délais, au dernier Mai prochainement venant; auquel lieu ledit personnage se joindra avec le Nonce de Sa Sainteté, & l'Ambassadeur que Sa Majesté aura agreable de commettre, pour accomplir & mettre les choses presentement concertées en effet & execution. Entendant & declarant en outre, que les anciens Traitez & Pactions faites avec la Maison d'Austriche; & en particulier pour le Comté de Tyrol, seront entretenus & gardez.

VI. En sixiéme lieu, Que le personnage qu'envoiera ledit Seigneur Archiduc Albert du Comté de Bourgogne, portera avec soi une Lettre anticipée de son Altesse, pour le Duc de Feria, lui donnant avis que l'affaire est entierement achevée, & qu'il execute incontinent l'ordre qu'il aura eu de Sa Majesté Catholique, de rétablir le tout & le laisser au premier estat où il estoit auparavant; laquelle Lettre il envoiera aussi tost audit Duc de Feria, aprés l'accomplissement des choses mentionnées au quatriéme Article ci-dessus: & à cette fin sera envoié par Sa Majesté Catholique audit Duc de Feria, ordre tres-exprés pour executer promptement ledit rétablissement, & mettre le tout en son premier estat, aussi-tost qu'il aura eu avis de Sadite Altesse, l'Archiduc Albert.

VII. En septiéme lieu, Que cette Capitulation sera ratifiée par le Roi Tres-Chrestien, & que la Ratification en sera delivrée à Paris au Marquis de Mirabel, Conseiller de Guerre de Sa Majesté Catholique & son Ambassadeur ordinaire residant en la Cour de France, & ce incontinent aprés que ledit Sieur de Bassompierre y sera arrivé.

VIII. En dernier lieu, Il a esté arrêté qu'il sera fait deux copies de la presente Capitulation, l'une en Langue Françoise, l'autre en Langue Castillane, toutes lesquelles deux signées desdits Seigneurs de Bassom-

ANNO 1621.

ſompierre, Comte de la Rochepot ; Regent Caymo, Secretaire Cerica, pour eſtre miſes és mains de chacune deſdites Parties ; Sçavoir, la Françoiſe audit Sieur Secretaire de Cerica, & la Caſtillane audit Sieur de Baſſompierre. Fait à Madrid le vingt-cinquiéme jour du mois d'Avril 1621. *Signé*, BASSOMPIERRE D'AUGENNES. REGENT CAYMO. JOAN DE CERICA.

Lettre de Creance pour le Sieur de Baſſompierre, au Roi d'Eſpagne.

TRes-haut, Tres-Excellent & Tres-Puiſſant Prince, noſtre tres-cher & tres-aimé bon Frere & Beau-Pere, Nous envoions exprés noſtre Ambaſſadeur Extraordinaire par delà, le Sieur de Baſſompierre, Chevalier de nos Ordres, Conſeiller en noſtre Conſeil d'Etat, & Colonel General des Suiſſes, ſur les affaires qui ſe paſſent en la Valteline, importantes au bien & repos public, comme à noſtre intereſt, & à ceux de nos autres Amis & Alliez : Et comme nous eſtimons de l'amitié & équité de Voſtre Majeſté, qu'Elle voudra rendre en cete occaſion les témoignages ordinaires de ſon affection à la manutention de la concorde generale de la Chreſtienté, Nous la prions auſſi de mettre en conſideration ce que ledit Sieur de Baſſompierre expoſera plus particulierement à Voſtre Majeſté de noſtre part ſur ce ſujet, que nous avons à cœur, & lui ajoûter telle foi & creance comme à Nous meſmes, qui prions Dieu, Tres-Haut, Tres-Excellent & Tres-Puiſſant Prince, noſtre tres-cher & tres-aimé bon Frere & Beau-Pere, qu'il vous tienne en ſa digne garde. Ecrit à Paris le 30. Janvier 1621.

Acte de la préſentation des Articles de ce Traité, aux Seigneurs des LIGUES GRISES *par les Ambaſſadeurs de France.* [La Valteline, ou Memoires, Diſcours, & Traitez, ſur les Troubles & la Guerre de la Valteline. pag. 239.]

LEs preſents Articles a Nous envoyés par Sa Majeſté T. C. ſignés enfin par collation Brullard, Secretaire d'Etat & des Commandements de Sa Majeſté, traduits en Langue Allemande, ont été par nous preſentés a Meſſieurs les Chefs Deputez des Trois Ligues, a preſent aſſemblés a Couere, les Sieurs de Monthelon Conſeiller du Roi & ſon Ambaſſadeur extraordinaire aux Suiſſes & Griſons, & le Sr. Gueffier auſſi Conſeiller en ſon Conſeil d'Etat, & ſon Ambaſſadeur ordinaire auxdits Griſons, le 26 jour de May 1621. & pour plus grande aſſeurance & foi, ſous-ſignés de nos mains le jour & an que deſſus.

DE MONTHELON.

GUEFFIER.

Proteſtation faite par les Griſons aux Ambaſſadeurs de France, ſur l'exécution du Traicé de Madrid.

DOppo che ci è ſtato à noi d'elle tre Leghe contra ogni ragione & con termine d'infidelta e tradimento levato, & fino al dì di hoggi trattenuto el noſtro incorporato Paeſe & Communità di Val Monaſterio, il ſudetto Paeſe di Valtelina, Contado di Bormio come anco parte del Contado di Chavenna le eſſendo ch'el Re di Franza & di Navarra noſtro antichiſſimo Conſederato, per mezo di ſuoi Ambaſciatori à boca & in ſcritti ci ha più volte dinanzi al Conſeglio d'elle tre Leghe promeſſo & aſſicurato alli honorati Conſiglieri & Communità di meterli in poſſeſſo nel noſtro ſudetto Paeſe con condecevoli & compatibili mezi, overo con l'aperta forza Regia & ſopra. Il che havendo che li ragionevoli Articoli ſtabiliti à Madrid & à noi propoſti non hanno potuto haver effecto, & ne reſtano ſenza concluſione, di modo che per recuperar il noſtro perduto Paeſe altri ragionevoli mezi non ci reſtano che la ſola aperta forza & la potente aſſiſtenza di ſua Regia Maeſta proteſtiamo noi adunque con ciò per ultimo dinanzi a Dio & a'l mundo che ſe per l'avenir ce ſara mancato delli mezi promeſſi contra quel che ſperiamo ſaremo neceſſitati di prender per mano altra qualità di mezi che ſarebbe per meglio per noi & per li noſtri Confederati che tralaſſiamo di ricercar altrove, accio poſſiamo ricuperar il noſtro di che non intendiamo poi riportarne alcuna colpa ſe accorera qualche inconveniente & altre novità, in confirmation di che habbiamo confirmato la preſente con li Sigilli delle tre Leghe publicamente. A 9. Adoſte 1621. Locus ſigillorum; HOACHIN DE CABALZAR, *Scrivante della Superiore Legha Griſa,* HERCULES A CAPOLIS, *Cancellarius Curienſis;* HIGG VILDENER, *Scrivante di Fave nelle diece Dritture.*

ANNO 1621.

Articles convenus & arreſtez entre les Ambaſſadeurs de France & d'Eſpagne, par l'entremiſe du Nonce du Pape, au ſujet de la Valteline, au mois d'Aouſt.

PREMIEREMENT. Le Roi d'Eſpagne remettra tous les Forts de la Valteline & Comté de Bormio, entre les mains de celui qui ſera nommé par Sa Sainteté, juſqu'à ce que ce qui concerne la Religion y ait eſté bien établi & aſſûré.

II. Le Gouverneur nommé par Sa Sainteté ne refuſera le paſſage à aucun Roi ou Prince Catholique.

III. Ledit Gouverneur & ſes Soldats feront ſerment à Sa Sainteté & aux deux Couronnes, de ne rien innover ou changer en l'Etat.

IV. Si les Griſons pendant ce Sequeſtre attentoient ſans cauſe legitime directement ou indirectement, & entreprenoient contre l'Etat & Duché de Milan ou contre la Valteline, ils ſeront deſlors privez & déchus des bienfaits, leſquels par l'entremiſe du Roi de France, ils reçoivent.

V. Sa Majeſté Catholique promet de retirer hors de la Comté de Chiavenne & Lieux circonvoiſins, toutes ſes Troupes de Gens de Guerre; en telle ſorte que les Griſons ſans aucun empeſchement joüiront paiſiblement de ladite Comté comme ils ont fait par ci devant, ſauf en ce qui concerne la Religion qui ſera laiſſée à la diſpoſition de Sa Sainteté.

VI. Sa Majeſté Catholique promet de rechercher tous moiens & expediens pour terminer à l'amiable, les differens ſurvenus entre le Sereniſſime Archiduc Leopold & les Griſons; leſquels differens n'empeſcheront l'effet du preſent Traité ; tellement que le Traité touchant la Valteline, Chiavenne & Bormio, & le Traité avec ledit Archiduc Leopold, ſeront deux Traitez diſtincts & ſeparez.

VII. Dom Baltazard promet au nom de Sa Majeſté Catholique, que ſi l'Arciduc Leopold ne ſe veut contenter de choſe raiſonnable, & qu'il paſſe les bornes de raiſon, que Sa Majeſté Catholique ne lui donnera aucun ſecours ni aide. Pareillement led. Sieur Comte de la Rochepot a promis que ſi les Griſons pendant ce Sequeſtre ne demeurent dans leur devoir, que Sa Majeſté Tres-Chreſtienne ne leur donnera aucun ſecours ni aide, mais même contribuera pour les ranger à leur devoir.

VIII. A eſté finalement arreſté, que les preſens Articles ſeront ratifiez dans deux mois par leurs Majeſtez Tres-Chreſtienne & Catholique.

CCXX.

13. Mai. REFORMEZ DE FRANCE.

Réglement & département fait dans l'Aſſemblée de tous les REFORMEZ *de France, à la Rochelle le 10. Mai, 1621.* [MERCURE FRANÇOIS, Tom. VII. pag. 309.]

L'ASSEMBLÉE generale des Egliſes Reformées de France, & Souveraineté de Bearn, ayant eu advis certain, & confirmé par M. de Challas, l'un des Deputez Generaux, que les conſeils violans des ennemis de l'Eſtat & de la Religion, ayant prevalu au Conſeil du Roy le dix-neufieſme jour d'Avril dernier, y auroit eſté faict le departement de quarante & un mil hommes de pied, & ſix mille chevaux pour l'employer contre ceux de ladicte Religion : & que le Sieur de la Force & ſes Enfans auroient eſté en meſme temps en haine de ladite Religion, expoliez de tous leurs Gouvernements & eſtats, dont Meſſieurs le Mareſchal de Themines, & Marquis de Moſny, auroient eſté à l'inſtant pourveus ; contre les paroles expreſſes deſquelles Monſieur de Favas Deputé general, party le jour precedent pour venir vers ladite Aſſemblée, eſtoit chargé de luy donner aſſeurance ; & que Monſieur le Duc d'Eſdiguieres luy faiſoit auſſi repreſenter comme certain & indubitable, tant par la croyance de Monſieur de la Roche de Grane, ſon Deputé vers icelle, que

ANNO 1621. que par ses moyens & instructions signées de Monsieur le Duc d'Esdiguieres. Considerant aussi les horribles excez & seditions advenuës au mesme temps en la ville de Tours en haine de ladicte Religion : les armes levées en Guyenne pour l'oppression du Pays de Bearn & de M. de la Force : & en Languedoc, & en Vivarets par Monsieur le Duc de Montmorancy, où se seroit ensuivy la perte de Villeneufve de Berg, de Vals, & Vallons en toute force & violance, meurtres, penderies, violements, & autres cruautez qui y auroient esté exercées : & d'ailleurs recognoissant que toute audiance & justice leur est desniée, mais qui pis est, il y a des ennemis du repos public & de la tranquillité publique, abusant des affections & de la conscience du Roy, qui portent toutes choses à une persecution contre ceux de ladicte Religion. Ladite Assemblée à ces causes sous la protestation qu'elle fait devant Dieu & les hommes, au nom de tous ceux de ladite Religion (desquels elle a charge de demeurer tousjours sous la tres-humble subjection du Roy, qu'elle recognoist leur avoir esté donné de Dieu pour leur Prince & souverain Seigneur) voyant les choses reduictes à des termes miserables, apres une si longue attente & retenuë, estant avec un indicible regret contraincte de recourir aux moyens naturels & legitimes pour opposer aux violences & oppressions, & pour conserver en tant qu'en elle est l'authorité du Roy & de ses Edicts, pour la liberté de leurs consciences & seureté de leurs vies, mesme d'eviter en tant que faire se pourra les desordres, confusions & inconveniens que la licence de la guerre peut apporter, & pour reallier, mettre & retenir en bon ordre toutes les forces qui peuvent estre en chacune Province, a fait & arresté l'ordre & reglement general qui s'ensuit, par toutes les Provinces, lesquelles ladite Assemblée a estimé estre à propos de diviser en huict departements, & en chacun d'iceux eslire & establir un Chef general pour commander, sous l'authorité de sa Majesté, à tous ceux de ladite Religion, & y exercer leurs charges & pouvoir selon qu'il est contenu audit Reglement.

Reglement dressé par l'Assemblée de la Rochelle le 10. May 1621.

I. TOUTES les Provinces seront distribuées selon l'ordre des Synodes, sçavoir est :

A M. le Duc de Bouillon premier Mareschal de France, la Normandie, l'Isle de France, Berry, la Province d'Anjou, le pays du Mayne, Perche & Touraine, excepté l'Isle Bouchard.

A M. de Soubize, la Bretagne, l'Isle Bouchard, & la Province de Poictou & ce qui en depend, suivant l'estat de l'extraordinaire des guerres de ladite Province.

A M. le Duc de la Trimouille, l'Angoulmois, Xainctonge & Isles adjacentes.

A M. de la Force, la basse Guyenne.

A M. le Marquis de la Force, le Bearn.

A M. le Duc de Rohan, le haut Languedoc, & haute Guyenne.

A M. de Chastillon, le bas Languedoc, les Sevenes, Gevaudan & Vivarez.

A M. le Duc d'Esdiguieres, le Dauphiné, la Provence & la Bourgongne.

Et en outre aura mondit Sieur de Bouillon le commandement general des armées en quelque Province qu'il se trouve, avec le pouvoir & authorité, comme il est plus amplement contenu audit Reglement.

II. En chaque Province seront continuez les Conseils en la forme qu'ils sont à present establis, & s'assembleront toutesfois & quantes que les affaires le requerront.

III. Le Chef general commandera & exploictera l'Armée generale & autres forces & armées, joinctes & liées, où le bien des affaires requerra qu'il se trouve. Et avec lesdites forces pourra assieger, forcer, composer, livrer journées & batailles, & generalement exploicter ce qu'il jugera estre expedient de faire, avec l'advis des autres Chefs de son armée.

IV. Ledit General disposera de toutes les Charges de son Armée, excepté les Charges des Colonels de la Cavalerie, & de l'Infanterie, Mareschaux de Camp, & Grand Maistre de l'Artillerie, ausquelles Charges l'Assemblée pourvoira comme bon luy semblera.

V. Ledit General aura un Conseil aupres de sa personne, composé des principaux Seigneurs de son armée : & en iceluy auront seances & voix deliberatives trois Deputez de l'Assemblée generale, lesquels seront changez de trois mois en trois mois.

VI. Les Chefs d'armée establis ausdites Provinces, suivant le departement cy-dessus mentionné, auront pareillement un Conseil prez de leurs personnes, composé des principaux Chefs de son armée, ausquels assisteront pareillement trois Deputez du Conseil de chaque Province, qui seront de leur departement, avec seance & voix deliberative, lesquels seront aussi changez de trois mois en trois mois. ANNO 1621.

VII. Lesdits Chefs generaux des Provinces pourront establir un ou plusieurs Lieutenans en l'estenduë de leur Province, par l'advis des Conseils d'icelles : Et ensemble pourvoir à toutes les autres Charges, en prenant par les nommez les provisions de l'Assemblée generale.

VIII. En toutes les Places qui seront de nouveau jointes au party par les armes du General, appartiendra audit General de pourvoir à la garde, gouvernement & administration d'icelles : & auront les Chefs generaux establis par les Provinces, pareil Pouvoir en toutes les Places, qu'eux ou leurs Lieutenans auront reduites en leur puissance, à la charge de prendre provision de l'Assemblée comme dessus.

IX. Quant aux Places qui sont à present entre nos mains, esquelles il n'y a Gouverneur, & où il sera necessaire d'en establir, nomination en sera faite par le Chef general estably en la Province, de l'advis du Conseil de ladite Province, & du consentement des Villes, excepté la Ville & Gouvernement de la Rochelle, où il ne sera rien innové : & au regard des Places où y a Gouverneur, advenant vaccation du Gouverneur, n'y pourra estre pourveu que par l'Assemblée, à laquelle le Chef General de la Province avec le Conseil d'icelle presenteront trois personnes pour en estre accepté l'un de ladite Assemblée.

X. Lors que le General se trouvera en ladite Assemblée generale, il y presidera : & les Chefs generaux establis sur les Provinces y auront sceance & voix deliberative, & non leurs Lieutenans. Aussi dans les Conseils des Provinces presideront lesdits Chefs Generaux desdites Provinces, quand ils y seront presents, & non leurs Lieutenans, si ce n'est par eslection du Conseil.

XI. Ne pourra estre faict aucun Traicté de Tresve ou de Paix, que la deliberation & conclusion n'en soit prise à l'Assemblée generale, où ledit General, & les Chefs generaux desdites Provinces seront priez d'assister en personnes, ou par leurs Deputez ; auquel cas & pour ce faict seulement lesdits Deputez auront voix deliberative en ladite Assemblée.

XII. Toutes les prises & captures qui se feront par terre seront declarées nulles, si elles ne sont advoüées par le Chef general en chacune Province & Conseil residant aupres de luy, ou son Lieutenant en son absence, avec ledit Conseil.

XIII. Tous les Chefs, Capitaines & Soldats promettront d'observer les reglements, tant Militaires que de la Justice, & Finances, sur les peines portées par iceux.

XIV. D'autant que les gens de guerre doivent plutost servir d'exemple, vertu & honnesteté aux autres, que non pas de desbordement & dissolution. Tous Chefs, Capitaines & Soldats, seront exhortez d'user de si Chrestiens & sages deportements en leurs actions, que Dieu en soit honoré, & par bonne vie & conversation un chacun edifié en toute pieté.

XV. Et pour ceste fin tous les Chefs & Gens de Guerre, tant de Cavallerie que d'Infanterie, seront exhortez d'avoir, en tant que faire se pourra, des Pasteurs ordinaires pour faire le Presche & Prieres aux jours ordonnez, & seront tous Chefs, Capitaines, & Soldats sujects à l'ordre de Discipline Ecclesiastique, suivant le Reglement & Police des Eglises de ce Royaume

XVI. Et pour ce que le vice le plus frequent qui est parmy les Gens de Guerre sont les blasphemes, est deffendu de ne jurer pour quelque cause que ce soit, sur peine de payer un teston par le Soldat qui aura juré, & un escu par le Gentil-homme, & le double s'il se trouve en la mesme faute, & en cas d'obstination seront cassez.

XVII. Deffenses seront faictes à tous Gens de Guerre sans exception, mener vie lubrique ny scandaleuse, ny d'avoir aucunes femmes dans les villes, ny aux armées sur peine de la vie, & aux femmes d'estre punies corporellement.

XVIII. Est encores deffendu à tous Capitaines & Soldats de se quereller en aucune sorte ny façon, ny mettre la main aux armes : mais pour la decision de leurs

ANNO 1621. leurs debats, s'addresseront à leurs Capitaines qui leur rendront Justice : & au deffaut d'iceux, aux Generaux d'armes, & aux Gouverneurs de ville.

XIX. Tous Capitaines & Soldats declareront au General & au Conseil les prisonniers vingt-quatre heures apres les prinses faictes, sans les pouvoir essargir ny mettre à rançon sans l'ordonnance du General & Conseil, & seront tenus d'en respondre en leurs propres personnes, & les mettre en lieu de seureté, & en respondre ainsi qu'il leur sera ordonné.

XX. Ne pourront lesdits Generaux, Gouverneurs, Capitaines, congedier lesdits prisonniers, moderer ou remettre le droict de butins & rançons deues au public, sur peine de les payer de leurs propres deniers.

XXI. Les Commissions qui seront données seront enregistrées au Registre de ladite Assemblée, & est prohibé & deffendu à tous Capitaines de Gens de Guerre marcher & tenir les champs sur peine de la vie, sans le commandement exprez de ladite Assemblée, ou des Superieurs & Generaux, autrement il leur sera couru sus.

XXII. Les Soldats ne pourront quitter leurs Capitaines, ny s'enrooller en d'autres Compagnies, sans congé de leurs Capitaines, ny aucuns Capitaines les recevoir, sur peine de suspension de leurs charges.

XXIII. Et pour recognoistre les Soldats estrangers, sera tenu registre aux portes des villes, de tous ceux qui entreront, afin d'en informer les Gouverneurs.

XXIV. Ne sera permis ny loisible aux Gens de Guerre & autres d'executer aucunes entreprises sans l'advis & congé de ladite Assemblée, & du General de la Province.

XXV. Est deffendu à tous Capitaines & Soldats, ayans receu leurs payements, de prendre aucunes sortes de vivres sans payer, estans en pays d'amy ou contribuable.

XXVI. Est generalement deffendu à toutes personnes de quelque estat & condition qu'ils soient, de trafiquer, negotier, & parlementer avec les ennemis, sur peine de la vie.

XXVII. Les payemens des Compagnies, tant de cheval que de pied, se feront à la monstre, & non autrement, avec les Commissaires & Controolleurs Generaux, en campagne, & dans les Villes, & presents les Magistrats & Conseillers des Villes où lesdites Garnisons seront ordonnées.

XXVIII. Les Capitaines respondront des excez & malversations de leurs Soldats, pour les representer à la Justice quand requis en seront.

XXIX. Toutes les Compagnies de Chevaux legers seront reduittes au nombre de cinquante, & celles des gens de pied à cent.

XXX. Les Soldats qui seront habitans des villes où ils seront en garnison, ne pourront demander logis ny ustencilles.

XXXI. Et afin que le labourage puisse estre continué, ne sera loisible de prendre aucune sorte de bestail servant à l'Agriculture, ny les harnois & habillements des Paysans, hommes ny femmes, ny les susdits Paysans estre rançonnez, ny pris prisonniers que pour deniers sur eux imposez, sur peine de la vie.

XXXII. Ne pourront les Generaux, Chefs & Capitaines advenant paix s'approprier les Villes, Chasteaux, munitions, armes & magazins appartenans au public, & les laisseront aux profits & subventions generales des Villes & Places, par bon & loyal inventaire.

XXXIII. Il est enjoinct à tous Meusniers des Villes de demeurer dans leurs Moulins, sans qu'on leur puisse donner aucuns hostes dans lesdicts Moulins pour eviter aux desordres qui y pourroient arriver : ny pareillement enlever, ny fourrager aucuns vivres, ny autres biens quelconques à eux appartenants; à la charge qu'ils ne pourront retenir ne serrer dans ledit Moulin les biens & vivres appartenants aux autres habitans des lieux : & qu'ils seront tenus de remettre lesdicts Moulins en bon estat pour servir quand besoin sera.

XXXIV. Et afin que le commerce soit libre esdites Armées, les Marchans & Cabaretiers y pourront aller, & sejourner en toute seureté, sans que pour quelque occasion que ce soit on puisse prendre leurs chevaux ou équipages : neantmoins seront obligez d'observer les prix qui seront mis sur leurs denrées & marchandises.

XXXV. L'Assemblée generalle pour subvenir aux grands frais & despens qu'il convindra faire pour l'entretien des gens de guerre cy-dessus, & autres affaires publiques, a arresté tous deniers Royaux des tailles, & taillon, creües, aydes, gabelles, domaine, decimes, subsides, & autres droicts, & impositions, tant ordinaires qu'extraordinaires, soit celles qui sont ja establies, ou autres qui se pourront cy-apres establir par ladite Assemblée, de quelque nature qu'elles puissent estre : lesquels deniers seront levez & receus par les Thresoriers & Receveurs generaux & particuliers qui seront nommez & pourveus tant par ladite Assemblée, que par toutes les autres Provinces. ANNO 1621.

XXXVI. Comme pareillement seront prins & levez les revenus des Benefices & autres biens appartenans aux Ecclesiastiques : lesquels à celle fin seront baillez à ferme par devant les Commissaires pour ce establis en chacune Province par le Chef general en icelle, avec le Conseil desdites Provinces, & ce ensuivant les charges & formes ordinaires & accoustumées, dont ils dresseront bons & vallables procez verbaux qui seront mis és mains desdits Commissaires, & Conseils, & des Receveurs establis en chacune des Provinces, pour faire le recouvrement des deniers qui en proviendront, dont sera faict estat separé par lesdits Receveurs.

XXXVII. Entreront aussi és deniers publics, tous les droicts qui seront pris sur les butins & rançons des prisonniers de guerre : Et à ceste fin sera pris pour le public, pour le droict desdits butins de toutes marchandises, & autres choses prinses, ensemble desdites rançons, la sixiesme partie.

XXXVIII. Les compositions qui se feront pour la reddition des Villes & autres lieux appartiendront au public : Et pour ce sera faict cahier & registre à part par les Thresoriers ou Receveurs generaux & particuliers des deniers qui en proviendront.

XXXIX. Et pour accellerer la recepte desdits deniers, seront commis en chacune Province par le Chef estably en icelles, & le Conseil de la Province, des Receveurs & Controlleurs particuliers, autant que la necessité de la Province le requerra, qui seront personnes resseantes, solvables, & cautionnées : A la charge qu'ils prendront leurs provisions de l'Assemblée generale ; Et mettront par chacun quartier les deniers de leur Recepte entre les mains du Receveur general, qui sera estably par ladite Assemblée : Ensemble le Controlleur general en ladite Province par l'advis dudit General & Conseil de ladite Province, & aux lieux les plus commodes que faire se pourra.

XL. Tous les deniers revenans au public de quelque nature qu'ils soient, seront mis entre les mains des Receveurs generaux en chacune Province : Et sera pris prealablement, & avant toutes autres despenses, le dixiesme denier, que chaque Receveur general sera tenu faire tenir le plus promptement & seurement que faire se pourra, entre les mains dudit Thresorier general, estably pour la recepte desdits deniers, & autres qui seront cy-apres declarez, residant pres l'Assemblée generale : Comme estans les deniers destinez, tant pour levées de gens de guerre en pays estrange, que pour l'entretenement de l'armée generale de ladite Province, & autres necessitez publiques, suivant les estats & mandements qui en seront mis entre les mains dudit Thresorier general, par ladite Assemblée.

XLI. Seront en outre, & à mesme effect mis entre les mains dudit Thresorier general, tous les deniers provenus des droicts de l'Admirauté, Passeports, tant par mer que par terre, congez & autres expeditions de l'Assemblée : Ensemble les deniers revenans bons, & autres revenus de reliqua de compte.

XLII. Le Thresorier general, & Receveurs generaux & particuliers des Provinces seront comptables à ladite Assemblée, & pour cest effect y envoyeront les estats de leurs receptes & despences de trois mois en trois mois, pour estre examinés par elle ou autre qu'elle commettra pour cest effect. Et ne pourront lesdits Receveurs generaux vuider leurs mains des deniers de leurs charges, ny en faire aucun payement, que par la seule Ordonnance de l'Assemblée.

XLIII. Les Chefs establis dans leurs Provinces avec l'advis des Conseils d'icelle, envoyeront à ladite Assemblée promptement l'estat des Gens de Guerre qui seront sur pied : Ensemble l'estat de la despense qu'il faudra employer pour l'entretenement, comme aussi les estats des Receptes generales, & particulieres de leurs Provinces, afin que l'Assemblée en distribue les assignations.

XLIV. Les Chefs desdites Provinces donneront ordre d'eriger des receptes generales & particulieres des deniers qu'on leur imposera, sans que neantmoins lesdits deniers puissent estre divertis à d'autres despenses, que celles que ladite Assemblée generale ordonnera.

XLV.

ANNO 1621.

XLV. Les Officiers, tant de Justice que de Finances, & tous autres Officiers faisans profession de la Religion & demeurans en l'Union de leurs Eglises, seront continuez en l'exercice de leurs Charges.

XLVI. Tous les droicts & rentes appartenans aux particuliers de ladite Religion, sur lesdites tailles & subsides leur seront conservez, en faisant deuëment paroistre de leurs tiltres.

XLVII. Pour l'entretenement des Pasteurs ausquels les Eglises ne pourront fournir pour leur entretenement, sera fait un estat par ladite Assemblée, & par les Conseils des Provinces, pour estre payez de leur entretenement sur les plus clairs deniers provenus de biens Ecclesiastiques, ou au deffaut sur toute autre nature de deniers : Et d'autant que la rigueur des troubles pourra contraindre les personnes & familles de changer de demeure, & abandonner leurs possessions, vaccations & charges, il sera pourveu à leur entretenement par ladite Assemblée generale.

Faict & arresté en l'Assemblée generale, tenuë en la Ville de la Rochelle ce Lundy 10. May mil six cens vingt & un. Signé COMPORT *President*, BONAGE *Adjoinct*, REDIL *Secretaire*, & RIFFAUT *aussi Secretaire.*

ANNO 1621.

CCXXI.

14. Mai. DANEMARC ET LES PROVINCES UNIES.

Tractaet van Alliantie en Vriendschap gemaekt met syn Koninckl yke Majesteit van Denemarken CHRISTIAAN *de vierde en de Heeren Staten Generaal der* VEREENIGDE PROVINTIEN. *In 's Gravenhagen den 14 May. 1621.* [AITZEMA, Relation des Negotiations de Paix des Pays-bas. pag. 14]

Procuratie voor de Heeren Gecommitteerden tot voltreckinge van de. Alliantie met syne Koninckl ijcke Majesteyt van Denemarcken.

DE Staten Generael der Vereenichde Nederlanden, Allen den genen die desen sullen hooren ofte sien lesen, Saluyt. Doen te weten, Alsoo de Doorluchtigste ende Grootmachtighe Coning ende Heere, Heere *Christiaen* de Vierde tot Denemarcken ende Noorwegen; den Wenden ende Gotten Coning, Hertog tot Sleswijck, Holsteyn, Stormarn ende der Ditmarschen, Grave tot Oldenborgh ende Delmenhorst &c. Ende wy dienstigh ende goet gevonden hebben, dat in conformité van den af-scheyt tusschen Hoog-gedachte sijne Coninckl yke Majesteyts Af-gesanter Rijcx-Cantzelier ende Raedt den Heere *Jacob Ulefelt* zu Vrup Amptman zu Neuburg, en onse Gedeputeerden by haer alhier in den Hage op den 14. Mey lestleden geconcludeerde Tractaet genomen, beyderzyts Gesanten, wederom by den anderen souden komen, ende daer toe by Hoochstgedachte syne Coninglyke Majesteyt gedesigneert is die Stad *Bremen* om van wegens sekere opengheblev en poincten in naerder Handelinge te treden, tot voltreckinghe van een volkomen ende oprechte Alliantie ende Verbintenisse; Soo ist, dat wy ons vertrouwende op de bequaemheyt, langhe experientie ende getrouwigheydt van de Edele, Ghestrenge, Ereentfeste, oock Hoogh geleerde Heeren, *Reynier Pau*, out Burgemeester ende Raedt der Stadt Amstelredamme, *Marck van Lijcklams* tot Nicholt, Gritman over Stellingwerff, Oostende, *Sweer van Haersolte* tot Haerst, Landt Rentmeester Generael van Zallandt, ende *Goosen Schaffer* tot Uythuysen ende de Meden Hovelingh, Raetsheer der Stad Groeningen, alle Gecommitteerde in onse Vergaderinge, deselve gecommitteert hebben ende committeren mitsdesen, om in onsen name ende van onsent wegen met die Gesanten van Sijn Con: Majesteyt van Denemarcken te treden in vorder Handelinge vande opengeblevene Poincten: te beramen, besluyten ende arresteren alsodanige Articulen, als sy met Hoochged: Gesanten tot bevorderinge van een vaste sincere ende volkomen verbintenissen sullen bevinden te behooren, waer toe wy deselve volkomen macht, authoriteyt zijn gevende mitsdesen, geloovende alle 't gene wat in desen by ons voorsz. Gesanten gehandelt ende geconcludeert sal worden, Stede vast ende onverbreeckelyck te sullen achtervolgen. Desen 't oirconde hebben wy desen doen parapheren met onsen grooten Zegel doen zegelen ende by onsen Griffier doen teeckenen. In 's Gravenhage den 9. dach der Maent van Augusti in 't Jaer 1621.

Aggreatie van de Alliantie gemaekt met syne Hoogstgemelte Coninckl: Majesteyt van Denemarcken.

DE Staten Generael der Vereenighde Nederlanden, Allen den genen die desen tegenwoordighe sullen sien ofte hooren lesen, Saluyt. Doen te weten, Alsoo op den 14. May lest-leden deses Jaers 1621. tusschen den Edelen, Gestrengen Heere *Jacob Ulefelt* zu Vrup

CCXXI.

14. Mai. DANEMARC ET LES PROVINCES UNIES.

Traité d'Alliance & de Confédération entre CHRESTIEN IV. Roi de Danemarc & les Etats des PROVINCES-UNIES. Fait à la Haye, le 14. Mai, 1621. [AITZEMA, *Relation des Negotiations de Paix des Pays-bas. pag. 14.*]

Plein-pouvoir des Députez des Etats des Provinces Unies, pour traiter Alliance avec Sa Majesté le Roi de Danemarc.

LES Etats Generaux des Provinces-Unies, à tous ceux qui ces presentes Lettres verront ou orront lire, SALUT; *Sçavoir faisons, comme le serenissime & puissant Roi & Seigneur, le Seigneur* Chrestien *quatriéme, Roi de Danemarc, de Norwegue, des Vandales & des Gots, Duc de Sleswick, de Holstein, Stormarn & Ditmarschen, Comte d'Oldenbourg & de Delmenhorst, &c. & que nous avons trouvé bon & utile, qu'en conformité du congé d'entre le Sieur* Jacob Ulefeld *de Vrop, Chancelier du Royaume, & Conseiller de sa Royale Majesté & son Ambassadeur, & nos Députez, pris les uns des autres ici à la Haye le 14. May dernier, lors de la conclusion du Traitté où il fut dit que les Députez de part & d'autre se rassembleroient; & que la Ville de Breme a été designée par Sa Majesté Royale, pour entrer en une subsequente négociation sur quelques points, demeurez indecis, pour accomplissement d'une parfaite & sincere Alliance. C'est pourquoi nous confiant en la capacité, longue experience & fidelité des nobles, honorables, & tres-sçavants Seigneurs* Reigner Paw, *ancien Bourguemaitre & Conseiller de la Ville d'Amsterdam, Marc de Lyclama, Grietman de Stellingwerf, Oostende;* Sweer van Haersolte *tot Haerst, Receveur General du Pays de Sallandt, &* Goosen Schaffer *de Uythuysen, Conseiller de la Ville de Groningue, tous Députez dans nôtre Assemblée; lesquels Nous avons commis & commettons par ces presentes, pour en nôtre nom & de nôtre part entrer en Négociation, sur les points demeurez indecis, avec les Envoyez de Sa Royale Majesté de Danemarc, & de conclure & arrêter tels Articles qu'ils trouveront convenir pour affermir une bonne & sincere Alliance avec sadite Majesté, à quoy faire leur donnons Plein-pouvoir & authorité par ces presentes; promettant d'observer inviolablement tout ce que par nosdits Députez aura été fait & conclu. En témoin dequoy nous avons fait parapher ces presentes; fait sceler de Nôtre grand Sceau, & signer par nôtre Greffier, à la Haye le 9. du mois d'Août 1621.*

Ratification du Traité d'Alliance avec le Roi de Danemarc.

LES Etats Generaux des Provinces-Unies, à tous ceux qui ces presentes Lettres verront ou orront, SALUT; *Sçavoir faisons que le 14. May dernier de l'an 1621. entre le noble & honorable Seigneur* Jacob Ulefelt *de*

ANNO 1621.

Vrup des Doorluchtigsten ende Grootmachtigen Fursten, Coninck ende Heere, Heere *Christiaen* de Vierde tot Denemarcken, Norwegen &c. Conincks Rijcx-Cantzelier ende Raet ter eenre, ende onse Gedeputeerden ter andere zyde, seeckere Articulen van eene sincere ende mutuele Vruntschap, Alliantie, ende Verbondt beraempt, geslooten ende gearresteert zijn op het welbehagen ende aggreatie van Hoochst-gedachten syne Conincklycke Majesteyt ende van ons, gelyck deselve Articulen, hier naervolgen.

Al dewyle de Doorluchtichste ende Grootmachtige Coninck ende Heere, Heere *Christiaen* de Vierde tot Denemarcken ende Norweghen, der Wenden ende Gotten Coning, Hertoge van Sleswyg, Holsteyn, Stormarn ende der Ditmarschen, Grave tot Oldenburg ende Delmenhorst &c. Ende de Ho: Mog: Heeren Staten Generael der Vereenichde Nederlanden, van langen tyde herwaerts in goede *oprechte ende naebuerlycke Vruntschap* ende correspondentie geleeft ende gestaen hebben. Soo hebben beyde deelen nu een tyd lang herwaerts considererende de *Constitutie ende gelegentheyt van de jegenwoordige tijden ende saecken van de geheele Cristenheyt, ende insonderheyt van 't Interesse, soo die aen des anderen* Status conservationem, *welstant ende prosperiteyt is hebbende, noch naerder by sich bedacht ende overwogen, om hun nauwer t'samen te doen ende te verbinden*, begerende uyt rechter ziele ende Christelijcken voornemen ende yver tot het welvaren van 't gantsche gemeene *Evangelische wesen*, ende beyder deelen eygene Staten te contracteren ende verdragen over een sincere ende mutuele Vrientschap, Alliantie ende Verbondt, tot conservatie ende defensie van hare respective Staten ende Onderdanen, in voegen dat Hoogstg: ende Hoogstgemelde deelen beyderzyts onlangs na rype ende ernstelycke deliberatie hebben gegeven last ende Commissie, te weten Hoogstged: syne Koninglycke Majesteyt aen den Edelen, gestrengen, Heere *Jacob van Ulefelt* zu Vrup, derselven Rijcx Canzelier ende Raedt, oock Amptman tot Nyborgh, in kracht syner overgeleverden Credents-Brief in dato den 11. February lestleden ter eenre, ende de Ho: Mo: Heeren Staten Generael der Vereenigde Nederlanden, de Edele, Gestrenge, Erentfeste, Wyse, seer Discrete Heeren, *Gysbert van Boetselaer*, Ert-schenck des Furstendoms Cleve, Amptman ende Dijck-Grave tusschen Maes ende Wael, *Jacob van Wassenaer ende Duyvenvoorden*, Heere van Opdam, Heynsbroeck, Spierdijck, Suytwyck &c. Luytenant Admirael van Hollant ende West-Vrieslandt; *Hugo Muys van Holy*, Ridder, Drossaart Dijck-Grave des Lands van Stryen, *Reynier Pauw* out Burgermeester ende Raed der Stad Amsterdam, *Jacob Magnus* Ridder, Heere van Berch-Ambacht, Melisant, *Arent van Suylen van Nievelt*, Heere tot Geresteyn ende Reckop, *Marck van Lijcklama* tot Nieholt Grietman over Stellingwerff Oostende, *Boldewijn Sloeth*, Rentmeester Generael van de Domeynen des Lands van Vollenhove ende der Heerlijckheyt Cuynder, ende *Goosen Schaffer* tot Uythuysen ende de Medenhoveling, Raed der Stad Groeningen, derselver Gedeputeerde ende alle mede Gecommitteerde in hare Ho: Mo: Vergaderinge, ter andere zyde ten eynde deselve souden mogen confereren, communiceren ende delibereren over die openinge, ende middelen dienende om voort te setten, ende in 't werck te stellen dit *heylsaem goet* werk ende te brengen tot een goede conclusie, tot welcken eynde dan die welgemelte Gesante ende Gedeputeerden aen wederzyden om hun in alles getrouwelijck te quyten, ten lesten over een gekomen zijnde, gheconcludeert ende gearresteert hebben, op het welbehagen, verbeteringe, modificatie ende aggreatie van Hoogstgemelte sijn Koninglijcke Majesteyt en de Heeren Staten Generael dese naervolgende Poincten ende Articulen.

I. Dat een eeuwige goede Vrede, eenigheyt, correspondentie, ende Vrientschap tusschen den Doorluchtigsten, Grootmachtigsten Koning in Denemarcken ende Norwen &c. ende de Ho: Mo: Heeren Staten Generael der loffelijcke Geunieerde Provintien in Nederlant, ende alle hare Landen ende Ondersaten *presentes & futuros*, te Water, ende Lande oprechtigh, sonder alle geferhde of archlist zijn en blyven sal.

II. Die sullen eenes anderen beste, heyl ende welvaert getrouwelijk meenen, willen ende soecken, ende daer toe met raed ende daed helpen, ende bevorderinge by alle voorvallende occasien.

III. Sy sullen niets, oft selvest ofte door yemant heymelijck ofte openbaer tracteren, handelen doen ofte bewilligen, *dan den anderen deel gevaerlijck schadelijck*

de Vrop, Envoyé du Serenissime & Trés-Puissant Prince, Roi & Seigneur, le Seigneur Chrestien *quatriéme Roi de Danemarc, Norwegue, &c. Chancelier du Royaume, & son Conseiller d'une part, & nos Députez d'autre: Certains Articles d'une sincere & mutuelle amitié, & alliance ont été faits, conclus & arrêtez sous l'aprobation & agréation de sadite Majesté Royale & de Nous, comme lesdits Articles s'ensuivent.*

Comme le Serenissime & Puissant Roi & Seigneur, le Seigneur Chrestien *quatriéme Roi de Danemarc, de Norwegue, des Vandales & des Gots, Duc de Sleswick, Holstein, Stormarn, & de Ditmarschen, Comte d'Oldenbourg & de Delmenhorst, &c. & les Hauts & Puissans Seigneurs les Etats Generaux des Provinces-Unies, ont dés long-tems été & vécu en bonne & sincere voisinance, amitié & correspondance, les deux Parties considerant depuis quelque tems la constitution & conjoncture presente du tems & des affaires de la Chrétienté, & particulierement l'interest que les deux Etats ont à la conservation & prosperité l'un de l'autre; ils ont jugé à propos de s'allier encore plus étroitement, desirant d'un zéle sincere & Chrétien pour la prosperité & le bien de toute la Communauté Evangelique de traitter entre les deux Parties & Etats d'une sincere & mutuelle amitié & alliance, pour la conservation & deffence de leurs Etats & Sujets respectifs, ensorte que les susdites Parties ont depuis peu, aprés une serieuse déliberation, donné charge & commission, sçavoir sa Majesté Royale à noble & honorable Seigneur* Jacob de Ulefelt *de Vrup Chancelier du Royaume & son Conseiller, en vertu de sa Lettre de creance en datte du* 11 *Fevrier dernier d'une part; & les Hauts & Puissants Seigneurs les Etats Generaux des Provinces-Unies, à nobles, honorables, sages & discrets Seigneurs* Gisbert de Boetselaer, *Echanson Héréditaire de la Principauté de Cleves, Dick-Grave d'entre Meuse & le Wael,* Jacob de Wassenaer & Duyvenvoorden, *Seigneur d'Opdam, Heynsbroeck, Spierdick, Suytwick, &c. Lieutenant Admiral de Hollande & West Frise; Hugues Muys de Holy, Chevalier, Bailly & Dyck-Grave du Pais de Stryen;* Reynier Paw *ancien Bourguemaitre & Conseiller de la Ville d'Amsterdam;* Jacob Magnus *Chevalier, Seigneur de Berch-Ambacht, Melisant;* Arent de Zuylen de Nievelt, *Seigneur de Gerestein & Reckop,* Marc de Lijcklama *à Nieholt, Grietman de Stellingwerf, Oostende;* Baudouin Sloeth, *Receveur General des Domaines du Pais de Vollenhove, & de la Seigneurie de Cuynder; &* Goosen Schaffer, *de Uythuysen, Conseiller de la Ville de Groningue, leurs Députez, & en l'Assemblée de L. H. P. d'autre part, aux fins de conferer par iceux, communiquer & déliberer ensemble sur l'ouverture & les moyens servans à avancer & executer un bien si salutaire, & de l'amener, à une bonne conclusion. Aux fins dequoi lesdits Envoyez & Députez pour se comporter de part & d'autre en toute fidelité, enfin étant tombez d'accord, ont conclu & arrêté, sous l'amelioration, modification & approbation des susdits Seigneurs de sa Majesté Royale, & Etats Generaux les Points & Articles suivants.*

I. Qu'il y aura une perpetuelle paix, union, correspondence & amitié entre le Serenissime & Puissant Roi de Danemarc, Norwegue, &c. & les Hauts & Puissants Seigneurs les Etats Generaux des louables Provinces-Unies des Pais-bas, & tous leurs Pais & Sujets presens & futurs, par Eau & par Terre, sans aucune fraude ni dissimulation.

II. Ils rechercheront fidelement le bien, salut & prosperité les uns des autres, & se preteront reciproquement secours & assistance en toute rencontre.

III. Ils ne feront par eux mêmes ou par d'autres secrettement ou manifestement aucuns Traittez ou Négociations qui puisse être domageable ou préjudiciable a l'une des

ANNO 1621.

delijck ofte in eeniger maten prejudicierlijck zijn kan, dan veel meer alle fulcke raed, intentien, aenslagen ende wercken, soo van yemand, by sy oock wie hy zijn mach, tot gevaer, schade ende nadeel gepractiseert ende voorgenomen werden mogen by tyde, soo haest men dat sal mogen ervaren, een deel den anderen openbaren ende met allen vlijt verhinderen ende afweeren.

IV. Die sullen in geener maten heymelijck ofte opentlijck, met raedt ofte daet een deel des anderen Vyanden, sy zijn oock wie sy zijn konnen ofte mogen, die syne Hoochstged: Majesteit mitsgaders de Ho: Mo: Heeren Staten Generael respectivelijck te Water ofte te Lande openbaer Oorloch ofte dadelijcke Vyantschap sullen aendoen, *in beure Rijcken ofte Landen, met Volck, Schepen, Gelt, Proviant, Munition, of in eenige andere manieren helpen ofte stercken*, oock niet toelaten dat eene, ofte anderdeels Vyanden, eenige hulpe ofte assistentie *publice* ofte *privatim* in hare Landen ende gebieden bekomen mogen, dan sal veel meer in sulke gelegentheyt een deel den anderen tot een goedt eynde, ende uytganck raden ende helpen.

V. Sy sullen geene Verbintenissen, Liguen ofte Tractaten maken ofte urgeeren met yemant *jegen elkander*, soo tot eenige suspitie, prejuditie, gevaer ofte naedeel zijn kan, ende of te vooren eenige Verbontenisse ofte Tractaet met yemant anders gesslooten ofte gemaeckt zijn mochten, ofte hier na gemaeckt werden mogen, soo sullen al sulcke Verbintenissen ende Tractaten *genen deelen tot prejuditie*, gevaer, *schade ofte nadeel zijn, ofte gereycken*, dan sy sullen in alle manieren een oprechte, vaste, volkomene goede Vrintschap ende Nabuyrschap sonder eenich mistrouwen ende archlist getrouwelijck onderhouden, sal oock in kracht deses Tractaets verstaen worden, dat die Verbontenissen, soo tusschen sijn Coninglijcke Majesteyt van Denemarcken, Nagebuyren ende Ho: Mo: Heeren Staten Generael voor desen gemaeckt, ingegaen ende gesslooten zijn, insonderheyt Anno 1613. ende etlyke naervolgende Jaren, of oock hier na ingesslooten werden mogen, sullen noch mogen in gener manieren noch wegen prejudiceren sijne Coninglijcke Majesteyt ende de Kroone Denemarcken in hare rechten, Vryheden, Hoocheden, ende Regalien te Lande ende te Water in de Oost-Zee, *Mari Balthico* ofte Noort-Zee, ofte eenige andere sijne Coninckliicke Majesteyts gerechticheyt ende Hoochheyt.

VI. Of yemant van beyder Deelen Onderdanen ofte Ondersaten sich eenigen maten ende billijcker wyse te beswaren ende te klagen hebben mochte, alsdan sullen alle sulcke saecken ende beswaernissen door ordentlijck recht tracteren ende uytgevoert worden, ende sal van beyde Deelen, goede Justitie administreert worden, gelijck eens ydern Ingeboornen ende Onderdanen, ende sal doch daer door de goede Vruntschap in allen onverbreeckelijck ende onverseert zijn ende blyven.

VII. Dese Alliantie ofte Tractaet sal niet opheven ofte in eeniger manieren prejudiceren, ofte nadeelich wesen die Alliancien ende Tractaten, soo beyde Deelen voor desen met andere Potentaten, Princen, Republijcken ende Communiteyten gesloten opgericht ende ingegaen hebben, sullende deselve in heur geheel ende volle weerde blyven, *salvo tamen præsenti Fœdere*.

VIII. Ende sal dit Tractaet ofte Verbont behoorlijk geconfirmeert ende geaggreert worden, door sijne Hoochstged: Majesteyt ende die Ho: Mo: Heeren Staten Generael voornoemt, in den tijt van drie Maenden, ofte soo veel eer, als 't selve sal konnen geschieden, ende sullen beyde Deelen metten eersten op tijt ende plaetse, soo ende daer sijne Hoogstged: Majesteyt believen sal met een ander in nader Communicatie, ende Handel treden, omme te weten met *wat macht ende middelen* de Parthyen malkanderen sullen moeten assisteren, soo wanneer d'een of d'ander met openbare Oorlog in syne Rycken ofte Landen aengevochten werden, ende op de forme, maniere ende quantiteyt van dien, als mede van den tijdt op dewelcke deselve beginnen ende aenvangen sal loop te nemen, gelijck oock van de restitutie van dien, of deselve behooren sal te geschieden ende hoe verre. Ende alsoo in de Conferentie vermaen is gedaen, van *eenige Havenen* daer men niet gewoon en soude zijn te handelen, sal in de voorsz by-een-komste mede getracteert werden, omme deselve ten wederzyden uyt te drucken, ende daer af voorts te mogen verdragen, sulcx als ten meesten besten van beyde de Parthyen bevonden sal werden te behooren, sullen oock mede in de voornoemde by-een-komste naerder Communicatie ende Handel vallen

des Parties, mais se donneront reciproquement avis, des conseils, intentions, entreprises & exploits qui par quelqu'un, même qui que ce soit, pourroient être pratiquez au préjudice de l'une des Parties, aussi-tôt qu'ils seront parvenus à leur connoissance, & les empêcheront & détourneront.

IV. Ils n'assisteront en nulle maniere, ni secrettement ni ouvertement, les ennemis de l'une des Parties, qui que ce puisse être, qui feront une guerre ouverte par Eau ou par Terre à sadite Royale Majesté, ou auxdits Seigneurs Etats Generaux, ou agiront contre l'une ou l'autre Partie par voye de fait, & ne les assisteront ou renforceront dans leur Royaume ou Pais, d'Hommes, Vaisseaux, Argent, Provisions, Munitions, ou en quelque autre maniére, ni ne permettront que les ennemis de l'une ou l'autre des Parties reçoivent publiquement ou secrettement dans leurs Pais & Terres de leur obeïssance aucun secours ou assistance: mais bien plûtôt une des Parties dans cette occasion aidera & assistera l'autre à une bonne fin.

V. Ils ne feront ou solliciteront avec personne l'un contre l'autre, aucune Alliance, Ligue ou Traité, qui puisse causer soupçon, préjudice ou dommage; & s'il y avoit déja quelque Traité ou Alliance faite avec quelque autre, ou qu'il en fût fait ci-aprés, telles Alliances ou Traitez ne pourront porter en nulle maniere aucun préjudice, dommage ou desavantage à l'autre Partie; mais ils entretiendront en toute maniere une sincere, solide, parfaite & bonne amitié & voisinance, sans aucune méfiance ni dissimulation. Il est aussi arrêté en vertu de ce Traité, que les Alliances faites ci-devant, & concluës entre les Voisins de sa Royale Majesté de Danemarc, & les Hauts & Puissans Seigneurs les Etats Generaux, particulierement en 1613. & quelques années suivantes, ou les autres qui pourroient ci-aprés être concluës, ne pourront en nulle maniére préjudicier à sa Royale Majesté, ni à la Couronne de Danemarc, en leurs Droits, Libertez, Prérogatives, & Regales, par terre & par eau, dans les Mers de l'Est, Baltique ou du Nord, ou à quelques autres Droits de Sa Majesté Royale.

VI. Si quelques Sujets des deux Parties venoient à avoir quelques griefs ou plaintes à faire l'un contre l'autre; alors telles affaires & griefs seront traittées & vuidées selon l'ordre de droit, & leur sera fait bonne justice par les deux Parties, comme aux Sujets naturels, & pour cela la bonne amitié ne laissera pas de demeurer en tout inviolable.

VII. Cette Alliance ou Traité ne donnera atteinte, ni ne préjudiciera en aucune maniére aux Alliances & Traitez faits & conclus par l'une ou l'autre des Parties, avec d'autres Potentats, Princes, Republiques & Communautez, mais demeureront en leur entier & force; salvo tamen præsenti Fœdere.

VIII. Et sera ce Traité ou Alliance confirmé & ratifié par sadite Majesté & par L. H. P. les Seigneurs Etats Generaux susdits dans le tems de trois mois, ou plûtôt, s'il se peut, & les deux Parties entreront en communication & Traité plus particulier au plûtôt au tems & lieu qu'il plaira à sadite Majesté, pour sçavoir avec quelles forces & moyens les Parties s'assisteront l'une l'autre au cas qu'ils vinssent à être attaquez dans leurs Royaumes ou Pais; & en quelle forme, maniere & quantité, comme aussi du tems auquel on commencera de donner lesdites forces, comme aussi touchant la restitution d'icelles, ou s'il sera nécessaire qu'elle se fasse, & quand. Et comme dans la Conference il a été fait mention de quelques Havres où on ne seroit pas accoutumé de négocier, il en sera parlé lors qu'on s'assemblera pour les y exprimer de part & d'autre, pour en être traité comme il sera trouvé le mieux convenir pour les deux Parties, & sera aussi traité plus particulierement dans ladite Con-

ANNO 1621. over de *Navigatien ende Traffiquen in de Oost ende West-Indien*, daer van de wel-gemelte Heer Gesante mede meldingh heeft gedaen, op welcken allen getracht sal worden by beyde Deelen behoorlijcke satisfactie ende contentement elckanderen te geven is 't doenlijck.

Aldus gedaen, gesloten ende geaccordeert by ons ondergeschreven, geteeckent. In 's Gravenhage op den 14. Mey in den Jare 1621.

Zoo is 't dat wy de voorsz Articulen ende Tractaet van Alliantie goet ende aengenaem houdende, 't selve geaggreert ende geconfirmeert hebben, aggreeren ende confirmeren mitsdesen, belovende 't selve te sullen achtervolgen, naerkomen ende onderhouden, sonder daer tegens te doen eenige Contraventie directelijck of indirectelijck in wat maniere het oock soude mogen wesen, des tot oirkonde hebben wy desen vereenigde Notul met aenhanginge van onsen grooten Zegel, de gewoonlijcke Paraphure, mitsgaders onderteeckeninghe van onsen Griffier doen bevestigen. Gedaen in onse Vergaderinge in 's Gravenhage op den 9. Augusti 1621.

Conference touchant la Navigation & Traffique des Indes Orientales & Occidentales, & dont ledit Envoié a aussi fait mention, surquoy on tâchera de donner aux deux Parties la satisfaction & le contentement convenables. ANNO 1621.

Ainsi fait, conclu & accordé par nous soussignez. A la Haye le 14. May 1621.

C'est pourquoy Nous ayant lesdits Articles & Traité d'Alliance pour agreables, les avons agréez & confirmez, agréons & confirmons par ces presentes, promettans de les observer & entretenir, sans jamais aller allencontre, directement ou indirectement, en quelque maniere que ce soit. En témoin dequoy nous avons les presentes confirmées de l'apposition de nôtre grand Sceau & de nôtre Paraphe accoutumée, & fait icelles signer par nôtre Greffier. Fait en nôtre Assemblée à la Haye le 9. Août 1621.

CCXXII.

$\frac{1}{11}$ Juin. **Schreiben der Stadt Speyr an Churfürsten zu Maynz Johann Schwickard / und Ludwig Landgraffen zu Hessen / alß Kays. Commissarien; Worin Sie sich verpflicht / von der Evangelischen Union, und dem Pfältzischen Kriegs-Wesen abzutretten / zugleich auch umb eine Attestation anhaltet. Geben Speyr den $\frac{1}{11}$ Junii 1621.**

C'est-à-dire,

Lettres de la Ville de SPIRE *données à* JEAN SCHWEICKHARD *Electeur de Mayence, & à* LOUÏS *Landgrave de Hesse, comme Commissaires Imperiaux; par lesquelles elle promet de se départir de l'*Union Evangelique, *& de la Guerre Palatine, & en demande une Attestation auxdits Commissaires. A Spire le $\frac{1}{11}$ Juin* 1621. [Voyez-les ci-devant sous le $\frac{14}{24}$ Mars de la même année 1621. pag. 387.]

CCXXIII.

$\frac{1}{11}$ Juin. **Attestation Käyserl. Commissarien der Stadt Speyr ertheilet / daß nembl. Solche in Conformität deß mit Straßburg den 24. Martii errichteten Recess, gleichfalls die Käys. offerirte gnade angenommen / und von der Evangelischen Union und dem Kriegs-Wesen abzutretten versprochen. Geben den $\frac{1}{11}$ Junii 1621.**

C'est-à-dire,

Attestation des Commissaires Imperiaux, pour la Ville de SPIRE, *portant qu'en conformité du Recès conclu le 24. Mars avec la Ville de* STRASBOURG, *elle a pareillement accepté la Grace de l'Empereur, & promis de se départir de l'*Union Evangelique *& de la Guerre Palatine. Le $\frac{1}{11}$ Juin* 1621. [Voyez-la ci-devant sous le $\frac{14}{24}$ Mars de la même année 1621. pag. 391.]

CCXXIV.

18. Juill. **Steinburgischer-Vertrag zwischen den Königl. Dänischen und Fürstl. Schleßwig-Hollsteinischen Hauße an einem: dann der Stadt Hamburg andern Theils / worinnen die Stadt sich obligiret pendente revisione des sub 6. Julii. 1618. contrà das bemelte Königl. Dduis. und Fürstl. Hollsteinisch. Hauß ergangenen Käys. Cammer-Gerichts Exemtions Urtheil / in ihrer Devotion gegen daßelbe Hauß zu bleiben / auch die huldigung zu leisten. Actum Steinburg den 18. Julii 1621.** [CHRIST. GASTELIUS, De Statu Publ. Europ. Noviss. Cap. XXXII. pag. 1105 d'où l'on a tiré cette Pièce qui se trouve aussi dans LUNIG, Teutsches Reichs Archiv. Part. Special. Continuat. II. Abtheilung IV. Absatz X. pag. 62.]

C'est-à-dire,

Recès de Steinbourg conclu entre la Maison Royale & Ducale de DANNEMARC *& de* SLESWICH-HOLSTEIN *d'une part, & la Ville de* HAMBOURG *d'autre part; par lequel la Ville s'oblige à continuer de rendre les Hommages & les Devoirs accoûtumés à ladite Maison Royale & Ducale, si longtems que la Revision de la Sentence d'exemtion rendue le 6. Juillet 1618. par la Chambre Imperiale de Justice contre la même Royale & Serenissime Maison, restera indécise. A Steinbourg le 18 Juillet 1621.*

Demnach in der bekanten am Kayserl. Cammer-Gericht eine geraume Zeit hero Rechthängigen Exemption-Sache / die Stadt Hamburg betreffend in An. 1618. den 6. Julii wider das Fürstliche Hauß Hollstein / und vor dem Kayserlichen Fiscal, ein Urtheil publiciret / aber auf seiten Hollstein debito tempore ac modo revisio gebetten auch erhalten worden. Und aber die von Hamburg hierunter bey der Fürstl. Hollstein. Herrschafft in höchsten Verdacht gerahten / als wann sie bey diesem Wercke / absonderlich aber nach eröfneter Sentenz allen müglichen Vorschub gethan / daß die angezogene revisio verhindert würde / und keinen effectum suspensivum erlangen möchte / dahero dann auch die gegen vorberührte Stadt Hamburg / milde / gute / Kön. und Fürstl. Gnad und Favor, damit die Holsteinische Herrschaft ihrer Stadt allwege beygethan gewesen / in etwas erkaltet und alteriret: So sind auf friedliebender Leute unterthänigstes und unterthäniges Intercediren / nach gehabter vielfältiger Mühe und angewandten Fleisse / die Sachen bey den regierenden Herrschafft dahin vermittelt / befördert und behandelt / daß vor höchst- und hochgedachte regierende Obrigkeit es zur gütlichen Communication und Composition gnädigst und gnädig kommen lassen.

Worauf die von Hamburg sich unterthänigst und unterthänig anerboten / obligiret und versprochen / pendente revisione, so viel als an ihnen / alles im vorigen Stande zu lassen / dem Kayserl. Fiscal keine Assistenz zu leisten / ihnen zu gutem / dem Fürstl. Hause Hollstein aber ichtwas zu Nachtheil

ANNO 1621. theil zu fordern/ zu thun/ zu suchen/ oder aber thun/ fordern und suchen zu lassen/ besondern daß alles vorangedeuteter massen in dem Stande es bey vorigen regierenden Hertzogen zu Hollstein Zeiten gewesen/ gäntzlich und ohngeschmälert verbleiben sollte/ und daß demnach sie/ wie bis anhero geschehen/ bis zu endlicher dieser Sachen Erörterung bey dem Fürstl. Hause Hollstein/ in unterthänigst: und unterthäniger Devotion stehen und bleiben/ als das guten Leuten gebühret und wol anstünde/ auch deswegen nach Ihrer Königlichen May. endlichen Hintritt/ den die Allmacht Gottes noch lange verhüten welle/ wofern immittelst die Revisio nicht erörtert würde/ Ihr Durchl. dem Herrn Printzen/ und also successivè Ihr Königlichen Mayestät Erben/ wie auch dem Herrn Hertzogen zu Hollstein/ Gottorffischer Linien/ so pro tempore allerseits regierende Hertzogen zu Hollstein seyn werden/ nächst vorhergehender Assecuration, wie hiebevor geschehen/ die gewönliche Huldigung und Annehmung würcklich leisten und præstiren wollen/ und daß also vorigen zwischen der Landes-Fürstl. Hollstein. Herrschafft und denen von Hamburg vor diesem ausgerichteten Recessen und andern in Handen habenden documenten hierdurch durchaus nicht benommen seyn/ sondern sollten in allen ihren Clausulen/ Inhalt- und Begreiffungen in Esse und Vollkommenheit ohngekräncket und ohnverschmälert verbleiben/ und als dann offters höchst- und hochgedachte regierende Herrschafft und auf vorernennte unterthänigste und unterthänige Intercession mit dieser Erklärung gnädigst und gnädig friedlich gewesen/ so thun darauf mehr höchst- und hochgedachte Königliche Mayestät und Fürstliche Gnaden sich gnädigst und gnädig hinwider resolviren/ denen von Hamburg hinfüro mit allen Gnaden gewogen zu verbleiben/ wie auch sie dieser ihrer unterthänigsten und unterthänigen Bezeigung halber für aller Gefahr/ so ihnen hieraus begegnen möchte/ zuvertretten; Uhrkündlich dessen allen seind dieser Recesse zwey einhelligen Lauts verfertiget/ von der Königlichen Mayestät Statthalter/ Amptleuten und Rähten/ auch den Herrn Abgesandten unterschrieben und besiegelt/ das ein Exemplar in das gemeine Gewölb zu Gottorff niedergeleget/ das andere den Herrn Abgesandten ihren Herrn und Obern/ dasselbige einzubehändigen/ zugestellet worden/ Actum Steinburg den 18. Julii A. 1621.

CCXXV.

10. Nov. Recess und Vertrag zwischen Christian und Wolrad Graffen zu Waldeck an einen/ dann der Landstadt Corbach/ über denen Irrungen/ so sich wegen anschlag der Graffen Abschied und Edicten/ abgenommenen Peinlich-gefangens in der Stadt Porten/ auffricht- und publicirung der Müntz-Edict, confiscirung etlicher im ober-Rheinischen Kräyß verruffener gelder/ und endlich wegen gebung glayds und Sicherheit erhalten. Beschehen zu Corbach in vigilia St. Martini 1621. [Lunig, Teutsches Reichs-Archiv. Part. Special. Continuat. II. Abtheilung VI. Absatz XXX. pag. 386]

C'est-à-dire,

Recès & Accord entre CHRISTIAN *&* WOLRAD *Comtes de Walleck d'une part, & la Ville Provinciale ou Territoriale de* CORBACH *d'autre part, sur les diferents survenus entr'eux, au sujet de quelques Edits ou Sentences rendus contre certain Malfaiteur & afichées sur la Porte de la Ville, & de la Publication de quelques autres concernant la Monnoye, & le Droit de donner les Passeports. A Corbach la Vigile de St. Martin. 1621.* ANNO 1621.

KUnd und zu wissen sey hiermit männiglich: Nachdem vor wenig Tagen den Hochwolgebornen Grafen und Herrn/ Herrn Christian und Herren Wolrad Gebrüdern/ Grafen und Herren zu Waldeck von Burgermeister/ Rath und Gemeine Ihrer Gnaden Gn. Landstatt Corbach/ auch unter andern sechs strittige Puncten/ als nemblich/ wegen Anschlag Ihrer G. G. Befehl/ Abschied und Edicten/ wegen abgenommenen peinlichen gefangens in der Stadt Porten/ Anschlag/ Auffricht- und Publicirung der Müntz-Edict, wegen Confiscirung etlicher im Ober-Rheinischen Krayß verruffener Gelter/ und endlich wegen Gebung Glayds/ Sicherheit und Nachlaß ordentlicher Straff der peinlichen-Beklagten/ movirt und angesponnen/ darauß leichtlich grössere Ungelegenheit/ und Weitläufftigkeit entspriessen können/ daß dieselbe heut dato zur Stifftung Ruhe und gemeinen Bestens/ nach gepflogener Tractation, allerseyts mit gutem Wissen und Willen/ verglichen/ beygelegt/ und abgeredet seyn dieser Gestalt und also/ daß nemblich vors erste/ Hochwolgedachten Herren Grafen und deren Successoren/ Krafft tragender Hochheit und Lands-Obrigkeit geblieben/ und ohne fernere/ Einred frey gelassen ist/ allerley Edicten und Patenten so in Reichs-Krayß- und Land-Tagen verabschiedet/ oder J. G. G. bey deren Regierung und Cantzley/ durch einen offentlichen Anschlag männiglich zu verkündigen/ gerichtlich oder ausserhalb Gerichts/ nötig und gut befunden/ in Corbach/ wo es J. G. G. gefallen/ und die Notdurfft erfordern wird/ durch ihre Diener/ Officirer und Botten/ nach besten Gutdüncken anschlagen/ oder dem Rath zu Corbach solches anzuschlagen einschicken mögen.

Zum andern/ daß der peinlich Gefangene an dem Ort/ da er durch die von Corbach abgenommen ist/ Ihr G. Graf Wolrad/ als Innhaber des Eisenbergischen Theils/ restituiret werden solle/ immassen solcher also bald vor dem Rathause restituiret/ und den darzu verordneten Beampten und Schützen geliffert ist. Und soll nunmehr und ins künfftig Ihren Gnaden/ als Land-Herrn/ ohne Einred bevor und frey bleiben/ Krafft habender Lands-Obrigkeit/ Gleyds und Strassen/ in dieser ihrer Graffschafft die peinliche Gefangene/ durch oder bey der Stadt hero/ nach gutem Gefallen/ von einem Dorff/ Stadt und Ampt zum andern/ zu führen/ auch die von Corbach ohne Verhinderung/ Einred und Reverß solche folgen zu lassen schuldig seyn sollen/ doch soll die Durchführung durch die Stadt nicht bald/ und ohne erhebliche Ursachen geschehn/ und da sie je geschehen würde und müste/ alsdann dabey solche Bescheidenheit/ Fürsichtigkeit/ discretion und moderation, von den Führern bey hoher Ungnad und Straff gebraucht werden/ daß solches sowol der gemeinen Stadt/ als Privat-Bürgern keinen Unglimpff/ Ungelegenheit und Aergernüß gebähre/ und soll ohnedas hierdurch der Stadt Corbach ihre Peinlichkeit nicht geschwächet/ noch dero durch solche Actus præjudicirt werden/ sondern vorbehalten seyn.

Vors Dritte/ die Müntz-Ordnung belangend/ ist verglichen und abgeredt/ daß J. G. G. als Müntz-Ständen/ solche sowol mit des Reichs und Crayß Bewilligung/ als deren Land-Stände Zuziehen/ oder auch in eygener Regierung und Rath zu Ihro G. G. und des Lands Besten auffzurichten/ dieselbe allenthalben anzuschlagen/ und darinn zu verordnen frey bleiben/ die von Corbach aber sich dessen/ und ingemein des Müntz-Wesens/ als eines Regalis nicht anmassen/ sondern ihrer gnädigen Land-Herren Wol-

Anno 1621.

gefallen heimstellen / und darinn sich/ wie in andern/ ihren Mit-Städten und Ständen conformiren und accommodiren sollen / und weil es die Nothdurfft zu Zeiten erfordert / daß solchen Edicten Bürgerliche/ auch wol Leib-und Lebens-Straff zu vester-Haltung einverleibet wird/ als soll solche Erkantnüß und Bestraffung Ihro G. G. über dergleichen Reichs-Cräyß-Provincial- und Particular-Edicta und Gebotte bleiben und bevorstehen / damit doch der Stadt an ihrem peinlichen Gericht in anderem nichts benommen/ sondern nach Aussag peinlicher Halßgerichts-Ordnung zu straffen vorbehalten seyn und bleiben soll.

Und sollen dahero zum vierdten / die vermöge offentlichen Cräyß-Edicts in Corbach angehaltene Sorten J. G. G. Krafft Lands-Obrigkeit und habender Jurium Regalium und Fiscalium, alsobald itzt und ins künfftig geliffert / inmassen dieselbe itzo von dem Rath zu Corbach / alsobald J. G. G. Abgeordneten geliffert seyn / des wollen J. G. G. die von Corbach aller Anspruch / so ihnen hierüber begegnen möchte / gäntzlich benehmen / und darinnen vertretten.

Und weil vors fünffte der Sicherheit und Geläyds / auch Nachlaß der ordentlichen peinlichen Straff in gemeinen geschriebenen Rechten Ziel und Maß gesetzt / auch darüber zwischen den Herrn Graffen und der Stadt in An 1487. ein sonderbar Vertrag auffgerichtet ist / darinn die damahligen regierende Graffen J. G. G. und deren Nachfolgern / wie solches von Alters auf sie vererbt und herbracht ist / ohn Eintracht kräfftiglich / und mächtiglich Sicherheit und Geläyd binnen der Stadt Corbach auff beschriebene Weiß und Maß vorbehalten; Als ist solcher Punct also erläutert / daß J. G. G. als Land- und Ober-Herrn / nach den Käyserlichen Rechten / und Reichs-Gebräuchen / in publica lætitia per abolitionem criminum und aus bewegenden Ursachen sicher Gelayd zu geben / und in der Stadt zu verkünden bevorstehen / denen von Corbach aber ihre Peinlichkeit und deren Verwaltung nach Caroli Quinti Ordnung bleiben soll.

Und weil etliche Actus von denen von Corbach angezogen/ dahin sie die Straff etlichen Maleficanten erlassen / und Gelayd geben haben wollen / solches aber J. G. G. als wider den Receß und gemeine Rechte nicht mit ihnen einig seyn können; als ist vor billich und gut angesehen / daß die von Corbach/ vermöge mehr angezogener peinlicher Ordnung / Ihre Gerichtbarkeit zu exerciren / und die Urtheil zu fällen und vollstrecken haben / doch da sich Gelegenheit und Fälle der That und Personen zutrügen / welchen aus erheblichen Ursachen Gelayd zu geben / oder die Straff nachzulassen und zu mildern wäre / daß denen von Corbach solches zugelassen und eingeräumt seyn / doch J. G. G. sie solche Ursachen und Bewegnüß vorher berichten / und deren Beliebung und Confirmation hierob einholen sollen.

Weil auch vors sechste / durch anzäpfliche Schreiben Ihro G. G. bißhero ernüffert / indem etliche von Corbach sich einer alten Reichs-Freyheit berühmet / und daß sie nicht puri subditi, sondern mit gewisser Maß / Bedingung / und Pactis J. G. G. etwa vor Zeiten sich untergeben hätten / solches aber im Werck und That ohnbegründet / und die gantze Gemeine solche Schuld auff die Advocaten und Sachwalter ihrer unwissend geworffen / und sich vor gehorsame Unterthanen und Landsassen insgemein und absonderlich erkennet / und zu Unterthänigen Gehorsam und Submission pflichtig und gewärtig erachtet; Als habens J. G. G. bey solcher eingewandten Entschuldigung bleiben lassen / und sich hinwiederumb aller gnädigen Landherrlichen Affection, Schutz / Schirm / Verspruch und Handhabung erbothen.

Damit dann auch endlich wegen übriger Puncten / deren etliche Rechthängig / ein gantzes Vertrauen gestifftet werd / und dadurch die Stadt zu guter Ruhe / beständigen Frieden / gedeylicher Nahrung und Wolstandt gereiche / ist von allen Seiten bewilliget / daß solche Puncten entweder nach der Erb-Vereinigung / Verfassung und Austrägen dieser Graffschafft / oder durch gütliche niedergesetzte / nach Ihro G. G. Direction, schleunig vorgenommen und erörtert werden sollen.

Zu dessen stets vester Haltung / haben wir Christian und wir Wolrad Gebrüder / Graffen und Herren zu Waldeck / vor Uns und Unsere Nachkommen / doch vorbehaltlich Unsere Lands-Obrigkeit / Reservaten / Regalien / Rechten und Gerechtigkeiten / und wir Burgermeister und Rath / sampt vieren von der Gemein / deren von Corbach Freunden / und Ausschuß von den Zümfften / vor uns und gemeine Bürgerschafft / und all Unsere Erben und Nachkommen / ohnschädlich an der Stadt andern Rechten / habender rechtmäßigen Privilegien und Gerechtigkeiten die bewilligt / und allerseits Unser Insiegel wissendlich hieran hencken lassen / und darneben die Hochwolgeborne Graffen und Herrn Herrn Johann den Aeltern / Graffen zu Nassau / Catzenelnbogen / Vianden und Dietz / Herrn zu Beilstein / Herrn Ludwigen / Graffen zu Sayn und Witgenstein / Unsere respective freundliche liebe Herren Schwäher / Vettern und Gevattern / und gnädige Herren gebethen / solchen Receß und Transaction mit ihren Secreten zu bevestigen. So geschehen zu Corbach / in vigilia Sancti Martini, Jahrs sechzehen hundert und zwantzig ein.

Locus Sigillorum.

Sigillum Comit. de Nassau.

Sigill. Comit. de Wittgenstein.

Sigill Com. Wolradi de Wald.

Sigill. Comit. Chr. de Waldeck.

Sigill. Oppid. in Corbach.

CCXXVI.

1622. 22. Janv. Espagne, Autriche et les Grisons.

*Trois Traitez ou Accords passez à Milan, le 22. Janvier 1622. entre les Députez du Roi d'*ESPAGNE *& de la Maison d'*AUTRICHE, *& les Députez des deux* LIGUES GRISES, *& de la* CADE'E, *& ceux de* MAYENFELD. [MERCURE FRANÇOIS, Tom. X. pag. 130.]

LE premier fut, les Capitulations & Conventions entre le Duc de Feria pour & au nom du Roy d'Espagne, & les Députez des Ligues Grise & la Cadée, & ceux de la Seigneurie de Mayenfeld, par lequel ils renonçoient à la Valteline, moyennant une pension annuelle de vingt mille escus.

Le second contenoit, les Capitulations & Conventions pour le fait de la Religion en la Valteline, & des passages des gens de guerre du Roy d'Espagne par les Grisons.

Et le troisiesme estoit un Traicté entre l'Archiduc Leopold & lesdits Députez, pour les Garnisons que devoit tenir ledit Archiduc dans Coire & dans Mayenfeld durant douze années.

Quant au Traicté de la pension annuelle des vingt-cinq mille escus, elle estoit couchée en ces termes :

I. Per escusar & evitar nuovi rumori, guerre & inquietudini, hanno hauute per bene le due Leghe Grisa e Cade, e Signoria di Mayenfeldt di venire nella resolutione

ANNO 1622.

ne sequente. Et cosi noi li sudetti Ambasciatori & Procuratori delle dette due Leghe & Signoria, in nome di tutte le sudette Communita, & di ciascuna di-esse, suoi Popoli & Habitanti, si contentiamo & oblighiamo noi istessi, & de dette nostre Communita e Popoli, che dal giorno della data della presente Capitolatione inanti & in perpetuo tutta la Valle della Valtellina, & Contado di Bormio, & suoi Territorii, & le Communita, Loghi, Terre, Popoli, & Habitanti, messa di qual si voglia qualita, preminenza, conditione, e sesso che di presente visi trovano o vi si trovaranno in ogni tempo avenire, habbino da restar liberi, essenti, & fuora del dominio, giurisditione, auttorita, potesta & signoria delle dette due Leghe Grisa e Cade & Signoria di Mayenfeldt, senza che resti presso di loro alcuna sorte di dominio, ne essercitio di giurisdittione ne administratione sopra la Religione, o altra cosa toccante o dipendente da esse, ne in quel che tocca al Governo temporale e politico, giurisdittione civile e criminale, o alcuna causa dipendente & emergente da essa, ne all' entrate, redditi, datii, gabelli, vettigali, pedagi, impositioni, ò altra qual si voglia sorte d'entrata, restando le dette due Leghe & Signoria di Mayenfeldt senza alcuna riservatione di dritto, o ragione, dominio diretto, sopremo, soprano ne utile che habbino tenuto o goduto unitamente o separamente, o in altro qual si voglia modo che l'habbino posseduto, o essercitato, che in tempo alcuno potessero pretendere nella detta Valtellina & Contado di Bormio, & loro Terre, & nelli Popoli & Habitanti di esse; & con che nissuno delli Protestanti, & di Religione contraria à la sudetta Catholica Apostolica Romana possa mai habitare per domicilio & habitatione ferma, ne in altro modo, se non come se dira da basso, in alcuna Terra o Luogho della detta Valtellina & Contado di Bormio. Et in confirmatione, approbatione, & consentimento di tutto il sudetto, Noi Ambasciatori, & Procuratori sopra nominati in virtu delli presenti nostri Mandati e Procure che habbiamo, & usendo di essi ciascuno di noi, & tutti in commune, si contentiamo di tutto il sudetto, rinunciando dette due Leghe & Signoria di Mayenfeldt, si come per tenor della presente, Noi suoi Ambasciatori & Procuratori havemo rinunciato & rinunciamo ad ogni & qual si voglia ragione, dritto, dominio diretto, soprano, o utile attione, credito, & altra qual si voglia sorte di pretentione che le dette due Leghe & Signoria havessero o tenessero, o potessero tenere e pretendere di presente o nell' avenire con tutte le piu favorevoli & piu ample & opportune come si fussero expresse & dichiarate in questo Capitulo.

II. Et per alcuni digni respetti e piu stretto vincolo, forza & corroboratione di pace & osservanza delli presenti Capitoli, promettiamo, & si oblighiamo noi li sudetti Procuratori, Commissarii & Deputati della detta Valtellina & Contado di Bormio, & delle Communita, Terre, Popoli & Habitanti di esse & di ciascuna di loro, che le dette Valle, Contado & Communita daranno e pagaranno ogni anno vinticinque milla scudi da vintiquatro bazzi per scudo di moneta dell' Imperio, & il valore del scudo si habbia da regolar sempre conforme al corso vero & reale che avera nella padella del sale, & il pagamento si havera da far annualmente alle dette due Leghe Grisa e Cade & Signoria di Mayenfeldt respettivamente in due termini di ciascun anno, cio è di sei in sei mesi decorsi e maturati, che haveranno da comminciar à correre dal primo giorno di Genaro di ciascun anno, cio è il primo anno in Zant, & il secondo in Coyra; & continuando successivamente & alternativamente un' anno in una parte, & l'altro nell' altro. E per evitar ogni sorte di confusione nel domo da pagamento, si fara alli Procuratori che saranno legitimamente elletti & deputati dalle dette due Leghe, Grisa, e Cade, & Signoria di Mayenfeldt, le quali saranno tenute constituirne un solo in nome di ciascuna Legha, & della Signoria che haveranno da transferirsi à Zant e Coyra, per il recever il danaro, & far la ricenuta, & per la cautela necessaria del pagamento, per sicurezza del quale si obligaranno la detta Valtellina & Contado di Bormio con Atto & Instrumento à parte, & con le clausule e solennita solite e necessarie.

III. Con questo espresso patto e conditione che in caso che della parte della Valtellina, e Contado di Bormio si retardasse il pagamento della detta annua pensione di vinticinque milla scudi, o la rata parte di essa, per tre mese dopo maturato ciascun termine, in tal caso spirato li detti termini, sia tenuta & obligata la Camera di Milano come noi il Rè l'oblighiamo di proprio, & come principal debitore, con le rinuncie e clausule convenienti e forti: Et promettiamo di pagar prontamente alle dette due Leghe & Signoria di Mayenfeldt la detta rata parte delli vinticinque milla scudi del sudetto valore, della quale anderanno creditori. Et se passati le detti tre mesi, tuttavia non saranno pagati della Valtellina, ne della Camera di Milano, in tal caso sia ancora tenuta ladetta Camera di Milano a pagar alle dette due Leghe, & Signoria di Mayenfeldt l'interesse di cinque per cento a ragione d'anno per tutto il tempo decorso & che decorrera dopo spirati li detti tre mesi sino all' effettivo & real pagamento della somma e quantita devuta, & che sia lecito alle due Leghe & Signoria nel detto caso del ritardato pagamento per piu delli tre mesi come sopra, di mandar fra tutti loro due Deputati o Agenti, e non piu, a questa Città di Milano à sollicitar il detto pagamento & satisfattione. Et in quanto alla spesa che faranno nel viaggio, si remettiamo all' arbitrio di S. E. Et avisati gli Offitiali e Condottieri che haveranno la cura della condotta del detto danaro, da levarsi, tanto nella Valtellina, come da Milano, saranno tenuti dar' aviso al Magistrato, o Ministro & Officiale che amministrara la Giustitia in Chiavenna & in Puschiavo, respettivamente secondo li tempi che haveranno da passar per ciascuno delli detti luoghi, del tempo di detta condotta, per che possano provedere della scorta che à loro parera per assicurarla fino à Zant o Coyra. Et dalli detti duo luoghi di Chiavenna & Puschiavo avanti havera da essere a risigo e pericolo delle dette due Leghe & Signoria di Mayenfeldt in tutti li casi di furte, rapina, o altra sorte di dolo, reservata sempre à su Maesta, & alla sua Camera, la ragione di repetere della detta Valtellina & Contado di Bormio tutto quello che havera pagato alle dette due Leghe & Signoria di Mayenfeldt in diffetto & causa loro.

ANNO 1622.

Le IV. Article contenoit, que lesdites Ligues & Seigneurie moyennant ladite pension de vingt-cinq mille escus payeroient à l'Evesque de Coire ce que la Valteline luy payoit annuellement.

Le V. Que tant les Grisons que les Valtelins, oublieroient tout ce qui s'estoit passé durant ces derniers mouvements. Plus, que tous les petits enfans des Protestans & autres de Religion contraire à la Catholique, restans du dernier soulevement, & qui se trouveroient en la Valteline & Comté de Bormio, & y voudroient demeurer, seroient nourris aux Seminaires, Monasteres, & Lieux devots.

Le VI. Que le Trafic seroit libre dans les pays les uns des autres, & tous passages ouverts & seurs pour le Commerce, mesmes aux Valtelins Protestans retirez aux Pays des Grisons, moyennant qu'il ne fust par eux contrevenu au poinct de la Religion : & mesmes permis aux Grisons, pourveu qu'ils ne fussent que six à cheval, de porter en voyageant par la Valteline & Comté de Bormio, des harquebuses à roüet, à condition de les laisser à l'entrée des Villes aux corps de garde : & aux autres endroits de les consigner entre les mains de leur hoste à leur arrivée.

Le VII. Qu'il seroit permis aux Protestans refugiez de la Valteline & du Comté de Bormio, d'amodier tous leurs biens, & en tirer le revenu durant six ans, à la charge de les vendre dans les six années, pendant chacune desquelles ils pourroient retourner en la Valteline pour y faire & negotier leurs affaires deux mois l'année seulement, sçavoir en deux fois ; un mois à chasque fois : à condition aussi qu'à leur arrivée ils se presenteroient au Consul de la Terre, duquel ils prendroient billet de leur arrivée : sans pouvoir faire exercice, ny tenir, rien de contraire à la Religion Catholique, pendant leur sejour en la Valteline, & ce sur peine.

Le VIII. Que les Grisons ne seroient contrains de payer aucuns nouveaux imposts ny gabelles qui seroient mises en la Valteline & Bormio.

Le IX. Que tout le bestail appartenant aux Grisons qui seroit mené en la Valteline, pour l'y vendre, ou ailleurs, ne payeroit rien en son passage ou retour.

Le X. Que les Grisons pourroient enlever du vin pour eux & leur famille (sans y user d'aucune fraude) dans la Valteline & Bormio, dont ils ne payeroient aucun impost.

Le XI. Que les Marchands qui trafiqueroient de Milan en Allemagne, la liberté leur demeureroit de passer par la Valteline, ou par Chiavenne.

Le XII. Que les usages & pascages seroient libres en la Valteline, en payant les droicts ordinaires, & non plus.

Le XIII. Quant aux biens, legs & donations, faictes par les Protestans pour l'entretenement de leurs Ministres, qu'ils en jouyroient comme de leurs autres biens, & aux mesmes conditions.

Le XIV. Que tous procez, qui sont ou seroient meus civilement entre les Grisons, & les Valtelins, ou les refugiez de la Valteline aux Grisons, seroient vuidez & terminez par un Juge que l'Archiduc Leo-

 polde

ANNO 1622.

polde nommeroit, lequel feroit sa residence à Sonders.

Le XV. Que les differents qui pourroient naistre entre lesdites deux Ligues & Seigneurie d'une part, & les Valtelins & Bormiens d'autre, pour leurs limites & confins, seront jugez & terminez par deux Arbitres nommez de part & d'autre : & en cas de discord entre eux, le Tiers sera nommé par l'Archiduc Leopolde.

Le XVI. Que toutes les Sentences, Transactions, Arbitrages, & Contracts donnez & passez en la forme que dessus, auront telle force, que nul n'y pourra déroger, excepté en ce qui touchera la Religion & l'interest civil des matieres Ecclesiastiques.

Le XVII. Que les jugements de condemnation qui civilement pourroient estre donnez par les Juges des Grisons contre les Valtelins refugiez ausdites Ligues & Seigneurie, seront executoires en la Valteline sur les biens que lesdits refugiez y pourroient avoir.

Le XVIII. Que tous Papiers, Obligations, Instruments & Livres de comptes esgarez ou pris en ce dernier souslevement seront restituez de part & d'autre à ceux qui les reclameront, & justifieront leur appartenir.

Le XIX. Que tout prest d'argent par Obligations, Cedules, ou Comptes arrestez auparavant le souslevement, seront executoires par les mesmes voyes qu'elles eussent esté lors de leur passation & arrestez, & en observant ce qui a esté ordonné cy-dessus.

Et le XX. Que le Duc de Feria donnera l'ordre requis pour les Soldats des Garnisons que sa Majesté Catholique tiendra dans la Valteline, à ce qu'ils s'y comportent selon les regles de la Police militaire, & sans que les Valtelins, ny autres passans & voyageurs en reçoivent aucune incommodité.

Quant aux Articles du Traicté ou Convention pour l'exercice de la Religion Catholique tant aux Grisons qu'en la Valteline : Et des Passages.

Le premier portoit, Que l'exercice de la Religion Catholique demeureroit libre par tous les pays des Grisons, & que les Ecclesiastiques y seroient restituez en leurs Eglises, Chapelles, Oratoires & Hospitaux, où ils feroient le Service divin & Predication sans que les Ministres ou autres leur pussent donner aucun empeschement.

Le II. Que tous Catholiques, tant Grisons qu'autres habitans, demeurans ou sejournans dans les Pays desdites Ligues, y pourroient librement observer & tenir le Concile de Trente, la Bulle *in Cœna Domini*, & le Calendrier Gregorien.

Le III. Que toutes ordonnances, & deffenses faictes cy-devant par les Magistrats Grisons, contre la reception & observation par les Catholiques des Decrets, Bulles & Constitutions de sa Saincteté, seroient cassées, & declarées invalides, avec tout ce qui auroit jadis esté decreté contre l'authorité du Pape, du S. Siege, & l'exercice libre de la Religion Catholique Romaine.

Le IV. Que les Ecclesiastiques, tant Religieux que Seculiers, qui comme Apostats ayans changé de Religion se refugieroient aux Pays desdites Ligues & Seigneuries, seroient apprehendez, saisis & mis entre les mains des Juges Ecclesiastiques ; pour estre procedé contr'eux selon les saincts Canons.

Le V. Que l'Evesque de Coire & ses successeurs, comme aussi l'Abbé de Tissentis, ayans fait serment d'observer la presente Capitulation seroient conservez & maintenus en leurs Dignitez Episcopale, & Abbatiale, & leur seroient restituez tous les biens qui dependoient de leurs benefices : laquelle restitution de biens se feroit pareillement à toutes les Eglises, Monasteres, & Hospitaux.

Le VI. Que de tout ce que dessus il en seroit faict Edict, qui se publieroit par toutes les Terres desdites deux Ligues & Seigneurie.

Le VII. Que les Grisons descendus à Bormio, ayans bruslé l'Eglise & plusieurs Maisons de ceste Comté, ledit Duc de Feria auroit esté contrainct de se mettre en campagne pour s'opposer à leur progrez, & les faire retirer : ce qui luy auroit succedé, & mesmes auroit pris Chiavenne, & mis Garnison dedans, laquelle en faveur de la presente Capitulation il promettoit oster & restituer ladite Place ausdites Ligues, à la charge des conditions suivantes.

Le VIII. Qu'à l'advenir en toute la Comté de Chiavenne il ne se feroit aucun exercice de Religion contraire à la Catholique Romaine, soit en public ou en secret : & ceux qui se trouveroient y avoir contrevenu seroient mis es mains du Juge Ecclesiastique, pour estre punis selon les sacrez Canons.

Le IX. Que tous les originaires de ladicte Comté qui se trouveroient estre de Religion Protestante, seront avec leurs Femmes, Enfans & Famille contraints d'en sortir, & se retirer dés le jour de la publication du present Traicté, sur peine d'estre punis comme dessus.

Le X. Que lesdits Protestans ne laisseront de jouyr de tous leurs meubles & immeubles, & revenus d'iceux, de quelque nature qu'ils soient, & leur sera permis de pouvoir retourner aux lieux de leurs heritages trois fois l'année, & y demeurer à chasque fois un mois & non plus, en donnant au Consul de la Terre advis du jour de leur arrivée : & sans y pouvoir faire aucun exercice de leur Religion en secret, ny tenir Livres prohibez : Le mesme sera observé par les Podestats & Officiers Grisons qui seront envoyez pour rendre Justice, en cas qu'il s'en trouvast qui fussent de Religion Protestante, sur peine d'estre procedé contre eux comme infracteurs du present Traicté.

Le XI. Que lesdits Protestans rentreront dans les biens, legs, & donations jadis faictes par eux pour l'entretenement de leurs Ministres.

Le XII. Que les Ecclesiastiques de ladicte Comté seront restablis en la possession & revenu de toutes les Eglises, Monasteres, Chapelles, & Hospitaux, qui leur auroient esté ostées depuis un an.

Le XIII. Que les Articles & Conditions cy-dessus pour Chiavenne seront aussi observez par ceux de Brusio : Et que le territoire de Brigaglia sera restitué à la Ligue de la Cadée avec les armes qui y auroient esté prises, & qui se retrouveroient en nature dans Chiavenne.

Par le XIV. le Duc de Feria promettoit dans un an du jour de la ratification du present Traicté, de faire abbatre & ruyner le Fort de la rive de Chiavenna : Et lesdictes deux Ligues & Seigneurie consentoient qu'il en peust rebastir un autre al Sasso-corbe, ou sur les confins de Chiavenne & de la Valteline.

Le XV. Que toutes Ordonnances jadis faictes contre l'authorité du Pape & du S. Siege seront revoquées & annichilées ; & que l'Evesque de Come sera recogneu à Chiavenne, tant pour y user de sa Jurisdiction, que pour jouyr des droicts qui luy pouvoient appartenir.

Le XVI. estoit couché en ces mesmes termes, *Promettiamo noi tutte le Parti vicendevolmente che l'una non possa ne debba impiegarsi, ne dichiriarsi diretta o indirettamente, à danno, detrimento, ne offesa dell altra Parte, con gente, danari, ne altrimente, ne permettere che per le nostre Terre e Paesi, ne de nostri Sudditi*, si dia passo, commodita, ò ajuto ad alcuna gente di guerra di qual si voglia Natione, o Potentato che publicamente o occultamente fosse a offesa, dell' altra Parte ; *anzi l'impediremo con ogni nostro potere. Et in caso che alcuna sorte di gente pretendesse di passare senza dimandar la licenza del passo, saremo obligati a impedirlo. Et in oltre venendo a notitia di alcuna di noi le Parti, per avisso dell' altra, ò in qual si veglia altra maniera alcun Trattato, congiuratione, machinatione, assalto, dannificatione, disegni, o consigli che fossero in danno dell' altra Parte; saremo obligati ad evitar & impedir tutto il sudetto senza dilatione alcuna, procedendo in questo con ogni fedelta, sincerita, diligenza e prontezza, & tutto questo à spese di sua Maesta.*

XVII. Di piu noi il Rè promettiamo che occorrendo che le dette due Leghe Grisa, e Cade, & Signoria di Mayenfeldt venessero in pericolo ò atto di guerra con alcun Principe, Republica, ò Potentato, le difenderemo & socoreremo perpetuamente con tutto quel numero de Soldati da piedi & da cavallo, che sera bisogno, munitioni di guerra, & vettovaglie pagati con denari nostri per tutto il tempo che durera la Guerra contra la detta Legha, o Leghe; Et volendo detti Signori Grisoni il socorso in denaro, & non in gente di guerra, gli faremo dar detto socorso proportionale alla necessita per tutto il tempo che durera la Guerra effetiva per compita diffesa, conservatione & mantenimento della liberta & Paesi liberi & Sudditi loro.

XVIII. Noi il sudetto Vescovo, & le due Leghe, Grisa, Cade, & Signoria di Mayenfeldt, concedemo & prometemo il passo libero, & senza alcun impedimento ne difficolta per li nostri Paesi, & de nostri Sudditi alle Genti di guerra di sua Maesta cosi da cavallo, come da piedi, di qual si voglia Natione, con le sue armi offensive e difensive, bandiere, munitioni, danari e robbe, che occurreran passar per li Paesi nostri, tanto all' andare, come al ritornare, per diffesa delli Stati contenuti nelle Lega Hereditaria della Serenissima Casa d'Austria, della Maesta

ANNO 1622.

Maesta Catbolica, dell' Imperatore, & del Serenissimo Signor Archiduca Leopoldo, & di quelli che di presente tiene & possede sua Maesta Catbolica, & la Serenissima Infanta Dona Isabella sua Zia, che dopo sua morte perveneranno nella Maesta sua, & di tutta la Casa d'Austria, & Successori di tutti li sudetti Potentati respettivamente, con conditione che quando occorrera il bisogno à sua Maesta, overo vorra far passar tal gente in grosso numero, babbiamo da essere auvisati per qualche giorni avanti, accioche si possa far la provisione di vettovaglie & altre cose necessarie, & che le troppe di Cavaleria non eccedano il numero di quattro cento, & l'una truppa seguena lontana dall' altra una giornata, & babbino de passar con ogni modestia, non offendendo alcuno de i Paesani nella vita, robba & bonore, & pagando sua Maesta li danni che daranno; & ogni troppa babbia la sua guida ò Capitano che li tenga in disciplina, & non portino le armi alte, ne maggior quantita del loro bisogno, ma imballate, e legate, per evitare la facilita di qualche disordine. Et se gli Soldati in tali passagi commetteranno eccesso o delitto babbino da essere castigati dalli loro superiori come sara di giustitia. Et in caso che faccia bisogno del vivere per detta gente di guerra, per esservi caresti nelli nostri Paesi, si babbi da provedere dello Stato di Milano; Et la medesima facolta del passo libero per li Paesi nostri babbino tutti li sudditi di sua Maesta con le sue armi, mercantie, dannari & robbe di qual si voglia sorte che porteranno seco.

Le XIX. Que sa Majesté permettoit le passage libre par le Duché de Milan aux gens de guerre Grisons qui iroient en guerre pour leur service, ou pour celuy de quelque Prince, pourveu que ce ne fust pour aller contre les autres Estats que sa Majesté possedoit en Italie, le Pape & le Domaine de l'Eglise, & les Potentats alliez de sadite Majesté: sans pouvoir en leur passage estre au plus que trois Enseignes en une troupe, & les troupes esloignées l'une de l'autre d'une journée.

Les XX. XXI. & XXII. contenoient le Reglement & l'ordre que les Subjects desdites deux Ligues & Seigneurie garderoient en allant trafiquer dans le Milanois, & faire leurs provisions de vivres, & autres choses necessaires pour leurs familles: & celuy que les Milanois observeroient allant trafiquer aux Païs desdictes deux Ligues & Seigneurie.

Le XXIII. Que s'il advenoit qu'en temps de guerre lesdites deux Ligues & Seigneurie eussent necessité de vivres, en tel cas sa Majesté Catholique consentoit qu'ils peussent, en payant, enlever bestail, grains, sel, & autres choses necessaires, en sa Duché de Milan, & le transporter aux Pays desdites Ligues sans payer aucun impost.

Le XXIV. Que toutes les fois que sa Majesté Catholique ou son Gouverneur à Milan voudroit faire levée de Grisons esdictes deux Ligues & Seigneurie, tant pour la deffense du Milanois que des pays Hereditaires de la Maison d'Austriche, le pourront faire, pourveu que la plus grande levée ne soit que de six mille Grisons: les Colonels, Capitaines & Officiers desquels seront esleus & nommez par sadicte Majesté, ou par son Gouverneur à Milan. Et pour la paye, que chasque soldat auroit quatre escus d'or par mois, & seroient payez par advance trois mois, & puis de mois en mois jusques à leur reconduite sur les frontieres des Pays desdites deux Ligues.

Le XXV. Que s'il advenoit que des gens de guerre Grisons fussent allez au service d'un Potentat, quel qu'il peust estre, lequel voudroit entreprendre contre le Milanois, ou quelque Place de sa Majesté Catholique, lesdictes deux Ligues & Seigneurie seront tenuës de les rappeller, revoquer, & leur enjoindre sur peine de la vie, & perte de leurs biens, de retourner en leur Patrie, & n'assister à aucune entreprise sur le Duché de Milan, ses Garnisons & Places.

Le XXVI. estoit le Reglement pour les procez qui pourroient survenir entre les Subjects des deux Partis.

Le XXVII. Que si par laps de temps il survenoit quelque different entre sa Majesté & lesdictes deux Ligues & Seigneurie, qu'ils s'en rapporteroient à quatre Arbitres, deux de chasque part, lesquels s'assembleroient à Sorico ou à Chiavenne: & en cas qu'ils ne peussent s'accorder, feroient pris encor trois autres Arbitres, sçavoir un denommé de chasque part, & le tiers seroit esleu par sort.

Le XXVIII. Que les condamnez aux Galeres par les Juges des Pays desdites Ligues & Seigneurie seroient envoyez és Galeres de sa Majesté Catholique.

Le XXIX. Que le Roy d'Espagne donneroit quinze cents ducatons de pension annuelle ausdites deux Ligues & Seigneurie, qui leur seroient payez comme il payoit celle des cinq petits Cantons Catholiques.

Le XXX. Que sadite Majesté entretiendroit aux estudes à Milan, ou à Pavie, huict enfans des Seigneurs desdites Ligues & Seigneurie, & leur donneroit tous les ans à chacun pour payer leur pension soixante & dix escus.

Le XXXI. Qu'il sera libre aux Marchands Milanois trafiquans en Allemagne de faire passer leurs Marchandises par la Valteline, ou par le Val de Chiavenne, selon leur commodité.

Le XXXII. Que les Subjets desdites deux Ligues & Seigneurie qui se trouveroient factieux, turbulents & seditieux seroient chastiez, & privez du benefice, utilité & commodité qui pourra provenir de ceste Confederation, & de la Capitulation de la Valteline.

Le XXXIII. estoit les Reservations du Roy d'Espagne, sçavoir le Sainct Siege, l'Empire, la Maison d'Austriche, l'Archiduc Leopold, l'Infante Archiduchesse Isabelle, les cinq petits Cantons Catholiques.

Le XXXIV. estoit celles desdites deux Ligues & Seigneurie, qui declaroient qu'en ce qui estoit contenu au present Traicté de Confederation, ils ne vouloient deroger ne prejudicier, *in parte alcuna alla Pace perpetua, alla Lega & alle Lettere reversali*, qu'ils avoient *con la Christianissima Corona de Francia*, *anze quelle restino nello suo intiere vigore & forza.*

Le XXXV. contenoit, Qu'ils reservoient aussi le Pape, & l'Empire, leur Ligue hereditaire avec la Maison d'Austriche, & toutes les Ligues qu'ils avoient avec tous les Cantons des Suisses, & Valesans, & autres plus anciennes que n'estoit ceste-cy, lesquelles n'estoient pas encores finies.

Le XXXVI. estoit, l'approbation, & ratification que lesdictes deux Parties faisoient de la Capitulation de l'Archiduc Leopold avec la Ligue de la Cadée, la Seigneurie de Mayenfeld, & les huict Droictures.

Et le XXXVII. & dernier contenoit la Declaration du Roy d'Espagne, qui n'entendoit estre obligé à observer le contenu de ceste Confederation, & de la Capitulation de la Valteline, sinon qu'entant & pour le temps que lesdictes deux Ligues & Seigneurie de Mayenfeld observeroient les trois Traictez qui s'estoient faicts entr'eux en mesme jour; sçavoir, la presente Confederation, la Capitulation de la Valteline, & l'Accord avec l'Archiduc Leopold.

CCXXVII.

Extrait du Traité de Paix entre FERDINAND II. *Empereur, d'une part, & le Prince* BETHLEM GABOR, *Prince de Transylvanie & les Etats de* HONGRIE *de son Parti d'autre. Fait à Niclasbourg, le 26. Janvier 1622,* [MERCURE FRANÇOIS, Tom. VIII. pag. 80.]

26. Janv. L'EMPEREUR ET LA HONGRIE.

I. QUE l'Empereur donneroit une abolition generale, *omnibus & singulis*, de tout ce qui s'estoit faict & passé durant ces troubles.

II. Que Gabriel Bethlem Prince de Transilvanie renonceroit au tiltre & à la dignité de Roy de Hongrie, & que dans dix-huit jours il remettroit la Couronne Royale de Hongrie, & toutes les Places & Forteresses qu'il tenoit aux frontieres entre les mains de sa M. I. se retireroit à Cassovie, & feroit serment de ne rien entreprendre à jamais, contre sa M. I. & la Maison d'Austriche.

III. Que sa M. Imperiale creeroit Prince de l'Empire ledit Prince Bethlem, & lui laisseroit jouir sa vie durant en la Hongrie de huict Comtez avec la Ville de Cassovie.

IV. Plus, des Principautez d'Oppel & Radibor, & des Chasteaux & Domaines de Montchatsi, Toccai, Zagmarée & Escher; ce qu'il possederoit par engagement jusques à ce qu'il eust esté payé de la somme de deniers qui luy avoit esté promise.

V. Que sa M. Imperiale donneroit tous les ans cinquante mil florins audit Prince Bethlem pour le payement des Garnisons des Places qui luy estoient delaissées par le Traicté, lesquelles Garnisons feroient serment à l'Empereur & audit Prince Bethlem.

VI. Que la Couronne seroit gardée au Chasteau de Trinchin, jusques à la premiere Assemblée des Estats, en

ANNO 1622. en laquelle on traicteroit, 1. de l'abrogation de tous griefs, & 2. si les Allemans seroient admis à pouvoir tenir des Charges publiques en la Hongrie, ou non.

VII. Qu'un chacun seroit conservé en sa Religion comme on estoit à l'advenement de sa M. I. à la Couronne de Hongrie: Mesmes que les Jesuistes seroient restablis en tous les lieux d'où ils avoient esté chassez, sans qu'ils peussent à l'advenir acquerir ny posseder aucuns immeubles.

VIII. Quant aux biens engagez, ceux qui les possedoient en jouyroient jusques à la prochaine Assemblée Provinciale, en laquelle ceux à qui ils appartiendroient les pourroient retirer en rendant le prix de l'engagement: mais les biens qui n'auroient esté que donnez, il seroit deputé des Commissaires pour les faire rendre à ceux à qui premierement ils appartenoient.

CCXXVIII.

8. Fev. **Versicherung Königs CHRISTIANI IV. in Dennemarck / an die Stadt Bremen / wegen der von Ihr bezeigten willfährigkeit in der Coadjutorat und künfftigen Successions-Sache seines Herrn Sohns Fridrichs / im Ertz-Stifft Bremen / außgestellet; daß derselbe Ihre habende privilegien, Recht- und gerechtigkeiten confirmiren wolle und solle. Geben zu Coppenhagen den 8. Februarii 1622.** [LUNIG, Teutsches Reichs-Archiv. Part. Spec. Continuat. II. Abtheil. IV. Absatz X pag. 62.]

C'est-à-dire,

Assurance de CHRISTIAN IV. *Roi de Dannemarc pour la Ville de* BREME, *au sujet du* Coadjutorat, *& de la future Succession du Prince* FREDERIC *son Fils dans l'Archevêché de* Breme, *portant qu'il maintiendra & défendra ladite Ville dans tous ses Droits, Libertés & Privileges. A Coppenhague le* 8. *Fevrier* 1622.

WIR Christian der Vierdte von Gottes Gnaden / zu Dännemarcken / Norwegen / der Wenden und Gothen König ꝛc. Hertzog zu Schleßwig / Hollstein / Stormarn und der Dithmarschen / Graff zu Oldenburg und Delmenhorst ꝛc. thuen kundt / nachdem die Ehrsame / Unsere liebe besondere / Burgermeistere und Raht der Statt Bremen sich auf Unser gnädigstes ansinnliches Begehren in Unsers freundlichen vielgeliebten Sohns / Hertzog Friedrichs / Coadjutorat und künfftiger Succession-Sache / gantz willfährig bezeiget / dieselbe beste Müglichkeit fortsetzen helffen / und sich bey dem gantze Wercke also getreulich erwiesen / daß wir darab ihre zu uns tragende unterthänigste gute Devotion in der That würcklich verspührt / und empfunden haben / und wir dann dagegen auf solche unterthänigste ihre Dienst-Bezeigung / nach vollendetem solchem heylsahmen Wercke / Ihnen ihre habende Privilegia, Immunitates, Hoch-Frey- und Gerechtigkeiten im Ertz-Stifft Bremen gnädigst zu confirmiren und sie dabey zu manuteniren Königlich versprechen und verheissen lassen / als wollen wir selbigen allem gnädigst statt gethan haben / Thun auch solches hiemit und in Krafft dieses / daß ein Ehrsamer Rath / gemeine Statt und Bürgerschafft hinführo auch bey allen ihren habenden und wohlhergebrachten Freyheiten / Immunitäten / Jurisdictionen mero & mixto Imperio, Regalien / Herrlichkeiten / Staturen / Consuetudinibus und andern Recht und Gerechtigkeiten / wie die auch Nahmen haben mügen / inn- und ausserhalb der Statt / zu Wasser und Lande / im weltlichen und geistlichen Regiment / in Kirchen und Schulen / ruhiglich und allerdings unperturbiret gelassen werden. Wie wir dann vorhochgedachtes Unsers Sohns Lbd. dahin väterlich disponiren wollen / daß / wann dieselbe / durch Gottes des Allmächtigen gnädige Schickung und Verleyhung die Regierung im Ertz-Stifft antreten werden / Sie alsdann solches alles / und alle dasjenige / so desselben löbliche Prædecessores ihnen confirmiret und verschrieben / auch vestiglich zu confirmiren / und zu halten sich reversiren sollen / insonderheit S. Lbd. neben Uns darob seyn / daß gemelter Rath und gemeine Burgerschafft in puncto contributionum wieder das Herkommen nicht beeinträchtiget / sondern bey Ihrigen wohlhergebrachten immunitäten und mit vorigen Hn. Ertz-Bischoffen aufgerichteten Verträgen allerdings unbetrübet gelassen und mit keinen neuen Auflagen / wie die auch genennet werden können / gravieret werden; Und da etwa deswegen und sonsten einige andere Mißverstände und Irrsahlen zwischen S. Lbd und Ihnen einfallen möchten / daß alsdann einem Ehrsamben Rath / gemeiner Statt und Burgerschafft noch mit Arresten / Sperrung der Commercien / Strassen und Schiffahrt / oder in einige andere wege mit Gewalt / inn- oder ausserhalb Stiffts zugesetzet / sondern alles entweder zu gütlicher oder rechtlicher Entscheidung veranlasset / und sie immittelst bey Ihren vorigen wohlhergebrachten Rechten / Compactaten / Verträgen / und Besitzen manuteniret und gelassen werden sollen. Bey welchem allen wir so wohl als Unsers Sohns Lbd. Sie Königl. und Fürstlich schützen und handhaben / auch hinführo bey allen begebenden Gelegenheiten / in allen Ihren Anliegen / die Königl. Handt bieten / und zu allem fernern Aufnehmen und gedeylichem Wohlstande / so viel Uns immer müglich / gnädigst und gnädiglich beförderlich und ersprießlich seyn / und erscheinen wöllen: dessen zu versicherter Urkunde haben wir diesen Brieff mit Unserm Königlichen Handzeichen und anhangenden Insigel befestiget. So gegeben auf Unserm Königlichen Schloß zu Coppenhagen / den 8. Februarii Anno 1622.

Christian mpr.

(L. S.)

ANNO 1622.

CCXXIX.

Lettre des GRISONS *aux Ambassadeurs de France résidans en Suisse, sur le sujet du Traité fait par lesdits Grisons à Milan au Mois de Janvier, l'an* 1622. *ladite Lettre dattée du* 3. *Mars, de la même Année* 1622. [FREDER. LEONARD, Tom. IV.] 3. Mars. GRISONS VALTELINE.

MESSIEURS. Nous avons receu vostre Lettre dattée de Soleure le quatorziéme de Fevrier, & entendu les considerations & consequences que Vos Seigneuries nous proposent pour raison du Traité fait à Milan par nos Ambassadeurs avec le Duc de Feria, au nom & pour sa Majesté Catholique Roi d'Espagne & Duc de Milan; le Serenissime Archiduc Leopold, & les Sujets de la Valteline; Sçavoir, que nosdits Ambassadeurs, sans nostre consentement, avoient par timidité & crainte quitté la Valteline avec une partie de nostre propre Païs, & encore fait plusieurs autres diverses promesses au prejudice de nostre Estat & Liberté, & consenti à plusieurs points contraires à la Ligue que nous avons avec Sa Majesté Tres-Chrestienne. Nous exhortans ..... de ne ratifier semblable Traité, y adjoûtant une protestation expresse en cas que lesdits Traitez fussent par nous confirmez & approuvez. Surquoi nous répondrons à Vos Seigneuries, que nous n'avions renoncé en façon quelconque au Païs de la Valteline. Mais tous les jours naissans en nostre Estat, comme Vos Seigneuries sont bien informées, plusieurs querelles & debats desquels procedoient de tres-grands desordres, nos Sujets de la Valteline se sont à l'occasion d'iceux retirez de nostre obeïssance & sujettion, & se sont jettez entre les bras de puissans Princes; & quand une partie de nos Communes, les autres estans sollicitées

ANNO 1622.

tées & conseillées de demeurer en leurs Maisons, comme vos Seigneuries sçavent, avec l'aide d'aucuns de nos Confederez ont tâché de reprendre le Païs de la Valteline pour le remettre sous nostre obeïssance, les Sujets ont esté protegez par la puissante main, par la force & les armes desdits Princes qui déja occupoient partie de la Valteline, desorte que rien ne s'est pû effectuer. Occasion de quoi nous sentans foibles contre une si grande puissance, & justifians de pouvoir entretenir les Garnisons necessaires pour la garde & sureté de nosdits Païs & de nosdits Sujets y residans, Nous avons par diverses fois requis & prié Monsieur Gueffier Ambassadeur de Sa Majesté Tres-Chretienne prés de nous, de nous donner aide que nous esperions en vertu du Traité d'Alliance. Neanmoins nous n'avons peu obtenir aucun secours par effet; & lors que ledit Sieur Gueffier nous a diverses fois promis de nous procurer ladite restitution par autre moien que par les Armes, l'effet ne s'en est ensuivi. Et quand on nous proposa d'effectuer & accomplir le Traité de Madrid, nous y avons promptement consenti & confirmé en tout & par tout à ce que nous écrivoient & conseilloient Vos Seigneuries; mais n'aians pû avoir aucun effet, & ne pouvans sans secours supporter plus longuement les dépenses grandes & necessaires pour la solde & entretien des Garnisons, quelques Communes resolurent d'hazarder encore une fois, & tenter tous moiens pour recouvrer par Armes ledit Païs perdu, aians attiré par force & contrainte à leurs desseins les autres Communes, & assailli Bormio dont nous fusmes contrains de nous retirer sans rien faire; au moien de quoi le Gouverneur de Milan & le Serenissime Archiduc Leopold nous ont attaquez en divers endroits, pris & subjugué le Comté de Chiavennes, avec la Ligue des dix Droitures & celle de la Cadé, excepté seulement trois Bailliages, si que nous retrouvans en estat d'avoir perdu la meilleure partie de nos Païs, & ne pouvans esperer aucun secours humain avec lequel se peut deffendre le reste de nosdits Païs, moins encore regagner le perdu, nous avons esté contrains & forcez de recourir au Gouverneur de Milan pour une suspension d'Armes, laquelle fust accordée. Et lors qu'en mesme tems ledit Sieur Gueffier fust envoïé vers nous pour nous exhorter de ne passer plus outre ausdits Traitez, assurant que Sa Majesté Trés-Chrestienne avoit déja obtenu par ses Ambassadeurs, que nos Païs nous seroient rendus sans venir à d'autres moiens; Nous fismes réponse, que nous nous tiendrions à ce Traité, pourveu que ledit Sieur Gueffier obtinst le mesme des Parties, & qu'elles ne passassent plus outre à la Conqueste de nosdits Païs; & encore qu'il ne peut venir à bout, il voioit du moins que le Traité commencé pour éviter, non seulement la ruine de nostre Païs, mais la perte entiere de nostre ancienne liberté, estoit la chose que plus nous desirions, laquelle ledit Sieur Gueffier nous eust assurée desdits Princes, nous n'aurions esté contrains de plus envoier à Milan. Mais ledit Sieur Gueffier ne pouvant rien promettre d'assuré, afin de remedier à la ruine de nostre patrie & liberté, nous avons dépêché nos Ambassadeurs, & iceux envoiez à Milan avec ample pouvoir; lesquels nous ont rapporté que conformement à nos bonnes intentions ils ont traité: & que pour le regard de leurs personnes, ils n'avoient eu occasion de craindre s'estans trouvez assurez, & connoissans appertement le danger évident auquel se trouve l'Etat commun & nostre liberté, ils avoient jugé expedient, moiennant une bonne pension annuelle, de renoncer & quitter la Valteline qui déja estoit perduë, & qui ne se pouvoit recouvrer par aucuns moiens desquels on s'estoit par plusieurs fois servi, à moienner & recouvrer une partie de nos Païs & Sujets assujettis, & nous assurer avec nos voisins, plutost que de permettre que nostre patrie fust entierement opprimée, ruïnée & reduite en une miserable servitude. Quant à ce qui touche le Traité d'Alliance que nous avons avec Sa Majesté Tres-Chrestienne, nous l'avons expressement & solemnellement reservé par un Article particulier, ne voulans ni desirans le diminuer en aucune chose, & estimons que nonobstant ledit Traité avec ledit Gouverneur de Milan, pour éviter les susdits évidens dangers & perils; veu mesme que nos autres Alliez les Seigneurs Suisses qui ont aussi Alliance avec Sa Majesté Tres-Chrestienne ont nonobstant icelle & sans aucune contrainte ni danger, traité & fait solemnelle Alliance avec Sa Majesté Catholique. Vos Seigneuries nous mandent de ne point ratifier lesdites Capitulations de Milan, ains en faire refus, il est trop tard; car ladite Ratification est déja faite, à laquelle nous voulons nous arrester; pensans avoir échapé lesdits dangers & assuré nostre Patrie & Republique. Vous continuerez donc, Messieurs, à nous presser davantage sur ce point pour l'interest de Sa Majesté Tres-Chrestienne; car nous esperons que quand Elle sera informée des dangers & causes urgentes qui nous ont meu à traiter, Elle ne nous en sçaura pas mauvais gré, mais nous continuera la mesme volonté & affection qu'elle nous a toûjours portée, ce que nous avons voulu écrire à Vos Seigneuries pour estre informées du fait & nous servir d'excuse. Donné à Jant le 3. Mars 1622. scellé du Scel de la Ligue Grise Superieure, au nom de tous nous autres. De Vos Seigneuries Illustrissimes, Tres-obéissans Serviteurs. Les Chefs, Ambassadeurs & Consuls des Excelses Ligues Grises de la Cadé, & de la Seigneurie de Maiensfeld assemblez à Jant.

ANNO 1622.

CCXXX.

Tractatus inter Electorem Brandenburgicum GEORGIUM WILHELMUM, *& Præpotentes* ORDINES GENERALES UNITI BELGII, *ad dictum Electorem in jure, quod eidem in Dominia* Cliviæ, Juliaci &c: *competit, defendendum. Hagæ Comitis* 10. *Martii* 1622. [LONDORPII Acta Publica Tom. II. Lib. VI. pag. 623. AITZEMA, Histoire de la Paix pag. 22 *en Hollandois.*]

10. Mars.

FOEDERATARUM Belgii Provinciarum Ordin. Generales, Omnibus, quibus præsentes has Literas continget legere audireve, Salutem. Constare volumus, inter Celsissimi & Serenissimi Principis Electoris, Domini D. Georgii Wilhelmi, Marchionis Brandenburgensis, S. Romani Imperii Archi-Camerarii, & Electoris, *Borussiæ* & Cliviæ, Juliaci, Montium Ducis &c. arcani Consilii Senatorem, Archi-Camerarium & Legatum, Per-Illustrem Dominum, D. Adamum Comitem in Swartsenburg, Dominum in Hogenlandsberg & Gimborn, Equitem Regii Ordinis S. Michaelis in Gallia, ab unâ, atque inter Deputatos Nostros ab alterâ parte, decimo die Martii proximè elapsi, Contractum quendam arctioris Fœderis ac societatis, utriusque tamen Partis D. Deputantium consensu ac confirmatione salvis, ab eis initum decretumque esse; cujus quidem argumentum à verbo ad verbum tale est: Quoniam à plurimis retrò annis, inter celeberrimam Domum Brandenburgicam ac Præpotentes Ordines Generales Provinciarum Belgii unitarum, bona & firma amicitia ac societas mutua culta fuerit, quæ quidem eousque se extenderit, ut summè præmemorati Ordines Generales, post obitum Celsissimi ac Serenissimi Principis D. Johannis Guilielmi, Cliviæ, Juliaci, & Montium Ducis, Comitis Marcæ, Ravensbergi, & Ravensteinii, &c. Se, cum utraque Galliæ Brittanniæque Regiâ Majestate, ac cæteris Imperii Principibus Electoribus, conjunxerint, ad Illustrissimum Imperii Electorem Brandenburgensem, & Neoburgensem Principem in suis jam possessis Principatibus, ac Dominiis à summè præmemorato D. Johanne Guilielmo relictis, defendendos ac protegendos, donec, cui Dominia ac Principatus ex jure competant, statutum ac dijudicatum fuerit. In quo negotio, quandoquidem, propter casuum quorundam extraordinariorum interventum, hactenus nihil quicquam agi potuerit, secundum Contractus inter summè præmemoratos Imperii Electores, Celsissimos ac Serenissimos Principes, eâ de causa initos, nonnulla verò loca subinde ab aliis occupata fuerint, qui ad supradictos Principes tuendos neutiquam fuerant rogati, ac Serenissimus Princeps Imperiique Elector D. Georgius Wilhelmus Marchio Brandenburgensis, S. Romani Imperii Archi-Camerarius atque Elector, *Borussiæ*, Cliviæ, Juliaci & Montium Dux, &c. per Suæ Celsitudinis arcani Consilii Senatorem & Archi-Camerarium, Per-Illustrem Dominum, D. Adamum Swartsenburgensem Comitem, D. in Hogenlandsberg, & Gimborg, Regii Ordinis in Gallia S. Michaelis Equitem &c. ad ejusmodi occupationes porrò præveniendas, ac Serenissimi Principis Imperiique Electoris jus notissimum conservandum, arctioris Fœderis ac Societatis Contractum Principatus ac Dominia primario spectantem inter Celsitudinem Suam & summè præmemoratos Ordines Gener. in eundem consentientes, ad societatis amicitiæque continuationem concludi mandarit. Quocirca à prædicto D. Swartsenburgensi Comite ac Præpotentium D. D. Ordin. Gen. Deputatis sequentes Articuli sunt instituti, salvo

salvo tamen utriusque Partis D. Deputant. consensu ac ratihabitione, à quibus eorundem Articulorum Tabulæ consignatæ, abhinc trium mensium spatio, debitâ formâ institutæ tradentur.

Primò : Fœdus hoc præsens defensionis duntaxat futurum est, videlicet ad Celsissimum Principem, Imperiique Electorem in jure notissimo, quod Celsitudini Suæ in Dominia Cliviæ, Juliaci, Montium, Marcæ, Ravensbergi, & Ravensteinii &c. competit, defendendum, ne eodem disturbetur ac privetur.

2. Minimè tamen per præsentem Confœderationem ejusmodi defensionem intelligi volunt Præpot. Ord. G. cujusmodi summè præmemoratæ Galliæ Britanniæque Majestates Principi Brandenburgico Imperiique Electori, ac Comiti Palatino Neoburgensi, sive utrique, sive eorum singulo, promiserint; neutiquam dubitantes, quin Majestates supradictæ eandem defensionem sint præstituræ ad recuperationem juris ac Dominiorum, quibus Celsissimus Princeps Brandenburgicus Imperiique Elector hactenus plurimâ ex parte fuit privatus atque etiamnum magnâ ex parte privatur.

3. Fœdus itidem præsens tantisper durabit; donec Serenissimus Princeps Elector ad plenam perfectamque legitimi juris, quod Celsitudini Suæ in supradicta Dominia competit, possessionem pervenerit, sive negotium universum transactum sive cum ejusdem competitoribus fuerit compositum.

4. Illud verò, si vivâ Celsitudine Suâ componi vel transigi negotium haud potuerit, ad ejusdem Celsitudinis Suæ Hæredes aut Successores præsens etiam Fœdus se extendet.

5. Quod si quis aliqua, jam nunc à Celsitudine Suâ possessa, loca hostiliter aggrediatur, in casu ejusmodi pro Status sui facultatibus Præpotentes Ordines Generales malum hoc propulsare conabuntur.

6. Ac quibuscunque insuper mediis fieri poterit, Præpotentes Ord. Serenissimum Principem Electorem adjutabunt ac subvenient, quo, si eveniat, *tributa, vectigalia, bona publica aliæque insuper exactiones, pro rei necessitate, in Dominiis Cliviæ, Juliaci, Montium, Marcæ, Ravensteinii, &c.* imperentur, quamdiu Milites non dimittentur.

7. Contra verò Serenissimus Princeps Elector sub Præpotentium D. D. Ord. Gener. signis habebit, proprioque satisfaciet ære *Legioni mille peditum, in octo distributæ Cohortes*, quarum prima, Tribuni scilicet, *centum & sexaginta Milites*, reliquæ autem *centum & viginti numero*; vel si plures è prædictis tributis, vectigalibus, bonis publicis cæterisque exactionibus quæ vel commodè excogitari vel imperari poterunt, persolventur; idque tanto stipendio, tali solutionis atque armaturæ modo, quanto Præpotentes Ordines suos vel exsolverit, seu quali Milites suos adarmabunt, ad Fœderis usque expirationem.

8. Atque insuper Serenissimus Princeps Elector, per universum abhinc annum, sub signis continebit *quingentos pedites* per easdem Cohortes distributos, per Tribuni Cohortem sc. sexaginta & sex, per reliquas autem sexaginta ac duos Milites : ac sub cujusque Cohortis signo, itidem Satelles & Tympanotriba unus, continebuntur.

9. Ejusmodi videlicet ordo bonus instituetur, quo appareat, quod *supra dicta tributa, bona publica, reliquæque exactiones* in nullum alium adhibebuntur neve impendentur finem, præterquam in Militum stipendium : prout supra dictum est.

10. Quemadmodum etiam Præpotentes Ordines pro Status sui facultatibus in id incumbent, quò Serenissimus Princeps Elector omnium Ditionum, fructuum ac singulorum Quæstoratuum mediam partem tradat; nullique insuper Præfecti, vel Cohortium Duces, absque consensu & beneplacito Serenissimi Principis Electoris legentur.

11. Nullis prorsus utriusque D. D. contrahentium Partis Subditis vel emere vel vendere integrum erit, quascunque actiones, quæ cum alterius Partis Subditorum damno, præterquam jure possibili, exigi queant, locis tamen ejusmodi, quibus illud conveniat, idque sub annihilationis damno ejusdem emptionis : neque ulla Confœderatorum pars vim, ac fraudem quamcunque admittet, neve aliqua ad id concedet repressalia, ut vocant, neve justitiæ solitæ cursum impediet.

12. Sin autem, ejusmodi aliasve ob causas, dissensiones nonnullæ inter utriusque Partis Subditos oboriantur, ad decisionem earundem ab utraque Parte tres Ordine locoque insignes viri delegabuntur, qui litem hanc dirimant, rem conficiant, ac sententiarum multitudine componant. At verò in hoc negotio, si convenire nequeant, summum sibi electuri sunt Arbitrum, qui rem omnem ex sententiarum multitudine expediat, quod ratum firmumque utrique Parti habebitur.

13. Serenissimi Principis Electoris Ditiones ac Dominia ab omni itinere militari, castrorum metatis Militumque hospitio, quoad ejus fieri poterit, excusabuntur.

14. Cum verò aliqua castrorum metata obvenerint, ea optimâ instituentur disciplinâ, qualem Præpotentes in suis Provinciis atque inter suos exercere consueverunt.

15. Quod si quis Militum disciplinam atque à Præpotentibus institutum ordinem infestando fuerit transgressus, in eum, prout decet, animadvertetur.

16. Postquam verò ad pacificam Dominiorum suorum possessionem Sereniss. Princeps Elector sive jure, recuperatione, sive contractu pervenerit, sive ob causas aliquas tradiderit, vim ac robur suum hæc Confœderatio retinebit, quò videlicet Sereniss. Princeps Elector, ejusdemque Hæredes ac Successores postmodum tria Militum millia, in binas Legiones distributa, proprio ære persolvere tenebuntur, idque viginti annorum spatium. Sed si cum Competitoribus suis Sereniss. Princeps Elector composuerit, Dominiorum sibi partem aliquam retinendo, tum Militum stipendii supradicti pars æqualis exigetur, secundum ejusmodi Dominiorum partem, quam sibi Sereniss. Princeps Elector retinebit.

17. Quod si Præpotentibus Ord. pro temporis ac rationis opportunitate visum fuerit, locum quendam in Regionibus Cliviæ, Juliaci, Montium, &c. obsidere, quem jam nunc recuperandi Serenissimo Principi vires desunt, eundem proprio milite oppugnare Præpotentibus Ord. integrum erit absque ulla tamen Serenissimi Principis Electoris ope sumptibusve.

18. Veruntamen Sereniss. Princeps Elector, summè præmemoratis Ordinibus Generalibus, extraordinariorum sumptuum, in obsidione locique oppugnatione impensorum, tertiam restituere partem tenebitur, ordinario tamen equitum peditumque stipendio excepto, quod extraordinariis sumptibus neutiquam annumerabitur, verum à Præpotentibus Ordinibus solis exsolvetur.

Quæ omnia prædictorum Deputatorum subsignatione sunt confirmata Hagæ-Com. Anno millesimo, sexcentesimo & vigesimo secundo, stylo novo. *Subsignatum erat*, ADAMUS, *Comes Swartsenburgensis*; GISBERTUS DE BOETSELER; NICOLAUS A BOUCHORST; H. MUYS AB HOLY; ALBERTUS JOACHIMI. *Cum prædictorum Dominorum Sigillis in cerâ rubeâ impressis.*

Quocirca nos prædictum arctioris Confœderationis Contractum, lectum perpensumque, ita approbamus, ratihabemus ac confirmamus, omni meliori fide spondentes, promittentes, pro nobis, ac nostris Successoribus, nos omnes & singulos ejusdem Articulos, Puncta & Clausulas, firmiter, constanter & inviolabiliter observaturos, nullâque ratione, vel directâ vel indirectâ, ut contraveniatur passuros. In cujus rei testimonium hunc Confœderationis Contractum Magni nostri Sigilli appendice & Graphiarii nostri subscriptione muniri fecimus. Datum Hagæ-Com. quarto die Junii, Anno millesimo, sexcentesimo, vicesimo & secundo.

Argumentum propioris Declarationis à Comite Swartsenburgensi, in prædictum Confœderationis Contractum, traditæ.

POSTEAQUAM Fœderati Belgii Ordines Generales Me infra nominatum, aliquoties rogârunt, ut ex Articulis Confœderationis decimo Martii die hujus anni ratihabitæ confirmatæque inter Serenissimi Principis ac Domini, D. Georgii Guilielmi, Marchionis Brandenburgensis, Sacri Rom. Imp. Archi-Camerarii, Electoris Borussiæ, Cliviæ, Juliaci & Montium Ducis, Domini nostri Clementissimi, Me Delegatum, atque inter Præpotentium D. D. Ord. Gen. Deputatos, aliæ quædam Confœderationes, cum Celsitudine sua ejusdemve D. Parente, gloriosissimæ memoriæ, sive cum reliquis Electoribus Principibusque fœderatis unanimi consensu initæ ac conflatæ, excluderentur. Ad quod transigendum, cum nulla me auctoritate à Sereniss. Principe D. Nostro Clementissimo instructum munitumque scirem, simul etiam suprammemoratæ Confœderationis Articuli, decimo die Martii initi, *Cliviam* duntaxat *Juliamque* concernerent : Quapropter etiam summè memoratos D. D. Ordines majorem in modum rogavi, ne quam hujusce rei mentionem jam nunc facerent, verum omnes illas ante hunc diem vel in lucem editas, vel ratihabitas Confœderationes pristinam suam vim ac

robur

ANNO 1622. robur obtinere velint, addita declaratione, nullum dictarum Confœderationum Articulum quidquam Ordinibus Generalibus esse derogaturum, sed eorundem prætensiones atque exceptiones vim suam roburque secundum dictæ Confœderationis decimo die Martii initæ, Articulos, servaturas. Idcirco Præpotentibus D.D. Ord. hac declaratione contentis, eandem in sequentem & commodiorem hujus inspectionem per præsentes attestari volui. Datum Hagæ-Com. decimo die Martii, Anno 1622. *Signatum erat.* ADAMUS Comes in SWARTSENBURG. ANNO 1622.

CCXXXI.

14. Nov. LES PROVINCES UNIES ET TUNIS.

Tractaet van Vrede of Accordt gemaeckt tusschen de Heeren Staten der VEREENIGDE NEDERLANDE *en de Heeren Aga &c. van* TUNIS. *Den* 14. *November* 1622. [Groot Placaat-Boeck, van de H. M. Heeren Staten Generael der Vereenigde Nederlanden. Tom. II. Col. 2293.]

IN den name des eenigen ende Almachtigen Godts, Schepper des Hemels ende des Aerdes. De Doorluchtigste, hooghst ende kloeckmoedighste Heeren, de Heere Basia van den Rijcke Tunes, de Heere Isuffo Dai, Capiteyn over de Militia, ende Protecteur van den voornoemden Rijcke Tunis, de Heer Aga, ende alle de andere Heeren van Diwan des gemelten Rijck Tunes ter eenre zyde; de Doorluchtighste ende Mogenste Heeren Staten van Nederlant, den Doorluchtigsten, hoogh-gebooren Vorst ende Heere, Heer Maurits, Prince van Orangien, Grave van Nassau, Capiteyn Generael ende Admirael van voorsz. Nederlandt, door den Heer *Cornelis Pynaecker*, haren Raedt ende Ambassadeur hier tegenwoordig, ter andere zyde, hebben geaccordeert dese volgende Articulen van vaste, eeuwige ende onverbreeckelijcke Vrede, Vruntschap, Broederschap ende correspondentie.

Eerst, dat de Capitulatie in Constantinopolen, by den Grooten Heere (den welcken Godt voorspoet altydt wil verleenen) gemaeckt, ende aen allen Inwoonders van 't gesyde Nederlandt in den Jare Mahemeds 1021. gegeven, op nieuws werdt geaccepteert, ende voor goet gehouden: Belovende de Contractanten ten weder-zyden de voorschreven Capitulatien punctuelijcken ende in goede trouwe te willen naerkomen ende observeren.

Ten tweeden, dat de voorsz. Inwoonders van Nederlandt volle vryheyt sullen hebben, omme ongemolesteert te mogen trafficqueren in de Stadt ende Rijcke van Tunis: Doch en sullen uyt de Stadt ofte Rijcke van Tunis niet mogen wech voeren eenige Granen, omme te brengen in de Landen die Vyandt zijn van den Grooten Heer: Noch sullen sy niet mogen gaen op de Kusten van 't gemelde Rijck, omme te handelen, sonder voorgaende oorlove, op pene van 't verlies harer Schepen, ende slavern van den Volcke.

Ten derden, Nademael sulcks is dat de Inwoonderen van 't meer-gesyde Nederlandt tegenwoordigh staen in openbaren Oorloge te Lande ende te Water tegens den Coning van Spanjen ende alle syne Onderdanen: Dat oock mede den voorsz Ingesetenen van Nederlandt is geinterdiceert met haere Schepen te arriveeren in de Havenen van Hispanien, ende dat dienvolgens de voorsz. Nederlanders met haere Schepen niet en sullen voeren eenige goederen den Spaignaerden toebehoorende: Om dese oorsaecken willen sullen de visitatien van de Schepen der Nederlanders, de welcke de Corsaren van 't Rijck van Tunis pretendeerden, omme te bevinden de goederen ofte Koopmanschappen der Spaignaerden, ofte van andere Italianen, die des Grooten Heers Vyanden zijn, voortaen niet meer gepractiseert werden, als causerende de gemelte visitatien, occasien van beroerte ende rupture van goede vrundschap ende vrede. Sal daer omme genoeg gedaen wesen, dat de Nederlanders ontmoetende in de Zee den Corsaren van dit Rijck, sy zyn van weyniger ofte meerderen getale, den eenen over den anderen geensints sal hebben commandement ofte authoriteyt, omme de Zeylen te doen strycken, de Vlagge af te doen, ende de Anckeren te werpen, ofte eenig ander teecken van submissie te betoonen; Dan sullen sy d'eene den anderen wederzijts eere ende behoorlycke courtoisie bewysen: Ende de Nederlanders zijn gerequireert van de voorschreve Corsaren, omme haere Zee-brieven aen haer te laten besichtigen (indien 't Wint ende Weder 't selve niet en belet) sullen hae-

CCXXXI.

14. Nov. LES PROVINCES UNIES ET TUNIS.

Traité de Paix entre les PROVINCES-UNIES des Pays-Bas, & le Royaume de TUNIS, fait le 14. Novembre 1622. [Le Grand Recueil des Placards, Tom. II. Col. 2293.]

AU Nom du seul & Tout-Puissant Dieu, Createur du Ciel & de la Terre. Les trés Illustres & trés vaillants Seigneurs Bacha, du Royaume de Tunis, Isuffo Dey, Capitaine ou Commandant de la Milice, & Protecteur du susdit Royaume de Tunis, le Seigneur Aga, & tous les autres Seigneurs du Divan du susdit Royaume de Tunis d'une part; & les trés Illustres & Puissans Seigneurs Etats des Pais-bas, le Serenissime grand Prince & Seigneur Maurice Prince d'Orange, Comte de Nassau, Capitaine General & Amiral des susdits Pais-bas, ont par le Sieur Cornelis Pynaecker, *leur Conseiller & Ambassadeur ici présent d'autre part, accordé les Articles suivants, d'une ferme, perpetuelle & inviolable Paix, amitié, fraternité & correspondance.*

Prémierement, Que la Capitulation faite à Constantinople par le Grand Seigneur (que Dieu veuille toujours faire prosperer) & accordée à tous les Habitans desdits Pais-bas en l'an de Mahomet 1021. est derechef acceptée & tenue pour bonne. Promettant les Parties contractantes de part & d'autre, d'observer ponctuellement & en bonne foi ladite Capitulation.

Secondement, que les susdits Habitans des Pais-bas auront entiere liberté de pouvoir traffiquer sans moleste dans la Ville & Royaume de Tunis; mais ne pourront transporter hors de ladite Ville & dudit Royaume de Tunis aucuns grains pour les porter dans les Pais des ennemis du Grand Seigneur, & ne pourront non plus aller sur les côtes du susdit Royaume pour y traffiquer sans permission préalable, sur peine de perdre leurs Vaisseaux & d'esclavage pour leurs gens.

En troisiéme lieu, comme les Habitans des susdits Pais-bas sont présentement en Guerre ouverte par Mer & par Terre contre le Roi d'Espagne, & tous ses Sujets; & qu'il est aussi deffendu aux Habitans desdits Pais-bas de venir dans les Havres d'Espagne avec leurs Vaisseaux, & que par consequent les susdits des Pais-bas ne pourront pas mener avec leurs Vaisseaux des Marchandises appartenantes aux Espagnols. Pour cette raison la visite des Vaisseaux des Pais-bas que les Corsaires du Royaume de Tunis prétendent pouvoir faire pour trouver les Biens ou Marchandises des Espagnols, ou d'autres Italiens, lesquels sont ennemis du Grand Seigneur, ne feront plus en usage à l'avenir, comme causant les susdites visites, occasion de trouble & de rupture de la bonne amitié & Paix. Pour à quoi satisfaire ceux des Pais-bas rencontrant en Mer des Corsaires de ce Royaume, quoi qu'inferieurs ou superieurs en nombre, les uns n'auront point de commandement sur les autres pour faire saluer, baisser les Pavillons ou jetter les ancres, ou faire faire aucune autre soumission; mais ils se feront l'un à l'autre la courtoisie & honneur convenable. Et lesdits des Pais-bas étant requis desdits Corsaires de leur montrer leurs Lettres de Mer, (si le vent & le tems ne l'empêche pas) ils mettront leur Barque

ANNO 1622. re Boten in Zee uytsetten, ende komen aen boort van de Corsaren, omme te vertoonen de Patenten vanden Doorluchtigen ende hoogh-booren Vorst Heere Maurits, Prince van Orangen, Grave van Nassau, welcke Patenten sullen mede brengen ende inhouden deze clausule.

Dat de Patroonen ofte Schippers van de Schepen solemnelen eedt gedaen hebben, dat sy in hare Schepen geene Goederen ofte Waren, den Onderdanen van Koningh van den Spaignen, ofte andere Italianen toebehoorende, in en hebben.

Ende dat sy tegen desen haren eedt committerende, strengelijck gestraft zullen worden: Ende terwyle de Nederlanders met haere Boten (als vooren gezeyt wert) sullen gaen ende keeren, sullen de Schepen van weder-zyden soo wijt van den anderen blijven, dat geen achterdacgt ofte vreese van eenige violentie ofte overvallinge genomen werde.

Ten vierden, als het gebeurt dat eenige Patroonen ofte Schippers haere Schepen verkoopen aen eenen Italiaen, ofte andere die Vyandt is van den Grooten Heer, soo sullen de selvige Schippers sich niet mogen behelpen mette voor-gemelde Patenten van den hoogh-gedachten Prince van Orangien, indien sy op de verkochte Schepen willen Patroonen blyven, sullen daeromme de gemelte Patenten inhouden, dat de Schippers hebben eedt gedaen dat haer Schip niet en is toebehoorende aen een Italiaen, ofte eenen anderen, die Vyandt is van den Grooten Heer, ende suffisantelijck bewesen zijnde dat de Schipper tegen desen synen eedt ende tegen syne trouwe gedaen sal hebben, sal hy goede prinse wesen.

Ten vijfden, soo wanneer de Nederlanders versogt sullen wesen by den Corsaren, omme te verklaren of sy Italianen Goederen of Waren in hebben, ende bevonden zijnde dat Italianen goederen daer inne zyn, sullen de Corsaren de selve goederen mogen na sich nemen, mits betalende de behoorlijcke vracht, sonder wyders overlast te doen.

Ten sesten, t'Allen tyden als de Nederlanders gerequireert zynde by de Corsaren, omme te vertoonen haere Patenten, ende sy haer daer toe onwilligh ende te weer stellen, slaende tegens den Corsaren, sullen sy goede prinse wesen; doch met desen bescheyde, dat dit ingaen sal een jaer nae desen Accorde, op dat een yeder die dit aengaet, daer van moge verwittigt wesen.

Ten sevenden, Dat de Inwoonders van de Stadt Embden in Oost-Vrieslandt, om redenen dat sy in hebben de Guarnisoenen van de Doorluchtige Ho: Mo: Heeren Staten van Nederlant, ende van den Doorluchtigen hoogh-gebooren Vorst ende Heer Maurits, Prince van Orangien, Grave van Nassau, ende daeromme met publycquen Edict verklaert zyn Vyanden van den Koning van Spangien, soo sullen sy mede genieten dese Vrede.

Ten achtsten, dat alle Nederlanders, als mede de Inwoonders van Embden, die noch tegenwoordig mette Corsaren in de Zee zijn, weder gekeert wesende uyt de Zee, ende niet begeerende langer in den dienst te blyven, sullen vry mogen vertrecken naer haer Landt.

Ten negenden, Dat alle de gene die komen met Patente van den hoogh-gedachten Heere ende Vorst den Prince van Orangien, ende met syne Vlagge, van wat Natie de selve mogen zijn, sullen vry ende vranck wesen: Gelijck, daer en tegen alle Inwoonders van Nederlant, staende in den dienst van den Koningh van Spaignen, ofte andere Vyanden van den Grooten Heere, goede prinse sullen wesen.

Ten thienden, Sal de Consul der Nederlanders, die hier tot Tunis sal resideren, gerespecteert wesen als het behoort, Sal ontfangen de Consulaten van alle de Waren der Nederlanders, als mede van alle andere die komen onder de Vlagge van den hoogh-gedachten Prince van Orangien, Grave Maurits van Nassau, soo wel van de inkomende, als uytgaende Waren, mitsgaders van de gereede gelden. Dat voorts de licentie omme van hier te gaen mette Schepen, niet en sal valideren, voor en al eer die gemelten Consulaten betaelt ende voldaen sullen wesen.

Ten elfden, Is mede veraccordeert, dat of yemant van den Volcke van d'en ofte andere zyde eenige contraventie hier tegens committeerde, soo sal daer omme dese Vrede ende correspondentie datelijcken niet gebroocken wesen, maer al eer men tot eenige hostiliteyt sal procederen, sullen goede advisen ende informatien over 't quade feyt gerecouvreert moeten zyn.

In

Barque en Mer, & viendront à bord des Corsaires pour montrer les Patentes du Serenissime & grand Prince Maurice, Prince d'Orange, Comte de Nassau, lesquelles Patentes porteront & contiendront cette clause. ANNO 1622.

Que les Patrons ou Batteliers des Vaisseaux ont preté serment solemnel, qu'ils n'ont dans leurs Vaisseaux aucuns Biens ou Marchandises, apartenantes aux Sujets du Roi d'Espagne, ou à d'autres Italiens.

Et que s'ils viennent à contrevenir à leur serment, ils seront punis rigoureusement. Et pendant que lesdits des Pais-bas iront, comme il a été dit avec leur Barque, les Vaisseaux de part & d'autre demeureront à une telle distance les uns des autres qu'on n'ait aucun sujet de soubçon à l'égard de nulle violence ou surprise.

En quatriéme lieu, s'il arrive que quelques Patrons ou Batteliers vendent leurs Vaisseaux à quelque Italien ou autres qui seroient ennemis du Grand Seigneur, lesdits Batteliers ne pourront se servir desdites Patentes du susdit Prince d'Orange, s'ils veulent rester Patrons sur les Vaisseaux vendus; c'est pourquoi lesdites Patentes contiendront que les Batteliers ont juré que leur Batteau n'apartient à aucun Italien ou quelque autre, ennemi du Grand Seigneur, & étant suffisamment prouvé que le susdit Battelier aura juré contre son serment & sa foi, il sera de bonne prise.

En cinquiéme lieu, quand ceux des Pais-bas seront sommez par les Corsaires de declarer s'ils n'ont point dans leurs Vaisseaux de Marchandises Italiennes, & qu'il se trouve qu'ils y en ont, les Corsaires pourront se saisir desdites Marchandises, en payant la voiture convenable, sans faire aucune autre molestie.

En sixiéme lieu, toutes fois & quantes ceux des Pais-bas seront requis par les Corsaires de montrer leurs Patentes, & qu'ils ne veulent pas & qu'ils s'y opposent, se battant contre les Corsaires, ils seront de bonne prise; mais avec cette difference, que cela aura lieu un an aprés cet Accord, afin qu'un chacun que cela pourroit regarder en soit averti.

En septiéme lieu, que les Habitans de la Ville d'Emden en Oost-Frise, en consideration qu'ils ont Garnison des Serenissimes Seigneurs L. H. P. les Etats Generaux des Pais-bas, & du Serenissime Prince le Seigneur Maurice Prince d'Orange, Comte de Nassau; & qu'ils sont déclarez ennemis du Roi d'Espagne, ils jouiront aussi de cette Paix.

En huitiéme lieu, que tous ceux des Pais-bas, comme aussi les Habitans d'Emden, qui sont encor en Mer avec des Corsaires, étant rentrez dans les Ports, & ne désirans pas de rester ici plus long-tems en service, pourront librement retourner en leur Païs.

En neufiéme lieu, que tous ceux qui viennent avec les Patentes du susdit Seigneur & Prince d'Orange, & portant son Pavillon, de quelque Nation qu'ils puissent être, seront libres & francs, comme au contraire tous les Habitans des Pais-bas, étant au service du Roi d'Espagne ou autres ennemis du Grand Seigneur, seront de bonne prise.

En dixiéme lieu, le Consul des Pais-bas qui résidera ici à Tunis sera respecté, comme il est convenable, & recevra le droit de Consul de toutes les Marchandises de ceux des Pais-bas, comme aussi de toutes celles qui viendront sous le Pavillon du susdit Maurice Prince d'Orange, Comte de Nassau, tant des Marchandises qui entreront que de celles qui sortiront, comme aussi de l'argent contant. Qu'en outre la liberté de partir d'ici avec les Vaisseaux ne vaudra, qu'aprés avoir satisfait auxdits droits de Consulat.

En onziéme lieu, est aussi accordé, que si quelqu'un de part ou d'autre vient à contrevenir à ce que dessus, cette Paix & correspondance ne sera pas d'abord rompuë pour cela, mais avant que de proceder à aucune hostilité, il faudra produire de bons avis & de bonnes informations contre le fait perpetré.

A

Anno 1622.

In Tunis op ten twintigsten van de Maent Muharrem van 't jeer des Propheets Mahemet 1032.

Wat aengaet het derde Articule hier boven gestelt, is na lange gecontroverteert te hebben, geaccordeert, dat van de Corsaren eenige in de Schepen van de Nederlanders over sullen mogen komen, omme te besichtigen de Waren: Doch altijd ende geheelijken sonder eenige violentie ofte tormenten te doen aen de Persoonen van de Schepen.

Het achtste Artyckel sal van onwaerde ende ongedecideert wesen, tot dat mette Doorluchtige Ho: Mog: Heeren Staten van Nederlandt naerder gecommuniceert ende geadviseert zijnde, verstaen sal wesen hier op haere wille. Tot bevestinge van onse trouwe, hebben wy onsen Zegel hier op gedruckt, Was hebbende een opgedruckte Tappa van den Aga.

A Tunis le vingtiéme du mois Muharrem, de l'an du Prophéte Mahomet 1032.

Pour ce qui regarde l'Article troisiéme ci-dessus couché aprés avoir contesté long-tems sur icelui, a été accordé, que quelqu'un de la part des Corsaires pourra venir dans les Vaisseaux de ceux du Pais-bas, pour visiter les Marchandises: mais toûjours sans exercer aucune violence ou moleste aux Personnes des Vaisseaux.

Le huitiéme Article sera de nulle valeur & indecis, jusques à ce qu'on en ait communiqué avec L. H. P. les Seigneurs Etats Generaux du Pais-bas, & qu'en ayant été avertis on ait apris leur volonté là-dessus. Pour confirmation de nôtre foi Nous avons imprimé nôtre Sceau sur ces presentes. Et il y avoit un Sceau de l'Aga.

CCXXXII.

Les Provinces-Unies et Alger.

Tractaet van Vrede tusschen de Heeren Staten der VEREENIGDE NEDERLANDEN *en de Stadt en Konigryk van* ALGER, *in het Jaar* 1622. [AITZEMA, Saaken van Staat en van Oorlogh, Tom. I. pag. 353.]

I. EErstelijck dat sullen vry ende liber wesen sonder eenigh gelt te betalen alle die tot slaven zyn verkocht Vassallen van de selve hare Ho: Mo: die present zyn in handen van *Raysen ofte Kapiteynen* van de Vrybuyters ende andere Reeders, die in de selve part gehadt hebben, als wanneer sy die genomen hebben en die geene die gekocht zijn op de Marct, ende haer gelt daer vooren betaelt sonder part te hebben gehadt in de Schepen die haer genomen hebben, aen de selve sullen de voornoemde Vassallen die tot slaven zijn verkocht moeten betalen het eerste gelt dat gekost hebben.

II. Ende sullen de selve daer men 't gelt vooren betaelt, liberlijck mogen aen boort gaen van de Oorloch-Schepen als hem Gedeputeerde sal believen.

III. Ende die vry gegeven worden sonder gelt sullen in den Banher blyven tot hy Gedeputeerde van Thunis weder sal komen, ende van gelijcken alle de reste voor dewelcke men terstont geen gelt sal konnen geven, sonder dat de Patronen die sullen mogen voeren uytte Lande.

IV. Ende zynde de Gedeputeerde weder gekomen van Thunis, soo sal hy hier blyven op de conditien naervolgende.

V. Dat nemende de Corsaren ofte Vrybuyters van dit Koningrijck eenige Koopvaerdy-Schepen van de Onderdanen van hare Ho: Mo: dewelcke Goederen van contrabande in sijn hebbende, dat sulck goet sal wesen van goeden Pryse, maer het Schip, Volck, Coopmanschappen, ende al't geen dat de voorsz. Onderdanen aengaet, sal vry ende liber wesen, al hebbense schoon gevochten, ende dit voor de tyd van een Jaer.

VI. Ende sullen de Capiteynen gehouden wesen te toonen ofte bewysen, dat sy aen de Coop-Vaerders gedaen ende bewesen hebben alle Vruntschap, ende vertoont dat den Vrede gemaeckt ende geaccordeert is, ende de selvige Coop-Vaerders gestreecken hebbende, dat sy gesonden hebben hare Boot aen Boort van deselve Coop-Vaerders om te vernemen of sy Goederen van Contrabanda in hebben.

VII. Ende als de Boot aen Boort gaet van deselve Coop-Vaerders dat sy het Volck der selver niet en sullen dwingen, om te doen bekennen dat sy Vyanden Goederen in hebben.

VIII. Ende Vyanden Goederen in hebbende, sullen sy gehouden wesen aen den Schipper syne vracht te betalen.

IX. Ende dit alles by provisie, deur dien het is tegen de Commandementen van den Grooten Heere, met conditie dat soo de Heeren Staten hier mede niet te vreden en zyn, den *Ambassadeur* ende *Consul* liberlijck sal mogen vertrecken, naer Nederlandt, ende sal den selven *Ambassadeur* ende *Consul* daer op aen de selve Heeren Staten schryven, gelijck oock op *Constantinopolen* aen den Ambassadeur aldaer, ende 't selve sal oock doen aen *Cady* om synen wille te weten.

X. Ende soo den Pays door eenige occasie gebrooken wort, ofte dat de Heeren Staten de *Ambassadeur* ofte

CCXXXII.

Traité de Paix entre les PROVINCES-UNIES des Pays-bas, & la Ville & Royaume d'ALGER, fait en l'année 1622. [AITZEMA, *Affaires d'Etat & de Guerre*, Tom. I. pag. 353.]

I. PRemierement seront relâchez & mis en liberté, & sans payer d'argent, tous les Vassaux de L. H. P. qui ont été vendus comme esclaves qui sont presentement entre les mains du Raysen ou Capitaine des Flibustiers & autres gens de Mer qui y ont eu part. Si ceux qui les ont pris les ont achettez sur le Marché & les ont payé de leur argent, sans avoir part aux Vaisseaux qui les ont pris, les susdits Vassaux qui ont été vendus pour esclaves devront payer le premier argent pour lequel ils ont été vendus.

II. Et ceux pour qui on paye l'argent pourront librement aller à bord des Vaisseaux de Guerre, comme ledit Deputé le trouvera bon.

III. Et ceux qui seront remis en liberté sans argent demeureront à Bord jusques à ce que le Deputé de Tunis soit de retour, & semblablement tous les autres pour lesquels on ne pourra d'abord donner d'argent, sans que les Patrons puissent les mener hors du Pais.

IV. Et le Deputé étant de retour de Tunis, il restera ici aux conditions suivantes.

V. Que si quelques Corsaires ou Flibustiers de ce Royaume vient à prendre quelques Vaisseaux Marchands apartenans aux Sujets de L. H. P. qui auront des Marchandises de contrebande, elles seront de bonne prise, mais le Vaisseau, Equipage, Marchandises, & tout ce qui apartiendra auxdits Sujets, sera libre & franc, quand même ils auroient combattu, & ce pour le tems d'un an.

VI. Et seront les Capitaines obligez de montrer & prouver qu'ils ont témoigné auxdits Marchands toute amitié, & fait voir que la Paix est faite & accordée, & que lesdits Vaisseaux Marchands aprés avoir abaissé le Pavillon, ils ont envoyé une Barque à bord desdits Vaisseaux, pour sçavoir, s'ils n'avoient pas de Marchandises de contrebande.

VII. Et quand la Barque ira à bord des Vaisseaux Marchands, on ne pourra point forcer leurs gens à avouër qu'ils ont des Marchandises de contrebande dans leur bord.

VIII. Et s'ils ont des Marchandises d'ennemi ils en payeront la voiture au Battelier.

IX. Et le tout par provision parce que cela est contre le Commandement du Grand Seigneur, avec cette condition que si les Seigneurs Etats ne sont pas contents de ce que dessus, l'Ambassadeur & Consul pourra librement partir pour les Pais-bas, & ledit Ambassadeur & Consul en écrira auxdits Seigneurs Etats, comme aussi à l'Ambassadeur à Constantinople, *& il en sera fait de même au Cadi pour sçavoir sa volonté.*

X. Et si la Paix vient à être rompuë par quelque occasion, ou que les Seigneurs Etats remandent leur Ambas-

ANNO 1622.

ofte Consul ontbieden, dat hy dan oock liberlijck sal mogen vertrecken naer Neerlandt.

XI. Dat de Schepen die op *Vrybuyt* gaen, sullen gehouden wesen, borge te stellen, selfs Inwoonders van dese Stadt, dat sy aen de Ondersaten van hare Ho: Mo: geen schade ofte hinder en sullen doen.

XII Dat oock de selve Schepen geen *Prysen* sonder Volck die sy daer in gevonden hebben, op en sullen brengen ende het Volck niet mede brengende dat de *Prijsen* niet en sullen mogen verkoopen, maer sullen in vaste en seeckere handen gestelt werden, tot dat proberen dat van de Vyanden genomen is.

XIII. Ende nademael dat alle de *Vassalen* ofte *Ondersaten* van den Grooten Heere, soo Scheepen van Oorloch als van Coopvaerdy sullen mogen gaen in 't gebiedt van hare Ho: Mo: als oock in Zee met alle Vrintschap, hebbende goet Paspoort, ende halen 't geen haer van noode soude mogen wesen van *Ammonitie . van 't Kruyt*, *Cogels*, ende nootsaeckelyckheden tot hare Schepen, volgende het XXI. Artyckel van de Capitulatien van syne Keyserlycke Majesteyt den Grooten Heere, ende van gelycken alle Koopmanschappen laden, gelijck alle andere Kooplieden. doen die met hare Ho: Mog: geallieert zyn. Soo is oock verstaen ende geaccordeert het naervolgende, sonder prejuditie van 't geaccordeerde, ende van de Capitulatien van den Grooten Heere.

XIV. Dat als wanneer eenige Corsaren ofte Vrybuyters ende Coopvaerdy-Schepen komen klagen dat eenige Schepen van Oorloge van hare Ho: Mog: ofte oock Coopvaerdy-Schepen haer eenigen overlast hebben aengedaen, dat men aen de selve Ambassadeur ende *Consul* daer over geen moeyten aen en sal mogen doen, noch hem niets eysschen, maer sullen gehouden wesen haer gerechtigheyt te verseeckeren by de selve Heeren Staten Generael in Nederlant, dewelcke haer goede justitie sullen doen, voor welcke Heeren den Ambassadeur ende *Consul* haer oock sal geven syne Brieven van faveur soo sy die begeeren.

XV Dat alle de Schepen die hier sullen komen om te negotieren, mits dat den *Consul* die tot synen last nemende, niet en sullen gehouden zijn hare *Zeylen* noch *Cabel-Touwen* aen Landt te brengen, ende voor die geene die hy niet tot synen last en neempt, en sal hy niet geobligeert wesen te verantwoorden van 't gene dat sy souden mogen contrarie de Wetten van 't Landt attenteren.

XVI. Ende de selve Schepen Zeylreet zijnde, ende de rechten betaelt hebbende, dat sy liberlyck sullen mogen vertrecken sonder opgehouden te worden, conform het 49. Capittel van de Capitulatie.

XVII. Dat de voorseyde Schepen, noch de Kooplieden, niet en sullen gehouden wesen eenigh gelt aen de Koningen ofte andere Persoonen te leenen.

XVIII. Dat de selve Schepen sullen mogen uyt het Landt voeren Catoenen ongesponnen ende gesponnen, Corduanen, Was, Huyden ende Wol, conform het IX. Capittel van de Capitulatien, ende soo alle andere onverboden Waren, ende geene Waren na sijn believen vindende, sal mogen het procedu van syne Koopmanschappen in gelt mede nemen.

XIX. Dat sy niet en sullen gehouden zyn vorder Tol te betalen als van 't geene sy daer ontladen ende verkoopen, ende 't geene dat behouden, dat het selve vry wech mogen voeren volgende het XIX. Capittel van de Capitulatien.

XX. Dat niemant sal mogen eenige Coopmanschappen aen de Negotianten opdringen tegen haren wille conform het 37. Capittel.

XXI. Dat alle verboden Waren, als *Cruyt*, *Loot*, *Yser*, *Blicq*, *Tin gewerkt* ofte om te wercken, *Kogels*, *Geschut*, *Riemen*, *Deelen*, *Masten*, *Boomen*, *Zeylen*, *ofte Cabels*, gemaeckt ofte om te maecken alle soorten van *Touwen*, *Pick ende Teer* sullen liberlijck mogen komen sonder Rechten te betalen, gelijck oock alderhande Lyftocht, als *Granen*, *Haringh*, *Kaes*, *Boter ende Bier*.

XXII. Dat niemant geen schade en sal mogen doen aen de *Coopvaerdy-Schepen*, als in haer Volck af te mogen nemen tegen haren danck, te weten Jongens, Booten, ofte eenig ander Gereetschap van de Schepen, of selfs de Schepen in geenderley maniere.

XXIII. Dat de *Koopvaerdy-Schepen* alsse hier sullen geweest syn ende hare rechten betaelt hebben, sullen vryelijck mogen gaen laden ende ontladen in nadere plaetsen van 't selve Koningryck van Alger.

XXIV. Naerdemael dat den voorseyden *Ambassadeur* ende *Consul* soo wel gekomen is in qualiteyt van Ambas-

bassadeur ou Consul, qu'alors il pourra aussi librement s'en retourner aux Pais-bas.

XI. Que les Vaisseaux qui vont croiser seront obligez de donner caution, même les Habitans de cette ville, qu'ils ne feront aucun dommage ou obstacle aux Sujets de L. H. P.

XII. Qu'aussi lesdits Vaisseaux n'emmeneront point de prise à moins qu'ils n'amènent aussi l'équipage qu'ils auront trouvé, & qu'on ne pourra vendre les Prises, mais elles seront mises en mains sures, jusques à ce qu'on ait justifié qu'elles ont été prises sur des ennemis.

XIII. Et comme tous les Vaisseaux & Sujets du Grand Seigneur, & tant les Vaisseaux de Guerre que les Vaisseaux Marchands pourront aller dans les Pais qui sont de l'obeissance de L. H. P. comme aussi en Mer avec toute liberté, ayant bon Passeport, & y prendre ce dont ils auront besoin, soit munition, poudre, boulets, & choses nécessaires pour leurs Vaisseaux, en consequence du XXI. Article de la Capitulation de sa Majesté Imperiale le Grand Seigneur, & semblablement charger toute sorte de Marchandises, comme font tous les autres Marchands qui sont Alliez de L. H. P. a été convenu & accordé ce qui suit, sans préjudice de ce qui a été accordé, & de la Capitulation du Grand Seigneur.

XIV. Quand quelques Corsaires & Flibustiers & Vaisseaux Marchands viendront se plaindre que quelques Vaisseaux de Guerre de L. H. P. ou même quelques Vaisseaux Marchands leur ont fait quelque tort, on n'en inquietera pas pour cela l'Ambassadeur & Consul, ni ne lui demandera-t on rien, mais ils seront obligez d'en demander justice aux Seigneurs Etats Generaux au Pais-bas, qui la leur feront bonne, auxquels Seigneurs l'Ambassadeur & Consul écrira aussi en leur faveur s'ils le souhaittent.

XV. Que tous les Vaisseaux qui viendront ici pour y négocier, pourvû que le Consul les prenne à sa charge, ne seront point obligez d'amener leurs voiles ou cables à terre, (ou d'ancrer sur cette côte) & quant à ceux qu'il ne prendra point à sa charge, il ne sera point obligé de répondre de ce qu'ils pourroient faire de contraire aux Loix.

XVI. Et que lesdits Vaisseaux ayant abordé & payé les droits, ils pourront librement partir sans être retardez, conformément à l'Article 49. de la Capitulation.

XVII. Que lesdits Vaisseaux, ni les Marchands ne seront obligez de prêter de l'argent aux Rois ou autres personnes.

XVIII. Que lesdits Vaisseaux pourront transporter du Pais du cotton, filé ou non filé, des cordouans, de la cire, des peaux & de la laine, conformément au IX. Article de la Capitulation, & ainsi toutes les autres Marchandises non deffenduës, & ne trouvant point de Marchandises à leur gré, ils pourront prendre le montant de leurs Marchandises en argent.

XIX. Qu'ils ne seront point obligez de payer les droits que de ce qu'ils déchargeront & vendront, & ce qu'ils retiendront, ils pourront le transporter derechef ou ramener, suivant le XIX. Article de la Capitulation.

XX. Qu'on ne pourra pas extorquer des Marchandises aux Marchands, contre leur volonté conformément à l'Art. 37.

XXI Que toutes les Marchandises deffenduës, comme Poudre, Plomb, Fer, Fer Blanc, & Etain ouvré, ou à mettre en œuvre, Boullets, Canons, Rames, Planches, Mats, Voiles ou Cables faits, ou de quoi faire toutes sortes de cordes, pourront être librement amenées, comme aussi toutes sortes de munitions de bouche, comme Grains, Harangs, Fromage, Beure, & Biere.

XXII. Que Personne ne fera aucun tort aux Vaisseaux Marchands, comme de vouloir prendre de leur monde malgré eux, sçavoir, Garçons, Mattelots, ou autres servans à l'équipage des Vaisseaux, en aucune maniere.

XXIII. Que quand les Vaisseaux Marchands seront venus ici, & auront payé leurs droits, ils pourront librement partir chargez ou non chargez en d'autres lieux du même Royaume d'Alger.

XXIV. Comme le susdit Ambassadeur & Consul, est venu ici aussi bien en la qualité d'Ambassadeur que de

ANNO 1622.

ANNO 1622.

Ambaſſadeur als van Conſul door ordre van hare Ho: Mo: dat hy dienvolgende van de Koopliede n ſal mogen nemen de rechten van den *Ambaſſadeur*, gelijck die deur de gantſche Levant betaelt worden, ſoo van gelijcken dat hy ſal mogen nemen het *Conſulaet*.

XXV. Dat ſy geenen anderen *Conſul* ſullen conſenteeren ſonder expreſſe ordre van hare Ho: Mo: de Heeren Staten Generael.

XXVI. Dat alle de Privilegien die den ſelven Ambaſſadeur ende Conſul ſal genieten, oock ſullen genieten die geene die hy in ſijn plaets ſal laten, ende dat hy 't ſal mogen doen, ende laten als 't hem goet dunckt.

XXVII. Dat den ſelven *Ambaſſadeur* ſal mogen authoriſeren een Nederlander tot Notaris ofte Publijck Schryver, dewelck geloof ſal mogen preſteren.

XXVIII. Dat den *Conſul* ſal mogen nemen ſulcken Janitſair voor ſynen Truchement ofte Taelman als 't hem belieſt.

XXIX. Dat den ſelven *Ambaſſadeur ende Conſul* ſal mogen Paerden houden, ende daer mede ryden binnen en buyten de Stadt na ſijn believen.

XXX. Dat alle Schepen die hier ſullen komen, willende vorders na de *Levant* gaen, ſullen mogen *Paſſagiers* ende *Coopmanſchappen* over voeren van hier, blyvende den *Ambaſſadeur* ende *Conſul* tot verſeeckeringe dat ſyſe met Godts hulpe in goede Haven brengen, ende oock dat de ſelve Schepen dat niet doen en ſullen mogen ſonder Licentie van den ſelven *Conſul*.

XXXI. Dat den ſelven *Ambaſſadeur ende Conſul* in ſijn huys ſal mogen leggen *Wijn*, al 't geen hem tot *præſent* ſal mogen ſenden, ende 't geene hy ſal koopen tot onderhoudinge van ſijn huys, ende ſijn Volck, ſonder eenich recht te betalen, volgende het *ſeſtiende* ende *ſeven-en-vyftigſte* Artyckel van de *Capitulatie*.

XXXII. Dat yemant die eenige *differentie* ofte yet te ſeggen mochte hebben op den *Ambaſſadeur* ende *Conſul*, ofte op die geene die in ſijn plaetſe ſoude mogen blyven, hem niet en ſal mogen doen *vangen*, noch ſijn huys *bezegelen*, maer ſal gehouden weſen hem te doen *citeren* voor 't Hof van den *grooten Heere* volgende het twaelfde Artyckel van de *Capitulatien*, ende dienvolgens oock dat geene *Chriſten* noch *Joden* ofte ander door eenig tranſport hem in geenderley manieren en ſal mogen eyſſchen de ſchult die ſy ſouden begaen hebben ofte ſchuldich zyn *in Chriſtenryck*, van wat qualiteyt datſe ſouden mogen weſen.

XXXIII. Ende nademael dat uwe Excellentie gegeven heeft aen de Engelſen *ſalvo conduyt*, ſoo als ſy 't geëyſcht hebben ende dienvolgende deſe *ſalvo conduyt* oock geaccordeert zynde gelyck als 't behoort, om de Koopliede n contentement te geven, ſoo ſullen met Godts hulpe hier ſoo veel Nederlandtſche Koopliede n komen met Koopmanſchappen van alle Oorden, dat alle andere Natien geforceert ſullen weſen t'Huys te blyven, *gelyck als 't blyckt in alle de Oorden waer onſe Nederlandtſche Schepen met liberteyt komen.*

de Conſul par ordre de L. H. P. il pourra prendre des Marchans les droits d'Ambaſſadeur, comme ils ſe payent par tout le Levant; & ſemblablement il pourra prendre le droit de Conſul. ANNO 1622.

XXV. Qu'ils ne conſentiront à aucun autre Conſul, *ſans l'ordre exprès de L. H. P. les Seigneurs Etats Generaux.*

XXVI. Que ceux que ledit Ambaſſadeur & Conſul mettra en ſa place, jouïront des mêmes privilèges que lui, & qu'il le fera ou ne le fera pas, ſelon qu'il le trouvera à propos.

XXVII. Que ledit Ambaſſadeur *pourra authoriſer un des Sujets des Païs-bas, pour être Notaire ou Ecrivain public, lequel ſera obligé de prêter ſerment*

XXVIII. Que le Conſul *pourra prendre quel Janiſſaire il voudra pour ſon Truchement.*

XXIX. Que ledit Ambaſſadeur *pourra avoir des chevaux, & s'en ſervir pour aller dehors & dedans la ville, à ſa volonté.*

XXX. Que tous les Vaiſſeaux qui viendront ici, voulant aller plus outre au Levant, pourront mener des Paſſagers & Marchandiſes *d'ici*, l'Ambaſſadeur & Conſul *demeurant pour caution qu'ils les meneront, avec l'aide de Dieu, à bon Port, & qu'auſſi les mêmes Vaiſſeaux ne pourront pas le faire ſans la permiſſion dudit Conſul.*

XXXI. Que ledit Ambaſſadeur & Conſul *pourra mettre du vin dans ſa Maiſon, & tout ce qu'on lui envoyera en preſent, & tout ce qu'il achettera pour l'entretien de ſa Maiſon & de ſes Gens, ſans en payer aucun droit, ſuivant le ſeizieme & cinquante-ſeptième Article de la Capitulation.*

*XXXII. Que ſi quelqu'un a quelque different, ou quelque choſe à dire contre l'*Ambaſſadeur & Conſul, *ou contre celui qui pourroit être mis en ſa place, il ne pourra pas le faire aprehender, ni faire ſceller ſa Maiſon, mais il ſera obligé de le faire citer par devant la Cour du Grand Seigneur, ſuivant le XII. Article de la Capitulation, & en conſequence de quoi auſſi qu'aucun Chrétien, ni Juif ou autre, en vertu de quelque tranſport, ne pourra en aucune maniere lui demander les dettes qu'il pourroit avoir fait, & dont il pourroit être redevable dans la Chrêtienté, de quelque qualité qu'elle pût être.*

XXXIII. Et comme Vôtre Excellence a donné aux Anglois un Sauf-conduit, *comme ils l'ont demandé, & qu'en conſequence ce* Sauf-conduit *eſt auſſi accordé comme il apartient pour donner ſatisfaction aux Marchands, il viendra ici tant de Marchands des Païs-bas, avec l'aide de Dieu, avec des Marchandiſes de toute ſorte, que toutes les autres Nations ſeront forcées de demeurer chez eux,* comme il paroît dans tous les endroits où nos Vaiſſeaux des Païs-bas viennent avec liberté.

CCXXXIII.

1623. 8. Fevr.

Diploma Jhro Käyſerl. Maj. FERDINAND. II., wodurch Sie den Grafen von Salm Philipp Otto/ und nach Jhm ſeinen ältiſten Sohn/ und färters alle ſeine Erbens-Erben/ welche die Graffſchafft Salm innehaben/ in den Fürſten-Stand erheben. Regenſpurg den 8. Februar. 1623. [LONDORPII Acta Pub. Part. VII. Lib. VI Cap. CCCCVII. pag. 448.]

C'eſt-à-dire,

Diplome de FERDINAND II. *Empereur des Romains, par lequel il éleve le Comte de Salm* PHILIPPE OTTO *à la Dignité de Prince de l'Empire, pour lui & pour ſon Fils aîné après lui, comme auſſi pour tous ceux de ſa ligne qui tiendront & poſſéderont le Comté de Salm. A Ratisbonne le 8. Fevrier 1623.*

WJR Ferdinand der Ander von GOttes Gnaden Erwählter Römiſcher Kayſer ⁊c. (titmajor.) bekennen offentlich mit dieſem Brief für Uns/ und Unſere Nachkommen am H. Reich/ und thun kundt allermänniglich/ wie wol die Röm. Kayſerl. Würdigkeit/ durch Macht Jhres erleuchteten Throns hievor mit Fürſten/ Ständen/ und hohen Edlen Geſchlechten gezieret iſt/ jedoch/ ſintemahlen/ durch Abſterben der Menſchen/ ſolche Geſchlechte je zu Zeit in Mangel und Abnehmen gerathen/ und jemehr die Kayſ. Hochheit dieſelbe/ Jhrem ſtattlichen Herkommen/ Woltathen und Verdienſten nach/ mit höhern Ehren und Würden verſichet und begabet/ je herrlicher der Thron Kayſerl. Maj. dardurch ſcheinbarlicher gemacht/ auch die Unterthanen bey Erkäntnüß Kayſ. Würdigkeit/ und Jhren ſchuldigen Gehorſamb erhalten/ und zu Adelichen Tugenden/ ehrlichen ritterlichen Thaten/ und getreuen ſtetigen und beſtändigen Dienſten bewegt und angeleitet werden.

Uber dieſem/ und ob wir wol auß ſolcher Kayſ. Hoch und Würdigkeit/ darinnen Uns der Allmächtige GOtt/ nach ſeinem Göttlichen Willen/ geſetzet hat/ auch angebohrner Güte und Mildigkeit allezeit geneigt

ANNO 1623.

Geneigt seynd / allen und jeden / Unserer und des H. Reichs zugewanten hohen und niedrigen Ständen und Gliedern / Ehre / Würde / Auffnehmen und Wohlfahrt zubetrachten / und zubefördern / so ist doch Unser Kayserl. Gemüth billich mehrers gewogen / und geneigt / die jenige / deren Vor-Eltern und sie von uhralten stattlichen Nahmen / Stämmen und Geschlecht herkommen / und sich gegen Unsern Vorfahren am Reich / Röm. Kaysern und Königen / auch Uns / dem H. Reich / und Unserm löbl. Hauß Oesterreich / mit sonderbahrer / getreuer / embsiger Dienstbarkeit / zu Kriegs- und Friedens-Zeiten / vor andern gutwillig und standhafftig erzeigen und beweisen / in noch höhern Stand und Ehre zuerheben / und zuversetzen.

Wann wir nun gnädiglich angesehen / wargenommen und betrachtet das uhralte Geschlecht und Herkommen der Wildgrafen zu Taun / und Kyrburg / Rheingrafen zum Stein / und Grafen zu Salm / auch die fürtreffliche / tapfere und erspriessliche Dienste / so Ihre Vor-Eltern Unseren hochlöbl. Vorfahren am Reich / Röm. Kaysern und Königen / sonderlich aber der Edel / Unser und des Reichs lieber Getreuer / Philips-Otto / Wildgraf zu Taun und Kürburg / Rheingraf zu Stein / und Graf von Salm ꝛc. Unser Kriegs-Rath und Obrister / weiland denen Durchleuchtigen Fürsten / Herrn Rudolphen dem Andern / und Matthiasen / Römischen Kaysern / Unseren geliebten Vettern und Vattern / auch nechsten Vorfahren am Reich / Christmildester Gedächtnüß / auch Uns / seithero Unser angetrettenen Kayserl. Regierung / in viel unterschiedliche Wege / insonderheit wider gemeiner Christenheit Erbfeind / den Türcken / in deme die verschienene Jahre geführten offenem Krieg / darneben auch sonsten in ansehentlichen dem H. Reich / und dem allgemeinen Wesen hochangelegenen Sachen / Geschäfften und Verrichtungen / ungespart Leibs / Guts und Bluts / zu höchstgedacht Unserer Vorfahren / auch Unserm gnädigsten Wohlgefallen und Genügen / auch obgedachtes seines alten Herkommens und Geschlechts sonderen Ruhm / gantz auffrecht / redlich / beständig und getreulich erzeiget und bewiesen / und hinführo nit wenigers zu thun gehorsamst erbietig ist. So haben wir deme nach / zu gnädigster Erkäntnüß jetzt verstandenen rühmlichen Verhaltens / und langwieriger getreuer / dapferer und williger Diensten / mit wohlbedachtem Muth / gutem Rath und rechtem Wissen / bemelten Philipsen-Otten / Wild- und Rheingrafen / und nach Ihme / seinen hinterlassenen ältisten Sohn / und fürters alle seine Erbens-Erben / welche die Graffschafft Salm inne haben / in Ewigkeit / in den Stand / Ehr / und Würde Unserer und des Reichs Fürsten / und Fürstinnen / von neuem gnädiglich erhoben / gewürdiget / und gesetzt / auch Sie der Schaar / Gesellschaft und Gemeinschafft anderer Unserer und des Heil. Reichs Fürsten und Fürstinnen dergestalt zugefüget / zugesellet und vergleichet / also daß von nun an gedachter Philips-Otto / Wild- und Rheingraf / und nach Ihme sein hinterlassener ältister Sohn / und fürters alle seine Erbens-Erben / welche die Graffschafft Salm innhaben / für und für / sich Fürsten und Fürstinnen zu Salm nennen und schreiben sollen und mögen.

Ordnen / setzen / erheben / und würdigen demnach / auß Röm. Kays. Macht Vollkommenheit / hiemit wissentlich / in Krafft dieses Brieffs / obgehörten Philips-Otten / Wild- und Rheingrafen / und dann nach Ihme seinen ältisten Sohn / und fürters alle seine Erbens-Erben / welche die Graffschafft Salm innhaben / obgehörter massen / in den Stand / Ehr und Würde Unserer und des H. Reichs Fürsten und Fürstinnen / und meynen / setzen / und wollen hierauff / daß mehrgenanter Philips Otto / Wild und Rheingraf / und dann nach Ihme sein hinterlassener ältister Sohn / und fürbaß alle seine Erbens-Erben / so die Grafschafft Salm innhaben / für und für in ewigen Zeiten / Unser und des H. Reichs Fürsten und Fürstinnen seyn / sich Fürsten und Fürstinnen zu Salm nennen und schreiben / von Uns / Unseren Nachkommen am Reich / und allermänniglichen dafür geachtet / genennet / und geschrieben werden / auch alle und jegliche Gnad / Freyheit / Ehr und Würde / Vortheil / Præeminentz / Vorstand / Recht und Gerechtigkeit / in Versamblungen und Ritterspielen / mit Beneficien / auff hoch- und niedern Stifftern / geist- und weltliche Lehen und Aembter / zu empfangen / und zu tragen / und sonsten alle andere Sachen haben / deren theilhafftig und empfänglich seyn / und nach Ihren Ehren / Nothdürfften / Willen und Wohlgefallen / frey gebrauchen / und geniessen / von allermänniglich unverhindert. Doch sol diese Unsere Erheb- und Befreyung Uns und dem H. Reich / an Unser und sonst männiglich an seiner Oberheit / Recht und Gerechtigkeit / unvorgreiff- und unschädlich seyn. Und gebieten darauff allen und jeden Churfürsten / Fürsten / Geist- und Weltlichen / Prälaten / Grafen / Freyherren / Rittern / Knechten / Land-Marschalcken / Land-Hauptleuten / Landvögten / Hauptleuten / Vitzthumen / Vögten / Pflegern / Verwesern / Amptleuten / Land-Richtern / Schultheissen / Bürgermeistern / Richtern / Räthen / Bürgern / Gemeinden / und sonsten allen andern Unsern und des Reichs / auch Unserer Erb-Königreich / Fürstenthumb und Landen Unterthanen und Getreuen / in was Würden / Stand oder Wesen die seynd / ernstiglich und festiglich / mit diesem Brieff / und wollen / daß Sie offtbesagten Philips-Otten / Wildgrafen zu Taun und Kyrburg Rheingrafen zu Stein / Fürsten zu Salm / wie dan auch seinen ältisten Sohn / und fürbaß alle seine Erbens-Erben / so die Graffschaft inhaben / wie obstehet / nun hinführo ewiglich / also für Unser und des Reichs Fürsten und Fürstinnen zu Salm / halten / ehren / nennen und schreiben / Ihnen auch den Fürsten-Namen und Titul / neben dem prædicat, Hochgebohren / geben / und bey aller und jeglicher Ehr / Würde / Præeminentz / Vortheil / Recht und Gerechtigkeit bleiben / und sich dieser Unser Kayserl. Gnade geruhiglich frey gebrauchen und geniessen lassen / daran nicht hindern / noch irren / auch hierwider nichts thun / noch andern zu thun gestatten / in keine Weiß noch Wege; als lieb einem jeden ist / Unser und des Reichs schwere Ungnade und Straf / und darzu eine Poen / nehmlich 200. Marck lötiges Goldes / die ein jeder / so offt er freventlich hierwider thut / Uns halb zu Unserer und des Reichs Cammer / und den andern halben Theil / vielbesagtem Philips-Otten / Fürsten zu Salm / seinem hinterlassenen Sohn / oder fürbaß allen seinen Erbens-Erben / welche die Graffschafft Salm innhaben / und hierwider beleidiget werden / unnachläßlich zubezahlen verfallen seyn solle / zuvermeiden. Dessen zu wahrer urkundt haben wir Unsere Kays. Bullam an diesen Fürsten-Brieff hencken lassen / der geben ist in Unser / und des H. Reichs Stadt Regenspurg / den 8. Tag des Monats Januarii / nach Christi Unsers lieben Herrn und Seligmachers Geburt / Anno 1623. Unserer Reiche des Römischen im 4. des Hungarischen im 5. und des Böhmischen im 6. ten Jahr.

Ferdinand.

Ad mandatum Sac. Cæsar. Majestatis proprium.

Johann Reinhard Lupper.

CCXXXIV.

ANNO 1623.

7. Fev.

FRANCE, VENISE ET SAVOYE POUR LA VALTELINE.

CCXXXIV.

Traité entre LOUIS XIII. *Roi de France, la République de* VENISE & *le Duc de* SAVOIE *pour la restitution de la* VALTELINE. *Fait à Paris le 7 Février 1623.* [FREDERIC LEONARD, Tom. IV.]

COMME ainsi soit que le Roi dès le commencement qu'il a esté entrepris par le Roi d'Espagne & depuis par l'Archiduc Leopold au Païs des Grisons, & autres endroits à eux appartenans au préjudice de ses Alliez & de son Alliance, n'eust épargné aucun office comme le Roi Tres-Chrestien à Rome, en Espagne & ailleurs, où il a esté besoin pour faire remettre les choses en leur premier estat, & rendre à sesdits Alliez & Confederez leur repos & liberté; ce qui n'aiant produit par les artifices & longueurs dont il a esté usé, l'effet qui estoit desiré pour l'honneur & contentement des interessez & la sureté publique, Sa Majesté meuë des mesmes considerations pour Elle & ses Amis, & specialement de la Republique de Venise & de Monsieur le Duc de Savoie, qui ont aussi un notable interest en l'affaire & ont fait paroître jusques ici avoir les mesmes fins & intentions, a trouvé bon d'arrester & conclure un Traité de Ligue sur cette occasion avec lad. Republique de Venise & ledit Sieur Duc de Savoie, pour le terme & espace de deux ans, à commencer du jour de la signature du present Traité, & pour le tems de plus qu'il sera necessaire jusqu'à l'entiere restitution de la Valteline, & autres lieux occupez appartenans aux Grisons; & que lesdits Princes Confederez puissent estre en repos & sureté par une bonne Paix & Accommodement.

PREMIEREMENT. Le Roi promet & s'oblige de fournir pour le fait susdit quinze à dix huit mil Hommes de pied & deux mil Chevaux. La Republique promet aussi fournir dix à douze mil Hommes de pied & deux mil Chevaux.

II. Monsieur le Duc de Savoie promet semblablement fournir huit mil hommes de pied & deux mil Chevaux.

III. Et seront lesdites Troupes payées & stipendiées par chacun desdits Princes qui les fournira.

IV. En outre ladite Seigneurie de Venise & ledit Sieur Duc de Savoie, promettent fournir sur leurs Frontieres, Canons & Munitions necessaires pour les occasions qui se presenteront, Sadite Majesté offrant de contribuer sa part & argent à cete dépense à proportion des Troupes qu'Elle est tenuë de fournir; & faire délivrer ledit argent en lieu & tems opportun au contentement de lad. Republique de Venise & dudit Sieur Duc de Savoie, pour la dépense qu'il conviendra faire.

V. Et pour ce qui regarde l'emploi desdits Gens de Guerre, entretenus, comme dit est, par lesdits Confederez du consentement des Parties, en sera avisé & déliberé plus meurement & particulierement, à mesure qu'il sera besoin, & que les occasions s'avanceront, chacun des Confederez faisant faire l'amas le plus proche les uns des autres que faire se pourra sur leurs Frontieres, pour estre prestes au premier jour d'Avril, pour les conduire de la part & sous le commandement de qui il sera deliberé.

VI. Et cependant a esté jugé pour porter tant plûtost les Espagnols & l'Archiduc Leopold à la raison & restitution réelle des choses usurpées, & empêcher qu'ils s'affermissent davantage en la possession de la Valteline, & des Lieux & Places qu'ils y occupent, & au Païs des Grisons, de faire toutes une diversion par le Comté de Mansfeld, & en cas qu'il ne se pust avoir par autre Chef avec forces suffisantes, seront accompagnées de six Canons & quatre pieces de Campagne & Munitions necessaires pour les exploits qu'il lui conviendra faire, lesquelles Forces, Munitions & Canons seront fournies par lesdits Confederez tous ensemble, & par eux paiées moiennant la somme de neuf cens mil livres, de laquelle le Roi paiera la moitié, & de l'autre moitié la Republique de Venise en paiera trois cens mil livres & ledit Sieur Duc de Savoie cent cinquante mil livres, & toute ladite somme de neuf cens mil livres sera fournie à Nuremberg ou à Venise, pour estre emploiée à cet effet pour le tems qui sera avisé.

VII. Et en cas que l'un desdits Confederez fust attaqué ou inquieté en ses Etats, soit par Mer ou par Terre à l'occasion de lad. affaire de la Valteline & de la presente Confederation, soit par les Espagnols ou autres sous leur nom, lesdites Parties ont promis reciproquement les uns aux autres & s'obligent de se donner mutuel secours à leurs propres frais, pourveu que ce soit dépense semblable par Mer ou par Terre: & pour cet effet Sa Majesté sera tenuë de fournir huit mil Hommes de pied & mil Chevaux, ladite Republique cinq à six mil Hommes de pied & mil Chevaux, & Monsieur le Duc de Savoie quatre mil Hommes de pied & mil Chevaux, & ledit secours sera à l'élection du Prince qui en aura besoin de le rechercher, en tout ou en partie, ou en Hommes ou en Argent, & se donnera un mois aprés l'instance qui en sera faite: & quant à la portion qu'il conviendra y contribuer en argent, elle sera fournie au lieu qui sera arresté pour plus grande commodité de celui qui en aura besoin, pour estre emploiée selon & en la maniere qu'il sera déliberé.

VIII. En outre lesdits Confederez ont estimé convenable & utile à l'affaire, d'encourager & favoriser les Etats des Provinces-Unies des Païs-Bas. Comme aussi les affaires qui sont en Allemagne, pour par une telle occupation rendre ce dessein plus facile.

IX. Et si les choses passoient plus avant, ensorte qu'il se fist des Conquestes sur les Aversaires, sera avisé & convenu entre les Parties pour les partages d'icelles, promettant Sa Majesté en foi & parole de Roi tout le contenu au present Traité, sans aller ni venir au contraire; & le Sieur Jan Pezaro, Ambassadeur ordinaire de ladite Republique de Venise residant prés Sa Majesté, en vertu du Pouvoir & Procuration qu'il a de ladite Republique, & le Sieur Comte de Veruë, Ambassadeur ordinaire dudit Sieur Duc de Savoie prés de Sa Majesté; aiant semblablement charge & pouvoir dudit Sieur Duc de Savoie, ont promis & stipulé de garder & inviolablement observer le contenu au susd. Traité, sans y contrevenir en aucune façon, & d'en fournir les Ratifications necessaires en bonne & deuë forme dans un mois, à compter de la datte d'icelui; tant de ladite Seigneurie de Venise que dudit Sieur Duc de Savoie: & pour le respect qui est deu à nostre Saint Pere le Pape, lesdites Parties ont eu agreable, non seulement de faire donner part à sa Sainteté par leurs Ambassadeurs ordinaires, des vrais causes & motifs de la susdite Confederation, mais encore lui sera reservé son lieu, la conviant d'entrer en ladite Ligue établie qu'elle sera, puisque par sa prudence & sollicitude paternelle Elle n'a pû prevenir le mal & disposer les Espagnols à une prompte & réelle restitution des choses occupées; comme il eust esté à desirer, pour éviter d'en venir à ces voies de fait, ausquelles ils sont contrains de recourir pour garantir leurs Voisins & Alliez d'oppression, comme les y oblige leur honneur & reputation, avec la sureté & liberté publique. Et a esté semblablement reservé lieu & seront invitez, établie que sera ladite Ligue, les Seigneurs des Ligues de Suisse par toutes sortes d'offices, d'entrer au present Traité de Ligue & Confederation; comme estans notablement interessez aux affaires de la Valteline, & y seront semblablement invitez, & reservé lieu pour le Roi de la Grande Bretagne, & les Princes d'Allemagne & d'Italie qui voudront entrer avec des conditions qui seront avisées par les Confederez, sans que l'un desdits Confederez puisse entendre à aucune notable proposition ni rien alterer au present Traité, sans la participation & consentement des autres: & survenant quelque different entr'eux à l'occasion de la presente Capitulation si la difficulté est entre deux d'entr'eux, le troisiéme en sera le Juge; & si le different estoit entre tous trois, en ce cas il sera decidé par Commissaire & par autres Princes, Amis & Confederez choisis & nommez par les Parties.

Fait à Paris au Palais Roial du Louvre le 7. Février 1623. *Signé*, LOUIS GIOVANNI PEZARO, *Ambassador della Serenissima Republica di Venetia*; AGOSTINO MANFREDO SCAGLIA, Comte de Veruë, Ambassadeur de son Altesse Serénissime de Savoie.

CCXXXV.

14. Fev.

Scrittura overo Convenzione per la quale il Re Cattolico si contenta per dar sodisfattione à tutto il Mondo, e particolarmente a tutta l'Italia giudicando haver sodisfatto al suo zelo della causa Cattolica, di consegnare a sua San-

ANNO 1623.

Santita e alla Sede Apostolica i Forti della VALTELLINA, in deposito, sino alla conclusione finale del Negotio principale, con la Corona di Francia. Fatto a (1) li 14. Febbraio 1623. [SIRI *Memorie recondite*, Tom. V. pag. 459. d'où l'on a tiré cette Pièce, qui se trouve aussi dans le MERCURE FRANÇOIS, Tom. X. pag. 152.]

MOssa la Maestà Cattolica della istanza che S. Sta più volte le hà fatta circa al depositare i Forti della Valtellina sin tanto che finisca il Negotio principale à sodisfatione di S. Santità e delle due Corone giudicando S. B. che da questa attione dipenda la pace, & la quiete d'Italia attribuendo le passate inquietudini al ritenerle il Re Cattolico S. Maestà che per fabricarli, & difenderli si mosse solo per il zelo della Religione sollecitato, e chiamato da' Cattolici di quella Valle oppressi da gli eretici si contenta per dare sodisfatione à S. Santità, e per la buona corrispondenza col Re Cristianissimo suo fratello, e per dare insieme sodisfattione à tutto il Mondo, e particolarmente à tutta Italia del disinteresse, & rettitudine con la quale hà proceduto, e procede in tutto, e giudicando haver sodisfatto al suo zelo della causa Cattolica trattandosi della sola Religione con ponerli hora in mano di Sua Santita al quale come à padre universale spetta questo punto di consegnare à Sua Santita, & alla Sede Apostolica detti Forti in deposito con presidio, Governatori, Capitani, & Officiali Vassalli di Sua Santita e della Sede Apostolica da riceversi da S. Bne per che li tenga sino alla conclusione finale del Negotio la quale si habbia da pigliare à sodisfatione di S. Sta, e delle due Corone. *E perche le ragioni per le quali S. Sta si è mossa, & muove à questa instanza, e quelle perche S. M condescende alle paterne esortationi di S. B. sono le medesime, & al medesimo fine, cioè la sopradetta buona corrispondenza col Re di Francia alla quale tanto desidera S. M. sodisfare, & insieme la quiete, e pace universale d'Italia.* S M. con questo fundamento domanda à S. Sta per conditione in questo deposito che pigli à suo carico la sopradetta quiete *turbandosi la quale senza occasione ne causa di Spagna in qualsivoglia parte d'Italia.* S. Sta habbia da ponere prontamente rimedio effettivo con che si sodisfaccia, e consegua la medesima quiete desiderata, o verò restituire i medesimi Forti nella medesima maniera che li ricevè in mano di S. M. Cattolica. *Et per l'esecutione pronta del sopradetto deposito, e dimostratione della sincera intentione di S. M. Cattolica da hora per all' hora S. M. consegna à S. Sta in deposito reale li sopradetti Forti nella forma, maniera, e conditioni sopradetti come à nome di S. M. il Signor Conte d'Olivares per fermezza, & in esecutione delle sopradette cose consegnando à Monsignor Nuntio con somma prontezza gli ordini opportuni à tutta sua sodisfatione; consegna al medesimo la presente scrittura scritta, e sottoscritta di sua mano da inviare à S. Sta. Come all' incontro Monsignor Nuntio accettando come accetta, e promette tutte le sopradette cose nella medesima maniera, forma, conditioni come sopra à nome di S. Sta consegna al medesimo Signor Conte la medesima presente scritta, e sottoscritta di sua mano dovendo di tutto in termine di due mesi consegnare insieme à S. E. lettera ratificatrice di S. Sta di tutto questo; come S. E. ne consegnerà simile di S. M. nel medesimo termine. Questo giorno martedi 14. di Febbraio 1623. presente il Signor Ambasciadore di Francia. Io* INNOCENTIO MASSIMI *Vescovo di Bertinoro, Nuntio, Residente appresso S. M. Cattolica. Io Conte* D'OLIVARES.

(1) Cette Pièce est datée du 4. Fevrier dans le *Mercure François*; mais mal, comme on croit. Elle y est aussi moins correcte que dans *Siri*, & les Signatures y manquent. [DUM]

CCXXXVI.

25 Fev. **Belehnung von Jhro Käyserl. Majest.** FERDINANDO II. **an Hertzog** MAXIMILIAN **von Bayern / über die Chur-Pfaltz / Ertz-Truchsassen-Amt / wie auch das** Vicariat, Session **und Stimm gericht / Jedoch denen Chur-Pfältzischen Kindern und Agnaten ihr Recht und** Prætension **vorbehalten; Regenspurg den** 25. Februar. 1623. [LONDORPII, Acta Publica, Tom. II. Cap. CCXXXI. pag. 795.]

ANNO 1623.

C'est-à-dire,

Investiture donnée par l'Empereur FERDINAND II. *à* MAXIMILIEN *Duc de Baviere de la Dignité Electorale Palatine, de l'Office d'Archi-Dapifer, du Vicariat, Voix, Session, & Droit d'Election; sauf les Droits & Prétensions qui peuvent competer aux Fils & Agnats de* FREDERIC V. *à Ratisbonne le 25 Fevrier 1623.*

WIR Ferdinand der Ander / ꝛc. Bekennen offentlich mit diesem Brieff / und thun kund allermänniglich / wiewol wir auß angeborner Güte / und Kayserl. Mildigkeit geneigt seyn / allen und jeglichen Unsern / und deß Heil. Reichs Unterthanen und Getreuen Unsere Kayserl. Gnad mitzutheilen / So ist doch Unser Gemüth mehr begierlich / solches gegen denen im Werck scheinen zu lassen / die Uns und dem Heil. Reich als die nächsten Glieder die Bürden und Sorgfaltigkeit desselben mit stätten getreuen Diensten helffen tragen / und sich hierin mit sondern embsigen Fleiß / für andern / gut erzeigen und beweisen. Wann wir nun / unterm dato den neun und zwantzigisten Januarii, verschienen 1621. Jahrs / Friederichen Pfaltzgraffen bey Rhein / damahlen gewesenen Churfürsten / als einen in der bey den nechst vergangenen Jahren erweckten und biß dahero ärgerlich beharreten abscheulich und gefärlichen / vor diesem im Reich Teutscher Nation niemalen erhört / geschehnen noch gelesenen Rebellion vornehmsten Urheber und Rädelsführer / nach seiner verächtlichen Hindansetzung allerhand getreu-väterlichen Abmahn-Erinnerung und Wahrnung-den heylsamen Reichssatzungen zu Folg / auß tragenden Kayerl. Ampt / Gewalt und Macht / in Unsere und deß H. Reichs Aacht und Oberacht offentlich erkennt und erklärt / denselben auch deß Churfürstenthums der Pfaltz / sampt dem Ertz-Truchsässen-Ampt / und Chur / auch anderer seiner Fürstenthumb und Herrschafften / Regalien / Lehen / Würden / Herrligkeiten und Gerechtigkeiten / so er von Uns und dem H. Reich inngehabt / wie sich dißfals von Rechtes wegen gebühret / privirt, entsetzt und exequirt. So haben Wir demnach / dem Durchleuchtig / Hochgebornen (Titul.) Hertzog Maximilian in Bayern / ꝛc. dessen L. sich umb uns und das Heil. Reich zum allerhöchsten verdient gemacht / indem S. Liebd. Ihr schuldige Treu und beständigen Gehorsamb die gantze Zeit der obangeregten Rebellion über gegen Uns / als dem hochangefochtenen und beleidigten Oberhaupt / Kayser / und Herrn / mit willigster Darsetzung Leibs / Gut und Bluts / auch eigener Land und Leut / tapffer und glücklich erzeigt / und also uns / neben anderer getreu-gehorsamben Chur-Fürsten und Ständen Assistentz und Zuthuung / wiederumb zu Unserm Erb-Königreich und Landen geholffen / und obbsagten erklärt- und verkündigten Aechter / und dessen rebellirenden Anhang / auff Unsern empfangenen Kays. Befelch unaußsetzlich verfolget / und derselben versamblete Kriegsheer / an unterschiedlichen Orthen und Enden / an der Moldau / am Rheinstromb / Necker und am Mayn / durch Verleyhung Göttlicher Gnaden und Beystandt obgesiegt / auch nachmahls kein Fleiß / Mühe / Arbeit / Sorg und Unkosten gespa-ret / Unsere gebührende Kays. Hochheit zu erhalten / mehr gemeldte Aechter und Rebellen zu dämpffen / auch uns und viel besagten gehorsamen / Chur-Fürsten und Ständen in ihren Nöthen und Trangsalen beyzuspringen und zu helffen / auß obangedeuteren / und sonsten andern mehr trefflich beweglichen Ursachen / und zumal obernenntes Hertzogen in Bayern L. auß dem Churfl. Hauß Pfaltz erboren / die durch

obbe-

ANNO 1623.

obbenanten proscribirten Pfaltzgr. Friederich verwürckte Chur der Pfaltz / Ertztruchsässen Ampt / wie auch das Vicariat, Session, Stimme / und Wahl gnädigist gegeben und zugestellt / S. Liebd. auch damit würcklich belehnet / doch also und dergestalt / daß erstgerührte Belehnung Uns und dem Heil. Reich / wie auch deß offtbenanten proscribirten Pfaltzgr. Friederichen Kindern / dessen Brudern / Pfaltzgraff Ludwig Philipsen / wie auch Unserm Vettern und Schwagern / Pfaltzgraff Wolffgang Wilhelmen / und andern Agnaten, und sonsten männiglich an ihren respectivè Bgnadigung / und prætendirten Rechten / so viel einem und dem andern gebühren mag / unpræjudicirlich / sondern vorbehalten seyn / auch solche prætendirte Recht und Gerechtigkeiten / mit allerehister Müglikeit in Güte oder vor Uns / mit Zuziehung deß Churf. Collegii, vermittelst eines schleunigen Procels, Rechtlich erörtert / und außgetragen werden solle. Thun das dannenhero und verleihen mehr obgesagtes Unsers Vettern und Schwagers Hertzogen Maximilian in Bayern L. solches alles wie obstehet / auß Röm. Kays. Macht Vollkommenheit / wissentlich in Krafft diß Brieffs / setzen / meynen und wollen darauff / daß S. deß Hertzogen in Bayern L. obgeschriebene Regalien und Lehen der Chur Pfaltz und Ertztruchsässen Ampt / sampt dem darzu gehörigen Vicariat, Recht / Session, Stimm und Wahl / innen haben / besitzen / geniessen / gebrauchen und verwesen solle / von allermänniglich unverhindert. Darauff hat Uns nun der viel besagte Unser Vetter und Schwager Hertzog Maximilian in Beyern / ꝛc. selbst persönlich Gelübd und Eyd gethan / Uns / und dem Reich von obgemelten Regalien und Lehen / getreu / gehorsamb / und gewärtig zu seyn / Uns für Sr. L. rechten natürlichen Herrn zu halten / zu dienen und zu thun / als sichs einem Churf. Fürsten / und Lehenman deß H. Reichs gebühret / ungefährlich. Und wir gebieten hierauff allen und jeden Churf. Fürsten / Geistl. und Weltlichen / ꝛc. (ad longum) ins Reich / ernst- und vestiglich mit diesem Brieff und wollen / daß sie oftgedacht Unsers Vettern und Schwagers Hertzog Maximiliani in Bayern L. an dieser Unserer obangezogener massen fürgangener Belehnung nicht hindern noch irren / sondern sie deren geruhiglich gebrauchen / geniessen und gäntzlich darbey bleiben lassen / und hierwider nit thun / noch jemanden zu thun gestatten: Als lieb einem jeden sey / Unser und des Reichs schwere Ungnad / und darzu ein Pön / nemblich tausend Marck lötiges Golds zu vermeyden / die ein jeder / so offt er frevdentlich hierwider thäte / Uns halb in Unsere und deß Reichs Cammer / und den andern halben Theil / dem obbenanten Unserm Vetter und Schwagern Hertzog Maximilian in Bayern unnachläßlich zu bezahlen verfallen seyn solle / und seyn bey dieser Belehnung vor Uns gestanden / die Ehrwürdig / Durchleucht / Hochgebornen Johann Schweickhart zu Mayntz und Ferdinand zu Cölln Ertzbischoff / Bisschoffe zu Lüttich / Hildesheimb / Münster / Paderborn und Stäbl / Probst zu Berchtesgaden / Pfaltzgraffe bey Rhein / Hertzog in Ober- und Nider-Bayern / deß Heil. Röm. Reichs durch Germanien und Italien Ertz-Cantzler / Paris, Ertzbisschoff zu Saltzburg / Legat deß Stüls zu Rom / Albrecht Bischoff zu Regenspurg / Albrecht Pfaltzgraff bey Rhein / Hertzog in Ober- und Nider-Bayern / und Ludwig Landtgrave zu Hessen / Grave zu Catzenellnbogen / Dietz / Ziegenheim und Nidda / ꝛc. sampt dessen Sohn Landtgrave Georgen / Unsere liebe Neven / Vetter / Schwäger / Oheimen / Churfürsten / Fürsten und Andächtigen / wie auch die allhier anwesende Churfl. Tryerische Abgesandten / auch sonsten ein grosse Anzahl von Graffen / Herrn / Edlen / Rittern und Knechten. Mit Urkund diß Brieffs / mit Unserer eigenen Hand unterschrieben / und mit Unserer anhangenden Güldenen Bull verfertigt. Geben in Unserer und deß Heil. Reichs Stadt Regenspurg den 25. Februarii Anno 1623.

ANNO 1623.

CCXXXVII.

Lehen-Revers Churfürst MAXIMILIANI in Bäyern / bey der von Käyserl. Maj. FERDINANDO II ihme ertheilten Investitur der Chur-Pfältzischen Stände von sich gegeben / wordurch Er die in dem darüber auffgerichten Lehen-Brief inserirte clausul: daß solche belehnung Pfaltzgraff Wolffgangs Wilhelm Fürstl. Durchl. und dero Descendenten an ihren Rechten unpræjudicirlich seyn solle; vor bekannt annimpt / auch sich darzu accommodiret. Regenspurg den 26. Februar. 1623. [Tiré de la Registrature d'Etat de la Chancelerie de la Cour de sa Majesté Imperiale.] 26. Fev.

C'est-à-dire,

Revers par lequel l'Electeur MAXIMILIEN *Duc de Baviere, en recevant l'Investiture de l'Electorat Palatin, declare qu'il accepte, ratifie & agrée la Clause de reservation qui y est inserée en faveur du Comte Palatin* WOLFGANG GUILLAUME *& de ses Descendans. A Ratisbonne le 26. Fevrier 1623.*

WIR Maximilian Pfaltzgraff bey Rhein / Hertzog in Ober- und Nieder-Beyern / deß H. Röm. Reichs Ertztruchseß und Churfürst ꝛc. Bekennen für Unß und Unßere Nachkommen / demnach der Aller Durchleuchtigst / Großmächtigst Fürst und Herr / Herr Ferdinand der ander / erwöhlter Römischer Käyser / zu allen zeiten Mehrer deß Reichs / in Germanien / zu Hungarn und Boheimb / auch Dalmatien / Croatien und Schlavonien / Konigh / Ertz-Hertzog zu Oesterreich / Hertzog zu Burgundt Brabandt / zu Styre / Kärndten / zu Crain / zu Lützenburgh / zu Württenberg / Ober- und Nieder-Schlesien / Fürst zu Schwaben / Marggraff des Heil. Römis. Reichs / zu Burgaw / zu Mähren / Ober- und Nieder-Laußitz / gefürsteter Graff zu Gortz / Landgraff in Elsaß / Herr uff der Windischen Marck zu Portenaw / und zu Salins ꝛc. Unßer allergnädigster lieber Herr und Vetter / aus hochbewegenden unumbgänglichen ursachen / so wohl in Ihrer Käys. Maj. bey allhiesigen Chur- und Fürstl. Convent eröffneten proposition, als in pto. translationis Electoratus in ettlichen weitern gegebenen resolutionen die durch Pfaltzgraff Friedrichen hoch verbrochen verwahrloste Chur der Pfaltz / und deß H. Römischen Reichs Ertz-Truchsassen Ambt / wie auch das Vicariat, Session, Stimmen / und Wahl / lauth darüber auffgerichten Lehen-Briefs / in Unß transferiret / auch mit solchen allen den 25. dieß Unß würcklich investirt / und aber den 23. dieß lauffenden Monaths Februarii zuvor offt Höchst Erw. Käyserl. Majest. in ihrer letzteren Schrifft / auf vorgehenden / der anwesenden Churfürsten / und der Abwesenden Gesandten Unterthänigsten Vorschlag / Bitten und Ansuchen / besagte investitur mit folgenden Worten erklährt; dieweilen aber dießfalß unterschiedliche prætendenten sich befinden / Nemblich deß proscribirten Pfaltzgrafen Kinder / dessen Brüder / und ander Agnaten / deren jeder auf seiner Prætension bestehet / welche / (bevorab dahr sich gemelte interessenten noch nit alle angeben haben / oder erschienen sind:) ietzt sobald nit / wie man gern wolte / erörtert werden kan / Ihre Kays. Majest. aber hierentzwischen / wegen allerhandt sich leichtlich zu tra-

ANNO 1623.

tragenden Fäll/die Chur ferners unersetzt/ und das Churfürstl. Collegium unergäntzt nit laßen könten/ noch wollen/ vielweniger aber den erklahrten Aechter zu solcher Dignitæt niehmahls zu restituiren ein für allemahl resolviret sind; Alß wollen Ihre Kays. Majest. die Fürstl. Durchl. Hertzog Maximilian in Bayern/umb dero hohen verdienst willen/ und auß denen in der Kays. Proposition gnugsamb außgeführten Ursachen und Motiven/ mit angeregter Churfürstl. Dignität nunmehr würcklich investiren; Jedoch der Königl. Majestät in Engellandt/ und andern mehr Potentaten/ Churfürsten und Ständen/wie auch insonderheit denen/so ietzt alhir anwesent/ zu sonderbahrer freundschafft/ und Kays. Gnaden/ wollen Ihre Kays. Majest sich hiemit gnadigst einwilligen/ daß wegen obvermelter Pfaltzischer Kinder Begnadigung/ wie auch derselben und anderer näherer Agnaten prætension, so wohl zu der Chur alß den Pfaltzischen Landen/ mit ehisten an ein gelegenes Orth/ alß Franckfurth/ Nürnberg/ Augspurg oder Ulm eine zusammenkunfft angestelt/ und daselbsten gütliche Handlung gepflogen werde/ welche dan Ihre Kays Majest. dero Theils zu gutem richten und befördern/ oder dahr die Güte nit verfänglich. sein wolte/ alßdann einen rechtmeßigen schleunigen Proceß/ mit zuziehung deß Churfürstl. Collegii/(dessen præeminenz Ihre Kays. Maj. jedesmahls in acht zu nehmen gedencken:) in continenti anstellen/ auch so viel ahn Ihrer Kays. Majest. ist/ auf daß furderlichst/ alß es der interessenten selbst und deren prætension halber nuhr immer seyn kan/ und innerhalb einer gewissen zeit/ deren man sich noch allhir vergleichen konte/ solchen Proceß außzuführen/ erörteren/ und also hierin unpartheyische Administration der Justitiæ ergehen/ auch in der Fürstl. Durchl. in Bayern investitur diesze Clausul/ (daß nemblich dieselbe Ihrer Kays. Majest. dem Römischen Reich/ deß proscribirten Pfaltzgrafen Kinder/ dessen Brüder/ wie auch Herr Pfaltzgraff Wolfgang Wilhelmbs Fürstl. Gnad. und anderen Agnaten/ auch Manniglich an ihren Rechten/ so viel Ihnen gebühren magh/ unpræjudicirlich/ sondern daß selbige expresse vorbehalten seyn/ und mit allerehisten alß möglich/ vorgesetzter maßen/ gut-und rechtlich außgetragen werden solle:) inseriren lassen wolle/ Also wan solcher gut-oder rechtliche Außschlagh der Chur halber für deß proscribirten Pfaltzgrafen Kinder oder nähre Agnaten ergangen seyn wird/ Ihnen alßdan dieselbige/ und was ihnen zuerkandt wird seyn/ wan die Fürstl. Durchl. Hertzogh Maximilian in Bayern rc. nit mehr im Leben/ alsobald anfallen/ und zugehörig seyn/ und von Ihrer Kays. Majest. damit belehnet werden sollen; gestalt dan höchstermeldte Fürstel. Durchl. in Bayern auf die mit denselben hierüber gepflogene Communication der Anwesenden Chur-Fürsten und Gesandten/ geschöpffter Hofnungh nach/ auß denen von ihnen angeregten Ursachen/ zu obverstandtenen allen sich bereits gutwillig accommodiret/ und solches durch den gewohnlichen Lehen-Revers genugsam zu assecuriren sich erklehrt/ und dadurch würcklich zu erkennen gegeben haben/ wie sie gegen Ihrer Kays. Majest. zu dem H. Römischen Reich und deßen Wolstandt/ auch zu bestendig erwünschter ruhe/ friedt und einigkeit intentioniret seynd/ auch wie in dießen und andern Ihrer Kays. Majest. Gnädigsten gefallen/ und der anwesenden Churfürsten und Gesandten Gutachten/ Bitten und Verschlagh sich accommodiret/ und daßelbig eingewilligt haben. So versprechen und zusagen wir bey Unßeren Churfürstl. Ehren und Worten/ solchen alßo Unserer seits würcklich nach zu kommen/ daßelbig zu volnziehen/ darwider nichts vor zu nehmen/ oder daß es an Unßer statt geschehe zu gestatten/ jedoch der Chur præeminenz, authoritæt, Hochheit der Güldenen Bull/ der Kays. Capitulation, wie auch Unß und Unßerem Löbl. Hauß Bayern an Unsern in der Chur von Alters hero habenden Rechten und Prætensionen auf einen oder den andern Fall in alle wege unpræjudicirlich und ohne Schaden. Dessen zu Urkund und völliger Bekrefftigung haben wir dießen Revers mit eignen Handen unterschrieben und mit Unßerem Secret verfertiget. Geschehen zu Regenspurgh den 26. Februar. nach Christi Unßers Erlößers und Seeligmachers allerheiligsten Geburth Anno 1623.

AONN 1623.

(L. S.)

Copia collationata concordat: id attestor ego Joannes Melonius Ammersfelda Palatinus Not. Publ. Cæsareus approbatus Serenissi. Principi Neoburgico Do. suo Clemen. a Secretis intimis & bellicis. Actum Neob: ad Istrum den 7. April 1623.

J. MELONIUS.

CCXXXVIII.

Diploma Ihro Kays. Maj. FERDINANDI II. wodurch Er die Reichs-Graffschafft Hohenzollern in eine Fürstliche Graffschafft erhöhet/ und Graff Johann Georgen von Hohenzollern und dessen Männliche Leibes-Erben in absteigender linie, welche zwar besagte Fürstliche Graffschafft innehaben und regieren werden/ in Fürsten-Stand erhebet. Regenspurg den 28. Martii 1623. [LONDORPII Acta Publica Part II. Lib. VI. Cap. CXCIII pag. 741.] 28. Mars.

C'est-à-dire,

Diplome de FERDINAND II. *Empereur des Romains, par lequel le Comté de* Hohenzollern *est érigé en Principauté*, Furstliche Grafschafft, *& le Comte* JEAN GEORGE DE HOHENZOLLERN, *élevé à la Dignité de Prince de l'Empire, pour lui & pour ceux de ses Descendans qui tiendront, possederont & gouverneront ledit Comté. A Ratisbonne le* 28 *Mars* 1623.

WIR Ferdinand der Ander von Gottes Gnaden/ erwählter Römischer Kayser/ zu allen Zeiten Mehrer deß Reichs/ in Germanien/ zu Hungarn/ Böheimb/ Dalmatien/ Croatien und Sclavonien/ rc. König/ Ertzhertzog zu Oesterreich/ Hertzog zu Burgundt/ zu Brabandt/ zu Steyer/ zu Kärndten/ zu Crain/ zu Lützenburg/ zu Würtenberg/ Ober-und Nider-Schlesien/ Fürst zu Schwaben/ Marggraff deß Heil. Römischen Reichs/ zu Burgau/ zu Mähren/ Ober-und Nider-Laußnitz/ gefürsteter Graff zu Habspurg/ zu Tyrol/ zu Pfirdt/ zu Kyburg und zu Görtz/ rc. Landgraff im Elsaß/ Herr auff der Windischen Marck/ zu Portenau und zu Salins/ rc. Bekennen offentlich mit diesem Brieff für Uns und Unsere Nachkommen am heiligen Reiche/ und thun kundt allermänniglich/ wiewol die hohe Römische Kayserliche Würdigkeit durch Macht ihres erleuchten Trons hievor nicht allein zu Erleuchtung und Würden/ sondern auch zu Nothturfft und Zierung deß Heiligen Römischen Reichs Großmächtigkeit/ mit Fürsten Ständen und hohen Edelen

ANNO 1623.

len Geschlechten gezieret ist; Jedoch seitemahl durch Absterbung der Menschen solche hohe Geschlecht je zu Zeiten in Mangel und Abnehmen gerathen/ und jemehr die Kayserliche Hoheit/ dieselbe nach ihrem stattlichen Herkommen/ Wolthaten und Verdienen/ mit höhern Ehren und Würden versihet und begabet/ je herrlicher der Thron Kayserl. Majest. dadurch gezieret/ und scheinbarlicher gemacht/ auch die Unterthanen bey Erkantnuß Kayserl. Würdigkeit/ und ihrem schuldigen Gehorsamb erhalten/ und zu Adelichen Tugenden/ ehrlichen Ritterlichen Thaten und getreuen/ stäten und beständigen Diensten beweget und angeleitet werden. Uber dieses/ und ob Wir wol auß Kayserl. Höhe und Würdigkeit/ darein Uns der allmächtige GOT nach seinem Göttlichen Willen gesetzt hat/ auch angebohrner Güte und Mildigkeit/ allezeit geneigt seynd/ aller und jeder Unserer und deß Heiligen Reichs Zugewandten/ Hohen- und Nidern Ständen/ und Glieder/ Ehr/ Würde/ Auffnehmen und Wolfarth zu betrachten und zu befördern. So ist doch Unser Kayserl. Gemüth billich mehrers gewogen und begierlicher/ diejenigen/ derer Vor-Eltern und sie von uraltem stattlichen Namen/ Stammen und Geschlecht herkomen/ und sich gegen Unsern Vorfahren am Reich/ Röm. Kaysern und Königen/ auch Uns/ dem H. Reich/ und Unserm Löblichen Hauß Oesterreich/ mit sonder getreuer embsiger Dienstbarkeit/ zu Krieg- und Friedens Zeiten/ vor andern gutwillig und standhafftig erzeigen und beweisen/ in noch höhern und grössern Stand und Ehren zu erheben und zu setzen. Wann Wir nun gnädiglich angesehen/ wahrgenommen und betrachtet das Uralt Fürst- und Gräffliche auß Königlichem Stammen entsprungene Herkommen und Wesen der Grafen zu Hohenzollern/ &c. und daß allbereit vor dreyhundert und mehr Jahren/ weiland Unser Vorfahr am Reich/ Kayser Rudolph der Erste diß Namens/ Graff Eytel Friedrichen von Zollern/ auch den Ersten diß Namens/ welcher mit Seiner Majest. und Liebd. Eheleiblichen Schwester vermählet gewesen/ zum Fürstenstand erhaben/ und ihn mit dem Burggraffthumb Nürnberg gnädiglich begabt/ von welchem die noch heut lebende Chur- und Fürsten/ Marggraffen zu Brandenburg/ und Burggraffen zu Nürnberg/ neben den Grafen zu Hohenzollern/ zugleich rectâ lineâ absteigen/ und also beede Chur-Fürst und Gräffliche Geschlechter/ Brandenburg und Zollern/ eines Geblüts und Herkommens seynd: darneben Wir auch in glaubwürdige gründliche Erfahrung gebracht/ welcher massen nach Absterben obgemeldtes/ in den Fürsten-Stand erhebten Graff Eytel Friedrichs deß Ersten/ und der zwischen beeden seinen hinterlassenen Söhnen vorgegangener Theilung der Graffschafft Hohenzollern/ und deß Burggraffthumbs Nürnberg/ gleichwol die allweg regierende Inhabere berührter Graffschafft/ laut deren in den alten Archivis sich befindenden/ und Uns durch glaubwürdige Tranfumt fürgewiesener Originalien und anderer gnugsamen Documenten, sich deß Fürstlichen Tituls/ Hochgeborn/ gebrauchet/ und von Gottes Gnaden geschrieben/ auch jederweilen mit den vornehmbsten Chur- und Fürstl. Geschlechtern in dem Röm. Reich sich verheyrathet und befreundet haben: und aber besagte Grafen zu Zollern/ wegen Abnehmung ihrer Graff- und Herrschafften/ so mehrertheils durch außgestandene Krieg/ und in andere Weg erfolget/ angeregte Fürstl. Præeminentz und Titul verlassen/ dabey es dann biß dato verblieben: zu deme Wir auch nit weniger betrachtet/ und zu Gemüth gezogen/ die angenehme/ vielfältige/ vornehme/ getreue/ Ritterliche/ nutz- und hochersprießliche Dienst/ welche offtermelte Graf. zu Hohenzollern/ von vielen unfürdencklichen Jahren hero/ weiland Unsern Hochgeehrten Vorfahren am H. Reich/ Röm Kaisern und Königen/ zu Kriegs- und Friedens-zeiten/ in vielen hochwichtigen Sachen und Geschäfften/ unverschont ihres Leibs und Vermögens/ mehrmals gantz auffrecht/ redlich/ beständig/ getreu und ansehentlich erzeigt und bewiesen: dessen Wir dan so wol auß denen von höchsternandten Unsern Vorfahren am Reich/ Röm. Kaisern und Königen/ ihnen den Grafen zu Hohenzollern/ durch unterschiedliche Diplomata, ertheilten fürtrefflichen Gezeugnussen/ als andern beglaubten Historiis gnugsamb berichtet seyn: Immassen dann auch der Hoch- und Wohlgeborn/ Unser und deß Reichs Erb-Cämmerer und lieber getreuer/ Hauß Georg Graff zu Hohenzollern und Sigmaringen/ Ritter deß Ordens vom Güldenen Flüß/ Unser geheimer Rath/ Cämmerer und deß Reichs-Hoffraths Præsident, gemeldter seiner Voreltern rühmlichen Exempel biß dato löblich nachgefolget. Indem er nun in das funffzehende Jahr weiland Kaiser Rudolffen dem Andern/ und Kayser Matthiassen/ beeden Unsern geliebten Herrn Vettern und Vattern/ auch nechsten Vorgehern am Reich Hoch- und Christseligster Gedächtnuß/ nicht allein bey Hoff/ als Præsident, und Vorsteher deß höchsten Kaiserlichen Tribunalis deß Reichs-Hoffraths/ sondern auch in vielen ansehenlichen/ dem Heil. Reich und dem allgemeinen Wesen hoch angelegenen Sachen/ Geschäfften/ Verrichtungen/ und wichtigen Legationen, deren er bereits bey dreyen Römisch. Kaysern/ über die vier und zwantzig unterschiedliche/ in- und ausserhalb Teutschlandes/ bey Königen/ auch den vornehmsten Chur-Fürsten und Ständen deß Heiligen Reichs (theils alleinig/ theils neben andern vornehmen Chur- und Fürsten) gantz rühmlich/ tapffer und ersprießlich verrichtet/ ungespart Leibs und Vermögens/ zu höchstermeldter Unserer geehrten Vorfahren und Unserm gnädigsten Wohlgefallen und Gnügen/ sonderlich bey und von wegen der gantz abscheulich- und ärgerlichen/ in Unserm Erb-Königreich und Landen vor fünff Jahren entstandener langwieriger Rebellion und dannenhero erfolgten gefährlichen Ubelstand/ im Röm. Reich Teutscher Nation/ gleich vom Anfang derselbigen Rebellion biß jetzunder in mannigfaltige Weg/ dergestalt/ daß solches ihme Graff Johann Georgen/ und obgedachtem seinem uralten ansehentlichen Geschlecht/ billich zu sonderm Ruhm gereichet und gedacht wird/ gantz auffrecht/ redlich/ beständig und getreulich erzeigt und bewiesen/ solches auch bey gegenwertigen noch stetswehrenden mühsamen Unruhen/ Zeiten und Läufften ebenmässig/ und ohn allen Verdruß/ noch täglichs erzeigt und beweist/ und hinfüro nicht weniger zu thun wolgeneigt und urbietig ist/ auch wol thun kan/ mag und solle: So haben Wir demnach auß obangezogenen und andern mehr Ursachen/ zu gnädigster Erkantnuß seines fürtrefflichen uralten Fürst- und Gräfflichen Geschlechts der Grafen zu Hohenzollern/ und derselben/ auch seiner selbst wolhergebrachten rühmlichen Verhaltnuß/ und langwierig getreuen Verdienens/ mit wolbedachtem Muth/ gutem zeitlichen Rath/ auß selbst eigener Bewegnuß und rechtem Wissen/ obgenannten Graff Johann Georgen zu Hohenzollern/ diese besonderliche Kayserl. Gnad gethan/ und nicht allein die uralte mit allen ihren Regalien/ Herrligkeiten nnd Pertinentiis, gantz frey/ eigenthümbliche/ unmittel- und unlehnbare Reichs Graffschafft Zollern (welcher/ wie auch das Stammhauß und Vestung Hohenzollern/ Graff Johann Georg/ jetztmahls der eintzige vollkommene Inhaber/ Regierer und Besitzer ist) zu einer Fürstl. Graffschafft erhöhet/ sondern auch obbenandten Graff Johann Georgen zu Hohenzollern/ &c. und nach dessen Ableiben seinen hinterlassenen ältisten Sohn/ als künff-

ANNO 1623.

tigen Jnhaber besagter Fürstl. Graffschafft Zollern/ auch nachgehends von Erben zu Erben / auß gemeldtes Graff Johann Georgen absteigender Lini erbohren / allweg die jenige / welche besagte Fürstl Graffschafft und Stammhauß Hohenzollern inhaben / besitzen / und regieren werden / für und für in ewige Zeit / in den Stand / Ehr und Würde Unserer und deß H. Reichs Fürsten / wiederumb von neuen gnädiglich erhebt / gewürdiget und gesetzt / auch sie der Schaar / Gesellschafft und Gemeinschafft anderer Unser und deß Heil. Reichs Fürsten zugefügt / zugesellet / und vergleichet / darzu ihnen den Fürstlichen Titul und Namen zu führen / gnädiglich bewilligt und gegeben / auch sich also zu nennen und zu schreiben zugelassen und erlaubt. Ordnen / setzen / würdigen und erheben demnach auß Römischer Kayserlicher Macht Vollkommenheit / hiemit wissentlich / in Krafft diß Brieffs / obbesagten Graff Johann Georgen zu Hohenzollern / auch alle seine ihme in der Succession / Jnhab - und Regierung der Fürstl. Graffschafft Zollern / nachfolgende Eheliche Leibs-Erben / gehörter Massen in den Standt / Ehr und Würde Unserer und deß H. Reichs Fürsten: zufügen / vergleichen / setzen und gesellen sie zu derselben Schaar / Gesellschafft und Gemeinschafft. Ertheilen und geben ihnen auch sampt und neben denen zuvor habenden Gräfflichen Ehren-Tituln / den Namen und Titul: Unserm Oheim / und deß H. Reichs Fürsten und Graffen zu Hohenzollern / 2c. Und meynen / setzen und wollen hierauff / daß mehrgenannter Graff / Johann Georg zu Hohenzollern / und nach ihme sein hinterlassener ältister Sohn / und fürbaß alle seine Erbens Erben / welche die Fürstl. Graffschafft und das Stammhauß Hohenzollern innen haben / besitzen und regieren werden / wie obstehet / für und für in Ewigkeit / Unsere und deß Heil. Reichs Fürsten seyn / sich also vor und neben ihrem alten wohl und rühmlich hergebrachten Titul / nennen und schreiben / von Uns und Unsern Nachkommen am Reich / und allermänniglich dafür geacht / erkennet / geehret / genennt und geschrieben werden / auch all und jegliche Gnad / Freyheit / Ehr / Würde / Vortheil / Præeminentz, Fürstandt / Recht / Gerechtigkeiten / in Versamblungen und Ritterspielen / mit Beneficien auff Hoch- und Nidere Stifft / Geist- und Weltliche Lehen und Aempter zu empfahen und zu tragen / und alle andere Sachen haben / deren theilhafftig und empfänglich seyn / sich auch deß allen / sonderlich aber deß Fürstl. Tituls und Namens allenthalben / mit allen Ehren / Sessionen / Stimmen / und Processionen / an allen Enden und Orthen / nach ihren Ehren / Nothturfften / Willen und Wolgefallen / freuen / gebrauchen und geniessen sollen / und mögen: Jnmassen sich deren andere Unsere und deß H. Reichs rechtgeborne Fürsten / von Rechts und Gewohnheit wegen / freuen / gebrauchen / und geniessen / von allermänniglich unverhindert. Darauff gebieten Wir allen und jeden Churfürsten / Fürsten / Geist: und Weltlichen / Prälaten / Grafen / Freyen / Herrn / Rittern / Knechten / Land-Marschalcken / Landshauptleuten / Vitzdumben / Vögten / Pflegern / Verwesern / Amptleuten / Landrichtern / Schultheissen / Burgermeistern / Richtern / Räthen / Kündigern der Wapen / Ehrenholden / Persevanten / Burgern / Gemeinden / und sonst allen andern Unserer Erb-Königreich / Fürstenthumb / und Land unterthanen und Getreuen / in was Würden / Standt oder Wesen die seynd / ernstlich und festiglich mit diesem Brieffe / und wollen / daß sie offt besagten Johann Georgen Fürsten und Graffen zu Hohenzollern / und alle desselben / in Regierung der Fürstl. Graffschafft Zollern nachfolgende Successores / absteigender Lini / wie obstehet / nun hinfüro ewiglich / also für Unsere und deß Reichs Fürsten / ehren / halten / schreiben / annehmen / nennen und erkennen / sie auch in allen und jeglichen ehrlichen Versamblungen / Ritterspielen / Hohen und Nidern Stifftern und Aemptern / Geist- und Weltlichen / auch sonst an allen Orthen und Stäten / für Unsere und deß H. Reichs Fürsten ehren / zulassen / achten / halten und erkennen / ihnen auch den Fürstlichen Namen und Titul geben / sie also nennen / schreiben / und bey aller und jeglicher Ehre / Würde / Præeminentz, Vortheil / Recht und Gerechtigkeit / deren sich andere Reichs Fürsten von Rechts und Gewonheit wegen freuen / gebrauchen und geniessen / gäntzlich und geruhenlich verbleiben lassen / und sie an allem dem was obstehet / nicht hindern noch irren / auch hierwider nichts thun / noch andern zu thun gestatten / in keine Weiß noch Weg / als lieb einem jeden sey / Unsere und deß Reichs schwere Ungnad und Straff / und darzu eine Pœn / nemblich zweyhundert Marck löthigs Golds / zu vermeiden / die ein jeder / so offt er freventlich hierwider thäte / uns halb in Unsere und deß Reichs Cammer / und den andern halben Theil vielbesagtem Johann Georgen / Fürsten und Grafen zu Hohenzollern / seinen Ehelichen Leibs-Erben und Erbens Erben / wie mehr verstanden / so hier-wieder beleidiget würden / unnachlässig zu bezahlen / verfallen seyn / und nichts destominder offtermeldter Johann Georg / Fürst und Graff zu Hohenzollern / seine Ehelichen Leibs-Erben und Erbens-Erben / bey diesem Fürstlichen Ehrenstand / Würden und Freyheiten verbleiben / würcklich geschützt und gehandhabt werden sollen. Dessen zu wahrem Urkunde haben Wir Unsere Kayserliche Güldinne Bullam an dieses Fürsten-Diploma hangen lassen. Geben in Unser und deß H. Reichs Stadt Regenspurg / den Acht und zwantzigsten Tag Monaths Martii, nach Christi Unsers lieben HErrn und Seligmachers Glorwürdigen Geburt / im Sechszehenhundert drey und zwantzigsten / Unserer Reiche deß Römischen im vierdten / deß Hungarischen im fünfften / und deß Böhmischen im sechsten Jahren.

Ferdinand.

Johann. Suicardus, Archi-Episcopus Moguntinus, S. R. Imperii per Germaniam Archi-Cancellarius.

Ad Mandatum Sacræ Cæsareæ Majestatis proprium

Ut H. L. von Ulm.

I. R. Puchet.

CCXXXIX.

Traité conclu entre JAQUES I. *Roi de la Grande Bretagne &* ISABELLE CLAIRE EUGENIE, *Infante d'Espagne, touchant la Sequestration de la Ville de* Frankendal *dans le Palatinat. Donné à Londres le* 12/22 *Mars* 1623. [RYMER Fœdera, Conventiones &c. Tom. XVII. pag. 473.] 12/22. Mars.

ISABEL CLARA EUGENIA, par la Grace de Dieu, *Infante d'Espaigne, Archiducesse d'Austrice &c.* a tous ceulx qui ces presentes Lettres verront, Salut.

Comme Nous ayons n'agueres delegue, commiz & depute noz Treschers & bien amez,

Don Carlos Coloma Chevalier de l'Ordre de St. Jacques Governeur & Capitayne General de Cambray & Cambresis du Supreme Conseil de Guerre du Roy Monseigneur & Nepveu & son Ambassadeur Extraordinaire en Angleterre.

Et

ANNO 1623.

Et *Messire Ferdinand de Boischot* Baron de Zaventhem aussy Chevalier de l'Ordre de St. Jaques Conseiller es Conseils d'Estat & Prive de sa Majeste,

Pour traitter, conclurre & accorder, avecq ceulx, quy seroyent commis & deputez de la part de treshault tresexcellent & trespuissant Prince *Jacques*, par la Grace de Dieu, *Roy de la Grande Bretagne*, touchant la Sequestration & Deposition en nos mains de la Ville de Francquendal au Bas Palatinat, estant maintenant en la possession du dit Seigneur Roy.

Et qu'ensuite de ce il ait a l'effect que dessus nomme, commis & depute *Lionell Comte de Middlesex* Grand Tresorier & Maistre des Gardes Nobles de nostre Royaume d'Angleterre.

Lowys Duc de Lenox Grand Maistre de son Hostel,

Jaques Marquis de Hamilton,

Thomas Conte d'Arondell & de Surrey Grand Mareschal de Angleterre

Guillaume Conte de Pembrooke son Chambellan,

Et,

Olivier Viconte de Grandison,

Arthur Baron Chichester de Belfast Grand Tresorier de son Royaume d'Irlande,

Le Chevalier Calvert l'ung des premiers Secretaires d'Estat,

Et,

Le Chevalier Weston Chancellier de son Eschequier,

Touts Conseilliers de son Conseil d'Estat,

Les quelz Commissaires de part & d'aultre, suivant les Commissions & Pouvoirs a eulx respectivement donnes, & les quelz seront inserez a la fin des Presentes, ont conclu & arreste entre eulx, soubz noz bons plaisirs, le Traitte & Articles, des quelz la Teneur s'ensuit,

Comme ainsy soit que de depuis quelques Mois *en ca* il se soit *passe* communication entre le *Serenissime Roy de la Grand Bretagne* & la *Serenissime Infante d'Espaigne Donna Isabella Clara Eugenia*, premierement tenue & entamee a *Bruxelles*, par l'entremise de *Chevalier Weston* Conseillier au Conseil d'Estat du dit *Seigneur Roy*, & Chanceller de son Eschiquier, lors par luy employe en Ambassade Extraordinaire vers la dit Serenissime Infante & les Commissaires par ell deputez, touchant la Sequestration & Deposition de quelques Villes & Places du bas Palatinat entre ses mains,

Ce qui pour lors n'auroit peu estre *mene a fin*, a cause de *plusieurs* grandes difficultez qui se serroyent rencontrez,

Si est il que, depuis *la mesme Conference* s'estant reprise entre le dit Seigneur *Roy de la Grand Bretagne*, & la dit Serenissime *Infante*, *tant en son nom* qu'en celuy de sa Majeste Catholique, a ceste fin pour le Sequestre de la *Ville de Franquendal*, qui est a present en la possession de Seigneur *Roy de la Grand Bretagne*, par le moyen & entremise des Commissaires Deputez a ceste fin,

Scavoir,

De la part de son Alteze,.

Don Carlos Coloma Cavallier de l'Ordre de St. Jaques Commendador de Montiel & la Offa du Conseil de Guerre de sa Majeste Catholique Governeur de la Ville & Citadelle de Cambray Capitaine General du Païs de Cambresis & son Ambassadeur Extraordinaire vers le Roy de la Grand Bretagne,

Et de *Messire Ferdinand de Boischot* Baron de Saventhem Chevalier de l'Ordre de St. Jaques Conseillier es Conseils de Estat & Prive de sa dite Majesté Catholique au Païs bas & Ambassadeur Extraordinaire de la Serenissime Infante vers le dit Seigneur Roy de la Grand Bretagne.

Et de la part de sa dicte *Majeste de la Grand Bretagne*,

Lionel Comte de Middlesex &c. Grand Tresorier & Maistre des Garde Nobles du Royaume d'Angleterre,

Louis Duc de Lenox &c. Grand Maistre de la Maison du dit Seigneur Roy de la Grand Bretagne,

Jaques Marquis de Hamilton &c.

Thomas Comte d'Arondell & Surrey &c. Grand Mareschal d'Angleterre,

Guillaume Comte de Pembrook &c. Chambellan de sa dit Majeste de la Grand Bretagne,

Olivier Vicomte de Grandison,

Arthur Baron Chichester de Belfast Grand Tresorier du Royaume d'Irland,

Messire George Calvert Chevalier l'un des premiers Secretaires d'Estate du dit Roy de la Grand Bretagne,

Et,

Messire Richard Weston Chevalier Chancellier de l'Eschequier de sa Majesté,

Tous du Conseil d'Estat de sa ditte Majesté de la Grand Bretagne.

Iceulx au nom & en qualité que dessus, & en vertu des Pouvoirs & Commissions qu'ilz leur ont baillez a cest effect (des quels la teneur sera inserée à la fin de ce Traicte) ont ensemble conveu & accorde soubs l'adveu & bon gre de sa dicte Majesté de la Grand Bretagne & de la dite Serenissime Infante les Articles & Conditions qui s'ensuivent,

Premierement, A este conclu & accorde de la part du Serenissime Roy de la Grand Bretagne, que la *Ville de Franquendal*, assise au Bas Palatinat, avec tous les Forts & Fortifications qui en dependent, estant à present en la possessi on de sa Majesté, qui les tient au nom de son Gendre, sera mise & delivrée, par voye de Sequestre ou de Depost, entre les mains de sa bonne Sœur & Cousin la dite Serenissime Infante de Espagne *Donna Isabella*; avec tous les Vivres, Artillerie, Poudres, *Balles* & autres Munitions & Equipage de Guerre qui se trouveront en la dit Place & Forts lors de la dite Sequestration ou Delivrance, de quoy sera fait & dressé Inventaire, entre celuy qui est a present Gouverneur de la Ville & Garnison de la parte de sa dite Majesté de la Grand Bretagne, & les Personnes qui seront commises par la dite Serenissime Dame Infante pour en prendre possession de sa part; le quel Inventaire sera signe, seelle & delivre respectivement par chacune des dites Parties ainsy authorisées & deputées.

Item, est accordee de la part du dit Seigneur *Roy de la Grand Bretagne*, qu'aussy tost que la delivrance des dites Villes & Forts aura este faite, les Gouverneur, Colonnels, Capitaines, Officiers & Soldats, qui y sont maintenant en Garnison, en sortiront paisiblement dans six jours apres l'advertissement qui leur en sera donne avant le temps de la dicte delivrance, & les delivreront avec toutes les choses susdites en la pleine possession de la dite Serenissime Dame Infante, ou de ceux que son Altesse ordonnera pour la recevoir de sa part.

Est aussy accorde que les dites Ville & Forts & toutes les choses susdites estantz en iceux demeureront ainsi deposez entre les mains de la ditte Serenissime Infante l'espace de dixhuict Mois, a compter du jour de la ditte delivrance, qui luy en sera faite, au cas que, pendant ce tems là, la Reconciliation ne se face entre sa Majeste Imperialle & le Gendre de sa dit Majeste; Mais, s'il arrive que, cependant les choses s'accomodent, la dit Ville & Forts avec toutes les choses susdites seront remises entre les mains de sa Majeste de la Grand Bretagne, en aussy bon estat & condition comme par ceste Convention elles debvront estre au bout de dixhuict Mois, & comme est plus particulierement stipule par les Articles suivans; c'est assavoir,

Qu'au l'about des dits dixhuict Mois, ou lors qu'il escherra que la dite Ville & Forts se debvront restituer en vertu de ce Traitte, il sera libre & permis à sa Majeste de la Grand Bretagne de remettre en iceux une Garnison de quinze cents Hommes de Pied & de deux cents Hommes a Cheval, avec quantite suffisante de Vivres pour les nourir l'espace de six Mois, & quantite competente de toutes sortes de Munitions & qu'en mesme temps la Garnison, qui aura este placee & tenue par la Serenissime Infante es dits lieux, pendant le temps de Sequestre, en sortira & s'en retirera paisiblement, rendant & remettant *es mains* de sa dite Majeste de la Grand Bretagne, ou de ceux qu'elle commettra pour les recevoir, toute l'Artillerie, Munitions, Vivres & autres choses, qui auront este couchees au susdit Inventaire, & ce en aussy bon estat & condition qu'ilz les recevront lors que la dit Sequestration ou delivrance de la dit Place sera faite.

Est aussy accorde que les dits Gouverneur, Colonnels, Capitaines, Officiers & tous les Soldats de la dit Garnison, les quels auront par ce Traite a quitter presentement la dit *Ville de Franquendal* sur la Sequestration d'icelle, en sortiront honnorablement avec leurs Armes, Bagues, Bagage & toutes autres choses que leur appartiendront, Enseignes *desployes*, Mesches allumes, Trompettes sonnans, Tambours battans, Poudres en Cartouches, & Balle en bouche, & qu'ilz pourront librement passer, & sans aucun empeschement, s'ilz le desirent, par le Palatinat & autres Païs, tant par Eau que par Terre, sur les Terres de sa Majeste

ANNO 1623.

ANNO 1623.

jeste Catholique, ou sur celles de l'Empire, & pourront de la passer & se retirer franchement & paisiblement en leurs Païs naturels, sans se pouvoir joindre aux autres Troupes Eunemies, tenants Parties contraires contre sa Majeste Imperialle, ou sa Majeste Catholique; Et pourront les dits Gouverneur, Colonells, Capitaines, Officiers & Soldats, partans de la dit place, emporter avec eux, si bon leur semble, Provision de Vivres pour trois jours allans par Terre, & pour six allans par Eau, ne faisans ny commettans aucuns exces ny insolences par les dits lieux ou ilz passeront, soit de sa Majeste Catholique ou d'autres Princes; & pour l'asseurance de leurs Personnes, il leur sera baille, s'ilz le desirent, escorte de Gens a Pied & a Cheval, pour les conduire jusqu'en lieu de seurete.

Il est en outre conclu & accorde, que, lors que la dit Ville & Forts debvront estre rendus & remis, suivant le contenu de ce Traité, es mains du dit Seigneur *Roy de la Grand Bretagne*, sa Majeste pourra transporter les Troupes, qu'elle y voudra mettre en Garnison, avec les Provisions necessaires & stipulées par ce Traite, par les Provinces du Païs-bas, estants soubs l'obeïssance de sa Majeste Catholique, si requisition en est faite, & ce tant par Eau que par Terre, sans qu'il leur soit fait aucun empeschement ou moleste en leur passage, qu'au contraire il leur sera fait tout bon & favorable traittement, tel que convient a l'estroite amitie qui est entre les deux Rois.

Est aussy conclu & accorde, de la part des Serenissimes Roy de Espaigne & Infante, que tant les Ministres & autres Gens de leur Religion, que tous les Burgeois & Habitans de la dit *Ville de Franquendale*, de quelque Nation qu'ilz soyent, naturels du Païs-bas, Wallons, & tous autres, & particulierement le Baron de Winemberg, pourront librement continuer leur demeure en icelle avec leurs Femmes & Familles, & ne seront chargez de aucunes Impositions extraordinaires pour l'entretenement de la Garnison qui y sera mise par la dit Serenissime Infante, ny en aucune autre façon chargez ny molestez, soit en leurs Personnes ou en leurs biens; mais jouiront franchement & paisiblement de toutes les Libertez & Priviléges qui leur ont este cy devant ottroyez par les Princes Electeurs Ancestres du Gendre de sa dite Majeste de la Grand Bretagne, comme aussy de le exercise libre & paisible de leur Religion, ainsy qu'ilz en ont jouy jusqu'à maintenant, & d'avantage, qu'ilz ne seront reserchez ny molestez pour aucune chose ou offence qu'ils pourroyent avoir commise avant la date de ce present Traite, soit contre sa Majeste Imperiale le Roy Catholique ou les Archiduces, pour l'estre par cy devant retirez de leurs Paiis, ou pour aucun autre crime ou faulte qu'ils pourroient avoir commis avant le dit temps; Et, si aucuns d'eux se veulent retirer de la dite Ville, ilz auront pleine & entiere liberte de ce faire, & de se transporter ailleurs, ou bon leur semblera, sans aucun destourbier avec leurs Familles & Biens, & leur sera à cest effect fourni Saufconduits necessaires.

Tous les quels Articles susmentionnez, le dit Serenissime Roy de la Grand Bretagne d'une part, & la dit Serenissime Dame Infante, tant au nom de sa Majeste Catholique, comme au sien propre, de l'autre, promettent & *s'obligent* syncerement, sur la foy & parolle de Princes, de reellement & punctuellement accomplir & faire accomplir en tout le contenu d'iceulx, sans aller ny venir au contraire directement ny indirectement, prenant son Alteze a sa charge de faire ratifier ce present Traité au dit Serenissime Roy d'Espaigne en dedans trois Mois apres la delivrance de la dite Ville, & ce qui en depend.

Sequuntur Commissionum Tenores.

ISABEL CLARA EUGENIA, par la Grace de Dieu, *Infante d'Espaigne*, *Archiducisse d'Austrice &c.* a tous ceulx qui ces presentes Lettres verront, Salut.

Comme sa *Majeste Imperiale*, par ces Lettres Patentes du quatriesme de Juing seize cens vingt & deux, nous ait a l'instante & iterée Requisition & Intercession de Treshault Tresexcellent & Trespuissant Prince *le Roy de Grande Bretagne* nostre trescher & & tresame bon Frere & Cousin, pour le grand desir qu'elle a de veoir restablie le Union & Tranquillite publique, donne plain Pouvoir, Auctorite & Puissance absolue d'arrester & faire une Suspension ou Deposition d'Armes au Palatinat & ailleurs en Allemagne, avec tout ce qu'en depend, comme le dite Seigneur Roy *la tousjours tesmoigne* de desirer pour avoir, a cest effect, envoye, passe quelque temps, a *cette nostre Cour* son Ambassadeur, au quel nous aurions aussy fait joindre noz Commissaires & Deputez, pour en nostre nom conclurre & *arrester* la dit Suspension d'Armes, sans avoir pour lors cest affaire este conduit a quelque effect final, quoy que depuis il ait esté continue & suivy, & desirans d'en veoir reussir une bonne fin, & *de satisfaire* ou Pouvoir susdit,

Sçavoir faisons que,

Pour la grand confidence & certaine congnoissance que nous avons de longue *main* & experience de nos treschers & bien amez, *Don Carlos Coloma* Chevalier de l'Ordre de St. Jaques, Gouverneur & Capitaine General de Cambray & Cambresis, du Supreme Conseil de Guerre de sa Majeste & son Ambassadeur Extraordinaire en Angleterre, & Messire *Ferdinande de Boischot*, Baron de Saventhem aussy Chevalier de l'Ordre de St. Jaques & Conseillier des Conseils d'Estat & Prive de sa dite Majeste en ces Païs bas,

Nous avons iceulx delegue, commiz & depute de nostre part, deleguons, commettons & deputons par ces Presentes, a l'effect que *dessus*, vers la Personne du dite Seigneur Roy pour traitter, conclurre & accorder avecque icelluy ou ses Deputez garniz de Pouvoir souffisant touchant la dite Suspension & Deposition d'Armes; & mesmes pour y arrester le depost de la Ville de *Franquendal* en nos mains, soubz telz Pactz, Conditions & Convenances, & pour tel terme de temps que l'on en pourra estre de accord de part & d'autre, & ce avecque la mesme fermete & en la mesme forme & maniere, comme nous mesmes faire pourrions si presens y estions, a quoy nous les authorisons par ces dittes Presentes, jacoit que le Cas requist Mandement plus special qu'es Presentes n'est porte,

Et tout ce qu'ilz auront ainsy arresté, faict & accorde, a l'effect que dit est, Nous promettons, en foy & parolle de Princesse & soubz nostre Honneur & Obligation de tous & singuliers noz biens presens & advenir, de tenir & avoir pour aggreable, ferme & stable a tousjours, mesmes faire par sa dit Majeste Imperiale solemnellement confirmer, ratifier & approuver tout ce que par eulx sera faict, traicte, conclu & arreste en cest endroict, sans jamais y aller au contraire directement ou indirectement, mesmes dez maintenant pour lors que les choses dites seront faictes & arrestees, nous les louons, approuvons & ratifions par ces dites Presentes: Et promettons les louer, approuver & ratifier en la plus ample forme que faire se peult & doibt, pour la deue Observation, Entretenement & Execution de tout ce quy sera faict, conclu & arreste en vertu de cestuy nostre Pouvoir.

En Tesmoing de ce nous avons signe ces Presentes, & y faict apposer nostre cachet secret.

A *Bruxelles* le douziesme de Fevrier seize cens vingt & trois.

Ainsy soubscript,

A. ISABEL.

Et signe plus bas par ordonnance de son Alteze.

DE LA FAILLE.

JAQUES, par la Grace de Dieu, *Roy de la Grand Bretagne*, *France & Irlande*, Defenseur de la Foy &c. a tous ceux qui ces presentes Lettres verront, Salut.

Comme ainsy soit que, pour le grand desir que nous avons tousjours eu d'arrester le cours & assouvir les Troubles qui sont nez en l'Empire, & de voir la Paix & Tranquillite publique establie en la Chrestiente, nous ayons a ceste fin recherche toutes les occasions & embrasse tous moyens possibles qui nous pourroient faire esperer de parvenir a ce bien la, & jugeans que pour ce faire il seroit expedient de faire cesser au prealable les actes de Hostilite par une Suspension d'Armes, a fin d'acheminer paisiblement les choses a la Ratification absolue par le moyen de une Traite, qui ne pourroit pas avoir sa function libre ny reiglée parmi le bruit & les remuements des Armes; nous n'avons pas si tost recognu la mesme disposition & desir, en treshault, tresexcellent & trespuissant Prince *Ferdi-*

ANNO 1623.

Ferdinand Deuxiesme, par la Grace de Dieu, *l'Empereur des Romains &c.* nostre trescher & tresame bon Frere & Cousin, de venir a la dit Suspension, que nous avons despeche a cest effect nostre Ambassadeur Extraordinaire en la Cour de treshaulte & trespuissante Princesse nostre treschere & tresamee bonne Sœur & Cousine *l'Infante Isabella Clara Eugenia*, pour a son entremise debattre & conclurre cest affaire de la Suspension & Deposition d'Armes avec les Commissaires par elle deputez, en vertu du Pouvoir & Authorite qui luy en avoit eite donne de la part de sa Majeste Imperiale.

Et bien que la chose ne se peult pas lors resoudre ny effectuer a cause de plusieurs grandes difficultez qui se seroyent rencontrees en la Negotiation, si est ce que ce bon desir ayant continue es volontez de part & d'autre, & fait naistre de nouveaux expediens pour en reprendre le fil, a l'entremise de nostre dite bonne Sœur & Cousine la Serenissime Infante, qui auroit envoye vers nous son Ambassadeur Extraordinaire *Seigneur Boischott* Baron de Saventhem &c. pour avec *Don Carlos de Coloma* Ambassadeur Extraordinaire de Treshault, Tresexcellent & Trespuissant Prince *le Roy d'Espagne* nostre trescher & tresame bon Frere & Cousin, traiter avec Nous ou avec nos Deputez a ceste fin; nous, desirans de nostre part advancer cest œuvre pour parvenir a celuy de la Paix, & voulans commettre a iceluy Personnages de prudence & integrite requise,

Sçavoir faisons que, pour la cognoissance que nous avons & nous confians a plein de la Probite suffisante, Loyaute & Experience de nos Chers & bien Amez Cousins, *Lionell Comte de Middlesex* Grand Tresorier & Maistre des Garde Nobles de nostre Royaume d'Engleterre, *Lonys Duc de Lenox* Grand Maistre de nostre Hostel, *Jaques Marquis d'Hamilton*, *Thomas Comte d'Arondel & de Surrey* Grand Mareschal d'Angleterre, *Guillaume Comte de Pembrooke* nostre Chambellan, & *Olivier Viscomte de Grandison*, & de nos feaux & bien amez *Arthur Baron Chichester de Belfast* Grand Tresorier de nostre Royaume d'Irlande, *le Chevalier Calvert* l'un de nos premiers Secretaires d'Estat, & *le Chevalier Weston* Chancelier de nostre Eschequier, tous Conseilliers de nostre Conseil d'Estat, avons iceulx commis & depute, commettons & deputons par ces Presentes, pour traiter, conclurre & accorder avec les dits Seigneurs Ambassadeurs Extraordinaires des dits Serenissimes *Roy* & *Infante* nos treschers Frere & Sœur, estans iceulx garnis de Pouvoir suffisant, tant sur le fait de la dit Suspension ou Deposition d'Armes, que particulierement de la Sequestration de la Ville & Forts de *Franquendal* entre les mains du dit Seigneur Roy, ou de la dit Serenissime Infante, soubz telz Pactz, Conditions & Seuretez, & pour tel temps que l'on en pourra convenir, tout ainsy que nous mesmes faire pourrions en nostre propre Personne, de quoy nous leur avons donne & donnons plein Pouvoir & Authorite, jacoit que le cas requist Mandement plus special qu'il n'est contenu en ces Presentes;

Promettans, en foy & parolle de Roy & soubz l'Hypotecque de tous & chacuns nos Biens presens & avenir, d'avoir pour aggreable & de tenir ferme & stable a tousjours & arreste en cest endroit tout ce qui par nos dits Commissaires sera fait, traite, conclu & le tout observer & accomplir de point en point sans jamais aller ny venir au contraire directement ny indirectement.

En tesmoing de quoy nous avons signe ces Presentes de nostre main & a icelles fait mettre & apposer nostre Signet.

Donne à *Newmarket* le premier Jour de Mars, l'An de Grace mil six cens vingt & deux & de nos Regnes d'Angleterre, France & Irlande le vingtiesme, & d'Escoce le cinquante sixiesme.

JAQUES R.

En foy & Tesmoignage de toutes & chacunes les quelles Choses nous Commissaires Deputez avons soubligne de noz mains le present Traitte & iceluy muni & confirme par l'apposition de nos Seaux.

Fait a *Londres* le dixneufiesme de Mars Mil six cens vingt deux *Stilo Angliæ*, *Stilo verò novo* le vingt neufiesme de Mars 1623.

Estoit signe & cachette du Cachet de chacun de soubsignez comme s'ensuit.

Don Carlos Coloma.
Ferdinand Boischot.

Middlesex,
Lenox,
J. Hamilton,
Arondell & Surrey,
Pembrooke,
Ol. Vis. Grandison.
Arthur Chichester,
Geo. Calvert,
Richard Weston,

Sçavoir faisons que nous avons le contenu au dit Traitte cy dessus escript en tous ses Points & Articles agrée, ratifie & approuve, comme nous l'aggreons, ratifions & approuvons par ces Presentes;

Promettans en foy & parolle de Princesse l'entretenir & observer inviolablement sans jamais aller au contraire.

En Tesmoing de quoy nous avons a ces dites Presentes signees de nostre Main, faict mettre & apposer le Grand Séel du Roy Monseigneur & Nepveu.

Donne a *Bruxelles* le cinquiesme Jour d'Avril, l'An de Grace mil six vingt & trois.

A. ISABEL.

Par Ordonnance de son Altese,

DE LA FAILLE,

Sub Magno Sigillo Regis Hispaniarum de Cerâ rubeâ; in Pyxide Lign' inclus', pendente a filis Aur' intertextis.

ANNO 1623.

CCXL.

Declaration Kaysers Ferdinandi II. Pfaltz-Graff Wolffgang Wilhelm bey Rhein ertheslt / wegen der Anwarttung und succession in der Churfürstl. Pfaltz / dero dignitæt und Juribus, wodurch Ihro Kays. Maj. bewilliget / daß bey erfolgender restitution des gewesenen Churfürst Friderichs des V. Lini in solcher Chur / ermeldter Pfaltzgraff und dessen Lini gleichfalls die Anwarttung darauf sollen zu geniessen haben / oder wo solche restitution nicht geschehe / so solle doch nach Abgang der Bayrischen Wilhelminischen Linie / besagten Pfaltzgraffens Lini und Agnaten in der Chur-Pfaltz succediren. Regenspurg den 30. Martii 1623. Mit Denen Lehen-Brieffen auf die Anwartung der Chur-Pfaltz von Kaysern Matthia, Pfaltzgraff Wolffgang Wilhelmen / Wien den 16. Maii 1615. Von Maximiliano II. Pfaltzgraff Philipp Ludwigen / Prag den 7. April 1570 Von Maximiliano II. Pfaltzgraff Wolffgang / Augspurg den 29. April 1566. ertheilt. [Pièce tirée de la Registrature d'Etat de la Chancelerie de la Cour de Sa Majesté Imperiale.] 30. Mars.

C'est-à-dire,

Déclaration de FERDINAND II. *Empereur des Romains, en faveur de* WOLFGANG GUILLAUME *Comte Palatin, touchant la Succession Electorale Palatine; par laquelle il accorde que le cas avenant de la restitution de* FREDERIC V. *le susdit Comte* WOLFGANG GUILLAUME *devra jouïr aussi de son Droit d'Expectative; & que n'avenant pas, il devra succeder à l'Electorat au défaut de la Ligne* Bavaroise Guillelmine. *Donnée à Ratisbonne le 30 Mars 1623. Avec les* INVESTITURES *de Succession données par l'Empereur* MATTHIAS *à* WOLFGANG GUILLAUME *le 16 Mai 1615. par* MAXIMILIEN II. *à* PHILIPPE LOUÏS *le 7 Avril 1570, & par* MAXIMILIEN II. *à* WOLFGANG *le 29. Avril 1566.*

Anno 1623.

WIR Ferdinand der Ander von GOttes Gnaden Erwählter Römischer Kayser / zu allen Zeiten Mehrer des Reichs / in Germanien / zu Hungarn / Böheimb / Dalmacien / Croatien / und Sclavonien König ꝛc. Ertzhertzog zu Oesterreich / Hertzog zu Burgundt zu Brabandt / zu Steyr / zu Kärnden / zu Crain / zu Lützenburg / zu Würtenberg / Ober und Nieder-Schlesien / Fürst zu Schwaben / Marggraf des Heiligen Römis. Reichs / zu Burgau / zu Mähren / Ober und Nieder-Laußnitz / gefürster Graff zu Habspurg / zu Tyrol / zu Pfürdt / zu Kyburg / und zu Görtz / Landgraff in Elsaß / Herr uff der Windischen Marck / zu Portenaw / und zu Salins ꝛc. Bekennen offentlich und thuen kundt Allermenniglich / daß Unß der Hochgeborn Wolfgang Wilhelm / Pfaltzgraff bey Rhein / Hertzog in Beyrn / Grave zu Veldentz und Sponheimb ꝛc. Unser lieber Vetter / Schwager und Fürst undertheniglich hat vorgebracht / welcher gestalt Sr. Lbd. Ihre Voreltern je und allewegen / so offt es zu fällen kommen / von denen jederweilen Regierenden Römischen Kaysern / Unsern geehrten Vorfahren am Reich / neben Empfahung der Regalien deß Fürstenthumbs Neuburg / auch zugleich mit der Anwarttung / angefellen / und gesambter Lehenschafft der Chur / Wahl und Ertz-Truchseßen Ambts der Pfaltzgraffschafft am Rhein / des Hertzogthumbs in Beyern / samt allen andern Ihren zugehörigen Furstenthumben / Landen / Leuthen / Graffschafften / Herrschafften / Schlößer und Güttern / auch Pfandschafften / Præeminentien / Würden / Ehren / und Hochheiten mit und neben der Heidelbergischen Lini / zu ihren Rechten belehnt worden / Innmaßen Sr. Lbd. Uns deß Durchleuchtigsten Fürsten und Herrn Matthiæ Römischen Kaysers / Unsers weilandt geliebten Herrn Vetters und Vatters / auch nechsten vorfahrens am Reich / Löb. und Christseligster Gedachtnus / noch jüngstlich in Anno Sechszehenhundert funffzehen / den sechszehenden Maii ertheilte confirmation, und Lehenbrief / in glaubwürdiger form fürgelegt / so von Worten zu Worten lautet / wie hernach folgt.

WIR Matthias / von Gottes Genaden Erwehlter Römischer Kayser / zu allen Zeiten Mehrer des Reichs / in Germanien / zu Hungarn / Böheimb / Dalmatien / Croatien / und Sclavonien / König / Ertzhertzog zu Oesterreich / Hertzog zu Burgundt / zu Brabandt / zu Steyr / zu Kärndten / zu Crain / zu Lützenburg / zu Württenberg / Ober und Nieder-Schlesien / Fürst zu Schwaben / Marggraven des Heiligen Römischen Reichs / zu Burgaw / zu Mähren / Ober und Nieder-Laußnitz / Gefürsteter Graff zu Habspurg / zu Tyrol / zu Pfürdt / zu Kyburgh / und zu Gortz / Landgraff in Elsaß / Herr uff der Windischen Marcken / zu Portenaw / und zu Salins ꝛc. Bekennen offentlich mit diesen Brieff / und thun kundt allermenniglich / daß Unß der Hochgeborn Wolfgang Wilhelm Pfaltzgrave bey Rhein Hertzog in Bayern / zu Gülich / Cleve / und Berg / Graff zu Veldentz / und Sponheimb / Unser lieber Vetter und Fürst / undertheniglich hat vorgebracht / wie daß im Jahr funffzehenhundert / sechs und sechszig / weil der Allerdurchleuchtigste Fürst / Herr Maximilian der ander Römischer Kayser / Unser geliebter Herr und Vatter Hochlöblicher und Christseligster Gedechtnuß / Sr. Lbd. Großvatter / dem auch Hochgebohrnen weilandt Wolfgang / Pfaltzgraven bey Rhein / Hertzogen in Bayern / Graven zu Veldentz und Sponheimb / die Anwarttung / angefall und Lehenschafft der Chur / Wahl / und Ertztruchseßen Ambts der Pfaltzgraffschafft am Rhein / und des Hertzogthumbs in Beyrn sambt allen andern ihren Zugehörigen Fürstenthumben / Landen und Leuthen / Graffschafft / und Herrschafften / Schlossen / und Güettern / Præeminentien / Ständen / Ehren und Hochheiten / zu seinen und seiner Lini Rechten gnediglich gereicht und verliehen / auch Ihrer Kays. Majest. und Lbd. hernach im funffzehenhundert / und siebentzigsten Jahr / auf absterben ietzgedl. Pfaltz-Grafens Wolfgangen / solche Belehnung und Anwarttung / gegen vorgedachtes Pfaltzgraven Wolfgangs Wilhelmen jüngst verstorbenen Vatter / weilandt Pfaltzgraff Philip Ludtwigen seel. als dem Elteren Pfaltzgraven Wolfgangs Sohn für sich selbst / auch im Nahmen und an statt Sr. Lbd. Gebrudern / Johanßen / Otth Hainrichen / Friedrichen / und Carlen / aller nunmehr verstorbener Pfaltz-Grafen bey Rhein / Hertzogen in Bayern / und Graven zu Veldentz / zu deren iedes habenden Anwarttung / in bester und bestendigstet formb gnedigst ernewert / confirmirt und bestettet / wie dann dieselb Confirmation hernacht folgt / und von Wort zu Wort also lautet:

WIR Maximilian der ander / von Gottes Genaden Erwehlter Römis. Kayser / zu allen Zeiten Mehrer des Reichs / in Germanien / zu Hungarn / Böheimb / Dalmatien / Croatien und Sclavonien König / Ertzhertzog zu Oesterreich / Hertzog zu Burgund / zu Brabandt / zu Lützenburg / zu Württenberg / Ober und Nieder-Schlesien / Fürst zu Schwaben / Marggraff des Heil. Rom. Reichs / zu Burgaw in Mähren Ober- und Nieder-Laußitz / Gefürster Graff zu Habspurg / zu Tyroll / zu Pfürdt / zu Kyburg / und zu Gortz / Landgraff in Elsaß / Herr auf der Windischen Marck / zu Portenaw / und zu Salins ꝛc. Bekennen offentlich mit diesen Brief / und thun kundt allermenniglich / alß wir hiebevor weilandt dem Hochgebohrnen Wolfgang Pfaltzgraven bey Rhein / Hertzogen in Bayern / und Grafen zu Veldentz ꝛc. mit gutem Wißen und Zeitigen Rath Unser und deß Heiligen Reichs Churfürsten / Fürsten / Grafen / Edlen und Getrewen / die Anwartung / angefell / und gesambte Lehenschafft der Chur / Wahl und Ertztruchseßen-Ambts der Pfaltzgrafschafft am Rhein / des Hertzogthumbs in Bayern / sambt aller ihren Zugehörungen / Fürstenthumben / Landen / Leuthen / Grafschafften / Herrschafften / Schloßern / und Gütern / Præeminentien / Ehren / Ständen und Hochheiten / wie das der Hochgebohrn Friedrich / Pfaltzgrafe bey Rhein / Hertzog in Bayren / und Graf zu Sponheim / deß Heil. Reichs Ertztruchseß / Unser lieber Oheimb und Churfürst von Unß empfangen / und noch trägt / nichts daran außgeschloßen / durch mit-angreifung deß Heiligen Evangelii / und Unsers Kays. Schwerdts / zu seinen und seiner Lini Rechten gnediglich gebraucht / und verliehen haben / inhalt Unsers darüber verfertigten Kays. Briefs / von worth zu worth also lautendt.

WIR Maximilian / der anderr von Gottes Genaden Erwählter Römischen Kayser / zu allen Zeiten Mehrer des Reichs / in Germanien zu Hungarn / Böheimb / Dalmatien / Croatien und Schlavonien / König ꝛc. Ertzhertzog zu Oesterreich / Hertzog zu Burgundt / zu Brabandt / zu Steyr / zu Kärndten / zu Crain / zu Lützenburg / zu Württenberg / Ober und Nieder-Schlesien / Fürst zu Schwaben / Marggraf des Heiligen Römischen Reichs / zu Burgaw / zu Mähren / Ober und Nieder-Laußnitz Gefürster Graf zu Habspurg / zu Tyroll / zu Pfürdt / zu Kyburg / und zu Görtz / Landgraf in Elsaß / Herr auf der Windischen Marck / zu Portenaw und zu Salins ꝛc. Bekennen offentlich mit diesem Brief und thun kundt allermenniglich / alß der Hochgebohrn Friederich Pfaltzgraffe bey Rhein / Hertzog in Bayrn / und Graff zu Sponheimb / deß Heiligen Römischen Reichs Ertztruchseß / Unßer

lieber

ANNO 1623.

lieber Oheimb/ und Churfürst/ nach todtlichen Abgang/ weiland deß aller-Durchlauchtigsten Fürsten und Herrn/ Ferdinanden/ Römischen Kaysers/ Unsers geliebten Herrn und Vatters/ hochlöblichster gedächtnus/ unß alß jetzt Regierenden Römischen Käyser/ underthenigst angesucht und gebetten/ daß wir Sr. Lbd. alß die nach Absterben weilandt Pfaltz-Grafens Oth Hainrichs/ Unsers auch lieben Oheimb und Churfürstens/ Jnhalt der Guldenen Bull/ der Churfürstlichen Pfaltz Erb-Verbrüderung/ Vertrag und Ordnung der Succession halber aufgericht/ zu der Höhe und Würde deß Heiligen Römischen Reichs Ertz-Truchseßen und Churfürsten kommen wehre/ und Sr. Lbd. Erben und Nachkommen alle und jegliche Seiner Liebden regalia, und Lehen/ Nemlich das Churfürstenthumb samt seiner zugehörde und Gerechtigkeit/ die Pfaltzgraffschafft am Rhein/ und Hertzogthumb in Bayeren/ und alle andere seine Herschafften/ Land und Leut/ Schlößer und Guether/ so weilandt die Hochgebohrnen Philipps/ auch Ludwig/ und Friederich/ Vatter und Sohn/ und ernandter Ott Hainrich/ alle Pfaltz-Graven bey Rhein/ und Hertzogen in Bayern/ Chur-Fürsten innengehabt/ und vermög jetzt angeregter Erb-Verbrüderung/ oder auch von anderen auf Sr. Lbd. gefallen und gewachsen wehren; sambt allen und jeglichen Chur-und Fürstl. Würdigkeiten/ Ehren Herrligkeiten/ Freyheiten/ auch Jhren Rechten/ Hohen und Niederen Gerichten/ Waßerströmen/ und Flüßzen/ Zöllen/ Gelaiten zu Waßer und Landt/ Lehenschafften/ Mannschafften/ Bastarts-Gesellen/ Wiltfangen/ Eigenschafften/ Schloßeren/ Stetten/ Güttern/ Güldten/ Zinßen/ Nutzen und Gesellen/ auch Wildbanen/ Jägereyen/ Vischereyen/ Ertz-Bruchen/ Schätzen/ Bergwercken/ Müntzen/ Keßler-Handtwercks-Bezirck/ Begnadungen/ und allen andern Jhren zugehörungen/ darzu was Sr. Lbd. deroselben Vettern und Vor-Elteren gekaufft/ ihnen verpfandt/ und verschrieben/ erlöst/ oder sonsten an sich gebracht haben; Es seyen Schloß/ Landtleuth/ Güetter/ oder Theil/ und Oeffnung an Schlößern/ die von Unß und dem Heiligen Reich zu Lehen rühren/ nichts außgenommen/ zu Lehen zu verleyhen gnediglich geruheten/ darauf wir dan in solch wolermeldtes Unsers Oheimbs Pfaltzgraff Friedriches Churfürstens gehorsamb ziembliche Bitt freundlich und gnediglich gewilliget/ und uf Sr. Lbd. Persohnliche erheischung zu gegenwärtigen Unßern ersthaltenden Reichs-Tag/ in Beywesen der andern Unserer und deß Heil. Reichs Chur-und Fürsten/ Graffen/ Edlen/ und getreuwen/ so bey Unß in trefflicher Anzahl versamblet seyn: Sr. Lbd. derselben Erben/ und Nachkommen/ nach gewönhlicher und alter hergebrachter erstattung der gebührlichen Lehens-Pflicht/ alle und iede obernandte Sr. Lbd. regalia und Lehen/ alß daß Churfürstenthumb mit seiner zustendiger Gerechtigkeit/ die Pfaltzgraffschafft am Rhein/ und daß Hertzogthum in Bayern/ sambt allen andern Sr. Lbd. Herrschafften/ Landen und Leuthen/ Schlößern und Güthern/ Chur-und Fürstlichen Würdigkeiten/ Ehren und Freyheiten/ rechtlichen ein-und zugehörungen/ nichts außgenommen noch hindan gesezt/ zu Lehen gnediglich gereicht und verliehen/ alles ferneren Jnhalts Unßers Kays. Lehen-Briefs/ Sr. Lbd deßenthalb iezt verfertigt und zugestelt/ und aber der auch Hochgebohrn Wolfgang Pfaltz-Grafe bey Rhein/ Hertzog in Bayern/ Graff zu Sponheimb und Veldentz/ Unser lieber Oheimb und Fürst/ Unß darbey Undertheniglichen zuerkennen geben/ welcher maßen die Pfaltz-Grafen am Rhein und insonderheit vorgedachter Pfaltzgrafe Friederich ietziger Churfürst/ und sein Pfaltzgrafe Wolfgangs Lieb/ alß derjenig/ so nach Abgang mehrgenants Churfürsten Pfaltzgraff Friedrichs lini der succession am nächsten/ sich mit einander verglichen/ daß Er Unser Oheimb Pfaltzgrafe Wolffgang für sich und Sr. Lbd. lini, mit ermelter Chur-Wahl/ und Ertz-Truchßeßen Ambt/ der Pfaltzgraffschafft am Rhein/ samt allen Jhren zugehörungen/ Landen/ Leuthen/ Præeminentien und Hochheiten/ solcher Jhrer kunfftiger anwarttung und angefells halber/ iederzeit in gesambter Belehnung stehen/ und seyn sollen/ wie Unß dann seine Liebden nit allein die derwegen aufgerichten besiegelten Verträg/ sondern auch offtangeregtes Unsers Oheimbs und Churfürstens Pfaltzgraf Friedrichs schrifftlichen verbrieften Consens in originali fürgebracht/ und Unß darauf darmütiglichen angeruffen/ und gebetten/ daß wir alß Regierender Römischer Kayser Sr. Lbd in solch gesambte Belehnung gnädigst kommen laßen wolten/ daß wir dem allem nach vorbestimtes Unßers lieben Oheimbs/ Pfaltzgrafe Wolfgangs gehorsam zimlich Bitt/ auch die angenehmen/ getreuwen/ hochnutzlichen und ersprießlichen dienste/ so das Chur- und Fürstlich Hauß der Pfaltz/ weiland Unßern Löbl. Vorfahren/ Römischen Kaysern und Königen/ auch Unß selbst/ offt und dick bewiesen/ mit Gnaden angesehen/ und darumb mit wohlbedachten muth/ gutem zeitigen Rath obberürter Unßer und deß Reichs Churfürsten/ Fürsten/ Grafen/ Edlen/ und getreuwen/ und rechten Wißen/ auch in sondebahrer betrachtung/ daß obgedachter Pfaltzgrafe Wolfgang sambt Sr. Lbd. lini, den jetzt regierenden Pfaltz-Graff Churfürsten und deßelben lini am nächsten befreund/ und von Rechts-und Billichkeit wegen/ auf einem solchen Fall/ der Chur fähig/ die anwartung/ angefell und gesambte Lehenschafft der Chur/ Wahl/ und Ertz-Truchßeßen Umbts der Pfaltzgraffschafft am Rhein/ daß Hertzogthumb in Beyern/ samt allen anderen oberzehlten Jhren zugehörigen Fürstenthumben/ Landen/ Leuthen/ Graffschafften/ Herrschafften/ Schlößern und Güttern/ Præeminentien/ Würden/ Ehren und Hochheiten/ wie das alles von vielermeldten Pfaltzgrafen Friedrichen ietzigen Churfürsten/ und Sr. Lbd. Vorfahren empfangen und getragen/ auch noch empfangen und tragen wurde/ nichts darvon außgeschloßen/ in bester formb/ als solches geschehen solle und mag/ durch mit-angreiffen deß Heil. Evangelii/ und Schwerdts/ zu Sr. Lbd. und derselben Lini Rechten/ gnediglich gereicht und verliehen haben/ reichen und verleyhen Jhnen solche gesambter Hand angefell/ und habende Gerechtigkeit hiemit auß Römis. Kayserl. Macht wißentlich in krafft dieß Briefs/ was wir von Billigkeit und Rechtswegen daran zu verleyhen haben/ Also daß vielgedachter Unser Oheimb/ Pfaltzgraff Wolfgang/ und seiner Lbd. lini, nun fürbaßhin/ mit Unßerm Oheimb und Churfürsten/ Pfaltzgraff Friederichen und deßelben lini, in gesambter Lehenschafft sitzen/ auch sich deren zu Jhren rechten erfreuen/ gebrauchen/ und genießen sollen und mögen/ alß dan solcher gesambter Lehenschafft/ Recht/ gebrauch/ Gewohnheit und herkommen ist/ von aller menniglich unverhindert/ der offtbestimbte Unser lieber Oheimb und Fürst/ Pfaltzgraff Wolfgang hat Uns auch gewohnliche Huldigung/ Glubd und Aydt gethan/ Unß und dem Heiligen Reich davon getreuw/ gehorsamb und gewertig zu seyn/ zu dienen/ und zu thun/ alß dan deß Heil. Reichs Fürsten einem Römischen Kayser oder König/ Jhren rechten Herren/ von Rechts oder gewohnheit wegen zu thun pflichtig seyn; Ungefehrlich/ mit Urkundt dieß Briefs besiegelt mit Unseren Kays. anhangenden insigel/ geben in Unser und deß Heiligen Reichs-Statt Augspurg/ am Neun und zwantzigsten Tag des Monaths Aprilis, nach Christi Unsers lieben Herrn und Heylands Geburth Funffzehenhundert und im Sechs-und sechtzigsten/ Unserer Reiche deß Römischen im vierten / deß Hungarischen in dritten / und deß Böhemischen in achtzehenden Jahren / und anjetzo nach Absterben bemeltes Hertzogs Wolfgangs Sohn / als der Elter von sein / und seiner Gebrüdern Johanßen / Ott Heinrichen / Friedrichen und Carle Pfaltzgraffen bey Rhein / Hertzogen in Bayern / und Grafen zu Veldentz wegen / zu dero jedeß / vermög obeingeleibter Verträg und Ihres Vattern hinderlaßener Testamentlicher Verordnung und disposition habenden anwarttung / Unß demüthiglich ersucht und gebetten / wir wolten obangeregte anwarttung und gesambte angefall und Lehenschafft der Churfürstl. Pfaltz auf Sr. Lbd. alß deß Eltern seine Mannliche Leibs Lehens-Erben / und nachfolglich dero benanten Gebrüdern Persohnen / wiederumb erneuern / confirmiren und bestätten / daß wir hierumb angesehen / solcher Sr. Lbd ziemblich Bitten / auch die angenehmen getreuwen dienst / so dero Vorfordern Pfaltzgrafen Unß und Unsern Vorfahren am Heil. Röm. Reich / Kaysern und Königen / und dem Reich vielfältig erzeigt / Sr. Lbd. auch fürbaß und Unsern Nachkommen zu erzeigen urbietig / auch wohl thun mag und solle / und haben demnach / Sr. Lbd angeregte Anwarttung / und gesambte angefäll und Lehenschafft der Churfürstl. Pfaltz zu Sr. Lbd. lini rechten / in allermaßen / wie dieselben weilandt Sr. Lbd. Vattern Hertzog Wolfgangen / durch mitangreiffung deß Heil. Evangelii / und Unsers Keyserlichen Schwerdts / gnediglich gereicht / und geliehen / erneuert / confirmirt, und bestettigt / erneuern / confirmiren und bestetten dieselbe auch hiemit von Römischer Kayserl. macht / und in krafft dieß Brieffs / also wissentlich / was wir Sr. Lbd. von Rechts und Billigkeit wegen daran erneuern / confirmiren / und bestetten sollen und mögen / Also daß vielgedachter Unser Lieber Oheimb und Fürst Philipps Ludwig nun fürbaß mit für obgedachtem Unsern auch lieben Oheimben / und Churfürsten / Pfaltzgraffen Friederich / und deßelben lini, gleichermaßen weiland sein Vatter Hertzog Wolfgang / der berürten Chur in gesambter Lehenschafft sitzen / zu begebenen Fällen / neben derselben zu Sr Lbd. rechten mit belehnet werden / und sich dero gebrauchen / erfreuen / und genießen solle und möge / Alß dann solcher gesambter Lehenschafft Recht / Gebrauch / Gewohnheit und Herkommen ist / von allermennig-lich unverhindert. Mit Urkundt dieß Brieffs besiegelt / mit Unserm Keyserlichen anhangenden Insiegel / der geben ist uff Unserm Königlichen Schloß zu Prag den 7den tag des Monaths Aprilis nach Christi Unsers lieben Herrn und Heylandes Geburth Thausendt Fünffhundert / und in siebenzigsten / Unserer Reiche deß Römischen im achten / des Hungarischen im siebenden / und des Böheimischen im Zwey und Zwantzigsten Jahren

Und Unß darauff obgenanter Unser lieber Vetter und Fürst Pfaltzgraff Wolfgang Wilhelmb demütiglich angeruffen / und gebetten / nachdem nunmehr Sr. Lbd. für sich selbst / dero Mannliche Leibes-Erben / und nach derselben Abgang dero Gebrudern / Alß Augusten / und Johannen Friederichen / aller Pfaltz-Graven bey Rhein / Hertzogen in Bayern / Graffen zu Veldentz / und Sponheimb / auch derselben descendenten / vermöge der Guldenen Bullen / und in deß Chur-und Fürstl. Hauß Pfaltz aufgerichten Erb-Verträgen / ratione Primogenituræ, und nach aufhörung derselben auf andere Agnaten dießer Ihrer Lobl. lini, die erneuwerung / bestettigung und Confirmation der berührten Belehnung / und anwarttung zu aller Ihrer Lbd. und derselben lini rechten an der succession, von Unß alß ietzt Regierenden Römischen Kayser / wiederumb zu ersuchen / und zu erlangen gebühren wollen / doch dem Hochgebohrnen Friedrichen / Pfaltzgraffen bey Rhein / Hertzog in Bayern / deß Heil. Römis. Reichs Ertz-Truchseßen und Churfürsten / und Sr. Lbd. minderjährigen Bruder Ludwigen Philipps Pfaltzgraffen bey Rhein / Hertzogen in Bayern / und so lang dero Lbd. Mannßstammen Layen wehren / auch ihrer Hochheit / dignitæt und Gerechtigkeit nach / vermög Guldener Bullen / auch der Pfaltzgraffen allerseits im Funffzehenhundert drey und Funffzigsten Jahr ufgerichten Vertrag und andern ergangenen Decreten und Ordnungen unabbrüchig / daß wir also ietzt regierender Römischer Kayser Ihme Pfaltzgraff Wilhelmen für sich selbst und seine Mannlichen Leibs Lehens-Erben / und nach deren Abgang mehrgedachten seinen beyden Gebrüdern / die Bestettigung erneuwerung / und confirmation der obangeregten anwarttung und angefäll der Churfürstlichen Pfaltz / inmaßen der Durchleuchtigst Fürst und Herr Rudolph der ander Römischer Kayser / Unser geliebter Herr und Bruder / auch negster Vorfahr am Reich Lob-und Christseligster Gedachtnuß / und jüngstlich auch wir / nach Unser angetrettener Kayserlicher Regierung noch unterem dato Prag den 10. Novembris Jahrs Sechzehenhundert und Zwölff / auch gethan / allergnedigst erfolgen und wiederfahren zu lassen geruheten;

So haben wir demnach mit Gnaden angesehen vorgemelt Unsers lieben Vetters und Fürsten Pfaltz-Graff Wolfgang Wilhelms gehorsamblich Bitt / auch die angenehmen getreuwen hochnutzlichen und erspießlichen dienst / so das Churfürstlich Hauß der Pfaltz weiland Unseren Loblichen Vorfahren Römischen Kayseren und Königen offt und dick bewiesen / und Er sambt vorernannten seinen manlichen Leibs-Erben / und nach deren-Abgang / beede Sr. Lbd. Gebrüdere Augusten und Johan Friederichen allen Pfaltzgraffen / Unß und dem Heiligen Reich hinführan / in künfftiger zeit / sich zu thun unterthenig und gehorsamblich erbeüt / auch wohl thun mag und soll: Und darumb mit wohlbedachtem Muth / guten Zeitigen Rath und rechter wißen / auch in sonderbahrer betrachtung / daß sein Lbd. und derselben mannliche Leibs-Erben und hernacher Sr. Lbd. Bruder / und nach Abgang derselben / andere Agnaten dieser lini, nach obermeltes Friederichs Pfaltzgraffen Churfürstens / minderjährigen Bruders / Ludwig Philippßen und derselben lini nach / der Churfähig / demselben Unserm lieben Vetter und Fürst / Pfaltzgraff Wolffgang Wilhelmen / für sich und seine manliche Leibs-Lehens-Erben / und nach abgang derselben seinen Gebrüdern / zu deren jedes Anwarthung die vielberuhrte angefell / und Lehenschafft der Chur / Wahl und Ertz-Truchseßen Ambt / der Pfaltzgraffschafft am Rhein / deß Hertzogthumbs in Beyern samt allen andern Ihren zugehörigen Fürstenthumben / Landen Leuthen / Graffschafften / Herrschafften / Schlößern / und Güttern / Præeminentien / Würden / Ehren / Hochheiten / wie das alles von ermeltem Pfaltzgraff Friederich Churfürsten / und Sr. Lbd. Vorfahren / empfangen und getragen wird / nichts daran ausgeschlossen / in bester form / alß solches geschehen soll / und mag / zu Sr. Lbd. und derselben lini Rechten / gnediglich erneuert / confirmirt, und bestettet / Erneuwen / confirmiren / und bestetten Ihm solche angefell und habende gerechtigkeit / hiemit aus Röm. Kays. Macht / wißentlich in krafft dieses Brieffs / was wir von Billichkeit und Rechtswegen daran zu erneweren / zu confirmiren / und zu bestetten haben; also daß vielgedachter Unser Vetter Pfaltzgraff Wolffgang Wilhelm / seine Manliche Leibs-Erben / und nach deren abgang / mehrgedachten Seiner Liebden Gebrüdere / auch aller Ihrer Liebden lini, nun fürbaßhin / mit mehrhochernanten Pfaltzgraff Friederich Churfürsten / und deßen Lieb noch minderjährigen Bruder / Ludwig Philippßen die Lehenschafft

ANNO 1623. der anwarttung kunfftiger fell halben / auch sich deren zu seinen rechten / da sich die Fäll begeben / erfreuen / gebrauchen / und geniessen sollen und mögen / als dan solcher anwarttungh und Lehenschafft Recht / gebrauch / gewohnheit und herkommen ist / von allermenniglich unverhindert / doch Uns und dem Reich an Unseren / und sonst menniglich an seinen rechten unvergreiflich und unschedlich; mit Urkund diesses Briefes besiegelt mit Unseren Kayserlichen anhangenden Insiegel; Geben in Unser Statt Wien den sechszehenden Tag deß Monaths Maii, nach Christi Unsers lieben Herrn und Sehligmachers Geburth Sechszehenhundert / und in Funffzehenden / Unserer Reiche deß Römischen in dritten / deß Hungarischen in siebenden / und deß Böheimischen in vierten Jahren. Matthias vice Reverend. Dom. Jo. Suuicardi Arch. Cancellarii & Elect. Mag. vt. Hanuß Ludwig von Ulm: Ad Mandatum Sacræ Cæsareæ Majestatis proprium, Hanß Rudolph Pucher.

Und Unß darauff obgenanter Unser lieber Vetter / Schwager / und Fürst Pfaltzgrave Wolffgang Wilhelm demüthiglich angeruffen und gebetten / nachdem nunmehr Sr. Lbd. die Chur der Pfaltzgraffschafft am Rhein / samt dem Ertz-Truchsessen Ambt / und allen obbemeldten von Pfaltzgraff Friederich / und dessen Voreltern besessenen / und gewesenen Landen / und Leuthen / Graff- und Herrschafften / Schlössern und Güthern / auch Pfandschafften / Præeminentien / Würden / Ehren / und Hochheiten / weil der Proscribirte Pfaltzgraff Friedrich excludirt worden / wofern desselben Brüder zu itztbemeldter Chur / regalien und Landen nit admittiret werden solten / angefallen / daß wir als Römischer Kayser Sr. Lbd. vor sich selbst / dero Mannliche Leibs-Erben / und nach derselben Abgang / dero Gebrüdern als Augusten / und Johann Friedrichen / allen Pfaltzgraven bey Rhein / Hertzogen in Bayern / auch derselben descendenten / und Lehensolgern / vermög der Gulden Bull / und deß Chur- und Fürlichen Haußes Pfaltz Erb-Vertrag / dieselbe dignitet / Landt / regalien und Gerechtigkeiten würcklich einraumen / und sie damit belehnen / oder doch biß zu gutlicher / oder rechtlicher erörtterung der Haubtsach / die vorige gesambte Belehnung / und confirmationes der berührten Belehnung und Anwarttung / zu aller dero Lbd. und deroselben lini rechten an der succession zu der Chur / der Pfaltzgraffschafft ahm Rhein / deß Hertzogthumbs in Bayern / und was darzu gehörig / erneueren wollen; wie wohl es nun an deme / daß der vorige besitzer / und inhaber der Chur / auch Landt / digniteten / regalien / und Ihrer zugehörung / Friedrich / so sich nennet Pfaltzgrave bey Rhein / gewesener deß Heil. Römis. Reichs Ertz-Truchseß / und Churfürst / wegen seiner Weldtkundigen rebellion, nit allein in die straff deß begangenen abschewlichen Lasters der beleidigten Kays. Majest. condemnirt, sondern auch in deß Heiligen Reichs Acht und Oberacht declarirt, und also aller von Uns / und dem Heiligen Reich gehabter Ehren / Würden / und Lehen / sambt aller vorhin ingehabter Landen und Leuten / privirt worden / daher wir den Durchlauchtigsten Hochgebohrnen Maximilian Pfaltzgraven bey Rhein / Hertzogen in Ober- und Nieder Bayern / deß Heil. Römis. Reichs Ertz-Truchsessen; Unsern lieben Vettern / Schwagern und Churfürsten mit der Churfürstl dignitet / nach anlaß der mit den alhie anwesenden Churfürsten und Gesanden gepflogener Handlung / belehnt / darüber zwar gedachter Wolffgang Wilhelm Pfaltzgraffe für sich / seine descendenten / Lehenfolger und Agnaten / mit anziehung Ihrer unschuld / auch obangeregter habender gesambter Belehnung und anwartschafft / und anderer motiven / sich zum höchsten beschwehrt und die heimb-fälligkeit nit gestendig sein wollen / und damit gleich wohl sein des Pfaltzgraffen Wolffgang Wilhelms Lbd. daß dieser actus Ihro und seinen Lehenfolgern an dero Rechten un-præjudicirlich seyn / auch dieselbe auf allen Fall / der Succession, und Anwartschafft zu obbemeldter Chur / Landt / digniteten / und regalien / auch Unserer gnedigsten affection versichert seyn. ANNO 1623.

So haben wir demnach mit Genaden angesehen vorgemelt Unsers lieben Vetters / Schwagers / und Fürstens Pfaltzgraffens Wolffgang Wilhelms Lbd. gehorsamliche Bitt / auch die angenehme / getrewe / hochnutzliche und erspriessliche dienst / so Sr. Lbd. und dero Voreltern deß Chur- und Fürstlichen Haußes Pfaltz / weyland Unsern Löblichen Vorfahren / Römischen Kaysern und Königen / offt und dick bewiesen / und Er samt vorernandten seinen Ehe-Mannlichen Leibs-Erben / und nach deren Abgang seiner Lbd. Gebrüder / und Lehenfolgere / Unß und dem Heil. Reich hinfuhran / und in kunfftiger zeit sich zu thun Unterthänig und gehorsamblich e[illegible]uth / auch wohl thun mag und solle.

Und darumb mit wohlbedachtem Müth / gutem zeitigen Rath und rechten wissen (auch in sonderbahrer betrachtung daß Sr. Lbd. und derselben Mannliche Leibs-Erben / und hernach Sr. Lbd. Brüder / und nach Abgang derselben / andere Agnaten dieser lini, nach obgemelten Pfaltzgraffen der Heydelbergischen lini zu succeßiren / die nächste seyn) gnädigst bewilligt / da Seine Lbd. oder dero descendenten Brüdern / und Lehenfolgern / obbemeldte Chur / regalien / Landt und zugehörungen / so Pfaltzgraff Friederich genossen / wo nit gantz und völlig / doch eines Theils zuerkendt wurden / Ihnen krafft Unserer den drey und zwantzigsten Februarii negsthin denen alhie anwesenden Churfürsten und Gesandten gegebener resolution, wan Unser Vetter Hertzog Maximilian in Bayern nit mehr im Leben / alsobalden anfallen und zugehörig seyn / und von Uns damit belehnet werden sollen / deßgleichen da die Heidelbergische lini, entweder durch rechtliche erkendtnuß / nach inhalt jetzged. zu Regenspurg uber solchen rechtlichen außtrag ergangenen erklehrungen / oder vermittelst güttlicher Handlung und Unser Kayserl. begnadigung / mit einwilligung der intereßirten, zu der Churfl. dignitet / Landen und Leuthen / oder ein Theil derselben wider restituirt wurde / daß auf solchen Fall Sr. Lbd dero Erben und Lehenfolgern gleich nach derselben / eben das Recht / Succeßion und folg ohne einigen Abgang verbleiben / und zustehen solle / allermaßen dieselbe / vermög voriger belehnungen und confirmation gehabt / und hergebracht / alß wir dan hiemit solche angefell und gerechtigkeit ihme Pfaltzgraffen Wolffgang Wilhelmen und seinen descendenten / Brüderen und Agnaten confirmirt / und bestettigt haben wollen / doch Unß und dem Heil. Römis. Reich an Unsern / auch andern prætendirenden an ihren Rechten / und was dieß Falls nach inhalt obgesetzter Erklährung / so zwischen Unß und denen allhie anwesenden Churfürsten / und dero abwesenden Gesandten / in dieser Sachen ergangen / mit recht erkandt werden mögte / wie auch deren darauf gegen obgedachtes Hertzogen in Bayern Lbd. mit vorbehalt der Newburgischen lini und andern Agnaten rechtens / erfolgter belehnung und Ubergab der Churfl. Dignitet / sambt was derselben anhengig / allerdings ohne einigen schaden / und nachtheil seyn solle / darbey wird doch ihme Pfaltzgraffen / auch seinen descendenten / und Lehenfolgern aus gnaden für Uns und Unsere Nachkommen am Reich gnedigst versprochen und zugesaget / wan durch gutliche underhandlung oder rechtlichen Entscheid und Unser Käysl. Begnadung und Bewilligung solche Churfl. dignitet / Landt / und Leuth / oder ein theil

ANNO 1623. derselben Hertzog Wilhelms in Bayern lini überlaßen werden/ und verbleiben solten/ daß wir seiner Pfaltzgraven Wolffgang Wilhelms Lbd. und deßen Erben und Lehenfolgern die weitere Kays. Begnadung gethan/ daß sie auch dießfalls nach abgang jetzgemelter Bayerischen lini, in der Chur/ und was sonsten durch diese translation/ oder folgends an das Hauß Bayern von den Pfaltzischen Landen kommen möchte/ succediren soll/ erneweren/ confirmiren/ und bestettigen demnach solche angefell/ und gerechtigkeit/ allermaßen wie es von Unsern Vorfahren am Reich geschehen/ und ferner hjerobert vermeldet ist/ verleyhen und conferiren auch respective die succession und anwarttung nach der Bayrischen lini, auß Kays. Macht/ wißentlich in krafft dieß Brieffs/ was wir von billichkeit/ und rechtswegen daran zu confirmiren/ zu bestetten/ und zu conferiren haben; Also daß vielgedachter Unser Vetter/ Schwager/ und Fürst Pfaltzgraff Wolffgang Wilhelm/ seine Männliche Leibs-Erben/ und nach deren Abgang ungerged. seiner Lbd. Gebrüdere/ auch aller Jhrer Lbd. lini nun fürbaß hin entweder neben hernach bemelten Pfaltzgraffen Heydelberg- oder Bayrischer lini, die Lehen-Herrschafft der anwarttung/ künfftiger Fäll halber/ wie obgemeldt haben/ oder auch deren directo, wann es Sr. Lbd. und folgenden obbemeldt dero Brüdern/ und Agnaten mit recht zuerkent wird (doch erst nach abgang Hertzogen Maximilian in Bayern Lbd.) sich deren zu Jhren rechten erfreuen/ gebrauchen/ und genießen sollen und mögen. Alß dann solcher anwarttung/ Succession, und Lehenschafft/ recht/ gebrauch/ gewohnheit und herkommen ist/ von allermenniglich unverhindert/ doch Unß und dem Reich ahn Unsern/ und sonsten menniglich an seinen rechten unvorgreifflich/ und unschädlich/ alles in Urkundt dieses Brieffs/ besiegelt mit Unserm Kayserlichen anhangenden Jnsigel. So geben in Unser Und des Heil. Römis. Reichs Statt Regenspurg den dreyßigsten Martii nach Christi Unsers lieben Herrn/ und Seeligmachers geburth Sechszehenhundert und in drey und Zwantzigsten Unserer Reiche deß Römischen im vierdren/ und deß Hungarischen im funfften/ und deß Böhemischen im sechsten Jahren.

Ferdinand.

Ad mandatum Sac. Cæsar. Majestatis proprium.

Johan Solder.

CCXLI.

1. Avril. Kayserl. Definitiv-Urtheil in Sachen/ zwischen Landgraff Ludwig zu Hessen-Darmstadt/ klägern an einem/ gegen und wider Landgraff Moritzen zu Hessen-Cassel/ beklagten/ andern theils/ die Marpurgische Succession betreffend; in welchem Landgraff Moritz/ als contravenienten Landgraff Ludwigs seel. Testaments, sein Erbtheil ab- und dem Erstern Landgraff Ludwig von Darmstadt zuerkandt wird. Regenspurg den 1. Aprilis 1623. [LONDORPII Acta Publica. Part. II. Lib. IV. Cap. CLXXXVI. pag. 735. d'où l'on a tiré cette Pièce qui se trouve aussi dans le MERCURE FRANÇOIS Tom IX. pag. 338.]

C'est-à-dire,

Sentence Imperiale & définitive, rendue entre LOUÏS *Landgrave de Hesse-Darmstadt Demandeur, &* MAURICE *Landgrave de Hesse-Cassel Defendeur, dans l'affaire de la Succession de* Marbourg; *par laquelle la Portion Hereditaire de* MAURICE *lui est ôtée, comme ayant contrevenu au Testament du défunt Landgrave* LOUÏS, *& adjugée à* LOUÏS *Landgrave de Darmstadt. A Ratisbonne le* 1. *Avril* 1623. ANNO 1623.

JN Sachen/ zwischen Herrn Landgraff Ludwigen zu Hessen-Darmbstatt/ Klägern/ an einem/ gegen und wider Herrn Landgraff Moritzen/ zu Hessen-Cassel/ Beklagten/ andern theils/ die Marpurgische Succession betreffend/ ist auff ermeltes Herrn Klägers angestellte unterschiedliche Klagen/ auß welchen Er ihme eine jede/ omni meliori modo & elective zu prosequiren/ vorbehalten/ und sein darüber einkommene vollkommene Gerichtliche Agnition und Acceptation Weyland seines Herrn Vettern Landgraff Ludwigen Seligen hinterlassenen Testaments/ dargegen vom beklagten Herrn Landgraff Moritzen vorgenommene Land- und Reichskündige/ auch in Actis gnugsamb erwiesene innovationes und contraventiones, und fürters von mehrgedachtem klagenden Herrn Landgraffen/ über solche Reichskündige Contravention beschehen Gerichtlich Anruffen und Submission/ die Sachen super Notorietate & confessis contraventionum, der mitbeklagten Caducitet halben/ ungehindert der darwider von beklagtem Herrn Landt-Graffen/ in seinen defensionalibus eingewenter/ und hernach im andern Tomo seiner Exception/ und gegen-Deduction-Schrifft in puncto causæ principalis, und dero siebenden Haudtpuncten. § Das dann auch/ rc. wiederholter Protestation/ von Amptswegen/ hiermit vor beschloßen angenommen/ und zu Recht erkant/ daß ihm Herrn Landgraff Moritzen keines wegs gebühret/ wider obgemeltes Herrn Landgraff Ludwigen deß Aeltern Testament/ welches er in allen Puncten und Clausuln/ ohn einiges Vorbehalt/ acceptirt/ die beklagte und bekante offenbare contraventiones vorzunehmen/ sondern daß er damit zu viel und unrecht gethan/ auch zumal sich selbsten seines ihme darinnen vermachten Erbtheils allerdings unfähig und verlustig gemacht habe/ und solchen seinen Erbtheil/ von Zeit der vorgenommenen Contravention an/ Herrn Klägern mit allen darvon auffgehabenen Nutzungen und Einkommen/ abzutretten/ einzuraumen/ und zu restituiren schuldig: und zu solchem allem/ hiemit völlig erkant und verdampt seyn sol. Signatum in Jhrer Kayserl Majest. und deß Heiligen Reichs-Statt Regenspurg/ unter dero auffgetruckten Secret Jnsigel 1. Aprilis Anno Sechtzehenhundert drey und zwantzig.

CCXLII.

14 Avril. FRANCE ET ANGLETERRE. *Confirmation par le Roi Louïs XIII. Roi de France du Traité de Commerce entre la* FRANCE *&* l'ANGLETERRE, *fait à Paris le* 24. *Fevrier* 1606. *A Fontainebleau le* 14. *Avril* 1623. [FREDER. LEONARD, Tom. V. pag. 25. d'où l'on a tiré cette Pièce, qui se trouve aussi dans le MERCURE FRANÇOIS, Tom. IX. pag. 15. sur la fin aux Pièces ajoutées.]

LOUIS PAR LA GRACE DE DIEU ROI DE FRANCE & de Navarre: A nos amés & feaux Conseillers les gens tenans nos Cours de Parlemens de Bordeaux, Roüen, & Rennes, Salut; Le feu Roi Henri le Grand nôtre tres-honoré Seigneur & Pere, pour continuer & augmenter de plus en plus la bonne amitié & intelligence qui estoit entre lui & nôtre tres-cher & tres-amé bon Frere, Cousin, & ancien Allié le Roi de la Grand' Bretagne, & procurer le bien & commodité de nos Roiaumes; mêmement en ce qui con-

ANNO 1623.

concerne le Traffic & Commerce de nos communs Sujets, auroit traité avec nôtredit Frere le vingt-sixiéme (1) Mai mil six cens six. Ce que desirans pareillement entretenir, & accroître la bonne & sincere amitié & correspondance qui est entre Nous & nôtredit Frere, & n'obmettre aucune chose qui puisse servir à faciliter ledit Commerce: Nous avons ledit Traité ci-attaché sous nôtre contre-scel, entant que besoin est, ou seroit, ratifié, agreé, approuvé, ratifions, agréons & approuvons par ces Presentes, par lesquelles vous mandons, & à chacun de vous enjoignons, qu'ayez à icelui émologuer, registrer, & faire executer & entretenir par tous nos Sujets de point en point selon sa forme & teneur, sans qu'il en soit innové aucune chose: CAR tel est nôtre plaisir. DONNÉ à Fontainebleau le 14. jour d'Avril, l'an de Grace 1623. & de nôtre Regne le treiziéme. *Signé*, LOUIS. Par le Roi, BRULART.

(1) C'est la Ratification qui fut donnée le 26. Mai; le Traité se fit le 24. Fevrier 1606. Voyez-le ci-devant, sous cette date. [DUM.]

CCXLIII.

Avril, &c. FRANCE ET ANGLETERRE.

Diverses Piéces concernant le Mariage de CHARLES *Prince de Galles Fils de* JAQUES I. *Roi d'Angleterre, avec* MARIE *Infante d'Espagne, Fille de* PHILIPPE III. *négocié au mois d'Avril & suivans de l'année* 1623. [MERCURE FRANÇOIS, Tom. IX. pag. 510.]

Bref du Pape GREGOIRE *XV. au Prince de Galles.*

TRES-NOBLE Prince salut, & lumiere de la grace divine. Comme ainsi soit que la Grande Bretagne ait tousjours esté abondante en vertus, & personnages de grand merite, & ait remply l'un & l'autre Monde de la gloire de sa renommée, elle attire aussi tres souvent les pensées du sainct Siege Apostolic à la consideration de ses loüanges. Et de faict l'Eglise ne faisoit encores que naistre, quand le Roy des Roys la voulut choisir pour son heritage, & si affectionnement, qu'on tient qu'à peine les Aigles Romaines y ont plustost passé que l'estendart de la Croix. Joint que plusieurs de ses Roys instruicts en la science du vray salut, ont preferé la Croix au Sceptre Royal, & la discipline de la Religion à la convoitise, laissant des exemples de Pieté aux Nations estrangeres, & aux siecles futurs. Si bien que ayans merité dans le Ciel les Principautez & préeminences de la beatitude, ils ont obtenu en terre des ornements triomphaux de vraye sainteté. Et ores qu'aujourd'huy l'Estat de l'Eglise Anglicane soit alteré, nous voyons neantmoins la Cour de la Grand' Bretagne estre ornée & munie de vertus morales, qui serviroient de consolation à la charité que nous luy portons, & d'ornement au nom Chrestien, si conjoinctement elle pouvoit avoir pour sa deffense & protection la Verité orthodoxe & universelle. C'est pourquoy d'autant plus que la gloire de vostre Serenissime Pere nous delecte, & le ressentiment de vostre Royal naturel, de tant plus grande ardeur desirons-nous que les portes du Royaume celeste vous soient ouvertes, & vous acqueriez l'Amour de l'Eglise universelle. D'ailleurs estant vray, que Gregoire le Grand de tres-saincte memoire, a introduict aux peuples d'Angleterre, & enseigné à leurs Roys la Loy de l'Evangile; & le respect de l'authorité Apostolique; Nous comme inferieurs à luy en saincteté & vertu, & pareils en nom & degré de dignité, il est bien raisonnable qu'en suivans ses saincts vestiges, nous procurions le salut de ces Provinces, nommément aujourd'huy que vostre heureux desseing (tres-noble Prince) vous esleve à l'esperance d'un bonheur extraordinaire. Partant, comme vous vous estes acheminé en Espagne vers la personne du Roy Catholique, avec desir de vous allier à la Maison d'Austriche, Nous avons bien voulu louer vostre dessein, voire mesme temoigner ouvertement à l'affaire qui se presente, que vous estes celuy que regarde le principal soing de nostre Prelature: Car estant ainsi que vous desirez prendre en mariage une fille d'Espagne, de là pouvons-nous aisément conjecturer que ces anciennes semences de la Pieté Chrestienne, qui és cœurs des Roys de la Grand' Bretagne ont esté si heureusement florissantes, peuvent (Dieu leur donnant accroissement) reverdir en vostre ame. Et de faict il ne seroit pas croyable que celuy là aymast une telle alliance, lequel hayroit la Religion Catholique, & se plairoit à opprimer le sainct Siége. Nous avons en suitte de ce commandé de faire continuellement de tres-humbles prieres au Pere des lumieres, à ce qu'il luy plaise de vous mettre comme une belle fleur du Christianisme, & unique esperance de la Grand' Bretagne, en possession de ce tres-noble heritage que vos ancestres vous ont acquis, à deffendre l'authorité du souverain Pontife, & à combatre les monstres de l'heresie. Souvenez vous des jours anciens, enquestez vous de vos Peres, & ils vous diront par quelle voye l'on va au Ciel, & quel chemin ont tenu les Princes temporels pour parvenir au Royaume eternel. Voyez les portes du Ciel ouvertes, ces tres saincts Roys d'Angleterre, qui partans d'Angleterre pour venir à Rome accompagnez des Anges, sont venus honorer & faire hommage au Seigneur des Seigneurs, & au Prince des Apostres en la Chaire Apostolique. Leurs œuvres & leurs exemples sont autant de voix de Dieu qui parlent, & qui vous exhortent à ce qu'ayez à suivre la façon de vivre de ceux à l'Empire desquels vous parviendrez un jour. Est-il possible que vous puissiez souffrir, que les heretiques tiennent pour impies, & condamnent ceux que la Foy de l'Eglise Catholique tesmoigne regner dans le Ciel avec Jesus-Christ, & avoir commandement & authorité sur toutes les Principautez & Empires de la terre? Voylà qu'ils vous tendent la main de ceste bien-heureuse Patrie, pour vous conduire sain & sauf à la Cour du Roy Catholique, & qui desirent vous ramener au giron de l'Eglise Romaine, laquelle suppliant avec gemissements inenarrables le Dieu de toute Misericorde pour vostre salut; vous tend les bras de la Charité Apostolique pour vous embrasser avec toute affection Chrestienne, vous qui estes son desiré Fils, en vous monstrant l'esperance bien-heureuse du Royaume des Cieux. Pour vray vous ne pourrez donner plus grande consolation à tous les peuples de l'Estat Chrestien, que de mettre en possession de vostre tres-noble Isle le Prince des Apostres, l'authorité duquel a esté tenuë si long temps en vostre Royaume de la Grande Bretagne pour la deffense des Royaumes, & pour Oracle de la Divinité: Ce qui arrivera sans difficulté, si vous ouvrez vostre cœur au Seigneur qui frappe, en quoy gist tout le bon-heur de ce Royaume. C'est de ceste si grande charité que nous favorisons aux louanges du nom Royal, & qui nous faict desirer que vous & vostre Serenissime Pere soyez qualifiez du nom de Liberateurs & Restaurateurs de l'ancienne & paternelle Religion de la Grand' Bretagne. Ce que nous esperons, nous confians en la bonté de Dieu, és mains duquel sont les cœurs des Roys, & qui faict que les peuples de la terre puissent recevoir guarison, lequel nous tacherons tousjours de tout nostre pouvoir vous rendre propice & favorable. Cependant recognoissez en ces Lettres le soing de nostre charité, qui n'est autre chose que pour procurer vostre bon-heur: & jamais il ne nous fera mal de les avoir escrites, si la lecture d'icelles vient au moins à exciter quelque petite flammesche de la Foy Catholique au cœur d'un si grand Prince, lequel nous desirons estre comblé d'une liesse de longue durée, & estre florissant en la gloire de toutes vertus. Donné à Rome au Palais de S. Pierre, le vingtiesme jour d'Avril, 1623. l'an troisiesme de nostre Pontificat.

Réponse du Prince de Galles au Pape.

TRES-SAINCT PERE; J'ay receu la Despesche de vostre Saincteté avec un grand contentement dans le respect que demandent la Pieté & la Bien-veillance, avec lesquelles sa Saincteté l'a escrite. Ce m'a esté un plaisir indicible de lire les exploicts genereux des Roys mes Predecesseurs, à la memoire desquels la Posterité n'a point donné les Eloges d'honneur qui leur sont deubs. Je veux croire que sa Saincteté a mis leur exemple devant mes yeux, afin que je les imitasse en toutes mes actions: car à la verité, ils ont exposé souvent leur Estat & leur Vie pour l'exaltation du sainct Siege; de sorte que le courage avec lequel ils ont assailly les ennemis de la Croix de Jesus-Christ, n'a pas esté moindre que le soucy & la pensée que j'ay, afin que la Paix & l'Intelligence qui ont manqué jusques à present dans la Chrestienté soient estraintes d'un lien d'une veritable concorde: Car de mesme que l'ennemy commun de la Paix veille tousjours pour mettre la hayne & la dissention parmy les Princes Chrestiens; de mesmes je croy que la gloire de Dieu demande

ANNO 1623.

mande qu'on tasche de les unir. Et je n'estime pas que j'aye un plus grand honneur d'estre descendu de si grands Princes, que de les imiter dans le zele de leur pieté; en quoy il me sert grandement d'avoir recogneu la volonté de nostre tres-honoré Seigneur & Pere, & les sainctes intentions de sa Majesté Catholique, pour faire reussir heureusement ce loüable dessein, parce qu'elle a un extreme regret de voir les grands mal-heurs qui naissent de la division des Princes Chrestiens. Ce que la prudence de sa Sainteté a preveu, lors qu'elle a jugé que le mariage qui luy plaist d'assigner entre l'Infante d'Espagne & moy, est necessaire pour procurer un si grand bien; parce qu'il est tout certain que je ne me porteray jamais si passionnément à chose du monde qu'à la recherche de l'alliance d'un Prince, qui aura le mesme sentiment de la vraye Religion avec moy: C'est pourquoy je prie sa Sainctété de croire que j'ay tousjours esté fort esloigné d'advantager les nouveautez, ny d'estre partisan d'aucune faction contre la Religion Catholique, Apostolique, Romaine; mais au contraire que j'ay recherché les occasions, afin que le soupçon qui peut tomber sur moy soit entierement osté, & que je m'employe de tout mon reste pour n'avoir qu'une Religion, & qu'une Foy, puis que nous croyons tous ensemble en Jesus-Christ: Ayant resolu de ne m'espargner point en chose du monde, & de souffrir toute sorte d'incommodité, mesmes de hazarder mon Estat & ma Vie, pour une occasion si agreable à Dieu, il reste seulement, que je remercie sa Sainctété de la permission qu'il luy a pleu de m'accorder, & que je prie Dieu qu'il luy donne une heureuse santé, & sa gloire, apres tant de travaux que sa Sainctété prend dans son Eglise. *Signé*, CHARLES STOUARD.

Articles, Conditions, & Capitulations offertes par le Roi de la Grand' Bretagne, envoyez au Roi d'Espagne, avec les Réponses de sa Sainteté.

Le Roi de la Grand' Bretagne.

QUE le mariage se doit faire avec la dispense du Pape, laquelle dispense le Roy Catholique doit procurer; & donnera sa Parole Royale au Roy de la Grande Bretagne de faire tout son possible, pour obtenir ladite dispense du Pape.

Response du Pape.

Les deux Parties sont d'accord sur ce poinct.

II. *Le Roi de la G. B.* Que le mariage se fera en Espagne & en Angleterre. En Espagne selon la forme de l'Eglise Romaine. Et en Angleterre selon les ceremonies qui sembleront convenir au bien du Roy de la Grande Bretagne, de telle façon que lesdites ceremonies ne soient contraires à la Religion de la Serenissime Infante: Mais touchant le premier poinct, on conviendra comme telle ceremonie se fera en l'un & en l'autre Royaume.

Rep. du P. *Le mariage se doit celebrer en Espagne. Et s'il se doit faire quelque solemnité en Angleterre, il faut que premierement l'on advertisse, & que l'on soit d'accord quelle solemnité l'on voudra faire.*

III. *Le Roi de la G. B.* Que la Serenissime Infante aura le libre Exercice de la Religion Catholique Romaine.

R. du P. *Cest Article est aussi accordé.*

IV. *Le R. de la G. B.* Que la Serenissime Infante aura tousiours ses serviteurs domestiques par l'élection du Serenissime Roy d'Espagne, sans qu'aucuns luy puissent estre donnez par le Roy de la Grande Bretagne.

R. du P. *Cest Article est aussi accordé.*

V. *Le R. de la G. B.* Qu'il y aura une Oratoire ou Chappelle, & en icelle des Prestres pour y faire le Service Divin, selon que la Serenissime Infante l'ordonnera.

R. du P. *Cest Article est aussi accordé.*

VI. *Le R. de la G. B.* Lequel Oratoire se fera dans son Palais, & où il se dira Messe selon la volonté de la Serenissime Infante.

R. du P. *Que l'on fera une Eglise publique à Londres, Ville où la Serenissime Infante pourra demeurer, sans celuy de son Palais, & qu'en un chacun endroict se feront les exercices Divins, & s'y preschera la parole de Dieu, avec Administration des Sacrements.*

ANNO 1623.

VII. *Le R. de la G. B.* Que tous les Officiers domestiques & serviteurs de la Serenissime Infante, de quelque sexe qu'ils soient, & tous les serviteurs & servantes de sa Maison & Famille, auront le libre exercice de la Religion Catholique: lequel poinct se doit entendre, que qui que ce soit, estant serviteur, est obligé d'estre Catholique & serviteur.

R. du P. *Que les serviteurs & servantes de la Serenissime Infante, & leurs enfans & descendans, & toute leur famille, quelque office qu'ils exercent, doivent avoir le libre exercice de la Religion Catholique.*

VIII. *Le R. de la G. B.* Que l'exercice libre de la Religion Catholique sera en la façon qui s'ensuit; sçavoir; Que la Serenissime Infante aura tout joignant son Palais une Chapelle fort grande, afin que lesdicts serviteurs Catholiques y puissent entrer librement, laquelle aura une porte publique & ordinaire pour lesdicts serviteurs, & autre porte interieure afin que la Serenissime Infante y puisse entrer & oüir Messe, & y faire celebrer l'Office Divin quand elle voudra.

R. du P. *Que les serviteurs & familiers en cela soient tous d'accord.*

IX. *Le Roi de la G. B.* Que ceste Chapelle sera parée avec un decent ornement d'autel, & de toutes choses necessaires pour le Service Divin qui s'y doit celebrer, selon la coustume de la saincte Eglise Romaine: Et sera licite ausdits Officiers, serviteurs & autres, comme dessus est dit, entrer en ladite Chapelle à toutes les heures qu'ils voudront.

R. du P. *Cest Article est aussi accordé.*

X. *Le R. de la G. B.* Que le Recteur & Custodes de ladite Chapelle seront esleus & deputez par la Serenissime Infante, lesquels ne permettront l'entrée à personne qui y puisse faire chose indecente.

R. du P. *Que le Recteur & Custodes de ladite Chapelle & Eglise seront Espagnols.*

XI. *Le R. de la G. B.* Que pour administrer les Sacrements, & servir en ladite Chapelle, il y aura tel nombre de Prestres qu'il semblera convenable à la Serenissime Infante. Et que s'il y en avoit qui fussent naturels des Royaumes du Roy de la Grande Bretagne, ce ne sera qu'avec la volonté & permission de ladite Serenissime Infante.

R. du P. *Sa Sainteté veut & entend que ce soit une Eglise.*

XII. *Le R. de la G. B.* Qu'il y aura entre lesdits Prestres un Recteur ou Superieur, avec authorité & puissance de determiner des differents qui surviendront pour la Religion & conscience.

R. du P. *Sa Sainteté veut que ce soit un Evesque.*

XIII. *Le R. de la G. B.* Que le mesme Recteur ou Superieur pourra reformer & exercer toutes Jurisdictions Ecclesiastiques sur les delinquans de ladite Maison & Famille: Et outre cela la Serenissime Infante les pourra chasser de son service à sa volonté.

R. du P. *Il faut que ce soit aussi un Evesque.*

XIV. *Le R. de la G. B.* Qu'il sera licite à la Serenissime Infante, & à ses serviteurs, de gaigner les Dispenses, Indulgences, & Jubilez qui viendront de Rome, & toutes les autres choses qui concernent la conscience.

R. du P. *Cest Article est aussi accordé.*

XV. *Le R. de la G. B.* Que les serviteurs & servantes de la famille de la Serenissime Infante qui seront en Angleterre, feront serment de fidelité au Roy de la Grande Bretagne, pourveu qu'il n'y ait clause & parole audit serment qui contredie à la Religion & conscience des Catholiques; laquelle forme de serment sera approuvée.

R. du P. *Que lesdits serviteurs & domestiques seront Espagnols.*

XVI. *Le R. de la G. B.* Que les Loix observées en Angleterre touchant la Religion, ne s'estendront pour les Officiers & serviteurs Catholiques de la Serenissime Infante, lesquels seront exempts desdites Loix & peines mises contre les transgresseurs d'icelles, & qu'il en sera fait une Declaration à ce subject.

R. du P. *Que les Loix qui sont & seront par cy-aprés en Angleterre touchant la Religion ne s'estendront point pour lesdicts serviteurs & autres, lesquels seront exempts desdites Loix & peines contre les transgresseurs: Pour ce les Ecclesiastiques ne seront subjects à nulles autres Loix, qu'aux leurs Ecclesiastiques.*

XVII. *Le R. de la G. B.* Que les enfans de leursdites Majestez ne seront contraints en faict de Religion & conscience, & que les Loix contre les Catholiques ne s'estendront pour eux en ce poinct; & que si quelqu'un d'iceux estoit Catholique, pour cela il ne perdra

ANNO 1623. perdra le droict de succeder au Royaume de la Grande Bretagne.

R. du P. *Cest Article est aussi accordé par sa Sainteté.*

XVIII. *Le R. de la G. B.* Que les nourrices qui allaicteront les enfans de la Sereniffime Infante, feront choisies & admises du consentement du Sereniffime Prince, & seront mises aux rangs de ses domestiques.

R. du P. *Que les nourrisses qui allaicteront les enfans de la Sereniffime Infante seront Catholiques, & choisies par ladite Sereniffime Infante : Et seront mises au rang de ses domestiques & familiers.*

XIX. *Le R. de la G. B.* Que le Recteur ou Superieur Ecclesiastique, & les personnes Ecclesiastiques & Religieux domestiques de la Sereniffime Infante pourront porter leurs habits d'Ecclesiastiques accoustumez.

R. du P. *Cest Article est aussi accordé.*

Avis des Cardinaux du Conseil de la Propagation de la Foi.

TOuchant les conditions que l'on offre de la part du Sereniffime Roy de la Grande Bretagne, il semble que c'est seulement pour l'asseurance de la Religion de la Sereniffime Infante, & de sa famille : Et pour conceder la dispense, il est necessaire autres choses pour le droict, augmentation & bien de la Catholique Romaine Religion : Lesdites choses se doivent proposer de la part du Roy de la Grande Bretagne, afin que nostre Sainct Pere puisse deliberer, si avec telles choses on pourroit donner la Dispense requise.

Demandes du Roi d'Espagne.

I. OUtre la bonne asseurance que l'on a offerte, que l'Espouze, comme le dot, apres la consommation du mariage, demeureront en Espagne, jusques à ce que toutes les conditions soient accomplies : Pour esviter le *Repudie*, plus grandes choses sont necessaires, & plus grandes asseurances, & que pour cela le Sereniffime Roy de la Grande Bretagne declarera quelle asseurance il donnera; que le mariage une fois faict ne sera contredict ne deffaict jamais.

Responſe du Roi d'Angleterre.

Pour asseurance que ledict mariage ne sera defaict, il ne se peut trouver plus fermes obligations que la realité, & la sincerité de la Religion & des Loix de son Royaume, lesquelles n'admettent aucune repudiation : Aussi, il ne se peut augmenter autre Vinculo *que le Mariage & sa reputation; avec tout cela il se fera tout ce qui se peut faire avec detention & accommodement.*

II. *Demande.* Qu'il soit declaré jusqu'à quel age la Sereniffime Infante aura l'éducation de ses enfans, qui naistront de ce mariage.

Responſe. *Que les enfans demeureront sous le gouvernement des femmes, jusques à l'âge accoustumé en tel cas; & cela se fera selon la complexion & santé des enfans: & par ainsi les enfans demeureront ou plus ou moins dans ledit gouvernement.*

III. *Demande.* Qu'il soit declaré, que quand quelque place des serviteurs & servantes de la Sereniffime Infante seront vacantes, que d'autres seront nommez de la part du Roy Catholique, ou de son Frere, en leur place, quand lesdites places seront vacantes, soit par mort, soit qu'ils soient chassez, ou qu'ils s'en veulent retourner en Espagne de leur bon gré.

Responſe. *Que les serviteurs qui viendront d'Espagne seront nommez par le Roy Catholique, toutes les fois que leurs places vacqueront.*

IV. *Demande.* Que le Sereniffime Roy de la Grande Bretagne declare la seureté qu'il peut donner que tout ce qui sera accordé se gardera inviolablement.

Responſe. *Pour la seureté que toutes ces Capitulations seront bien gardées, le Roy de la Grande Bretagne & le Prince de Galles s'obligeront par serment, qu'ils confirmeront & feront sceller du grand Seau d'Angleterre: Et le Roy & le Prince donneront aussi leur parole, qu'ils feront tout leur possible, que toutes les Capitulations seront accordées par le Parlement. Si le Roy Catholique augmente & propose autre chose qui se puisse faire, le Roy de la Grande Bretagne le fera de bonne volonté.*

Réponse du Prince de Galles aux derniéres propositions du Roi d'Espagne.

LE 2. de Juin de l'an 1623. sa Majesté presenta au Prince de Galles un papier, ou memoire de l'Assemblée des Theologiens; & le 3. dudit mois le Comte d'Olivares luy en bailla un autre au nom de sa Majesté, auquel *Il faict instance, que son Altesse concluë & accomplisse le Mariage accordé, laissant la delivrance de la Sereniffime Infante pour une autre saison* : Et que pour cet effect, il met en considération à sa Majesté ce qui s'ensuit.

Que le Roy son pere estant chargé d'ans, & avec un fils unique, mettant les yeux seulement à le voir marié : & l'ayant envoyé avec esperance que le tout se faciliteroit par sa presence, sans attendre de plus longs delays par d'autres moyens, il seroit grandement desplaisant en son ame de voir des nouvelles difficultez au bout de tant d'années qu'il y a que l'on traicte du mariage, & lors qu'il se tenoit pour conclu.

Qu'estant venu en personne avec de grands travaux & dangers, afin de donner de plus grandes demonstrations de l'amour qu'il porte à Madame l'Infante, & de combien il desire voir ces deux Monarchies confederées, de s'en retourner sans le gage qu'il estime le plus, ce seroit un incroyable amoindrissement de sa reputation, & un tres-grand deshonneur, que le monde creust, que pour ne s'estre pas fié les Theologiens à la parole & serments du Roy son pere, il auroit été contraint de laisser pour ostage sa propre femme, & avec icelle l'esperance de succession : chose que l'on ne sçauroit demander à un ennemy que l'on puisse avoir le plus cauteleux.

Et l'interim donneroit des aisles & hardiesse à ceux qui trouvent ce mariage, au dedans des Royaumes de la Grand' Bretagne, pour (se mettant au hazard d'encourir l'indignation du Roy) faire de nouvelles entreprises, & molester de rechef les Catholiques, en esperance d'empescher le mariage : mais estant du tout conclu, personne ne l'osera faire, parce qu'alors ils verront tous leurs desseins renversez par terre. Et cela mesme se peut colliger de ceux des autres Royaumes & Provinces de la Chrestienté, qui ont de mauvaises intentions.

Que par des sinistres & mauvaises informations des choses d'Angleterre, ou par les vexations des mauvais Ministres, faites aux Catholiques contre la volonté de leurs Princes, ou pour ce que pourroient proposer les Medecins (ausquels la conscience nous oblige de croire en ce qui est de leur art) l'importunité, ou defaut de la santé, l'on iroit changeant tous les jours de nouveaux termes.

Et finalement nouvelles difficultez s'offrant, on encourroit le danger de deffaire, avec une Dispense Apostolique un mariage accordé, & non du tout consommé : & ne seroit pas tant difficile, comme aucuns pensent, puis que Navarro, tandis qu'il fut à Rome, obtint trois ou quatre semblables Dispenses, alleguant le danger spirituel des mariez.

Et si l'on presumoit ou pensoit, que ce mariage estant dissoult, son Altesse ne pourroit dans un terme plus bref que celuy qui est requis, pour la delivrance de Madame l'Infante en trouver d'autres : ce seroit une chose fort terrible, & un terme bien dur, *qu'apres sept années d'attente*, & avoir refusé toutes les autres offres de cette qualité, aussi que d'avoir si determinément, & avec tant de resolution mis son affection en vostre Majesté, & livré son ame & son cœur à Madame l'Infante, cela servist de sujet pour differer ce qu'il a tant desiré, & desire, y ayant tant de dangers au delay comme il paroist.

Et supposé que pour l'execution de ce qui se promet en Angleterre, ou pour la delivrance de Madame l'Infante, il est force de se fier à la parole & serment d'aucune des Parties. Son Altesse proteste que sur tous les gages du monde, il estime la Royale promesse de vôtre Majesté, & la supplie que l'on fasse confiance de celle partie en la promesse du Roy son pere & la sienne: ce que ne se faisant point, il se descouvre de plus grands inconvenients & impossibilitez pour l'accomplissement de ce que l'on desire.

Quant à l'opinion des Theologiens, son Altesse respectant autant qu'il est possible leur grande vertu & science, desireroit qu'il pleust à vostre Majesté de les asseurer, & informer de la grande confiance que vostre Majesté fait de sa seule parole, laquelle il luy a pleu estimer & choisir pour plus grand gage de l'accomplissement de ce qui s'offrira, que toutes les *forteresses* de ses Royaumes; parce qu'en cela il luy semble que quelconque scrupule de conscience, formé sur la defiance qu'ils demonstrent, se recognoistroit n'estre pas justement, ny suffisamment fondé.

Il desireroit aussi qu'en ceste matiére ils fussent informez

ANNO 1623.

fortifiez par tant de Ministres, qui en affaires de tres-grande importance ont traicté avec le Serenissime Roy de la Grand' Bretagne: que s'ils ne l'accusent point d'avoir manqué à sa parole Royale, en chose capitulée & jurée, moins y aura-il à douter au cas qui est present, là où tout va avec plus de resolutions, & de plus grands serments que tous ceux qui se sont traictez de ceste qualité.

Et presume qu'avec cestuy-cy, (entendant les Theologiens) que ne s'esloignant point de ceste opinion, ils seront non seulement frustrez de ce qu'ils pretendent, mais ils destruiront totalement le mariage & parentage tant desiré, & se laisseront persuader par les raisons qui sont icy representées: & c'est ce que son Altesse desire, qu'on leur remonstre par voye d'advertissement, tandis que le remede est present.

Outre ce, determiner les particularitez de la seureté que l'on doit demander au Roy son pere & à son Altesse, ce n'est pas un poinct seulement de Theologiens, mais aussi de vostre Majesté, & de ses Conseils, à la prudence & bon advis desquels, en matiere d'Estat, appartient aussi de juger de ce qui concerne le faict.

Il faut aussi considerer, que si au bout de quelques mois il est force de se fier à la parole & serment de son Altesse & de son Pere, n'ayant autre seureté que celle-là, & le faire incontinent pour l'advenir, ce seroit les tirer d'une plus estroite obligation, avec un terme & procedure Royale, que non pas en faisant les diligences où il n'y a pas la seureté, qu'ils pretendent: car si on usoit de cautelle, il ne seroit pas fort difficile de feindre une grande punctualité & justesse, huict ou neuf mois, & puis apres monstrer que les finesses & industries n'ont de rien servi à ceux qui n'ont point eu de fiance en leur Royale parole.

Et s'ils demandent cela, comme pour une monstre & experience de ce qui doit arriver apres: celle que le Roy son pere a donnée depuis que l'on traicte avec ardeur ce mariage, au grand bien & soulagement que ressentent les Catholiques, est plus grande que celle qui se pourra donner en quatre mois: aussi est plus grande celle qui se cognoist en la resolution si extraordinaire que son Altesse a pris, estant meu du fervent amour de la Serenissime Infante, & de la grande confiance qu'il a euë en vostre Majesté, la venant servir en personne, appuyé seulement sur sa Royale bonté, sans aucune autre asseurance.

Et à n'interpreter le tout pieusement, son Altesse pourroit ressentir le peu d'estime que l'on faict de sa personne, puis que luy remettant à un autre temps la jouyssance de ce qu'il pretend & desire le plus en ce monde: & mettant les Catholiques Anglois dés à present en possession du libre exercice de leur Religion, en la forme qu'il a esté accordé: cela est cause que son Altesse ne peut marcher d'un pas égal, non pas mesmes avec les Vassaux de son pere, ny participer aux benedictions de ce mariage, ayant son Altesse travaillé en cela tant d'années, avec un plus grand danger qu'aucun autre.

Touchant le serment que requiert sa Sainteté, selon que son Altesse est informée, vostre Majesté le pourra fort bien recevoir, puis qu'au serment promissoire du faict d'autruy, dont on ne peut estre compulsé, l'on n'entend pas promettre d'avantage que de procurer avec tous les cautionnements & responses d'induire à l'accomplissement de la parole & serment, comme il appert de plusieurs exemples.

Et de cet accomplissement, est plus que juste & claire la confiance que vostre Majesté peut avoir de son Altesse & de son pere, pour tant de raisons & motifs qui sont notoires & évidents: & espere que les Grands & doctes personnages, qui sont concurrents en ceste Assemblée, ayant veu ces raisons, desquelles ils ne peuvent avoir eu cognoissance jusques à present, seront d'accord, & se conformeront en ce qu'elles auront plus de poids, & asseureront d'avantage que l'experience que l'on pretend si fort contre la reputation de son Altesse: & espere, sans point de doute, qu'il n'y en aura aucun qui ne soit de ceste opinion & advis: Et au cas qu'ils n'y concurrent tous, vostre Majesté doit considerer & mesurer la gravité des voix, & non le nombre, puis qu'il est si profitable, & si certain en la pratique & experience, que la conscience de vostre Majesté demeurera avec cela fort asseurée, sans que personne puisse censurer ses actions.

Pour conclusion de tout ce que dit est (puis que les Theologiens proposent tant de difficultez, qu'elles impossibilitent son Altesse à les recevoir,) & qu'il y a plusieurs raisons pour entendre, qu'ils ne donnent pas leur advis pour diffinitif, ny obligatoire en conscience, ains *ad melius esse*.

ANNO 1623.

Et puis que l'on apperçoit que ce seroit une faute de prendre ce chemin là, & que d'ailleurs son Altesse, pour mettre à repos la conscience de vostre Majesté, prend sur sa foy & son honneur, que non seulement tous les autres Chefs, mais aussi la substance de ce que demandent les Theologiens, se mettront en execution à present au temps par eux limité, & par moyens plus effectifs que ce qu'ils ont determiné; il presume que vostre Majesté ne trouvera sujet, que se laissant emporter à ceste resolution, elle advanture & mette plus qu'au danger de perdre les grands biens qui resulteront évidemment de ceste union à toute la Chrestienté: l'augmentation de la Religion Catholique, que vostre Majesté prefere à tout le reste: l'establissement d'une amitié & amour si reciproque, comme l'on desire entre les personnes de vostre Majesté & de son Altesse, leurs Successeurs & Royaumes.

Et finalement supplie votre Majesté de joindre ceste faveur à celles que chaque jour il reçoit, laquelle il estimera plus que toutes celles du monde, qui est de donner pour seureté morale la promesse & serment d'un Prince Chrestien, & de qui vostre Majesté est si fort satisfaict; & estant meu par cela, vaincre par sa Royale grandeur toutes les difficultez & scrupules qui se pourroient opposer à l'effect & briefveté de ce mariage. Que son Altesse dedie & consacre sa personne, & tout ce qu'elle possede à l'accomplissement de ce qui sera accordé: & plustost laissera tout perdre, & se perdra quant & quant que de manquer à la plus petite chose en quoy vostre Majesté aura engagé sa parole Royale. Et en outre, ce sera mettre le seau aux obligations qu'aura Son Altesse à vostre Majesté; La Royale personne de laquelle le Ciel fasse prosperer, avec les heureux succez, que en conformité de ses Royaumes l'on desire.

CCXLIV.

1 Mai.

L'EMPEREUR, L'EMPIRE, ET LE PALATIN.

Traité de Suspension générale d'armes en l'Empire, accordé par JAQUES I. *Roi de la Grand' Bretagne, pour son Gendre* FREDERIC V. *Electeur Palatin, & ceux de son Parti; & l'Infante Archiduchesse d'Autriche au nom de l'Empereur* FERDINAND II. *& de* PHILIPPE IV. *Roi d'Espagne, fait à Londres le* 1. *Mai,* 1623. [MERCURE FRANÇOIS, Tom. IX. pag. 338.

COMME ainsi soit que rien ne soit plus à souhaiter & ne doive estre plus soigneusement recherché par les Princes Chrestiens, que l'entretenement de la Paix en la Chrestienté, nommément dedans l'Empire, qui en est comme le boulevart contre les efforts de l'ennemy commun: & que pour parvenir au restablissement de ladite Paix en iceluy, il est besoin de faire cesser les armes & actions d'hostilité, afin d'entrer en un Traicté de Pacification generale, qui ne pourroit pas avoir sa function libre & reglée parmy le bruit & remuëmens de la guerre: C'est pourquoy sa Majesté de la Grand' Bretagne, & la Serenissime Infante Isabelle Claire Eugenie Archiduchesse d'Austriche, en vertu des Pouvoirs dont son Altesse est munie, se sont deliberez d'entrer en un Traicté de Suspension, & deposition d'armes, & ont à ce nommez respectivement leurs Commissaires ou Deputez: Sçavoir, De la part de sadite Altesse, en vertu de sesdits Pouvoirs, Dom Charles Coloma, Chevalier de l'Ordre de Sainct Jacques, Commandeur de Montiel, & de la Ossa, du Conseil de Guerre de sa Majesté Catholique, Gouverneur de la Ville & Citadelle de Cambray, Capitaine General du Pays de Cambresis, & son Ambassadeur extraordinaire vers le Roy de la Grande Bretagne, & Messire Ferdinand de Boischot, Baron de Saventhen, aussi Chevalier de l'Ordre de Sainct Jacques, Conseiller des Conseils d'Estat, & Privé de sadite Majesté Catholique au Pays bas, & Ambassadeur extraordinaire de ladite Serenissime Infante vers ledit Sieur Roi de la Grand' Bretagne. Et de la part d'iceluy Seigneur Roy, Leonel Comte de Middlesex, Grand Thresorier, & Maistre des Garde-nobles du Royaume d'Angleterre; Louys Duc de Lenox, Grand-Maistre de la Maison dudit Sieur Roy de la Grand' Bretagne; Jacques, Marquis d'Hamilton; Thomas Comte d'Arondel & de Surrey, Grand Mareschal d'Angleterre; Guillaume Comte de Pembrook, Cham-

ANNO 1623.

Chambellan de fadite Majesté de la Grand' Bretagne; Olivier Vicomte de Grandison; Arthus Baron de Chichester de Belfast, Grand Thresorier du Royaume d'Irlande; Messire Georges Calvert, Chevalier, l'un des premiers Secretaires d'Estat dudit Sieur Roy de la Grand' Bretagne; & Messire Richard de Veston, Chancellier de l'Eschiquier de fadite Majesté, tous de son Conseil d'Estat: lesquels au nom & en qualité que dessus, & en vertu des Pouvoirs & Commissions qui leur ont esté baillées à cest effect, desquels la teneur fera inserée à la fin de ce Traicté, ont ensemble convenu & accordé soubs l'adveu & bon gré de fadite Majesté de la Grand' Bretagne, & de ladite Serenissime Infante, les Articles & Conditions qui s'ensuivent.

Premierement, A esté conclu & arresté de la part du Serenissime Roy de la Grand' Bretagne, une Deposition & Suspension generale d'armes en l'Empire, tant de la part de Sa Majesté de la Grand' Bretagne & de son Gendre, que de tous ceux qui tiennent son party: & ce pour le terme de quinze mois, en dedans lequel ne se feront aucunes nouvelles levées d'hommes.

Item, A esté conclu & accordé, que durant ladite Deposition & Suspension d'armes, ne se feront de la part du Serenissime Roy de la Grand' Bretagne, son Gendre, ny ceux tenans son party, aucunes incursions, prises de personnes, ou biens, entreprises sur les Places, ny autres actes d'hostilité, & ne presteront ayde, ny confort, directement ou indirectement, contre ce present Traicté dans les limites de l'Empire, ny de leurs Associez. Comme aussi son Altesse la Serenissime Infante promet, & s'oblige, que ne se feront invasions ny hostilitez contre les personnes tenans le party contraire, ny leurs Vasseaux, Biens, Maisons, & Terres, en aucune maniere, & que ne se feront aucunes nouvelles levées pour les jetter dans les Palatinats.

Item, Est accordé & convenu, que durant ce Traicté le Serenissime Roy de la Grand' Bretagne, & son Gendre, ne maintiendront ny entreront en aucune Ligue, ou Confederation, au prejudice de ce present Traicté, ains les desadvoueront; comme ils font desmaintenant; & aussi tous ceux qui commettront ou feront quelque invasion, ou acte d'hostilité dans les Terres de l'Empire, ou celles des Associez, les declarans pour ennemis de l'Empire, & desdits Associez: Comme semblablement la Serenissime Infante declare pour tels tous ceux qui contreviendront au present Traicté: promettant à cet effect, tant le Serenissime Roy de la Grand' Bretagne, que la Serenissime Infante, de faire tout devoir pour empescher les oppressions & hostilitez susdites, afin que la Paix y soit restablie, & le commerce remis comme auparavant en toute seureté.

Item, A esté convenu & accordé, que durant ledit terme ne se bastiront de part & d'autre aucunes Forteresses, ny fortifications nouvelles dans l'un ou l'autre des Palatinats; mais toutes les Places d'iceux seront laissées, & demeureront pendant ledit temps en l'état qu'elles sont à present.

Item, A esté accordé de la part de la Serenissime Infante, en vertu de ces Pouvoirs, que le Traicté general de Paix, & accommodement final des troubles survenus, & à present ayant cours en l'Empire, se tiendra entre les Ambassadeurs, Commissaires, ou Deputez, tant de la part de sa Majesté Imperiale, & des autres Parties interessées avec elle, que de sa Majesté de la Grand' Bretagne, pour l'interest de son Gendre, & des personnes interessées avec elle, en la Ville de Cologne.

Et ont, tant sa Majesté de la Grand' Bretagne, que Son Altesse la Serenissime Infante, convenu & accordé, que ledit Traicté general commencera au plus tard dedans le terme de trois ou quatre mois, apres la datte du present Traicté: & qu'à cest effect les susdits Princes feront trouver audit lieu convenu leurs Ambassadeurs, Commissaires, ou Deputez.

Lesquels Articles sus-mentionnez, ledit Serenissime Roy de la Grand' Bretagne, d'une part, en vertu du Pouvoir que sa Majesté a de son Gendre, & la Serenissime Infante, en vertu de sesdits Pouvoirs, de l'autre, promettent & s'obligent sincerement sur la foy & parole de Princes, de réellement & punctuellement accomplir & faire accomplir tout le contenu d'iceux, sans aller ny venir au contraire, directement ou indirectement; prenant ladite Serenissime Infante à sa charge de ratifier, & faire ratifier par sa Majesté Imperiale ce present Traicté, & d'en delivrer ses Ratifications à sa Majesté de la Grand' Bretagne; qui promet reciproquement de ratifier, & faire ratifier par son Gendre, par la soubs-scription de son nom cedit Traicté, & faire delivrer la mesme Ratification à ladite Serenissime Infante, ou à ses Ministres, dans le temps de deux mois prochains.

Suivent les teneurs des Commissions.

JACQUES par la grace de Dieu Roy de la Grand' Bretagne, &c. A tous ceux qui ces presentes Lettres verront, Salut: Comme ainsi soit que pour le grand desir que nous avons tousjours eu d'arrester le cours, & assoupir les troubles qui sont nez en l'Empire, & de voir la Paix & tranquilité publique restablie en la Chrestienté, Nous ayans à ceste fin recherché toutes les occasions, & embrassé tous les moyens possibles qui nous pouvoient faire esperer de parvenir à ce bien-là, & jugeant que pour ce faire, il seroit expedient de faire cesser au preallable les actes d'hostilité par une Suspension d'armes, afin d'acheminer paisiblement les choses à la pacification absoluë par le moyen d'un Traicté, qui ne pourroit pas voir sa function libre, ny reglée parmy le bruict & les remuëments des armes. Nous n'avons pas si-tost recogneu la mesme disposition & dessein du tres-haut, tres-excellent, & tres-puissant Prince, Ferdinand deuxiéme, par la grace de Dieu Empereur des Romains &c. nostre tres-cher & tres-amé bon Frere & Cousin, de venir à ladite Suspension, que nous avons depesché à cest effect nostre Ambassadeur extraordinaire en la Cour de tres-haute & tres-puissante Princesse, nostre tres-chere & tres-amée bonne Sœur & Cousine l'Infante Isabelle Claire Eugenie, pour à son entremise, debattre & conclurre cest affaire de la Suspension & deposition d'armes avec les Commissaires par elle deputez, en vertu du Pouvoir & authorité que luy en avoit esté donné de la part de sa Majesté Imperiale. Et bien que la chose ne se peût pas lors resoudre, ny effectuer, à cause de plusieurs grandes difficultez qui se seroient rencontrées en la negociation, si est-ce que ce bon desir ayant continué és volontez de part & d'autre, & fait naistre de nouveaux expedients pour en reprendre le fil, à l'entremise de nostre-dite bonne Sœur & Cousine la Serenissime Infante, qui auroit envoyé vers nous son Ambassadeur extraordinaire le Sieur de Boischot, Baron de Saventhen, &c. pour avec Dom Charles de Coloma, Ambassadeur extraordinaire de tres-haut, tres-excellent, & tres-puissant Prince le Roy d'Espagne, nostre tres-cher & tres-amé bon Frere & Cousin, traiter avec nous, ou avec nos Deputez à ceste fin; Nous desirans de nostre pouvoir advancer cét œuvre, pour parvenir à celuy de la Paix, & voulant commettre à iceluy Personnages de prudence, & integrité requise; Sçavoir faisons, que pour la cognoissance que nous avons, & nous confians à plain de la probité, suffisance, loyauté, & experience de nos chers & bien-amez Cousins Leonel Comte de Middlesex, Grand Thresorier, & Maistre des Gardenobles de nostre Royaume d'Angleterre; Louys Duc de Lenox, Grand Maistre de nostre Hostel; Jacques Marquis d'Hamilton; Thomas Comte d'Arondel & de Surrey, Grand Maréchal d'Angleterre; Guillaume Comte de Pembrook nostre Chambellan, & Olivier Vicomte de Grandison, & de nos feaux & bien-amez Arthur, Baron de Chichester de Belfast, Grand Thresorier de nostre Royaume d'Irlande; le Chevalier Calvert, l'un de nos premiers Secretaires d'Estat, & le Chevalier de Veston, Chancellier de nostre Eschiquier: Tous Conseillers de nostre Conseil d'Estat: Avons iceux commis & deputé, commettons & deputons par ces presentes, pour traicter, conclurre, & arrester avec lesdits Sieurs Ambassadeurs extraordinaires desdits Serenissimes Roy & Infante, nos tres-chers Frere & Sœur; Estans iceux garnis de Pouvoir suffisant, tant sur le faict de ladite Suspension, ou deposition d'armes, que particulierement de la Sequestration de la Ville & Forts de Francquendal entre les mains dudit Seigneur Roy, ou de ladite Serenissime Infante, soubs tels pacts, conditions, & seuretez, & pour tel temps que l'on en pourra convenir; tout ainsi que nous mesmes faire pourrions en nostre propre personne, dequoy nous leur avons donné, & donnons Plein-pouvoir & authorité: jaçoit que le cas requist mandement plus special qu'il n'est contenu en ces presentes, promettant en foy & parole de Roy, & soubs l'hypoteque de tous &

ANNO 1623.

& chacuns nos biens, presents & advenir, d'avoir pour agreable, & de tenir ferme & stable à tousjours, & arresté en cest endroit, tout ce que par nosdits Commissaires sera faict, traicté & conclu; & le tout observer & accomplir de poinct en poinct, sans jamais aller ny venir au contraire, directement ny indirectement. En témoin dequoy nous avons signé ces presentes de nostre main, & à icelles faict mettre & apposer nostre Signet. Donné à Neumark le premier jour de May, l'an de grace mil six cents vingt & deux, & de nos Regnes d'Angleterre, & d'Irlande le vingtiéme, & d'Ecosse le cinquantiéme. JACQUES ROY.

ISABELLE Claire Eugenie par la grace de Dieu Infante d'Espagne, Archiducheſſe d'Auſtriche, &c. A tous ceux qui ces presentes Lettres verront, Salut: Comme sa Majesté Imperiale par ses Lettres patentes du quatriéme jour de Juin, seize cents vingt & deux, nous ait à l'instante & iterée requisition & intercession du tres-haut, & tres-puissant Prince le Roy de la Grand' Bretagne, nostre tres-cher & tres-amé; Pour le tres-grand desir qu'elle a de voir restablie l'Union & tranquilité publique, donné Plain-pouvoir, authorité, & puissance absoluë d'arrester, & faire une Suspension ou deposition d'armes au Palatinat, & ailleurs en Allemagne, avec tout ce qui en dépend, comme ledit Sieur Roy l'a tousjours témoigné de desirer, pour avoir à cest effect envoyé passé quelque temps à ceste nostre Cour son Ambassadeur, auquel nous aurions aussi faict joindre nos Commissaires & Deputez, pour en nostre nom conclurre & arrester ladite Suspension d'armes, sans pour lors cest affaire avoir esté conduit à quelque effect final, quoyque depuis il ait esté continué & suivy. Et desirans d'en voir reüssir une bonne fin, & de satisfaire au pouvoir susdit, Sçavoir faisons que pour la grande confidence & certaine cognoissance, que Nous avons de longue main, & experience de nos tres-chers, & tres-amez Dom Charles Coloma, Chevalier de l'Ordre de Sainct Jacques, Gouverneur, & Capitaine General de Cambray & Cambresis, du supreme Conseil de Guerre de Sa Majesté, & son Ambassadeur extraordinaire en Angleterre: Et Messire Ferdinand de Boischot, Baron de Saventhen, aussi Chevalier de l'Ordre de St. Jacques, & Conseiller des Conseils d'Estat, & Privé de sadite Majesté en ces Pays-bas: Nous avons iceux delegué, commis & deputé de nostre part, commettons, deputons, & deleguons par ces presentes à l'effect que dessus, vers la personne dudit Sieur Roi, pour traicter, conclurre, & accorder avec icelluy, ou ses Deputez, garnis de Pouvoir suffisant touchant ladite Suspension & deposition d'armes; & mesmes pour y arrester le depost de la Ville de Francquendal en nos mains, soubs tels pacts, conditions, & convenances, & pour tel terme de temps que l'on en pourra estre d'accord de part & d'autre; & ce avec la mesme fermeté, & en la mesme forme & maniere, comme nous mesmes faire pourrions, si presents y estions: à quoy nous les authorisons par cesdites presentes, jaçoit que le cas requist mandement plus spécial qu'és presentes n'est porté: Et tout ce qu'ils auront ainsi arresté, faict & accordé, à l'effect que dit-est, Nous promettons en foy & parole de Princeſſe, & soubs nostre honneur, & obligation de tous & chacuns nos biens presents & advenir, de tenir & avoir agreable, ferme, & stable à tousjours, mesme faire par sadite Majesté Imperiale solemnellement confirmer, ratifier, & approuver tout ce que par eux sera faict, traicté, conclu, & arresté en cet endroit, sans jamais y aller au contraire, directement ny indirectement mesmes desmaintenant pour lors que les choses dites seront faictes & arrestées, Nous les loüons, approuvons, & ratifions par cesdites presentes, & promettons les loüer, approuver, & ratifier en la plus ample forme que faire se peut, & doit pour la deuë observation, entretenement & execution de tout ce qui sera faict, conclu & arresté en vertu de cestuy nostre Pouvoir. En tesmoignage de ce nous avons signé ces presentes, & y faict apposer nostre cachet secret. A Bruxelles le douziesme Fevrier, mil six cens vingt & trois. Ainsi soubsscript, A. ISABEL, *Et plus bas*, par ordonnance de son Alteſſe, DE LA FAILLE.

En foy & tesmoignage de toutes & chacunes lesquelles choses, Nous Commiſſaires deputez, avons soubs-signé de nos mains le present Traicté, & iceluy muny & confirmé par l'apposition de nos Seaux. Faict à Londres le vingt-uniesme d'Avril 1623. stile d'Angleterre, & le premier de May, stil nouveau 1623.

ANNO 1623.

D. CARLO COLOMA.
FERDINAND DE BOISSCHOT.
MIDDLESEX.
LENOX.
HAMILTON.
ARONDEL ET SURREY.
PEMBROOK.
OL. GRANDISON.
ARTHUR CHICHESTER.
GEORG. CALVERT.
RICH. WESTON.

CCXLV.

Confirmation und Erweiterung der Vereinigung / welche zwischen dem Königreich Dennemarck und denen Hertzogen von Schleßwig / Holstein und Stormarn durch König Christian und in Namen seiner Unmündigen Gebrüdere derer Hertzogen von Holstein zu Rendsburg den 30. Novembris 1533. aufgerichtet worden / beschehen durch Ihro Königl. Maj. von Dänemarck Christian den IV, und Ihro Hoch-Fürstl. Durchl. Fridrich / Hertzogen zu Schleßwig-Holstein / wodurch jene vermehret und die einander zu sendende Kriegs-Hülffe dupliciret wird. Rendsburg den 9. Maii 1623. 9. Mai

C'est-à-dire,

Confirmation & Extension du Pacte d'Union fait à Rendsbourg le 30 Novembre 1533. entre la Couronne de DANNEMARC *& les Duchés de* SLESWICH, HOLSTEIN *&* STORMARE, *par le Roi* CHRISTIAN *pour lors regnant, & agiſſant tant en son propre Nom, qu'au Nom de ses Freres Mineurs; lequel Pacte est ici confirmé & étendu entre* CHRISTIAN IV. *Roi de Dannemarc, &* FREDERIC *Duc de Sleswich-Holstein; avec augmentation du double de Troupes auxiliaires que les Parties se devront fournir l'une à l'autre, en cas de néceſſité. A Rendsbourg le 9 Mai 1623.* [Voïez-la sous le 30. Novembre 1533. dans le IV. Tome II. Partie pag. 109.]

CCXLVI.

Traité de Paix, Amitié & Commerce conclu entre JAQUES I. *Roi d'Angleterre &* MICHEL FEDEROWITZ *Grand Duc de Ruſſie. Donné à Westmunster le 16 Juin 1623.* [KYMER, Fœdera, Conventiones &c. Tom. XVII. pag. 504.] 16. Juin.

ARTICLES of a perpetuall League of Amity and Alliance, Entercourse and Commerce accorded and agreed uppon betweene the most high and mighty Princes *James*, by the Grace of God *Kinge of Greate Brittaine, Fraunce and Ireland* Defendor of the Faith *&c.* and the greate Lord Emperour and great Duke, *Michall Pheodorowith*, by the same Grace, of all *Ruſſia*, sole Commaunder of *Volodemer Mosco Novogrod* Kinge of *Cazan*, Kinge of *Astrecan*, Kinge of *Siberia*, Lord of *Vobisco*, and Greate Duke of *Smolensky*, *Twersky*, *Ugasky*, *Permsky*, *Vatsky*, *Bolgarsky*, and others, also Lord and Greate Duke of *Novogrod* in the lower Countries of *Cheringo*, *Rezansky*, *Polotsky*, *Roſcovesky*, *Teroſlaveisky*, *Bolozorsky*, *Udorsky*, *Obdorsky*, *Condinsky*, and Commaunder of the Northerne Parts, also Lord of the Countrie of *Iversky Cartarmsky*, and Kinge of *Grusinsky*, *Caberdinsky*, *Cherkasky*, and of the Dukedomes of *Igorsky*, and of many other Kingdomes Lord and Conquerour.

FIRST, it is concluded and accorded, that this Aliance shall remaine sincere, firme and perfecte and be for ever inviolably observed and kepte betweene the said most renowned Prince and greate Lord *James*

ANNO 1623.

mes Kinge of *Greate Brittaine*, and the said most renowned greate Lord Emperour and Great Duke *Michaell Pheodorowith* of all *Russia* sole Commander and the Heires and Successors Crownes Kingdomes and People of either of them, and that their Subjectes and People as the renowned Princes themselves shall love like Brethren and be as one Nation, wishing the good Honor and Reputation one of another both by Word and Deede.

It is also agreed that neither of the said great Princes their Heires or Successors by themselves or Subjects or by anie other forraine Lord or State, shall practize doe or treate anie thing againste the other, or against their Kingdomes, Dominions or People in any place or by anie meanes whatsoever, much lesse shall make or joyne with each'other Enemy in any War, Advice, Councell, Attempt, or Treaties had made or to be made in the prejudice of either or against th'other, but contrarywise, they shall wish and seek the mutuall Good and Welfare the one of the other noe lesse than their owne, and on both sydes perform the Acts of Friendship and Amitie.

It is further concluded, that neither of the said renowned Princes shall ayd or assist the other's Enemy, which at this present is or hereafter may be, with Men of Warre, Munition, Victualls or other such like materiall or provisions for the Warr, nor shall suffer anie Armies of Souldiers from other Prince's Dominions to be conveied through his Kingdomes and Dominions against his said Confederate, but on the other side shall seeke to turn awaie that which might stretch to the Enemies Purpose, and to avoide divert and impeache all hurtfull Practizes that might anie waie arise or happen to his said Confederate.

It is also agreed betweene the said renowned Princes, that if hereafter there happen anie Question of Warr to arise against the one or the other, hee that shall suspect such Warr shall advertise his Confederate thereof in good tyme, and as much as in him lyeth shall use all good indeavours by his Advice and Mediation to lay down by some friendly accorde such differences and questions out of which any Warr might happen to arise or proceede, soe as the chardge of anie such Mediation may reflecte uppon the Partie that shall require it.

It is likewise provided by vertue of this Alyance, that if in case anie such difference should break out into open Warr, and cannot be laid down with Amitie and Friendshipp, then the one and th'other shall suffer his Confederate to make computent Levies of hired Soldiers within their Kingdomes, and notwithstanding all generall prohibitions to the contrarie, shall have good leave at alle tymes by their Agent and Servantes to buy upp all manner of needefull Provisions for the Warres, and Victualls, Armor, Munition, Ordinance, Artillerie, or other such materialls for the Warr, what the one or the other desireth or may have neede of, and to transporte the same awaie without lett or interruption as farr as the same maye reasonablie stand with the Commoditie of that Prince's state in whose Kingdomes respectively those Leavies and Provisions are to be made.

In case also if anie such Warr to be raised, or Invasion to be made, the Confederates shall not permitt the Enemie to make Leavies of Souldiers, or take upp any manner of Warlike Munition whatsoever within their Kingdomes and Domynions to the prejudice of either of the Confederates respectively.

If anie of the Subjects of either of theis renowned Princes, their Marchaunts or voluntarie Souldiers tradinge and serveinge in other Countries, without the Princes leave shall be founde under colour of Commerce or anie pretexte whatsoever to carry anie manner of Warlik Munition to the Enemie, or receave Entertainement with the Enemy, and so happen to be taken in the Warres, it shall not be imputed to the renowned Princes or held for anie breach of Contracte, but that the partie offending shall take the perill upon his owne head.

If it shall happen that anie Warr be hereafter raised uppon either of theis renouned Princes, wherein the one and the other be willinge to interpose themselves, it shall not be lawfull either for the one or the other to deale or handle with each others Enemye concerninge anie Peace or Surcesse of Armes, without espresse consent of each Partie.

And forasmuch as this present Aliance is chiefely contracted for the better confirmation and strengthe-ninge of those auncient Treaties continewed unto this day betweene the Royall Persons of soe many renowned Princes of those twoe mightie Kingdomes of *England* and *Russia* successively, wherby each hath enjoyed the other's Frindshipp to the singuler benefitt of the Subjects of them both, the flowrishinge Wellfare Honnor and Commoditie of both which States Kingdomes and People the said renowned Princes nowe raigning doe mutually desire should ever continew happy and entire from violence and wronge of Enemies; it is by the free consent of both their renouned Majesties agreed that this Aliance shall be understood not to diminishe the Amitie which their renouned Majesties have at this day with any the mighty Princes free States and Seigniories their Adherents Friendes and Confederates.

It is also agreed and accorded between the most renowned Princes, that all such Priviledges and Grauntes for freedome of Trade and Commerce as by Treaties have bin given and graunted to the English Merchants by his renowned Majestie of all *Russia* and his noble Progenitors, shall remaine and stand in their full force and strength; and that by vertue of this Alyance the Subjects of both the renouned Princes may freely and peaceablie, without anie hinderance or molestation both by Land and Sea and within the fresh Water Rivers of each others Countries, use all kind of Traffick and Merchandize whatsoever, and may buy up and freely transport away all manner of Jewells pretious Stones and whatsoever else fittinge for both the renouned Princes Treasuries respectively, with as much freedome and libertie as if they were the Natives borne of the selfe same Country; provided that this freedome of Trade and Commerce be understood on the parte and behalfe of the Subjects of his renounced Majestie of *Greate Brittaine* for all such Merchants onlie and none other as are allowed to trade into the Domynions of *Russia* by the License and Leave of their Soveraigne the said renowned Kinge of *Greate Brittaine*, and according to the gracious Letters and Priviledges granted to the English Merchants by his renouned Majestie of all *Russia*, and by his noble Father the right Reverend greate Lord and holy Patriarch *Feloret Nekitich of Mosco and of all Russia*, or by what other Letters or Priviledges his renouned Majestie of all *Russia* and the holy Patriarch shall be pleased to inlarge unto them; and on the parte and behalfe of the Subjects of his renouned Majestie of alle *Russia* for all such of his Merchants and none other as shall be allowed to trade into the Domynions of *Great Brittain* by the Licence and Leave of the said renouned Majestie of all *Russia*, and according to the gracious Priviledges and Grantes of both their renouned Majesties.

And for that the renouned Princes in their oune Persons do tenderly seek the strickt observation of this Aliance and League, and the maintenance of Trade and Commerce in their severall Kingdomes, which cannot but be indangered except that tymely Providence be also used with the Subjects of them both; it is therefore ordeyned that such of their Subjects as shall presume to make their recourse into the one or the other's Kingdome by way of merchandizeinge, without the speciall Lycence and Consent of their oune Soveraigne Kinge and Lord, or that will deny under their own Hand their Allegiance to their Soveraigne, shall be excluded from the protection and benefitt of this Treatie; and such of the English Natione as shalle be founde in that manner in the Kingdome of *Russia*, to be presently apprehended; and, togither with their Goodes, delivered unto the Agent of his renouned Majestie of *Great Brittaine* at that tyme resideinge in *Russia*; and such of the *Russia* Natione as shall be founde in England shall, in like manner, be delivered, with their Goodes, into his renowned Majestie of all *Russia* his cheife Merchants hands at that tyme resideing in England.

And if there happen anie matter of difference whether for Debte Reckoning or Tresspasse, or other Injury whatsoever, betweene the said renouned Princes Merchants and Subjects in either of their Kingdomes; they shall cause true Justice to be ministred without delaye to the Merchantes, according to their Priviledges, and to all other People, accordinge to the Lawes of the Country.

In like manner the said renouned Princes doe lovingly promise that they will defend and protect, as well by themselves as by their Officers and Peo-

ple

ANNO 1623. ple of Authoritie in all places of their Dominions, the Merchants and Subjects of each other from all Wrongs and Injuries that might anie waie be offered, as if they were the Natives borne of their own Countrey.

AND if it happen in either of the said renouned Princes Domynions, that anie of their Subjects by due course of Lawe be founde guiltie of any Crime deserving Death, the Partie soe offending shall not be putt upon the Torture nor punished with Death, but be kept in Prison till such tyme as the said renowned Princes may have knowledge thereof, and accordinge to the Answer given the matter to be followed.

AND the said renouned Princes doe religiouslie promise that the Merchants and other Subjects of both their Majesties, while they have recourse to and from either of their Dominions, and doe remaine there uppon their just occasions, and shall freely and quietly enjoye their oune Religion and Faith according to the custome and orders of their owne Churche, and that in case of Conscience, they shall no waie be molested or injured.

THE Ambassadors Messengers or Postes of both the said renouned Princes, which shall be sent unto the one or the others Countries uppon any their Princely Affaires, shall freely pass without lett or interruption, both with their People and Goodes whatsoever, according to the right meaninge of this Contracte.

MOREOVER, if either the said renouned Princes have occasion to send their Ambassadors Messengers or Posts through the Countries and Dominions of the other unto and from *Germany*, *France*, *Spain*, *Denmarke*, *Sweathland* and *Netherland*, or unto and from *Persia*, *Turky* and other Partes of the East, which are not in open Hostilitie with either of their renowned Majesties; or if they shall happen by anie casualtie by Land or by Water, either in their goeing or retorneing, to receive in either of their Countries, they shall be suffered freely and peaceablie to passe with all their Goodes and People whatsoever to such Place as their Princes Passe shall direct them, and with meet convey shall be safely conducted both by Land and Water thorough either of their Domynions, without the least forcible deteyninge or hinderance whatsoever.

AND moreover also if the Ambassadors, Messengers or Postes of the said renouned Princes shall happen to die in the one or the other Dominions, whether goeing, retorneing or passing thorough the same, his Friendes and People and Goodes whatsoever remaininge shall not only be preserved from Wrong and Injurie, but suffered to passe away at their oune wills; and in case the Parties soe deceasinge shall have no Friend or Servant in the Place at the time of his Death, the Goodes remaining shall be safely layde upp and sent unto the Friendes of the deceased.

AND if it happen that the Marchants or Subjects of the said renouned Princes shall suffer Wracke uppon the Coastes or within the Rivers of the Domynions of either, whether by casualtie tempest or other misfortune whatsoever, in such case the Goodes saved shall be freely restored to the Owners, only allowinge a reasonable consideration to the People of the Country which shall be aydinge and helpinge in the recovery thereof.

THE Marchants of the said renowned Princes which shall come into the Dominions of the one or the other in company whith Ambassadors, Messengers or Postes; or otherwise of themselves, whether with Goodes or without Goodes, provided it be not without Licence or Knowledge of their own Prince and Soveraigne, they shall be well and gently intreated, and their Goodes reserved free to themselves, and soe suffered to passe and departe awaye at their oune pleasures without the molestation of anie Power or Authority.

AND for the greater Testimony and more firm assurance that the severall Articles and Capitulation in this present Treatie shall be faithfully firmely and inviolably held and observed by the said renouned Princes themselves and procured to be observed and kept by their Subjects and Inhabitants, his said renouned Majestie of *Great Brittaine* hath subscribed this Contract with his oune hand and sealed it with his Royall Seale: in like manner this renouned Majesty of all *Russia* hath given an Instrument or Contract of the same tenor, and sealed it with the great Seale of his Kingdome.

Given in the Princely Pallace of *Westminster* of his renouned Majestie of *Great Brittaine* the sixteenth Day of June (*Anno Domini* 1623) and in the one and twentieth Yeere of his said Majesties Raigne of *Great Brittaine*, *France and Ireland*. ANNO 1623.

JAMES R.

Per ipsum Regem propriâ Manu signatum.

F. CAREW.

CCXLVII.

Immissions-Recess zwischen Ihro Käyserl. Majest. Ferdinando II. und Churfürst Johann Georg den I. zu Sachßen geschlossen/ wodurch diesem das Marggraffthum Ober-Laußnitz als ein Pfand vor die zu Hülffe Ihrer Kayserl. Majest. aufgewandte Kriegs-Unkosten in dem Böhmischen Krieg/ würcklich übergeben wird. Geschehen zu Budissin den $\frac{13}{23}$. Junii 1623. [LUNIG, Teutsches Reichs-Archiv. Part. Special. Abtheil. I. pag. 97.] $\frac{13}{23}$ Juin.

C'est-à-dire,

Recès d'Immission entre FERDINAND II. *Empereur des Romains &* JEAN GEORGE I. *Electeur de Saxe, par lequel le Marcgraviat de* Lusace *est remis audit Electeur pour Gage des dépenses faites par lui pour le service de l'Empereur dans le tems des Guerres de Boheme. A Budissin le $\frac{13}{23}$ Juin 1623.*

KUndt und zu wissen sey hiermit; Nachdem der ietzo hochlöblichen regierenden Römischen Kayserl./ auch zu Hungarn und Böhmen Königl. Majest. in deroselben höchsten Nöthen und Anliegen/ bey der Böhemischen Rebellion und Unruhe/ der Durchleuchtigste/ Hochgebohrne Fürst und Herr/ Herr Johann George Hertzog zu Sachsen/ Gülich Cleve und Berg/ des Heil. Römischen Reichs Ertz-Marschall und Churfürst/ Landgraff in Thüringen/ Marggraff zu Meissen/ Burggraff zu Magdeburg/ Graff zu der Marck und Ravensberg/ Herr zu Ravenstein/ zu seiner Churfürstl. Gnaden und deroselben Churfürstlichen Hauses unsterblichen Ruhm/ mit würcklicher Hülff beygesprungen/ und vermög aufgetragener gnädigsten Kayserlichen Commission, die Execution fortgestellet/ welches wie hiebevor also auch nochmahls Ihre Kays. Maj. in Kayserl und Königl. Gnaden erkennen/ und die Billigkeit erfordert/ daß die aufwendete aber nicht liquidirte/ und von Ihrer Kayserl. Maj. allerdings acceptirte und beliebte Kriegs-Kosten/ sambt denen darauff lauffenden Interessen Ihrer Churfürstl. Gnaden/ dero Erben und Nachkommen/ hinwiederum gebührlich erstattet werden;

So haben Ihre Kayserl. Maj. dasselbe nicht allein mit Ihrem Kayser- und Königl. Wort versprochen und zugesagt/ sondern auch zu dessen mehrern assecuration Ihre beyde Marggraffthümer Ober- und Nieder-Laußnitz/ mit allen Nutzungen und Gerechtigkeiten/ dermassen Pfands-Weise und nomine hypothecæ eingesetzet/ wie solches die hierüber aufgerichte Pfands-Verschreibung sub dato den 6 Jul. Anno 1620. mit mehrern ausweiset;

Wann aber höchsterwehnte Ihre Kayserl. Majest. über allen bisher angewendten möglichen Fleiß/ zu schleuniger paarer Contentirung Ihrer Churfürstl. Gnaden nicht gelangen können/ und dieselbe daher zu mehrerer Ihrer Versicherung/ umb würckliche Einantworttung der beyden verschriebenen Marggraffthümer angehalten/ Ihre Kayserl. Maj. auch sich

hierzu

ANNO 1623. hierzu allergnädigst erbotten; Als haben sie in gnädigster Erwegung obbeniembter Umstände / dann auch Ihre Churfürstl Gnaden unterthänigsten Anhaltens / und Ihrer Kayserl. Maj. darüber erfolgten Resolution, Ihre Churfürstl. Gnaden länger nicht aufhalten können / sondern sich endlich resolviret / die beyden verschriebenen Länder und Marggraffthümer Ihrer Churfürstl Gnaden auf offenen Landtägen / durch verordnete gevollmächtigte Commissarien Pfands-Weise würcklich an- und überweisen zu lassen / zu dem Behulff sie dann in dem Marggraffthumb Ober-Lausitz auf den 2. (12.) Junii instehenden Jahres / einen öffentlichen Landtag vermittels Ihres Königl. Ober-Ambts / publiciret und ausgeschrieben / auch Ihre Räthe und Commissarien / die Wohlgebohrne / Edlen / Besten / Hochgelahrte / Herrn Friedrichen von Tallenburg auf Walschin / Nemissen und Jancken / Ihrer Majestät Rath / Cämmerern / und Præsidenten über dero Appellationen auf dem Königlichen Schloß Prag / Herrn Ottonen von Nostitz / Freyherrn auf Falckenau / Reichs-Hoff-Rahte und Teutschen Vice-Cantzlern des Königreichs Böheim / und Herrn Otten Melandern / der Rechten Doctorn, auch Reichs-Hoff-Rathen und Comitem Palatinum, abgeordnet / die den Ständen / so in stattlicher ansehnlicher Anzahl versammlet gewesen / Krafft habender sonderbahren Kayserl. Creditivs, und gnungsamer Instruction, an gewöhnlichen Ort ausführlichen angezeiget / worum dieselbe beschrieben / auch wie und welchergestalt das Marggraffthumb Ober-Laußnitz / seiner Churfürstl. Gnaden / wegen der aufgewandten Kriegs-Kosten sambt deren Interesse verpfandet / und darbey versprochen worden / Seiner Churfürstl. Gnaden / deroselben Erben und Nachkommen / in völlige Possess und Niessung solcher Lande laut der Pfands-Verschreibung / zu bringen / bis die Contentirung an Haupt-Summen und Zinsen erfolget.

Darauf ferner wohlermeldte Herrn Commissarien die Stände mit Eydes-Pflicht und Gehorsamb an Se. Churfürstl. Gnaden / dero Erben und Nachkommen / verwiesen / sich forthin an niemands anders als an Se. Churfürstl. Gnaden / dero Erben und Nachkommen / als Pfands-Innhaber dieses Marggraffthumbs / zu halten / wie nicht weniger mit den beambten geschehen; Jedoch / so viel den Landvoigt / Lands-Hauptmann / Gegenhändler / und Cammer-Fiscal anlanget / mit deren ausdrücklichen Determination, wie darunten mit mehrerm versehen / so lange bis die wieder-Abtrettung auf erlangte völlige Bezahlung an Haupt-Summa und Zinsen / von Sr. Churfürstl. Gnaden geschehen wird; Haben also dadurch das Marggraffthum Ober-Laußnitz Ihrer Churfürstl Gnaden / dero Erben und Nachkommen Pfandts-Weise realiter und würcklich tradirt / übergeben und eingeräumet / daß wie ietzterwehnt Ihr. Churfürstl Gnaden / deroselben Erben und Nachkommen / dasselbe nunmehr hinführo / Krafft der Pfands-Verschreibung / und dieses Immissions-Briefes / so lang und viel / bis die vorherangedeutete Kriegs-Kosten / sambt den aufgelauffnen und künfftigen Interesse, durch andere Wege und Mittel von Ihrer Kayserl. Maj. dero Erben und nachkommenden Königen zu Böheim erstattet und entrichtet worden / berührtes Marggraffthum in völliger Possess halten / dasselbe nicht anders als Ihre Kays. Maj. selbst / so lang und viel / biß die ausgelegten Kriegs-Kosten samt dem Interesse von den Nutzungen compensiret und eingebracht / geniessen können und mögen.

Würde nun ietzt oder ins künfftige / etwas von Intraden und Einkünfften / wie die Nahmen haben mögen / erhoben / sollen dieselben zuforderist in Abschlag der Zinsen / oder Interesse, wie sonsten in dergleichen Bezahlung bräuchlich und Rechtens / völliglich abgetragen gerechnet werden; Da aber entweder nichts / oder je so viel nicht / daß Ihre Churfürstl. Gnaden das völlige Interesse davon haben könten / einkäme / thun sie Ihr derentwegen verströsteter massen allerdings reserviren und vorbehalten / welches aber doch von denen Kayserlichen Commissarien allein Ihrer Kayserl. Maj. unterthänigst zu referiren angenommen worden. ANNO 1623.

Und haben darauf Ihre Churfürstl. Gnaden solche tradition, An- und Uberweisung vielgedachtes Marggraffthums / samt dessen Städten / Unterthanen und Beambten / durch ihre hierzu sonderlich deputirte und untenbenannte Præsident, Geheimt- und Hoffräthe / in optima & amplissima Juris forma, acceptiren und annehmen lassen / auch die Huldigung von denen Ständen / Inhalts deren zu beyden Theilen verglichenen und zu Ende dieses Immission-Abschieds befindlichen notul, selbst in der Person dem Herkommen nach / darauf eingenommen / doch mit dieser Maß / daß die vier Beambten im Lande / als der Lands-Voigt / Lands-Hauptmann / Gegenhändler und Cammer-Fiscal, weil die Einkommen auf steigenden und fallenden Nutzungen / und dis Werck auf Rechnung und Gegen-Rechnung bestehet / von Ihrer Kayserl. Majest. und Churfürstl. Gnaden zugleich bestellet werden / und beyden Theilen mit Eydes-Pflichten verwand seyn sollen / welche gesambte Pflicht aber auch weiters nicht als auf das Cammer-Interesse, Nutzungen / Einkommen / Raithung und Gegen-Raithung gemeinet; In Justitien / und dergleichen Sachen aber / vorgedachte vier Personen gleich anderen in Ihrer Churfürstl. Gnaden Pflichten allein seyn sollen: Do sich auch künfftig durch Todes-Fälle oder sonsten Veränderung zutrüge / und ein- oder das andere Ambt zur Vacanz käme / soll dasselbe erledigte Ambt von Ihrer Kayserl. Maj. und deroselben Erben und nachkommenden Königen zu Böheim / und Ihrer Churfürstl. Gnaden zugleich bestellet / und diejenige Person / deren solch Ambt aufgetragen wird / beeden Theilen mit Eydes-Pflicht verwandt seyn.

Hingegen haben sich Ihre Churfürstl. Gnaden vor sich / Ihre Erben und Nachkommen / gegen die Kayserl. Commissarien und Stände alles desjenigen erbotten / und Krafft dis darzu obligiret / was die Pfands-Verschreibung ihrentwegen besaget; Als benenntlich; daß sie dieselbe bey allem was sie von vorgehenden Königen zu Böheim erlanget / schützen / was denselben etwann bisher bey wehrender Unruhe abgenommen / wieder erstatten / und es mit denselben in allen / wie bey Regierung voriger Könige / halten / auch in Religions-Sachen / was die Catholisch- und Augspurgische Confessions-Verwandten betrifft / so lang sie solch Marggraffthum innen haben und besitzen / keine Neuerung fürnehmen: Die Stände bey ihren Privilegiis, Freyheiten / Rechten und Gerechtigkeiten / auch altem Herkommen verbleiben lassen / und nichts darvon alieniren noch verwenden sollen und wollen / wie dann auch mehrbemeldtes Marggraffthum durch diese Verpfändung gar nicht von dem Königreich Böhmen abgesondert / sondern demselben / laut der alten Incorporation, zugethan und einverleibet bleiben solle;

Wann und zu welcher Zeit auch die liquidirten Kriegs- oder Executions Kosten / samt den aufgelauffenen Interessen von Ihrer Keyserl. Maj. dero Erben und Nachkommen / in anderweg wieder erstattet; Soll alsdann das verpfändete Marggraffthum in der Maß und Weise / wie es eingesetzt /

Ihrer

ANNO 1623. Ihrer Kayserl. Maj. dero Erben und nachkommenden Königen in Böheim / wiederum abgetretten / zugestellet und eingeraumet werden.

Und damit diesfalls künfftige Weitläufftigkeit verhütet werde / sollen von Ihrer Churfürstl. Gnaden oder derselben Erben und Nachkommen / keine meliorationes, wie die Nahmen haben mögen / ohne ausdrückliche Ihrer Kayserl. Maj. deroselben Erben und nachkommenden Königen zu Böheim / Consens und Einwilligung / vermög Ihrer Kayserl. Majestät Erklärung / vorgenommen werden / alles treulich / sonder Gefehrde; Uhrkundlich ist dieses alles in gegenwertigen Immissions-Recess bracht / von untenbenannten Kayserl. Commissarien und Ihrer Churfürstl. Gnaden darzu deputirten Præsidenten / Geheimen- und Hoff-Räthen / mit eigenen Händen doppelt unterschrieben / und mit ihren Petschafften bekräfftiget. Geschehen zu Budissin den 17/27 Junii Anno 1623.

(L.S.) Friedrich Herr von Talenburg /
(L.S.) Otto von Nostitz /
(L.S.) Otto Melander Papa /
(L.S.) Caspar von Schönberg /
(L.S.) George von Werther /
(L.S.) Friedrich Mezisch /
(L.S) Gabriel Tintzl / Dr.

Eydt.

Wir N. N. des Marggraffthums Ober-Laußnitz / geloben und schweren / daß wir samtlichen und ein jeder insonderheit / dem Durchleuchtigsten Churfürsten zu Sachsen und Burggraffen zu Magdeburg / unserm gnädigsten Herrn / als Pfands-Inhabern des Marggraffthumbs Ober-Laußnitz / und deroselben Erben und Nachkommen / schuldigen Gehorsam leisten / in deroselben Devotion beständig verbleiben / dero Ehr / Authorität und Wohlfarth befördern / wider Ihre Churfürstl. Gnaden durchaus nichts selbst / oder durch andere tentiren / oder da es von andern geschehe / verstatten und nachlassen / sondern da es je über Zuversicht erfolgte / und wir sämtlich und sonderlich solches in Erfahrung bringen würden / dasselbe alles Fleisses verhüten / Ihrer Churfl. Gnaden alsobald ohne Auszug und Scheu offenbahren / in Summa Ihrer Churfürstl. Gnaden und dero Erben und Nachkommen vor unsern Herrn als Pfands-Innhabern / vermöge der Pfands-Verschreibung und aufgerichten Einweisungs-Recess, erkennen / ehren und halten / und auch sonsten alles das thun / worzu wir uns anerbotten und erkläret / auch getreuen und gehorsamen Pfands-Unterthanen gebühret und oblieget / so lang bis durch erfolgte völlige Bezahlung der aufgewandten Kriegs-Kosten und Interesse an die Röm. Kayserl. Majest. von Ihren Churfürstl. Gnaden wiederum an- und überwiesen werden / so wahr uns GOtt helffe und sein heiliges Evangelium.

Ander Eydt.

Ich N. N. gelobe und schwere / daß der Röm. Kayserl. auch in Ungarn und Böhmen Königl. Maj. meinen allergnädigsten Herrn / rc. Wie auch dem Durchleuchtigsten Curfürsten zu Sachsen / meinem gnädigsten Herrn / als Pfands-Innhabern / des Marggraffthumbs Ober-Laußnitz / ich in meinem mir anbefohlenen und tragenden Ambt der Land-Vogtey / der Lands-Hauptmanschafft / der Gegenhandlung / Cammer-Fiscal-Ambt / so viel das Cammer-Interesse betrifft / Ihrer Kayserl. Maj. und Churfürstl. Gnaden zugleich / in andern Sachen aber Sr. Churfürstl. Gnaden allein / treue / holdt und gewärtig seyn / und so viel obberührtes Cammer-Interesse angelanget / so wohl Ihrer Kayserl. Maj. als Ihrer Churfl. Gnaden Nutzen und Frommen suchen und fördern / Ihren Schaden aber warnen und wenden / und alle dasjenige thun wollen / was einem getreuen Diener wegen seiner anvertrauten Expedition und aufgetragener Bestallung ziemet / eignet und gebühret. So wahr mir GOtt helff und sein heiliges Evangelium. ANNO 1623.

CCXLVIII.

Contractus Matrimonialis inter Principem Walliæ CAROLUM, *Regis Angliæ* JACOBI I. *Filium; & MARIAM Infantem Hispaniæ, initus, & ab altedicto Rege jurejurando approbatus. Datum apud Palatium Regium Westmonasterii die 20. Julii anno 1623.* [ROBERT. JOHNSTONI Historia Rer. Britannicarum. Libr. XX. pag. 615. d'où l'on a tiré cette Pièce, qui se trouve aussi dans JULII BELLI Laurea Austriaca Libr. VII. pag. 641. où il n'y en a qu'un extrait, & dans le MERCURE FRANÇOIS Tom. IX. aux Pièces ajoutées à la fin, où les Articles secrets manquent.] 20. Juill.

NOS JACOBUS, Dei gratia magnæ Britanniæ &c. Rex, fidei defensor, &c. Relatione atque notitia hujus Instrumenti, atque Scripturæ, Obligationis, Approbationis, Confirmationis, Ratificationis, & novi Contractus, atque ad perpetuam ejus memoriam, notum facimus, & manifestum omnibus Regibus, Principibus, Potentatibus, Rebuspublicis, Communitatibus, Universitatibus, & privatis personis, cujuscumque status & conditionis, & in perpetuum fuerint. Quemadmodum ad honorem & gloriam Dei, cum maxime optaremus, ut novis, strictioribusque Amicitiæ nexibus Consanguinitatis, & Affinitatis vincula, quæ nos & Serenissimum Carolum, Walliæ Principem, nostrum charissimum, & amantissimum Filium unicum, cum Serenissimo Principe Philippo IV. Catholico Hispaniæ, Neapolis, Siciliæ, Hierusalem, Indiarum Orientalium, & Occidentalium, Insularum & Continentis, Maris, Oceani, Rege, Archiduce Austriæ, conjungunt, constringantur arctius & confirmentur; atque ut in nobis, Successoribusque nostris Fraternitatis Concordia, & inter utramque Coronam mutua benevolentia, ad majus utriusque bonum & felicitatem concilietur, stabiliatur atque permaneat. Actum est, & agitur de Matrimonio contrahendo inter prædictum Serenissimum Walliæ Principem, & Serenissimam Infantem Mariam Catholicæ Serenitatis Sororem, ad cujus rei Tractatum, & Conclusionem, prædictum Serenissimum Principem Filium nostrum ad Regem Hispaniarum, & Regiam misimus, ubi nunc reperitur; inter quem pro se, & pro nobis, & nostro nomine, unà cum prædilectis Consanguineis nostris, Georgio Villiers, Buckingamiæ Duce, Maris Anglicani Præfecto, Garterii Ordinis Milite insigni, a Concilio nostri Status, & nostri Equitis Præposito; & Johanne Digbio, Bristolio Comite, Vicecamerario Hospitii nostri, & nostri Status Consiliario; & prædilecto nostro Gualterio Aston, Equite, & Baronetto; nostris apud Catholicam Serenitatem Oratoribus, Ordinario & Extraordinario, Francisco adhuc Cattington, Baronetto, præfati Filii nostri Principis Secretario; ut virtute præscripti, atque instructionis, quam a nobis habuerunt, & habent, ut omnibus necessariis ad dictum Matrimonium tractandum & conficiendum interfint. Et ex altera parte, inter Catholicam Serenitatem, pro se, ac tamquam Fratre, & legitimo Administratore prædictæ Serenissimæ Infantis Mariæ, & de ejusdem voluntate & consensu, Commissarios; etiam ad ipsum designatos, Joannem Mendocium, & Lunam, Marchionem Montium Clarorum, & Montis Barblæ, à Consiliis Status & Belli Serenitatis Catholicæ; & Didacum Sarmientum de Acuna, Comitem Gondemarii, à prædictis Consiliis, unà cum Joanne de Gerica, Sanctioris Consilii Secretario; & Riberæ Commendataria Præfectura insignito: præmissis, & præmissæ fuerunt, facultate, & Dispensationibus

ANNO 1623.

nibus suæ Sanctitatis, & aliis, quæ necessariæ requirebantur. Postquam magna & matura deliberatione ultro citroque, propter ea rationum momenta quæ retulimus, quæque hujus Matrimonii convenientia & commoda, certo suadent, & ostendunt; & rem gravissimam disceptarunt. Hi omnes communi consensu, atque judicio, in aliquot Capitulationes, & Conditiones, ad rem terminandam, & absolvendam accommodata, quæ sic se habent, convenerunt.

Quod Matrimonium perficiendum est, per Dispensationem Sanctissimi Domini Papæ, sed hæc per operam Catholici Regis habenda est.

Quod Matrimonium semel etiam celebrandum est in Hispania, & in Anglia ratificari debet, in forma sequenti. Mane, postquam Serenissima D. Infans Devotiones suas in Capella absolverit; ipsa & Serenissimus Princeps Carolus, in Capella Regia, seu in aliqua Palatii Aula, ubi magis expedire visum fuerit, conveniant; ibique Procurationes omnes, quarum virtute Matrimonium in Hispania celebratum fuerit, legantur: & tam Serenissimus Princeps, quam Serenissima Infans, præfatum Matrimonium in Hispania celebratum, ratum habeant, cum omni solemnitate ad hujusmodi Actum necessaria; modo enim nulla Ceremonia, seu res aliqua interveniat, quæ Religioni Catholicæ Apostolicæ Romanæ contradicat.

Quod Serenissima Infans, servos & familiam pro suo servitio convenientem, secum deferat: quam familiam & personas omnes ad illam attinentes eliget, & nominabit Catholica Serenitas; modo nullum servum nominaverit, qui sit Vasallus Regis Magnæ Britanniæ; sine sua voluntate & consensu.

Quod tam Serenissima Infans, quam servi & universa ejus familia, habebunt liberum usum, & publicum exercitium Religionis Catholicæ Romanæ, in modo & forma, prout infra capitulatum est,

Quod habebit Oratorium & Capellam decentem in suo Palatio; ubi Missæ, libitu Serenissimæ Infantæ, celebrari possint. Et similiter Londini, & ubicumque morabitur, Ecclesiam publicam & capacem habebit, prope Palatium, ubi omnia Officia solemniter celebrentur; cum Cœmiterio, & omnibus aliis necessariis pro publica Verbi Dei Prædicatione, & omnium Sacramentorum Ecclesiæ Catholicæ Romanæ celebratione, & administratione; proque sepeliendis Mortuis, & baptizandis parvulis, & quod præfatum Oratorium, Capella, & Ecclesia; cum tali decentia ornabuntur, quæ Serenissimæ Infanti conveniens videbitur.

Quod servi & servæ Serenissimæ Infantis, & servi servorum, eorumque Filii, & Descendentes, ac familiares omnes quomodocunque suæ Celsitudini inservientes, valeant Catholici esse, libere & publice.

Quod Serenissima Infans, servi & familiares prædicti, valeant Catholici esse in forma sequenti.

Quod Serenissima Infans habeat in Palatio suum Oratorium, & Capellam, ita capacem, ut dicti servi & familiares, ut supra, possint intrare, & commorari in illa; in qua una sit Porta publica, & ordinaria pro illis, & altera interior, per quam Serenissima D. Infans habeat ingressum in dictam Capellam; ubi ipsa, & alii ut supra, divinis Officiis interesse possint.

Quod Oratorium, Capella, & Ecclesia publica ornentur cum decenti ornatu Altarium, & aliarum rerum, quæ necessariæ sint pro Cultu divino, qui in illis secundum Ritum S. Romanæ Ecclesiæ celebrandus est: & quod dictis servis, & aliis, ut supra, licebit se conferre ad dictas Capellam, & Ecclesiam, omnibus horis, prout illis videbitur.

Quod cura & custodia dictarum Capellæ & Ecclesiæ erit penes eos, qui deputabuntur à Serenissima D. Infante; cui licebit constituere Custodes, nequis possit intrare, ad faciendum quid indecorum.

Quod ad administrandum Sacramenta, & serviendum in Capella, & Ecclesia prædictis, XXIV. Sacerdotes, & Assistentes nominabuntur, qui per hebdomadas aut menses, prout Serenissimæ Infanti visum fuerit, inserviant; & eorum Electio ad præfatum Serenissimum Regem Catholicum, & Serenissimam Infantem attinebit; modo non sint Vasalli Regis Magnæ Brittanniæ; aut si fuerint, ejus voluntas, & consensus præcedat.

Quod sit unus Minister in Ordine Episcopali constitutus, Superior, cum auctoritate necessaria, ad omnes casus, qui acciderint, spectantes ad Religionem; & Episcopo deficiente, illius Vicarius eandem habeat Autoritatem & Jurisdictionem.

Quod iste Episcopus, & Minister superior, poterit corrigere, emendare, & castigare Catholicos Romanos, qui deliquerint, & in istos omnem Jurisdictionem Ecclesiasticam exercere: ultra hoc, poterit etiam Serenissima Infans illos de suo servitio abdicare, quando illi visum fuerit.

ANNO 1623.

Quod dictus Superior in Ordine Episcopali constitutus, vel ipsius Vicarius, poterit servos, & alios, ut supra, Ecclesiasticos, punire juxta Leges & Pœnas Ecclesiasticas, & illos etiam Serenissima D. Infans à suo servitio abdicare.

Quod licebit Serenissimæ D. Infanti, & servis, ut supra, adquirere Romæ Dispensationes, Indulgentias, Jubilæos & omnes gratias, quæ videbuntur Religioni, & Conscientiis suis competere; & undecunque Libros quoslibet Catholicos sibi comparare.

Quod servi & familiares Serenissimæ Infantæ, qui in Angliam migrabunt, suscipient Juramentum Fidelitatis, Regi Magnæ Brittanniæ: modo nulla sit clausula, neque verbum quod contradicat Religioni Romanæ, in Conscientiis Catholicorum; & si forte sint Vasalli Regis Magnæ Brittanniæ, idem Juramentum suscipient quod Hispani; utrique in sequenti forma.

> EGO N. juro, & promitto Fidelitatem Serenissimo Jacobo Magnæ Brittanniæ Regi; & Serenissimo Carolo Principi Walliæ, & Mariæ Hispaniæ Infanti; quam firmiter & fideliter observabo. Et si quod contra Personas, Honorem, & Dignitatem Regiam præfatorum Regis & Principum, Statumve, & commune Bonum Regnorum intentari cognovero, statim renuntiabo dictis D. Regi & Principibus, aut Ministris ad id constitutis.

Quod Leges, quæ sunt, vel erunt in Anglia & aliis Regnis, spectantes ad Religionem, dictos servos & alios, ut supra, Laicos, non attingent; qui tum Legibus, tum pœnis, contra transgressores earum impositis, erunt exempti; & contra Ecclesiasticos, solummodo eorum Superior Ecclesiasticus Catholicus procedere valeat; prout apud Catholicos Romanos fieri consuevit.

Quod si Judex aliquis sæcularis Ecclesiasticum virum comprehenderit, propter aliquod delictum, ad hoc enim faciet, ut prædicto suo Superiori Ecclesiastico & Catholico, statim tradat & remittat; qui contra illum, juxta Canones, & Regulas Juris, procedat.

Quod Leges contra Catholicos Romanos latæ; vel ferendæ in Anglia, & aliis Regnis Regis Magnæ Brittanniæ subjectis, non attingent Liberos ex hoc Matrimonio oriundos; & libere jure Successionis in Regnis & Dominiis Magnæ Britanniæ fruentur.

Quod Nutrices, quæ lactabunt Liberos Serenissimæ D. Infantis, Catholicæ Ecclesiæ valeant esse; earumque electio ad præfatam D. Infantem spectet: sive sint ex Natione Anglicana, sive ex alia quacunque; prout Serenissimæ Infanti placuerit; & familiæ suæ annumerentur; ejusque Privilegiis gaudeant & potiantur.

Quod Episcopus & Personæ Ecclesiasticæ, & Religiosæ, ex familia D. Infantis, poterunt retinere vestitum, & habitum suæ Dignitatis, Professionis, & Religionis, more Romano.

Pro securitate, quod dictum Matrimonium nullatenus aliqua ex causa dissolvetur; Rex Magnæ Brittanniæ & Carolus Princeps verbo Regio pariter, & honore astringendi sunt.

Præstabunt insuper quicquid a Rege Catholico propositum fuerit; si enim decenter, & commodè fieri possit.

Quod Filii & Filiæ, qui ex hoc Matrimonio nascentur, penes Serenissimam Infantem, ut minimum usque ad Decennium educentur; & libere jure Successionis, in prædictis Regnis, ut dictum est, fruantur.

Quod quomodocunque loci servorum & servarum, quos Serenissima D. Infans secum attulerit, nominatos per Regem Catholicum Fratrem suum, vacare contigerit; sive per Mortem, sive per Absentiam, sive ex aliqua alia causa, seu Accidens, subrogantur per dictum Regem Catholicum omnes servi, & familiares, ut supra.

Pro securitate, quod totum, ut capitulatum est, compleatur, Rex Magnæ Brittanniæ, & Serenissimus Carolus Princeps Juramento astringendi sunt, ut omnes Consiliarii Regis Tractatum Chyrographo firmare debeant; insuperque prædicti Rex, & Princeps, verbo Regio fidem daturi sunt, se facturos, quod possibile est, ut omnia supra capitulata per Parlamentum stabiliantur.

ANNO 1623.

Quod conformiter ad ea, quæ tractata sunt, omnia ista præponenda, & exponenda sunt Sanctissimo D. Papæ, quatenus ea approbare, Apostolicam Benedictionem, ac necessariam Dispensationem ad effectum Matrimonii concedere dignetur.

Nos Tractatum prædictum, ac omnia & singula Capitulata in eodem contenta, & specificata, rata & grata habentes, & omnia & singula, ex certa scientia nostra; quatenus nos, Hæredes vel Successores nostros concernunt, approbamus, laudamus, confirmamus, ac ratificamus; & inviolabiliter, firmiter, bene, & fideliter tenere, observare, perimplere, tenerique observari, & perimpleri facere, cum effectu, bona fide, & verbo Regio promittimus per præsentes; omni exceptione, seu contradictione cessante. Eadem in præsentia Illustrissimorum & Nobilium Virorum Joannis de Mendoza, Marchionis Inojosæ, Regi Catholico à Cubiculis, & Consiliis Status, & Belli, Regni Navarræ Proregis, & Capitanei generalis; itemque Provinciæ de Guipuzcoa, & Confinium, rei Tormentariæ majoris per Universam Hispaniam Archipræfecti; Commendatoris de Aledo; Unius Cohortis Cataphractorum Equitum, in custodiam Regis Catholici Tribuni; & ejusdem Serenissimi Hispaniarum Regis Legati apud nos Extraordinarii: & Carolo Colomna, Regi Catholico à Consiliis Bellicis; Cameraci, & Cameracesii Gubernatoris, & Capitanei Generalis; Commendatoris de Montiel, & Offa; nec non ejusdem Hispaniarum Regis Legati apud nos Extraordinarii: Sacrosanctis Evangeliis per nos tactis, Jurejurando firmamus, non obstantibus quibuscunque opinionibus, Sententiis, aut Legibus in contrarium. In quorum omnium, & singulorum præmissorum fidem, ac testimonium, hisce Articulis manu nostra subscriptis magnum Sigillum nostrum apponi fecimus, præsentibus Reverendissimo in Christo Patre Georgio Archiepiscopo Cantuariensi, totius Angliæ Primate; Reverendissimo in Christo Patre, Joanne Episcopo Lincolnnensi, magni Sigilli Angliæ Custode; & prædilectis Consanguineis nostris, Leonello, Comite Middelsexiæ, summo Thesaurario nostro Angliæ: Heinrico, Vicecomite de Maundevill, in Consilio nostri Status Præsidente: Eduardo, Comite Wigorniensi, Privati Sigilli nostri Custode: Ludovico, Duce Richemondiæ, & Lenoxiæ, Hospitii nostri Seneschallo Supremo: Jacobo, Marchione Hamiltoniæ: Jacobo, Comite Carlionensi: Thoma, Comite de Kelley: Oliverio, Vicecomite Grandison: & Reverendissimo in Christo Patre Lancelotto, Episcopo Wintoniensi, Sacelli nostri Regii Decano: & prædilectis & fidelibus nostris, Georgio, Barone Carasse de Clopton, rei nostræ tormentariæ Majoris in Anglia Præfecto: Arthuro, Barone Chicestre de Belfast, Regni nostri Hiberniæ summo Thesaurario: Thoma Edmondo, Milite, ejusdem nostri Hospitii Regii Thesaurario: Joanne Sucklinii, Milite ejusdem nostri Hospitii Contrarotulatore: Georgio Calvert, Milite, uno e Secretariis nostris primariis: Eduardo Conuey Milite, altero e Secretariis nostris promissis: Richardo Weston, Milite, Scaccarii nostri Cancellario, & Sub-Thesaurario: & Julio Cæsare, Milite, Archivorum nostrorum Præfecto: omnibusque à Consiliis nostris Sanctioribus. Dat. apud Palatium nostrum Westmonasterii, XX, die Julii, Anno Regni nostri Magnæ Brittanniæ, &c. XXI.

S. S. JACOBUS REX.

Memorandum, quod die, & Anno supra in calce hujus Tractatus memoratis, Serenissimus & Potentissimus Princeps Jacobus D. G. Magnæ Brittanniæ &c. Rex, Dominus meus Clementissimus, præsentibus atque assistentibus qui supra nominantur, cum multis aliis Proceribus, & Magnatibus, dedit, præstititque Juramentum, pro observatione hujus Tractatus, secundum formam suprascriptam: in Sacello Aulæ Regiæ, apud Westmonasterium: omnibus atque singulis Articulis prius lectis, ac publice recitatis: Reverendissimo in Christo Patre Lanceloto, Episcopo Wintoniensi, & Sacelli Regii Decano, tenente, porrigenteque Regiæ Majestati Sanctissimum Evangeliorum librum. In cujus rei Testimonium ego Georg. Calvert, Miles, Secretarius suæ Majestatis primarius, præsentibus, Manum meam apposui, die & Anno supradictis.

S. GEORG CALVERT.

Quatuor arcana Capitula, ad Religionem pertinentia Catholicam præmisso Tractatui Matrimoniali adjuncta & a Reg. Majest. Angliæ JACOBO I. *Jurejurando approbata. Sub Loco & Dato eodem.* [ROB. JOHNSTONII Historia Rer. Brittannicar. Lib. XX. pag. 617.]

ANNO 1623.

JACOBUS Dei Gratia, Magnæ Brittanniæ &c. Rex, Fidei Defensor &c. Omnibus, ad quos hoc præsens Scriptum pervenerit, salutem. In quantum inter multa alia, quæ in Tractatu de Matrimonio inter Charissimum Filium nostrum Carolum, Walliæ Principem, & Serenissimam Dominam Donnam Mariam, Serenissimi Principis, & prædilecti Fratris nostri Philippi IV. Regis Hispaniarum Sororem, continentur, conventum est, quod nos Juramento nostro approbaremus, ratosque faceremus Articulos infra ad verbum expressos.

I. Quod nulla Lex particularis contra Catholicos Romanos lata, sub qua alii Regnorum nostrorum Vasalli non comprehenduntur, & ad cujus observationem omnes generaliter non obligantur; nec non Leges generales, sub quibus omnes ex æquo comprehenduntur, modo ejusmodi sint, quæ Religioni Romanæ repugnent, ullo unquam tempore, ullo omnino modo, aut casu, directe vel indirecte, quoad dictos Catholicos Romanos, executioni mandabitur. Et efficiemus, ut Consiliarii nostri idem præstent Juramentum, quantum ad illos pertinet, & spectat ad executionem, quæ per manus eorum, & Ministrorum suorum solet exerceri.

II. Quod nullæ aliæ Leges imposterum de integro ferentur contra dictos Catholicos Romanos; sed Toleratio perpetua Exercitii Religionis Catholicæ Romanæ inter privatos parietes, per omnia nostra Regna, & Dominia (quod intelligi volumus, tam in Regnis nostris Scotiæ & Hiberniæ, quam in Anglia) iis concedetur, modo & forma, prout capitulatum, declaratum, & concessum est in Articulis Tractatus de Matrimonio.

III. Quod nec per nos, nec per aliam ullam interpositam personam, directe vel indirecte, privatim vel publice, rem ullam cum Serenissima D. Infante D. Maria tractabimus, quæ repugnet Religioni Catholicæ Romanæ: illique nequaquam persuadebimus, ut in substantia, vel forma eidem unquam renuntiet, aut delinquat, aut ut agat aliquid iis, quæ continentur in Tractatu de Matrimonio repugnans, aut contrarium.

IV. Quod Autoritatem nostram interponemus, faciemusque quantum in nobis erit, ut Parlamentum omnes & singulos Articulos, ratione hujus Matrimonii, in favorem Catholicorum Romanorum, inter Serenissimos Reges capitulatos, approbet, confirmet, ratosque habeat: & ut dictum Parliamentum revocet, abroget Leges particulares contra dictos Catholicos Romanos latas: ad cujus Observationem reliqui item Subditi & Vasalli non obligantur: Nec non Leges etiam generales, sub quibus omnes ex æquo comprehenduntur nimirum quoad Catholicos Romanos, modo ejusmodi sint, uti dictum est, quæ Religioni Catholicæ Romanæ repugnent: & quod imposterum non consentiemus, ut dictum Parliamentum, ullo unquam tempore, alios de integro contra Catholicos Romanos sanciat, aut conscribat.

Nos omnia & singula Capitula præcedentia rata & grata habentes, ex certa scientia nostra, quatenus nos, Hæredes, vel Successores nostros concernunt, approbamus, ratificamus, laudamus; & inviolabiliter, firmiter, bene & fideliter tenere, observare, & perimplere; tenerique, observari, & perimpleri facere cum effectu, bona fide, & verbo Regio promittimus per præsentes; omni exceptione seu contradictione cessante, eademque, Sacris Evangeliis, per nos tactis, firmamus, non obstantibus quibuscunque Opinionibus, Sententiis aut Legibus in contrarium. In præsentia Illustrissimorum Dominorum D. Joannis de Mendoza, Marchionis de Inojosa; & D. Caroli Colomna, Regis Catholici Legatorum Extraordinariorum: Georgii Calvert, Militis, unius Secretariorum nostrorum primariorum: Eduardi Conueii, Militis, alterius Secretariorum nostrorum primariorum: Francisci Cottington, Baronetti, Filio nostro Principi a Secretis: Francisci de Carondelet, Prothonotarii Apostolici & Archidiaconi Cameracensis. Dat. in Palatio nostro Westmonasteriensi, XX. Die Julii, Anno Domini millesimo, sexcentesimo, vigesimo tertio, stilo Angliæ.

JACOBUS REX.

Copia collata & vera.

GEORG. CALVERT.

CCXLIX.

ANNO 1624.

POLOGNE ET SUEDE.

CCXLIX.

Traité de Trêve entre la POLOGNE, *& la* SUEDE, *fait au Camp près du Château du Dahlen en 1624.* [MERCURE FRANÇOIS, Tom. X. pag. 269. d'où l'on a tiré cette Pièce, qui se trouve aussi en Allemand dans *Historicæ Relation. Francofurt. Contin. Vernal.* pag. 87. & en Latin par Extrait dans *Laurea Austriaca* JULII BELLI Lib. VIII. pag. 685.]

NOUS Deputez Commissaires de la sacrée & Royale Majesté de Pologne & de Suede nostre Seigneur souverain trés-clement, & de l'Assemblée des Estats du Royaume de Pologne, & du grand Duché de Lithuanie, Faisons à sçavoir, & certifions à tous ceux qu'il appartiendra, ou qu'il doit appartenir en quelque sorte ou maniere que ce soit. Que ayant esté cy-devant accordé en la Conference tenuë entre les Commissaires de Pologne & de Suede, que nouveaux Commissaires seroient deputez de part & d'autre, pour reprendre & parfaire derechef le Traicté commencé de la Paix, Nous insistans sur ces choses, avons convenu avec les Commissaires de l'Illustrissime Prince Gustave Adolphe, & les Commissaires du Royaume de Suede l'Illustre Seigneur Jaques de la Gardie Conseiller & Marefchal General des armées, & Magnifiques Seigneurs Henry Flamming de Licts & Esebe, Colonel de la Milice de Finnonie, & Adam Schraffer de Alpe & Westfent Commissaire en Estonie és fins de la Forteresse de Darles: Comme en leur presence on n'a peu traicter d'une Paix ferme & asseurée, aussi de peur que la toile de concorde commencée ne soit rompuë, la cessation d'armes expirant, & que toute esperance de Paix soit perduë, Nous, selon le pouvoir & mandement que nous avons receu de nostre Roy Serenissime, & du Royaume de Pologne; & du grand Duché de Lithuanie, avons prolongé la cessation d'armes qui eschet au premier jour de Juin de l'an 1624. jusques au dernier de Mars de l'an 1625. stil vieil, suivant ces Conditions & Articles.

I. Que les Trefves seront prolongées entre nos Principaux, & les Royaumes de Pologne & de Suede, & entre les Provinces, Armées & Subjects de l'un & l'autre Party, & ce jusques audit jour dernier Mars de l'an 1625. stil vieil.

II. Nous promettons que le Roy Sigismond nostre tres-clement Seigneur, & tous les Ordres & Estats du Royaume de Pologne, & du grand Duché de Lithuanie, garderont & conserveront lesdites Trefves saincte-ment & religieusement, jusques à la fin du dernier jour prescrit.

III. Aussi il a esté accordé que la Guerre de part & d'autre ne se pourra faire qu'auparavant elle n'ait esté declarée deux mois avant le premier jour de Juin, stil vieil; parquoy la Partie qui voudra recommencer la guerre le fera signifier au Chef general de l'autre Party par Lettres publiques, & par un Trompette envoyé exprés selon la coustume militaire, lequel luy denoncera la guerre, & la publique deffiance.

IV. Que nonobstant ladite Declaration de la guerre ainsi publiée, les Trefves ne laisseront pas de demeurer fermes & asseurées, jusques audit premier jour de Juin, stil vieil, de l'année 1625. Mais si audit dernier jour de Mars la susdite Declaration ou publique Denonciation de la guerre n'a esté faicte legitimement par l'un des deux Partis, alors en vertu des presents Articles lesdites Trefves seront estenduës & prolongées jusques au premier jour de Juin de l'an suivant, sçavoir de l'an 1626. & se devront observer sainctement & inviolablement sous les mesmes conditions qu'elles ont esté faictes.

V. Durant ceste cessation d'armes, toutes choses de part & d'autre demeureront en mesme estat qu'elles sont à present: & ce que l'un & l'autre Party possede maintenant, il le tiendra & possedera paisiblement, sans y donner par l'un des Partis aucun empechement; sans injures, sans incursions, ravages, ny secrettes ou manifestes entreprises.

VI. Nous promettons aussi & nous obligeons, que nostre Roy Serenissime, & le Royaume de Pologne, & le grand Duché de Lithuanie, n'entreprendront aucune guerre ou hostilité manifeste ou secrette, soit par Mer ou par Terre, contre le Royaume de Suede, le grand Duché de Finlandie, ny aussi contre les lieux de Livonie qui sont maintenant en la puissance de la Suede, comme encor contre les autres Provinces, Villes, Citez, Ports, & Subjects, ou aux Territoires, Ports & Pays du Royaume de Pologne, & du grand Duché de Lithuanie, & ne se passera rien au contraire jusques audit jour prescrit. Et si quelque Potentat ou Estat faisoit des preparatifs pour entreprendre quelque hostilité contre le Royaume de Suede, il sera semblablement empeché & retenu de ce faire durant ceste suspension d'armes.

VII. Afin que cependant il soit traicté d'une Paix stable ou d'une prolongation desdites Trefves, nous supplierons sa Royale & Serenissime Majesté nostre tres-clement Seigneur, de nous donner un Pouvoir plus special & une Commission plus ample & estenduë: laquelle chose, si elle s'obtient, nous en donnerons incontinent advis certain à l'Illustre Seigneur Palatin de Miceslavie Comte & General des Armées de Suede, avec le temps & le lieu où se tiendra la Conference. Aussi pour telle nouvelle Commission il ne sera dérogé aucunement à la présente Suspension d'armes, jusques à ce que le temps de la reprise des armes soit arrivé. Si aussi ladite Commission s'obtient, ce qui sera accordé & convenu en consequence d'icelle entre les Commissaires devant ledit dernier jour de Mars de l'année 1625. sera dés lors executé & suivy sans aucune remise.

VIII. La libre conversation & negotiation sera permise à tous les Subjects des deux Couronnes de quelque Nation ou condition qu'ils soient, comme aussi les chemins seront asseurez tant par Mer que par Terre, & ne s'y commettra aucune violence.

IX. Quant aux injures tant personnelles que reelles qui arriveront durant le temps de ceste cessation d'armes, une Partie ne se vengera point de l'autre par armes, mais la Justice en sera demandée aux Officiers & Magistrats ausquels il appartiendra de la rendre, & sera administrée de part & d'autre. Aussi seront punis de peines severes & de chastiments les infracteurs & violateurs de ceste Trefve, comme violateurs de la Foy publique.

X. Les prisonniers de part & d'autre, qui sont detenus encore à present, seront delivrez sans remise, retardement, ny rançon.

Nous Commissaires, &c. promettons, & nous obligeons, selon nos Pouvoirs & Commissions, de faire que ceste presente prolongation de la cessation d'armes, dont lesdites Couronnes jouyssent à present, sera gardée & observée de bonne & sincere foy, & nullement violée par nostre Serenissime Roy, le Royaume de Pologne, & grand Duché de Lithuanie, ains sera observée sans aucune fraude ny mauvaise volonté, jusques audit jour prefix de l'an 1625. sauf toutesfois en toutes choses le droict Hereditaire de sa Royale Majesté sur le Royaume de Suede, le grand Duché de Finlandie, qui appartient tant à luy qu'à ses Serenissimes Successeurs: comme ainsi soit qu'au droict Royal & legitime, il ne se doit creer, ny faire aucun prejudice, par le present Traicté: mais il se peut entierement disputer & l'attribuer à sa Royale Majesté, & à ses Serenissimes Heritiers, quand le temps des Trefves sera terminé, afin qu'il se recognoisse & demeure sollemnellement appartenir à sadite Majesté Royale, & à sesdits Heritiers. En foy & tesmoignage desquelles choses nous avons souscrit les presentes, & icelles confirmées de nos Seels. Donné au Camp proche du Chateau de Dahlen 1624.

CCL.

8. Fev.

Revers Hertzog Johanns zu Schleßwig-Holstein / so er an Hertzog Fridrich seinem Herrn Bruder / wegen der Primogenitur außgestellet / daß er dieselbe in allen clausulen / wie sie abgeredet worden / observiren und halten wolle. Geben zu Gottorp den 8. Februarii 1624. [LUNIG, **Teutsches Reichs-Archiv. Part. Special. Continuat. II. Abtheilung IV. Absatz X. pag. 66**]

C'est-à-dire,

Revers de JEAN *Duc de Sleswich-Holstein, par lequel il assûre le Duc* FREDERIC *son Frere, qu'il observera la Prim-geniture en toutes choses selon*

ANNO 1624.

selon qu'ils en sont convenus. A Gottorp le 8. Fevrier 1624.

VON GOttes Gnaden wir Johanns/ Erbe zu Norwegen/ Hertzog zu Schleßwig/ Holstein/ Stormarn und der Dithmarsen/ Graff zu Oldenburg und Delmenhorst ꝛc. Thun hiermit kund und bekennen; Demnach der weiland Hochgebohrner Fürst/ Herr Johann Adolff/ Erbe zu Norwegen/ Hertzog zu Schleßwig/ Hollstein/ ꝛc. Unser in GOTT ruhender gnädiger vielgeliebter Herr Vatter/ in Ihrer gottseligen Gnaden Antheil an den Fürstenthumen Schleßwig/ Hollstein/ ꝛc. deren incorporirten Landen/ und was all solchen in künfftig accresciren möchte/ das Jus Primogenituræ angeordnet/ also daß darinn hinfüro keine Theilung mehr statt haben/ sondern der Erstgebohren allein succediren/ und den anderen Gebrüdern/ wann sie zu Ihren mündigen Jahren gekommen/ eine gewisse Geld-Pension/ so lang biß dieselbe zu geistlichen Dignitäten befördert würden/ reichen lassen solte: Welche Constitution Juris Primogenituræ in Gottes Wort/ den Kayserlichen Lehn-Rechten/ dem Herkommen bey Fürstlichen Häusern/ und in den Privilegiis der Fürstenthume Schleßwig-Hollstein gegründet/ auch zu Erhaltung Unsers Fürstlichen Hauses gantz nöthig und nützlich/ die Römische Kayserl. Majestät/ als Lehn-Herr des Hertzogthumbs Holstein und incorporirter Landen/ so dann ihre Königl. Majestät zu Dännemarck ꝛc. wegen des von der Cron Dännemarck zu Lehn rührenden Hertzogthums Schleßwig und dessen Zubehörung/ confirmiret und bestättiget.

Und dann/ solcher Verordnung zu folge/ nach tödlichem Abschied vorgedachter Ihrer gottseeligen Gnaden der hochgebohrne Fürst/ Herr Friederich/ Erbe zu Norwegen/ Hertzog zu Schleßwig/ ꝛc. Unser freundlicher vielgeliebter Herr Bruder/ nicht allein die Fürstlich verlassene Regierung als Erstgebohrner angetreten; So gereden und geloben wir/ Hertzog Johann/ sothane Einigung und Abrede/ die Uns gleichfalls fürgehalten/ und wir sattsam eingenommen/ in allen ihren Puncten und Clausulen genehm zu halten/ darwider nicht zu handeln noch andern zu gestatten/ daß von ihnen ichtwas geschehen möchte/ mehrgedachtes Unsers Herrn Bruders/ Hertzog Friederichen Liebden/ gantz fleißigen Danck sagend/ daß dieselbe/ als Erstgebohrner/ und vermöge obangeregter Constitution Juris Primogenituræ eintzig regierender Landes-Fürst in den Hertzogthümern Schleßwig/ Holstein/ ꝛc. aus Unserer Fürstl. Gottorpischen Linien/ sich Unser also treubrüderlich angenommen und annimmt/ auch bereits im Werck bezeiget hat/ und so weit Ihro Liebden es möglich/ fernere Vorsehung zu thun erbietig ist/ daß/ weil wir/ vermöge mehrberührten Juris Primogenituræ, an Land und Leuten der Hertzogthümer Schleßwig-Holstein/ ꝛc. und was denen incorporiret/ so lang Ihr. Lbd. und deren Descendentes männlichen Geschlechts/ oder Unser geliebter Bruder/ Hertzog Adolff/ oder jemand von desselben Lbden Nachkommen männlichen Geschlechts im Leben seyn wird/ nicht gelangen können/ wir demnach mit geistlichen Dignitäten versehen seyn/ und davon Unsern Fürstlichen Stand führen möchten.

Dessen zu wahrer Urkund und fester Haltung haben wir dieses mit eigner Hand unterschrieben/ und mit Unserm Fürstl. Secret versiegelt/ so geschehen auf dem Schloß Gottorp/ Anno 1624. am 8. Feb.

(L. S.)

Hans Hertzog zu Schleßwig-Hollstein.

CCLI.

ANNO 1624. 8. Mai.

L'EMPIRE ET LA TRANSILVANIE.

Extrait du Traité de Paix entre FERDINAND II. *Empereur,* & BETHLEM GABOR, *Prince de Transylvanie, fait à Vienne, le 8. Mai,* 1624. [MERCURE FRANÇOIS, Tom. X. pag. 298.]

I. QUE le Prince Bethlem ne prendroit plus à l'advenir le tiltre de Roy de Hongrie, remettroit les Seaux du Royaume entre les mains de l'Empereur & Roy de Hongrie, & s'abstiendroit de toute administration en iceluy.

II. Qu'à l'advenir, sous quelque pretexte que ce fust, il ne se porteroit à aucun acte d'hostilité contre l'Empereur, la Serenissime Maison d'Austriche, & leurs Subjets.

III. Qu'il ne presteroit ou donneroit secours, faveur & assistance à aucun des ennemis & adversaires de la Maison d'Austriche, & n'entretiendroit nulle confederation & amitié avec eux.

IV. Qu'il ne susciteroit point les Tartares & les Turcs de faire la guerre contre l'Empereur, la Maison d'Austriche, ne contre aucun de leurs Subjets.

V. Qu'il ne les introduiroit, & ne leur donneroit aucune entrée en tous les pays où s'estendroit sa puissance: & qu'à l'advenir il ne se laisseroit seduire par des conseils pervers à la rupture de la Paix; ce que l'Empereur promettoit aussi de faire.

VI. Que s'il advenoit quelque doute ou difficulté sur le present Traicté de Paix, qu'elle seroit resoluë & accordée par une amiable composition entre les Commissaires deputez de part & d'autre, sans en venir à la guerre & aux armes.

VII. Que de part & d'autre ceux qui se trouveroient encores prisonniers, seroient mis en liberté sans payer aucune rançon. Et que le Prince Bethlem feroit son possible pour faire mettre hors de captivité les prisonniers Imperiaux qui estoient entre les mains des Turcs.

VIII. Que les armes & bagages qui avoient esté pris au dernier combat sur le territoire d'Abavivar demeureroient aux Imperiaux: ce qui avoit esté pris en d'autres endroits seroit restitué.

IX. Que tous Colonels & Capitaines qui avoient presté le serment au Prince Transilvain en seroient delivrez & quittes.

X. Que tous les biens fiscaux & mettaliques seroient restituez à l'Empereur, & ne retourneroient jamais au Prince Transilvain.

XI. Qu'il sera permis à l'Empereur & au Prince Transilvain de prendre copie des Lettres & Tiltres de la Chancellerie de Cibin, qui avoient esté consignez de bonne foy en garde entre les mains de certaine personne.

XII. Que les biens de la Maison de Humanoi, avec les Chasteaux & Seigneuries qui en dependoient, seroient restituées par le Prince Bethlem, sans aucun delay, aux Enfans Heritiers de ladite Maison.

XIII. Que les Terres, Seigneuries & Biens d'André Dozi, & de Sigismond Forgassi, & tout ce que ces familles là tenoient du bien de l'Eglise, pris sur eux au dernier mouvement, leur seroient rendus & restituez.

XIV. Comme aussi seroient restituez les biens qui devoient estre rendus par le Traicté de Niclasbourg.

XV. Que le Prince de Transilvanie Gabriel Bethlen, se tiltrera encore Prince du sainct Empire, Seigneur de diverses Seigneuries en Hongrie, & Duc d'Oppel & Rattiborne: Lequel tiltre ne sera seulement que pour sa personne, sans passer à ses Heritiers.

XVI. Que les sept Seigneuries cy-apres denommées, lesquelles estoient de la Couronne de Hongrie, & scituées tant deça que delà le Tibisce, demeureroient audit Prince avec toutes leurs dependances, pour en jouyr plainement & paisiblement durant sa vie, avec ceste condition, Que les Juges, Officiers & Magistrats desdites Villes qui estoient obligez par serment audit Prince, feroient aussi serment à sa Majesté Imperiale, de n'apporter aucun dommage, durant le vivant dudit Prince, à sa Majesté Imperiale, ny à ses Successeurs. Lesdites sept Seigneuries cedées audit Prince, sont, Zathmar avec son Chasteau, Zobolar, Ugochi, Berochi, Zemploi, Bozzat, (excepté la Forteresse de Zanderie & les Villages & revenus qui en dependent,) & Abbavivar, avec la Ville de Cassovie,

ANNO 1624.

vie, leurs Jurisdictions, leurs domaines, & leurs revenus.

XVII. Que tous les ans le jour de la feste S. Georges, les Commissaires de sa M. I. seroient tenus de delivrer & payer aux habitans desdites Seigneuries frontieres du Turc la somme de trente mille florins pour la garde d'icelles, & ce en presence des Deputez dudit Prince.

XVIII. Aussi si d'aventure la guerre recommençoit contre les Turcs, lesdits Peuples & habitans desdites frontieres demeureroient fidelles tant à l'Empereur qu'audit Prince.

XIX. Que ledit Prince estant decedé, lesdites sept Seigneuries retourneroient en l'obeïssance de sa Majesté Imperiale, comme Roy de Hongrie, & seroient reünies au Royaume, de telle sorte qu'elles ne pourroient tomber en la puissance du Turc sur aucun pretexte : Aussi que les Transilvains pour & au nom de sa Majesté Imperiale prendroient le soin, & ne permettroient point que le Turc envahist ces sept Seigneuries, mais procureroient de tout leur possible l'effect & l'observation de ceste Transaction & Traicté de Paix.

XX. Que toutes ces sept Seigneuries seroient subjectes aux Loix du Royaume, à la Jurisdiction du Palatin, & d'envoyer leurs Deputez à l'Assemblée des Estats de Hongrie, avec toutesfois le sceu & consentement dudit Prince, auquel aussi on feroit assavoir la tenuë desdits Estats. Le droict de Patronage aux Eglises desdites sept Seigneuries demeurant à sa Majesté Imperiale comme Roy de Hongrie.

XXI. Que le Prince pourroit user de gratification des biens dependans desdites Seigneuries à personnes de merite, pourveu que la gratification fust ratifiée de sa Majesté Imperiale, & prissent Lettres en la Chancellerie Royale de Hongrie, qui leur seroient delivrées gratis.

XXII. Qu'en toutes lesdites sept Seigneuries, l'exercice libre de la Religion Catholique, & la Jurisdiction Ecclesiastique seroient conservez.

XXIII. Que les Decimes appartenans aux Ecclesiastiques de trois desdites Seigneuries, situées au delà de la Tibisce, sçavoir Zathmar, Zobolar, & Ugochi seroient doresnavant levées par le Prince, & affectées à la conservation de ses frontieres; sa Majesté Imperiale se chargeant de satisfaire d'ailleurs lesdits Ecclesiastiques ausquels elles apartenoient de droict. Et quant aux quatre autres Seigneuries qui estoient au deça de la Tibisce, les Ecclesiastiques, à qui les decimes appartenoient, les leveroient sans aucun empeschement.

XXIV. Que sa Majesté Imperiale delaisseroit en engagement audit Prince le Chasteau de * Mitchaz, avec ses appartenances & dependances pour la somme de trois cents mil florins, sans le pouvoir retirer dudit Prince sa vie durant : Et apres sa mort sadite Majesté Imperiale, si bon luy sembloit, le pourroit retirer des Heritiers dudit Prince, en leur rembourfant ladite somme.

* Mucahatz.

XXV. Que le Chasteau & Ville de Toccai, & toutes leurs dependances demeureroient aussi en engagement audit Prince, aux mesmes conditions que ceux qui l'avoient cy-devant possedé, & retiendroit en ses mains ce qui estoit deu aux Heritiers de feu Georges Turso pour les satisfaire.

XXVI. Quant au Chasteau & Ville d'Echied & tout ce qui en dependoit, ledit Prince en jouyroit luy & ses Heritiers à perpetuité, comme de chose qui luy estoit donnée par liberalité Royale, sauf la reserve d'aucuns droicts qui y estoient pretendus par quelques particuliers.

XXVII. Que les Villes de Nagibai & de Possobanie, possedées par la Maison de Bathory, seroient delaissées audit Prince, à ceste condition que luy estant decedé, les Transilvains n'y pourroient rien pretendre, mais demeureroient en domaine perpetuel à la Maison de Bethlen.

XXVIII. Que pour faire executer de bonne foy les Articles cy-dessus, dans quinze jours apres la Ratification d'Iceux, Commissaires seroient deputez de part & d'autre pour se transporter au delà de la Tibisce.

XXIX. Que le Commerce seroit rendu libre par tous les Pays possedez de part & d'autre : & ne s'y feroit plus aucune levée de gens de guerre sans le sceu des particuliers Gouverneurs.

XXX. Que ledit Prince pourroit faire faire telle levée de gens de guerre qu'il voudroit en Hongrie aux Païs que l'Empereur y possedoit, & les faire passer pour la garde de ses Terres & Seigneuries.

XXXI. Que ledit Prince pourroit aussi tirer desdits pays de l'Empereur, & faire conduire en ses Terres & Seigneuries, les Ouvriers & Artisans qui luy feroient besoin d'avoir, en prenant le consentement des Magistrats des lieux.

XXXII. Qu'il seroit procedé selon les Loix & Constitutions du Royaume, contre ceux qui seroient si temeraires que d'enfraindre ou violer le present Traicté.

XXXIII. Que si le Sultan des Turcs à cause de ce Traicté vouloit entreprendre sur les Estats & Pays possedez par ledit Prince, que sa M. Imperiale le feroit secourir de ses forces particulieres, de celles des Princes de sa Maison, du Roy d'Espagne, & de celles de tout le sacré Empire Romain.

XXXIV. Que le Roy de Pologne seroit adverty incontinent par sa Majesté Imperiale de ce present Traicté, & seroit requis d'entretenir une bonne & familiere amitié avec ledit Prince.

XXXV. Que s'il se trouvoit que les Chasteaux & Forteresses qui servoient de frontieres contre le Turc, & qui estoient assignées audit Prince fussent desgarnies de munitions necessaires pour leur conservation, attendu que cela estoit important à toute la Republique Chrestienne, il y seroit envoyé Commissaires de la part de sa Majesté Imperiale pour les faire munir de ce qui leur seroit necessaire.

Autre Extrait du même Traité, selon JULIUS BELLUS, *dans son* Laurea Austriaca, Libr. VIII. pag. 673.

I. PRINCEPS Transsylvaniæ in posterum neque signo aut armis, neque titulo Regis utitor, sed ab ejus Regni Administratione penitus abstineto.

II. Contrà Ferdinandum Cæsarem aut totam Familiam Austriacam eorumque Provincias bellum ne suscipito; Eorum Hostibus auxilia ne subministrato, Turcas, Tartaros, Scythas ad irrumpendum in Provincias Austriacas Ungaricasque ne sollicitato : consilia ad infringendam Pacem hanc cum exteris ne agitato.

III. Quæ in hac Tractatione Pacis vel dubia erunt, vel non satis explicata, non vi & armis sed amica tractatione componuntor.

IV. Captivi utriusque Partis liberi sunto : Bethlehemus ab Turca, ut & ipse captivos Christianos dimittat, impetrato.

V. Quæ alteri alteris durantibus Induciis per vim ademerunt, restituunto, imprimis tormenta bellica, & instrumenta militaria. Magistratus, quos Princeps Juramento ad fidem suam in Cæsaris Oppidis adegit, ab eo liberi sunto.

VI. Proventibus omnibus Fisci & metallorum Bethlehemus statim cedito, qui penes Cæsarem manento.

VII. Archiva Cameræ Scepusiensis ab utriusque Partis Commissariis perlustrantor, atque inde descripta exempla utrique Parti communicantor, observato tamen discrimine inter ea, quæ unamquamque peculiariter contingunt.

VIII. Transsylvaniæ Princeps omnia Oppida, Arces, & cætera Bona, quæ Humanoius possedit, Hæredibus ejus legitimis restituito, neque Pupillos aut Tutores eorum in jure eorum impedito.

IX. Quæ Andreæ Dotzii & Sigismundi Forgatzii Viduis in novissimis tumultibus erepta fuere bona, Bethlehemus bona fide restituito, ut & ea, quæ Niclasburgensi Transactione veris reddi jubentur Possessoribus. Iis verò, qui ea adhuc possident, quæ ante Transactionem istam jure Hypothecæ oppignorata fuere, usque ad futura Regni Hungariæ Comitia retinere ea, jus fas esto, post quod tempus veteres Possessores ea redimunto.

X. Transsylvaniæ Princeps permittente Cæsare utetur hoc Titulo : Sacri Romani Imperii & Transsylvaniæ Princeps, Partium Ungariæ Dominus, Dux Opoliensis, & Ratisboriensis : ita tamen ut his postremis duobus Ducatibus ipse duntaxat donec vivet, non vero qui eum sequentur Transsilvaniæ Principes utantur.

XI. Permittit idem Imperator Principi ad dies vitæ & observatis sequentibus conditionibus septem Regni Ungarici Provincias sive Præfecturas, ab utraque Tibisci amnis parte, nempe Sacmariensem cum Zabaloha Arce, Ugochianam, Berochianam, Zemployensem, Bozzoriensem, Abbavivariensem, postremo Cassoviensem, Urbem & Agrum cum omni Jurisdictione & proventibus fisci.

XII. Qui in his Provinciis Præfecturisve sunt Præsides, Judices, Præfecti, quique in Officiis Publicis constituti

ANNO 1624.

tituti per Oppida & Pagos, non tantum Fidelitatis Juramentum præstabunt Transilvaniæ Principi, verum etiam Imperatori, dabuntque fidem, daturos se operam ut capita Pacis hujus sanctè observentur, neque vivo Principe Terris aut Dominiis Imperatoris quicquam damni illaturos: contrà pollicetur Cæsar, ad defensionem Præfectorarum illarum in sumptus belli quotannis se, Commissariis Principis numeraturum per Præfectos suos XXX millia florenorum.

XIII. Si metus Belli Turcici ingruat, alteri alterius fideli opera præsto sunto, & commune periculum propulsanto.

XIV. Defuncto Principe omnes illæ Præfecturæ cum pleno jure & usu ad Regnum Ungariæ redeunto, neque quicquam ex iis Turcæ traditor, quo nomine etiam Transilvaniæ Ordines Cæsari cavento, se easdem nullo jure aut prætextu sibi vendicaturos.

XV. Præfecturæ illæ Legibus Regni Ungarici & Jurisdictioni in controversiis juris subjectæ sunto, ad Comitia Regni Legatos suos, ut alii, mittunto, conscio tamen & permittente Principe. Jus Patronatus super bona Ecclesiastica Cæsari maneto.

XVI. In omnibus Præfecturis illis Exercitium Catholicæ Religionis liberum esto: Jurisdictio Ecclesiastica conservator.

XVII. Decimæ bonorum fructuumque trans Tibiscum Fluvium in Præfecturis Sacmariensi, Zabolohensi, & Ugochiensi Principis sunto, qui eas ad Regionis usus convertet: quæ verò decimæ colliguntur cis Tibiscum, Ecclesiasticis colligere fas esto.

XVIII. Castrum Minchalium cum omni suo Territorio Cæsar Principi nomine C. C. C. millium Florenorum obligato, nec nisi defuncto Principe ab ipsius Hæredibus redimitor, numerata supradicta pecunia.

XIX. Toccajam Arcem cum omni agro vicino Princeps nomine Hypothecæ possideto iisdem conditionibus, quibus eam superiores possessores obtinuerunt: ità tamen ut Georgii Tursonis viduæ Hæredibusque quod debetur, in assem persolvatur.

XX. Arcem Echietanam Cæsar Principi ejusque Hæredibus cum jure regio in æternum possidendam tradit: salvo tamen jure tertii. De Oppidis Naggibaniensi & Possobaniensi idem dictum esto, quæ duo tamen post mortem Principis non ad Transilvaniam sed Ungariæ Regnum caducitatis jure revertuntor.

XXI. Ad confirmanda & rata habenda omnia illa Capita ab utraque Parte, tam Imperatoris quam Principis conveniunto Commissarii trans Tibiscum Amnem, ibique quæ restant ad Solemnitatem Pactorum, perficiunto.

XXII. Commercia, permutationes, jus emendi, vendendi, utrisque in alterius Partis Terris Oppidisque liberum esto, salva solutione. Delectus non habentor, neque conscribuntor Milites, nisi de consensu Præfecti.

XXIII. Licitum esto Principi in Terris & Provinciis Cæsaris coemere arma & Instrumenta Bellica, eaque sine vectigali, quod alioquin Publicanis Regiis persolvi solet, in suas transportare Regiones.

XXIV. Eidem Principi Artifices mechanicos è Provinciis Cæsaris in suas vocare Regiones, atque eo deducere licitum esto, consciis tamen Magistratibus.

XXV. Delicta atque crimina secundum Leges Regni puniuntor.

XXVI. Utriusque Partis Subjectis liberum esto, migrare de loco in locum translata habitatione, salvis Juribus & Consuetudinibus.

XXVII. Etsi jam quidem cum Turcis pax sit; cum tamen inde non leve sit metuendum periculum, pollicetur Cæsar secum Principibus & Regis Hispani Copiis Transilvano opem laturum; si eam maturè petat, postuletque.

XXVIII. Poloniæ Rex de hac Pace certior fiat, moneaturque; ut & ipse cum Transsilvaniæ Principe pacem colat atque amicitiam, qui & ipse idem reciprocè sit facturus.

XXIX. Fines & Arces Limitaneas, quas Cæsar vigore Pactorum horum Principi assignavit, se Cæsar necessariis rebus instructurum, & ad defensionem totius Regni munimentis roboraturum pollicetur, ut usus & præsentis rei necessitas exigere videbitur.

CCLII.

11. Mai. BRANDEBOURG ET NEUBOURG.

Vertrag zwischen Johann Sigismund Churfürsten zu Brandenburg / dann Wolffgang Wilhelm Pfaltzgraffen am Rhein aufgerichtet; Wodurch dieselbe sich wegen der Succession in denen Landen Gulich / Cleve und Berge / also vergleichen / dass sie beederseits verbunden seyn sollen selbige Lande / als ob sie unter einem Herren wären / zu beschirmen / und von Ihro Kays. Maj. als dem obersten Lehen-Herrn die Ratification dieses Vertrags / auch darüber Simultaneam Investituram zu suchen und zu bitten. Geschehen zu Dusseldorff den 11. Maii 1624. [LONDORPII Acta Publica Tom. II. Libr. VI. Cap. CCL. pag. 815 d'où l'on a tiré cette Pièce, qui se trouve aussi dans LUNIG, Teutsches Reichs-Archiv. Part. Spec. Continuat. I. Abtheil. IV. Absatz III. pag. 89.]

CCLII.

11. Mai. BRANDEBOURG ET NEUBOURG.

Accord entre JEAN SIGISMOND *Electeur de Brandebourg d'une part &* WOLFGANG GUILLAUME *Comte Palatin du Rhyn d'autre part; au sujet de la Succession aux Etats de* Juliers, Cleves & Bergue. *Ils y conviennent de les garder, proteger & défendre en commun sous une seule & même Regence, de s'adresser à l'Empereur suprême Seigneur Feodal pour lui demander sa Confirmation sur cet Accord, comme aussi une Investiture simultanée pour tous les deux sur lesdits Etats. Fait à Dusseldorp le 11. Mai 1624.*

KUnd und zu wissen sey / als nach Gottes unveränderlichen willen / der weyland Durchleuchtige / Hochgeborne Fürst / Herr Johann Wilhelm / Hertzog zu Gulch / Cleve und Berg / Graff von der Marck und Ravenspurg / Herr zu Ravenstein / rc. Christl. und seel. Andenckens diese Welt gesegnet / und darauff an statt des Durchleuchtigen Fürsten und Fürstin / Herr Johann Sigismund / und Frau Anna / Marggraff und Marggrafin zu Brandenburg / dess Heil. Römis. Reichs Ertz-Cammerherr / Churfürst und Churfürstin / Hertzog und Hertzogin in Preussen / zu Gulch / Cleve und Berg / zu Stettin / Pommern / Cassuben und Wenden / auch in Schlesien / zu Crossen und Jagerndorff / Burggraff und Burggrafin zu Nurnberg / Fürst und Fürstin zu Rugen / Graff und Grafin von der Marck / in Ravenspurg / Herr und Frau zu Ravenstein / als auch Herr Philips Ludwig / und Frau Anna / Pfaltzgraff und Pfaltzgrafin

COMME aprés la mort du Serenissime Prince & Seigneur Jean Guillaume Duc de Juilers, Cleve, & Berghe, Comte de la Marc & de Ravenspurg, Seigneur de Ravenstein, &c. de glorieuse memoire, il est arrivé, que de la part du Serenissime Prince & Seigneur Jean Sigismond Marcgrave de Brandebourg, Archi-Chambellan & Electeur du St. Empire, Duc en Prusse, de Juillers, Cleve, Berghe, Stetin, Pomeranie, des Cassubes & Vandales, comme aussi en Silesie, de Grosser & de Jagerndorf, Burg-Grave de Nurenberg, Prince de Rughen, Comte de la Marc & de Ravenspurg, Seigneur de Ravenstein, &c. & de la Serenissime Princesse & Dame Anne Margrave & Electrice de Brandebourg, son Epouse: Et de la part du Serenissime Prince & Seigneur Philippe Louis Comte Palatin du Rhin, Duc de Baviere, de Juillers,

ANNO 1624. gräfin bey Rhein / Hertzog und Hertzogin in Bayern / zu Gulch / Cleve / und Berg / Graff und Gräfin von Veldentz / Spanheim / der Mark / Ravenspurg und Mörs / Herr und Frau zu Ravenstein: Der Durchleuchtigste Hochgeborne Fürst / Weyland Herr Ernst / Marggraff zu Braudenburg / in Preussen / zu Stetin / Pommern / Cassuben und Wenden / auch in Schlesien / Crossen und Jagerndorff Hertzog / Burggraff zu Nurnberg und Fürst zu Rugen, Meister des Ritterlichen Orden von St. Johann / in den Landen von der Marck / Sachsen / Pommern und Wenden; und Herr Wolffgang Wilhelm Pfaltzgraff bey Rhein / Hertzog in Bayern / zu Gulch / Cleve und Berg / Graff zu Veldentz / Spanheim / der Marck / Ravenspurg und Mors / Herr zu Ravenstein / rc. in diese Lande sich begeben / und hierauff zwischen Ihre F. F. Gn. Gn. auff Unterhandlung des Durchleuchtigen Hochgebornen Fursten / Herrn Mauritzen Landgraffen zu Hessen / Graffen zu Catzenelenbogen / Dietz / Ziegenhein und Nidda / die Sache dahin gebracht worden / daß sie beyde im Namen und Hülff der jenigen / so auß ihrem oder derselben Principalen Mittel / vor die einige Regenten von allen vorgemeldten letzt verstorbenen Hertzogen von Gulch / Cleve und Berg / rc. Ihnen nachgelassenen Landen / durch Gunst oder Recht / erkandt / daß sie jure familiaritatis, sine præjudicio cujuscunque dieselbe Landen sollen und mögen besitzen / regieren und administriren

Als nun wolgemeldter Marggraff Ernst diese Welt gesegnet / und darauff von Hochged Herrn Curfürsten von Braudenburg Ihrer Churfürstliche Durchl. lieber ältister Sohn / nunmehr auch der Durchleuchtige Fürst und Herr Georg Wilhelm / Marggraff zu Brandenburg / des H. Röm. Reichs Ertz-Cammerherr und Churfürst / Hertzog in Preussen / Gulch / Cleve und Berg / zu Stettin / Pommern / Cassuben und Wenden / auch in Schlesien / Crossen und Jagerndorff / Burggraff zu Nurnberg und Fürst zu Rugen / Graff von der Marck und Ravensperg / Herr zu Ravenstein / rc. deputirt wird / umb an desselben statt die Administration der vorgemeldten Länder / gleich wie zuvor von Seiner Fürstl. Gn. Marggraff Ernst geschehen war / zu continuiren.

Und hieruber zwischen denselben Constituenten und hochgemeldten Pfaltzgraffens Wolffgang Wilhelm Fürstl. Durchl. uber die Vollmacht und anders allerhand Mißverständnuß entstanden / auch Feindseligkeiten darauff erfolget / so daß beederseits streitige Partheyen sich umb Assistentz beworben / wodurch unterschiedliche Oerther in gemeldten Fürstenthumben und Landen von Gegentheil belägert und eingenommen worden / und uber das noch grosse Einquartierung vom Gegentheil geschehen.

Wiewol nun beederseits Partheyen ihr Recht weiters zu verfolgen nicht umbgehen konnen / auch nechst Gottes und Ihrer Herren Alliirten Beystand / Hülff und Segen / Ihre Succession von Rechtswegen ihnen zuzuaignen / zu conserviren, auch respectivè zu recuperiren in Hoffnung stehen: Jedoch / dieweil beyde Ihre Chur- und Fürstl. Durchleuchtigkeiten / auß angeborner Gutigkeit / Fürstl. und Vätterlicher Liebe und Vorsorge vor deren unschuldige Untherthanen / sich selbst errinnern / in was Elend / Jammer / und verderblichem Unheyl selbige nicht allein allbereits stecken / sondern auch noch ferner darein gerathen möchten / wann sie mit feindlichen Attentaten, recuperation: und occupationen gegeneinander verfahren / daß auch / wann diese so starcke Einquartirung noch länger continuirt werden solte / die Unterthanen dadurch zur Desperation, die Länder auch gäntzlich in ruin und Verderben / und zur endlichen desolation und Verwüstung gebracht werden möchten; da doch niemand mit gedienet / die Gewissen

Juillers, Cleve & Berghe, Comte de Veldenz, ANNO Spanheim, de la Marc, Ravensburg & Meurse, 1624. Seigneur de Ravenstein, &c. & de la Serenissime Princesse & Dame Anne, Comtesse Palatine du Rhin, son Epouse, se sont rendus dans ces pays les Serenissimes Princes & Seigneurs, le Seigneur Erneste Margrave de Brandebourg, Duc en Prusse, de Stetin, Pomeranie, des Cassubes & des Vandales, comme aussi en Silesie, de Grossen & Jagerndorf, Burgrave de Nurenberg, Prince de Rughen, Maître de l'Ordre des Chevaliers de St. Jean dans les pays de la Marc, de Saxe, Pomeranie & Vandalie: Et le Seigneur Wolfgang Guillaume, Comte Palatin du Rhin, Duc de Baviere, Juillers, Cleve & Berghe, Comte de Veldenz, Spanheim, de la Marc, Ravenspurg, & Meurse, Seigneur de Ravenstein, &c. Et que par la médiation du Serenissime Prince & Seigneur, Maurice Landgrave de Hesse, Comte de Catzenelboghen, Diez, Ziegenheim & de Nidda, l'affaire a été accommodée de la sorte, que les susdits Serenissimes Princes y pourroient gouverner ensemble, administrer, & tenir possession sans préjudice de personne, comme le faisants de la part & au nom de celui, qui d'entre eux ou entre leurs Principaux sera par aprés, soit par Sentence, ou à l'amiable, declaré & reconnu pour le seul & veritable Heritier des susdites Provinces.

Mais le Margrave Ernest étant mort; & le Serenissime Prince Electoral George Guillaume (qui est présentement Electeur de Brandebourg, &c.) étant deputé pour continuer la même administration & possession, plusieurs difficultés & mesintelligences sont survenuës entre lui & le Serenissime Comte Palatin Wolfgang Guillaume, tant au sujet du Plein-pouvoir du premier, que pour d'autres choses: ce qui a causé que les Parties, aprés s'être pourvûs de secours étrangers, avoient assiégé de part & d'autre, & pris des Places, & surchargé les Habitans de contributions & de quartiers.

Sur quoy les Serenissimes Parties ne desistent pas de leur droit, esperant même avec la grace de Dieu & la bonne assistence de leurs Alliez respectivement d'obtenir, de conserver, ou de recouvrer cette Succession: toutesfois ces Serenissimes Princes, le Seigneur Electeur de Brandebourg & le Seigneur Comte Palatin du Rhin considerant par un mouvement de leur bonté naturelle, & des soins qu'ils ont toûjours pour leurs Sujets, que ceux-ci souffrent extremement par ces sortes d'hostilités, d'attaques, & d'extorsions, que les Pays en sont ruinés & abandonnés, & que bien loin d'en retirer quelque avantage on n'y fait que charger la conscience, s'attirer la colere de Dieu, & enveloper les Etats Voisins & le St. Empire de troubles & de ruines: ainsi ils veulent plûtôt qu'on employe l'assistence Divine, afin qu'ils puissent par leurs applications continuelles détourner tant de maux & de miseres. Et encore que chacun de ces Serenissimes Pré-

ANNO 1624. wissen beschweret / der Zorn Gottes erweckt / grosse Verbitterung verursacht / und dadurch sowol beederseits Herrligkeiten als Unterthanen und gantze Nachbarschafften / und das H. Röm. Reich in mehrere widerwärtigkeiten / Unruh und Verderben gesetzt werden dörfte / wofür dan Gott der Allmächtige bey Zeiten durch ein eyferiges Gebett anzuruffen / damit durch unverdrossene Arbeit / und Anwendung alles muglichen Fleisses / solches Unheil abgewendet werden möchte. Und ob nun wol jede Parthey / wie gesagt / verhofft / ihre alleinige Successions-Gerechtigkeit zu allen nachgelassenen Landen / nach dem Inhalt der Union dieser Landen / und vermög der empfangenen Kayserl. Privilegien, Pacten, und anderer Documenten, Rechtsam / mit guthem Fug und Bestandt zu beweisen;

Dieweil aber dergleichen Rechtliche Decision und darzu behörige execution bey dieser schwebenden leyder allzugrossen Uneinigkeit / Mißtrauen / und Verwustung im Reich / und in consideration so viel mächtiger / ansehnlicher / und mit grosser Assistentz versehener Prætendenten, noch so bald nicht zu vermuthen / inzwischen diese Lande in Grund ruinirt und zu nicht gebracht / auch eine und die andere Parthey ihres Vortheils beraubt werden möchte. Als hatt Gott der Allmächtige es so gnädiglich gefugt / daß auff unterthänige repræsentirung und wolgemeynten Vorschlag gewisser vornehmen und friedliebenden Personen / auch Inwohner dieses Furstenthumbs / und auff inständiges Bitten des gemeinen Lands / beede Ihre höchstgemeldte Chur- und Fürstl. Durchleuchtigkeiten / als nahe Anverwandte / wegen der Successions-Differentien (sintemahl die Alliirte Verwandtschafft / Liebe und Affection noch nicht gantz erloschen) beyderseits sich informiren lassen / dannenhero sehr begierig / in Betrachtung der grossen Nothwendigkeit / und aus angebohrner Blutfreundtschafft / mit welcher beyde Ihre Chur- und Fürstl. Durchleuchtigkeiten einander zugethan seynd / desto eher das guthe friedliche Vertrauen gegeneinander / ohne fernern Verzug zu verneuern / fest und unverbrüchlich zu machen; Gestalt sie dan einander freundlich zu geschrieben / und ihre freundliche Zuneigung zu wissen gethan; und demnach der Wolgeborne / Herr Adam / Graff von Schwartzenburg / Herr zu hohen Landsberg und Gymborn / Ritter des St. Michaels Orden / höchstgedachter Ihrer Churfürstl. Durchleuchtigkeit Rath und Ober-Cammerherr / in Geschäfften Sr. Churfürstlichen Durchl. in diese Landen gereiset / als haben Ihre Churfürstl. Durchl. demselben Creditiv, Commission und Vollmacht gegeben / dero gutes und freundliches Ansinnen Hochgedachtem Herrn Pfaltzgraffen Wolfgang Wilhelmen fernerhin zu offenbaren / und dergestalt die Successions-Differentien endlich und beständiglich abzuhandeln;

I. Welches Ihre Fürstl. Durchl. sehr gern vernommen / und darauff mit dem Herrn Graffen in Unterhandlung getretten / und haben also uber die Abtheilung und Succession der Landen sich verglichen; daraus klärlich erscheinet / daß Ihre Chur- und Fürstliche Durchleuchtigkeiten mehr auff die Erneuerung und Unterhaltung guten Vertrauens und Einigkeit zwischen sich und deren Freunden und affectionirten; auch auff Wiederbringung des lieben Friedens / auff der gemeinen Unterthanen Ruhe und Wolfarth / Trost und Erquickung / als auff ihre eigene Commoditet und Bequemligkeit / und vornemblich auff die Ehre Gottes / und schuldigen Respect Ihrer Kayserlichen Majestat / auch auff die mögliche Satisfaction und Befriedigung der obigen Prætendenten gesehen / und deshalben vornemblich zu erkennen geben / daß diese Theilung / so allein wegen angefangener und nöthiger Intention geschicht / Ihrer

Prétendans espere tant par la teneur de l'Union de ces Provinces & des Privileges Imperiaux y obtenus, que par le moyen d'accords & d'autres documents, de se legitimer pour le seul Heritier des dites Provinces, ils craignent que la decision en Droit, & l'execution d'icelle ne se pourroit pas ni si-tôt, ni si aisément faire à cause de ces mesintelligences de Partis & de leurs secours étrangers, & que cependant le Pays pourroit être ruiné, & l'un ou l'autre des Pretendans frustré de ses avantages. ANNO 1624.

C'est donc par la grace du Seigneur, & sur des remontrances & propositions faites par des personnes de marque & de pieté, comme aussi sur les prieres universelles de tout le Païs, que les Serenissimes Princes le Seigneur Electeur de Brandebourg, & le Seigneur Comte Palatin (dont l'affection & l'amitié convenable à leur parentage & alliance n'étoit pas entierement éteinte) se sont informés des differens arrivés dans cette succession, & dans le dessein d'y renouveller & de retablir au plûtôt leur ancienne affection & bonne intelligence, s'en sont expliqués par Lettres, & particulierement son Altesse Electorale de Brandebourg, ayant occasion d'envoyer son Conseiller & Grand Chambellan, le Sieur Comte Adam de Swartzenburg, Seigneur d'Hochen, Landsberg & de Gimborn, Chevalier de l'Ordre de Saint Michel, en ces Provinces pour d'autres affaires, lui a aussi donné Lettre de croyance, Commission & Plein pouvoir de decouvrir d'avantage la sincerité de ses intentions à son Altesse Serenissime le Comte Palatin Wolfgang Guillaume, & d'ajuster finalement ces differents survenus pour la succession.

I. Son Altesse Serenissime ayant beaucoup de plaisir d'apprendre cette déclaration entra d'abord en Traité avec ledit Sieur Comte, & s'y accommoda par une separation des Pays appartenants à la succession; de sorte qu'il étoit aisé de voir, que leurs Altesses Electorale & Serenissime y négligerent en quelque façon leur propre convenience & avantage, & prirent uniquement à cœur les moyens de se remettre dans l'ancienne affection, amitié & bonne intelligence, & de procurer par là le bien & le repos de leurs Sujets, & principalement de tout deferer à la gloire de Dieu, & aux respects, qu'elles doivent à sa Majesté Imperiale, voulant en même tems conserver tout leur droit de proprieté, & celui des autres Prétendants, dans son entier, elles

Anno 1624. Ihrer Churfürstl. Durchleuchtigkeit an deren eigenthumblichen Recht und Geniessung derselben Landen unnachtheilig / oder wieder dieselbe in præjuditz gezogen werden möge; Immassen dann Ihre Chur- und Fürstliche Durchleuchtigkeiten deswegen bey Ihrer Kayserlichen Majestät über die nothwendige Erklärung mit allem möglichen Fleiß ins gesampt sollicitiren lassen wollen; Und sollen beederseits possidirende Chur- und Fürsten verbunden seyn / selbige Landen zu defendiren und ins künfftige zu stärckerer Union, als ob sie unter einem Herrn wären / zu beschirmen.

II. Zweytens / dieweil auch in den Preussischen Heyraths-Tractaten / darauff sich auch die Heyraths-Tractaten der jungen Schwester referiren, klar versehen ist / wie es mit der Religion soll gehalten werden / als sollen selbige Tractaten in gehörige Obacht genommen und gehalten werden.

III. Auff das auch Ihre Kayserl. Majestät / als das oberste Haupt und Lehenherr / destomehr verspüren / daß Ihre Chur- und Fürstl. Durchl. deroselben allen schuldigen Respect zuzutragen gemeynt gewesen / so soll nit allein bey deroselben die Ratification dieses Vertrags / und darinnen bestimbte Succession, auch darüber simultanea investitura unterthänigst gesucht / sondern auch dieselbe gebetten werden / dieweil ohne das vom Kayser Maximiliano I. allerhöchstlöblichster Angedächtnuß eine Kays. Declaration und Zusag-Brief in der Cantzley gefunden / darin gegen den Weyland Durchleuchtigen und Hochgebornen Fürsten und Herrn / Herrn Johann / Hertzog zu Gulch / Cleve und Berg / rc. gegen restitution einer ansehnlichen Summa Gelds / die allergnädigste Præsentation und Zusag geschehen / das Haus Sachsen / sonder einige Wieder-Bezahlung Sr. Fürstl. Durchl. und dero Erben / wegen Ihrer Anforderung sothaner gemeldten Landen / selbst zu contentiren. Daß auch Ihr. Kayserl. Majest. als des allerhöchstgemeldten Kaysers Successor, Erb- und Regierender Kayser / hochgemeltes Churfürstl. Hauß / als auch andere Prætendenten mit obigem Beding und Satisfaction zu contentiren, gnädiglich wil disponiren lassen / und solcher Gestalt auch deswegen als ein Vatter des Vatterlands / und aus Kayserl. Macht in diese Landen / und consequenter ins Heil. Römis. Reich / den werthen Frieden wieder zu bringen / dahingegen solle in alle diesen Fürstenthumben und Landen eine unterthänige Erkantnuß an Ihre Kayserl. Majest. offerirt werden.

IV. Zum vierdten bleibt nicht allein Ihre Fürstliche Durchl. Pfaltzgraff Wolffgang Wilhelm der Königl. Majest in Hispanien / wegen bewiesener Assistentz und verhoffter Manutenentz dieses Vertrags mit müglicher Danckbarkeit und Dienstfertigkeit obligirt; sondern auch so wil Ihre Churfürstl. Durchl. von Brandenburg / rc. sich gegen Ihre Majest. und dero Löbliches Hauß vor Beförderung und Handhabung dieses Vergleichs und davon dependirenden Friedens / Ruhe und Wohlstands dieser Landen / dergestalt bezeigen / als einen friedliebenden und Nachbarlichen Churfürsten des Reichs zustehet / und daß sie auch anderseits die verhoffte Satisfaction geniessen sollen.

V. Desgleichen bleibt Ihre Churf. Durchl. danckbarlich eingedenck der Assistentz / so dero von den Herren Staten der Vereinigten Niederlanden geleistet / und ist mit Ihr. Fürstl. Durchl. Pfaltzgraff Wolffgang Wilhelm erbietig / hochgemeldten Herren Staten / vor Beförderung und Handhabung dieses Accords / und davon dependirenden Friedens / Ruhe und Wolstands in diesen Landen / dergestalt zu begegnen / als einem Reichs-Fürsten gebühret / damit sie dadurch Gelegenheit haben mögen / mit Ihrer Fürstl.

elles solliciteront de concert sadite Majesté Imperiale, à en faire la declaration nécessaire, protestant cependant, qu'Elles defendront ces Pays par une union plus étroite que s'ils étoient gouvernez d'un même Souverain. Anno 1624.

II. D'autant que le fait de Religion a été reglé par le Traité de Mariage fait en Prusse, & que celui de la Sœur cadete s'y rapporte aussi; on observera lesdits Traités.

III. Pour montrer d'avantage les tres-humbles respects, que leurs Altesses Electorale & Serenissime portent à sa Majesté Imperiale comme au Chef de l'Empire & à leur Seigneur direct, elles lui demanderont non seulement la Ratification de ce Traité de succession reglée, & l'égale investiture d'icelle, mais elles supplieront de plus, d'autant que par une Declaration Imperiale de Maximilien I. de glorieuse memoire, on y promit au feu Duc Jean de Juillers, Cleve & de Berghe de contenter, moyennant la restitution d'une certaine somme d'argent, la Maison de Saxe sur toute prétension à ces Pays, que sa Majesté Imperiale comme Successeur voulût bien à cette même condition contenter ladite Maison Electorale de Saxe & les autres Prétendans, & de rendre ainsi la Paix à ces Provinces, & à tout l'Empire par un soin paternel & de l'authorité Imperiale; pour laquelle grace on lui donnera des marques de reconnoissance de la part de tous ces Païs.

IV. Non seulement S. A. S. le Comte Palatin Wolfgang Guillaume reconnoitra perpetuellement l'assistence reçue de sa Majesté Catholique, & le maintien de ce Traité: mais aussi S. A. E. de Brandebourg, qui considere le maintien de cet Accord comme le fondement de la Paix & de la prosperité de ces Provinces, en fera en échange tant à sa Majesté Catholique qu'à sa Serenissime Maison tout ce qu'un bon Voisin & Prince paisible puisse faire, en esperant du reste la due satisfaction.

V. Son Altesse Electorale demeure pareillement tres-obligée aux Seigneurs les Etats Generaux des Provinces-Unies des Pays-bas, de tous leurs secours, & promet conjointement avec S. A. S. le Seigneur Comte Palatin, de leur témoigner toûjours ce qui convient à des Princes de l'Empire, pour le maintien de ce Traité, & pour leur donner l'occasion d'entretenir une bonne

ANNO 1624. Fürstl. Durchl. gute Nachbarliche Correspondentz zu halten und zu continuiren.

VI. Sollen auch höchstgemeldte Königl. Maj. und Durchleuchtigste Infantin von Hispanien / als auch gemeldte Herren Staten in beyder Chur- und Fürsten Namen ersucht werden / diesen Vertrag zu halten / und insonderheit / daß J. Maj. von Hispanien / und mitlerweile die Durchl. Infantin bey Ihr Kayserl. Maj. die Ratification, als auch jetzt hochgemeldte Königl. Maj. und Durchleuchtigste Infantin und wolgemeldte Herren Staten bey den übrigen Prætendenten die Bewilligung über diesen Accord befordern helffen wolten.

VII. So aber ein und der ander sich darwider de facto setzen würden / sollen deren hochgemeldter Ihr Chur- und Fürstl. Durchl. Assistenten sich der Sach / auff Begehren der klagenden Parthey treulich / und sonder einig Wiederbezahlung oder Entgelt / umb des lieben Friedens und des Landes Besten willen / annehmen ; uber das diese Landen mit Einquartierung und Guarnison / auch mit Durchzugen / so viel muglich / verschonet / so aber dergleichen einiger Zeit nothdringlich geschehen muste / in solchem Fall sollen dieselbe nach des Reichs Constitution gethan / und von vorgenennten Fürsten Pasporten gegeben werden / auff daß die Plackereyen cessiren mögen ; auch unter Prætext, daß man den Feind sucht / dergleichen nicht gelitten werden solle / sondern derwegen frey bleiben / und auff daß man der Landverderblichen Convoyen ferner nit bedörffe / soll das Kriegs-Volck / so in dem Fürstenthumb Gulch und Berg / wie auch in der Grafffschafft Marck und Ravenspurg ist / allgemach abgeführt / auch darin beyderseits Soldaten das Ausreiten und Partheyen-Lauffen verboten : und sie darvon abgehalten werden / damit derselben Unterthanen sich dermahleins erholen und respiriren mögen ; und so einiger Spanischer Officirer umb seiner Geschäfften halben irgend wo verreisen wolte / soll derselbe vom Fürsten Pasport oder nur einen Trompeter begehren / welcher alsdann von keiner Parthey in diesen Landen soll angetast werden.

So fern auch beyde Partheyen in Meynung waren / die Landen vollkommentlich zu quittiren / sollen im Fürstenthumb Clev die Spanischen Ihre Guarnison in Wesel / Goch und Orsay / und die Staten Reeß / Emerick / wie auch die Stadt Ravenstein besetzt halten / und Gennep / Lipstatt / Soest / Sparenberg und andere Oerther der Grafffschafft Marck und Ravensberg / sollen vom Chur-Brandenburgischen Regiment / welches der Freyherr von Gent commandiret / besetzt : doch vor neutral gehalten werden : desgleichen mögen Ihre Fürstl. Durchl. der Pfaltzgraff / Gulch / Dusseldorff / Brug und andere fortificirte Oerter deß Fürstenthumbs Gulch und Berg / von desselben Sohns Regimenten / so ingleichen neutral / besetzen lassen ; Sollen auch alle Kriegs-Aufflagen / Auslauffen / Futter-holen / Brandschätzen / und dergleichen Actionen in diesen Landen gantz verbieten / und uber begangene Fehler und Excessen Bestraffung thun / auch gegen Ihre Churfl. Durchl. oder dero Unterthanen einige Action nicht anheben Execution attentiren, unter was Prætext es auch seyn möge ; So aber Ihr. Königl. Majest. und die Herren Staten gegen Ihr. Chur- und Fürstl. Durchl. oder deroselben Landen ichtwas möchten zu prætendiren haben / solches durch Gute oder ordentlich Recht / den alten Tractaten und Verbundnussen zu folg / mit Hindansetzung aller Feindthätligkeit gebührlich determiniren lassen.

VIII. Die Könige in Franckreich und Engelland sollen auch ersucht werden / uber Unterhaltung dieses Vertrags / auch deswegen jeder Parthey ein Schrifftliche Declaration von sich zu geben / inhaltend / daß sie der unterhaltenden Parthey zum Besten auff ihr anhal-

bonne correspondance, & les devoirs du voisinage avec leurs Altesses. ANNO 1624.

VI. On fera de la part de leurs Altesses Electorale & Serenissime des instances auprés de sa Majesté Catholique, sa Serenissime Infante, & desdits Seigneurs Etats Generaux, pour observer aussi cet Accord, pour en procurer par leur moyen, la Ratification de sa Majesté Imperiale, & le consentement des autres Prétendans pour ce Traité.

VII. Si l'une des Parties s'oppose à l'execution de ceci, alors à l'instance de l'autre les Princes assistans s'en pourront méler, mais à leurs propres dépens, & pour l'amour de la Paix & du bien public, & en dispenseront ces Païs de Guarnisons, quartiers, & des passages, autant qu'il sera possible, & en cas de necessité ils en useront selon la constitution de l'Empire, & avec des Passeports des Princes, afin qu'on ne ravage pas le Païs sous pretexte de poursuivre l'ennemi, & pour n'avoir pas à faire d'escortes, on fera successivement sortir les Troupes des Duchés de Juillers & de Berghe, & des Comtés de la Marc & de Ravensperg, & on y sera defence aux Cavaliers de sortir de leurs rangs, & d'aller en parti, afin que ces Sujets puissent un peu respirer & se remettre : & en cas qu'un Officier Espagnol se trouve obligé d'aller quelque part pour des affaires, il prendra un Passeport ou Trompette du Prince avec lui, & personne ne l'osera attaquer.

Quand les deux Serenissimes Parties seroient d'avis de quiter entierement ces Païs, les Espagnols tiendront leurs Guarnisons dans le Duché de Cleve à Wesel, Goch, Orsay, Rees, Emerik & dans la Ville de Ravenstein : & les Places de Gennep, Lipstat, Soest, Sparenberg, & d'autres des Comtés de la Marc & de Ravensperg, seront garnies par un Regiment de Brandebourg, commandé par le Baron de Gent, & elles seront pourtant tenuës pour des Places Neutres : S. A. S. le Seigneur Comte Palatin pourra de son côté mettre des Troupes du Regiment de son Fils dans les Villes de Dusseldorp, Juillers, Brugh, & autres Places fortes des Duchés de Juillers & de Berghe, en les tenant aussi pour Neutres : on defendra les excursions, exactions de fourage, de rançon, & d'autres extorsions militaires sous quelque pretexte que ce soit, & on en chatiera les coupables : mais si sa Majesté Catholique, ou Messieurs les Etats Generaux avoient quelque prétension sur son Altesse Electorale ou ses Sujets, qu'on se contentera de la voye amiable ou de Sentence en Justice, selon la teneur d'Alliances & d'anciens Traités, sans venir à des hostilités.

VIII. On fera de pareilles instances auprés les Roys de France & d'Angleterre, pour l'observation de cet Accord, & d'en donner a chaque Partie une declaration par écrit, portant, qu'ils feront à leurs propres dépens toute assistance

Anno 1624. anhalten/ dafern alle Vermahnung darvon hiernechst mehrere Meldung geschicht/ bey dem Beleidiger keine statt hätte/ alle Assistentz ohne Entgelt zu leisten; desgleichen auch/ daß sie bey Ihrer Kayserlichen Majestät vorgenante Ratification bey den restirenden Prætendenten, zu derselben Accommodation, gle.ch.r Weise interveniren, und den jenigen so gegen diesen Vertrag beschweret worden/ getreulich und unvergeltlich/ auff deren Begehren/ assistiren, und alle widerwärtige Dinge divertiren helffen wollen.

IX. Und dieweil beyde J. Chur-und Fürstl. Dl. erzehlter massen einander so nahe verwandt/ soll alles das jenige/ was einen oder den andern zur Diffidentz oder Offension mochte verursacht haben/ vollkommentlich auffgehoben/ todt und vergessen seyn/ und deß in Ungutem nicht mehr gedacht werden; dargegen sollen J. Chur-und Fürstl. Durchl. forthin nach Erheischung Ihrer Blut-Verwandtschafft/ und damit ins künfftige alle Uneinigkeit und Trennung zwischen Ihnen/ als deren Nachkommenden und Verwandten/ der Weg abgeschnitten werde/ Fürstlich und getreulich beysammen halten/ und wider alle Feindthätligkeit einander assistiren und beystehen.

X. So auch zwischen beyderseits Chur-und Fürstl. Personen/ und deren Räthen/ Officiren/ Dienern/ und Unterthanen/ wegen dieses volkommengemachten Vertrags/ einiger Mißverstand entstehen möchte/ darvor man sich in alle Weg wol wird vorzusehen haben/ soll man nit de facto gegeneinander verfahren/ sondern nach Gelegenheit der Sach erstlich die Officirer oder Räthe beschreiben/ oder beschicken/ und die Sach in aller Billigkeit sonder Versaumnuß decidiren; oder so darbey einige Difficultæt von grosser Importantz vorfallen möchte/ alsdann redliche und discrete Personen erkiesen/ selbige zu unterhandlen/ und nach aller Billigkeit in der Güthe/ und wie zweiffelhafft auch die Sache sey/ durch ein schleunig unpartheylich Compromiss, von beyderseits Räthen/ Officiren/ und Landsständen/ welche sich zu dem Ende hierinnen eingelassen haben/ durch unpartheyliche Zuweisung der Justitz dieselbe scheiden/ und es darbey/ was dardurch per majora geschlossen/ beruhen lassen/ zu welchem allen die alte zwischen denen Landen auffgerichtete Contract gute Anlaß geben/ welche dann nach Befindung dieselbe zu verneuern und auff diesen Vertrag zu accommodiren.

XI. So offt ein Chur-oder Fürst diese Welt gesegnet/ und sein Successor in die Regierung dieser Landen tretten/ und die Huldigung von den Ständen und Unterthanen annehmen wil/ so soll derselbe allemal den noch lebenden Chur-oder Fürsten drey Monat zuvor solches wissen lassen/ auff daß derselbige seine Gesandten abordnen: und der verfallenen und instehenden Succession und Erbhuldigung mit beywohnen möge/ und dieses soll allezeit observirt und also die instehende Succession verneuert/ und die Stände und Unterthanen dadurch destomehr verbunden bleiben.

XII. Auch zu mehrer Sicherheit der unveränderlichen freundliebenden Affection, auch in besonderer Betrachtung/ daß Ihre Churfürstl. Durchl. zu Conservation dieser Landen nicht allein auß dem Ihrigen so viel spendirt und zugesetzt/ sondern auch mit ansehnlicher Hülff hierzu gehalten haben/ als haben beyde Ihre Chur-und Fürstl. Durchl. vor sich und deren Erben und Nachkommen sich darzu verstanden/ im Fall beyderseits Assistenten zu dieser Vergleichung/ so viel sie solche betrifft/ sich darzu werden verstanden haben/ selbige mit einander respectivè handzuhaben/ auch furters auff beyderseits Chur-und Fürstl. Descendenten und Verwandten kom-

tance à la Partie offensée, en cas qu'elle la leur demande, & que d'ailleurs ses plaintes, dont on parlera plus amplement dans la suite, n'auroient rien effectué auprés la Partie offensante : comme aussi qu'ils s'interposeront auprés de sa Majesté Imperiale, pour en obtenir la Ratification de ce Traité, & aupres le reste des Pretendans, pour les y faire consentir. Anno 1624.

IX. Leurs Altesses Electorale & Serenissime déclarent de plus, qu'en consideration de leur parentage elles tiennent pour anneanti, & ensevéli en perpetuel oubli tout ce qui auroit pû causer de la méfiance ou du dégout à l'une ou à l'autre : & pour ôter même l'occasion de pareille mesintelligence à leur posterité, elles tâcheront à l'avenir d'observer une union plus étroite, & de se defendre mutuellement de toute leur force contre les insultes étrangeres.

X. Si par hazard à l'occasion de cet Accord il survenoit quelque mesintelligence ou opposition entre leurs Altesses & leurs Conseillers, Officiers, ou Sujets, dont on se gardera pourtant au possible, l'on n'y procedera à aucun fait ou hostilité, mais on appellera d'abord tels Conseillers, ou Officiers, pour s'accommoder avec eux à l'amiable, & si la difficulté paroit plus grande, on y fera un compromis des Conseillers, Officiers, & des Etats du Païs de part & d'autre, & on se tiendra à ce qui y aura été décidé par la pluralité des voix, selon la direction même des anciens Traités faits entre ces Provinces, qu'on observera & accommodera en tout cas au present Accord.

XI. Toutes les fois qu'un Electeur ou Prince regnant ici vient à mourir, & que son Successeur y veut prendre la regence & l'hommage des Etats, il le fera trois mois auparavant savoir à son Serenissime Collégue qui se trouve en vie, afin que celui-ci puisse députer quelqu'uns de ses Ministres, pour assister à ce renouvellement de succession, & à l'hommage, que les Etats & Sujets auront à prêter; & par où ils demeureront d'autant plus obligés à l'un & à l'autre Prince.

XII. Pour asseurer d'avantage leur affection & bonne intelligence, & particulierement en consideration de ce que Son A. E. a depensé du sien, & des considerables secours, qu'elle a apporté pour la défense de ces Païs, leurs Altesses s'entrepromettent qu'en cas que leurs Assistants s'accommodent du present Traité, elles le maintiendront conjointement avec eux; & en feront participants leurs Heritiers de la maniere qui s'ensuit.

XIII.

ANNO 1624. kommen zu lassen/ auch denselben bekant zu machen/ gleich wie hernach folget.

XIII. Beyde Ihre Chur- und Fürstl. Durchleuchtigkeiten und deren Erben und Nachkomblinge sollen den gantzen Titul und das gantze Wapen der Fürstenthumben Gulch/ Cleve und Berg/ mit darzu gehörigen Graffschafften und Herrligkeiten behalten und dieselbe gebrauchen.

XIV. Das Fürstenthumb Clev soll gleichfalls unter Ihre Chur- und Fürstl. Durchl. vertheilt werden/ daß Chur-Brandenburg vor seinen Theil behalten soll das jenige/ was zwischen Iselburg und Winneckendonck gelegen/ also/ daß die Oerther Iselburg und Winneckendonck mit allem dem jenigen was zu dem Fürstenthumb Cleve gehöret/ an den Herrn Pfaltzgraff verbleiben soll/ und sollen deswegen zwischen den vornehmbsten Plätzen die Gräntzen nach der Linien und Compass abgezeichnet/ und zur Nachrichtung einige Wällen auffgeworffen/ oder grosse Marcksteine gesetzt: und auff einer das Chur-Brandenburgische/ auff der andern Seiten das Pfaltz-Neuburgische Wapen gesetzt werden/ und sollen alle Lehen und andere Gerechtigkeiten/ so ausser dieser Linien an beyden Seiten deß Rheins/ in- oder ausserhalb dieser Landen so vor diesem zu dem Fürstenthumb Clev gehörig/ dem Herrn Pfaltzgraff allein/ und dargegen die Lehen/ so inner der Linien an beyden Seiten deß Rheins/ in- oder ausserhalb Lands gelegen/ J. Churfürstl. Durchl. von Brandenburg seyn/ mit allen Pertinentien, und soll diese Abtheilung den Unterthanen oder Particulieren an ihren Gütern/ Landen/ Renten/ Recht und Gerechtigkeit/ nit præjudiciren/ und sollen die Schatzungen/ Renten und Zölle/ so vor diesem einem und dem andern Chur- oder Fürsten gegeben/ fortan dem Chur- oder Fürsten zugehören/ unter welches Marckscheidung und Gebieth dieselbe gelegen/ und die Landgebräuche als auch andere Dienste sollen dem jenigen allein zukommen/ in welches Land die Wohnungen gelegen seynd.

XV. Sollen J. Churfl. Durchl. die Graffschaften von der Marck und Ravensperg/ zusambt dem Ampt Windeck/ so zuvor zu dem Fürstenthumb Berg gehörig/ mit allen Gerechtigkeiten/ so von Alters biß dato diß Ampt gehabt und genossen/ verbleiben; dargegen aber verbleiben uber das vorgenante Theil von dem Fürstenthumb Clev/ die Fürstenthumber Gulch und Berg/ und die Herrligkeit Ravenstein dem Herrn Pfaltzgraff/ und sol ein jeder Herr sein Land oder Theil neben der Session auff Reichs- und Craißtagen/ auch alle andere Dignitæten, Lehnen/ Regalien/ Geleith/ und andere Gerechtigkeit/ Inkommen und Gefäll/ was Namen dieselbe auch haben mögen/ ebener massen/ wie es die alte Fürsten und Grafen derenselben Fürstenthumben/ Graffschafften und Herrligkeiten genossen haben/ behalten und handhaben; und gleicher Weiß der Herr Pfaltzgraff und dessen Mannliche Erben/ wegen deß Fürstenthumb Gulch und Berg/ also sollen auch J. Churfl. Durchl. und dero Mannliche Erben/ wegen deß Hertzogthumbs Clev/ und der Graffschafft Marck und Ravensberg auff allen Reichs- und Craißtagen ihre Session haben/ und nachdem/ wie von Fürstenth. Clev die Herrligkeit Ravenstein/ also auch vom Fürstenthumb Berg die Graffschafft Ravensberg/ und das Ampt Windeck abgetheilet ist/ als sol von sothanen Abtheilungen ein jeder/ der alten genossenen matricul gemäß/ den Abstand von gemelten Reichs- und Craiß-Zöllen dem andern Fürsten præsentiren lassen und bekant machen. Die Land-schatzung und Steuer betreffend/ sol einem jeden/ Chur- oder Fürsten/ wie abgetheilt/ dieselbe einig und allein zukommen; was aber die übrige Herrligkeiten/ Renten und Güter so in Braband und Flan-

ANNO 1624. XIII. Que leurs Altesses Electorale & Serenissime & leurs Successeurs & Héritiers continueront de se servir du titre entier & des armes des Duchés de Juillers, de Cleve, & de Berghe, & des Comtés & Seigneuries y appartenantes.

XIV. On partagera le Duché de Cleve en sorte, que son Altesse Electorale de Brandebourg aura pour sa part tout le Païs situé entre Iselbourg & Winnekendonck, & que les Places de Iselbourg & de Winnekendonck avec tout ce qui appartient au Duché de Cleve, demeurera à son Altesse Serenissime de Palatin Neubourg: qu'on marquera ainsi les frontieres entre les principales Places par le moyen du compas, & par lignes, en y mettant de grandes pierres marquées d'un côté des armes de son Altesse Electorale, & de l'autre de celles de son Altesse Serenissime: Les Fiefs & tous les autres Droits appartenants d'ancienneté au Duché de Cleve, & competans sur des lieux situés hors de ces lignes, soit de l'un ou de l'autre côté du Rhin, dans ou hors de ces Païs, demeureront au Seigneur Comte Palatin: de même que les Fiefs & Droits sur des lieux situés dans cette ligne, soit dans ou hors ces Païs des deux côtés du Rhin seront avec leurs dependances au Seigneur Electeur de Brandebourg, bien entendu pourtant, que cette separation du Païs ne porte aucun préjudice aux rentes, biens, ou droits des particuliers & Sujets: ainsi les Droits de la Doüane, de contribution ou taille ne seront payés à l'avenir qu'à celui de ces Serenissimes Princes, dans le partage duquel ils se trouvent situés.

XV. Son Altesse Electorale aura de plus les Comtés de la Marc & de Ravensperg avec la Chatelainie de Wendeck, (qui appartenoit cidevant à la Duché de Berghe) avec toutes les dépendances & droits de cette Chatelainie: en échange dequoi resteront à son Altesse Serenissime de Neubourg (outre la partie nommée du Duché de Cleve) les Duchés de Juillers & de Berghe, avec la Seigneurie de Ravenstein. Chaque Prince exercera & continuera la Session dans les Dietes Imperiales & celles du Cercle, les Droits regaliens, de Fiefs, d'escorte, d'impositions & de tributs, & generalement toute autre dignité & droit, de quelque nom que ce soit, de la même maniere, que les anciens Princes & Comtes les y ont exercé: de sorte que le Seigneur Comte Palatin de Neubourg & ses descendans ou Successeurs mâles auront la séance sur les Dietes Imperiales & celles du Cercle, pour les Duchés de Juillers & de Berghe: & que le Seigneur Electeur de Brandebourg & ses descendans ou Successeurs mâles, auront telle séance pour le Duché de Cleve & les Comtés de la Marc & de Ravensperg: & d'autant que la Seigneurie de Ravenstein se trouve ainsi separée de la Principauté de Cleve, de même que la Comté de Ravensperg & la Chatelainie de Windeck se trouvent separés de la Principauté de Berghe, l'un Prince en fera savoir & présenter à l'autre la cession de toute imposition & Doüane, soit pour l'Empire ou pour le Cercle, selon l'ancienne matricule, en sorte qu'un chacun aura seul dans les terres de son partage les impositions & les tailles: mais pour ce qui est des rentes, biens, ou

ANNO 1624.

Flandern gelegen/ oder von Alters zu Lehen bekommen seynd/ betrifft/ sol einem jeden Chur-und Fürsten nach Gefallen freystehen/ sein Recht desswegen/ insonderheit ihm und den seinigen zum besten / zu verfolgen.

XVI. Soll auch ein jeder in seinem Land nach besten Verstand und Wissenschafft / gleich die Billigkeit/ Gewohnheit / Privilegien / Statuten und formliche Ordnungen dieser Landen mitbringen/ die Regierung verwalten / wider welche er niemand beschweren / noch andere dergleichen an deren Stell setzen mag.

XVII. Und so es sich zutrüge/ daß Ihre Chur- und Fürstl. Durchl. und deren Männliche Nachkommen / sonder einige Mannliche Leibs-Erben diese Welt gesegnen möchten / welches Gott gnädiglich abwenden wolle/ und ob sie schon einige nachliessen/ welche dann auch sonder Mannliche Leibs-Erben zusterben kämen/ soll alsdann die Graffschafft von der Marck/ Ihr. Churfürstl. Durchl. Hn. Brudern/ dem Herrn Margg. Joachim Sigismund und dessen Mannlichen Leibs-Erben verfallen seyn / und zugehören.

XVIII. Wann auch der Herr Marggraff Joachim Sigismund / da Gott vor sey / sonder Mannliche Leibs Erben und Nachkommen mit Todt abgehen wurde / so soll die Graff. von der Marck dem Chur- und Furstl. Hauß Sachsen verfallen seyn / so fern dasselbe Hauß zuvor / ehe der Verfall geschehen/ sich zu dem Vertrag verstehen : und gutwilliglich darzu inducirn lassen wird.

XIX. Item/ so das Chur- und Furstl. Hauß sich zuvor nicht accommodirt haben möchte/ soll selbige Graffschafft Ihr. Furstl. Durchl. Pfaltzgraf Wolfgang Wilhelm / und seinen Mannlichen Nachkommlingen / frey / ledig / sonder einigen Abstand zufallen.

XX. Und so Ihre Furstl. Durchl. Pfaltzgraff Wolfgang Wilhelm ohne Mannliche Leibs-Erben / welches Gott verhutte / ableben möchte / und obschon/ einige nachgelassen wären / doch wiederumb dieselbe ohne andere nachzulassen auch zu sterben kämen / soll alsdann das Furstenthumb Berg / neben dem getheilten Furstenthum Clev / welches dem Neuburg. Theil zugefallen war / Ihre Chur- und Furstl. Durchl. von Brandenburg / deroselben Echten und Mannlichen Leibs-Erben frey und ledig verfallen seyn.

XXI. Und soll das Furstenthumb Gulch dem Hn. Pfaltzgraffen Augusto, oder so Ihre Furstliche Durchl. oder dero Erbgenahmen oder Descendenten keine Mannliche Erbgenahmen nachliessen/ dem Herrn Pfaltzgraffen Johan Friederich / oder desselben Echten und Mannlichen Erben / so als dann bey Leben seind/ verfallen seyn.

XXII. So aber auch obberuhrte beyde Herren Pfaltzgraffen ohne Männliche Erben abgehen möchten / soll das Fürstenthum Gulch auch Ihrer Chur- und Furstl. Durchl. von Brandenb. oder dero Mannlichen Erben / oder aber dem Herrn Marggraffen Joachim Sigismund und dessen Mannlichen Descendenten zufallen.

XXIII. Und soll der Marggraff / welchem das Furstenthumb Gulch auff solche weise zukombt / verbunden seyn / den ein oder andern Theil des Furstenthumbs Cleve / oder eine von den vorgenennten Graffschafften / so in des Herrn Marggraffen von Brandenb. Willkür stehen soll / den Eltesten und Mannlichen Leibs-Erben / nach der Linien der primogenitur, unter der Linien deß Pfaltzgraffen von Zweybruck (so fern sie zuvor / ehe der Verfall kommen / wegen dieser Succession sich verstanden) frey/ und ohne Vergleich folgen zu lassen.

ANNO 1624.

ou Seigneuries, qui se trouvent en Brabant & en Flandre, ou comme leurs anciens Fiefs, il sera également libre tant à son Altesse Electorale qu'à son Altesse Sereniſſime d'en poursuivre son droit pour son avantage particulier, & pour celui de ses Héritiers.

XVI. Chaque Prince gouvernera en personne son partage du Païs, selon sa prudence & experience, principalement selon l'équité, & conformement aux Coûtumes, Privilêges & Ordonnances anciennes, contre lesquelles il ne chargera personne, ni entreprendra de les aucunement charger.

XVII. S'il arrivoit, ce qu'à Dieu ne plaise, que son Altesse Electorale, ses Enfans mâles ou les Descendans de ceux-ci vinssent à mourir sans laisser de leurs héritiers mâles, qu'alors la Comté de la Marc tombera sur le Frere de S. A. E. le Seigneur Margrave Joachim Sigismond & ses Descendans mâles.

XVIII. Et en cas que ledit Seigneur Marcgrave Joachim Sigismond vint à manquer sans laisser de ses Enfans mâles, que cette Comté de la Marc sera transferée dans la Maison des Electeurs & Princes de Saxe, si toutefois cette Sereniſſime Maison de Saxe consent à cet Accord, devant même que le susdit cas d'ouverture soit échu.

XIX. Car si la Sereniſſime Maison de Saxe ne s'accommode pas à tems de ce Traité, la Comté de la Marc échoira & tombera sur le Sereniſſime Comte Palatin Wolfgang Guillaume, sans qu'il en cede en échange la moindre chose.

XX. Si pareillement son Altesse Sereniſſime le Comte Palatin Wolfgang Guillaume, ses Enfans mâles, ou les Descendans d'iceux venoient à mourir sans Successeurs mâles (dont Dieu les veuille garder) que son Altesse Electorale de Brandebourg & ses Héritiers mâles profiteront de la Principauté de Berghe & de la partie de celle de Cleve, qui étoit donnée en partage à la Sereniſſime Maison Palatine.

XXI. Et en ce cas la Principauté de Juillers tombera sur le Sereniſſime Comte Palatin Auguste & ses Enfans & Descendans mâles, & en defaut de ceux-ci la dite Principauté sera au Seigneur Comte Palatin Jean Frideric, ou à ses Enfans & Successeurs mâles, qui se trouveront pour lors en vie.

XXII. Mais si les deux Sereniſſimes Comtes Palatins & leurs dits Descendans mâles manquoient aussi sans laisser aucune succession mâle, que cette Principauté de Juillers sera devoluë à son Altesse Electorale de Brandebourg, & à ses Heritiers mâles, & en défaut de ceux-ci au Sereniſſime Marcgrave Joachim Sigismond & à ses Descendans mâles.

XXIII. Le Sereniſſime Marcgrave de Brandebourg, à qui la Principauté de Juillers seroit échuë de cette maniere, sera pourtant obligé de ceder l'une ou l'autre Partie de la Principauté de Cleve, ou une des susdites Comtés, selon son choix ou sa détermination, au Prince ainé de la Sereniſſime ligne des Comtes Palatins Deux-ponts, suivant la ligne de la primogeniture, si pourtant cette Sereniſſime branche de Deux-ponts consent à ce present Traité devant le cas de cette ouverture.

ANNO 1624

XXIV. Und so es sich zutragen würde/ daß der ein oder der andere / umb mehr Gewin / und auß Nothdürfftigkeit / oder auch umb anderer Ursachen willen/ den einen oder den andern Platz oder Ampt zu versetzen/ oder zuverkauffen willens ware / soll er solches dem andern Chur-oder Fürsten/ so in diesen Landen mit begriffen seyn/ umb einen ehrlichen Pfennig vor andern überlassen/ und auch solches bey zeiten wissen zulassen obligirt seyn/ oder so selbiges nicht geschehen würde/ soll die andere Parthey Macht haben/ gegen Aufflag der Gelder einzustehen.

XXV. Auff daß auch dieser Ihrer Chur- und Fürstl. Durchl. eigentlicher Will und Meynung/ und auch der Successions-Verfall nach Gottes willen folgen möchte/ derofelben Ritterschafft/ Städten/ und Unterthanen bekant/ und die Nachkommlinge in die Successions-Regierung auff allen Verfall destomehr versichert werden möchten/ soll solches nicht allein auff die Einraumung und darauff folgende Huldigung/ denselben bekant gemacht/ sondern auch auff Beweiß der Pflicht/ dieselbe sowohl durch Eydsgelübde als schrifftl. und klare reversalien darzu obligirt seyn/ erstens wegen der formalien/ so man beederseits zu gebrauchen haben wird/ verglichen/ und mit gesambter Hand und mit der Stimmen Einträchtigkeit zu Papier gebracht / und das Concept mit Unterzeichnung bekräfftiget werden/ davon auch zuvor beym zweyten Artikul Anweisung gethan.

XXVI. Man soll auch bey dieser Gelegenheit den Unterthanen bekant machen / auff was Weise die Union, Vereinigung und nachbarliche Correspondentz zwischen beyden Ihren Chur- und Fürstl. Durchl. und den Succesioren und Unterthanen in einem Stand geblieben / und daß keiner den ander in einerley beschweren soll/ dargegen auch gegen alle und jede/ so wider Ihre Chur- und Fürstl. Durchl. oder dero Landen de facto, und sonder vorgehende ordentliche und rechtmässige Erkantnus sich empören/ sollen Ihre Chur- und Fürstl. Durchl. gehalten seyn / in solcher occasion einander getreulich beyzustehen/ und zu Hulff zu kommen

XXVII. Man soll auch so woll bey Ihrer Königl. Maj. in Spanien /. als Herren Staten Versuch thun/ob sie noch mehr Oerther von Guarnison befreyen wollen / und daß sie einen gewissen Tag bestimmen/ auff was weise vom Aufzug der Spanischen und Statischen Guarnisonen und Kriegs-Volcks ein Anfang zumachen.

XXVIII. So man aber der Meynung wäre/ die Spanische in der Statt Wesel / Orsoy und Gog/ oder in einiger derselben / oder die Staten in der Stadt Rees/ Emerich / Ravenstein / oder in einer derselben in Besatz zu halten / so soll dargegen dem andern Theil auch frey stehen/ so viel von den vorgenannten Städten in Besatz zu halten.

XXIX. Und so fern die Spanische in Churfl. Stadt Gog / und die Statische Guarnisonen in J. Fürstl. Durchl. Stadt Ravenstein verbleiben würden/ so sollen beyde streitende Partheyen das Kriegsvolck in guter Disciplin und über die Kriegs-Ordnung und Statuten stricte zu halten und die Verbrecher zu straffen verbunden seyn/ ausser der Jurisdiction aber über das Kriegsvolck keine Macht haben/ also auch mit keinen Plätzen/ oder Ihr. Churfl. Durchl. Landen/ Jurisdiction, Regalien, Einkommen/ Gebieth/ Recht und Gerechtigkeit/ auch Jagten/ Fischereyen/ und anders/ so von Alters Ihro zukomt/ keins Wegs sich beschweren/ sondern diese sollen Ihrer Chur- und Fürstl. Durchl. allein frey und ledig zustehen/ sie zu geniessen.

XXX. Und so die Guarnison von einem dieser beyden Plätzen außziehen möchte / sollen ingleichen die

XXIV. Si l'un de ces Sereniſſimes Poſſeſſeurs trouvoit à propos d'engager ou de vendre quelque Place ou Chatelainie de ſon partage, ſoit par neceſſité ou pour en faire ſon profit, qu'il ſera obligé de le donner à connoître à l'autre, & de lui en faire l'offre pour un prix raiſonnable, & que faute de cela, l'autre Prince Poſſeſſeur aura le droit de reprendre telle Place ou Chatelaine, en rembourſant l'argent, qu'un autre Acheteur en auroit donné. ANNO 1624.

XXV. Et afin que cette diſpoſition de leurs Alteſſes Electorale & Sereniſſime, & de la ſucceſſion reglée parvînt exactement à la connoiſſance de la Nobleſſe, des Villes, & des Communautés du Païs, comme auſſi que la poſterité en fût d'autant plus aſſurée, on en donnera notice d'abord qu'on y prendra poſſeſſion & l'hommage; & on dreſſera un Acte ſigné des mains de leurs Alteſſes, & couché dans des termes concertés entre Elles & ſelon ce qui a été dit dans l'Article ſecond de ce même Accord. C'eſt ce que leurs Alteſſes promettent par des ſermens & des Déclarations mutuelles par écrit.

XXVI. On notifiera avec cette occaſion aux Sujets, comme quoy l'ancienne Union & bonne correſpondance entre leurs Alteſſes, leurs Succeſſeurs, & Sujets demeure dans ſon entier, & que l'un ne fera rien au préjudice de l'autre: mais qu'au contraire on s'aſſiſtera mutuellement, ſi quelqu'un s'y oppoſe par la voye de fait, & ſans ſe ſervir de celle de Juſtice.

XXVII. L'on fera des inſtances auprés de ſa Maj. Catholique & les Seigneurs Etats Generaux pour retirer les Garniſons encore de quelques Places de ce Païs, & pour ſavoir d'Eux le jour & la maniere, dont on commencera l'évacuation, & la retraite de leurs Troupes.

XXVIII. Quand on ſeroit d'avis de garder les Garniſons d'Eſpagne dans les Villes de Weſel, Orſoy & Gog, ou dans une d'icelles: ou bien quand on voudroit tenir les Garniſons des Etats Generaux dans les Villes de Rees, Emerik & Ravenſtein, ou dans une d'icelles, il ſera libre à l'autre Partie, de garnir de ſa Garniſon tout autant des Villes nommées.

XXIX. Si les Troupes d'Eſpagne demeurent ainſi dans la Ville de Gog appartenante à S. A. E. & les Troupes des Etats Generaux dans celle de Ravenſtein, appartenante à S. A. S. Les deux Parties auront à tenir bon ordre, & d'y faire rigoureuſement obſerver la diſcipline Militaire, & de chatier les coupables, ſans ſe donner pourtant d'autre Pouvoir que ſur leurs Soldats & Garniſons, ainſi elles ne ſe mêleront en rien de ce qui concerne les autres Places, la Juriſdiction, les Regalies, les Rentes, & autres droits comme de la chaſſe, de la péche, &c. mais en laiſſeront librement diſpoſer & joüir leurs Alt. Electorale ou Sereniſſime.

XXX. Si l'une de ces deux Garniſons vient à ſortir, que l'autre aura à quitter auſſi, & qu'à

ANNO 1624.

die von den andern Plätzen auch zu thun schuldig seyn / und sollen diese ferner hin von denen streitenden Partheyen nicht mehr besetzt werden.

XXXI Die andere übrige Plätze / so fortificirt seynd / derer Fortificationen sollen entweder geschleifft / oder mit J. Churfl. Durchl. Volck / so der Freyherr von Gent commandirt und in guter Disciplin und Neutralitet gehalten hat / und ingleichen mit Neuburgischen Volck / von Ihr. Fürstl. Durchl. Sohns Regimentern / welche sich mit Neutral gehalten haben / besetzt werden.

XXXII. Soll beyderseits Assistenten kund gemacht werden / welche Stadt und Plätz / darin kriegende Guarnisonen geblieben seynd / neutral seyn sollen oder nit.

XXXIII. Und so diese zu keiner Neutralität gebracht werden könten / sollen doch die Inwohner und Untherthanen neutral seyn / und sich mit dem Krieg nicht bemühen.

XXXIV. Und so es sich zutrüge / daß ein von diesen Orthen / so von kriegenden Partheyen besetzt verblieben / und zuvor nicht neutral gemacht / erobert würde / welches man doch / umb Verschonung willen der Landen / und damit die Unterthanen / durch fernere Belägerungen nicht ruinirt werden: sondern vielmehr respiriren: und sich wiederumb versamblen möchten können / lieber nachgelassen sehe / sollen die Chur- oder Fürsten / welchen solche Plätze / in Manier / wie vorgesagt ist / assignirt seynd / Ihre Lands-Fürstliche Obrigkeit / Recht / Regalien / Accidentien, und Gerechtigkeiten behalten.

XXXV. Und soll die Parthey / welche die Stadt oder Bestungen erobert / die Wahl haben / solche Oerther besetzt zu behalten / oder zu schleiffen und zu verlassen.

XXXVI. Und wann dieselbe einmahl geschleifft und von Guarnisonen befreyet seynd / sollen sie nicht wieder bevestiget: noch von den streitigen Partheyen besetzt werden.

XXXVII. So auch ein Platz von Spanischer oder Statischer Guarnison besetzt wäre gewest /

XXXVIII. Soll derselbe doch / so bald die Guarnison darauß gezogen ist / und die Belägerung nicht uber drey Tag gewehret hat / vor neutral gehalten werden / welches zur Stund dem Gegentheil soll zu wissen gethan werden:

XXXIX. Und soll ferner mit niemanden / als allein mit deß Fürsten Regimenten / dem der Platz ist / besetzt werden.

XL. Und soll beyden kriegenden Partheyen der freye Durchzug durch dergleichen Oerther vergönnt werden.

XLI. Doch soll hier keine Beschwerde seyn / noch Ihr. Chur- und Fürstl. Durchl. oder derselben Unterthanen / einiger Uberlast gethan werden

XLII. Auch sollen beyderseits Kriegs-Völcker / in den neutralen Oerthern / gegeneinander nichts feindliches vornehmen.

XLIII. Und so ein Soldat in solcher Gelegenheit einigen Fehler begienge / soll derselbe in des Chur- und Fürsten Straff verfallen seyn / als dessen der Platz / da er begangen wird / zugehörig ist

XLIV. Es soll auch kein streitender Theil die Macht haben / einige Oerther so mit Spanischer oder Staten Guarnison besetzt / anzugreiffen / zu belägern / oder darauff einen Anschlag zu machen / unter was Schein selbiges auch seyn möchte.

XLV. Und so die besitzende Chur- und Fürsten uber die vornehmste Länder möchten uneinig werden / welches Gott gnädiglich verhüten wolle / und auch zu geschehen sich nicht gebühret / so sollen die Assistenten mit J. Kays. M. und dem vorgenanten König /

qu'à l'avenir ni l'une ni l'autre Place ne pourra plus être garnie de Troupes de ces Parties, qui sont en Guerre.

XXXI. Les autres Places fortes seront ou demolies, ou garnies de ces Troupes, que le Baron de Gent commande de la part de S. A. E. & tenuës pour Neutres : De même que de la part de S. A. S. on ne mettra que celles du Regiment de son Serenissime Fils, dans des Places pareillement Neutres.

XXXII. Et on aura soin de faire savoir aux Princes assistans lesquelles des Places garnies de leurs Troupes doivent être considerées & tenuës pour Neutres.

XXXIII Quand en suite il n'y auroit pas moyen d'établir une Neutralité entre lesdites Garnisons, les Habitans & Sujets pourtant ne s'y mêleront pas de la Guerre.

XXXIV. Encore que, quelqu'une de ces Places, où il y avoit Garnison étrangere de ces Parties qui sont en Guerre, fut assiegée & prise devant que d'être declarée Neutre, celle de leurs Altesses, à qui telle Place étoit assignée par ce present Partage, conservera néanmoins tous les droits de Souverain, Regalies, & Jurisdictions. Cependant on souhaite que tels Siéges ne s'y fassent pas, pour faire respirer les Habitans, & pour empêcher la ruïne ulterieure de ces Pays.

XXXV. Celle des Parties, qui prend ainsi une Place forte, aura le choix, ou de garnir telle Forteresse de ses Troupes, ou de la démolir & abandonner par aprés.

XXXVI. En cas qu'une Forteresse se trouve tellement demolie, elle ne pourra plus être fortifiée ni garnie de Troupes des Parties qui se font la Guerre.

XXXVII. Si quelque Place avoit été garnie par les Troupes d'Espagne ou par celles des Etats Generaux,

XXXVIII. Et si le siége de cette Place n'avoit pas duré au delà de trois jours, on la tiendra encore pour Neutre, aussi-tôt que la Guarnison en sera sortie; & on le fera à l'instant savoir à la Partie contraire.

XXXIX. En suite de quoi telle Place ne sera munie que des Troupes de ce Prince, auquel elle appartient.

XL. Les deux Parties qui sont en Guerre, auront pourtant le passage libre par telles Places.

XLI. A condition qu'elles n'y feront aucun préjudice ni à leurs Altesses Electorale & Serenissime ni à leurs Sujets.

XLII. Et ces Troupes de Parties contraires ne pourront non plus faire des hostilités les unes aux autres, quand elles se trouveront dans telle Place Neutre.

XLIII. Le Soldat qui aura fait quelque faute dans ce cas, sera même châtié par le Prince, qui selon cette repartition est le Maître de la Place.

XLIV. Qu'aucune des Parties qui sont en Guerre, ne pourra attaquer ou assieger les Places munies de Guarnison d'Espagne ou des Etats, ni même former quelque dessein sur icelles, sous quelque pretexte que ce puisse être.

XLV. Si ces Serenissimes Possesseurs entroient en dispute sur les principales Provinces, ce qui ne conviendroit pas, & dont Dieu les veuille garder, qu'alors les Princes assistans devroient, à leurs propres dépens & de concert avec sa

ANNO 1624.

König/ so sie dessen berichtet/ auff der beleydigten Parthey Begehren darauff gedencken / und wo nöthig / allen gebuhrlichen Beystandt ohne Entgeldt beweisen/ damit selbiger also durch sie/ oder anderweiß/ zu ihrem Recht verholffen : und an ihrer Gerechtigkeit und Possession nicht frustriret, auch aller Schad und Kosten derselben behörlich restituirt und sufficienter Abtrag gethan werden.

XLVI. Und so etliche oder mehr/ welche die Succession dieser Landen prætendiren, etwas anfangen oder sich unterwinden mochten / so sollen in solcher Gelegenheit beyde Ihr. Chur- und Fürstl Durchl. zusammen spannen / oder sich vereinigen/ vor einen Mann stehen / und Ihr beyder Recht de jure & facto, wie es sich gehöret/ und die Noth erfordert / suchen zu salviren / und sich dergestalt/ wie sie können/ defendiren und beschirmen: So man sich aber derer nicht gantz entschlagen kan/ doch zum contentement der jenigen/ so die Succession dieser Landen prætendiren, etwas thun muß / und in der Güte kan vermittelt werden / soll selbiges alsdann uber beyde Partheyen gehen / und daruber in beyderseits Landschaften einige nöthige Collection geschehen.

XLVII. Die Archiv-Register und Documenten belangend / sollen die bey jedem Land bleiben / solcher Gestalt / was Gulch und Berg belangt/ dasselbe bleibt in Dusseldorff / und soll Ihr. Churfl. Durchl. darauß gegeben werden/ alles was zu Ravensperg und zu dem Ampt Windeck gehöret. Was die Clevische Archiven betrifft/ die bleiben zu Clev/ außgenommen / daß Ihrer Furstlichen Durchl. darauß soll gegeben werden / was zu dem vorgenannten Theil deß Furstenthumbs Cleve und der Herrligkeit Ravenstein gehöret / und soll jeder Parthey zugelassen seyn/ durch ihre Deputirten in den Archiven und Registern/ was dero zukompt/ außsuchen zu lassen/ und soll ihnen alles gezeigt und nichts vorenthalten werden.

XLVIII. Was die gemeinen Documenten angehet / dieselbe sollen originaliter an jedem Orth verbleiben / und sollen dem Gegentheil allein autentische Copien ingehändiget werden.

XLIX. So es auch sich zutragen möchte / daß in künfftige ein oder der ander einige Documenten auß denen Dusseldorffischen oder Clevischen Archiven von nöthen hätte / so sollen dieselbe ungeweigert in originali oder autentischen Copien gefolgt werden/ wie es die Noth erfodern wird.

L. Niemand soll einige Festungen / vornehmblich an den Grändtzen / so zu eines oder deß andern Nachtheil und Verdruß gereichen möchten / auffwerffen oder bauen.

LI Die Gräntzen aber zu verbessern / und zu erhalten/ auch die Pässe mit Schantzen zu versehen/ soll einem jeden frey stehen.

LII. Und auff daß ein jeder sich dieses Vertrags zu erfreuen habe / sollen die Officirer und Diener bey den Aemptern/ wider ihren Willen / ohne notori Untreu oder Versaumung / nicht verstossen/ sondern auffs wenigste so lang behalten werden/ biß daß diejenige/ welche mit der Zeit von den andern Chur- oder Fürsten darzu erwöhlt worden/ darmit versehen werden mögen.

LIII. Und sollen die Commercien zwischen den Insassen vorgenanter Furstenthumben und Landen/ dieser Vertheilung ungeachtet / als zuvorn unverhindert getrieben werden.

LIV. Und so die Unterthanen deß einen Ampts in deß andern Furstenthumbs Aempter schuldig gewesen Schatzung zu bezahlen / soll dasselbe biß noch zu darbey bleiben / ausgenommen im Furstenthumb Cleve/ in welchem/ als vorgesagt ist/ einem jeden Chur-

sa Majesté Imperiale & avec sa Majesté Catholique, s'employer pour la Partie offensée, qui les en auroit requis, & tellement secourir, que son bon droit lui seroit conservé, & tout le dommage reparé.

XLVI. En tous les cas, que quelqu'uns de ceux qui prétendent à la Succession, entreprendroient quelque chose sur ces Païs, leurs Altesses Electorale & Serenissime s'y uniront si étroitement, qu'elles se defendront mutuellement par le droit & le fait, comme ayant une même cause, & n'oubliront rien pour s'y sauver : mais si elles trouvoient nécessaire de traiter à l'amiable & de faire quelque chose pour contenter tels prétendants, qu'alors tous ces Païs y contribueroient par le moyen d'une collecte proportionée.

XLVII. Pour ce qui est des Regîtres & des Documents d'Archive, ils demeureront dans le Païs qu'ils concernent, de sorte que ceux qui touchent les Provinces de Juillers & de Berghe, resteront à Dusseldorp, à condition pourtant, qu'on en donne à son Altesse Electorale ceux qui concernent la Comté de Ravensperg & la Chatelainie de Windeck: & que les Archives de Cleve demeureront à Cleve, sous pareille condition, qu'on en donne à son Altesse Serenissime tout ce qui concerne sa part du Païs de Cleve & la Seigneurie de Ravenstein. Et il sera libre à l'une & l'autre Partie, de faire chercher par leurs Deputés dans les Archives les Documents qui les touchent, & on ne leur en cachera rien.

XLVIII. Touchant les Documents communs, ils seront dans l'Archive du lieu, & on se contentera d'en donner à l'autre Serenissime Partie des Copies autentiques.

XLIX. Et si l'une ou l'autre Partie avoit besoin encore d'autres Documents des Archives de Dusseldorp ou Cleve, qu'on les lui fournira, soit en Original, ou en Copie autentique, selon que la nécessité le demande.

L. Personne ne fera de nouvelles Forteresses, principalement sur les Frontieres, où elles pourroient être au préjudice, ou au dégout de l'autre Partie.

LI. Il leur sera pourtant libre de reparer & rendre meilleures les Fortifications qui y sont, & particulierement d'en faire quelqu'unes ou bien des lignes sur les passages.

LII. Afin que tout le monde ait de la consolation dans ce Traité, les Officiers, Commis, ou Valets d'Offices, n'en seront pas privés, à moins qu'ils ne commettent quelque infidelité ou faute grossiere, mais ils y seront pour le moins continués jusqu'à ce que ceux qui leur seront substitués par leurs Altesses, en conviennent avec eux.

LIII. Le Commerce se continuera entre ces Païs & Habitans de la même maniere que cy devant, nonobstant la separation, qui en est faite par le present Accord.

LIV. Si les Sujets d'une Chatelainie étoient obligés de payer des impositions aux Chatelainies de l'autre Principauté, ils en continueront ce payement encore à l'avenir, hormis dans la Principauté de Cleve, où, comme il a été dit ci-

ANNO 1624. Chur- und Fürsten die Renten und Dienste von allen Ländern und Güttern / so in seinem ihme assignirten Bezirck gelegen / zugehören sollen ; Darentgegen sollen die befundene Schulden und schuldige pensionen zuvor aus dem Ampt oder Kellerey / darhin sie gehören / oder versetzt seind / von dem Chur- oder Fürsten / welchem sothanige Stuck oder Gütter zu theil fallen / bezahlt werden.

LV Was den Unterhalt des Cammergerichts zu Speyer belangt / dasselbe soll von Gülich wegen Pfaltz Neuburg / oder der Besitzer dieses Fürstenthumbs / wegen Clev Chur-Brandenburg zu verrichten schuldig und verobligirt seyn.

LVI. Deß Zolls und der Licenten wegen zu Roorort / Lobith / und andern Orthen / soll / wie von Alters / zwischen beyderseits Chur- und Fürstl. Dienern gute Correspondentz gehalten werden / und alles / was auß Ihr. Chur- und Fürstl. Durchl. Landen / den Rhein / die Ruer / die Lipp / oder von andern Orthen auff- oder abgehet / soll Zoll und Licenten bezahlen deme / auß welches Lande dasselbe gehet / außgenommen / was Ihre Chur- und Fürstl. Durchl. zu Ihrem eigenen Gebrauch von nöthen haben.

LVII. So dann noch einiger Zwytracht zwischen der Grafff. von der Marck / und dem Fürstenthumb Berg / oder deß Neuburgischen getheilten Fürstenthumbs Cleve / oder auch zwischen den Aemptern Blanckenburg und Windeck / ungeschlichtet befunden würde / soll derselbe noch vor / oder zum längsten beym Einraumen und Huldigung deß gemeldten Fürstenthumbs Grafff. und Ampt Windeck / niedergelegt / und darbey versehen werden / daß nach Gelegen- und Beschaffenheit deß Landes / dessen ruhige und kundbare Gräntzen / durch gut Vertrauen und Einigkeit desto minder verschwacht : Sondern vielmehr zunehmen / und in gute Richtigkeit gebracht werden mögen.

LVIII. So fern ein Chur- oder Fürst seine Räthe und Officirer / ehe Gott der Allmächtige in den nachbarlichen Landen einen Stillstandt der Waffen möcht geben / einige Convoyen wolte außsenden / soll man dieselbe uber die Gräntzen / aber nicht ferner / als biß zu der nächsten Stadt / so an den Gräntzen anderer Seits gelegen ist / convoyiren / und soll dasselbige sonder Beschwehrung der Unterthanen geschehen / und die jenige / so unter der Convoye seind / oder convoyret werden / sollen ihre eigene Zehrung thun / und so es die Zeit wolt leiden / sollen dieselben vor angezeigt und nicht uber die Gräntzen convoyirt werden / und soll das convoyren, so in diesen Kriegszeiten geschicht / der freyen Gleiths-Gerechtigkeit eines oder deß andern Chur- oder Fürsten nicht præjudicirlich seyn.

LIX. Und wiewohl Ihrer Churf. Durchl. Frau Mutter schon vorlangst ihre Vollmachten von sich gegeben / die Successions difficultäten endlich verglichen / als auch mit Ihrer Chur- und Fürstl. Durchl. Brüdern / der gemeinen Succession halben keine difficultät zu machen / abgehandelt : Und daß die gemeine Succession Ihr. Chur- und Fürstl. Durchl. ohne das gebuhret / als dann auch kundbar / daß auß ihren eigenen Landen so ein merklicher Vorschuß / und mehr als die Landen auffbringen / gefuhret ist / damit die vorgesagte Frau Mutter und Brüder desto minder difficultät uber diese Vergleichung / so umb des gemeinen Besten willen / als auch zu Trost der Unterthanen geschiehet / solten machen / so sols denselben dennoch communicirt werden / und so die Brüder sich darzu wollen bequemen / sollen sie derselben also / und anders nicht / geniessen / und sich derselben zu erfreuen haben.

ci-devant, les impositions & rentes de tout le Païs, qui y est assigné à un Prince, lui appartiennent entierement, toutefois les debtes & les pensions restantes seront payées par les Chatelainies & Offices, qui y étoient destinés ou engagés, soit qu'ils appartiennent à l'un ou à l'autre de ces Serenissimes Possesseurs. ANNO 1624.

LV. Ce qui concerne l'entretien de la Chambre Imperiale de Spire, sera payé en autant, qui en touche le Païs de Juillers, par son Altesse Serenissime le Comte Palatin, ou par le Possesseur du Païs, & ce qui en touche au Païs de Cleve, sera payé par son Altesse Electorale de Brandebourg ou le Successeur.

LVI. Touchant la Doüane & Imposition, qui se paye à Roorort, Lobith, & ailleurs, on s'en entendra suivant l'ancienne bonne correspondance, qu'il y eut toûjours entre les Officiers de leurs Altesses Electorale & Serenissime, & de tout ce qui vient des Païs de leursdites Altesses, sur les Rivieres de Rhin, Ruer, & de Lip, ou d'autres Provinces; sur la Riviere d'Oder, on payera la Doüane ou la licence au Prince de la Province de qui cela sort, bien entendu pourtant, que ce qui est pour l'usage de leurs Altesses mêmes n'y payera rien.

LVII. S'il y avoit encore quelque difficulté entre la Comté de la Marc, & la Principauté de Berghe, ou entre la partie de Cleve, assignée au Seigneur Comte Palatin, ou enfin entre les Chatelainies de Blankenbourg & Windek, qu'on tâchera d'ôter & d'accommoder tel different devant ou pour le moins, à l'instant de la possession & de l'Hommage, qu'on y doit prendre, & on le reglera tellement, que les bornes en soient indubitables, & que par une bonne union & intelligence de part & d'autre, la tranquilité publique y puisse continuer.

LVIII. Si l'un des Princes, ou de leurs Ministres & Officiers trouvoit bon d'envoyer quelque part ses escortes, en tems que la Guerre dure encore dans les Provinces voisines, qu'on les accompagnera au delà de la Frontiere jusqu'à la premiere Ville de l'autre Païs : que ceux de telles escortes vivront à leurs propres dépens, & n'y seront nullement à charge aux Habitans : que si le tems le permet, on en donnera préallablement notice, & on ne les conduira que jusqu'aux Frontieres : & qu'enfin par telle escorte en tems de Guerre, on n'entende nullement de préjudicier aux Droits de conduite libre competans à l'un & l'autre des Serenissimes Princes.

LIX. Encore que la Serenissime Electrice Mere de son Altesse Electorale de Brandebourg avoit déja devant quelque tems donné ses Pleinpouvoirs pour adjuster ce Traité, & que les Serenissimes Freres de leurs Altesses ne pourroient aucunement contester le reglement de cette Succession mutuelle, d'autant qu'elle compete sans cela à leurs Altesses Electorale & Serenissime, & que d'ailleurs elles y avoient contribué de leurs biens & propres Païs plus qu'on n'en puisse retirer : toutefois pour leur ôter toute raison & sujet de difficultés, on est convenu qu'on leur communiquera cet Accord, qui n'a été fait que pour le bien commun & le soulagement des Sujets : & qu'on fera connoître en même tems, que lesdits Serenissimes Freres de leurs Altesses n'en auront aucune utilité qu'à proportion qu'ils y consentent.

ANNO 1624. LX. Beyde Jhr. Chur- und Fürstl. Durchl. sollen diesen Accord/ so bald die Durchl. Infantin, und die Herren Staten der Vereinigten Niederländischen Provinzien, die vorgenante schrifftl. Erklärung empfangen werden haben / unterzeichnen/ und mit Jhren Chur- und Fürstl. grossen: und respective Siegeln befestigen / aber auch mit einem Cörperlichen Eyd vor sich und ihre Erbgenahmen bestättigen / und soll eine gewisse Zeit gestellt werden / den modum procedendi und die Form deß Eyds zu effectuiren und ins werck zu setzen.

LXI. So bald nun dieser Vertrag von Jhrer Maj. in Spanien / oder der Durchl. Infantin / als auch von den Herren Staten / so viel Jhre Majest. und die Hn. Staten belangt / und vornehmlich/ wann die Abfuhrung deß Kriegsvolcks bewilliget/ beliebt und vor gut erkendt ist/ sollen alsdan alle Thätligkeiten / Gefängnusse und Zwyspältigkeiten zwischen beederseits Räthen / Dienern und Unterthanen / cessiren, und die Gefangene loß gelassen werden / welches dann in beyderseits Guarnisonen, und zwar insonderheit durch den Herrn Gr. von Schwartzenburg / als Chur-Brandenburgischen Gevollmächtigten Abgesandten / in den Brandenburg. und Statischen Quartieren notificirt soll werden: Und soll ferners/ wann der Eyd vorgenannter Puncten Haltung wegen præstirt, darauff die Einraumung alles dessen was verglichen / an Land und Leuthen/ beyden Chur- und Fürsten geschehen/ auch was von dem restirenden mehr veraccordirt ist/ sonder Argelist / Fürstlich / getreulich / und fest gehalten werden.

Zu Urkund dieser Verbundnuß/ seyn zwey gleichlautende Jnstrumenten von einer Form und Jnhalt verfertiget / und sowohl von hochgedachter Jhrer Chur- und Fürstl. Durchl. als wohlgemeldtem Chur- und Fürstl. Brandenb. Gevollmächtigten Abgesandten/ Hn. Adam / Graven zu Schwartzenburg unterzeichnet und besiegelt. Und so die Höchstgemeldte Durchleuchtigste Jnfantin / als auch wohlgemeldte Hn. Staten der Vereinigten Niederländischen Provintzien/ waß die anbelangt / sich darzu verstanden haben werden/ soll diese Verbundnus auff ein neues in duplo verfertigt/ von beyderseits Chur- und Fürstlichen Durchl. mit eigenen Händen unterzeichnet/ besiegelt/ und/ als vorgesagt / mit gethanem Eyde befestiget werden. Actum Dusseldorff / den 11. May / 1624. War unterschrieben/

WOLFFGANG WILHELM.

(L. S.)

ADAM, Grave zu SCHWARTZENBURG.

(L. S.)

LX. Leurs Altesses Electorale & Serenissime signeront & muniront de leurs grands Sceaux ce Traité, sitôt que la Serenissime Infante, & les Seigneurs Etats Generaux auront reçû la susdite Declaration : & elles le confirmeront même par serment, pour en assurer d'avantage l'execution tant pour elles que pour leurs Successeurs. Pour cette fin on reglera le tems & la maniere de faire ce serment. ANNO 1624.

LXI. Tout aussi-tôt que le present Traité sera agréé par sa Majesté Catholique, ou la Serenissime Infante, & par les Seigneurs Etats Generaux, en autant qui les concerne, & qu'ils auront consenti à retirer leurs Troupes, toutes les hostilités, voyes de fait, de prison, & generalement toutes les mesintelligences cesseront entre les Ministres, Officiers, & Sujets de leurs Altesses: on relachera immediatement les prisonniers de part & d'autre : & ceci sera notifié par tout, & particulierement par le Sieur Comte de Schwartzenbourg, Ministre Plénipotentiaire de Son Altesse Electorale de Brandebourg, aux Guarnisons de sadite Altesse Electorale, & à celles de Messieurs les Etats Generaux : Et si-tôt que le susdit serment aura été prêté par leurs Altesses, la cession & la prise de possession de tout ce qui est porté par cet Accord, suivra immédiatement, & on en observera tous les autres Points fidellement, & sans supercherie.

En foi de quoi on a dressé de ceci deux Exemplaires d'une même teneur, qui furent signés par le Serenissime Seigneur Comte Palatin du Rhin, & de la part de son Altesse Electorale de Brandebourg par son Ministre le Sieur Comte Adam de Schwartzenbourg, y ayant Pleinpouvoir : & on est convenu en même tems, qu'après que la Serenissime Infante & Messieurs les Etats Generaux des Provinces Unies des Païsbas auront pareillement approuvé ce Traité en ce qui les y concerne, on en fera de nouveaux deux Exemplaires d'une teneur égale, qui seront signés par leur Altesses Electorale & Serenissime, munis de leurs Sceaux, & confirmés par leurs serments de la maniere qu'il a été dit. Fait à Dusseldorp le 11. de Mai de l'an 1624.

WOLFGANG GUILLAUME

(L. S.)

ADAM Comte de SCHWARTZENBOURG

(L. S.)

CCLIII.

5. Juin. ANGLETERRE ET LES PROVINCES-UNIES.

Traité de continuation de Ligue deffensive entre JAQUES I. *Roi d'Angleterre*, *&* *les* PROVINCES UNIES *des Pays-bas. Fait à Londres, le 5. de Juin*, 1624. [AITZEMA, Affaires d'Etat & de Guerre. Tom. I. pag. 691. d'où l'on a tiré cette Pièce, qui se trouve en Latin, dans LONDORPII *Acta Publica*, *Part. III. Lib. VIII.* pag. 795.]

COMME ainsi soit que Treshault, Tres-excellent & Tres-puissant Prince *Jacques*, par la grace de Dieu Roy de la Grande Brettaigne, France & Yerlande, &c. Aye esté a diverses fois humblement requis, & recherché par hauts & puissants Seigneurs les Estats Generaux des Provinces Unies des Païs-bas, ses bons Amis & Alliés, & depuis n'agueres par Messires *François d'Aerssen* Chevalier, Sieur de *Somelsdijk* & *de la Plate*, &c. *Albert Joachimi* Chevalier, Sieur *d'Ostende de Odekenskerke*, &c. & *Noël de Caron* Chevalier, Sieur de *Schonewalle*, &c. leurs Ambassadeurs Extraordinaires & Ordinaires, de continuer l'Alliance de Ligue defensive commencée de long temps & continuée par plusieurs années entre ses Royaumes & leurs Provinces, & pour icelle asseurer & affermir d'avantage, de permettre aux dits Seigneurs Estats de faire quelques levées d'hommes en ses Royaumes : sadite Majesté en continuation des faveurs siennes, & celles de ses Predecesseurs aux dites Provinces, *pour la preservation & seureté de ses Royaumes*, *& desdites Provinces*, *& pour tant plus faciliter le restablissement de son Trescher Gendre le Prince Eslecteur* Palatin, *en ses Estats & Dignités*, a trouvé bon en son Conseil de faire traicter en son nom avec eulx, d'une telle Ligue & levées susdites : ayant à ces fins nommé & deputé Illustres & Excellents Seigneurs *George Duc de Buckingam*, Grand Admiral d'Angleterre, &c. *Jacques Marquis d'Hamilton*, Grand Maistre de son Hostel, &c. *Guillaume Comte de Penbrok*, Chambellan dudit Hostel, &c. & Messieurs *Edoward Conwey*, un de ses pre-

ANNO 1624.

premiers Secretaires d'Estat, *Richard Weston*, Chancelier de son Eschiquier, Chevaliers tous & chacun d'eulx de son Conseil d'Estat & privé ses Commissaires pleinement authorisés, pour avec lesdits Sieurs Ambassadeurs Extraordinaires & Ordinaires conclure & arrester ce qu'ils trouveroient bon & convenable pour les fins susdites, lesquels Seigneurs Commissaires & Ambassadeurs, en vertu de leurs Pouvoirs, & Commissions, dont sera inserée Copie à la fin de ce present Traicté, aprés plusieurs Conferences sur ce tenues, ont finalement convenu, conclu, & arresté les Articles qui en suivent.

I. Premierement il y aura une bonne Alliance de *Ligue defensive*, entre sadite Majesté & lesdits Seigneurs Estats des Provinces Unies des Païs-Bas, pour la *conservation de ses Royaumes*, & de leurs Provinces respectivement.

II. Sadite Majesté consent que lesdits Seigneurs Estats fassent levée de *six mil hommes de pied* soubs leur Commission, & iceluy nombre fournissent de temps en temps des Volontaires de ses Royaumes, tant que cette Alliance durera: lesquels *six mil hommes* sa Majesté permettra d'estre armés & portés aux dits Païs-Bas dans six sepmaines ou plustost, si faire se peult, apres la conclusion de la presente Alliance pour estre repartis en quatre Regiments, chacun desquels sera composé de *douze* Compagnies, & commandé d'un Colonel.

III. Sadite Majesté permettra à telles personnes de ses Subjects qui se presenteront, & seront enrollés pour les places de Colonels & autres subalternes Officiers aux dites levées de jouïr & exercer lesdites charges & places, & apres que lesdites levées seront descendues auxdits Païs-Bas, qu'il soit disposé de toutes les charges & places de Colonels & autres qui viendront à manquer auxdits Regiments, selon l'ordre observé auxdicts Pays, au regard des aultres Regiments des Subjects de sadite Majesté.

IV. Et seront ces levées gouvernées, traictées, & payées, aux dits Pays-Bas soubs la mesme authorité, conditions, loix, & coustumes que le sont presentement les autres Regiments, composés pareillement des Subjects de sadite Majesté.

V. Les Colonels, Lieutenants Colonels, Sergeants Majors, Capitaines, Officiers & Soldats, faisants le Corps desdictes levées, seront payés selon l'ordre & la paye accoustumée aux dictes Provinces.

VI. Sadite Majesté promet de faire porter d'an en an, en quatre termes égaux dans la Ville de *Delf*, *d'Amsterdam*, ou de quelque autre de la Souveraineté desdicts Seigneurs Estats la *somme totale à laquelle se montera le Payement plenier desdites levées de six mil hommes*. Et en fera faire l'advance de trois en trois mois à commencer la premiere du jour de la signature de la presente Alliance.

VII. Laquelle somme sera de temps à autre delivrée en bonnes especes selon la valuation de la monnoye du Pays, es mains du Commissaire des payemens que sadite Majesté trouvera bon d'establir, & faire resider au Pays d'Hollande, pour par apres estre par lui distribuée, selon les Ordonnances desdits Seigneurs Estats, & sur les roles des monstres de leurs Commissaires.

VIII. Lequel Commissaire sera aussi tenu de vuider ses mains sur les dictes Ordonnances des dicts Seigneurs Estats de trois en trois mois de tous les deniers qui luy seront restés des monstres non fournies ni complettes, & se contentera ledict Commissaire de *quinze cents livres* d'appoinctement par an, monnoye de Hollande pour toute pretention.

IX. Lesdictes levées de *six mil hommes* jouïront par tout & en tout des mesmes Franchises, libertés & benefices, que tous les autres Officiers & Soldats des Regiments des Subjects du Roy, qui sont presentement au service desdicts Seigneurs Estats.

X. Tous les Colonels, Lieutenants Colonels, Sergeants Majors, Capitaines & autres Officiers & Soldats desdites levées seront tenus de faire *serment de fidelité* es mains desdits Seigneurs Estats, du Gouverneur General & de tous autres qu'il appartiendra es mesmes formes, termes, & devoirs que tous autres Officiers & Soldats des Regiments de mesme Nation.

XI. Sa Majesté permettra aux dicts Seigneurs Etats de faire les dictes levées à la charge qu'elles seront par eulx restituées aprés que leur guerre sera finie par une bonne & ferme *Paix* ou *Tresve* de huict, dix, ou douze ans, en pareil nombre d'années qu'elles auront été par eulx receües, assavoir dans la premiere année de Paix ou de Tresve de huict, dix ou douze ans ils feront rendre à sa Majesté l'advance faicte la premiere année de cette Ligue, & ainsi suivant d'an en an jusques au plenier payement; pour l'asseurance duquel sera baillé à sadite Majesté un acte d'Obligation en forme, soubs le séel & signature desdits Seigneurs Estats.

XII. En recognoissance desquelles faveurs Royales lesdicts Seigneurs Estats s'obligent de secourir sa Majesté promtement d'an en an de *quatre mil hommes*, ou de leur solde, à l'option de sadite Majesté si à l'occasion de ce present Traicté, ou pour autre chose quelconque elle vient à estre aggressée de ses ennemis en ses Royaumes par Guerre ouverte.

XIII. Laquelle solde ils feront payer aux quatre termes de l'année, dans la Ville de *Londres*, dont aussi l'avance se fera de trois en trois mois, à commencer dés aussi-tost que sa Majesté aura esté notoirement assaillie, & aura fait sommer lesdits Seigneurs Estats de luy fournir lesdicts *quatre mille* hommes, ou l'argent pour en souldoyer, & payer un pareil nombre.

XIV. Et se fera cette assistence pareillement à la charge que sa Majesté promettra d'en faire la restitution ausdicts Seigneurs Estats aprés que la Guerre sera finie, aux mesmes termes, conditions, & advantages que lesdicts Seigneurs Estats la doibvent faire à sa Majesté.

XV. La presente Alliance durera pour le moins le terme de *deux ans*, à commencer du jour que lesdictes levées auront passé monstre generale de là la Mer, & par apres si longuement jusques à ce que sa Majesté ou lesdits Seigneurs Estats ensemble ou separement trouveront à propos d'entrer en nouvelles deliberations: au quel cas l'insinuation du *desdict* se debvra faire six mois devant que cette Alliance prenne fin.

XVI. Toutes lesquelles conventions & conditions de la presente Alliance de *Ligue Defensive* lesdicts Seigneurs Commissaires & Ambassadeurs promettent au nom de sa Majesté & Seigneurs Etats respectivement, d'accomplir & faire accomplir de bonne foy selon leur forme & teneur, mesmes de les faire ratifier si besoing est. En foy de quoy ils ont signé le present Traicté de leur seing ordinaire dans la Ville de *Londres*, & iceluy muny & confirmé par l'apposition de leurs Seaux le *cinquiesme* de *Juin*, *mil six cents vingt quatre*.

s'Ensuit la Copie des Commissions.

Copie de la Commission de sa Majesté.

JAcques par la Grace de Dieu, Roy de la *Grande Bretagne*, *France* & *Irlande*, &c. Defenseur de la Foy. A tous ceux qui ces presentes Lettres verront, *Salut*. Comme ainsi soit que depuis nostre avenement à cette Couronne d'Angleterre: Nous avons tousjours esté soigneux ensuivant les erres de la feüe Reyne nostre tres-chere Sœur d'heureuse memoire, non seulement d'entretenir la bonne amitié & intelligence, que nous y avons trouvée establie entre elle, & Messieurs les Estats Generaux des Provinces-Unies du Pays-bas, & entre les Subjects de part & d'autre, pour le bien, confort & utilité qui provient mutuellement aux uns & aux autres, de leur bonne & proche voisinance, mais aussi estreindre, & serrer de plus pres aux occasions le nœud de cette bonne correspondance avec lesdicts Seigneurs Estats Generaux, ainsi que nous avons fait à diverses fois tant par les bons offices & témoignages que de temps en temps leur avons donnés de nôtre bien-veuillance, que par les Traictés de confederation qui se sont passés entre nous & eulx; estant encore poussés de ce mesme desir, & prompte affection à embrasser toute occasion d'affermir & estreindre le lien de cette bonne intelligence entre nous & lesdits Seigneurs Estats, qui ont nouvellement envoyé leurs Ambassadeurs vers nous pour requerir nostre assistence, & à nous inviter à une confederation plus estroite que nous n'avons pas à present avec eulx. Nous avons volontiers presté l'oreille à leur instance, & consenti d'entrer en Traicté avec eulx tant pour renouveller les anciennes Alliances que nous avons avec leur Estat, que pour faire, & conclure une Ligue Defensive tant par Mer, que par Terre avec eulx: & estant besoing à cet effect d'employer de nostre part des personnes de la probité & suffisance requise pour avec lesdits Ambassadeurs & Commissaires desdicts Seigneurs Estats traicter & resoudre d'un affaire de telle importance, sçavoir faisons, Qu'ayans bonne cognoissance, & nous confians à plein en la loyauté, preud' hommie, experience

ANNO 1624.

ANNO 1624.

rience & suffisance de nos chers & bien aimés Cousins & Conseillers *George*, Duc de *Buckingam*, Grand Admiral d'Angleterre, *Jacques*, Marquis de *Hamilton*, nostre Grand-Maistre d'Hostel ; *Guillaume*, Comte de *Pembrock* nostre Chambellan ; & nos amés *Edoard Conwey*, Chevalier, un de nos premiers Secretaires d'Estat, & *Richard Weston*, Chevalier, Chancelier de nostre Eschecquier, tous de nostre Conseil d'Estat & Privé, nous avons pour ces causes iceulx commis, ordonnés & deputés, commettons, ordonnons & deputons, par ces presentes, leur avons donné & donnons Plein-pouvoir, authorité & commission de traiter, convenir & conclurre avec lesdits Ambassadeurs & Commissaires desdicts Seigneurs Estats (estans garnis de Pouvoir suffisant) d'une Confederation & Ligue *defensive* tant par Mer que par Terre entre nous & eulx, avec le renouvellement de nos anciennes Alliances tant pour la bonne observation, entretenement de *l'entrecours & Commerce* entre nos Peuples, que pour la *defence & conservation* mutuelle de nos Estats, & de faire à cette fin tout ce qu'ils verront estre expedient & necessaire, ainsi que nous mesmes faire pourrions, si presens en personne y estions : à quoy nous les authorisons par ces presentes, jaçoit que le cas requist mandement plus special, promettans en foy & parole de Roy, & soubs l'obligation de tous, & chacuns nos biens, presens, & advenir, d'avoir aggreable tenir ferme & stable, ce que par nosdicts Commissaires sera faict, promis & accordé en cet endroict, & le tout observer accomplir, & entretenir inviolablement, sans aller directement ou indirectement au contraire. En tesmoin de quoy nous avons signé ces presentes, & à icelles faict mettre & apposer nostre signet. Donné à nostre Cour à Theobals le quinziesme du mois d'Avril, mil six cents vingt quatre.

Copie de la Commission de Messieurs les Etats.

LEs Estats Generaux des Provinces-Unies du Pays-Bas, à tous ceulx qui ces presentes verront, Salut. Comme ainsi soit que pour le bien & service de nostre Republique, nous ayons besoing d'envoyer des Ambassadeurs vers le Roy de la Grande Bretagne, afin de deliberer, traicter & conclurre avec sa Majesté *une Alliance offensive ou defensive* seulement ; & aultres affaires qui se pourroient rencontrer pour l'advancement du service de sadite Majesté & de nos Provinces, & à cette fin pleynement informés de la suffisance, prudence, fidelité, & diligence des Sieurs *François d'Aerssen*, Chevalier, Sieur de Somelsdijck & Plate, &c. & *Albert Joachimi*, aussi Chevalier, Sieur à Ostende & Oedekenskercke, &c. Nous ayans faict élection de leurs personnes, pour de nôtre part & en nôtre nom, en qualité de nos Ambassadeurs extraordinaires joinctement avec le Sieur *Noël de Caron*, aussi Chevalier, Sieur de Schonewalle, nôtre Ambassadeur ordinaire, traitter avec sadite Majesté ou avecq ceulx qu'elle trouvera bon de commettre pour cette besoigne de ces, & pareilles matieres, & que pour faciliter leurs negotiations, afin de les conduire au dessein, & conclusion convenable, ils ayent besoing d'estre pourveus de nous de Plein-pouvoir, puissance, authorité, commission & mandement special, nous à ces causes desirants prevenir, & lever toute dispute qui se pourroit mouvoir sur la suffisance de leur creance & authorisation, leur donnons en vertu de ces presentes, & à chacun d'eulx en particulier, si par maladie d'aucun d'entre eulx, ou autrement ils estoyent d'avanture empeschés, à intervenir tous trois ensemble au Traicté, Plein-pouvoir de traicter, convenir, accorder & conclurre avec sa Majesté ou avec ceulx qui seront deputés de sa part, une *Ligue Offensive & Defensive* seulement, ou tel autre Traicté & Accord qu'ils adviseront par ensemblement utile au service de costé & d'autre, & de tout ce qui sera ainsi convenu & conclu faire ou passer tels Instruments, Contracts & Promesses, en telle bonne & deüe forme que besoing sera, & generalement faire en ce que dessus, & en ces circonstances & dependances tout ainsi que nous ferions, si presens en personne y estions, jaçoit que la chose requist mandement plus special, qu'il n'est contenu par ces presentes, par lesquelles nous promettons sincerement & de bonne foy, avoir aggreable, tenir ferme & stable à tousjours tout ce qui par eulx en cette qualité sera faict, promis, convenu, & accordé en cet endroict ; l'observer, l'accomplir, & entretenir inviolablement, sans jamais aller ny venir au contraire, directement ou indirectement, en quelque sorte & maniere que ce soit. Mais le tout devoir ratifier si besoing est & en passer Lettres & Instruments, en la meilleure forme que faire se pourra au contentement de sa Majesté. Faict à la Haye en nostre Assemblée soubs nostre grand Seel en cire rouge, Paraphé & soubs la Signation de nostre Greffier le neufiesme de Fevrier 1624. Estoit signé.

ANNO 1624.

Article Secret.

COmme il est porté au second Article de la *Ligue Defensive* faicte le *cinquiesme* de ce mois de *Juin*, entre les Seigneurs Commissaires du Roy de la Grande Bretagne, & les Ambassadeurs des Seigneurs Etats des Provinces-Unies des Pays-Bas, que lesdits Seigneurs Estats pourront faire lever aux Royaumes de sadite Majesté *six mil hommes* & iceluy nombre de temps en temps fournir & tenir complet sans qu'il y ayt expressement esté declaré *à la charge de qui, ne de quelle nature de deniers se feront les recreües necessaires à venir*, lesdits Seigneurs Commissaires & Ambassadeurs pour esclaircir iceluy Article, & doubte, entendent & ont convenu par resumption que toutes telles recreües qui ont accoustumé se faire par ordre, & aux despens desdits Seigneurs Estats au regard des aultres Regimens des Subjects de sadite Majesté, icelles se feront pareillement au regard de cette nouvelle levée de *six mil hommes*, & seront payés des deniers qui par le *huictiesme* Article de ladite Ligue resteront & procederont des monstres *non fournis ny complettes*, & dont le Commissaire aura vuidé ses mains sur les Ordonnances desdits Seigneurs Estats, si tant est qu'ils y pourront suffire aux frais desdictes recreües, pour tenir ladite levée de *six mil hommes* complette ; que sa Majesté fera de temps en temps advancer & prester tout ce qui en manquera, pour luy estre restitué aux mesmes termes, & conditions, que le prest general suivant l'*onziesme* Article.

Et pour expliquer plus pleinement l'*onziesme* Article auquel il est dit, *que pour l'asseurance de la restitution des advances faictes desbourser par sadite Majesté pour ladite levée, il sera baillé à sadite Majesté un Acte d'Obligation en forme soubs le seel & signature desdits Seigneurs Estats*; lesdits Seigneurs Commissaires & Ambassadeurs entendent leur intention avoir esté & estre que tel Acte d'Obligation sera depesché & delivré à la charge de chacune desdictes Provinces-Unies *separement, & in solidum* par lesdits Seigneurs Estats Generaux en Corps, au mesme stile & forme que fut l'Obligation du 16. Septemb. 1608. Ainsi faict & convenu en la Ville de Londres le 15. de Juin 1624. *Estoit signé*,

G. BUCKINGAM. J. HAMILTON.
ED. CONWEY.
RICHARD WESTON.
FRANÇOIS AERSSENS.
ALB. JOACHIMI.
NOEL DE CARON.

Plus haut au dessus des Signatures estoit cachetté du Cachet des Armes respectives desdits Seigneurs Commissaires & Ambassadeurs.

Obligation de leurs Hautes Puissances des Provinces-Unies en faveur du Roi d'Angleterre, & dont il est parlé dans le Traité.

LEs Estats Generaux des Provinces-Unies, comme aussi les Estats de *Gueldres* & Comté de *Zutphen*, de *Hollande* & *West-Frise*, de *Zeelande*, *d'Utrecht*, *de Frise*, *d'Over-Yssel*, & de la Ville de Groeningen & Ommelanden. A tous ceux qui ces presentes verront, *Salut.* Comme ainsi soit que par le Traicté faict entre les Seigneurs Commissaires du Serenissime Roy de Grande Bretagne, France & Yrlande, à ce par sa Majesté specialement commis, Assavoir les Illustres & Excellents Seigneurs, *George Duc de Buckingam*, Grand Admiral d'Angleterre, *Jaques Marquis de Hamilton*, Grand Maistre de l'Hostel du-dit Roy, *Guillaume Comté de Pembroock*, Chambellan dudit Hostel, & Messire *Edwart Conwey*, un de ses premiers Secretaires d'Estat, *Richard Weston*, Chancelier de son Eschiquier, Chevaliers, tous & chacun d'eux de son Conseil d'Estat &

ANNO 1624.

& privé d'une part, & les Seigneurs *François d'Aerssen*, Chevalier, Sieur de Sommelsdijck & de la Plate, &c. *Albert Joachimi* Chevalier, Sieur à Ostende, Odekenskercke, &c. & *Noël de Caron* Chevalier, Sieur de Schonewalle, &c. Nos Ambassadeurs Extraordinaires & Ordinaires d'autre part, le 5. de Juin dernier *Stilo veteri*, il a esté traicté, convenu & promis & l'onziesme Article dudit Traicté, aussi par l'explication dudit Article faicte le 16. dudit mois de Juin par un autre particulier Traicté, *que pour l'asseurance de la restitution des avances faictes desbourser par sadite Majesté pour la levée, entretenement & recreües de six mille Soldats à pied, il sera baillé à sadite Majesté un Acte d'obligation en forme soubs les Seaux & Signatures de nous en Corps, & de chascune desdites Provinces-Unies separement &* in solidum *en mesme stile & forme que fust l'Obligation du 17. de Septemb.* 1608. Si est-il, que pour satisfaire de nostre part au contenu d'iceluy onziesme Article, & de l'explication ensuivie, Nous avons tant en general chascun de nous en particulier promis & asseuré, promettons, & asseurons par la presente de restituer & faire restituer au Roy ou à ses Ministres, à ses hoirs & successeurs, ou à leurs Ministres, toutes avances & deniers, qui se debourseront & auront esté debourses par sa Majesté pour ladite levée, & distribuées par le Commissaire des payements estabii, sur nos Ordonnances & les Rolles de Monstres de nos Commissaires suivant le contenu du 7. Article dudit Traicté, Obligeans à ceste fin toutes les Provinces-Unies & chacune d'icelles *in solidum* toutes les Villes & Subjects d'icelles, tant en general qu'en particulier nous & leurs personnes & tous & quelconques, nos & leurs biens, meubles & immeubles, presens & advenir, nuls d'eux exceptés, Renonceants pour cet effect par ceste expressement & *in vim pacti* à tous & quelconques Privileges, exceptions & benefices de droict, *non numeratæ pecuniæ, non facti aut celebrati contractus, rei non gestæ, doli mali, fraudis, Privilegii fori*, (lesquels nous tenons icy pour inserés) qui en aucune maniere pourroyent deroguer, & prejudicier à ces presentes, mesmes au benefice, disant, *Que la générale rénonciation ne vault, si la speciale ne precede.* Le tout sans fraude & malengien, en témoin de quoy nous lesdits Estats Generaux, & nous les Estats de Gueldres, & Comté de Zutphen, de Hollande & Westfrise, de Zeelande, d'Utrecht, de Frise, d'Overyssel, & de la Ville de Groeningen & Ommelanden, avons faict seeler la presente de nos grands Seaulx, & signé de nostre Greffier & Secretaires respectivement, & nous les Estats Generaux le dix-septiesme d'Octobre seize cens vingt & quatre, estoit Paraphé *Nicolaes vander Bouchorst* vt. sur le pli estoit escript par Ordonnance desdits Seigneurs Estats Generaux, & signé *J. van Goch*. Par Ordonnance des Sieurs Estats de la Duché de Gueldres & Comté de Zutphen, signé *J. Sluysken*. Par Ordonnance des Sieurs Estats de la Comté d'Hollande & Westfrise le 4. Novemb. 1641. signé *C. vander Wolf*. Par Ordonnance de Messeigneurs les Etats de Zeelande, signé *J. Boreel*. Par Ordonnance de Messeigneurs les Estats de la Province d'Utrecht, le 12/22 d'Avril 1625. signé *Ant. van Hilten*. Par Ordonnance de Messeigneurs les Estats de Frise, le 26. Avril 1625. signé *A. Aisma*. Par Ordonnance des Sieurs Estats d'Overyssel, le 2. May l'an 1625. signé *Roelinck*. Par Ordonnance de Messeigneurs les Estats de la Ville de Groeningue & Ommelande, le 28. d'Avril l'an 1625. signé *Essinge*.

CCLIV.

5. Juin. ANGLETERRE ET LES PROVINCES-UNIES.

Traité entre Louis XIII. *Roi de France, & les Etats des* Provinces Unies *des Païs-Bas, qui porte que le dit Roi fournira ausdits Etats par prêt, douze cent mille livres pour l'année* 1624. *& pour les années* 1625. *&* 1626. *en chacune un million de livres. Fait à Compiégne le* 10. *Juin* 1624. [Frederic Leonard, Tom. V. Aitzema, Affaires d'Etat & de Guerre. Tom. I. pag. 708. Wicquefort, Hist. des Provinces-Unies, aux Preuves du Liv. III. pag 624]

COMME ainsi soit que tres-haut, tres-puissant, & tres-excellent Prince Louis XIII. par la grace de Dieu Roi T. C. de France & de Navarre, ayant cidevant esté prié & requis par ses tres-chers & bons Amis, Alliez & Confederez, Messieurs les Etats Generaux des Provinces-Unies des Païs-Bas, de les vouloir assister, sur ce qu'ils auroient fait representer à Sa Majesté par leurs Ambassadeurs l'état de leurs affaires, avec les consequences tres-dangereuses qui en peuvent arriver au préjudice du general de la Chrétienté, & de ceux mêmes qui penseroient en profiter, Sadite Majesté desirant témoigner ausdits Sieurs les Etats, ses treschers & bons Amis, la souvenance qu'elle veut avoir de la bonne volonté que le feu Roi Henry le Grand son tres-honoré Seigneur & Pere, que Dieu absolve, leur a souvent fait paroître pour le bien, repos & avantage, & continuer la sienne à son imitation attendant que Sadite Majesté puisse par effet asseurer la tranquillité publique & particulierement celle des Païs-Bas; tres-importante à la manutention de la Paix de la Chrétienté toûjours desirée & affectionnée par Sadite Majesté, comme doit faire un Roi Tres-Chrétien, tel que Dieu l'a constitué. Sadite Majesté a nommé, choisi & deputé Monsieur le Duc de Lesdiguieres Pair & Connestable de France, & les Sieurs Marquis de la Vieuville Chevalier des Ordres de Sa Majesté, Conseiller en son Conseil d'Etat, Maréchal de ses Camps & Armées, l'un de ses Lieutenans generaux au Gouvernement de Champagne, & Sur-Intendant des Finances, & de Bullion, Sieur de Bonnelles, Conseiller en sesdits Conseils d'Etat & Finances. Pour avec les Sieurs Henry d'Essen Conseiller de Gueldre & Zutphen, & Nicolas de Bouchorst Sieur de Noortwick, & Adrian Paw Chevalier, Sieur de Hemstede, Gedeon de Boetzelaer & d'Asperen, Seigneur & Baron de Langueracк & du Saint Empire, au nom & en qualité d'Ambassadeurs extraordinaires de Messieurs les Etats Generaux des Provinces-Unies des Païs-Bas, aviser & traiter des moyens plus convenables à cet effet, lesquels reciproquement en vertu des Pouvoirs à eux donnez, dont copie sera inseré en fin des Presentes, & ont aprés plusieurs Conferences convenu & arresté les Articles qui ensuivent. ANNO 1624.

Premierement.

Que Sadite Majesté fera fournir ausdits Etats Generaux par prest, dans la presente année 1624. douze cent mille livres, & pour les années 1625. & 1626. en chacune d'icelles un million de livres, lesquelles sommes seront fournies en chacune année ausdits Sieurs les Etats, en la Ville d'Amsterdam és mains de Pierre Real Receveur de la Province d'Hollande à la fin du mois de Juin, & le reste dans le mois d'Octobre ensuivant.

II. Lesdits Sieurs les Etats s'obligeront aussi en bonne & deuë forme de rembourser les susdites sommes à sa Majesté ou à ses Successeurs Rois, trois ans aprés qu'ils seront en Tréve ou en Paix, & ledit remboursement de chacune année du prest se fera par eux en deux années, & ce aprés les trois années de la Paix ou Tréve faite, sçavoir la premiere de prest en deux années, la deuxiéme en deux autres, faisant le tout en neuf années du jour de la Paix ou Tréve.

III. Le Roi n'ayant autre but que l'union & le repos de la Chrétienté, lesdits Etats promettront avoir tout l'égard que leur seureté leur pourra permêttre aux Conseils qu'il plaira à Sa Majesté leur donner sur ce sujet & s'obligeront de bonne foi, de ne faire Tréve ni Paix avec qui que ce soit sans l'avis & intervention de Sadite Majesté.

IV. Secoureront de leur part Sa Majesté en cas qu'elle en ait besoin & qu'elle soit en Guerre, de la moitié des sommes portées par le premier Article cidessus & aux termes & conditions portées en icelui, ou bien d'hommes & Vaisseaux jusques à la concurrence dudit prêt au choix du Roi, & au même prix de leur solde ordinaire, & ce en temps de Paix ou Tréve, & s'ils sont en Guerre autant que la seureté de leur Etat le pourra permettre.

V. Quant au Trafic des Indes Orientales & Occidentales, en sera traité sur les lieux par l'Ambassadeur de Sa Majesté, selon les Memoires & Instructions qui lui seront baillées à cet effet.

VI. Lesdits Sieurs les Etats conviendront avec Sa Majesté dans six mois pour garentir les Mers de Ponant, contre les incursions & depredations de ceux d'Alger & de Thunis, & cependant où il se trouvera és Ports desdits Sieurs les Etats aucuns Vaisseaux de Marchandises Françoises, qui auront esté depredées par lesdits Corsaires d'Alger, ou de Thunis, en la Mer de Ponant

nant lesdits Sieurs les Etats les feront restituer à la premiere instance qui leur en sera faite, soit par l'Ambassadeur ou les Marchands ses Sujets qui les reclameront.

VII. Lesdits Sieurs les Etats donneront ordre que les plaintes des Sujets du Roi soient terminées dans trois mois au plus tard par les Conseillers de l'Admirauté, aprés que l'Ambassadeur de Sa Majesté ou autre de sa part aura esté oüi, lesquels ne pourront avoir aucune part ni profit dans les Navires de Guerre, ni és prises qu'ils auront à juger.

Et au cas que l'une desdites Parties demande revision du Jugement donné par lesdits Conseillers, lesdits Etats commettront des Commissaires qualifiez & nullement interessez, pour en juger en dernier ressort avec les Conseillers de l'Admirauté, & cependant lesdites prises demeureront en bonne & seure garde, sans qu'il en puisse estre fait aucune vente, si ce n'est aprés avoir esté convenu avec ledit Ambassadeur du temps d'icelle, ce que pareillement Sa Majesté accorde pour les Sujets desdits Sieurs les Etats pour tous les cas dessus dits.

VIII. Quant à la nomination aux Charges de Colonels, Capitaines & autres Officiers des Regimens François, en sera usé à la maniere accoûtumée.

IX. Si le Roi a besoin de Vaisseaux de trois à quatre cent tonneaux équipez en Guerre, lesdits Sieurs Etats en feront fournir, soit par achapt ou par loüage à prix raisonnable.

X. Si Sa Majesté estant en Guerre avoit besoin de rappeller les Regimens François qui sont en Hollande, seront lesdits Sieurs Etats tenus de les faire conduire à Calais ou Dieppe, pourveu toutesfois que lesdits Sieurs les Etats soient en Paix ou en Tréve.

XI. Le Droit d'Aubeine cessera reciproquement pour les Sujets de Sa Majesté & des Provinces-Unies, & main levée sera donnée de part & d'autre d'executer les saisies faites au contraire.

XII. Et sur ce que lesdits Ambassadeurs auroient fait quelques propositions sur le fait de la Navigation, Trafic & Commerce à l'avantage des Sujets de Sa Majesté & desdits Sieurs les Etats, en sera traité particulierement par l'Ambassadeur de Sadite Majesté, & cependant la liberté de ladite Navigation & Commerce aura lieu de part & d'autre.

XIII. Lesquels Articles & Traitez pour les susdites trois années si tant la Guerre dure, seront ratifiez bien & deuëment par lesdits Sieurs les Etats Generaux dans deux mois du jour & datte des Presentes, & iceux avec la Ratification presentez à Sa Majesté par leur Ambassadeur extraordinaire & Resident prés icelle, pour estre pareillement lesdits Articles & Traitez ratifiez par Sadite Majesté quinze jours aprés & délivrez ausdits Sieurs les Etats.

(1) *Ensuit la teneur du* Pouvoir *desdits Sieurs Commissaires de sa Majesté.*

LOUIS par la grace de Dieu Roy de France & de Navarre, à nostre tres-cher & tres-amé Cousin le *Duc de Lesdiguieres*, Pair & Connestable de France, & aux Sieurs *Marquis de la Vienville*, Chevalier de nos Ordres, Conseiller en nostre Conseil d'Estat, Mareschal de nos Camps & Armées, l'un de nos Lieutenans Generaux au Gouvernement de Champaigne, & Sur-Intendant de nos Finances, & *de Bullion* Sieur de Bonnelles, aussi Conseiller en nosdits Conseils d'Estat & Finances. Salut. Ayans consideré combien soigneusement le feu Roy nostre tres-honnoré Seigneur & Pere, que Dieu absolve, a conservé de son vivant la bonne Alliance & Confederation qu'il avoit contracté avec les Sieurs les Estats Generaux des Provinces-Unies des Païs-Bas, par plusieurs Traictés faits avec eux que nous avons confirmé depuis nostre advenement à la Couronne par nos Lettres de declaration du 20. Juin 1610. Et comme il les a *volontairement* assistés & liberalement secourus lors qu'ils en ont eu besoing pour se conserver & garentir d'oppression jusques au temps de la Tresve pour laquelle il contribua mesme son *entremise*, afin de procurer la Paix non seulement auxdicts Pays-bas, mais aussi à toute la Chrestienté. Et voulant suivre en cela les bonnes & saintes instructions de nostre dict feu Seigneur & Pere, nous avons jugé raisonnable de recevoir benignement les Ambassadeurs qui nous sont venus trouver de leur part, pour nous representer l'estat de leurs affaires & de les assister en ce qui dependra de nous, soit pour les maintenir & conserver, ou pour leur procurer, si faire se peut, une bonne & asseurée Paix & à toute la Chrestienté, comme il est du devoir d'un *Prince tres Chrestien & Fils aisné de l'Eglise*. Et parce qu'il est necessaire de commettre quelques personnes capables & experimentées de nostre Conseil pour entendre particulierement les Ambassadeurs desdits Sieurs les Estats, ce qu'ils ont charge de nous dire & representer, & ce qu'ils desirent de nous pour leurs *secours & conservation*, & à ce qu'ils en puissent convenir avec eux, & que nous n'y pouvons employer personnes qui s'en acquittent mieux & plus dignement & fidelement que vous qui avez une particuliere cognoissance de nos plus importans & serieux affaires : Nous pour ces causes & autres à ce nous mouvans, & pour l'entiere confiance que nous avons en vous, vous avons commis & deputez, commettons & deputons par ces presentes signées de nostre main avec pouvoir que nous vous donnons de vous assembler avec lesdits Ambassadeurs aux jours & lieux que vous adviserés pour voir & entendre les propositions qu'ils ont charge de nous faire, les examiner avec eux, & sur chascune d'icelles, & des Articles qu'ils vous representeront y prendre les resolutions & faire les responses que vous jugerés en vos loyautés & consciences estre raisonnables & aux plus advantageuses conditions pour nostre service que vous pourrés obtenir, & de tout ce qui sera traicté & convenu entre vous, faire ou passer tels Actes, Instruments, Contracts & Promesses en bonne & autentique forme que besoin sera : Et nous obliger & nos Successeurs Rois pour le payement & entretenement des choses promises aux termes que vous adviserez estre pour le mieux, & generalement faire en ce que dessus, ses circonstances & dependances, ce que nous ferions & faire pourrions si present en personne y estions, jaçoit que le cas requist Mandement plus special qu'il n'est contenu en ces dites presentes. Par lesquelles nous promettons en bonne foy & parole de Roy d'avoir pour agreable & tenir ferme & stable à tousjours tout ce que par vous sera fait, procuré, promis, & accordé en cet endroict, & le tout confirmer, approuver, & ratifier toutes & quantes fois que requis en serons, l'observer, accomplir, & entretenir de point en point sans jamais aller au contraire, directement ou indirectement, en quelque sorte & maniere que ce soit. De ce faire nous avons donné & donnons plein pouvoir, authorité, commission, & mandement special. Car tel est nostre plaisir. Donné à *Compiegne* le 18. jour d'Avril, 1624. Et de nostre Regne le 14. *Signé* LOUIS. *Et plus-bas*, Par le Roy, POITIER. Et seelé sur simple sceel de cire jaune.

Ensuit la teneur de la Procuration desdits Sieurs Ambassadeurs des Provinces-Unies.

LES Estats Generaux des Provinces-Unies du Païs-bas, A tous ceux qui ces presentes Lettres verront, *Salut*. Comme ainsi soit que pour le bien & service de nostre *Republique* nous ayons besoin d'envoyer des Ambassadeurs vers le Roy Tres-Chrestien, afin de deliberer, traicter, & conclurre avec sa Majesté une Alliance *Offensive & Defensive*, ou *Defensive* seulement, & autres affaires qui se pourront rencontrer pour l'advancement du service de sadite Majesté & de nos Provinces : Et à ceste fin pleinement informés de la suffisance, prudence, fidelité, & diligence des Sieurs *Henry d'Essen*, Conseiller de *Gueldres & Zutphen*; *Nicolas de Boeckhorst*, Sieur de *Noortwijck*; & *Adrian Paeu*, Chevalier, Sieur de *Heemstede*; Nous avons fait élection de leurs personnes, pour de nostre part & en nostre nom & qualité de nos Ambassadeurs extraordinaires joinctement avec le Sieur *de Langerac* nostre Ambassadeur ordinaire, traicter avec sadite Majesté ou avec ceux qu'elle trouvera bon de commettre pour cette besoigne de ces & pareilles matieres. Et que pour faciliter leurs Negotiations à fin de les conduire au dessein & conclusion ils ayent besoing d'estre pourveus de Nous de Pleinpouvoir, Puissance, Authorité, Commission, & Mandement special, nous à ces causes desirans prevenir & lever toute dispute, qui se pourroit mouvoir sur la suffisance de leur Creance & Authorisation, leur donnons en vertu de ces presentes & à chacun d'eux en particulier (si par maladie d'aucun d'entre eux ou aultrement ils estoient d'avanture empeschés d'intervenir tous trois ensemble au

Traicté)

(1) Ce qui suit, jusques à la fin de ce Traité, ne se trouve point dans LEONARD, & a eté tiré d'AITZEMA.

ANNO 1624.

Traicté) plein pouvoir de traicter, convenir, accorder, & conclurre avec sa Majesté ou avec ceux qui seront deputés de sa part, une Ligue *Offensive & Defensive*, *ou Defensive* seulement, ou tel autre Traicté & Accord qu'ils aviseront par ensemble utile au service de costé & d'autre. Et de tout ce qui sera ainsi convenu & conclu, faire ou passer tel ou tels Instrumens, Contracts & Promesses en telle bonne & deuë forme que besoin sera, & generalement faire en ce que dessus & en ses circonstances & dependances tout ainsi que nous ferions ou faire pourrions, si presens en personne y estions, jaçoit que la chose requist mandement plus special, qu'il n'est contenu par ces presentes, par lesquelles nous promettons sincerement & de bonne foy avoir agreable, tenir ferme & stable à tousjours tout ce que par eux en ceste qualité sera fait, procuré, promis, convenu & accordé en cest endroict, l'observer, l'accomplir & entretenir inviolablement, sans jamais aller ny venir au contraire directement ou indirectement en quelque sorte & maniere que ce soit: mais le tout devoir ratifier, si besoin est & en passer Lettres & Instrumens en la meilleure forme que faire se pourra au contentement de sa Majesté. Faict à la Haye en nostre Assemblée soubs nostre grand Seel en Cire rouge, Paraphé & soubs la signature de nostre Greffier, le 18. Mars 1624. Etant Paraphé HENRY TER CUYLEN *vidit*, *& sur le reply* par Ordonnance desdits Sieurs Estats Generaux, *signé* J. VAN GOCH, seellé du grand seel desdits Sieurs Estats en Cire rouge pendant en queuë de soye blanche.

En foy de quoy nous susdits Commissaires & Ambassadeurs subsignés avons esdits noms signé les presentes de nos seings ordinaires & à icelles fait apposer le Cachet de nos Armes, à *Compiegne* ce jourd'huy 10. Juin, 1624. Signé de *Lesdiguieres*, *la Vieuville*, *Bullion*, *Henry d'Essen*, *Nicolas de Bouchorst*, *Adriaen Pau*, *G. de Boetfeler & d'Asperen*. Plus bas au dessoubs les signatures estoit cacheté des Cachets des Armes respectivement desdits Sieurs Commissaires & Ambassadeurs.

Article particulier arresté entre lesdits Sieurs Commissaires & Ambassadeurs.

SA Majesté ayant expressement desiré que *l'exercice de la Religion Catholique* fut libre à ses Subjects, lesdits Sieurs Ambassadeurs ont declaré, qu'en la maison de l'Ambassadeur de sa Majesté l'exercice de sa Religion sera permis à tels Chefs, Officiers de Guerre, Soldats & autres François qui s'y voudront trouver; sans que les *Subjects desdits Messieurs les Etats* y puissent estre compris.

Pour l'observation duquel present Article lesdits Sieurs Ambassadeurs ont promis de le faire ratifier en bonne & deüe forme par lesdits Sieurs les Estats Generaux dans *deux mois* du jour & date des presentes & en faire presenter la Ratification à sa Majesté dans ledit temps conjoinctement & separement avec celle des autres Articles qu'ils ont arresté à *Compiegne* le 18. Juin 1624. Estoit signé *Lesdiguieres*, *la Vieuville*, *Bullion*, *H: van Essen*, *Nicolas de Bouchorst*, *Adriaen Pau*, *G. de Boetfeler*. Plus bas au dessoubs des signatures estoit cacheté des Cachets d'Armes respectives desdits Commissaires & Ambassadeurs.

A esté convenu & accordé entre Messieurs les Commissaires du Roy, & Messieurs les Ambassadeurs extraordinaires des Estats Generaux des Provinces-Unies des Pays-bas, que sur le prest, que sa Majesté leur a accordé pendant la presente année & celles de 1625. & 1626. seront reservées *trente huict mil* livres par chaque année, pour estre payé par lesdits Sieurs Estats aux Chefs & Officiers de gens de guerre François, qui sont en leur service, selon l'Estat qui en est dressé, à condition expresse que lesdits Sieurs Estats ne seront tenus de rembourser les dites sommes montans à *cent quatorse mil* livres en trois années, dont dès à present sadite Majesté les quitte & descharge. Fait & arresté à Compiegne le 10. Juin 1624. Estoit signé *Lesdiguieres*, *Ch. Vieuville*, *Bullion*. *H. van Essen*, *Nicolas de Bouchorst*, *Adrian Paeuw*, *G. de Boetfeler*. Plus bas au dessoubs les signatures desdits Commissaires estoit mis le Cachet d'Armes de Monsieur le *Duc d'Esdiguieres*; & soubs celles desdits Sieurs Ambassadeurs le Cachet d'Armes de *Monsieur d'Essen*.

Aggreation de Messieurs les Estats Generaux du Traicté precedent.

LES Estats Generaux des Provinces-Unies des Pays-bas, à tous ceux qui ces presentes verront, *Salut*. Comme ainsi soit que le 10. jour de Juin, l'an 1624. un Traicté d'Alliance, & Ligue defensive ait esté fait & accordé à *Compiegne* entre les Sieurs Commissaires du Roy tres-Chrestien de *France* & de *Navarre*, & les Ambassadeurs par Nous envoyés à sadite Majesté dont la teneur s'ensuit.

Comme ainsi soit que le Tres-haut, Tres-puissant, & Tres-excellent Prince Louis XIII. par la grace de Dieu Roy Tres-Chrestien de France & de Navarre, Ayant cy-devant, &c.

Nous ayans ledit Traicté agréable en tous & chacuns ses Points avec les Articles particuliers y adjoints avons iceux Points & Articles en general & en particulier acceptés, approuvés, ratifiés & confirmés, les acceptons, approuvons, ratifions, & confirmons par ces presentes, promettans les garder, entretenir, & observer inviolablement, sans aller ny venir au contraire directement ou indirectement en quelque sorte & maniere que ce soit, soubs l'obligation & hypotheque de tous les biens & revenus des Provinces-Unies en general & particulier, presens & à venir: En témoing de quoy nous avons fait seeller ces presentes de nostre grand seel, parapher & signer par nostre Greffier. A la *Haye* le 12. de Juillet 1624. Estoit Paraphé, J. V. BROUCHOVEN, *vt. Soubscript* par Ordonnance desdits Sieurs Estats Generaux. *Signé* J. VAN GOCH. Et sellé du grand Seel desdits Sieurs Estats en cire rouge pendant en queuë de soye blanche.

Aggreation du Roi Tres-Chrestien du Traicté précédent.

LOUIS par la grâce de Dieu, Roy de *France* & de *Navarre*, à tous ceux qui ces presentes Lettres verront, *Salut*. Les Commissaires par nous deputés; & ceux de nos tres-chers & grands Amis les Sieurs Estats Generaux des Provinces-Unies du Pays bas, ayans en vertu des Pouvoirs respectivement donnés, resolu & arresté en nostre nom & desdits Sieurs les Estats Generaux à *Compiegne* le 10. jour de Juin, aussi dernier le Traicté & Articles d'Alliance & Confederation qui ensuivent.

Comme ainsi soit, &c.

LEQUEL susdit Traicté & Articles ayants esté approuvés, confirmés & ratifiés par lesdits Sieurs Estats à la *Haye*, le 12. Juillet ensuivant: Nous aprés avoir fait voir le tout à nostre Conseil pour satisfaire à ce qui est requis de nostre part pour ce subject avons iceluy agreable en touts & chascuns ses Points & Articles qui y sont contenus & declarés, & iceux en general & particulier tant pour nous que pour nos Heritiers, Successeurs, Royaumes, Pays, Terres, Seigneuries, & Subjects, acceptés, approuvés, ratifiés & confirmés, acceptons, approuvons, ratifions, & confirmons, & le tout promettons en foy & parole de Roy, & soubs l'Obligation & Hypotheque de tous & chascuns nos biens presens & advenir garder, observer & entretenir inviolablement, sans jamais aller ny venir au contraire directement ny indirectement en quelque sorte & maniere que ce soit, car tel est nostre plaisir. En tesmoing de quoy nous avons signé ces presentes de nostre propre main, & à icelle fait mettre & apposer nostre seel. Donné à St. Germain en Laye le 4. jour de Sept. l'an de grace 1624. Et de nostre Regne le 15. *Estoit signé*, LOUIS. Plus bas, par le Roy, & *signé* POTIER.

CCLV.

EDICTUM *Cæsareum de ejiciendis ex Austriâ supra Onasum* Lutheranis *Concionatoribus & Ludimagistris*, *infrà proximos octo dies post publicationem hujus*. Accèdit *aliud* EDICTUM *Magistratûs Viennensis contrà eos*, *qui ad* Lutheranæ *Religionis Exercitium ex Urbe. exibant. Datum Viennæ 9. Septembris* 1624. [JULII BELLI Laurea Austriaca Lib. IX. pag. 707.] 9. Sept.

CUM omnibus satis superque notum sit, quo pacto maxima pars Trium Ordinum, Virorum Illustrium, Equitum, & Civitatum Archiducatus Austriæ supra Onasum, nulla ipsis data occasione, graviter deliquerint,

ANNO 1624.

liquerint, & in nupera Hæreditariorum Regnorum, ac Provinciarum suæ Cæs. Majestatis rebellione omnis generis Hostilitates sumptis armis, & motibus bellicis excitatis, contra naturalem, & Hæreditarium suum Dominum ac Principem exercere non sint veriti imprimis autem fidem ipsi dare neglectis Amplissimis Legationibus, patheticis admonitionibus, & exhortationibus, præfracte & proterve detrectarint : jus administrandi Provinciam de facto usurparint: manus in publicum Ærarium, & Vectigalia Principis injecerint : varia in præjudicium supremi sui Domini Typis evulgarint : Fœdera illicita, in & extra Provinciam cum rebellibus, & hostibus iniverint : Edicta, & Mandata pro arbitrio publicarint : Itinera, Domos, & Arces occuparint: Infra Onasum Rappolltenii præsidium imposuerint : Melckam, Deo dicatam domum obsederint, & tormentis quassarint : Ibisium diripuerint : multas Ædes parochiales expilarint : rebellibus Boemis, & Moravis, ut Copiis Cæsareis tanto melius resistere, imo illas oppugnare possent, Legionem ter mille Peditum, & aliquot alas Equitum tradiderint : quibusdam rebellibus Ordinibus infra Onasum permiserint, ut aperte militem conscriberent : arma, pecuniam, hospitia, & diripitoria in Provincia illis concesserint, magnam pecuniæ summam contra suam Cæs. Majestatem commodaverint : rebellibus in Boëmia Commeatum & Annonam militarem submiserint : à Principe Transsilvaniæ auxilium, & militem contra Cæsarem petierint, eumque instigarint, ut Regnum Hungariæ, & Styriam, suæ Majestatis Provinciam Hæreditariam, occuparet: Legatos ad Hungaricam electionem miserint : Electo putativo, sicut, & ante novo Regi in Boemia gratulati sint : in omnibus rebellium Consultationibus Pragæ, Posonii, Prunnæ, Hornæ, Rezæ, Newensolii, & alibi Legatos habuerint : Cum Fœderatis Oratorem ad Turcicam Portam miserint: integrum Ordinem in Archiducatu supra Onasum extirparint, imo alium Dominum sibi adsciscere conati sint: Quod non tantum in suæ Cæs. Majestatis totiusque inclytæ Domus Austriacæ, sed etiam omnium Vicinorum Electorum, Principum, & Provinciarum, cum magna ipsorum inquietudine, sumptibus, curis, & molestiis, nec non totius Rom. Imperii, cum summa perturbatione, multorum millium Christianorum cæde, & pernicie, & universi Orbis Christiani periculosa concussione, vastatione, & ruina, detrimentum verterit : ob quam causam in pœnam læsæ Majestatis, & amissionis omnium Privilegiorum, vitæ, ac fortunarum incurrerint, Cæsarem ad conservandum sibi à Deo demandatum Archiducatum supra Onasum, & tuendam inclytæ Domus Austriacæ dignitatem, & existimationem commotum fuisse, ut Illustrissimo, & Celsissimo Principi Maximiliano Comiti Palatino ad Rhenum Duci superioris, & inferioris Bavariæ S. Rom. Imp. Archidapifero dilecto suo Cognato, affini, & Electori mandata dederit, & eum jusserit, pervicaces illos refractarios subigere, & ad obedientiam sibi debitam reducere, quod etiam ipse Elector, & Dux Bavariæ perfecerit, & exsequutus sit.

Ad hæc non obscurum esse supradictæ rebellionis, & contumaciæ, non postremam causam fuisse Concionatores, qui hinc inde in Provincia calumniosis, & seditiosis suis Concionibus Populum excitaverint, & animos Auditorum contra suum Magistratum exacerbarint : à quibus tribunitiis Concionibus nec dum sibi temperent, sed audacter, & perfracte sacram, & salutiferam Religionem exagitare, sugillare, & traducere non cessent.

Quoniam igitur Officii, & Conscientiæ ratione Cæsar hujusmodi auctores, & incentores turbarum in Hæreditaria sua Provincia, & Archiducatu supra Onasum diutius tolerare, nec si id faceret, ejus rationem Deo reddere possit : suam Cæs: Majestatem gravibus de causis ad stabiliendum tutum, quietum, & firmum regimen omnes, & singulos supradictos Concionatores ex tota Provincia super Onasum ejicere, & Religionis ipsorum exercitium prorsus abrogare, & interdicere constituisse.

In quem finem suam Cæs: Majestatem omnibus, & singulis Provinciæ incolis, cujuscunque dignitatis, status, & conditionis sint, apud quos supradicti Concionatores, sive in Arcibus, Urbibus, Oppidis, Pagis, sive in agris, & villis commorentur, injungere, & serio mandare, ut intra proximos octo dies post publicatum generale Decretum, omnes, & singulos Concionatores, eorumque Ludi Magistros dimittant: qui etiam confestim cum suis facultatibus, certo, & infallibiliter ex Provincia migrabunt, neque unquam in eam sub pœna carceris, aliisque indeprecabilib: pœnis revertentur. Quod siquis ex Incolis ullum Concionatorem, aut Ludi Magistrum ultra constitutum terminum apud se detineat, illustri Viro Adamo Comiti ab Hebersdorff suæ Cæs. Majestatis dilecto, & fideli Consiliario, & Cubiculario, nec non Electoris Bavariæ Equitum Tribuno, atque hoc tempore Lintzii Præfecto, plenam Potestatem datam, quæ etiam hoc publico Diplomate ex Cæsareæ, & Archiducalis Potestatis plenitudine, & certa scientia ipsi detur, ut hoc mandatum omni obsequio observandum curet, & eos, qui ei non paruerint, nec Concionatores, & Ludimagistros dimiserint, aut vel minimum contra illud Mandatum tentaverint, pro re comperta, & qualitate delicti, aliis in horrorem, & exemplum, nullius Personæ habita ratione, vitæ, & fortunarum pœna afficiat. Quod unusquisque sibi dictum putet.

Quoniam etiam multi Cives, Opifices, & Opificum Servi, atque Incolæ aliquanto jam tempore Vienna Hornalsiam ad Lutheranæ Religionis exercitium cum non exigua Catholicorum ægrimonia exiverunt : Senatus Viennensis, ut hoc prohiberet, sequens Mandatum publicandum, & affigendum curavit : Consulem, & Senatum Viennensem omnibus notum facere, quandoquidem sibi fidei atque officii ratione incumbat, commune Civium emolumentum, ac commodum promovere, & quantum possint illud avertere, & cavere, quod Reipubl. noxam, & detrimentum affert, & pacem, atque incolumitatem ejus impedit, se cum singulari commiseratione ad animum revocasse, & attente considerasse, quo pacto non tantum Urbs, Cives, atque Incolæ horrenda seditione, & rebellione quorumdam Subditorum & Clientum S. Cæs. Majestatis, ejusdemque Hungariæ, & Boemiæ Regis, & Archiducis Austriæ, &c. Domini sui Clementissimi in ipsius Regnis, & Provinciis Hæreditariis, vastatis agris, & quæ inde sequuta est, annonæ caritate, irreparabile damnum acceperint, & omnes ii qui cum uxoribus, & liberis in hanc Urbem confugerint, imprimis autem Cæsar ipse, & amplissimi ejus Consiliarii cum suis in præsenti periculo constituti, & sola Dei providentia, à pravis hostium machinationibus conservati fuerint : sed etiam in specie coitiones, violentæ expeditiones, subscriptiones, legationes, electiones, & actiones à supradictis turbis dependentes à Civibus Religionem Catholicam aversantibus, contra jusjurandum, quod ipsi præstiterant sub specie Evangelici exercitii, & audiendarum Concionum susceptæ, & institutæ sint: unde non habita nocentum ratione semper fidi, atque obsequentes Catholici Cives variis modis magnam jacturam passi, cum suspiciones, vindicationes, atque omnis generis onera, exactiones, præsidii impositionem, & auctionem, aliaque gravamina & incommoda, quibus alioquin carere licuisset, provocata, atque accersita fuerint.

Quapropter se ex officio ad Reipub: conservationem, & incrementum, atque ut major benevolentia, & confidentia supremi Magistratus universis Civibus concilietur, & cum ipsi tum posteri à perniciosis hujusmodi Consiliis, & Machinationibus, quæ sub specie Religionis, & excursus ad audiendas Conciones denuo coqui, & iniri possent ; tutiores esse queant, decrevisse, omnes vias, & occasiones tale aliquid deinceps audendi & moliendi præcludere, atque obstruere, imo si fieri posset, omnium præteritorum memoriam abolere, &c. Itaque se mandare seriò, & sub gravi, atque indeprecabili pœna, omnibus, & singulis Civibus, Mercatoribus, cunctisque Incolis, & eorum domesticis Operariis, Servis, in, & ante Urbem, quo usque Cæsarei Castri sanctitas, & Urbani Magistratus jurisdictio se extendat, ne quis, quicunque sit, ab hoc die sive diebus Dominicis, festis, aut profestis, ante vel post meridiem, quocunque colore, aut prætextu, ullum locum, aut cætum, in quo aliud, quam Catholicum exercitium, sive concionando, sive cantando, copulando, baptizando, aut alias Ministerii, quod putatur, partes administrando, celebratur, sive Hornalsiæ, aut alibi adeat, frequenter aut ea, quæ ibi administrantur usurpet, sed ab exercitio non Catholico prorsus abstineat, sub pœna supra indicata. Quod quemadmodum à Consule, & Senatu propter supra commemoratas causas in Reipub: commodum, & emolumentum decretum, & sancitum sit : ita eundem sperare, omnes, qui suæ jurisdictioni subsint, ei parituros, nec quemquam futurum, qui ultro in malam, & pœnam inevitabilem ruiturus sit : à qua unumquemque, ut sibi caveat, moneri. In cujus rei fidem Urbis Sigillum appositum esse. Actum Viennæ IX. Septembr. M. DC. XXIV.

CCLVI.

ANNO 1624.

CCLVI.

23. Octo. LES PROVINCES-UNIES ET BRANDEBOURG.

Tractaet van Alliantie gemaeckt met den Churvorst van Brandenburg GEORGE WILHELM *en de Heeren* STATEN GENERAEL, *in s'Graven-Hagen op den 23. Octobris 1624.* [AITZEMA, *Historia Pacis*, pag. 30. d'où l'on a tiré cette Pièce, qui se trouve aussi en Allemand, sans Date de Lieu ni de jour, dans LONDORPII *Acta Publica*, Tom. II. pag. 822.]

ALSOO naer dat in den Jare 1622. opgerecht was seecker Accoort van naerder Alliantie tusschen den Doorluchtighsten ende hooch-geboren Furst ende Heer *George Wilhelm*, Marck-grave tot Brandenborgh ende Chur-Furst ter eenre, ende de Hooge ende Mogende Heeren Staten Generael der Vereenighde Nederlanden ter andere zyden; eenige disputen gevallen zijn, daer deur de gehoopte vrucht van de voorsz. Alliantie, tot noch toe in veelen deelen is naer-gebleven, ende dat daer aen sonderlinge veel gelegen is, tot onderhoudinge van alle goedt ende vast vertrouwen tusschen Hooghstged. syne Chur-Furstelyke Doorluchtigheyt ende Hare Hoogh Mog. dat de voorsz disputen wech genomen, ende ten wederzyden de gewenschte effecten genoten mogen werden, midtsgaders dat syne Chur-Furstelijcke Doorluchtigheyt van synen kundtbaren rechte tot der Landen van Gulich, Cleve, &c. ende 't geniet van dien niet langer werde verdrongen, ende dat de middelen van Contributien die naer luyt der voorsz. Alliantie voor desen op-gestelt zijn, niet verwaerlooft, nochte de Onderdanen van syne Chur-Furstelijcke Doorluchtigheyt in de voorsz. Furstendommen, ende andere daer toe gehoorige Landen, met geene al te lastige middelen van executie beswaert en werden, ende echter het Volck van Oorloge in dienste werde onderhouden, gelijck in de voorschreven Alliantie is versproken, daer op verscheyden Conferentien zijn gehouden; Als eerstelijck tot Emmerich, ende daer naer weder tusschen den Heere van *Winterfeld*, als syne Chur-Furstelijcke Doorluchtigheyts Afgesante, ende de Heeren Gecommitteerde van haer Hoog Mog. hier in 's Gravenhage, ende Ged. Heere van *Winterfelt* by geschrifte zijn mede gegeven geweest seeckere Puncten ende Articulen, om verthoont te werden aen Hoogstged. syne Chur-Furstelijcke Doorluchtigheyt, die de selve in synen Rade geëxamineert hebbende, af-gesonden heeft den wel-geboornen Heere *Adam*, Grave tot Swartsenburgh, Heere tot Hohenlansberg ende Gimborn, Ridder des Ordens *S. Michaelis* in Vranckrijk, &c. syne Chur-Furstelijcke Doorluchtigheyt geheymste Raedt ende over Kamer-heer, geauthoriseert ende volkomentlijck geïnstrueert, om over de voorsz. Pointen ende Articulen naerder met hoogh-gedachte Heeren Staten Generael te handelen ende te besluyten; Zoo is 't, dat nae verscheyde Communicatien ende Onderhandelingen, gepleegt tusschen welged. Heere Grave ter eenre, ende de Heeren *Nicolaes vander Bouckhorst*, Heere van Noortwijck, Baillou ende Dijckgraef van Rhijnland, *Albert Joachimi* Ridder, Heer tot Oostende in Oedekenskerke, *Rienck van Burmania*, Grietman van Ferwerderadeel, *Sweer van Haersolte tot Haerst*, Landt-Rentmeester van Salland, *Goessen Schaffer* tho Uythuysen ende Meden Hoveling, en *Joris de Bye*, Heer van Albrantsweert, Thresorier Generael van de Vereenigde Nederlanden; t'samen Gecommitteerden van de Heeren Staten Generael ter andere zijde, om te continueren alle goet vertrouwen tusschen Hooghstged: syne Chur-Furstelijcke Doorl: ende Hare Hoog Mog. ende te komen tot beter effect van de voorsz. Alliantie by forme van naerder verklaringe, ende explicatie geaccordeert zijn tusschen den wel-booren Heere Grave, van wegen syne Chur-Furstelijcke Doorluchtigheyt van Brandenburgh, ende haer Hoog Mog. de Puncten hier naer volgende.

I. Ende eerstelijck hebben haer Hoogh Mog. verklaert, gelijck sy verklaren mits desen, dat sy continuerende in haere voorige genegentheyt, om van hare zyde te presteeren alle 't geene daer toe de selve uyt krachte van de meer-gemelde Alliantie verbonden zijn, ende insonderheyt om te voldoen den inhouden van de

ANNO 1624.

CCLVI.

23. Octo. LES PROVINCES-UNIES ET BRANDEBOURG.

Traité d'Alliance entre les PROVINCES-UNIES des Pays-Bas, & GEORGE GUILLAUME Electeur de Brandebourg. Fait à la Haye, le 23. d'Octobre, 1624. [AITZEMA, *Histoire de la Paix*, pag. 30.]

COMME en l'année 1622. certain Accord d'Alliance plus étroite a été fait entre le Serenissime Prince & Seigneur, George Guillaume *Margrave de Brandebourg & Electeur d'une part, & les Hauts & Puissans Seigneurs les Etats Generaux des Provinces Unies d'autre part; Et qu'il est arrivé quelques disputes par où le fruit de ladite Alliance a été jusques à present en grande partie sans effect, & qu'il est très important pour l'entretenement de toute bonne & ferme confience entre sadite Serenité Electorale & L. H. P. que les susdites disputes soient aneanties, & que l'on puisse jouir de part & d'autre des effects tant desirez de ladite Alliance, ensemble que sa Serenité Electorale ne soit pas plus long-tems frustrée des droits manifestes qu'il a aux Pais de Juliers, Cleve, &c. mais qu'il en puisse jouir, comme aussi que les deniers des Contributions qui, selon la teneur de ladite Alliance, ont été ci-devant imposez, ne soient point négligez, ni qu'aussi les Sujets de sadite Serenité Electorale dans lesdits Pais ne soient trop lezés par les voyes d'execution, & que néanmoins les gens de guerre puissent être entretenus au service, comme il est stipulé dans le susdit Traité d'Alliance; plusieurs Conferences ont été tenuës à ce sujet; premierement à Emmerick, & en suite derechef ici à la Haye entre le Sieur de* Winterfeld, *comme Deputé de sa Serenité Electorale, & les Sieurs Deputez de L. H. P. audit Sieur de* Winterfelt *a été donné par écrit plusieurs Points & Articles, pour être montrez à sadite Serenité Electorale, qui les ayant examiné dans son Conseil a depêché le Sieur* Adam *Comte de Swartzenbourg, Seigneur de Hohenlansberg & de Gimborn, Chevalier de l'Ordre de* St. Michel *en France, &c. Conseiller intime, & premier Gentilhomme de la Chambre, avec pleine authorité & instruction pour traitter & conclure plus particulierement sur lesdits Points & Articles avec lesdits Seigneurs Etats Generaux; de sorte qu'aprés plusieurs communications & négotiations ont été faites entre le susdit Sieur Comte d'une part, & le Sieur* Nicolas vander Bouckhorst *Seigneur de Noortwijck, Bailli & Dijckgrave du Pais du Rhin;* Albert Joachimi *Chevalier, Seigneur d'Oostende & Oedekenskerke;* Rienck de Burmania, *Grietman de Ferverderadeel;* Sweer de Haersolte de Haerst, *Receveur du Pais de Sallandt;* Goessen Schaffer *d'Uythuysen;* & Joris de Bye *Seigneur de Albrantsweert, Thresorier general des Provinces Unies, tous ensemble Deputez des Seigneurs Etats Generaux d'autre part, pour continuer toute bonne Confience entre sadite Serenité Electorale & L. H. P. & pour parvenir à un meilleur effect de la susdite Alliance, par forme de declaration plus particuliere, & d'explication, ont été accordez entre le susdit Sieur Comte au nom de sa Serenité Electorale de Brandebourg, & L. H. P. les Points suivants.*

I. Et premierement ont L. H. P. declaré, comme ils declarent par ces presentes, qu'ils persistent dans leurs premieres inclinations pour faire de leur côté ce à quoi ils sont obligez en vertu de la susdite Alliance, & singulierement pour satisfaire au contenu des 6. & 10.

Articles

ANNO 1624.

6. *ende* 10. *Articulen*, sullen helpen te weege brengen, soo veel eenigsins in hun is, dat syne Chur-Furstelijcke Doorluchtigheit de vruchtbare Effecten daer van mach genieten, ende *aen de selve alle mogelijcke assistentie doen*, *naer dat de gelegentheyt van tydt tot tijdt sal toedragen*, dat de Contributien by syne Chur-Furstelijcke Doorluchtigheyt naer luyt van de Alliantie, uytgeschreven ende noch uyt te schrijven, als mede desselfs portie in de Domeinen van de Landen van Kleve, Gulich, &c. met dat daer aenkleeft, ende in den voorschreven 10 Artic. meer is verhaelt, ge-effectueert ende op syne Chur-Furstelijcke Doorluchtigheydts Naem mogen werden geinnet, niet tegenstaende de Acte van Neutraliteyt; onlanghs aen dien van Gulich, Kleeff, Bergh ende aengehoorige Landen vernieuwt, die haer tot het geene dat syne Chur-Furstelijcke Doorluchtigheyt aengaet niet en kan strecken, gelijck toekomende geene Neutraliteyten, Pas, ofte Salvegarden, soo hier aen verhinderlijck mochten zijn, den voorsz. Landen, ofte der selver Onderdanen met gedeelt sullen werden.

II. Ten tweeden, om wech te leggen ende te accommoderen de disputen ende differenten gemoveert op het voldoen van het 9. Artikel van de voorsz. Alliantie, ende op het *beleydt*, *ende de Administratie van de Contributien*, ende dat daer van dependeert, is versproocken dat van wegen syne Chur-Furstelijcke Doorluchtigheyt aengestelt sullen werden twee Ontfangers, wel gequalificeerde Persoonen, de welcke d'executie bevorderen, de inkomende Penningen ontfangen, ende weder uytgeven sullen, ende hen gedragen in haere Ampten, gelijck hen in sekere Instructie, waer van Welged. Heere Grave van Swartsenburgh hare Hoogh Mog. een gelijck-luydende geteyckende Copie toegestelt, bevolen sal worden; op welcke Instructie sy oock sullen beëdicht, ende sulcx alsoo geschiedt zijnde, haer Ho. Mog. dat selve te kennen gegeven werden, sonder dat de Ontfangers van den gedachten Eedt ontslagen sullen mogen werden, sonder voorgaende wetenschap van hare Hoog Moog: Ende sullen daer-en boven uyt syne Chur-Furstelijcke Doorluchtigheyts Gulich ende Clevische Regeeringe twee Raden gedeputeert, ofte gecommitteert werden, om die inspectie ende directie te hebben, over de Ontfangers ende het geheele werck van die Contributien, aen de welcke d'Ontfangers sich t'allen tijden, ende als het van nooden sal wesen, hen sullen mogen addresseren, tot beter beleyd ende uytvoeringe van hare Commissien. Welcke twee Directoren versorgen sullen, dat aen haer Hoogged: Heeren Staten Generael alle maendt gelevert ende behandigt werden eenen pertinenten ende oprechten Staet van den ontfangh ende uytgeef van de voorsz. Contributien, ende dat daer van dependeert, onderteyckent by den Ontfanger, ende alle Jaer een bestendige Reeckeninge van den geheelen ontfangh ende uytgeef van de voorgeroerde Ontfangers ingestelt, op den voet ende naer het Formulier begrepen in hare Instructie.

III. Item, dat het Volck van Oorloge, dat in dienste werdt gehouden, kracht ende luyt de voorsz. Alliantien, het welck niet sal werden gebruyckt buyten sijn Chur-Furstelijcke Doorluchtigheyts Landen *tot desselfs ondiensten*, gebracht zijnde in Eedt van syne Chur-Furstelijcke Doorluchtigheyt ende haer Hoogh Mog: op het Formulier daer van geconcipieert, t'allen tijden, als het de selve oirbaerlijck sullen vinden, gemonstert sal werden by den Commissaris van Monsteringe van sijne Chur-Furstelijcke Doorluchtigheyt, ofte andere Persoonen daer toe te committeren, ten bywesen van een Commissaris van wegen haer Hoogh Mog. die t'samen de rollen mogen onderteyckenen, gelijck oock in plaetsen daer Chur-Furstelijcke Brandenburghsche ende Statische Compagnien t'samen liggen, de Statische gemonstert sullen werden by een Commissaris van haer Hoog Mog. ten bywesen van een Commissaris, ofte een ander Gedeputeerde van sijn Chur-Furstelijcke Doorluchtigheyt die versocht sal werden daer by te zijn, indien hem sulks belieft, ende mede met den Commissaris van de Heeren Staten Generael de Rolle mogen onderteykenen, om gelijkheyt te onderhouden, ende werdt verstaen, dat in de Steden ende Plaetsen daer Garnisoenen zijn van de Compagnien van sijne Chur-Furstelijcke Doorluchtigheyt ende van de Heeren Staten Generael, genomen sullen werden de Officieren van de t'samentlijke Compagnien om den Krijchs-Raedt te bekleeden.

IV. Ende sullen in dienste gehouden ende uyt de Contributien betaelt werden *de drie hondert Paerden*, ende de twaelf Compagnien voet-knechten, gespecificeert

ANNO 1624.

Articles ils feront en sorte, autant qu'il sera en eux, que sa Serenité Electorale puisse jouir des effects d'iceux, lui donnant toute l'assistence possible, selon que la conjoncture des tems le permettra, à ce que les Contributions imposées, selon la teneur de ladite Alliance; & à imposer, comme aussi la portion que sadite Serenité Electorale a aux Domaines de Cleves, Juliers, &c. & dependances, soient effectuez & levez en son nom, nonobstant les actes de Neutralité, renouvellez depuis peu en faveur de ceux de Juliers, Cleves, Bergue, & Pais en dependans, laquelle Neutralité ne peut s'etendre à ce qui concerne sa Serenité Electorale; comme aussi à l'avenir ne seront accordé aucunes Neutralitez, Passeports ou Sauvegardes qui pourroient tourner au préjudice desdits Pais ou Sujets d'iceux.

II. Pour ôter & accommoder les disputes & differens meus sur l'execution de l'Art. 9. de la susdite Alliance, & sur la direction & administration des Contributions, & ce qui en depend; est stipulé que de la part de sa Serenité Electorale seront établis deux Receveurs, personnes de qualité requise, qui feront faire les executions, recevront les deniers, & en feront la delivrance, & se comporteront dans leur departement, comme il leur sera enjoint dans certaine Instruction; dont ledit Sieur Comte de Swartzenbourg donnera une Copie signée de même teneur à L. H. P. sur laquelle Instruction ils seront aussi assermentez, & la chose étant faite de cette maniere, en sera donné connoissance à L. H. P. sans que lesdits Receveurs puissent être liberez dudit serment, sans le sçu préallable de L. H. P. Et seront deputez deux Conseillers de la Regence de Cleves & Juliers de sa Serenité Electorale, pour être commis à l'inspection & direction sur lesdits Receveurs, & à l'égard de tout le fait desdites Contributions, auxquels lesdits Receveurs pourront s'adresser en tout tems pour se conduire d'autant mieux dans l'execution de leurs Commissions: Lesquels deux Directeurs auront soin qu'il soit fourni & mis tous les mois és mains des Seigneurs Etats Generaux, un Etat pertinent & fidele de la recepte & de la dépence des susdites Contributions, & de ce qui en depend, icelui signé du Receveur, & tous les ans un Compte convenable de toute la recepte & la depence, dressé par lesdits Receveurs sur le pied & suivant le Formulaire contenu dans leur Instruction.

III. Item, que les Gens de Guerre, qui sont tenus au service, en vertu & conformement à la teneur de la susdite Alliance, lesquels ne seront point employez hors des Pais de sa Serenité Electorale contre son service, étant mis sous le serment de sa Serenité Electorale & de L. H. P. sur le Formulaire qui en a été conceu, seront passez en reveuë toutes les fois qu'il sera jugé nécessaire, par les Commissaires de sa Serenité Electorale & autres qui seront établis pour cet effect, en présence d'un Commissaire de la part de L. H. P. qui ensemble pourront signer le Role aux lieux où il y aura des Compagnies de Brandebourg & de l'Etat ensemble, celles de l'Etat seront passées en reveuë par un Commissaire de Leurs Hautes Puissances en presence d'un Commissaire ou autre Deputé de sa Serenité Electorale qui sera invité d'y assister, s'il lui plait, & qui pourra signer le Rolle avec le Commissaire des Seigneurs Etats Generaux, pour observer l'égalité, & est entendu que dans les Villes & Places, où il y a Guarnison des Compagnies de sa Serenité Electorale & des Seigneurs Etats Generaux, on prendra les Officiers des Compagnies conjointement pour former le Conseil de Guerre.

IV. Et seront tenus au service & payez desdites Contributions les trois cens Chevaux & les douze Compagnies d'Infanterie specifiez dans la susdite Instruction des

Anno 1624.

ficeert in de voor-geroerde Instructie van de Ontfangers, de Compagnie Colonelle getteeckent tot hondert vijftigh, ende d'andere Compagnie hondert twintigh Koppen, onder de jegenwoordige Officieren: des sullen tegens den 1. Januarij 1625. noch twee Compagnie voet Volk, elck van *hondert twintigh Koppen* van nieus werden aengenomen.

V. Vorders om oock af te snyden het misverstant datter geschappen is geweest te ontstaen ter cause van seeckere *hondert duysent Rycxdaelders* by de Heeren Staten Generael in den Jare 1621. uytgeschreven over de landen van Gulich ende Berge, by retorsie ende ter cause van de Assistenten, die uytte voorsz. Landen waren gedaen aen den Marquis *Spinola*, daer van daer na gecomposeert is op *hondert vijftigh duysent guldens*; is verdragen, dat aen sijne Chur-Furstelijke Doorluchtigheyt gerestitueert sal worden de Obligatie van twee hondert acht en veertich duysent gulden voor de selve op Credit van de Heeren Staten, gelicht in den jare 1616 ende de selve gelibereert van de Interessen sedert dien tijdt vervallen, tot den laesten Augusti lestleden, beloopende ter somme van een *hondert elf duysent, twee hondert vier gulden twee schellinge 8. pen. van veertigh grooten*, gelijck de voorsz. Obligatie aen den Heere Afgesante datelijck overgelevert is, ende sijne Chur-Furstelijke Doorluchtigheyt daer van, ende van de voorsz. verscheenen Interessen gelibereert wert mitsdesen; dies sullen aen de Heeren Staten Generael geassigneert ende in solutum werden gegeven, gelijck haer Hoog Mog. mitsdesen geassigneert ende gegeven werden in solutum van de voorsz *somme van twee hondert acht en veertigh duysent, ende hondert elf duysent twee hondert vier gulden twee schellingen acht pen.* t'samen *drie hondert negen en vijftigh duysent, twee hondert vier gulden twee schellingen acht pen.* van veertigh grooten het stuck metten Interesse, die verschijnen sullen sedert den laesten Augusti, tot de effectuele voldoeninge toe, van de voorsz somme, de geheele resterende ende loopende Contributien vande Landen van Gulich, ende de helft vande portie van sijn Chur-Furstelijke Doorluchtigheyt in de verschenen; ende noch te verschynen Domeynen van de Landen van Gulich, Bergh ende Ravensberg ter concurrentie van de voorsz somme toe, met die te verschenen Interessen, tot de effectuele betalinge toe, om die te innen door soodanigen Ontfanger, als haer Hoog Mog. goet sullen vinden tot de inninge van de selve te stellen, ende te committeren, die d'executie van de voorsz Gulicksche Contributien sal dirigeren (doch op den Naem van sijne Chur-Furstelijke Doorluchtigheyt ende met goede correspondie ende kennisse van de Gedeputeerden Raden) ende de Penningen daer van procederende, als ook van de voorgeroerde geassigneerde Domeynen van Gulich, Bergh ende Ravensbergh ontfangen, gelijk die sullen in komen, maer in presentie van een van de Ontfangers by sijne Chur-Furstelijcke Doorluchtigheyt gestelt, over het Contributie werck, ofte den Lant-Rentemeester respective, dewelcke de contribuerende quiteren, ende van den Ontfanger van haer Hoog Mog. Quitantie in minderinge de voorsz somme van *drie hondert negen en vijftich duysent twee hondert vier gulden twee schellingen ende acht penn*: mette verschijnende Intressen sullen ontfangen. Ende sal dese voorverhaelde Assignatie, noch te de inninge van de voorsz Penningen door toedoen van sijne Chur-Furstelijcke Doorluchtigheyt ofte desselfs Dienaren den Heeren Staten Generael niet onvruchtbaer werden gemaeckt. Ende op dat haer Hoog Mog. van de Ratificatie der voorsz Assignatie van sijn Chur-Furstelijke Doorluchtigheyt so veel te meer verseeckert mogen sijn, soo heeft Welged: Heere Grave soo lange, ende tot dat sijn L. gedachte Ratificatie haar Hoog Mog: sal ingelevert hebben, hem ende syne goederen verbonden, gelijk als de selve verbind mitsdesen.

VI. Lestelijck omme te vermyden de Contentie over de betalinge van de servitien, ende den brand ende keersen, inde Corps de guarden tot *Ravensteyn* ende *Gennep*; is veraccordeert ende belooft dat de Heeren Staten de voorsz servitien brand en keersen tot Ravesteyn versorgen sullen, daer tegen wil hare Chur-Furstelijcke Doorluchtigheyt in hare stadt *Ravensteyn* laten invoeren *lijdelijke middelen* van Consumptie, die geheven sullen werden, soo tot laste van de Soldaten, als Borgerijen op den voet, ende maniere als die werden geheven in die naest gelegene plaetsen, die beset sijn met Statisch Garnisoen, alsoo dat nu metten eersten ende volgens na gelegentheyt jaerlijckx, ofte by halve jaren, deselve sullen verpacht worden van sijne Chur-Furs-

des Receveurs, la Compagnie Colonelle comptée à cent cinquante, & les autres Compagnies à cent vingt hommes, sous les Officiers presens; c'est pourquoi on prendra le premier Janvier 1625. encore deux Compagnies d'Infanterie, chacune de cent vingt hommes.

V. En outre pour couper chemin à la mesintelligence qui est née à cause de certains cent mille Risdales imposez par les Seigneurs Etats Generaux sur les Pais de Juliers & de Bergue par retorsion, & pour cause d'assistences fournies dudit Pais au Marquis Spinola, dont en suitte on a composé pour cent vingt mil livres, est convenu que l'on restituera à sa Serenité Electorale l'obligation de deux cens quarante huit mille livres levés pour elle en l'année 1616. sur le credit des Seigneurs Etats, & sera quitte des interêts échеûs depuis ce tems-là jusques au dernier jour d'Août dernier, montant à la somme de cent onze mille deux cens quatre livres deux escalins, huit deniers, à quarante gros, comme aussi ladite Obligation a été sur le champ delivrée au dit Sieur Deputé; & en est sadite Serenité Electorale quitte & des susdits interêts par ces presentes; pourquoi sera auxdits Seigneurs Etats Generaux assignée & donnée en payement, comme est assignée & donnée à L. H. P. par ces présentes en payement de la susdite somme de deux cens quarante huit mil & cent onze mil deux cens quatre livres, deux escalins, huit deniers; faisant ensemble trois cens vingt neuf mil deux cens quatre livres, deux escalins, huit deniers, de quarante gros la pièce avec les interêts, qui écherront depuis le dernier d'Août jusques au payement effectif de ladite somme, toutes les Contributions restantes & courantes des Pais de Juliers, & la moitié de la portion de sa Serenité Electorale, des Domaines des Pais de Juliers, Bergues & Ravensberg, qui sont échеûs & qui écheront jusques à la concurrence de ladite somme avec les interêts échеus, jusques au payement effectif, pour être reçus, par tel Receveur que L. H. P. trouveront à propos d'établir & commettre pour cet effect, qui dirigera l'execution desdites Contributions, (mais au nom de sa Serenité Electorale & avec bonne correspondence & connoissance des Conseillers Députez) & des deniers en procedans, comme aussi recevront les Domaines assignez de Juliers, Berg & Ravensberg, selon qu'il en reviendra; mais en presence d'un des Receveurs qui sera établi par sa Serenité Electorale, sur le fait des Contributions, ou du Receveur du Pais, qui donneront quittance aux Contribuans, & recevront quittance du Receveur de L. H. P. en deduction de la susdite somme de trois cens cinquante neuf mil deux cens quatre livres, deux escalins, huit deniers avec les interêts échеus; & ne sera l'Assignation ci-dessus mentionnée ni la perception des susdits deniers renduë infructueuse pour les Seigneurs Etats Generaux par la participation de sa Serenité Electorale, ou par ses Ministres. Et afin que L. H. P. puissent d'autant plus être assurez de la Ratification de la susdite Assignation de sa Serenité Electorale le susdit Sieur Comte a obligé, comme il oblige par ces presentes, ses biens, jusques à ce que laditte Ratification soit delivrée à L. H. P.

VI. En dernier lieu, afin d'éviter les contentions sur le payement du service, & le feu & la chandelle consumez dans les Corps de garde de Ravesteyn & Gennep, est accordé & promis, que les Seigneurs Etats pourvoiront au service, au feu & à la chandelle; pour cela sa Serenité Electorale fera transporter dans sa Ville de Ravenstein les vivres raisonnables pour la consomption, qui seront donnez tant à la charge des Soldats que de la Bourgeoisie, sur le pied & de la maniere qu'on les donne dans les Places les plus prochaines, dans lesquelles il y a Garnison de l'Etat; de sorte qu'ils seront au plûtôt & suivant l'occurrence donnés à ferme par année ou demie année de la part de sa Serenité Electorale, par un de

ANNO 1624. Furstelijcke Doorluchtigheyt by eenen Commissaris van deselve in tegenwoordigheyt van eenen Outfanger, welcken haer Hoog Mog: daer toe sullen mogen stellen ofte committeren, aen den welcken de Penningen vande Pachter (soo van den Ontfanger van hare Hoog Mog. behoorlijcke quitantie nemen, ende deselve hare Chur-Furstelijcke Doorluchtigheyts luyden in plaetse van betalinge toestellen sal) sullen gelevert worden. Ende sal uyt dese voorsz Penningen voor eerst gegeven werden, het onderhout van eenen Predicant van de Gereformeerde Religie tot vier hondert gulden, en het onderhout van eene Schoolmeester tot een hondert gulden Jaerlijcks, welcke beyde van hare Chur-Furstelijcke Doorluchtigheyt na desen aengestelt, ende onderworpen sijn, gelijck oock de jegenwoordige, de Jurisdictie van deselve, ende gehooren tot de Clevische Synode; vorders sullen de resterende Penningen tot de Servitien, brant ende keersen, ende indien na de gelegentheyt van tijd wat mochte overschieten, sulcx tot hare Chur-Furstelijcke Doorluchtigheyts Krijchs-Staet geemployeert worden, sonder dat hier door eenige verminderinge ofte verkortinge aen sijn Chur-Furstelijcke Doorluchtigheyts Hoogheyt, ofte gerechtigheyt geschiede. Ende sullen de *Accijsen*, gelijck hooghstged. Chur-Furstelijcke Doorluchtigheyt die selve tegenwoordigh aldaer is hebbende, soo wel tot last der Borgeren, als Soldaten, continueeren ende blijven onverlet tot voordeel ende profijt van sijn Chur-Furstelijke Doorluchtigheyt voorsz. Den *brant ende keersen* op het Huys van Gennip belangende, sullen hare Chur-Furstelijke Doorluchtigheyt versorgen, dat by den Burgeren ofte andersins daer inne moge versien worden.

Alle welcke Puncten ende Articulen hier vooren verhaelt, ten wedersijden ter goeder trouwen, ende onverbreeckelijck sullen onderhouden werden, ende tot meerder vastigheyt sijn hier van twee gelijckluydende Instrumenten gemaeckt, daer van het eene voor sijne Chur-Furstelijcke Doorluchtigheyts Afgesante by de Heeren Staten Generael onder de Paraphure van den Presiderende, ende signature van haer Hoog Mog: Griffier, mitsgaders der selver Cachet, ende het ander voor Hooghged: Heeren Staten Generael, onder het Segel ende signature van sijne Chur-Furstelijcke Doorluchtigheyts Afgesante geexpedieert en verveerdigt sijn.

In 's Graven-Hagen op den 23. Octobris 1624.

de ses Commissaires, en presence d'un Receveur, que L. H. P. établiront & commettront à cet effect auquel les deniers de la Ferme seront delivrez, prenant quitance convenable du Receveur de L. H. P. & qui sera allouée aux gens de sa Serenité Electorale en payement; & desdits deniers seront premierement pris quatre cens livres pour l'entretien d'un Ministre de la Religion Reformée, & cent livres pour l'entretien d'un Maître d'Ecole, & ce annellement, lesquels seront tous les deux établis par sa Serenité Electorale, & seront soumis, comme ceux d'apresent, à sa Jurisdiction, & repondront au Sinode de Cleves; en outre les deniers restans du service, du feu & de la chandelle, & ce qui encore par la conjoncture des tems pourra rester, sera employé pour l'Etat de guerre de sa Serenité Electorale, sans diminuer par là les prerogatives & droits de sa Serenité Electorale; & seront les Accises, telles que sadite Serenité Electorale les a à present continuées sans empêchement tant à la charge des Bourgeois que des Soldats, à l'avantage & profit de sa susdite Serenité Electorale; Quant au feu & à la chandelle qui concernent la Maison de Gennep, sa Serenité Electorale fera en sorte qu'il y soit pourvû par la Bourgeoisie, ou autrement. ANNO 1624.

Tous lesquels Points & Articles ci-dessus mentionnez, seront observez de bonne foy & inviolablement de part & d'autre, & pour plus grande fermeté des presentes, en ont été faits deux Instruments uniformes, dont l'un qui sera pour le Deputé de sa Serenité Electorale a été signé, scellé & expedié par le Greffier de L. H. P. & scellé de leur Sceau, & l'autre pour L. H. P. a été signé, scellé & expedié par le Deputé de sa Serenité Electorale.

A la Haye le 23. d'Octobre 1624.

CCLVII.

20. Nov. FRANCE ET ANGLETERRE.

Déclaration des Ambassadeurs de JAQUES I. *Roi d'Angleterre, sur la signature des Articles du Mariage de* CHARLES *Prince de Galles avec Madame* HENRIETE MARIE, *Sœur de* LOUÏS XIII. *Roi de France, à Paris le* 20 *Novembre* 1624. [FREDER. LEONARD, Tom. V. pag. 26.]

NOUS soussignés Ambassadeurs extraordinaires, Procureurs, & Députés du Serenissime Roi de la grande Bretagne &c. pour traiter le Mariage de Monseigneur le Prince de Galles son Fils, avec Madame Henriette-Marie Sœur du Roi Tres-Chrétien, reconnoissons & confessons qu'en passant les Articles dudit Traité de Mariage, Messieurs les Commissaires & Députés du Roi Tres-Chrétien ont fait difficulté & refus de signer deux Copies desdits Articles, en tant que nous pretendions en l'une d'icelle mettre nos noms les premiers, soûtenans que leurs noms devoient estre préposez aux nôtres, tant és expeditions qui leur devroient estre par nous délivrées pour demeurer en France, qu'en l'autre expedition par eux signée & à nous délivrée pour emporter en Angleterre, se fondans sur la dignité, prérogative & préeminence du Roi Tres-Chrétien qu'ils representent, alleguans qu'au Traité fait en l'an 1572. à Blois sur Loire, fut ainsi fait & observé entre les Députés des Tres-Chrétiennes & Serenissimes Majestés, à quoi nous susdits Ambassadeurs de la grande Bretagne répondions & soûtenions au contraire quant aux Ecrits qui ont esté baillez par les Ambassadeurs ou Députez de nos Rois ou Reines à quelque Prince que ce soit, mêmes des Empereurs, les Ambassadeurs ou Députez de nosdits Rois ou Reines ont toûjours accoûtumé de préposer leurs noms ou signatures és Ecrits par eux baillez pour leur partie aux Commissaires des autres Princes, & qu'ainsi apparoist par les propres Originaux des Traitez par eux signez & délivrez ausdits Commissaires & Députez des Princes Etrangers, mêmes par ceux qui ont esté faits en l'an 1546. entre le Roi Henri VIII. Roi d'Angleterre & François I. Roi Tres-Chrétien, en l'an 1549. entre le Roi Edoüard II. & le Roi Henri II. en l'an 1559. dit le Traité du Châtel en Cambresis, en tous lesquels en les signant & scellant les Commissaires d'Angleterre ont esté préposez aux Commissaires de France en ceux qui ont esté par lesdits Commissaires d'Angleterre baillez & délivrez, ausquels nous nous remettons entierement & rapportons pour nôtre direction en cet endroit, & accordons prendre droit par iceux, surquoi a esté avisé que suivant ladite forme & usance ancienne par nous alleguées; les noms, seings & sceaux desdits Commissaires dudit Roi Tres-Chrétien precederont les nôtres ausdits Articles & autres Actes qui en dépendent, qui nous seront baillez & délivrez par eux, & les nôtres précederont les leurs és Actes que nous leur délivrerons, comme aussi nous disons qu'en cas semblables ci-devant a esté accoûtumé sans préjudice des pretentions susdites desdits Seigneurs Commissaires dudit Roi Tres-Chrétien & outre à la charge qu'où par lesdits Traitez & Contracts ci-devant passez entre les Députez de nosdits Rois & Reines avec ceux desdits Rois Tres-Chrétiens (excepté toutesfois le Traité fait à Blois en l'an 1572. que disons si ainsi est avoir passé par erreur & inadvertance) il se trouvera & apparoîtra que les noms & seings des Députez de nos Rois & Reines auroient esté mis & apposez aprés ceux des Députez desdits Rois Tres-Chrétiens, en ce cas dés à present comme dés lors nous consentons & accordons lesdits Articles par nous signez & délivrez ausdits Sieurs Commissaires de France estre reformez pour ce regard, & nos noms & seings postposez à ceux desdits Commissaires sous lesquelles conditions, charges & reformations, ont esté lesdits Articles signez respectivement en la forme que dessus. En foi & témoignage de ce avons signé ces Presentes le vingtiéme jour de Novembre mil six cent vingt-quatre, *Signé* CARLILE & HOLLANDE & cacheté des armes desdits Seigneurs.

CCLVIII.

ANNO 1624.

CCLVIII.

6. Dec. FRANCE, VENISE, SAVOYE, ET LA VALTELINE.

Articles convenus & accordez entre le Marquis de Cœuvres *Ambassadeur de* LOUIS XIII. *Roi de France aux Suisses & Grisons, & General de l'Armée de l'Union dudit Roi très-Chrétien, de la République de* VENISE, *& du Duc de* SAVOYE *avec les Députez de la* VALTELINE. *Fait à la Madona de Tirano, le 6. Decembre* 1624. [MERCURE FRANÇOIS, Tom. X. pag. 826.]

I. LES Valtelins seront maintenus sous la protection de sa Majesté tres-Chrestienne, selon l'Alliance qu'elle a avec les Seigneurs Grisons, & celle qu'elle a avec lesdits Seigneurs Princes ses Colleguez, pourveu que les Valtelins s'en rendent dignes, par la renonciation à toutes les protections, Alliances, & Traictez recherchez & conclus depuis les cinq dernieres années avec autres Princes.

II. Que nul des Forts ne sera mis en la puissance des Grisons; & au respect du Terzero de Tirano, ils ne seront point logez aux terres de dessus, ny en celles de dessous; & n'entreront point és maisons des familles principales, sçavoir en celles de Torelli, Lamberthenghi & Besta; & sera mis un si bon ordre parmy eux, & une si bonne discipline, que nul ne sera mal traicté ny de parole, ny de faict.

III. Que l'administration & gouvernement de la Valteline demeurera en l'estat qu'il se trouvera à present, & pour le temps qu'il sera jugé raisonnable par sa Majesté tres-Chrestienne, & lesdits Princes ses Colleguez.

IV. Que les differents entre les Grisons & Valtelins seront accordez le plustost que faire se pourra, avec toute satisfaction & seureté pour les Valtelins.

V. Seureté, telle qu'elle se demandera par les particulieres familles de la Valteline.

VI. Les Deputez Valtelins ayans proposé estre raisonnable, que si les affaires & different entre les Grisons & Valtelins ne se peuvent terminer au contentement de tous les particuliers, & qu'il s'en trouvast aucuns qui seroient contraincts d'aller habiter ailleurs, auparavant qu'ils soient necessitez de partir, on leur donnera une entiere satisfaction du payement de toutes leurs facultez: Que sa Majesté Tres-Chrestienne, & les Princes ses Colleguez, seront obligez de pratiquer toutes sortes de moyens possibles pour l'accomplissement de cest Article.

VII. Et suivant cest Accord, (lequel servira pour le Terzero de Tirano & Teglio, & pour ceux de Sondrio & Morbegno, & tous autres qui voudront suivre l'exemple des Tiraniens,) les Deputez souscrits promettent & s'obligent de mettre les armes bas, & recevoir dans Tirano & par tout l'armée de sa Majesté Tres-Chrestienne, & des Princes ses Colleguez, comme Amis & Protecteurs, & d'ouvrir les portes de tout ce qui est, & se trouvera en leur puissance.

VIII. Ces Articles ont esté conclus & arrestez de part & d'autre, sçavoir de la part & au nom de sa Majesté Tres-Chrestienne, & les Princes ses Colleguez, par Monsieur le Marquis de Cœuvres, General de leur Armée, avec promesse de les faire approuver: Et de l'autre part, par les Deputez soussignez, tous du Conseil, & Habitans de la Valteline, qui promettent de fournir la Ratification des presents Articles par ledit Conseil, & par tous les Habitans du Terzero de Tirano.

Fait à la Madona de Tirano le 6. Decembre 1624. *Signé*, D'ESTRÉES.

Io PROSPERO QUADRIO, del Consiglio, fermo come sopra, Io MARC-ANTONIO VENOSTA affermo come sopra come Agente de Terzero soto & soprà, Io SIMONE VENOSTA affermo come soprà come Agente del Terzero di soprà. *Par commandement de Monseigneur*, MESMIN.

CCLIX.

10. Dec. LE PAPE, FRANCE, ET LES ALLIEZ.

Autres Articles accordez entre le Marquis de Cœuvres, *Général de l'Armée* de LOUIS XIII. *Roi de France, de* VENISE, *& du Duc de* SAVOYE, *Alliez, & le Marquis de* Bagni, *Lieutenant Général de l'Armée du Pape* URBAIN VIII. *en la Valteline, Bormio & Chiavenne. Au Siege de Tirano, le* 10. *Decembre* 1624. [MERCURE FRANÇOIS, Tom. X. pag. 829. FREDERIC LEONARD, Tom. IV.]

ANNO 1624.

PREMIEREMENT: Que si pour tout le jour du dixiesme de ce mois il n'arrive du secours au-dit Marquis de Bagni, il sera obligé de rendre au Marquis audit nom la Place & Fort de Tirano dans le soir du jour de Mercredy prochain, & ce aux conditions suivantes.

II. Que ledit Marquis de Bagni sortira de Tirano avec tous ses Soldats & gens de guerre, & toutes autres personnes qui se retrouveront dans ledit Fort de Tirano, avec leurs armes & munitions de vivres de toutes sortes pour six jours, les Enseignes desployées, tambour battant, meche allumée, & balle en bouche, & se retireront à Morbegno pour y aller attendre les commandements de sa Sainteté.

III. Qu'ils pourront conduire une piece d'artillerie.

IV. Que ce qui restera dans le Fort de Tirano d'artilleries, armes, & munitions que ledit Marquis de Bagni a dit appartenir à sa Sainteté, il en sera faict inventaire signé dudit Sieur Marquis de Cœuvres, pour en estre disposé par sadite Majesté & lesdits Princes ses Colleguez.

V. Qu'il sera donné audit Sieur Marquis de Bagni toutes les commoditez necessaires pour la conduitte de ce qu'il aura avec soy, promettant ledit Sieur Marquis de Cœuvres qu'il ne luy sera donné aucun empeschement: & le mesme promet ledit Sieur Marquis de Bagni pour l'aller & retour de ceux qui l'accompagneront jusques à Morbegno.

VI. Ledit Sieur Marquis de Bagni promet aussi durant ce mouvement d'armes en la Valteline de ne s'enfermer en aucune Place d'icelle qui soit sous son pouvoir, & que tous les Soldats qui sortiront du Fort de Tirano, excepté sa Famille & Officiers, s'en retourneront sur l'Estat Ecclesiastique. Et afin que les presents Articles soient entierement effectuez, lesdits deux Excellens Seigneurs, ont souscrit & seellé de leurs Seels le present Traicté, le susdit jour dixiesme de Decembre 1624. NICOLO GUIDI BAGNI. D'ESTRÉES. LODOVICO MANZONI Secretario. MESMIN Secretaire.

CCLX.

Traité entre LOUIS XIII. *Roi de France, & les* PROVINCES-UNIES *des Pays-bas, pour envoyer vingt Vaisseaux de Guerre contre* Gênes. *A la Haye, le* 24. *Décembre*, 1624. *& ratifié par ledit Roi le* 25. *Février*, 1625. [AITZEMA, Historia Pacis. pag. 26. d'où l'on a tiré cette Pièce, qui se trouve aussi dans LONDORPII *Acta Publica*, Tom. III. pag. 793.] 24. Dec. LA FRANCE ET LES PROVINCES-UNIES.

LUDOVICUS Dei Gratia Galliæ & Navarræ Rex, Omnibus & Singulis, ad quos præsentes Literæ pervenerint, Salutem. Dominus Boullionius, Deputatus à præcharo & prædilecto Nostro Nepote Duce de Lesdiguieres, Pare, & Comite-Stabili Galliæ, ad charissimos Nostros & dilectissimos Socios, Amicosque D. D. Ordines Fœderati Belgii Generales, vi Potestatis atque Auctoritatis sibi à supradicto Nostro Nepote Comite-Stabili concessæ datæque, inivit ac conclusit Hagæ-Com. die quarto & vicesimo Decembris proximè elapsi, & supra memorato Comite-Stabili, & Arausionensium Principe Nepote nostro dilectissimo præsentibus, Contractum quendam Articulosque sequentes.

Unitarum Belgii Provinciarum Ordines Generales postquam ad ea, quæ nomine locoque Per-Illustris D. Comitis-Stabili à Domino Bullionio, in Concilio suo proposita sunt, quibusdam è dicto Ordinum Concilio delegatis ut cum supra memorato D. Bullionio agerent, sedulo animadvertissent, dictique Domini Bullionii Mandati seu Instructionis argumentum perpendissent, præsente Celsissimo Arausionensium Principe, in sequentes Articulos convenerunt:

I. Quo ad bonam fidamque Majestatis utriusque Galliæ & Brittanniæ voluntatem major cumulus accederet,

ANNO 1624.

deret, (1) *Veneti*, Dux Sabaudiæ, cæterique Principes atque Imperatores (quamvis ingentes bellorum ſumptus, quibus Hiſpanorum copiis terra marique reſiſtendum atque occurrendum eſt, ad quæ gerenda, neque ſua omnia, neque Confœderatorum bona opesque ſufficiunt, impendere neceſſe habeant) nihilominus tamen, viginti Naves optimas maximeque bello apparatas in auxilium mittere decreverunt, quæ, ut decet, velis, anchoris, funibus cæterisque rebus neceſſariis exornabuntur, idque ad menſium anguſtè ſex ſpatium. Quæ omnes, debito modo velis, anchoris, funibus cæterisque, ut ſupra commemoratum, rebus neceſſariis inſtructæ exornatæque ſufficiente militum ſociorumque navalium numero munientur; deque Admirallo inſuper, Præfectis, Ducibus, ſtipendio, optimâ denique diſciplinâ, pro conſueto ejusdem Imperii more, proſpicientur.

II. Quoniam vero omnes Naves hujus Status defenſioni ſunt intentæ, ad utriusque Indiæ Societatis cæpta magis magisque promovenda ac ſuccurrenda, in hiſce Regionibus promiſſæ Naves ſumptibus extraordinariis apparabuntur, quarum unius cujusque ſumptus Menſtruus quinque librarum millia æſtimatione conficiunt. Earumque exornatio & pro Imperii ejusdem more ſolito, & quam fieri poterit parcè inſtituetur.

III. Dictarum Navium Claſſis quamprimum, & quam poterit celerrimè, promovebitur, adeo ut (cœlo ventoque adſpirantibus) Menſe Martio proximè venturo vel ſi maturius id fieri queat, in mare educatur, ad anguſtias Gibraltarias per navigandum, atque ad Portum Niſſæum (*Ville Franche* dictum) appellendum, ſive ad quem Locum Portumque Admirallus juſſus fuerit appellere, vel à Duce Sabaudiæ, vel à Domino Comite-Stabili, vel iis abſentibus, à Celſiſſimo Domino ac Principe de Piedmont, vel à Mareſcallo de Crequii, ad quorum mandata navigationis curſus instituetur.

IV. Stipendium, commeatus & quæ ad dictæ Claſſis exornationem ſpectant, ſimul cum noſtrâ initium capiet; idque quam primum Milites Sociique navales Navibus fuerint impoſiti. Conventum autem eſt, ut Ordines Generales Trium Menſium ſtipendium proprio ære exſoluturi ſint; ea lege tamen ac conditione ut, ſi omnia ex ſententia evenerint, atque hactenus propoſita nunc vero incœpta dicta Claſſis fuerit conſequuta, ſupramemorata Trium Menſium ſtipendia, commeatus, aliaque, juxta quinque librarum millia ſingulis Menſibus Navium cuique impendenda, D. D. Ordinibus reddantur.

V. Reliqui autem temporis, quod in itinere atque expeditione prædicta Claſſis futura eſt, ſtipendia ſumptusque Ducis Sabaudiæ, & Domini Comitis-Stabili ære proprio exſolventur: adeo ut Fœderati Belgii Ordinibus ſingulo Menſe centum librarum millia, monetâ Francis receptâ, videlicet, Domino Philiberto, ac Domino Lucæ, Ordinum Collybiſtis, Lugduni in Galliâ reſidentibus, ſive aliis, quibus id negotii ab Ordinibus demandatum fuerit, annumeranda veniant: adeo ut quarti Menſis expirati ſtipendia ſumptusque primo Julii, quinti primo Auguſti, ſexti autem Menſis primo Septembris proximè venturi & ſic per univerſum navigationis tempus, quod Menſium ad ſummum octo futurum eſt ſupramemoratis Collybiſtis annumeranda ſint.

VI. Quod ſi autem eveniat, ut inter ſupradictæ Claſſis exornationem, ſeu inter ejusdem expeditionem, Dux Sabaudiæ ac Comes-Stabili animum conſiliumque ſuum mutarint, continuo id Ordinibus Generalibus indicare tenebuntur, cum omnimodâ ſtipendiorum ſumptuumque exſolutione, ad dictam quinque librarum millium ſummam Menſtruam, quorum à militum ſociorumque navalium luſtratione ac diſceſſu habebitur ratio.

VII. Inſuper autem conventum eſt, dictam viginti Navium Claſſem, ut ſupra commemoratum eſt, apparatam exſtructamque à peritis atque ad id juramento devinctis hominibus æſtimatam iri, prout in talibus ſolet, omni dolo ac fraude exceptis. At ſi quædam è dictis Navibus ſive prælio, ſive expeditioni cuicunque hoſtili intenta pereat vel ab hoſtibus intercipiatur, ejusdem jactura è dictâ æſtimatione reſarcietur.

VIII. In rem eſſe quinetiam duximus, ad Conſiliis cœptisque in D. Bullionii Inſtructione comprehenſis ſuccurrendum ac promovendum, concedere atque poteſtatem huic Claſſi facere, ubi in itinere Hiſpanorum Littora Portusque meârit ac remeârit, quocunque tandem modo poterit, iisdem damnum ac cladem omnimodam, absque tamen inſtituti curſus morâ, inferendi; ac quicquid bonorum in Oceano magno, aut Mari Mediterraneo ab hoſtibus interceptum captumque fuerit, partem utrique æqualem dividendi.

IX. Quamprimum vero memorata Claſſis in Fœderati Belgii Portus reverſa fuerit, ſtipendii, commeatus omnisque ſumptus ratio inſtituetur, ad quinque librarum millia, ſingulis Menſibus dictæ Claſſi impenſa, prout Articulo ſecundo exprimitur; eidemque rationi detrahentur ſumptus omnes, quos Celſiſſimus Dux Sabaudiæ ac Dominus Comes-Stabili collubo impenderunt, vel quicquid in reditu pecuniæ, commeatus aliarumque rerum neceſſariarum retulerunt. At quoscunque Ordines Generales ſumptus impendiſſe comperietur, pleniſſimè certiſſimeque ſupradicto Legato aliisque ad id miſſis perſolventur, idque ſex Septimanarum, à quibus inſtituta ratio eſt, intervallo

X. In cujus pecuniæ exſolutionem, præſentisque Contractus pleniſſimam obſervationem, dictus Dominus Bullionius vi Auctoritatis ac Poteſtatis ſibi datæ, atque, ut ſupra dictum eſt, obſignatæ, omnia ſummè præmemorati Domini Comitis-Stabili bona coram Tribunalibus omniumque Judicum in Galliâ Conſeſſibus obſtrinxit atque obligavit; quem in modum etiam ſupramemorati Domini Legati Nomine locoque D. D. Ordinum Generalium vi Auctoritatis ſibi conceſſæ, eorundem bona obſtrinxerunt atque obligarunt, ad dictum Contractum, quantum ad ſe attinet, fide, quæ eſt optima, conſtanter obſervandum.

XI. Denique ſupramemoratus Dominus Bullionius promiſit ſe curaturum atque effecturum, ut præſentis Contractus Articuli à Duce Sabaudiæ, ac Domino Comite-Stabili confirmentur atque approbentur, qui pro ſe mutuò pollicentur: quorum tamen Acta, ſolemnibus formulis confirmata, tradentur Domino de Langerack, Ordinario Pariſiis D. D. Ordinum Legato; idque duorum Menſium ſpatio.

In quorum omnium, jam memoratorum obſervationem ac confirmationem, Celſiſſimus Arauſionenſium Princeps majorem in modum rogatus fuit, ut dictis Articulis juxta Dominos Legatos ſubſcriberet, quem in modum etiam D. Boullionius ſimul cum aliis ſubſignarunt ſigillisque ordinariis obſignarunt: quorum bina (ut vulgò vocant) Originalia, utrique Parti reſervanda curarunt. Datum Hagæ-Com. die quarto & viceſimo Decembris, Anno 1624. Atque in hunc modum ſignatum, Mauritius Naſſovius, Arnoldus à Randwyck, Nicolaus à Bockhorſt, Noort-Vici Dominus; Ballivis, aggerumque Rhenolandiæ Præfectus, Antonius Duick, Hollandiæ Conſiliarius-Syndicus, Jacobus Magnus, Dominus in Berg-Ambagto & Meliſſandt, Anthonius de Rhode, Rienckius de Burmania, Grietmannus in Ferwerderadeel, Swerius ab Haersholte; Dominus in Haarſt, & Pavo Broerſma, Dominus in Suithorn, Nomine locoque D. D. Ordinum Generalium, Ac D. Boullionius, Nomine locoque dicti D. Comitis-Stabili.

Nos itaque, poſtquam præſentem Contractum in Concilio Noſtro perlegimus ac perpendimus, neque immemores eorum, quæ in eam rem Nepoti Noſtro Duci de Lesdiguieres præcepimus, in omnibus ejusdem Articulis Punctisque rata, grata & firma habemus, dictumque Contractum, Noſtro, Noſtrorumque Hæredum & Succeſſorum Regum loco ac nomine concludimus & confirmamus, verbo Regio ſpondentes ac promittentes, cum omnium bonorum Noſtrorum præſentium & futurorum obſtrictione atque obligatione, eum Nos cum omnibus & ſingulis ſuis Articulis Punctisque firmiter & conſtanter eſſe obſervaturos, nullâque ratione ſive directâ, ſive indirectâ contraventuros. In quarum rerum teſtimonium, præſentibus propriâ manu ſubſcripſimus, & Sigilli Noſtri appendice muniri fecimus. Datum Pariſiis, die quinto & viceſimo Februarii, Anno recuperatæ ſalutis, 1625. ac Regni Noſtri decimo quinto. *Notatum erat*, LUDOVICUS, *pauloque infra*, Per Regem, *Signatumque*, POTIER.

CCLXI.

Articles accordez entre le Marquis de Cœuvres, *Général de l'Armée de* LOUIS XIII. *Roi de France, de la République de* VENISE *&* *du Duc de* SAVOYE, *Alliez, & le Colonel* Jean Baptiſte Canti d'Aſcoli *Gouverneur du Fort de Bormio, & le Colonel* Céſar Scolti *de Peruze* *Ser-*

1625. 17. Janv. LE PAPE, FRANCE ET SES ALLIEZ.

(1) *Veneti, Dux Sabaudiæ, cæterique Principes atque Imperatores.* Ces mots s'étant trouvez dans les trois Exemplaires dont on s'eſt ſervi, on n'a oſé les retrancher; mais il eſt clair qu'ils n'apartiennent point au Traité, & qu'ils n'y ont été inſerés que par l'ignorance de quelque Copiſte, qui les avoit vûs écrits en marge. [DUM.]

ANNO 1625.

Sergent Majeur pour le Pape URBAIN VIII. *Fait le* 17. *Janvier*, 1625. [MERCURE FRANÇOIS, Tom. X. pag. 837.]

I. QUE si pour tout ledit jour dix-septiesme Janvier il n'arrivoit secours, lesdits Sieurs Gouverneur & Sergent Majeur s'obligeoient de mettre le Fort de Bormio entre les mains de l'Excellent Seigneur Marquis de Cœuvres, & ce dans le lendemain dix huictiesme à telle heure qu'il plairoit à sa S. E.

II. Que lesdits Gouverneur & Sergent Majeur en sortiroient avec tous leurs Soldats, & toutes autres personnes qui se trouveroient dans ledit Fort, avec leurs armes & munitions de toutes sortes, l'Enseigne desployée, tambour battant, mesche allumée, & balle en bouche, pour s'en aller hors des territoires de Bormio, la Valteline, & Chiavenne, & s'acheminer vers le Lac de Come, ou autre part, conduisant avec eux tout le Bagage des Officiers & Soldats.

III. Que de toute l'artillerie, armes & munitions de toutes sortes que ledit Sieur Gouverneur laissera dans ledit Fort, & qu'il a declaré appartenir à sa Saincteté il en sera fait inventaire, laquelle sera signée dudit Sieur Marquis de Cœuvres, pour en estre disposé comme il en sera ordonné par sa Majesté Tres-Chrestienne, & lesdits Princes ses Colliguez.

IV. Qu'on leur fera administrer tout ce qui leur sera necessaire pour la conduite de leur bagage, & de tout ce qu'ils auront avec eux. Ledit Sieur Marquis de Cœuvres promettant ausdits Sieurs Gouverneur & Sergent Majeur, qu'il ne leur sera donné aucun empeschement ny destourbier en leur retraicte : aussi lesdits Sieurs Gouverneur & Sergent promettent toute asseurance de retour à ceux qui leur seront donnez pour les accompagner & faire escorte.

V. Promettent aussi lesdits Sieurs Gouverneur & Sergent Majeur, que de six mois, ny eux, ny aucun de tous les Officiers & Soldats qui sortiront du Fort de Bormio, ne porteront les armes contre sadite Majesté Tres-Chrestienne & lesdits Princes ses Colliguez dans les terres & Jurisdictions de Bormio, la Valteline & Chiavenne. En foy dequoy les presents Articles ont esté signez & seellez, par l'Excellent Seigneur Marquis de Cœuvres, & par lesdits Sieurs Gouverneur & Sergent Majeur, le 17. Janvier 1625.

Signé,

D'ESTRÉES.

GIO. BAPTISTA CANTI,

& CESARE SCOTI.

Et plus bas,

MESMIN.

CCLXII.

12. Avril. LA FRANCE ET LES PROVINCES-UNIES.

Traité entre LOUIS XIII. *Roi de France & les* PROVINCES-UNIES *des Pays-bas, au sujet des vingt Vaisseaux, que lesdites Provinces se sont obligées de mettre en Mer par le Traité précédent. Fait à la Haye le* 12. *Avril*, 1625. [AITZEMA, *Historia Pacis*, pag. 29. d'où l'on a tiré cette Pièce, qui se trouve aussi dans LONDORPII *Acta Publica*, Tom. III. pag. 794.]

QUONIAM Regi Christianissimo placuit Domino d'Espesses Ordinario Majestatis Suæ apud Fœderati Belgii Ordines Legato præcipere, ut unicè peteret, quo supradictæ Naves, quæ vi ac lege Contractus initi cum D. Boullionio apparantur, quamprimum in mare evehantur, atque ex iis duodecim, sub auspiciis tamen Archithalassi Haultainii, Galli Duces præficiantur : ac quamvis D. D. Ordines Majestati Suæ commodius esse ducebant, si Navium dictarum imperium Belgii Ducibus permittatur, Rege tamen iterum iterumque petente, visum est D. D. Ordinibus delegare Nobilissimos D. D. ab Essen, Noort-Vici Dominum & D. de Boetseler, qui cum dicto Regis Legato agerent ac convenirent : qui tandem, plurimis eam in rem communicationibus ultrò citroque habitis, in sequentes Articulos consenserunt.

I. Ut dictæ Naves quam primum solverent, utque Archithalassus Haultainius, cujus imperio ductuque hoc iter suscepturæ sunt, ubi Caleti ac Doveræ attigerit altitudinem, copias Majestatis Suæ in Portu Gratiæ (vulgò Havre de Grace) commorantes, adventus sui quamprimum faceret certiores, ut cursum postquam Navibus impositæ Classique adjunctæ fuerint, simul ad Vectam Insulam instituerent; aut quibus se in locis Dominus de Zoubise contineat, quemve exercitum ducat, si exploratum habuerint, aut quâ viâ, quove modo oppugnari commodè possit ubi consilium ceperint, tum Gallorum pedites Navibus duodecim supradictis ut imponerentur, Gallique Duces præficerentur sub imperio supramemorati Archithalassi Haultainii, manentibus tamen in iisdem Navibus Fœderati Belgii Ordinum Præfectis sociisque navalibus. At vero si ibidem loci cognitum atque exploratum fuerit, Dominum de Zoubise submisisse se, ac Naves duodecim in supplementum appulisse, memoratarum Navium viginti imperium prillinis Ordinum Ducibus Præfectisque permitteretur; ac duodecim postremo advectis Galli Duces imperarent; dein Navibus dictis viginti, secundum Contractus Articulos, illoc loco solvere licitum foret : hac lege tamen, ut Regi integrum esset, duodecim è Navibus viginti suorum, reliquas vero Belgarum Ducum imperio committere, ad iter propositum simul suscipiendum.

II. Cum autem Naves priores adversus Maris ad Orientem fluctus conduplicatæ sint, ac duodecim posteriores adversus nostrorum Marium fluctus sint firmiores ut Majestas Sua unicè rogaretur, quò posteriores in oris Gallicis remanere ac priores duodecim cum reliquis octo eò, quò Mense Decembri proximè elapsi conventum est, cursum instituere sinat.

III. Quum vero in priori Contractu expressum sit, D. D. Ordines trium Mensium priorum stipendia, commeatum, cæteraque omnia dictæ Classi impensâ proprio ære exsoluturos, dictæque Naves, propter turbas, quas Dominus de Zoubise concitavit, ex Regis petitione adversus dictum Dominum de Zoubise ducendæ sint, conventum est, quamdiu adversus Dominum de Zoubise in itinere atque expeditione futuræ sunt, ut Regiis sumptibus stipendia, commeatus cæteraque omnia persolverentur, quorum itidem, à primo Militum sociorumque navalium lustrationis, atque impositionis die, ratio haberetur.

IV. Quod si Navium quædam prælio vel cuicunque adversus Dominum de Zoubise expeditioni intenta periret, caperetur, vel submergeretur, ejusdem detrimentum à Rege resarciretur, juxtà æstimationem eorum, qui periti ad id juramento obstricti obligatique erunt.

V. Insuper autem conventum est, ut dictarum duodecim Navium posteriorum conductio universa Regio ære persolveretur, ac supra memoratus Legatus Navium conductarum Nautis satisfaceret, eâ lege ac conditione tamen, ut D. D. Ordines vi Contractus Compendii initi adjuvarent operamque darent, ut dictæ Naves minimo pretio conducerentur.

VI. Denique, ut omnia hæc ea lege ac conditione concederentur, quò Majestas Sua curaret, ut Navium dictarum mora à Celsitudine Sua Sabaudiæ grata ac rata haberetur; utpote propter turbas à Domino de Zoubise datas oborta; ac proinde in Majestatis Suæ officium commodumque : absque ullâ tamen derogatione atque omissione eorum; quæ ab utrâque parte proposita promissaque sunt, propter sumptuum omnium restitutionem.

VII. Quorum omnium respectu Majestas Sua itidem polliceretur, ac fidem daret, se vi Contractus cum D. Boullionio initi, summe præmemoratis D. D. Ordinibus sumptus omnes exsoluturam.

VIII. Ut hos insuper Articulos omnes ac singulos dictus Legatus à Rege confirmari curaret; cujus quidem Confirmationis ac Ratihabitionis Acta solennibus formulis confirmata, duorum Mensium intervallo, Domino de Langerack, D. D. Ordinum in Galliâ Legato Ordinario traderentur. In quorum jam memoratorum testimonium, supradictus Legatus ac Deputati præsentibus subsignarunt. Datum Hagæ-Comitis duodecimo die Aprilis, Anno 1625.

Notatum erat,

D'ESPESSES,

HENRICUS AB ESSEN,

NICOLAUS à BOUCKHORST,

GISBERTUS DE BOETSELER.

CCLXIII.

ANNO 1625.

CCLXIII.

13 Avril. ORANGE.

Testament van Prins MAURITS *gemaakt in 's Graven-Hage den 13. April 1625.* [AITZEMA, Saaken van Staet en van Oorlog. Tom. I. pag 1180.]

WY MAURITS by der Gratien Godes Prince van *Oragnien*, Grave van *Nassau*, *Catzenelbogen*, *Vyanden*, *Dietz*, *Lingen*, *Meurs*, *Bueren*, *Leerdam*, Marquis van der *Veere* ende *Vlissingen*, Heere ende Baron van *Breda*, der Stadt *Grave* ende Landen van *Cuyck*, *Diest*, *Grimbergen*, *Heerstal*, *Craenendonck*, *Warneston*, *Arley*, *Noseroy*, *St. Vieth*, *Lecke*, *Polanen*, *Niervaert*, *Isselsteyn*, *St. Martensdijk &c. Erf-Burch-Graef van Antwerpen*, ende *Besançon*, Gouverneur ende Capiteyn Generael van *Gelderlant*, *Hollandt*, *Zeelandt*, *West-Vrieslandt*, *Zutphen*, *Utrecht*, *Over-Yssel*, de Stadt *Groningen*, *Ommelanden* ende *Drenthe*, *Admirael Generael &c.* Doen hier-mede te weten, dat wy bemerckende de brosheyt ende onseeckerheyt van 's Menschen leven, ende begeerende in tijdts te disponeren van onse Goederen tot conservatie van de *eere* ende *Hoocheyt* van onsen Huyse ende Stamme van *Nassau*, wy daeromme sijnde God lof gesont van Lichaem, gaende ende staende voor onsen Testamente ende uytterste wille, hebben geordonneert als volcht.

Eerst bevelen wy Ons, aen Lichaem ende Ziele, de genade ende Bermhertigheyt Godes door Jesum Christum onsen Heere ende Zalighmaecker, biddende Godt ende Vader, die my geschapen heeft, Godt Zoone, die my verlost heeft, ende Godt den Heyligen Geest die my geheylight heeft, het Zalighmaeckende Geloove ende alle Christelijcke deughden meer ende meer in my te verstercken ende te vermeeren, om alsoo u, ô Heylige Drievuldigheyt, in dit leven alhier met ende in de Christelijke Gemeente, ende daer naer in het eeuwigh leven ende gemeenschap van alle Heyligen ende Hemelsche Heyrscharen te loven, prijsen, ende dancken in alle eeuwigheyt, Amen.

Wat belanght de *Begraefnisse* van Onsen Lichame; wy vinden goet dat deselve geschiede tot *Delft* in de Sepulture van onsen Heere ende Vader den Prince van Oragnien Hoochloffelijcker Memorie, stellende de Ceremonien van dien ter discretie van onse naergenoemde Erfgenamen ende Executeurs van desen Testamente.

Ende aengaende Onse tijdelijcke goederen, soo hebben wy onse vrye dispositie niet alleen van onse Heerlickheden ende andere vrye goederen die ons by partage zijn ten deelen gevallen, item van die geene, die wy van nieuws hebben geacquireert, ende de melioratie van dien, ende die wy noch souden mogen acquireren, maer hebben ook onse vrye dispositie van eenige Heerlijcke goederen Ons aengekomen by Testamentaire successie van wijlen Onsen Heere en Broeder *Philips Wilhelm* Prince van Oragnien, als namentlijck van alle de Heerlijcke goederen gelegen in *Zeelant*, ende oock van die gelegen zijn in 't Hertoghdom *Brabant* aen d'andere zyde, ende onder de Vereenighde Provintien. Van gelijcken hebben wy onse vrye dispositien over 't Recht ende Actie, die ons is competerende jegens 't Sterf-Huys ende de Goederen van den voornoemden Onsen Heere ende Broeder ter zaecke van zeekere merkelijcke Somme van Penningen die wy uyt onse eygene middelen voor t'selve Sterfhuys ende de goederen van dien hebben verschoten, volgende de reeckeningen die wy daer van hebben doen houden.

Ende om d'eere ende digniteyt van Onsen Huyse dies te beter te considereren, ende in toekomende tijde te doen conserveren, Soo hebben wy in alle de voorschreven Onse zoo Heerlijcke als Leen-goederen (uyt krachte van Octroyen, die wy daer toe zijn hebbende) als in de voorschreven andere goederen, ende die wy vorders, vermits ons overlijden, zouden mogen ontruymen niets uytgesondert, tot onsen eenigen ende Universelen *Erfgenaem* genomineert ende geinstitueert, gelijck wy nomineren ende institueren by desen Onsen lieven Broeder Prince *Hendrick Frederick van Nassauw &c.* Ende by gebreecke van Hem, ofte tot wat tijde Hy naemaels soude komen t'overlijden, des-zelfs wettige Manlijke Kinderen ende descendenten, deselve Kinderen ende descendenten successive daer inne institucrende ende substituerende by desen.

By

ANNO 1625.

CCLXIII.

Testament de MAURICE, Prince d'Orange, &c. Fait à la Haye le 13. Avril 1625. [AITZEMA, *Affaires d'Etat & de Guerre. Tom. I. pag.* 1180.] 13. Avril. ORANGE.

NOUS MAURICE, *par la grace de Dieu Prince* d'Orange, *Comte de* Nassau, Cattzenelbogen, Vianden, Dietz, Lingen, Meurs, Buren, Leerdam, *Marquis de* Terveer *&* Flessingue, *Seigneur & Baron de* Breda, *des Ville*, Comté *& Pais de* Cuyk, Diest, Griembergen, Heerstal, Craenendonck, Warneston, Arley, Noseroy, St. Vieth, Lecke, Polanen, Niervaert, Isselsteyn, St. Martendick, &c. Burgrave *héréditaire* d'Anvers, *&* Besançon, *Gouverneur & Capitaine General de* Gueldres, Hollande, Zelande, West-Frise, Zutphen, Utrecht, Overyssel, *la Ville de* Groningen, Ommelandes, *&* Drenthe; Admiral General; &c. *Par ces presentes sçavoir faisons que considerans la fragilité & l'incertitude de la vie de l'homme; & desirans à tems de disposer de nos biens pour la conservation de l'honneur & la grandeur de nôtre Maison & Famille de Nassau, Nous, étant, graces à Dieu, sain de Corps; avons pour nôtre Testament & derniere volonté ordonné comme s'ensuit.*

Premierement nous recommandons nôtre Corps & nôtre Ame à la grace & misericorde de Dieu par Jesus-Christ, nôtre Seigneur & Sauveur, priant Dieu le Pere qui m'a créé, Dieu le Fils qui m'a rachetté, & Dieu le St. Esprit qui m'a sanctifié, de fortifier & augmenter de plus en plus en moi la foi sanctifiante, & toutes les vertus Chrêtiennes, afin que par ce moyen, ô Sainte Trinité, je te puisse louër, priser, & rendre mes actions de grace en cette vie dans l'Eglise Chrêtienne, & en suitte éternellement dans la vie éternelle en la compagnie de tous les Saints & des Armées célestes, Amen.

Quant à nos funerailles, nous jugeons à propos qu'elles se fassent à Delft, *& que nous soyons deposez dans le sepulcre de nôtre Seigneur & Pere le Prince d'Orange, de trés loüable memoire, nous en remettant pour la ceremonie d'icelles, à la discretion de nos Descendants, Héritiers & Executeurs de ce Testament.*

Et pour ce qui concerne nos biens temporels, nous en avons la libre disposition, non seulement à l'égard de nos Seigneuries, & autres biens francs qui nous sont en partie échens en partage, item de ceux que nous avons nouvellement acquis, & des ameliorations d'iceux & de ceux que nous pourrions encore acquerir, mais aussi à l'égard de quelques biens Seigneuriaux qui nous sont venus par succession Testamentaire de feu nôtre Seigneur & Frere Philippes Guillaume *Prince d'Orange, comme nommément tous les biens Seigneuriaux scituez en* Zélande, *& aussi de ceux qui sont scituez dans le Duché de* Brabant *de l'autre côté, & sous l'obeissance des Provinces-Unies. Semblablement nous avons nôtre libre disposition des droits & actions qui nous apartiennent à l'égard de la Maison mortuaire & des biens de nôtre susdit Seigneur & Frere au sujet de certaine somme considerable de deniers que nous avons debourcé de nôtre propre argent, pour la susdite Maison mortuaire & les biens d'icelle, suivant le Compte que nous en avons fait dresser.*

Et pour rendre l'honneur & la dignité de nôtre Maison d'autant plus considerables, & les maintenir à l'avenir, nous avons, pour tous nos biens Seigneuriaux & feodaux, (en vertu de l'Octroy que nous en avons) & pour les autres biens susdits, & tous ceux que nous delaisserons par nôtre deceds, nuls exceptez, nommé & institué, comme nous nommons & instituons par ces présentes, nôtre cher Frere le Prince Henri Frederic de Nassau, &c. *pour nôtre seul & universel Heritier. Et faute d'icelui, ou en quelque tems qu'il vint à mourir, ses legitimes enfans & descendans mâles, y instituant & substituant sesdits enfans & descendans successivement par ces presentés.*

Au

ANNO 1625.

By gebreecke van onsen Broeder ende des-selfs Wettelijcke Kinderen ende descendenten als voren, tot wat tijde deselve namaels zouden mogen komen te failleren, soo institueren en substitueren wy respective in alle onse Heerlijckheden ende andere onroerende goederen, item Renten ende Actien onse Neve *Ernst Casimir Grave van Nassauw &c.* Ende by gebreecke van Hem als oock naer Hem zijne wettelijcke Manlijcke Kinderen ende descendenten, willende ende ordonnerende, dat de voorschreven onse onroerende goederen, item Renten ende Actien tot conservatie van den Name ende Stamme van *Nassauw* sullen erven ende succederen zoo by institutie als substitutie op den Oudtsten van Linie tot Linie, van Graed tot Graed, ende dat by representatie, zonder dat de voorschreven onse goederen, Rente ende Actien sullen mogen alieneren ofte daer van aftrecken en besonder eenige *Falcidie* ofte *Trebellianique* portie.

Maer aengaende Onse roerende goederen, Gout ende Silver, gemunt ende ongemunt, Meubelen ende andersints; de selve en verstaen wy niet, dat subject sullen wesen eenigen last van *substitutie* of *restitutie*.

Tot naerder vasticheyt van welcke voorsz *substitutie* by ons gedaen op beyde de voorsz Linien en descendenten: zo ordonneren ende belasten wy ernstelijck by desen alle de voorsz onse *gesubstitueerden*, dat sy elcx Successive tot haeren tijdt ende op haer ordre desen uyttersten willen met hare Testamentaire dispositie onder ende met simpel Octroy om van hare Leen-Goederen te mogen testeren ('t welck niemandt wort geweygert) 't elcker reyse sullen confirmeeren ende bevestigen.

Willende ende ordonnerende als noch wel uytdruckelijck dat de voornoemde onse *geinstitueerde* ende *gesubstitueerde* desen onsen lesten wille punctuelijck sullen achtervolgen ende naerkomen, ende dat by gebreck van *d'eersten* ('t welck wy niet en verhoopen) onse goederen sullen komen op den *tweeden*, ende soo voorts op den geenen die dese onse ordonnantie ende uyterste wille in alle sijne Poincten sal achtervolgen ende naerkomen.

Sal oock den lesten Mannelijcken descendent der voornoemder Linien van *institutie* en *substitutie* respective gehouden wesen sorge te dragen, ten eynde naer hun overlyden de *eere* ende *digniteyt* van onsen Huyse ende Stamme mede in behoorlijcke achtinge werde genomen, soo ende in sulcker manieren, als alsdan naer gelegentheyt van saecken best bevonden sal worden.

Is noch onsen wille ende ordonnantie dat de voorsz onse *geinstitueerde* ende *gesubstitueerde* Erfgenamen voortaen sullen uytreycken ende betalen de naervolgende *Legaten* ende oock de *Legaten* die vorders by ons nu ofte hier namaels sullen gegeven ende uytgemaeckt werden.

Eerst maecken ende legateren wy aen onse lieve Suster Vrouwe *Amelia van Nassau*, Princesse van Portugael, ofte by hare aflyvicheyt aen hare Kinderen eene erffelijcke Rente van *seven duysent vijf hondert* guldens s'Jaers tot twintich stuyvers 't stuck te lossen tegens den penninck twintich, bedragende in de Hooft-somme *hondert en vijftich duysent gulden*.

Noch maecken ende legateren wy aen de *twee Soonen* van de voorsz onse lieve Suster, *Emanuel* en *Christoffel* van *Portugael*, indien sy ten tijde van onsen overlyden in leven sijn, elck eene erflijcke Rente van *twee duysent gulden* 's Jaers tot twintich stuyvers 't stuck mede te lossen tegen den Penninck twintich, bedragende in de Hooft-somme 't saem *tachtentich duysent* gelijcke guldens.

Noch maecken ende legateren wy aen de *Dochteren* van de voornoemde onse Suster Vrou *Amelia*, die ten tijde van onse overlyden in 't leven sullen wesen, elcke eene Rente van *duysent* gelijcke guldens s'Jaers mede te lossen tegen den Penninck twintich, met desen verstande nochtans, dat een van de voorsz Soonen ofte desselfs wettige descendenten komen te sterven sonder wettich Kindt ofte Kinderen achter te laten, de Rente vande *twee duysent gulden*'s Jaers sal erven ende succederen op den anderen langst levenden, ofte desselfs wettige Kinderen ende descendenten, ende beyde de voorsz Soonen ende derselver wettige descendenten ontbreeckende, soo sullen de voorsz twee Renten van *twee duysent* gulden 's Jaers komen ende succederen op de voorsz Dochters ende derselver wettige Kinderen ende descendenten. Gelijck mede de voorsz Rente van *duysent* gulden 's Jaers, die wy aen elck der voorsz Dochteren hebben gemaeckt, eenige van deselve Doch-

Au deffaut de nôtre Frere & de ses Enfans legitimes & Descendans comme dessus, en quelque tems qu'ils puissent venir à manquer, nous instituons & substituons respectivement dans toutes nos Seigneuries & autres biens immeubles, ensemble dans nos rentes & actions, nôtre Neveu Ernest Casimir Comte de Nassau, &c. Et au deffaut d'icelui, ses legitimes enfans mâles & descendans; voulant & ordonnant que les susdits, pour la conservation du nom & tige de Nassau, hériteront & succederont aux biens immeubles, item aux Rentes & Actions, tant par institution que par substitution, sçavoir l'ainé de ligne en ligne & de degré en degré, & ce par representation, sans que nos susdits Biens, Rentes, & Actions puissent être alienez, ni en tout ni en partie distraites par les Loix Falcidia, ni Trebelliane.

Mais à l'égard de nos biens meubles, or & argent monoyé ou non monoyé, ou autres meubles, nous ne prétendons pas qu'ils soient sujets à aucune charge de substitution ou restitution.

Pour plus grande fermeté de laquelle susdite substitution par nous faitte en faveur de nos susdite Ligne & descendans; Nous ordonnons & rechargeons instamment par ces presentes à nos susdits substituez, que chacun successivement en leur tems & leur ordre ils confirment & corroborent à chaque fois cette nôtre derniere volonté par leur disposition Testamentaire, par un simple octroi de pouvoir tester de leurs biens feodaux, lequel on ne refuse à personne.

Voulant & ordonnant de plus bien expressément que nos susdits instituez ou substituez ayent à ensuivre & observer ponctuellement cette nôtre derniere volonté, & qu'au deffaut des premiers, ce que nous n'esperons pas, nos biens viendront aux seconds, & ainsi de suite à ceux qui ensuivront & observeront cette nôtre ordonnance & derniere volonté.

Le dernier Descendant mâle des susdites Lignes d'institution & substitution sera tenu de prendre soin qu'après sa mort, l'honneur & dignité de nôtre Maison & Famille soit estimée comme il appartient; ainsi & de la maniere que suivant la disposition des affaires, il sera jugé être le mieux.

C'est encore nôtre volonté & ordonnance que nos susdits Héritiers instituez & substituez payeront en après les Legs suivants, & aussi ceux que nous ordonnerons ci-après.

Premierement nous legons à nôtre chere Sœur Dame Amelie de Nassau Princesse de Portugal, ou, son decedt arrivant, à ses enfans une rente Héreditaire de sept mil cinq cens livres par an de vingt sous chacun, rachettable au denier vingt, montant en principal à la somme de cent & cinquante mil livres.

Nous legons encore aux deux Fils de nôtre susdite chere Sœur, Emanuel & Christoffle de Portugal, s'ils sont en vie au tems de nôtre deceds, à chacun une rente Héréditaire de deux mil livres annuellement de vingt sous, à rachetter aussi au denier vingt, montant le principal à la somme de quatre vingt mil semblables livres.

Nous legons encore aux filles de nôtre susdite Sœur Dame Amelie qui au tems de nôtre deceds seront en vie à chacune une rente de mille pareilles livres par an, rachettable aussi au denier vingt, à condition néantmoins que si un desdits Fils ou ses descendans legitimes vient à mourir, sans laisser enfant ou enfans legitimes, le survivant héritera de ladite rente de deux mil livres annuelle, ou ses enfans legitimes & descendans; & venant faute desdits deux Fils & descendans legitimes, lesdites deux rentes de deux mil livres annuelles échoiront auxdites Filles ou à leurs enfans & descendans legitimes; Comme aussi venant faute de quelqu'une desdites Filles & de leurs descendans legitimes ladite rente annuelle de mil livres que nous legons à chacune d'elles, échoira par

ANNO 1625.

ters ende hare wettige descendenten ontbreeckende, sal erven ende succederen by representatie onder alle de voorsz Kinderen ende descendenten van de voorsz onse Suster tot de leste toe, ende alle deselve Kinderen ende descendenten ontbreeckende soo ordonneren ende willen wy de voornoemde Renten, soo die geene, die wy aen onse voorsz lieve Suster, als die wy aen hare Kinderen hebben gemaeckt, wederomme sullen komen ende succederen op onse voorsz geinstitueerde ende gesubstitueerde ende naerkomelingen successive.

Met welcke voorsz Renten wy verstaen, dat onse lieve Suster ende de Kinderen van haer L. haer sullen genoegen ende blyven uyt onse Goederen sonder oock yetwes breeder uyt ende op den Sterf-Huyse van wijlen Onsen Heere Vader te mogen pretenderen.

Verklaren voorts noch te hebben gelegateert, als wy legateren by desen aen onsen natuyrlijcken Soone *Willem* onse Heerlijckheden van de *Leck* met haere appendentien ende dependentien, ende onse gerechtigheyt in de Visscherye van de *Merwe* conform de leste reeckeninge daer van sijnde.

Ende aen onsen tweede natuyrlijcke Soone *Louys* de Heerlijckheden van *Polanen*, *Monster* ende *Monster-Ambacht* als *Poeldijck*, ter *Heyden*, halfs *Losduynen* ende 't toebehooren van dien.

Doch soo om eenige redenen ofte oorsaecken de voornoemde natuyrlijcke Soonen de voorsz respective Heerlijckheden niet en soude mogen ofte konnen volgen (als wy niet vast stelle konnen) soo ordonneeren wy, dat in sulcken gevalle onse voorsz Erf-genamen aen de voornoemde natuyrlijcken Soonen sullen goet doen ende betalen de waerde van 't Capitael der voorsz Heerlijckheden in Lande ofte gelde.

Daer-en-boven laten wy aen elck van hun beyde eene erflijke Rente van *vijf duysent guldens* 's Jaers losbaer den Penninck twintich.

Behoudelijck ende met dien verstande dat beyde de voorsz onse natuyrlijcke Soonen ende hare Kinderen ende descendenten de voornoemde twee Heerlijckheden als mede de voornoemde Renten aen hem respective gemaeckt niet en sullen vermogen te verkoopen, belasten ofte te vervreemden int geheel ofte ten deele in eeniger manieren. Maer is onse intentie, wille ende ordonnantie, dat een van beyden onser voorsz Soonen ofte desselfs wettige Kinderen ende descendenten ontbreeckende, tot wat tijde sulcx soude mogen wesen, dat alsdan de voorsz sijne Heerlijckheyt ende Rente sal komen te erven ende succederen op den anderen onsen natuyrlijcken Soonen, ofte desselfs wettige Kinderen ende descendenten. Ende dat alle beyde voorsz Soonen ende derselver wettige Kinderen ende descendenten ontbreeckende, wanneer ende tot wat tijde sulcx soude mogen gebeuren de voorsz twee Heerlijckheden met alle appendentien ende dependentien van dien, als mede de voorsz Renten sullen gaen, keeren ende succederen op onse Erfgenamen ende naekomelingen.

Voorts maecken ende legateren wy aen *Juffrou van Mechelen*, Moeder van de voornoemde *Willem* ende *Louys* een Lijf-Rente van *vier duysent twee hondert* Carolus gulden 's Jaers.

Ende is onse meeninge ende wille, dat alle de voorsz Renten ende Lijf-Pensioenen sullen werden uytgereyckt ende betaelt uyt de inkomsten van de voorsz onse Heerlijcke ende andere Onroerende Goederen, Renten ende Actien.

Verklarende wijders alsoo wy genegen ende oock geresolveert sijn noch een *Codicil* ofte *Codicillen* te maecken van diverse *Legaten* ende andere ordonnantien, dat wy soodanigen *Codicil* ofte *Codicillen*, die hier naer sullen gevonden werden 't sy by ons geschreven ende ofte by een anders handt geschreven ende ofte by ons alleene onderteeckent ende gesegelt, sulcken effecte, waerde, ende vigeur houden, als of die van woort toe woort alhier waren geinsereert.

Willende, ordonneerende ende bevelende, dat den inhouden van desen Testamente in alle sijne Poincten ende Articulen volkomen kracht ende effect hebbe, sortere, ende achtervolcht werde 't sy in forme van een *gemeen borgerlijck ofte Militair Testamente* ofte van sulcken anderen *uytersten wille*, als 't selve naer recht ende costuyme best sal mogen ende konnen geschieden.

Ende ten eynde de voorsz onse leste wille ende ordonnantie des te vaster ende onverbreeckelijcker haer effect sortere, Soo hebben wy tot *Executeurs* van denselven onsen uyterste wille ende ordonnantie gestelt ende geordonneert, stellen ende ordonneren hier mede de Hoog Mo: Heeren *Staten Generael* der Vereenichde Neder-

representation à tous les enfans & descendans de nos susdites Sœurs, jusques au dernier, & faute de tous lesdits enfans & descendans, nous ordonnons & voulons que ceux que nous instituons & substituons & leurs descendans successivement héritent des susdites rentes que nous legons tant à nos susdites Sœurs qu'à leurs Enfans.

Moyennant lesquelles susdites rentes nous entendons que nos dites cheres Sœurs & leurs Enfans se contentent, & soient exclués de tous nos biens, sans rien prétendre de plus de la succession de feu nôtre cher Pere.

Nous declarons de plus que nous avons legué, comme nous legons par ces presentes, à Guillaume *nôtre Fils naturel la Seigneurie de la* Leck *avec ses apartenances & dependances, & nôtre droit à la pêche dans la Riviere de* Merwe, *conformement au dernier Compte qui s'en trouvera.*

Et à Louis *nôtre second Fils naturel les Seigneuries de* Polane, Monster, *sa Chatellenie, & celle de* Poeldijk, *de* Heyden, *la moitié de* Losdun, *& dependances.*

Mais si pour quelques raisons ou sujets nos susdits Fils naturels ne pouvoient être mis en possession des susdittes Seigneuries respectives, (comme nous ne pouvons pas l'assurer) nous ordonnons en ce cas à nos susdits Héritiers, de faire bon & payer à nos susdits Fils naturels la valeur du Capital des susdites Seigneuries en Terres ou Argent.

Outre plus nous leur laissons à chacun des deux une rente Héréditaire de cinq mil livres *par an, rachettable au denier vingt.*

A condition que chacun de nos susdits Fils naturels & leurs enfans & descendans ne pourront vendre, hipothequer ou aliener lesdites deux Seigneuries, comme aussi lesdites Rentes à eux leguées, en tous, ni en partie en quelque maniere que ce soit : mais nôtre intention est, & nous voulons & ordonnons que l'un des deux susdits Fils venant à manquer sans enfans legitimes & descendans ; de quelque maniere & en quelque tems que ce soit, l'autre nôtre Fils naturel héritera de sa Seigneurie & Rentes susdites. Et qu'au deffaut desdits deux Fils & de leurs enfans legitimes & descendants, en quelque tems & de quelque maniere que cela soit, les susdites deux Seigneuries avec leurs apartenances & dependances, comme aussi les susdites rentes écheoiront & retourneront à nos Héritiers & Successeurs.

De plus nous legons à Mademoiselle de Malines; *Mere desdits* Guillaume *&* Louis *une Rente à vie de* quatre mil deux cens *livres Carolus par an.*

Et nôtre intention & volonté est que toutes les susdites Rentes & pensions à vie soient payées des revenus de nos susdits Biens Seigneuriaux & immeubles, Rentes & Actions.

Declarant en outre, que comme nous sommes d'intention & resolu de faire un Codicile *ou* Codiciles *de divers Legs & autres ordonnances, nous voulons que tel* Codicil *ou tels* Codicilles *qui seront écrits de nôtre main, ou qui étant écrits de la main d'un autre seront signez & scellés de notre Sceau, sortent le même effect & ayent la même force & vigueur que s'ils étoient inserez ici de mot à mot.*

Voulans, ordonnans & recommandans que le contenu de ce present Testament sorte son effect en tous ses Points & Articles, & soit executé soit en forme de Testament Civil ou Militaire, *ou d'autre* derniere volonté, *& de la meilleure maniere que suivant le droit & coûtume se pourra faire.*

Et afin que nôtre susdite derniere volonté & ordonnance sorte d'autant plus fermement & inviolablement son effect, nous avons créé & ordonné pour Executeurs *d'icelle nôtre ordonnance & derniere volonté, comme nous ordonnons & creons par ces presentes Leurs H. P. les Seigneurs* Etats Generaux *des Provinces-Unies, suppliant*

ANNO 1625.

Nederlanden vruntlijck versoeckende, dat haer Hoog: Mog: believen den last daer van 't aenvaerden, ende neffen onse *geinstitueerden* ende *gesubstitueerde* Erfgenamen de goede handt daer aen te houden, soo door hem selven als mede by hare Provintien in 't particulier, dat den voornoemden onsen uytersten wille ende leste ordonnantien ten vollen in hare Poincten haer effect moge hebben ende forteren, nemende tot behulp ende assistentie eenige uyt onsen Rade ende andere (so 't noot is) die hare Hoog: Mo: goet vinden sullen.

Des t'oirkonde desen getyckent ende ons Cachet hier op gedruckt in 's Gravenhage den *darthienden* Aprillis *sesthien hondert vijf-en-twintich*, was onderteyckent *Maurice de Nassau*. Hebbende daer-en-boven een opgedruckt Cachet in rooden wasse, daeromme stont geschreven met eygene handt van Hoochgemelte sijne Furstelijcke Gen. seeckere Acte aldus luydende.

Wy *Maurits* by der gratien Gods Prince van Oraguien, Grave van Nassau &c. Bekennen met dese onse eygene handt, dat 't bovengeschrevene is onsen wille ende ordonnantie, ende dat wy overmits onse occupatien 't selve by de hand van onsen Griffier *Paulus de Jonge* hebben doen schrijven, ende met onse Signature ende Segel doen bekrachtigen ende tot meerder seeckerheyt als noch met desen onsen specialen geschrifte ende onderteyckeninge bevesticht ten dage, Maent en Jare als boven: Onderteeckent

MAURICE DE NASSAU.

pliant amiablement L. H. P. de s'en charger & d'y tenir la main avec nos Héritiers institués & substitués, tant par eux mêmes que par leurs Provinces en particulier, afin que nôtre dite derniere volonté puisse avoir & sortir son effect en touts ses points, prenant, si besoin est, pour aide & assistance, ceux de nôtre Conseil que L. H. P. jugeront bon être.

ANNO 1625.

En témoin dequoi nous avons signé ces présentes & y avons aposé nôtre Cachet. A la Haye le treiziéme Avril mil six cens vingt cinq; étoit signé Maurice de Nassau *ayant outre ce un Cachet imprimé en cire rouge; & allentour étoit écrit de la propre main du susdit Prince certain Acte conçu en ces termes.*

Nous Maurice *par la grace de Dieu Prince d'Orange, Comte de Nassau &c. Reconnoissons de nôtre propre main, que ce qui est cy-dessus écrit est nôtre volonté & ordonnance, & qu'à cause de nos occupations nous l'avons fait écrire de la main de* Paul de Jonge *nôtre Greffier, & l'avons confirmé de nôtre signature & cachet: pour plus grande sureté dequoi nous avons écrit & signé cecy de nôtre main les jour, mois & an susdits, Signé*

MAURICE DE NASSAU.

CCLXIV.

Mai.

Articuli conventi inter Romanorum Imperatorem FERDINANDUM II. & MURATH HAN *Turcarum Sultanum, quibus Articuli Situa-Torokienses & Viennenses confirmantur, ac de constituendis nonnullis limitibus, rectificandis Pagorum dedititiorum querelis, Captivorumque liberatione pacificitur. Actum in Campis Gyarmatiensibus mense Majo Anno 1625.* Cum *Ratificatione Imperatoris* FERDINANDI II. *Viennæ 26. Martii 1626.* [Pièce tirée de la Chancelerie Imperiale Aulique de Guerre.]

NOs Ferdinandus &c. Agnoscimus & notum facimus tenore præsentium Universis, Etsi post initos & conclusos olim ad Situatorok anno millesimo sexcentesimo sexto Pacificationis Articulos inter Rom. Imp. aug. mem. Rudolphum secundum Dominum Patruelem & Patrem nostrum Observantissimum ac Serenissimum Sultanum Achometem Turcarum Imperatorem, cum postea variæ difficultates & controversiæ, tam circa sensum ac intelligentiam ipsarum Capitulationum, quam etiam circa executionem rerum sancitarum incidissent ad stabilitatem & firmiorem ejusdem Pacis confirmationem, tempore Divi Matthiæ Imperatoris præclar. record. immediati Prædecessoris & Patruelis nostri colendissimi anno 1616. Viennæ prævia Tractatione per deputatos utrinque Commissarios instituta, certis conclusionibus, quæ obscura vel ambigua videbantur, declarata, complanata, & utriusque Imperatoris consensu fuerint corroborata. Postquam tamen temporum inde successu & rerum vicissitudinibus, multa utrinque contigissent in præjudicium supradictæ Pacis, ut supra, in Situatorok. stabilitæ & postmodum Viennæ confirmatæ & declaratæ, unde tranquillitatis publicæ concussio, & pactarum Induciarum violatio videbatur metuenda. Quod proinde tanquam providus & sollicitus Patriæ Pater, ad ejusmodi calamitates ab Inclyti Hungariæ Regni cervicibus tempestivè avertendas, Commissarios nostros deputaverimus, spectabiles ac Magnificos Consiliarios & Cubicularios nostros Fideles nobis dilectos, Michaelem Adolphum Comitem ab Althan, Comitem Nicolaum Esterhasii de Galantha, Regni nostri Hungariæ Palatinum, Jo. Jacobum Kurza Senfftenau Liberum Baronem, Nicolaum de Frangepanibus Comitem à Tersat &c. Sigismundum Galler, Baronem in Schwanberg, & Moysen Czyriaakii &c. Qui cum sæpius convenissent cum Potentissimi Sultani Mucath Han Imperatoris Ottomanni ad hunc Tractatum specialiter designatis Commissariis, Spectabilibus & Magnificis Vezirio & Serdaro Mehemet Bassa Budense &c. Isa Effendi Muffti Budense, Mostaffa Effendi Timar, Effiedar Budense, Jahia Olmi Bassa Camisiense, Ahmet Bassa Agriense &c. Deruis Begho & Haghii Bairam, Alaibegho Budense &c. præsentibus etiam hominibus Principis Transylvaniæ, Egregiis, Wolfgango Kamuthii &c. Michaele Tholdalagii & Thomâ Borsos; omniaque ad hoc negotium pertinentia, accurata deliberatione trutinassent, tandem Mense Majo anni superioris millesimi sexcentesimi vigesimi quinti in Campis Gyarmatiensibus, in hos qui sequuntur, septem Articulos, mutuo consensu ad confirmationem & ratificationem tam nostram, quam Turcarum Imperatoris condescenderunt.

I. Ut alma Pax & Articuli in Situatorok, & Viennâ inter utrosque Imperatores conclusi & firmissimis ipsorum Diplomatibus stabiliti & confirmati, constanter in suo vigore permaneant & imposterum utrinque sanctè observentur.

II. Quoniam negotium Vaczii inter nos Commissarios certis de causis nunc componi non potuit, præcipue propter Arcem Balonduar, de eo sic convenimus, ut hoc per Legatos in Aulis amborum Potentissimorum Imperatorum amicabiliter componatur, salva interim manente Pace inter ipsos.

III. Propter Arces verò Croaticas Dresnien, Therfach, Hoy, Ziczagradaz & cæteras ejusmodi antea desertas, quæ contra Pacis Articulos ex utraque parte sunt reædificatæ, similiter & metas in iisdem Confiniis Croaticis constituendas fiat Commissio: pro qua ex parte Romanorum Imperatoris deputatur Dominus Comes Nicolaus à Thersacz, & ex parte Imperatoris Turcarum Dominus Bassa Bozuensis; vel si ipsorum unus aut alter, propter aliqua impedimenta, adesse non posset, aliæ personæ huic negotio convenientes, qui controversiam secundum tenorem Articulorum ante conclusorum, complanent & exequantur.

IV. De querelis autem & gravaminibus, quæ circa Pagos dedititios & Nobiles in iisdem degentes, sunt, rectificationem ordinavimus per Commissionem in effectum deducere, & nominantur ex hac parte Danubii à parte Romanorum Imperatoris Dominus Comes Nicolaus Esterhasii, ex parte Imperatoris Ottomannorum Dominus Amhat Bassa Agriensis, ut ipsi, cum sibi adjunctis, quo meliori modo fieri poterit, secundum superiores Constitutiones rectificent & ordinent; si verò aliquis ipsorum certis de causis præsens esse nequierit, loco illius alter ordinetur. De Pagis verò circa Canisam dedititiis secundum contenta priorum Constitutionum, quæ hactenus in effectum deducta non sunt, commissione mediante effectuentur.

V. Præmissæ verò Commissiones usque ad proximè affuturum festum Sancti Martini in effectum deducantur. Casu verò, quo istud negotium usque ad dictum festum sancti Martini non posset in effectum deduci, tamen pax salva permaneat, & quantocyus istæ Commissiones in effectum deducantur.

ANNO 1625.

VI. Quoad Captivos, qui ex utraque parte contra Pacis Articulos in captivitatem abducti sunt, quommodo illi commodissimè eliberari & negotium eliberationis ipsorum in effectum deduci queat, de eo inter Dominum Comitem ab Althan & modernum Dominum Vezirium Badensem accordationes & determinationes convenienter fiant.

VII. Præter hæc prærecensita, reliqua omnia damna & excessus ab una & altera parte contra Zituatorokienses & Viennenses Articulos, usque in præsentem diem commissi & perpetrati ob certos respectus hinc inde penitus consopiti sint, oblivionique tradantur, imposterum verò Pax & Articuli superinde confecti, inter utrosque potentes Imperatores, sine ulla læsione & defectu eorundem sanctè & inviolabiliter usque ad determinatum tempus in augmentum mutuæ benevolentiæ & quietem miseræ plebis, ut utrinque observentur, delinquentes verò ut ab una vel altera parte severe puniantur, conclusimus.

Nos igitur hæc omnia, prout superius descripta, & de verbo ad verbum inserta habentur, ex certa nostra scientia animoque bene deliberato, & omni meliori modo ac forma quibus fieri potest approbavimus, confirmavimus & ratificavimus, quemadmodum vigore præsentis Diplomatis approbamus, ratificamus & confirmamus, promittentes in verbo ac fide Imperiali, Regiaque pro nobis & Successoribus nostris Hungariæ Regibus, quod omnia & singula sanctè, syncerè & inviolabiliter observabimus & adimplebimus, observarique & adimpleri faciemus, omni dolo & fraude semoto, dummodo & quamdiu Serenissimus Turcarum Imperator ea omnia rata grataque habuerit & sua ex parte inviolabiliter observarit, omnibus proinde & singulis Fidelibus Subditis nostris Statibus & Ordinibus antedicti Regni Nostri Hungariæ aliorumque eidem incorporatorum Regnorum & Provinciarum Incolis harum serie, seriè atque districtè mandamus, quatenus juxta prædictos Articulos tam diligenter & operose stabilitos, Pacem hanc inviolatam integramque colant, teneant, tueantur, & observent, nec quicquam in contrarium facere vel admittere præsumant, idque sub pœna adversus Turbatores pacis & quietis publicæ in Generalibus Regni Comitiis statuta. Harum Testimonio Literarum manu nostra subscriptarum & Sigilli nostri Cæsarei impressione munitarum. Datum in Civitate nostra Vienna vigesima sexta die Mensis Martii Anno millesimo sexcentesimo vigesimo sexto, Regnorum nostrorum Romani septimo, Hungariæ octavo, Bohemiæ verò nono.

FERDINANDUS.

ERNESTUS *Comes de* MONTECUCCOLI.

Ad Mandatum Sac. Cæs. Majestatis proprium.

GERARDUS A QUESTENBERG.

CCLXV.

8. Mai.

ANGLETERRE ET FRANCE.

Contract de Mariage entre CHARLES I. *Roi d'Angleterre*, *&* *Madame* HENRIETTE-MARIE, *Sœur de* LOUIS XIII. *Roi de France. Fait à Paris le* 8. *Mai* 1625. [FREDERIC LEONARD, Tom. V. pag. 27. MERCURE FRANÇOIS, Tom. X. pag. 480. AITZEMA, Affaires d'Etat & de Guerre. Tom. I. pag. 738.]

AU NOM DE DIEU LE CREATEUR, sçachent tous presens & à venir: Comme ainsi soit que le Roi Tres-Chrêtien de France & de Navarre, à present Regnant, eût reçû plusieurs Propositions de la part du feu Roi de la Grande Bretagne, Jacques de tres-glorieuse memoire, tendant à affermir de plus en plus leurs Couronnes, par un lien indissoluble d'amitié, suivant l'exemple de plusieurs Rois leurs Prédecesseurs. Reconnoissant lesdits Rois combien il leur estoit non seulement honorable, mais utile à toute la Chrêtienté, que des Princes de telle Naissance, Dignités & Grandeurs, fussent unis même par le Mariage de la Majesté de la Grande Bretagne à present Regnante, lors Serenissime Prince de Wales; & Madame Henriette-Marie, sœur de Sa Majesté Tres-Chrêtienne. Pour traiter duquel ledit feu Roi de la Grande Bretagne, desireux de voir conclure & parachever un si bon œuvre, auroit envoyé Messieurs les Comtes de Carlile, & d'Hollande, ses Ambassadeurs extraordinaires, avec amples Pouvoirs, vers Sadite Majesté Tres-Chrêtienne: laquelle ayant député les principaux Ministres de son Conseil; sçavoir est, Messieurs les Cardinaux de la Rochefoucault Grand Aumônier de France, & de Richelieu, d'Haligre Chancelier de France, & les Sieurs Comte de Schomberg, Chevalier de ses Ordres, Conseiller en son Conseil d'Etat, Gouverneur & son Lieutenant General en Angoumois & Limosin, & de la Villeaux-clers Comte de Montbron, aussi Conseiller d'Etat, & Secretaire des Commandemens de Sa Majesté: & à eux donné pouvoir d'oüir & entendre lesdites propositions, traiter, conclure, & arrêter avec lesdits Ambassadeurs extraordinaires, Commissaires, députés dudit feu Roi de la Grande Bretagne, mesdits Sieurs les Comtes de Carlile, & de Hollande, les Articles dudit Mariage. Ce qu'aprés plusieurs Assemblées ils auroient fait, au gré & consentement de leurs Majestés. Pour ce est-il qu'en presence de tres-Haut, tres-Excellent & tres-Puissant Prince Loüis par la grace de Dieu Roi de France & de Navarre: de tres-Haute, tres-Excellente & tres-Puissante Princesse Marie par la grace de Dieu Reine de France & de Navarre, Mere de Sadite Majesté Tres-Chrêtienne: de tres-Haute, tres-Excellente & tres-Puissante Princesse Anne par la même grace de Dieu Reine de France & de Navarre, Epouse de Sadite Majesté: de tres-Haut & tres-Puissant Prince Monseigneur Frere unique du Roi, & de tres-Haute & Puissante Princesse Madame Henriette-Marie sœur de Sadite Majesté, & des Princesses du Sang, Cardinaux, autres Princes & Officiers de la Couronne, & principaux Seigneurs du Conseil de Sadite Majesté Tres-Chrêtienne, d'une part; Et de Haut & Puissant Seigneur Messire Jacques de Hay Comte de Carlile, Vicomte de Doncaster, Baron de Saley, Conseiller de Sa Majesté de la Grande Bretagne en ses Conseils d'Etat & Privé, & Chevalier du tres-Noble Ordre de la Jarretiere: de Haut & Puissant Seigneur Messire Henri de Riche Comte de Hollande, Baron de Kensington, Ambassadeurs extraordinaires de tres-Haut, tres-Excellent & tres-Puissant Prince Charles par la grace de Dieu Roi de la Grande Bretagne, d'autre part: Lecture auroit esté faite desdits Articles dressés & arrêtés en la forme & maniere qui s'ensuit.

PREMIEREMENT.

C'est à sçavoir, que les susdits Sieurs Ambassadeurs ont promis & promettent pour Sa Majesté de la Grande Bretagne, à present Regnant, que Sadite Majesté prendra à Epouse & Femme Madame Henriette-Marie, fille de France, & sœur de Sadite Majesté Tres-Chrêtienne, soit en personne ou par Procureur, si-tôt que commodément faire se pourra.

II. Comme aussi madite Dame, sous le bon plaisir & du consentement de Sadite Majesté Tres-Chrêtienne, & de la Reine sa Mere, en consequence de la dispense obtenuë par Sadite Majesté Tres-Chrêtienne du Pape, promet de prendre à Mari & Epoux ledit Roi de la Grande Bretagne Charles Premier: & suivant lesdites promesses reciproques seront fiancés, selon la forme usitée en l'Eglise Catholique, Apostolique & Romaine.

III. Ensuite desquelles fiançailles le Mariage indissoluble se celebrera en France, selon l'ordre & forme qui furent observés à celui du Roi Henri le Grand, & de la feüe Reine Margueritte, & de feüe Madame sa sœur, avec feu Mr. le Duc de Bar.

IV. Qu'aprés ladite celebration, madite Dame sera menée en Angleterre le plûtôt que faire se pourra, & sera conduite aux frais de Sa Majesté Tres-Chrêtienne jusques en la Ville de   où elle sera consignée à ceux qu'il plaira à Sadite Majesté de la Grande Bretagne destiner à cet effet, & dudit   en Angleterre, le défrai de madite Dame sera fait par Sa Majesté de la Grande Bretagne: le tout de part & d'autre comme il est convenable à la dignité d'une Princesse née de la Maison de France, jointe par Mariage au Roi de la Grande Bretagne.

V. Ledit Mariage estant fait & celebré en France, a esté accordé que madite Dame estant arrivée en Angleterre, on prendra un jour où Sa Majesté de la Grande Bretagne & Madame sa Femme estant en l'une des Salles du Palais Roial parée selon leur dignité, lecture publique sera faite du present Contract de Mariage, ensemble des Pouvoirs & Procurations en vertu desquels

ANNO 1625.

quels il a esté passé; aprés quoi ledit Contract sera de nouveau ratifié par Sadite Majesté de la Grande Bretagne, en presence de ceux qu'il aura plû à Sa Majesté Tres-Chrêtienne commettre à cet effet, & des Grands des Royaumes dudit Roi de la Grande Bretagne, qui se trouveront en cette Action, en laquelle n'intervicndra aucune Ceremonie Ecclesiastique.

VI. Le libre exercice de la Religion Catholique, Apostolique & Romaine est accordé à Madame, comme aussi à toute sa suite, & aux enfans qui naîtront de ses Officiers : pour cet effet madite Dame aura une Chapelle dans toutes les Maisons Roiales, & en quelque lieu des Etats du Roi de la Grande Bretagne qu'elle se trouve & demeure. Que lesdites Chapelles seront ornées comme il appartient, & le soin & la garde en seront commis à tels qu'il plaira à madite Dame ordonner. La prédication de la parole de Dieu, & administration des Sacremens, la Messe & tous Offices Divins pourront librement & solemnellement être faits en icelles selon l'usage Romain : même toutes Indulgences & Jubilés, que madite Dame obtiendra du Pape, y pourront estre gagnés : sera aussi donné un Cimetiere en la Ville de Londres, auquel ceux de la suite de madite Dame, qui viendront à deceder, seront inhumés selon l'usage de l'Eglise Romaine, ce qui se fera modestement ; lequel Cimetiere sera fermé, en sorte qu'il ne puisse estre prophané.

VII. Que madite Dame aura un Evêque pour son Grand Aumônier, qui aura toute jurisdiction & authorité necessaire pour les causes qui regardent la Religion, lequel pourra proceder contre les Ecclesiastiques qui seront sous sa Charge, selon les Constitutions Canoniques. Et en cas que la Cour Seculiere se saisit de quelqu'un desdits Ecclesiastiques pour quelque crime qui concernât l'Etat, & qu'elle eût fait informer contre lui, elle renvoyera audit Evêque ledit Ecclesiastique, avec les charges & informations faites contre lui, afin qu'il connoisse du delit : lequel estant privilegié, il le remettra entre les mains de ladite Cour Seculiere, aprés l'avoir degradé. Et pour toutes autres fautes, seront renvoyés lesdits Ecclesiastiques au susdit Evêque, pour proceder contre eux, selon les Constitutions Canoniques ; & en cas d'absence ou maladie dudit Evêque, celui qu'il commettra pour son Grand Vicaire, aura le même pouvoir.

VIII. Madite Dame aura vingt-huit Prêtres ou Ecclesiastiques sur l'Etat de sa Maison, en ce compris ses Aumôniers & Chapellains, pour desservir les susdites Chapelles, selon qu'il leur sera ordonné : & si aucun d'entre eux est Regulier, il pourra retenir son habit.

IX. Le Roi de la Grande Bretagne est obligé par serment de ne tâcher par quelque voye que ce puisse estre, de faire renoncer Madame à la Religion Catholique, Apostolique & Romaine, ni la porter à chose quelconque qui y soit contraire.

X. La Maison de Madame sera composée avec autant de dignité & aussi grand nombre d'Officiers, qu'ait jamais eu aucune Reine d'Angleterre.

XI. Tous les Domestiques que madite Dame menera en Angleterre, seront Catholiques & François, choisis par Sa Majesté Tres-Chrêtienne ; & où ils viendroient à mourir, ou que madite Dame en voulût changer quelques-uns, elle en prendra en leur place d'autres Catholiques & François, ou Anglois, moyennant que Sa Majesté de la Grande Bretagne y consente.

XII. Les Domestiques feront serment au Roi & à Madame, selon la forme qui ensuit : *Je tel &c. jure & promets fidelité au Serenissime Charles Roi de la Grande Bretagne, & à la Reine son Epouse, que je garderai fidellement & inviolablement : & si je connois que l'on veuille attenter quelque chose contre la personne, l'honneur & la dignité desdits Roi & Reine, ou des Etats, & du bien public, du Royaume dudit Roi, je le dénoncerai aussi-tost au susdit Roi ou Reine, ou autres qui en auront la charge.*

XIII. Le Dot de madite Dame sera de huit cens mille écus, de trois livres piece monnoye de France, dont Sa Majesté Tres-Chrêtienne fera acquitter la moitié la veille des épousailles dans la Ville de Londres, & l'autre moitié dans un an, à commencer du jour dudit premier payement.

XIV. Advenant que le Roi decede avant Madame, sans enfans de leur Mariage, les deniers du Dot qu'elle aura porté & payé, lui seront entierement restitués, pour en disposer à sa volonté, soit qu'elle demeure en Angleterre, ou qu'elle retourne en France, auquel cas elle les rapportera avec elle.

XV. Mais s'il reste des enfans dudit Mariage, la restitution du Dot se fera seulement de deux tiers d'icelui, l'autre tiers demeurant ameubli, soit que madite Dame repasse en France, ou qu'elle demeure en Angleterre ; mais en ce cas lui sera fait, sa vie durant, rente dudit tiers, ou Dot ameubli aux enfans au denier vingt.

XVI. Les enfans, qui naîtront dudit Mariage, seront nourris & élevés, jusqu'à l'âge de treize ans auprés de madite Reine dés leur naissance.

XVII. Les enfans dudit Mariage heriteront encore aprés le decez de madite Dame dés deux tiers dudit Dot, qui auront esté restitués, sinon que madite Dame convolât en secondes nôces, & qu'elle eût enfans du dernier Mariage, comme du premier ; auquel cas les uns & les autres auront part ausdits deux tiers dudit Dot restitué à madite Dame.

XVIII. Et s'il advient que madite Dame décede avant ledit Roi, sans enfans dudit Mariage, Sa Majesté Tres-Chrêtienne, accorde que la moitié dudit Dot soit seulement restituée ; & en cas d'enfans, que tous les deniers d'icelui, leur demeureront acquis.

XIX. Sera madite Dame doüée de dix-huit mille livres sterlin par an, revenant monnoye de France à soixante mille écus.

XX. Sa Majesté de la Grande Bretagne donnera à madite Dame en faveur dudit Mariage pour cinquante mille écus de bagues, lesquelles seront propres à elle & aux siens, comme celles qu'elle a dés maintenant, & lui seront données ci-aprés.

XXI. Sera Sadite Majesté de la Grande Bretagne tenuë de l'entretenement de madite Dame & de sa Maison, & en cas qu'elle fût veuve, elle joüira de son Dot, Doüaire, & autres conditions à elle accordées.

XXII. Et en cas que le Roi vienne à predeceder aiant des enfans, ou n'en ayant point, madite Dame joüira librement en quelque lieu qu'elle veüille demeurer de son Doüaire, qui lui sera assigné en Terres, Châteaux & Maisons, qui en dépendront, dont l'une sera telle qu'elle y puisse faire son sejour ordinaire, meublée comme il convient à une Princesse de sa qualité : la libre disposition des Benefices & Offices desdites Terres, dont l'une aura titre de Duché ou Comté, appartiendra à madite Dame.

XXIII. Il sera libre à madite Dame, soit qu'elle ait des enfans ou non, de pouvoir revenir en France, d'y rapporter ses meubles, bagues & joiaux, en outre son Dot, selon qu'il est ci-dessus specifié.

XXIV. Madite Dame renonce à toutes successions paternelles & maternelles, & au collateral quant aux Terres souveraines, & autres Terres du Domaine Roial, sujettes à reversion par appanage, ou autrement.

XXV. Et sera le present Contract de Mariage registré en la Cour du Parlement & Chambre des Comptes à Paris, ratifié en Angleterre par ceux du Parlement assemblés, & registré dans les Justices ordinaires des lieux : promettant lesdits Rois de ne contrevenir à aucune des clauses & conditions portées par icelui.

XXVI. Est encore convenu & accordé que celui des deux Rois qui viendra à manquer à l'accomplissement du present Mariage, sera tenu & obligé de paier la somme de quatre cens mille écus, comme pour la peine du dédit.

Tous lesquels Articles, Pactions, Conventions, Clauses & Conditions ci-dessus leurs Majestés Tres-Chrêtiennes, & lesdits Sieurs Ambassadeurs, au nom & comme Procureurs de sadite Majesté de la Grande Bretagne, en vertu de leurs Pouvoirs & Procurations, qui seront ci-aprés transcrits, avec le Pouvoir donné par Sadite Majesté Tres-Chrêtienne ausdits Sieurs de son Conseil, qui sera pareillement inseré à la fin des Presentes, ont declaré avoir agreable, & à l'observation d'iceux se sont obligés & obligent sous l'hypotheque de tous & chacuns leurs biens presens & à venir. Et fut ledit present Contract fait, passé, conclu & arrêté à Paris au Château du Louvre, signé de leurs Majestés, de mesdits Seigneurs & Dames, & desdits Sieurs Ambassadeurs, autres Princes, Princesses, Officiers de la Couronne, & principaux Seigneurs du Conseil, & contresigné de nous Notaire Secretaire du Roi, Maison & Couronne de France, Conseiller, Secretaire d'Etat, & des Commandemens & Finances de Sadite Majesté Tres-Chrêtienne, ce jourd'hui Jeudi huitiéme de Mai mil six cens vingt-cinq. Ainsi signé en la Minute des Presentes, LOUIS, MARIE, ANNE.

ANNO 1625. GASTON, HENRIETTE-MARIE, CARLILE, HOLLANDE, H. DE MONTMORENCI, LOÜISE DE LORRAINE, ANNE DE MONTAFIE, MARIE DE BOURBON, DE LOMENIE, & POTIER.

CCLXVI.

2. Août. *Traité entre* CHARLES I. *Roi de la Grand' Bretagne, & les* PROVINCES-UNIES *des Pays-bas, pour l'union de vingt Navires de Guerre Hollandois, à la Flote Angloise, composée de quatre-vingts-deux Vaisseaux, pour l'attaque de Cadis, ce qui n'eut pourtant aucun effet. A la Haye, le 2. d'Août, 1625.* [AITZEMA, Affaires d'Etat & de Guerre, Tom. I. pag. 1224. d'où l'on a tiré cette Pièce, qui se trouve en Latin dans LONDORPII *Acta publica*, Tom. III. pag. 797.]

ANGLETERRE ET LES PROVINCES-UNIES.

COMME ainsi soit que le Sereniffime Roy de la *Grande Bretagne* ayt fait équipper une Flotte de *huictante & deux* Navires de Guerre fournies d'Artillerie, & toute sorte d'Ammunitions & Vivres necessaires, soubs un Admiral, Vice-Admiral, & autres Capitaines & Officiers, avec grand nombre de gens tant de Marine, que de Guerre: à laquelle Flotte Royale les Sieurs Estats Generaux des Provinces-Unies, feront joindre *vingt* autres Navires, par eux faictes équipper, armées & pourveües aussi d'Artillerie, & de toutes sortes de munitions & vivres necessaires, avec leurs Commandeurs, Capitaines & Matelots de qualité & nombre convenable, pour estre ces deux Flottes unies, & envoyées en Mer à certain voyage & dessein destiné par sa Majesté au dommage des ennemis communs, & que besoing est, que tout soit conduit en bon ordre & avec correspondence, pour en tirer le plus de service, que faire se pourra, sans destourbier, desordre, ou confusion, apres communication sur ce tenuë, entre les Sieurs *Dudley Carleton* Chevalier, Ambassadeur Ordinaire dudict Sieur Roy, & les Deputez desdicts Sieurs Estats, est accordé & convenu, que lesdits *vingt* Navires des Sieurs Estats feront une Esquadre à part, & feront conduittes & commandées par leur Admiral, Vice & Arriere-Admiral, soubs leurs Banniéres ou Pavillons selon l'ordre & l'usage des autres Flottes & Navires de Guerre du Royaume d'Angleterre & de ces Provinces, ainsi toutesfois que ledict Admiral recevra & suivra les Ordres & Commandements de l'Admiral ou General de la Flotte Royale, lesquels il departira auxdits Vice & Arriere-Admiral & autres Capitaines & Officiers desdits *vingt* Navires.

Que l'Admiral & Vice-Admiral desdits *vingt* Navires auront *seance & voix* deliberative & resolutive au Conseil de la Flotte Generale, ledict Admiral apres, & le plus proche de l'Admiral des Navires de sa Majesté, & le Vice-Admiral en tel lieu & ordre apres le Vice-Admiral d'Angleterre, que par apres luy sera convenablement, & selon raison attribué, quand tous les Officiers de la Flotte Royale seront ensemble. Que des *Conquestes* qui se feront en Mer ou dans les Ports & Havres des Ennemis, de Navires, leur équippage & appartenances, despouilles, Or, Argent, Marchandises, & autres tels qu'ils soyent, lesdits *vingt* Navires auront pour leur partage la *cinquiesme* partie. Ainsi accordé & conclu à la *Haye* entre ledit Sieur Ambassadeur *Carleton*, & lesdits Sieurs Deputez. En tesmoing de quoy cet Acte est par eux signé le 2. d'Aoust 1625. DUDLEY CARLETON, NICOLAS DE BOUCHORST, S. VAN BEAUMONT, GISBERT DE BOETSELAER, S. VAN HAERSOLTE.

CCLXVII.

17. Sept. *Traité de Ligue Offensive & Défensive entre* CHARLES I. *Roi de la Grande Bretagne, & les* PROVINCES-UNIES *des Pays-bas. Fait à Southampton, le 17. Septembre 1625.* [AITZEMA, Affaires d'Etat & de Guerre, Tom. I. p. 1226. d'où l'on a tiré cette Pièce, qui se trouve en Latin dans LONDORPII *Acta publica*, Lib. VIII. pag. 798.]

ANGLETERRE ET LES PROVINCES-UNIES.

LES Estats Generaux des Provinces-Unies du Pays-bas, à tous ceux qui ces presentes verront, Salut. Comme ainsi soit que le 17 jour de Septembre l'an present 1625. un Traicté d'Alliance, de Ligue Offensive & Defensive ayt esté fait & accordé à Zouthampton entre les Seigneurs Commissaires du Sereniffime Roy de la Grande Bretagne au nom dudit Roy & ses Royaumes, & les Ambassadeurs par nous envoyés à sadite Majesté en nostre nom & de nostre Republique, dont la teneur s'ensuit. ANNO 1625.

Comme ainsi soit que pour d'un commun effort rompre les progrès des injustes usurpations du Roy d'Espagne & des ambitieuses entreprises par lesquelles il trouble journellement le repos & Estats des Roys & Princes de l'Europe, & particuliérement celuy des Provinces-Unies des Pays-bas; le Tres-haut, Tres-excellent, & Tres-puissant Prince *Charles* par la grace de Dieu Roy de la Grande Bretagne, France & Yrlande, Defenseur de la Foy, &c. Auroit esté instamment requis de la part de Hauts & Puissants Seigneurs les Estats Generaux desdites Provinces-Unies des Pays-bas, par le moyen de Messieurs *François d'Aerssen*, Chevalier, Sieur de Sommelsdijck, de la Plate; *Aelbert Joachimi*, aussi Chevalier, Sieur à Ostende & Oedekenskercke, & *Rienck de Burmania* à Fervert, Grietman de Ferverderadeel, Ambassadeurs vers sadite Majesté de la part desdits Seigneurs Estats, d'entrer avec eux en une Confederation plus estroitte & *en Ligue offensive & defensive* contre ledit Roy d'Espagne & ses Adherens, sadite Majesté de la Grande Bretagne, &c. En continuation de l'affection & soing que les Roys & Reynes ses Predecesseurs, & notament le feu Roy de glorieuse memoire, son tres-honoré Seigneur & Pere, ont tousjours eu de la conservation & subsistence desdites Provinces-Unies, contre ledit Roi d'Espagne & Ennemis de leur liberté; comme aussi des assistences & grands secours qui leur ont esté donnez de temps en temps, tant par la Dame *Reyne Elizabeth*, que par ledit Seigneur Roy Pere de sa Majesté à l'entier restablissement de son tres-cher Frere *Frederick Sereniffime Prince Electeur Palatin du Rhin & ses Estats, possessions, & Dignitez hereditaires*, dont il a esté injustement depossedé par ledit Roy d'Espagne & ses Adherens: sa Majesté ayant nommé & constitué les Seigneurs *Jacques Baron Ley*, son Grand Thresorier d'Angleterre; *George Duc de Buckingam*, son Grand Admiral d'Angleterre; *Guillaume Comte de Pembroke*, Chambellan de son Hostel; *Jacques Comte de Carlile*; *Henry Comte d'Hollande*; *Eduart Baron Conwey*, premier Secretaire d'Estat; *Fulcke Baron Brooke*; *Robbert Naunton* Chevalier, Maistre des Guardes Nobles; *Albert Maurton*, n'agueres Chevalier, & l'autre des premiers Secretaires; & *Richard Weston*, Chevalier, Chancelier de son Exchiquier, ou *six d'eux*, tous & un chascun d'eux Conseillers en son Conseil d'Estat & Privé, & iceux garnis de Pouvoir suffisant dont Copie sera inserée à la fin de ce present Traitté, pour avec lesdits Sieurs Ambassadeurs desdits Seigneurs Estats, munis aussi de Pouvoir suffisant, dont Copie sera pareillement inserée apres celle desdicts Seigneurs Commissaires de sadite Majesté traitter, convenir, & conclurre d'une *Ligue Offensive & Defensive* entre sadite Majesté & lesdits Seigneurs Estats contre ledict Roy d'Espagne & ses adherens: lesquels Commissaires de sadite Majesté & Ambassadeurs desdicts Seigneurs Estats, apres plusieurs assemblées & deliberations tenues sur ce sujeét, ont convenu, conclu, & arresté les Poincts & Articles qui s'ensuivent.

I. Premierement il y aura alliance de *Ligue Offensive & Defensive* entre sadite Majesté d'une part, & lesdits Seigneurs Estats d'autre part, afin *d'assaillir* le Roy d'Espagne à guerre ouverte en tous ses Royaumes, Terres, Sujects, & Droits en tous lieux, deçà & de là la Ligne par Mer & par Terre.

II. Laquelle dite Alliance durera si longuement *que le Roy d'Espagne continuera de pretendre par guerre, voyes de fait, & autres ambitieuses menées sur la liberté & droicts desdictes Provinces-Unies, & que la Dignité Electorale, Terres, & autres Estats Patrimoniaux du Palatinat demeureront occupez par luy ou par ses Adherans, au moins pour le terme de quinze ans.*

III. Et ne pourront sa Majesté de la Grande Bretagne, &c. ny lesdicts Seigneurs Estats traicter avec le dict Roy d'Espagne ny ses Adherens dans ledict terme de quinze ans prochain venans, à commencer du jour de la presente Convention, de Paix, Tresve, suspension d'Armes, ny entrer en aucune autre Negociation tendente à pareille fin, directement ou indirectement,

ny

ny aussi quitter ou renoncer à la presente Alliance, *que de l'advis & consentement commun.* Et seront sadicte Majesté & lesdicts Seigneurs Estats tenus se declarer sur la continuation de la presente Alliance, un an auparavant que lesdicts quinze ans viendront à expirer.

IV. Seront receus en cette Alliance tous les Rois, Princes, Republiques, Villes, & Communautez interessez en cette cause qui le desireront à condition équitable, lesquels seront requis solennellement par deputation expresse de ce faire par sadicte Majesté & lesdicts Seigneurs Estats, separement, ou ensemblement, dans trois mois apres la conclution du present Traicté, & plustost si faire se peut.

V. Il y aura bonne & sincere correspondence pour la defense mutuelle des Royaumes, Estats & Subjects l'un de l'autre, entre sadite Majesté & lesdicts Seigneurs Estats qui demeureront respectivement tenus de procurer à leur possible le bien, seureté, & advantage l'un de l'autre, comme aussi d'advancer le dommage, affoiblissement & ruine dudit Roy d'Espagne leur Ennemy commun.

VI. Lequel commun Ennemy sadite Majesté & lesdits Seigneurs Estats seront obligés d'attaquer *de toute leur puissance*, par Mer & par Terre, & seront à cette fin tous les ans équipper & entretenir une, deux, ou plusieurs Flottes; au moyen desquelles ils les feront envahir & infester, par descente d'arme en Terre ferme, ou par autres aggressions en tous ses Ports & Isles, avec tant de vigueur que la Communication de la Mer, le Commerce parmy l'Europe, le Negoce des deux Indes, & principalement le retour annuel de ses Flottes, luy en puisse demeurer coupé & retranché.

VII. Et afin d'entreprendre tel dessein avec ordre & une despence reiglée & partagée, sans la laisser toute à la charge de sadite Majesté ou desdits Seigneurs Estats seuls, il a esté dit, & convenu que sadite Majesté de la Grande Bretagne, &c. tiendra un bon nombre de Vaisseaux équippés, & armés en guerre, aux Costes & Isles d'Espagne pour tenir d'ordinaire bouchées les entrées des Rivieres de *Lisbone*, de *St. Lucas*, & la *Baye de Cadis* autant que faire se pourra; comme seront pareillement lesdits Seigneurs Etats tenus de leur part, de faire aux Costes de Flandres, pour tenir les Ports fermés & la Mer libre de pirateries, à leur possible.

VIII. Mais si en outre il est trouvé bon, pour faire une plus gaillarde impression, & occuper plus sensiblement ledit Roy d'Espagne en ses propres Royaumes & Estats, de mettre une grande Flotte en Mer, avec un dessein reglé & concerté entre sadite Majesté & lesdits Seigneurs Estats : en tel cas lesdits Seigneurs Estats seront tenus de contribuer une *quatriesme partie* du nombre des Vaisseaux que saditte Majesté à cette fin fera armer, & jetter en Mer; montés, & munitionnés pour pareil temps & proportionés à la mesme grandeur & port de ceux de sa Majesté.

IX. Sa Majesté aura le commandement sur toutte telle Flotte, par son Admiral ou Vice-Admiral subsecutivement, toutesfois il a esté convenu & accordé, que l'Admiral & Vice-Admiral qui commanderont la Flotte desdits Seigneurs Etats, quand ils seront conjoint avec celle de sa Majesté pourront arborer une seconde Baniere, assister avec quelques vieux Capitaines, & avoir *voix* à toutes les tenuës, & deliberations du Conseil de Guerre, & que les commandements qui se feront sur ladite Flotte desdits Seigneurs Estats, par l'Admiral ou Vice-Admiral de sadite Majesté, se feront mediatement & par l'entremise de l'Admiral ou Vice-Admiral desdits Seigneurs Estats : lesquels dits Admiral ou Vice-Admiral desdits Seigneurs Estats auront aussi toute *Justice* sur leurs Officiers, Soldats, & Mariniers quand ils auront dispute entre eux, mais s'il arrivoit quelque dispute ou controverse entre quelques uns de la Flotte de sadite Majesté & celle desdits Seigneurs Estats, le different sera examiné & decidé selon les Loix & Ordonnances par l'Admiral ou Vice-Admiral de sadite Majesté au Conseil de Guerre.

X. Aux exploits de guerre qui se feront pour forcer quelques Havres, monter des Rivieres, assaillir les Navires ennemis, ou aux autres actions de pareil danger & nature, il sera gardé cest ordre : qu'il ne sera employé plus grand nombre des Navires desdicts Seigneurs Estats que proportionné à celuy de sadite Majesté selon la quantité du secours; si d'un commun consentement des Chefs de part & d'autre, il n'est autrement resolu.

XI. Si l'une ou l'autre Flotte venoit en Mer à avoir besoing d'aide & assistence de Vivres, Munitions, Voiles, ou autres apparaux; les Amiraux les en feront secourir, s'il y a moyen, à prix raisonnable, ou à la charge d'en faire rendre autant au retour des Flottes à l'option de ceux qui l'auront demandé.

XII. Si ces Flottes ainsi conjointes & armées, font quelque prinse sur les Ennemis communs en Mer ou à Terre, d'Hommes, de Navires, d'Or, d'Argent, de Marchandises, & d'autres meubles; sera incontinent faict un estat & Registre de toutes telles prinses, en presence & par le moyen des Officiers des deux Flottes ensemble, de bonne foy, & sans en rien cacher ou destourner : lesquels seront par apres équitablement partagez à proportion du nombre; & du port des Vaisseaux que sadicte Majesté & lesdits Seigneurs Estats auront reëllement, & de faict fourny, pour parformer leur Flotte commune, nonobstant qu'il pourroit arriver que lors de la prinse, nul des Navires de sa Majesté ou *vice versa* desdits Seigneurs Estats s'y seroit rencontré, pourveu que telles prinses ayent esté faittes par une partie des Vaisseaux de la Flotte commune.

XIII. Mais si sadicte Majesté de la Grande Bretagne, &c. trouvoit bon de faire embarquer à ses despens une bonne armée, & la descendre quelque part à Terre au Pays de l'Ennemy, afin d'y faire invasion & occuper quelque Ville, ou assiette forte à y loger sadite Armée en seureté, & lieu commode, pour advantager ses desseings : il est accordé que les occupations qui de cette sorte se feront en Terre ferme appartiendront & demeureront purement & simplement à sadite Majesté, nonobstant que la Flotte desdits Seigneurs Estats y pourroit avoir assisté & aydé.

XIV. Bien entendu toutesfois, que si à telle descente & execution les Sujects desdits Seigneurs Estats entreviennent, qu'ils auront aussi leur part au butin & meubles, proportionnée de leur nombre à celuy des Subjects de sadicte Majesté, à laquelle seule demeureront tous les acquests immeubles des Isles, Villes, & Terres.

XV. Ceux qui auront commission de sadicte Majesté de la Grande Bretagne ou desdits Seigneurs Estats pourront, en vertu de cette Alliance, poursuivre, combattre, prendre, & emmener par tout leurs Ennemis, en quelques endroicts qu'ils viennent à les rencontrer, mesmes aux Rades, Emboucheures, & Rivieres, & aux Ports de Mer de part & d'autre : à la charge que ceux qui auront esté prins aux Rades, Emboucheures, & auxdits Ports, ne pourront estre emmenez devant que d'en payer les droicts, devoirs, & coustumes à ceux qu'il appartiendra : lesquels Ports & Rades de sadite Majesté & desdits Seigneurs Estats seront ouverts & libres aux Navires de Guerre & Marchands de part & d'autre qui y pourront entrer, demeurer, sortir, & rader sans nul empeschement : se reigleront neantmoins iceux Navires selon les Loix, Droicts, & Coustumes des lieux.

XVI. Si par tempeste, poursuitte de Pyrates, ou par quelque autre contrainte, & meschef aucuns Navires Marchands prennent Port dans le Pays de l'obeissance de sadite Majesté ou desdits Seigneurs Estats, iceux s'en pourront retirer librement à leur volonté, sans pour ce estre tenus de descendre, troquer, ou vendre leurs Marchandises, n'y d'en payer aucuns droicts.

XVII. Les Capitaines commandans les Navires de Guerre de sadite Majesté ou desdits Seigneurs Etats, & envoyez en Mer avec les Commissions privées de leurs Souverains, n'estant point comprins au Corps de ladite Flotte commune, pourront pareillement en toute seureté mener aux Ports & Rades de sadite Majesté & desdits Seigneurs Estats, leurs prinses, faites sur les Ennemis communs, & les en retirer par apres franchement à leur plaisir, pour les conduire au lieu qu'ils doibvent par leur Commission sans estre tenues de notifier leur dites prinses aux Officiers du lieu, ou leur en payer aucuns droicts, mais à la charge toutesfois de monstrer leurs Commissions, s'ils en sont requis par iceux.

XVIII. Si durant la presente Confederation aucuns Navires, par tempeste, ou autre mesadvanture, viennent à s'eschouer ou se perdre sur les costes de sadite Majesté de la Grande Bretagne, &c. ou sur celles desdits Seigneurs Estats, tels Navires ou leurs debris pourront estre reclamés & repetés dans l'an, par ceux ausquels ils appartiendront de droict, ou en ayant cause & procuration d'eux, & leur seront rendus, sans autre forme de procès, payans selon les droicts & coustume des lieux.

XIX.

ANNO 1625.

XIX. Si sur telle ou pareille occurrence, il arrivoit dispute entre les Subjects de part & d'autre, les Officiers des lieux seront obligés de leur faire & administrer bonne & courte justice, sans trainer & entretenir les Parties en longueur, par aucune formalité de Procès.

XX. Toutes Marchandises de contrebande, comme sont munitions de bouche & de guerre, Navires, armes, voiles, cordages, or, argent, cuivre, fer, plomb, & semblables, de quelque part qu'on les voudra porter en Espagne, & aux autres Pays de l'obeïssance dudit Roy d'Espagne & de ses Adherens, seront de bonne prinse, avec les Navires & Hommes qu'ils porteront.

XXI. Sadite Majesté fera instance envers les autres Roys, Princes, Estats, Villes, & Communautés neutres, de faire defence à leurs Subjects de traficquer, tant que la presente Guerre durera, avec les Royaumes & autres possessions dudit Roy d'Espagne & de ses Adherens, afin de ne leur laisser encourir à leur escient, aucun dommage.

XXII. Ce que ne venant à s'obtenir de leur gré, il est convenu, que les Navires qui se trouveront à la Mer, suspects de prendre leur route devers l'Espagne, les Isles, ou autres Estats dudit Roy d'Espagne, & de ses Adherens, seront obligés de s'arrester, pour estre recognus & visités, sans pource les pouvoir retarder ou endommager.

XXIII. Le Negoce ou Commerce sera cependant ouvert & permis par tout ailleurs aux Royaumes, Villes, Terres, & Pays des Alliés, & des Princes & Amis Neutres, sans interruption ny destourbier.

XXIV. Pareillement pourront sadite Majesté & lesdits Estats, se faire fournir aux Pays l'un de l'autre de toutes sortes de Munitions, d'Armes, Cordages, Voiles, & Victuailles, pour le necessaire équipage de leurs Flottes, sans pour l'achapt ou transport, estre tenus payer d'avantage que ceux du Pays auquel ces achats auront esté faits.

XXV. Sa Majesté traitera lesdits Seigneurs Estats en Amis, & Voisins alliez avec elle d'une Alliance estroicte, en ce qui concerne le Traficq d'Artillerie, & balles ou boulets à Canon, leur permettant d'achepter & transporter hors de ses Royaumes & Dominions telle provision d'Artillerie, & à tel pris & conditions que les autres Alliés de sa Majesté ou ses propres Subjects sont accoustumez de l'avoir.

XXVI. Et avenant que par cy-apres, sadicte Majesté & lesdits Sieurs Estats separement, ou ensemblement viendroient à descouvrir des nouveaux moyens, & expediens propres pour endommager plus puissament ledit Roy d'Espagne, par Mer, que ceux desquels il est convenu en ce Traicté, & demandoient d'ajuster leurs entreprises avec commune deliberation & advis : il est accordé qu'ils en communiqueront & concerteront par leurs Ambassadeurs quand bon leur semblera, ou par deputation & envoy exprès s'il est trouvé utile & à propos.

XXVII. Et comme il a esté dict qu'il faut entreprendre & assaillir le Roi d'Espagne à guerre ouverte & à toute outrance par Mer & par Terre, sadite Majesté & lesdits Seigneurs Estats seront tenus de faire chacun separement, & à ses frais & depens, une forte Armée de gens de pied & de cheval, artillé convenablement & fournie plantureusement de tout ce qui sera necessaire, pour la soustenir & la rendre capable d'assaillir l'Ennemy commun, tant à la Campagne, qu'en ses Villes closes, par sieges, surprinses, & autrement.

XXVIII. Laquelle dite Armée, du costé de sadite Majesté de la Grande Bretagne, &c. ne pourra estre moindre de *vingt cinq* à *trente mille hommes* de pied, *quatre* à *cinq mille* Cuirassiers, avec un train d'Artillerie d'attelage, chariage, & de munitions bien proportionnez.

XXIX. Et feront lesdits Seigneurs Estats pareillement effort de leur costé de mettre aussi ensemble un corps d'Armée de pareil nombre d'Infanterie & de Cavallerie, avec un plein attirail de Canon & de ses suittes, & dependances ordinaires & necessaires.

XXX. Sadite Majesté & lesdits Sieurs Estats adviseront cy-apres entre eux du temps qu'il conviendra sortir semblablement leurs armées aux champs, & à ceste fin s'entrecommuniqueront leurs desseins l'un & l'autre, pour d'autant plus commodement divertir & distraire les forces de leur Ennemy, en divers lieux.

XXXI. A ce faire ils promettent de conduire chacun ses armes de telle sorte, qu'à leur meilleur escient ils en procureront la seureté, facilité, & utilité l'un de l'autre, entretenant à cette fin une ordinaire & tres confidente correspondance par ensemble.

ANNO 1625.

XXXII. Cas aveuant que pour le transport de son Armée & son Attirail, sadite Majesté venoit à avoir besoing de quelque nombre de Vaisseaux propres à ce faire : lesdits Seigneurs Estats feront devoir d'en faire promptement accommoder sadite Majesté en payant, à condition raisonnable, en estans advertis en temps, pour en faire convenir avec les proprietaires.

XXXIII. Les Conquestes qui de l'une ou de l'autre Armée se feront demeureront entieres à celle qui les aura faites.

XXXIV. Et sera sa Majesté à son besoing & desir servie dedans les Provinces-Unies hors des Magasins, & autrement, de Navires, d'Armes & Munitions de Guerre, & Vivres, Materiaux, & autres necessités, en payant.

XXXV. Ces Armées ne seront retirées de la Campaigne avant le temps que sa Majesté & lesdits Seigneurs Estats ensemble adviseront, ny aussi retranchées, que d'advis commun, mais les Chefs de part & d'autre, seront tenus les tenir fortes & complettes, & les refraischir de temps en temps, de nouvelles recreües.

XXXVI. Si l'Ennemy venoit à tourner toutes ses forces contre un seul des Confœderés, l'autre sera tenu de bouger son Armée aussitost, si elle n'est engagée, & l'embesoigner au Pays, & à l'endroict où se pourra faire plus sensible dommage audit Ennemy, s'il n'estime plus seur, & n'aime mieux marcher incontinent avec son Armée au secours de l'autre, pour serrer s'il est possible l'Ennemy entre les deux Armées.

XXXVII. Il sera cy-apres traitté entre sadite Majesté & lesdits Seigneurs Estats sur l'ordre des contributions qui se leveront aux Pays & Estats Ennemis.

XXXVIII. L'une ou l'autre Armée venant à estre *pressée*, sa Majesté & lesdits Seigneurs Estats s'entrenvoyeront du secours, si faire se peut, de tant de gens que leur propre seureté permettra.

XXXIX. Toutes *Lettres de Represailles*, *Marque*, *Arrest*, & autres semblables, qui ont esté cy-devant octroyées & decernées contre les Subjects de l'un ou l'autre des Confœderez pour quelque cause que ce soit, n'auront lieu de part & d'autre, ains sont des maintenant & demeureront nulles & de nul effect, & pour l'advenir n'en seront aucunes octroyées, mais justice sera rendue & administrée, ainsi que de droict appartiendra.

XL. Par la presente Alliance, ny par aucunes paroles y contenus generales ou speciales, n'est pas compris ny entendu qu'il y ait aucune *innovation*, *interruption*, *ou changement en la liberté de la Navigation & Commerce*, és Royaumes, Estats, & Pays de sa Majesté, desdits Seigneurs Estats, & autres Roys, Princes, Villes, Amis, Alliez & Neutres, ny aussi aux Loix & Coustumes des Admirautés, payements de Daces, Impots, Subsides, devoirs de part & d'autre, ny aux droicts appellés Coustumes en Angleterre : ains a esté expressement convenu & accordé que ladite Liberté, Droicts, Daces, Imposts, Loix, Coustumes & payements susdicts demeureront en leur pleine & entiere force & vertu comme ils estoyent le jour precedent de la conclusion du present Traicté.

Lesquelles Conventions, Pactions & Articles cydessus convenus, & chacun d'iceux, ont esté traictés, stipulés, accordés, & passés entre lesdits Commissaires de sa dicte Majesté & lesdits Sieurs Ambassadeurs desdits Seigneurs Estats Generaux, promettants de bonne foy, & s'obligeans en vertu de leurs Commissions respectivement, qui seront insérées à la fin du present Traicté, que dans trois mois prochainement venans, ou plustost, si faire se peut, ils feront fournir, sçavoir les Seigneurs Commissaires de sadite Majesté aux Sieurs Ambassadeurs desdits Seigneurs Estats, & ceux des Estats aux Seigneurs Commissaires de sadite Majesté *La Déclaration* speciale de la volonté de leurs Souverains sur iceluy Traitté ou Lettres de *Ratification* en forme suffisante & vallable.

En foy & tesmoignage de toutes lesquelles Pactions, Conventions & Articles, lesdits Seigneurs Commissaires & Sieurs Ambassadeurs ont signé ce present Traicté & à iceluy apposé le seel de leurs Armes. Faict en la Ville de *Southampton* ce *septiesme jour de Septembre l'an mille six cens vingt cinq* stile d'Angleterre.

Ensuivoit la teneur des Commissions. CHARLES par la Grace de Dieu, &c. datée Tichfield le *vingt cinq* d'Aougst

ANNO 1625.

d'Aougst *mille six cent vingt cinq*, & plus bas CHARLES REX: *puis suivoit le Pouvoir ou Commission des Estats Generaux*, datée à la Haye le *douze* Juin *mille six cent vingt cinq*. S. BEAUMONT *vidit*, & sur le reply, par Ordonnance desdits Seigneurs Estats Generaux.

J. VAN GOCH.

Signé & seellé comme s'ensuit.

JAMES LEY.
G. BUCKINGAM.
PEMBROKE.
CARLILE
HOLLANDE.
E. CONWEY.
RICH. WESTON.

FRANÇOIS D'AERSSEN.
ALB. JOACHIMI.
R. V. BURMANIA.

La Ratification des Seigneurs Estats Generaux estoit signée à la Haye le 14. *Decembre* 1625. Paraphé VARWER *vidit. Et sur le reply estoit escript*, par Ordonnance desdits Seigneurs Estats Generaux, Signé

J. VAN GOCH.

La Ratification du Roy, estoit signée le *vingtiesme* Decembre *mille six cent vingt cinq* datée CAREW, *Plus-bas*,

CHARLES REX.

CCLXVIII.

26. Nov. (1) *Transport & Cession faite par* FRANÇOIS DE LORRAINE *Comte de Vaudemont, des Duchez de* Lorraine *&* Barrois, *au Duc* CHARLES *son Fils Aîné. Fait à Nancy le* 26. *Novembre* 1625. [MERCURE FRANÇOIS, Tom. XI. pag. 1166.]

SÇACHENT tous, que fut en personne tres-haut, tres-illustre, & tres-puissant Prince Monseigneur François, par la grace de Dieu, Duc de Lorraine, Marchis, Duc de Calabre, Bar, Gueldres, Marquis du Pont-à-Mousson, Nomeny, Comte de Provence, Vaudemont, Blamont, Zutphen, &c. Lequel a declaré & declare, que comme les plus sages & prudens Politiques, en la pluspart des Royaumes, Duchez & Principautez, ayent recogneu que le moyen plus puissant, plus seur, & expedient pour maintenir & perpetuer les Estats en leur lustre, consistoit en la seule union continuée en sa grandeur & force solide, qui s'en va en dissipation, & perd sa force par parcelles & distractions, ils ont aussi tesmoigné que ceste union ne pouvoit mieux estre affermée que par la succession de masles aux Estats Souverains, lesquels demeurent obligez de rendre en l'ordre de leurs Successeurs ce qu'ils ont receu de leurs predecesseurs, & faire tomber leurs successions aux heritiers de leur Sang, sans aucune division; lequel ordre mondit Seigneur Duc ayant nouvellement apprins avoir esté curieusement observé par ses Predecesseurs Ducs de Lorraine & Barrois; lesquels ayans jugé necessaires pour establir une concorde perpetuelle à leur posterité, de l'affermir par l'union desdites Duchez, procurée par leurs alliances communes, & depuis continuée par l'ordre estably en la succession desdites Duchez, & nommement par le Roy de Hierusalem & de Sicile René II. du nom, Duc de Lorraine, & de Bar, son Tris-ayeul paternel, lequel prevoyant que les grandes Maisons s'aneantissent par partages, distractions & demembremens, auroit par son Testament du 25. May 1506. prudemment ordonné, que l'union desdits Duchez & Terres en dependantes & annexées en iceux, & le Marquisat du Pont-à-Mousson, & Comté de Vaudemont qui en font partie, seroient continuées en sa posterité: Ayant à cet effect institué son heritier seul & unique esdites Duchez feu Monseigneur le Duc Antoine, son Fils aisné, bis-ayeul de mondit Seigneur Duc François. Et ordonné que les descendans masles dudit Seigneur Roy succederont ausdites Duchez les uns aux autres graduellement & successivement leurs enfans masles, selon l'ordre de la substitution exprimée par ledit Testament, lequel auroit esté approuvé par les Estats desdites Duchez assemblez à cet effect, apres le deceds dudit Seigneur Roy, le 12. Fevrier 1508. en presence de Madame Philippe de Gueldres, Royne de Sicile, Duchesse de Lorraine & Barrois, lesquels auroient publiquement declaré qu'ils se vouloient conformer à la disposition dudit Seigneur Roy. La teneur duquel Testament & Declaration desdits Estats estant depuis peu venuë à la cognoissance de mondit Seigneur Duc François, il auroit recogneu que selon l'ordre estably par ledit Testament, il estoit demeuré seul capable de succeder ausdites Duchez, y estant appellé comme plus proche en ligne masculine, du defunct tres-haut, tres-puissant & serenissime Prince Monseigneur le Duc Henry son frere aisné decedé sans Hoirs masles: Mais par faute d'en avoir eu cognoissance jusques à present, & d'avoir esté informé des droicts à luy acquis esdites Duchez, tant à cause de la nature & qualité d'iceux recogneuë masculine par ses Predecesseurs Ducs, qu'en vertu de la substitution graduelle ordonnée par ledit Testament: il auroit depuis le deceds dudit Seigneur Duc Henry son Frere aisné toleré la joüissance desdites Duchez à tres-haut, tres-illustre & serenissime Prince Monseigneur Charles de Lorraine son Fils aisné, au nom & comme mary & administrateur des corps & biens de tres-haute, tres-illustre & serenissime Princesse Madame Nicole de Lorraine son Epouse, Fille aisnée dudit Seigneur Duc Henry, conformément au Contract de mariage passé en sa presence, & de son consentement entre mondit Seigneur Charles de Lorraine son Fils, & madite Dame Nicole de Lorraine, laquelle par ledit Contract auroit esté instituée Heritiere universelle ausdites Duchez, au prejudice de l'ordre de succeder en iceux estably par ledit Testament, en faveur des masles: du contenu duquel & de la Declaration faite par lesdits Estats en execution d'iceluy, mondit Seigneur Duc François estant deuëment informé, & desirant se conformer à la juste & loüable intention dudit Seigneur Roy pour perpetuer lesdits Estats en la ligne masculine de ladite Maison de Lorraine, apres avoir fait recognoistre les droicts à luy acquis ausdits Duchez par le decez dudit Seigneur Duc Henry à l'exclusion de tous autres, il auroit jugé, que pour continuer l'union & la succession desdits Duchez en la ligne masculine de ladite Maison de Lorraine, il ne pouvoit faire choix de personne plus proche & plus capable que mondit Seigneur le Duc Charles; soit que l'on considere l'ordre de succession naturelle, ou celuy qui se trouve estably par ledit Testament, & tant en ceste consideration, que pour tesmoigner le soin particulier duquel il est porté à executer la loüable intention de ses Predecesseurs, & son affection naturelle envers mondit Seigneur le Duc Charles, Il a declaré & declare en presence des Tabellion general sous signé, & tesmoins sous nommez, de sa pure, franche & libre volonté, qu'il avoit fait & faisoit cession & transport à mondit Seigneur Duc Charles son Fils aisné present & acceptant, de tous les droits, noms, raisons & actions, qui luy competent & appartiennent, peuvent competer & appartenir ausdits Duchez de Lorraine & Barrois, & Terres unies & annexées à iceux selon l'ordre dudit Testament, & à quel titre que ce soit ou puisse estre pour en joüir par luy, & iceux posseder, & par ses descendans masles en loyal mariage, comme vrais & legitimes proprietaires & possesseurs d'iceux, & y exercer tous droits de Souveraineté, regale & feodalité, & tous autres Actes, tant de proprieté que possession, appartenant à la qualité de Duc desdites Duchez. Renonçant mondit Seigneur Duc François en faveur de mondit Seigneur Duc Charles son Fils aisné par ces presentes à tous droits de proprieté & possession desdites Duchez & Terres unies & annexées à iceux, & entant que besoin seroit, se desaisissant de ladite possession, & en saisissant mondit Seigneur Duc Charles son Fils, pour apres son decez estre lesdites Duchez & Terres unies & en dependantes tenuës & possedées par ses Hoirs masles & descendans de luy en loyal mariage, & par l'aisné d'iceux, à l'exclusion des puisnez, & successivement au defaut des masles en ligne directe, par le plus prochain masle de ladite Maison graduellement, tant & si long-temps que la ligne masculine d'icelle Maison durera; soit en ligne directe ou colaterale en vertu de la presente substitution, ou de telle autre forme que peut estre valable pour transmettre la succession desdites Duchez graduellement en la ligne masculine, en

ANNO 1625.

(1) Ce Transport donna lieu à bien des reflexions, & l'on prétendit qu'il contenoit bien des choses contraires aux droits d'autres Souverains.

ANNO 1625.

en preferant tousjours les aisnez, en donnant par eux appanage au puisné, & dot aux femelles selon la dignité de la Maison. Et en cas toutesfois que mondit Seigneur Charles viendroit à deceder sans Hoirs masles procreez en loyal mariage, lesdites Duchez & Terres susdites seront & appartiendront à Monseigneur Nicolas François de Lorraine son Frere puisné, & à ses Hoirs descendans masles qui naitront en loyal mariage; la preference demeurant tousjours aux aisnez, comme dessus. Et le decez de mesdits Seigneurs Charles & Nicolas François son Frere avenant sans Hoirs descendans masles en loyal mariage, lesdites Duchez & Terres unies retourneront & appartiendront à mondit Seigneur Duc François en tous droits de proprieté & possession, s'il est vivant au temps du decez de mondit Seigneur Nicolas François; sinon, lesdites Duchez & Terres appartiendront au masle plus prochain, selon l'ordre & les degrez cydessus declarez tant que la ligne masculine durera. Laquelle cession & demission faite par mondit Seigneur Duc François desdites Duchez & Terres unies, mondit Seigneur Duc Charles present a accepté & accepte selon la forme cy-dessus prescrite, & sous condition expresse, que le nom de Duc demeurera à perpetuité à mondit Seigneur Duc François: Et que toutes les dettes passives par luy contractées jusques à la datte de cestes, & la pluspart desquelles ont esté creées pour le bien, conservation & avancement de l'Estat, mondit Seigneur Duc Charles sera tenu payer & acquiter à la descharge de mondit Seigneur Duc François, lequel ensemble mondit Seigneur Duc Charles ont d'abondant declaré & declarent, sçavoir mondit Seigneur Duc François par la presente cession, & mondit Seigneur Duc Charles par l'acceptation d'icelle, qu'ils n'ont entendu & n'entendent deroger au Contract de mariage d'entre mondit Seigneur Duc Charles & madite Dame Princesse Nicole de Lorraine, du 22. May 1621. en ce qui concerne le mariage de madite Dame Princesse Claude de Lorraine avec mondit Seigneur Prince Nicolas François de Lorraine, Marquis de Hattonchel, en cas que mondit Seigneur Duc Charles predecederoit sans enfans masles de son mariage. Comme aussi en ce qui touche le mariage de Madame la Princesse Nicole avec mondit Seigneur Duc Charles, en cas de predecez de madite Dame Princesse Nicole de Lorraine sans enfans masles. Ausquelles clauses, depositions & conditions, comme aussi à la constitution du dot de madite Dame Princesse Claude de la somme de douze cents mil francs au cas specifié par ledit Contract, mesdits Seigneurs Ducs François & Charles ont consenty & consentent de se conformer, sans y contrevenir ou deroger directement ou indirectement. Et moyennant l'accomplissement d'icelles, (sous lesquelles mondit Seigneur Duc François a fait & fait la presente cession, & à l'execution desquelles mondit Seigneur Duc Charles a derechef consenty & consent la libre & entiere jouïssance desdites Duchez & Terres unies, luy demeurera en tous droits de proprieté & possession selon la forme cydessus prescripte,) si ont promis & promettent mesdits Seigneurs Ducs François & Charles, chacun à son regard, d'avoir à tousjours pour agreable, & tenir ferme & stable le contenu cy-dessus, sans y contrevenir ny permettre y estre contrevenu directement ou indirectement en façon, & pour quelque pretexte ou occasion que ce soit ou puisse estre. Sous l'obligation expresse de tous un chacun leurs biens presens & à venir par tout, qu'ils ont pour ce submis & submettent à toute Cour & Justice. Et en ce faisant ont renoncé & renoncent à toutes expeditions, faicts & moyens contraires à l'effect & execution desdites presentes; mesmes au droict reprouvant generale renonciation. En foy & tesmoignage de verité sont lesdites presentes faictes triples, seellées du seel du Tabellionage de son Altesse, nostre Souverain Seigneur de sa Cour de Nancy: sauf son droict & l'autruy: qui furent faictes & passées audit Nancy pardevant ledit soubscrit Tabellion general au Duché de Lorraine, le Mercredy environ les huict heures du matin, le 26. jour du mois de Novembre, 1625. Presens hauts & puissans Seigneurs Charles Emanuel, Comte de Gournielle, & de Gaspar de Lingneville, Comte de Menis, Messire Pierre de Stainville, Doyen, Blaise Preud'homme, Escuyer, & Nobles Seigneurs Claude Janin, & Gerard Rousselot, tesmoins: Et ont mesdits Seigneurs Ducs signé à la minute des presentes.

Signé, J. VIGNOLES.

ANNO 1625. 9. Dec.

ANGLETERRE, DANEMARC, ET LES PROVINCES-UNIES.

CCLXIX.

Traité d'Alliance entre CHARLES I. *Roi de la Grand' Bretagne*, CHRISTIERNE *ou* CHRISTIAN IV. *Roi de Danemarc*, *& les* PROVINCES-UNIES *des Pays bas*; *fait à la Haye le* 9. *Décembre*, 1625. [AITZEMA, Affaires d'Etat & de Guerre. Tom. I. pag. 1254 d'où l'on a tiré cette Pièce, qui se trouve en Latin, dans LONDORPII *Acta Publica*, Tom. III. pag. 801.]

COMME ainsi soit, que d'un commun consentement, & en consideration des *mauvaises & très-dangereuses menées*, *outrages*, *violences & oppressions*, lesquelles depuis quelques années jusques à present, non seulement se sont menacées, mais aussi par guerre ouverte & de faict executées, contre la pacification establie & confirmée de temps en temps successivement par les Empereurs mesmes, & contre les autres Constitutions fondamentales de l'Empire, & les Capitulations jurées: tout ce qui concerne non seulement les *Electeurs*, *Princes*, *Villes & Estats d'Allemagne*, mais aussi par une inevitable consequence les *Roys*, *Princes*, *& Estats voisins*, *Amis & Alliés*, à cause de *l'interest* qu'ils ont en la conservation desdites Paix, Constitutions, Capitulations, & Confirmations, on a esté poussé & contrainct, pour en temps obvier & empescher les *cours trop* violents, *& insupportables de ces mauvaises intentions*, *& oppressions*, *& pour le restablissement & conservation de ladicte liberté*, *droicts*, *& constitutions de l'Empire*, de s'opposer à une si evidemment approchante ruine, & à tous ceux qui maintenant ou pour l'advenir en seront les auteurs. Et que pour lesdites raisons le Serenissime Roy de la Grande Bretagne a envoyé icy à la Haye en Hollande, les Tres-Illustres Seigneurs *George Duc de Buckingam*, Grand Admiral d'Angleterre, &c. *Henry Comte d'Hollande*, &c. ses Ambassadeurs Extraordinaires, & le Seigneur *Dudley Carleton*, Chevalier, son Ambassadeur Ordinaire pres les Seigneurs Estats Generaux du Pays-bas; & aussi le Serenissime Roy de Danemarc, les Seigneurs *Jacques Ulefeld de Urup*, Chevalier du Royaume de Danemarc, Gouverneur de Niburg, & *Christiaen Thomas de Tomme Rup*, ses Ambassadeurs Extraordinaires: & que lesdicts Estats Generaux des Provinces-Unies du Pays-bas ont commis & deputés les Sieurs *Floris Comte de Culenborgh*, Baron de Pallant, Witten, Weerde, Seigneur de Leede, Lienden, Wildenburgh, Kenswieler, Engelsdorp, Urechem, Bachem, &c. *Nicolas de Bouchorst Seigneur de Noortwyck*, Baillif & Grand Maistre des levées de Rijnlant, *Anthony Duyck*, Conseiller & Pensionaire des Estats d'Hollande & West-Frise; *S. de Beaumont*, Conseiller & Pensionaire de la Ville de Middelbourg, *Gijsbert de Hertevelt*, *Christiaen Oosterzee*, Grietman de Lemsterlant, *Thomas Varver* Bourguemaistre de la Ville de Deventer, *Gooswin Schaffer*, Seigneur en Uthuysen & Meden, leurs Commissaires; lesquels ayants esté plusieurs fois assemblés icy à la Haye susdite pour traicter & convenir sur l'ordre & remede necessaire pour parvenir aux fins sus-mentionnées, sont accordés & convenus entre eux des Articles suivants.

I. Premierement qu'il y aura une Alliance ferme, stable, & permanente entre les Serenissimes Roys de la Grande Bretagne & de Danemarc, & les Seigneurs Estats Generaux des Provinces-Unies du Pays-Bas.

II. Que pour remedier aux maux susdicts, sa Majesté de Danemarc tiendra sur pied son armée, & la grossira *de vingt huit à trente mil Soldats à pied*, *& de sept à huict mil à cheval*, moyennant qu'elle soit deüement & suffisamment assistée des Confederés.

III. Que sa Majesté de la Grande Bretagne assistera le Roy de Danemarc de *trois cens mil florins par mois*, à payer dans la Ville de Hambourg, de mois en mois, precisément & à conter *trente deux jours pour un mois*.

IV. Que sa Majesté de la Grande Bretagne en suite de l'Alliance contractée entre elle & lesdits Seigneurs Estats Generaux, & selon les conventions d'icelle mettra en Mer *une autre Flotte*, pour seconder celle qui deja est en Mer, à fin de par ce moyen divertir & empescher les Forces de la Contrepartie.

V. Que lesdits Seigneurs Estats Generaux assisteront sa Majesté de Danemarc de *cinquante mil florins par*

ANNO 1625.

par mois, à conter comme dessus, & outre ce, en cas que leurs affaires le pourroyent permettre, & que les forces de leur Ennemy s'advançoyent contre l'Armée du Roy de Danemarc, feront en faveur de ladite Armée une *bonne Cavalcade*, pour divertir ledit Ennemy, & encores contribueront leur *part à la susdite Flotte du Roy* de la Grande Bretagne; & en l'Esté qui vient, mettront aussi en Campagne tant d'Infanterie & Cavallerie, qu'il leur sera possible, pour faire un *bon Camp*, & empescher que leurs Ennemis n'envoyent du renfort contre ladicte Armée du Roy de Danemarc.

VI. Que nul des Confederés *ne pourra sortir de cette Confœderation, devant que l'on aye, par la grace de Dieu, obtenu le restablissement susdict en Allemagne.*

VII. Qu'aussi nul des Confederés ne *pourra recevoir ouvertures du Parti contraire*, si non celles qui seront presentées par escrit, ausquelles aussi nulle response essentielle ne pourra estre donnée, jusques à ce qu'icelles seront communiquées aux Ministres de tous les Confederés, Residents icy à la Haye, & *sans le consentement commun.*

VIII. Si l'un ou l'autre des Confederés se trouvoit cy apres directement ou indirectement molesté, inquieté, ou oppressé en leurs Royaumes, Pays, Dignités, ou Villes, par Mer ou par Terre, *à cause de cette Confœderation*, les aultres seront tenus de *l'assister*, soit par Mer ou par Terre, des forces & moyens par les Confederés ja accordés; ou de tout leur pouvoir, afin d'aider à le garentir desdites oppressions.

IX. Tous lesquels Points & Pactions sont & seront obligatoires mesmes au regard de sa Majesté de Danemarc, *moyennant que l'assistance suffisante luy soit accomplie infailliblement.*

X. Et d'autant qu'il a pleu au Serenissime Roy Chrestien de France, de faire serieuses instances au Roy de Danemarc, mesmes par l'envoy de deux siens Ministres, afin de le disposer *pour prendre à la main le remede contre les pernicieuses menées & oppressions en l'Empire*, accompagnées lesdites instances de *plusieurs offres & aides* pour pouvoir soustenir ce faix: la Majesté dudit Roy Tres-Chrestien sera au plustost requise, de vouloir maintenant entrer en cette Alliance, ou bien de subvenir à l'entretien de l'Armée du Roy de Danemarc, d'un bon & liberal subside, selon ses offres Royaux, & à l'esgal des autres Confœderez, qui s'engagent pour le bien public.

XI. D'autant aussi que le Serenissime *Roy de Suede* a faict divers offres & declarations de sa bonne inclination à cette Alliance; sa Majesté sera semblablement requise d'y vouloir entrer, & la seconder en conformité desdits offres.

XII. Seront aussi requis la Serenissime Republicque de *Venise*, & le Ducq de *Savoye* à y entrer, & prendre part à icelle.

XIII. Seront semblablement requis les Princes Electeurs d'Allemaigne & tous autres *Princes*, *Estats*, & *Villes interessées* à entrer dans la mesme Alliance.

XIV. Ceste Alliance sera aussi notifiée au Prince de *Transsilvanie*, pour entendre, si son Altesse trouvera bon d'y entrer, & faire pour le bien d'icelle ce qu'il conviendra.

XV. Ceste Alliance ne donnera aucune *innovation*, *ny alteration* aux Alliances que sa Majesté de la Grande Bretagne a particulierement contractées avec lesdits Seigneurs Estats Generaux, lesquelles l'on entend que seront gardées en leur entier, selon la forme qu'elles sont concluës & arrestées.

Lesquelles Conventions, Pactions & Articles cy dessus contenus, & chacun d'iceux ont esté traictés, stipulés, accordés, & passés entre lesdicts Seigneurs Ambassadeurs de la Grande *Bretaigne & Danemarck*, soubs le bon plaisir de leurs dites Majestés & par les Commissaires desdits Seigneurs *Estats Generaux*, aussi soubs le bon plaisir de leurs Superieurs, promettans de bonne foy, & s'obligeans en vertu de leurs Commissions respectivement, qui seront inserées à la fin du present Traicté, que dans le *vingtiesme* de Mars prochainement venant, ou plustost, si faire se peult, par ceux qui ont leurs Principaux moins esloignés ils feront fournir icy à la Haye, sçavoir les Seigneurs Ambassadeurs de la Grande Bretaigne aux Ministres de Danemarck; & desdits Sieurs Estats, & lesdits Seigneurs Ambassadeurs de Danemarck aux Ministres de la Grande-Bretaigne, & Seigneurs Estats, & aussi les Sieurs Commissaires desdits Seigneurs Estats, aux Ministres des Roys de la Grande Bretaigne & de Danemarq, la Declaration speciale de la volonté de leurs Souverains sur iceluy Traicté, ou Lettres de *Ratification* en forme suffisante & valable.

En foy & tesmoignage de toutes lesquelles Pactions, Conventions & Articles lesdits Seigneurs Ambassadeurs, & Sieurs Commissaires, ont signés ce present Traicté & à iceluy apposé le seel de leurs armes. Faict à la Haye en Hollande ce *neufiesme de Decembre l'an mil six cens vingt & cinq.*

Ensuit la teneur du Pouvoir desdits Seigneurs Ambassadeurs Extraordinaires du Roy de la Grande Bretagne.

CAROLUS Dei Gratia Magnæ Britanniæ, Franciæ & Hiberniæ Rex, Fidei Defensor, &c. Omnibus ad quos præsentes hæ Literæ pervenerint, *Salutem*. Multæ & graves admodum causæ nostra pariter & publica spectantes commoda, illa verò præcipuè quæ pro Amicis & Confœderatis nostris nobis incumbit cura, quorum salutem summo nostro cum luctu periclitantem cernimus, persuasere nobis, amicos, affines, & Confœderatos nostros non solum per Literas monere, ut suæ publicæque prospiciant saluti, sed etiam per Legatos & Deputatos nostros tentare, & ad Fœdus contra *communem hostem* nobiscum ineundum invitare; ut scilicet communi auxilio consilioque maturè obviam eatur tam latè grassanti malo, & jam universo Christiano Orbi frœna jugumque minitanti. Hac de causâ pro summâ illâ fiduciâ, quam in prædilectis & præclaris Consanguineis & Consiliariis nostris *Georgio Buckingamiæ Duce*, summo Regni nostri Angliæ Admirallo &c. & *Henrico Comite Hollandiæ*, quorum non semel probitatem, industriam, prudentiam, & providam animi circumspectionem in rebus nostris gerendis experti sumus, ipsos nostros veros, certos, & indubitatos Legatos, Deputatos, & Commissarios nostros, tam ad Serenissimum Fratrem nostrum præclarissimum *Ludovicum Regem Christianissimum & Magnificos & Spectabiles* Unitarum Belgii Provinciarum Ordines; Amicos nostros charissimos, quam ad quoscunque Reges, Principes, Status liberos & quoscunque alios amicos, affines, & Confœderatos nostros, hac in parte fecimus, constituimus, & ordinamus per præsentes, dantes, & tenore præsentium concedentes eis plenam, sufficientem & omnimodam Potestatem pariter ac facultatem pro nobis & nostro nomine cum præfatis Serenissimo *Rege Christianissimo, Unitis Belgii Provinciarum Ordinibus*, vel cum quolibet Rege, Principe, Statu libero aut aliis quibusque cujuscunque ordinis, status, aut dignitatis fuerint, *contra Domum Austriacam, Hispaniarum Regem*, aut aliquem alium eis faventem & ab eorum partibus stantem, Fœdus, Ligam & Confœderationem quamcunque offensivam & defensivam ineundi & contrahendi, Ligas aut Confœderationes quascunque ante hac habitas corroborandi, iis adjiciendi, aut detrahendi, Tractatus cum quocunque ineundi, propositionibus consentiendi, proponendi, stipulandi, conveniendi, & nostro nomine concordandi, promittendi & concludendi, atque iisdem promissis, stipulationibus, & conventionibus subsignandi, omnia denique & singula agendi, præstandique; quæ prædicti Legati, Deputati, & Commissarii nostri nobis Regnisque nostris utilia, convenientia & necessaria judicaverint, & quæcunque ipsi agere aut præstare possemus, si ipsi præsentes & in personis nostris adessemus, promittentes & verbo Regio spondentes, quæcunque à præfatis Legatis, Commissariis, & Deputatis nostris acta, gesta, conclusaque in præmissis fuerint, nos rata, grata, & firma habituros, & inviolabiliter observaturos, & si opus fuerit Regiâ nostrâ manu, & Sigillo nostro firmaturos. In quorum testimonium hisce Literis nostris manu nostra signatis, magnum nostrum Sigillum apponi fecimus apud *Novum Forum* decimo septimo die Octobris, Anno Regni nostri primo,

Signé

CAROLUS REX,

& seelé de cire jaulne du grand Seau.

Ensuit la teneur de la Procuration du Sieur Dudley Carleton, *Chevalier, Ambassadeur Ordinaire dudit Roy de la Grande Bretagne.*

CAROLUS Dei Gratia Magnæ Britanniæ, Franciæ, & Hiberniæ Rex, fidei Defensor &c. Omnibus ad quos

quos præſentes Literæ pervenerint, *Salutem.* Cum multæ & graves admodum cauſæ, noſtra pariter & publica ſpectantes commoda, perſuaſerint nobis Tractatum & deliberationem inire, cum Sereniſſimis *Daniæ & Sueciæ Regibus*, *Electore Brandenburgico*, & *aliis Principibus & Confœderatis noſtris* (publicæ utilitatis imprimis ſtudioſis) ſuper iis, quæ in hoc rerum ſtatu noſtro & communi Chriſtiani Orbis bono utilia videbuntur, cumque ad id præfati Reges, Principes & Confœderati noſtri Legatos & Deputatos ſuos Hagam Batavorum miſſuri & deputaturi ſint, aut jam miſerint vel deputarint, ut cum noſtro aut noſtris in & de præmiſſis & omnibus ea concernentibus deliberent, conveniant & concludant, Sciatis quod nos de Fidelitate & provida animi Circumſpectione prædilecti & fidelis noſtri *Dudley Carleton* Equitis aurati, *Oratoris* noſtri Ordinarii apud Illuſtriſſimos Unitarum Belgii Provinciarum Ordines apprimè confidentes, ipſum verum, certum, legitimum, & indubitatum Commiſſarium & Deputatum noſtrum, hac in parte facimus, conſtituimus, & ordinamus, eidem per præſentes dantes & concedentes plenam & omnimodam Poteſtatem & authoritatem cum prædictis Regibus, Principibus, & Confœderatis noſtris, vel eorum Legatis aut Deputatis, ſufficientem, ad id authoritatem habentibus, deliberandi, conveniendi, & concludendi pro nobis & noſtro nomine de & ſuper Ligis, Amicitiis, & Confœderationibus, quibuscunque inter nos & præfatos Reges, Principes & Confœderatos noſtros, auxiliaque mutua concipiendi & concordandi, & pro nobis & noſtro nomine promittendi, & firmandi, Pactionesque quaſlibet & Conventiones ineundi & contrahendi, cæteraque faciendi quæ in præmiſſis vel eorum aliqua concernentibus utilia aut neceſſaria judicaverit, promittentes bona fide & verbo Regio ſpondentes, quæcunque à prædicto Commiſſario & Deputato noſtro in præmiſſis aut ea quovis modo concernentibus, acta, geſta, promiſſa, & concluſa fuerint, Nos ea omnia rata, grataque habituros, & inviolabiliter obſervaturos. In cujus rei teſtimonium his Literis noſtris manu noſtra ſignatis Sigillum noſtrum magnum apponi fecimus. Datæ apud Palatium noſtrum Weſtmonaſterii viceſimo tertio die Aprilis, anno Regni noſtri primo.

Subſignatum erat

CAROLUS REX,

& ſcelé de cire jaulne du grand Seau.

Enſuit la teneur du Pouvoir desdits Seigneurs Ambaſſadeurs Extraordinaires du Roy de Danemarcq.

CHRISTIANUS quartus Dei gratia Daniæ, Norwegiæ, Vandalorum, Gothorumque Rex, Dux Sleſvici, Holſatiæ, Stormariæ, ac Ditmarſiæ, Comes in Oldenburg & Delmenhorſt, omnibus & ſingulis quibus hæ noſtræ exhibentur Litteræ, pro Status ac Dignitatis ratione, poſt officii, benevolentiæ, favoris, ac gratiæ noſtræ Regiæ teſtificationem condignam, amicè, benevolè ac clementiſſimè ſignificamus, cum hoc tempore inter *præcipuos aliquot Europæ Reges*, *Principes*, *ac Status Hagæ Batavorum*, per Legatos illuc mittendos, Conventus haberi, ac de mediis, per quæ afflicta, ac penè oppreſſa Germania in priſtinum ſtatum ac tranquillitatem reduci poſſit, matura deliberatio inſtitui debeat, nos pro eo Studio & Favore, quo erga bonum publicum tenemur, pio huic & laudabili propoſito minime deeſſe voluiſſe, & propterea Generoſos ac Nobiles, Regni noſtri Cancellarium & Senatores, Præfectum Arcis Niburgenſis dilectos nobis fideles, *Jacobum Ulefeldium* in Urup, & *Chriſtianum Thomæ* in Tommerup Hæreditarios, quorum prudentiam, fidem ac diligentiam in multis graviſſimis rebus experti ſumus illuc noſtro nomine ablegaſſe, quibus vigore præſentium damus & concedimus plenam ac omnimodam Poteſtatem cum Regibus, Principibus & Statibus prædictis, aut eorum Legatis, ſufficientem itidem ad id Commiſſionem habentibus, conveniendi, deliberandi, ac noſtro nomine concludendi, de iis omnibus, quæ ad prædictum ſcopum neceſſaria aut expedientia videbuntur, *Confœderationes*, item *Contractus* aliasque Literas aut Inſtrumenta ſuper iis erigendi & firmandi, ſpondentes & promittentes in verbo Regio, nos ea omnia, quæ prædicti Legati & Deputati noſtri ita gerent & promittent, rata & grata habituros: in quorum pleniorem fidem præſentes manus noſtræ Regiæ ſubſcriptione roboratas, Sigilli appoſitione muniri curavimus. Dabantur Nieuburgi 31. Octobris Anno 1625.

Signatum

CHRISTIANUS.

Et ſcellé d'un Seau en Cire rouge.

Enſuit la teneur de la Procuration des Sieurs Commiſſaires des Seigneurs Eſtats Generaux.

LES Eſtats Generaux des Provinces-Unies du Pays-Bas, à tous ceux qui ces preſentes verront, *Salut.* Comme ainſi ſoit, que pour d'un commun concert *rompre le progrés des mauvaiſes, & tres-dangereuſes menées, outrages, violences, & oppreſſions, qui ſe font par guerre ouverte & voye de fait contre la Pacification, Conſtitutions fondamentales, & aultres Capitulations de l'Empire, confirmées par les Empereurs meſmes*, auroit eſté trouvé bon, *par la direction & à l'inſtance* du Sereniſſime Roy de la Grande Bretaigne, de tenir icy en la Haye une Aſſemblée des Ambaſſadeurs & Commiſſaires desdits Roys, Princes & Potentats, intereſſés en ceſte cauſe, comme auſſi de nos Deputés, pour conferer, traicter, & conclure une ferme Alliance de Ligue offenſive & defenſive, contre tous ceux qui maintenant ou pour l'advenir ſeront Autheurs desdites menées, outrages, violences & oppreſſions, & qu'a ceſte fin ſeroyent arrivés ſur le lieu les Tres-Illuſtres Seigneurs *George Duc de Buckingam*, Grand Admiral, &c. *Henry Comte d'Hollande*, Ambaſſadeurs Extraordinaires du Tres-Haut, Tres-Excellent & Tres-Puiſſant Roy de la Grande Bretaigne, comme auſſi le Sieur *Dudley Carleton* Chevalier Ambaſſadeur Ordinaire de ſadite Majeſté en auroit charge & Commiſſion ſpeciale, & qu'auſſi ſeroyent arrivés ſur le lieu les Seigneurs *Jaques Ulefelt* de Urup, Chancelier du Royaume de Danemarck, Gouverneur de Nieuburg, & *Chriſtiaen Thomaſſen* de Tommerup, Ambaſſadeurs Extraordinaires du Tres-Haut, Tres-Excellent & Tres-Puiſſant Roy de *Danemarck*, pour ce eſt-il qu'ayants entiere confiance de la preudhommie, longue experience és affaires, fidelité, ſuffiſance & bonnes qualités des Sieurs *Floris Comte de Culenburgh*, Baron de Pallant, Witthem, Weerde, Sieur de Leede, Lienden, Wildenburgh, Kenswieler, Edgelsdorp, Vrechem, Bachem &c. *Nicolas de Bouchorſt* Sieur de Noortwijck, Baillif, & Grand Maiſtre des levées de Rijnlant, *Antoine Duyck* Conſeiller, & Penſionaire des Eſtats d'Hollande & Weſtfriſe, *Simon de Beaumont* Conſeiller & Penſionaire de la Ville de Middelbourg, *Gijsbert de Hertefelt*, *Chriſtiaen Ooſterzee* Grietman de Lemſterlant, *Thomas Varver* Bourguemaiſtre de la Ville de Deventer, & *Gooſſen Schaffer* Sieur en Uthuſen & Meeden &c, avons iceux commis, ordonnés, & deputés, commettons, ordonnons, & deputons par ces preſentes pour, en notre Nom, & de noſtre part, ſe trouver en l'Aſſemblée desdits Sieurs Ambaſſadeurs Extraordinaires desdits Roys & des autres Roys & Potentats, lesquels s'y joindront encores, leur donnant plein pouvoir & authorité de traiter, convenir, & conclure avec eux une *ferme Alliance & Ligue Offenſive & Defenſive* contre lesdites menées, outrages & oppreſſions, & de tout ce qui ſera convenu & conclu faire ou paſſer tel ou tels Inſtruments, Contracts & Promeſſes, que beſoing ſera, & generalement faire en ce que deſſus, tout ainſi que nous ferions ou faire pourrions ſi preſens en perſonne y eſtions, jaçoit que la choſe requiſt mandement plus ſpecial; qu'il n'eſt contenu par ces preſentes, promettans ſincerement & de bonne foy avoir agreable, tenir ferme & ſtable à tousjours tout ce qu'en ceſte qualité ſera faict, procuré, promis, convenu, & accordé par nosdits Deputés en ce que deſſus & qu'en depend, l'obſerver, l'accomplir & entretenir inviolablement, ſans jamais aller ny venir au contraire, directement ou indirectement, en quelque ſorte ou maniere que ce ſoit, mais le tout devoir ratifier, ſi beſoing eſt, au contentement desdits Roys & autres, qui trouveront bon y entrevenir ou ſe joindre. Faict à la Haye en noſtre Aſſemblée ſoubs noſtre grand Seel, Paraphure, & ſoubs la ſignature de noſtre Greffier. Le *vingt huictieſme* Novemb. l'an *mil ſix cens vingt & cinq.* Eſtoit paraphé GYSBERT DE BOETSELAER vt.

ANNO 1625.

LAER vt. & *sur le reply* : Par Ordonnance desdits Seigneurs Estats Generaux, *signé* J. VAN GOCH. *Seelé du grand Seau en Cire rouge.*

Estoit signé.

(L. S.) G. BUCKINGAM.
(L. S.) HOLLANDES.
(L. S.) DUDLEY CARLETON.

(L. S.) JACOB ULEFELT.
(L. S.) CHRIST. TOMASSEN.

(L. S.) FLORIS *Comte de* CULENBURG.
(L. S.) NICOLAS DE BOUCHORST.
(L. S.) ANT. DUYCK.
(L. S.) S. DE BEAUMONT.
(L. S.) G. VAN HARTEVELT.
(L. S.) C. VAN OOSTERZEE.
(L. S.) THOMAS VARVER.
(L. S.) G. SCHAFFER.

Memoire touchant le Traité fait à la Haye entre les Serenissimes Rois de la Grande Bretagne & de Danemarc, & les Seigneurs Estats des Provinces-Unies des Pays-bas le 9. Decembre 1625.

AD REFERENDUM.

ENCORES que Messieurs les Ambassadeurs & Deputés qui ont traicté ayent trouvé à propos de le coucher en termes plus generaulx, pour plusieurs respects & considerations : si est ce qu'il faut presupposer que le *Palatinat haut & bas* avec toutes ses dignités & dependances doibt estre tenu pour compris expressement à ce que les Confœderés soyent obligés d'en procurer & obtenir par toutes voyes possibles la restitution au *Prince Electeur Palatin*, & à ses Enfans, puis qu'on les en a depossedés injustement, & que lesdits Confœderés n'entreront point en aucun Accord avec la contre-partie sans y comprendre ledit Seigneur Electeur.

Que le subside d'argent que sa Majesté de la Grande Bretagne contribue *de trois cent mille florins par mois* à l'Armée du Roy de Danemarc, sera continué jusques à ce que par *une vive & gaillarde diversion* que sa Majesté de la Grande Bretagne fera par une autre Armée par Terre, aussi bien que par ses Flottes sur Mer, le Roy de Danemarc se trouvera par effect *plus assisté que par ledict subside d'argent*, ou par d'autres subsides & contributions sa Majesté sera rendu capable de maintenir son Armée.

Qu'en cas que le Roy de la Grande Bretagne desire d'envoyer de ses *propres Subjects six mille hommes de pied à ladite Armée*, & d'entretenir *mille Chevaux* à ses gages, mais selon la proportion de la paye de sa Majesté de Danemarc : il luy sera libre d'en faire ainsi au bout de trois mois, comme il est ou sera accordé entre leurs Majestés de la Grande Bretagne & de Danemarc par l'entremise du Chevalier *Amstruther*, & que la paye desdits gens sera par voye de rabat, de la somme promise de *trois cens mille florins par mois*, le reste dudit argent allant aux aultres frais de ladite Armée.

Que l'Armée du *Comte* de *Mansvelt*, tandis qu'elle demeurera conjoincte ou en la disposition du Roy de Danemarc (comme elle est à present, & s'entend devoir continuer jusques à une autre resolution, prise par les Confœderés) doibt estre prise & mise en ligne de compte du nombre de gens tant de Cavallerie que d'Infanterie specifié dans le deuxiesme Article dudit Traicté, entendant que ledit Article ne soit point durement interpreté jusques à ce que les moyens seront augmentés par d'autres contributions point encor specifiées dans ledit Traicté pour subvenir à l'entretenement de ladite Armée de sa Majesté de Danemarc.

Que l'on entend aussi que nul des Confœderés ne pourra envoyer ou laisser porter directement ou indirectement aux Ennemis ou leurs Adherens, des *Ammunitions de Bouche ou de Guerre*, *ou bien de masts, cordages ou quelques autres necessités*, soit de Guerre, ou pour armer, ou bastir des Navires, mais l'empescheront & defendront à leur possible, tant à leurs propres Subjects que tous autres, à peine d'estre tout de bonne prinse.

Puis que par ledict Traicté de Confœderation susdit est promis que les Seigneurs Ambassadeurs des Rois de la Grande Bretagne & de Danemarc & les Deputés des Seigneurs Estats feront fournir ici à la Haye la Declaration de la volonté de leurs Souverains sur iceluy Traicté, dans le vingtiesme de Mars prochainement venant, promettent lesdits Seigneurs Ambassadeurs & Deputés en mesme terme & lieu aussi fournir la Declaration de leurs Souverains sur les Points & Articles comprins en ce present Memoire. *Estoit signé & seelé, comme s'ensuit.*

G. BUCKINGAM.
HOLLANDES.
DUDLEY CARLETON.

JACOB ULEFELT.
CHRISTIAEN THOMASSEN.

FLORIS *Comte de* KUYLENBURGH.
NICOLAS DE BOECKHORST.
ANTOINE DUYCK.
S. DE BEAUMONT.
G. VAN HARTEVELT.
C. OOSTERZEE.
THOMAS VARWER.
G. SCHAFFER.

CCLXX.

1626. 30. Janv. PROVINCES UNIES ET ALGER.

Tractaet van Vrede tusschen de Heeren Staten Generael der VEREENIGDE PROVINTIEN *met die van* ALGIER *gemaekt den 30. January 1626.* [AITZEMA, Saaken van Staat en van Oorlogh. Tom. II. pag. 69.]

EERSTELYCK, dat de Visitatien die de voorschreve Corsaren pretenderen en practiseren in de Schepen vande Nederlanders te ondersoecken ende daer in te vinden Goederen ofte Coopmanschappen die niet toebehooren den Ondersaten van den Prince van Orangien maer toe komen aen andere Natien die geen Vrede ende vruntschap en hebben metten Grooten Heere, naegelaten sullen werden ende niet geuseert, onder hoedanigh pretext ofte coleur 't selve soude mogen wesen, ende dat volkomentlijck genoegh sal zyn, dat de gemelte Nederlanders by sich sullen hebben en vertoonen de Opene Brieven van den Hoochgedachten Prince van Orangie. Welcke Brieven geclausuleert sullen wesen nae den Ordre ende forme die uytgedruckt staet in 't Accordt van de *Anno Mahemedis* 1026. parag. 6.

Ten

CCLXX.

Traité de Paix entre les PROVINCES-UNIES des Pays-bas, & la République d'ALGER, fait le 30. Janvier, 1626. [AITZEMA, *Affaires d'Etat & de Guerre*. Tom. II. pag. 69.]

1626. 30. Janv. PROVINCES-UNIES ET ALGER.

PREMIEREMENT; *les visites que les susdits Corsaires pretendent faire dans les Vaisseaux de ceux des Provinces-Unies, pour y faire perquisition de Denrées & Marchandises qui n'apartiennent pas à des Sujets du* (1) *Prince d'Orange, mais à d'autres Nations qui ne sont point en Alliance & amitié avec le Grand Seigneur, ne seront pas usitées, sous quelque pretexte ou couleur que ce soit, & qu'il suffira que lesdits Sujets montrent les Lettres Patentes dudit Prince d'Orange. Lesquelles Lettres seront conçuës selon l'ordre & la forme contenuë dans l'Accord de l'an* 1026. *de Mahomet*, *parag.* 6.

En

(1) Les Barbares croyoient qu'il suffisoit d'employer le nom du Prince, parce que comme Amiral c'étoit lui qui donnoit les Commissions.

ANNO 1626.

Ten tweeden, dat de *Corsaren* als zy gekomen sullen wesen in 't Schip vande Nederlanders, omme te besichtigen de Patente van den Prince van Orangien, haer sullen wachten van eenige violentie te bedryven aen het volck vande Scheepen, omme met bastonatien ofte met dreygementen uyt te perssen bekentenis datze *Oosterlingen* souden wesen, ofte van eenige andere Natie die geen Vrede en heeft metten Grooten Heere, maer courtoisie bewysen, volgens het eerste Articule van 't Accord de Anno 1026.

Ten derden, dat de Nederlanders die in dese Stadt van *Argieri* sullen komen ende haer Waren brengen omme te verkoopen, ofte eenige goederen van dit Landt gekocht willen uytvoeren gehouden sullen wesen voor *dacio* of tol niet meer te geven als drie ten hondert, volgens de texten vande Capitulatie parag. 17. 47. 60. 64.

Ten vierden, dat de Nederlanders, die met hare Schepen eenige goederen van den Francoisen den Italianen sullen toevoeren, daer over by den Corsaren van dit Rijck niet gemolesteert ofte gemoeyt werden volgens de Capitulatie parag. 25.

Ten vyfden, dat de Nederlanders vanden gereeden gelde die sy sullen brengen, niet met allen voor dacio ofte pensye vande Contanten en sullen betalen, volgens de Capitulatie parag. 5.

Ten sesten, dat geenich Nederlander geviolenteert sal mogen werden omme te musulmaniseren, ende indien 't geschiet tegens synen willen, soo sal 't selve Turca torneren wesen van onwaerden, Capitulatie parag. 51.

Ten sevenden, dat den Agent van Nederlandt, die alhier komt resideren, sal hebben Licentie ende autoriteyt van hier te vertrecken 't allen tyden als het hem belieft, sonder dat yemandt hem sal mogen empeschéren ofte bemoeyen: ende sal hy gerespecteert ende geachtet werden alhier in maniere als den *Bailes* binnen Stamboul wert gerespecteert, volgens den Accorde de Anno Mahemedis 1031. parag. 13.

Ten achsten, dat de *Corsaren* van dit Rijck, komende in eenige Haven van Nederlant, het sy met vryen wille ofte door tempeest, niet sullen aen Landt brengen eenigen slaven ofte *Renegaten* van Nederlandt ofte eenige geconfedereerde Vrunden met den Nederlanders, op dat daer uyt geen rumoeren ofte onlusten onder gepeupel geoccasioneert werden.

Ten negenden, dat noch den *Bassa* noch de *Diwana* van Argier sal mogen geven Licentie aen eenige Nederlanders die niet Turcks getorneert is omme met Commissie te gaen in Corso op den Vrienden ende geconfereerde vande Nederlanders.

Ten tienden ende ten lasten, dat alle het geene tegenwoordigh is veraccordeert formelijcke sal geschreven werden in den *Athamant* van dese *Diwana* om te dienen tot eeuwige memorie.

Op 't welcke na eenige onderhandelingh by forme van Responsive is gemaeckt volgende Accord, of Verklaringh.

VOor eerst dat de Heer *Aga*, de Heeren *Massalaga*, *Iajabassa*, *Bolucbassa*, *Odabassa* alle gesamentlijck de handen kussen aende *Heeren van Nederlandt*, haren Vrinden te Water ende te Lande: De Coopluyden van Nederlandt die alhier zyn, hebben over lhet Accord te samen onder haer gesproocken ende mede met Uwen Ambassadeur die hier gesonden is, omme den Vrede te onderhouden, welcke Vrede wy verklaren oprecht te wesen: ende wy en hebben geen verraderye of bedroch in onsen herten. Indien eenige inbreuck geschiede, dat komt op onsen hoofden ende wy syn daer aen schuldich. Wy hopen dat den Pays vaster sta ende beter sy als te vooren, dat verklaren den *Bassa* ende de geheele militie die Godt verleene allen goets, gelijck Wy Godt daer omme bidden, ende sal den *Consolo* die hier sal resideren wel gerespecteert werden.

II. Nademael sulcx is dat de Heeren van Nederlandt by hare Placcaten, belast hebben alle hare Schippers datse by Gode en haere Geloove sullen moeten sweeren geene Goederen die den Spangiaerde toe komen in haer Schepen te laten dat de selve Heeren daeromme versoecken dat haer Schepen, so wanneer sy ontmoeten onsen Schepen; ende sy aenden onsen vertoonen de opene Brieven van den Prince van Orange, sullen de onse eerbiedigheyt den selven bewysen ende om redenen dat de Goederen aende Verraders niet toe behoren, soo sal sy niemandt mogen aenroeren, noch oock eenige ondersoeckingen van den Schepen doen, dan

En second lieu, que quand les Corsaires *viendront dans les Vaisseaux de ceux des Païs-bas, pour voir la Patente du Prince d'Orange, ils se garderont bien de commettre aucune violence envers l'équipage, soit par la bastonnade ou par menace, pour les faire confesser qu'ils sont* Oosterlins, *ou de quelques autres Nations qui ne sont point en Paix avec le Grand Seigneur, mais temoigneront toute courtoisie, conformement au premier Article de l'Accord de l'an* 1026.

ANNO 1626.

En troisiéme lieu, que les Hollandois qui viendront dans la Ville d'Alger, & y ameneront leurs Marchandises pour y être venduës, ou quand ils voudront transporter hors de ladite Ville quelques Marchandises qu'ils y auront achettez, ne seront obligez de payer les daces ou tol qu'à raison de trois pour cent, suivant le texte de la Capitulation, parag. 17. 47. 60. 64.

En quatriéme lieu, que les Hollandois qui avec leurs Vaisseaux transporteront des Marchandises Françoises en Italie, ne seront point molestez ni inquietez par les Corsaires, suivant la Capitulation parag. 25.

En cinquiéme lieu, que les Hollandois ne payeront aucune dace, de l'argent contant qu'ils aporteront, ou pension du contant, suivant le § 5 *de la Capitulation.*

En sixiéme lieu, qu'aucun Hollandois ne sera violenté pour se faire Musulman, & si cela se fait, ce changement sera nul, suivant le parag. 51. *de la Capitulation.*

En septiéme lieu, que l'Agent des Hollandois qui viendra resider ici, aura la liberté de se retirer toutesfois & quantes que bon lui semblera, sans que personne l'en puisse empêcher, ni faire aucune moleste; & il sera ici respecté & estimé comme le Baile *l'est dans* (a) *Constantinople, suivant l'Accord de l'an* 1031. *de Mahomet, parag.* 13.

(a) Qui les Turcs nomment Stamboul.

En huitiéme lieu, que les Corsaires *de cet Empire, qui viendront dans les Havres de la Hollande, soit de franche volonté ou à cause de la tempête, ne debarqueront aucun Esclave ou Renegat Hollandois, & qu'on ne leur fera aucun trouble ni déplaisir à cette occasion entre le peuple.*

En neufiéme lieu, que ni le Bassa *ni le* Divan *d'Alger ne pourra donner la liberté à quelque Hollandois, qui ne se sera pas fait Turc, pour aller avec Commission en course contre les Amis & Confederez des Hollandois.*

En dixiéme & dernier lieu, que ce qui est accordé par ces presentes, sera inseré dans les Archives *du* Divan *pour servir de memorial éternel.*

s'Ensuit un autre Accord en forme de Repense ou Déclaration.

PRemierement, *que le Seigneur* Aga, *les Seigneurs* Massalaga, Jajabassa, Boluc Bassa, Oda Bassa, *baisent les mains sur Mer ou sur Terre aux* Seigneurs des Provinces-Unies *leurs Amis. Les Marchands Hollandois qui sont ici ont conferé ensemble & avec vôtre Ambassadeur qui est envoyé ici sur cet Accord, pour l'observer, laquelle Paix nous declarons être sincere, & nous n'avons aucune trahison ni tromperie dans le cœur. S'il s'y commet quelque infraction, cela retournera sur nos têtes, & en demeurerons responsables. Nous esperons que cette Paix sera plus ferme que la precedente; c'est ce que declarent le Bassa & toute la Milice, à qui Dieu fasse bien, comme nous l'en prions. Et sera le Consul qui residera ici respecté, & traitté avec toute sorte de consideration.*

II. Comme ainsi soit que les Seigneurs des Provinces-Unies par leurs Placards ont ordonné aux Maitres de leurs Vaisseaux de jurer sur leur Dieu & leur foi, qu'ils ne prendront dans leurs Vaisseaux aucunes Marchandises apartenantes aux Espagnols; & que pour cette cause lesdits Seigneurs nous ont prié que leurs Vaisseaux, quand ils rencontreront les nôtres, & qu'ils leur montreront leur Lettre Patente du Prince d'Orange, les nôtres leur témoigneront toute sorte de considerations, parce que lesdites Marchandises n'apartiennent point à des Traitres, & personne n'y pourra toucher ni faire aucune visite dans les Vaisseaux; mais les Marchandises qu'ils auront apar-

ANNO 1626.

dan de goederen die den Spanjaert toe komen, ſullen ſy overgeven aende onſen. Ende wanneer uwe Schepen ontmoeten ſullen den onſen, niemandt vanden onſen ſalſe eenige bemoeyenis mogen aendoen. Inſgelijcks uwe Schepen van Vrybuyt vindende onſe Schepen van Corſo, niemant van deſelve ſal den ouſen eenigen overlaſt mogen aen doen.

III. Uwe Schepen willende gaen nae Vranckrijck, op *Corſica*, op *Sardinia*, op *Sicilia*, ofte op wat Eylandt van de Zee, 't ſelve ſoude mogen weſen, ſullen niet gemoleſteert werden van onſe Schepen, ſullen mede uwe Schepen mogen gaen op *Venetia*, aende Franſchen, ende aende Toſcanen, want wy mede Coophandel metten ſelven ſyn dryvende.

IV. Wy accorderen mede Uwe EE. dat Uwe Schepen alhier gereede penningen in brengende geen Tol ofte Penſion daer van ſullen ſchuldich weſen.

V. De Coop-man-ſchappen die Uwe Onderdanen alhier ſullen toe-voeren inde Stadt van *Argier* ſullen voor Tol niet meer geven als drie ten hondert, ende als die weder eenige Waren van hier inladen ſullen inſgelijcx drie ten hondert betalen.

VI. Men ſal geen Iongers vande Nederlanders met dwangh mogen Turcx maken. Dan werden zy Turcx met haren vryen wil, het ſal wel gedaen weſen.

VII. Uwen *Conſul* als het hem beliſt ſal van hier mogen vertrecken op een ander Plaets, 't welck wy hem ſullen vergunnen, mits dat hy een Perſoon in ſyn plaetſe ſal moeten hier laten, aen den welcken courtoiſie in den hoochſten graet gedaen ſal werden.

VIII. Soo wanneer onſe Schepen ſullen aenkomen in Nederlant het zy door onweder ofte met haere vrye wille, ſy ſullen niet mogen uyt haer Schepen laten gaen eenige Nederlantſche Renegaden, op dat geen rumoeren ofte onluſten daer uyt ontſtaen, ende ſoudet gy mogen ſeggen dat wy deſelve cauſeren.

IX. Uwe Excellencie begeren mede dat wy aen geenige Nederlander Licentie ſullen geven omme van hier op de Zee te gaen in Corſo; dan indien hy Muſelmimiſeere mach hy doen alſt hem beliefſt.

X. Alle deſe woorden hebben wy geſchreven, die wy verklaren op onſe trouwe, ende hebben onſe beveſtiginge van onſe trouwe, omme te verthoonen daer het van noode weſen ſal. Gedaen op den eerſten vanden Maen *Giamaſil*, in het Iaer vande Propheet *Mahomet* 1035. of den 30. January 1626.

Was geteeckent,

MAHUMET, AGA RAURANITSAM,
GESAIR GARP.

apartenants à des Eſpagnols, ſeront delivrez aux nôtres. Et quand vos Vaiſſeaux en rencontreront des nôtres, ceux-ci ne les inquieteront en nulle maniere. Semblablement vos Vaiſſeaux Armateurs rencontrant des Vaiſſeaux de nos Corſaires, nuls de ceux-ci n'en pourront recevoir aucune moleſte.

III. Vos Vaiſſeaux qui voudront aller en France, en Corſe, Sardaigue *ou* Sicile, *ou à quelque Ile de la Mer, quelles qu'elles ſoient, ne ſeront point moleſtez par nos Vaiſſeaux. Vos Vaiſſeaux pourront auſſi aller à* Veniſe, *en France & en Toſcane, car nous y négotions auſſi nous mêmes.*

IV. Nous accordons auſſi à V. EE. que vos Vaiſſeaux qui aporteront ici de l'argent comptant ne ſeront ſujets à aucun tol ou penſion.

*V. Les Marchandiſes que vos Sujets ameneront ici en cette Ville d'*Alger, *ne payeront pour tol que trois pour cent, & quand ils tranſporteront d'ici quelques Marchandiſes qu'ils y auront chargées, ils en payeront auſſi trois pour cent.*

VI. On ne pourra forcer aucun jeune homme Hollandois à ſe faire Turc; mais s'il ſe fait Turc volontairement ce ſera bien fait.

VII. Vôtre Conſul *pourra ſe tranſporter de ce lieu en un autre, s'il lui plait, ce que nous lui permettons, en laiſſant ici une autre perſonne en ſa place, auquel on démontrera la plus grande courtoiſie.*

VIII. Quand nos Vaiſſeaux arriveront en Hollande ſoit par tempête ou de franche volonté, ils n'en pourront point laiſſer ſortir aucun Renegat, afin qu'il n'en arrive aucun trouble ou déplaiſir, & que vous ne puiſſiez dire que nous l'avons cauſé.

IV. Vos Excellences ſouhaittent que nous ne donnions la liberté à aucun Hollandois d'aller en Courſe en Mer; mais s'il ſe veut faire Muſulman, il ſera ce qu'il voudra.

X. Nous avons écrit ces preſentes; & nous declarons ſur nôtre foi, que nous les confirmons, pour les produire où beſoin ſera. Fait le premier du mois Giamaſil l'an du Prophete Mahomet 1035, *ou le* 30. *Janvier* 1626.

Etoit ſigné,

MAHOMET, AGA RAURANITSAM,
GESAIR GARP.

CCLXXI.

5. Mars.
FRANCE, ESPAGNE, GRISONS ET VALTELINS.

(1) *Traité entre la* FRANCE *& l'*ESPAGNE, *pour l'accommodement des affaires des* GRISONS *&* VALTELINS. *Fait à Monçon le 5 Mars* 1626. [FREDERIC LEONARD, Tom. IV. HISTOIRE de la Valteline & des Griſons, pag. 94. &c. RECUEIL des Traitez de Conféderation & d'Alliance entre la Couronne de France & les Princes étrangers, pag. 8. La Valteline, ou Memoires, Diſcours & Traitez ſur le ſujet des Guerres ſurvenues dans la Valteline, pag. 294. mais les Articles ſecrets y manquent. MERCURE FRANÇOIS, Tom. XII. à la fin de l'An 1626. pag. 1.]

I. LEURS Majeſtez deſirans de ſe remettre en bonne amitié & correſpondance, ſi elle eſtoit tant ſoit peu alterée par les mouvemens arrivez entre les Srs. Griſons & les Valtelins, ont reſolu, reſolvent & promettent de remettre les affaires deſdits Srs. Griſons, Valteline, Comtez de Bormio & Chiavenne en l'eſtat où elles eſtoient quand ces premiers troubles ont commencé parmi eux, & que l'on preſupoſe avoir eſté au commencement de l'année ſeize cens dix ſept, ſans alterer ni innover choſe aucune en l'eſtat où elles ſe trouvoient pour lors, annullans pour cet effet tous Traitez faits depuis ladite année 1617. avec les Griſons par qui que ce puiſſe eſtre, à la reſerve des reſtrictions contenuës en la preſente Capitulation.

II. Qu'en la Valteline, Comtez de Bormio & Chiavenne, ils ne puiſſent avoir par ci-aprés autre Religion que la Catholique, Apoſtolique & Romaine, avec expreſſe excluſion de quelque exercice ou uſage d'autre Secte ou Religion que ce ſoit, & que l'établiſſement & obſervation perpetuelle de cet Article, ſoit dans le Païs un memorial du zele & de la pieté de ces deux Couronnes, leſquelles y demeureront conjointement obligez.

III. Que les Valtelins, ceux des Comtez de Bormio & de Chiavenne, puiſſent élire par élection entr'eux, leurs Juges, Gouverneurs & autres Magiſtrats, tous Catholiques Griſons ou Valtelins, ſans qu'à telle élection les Griſons ſe puiſſent oppoſer ni que leur approbation ſoit neceſſaire, encore que ſi leur confirmation, toutefois l'on ne met point en doute qu'ils ne la leur doivent donner: & en cas de ne la leur donner pas, l'on ſatisfaſſe en l'aiant demandée; & ſi aprés trois demandes l'on differe de la donner, & huit jours paſſent aprés la preſentation, leſd. Seigneurs Griſons perdront la premiere fois pour trois avec le droit qu'ils ont que les Valtelins la leur demandent: & que les huit jours eſtant paſſez, le pouvoir & exercice de leur Magiſtrature ne ſoit point interrompu ni ſuſpendu, mais au contraire que la perſonne éluë exerce ſa Charge comme ſi elle avoit obtenu ladite confirmation; & au cas qu'en une élection ils faſſent encore le meſme refus, ils perdront le droit à perpetuité.

IV. Que tels Juges, Gouverneurs, & autres Magiſtrats pourront juger diffinitivement, ſans que pour raiſon quelconque leſdits Seigneurs Griſons puiſſent annul-

(1) Quoique toutes les Pièces enfermées dans cet Article ne ſoient pas de la même date; cependant comme ce ſont des dépendances du Traité de Monçon; on les a toutes renfermées dans le même Article.

ANNO 1626.

annuller leurs Sentences & Resolutions ni détourner leur execution, & aussi ordonner, disposer & executer tout ce qui concerne leur Pouvoir, Office & Magistrature, & le bien de la Religion Apostolique & Romaine.

V. Que rien de ce qui concerne les presens Articles, soit en la substance soit en la forme, ne se puisse alterer par lesdits Seigneurs Grisons, soit par Actes particuliers ou generaux, à l'observation de quoi dés à present comme dés lors, les deux Rois se declarent engagez à l'execution de ce qui se promet, soit en cas qu'il se soit pû prevoir ou non.

VI. Que nul Roi, Prince ou Potentat puisse sans offencer les deux Couronnes, attenter, retarder, empescher ni de faire chose quelconque, de ce qui en faveur desdits Seigneurs Grisons, Valtelins & Comtez susdits, a esté ce jourd'hui cinquiéme Mars 1626. resolu & arresté entre les deux Couronnes, & qu'elles soient obligées de maintenir par toutes sortes de voies deuës & raisonnables ; ce qui a esté declaré & arresté, & d'en conserver l'execution perpetuelle sans y apporter aucun delai.

VII. Que les Grisons promettront, & en pleine Assemblée solemnellement jureront en la meilleure, plus autentique & celebre forme qui soit entr'eux, l'observation perpetuelle & inviolable des presens Articles, & les deux Rois respectivement l'un à l'autre, comme chacun d'eux à part soi, promettront & jureront le mesme, & s'assisteront mutuellement de leurs Offices, & de toutes voies deuës, raisonnables, & permises pour l'entiere & exacte observation des choses qui sont exprimées au present Traité.

VIII. Que les deux Couronnes donneront assurance d'un oubli perpetuel de tout ce qui s'est passé en tous les mouvemens precedens, sans qu'aucun qui y ont eu part reçoive aucune moleste pour ce sujet, ni en leurs personnes, ni en leurs familles, ni en leurs biens, soit qu'ils soient de la Valteline, des Comtez de Bormio & de Chiavenne ou d'autres lieux.

IX. Que les Valtelins & ceux des Comtez ci-dessus, comme jouissans par ce Traité d'un nouveau droit d'élire & d'avoir leurs Juges, Gouverneurs & Magistrats, payeront annuellement une somme de deniers aux Grisons, correspondante à l'utilité publique & particuliere, que le general & particuliers desdits Seigneurs Grisons recevoient de leur administration & Magistrature desdits Valtelins & Comtez, laquelle somme sera arbitrée par gens à ce députez entr'eux de part & d'autre, & pour rendre les Grisons plus prompts & interessez à l'observation de ce Traité, s'il arrivoit que l'observation fust telle, qu'au lieu de l'executer ils entreprissent de prendre les Armes pour y déroger, les deux Rois les declareront, & les declarent des à present comme deslors, décheus & privez à perpetuité de la somme de deniers mentionnée au present Article, au payement de laquelle les Valtelins & ceux desdits Comtez sont obligez ; comme aussi du droit de confirmer les Juges, Gouverneurs & Magistrats qui seront éleus desdits Valtelins & Comtez ; & si cela ne suffit pour arrester le cours de leurs contreventions, les deux Rois arbitreront ensemble une plus grande peine & s'engageront la leur faire subir.

X. Que le Pape faisant connoître par ses Nonces aux deux Rois, qu'il y a de la contrevention notable de la part des Grisons en chose qui concerne la Religion & le declarant ainsi, Sa Sainteté apres cette connoissance donnée aux deux Rois, telle declaration sera notifiée aux Grisons par le Nonce de Sa Sainteté residant dans le Païs de Messieurs les Suisses Catholiques, afin qu'ils n'en puissent pretendre aucune cause d'ignorance, & qu'ils soient obligez de desister de leur contrevention & de rentrer dans leur devoir, & s'ils ne le font dans quatre mois, à compter du jour de ladite Declaration notifiée, les deux Rois seront tenus de s'unir ensemble & prendre toutes voies, deuës, raisonnables & permises, pour supporter aux Grisons & proteger les Valtelins. Et le Roi de France en particulier croit devoir à son zele & à sa pieté, d'employer lors sa puissance & autorité pour les ranger à leur devoir, tant s'en faut qu'il leur donne aucune assistance ni publique ni secrete, dont ils se puissent prevaloir.

XI. Que s'il arrivoit que les Grisons emploiassent publiquement les Armes contre les Valtelins, Comtez de Bormio & Chiavenne pour quelque cause que ce fust, soit publique ou particuliere, les deux Couronnes en seront averties, & les Ambassadeurs des deux Rois residans sur les lieux travailleront promptement & sans delai à les faire desister ; & en cas qu'il ne se puisse obtenir, les deux Rois s'obligent d'employer conjointement leur autorité, moyen & pouvoir pour leur faire sentir la peine que les deux Rois jugeront estre deuë à ce desordre, conformement aux Capitulations ci-dessus. Desquelles la premiere est de les tenir pour exclus du droit de confirmer l'élection desdits Juges, Gouverneurs & Magistrats, comme aussi de perdre la somme annuelle ; que pour cette raison les Valtelins & Comtez leur doivent payer, ajoûtant à cela la plus grande peine qu'il plaira aux deux Rois d'arbitrer, & en conformité de l'Article neuviéme ci-dessus, remarquant en outre que la Declaration des deux Rois touchant ladite peine reservée à leur Arbitrage & Jugement, se doit donner incontinent aprés que les quatre mois seront passez sans plus long délai.

XII. Qu'arrivant en quelque tems que ce soit, que les Valtelins & ceux des Comtez de Bormio & de Chiavenne, vinssent à enfraindre en tout ou en partie l'observation du present Traité touchant la Religion Catholique ou Articles Politiques, lors que tout cela sera verifié, les deux Rois s'employeront par un zele commun à les ranger à leur devoir, & s'ils s'opiniâtroient, les deux Rois les declareront déchus des privileges établis en leur faveur par leurs Majestez, lesquelles ont voulu s'employer à leur procurer ce bien & repos avec tant de soin & fatigue. Et le Roi d'Espagne en particulier croit devoir à son zele & à sa pieté d'employer sa puissance & autorité à les ramener à leur devoir, tant s'en faut qu'il les assiste ouvertement ni secretement pour les appuyer en ladite contrevention.

XIII. Que tout ce qui est ci-devant dit & arresté se doit entendre, au cas qu'en premier lieu, & avant toutes choses les Forts de la Valteline, Comtez de Bormio & de Chiavenne, & le surplus de ce qui a esté occupé en ces lieux-là par les Armes de la Ligue, ou même par Sa Majesté Catholique en ces presens mouvemens, sera entierement remis entre les mains de Sa Sainteté.

XIV. Que les Armes des deux Rois & de leurs Alliez s'estans retirées de ces lieux-là, lesdits Seigneurs Grisons ne pourront tenir en leurs Frontieres regardans la Valteline & Comtez, des Garnisons extraordinaires, & plus fortes que celles qu'ils avoient auparavant ces mouvemens. Le mesme se devant observer dans les Frontieres de l'Etat de Milan ; demeurant en outre & particulierement arresté que lesdits Grisons ne pourront mettre Gens de Guerre, Milice ni Garnisons en ladite Valteline, Comtez de Chiavenne & Bormio, afin que la violence & force des Armes que verroient les Valtelins ne violente pas l'usage libre de la Religion Catholique, ni de leur Justice & forme de Gouvernement établi par ce Traité.

XV. Quant au regard des troubles commencés dans le Genevois, les deux Rois chacun avec le Prince son Allié, seront tenus de faire office, afin qu'incontinent il se fasse suspension d'Armes entr'eux, & celles qui sont entrées auxiliaires au nom des deux Rois de part & d'autre, se suspendent dès à present pour avoir esté levées seulement avec intention & but d'assister leurs Alliez, & s'obligent leurs Majestez d'interceder au cas qu'il en soit besoin, pour obvier & empescher que nulles des forces de leurs susdits Alliez, entreprenneut les uns sur les autres aucuns progrez ou attentats.

XVI. Et d'autant qu'avec ladite suspension l'on n'arrive pas entierement à la Paix, à laquelle principalement aspire le bon zele des deux Rois, ils promettent entr'eux d'emploier tous offices possibles chacun avec son Prince Allié, qu'ils compromettent & conviennent d'Arbitres dans quatre mois, & que pour leur temperament lesdits Arbitres ayent à passer & vuider tous differens qu'ils ont, ou grief present ou passé sur les mouvemens & estat des inquietudes presentes ; à quoi dès à present les deux Couronnes se conforment ; comme aussi se compromettre sur ce sujet en ce qui les peut concerner.

XVII. Que les saisies faites par les deux Rois sur les Sujets l'un de l'autre seront levées, ajoûtant premierement la satisfaction du landin & galissabre de calcus, laquelle satisfaction sera traitée par les Ambassadeurs residans en la Cour de delà, & en celle-ci, ou par les personnes qu'il plaira aux deux Rois nommer pour cet effet.

XVIII. Sa Majesté Catholique est contente dès à present que les presentes choses arrestées estans signées & ratifiées par les deux Rois, que tous les Forts qui sont en la Valteline, Comtez de Bormio & de Chiavenne, sans aucune exception, bastis depuis l'année 1620.

ANNO 1626.

1620. soient incontinent rasez & démolis par Sa Sainteté, délivrant au Gouverneur de Milan, ou à celui qui aura son Pouvoir & Procuration, ce qui fust donné par Inventaire à Sa Sainteté d'Artillerie & Munitions : & non seulement consent Sa Majesté Catholique à ce que dessus, mais Elle supplie Sa Sainteté, qu'incontinent elle le mette en execution ; s'entendant en outre que lesdits Forts ne puissent estre rebastis par aucun, sous quelque pretexte que ce soit.

XIX. Et d'autant que par diverses fois on a traité d'accommoder ces affaires, sans que les Traitez qui s'en sont faits ayent pû avoir aucun effet, leurs Majestez entendent & declarent que le present & seul Traité est celui qui doit avoir lieu & estre mis en execution, annullans tous les autres Traitez d'accommodement en cette matiere en la part où ils ne seront pas totalement conformes au present Traité, la Declaration duquel en chose douteuse concernant la Religion Catholique, se reserve & remet dès à present au Saint Siege Apostolique & sacré College, & en toutes choses à l'amiable declaration & interpretation des deux Couronnes, lesquelles au surplus ont convenu de quatre mois, à compter du cinquiéme Mars presente année, pour le faire approuver & ratifier aux Parties.

XX. Et afin que le contenu au present Traité demeure en tous ses Points & Articles ferme & inviolable, il sera signé par le Sieur Comte de la Rochepot, Conseiller du Roi Tres-Chrestien & son Ambassadeur en Espagne ; & par le Sieur Comte de Saint Lucar, Conseiller d'Etat de Sa Majesté Catholique, & son Sommelier de Corps & Grand Ecuyer, lesquels s'obligeront l'un à l'autre en vertu des Pouvoirs qu'ils ont des Rois leurs Maistres, & la Ratification signée par les deux Rois, laquelle ils s'exhiberont mutuellement l'un à l'autre dans quatre mois aprés la datte des presentes, avec annullation de ce qui pourroit survenir jusqu'à la Ratification du present Traité. Fait à Monçon le 5. Mars 1626.

Signé,

D'ANGENNES.

Articles secrets.

I. POUR ne s'estre mis dans le Traité de mesme datte que le present Article, ce que ledit Article contient, pour certains bons respects, Monsieur le Comte de la Rochepot, Conseiller de Sa Majesté Tres-Chrestienne & son Ambassadeur en Espagne ; & Monsieur le Comte de Saint Lucar, Conseiller de Sa Majesté Catholique, son Sommelier de Corps & son Grand Ecuyer, ont convenu que ledit Article bien que secret aura mesme force que s'il estoit compris dans le Traité, & sera ratifié de la mesme forme que ledit Traité, & signé de la main de leurs Majestez.

II. Que pour ne s'estre les deux Rois pour certains & bons respects expliquez en termes exprés en l'Article seiziéme dudit Traité de Monçon, fait le cinquiéme Mars 1626. de la forme de conduire finalement les affaires, raisons & pretentions qui ont occasioné les derniers mouvemens & revolutions dans le Genevezar, & le surplus des alterations qui en ce mesme temps sont arrivées en ce Païs-là, par ce present & secret Article, ils se promettent en premier lieu de ne prendre aucun sujet l'un avec l'autre, occasion de dégoust ni froideur, au contraire de cheminer avec toute sincerité pour pacifier les deux Princes interessez : & au cas que lesdits Princes ne voulussent passer par expediens d'Arbitres, ou tels autres qu'il se pourra proposer & chercher, & qu'ils differassent, les deux Rois prendront entr'eux un si bon moien & assuré, les quatre mois portez par ledit Traité estans expirez, que lesd. Alliez aient obligation precise de s'y conformer. Fait à Monçon le cinquiéme Mars 1626 *Signé*, D'ANGENNES ; *y el Conde Duque de* S. LUCAR.

III. D'autant que l'Article inseré dans le Traité qui concerne la démolition des Forts, ne porte pas une declaration si expresse du tems & de la maniere dont il sera procedé en cette démolition, comme est l'intention des deux Rois, leurs Majestez pour certaines considerations se promettent l'un à l'autre de faire tous offices possibles, à ce qu'incontinent & sans aucun délai ils se démolissent, encore qu'on ait toute confiance en la sainte intention de nostre S. Pere le Pape, qu'aprés la supplication qui lui en a esté faite par le Traité, il executera lad. demolition ; & qu'aprés ladite Ratification dudit Traité, les deux Rois lui en feront faire instance par leurs Ambassadeurs residans aux pieds de Sa Sainteté, de la bonté de laquelle ils se promettent qu'il lui plaira lui en donner l'assurance. Fait à Monçon le cinquiéme Mars 1626. *Signé*, D'ANGENNES ; *y el Conde Duque de* S. LUCAR.

IV. Pour ne s'estre mis dans le Traité de mesme datte que ce present Article, ce que ledit Article contient, pour certaines & bonnes considerations, Monsieur le Comte de la Rochepot, Conseiller d'Etat ; & Monsieur le Comte de S. Lucar, ont convenu que cet Article bien que secret aura la mesme force que s'il estoit compris dans le Traité, & sera verifié de la mesme forme que ledit Traité & signé de la main de leurs Majestez ; que si les Grisons, Valtelins, & ceux des Comtez de Bormio & de Chiavenne ne s'accordent de la somme d'argent que lesdits Valtelins & Comtez doivent paier ausdits Grisons, à raison de ce qui leur est concedé le cinquiéme Mars 1626, les deux Rois prendront un expedient en leurs differens, & les feront contenter de ce qui sera de raison, & dés à present comme dés lors, leurs Majestez declarent & promettent de ne consentir ni permettre que de part ni d'autre la force s'emploie sur ce sujet entre les Parties, non plus qu'à l'avenir pour quelques autres differens qui puissent naistre entre les Grisons & Valtelins, lesquels differens leurs Majestez promettent de terminer par leur autorité & negotiation, sans souffrir que lesdites Parties ni eux pour elles viennent aux Armes, en quelque façon que ce puisse estre, soit sur le sujet de leur different, soit en consequence d'icelui ; en quoi leurs Majestez demeureront unanimes & conformes. Fait à Monçon le cinquiéme Mars 1626. *Signé*, D'ANGENNES ; *y el Conde Duque de* S. LUCAR.

V. Et d'autant que les deux Rois qui sont convenus dans le Traité de même datte, que ce present & secret Article, procedent avec toute sincerité & Roiale intention, & desirent ensemble une Paix assurée & de durée, à laquelle on ne pourroit parvenir si leurs Majestez ne la promettoient & établissoient fermement & surement à raison des inquiétudes qui peuvent naistre par des attentats secrets & peu justifiez, ou des Armes qui se peuvent mouvoir entre & contre les Alliez de l'une & l'autre Couronnes, ils demeurent d'accord, promettent & capitulent sur leur foi & parole Roiale & publique, que pour quelque accident ou instance que ce soit, pas une des Couronnes n'inquietera avec Armes, ni donnera assistance publique ou secrete contre aucuns des Alliez de l'autre en Italie ; sans premierement & avant toutes choses, traiter l'un desdits Rois en la Cour de l'autre par son Ambassadeur, ou autre personne particuliere, des raisons pour lesquelles leurs Alliez reçoivent moleste, traitant à l'amiable de lad. composition & évitant en tout où la justice de la cause n'obligera point : & en cas où la composition & temperament ne pourroient avoir lieu, aprés en avoir traité & communiqué, de mouvoir leurs Armes propres & auxiliaires, parce qu'autrement la Paix ne pourroit demeurer ferme ni assurée, les deux Rois demeurans toûjours exposez à maintenir finalement ce qu'entreprendroient ou pourroient avoir à endurer les Alliez de l'une & l'autre Couronne, pour quelque raison que ce pust estre. Fait à Monçon le cinquiéme jour du mois de Mars 1626. *Signé*, D'ANGENNES ; *y el Conde Duque de* S. LUCAR.

VI. D'autant que l'on pourroit pretendre pour pretexte, le deffaut de restitution des munitions de Guerre, lesquelles furent données par Inventaire à sa Sainteté au tems que le depost des Forts fust fait, il s'entend que le manquement qui se pourroit trouver desdites munitions pour estre consumées, ne retardera point la demolition desdits Forts, laquelle leursd. Majestez, & par exprés la Catholique, s'obligent qu'elle sera effectuée dans un mois, aprés que lesdits Forts auront esté remis és mains de Sa Sainteté, demeurant le Roi Tres-Chrestien obligé de satisfaire le Roi Catholique ou ses Ministres, desdites munitions qui se trouveront manquer, pourveu que ce soit chose de consideration. Fait à Monçon le cinquiéme Mars 1626. *Signé* D'ANGENNES ; *y el Conde Duque de* S. LUCAR.

Conférence tenue à Coire le 2. Novembre 1626. entre Mr. le Marquis de Chasteau-Neuf, *Ambassadeur de France, & les Députez des trois* Ligues Grises, *pour l'explication du Traité de Monçon.*

LES Deputez des trois Ligues Grises, aians proposé à Monsieur le Marquis de Chasteau-Neuf, Am-

ANNO 1626.

Ambaſſadeur extraordinaire du Roi Tres-Chreſtien, que le conſentement du Sereniſſime Archiduc Leopold n'eſtant encore donné ſur les Articles de Paix, il n'y avoit aucune ſureté de ce coſté-là, Monſieur l'Ambaſſadeur répond : Qu'il eſt neceſſaire que ledit Archiduc Leopold y donne ſon conſentement & ratification; que pour cet effet Sa Majeſté Tres-Chreſtienne a envoié un Ambaſſadeur extraordinaire au Roi d'Eſpagne, pour faire qu'il faſſe enſorte que l'Archiduc donne ſa Ratification, ou promette de ratifier par ledit Archiduc.

Sur l'Article de la Religion, Monſieur l'Ambaſſadeur deſire au nom de Sa Majeſté Tres-Chreſtienne, qu'on lui accorde qu'en la Valteline il n'y ait autre exercice de la Religion que de la Catholique, Apoſtolique & Romaine, avec condition que les Proteſtans puiſſent aller librement en ladite Valteline, y demeurer, joüir de leurs biens ſans empeſchement ni exercice de l'Inquiſition : & au cas qu'ils vouluſſent vendre leurs biens, qu'ils le puiſſent faire ſans danger de confiſcation ni d'aucun châtiment.

A l'élection des Magiſtrats, ſont auſſi compris Chiavenne & Bormio, leſquels Chiavenne & Bormio ont eſté rendus par Sa Majeſté aux Griſons, comme ils les poſſedoient d'ancienneté, ledit Sr. Ambaſſadeur répond: Que les Ambaſſadeurs députez pour France feront repreſenter ce grief au Roi : & quant aux appellations, puiſqu'audit Traité il n'en eſt fait aucune mention, eſt entendu qu'elles ne ſont pas oſtées aux Griſons aux cas & choſes appellables.

Au cinquiéme Article, le Sieur Ambaſſadeur répond & accorde, que les Griſons demeurent en leur Souveraineté, & qu'autres Princes n'aient aucune domination ni pouvoir ſur eux.

Sur l'Article du pardon general, ledit Sieur Ambaſſadeur accorde que cela s'entend ſeulement ſur ceux de la Valteline, Chiavenne & Bormio; & que les difficultez que l'on y a propoſées, que les Sujets depuis la rebellion ont occupé & joui des biens & facultez des Proteſtans, tant Griſons que Valtelins, ſur leſquels encore aujourd'hui ils impoſent des Tailles pour paier le prix de leur rebellion, ledit Sieur Ambaſſadeur accorde encore que ces Points ſoient repreſentez au Roi.

Sur l'Article de Cens annuel, ledit Sieur Ambaſſadeur accorde que dans ledit Cens les Daces, Impoſts & autres revenus ordinaires que les Griſons avoient auparavant au Païs deſdits Sujets ne ſoient compris, ains qu'ils les puiſſent faire exiger outre ledit Cens annuel.

Au dixiéme Article, ledit Sieur Ambaſſadeur accorde qu'il ſe doit entendre & étendre ſeulement ſur le Païs de Sujets, & non ſur le Païs libre des trois Ligues, les Députez des Griſons proteſtent, que ni à cet Article ni en autre, ils ne veulent eſtre ſoûmis ni au Pape ni à autre Prince, mais qu'en tout & par tout ils veulent maintenir leur liberté & Souveraineté.

Sur le onziéme Article, les Députez ne conſentent en façon quelconque, qu'il leur ſoit rien oſté de leur autorité, ni preſcrit par quel moien ils doivent & puiſſent reduire à obéiſſance leurs Sujets en cas de contrevention.

Sur le douziéme Article, les Députez repreſentent à Monſieur l'Ambaſſadeur la grande partialité dont l'on a uſé en faiſant ledit Traité, en quoi ils pretendent que nul autre ne ſe doit ingerer entr'eux & leurs Sujets, & ſupplient Sa Majeſté de les vouloir aſſiſter en tout tems aux occaſions, en vertu de l'Alliance, pour reduire leurs Sujets à obéiſſance.

Au treiziéme, prient que le dépoſt ni autres nouveautez ne ſe faſſe juſqu'à-ce que l'on ait repreſenté à Sa Majeſté les raiſons & griefs des Griſons.

Pour le quatorziéme, les Députez ſont contents de ne mettre Garniſon en la Valteline pour troubler l'exercice de la Religion Catholique, mais en autres occaſions neceſſaires, ils ne veulent qu'il leur ſoit deffendu de pourvoir, ſelon que le beſoin le requerra, à la conſervation de ce qui leur appartient : Monſieur l'Ambaſſadeur accorde en cas de danger, d'invaſion ou rebellion.

Sur le dixneuviéme, Monſieur l'Ambaſſadeur accorde qu'il ne ſoit au pouvoir de Sa Sainteté de mettre ni faire exercer l'Inquiſition dans le Païs des Sujets deſdits Griſons.

Sur la demande des Sujets, que l'on retire les Armes hors du Païs, les Députez prient que cela ne ſe faſſe, & que les Gens de Guerre ne ſoient licenciez juſqu'à ce que Sa Majeſté ſoit informée de leurs droits & raiſons.

Pour ce qui eſt du Sur-Intendant en la Juſtice, les Deputez le rapporteront au Conſeil.

Sur les Articles que Monſieur l'Ambaſſadeur a accordez, les Griſons ne s'en veulent départir, ains y demeurer fermement; & pour les autres qu'il a renvoiez à Sa Majeſté Tres-Chreſtienne, les Deputez le ſupplient de les vouloir declarer.

ANNO 1626.

Réponſe des Griſons aux Ambaſſadeurs de France, ſur la preſentation du Traité de Monçon. Fait à Coire le 19. Novembre 1626.

TRES-Excellens Seigneurs. Nous ne doutons nullement de la bonne & ſincere affection de Sa Majeſté Tres-Chreſtienne noſtre gracieux & clement Seigneur & Allié, de laquelle par pluſieurs témoignages nous ſommes tres-aſſurez. Nous avons neanmoins entendu avec tres-grande conſolation de Vos Excellences la continuation de la meſme affection de Sadite Majeſté envers ce Païs, nous reconnoiſſons lui en eſtre perpetuellement obligez, & de lui demeurer tres-humbles & tres-obeïſſans ſerviteurs & fideles Alliez, avec prieres que nous continuerons à Dieu pour l'augmentation, & heureux gouvernement & regne de Sadite Majeſté.

Nous avons entendu de Vos Excellences l'exhortation & inſtances qu'elles nous ont fait pour l'acceptation des Articles de Paix ſur nos affaires contre les Valtelins, qui ont eſté traitez & concertez entre les deux Couronnes, dont nous avons eſté grandement eſtonnez. Car nous avions eſperé que conformement à la Ligue jurée avec Sa Majeſté Tres-Chreſtienne, & enſuite de tant de promeſſes qui nous ont eſté faites par les Sieurs de Monthelon, Marquis de Cœuvres & Miron, & autres Miniſtres du Roi, les Armes de Sa Majeſté mettroient à execution le Traité de Madrid, nous reſtituant noſtre ancien Domaine de nos Païs ſujets, & nous eſtans repoſez ſur telles promeſſes faites de vive voix & confirmées par écrit, nous n'avons point envoyé nos Deputez pour ſolliciter plus outre. Or nous voions maintenant des effets contraires; nous voions nos rebelles eſtre favoriſez, loüez & recompenſez contre la coûtume des Rois & Princes, & nous eſtre oppreſſez, affoiblis & abbatus : & voions que nous qui deſpendons de la protection de Sa Majeſté ne laiſſons avec ſes Armes victorieuſes de perdre noſtre Domaine, lequel nous avons poſſedé ſi long-tems avec juſte titre, & nos Rebelles ſe l'acquerir par la protection d'Eſpagne : nous voions contre la diſpoſition de la Ligue que l'on a capitulé & traité en nos propres affaires ſans nous en faire participans d'un ſeul mot, & ſans voir ni entendre nos raiſons : & que tels Articles ſont fondez ſur les calomnies, fauſſes accuſations & informations de nos Rebelles, ou autres qui pour leur intereſt les favoriſent, faiſans peu de cas & d'eſtime de la raiſon, reputation, & autres intereſts de Sa Majeſté.

Nous acceptons neanmoins le premier Article de la Paix, en ce qu'il remet noſtre Republique en ſon premier Etat, Seigneurie & Droits qu'il avoit avant l'année 1617. & encore acceptons l'annullation des Traitez faits auparavant ſur ces affaires avec autres Princes, & ſupplions Sa Majeſté qu'Elle veuille faire enſorte qu'à ceci intervienne le conſentement de l'Empereur, de l'Archiduc Leopold, ou autres intereſſez auſdits Traitez. Nous n'admettons neanmoins ni acceptons en aucune partie, ains excluons totalement les clauſes reſervatoires ou reſtrictions contenuës à la fin du premier Article de Paix; par le moien deſquelles reſerves & reſtrictions nous venons par les Articles ſuivans à eſtre privez de noſtre Domination, Seigneurie & Juriſdiction ès Païs de la Valteline, Bormio & Chiavenne, & y eſt en pluſieurs ſortes fait prejudice à noſtre Souveraineté, & meſme à la dignité, reputation & autres intereſts de Sa Majeſté, ſans que jamais nous ſoions intervenus en tels Traitez, & que nos raiſons ayent oncques eſté entenduës. A cette cauſe nos Communautez des trois Ligues ont unanimement reſolu d'envoyer leurs Deputez vers Sa Majeſté Tres-Chreſtienne pour la ſupplier d'annuller telles conditions, & ſi prejudiciables reſtrictions, & pour le rétabliſſement de noſtre Republique & ſon priſtin Etat & Seigneurie, conformement à la Confederation qui eſt entre Sa Majeſté Tres-Chreſtienne & nous, & aux declarations & promeſſes faites & à diverſes fois reïterées par Sa Majeſté & ſes Officiers : & au cas que nous puiſſions obtenir de Sa Majeſté ce retabliſſement comme nous

ANNO 1626.

nous l'esperons fondez en justice & raison; en ce cas nous consentons de remettre à Sa Maj. l'établissement & disposition touchant la Religion en la Valteline, selon qu'elle trouvera expedient; à la charge neanmoins que l'Inquisition ne soit introduite en ladite Vallée, & qu'il soit permis aux Protestans de nos trois Ligues, & à nos Sujets de pouvoir librement aller & demeurer en ladite Vallée, & jouïr de leurs facultez & les vendre s'il leur plaist, les retirer hors du Païs & en partir librement sans danger de confiscation, châtiment ou autre moleste, & supplions que l'Armée de Sa Majesté & de ses Alliez, ne soit congediée & licenciée hors de la Valteline, Chiavenne & Bormio, & qu'il ne soit fait aucun dépost és mains d'autres Princes, ou fait autre nouveauté qui nous soit préjudiciable, jusqu'à ce que nous soions remis & rétablis en nostre ancienne possession. Et si Sa Majesté établit cependant un Sur-Intendant en la Justice, qu'il lui plaise, en l'administration d'icelle, se servir de personnes des trois Ligues, sans que les Valtelins soient admis à telles charges.

Il est notoire à tout le monde que les Grisons sont persecutez & haïs d'Espagne, non pour autre cause que pour avoir esté toûjours en toutes les Guerres & occasions, avec leurs forces & effusion de leur propre sang, tres-fideles Alliez de la Couronne de France.

Il est notoire combien de fois l'Espagne avec tres-amples conditions à nous tres-avantageuses, a recherché d'avoir Ligue avec nous pour se pouvoir servir de la commodité de nos passages, & particulierement au tems de la Ligue & Guerres Civiles de France, ils rechercherent avec grand effort de nous faire abandonner cette Amitié & Alliance, comme ils obtindrent de quelques Cantons de Suisse, mais ils ne pûrent jamais corrompre nostre fidelité. Et dernierement combien de deniers nous offrît l'Espagne en l'année 1617. avec beaucoup d'avantages, & particulierement la demolition du Fort de Fuentes pour obtenir nostre Alliance; mais on fist refus de tout pour ne manquer de fidelité à Sa Majesté, & la laisser Maîtresse de ces Alpes, comme avoient esté ses Predecesseurs, pour cette cause l'Espagne, à laquelle ces passages sont fort importans pour conjoindre ses Païs d'Italie avec les Païs d'Autriche & d'Allemagne, a recherché d'avoir ce qu'elle n'a pû obtenir des Grisons par Traitez, en favorisant les Rebelles, & parviendra facilement à son dessein si ces Articles ont d'effet, puisqu'ils lui demeurent toûjours obligez tenans leur liberté & grandeur d'elle, & pourra tous les jours l'Espagne faire passer à sa volonté ses Soldats par la Valteline, sans que les Grisons les puissent empescher, n'aiant ni Magistrats ni aucune Jurisdiction en la Valteline pour les pouvoir tenir en obeïssance par châtiment ou par force d'Armes. Et encore qu'il semble vouloir laisser aux Grisons la domination & Souveraineté en la Valteline, nous connoissons neanmoins que cette Domination sans Jurisdiction sera une ombre & une fumée: & que Sa Majesté & les Grisons auront en la Valteline l'ombre, & les Espagnols & Valtelins le corps: & que nôtre Domination sera semblable à un corps auquel on a coupé tous les nerfs; & qui partant est rendu immobile & inutile, & que nous serons Maistres pour commander, mais non pas pour faire obéïr, puisque Sa Majesté par ces Articles nous oste l'autorité de proceder contre les Valtelins par peines & armes; veu que nous ayons grande peine de les contenir & dompter, lors mesme que nous avons ample & absolu pouvoir sur eux. Et si par avanture à present il y a un accommodement entre les deux Couronnes touchant ces passages de nos Alpes, l'on sçait neanmoins que venant aux Armes l'on n'a plus d'égard aux Accords, & l'Espagne sera toûjours Maistresse des passages au besoin, & de les fermer & empecher à la France & à ses Amis & Confederez. Et combien que l'on die que par ces Articles les Grisons retireront une recompense annuelle aussi grande en deniers qu'ils en recevoient auparavant, les Grisons reconnoissent fort bien, qu'encore que l'on leur eust promis une somme plus grande, neanmoins la Jurisdiction demeurant aux Valtelins, ils auront moyen de faire payer aux Grisons mesme toute cette somme & beaucoup davantage, & les faire avec le temps leurs Tributaires, la Valteline n'importe pas tant aux Grisons pour l'utilité qu'ils en reçoivent, comme ils ont besoin de pourvoir que les Valtelins n'aquierent liberté de Jurisdiction, & de ne les laisser venir és mains d'autres Princes, pour estre cete Vallée un Rempart & un Bastion pour l'assurance des Païs Grisons & leurs Alliez, nos Ennemis aians par la commodité de cete Vallée & par l'aide des Habitans d'icelle, un grand avantage & une voie ouverte pour assaillir, endommager & molester nos Païs, & partant nous ne pouvons aucunement accepter telles Capitulations, & ne pouvons faillir d'envoier nos Deputez conformement à l'Ordonnance de toutes nos Communautez, esperant que quand nos raisons auront esté oüies & pesées, Sa Majesté ne permettra que ses Alliez estans sous sa protection soient oppressez & privez de leur Domination & Jurisdiction, & que les Rebelles l'acquierent & emportent par la protection & faveur d'Espagne; & ne permettra pas que l'Espagne ait cete gloire de pouvoir contre raison élever ses Favoris en leur donnant Jurisdiction, & qu'elle l'oste à ceux qui ont toûjours esté fideles serviteurs & alliez de Sa Majesté, soit éludée pour ne pouvoir entretenir l'Aliance jurée avec nous, & le Traité de Madrid si juste & raisonnable qui est de restituer à chacun le sien, ni d'accomplir ses Articles si prejudiciables à son interest & reputation & de ceux qui dépendent de lui; & ne souffrira que ces passages qui jusques à present ont esté au commandement de sa Couronne, soient contre raison au service d'Espagne, & par ce moien lui faire chemin à la Monarchie, au grand prejudice de toute l'Europe, & ne voudra tant exalter les Espagnols que de leur donner la hardiesse de travailler & soumettre d'autres Amis de Sa Majesté, leur faisant voir par ce premier rencontre des Grisons, combien il leur est bien heureusement reüssi du consentement mesme de Sa Majesté.

ANNO 1626.

Quant aux declarations & explications que son Excellence s'offre de faire sur lesdits Articles en nostre faveur, nous reconnoissons que quant aux Valtelins en leur donnant le gouvernement & la substance, les autres explications nous seront peu profitables.

Nous remercions neanmoins son Excellence de sa bonne volonté & affection, & la supplions de continuer cete mesme volonté.

Quant à la Ratification des Autrichiens touchant la renonciation des Traitez passez, nous persistons à nostre Declaration que nous lui avons déja donnée, & continuons à supplier son Excellence qu'elle nous favorise de tant que d'accompagner nos Deputez de ses Lettres vers Sa Majesté, & contribuer à ce que nous puissions obtenir nostre juste Requeste.

Nous sçavons quelle estime nous devons faire de la grande autorité, prudence & experimentée dexterité de son Excellence, & reconnoissons en elle un tres-grand zele à l'honneur, interest & reputation de Sa Majesté Tres-Chrestienne nostre benin Seigneur, & particulierement encore à avancer la Justice; partant nous esperons de son integrité & valeur une faveur singuliere pour nostre cause si juste & raisonnable; & que pour ses bons offices envers Sa Majesté, les interests de Sadite Majesté seront conservez, & que nostre Republique dependant d'iceux demeurera consolée, & à lui estre toûjours tres-humbles serviteurs. En foi de quoi nous avons scellé la presente des Sceaux ordinaires de nos Ligues. A Coire le 19. Novembre 1626.

Declaration des Rois de France & d'Espagne, touchant le Cens Annuel que les Valtelins doivent paier aux Seigneurs Grisons. Fait à Paris le 22. Decembre 1626.

COMME ainsi soit que par le Traité fait à Monçon le cinquiéme Mars dernier, il soit dit que les Valtelins & ceux des Comtez de Bormio & Chiavenne, paieront annuellement aux Grisons une somme de deniers correspondante à l'utilité publique & particuliere; que le general & les particuliers desdits Grisons recevoient de leur Administration & Magistrature esdits Valteline & Comtez, & que ladite somme seroit arbitrée par gens à ce deputez de part & d'autre; que sur la proposition qui en a esté faite, tant ausdits Grisons qu'esdits Valtelins & Comtois, les uns & les autres se seroient fait entendre de plusieurs difficultez & avis differens fort éloignez, qui pourroient causer un grand retardement à l'execution pleniere dudit Traité de Paix, & donner lieu à plusieurs inconveniens au prejudice de la bonne reputation des deux Rois & du repos public, pour y pourvoir & retrancher toute matiere, de renouveller les differens assoupis par ledit Traité, Monsieur le Cardinal de Richelieu; Messieurs de Marillac, Garde des Sceaux de France; Comte de Schomberg, Mareschal de France, & d'Herbaut, Conseiller Secretaire d'Etat & des Commandemens du Roi, de la part de Sa Majes-

ANNO 1626.

Majesté Tres-Chretienne; & Monsieur le Marquis de Mirabel, Ambassadeur du Roi d'Espagne en France, aians tous lesdits Seigneurs respectivement pouvoir de leurs Majestez, ensuite de ce qui est porté par les Articles secrets accordez le mesme jour dudit Traité; que si les Grisons, Valtelins, & ceux des Comtez de Bormio & Chiavenne ne s'accordent de la somme d'argent que lesdits Valtelins & Comtois doivent paier ausdits Grisons, à raison de ce qui leur est accordé par ledit Traité, lesdits Rois prendront un expedient en leur different, & les feront contenter de ce qui sera de raison, ont convenu & accordé ensemblement que lesdits Valtelins & ceux des Comtez de Bormio & Chiavenne paieront par chacun an ausdits Grisons la somme de vingt-cinq mil écus, à vingt quatre bats pour écus, de cens & rente annuelle & perpetuelle, à commencer du jour que les trois Forts seront démolis & rasez; ce qui se fera promptement & sans délai, suivant le Traité fait à Rome le huitiéme Novembre dernier passé, sur ladite somme prealablement prise la somme qu'il conviendra pour la pension que l'Evêque de Coire recevoit des Valtelins, laquelle doresnavant sera paiée par les Grisons, ainsi qu'il a esté ci-devant pratiqué; si mieux n'aiment lesdits Grisons laisser le paiement de ladite pension à paier par les Valtelins, auquel cas lesdits Valtelins retiendront la somme de deux mil écus sur ladite somme de vingt-cinq mil écus, moiennant laquelle ils paieront la pension dudit Evêque à quelque somme qu'elle se puisse monter: & en cas qu'elle se monte moins ce qui restera desdits deux mil écus, appartiendra ausdits Grisons, pour l'assurance du payement de laquelle pension, s'il y a refus ou retardement, les deux Rois concourreront conjointement pour faire accomplir la presente Convention, & tous les autres Articles dudit Traité de Monçon. Fait à Paris le 22. Decembre 1626. *Signé*, ARMAND, Cardinal de Richelieu. DE MARILLAC. DE SCHOMBERG, PHELYPPEAUX, & *Marquis de* MIRABEL, avec promesse par les susnommez de faire fournir dans le vingtiéme de Janvier prochain, bonnes & valables Ratifications de la part de leurs Majestez, laquelle sera donnée de la part d'Espagne à Monsieur le Marquis de Mirabel, & de la part de France à Messieurs le Marquis de Ramboüillet & du Farges.

Déclaration faite à Soleure par les Ambassadeurs de France, au commencement de Janvier 1627. sur les Articles du Traité de Monçon.

NOUS avons entendu amplement de vos Deputez ce qui avoit esté apporté & proposé par le Bourgmaistre Mayer, Deputé des trois Ligues, touchant les Points que Sa Majesté leur avoit mis dans les Instructions & Lettres de ses Ambassadeurs, sur le Traité fait & conclu, selon qu'elle juge & estime que se doivent terminer absolument tous les differents d'entr'eux & la Valteline: & semblablement ce que les Seigneurs Grisons ont desiré que vos Deputez accompagnassent leur députation & derniere resolution, & que sur ce vous n'avez point voulu changer vostre réponse & déliberation, jusqu'à-ce que vous nous aiez fait part & reçu de nous une entiere declaration des Points & Articles concernans la Religion & la Souveraineté, avec une entiere annullation & cassation de tous les Traitez faits avec les Grisons depuis l'année 1612. comme plus amplement est contenu en vostre Requeste envoyée dés le premier de ce mois.

Sur toutes lesquelles choses nous vous répondons, que nous estimons avoir suffisamment satisfait à vostredite requisition & demande par nostre proposition du trentiéme du passé, par laquelle nous ne vous avons pas seulement declaré l'intention de Sa Majesté sur ce qu'Elle demande de vous, mais aussi nous vous avons fait entendre la Declaration & contenu du Traité avec l'utilité que les Grisons reçoivent d'icelui. Neanmoins nous vous en éclaircirons derechef pour vostre contentement & le leur. Nous vous faisons donc entendre que par les premieres paroles dudit Traité, il est dit & entendu que les deux Couronnes remettent les choses & affaires des Grisons & de la Valteline, ensemble des Comtez de Bormio & de Chiavenne, en pareil estat qu'elles estoient l'an 1617. sans aucune innovation ni changement; entendans lesdites deux Couronnes que toute l'autorité decente & convenable, Superieure, Majeure & Souveraine desdits Grisons sur la Valteline, Comtez de Bormio & de Chiavenne, que de ce tems-là les Grisons ont toûjours eu en tous ces lieux-là, sans que par ci-aprés il soit innové ni changé chose aucune, leur demeurent propre & asûrée, fors & excepté seulement la reserve de ce qui s'ensuit; chose à la verité qui donne à connoistre que la seule Souveraineté & entiere Jurisdiction est reservée aux Grisons, sans y comprendre les Valtelins, ainsi comme elle estoit ci-devant, puisque les exceptions & considerations suivantes ne touchent aucunement la Souveraineté, mais parlent seulement de la Religion Catholique & de l'élection des Officiers sans autre chose; ce qui n'a aucune union ni connexité avec la Souveraineté, comme il se peut aisément comprendre sur ce que vous autres Messieurs possedez en plusieurs lieux l'autorité Superieure & Souveraine; esquels lieux les peuples ne se conforment nullement avec vous pour ce qui touche la Religion; ce qui pourtant n'affoiblist aucunement vostre autorité ni Souveraineté, ainsi que Messieurs les Grisons le comprennent & l'entendent fort bien, puisqu'ils ont consenti à ce que dit est au second Article du Traité, lequel accorde le seul exercice de la Religion Catholique en la Valteline.

Quant à ce qui est de l'élection & nomination des Officiers, puisque la nomination d'icelle se doit faire par les Grisons, & la Justice administrée & renduë en leur nom, elle ne diminue en aucune façon le droit qu'elle a de Souveraineté, au contraire elle l'amplifie & accroist par le cens & droit annuel que les Valtelins sont obligez de payer en reconnoissance de la liberté qui leur est accordée de leurs Seigneurs Superieurs d'élire & choisir leurs Juges, & les Grisons le confesseront eux mesmes estre ainsi.

De plus, le premier Article montre & declare que tous & chacuns les Traitez qui ont esté faits avec les Grisons depuis l'année 1617. jusqu'à present, seront annullez & de nulle valeur, sur lequel Point il n'y a point d'autre Declaration à donner, veu que le Traité fait à Lindau avec l'Archiduc Leopold y est compris, & est du nombre des Traités ensuivis & que l'on a faits avec les Grisons; ensorte que tant celui-là que les autres, accordez tant à Milan qu'aux Païs des Grisons, mesme ceux qui ne sont venus à la notice & connoissance des deux Couronnes demeurent nuls, encore qu'ils n'ayent pas esté nommés dans ledit Traité, & combien que les deux Couronnes par cedit Traité ayent remis toutes choses en l'estat auquel elles se trouvoient auparavant ces presens mouvemens, & ce en termes generaux, l'explication & signification des susdites paroles & termes, est qu'ils y ont voulu comprendre toutes les choses & Traitez; toutefois nous avons offert & promis aux Grisons, comme encore nous vous offrons presentement au nom de Sa Majesté, d'obtenir du Roi d'Espagne la Ratification de l'Archiduc Leopold, partant nous esperons de vous qu'ensuite de cette Declaration, de l'intention de Sa Majesté sur le present Traité, vous connoîtrez & jugerez avec quel soin & diligence Elle a recherché le moyen d'assurer & conserver l'Etat & Souveraineté de ses bons Alliez, & de leur remettre leur Souveraineté premiere, sans avoir eu égard à la renonciation qu'ils firent, non seulement de la Valteline, mais mesme de leur naturel & propre Païs, qui fait que tout cela surpasse ce qu'ils sçauroient desirer de nostre part, estant un bienfait incomparable & qui leur est avantageux, & encore Sa Majesté leur auroit volontiers conservé tous les autres avantages & droits, si elle l'eust pû faire sans alterer le repos & tranquillité publique.

Par ce que dessus, nous vous faisons donc entendre que Sa Majesté par sa clemence & soin paternel, depuis neuf mois en çà que ledit Traité a esté fait, en a differé & retardé l'execution & dilayé de retirer ses forces, jusqu'à ce que les Valtelins fussent demeurez d'accord du cens annuel, & devoirs qu'ils sont obligez de payer & rendre aux Seigneurs Grisons: & d'autant que lesdits Valtelins se sont montrez retifs & obstinez sur cela, Sa Majesté a recherché le Roi d'Espagne pour en demeurer d'accord entr'eux, par une Declaration qui obligeast lesdits Valtelins, quoique Sa Majesté se soit reservée l'autorité de les faire obeïr, à quoi le Roi d'Espagne a consenti, ayant donné ordre & pouvoir à son Ambassadeur residant en France, d'accorder cette affaire avec les Ministres de sadite Majesté; desorte que le 22. Septembre dernier passé, ledit Cens annuel, que lesdits Valtelins sont obligez de payer ausdits Seigneurs Grisons pour la concession & liberté d'élire leurs Juges, a esté par un Acte formel declaré & arresté à la somme de vingt-cinq mil écus & de vingt-quatre bons bats l'écu.

Accep-

ANNO 1626.

Acceptation du Traité de Monçon par les Deputez des sept Cantons Suisses Catholiques, assemblez à Soleure, le 4 Janvier 1627.

NOUS les sept Cantons Catholiques, avec les Catholiques de Glaris, Appenzel, Abbaye de St. Gal & Païs de Valay, avons dit & declaré ce qui s'ensuit. A sçavoir que si nos Seigneurs & Superieurs eussent esté deuëment informez des Articles du Traité de Paix entre les deux Couronnes de France & d'Espagne, avec le consentement & bon plaisir de sa Sainteté; & aussi la Declaration à nous donnée sur ledit Traité, Nous ne doutons nullement qu'ils ne nous eussent envoyez avec plein pouvoir de declarer qu'ils sont demeurez satisfaits & contens, esperans que quand ils entendront que dans la Valteline, Comtez de Bormio & Chiavenne il n'y aura exercice d'autre Religion que de la Catholique, & que la Declaration de son Excellence porte, que ledit Païs de la Valteline est de nouveau reincorporé à nostre Corps de l'Helvetie, & entierement restitué à nos Alliez & Confederez des trois Ligues pour leur estre & demeurer sujet, sur lequel ils ayent toute autorité, liberté, & Souveraineté comme ils avoient auparavant, sans aucune exception, fors de la seule Religion Catholique, & de l'élection des Officiers & administration de la Justice. Item, que tous les deux Rois se départent & renoncent entierement à toutes pretentions sur lesdits Païs de la Valteline & Comtez. De plus, que par ledit Traité de Paix la Ligue des dix Droictures, Engarmes & Val Monastere, soient entierement reintegrez & remis au Corps entier des trois Ligues, reservant les justes droits que son Altesse l'Archiduc Leopold a esdits lieux. De sorte que par ledit Traité de Paix les trois Ligues sont remises en leur premier estat, & reincorporées & rassurées à nostre entier Corps de l'Helvetie: C'est pourquoi en consideration des susdites bonnes causes, nous ne trouvons ni pouvons juger que ledit Traité puisse estre desagreable à nosdits Alliez & Confederez, non plus qu'à nos Seigneurs & Superieurs, lorsqu'ils en seront entierement & suffisamment informez, ains qu'ils l'auront pour agreable, ainsi que nous sous leur bon plaisir ne pouvons l'improuver, surquoi dans quatorze jours nous en donnerons finale resolution à son Excellence.

Déclaration du Roi de France sur la nullité, cassation & révocation de tous les Traitez faits avec les Grisons & Valtelins, depuis l'année 1617. jusqu'au Traité de Monçon. Donnée à St. Germain en Laye le 14. Septembre 1627.

LOUIS par la grace de Dieu, Roi de France & de Navarre: A tous ceux qui ces presentes verront, Salut. Comme ainsi soit que par le premier Article du Traité fait à Mouçon le cinquiéme jour de Mars de l'année 1626. sur les affaires du Païs des Grisons & de la Valteline, il soit entr'autres choses porté que tous Traitez faits avec les Grisons depuis l'année 1617. par qui que ce puisse estre demeureront annullez; Sçavoir faisons, que nous, pour ces causes & autres à ce nous mouvans, avons declaré & par ces presentes signées de nostre main, disons & declarons que conformement à la clause sus exprimée du premier Article dudit Traité de Monçon, les Traitez faits à Lindau & Coire par nostre cher Cousin l'Archiduc Leopold, & ceux faits à Milan avec les Seigneurs des trois Ligues Grises nos tres-chers Alliez & Confederez, depuis l'année 1617. jusqu'au jour dudit Traité de Monçon, demeurent cassez, revoquez & annullez; au moyen de quoy nous promettons faire joüir lesdits Seigneurs Grisons nos Alliez de l'effet de ladite annullation & revocation: & au cas que quelque Prince entreprist de les molester, troubler & inquieter en vertu desdits Traitez de Lindau, Coire & Milan, au prejudice de l'expresse annullation d'iceux portée par celui de Monçon, de les deffendre & proteger par toutes voyes, deuës & raisonnables, mesme par Armes si besoin est, reservans neanmoins les droits qui se trouveront appartenir justement au Comté de Tyrol dans la basse Engadine & dans la Ligue des dix Droictures selon leurs anciennes Conventions, ausquelles nous n'entendons qu'il soit derogé en aucune sorte: Car tel est nostre plaisir. En temoin de quoi nous avons fait mettre nostre Scel à cesdites presentes. Donné à Saint Germain en Laye le 14. Septembre 1627. & de nostre Regne le dix-huitiéme. *Signé*; LOUIS. *Et sur le repli* PHELYPEAUX. *Et scellé sur double queuë du grand Scel de cire jaune.*

ANNO 1626.

Autre Déclaration du Roi de France sur l'Explication du Traité de Monçon, donnée au Camp devant la Rochelle le 6. Juin 1628.

SUIVANT le premier Article du Traité de Monçon, tous Traitez faits avec les Sieurs Grisons depuis l'an 1617. jusqu'au cinquiéme Mars 1626. jour de la conclusion dudit Traité par qui que ce puisse estre, & notamment ceux de Lindau, Milan, Coire, & autres generalement quelconques faits dans ledit tems, sans aucune exception ni reserve, demeurent cassez, revoquez & annullez, comme nuls & non avenus, reservans neanmoins les droits qui se trouveront estre deus & appartenir au Comté de Tyrol dans la Basse Engadine, & dans la Ligue des dix Droictures, selon les anciennes Conventions ausquelles nous n'entendons qu'il soit préjudicié, & qu'avec les autres Traitez faits, projetez ou concertez sur les choses de la Valteline, ils demeureront pareillement annullez en la part où ils ne seront pas totallement conformes audit Traité de Monçon, suivant le dix neuviéme Article d'icelui.

Qu'en consequence du mesme premier Article dudit Traité de Monçon, qui remet les affaires desdits Grisons, Valteline, Comtez de Bormio & de Chiavenne en l'estat où elles estoient pour lors, à la reserve des restrictions contenuës par ledit Traité, lesdits Grisons soient pleinement restituez & restablis en l'autorité, superiorité & souveraineté qu'ils avoient sur ledit Païs de la Valteline, Comtez de Bormio & Chiavenne en ladite année 1617. qu'à eux seuls comme Souverains, & non aux Habitans desdits lieux leurs Sujets, appartient de faire Traitez de Paix, d'Alliance & de Guerre avec qui que ce soit, d'accorder ou refuser les passages, battre Monnoie, établir Peages, Daces, Impots & Contributions, sans que lesd. Valtelins en puissent établir aucunes sur les Marchandises & Denrées entrans & sortans, soit du costé du Païs desdits Grisons ou ailleurs, sans Lettres & provisions desdits Seigneurs Grisons, ausquels demeurera generalement la disposition de tous autres droits, dont ils joüissoient auparavant ladite année 1617. sans aucune reserve ni restriction, fors celles que pour le bien de la Paix, & rétablissement du repos & tranquillité entre lesdits Seigneurs Grisons & Valtelins, ont esté particulierement & nommément comprises, declarées & exprimées par les Articles dudit Traité de Monçon.

Que ledit Traité fait entre les Valtelins & ceux de Bormio, durant ledit tems desdits mouvemens, & autres qui pourroient estre intervenus entre lesdits Sujets, demeurans nuls & comme non avenus, & les choses rétablies en leur premier estat.

Que toutes Sentences données par les Officiers de la Valteline & desdits Comtez depuis l'année 1620. au prejudice desdits Seigneurs Grisons, demeureront annullées & cassées, & qu'ils seront retablis en leurs premiers droits, noms, raisons & actions pour l'avenir, Parties oüies & du consentement d'icelles.

Pareillement que toutes Censures & Decrets donnez par lesdits Seigneurs Grisons au prejudice desdits Sujets Valtelins & ceux des Comtez depuis l'année 1620. demeureront cassez & annullez: entendons toutefois que toutes celles qui auront esté par eux, ou leurs Juges ordonnez sur les lieux, données tant en choses Civiles que Criminelles, les Transactions, Contracts, Distractions & Arbitrages faits auparavant ladite année 1620. aient lieu & soient inviolablement gardez, selon leur forme & teneur sans qu'elles puissent estre revoquées pour quelque cause que ce soit.

Que suivant le second Article dudit Traité de Monçon, il ne puisse avoir en ladite Valteline & Comtez de Bormio & Chiavenne à perpetuité autre exercice de Religion que de la Catholique, Apostolique & Romaine, avec exclusion de toute autre; & neanmoins sera permis tant aux Grisons qu'aux originaires de ladite Valteline & Comtez, Protestans, Habitans & retirez en plusieurs endroits, d'y aller librement & y demeurer quelques mois l'année, pour y recüeillir les fruits & revenus, sans y faire exercice de leur Religion, ni donner scandale, sans aussi qu'ils puissent estre inquietez en leurs personnes & bien pour le regard de leur Religion, leur sera aussi permis de vendre ou aliener leurs facultez sans trouble ni empeschement.

L'élection des Officiers & Podestats qui auront à servir

ANNO 1626.

vir en ladite Valteline & Comtez, Grifons ou Valtelins, fera faite par les Valtelins en bonne & legitime forme, exempte de brigues & monopoles, & la confirmation d'iceux fera accordée par les Grifons dans le tems & en la forme prefcrite au troifiéme Article dud. Traité de Monçon.

Que les Podeftats, Officiers, & autres éleus & commis pour l'adminiftration de la Juftice, garderont & obferveront les anciennes Loix, Decrets & Statuts de la Valteline de l'année 1548. en la forme & ainfi que depuis ledit tems & jusqu'en l'année 1620. a efté pratiqué, fans que lesdits Habitans de ladite Valteline & Comtez puiffent établir de nouvelles Loix.

Que la fomme annuelle que les Valtelins doivent paier ausdits Seigneurs Grifons, au lieu de l'utilité publique & particuliere qu'ils recevoient de la Juftice & Magiftrature en ladite Valteline & Comtez, leur fera actuellement payée à raifon de vingt-cinq mil écus de vingt-quatre bats pour écu, felon le cours & ufage du Païs chacun an, à commences du jour que les Forts qui eftoient en la Valteline & Comtez furent rafez & démolis fuivant le Traité particulier, fait entre nous & le Roi d'Efpagne noftre bon Frere & beau-Frere, du vingt-deuxiéme Decembre 1626.

Pour cet effet il fera procedé le pluftoft qu'il fe pourra entre les Habitans de ladite Vallée & Comtez à la partition de ladite fomme fur eux, avant laquelle partition, & jusqu'à ce qu'il y ait un bon ordre établi pour la feureté du payement d'icelle ausdits Seigneurs Grifons, ne feront obligez de recevoir & confirmer les Officiers & Podeftats de ladite Valteline & Comtez, qui leur pourroient eftre prefentez ni moins eftre décheus du payement dudit cens annuel de vingt-cinq mil écus, tant pour le paffé que pour l'avenir, lequel en confequence du Traité ci-deffus du 22. Decembre 1626. commencera le fixiéme Mars 1627. jour de la demolition des Forts & retraite des Armées hors desdits lieux, depuis lequel l'adminiftration de la Juftice eft demeurée libre & en paifible puiffance de ladite Valteline & Comtez, & fe continuë encore à prefent.

Et d'autant que ladite fomme annuelle de vingt-cinq mil écus, eft accordée ausdits Seigneurs Grifons pour leur tenir lieu feulement de l'utilité publique & particuliere, qu'ils recevoient en l'année 1617. de l'adminiftration de la Juftice & Magiftrature, lesdits Seigneurs Grifons jouïront outre ladite fomme de tous droits Domaniaux, Cens, Rentes, Peages, Gabelle, & autres dont ils jouïffoient en ladite année esdites Vallées & Comtez, lesquels ils envoyeront recüeillir par leurs Officiers, fors des droits & émoluments de la Juftice, amendes & confifcations qui appartiendront ausdits Valtelins, le tout ainfi qu'ils faifoient en ladite année 1617. fans qu'ils y puiffent eftre troublez ni empefchez en quelque maniere que ce foit, ni que les Valtelins & ceux des Comtez de Bormio & de Chiavenne, fous pretexte du payement de ladite fomme annuelle, puiffent pretendre lesdits droits leur appartenir.

Et pour le regard des autres Articles du Traité dont le fens eft fi clair qu'il n'eft befoin d'autre explication, ils feront fuivis & gardez par lesdits Seigneurs Grifons, Valtelins & Habitans des Comtez de Chiavenne & Bormio, refpectivement felon leur forme & teneur.

Promettant Sa Majefté de departir aux uns & aux autres toute affiftance & protection, pour les faire jouïr, conferver & maintenir inviolablement en l'effet dudit Traité; lequel auffi lesdits Seigneurs Grifons feront tenus d'accepter fans plus long délai, felon la teneur declarée par ces prefentes. *Signé*, LOUIS. *Et plus-bas*, PHELYPPEAUX. *Et fcellé de cire jaune.* Collationé à l'Original par moi Secretaire de Mr. l'Ambaffadeur de France aux Grifons;

Signé

BROCHET.

Lettre des trois Ligues Grifes *au Roi contre les* Valtelins; *écrite à Coire le 29. Janvier* 1628.

SIRE. La refolution pour laquelle nous avons envoyé noftre tres-honorable Ambaffadeur vers voftre Majefté, fur ce qui eft de l'affaire principale, n'aiant efté jusques ici obtenuë, bien qu'elle euft efté follicitée prés d'un an entier, nous voions & reffentons appertement à noftre grand regret combien ce délai nous eft préjudiciable, au moien de quoi nos naturels, mais tres-pernicieux Sujets & Rebelles de la Valteline & Comtez à nous fouftraits, recherchent en toutes façons leurs avantages pour s'en prevaloir, ainfi que leurs procedures le font affez connoître & en diverfes fortes, pour rétabliffement de leur Juftice, Gouvernement, où malicieufement ils s'efforcent de fouftraire à noftre Etat toute la Souveraineté, laquelle mesme par le Traité de Monçon nous eft refervée, pour fe l'attribuer audacieufement contre tout droit, ce qu'ils feront fi Voftre Majefté par fon autorité & zele en ce cas bien neceffaire, ne les en divertift, chofe que nous nous prometrons de Voftre Majefté, & de quoi nous la fupplions tres-humblement; mais pour du tout prevenir les pernicieux deffeins desdits Rebelles, s'il plaifoit à Voftre Majefté fe comporter confederalement avec une ferveur plus pregñante & expreffe, deffendant non feulement ce qui legitimement appartient à noftre Dignité fouveraine, mais encore à caufe des propres interefts qu'elle y a conjointement pour les paffages desquels ils s'emparent, ainfi qu'il s'eft veu par experience au paffage des Troupes de Picolomini, d'où aviendroit, fi l'ufurpation du pouvoir fouverain demeuroit de la forte entre leurs mains, que Voftre dite Majefté ne fe pourroit à l'avenir prevaloir d'autres meilleurs fruits & faveurs d'iceux, que la mauvaife volonté qu'ils portent à Voftre Majefté avec le peu d'eftime qu'ils font d'Elle, chofes qu'ils ont affez témoigné particulierement, en ce qu'ayans efté par diverfes fois avertis par le Sieur Mefmin, refidant Ambaffadeur de Voftre Majefté en ce Païs (qui veritablement porte toutes fes actions pour l'avancement de fon fervice & de noftre bien) de fe deporter de telles innovations qui ne leur appartiennent point, ains qu'ils euffent à attendre avec patience l'explication des ambiguitez dudit Traité de Monçon; nonobftant quoi ils n'ont pas laiffé avec opiniâtreté de paffer outre à l'établiffement de leurdit gouvernement, icelui exercer avec arrogance, & ainfi abufer de l'autorité fouveraine; desquelles procedures & autres en tres-grand nombre & presque infini, & de la contrevention par eux malicieufement faite audit Traité de Monçon aprés l'avoir agréé, dont Voftre Majefté en auroit efté fuffifamment informée de tems en tems par noftredit Ambaffadeur; toutes lesquelles chofes nous avons jusqu'à prefent tolerées avec grande patience, fans que pour ce nous en ayons temoigné aucun reffentiment de crainte; que fi par la raifonnable deffenfe de nôtre jufte droit nous euffions entrepris quelque chofe contre lesdits Valtelins, nous euffions pû irriter Voftre Majefté & les Potentats mentionnez audit Traité de Monçon, & parce que pour l'obtention des refolutions accordées de Voftre Majefté qui ont efté dilayées affez long-tems, & qui fans noftre grand prejudice ne peuvent plus eftre differées. Nous n'avons pû ni deu manquer par la prefente, & fupplier comme nous faifons confederalement en toute humilité Voftre Majefté, de vouloir par la premiere & meilleure commodité expedier noftredit Ambaffadeur, avec telle refolution que fans aucune exception prejudiciable, nous puiffions par voftre fouveraine autorité eftre reintegrez en la pleine poffeffion de nos vrais & naturels Sujets, & en la Souveraineté legitime que nous avons fur eux; & qu'en vertu de l'Alliance que nous avons avec Voftre Majefté, de fes promeffes & de celles de fes Miniftres nous y foions paifiblement maintenus felon l'entiere confiance que nous avons en elle, principalement des chofes concernant lesdits paffages, & ce que Voftre Majefté pourra defirer. Il femble que Voftre Majefté auroit affez de fujet, de droit & d'occafion de declarer lesdits Rebelles déchus entierement & indignes de tous les benefices qui leur pouvoient avenir par ledit Traité de Monçon, puisque d'un cofté fans aucune contrainte ni refpect de perfonne, ils y ont ouvertement contrevenu, & de l'autre pour l'avoir receu & s'eftre mis en devoir de l'executer, de quoi & de tous autres incidans, nous nous en rapportons à ce qui en fera plus amplement dit à Voftre Majefté par noftredit Ambaffadeur. L'esperance & entiere confiance que nous avons en Voftre Majefté, qu'elle nous continuera confederalement fes faveurs & graces, ufant de fa benignité & accoûtumée douceur, nous occafionne de la fupplier en toute humilité d'avoir noftre jufte caufe en digne recommandation. Et où au reciproque nous avons le moyen de témoigner à Voftre Majefté tout le fervice à nous poffible, nous le ferons toûjours en toutes les occafions

ANNO 1626.

qui

ANNO 1626.

qui se presenteront sincerement comme de vrais & loyaux Alliez & Confederez doivent faire, d'aussi bonne volonté, que nous prions Dieu donner à Vostre Majesté, & la conserver, SIRE, en parfaite santé, longue & heureuse vie, avec un Regne prospere & tranquile. De Vostre Majesté, tres-affectionnez Serviteurs & Alliez, les Chefs & Conseillers d'Etat des trois Ligues, assemblez à Coire le 29. Janvier 1628.

Harangue au Roi LOUIS XIII. *par les Deputez des* Ligues Grises.

SIRE, les Chefs & Ordonnez Conseillers d'Etat des trois Ligues Grises en commun, ont donné charge & commandement à nous leurs Deputez, de presenter de leur part & de leurs Communes, à Vôtre Majesté Tres-Chrestienne, leurs tres-humbles salutations, leurs affectionnez services & cordiale affection en toute humilité. SIRE, ayant plû à Dieu de visiter nos Seigneurs & Superieurs des susdites Ligues en commun, par troubles interieurs & armes estrangeres, de quoi Vostre Majesté ayant eu un juste & Royal ressentiment de ses plus fideles & affectionnez Serviteurs, Alliez & Confederez, a voulu embrasser avec ferveur la justice de leur cause, d'où principalement ils tirent leur substance & establissement, n'a voulu épargner aucun travail, soin ni grande dépense, pour aider à les maintenir en leur juste cause; ce que Vostre Majesté d'une loüange éternelle, auroit enfin emporté par le Traité de Madrid, conclu & arresté en Espagne par Monsieur le Maréchal de Bassompierre avec le Roi Catholique, le vingt-sixiéme Mars 1622.

Mais comme il a esté question de l'execution d'icelui, se seroit rencontré plusieurs & divers empeschemens, pour lesquels lever Vostre Majesté se seroit emploiée avec une affection plus que paternelle. Et d'autant que la pluspart des Cantons des Ligues de Suisse, ayant apporté quelque retardement au consentement qu'ils devoient donner sur ce qui les pouvoit regarder audit Traité de Madrid, qu'il sembloit vouloir directement empescher l'execution d'icelui, Vôtre Majesté par la sage & prudente conduite de Monsieur le Marechal d'Estrées, en qualité de son Ambassadeur Extraordinaire, auroit obtenu affectueusement ledit consentement de tous les Cantons desdites Ligues en general unanimement.

Et comme tous ses moyens de douceur & amiable interposition n'ont pû amener les choses à leur point desiré, & hors d'esperance de pouvoir rien profiter ni avancer par la continuation de cette Negociation amiable, Vostre Majesté par une toute Royale generosité, ne voulant pourtant abandonner ses plus fideles Serviteurs & affectionnez Alliez, se seroit resoluë, quoi que rien ne lui fust agreable que la Paix, aux moiens & voies de fait, afin de remettre en leur ancien estat & paisible possession, fesdits Alliez de leur Païs & Sujets rebelles en l'estat qu'ils estoient en l'année 1617. lequel loüable dessein Dieu avoit si heureusement conduit par la valeur, prudence & sage conduite dudit Sieur Marechal d'Estrées, General de vos Armées & de celle des Princes de l'Union, qu'en peu de tems contre toute esperance il auroit reconquis lesdits Païs Rebelles, & soustraits ausdits Grisons qui sera une immortelle gloire à Vostre Majesté mesme audit Sieur Maréchal.

Tous lesquels bons effets, mesme la prudente & amiable Negotiation que d'abondant il a plû à Vostre Majesté de faire executer depuis peu par Monsieur de Chasteau-neuf en nostre Païs, en qualité de son Ambassadeur Extraordinaire, nosdits Seigneurs & Superieurs, ensemble l'Etat des trois Ligues, vous en demeureront à jamais d'autant plus obligez.

A raison de quoi ils n'ont dû ni voulu manquer, nous leurs serviteurs de nous envoyer ici aux pieds de Vostre Majesté, pour icelle en leurs noms remercier tres-humblement en toute obéïssance, du soin paternel, de la peine & grand travail tant en Paix qu'en Guerre, avec une grande & judiciable dépense qu'elle a supporté à leur occasion pour leur restauration, & autres choses faites en leur faveur, que plusieurs langues en beaucoup de tems ne pourroient suffisamment exprimer, & en outre assurer Vostre Majesté, qu'eux & leur posterité à venir, auront une memoire perpetuelle en tous les bons offices, sincerement vous en demeureront obligez, & vous en rendront à Vostre Etat & Couronne à toûjours actions de graces & tres-humbles services, à l'exemple de leurs fideles Predecesseurs, qui n'ont jamais abandonné la Couronne en toutes occasions de Guerres qui se sont presentées pour son service & assistance; à plus forte raison par cette nouvelle obligation seront toûjours portez pour la conservation & accroissement de la grandeur & autorité d'icelle: de quoi dés maintenant & d'entrée ils ont desiré de donner à Vostre Majesté un gage certain, avec tres-humbles prieres & deuës soumissions de vouloir benignement entendre l'estat & circonstance des affaires de nosdits Seigneurs & Superieurs, afin que icelles soient tellement bien conduites, que d'une part la grandeur & autorité de Vostre Majesté & de sa Dignité Royale, & plusieurs notables d'icelle, ne viennent à estre violez ni diminuez; & d'autre part que ses tres-fideles Serviteurs & Alliez n'ayent à souffrir aucun detriment ni diminution en leur Souveraineté, anciens droits & prerogatives; lequel veritablement sera si en vertu de l'étroit lien & serment de l'Alliance, & de plusieurs & diverses Instructions sur ce faites, tant de bouche que par écrit de vos Ministres, ils sont reïntegrez pleinement en toutes leurs superioritez, libertez & franchises, és choses tant spirituelles que temporelles, ainsi qu'auparavant l'an 1617. és Païs affranchis, ils possedoient paisiblement l'entiere Jurisdiction & Souveraineté de leurs Sujets Rebelles, nosdits Seigneurs & Superieurs n'aians pas manqué de moiens, pour entrer dans le leur, comme il est dit ci-dessus, mais à cause des interests communs de toute la Chrestienté, & principalement de Vostre Majesté, avec laquelle ils sont en Alliance tres-ancienne, l'autorité & profit de laquelle ils ont toûjours preferé à eux & reputé comme leur chose propre, a fait qu'ils ont rejetté tels moiens en estant les conditions telles qu'elles eussent esté peu avantageuses à vostre Roiaume & autres Etats.

Cete constance de nosdits Seigneurs & Superieurs, de leur vraie & sincere Amitié en toute fidelité envers cete Couronne, Vostre Majesté se les remettant en memoire s'il lui plaist, conformement à nostre supplication, faisant les considerations que meritent ses propres interests, tellement incorporez & inseparablement unis au bien & au salut de ses Alliez, elle voudra que toutes choses se fassent droitement ainsi qu'il est requis & desiré, sans que personne soit prejudiciée ni diminuée en façon que ce soit du témoignage & preuve de sa fidelité.

Vostre Majesté considerant de quelle importance lui est cete affaire, & ce qu'en cela l'équité requiert de soi, elle ne manquera d'emploier de si bons & apparens remedes, que la chose pour laquelle ses Predecesseurs de tres-glorieuse memoire & elle, ont eu tant de peine & de travail, & fait de si grands frais, pourra estre restituée en son premier estat.

Par ce moien, SIRE, nous supplions tres-humblement vostre Majesté, prenant en bonne part cete tres-humble priere de nos Seigneurs & Superieurs, ainsi qu'elle est entenduë par eux, vouloir en ce faisant garantir ses plus fideles serviteurs & Alliez de violence. Et ils prieront Dieu avec nous en toute humilité pour l'accroissement des grandeurs de Vostre Majesté, en tout heur & felicité.

Harangue du Sieur de Molina *Deputé des Grisons au Roi, à Estré le 28. Janvier 1628.*

SIRE, Puisque les Valtelins ont de gaieté de cœur contrevenu aux Articles de Paix en plusieurs points, aians usurpé & empieté sur la Souveraineté appartenante seule à Messieurs des trois Ligues, pour avoir donné passage aux Troupes de gens de Guerre, par ladite Convention ils se sont rendus indignes des Benefices que le Traité leur donnoit, Sa Majesté est tres-humblement suppliée de la part de Messieurs des Ligues Grises ses fideles Alliez & Confederez, qu'il lui plaise declarer lesdits Valtelins décheus des privileges dudit Traité de Monçon, comme il est expressement porté par le douzieme Article d'icelui, & ordonner qu'ils aient à se remettre sous l'ancienne sujetion desdits Sieurs Grisons leurs legitimes Souverains, se ranger au devoir & obéir aux Ordonnances de Sadite Majesté, lesd. Seigneurs la supplient de faire seulement que le Roi d'Espagne & la Maison d'Autriche se departent de leur pretention, promettans de ne les secourir en façon quelconque: en tel cas lesdits Seigneurs Grisons ne prieront aussi non plus S. M. ni aucuns autres de leurs Confederez & Amis, pour aucun secours ni assistance selon l'Alliance, pour ranger lesdits Valtelins à leur juste obéïssance: & pour ce faire s'il avient que

ANNO 1626.

que lesdits Seigneurs fussent contraints de prendre les Armes & les aller ranger par la force, ils prometront, obligeront & donneront suffisante assurance à S. M. de n'offenser les Eglises, Convens, Monasteres, Prestres, ni autres personnes en façon quelconque, ni les lieux Religieux & de Devotion ; ains les proteger entierement en leurs vies, biens, exercices, & toutes autres choses qui leur appartiennent, même de ne contrevenir à ce qu'ils ont accordé & donné par écrit sous leurs Sceaux, à Monsieur de Chasteau-Neuf, au mois de Novembre 1626. lors Extraordinaire Ambassadeur de S. M. & pour cet effet l'Ambassadeur qui reside prés d'eux, en sera l'Inspecteur & Sur-Intendant.

Et par ce moien tous les Princes qui se sont mélez de cette affaire seront hors d'interest, veu que S. M. demeure satisfaite pour ce qui est de la Religion, le Roi d'Espagne n'aiant aussi aucune autre pretention sur la Valteline que la protection de la Religion Catholique, ainsi qu'il l'a declaré en la Preface dudit Traité de Monçon; la Maison d'Autriche, & autres Princes n'en ont point du tout, il n'y a que Sa Majesté interessée pour les passages, lesquels lui demeurent tres-assurez sans aucune peine, ni faire dépense aucune comme par le passé, autrement elle n'en pourra jamais disposer; car tant que les Valtelins en seront les Maistres, les Espagnols en auront le pouvoir; & tant de millions d'Or que S. M. & les Rois ses Predecesseurs y auront emploié depuis cent douze ans en ça, seront entierement perdus. Fait à Estré le 28. jour du mois de Janvier 1628. *Signé*, MOLINA.

Articles de Gouvernement formé par les Valtelins *& Comtez de* Chiavenne *&* Bormio.

PREMIEREMENT, que par chaque Commune, le cinquiéme de Mars, on celebrera dans lesdits Comtez Feste avec devotion publique, & action de graces à Dieu de ce qu'audit jour il a rétabli la Paix en la Patrie.

II. En second lieu, que pour la pureté de la Foi Catholique, & de tout ce qui pourroit toucher en matiere de Religion, seront exactement observés, les sacrez Canons, Bulles, & autres Constitutions Pontificales dépendans entierement de la Sainte Eglise Catholique, Apostolique & Romaine.

III. Que toutes les Communes ayent en leur Conseil des personnes particulieres, lesquelles auront faculté & pouvoir, en tout cas de deliberer & resoudre de tout ce qui sera expedient & necessaire pour le bien public, & pour la prompte resolution des affaires.

IV. Qu'aucun ne pourra entrer au Conseil de la Vallée de Esquadre ni de Terzero, s'il n'a suffisante Procuration des Communes pour lesquelles il comparoît ; & lors que le Conseil sera assemblé, ils feront tous le serment en substance d'avoir Dieu devant les yeux, le salut de la Patrie, le bien public, & qu'en l'Election ils éliront toûjours les plus capables & idoines aux fonctions qui auront esté pratiquées, nommant expressément les personnes ; les accusez d'infamies seront declarez incapables d'aucune Charge du Païs, & sera procedé contre eux par peine corporelle ou pecuniaire à l'arbitrage du Conseil de la Vallée, suivant la qualité du fait ; & ce sera enquesté de ceux qui pour eux ou pour personnes tierces, brigueront quelque suffrage de la Commune ou de ses Deputez: & en ceci le Censeur recevra l'accusation ; le Juge fera le Procès, la Vallée le Jugement ; nul ne pourra donner dans le Conseil plus d'une voix, & en quelque sorte d'Assemblée, soit de Terzero, soit de Esquadre ou de la Vallée, les affaires seront terminées par la pluralité des voix, & ceux lesquels n'interviendront en ladite Assemblée, seront privez pour cette fois là de leur voix active; & le tout demeurera à la détermination de ceux qui ont esté presens.

V. Au Conseil de la Vallée ou de Terzero, se recüeilliront les voix avec des Ballotes, ou en quelque autre secrete façon sur toutes les Deliberations.

VI. Il se créera un Conseil en la Vallée de douze personnes ; à sçavoir quatre pour les Esquadres, quatre pour le Terzero de May, & quatre pour le Terzero de dessus, outre le Gouverneur, le tout avec des Ballotes.

VII. Ces douze Conseillers pourront créer des Conseillers de la Jurisdiction avec des Ballotes, & en la forme susdite: apres la premiere année sortiront six Ballottans de Jurisdictions ; à sçavoir deux par Tercier du milieu, le Tercier de dessus de Telio, en éliront pareil nombre au lieu des sortis, à condition qu'aucun d'eux ne demeure au Conseil.

VIII. La Charge de ce Conseil sera de faire Loix, Arrests, Edits, Ordonnances, veiller au bien & Manutention du Païs, pourvoir aux oppressions des pauvres, à la deffense de la Justice, & à la conservation des Droits de la Patrie, imposer Daces & Peages, decreter Commissions, écrire & faire Réponses, horsmis où il s'agira de perpetuité ou obligation de la Vallée: & en ce cas faudra premierement rendre compte à icelle pour en avoir la Ratification, les Conseillers des Douze ne pourront avoir aucunes Charges ni comparoir en la Vallée ni en Tercier. Il se créera de la Vallée un Chef sous le nom, en conformité de la Capitulation, de Gouverneur, lequel ne pourra estre continué que deux années, avec l'autorité & gages que la Vallée declarera, cetui-ci continuellement residera à Soudrio, avec l'assistance de deux du Conseil des Douze, lesquels deux se changeront de deux en deux mois.

IX. Les Docteurs du College s'éliront au nombre de cinq avec le mesme pouvoir, & seront créez par le Conseil des Douze.

X. Il y aura cinq Podestats suivant l'ordinaire, lesquels seront créez en la forme suivante, le Conseil des Douze proposera quinze Sujets ; sçavoir, cinq des Squadres, cinq de Tercier du milieu, & cinq de Tercero de dessus & Telio ; de ces quinze mis és mains du Chancelier de la Vallée, le Conseil du Tercero du milieu créera son Podestat, les quatorze restans le mesme, le Chancelier les envoyera au Tercier de Tyrano, afin qu'il s'élise le lieu successivement à Morben en la mesme façon, & puis à Traone, & la derniere à Telio.

XI. Les Podestats auront l'autorité accoûtumée, les compositions ou mutations de peines pecuniaires ni capitales, ne se pourront faire sans l'assistance d'un des Docteurs du College & d'un des Douze de la Jurisdiction; ne vaudra ladite Composition ou Transaction si elle n'est registrée au Livre du Chancelier de la Jurisdiction ; si en ladite Jurisdiction n'y avoit aucun du College, en tel cas suppléera un du Conseil des Douze, lequel y sera nommé.

XII. Les Chanceliers de Tercier ou Esquadre, auront un Livre bien relié, scellé & feüilleté, auquel s'écriront les compositions & condamnations pecuniaires, avec declaration du délit, bien exactement imprimé.

XIII. Les Chanceliers Civils & Criminels, s'éliront par les Conseils de la Jurisdiction, & pareillement les Censeurs, la charge desquels sera de recevoir toutes les plaintes contre les Officiers & de ceux-là, les representer au tems des Syndicats, ou au Conseil des Douze pour les proposer au Conseil General.

XIV. Les graces des peines corporelles se feront en cette sorte; en premier lieu, doit proceder la voix du Podestat & du College des cinq Docteurs, apres doivent passer le Conseil des Douze, avec les trois quarts des voix ; en dernier lieu, avec le consentement du Conseil de cette Jurisdiction où le coupable est condamné, & autrement fait ne seront valables; les Lettres meritoires ou de suspension, seront données par le Gouverneur & les deux Presidens.

XV. Celui qui à l'avenir aura eu des Charges, sera exempt pour deux ans de mesme sorte de Charge.

XVI. Les Conseillers jureront formellement qu'ils n'ont pratiqué mediatement ni immediatement telle Charge qu'ils exerceront en toute sincerité, qu'aux propositions ils nommeront tant seulement les personnes qu'ils jugeront plus habiles & capables ; qu'ils ne deceleront les secrets du Conseil ; qu'ils reveleront les intelligences, & finalement qu'ils feront tout ce qu'ils jugeront expedient pour le bien de la Patrie.

XVII. Executant les avis salutaires des Ministres Royaux, & ainsi que les raisons de la sureté publique le conseillent, est deffendu à peine de la vie aux Bannis Etrangers de demeurer en la Vallée, à peine de mil écus à ceux qui les logeront ou recevront en leurs Maisons, & davantage à l'arbitrage de la Vallée, mesme de peine corporelle.

XVIII. Les Bannis de la Vallée ne pourront estre tollerez, & sera condamné à cent écus, le Doien lequel sçachant y avoir un banni en sa Commune, fera sonner le tocsain & ne procurera de les saisir vif ou morts; & les particuliers de ladite Communauté, sçavoir les habiles qui ne courront avec leurs Armes au son de la cloche pour saisir lesdits bannis, à dix écus d'amende pour chaque contumax, permettant en outre que

ANNO 1626. que toutes les fois qu'un banni tuera un autre banni condamné à peine capitale, il se pourra liberer de son bannissement en representant la teste du mort & faisant la reconnoissance deuë: & si un non banni tue un banni, cetui-là representant la teste du mort pourra délivrer un autre banni de mesme qualité.

XIX. Les pistolets stils seront absolument deffendus à peine des Galleres, sans que le Podestat ni le Conseil des Douze en puisse dispenser, les autres Armes se permettans à la discretion de la Jurisdiction des lieux.

XX. Aucun Etranger ne pourra acquerir droit de Bourgeoisie en la Valteline, s'il n'est admis du Conseil General de la Vallée.

XXI. Ces Articles seront ratifiez par les Communes, protestans les Agens sur le commencement, au milieu & à la fin d'iceux, qu'au cas que lesdits Articles contreviennent au Traité de Paix fait entre les deux Couronnes, que dés à present ils soient tenus pour revoquez, avec declaration de vouloir en semblables actes comme en toutes autres affaires conformer aud. Traité, avec reserve de mieux disposer & ordonner les presens Articles, d'en ajoûter ou diminuer selon qu'il se trouvera convenable pour le public.

Ordonnance des Valtelins *touchant ceux de la Religion.*

I. EN execution de la Capitulation precedante, ceux de la Religion Protestante ne pourront demeurer en la Vallée à peine de la vie & confiscation des biens applicables à lad. Vallée, sauf que pour leurs affaires il leur sera donné par les Juges Sauf-conduit qui n'excedera un mois chaque année, & audit mois ils ne pourront porter Armes ou donneront caution de *bene vivendo*, & ne donneront scandale, les relaps & apostats demeureront exclus du benefice de tous Sauf-conduits.

II. Les convertis à la Foi Catolique ne pourront avoir aucun Office ni Charge en la Vallée, ni en Tercero, ni moins des Communes pour dix ans avenir, & plus outre à l'arbitrage de la Vallée, les dix années se comptans du jour de la publication de la presente Ordonnance.

III. Les personnes qui seront en disposition de se convertir avant qu'estre admis au Païs, seront obligez de faire profession de Foi pour six mois devant l'Inquisiteur ordinaire.

IV. Aucune personne particuliere ne pourra tenir plus de deux Etrangers en sa Maison, en sorte que pour ceux-ci on observe les Articles de la Capitulation du Gouvernement.

V. Nul ne sera si osé, à peine de la vie & confiscation de biens, traiter ni imposer publiquement ni en particulier chose qui soit contraire au Traité de Monçon.

VI. Nul ne pourra directement ni indirectement avoir correspondance avec Prince ou leurs Ambassadeurs pour affaires publiques, à peine de crime de Leze-Majesté.

Signé,

NICOLAS PARAVICINO,
Chancelier de la Vallée.

CCLXXII.

9. Juill. **Verpflichtung Landgraff Mauritii zu Hessen-Cassel / gegen Ihro Römis. Käys. Majest. daß er auf deroselben begehren die Vestungen Cassel / Ziegenheim und Rheinfelß in keines frembden gewalt übergeben / noch einige Guarnison darein innehmen wolle / sondern dieselbe zu Ihro Majest. Verwahrung behalten / auch denen Feinden keine assistentz noch Vorschub gestatten solle. Sign: Kassel den 9. Julii 1626.** [LUNIG, Teutsches Reichs-Archiv. Part. Spec. Continuat. II. Absatz VIII. pag. 821.]

C'est-à-dire,

Obligation de MAURICE *Landgrave de Hesse-Cassel à l'Empereur, portant qu'il sera fidèle & obeïssant aux Commandemens de Sa Majesté, qu'il ne remettra point ses Places de* Cassel, Ziegenheim, *&* Rhynfelds *aux Puissances étrangeres, & qu'il n'y recevra point leurs Garnisons, mais qu'il les gardera sous la protection de Sa Majesté Imperiale & de l'Empire, & qu'il ne donnera aucune sorte d'assistance à leurs Ennemis. A Cassel le 9 Juillet 1626.* ANNO 1626.

VON GOttes Gnaden / Wir Mauritius, Land-Graffe zu Hessen / Graffe zu Catzenelenbogen / Dietz / Ziegenhain / und Nidda rc. Thun kund hieran / bekennen für Uns / Unsere Erben / Erbnehmen / Nachkommen / und sonsten jedermänniglich / nachdem die Röm. Keyserliche auch zu Hungarn und Böheim rc. Königliche Majestät / Unser allergnädigster Herr / in und bey denen im Reich Teutscher Nation, Unserm geliebten Vatterland / vor etlich Jahren erhobenen / auch leyder bis annoch wehrenden / Uns und Unser Fürstenthum zumahl hart mit betreffenden Kriegs-Empörungen und Motibus, Unserer alhier im Land zu Heßen / alß unserm Fürstenthumb gelegenen. Vestungen halber / nemblichen Caßel / Ziegenhain / und Rheinfels / von Uns also versichert seyn wollen / daß ermelte Vestungen in- und bey währender solcher Kriegs-Unruhe / in keines Frembden / und aus Ihrer Majestät und des Heiligen Römischen Reichs Handen und Gewalt kommen / noch eintzige frembde Guarnison darin auf- oder eingenommen / auch Ihre Keyserliche Majestät / und deroselben Kriegs-Armée, oder aber auch anderen gehorsamen Ständen des Heil. Reichs kein Schad durchaus beschehen und zugefügt werden solle / solche Assecuration auch durch deroselben Generaln, den Herren Graffen von Tylli / rc. bey Uns zum zweytenmal gantz inständig und unnachläßig suchen und begehren lassen.

Wann uns nun nichts liebers wiederfahren köndte / dann daß solchem Landverderblichen Kriegswesen eines gesteworet / der allgemeine Landfrieden wieder angerichtet / Ihre Keyserliche Majestät alle widrige Gedancken und Impressionen hierunder benommen / auch gegen dieselb wir Unser allerunterthänigste Devotion und Gehorsamb um so vielmehr allerunterthänigst zu bezeugen haben / auch an Uns / was zu Wiederbringung des lieben werthen Friedens / auch zu Conservirung Unserer zu Grund verderbten Land und Leuthen einiges Wegs dienlich seyn könte / nichts erwinden laßen mögen; So erklären und verpflichten wir Uns dahin für Uns / Unsere Erben / Erbnehmen und Nachkommen / thun das auch in Krafft dieses Brieffs / wie solches von Rechts- und Gewohnheit wegen am kräfftigsten und beständigsten beschehen soll / kann und mag / also und dergestalt / daß wir in Ihrer Keyserlichen Majestät und des Heil. Römischen Reichs allerunterthänigster Devotion und Gehorsam beharrlich verbleiben / darvon nit abstehen / obgedachte Vestung in keines frembden Hand und Gewalt / er seye auch gleich wer er wolle / kommen / noch eine frembde Guarnison darein auf- oder einnehmen lassen / sondern dieselbe so wohl Ihro Keyserlichen Majestät und dem Heil. Reich / alß auch Uns / und den Unsern selbst zu Unserer Verwahrung haben und behalten / vor allerhöchstgedachter Käyserl. Majestät Widerwertigen und Feindseeligen keinerley Vorschub / Assistenz, Paß / oder Repaß / und dergleichen Hülffe mehr / wie dieselbe Nahmen haben möge / heimlich oder öffentlich im geringsten nicht gestatten / alle Frembde / und der Römischen Käyserlichen Majestät und dem Heil. Reich zu widerlauffenden Consilia, und ausländische Correspondenzen gäntzlich vermeiden / der Käyserlichen Kriegs-Armée aber den Paß und Repaß jederzeit unverhinderlich verstatten / in gleichem

ANNO 1626. da wider verhoffen allerhöchstgedachter Ihrer Keyserlichen Majestät Kriegs-Volck in Unsere Lande/ zu Abwendung des Feindes/ müste gelegt werden/ die Einquartirung zu lassen/ darbey wir aber Uns auf solchen Fall andern trewgehorsamen Churfürsten und Ständen wollen gleich gehalten werden/ den Commissarien aus Unsern Vestungen und auf dem Lande mit Kauffen und Verkauffen/ so wohl mit Ausfolgung der Proviant und Victualien/ ihren freyen ungehinderten Lauff/ Gang und Wandel lassen.

Versprechen und verpflichten Uns auch/ daß wir Uns sollen und wollen mit Unserer Ritter-und Landschafft ehist würcklich und dergestalt vergleichen/ reconciliiren/ und vermög der Käyserlichen Mandaten/ Commissionen/ und Schutz-Brieff halten und tractiren/ daß sie fürderlichen aller Gefahr und Ungelegenheiten entübrigt seyn und bleiben mögen/ daran H. General ein Satisfaction und völlig Benügen tragen könne. Es sollen auch Unsere benachbarte Churfürsten und Stände/ dero Räth/ Beampte/ Diener/ Unterthanen und zugehörige Landschafften Unsert und der Unserigen halber/ ohne Sorg und Gefahr/ ietzo und ins künfftig seyn und bleiben/ und sonsten insgemein also und dergestalt Uns verhalten sollen und wöllen/ wie solches einem getreuen und gehorsamen Stand Ihrer Käyserlichen Majestät und des Heiligen Reichs wohl anstehet und gebühret. Alles bey Unsern Fürstlichen und wahren Worten/ Ehren und Treuen/ auch Verzeihung aller Fürstlichen Privilegien und beneficien. Zu Bekräfftigung auch steter/ vester Haltung aller obbeschriebenen Puncten/ haben wir diese Unsere Verpflichtung mit eignen Handen unterschrieben/ auch mit Unserm Fürstlichen Secret Insiegel bekräfftigen lassen. Signatum Cassel/ den 9. Jul. Anno 1626.

(L. S.)

MAURITIUS Landgraff zu Hessen.

CCLXXIII.

18. Sept. *Conventio Provisionalis inter Ordines Generales* UNITARUM BELGII PROVINCIARUM, *&* BETHLEHEM GABOR *Transylvaniæ Principem, quâ hic Confœderationi inter* ANGLIAM, DANIAM, *&* UNITUM BELGIUM 9. *Decembris* 1625. *conclusæ, salvo tamen utriusque Regis consensu, accedit. Actum Hagæ Comitis die* 18. *Septembris* 1626. [LONDORPII Acta Publica Tom. III. pag. 937. d'où l'on a tiré cette Pièce, qui se trouve aussi dans JULII BELLI Laurea Austriaca, Lib. XI. pag. 833.]

QUANDOQUIDEM Sereniſſimus Dominus, D. Gabriel, Sacri Romani Imperii ac Tranſilvaniæ Princeps, &c. Regni Ungariæ Partium quarundam Dominus, Dux Zicklerenſis, Comes in Oppelen, & Ratiborn per Celſitudinis Suæ Legatum Dominum Matthiam Quadt, Wichrodii & Zoppenbrugi Præfectum, vi Literarum ſuarum Auctoritatis, octavo & decimo die Aprilis proximè elapſi exaratarum, declarari atque indicari juſſit ſe prædictæ Confœderationis participem fieri, eademque comprehendi velle.

Idcirco Unitarum Belgii Provinciarum Ordines Generales declarant, ſe cum ſupradicto Legato, Regiæ utriusque Majeſtatis *Britanniæ Daniæque* conſenſu ſalvo, de ſequentibus Articulis convenire, quemadmodum quoque per præſentes proviſionaliter, ut vocant, & ſalvo utriusque Regiæ Majeſtatis conſenſu, de ſequentibus conveniunt.

Ut ſummè præmemoratus Princeps ſupradictæ Confœderationi ſeſe adſtringat ac devinciat, quemadmodum per præſentes ſemetipſum obſtringit ac devincit; quâ lege etiam & conditione à Confœderatis adſciſcitur atque admittitur, eâ quidem formâ ac ſi Sereniſſimus Princeps in ipſo Confœderationis initio adfuiſſet, dictamque Confœderationem ipſemet inſtituiſſet. ANNO 1626.

Sereniſſimus Princeps Exercitum conſcribat, eundem ipſemet ducturus, anguſtè Equitum quindecim millium, ad ſigillatim ſive cum Fœderatorum copiis conjunctim eorum agros invadendos ac depopulandos, qui Fœderatis vim aut damnum inferre conabuntur.

Quoniam verò Sereniſſimus Princeps, ubi ejusmodi agrorum Hoſtium invaſio ac depopulatio inſtituetur, multo Milite præſidiario diverſa ſua Loca limitanea aditusque varios munire ac retinere, quò omnimodam Hoſtium invaſionem propulſare ac depellere queat, proindeque Militum quadraginta millia aut plus eo ſub ſignis habere neceſſe habet;

Idcirco Confœderati ſingulis menſibus, triginta ſupra duos dies continentibus, quibus Sereniſſimus Princeps copias prædictas in agro retinebit, quadraginta Imperialium millia in ſubſidium annumerent; quorum mediam partem Rex magnæ Britanniæ, quartam Rex Daniæ, concedat: Reliquæ autem partis exſolutioni Confœderati ſeſe mutuo devinciant.

Inſuper etiam octo decemve millia Peditum, Equitum duo millia Sereniſſimi Principis copiis adjungant.

Atque ad id omnem operam, curam ac diligentiam conferant, quò Reges, Principes Ducesque tam intra quam extra Europam imperantes, ſive per Ordinarios in locis reſidentes, ſive per extraordinariam eâ de cauſâ inſtitutam Legationem, prout conſultum videbitur, dicta Confœderatione comprehendantur ac devinciantur.

Reliqui verò Confœderationis Articuli firmi ac rati habeantur, præſentes autem in Confirmationem & Ratihabitionem proximam adjungantur.

Actum Hagæ-Com. Salvo tamen utriusque Majeſtatis Regiæ præmemoratæ conſenſu, octavo & decimo die Septembris, Anno 1626. *Subſcriptum erat*, juſſu atque auctoritate ſummè prædictorum D. D. Ordinum Generalium. Ac notatum, I. à GOCH.

CCLXXIV.

CLAUDII DE MAURINI *Marchionis de Bourg-Franc, Tranſſumptum Donationis de Regno* Cypri, *facta per* CARLOTTAM *Jeruſalem & Cypri Reginam, Duci Sabaudiæ* CAROLO *ejus Nepoti. Datum Taurini* 20. *Septembris* 1626. [Voyez le ci-devant ſous le 25. Fevrier 1485. Tom. III. Part. II. pag. 143. col. 1.] 20. Sept.

CCLXXV.

Traité de Paix & de Reconciliation entre FERDINAND II. *Empereur des Romains & Roi de Hongrie &* GABRIEL BETHLEM GABOR *Prince de Tranſilvanie, portant confirmation des deux Paix de* Niklaspurg *& de* Vienne, *& promeſſe, de la part du Prince, de ne jamais prendre les Armes contre Sa Majeſté, ſes Succeſſeurs, & ſes Sujets, de ne point ſuſciter les Turcs, Tartares & autres Ennemis du Royaume de Hongrie, & de ne point entretenir correſpondance avec eux contre ſes Intérêts. L'Empereur de ſon côté y laiſſe au Prince ſept Comtés de Hongrie pour en jouir ſa vie durant. Fait à Presbourg par les Commiſſaires nommés de part & d'autre; & Ratifié par le Prince* GABRIEL *à Leuthovie le* 20. *Decembre* 1626. [MERCURE FRANÇOIS, Tom. XIII. pag. 5. d'où l'on a tiré cette Pièce, qui ſe trouve auſſi par Extrait dans RICAUT, *Hiſtoire des trois derniers Empereurs Turcs.* pag. 22.] 20. Dec.

NOUS Gabriel &c. Faiſons ſçavoir par la teneur des preſentes à tous ceux qu'il appartiendra, que pour compoſer tous les troubles qui ſe ſont meus depuis peu au Royaume d'Hongrie, nous aurions donné toute puiſſance & pouvoir à nos Commiſſaires, les Magnifiques François Miko de Hydughe Grand Chambellau & noſtre Conſeiller & Capitaine de Chihi, Gyrgi, & de Kaszon: & à Sigismond Louiay, de Nagylona,

ANNO 1626.

lona, Comte de Caſſovie, lesquels aprés avoir communiqué & conferé en la Ville de Presbourg avec les Commiſſaires de l'Empereur des Romains & de Sa Majeſté Royale de la Germanie, Hongrie & Boheme, Sçavoir; les tres-Illuſtres Nicolas Eſterhazy, Comte de Galuncha, Perpetuel de Frakne, Palatin du Royaume d'Hongrie, Juge de Cumanor, & Comte de Sopronie, Soliene & Boregh, Lieutenant d'Hongrie: Pierre Puzman, Archeveſque de Strigonie, Comte perpetuel dudit Lieu, Primat né, Legat d'Hongrie, Grand Chancelier du Conſeil Secret: Eſtienne Semnius de Kys de Sengena, Eveſque de Vacy, Chancelier de la Cour par la Hongrie: & Eſtienne Ozerofier, Conſeiller de ſa M. I. & Royale: Ayans auſſi plaine puiſſance & pouvoir, aprés pluſieurs Traictez faits de part & d'autre pour aſſoupir & terminer les ſusdits troubles & mouvements, & pour etablir une mutuelle concorde & reconciliation de Paix avec ſa Majeſté Royale & Imperiale, nous ſommes convenus des conditions qui ſuivent, ſçavoir:

I. Que le Seigneur Prince Gabriel promet ſur ſa foy Chreſtienne, que jamais, ſous quelque pretexte ou couleur que ce ſoit, il ne prendra les armes, & ne commettra aucun acte d'Hoſtilité contre ſa Majeſté Royale & Imperiale, & l'auguſte Maiſon d'Auſtriche, ny contre les Provinces & Seigneuries ſubjectes aux legitimes Succeſſeurs de ſadite Majeſté Imperiale: ne donnera ſecours, & n'aura aucune confederation & correſpondance avec ſes ennemis, ne ſuſcitera ny n'appellera les Turcs, Tartares, & autres ennemis du Royaume de Hongrie, contre iceluy Royaume & autres Provinces Chreſtiennes, ny n'introduira aucuns Soldats & gens de guerre, tant liens qu'eſtrangers, dans les Pays de ſadite M. ne tiendra aucuns conſeils nuiſibles & prejudiciables à icelle: mais au contraire, luy revelera les mauvaiſes intentions, ſollicitations, ſuggeſtions & mauvais deſſeins qui pourroient troubler la paix & la tranquilité de ſon Eſtat; voire les autheurs d'iceux pour teſmoigner ſon affection ſincere envers le bien public, & que le ſemblable ſera fait par ſadite Majeſté Imperiale.

II. Que le meſme Prince fera incontinent retirer toutes les troupes, tant ſiennes qu'eſtrangeres, & auxiliaires, des Pays & Provinces de ſa Majeſté, & feront renvoyées en Tranſilvanie, ou ez lieux d'Hongrie qu'il tient ſa vie durant par la benignité de ſadite Majeſté, & reſtituera tous les biens des Pays d'icelle, toutes les Comtez, Villes, Citez, Places de Frontieres, biens du fiſcq de la Couronne du Royaume, de quelque nature qu'ils ſoient: comme auſſi les biens de ſes Subjets qui ont eſté occupez en quelque maniere que ce ſoit durant la Guerre, ſans emporter & emmener les canons, armes, & autres choſes trouvez ez Places Frontieres, ny permettre eſtre fait aucun tort & dommage aux Villes & autres Lieux: Que ſi quelques canons & munitions en avoient eſté diſtraits & emportez, ledit Sieur Prince les reſtituera.

III. Qu'il chaſſera d'aupres de luy le Comte de Mansfeld & autres, qui auroient envahy & ravagé les Royaumes & Provinces de l'Empereur, & qu'à l'advenir il ne leur donnera aucun ſecours & aſſiſtance; & ſi ſa Majeſté en eſt requiſe, elle promet favorablement audit Prince de donner des Lettres de Paſſeport & Saufconduit aux Soldats Allemands qui les demanderont avec humilité pour ſe retirer; à condition toutesfois que ce ſoit ſans porter aucune enſeigne deſployée, ny marcher par troupes, mais par petites compagnies les uns aprés les autres, ſeparement, & non pas plus de cent à la fois: comme auſſi à la charge qu'ils ne ſe joindront aux troupes des ennemis de ſa Majeſté qui eſtoient en Sileſie.

IV. Et afin qu'il ſe puiſſe eſperer aſſurance certaine d'une bonne & ferme Paix, auſſitoſt après la communication des Lettres patentes, de part & d'autre, les ſept Comtez accordez à vie par la benignité de ſa Majeſté audit Prince, & les Villes & Citez qui y ſont ſeparément ou autrement, & les Places des Helducques libres, s'obligeront aux Lettres de Reverſailles, qui ſeront expediées par ſadite Majeſté à certains Commiſſaires: comme auſſi les Magiſtrats & Officiers; les Capitaines & Garniſons des Forteresses preſens & advenir, s'obligeront par ſerment aux preſents Commiſſaires de ſa Majeſté, ſelon l'Article 12. de la Paix de Vienne, que en aucun temps par le commandement de qui que ce ſoit, ils ne prendront les armes offenſives contre ſa Majeſté ny contre ſes legitimes Succeſſeurs au Royaume d'Hongrie, & ſes fidelles Subjects, & n'exerceront aucuns actes d'hoſtilité: & davantage, qu'ils garderont & obſerveront inviolablement & ſainctement tous & chacuns les Articles de la preſente Transaction, avec tous & chacuns les poincts & clauſes d'iceux: comme auſſi ceux de la Tranſilvanie aux premieres Diettes qui s'y celebreront, donneront ſemblablement Lettres d'aſſurance de l'entretien de ce Traité, que ledit Sieur Prince envoyera à Sa Majeſté.

V. Et pour ce qui concerne les difficultez qui ſe ſont preſentées durant le temps de la Paix precedente avant les derniers troubles, elles ſeront vuidées au meſme temps que les ſusdits ſerments ſe preſteront en preſence des Commiſſaires de ſadite Majeſté.

VI. Pourceque ledit Seigneur Prince en faveur du nom Chreſtien & pour la ſinguliere affection qu'il porte à ſon Peuple & à ſes Subjets, s'eſt offert d'interpoſer tout ſon ſoin & credit pour faire reſtituer Dumasde, pourveu qu'il voye & recognoiſſe le progrez & l'iſſue de la Paix commencée, laquelle étant concluë avec luy il ſera, ſelon ſon offre, qu'auſſitoſt ceſte Frontiere ſoit reſtituée par le Turc.

VII. Que ſelon le preſcrit des precedents Traictez tous priſonniers de part & d'autre ſeront gratuitement delivrez: & que pour ceux qui ſeront detenus entre les mains des Turcs, ledit Seigneur Prince procurera de tout ſon pouvoir leur delivrance.

VIII. Que ſi quelques-uns des Subjets de ſa M. ſe ſeroient maintenant ou cy-devant obligez par ſermens ou Lettres de Reverſailles audit Seigneur Prince, ce ſerment ſera relaſché ſeulement par la vigueur de la preſente concluſion: & lesdites Lettres de Reverſailles que ledit Prince auroit devers ſoy, ſeront par luy renduës.

IX. Que les choſes ſusdites eſtans receuës, acceptées & confirmées par ledit Seigneur Prince, ſa Majeſté conſent benignement que les ſusdits Comtez concedez à vie audit Prince par les Traictez precedents & toutes autres choſes à luy octroyées, demeurent en leur vigueur, ſelon la ſpecification desdits Traictez.

X. Que ſi quelque difficulté ſe rencontre cy-aprés en l'execution de ceſte Paix concluë, elle ſera decidée paiſiblement & de bonne foy entre les Commiſſaires de part & d'autre.

XI. Et pour tous les autres Articles des premieres Paix de Niklaspurg & de Vienne, desquels en ceſte preſente Pacification ne ſe trouveroit aucune concluſion contraire, ou qui n'auroient aſſez d'aſſeurance, demeureront en vigueur en tous leurs Poincts & Clauſes, lesquels auſſi ſa Majeſté Imperiale & Royale confirme derechef par ces preſentes, excepté le payement de trente mille florins, & la garde des Places Frontieres octroyée audit Seigneur Prince.

NOUS donc Gabriel &c: eſtant ainſi que la Nature ne nous a jamais fait embraſſer choſe plus chere & plus à cœur que de procurer le ſalut & la paix des Peuples que Dieu a commis en noſtre protection, auſſi de noſtre certaine ſcience & affection nous acceptons, approuvons, ratifions & confirmons toutes les choſes contenuës en ce Traité de Paix, aſſeurant ſadite Majeſté Imperiale & Royale, & les Roys de Hongrie & de Boheme ſes legitimes Succeſſeurs, qu'en parole de Prince & d'une bonne foy Chreſtienne, nous obſerverons en tous les Poincts & Clauſes tous les Articles ſusdits, & que nous les ferons obſerver par tous nos Subjects, de quelque qualité & condition qu'ils ſoient: à l'obſervation auſſi desquelles nous voulons que nos Succeſſeurs legitimes ſoient obligez en ce qui concernera le preſent Traicté, ce que nous avons confirmé par la ſouſcription de noſtre main, & par la vigueur & teſmoignage de nos Lettres patentes. Donné à Leuthovie le 20. Decembre, l'an 1626.

CCLXXVI.

28. Dec.

Déclaration de GABRIEL BETHLEN GABOR *Prince de Tranſilvanie touchant la reſtitution à l'Empereur de quelques Lieux oubliez dans le dernier Traité de Paix, & la retention, ſa vie durant, de quelques autres. A Leuthovie le 28. Decembre* (1) *1626.* [MERCURE FRANÇOIS, Tom. XIII. Ann. 1626. pag. 2.]

NOUS Gabriel &c: faiſons entendre & ſçavoir à tous ceux qu'il appartiendra, que comme ainſi ſoit que

Rrr 2

(1) Il y a quelque choſe à dire à cette Date; car la Déclaration paroît faire preliminairement avant la concluſion du Traité, & cependant on le voit ratifié le 20 du même mois. L'une ou l'autre eſt fautive. Peut-être faut-il lire ici le 18. Decembre, ou bien le 28. Novembre. [DUM.]

ANNO 1626.

que nous ayons envoyé nos Deputez à Presbourg, pour faire cognoiltre l'affection & inclination que nous avons à la paix, & à une mutuelle reconciliation avec sa Majesté Imperiale, chargez de Pouvoir de Nous pour commencer le Traicté d'icelle, lesquels avec les Seigneurs Commissaires de sadite Majesté aussi envoyez audit Presbourg, avec Pouvoir de convenir par ensemble de certaines conditions de Paix pour toutes choses, excepté l'Article concernant la restitution des choses occupées & alienées des bons & fidelles Subjects de sadite Majesté depuis l'an 1619. dequoy nous voulons aussi donner toute asseurance ausdits Sieurs Commissaires de l'Empereur, sçavoir, qu'encores que par le dernier Traicté de Paix on ait oublié de faire mention de la restitution desdites choses, Nous toutesfois desirans complaire à sadite Majesté Imperiale, pour oster toutes occasions de hayne & dissention, & establir une Paix ferme & solide, avons desja remis quelques choses desdits biens par nos Subdeleguez, & nommément les Bourgs de Nadaz & Kisfalud: desirans aussi faire restituer le reste desdits biens des Subjects de sadite Majesté, possedez & occupez tant par nous que par d'autres depuis ladite année 1619. Mais pour ce qui est des Bourgs & Lieux de Repiak, Apatig, & autres de telle nature, nous retiendrons à nous ceste partie desdits biens nostre vie durant, avec la mesme condition que l'a possedée le Chapitre de Strigonie à raison du Seminaire de Ternaw, sçavoir, de payer tous les ans au jour & feste de sainct Georges cinq cents florins à Arenda, au nom dudit Chapitre de Strigonie. Et pour ce qui concerne la restitution desdits biens, il se fera cy-après un Contract avec les nouveaux possesseurs, non par la force de ceste asseurance, mais selon la voye du droict qu'ils ont d'acquerir lesdits biens, ainsi que nous pouvons promettre & asseurer les susdits Sieurs Deputez ayans tout pouvoir, & ce en foy & parole de Prince comme il appert par la teneur des presentes. Donné à Leuthovie le 28. Decembre 1626.

CCLXXVII.

Extrait des Lettres d'Amnistie accordées par l'Empereur & Roi de Hongrie en conséquence du Traité de Paix, avec le Prince de Transilvanie, contenant une abolition générale de tous les Actes d'Hostilité, commis pendant les dernieres Guerres, tant contre sa Majesté Imperiale, que contre ses Sujets. **[MERCURE FRANÇOIS, Tom. XIII. Année 1626. pag. 3.]**

NOUS concedons benignement à tous & chacuns les Ordres & Estats des sept Comtez concedez au Seigneur Prince de Transilvanie & à tous autres, qui durant les mouvements passez auroient adheré audit Sieur Prince, soit à raison du droict de subjection, auquel ils estoient obligez avant les Guerres, un oubly general de toutes les choses par eux faictes & commises depuis le premier Septembre de l'an 1626. jusques à present, sçavoir, que toute sorte de meurtres, larcins, pillages, ruines, demolitions de Chasteaux, occupations & possessions de Comtez, Villes, Bourgades & Villages, & generalement toutes violences & hostilitez, faictes & perpetrées durant ce temps, ne seront imputez à qui que ce soit, de quelque estat, condition & preeminence qu'il puisse estre; mais seront mis en oubly, sans en estre jamais inquietez ny recherchez en aucun temps, ny sous quelque pretexte que ce soit, tant par nous que par nos Successeurs legitimes Roys de Hongrie, ny par nos Subjects regnicoles, en public, ny en particulier: mais au contraire les tenons pour libres & absous de quelques actes qu'ils pourroient avoir commis, sans qu'aucun Juge ordinaire puisse juger, ou presume le faire en quelque façon que ce soit, ceux qui auroient mis & livré de bon gré ou par force les Chasteaux, Forteresses, munitions, ou autres Lieux des susdits entre les mains des Hongrois, ou qui auroient donné secours aux Turcs pour endommager la Hongrie ou quelques Provinces voisines, qui se seroient saisis & emparez d'aucunes Villes libres, Mines, Bourgs, Villages, possessions & revenus, sous quelque nom ou pretexte que ce puisse estre; à la charge toutesfois qu'à l'advenir ils s'abstiendront de telles choses, & que les Estats des Comtez susdits seront tenus de rendre toute fidelité & obeyssance à nos Successeurs legitimes Roys de Hongrie, & que (sauf les Droicts & Libertez du Royaume) ils n'attenteront sous quelque couleur ou pretexte que ce soit, à aucun defaut, rebellion, sousleveme ns, perturbation de paix publique, ruines & despeuplement des Provinces voisines, aucune interne ou externe conspiration avec les Turcs & Tartares, & autres ennemis, pour les introduire au Royaume d'Hongrie, & aux Provinces d'iceluy, ne feront aucuns conventicules ny assemblées contre nostre Majesté & le bien du Royaume: pareille Amnistie & Pardon perpetuel octroyons nous benignement avec toutes les Clauses & Poincts requis aux Estats des autres Comtez du Royaume d'Hongrie, & autres nos Subjects, excepté aux personnes qui se trouveront avoir pris les armes avant ces mouvemens, & auroient commis les uns contre les autres des violences, larcins ou meurtres: que si pour telles offenses & dommages ils estoient citez & recherchez en jugement, ils seront tenus de comparoir & d'obeir à la Jurisdiction des Juges ordinaires des Lieux.

CCLXXVIII.

1627.

Imperatoris Romanorum FERDINANDI II. *Edictum de reformatione Regni Bohemiæ promulgatum; quô omnes Acatholicos, nisi intrà spatium sex mensium ad Catholicam Religionem se convertant, de Regno migrare mandat. Datum Viennæ die Sabbati recordationi S. Ignatii sacro Anni* 1627. [JULII BELLI Laurea Austriaca Lib. XII. pag. 874.

NOS Ferdinandus II. Dei Gratia electus Rom. Imperator, &c. Omnibus, & singulis nostris Subditis, & Incolis, ex omnibus quatuor Ordinibus hæreditarii nostri Regni Boemiæ salutem dicimus: Dilecti, & fideles, Notum est, & fatentur omnes, hæreditarium nostrum Regnum Boemiæ nunquam magis floruisse, & Deum faventiorem expertum esse, quam tempore Caroli IV. laudatissimæ memoriæ Antecessoris nostri summe honorandi, idque ob eam præcipue causam, quod ex singulari, & paterna cura atque amore erga majores vestros, & dilectam Patriam pro summa sua prudentia providit discrepantiam in Religione nullam firmam, & constantem pacem, & sinceram obedientiam, ac confidentiam cùm erga Magistratum, tum erga Subditos in aliquo Regno aut Regione afferre aut conservare posse. Quapropter in modo dicto Regno Boemiæ certas Leges, & Statuta condidit, omnibusque suis tam Ecclesiasticis, quàm Politicis Officialibus, & Consiliariis mandavit, ut ante omnia summo studio, & vigili oculo caverent, ne præter S. Catholicam, Apostolicam, & solam salvificam Christianam Rom. Religionem (nam ab eo tempore quo Regnum à Paganismo ad Christianam Fidem conversum fuit, usque ad Regem Wenceslaum IV. nulla alia quàm Rom. Catholica Fides in eo viguit) nulli perniciosi, & damnabiles Errores, Hæreses, Factiones, & Sectæ in Regnum introducerentur, aut in eo tollerarentur. Nec minus notum ac manifestum est, cùm post obitum supradicti Imperatoris Caroli regnante Wenceslao forte ex nimia securitate, & oscitantia, omnis generis Errores atque Hæreses in hæreditarium nostrum Regnum Boemiæ irrepsissent, omnis generis turbas, dissidia, & factiones inter ipsos Subditos, nec minus summe detrimentosas seditiones, & rebelliones contra Magistratum exortas esse, quæ ferè omnium subsequentium Regum temporibus durarunt, atque inprimis sub Imp. Rudolphi, & Mathiæ felicissimæ memoriæ regimine renovatæ sunt, ac nostro tempore ita invaluerunt, & nostri quoque Subditi in modo dicto Regno nos, nostros Hæredes, & Successores, totamque Domum Austriacam, Regno, & Provinciis annexis contra auream Bullam supradicti Imp. Caroli IV. privare, atque ita jure hæreditario prorsus spoliare conati sint. Ut igitur hæreditarium istud nostrum Regnum Boemiæ in felicem illum statum restituatur, in quo temporibus sæpè dicti Antecessoris nostri Caroli IV. fuit, nihil magis curæ, cordique habuimus, ex quo insignem illam Victoriam ante Pragam de nostris rebellibus hostibus & adversariis, Deo benè propitio, reportavimus, quam ut laudabile exemplum illius præclari Imp. Caroli IV. (qui suo tempore Pater Patriæ dictus fuit, & talem se ipso facto præstitit) conservando, & defendendo, sanctam, ac solam salvificam Religionem Catholicam imitaremur. Sicut igitur ille nullas Hæreses aut Errores in supradictum nostrum Regnum hæreditarium Boemiæ

ANNO 1627.

Boemiæ ſcienter invehi permiſit; aut ſi illud clam factum eſt, omnes, & ſingulas Catholicæ Religioni adverſantes Sectas, & Errores laudabili zelo expelli, & ſeverè puniri mandavit: ſic quoniam cum ſummo dolore intelligimus, non Catholicos Incolas, qui in hæreditario noſtro Boemiæ Regno ſuperſunt, nullum periculoſa contra nos, & fideles, atque obſequentes noſtros Subditos Conſilia agitandi finem facere: propterea non ſolùm ex Officio Regio, & æternæ ſalutis noſtrorum Subditorum cauſa (de qua nos Deo omnipotenti aliquando rationem reddere oportebit) & ad ſtabiliendum, ac propagandam firmam pacem, amorem, & concordiam, inter fidos, & dilectos noſtros Subditos, nec minus ad conſervandum, & noſtrorum Hæredum, ac Succeſſorum in ſæpedictum Regnum jus hæreditarium coacti fuimus Edicto ſancire, ut omnes noſtri, non Catholici & in perniciotis Hæreſibus perſiſtentes Subditi Errores, & Sectas, quæ poſt obitum Caroli IV. in Boemiam irrepſerunt, deſerant, & ad ſanctam, ac ſolam ſalvificam Cathol. Apoſtolicam Rom. Eccleſiam, & Religionem ſe convertant: ſiquidem ob rationes ſupradictas, & propter conſcientiam nullum in poſterum ex ſuperioribus & inferioribus Ordinibus in Hæreſibus, Erroribus, & Sectis tollerare poſſumus, ſed æquum ac juſtum nec non Divinæ voluntati, & mandato conſentaneum comperimus, ut omnes, & ſinguli noſtri obſequentes, ac fidi Subditi nobiſcum in priſca Rom. Cathol. Religione in qua noſtri & ipſorum Majores piè vixerunt, & Divina opitulante miſericordia beate ex hac vita migrarunt, conſentiant. Quapropter jam ante ad conſtituendum, ac promovendum tam neceſſarium, ſalutare, & Deo gratum opus reformationis certos Commiſſarios conſtituimus, & illis ex Cæſaria, & Regia Gratia injunximus, ut cum per ſe, tum per ſuos Subdelegatos omni ſtudio annitantur, quo ſupradicti noſtri fidi, atque obſequentes Subditi in Catholica fide probe, & ex fundamento informentur, & ab Hæreſibus atque Erroribus ad rectam viam & ſolam ſalvificam Religionem, atque ita ad obſequium S. Rom. Apoſtolicæ Cathol. Eccleſiæ perducantur. Cùm igitur jam dictis noſtris Commiſſariis inter alia mandaverimus, ut eos, qui ſunt ex Illuſtrium, & Equitum Ordine (ad quos hoc noſtrum Edictum ſpecialiter dirigitur) intra ſex menſes ab illius publicatione, quem terminum, tanquam ſatis ſufficientem ipſis præfiximus, ad ſe convocent, & vel ipſi, vel per alios ad hanc rem ordinarios in modo dicta Rom. Cathol. fide fundamentaliter inſtituant, ac poſt elapſum illum terminum, certo ac bona fide referant, qualem ſe unus, & alter in debito erga Deum omnipotentem, & S. Cathol. Eccleſiam noſtrumque paternum, & clementiſſimum Mandatum, quæ ad æternam ipſorum ſalutem ſpectat obſequio præbuerit: conſultum duximus, omnes & ſingulos noſtros obſequentes, ac fidos Subditos ex Illuſtrium & Equitum Ordine clementiſſime ac paterne exhortari (namque ad peculiares noſtras, & Imperatricis dilectæ noſtræ Conjugis, Urbes, & Subditos in proprietariis noſtris Dominiis, nec non omnes alios Regni Incolas attinet, quomodo illi ad Cathol. fidem adducendi ſint, ea de re jam ante Mandata dedimus, quibus nihil prorſus derogatum volumus) ut unusquisque fidelem ſupradictorum noſtrorum Commiſſariorum, aut eorundem Subdelegatorum informationem cupide, & ex animo recipiat, & habita ſuæ ſalutis, & utilitatis ratione in ſola ſalvifica S. Cathol. fide nobis, & univerſæ Chriſtianæ Apoſtolicæ Rom. Eccleſiæ adſtipuletur; quod ſiquis non fecerit, hoc Cæſario, & Regio Diplomate declaramus, nos poſt elapſum ſupradictum ſex menſium terminum nullum omnino in ſæpedicto noſtro hæreditario Bohemiæ Regno diutius tolleraturos, nec permiſſuros, ut in eo habitet, & ſua bona in propria Perſona poſſideat: ſed volumus, ut prædicto noſtro Boemiæ Regno excedat, & bona, quæ habet propinquis, ut aliis Catholicis Incolis vendat: in quem finem, & ut bona ſua vendere poſſit, alium ipſi terminum, nempe ſex menſium, præfigimus. Ne quis autem exiſtimet, pecuniam tantum & opes: non autem ſolam Dei omnipotentis gloriam, & honorem, ac Subditorum noſtrorum ſalutem à nobis quæri, hoc Mandato ex Cæſaria & Regia Gratia edicimus, ut ſi unus aut alter huic noſtræ clementiſſimæ, & decretoriæ Sententiæ (contra noſtram ſpem, & exſpectationem) parere noluerit, ei absquè ullo exodio migrare liceat: inſuper permittimus, ut ad bonorum ſuorum adminiſtrationem, & venditionem, nec non exactionem ſuorum debitorum in Regno (quæ ut ipſi prompte exſolvantur, ſedulo, & quantum Jura permittunt, enitemur) quendam ex ſuis propinquis, aut alium aliquem Catholicum cum plena poteſtate conſtituere poſſit. Quoniam verò nihil nobis acceptius eſſet, quàm ut vetuſtis, & nobilibus Familiis prognati, quorum Majores olim in noſtro hæreditario Regno Boemiæ, antequàm Errores, & Sectæ illud invaſiſſent, Religioni Catholicæ addicti fuerunt, & in ea rebus ſecundis uſi ſunt, cum eadem Religione conteſſerarent, atque ita in Regno manerent: iccirco omnes, & ſingulos noſtros, obſequentes Subditos paternè & clementiſſimè monemus, ut unusquisque ſuum commodum perpendat, ſuamque conſcientiam examinet, ne ex juſta Dei vindicta, & pœna, non tantum temporalium, ſed æternorum bonorum (quod tamen nulli evenire cupimus) temere jacturam faciat, ſed potius Errores, atque Hæreſes (quibus ipſi, & eorum Progenitores ſeducti, & inclytum hoc Regnum, ac dilecta ipſorum Patria in extremam calamitatem adducta fuit) ejeret, & ad veterem S. Catholicam Fidem revertatur, utquè nobiſcum in Religione conſentiat, operam det. Qua in re noſtræ clementiſſimæ, decretoriæ, & immutabili voluntati, atque Sententiæ, obtemperabunt. Datum Viennæ, die Sabathi, recordationi S. Ignatii ſacro Anno Domini M. D. C. XXVII. Regnorum noſtrorum, Romani octavo, Hungarici decimo, & Boemici undecimo.

CCLXXIX.

Pacificatio Szönienſis, ſive Articuli prorogatæ Pacis Vicennalis inter FERDINANDUM II. *Imperatorem Romanorum, &* MURATH HAN *Turcarum Sultanum, concluſi in Campo Szönienſi Anno* 1627. Cum *Ratificatione Imperatoris* FERDINANDI II. *Data Viennæ* 10. *Septembris* 1628. [Pièces tirées de la Chancelerie Imperiale Aulique de Guerre.]

NOs Ferdinandus &c. Memoriæ commendamus tenore præſentium ſignificantes, quibus expedit univerſis. Poſtquam utriusque tam noſtræ, quàm Sereniſſimi & Potentiſſimi Imperatoris Turcarum Sultan Murath Han partis Commiſſarii in Campo Szeönienſi in negotio ſtabiliendæ Pacis, rectificandorumque limitum & dedititiorum Pagorum ac Villarum, quæ in controverſia erant conveniſſent, ibidemque poſt inſtitutos diverſos Tractatus & diſcuſſiones, tandem undecim Articulis urgentes difficultates in modum & formam, uti ſequitur, compoſuiſſent, qui de verbo ad verbum ſic ſonant.

Cum ab eo tempore, quo inter duos Potentiſſimos Imperatores Paci conclusiones Situatorokienſes, nimirum Viennenſes, Comaronienſes, atque ultimo Gyarmathienſes ſancitæ, certique ſuperinde Articuli editi fuiſſent, multifariæ ab utraque & contrariæ difficultates interveniſſent, quibus memoratæ Pacis concluſiones non parum turbatæ & impeditæ fuère, Videntes duo iſti Potentiſſimi Imperatores miſeræ & afflictæ plebeculæ intollerabiles calamitates, miſericordia ducti, in id animum induxerant, ut priores Pacis concluſiones denuò reſtaurarentur, illisque contraria, quæ hactenus intervenerunt impedimenta bonis modis complanarent. Idcirco nos certos Commiſſarios ambo Potentiſſimi Imperatores delegaverunt ab utraque parte, quorum opera hæc in optatum finem deducantur, utpote à parte Potentiſſimi Ferdinandi Secundi Rom. Imperatoris ac Germaniæ, Hungariæ, Bohemiæ, Croatiæ, Sclavoniæ &c. Regiæ Majeſtatis Reverendiſſimum Stephanum Sennyey de Kuſſennye Episcopum Vaczienſem ſuæ Imper. Majeſtatis Conſiliarium Bell. & per Regnum Hungariæ Aulæ Cancellarium, ſpectabilem ac Magnificum Gerardum à Queſtenberg Liberum Baronem, ac ſuæ Cæſ. Regiæque Majeſtatis Conſiliarium Bellicum, Magnificum Danielem Eſterhaſi de Galantha, Liberum Baronem ac ſuæ Cæſareæ Regiæque Majeſtatis Conſiliarium, Magnificum item Petrum Koharſi Liberum Baronem ſæpefatæ ſuæ Majeſtatis Conſiliarium ac Præſidiorum Cisdanubianorum Vice-Generalem; ab altera verò nempe Potentiſſimi Turcarum Imperatoris Sultan Murath Han parte & mandato, ejusdemque plena poteſtate conceſſa, Cismaritimorum Exercituum ſupremum Szerdar & Charum Vezer Budæ Locumtenentem & hujus ſanctæ Pacis Tractationes in perſona ſui Principalis ſupremum Commiſſarium ſpectabilem ac Magnificum Vezerium Martezan Baſſam, in cujus abſentia eadem plena poteſtate expeditas potentiſſimi Imp. Commiſſ. Magnificum Bu-

Anno 1627.

denſem Muffti Iſa Effendi, Magnificum Mehemet Baſſam Agrienſem, Magnificum Ahmet Beghum Strigonienſem, Magnificum item Muharem Beghum Szolaokienſem & Gzihan Foſab Agam Budenſem præſente Sereniſſimi Principis Tranſylvaniæ homine, Generaſo Michaele Toldalaghi de Creze Judice Regio Sedis Siculicalis de Marus, qui in Campo Szeonienſi congregati Anno 1627. Menſe Septembri poſt diuturna conſilia plurimoſque labores in hos ſubſequentes Pacis Articulos condeſcendimus, atque in eis conquievimus.

I. Omnes & ſingulæ ad ſanctam Pacem ſpectantes concluſiones, earumque Articuli, videlicet Situatorokien. Vienn. Comaronien. & demum Gyarmathien: qui antehac facti & concluſi ſunt, jamque aliter editi aut renovati non ſunt, in omnibus partibus, clauſulis & punctis permaneant, ſancteque & inviolabiliter utrinque obſerventur.

II. Siquidem inter Nos deputatos Commiſſarios certis rationibus negotium Vaczienſe pro nunc in finem deduci non potuit, potiſſimum ob Arcem Balenduar, ſic in eo conventum eſt, ut hoc negotium per modernas ſolemnes Legationes in Aulis potentiſſim. Imp. effectui mandetur; & ſi quo pacto hiſce quoque Legationibus finem ſuum conſequi non poſſet, hoc nonobſtante tamdiu alma hæc Pax ab utraque parte ſanctè obſervetur, & Vaczium quoque in eodem ſtatu permaneat, donec potentiſſ. Imp. de hoc negotio finalem reſolutionem fecerint, juxta continentiam Articuli quoque Gyarmathienſis.

III. In limitibus Croatiæ, quod ab utraque parte noviter erectarum Palankarum demolitionem concernit, quæ contra concluſiones Pacis erectæ fuerunt, confirmatur tertius Articulus Gyarmathienſis, ita quidem, ut decimo poſt commutationem Legatorum utrinque mittendorum, die nempe Menſis Januarii anni ſequentis 1628. die 12. confeſtim rem aggrediantur, & in finem quoque deducant, utrinque ad id deſtinati Commiſſarii, nimirum à parte potentiſſimi Rom. Imperatoris ſpectabilis ac Magnificus Comes D. Nicolaus à Terſacz, ab altera verò potentiſſimi Turcarum Imperatoris parte ex ordinatione ſpectabilis ac Magnifici Murtezæ Baſſæ Vezirii Budenſis Magnificus Mehemet Baſſa Agrienſis. Quod ſi illi ob aliqua certa & notabilia impedimenta intereſſe non poſſent, alii idonei ab utraque parte Commiſſarii ordinandi erunt.

IV. Poſteaquam hæc ſancta Pax concluſa fuerit per D. D. Commiſſ. inter duos iſtos potentiſſimos Imperatores, ambo Impp. per Viros primarios è loco iſtius Tractationis in præſentia D. D. Commiſſ. mutuo ſe certificent, miſſis utrinque *Sigillis* Commiſſ. roboratis Pacis concluſionibus, ut eas uterque potentiſſ. Imp. pariter confirment, quas quidem poſtea ſub Sigillis utriuſque Imp. ad manus ſupremorum Legatorum aſſignabunt, & ab utraque parte æquivalentia dona, licet non adeo gravia mittentur. Poſtmodum infra ſpatium quatuor menſium expediendæ erunt ſolenniores Legationes cum præfatis & confirmatis Pacis concluſionum Diplomatibus, ita quidem ut ad ſequens Nativitatis Chriſti Domini feſtum potentiſſimi Ottomannorum Imperatoris Legatus Strigonium, è contra potentiſſimi Romanorum Imp. Legatus Comaronium veniant illinc mutua inter ſe habita intelligentia, ſecunda die Januarii Anni 1628. Legatus à Potentiſſ. Roman. Imperatore mittendus ad Pagum Szeonii dictum, potentiſſ. verò Turcarum Imperatore Legatus ad Almas ſeſe conferant, atque inter duos Pagos in communi æquali loco ſimul & ſemel commutatione facta, alter quidem utpote potentiſſ. Turca. Imp. Legatus ad Potentiſſ. Rom. Imp. condignis honorariis pergat, alius verò potentiſſ. nempe Rom. Imp. Legatus æquivalentibus muneribus ad Portam proficiſcatur.

V. Quod autem Pagos dedititios, eorumque querelas plurimas calamitates, injurias, cenſus, ac contra Pacificationem ab utraque parte erectas Palankas, Nobileſque in Pagis dedititiis habitantes concernit, ac præterea eo quod nonnulli ex iis recenter ac denuo violenter, vel quovis modo poſt, & contra priores concluſiones occupati, & ad deditionem cenſuumque penſionem coacti ſunt, ab utraque parte juxta priorum concluſionum Situatorokienſium nimirum 16. Vienn. &c. 3. Comaronienſ. demumque Gyarmathienſ. 4. Articulos, rectificentur, ita quidem ut ex parte potentiſſimi Rom. Imp. duo è numero Magnatum Commiſſarii ordinentur, quorum unus ad partes Hungariæ Transdanubianas, alter ad Cis-Danubianas mitti debeant. Ex parte item potentiſſimi Turcarum Imp. duo Caputii, Baſſæ, alter ad partes Transdanubianas, alius Ciſdanubianas mittantur ex Portâ, & in certo aliquo communi loco congregati cum ſibi adjunctis quos D. Regni Hungariæ Palatinus & Vezir quoque Budenſis ordinabunt, omnes difficultates rectificent, & in optatum finem deducant, ita ut utrique Parti contentatio & ſatisfactio fiat. Pagorum autem dedititiorum cenſus & contributiones nulla ratione adaugeantur, donec memorati Commiſſ. convenientes eaſdem in bonum ordinem redigent, ad quam quidem Commiſſionem deputati D. Commiſſ. ab utraque Parte Ann. ſequenti 1628. 12. Jan. negotium aggrediantur.

VI. In negotio Captivorum ita conventum eſt, ut Captivi qui ſub modernis Induciis, per D. Regni Hungariæ Palatinum & Vezirium Budenſem concluſis, intercepti ſunt, ab utraque parte gratis abſque ulla Lytri ſolutione dimittantur, qui autem præter hos reperientur, ſingulos Captivos pro ſingulis commutando eliberentur; ſi qui autem Lytro redimendi erant, id fiat competenter, quod D. Regni Hungariæ Palatinus cum Vezirio Budenſi complanabunt.

VII. Si quidem in termino prioris Pacificationis novem tantum anni reſtant, pro ſublevamine miſeræ & afflictæ Plebis placeret quidem D. Commiſſariis, ut hæc ſancta Pax. 25. Annorum ſpatio à parte utriuſque potentiſſ. Imp. prolongaretur, Nihilominus ambo Imp. per modernam ſolemnem Legationem determinent, an viginti quinque pluribus vel paucioribus annis eandem durare voluerint, & hoc quidem ipſimet potentiſſimi Imperatores hiſce Pacificationis Diplomatibus inſerant.

VIII. Quod excurſionum inhibitionem & Negotiatorum liberum paſſum ac ſecuritatem concernit, ut ab utraque parte potentiſſ. Imper. Regna & Provinciæ in pace permaneant, confirmantur priores Articuli in omnibus Punctis. Qui autem contra hos deliquerint eos Generales Baſſæ, Beghi ab utraque parte puniant, quod ſi ipſi punire non poſſent, ex parte potentiſſ. Rom. Imp. D. Regni Hungariæ Palatinus, ex parte autem potentiſſ. Turcarum Imp. Vezir Budenſis ſevere ac ſine miſericordia in tales animadvertant, ſimul etiam in eos, quorum conſenſu, ac voluntate ſimilia, quæ Pacem turbare poſſunt, impedimenta acciderent.

IX. Cum frequentes officiorum mutationes impedimento ſanctæ Paci eſſe poſſint, in confiniis Capitanei Baſſæ, Beghi, & alii Officiales Pacis amantes, miſeræque Plebis ac Subditorum defenſiones habeantur, taleſque in ſuis Officiis, & vocationibus diu conſerventur. Spectabilis autem & Magnificus Murteſa Baſſa Vezier Budenſis hanc ſanctam Pacem (quæ ipſius quoque operâ interveniente concluſa eſt) obſervans & cuſtodiens diu in officio permaneat.

X. Regna & Provinciæ Potentiſſim. Rom. Imp. terreſtres & maritimæ, à potentiſſ. Turcar. Imp. & ab ejuſdem Exercitibus non moleſtentur, pariter & Regna & Provinciæ Turcarum Imp. terreſtres & maritimæ à Rom. Imp. & ab ejuſdem Exercitibus non infeſtentur.

XI. Præter hæc commemorata negotia omnis generis damna, injuriæ, cædes, rapinæ, ſi quæ ab utraque parte contra expreſſos Situatorokiens. Vienn. & aliarum concluſionum Articulos, uſque ad modernam Pacificationem accidiſſent, ob certas cauſas perpetua oblivione delebuntur, modernæ verò concluſiones ab utraque parte in omnibus punctis & clauſulis abſque ullo defectu ab omnibus Statibus & Ordinibus ſancte obſervabuntur.

Nos volentes iis, quæ nobis hoc loci vigore horum Articulorum incumbunt, ſatisfacere, prænotatos Articulos & conditiones, prout ſæpius de verbo ad verbum ſunt inſerti, pro noſtra parte approbavimus, ratificavimus & corroboravimus, promittentes in verbo & fide Imperatoris, pro Nobis & Hæredibus & Succeſſoribus noſtris, quod illa omnia & ſingula ſincere, ſancte, & inviolabiliter tenebimus, obſervabimus, adimplebimus, & per ſupra memoratos noſtros adimpleri debere volumus & decrevimus, dummodo ſimiliter Sereniſſimus quoque Turcarum Imperator hæc omnia rata, grataque habuerit, obſervaverit, uti non diffidimus, ex parte ſuæ Serenitatis perinde bona & integra fide omnia agi, nec ejuſdem Miniſtros, Subditos, ac nullos iis, quæ juxta tractata, concluſa & promiſſa fuerint, directè vel indirectè ſub ullo prætextu contraventuros eſſe. Harum teſtimonio Literarum manu noſtra ſubſcriptarum & Sigilli noſtri Cæſarei appenſione munitarum. Datum in Civitate noſtra Viennâ Auſtriæ decima die Menſis Septembris, Anno milleſimo ſexcenteſimo vigeſimo octavo, Regnorum noſtrorum Romani deci-

ANNO 1627. decimo, Hungarici undecimo, Bohemici verò duodecimo.

FERDINANDUS.

JO. CHRISTOPHORUS LÖBL

Ad mandatum Sac. Cæs. Reg. Majestatis proprium.

JO. FRIDERICUS VISCHER.

CCLXXX.

12. Fev. Abschied zwischen Frauen Juliana, Land-Graf Moritz zu Hessen-Kassel Gemahlin/ im nahmen dero Herren Söhne/ und Freülein an einen/ dann Wilhelm postulirten Administratorem des Stiffts Herßfeldt und Landgraffen zu Hessen andern Theils/ biß auf Ratification besagter Frauen Herrn Gemahls geschlossen; wie es auf begebenden Fall zwischen denenselben mit der Succession gehalten werden solle. Geschehen zu Kassel den 12. February 1627. Nebst Ratification Landgraff Moritz zu Hessen-Kassel. Geben Cassel wie oben. [LUNIG, Teutsches Reichs-Archiv. Part. Spec. Contin. II. Absatz VIII. pag. 822.]

C'est-à-dire,

Recès entre JULIENNE *Epouse de* MAURICE *Landgrave de Hesse-Cassel, au Nom de ses Fils & de ses Filles d'une part, &* GUILLAUME *postulé Administrateur de l'Abbaïe de Hirschfeld aussi Landgrave de Hesse & Fils de* MAURICE, *mais d'une autre Mere, d'autre part; Contenant un Accord sur la future Succession dudit Landgrave* MAURICE, *sous la reserve de son Aprobation & Ratification. A Cassel le 12. Fevrier 1627.* Avec *la* RATIFICATION *dudit Landgrave* MAURICE. *A Cassel ledit jour & an.*

In Nahmen des Einzigen wahren GOttes/ Vaters Sohns/ und Heil. Geistes.

Zuwissen/ alß die Durchleuchtig-Hochgebohrne Fürstin und Frau Juliana/ Landgräfin zu Heßen/ Gräfin zu Catzenellenbogen/ Dietz/ Ziegenhayn und Nidda/ rc. gebohrne Gräfin zu Nassau/ Catzenellenbogen/ Vianden und Dietz/ Frau zu Beilstein/ rc. So dann der Hochwürdig Durchleuchtig-Hochgebohrne Fürst und Herr/ Herr Wilhelm/ Postulirter Administrator des Stiffts Hersfeldt/ Landgraf zu Hessen/ Grafe zu Catzenellenbogen/ Dietz/ Ziegenhain und Nidda rc. auf gnädige und väterliche Erinnerung des Durchleuchtigen und Hochgebohrnen Fürsten und Herrn/ Herrn Moritzens/ Land-Grafens zu Hessen/ Grafens zu Catzenellenbogen/ Dietz/ Zigenhayn und Nidda rc. reifflich betrachtet und erwogen/ was der liebe Fried und Einigkeit bauen/ mehren und erhalten/ dargegen aber Unfriede/ Zwietracht und Uneinigkeit zerstören/ umwerffen/ und verderben/ das schädliche Mißtrauen auch/ sonderlich bey diesen letzten schwürig- und gefährlichen Zeiten/ vor unheilbare Riß/ unwiederbringlichen Schaden und gäntzlichen Untergang erwecken und veruhrsachen könne; Daß demnach durch Erhaltung GOtt und den Menschen wohlgefälligen Fried und Einigkeit/ Verhütung alles Wiederwillens/ gäntzlicher Abschneidung und Ausrottung künfftigen Mißtrauens/ und darab dependirender verderblichen inconvenientien und Zerrüttungen/ zuförderst aber zu des Allmächtigen Gottes und seines Nahmens Ehr und Conservation, gedeyen und auffnehmen des Hochlöbl. Fürstlichen Haußes Heßen/ ietzo hochbedrängter Caßelischer Linien/ Hochgedachter beyderseits Fürstl. Fürstl. Gnaden Gn. zu friedlicher Composition und Vergleichung/ wie es auf künfftig-begebende Fälle zwischen Hochgedachten Ihrer Fürstlichen Gnaden Frauen Julianen/ Landgräfin zu Heßen rc. Herren Söhnen/ und Fräulein/ sodann Hochgedachten Herren Administratoris Fürstl. Gnaden allerseits gehalten werden solle/ sich zusammen gethan/ solche hochwichtige Tractation mit beyderseits Räthen und Assistenten vorgenommen/ auch darauff durch des Allmächtigen Gnade/ Beystand und Seegen/ nachfolgender maaßen/ doch auf gnädige Ratification und Consens des Durchleuchtig-Hochgebohrnen Fürsten und Herrn/ Herrn Moritzens des Aeltern Land-Grafen zu Heßen/ Grafen zu Catzenellenbogen/ Dietz/ Ziegenhayn und Nidda/ rc. Ihres allerseits gnädigen und geliebten Herrn Eh-Gemahls und Vaters/ gütlich mit einander verglichen und vereiniget/ hochgedacht Ihre Fürstl. Gn. Frau Juliana/ Landgräfin zu Heßen rc. an statt Ihrer Söhne und Fräulein/ des Herrn Administratoris Fürstl. Gnaden auch vor sich/ Deroselben Erben und Nachkommen/ festiglich und Fürstlich verheissen und versprochen/ daß solches abgeredeter und eingewilligter maaßen/ stet/ fest/ und unverbrüchlich/ doch auf obgesetzte Ratification und Consens, gehalten werden soll.

Erstlich: Nachdeme das Ewige dem Zeitlichen allezeit billich vorzusetzen/ der Allmächtige GOtt auch dieses Fürstenthumb mit dem Licht des heiligen Evangelii/ und wahrer seeligmachenden Religion gnädig begabt/ dafür Ihme billich höchlich und von Hertzen zu dancken/ und solche herrliche und köstliche Perle und Kleinod vor allen Dingen/ sonderlich bey diesen letzten Zeiten/ allda sich allerhand Rotten und Secten und Irrgeister häuffig ereugen und gaucken lassen/ billich zum besten zu verwahren; Als ist zu Gottes Ehre/ gottseeliger Erbauung und Conservation seiner Christlichen Kirchen und Gemeine/ allerseits Gottseeligen und Christlichen verabschiedet/ gesetzt und geordnet/ daß in und durch das gantze Fürstenthum das einmahl durch Gottes Gnad angenommene Licht und Lehr des heiligen Evangelii/ vermöge Prophetischer und Apostolischer Schrifft/ auch der Augspurgischen Confession, rein und lauter getrieben/ geprediget/ und es derowegen bey wohl angeordneten Kirchen- und Schul-Ordnung ungeändert verbleiben/ reine Lehrer und Prediger befördert/ ob ihnen gehalten/ Spittähl/ Gottes-Kästen/ Stipendia und anders/ in Ordnung und gutem Wesen erhalten/ auch so wenig der regierende Fürst/ als die jungen Herren/ und allerseits Nachkommene/ in vorigem allen ichtwas abzuschaffen/ oder zu ändern sich unterstehen/ sondern die Conservation dieses Puncti ingesambt mit Christlichem Eyfer getrieben: Jedoch principaliter und directivè von dem regierenden Fürsten dependiren soll.

Vors Ander: Nachdem der allmächtige GOtt nach seinem gnädigen Willen hochgedacht Herrn Landgraff Moritzens Fürstliche Gnaden als beederseits gnädigen und geliebten Herrn Ehe-Gemahl und Vattern in die zweyte Christliche und wohlgerathene Ehe gesetzt/ und mit deroselben ersten geliebten Gemahlin/ der Durchleuchtigen/ Hochgebohrnen Fürstin und Frauen/ Frauen Agnesen/ Landgräfin zu Heßen/ gebohrnen Gräfin zu Solms rc. drey Fürstliche Herren und ein Fürstl. Fräulein erzeugt/ darvon aber des Herrn Administratoris Landgrafen Wilhelms Fürstl. Gnaden eintzig und allein noch am Leben/ in der zweyten Ehe mit Hochgedachten Ihrer Fürstlichen Gnaden Frauen

Julia-

ANNO 1627.

Julianen/ Landgräfin zu Hessen / gebohrner Gräfin zu Nassau / Catzenellenbogen ꝛc. mit dreyzehen Fürstlichen Kindern reichlich geseegnet / darvon aber nach Gottes Willen der Hochwürdig-Durchlauchtig-Hochgebohrne Fürst und Herr / Herr Hermann / Postulirter Coadjutor des Stiffts Hersfeldt / Herr Moritz / Herr Friedrich / Herr Christian / Herr Ernst und Herr Philipps / so dann Frau Agnes / vermählte Fürstin zu Anhalt / Fräulein Juliana / Fräulein Magdalena / und Fräulein Sophia / alle Landgrafen und Landgräfinnen zu Hessen ꝛc. gleichfalls noch im Leben ; Als ist wegen der Fürstlichen Herrn Söhne / und da in itziger Ehe der liebe GOtt mehr deren bescheren würde / abgeredt / placidirt / und allerseits eingewilliget / daß auf begebenden Fall aus vielen erheblichen Land- und Leuten erspriesslichen / auch zu Abwendung besorgender Zerrüttung gereichenden Considerationen / der Herr Administrator Land-Grafe Wilhelm ꝛc. allein regierender Herr seyn und bleiben / und die Fürstl. Regierung nicht zerrüttet noch zertrennet werden / Ihre Fürstl. Gnaden auch dargegen alle die onera, so der Fürstl. Regierung anhängig : als nehmlichen Witthumbs-Gebührnüsse / Unterhalt / Kleider / Geschmuck und Aussfertigung der Fürstl. Fräulein / Besuchung Reichs-Crayss-Visitations-Legations-Probations-Tägen / Unterhalt der Cammer / und andere dergleichen Regierungs Kosten über sich nehmen / und ausrichten sollen und wollen.

Vors Dritte : Ist abgeredet und bewilliget / daß auf begebenden Fall / und wann / und zu welcher Zeit des Herrn Administatoris Fürstl. Gnaden zu der Fürstlichen Regierung kommen und gelangen werden, deroselben Hochgedachten Fürstl. Jungen Herrn Gebrüderen / und da derselben der liebe GOtt mehr bescheren würden / dargegen so bald / & pari passu der vierte Theil sive quarta, tam præsentium quàm futurorum bonorum absque omni onere, und ohne einige Schulden Last eingeantwortet / zugeeignet / übergeben und zugestellet werden soll ; Gestalt denn von des Administratoris Fürstl. Gnaden ietzo so bald Deroselben jungen Herrn Gebrüdern über Ihren Antheil und Ort Lands / so denselben in assignationem zu fallen werden / ratione indemnitatis gehörige Schadlos-Verschreibung wegen der Schulden / so darauff hafften möchten / eingehändigt und zurück gegeben wer-worden ;

Vors Vierdte : Wofern die junge Herrn einer oder ander sich nach Gottes Willen verheyrathen / und Fürstl. Fräulein erzeugen würden : So ist abgeredt und bewilliget / daß denen uff solchen Fall / als Fürstlichen Hessischen Fräulein die Donation, dem Herkommen nach / bey gemeiner Landschafft billich verbleiben / die Ausrüstung oder Aussfertigung aber / wie auch Wittumben bey und auf eines ieden Herrn Portion stehen und hafften soll.

Vors Fünffte : Demnach auch bey Dero Römischen Käyserl. Majestät Unserm allergnädigstem Herrn / Hochgedachten Herrn Land-Grafen Moritzen Fürstl. Gnaden über die Darmstädtische immodicam Executionem & occupationem von Graffschafft / Herrschafften / Schlössern / Aembtern und Städten / sich zum allerunterthänigsten beschweret / und umb gehörige Restitution nachgesucht ; So soll auch diese Quarta hierauff zugleich mit verstanden werden / uff all dasjenige / so mit Gottes Hülff aus und von solcher Darmstädtischen übermässigen Execution wieder zuerlangen seyn wird. Gestalt dann solche Recuperations-Sachen zu gleicher Hand geführt / auch nach Proportion des vierdten Theils commune onus getragen / und dargegen auch commune lucrum participiret werden soll.

ANNO 1627.

Vors Sechste : Ist auch abgeredt / und allerseits ingewilliget / daß auf begebenden Fall solche Quarta der jüngeren Herren Gebrüdern / nach den jährlichen Intraden / Renthen und Einkommen gemacht und angeschlagen / in dieselbe auch zu deren Fürstl. Uffenthalt etliche Fürstliche wohlerbauete Residenz-Häuser / in specie aber Schmalkalden / Herrnbreitungen / und in eventum Rotenberg mit eingeschlossen werden sollen.

Vors Siebende : So soll der Herr Administrator, als regierender Fürst / die Lands-Fürstliche Obrigkeit und Jurisdiction in Geist- und Weltlichen Sachen / als Visitationes, Geleit / Folge / Reichs- und Land-Steur / allein haben und exerciren / den jüngeren Herren Gebrüderen aber / in und auf ihren assignirten Oertern / alle utilia dominia und Gerechtigkeiten / als Collaturen / Peinligkeit / Civil-Gerichte / Jagden und Zölle und dergleichen / jedoch ausserhalb der Strassen-Fälle / alleinig / am Rhein-Zoll aber gleichfalls der vierdte Theil seyn / und vorbehalten bleiben.

Vors achte : So viel aber die Mobilien / in specie aber das Silber-Geschirr / Bibliothec, Marstall / Rüst-Cammer / Jagdt-Zeug und dergleichen belangt / ist deswegen abgeredt und eingewilliget / daß die Mobilia bey einem jeden Hause und Vorwercken / und denjenigen / so dieselbe in assignatione zufallen möchten / verbleiben / auch woferne denen jüngern Herren Gebrüderen von solchen Mobilien geblösste und ledige Häuser zufallen würden / daß dieselbige dann mit nothdürfftigen Mobilien und Hauss-Rath versehen / das Silber-Geschirr / Bibliothec, Rust-Kammer und Jagd-Zeug aber nicht von einander getrennet / sondern bis zu Herrn Landgrafe Moritzen Fürstlichen Gnaden tödtlichen Hintritt / (welchen der allmächtige GOtt lange verhüten wolle) unverrückt bleiben / alsdann aber den jüngern Herrn Gebrüdern der vierdte Theil daran zustehen / jedoch desselben gebührliche redemptio auf sechs ehrlicher Räthe und Diener Erkänntnus / deshalber man sich beyderseits zuvergleichen / dem regierenden Herrn frey stehen / und vorbehalten seyn sollen.

Vors Neundte : Die Artillerie, Munition, und anders / so in und zu den Vestungen / auch dem gemeinen Defensions-Wesen des Vaterlands gehörig / sollen darbey zusammen unzertrennet verbleiben / doch wann die junge Herren ihre Portion und Häuser überkommen / haben des Herrn Administratoris Fürstl. Gnaden / uff freundliches Ersuchen / mit etwas / wo nöthig / zu gratificiren eingewilliget.

Vors Zehende : Wann Land-Täge / als welche zu consultation gemeiner Noth und Anliegen / angesehen / ausgeschrieben / oder Sachen vorgenommen werden / so dem gantzen Lande zum Vortheil oder Nachtheil gereichten ; Als nehmlich / da mit Ausländischen Ständen und Personen Land-Verträge auffgerichtet würden / oder wann Kriegs-Contributiones getragen / oder abgewendet werden solten / oder da sonst etwas verlauffen möchte / so die Conservation des Fürstlichen Hauses belangete / oder daran Land und Leuthen gelegen ; Ist abgeredt und bewilligt / daß dann jederzeit der regierende Fürst mit denen jüngeren Herren oder Vettern / von Ausschreibung der Land-Tage oder dergleichen Tractationen consultiren / Rath nehmen und schliessen soll / an, quid, quando, quomodo & ubi der Land-Tag oder obberührte Tractationes zu halten / zu proponiren / zu handeln / und zu des gemeinen Vater-Lands Besten insgesambt zu schliessen seyn solle.

Vors Eilffte : Auff den Fall der regierende Fürst / desselben Successores und Nachkommen / von andern

Anno 1627. dern Lehen empfangen/ oder aber andere Vasallos investiren und belehnen werden/ sollen die junge Herren und Ihre Nachkommen/ gleichwie es mit Darmstädtischer Linie herkommen und gehalten/ in die investituras nominetenus, und also zu gesammter Lehnschafft mit einverleibt/ benennet und gesetzt werden.

Vors Zwölffte: Woferne den jungen Herren Ehren- oder andere nothwendige Sachen fürfallen würden/ sollen die Adeliche Vasalli und Landsaßen/ so außerhalb der jungen Herren zugetheilten Oertern gesessen/ auff Erfordern Deroselben/ doch honoretenus und onerose auffzuwarten und zuerscheinen schuldig seyn/ solches auch bey der Lands-Huldigung ausdrücklichen reservirt und vorbehalten werden.

Vors Dreyzehende: Weil Kriegs-Durchzüge und Einquartirung nicht privata, sondern publica onera sind/ da dann der jungen Herren assignirtes Land und Oerter dergleichen betreffen/ und andere dergleichen Oerter damit verschonet würden/ auff solchen Fall sollen solche verschonete und unbelegte Oertere des Fürstenthumbs solche Last nach proportion mit zu tragen/ und arbitratu boni viri den erlittenen Schaden zuersetzen/ und also ein Glied mit dem andern Leib und Leid auszustehen/ sowohl dem Herrn als auch ihnen selbst unter die Armen zuergreiffen schuldig seyn.

Vors Vierzehende: Weil auch Uberhäuffung der Schulden mit ihren Zinsen wie Rost einfressen/ die Intraden absorbiren/ Land und Leut verzehren/ und derowegen solches bey junger Herrschafft/ so viel möglich zu præcaviren; Also ist allerseits reciprocè eingewilliget und ratificiret/ daß so wenig der regierende Fürst/ als die junge Herrschafft/ Macht haben sollen/ Schulden zu machen/ oder Ihre Lande zu beschwehren/ ohne sämtlicher Herren Consens und Bewilligung/ jedoch casum extremitatis & honestæ necessitatis eximirt und ausgenommen.

So ist auch vors Funffzehende von des Herrn Administratoris Fürstl. Gnaden/ aus Brüderlicher Affection, und gutem Vertrauen/ eingewilliget/ wofern der jungen Herren einer oder ander zum Krieg sich gebrauchen lassen wolte/ daß auf solchen Fall der regierende Fürst/ deme oder denen in Kriegs-Rüstung sich begebenden jungen Herrn mit einer billichmäßigen Ausrüstung verhelffen solle und wolle.

Vors Sechzehende: Da der jungen Herren einer oder der ander mit Tod (so doch GOtt lange verhüten wolle/) abgehen wird; So solle dessen oder deren Antheil Lands und Erbschafft denen anderen überbleibenden Herren Gebrüdern accresciren/ und gleichsam einer dem andern darinne/ vermöge Väterlicher Ratification, substituiret seyn/ und solches so lang der jungen Herren/ oder deren männliche Leibes-Erben einer würd bey Leben seyn: Wofern aber dieselbige mit einander nach Gottes Willen abgehen solten/ alsdann und nicht eher soll solche der jungen Herren zugetheilte Quarta dem ältern regierenden Herrn zu fallen oder anwachsen.

Vors Siebenzehende: Die Unterthanen in denen Oertern/ so denen jungen Herren zufallen werden/ sollen denselben dem Herkommen nach/ vollkommene Huldigungs-Pflicht/ doch excepto regimine, regalium & superioritatis Jure, wie obstehet/ thun und leisten/ in des regierenden Herrn Fürstenthumb und Landen aber darin gesessene Unterthanen in eventum, und also reciprocè leisten.

Da auch vors Achtzehende in der jungen Herren Oertern keine/ in des regierenden Herrn Orten aber ziemliche Mast seyn würde; Als soll derselbe zu Behuf der jungen Herren Küchen nach Discretion eine Anzahl Schweine mastfrey in Ihr Fürstl. Gnaden Gehöltze mit gehen/ auch zu Zeiten/ da die junge Herren dessen benöthiget/ auf freundlich Ersuchen/ ein Stück Wildes/ nach des regierenden Herrn Discretion, man aus Ihren Wild-Bahnen folgen lassen. Anno 1627.

Vors Neunzehende: Soll die Ausrüstung zu der Fürstlichen noch vorhandenen dreyen Fräulein/ nehmlich Fräulein Julianen/ Fräulein Magdalenen/ Fräulein Sophien/ ohne was die Landschafft ratione dotationis darzu zu thun schuldig und pflichtig ist/ vermöge Ihrer Fürstlichen Gnaden Herr Landgraf Moritzen/ Groß- und Väterlichen Disposition, zehen tausend Gülden seyn/ und bis zu solcher Ausrüstung und Abstattung jährlichs zu jeder Fürstlichen Fräulein Kleider-Geld fünff hundert Gülden/ doch also/ daß in die funffzehenhundert Gülden/ da GOTT der Fürstlichen Fräulein mehr bescheeren würde/ dieselbe mit gemeynet/ da aber eine oder andere mit Todte abgehen solte/ deren quota abgezogen und fallen/ auf Bedienung der Fürstlichen Fräulein an Mann- und Weibs-Personen jährlichs fünff hundert Gülden/ auf Deputat, Kutschen und Pferde zweytausend Gülden/ und also in toto uff der Fürstl. Fräulein Deputat jährlichs viertausend Gülden/ alles nach der Cammer-Ordnung gefolget werden; Gestalt dann deswegen von des Herrn Administratoris Fürstl. Gnaden so balde gewisse Versicherung und assecuration zurück gegeben worden.

Vors Zwantzigste: Wofern auch Illustrissima, Ihre liebe angehörige junge Herren/ oder deren Nachkommen wegen Kriegsläuffe/ Pest/ und dergleichen/ etwa genöthiget würden/ sich in die Vestungen zu retiriren/ soll Ihnen dann die Oeffnung zu dem Ende unabschläglich verstattet/ die Zeit über/ doch auf ihren Kosten/ allda zu bleiben gegönnet/ und die Dienste/ zu Beförderung Ab- und Zufuhr ihrer Güter/ des Orts gutwillig geleistet und gefolget werden. Endlich und schließlichen: Demnach Hochgedachte Ihr. Fürstl. Gnaden Frau Juliana/ Landgräfin zu Heßen/ gebohrne Grafin zu Naßau-Catzenellenbogen rc. aus Mütterlichen getreuen Hertzen/ doch auf gnädige/ freundliche und Väterliche Befehls-Erinnerung und Anlassen/ auch gnädig belieben und Ratification Ihres gnädigen und geliebten Herrn Ehe-Gemahls/ Herrn Moritzen/ Land-Grafen zu Hessen rc. Fürstl. Gnaden wegen Ihrer mehrentheils unmündigen/ auch noch in der Wiegen liegender Kindern/ zu Abwendung und Verhütung aller Irrsalen und Differentien/ treuhertzig und Mütterlich sich in diese gütliche Composition eingelassen/ des Herren Administratoris Fürstl. Gnaden gleichfalls in obgesetzte Puncte consentiret/ gewilliget/ und gleich wie auch Illustrissima &c. vor sich und ihre liebe Angehörige solche bey Fürstlichen Ehren/ Treuen und Glauben ohne einige Exception, Behelff/ Ußzug oder Einrede/ wie dieselbe auch Nahmen haben mag/ Menschen-Sinn bereits erdacht/ oder noch erdencken möchten/ zu præstiren und zu leisten/ verheißen und zugesagt; Alß haben Hochgedachte Ihre Fürstl. Gnaden Frau Juliana/ Landgräfin zu Heßen rc. und des Herrn Administratoris Landgraf Wilhelms Fürstl. Gnaden/ wie dann auch des Herrn Coadjutoris des Stiffts Hersfeld/ Landgraf Hermanns rc Fürstl. Gnaden als Illustrissimæ ältester Sohn/ diesen Abschied mit Fürstlichen eigenhändigen Subscriptionen und angehängten Fürstlichen Secret Insiegeln corroboriret und bekräfftiget;

ANNO 1627.

So geschehen in der Stadt und Vestung Caßel am 12. Februarii im Jahr des HErrn 1627.

(L. S.) Juliana / Landgräfin zu Hessen / gebohrne Gräfin zu Naßau-Catzenellenbogen.

(L. S) Wilhelm / Landgraff zu Hessen.

(L S.) Hermann / Landgraff zu Heßen.

Ratifications-Brieff Landgraff Moritzs zu Heßen über vorherstehenden Abschied oder Vergleich.

VON GOttes Gnaden / Wir Moritz / Landgraff zu Heßen / Grafe zu Catzenelenbogen / Dietz / Ziegenhain / und Nidda ꝛc. Thun kund bekennen hiermit in Krafft dieses: Alß die Durchleuchtig-Hochgebohrne Fürstin / Unsere freundliche hertz-liebe Gemalin / Frau Juliana / Landgräfin zu Heßen / Gräfin zu Catzenellenbogen / Dietz / Ziegenhain und Nidda ꝛc. gebohrne Gräfin zu Naßau-Catzenellenbogen / Vianden und Dietz / Frau zu Beilstein ꝛc. So dann der Hochwürdig-Durchlauchtig-Hochgebohrne Fürst / Unser freundlich geliebter Sohn und Gevatter / Herr Wilhelm / postulirter Administrator des Stiffts Hersfeld / Landgrafe zu Heßen / Grafe zu Catzenellenbogen / Dietz / Ziegenhain und Nidda ꝛc. uf Unsere freundliche und Väterliche Erinnerung / reiflich betrachtet und erwogen / was der liebe Fried und Einigkeit bauen / mehren und erhalten / dargegen aber Unfried / Zweytracht und Uneinigkeit zerstören / umwerffen und verderben / das schädliche Mißtrauen auch / sonderlich bey diesen letzten schwürigen und gefährlichen Zeiten / unheilbare Riß / unwiederbringlichen Schaden und gäntzlichen Untergang erwecken / und veruhrsachen könne / und dahero zu Erhaltung GOtt und den Menschen wohlgefälligen Fried und Einigkeit / Verhütung alles Wiederwillens / gäntzlicher Abschneid- und Ausrottung künfftigen Mißtrauens / und darob dependirenden verderblichen Inconvenientien und Zerrüttungen / zuforderst aber zu des Allmächtigen Gottes und seines Nahmens Ehre / und zu conservation, Gedeyen und Auffnehmen / des Hochlöblichen Haußes Heßen / sonderlicher jetzo Hochbedrängter Caßelischer Linie / Hochgedachte beyderseits Ldd. Ldd. zu friedlicher Composition und Vergleichung / wie es uff künfftigbegebenden Fall zwischen Hochgedachte Unser geliebten Gemahlin / Herrn Söhnen und Fräulein / so dann Unsern geliebten Herrn Sohn und Gevattern / dem Herrn Administratorn, Landgraff Wilhelmen / allerseits gehalten werden soll / sich zusammen gethan / solche hochwichtige Tractation mit beyderseits Räthen und Assistenten vorgenommen / auch darauff sich gütlich / doch auf Unsere gnädige Ratification, Consens und Bewilligung miteinander verglichen und vereiniget / darüber einen Abschied auffgerichtet / welcher anfängt: Im Nahmen des einzigen wahren GOttes / Vaters / Sohnes und Heil. Geistes / zuwissen / ꝛc. und sich endet: So geschehen in der Stadt und Vestung Caßel am 12. Februarii im Jahr des Herrn 1627. Uns auch solchen auffgerichteten Abschied zu Unserer gnädigen Ratification, Consens und Beliebung vorbringen / und darumb Freund-Eh- und Söhnlich höchstes Fleißes nachgesucht und gebethen / daß Wir demnach aus vorangezogenen Motiven und Ursachen / auch wohlbedachtem Gemüth und getreuer väterlicher Affection, solche Ihre willkührliche und friedliche Composition und Vergleichung / auch darüber auffgerichteten Abschied ratificiret / confirmirt und bestättiget / wie solches / krafft Väterlichen Gewalts / bester Form Rechtens geschehen kann / soll oder mag: Wir behalten Uns nichts destoweniger hiermit per expressum bevor / solchen Abschied / entweder durch ein solenne Testamentum, oder aber Dispositionem inter liberos, wie das die Rechten zulaßen und vergönnen / ferners zu confirmiren / zu augiren / zu mindern und zu mehren.

Zu Uhrkund haben Wir Unsere Ratification mit eigenen Fürstlichen Händen unterschrieben / und mit Unserm Fürstlichen Secret-Insiegel corroboriret und bekräfftiget. So geschehen in der Stadt und Vestung Caßel am 12. Februarii, im Jahr des Herrn Eintausend Sechshundert zwantzig und Sieben.

(L. S.) Moritz / Landgraff zu Heßen.

ANNO 1627.

CCLXXXI.

Déclaration du Roi de France LOUIS XIII. *portant interdiction du Commerce avec l'Angleterre, donnée à Paris le* 8. *Mai* 1627. [FREDER. LEONARD, Tom. V.]

8. Mai.

LA FRANCE ET L'ANGLETERRE.

LOUIS par la grace de Dieu Roi de France & de Navarre: A tous ceux qui ces presentes Lettres verront, Salut. Dés lors que les Anglois, au préjudice de la Paix contractée entre les deux Roiaumes, & l'Alliance & bonne intelligence que nous avons toûjours desiré de conserver avec eux, ont commencé de dépreder nos Sujets à la Mer, d'emmener leurs Vaisseaux & Marchandises en Angleterre, arrêté ce qui leur appartenoit audit Païs, & contre le droit des gens, jugé de bonne prise, & fait confisquer & vendre le tout à leur profit; nous avons au même temps employé tous les moiens convenables pour faire cesser ces desordres, & par toutes sortes de voies honorables, tâché de faire mettre à effet les promesses frequentes qui nous ont esté faites de leur part, de la restitution des Marchandises & autres choses dépredées & arrêtées audit Païs, sans neanmoins que l'execution s'en soit ensuivie; bien que de nôtre part, nous aions donné mainlevée des saisies de leurs Marchandises, & de ce qui auroit esté arrêté sur eux, pour les obliger à rendre la justice à nos Sujets. A quoi n'aiant rien profité jusques à present, Nous nous trouvons forcez de chercher d'autres remedes, pour garentir nosdits Sujets des ruines & pertes qu'ils ont souffertes, & souffrent tous les jours par la continuation desdits arrêts & dépredations. Et aiant mis ces affaires en deliberation en nôtre Conseil, où estoient la Reine nôtre tres-honorée Dame & Mere, nôtre tres-cher & tres-amé Frere le Duc d'Orleans, plusieurs Princes, Ducs & Officiers de nôtre Couronne, & principaux Seigneurs de nôtredit Conseil; de l'avis d'icelui, & de nôtre certaine science, pleine puissance & authorité Roiale, nous avons par ces presentes pour ce signées de nôtre main, interdit pour l'avenir tout commerce & trafic en Angleterre, en quelque sorte & maniere que ce soit. Faisons défenses tres-expresses à tous nos Sujets & autres, de quelque qualité, condition & Nation qu'ils soient, même aux Anglois residans en nôtre Roiaume, Commissionnaires, ou autres aians charge des affaires desdits Anglois, ou autres Etrangers, d'y porter ou envoier aucunes Marchandises, ou argent en œuvre ou hors d'œuvre, monnoié & non monnoié, grains, vins, legumes, ou autres vivres, directement ni indirectement, sous quelque nom & pretexte que ce soit. Et pareillement d'acheter & faire venir dudit Païs d'Angleterre en nôtre Roiaume, aucuns draps, serges, laines, plomb, estain, étoffes, bas de soie, de laine, gands, coûteaux, poisson de toutes sortes, drogueries, épiceries, charbon de terre, & autres marchandises quelconques: Ni en recevoir ou retenir en France de celles qui pourroient y estre apportées aprés ces presentes défenses, sous quelque nom de François, Anglois, ou autre tel qu'il puisse estre, soit qu'elles viennent directement d'Angleterre, ou qu'elles aient passé

par

ANNO 1627.

par autres Provinces auparavant, à peine de confiscation de toutes lesdites Marchandises, Vaisseaux, Chariots, Charettes, & Chevaux qui en seront chargés, & de tout ce qui sera trouvé en iceux, quelque passeport ou permission qu'ils en puissent avoir: même de punition corporelle aux contrevenans, leurs Facteurs & Entremetteurs, s'il y échoit: Et en outre aux Anglois residans en cettui nôtre Roiaume, de perdre tous les privileges qu'ils ont en icelui. Et afin que nôtre intention soit plus exactement & soigneusement executée, nous avons donné & donnons Pouvoir à nos Juges & Officiers des Lieux, de faire delivrer aux Denonciateurs le tiers de toutes les choses de cette qualité qui auroient esté par eux découvertes & à Nous ajugées, afin de recompenser leur travail & diligence, & convier tous autres à faire le semblable, quand il sera venu quelque chose à leur connoissance. Et pour éviter les abus qui pourroient arriver au préjudice de nôtre presente Declaration, à raison des Marchandises des Païs de la Grand' Bretagne, qui seront trouvées en nôtre Roiaume, lors qu'elle y sera publiée, Nous enjoignons tres-expressement à tous Marchands, leurs Facteurs, & autres, qui auront desdites Marchandises, qu'ils aient à les faire marquer & enregistrer par les Juges des Lieux, les noms & surnoms de ceux à qui elles appartiennent, dans huit jours aprés la publication de nôtredite Declaration: lesquelles marques & enregistrement seront faits gratuitement & sans frais. Et d'autant qu'il pourroit arriver qu'en chargeant des Marchandises en nôtredit Roiaume, sous pretexte de les porter ailleurs, l'on pourroit neanmoins les décharger en Angleterre: Nous voulons & entendons, pour y remedier, que tous ceux de nos Sujets & autres, de quelque qualité & Nation qu'ils soient, qui feront charger des Marchandises, soient tenus, avant que de les transporter hors nôtre Roiaume, de s'obliger & donner bonnes & suffisantes cautions, de rapporter dans un an Certificat des Juges des Lieux non défendus, où lesdites Marchandises auront esté déchargées: Et où il se verifiera qu'aprés ladite décharge de Marchandises, on les eût aprés rechargées & portées en Angleterre, que les cautions en demeureront responsables, & en seront poursuivis par nos Officiers. Voulons, & nous plaît, que tous les effets & Marchandises, qui se trouveront appartenir ausdits Anglois en ce Roiaume, soient saisies & arrêtées entre les mains de qui que ce soit, même de leurs Commissionnaires, leur faisant défenses tres-expresses de vuider leurs mains d'aucunes sommes de deniers, ou autres choses qu'ils peuvent avoir ausdits Anglois; à peine de les païer en leur privé nom, & autre punition, selon l'exigence des cas. Si donnons en mandement à nos amés & feaux Conseillers, les gens tenans nos Cours de Parlement, Baillifs, Senéchaux, Prevôts, Juges, ou leurs Lieutenants, Officiers en nôtre Amirauté, & tous autres nos Officiers qu'il appartiendra: Que cette nôtre presente Declaration ils fassent lire, publier, & registrer, & le contenu en icelle exactement garder, entretenir & observer, sans permettre qu'il y soit contrevenu. Enjoignant à nos Procureurs Generaux, & leurs Substituts, d'y tenir la main, & de faire publier & afficher ces présentes aux Lieux accoutumez; afin qu'aucun n'en puisse prétendre cause d'ignorance. Mandons aussi & ordonnons aux Gouverneurs & Lieutenants Generaux de nos Provinces, Capitaines & Gouverneurs de nos Villes, Maires & Echevins d'icelles; & tous autres, qu'il appartiendra, & qui en seront requis d'y prêter main forte, aide, & assistance, si besoin est, leur défendant trés-expressément de donner aucuns passeports ni permissions, en aucune sorte & maniére que ce soit, favoriser les contraventions à ces présentes, à peine de privation de leurs Charges; & à nos Fermiers, de donner aussi aucuns congés ni permissions, à peine de trois mille livres d'amende, pour chacune contravention, & autres peines, à l'arbitrage des Juges, & confiscation desdites Marchandises; car tel est nôtre plaisir: En témoin de quoi nous avons fait mettre nôtre Scel à cesdites présentes. Donné à Paris, le huitiéme jour de Mai, l'an de Grace mille six cens vint-sept, & de nôtre Régne le dixseptiéme.

Signé,

LOUIS,

& sur le repli, de par le Roi,

DE LOMENIE.

Et scellée du grand Sceau de cire jaune.

ANNO 1627. 10. Mai.

CCLXXXII.

Extract aus des Käysers FERDINANDI II. Satzungen oder Grund-Gesetzen des Königreichs Böhaimbs / so wohl in Sachen der Königlichen Erb Succession, als des Juris Publici. Geben zu Wien den 10. May Anno 1627 [FERDINANDI II Verneuerte Landes-Ordnung des Königreichs Böhaimb. pag. 1. Art. 1.]

C'est-à-dire,

Extrait de l'Ordonnance de BOHEME, *qui est une Loi Fondamentale du Royaume, tant à l'égard de la Succession Heréditaire, qu'à l'égard du Droit public, faite par l'Empereur* FERDINAND II. *à Vienne le* 10. *Mai* 1627.

Von der Erb-Succession im Königreich Böhäimb / worinnen von dem wahren Verstand Kaysers CAROLI IV. Guldener Bull sub Dato Prag den 7. Aprilis Anno 1348. wider alle miß-deutungen; daß neml. denen Ständen und Inwohnern des Königreichs die Wahl eines Königs ehe und zuvor nit gebührt / als wann kein Erb aus dem Königl. Geschlecht / Geburt / saamen und Geblüth / Manns- oder Weibspersohnen vorhanden noch zu gewarten / unter Straff des Lasters der Beleidigten Majestät / decretiret wird.

C'est-à-dire,

De la Succession Heréditaire au Royaume de BOHEME, *où le véritable sens de la Loi de l'Empereur* CHARLES IV. *donnée à Prague le* 7. *d'Avril* 1348. *est expliqué; savoir que l'Election des Rois ne peut appartenir aux Etats & au Peuple du Royaume si long tems qu'il reste quelqu'un de la Généalogie, Progeniture, Semence, ou Descente Royale de Boheme, soit Mâle soit Femelle legitimement procréé, ou qu'il y a esperance d'en avoir, & que l'on ne peut rien atenter de contraire, sous peine de Crime de Léze Majesté.*

Art. I.

DEmnach Unser Hochgeehrter Vorfahrer am Königreich Bohäimb / so wol als am H. Römischen Reich / Weyland Kayser Carl der Vierte / denen Inwonern des Königreichs Bohaimb und dessen incorporirten Ländern / auß Vätterlicher fürsorg / zu abwendung aller zweyffelhafften Irrungen und künfftigen Widerwertigkeiten / und dahero besorglichen Leibes und der Seelen / auch aller zeitlichen wohlfahrt / verlust und gefahr (so alles Höchstgedachter Kayser gnugsamblich vorgesehen daß erfolgen würde / wann die hergebrachte Erbgerechtigkeit des Königlichen Stammens und Geblüts / durch gefähreliche Calumnien und Betrug / wie in der jüngst vorübergegangenen rebellion geschehen / in zweiffel gezogen werden wolte) eine Guldene Bullam sub dato Prag den 7. Aprilis Anno 1348. gegeben / welche von gedachten Inwohnern in denen zwischen den Ländern vorgefallenen Strittigkeiten jederzeit / als ein fundamental gesatz angezogen und erkänt / auch darfür so wol / als für des Königreichs Privilegium, und ein Hauptstück / so in der Landes Ordnung begriffen / neben Unsers Hochgeehrten Uranherrns / weyland Königs Wladislai, unterm dato auff dem Schloß zu Prag / Freytags nach

ANNO 1627. nach der H. drey Königtag Anno 1510. Desgleichen Unsers geliebtisten Anherrens weyland Kaysers und Königs Ferdinandi des Ersten / auch auff dem Pragerschloß Mittwochs nach St. Ægidii im Jahr 1545. denen Ständen ertheiltem Majestät Brieff hochbeteüerlich gehalten worden: Und aber kundbar und am Tag / in was für Jammer und Elend dieses Königreich und demselben incorporirte Länder durch die jüngst entstandene rebellion gebracht / indem man die Erbgerechtigkeit des Königlichen Stammens und Geblüts unrechtmäßiger Weiße anzufechten / und sich einer nichtigen Wahl zu unterfangen gelüsten lassen; Da doch auß obangeregter Guldenen Bull / und andern Fundamental-gesätzen / in ihrem wahren und unverfälschten verstand / gantz klärlich erscheinet / daß denen Ständen und Inwohnern des Königreichs die Wahl eines Königs ehe und zuvor nit gebürt / als wann kein Erb auß dem Königlichen geschlecht / geburt / Samen und Geblüt / Manns- oder Weibs-Persohn vorhanden / noch zugewarten / oder aber mehrgedachtes Königreich etwan durch des letzten Erben / oder Erbin freywillige renunciation und verzicht / oder auch dahero vacirent und ledig befunden würde / daß derselbe / oder dieselbe auß dergleichen Mangel und Abgang der verunfft (dadurch sonsten in anderen Churfürstenthumbern einer von der Succession, vermög der / neben auch von weylandt Kayser Carln dem Vierten im H. Römis. Reich auffgerichten Guldenen Bull / außgeschlossen würd) zur Königlichen Regierung nicht tauglich / und darzu von Ihm oder Ihr kein anderer Erb oder Erbin zum Königreich / im leben oder zu hoffen wäre.

Hierneben und damit zu ewigen zeiten alle Occasiones zu dergleichen hochabscheulichen Entpörungen / als obberürt / abgeschnitten werden mögen: So setzen / ordnen und wollen wir / wo einer oder mehr Unserer Unterthanen / was Würden / Standes oder Wesens der oder die wären / sich unterstehen würden anjetzo oder ins künfftig / die von denen Rebellen zu unrechtmässiger Bescheinigung Ihrer nichtigen Wahl / in einigerley weise oder Weeg geführte prætext oder andere Mißdeutungen und disputat, wie derselbe auch immer / obvermelter Erbgerechtigkeit zu entgegen / von Ihnen erdacht und auff die Bahn gebracht werden mögen / mit Worten oder Wercken wiederumben zu erwecken / oder in andere wege solche Unsere Erbgerechtigkeit anzufechten / daß alle dieselben ipso facto und mit der That in das Laster und Straff der beleidigten höchsten Majestät und offentlichen Rebellion gefallen / und Leib / Ehr und güter verlohren haben sollen.

Von der Erbhuldigung / so dem König von denen Inwohnern des Königreichs zu leisten mit der Juraments-Formul.

C'est-à-dire,

De l'Hommage qui doit être rendu au Roi par les Sujets, Avec *la Formule du Serment de fidelité.*

Art. II.

WAnn und so offt einer oder mehr Inwohner in diesem Unserm Erb-Königreich an- und aufgenommen werden / oder es sonst zum fall kombt / daß dem König die Erbhuldigung zu laisten / sol solche Erbhuldigung mit auffgehobenen fingern leiblich geschworen und erstattet werden / als nämblichen:

Ich schwöhre Gott dem Allmächtigen / der gebenedeyten Mutter Gottes / allen Heiligen / und Euch / dem (titulus) N. N. als König zu Böhaimb / und meinem rechten Erb-Herrn / Ewer Maj. dero Erben Nachkommenden Königen zu Böhaimb / getreu / gehorsamb / und gewertig / auch nimmermehr wissentlich in dem Rath oder zusammenkunfften zu seyn / da wider Ewer Majest. Persohn / Ehr / Würde / Recht oder Standt etwas vorgenommen würde / noch darein bewilligen oder gehölen / in keinerley weg / sondern zu Ewer Maj. deroselben Erben nachkommender Könige zu Böheimb / Ehr / Nutz und frommen betrachten / und befördern; und ob ich verstünde / daß etwas vorgenommen oder gehandelt würde wieder Ewer Maj. dem soll und will ich getreulich fürseyn / und Ewer Maj. ohne verzug warnen / und sonst alles das thun / was einem gehorsamen / getreuwen Unterthan gegen seinem Erb-Herrn gebüret / getreulich und ohngefährd / so wahr mir Gott helffe / die gebenedeyte Mutter Gottes / und alle Heiligen. ANNO 1627.

Dieses Jurament würd nach Gelegenheit auff die Stände zu formiren seyn / sollen auch nach demselben / so viel die benennung der gebenedeyten Mutter Gottes und aller Heiligen anlanget / alle andere Juramenta sie seynd in dieser Unser verneuerten Landes-Ordnung gesteller oder nicht / in Unserm Erb-Königreich Böhaimb gericht und geleistet werden.

Von dem Jurament und Ayd des Königs / so er vor seiner Consecration leisten soll.

C'est-à-dire,

Du Serment que le Roi doit prêter, avant son Sacre.

Art. III.

SO offt sichs künfftig zuträgt / daß auß Unsern Erben / ein König zu diesem Königreich consecrirt und gekrönt wird / soll jedesmahls der Ertzbischof zu Prag / oder wofern dazumahlen dieser Ertzbisschoffl. Stuhl vacirte / der Bischoff zu Ollmütz / vor der Consecration Ihme nachfolgenden Ayd fürhalten / und Er denselbigen von wort zu wort auff das H. Evangelium würcklich leisten / und nachsprechen / nämblich;

Wir N. schwöhren Gott dem Allmächtigen / der gebenedeyten Mutter Gottes / und allen Heiligen / auff dieses H. Evangelium / daß wir über der Catholischen Religion vestiglich halten / menniglich die Justitz Administriren / und die Stände bey denen von (titulis) N. N. confirmirten und wollhergebrachten Privilegien handhaben / auch von dem Königreich nichts veralieniren / sondern vielmehr nach Unserm vermögen dasselbe vermehren und erweitern / und alles das was zu dessen Nutz und Ehren gereicht / thun wollen / als unß Gott helffe / die gebenedeyte Mutter Gottes / und alle Heiligen.

Von Landtagen und wie dieselbige sollen gehalten werden / und zwar / daß wofern sich jemand unterstehen würde / einigen Landtag oder gemeine zusammenkunfft ohne des Königs Bewilligung auß zu schreiben oder zu halten / des Lasters der beleidigten Majestät schuldig seyn solle: die Contributiones seyen von den Ständen auf den Landtägen zu begehren; die proposition auf eben den Landtägen von niemand als den Königlichen Commissarien zu thun / die vota aber in der ordnung und von einem jeden in eigner Persohn abzulegen; im übrigen was anlanget das Recht gesetze und Rechte zu machen / solches komme allein dem König zu.

C'est-

C'est-à-dire,

Des Diètes ou Assemblées des Etats du Royaume; Que nul ne pourra les convoquer sans le consentement du Roi, sous peine de crime de Leze Majesté; Que les Subsides y seront demandés au Nom du Roi; Que les Propositions y seront faites par les Commissaires & non par d'autres; Que les Voix y seront données par un chacun en propre personne, & par ordre, & que la Puissance legislative apartient au Roi seul.

Art. IV.

NAchdem allein Uns und denen Nachkommenden Regierenden Königen und Erben zum Königreich / die Außschreib- und Anstellung der gemeinen Landtäg / wir auch der zusammenkunfften in denen kraissen / zustehet / und gebüret: So soll in diesen Unserm Erb-Königreich Böhaimb niemandt / was Würden / Stands oder Wesens der oder die auch seyn mögen / sich unterstehen / einigen Landtag oder gemeine zusammenkunfft in einem oder mehr kraissen / ohne Unßere oder Unserer Nachkommen und Erben zum Königreich vorgehende gnädigste verwilligung / auß zu schreiben / oder in einigerley weise oder weg / wie solches auch geschehen könte / anzustellen und zu halten: Würde aber solches auff jemanden erwiesen oder beygebracht / so hette derselbe dadurch das Laster der Beleidigten höchsten Majestät begangen / und sein Leib / Leben / Ehr / Haab und Gut mit der that verwürckt.

Art. V.

Betreffent aber die Contributiones, haben wir für Uns und die Nachkommende Könige und Erben zum Königreich / Unß dahin auß Genaden resolvirt, daß wir dieselbigen auf denen Landtägen / und anderst nicht / dan gegen gewöhnlichen Reversen, von denen Ständen begehren lassen wollen / Als Uns dan nicht zweiffelt / Unsere getreuen Stände / Unsere und deß Vatterlands jedesmahls vorfallende nothwendigkeiten Jhnen trewhertzig zu gemüt ziehen werden / wir auch nicht nachsehen können / noch wollen / daß die von Unß begehrte contributiones, Uns durch unbilliche conditiones, so etwan gegen Unserm Königlichen Stand / Hochheit / und Würden lauffen möchten / als durch suchung newer Privilegien und Freyheiten / oder dergleichen Unserer proposition nicht anhängige Einwenden / wie etwan bißhero beschehen / conditioniret oder auffgehalten werden.

Art. VI.

Und dieweil auch auff solchen gemeinen Land-Tägen niemand als wir und Unsere Nachkommen und Erben zum Königreich / oder in Unserm Abwesen / Unsere Königlichen Commissarii, die wir hierzue jedesmahls verordnen werden / Macht und Gewalt hat / die Proposition in des Lands vorfallenden notturfften und obliegen zu thun: So soll sich keiner / was Würden / Stands oder Wesens der auch seyn mag / unterstehen vor sich selbsten / ohne Unsern oder der Nachkommenden Könige und Erben zum Königreich sonderbahren gnedigisten Befelch / etwas / es treffe an was es wölle / denen Ständen zu proponiren und zu Berathschlagung / Münd- oder Schrifftlich fürzubringen.

Und da gleich jemand sich dessen unterfangen würde / soll jedoch nicht allein solches keines weegs attendiret / sondern auch derselbe verbrecher / der sich also Uns in Unser Königliches Ambt einzugreiffen gelüsten lassen / gestalten Sachen nach / mit allen Ungnaden und Ernst gestrafft werden. Hette aber jemand bey gemeinen Landtägen etwas anzumelden / das Uns oder Unsern Nachkommen und Erben zum Königreich / oder aber dem Land und dessen Jnwohnern zu guetem gerrichen möchte / so kan er solches / und darneben sein guet-achten / Uns als dem Regierenden König / Mündlich oder in Schrifften unterthänigist zu erkennen geben / damit wir hierauf die notturfft gnädigst anzuordnen wissen mögen.

Art. VII.

Fernet so setzen / ordnen und wollen wir / wann auf gemeinen Landtägen / auff einen oder dem andern Punct der Proposition, umbfrag gehalten / und der Anwesenden auß denen Ständen vota colligirt werden / daß ein jeder hierauff in seiner Ordnung sein votum ablegen / und keinem anderen eingreiffen / noch auch durch einen andern sein votum zu proponiren macht haben soll / er wäre dann so übel beredet / daß er dasselbige selbsten nicht thun könte / auff welchen fall er den nächsten / so neben Jhm sitzt / erbitten / und durch ihn sein votum anzeigen lassen mag.

Dagegen aber soll keines wegs zugelassen noch erlaubt seyn / daß sich auff gemeinen Landtägen etliche heimblich oder offentlich zusammen rottiren / und durch einen auß ihrer mittel oder andern etwas Mund- oder Schrifftlich vorbringen lassen mögen / unangesehen solches treffe gleich Jhr votum und meinung auff die beschehene proposition, oder sonsten an / was es wolle.

Würden aber einer oder mehr sich solcher Unserer Königl. constitution, und verbott zu wider / dessen vermessendlich unterstehen / soll jedoch dasselbige Münd- oder Schrifftliche fürbringen ebenmässig nicht attendirt noch angenommen / wie auch darzu diejenigen / so sich also zusammen rottirt / fürnemblich aber der / welcher von der andern wegen den vortrag gethan / oder die übergebene Schrifft gestellt / oder solche dem Concipisten angegeben / neben andern Rädelsführen / von Unß oder denen nachkommenden Königen und Erben zum Königreich / mit allen ungnaden ernstlich / ja nach beschaffenheit des verbrechens / auch als Rebellen und beleidigere der höchsten Majestät / an Leib / Ehr und Guet gestrafft / und hierinnen niemand / was Würden / Standes oder Wesens der auch seyn mag / verschonet werden.

Art. VIII.

Wir behalten auch Unß und Unsern Erben nachkommenden Königen austrücklich bevor / in diesem Unserm Erb-Königreich Gesatz und Recht zu machen / und alles das jenige / was das Jus Legis ferendæ, so Unß als dem König allein zustehet / mit sich bringt.

Von Bestellung der Königl. Landts-Aembter / und dem Landrecht; der König werde solche Ambter mit tauglichen und im Königreich angesessenen Personen versehen; das Landrecht aber solle die Leib und Leben betreffende Urtheil vor der Publication zu des Königs Resolution überschicken.

C'est-à-dire,

De l'établissement des Offices Royaux du Païs, & de la Cour de Justice; Que le Roi n'y mettra que des Personnes capables & naturels du Royaume; mais que les Sentences de mort qui s'y rendront ne seront

seront point publiées avant d'avoir été envoyées à Sa Majesté afin qu'elle puisse prendre là-dessus sa Resolution.

Art. IX.

BEtreffent Unser Königliches Land-Recht / und die Königliche Land-Aembter: Wiewohl es bey Unserm und der Nachkommenden Königen gnedigistem belieben und gefallen je und alleweg stehet / bey wem Wir oder Sie / Uns wegen Ersetzung eines oder mehr Aembter / Berichts und Raths erhohlen / und wem Wir hierauff ein oder das ander Ambt gnädigist aufftragen und anvertrauen werden: Jedoch aber / damit durch solches Unser Land-Recht und andere Aembter / menniglich die heilsame Justitz desto besser ertheilt / wie auch sonsten Unser und des Landts gemeiner Nutz / auffnemmen und Wolfarth besser befördert werde: So wollen wir / und nach Unß / Unsere Nachkommen und Erben zum Königreich / jedesmahls mit ein ziehung genugsamben Berichts / dahin trachten / daß von Unß dises Unser Königliches Landrecht und andre an-Aembter mit verständigen und tauglichen Persohnen / die im Königreich angesessen / versehen werden.

Art. X.

Wann einer in Malefiz-oder Trew und Ehr antreffenden Sachen / stracks anfängl. seine klage bey Unserm Königlichen Landt-Recht angebracht hette / und es an dem wäre / daß dem beklagten sein Leib und Leben / oder auch Treu und Ehr mit Urtheil und Recht abzusprechen: So soll Unser Königliches Landrecht die verfaste Urtheil vor der publication, Uns oder dem jedesmahls Regierendem König / zu Unser Resolution underthenigst überschicken / und zuvor und ehr wir Uns daruber gnedigist entschließen / dieselbe nicht eröffnen / weniger mit der Execution volstrecken.

Wie es aber in andern Sachen / wann in Unserm Land-Recht Urtheil gesprochen / und darvon die Revision an Uns begehrt / gehalten werden soll / würd hierunden im Titul von der Revision mit mehrerm ausgeführt.

Von der Gebühr und Schuldigkeit der Innwohner des Königreichs Böhaimb / in Sachen so den Krieg betreffen; daß ein jeder Stand und Inwohner des Königreichs sollen schuldig seyn dem König allweg zu assistiren; keiner aber einige Kriegswerbung oder Musterung etc. ohne bewilligung des Königs vorzunehmen.

C'est-à-dire,

Du Devoir & Obligation des Sujets du Royaume de Boheme, *dans les choses de la Guerre; savoir que chacun des Etats & Sujets est obligé d'y assister le Roi de toutes ses forces, & qu'il n'est permis à personne de faire des Levées de Troupes, ou de les assembler.*

Art. XI.

OB wohl wir Uns allezeit vielmehr den heylsamen frieden belieben lassen / wie noch / als daß wir unnöttige Krieg anzufangen begehrt hetten / und derwegen die Ständ und Inwohnere dieses Unsers Erb-Königreichs kunfftig / so viel immer möglich / gnädigist gerne verschonen wollen: Jedoch aber / da es sich zutrüge / daß einer oder mehr ausser-oder innerhalb Lands sich gegen Unß oder Unsern Nachkommen und Erben zum Königreich / heimb-oder offentlich auffwerffen / mit gewaffneter hand widersetzen / oder etwas machiniren / oder aber wir / oder ermeldte Nachkommende Könige und Erben sonsten mit böser Correspondenz, Krieg / Unruhe und Behden angefochten würden: So soll nit allein ein jeder Unser Landsaß und Unterthan / welcher dergleichen Practick in Erfahrung gebracht oder hierumb wissen schafft hette / dieselbige Uns oder obgedachten Unsern Nachkommen und Erben / bey vermeidung der straff der beleidigten Majestätt / getreulich eröffnen / Sondern es seind auch alle Stände und Innwohnere dieses Unsers Erb-Königreichs sämbtlich und ein jeder insonderheit schuldig und verbunden / Uns und denen nachkommenden Königen und Erben / als Ihrem rechten natürlichen Erbherren in allweg zu assistiren / und alle mögliche hülff zu leisten / auch / nachdem sie auff Unsern oder Ihren gnedigisten befehl deßhalben auffgefordert und ermahnt werden / bey Verlust Leib / Ehr und Guts / auch vermeidung der Straff der beleidigten höchsten Majestät / zu pariren und auff zu seyn / und auff die Ihnen ernänte zeit und oerter / entweder selbsten sich gehorsambst einzustellen / oder ja / wofern einer oder mehr auß rechten Ehehafften / Persönlich nit erscheinen könten / taugliche Persohnen mit Ihrer macht unfehlbarlich zu schicken.

Art. XII.

Es sol niemand einige Kriegs-Werbung / Musterung / oder ander dergleichen Zusammen Vergätterung / unter was prætext es auch geschehen mag / heimblich oder offentlich vornemmen / oder aber einig gemustert oder ungemustertes Kriegsvolck im Land durch-oder einführen / es sey denn Ihm solches von Uns oder einem Nachkommenden König und Erben zum Königreich / gnedigist anbefohlen / oder bewilligt worden / und Er darüber ein Patent oder Schein von Uns auf zuweisen hette. Würde sich aber jemand / er sey gleich Unser Underthan oder ein Außländer / hier wider in einem oder dem andern / was obgemeldt / vermessentlich vergreiffen: So solle gegen Ihm / unangesehen was Würden / Stands oder Wesens der auch seyn mag / als gegen einem zerstörer des gemeinen Friedens / verfahren / und Er von Uns / gestalten Sachen nach / an Leib / Ehr und Guet gestrafft werden.

Von Verbündnussen und Conspirationen, daß das Recht Verbündnussen auffzurichten allein dem König gebühre; würde nun jemand durch conspirirung oder Einlassung in einige andere Bündnuß dagegen handeln / so solle er der beleidigten Majestät schuldig seyn.

C'est-à-dire,

Des Conféderations, & Conspirations. Que le Droit des Alliances apartient au Roi seul; Et que si quelqu'un s'engage par conspiration en des Traitez contre son service, il est Criminel de Léze Majesté.

Art. XIII.

DEmnach Fœdera und Verbündnussen ein zu gehen oder auffzurichten / zu was End und gegen wehme sie auch angesehen seyn möchten / niemands anderm in diesem Königreich / als dem König gebühret / zu dem auch der Außgang und die gemeine erfahrenheit nunmehr gnuegsamb zuerkennen gegeben / was für verderblichen Jammer und Unheil die wider Uns / als den ordentlichen König und Erb-Herren vorgangene Conspirationes und Verbündnussen in

diesem

ANNO 1627. diesem Unserm Erb-Königreich und sonsten allenthalben angerichtet; So wollen wir vor Auffricht- oder einwilligung aller und jeder Verbundnussen/ Zusammen-verknüpffungen und Conspirationen/ mit weme inner-oder ausserhalb dieses Königreichs sie auch geschehen möchten/ hiemit menniglich nochmahls gantz ernstlich gewarnet haben. Würde aber ins künfftig auff jemand/ was Stands/ Würden oder Wesens der auch seyn mag/ erfunden/ daß Er mit einem oder mehr inner-oder ausserhalb dieses Königreichs/ wider Uns/ oder einen nachkommenden König und Erben zum Königreich/ heimblich oder offentlich conspirirt/ oder auch/ daß Er sich sonsten in einige andere Verbündnuß oder Fœdus, auß was ursachen/ oder unter welchem Schein und prætext es auch geschehe/ ohne Unseren willen einliesse: So soll gegen ihm/ als demjenigen/ welcher daß Laster der Beleidigten Höchsten Majestät begangen/ mit unnachlässiger straff an Leib/ Leben/ Ehr/ Haab/ und Guet/ aller Schärff nach verfahren werden.

Von Jahrmärckten/ Schlössern und Vestungen/ auch Auffricht-und Steigerung des Zols und Mauten/ daß das Recht dergleichen zu setzen; zu bauen/ aufzurichten und zu steigern allein dem König gebühre.

C'est-à-dire,

Des Foires & Marchés; des Châteaux & des Forteresses; de l'Erection & Augmentation des Péages; & que tous ces Droits appartiennent au Roi seul.

Art. XIV.

NAchdem in disem Königreich/ der Königlichen Majestät allezeit reservirt gewesen/ und dero allein zugestanden/ wie noch/ so wol Wochen-als Jahrmärckte/ wo/ wann/ und wie viel sie deren wollen/ zuordnen und zusetzen/ So hat derowegen niemands Macht/ ohne Unsere oder der Nachkommenden Regierenden König und Erben zum Königreich gnedigiste Bewilligung/ einigen Jahr-oder Wochen-Marckt jergenswo anzustellen: deßgleichen ist auch niemanden erlaubt/ in diesem Erb-Königreich eigenes fürnehmens eine newe Stadt/ Schloß oder Vestung zu bauen und mit Mauern zu bevestigen/ oder ein alte Stadt/ Schloß oder Vestung einzureißen/ es wäre dann Ihm solches von Uns oder denen Nachkommenden Regierenden Königen und Erben zum Königreich/ gnedigist bewilliget.

Welche Mainung und Beschaffenheit es auch mit denen Zöllen und Mäuten hat/ daß nemblichen niemanden in diesem Königreich/ was Würden/ Stands oder Wesens der auch seyn mag/ zugelassen/ ist/ einigen Zoll oder Maut zu Wasser oder Land/ es geschehe gleich unterm Nahmen eines Auffschlags/ Fahrzinns/ Fahrgeldts/ Weggelds/ Bruckengelds/ Marckgelds/ oder wie solcher Zoll sonsten genannt werden kan/ eigenes Gewalts/ ohne Unsere oder des Nachkommenden Regierenden Königs Consens und Königliche Begnadung von newen auffzurichten/ oder einigen alten Zoll zuersteigern.

Inmassen Wir Uns dann in krafft dessen/ nit allein gegen denjenigen/ von denen etwas dergleichen/ wie obvermeldt entweder mit Erbauwung newer/ oder Abreissung alter Vestungen/ oder auch Auffrichtung newer Zoll und Mauten/ zu abbruch und verachtung Unserer Königlichen Hocheit und Regalien vorgenommen worden/ Unser Ernstliches Einsehen vorbehalten haben; sondern auch hinführo wieder die/ welche sich dißfalß/ solcher Satzung zuentgegen/ Uns in Unser Königlich Recht unnd Regalien Eingriff zu thun gelüsten lassen möchten/ gleicher weiße mit unaußbleiblicher Straff verfahren werden soll. ANNO 1627.

Würde aber jemand von Uns oder Unsern Successorn am Königreich/ einen newen Zoll und Maut oder Erhöhung des Alten/ durch ungegründte Narrata, oder mit verschwigener Warheit außbringen/ So ist deme/ oder denen/ so diese Begnadung des Zolls zu Schaden gereicht/ unverwehrt/ sich von Unß oder dem jedesmahls regierendem König und Erben zum Königreich/ bey Unserer Böhaimbischen Hoff-Cantzlery/ wieder denselben gebührlich zubeschweren/ und umb Abschaffung solchen newes/ oder erhochten alten zolls unterthenigist anzusuchen."

Vom Geistlichen Standt; daß dieser hinführo solle ein Stand des Reichs und zwar der erste und fürnemste unter andern Ständen seyn solle/ doch daß nur die so eine Insul oder Bischoffs-Hut zutragen berechtiget/ auf den Land-tägen erscheinen/ den Geistl. Stand repræsentiren und Ihre session und vota haben/ der Ertzbischoff zu Prag Primis Regni genanndt: demselben die Oberste/ nach Ihme/ die nechste Stelle dem Obristen Priori des Malthese-Ordens im Königreich/ wo sonst kein Bischoff vorhanden/ gebüren solle.

C'est-à-dire,

De l'Ordre Ecclesiastique; Que desormais il doit être tenu pour Etat du Royaume, & même pour le Premier de tous en rang & séance; Que cependant le Droit d'intervenir aux Assemblées Générales du Royaume, n'apartiendra qu'aux Prélats portant Mitre ou Tiare, & qu'ils y représenteront le Corps entier Ecclesiastique; Que l'Archevêque de Prague doit être nommé Primat du Royaume; Que la premiera place lui apartient, & la seconde au Grand Prieur de l'Ordre des Chevaliers de Malte, au Royaume de Boheme, *à moins qu'un autre Evêque s'y trouve.*

Art. XXIV.

OB wol ein lange zeit hero/ seider daß etliche Uncatholische Lehren und Meinungen in diesem Unserm Erb-Königreich auffkommen/ die Prälaten nit mehr unter die Stände desselbigen gezehlt worden: Jedoch dieweil es wißlich und unlaugbar/ daß der Prälaten-Stand zu zeiten Unsers Vorfahrens weyland Kayser Carls des Vierten/ und noch viel lange Jahr zuvor in diesem Königreich gewesen/ Auch die Prälaten mit und neben andern Ständen contribuiren müssen: So setzen/ ordnen und wollen Wir/ daß hinführo der Ertzbischoff zu Prag/ mit und zusambt denen Prälaten und der gantzen Clerisey dieses Unsers Erb-Königreichs/ nicht allein für ein Stand desselbigen/ zu ewigen zeiten gehalten werden/ sondern auch solcher Geistlicher Stand/ wie bey andern wolbestelten Christlichen Regimentern gebräuchlich/ der erste und fürnembste unter andern Ständen seyn soll/ doch also und dergestalt/ daß allein der Ertzbischoff/ und die jenige Geistliche/ welch ein Insul oder Bischoffshut zu tragen durch Privilegien/ oder altes Herkommen berechtiget/ und darneben in Unserer Land-Tafel eingeschriben Gutter besitzen/ (immassen dann sonst niemand/ so im Land nicht angesessen/ zu denen Landtägen zugelassen werden soll) zu gedachten Landtägen beruffen oder beschriben/ und bey solchen Zusammenkunfften den gantzen Geistlichen Stand und die sambtliche Clerisey repræsentiren/ Also diese Infulirte Geistliche sambtliche in denen Landtagen/ von andern gemeinen Land-Sachen nit weniger dann gedachter Ertz-

Bischoff

ANNO 1627. Bischoff denen Hertzogen und Fürsten vorgehen und Ihre Session und Stimmen so wol vor demselben alß denen Herren haben / der Ertzbischoff aber Primas Regni genent werden / und demselben die Obriste / nach Ihme aber / da sonsten kein Bischoff vorhanden / die nächste Stette dem Obristen Priori des Ritterlichen Maltäser Ordens im Königreich Böhaimb vor allen andern Prälaten gebüren soll.

Von Vereusserung der Geistlichen Gütter; daß solche von niemand ohne des Königs Bewilligung geschehen; auch keine Stifftungen von den Uncatholischen unter dem vorwand des Juris Patronatus wieder zuruck und an sich gezogen werden mögen.

C'est-à-dire,

De l'Aliénation des Biens Ecclesiastiques. Que rien de semblable ne peut être fait sans le consentement du Roi; & que les Fondations faites ne pourront être revoquées par les Non-Catholiques sous prétexte de Droit de Patronat, au autrement.

Art. XXV.

Kein Prælat nach Convent, noch einige Geistliche Person oder Vorsteher Geistlicher Gütter / können noch mögen etwas von Ihren liegenden Geistlichen Güttern und Stifftungen / Einkommen / und Intraden / ohne Unsere und Unserer Erben Königen in Bohaimb / als Obristen Vogt / und Schutz-Herrens Bewilligung / versetzen / verkauffen / verschencken / oder in andere wegen veralieniren / und veräusern: Würde aber jemand deme entgegen ein liegendes Geistlich gut / Stifftung / Rent oder Einkommen durch dergleichen Contract oder Handlung / wie gemelt / an sich bringen: Soll nicht allein solcher Contract an sich selbsten nichtig / Unkräfftig / und von Unwürden seyn / und das gut unverhindert desselbigen / seiner Geistlichen Stiftung / dahin es gehörig gewesen / sambt allen Schäden / Uncosten und auffgehobene Nutzungen / deßgleichen denen / so auffgehoben hetten werden mögen / restituirt, widerumb abgetretten und eingeantwortet werden: Sondern auch da in solchen Contract ein pretium oder kauffgeld bedingt worden / dasselbe Unserer Königlichen Cammer unnachläßlich heimfallen / in andern fällen aber die Straff gegen dem kauffer pro arbitrio dem König vorbehalten seyn.

Art. XXVI.

Gleicher Gestalt und allermassen / wie in nachstvorgehenden gesatz geordnet / soll es auch mit denjenigen Kirchen und Clöstern gehalten werden / darauff einer oder mehr auß denen Ständen und Inwohnern dieses Königreichs / umb daß dieselbige von Ihren Vorfahren gestifftet / fundirt oder dotirt worden / das Jus Patronatus haben. Dann obwol die Uncatholischen Patroni auß solchem Jure Patronatus eine zeit hero berechtiget seyn wollen / die von Ihren vor-Eltern gemachte Stifftungen wieder zu sich zu ziehen / oder in andere wege zu veralieniren: So ist es doch offenbar und am tag / weil dieselbe vorfahren / von welchen eine Kirch oder Closter fundirt oder dotirt / sich des darzu hergegebenen Guts enteüssert / und also das eigenthumb desselben / nach der Fundation oder Dotation, nicht mehr ihnen und ihren Erben und Nachkommen / sondern zu forderist Unserm Herrn Christo / und dan derjenigen Kirchen oder Kloster und Orden / an welche es durch eine Donation, letsten willen / oder in andere wege verwendet worden / zustehet und gehöret / daß demnach wie / die Erben und Nachkommen / mit solcher Stifftung als einem fremden gut nichts (ausser was die Geistliche Recht denen Patronis zulassen) zu schaffen haben / und daß derowegen mit ihrem Consens dieselbige Kirch oder Closter / oder ein darzu gehöriges gut / nicht alienirt, noch vereussert werden möge / Sondern Wir / und die nach Uns jedesmahls Regierende Könige als der Kirchen Gottes in diesen Unserm Erb-Königreich Obere Advocaten / Schutz- und Schirm-Herrn / Uns dieser Geistlichen Gütter / damit sie durch die vereusserung nicht zu andern gebrauch verwendet werden / dann darzu sie von denen Fundatoren gestifftet und hergeben worden / billig anzunehmen haben / und darumb keine vereusserung solcher und dergleichen Gütter / die ohne Unsern gnedigsten Consens geschicht / wie oben vermeldet / verstatten noch zulassen können. ANNO 1627.

Vom andern Stand des Königreichs Böhaimbs / nämblichen vom Herrn-Standt / unter welchen die Hertzogen und Fürsten mitbegriffen werden.

C'est-à-dire,

Du Second Ordre des Etats de Boheme; *savoir celui des Seigneurs, dans lequel sont compris les Ducs & les Princes.*

Art. XXVII.

Wie Wir nun gnädigist wollen / daß der Geistliche Stand in diesem Unserm Erb-Königreich hinführo der Erste Stand / auf maß und weiß / wie obberürt / seyn soll: Also soll der Herrn-Stand der Ander Stand / und darinnen auch die Hertzogen und Fürsten in gedachten Unsern Erb-Königreich begriffen seyn / und keinen sonderbahren Stand machen.

Von denen Hertzogen / Fürsten / Hoch- und Wohlgebohrnen / und denen / so Wir in den alten Herrn-Stand des Königreichs Böhaimb absonderlich erhoben. Von deren Session.

C'est-à-dire,

Des Ducs, des Princes, & Gens de qualité; comme aussi de ceux qui ont été élevés à l'ancien Ordre des Seigneurs du Royaume de Boheme. *De leur Rang & Séance.*

Art. XXVIII.

Die Hertzogen sollen vor denen Fürsten Ihro Session haben / und dem Alter nach sitzen / nach Ihnen die Fürsten / gleicher massen dem Alter nach. Da auch ein Hertzog oder Fürst ein Königliches Land-Officium hette / soll er nit unter denen Land-Officiren / sondern bey denen Hertzogen und Fürsten / der Ordnung nach / wie gemeldt / sitzen / die vota aber nach der Land-Officirer Aembter colligirt werden.

Art. XXIX.

Und demnach Wir aus sonderbahren Königlichen Gnaden / Unsern gehaimbden Rhäten / Cammerern / rc. Graff Maximilian zu Trautmansdorff / rc. Graff Wilhelmb Slawata / rc. wie auch Adam Herrn von Waldstein / rc. und Jaroßlawen Borzitá Graven von Martinitz / rc. nicht allein die prædicat, Hoch- und Wohlgeborn / sondern auch hernachbenante præeminentien und Dignitäten gegeben / daß sie die Session und Stelle alsobald und

ANNO 1627. und necbst nach denen Weltlichen Fürsten/ vor allen andern diese gnad nit habenden Graven und Herrn/ob dieselbe gleich vornembste Königliche Land-Aembter auff sich hetten/ oder nit/ jeder Orthen so wol in Landtägen/ allerley Rechten und Rathen/ als auch sonsten bey andern Zusammenkunfften in Unserm Erb-Königreich Böhaimb/ und dessen incorporirten Ländern/ ohne einige der andern nachfolgenden Einredt und Wiederung allezeit frey gebrauchen können/ zugleich auch ietz und hinfüro allezeit Ihre Primogeniti, oder sonst Eltiste Söhne/ und nach denselben abermahls deren Eltiste Söhne/ auch also für und für allezeit Ihre Eltiste Nachkommen Männlichen Geschlechts in infinitum, also bald wann sie das Zwantzigste Jahr erreicht/ Ihre Session und Stette/aller Orthen/nach denen Obristen Land-Officieren (darunter auch der Appellation, und Böhaimbischer Cammer-Præsident verstanden) es wäre dan/ daß die Primogeniti, oder sonst Eltiste Söhne und Nachkommen mit einem höhern Hoff-oder Land-Ambt versehen/ haben und geniessen sollen: Also sollen obbenandte Grafen und Herrn-Standts Persohnen bey solchen von uns Ihnen erthailten Præeminentien von menniglich ungehindert verbleiben/ und Ihnen darinnen kein Eintrag geschehen/ vielweniger solche Gnad zu aintziger consequenz gezogen werden.

Wir haben auch den Graven Wilhelmb Slawate auß beweglichen Ursachen/sonderlich aber/weiln Unser geliebter Herr Vetter und Vatter Kayser Matthias, Lobseeligster Gedachtnus/ Ihme des nunmehr Männlich abgestorbenen Uhralten Geschlechts derer von Neuhauß Wappen und Kleinot mit dem seinigen unirt/über vorige noch ferner diese besondere Gnad gethan/ und dahin befreyet/ daß hinführo Er Slawata/ sich Graffen und Regierer des Hauses Neühaus von Chlum und Koschumberg nennen und schreiben/solches prædicat auch nach seinem Absterben/ jederzeit dem Primogenito, oder Eltistem Sohn/ und nach demselben abermahls seinem Eltisten Sohn/ auch also für und für allezeit seinen Eltisten Nachkommen Männlichen Geschlechts dieser linien so lang einer aus derselben im Leben vorhanden seyn würd/ auß allen Unsern Cantzleyen/ und sonst von menniglich geschriben und gegeben werden/ sie sich dessen auch ruhig gebrauchen mögen. Darneben auch haben wir obgedachtem Graven Wilhelmb von Slawata obbemeldte Genad und Freyheiten noch ferner dahin extendirt, erklärt/ und erleuttert/ und Ihm und seinem Geschlecht zu sondern Ehren/ (zumaln weiln obgedachte sie des Graven Söhne nach Ihrer Mutter/ von derjenigen lini descendiren, welche die letzte des ansehenlichen Geschlechts deren von Neuhaus und Roßenberg noch im Leben übrig ist/und vor diesem ietztermeldte Herrn von Roßenberg/ und nach Ihnen Ihre Primogeniti, solches prædicat und session, in Unserm Erb-Königreich Böhaimb gehabt) noch weiter diese Genad gethan/ daß nach seinem des Gravens zeitlichem Ablében/ sein Primogenitus oder Eltister seiner lini (neben dem/ daß Er sich Graf und Regierer des Haußes Neuhaus nennen und schreiben darff) Ihme in der session und Stell succediren, und also nächst nach denen Weltlichen Fürsten/ vor allen andern diese Genad nicht habenden Graven und Herrn/ob dieselbe gleich vornembste Königliche Land-Aemter auf sich hetten/ in Unserm Erb-Königreich Böhaimb/ und desselben incorporirten Ländern/ die session und Stelle zu allen zeiten ohne einige Exception soll haben und behalten.

Art. XXX.

Wir haben auch etzliche Gehaimbe und andere Unsern Räthe des Herrn-Standes/ wie dieselbe nachfolgends/ unverfänglich/ so viel die Ordnung anlanget/ gesetzet/ alß nämblichen ANNO 1627.

N. N. von Stralendorff.
N. N. von Werdenberg.
N. N. von Wrzesowitz.
N. N. Wratißlaw von Mitrowicz.
N. N. von Nostitz.
N. N. Michna von Waitzenhoffen.

Vermöge deren an Unsern Statthalter im Königreich Böhaimb von Uns/ auß Unser Böhmischen Hoff-Cantzley ergangenen Resolutionen, in Ansehung dero langwierigen treuen erspriеslichen diensten/ neben denen in Ihren darüber habenden privilegien, begriffenen Bluets-verwannten und Erben/ auß Königlicher Böhaimischer Macht absonderlich/ aller deren Præeminentien, Digniteten und Privilegien, nichts außgenommen/ so der Alte Herrn-Stand in Unserm Erb-Königreich Böhaimb vor dem Neuen Herren-Stand gehabt/ fähig gemacht.

Wollen demnach gnädigst obgedachten Hertzogen/ Fürsten/ Hoch-und Wolgebornen Graven und Herrn/ und obernenten in den Alten Herren-Stand von Unß erhobenen Personen/ bey dieser Ihnen ertheilten Genade/ session und Stell/ gegen menniglichen auß Königlicher Macht vestiglich schützen und handhaben/ Ihnen auch darwieder keinen Eintrag von jemand/ wer der auch sey/ zuefügen/ vielweniger des Alten Herren-Standts Privilegium, so wir in übrigen zu confirmiren Uns gnädigst anerbotten/ wieder diese Unsern Gnade/ auff eintzige Maß oder Weiß/ anziehen lassen oder gestatten.

Vom dritten Stand des Königreich Böhaimbs als nämblich vom Ritter-Stand/ und wie derselbe in das Land-Recht neben dem Herrn-Stand soll genommen werden.

C'est-à-dire,

Du Troisième Ordre ou État de Boheme, *qui est celui des Chevaliers; & comment il doit être reçu avec celui des Seigneurs dans la Haute Cour de Justice du Royaume.*

Art. XXXI.

WIE vor diesem der Ritterstand den andern/ also soll Er hinführo den Ditten Stand in obberürten Unserm Erb-Königreich constituiren.

Und demnach vor Alters ein grosser Zweytracht/ Widerwillen und uneinigkeit zwischen denen Herrn an einem und dan denen von der Ritterschafft andern Theils/ sich wegen Unsers Königlichen Landrechtens/ wie auch Unsers Königlichen Hoff-Richters halber/ eine geraume zeit uber enthalten/ und dannenhero allerhand Weiterung/ so dem gemeinen Nutzen verhinderlich seyn können/ zubefahren gewest/ und aber Unser Hochgeehrter Ur-anherr und vorfahrer an disem Unserm Erb-Königreich/ weyland König Wladislaus im Jahr 1487. auff gepflogene Unterhandlung/ beyde Ständ vom Herrn-und Ritter-Stand/ mit gnedigister Einwilligung vereinbaret und verglichen: Als haben wir zwar etliche Ceremonien und Solemniteten, so wegen publicirung der Urtheil vor diesem im gebrauch gewesen/ und zu dem zwischen den Herrn-und Ritter-Stand entstandenen zweytracht vielleicht nicht die wenigste Ursach gegeben/ auß denen hierunden beym Proceß außgeführten motiven gnädigist aufgehoben/ In

ANNO 1627. ubrigen aber soll es gehalten werden zwischen den Herren-und Ritter-stand bey Unserm Land-Recht/ wie folget :

Namlichen sollen je und alleweg zu ewigen Zeiten/ so offt ein Regierender König in Böhaimb dasselbige besetzt/ darin zuförderst diejenige Land-Officier/ welchem bey solchem Königlichen Land-Recht fürnemblich zu sitzen gebüret/ nämblich der Obriste Prägerische Burg-Graff/ der Obriste Land-Cammerer/ und Obriste Land-Richter im Königreich Böhaimb/ verordnet und darzu in solches nicht allein aus dem Herrn-Stand taugliche Persohnen/ die eines gueten Lebens und ehrlichen Wandels seyn/ sondern auch auß der Ritterschafft gleicher weise qualificirte und an Ehren wohl verhaltene Personen auff-und angenommen werden.

Und obwohl/so viel die Anzahl anlangt/ hiebevor zwölffe auß dem Herrn-und achte auß dem Ritter-Stand darzu genommen worden; So wollen wir doch gnädigist/ daß hinführo die Anzahl gemehret/ und auß dem Herrn-Stand Sechzehen/ auß dem Ritter-Stand aber Zehen in das Land-Recht gesetzt werden sollen.

Vom Vierten Stand des Königreichs Böhaimb/ als nämblichen den Städten. Werden dieselbe wieder zu einem Stand auffgenommen/ doch sollen sie hingegen samt und sonders/ ausser Pilsen und Budweis/ vor jedem Vaß Bier/ 1 Fl. Ungeld zu geben schuldig seyn; ingleichen wird der Vertrag St. Wenceslai genannt/ zwischen Herrn und Ritter-Standt an einem-und den Städten andern Theils Anno 1517. aufgericht confirmirt.

C'est-à-dire,

Du Quatrieme Ordre du Royaume, qui est celui des Villes, lesquelles doivent être de nouveau tenues pour Etat du Royaume & reçuës comme telles dans les Assemblées générales, sous l'obligation de se soumettre à l'Imposition de la Taxe d'un Florin par Tonneau de Biere, appellée Ungelt, *excepté les Villes de* Pilsen *& de* Budweis; *l'Accord fait en* 1517. *entre l'Ordre des Seigneurs, & celui des Chevaliers, des Villes d'autre part, appellé communément l'Accord de* St. WENCESLAS, *est aussi confirmé.*

Art. XXXIV.

Betreffent die Königliche Stätte haben wir dieselbe alle und jede soweit begnadet/ daß wir sie zwar widerumb zu einem Stand und also dem Vierten gnedigiß auffgenommen: Doch sollen sie hingegen sambt und sonders/ ausser der Stätt Pilsen und Budweiß (welche wir von solcher Bürden und Auflag darumb befreyet/ weiln Sie Uns in der vorgangenen Rebellion jederzeit trew verblieben) von jedem Vaß darinnen gebraüetem/ oder von andern Oerthern zu ihnen geführtem und allda außgetrunckenem Biers/ einen Gulden zu 60. Kreutzer geraitet/ Ungelts oder Biergelts/ je und alleweg zu ewigen Zeiten/ Unserer Königlichen Cammer/ zu Unser und der Nachkommenden Könige Disposition, unnachläßig zureichen und zu geben schuldig seyn.

Ar. XXXV.

Nachdem sich vor Altars Grosse Differentien und Irrungen zwischen dem Herrn-und Ritterstand an einem/ und denen Präger-und andern Königlichen Stätten am andern Theil erhalten: Und aber dieselbe im 1517. Jahr nach Christi Geburt/ durch ein Vergleichung/ welche St. Wenceslai Vertrag genennt wird/ verglichen und hingelegt: Als wollen wir gnädigist/ daß obberürter Vertrag nochmahls in seinem Esse verbleiben/ und in allen demjenigen/ so in dieser Unserer Vernewerten Königlichen Landts-Ordnung nicht corrigirt und aufgehaben/ stett und vest gehalten/ auch zu dem und absonderlich getrukt werden soll. ANNO 1627.

Aus des Kaysers FERDINANDI II. über der Newen Landts-Ordnung des Königreichs Böhaimb/ vom Kayser FERDINANDO II. Anno 1627. gegeben/ Königlichen Declaratorien und Novellen. Geben zu Wien den 1. Februarii Anno 1640.

C'est-à-dire,

Extrait des Déclarations & Nouvelles de l'Empereur FERDINAND II. *publiées à Vienne le* 1. *Fevrier* 1640; *sur l'Ordonnance de* Boheme *faite par l'Empereur* FERDINAND II. *en* 1627.

Ad Rubricam, von der Erb-huldigung; daß solche auch von denen Prälaten/ ingleichen den Söhnen der Herrn-und Ritter-Standts Personen/ wann sie das zwantzigste Jahr Ihres Alters erfüllet und im Lande seyn/ dem König müsse geleistet werden. Item: Solle keinem das Burger-Recht gegeben werden Er habe dan den Erb-Huldigungs-Eyd abgelegt.

C'est-à-dire,

Sur la Rubrique, de l'Hommage, Que les Prélats, & les Fils des Seigneurs & des Chevaliers qui auront ateint l'âge de vingt ans le devront aussi faire au Roi; & que le Drois de Bourgeoisie ne pourra être accordé à Personne, avant qu'il ait prêté le serment de fidelité.

Art. I.

OB wohl in der Verneuerten Landes-Ordnung sub lit: A. 2. so wohl die Notul der Erbhuldigung fürgeschrieben/ als auch darbey unterschiedliche formaliteten, und insonderheit dieses außgemessen/ daß so offt ein oder mehr Innwohner in diesem Unseren Erb-Königreich an-und auffgenommen werden/ so solle der fürgedruckte Erbhuldigungs-Ayde geschworen und erstattet werden: Demnach aber daßselbe fast dahin gedeutet werden wollen/ als ob solche Erbhuldigung auff die Prælaten nicht zu verstehen: Und nun solches weyland Unsers Hochgeehrtisten Herrn Vattern Christmildister Gedächtnus Intention zu wider/ sonsten aber ohne das billich/ daß unter den Ständen eine durchgehende gleichheit gehalten werde/ solches gesatz auch vor sich selbst gantz general ist/ und keinen Standts-Inwohner davon entheben thut: So erklären und ordnen wir/ daß hinführo ein jeder Ertzbischoff/ Bischoff/ Obrister Prior des Malteser Ordens/ Abbt und Prælat, welcher in dem Geistlichen Standt/ nach Außweisung der Neuen Landts-Ordnung Lit A. 24. bey den allgemeinen Landtägen und Zusammenkunfften/ seine session und votum hat/ schuldig seyn soll/ ehe und zuvor er ad publicos conventus, und andern Landts-Gerechtigkeiten zugelassen wird/ nicht allein bey der allgemeinen Huldigung/ wan es zum fall kombt/ daß dem König die Erbhuldigung in gemein von den Ständen pflegt geleistet zu werden/ mit und sambt den andern drey Weltlichen Ständen solchen Huldigungs-Eyd abzulegen/ sondern auch so bald Er dergleichen Geistliche Dignitet erlanget/ bey dem Könige zu Böheimb sich anzugeben/ und so viel die tem-

ANNO 1627.

temporalia betrifft / die Confirmation oder adprobation seines erhaltenen Standts (wie dann auch solche ohne sonderbahre hohe und wichtige ursach nicht verweigert werden soll) zu suchen / auch darauff besagte Erbhuldigung nach Inhalt vorbemeldter Notul abzulegen: Jedoch wollen wir dieselben der Solemnitet mit Aufhebung der finger erlassen / und es dahin gemässiget haben / daß sie bey leistung dieser Pflicht / bloß die Rechte Handt auf die Linckhe Brust legen mögen.

Art. II.

So lang aber solches von einem oder dem andern dergleichen Standts-Prälaten nicht beschicht / solle derselbe weder zu den Landtägen / noch Zusammenkunfften / noch bey der Königl. Landtaffel oder andern Gerichten nicht zugelassen / sondern im fall ein solcher Prälat inner Sechs Monath / nachdem Er von der Geistlichen Obrigkeit seine Confirmation erhalten / oder sonst seines Standts halber / nach eines oder des andern Ordens instituto, Privilegien und Gewohnheiten die Richtigkeit erlangt / sich zu bemeldter Pflicht nicht angeben würde / so solle derselbe vor Unsere Königliche Böhemische Hoff-Cantzley citirt, und da Er alsdan nochmahls aussen bliebe / oder sich sonsten dessen waigerte / ihme die Landes Gerechtigkeit untersaget / auch gestalten Sachen nach die temporalia suspendirt werden.

Art. III.

Wir constituirn und setzen auch ferner / daß hinführo ingleichen die Söhne der Herrn- und Ritter-Standts-Personen / wan sie das Zwaintzigste Jahr ihres Alters erfüllet / und im Lande seyn / inner Jar und Tag hernach / sich bey den Königen zu Böheimb angeben / und die besagte Erb-Huldigungs Pflicht erstatten sollen:

Art. IV.

Im fall sie aber solches vorsetzlich unterliessen / noch der hinderung halber gebührliche entschuldigung einbrächten / so sollen dieselben imgleichen weder zu den Landtägen noch zu den Landes-Zusammenkunfften / noch bey der Landtaffel oder andern Gerichten zugelassen / weniger zu denen Landes-Ambtern befördert werden / so lang und viel / biß solche Erbhuldigungs-Pflicht denen Königen zu Böheimb von denselben würcklich erstattet worden.

Art. V.

Und wiewohl solche Erb-Huldigung vor uns in Unserer Königlichen Böhemischen Hoff-Cantzley abzulegen ist / gleichwol aber leichtlich beschehen könte / daß wir oder die Könige zu Böheimb ausser dem Königreich wären / also / daß denen Innwohnern ausser Landts zu reisen schwär / oder kostbarlich fallen würde: So wird doch jederzeit auf eines oder des andern anhalten bey Unserm gnedigistem belieben stehen / zu dispensiren, damit solche Pflichts-leistung vor Unsern Königlichen Statthaltern / oder in den Creyssen selbst vor Unsern Crayß-haubtleuthen abgelegt / oder auch wol gestalten Sachen nach / durch einen Gevollmächtigten gerichtet werden möge.

Art. VI.

Dannenhero Unsere Unter-Ambtleuthe bey der Königlichen Landtafel zu Prag fleissige Obacht hier auff haben / und zu diesem Endt ein eigene Huldigungs-quatern auffrichten und halten / auch hinführo niemandten (jedoch ausser deren / welche bißhero im Landt schon begüttert und angesessen gewest) zu geniessung der Landtaffel zu lassen sollen / er habe dan der abgelegten Erbhuldigungs-Pflicht halber von Uns aus Unser Königlichen Böhemischen Hoff-Cantzeley / oder von denen jenigen / welchen wir solche Pflichts-auffnehmung delegirt, nebens dem Königl. delegations-schreiben eine insinuation an sie auffgebracht.

ANNO 1627.

Art. VII.

Gestalt dan auch niemanden sonsten dergleichen Pflicht-Auffnehmung gebüret / oder zustehet / es sey Ihnen dan solches von dem Regierenden König / bey einer oder der andern Person ausdrücklich delegirt und auffgetragen.

Art. VIII.

Was den Burger-Stand betrifft / wollen wir ingleichen / daß keinem ob Er schon ein Stadt-kind wäre / das Burgerrecht gegeben werden solle / er habe dan neben der gewöhnlichen Burgerlichen Pflicht zugleich diesen Erbhuldigungs-Aydt abgelegt.

CCLXXXIII.

Vergleich zwischen Marggraff Wilhelm und Marggraff Friedrich zu Baden wegen der aus der Obern Marggraffschafft Baden aufgehobnen Nutzungen / Wappen und Tituls rc. durch interposition der Kayserl. Commission getroffen / Wien den 27. Maii 1627. mit Ihro Kayserl. Majest. Confirmation. Wien den 9. Junii 1627. [LONDORPII Acta Publica Part. III. pag. 980. d'où l'on a tiré ces deux Pièces qui se trouvent aussi dans LUNIG, Teutsches Reichs-Archiv. Part. Spec. Contin. II. Abtheil. VII. Absatz IX. pag. 952.] 27. Mai.

C'est-à-dire,

Accord entre les Marcgraves de Baden GUILLAUME *&* FREDERIC, *sur les Diférents agités entr'eux au sujet des Revenus du Haut Marcgraviat, des Armes & du Titre; fait & conclu à Vienne par l'interposition des Commissaires Imperiaux le* 27. *Mai* 1627. Avec *la* CONFIRMATION *de l'Empereur à Vienne, le* 9. *Juin* 1627.

WIR Ferdinand der II von Gottes Gnaden erwöhlter Römischer Käyser / zu allen Zeiten Mehrer deß Reichs / rc. Bekennen offentlich mit diesem Brieff / und thun kund allermänniglich / demnach wir Uns auß tragender Käyserl. Vätterlichen Sorgfalt / von Zeit Unserer angetrettenen Käys. Regierung / allen und jeden sich zwischen Fürsten und Ständen deß Reichs ereignenden und schwebenden differentien, ausser aller Weitleufftigkeit durch güt- und schiedliche Mittel bey Zeiten abzuhelfen sonders angelegen seyn lassen / und dannenhero zu solchem End / und gütlicher Ablegung deren zwischen den Hochgebornen Wilhelmen Marggrafen zu Baden / und Hochberg / Grafen zu Sponheim / so dan dem auch Hochgebornen Friedrichen / Marggrafen zu Baden und Hochberg / Grafen zu Sponheim / als jetzigen Inhabern des undern Theils der Marggraffschafft Baden / beeden Unsern lieben Vettern und Fürsten in puncto der auffgehobenen Nutzungen / und deren / so hätten auffgehebt werden können / und sollen / deßgleichen wegen noch aussstehender

ANNO 1627.

hender Cleinodien / Documenten und Mobilien so vermög Unserer derentwegen sub dato den 22. Augusti Jahrs 1622. ergangenen Urtel obbenentes Marggraf Wilhelm Liebden zuerkent worden / noch unerörtert schwebenden übrigen differentien, und Strittigkeiten / Unser Käys. Commission an Unsern Käyserl. Hofe alhier angesehen / derentwegen beeder Marggrafen zu Baden L. L. hiehero erfordert / und darzu den Durchleuchtigen Hochgebornen Wolfgang Wilhelmen Pfaltzgraf bey Rhein / Hertzog in Bäyern / Graf. zu Veldentz und Sponheim / Unsern L. Vetter / Schwager und Fürsten ersucht / und dan auch Unsere respectivè geheime und Reichs-Hofräthe / Reichs-Hofraths-Præsident, Cammerer / Ober Vice-Cantzlern und Lehen-Haubtman Unsers Erb-Königreichs Böheimb / den Hochl. und Wolgebornen / auch Wolgeborne Ersame / Gelährte / und Unsere / und deß Reichs liebe Getreue / Uratißlauen / den Aeltern / Grafen von Fürstenberg / Heyligenberg / und Werdenberg / Landgrafen in der Baar / Herrn zu Hausen im Kintzger Thal / Rittern des Ordens vom Güldenen Vellus / Otten von Nostitz / Frey-Herrn von Falckenau / Wolf Wilhelm Freyherrn von Laimingern / und Alberreuth / Otto Melandern / und Conrad Hildpranden / beede der Rechten Doctores gnedigst deputirt, und verordnet / welche obbemelter beeder Marggrafen zu Baaden L. L. allerdings verglichen / auff Maaß und Weise / wie solcher Vergleich Uns originaliter fürgebracht / und von Wort zu Worten hernach geschrieben stehet / und also lauttet.

Zu Wissen: Nach deme in Sachen zwischen weyland Herrn Marggraff Eduart Fortunaten zu Baaden / hernach sein hinderlassenen Fürstl. Pupillen Herrn Vormundern / und endlich seinen Herrn Söhnen selbsten / Herrn Marggraff Wilhelm zu Baden / und dessen Gebrüdere / Clägern an einem / so dan auch weyland Herrn Marggrafen Ernst Friedrichen / und seinen Brudern Marggraf Georg Friedrichen / Beklagten am andern Theil / die von gedachten Marggraf Ernst-Friedrichen vorgenommene occupation des obern Theils der Marggraffschafft Baden / und dero Zugehör betreffend / unter dato den 22. Augusti, des verwichenen 1622. Jahrs / von der Röm. Käys. Majest. Herrn Ferdinanden dem Andern / Unserm allergnädigsten Herrn / mit Urtheil und Recht erkent / und außgesprochen worden / daß ermelten Beklagten nicht geziemt / die Cläger ihrer possession vel quasi des Obertheils berürter Marggrafschafft Baden / sambt darzu gehörigen Land und Leuten / geklagter massen zu spoliirn und zuentsetzen / auch ihnen solche biß dahero vorzuhalten / sondern daß er daran zu viel / und unrecht gethan habe / und derohalben den Clägern solche possession, sampt aller Nutzung / so davon auffgehoben worden / und auffgehebt werden sollen / und können / desgleichen alle Mobilia, Cleinodien / Fahrnus / Brief / Register / Insigel und Documenta, mit allen Schaden / und Interesse, von Zeit an der ersten Entsetzung zu restituirn, und einzuantworten / darzugegen die Gerichts Costen / so allenthalben auffgeloffen / nach richterlicher Ermesstgung zuentrichten / und zubezahlen schuldig / und zu solchem allem würcklich condemnirt, und verdambt seyn solle. Darauf / solcher Ihrer Majest Gerichtlicher Erkandnuß und Urtel zu folg / die restitution, und Widereinantwortung derer zu dem Obern Theil der Marggraffschafft Baden gehöriger Land und Leut / vermittelst Herrn Ertzhertzogs Leopolden zu Oesterreich als verordneten Käys. Commissarii gedachten Herrn Marggraf. Wilhelm würcklich beschehen / und aber zwischen ihme Herren Marggraf Wilhelmen / und seinem Vettern / Herrn Marg-Grafen Friedrichen zu Baden / als jetzigen Inhabern des untern Theils der Marggrafschafft Baden / in puncto der auffgehobenen Nutzungen / und deren / so hätten auffgehebt werden können / und sollen / deßgleichen wegen noch außstehender Cleinodien / Documenten und Mobilien, vor gedachten Herrn Ertzhertzog Leopolden zu Oesterreich allererst noch weitters hette sollen verfahren / und beederseits Forderungen und Gegenforderungen auffgenommen / und folgends in Sachen erkent und exequirt werden / daß solchem und aller fernern Weitleufftigkeit fürzukommen / mehr höchsternante ihre Käys Maj. beeden Theilen zu sondern Käys. Gnaden / nit weniger zu schleuniger Abhülff solcher noch übrigen Strittigkeiten / und zu Stifft- und Pflantzung rechtschaffenen Vetter- und Fürstl. Vertrauens mehr hochernante beede Herrn Marggraffen an dero Käys. Hofe in der Person zu dem End erfordern lassen / damit sie in Gütte möchten verglichen / und allerdings zu Ruhe gebracht werden / Wie dan Ir. Maj. auff ihr gehorsames Erscheinen / solche J. Kays. wolgemeinte Intention alsbald ins Werck zusetzen ihr angelegen seyn lassen / und in dero Käys. Nahmen und Statt / beede Herrn Marggraff. gütlich zuvergleichen / Uns Wolfgang Wilhelm Pfaltzgrafen bey Rhein / Hertzog in Bäyern / auch höchstgedachter Käys. Maj. gehorsamst respectivè Geheimme- und Reichs-Hofräthe / Reichshof-Raths-Præsident-Cämmerern / Obristen / Rittern des Güldenen Vellus / Vice-Cantzlern / und Lehen-Hauptman Ihr. Maj. Erb-Königreich Böheim / Uratißlauen den Aeltern / Grafen zu Fürstenberg / Otto von Nostiz / Wolff Wilhelm von Laimingern / beede Freyherrn / Otto Melandern / und Conrad Hildebranden / beede der Rechten Doctorn / Inhalt eines unterm dato den 18. des Monats May außgefertigten Decrets zu Commissarien deputirt und verordnet / darauff / als zu gehorsambster Vollziehung Ihr. Maj. Käys. Commission zu solchem gütlichen tractat geschritten / zwischen beeden Herrn Marggrafen Handlung gepflogen / und ein und der ander Theil in etlich unterschiedlichen Zusammenkunfften nach aller Notturfft angehöret / und vernommen / auch was zu gütlicher accommodation Ihrer der Herrn Marg-Grafen / immer hat dienlich seyn mögen / alle thunliche und billiche Mittel vorgeschlagen worden / ist endlich auff mehr höchstgedacht Ihrer Käys. Majest. allergnädigste ratification und Außschlag nachfolgender Vergleich / mit der Partheyen selbst gutem Belieben / und Einwilligen / getroffen / und auffgericht worden.

Nemblichen / und vors Erste / Nachdeme von beeden Herrn Marggraffen die Benennung der Summen / so Herr Marggraff Wilhelm zu Baden / wegen der auffgehobenen Nutzungen / Früchten / und andern in obverstandenem Urtel reservirten Forderungen zu prætendiren hat / höchstgedachter Käys. Majest. dergestalt heimgestelt worden / daß mehrbesagter Herr Marggraff Wilhelm / zwischen dreymalhundert tausent / und sechsmalhundert tausent Gülden / Herrn Marggraff Friedrich zwischen 3. mal 100000. und 4. mal 100000. Gülden / eine gewisse Summa zu determinirn verwilligt / und eingangen / daß Ihr. Maj. diß Puncten halben sich dahin gnedist resolvirt, und den Außschlag geben / daß Herr Marggraff Friedrich / Herrn Marggraff Wilhelmen / für alle seine Anforderungen / ausser deren / so hernach gesetzt werden / dreymalhundert und achtzig tausent Gülden bezahlen solle.

Fürs Andere / daß Herr Marggraff Friedrich für die Summa solcher dreymalhundert / und achtzig tausent Gülden / Herrn Marggraff Wilhelm mit Land und Leut versichern / und ihme dieselben in Zeit und Frist / wie im sechsten / und siebenden

Puncten

Anno 1627.

Puncten versehen / mit allen Regalien, Ober-Herrlich- und Gerechtigkeiten / auch anderer Zugehör würcklichen abtretten / anweisen / und eintaumen / die Election aber / was ihme Herrn Marggraff Wilhelm für Land und Leut eingeantwortet werden sollen / bey Herrn Marggraff Friedrichen stehen / jedoch solche Land und Leut in der undern Marggrafschafft Baden gelegen seyn sollen.

Drittens / ist mehr besagtem Herrn Marggraff Friedrich zugelassen / daß er die Land und Leut / so er assignirn und anweisen wird / so wol als die jenige / so er behält / zum Landtag vor der Einraumung beschreiben möge / und was bey diesem Landtag für ein durchgehende Bewilligung / so eines jeden hergebrachten quota nach gleich außgetheilet werden solle / beschlossen wird / das sollen die angewiesene Aembter zu leisten / und Herr Marggraff Wilhelm selbige darzu anzuhalten schuldig seyn / jedoch dergestalt / daß auch von den andern unangewiesenen Aemptern / der Landtags-Schluß / so viel als ihre quota belaufft / gleicher gestalt volzogen werde / solten aber die übrigen Aempter / so Herr Marg-Graf Friedrich behaltet / dem Schluß nicht nachkommen / als dan solten auch die angewiesenen Aempter denselben zuhalten nicht verbunden seyn / damit also ein durchgehende Gleichheit unter den Aemptern gehalten / und alles bonâ fide gehandelt werde.

Dargegen vors vierdte: Soll Herr Marg-Graff Wilhelm / die ihme angewiesene / eingeraumbte Land und Leut / wider ihre habende Privilegia nicht beschweren / noch die Aempter deterioriren, auch nichts darinnen vornemen / was ihme als Lands-Fürsten / nach Außweisung der heilsamen Reichs-Constitutionen / nicht gebürt / auch da er etwas zu melioriren vorhabens / solches mit Vorwissen und Bewilligung des andern Theils thun / und wo solches nicht beschehe / einige refusion, retontion, und Wiedererstattung der angewendten Verbesserung nicht zu prætendirn haben.

Fünfftens / ist Herrn Marggraff Friedrichen in den angewiesenen und eingeraumbten Land und Leuten / für dero Person auch regierende Erben und Nachkommen das Weidwerck vorbehalten.

Und ob zwar zum Sechsten obgemelter Herr Marggraff Friedrich gleicher gestalt auch die Frohn reserviren, und gleich jetzo deswegen ein gewisses bestendiges zu determinirn, begehret / so ist doch dieser Punct / weil man noch nicht weiß / was für Aempter / Herr Marggraff Wilhelm eingeraumet werden möchten / biß dahin außgestelt: Es hat sich aber Herrn Marggraf Wilhelm gutwillig erkläret / und verwilliget / was ungehindert der zu den eingeantwortteten Aemptern gehörigen / und hergebrachten Frohnen / auch ohne Verhinderung der Diensten / deren er / wan er sich auff diesen Aemptern befindet / bedörffen möchte / und den Unterthanen erträglich seyn wird / daß er auch Herrn Marggraff Friedrichen zu freundlichen Gefallen die Unterthanen Krafft diß gern dienen lassen wolle.

Zum Siebenden ist abgeredt und verglichen / daß die Aempter / in welche die Anweisung beschehen solle / auff S. Bartholomæi negstkünfftig von mehr besagtem Herrn Marggraff Friedrichen ernent und bestimbt / darneben auch ein ordentliche specification, und außführliche liquidation aller derselben Fürstlichen Einkommen / Regalien, Herrlichkeit und Gerechtigkeit / wie die Nahmen haben mögen / und solche Herr Marggraff Friedrich / und dessen Vorfahrer innen gehabt und genossen / ihme Herrn Marggraff Wilhelmen übergeben / und einhändigen / auch darin klärlich bescheinet werden solle / daß solche Aempter vor specificirt und benanter Summa der dreymalhundert und achtzigtausent Gulden allerdings gemäß / und an Werth und Anschlag derselben gleich seye: Wie aber die Einkommen der Aempter zurechnen und in Anschlag zubringen seyn / ist es derhalben verabschiedt und verglichen / daß solche Einkommen und Gefäll mit 5. pro cento angeschlagen / die Nutzbarkeit aber der Regalien und Jurisdictionalien dem Lands-Brauch nach taxirt und hierzu von jedwederm Herrn Marggraffen ein taugliche Person benent / und von ihnen nach Ersehung der Rechnungen ein unpartheyischer Anschlag gemacht werden solle. Im fall sich aber dieselbe in einem / oder andern Punct / nicht vergleichen werden können / solle höchstgedachter Käyserl. Majest. auff solchen Fall verordneter Commissarius der Obman seyn / und den Außspruch haben.

Zum Achten soll die würckliche Einraumung und Immission in die Aempter / und bestimpte Land und Leute / wie auch die Ernennung der Gefäll / Zinsen / Renten / Gülten / Zehenten / auff nechst künfftigen St. Michaelis Tag diß Jahrs / treulich / und sonder Gefahr beschehen / darbey auch absonderlich abgeredet / und verglichen / daß die heutige Gefäll / so biß auff folgends Fest St. Martini fallen / Herrn Marggraff Friedrichen / die andere aber nach St. Martini Herrn Marggraf Wilhelm zustehen sollen / jedoch da unter den eingeraumbten Aemptern / auch Mayerhöf / oder Würtschafften begrieffen / sellen dieselbe von Herrn Marggraf Friedrichen / also mit Geträid / Früchten / Heu / und Stroh versehen / und überlassen werden / wie es bey dergleichen Fällen die hierzu nahende Winterliche Zeit / biß wiederumb auff die Erndte die Notturfft erfordert / auch solche Meyerhöf und Würtschafften in gleicher qualitet restituirt werden.

Vors Neunde ist abgeredet / daß obangezogene Anschläg der Aempter auß neunjährigen Rechnungen / als von Anno 9. biß auffs 18. Jahr zumachen seyen.

Zum Zehenden ist verglichen / im Fall Herrn Marggraf Friedrich ehe und zuvor obbestimbter massen die Einantwortung beschehe / an obgesetzter von Ihrer Käys. Majest. determinirten Summa der dreymal hundert und achtzig tausent Gülden etwas an baren Gelt bezahlete / daß er Herr Marg-Graf solcher Bezahlung halber / an Land und Leuten pro rata desto weniger Anweisung zuthun schuldig oder verbunden seyn soll.

Jngleichem fürs Eilffte / da gedachter Herr Marggraff Friedrich / oder dessen Erben / und Nachkommen / auch ins künfftig nach beschehener Einantwortung / an bemelter Hauptsumma der dreymalhundert und achtzig tausent Gülden / etwas erlegen wolten / sollen ihnen die eingeraumbte Land und Leut / nach dem Anschlag / und æstimation, wie sie Herrn Marggraffen Wilhelmnen überlassen / und eingeantworter / zu lösen jederzeit / und ohn einiges Verweigern freystehen / doch daß die Embter eins / oder mehr / völlig / und nit stückweiß abgelöst werden / darbey gleichwol ihme Herrn Marggrafen Friedrichen die Election, wie er die Aempter eins vor dem andern / oder alle zugleich außlössen wolle / vorbehalten werden / und alle solche Ablösung in groben Sorten / wie dieselbe zur Zeit der Ablösung in der Marggrafschafft geb und gangbar seyn werden / beschehe.

Zum Zwölfften. Sol Herr Marggraf Friedrich / die von Zeit der beschehenen occupation der Ober-Marggrafschaft Baden / biß zu dero Wieder-Abtrettung / entweder der von Marggraff Ernst Friedrichen / oder dessen Herrn Vatter bemelter Obern-Marggraffschafft aufferlegte / oder von denselben übernommen / oder durch die jährliche auffgeschwollene pensiones gedachter Marggraffschafft vermehrte Schulden / sie seyn wenig oder viel / von

ANNO 1627.

bemelter Obern-Marggraffschafft / auff sich oder die Aembter seines inhabenden undern Theils übernemmen / und sein Herrn Marggraf Wilhelm Unterthanen von der Creditorn Anforderung zubefreyen schuldig seyn / doch solle an jetzt berürt neugemacht / und auffgenommenen Schulden das jenige abgezogen / und defalcirt werden / was an alten Capitalien vor der occupation, auf besagter Obern Marggraffschafft gestanden / und von besagten Herrn Marggraf Ernst-Friedrichen / und Georg Friedrichen abgericht und bezahlt worden / und nachdem Herrn Marg-Graf Wilhelm diesen Punct der defalcation halber Ihr. Majest. Außschlag anheimb gestelt: So haben dieselbe der defalcation, so viel von der Undern-Marggraffschafft Gefällen / an gedachten alten / und vor der occupation auff der Ober-Marggraffschafften gestandenen Schulden-Capital beweißlich abgelegt / und nicht anderwerts albereit von der Obern-Marggraffschaft refundirt und erstattet worden / allergnädigst deferirt, doch mit dem außtrücklichen Geding / wann sich solche Gegenforderung höher / als die neuen Schulden belieffen / daß des wegen von obgemelten dreymalhundert / und Achtzigtausent Gulden nichts abgehen / oder defalcirt werden solle.

Zum Dreyzehenden soll Herr Marggraf Friedrich / vermöge der ergangenen Urtel / alle acta, Urkunden / Register / Urbaren / und alle andere Brifliche Documenta, so zu der Obern-Marggraffschafft / wie auch zu denen Aemptern / die Herrn Marggraf Wilhelmen eingeraumet werden / gehörig / demselben ohne Abgang treulich restituirn und zustellen / im fall auch Documenta communia verhanden / so sollen die jenigen / so vor der occupation in der Obern-Marggraffschafft gewesen / Herrn Marggrafen Wilhelmen originaliter zugestelt / davon aber vidimirte Copeyen Herrn Marggraf Friedrichen in Handen gelassen werden / welche aber vor der occupation originaliter in der Untern-Marggraffschafft gewesen / die sollen Herrn Marggraf Friedrichen verbleiben / die vidimirte Copeyen aber Herrn Marggraf Wilhelm ertheilet werden / und damit man Nachrichtung haben möge / was für Documenta Herrn Marggraf Wilhelm eingehändiget seyn / soll hierüber ein gedoppelt Inventarium unter beeder Herrn Marggrafen Subscription und Insigel / deren eins ein jeder bey sich behalte / auffgerichtet werden.

Und nachdem zum Vierzehenden Herr Marggraf Wilhelm von seinen Anforderungen obangedeuter prætendirten auffgehobenen Nutzungen / Mobilien, und Cleinodien ein so mercklichen namhafften Nachlaß gethan / als hat entgegen Herr Marggraf Friedrich das petitorium wie auch alle andere actionen und prætensionen, so etwann derselben Krafft obberürter ergangenen Sentenz nit benommen / oder abgeschnitten worden / deßgleichen die eingewende Intervention, und was ein und dem andern anhengig / allerdings schwinden und fallen lassen / also und der Gestalt / daß obgedachter Marggraf Wilhelm / auch dessen Erben / und Nachkommen / von besagtem Marggraf Friederich / noch seinen Erben und Nachkommen / hierinnen keines wegs weiter angefochten werden / hingegen auch gegen Herrn Marggraf Friedrichen / seine Erben und Nachkommen alle Zuspruch und Forderung / so wegen vorgangener occupation bereits movirt worden / oder movirt werden können / zugleich totaliter gefallen seyn sollen.

Fürs Fünfftzehende haben ihnen beede Theil / als Herr Marggraf Friedrich / wegen der Kellerey-Gefäll zu Maltsch / und Pfleggefäll zu Otterswey her / Herr Marggraf Wilhelm aber wegen langen Steinbach / Ihre Jura bey der Käys. Majest. und vor deroselben Reichs-Hofraht summariter, und dero Gebühr nach außzuführen vorbehalten / inmittelst soll jedweder Theil bey seiner possession und Inhaben ruhiglich gelassen werden.

ANNO 1627.

Zum Sechzehenden, ist wegen des Nachtrag der funffzehenhundert Malter Früchten / und zwey und funffzig Fuder Wein / welchen Herr Marggraf Eduardus Fortunatus, vermög voriger Abtheillung / auß der Undern-Marggraffschafft einzunehmen gehabt / doch gegen 40-co. fl. versetzt / aber vermöge Herrn Marggraf Friedrichs vermeinens gar abgekaufft seyn soll / geschlossen / im Fall auff seiten Herrn Marggraf Friedrichen vor Ihr Käys. Maj. und erstgedacht dero Reichs-Hofraht erwiesen / und dargethan wird / daß derselbige gantz aberkäufft / daß es darbey verbleiben / wo aber solche Aberkäuffung nicht erwiesen wird / Herrn Marggraf Wilhelm und seinen Erben die Wiederlösung bevor stehen solle.

Endlichen ist beschlossen / daß beede Herrn Marggrafen gleichmessige Wappen und Tittul führen mögen / und nachdem wegen der præcedenz Streit vorgefallen / und der Außschlag höchstgedachter Käys. Majest. anheim gestellet worden / Als haben dieselbe sich dahin erklärt / daß berürte præcedenz besagten Herrn Marggrafen Friedrichen auff sein Lebenlang gelassen werde / hinfüro aber nach Außweissung der pactorum familiæ, und dem alten Herkommen gemäß / der Aeltest in der Regirung die præcedenz haben soll / darauff dan obbemelte Herrn Marggtafen in Beyseyn Unserer der Commissarien, nicht allein für sich selbsten zu bestendiger auffrichtiger Freundschafft und allen Guten / sondern auch daß beederseits Landsassen / Dienern / und Unterthanen von jetztbenenten beeder Herrn Marggrafen alle offension nachgelassen / und alles / was biß dahero mündlich und in Schrifften / und sonsten ungleiches vorgeloffen / und Widerwillen und Unfreundschafften verursacht / gentzlich tod / cassirt, und auffgehoben seyn solle. Wie sich dan beede Herrn Marggrafen beederseits hierzu reciprocè erklärt und erbotten / und sollen demnach solcher Gestalt / alle und jede offt angezogener occupation wegen zwischen beeden Theilen geschwebte Irrungen und differentien hiemit gentzlich hingelegt und entschieden seyn / auch einer gegen dem andern über das jenig / was hierin abgeredt und verglichen / dißfals weiters nichts zu prætendirn und zu suchen haben. Dessen zu wahrem Urkund seynd dieses Vergleichs drey gleichlauttende Exemplaria, unter Unser der Commissarien, und beeder Herrn Marggrafen Hand-Unterschrifften und fürgetrucktem Secret und Insigel gefertiget / deren eines bey der Käys. Reichshof-Cantzellein behalten / das andere aber Herrn Marggrafen Friedrichen / und das dritte Herrn Marggraffen Wilhelmmen zugestelt worden. Actum Wien den 27. May. Anno 1627.

(L. S)
Wolfgang Wilhelm / Pfaltzgraf zu Baden.
(L. S.)
Friedrich M. Pfaltzgraf zu Baden.
(L. S.)
Wilhelm M. Pfaltzgraf zu Baden.
(L. S)
Uratißlau Graf zu Fürstenberg.
(L. S)
Otto von Nostitz / Freyherr.
(L. S.)
Wolf Wilhelm Freyherr von Lamingern.
(L. S.)
Otto Melander Doct.
(L. S.)
Conrad Hildebrand Doct.

Und

ANNO 1627. Und Uns darauff obbemelte Unsere Käyserliche Commissarii gehorsambst anheim gestellt / und dan beeder verglichener Marggrafen zu Baden L. L. angeruffen und gebetten / daß wir ihnen obinserirten Vergleich / als Römischer Käyser alles seines Inhalts zu ratificirn, zu confirmirn, und zubestettigen / gnädiglich geruhen wolten : Daß wir angesehen solche beeder Marggrafen zu Baaden L. L. dimütige und ziimliche Bitte / und darum mit wolbedachtem Muht / gutem Raht / und Recht erwicsen / auch damit solcher Vergleich desto steiff und fester gehalten / vollnzogen / und keines wegs überschritten werde / denselben alles seines Inhalts gnediglich confirmirt, approbirt, ratificirt, und bestettiget / thun das / approbirn ratificirn confirmirn, und bestettigen denselben auch hiemit von Röm. Käys. Macht Vollkommenheit hiemit wissentlich / und in Krafft dieß Brieffs / und meynen / setzen und wollen / daß solcher obinserirter Vergleich in allen seinen Worten / Puncten / Clausuln / Articulen / Inhalt / Meynung / und Begreiffungen kräfftig und mächtig seyn / von allen Theilen stett / fest und unverbrüchlich gehalten und vollnzogen werden / und sie sich desselben alles seines Inhalts geruhiglich freuen / gebrauchen und geniessen sollen und mögen / von allermanniglich unverhindert / doch uns und dem H. Reich / und sonst männiglich an seinem Rechten und Gerechtigkeiten unvergriffen und unschädlich. Und gebieten darauff allen und jeden Chur-Fürsten / Fürsten / Geistlichen / und Weltlichen / Prælaten / Grafen / Freyherrn / Rittern / Knechten / Lands-Vogten / Haubtleuten / Vitzdummen / Vögten / Pflegern / Verwesern / Ambtleuten / Land-Richtern / Schultheißen / Bürgermeistern / Richtern / Räthen / Burgern / Gemeinden / und sonsten allen andern Unsern und des Reichs Unterthanen / und Getreuen / in was Würden / Stand oder Wesen die seynd / ernstlich und festiglich mit diesem Brieff und wollen / daß sie obbemelte beede verglichene Fürstliche Partheyen / als beeder Marggraf Friedrichs und Wilhelm zu Baden / L. L. allerseits an ob-inserirten, zwischen denselben auffgerichten Vergleich / und dieser Unser Käys. approbation, ratification, confirmation und Beständigung / nicht hindern noch irren / sondern sie dessen geruhiglich freuen / gebrauchen und geniessen lassen : Insonderheit aber / Ihnen den beeden verglichenen Marggrafen / und denen so darbey ferners interessirt seyn / daß sie solchen Vergleich / so weit derselbe einen jeden bindet / in allen Puncten / Clausuln / Articuln / Inhalt / Meyn- und Begreiffungen wie obstehet / gestracks nachkommen / und geleben / darwider nichts thun / handlen / oder fürnemmen / noch das jemands anders zu thun gestatten / in kein weiß noch weg / als lieb einem jeden seye / Unser schwere Ungnad und Straff / und darzu ein Pöen nemblich viertzig Marck lötigs Goldes zuvermeyden / die ein jeder / so offt er freventlich hierwider thätte / oder handlete / oder von andern zugeschehen verstattete / uns halb in Unser / und des Reichs Cammer / und den andern halben Theil / obbemelten beeden verglichenen Marggrafen / oder dem haltenden Theil / unnachläßlich zubezahlen verfallen seyn solle. Mit Urkund diß Brieffs / besiegelt mit Unserm Käys. anhangenden Insigel. Geben in Unserer Stadt Wien den 9. Tag des Monats Junii Anno 1627. Unserer Reiche des Röm. im 8. des Hungarischen im 9. und des Böheimischen im zehenden Jahren.

Ferdinand.

Otto von Nostitz

Ad mandatum Sac. Cæsar. Majestatis proprium.

M. Arnoldin von Clarstein.

CCLXXXIV.

Colmarischer Recess; Worinnen Carl Hertzog zu Lothringen / und Johann zu Würtemberg / mit Churfürst Friedrich zu Pfaltz / gewisser mitteln zu dessen Versöhnung mit dem Römischen Kayser Ferdinando II. eins werden. Geschehen den $\frac{8}{18}$ July 1627. [LUNIG, Teutsches Reichs-Archiv. Part. Special. Abtheil. I. pag. 99.] ANNO 1627. $\frac{8}{18}$ Juillet.

C'est-à-dire,

Recès de Colmar entre FRIDERIC *Electeur Palatin d'une part,* & CHARLES *Duc de Lorraine,* & JEAN *Duc de Wirtemberg d'autre part, sur les moyens de reconcilier ledit Electeur avec Sa Majesté Imperiale. Fait le $\frac{8}{18}$ Juillet* 1627.

ZU wissen / demnach in der nunmehr Reichskündigen Pfältzischen Aussöhnung- und Restitions-Handlung / mit allergnädigsten Vorwissen und Belieben der Röm. Käyserl. Majestät Unsers allergnädigsten Herrn / zwischen dem Durchleuchtigsten auch Durchleuchtigen Hochgebohrnen Fürsten und Herrn / Herrn Friedrichen / Pfaltzgrafen bey Rhein ꝛc. als Hauptparthey; Sodann Herrn Carolo Hertzogen zu Lothringen / und Herrn Johann Friedrichen / Hertzogen zu Würtenberg ꝛc. Als welche sich dieses hochwichtigen schweren Wercks mit allergnädigsten Wohlgefallen allerhöchstgedachter Käyserl. Majestät so wohl allen hierunter interessirten / als vornemlich dem allgemeinen nothleidenden Reichs-Wesen zu gedeylichem Besten einer wohlgemeynten Interposition unterzogen und gutwillig beladen / eine Zusammenordnung allerseits Räthe / auff den 25. Junii, 5. Julii dieses fürseyenden 1627. Jahrs in der Stadt Colmar vornehmlich zu dem Ende angesehen worden / hochgedachtes Herrn Pfaltzgrafen Erklärung und Gemüths-Meynung über die den 8. Decembris jüngstverwichenen 16 .6. Jahres / von des Durchleuchtigen / Hochgebohrnen Fürsten und Herrn / Herrn Johann Ulrichen / Hertzog zu Crumau / Fürstl. Gnaden vorgeschlagene Vergleichungs-Puncten zu vernehmen / darüber Handlung und Conferentz zu pflegen. Welche Puncten von Wort zu Wort also lauten :

1. Nemlich / daß erstlichen das Käyserl. so hoch und in so viel Wege / ohn einige gegebene Ursach offendirte Gemüth / nothwendig durch geziemende Humilitation und Deprecation (von dem Modo, Zeit und Ort etwa hernach zu reden) versöhnet werden muß: Darbey dan dieses für sich selbst und ohne Condition sich mit verstehet / daß die nichtige Wahl und Anspruch zu Ihro Käyserl. Majestät Erb-Königreich Böheim gantz cassirt und annulliret werde.

2. Weil vors andere dem Herrn Churfürsten in Bayern die Chur und derselben Investitur mit aller Solemnität verliehen worden / daß Ihre Käyserl. Majestät demselbigen einiges Unrecht darwider je nicht geschehen lassen können.

3. Die Catholische Religion und deroselben Exercitia, auch unterschiedliche Religiosen / sind diese Zeit über in die Pfaltz introducirt; dahero denn vors dritte auff solche Mittel zu gedencken / daß dieselbe mit gnugsamer Sicherheit darinnen conservirt / auch hierunter der Religions- und Prophan-Friede wohl considerirt und in acht genommen werde.

4. Und demnach vors vierte Ihrer Käyserlichen Majestät

Anno 1627.

Majestät Königreich und Lande so unschuldig angefallen/ und in solchen Abgang und Verderben gesetzt/ Ihre Käyserl. Maj. in so überschwenckliche Kriegs-Spesen gezwungentlich eingenöthigt worden / daß also das Ertz-Hertzogthum Oesterreich ob der Ens/ und beyde Marggraffthumb Ober- und Nieder-Laußnitz noch in hohem Versetz- und Pfändung / mit Ihrer Majestät und dero Hauß mercklichen Schaden und Beschwerde/ auff dato hafft/ so ist ja billig/ daß allerhöchstgedachte Ihre Majestät auch dies Orts ohne Schaden gehalten / und insonderheit schleunige oder unverlängte Mittel zur Restitution solcher ihrer verpfändeten Landen gefunden / und in würcklichen Effect gebracht werden.

Daß deme zu Folge allerseits endes benannte angeordnete Diener und Räthe auff bestimmte Zeit erschienen / und nach vielen gepflogenen Conferentzen und Unterhandlung / an Seiten Herrn Pfaltzgraff Friedrichen / endlich bey einen und andern abstehenden Puncten / wörtlich nachfolgende Erklärungen / Anerbieten und Begehren / so münd- als schrifftlich geschehen.

I.

In puncto submissionis erkläret sich Unsere gnädigste Herrschafft dahin / daß sie solche Submission durch eine vornehme dritte Person in dero Nahmen der Gebür thun / und die Käyserl. Majestät mit geziemenden demüthigen / doch Unser gnädigsten Herrschafft und gantzen Familien nicht schmählichen / noch an Ehren abbrüchichen Worten / dieses ungefährlichen Schlags allerunterthänigst anreden lassen wollen : Es sey Unserer gnädigsten Herrschafft von Hertzen leid / daß es zu dieser Weitläufftigkeit und Beschwernüssen kommen : Ersuchten Ihre Käys. Maj. allerunterthänigst / alle wider Unser gnädigste Herrschafft gefaste Ungnad und Widerwillen fallen und sincken zu lassen / dieselbe mit allen dero Angehörigen in Käyserl. Hulde gnädigst wieder anzunehmen / dero und denselben durch eine rechte generalem amnestiam einen beständigen durchgehenden Frieden / samt allen ihren Patrimonial-Landen / Leuten / Gütern und Zugehörenden ohn einige Schmälerung der Churfl. Dignität / Regalien / Rechten und Gerechtigkeiten / völlig zu erstatten / Unsern gnädigsten Herrn damit / wie vor Alters / würcklich zu belehnen / und darbey zu schützen ; So wolle Unser gnädigster Herr solche Käyserliche Gnade die gantze Zeit seines Lebens allerunterthänigst und danckbarlichst zu beschulden und zu verdienen / Jhm äusserst angelegen seyn lassen / seine sämtliche Kinder zu einer gleichmäßigen Danckbarkeit ermahnen / und dahin anhalten / daß sie Jhro Käyserl. Maj. allen schuldigen Respect und Gehorsamb erweisen / würcklich leisten und sich gegen dieselbe also verhalten sollen / wie einem getreuen und gehorsamen Churfürsten gebühret / und die Reichs-Constitutionen ausweisen / damit dann unser gnädigster Herr sich jederzeit darzu erboten / und noch anerbieten thut.

Belangend die Renunciation auff die Cron Böheimb / hat zwar Unser gnädigster Herr kein Bedencken / so wohl für dieselbe als dero ältesten Herrn Sohn einen Verzicht auff alles dasjenige / so Unsere gnädigste Herrschafft an bemeldte Cron und alle zugehörige Königreich und Landen zu prætendiren haben möchten / würcklich zu thun / jedoch alles mit dieser ausgedruckten Condition , daß Unserer gnädigsten Herrschafft hingegen alle dero angererbete Churfürstenthumb / Landen / Würden und Dignitäten / samt allen denjenigen / so darzu und darein gehörig / ohne einigen Abgang und Schmälerung wiederum restituirt werden. Gestalt dan auch die Käyserl. Majestät / Unsere gnädigste Herrschafft allerunterthänigst bitten / die geruhen deroselben hierinn in Käyserl. Gnaden zu willfahren / auch nicht zweifeln / sondern der getrosten unfehlbaren Zuversicht leben / Jhro Käyserl. Majest. als ein milder gütiger Käyser / werden in Bedenckung deren bey diesem Werck sich befindenden hohen und trefflichen Ursachen und Considerationen / hierzu von sich selbst allergnädigst geneigt seyn.

Anno 1627.

II.

Demnach bey diesem andern Punete unschwer abzunehmen / daß die Römische Käyserl. Majestät sich darbey haubtsächlich einzulassen nicht gemeynt / sondern allein dahin zu trachten / daß des Hertzogs in Bäyern Fürstl. Durchl. nichts unrechts oder ungütliches zugezogen werde ; Unsere gnädigste Herrschafft aber in der guten Zuversicht stehen / es werde Ihre Durchl. so wol aus denen bey der Conferentz mündlich angedeuteten / als andern mehr erheblichen Ursachen : insonderheit aber darmit das Römische Reich wiederumb zu Fried und Ruhe gebracht / von der Prætension der Chur gutwillig abstehen / und solche Unserer gnädigsten Herrschafft und dero Nachkommen / als welchen es einmal mit allen Rechten gehörig / ohne Hinderniß in vorigen Besitz lassen. Geleben derowegen der gäntzlichen Hoffnung / man werde sich mit dieser Erklärung zufrieden geben / oder zum wenigsten diesen Puncten biß auff fernere Nachrichtung auszusetzen / sich nicht zuwider seyn lassen ; auff den gantz unverhofften Fall aber die Käyserl. Majestät sich mit dieser unterthänigsten Erklärung und Anerbieten nicht gnädigst begnügen lassen / sondern ein mehrers und weiters diß Orts gnädigst begehren solten / wissen wir Unsere gnädigste Herrschafft also löblich gesinnet / daß dieselbe alle Privat-Considerationes , so viel immer möglich / hindan zu setzen / und einig und allein zu Wiederbringung des edlen Friedens im Reich nachzusehen und einzuwilligen ihro nicht werden entgegen seyn lassen / daß mit und neben derselben des Herzogs in Bayern Fürstl. Durchl. Titulum Electoralem, so wol als Unser gnädigster Herr die Zeit ihres Lebens führen / und neben demselben momentaneam possessionem dergestalt haben mögen / daß die actus electorales zwischen ihnen alterniret würden / nach Jhro Durchl. tödtlichem Abgang aber die Churfürstl. Dignität und alles / was darzu gehöret / bey Unserer gnädigsten Herrschafft und dero Kindern und gantzen Churfürstlichen Stamm allerdings und solcher Gestalt / wie sie vor diesem Unfall dessen im Herbringen und Besitz gewesen / verblieben.

III.

Weil die Käyserl. Majestät von Anbegin des Kriegswesens biß anietzten / sich sehr vielfältig und offentlich erklärt und bezeuget haben / daß es Jhro um die Religion nicht zu thun / und daß sie nicht gemeynet wären / einigen Churfürsten und Stand des Reichs in seinem Gewissen zu beschweren / auch ohne das in des Reichs-Constitutionen nirgends zu finden / daß wenn etwan ein Churfürst oder Stand mit einem Römischen Käyser in Mißverstand gerathen und wieder ausgesöhnet wird / alsdan wider seinen Willen eine andere frembde Religion in seinen Landen eingeführt / oder die mit Gewalt eingeführte darinnen gelassen werden solte : Als gelebt Unser gnädigster Herr der tröstlichen Zuversicht / Ihre Käyserl. Majestät werden keines weges gemeynt seyn / die Röm. Catholische Religion seinen Landen auffzudringen / noch die geistliche Orden darin

ANNO 1627.

darin zu laſſen / vielweniger Unſer gnädigſten Herꝛſchafft von dero löbl. Voreltern geſtiffte geiſtliche Güter zu entziehen / ſondern vielmehr alles wieder in den vorigen Stand zu ſetzen / vnd der gantzen Welt mit der That zu beweiſen / daß ſie von ihren löblichen zuvorangeregten Erklärungen zu weichen nicht begehren / inſonderheit aber / da ſie ſich neben obigen in ihrer Interpoſition-Handlung mehrmahlen ausdrücklich vernehmen laſſen / daß dieſelbe bey dieſem Werck nichts neues / ſondern allein dasjenige ſuchen / ſo in vorhergehenden Exempeln in dergleichen Fällen in acht genommen worden : Iſt derowegen im Namen Unſer gnädigſten Herꝛſchafft Unſer Bitt und Begehren / daß dieſer Punct ausgeſetzet / und erzehlter maſſen Ihrer Käyſerl Majeſtät allerunterthänigſt möge referirt und vorgebracht / auch dieſelbe von den Herꝛen Interponenten durch ihre bewegliche Vorbitt-Schreiben dahin diſponirt werden / daß Ihre Majeſtät ſich mit obiger Erklärung / als welche dero allergnädigſten Erklärungen / auch den Reichs-Verfaſſungen / inſonderheit aber dem Religion-Frieden und dem Herkommen gemäß / gnädigſt begnügen und contentiren laſſen. So dann und obwol die Pfältziſche Abgeordnete bey angedeutetem dritten Puncte ein mehrers und weiters / aus Mangel Befelchs und Inſtruction, dan die dabey beſchehene Erklärung vermag / einzuwilligen und nachzugeben / und daß ihnen die Hände diß Orts allerdings gebunden / ſich öffters vernehmen laſſen und entſchuldiget; jedoch / nachdem ihnen an Seiten der Herꝛen Interponenten Abgeſandten mit Ausführung vieler beweglichen Urſachen und Motiven remonſtrirt worden / daß die hohe Vorſorg zu tragen / und gleichſam für gewiß zu halten / Ihre Käyſerl. Majeſtät werden ſich mit ſolcher Erklärung nicht begnügen laſſen / ſondern da ſolche beharret / es möchte die Handlung und Conferentz allerdings ohne Frucht abgehen / darbey auch wie den Sachen bey ſolchen beſorgenden hochbeſchwerlichen Extremitäten füglich zu helffen / von Mittel und Weg wolmeinend conferirt und vorgeſchlagener Weiß diſcurirt worden; Als haben zwar die Pfältziſche Deputirte ſich nochmahlen mit angezogenem Mangel Befelchs höchlich entſchuldiget / ſolches ad referendum angenommen und gebethen / daß der Herꝛen Interponenten Abgeſandte dieſe und obſtehende Erklährung mit guter Unterbauung gehöriger Orten gleicher Geſtalt der Gebühr referiren wolten / beneben aber auch ſich dahin vernehmen laſſen / daß ſie nicht zweiffeln / ſondern ſich deſſen gäntzlich verſehen und getröſten wollen / auff den Fall die Erhebung dieſes ſchweren Wercks wieder alle getröſtete Zuverſicht hierauff eintzig und allein beſtehen / und ſonſten gehindert werden ſolte / obwol Ihre gnädigſte Herꝛſchafft dero obliegendes hohes Creutz bißhero mit Gedult ertragen / auch noch alles dasjenige / ſo der allmächtige GOtt ferner über ſie und die Ihrige verhängen möchte / viel lieber mit Chriſtlicher Gedult tragen / verſchmertzen / und des Allerhöchſten Hülffe erwarten / dann das geringſte / ſo dero an Gewiſſen und Ehren verletzlich ſeyn ſolte / freywillig einzugehen und nachzuleben; daß jedoch ihre gnädigſte Herꝛſchafft deroſelben nicht werden entgegen ſeyn laſſen / zu geſtatten / daß in dero angehöriger Landſchafft in einem / zweyen oder auff das allerhöchſte dreyen Clöſtern / die Ordens-Perſonen geduldet / und darin die freye Ubung ihrer Religion / jedoch mit Vorbehalt aller und jeder Landsfürſtlicher Hochheit und gerechtſamen / vornemblich aus dieſer Urſachen gelaſſen und continuiret werden / damit nich ferner Chriſten-Blut vergoſſen / noch mehr unzehlbare Chriſten-Menſchen / und ſo viel Stände des Reichs unverſchuldter Ding in das endliche Verderben gebracht / ſondern der werthe Friede wiederumb im Reich auffgerichtet / auch aller Fürwand und Prætext, deſſen man ſich bißhero behelffen und gebrauchen wollen / als wan Unſere gnädigſte Herꝛſchafft an bißhero vorgangenem und noch weiters beſorgenden Unheil guten theils ſchuldig / männiglichen benommen / und dero hohe Begierde und Eyffer / ſo ſie zu Erlangung des heilſamen hochnothwendigen Friedens bißhero getragen / der gantzen Chriſtenheit würcklich und in der That / vornemblich auch darbey dieſes remonſtrirt werde / daß Unſer gnädigſter Herꝛ ein höhers und mehrers nicht wüntſche und begehre / dan ſich wie allenthalben / alſo auch hierbey / ſo viel es GOtt / dem Römiſchen Reich / und der gantzen erbaren Welt immer verantwortlich / der Röm. Kayſerl. Majeſtät allergnädigſten Willen und Wolgefallen zu accommodiren.

IV.

In Puncto der Kriegs-Koſten haben wir gnädigſten Befelch / Unſerer gnädigſten Herꝛſchafft Reich- und Weltkündige impoſſibilität erkennen zu geben / und daß es zwar deroſelben hertzlich leyd / daß Ihre Kayſerl. Majeſtät in einige Kriegs-Speſen geführet worden / aber auch die höchſte Beſchwerlichkeit wäre / ihr einige Erſtattung zu zu muthen / wie dan dieſelbe ſich nicht einbilden / daß Ihre Kayſerl. Majeſtät auf dergleichen Forderung unvermöglicher Dinge zu beharren / noch viel oder wenig von denen Unſer gnädigſten Herꝛſchafft an- und zugehörigen Landſchafften / deren dieſelbe vor ihrem hochbeſchwerlichen Vertreiben / in ruhigem Herbringen / Poſſes und Gewehr geweſen / unter was Schein und Fürwand es immer geſchehen möchte / vorzuenthalten gemeint ſeyn werden : Sintemahl ſie gleich von Anfang / durch allerley möglichſte Mittel / nach dem erwüntſchten Frieden getrachtet / jederzeit proteſtirt / daß ſie zu Krieg / Blut-Vergieſſung und Landes-Verheerung niemals Luſt getragen / geſtalt ſie auch nun in die fünff Jahr gantz und gar keine Waffen in Handen gehabt / und die / ſo ſie zuvor ergriffen / eintzig und allein zu ihrer Defenſion, keinsweges aber zu jemands Offenſion, angeſehen geweſen; Alſo daß ſie niemand einige Kriegs-Koſten verurſacht haben. Dahingegen alle und jede ihre Lande und Unterthanen durch Krieges-Gewalt ruinirt / und ſo viel Jahr lang mit Schatzung und dergleichen Beſchwerden dermaſſen ausgemergelt worden / daß der ihro dannen her zugefügte Schaden nicht wohl auszuſprechen / zu geſchweigen / daß die Churfürſtl. Schlöſſer und Häuſer aller Mobilien entblöſſet / ein anſehnliches Geld von den Unterthanen die Zeit über erhebt / und das beſte Geſchütz weggeführet / die berühmbte unſchätzbare Bibliothec veräuſſert / der Pfaltzgräffiſchen Churfürſtl. Frau Wittiben dero Leibzucht Neuburg und Witthumbs-Verbeſſerung Lorbach entzogen / alſo ein ſolches Gut aus Unſer gnädigſter Herꝛſchaft Landen überkommen worden / welches mit ſehr viel Millionen Goldes nicht erſtattet werden könte : Solcher Geſtalt / wann Unſere gnädigſte Herꝛſchafft wiederumb zu dero Land und Leut kommen / daß dieſelbe ſchwerlich den unvermeidlichen Unterhalt und Auskommen werden haben mögen. Aus welchen und andern mehr gantz erheblichen und dringenden Bewegnüſſen Unſere gnädige Herꝛſchafft die ungezweiffelte vertröſte Hoffnung gefaſt / es werden deroſelben weder Ihre Kayſerl. Majeſtät bey ſo offenbarer weltkündigen Unvermöglichkeit / noch jemand anders / einige refuſion zu zu muthen nicht gemeinet ſeyn; Sondern verhoffet / Ihre Kayſerl. Majeſt. werden ſich

Anno 1627. in diesen Puncten allergnädigst zu frieden geben / und was aus den Chur-Pfältzischen Landen genossen / erhoben / und bekommen / gegen solche Forderung halten / und eine mit der andern compensiren : gestalt dan Unsere gnädigste Herrschafft nicht allein williglich geschehen lassen / sondern auch so viel an dero / helffen / trachten und bearbeiten / daß Ihre Kayserliche Majestät auf andere fügliche und thunliche Mittel / so viel immer möglich / der Gebühr entgegen gegangen und Ergetzlichkeit geschehen möge.

Dieses ist also dasjenige / darzu Unsere gnädigste Herrschafft sich bey denen von des Hertzogen von Cruman Fürstl. Gnaden eröffneten vier Puncten oder Conditionen erklären und erbieten können; jedoch mit diesem ausdrücklichen Reservat und Beding / daß Pari Passu Unsere gnädigste Herrschafft mit Kayserl. Huld und Gnade auch begehrter völliger Restitution entgegen gegangen; nicht weniger daß auf wiedrigen gantz unverhofften Fall diese Erklährung und Anerbieten also sollen verstanden werden / als wan sie nicht vorgegangen wären / vielweniger daß Unserer gnädigsten Herrschafft und den ihrigen einig Præjuditz und Nachtheil daraus gezwungen gesuchet / jetzo oder ins künfftig zugemuthet werden könne oder solle; Darbey Unsere gnädigste Herrschafft an beyder Herren zu Lottringen und Würtenberg Fürstl. Fürstl. Gnaden Gnaden gantz Freund- und Vetterlich gesinnen und begehren / die wollen nicht allein dieses alles offt allerhöchstgedachter Käyserl. Majestät unterthänigst vortragen / sondern auch bey derselben mit ihren ansehnlichen beweglichen Interpositionen Unserer gnädigsten Herrschafft so fern behülfflich seyn / daß Ihre Majestät sich mit obverstandenen Erklärungen und Anerbiethen in Kayserlichen Gnaden ersättigen und begnügen lassen / und derselben ein mehrers / so Gewissens / Ehren und Vermögens halben / zu erstatten allerdings unmöglich / nicht zumuthen / und hierunter Vätterlich des Römischen Reichs Ruhestand und Wohlfarth allergnädigst betrachten / und allen andern Considerationen vorziehen; Insonderheit aber nicht gestatten / daß des Römischen Reichs Stände unverschuldter Ding in fernet Verderben / und in endliche Desolation gestürtzt / mehr Christen-Blut erbärmlich vergossen / neben andern unbegreifflicher Jammer und Elend gestifftet und verursacht werde.

Welches Unsere gnädigste Herrschafft umb Ihre Fürstl. Fürstl. Gnaden Gnaden die Tage ihres Lebens mit danckbarem Gemüth zu erkennen und zu beschulden nimmer vergessen werden.

Desgleichen / und demnach Unserer gnädigsten Herrschafft sehr schmertzlichen zu Gemüthe gehet / daß eben zu der Zeit / da man durch Gottes Gnade in terminis einer gütlichen Handlung stehet / dero arme unschuldige Unterthanen beydes an ihren Gütern / und Gewissen je länger je mehr beträngt / die Vestung Manheimb und andere vornehme Plätz / Schlösser und Häuser in Grund verderbt worden / als ist Unser gnädigsten Herrschafft an die Herren Interponenten Fürstl. Fürstl. Gnaden Gnaden gantz beweglich Bitten und Begehren / durch ihre ansehnliche Vermittelung es dahin zu richten / auf daß dergleichen procedere hinfüro verbleiben möge / nicht weniger bey der Kayserlichen Majestät möglichste Unterbauung zu thun / damit Unsers gnädigsten Herren geliebte Frau-Mutter und Brüder / ohn ferner Auffenthalt / zu dem ihrigen wider gelangen mögen / auff den unverhofften Fall aber solches verschoben und differirt werden solte / daß doch zum wenigsten ihnen beyden / die von der Kayserl. Majestät so offt verwilligte alimentation gefolgt werden möchte.

Und haben darneben gedachte Fürstliche Lothringische und Würtenbergische Abgesandte auf sich genommen und versprochen / dieses alles und was hierunter vorgängen / Hochgedachten Ihren Fürstl. Fürstl. Gnaden Gnaden unterthänig anzubringen / und darbey ausser allen Zweiffel gestellet / dieselbe werden nicht allein solches alles allerhöchstgedachter Kayserl. Majestät unterthänigst referiren und dero allergnädigste Resolution und Gemüths-Meynung darüber erwarten / sondern auch darbey / so viel immer möglich und thunlich / wie bishero geschehen / mit dero bestgemeinten Interposition getreulich und sorgfältig mitwürcken / und mit angelegenen Fleiß und Eyfer äusserst dahin sich bearbeiten / daß die hierunter allerseits rühmlich gefaste und habende hoch und allgemeine nützliche Intention möge erlangt / und der heilsame höchstnothwendige Frieden im Heiligen Römischen Reich Teutscher Nation einst wieder gebracht und aufgepflantzet / und allem / in Verbleibung dessen / androhendem kläglichen Unheyl entgegen getrachtet werde. Dessen zu Urkund und mehrer Bekräfftigung haben allerseits Abgesandte diesen Receß und Abschied mit eigenen Händen unterschrieben / und ihre gewöhnliche Pittschafft fürgedruckt / auch hierüber drey gleichlautende Originalia fertigen lassen. Anno 1627.

Geschehen und geben in der freyen Reichs-Stadt Colmar den 8/18 Julii Anno 1627.

Andreas Pawel.

(L. S)

C. O. Haraucort, Gouv. de Nanci.

(L. S.)

Pl. von Helmstädt.

(L. S.)

Johann Joachim von Rustorff.

(L. S.)

J. Boillot.

(L. S.)

Jacob Löffler / *Dr.*

(L. S.)

CCLXXXV.

Traité entre LOUIS XIII. *Roi de France, & les Etats Généraux des* PROVINCES-UNIES *des Pays-Bas : par lequel, entr'autres, le Roi s'engage de fournir ausdits Etats, pendant neuf ans, un million de livres tous les ans. Fait à Paris le 28. Août 1627.* [FREDERIC LEONARD, Tom. V. d'où l'on a tiré cette Pièce, qui se trouve aussi dans le MERCURE FRANÇOIS, Tom. XIV. pag. 14.] 28. Août. LA FRANCE ET LES PROVINCES-UNIES.

COMME ainsi soit que le feu Roi nostre tres-honoré Seigneur & Pere, que Dieu absolve, eut voulu faire en l'année 1608. une Ligue defensive avec Messieurs les Etats Generaux des Provinces-Unies des Païs-Bas, pour les obliger à faire Tréve avec les Archiducs, qu'ils ne vouloient faire sans l'asseurance de garantie & défense de nostredit Seigneur & Pere, & que par ladite Ligue il soit porté qu'elle doit estre perpetuelle entre nos Etats & les Provinces-Unies, son inten-

ANNO 1627. intention aiant toûjours esté que nous la confirmassions & continuassions, Nous desireux en toutes choses de suivre l'exemple de nostredit Seigneur & Pere, & nous conformer à ses volontez, considerans que plus lesdits Sieurs Etats auront asseurance de nôtre part, moins ils se porteront pour trouver leur seûreté par d'autres voies, & des extremitez capables de troubler le repos commun, desireux aussi de conserver autant qu'il nous sera possible la Paix entre les Princes: Sadite Majesté a nommé, choisi & deputé les Sieurs de Buillon & Chatteau-neuf, Conseillers au Conseil d'Etat & des Finances, & Chancelier de ses Ordres, pour avec le Sieur Gedeon de Boetzelaer, & d'Asperem, Baron de Langueraek, de Louvigny & du St. Empire, Chevalier de l'Ordre de Saint Michel de Sa Majesté, au nom & en qualité d'Ambassadeur de Messieurs les Etats des Provinces-Unies des Païs-Bas, aviser & traiter des moyens plus convenables à cet effet, lesquels reciproquement en vertu des Pouvoirs à eux donnez, dont copie sera inserée en fin des Presentes, ont apres plusieurs Conferences convenu & arresté des choses qui ensuivent.

I. PREMIEREMENT, Que sa Majesté fournira ausdits Sieurs les Etats Generaux neuf ans durant, la somme d'un million de livres payables de six mois en six mois par chacun an, si la Guerre qu'on leur fait dure autant de temps à commencer du premier Janvier passé.

II. Durant lequel temps lesdits Sieurs les Etats ne traiteront Paix ni Tréve avec leurs Ennemis, directement ni indirectement, sans le sceu & avis de Sa Majesté, comme aussi de la part de Sa Majesté ne se fera aucun Traité au préjudice de leur Etat.

III. En reconnoissance du secours qu'il plaist à Sa Majesté accorder ausdits Sieurs Etats par le present Traité, & les autres grandes faveurs qu'ils ont receus de la France, seront tenus, si Sa Majesté est en Guerre assaillie en ses Etats, d'emploier, apres qu'ils en auront esté requis contre tous & quelconques, la moitié de la somme que dans un an ils recevront de Sadite Majesté, si mieux n'aiment lesdits Sieurs Etats en Hommes & Vaisseaux de port de deux à six cent tonneaux, jusques à la concurrence de ladite somme, auquel cas on conviendra de la solde des Soldats & du prêt des Vaisseaux selon le prix ordinaire & usité dudit Païs, duquel dés à present sera fait estat particulier, comme aussi lesdits Sieurs les Etats ne donneront, directement ni indirectement, sous quelque couleur que ce puisse estre, aucun secours ou assistance contre Sa Majesté.

IV. Si en outre il arrive que Sa Majesté ait besoin de Vaisseaux pour nettoier ses Mers, soit pour s'opposer aux attaques & entreprises qu'on pourroit faire contre ses Etats, ou quelque autre cause semblable, Sa Majesté pourra à sa volonté faire acheter ou frêter dans les Provinces-Unies jusques à la quantité de quinze Vaisseaux, auquel cas lesdits Sieurs Etats promettent de seconder l'intention de Sa Majesté de bonne foi pour les lui faire avoir au plûtôt & à prix raisonnable & ordinaire dudit Païs.

V. Lesdits Sieurs les Etats conviendront avec Sa Majesté dans six mois, pour garentir la Mer du Ponant contre les incursions & depredations de ceux d'Alger & de Thunis, & cependant où il se trouvera és Ports des susdits Sieurs les Etats aucuns Vaisseaux & Marchandises Françoises qui auront esté depredées, lesdits Sieurs les Etats les feront restituer à la premiere instance qui leur en sera faite, soit par l'Ambassadeur du Roi, ou les Marchands ses Sujets qui les reclameront.

VI. Ne pourront les Sujets de Sa Majesté, ni ceux des Sieurs les Etats exercer aucun Acte d'hostilité l'un contre l'autre, en Terre ou en Mer, ou en Riviere, sous quelque pretexte que ce puisse estre, & lesdits Sieurs les Etats donneront ordre que les plaintes des Sujets du Roi seront terminées dans trois mois au plus tard par les Conseillers de l'Admirauté, aprés que l'Ambassadeur ou autre de sa part aura esté oüi, lesquels ne pourront avoir aucune part ni profit dans les Navires de Guerres, ni és prises qu'ils auront à juger.

VII. En cas que l'une desdites Parties demande révision du Jugement donné par ledit Conseil, lesdits Sieurs les Etats commettront des personnes qualifiées & nullement interessées pour en juger en dernier ressort avec lesdits Sieurs Conseillers de l'Admirauté, & cependant lesdites prises demeureront en bonne & seure garde sans qu'il en puisse estre fait aucune vente, si ce n'est aprés avoir esté convenu avec ledit Ambassadeur du temps d'icelle, ce que pareillement Sa Majesté accorde pour les Sujets desdits Sieurs les Etats pour tous les cas susdits. ANNO 1627.

VIII. Quant à la nomination aux Charges des Colonels, Capitaines, & autres Officiers des Regimens François, en sera usé en la maniere accoûtumée.

IX. Si Sa Majesté estant en Guerre avoit besoin des Regimens François qui sont en Hollande, seront lesdits Sieurs les Etats tenus de les faire conduire à Calais ou à Dieppe, pourveu toutesfois que lesdits Sieurs les Etats soient en Paix ou Tréve.

X. Le Droit d'Aubeine cessera ensuite des Traitez précedens, en tous points, & sera par Sadite Majesté mandé à tous ses Parlemens d'en faire joüir lesdits Sieurs les Etats purement & simplement sans autre forme de Justice, & sans qu'il leur soit necessaire d'impetrer Lettres de Naturalité, comme aussi de leur part lesdits Sieurs les Etats seront tenus de donner pareil ordre au regard des Sujets de Sa Majesté.

XI. Toutes Lettres de Represailles, Marques, Arrests, & autres semblables seront nulles & de nul effet, en vertu du present Traité, mais la justice sera renduë & administrée à un chacun ainsi qu'il appartiendra.

XII. En consequence duquel Traité les Sujets dudit Seigneur Roi & des Sieurs les Etats, vivront en bonne amitié & auront le Trafic libre entre eux dans l'étenduë des Etats & Païs de l'un & de l'autre, tant par Mer que par Terre, de toutes Denrées & Marchandises dont le Commerce n'est prohibé & défendu par les Ordonnances qui ont lieu esd. Etats & Païs, sans qu'ils soient tenus paier plus grands Droits pour lesd. Denrées & Marchandises qui entreront esd. Roiaumes, Païs & Etats ou qui en sortiront, que ceux qui se paient par les Naturels Habitans & Sujets où le Trafic & Commerce s'exercera.

XIII. Pour éviter les depredations qui arrivent souvent sur les Sujets, tant de Sa Majesté que desd. Sieurs les Etats pour la facilité que les Ennemis des uns & des autres ont de se servir des Ports & Havres de Sa Majesté & des Sieurs les Etats, il a esté arresté que les Navires de guerre de Sa Majesté & des Sieurs les Etats pourront poursuivre les Navires de leurs Ennemis, desquels ils auront esté depredez jusques à une portée de Canon des Ports & Havres de l'un & de l'autre; sitôt que les Navires des Ennemis seront entrez dans lesd. Ports & Havres, avec les Prisonniers & Marchandises depredées, on fera mettre les Prisonniers en liberté, & les Biens, Marchandises & Navires par eux déprédées, seront renduës & délivrées aux Proprietaires.

XIV. Ne pourront aussi lesd. Navires des Ennemis attaquer ou endommager les Sujets de Sa Majesté & des Sieurs les Etats, que vingt-quatre heures aprés qu'ils seront sortis desd. Ports & Havres, autrement seront declarées de mauvaise prise, & sera procedé à la restitution d'icelles par represailles, qui dés à present comme dés lors sont tenuës pour accordées au profit des Interessez & les Capitaines desd. Navires poursuivis comme infracteurs de la Paix publique.

XV. Tous les Traitez faits par Sa Majesté & les Sieurs les Etats avec autres Rois, Princes & Republiques demeureront en leur force & vigueur fors & excepté en ce en quoi il est dérogé par le present Traité.

XVI. Pour l'execution & observation des presens Articles Sa Majesté fera expedier toutes Lettres de Declaration necessaires, lesquels Articles & Traité pour lesd. neuf années si tant la Guerre dure, seront ratifiez bien & deuëment par lesd. Sieurs les Etats Generaux dans six semaines du jour & datte des Presentes, & iceux avec la Ratification presentez à Sa Majesté par lesdits Sieurs Ambassadeurs, pour estre pareillement lesdits Articles & Traitez ratifiez par Sa Majesté quinze jours aprés & délivrez ausd. Sieurs les Etats.

Articles particuliers arrestés à Saint Germain en Laye le 16. Septembre 1627.

I. QUE pour faciliter le secours promis ausd. Sieurs les Etats les sommes accordées par le premier Article du Traité, seront fournies au terme porté par icelui, & pour cet effet sera au commencement de chaque

ANNO 1627.

que année délivrée assignation sur un fond ordinaire & bien asseuré.

II. Que le million de livres deub par Sa Majesté ausd. Sieurs les Etats pour l'année écheuë à ce dernier jour du mois de Decembre dernier, suivant le Traité de Compiegne sera paié comptant.

III. Que ce à quoi se trouveront monter les frais, dépenses .... & pertes avancées & souffertes par les Sieurs les Etats pour la Flotte du Sieur Hautin envoié en France en l'année .... leur sera rembourfé comptant selon l'état qu'ils en ont dressé.

IV. Comme aussi le fret & loüage des Vaisseaux qui ont servi pour le passage de la Cavallerie du feu Sieur Comte de Mansfeld en l'année 1625. sera paié selon les Contracts & Obligations faites avec les particuliers Sujets desdits Sieurs les Etats, & le Canon desdits Sieurs enlevé de Calais, & mené au Havre de Grace.

V. Que Lettres Patentes pour le droit d'Aubeine seront délivrées à Monsieur l'Ambassadeur desd. Seigneurs, l'une addressant au Parlement de Roüen & la troisiéme au Parlement de Bourdeaux.

VI. Que pour prévenir les grandes vexations qui sont journellement données aux Sujets desd. Seigneurs sur le fait du Commerce, & pour les saisies de leurs Marchandises, sous pretexte des prises qui sont faites sur les Espagnols venans de Baionne, & Saint Jean de Luz, qui trouvent moiens de faire vendiquer lesd. prises par des François qui prêtent & accommodent leurs noms ausd. Espagnols, qu'il sera accordé ausd. Sieurs les Etats de nommer en chacune des Villes de Roüen, Dieppe, Bordeaux, Baionne, Saint Jean de Luz, & autres un des Bourgeois desd. Villes originaires des Païs-Bas, auquel Sa Majesté aura agreable de donner Commission pour & au nom du Consul ou Sindic des Marchands desd. Païs, expedier tous Certificats de Marchandises sortans desd. Villes, ou entrans dans le Roiaume, appartenans aux Sujets desd. Sieurs les Etats pour passer de bout aux Païs Etrangers, & pour assister aux visitations qui se feront des Marchandises venans desd. Païs pour estre debitées dans le Roiaume, & generalement agir & repeter en justice les interests desdits Marchands pour la facilité dudit Commerce.

VII. Qu'en consequence de l'Article dudit Traité, Arrest sera expedié au Conseil, portant défense aux Juges de la Table de Marbre de connoître la Navigation à l'égard des Sujets desd. Sieurs les Etats, ni de permettre aucune saisie de leur Marchandise dont la connoissance sera évoquée au Conseil, pardevant Messieurs les Commissaires de l'Admirauté, & sera enjoint ausd. Juges ordinaires de la Table de Marbre de renvoier les Requestes, qui leur seront presentées pardevant lesd. Sieurs Commissaires, à peine de répondre des dommages & interests en leurs propres & privez noms.

1. Seront fournies és mains de Monsieur l'Ambassadeur d'Hollande, les assignations necessaires suivant les termes du Traité de six cent mille livres, tous les six mois, à condition de tirer l'argent par Lettre de change & non autrement.

2. La moitié aiant déja esté paiée comptant, l'autre moitié se paiera en rapportant la Ratification du susdit Traité.

3. Les Sieurs d'Herbaut, de Bullion, de Châteauneuf, & de Chevri, sont commis pour examiner l'état des frais, qui sera presenté par Monsieur l'Ambassadeur, pour icelui veu, & examiné leur estre pourveu d'assignation, de ce qui se trouvera leur estre bien & legitimement deub.

4. Idem comme l'Article précedent.

5. Accordé.

6. Monsieur l'Ambassadeur presentant sa Requeste sur le contenu audit Article, le Roi la fera examiner en son Conseil, pour y estre pourvu, ainsi que de raison.

7. Sera usé de même pour cet Article qu'au précedent.

Fait & arresté par le Roi à Saint Germain en Laye le 16. jour de Septembre mil six cent vingt-sept.

Signé,

DE BULLION &

DE L'AUBESPINE.

ANNO 1627. 24. Sept.

CCLXXXVI.

Haubt-Accord oder gütliche Vergleichung zwischen Land-Graf Wilhelm zu Hessen-Cassel und Land-Graf George zu Hessen-Darmstadt/ durch interposition Land-Graf Philipps zu Hessen/ aufgericht/ worinnen ein Theil so wohl als der andere auf viele gegen einander habende prætensiones, verneml. der von Cassel vor sich und die gantze Casselische linie auf das Fürstenthum Ober-Hessen renunciret; auch einen Antheil an Stadt und Ambt Umbstatt an Darmstatt cediret. Geben zu Darmstatt am 24. September 1627. mit Käysers Ferdinandi II. Confirmation, geben auffm Schloß zu Prag den 1. Februar. 1628 [LUNIG, Teutsches Reichs-Archiv. Part. Spec. Continuat. II. Abtheil. IV. Absatz. VIII. pag. 827. d'où l'on a tiré cette Pièce, qui se trouve aussi dans le *Theatrum Europæum* Tom. I. pag. 1003.]

C'est-à-dire,

Traité d'Accommodement communément appellé Haubt-Accord, *entre* GUILLAUME *Landgrave de Hesse-Cassel*, & GEORGE *Landgrave de Hesse-Darmstadt*, *conclu & procuré par l'interposition de* PHILIPPE *Landgrave de Hesse*, *par laquelle* GUILLAUME, *Landgrave de Hesse-Cassel*, *renonce pour lui & pour toute sa Maison à la Principauté de la* Haute-Hesse, & *céde au Landgrave de Darmstadt sa Portion du Bailliage d'*Umbstat, *l'un & l'autre se desistant d'ailleurs de toutes les Prétentions & Contre-Prétentions, qui faisoient le sujet de leurs Diférents. A Darmstat le 24. Sept. 1627.* Avec *la Confirmation de l'Empereur* FERDINAND II. *à Prague le 1. Fevrier 1628.*

WIR Ferdinand/ der Andere/ von Gottes Gnaden/ Erwehlter Römischer Keyser/ zu allen Zeiten Mehrer des Reichs/ in Germanien/ zu Hungarn/ Böheimb/ Dalmatien/ Croatien/ und Slavonien ꝛc. König/ Ertz-Hertzog zu Oesterreich/ Hertzog zu Burgund/ zu Braband/ zu Steyr/ zu Kernden/ zu Crain/ zu Lützenburg/ zu Würtenberg/ Ober-und Nieder-Schlesien/ Fürst zu Schwaben/ Marggraff des heiligen Römischen Reichs/ zu Burgaw/ zu Mähren/ Ober-und Nieder-Laußnitz/ Gefürsteter Graff zu Habsburg/ zu Tyrol/ zu Pfird/ zu Kyburg und zu Görtz/ Landgraff in Elsaß/ Herr auff der Windischen Marck/ zu Portenaw und zu Salins ꝛc. Bekennen vor Uns und Unsere Nachkommen am Reich/ Römische Keyser und Könige/ offentlich mit diesen Brieffe/ und thun kund allermänniglich/ daß Uns die Hochgebohrne Wilhelm/ und Georg/ Gevettern/ Land-Grafen zu Hessen/ Graffen zu Catzenelnbogen/ Dietz/ Ziegenhain und Nidda/ Unsere liebe Oheimben und Fürsten/ durch ihre an Unserm Keyserl. Hoff abgeordnete Gesandte gehorsambst vorbringen laßen/ und berichtet/ demnach sich zwischen beyder deroselben Vättern/ Land-Graff Moritzen/ und weyland Landgraff Ludwigs des Jüngern Ld. Ld. eine geraume zeithero grosse Irrungen und Rechtsfertigungen erhalten/ eins theils auch durch Unsere rechtmässig ergangene Urtheil entschieden und exequirt, andern theils aber in lite begriffen/ oder doch sonsten noch bevor gewesen/ und dan beyder obgemelter Landgraff Wilhelms und Georgens Gevettern Ld. Ld. und ein jeder an seinem Orth in ein fast schwehre und mühesame Lands-Regierung ohnlengst

ANNO 1627.

lengst kommen / auch nicht allein von Uns selbsten / auß Keyserl. Vätterlicher Sorgsalt / und den Chur-und Fürsten des Reichs / bevorab aber von ihren Erbverbrüderten und Erbvereinigten treulich erinnert / sondern auch von Ihrer Ld Ld. beyderseits undergebenen Ritter-und Landschafft underthänig beweglich ersucht und gebeten worden / bey diesen ohne das sehr schwühriger und geschwinden Laufften in ihrem Fürstlichen Hauß / zu dessen besserer Sicherheit / auffnehmen und avertirung besorgter gäntzlicher ruin von ihren ohne das durch das Kriegswesen verderbten Unterthanen / Land und Leuten / ein rechtschaffnes / auffrechtes vernehmen / Fried und Einigkeit wieder auff zupflantzen / und alle zwischen beyder Ihrer Ld. Ld. sich erhaltenden Irrungen / zu einer gütlichen Vetterlichen Composition und Vergleichung / die zu ewigen Tagen güldig und kräfftig seye / zu bringen / wie daß solchem nach / der auch Hochgebohrne Philips / Land-Graff zu Heßen / Graff zu Catzenelnbogen / Dietz / Ziegenhain und Nidda etc. Unser lieber Oheimb und Fürst / aus getrewer friedliebender Intention sich interponirt / und obbemelter beyder Land-Graffen Ld. Ld. Anfangs Ihre Räthe beyderseits zusammen geschickt / hernach auch unterschiedlich in der Persohn sich zusammen verfügt / und darauff auff reiffliches Bedencken und Berathschlagung sich untereinander vereiniget und verglichen / wie die hierüber auffgerichte Vergleichungs-notul mit mehrern ausweiset; So Uns in Originali under beyder mehrgemelter Land-Graffen Wilhelms und Georgens / auch Landgraff Philipsen / als Interponenten, Ld. Ld. Ld. selbst eigenen Händen und Insiegeln fürgelegt worden / und von Wort zu Worten hernach geschrieben stehet / und also lautet:

Von Gottes Gnaden / Wir Wilhelm und George / Gevettere / Land-Graffen zu Heßen / Grafen zu Catzenelnbogen / Dietz / Ziegenhayn / und Nidda etc. Vor Uns / und alle Unsere Erben / und Nachkommende Fürsten zu Heßen / und also insgemein vor Unsere beyde Fürstliche Caßelische und Darmstädische Linien / die wir kräfftiglich hiemit obligiren und verbinden / Bekennen und thun kund / offentlich in diesen Brieff / vor allen denen / die deßen über kurtz oder lange Zeit ansichtig werden: Nachdem der gütige GOtt / zu diesen überaus betrübten / gefährlichen und geschwinden Zeiten und Läufften Uns beyde / einen Jeden an seinen Orth und in seiner Linie / in schwere Landsfürstliche Regierung geordnet und gesetzet hat / daß wir als nahe Bluts-Freunde / die einen Titul / Schild und Helm führen / bedächtlich erwogen / wie es umb Unser uraltes Fürstliches Hauß Heßen niemahls baufälliger / sorglicher / noch gefährlicher gestanden / als wenn daßelbe mit innerlicher Mißverständnüß und Unruhe beladen gewesen: hingegen es aber nie beßer florirt / als wann sich deßen Häupter / Fürsten und Regenten in Einigkeit / Fried / Lieb und Treue begangen haben.

Wenn sich denn zwischen den Hochgebohrnen Fürsten / Herrn Moritzen und Herrn Ludwigen dem Jüngern / beyden Landgraffen zu Heßen / Graffen zu Catzen-Elnbogen / Dietz / Ziegenhayn und Nidda etc. Unsern Gnädigen und vielgeliebten Herren Vettern respectivè Christseeligen und Hochlöblichen Andenckens / vor etlich und zwantzig Jahren Differenz und Streitigkeit angesponnen / welche von Zeiten zu Zeiten dergestalt gewaltig über Hand genommen / daß deren noch ein guter Theil auf Uns / Ihrer Vätterlichen Gn. Gn. Nachfolgere an den Fürstlichen Regierungen erwachsen ist / und sich zu besorgen war / daß darauß noch mehrere Verbitterung der Gemüther / gäntzliche Erschöpff- und Ruinirung Unserer Fürstenthumb und Landen / Versäumung Unsers Fürstlichen Haußes gemeiner obliegen / so wohl noch andere unzehlbahre Ungelegenheiten / wie solche der innerlichen Trenn- und Spaltung eines hohen Haußes gemeiniglich zu folgen pflegen / entstehen möchten / darumb denn von der jetzregierenden Römischen Käyserlichen auch zu Hungarn und Böhmen Königlichen Majestät / Unsern allergnädigsten Herrn / wir zur Vergleichung gar gnädigst und Vätterlich beydes in Schrifften / und durch mündliche Zuentbietungen / ermahnet / von vornehmen friedliebenden und gehorsamen Chur- und Fürsten / sonderlich aber von denen / die mit Uns in Erbverbrüderung und Erbeinigung stehen / darzu erinnert / durch Unsere beyderseits getreue Landstände / flehentlich darumb gebethen / und dann Uns beyden Land-Graff Wilhelmen / und Land-Graff Georgen / Unsere Hertzen und Gemüther zur Verträglichkeit / durch sonderbahre Göttliche Würckung / gleichsam gerühret und getrieben worden; So haben wir mit vorhergangener inbrünstiger Anruffung GOttes / als des Obristen Stiffters und Erhalters alles friedlichen Wohlbegehens / die Sachen und den ungewissen / mißlichen und zweiffelhafftigen Ausgang / den dieselbe bey unterbleibender gütlicher Transaction noch endlich gewinnen möchten / mit höchsten Fleiß überlegt / Unsere beyderseits vertraute Räthe / und Diener etliche zusammen geschickt / Uns in der Person / an gelegene Orth und Mahlstatt unterschiedlich vertagt / mit dem gütlichen Tractat eine geraume Zeit von vielen Monathen zugebracht.

Mittlerweil / und nach dem beyläufftig gesehen / wie weit einer und der andere Theil gehen wolte / bey Unsern Herrn und Freunden Gutachten und Rathschläge eingeholet / und diesem nach auff friedliebende / sorgfältige getreue und embsige Interposition des Hochgebohrnen Fürsten / Herrn Philipsen / Land-Graffen zu Heßen / Graffen zu Catzenelnbogen / Dietz / Ziegenhayn / und Nidda etc. Unsers freundlichen lieben Vettern / und Herrn Vaters / hindan gesetzt aller Neben-Respect, GOtt zu Ehren / der Römischen Käyserlichen Majestät / und dem heiligen Reich zu Dienste / dem gemeinen Nutzen zur Beförderung / Unsern Landen und Leuten zu Fried und Trost / so denn uns selbsten zu Erleichterung Unserer schweren Fürstlichen Regierungs-Läste / eine freundliche / auffrichtige / redliche und wohlgemeinte Abrede / wissentlich / wohl bedächtig und gründlich beschloßen und abgefaßet / wie unterschiedlich hernach folget.

Zuvorderst sollen und wollen die Römische Käyserliche Majestät / Unsern allergnädigsten Herrn / als Unsere von GOtt geordnete höchste Obrigkeit / wir mit schuldigen Gehorsamb veneriren / Ihr. Majestät in ihren und des Reichs fürfallenden Nöthen / nach allen Vermögen assistiren / redliche und aufrichtige allerunterthänigste Dienste leisten / und gegen Ihr. Majest. Uns allenthalben also bezeigen / wie solches getreuen und gehorsamen Fürsten des Reichs wohl anstehet und gebühret / auf daß hierdurch Käyserl. Majestät Hochheit / Respect / und Authoritát vor allen Dingen / in schuldige Obacht genommen und erhalten / und deroselben Hertz und Gemüthe je länger je mehr bewogen werde / Uns und den unserigen mit desto mehrern Käyserl. Gnaden geneigt zu seyn und bleiben.

Nechst diesen sollen und wollen wir / auch Unsere Erben und Nachkommen / und insgemein alle Fürsten Unserer beyderseits Fürstlichen Linien / all Unser Lebtag einander / mit gutem rechten / gantzen und wahren Treuen / Vetterlich / Brüderlich / freundlich und gütlich meinen / lieben / ehren / vertheydigen / und Unser einer des andern / auch Land und Leuthe Nachtheil und Schaden warnen / selbst nichts schädliches zufügen / Frommen und Bestes mit Worten und Wercken suchen und fördern.

ANNO 1627.

ANNO 1627.

Belangend dann Unsers Fürstlichen Haußes schwere strittige Haupt-Sachen/ so wollen erstlich hiermit/ Wir Land-Graff Georg vor Uns und Unser gantze Fürstliche Heßen Darmstättische Linie/ einen beständigen/ unwiederufflichen/ immerwehrenden und ewigen Verziegk thun/ auf die Unsern in GOtt ruhenden gnädigen geliebten Herrn Vattern/ Land-Graff Ludwigen dem Jüngern/ Lob-würdigen Andenckens/ mit Kayserlicher Sententz und Urtheil adjudicirte hohe Liquidation Summen/ so sich weit über eine Million Golds belauffet.

Zum Andern/ wollen wir Land-Graff Georg vor Uns und alle Unsere Erben und Nachkommende Fürsten zu Heßen Uns hiermit verziehen und begeben haben/ aller fernern Ansprachen und Forderungen/ wie dieselbige in der vor des hochansehnlichen Käyserlichen Herrn Commissarii/ Chur-Fürsten zu Cölln Liebden/ von Weyland Herrn Landgraff Ludwigen dem Jüngern/ Gottseeligen/ übergebene Liquidations-Klage specificiret/ oder auch in der obberührten Käyserlichen Liquidation Urtheil ausgesetzt/ und der Darmstättischen Linie reservirt seynd/ oder was auch sonsten weiter wir Land-Graff Georg/ vor Uns und Unsere Fürstliche Darmstättische Linie/ an die Fürstliche Heßen Casselische Linie von dergleichen Liquidatis oder Liquidandis hätten finden/ fordern/ suchen und sprechen sollen/ können oder mögen.

Drittens/ obwohl Unser Land-Graff Georgens geliebter seeliger Herr Vatter/ Landgraff Ludwig der Jüngere/ und nach seiner Väterlichen Gnaden tödtlichen Hintritt/ Wir Land-Graff George selbst/ bey Belägerung deren beyden vesten Häuser Rheinfels und Catz/ etlichmahl hunderttausend Gülden Unkosten spendiret und aufgewendet/ welcher hohen und großen Unkosten Restitution wir an die Fürstliche Heßen-Casselische Linie erfordert und gesucht/ dieselbe aber allerhand hierauff eingewendet; So wollen wir doch auß sonderlicher Liebe und Neigung zu Fried und Einigkeit auf solche Forderung auch Verziegck gethan/ und Uns erklähret haben/ von jetztgedachter Hessen-Casselischer Linie die Erstattung deroselben/ oder auch andere Executions-Kosten/ und was dahero ferner rühren mag/ zu ewigen Tagen nicht mehr zu begehren.

Vierdtens/ als Unser/ Land-Graff Georgens/ gnädiger lieber Herr Vater/ nunmehro seeliger/ und nachgehends wir/ als seiner Väterlichen Gnaden Erb und Successor/ wieder Unsern Vettern/ Herrn Moritzen Landgraffen zu Heßen rc. zu einer Klag fractæ pacis publicæ berechtiget und befugt zu seyn vermeynet/ welches aber Wir Land-Graff Wilhelm/ starck wiedersprochen; So wollen wir Land-Graff Georg/ ebenmäßig/ ewig und unwiederrufflich renunciiret haben/ jedoch an denen Actionen fractæ pacis, die Uns Land-Graff Georgen wieder andere competiren/ hierdurch gar nichts nachlaßen.

Fünfftens/ nachdem Weyland Herr Land-Graff Ludwig der Jüngere/ Hochseeliger/ und nunmehr wir Land-Graff Georg/ als seiner Vätterlichen Gnaden Nachfolger am Regiment/ Uns sehr beklagt/ daß der Unsern gantzen Fürstlichen Sampt-Hauße Heßen zu gutem gemeynte/ und zu Ziegenhayn gewesene nahmhaffte Geld-Vorrath/ deßen in weyland Herrn Land-Graff Philippsen des Aeltern/ und Herrn Land-Graff Wilhelms des Aeltern beyder Christseeligen/ nachgelaßenen Fürstlichen Testamenten gedacht würde/ erhaben und verwendet worden/ davon gleichwohl Unsers Vettern Land-Graff Wilhelm L. nichts wißen wollen; So haben wir Land-Graff Georg/ auf die darauß entstandene Forderung auch Verziegk gethan/ und soll hiernechst; wan sich beyde Fürstliche Linien/ Cassel und Darmbstatt/ recolligiret/ und aus ihren diese Zeit über auffgeschwollenen Lästen/ durch Gottes Hülff und Beystand/ loßgewürcket haben werden/ mit Rath und Zuthun beyderseits getreuer und gehorsamer Prælaten, Ritter- und Landschafft/ von deßelben Gelts füglicher Ergäntzung/ doch also/ daß sie keinen Fürsten/ noch dessen untergebenen Land-Ständen und Underthanen gar zu beschwerlich falle/ gütlich tractiret werden.

ANNO 1627.

Sechstens über alle obgesetzte Verziegck und Renunciationes wöllen noch darzu wir Land-Graff Georg Unsere aus der Liquidation-Urtheil auf Einbekommung der Vestung Ziegenhayn gehabte Action schwinden/ sincken und fallen laßen.

Vors Siebende/ wöllen wir Land-Graff Georg Unserm freundlichen geliebten Vettern und Brudern Land-Graff Wilhelm zu Heßen/ alsbald/ nachdem die Römische Käyserliche Majestät diesen Accord/ auf Maß und Weise/ wie man allerunterthänigst und gehorsamst zu bitten gemeynet/ und entschloßen ist/ bekräfftiget/ auch ein jeder regierender Fürst zu Heßen/ vor sich und seine Successores an der Fürstlichen Regierung/ zusambt den Land-Ständen und Unterthanen darauff geschworen haben würde/ außräumen/ und wieder abtreten alle/ nach dem oben erwehnten Liquidations-Urtheil/ titulo pignoris einbekommene Stätt und Aempter/ überall anders nichts/ dan nur die gantze Nieder-Graffschafft Catzenelnbogen/ cum pertinentiis, so dan den gewesenen Casselischen Theil an Umbstatt und das Ambt Schmalkalden/ auch die darin gehörige Vogthay Herrn-Braitungen/ Broterode/ Steinbach/ und Hallenberg/ unten bemelter maßen ausgenommen.

Fürs Achte/ damit Unsers freundlichen lieben Vettern/ Herr Wilhelmen/ Land-Graffen zu Heßen Libd./ der wieder einkommenden Pfand-Aempter und Güter desto beßer und mehr erfreuet und gebeßert seyen: So wöllen wir Land-Graff Georg/ Unsers Vettern Land-Graff Wilhelms L. folgen laßen alle Gefälle/ so von Zeiten Unserer erlangten Possession in den wieder ausraumenden Aemptern erschienen seyn; Jedoch hiervon ausgenommen dasjenige/ so zu der Diener und Soldaten Besoldung biß auf den Tag der Wiederausraumung gehöret/ oder vor Dato dieses Vergleichs/ bereits erhaben und consumiret ist/ auch ausgenommen die Helffte deß/ in diesem gegenwärtigen Jahr/ von allerhand Früchten gefallenen und eingebrachten/ oder noch überfallenden/ erscheinenden und einkommenden Getreydigs/ welche Helffte des Getreydes dan Uns Land-Graff Georgen bleiben soll; Und sollen wir Land-Graff Georg umb diejenigen Capital-Schulden/ so auf denen wiederausräumenden Pfand-Aemtern stehen/ auch umb die Zinße/ so darvon/ vor oder in Zeit Unser Land-Graff Georgens Innhabung erschienen und außgeloffen sind/ zu ewigen Tagen unangefochten bleiben auch von Unsers Vettern/ Land-Graff Wilhelms L. und dero Erben/ Fürsten zu Heßen/ Casselischer Linie/ kräfftiglich/ würcklich/ und mit Bestand hierinnen vertreten und enthebet werden.

Zum Neundten/ wollen wir Land-Graff Georg/ auf Uns und Unsere Fürstliche Heßen Darmbstattische Linie laden/ alle Capital-Schulden/ so auf dem Casselischen Antheil an Umbstatt stehen/ als viel deren aus Händen des gewesenen Fürstlichen Heßischen Sampts-Kellners daselbsten/ und mit aus der Rent-Cammer zu Cassel biß Dato verzinßet seyn worden/ deren hinkünfftige Verpensionirung/ (jedoch ausgescheyden die allbereits verfallene Zinßen/) wir auf uns nehmen.

Uber dieß und zum Zehenden/ renunciiren und begeben wir Land-Graff Georg/ uns/ vor uns/

und

und Unser gantze Fürstl. Darmstattische Linie insgemein / aller anderer / bekandten und unbekandten Forderungen / wie die Nahmen haben / und jetzt oder ins künfftige erdacht werden können oder mögen / sonderlich aber auch / was wir wieder weyland Herrn Land-Graff Philipsen des Aeltern / Unsers Herrn Ur-Groß-Vatters / Hochseeligen Andenckens / nachgelassenen Testament / einiges Weges zu prætendiren haben möchten: Worauff wir dan in specie und in genere unwiederrufflichen Verziegck gethan haben wollen.

Zum Eylfften / vor obgedachtes alles / wie auch aus andern erheblichen und bewegenden Ursachen / thun wir Land-Graff Wilhelm / vor Uns / und Unsere gantze Fürstliche Heßische Casselische Linie / einen immerwährenden / ewigen unerlöschlichen und unwiederrufflichen Verzieg auf alle und jede Ansprachen an das Ober-Fürstenthumb Heßen / und dessen sampt- oder sonderliche Pertinentz / so viel von Herrn Land-Graffen Ludwigs des Aeltern Verlassenschafft herrühren thut / in specie aber auch auf die bey den Hochlöblichen Reichs-Hoffrath diesseits eingeführte recontravention Klage / so denn auf die ratione feudi ex pacto, & providentia Majorum prætendirte quartam, und in Summa auf alle und jede jetzo bekandte oder unbekandte / sich diese Zeit über eräuget oder noch künfftig eräugende Anforderungen / wie dieselbe immer Nahmen haben möchten / so viel deren wieder das Ober-Fürstenthumb Hessen / und dessen Zugehörde / auch wieder Unsers Vettern Land-Graff Georgen und S. L. Erben und Nachkommen / Innhabungen / Nutz- und Niessung daran vor Uns oder Unsere angehörige Fürstliche Heßen-Casselischer Linie per obliquum oder directum gemacht / geführet und angestellet worden / oder noch ins künfftige geführet und angestellet werden möchten / sich deren Unsers Theils / und auf Seiten Unserer Fürstlichen Casselischen Linie / ewiglich zu enthalten / und insgemein an das Ober-Fürstenthumb Hessen / und was zu Zeiten Herrn Land-Graff Ludwigs des Aeltern seeligen Absterbens / darzu gehöret / gantz und zumahl nichts mehr zu sprechen / zu fordern noch zu suchen / so lange nach Gottes Willen ein Fürst zu Heßen von der Hessen Darmbstattischer Linie bey Leben seyn wird.

Fürs Zwölffte / Wir Land-Graff Wilhelm thun auch Verzigck erblich und unwiederrufflich / vor Uns / und alle jetzo lebende oder hernachkommende Fürsten zu Hessen / Cassesischer Linie / auf die vor der Römischen Käyserlichen Majestät Hochansehnlichen Herrn Commissarii Churfürsten zu Cölln L. von Unsers Herrn Vaters Land-Graff Moritzen Gnaden wieder Hessen Darmstatt eingeführte Gegen-Liquidation, und was dahero dependiret / daß wir und Unsere Linie deren nun und hinführo zu ewigen Tagen nit mehr gedencken / noch dieselbe vorbringen oder treiben wöllen.

Zum Dreyzehenden verlassen wir Land-Graff Wilhelm / vor Uns / und alle Unsere Erben und Nachkommen / und insgemein vor Unsere gantze Casselische Linie Unsern Vettern Land-Graffen Georgen erblich / alle mobilien / wie sich dieselbe im Ober-Fürstenthumb Hessen / Marpurgischen Theils / auf den Fürstlichen Häußern befinden / und Unserer Casselischen Linie biß dahin zuständig gewesen sind / sie bestehen gleich in Tapezerey / Bett-Geräth / Leinwand / Zin / Eisen / Kupffer / Holtz / Wehr / Waffen / Munition / oder wie / und worinn sie immer wollen / außer der zweyen grösten Stück auff Marpurg / so ins Zeughauß Ziegenhain gehörig / die wir Land-Graff Georg wieder aus folgen zu laßen zugesagt.

Zum Vierzehenden / nachdem wir Land-Graff Georg bey Uns betrachtet / welcher gestalt Unsers Vettern Land-Graff Wilhelms L. mit überhäufften oneribus und Schulden Last / so bey Antretung ihrer Regierung auf sie kommen / beschweret / damit dan dieselbe ihrer Läste in etwas entlediget werden mögen / so haben wir aus sonderlicher zu seiner Land-Graff Wilhelms L. tragender Freund-Vetter- und Brüderlicher Affection und Liebe / und also durch eygene Bewegung / von niemanden hierzu hintergangen / bewilliget / Seiner Landgraff Wilhelms L. zum besten 500-0. fl. Cammerwehrung / von denjenigen Schulden über Uns zu nehmen / die von Herrn Land-Graff Moritzen Liebden auf die / durch Röm. Käyserl. Majestät / Unserer Darmstättischen Linie adjudicirte Marpurgische Häredität verschrieben sind / doch daß es Uns in andern und mehrern Schulden gantz und zumahl keine Consequentz bringe / auch daß solche fünfftzig tausend Gülden / die wir also gutwillig über Uns nehmen / eytel verzinßliche Capitalia, und keine aufgelauffene Pensiones darin begriffen seyn / ferner daß die Willkühr der Ablösung / so lang wir solches Haupt-Guth richtig verzinßen laßen / bey Uns und in Unserer Macht stehe. Item, daß die von Herrn Land-Graff Moritzen L. auf das besagte Ober-Fürstenthum Hessen / und deßen Pertinentz, versicherte Creditores, so viel deren unter uns Land-Graff Georgen wohnen / an Uns als ihren Herrn und Lands-Fürsten auf Abschlag der fünfftzig tausend Gülden / so weit dieselbe Summa reichen mag / vor allen frembden Creditorn gewiesen werden.

Zum Funffzehenden / nachdem etliche Acta, Documenta, und Register zum Ober-Fürstenthumb gehörig / die Zeit über Unser gnädiger geliebter Herr Vater / Land-Graff Moritz zu Hessen den Marpurgischen Theil Ober-Fürstenthumbs eingehabt / nacher Cassel kommen / so wollen wir Landgraff Wilhelm diese alle auffsuchen laßen / und so viel deren verhanden / nichts ausgescheyden / bona fide Unsers Vettern / Land-Graff Georgens L. restituiren und wieder heraus geben.

Zum Sechzehenden wollen wir Land-Graff Wilhelm / vor Uns / und alle Unsere / und eygene Lehens-Erben / Fürsten zu Heßen / und insgemein vor Unsere gantze Hessen-Casselische Linie / Unsern freundlichen lieben Vettern und Brudern Land-Graff Georgen / und aller seiner Liebden Erben und Nachkommen / Fürsten zu Hessen / Darmbstattischer Linie / erblich und ewiglich hiermit cedirt / eingeraumt und überliefert haben / die Niedere Graffschafft Catzenelnbogen mit allen ihren Hochheiten / Rechten / Gerechtigkeit / Päffen / Vestungen / Schlössern / Stätten / Emtern / Dörffern / Lehen / Pfand- und Mannschafften / Höfen / Gütern / Zehenden / Gefällen / und in Summa mit allen und jeden Inn- und Zugehörungen / ersucht und unersucht / genandt und unbenant / gantz und zumahl nichts / als allein den dritten Theil an dem Rhein-Zoll zu S. Goar und Warts-Pfennig zu Boppart / und was zum Rhein-Zoll Schließen von Alters gehörig / (wie hie unten gemeldet) ausgenommen / also daß zu ewigen Tagen / so lang die Fürstliche Heßische Darmstattische Linie unerloschen ist / Wir Land-Graff Wilhelm Unsere Erben / Nachkommen / und Unsere gantze Hessen-Casselische Linie keine Ansprach oder Forderung unter gantz keinem Schein / wie der auch immer bewandt seyn möchte / an die Niedere Graffschafft Catzenelnbogen / und an alle oder einige ihre Ein- und Zugehörungen haben sollen.

Zum Siebenzehenden begeben wir Land-Graff Wilhelm / Uns erblich / und cediren Unsers Vettern Land-Graff Georgens L. unwiederrufflich / alle und jede auf den Häussern / der Niedern-Graffschafft Catzenelnbogen befindliche Mobilien / sonderlich auch alles Geschütze / doch sollen und wollen Uns Land-Graff

ANNO 1627.

Graff Wilhelmen / Unsers Vettern Land-Graffen Georgens L. die zwo halbe Carthaunen und zwo Sturm-Büchsen / so da bevor auß dem Casselischen Zeug-Hauß nach Rheinfels und auf die Katz geführet seyn worden / wieder folgen lassen.

Zum Achtzehenden versprechen wir Land-Graff Wilhelm / für Uns und Unsere gantze Fürstliche Hessen Casselische Linie / alle Schulden / mit denen die Nieder-Graffschafft Catzenelnbogen / oder einig darin gehörig Fürstlich Ampt oder Gut beladen ist / und so viel derer Schulden weyland Herr Land-Graff Ludwig der Aeltere zur Zeit Seiner L. tödtlichen Hinscheidens nicht verzinßet hat / von der offt gedachten Niedern-Graffschafft würcklich abzunehmen / also / daß Unser Vetter / Land-Graff Georg / und Seiner L. Erben und Nachkommen derenthalben / und so wenig von Capitals / als von Zinße wegen / in- oder außerhalb Rechtens sollen angefochten / molestirt oder besprochen werden.

Zum Neunzehenden / als die Fürstliche Hessen Casselische Lini am Rhein-Zoll zu S. Goar / wie auch an den Warts-Pfenning zu Boppart / und an allem / so im Rhein-Zoll Schließen / dem alten üblichen Gebrauch und Herkommen nach / gehöret / einen dritten Theil vom Jahr Christi funffzehenhundert achtzig und viere gehabt; So haben wir Landgraff Georg / aus Freund-Vetterlicher A ection / Seiner Landgraff Wilhelms Liebden / als welche den gemeinen Verlag und die onera ihrer Lini allein tragen muß / diese Freundschafft erwiesen / und seiner Ld. so dan / nechst deroselben jederzeit regierenden Fürsten / Casselischer Linie / solchen dritten Theil / welchen jetztgedachte Casselische Linie da bevor gehabt / folgen zu laßen bewilliget / doch Uns an Unsern übrigen zwey Drittheilen ohnschädlich / und dan daß seine L. die von ihren Herrn Vattern / Land-Graff Moritzen / auch von ihren Herrn Groß-Vattern / Landgraff Wilhelmen dem Aeltern / und den von ihren und Unsern Herrn Vettern / Landgraff Philipsen dem Jüngern / auch von Unsern beyderseits Herrn Ur-Groß-Vatter Landgraff Philipsen dem Aeltern / allen Gottseeligen / auf solcher tertia hafftende onera ohne Unsere Entgeltnüß entrichte und vertrete / gestalt seine Landgraff Wilhelms Liebden / dasselbe also angenommen / und ohnweygerlich zu erfüllen zugesagt;

Zum Zwantzigsten / quittiren wir Landgraff Wilhelm / und tretten Unsern Vettern Landgraff Georgen / und Seiner Liebden Erben / Fürsten zu Hessen Darmstettischer Linie erblich ab / Unsern und Unserer Casselischen Linie / an Statt und Ampt Umbstatt gehabten Antheil; und ob es Sach were / daß auf solchen von Uns quittirten Umbstättischen Antheil Capital - Schulden stünden / deren Verzinßung vorm Jahr Christi Sechzehnhundert zwantzig und sechs in deß gewesenen Sampt-Kellners zu Umbstatt Rechnung zu keiner Außgabe kommen wären / so soll mit denselben Schulden / Unsers Vettern / Landgraff Georgens Liebden / sich nit zu bemühen haben / sondern wir verbunden und schuldig seyn / solche S. L. ab- und auff Unsere Fürstliche Hessen Casselische Linie zu nehmen; deßen wir Landgraff Wilhelm Uns hiermit in beständiger Form Rechtens verpflichten.

Zum Ein und zwantzigsten ist abgeredt / daß wir Landgraff Wilhelm / Unsers Vettern Landgraff Georgens L. alle und jede / zu der Niedern-Graffschafft Catzenelnbogen / wie auch zu deme / Casselisch gewesenen Antheil an Umbstätt gehörige und befindliche Documenta, Urbaria / Register / Saal-Bücher / und was von Briefflichen Uhrkunden hierzu gehörig / mehrers vorhanden / in originali bona fide aushändigen und zukommen laßen sollen und wollen.

Zum Zwey und zwantzigsten / als droben zu End des siebenden Articuls des Ambts Schmalkaldens / und deren darzu gehörigen Voigtheyen Herrn-Breitungen / Broterod / Steinbach und Hallerberg gedacht worden / so hat es damit nachfolgende Gelegenheit; Wir Landgraff Wilhelm / vor Uns und Unsere Erben und Nachkommen auch vor Unsere gantze Fürstlich Hessen Casselische Linie / bekennen in und mit krafft dieses Vertrags / daß Unsern freundlichen geliebten Vettern und Brüdern Land-Graff Georgen zu Hessen / wir von und nach abgehandelter Summ deß Pfand-Schillings erblich schuldig worden seynd / Einmahl hundert tausend Gülden jetziger Franckfurter Wehrung / den Reichsthaler zu anderthalben Gülden gerechnet; vor solche Einmahl hundert tausend Gülden / soll Unser Vetter Landgraff Georg das gantze Amt Schmalkalden / zu samt den Voigtheyen / Herren-Braitungen / Broterod / Steinbach und Hallenberg / mit aller Ober-Herrlich- und Gerechtigkeit / und insgemein mit aller Zugehörde / überall nichts ausgescheyden / inn haben / besitzen / nutzen / nießen und gebrauchen / so lang und viel / biß daß Seiner Landgraff Georgens L. oder dero Erben nach ihr / die Einmahl hundert tausend Gülden auf bevorhergehende halbjährige öffentliche Auffkündigung / in einer ohngeschiedten baaren Summ zu Franckfurth am Mayn / in ihre sichere Gewahrsamb allda werden geliefert seyn; Alsden allererst nach solcher Bezahlung / und eher nicht / sollen Landgraff Georgens L. oder dero Erben und Nachkommen / und Landgraff Wilhelm / das nechst berührte Ampt-Schmalkalden cum pertinentiis, in dem Stand / darinn es sich alsdann befinden würde / auch die Mobilien / in deren Anzahl / darin sie jetziger Zeit daselbst seynd / wieder austräumen und abtretten; Mittler weil und so lang Unser Vetter Landgraff Georg / oder seiner Liebden Erben nach ihme / solch Ampt Schmalkalden Pfandlich innen haben / soll Seine Liebde schuldig seyn / die Gebäue in nothwendigen Bau und Beßerung zu erhalten / alle von demselben Ampt gehende Reichs-Creyß- und andere dergleichen onera zu vertretten / hingegen aber auch die Steuern / so zu Behuff der Reichs Cräyß und anderer solcher Anlagen angesetzt werden, deß Orths zu erheben und ein zunehmen / jedoch sollen die Gemeine / Uns den Fürsten zu Hessen / und Unsern Cammer-Wesen zu guten gemeinte Landrettungs- und andern dergleichen Steuern und Hülffen / so lang der Pfand-Schilling auf Schmalkalden unabgelegt bleibt / Uns Land-Graff Wilhelmen / und Landgraff Georgen zu gleichen theilen / also / daß Unser keiner vor den andern mehrers oder wenigers an den Land-Steuern genieße / gebühren / und von Unsern Landgraff Georgens Diener eingebracht werden / alles so lang der Pfand-Schilling auf Schmalkalden hafftet / und länger nicht.

Zum Drey und zwantzigsten / die Universität zu Marpurg / deren Jura, Privilegia, Administration, Aufsicht / Verwaltung / Collegia, Wohnungen der Professorum, Præceptorum und alle andere darzu gehörige / und in Marpurg liegende Gebäue / sollen Uns Landgraff Georgen / und Unserer Fürstlichen Darmstättischen Linie / so lange dieselbe nach dem Willen GOTTES vorhanden / allein und erblich verbleiben.

Hingegen und zum Vier und zwantzigsten demnach wir Landgraff Wilhelm / auf alle Unser und Unserer Casselischen Linie Recht an der Universität Marpurg-Verzieg thun / und dieselbe Unsers Vettern Landgraff Georgens L. und ihrer Darmstättischen Linie Erblich abtretten: So sollen und wollen bey der Römischen-Käyserlichen Majestät / Unsern allergnädigsten Herrn / Seine Landgraff Georgens L. auf

Anno 1627. L. auf dero eignen Unkosten besten möglichsten Fleisses bitten und sollicitiren / daß wir Landgraff Wilhelm neue Academische Privilegia zu Aufrichtung einer Universität in Unserm Nieder-Fürstenthumb Hessen erlangen oder aber zum wenigsten die Translation der suspendirten Gießischen Privilegien auf Uns erhalten mögen / und was vor das neue Academische Privilegium / oder auch vor das Documentum translati Privilegii Giessensis, von Tax- und Cantzeley-Juribus in die Käyserliche Reichs-Hoff-Expedition zu entrichten ist / solches sollen und wollen Unsers Vettern Landgraff Georgens L. ohne Unser Zuthun erstatten. Solten aber Ihre Käyserliche Majestät über allen Unsers freundlichen lieben Vettern Landgraff Georgens angewandten Fleiß / zu einen oder dem andern dieser wegen nicht zuerbitten seyn / und als wir Landgraff Wilhelm und Unsere Casselische Linie ohne eine Universität bleiben / so sollen und wollen Seine Landgraff Georgens L. Uns Landgraff Wilhelmen vor solchen Abgang zehen tausend Gülden / obgedachter jetziger Franckfurter Wehrung außzahlen.

Zum Fünff und zwantzigsten: Es werde nun vor Uns Landgraff Wilhelmen ein neues Academisch Privilegium erhalten oder nicht / so sollen doch einen wie den andern Weg die Marpurgische Universitäts-Güter und Gefälle / beweglich und unbeweglich / allerdings nichts / als was beym drey und zwantzigsten Puncten gemeldet / außgescheyden / wie sie Zeit Herrn Ludwigs des Aeltern Landgraffen zu Hessen / Christlichen Absterbens / bey der Universität befindlich gewesen / in zwey gleiche Theile gesetzt / und zwischen Uns Landgraff Wilhelmen / und Landgraff Georgen / æqualiter vertheilet / einer jeden Fürstlichen Lienie / die in ihren Landen oder sonsten am nechsten und bequemsten gelegene Güther und Gefälle / so viel es einer gleichen Theilung wegen möglich / aßigniret und eingeräumbt / wie ingleichen die Stipendiaten und Communitäts Capitalia, so sich in Zeit hochseelig gedachtes Herrn Landgraffen Ludwigs des Aeltern Absterben befunden / ebenmäßig gleich getheilet werden / dasjenige aber / so nach Herrn Landgraffen Ludwigs des Aeltern / Christseeligen Hintritt / von einer oder der andern Seiten darzu gestifftet / oder von andern zur Universität Stipendiaten-Kosten / oder aber zur Communidät legiret / oder durch einbsige gute Administration erobert / und capitaliter wieder angelegt worden / soll einer jeden Fürstlichen Linie von deren Administration es herrühret / absönderlich verbleiben.

Zum Sechs und zwantzigsten / ehe und zuvor einige solche Theilung der Universitäts Gefälle vorgehet / sollen die alte beurlaubte Professores, Præceptores, Pædagogici und andere Ministri Academici ihrer außständigen Besoldungen / und noch eines Quartals darüber / baar bezahlet werden.

Zum Sieben und zwantzigsten / die Stipendiaten-Gelder / so aus den Städten und Flecken fallen / sollen demjenigen regierenden Fürsten zu Hessen bleiben / unter welchen die Städte und Flecken / daher sie rühren / gelegen sind / ohnerachtet aus den Städten oder Flecken eines Landes mehr / als aus den Städten und Flecken des andern Lands / fällig wären.

Zum Acht und zwantzigsten / nachdem wir Uns Freund-Vetterlich vereinbaaret und verglichen / daß in Unsern gantzen Fürstlichen Hauß / so lang darin die beyde itzige Casselische und Darmstättische Linien in Esse bleiben / bey jeder Linie nur ein einiger Regent / und daher bey beyden Linien mehr nit denn zwey Regenten seyn sollen / so soll unter denselben beyden regierenden Fürsten dieses Sampt-Hauses allezeit demjenigen / der von Jahren der Aelteste ist / die Præcedentz / und was derselben auf Reichs-Deputations-Crayß-Müntz-Probation- und andern Tägen / wie auch sonsten anhängt / so lange er der Aelteste ist / zuständig und gehörig seyn; und soll hierin lediglich auf das Alter der Personen / und nicht auf die Anzahl der Regierungs-Jahr gesehen werden / und also an Vorgang keine Hinderung bringen / daß unter denselben regierenden Fürsten der Aelteste von Jahren etwa langsamer oder späther / denn der Jüngere / in die Fürstliche Lands-Regierung getretten wäre.

Anno 1627.

Zum Neun und zwantzigsten / weil alle Jahr das Hoff-Gericht zu Marpurg visitirt / auch Appellation- oder Revision-Gericht gehalten werden soll / so hat man sich insonderheit vereiniget / daß von nun an / ohne Ansehen des Alters der Regenten / ein Jahr præcediren soll die Casselische Linie in Visitation des Hoff-Gerichts / und dan die Darmstättische Linie in Haltung des Revisions-Gerichts / des anderen Jahrs soll vorgehen die Darmstättische Linie in Visitation des Hoffgerichts / und denn die Casselische in Haltung des Revision-Gerichts / und also fort an / je ein gantzes Jahr um das andere / Wechselsweise / zu Erhaltung guter Gleichheit.

Zum Dreyßigsten / wenn sonst in eines regierenden Fürsten Land eine Zusammenkunfft gehalten / oder etwas angestellet würde / auf solchen Fall soll derjenige Fürst die Præcedentz und Direction haben / in deßen Land dergleichen fürgehet.

Zum Ein und dreyßigsten / die regierende Fürsten zu Hessen sollen vor allen andern nicht regierenden Fürsten zu Hessen aller Enden den Vorgang haben / unter denen Fürsten zu Hessen aber die ipso Actu keine regierende seynd / soll derjenige / der von Jahren der Aelteste ist / allenthalben vorgehen / ob schon andere von älterer Linie / oder zu Erer[illegible]ung einer Fürstlichen Regierung näher wären.

Zum Zwey und dreyßigsten / weil von alten Jahren herkommen / daß der Aelteste regierende Lands-Fürst in der Graffschafft Waldeck Huldigung aufnimbt / auch dieselbe Graffschafft / so denn Gronebeck / Godelsheim / und Unsers Fürstlichen Haußes Erbämpter / jedoch dem Mitregierenden mit zu guten / verleyhet / so soll es ins künfftige auch darbey verbleiben / und derjenige / der von Jahren seines Alters der Aelteste ist / ob er schon kürtzere Zeit im Regiment gewesen wäre / darmit verstanden werden.

Zum Drey und dreyßigsten / die allgemeine Land-Täge Unserer Fürstenthume / sollen mit der beyden Regenten gemeinen Schluß und Rath / ein mahl in Casselischen / des andern mahls in Darmbstättischen territorio, und also fort an / Wechselsweise / ohnerachtet sich Enderung mit den Personen der regierenden Fürsten zutrüge / gehalten werden: Doch soll hierdurch keinem Fürsten benommen seyn / in seinen Fürstenthumb und Landen / je nach Gelegenheit und Befindung seiner / und deßelben Lands sonderbahren Obliegen / Particular-Communications-Täge mit seinen Land-Ständen vorzunehmen.

Zum Vier und dreyßigsten / ob es Sache wäre / daß wir Landgraff Wilhelm / an Unsern Vettern Landgraff Georgen oder S. L. Erben und Nachkommene Fürsten zu Hessen Darmstättischer Linie / jetzt oder künfftig noch etwas weiters / denn wir in diesen Vertrag verziehen und begeben haben / zu prætendiren / zu sprechen oder zu fordern hätten / es rühre nun gleich von Unsers Herrn Ur-Groß-Vatters Landgraff Philipsen des Aeltern / oder von Unsers Herrn Vettern / Landgraff Wilhelms des Aeltern / oder von Unsers Herrn Vettern Landgraff Ludwigs des Aeltern / aller Gottseeligen Testamenten / oder woher und von wannen es sonsten im-

ANNO 1627. mer wolle / deren Anspruch und Forderungen mit ein ander in genere und in specie die seyn beschaffen / wie sie immer können oder mögen / wolten wir Landgraff Wilhelm vor Uns und Unsere gantz Fürstliche Hessen-Casselische Lini nun und zu ewigen Tagen unwiederrufflich hiermit begeben haben.

Zum Fünff und dreyssigsten / solte sichs / wieder alle Zuversicht / über kurtz oder lang zutragen / oder begeben / daß einer oder mehr sich gelüsten laßen und unterstehen würde / dieser Unserer Transaction / Vergleichung und Abschied zu wiederlauffen / anzufechten / oder zu impugniren / auf was weise / maß oder gestalt dasselbige immer beschehen wolte / sollen und wollen wir / oder Unsere Erben und Nachkommen jederzeit regierende Fürsten zu Hessen ꝛc. zusammen tretten / und zu Behauptung und Handhabung dieses Vertrages gegen die Impugnanten vor einen Man stehen / und die Sach mit gesampter Hand gegen sie treiben und außführen und in dem Uns nicht trennen / oder von einander setzen

Zum Sechs und dreyßigsten / da auch diejenige Diener / welche von Uns zu dieser Handlung und getroffener Vergleichung gebracht worden / oder auch ihre Erben und Freunde hieüber angefochten / oder ihnen zugesetzt / und sie molestiret werden solten; Gleichwie wir denn vor Allerhöchst gedachte Röm. Käyserl. auch zu Hungarn und Böheimb Königl. Majest. allerunterthänigst zu ersuchen und zu bitten gemeynet / daß sie dieselbe in ihren absonderlichen Käyserlichen Verspruch und Schutz zu nehmen / allergnädigst geruhen möchten; also sollen und wollen auch wir / Unsere Erben und Nachkommen insgesambt / oder ein jeder absonderlich / welches theil aus Uns darumb ersuchet wird / sie gegen allen Gewalt / Beleydigung und molestation aufs treulichste schützen / vertretten und vertheidigen / und ihnen die Hand also biethen und beyhalten / daß sie diessfalls sicher seyn und bleiben mögen.

Endlich / damit der gegenwärtige zwischen Uns aufgerichte Vergleich / so viel da eher seine kräfftige würckliche Vollziehung erreiche; so ist abgeredt und beschloßen / daß dieser Accord dero Gestalt und anders nicht gültig und verbündig seyn soll / dan so fern zuvorderst Unser Landgraff Wilhelms gnädiger geliebter Herr Vatter Landgraff Moritz zu Hessen und denn Unsere gnädige geliebte Frau Mutter / Frau Juliana / Landgräfin zu Hessen / gebohrne Gräfin zu Nassau / Catzenelnbogen ꝛc. vor sich und aller ihrer Gn. Gn. Söhne Fürsten zu Heßen / die jetzo im Leben sind / oder noch künfftig dem Göttlichen Seegen nach / an diese Welt gebohren werden möchten / auch noch darzu zu allem Uberfluß Unser Landgraff Wilhelms freundlicher lieber ältester Bruder / Landgraff Hermann zu Hessen / vor Hinflissung der drey Wochen / von Dato diß Brieffs anfahend / und am dreyzehenden Octobris alten Calenders ausgehend / mit offner Schrifft / unter ihren Fürstlichen Subscription und Insiegeln vollkömmlich / ohn allen Anhang oder Außzug / in bester Form darein consentiren / und Uns Landgraff Georgen dieselbe Consens-Brieff richtig und ohne fehl zu Handen kommen würden.

Ferner / wan die Käyserliche Confirmation und Bestättigung innerhalb der nechsten drey Monaten an Dato anfahend / in beständigster Form / Maß und Weiß / wie wir Landgraff Wilhelm / und Landgraff Georgen darumb bitten wöllen / würcklich erlanget und außgebracht würde / da aber Herrn Landgraff Moritzen und dero Gemahlin / auch Landgraff Hermans Gn. Gn. und Liebd. vor dem dreyzehenden Tag deß nechstkünfftigen Monats Octobris mit sonderbahren Schrifften nicht darein consentiren würden / und da sie gleich darein consentiren thäten / jedoch die Käyserliche Confirmation in den nechsten dreyen Monaten von Dato diß Brieffs anfahend / und je dreyßig Tag vor einen Monat gerechnet / nicht allerdings erlanget / vollnzogen und richtig seyn / und also deren Stück auch nur eines mangeln würde / auf solchen Fall soll alles in dem Stand / wie es vor dieser Vergleichung sich befunden / gesetzet / und darvor zu achten seyn / als ob nie nichts in der Güte tractiret / gehandelt oder geschlossen were / und so von der Fürstlichen Hessen-Casselischen Lini erstgedachte Vätterliche / Mütterliche und Brüderliche Ratification / und noch darzu die Käyserliche Confirmation / eine jede in der bestimbten und verglichenen Zeit / also wie abgeredet / nicht erfolget / sollen wir / Landgraff Georg bey allen Unsern Pfandtlichen Einhabungen / ruhig und unmolestiret verbleiben / und wan auff Ermanglung der obberührten Fürstlichen Consens-Brieffe von Cassel / oder auch auß nicht Erlangung der Käyserl. Confirmation / in solcher Maß und Weiße / wie obgedacht / dieser Vergleich zu keinen Kräfften käme / sondern sich zerschlüge / so soll sich deßen / wie auch deren beym Tractat vorgefallenen Conferentzen und Discursen / und was denen allenthalben anhangt / keine Fürstliche Parthey wieder die andere zu ewigen Tagen zu behelffen haben: Zu wahrer Urkund alles obstehenden / haben wir Landgraff Wilhelm / und wir Landgraff Georg / diesen Transactions-Libell mit eigenhändiger Underschrifft / auch mit wissentlicher Anhangung Unserer Insiegel bewahret / so denn Unsers freundlichen lieben Vettern und Herrn Vatters / Landgraffen Philipsen zu Hessen Ld. als Interponenten und Ermittler in dieser langwürigen schweren Sach / Freund-Vetter- und Söhnlich ersucht / solchen Vergleich mit Subscription und Besiglung ebenmäßig zu vollziehen: Geben und geschehen zu Darmstatt am vier und zwantzigsten Monats-Tag Septembris / Anno Christi. 1627.

Wilhelm Landgraff zu Hessen.

Georg Landgraff zu Hessen.

Philips Landgraff zu Hessen.

Und Uns darauff obermelter beeder Land-Graffen Wilhelms und Georgens zu Hessen LL. demütiglich anruffen und bitten lassen / weil denselben hoch angelegen / daß dieser zu Fried / Ruhe und Einigkeit angesehene Vergleich zu ewigen Tagen kräfftig / bündig und unangefochten bleibe / auch von allen und jeden Fürsten zu Hessen / auff alle tragende / jetzt versehene / oder unversehene Fäll / steiff / fest und unverbrüchlich gehalten / gehandhabt und perpetuirt werde / wir angeregt-einverleibten gütlichen Vergleich und Composition, vermittels Unserer als Oberhauptes und Obristen Lehen Herrns / auß Käyserlicher authorität zu ratificiren / zu confirmiren / und zu bestetigen geruheten. Wan wir dan genedigst angesehen solche der viel besagten beeder Landgraffen Wilhelm und Georgens zu Hessen L. L. / Uns under derselben eigenen Handschrifft / und durch obberürte Ihrer LL. Gesandten beschehene gehorsambste Bitt / und dabey auß Keyserlich- und Vätterlich / wachsamer Sorgfalt bedacht und erwogen / daß Uns / als Römischen Käyser und Oberhaupt / wie auch dem gantzen Vater-Land teutscher Nation nicht wenig daran gelegen / daß die Fürsten und Gliedere des heyligen Reichs / bevorab / da sie eines Haußes / Stammes und Nahmens / bey gutem Fried / Ruh und Einigkeit (ohn welche kein Hauß lang bestehen / grünen oder prosperiren mag / sondern von sich

selbsten

ANNO 1627.

selbsten übern hauffen fallen / und endlich gar zu Boden und Untergang kommen muß /) conservirt, und zu des Heyligen Reichs Zierde / Nutzen und Wohlstand / bey sicheren Verfaßungen / gutem Vermügen und wachsenden Aufnehmen erhalten werden / und durch stetswehrende unaufhörliche Streitigkeiten / Unfrieden und Mißhälligkeiten / sich selbsten untereinander nicht consumiren / oder auch andere benachbarte Chur-Fürsten und Ständ / deren auß solchem Unvernehmen sich jetweilen ereigenden Unsicherheiten und Ungemachen halber / sich zu beschweren haben / dißfalls auch nicht wohl ein ander und bessers Mittel zü finden gewesen / wordurch obberürtes Fürstliches Hauß Hessen wieder zu Ruhe und Versicherung zu bringen / und deßen Land und Leute vor endlicher desolation und Undergehung zu retten / als durch eben diese auffrechte / zu ewigen Zeiten beständige Fundamental-Vergleichung aller Mißhälligkeiten / und sancirung einer unwiederrufflichen Amnisti aller vorigen und bißhero hinc inde entstandenen Irrungen / wie wir den zu solchem Ende von den sämptlichen Churfürsten / als Unseren und deß heyligen Reichs innersten Räthen / vornehmsten Säulen und Gliedern / ingleichen aus allen des Heil. Reichs Creysen / von Fürsten und Ständen / in starcker Anzahl / sonderlich aber von der Landgraffen zu Hessen Erbverbrüderten und nechst angewandten / in dieser vor Uns / und Unsern Keyserlichen Reichs-Hoffrath / so viel Jahr hero hauptsächlich / und sonsten ventilirten zu allen Seiten nützlichen Sachen / Unser Keyserliche confirmation zu interponiren angelangt worden; Als haben wir in dessen allen reiffer Erwegung: Insonderheit aber des hierbey mit underlauffenden gemeinen Wesens wegen / auch zu Vorkomm- und Abwendung noch weiter besorgter Gefahr / Unfried und Trenung im Heyl. Reich / zwischen dessen Gliedern / ob inserirte zwischen beeden Landgraffen zu Hessen / Cassel- und Darmstadtischer Lini auffgerichte Vergleichung / in allen ihren / und ihr jedes Articuln / Clausuln / Puncten / Inhalt-Meyn- und Begreiffungen / in vim sanctionis pragmaticæ, in bester Form / Maaß und Weiß solches von Rechtswegen geschehen könte / solte und möchte / auß tragendem Keyserlichen höchstem Ambt / und dessen Macht Vollkommenheit / mit wohl bedachten Muth / guten zeitigen Rath / rechten Wissen / und auß selbst eigner Bewegnüß / vor Uns und Unsere Nachkommen am Reich / Römische Käyser und Könige / allerdings approbirt, confirmirt, authorisirt, bekräfftigt und bestettigt / thun das / approbiren / confirmiren / authorisiren / bekräfftigen und bestettigen denselben auch hiermit / von Römischer Keyserlicher Macht Vollkommenheit / wissentlich in krafft dieß Brieffs / und meynen / setzen und wollen / daß diese Vergleichung / und Unsere darüber erfolgte Confirmation, als ein Keyserliche Satzung und Gesetz / zu ewigen Zeiten kräfftig und bindig seyn / und obbemelter beeder Landgraffen Wilhelms und Georgens zu Hessen L. L. als Contrahenten, deren Erben / Erbens-Erben und Nachkommen / jetzt und künfftig lebend / und insgemein alle und jede Fürsten zu Hessen / die posterirten gleich von Ihrer L. L. Leibern oder nicht / kräfftig besagen / die Macht und Würckung eines immerwährenden unaufflößlichen und unzergänglichen statuti, oder pacti gentilitii haben / als das von Rechts und Gewohnheit wegen / am allerkräfftigsten und beständigsten seyn soll / kan und mag / und all deßelben Inhalt stracks in- und ausserhalb Rechtens / nachgefolgt / gelebt / und gleich als ob diese Transaction, als ein Gesetz und Ordnung / in Unserer Gegenwart auffgerichtet / geschworen und publiciret werde / Vollnziehung beschehen / auch ein jeder Furst zu Heßen / der seine vierzehen Jahr erfüllet / diesen Vertrag und Ordnung / wan er darzu requiriret werde / zum längsten in halber Jahrs Frist hernach / mit leiblich zu GOtt geschwornen Eyd bestättigen / sich darzu verbindlich machen / oder zu ewigen Tagen keiner Regierung / (ob ihne schon sonsten der ordo successionis in regimine treffen würde) so lang noch ein anderer Fürst zu Hessen / elter oder jünger vorhanden ist / fähig seyn / wie nicht weniger Ihrer der Land-Graffen zu Hessen L. L. allerseits Ritterschafft / Landschafft und Underthanen / diesen Accord und Unser Keyserliche Confirmation geloben und schweren / auch ins künfftig in den Erbhuldigung- und Lehens-Pflichten darauff gewiesen seyn / darwieder keinem Fürsten zu Hessen folge zu leisten / oder Gehör zu geben schuldig seyn sollen / wie wir dan auch alle und jede Keyserliche Rechte / Gesetz / Sitten / Ubungen / Gewohnheiten der Lande / ob eine im Heyligen Reich / es sey wo es wolle / auffgericht und eingeführt worden / oder würden / wie auch besondere Gnaden / es seyn Kayser- oder Königliche / wie auch alle andere Verträg / letzte Willens-Verordnungen / oder was sonsten erdacht / und erfunden werden könte / in so viel dieselbe dieser Vergleichung / und Unserer darüber erfolgten Keyserlichen Confirmation an allen oder etlichen darinnen begriffenen Puncten / Articuln / Clausuln und Stücken / insgesamt oder absonderlich / einen oder den andern Theil / jetzo oder ins künfftig zu ewigen Zeiten einigerley Verhinderungen / Irrsal oder Schaden bringen möchte / abthun / auffheben / denselben derogiren / sie untauglich / unkräfftig und von Unwürden außsprechen / erkennen / und erklären / daß dieselbe obbemelten Landgraff Wilhelms / und Georgens L. L. deren Erben und Erbens-Erben nimmermehr keinen Schaden bringen / noch in einigerley Weiß von einigen Menschen / der sey auch wer er wolle / darwider zu Vortheil und rechtlicher oder ausser rechtlicher Bestreitung angezogen / vorgebracht / gehört / oder angenommen werden sollen / unverhindert männiglichs / auch aller exceptionen und Einreden / so jetzo oder künfftig in einige Weg / in- oder ausserhalb Rechtens / in genere oder in specie dargegen erdacht oder fürgewendet werden möchten / und sonderlich / unangesehen / ob gesagt würde / daß obbemelter beeder Land-Graffen zu Hessen L. L. als Contrahenten, einer oder der andere / oder derselben Gebrüdere / einer oder mehr / in Zeit der Aufrichtung dieser Verordnung / Gesätz und Statuten, noch infantes, pupilli, minorennes oder in patria potestate constituti, oder curatoribus carentes, non citati, non auditi, nec defensi gewesen / oder daß sie bey dieser Handlung præterirt, lædirt, oder beschwert / oder daß sie dermaßen contra jus tertii wissent- oder unwissentlich zu ordnen / in Recht kein Macht und Gewalt gehabt hetten / oder daß solche Verordnung und Verpflichtung / so diese disposition mit sich bringt / zwischen Gevettern / und ihren Manns Lehens-Erben / von dem ersten acquirenten posterirend / zu recht nicht kräfftig seyn / oder ihnen ex capite recontraventionis, oder sonst / einig Recht dargegen gedeyen mochte / oder daß der eine oder andere Theil / oder deßen Nachkommen / zu viel oder übermäßig an der legitimâ, falcidiâ, Trebellianica oder sonsten vernachtheilt / und was weiter dergleichen Menschen-Sinn erdencken möchte / dan solche / und alle andere gleichen oder ungleichen Inhalts / einreden und außzüg / so wieder mehrgedachee Vergleichung / statuta und disposition, immer fürgewendet werden / und denen Hinderung und Abbruch thun möchten / wir jetzt alsdan / und dan als jetzt / zu Erhaltung und Beförderung gemeinen Nutzens und Friedens / auch zugleich mit conservirung des Fürstlichen Haußes

ANNO 1627.

ANNO 1627.

Hessen / und dessen Auffnehmen / sambt und sonders / wir hiermit / auß selbst eigner Bewegnüß / rechten Wissen / und Keyserlich höchsten vollkommenen Gewalt / hinweg nehmen / abthun und aufheben / Ingleichen da es Sach were / daß in allen oder etlichen Puncten / Clausuln / Begriff und Inhaltung / mehrgerürter zwischen der beeden Landgraffen LL. auffgerichten Vergleichung / welcherley die seyn möchten / einiger Gebrechen / Fähl oder Mängel / über kurtz oder lange Zeit erkennet und befunden würde / und ob gewöhnliche Solennitäten / Zierlichkeit der Rechten / Worten oder Meynungen underwegen gelassen / oder auch rechtfertige Ordnung nicht vollkommentlich gehalten / und in acht genommen were / solches alles und auch andere Gebrechen / wie die erfunden oder benennet werden möchten / sie bestehen in den Rechten / oder in der That / Insonderheit aber auch den defect deß von obbemeltes Landgraff Wilhelms L. Vattern / Landgraff Moritzen / gewisser Uns fürgebrachter Ursachen halben / nicht erfolgt- und manglenden Consens, thun wir ebenmeßig auß Keyserlichen Macht / Vollkommenheit / Hoheit und Würde mit rechten Wissen / auch auß selbst eigner Bewegnüß / in Krafft dieser Unser darüber besagenden Confirmation erfüllen / suppliren / und ersetzen / also daß auch solches nicht erfolgten Consens und der andern angezogenen / oder ins künfftig befundener Gebrechen ungehindert / dieser Vertrag kräfftig / bindig / und zu ewigen Tagen gültig seyn und bleiben solle / doch Uns / und dem Heyligen Reich / unvergriessen und unschädlich.

Und gebieten darauff allen und jeden Churfürsten / Fürsten / Geist- und Weltlichen / Prälaten / Graffen / Freyen / Herzen / Rittern / Knechten / Hauptleuten / Landvögten / Vitzthumen / Vögten / Pflegern / Verwesern / Amptleuten / Schultheissen / Burgermeistern / und sonderlich allen Hoffrichtern / Land-Richtern / Freygraffen / Stuelherrn / Freyschöpffen Westphalischen und andern Richtern / auch Urtheil-Sprechern / Räthen / Bürgern / Gemeinden / und sonst allen andern Unsern und deß Reichs Unterthanen und Getrewen / was Würde / Stands / oder Wesens die seynd / hohen / mitlern oder ringern Stands / insonderheit aber auch obbenennten beeden Land-Graffen Wilhelms und Georgens LL. derselben Erben und Erbens-Erben ins gemain / auch allen jetzigen / und künfftigen Land-Graffen zu Heßen / wie auch derselben Land-Graffschafft und Fürstenthumb Hessen Undergehörigen / Graffen / Freyen / Herzn / Rittern / Knechten / Mannen / Ambtleuten / Bürgermeistern / Räthen / Bürgern und Gemeinden / Hindersassen und Unterthanen / was Würden / Stands und Wesens die auch seynd / ernst- und festiglich mit diesem Brieff / und wollen / daß sie die gemelte Gevettern Land-Graff Wilhelms und Georgens LL. derselben Erben und Erbens-Erben / auch allen Land-Graffen zu Hessen / und deren Rittern: Landschafft und Underthanen / diesen aufgerichten Vergleich / so weit derselbe einen jeden bindet / in allen Puncten / Clausuln / Articuln / Inhalt / Main- und Begreiffungen / wie obstehet / allerdings nachkomnen und geleben / denselben steiff / fest und unverbrüchlich halten / ihnen und den andern allen aber auch zugleich / daß sie diese Unsere über den auffgerichten Vergleich erfolgte approbation, ratification, confirmation und Bestättigung / als ein Käyserliche Satzung und Gesetz / bey Vermeidung unden benänter Poen / observiren und achten / darwieder nichts vornehmen / thun / oder durch sich selbsten / oder die ihrigen zu thun gestatten / auch diejenigen / so sich darwieder setzen / und dieses statutum in- oder ausser Rechten anfechten und bestreiten wollen / anderst nicht ansehen oder achten / als daß sie wieder des heyligen Reichs offentliche Constitutiones und Verfassungen / ja wider löblich gestiffte Einigkeit / Fried und Ruhe gehandelt / dieselbe an keinen Gerichts-Stand / es seye gleich Unser oder Unserer Nachkommen am Reich / jetzigen oder künfftigen Reichs-Hoff-Rath und Cammer-Gericht / auch Reichs- oder anderen compromittirten Außträgen / oder wo es immer seyn möchte / hören / oder ihre Klag annehmen / sondern mit würcklicher Abforderung der bestimbten Poen abweisen / und sub comminatione dupli auff den Erwiederungs-Fall / zur Ruhe vermahnen / (wie wir dan solches vor Uns und Unsere Nachkommen ermeltem Unserem und derselben Reichs-Hoffrath und Cammer-Gericht fort und fort zu ewigen Tagen zu exequiren befohlen haben wollen /) und dan auch dierjenige / so von beeder offt ernanter Landgraff Wilhelm und Georgens LL. wegen / diesen angeregten von Uns confirmirten Vertrag / reden / schreiben / und denselben vertretten / deßgleichen diejenige Räthe und Diener / welche von beeden Ihren LL. zu gütlicher tractation gebraucht worden / oder auch Ihre Erben und Freunde / als die wir sambt und sonders in Unseren Keyserlichen Schutz / Protection, Huld und Gnad recipirt und angenommen / auch hiermit recipiren und annehmen / derentwegen gantz ohnmolestirt bleiben / und in Summa an diesem Vergleich und Unserer darüber erfolgter Confirmation gantz und gar kein Eintrag oder Hinderung thun / oder das durch Jemand anderen geschehen laßen / in keine Weiß noch Wege / als lieb einem jeden sey Unser schwere Keyserliche Ungnad und Straff / auch darzu ein Poen / nemlich ein tausend Marck lödigs Golts zuvermeiden / die ein jeder / so offt er freventlich hier wider thäte oder handlete / oder von andern zu geschehen verstattete / Uns halb in Unser Käyserliche Cammer / und den andern halben Theil obgemelten beeden verglichenen Landgraffen / deren Erben / oder dem haltenden Theil / so hierwieder belaidiget würde / unnachläßlich zu bezahlen verfallen seyn solle. Mit Urkund diß Briefs besiegelt / mit Unserm Käyserlichen anhangenden Insiegel / der geben ist auf Unserem Königlichen Schloß zu Prag / den ersten Tag Februar nach Christi Geburt / im Sechzehenhundert acht und zwantzigsten / Unserer Reich / deß Römischen im neundten / des Hungarischen im zehenden / und des Böheimischen im eilfften Jahren.

Ferdinand.

Ad mandatum Sac. Cæsar. Majestatis proprium.

St. Peter Henrich von Stralendorff.

Matthias Arnoldin von Clarstein.

ANNO 1627.

CCLXXXVII.

Land-Graff Hermanns zu Hessen-Cassel / Ratification über den / zwischen Land-Graff Wilhelm zu Hessen-Cassel / und Georg zu Hessen-Darmstadt / den 24. September zu Darmstadt getroffenen Accord; Geben Cassel den 10. Octobris 1627. [LUNIG, Teutsches Reichs-Archiv. Part. Special Continuat. II. Absatz VIII. pag. 838.] 10. Oct.

C'est-à-dire,

Ratification de HERMAN *Landgrave de Hesse-Cassel sur l'Accord Hereditaire passé à Darmstadt le 24. Septembre entre la Ligne de* HESSE-CASSEL, *& celle de* HESSE-DARMSTADT. *A Cassel le 10. Octobre 1627.*

WIR

ANNO 1627.

WIR Hermann von Gottes Gnaden / Land-Graff zu Heßen / Graf zu Catzenelnbogen / Dietz und Ziegenhain und Nidda / etc. Thun kund / hiermit offentlich bekennende / als der Jrrungen und Streitigkeiten halber / welche zwischen beeden Linien des Fürstlichen Hauses Heßen-Caßel und Darmstatt / sich vor ohngefehr zwantzig Jahren angesponnen / und bißhero fovirt und getrieben worden / die Hochgebohrne Fürsten und Herrn / Herr Wilhelm und Herr Georg / Gevettere / Landgraffen zu Heßen / Grafen zu Catzenelnbogen / Dietz / Ziegenhain und Nidda / etc. Unsere freundliche Hochgeehrte Herrn Brüder und Vetter / nach vielfältig gepflogener Handlung durch des Allerhöchsten gnedige Verleihung / am 24. Septembris nechsthin / zu Darmstatt sich gründlich / auf gewiße Maaß und Weise / vor sich und beede Fürstliche Heßische Linien vereiniget und verglichen / nach Jnhalt des darüber aufgerichteten und mit beeder Jhrer LL. Hand und Siegel vollzogenen Abschieds / und aber darin abgeredet und beschloßen / daß solcher Accord dergestalt und anders nicht gültig und verbündlich seyn solle / dan so ferne wir vor Hinflißung der nechsten dreyen Wochen von dato des Accords anfahend / mit offener Schrifft / unter Unserer Subscription und Jnsiegel / vollkommlich ohne allen Anhang und Auszug darein consentiren / und denselben ratificiren würden.

Daß wir demnach nicht allein vor Uns selbst diesem Abschied und denen Ursachen / umb welcher willen derselbe auffgerichtet / reifflich nachgedacht / söndern auch durch Unsere Räthe und Dienere berathschlagen laßen / und alß wir und Sie anderst nicht befinden können / dan daß solcher Accord Uns nützlicher / als wenn er underlaßen würde; So haben wir denselbigen / vor Uns / und Unsere Eheliche Mannliche Leibs-Erben / Land-Grafen zu Heßen / da wir deren gewinnen würden / in allen Puncten und Clausuln / alles ihres Jnhalts beliebt und angenommen / Thun daßelbige auch hiermit und in krafft dieses Brieffs / in der allerbesten Form / Weise / Maaß und Gestalt / wie solches zu recht immer geschehen soll / kan oder mag / derogestalt und also / daß derselbe Uns und Unsere Eheliche Mann-Leibs-Erben / Landgrafen zu Heßen / weniger nicht als die Herrn Transigenten selbst / binden und obligiren / wir auch / wie auch sie / nun oder nimmermehr deme zu wieder nichts handlen / thun oder vornehmen / sondern es darbey allerdings unwiederrufflich bleiben laßen sollen und wollen.

Deßen zu Uhrkund / haben wir diesen Ratification-Schein / mit eignen Händen underzeichnet / und Unser Secret-Jnsiegel / darauf trucken laßen / So geschehen zu Cassel / am 10. Octobris / anno 1627.

(Locus Sigilli.)

Hermann Landgraf zu Heßen
manu propria.

CCLXXXVIII.

18. Oct. Ratification Frauen Juliana Landgraf Moritzs zu Hessen-Cassel Gemahlin vor sich / und wegen ihrer Söhnen / über den zwischen Hessen-Cassel / und Hessen-Darmstadt / den 24. Septemb. getroffenen Haubt-Accord. Geben zu Caßel den 18. Octobris 1627. [LUNIG, Teutsches Reichs-Archiv. Part. Special Continuat. II. Absatz VIII. pag. 839.]

C'est-à-dire,

Ratification de JULIENNE *Femme de* MAURICE *Landgrave de Hesse-Cassel, pour elle & pour ses Enfans, sur l'Accord Héréditaire passé à Darmstadt le 24. Septembre entre la Ligne de* HESSE-CASSEL, *& celle de* HESSE-DARMSTADT. *A Cassel le 18. Octobre 1627.*

VON Gottes Gnaden wir Juliana / Land-Gräfin zu Heßen / gebohrne Gräfin zu Catzenelnbogen / Vianden und Dietz / Frau zu Beilstein / etc. Thun kund hiermit offentlich bekennende / als der Jrrungen und Streitigkeiten halber / welche zwischen beeden Linien des Fürstlichen Hauses Heßen-Caßel und Darmstatt / sich vor ungefehr zwantzig Jahren angesponnen / und biß dato fovirt und getrieben worden / die Hochgebohrne Fürsten / Herr Wilhelm und Herr Georg / Gevettere / Land-Grafen zu Heßen / Grafen zu Catzenelnbogen / Dietz / Ziegenhain und Nidda / etc. Unsere freundliche Liebe Sohn / Oheim / Schwager und Gevattere / nach vielfältig gepflogener Handlung / durch des Allerhöchsten gnedige Verleihung / am 24. Septembris nechsthin / zu Darmstatt / sich gründlich / auf gewiße Maaß und Weise vor sich und beede ihre Fürstliche Linien vereinigt und verglichen / nach laut und Jnhalt des darüber aufgerichteten / und mit beeder Jhrer LL. Hand und Jnsiegel vollnzogenen Abschieds; Und aber darein abgeredet und beschloßen / daß solcher Accord dergestalt und anders nicht gültig und verbündlich seyn solte / dan so fern zu förderst / wir vor Uns und alle Unsere Söhne Fürsten zu Heßen / die jetzo im Leben seynd / oder noch künfftig dem Göttlichen Seegen nach / in diese Welt gebohren werden möchten / vor Hinflissung der nechsten drey Wochen / von dato des Accords anfahend / mit offener Schrifft unter Unserer Subscription und Jnsiegel vollkommlich / ohne allen Anhang und Auszug / darein consentiren / und denselben ratificiren würden.

Daß wir demnach nicht allein vor Uns selbst / diesen Abschied / und denen Ursachen / um welcher willen derselbe aufgerichtet / reifflich nachgedacht / sondern auch / als wir anders nicht befinden können / dan daß solcher Accord Unsern Söhnen nützlicher / als wan er unterlaßen würde / denselbigen für Uns und Unsere Söhne Land-Grafen zu Heßen / welche so wohl jetzo im Leben seynd / als die wir durch Gottes gnädigen Seegen noch weiter mit Unserem hertzgeliebten Herrn erzeugen möchten / in allen Puncten und Clausuln / alles ihres Jnhals beliebt / angenommen und ratificirt, Thun daßelbige auch hiermit und in krafft dieses / in der allerbesten Form / Weise / Maaß und Gestalt / wie solches zu Recht immer geschehen soll / kan oder mag / dergestalt und also / daß derselbe Uns und Unsere wohlgemeldte Söhne / weniger nicht als die Herrn Transigenten selbst / binden und obligiren / wie auch nun oder nimmermehr / deme zu wieder nichts handeln / thun oder vornehmen / sondern es darbey allerdings unwiederrufflich bleiben laßen sollen und wollen. Deßen zu Uhrkund / haben wir diesen Ratification Schein mit aignen Händen unterzeichnet / und Unser Secret Jnsiegel darauf trücken laßen; So geschehen zu Caßel / den 18. Octobris, Anno 1627.

(Locus Sigilli.)

Juliana Landgräfin zu Heßen.
manu propria.

CCLXXXIX.

Abschied zwischen Land-Graff Wilhelm zu Hessen-Cassel / und Georg zu Hessen-Darmstadt / wegen erstreckung des zu erhaltung der Käyserl. Confirmation, über den zwischen ihnen

zu

ANNO 1627. zu Darmstadt am 24. Octobris getroffenen Accords, angesetzten Termins. Geben zu Cassel den 28. Januarii 1628. [LUNIG, Teutsches Reichs-Archiv. Part. Spec. Continuat. II. Absatz VIII. pag. 843.]

C'est-à-dire,

Recès conclu entre GUILLAUME *Landgrave de Hesse-Cassel &* GEORGE *Landgrave de Hesse-Darmstadt portant prolongation du terme marqué pour obtenir la Confirmation de l'Empereur, sur l'Accord passé entr'eux à Darmstadt le 24. Septembre dernier. Fait à Cassel le 28. Janvier 1628.*

VON GOttes Gnaden Wir Wilhelm und Georg Gevettere / Landgrafen zu Heßen / respective Administrator des Stiffts Hirschfeld / Grafen zu Catzenelnbogen / Dietz / Ziegenhayn und Nidda / rc. Uhrkunden und bekennen hiermit / Demnach wir Unseren zu Darmstatt am 24. Septemb. nechst verwichenen Jahres / der Marpurgischen Succession auch anderer mehrer Irrungen halber / aufgerichteten Haupt-Accord dahin conditioniret / und gerichtet / wofern der Römisch. Käyserl. Maj. allergnedigste Confirmation über denselbigen / in Zeit dreyer Monathen von obgesetzten dato anzurechnen / würcklich nicht erfolgen / und erlangt werden möchte / daß alsdan derselbe allerdings ungültig / und daran kein Theil mehr verbunden / sondern es davor zu achten seyn solte / als ob er niemahls vorgangen / oder erhandlet worden were.

Und aber ernandte Zeit sich am 24. Decembris nechsthin geendiget: Ob wir dan zwar dieselbe / bis auf den jetzo einstehenden 24. hujus wohl bedächtlich dannenhero prorogirt und erstreckt / weil der Mangel bis annoch nicht erfolgter Käyserlichen Confirmation heraus zu bringen / daß wir derowegen / und aus vorgesetzten Ursachen / Uns einer fernern Erstreckung mit einander Freund-Vetter-und Brüderlich dergestalt verglichen / und vereinbaret haben / daß von dem 24. dieses Monaths Eingangs angezogener Unser zu Darmstatt getroffener Vergleich / bis auf den 24. Tag nechstkünfftigen Monaths Martii in seinen abgeredeten Vigore verbleiben soll / nicht zweiffelend / es werde die mehrerwehnte Käyserliche Bestettigung / vermittelst Göttlicher Gnad underdeßen erfolgen / und seine Vollziehung zu Werck gerichtet werden können.

Zu welches versicherter Nachricht und Bescheinung dan wir die obig ermelte beede Gevettere / Land-Graff Wilhelm / und Land-Graff Georg / dieser Brifflichen Scheine unter unsern Fürstl. Subscriptionen und Besieglungen zween ausfertigen / und dieselbe einander haben zu stellen laßen / So geschehen ist zu Caßel den Acht und zwantzigsten Januarii Anno Ein Tausend Sechs hundert / zwantzig und achte.

Wilhelm Landgraf zu Heßen /

(Locus Sigilli.)

Georg Landgraf zu Heßen.

(Locus Sigilli.)

CCXC.

16. Dec. Abschied zwischen Käysers Ferdinandi II. Commissarien / dan Burgermeister und Rath der Stadt Eger / / Wegen abtrettung des Ritterlichen Teutschen Ordens-Hauß daselbst geschlossen; Worinnen dieselbe das benante Hauß sambt allen pertinentien zu Ihro Majest. Possession übergeben. Actum Eger den 16. December 1627. [LUNIG, Teutsches Reichs-Archiv. Part. Special. Continuat. I. Forsetzung I. von Böheimb Absatz. pag. 478.] ANNO 1627.

C'est-à-dire,

Recès entre les Commissaires de l'Empereur FERDINAND II., *& les Magistrats de la Ville d'*EGRA, *par lequel la Maison de l'Ordre Teutonique située dans ladite Ville est remise entre les mains de sa Majesté, avec toutes ses Dépendances, & Apartenances. A Egra le 16. Decembre 1627.*

AUF der Römischen Kayserl. auch zu Hungarn und Böheim Königl. Majestat Unsers allergnädigsten Herrns gnädigste Abordnung / haben die Hoch-und Wohlgebohrnen Grafen und Herren / Herren / auch Edele und Gestrenge / Herr Herman Tschernin / Graf von Khudenitz / Herr uf Petersburg und Grüßhübel / Römischer Käyserl. Majestät Cammerer / Kriegs-und Böhmischer Cammer-Rath und Hauptmann des Satzer-Craises / Herr George Wilhelm Michna / Freyherr von Watzenhoff / auf Khüsch und Khodorff / höchsternanter Ihrer Majestät Raht und Ober-Hauptman aller Herrschafften in der Cron Böheim / und Herr Christoff von Grünberg / auch Käyserl. Majestät Rath und Hauptman in S. Joachims-Thal / Ihr. Gn. Gn. Gestr. als wohlverordnete Commissarien / den 13. hujus ihren Commission-Befehlch wegen Abtrettung des Ritterlichen teutschen Ordens-Hauses gegen Burgermeister und Rath der Stadt Eger abgeleget / die sich dan als bald zur Parition allerunterthänigst erbotten / den Kauff-Schilling fünff und funffzig tausend Gulden aufgehoben / darauf Ihrer Gn. Gn. und Gestr. die Possession des teutschen Hauses / samt allen Pertinentien und den Schlüssel würcklich abgetretten / und wiewohln die Pfarr-Kirchen St. Nicolai, als ein Pertinenz auch apprehendirt werden wollen / hat doch E. E. Raht mehr nicht / dan das Jus Patronatus daran gestanden / sich disfalls auf den Kauff-Brieff bezogen / hoc nomine die Schlüßel darzu tradirt / doch reservato Jure fundationis & ædificationis, auch den Kirchner in Ihrer Kayserl. und Königl. Majest. und des Raths Pflichten zu nehmen / so wohl daß aller Kirchen-Ornat, mit der Käyserl. Herren Commissarien Ihren Gn. Gn. und Gestrengen Secreten / und des Raths Insiegel zuvor inventirt / solte consignirt werden / geschehen lassen; Und weil hierdurch in dieser Kirchen das Exercitium Religionis eingestellet / ist ingleichen des Kirchners innerste Thür darin verpitschirt worden. Das Geleut auf dem Pfarr-Thurn betreffend / so vor alten Zeiten Catholischen und Augspurgischen Confessions-Verwandten / ohne Unterschied auf Begehren ist nachgelassen / so wohl E. E. Rath daselbsten / als Eigenthumbs-Herrn / samt der Kirchen / in wesentlichen Würden conservirt / auch ihre hohe Stadt-Wachten darauf haben / behalt E. E. Rath solches / massen jetzt und allwege gebräuchlich gewesen / zu dem Mittag-Abend-Wetter-und Begräbnüs-Leuten / außer dessen aber zu keinem Exercitio zu gebrauchen / auch noch bevor / was sonsten zu völliger tradition gehörig / hat E. E. Rath auch præstirt / und nicht allein alle beym ersten Kauff des teutschen Hauses gefundene Erb-Zinse / und Schuld-Bücher / und andere Briefliche Documenta, laut einer durch den Gericht-Schreiber allhier gemachten Registratur, übergeben / sondern auch / durch ein sonderbahre Assecuration sich

dahin

ANNO 1627.

dahin verobligirt; alles und jedes, was inmittels distrahirt, verkaufft, verhypotecirt worden, zwischen hier und Mariæ Liechtmeß wiederum zu erstatten, und in alten Stand zu richten, darneben auch den verkaufften Zehend bey männiglich zu reluiren, und mit baarer Wiederbezahlung frey zu machen, wie nicht weniger die Anweisung auf die Gehöltz, Felder und Teiche, durch gewisse Personen zu thun sich anerbotten, und nachdeme von Ubergebung der Unterthanen in die Pflicht E. E. Rath wegen ihrer noch bey denen Unterthanen ausständigen Zinnß, Hülffs-Versicherung begehrt, haben hoch-und wohlgedachte Herren Commissarien Ihre Gn. Gn. und Gestr. des Hochwürdigen und Wohlgebohrnen Herrn Herrn Christoff Simon Freyherrn von Thun Gn. Ihrer Gn. verordnetem Anwald, dem Edlen, Ehrnvesten und Hochachtbarn Herrn Romano Kugelmann, in Krafft tragender Kaiserlicher Commission auferlegt, Er auch zugesagt, dem Raht zu ihrem bey denen Unterthanen noch befindlichen, liquidirlichen und rechtmäßigen Ausstand, zu verhelffen, und schleinig bezahlen zu lassen, wie auch daß der heurige Zins, weiln dieser auch schon Martini verfallen, auch Bürgermeister und Raht verbleiben solle, über welches die Herren Käyserlichen Commissarien Ihre Gnad. Gnaden und Gestrengen diesen besiegelten Schein, neben dem Rath geschlossen. Und obwohln wegen Ihrer Gn. des Herrn von Thuns, von Burgermeister und Raht, von dem erlegten Kauff-Schilling der fünff und funffzig tausend Gülden, die versetzten Interesse, und also ein starckes Stück Geld zu erstatten begehret worden, sie sich aber solches zu thun multiplici respectu nicht schuldig erachtet, sondern hingegen wegen eines ansehnlichen neuen Baues, welcher aus denen Materialien, und unzehligen Fuhren auff die vierzehen hundert Gülden gestanden, und anderer unterschiedlichen Bau-und Unkosten wegen, eine stattliche Widerlag haben wollen, so sind jedoch solche beederseits angestellte Forderungen, auff hoch-und wohlgedachter Herrn Commissarien Ihrer Gn. Gn. und Gestr. Zusprechen dahin verglichen worden, daß sie zu forderist Ihrer Kayserl. Majestät zu unterthänigsten Ehren, so dan zu Fortpflantzung guter vertraulicher Nachbarschafft gäntzlich cassirt, auffgehoben, und todt geachtet seyn sollen, über welches auch Bürgermeister und Rath der Stadt Eger Ihrer Gn. Herrn von Thun Gewalttragern, zu Erklärung ihrer guten Affection noch vier Fuder Heu, und vier Schock Stroh zu geben sich erbotten.

Daß nun diesem in allem also nachgelebet, und alles unverbrüchlich respectivè gehalten, und vollzogen worden, und werden solle, seynd dieser Recess zween gleiches Lauts gefertiget, und mit Ihrer Gn. Gn. und Gestr. Herrn Gewalttrager, und des Raths respectivè Secreten, Insiegeln und Pettschafften, corrobirt, und bekräfftiget worden, doch mit angehengter beederseits Protestation, von weitern und künfftigen unwissenden Zusprüchen, so man gegen einander haben möchte, nichts benommen. So geschehen Eger den 16. Decembr. Anno 1627.

(L. S.)
Herman Graff Tschernin.
(L. S.)
George Wilhelm Michna, von Watzenhofen.
(L. S.)
Christoph von Grünberg.
(L. S.)
Georg Prunner, *Commendator.*
Secretum Civium in Egra.
(L. S.)
Romanus Kugelmann.

ANNO 1628.

CCXCI.

Huldigungs-Eyd derer Fürstl. Heßischen Unterthanen, daß sie denen Landgraffen zu Hessen, und auf abgang derer, denen Chur-und Fürsten zu Sachsen, zu folge der zwischen Ihnen errichtten Erb-Verbrüderung treu, und gehorsam seyn, auch den de dato 24. Septemb. 1627. aufgerichteten Hessen-Cassel-und Darmstadtischen Accord, so viel er dieselbe concernirt festhalten sollen. de Anno 1628. [LUNIG, Teutsches Reichs-Archiv. Part. Special Continuat. II. Absatz VIII. pag. 845.]

C'est-à-dire,

Serment de Fidelité & d'Hommage éventuel rendu par les Sujets du Landgraviat de HESSE *à tous les Princes de cette Maison, chacun en son Degré, & au cas de l'extinction des Lignes Masculines desdits Princes, à ceux de la Maison Electorale & Ducale de* SAXE, *comme aussi d'observer l'Accord Héréditaire fait à Darmstadt le 24. Septembre 1627 entre les deux Maisons de* HESSE-CASSEL *& de* HESSE-DARMSTADT. *Fait l'an 1628.*

IHR sollet mit Hand-gebenden Treuen angeloben und einen leiblichen Eyd mit aufgehoben Fingern zu GOTT dem Allmächtigen schweren, daß Ihr wollet dem Durchleuchtigen Hochgebohrnen Fürsten und Herrn, Herrn N. Land-Grafen zu Heßen, Grafen zu Catzenelnbogen, Dietz, Ziegenhain und Nidda ꝛc. und nach seiner Fürstlichen Gnaden tödtlichen Hintritt, (welchen der getreue GOTT noch lange verhüten wolle) dero ältesten Sohn (allhier pflegt abermahl der ordo succedendi gar ausführlich inserirt zu werden) und auf gäntzlichen Abgang des Männlichen Stamms der Fürsten zu Heßen, den Chur-und Fürsten zu Sachsen vermög der Erb-Verbrüderung, so im Jahr 1587. und folgends in Anno 1614. zu Naumburg erneuert worden, getreu, hold, gehorsam und gewärtig seyn, Seiner Fürstl. Gnaden, Frommen, Ehr, Nutzen und Bestes fordern, Schaden warnen, und wenden nach euren besten Vermögen, auch nicht im Rath, vielweniger bey der That seyn, da wider Seine Fürstliche Gnaden etwas gehandelt, berathschlaget oder vorgenommen wird, noch weniger aber solches thun, oder darzu Anlaß oder Ursach geben, auch wie die Vergleichung des Hauses Heßen, wie dieselbe am 24. Septembr. Anno 1627. verfaßt, von der Römischen Käyserlichen Majestät confirmirt, so dan in einem neuem Erb-Vertrag den 24. Martii Anno 1628. datirt, aufgericht, angezogen ist, so viel dieselbe Euch angehen, und concerniren, halten und sonsten alles anders thun und lassen, was getreue Unterthanen ihrem Herrn und Lands-Fürsten von Rechts-Pflichten und Gewohnheit wegen zu thun schuldig seyn, alles getreulich und ohne Gefährde.

Eyd.

Alles was mir jetzo vorgelesen worden und ich wol verstanden, und darüber meine Hand-Treu gegeben habe, das schwere ich steth und unverbrüchlich zu halten, als mir GOTT helffe durch seinen Sohn JEsum CHristum Unsern HErrn.

CCXCII.

CCXCII.

Lehen-Eyd derer Fürstlich-Heßischen Vasallen/ daß sie denen Landgraffen / und auf gäntzl. abgang desselben Stammes/ denen Chur- und Fürsten zu Sachsen/ zu folge der zwischen ihnen aufgerichteten Erb-Verbrüderung / treu/ hold und gehorsam seyn / auch die / zwischen denen Fürstl. Heßischen Häusern Cassel / und Darmstadt de dato 24. Septembris Anno 1627. errichtete Vergleichung/ so viel es sie angehet / festhalten wollen. Geschehen de Anno 1628. [Lunig, Teutsches Reichs-Archiv. Part. Special Continuat. II. Absatz VIII. pag. 845.]

C'est-à-dire,

Serment des Feudataires de la Maison de Hesse, *portant qu'ils seront fidelles à tous les Princes Landgraves de* Hesse, *tant qu'il y en aura, &, au cas de leur extinction, à la Maison Electorale & Ducale de* Saxe, *comme à leurs Seigneurs Territoriaux, conformément à l'Union Héreditaire des deux Maisons, comme aussi d'observer fidellement l'Accord de Darmstadt, du* 24. *Septembre* 1627. *pour autant qu'il les concerne. Fait en* 1628.

IHR sollet mit Hand-gebenden Treuen angeloben/ und einen leiblichen Eyd / mit erhabenen Fingern/ zu GOTT dem Allmächtigen schwören/ daß ihr wollet dem Durchleuchtigen Hochgebohrnen Fürsten und Herrn / Herrn N. Landgrafen zu Hessen/ Grafen zu Catzenelnbogen/ Dietz/ Ziegenhayn und Nidda/ und nach Seiner Fr. Gn. tödtlichen Hintritt/ (welchen der getreue GOtt noch lange Zeit genediglich verhüthen wolle/) dero Eltisten Sohn/ (hie pflegt der ordo succedendi gar ausführlich inserirt zu werden und auf gäntzlichen Abgang des Männlichen Stams der Fürsten zu Heßen / den Chur- und Fürsten zu Sachsen / vermöge der Erb-Verbrüderung so im Jahr 1587. und folgends in anno 1614. zu Naumburg erneuret worden / getreu huld / gehorsam und gewertig seyn / Seiner Fen. Gn. Frommen Ehr / Nutzen und Bestes fordern/ Schaden warnen und wenden / nach eueren besten Vermögen / auch nicht im Rath/ viel weniger bey der That seyn / da wieder Ihre Fe. Gn. ichtwas gehandelt/ gerathschlaget oder vorgenommen würde/ noch weniger aber solches selbst thun/ oder darzu Anlaß oder Ursach geben / und insonderheit da ihr erführet / daß ichtes Ihrer Fen. Gn. an Leib / Ehre / Würden und Stand zu gegen und nachtheyl / oder ihren Fürstenthumen / Herrschafften / Landen und Leuthen zu Abbruch von jemanden wolte vorgenommen werden / solches ihrer Fen. Gn. offentlich anzaigen/ und das dürch euch oder die euere treulich verhüthen / auch für euere selbst Persohn wißentlich nichts fürnehmen/ das ihrer Fen. Gnad. zu schaden oder zu schmach kommen möchte/ die Lehen auch so von ihrer Fen. Gn. ihr habt / der Gebühr verdienen und denselbigen so offt die Zufälle kommen / wie recht und gebührlich/ folgen / auch die Vergleichung des Hauses Heßen / wie dieselbe am 24. Septembris anno 1627. verfast/ und von der Röm. Käys. Majest. confirmiret/ so dan in einem neuen Erb-Vertrag den 24. Martii anno 1628. aufgerichtet angezogen ist / so viel dieselbe euch angehen / und concerniren / halten und sonsten alles anders thun und lassen/ was einem getreuen Lehenmann gegen seinem Lehn-Herrn/ von Gewohnheit und Rechtswegen zu thun und zu laßen gebührt/ derselbe schuldig und pflichtig ist/ Alles sonder Gefährde und arge List.

CCXCIII.

Eyd / so von denen Land-Ständen des Fürstenthums Hessen / zu festhaltung des zwischen beeden Fürstl. Häusern Hessen-Cassel / und Darmstadt / den 24. Septemb. zu Darmstadt getroffenen Haubt-Accords, abgelegt worden. Geschehen im Jahr 1628. Nebst Landgraff Hermanns Casselischer linie, und Johann / wie auch Heinrichs Hessen-Darmstadtischer linie, Eydlicher bekräfftigung uber obbesagten Haubt-Accord. [Lunig, Teutsches Reichs-Archiv. Part. Spec Continuat. II. Absatz. VIII. pag. 844.]

C'est-à-dire,

Serment prêté par les Etats de la Principauté de Hesse, *pour l'observation de l'Accord fait le* 24. *Septembre* 1627. *entre les deux Maisons de* Hesse-Cassel *& de* Hesse-Darmstadt. *Fait l'an* 1628. *Avec la Confirmation par Serment dudit Accord par les Landgraves* Herman *de Hesse-Cassel*, Jean *&* Henri *de Hesse-Darmstadt.*

IHR sollet geloben und schweren vor euch und alle euere Nachkommen / daß ihr wollet die Vergleichung / wie solche zwischen den Hochwürdig-Durchleuchtig und Hochgebohrnen Fürsten / und Herrn / Herrn Wilhelmen / und Herrn Georgen / Gevettern / Land-Grafen zu Heßen / respectivè Administratorn des Stiffts Hirßfeldt / Grafen zu Catzenelnbogen / Dietz / Ziegenhayn und Nidda / &c. Unsern Gnedigen Fürsten und Herrn / vor sich und ihrer F. Fn. Gn. Gn. beede Caßelische und Darmstadische Linien / auf ein ewiges und unwiderruffliches / unter dato Darmstadt / am vier und zwantzigsten Monaths-Tag Septembris anno Christi Sechzehen hundert Zwantzig und Sieben aufgericht ist worden / auch die Confirmation, wie dieselbe darüber von der jetz regierenden Römis. Käyserl. auch zu Hungarn / und Böheim Königl. Majestät Unserm allergnedigstem Herrn / erfolgt ist / so wohl auch den zwischen beeden erst Hochgedachten Unsern Gnedigen Fürsten und Herrn / Landgraf Wilhelmen und Landgraf Georgen / neu aufgerichten Erb-Vertrag / allermaßen man jetzo dieselbige drey Stücke deutlich vorgelesen / zuvor auch zum theil communicirt gehabt / in allen und jeden Puncten / Articuln und Clausulen / so viel sie euch und euere Nachkömmlinge besagen und betreffen thun / striff / fest und unverbrüchlich halten / darwider nicht thun / noch helffen / oder gestatten gethan zu werden / in keinen Weg / auch nicht im Rath seyn / da wieder dieselbe obberührte Stück gerathschlaget / oder gehandelt würd / und da ihr erführet / daß etwas darwieder vorgienge / solches warnen / darwieder seyn / und nicht darin gehehlen / treulich und ohne alle Gefehrde.

Darauf haben alle Anwesende von Prälaten / Ritter- und Landschafft einem jeden Fürsten mit Hand treu angelobet / und stracks darauf ein jeder mit ausgehabenen Fingern diese Worte nachgesprochen / und cörperlich geschworen:

Was mir vorgelesen worden / und ich wohl verstanden habe / das schwere ich zu thun / redlich und steiff zu halten / treulich und ohne alle Gefehrde / So wahr mir GOtt helffe durch seinen Sohn Unsern HErrn und Heyland JEsum Christum.

Land-

ANNO 1628. Landgraff Hermann zu Heßen/Caßelischer Linie/ eydliche Bekräfftigung über den Haupt-Accord

WAS Uns Land-Graffen Hermann zu Heßen/ &c. jetzo vorgehalten worden/ und wir wohl verstanden haben/ das schweren wir zu thun/ redlich/ steiff und fest zu halten/ Fürstlich treulich/ und ohne alle Gefehrde/ So wahr Uns GOTT helffe durch seinen Sohn/ Unsern HERRN und Heyland JESUM CHRISTUM.

Eydliche Confirmation Land-Graff Johannis und Heinrichs Gebrüdere/ zu Heßen/ Darmstädtischer Linie/ über den Haupt-Accord

WAS Uns jetzo vorgehalten worden/ und wir wohl verstanden haben/ das schweren wir zu thun/ redlich/ steiff und fest zu halten/ Fürstlich treulich/ und ohn alle Gefehrde. So wahr Uns GOTT helffe/ durch seinen Sohn Unßern HErrn und Heyland JEsum Christum!

CCXCIV.

26. Janv. Lehen-Brieff Jhro Käys. Majest. FERDINANDI II. Jhro Konigl. Maj. zu Hungarn und Böhäimb FERDINANDO III. über das Churfürstenthumb mit der Chur und dem Ertzschencken-Amt/ so zu der Cron Böhaimb gehörig/ samt allen dessen Ländern/ Rechten und Gerechtigkeiten &c. verliehen. Geben Prag den 26. Januar. 1628. [Pièce tirée de la Registrature d'Etat de la Chancelerie de la Cour de Sa Majesté Imperiale.]

C'est-à-dire,

Investiture de la Dignité Electorale, de l'Office de Grand Echanson de l'Empire, & de tous les autres Droits, Provinces & Jurisdictions qui appartiennent à la Couronne de Boheme, donnée à FERDINAND III. *Roi de Hongrie, & de Boheme, par l'Empereur* FERDINAND II. *à Prague le 26. Janvier* 1628.

Wir Ferdinand der Ander.

BEkennen öffentlich mit dießem Brieff/ und thun kundt allermänniglich/ wie wohl wir aus Käys. Höhe und Würdigkeit/ darin Unß der allmächtige Gott durch seine Göttliche Güte gesetzt hat/ und angeborner Tugend und Gütigkeit/ allen und jeglichen Unsern und des Heiligen Reichs Unterthanen Gnad und Gutthat zu erzeigen willigst/ ist doch Unßer Käys. Gemüth billich mehr geneigt zu denen die Unßer und deß Heil. Reichs vorderste Glieder sind/ und neben Uns die Bürde und Sorgfältigkeit deß Heil. Reichs helffen mittragen/ und stete Lieb und Treue beweißen/ dieselbe mit Unsern Kays. Gnaden zubegaben.

Wan dan der Durchläuchtig Hochgebohrne Fürst Herr Ferdinand der dritte/ König zu Hungarn und Behaimb/ Ertzhertzog zu Oesterreich/ Hertzog zu Burgund/ Steyr/ Kärndten/ Crain/ und Württenberg/ Graff zu Tyroll und Görtz &c. Unser freundl. geliebter Sohn mit jetzt gemeldtes Königreichs Beheimb Königl. Diademare nach den 25. Novemb. nechst verwichenen 1627. am Tag St Catharinæ ordentlich in-augurirt und gecrönet worden/ und darauf S. L. in aigner Persohn vor Unß kommen ist/ auch Unß mit fläiß angeruffen und gebetten/ daß wir deroselben das Churfürstenthumb mit der Chur/ und dem Ertzschencken Amt/ so zu der Cron Beheimb gehörig/ sambt seinen Marggraffschafften/ und allen Fürstenthumen/ Landen/ Manschafften/ Herrschafften/ Lehenschafften/ Geistlich- und Weltlichen.

Bergwercken/ Gelaiten/ Wildtpähnen/ Waidtwarchen/ Zöhlen/ Ehren/ Rechten und Gerechtigkeiten/ zu gemeldter Cron Behaimb gehöhrend/ zu Lehen zu verleihen Gnädiglich geruheten.

Das haben wir angesehen vorbemeldtes Unsers frl. geliebten Sohns/ Königs Ferdinands des dritten/ zu Hungarn und Behaimb Ldl. redlich und vernünfftige Bitt/ auch die mercklichen und getreuen dienste/ so S. L. bißhero Uns und dem Heil. Reich offt williglich gethan hat/ auch hinführo zu thun erbiettig ist/ und S. L. Unß und dem Heil. Reich in kunfftiger Zeit wohl thun kan/ mag und solle. ANNO 1628.

Und darumben mit wohlbedachtem Muth/ guten zeitigen Rath/ und auß rechter wissen/ auch Unßer Käys. Macht vollkommenheit ermeltes Unsers freundl. geliebten Sohns König Ferdinands des dritten L. dero Regalia und Lehen/ das Churfürstenthum mit der Chur und Ertzschencken-Ambt deß Heil. Reichs mit samt den Marggraffschafften und allen Fürstenthumen/ Landen/ Manschafften/ Herrschafften/ Lehenschafften/ Geistlichen und Weltlichen/ Artzen/ Bergwercken/ Gelaitten/ Wildpanen/ Wayderenen/ Zöhlen/ Ehren/ Rechten/ Würden/ Zierden/ Hohen und Niedern Gerichten/ Gerichtzwang und allen andern Herlichkeiten/ Rechten und Gerechtigkeiten zu der Cron Behaimb gehörig/ zu Lehen gnädiglich geraicht und geliehen/ reichen und verleyhen die auch Sr. Lieb. von Röm. Käys. Macht und vollkommenheit/ wissentlichen krafft dießes Brieffs/ was wir Sr. Lieb. von Recht/ Billichkeit und Gewohnheit wegen daran zu verleyhen haben. Also daß S. L. selbige nun hiefüran/ von Unß/ und dem H. Reich in Lehens Weiß inhaben/ halten/ besitzen/ nutzen/ nießen und gebrauchen solle und möge/ in allermaßen und Recht/ als S Lbdl. Voreltern/ die Königen zu Behaimb die innengehabt/ besessen/ genußt/ genoßen und gebraucht haben/ von allermenniglich unverhindert. Deß vorgenandt Unsers frl. geliebten Sohns/ König Ferdinands deß dritten/ zu Hungarn und Behaimb L. hat Unß auch darauf gewöhnliche Glübt und Aydt gethan/ Unß und dem H. Reich getreu gehorsamb und gewertig zu seyn/ Unß für seinen rechten natürlichen Herrn zu halten/ zu dienen und zu thun/ alß einem Ertzschencken und Churf. deß H. Reichs zu thun von Recht gebührt. Und gebietten darauf allen und jeglichen der Marggraffschafft und Hertzogthumben deß Königr. Böhaimb Bischoffen/ Hertzogen/ Prälaten/ Graffen/ Freyherrn/ Rittern und Knechte/ Mannen/ Lehens-Mannen/ der Cron Böhaimb Hertzogen/ Marggraffen/ Landgraffen/ Freyherrn/ Rittern und Knechte/ Städten und sonst jedermäniglich Lehen habenden von der Cron Böhaimb/ auch Haubt-Leuthen/ Ambt-Leuthen/ Burgermaistern/ Räthen/ Richtern/ Vögten/ Gemeindten/ hintersäßen/ und Unterthanen/ die rechtlich zu der Cron Böhaimb gehören/ in was Würden/ Standt/ oder Wesens die seyndt/ von obbestimter Röm. Käys. Macht und vollkommenheit rechtlich und vestiglich mit dießem Brieff/ daß Sie mehr offtbesagter Unsern frl. geliebten Sohn König Ferdinands des dritten L. in allen und jeglichen Geboten/ Auffsetzungen/ Sachen und Geschefften S. L. deß Königreichs Böhaimb alß ihrem rechten Natürlichen Herrn ohne alle Jrrung und widerred getreu/ gehorsamb und gewertig seyn/ und S. L. das alles/ wie vorgeschrieben stehet/ geruhiglich und ohne Jrrung gebrauchen und genießen laßen/ als lieb Jhnen allen/ und Jhr jeden sey Unsere und deß Reichs-schwehre Ungnad zu vermaiden/ daran thun sie Unser ernstliche Meynung/ Wer aber dieß Unßer Käys. Gebott freventlich überführ und für nichts hielte/ der oder dieselben sollen als dan aller Jhrer Lehen/ Freyheiten/ Privilegien/ Rechten und Gerechtigkeiten/ von weme Sie die hätten/ dem viel obbesagten Unsern frl. geliebten Sohn/ deß Königs Ferdinand deß dritten zu Hungarn und Böhaimb Ldd. auch darzu in deroselben Straff und Buß gefallen seyn. Mit Uhrkund dieß Brieffs/ besiegelt mit Unsern Käys. Jnsiegel/ der geben ist Prag den 26. Januarii 1628.

Ferdinand. Ad mandatum

Peter Herr von Stralendorff. M. Arnoldin. Stegter Freysinger.

CCXCV.

CCXCV.

28. Janv. L'ANGLETERRE ET LA ROCHELLE.

Traité entre CHARLES I. *Roi de la Grand' Bretagne, & le Maire, les Echevins, Pairs, Bourgeois, & Habitans de la Ville de* LA ROCHELLE. *Fait par leurs Députez le 28. Janvier* 1628. [MERCURE FRANÇOIS, Tom. XIV. Part. II. pag. 3.]

LES Deputez munis de bons & amples Pouvoirs s'estans presentez à sa Seréníssime Majesté, & l'ayant tres-humblement suppliée, de vouloir prendre & recevoir ceux de ladite Ville sous sa protection & sauvegarde, & leur en faire sentir les effets par une assistance digne de sa Majesté, au moyen de laquelle ils puissent estre delivrez de l'oppression, laquelle ils souffrent maintenant, & estre tenus en la bonne grace de leur Prince & Roy Tres-Chrestien, pour jouyr d'une bonne & assurée Paix : Sa Majesté s'inclinant favorablement à cette Requeste, leur a accordé ladite Protection, & en ont esté stipulées reciproquement les conditions qui s'ensuivent.

I. Quant ausdits de la Rochelle, qu'ils presteront tout l'aide & faveur à eux possible, pour l'avancement & heureux succez des armes de sa Majesté, en equipant le plus de Vaisseaux de Guerre qu'il leur sera possible pour favoriser l'execution de ses armes de Mer, en luy fournissant de Pilotes experimentez. Pour ce qui est des costes qui leur seront voisines, & les emboucheures des Rivieres, en pourvoyant, à ce que ceux ausquels sa Majesté en pourra donner ordre, trouvent en leur Ville des Magazins, & lieux propres pour faire une estape, & toutes sortes de provisions, s'il est jugé à propos, & reçoivent les Vaisseaux que le mauvais temps contraindroit de relacher vers eux, ou qui seroient portez par quelque autre necessité, en cas mesmes que l'armée de sa Majesté se trouvast pressée, luy donnant retraitte, abry, & pourvoyant à sa seureté.

II. Que lesdits de la Rochelle ne presteront l'oreille à aucun Accommodement particulier, & n'entendront à Traité quelconque de Paix, sinon du gré, & entier consentement de sa Majesté Sereníssime.

III. Que s'il advient apres qu'il se fit quelque entreprise de la part de la France, sur les Estats de sa Sereníssime Majesté, au sujet de ladite assistance, laquelle presentement elle promet : lesdits Rochelois se declareront à sa faveur, & divertiront de tout leur pouvoir les desseins que l'on auroit à son prejudice, que pour foy & asseurance de cela dès à present lesdits Deputez promettront au nom desdits de la Rochelle, & s'obligeront de leur faire ratifier, & en faire faire un serment solemnel, tant aux Maires, Eschevins, & Pairs de la Maison de Ville : comme aussi à tous les Bourgeois extraordinairement assemblés pour cet effect.

IV. Quant à sa Sereníssime Majesté, elle leur promet en parole de Roy de les secourir à ses propres frais & despens, tant par mer, que par terre, selon sa puissance Royalle, jusques à ce qu'elle les ait liberez des Forts qui sont, tant à l'Isle de Ré, qu'és environs de leur Ville, & leur aye moyenné la Paix.

V. Que pour cet effet dès à present elle fera armer puissamment, pour à ce Printemps executer quelque chose digne de sa Majesté, moyennant quoy les desseins qu'on a contre la Ville puissent estre divertis, & les troupes qui les pressent soient obligez de leur donner de relache, jusques enfin que par l'heureux succez qu'il plaira à Dieu donner à son armée, elle en soit entierement liberée.

VI. Que sa Majesté durant tout le temps que la Guerre continuera, assistera ladite Ville d'un tel nombre de Soldats, qu'elle jugera en estre de besoin pour la garder; lesdits Soldats soldoyez par sa Majesté.

VII. Que sa Majesté permettra tant à ses Subjets, qu'aux Habitans de ladite Ville, de charger en tous ses Estats, toutes les provisions desquelles elle aura besoin, & en fera expedier des Patentes authentiques, qui seront envoyées à tous les Ports & Havres, afin qu'en vertu d'icelles, sans autre plus particuliere passeport, les Marchands puissent faire librement leur achat, & ne soient point troublez au transport.

VIII. Que dès à present sa Majesté fera partir, avec suffisant Convoy les bleds & autres provisions, qui par son commandement se trouveront chargez, pour au plustost estre apportez à ladite Ville & y estre debitez à prix honneste.

IX. Que pour soulager la pauvreté de ladite Ville, & subvenir à ses plus pressantes necessitez, sa Majesté permettra une Collecte en ses Estats, & dés à present establira l'ordre qui y est necessaire pour cela.

X. Qu'ayant esté ci-devant compilé certains Articles de Traicté entre le Sieur Duc de Bukinghan son grand Admiral, & lesdits de la Rochelle, dont il auroit accordé les uns sous le bon plaisir de sa Majesté, & remis les autres à une plus particuliere conference, dés à present sa Majesté agrée, & tient pour bons & valables, ceux que ledit Sieur Admiral auroit convenus : & quant aux autres, qu'il les fera expedier au plutost, pour sur iceux donner ausdits de la Rochelle tout le juste contentement qu'ils peuvent attendre.

XI. En fin qu'en cas advenant que sa Majesté prestât l'oreille ci-aprés à quelqu'un pourparler de Paix avec le Roy Tres-Chrestien, lesdits de la Rochelle y seront appellés, & que nul Traité ne se conclurra, sans stipuler bien expressement leurs Immunités & Privileges, selon les Memoires qu'ils en fourniront. Sa Majesté s'oblige en outre, de leur garantir ledit Traité.

XII. Quant à sa Sereníssime Majesté, meuë du soin, & de l'affection qu'elle a tousjours eu pour les Eglises, & particulierement pour la Ville de la Rochelle, elle leur promet, en foy & parole de Roi, de leur donner toute l'assistance convenable, jusques à une bonne & ferme Paix.

CCXCVI.

Käysers Ferdinandi II. Confirmation des Anno 1627. zwischen Landgraff Wilhelm zu Hessen-Cassel / und Georg Landgraff zu Hessen-Darmstadt geschlossenen Haubt-Accords. Geben zu Prag den 1. Febr. 1628. 1. Fev.

C'est-à-dire,

Confirmation de l'Empereur FERDINAND II. *sur le Traité d'Accommodement, communément appellé* Haubt-Accord. *conclu en 1627. entre* GUILLAUME *Landgrave de Hesse-Cassel, &* GEORGE *Landgrave de Hesse-Darmstadt. A Prague le 1. Fevrier* 1628. [Voyez-la ci-devant sous le 24. Septembre 1627. pag. 524 col. 2.]

CCXCVII.

Recess zwischen Ihro Käyserl. Majest. FERDINANDUM II. **und Ihro Churf. Durchl.** MAXIMILIANUM **in Bayern / wodurch Jene diesem das Fürstenthumb der Obern Pfaltz verkauffen und übergeben / hingegen Ihro Churf. Durchl. seiner an Ihro Käyserl. Majest. habenden prætension von 13. millionen renuncirt, auch das bißher um erwehnte prætension hypothecario Jure gehabte Ertzhertzogthum Österreich ob der Enß Ihro Käyserl. Majest. resignirt und abtritt. München den 22. Februarii 1628.** [LONDORPII Acta Publica Part. V. Lib. II. Cap. XXX. pag. 209. 796. d'où l'on a tiré cette Pièce, qui se trouve aussi dans le THEATRUM EUROP. Tom. IV. pag. 697. & dans LUNIG, Teutsches Reichs-Archiv. Part. Special. Abtheil. IV. Absatz I. pag. 695] 24. Fev.

C'est-à-dire,

Traité entre FERDINAND II. *Empereur des Romains & Archi-Duc d'Autriche &* MAXIMILIEN *Electeur de Baviere, par lequel l'Empereur vend & transporte à l'Electeur la Principauté du* Haut-Palatinat, *en échange dequoi l'Electeur renonce à la Somme de treize Millions qui lui étoit dûe par Sa Majesté Imperiale, & lui remet*

Anno 1628. *remet l'Archi-Duché d'Autriche au dessus de l'Ens qui lui étoit engagé pour ladite somme. A Munich le 22. Fevrier 1628.*

VErzeichnuß deß jenigen / so wegen der Römisch. Käys. auch zu Hungarn und Böheim Königl. Majest. durch mich dero Gehäimen Rath / Cammerern / und Gesandten / Maximilian Grafen von Trautmanstorff / Freyherm auff Gleichenberg / Negaw / Burgaw / und Tätzenbach / Herrn auff Bischoffsdeintz / Merschaw und Tscheschenwitz / auff die von J. K. Käys. Maj. diß Orts gehabte vollmacht / und wegen J. Churf. Durchl. in Bäyrn / ꝛc. auff deroselben gnädigisten befelch / durch Uns dero hierzu verordnete / Johann Christoph Freysing zu Alten Preysing / Hn. zu Hochenaschaw / Reichenspeyr und Särenkam / höchstgedacht seiner Churfürstl. Durchl. Gehäimen Rath / Cammerern / Hoff-Raths-Præsidenten / und Pflegern zu Bernstein / Johann Beringer / der Rechten Doctorn, Geheimen Rath / und Pflegern zu Weilhaim / Oßwald Schusen zum Peylnstain / Gehäimen Rath / Hoff-Cammer-Præsidenten / und Pflegern zu Rottenburgß / und Johann Mändl zu Deittenhofen / Hof Cammer-Rath und Lehen-Probsten / in Sachen die Abtrettung deß Ertz-Hertzogthumbs ob der Ens / und dargegen Verkauffung seiner Churf. Durchl. des Fürstenthumbs der Obern= so wol der Undern Pfaltz / so viel herwerts des Rheins gelegen / betreffend / veranlast und geschlossen worden.

Erstlichen werden von allerhöchstgedachter Käys. M. höchsternannter J. Churf. Durchl. das J. Käys. M. anheim gefallne / und zustehende Fürstenthumb der Obern-Pfaltz in Bäyrn / mit dessen Lands-Fürstlicher Hochheit / Præeminenz, auch allen andern Jurisdictionen. und Regalien, an Land und Leuten / sambt der Landstewr / Ungelt / Auffschläg / Zöll und Mäuten / auch allen andern Nutzungen / Gefellen / Einkommen / Rennten / Recht / und Gerechtigkeiten. Geistl. und Weltlichen Lehenschafften / An-und Zugehörungen / (doch mit Außschliessung der Aempter Barckstein / Weyden und Bleyenstein) als ein von J. Käys. Maj. und dem H. Röm. Reich herrührendes Lehen / also und der Gestalt gnädigst verkaufft und übergeben / daß es bey der Hertzog Wilhelmischen / als jetziger Zeit rechter Churlini Männlichen Staummens verbleiben / casu aperturæ aber deficiente Masculino sexu, das H. Röm. Reich / oder die Agnati, auff welche es kommen möchte / der Hertzog Ferdinandischen Mannlichen Lini / oder nach dero gleichmässigem Abgang / den andern Hæredib. Allodialibus, gegen der Abtrettung / den Kauffschilling sambt denen darein verwendten beweißlichen Meliorationen, und was entzwischen an denen mit disen beeden Pfaltzen übernommen / und darauff verschriebenen Schuld-Capitalien abgeledigt werden möchte / baar wider erstatten / und daß J. Churf. Durchl. und dero Erben mit solchem Kauffschilling und Meliorationen zu disponirn freystehn solle.

Fürs ander / werden von J. Käys. Maj. J. Churf. Durchl. absonderlich von der unter Pfaltz die Aempter / so J. Churf. Durchl. administratorio nomine disseits des Rheins allbereit innenhaben / sampt den Plätzen Heidishaim / Wingarten / und Höckenhaimb / welche in die Aempter Bretthaim und Häydelberg gehören / und dieser Zeit in J. Churf. Gn. zu Tryer als Bischoffens zu Speyr administrations handen seyn / (da nicht J. Käys. Maj. solche entzwischen völlig vergeben hätten / noch J. Churf. Gn. dasselbige gedachtem dero Stifft Speyer von Rechtswegen zuständig / wurden beweisen können) wie auch das Schloß Stein / sampt / dessen Ein- und Zugehörungen (wan solches auß der Spannischen Besatzung in J. Käys. Maj. Hand und Gewaltsamb kommen wird / darumben sie sich bey Spania und der Infantin Durchl. bewerben / und daß sie solch Schloß mit seinen pertinentien J. Churf. Durchl. übergeben haben / sich erklären sollen) mit allen ihren Landsfürstlichen Hohen-und Nidern Obrigkeiten / Nutzungen / Gefellen / Geist-und Weltlichen Lehenschafften herdißhalb deß Rheins / und also was über den Rhein hinüber gelegen außgeschlossen / gleichermassen / und mit eben denen Qualiteten und Conditionen, wie nechst zuvor bey der Obern-Pfaltz gemelt worden / gnädigst überlassen / und sollen so wol die liquidirte Schulden / welche auff berürter untern Pfaltz hafften / als auch die Reichs-Anlagen / Cammergerichtliche Unterhaltung / und andere dergleichen Contributionen und Bürden der proportion nach außgetheilt / und seiner Churf. Durchl. ein mehrers nicht / als sich in der proportion solcher Aempter gegen den übrigen Pfältzis. Landen und Aemptern / welche der proscribirte Pfaltzgraff Friderich gehabt / befinden wird / zugerechnet werden / jedoch daß Ih. Käys. Majest. und dero Hauß der Orten der Paß zu Wasser und Land / vermög der Reichs-Constitutionen allzeit offen verbleibe. Anno 1628.

Und wollen J. Käys. Majest. so viel vorberürtes Fürstenthumb der Obern Pfaltz anlangt / wan anderst alles (ausser die wider zuhanden bringung der Pläz Haidishaim / Wingarten / Häckenhaim und Stain belangend / als mit welchen es sich noch etwas verlengern möcht) vorher richtig / einen Landtag allda auff den 25. Nechstkünfftigen Monats Martii / oder wie sich dessen J. Käys. Maj. bey dero allergnädigsten Ratification erklären möchte / außschreiben / und auff selbigen Tag J. Churf. Durchl. die Ober-Pfältzische Ständt anweisen / die Erbhuldigung leisten / und Ihr. Churf. Durchl. dieses Fürstenthumb durch gewisse Commissarios gebräuchiger massen tradirn und einraumen lassen: Auch wegen erwehnter Aempter in der Untern-Pfaltz / so bald J. Churf. Durchl. wollen / die ebenmäßige gebürende Notturfft zugleich / oder doch mit nechstem darauff gnädigist verordnen.

Fürs dritte / wollen J. Kays. Maj. sich bemühen / thun sich auch hiemit darzu obligiren, damit sie von Ihr. Bäpstliche Heil. für J. Churf. Durchl. einen Consens, wegen Geniessung der Geistlichen Güter in der Obern-Pfaltz / noch auff zwölff Jahr von Anfang dieses jetzt lauffenden Sechtzehenhundert acht und zwantzigisten Jahrs erlangen.

Was aber die Geistliche Nutzungen und Gefäll der unter Pfältzischen Aempter und Güter belangt / wöllen gleichwol J. Kays. Maj. darüber gleichmässige dispensation außzubringen nicht obligirt noch derenthalber zur Gewerschafft verbunden seyn / doch an Ihrem Fleiß und Mühe nichts erwinden lassen / damit sie auch dieselbige außbringen / und J. Churf. Durchl. zustellen mögen. Und hat diese Geniessung der Geistlichen Güter / an sich selbst den verstande / daß von und auß denselben vorher die Lands-Guarnisonen, da eine ferrner von nöten / erhalten / dann auch die zu Widerauffbringung und fortpflantzung deß H. Gottesdienst / und was deme / wie auch von dem Religions-wesen anhengig / benöttigte Außgaben herdan genommen / und abgerichtet werden / das übrige aber / sollen Ih. Churfürstl. Durchl. wie anders Weltliches Einkommen / die benante zwölff Jahr hindurch zugeniessen haben.

Da aber solcher Consensus über gemelte Ober-Pfältzische Geistliche Gefell / auff so viel Jahr / oder gar nit erfolgen solte / wollen J. Kays. Maj. den Abgang / der sich in den nechsten zwölff Jahren / von diesem Jahr anzuraiten / liquidirt befinden wird / J. Churf. Durchl. oder dero Erben auß dero eigenen

Anno 1628. Ober-Enserischen Saltz-gefellen (welche dann in hunc eventum verhafft seyn sollen / zutragen und erstatten.

Zum vierdten wollen J. Kays. Maj. auch Ih. Churf. Durchl. den Pfandtschilling / darumben das Ambt und Herrschafft Chaim den vorigen Pfaltzgrafen verpfändt und hernach seiner Churf. Durchl. widerumb eingeraumbt / aber der Pfandschilling vorbehalten worden / sambt den darbey von den vorigen Pfaltzgrafen prætendirten Meliorations-Costen remittirn und nachsehen / und solle auch was auff die allda gelegne Guarnison von zeit Ih. Churf. Dl. Innhaben desselben Ambts ergangen / gefallen seyn.

Zum fünfften / denen Ständen in der Obern-Pfaltz weder ihre vorhin gehabte / aber gefallene Privilegia confirmiren, noch andere ertheilen / sonder es mit denselben und deren Anhengen im jetzigen Stand verbleiben lassen. Nicht weniger diß orts / gegen selbigen Ständen / oder andern Inwohnern und Unterthanen / so wol der Obern / als der undern Pfaltz / so viel J. Churf. Durchl. daran übergeben wird / sich aller Bestraffung / wegen der begangnen Verbrechen jetz und ins künfftig gnädigist begeben haben.

Zum sechsten / werden und sollen J. Kays. Maj. und dero Hochlöbl. Hauß Oesterreich in Teutschland gegen J. Churf. Durchl. und dero Erben sich verobligiren und versprechen / im fall J. Churfürst. Durchl. oder dero Erben / wegen der Obern-Pfaltz / so wol der Aembter in der Undern-Pfaltz / mit Kriegs-Macht überzogen / oder sonsten angefochten werden solten / es geschehe wan / wie offt / und auff was weiß es wölle / auff ihre Kosten / Ih. Churf. Durchl. und dero Erben / mit aller Macht / und auf das äusserste assistirn, und bey dem / so sie Ih. Churf. Durchl. einmal verkaufft / überlassen und eingeraumbt / festiglich manutenirn und handhaben wollen.

Es sollen auch J. Kays. Maj. sich bemühen / den König in Spanien dahin zubewögen / daß er vor sich und seine Erben verspreche / und sich in Schrifften obligire, auf obgesetzten Fall der gewaltthetigen Anfechtung der Obern-Pfaltz / und der mit verkaufften Aemtern in der Undern-Pfaltz / Ih. Churf. Durchl. und dero Erben gleicher gestalt mit und neben dem Hochlöbl. Hauß Oesterreich in Teutschland mit Kriegs-Macht zu assistiren und hülff zuleisten. Doch wöllen J. Kays. Maj. wie gemelt / diß zu thun allein sich bemühen / da es aber bey Spania über die eingewendt Bemühung nicht zuerhalten / deßhalben anderst weiter nit zuentgelten haben. Es soll auch in mangel dieser Spanischen assistenz diese zwischen J. Kays. Maj. und Churf. Durchl. abgeredte Handlung einen als den andern weeg bey Kräfften verbleiben.

Ingleichem da (welches verhoffentlich nimmermehr beschehen wird) J. Churf. Durchl. oder dero Erben das Fürstenthumb der Obern-Pfaltz / und mehrberührte Aempter in der Unter-Pfaltz (ausser obbenenter Plätz Haidlshaim / Wingarten und Höckenhaimb / als umb welche J. Kays. Maj. kein Gewehrschafft über sich nemmen) mit gewalt oder auff andere weiß abgetrungen / und sie also darvon kommen solten / daß auff diesen unverhofften fall Ih. Churf. Durchl. und dero Erben ihren völligen Regress auff das Hertzogthumb Oesterreich Ob der Ens haben / und dessen Einkommen und Gefell / als dan so lang / biß J. Fürstl. Durchl. oder Ihren Erben anderwerts genugsame satisfaction erfolget / das ist / biß sie mit 13. Millionen Gulden / sambt was sie sonsten noch von Rechtswegen an Meliorationen, abgelösten Schulden / Schäden / und dergleichen zufordern / bezahlt werden / wie bißhero / wider geniessen mögen / in gestalt und massen sich J. Käys. Maj. und Churf. Durchl. deßhalben hievor auff deme in Anno 1623. zu Regenspurg gehaltenen Churfürstentag / und hernach mit ein ander mehrers verglichen. Anno 1628.

Und werden J. Käys. Maj. Ih. Fürstl. Durchl. über dieses alles gebreuchige Kauff-Schutz- und Schirmbrieff / zu sambt der Investitur über die auff J. Churf. Durchl und dero Erben und Nachkommen der Hertzog Wilhelmischen Lini verglichner massen transferirte Churfürstl. Dignitet, und mehrgemelte Obere-Pfaltz und Aembter in der Untern-Pfaltz / in so vil Instrumentis, als hierzu von nöten / & optima forma verfassen / zugleich auff obbestimbten 25. Tag Martii / oder da es so bald nit sein kunte / auf einen andern beederseyts verglichnen Tag erthäilen und anhendigen lassen.

Zum sibenden / sollen J. Churf. Durchl. von demjenigen Vorrath / so zur Zeit der Abtrettung am gesodtnen Gmundner Saltz auß dem Ertzhertzogthum Oesterreich Ob der Ens / in Kueffen allbereit in Oesterreich unter der Ens verführt / und allda / oder auch bey den Ladstätten in Ober-Oesterreich an grossen Kueffen / und dan noch bey der Würtzen an beschlagnem oder gestoßnem Saltz verhanden seyn würdet / das gebürende pretium bey jeden Kieffel / und den grossen Kueffen (doch mit vorbehalt der Jährlichen 500. Pfund Kieffel / so auff die Hungarischen Gränitzen deputirt, davon gleichwoln die 74. Pfund / so verschines Jahr zu viel empfangen worden / wie J. Käys. Maj. allbereit schrifftlich erklärt / abgezogen werden sollen) in deren Versilberung verbleiben / und die ihrige solche / wie bißhero einzunemmen haben / ihnen auch Ih. Käys. Majest. die hülffliche Hand hierzu zubieten / und die verglichne gesambte Spörr zuverstatten / auch sonsten im verschleiß keinen eintrag oder hinderung hieran zuerzeigen schuldig seyn.

Und nach dem ausser deß erstgemelten bey den Ladstätten in Unter- und Ober Oesterreich allbereit verhandenen Kieffel und Kueffen Saltz Vorraths / noch ein anderer Vorrath an gesottenen und zusamkommenem offnem Saltz bey der Würtzen / das ist / den dreyen Verwesungen / und zu Gmunten zur Zeit der Lands-Abtrettung sich befinden würdet / hat man sich von solchen offnen Saltz wegen (dan mit deme / so allbereit beschlagen / und damaln noch nit abgeführt worden wäre / hats eben den Verstand / und ist also zuhalten / wie erst oben in diesem sibenden Puncten angezeigt worden) dahin verglichen / daß dasselbe vor der berürten Abtrettung (es werde hernach in grossen Kueffen / oder kleine Kieffel gestossen oder offen außgeführt) mit gesambter Hand abgezehlet / der daran gewente Unkosten darauff außgerechnet / und alsdan dergestalt abgeführt und versilbert / daß zwar die von J. Kays. Maj. und Churf. Durchl. darzu verordnete Officier und Diener / so wol übers Saltz / als das darauß erlöste Gelt / gleiche Spörr und Verwahrung haben sollen. Jedoch aber von solch eingangnem Gelt oder Saltz-pretio (wan und so offt dasselbe auß der gesambten Spörr erhebt / außgezöhlt / und abgetheilt würdet) erstlichen und vor allem der obgesetzte bey der Wurtzen zu Berg / Wald / Pfanhauß / und sonsten darüber erloffne / und von J. Churf. Durchl. wegen allbereit dargeschoßne Unkosten / wie nicht weniger auch / was ferners übers Beschlagen / die Außfahrt und sonst allenthalben biß zum Verschleiß darüber gehn würdet / von unvertheilten Gut herdan solle genommen / und J. Churf. Durchl. als die solchen Unkosten inmittels auch / und also gantz oder völlig hergeben lassen (hieran aber in krafft dieses Vergleichs mehr nicht als die helffte / und die eine helffte J. Käys. Maj. zuentgelten und zuzutragen schuldig) wider-

Anno 1628. widerumben zurück gegeben / und ohne abgang erstattet werden. Was nun folgends uber herdan nemmung all solchen Unkostens / noch an Saltzgelt verbleiben würdet / daßelbe ist jedesmals in zween gleiche theil (deren einer J. Maj. mit einschluß deß Groschen / dene sie sonsten bey jedem Kieffel gehabt) und der ander halbe theil J. Churf. Durchl. eigenhafftig zustehet und gebürt / abzutheilen und zugeniessen / da auch J. Kays. Maj. hülffliche Hand in einem oder anderm von nöthen / seynd sie hierzu / wie in allweg auch dahin obligirt und verbunden / den gantzen Saltz verschleiß / so lang J. Churf. Durchl. also Interessiert, und theil darbey haben / weder mit newen Saltz / so J. Käys. Maj. nach Antrettung deß Lands Ob der Ens erzeugen lassen werden / noch in einig andere weeg kein Verhinderung oder Eintrag zuthun oder geschehen zulassen.

Zum achten wollen J. Kays. Maj. an der im Land Ob der Ens von Erasmo von Starnberg apprehendirten confiscirten Herrschafft Eferding J. Churf. Durchl. so viel als J. Käys. Maj. wegen fürgangener Confiscation daran zusteht / und über die contentierung deren darauff hafftenden Creditorn verbleibet / in diesem Kauff gleicher gestalt gnädigst überlassen / doch daß Jh. Käys Maj. oder wem sie es cedirn wollen / die Ablösung allzeit bevor stehe.

So solle es auch gleicher gestalt bey Jh. Churf. Durchl gnädigsten intention und disposition, so sie mit der ihr allbereit eingeantworten J. Käys. M. vom Hansen Järger verfallnen Herrschafft Tollet vorgenommen / verbleiben.

Hingegen wollen mehrhöchstgedacht Jh. Churf. Durchl alle und jede zu deroselben wegen der für J. Käys. Maj. auffgewendten / biß 18. Decemb. An. 1622. zu Regenspurg verglichenen Kriegs-unkosten habende Anforderungen am Capital und Interesse, so sich in allem auff 13. Millionen belaufft / und was J. Churf. Durchl. solcher Kriegskösten halber sonsten noch biß auf dato her an Jh. Käys. Maj. zubegehrn haben möchten / allerdings fallen und schwinden lassen / und Käys. Maj. wan alles vorgehendes (inhalt des hie obigen §. Und wollen ꝛc.) erfüllet und vollzogen / das umb erwente Prætensiones bißhero hypothecario jure innen gehabte und genoßne Ertzhertzogthumb Oesterreich Ob der Ens mit aller Jurisdiction, Nutzung (ausser was hieoben im §. Zum siebenden ꝛc. deß Gmundter Saltz halben reservirt und vorbehalten ist) annectirten und eingezognen / hievor nicht außgenommenen noch reservirten Herrschafften (darunter in specie Erlach und Köpach) sambt denen an den Sechshundert tausent Gulden noch uneingebrachten Straffgeltern / pari passu eodemque die, durch dero Commissarios plenarie resignirn und abtretten / die allda bestalte Ministros und Beambten ihrer Pflicht / so viel ihre Officia im Land Ob der Ens anlangt / loßsprechen / und J. Käys. Maj. zu dero allergnädigsten disposition ohne einiges reservat, ausser deß obangedeuter massen conditionirten regressus, frey wider zustehen lassen / auch bey deren Ambtleuten die Verfügung thun / damit ein Original ihrer geführten Reittungen / oder wenigist Abschrifften bey den Aembtern zur Nachrichtung und information. und bey dem Saltzwesen zu Gmunden / als bey der Wurtzen / die gemachte Præparatoria, zu Berg und Wald / wie man selbigen nennen mag / zu fernerm notwendigen Gebrauch hinderlassen.

Fürs ander / sollen J. Churf. Durchl. sambt mehrgedachter Obern-Pfaltz / auch die darauff ligende / und von J. Käys. Maj. und dero in dieser Obern-Pfaltz hiebevor gehaltenen Commissarien für passierlich erkennte Schulden / ohn Ihrer Maj. entgelt zubezahlen auff sich nehmen. Anno 1628.

Zum dritten / werden Ihre Churfürstl. Durchl. bald bey Ubernemmung deß Fürstenthumbs der Obern-Pfaltz / wegen dessen Confinen gegen dem Königreich Böhaimb / zu Verhütung aller künfftigen sonsten zubefahrenden differentzien und Zwyspalts / die Berritung sambt denen von Jh. Käys. Maj. hierzu deputirten vornemmen / und richtigkeit machen lassen / underdessen aber alles in dem Stand der Granitzen / wie es anjetzo ist / verbleiben solle.

Zum vierdten / obwohln Ihre Käys. Maj. allergnädigist hoffen / wan es zu einer Churfürstl. oder deß Reichs Zusammenkunfft gelanget / und der proscribirte Pfaltzgraff Friderich selbst / der Obern Pfaltz / und dem / so Jh. Churfürstl. Durchl. in der Untern-Pfaltz eingeraumbt / renuncirte, oder da es Jh. Churf. Durchl. gefällig / als bald die Käys. Resolution wegen der überlaßnen Obern-Pfaltz / Ihren Churf. Gn. und Durchl. Durchl. Durchl. notificirt, und Jh. Churf. Durchl. auff erfolgende approbation ins gesamt oder per majora den Reichs-Schirm darüber erlangen / und es also res communis wird / daß es als dan keiner fernern particular manutention, assistenz, und Gewehrschafft von nöthen seyn werde; Dieweiln man aber dessen nicht gesichert / so wöllen Jh. Käys. Majest. dero Erben und Nachkommen / nichts desto weniger hierumben solcher gestalt noch verbunden bleiben / daß aintweders Jh. Käys. Maj. simpliciter und absolutè, es gelange zu deß Pfaltzgraffen Renuntiation, und zum gemainen Reichs-Schirm oder nit / von jetzt an zurechnen / dreyssig Jahr / oder aber von der Zeit an / da und nach deme besagte Pfaltzgräffische Renuntiation und der Reichs-Schirm beide mit einander würcklich erfolgt seyn / fünffzehen Jahr / zu ihrer angedeuten particular manutention und Gewehrschafft obligiert und verhafftet / nach solchen aber respectivè dreissig und fünffzehen Jahren Jh. Käys. Maj. Obligation und Verbündnuß zu manutention und Gewehrschafft / allerdings gefallen seyn. Es soll auch in und bey Jh. Käys. Majest. Wahl und Willen stehn / ein oder andern der jetzt erzehlten Weg und Zeit zuerwöhlen.

Zum fünfften / der im Land Ob der Enß noch verhandenen Guarnison halben / haben sich Ihre Churf. Durchl. verwilligt / dieselbe ihrer Pflicht zuerlassen / und an Ihr Käys. Majest. zuweisen / doch wöllen Sie dero Außstands und Abdanck-kostens halben unbeladen seyn.

Schließlichen behalten Ihre Churfürstl. Durchl. Ihro noch einzufordern hiemit bevor / was sie auß ihrer selbst aignen Cassa den Ständen deß Landts Ob der Enß / für die gehaltene Landt-Guarnison, oder sonsten baar vorgelihen / und Ihrer Churf. Durchl. nicht widerumb bezahlt worden / noch Ihre Churfürstl. Durchl. Ihrer Majest. berait auffgerechnet. Und da solches Ihre Käys. Maj. oder die Ständ nicht bezahlen wurden / sollen es Ihre Churfürstl. Durchl. an Ihrer Käys. Majest. wie oben außgedingt / bey der Wurtzen verhandner halben Saltz Quota selbst innen zubehalten / und sich darmit bezahlt zumachen / fueg und macht haben.

Dessen alles zu Urkundt haben wir anfangs benennte zu dieser Außwechsl- und Kauffshandlung von Ihrer Käys. Majest. und Churfürstl. Durchl. Unserer allergnädigist und gnädigisten Herrn Verordnete Gesandter / und Räthe diesen Recess auffgericht / und mit Unsern Handschrifften auch Pettschafften bekräfftiget / doch Uns / Unsern Erben und Pettschafften in allweg ohne Schaden.

ANNO 1628. Geschehen zu München/ den zween und zwantzigisten Tag deß Monaths Februarii/ Anno Sechzehenhundert acht und zwaintzig.

(L. S)

Maximilian Graff zu Trautmanstorff/ jedoch mit vorbehalt/ daß der Punct die Under-Pfaltz betreffende/ auff Käyserl. Maj. ratification und weitere Erklärung gestelt seye.

(L. S.)

Johann Christoph Freyherr von Preysing.

(L. S.)

Johann Beringer D.

(L. S.)

Oßwald Schuß.

(L. S.)

J. Mändl D.

CCXCVIII.

4. Mars. **Kauff-Brieff/ welcher von Jhro Käys. Majest. FERDINAND II Jhro Churfürstl. Durchl. von Bayern MAXIMILIAN über die von Jhro Käyserl. Maj. an Jhro Churs. Durchl. beschehene Verkauffung der Obern-Pfaltz/ wie auch der herseits des Rheins auf der Heydelbergischen Seiten gelegenen Untern-Pfaltz ertheilt worden. Prag den 4. Martii 1628.** [LONDORPII Acta Publica Tom. V. Libr. II Cap. XXXII. Lit. C. pag. 799. d'où l'on a tiré cette Pièce, qui se trouve aussi dans le *Theatrum Europæum* Tom. IV. pag 651. & dans LUNIG, Teutsches Reichs-Archiv. Part. Special. Abth. VI. Absatz. I. pag. 799.]

C'est-à-dire,

Lettres ou Diplome de la Vente du Haut-Palatinat, *& de la Partie du* Bas-Palatinat, *qui est située en deça du Rhyn, où est Heidelberg, par l'Empereur* FERDINAND II. *à* MAXIMILIEN *Electeur de Baviere. A Prague le 4. Mars* 1628.

WIR Ferdinand der Ander/ von Gottes Gnaden Erwählter Röm. Käyser/ zu allen zeiten Mehrer deß Reichs/ in Germanien/ auch zu Hungarn und Böhaimb König rc. Ertzhertzog zu Oesterreich/ Hertzog zu Burgund/ Steyr/ Kärndten/ Crain und Würtenberg/ in Ober und Nider Laußnitz/ Graff zu Habspurg/ Tyrol und Görtz rc. Bekennen hiemit/ und thun kund männiglich/ Nachdem der von Uns proscribirte Pfaltzgraff Friderich verschiener Jahrn in der in Unserm Erbkönigreich Böhaimb entstandenen abscheulichen Rebellion, wider Uns/ als seinen Käyser und Herrn/ mit und neben den untreuen Rebellen bemelt Unsers Königreichs Böhaimb/ und derselben Anhänger/ durch gebrauchte offentliche Kriegsmacht/ und würckliche Entziehung gedacht Unsers Königreichs und Landen/ und andere hochsträffliche grausame und Weltkündige Unthaten/ Verbrechen und hostiliteten, friedbrüchiger weiß sich so weit vergriffen/ daß Wir Unsers von Gott anbefohlenen Käyserlichen Ambts wegen/ denselben als einen Verächter und Belaidiger Unserer Käyserlichen Maj. und Hochheit/ Brechern und Zerstörern allgemainen Landfriedens/ auch anderer heilsamen Reichssatzungen/ nit allein in Unsere/ und deß Heil. Reichs Aacht und Aberaacht/ und alle diejenige Straffen und Pönen/ so dergleichen Aachts-denunciation von Rechts- und Gewonheit wegen mit sich zeucht/ erkennt/ erklärt/ und verkündet/ Sondern Uns auch durch kostbare Kriegsmacht und execution, welche wir dem Durchleuchtigen Hochgebornen Unsern freundlichen lieben Vettern/ Schwagern und Churfürsten Maximilian Pfaltzgraffen bey Rhein/ Hertzogen in Obern und Nidern Bäyrn/ deß H. Röm. Reichs Ertztruchsessen committirt, seiner gehabten Landt und Leut der Obern Pfaltz in Bäyrn/ und der Untern Pfaltz am Rhein/ als welche Uns ohne das wegen seines obverstandnen friedbrüchigen untreuen verhandlens/ und begangnen abscheulichen Lasters der belaidigten Majestät/ auch der darauff ergangnen Aachts- und Aberaachts Erklärung apert, an- und haimbfellig worden/ würcklich bemechtigt/ auch solche biß daher/ so wohl in Krafft erst angezogener Aachts-Erklärung/ als Jure belli, ingehabt/ und durch bemeltes Churfürsten und Hertzogen in Bäyrn Ld. als Unsern vollmächtigen Commissarium administriren lassen/ Dargegen aber Sein deß Hertzogen in Bayrn Ld. mit Darsetzung dero aignen Persohn/ Land/ Leut/ Gut und Bluts/ Uns wider besagten friedbrüchigen Pfaltzgraffen/ andere Rebellen/ und Widerwertige/ so ansehnliche Treue vielfältige und ersprießliche Dienst gelaist/ Uns zu dem Unserigen geholffen/ auch solcher gestalt Uns/ Unser löblich Hauß/ andere getreue Ständ/ und das H. Röm. Reich/ deroselben mit ihrem unsterblichen Ruhm und Nahmen hoch obligirt gemacht/ darneben auch wegen der gelaisteten ansehnlichen Assistentz und geführten langwirigen kostbarlichen Krieg/ ein mercklichen grossen Unkosten von Unsertwegen auffgewendt/ welchen Wir Seiner Ld. so wohl von Rechts- und Billigkeit/ als auch der sonderbaren auffgerichten Obligationen, Versprüch- und Zusagungen wegen/ widerumb danckbarlich zuerstatten und gut zu machen schuldig und verbunden seyn/ Jhro auch hierumben Unser Ertzhertzogthumb Ob der Ens mit allen Nutzungen und Einkommen insonderheit hypothecirt und Pfandschafts-weiß übergeben: Daß Wir demnach auß zeitlichem wolbedachten Rath/ eigner Bewegnuß/ und vollkommner Käyserlichen Macht/ die Uns obangedeuter massen an- und haimgefallene/ verwürckte/ auch von Uns per sententiam für also verwürckt/ erledigt/ und haimbfällig/ allbereit declarirte Land und Leut der Obern Churf. Pfaltz in Bäyrn/ mit und neben allen in der Undern Pfaltz am Rhein herseyts deß Rheins auf der Häydelbergischen Seiten gelegnen Land/ Leuten/ Aembtern/ Stätt/ Schlössern/ mit allen ihren Ein- und Zugehörungen/ eines ewigen/ beständigen/ durchgehenden/ unwidersprechlichen Kauffs/ obgedacht Unsers Vetters/ Schwagern und Churfürstens Maximilian L. deroselben Erben und Nachkommen/ verkauft/ übergeben und eingeantwortet: Als Wir dan solches in aller beständigster Form und Weiß/ wie es immer von Rechts- und Gewohnheit wegen seyn kan und mag/ hiemit thun/ vollziehen/ und Seiner L. verkauffen/ übergeben und einantworten ermelte Obere Churf. Pfatz in Bäyrn/ wie auch die Under-Pfaltz am Rhein herseyts deß Rheins auf der Häydelbergischen Seyten gelegen/ mit dern Land und Leuten/ sambt allen und jeglichen Chur- und Fürstl. Würdigkeiten/ Regalien, Hohen Landesfürstlichen Ober- und Herrligkeiten/ Ehrn/ Freyheiten/ auch ihren Rechten/ Hohen und Nidern Gerichten/ Wasserströmen und Flüssen/ Zöllen/ Mäutern/ Glaiten zu Wasser und Land/ Hohen und Nidern/ Geistlichen und Weltlichen

Anno 1628.

lichen Lehen / Lehenschafften / Fautheyen / Mannschafften / Pastart-Geselln / Wildtfängen / Königsleuten / Aigenschafften / Vogteyen / Stätten / Vöstungen / Schlössern / Märckten / Clöster / Dörffern / Weylern / Höf / Hueben / Sölden / Wasserteichen / Vischereyen / Eysbrüchen / Wälden / Förstten / Wildpaanen / Jägereyen / mit allen ihren Recht und Gerechtigkeiten / Wun / Wayd / Egarten / Mösern / Bergen / Bergwercken / Schätzen / Müntzen / Schlichten / Stainen / Rainen / Marchungen / Auen / Wasserläuffen / Mühlen / Hämmern / sambt den Malefitzzwängen / Pöen / Buessen / Steuren / Ungeltern / Auffschlägen / Nachsteuren / Raisen / Todfällen / Ehehafften / Renten / Gilten / Zinsen / Diensten / Zehenden / Einkommen / Nutzungen / Gefelln / Kessler-Handwercksbezirck / Begnadigung und Oeffnung an Schlössern / die von Uns und dem H. Reich zu Lehen rühren / sambt allen ihren pertinentien und Zugehörungen / nirgents nichts davon außgenommen / noch hindan gesetzt / Allein in der Obern-Pfaltz in Bäyrn die Gmain Aembter Barchstain / Weyden / und Bleyenstain / welche wir beraits anderwerts transferirt, und in der Undern-Pfaltz am Rhein daß jenige / was Wir ewiger und unwiderruflicher alienations-weiß gäntzlichen anderwerts berait verwendt / und in diesen Kauff nit wollen verstanden haben / Also und dergestalt / daß mehrgedachts Hertzogen und Churfürsten in Bäyrn Ld. deroselben Erben und Nachkommen / wie angeregtes Fürstenthum der Obern Pfaltz in Bäyrn / also auch der Undern Pfaltz am Rhein / so viel Wir deroselben erzehltermassen daran verkauffen und übergeben / als ihre angehörige Land und Leut / mit allen Ein-und Zugehörungen / wie oben gemelt / und der proscribirte Pfaltzgraff Friderich und seine Voreltern genutzt und genossen / der Zeit aber wegen außgestandner Krieg / Außplünderung / vielfältiger schwerer Durchzüg / langwiriger Einquartierung / mißräthigen Jahren / Außschlegen / und anderer erlitner Ungelegenheiten / in gröster ruin, Verderben / Abgang und Beschwerligkeit stecken / fürohin innhaben / nutzen / niessen / gebrauchen / gleich andern habenden Lehenbaren Fürstenthumben und Landen / nach art und aygenschafft derselben / ihres gefallens und beliebens disponirn, handlen und wandlen mögen / Daran Sie auch weder von Uns / Unsern Nachkommen am Reich / noch von jemand anderm / in einigerley weiß geirrt oder gehindert / sondern bey diesem steten unwiderruflichen Kauff und Ubergab festiglich gelassen / geschutzt und gehandhabt werden sollen. Doch weiln mehrbesagte Fürstenthumb der Obern- und Undern Pfaltz von Uns und dem H. Reich zu Lehen rühren und gehn / sollen gedachts Hertzogs und Churfürst. in Bäyrn Ld. deroselben Erben und Nachkommen / von Weiland dem auch Durchl. Hochgebornen Unserm freundlichen lieben Vettern / Schweher und Vatter / Wilhelm dem fünfften Pfaltzgraffen bey Rhein / Hertzog im Ober und Nidern Bäyrn lobseligen Andenckens / herkommenden Männlichen Namen und Stammens / solche von Uns / und Unsern Nachkommen am Reich / zum Mann-und Fahnenlehen zuerkennen und zu empfangen schuldig seyn. Auff dem Fall aber / welchen der Allmächtig zuverhüten geruhe / gedachte Wilhelmische Lini Männlichen Namen und Stammens gäntzlich abgehn / und keiner mehr auß demselben Geblüt herkommend übrig seyn / dannenhero auch solcher gestalt die Ober und Under Pfaltz entweder an andere ihre Agnaten und Lehensfolger die Pfaltzgraffen am Rhein fallen / oder in mangel der fähigen Lehens-Erben / Uns und Unsern Nachkommen / und dem H. Reich offen und haimfällig wurden / so sollen gedachte Agnaten und Lehenfolger / oder Wir / Unsere Nachkommen / und daß H. Reich / auff welche dann berührte Land und Leut der Obern und Undern Pfaltz am Rhein fallen werden / schuldig und verbunden seyn / den Successorn an den Hertzogthumben Ober und Nidern Bäyrn / und vielgedachter Wilhelmischer Manns-Lini allodial- und Aigenthumbs Erben / welchen solche Hertzogthumb entweder auß mehrernantes Hertzogen und Churfürsten Maximilian in Bäyrn Ld. oder deroselben Erben und Nachkommen Wilhelmischer Lini / disposition und Verordnung / oder in Mangel solcher Verordnung / ab intestato, von rechts und billigkeit wegen / gebühren wird / den völligen Kauffschilling / nemblichen dreyzehen Millionen Gulden Reinisch guter Reichs Müntz gerechnet / sambt den liquidirten Meliorationen und Verbesserungen / so sie an beede Pfaltzen / oder aine derselben gewendet / und deme was sie an denen mit diesen Landen von Uns übernommnen Schulden abgelößt haben wurden / herauß zugeben und zuerstatten / Wie dann solche Aigenthumbs-Erben der Hertzog Wilhelmischen Lini auch / vor würcklicher völliger Erleg- und Abstattung jetztbesagter Summa Gelts / und andern schuldigen Widerbezahlung / die Fürstenthum und Länder der Obern und Undern Pfaltz abzutretten nicht schuldig / sonder dieselben Jure retentionis, so lang inzuhaben / zu nutzen und zu niessen befuegt seyn sollen / biß sie angeregten Kauffschillings / der Meliorationen und Unkostens allerdings bezahlt / entricht und befridigt seyn worden. Dagegen und umb solche beyde Fürstenthumb und Länder der Obern Pfaltz in Bäyrn / und theils Undern Pfaltz am Rhein / haben Uns mehrgedachtes Hertzogen und Churfürsten Maximilian in Bayrn Ld. neben denen Uns / Unserm löblichen Hauß / dem H. Reich / und dem gemeinen Wesen erwisenen stattlichen / fürtreflichen / und ersprießlichen Diensten / assistenz, Hilff und Wolthaten / dardurch sie solche Länder / und wohl ein mehrers umb Uns / und daß H. Reich verdient / an baarem Gelt dreyzehen Millionen Gulden obbemelter Wehrung / als einen rechten bedingten Kauffschilling bezahlen / und richtig machen lassen. Deßwegen Wir dan Ihr L. dero Erben und Nachkommen / als eines baarbezahlten / für Uns und zu Unsers Hauses / auch zu Widereroberung Unser Erb-Königreich und Landen / wie nit weniger wegen Execution und Einnehmung beeder obbedeuter von dem proscribirten Pfaltzgraff Friderichen Uns haimbgefallnen Fürstenthumben der Obern und Undern Pfaltz / wohlgedeylichen nutzen angewend und würcklichen außgelegten Kauffschillings / hiemit allerdings quit / frey / ledig und loß sprechen / deßhalben auch weder an Seiner Ld. noch dero Erben und Nachkommen in ewige Zeit nichts fordern / prætendirn, sprechen oder suchen sollen und wöllen / Als Wir Uns dan für Uns / Unsere Erben und Nachkommen am Reich / aller Einreden / Freyheiten / Concessionen, Exceptionen, Privilegien, Indulten, Dispensationen, insonderheit aber der Exception non numeratæ pecuniæ, oder in rem verso, und aller anderer Behelff und Außzüg / wie die erdacht und ersinnet werden / und ob solche gleich von Concilien, Bäpsten / Römischen Käysern und Königen / durch Uns / oder Unsere Erben und Nachkommen / oder jemand andern von Unsertwegen erlangt / oder auß eigner bewögnuß / rechten wissen / und vollkommner Macht gegeben wurden / hiemit gäntzlichen unwiderruflich / freywillig und würcklich verzeyhen und begeben. Wir sollen und wöllen auch Seiner Ld. dero Erben und Nachkommen diesen Kauff / und was dieser Brieff begreifft / und in sich hat / wider meniglich also gewehren / fertigen / und sie deßwegen allerdings schadloß halten / wie wir es von Rechtswegen / und Krafft einer sonderbahren unter diesem dato gefertigten / und gedachts Hertzog und Churfürsten Ld. eingehendigten

Anno 1628.

ten Schutz-Schirm-und Gewehrschafft-verschreibung / welche hieher allerdings / als wan sie von Wort zu Wort hierin begriffen / erholt wird / schuldig und verbunden seyn. Alles treulich ohne geverde. Und dessen zu wahrem Urkund / haben wir diesem Kauff-und Ubergab-Brieff mit eigen Handen unterschrieben / und unter Unserm Käyserlichen Secret verfertigt Seiner Ld. einhendigen lassen.

Geschehen auff Unserm Käyserlichen Schloß zu Prag / den 4. Martii / im Sechzehenhundert acht und zwanzigsten / Unserer Reiche deß Röm. im neundten deß Hungarischen im zehenden / und Behaimischen im eilfften Jahr.

Ferdinand.

Ad Mandatum Electi Domini Imperatoris proprium.

Jacob Berchtold.

Antonius Abbt zu Cremsmünster.

Christoph Freyherr von Schellendorff.

M. Hillebrand.

J. B. Schellhart.

CCXCIX.

4. Mars. Schutz-und Gewehrschafft-Brieff Ihrer Kays. Maj. FERDINAND II. Ihro Churfürstl. Durchl. von Bayrn MAXIMILIAN über der verkaufften Obern und Untern Pfaltz ertheilt. Prag den 4. Martii 1628. [LONDORPII Acta Publica Tom. V. Libr. II. Cap. XXXII. Lit. D. pag. 801. d'où l'on a tiré cette Pièce, qui se trouve aussi dans le THEATRUM EUROPÆUM Tom IV. pag. 654. & dans LUNIG, Teutsches Reichs-Archiv. Part. Special Abtheil. IV. Absatz I. pag. 703.]

C'est-à-dire,

Lettres de Garantie données par l'Empereur FERDINAND II. *à* MAXIMILIEN *Electeur de Baviere sur la Vente du* Haut-Palatinat *& de la Partie du* Bas-Palatinat *située en deça du Rhyn. A Prague le 4. Mars* 1628.

WIR Ferdinand der Ander / von Gottes Gnaden / Erwöhlter Röm. Käyser / zu allen zeiten Mehrer deß Reichs / in Germanien / auch zu Hungarn und Böhaim König rc. Ertzhertzog zu Oesterreich / Hertzog zu Burgund / Steyr / Kärndten / Crain und Würtenberg / in Ober und Nider Schlesien / Marggraff zu Mähren / in Ober und Nieder-Laußnitz / Graff zu Habspurg / Tyrol / und Görtz rc. Bekennen hiemit für Uns / Unsere Nachkommen und Erben / in Krafft diß Brieffs / offentlich gegen månniglich / Demnach Wir dem Durchl. Hochgebornen Unserm freundlichen lieben Vettern / Schwagern und Churfürsten Maximilian Pfaltzgraffen bey Rhein Hertzogen in Obern und Nider Bäyrn / deß Heil. Röm Reichs Ertz-Truchseß rc. zu billicher Vergnüg- und Bezahlung deren von seiner Ld. für Uns / zu angetrungner Verfolgung Unserer Feinde / und wider Eroberung Unserer durch sie / Uns mit unbillichem Gewalt abgenommner Erb Königreich und Landen / aufgewendter und außgelegter grossen Kriegs-Spesa, so sich nach Innhalt seiner Ld. Uns / auff deme zu Regenspurg in Anno 1623. übergebnen und accordirten Abrechnung / über gethanen Nachlaß / noch an Capital auff zwölff / und an davon seythero verfallnen und zurückstendigen Interessen auff zwo / und also in allem auff vierzehen Millionen Gulden belaufft / das Land und Fürstenthum der Obern Pfaltz in Bäyrn / wie auch zugleich alle die jenige Aembter / Plätz und Oerter her dißhalb deß Rheins / welche sein Ld. hievor disem in Unserm Namen acceptirt, sambt dem Schloß Stain / mit aller deren Ein-und Zugehörungen / als Unser und deß H. R. Reichs unstrittig haimbgefallne eigenthumliche, Lehen und Güter / nach Besag und Außweisung eines sonderbahren hierüber unter gleichem dato auffgerichten / mit Unserm Käys. Secret und Käyserlichen Handen bekräfftigten Kauf-und Ubergabbriefss / gegen Widerabtrettung Unsers Ertzhertzogthumbs Oesterreich Ob der Ens / als Seiner Ld. über vorangeregte zu Uns gehabte billiche Kriegsarforderung verhafften Unterpfands / in solutum gegeben / verkaufft und eingeraumt haben / und aber so wohin in besagter zwischen Uns und Seiner Ld. zu gemeltem Regenspurg in ernantem 1623. Jahr verglichnen Recess, und was darüber eodem Anno noch ferner durch beederseits gewechslete Schreiben für gut befunden worden / als auch unter dieser jetziger Kaufshandlung lauter herkommen / bedingt und von Uns bewilliget worden / daß Wir Seiner Ld. über erstgedachten Kauff und Uberlassung der Obern Pfaltz und Under Pfältzischen Aembter / auch zu derselben mehrern Versicherung / einen ordentlichen Schutz-Schirm-Schadloß-und Gewehrschafftbrief von Handen geben / ein-und überantworten sollen und wollen: Daß Wir dem allem nach / und zu geziemender Vollziehung solches Unsers Käyserlichen Verspruchs und Bewilligung / mehrwohlernanter seiner Ld. Vermög und in Krafft diß / bey Unsern Käys. wahren Worten / auch für Uns / all Unser Erben und Nachkommen / und Unser gantzes Hochlöbliche Hauß Oesterreich Teutschen Lands / zusagen / versprechen / und Uns verbinden: Im fall seine Ld. oder dero Erben und Nachkommen / wegen mehrbesagter Obern / wie auch Untern Pfaltz disseits Rheins / mit Kriegsmacht überzogen und übergwältiget oder sonsten angefochten werden solten / Es geschehe auch wann / wie offt / und auf was weiß es wolle / daß wir alßdan auff Unsern kosten / und ohne Seiner Ld. auch dero Erben und Nachkommen entgelt / denselben mit aller Macht / und auf daß eusserste assistirn, und bey dem so Wir Seiner Ld. verkaufft / überlassen und eingeraumbt / festiglich manutenirn, handhaben / schutzen / schirmen / und erhalten / Da Sie auch selbst ihrerseyts einigen Unkosten durch diese Defension auffgewendt hetten / Ihnen solchen widerumb gut thun / und erstatten wollen. Wir Unsere Erben und Nachkommen / auch vorgemeltes Unser gantzes Hochlöbl. Hauß Oesterreich / sollen und wollen auch den König in Hispanien dahin zubewögen Uns bemühen / daß derselbe vor sich und seine Erben und Nachkommen / sich in Schrifften obligiere und versprechen / mit und neben Uns / Unsern Erben und Nachkommen / und Unserm Hauß / seiner deß Churfürsten in Bäyrn Ld. Ihren Erben und Nachkommen / auf vorgesetzten fall / da sie wegen der Obern oder Untern Pfaltz feindlich angesucht werden solten / gleicher gestalt mit Kriegsmacht beyzustehn / und hilff zu leisten / wie wir dan auch in gleichem für Uns und die Unserige versprechen und beteuren / da Seiner Ld. oder dero Erben und Nachkommen / über kurtz oder lang oftgedachte Fürstenthumb der Obern oder Untern Pfaltz disseyts Rheins / gantz oder zum theil / durch Gewalt oder andere Weiß / (welches doch verhoffentlich nimmermehr geschehen wird) abgetrungen werden / und sie also davon kommen solten / daß alsdan und auff solchen unverhofften Fall / solchen ihren erlittenen Verlust und Unkosten wir / Unsere

Erben

Anno 1628.

Erben und Nachkommen/ wie wir es von rechtswegen ohne das schuldig/ treulich gewehren/ und widerumben gut thun/ sie auch derentwegen allerdings schadloß halten/ und zumahl ihnen für berührte verkauffte/ ihnen aber entgehende Land und Leut/ dreyzehen Millionen Gulden/ sambt was seine Ld. noch darzu/ deren in die Obere und Untere Pfaltz verwendter Meliorationen, abzahlter Schulden/ und weitern Schadens halben zu fordern hetten/ erstatten und bezahlen sollen und wollen. Es solle auch diese Unsere Gewehrschafft-Versicherung in specie auff obbenant Unser Ertz-Hertzogthum Oesterreich Ob der Enß (jedoch seiner L. ihren Erben und Nachkommen vorbehältlich der auff allen Unsern Oesterreichischen Landen/ Vermög deß hievor diesem zwischen Uns und seiner L. auffgerichten Müncherischen accords, verschriebnen General Unterpfandts) der Gestalt gerichtet seyn und bleiben/ wann vorgemelter massen über kurtz oder lang öffters besagte Obere oder Untere Pfaltz dißseits Rheins/ gantz oder zum theil mit Macht/ oder sonsten widerumb abgenommen wurden/ daß alsdan seiner Ld. dero Erben und Nachkommen/ ihrer hergebrachten nit allein durch diesen Kauff und Uberlaß un-unterbrochnen/ sondern vielmehr hiemit expresse vorbehaltnen/ und Unser seits allergnädigist bewilligten immer zu noch continuirenden Possession gedachten Lands Ob der Enß eignen Gewalts insistirn, auch völlige Macht und erlangt Recht haben sollen/ diesem Land/ als desselben durch das bedingte und von Uns angenommene jus constituti possessorii verbleibender civilis naturalisque-Possessor, auff alle Mittel und Weg/ wie es die gemeine Rechten solchen constituirten Possessorn zulassen/ ohne einigen Unser und der unserigen Einhalt sich widerumb zu nähern/ wir ihnen darzu würcklich zuverhelffen verbunden seyn/ auch sie dasselbig allermassen wie bißhero/ und es die zu München Anno 1619 und hernach zu Wien Anno 1621. auffgerichte Recess, und andere deßwegen gepflogene Handlungen vermögen/ widerumb innzuhaben/ zu nutzen und zu niessen/ auch davon ehender nit mehr abzutretten schuldig seyn/ biß sie vorangeregter dreyzehen Millionen Gulden/ auch davon biß zu völliger contentierung ins künfftig von Zeit der Entsetzung der hierinnen verkaufften Obern und Untern Pfaltz verfallender Pensionen und Schäden/ und anderer hievor angedeuter rechtmässiger Anforderungen bezahlt worden/ und genugsame satisfaction bekommen. Wir haben auch zu seiner Ld. dero Erben und Nachkommen noch mehrer Versicherung dessen allen/ Unsers freundlichen lieben Brudern Ertz-Hertzogen Leopoldi zu Oesterreich Ld. dahin vermögt und bewogen/ daß sie seiner deß Churfürsten in Bäyrn Ld. absonderlich einen gefertigten schrifftlichen Consens-Brieff/ mit einverleibten Verspruch/ daß sie und ihre Erben und Nachkommen/ in allem obberürten kein Hinderung und Eintrag/ mit oder ohne Recht zufügen/ sondern vielmehr ihnen darzu verhilfflich seyn wollen/ würcklichen eingehendigt. Demnach auch von Uns so wohl die Stände und Unterthanen/ als hohe/ mittlere/ und nidere Officir und Beambte dieses Ertzhertzogthums Oesterreich Ob der Enß/ vor diesem schon seiner Ld. als dessen Pfand-inhabern/ mit Ayd und Pflichten angewiesen gewest/ und dieselbe darfür agnoscirt und erkent haben/ so wollen wir erstgemelte Ständ und Unterthanen/ auch Officier und Beambte mit solchen ihren Ayden und Pflichten anjetzo und bey Abtrettung deß Lands/ an seine Ld. als vigore dicti Constituti noch verbleibenden rechtmessigen Pfandinhabern und Possessorn durch einen sonderbahren Käyserlichen Cession- und Anweisungsbrief würcklich überweisen/ und darbey auch außtrücklich herkommen und anhengen lassen/ wann über kurtz oder lang/ und so offt auch die Stände und Unterthane dieses Landes Ob der Enß/ von Uns oder Unsern Erben und Nachkommen/ in die rechte völlige Erbhuldigung/ deßgleichen auch die künfftige Beambten in sonderbahre Ambtspflicht solten aufgenommen werden/ daß sie mit denselben ihren respective Erbhuldigung und Dienstpflichten jetzt alßdann/ und dann als jetzt/ gleicher Gestalt auch an seine L. dero Erben und Nachkommen als Pfandinhabere/ so viel zur continuation dero erlangten und vorbehaltnen Possession und Constituti possessorii von nöthen/ in bester Formb Rechten gewiesen/ und die Erbhuldigungspflicht denselben unabbrüchig seyn soll/ welches wir auch ihnen den Ständen und Unterthanen/ auch Officiern und Beambten/ so wohl jetzunder bey Abtrettung deß Lands/ als ins künfftig bey Auffnehmung der völligen Erb- und Landshuldigung/ auff maß und weiß/ wie wir es jedesmahls für rathsamb befinden werden/ zu ihrer genugsamen Wissenschafft allergnädigist notificirn wollen. Sintemalen auch vielgedachte Ständ und Unterthanen deß Lands Ob der Enß/ von Unsern geliebten Vorfahrn/ und Uns/ sonderbare Privilegia gehabt/ daß wir und andere von dem-Hauß Oesterreich/ als ihre Landtsfürsten und Erb-Herrn selbiges Landt zuverpfenden/ oder zuversetzen nicht macht haben sollen: So wollen wir demnach zu Vorkom- und Verhütung allerhand ins künfftig sich eraigenden Stritten und Hindernussen/ so die Ständ und Unterthanen seiner Ld. ihren Erben und Nachkommen/ da sie sich der bedingten Possession und Nutzniessung dieses ihres verschriebnen Unterpfandts wiederumben gebrauchen wolten und müsten/ unterm prætext solcher privilegien movirn möchten/ ihnen den Ständen eintweders dieselben gar nit mehr/ oder zum wenigisten mit diesem confirmirn, und in allweg dahin limitirn, daß sie sich deren expresse begeben und verreversiern sollen/ derselben sich gegen seiner L. auch deroselben Erben und Nachkommen obenangeregter Pfandschafft halben/ nit zugebrauchen. Und obwohln wir verhoffen und meinen/ wann es nach Außweisung der Churfürsten/ und deren Abgesandten unlangsten von Mühlhausen auß Uns überschriebnen unterthänigisten gutachtens/ zu einer weitern Churfürstl. oder gar zu einer allgemeinen Reichs-zusammenkunfft gelangen/ und der proscribirte Pfaltzgraff Friderich selbs der Obern Pfaltz/ und waß wir seiner deß Churfürsten in Bäyrn Ld. an der Untern Pfaltz damit einraumen/ renuncirn, oder da es seiner Ld. gefällig/ wir Unser Käyserl. Resolution wegen dieser überlaßnen Pfältzischen Landen/ den Churfürsten notificirn, und seine Ld. auff der Churfürsten erfolgende approbation ins gesambt/ oder per majora, deß gantzen R. Reichs Schirm/ Defension, Assistenz und Manutention hierüber erlangen/ und also dißfals zwischen uns/ seiner Ld. und den andern Churf. und Ständen deß Reichs causa Communis werden würde/ es werde als dan Unserer particular Assistenz und Gewehrschafft ferner nicht von nöthen seyn: Weiln doch die zukünfftige Fäll ungewiß/ und wir sein L. hierinnen am besten assecurirt zu seyn gnädigist gern sehen möchten/ so wollen wir/ Unsere Erben und Nachkommen/ nach solcher von Pfaltzgraffen Friderich erstatteter Renunciation, und nach der Churfürsten erfolgten Approbation, und von den Ständen deß Reichs übernommenen allgemeinen Schutz und Assistenz, nichts desto weniger noch fünffzehen Jahr/ mit und zu Unser Erben und Nachkommen hieoben versprochnen particular würcklichen Manutention, Schutz und Schirm/ auch schuldigen Gewehrschafft auff maß und weiß/ wie hievor mehrers außgeführt ist worden/ verbunden seyn und bleiben sollen: da aber gedachtes Pfaltzgraff Friderichs Renunciation,

ANNO 1628. und deß Reichs Churfürsten approbation, und der Stände Assistenz-verspruch nit erfolgte/ wollen wir und Unsere Erben/ dreyssig Jahr nach dato dieses Briefs zu offtgedachten Schutz/ Schirm und Gewehrschafft obligirt verbleiben. Dessen allen zu Urkund und Sicherheit/ geben wir viel und offternantes Churfürsten Hertzogen in Bäyrn Ld. diesen Unsern Käyserlichen Schutz und Schirm-auch Gewehrschafft-und Schadloßbrieff/ mit Unserm daran hangendem Secret und eigner Käyserlichen Handschrifft bekräfftigt. Geschehen auff Unserm Königl. Schloß zu Prag/ den vierdten Martii, im Sechzehenhundert acht und zwantzigsten/ Unserer Reiche deß Römischen im neundten/ deß Hungarischen im zehenden/ und Behaimischen im eilfften Jahr.

Ferdinand.

Ad Mandatum Electi Domini Imperatoris proprium.

Jacob Berchtold.

Antonius Abbt zu Cremsmünster.

Christoph Freyherr von Schellendorff.

M. Hillebrand.

J. B. Schellhart.

CCC.

13.Mars. Obligation Ihrer Hochfürstl. Durchl. Ertzhertzogs Leopold von Oesterreich/ darin sie sich und dero Erben/ zu dem von Ihrer Käyserl. Majest. Ferdinand II. an Ihro Churfürstl. Durchl. von Bayrn Maximilian über die verkauffte Obere und Untere Pfaltz ertheilten Schutz-und Gewehrschafft-Brieff verbinden. Inspruck den 13. Martii 1628. [LONDORPII Acta Publica Tom. V. Libr. II. Cap. XXXII. Lit. E. pag. 803. d'où l'on a tiré cette Pièce, qui se trouve aussi dans le *Theatrum Europæum* Tom. IV. pag 557. & dans LUNIG, Teutsches Reichs-Archiv. Part. Special. Abth. IV. Absatz. I. pag. 705.]

C'est-à-dire,

Obligation de LEOPOLD *Archiduc d'Autriche, par laquelle il aprouve & ratifie, pour lui & ses Héritiers & Successeurs, les Lettres de Garantie données par l'Empereur* FERDINAND II. *à* MAXIMILIEN *Electeur de Baviere pour la Vente du* Haut-Palatinat *& d'une partie du* Bas-Palatinat. *A Inspruch le* 13. *Mars* 1628.

WIR Leopold von GOTTES Genaden Ertz-Hertzog zu Oesterreich/ Hertzog zu Burgund/ Steyr/ Kärnden/ Crain und Wirtenberg/ Fürst zu Schwaben/ Marggraff deß Heil. Rom. Reichs zu Burgau/ Gefürster Graf zu Habspurg/ Tyrol/ Pfürd/ Kyburg/ und Görtz/ Landgraff im Elsaß/ Herr auff der Windischen Marck/ zu Portenaw und Salins/ Bekennen hiemit für Uns und Unsere Erben/ in krafft dieses Brieffs offentlich gegen meniglich/ Demnach die Röm. Käys. Majest. auch zu Hungarn und Böhaim Königl. Majest Unser gnädigister/ auch geliebter Herr und Bruder/ deß Durchleuchtigen Hochgebohrnen Fürsten Herrn Maximilian Pfaltzgraffen bey Rhein/ Hertzogen in Obern und Nidern Bäyrn/ deß Heil. Rom. Reichs Ertz-Truchseß und Churfürsten/ Unsers freundtl. geliebten Vettern/ Schwagern und Brudern L. zu Bezahlung deren für J. Käys. Maj. aufgewendten und außgelegten Kriegskosten/ das Ihro von dem proscribirten Pfaltzgraffen Friderichen angefallne Fürstenthum der Obern Pfaltz/ sambt etlichen gewissen disseits deß Rheins gelegnen Aembtern in der Undern Pfaltz käufflichen überlassen/ und darüber der gebräuchige Schutz-Schirm-auch Gewehrschafftbrieff/ under dato 4 diß außgefertigt worden/ welcher von Wort zu Wort also lautet. Wir Ferdinand der Ander ꝛc. ꝛc. Geschehen auff Unserm Königlichen Schloß zu Prag/ den 4. Martii, im Sechzehenhundert acht und zwantzigisten/ Unserer Reiche deß Römischen im neunden/ deß Hungarischen im zehenden/ und deß Böhäimischen im eilfften Jahr ꝛc. Daß wir uns solchem nach auff mehr allerhöchstgedachter Ihrer Käyserl. Majest. Unsers gnädigisten auch geliebten Herrn und Brudern gnädigistes und Bruderliches Ansuchen und Begehren/ nicht allein zu dem jenigen allem und jedem/ so diß Orts von Ihro Käyserl. Majest. deß Herrn Churfürsten in Bäyrn L. und deren Erben und Nachkommen zugesagt und versprochen worden/ gleichergestalt allerdings verstehn/ sondern auch darauff für Uns und Unsere Erben und Nachkommen zusagen und versprechen/ und Uns dahin verobligirn und verbinden/ Daß Wir/ Unsere Erben und Nachkommen in allem obberürten keine Hinderung oder Eintrag/ mit oder ohne Recht zufügen/ sondern vielmehr Ihnen darzu verhilfflich seyn wöllen. Dessen zu Urkund und Sicherheit haben Wir gegenwertigen Consens-Brieff und Obligation mit eigner Hand underschrieben/ und Unserm daran hangenden Ertzhertzoglichen Insigel bekräfftiget. Geschehen in Unserer Statt Inßprug/ den 13. Tag Monats Martii/ im Sechzehenhundert acht und zwantzigsten Jahre.

Leopold.

CCCI.

Käysers Ferdinandi II. Diploma, wodurch Er das Fürstenthumb Mechelnburg mit allen seinen pertinentien Herrn Albrecht Hertzogen zu Friedland zu einem Unterpfand der von Ihm angewandten Kriegs-Uncosten einsetzet. Geben auf dem Königl. Schloß zu Prag den 1. April 1628. [CHRIST. GASTELIUS *de Statu Publ. Europæ Noviss.* Cap. XIX. pag. 618. d'où l'on a tiré cette Pièce, qui se trouve aussi dans LUNIG, Teutsches Reichs-Archiv. Part. Spec Continuat. II. Abtheil. IV. Absatz. VI. pag. 532.] 1. Avril.

C'est-à-dire,

Diplame de l'Empereur FERDINAND II. *par lequel il engage & donne en Hypotheque la Principauté de* Mecklenbourg *à* ALBERT *Duc de Fridlandt pour les Dépenses par lui faites dans la Guerre. Donné au Château Royal de Prague le* 1 *d'Avril* 1628.

WIR Ferdinand der Ander/ von Gottes Gnaden Erwehlter Römischer Kayser/ zu allen Zeiten Mehrer des Reichs in Germanien/ zu Hungarn/ Böheim/ Dalmatien/ Croatien und Sclavonien/ ꝛc. König/ Ertzhertzog zu Oesterreich/ Hertzog zu Burgund/ zu Braband/ zu Steyer/ zu Kärnden/ zu Crayn/ zu Lützenburg/ zu Würtenberg/ Ober und Nieder Schlesien/ Fürst zu Schwaben/ Marggraff des Heiligen Römischen Reichs/ zu Burgau/ zu Mähren/

Ober-

Ober- und Nieder Laußnitz / Gefürster Graf zu Habsburg / zu Tyrol / zu Pfierd / zu Kiburg / und zu Görtz / Landgraff in Elsaß / Herr auf der Windischen Marck / zu Portenau und zu Salins. Entbieten N. allen und jeden des Hertzogthums Mechelnburg / Fürstenthums Wenden / Graffschafft Schwerin / und Herrschafften Rostock und Stargard angehörigen Ritterschafften / Landständen / Lehenleuten / und sonsten allen Unterthanen daselbst in gemein / niemand davon außgenommen / was Würden / Standen oder Wesens die seyn / Unsere Gnade / und fügen euch hiemit zu vernehmen: Demnach nunmehr Weltkündig / in was hochschädlich Uns und dem gantzen Reich äusserst gefährliche / mit frembden Confœderanten längst gemachte Conspiration und Bündnüsse mit dem König in Dännemarck und dessen Adhærenten / sich auch etliche Stände des Niedersächischen Crayßes / insonderheit aber Adolph Friederich und Johann Albrecht / wider Uns / Ihren Kayser und Herrn / dergestalt eingelassen / und vertieffet / daß ob Wir wol viel unterschiedliche / gantz gnädigst treu und mehr dan Vätterliche Annahnungen und Warnungen / Special-bewegliche Schreiben und Schickungen an sie gethan und abgehen lassen / allhie bey denselben / doch so viel Wir bißhero vernehmen können / das Geringste nicht verfangen wollen / dahero und dieweil Wir endlich gesehen / daß auch Unsere zu mehrmahlen zu des gantzen Crayßes Wissenschafft aller Orten offentliche angeschlagene und publicirte Kayserliche Mandata Avocatoria, samt aller darin begriffenen Kayserlichen gantz ernsten Bedräuungen / angesetzten unnachlässigen Pönen und Straffen nichts würcken wollen / sondern gantz verächtlich hindangesetzt / und in Wind geschlagen worden / vorernennte Hertzogen in Meckelnburg / sich zumaln aber von ihrem einmal gefasseten / gegen Uns und dem H. Reich gantz unverantwortlichen Fürsatz / keines weges abwendig machen lassen / sondern in vielgedachter Conspiration halsstarrig verharret / und in ehegedachtes Königes Consilia, mit Unfuge wieder Uns fürgenommene Actiones und Thätlichkeiten / consentirt / und derselben alle mügliche Assistentz geleistet / aus welcher Beypflichtunge und Adhærentz dan fürgeflossen / daß nicht allein der Edle Niedersächsische Crayß / als auch zum theil der Obersächsische / durch den leidigen vergangenen Krieg / allerdings verheeret / so dan auch offentliche Feldschlachten Unserm Kayserlichen Heer gelieffert / ja / so gar nebest Uberfallung Unserer Erb-Länder den Feind Christlichen Nahmens den Türcken in das Spiel gezogen / und zu höchster Gefahr der Christenheit / Unsere Vestungen und Gräntzhäuser in Hungarn zu belägern angefrischet worden / daß Wir dannenhero gleichsam genöthiget / ehegedachtem König und dessen Adhærenten weiter mit Macht zu begegnen / und den Krieg in sein des Königs und seiner Adhærenten Land / darinnen Er dißmahlen seinen Ursprung gehabt / zurücke zu schwelen / worbey nun der Allmächtige GOtt Uns in Unserer gerechten Sache dermassen beygestanden / daß Wir nicht allein mehrgedachten König / als Anfängern und Caput angeregter Conspiration, vermittelst Unserer Kayserlichen Armaden / von des H. Reichs Boden verjaget / und ein grossen Theil seiner Länder darüber eingenommen / sonder auch seines im besagten Niedersächsischen Crayse gehabten Anhangs (darunter vielgedachte Hertzogen zu Meckelnburg nicht die Geringsten gewesen) Länder und Herrschafften Uns durch Heeres-Krafft bemächtiget / an welchen inhabenden Ländern Uns dan unzweiffentlich das jus retentionis zustehet / bis Wir des angewandten schweren Unkostens und Schadens Abtrag von den jenigen Landen und Herrschafften / so darzu Ursach gegeben / vollkomlich erlangen / und aber zu Ertragung der unerschwinglichen Kriegeslast / so ehest besagter König zu Dännemarck und seine Adhærenten verursachet / neben andern heroischen und tapffern Diensten / welche in Uberwindung und Dämpffung Unserer Feinde / widerwärtigen und ungehorsamen Stände / uns / dem Heiligen Reich / und Unserm Hauß Oesterreich / der Hochgeborner / Unser Oheimb des Reichs Fürst / und lieber getreuer Albrecht / Hertzog zu Friedland / &c. Unser Kriegsrath / Cämmerer und General Feld-Hauptman unverdrossen geleistet / noch darüber in Annehmung und Bestallung unterschiedlicher Regimenter / wie auch zu dero Unterhaltung ansehnliche Spesen und Unkosten angewendet / als haben Wir um ein theils solches Kriegs-Unkosten / auch erst angeregter angenehmen Diensten willen / wie nicht weniger / damit Wir Uns dieses Lands desto besser versichern / dergleichen Gefahr hinfüro nicht mehr zu besorgen haben mögen / obgedachtes Fürstenthumb Mechelnburg / mit allen seinen Pertinentien, Ein- und Zuhörungen / Renten und Einkommen / Seiner Liebden zu einen Unterpfand eingesetzet / thun das auch hiemit wissentlich in Krafft dieses Brieffs / also und dergestalt / daß Seine Liebden deroselben Erben / mehr besagtes Hertzogthum Mechelnburg / Fürstenthum Wenden / Graffschafft Schwerin / Herrschafft der Lande Rostock und Stargarden / samt allen desselbigen angehörigen Landen und Leuten / allermassen dasselbe vorernandte Hertzogen zu Mechelnburg innen gehabt / mit allen desselben Fürstlichen Obrigkeiten / Ehren / Nutzen / Ein- und Zugehörungen / auch allem deme / so von Gerechtigkeit wegen darzu von Alters hero gehörig / davon nichts außgenommen / in ihrem Gewalt und Besitz nehmen / auch so lange nutzen und niessen sollen / bis Seiner Liebe angeregte Kriegs-Kosten erstattet und bezahlt worden / immassen Wir dann zu solchem Ende den Edlen und Besten und des Reichs liebe Getreuen / Johann Altringer Frey-Herr / Unsern Kriegs-Rath / bestalten Obristen / Obristen Muster-Zahl- und Quartierungs Commissarien und Reichard von Walmenrode / Unsern Rath / zu Unsern Kayserlichen Commissariis und Executoribus vorgenommen und verordnet / auch Euch allen / und einen jeden insonderheit / der Eydpflichtigen Verwandtnuß / mit welchem Ihr bißhero ehe besagten Hertzogen Adolph Friederich und Johann Albrechten Gebrüdern verhafftet und verbunden gewesen / von Rechtswegen / aus Römischer Kayserlicher Macht und Vollkommenheit / gäntzlich absolvirt, und allerdings ledig erkläret haben wollen.

Hieneben / und dem allen nach / so befehlen Wir allen und jeden obbemeldten / samt und sonders / hiemit gnädig und ernstlich / daß Ihr bey Vermeydung Unserer hierauf gehörigen ernstlichen Straff und Ungnade / zu Verhütung Eurer weiter eigenen Ungelegenheit und Verderbnüsse / vielbemeldten Unsern Commissarien / bis auf Unsere fernere Kayserliche Verordnung / alsbald nach Einhändigung und Verlesung dieses / ohne einige Außrede / Weigerung und Entschuldigung / allen schuldigen Gehorsam leistet / auf deroselben Erfordern und Begehren gehorsamlich erscheinet / und obgedachtes Hertzogs in Friedland Liebden die gebührliche Pflicht und Huldigung erstattet / und sonst ingemein alles das jenige thut / erzeiget und vollenziehet / was getreuen und gehorsamen Ständen gebühret und obliget.

Wie nun solches Euch allen sambt und sonders / und den Eurigen zu Nutz und Gutem gereichen wird / und Wir Uns zu Euch alles obligenden schuldigen Gehorsambs ungezweiffelt und in alle wege versehen / also und in unverhofftem Fall einiger Widersetzlichkeit und Verweigerung werdet Ihr al-

ANNO 1628.

len Schaden und Gefahr / so hieraus unfehlbar erfolgen wird / niemand mehr dan Euch selbsten zuzumessen und zu klagen haben. Das meinen Wir ernstlich / und seynd Euch sonsten mit Kayserlichen Gnaden gewogen. Geben auf Unserm Kayserlichen Schloss zu Prag / den ersten Tag Aprilis Anno 1628.

CCCII.

3. Juin.

Privilegium von Jhro Käyserl. Majest. Ferdinando II der Stadt Hamburg ertheilt / des Jnnhalts / daß keine Forteresfen weder auf den Jnsuln / noch auf dem Lande / an der Elbe gelegen / von der Statt Hamburg an / biß in die See und aufwärts fünff meil Wegs von der Stadt Hamburg fortan gelegt / noch auch einige Zölle auf der Elbe von besagter Stadt biß in die See können gefordert werden. Jm Königl. Schloß zu Prag den 3. Junii 1628. [LONDORPII Acta Publica. Part. III. Lib. VIII. Cap. CLVII. pag. 1083.]

C'est-à-dire,

Privilege accordé par l'Empereur FERDINAND II. *à la Ville de* HAMBOURG, *portant que nul Fort ou Lieu fortifié ne pourra être construit dans les Isles ou dans les Terres situées le long de l'Elbe entre la Ville de Hambourg & la Mer, & à cinq Milles d'Allemagne au-dessus; & que nul Péage ne pourra y être établi, au Château Royal de Prague le 3. Juin 1628.*

WJR Ferdinand der Zweyte / von Gottes Gnaden erwöhlter Röm. Käyser / zu allen zeiten vermehrer des Reichs / in Germanien / Hungarien / Boheimb / Dalmatien, Croatien und Sclavonien &c. König / Ertz-Hertzog von Oesterreich / Hertzog in Burgundien / Braband / Steyer / Kärndten / Krain und Würtenberg / auch Ober und Nidder Schlesien / Fürst in Schwaben / Marggraff des Heil. Röm. Reichs / Burgaw / Mähren / Ober- und Nieder-Laußnitz / Gefürsteter Graff von Habspurg / Tyrol / Pfird / Kyburg und Görtz / Landgraff in Elsaß / Herr der Windischen Marck / Portenau und Salins rc. Bekennen offentlich mit diesem Brieff / und thun kund einem jeglichen / daß Unß der Ehrsame Unser und des Reichs lieber getrewer N. Burgermeister und Rath Unser und des H. Reichs Stadt Hamburg gehorsambst zu erkennen gegeben; Nach demmahl wir bey den gegenwertigen in dem H. Reiche / und insonderheit in dem Nieder-Sächsischen Craiß hoch gehenden schweren Kriegs-Zeiten / an die gedachte Stadt Hamburg / in Unserm von den auch Ehrsamen Unserm und des Reichs Lieben getrewen N. Burgermeister und Rath der Stadt Lübeck Jhnen insinuirtem Keyserl. Mandato gnädigst haben anbefohlen / die Stegerung der Elb abzuschaffen / und denselben Strom wiederumb zu öffnen / wie daß Sie sich hierauff zu aller Müglichkeit gehorsamblich haben præsentiret, demselben auch nachgekommen / also daß Sie mit einigen Kriegs-Schriffen dasselbe Jahr den Strom von aller Schifftraubereÿ befreyet / auch den freyen Lauff der Commercien conserviret haben / und solches zu continuiren eingewilliget: Alsdan / weil die hochnöthige Asfecuration desselben Elbstroms / und die Conservation der Commercien auff demselben / daran Uns / dem Heyligen Reiche / auch Unserm Erb-Königreich / Fürstenthümben und Landen ratione situs, als auch verschiedenen an der Elb gesessenen Churfürsten / Ständen und Städten / und deroselben Unterthanen nicht wenig gelegen ist / vors künftige gefüglich nicht angegangen werde könne / und sicherlich zupracticiren sey / es were dan / daß versicherung geschehe / wegen der in der Elb gelegenen Jnsulen / auch der nahbey angrentzenden Ländereyen / als auch des Stroms selbsten / daß auff denselben Jnsulen / und vorgenanten Ländereyen / die unterhalb Hamburg nach der See zu gelegen / keine Bestungen / Schantzen oder Fortresfen gelegt / daß auch auff demselben Elbstrom keine Krigs-Schiffe / außgenommen diejenige / so die von Hamburg zur Defension desselben Stroms allzeit darauff müssen ordiniren / mögen gelegt werden / unterthänigst gebeten haben / dieweil Sie / die vorgenandte Stadt Hamburg / von Zeiten Unserer Hochgeehrten Vorfahren des Reichs / Keyser Carl des vierdten her / in dem Jahre 1359. und vom Keyser Friedrich den Dritten Anno 1468. solcher gestalt privilegirt wäre / daß Sie dieselbe / so den Commercien Schaden zufügten / die Elbe ab / biß in die See zu möchten verfolgen / gefangen nehmen / und in die Stadt führen / daß Wir Jhnen zu mehrer facilitirung sothaniger hochnöthiger defension des Elbstroms / und conservation der Commercien / das vorgemeldte Privilegium wolten geruhen so fern zu extendiren und zu vermehren / daß keine Bestungen / Schlösser oder Schantzen / uff den Jnsulen in der Elbe / von der Stadt Hamburg ab biß in die See / und auffwerts fünff Meilen von Hamburg gelegt oder gemacht / noch einig Kriegs-Schiff auff den Elb-Strom logirt werden solle / dardurch die mehrgenandte Stadt Hamburg incommodirt werde / und dadurch die trafficquanten einige molestation haben möchten.

ANNO 1628.

Und vors zweyte / dieweil auß der Erfahrenheit erlernet: mit waß grossen Aufflagen die Commercien allenthalben beschweret und belästiget / auch der werth der waaren mächtig verhöhet und noch täglich gesteigert: welches nicht wenig durch die vielfältige Zölle / und die von zeit zu zeit überkommene Erhöhungen verursacht würde / dieweil die Kauff- und Handels Leüthe nach ihrem gefallen Auffschlag der Waaren gemacht / und wie mehr sie vor Zoll außgegeben / wie höher die victualien und andere Kauffmannschafften taxirt würden / an der allgemeinen Commercie aber und derselben Conservation die wollfarth des gantzen Römischen Reichs und desselben Unterthanen sey gelegen / dadurch auch annonæ Caritas verhütet würde; Daß wir umb diß alles die Commercien und den Elbstrom mit einem solchen Privilegio zu befreyen geruheten / daß fortan kein Zoll auff der Elbe von Hamburg ab / biß in die See zu / erlaubt und zugelassen werden solle; derhalben wir / in Betrachtung vorgesagter unterthänigster gehorsambster Bitten / vorgenandte Stadt Hamburg / hauptsächlich und vornehmlich zu versicherung der hochnöthigen Commercien, zu Erhaltung guter beständiger Sicherheit / auch zu verhütung grosser theüerung / nachdemmahl es auff die dem Menschlichen unterhalt zugehörende victualien und andere dessen nothwendigkeiten angesehen ist / mit wohlbedachtem Gemüth / gutem zeitigen rath / und rechter wissenschafft / das vorgenandte Privilegium, nachfolgende manier gnädigst haben eingewilliget / bewilligen auch dasselbe hiermit in krafft dieses Brieffs / und meinen / ordiniren und wollen / daß fortan nicht allein gantz keine Bestungen / Schlösser oder Schantzen uff den Jnsulen in der Elbe / noch uff dem Lande an der Elbe / von der viel genandten Stadt Hamburg ab / biß in die See / und auffwerts fünff meil weges von der Stadt Hamburg fortan gelegt / oder gemacht / noch auch keine Kriegs-Schiffe auff den Elbstrom logirt werden sollen / dardurch die Stadt discommodirt, und den Gewerbsleüthen einige Beschwerung zugefügt möchte

ANNO 1628.

te werden / Sondern daß auch nicht weniger fortan weder von Uns noch von Unsern Nachkommen Jemanden erlaubt oder zugelassen werde solle / einige Zölle auff der Elbe von Hamburg ab biß in die See zu fordern / dan so der ein oder der ander ins künfftige einig Privilegium, das diesem zuwider wäre / erhalten oder überkommen möchte / so soll dasselbe diesen nit hinderlich: sondern gantz krafftloß und von keiner Würde seyn / gleich wir dan auch dasselbe hiermit jetz vor als dan / und dan als jetz auff einmahl cassiren / auffheben / annulliren, und alle Handels- und Kauffleüthe darvon gäntzlich befreyen. Jedoch / so viel die hier oben berührte Vestungen / Schlösser / Schantzen und Kriegs-Schiffe angehet / Uns selbst und Unsere Nachfolger des Reichs / gleich wie sich solches nach den Rechten gehöret / außgenommen / wan wegen Kriegs-vorfall / oder zu feindlichen Einbruchs Abkehrung die noth es erheischen würde / etwas aldar zubawen und zu befestigen / dasselbe auch Uns und dem H. Reich an Unsern Rechten und Gerechtigkeiten ohnschädlich und sonder præjuditz sein soll / dargegen sollen mehr gemelte die von Hamburg schuldig und gehalten seyn / den vorgenandten Elbstrom von der Stadt Hamburg ab / biß in die See zu / von allen Schiff- und See-räubern / auch Unsern und des Reichs Feinden / und wiederwertigen / so viel sie vermögen / rein zu halten / zu beschützen und zu beschirmen.

Entbiethen darauff allen und jeglichen Chur Fürsten / Fürsten / Geistlichen / und Weltlichen / Prælaten / Graven / Freyherren / Rittern / Knechten / Landvögten / Haupt-Leüthen / Drosten / Vögten / Statthaltern / Amptleüthen / Landrichtern / Schultheissen / Burgemeistern / Richtern / Räthen / Bürgern / Gemeinden und fort allen Unsern und des Reichs unterthanen und getrewen / waß Condition, Stand oder würdigkeit die sein mögen / ernstlich und fest mit diesem Brieff / und wollen / daß Sie mehr genandte Stadt Hamburg / und die aldar commercie treiben / an diesen Unserm Kayserlichen Privilegio und gegebener Freyheit nicht verhindern / oder stören / Jhnen dieselben gantz und geruhiglich lassen geniessen und gebrauchen / in keinerley Manier dieselbe beschweren oder betrüben / noch gestatten / daß solches durch die Jhrigen geschehen /. als lieb einem jeglichen ist Unsere und des Reichs schwere Ungnade / und noch darüber eine Pön von Funffzig Marck löthigen Goldes zu vermeiden / die ein jeder / so offt er hierwieder frevelmüthig thut / Uuß halb in Unsere und des Reichs Cammer / die ander helfft aber der wohlgemeldten Stadt Hamburg zu bezahlen schuldig sein soll. Jn Urkund ist dieser Brieff mit Unserm Keyserl. anhangenden Jnsigel besiegelt. Gegeben auff Unsern Königlichen Schloß zu Prag / den dritten Tag des Monaths Junii, nach Christi Unsers lieben Herrn und Seeligmachers Geburth / Sechzehenhundert Acht und Zwantzig / Unserer Reiche des Römischen im Neundten / des Hungarischen im ezhenden und des Böheimbischen im Eilfften Jahren.

FERDINAND.

P. H. Von Stralendorff. vt.

Ad mandatum Sac. Cæsar. Majestatis proprium.

L. Arnoldin von Clarstein.

CCCIII.

22. Juill.

Alliantz Königs Gustavi Adolphi in Schweden mit der Stadt Stralsund auf 20. Jahr aufgericht / und zwar zur Defension dieser Stadt und Jhres See-ports / consequenter zur Sicherheit der Ost-See; welche zugleich von Jhro Königl. Majest. ratificirt worden im Läger bey Dirschau den 22. Julii 1628. [LUNIG, Teutsches Reichs-Archiv. Part. Special Cont. II. Abtheil. IV. Absatz V. pag. 477. d'où l'on a tiré cette Pièce qui se trouve aussi dans le *Theatrum Europæum* Tom. I. pag. 1101.]

Traité d'Alliance entre GUSTAVE ADOLPHE *Roi de Suede & la Ville de* STRALSOND *pour la défense de la Ville, du Port, & par conséquent de la Mer Baltique, pendant 20 ans. Ratifié par le Roi au Camp près de Dirschauw le 22. Juillet 1628.* [MERCURE FRANÇOIS, Tom. XV. pag. 145. sans date de jour, ni de mois & sans la Ratification du Roi de Suede.]

WJR Gustaff Adolff / von GOttes Gnaden der Reiche Schweden / Gothen und Wenden König / Groß-Fürst in Finland / Hertzog zu Esthen und Carelen / Herr zu Jngermanland / &c. Thun hiemit allen und jeden / so es von nothen / zu wissen: Demnach in Krafft und Gewalt Unser zu diesem Actu mitgegebener Plenipotenz, der Ehrenveste Unser Abgesandter Secretarius und lieber Getrewer / Philip Satler / mit den Ehrbaren / Hoch- und Wohlweisen / Unseren lieben besondern Bürgermeister / Rath und gantzen Gemeine der Stadt Stralsund / den 23. Junii jetzt lauffenden 1628. Jahrs / daselbsten eine Alliance und Vereinigung / auff Unsere Beliebung / folgender Weise getroffen und aufgerichtet / daß Wir dieselbe hinführo gnädigst zu ratificiren und zu bestättigen geruheten: Als wollen wir gemelte Alliance, wie Sie in allen Puncten und Clausulen von Wort zu Wort lautet / allhie wiederholet / und in Krafft dieses ratificiret und confirmiret haben / allermaßen wie folget:

ZUM ersten / ist auff 20. nach einander folgende Jahr / so fern es einem oder dem andern Theil länger also zu continuiren nicht gefallen würde / eine

I. QUE cette Alliance contractée entre le Roy de Suede & la Ville de Stralsond, sera pour vingt années.

II.

Anno 1628.

eine auffrichtige Alliance und Verbündniß/ zwischen Uns und der Cron Schweden / an einem / und der Stadt Stralsund / am andern Theil / getroffen und aufgerichtet worden.

Zum andern / soll solche Alliance, zur Defension der Stadt Stralsund und ihres Seeports/ und consequentlich zur Sicherheit der Ost-See / mit nichten aber zu einiger Offension, es sey dan / daß der Krieg / so entstehen möchte / solches erforderte / auch zu Erhaltung freyer ungehinderter Commercien / zu welchem Ende einer des andern Nutz / Gedey und Wohlfarth / respectivè sich soll lassen angelegen seyn / dieselbe stets befördern helffen / und allen Schaden und Nachtheil eusersten Vermögens abwenden.

Derowegen und zum dritten / soll die Alliance nicht præjudiciren der unterthänigsten und unterthänigen Verwandnüß / darein die Stadt Stralsund in des Kayserlichen und des Römischen Reichs / auch Ihrer unmittelbahren Lands-Fürstlichen Obrigkeit Schutz / Schirm / Verwandniß und Gehorsamb sich befindet / deroselben was recht ist jederzeit zu leisten / und hinwieder zu erwarten / ingleichen der Stadt Rechten / Statuten / Jurisdiction, Freyheiten und altem Herkommen / jedoch alles salvo præsenti fœdere.

Zum vierdten / sollen und wollen Wir / und die Cron Schweden / insonderheit in Ansehung dieser Alliance den jetzigen Zustand der Stadt Stralsund behertzigen / und alle Mittel und Wege zum förderlichsten suchen und gebrauchen / so der Güte / als mit Waffen / so weit sichs will thun lassen / die Stadt gegen Ihre Wiederwärtigen / welche die auch seyn möchten / zu defendiren und zu schützen.

Zum Fünfften / sol Uns und der Cron Schweden die Stadt Stralsund / zu Ihrer eigenen Erledigung / und des Kriegs / so hieraus entstehen möchte / Ausführung / allen müglichen Vorschub / Hülff und Assistenz thun / und von Uns und der Cron Schweden / keines weges abtretten / besondern beständig bey Uns verbleiben / und sich in keine Tractaten und Accord mit dem Feind einlassen / es geschehe dan mit Unserm Consens und Bewilligung / und daß Wir und die Cron Schweden mit darein begriffen seyn / und also dieses Succurß halben kein Nachtheil oder Præjudiz haben.

Zum sechsten / sollen dieser Alliance oder Verbündnisse / alle andere der Stadt Bündnüßen und Fœdera, welche die auch seyn mögen / nichts præjudiciren / noch derselben zuwieder in contrarium allegirt werden / sonderlich die Hanseestädtische Confœderation diesem nicht præjudiciren / und soll ein E. Rath und Gemeine dieser Stadt Stralsund / so vielmehr schuldig seyn / dahin zu trachten / wie die andern Hansee-Städte auch hierein gezogen werden mögen / und sich zugleich zu Ihrer und des Baltischen Meeres Defension, mit Uns und der Cron Schweden conjungiren und verbinden.

Zum siebenden / den von Uns der Stadt fürs erste mahl zugeschickten Succurs der 600. Man / und da sie mehres von nöthen haben wurden / soll ein Rath und Gemeine wohl quartieren / und so wohl Officirer als Soldaten / ohne Unsern Beschwer / nach deßwegen absonderlich gemachter Ordnung / unterhalten.

Zum achten / da auch der Feind hierdurch von der Belägerung nicht abzutreiben / und Wir gedrungen würden / durch mehr und grössere Macht dahin zu trachten / wie die Stadt liberirt werden könte / soll der Rath schuldig seyn / Uns und Unsere Armee / zu Ihrer Ankunfft alle Zufuhr von Vivres und anderer Nothdurfft / gegen Bezahlung / und so viel ohne der Stadt Mangel zu entrathen / folgen zu lassen.

Zum

Anno 1628.

II. Que cette Confederation sera seulement pour la defence de la Ville, & par consequent pour celle de son Port en la Mer Baltique, & non à autre fin, (sinon que la Guerre qui pourroit estre ne les appellast ailleurs) comme aussi pour la conservation des usages libres des Commerces.

III. Que cette Alliance ne prejudiciera à l'obeissance & service, par lequel cette Ville est obligée à sa Majesté Imperiale & à son Prince, donnant & recevant reciproquement ce qui sera juste & équitable.

IV. Que par le present Traité ne sera en aucune maniere derogé à la Jurisdiction & Privileges d'icelle Ville : ce qui est dit toute-fois, sans que cela puisse nuire ni prejudicier à la presente Confederation.

V. Qu'en vertu de cette Alliance, le Roy de Suede donnera ordre de reformer l'estat present de la Ville, moyennant que la chose se compose par une Transaction amiable, & que les efforts des armes ennemies soient repoussez par la force des Suedois.

VI. Que pour sa delivrance, & au sujet de la Guerre, qui prend sa naissance de là, la Ville continuera à se servir de tout le secours du Roy de Suede, dont elle aura besoin, sans se separer en aucune façon d'avec luy : ny ne fera aucun Traicté d'accord avec les Ennemis, sinon avec le consentement dudit Roi, lequel sera aussi compris audit Traité.

VII. Que toutes autres Confederations, principalement celles des Villes Anseatiques, avec cette Ville, ne prejudicieront en rien au Traicté de cette Alliance, & ne seront alleguées raisons au contraire : mais plustost les autres Villes Anseatiques seront comprises en icelle, & se ligueront avec celle de Stralsond, & avec le Roy de Suede, tant pour sa defense, que pour celle de la Mer Baltique.

VIII. Que les Habitans pourvoiront de logement & vivres necessaires aux Garnisons Suedoises qui seront envoyées pour la defence de leur Ville.

IX. Que

ANNO 1628.

Zum Neundten / da die Nothdurfft erfodert / daß Unsere Schiffe in der Stadt Hafen liegen / oder auch allda überwintern müsten / soll dem See-Volck in der Stadt Herberg gegönnet / und die Nothdurfft um Ihre Bezahlung gefolget werden.

Zum zehenden / soll in diesem Werck / auff jeden Fall / nach Erforderung Unserer Armee und der Stadt Nothdurfft / so wol zum Durchzug / als Retirade, der Stadt Thor Uns und Unserm Volck / zu dero Nothdurfft / und so viel ohne der Stadt Gefahr seyn kan / offen bleiben.

Zum eilfften wollen Wir die Stadt Stralsund / in dero alten Staat / und dero Bürger und Angehörige an Ihren Privilegien / Jurisdiction, Gerechtigkeit / altem Herkommen und Gütern nicht allein nicht beschädigen / sondern darbey vielmehr schützen und handhaben.

Zum zwölfften wollen Wir vermittelst Unserer gnädigsten Confirmation dero von Unsern Vorfahren wohlerlangten Privilegien / der Stadt Gravamina in billige Wege abrichten lassen / wan Wir dessen gebührlicher Weise erinnert und informiret werden. Ingleichen und im Fall ins künfftige einige Wege eine Differenz zwischen Uns und der Stadt Stralsund entstehen solte / wollen Wir / daß deswegen die Güte versucht / und in Entstehung deroselben keine That-Handlungen vorgenommen / sondern darüber die Hochmögenden Herren Staaten der Vereinigten Niederlanden und der ehrbarn Hansee-Städten Bedencken gehöret und gefolget werden solle.

Letzlich im fall zu dieser Alliance einige Potentaten / Fürsten und Communen treten wolten / sollen dieselbe auf billige Mittel / und beyder Theil Beliebung / darzu gelassen werden / gestalt auch dieser Alliance Verbesserung und Extension beyden Theilen auff dero Bewilligung vorbehalten bleibet.

Daß Wir nun obbeschriebenes alles / Krafft dieses / also confirmirt und ratificirt haben / ratificiren und confirmiren es auch mit diesem / daß es von Uns / Unsern Nachkommen und Successoren in der Cron Schweden also stät / beständig und unverbrüchlich soll gehalten werden / haben wir dieses mit eigener Hand unterzeichnet / und Unserm Königlichen Secret beglaubigen lassen. So geschehen in Unserm Feldläger bey Dirschaw / den 22. Julii, im 1628. Jahr.

Gustavus Adolphus.

IX. Que si les Ennemis continuent leur siege, & que la necessité de la Ville requiere de plus grands secours pour sa delivrance, les Habitans fourniront argent, & tout ce qui sera necessaire pour la nouvelle Garnison, qui y sera envoyée pour sa defence.

X. Que s'il est besoin que les Vaisseaux de Suede demeurent au Port de la Ville, il sera pourveu de logement aux Nochers & Matelots en icelle, & argent contant pour avoir des vivres selon qu'ils en auront besoin.

XI. Que si quelque accident arrive à l'Armée de Suede, & au prejudice du repos de la Ville, en l'usage des entrées & passage en icelles, les portes seront aussi-tôt fermées, si faire se peut sans peril.

XII. Qu'il ne sera fait aucun dommage ny prejudice aux Privileges, Jurisdictions & Coûtumes, (receus par un long usage, tant de la Ville, que des Citoyens,) par le Roy de Suede; mais les confirmera & protegera en icelles.

XIII. Que le Roy de Suede, ayant confirmé les Privileges de leurs Antecesseurs, aura soin de composer les troubles de la Ville, & faire en sorte, qu'à l'avenir les differents qui pourroient naître entre ledit Roy & ladite Ville, fussent accommodez par composition amiable, ou bien assoupis par l'arbitrage des Estats de Hollande, ou des Villes Anseatiques.

XIV. Que les Rois, Princes, Estats & Republiques desirans estre compris en cette Confederation y seront admis du consentement des deux Partis.

CCCIV.

1. Sept. Brüderlicher Erb-Vergleichs-Recess, So zwischen Landgraff Wilhelm zu Hessen-Cassel / und Frauen Julianam Landgräfin anstatt dero Söhnen / wie auch Hermann / allerseits Landgraffen zu Hessen-Cassel aufgerichtet worden; Wodurch Landgraff Wilhelm allein Regierender Landes-Fürst übers gantze Land verbleiben / denen Jungern Gebrudern aber eine universal quarta omnium bonorum an gewissen Aembtern und Städten assigniret werden solle. Geschehen zu Cassel den 1. Septemb. 1628. [LUNIG, Teutsches Reichs-Archiv. Part. Special. Continuat. II. Absatz VIII. pag. 848.]

C'est-à-dire,

Accord Fraternel & Héréditaire, fait & conclu entre GUILLAUME *Landgrave de Hesse-Cassel,* JULIENNE *Femme du défunt Landgrave* MAURICE, *au Nom de ses Enfans Mineurs, &* HERMAN *aussi Landgrave de Hesse-Cassel, par lequel tous les Etats de la Maison sont laissez à* GUILLAUME *comme Prince Regent; une quatrieme partie des Biens en général étant donnée aux autres en Appanage, & assignée sur quelques Domaines. A Cassel le 1. Septembre 1628.*

Kundt und zu wissen sey jedermänniglich / daß der Durchläuchtige / Hochgebohrne Fürst und Herr / Herr Moritz / Landgraf zu Hessen / Graff zu Catzenellenbogen / Dietz / Ziegenhain und Nidda zc. Die ins fünff und dreyßigste Jahr getragene Fürstliche Regierung / Ihrer Fürstlichen Gnaden eltestem Sohn / dem auch Durchläuchtigen / Hochgebohrnen Fürsten und Herrn / Herrn Wilhelm / Landgraffen zu Hessen / Grafen zu Catzenellnbogen / Dietz / Ziegenhain / und Nidda zc. den 17. Monats-Tag Martii des nechst abgewichenen ein tausend / sechs hundert / sieben und zwantzigsten Jahrs / wohlbedächtig

Anno 1628.

tig abgetreten/ und würcklich überlassen / und dergestalt/ daß auf dero auch Durchläuchtigen/ Hochgebohrnen Fürstin und Frawen Julianen/ Landgräfin zu Hessen / ꝛc. Gebohrne Gräfin zu Nassaw/ Catzenellnbogen/ Vianden und Dietz/ Frauen zu Beilstein / an statt / und von wegen Ihrer F. Gn. Herren Söhnen vorgangene reiffe und bedachtsame Beliebung / Seine Herrn Landgraff Wilhelms Fürstl. Gnaden allein regierender Landes-Fürst übers gantze Land seyn und bleiben / dargegen aber alle die Onera, so der Fürstlichen Regierung anhängig/über sich nehmen: So dan den Fürstlichen Herren Gebrüdern/ der vierdte Theil/ sive quarta tam præsentium quam futurorum bonorum, ohne Schulden-Last zugeeignet/ auch so bald hochgedachtes Herrn Landgraf Wilhelms Fürstl. Gn. zu obgedachter Lands-Fürstlicher Regierung/ und darzu gehörigen Land und Leuten gelangen würden/ eingeantwortet/ und zugestellt werden solte/ Ob dan wohl solchem zu Folge/ damahls / als Ihre Fürstl. Gn. auf die obgemeldte an siebenzehenden Monats-Tag Martii des ein tausend sechs hundert sieben-und zwantzigsten Jahrs/ vorgangene väterliche Abdication würcklich in die Regierung getreten/ deroselben Herren Gebrüdern Ihre Quarta præsentium bonorum assignirt und eingeräumt worden.

Als aber nach der Hand durch sonderliche Schickung GOttes des Allmächtigen sich begeben/ daß mit dem auch Durchläuchtigen / Hochgebohrnen Fürsten und Herrn / Herrn Georgen / Landgrafen zu Hessen/ Grafen zu Catzenelnbogen / Diez/ Ziegenhain und Nidda/ꝛc. in dero viel Jahr lang streitig gewesen Marpurgischen Successions-und darin ergangene Executions-Sachen / eine zu Wiederbringung Ruh/ Fried und Einigkeit in sämbtlichen Fürstlichen Hauß Hessen wohlgemeinte Vergleichung getroffen / in Krafft deren die Pfänd-Aempter/ so Herrn Landgrafen Georgens Fürstl. Gn. eine Zeit hero innen gehabt/ alle mit einander/ ausser der niedern Graffschafft Catzenellenbogen / und den Casselischen Theil an Umbstatt / der Fürstlichen Casselischen Lini wiederumb abgetreten und eingeräumbt werden sollen / in massen auch denn im Martio nechsthin/würcklichen/ausserhalb dem Ambt Schmalkalten/ so seine Fürstl. Gn. biß deroselben ein mahl hundert tausend Gülden/ darauf vorbehalten Pfand-Schillings erleget/ in Händen behalten/ erfolget/ dahero zwischen hochermeldtes Herrn Landgraffen Wilhelms Fürstl. Gn. und deroselben Herren Gebrüdern einer anderwärtigen und beständigen Universal-Vergleichung/ deren ihnen vom Herrn Vatern ausgesetzten und zugeeigneten Quarta, und deren Anweisung und Assignation halben von nöthen seyn wollen: So seynd zu dem End / nicht allein im November des jüngst abgewichenen eintausend sechshundert sieben und zwantzigsten Jahrs/ so wohl von hochgedachtes Herrn Landgraf Wilhelms / als deren Fraw Mutter / und Landgraff Herman/ F. F. F. Gn. Gn. Gn. vor sich/und der jungen Herrschafft wegen/ gewisse Räthe / und des Fürstenthums / und dessen jährlichen Einkommens kundige Landsassen und Lehnleute zusammen geordnet worden/ welche vielfältig und eine geraume Zeit darvon tractirt / wie und welcher gestalt/ auch an gewissen Orthen und Enden mehr hocherwehnter jungen Fürstlichen Herrschafft solche Universal-Quarta zu assigniren und zuzueignen seyn möchte/ sondern es ist auch derenwegen abermahls eine Zusammenkunfft dieses Orts angestellet / darbey hochgedachtes Herrn Landgraff Hermans Fürstl. Gn. als von der Römischen Kayserl. Majest. Unsern allergnädigsten Herrn/ solcher Quarten verordneter und bestättigter Administrator, neben dero Beystand und Räthen/ in der Person/ so dan an Seiten Herrn Landgraf Wilhelms Fürstl. Gn. dero Stadthalter / und etzliche gewisse darzu verordnete Räthe erschienen / und hat man sich endlich / nach abermahliger monatlicher verpflogener Handlung und genugsamer aller Sachen Erkundigung / erblich / ewig und unwiederrufflich verglichen und vertragen/ wie folget:

Anno 1628.

Anfänglich und vors Erste / nachdem die junge Herrschafft in Krafft hiebevor von Herrn Landgraf Wilhelms Fürstl. Gn. gethaner Zusage / etzliche Fürstliche wohlerbawte Residentz-Häuser/ in specie aber Schmalkalten und Herrenbreidungen in solche Quarten mit eingezogen haben wollen/ Herrn Landgraf Wilhelms Fürstl. Gn. aber / aus andern immittelst darzwischen kommenden Hindernüssen und sonderbahrer Consideration, nunmehr bemeldte beyde Oerther Schmalkalten und Herrenbreidungen/ und deren Zugehörung nicht quittiren können; So hat man sich an Seiten der jungen Herren Gebrüder/ nach eingenommenen genugsamen Bericht/und der Sachen Beschaffenheit solcher beyden Fürstlichen Häuser / Schmalkalten und Herrenbreidungen / so viel die Assignation der Quarten belangt/begeben/ hergegen aber Herrn Landgraf Wilhelms Fürstl. Gn. zugesagt und versprochen / deroselben jetzigen und künfftigen Herren Gebrüdern / und deren manlichen Leibs-Lehns-Erben / zu einer beständigen Residentz/ und deren allerseits verwilligten Quarten/ nachgesetzte Fürstliche Schlösser/ Häuser/ Städte/ Herrschafften/ Lande / Leute und Güter / sambt allen/ und jeden ihren Pertinentien, folgen zu lassen/ und zu Contentirung ihres gantzen vierdten Theils am Nieder-Fürstenthumb / und dessen Zugehörungen/ würcklichen / (jedoch derselben von Herrn Landgraf Wilhelms Fürstl. Gn. über das gantze Land überlassenen / von der Römischen Kayserl. Majest. allergnädigst confirmirten alleinzigen Lands-Fürstlicher Regierung ohnabbrüchig und ohnnachtheilig) zu übergeben und zuzustellen / nehmlich Schloß / Stadt / Ampt Rotenberg / nichts zumahl ausgenommen/ Stadt und Ampt Wanfrieden / Stadt Trefurdt/ cum pertinentiis, zum Fürstlichen Heßischen Antheil / neben der newerkaufften Mühlen daselbsten/ und den Mühlhäusischen Hufen/ Schloß und Ampt Ludwigstein/ mit und neben der Stadt Witzenhausen/ das Schloß und die Landschafft Pleß/ mit seiner Zugehör / und das Ampt Gleichen. So dan den vierdten Theil am Land-Zoll/ dessen Schliessung zwar Herrn Landgraf Wilhelms Fürstl. Gn. als regierender Lands-Fürst sich allein anzumassen / und die Ihrige darzu zu deputiren haben / gleichwohl aber vor hochgedachten jungen Herren Gebrüdern/ oder den Ihrigen zuförderst solche Schliessung zu dem Ende notificirt werden solle/ damit sie jemanden von den Ihrigen / ob sie wollen/ zugleich mit abordnen/ welche solcher Schliessung beywohnen / und die gebührte Quartam so bald / um mehrer Richtigkeit willen/ erheben mögen. Endlich soll ihnen den jungen Herren Gebrüdern auch in Ihrer Universal-Quarten gefolgt werden/ der vierdte Theil an Vorraths- und Schäfferey-Nutzungen also angeschlagen und rectificirt werden / damit die jungen Herren Gebrüdere ihr Antheil in ihrer Quarta so müglich/ völliglich/ im Fall aber einiges Mangels/ an andern Orten / annehmliche Anweisung haben/ hingegen auch/ da sich ein Uberschuß in ihren Quarten befinden solte / deswegen Herrn Landgraf Wilhelms Fürstliche Gn. Erstattung beschehen möge. Ferner ist abgeredet und verwilliget worden/ wann einig Lehen / so die Fürstliche Heßische Casselische Lini zu verlehen hat / eröffnet / und von dem regierenden Herrn / deme dan die Verlehnung aller solcher Lehen allein verbleibt / nicht wiederum zu Conservir-und Erhaltung der Ritter-Dienst und andern

Lehen-

ANNO 1628.

Lehen-Gebührens / dem gantzen Fürstlichen Hauß Hessen zu guten / einem andern conferirt / sondern zum Cammer-Gut eingezogen werden solte / daß alsdan den jungen Herren Gebrüdern und ihren Man-Leibs-Lehens-Erben / nicht allein darvon der vierdte Theil gefolgt und gelassen werden / sondern auch / da über kurtz oder lang / die Sach der Herrschafft Pleß betreffend / mit dem Hertzog zu Braunschweig vertragen / oder per sententiam entschieden worden / und dem Fürstlichen Hause Hessen mehr Lehn / weder dasselbige jetzo würcklichen innen hat und belehnet / zukommen solten / daß dieselbe neue zukommende Lehn / den jungen Herren Gebrüdern / und deren Mans-Leibs-Lehns-Erben allein verbleiben / und mit Belehnung deren / ihren Willen und Gefallen nach / zu gebahren Macht haben solten.

Und dieses alles / wie obstehet / ist allerseits also abgeredet / beliebet und verglichen worden / jedoch bleibt hierbey alles dasjenige / was zur Landes-Fürstlichen Hoheit und Obrigkeit gehörig / Herrn Landgraf Wilhelms Fürstl. Gn. auf deren Gebrüdern assignirten Orthen / wie vorhin / also nochmahls reserviret / und vorbehalten / ohn allein daß Herrn Landgraf Wilhelms Fürstliche Gn. Ihren Herren Gebrüdern / zu Erweisung brüderlicher Lieb / verwilliget und nachgegeben / daß ihnen frey und bevorstehen soll / in ihren jetzo assignirten Städten und Aembtern / Juden / gegen Einnehmung des jährlichen Schutz-Geldes / doch dero Gestalt uf zunehmen / daß diejenige / welche also ufgenommen werden / innerhalb den nechsten vier Wochen / bey den regierenden Fürsten Schutz-Brief ausbringen / sich derselben gehalten / und demselben das Einzugs-Abzugs- und Silber-Geld entrichten.

Deßgleichen / daß kein Extrajudicial-Sach / darinnen von den jüngern Herren Gebrüdern / dero Räthen oder Beampten Bescheid ertheilet worden; von dem regierenden Herrn / oder dessen Regierung / extrajudicialiter angenommen / und darüber erkandt werden soll / es treffe den dieselbe über fünffzig Gülden Hauptsumm an. Es ist aber auch dieses hierbeneben austrücklich bedingt / Erstlich / nachdem der Wirdombs-Ansitz / und darzu verschriebene Gefälle / welche der Frau Mutter Fürstl. Gnad, an dem Schloß / Stadt und Ambt Rottenberg / uf den begebenden Fall verschrieben / in diese Anweisung der Quarten kommen / und dargegen etwas anders verschafft seyn will / so soll es mit solchem Widdumbs-Ansitz / und darzu gehörigen Gefällen / auch an deren statt verschriebenen Geldern / nach Anweisung der darüber gegebenen Asfecuration gehalten werden.

Vors andere / Nachdem vermöge unlängst zu Darmstatt getroffenen Accord, ein Pfand-Schilling / von einmahl hundert tausend Gulden / zu Wiederausräumung des Ambts Schmalkalten erlegt werden muß / daran Herr Landgraf Wilhelms Fürstl. Gnaden drey Theile / die Herren Gebrüdere aber einen vierdten Theil abzutragen schuldig / daß denn die Erlegung solches vierdten Theils / nehmlich / zwantzig fünff tausend Gülden / obbemeldte Tradition und würckliche Einräumung dero jetzt verglichenen Quarten zwar nicht hindern / noch removiren / jedoch die zu derselben assignirte Aempter dafür so lange hafften / darauf auch ein gleichmäßige Summa an Schulden / die sonsten Herrn Landgraf Wilhelms Fürstl. Gn. allein abzunehmen versprochen / stehen bleiben / und von den jüngern Herren Gebrüdern / den Creditorn verpensioniret werden sollen / biß daß vorberührte zwantzig fünff tausend Gulden entweder erlegt / oder man sich deren in andere Wege verglichen.

Und weil das Schloß / Stadt und Amt Eschwege biß zu Erlegung einer gewissen Summa Geldes in des Durchleuchtigen / Hochgebohrnen Fürsten und Herrn / Herrn Johann Casimirn / Fürsten zu Anhalt / rc. Handen und Besitz / ob dan wohl Herrn Landgraf Wilhelms Fürstl. Gn. geschehen lassen könten / daß solches von den fünff und zwantzig tausend Gulden / so Ihme die jüngern Herren Gebrüdere zu Einlösung des Ampts Schmalkalten zu erlegen schuldig / ledig gemacht würde / dieweil sie sich aber doch beschweret / daß sie mit dem baaren Geld so bald nicht auskommen / und zu der Ledigmachung gelangen kondten / so ist dieses dahin verglichen / daß beyde Fürstliche Theile sich aufs förderlichste bearbeiten wollen / daß hochgedachter Fürst Johann Casimir zu Anhalt / über die Ihrer Fürstlichen Gn. gebührende Summ eine Verschreibung annehme / der jährlichen Pension erwarte / Schloß / Stadt und Ambt Eschwege quittiren / und sich anderer gestalt versichern lassen.

Als auch vors dritte / zu dem Allendorffischen Saltzwerg nicht allein gewisse Behöltzung / sondern auch die Dienste bey den Holtzstössen in etzlichen zu der assignirten Quarten gehörigen Aemtern hergebracht / und man den deren keines weges ohne hochschädliche Stopffung der Saltz-soden entrathen noch missen kan / so soll solche Beholtzung / Dienste / und was dessen die Saltz-soden mehr hergebracht / dem Herkommen nach / einen Weg wie den andern / aus vorberührten / zur Quarta assignirten Aemptern / ohnweigerlich gefolget und geleistet werden.

Förderst / und vors vierdte / ist an Seiten der jungen Herrschafft dieser Vorbehalt geschehen / daß zu Richtigmachung dieser ihrer Quarten / durch beyderseits darzu verordnete der Cammer-Sachen erfahrne Diener / gewisse Anschläge gemacht / und da sichs befinden würde / daß ob specificirte Herrschafft / Aempter und Güter / an jährlichen Intraden mehrbemeldte Quarten nicht ertragen noch ausmachen würden / daß alsden / wan an der Erfüllung mangeln möchte / biß uf ohngefehr ein tausend Gulden jährlicher Einkunfft / welche die jüngere Herrschafft aus den Saltzwerg-Nutzungen / uf gehörige gnugsame Versicherung übernehmen will / an Landen und Leuten vergnüget und gut gemacht werden soll.

Da entgegen aber / und da sich in dieser assignirten Quarten / ein Uberschuß befinden solte / derselb so wohl / als alles dasjenige / so die jüngere Herrschafft loco quartæ bißhero an Häusern / Städten / Aemptern / und andern mehr / eingehabt und besessen haben / so bald die jetzo verglichene Universal-Quarta denselben würcklichen tradirt und eingeräumt wird / Herrn Landgraf Wilhelms Fürstl. Gn. als in deren drey vierdten Theil gehörig / neben allen / von diesem ein tausend sechs hundert acht und zwantzigsten Jahr darvon erhabenen Nutzungen und Einkünfften wiederumb erstattet / zugestellt und zugeeignet / Herrn Landgraf Wilhelms Fürstl. Gn. aber auch schuldig seyn solle / deren Herren Gebrüdern / zu Einbringung deren ihnen bis ins Jahr ein tausend sechs hundert zwantzig und acht / exclusivè, hinderständigen Resten / mögliche Handbiethung thun zu lassen.

Und nachdem an Seyten der jungen Herrschafft Begehr- und Erinnerung beschehen / daß Herrn Landgraf Wilhelms Fürstl. Gnaden die Schulden / so viel deren uf der jüngern Herren assignirten Quarten hafften / darvon abnehmen möchten / immassen seine Herrn Landgraf Wilhelms Fürstl. Gn. hiebevor versprochen und zugesagt / dasselbe aber jetziger Zeit Gelegenheit / und Ihrer Fürstl. Gn. Zustand so eilfertig nicht geschehen kan / sondern andere Zeit erfordert / so erbiethen Herrn Landgraf Wilhelms F. Gn. sich dahin / dieser Quartæ Schulden auf andere Aempter / so förderlich immer möglich / einzutheilen / die Creditores darauf zu erfordern / und

ANNO 1628. mit denen / ratione der Versicherung / Tractat und Handelungen novando, verpflegen zu lassen / uf den Fall aber seine F. Gn. der Creditorn hierzu nicht mächtig werden könten / alsdan biß zu gäntzlicher Befreyung des Abgangs halber / aus andern unbeschwerten Aemptern Erstattung zu thun / zu dem Ende selbige zum kräfftigsten hiermit verunterpfandet seyn sollen.

Schließlichen / so sollen auch die Nutzungen / so auf den Pfand-Aemptern / Vermöge Darmstättischen Accords de Anno 1627. zurück fallen / und deductis deducendis übrig seyn und bleiben / der jüngern Herrschafft zum vierdten Theil gefolgt / so dan / was de Anno 1628. in den jetzo assignirten Aemptern an Ubertreten und Einkünften gefällt / allerdings verbleiben / auch da etwas davon von Herrn Landgraf Wilhelms F. Gn. schon erhoben wäre / erstattet / und sonsten bey Einräumung obberührter ihrer Quarten / die Documenta der Aempter / was deren nicht die hohe Lands-Fürstliche Obrigkeit concerniret / mit überliefert und tradirt werden / man auch beyderseits einander evictionem zu præstiren schuldig seyn.

Gleichwie nun durch gegenwärtige Handlung uf zuvor gehabten genugsamen Bedacht / eingeholten Rath / und uf des gantzen Furstenthumbs / dessen Einkünfften / und darauf hafftenden Schulden und andern Beschwerungen vorgangene Erkundigung und reiffe Erwegung aller mit einlauffenden Umbständen / mit beyder Partheyen guten Wissen / Willen und Belieben / auch der jungen Herrschafft Fraw Mutter Genehmhaltung / eine beständige Abtheilung der jüngern Herren vierdten Theils erhandelt und erworben / auch unwiederrufflich zu halten beschlossen ist / also soll es auch darbey ohn alle exception und Einrede / wie die Nahmen haben mögen / gelassen / und zu mehrer Bekräfftigung die Röm. Kayserl. Majest. Unser allergnädigster Herr / um deren höchstansehnliche Kayserl. Confirmation, wie auch die Herren Erb-Verbrüderten umb Intercession an allerhöchst gedacht Ihrer Kayserlichen Majestät / daß dieselbe durch beyderseit Ihrer F. F. Gn. Gn. Herrn Landgraf Wilhelmen und Herrn Landgraf Herman bittlichen ersucht / und durch ein Sambt-Schreiben angelangt werden / ohne Gefehrde und arge List.

Dessen allen zu wahrer Urkund / fester unwiederrufflicher immerwehrender ewiger Haltung und Bestättigung / haben wir Juliana Land-Gräfin zu Hessen / ꝛc. an statt und von wegen Unsern jüngern Herren Söhne / uf vorgangene Requisition, so dan wir Wilhelm / vor Uns und Unsere Erben / wie auch wir Herman / vor Uns und Unsere Gebrüdere und Erben / diesen Abschied / der uf Pergament dreymahl verfertiget worden / mit eigenen Händen unterschrieben / auch mit Unsern allerseits Fürstlichen Insiegeln bekräfftiget. So geschehen zu Cassel den ersten Monats-Tag Septembris, im Jahr des HErrn / ein tausend / sechs hundert zwantzig und acht.

Wilhelm / Landgraf zu Hessen.
Juliana / Landgräfin zu Hessen.
Herman / Landgraf zu Hessen.

CCCV.

3. Sept. Contracto Matrimonial entre FERDINANDO III. Rey de Hongria y de Boemia, y MARIA Infanta de España, hecho y concluido por el Emperador FERDINANDO II. Padre de FERDINANDO III. y por FELIPE IV. Rey Catholico de España Hermano de MARIA. En el que se declara que el dicho Rey FERDINANDO como Hijo mayor del Emperador avia de succeder solo en todos sus Estados Hereditarios, y que sera coronado anticipadamente Rey de Hongria y de Bohemia, pero con la condicion de que no haya de mesclarse en el Govierno. El Rey FELIPE promete a la Infanta su Hermana, una Dote de quinientos mil Escudos de oro, y por parte del Emperador se le assegura por aumento de Dote en su viudes la quantidad de veintiquatre mil Escudos al año, de los quales gozara durante toda su viudes. Hecho en Madrid a 3 Septiembre año 1628. [*Pièce Authentique certifiée & signée de la propre main du Comte de* Khevenhüller *Ambassadeur de Sa Majesté Imp. en Espagne & gardée dans la Registrature d'Etat de la Chancelerie de la Cour Imperiale & Archi-Ducale d'Autriche à Vienne. Fasc.* 47.] ANNO 1628.

En el Nombre de la Santa y Individua Trinidad Amen.

PAra que sea feliz y dichoso a honra y gloria de Dios todo poderoso, para conservacion y augmento de la Republica y Religion Christiana, y para el seguro quieto y pacifico Estado y mas commoda Administraçion de los Reynos y Provincias sujetas, y para que el vinculo proximo de la sangre con nueba affinidad sea juntamente estrechado entre el Serenissimo Potentissimo y Invictissimo Principe Don Ferdinando segundo por la Divina clemençia Emperador de Romanos siempre Augusto, y el Serenissimo y Potentissimo Don Phelipe quarto por la misma Divina Clemençia Catholico Rey de las Espannas y de las Indias, es contraido y concluido Matrimonio (pero debajo del beneplacito del Santissimo Señor el Papa Urbano Octavo y de la Santa Sede Apostolica, y con su dispensaçion que tiene conçedida para ello) entre el Serenissimo Sennor, el Sennor Don Ferdinando Tercero Apostolico Rey de Ungria, de Croacia, de Dalmacia, y de Bohemia, Archiduque de Austria, Hijo primogenito del dicho Serenissimo y invictissimo Emperador de Romanos, y la Serenissima Sennora Donna Maria, Hija legitima y natural del Serenissimo y Potentissimo Principe y Sennor Don Phelipe Tercero Rey de las Espannas ya difunto, Infante de las Espannas y Hermana del dicho Serenissimo y Potentissimo Phelipe Quarto Rey de las Espannas, y declarada ya Reina de Ungria, y de Bohemia, stipulando y prometiendo ambos Prinçipes en nombre del Hijo & de la Hermana respectivamente devaxo de los Articulos y Convenciones sequentes.

Y por que por el largo camina y otros impedimientos gravissimos, los dichos Serenissimos Poderosissimos Prinçipes, es a saber el Emperador de Romanos y el Rey de las Espannas, no pueden personalmente conçertar, concluir y entregar el uno al otro las Escripturas y Instrumentos del Tratado y Capitulaçiones, o Pactos dotales conçernientes al Tratado y conclusion del dicho Matrimonio, Constituyeron y constituyen en su lugar y nombre, en virtud de sus Plenipotençias y Poderes anexos al fin desta Capitulaçion, Su Magestad Cessarea al Sennor Don Françisco Christoval Quevenhiller de Ayckelberg, Conde de Franquenburg, Baron de Landscron y Weremberg, Sennor Hereditario de alto Osterwiz y Carlsperg, Cavallerico mayor perpetuo de Carinthia, y Cavallero de la Orden del Tusson de oro, Gentilhombre de la Camara y del Consejo de Estado del dicho Serenissimo Emperador y su Embajador en Espanna, y el Serenissimo Rey de Espanna al Sennor Don Gaspar de Guzman Conde de Olivares, y Duque de San Lucar la mayor, Comendador mayor de Alcantara, de los Consejos de Estado y Guerra del dicho Serenissimo Rey Catholico de las Espannas, su Cavallerico Mayor y Capitan general de la Cavalleria de Espanna, y Gran Chançiller de las Indias. Los quales en virtud de los suso dichos amplissimos Poderes a ellos dados por ambas Partes que yran escritos al fin desta Capitulaçion y Escriptura han hecho y concluido y uno a otro entregado sobre el dicho Matrimonio la Capitulaçion de los Articulos sequientes.

Conviene a saber que el dicho Serenissimo Ferdinando Rey de Ungria y de Bohemia sucçedera al Serenissimo y Invictissimo Emperador su Padre, con pleno derecho como Hijo Primogenito en los Reinos de Ungria y de Bohemia, y en sus apendençias y dependençias, y assi mismo en el Archi-Ducado de Austria y todos los demas Ducados, Marquessados, Condados y Sennorios a el, ya ellos anejos, assi los ultimamente adquiridos por nueva herençia como los que de antes possebia siendo tan solamente Archi-Duque, quitada a su Mag. Cessarea y a qualquier otro la facultad de poder disponer, o ordenar de otra manera, salvo empero a sus Hermanos y Hermanas el derecho a ellos devido de la sucçession en ellos.

Demas

ANNO 1628.

Demas desto para que la dicha Serenissima Infanta Donna Maria segun el esplendor, y grandeza del linage de donde ha naçido sea adornada con alguna gloria y calidad conviniente a este matrimonio. La dicha Mag. Cessarea a instançia del Serenissimo Rey de Espanna ha consentido y consiente a contemplaçion deste matrimonio, que el dicho Serenissimo Rey Ferdinando, y la dicha Serenissima Sennora Infante su charissima esposa y consorte sean declarados y coronados por Reyes de Ungria y de Bohemia y honrados con el Titulo de los dichos Reinos, Ducados y Sennorios de alli dependientes. Pero con esta ley y condicion que el suso dicho Serenissimo Rey Ferdinando no se entremetera directa, o indirectamente, en la administraçion del Reino de Bohemia, Ducados y Sennorios ni de las demas Provincias y Prinçipados dependientes viviendo el Invictissimo Cesar Ferdinando su Padre, sino es en quanto fuere la voluntad del dicho Serenissimo Emperador.

Y para que en este particular la Mag. Imperial sea con mas seguridad cautelada, el dicho Serenissimo Rey de Espanna en su nombre y de sus subçessores promete de procurar con buena fee y haçer sus partes para que el dicho Serenissimo Ferdinando Rey de Ungria guarde firmemente estas condiciones puestas de la Coronaçion y titulo de Rey de Ungria y de Bohemia.

Y para que viviendo el dicho Serenissimo y Invictissimo Emperador (aquien Dios de largos y felices annos de vida) el suso dicho Serenissimo Rey Ferdinando su Hijo puedo comodamente sustentar su Estado y las cargas y gastos del matrimonio el dicho Serenissimo Emperador por la beningua y paternal afiçion, y singular amor que tiene al dicho Serenissimo Rey su Hijo le sennalara una conveniente suma de dineros y tales reditos anuos çiertos que se le abran de pagar infaliblemente de sus Reinos y Provinçias con los quales pueda decentemente entretener su Persona y Corte con el esplendor de la real Dignidad.

Y por otra parte el Serenissimo Rey Catholico de Espanna da a la dicha Serenissima Infante de Espanna su charissima Hermana por todo el derecho Hereditario que pudiesse pretender con qualquier derecho comun, o acostumbrado, y por qualquier otra razon y causa en los vienes del dicho Serenissimo Rey Cattholico y en lugar de legitima y suplimiento de su dotte y alimentos que le puede dever la cassa y Estado Real por su parte quinientos mil escudos de oro en oro (contando cada escudo a raçon de a treze reales de moneda de Espanna) y procurara que se paguen realmente y con effetto al dicho Serenissimo Rey Ferdinando, a su legitimo interviniente, o Procurador antes de la celebracion del matrimonio, de manera que lo que toca a este punto lo mandara su Mag. Cattholica ajustar antes de salir desta Corte para que sea pagado en rentas en los Reynos de Espanna o de Italia, o en otras consignaçiones y plazos de contado qual pareçiere mas conveniente, de que se le entregaran los Titulos Privilegios y de mas recaudos que fueren neçessarios.

Y para que este Dotte y herençia que de salvo a la dicha Serenissima Infante Donna Maria y a sus Herederos en los futuros tiempos consiente y promete su Mag. Cessarea y el dicho Serenissimo Rey de Ungria que le sera çierta y segura para que dello pueda disponer siempre que el matrimonio se dissolviere o con Hijos o sin ellos y no de otra manera por que durante el los dichos reditos y probentos de la dicha Dotte, se deven y competen al dicho Serenissimo Rey hasta tanto que en tal caso se haga la entera restituçion de dicha Dotte, para que dello pueda disponer la Serenissima Infante Donna Maria libremente como de vienes suyos a toda su voluntad, para cuia seguridad, los dichos Serenissimo Emperador y Rey de Ungria hipotecaran los Estados que fueren neçessarios y sufiçientes.

Demas desto por la Dotte o donaçion por bodas en caso que la dicha Serenissima Donna Maria alcançe de dias al Serenissimo Sennor Ferdinand Rey de Ungria de mas del Dotte y Joyas assi las de que adelante se dira (las quales abra de dar su Mag. Cessarea en nombre del dicho su Hijo) como qualesquier otras ganadas, o avidas, por qualquier parte que sea y assi mismo los vestidos, Tapiçerias, aderecos, oro, plata, y otros al hajas que servieren para el uso de la dicha Serenissima Donna Maria (salvo pero aquellas piedras preciosas, perlas y Joyas que son proprias de la misma Serenissima Casa de Austria y siempre han de quedar en ella por pacto y disposiçion de los Anteçessores, como cosas que no se pueden en agenar) todo ello dissuelto el matrimonio la abra de quedar libremente. La suso dicha Mag. Cessarea assi en su nombre como en el de su Hijo y de los Herederos de entrambos promete veinte y quatro mill escudos, o trenta y seis mil Florines de a sessenta crayzeres cazda uno que se abran de assignar sobre çiertos vienes y reditos Camerales entre los Reinos y Provinçias de su Mag. y a su tiempo procurara que se despachen Letras de assignaçion neçessarias para ello, suçediendo el caso en la forma conviniente, es a saber desta manera que podra haver y cobrar la dicha suma de veinte y quatro mil Escudos, o treinta y seis mil Florines cada anno por sus mismos Offiçiales en los dichos Offiçios a su albedrio como Ministros y Offiçiales proprios, salvo tan solamente la superioridad devida a su Mag. Cessarea.

Y estando dissuelto el matrimonio la suso dicha Serenissima Infante Donna Maria tendra y gozara estos veinte y quatro mil escudos cada anno durante su vida, o ya quede viuda, o ya se casse segunda vez, ora queden, y ora no queden Hijos deste matrimonio.

Y para en caso que quede dissuelto el matrimonio, quedando viuda la dicha Serenissima Infante Donna Maria, esta concertado que quede a su libre voluntad y eleçion el venir a estos Reinos de Espanna, o quedarse en los Estados de Austria, o del Imperio, y en este casso de quedar alla se le dara para su vivienda el Palaçio, o Alcazar Archi Ducal de Linz, o otra qualquier vivienda (salvo la residençia de Graz) en los Reinos y Provinçias de su Mag. qual y como la dicha Serenissima Infante Donna Maria escogiere para usar y gozar della, pero con esta condiçion que si aconteçesse casar segunda vez, el usufruto de los dichos Alcazarez aya de çessar, y con todo esse quede salva y firme la Assignaçion anua de veinte y quatro mil escudos de que ariba esta dispuesto.

Y en lo que toca a las Joyas que en nombre de su Mag. Cessarea y del Serenissimo Rey de Ungria y de Bohemia su Hijo a contemplaçion deste matrimonio por la dignidad y liberalidad de ambas Magestades se han de dar y donar a la Serenissima Infante. El Serenissimo Catthollico Rey de las Espannas todo esto lo remite a la voluntad, beneplacito, y albedrio de su Mag. Cessarea y del Serenissimo Rey su Hijo, pero de tal manera que los dichos Joyas se entiendan pertenecerla y a sus Hijos y Herederos: Demas desto promete su Mag. Cessarea en nombre del Serenissimo Rey de Ungria y de Bohemia su Hijo mui amado de dar a la dicha Serenissima Sennora Infante para los gastos de su Camara y menudençias y otras cosas neçessarias treinta mil Florines cada anno y para este efecto hacer la assignaçion çierta sobre çiertos vienes suios y probentos camerales. Y el dote de quinientos mil escudos del valor de que arriba esta hecha mençion servira a la dicha Serenissima Donna Maria por derecho de propriedad de tal manera, que ella pueda disponer dellos, como de cosa propia, o entre vivos, o en ultima voluntad, o suççeder en ellos sus Herederos ab Intestato. Pero con esta condiçion que si deste primer matrimonio haviere Hijos, o ya quede viuda, o se case segunda vez y del segundo matrimonio aya Hijos, o no, y queden vivos, o no, En todo caso la mitad de la dicha Dotte, y tambien la mitad de las Joyas de las quales arriba esta dicho que se le dieren por su Cessarea Mag. en nombre dicho su Hijo, quedando Hijos deste primer matrimonio, de tal manera se entienda adquirida que contra esto ni la misma Serenissima Donna Maria ni otro alguno pueda disponer della quedando la otra mitad en su potestad segun esta dicho de todo el caso en el qual no haviesse Hijos deste matrimonio. Y con la suso dicha suma de quinientos mil escudos que se daran en Dote a la dicha Serenissima Donna Maria Infante de Espanna abran de estar contentos, assi ella como el suso dicho Serenissimo Rey Ferdinando y sus Herederos y Subçessores por todos los derechos, acçiones, o pretentiones que la suso dicha Serenissima Donna Maria, o otros en su nombre agora, o en adelante pudiesen pretender, o cobrar en los bienes, Herençias y Suççessiones del dicho Serenissimo Rey Catthollico.

De los quales la dicha Serenissima Donna Maria estara obligada a dar carta de pago y renunçiar sufiçiente y plenariamente, otro dia despues de la solennidad de sus bodas, y esto con expressa autoridad y consentimiento del dicho Serenissimo Rey Ferdinando entonçes su marido, y esto para comodidad, fabor y utilidad del suso dicho Rey Catthollico su Hermano, y de sus Hijos y Successores, y la dicha Serenissima Donna Maria este obligada de otorgar la dicha carta de pago y renunçiacion con juramento, con todas las clausulas requeridas en la mejor forma para que estantes los suso dichos Serenissimo Rey Catholico y sus descendientes, no puedan pretender cosa alguna fuera del dicho Dotte y faltando ellos y sus descendientes (lo que Dios no quiera) quedaran salvos a la dicha Donna Maria, y a sus Herederos segun el orden de la suççession, los derechos a los quales en tal caso de ninguna manera sera visto perjudicar la renunçiacion.

ANNO 1628.

Y assi como la Serenissima Reina de Francia Donna Anna Infante de Espanna en virtud de los pactos dotales y en virtud de la renonciaçion hecha con consentimiento y permission del Serenissimo y Christianissimo Principe Luys decimo tertio Rey de Francia su Marido, de tal manera queda excluida de todo el derecho de Succession, que todos sus hijos que tuviere assi varones como hembras sus descendientes assi el primero como el segundo, terçero y quarto genito, y assi en infinito de qualquier grado que fueren en los perpetuos tiempos venideros debajo de qualquier titulo, o causa, no puedan ni devan suçeder en ninguno de los Reinos, Estados, Provincias, Sennorios y Dominios del Serenissimo Rey Catthollico y de sus Herederos y Succesores legitimos assi en los Reinos de Espanna como fuera della en las demas Provincias y en todos los Reinos ni en los presentes ni en los que en los tiempos venideros el dicho Serenissimo Rey Catthollico y sus Sucçessores tuvieren posseyren y les pertenesçieren, assi la dicha Serenissima Infante Donna Maria se reversa su derescho competente juntamente con el derecho que se le ha acresçentadó por la susodicha renunçiaçion hecha de su hermana la Reina de Françia aprobando esto y confirmando lo por pacto expresso (el qual deve tener fuerca y vigor de no quebrantada e inviolable y establecida ley) el mismo Serenissimo Rey Catthollico por si y todos sus Herederos y Sucçessores, salvo pero el derecho que la compete y esta reservado en la dicha Hereditaria Sucçession y herençia en dos casos exceptuados en los dichos pactos dotales celebrados entre los susodichos Serenissimos Rey y Reyna de Francia. Es a saber, el uno en caso que la dicha Serenissima Reina de Francia alcancando de dias al dicho Rey Christianissimo su Marido siendo viuda y no aviendo quedado Hijos a conteçiese bolverse à Espanna; y el otro que por el aumento y conservaçion del bien publico y por otras justas causas y consideraçiones se casasse segunda vez con voluntad y consentimiento del Serenissimo Rey Catthollico su Hermano y de sus Sucçessores.

Todas y cada una de las quales cosas estan trattadas y concluidas entre los suso dichos Serenissimos y Potentissimos Principes, y Sennores el Sennor Ferdinando segundo Emperador de Romanos, y el Sennor Don Phelipe quarto Catholico Rey de las Espannas, assi en sus nombres como en nombre de los suso dichos Serenissimo Ferdinando Tercero Rey de Ungria y de Bobemia y Serenissima Donna Maria Infante de Espanna sus Hijo y Hermana respectivamente, y en virtud de los Poderes amplissimos arriba referidos: Prometiendo reciprocamente interviniendo solemne stipulaçion en palabra Cessarea y Real de haver por firme todo lo que en los suso dichos Articulos se contiene, y que los suso dichos Serenissimos Rey Ferdinando e Infante Donna Maria las tendran por ractas, y firmes y haran que tengan y consigan pleno y entero efeto.

En testimonio de todo lo qual las presentes de sus proprias manos y las hicieron sellar con sus Sellos hallando se presentes. Los Sennores Ramiro Phelipe de Guzman, Sennor de la Cassa de Guzman, Duque de Medina de las Torres, Marques de Toral, Marques de Monasterio Conde de Ponna Collel y Valdorze, Sennor de la Villa y Montannas de Bonar del Valle de Curvenna del Castillo de Abiados, de los Concejos de los Cilleros, Comendador de Valdepennas, Sumiller de Corps del Serenissimo Rey Catthollico de las Espannas, Gran Chançiller de las Indias, Capitan de los cien Hijosdalgo de la Guarda de su Persona Real, y Thessorero General de la Corona de Aragon; Don Augustin Messia del Consejo de Estado de su Mag. Catthollica y Gentilhombre de su Camara; Don Juan de Mendoza y Luna Marques de Montesclaros y Marques de Castil de Bayvela Gentilhombre de la Camara del dicho Serenissimo Rey Catthollico de su Consejo de Estado y Presidente en el supremo de Aragon, Treze de la Orden de sant Jago, y Capitan de una de las Compannias de las quardas de Castilla, Don Diego Phelippez de Guzman, Marquis de Leganes, Gentilhombre de la Camara de la dicha Mag. de su Consejo de Estado, Capitan General de la Cavalleria de Flandes y de la Artilleria de Espanna, y Melchor de Medina del Consejo de Camara y Estado de Castilla del dicho Serenissimo Rey Catthollico en la Villa de Madrid Corte de su Mag. Catthollica en el Real Palaçio della o y Domingo tres de Septiembre anno de nuestro Salvador Jesu Christo de mill y seisçientos y veinte y ocho.

(L. S.)

FRANCISCO CHRISTOVAL *Conde Kevenhiller de Franquenburg.*

(L. S.)

DON ÇASPAR DE GUZMAN.

ANNO 1628.

Passo ante mi Don Juan de Villela *del Consejo de Estado de su Mag. Catthollica y su Secretario del.*

Don JUAN DE BILLELA.

Siguen se los Poderes de su Mag. Cessarea, del Serenissimo Rey de Ungria, y de su Mag. Catholica, y de la Serenissima Sennora Infante Donna MARIA.

FERDINANDO *segundo por la Divina Clemencia Electo Emperador de Romanos siempre Augusto, y Rei de Alemania, de Ungria, de Bohemia, de Dalmaçia, de Croaçia y de Sclavonia &c. Archi-Duque de Austria, Duque de Borgonna, de Brabante, Styria, Carinthia, Carniola; Marques de Moravia &c. Duque de Luxemburgh y de la Silesia superior, e inferior, de Wirtemberga y Tecka, Principe de Suevia, Conde de Abspurgh, de Tirol, de Ferreto, de Kyburgs y de Gorizia, Landtgrave de Alsacia, Marques del Sacro Romano Imperio de Burgovia, y de la Superior e Inferior Lusaçia, Sennor de la Marca de Sclavonia y del Puerto Naon y de las Salinas. Reconoçemos y para perpetua memoria del negocio por el tenor de las presentes hazemos que sea publico y notorio a todos, como nos principalmente a honra y gloria de Dios toto poderoso, y por lo conservaçion y aumento de la Republica Christiana Catthollica y para que el vinculo tan cercano de sangre que entre nos y el Serenissimo Principe Don Phelipe quarto Rey Catholico de las Espannas, de las dos Sicilias, de Hierusalem &c. Archi-Duque de Austria, Duque de Borgonna nuestro primo y sobrino mui amado a y de por medio con nuevo parentesco mas se estreche, y despues por el perpetuo pacifico y feliz estado de nuestros Reinos y Sennorios haviendo tratado en nombre del mismo y mui alto Dios que se contraiga matrimonio, entre el Serenissimo Principe Don Ferdinando Rey Apostolico de Ungria, de Croacia, y de Dalmacia &c. Principe de Bohemia, Archiduque de Austria, Duque de Borgonna, de Stiria, Carinthia, de Carniola y de Vitemberga &c. Conde de Absburg, de Tyrol y de Goricia, nuestro hijo primogenito mui amado, y entre la Serenissima Princessa Donna Maria Infante de las Espannas, assi misma nuestra Sobrina y Prima, y Hermana mui amada del mismo Rey Catthollico de las Espannas, y haviendo legado a tal estado que se avia de capitular çiertas condiçiones y pactos dotales, y en el mismo Negocio, y açerra de las mismas capitulaçiones y pactos dotales, que se han de assentar, tratar y concluir el mismo hijo nuestro mui amado Don Ferdinando Rey Apostolico de Ungria, haviendo remitido plenariamente todas las cosas que à su Ser. y Dilection tocan, y las que por parte de su Persona se deven y pueden tratar, concertar, concluir y cumplir a nuestro libre albedrio y potestad, por el amor de hijo, respecto y confianza que tiene de nos, assi en viva voz como por escrito y en vigor del Poder cumplido que especialmente nos tiene dado Fso a los onçe deste mes de Agosto de mill y seisçientos y veinte siete annos. Y puesto al pie destas nostras. Portanto teniendo entero credito, e indubitable confianza de la gran fidelidad y cuidado de la entereza diligenzia y destrezza en tratar los negoçios, del Magnifico fiel y amado nuestro Françisco Christoval Kevenhiller en Aickelberg, Conde en Franquenburg, Baron en Landscron y Werenberg, Sennor Hereditario en alto Osterwit y Carlsperg, Hereditario supremo Cavallerizo Major por Carinthia, Cavallero del Tusson, del nuestro Consejo de Estado, nuestro Camarero, y açerca del dicho Serenissimo Rey Catthollico de las Espannas nuestro Embasador, el qual al presente reside en nostro Palacio Imperial, y en breve sera despachado otra vez a Espanna, de cierta çiençia nuestra y animo bien deliberado, y en todo el mejor modo, via, forma y orden que pudimos le hizimos, criamos, ordenamos, constituimos, y sostituimos, y en virtud de las presentes, le hazemos, creamos, ordenamos, constituimos, y substituimos por nuestro verdadero, çierto, indubitable y legitimo Actor, Factor, Procurador y Confidente, dando le y conçediendo le amplo pleno cumplido especial y general Poder (con tal que a vezes no se deroguen) en nuestro nombre y en el del mismo nuestro Hijo mui amado el Rey Apostolico de Ungria para capitular con el sobredicho nostro Primo y Sobrino mui amado el Rey Catthollico de las Espannas, o, con los Nuncios instruidos con pleno y sufiçiente Mandato de su serviente Procuratores y Comissarios sobre las promessas de los desposorios arras y Dotte de qualquier calidad y cantidad que sean; sobre el Dottario antifatto y bienes parafernales, o, como quiera que se llamen y para assegurar los y tratar de las dadivas por los casamientos, o, ante los casamientos que se huvieren*

ANNO 1628. ten de constituir y sennalar en conclusion. Y para hazer y pedir que se hagan qualesquier escrituras publicas y particulares aun instrumentos por mano de Publico Notario quarentigios y en mui ampla forma con Juramento renunçiaçion, promessa y otras Clausulas y qualesquier stipulaçiones, conçiertos y cautelas, y para obtener y prometer lo que nos y el mismo Hijo nostro mui amado Ferdinando Rey Apostolico de Ungria y los Herederos y Suçessores nuestros del uno, y del otro, y todo ello y cada cosa de porsi, assi tratada i concluida, lo guardaremos y cumpliremos, y para obligar nos a nos, y al mismo mui amado Hijo nuestro, y a todos nuestros Herederos y Suçcessores sobre todas estas cosas y cada una dellas, y para hipotecar todos nuestros vienes, y para jurar en nuestros animos si fuere menester, y para hazer qualquiera honesto y licito Juramento, y en general para haçer todas las cosas requisitas y cada una dellas para dezir, tratar, concertar y concluir lo que en lo suso dicho y cerca dello le pareçiere necessario y conveniente a nuestro Procurador y nos mismos y el tantas vezes dicho nostro mui amado Hijo Ferdinando el Rey Apostolico de Ungria podemos y pudieramos haçer, dezir, tratar, concertar, prometer, capitular y concluir, si estuvieramos a lo suso dicho presentes, aunque fueran tales cosas que pidieran mandato mas espeçial que el expressado en las presentes, que si no es por nos otros mismos en presençia no se pudiera hazer. Prometiendo por la palabra Cessarea nuestra, y por la Real del dicho nuestro mui amado Hijo Ferdinando Rei Apostolico de Ungria que nos y el mismo amado Hijo nuestro tendremos perpetuamente por rato, grato y ferme, y de todo punto guardaremos todo lo que por el dicho constituido y substituido Actor, Factor, Procurador y Confidente nuestro se hiziere, dixiere, tratare, prometiere, concertare y concluiere en lo suso dicho y en ningun tiempo y por ninguna causa y con ningun derecho, o, pretexto, color, o, trazza, ni por nos ni por ninguno de nuestros Herederos de ambos a dos no se contravendra a todo lo dicho ni parte alguna dello debajo de hipoteca y obligacion de todos, y cada uno de nuestros vienes de ambos a dos presentes y futuros. Por testimonio de nuestras Letras firmadas de nuestra mano y asseguradas con el pendiente de nuestro Sello. Dada en Viena a catorçe dias del mes de Agosto del anno de mill seiscientos y veinte y siete, y de nuestros Reinos, del Romano en el octavo, del de Ungria el decimo, y en el onçeno de Bohemia,

FERDINANDUS.

JUAN BAPTISTA *Libre Baron de Werdemberg, sellado con el Sello Imperial.*

FERDINANDO *Tercero por la Gracia de Dios Rey de Ungria, de Croacia, Dalmacia &c. Principe de Bohemia, Archiduque de Austria, Duque de Borgonna, de Stiria, Carinthia, Carniola, Wirtenberga &c. Conde de Abspurg, de Tyrol y Goriçia &c. Reconoçemos, y para perpetua memoria haçemos saber a todos por el tenor de las presentes, que aviendo entre el Serenissimo y Potentissimo Principe y Sennor Ferdinando Segundo por la divina misericordia Eleto Emperador de los Romanos siempre Augusto Rei de Alemannia, de Ungria, de Bohemia, de Dalmaçia, de Croaçia, de Sclavonia &c. Archiduque de Austria, Duque de Borgonna, de Stiria, Carinthia, Carniola y Witemberga &c. Conde de Abspurg, Tyrol y de Goriçia &c. mi Sennor y Padre collendissimo de una parte y el Serenissimo Principe Don Phelipe Quarto assi mismo por la Graçia de Dios de las Espannas, de las dos Siçilias, de Hierusalem &c. Rey Catholico, Archiduque de Austria nuestro mui amado Primo de la otra, para honra y gloria, lo primiero de Dios todo poderoso y para conservaçion y aumento de la Republica Catthòlica Christiana, y estrechar mas con este nuevo parentesco el vinculo cerçano de la sangre, y para el perpetuo, paçifico y tranquilo Estado de los Reinos y Sennorios sugetos tratado se de contraher en nombre del mismo Dios altissimo matrimonio entre nos y la Serenissima Princessa Donna Maria Infante de Espanna Hermana del dicho Serenissimo Rey de Espanna Catthòlico y nuestra mui amada Prima, cuya conclusion esta y a tan adelante, que se trata de las Capitulaçiones y contratos dotales. Por tanto nos otros conforme a nuestro devido amor, reverençia y confianza de Hijo para con la dicha Mag. Cessarea mi Sennor y Padre amantissimo todo lo que en este negoçio nos toca. Y por nuestra parte en razon de las dichas Capitulaçiones y conçiertos dodales se ha de tratar, determinar, concluir, y effetuar lo hemos remitido y cometido plenaria y absolutamente en el libre y paterno arbitrio, voluntad y potestad. Como todo ello* motu proprio *de nuestra çierta çiençia y animo bien deliberado, como con la viva voz, assi tambien por virtud de las presentes por escrito plenaria y absolutamente lo remitimos y ponemos en el libre y paterno arbitrio, voluntad y potestad de la dicha Cessarea Mag. mi Sennor y Padre collendissimo. Conviene a saber los dichos Contratos y Convençiones dotales en quanto nos tocan y por nuestra parte pueden y deven tratarse, effetuarse y concluirse por si, o, por su Agente, Factor, Procurador, y Comissario a quien su Mag. en su propio nombre y por su parte tuviere por bien nombrar para el dicho Negoçio, o, para tratar le, determinarle, y concluirle por otro, y dar y conçeder al mismo Agente, Factor, Procurador y Comissario, o, a otro qualquiera amplo, pleno, y de qualquier manera espeçial y general poder y facultad con tal que no derogue al uno el otro ni al contrario, para que con el dicho Serenissimo Rey Catthòlico nostro mui amado Primo, o, con sus Embasadores, Procuradores, o, Comissarios, que tengan su complido y bastante Poder, pueda en nuestro nombre convenir y capitular sobre los Sponsalicios Arras, Dotte de qualquier calidat y cantidad que sea, Dotario antifato, bienes parafernales, o, de qualquier manera que se nombren y assegurar los Capitulos determinar y sennalar las donaçiones,* propter nuptias, *o,* ante nuptias, *y hazer, y mandar haçer todas y qualesquier escripturas publicas y particulares. Y assi mismo qualesquier instrumentos quarentigios ante Escrivano publico, y en amplissima forma con juramento renunçiaciones, promesas y otras Clausulas, y qualesquier stipulaçiones y convençiones guardar las y cumplir las, y prometer que nos otros y nuestros Herederos y Suçessores fiel y sinçeramente guardaremos y cumpliremos todas las dichas cosas y cada una dellas, y por todas y qualesquiera obligar nos. E hipotecar todos nostros vienes, y jurar (si fuere neçessario) en nuestra anima y haçer otro qualquier honesto y liçito Juramento, y generalmente pueda y deva haçer, deçir, tratar, capitular, assentar y concluir todas las dichas cosas y cada una dellas, y las demas que en ellas y açerca dellas a su Mag. Cessarea, o, al Procurador, y Comissario en el suyo y nuestro nombre constituido pareçieren neçessarias y convenientes, y que Nos mismo podemos y podriamos hazer, deçir, tratar, capitular, prometer, efetuar, y concluir, si a ellas nos hallassemos presente, aunque fueran tales que requieran mas espeçial poder del que por las presentes se declara (o, que no puedan haçerse sino es por nos mismo personalmente.) Prometiendo por nuestra fee y palabra Real y Archiducal que perpetuamente tiendremos por grato, rato, y firme, y totalmente guardaremos y cumpliremos todo lo que por su Mag. Cessarea mi Sennor y Padre colendissimo o por su Agente, Factor, o, Procurador y Comissario en el suyo y nuestro nombre fuere determinado, ordenado, actuado, dicho, hecho, procurado, prometido, capitulado y concluso en las sobre dichas cosas. Y que en ningun tiempo, y por ninguna causa, razon, o pretexto alguno se contravendra en ellas, por nos otros ni por nuestros Herederos y Successores so especial hiposeca y obligation de todos y qualquier nuestros vienes havidos y por haver. Por testimonio destas Letras firmadas de nuestra mano y selladas con nuestro Sello pendiente. Dadas en Viena a once de Agosto del anno de mill y seisçientos y veinte siete, y de nuestro Reino de Ungria el Segundo.* FERDINANDO *por mandado del Serenissimo Sennor el Rey* A. M. DE MISEIN, *sellado con su Real Sello.*

DON PHELIPE *por la Gracia de Dios Rey de Castilla, de Leon de Aragon, de las dos Sicilias, de Hierusalem, de Portugal, de Navarra, de Granada, de Toledo, de Valençia, de Galiçia, de Mallorca, de Sevilla, de Cerdena, de Cordova, de Corçega, de Murçia, de Jaen, de los Algarbes, de Algezira, de Gibraltar, de las Islas de Canaria, de las Indias Orientales y Occidentales, Islas y Terra fierme del mar Oçeano, Archiduque de Austria Duque de Borgonnia, de Bravante y Milan, Conde de Abspurg de Flandes, de Tyrol, y Barçelona, Sennor de Vizcaya y de Molina &c. Por quanto desseando para mayor serviçio de Dios nuestro Sennor y ensalcamiento de su santa fee Catthòlica y bien de la Christiandad, y que con nuevas y mas fuertes prendas de amor y amistad se estrechen y confirmen las de sangre y parentesco que ay entre Nos y el Serenissimo Emperador Ferdinando nuestro Tio, y que permanesca entre su Mag. Cessarea y nos, y nuestros Subcessores ha hermandad y buena correspondençia, que hasta aqui, y lo mismo entre nuestros Subditos y Vasallos, y por lo que conviene assegurar mas el sossiego y tranquilidad de la Republica Christiana, y la conservaçion della, con la benediçion de Dios, y de nuestro mui santo Padre Urbano Octavo, y con su dispensaçion se ha tratado y trata, que la Serenissima Infante Donna Maria mi mui chara y mui amada Hermana se desposse y casse segun y como la san-*

Anno 1628.

ta Iglesia Romana lo ordena con el Serenissimo Ferdinando por la Gracia de Dios Rey de Bohemia y Ungria, de Croaçia, Dalmaçia, Archiduque de Austria Duque de Borgonna, de Stiria, Carinthia y Wirtenberga, nuestro mui amado Primo Hijo Primogenito, Heredero del dicho Serenissimo Emperador Ferdinando, y siendo conveniente capitular y assentar con el Conde de Franquenburg, Embajador en nuestra Corte del dicho Serenissimo Emperador mi Tio, y de su Consejo de Estado que se halla en ella con su poder legitimo, y del dicho Serenissimo Rey de Bohemia y Ungria, lo que a este intento convenga y fuere necessario en razon de la Dotte, Arras, y demas puntos conçernientes, al dicho Casamiento. Es neçessario dar mis vezes comission y poder aquien por mi y en mi nombre pueda intervenir a ello y obligarme al cumplimiento de lo que assise conçertare y capitulare. Por tanto en virtud de las presentes cometo y doy mi Poder y Comission quam cumplida y bastante se requiere de çierta çiençia y deliberada voluntad a Don Gaspar de Guzman Conde de Olivares y Duque de San Lucar la Mayor, Comendador Mayor de Alcantara, de mis Consejos de Estado y Guerra, mi Cavallerico Mayor y Capitan General de la Cavalleria de Espanna y Gran Chançiller de las Indias, para que por mi y en mi nombre como yo mismo la pudiera haçer trate, capitule, convenga assiente y concluye lo tocante a los Capitulos Matrimoniales, y efectos del dicho Matrimonio y todo lo demas en qualquier manera conçerniente y que pudiere convenir para su efecto, y conclusion con el dicho Conde de Franquenburg, que como se ha dicho tiene Poderes legitimos de los dichos Serenissimos Emperador y del Rey de Bohemia y Ungria su Hijo, y que pueda pedir y admitir las Condiçiones, Clausulas, Pactos, Posturas, Obligaçiones y Firmeras que le pareçiere y bien visto le fuere que para este efecto le hago, crio y constituyo mi Actor, Mandatorio y Commissario con libre general y plenissimo poder y facultad, para que haga y pueda hazer en la dicha razon todo lo que yo mismo podrio, aunque sean tales las cosas que requieran espeçial, o espeçialissima Comission, y de que se aya, o haviesse de haçer espeçial, o expressa mençion, y prometo en palabra Real que abre pro rato, grato, y firme, çy aprobare y tendre por bueno lo que el dicho Don Gaspar de Guzman Conde Duque de San Lucar tratare, assentare, prometiere y concluyere, y que no yre ni vendre ni consentire yr ni venir contra alguna cosa ni parte dello, si no antes lo loare, aprobare y ratificare de nuevo solemnemente siendo necessario. En Testimonio de loqual mande despachar la presente firmada de mi Mano, y sellada con mi Sello Secreto, y refrendada de Don Juan de Villela, del mi Consejo de Estado y mi Secretario de Estado. Dada en Madrid a primero de Septiembre de mill seisçientos y veinte y ocho annos.

YO EL REY.

DON JUAN DE VILLELA,

Sellado con el Sello Secreto de su Magestad Catholica.

DONNA MARIA *por la Gracia de Dios, Infante de las Espannas &c. Por quanto para mayor gloria y honra del serviçio de Dios Nuestro Sennor y ensalzamiento de su santa Fee Cattolica, y del bien de la Christiandad, se ha tratado y trata enter el Serenissimo Prinçipe Philippe Quarto Rey de las Espannas mi Sennor y mi mui charo y mui amado Hermano, y el Serenissimo Emperador Ferdinando mi amado Tio, y con la Benediçion de Dios, y de nuestro muy Santo Padre Urbano Octavo y con su despensaçion, que yo me despose y casse segun y como la Santa Iglesia Romana lo ordena con el Serenissimo Ferdinando Rey de Bohemia y Ungria, de Croaçia, Dalmaçia, Archiduque d'Austria, Duque de Borgonna, de Stiria, Carinthia, Wirtemberga mi primo, Hijo Primogenito del dicho Serenissimo Emperador Ferdinando, y por si en las dichas Capitulaçiones, y Contratto, o en alguna parte dellas fuere necessario con sentimiento mis, o alguna obligaçion que yo deba, o pueda hazer assi consintiendo en el dicho Matrimonio, como tambien en los Contratos Matrimoniales, y en todas aquellas cosas en que estuvieren de acuerdo, y convenidos dichos Sennores Emperador y Rey: sea notorio y manifesto a todos que desde luogo y para entonçes consiento y aprueho todo lo que el Rey mi Sennore y mi Hermano assentare, conviniere, capitulare, y concertare en todo aquello que me atanne y toca y puede atanner y tocar, y me obligo de lo aprobar y ratificar siempre que me fuere pedido, y para mayor abundamiento en virtud de la presente Escriptura cometo y doa mi Poder y Comission quan cumplida y bastantemente se requiere de cierta çiençia y deliberada voluntad a Don Gaspar de Gusman Conde de Olivares, y Duque de San Lucar la Mayor, Comendador Mayor de Alcantara de los Consejos de Estado y Guerra del dicho Serenissimo Rey mi Sennor, su Cavallerico Mayor, y su Capitan General de la Cavalleria de Espanna y Gran Chanciller de los Indias para que por mi, y en mi nombre como yo misma lo pudiera haçer, trate, capitule, convenga, assiente y concluya todo lo tocante a los Capitulos matrimoniales y efectos del dicho matrimonio, y lo demas que en qualquier manera convenga para su efeto y conclusion en todo a quello (que como dicho es) sea neçessario mi consentimiento y mi obligacion, con el Conde de Franquenburg Embajador del dicho Serenissimo Emperador que tiene Poderes legitimos, assi de su Mag. Cessarea como del dicho Serenissimo Rey de Bohemia y de Ungria para lo mismo. Y para que pueda pedir y admitir las condiçiones, clausulas, pactos, posturas, obligaçiones, y firmezas que le pareçieren y bien visto le fuere. Y espeçialmente para que dando me el Rey mi Sennor mi Hermano la Dotte y de mas cosas que estan convenidas y concertadas, pueda confessar, y confiesse, que yo estoy al todo satisfecha y pagada cumplidamente de toda la legitima Paterna y Materna, que me pertineçe y taca de los bienes libres que dejaron los Serenissimos Prinçipes Reyes mis Padres, y de la Dotte y alimentos que me deve o pudiere dever por quelquiera via el Rey mi Sennor mi Hermano su Corona cy Estado Real, como en mi nombre ha de renunçiar todos los derechos çy acçiones que por esta causa me competan, cy pueden competer en qualquier manera que sea en fabor del Rey mi Sennor y mi Hermano y de su Estado çy Casa Real, çy para major firmeza desta dicha renunçiaçion y contrato, çy seguridad de que assi lo cumplire en todos tiempos pueda renunçiar y renunçie todas las leyes y derechos que en mi favor hablan, y por quanto yo soy menor de edad de los veinte y cinco annos que conforme a derecho son neçessarios para la libre administraçion y disposiçion de los vienes en qualquier contrayente puedo el dicho Conde Duque jurar en mi anima que este contratto lo tendre por firme y valedero, y que nunca vendre contra lo assentado en lo contenido en el, con todas las Clausulas y firmeças, que fueren neçessarias, que para todos los dichos efetos constituyo al dicho Conde Duque mi Actor, Mandatario y Commissario, con libre general y plenissimo poder y facultad, y para que haga y pueda haçer en la dicha raçon todo lo que yo misma pudiera aunque sean tales las cosas que requieran espeçial y expressa mençion, y prometo que haure por rato, grato y firme, y aprobare y tendre por bueno lo que el dicho Don Gaspar de Guzman tratare, assentare, prometiere y concluyere, y que no yre ni vendre contra alguna cosa ni parte dello, sino antes lo loare, aprobare y ratificare de nuevo solemnemente siendo neçessario. En testimonio de lo qual mande despachar la presente firmada de mi mano sellada con mi Sello, y refrendada de Don Juan de Villela, del Consejo de Estado del Rey mi Sennor y Secretario de Estado. Dada en Madrida primo de Setiembre de mill y seisçientos y veinte y ocho annos.*

MARIA.

DON JUAN DE VILLELA.

Sellado con el Sello de sus Armas.

Los quales dichos Poderes de sus Magestades Cessarea y Cattholica y del dicho Serenissimo Rey Ferdinando, y de la dicha Serenissima Infante Donna Maria estan bien y fielmente copiados, y los originales quedan en mi poder como se acostumbra de que hago fee, yo el suso dicho Don Juan de Villela *del Consejo de Estado de su Mag. Cattholica y Secretario del, y en fee dello lo firme de mi nombre D. Juan de Billela.*

DON JUAN DE BILLELA.

DIeweil wegen des Kriegs und andern gefährlichen Lauff die Weg allenthalben unsicher / alß habe Ihr Käyserl. Majest. Unsern Allergnädigste Herrn. ich diese mit fleiß selbst collationirte Abschrifft von denen obgedachten Heyrath-Capitulationen und vier plenipotenzen allerunterthänigst zusenden und das original biß auf sichere und friedlichere Zeiten / oder auf fernern höchstgedachter Käys. Majest. Allergnädigsten Befelch bey mihr behalten und zu dessen Zeuguuß und warer Urkund disse wenige Zeil von meiner eigenen hand hiebey setzen / mich unterschreiben und es mit meinem angebohrnen Pidtschafft verfertigen wöllen. Beschehen in Madrid den 11. Septembris des 1628. Jahrs.

Frantz Christoph Kheuenhüller
Graf von Franckenburg. (L. S)

CCCVI.

ANNO 1628. 19. Sept. FRANCE ET ALGER.

CCCVI.

Traité entre les Sujets & au nom de LOUIS XIII. *Roi de France & ceux d'*ALGER *pour le Commerce. Fait à Alger le 19. Septembre 1628.* [FREDER. LEONARD, Tom. V. MERCURE FRANÇOIS, Tom. XV. pag. 159]

IL y eut quelque sujet de rupture entre les François & ceux d'Alger, Sujets du Grand Seigneur, à l'occasion de quelques Vaisseaux, Canons & Musulmans pris sur Mer par Simon Dauler François, Capitaine de Marine, laquelle neanmoins n'eut lieu, parce que le Roi Tres-Chretien aiant esté averti de cette prise, & jugeant que cela troubleroit la liberté du Commerce, & que le Sieur Samson Napolon en pourroit recevoir quelque mauvais traitement, non seulement sa Majesté commanda que tout ce qui avoit esté pris fût rendu ; mais aussi consentit à ce que l'Alliance entre France & Alger fût renouvellée, comme il se voit par le suivant Traité.

AU Nom de Dieu, soit-il, l'an 1628. le 19. jour du mois de Septembre, & suivant le compte des Musulmans 1038. & le vingtiéme jour de la Lune de Maran en l'invincible Ville d'Alger.

LE tres-puissant & tres-glorieux Empereur des Musulmans, &c. qui est l'ombre de Dieu sur la face de la terre, nous auroit envoié ses sublimes commandemens à la consideration de son tres-cher & parfait ami l'Empereur de France, (auquel Dieu augmente sa gloire & vertu,) lequel il auroit envoié en cette invincible Ville d'Alger, par le Capitaine Samson Napolon son aimé, les deux Canons que Simon Dauler nous avoit enlevez; ensemble nos Freres Musulmans aians conduits dans ce Port d'Alger, nous auroit rendus en la presence du tres-Illustre Seigneur Ossan Bascha, (que Dieu augmente ses jours) où étoient aussi assemblez l'Aga Chef de la Milice, le Mosti, Cadi, & les Défenseurs de la Loi, & generalement tous ceux de la Milice du grand Divan & Conseil, où publiquement avons fait lecture des commandemens du tres haut Empereur des Musulmans, la substance desquels estoit telle.

Vous autres, mes Esclaves de la Milice d'Alger, anciennement avez vêcu avec les François comme Freres; mais à cause de quelques méchans hommes parmi vous qui ont commis des actes contre le devoir & la justice, avez reputé lesdits François comme Ennemis. Maintenant je veux que tout ce qui s'est fait & passé soit oublié, sans que vous vous ressouveniez plus des injures, & que viviez comme Freres & bons amis.

Tous generalement grands & petits auroient répondu, nous sommes contens, & voulons obeïr aux commandemens de nôtre Empereur, comme estans ses Esclaves.

De même auroient fait lecture des Lettres d'amitié de l'Empereur de France, la substance desquelles dit ainsi.

Tout ainsi que l'Empereur des Musulmans, mon tres-cher & parfait ami, les jours duquel soient heureux, m'auroit écrit, qu'il desire que les Sujets d'une part & d'autre vivent à l'avenir en bonne paix & amitié, je l'ai eu à plaisir.

Tout le Divan & Conseil, grands & petits, ont solemnellement juré & promis de conserver une bonne paix & amitié, & pour tel effet ont declaré ci-après ce qui se doit observer.

Premierement qu'à tous les Esclaves Musulmans refugiez des Païs de ses Ennemis, abordans dans le Païs de France, sera donné libre passage pour venir en Alger, & défenses seront faites à ceux qui gouvernent les Villes des Confins du Roiaume de France & à toutes autres personnes de rendre ni vendre lesdits Musulmans à ses Ennemis.

Lorsque les Navires d'Alger se rencontreront avec les François, s'estans reconnus, se donneront de nouvelles reciproques, comme vrais & bons amis, sans que ceux d'Alger puissent aller dans les Navires ou Barques Françoises pour y prendre aucune chose que ce soit, ni changer voiles neuves pour vieilles, cables, canons, munitions de guerre ni autres choses. Et qu'encores moins pourront-ils menacer ou outrager les Patrons, Ecrivains, Garçons, ni autres du Navire ou Barque, pour les forcer à dire chose contre verité.

ANNO 1628.

Si lesdits Navires ou Barques Françoises se trouvent chargez de Marchandises de compte des Ennemis du Grand Seigneur, après en avoir esté bien éclaircis, soit par rapport des Patrons, Ecrivains ou Mariniers; tels Vaisseaux ou Barques seront conduits en Alger, où l'on leur fera paier les Noles ou Péages : & par aprés s'en retourneront où bon leur semblera, ausquels sera enjoint de ne celer telles Marchandises des Ennemis, de crainte de perdre le credit de ces Noles.

Tous les François qui se trouveront dans les Navires de Guerre des Ennemis d'Alger, & qui seront mariez & habituez aux terres desdits Ennemis, estans pris dans telles Navires seront declarez esclaves comme Ennemis.

Aians les Navires Françoises reconnu & parlementé avec les Navires d'Alger, & aprés en estre éclaircis, si tels Navires François combattent & sont agresseurs, estant pris seront esclaves, ainsi qu'il est porté par le commandement du Grand Seigneur.

Ne pourront ceux d'Alger prendre aucuns Garçons pour les faire renier par force, tailler, circoncir, ni les intimider par menaces en façon quelconque, mais si quelque François veut renier volontairement, il sera conduit devant le Divan ou Conseil, declarera franchement & en conscience quelle Loi il veut tenir sans aucune contrainte.

Et en cas qu'il y eût quelque Raix de Navires ou Barque d'Alger qui rencontre quelque Navire ou Barque Françoise, ne voulant croire à la parole & témoignage du Capitaine Ecrivain François, que les facultez de tels Navires ou Barques appartiennent ausdits François, & qu'on les voulût conduire en Alger, y estans arrivez, seront lesdits Capitaines & Ecrivains interrogez dans le Divan, avec paroles d'amitié & de douceur, sans user d'aucunes menaces : & s'il persiste que ses facultez appartiennent aux François, elles seront incontinent relâchées, & tels Raix châtiez arbitralement.

Tous ceux qui seront natifs des Païs ennemis du Grand Seigneur mariez & habituez en France, ne pourront estre faits esclaves, comme aussi rencontrans quelques François passagers sur les Navires desdits Ennemis, ne pourront aussi estre esclaves pourveu qu'ils fassent paroître qu'ils sont Sujets de l'Empereur de France.

Et d'autant que tous ceux de la Milice d'Alger qui seront Raix & Capitaines de Galeres & Navires de Guerre ne contreviendront jamais à ce Traité de Paix; ains pourroit bien estre qu'aucuns de mauvaise vie, comme Mores & Tagaouis, qui voulans armer pourroient rencontrer quelques Navires ou Barques Françoises, & les conduire à Salles ou autres lieux des Ennemis des François, ce qui seroit au grand préjudice de l'integrité de cette Paix, & feroit donner le blâme à ceux d'Alger, & par consequent de l'interest au public en cette Echelle, afin de prévoir à tels inconveniens, & se rendre asseuré, sera establi un tres-bon ordre, par lequel tous ceux qui partiront d'Alger se pourront promettre d'y retourner, défendant aussi qu'aucun étranger ne soit fait Raix de Galere & de Navire.

Et generalement tant de part que d'autre, promettons & nous obligeons par ce present Traité d'observer & maintenir ponctuellement tous & chacun les Articles des Imperiales Capitulations d'entre nos deux Monarques, ausquels Dieu augmente leur gloire & vertu.

Suivant lesquelles, personne ne pourra entrer dans la Maison du Consul des François; soit Sobassi, Officier du Divan, ni aucun de la Milice pour quelque occasion & sujet que ce soit; que si quelqu'un prétend quelque demande dudit Consul, il sera appellé en tout honneur avec un des Chaoux du Divan pardevant l'Aga, Chef dudit Divan, où la Justice sera observée, afin que ledit Consul François puisse vivre en Paix & tranquillité avec toute sorte d'honneur & de respect.

En cas qu'il y eût quelques mauvaises personnes tant de la part d'Alger que de France qui commissent quelques actions capables de contrevenir aux Articles du present Traité, au préjudice des Commandemens & Capitulations Imperiales ; & qui recherchassent quelques occasions préjudiciables à cette Paix, n'y aiant point sujet capable de ce faire, telles personnes seront punis de mort cruelle, & tous ceux qui contreviendront en aucun de ces presens Articles, auront la tête tranchée.

Et pour l'observation de tout ce qui est contenu aux presens Articles en la presence du tres illustre Ossan Bassa

ANNO 1628. Baffa de Moce, à present Aga ou Chef de la Milice, des Seigneurs Mofti, Cadi, Défenseur de la Loi, de tous les Sages & Anciens, & ceux qui continuellement prient le tres haut Dieu, & generalement en la presence du Divan & Conseil de l'invincible Milice d'Alger, grands & petits d'un commun accord & consentement, à la gloire & honneur des Empereurs, & suivant ses sacrez Commandemens & Capitulations Imperiales; avons fait & promis cette Paix, & donné parole avec serment & promesse de la maintenir & garder de point en point: aians fait des presens Articles plusieurs Copies semblables scellées & signées de tous les susdits-nommez, l'une desquelles Copies sera gardée dans la caisse du sacré Tresor du Divan, & les autres envoiées à l'Empereur de France, & aux lieux où besoin sera de les faire observer. Fait l'an & jour ci dessus.

CCCVII.

25. Sept. **Accord zwischen Philipps Christophen Churfürsten zu Trier als Bischoffen zu Speyr/ und dan der Stadt Speyr über die wegen der Anno 1618. begangenen Demolition der Bestung Philippsburg/ zwischen Ihnen entstandenen Spänn und Irrungen/ auch deß darüber vom Käyserl. Reichs-Hoffrath contrà die Stadt Speyr ergangenen Urtheils/ wodurch Ihrer Churfürstl. Gn. die Stadt 100000. Reichsthaler zu reparation alles Schadens verschreiben/ und zwar solche mit 4000. Reichsthaler Jährl. zu verinteressiren versprechen/ auch zu solchen Ende Ihrer Stadt Renthen ged. Ihrer Churfürstl. Gnd. zum Unterpfand verschreiben/ hergegen Ihro Churfürstl. Gn. aller prætension aus dieser Demolitions-Sach entsprossen/ renunciren/ und alles guten gegen die Stadt sich erbiethen. Geben am 25. Septembris 1628.** [Pièce tirée de la Registrature d'Etat de la Chancelerie de la Cour de Sa Majesté Imperiale.]

C'est-à-dire,

Accord passé entre le Reverendissime PHILIPPE CHRISTOPHLE *Electeur de Trèves, comme Evêque de Spire d'une part, & la Ville de* SPIRE *d'autre part, sur les Diférents survenus entr'eux au sujet de la Démolition de la Forteresse d'*Udenhaim *autrement* Philipsbourg, *& sur la Sentence du Conseil Aulique de l'Empire intervenuë en cette Cause, par lequel ladite Ville s'oblige envers l'Electeur pour une somme de cent mille Ecus en Capital, dont les Intérêts lui seront annuellement payés sur le pied de* 4000. *Ecus par an, lui engageant & hypothequant une branche de ses Revenus pour sûreté de l'un & de l'autre; ledit Electeur renonçant en échange à toutes les Prétentions qui pouvoient lui appartenir à cause de ladite Demolition & de ladite Sentence, & prometant à la Ville toute sorte de bien & de faveur. Fait le* 25. *Septemb.* 1628.

Kund und zu wißen seye hiemit/ alß zwischen dem Hochwürdigsten Fürsten und Herrn Herrn Philipps Christophen/ Ertz-Bischoffen zu Trier und Churfürsten/ Bischoffen zu Speyer/ Administratorn zu Prüm und Probsten zu Wießenburg/ alß Bischoffen zu Speyr Unsern Gnädigsten Herrn an Einem/ und Unß Burgermeister und Rath der Statt Speyer/ andern theyl; wegen der in Anno Eintausendt Sechshundert und Achtzehen begangenen Demolition der Newen Vestung Udenheim/ jetzo Philippsburg genandt/ Spän und Irrungen entstanden/ und endlich darauff eine gemelter Statt Speyer unerträgliche und zuleisten allerdings unmügliche Urthell/ an der Römisch. Keys. Majest. Unsers Allergnädigsten Herrn Reichs-Hoffrath publicirt worden/ des Innhalts/ daß wir als beklagte dem Herrn kläger aller und jeder Unkosten und schaden/ so Ihre Churf. Gn. berürter demolition halben erleiden/ neben der Gerichtlichen derentwegen ufgeloffenen Expensen/ auf vorgangene Liquidation, Richterliche Taxation und ermäßigung/ zuerstatten schuldig seyn sollen. Und aber wir der Rath zu Ihre Churf. Gn. hochberümbtem Clementz und Benignitet Unsere zuflucht gesetzt/ und dieselbe in gnädigste gütliche Composition und Vergleichung der sachen/ bitlichen ersucht/ inmassen erfolgt/ daß seine Churf. Gn. auf Unser Unterthänigst schrifftliches Anlangen/ Unserm demütigsten Suchen und begehren gnädigst statt geben/ und zu weltkundiger entdeckung Irer zu Unß und Unserer Burgerschafft tragender Gn. Affection und gewogenheit/ auß gütlicher tractation und vergleichung gutwillig eingeraumbt/ so wir auch mit unterthänigsten dancksagen angenommen/ mann auch hiernechst durch Göttliche verleyung und seiner Churf Gn. Clementz und milte Dignität zu dem mittel gelangt/ die zu wieder-erbawung einhelliger friedlicher Nachbahrschafft gedeylich und vortreglich ermessen und angesehen/ und endlich der Accord, auf folgende maß abgefast und beschlossen worden/ daß Crafft der Keys. Urtheyl seiner Churf. Gn. wir zu Abstattung und Reparation aller Schaden und Costen Einhundert tausendt Reichsthaler Capital auf die Statt Speyer und derselben Burgerschafft/ nach dero bey Unß dem Rath in aufgenommenen Geld-Summen und davon schuldigen Pension herkommen gebrauchlicher formb/ assecuriren/ verschreiben/ und verpflichten dergestalt/ daß seine Fürstl. Gn. als Bischoffen zu Speyer/ oder gevolmächtigten Inhaltern dieses Briefs/ wir der Rath und Statt Jährlich und eines jeden Jahrs besonders uf Michaelis vier Reichstal. pro cento und zusammen Viertausend Reichsthaler zu gewüßen Gülten und Pensionen erlegen/ und den anfang der gülten bezahlung uff Michälis Anno Eintausend Sechshundert Zwantzig Neun machen sollen/ dabey Unß dem Rath/ der vorbehalt bewilligt/ daß wir jedes Jahrs wann wir wollen am Capital sampt verfallenen Gülten Viertzigtausend Reichsthalders abtrucken/ und damit Einhundert und Sechtzig Reichsthaler Pensionen zu cassiren und zutödten frey hand haben: Bekennen demnach wir Vorgenante Burgermeister und Rath der Statt Speyer/ hiemit und in Crafft dieses Briefs/ daß wir umb gemeiner Statt Nutzen und Wohlfart willen/ vor Uns und alle Unsere Nachkommen recht und redlich verschrieben und verkaufft haben/ verschreiben und verkauffen/ auch hie mit diesem Brieff/ vor höchstgedachtem/ dem hochwürdigsten Fürsten und Herrn Herrn Philipps Christophen Ertzbischoffen zu Trier und Churfürsten/ Bischoffen zu Speyer/ Administratorn zu Prümb und Probsten zu Weissenburg ꝛc. Als Bischoffen zu Speyer/ Unserm Gnädigsten Herrn Viertausend Reichsthaler von/ auf und ab Unserer Stadt Speyer Steüer Renthen/ Zinßen/ Gülten und andere deroselben gefällen/ nichts davon außgeschieden/ und ist der Kauff geschehen/ umb Einhundert tausend Reichsthaler Capital, vermög obgesetzter beyderseits getroffener gütlicher vergleichung über die ergangene Keyserl. Urthel.

Hierumben gereden und versprechen wir/ vor Unß und Unsere Nachkommen bemelte Vier tausend Reichsthaler Jährlicher gülten/ Ihrer Churfürstl. Gn. alß Kaufferen/ oder gevollmächtigten Inhabern diß Brieffs/ an dero Costen und Schaden jedes Jahrs uf Michaelis zugeben/ zu reichen und zubezahlen/ und das soll nicht hindern weder Krieg/ Acht/ Bann/ Raub/ Nahm/ Verbithen/ Aufhalten/ noch kein andere weiß noch angefell. Und were es sach/ daß wir und Unsere Nachkommen/ ein oder mehr

Jahr

ANNO 1628.

Jahr saumig wurden / und beneltem Herrn Kayser/ oder gevollmächtigten Inhabern dieses Brieffs nicht bezalten wie abstehet / So haben sie vollen Gewalt / macht und guth recht / obbesagte Unsere Statt-gefäll / als Ihr Underpfandt / mit oder ohne Recht / anzugreiffen / und sich damit bezalt zu machen / oder aber an dem Hochlöbl. Keys. Cammergericht als in einem Debito liquido & confessato, also bald mandata de solvendo, Sac. Cæs. außzubringen / darwider soll Uns oder Unsere Nachkommen nicht schützen / schirmen / oder helffen / kein Privilegium, Freyheit / Restitution, Exception, Reduction, Revision, Relaxation der Keys. Fürsten oder Herren; kein Verbott / Gebott / Bundnuß / weder Gericht noch Recht / Geistliches noch Weltliches / noch ichtzit uberall / das hier wieder Menschen-Sinn anjetzo oder ins künfftig erdencken oder Uns zu hielff kommen könte / in keine weege / dan wir Uns deren aller und jeder / auch der Rechten gemeiner verzeihung widersprechend / hiemit wissentlich in Crafft dieses Brieffs verziehen und begeben haben wollen / alles erbarlich und ohngefährlich. Doch haben wir Uns vorbehalten / ist auch solcher vorbehalt / von Ir Churf. Gn. Gnädigst bewilliget worden / nemblichen / daß wir jedes Jahrs an Capital, samb verfallenen Gülten viertzig tausend Reichsthaler abzutruken / und damit ein hundert und sechtzig Reichsthaler Pension zu cassiren / freye hand haben sollen.

Auff solche vorgesetzte verschreibung haben wir Philipps Christoph von Gottes Gn. Ertzbischoffe zu Trier und Churfürst / Bischoff zu Speyer / Administrator zu Primb und Probst zu Weissenburg / Unß gegen E. E. Rath der Statt Speyer dahinn Gnädigst erclaret / daß wir alle und jede Contrarieteten / so Uns bey dießen schweren Strittigkeiten / und deswegen gewechselten Schrifften begegnet sein / wie auch die der Citation und Mandato angehenckten straffen wegen / gäntzlich hiemit Gnädigst verziehen und begeben / desgleichen auch alle und jede anspruch und forderung / so jetzo auß der Demolition-sach entsproßen oder künfftig dahero geschöpfft und genommen werden könten und mochten / gäntzlich gefallen / todt und absein lassen / und weder von Unß / noch durch jemand anders / darumb einige Rechtfertigung und andung immer mehr erwecken / darzu auch Unsere Nachkommenden Herrn Bischoffen zu Speyer verobligirt und verbunden sein wollen und sollen.

Wie wir dan auch zum beschluß dieser gütlichen verträglichen handlung Uns Gnädigst und miltigst erbieten / daß wir gäntzlich gegen einem ersammen Rath und Burgerschafft Gnädigst außgesöhnet / der begegneten wiederwertigkeiten gutwillig vergessen / und ihnen vor Unß und Unsere Nachkomenden mit Gnädigst. gewogenheit und freundlicher nachbahrschafft / auß rechten guten trewen / wohlgemeint und zugethan sein / darzu Gnädigst verschaffen und befehlen wollen / daß die Burgerschafft Ire Commercia handthierung und gewerbschafften / zu Land und Wasser im Bisthumb Speyer / so viel der betrübten zeit und Leuffen halber geschehen kann und mag / nach verrichtung der gebührlichen schuldigkeit / sicher / friedlich / und ohnangefochten / üben / treiben / und ihre gedeyliche fruchtbahrliche Nahrung und Wohlfart / nach Ihrem vermögen suchen und verbesseren mögen / hingegen aber auch E. E. Rath und Burgerschafft Unß verpflichte Huld / geziemenden unterthänigsten respect, ufrechte getrewe devotion, flucht und vermeidung alles des jenigen so Unß und dem Stifft Speyer zu abbruch / beschwernus / nachtheil und schaden erfunden und vollnzogen werden kan / zu leisten und zuerweißen unterthänigst willig und beflissen sich verhalten sollen.

Darauf wie auch / Burgermeister und Rath der Statt Speyer geloben und versprechen / an eines Leiblichen geschworenen Aydtsstatt / in der allerbesten formb Rechtens / erstlich vor Unß und alle Unsere Nachkommenden vorgeschriebenen Verkauff und diesen Brieff alß vorstehet / stet und vest zu halten / und dann was in vorgesetztem ferner versprochen und zugesagt / allerdings wie solches redlichen Ehrliebenden Leuthen gebührt / treu und redlich nachzukommen / zu halten / und ins werck zu richten / unß höchliches fleisses angelegen sein lassen wollen. ANNO 1628.

Dessen zu Urkundt haben auch wir Churf. Philipps Christoph / so viel Unß wegen getroffener gütlichen vergleichung belangt / dießen Brieff vor Unß und Unsere Nachkommende am Bisthumb Speyer mit Unsern handen unterschrieben und mit Unsern Insigel bekräfftiget.

Und wir der Rath der Statt Speyer zu wahrer Urkund aller vorgeschribenen Uns und die Statt belangenden ding Unser Statt Insigel offentlich diesem Brieff angehenckt / der geben ist am fünff und zwantzigsten Monats tag Septembris nach Christi Unsers Lieben Herrn und Seeligmachers Geburth im Sechtzehenhundert Acht und Zwantzigsten Jahr.

Philippus Christophorus
Archi Episcopus Treviren.
Episcopus Spirensis.

(L. S.) (L. S.)

CCCVIII.

Diverses Piéces concernant les Négociations de Lubéc pour la Paix entre FERDINAND II. *Empereur*, & CHRISTIAN IV. *Roi de Danemarc, sur la fin de* 1628. & *au commencement de* 1629 [MERCURE FRANÇOIS, Tom. XV. pag. 172.] 1629. L'EMPEREUR ET LE DANEMARC.

Commission & Instruction des Députez des quatre Electeurs Catholiques Romains vers l'Empereur.

LES Deputez des quatre Electeurs Catholiques sont chargez de leurs Maistres, de ne faire à la premiere audience que les complimens accoustumez en termes generaux, concernans les misères publiques de l'Estat, & de conferer de bouche avec les Conseillers d'Estat, & du Conseil privé de sa Majesté Imperiale, leur laissant resoudre les choses principales.

Cette entrée faicte, & apres avoir recogneu les bonnes inclinations de sa Majesté Imperiale, ils demanderont la seconde audience, en laquelle ils passeront aux propositions speciales: feront une Recapitulation de la communication avec les Conseillers de sa Majesté Imperiale, & demanderont tres-humblement leur favorable depesche.

I. Les Propositions feront: Qu'il plaise à sa Majesté Imperiale donner à l'Empire affligé, la chere & precieuse Paix, apres laquelle tous les bons Patriotes souspirent: ce qu'elle pourroit bien faire, au cas qu'elle s'accordast avec la Couronne de Danemarc, & voulust embrasser les moyens de paix proposez par le College des Electeurs en commun & en particulier.

II. Que les quatre Electeurs, sans rien vouloir prescrire, trouveroient bon, puis que sa Majesté a desormais reduit tout l'Empire à sa devotion, & qu'il n'y a plus d'ennemy à craindre, qu'elle voulust descharger l'Empire de gens de Guerre & soulager le pays en les licentiant ou faisant emmener.

III. Que pour l'establissement d'une bonne & ferme Paix, & reintegration de la foi Germanique entre les Etats de l'Empire, il seroit grandement necessaire de tenir une Diette Imperiale, où les Electeurs comparussent en personne, & leurs differents, dès long temps conceus l'un contre l'autre, y peussent estre proposez & entierement vuidez.

IV. Que pour la convocation d'une telle Diette, les quatre Electeurs Catholiques tiennent (sans prejudice)

ANNO 1629.

que sa Majesté feroit bien de faire une réelle declaration à tous les Etats Protestans, qu'en son dernier Edict, la Religion de la Confession d'Ausbourg n'est pas comprise. Qu'il plaise aussi à sa Majesté, en vertu de sadite Declaration, les proteger & deffendre contre toute violence, & les laisser en leur Religion: ce qui auroit besoin d'estre fait au plutôt, afin que les Protestans quittassent leurs soupçons, & les Electeurs se peussent resoudre à y comparoir en personne; là ou durant ces logemens & desfiances susdites, il n'est aucunement à esperer qu'aucun des Electeurs comparoisse en personne.

V. Que l'Electeur de Saxe avoit desja de tels mescontentemens, que mal-aisément pourroit-il estre amené à une telle Diette: Partant tiennent lesdicts Electeurs en toute humilité, qu'il feroit bon & grandement necessaire de le contenter au plustost & l'asseurer de nouveau.

I. Pour ce qui est des Poincts contenus en l'Instruction desdicts Catholiques pour proposer au Conseil secret, ils seront tels. Les Deputez des quatre Electeurs Catholiques supplient tres-humblement S. M. I. au nom de leurs Maistres de licentier les par trop excessives troupes de gens de Guerre dont l'Empire est chargé; offrans en toute obeïssance, que de la part de la Ligue il en sera fait autant.

II. En outre sa Majesté Imperiale tient y avoir du peril, de denuer & enerver l'Empire du tout de ses forces, de peur de nouvelles collusions, dangereuses correspondances, & conjectures ennemies; Qu'il lui plaise au moins de les distribuer esgallement, & tellement loger, que la Ligue puisse de mesme loger les siennes.

III. Se plaignent en outre du Duc de Fridland, de ce qu'il presse leurs gens & ceux de la Ligue, de trop prez, leur ostant leurs quartiers; & demandent les Cercles de Franconie, & de Suaube pour leurs gens seuls.

IV. Qu'il plaise à sa Majesté ne point trouver mauvais, qu'en cas de continuation de Guerre la Ligue Catholique s'asseure pareillement, & retienne ses gens sans les licentier, tout prests pour le bien public de l'Empire: Que pour cet effect la Ligue entretiendra quarante Cornetes de Cavalerie, & vingthuict mil Hommes de pied, moitié de ses despens & de la bource commune, le reste payé de la contribution des Cercles du Pays.

V. Les Etats de la Ligue Catholique retiendront les lieux occupez par leurs gens de Guerre, & ne les quitteront, qu'ils ne soient remboursez de leurs frais.

Les Princes desireux de la Paix de l'Empire ayans envoyé leurs Ambassadeurs & Deputez à Lubec, l'Empereur y envoya pour Commissaires de sa part le Duc de Fridland Walstein, le Duc d'Holsace, & le Comte de Tilly: les Electeurs de Saxe & de Brandebourg y envoyerent aussi leurs Ambassadeurs, lesquels assemblez firent entendre au Roy de Danemarc la bonne volonté de sa Majesté Imperiale, pour l'establissement de la Paix en l'Empire (que tant ils desiroient) avec des conditions raisonnables, l'exortant à s'accorder avec sadicte Majesté Imperiale, & lui declarans qu'en cas de refus ils seroient contraints par communes armes de se bander contre lui & assister l'Empereur pour le despouiller de ses Estats.

Articles proposez par les Députez de Danmarc au Traité de Paix entre l'Empereur & lui, à Lubec.

I. QUE toutes les Principautez & Païs de sa Majesté, occupez de l'ennemi avec leurs appartenances, les Forteresses, Chasteaux, Passages, Villes, Ports & Places fortes, toutes les Provisions trouvées en icelles, Munitions, Canons, &c. Ornemens des Eglises, enfin *Omnia mobilia & moventia*, lui seroient entierement restituées; & que tous les gens de Guerre en sortiroient sans faire aucun dommage ou mesfait.

II Qu'on rendroit à ses Subjets tout le dommage qu'on leur a faict.

III. Que tous les Prisonniers de part & d'autre soient delivrez *pari passu*, sans les arrester ou molester.

IV. Que tous les Princes & Estats de la Basse Saxe puissent continuer à joüir de la Paix prophane, & de la Religion avec le libre exercice de la Confession d'Ausbourg, observant en ce point les Constitutions de l'Empire, les Capitulations & Sincerations ou Ordonnances Imperiales.

V. Que s'il escheoit à l'advenir quelque different entre l'Empereur & sa Majesté, ou les Successeurs d'iceux; que les Parties ayent à se sousmettre aux Arbitrages & Compromis de ceux qu'elles auront nommez.

VI. Que les Subjects de sa Majesté estans en l'Empire ou autres Jurisdictions de l'Empereur, ne seront (sauf pour les cas criminels) detenus, ni arrestez pour donner satisfaction à ceux, qui à cause de leurs services faits à sa Majesté par le passé ont à pretendre de leur solde.

VII. Se fera une Amnistie generale, en laquelle seront compris les Estats de la basse Saxe, qui ont deffendu le Païs avec sa Majesté, & tous ceux qui ont esté au service d'icelle en cette Guerre ou autrement, & pour ce, sont abolies toutes les actions & accusations.

VIII. Qu'en cas que sa Majesté Royale, pour cause de ces Capitulations, fust attaquée par Guerre d'aucun, elle sera assistée avec un fort & prompt secours.

IX. Que les Alliez de sa Majesté, nommément les Rois de France, d'Angleterre, de Suede, & les Estats unis des Païs-bas, seront compris dans cette Paix, en cas qu'ils le veulent, & leur plaise se declarer là dessus dans un certain temps.

X. Que les Fils de sa Majesté de Danemarc ne seront empeschez de joüir des Postulations & Elections aux Eveschez qui leur ont esté faites en l'Empire.

Articles de Paix proposez de la part de l'Empereur à Lubec, le 2. Mars, 1629.

I. QUE le Roy de Danemarc ne se meslera à l'advenir des affaires de l'Empire & des Estats adherans, principalement des Cercles de la basse Saxe & Pays voisins: & qu'il renoncera tout à fait aux Duchez de Holstein, Schliswick, Ditmarse, & aux Pays qui en dependent.

II. Qu'il renoncera aussi, & quittera totalement les droits & pretentions, lesquelles lui ou ses Fils ont ou croient avoir, aux Archeveschez, Eveschez, Duchez, Principautez, Terres & Seigneuries de l'Empire, és Cercles de la Basse Saxe, d'Westphalie, &c. & toutes autres pretentions qu'il estimeroit avoir audict Empire.

III. Qu'il cedera le Pays de Judland à l'Electeur de Saxe par droit d'Hypoteque, pour le desgagement de l'une & l'autre Lusacie, & lui en permettra la paisible possession, jusques à ce qu'il aye touché le remboursement des frais qui lui seront deus par sa Majesté Imperiale; ou reçeu quelque autre contentement & satisfaction dudict Roy de Danemarc.

IV. Qu'il refondra tous les frais & despens de la Guerre, tant à sa Majesté Imperiale, qu'à tous les Electeurs, Princes, & Estats, qui l'ont assistée & secouruë.

V. Tous les degasts faits aux obeïssans Electeurs, & Estats, specialement aux Princes assistans, comme au Duc de Lunebourg, Pomeranie, & Jean Frideric Duc de Holstein, leur seront recompensez, & l'Isle de Fimmeren restituée.

VI. Que le Roy bouclera le passage de Sond aux ennemis du Sainct Empire, de sa Majesté Imperiale & de sa Maison, & le donnera libre aux Amis & Membres obeïssans d'icelle, & mettra le peage à la somme equitable & ordinaire, sans le surhausser.

VII. En ce Traité seront compris la Couronne d'Espagne, de Pologne, l'Infante Archiduchesse des Païs-Bas, l'Electeur de Bavieres, avec tous les autres Princes, & Estats obeïssans de l'Empire.

VIII. Que ledit Roy de Danemarc, ni ses Alliez & Confederez ne feront aucunes invasions ennemies ni actes d'hostilité sur l'Empire Romain, directement ou indirectement: & ne feront aussi aucunes levées de gens de Guerre en ses Royaumes & Etats qui puissent tourner au prejudice du bien & repos de l'Empire.

Réponse des Commissaires Députez du Roi de Danemarc aux Propositions des Subdeleguez de l'Empereur.

A Messieurs du Conseil d'Estat, & Commissaires du Roy de Danemarc, a esté delivré par ordre de Messieurs les Subdeleguez de l'Empereur, le deuxiesme du

ANNO 1629. du mois present, un cahier signé de leurs mains, contenant quelques Articles de Paix; lequel veu, & bien examiné, a esté trouvé fort exorbitant & estrange. D'autant qu'apres une si longue patience ils ne croyoient point, qu'au lieu de quelques équitables, justes & raisonnables conditions, telles que lesdits Deputez leur avoient si souvent promis, ils proposeroient & mettroient en avant des moyens si durs & intollerables, fondez sur des maximes non accordées du Resultat du premier du mois de Fevrier, par lesquelles il a esté aisé à juger, que le parti contraire n'a rien plus à cœur que de divertir ou d'oster tout à fait par des Traictez & propositions entierement irraisonnables, le bien tant desiré de la Paix. Mais pour persuader ausdicts Sieurs Subdeleguez d'accepter & embrasser les justes & raisonnables moyens ci-devant proposez, afin qu'une infinité d'Ames languissantes n'estans point frustrées de l'attente de cette Paix, recouvrent à la fin par le succez de ceste negotiation, moyennant la grace de Dieu, le fruit d'icelle: & pour demonstrer leur desir & inclination à ladicte Paix, ils se declarent sur les Articles proposez, ainsi qu'il s'ensuit.

Pour la premiere demande, assavoir que le Roy de Danemarc ne se mesle point des affaires de l'Empire ni des Estats d'icelui, non plus qu'en particulier de celles de la Basse Saxe & autres Pays voisins; & que pareillement il renonce aux Duchez d'Holstein, Schliswik, Ditmarse, & aux Terres appartenantes, &c. Nous respondons qu'avec raison il ne lui peut estre imputé qu'il s'en soit meslé autrement, que selon les Loix & Constitutions de l'Empire, & selon que le devoir du rang, qu'il tient parmi les Princes & Estats d'icelui l'y oblige. Sa Majesté, sans en recevoir des advis d'ailleurs sçaura fort bien les bornes, selon lesquelles elle se doit gouverner. Les Memoires des Archives de l'Empire tesmoignent, & outre les autres Actes authentiques, mesmes un bon nombre d'Ecrits originaux de la main de l'Empereur, font voir que sa Majesté de Danemarc, suivant en cela l'exemple de ses Predecesseurs Ducs d'Holstein, n'a en rien cedé, en ce qui a concerné le bien, la conservation, & l'advancement du Sainct Empire, & du Cercle de la basse Saxe, par ses Contributions, & deboursemens liberaux & volontaires, à aucun des autres Princes & Estats d'iceluy Cercle. Ce qui l'oblige d'entendre, avec beaucoup de regret & facherie, que le Party contraire demande, qu'il abandonne ignominieusement, & au prejudice irreparable de sa posterité, non seulement le Duché de Schliswick, qui releve en fief de luy-mesme; mais aussi celuy d'Holstein & Dithmarse. Sa Majesté asseure en conscience, & s'y croit secondé par tout le monde qui juge sans passion, que ce n'est pas elle qui a causé les hostilitez & invasions, comme aussi le reste des calamitez, dont lesdicts Pays sont accablez. C'est pourquoy lesdicts Sieurs du Conseil d'Estat & Commissaires du Roy s'attendent qu'on les dispensera de telles & semblables demandes, desquelles l'accord ou ratification n'estant aucunement en leur pouvoir, ils sçavent aussi fort bien que sa Majesté ne les accordera jamais; esperant que l'on entendra à leur juste & raisonnable demande, qui est que l'on quitte & vuide effectivement, & sans autre delay & refus, lesdictes Provinces & Duchez, avec tous les droicts qui en dependent.

Au second Article, & au contenu d'icelui; Que sa Majesté se deporte tout entierement sans exception, de tous les Droicts & Prerogatives, qu'elle, ou Messieurs ses Fils ont acquis, ou pourront pretendre sur les Archeveschez, Dioceses, Principautez, & Terres, au Cercle de la Basse Saxe, Westphalie, en somme par toute l'estenduë de l'Empire Romain, &c. Messieurs les Commissaires du Roy font entendre à Messieurs les Subdeleguez de l'Empereur, que de son Chef sa Majesté n'a jamais pretendu aucun droict ou pretentions sur lesdicts Archeveschez & Dioceses : Mais il est plus que notoire, & les Actes publics & Decrets des Elections, suffrages & postulations, tesmoignent, que quelques uns de ses Enfans par une Election solemnelle, selon les coustumes, sont appellez & proclamez à la Coadjutorerie & Succession de quelques Archevêchez & Dioceses, & apres avoir esté installez en la possession & Administration reelle, la vacance survenuë, ont receu le serment ordinaire d'hommage & de fidelité: en suitte dequoy ils ont administré le Gouvernement, du consentement & advis du Chapitre, selon les Concordats, & suivant la Capitulation convenuë, de sorte que tout le monde en demeure bien satisfaict, en quoy il n'y a rien d'extraordinaire: & sa Majesté ne pouvant nullement prejudicier à ses Enfans, iceux estans emancipez, ny les destituer de la garantie en leurs Droicts acquis, juge que les differens survenus depuis ANNO 1629. quelque temps en çà à raison desdicts Eveschez & Dioceses, comme concernants les Electeurs, Princes, & Estats de l'Empire en general, peuvent estre mis à part, jusques à une Assemblée generalle des interessez; afin d'y consulter & adviser conjoinctement des moyens propres & expedients à quelque bon accord & reconciliation. Cependant qu'à bonne raison tout demeure en estat, & en la mesme condition comme du temps de l'Empereur Ferdinand premier, Maximilian second, Rodolphe second, & Mathias premier.

Or les affaires ont esté tellement mesnagées, que sa Majesté Imperiale a plus d'obligation de faire expedier les Brevets ordinaires des Protestations & Indults, sur les Postulations & Elections desdicts Evêchez, en suitte de sa propre Declaration faite le vingtcinquiesme jour du mois de Juillet, l'an mil cinq cens vingt cinq, aux Princes & Estats de la basse Saxe, de les proteger effectivement, & les appuyer de son pouvoir & devoir Imperial; que de presser ceste demande, directement contraire à tout ce que dessus. Si bien que lesdits Sieurs du Conseil & Commissaires de sa Majesté se reservent par exprés, & ne cedent en façon quelconque, de tous les droits, interests & pretentions, presentes & à avenir, qu'ils possedent, ou qu'ils peuvent attendre ou pretendre sur aucunes des Terres du Sainct Empire.

Lesdits Sieurs du Conseil & Commissaires du Roy de Dannemarc ont trouvé toute exorbitante la proposition faite par Messieurs les Subdeleguez de l'Empereur, de quitter, & de permettre que l'on mette entre les mains de l'Electeur de Saxe le Pays de Judlande, à condition qu'il le garde jusques à ce que l'Empereur ait desgagé & deschargé les Pays de Lusace des debtes contractées par iceluy Empereur, ou qu'en quelque autre façon il ait donné satisfaction audit Electeur, &c. Ils ne se mettent point én peine pour ledit engagement, & comme quoy l'Empereur est tenu audit Electeur, comme d'une chose qui ne le touche point. Mais on ne peut nullement permettre que la Couronne de Dannemarc, laquelle ne s'est jamais interessée à cette Guerre devant qu'estre hostilement envahie & occupée, reçoive aucun prejudice en cette Province de Judlande, comme incorporée à la Couronne, de laquelle elle ne peut estre separée.

Quant au remboursement des frais & despens faits par sa Majesté Imperiale, & par Messieurs les Electeurs, Princes & Estats assistans, Messieurs du Conseil & Commissaires du Roy font souvenir à Messieurs les Subdeleguez de l'Empereur, que la necessité presente a obligé le Roy de Dannemarc de monter à Cheval, & d'embrasser tous les moyens possibles pour sa defence & protection tant seulement, & pour divertir de luy & ses Amis & Alliez, les dangers & dommages des hostilitez exercées & à exercer; mais nullement pour offencer ou endommager sa Majesté Imperiale, ou Messieurs les Electeurs, Princes & Estats de l'Empire; dont il est evident, que par nulle raison ny apparence de Droict, sa Majesté Imperiale puisse redemander à sa Majesté de Dannemarc les frais de cette Guerre.

Touchant la restitution en general qui seroit à faire ausdits Sieurs Electeurs, Princes & Estats, Messieurs du Conseil d'Estat, & Commissaires du Roy de Dannemarc se reposent conclusivement à ce que dessus, & à la Declaration donnée sur l'Article precedent, sans la reïterer icy: & sont d'opinion, que si c'est à bon escient & de bonne foy, que Messieurs les Subdeleguez de l'Empereur ont entamé le present Traicté; ainsi qu'ils pretendent, & s'en vantent; ils ne s'amuseront point à empescher & à dilayer le bien public de cette Pacification, pour des recherches de telles & semblables pretentions, tout à fait impertinentes & particulieres.

Concernant la demande faicte au sixiesme Article, que le passage du Destroit de la Mer Baltique se ferme aux Ennemis de sa Majesté Imperiale & de l'Empire, demeurant ouvert pour Sadite Majesté & Amis, & pour les Estats de l'Empire qui sont demeurez dans l'obeissance; & qu'outre cela, les impositions se retrenchent selon le cours du temps passé, sans que l'on les surhausse: Messieurs du Conseil d'Estat & Commissaires du Roy de Dannemarc n'ont point de pouvoir d'entrer en Traicté quelconque; mais croyent fermement que sa Majesté, non plus qu'un autre Prince & Potentat de sa qualité, ne permettra point qu'un autre luy

ANNO 1629.

luy donne la loy selon laquelle il ait à regler les souveraines Préeminences de sa Couronne.

Pour le septiesme, si le Dieu Souverain de Paix favorise de sa Benediction le present Traicté d'un heureux & bien desiré succez, le Roy de Dannemarc sans doute ne fera point de difficulté, que les Rois, Princes & Electeurs mentionnez y soient compris.

Pour le huictiesme, tout ce que de costé & d'autre sera accordé & effectué, sa Majesté de Dannemarc le gardera de son costé, & l'accomplira infailliblement, & le confirmera de sa Royale parole & subscription: Et pour conclusion, Messieurs les Commissaires du Roy de Dannemarc ont cette ferme creance, que Messieurs les Subdeleguez de l'Empereur feront à la fin l'ouverture des conditions equitables & tolerables, dont le pouvoir de l'Empereur fait mention, & ausquelles lesdits Sieurs Subdeleguez se sont si souvent rapportez: En ce cas-là ils protestent, qu'en suivant l'ordre exprez ils feront aussi de leur costé des declarations justes, raisonnables, & telles que tout homme de bien pourra estre, & demeurera entierement satisfait.

Signé à Lubek ce $\frac{7}{17}$ Mars, l'an mil six cens vingt-neuf,

CHRISTIAN FRIES.
LEVIN MARESCHALCK.
JACOB ULEFELT.
DETLER RENTZONS.
ALBERT SCHICL.
HENRIC RENTZONS.

(1) *Replique des Commissaires de l'Empereur aux Réponses de ceux du Roi de Danemarc.*

I. QUe les actes d'hostilité du Roy de Dannemarc ne peuvent estre palliez, ny couverts par les Constitutions de l'Empire; & que pour ce sujet l'Holsace, le Schliswick, & le Dithmarse, (comme Fiefs de l'Empire, quoy que les Danois y contredisent) ont esté par armes assubjettis à l'Empereur par Droict de Guerre, & seront lesdits Pays gardez & tenus jusques à une pleine & entiere satisfaction des frais de la Guerre; & que sa Majesté Imperiale ne peut pas ainsi facilement quitter un droict qui lui est acquis.

II. Qu'il n'y a personne qui ne soit informé par quelle maniere le Roy de Danemarc a esté porté de jouyr malicieusement des biens des Ecclesiastiques, & que sur ce sujet a esté representé par les principaux Princes & Chefs de la basse Saxe, quoy qu'il n'en fasse estat, que jamais il n'a esté permis au Roy de Danemarc, ny à ses Fils, de se mettre avec main forte en possession des biens Ecclesiastiques dudit Cercle.

III. Que pour la restitution de la Judlande, en laquelle la necessité & les Loix de la Guerre ont permis de poursuivre l'Ennemy, seront payez cinq millions de Joachims.

IV. Que les pratiques tramées par ledit Roy ne se peuvent couvrir sous aucun titre de defence: ains on monstrera au contraire, que pour s'opposer aux mauvais desseins des Rebelles Proscripts, il a fallu entretenir des armées puissantes, avec des despences immenses, qui doivent estre payées à l'Empereur, & aux Estats de l'Empire, à quoy toutefois si les Commissaires Danois s'accordent au Traicté de Paix, il sera usé de quelque moderation en ceste refusion de despences, frais & dommages receus par l'Empereur & lesdits Estats de l'Empire.

V. Que pour ce qui est des Droicts Royaux qui se perçoivent au Destroit de Dannemarc, & autres qui sont reservez au Roy, il ne sera contraint d'y souffrir un ordre prefix, en esperance, qu'en faveur des privileges des Commerces & Negociations des Estats, il ne sera rien ordonné qui ne soit juste & raisonnable.

VI. Que comme les Commissaires Danois sollicitent que les Rois & Princes par eux nommez soient compris au Traicté de Paix; de mesme sera accordé à ceux de l'Empereur.

VII. Que pour ce qui concerne cette clause, qui doit estre acceptée en tout evenement, ne sera faite aucune difficulté pour la delivrance reciproque des prisonniers. Qu'en faveur aussi dudit Traité sera promis au Roy de Dannemarc de faire retirer l'Armée Imperiale de ses Pays; & pour conclusion, lesdits Commissaires seront exortez de se desister des choses extremes, promettans faire tenir & accomplir ce qui sera juste & raisonnable.

(1) Après toutes ces Réponses on ne pût rien conclure alors.

ANNO 1629. 6. Mars. L'EMPIRE.

CCCIX.

(1) *Edit & Déclaration de l'Empereur* FERDINAND II. *touchant les Edits & Traitez de Pacification pour la Réligion, & la Restitucion des biens Ecclésiastiques. A Vienne, le* 6. *Mars*, 1629. [MERCURE FRANÇOIS, Tom. XV. pag. 193. d'où l'on a tire cette Piéce, qui se trouve aussi en Allemand dans LEHMANNUS, Reichs Handlung von Religions Frieden Lib. III. Cap. XVII. pag. 352. dans LONDORPII *Acta publica*, Tom. III. Lib. VIII. Cap. CLIII. pag. 1048. dans le *Theatrum Europæum*, Tom. II. pag. 10. & dans LUNIG, Teutsch. Reichs-Archiv. Part. General. Contin. II. Fortsetzung, pag. 71.]

NOUS FERDINAND II. du nom par la grace de Dieu esleu Empereur des Romains, tousjours Auguste, Roy de Germanie, de Hongrie, &c. Offrons nostre Amitié, graces, & toutes sortes de bienfaits à tous & chacun les Electeurs, Princes Ecclesiastiques, & Seculiers, Prelats, Comtes, Barons, Chevaliers, Baillifs, Capitaines, Juges, Eschevins, Bourgeois, Communautez, & à tous autres Sujets & feaux de nous & de l'Empire, de quelque dignité, estat, & qualité qu'ils soient.

Nous ne doutons point qu'il ne soit plus que notoire & cogneu à tous & à un chacun, de combien de miseres & divisions nostre chere Patrie l'Allemagne a été depuis long-tems affligée. Ce qui a pris sa source & commencement du Schisme deplorable en la Religion, & des attentats & entreprises contre les Traitez de Paix pour la Religion, qui avoient esté faits & accordez pour maintenir les Estats des deux Religions en bonne paix & concorde entre eux, & à ce qu'une partie n'entreprist de porter dommage à l'autre en ses Droits, Biens, Pays & Sujets; encores que ceux qui y ont contrevenu, taschent de se justifier, & excuser soubs divers pretextes leurs usurpations. D'où il est advenu qu'ayans esté donnez aucuns Jugemens contre ces Perturbateurs du repos public, lesquels à cause de leurs injustes procedures craignoient d'estre condamnez à davantage, ils ont voulu contraindre l'une partie de ne se pouvoir plus plaindre en justice, contre la teneur des Traictez de Paix, & des Ordonnances de l'Empire, ains de venir à un nouvel accord, & sous ombre d'icelle qu'elle s'abstint d'en faire aucune poursuite ny demande. Et à cet effect ils ont eu des intelligences clandestines entre eux, & se sont alliez en secret par diverses correspondances, & enfin ont fait une Union & Ligue publique, avec esperance d'avoir obtenu l'avantage qu'ils desiroient, lors que la rebellion de Boheme est survenuë. Et pour parvenir d'autant plus facilement à leur dessein, ils se sont confederez & alliez avec des Seigneurs, & Communautez, tant dehors que dedans l'Empire, voire mesme attiré à leur appellé à leur secours l'Ennemy Hereditaire de la Chrestienté, jusques à ce que finalement par telles machinations, ils ont reduit toute la Patrie aux flammes, & en l'estat auquel jusques à present elle se retrouve, avec les grands pleurs & gemissemens, ausquels sont reduits les pauvres Sujets, en la necessité en laquelle on les voit.

Il est vray que ce malheur avoit esté preveu de bonne heure, tant par nos loüables Predecesseurs en l'Empire, que par plusieurs Estats, amateurs de Paix, & principalement par les Electeurs du Sainct Empire, qui y eussent volontiers remedié. Ainsi qu'il advint en l'an 1559. que l'on commença de faire des plaintes, de ce qui auroit esté attenté au prejudice des Traictez de Paix pour la Religion: car feu nostre Predecesseur & Ancestre l'Empereur Ferdinand I. renvoya lesdictes plaintes à la Chambre Imperiale pour en cognoistre. Mais les Protestans en fuirent lors le jugement, & en demanderent la decision à nostre susdit Ancestre l'Empereur Ferdinand mesme; en donnant à entendre, qu'une partie de ce qu'ils entreprenoient se trouvoit en termes

(1) Quoi que ce ne soit pas ici un Traité de Paix, cet Edit est si important, qu'on ne le pouvoit ometre, sans faire tort à cèt Ouvrage. Il sert d'eclaircissement à beaucoup de Traitez, qui ont précédé, & à d'autres qui ont suivi. Il a un rapott essentiel au Traité de *Munster*; & M. *Amelot* n'a pas oublié d'en parler dans ses Observations, que nous avons mises à la tête de la premiere Partie du Tome II. de cèt Ouvrage.

ANNO 1629.

termes clairs & intelligibles à leur faveur dans lesdits Traictez sans qu'il fust aucunement besoin de les deduire plus amplement, ainsi, à ce qu'ils pretendoient, qu'il apparoissoit simplement du texte des mots contenus en iceux. De maniere que l'on en recherchà une declaration generale pour tous és Diettes & Assemblées des Etats generaux, qui furent tenuës par apres, & nommément en l'an 1594. où fut proposée la declaration du Duc Frederic Guillaume, Administrateur de l'Electorat de Saxe: à laquelle neantmoins on differa de pourvoir, à cause de la Guerre avec le Turc, & autres empeschemens. Toutefois nos susdits Predecesseurs de loüable memoire n'ont pas laissé pour cela, lors qu'ils ont esté requis, de rendre Justice à ceux que l'on opprimoit, de la leur faire administrer, suivant leur devoir & Office Imperial, soit en leur Conseil Privé, ou en la Chambre Imperiale de Spire, selon lesdits Traictez, & les Droits communs. Jusques à ce qu'enfin en l'an 1613. ceux qui se sont nommez correspondans, se sont plaints, & ont mis en avant leurs griefs, à cause des procez qu'on leur mouvoit sur ce sujet, conformement à la raison & à l'Accord de Passau, tant audit Conseil, qu'à ladite Chambre: n'ayans plus voulu souffrir qu'il s'en fit une Declaration Imperiale, encores qu'ils l'eussent auparavant demandé, ont proposé une nouvelle maniere d'en accorder à l'amiable en la Diette Imperiale qui fut tenuë lors. Et n'y ayans peu parvenir, ils n'ont laissé pour cela de soliciter à leur possible nostre Cousin & Pere le feu Empereur Mathias, pour faire tenir une journée, où se fit un Accord, en laquelle enfin il ne fut contraire, pour remettre la bonne intelligence entre les Estats de l'Empire. Mais ayant esté informé de la part des Estats Catholiques des inconveniens qui arriveroient de tels moyens que l'on proposoit; parce que les Catholiques ne pouvoient ni ne vouloient se departir desdits Traictez de Paix, & partant que tout ce qui se negocieroit en cet affaire, seroit non seulement inutile, mais aussi seroit cause d'aigrir davantage les Parties: Lesdits Correspondans ont recogneu qu'il n'y avoit esperance d'atteindre à leur but, comme une partie des Etats Protestans ont recogneu aussi, que difficilement on y parviendroit sans le consentement du parti des Catholiques. Ce qui fut cause, qu'aussitost apres ladite Diette de l'an 1613. l'Electeur de Saxe & le Landgrave de Hesse de Darmstat, ensemble avec les Catholiques, conseillerent à nostre dit Predecesseur l'Empereur Mathias, de s'y gouverner & conduire selon son devoir Imperial, & à l'exemple de ses Predecesseurs les Empereurs Romains, conformement aux Constitutions & Ordonnances de l'Empire. Comme aussi sur cela le susmentionné Electeur de Saxe, l'année d'apres 1614. le 5. Mars auroit par ses Lettres, fondé sur ces raisons, exhorté les Etats du Cercle & Province de la Basse Saxe, de se separer de l'Alliance & Union qu'ils avoient fait avec lesdits Correspondans, parce que sa Majesté estoit apres, & prenoit le soin de remedier au plustost à leurs griefs.

Or d'autant que selon nostre devoir Imperial nous sommes obligez non seulement d'obvier & remedier à ce qui va contre le Sainct Empire, & remettre ledit Empire en son premier repos, & tranquillité, mais aussi donner ordre à l'advenir que par diverses interpretations des Traictez de Paix pour la Religion, les Estats de l'Empire ne tombent plus entre eux en division & mauvaise intelligence; & pour ces causes avons esté recherchez par les Electeurs assemblez à Mulhausen, selon le soin qu'ils portent avec fidelité à la prosperité du Sainct Empire, d'y vouloir donner un tel ordre, que la mutuelle intelligence soit restablie; & remedier conformement aux Ordonnances de l'Empire, & Traitez de Pacification pour la Religion, aux plaintes & griefs si souvent reïterez par les Estats, & aussi à ce que nul Estat ne soit doresnavant troublé ni molesté.

C'est pourquoi nous ne devons ni voulons plus long temps differer de bailler nostre declaration & resolution suivant nostre charge & devoir Imperial, & conformément aux Edicts & Traitez de Paix, tant en fait de Religion, que pour les affaires seculieres; suivant aussi les Decrets des Diettes Imperiales, & principalement de celle de l'année 1566. Et sur tout à cause que, non seulement on nous a fait voir, comme les Protestans mesmes ont recogneu en ladite Diette de l'année 1613. que les griefs n'estoient nouveaux, ains avoient esté auparavant souventefois representez & sur iceux, ceux là qui se pretendoient interessez, avoient esté suffisamment ouis: mais aussi que dez long temps en l'an 1576. les susmentionnez Estats Protestans, en leurs Requestes presentées à nostre Predecesseur l'Empereur Maximilian II. ont eux mesmes donné clairement à cognoistre avec de bons fondemens, & raisons, lors qu'ils ont presenté leurs griefs, & doleances, qu'il n'estoit necessaire d'avoir esgard ou s'attendre au consentement de l'une ou l'autre Partie; ains qu'il dependoit de la puissance & du pouvoir de sa Majesté Imperiale, d'y interposer ce qui estoit de sa charge Imperiale; comme estant le souverain Chef & Defenseur des Ordonnances, & Decrets, & comme Protecteur, & Conservateur des opprimez, d'ordonner ce qui convient à l'advancement du salut & prosperité publique, & oster ce qui va à la mauvaise intelligence & dommage de l'Empire, conformement aux Decrets precedens dudit Empire. Ce qu'en l'année 1559. les susmentionnez Protestans, comme aussi il a esté ci-dessus deduit, ont representé avec cette clause en termes formels à nostre Predecesseur l'Empereur Ferdinand I. que les griefs & plaintes pouvoient & devoient estre decidez (comme il est veritable) par les mots & paroles qui se trouvent és Ordonnances de l'Empire, & és Edicts & Accords pour la Paix en fait de Religion.

ANNO 1629.

Et bien que veritablement rien ne nous eust esté plus agreable, que de remedier à tous ces griefs par nostre Declaration Imperiale: Si est-ce que nous avons eu principalement esgard, & dont aussi nous en avons esté recherchez par les Electeurs, de donner nostre Declaration sur ceux ausquels on s'est soubmis, comme aussi sur ceux ausquels il y a le moins de doute, tels que sont les griefs, pour lesquels encores qu'il n'y eust soubmission, qui se trouvent en termes exprez és Traitez & Edicts de Paix pour la Religion, & à la resolution desquels il importe le plus, pour ramener une Paix tolerable. N'ayans pour cela intention d'obmettre à penser au reste, & à la premiere occasion nous resoudre en la mesme maniere, à ce que personne n'aye d'oresnavant sujet de se plaindre.

Suivant ce, & à ce que nous mesmes nous parvenions à l'œuvre, Nous trouvons premierement que l'on est venu à disputer du tout inutilement, contre l'intention des Edicts & Traitez de Paix pour la Religion, & contre les precedentes Ordonnances de l'Empire, ausquelles il n'a esté du tout en rien derogé, & dont est advenu en partie le mauvais estat, auquel est à present le Saint Empire Romain; Sçavoir si les Eveschez, Abbayes, & Priorez, qui sont situés sous la Seigneurie & Jurisdiction des Princes, Seigneurs, & Republiques, sont compris sous les Edicts de Paix pour la Religion: & si lesdits Estats ont eu ce pouvoir, & l'ont encores, de s'en saisir, les reformer, & autrement en disposer à leur volonté.

Or que cela ne doit estre, & qu'il n'appartient aux Seigneurs & Magistrats d'apprehender les biens Ecclesiastiques, combien qu'ils ne soient immediatement Subjets du Sainct Empire, cela se void clairement & precisément en l'Edict & Traicté de Paix pour la Religion en l'Article *Au reciproque*, &c. Que ceux de la Confession d'Ausbourg ne pourront molester les autres Estats du Sainct Empire de l'ancienne Religion, soient Ecclesiastiques, ou Seculiers seuls, ou avec leurs Chapitres, & autres de l'Estat Ecclesiastique, sans distinguer où ils ont leur demeure & residence, tant pour le regard de leur Religion, Croyance, Eglises, Coustumes, Ordonnances, & Ceremonies; qu'aussi pour leurs biens meubles, ou immeubles, Pays, Sujets, Seigneuries, Jurisdictions, rentes, cens, & dismes; ains les laisseront joüir & user d'iceux paisiblement, & sans empeschement, & les assisteront fidellement, sans entreprendre rien contre eux à leur dommage, de fait, ou autrement: ains en toutes manieres, suivant ce qui est porté par les Droits, Ordonnances, Decrets, & Edicts de pacification du Sainct Empire, l'un se comportera envers l'autre selon ce qui est porté par les Loix: Le tout, sous perte de l'honneur & respect deus aux Princes, d'estre tenus pour avoir manqué à leur foy, & parolle, & pour n'encourir les peines lesquelles encourent ceux qui contreviennent aux Edicts de pacification.

Et que ces mots, *Et autres de l'Etat Ecclesiastique*, ne se doivent entendre des Eveschez, & Abbayes, qui sont immediatement sujets à l'Empire, & sont au nombre des Etats dudit Empire; mais de ceux seulement qui sont demeurans au Territoire & sous la Jurisdiction de ceux de la Confession d'Ausbourg: Cela se prouve non seulement par les Actes & Registres de l'Empire, qui ont esté faits sur ce point au Conseil des Princes, auquel

ANNO 1629.

auquel tout ce qui est contenu en cet Article des Ecclesiastiques, & de leurs fondations, & est mis sous une periode, est reglé du tout distinctement; specialement au commencement il est parlé des Ecclesiastiques qui sont du nombre des Etats de l'Empire, & puis de ceux qui ne sont du corps des Etats dudit Empire, & demeurans sous le Territoire & Jurisdiction d'un autre: Mais aussi le contexte & suite des parolles dudit Article le donne assez à entendre, quand il ordonne que les Ecclesiastiques qui se sont retirez de leur demeure & residence ordinaire, au Territoire & Jurisdiction d'autruy, comme s'ils y estoient encores demeurans.

Et sur tout cela se recognoist tres-clairement de l'Article suivant, *Et à ce que aussi*, &c. Auquel estant suspenduë la Jurisdiction Ecclesiastique contre ceux de la Confession d'Ausbourg, c'est avec cette reserve expressément, qu'une telle suspension ne puisse nuire aux Electeurs Ecclesiastiques, Princes, & Etats, Colleges, Monasteres, & Religieux, en leurs rentes, revenus, cens, & dismes, fiefs, & autres droits, selon qu'il est ci-dessus remarqué au sus allegué Article, *Au reciproque*. Comme comprenant, & se raportant en toute ceste Ordonnance au Decret de la Diette de l'an 1544. Article, *Et avec*, &c. & suivans, qui parlent autant des biens Ecclesiastiques, rentes, & cens, qui dependent mediatement de l'Empire, comme de ceux qui en dependent immediatement. Ledit Decret, comme aussi ceux des precedentes Diettes, concernants la Paix pour la Religion, qui n'ont esté expressément changez, devant demeurer en leur force & vertu, sans que l'on puisse aller à l'encontre.

Secondement, on trouve aussi cela decidé plus amplement en l'Article, *Mais d'autant*, &c. Car en icelui il est pourveu, que les Eveschez, & Monasteres, qui n'appartiennent aux Etats de l'Empire, & dont la possession n'auroit esté ès mains des Ecclesiastiques du temps de l'Accord de Passau, ains en celles des Etats de la Confession d'Ausbourg, demeureront ausdits de la Confession d'Ausbourg, sans qu'ils en puissent estre plus poursuivis. D'où il s'ensuit sans contredit, que les Eveschez & Monasteres tenus mediatement de l'Empire, qui n'ont esté saisis & occupez avant le Traicté de Passau, ains depuis, ne peuvent nullement de droit estre retenus par ceux de la Confession d'Ausbourg, qu'ils n'ont peu les reformer & prendre à eux, & que la Partie complaignante ne doit estre refusée en sa juste demande & querelle.

Ce qui en troisiéme lieu apparoist aussi; d'autant qu'aux Edicts de Paix pour la Religion, il ne se trouve nulle part, que ceux de la Confession d'Ausbourg puissent plus d'oresnavant occuper aucuns Eveschez, ou Monasteres; ains selon qu'il est remarqué, il apparoist du contraire. Car encores que cela n'y soit deffendu, & prohibé en termes precis; Si est-ce que par ce qu'il n'en est rien exprimé, l'on en doit juger selon qu'en disposent les Droits Canon, & Civil, & les Edits de Paix, suivant lesquels il n'appartient à aucun de despouiller autrui du sien, & moins de convertir à autre usage les Eglises, & Biens Ecclesiastiques, qui sont de Droit divin, & n'appartiennent qu'à Dieu, & à l'usage de la Religion, selon l'intention des Fondateurs. Et pour cette cause ils ont esté particulierement reservez au susdit Article, *Mais d'autant*, comme n'appartenans point aux Etats sous la Jurisdiction desquels ils sont situez. Et pourtant aussi ceux de la Confession d'Ausbourg se sont reservés expressement aux Traitez & Edicts de Paix pour la Religion, qu'ils ne seront plus tenus de respondre & s'excuser pour les biens Ecclesiastiques tenus mediatement de l'Empire, lesquels ils ont déja occupez.

Et n'empesche point qu'au Traicté de Paix, en l'Article *Et à ce que*, &c. Il est mis que les Etats de la Confession d'Ausbourg ne seront molestez, ains demeureront en l'exercice & usage de leur Religion, Ceremonies, & Ordonnances Ecclesiastiques, qu'ils ont estably, ou pourront establir à l'advenir en leurs Principautez, Pays & Seigneuries, dont quelques uns veulent conclure qu'ils ont aussi le pouvoir de reformer les Monasteres qui y sont situez. Car encores que tels Monasteres, en ce qui est des choses & affaires seculieres, soient tenus de demeurer en la subjection & respect qu'ils doivent à leur Seigneurs; Si est-ce que tels Seigneurs ne peuvent renverser ce qui est de la fondation des Biens Ecclesiastiques qui appartiennent specialement à Dieu, & à son Eglise, ainsi qu'il est dit, & qui sont en ce cas exempts & libres de la Jurisdiction & Gouvernement des Seculiers.

Il ne s'ensuit point aussi pour ce que la Paix pour la Religion a esté establie entre les Etats de l'Empire, que pour cette cause les Religieux ne puissent estre aucunement receus à demander Justice. Car encores que la Paix pour la Religion ait esté establie seulement avec les Etats de l'Empire; Si est-ce que les Sujets en peuvent du tout jouïr aux cas qui surviennent; Et est chose notoire, que les Eveschez & Monasteres situez és Principautez & Pays de quelque Prince, Etat, ou Seigneur, sont compris en la Paix pour la Religion avec les Etats Ecclesiastiques de l'Empire, & doivent jouïr des droits communs, & estre maintenus en ce qui leur appartient: Au contraire, ainsi que dit est, l'on ne trouvera nulle part, que ceux de la Confession d'Ausbourg doivent, ou puissent, plus rien occuper des Biens Ecclesiastiques.

Il est aussi d'oresnavant non moins cognu en l'Empire comme aucuns Etats Protestans, contre ce qui est porté en termes precis en la Paix pour la Religion, en l'Article *Et d'autant que*, &c. Auquel en mots clairs il est pourveu, que si aucun Archevesque, Evesque, Prelat, ou quelque autre de l'Etat Ecclesiastique, se detourne de nostre ancienne Religion, que cestui-là est tenu, sans aucun contredit ou delay, & toutesfois sans prejudice de son honneur, de delaisser son Archevesché, Prelature ou Benefice, & ensemblement les fruits & revenus qu'il en percevoit: & qu'aussi il est loisible aux Chapitres, & à ceux ausquels de droit commun, & selon la coustume des Eglises, & Monasteres, il appartient, d'eslire & ordonner une personne de l'ancienne Religion, laquelle sans empeschement, & paisiblement doit estre laissée avec les Chapitres & autres Eglises au droit de Patronage, Election, Presentation, & Confirmation, comme encores aux anciennes Coustumes, Droits & Biens meubles, & immeubles, &c. Comme aucuns Etats Protestans, dis-je, se sont efforcez, non seulement depuis qu'ils ont quitté la Religion Catholique de retenir leurs Eveschez, Prelatures, & Prebendes, dont ils estoient auparavant pourveus; voire mesmes ceux qui n'en étoient point pourveus, ont prins d'eux-mesmes la possession desdits Eveschez, & Prelatures, sous l'apparence & pretexte qu'ils ont mis en avant: comme si cet Article, qui leur apparoissoit trop evident, ne faisoit aucunement part pour la Paix de la Religion: Aussi n'y ont-ils jamais consenti, ains plustost protesté au contraire. Ce qui nous a donné sujet de nous informer diligemment par les Actes de l'Empire, de ce qui étoit proprement contenu en cet Article, que l'on appelle communement l'Article reservé aux Ecclesiastiques, & comme il est compris dans la Paix pour la Religion, encores certes que le contexte seul de la Paix pour la Religion nous deust suffire: Et trouvons audit Article, qu'en ce qui concerne la contradiction & non consentement des Protestans à icelui, que l'on met en avant, que toutesfois la susdite Paix pour la Religion si souvent alleguée contient autrement, ayant esté faite & concluë selon qu'il est porté par icelle, d'un commun advis & consentement de l'Assemblée des Electeurs & Princes des deux Religions, & depuis mise à execution; & que tous les Estats ont donné parole & fait serment de l'observer fermement, continuellement, & inviolablement, en tous & chacuns ses Points, Clauses & Articles, & ne point aller à l'encontre à la moindre chose. Nous aussi & nos Predecesseurs nous sommes obligez, lors qu'il a esté traicté de nostre Election, & Couronnement, d'observer cette Paix pour la Religion, & ce qui y est contenu & compris, sans aucune reserve & exception. A quoy les Electeurs du Sainct Empire ne nous eussent obligez, sans rien retenir, & indistinctement, au cas qu'en cette Paix pour la Religion il s'y fust trouvé aucune chose, à l'observation de quoy nous ne deussions point l'estre. Avec ce les Actes & Registres de l'Empire sur l'entretenement de ladite Paix, qui se trouvent en nostre Chancellerie de l'Empire, monstrent que veritablement du commencement les Catholiques & ceux de la Confession d'Ausbourg, furent en grand different sur ce point; & que lesdits de la Confession d'Ausbourg n'y voulurent consentir. Mais comme les Catholiques n'en voulurent sur cela rien quitter, & plustost se despartir de tout Accord & Traité de Paix; & que nostre Predecesseur l'Empereur Ferdinand d'heureuse memoire eust fait aussi representer plusieurs raisons de poids & consequence à ceux de la Confession d'Ausbourg, ausquelles aussi ils ne peurent contredire: les Actes originaux & Registres dignes de foy de ladite Diette & Assemblée des Estats Generaux en l'an 1555. donnent à entendre comment les Deputez des Electeurs, Princes & Etats absens de

la

ANNO 1629.

la Confession d'Ausbourg, demanderent un delay, pour en informer leurs Seigneurs ; Qui leur ayant esté accordé jusques à dix jours, ils apporterent le 20. de Septembre la Declaration sur cela de leurs Seigneurs. Et comme lesdits Seigneurs & leurs Conseillers ne se voulurent departir de leur demande. Ils s'accorderent enfin sous cette reserve en termes exprez, qu'ils ne pensoient pouvoir prescrire à sa Maj. Imperiale, comment & en quelle façon elle s'y comporteroit: & sur cela ils supplierent d'adoucir quelques Clauses, qui leur sembloient estre trop rudes audit Article concernant les Ecclesiastiques, & y mettre quelques corrections: Comme specialement que les deux Parties ne se pourroient accorder ensemble, & que ceux qui de la façon seroient contraints de quitter leurs Eveschez & Abbayes, le feroient sans prejudice de leur honneur; & encores que cette reserve ne prejudicieroit au Traicté qui se feroit à l'advenir de la Paix pour la Religion. A quoy iceluy Empereur Ferdinand auroit consenty, pour establir d'autant plus facilement la Paix entre nous, & que le Traicté n'en fust rompu. Et sur cela cette reserve & exception fut inserée audit Traicté de Paix pour la Religion, en la forme & maniere, & ainsi qu'elle y est à present comprise; & en suite publiée sans aucun contredit le 25. de Septembre, avec la Paix pour la Religion, & fut insinuée & commandé à la Chambre Imperiale de juger d'oresnavant selon icelle.

Et encores, que l'an suivant, à sçavoir l'année 1556. comme encores apres en l'année 1557. & l'an 1559. l'on ait voulu protester à l'encontre: Si est-ce qu'il fut obtenu que les choses demeureroient entierement au mesme estat, & que la Paix pour la Religion seroit entretenuë comme une Loy, & Ordonnance fondamentale, qui déja avoit esté concluë & confirmée par serment: Par le moyen de laquelle le Party Catholique auroit acquis un droit, qui ne luy pouvoit plus estre osté. Ce fut pourquoy aussi le susdit nostre Predecesseur l'Empereur Ferdinand declara plusieurs fois par divers Decrets sur telles protestations, prieres & recherches de ceux de la Confession d'Ausbourg, qu'il ne se pouvoit plus departir de la Paix pour la Religion, puis qu'elle avoit esté ainsi accordée.

Apres sa mort, l'Empereur Maximilian, de loüable memoire, en la Diette de l'an 1566. ayant esté semblablement recherché par les Estats de la Confession d'Ausbourg de casser ce point, il fit responce qu'il n'y pouvoit non plus entendre que le susdit Empereur Ferdinand. Consecutivement nostre bien-aimé Sieur Cousin l'Empereur Rodolphe, qui repose en Dieu, se declara imperialement & vertueusement en l'an 1590. le 27. Juillet, à l'exemple de ses Predecesseurs, aux trois Electeurs Seculiers, comme ils vouloient renverser cette reserve; qu'il ne pouvoit faire aucun changement en la Paix pour la Religion, ny au contenu d'icelle, & consequemment en l'Article reservé pour les Ecclesiastiques, comme faisant part de la Paix pour la Religion; & qu'il estoit tenu d'observer pour les raisons suivantes : A sçavoir que sa Majesté Imperiale auroit fait serment d'entretenir tout le contenu en icelle, sans rien excepter, comme le tout auroit esté proposé à sa Majesté Imperiale, sans aucune exception & reserve par les Electeurs du Sainct Empire, lors qu'il fut esleu Empereur. Ce que son Imperiale Majesté estoit tenuë d'accomplir, veu son serment. Dont aussi les Electeurs & Princes, qui le supplioient, pouvoient evidemment cognoistre, comme sa Majesté ne pouvoit approuver ce qui avoit esté entrepris contre le contenu à ladite Paix és deux Eveschez de Cologne & de Strasbourg; & que l'on ne fust jamais venu à voyes de fait & de troubles, si de costé & d'autre l'on eust voulu se souvenir du Traicté de Paix pour la Religion, & ensuivre exactement le contenu en iceluy.

Et ainsi pour raison de tout ce que dessus, nous avons d'autant plus juste sujet d'ensuivre les justes & bien considerées Resolutions & Décrets de nosdits Predecesseurs, & particulierement à cause de ce que nous nous sommes fait informer comme elles sont fondées sur de grandes & fortes considerations, ainsi qu'il apparoist des Actes qui se sont passez, & des mots clairs & intelligibles du Traité de Paix pour la Religion. Et ne peuvent les Protestans pretendre avec fondement que cette reserve contrevient & est à charge à leur honneur & à leur conscience. Car quant à l'honneur, ils s'y sont conservez par la clause qu'eux-mêmes y ont fait apposer. Et pour le regard de la Religion, encores ont-ils moins de sujet de s'en plaindre. D'autant que la Religion de nulle Partie ne porte cela avec soy, ny la leur en particulier n'est sur cela fondée, qu'il faille qu'un chacun qui en est, ait un Archevesché, ou Prebende. Et les Catholiques Ecclesiastiques, qui n'ont receu l'Ordre de Prestrise, se marians peuvent delaisser leurs Prebendes sans aucun prejudice de leur honneur; estans mesmes incapables de plus hautes Dignitez Ecclesiastiques.

Il n'y a point aussi de contrarieté és mots inserez à la reserve & exception en faveur des Catholiques, *Desquels neantmoins les Estats des deux Religions n'ont peu s'accorder*, contre la promesse si claire & alliance jurée des Estats des deux Religions à l'entretenement de tout le contenu en la Paix pour la Religion; D'autant que pour cela mesme, à cause que les deux Parties n'ont peu s'accorder sur ce point, ils se sont remis à ce qui en seroit decidé par l'Empereur Ferdinand: auquel s'estans pour ce sousmis, ledit Article a esté inseré au Traicté de Paix pour la Religion, & a esté confirmé & publié du consentement des Estats de l'Empire assemblez en corps, comme une Constitution & Ordonnance concernant l'Empire en commun, selon qu'il appert dudit consentement & approbation, par la souscription & seellé apposé audit Traité de Paix pour la Religion. De sorte que les Estats Protestans s'estans ainsi soubmis, comme il est representé ci-dessus, c'est en vain & sans sujet qu'ils veulent maintenant le revoquer en doute.

Tiercement & finalement, quand aussi l'on voudroit derechef representer, comme les Sujets des Etats de l'Empire doivent jouïr du benefice de la Paix pour la Religion (combien qu'ils aillent presque au contraire au premier Point proposé par nous, comme ne voulans accorder aucun Privilege & exercice de la Religion aux Ecclesiastiques, qui ne sont du nombre des Estats de l'Empire) & partant qu'ils ne peuvent estre envoyez hors du Pays à cause de leur Religion: Combien certes que pour le regard de ces griefs les Etats de la Confession d'Ausbourg ne soient de même opinion entre eux, & que pour pretexte de ce qu'ils mettent en avant ils produisent l'Article, *Mais ou*, &c. Auquel il est disposé, Que si un Sujet à cause de la Religion se veut retirer en d'autres lieux, qu'il luy sera loisible & pourra vendre ses biens, en payant quelque droit tollerable pour la sortie: Comme aussi encores, de ce qu'ils auroient obtenu un Decret de nostredit Predecesseur l'Empereur Ferdinand, lors que la Diette fut close en l'an 1550. par lequel il fut dit en faveur des Sujets des Ecclesiastiques faisans exercice de la Confession d'Ausbourg, qu'ils ne seroient empêchez en leur Religion par leurs Seigneurs Ecclesiastiques.

Si est-ce qu'ayans pareillement sur ce Point parcouru avec toute diligence les Actes de la Diette en l'an 1555. concernans la Paix pour la Religion, & nous estans fait informer par les circonstances de ce qui se seroit passé sur ce Point; encores certes qu'il apparoisse du tout clairement du Traicté de Paix pour la Religion en l'Article, *Et à ce que*, &c. Item de celuy qui commence, *Au reciproque doivent*, &c. Esquels il est permis aux Estats dependans immediatement de l'Empire, d'ordonner de la Religion, des Coustumes Ecclesiastiques, Ordonnances & Ceremonies au Culte divin; & qu'il soit severement defendu, que nul n'ait en cela à les empescher : Nous trouvons par ladite information, que du commencement il y a eu un grand different sur ce sujet, & que ceux de la Confession d'Ausbourg ont fort pressé là dessus, à ce que les Sujets des autres Etats fussent laissez en la liberté de l'exercice de la Confession d'Ausbourg; & qu'à cet effet fut apposée une Clause en particulier au Traicté de Paix pour la Religion. Mais les Catholiques n'y ont voulu aucunement consentir, ains au contraire ont representé que cela donneroit occasion & sujet entierement aux troubles, & à la desobeissance & mauvaise volonté des Sujets à l'encontre de leurs Seigneurs. Et par ce qu'ils ne prescrivoient aux autres Estats comment ils auroient à se gouverner avec leurs Sujets, que c'étoit chose injuste, que pour ce regard ils voulussent faire loy aux Catholiques, & les y contraindre. Qu'eux Catholiques pensoient aussi bien à ce qui concernoit le salut de leurs ames, comme pouvoient faire les autres, & partant qu'ils ne pouvoient souffrir qu'il fust loisible & permis à leurs Sujets de s'attacher à une autre Religion, qu'à celle dont ils faisoient profession. Ce que leur auroit aussi representé nostre tres-cher Ancestre l'Empereur Ferdinand, par plusieurs autres bonnes & fortes raisons, avec ces paroles expresses, Que si l'on pensoit traicter sur ce sujet, & comprendre au Traité de Paix les Sujets des Catholiques, que l'on pouvoit finir la Conference, & estoit du tout inutile de s'entretenir plus long-

long-temps les uns les autres. Car plustost sa Majesté permettroit que l'Assemblée se separât & rompît sans rien conclure.

Mais comme les Estats de la Confession d'Ausbourg ne laissoient pour cela de solliciter & presser grandement pour la liberté de conscience, les Catholiques leur ont enfin accordé jusques-là, qu'il seroit permis aux Sujets de se retirer du Païs. Surquoy lesdits Estats se sont desistez de ladicte Clause, & transigé de l'affaire avec ledit Empereur & les Catholiques, suivant ce qui est aujourd'hui compris en l'Edict de Paix pour la Religion en l'Article, *Il se doit aussi*, &c. A sçavoir que nul Estat ne contraindra ne persuadera l'autre ny ses Sujets pour la Religion, ny ne les prendra en sa garde & protection, ny ne les deffendra en aucune maniere contre leurs Seigneurs. Item, que s'il arrive que aucun des Sujets de sa Majesté Imperiale, des Electeurs, Princes & Estats, soit de l'ancienne Religion ou de la Confession d'Ausbourg, pour raison de sa Religion se retire avec sa femme & enfans des Pays, Principautez, Villes, & Bourgs de nous, comme aussi des Electeurs, Princes, & Estats du Sainct Empire, pour aller demeurer autre part : que telle sortie & demeure luy soit permise, & loisible, & qu'il puisse vendre ses biens, en payant un droit moderé pour la sortie, selon l'ancienne coustume des lieux ; & que ce soit sans prejudice de son honneur, & ne soit reputé d'avoir manqué à sa foy & serment. Voire l'on a procedé avec telle retenuë sur ce Point, qu'il y a eu plusieurs journées & conferences, jusques à ce que finalement l'on a compris en ce Traicté de Paix pour la Religion, la Noblesse relevant immediatement de l'Empire, & les Villes, ainsi que l'on peut voir en l'Article, *Et en cette Paix*, &c. Dont il n'eust esté nullement besoin, si tous & chacun les Sujets d'eux mesmes eussent esté capables de joüir du Privilege de l'Edict de Paix pour la Religion. D'où il apparoist clairement que la liberté en la Religion n'a esté delaissée aux Sujets ; mais au lieu d'icelle l'on leur a donné la permission de sortir du pays : & quand la liberté en lad. Religion eust esté permise ausdits Sujets selon le contenu en l'Edict de Paix pour la Religion, il n'eust point esté du tout besoin que les Estats de la Confession d'Ausbourg se fussent tant peinez de l'obtenir, premierement par un Decret particulier, & puis par une Declaration derogeante à l'Edict de pacification pour la Religion.

Mais d'autant qu'il n'y a rien de ce Decret en l'Edit de Paix pour la Religion, ains plustost fait ledit Edit au contraire, & que mesmes il n'a jamais esté insinué & notifié à la Chambre Imperiale, & en nul cas il n'a esté jugé conformement à iceluy, & moins encores observé & mis en usage ; joinct que les Estats Catholiques n'y ont point consenty, à cause que par iceluy il est derogé à l'Edict de Paix pour la Religion, qu'il est mesmes grandement prohibé & defendu par ledit Edit, & n'a plus d'oresnavant aucune force, & aussi que lesdits Estats Catholiques n'ont point de cognoissance qu'il en ait jamais esté deliberé aux seances ordinaires des Diettes, & moins encores qu'ils y ayent donné leur consentement, & que partant nos loüables Predecesseurs ne l'ont incorporé & inseré dans ledit Edict de Paix pour la Religion, quelque solicitation qu'il ait esté faite à l'occasion dudit Decret ou du contenu en iceluy, ny ne l'ont fait insinuer à la Chambre, ains en ont retenu à eux mesmes la cognoissance, & au contraire ils ont fait confirmer, establir, & jurer ledit Edict de Paix avec toutes ses Clauses & Articles : Il est raisonnable & juste qu'en cecy nous demeurions aux mesmes termes, & ne pouvons de nostre part pour ledit pretendu Decret, en rien nous esloigner du contenu audit Edict de Paix.

Mais moins encores peut-on conclure aucune chose qui vaille contre le texte évident dudit Edict, & des Actes qui s'en sont ensuivis, à cause de l'Article, *Mais si*, &c. & des mots qui y sont apposez *se voudront mettre bas.* Car en cet Article il est seulement ordonné, ainsi qu'il apparoist clairement des Actes, que si un Sujet ne se conforme pour la Religion avec son Seigneur, mais aime plustost se retirer, que cela luy sera permis, en payant le droit d'issuë accoustumé ; & que contre son vouloir aussi il ne pourra estre contraint de faire exercice d'autre Religion, ny pour cela faire perte de ses biens.

Et par ainsi nous declarons & ordonnons par ce present Edict, conformément à ce qui a esté deduit jusques icy, selon qu'il est porté par ledit Edit de Paix & autres Decrets, Traictez, & Actes de l'Empire ; que ces trois principaux Articles auront lieu, & seront observez.

Premierement, que les Estats Protestans n'ont aucun sujet de se plaindre & produire pour un grief, que aux Generaux des Ordres, Abbez, Prelats, & autres de l'Estat Ecclesiastique, qui ne sont Sujets immediatement de l'Empire, si à cause de la detention & occupation des Monasteres & Biens Ecclesiastiques, Hôpitaux & autres Fondations pieuses, ils sont contraints d'en faire plainte & demande à nous ou à nôtre Chambre Imperiale, que l'on en prenne la cognoissance, & aussi sur cela il en soit donné Sentences & Jugemens, & iceux mis à execution. Ains qu'au contraire les Estats Catholiques ont juste sujet de se plaindre, & que tels Ecclesiastiques mediatement sujets à l'Empire doivent estre ouys, sur ce que leurs Monasteres & Biens Ecclesiastiques qu'ils possedoient du temps de l'Accord de Passau, ou depuis, leur ont esté occupez, & ôtez contre ce qui est clairement contenu audit Traité de Paix, & que leurs rentes & revenus leur soient detenus ; & par dessus tout cela que comme s'ils n'estoient du tout capables de jouir dudit Traicté de Paix, l'on les veut mesmes du tout empescher de poursuivre leurs droits, & vendiquer ce qui leur appartient, estans les biens occupez de fait par les Seigneurs, contre l'intention & desir des pieux Fondateurs, comme aussi contre les mots exprez de l'Edit de Paix pour la Religion.

Pour le regard du second Article, Nous declarons semblablement que ceux de la Confession d'Ausbourg n'ont aucune raison de se plaindre, que ceux de leur Religion, qui detiennent les Eglises, Eveschez, & les Prelatures dependans immediatement de l'Empire, ou qui taschent de les avoir, ne sont recognus par les Estats Catholiques pour Evesques & Prelats, & que l'on ne leur accorde la seance & la permission d'opiner aux Diettes Imperiales, ny aussi qu'on ne leur en donne l'investiture, & qu'on ne les reçoit à foy & hommage : Ou au contraire de la part des Catholiques, suivant la reserve & exception pour les Ecclesiastiques, & conformément aux mots qui se trouvent en icelle que l'on ne peut revoquer en doute, l'on peut justement se plaindre de ces griefs qui sont notoires ; Que tels Evesques & Prelats Ecclesiastiques, qui se sont destournez de la Religion Catholique, ne laissent pour cela de retenir leurs Eveschez & Prelatures, & se maintiennent en la possession des Droits & Privileges qui appartiennent aux Catholiques, voulans estre tenus & reputez pour Estats de l'Empire à cause desdits Eveschez & Prelatures : & aussi que ceux qui ne sont de la Religion Catholique, & moins encores ne sont qualifiez pour estre de l'Estat Ecclesiastique, n'ont laissé pour cela de s'intrure en tels Eveschez & Prelatures, & par ce moyen ont eu l'intention d'opprimer & reduire à neant, entant qu'en eux a esté, tout l'Estat Ecclesiastique Catholique, ensemblement avec la Religion.

Comme encores pour ce qui est du troisiéme Point, nous trouvons les pretendus griefs des Estats Protestans n'estre du tout à souffrir, en ce qu'ils se plaignent, que les Etats Catholiques ont pouvoir de retenir & contraindre leurs Sujets dans leurs Territoires & Seigneuries à l'exercice de la Religion Catholique ; & si en cela ils ne se veulent accommoder, de les mettre hors à leur volonté, en payant le droit d'issuë, & de leur deffendre d'aller en lieux estrangers, & là y chercher des Presches, & faire les autres exercices de leur Religion, encores qu'ils soient bien fondez de les envoyer tout à fait hors de leur pays. Au contraire il est du tout visible, par ce qui a esté deduit, que les Catholiques ont juste sujet de se plaindre, que la Partie adverse les veuille en cela regler & limiter leur pouvoir en telles leurs reformations, & sur ce fondement solliciter & inciter leurs Sujets à une entiere rebellion & soubstraction de l'obeïssance qu'ils doivent à leurs Seigneurs. Et est ce grief de la part des Catholiques d'autant plus grand & considerable, pour ce que quant à cette reformation, ceux de la Confession d'Ausbourg penseroient que les Catholiques ne deussent pour ce regard jouyr de mesme droit qu'eux, ains que veritablement il leur appartient de reformer leurs Sujets, & qu'il leur fût loisible de mettre hors de leurs pays ceux qui seroient contraires à leur reformation, & le mettre publiquement à effect ; & au contraire que les Catholiques ne peussent faire le semblable.

Or estans icy suffisamment & tres-amplement declarez les griefs principaux & plus pressans, desquels depend principalement la Paix publique, ainsi qu'il est ci-dessus

ANNO 1629.

ci-dessus mentionné par les mots clairs de l'Edit de Pacification pour la Religion, des Constitutions & Ordonnances de l'Empire, & les Actes notoires : Nous commandons par ceste presente à nostre Chambre Imperiale de juger & donner sa Sentence à l'advenir suivant ceste nostre Declaration, sans permettre que l'on revoque plus en doute, & que l'on dispute sur semblables cas quand ils adviendront, ainsi qu'il est contenu en cette nostre Resolution; Comme déja elle a trouvé juste par cy-devant de decider tous les Points que dessus, lors qu'il y en a eu instance, & procez selon ledit Edit de Paix pour la Religion & le contenu en iceluy. Et d'autant que les despouilles & troubles, & l'occupation des Eveschez & Prelatures contre la teneur dudit Edit de Paix en plusieurs lieux, est du tout notoire, & l'on ne le peut nier : & au contraire le droit & juste cause qu'il y a de se plaindre, ainsi qu'il est remarqué suivant les mots dudit Edit & autres Decisions & Ordonnances de l'Empire, ne se peut revoquer en doute: il n'est besoin d'autre chose en telles occurrences, que d'assister avec une réelle execution la Partie opprimée, & luy aider à recouvrer le sien.

De sorte que nous sommes finalement resolus à ce que les Edits de Paix, tant pour la Religion qu'és choses seculieres, soient en effect executez : de deputer au plustost des Commissaires, en l'Empire, pour redemander des injustes detenteurs les Archeveschez, Evêchez, Prelatures, Monasteres, & autres Biens Ecclesiastiques, les Hospitaux & les Fondations, qui ont esté ainsi destournées & occupées de force & en autre maniere, dont les Catholiques estoient en possession du tems du Traicté de Passau, ou depuis, & en ont esté depossedez par moyens illicites & injustes, le plus convenablement que faire se pourra : y establir des personnes qualifiées, & idoines selon l'ordre qui y est requis, & en ceste maniere assister un chacun à recouvrer le sien, & ce qui luy appartient, selon ledit Edit de Paix souvent allegué; sans qu'il soit usé d'aucune remise ou delay.

Nous declarons aussi & ordonnons ici publiquement, suivant le contenu dudit Edit de Paix, & des Traitez de l'Empire sur iceluy, principalement de celuy de l'an 1566. que ledit Edit ne concerne & comprend que seulement ceux de l'ancienne Religion Catholique, & ceux de la Confession d'Ausbourg non changée, & ainsi qu'elle fut presentée à nostre cher Predecesseur Charles Quint en l'an 1530. & que toutes autres doctrines & Sectes au contraire, en quelque façon qu'on les nomme, soit qu'elles soient ja introduites, ou que l'on les vueille introduire à l'advenir, comme non permises en sont excluses & prohibées, & ne doivent estre souffertes ou endurées.

Et partant nous vous commandons à tous & à un chacun de vous en particulier, sous peine d'estre tenus pour contrevenans aux Edits de Paix, que vous ne vous opposiez point à ceste nostre derniere Ordonnance & disposition, ains que sans remise vous ayez à en procurer l'execution en vos Païs & Seigneuries; Comme encores, que vous donniez assistance à nos Commissaires qui vous en requerront. Et quant à ceux qui detiennent tels Archeveschez, Eveschez, Prelatures, Monasteres, Hospitaux, & autres Biens Ecclesiastiques, qu'aussitost aprés l'insinuation & signification de cestuy nostre Edict Imperial, ils ayent à delaisser & restituer tels Eveschez, Prelatures, & autres Biens Ecclesiastiques, & les rendent & restituent sans plus les retenir, avec toutes leurs appartenances & dependances, & ainsi qu'ils en seront requis par nos Commissaires Imperiaux. Car au cas qu'ils n'y obeïssent, & qu'en ce ils se monstrent dilayans, ils encourront non seulement les susdites peines contre les violateurs de la Paix pour la Religion, & pour les affaires seculieres, qui est à dire au ban, & souverain ban, & en la perte en effect de tous leurs Privileges, Droits, & Jurisdictions, sans qu'il soit besoin d'autre plus ample condamnation & jugement pour le regard de leur desobeissance notoire; mais mesmes sur cela nous ferons entreprendre & accomplir aussi-tost la réelle execution.

Nous commandons aussi, ordonnons & voulons que cestuy nostre Edict Imperial, Resolution & Declaration soit publiée par chaque Prince, Directeur, & Chef de Cercle, ou Province, en ce qui sera de son Cercle, & qu'il soit donné à cognoistre à un chacun : & que aux Copies qui seront envoyées çà & là par les Directeurs des Cercles, qu'on n'y adjouste moins de foy qu'à l'Original mesme. Telle est nostre finale intention. Donné en nostre Ville de Vienne, le 6. jour du mois de Mars l'an 1629. l'an 10. de nostre Empire des Romains, l'onziesme du Royaume de Hongrie, & le 12. de celuy de Boheme.

ANNO 1629.

FERDINAND.

Visa P. Sieur de STRALENDORF.

Du commandement particulier de sa Sacrée Maj. Imperiale.

ARNOLD. DE CLARSTEIN.

CCCX.

9. Mars. BRANDEBOURG ET NEUBOURG.

Traité Provisionel entre GEORGE GUILLAUME *Electeur de Brandebourg*, & WOLFGANG GUILLAUME *Duc de Neubourg. Fait à Dusseldorp le 9. Mars, 1629.* [AITZEMA, *Historia Pacis*, pag. 57. d'où l'on a tiré cette Piéce, qui se trouve aussi dans LONDORPII *Acta Publica*, Tom. III. Lib. VIII. pag. 1088. dans LUNIG, Teutsches Reichs-Archiv. Part. Special. Continuat. I. Abtheil. IV. Absatz III. pag. 106. & en Allemand dans GASTELIUS *de Statu Publico Europæ Novissimo*, pag. 422.]

QUONIAM inter Serenissimum Principem & Electorem, Dominum Georgium Gulielmum, Marchionem Brandenburgensem, Sacri Romani Imperii Archicamerarium atque Electorem, Borussiæ, Juliaci, Montium, Cliviæ, Stetini, Pomeranorum, Cassubiorum ac Wendorum, atque in Silesia Crosnæ & Jägerndorpii Ducem, Arcis Neoburgensis Comitem, Rugæ Principem, Marcæ ac Ravensbergii Comitem, Dominum Ravesteinii, &c. atque inter Dominum Wolfgangum Guillelmum, Comitem Palatinum, Bavariæ, Juliaci & Montium Archiducem, Comitem Veldentzii, Spanheimii, Marcæ, Ravensbergii, & Morsæ, Ravesteinii Dominum; &c. plurimæ diversæque exortæ fuerunt dissensiones, super administratione ac gubernatione, simul etiam super possessione, Ditionum & Ducatuum Juliaci, Montium, Cliviæ, cæterorumque Comitatuum ac Dominiorum eòdem pertinentium & subjacentium, quem ad modum ea omnia Serenissimus Princeps ac Dominus, D. Johannes Gulielmus, gloriosissimæ memoriæ, Dux Juliaci, Montium, Cliviæ, Marchæ, Ravensbergii & Morsæ Comes, Dominus Ravesteinii, dum viveret, possedit.

Idcirco summè præmemorati Principes post maturam & diuturnam deliberationem ob oculos sibi posuerunt, quod si contentiones illæ malorum fertiles ac fœcundæ, producantur ac foveantur, non tantùm Celsitudines Suas in perpetuâ damnisque plena sollicitudine versari, verùm etiam Territorii Ordines, Subditosque in summum vitæ bonorumque discrimen præcipitari, agros & loca eorum vastari funditusque everti, ac tandem legitimis Hæredibus suis destitui; atque *ab Imperio Romano penitus divelli posse.*

Quibus malis ærumnisque exinde orituris ut succurrerent, tam propter Amicitiam & Consanguinitatem, qua Celsitudines inter se tam arctè tenentur devinctæ, quàm propter Amorem quo Subditos suos prosequuntur, Contractum Provisionalem, quem vocant, Annorum viginti supra quinque (si hæc de jure possessionis lis & contentio intra dicti temporis spatium, sive jure debito, sive cum bonâ gratiâ non componeretur) inierunt & confirmarunt.

I. Utriusque Patris Celsitudines cavebunt, ne præsens Contractus aut sibi, aut aliis, quibus in supradicta Dominia, Comitatus, Ditionesque quidquam juris reliquum est, aliquid derogare possit in eo, quod sibi jure optimo competere arbitrabuntur, quodque legitimè ad eosdem pertinere judicabitur : ac proinde à nullo tertio adversus Celsitudines Suas neque alio quocunque pacto in damnum aut detrimentum deputari queat.

II. Quapropter etiam Celsitudines Suæ communi consensu Sacri R. Imperii Cæsareæ Majestati, utpote Clementissimo Suo Feudi Domino ac Summo Principi eum, quem debent, honorem exhibebunt, Contractumque Provisionalem, quam fieri poterit, humillimè indicabunt, idque summâ spe ac fiduciâ, quoniam hoc pacto neutri Celsitudinum Suarum de jure suo quidquam decedit, sed potius Dominia, Comitatus

ANNO 1629.

tatus & Ditiones S. Romano Imperio alligantur, insuperque Subditorum saluti & tranquillitati consulitur, fore ut Cæsarea Sua Majestas beniguo animo susceptura sit.

III. Celsitudines Suæ suprememoratum Contractum Provisionalem Regi Hispaniarum, Serenissimæ Infanti & Fœderati Belgii Præpotentibus D. D. Ordinibus Generalibus exhibebunt, atque ab iisdem majorem in modum petent, ut Copias suas, propterea quod Celsitudines Suæ jam inter se convenerunt, ex omnibus Principatuum, Comitatuum, Dominiorum Ditionumque locis educere, neve supra unum utriusque Celsitudinis locum Milite præsidiario obtinere, Militibus insuper, ut sese mœnibus contineant neutrive Parti quidquam damni aut detrimenti inferant, præcipere ac demandare velint : sed ut omnimodos hostilitatis actus, Repetitiones violentas, vulgò Repressalia, acta & facta omnia, quo tandem nomine veniant, à Principatibus, Comitatibus, Ditionibus, Dominiis utque ab eorundem Incolarum Subditorumque cervicibus avertere atque amoliri studeant. Ac si quidam Incolarum Subditorumque in Præsidiis & Stationibus militaribus detenti inveniantur, eosdem absque ullo Redemtionis pretio ab utraque Parte dimittant; & per Scripta solenniter decreta tam Celsitudinibus, quàm ipsæmet Celsitudines sibi mutuò promittant & polliceantur, se præfatos Principatus, Comitatus, Ditiones, Dominiaque tam universa quam singula queiscunque Militum metatis exempturas prorsusque liberaturas esse; aut si ejusmodi necessitas immineret, Castra ut in dictis Celsitudinum Suarum Comitatibus, Principatibus, &c. metari cogerentur, non diu tamen esse commoraturas; ac si pernoctandum foret, optimâ disciplinâ, & sine Incolarum Subditorumque damno, secundùm S. Romani Imperii Constitutiones, transitusque ordinem, cum prioribus Principibus Electoribus constitutum decretumque omnia administraturas, atque à Contraventoribus supplicium sumpturas, nisi damnum à se illatum resarciverint. Subditi quinetiam nullo prætextu, aut quocunque tandem nomine veniat, exactionibus, aliisve modis molestiâ, damno vel injuriâ afficientur, verum omni loco ac tempore optimâ Neutralitate, quam vocant, ac libertate fruentur. Ac si quis alterutrius Partis Militibus se opposuisse, & Neutralitatem violasse comperietur, in ejusmodi exemplum ut statuatur, damnumque illatum restituatur, à Magistratibus legitimis, quorum Imperio subsunt, eo quo decet modo postulabitur.

IV. Omni quinetiam cura, studio ac diligentia ab utriusque Partis Copiis auxiliariis inquiretur, ne quis alterius Partis locum Præsidiario Milite munire, occupare, sive quascunque in aliquem machinationes clandestinas, aut in Celsitudinum Suarum, sive Ordinis Equestris Personas, in Oppida, Ditiones & Dominia, Subditos, Consiliarios, Præfectos, tam militares quam civiles, sive Administratores & Directores quoscunque ejusmodi quidquam occipiant, neve occipere permittant : Sed siquid Ipsis, Ipsorumque Subditis, Administratoribus aut Directoribus cum Principatibus, Comitatibus, Ditionibus Dominiisque eorundemque Possessoribus, Subditis, Territorii Auditionis Ordinibus privatim aut publicè fuerit, id omne, hostilitatis actibus & violentis Repetitionibus semotis, cum bonâ gratiâ optimoque jure secundum consuetas Pactiones, ac Conventiones, prout æquum justumque futurum est, decidetur & conficietur.

V. Quapropter etiam asserere minime dubitabunt, se neutrum Possidentium Principum juxta Confœderationis Articulos in Principatibus, Comitatibus, Ditionibus Dominiisque, eorumque Constitutionibus & Privilegiis, vel denique in alterius reditibus ac Dominiorum fructibus, quo prætextu tandem fieri posset, nihil quidquam molestiæ sive detrimenti illaturos, neque ut per suos inferatur permissuros.

VI. Quem in modum etiam Celsitudines Suæ utrique Parti militanti sincerè cavebunt, fidemque dabunt, quamvis altera huic, altera illi Parti opem auxiliumque ferat, ut se juxta reliquos Celsitudinum Suarum Subditos adversus se invicem tam privatim quam generatim gerere velint, prout fidos decet finitimos, optimæ & sinceræ Neutralitati operam dare, seque in dissensionibus ac litibus oborituris, ex veterum pactorum præscripto sejunctos habere, omnique prorsus contrarietate abstinere velint.

VII. Quidquid ab utriusque Partis Subditis in hunc usque diem perpetratum, dictumque fuerit, atque dissensionibus causam præbuerit, id omne ab utraque Parte sincerè condonabitur nullique dehinc imputabitur.

VIII. Contra vero utriusque Partis Celsitudines jam nunc provisionaliter compositæ, fide, quæ est optima Principum, omnia inter se agent, atque ad finem universæ decisionis omnia *ad mutuam utriusque Dominorum Conservationem* conferent; quin etiam adversus quascunque hostiles, actuales, & ab omni jure alienas prætensiones se mutuo auxilio sincerè & fideliter propugnabunt.

IX. Sin verò inter Serenissimos Principes, eorumdemve Consiliarios, Præfectos, Ministros, Subditosque dissensio nonnulla oboriatur, à quâ tamen omni studio, curâ ac diligentiâ cavendum erit, *non de facto*, sed pro ejusdem rei circumstantiâ agetur; ac primo quidem Præfectorum & Consiliariorum habebitur Conventus, ortaque lis & contentio ex æquitate rei decidetur. Sed si tantæ ac tam graves oboriantur difficultates, quæ à Celsitudinum Suarum Præfectis Consiliariisque confici neutiquam poterunt, jam tum Insignes Ordine Locoque Viri, de quorum modestiâ rerumque experientiâ satis constat, æquali numero, rem cum bonâ gratiâ compositituri deligentur : aut si neque id fieri queat, expeditissimo atque ab omni partium studio alienissimo jure intra Anni spatium decidetur. Eâ lege tamen ac conditione, ut, dum ejusmodi Causa agetur, ac dicetur, non ultra bina cuique Parti litiganti Scripta adhibere liceat. Ea propter etiam ii, qui ad litem hanc decidendam atque expediendam deligentur, juramento ab utraque Parte obligabuntur, sese rem omnem absque ullo partium studio confecturos esse. Ac proinde etiam, quicquid ab iisdem in tali negotio per majora statuetur ac decernetur, id omne ad legitimam totius rei decisionem reservabitur. Verùm enimverò si *paria fuerint suffragia*, utraque Pars æquum, & cujus animus nullo partium studio turbatus est, *Arbitrum* eliget, deindeque ex numero hoc binario unus per sortem nominabitur; atque ejusmodi, qui, ut dictum est supra, juramento ad id devinctus tenetur.

X. Quod si quis Serenissimorum Principum jam nunc in vita commorantium, eorumve Hæredes & Successores ante viginti quinque Annorum spatium suprememoratum, sive ante totius rei vel jure legitimo, vel bonâ gratiâ compositionem ac decisionem (*Deo sic jubente*) naturæ concederet; ejusdem Hæres ac Successor horum Principatuum, Comitatuum, Ditionumque Imperium solenniter capesseret, ille, quotiescunque evenerit, alteri adhuc vitam degenti Principi ejusdemque Successori, tribus Mensibus ante significare tenebitur, ut is, qui adhuc in vivis est, Legatum suum deputare simul etiam prospicere queat, ne quidquam in ejusmodi auspicatione Imperii contingat, quod vel huic Contractui, vel Domino suo obesse possit; verùm ut ad illud animadvertatur, atque Ordines Subditique id temporis eodem se juramento obstringant ac devinciant, quum eadem Imperii Auspicatio futura est, ac Legatus à Principe, qui Imperium subibit, eo, quo decet, modo excipietur.

XI. Utrique Celsitudini Suæ, ejusdemque Hæredibus & Successoribus, ad totius rei decisionem, aliumve Contractum perpetuum, sive ad Annorum viginti supra quinque, jam memoratorum expirationem, omnes ac singuli Ducum Juliaci, Montium, Cliviæ, eodemque pertinentium Comitatuum, Dominiorum Ditionumque Tituli & Gentilitia Signa concedentur; iisdem se mutuo tam in Literis quam in Sermonibus insignire tenebuntur; quod, ut à Subditis suis similiter & Cancellariis observetur, sedulò curabunt.

XII. Quod autem ad provisionalem Comitatuum, Dominiorum & Ditionum divisionem, Administrationem, Possessionem Reditusque annuos attinet, Serenissimo Principi Electori Brandenburgensi concedentur eidemque attribuentur *Ducatus Cliviæ*, *uterque Marca & Ravensbergii Comitatus*, cum omnibus & singulis eorundem Regalibus, Jurisdictionibus, Privilegiis Juribusque

XIII. Contra verò Serenissimo Principi Neoburgensi uterque Juliaci & Montium Ducatus, atque utraque *Ravesteinii* & *Breskesantii* Ditio cum omnibus & singulis eorundem Regalibus, Jurisdictionibus, Privilegiis Juribusque attribuentur.

XIV. Quemadmodum etiam Serenissimus Princeps salvum sibi cupit atque integrum jus in executionem Actionis quam habet in reliqua Dominia, Jurisdictiones, ac Dotalitia quæ *Johannes Gulielmus* Dux Juliacensis, gloriosissimæ memoriæ, vel post vitam suam reliquit, vel unquam in hac vitâ possedit, quæque hoc tempore ab aliis occupata tenentur.

XV. Ordinarii ut & Extraordinarii Reditus annui, Fructus, Vectigalia, Tributa, & quidquid eo nomine venit,

ANNO 1629. venit, utriusque *Cliviæ Montiumque Ducatus*, quæ Kalendis Maji proximè venturi exsolvenda venient, communi ærario deponentur, cumque iis, ut sequentibus narrabitur, agetur.

XVI. Quamvis enim Serenissimo Principi Electori *Ducatus Cliviæ*, cum omni ejusdem Imperio, Regalibus, Privilegiis Juribusque vi præsentis Contractus assignatus, eodemque modo ac forma *Montium Ducatus* Serenissimo Principi Neoburgensi attributus concessusque est, nihilo minus tamen cum Ordinarii tum Extraordinarii Reditus annui, Vectigalia, Tributa, Onera, Multæ & Subditorum consensus inter utramque Celsitudinem æqualiter dividentur.

XVII. Quoniam verò Serenissimus Princeps Elector Brandenburgensis certo quodam respectu æquè *Montium*, *ac Cliviæ Ducatum* sibi assignari cupiat, quumque Celsitudini Suæ Neoburgensi eligere concessum sit, neque tam citò ad alterutrum inclinare queat, Celsitudini Suæ Neoburgensi post hunc diem universi Anni spatium cogitandi deliberandique dabitur; Eâ lege ac conditione, ubi ante dicti Anni spatium Celsitudo Sua Neoburgensis *Cliviæ Ducatum* eligere sibique retinere, *Montium* verò *Ducatum* renunciare constituerit, tum communionem supradictam tam Ordinariorum quam Extraordinariorum Tributorum, Onerum Redituumque annuorum cessaturam esse; simpliciterque utrumque Ducatum commutatum, atque ab utraque Parte pari modo, sine ullo alio Contractu sive Conventu instituendo traditum iri: ubi tum Serenissimo Principi Electori Brandenburgensi *Montium Ducatus*, Serenissimo autem Principi Neoburgensi *Cliviæ Ducatus*, eodemque casu Serenissimo Principi Electori Brandenburgensi *Montium Ducatus* cum utroque *Marcæ & Ravensbergii Comitatu*, Serenissimo autem Principi Neoburgensi (salvo tamen atque integro jure prætensionis in reliqua Dominia Ditionesque) uterque *Juliaci Cliviæque Ducatus*, simul cum utraque *Ravensteinii & Breskesantii* Ditione, ejusdemque possessione, Administratione, annuisque Reditibus concedetur atque assignabitur.

XVIII. Et quia collatio *Præpositurarum* cæterorumque *Ecclesiasticorum* Beneficiorum in *Collegialibus Ecclesiis*, ac insuper *Vicariatuum* in aliis *Ecclesiis* Territorii Principibus eodem modo haud competit, eadem Beneficia in dictis Principatibus & Comitatibus per vices Menstruas ab utraque Celsitudine Suâ conferentur, ea lege ac conditione, ut queiscunque in Jurisdictionibus, Dominiis & Ditionibus collationes in totum Serenissimo Principi Neoburgensi sint propriæ, Serenissimo Principi Electori Brandenburgico aliis conferre integrum erit. Ea omnia Beneficia, quæ Mense *Januario*, *Martio*, *Majo*, *Julio*, *Septembri ac Novembri* expirabunt, quæque ad manus Celsitudinis Suæ resignabuntur; Eum quoque ad modum Serenissimo Principi Neoburgensi, in queiscunque Jurisdictionibus, Dominiis & Ditionibus collationes in totum Serenissimo Principi Electori Brandenburgensi sunt propriæ, aliis conferre integrum erit ea Beneficia quæ Mense *Februario*, *Aprili*, *Junio*, *Augusto*, *Octobri & Decembri* conferenda, quæque ad manus Celsitudinis Suæ resignanda venient. At verò in iis Jurisdictionibus, Dominiis & Ditionibus, in quibus superiores Principes sex Menses integros obtinuerunt, Cuique tres Menses reservabuntur; adeo ut Serenissimo Principi Electori Brandenburgensi in iisdem locis Mense *Januario*, *Majo*, & *Septembri*, ac Serenissimo Principi Neoburgensi, Mense *Martio*, *Junio & Novembri* Beneficia aliis conferenda veniant. Quo circa etiam *Decani & Capitulares* eorundem Beneficiorum, quæcunque de hac re constituta ac decreta sunt, admonebuntur, ut quotiescunque Beneficia aliqua vacare intelligent, quamprimum utrumque Principem sive Eorundem Consiliarios de omnibus circumstantiis faciant certiores, & quantum poterunt, constituta hæc atque decreta executioni mandent.

XIX. Ditionum, Jurisdictionum Dominiorumque præfatorum Contractu Provisionali inter utramque Celsitudinem divisorum Administratio prout Principe dignum erit, & Privilegiis atque Immunitatibus conveniet, ac Summo Numini, Cæsareæ Majestati Posterisque ratio reddi poterit, instituetur.

XX. Verum ubi quinque & viginti Annorum spatium supradictum elapsum, idque justa ac legitima Ducatuum, Comitatuum, Dominiorum Ditionumque divisio non subsequuta aut alia denique Compositio sive Tractatio inter utramque Celsitudinem non fuerit inita, jus suum & actio integra cuique manebit.

XXI. *Archiva*, *Registratura*, & *Regesta* pro Ducatuum, Comitatuum, Dominiorum Ditionumque, quæ Cuique concedentur atque attribuentur, opportunitate, syncere fideliterque tradentur. ANNO 1629.

XXII. Quotiescunque autem alterutri sive Serenissimo Principi Electori Brandenburgensi, sive Serenissimo Principi Neoburgensi *Documentis* quibusdam *Scriptisque* ex alterius *Cancellariis* aut *Regestis* opus fuerit, eaque petierit, in *Originali*, ut vocant, omni dolo ac fraude exceptis, tradentur.

XXIII. Itus ac Reditus, itemque Commercia, quæ Terrâ Marique instituentur, nemini utriusque Partis Subditis interdicentur; sed eodem plane modo permittentur, quo Veterum gloriosissimæ memoriæ Principum tempore concessa ac permissa fuere.

XXIV. Quod autem Imperii & Circulorum *Onera* negotiaque spectat, in iis (non obstante tamen præsenti Contractu Provisionali) unusquisque Ducatus, Comitatus & Jurisdictio partem suam feret.

XXV. In quorum omnium Testimonium, eorundemque firmam, perpetuam atque indissolubilem observationem & conservationem, Celsissimi Domini, Comites Palatini, Serenissimus Princeps pro se; Celsitudinis & Electoralis Nomine locoque Per-Illustris D. D. *Adamus*, *Comes Swartsenburgensis*, Ordinis Sancti Johannis in Marchiâ Eques, Saxoniæ, Pomeranorum & Wendlandiæ Præfectus, Dominus in Hogenlansbergh & Gimborn, Legati qualitate (vi Literarum suarum Auctoritatis, atque utriusque mandati in Originali, ut vocant, à Celsitudine Electorali conscripti) præsenti Contractui propriâ suâ manu subsignarunt, Sigillisque munierunt.

Actum Dusseldorpii, nono die Martis, Anno millesimo, sexcentesimo, nono & vicesimo. Notatum erat,

WOLFGANGUS GULIELMUS.

ADAMUS *Comes Swartsenburgensis*.

CCCXI.

Traité de Paix entre Monsieur le Cardinal de Richelieu au nom de LOUIS XIII. *Roi de France*, & *Mr. le Prince de Piemont au nom de* CHARLES EMANUEL I. *Duc de Savoie. Fait à Suze, le* 11. *Mars* 1629. [GUICHENON, Histoire Généalogique de la Maison de Savoye. Preuves. pag. 561. FREDERIC LEONARD, Tom. IV. MERCURE FRANÇOIS, Tom. XV. pag. 132. & en Italien dans VITTORIO SIRI, *Memorie recondite*, Tom. VI. pag 608.] 11. Mars. FRANCE ET SAVOYE.

MONSIEUR le Cardinal de Richelieu pour le Roi, & le Prince Major pour le Duc de Savoye, arresterent les Articles suivans.

I. Monsieur de Savoye promet de donner presentement passage par ses Etats à l'Armée de Sa Majesté qui va à Montferrat, fournir d'Etapes tant pour ledit passage que pour le retour desdites Troupes, & contribuer tout ce qui sera possible pour le ravitaillement de la Ville de Cazal, soit en fournissant de vivres, munitions de guerre, & autres choses necessaires, en les paiant par Sa Majesté au prix des trois derniers Marchez.

II. Il promet en outre de donner ci-aprés seur, libre & assuré passage à tous les vivres, munitions de guerre, & autres choses necessaires que Sa Majesté voudra faire passer à l'avenir au Montferrat, par quelque endroit que se puisse entrer de son Païs; comme aussi à tel nombre de gens de guerre que Sa Majesté jugera necessaire pour la fureté dudit Montferrat, au cas qu'il fust attaqué ou qu'on jugeast qu'il le deust estre.

III. Pour seureté de l'execution de ce que dessus, Monsieur de Savoie remet presentement la Citadelle de Suze & Chasteau de S. François entre les mains de Sa Majesté, laquelle y mettra garnison de ses Suisses commandez par tel qu'il lui plaira, lesquels feront serment par commandement de Sa Majesté à Monsieur de Savoie, de lui remettre ladite Citadelle & Chasteau entre les mains, aussi-tost que les choses promises & accordées par les presens Articles auront esté executées; & cependant garder ladite Place pour le service du Roi.

IV. Moiennant ce Sa Majesté promet à Monsieur de Savoie de lui faire delaisser par Monsieur de Mantoüe,

ANNO 1629.

toüe, pour tous les droits que Monsieur de Savoie peut pretendre sur le Montferrat, en proprieté la Ville de Train, avec quinze mil écus d'or de rente, de la mesme nature & qualité que l'on lui avoit accordé les douze mil écus ci-devant, & consent, jusqu'à ce que les choses promises par ces presentes soient effectuées, que Monsieur de Savoie retienne tout ce qu'il tient de Montferrat, qu'il restituera audit Duc de Mantoüe en mesme tems que Sa Majesté lui remettra la Ville & Citadelle de Suze, & le Chasteau de S. François entre ses mains, delaissant cependant toute liberté à Monsieur de Mantoüe de joüir des droits qui se perçoivent dans ce qu'il tient dudit Montferrat, fors & excepté de quinze mil écus promis par le present Traité.

V. S. M. promet en outre de n'entreprendre rien contre les Etats de Monsieur de Savoie: & au cas que du costé de Nice ou de Savoie, ses Armes eussent fait quelque progrez & occupé quelques Places appartenantes audit Duc de Savoie, de faire rétablir toutes choses comme elles estoient auparavant, & faire retirer ses Armes dudit Païs.

VI. Sa Majesté donne encore sa parole Roiale de deffendre Monsieur de Savoie & ses Etats, contre qui que ce soit qui voudroit pour raison du present Traité ou autre pretexte, entreprendre sur iceux à son prejudice: & pour plus grande sureté Sa Majesté & Monsieur de Savoie ont convenu de faire entr'eux & quelques autres Princes, une Ligue de la teneur portée par l'Ecrit dont copie est demeurée signée entre les mains de chacune des Parties, pour le repos de l'Italie.

VII. Lesdits Sieurs Cardinal & Prince de Piedmont, promettent faire ratifier les presens Articles à Sa Majesté & à Monsieur de Savoie dedans demain.

Signé,

ARMAND,
Cardinal de Richelieu,

Et V. AMEDEO.

Articles Secrets.

I. A Esté accordé par cet Article secret, qui aura la mesme force que le Traité qui a esté fait & passé aujourd'hui entre Monsieur le Cardinal de Richelieu pour le Roi, & Monsieur le Prince de Piedmont pour M. le Duc de Savoie, que sur la promesse que Monsieur le Prince de Piedmont fait au Roi, de faire entrer dans Cazal dedans le quinziéme du present mois, mille charges de bled froment, & cinq cens charges de vin, aussi le Roi jusqu'audit jour quinziéme de ce mois, ne fera avancer ses Troupes au delà de Bassolin: ce que Sa Majesté a accordé à la priere de Monsieur le Prince de Piedmont, pour donner tems aux Espagnols de se retirer de devant Cazal. Fait à Suze le 11. jour de Mars 1629. *Signé*, ARMAND, Cardinal de Richelieu, & V. AMEDEO.

II. A esté accordé par cet Article secret, qui aura la mesme force que le Traité fait cejourd'hui 11. du present mois de Mars, par Monsieur le Cardinal de Richelieu pour le Roi, & par Monsieur le Prince de Piedmont pour Monsieur le Duc de Savoie, que Monsieur de Savoie pourra faire sçavoir à Dom Gonzalo, que sur la connoissance qu'il a donnée au Roi, que l'intention d'Espagne n'a jamais esté de dépoüiller Monsieur de Mantoüe de ses Etats, & qu'ils sont contens de retirer le Siege de Cazal & le laisser ravitailler, laissant Monsieur de Mantoüe libre possesseur des Etats de Mantoüe & de Montferrat, jusques là mesme qu'ils procureront, que dans un mois l'Empereur donne à Monsieur de Mantoüe l'investiture de Mantoüe & de Montferrat, & des Fiefs qui en dépendent, moiennant que pendant ledit tems on mette des Suisses dans Nice de la Paille, qui declarent la tenir & garder en dépost au nom de l'Empereur, avec serment & obligation toutefois de la remettre au bout dudit mois au Sieur Duc de Mantoüe, ou à celui qui sera envoié de sa part, soit que l'Empereur ait donné l'investiture ou non, Sa Majesté a consenti au susdit dépost, & l'a assuré qu'il n'avoit aucune intention d'attaquer les Etats du Roi d'Espagne son Beaufrere, avec lequel il desire toûjours vivre en amitié & mutuelle correspondance. Fait à Suze ledit jour onziéme Mars 1629. *Signé*, ARMAND, Cardinal de Richelieu, & V. AMEDEO.

III. A esté accordé par cet Article secret, qui aura la mesme force & vertu que le Traité fait & passé cejourd'hui entre Monsieur le Cardinal de Richelieu pour le Roi, & Monsieur le Prince de Piedmont pour Monsieur le Duc de Savoie, que bien que les Villes d'Albe & Montcalvo ne soient point specifiées par le Traité, où il est parlé de la restitution des Lieux que Monsieur de Savoie occupe dans le Montferrat: neanmoins Monsieur le Prince de Piedmont demeure d'accord qu'elles ne pourront estre comprises dans l'estimation de quinze mil écus d'or de rente qui doivent estre donnez avec Train, ains de les restituer à Monsieur de Mantoüe, lors que la Ville, Chasteau & la Citadelle de Suze seront remis entre les mains de Monsieur de Savoie. Fait à Suze le 11. Mars 1629. *Signé*, ARMAND, Cardinal de Richelieu, & V. AMEDEO.

IV. A esté arresté & convenu par ce present Article secret, fait & passé le mesme jour, que l'Article ci-dessus transcrit, entre Sa Majesté & Monsieur le Duc de Savoie, qu'au cas que ledit Gonzalo de Cordua ou le Roi Catholique contreviennent en aucune façon, directement ou indirectement, à ce qui a esté promis & traité par le susdit Article, ou que celui qui sera dans Nice de la Paille pour l'Empereur choisi par Monsieur de Savoie y contrevienne, ils joindront leurs forces pour faire executer & reparer tout ce qui sera fait au contraire; mesme Monsieur de Savoie au cas de contravention au susdit Article, a promis à Sa Majesté de donner libre passage par ses Etats aux Troupes de Sa Majesté, pour entrer dans le Montferrat, & de fournir les Etapes necessaires pour leur nourriture, aux frais & dépens toutesfois de Sa Majesté. En outre il a esté accordé par cet Article qui sera signé par Sa Majesté Tres-Chrestienne & par Son Altesse de Savoie, & qui aura la mesme force que le Traité fait le onziéme de ce mois, par Monsieur le Cardinal de Richelieu pour sadite Majesté, & par Monsieur le Prince de Piedmont pour sadite Altesse; Sçavoir, qu'aiant sadite Majesté connu que l'intention du Roi Catolique n'a jamais esté de dépoüiller Monsieur de Mantoüe de ses Etats, & que pour cet effet le Sieur Dom Gonzalo de Cordua, Gouverneur de Milan, a levé le siege de Cazal, promettant de laisser ledit Sieur Duc de Mantoüe libre Possesseur de ses Etats de Mantoüe & Montferrat; faisant à cet effet sortir promptement dudit Montferrat toutes les Troupes qu'il y commande, moiennant lesdites choses Sa Majesté se contente qu'il soit mis en garnison dans Nice de la Paille, deux cens Suisses qui y seront mis de ceux qui sont à present au service de Monsieur le Duc de Savoie, lesquels presteront serment avec leurs Officiers & Commissaires de l'Empereur, de tenir & garder en dépost pour un mois au nom de l'Empereur ladite Place, au bout duquel ils seront obligez par le mesme serment, de remettre à Monsieur le Duc de Mantoüe ou à celui qui sera envoié de sa part, soit qu'il ait ou non l'investiture de Sa Majesté Imperiale, ladite Place de Nice de la Paille; comme aussi tous les Villages qui sont entre Tenate & la Barmida, qui demeureront pour ledit mois en mesme dépost que ladite Place. *Signé* comme dessus.

V. Promettant aussi ledit Sieur Gonzalo, qu'il n'attentera aucune chose contre les Etats de Mantoüe & de Montferrat, au prejudice du Sieur Duc de Mantoüe; & que dans six semaines il fournira la Ratification du present Article du Roi Catholique, avec une promesse dudit Roi de ne rien faire entreprendre à l'avenir qui puisse troubler ledit Sieur Duc de Mantoüe en la possession des Duchez de Mantoüe & de Montferrat. Sa Majesté assurant aussi ledit Gonzalo qu'elle n'a ni a eu aucune intention d'envahir ni endommager les Etats de Sa Majesté Catholique, ains qu'elle desire vivre avec elle avec toute sorte d'amitié & bonne correspondance; donnant à cet effet sa parole Roiale de n'attaquer point ses Etats ni des Princes ses Confederez, ains seulement d'assister ses Alliez.

Ces Acords & Articles furent ratifiez par le Roi d'Espagne à Madrid, le troisieme jour du mois de Mai 1629.

CCCXII.

11. Mars. LE PAPE, LA FRANCE, LA SAVOYE, MANTOUE, ET VENISE.

Projet d'une Ligue entre le Pape URBAIN VIII. LOUIS XIII. *Roi de France*, CHARLES EMANUEL I. *Duc de Savoye, la République de* VENISE, *& le Duc de* MANTOUE. *Fait le* 11. *Mars* 1629. *Ratifié par ledit Duc de Savoye, le* 20. *Mars* 1629. [Recueil des Traitez entre la Couronne de France & les Princes & Etats Etrangers. pag. 27.]

L'OPPRES-

ANNO 1629.

L'OPPRESSION faicte par les Espagnols au Duc de Mantoüe, ayant contraint le Roy de quitter ses affaires propres pour venir en personne avec trente-cinq mille hommes de pied, & trois mille chevaux servir ledit Sieur Duc, ainsi qu'il a esté convié par plusieurs Princes de la Chrestienté, & particulierement ceux qui tiennent les principaux Estats d'Italie, qui reciproquement luy ont promis d'y concourir de leur part avec leurs forces & leurs armes.

Sa Saincteté, le Roy, & la Serenissime Republique de Venise unis pour le secours dudit Duc, sans autre interest que de proteger leurs Alliés, & procurer le repos de l'Italie, & de toute la Chrestienté, considerant qu'il ne suffit pas d'unir presentement leurs armes pour le secours des Estats dudit Sieur Duc de Mantoüe; mais qu'il est du tout necessaire d'empescher qu'à l'advenir il ne puisse plus arriver de semblables inconveniens, au prejudice de la seureté de tous les Princes, & de la Paix de toute la Chrestienté : ont estimé du tout important de faire Ligue & Union perpetuelle entr'eux & ledit Sieur Duc de Mantoüe, selon la convention des Articles qui suivent.

I. Ils sont tous tenus & obligés au cas que l'un d'eux fût offensé hostilement en ses Estats, par qui que ce puisse estre, & notamment par la Maison d'Austriche, en consequence de la presente Union & prise d'armes, ou autre cause, d'employer leurs forces pour la defence l'un de l'autre, & de n'abandonner jamais la defence de celuy qui sera attaqué, jusques à ce que l'hostilité cesse entierement.

II. En ce cas, Sa Saincteté contribuera 8000. hommes de pied, & 800. Chevaux. Le Roy 20000. de pied & 2000. Chevaux. La Republique de Venise 12000. de pied & 1200. Chevaux. Et le Sieur Duc de Mantoüe 5000 hommes de pied & 500. Chevaux.

III. Et au cas que la France fournisse une plus puissante Armée, comme elle fait en cette presente occasion, les Colliguez fourniront aussi des forces plus puissantes au prorata du pied que dessus.

IV. Toutes lesquelles Trouppes seront entretenuës & fournies de toutes choses necessaires, comme Vivres, Artilleries, & Munitions de guerre aux dépens de ceux qui sont tenus de les mettre sur pied, & ce tant, si longuement que l'hostilité durera, & jusques à ce que celuy qui sera attaqué soit en l'estat où il est à present.

V. Que s'il n'est pas besoin d'un si grand nombre de gens de guerre pour l'effect qui sera requis, chacun des susdits Colliguez diminueront le nombre qu'ils doivent fournir au prorata l'un de l'autre, & ce par un commun consentement.

VI. Et afin que celuy d'entr'eux qui seroit attaqué soit plustost secouru, ceux qui seront proches luy fourniront sans délay toute l'assistance qu'ils pourront, à raison des choses cy-dessus specifiées ; d'hommes, de vivres, d'artillerie, munitions de guerre, or, argent, sans attendre le secours de ceux qui en seront plus éloignez, lesquels neantmoins seront tenus de contribuer avec toute la diligence possible à quoy ils sont obligez.

VII. Et s'il arrive qu'au progrez de leurs armes prises pour leur consideration, comme ils sont contraints de convertir leurs defences en attaque, & qu'en ce cas ils conquierent quelque Place, ou quelques Estats, le partage sera faict entr'eux, selon qu'eux mesmes, ou la plus grande part d'eux trouveront raisonnable, ayant esgard à ce que l'un plus que l'autre y aura contribué.

VIII. Et afin que cette presente Union fondée sur des causes si justes & si importantes à la tranquillité publique, soit d'autant plus considerable, & puisse mieux parvenir à la fin de son institution, qu'elle sera composée d'un plus grand nombre de Princes & Potentats, les Colliguez inviteront les autres Princes qui y ont un interest commun d'y entrer, le plus promptement & efficacement qu'il se pourra, en laquelle consideration ils seront reçeus dans six mois, aux conditions de contribuer à la subsistante fin, au prorata selon qu'il sera arresté.

IX. Le Roy, & Monsieur le Duc de Savoye sont demeurés d'accord de passer & signer la Ligue cy-dessus transcripte, Sa Majesté s'estant contentée pour le present de la promesse que Monsieur le Prince de Piedmont lui a faite au nom, & ayant charge de Monsieur de Savoye son pere, que Monsieur le Duc de Savoye & luy la signeront tout aussi-tost, que trois des quatre nommez en ladite Ligue, qui sont, Sa Saincteté, le Roy, Venise & Mantoüe, l'auront signée & passée entr'eux, & en ce cas l'observer inviolablement & de bonne foy. Fait à Suze le 11. jour de Mars 1629. par Monsieur le Cardinal de Richelieu, au nom de Sa Majesté, & par Monsieur le Prince de Piedmont, au nom de Son Altesse de Savoie.

X. Que si les Colliguez aiment mieux la Ligue pour trois ou pour six ans que perpetuelle, la France leur laisse le choix, ce qui en sera decidé par ce que la plus grande part des Colliguez estimeront plus à propos.

Monsieur le Prince de Piedmont, comme dessus, est demeuré d'accord que Monsieur de Savoye entrera en ladite Ligue pour le mesme nombre de gens de guerre, & autres despences, au prorata de ce à quoy il estoit obligé par la derniere Ligue faite entre le Roy, les Venitiens & lui.

Signé,

ARMAND Cardinal de Richelieu,

Et V. AMEDÉE.

Ayant veu par nous les Articles ci-dessus signez par Monsieur le Cardinal de Richelieu de la part du Roy, & nostre tres-cher & tres-amé Fils le Prince de Piedmont, de la nostre, nous les avons aggréés & approuvez, agréons & approuvons, promettons en foi & parole de Prince d'accomplir le contenu en iceux, en tesmoin dequoy nous avons signé la presente de nostre propre main, icelle fait contresigner par l'un de nos Secretaires, & seller du Cachet de nos armes.

Fait à Angliane le 20. jour de Mars 1629.

Signé,

C. EMANUEL.

Et plus bas,

MEYNIER, *& sélé.*

CCCXIII.

19. Mars.

Brüderlicher Vertrag zwischen Wilhelm / Albrecht / Ernst und Bernhard / Hertzogen zu Sachßen / wegen der Landes-Gemeinschafft / Regierung / Hoff-Haltung / Berechnung / und Theilung der Jährlichen Einkünfften beschehen / wo unter andern sie auch das Directorium oder Præsidenten-Ambt dem ältesten überlaßen. Geschehen zu Weymar den 19 Mars 1629. [LUNIG, Teutsches Reichs-Archiv. Part. Special. Continuat. II. Absatz II. pag. 413.]

C'est-à-dire,

Accord Fraternel entre GUILLAUME, ALBERT, ERNEST, *&* BERNARD *Ducs de Saxe, par lequel ils conviennent de tenir leurs Domaines unis, de les posséder en commun, & de n'en point séparer la Regence, mais d'en laisser le Directoire ou Présidence à l'ainé d'entr'eux. Ils y conviennent aussi de ce qui regarde le Gouvernement de la Cour, & la Repartition des Revenus. A Weimar le 19. Mars 1629.*

VON GOttes Gnaden Wir Wilhelm / Albrecht / Ernst und Bernhard / Gebrüdere / Hertzogen zu Sachsen / Jülich / Cleve und Berg / Land-Grafen in Thüringen / Marggrafen zu Meissen / Grafen zu der Marck und Ravensberg / Herren zu Ravenstein / rc. Thun kund und bekennen hiemit vor Uns / Unsere Erben und Nachkommen : Dieweil Unser auff Uns geerbtes Fürstenthum und Land noch ungetheilet blieben / und in solcher brüderlicher Gemeinschafft von dem Hochgebohrnen Fürsten / Herrn Johann Ernsten dem Jüngern / auch Hertzogen zu Sachsen / Jülich / Cleve und Berg / rc. Unserm nunmehro in die himmlische Freude auffgenommenen ältesten vielgeliebten Herrn Brudern und Gevattern / theils von Ihro Ebd. selbst und in getragener Unserer Vormundschafft / theils auch hernach / Krafft auffgerichteter unterschiedlicher Brüderlicher Verträge / von der Zeit an / da Ihro Ebd. den 3ten October

Anno 1629.

tober Anno 1615. in die Regierung getreten / biß auff Deroselben seliges Ende / den 4 Decembr. An. 1626. also regieret / daß Jhro seel. Lbd. bey Uns / Unsern Land-Ständen und Unterthanen ein ewiges unsterbliches Erb und Gedächtniß ihrer sonderbaren brüderlichen Liebe / Treu und Landes väterlicher Güte hinterlassen / nunmehro Jhr. seel. Lbd. Regierung / des frühezeitigen Abgangs halben / ein Ende genommen / und darumb von nöthen seyn wollen / daß Wir / als Jhro Lbd. leibliche Brüdere / nechste Lehen- und Erb-Folgere / Uns 1. der Lands-Gemeinschafft / 2. Regierung / 3. Hoffhaltung / 4. Berechnung / 5. Theilung und Anweisung der jährlichen Landes-Einkünffte wegen / mit einander weiter eines gewissen brüderlich und freundlich vergleichen möchten / damit so viel desto mehr brüderliche Liebe / Einigkeit und Zutrauen unter Uns fortgepflantzet / schädliche Unordnung verhütet / Unsere und Unsers Fürstenthums allgemeine Wohlfahrt gesuchet / GOttes Ehre befördert / die treue Beylage reiner Evangelischen Religion wohl bewahret / Recht und Gerechrigkeit ertheilet / männiglich bey dem Seinen geschützet / und also allenthalben im Lande und bey Hofe wohl haußgehalten werden möge.

Daß Wir demnach zu solchem Ende im Nahmen des Allmächtigen mehr denn einst persönlich zusammen kommen / freund-brüderliche Unterrede / so wohl unter Uns selbst / als auch mit Unsern gesambten und sonderlichen Cammer- und Hoff-Räthen gepflogen / und nach genugsamen Vorbedacht und Erwegung aller Umstände und Gelegenheiten / Uns endlich also / wie hernach unterschiedlich capituliret / einhellig verglichen haben:

Nemlich und vors Erste / daß wie bißhero / also auch nochmahls und fort an / biß man zu einer erblichen und Fürstlichen Landes-Theilung / oder doch zu einer ansehnlichen Landes-Oerterung / füglich kommen kan / zum wenigsten aber biß uff Michaelis / wenn man wills GOtt 1633. schreibet / Unser Fürstenthum mit allen und jeglichen ihme angehörigen und einverleibten Hoheiten / Herrligkeiten / an Land und Leuten / Prälaturen / Graff- und Herrschafften / Ritterschafften / Aembtern und Städten / nichts ausgeschlossen / gemein und erblich ungetheilet seyn und bleiben / auch ohne Unser aller und jeder guten Vorwissen / Willen und Bewilligung / von keinem unter Uns mit fernern Schulden beschwert / viel weniger jemandes verschrieben / verpfändet / versetzet / wiederkaufflich verkauffet / oder in andere Wege und Weiß belästiget / geschwächet und geringert werden solle. Sondern Wir alle ingesambt / und Unser jeglicher besonders / wollen vielmehr dahin sehen und trachten / daß wir mit Unseres Fürstenthums eigenen jährlichen Intraden wohl reichen und auskommen / frembder Geld-Auffnahm entrathen / Schulden / wie auch Bürgschafft meiden / und itzige Cammer- und Land-Schulden / vermittelst Unserer getreuen Landschafft erschwinglichen Hülffe / in keinen andern Nutz wenden / Brieff / Siegel und versetzte oder wiederkaufflich verkauffte Herrschafften / Aembter und Güther wieder einlösen / jährlich ein Vorrath erhegen / also Fürstliche Reputation, und auff dem Nothfall Credit erhalten / und Unser Fürstenthumb / Cammer / Land und Leuthe / so fern als durch GOttes Gnade möglich / wieder in den Stand und in das Vermögen setzen mögen / wie von Unsern Hochseligen Eltern / Herrn Vaters und Frau Mutter Gnaden / es auff Uns geerbet und gebracht worden.

2. Damit aber bey solcher unzertheilten Landes-Gemeinschafft Unserm allgemeinen Nutz / Fürstenthum / Hoff-Wesen / Landen und Leuthen desto besser vorgestanden werden möge / haben wir Uns ferner dahin brüderlich verglichen / daß obwohl wir Hertzog Albrecht / Hertzog Ernst und Hertzog Bernhard uns der Landes-Administration und Regierung / neben sambten / und zugleich mit des Hochgebohrnen Fürsten / Herrn Wilhelms / Hertzogen zu Sachsen / Jülich / Cleve und Berg / rc. Unsers freundlich vielgeliebten Bruders Lbd. befugt erachten / und an den meisten Fällen / die sich mit solchen brüderlichen Landes-Gemeinschafften in Unserer Hochgeehrten Vorfahren Chur- und Fürstlichen Hause zugetragen / Exempel haben / daß die jüngere Brüdere solchen Landes-Principatum, Imperium, Potestat, Herrschafft / Macht und Gewalt / und alles / was in brüderlichen oder andern verordenten gemeinen Rath durch den mehrern Theil der Stimmen vor gut angesehen und beschlossen worden / neben dem Eltisten ausdrucklich / unter und in ihrer aller und jeglicher Nahmen / auszuschreiben / zu gebiethen / zu verordnen / zu verbiethen / und zu exequiren / bißweilen in die 20. 30. und mehr Jahre mit dem Eltisten zugleich besessen / geübt / gebraucht / und zu gebührlichen Vorzug und Vortheil Alters halben berührtem Eltisten nicht mehr dan das Directorium oder Præsidenten-Ambt / mit seinen Rechten und Gerechtigkeiten / als die Ehre der Ober-Stelle in allen Zusammenkünfften / Rathschlägen / Händeln und Sachen zu haben und zu halten / die gröste Aufsicht / Sorge und Mühe vor allen andern Gebrüdern zu tragen / was Raht oder Nutz zu erinnern / anzufahen / fortzutreiben / Rathschläge fürzunehmen / darinnen zu præsidiren und zu proponiren / uffs erste zu votiren und umbzufragen / und wan gleich votiret / den Ausschlag zu geben / zu beschliessen / und andere dergleichen Præeminentien mehr / gelassen haben. Demnach aber und dieweil wir bey Uns erwogen / wie aus solcher gleichmäßigen Regierung / Macht und Gewalt vieler Personen zugleich / zu Zeiten mehr Unordnungen und Schadens / als Wohlstands und Frommens / zu entstehen pfleget; Insonderheit aber / wie in vorigen Jahren / und zumahl den brüderlichen Verträgen / die Anno 1618. 1622. 1623. auffgerichtet / die Landes-Regierung / Botmäßigkeit und Gewalt / was fürnehmlichen in wichtigen Sachen mit vorher gehaltenen gesambten brüderlichen und gesambter Räthe Rath und Gutachten / Beliebung und Einwilligung / wie auch uff gehaltene Rathschlagung mit der Landschafft in Land-Sachen beschlossen / verordnet / gethan und gelassen werden möchte / allein im Nahmen des ältisten Herrn Bruders in der Oberschrifft / Unterschrifft und Fürstlichen Jnsiegel zu publiciren / zu befehlen und zu handhaben / anfänglich Unsers Herrn Bruders / Hertzog Johann Ernsts / des Jüngern Lbd. hernach aber itziges Unsers ältisten Herrn Bruders / Hertzog Wilhelms Lbd. von Uns auffgetragen und anvertrauet worden; So wollen itzo gedachtens Unsers Herrn Bruders / Hertzog Wilhelms Lbd. alleine wir / die jüngere Brüdere / besagte Macht der Landes-Fürstlichen Regierung über Dero / als dem Eltisten gebührendes Directorium, so lange als Unsere brüderliche Landes-Gemeinschafft währet / auch freund-brüderlichen abgetreten / anvertrauet / gegeben und überlassen haben / mit Bitte / daß Jhro Lbd. solche um Unser aller und der Lande Bestes willen uff sich nehmen wolten. Ob nun wohl wir Hertzog Wilhelm / in Ansehung / was Uns berührtes Directorii wegen schon vor unumgängliche Sorge und Mühewaltung oblieget / Uns mit dieser Last lieber verschonet sehen / und Unserer brüderlichen Lbd. ihren Antheil darvon freund-brüderlich gerne gönnen und lassen möchten: So nehmen wir doch derenthalben / daß Jhr. Lbd. allerseits Uns insgesambt und Unsern allgemeinen Fürstenthumb solches vor nutz und gut erkennen / und Uns mit Unsern Voto, Wunsch und Willen gleichsam überstimmen / wie auch auff bemeldte Jhro Lbd. freund-brüderliche

ANNO 1629. derliche Bitte / mehr berührte Landes-Fürstliche Regierung in gedachten Stücken auff und über Uns. Behalten aber Uns hierbey ausdrücklich vor / daß wan Uns künfftig etwan andere gute Bequemligkeit vorkäme / und Unsere Gelegenheit nicht seyn würde / der Landes-Regierung und Hoff-Stadt persönlich beyzuwohnen / daß Uns jederzeit frey und bevor stehen soll / dieselbe Unserer Brüdere Lbd. einem immittelst an Unser Statt zu übergeben.

3. Und dieweil Uns unverborgen / daß solch hohes Ambt viel zu mühesam / zu weitläufftig und zu schwer / alß daß es von Uns allein ohne tapffern getreuen Rath / Hülffe und Beystand mit Fürstlichen Lob und gemeinen Land und Unterthanen Wohlstand / Nutz und Besten getragen und verwalter werden könne; Als sind wir so viel desto mehr willig und erbötig / wie es dan auch für sich selbst recht und billig / in Unserm Chur- und Fürstlichen Hause auch bey Unsers seel. Bruders Liebden Regier-Zeiten also hergebracht / und von Uns selbsten in brüderlichen Vertrage Anno 1626. freywillig versprochen ist / Ihr. allerseits Liebden / als die gleich Uns selbsten / an allen Nutz und Schaden mit verantheilet / und die allernechste wohlkundige und erfahrne Mitglieder Unsers Fürstlichen Standes und gesambten Landes seind / wan / und so offt es die Nothdurfft erfordern / oder sonsten Ihrer Liebden Gelegenheit / Will und Wohlgefallen seyn wird / das Consistorium, Raht- und Cammer-Stuben zu besuchen / und Uns in Unsers Landes Fürstlichen Consultationen mit Ihren freund-brüderlichen Gutachten beyzuspringen / oder aber in Ihrer Liebden Abwesen und an Dero statt Unsere und Ihrer Liebden zu solchem Ende mit Fürstlichen Kosten bestellete und verordnete Cammer-Cantzler und Hoff-Rähte / in Unsern Fürstlichen oder andern ordentlichen Raht / zu getreuen Beyständen / Mitgehülffen Unserer Landes-Fürstlichen Vorsorge / Kümmernüs / Mühe und Arbeit / freund-brüderlich und gnädig zu erfordern / zu beschreiben / oder sonsten Ihr. Liebden und Ihnen freyen Zutrit zu gestatten / thun solches auch und verwilligen Uns nochmahls gutwillig hiemit / daß wir in wichtigen Sachen und vor allen Dingen in denen / so des gantzen Landes Friede / Ruhe / Wohlfahrt / Gedeyen / Schaden oder Verderben in Fried und Kriegs-Zeiten nach sich ziehen / und zuförderst Unsere seeligmachende Religion und unveränderte Augspurgische Confession Anno 1530. auch darzu gehörigen Formulam Concordiæ, Kirchen / hohe und niedrige Schulen / Reichs- und Kriegs-Händel / auch Unsere und Ihr. Lbden Reichs und andere Unsere Fürstliche Lehen gesambte Hand und Mit-Belehenschafft / Anwartung / künfftige Erb-Fälle / Erb-Verbrüderung / Erb-Einigung mit andern / als den Erb-Vereinigten Chur- und Fürsten Brandenburg und Hessen / die Julische / Hennebergische / Sachsen-Altenburgische / zu Recht anhängige oder noch nicht anhängige Differentien / und vorab diejenige / so von Unser allerseits in GOtt ruhenden Frauen Mutter Gnaden Uns theuer anbefohlen und eingebunden / als die Præsidenz und Primogenitur, item Erb-Huldigung Unseres gemeinen Fürstenthumbs / Erhaltung und Ordnung des gesambten geistlichen Consistorii, Regierung / Renth-Cammer / Hoff-Gerichts und Academien / Unserer und Ihrer Liebden Regalien / verledigte Graff- und Herrschafften und Ritter-Lehnen / gewönliche und ungewönliche Steuer und Aufflagen / item Unser und Ihrer Liebden Land-Stände und Unterthanen Freyheiten / Recht und Gerechtigkeiten belangen und antreffen / anders nicht als mit Ihrer Liebden und in dero Abwesen mit Unser und Ihrer Liebden verordneten Kirchen-Cammer- und Hoff-Rähten / in Land-Sachen aber mit der getreuen Landschafft Rath / nach den Majoribus und mehrern Theil der Stimmen / wie vor Alters herkommen / verfahren wollen / auch zu Ihr. Lbd. mehrer Versicherung / den Cantzley-Stylum in berührten wichtigen Sachen also führen / wie bey Hertzog Johann Friedrich des Mittlern Regierungs-Zeit / in der achtjährigen brüderlichen Lands-Gemeinschafft / von 1557. biß 1566. geschehen / und in Reichs-Abschieden zum Theil bräuchlichen : ANNO 1629.

VON GOttes Gnaden Wir Wilhelm rc. entbiethen allen und jeden Unsern und der Hochgebohrnen Fürsten / Unserer freundlichen lieben Brüdere / Herrn Albrechts / Herrn Ernsts und Herrn Bernhards / rc. Prälaten / Grafen und Herren. Item : So haben wir mit Wissen / Rath und Willen Unserer freundlichen lieben Brüdern und Ihre Lbd. sich hinwieder mit Uns dahin vereiniget und verglichen / rc. Befehlen und begehren derohalben vor Uns und ob-Hochgedachte Unsere freundliche liebe Brüdere hiermit rc. An dem geschiehet Unsere / und Unserer freundlichen lieben Brüdern Will und Meynung.

Was aber andere tägliche Regierungs- und Privat-Sachen seynd / darinne soll es bey bißhero gebrauchten Cancelley-Stylo bleiben / und Uns darin nach Importantz der Sachen / auch wohl ohne sonderbare Bemühung Unserer Brüdere Lbd. was recht und billig / zu verordnen anvertrauet und heimgegeben seyn

4. Und damit / was itzo abermahl der Regierung / gemeiner Lande und Leuthe halben / zwischen Uns Hertzog Wilhelm / Hertzog Albrechts / Hertzog Ernsts / und Hertzog Bernhards Lbd. verglichen / nicht Uns Hertzog Wilhelm alleine / sondern auch Ihro Lbd. sambt und sonders in brüderlichen Successions-Fällen kräfftiglich binden / auch nicht auff Unsere Hertzog Wilhelms Erben alleine / sondern ebener massen auff Ihrer Lbd. künfftige Erben erstrecket / und eine gleiche durchgehende ewige norm und form gesetzet werden möge / wie es in allen und jeden künfftigen Successions-Fällen mit dem Principat oder Lands-Fürstlichen Regierung also zu halten / daß dero von Unsern mehr Verständigern und geehrten Vorfahren auff Uns wohlhergebrachten Observanz gemäß / auch ihnen zu schuldigen Ehren jederzeit dem ältisten Bruder oder Vetter / ohne einigen Unterschied der Linien / solcher Principat auffgetragen und vertrauet / hierauff von demselben Eltisten mit gebührlichen Rath / wie gemeldet / gehandelt / und aller Einführung eines frembden / dem Fürsten-Stand und Einigkeit ebenbürtiger Gebrüder oder Vettern hochschädlichen / ungleichen und unbilligen dominats- und primogenitur-Wesens fürgebauet werden möge : So vereinigen / verschreiben und verobligiren wir Hertzog Wilhelm / Hertzog Albrecht / Hertzog Ernst / Hertzog Bernhardt vor Uns und Unsere Erben / gegenwärtige und zukünfftige / auf genugsamen Rath und Vorbedacht / uns wissentlich dahin / daß nach Uns Hertzog Wilhelm abermahls Unser Eltister Bruder Hertzog Albrecht / und nach solchen Eltisten Bruder Hertzog Ernst / und nach Unsers Bruder Hertzog Ernsts / als des Eltisten Lden / ferner Unsers Bruders Hertzog Bernhardt als des Eltisten Lden / und also zu ewigen Zeiten / wan in einer eintzigen Fürstlichen Linie Gebrüdere in Unser allerseits Hause zu Sachsen-Weymar verhanden / allewege der Eltiste / wan aber aus uns vieren oder andern nur eintzigen Linien Gebrüderen keiner / sondern zwey / drey oder mehrerley Erben von Uns / und also Vettern Hertzoge zu Sachsen vorhanden / als dan derjenige / welcher nicht per repræsentationem noch per Jurisdictionem, sondern in der That und Wahrheit von Natur und an Jahren /

ANNO 1629.

ren/ Monathen und Tagen der Eltiste zu derselben Zeit und Stunde seyn wird/ wan nach Gottes Willen der Todtes-Fall am letzten unter Uns Gebrüdern/ oder Eltisten regierenden Fürsten aus Unsern Erben/ geschieht/ und also fortan allewege der Eltiste an Jahren und unter allen zu einer solchen Zeit noch lebenden Vettern Unsers Hauses Sachsen-Weymar ohne einig Ansehen/ ob Er von einem Eltern und unter Landes-Fürstl. Principat gesessenen Herren Vatter herkomme oder nicht/ das Landes-Fürstliche Regiment vor allen andern haben und solches mit Rath der Jüngern/ wie obgedacht/ regieren soll. Jedoch daß er ehe nicht zum selbigen noch zu Empfahung gemeiner Landes-Huldigung in aller Nahmen soll admittiret werden/ er habe sich dan zuvorn gegen die Jüngern dieser Unserer ewigen General-Satzung und Vergleichung gemäß reversiret und verschrieben/ immassen dan wir Hertzog Wilhelm/ so viel itzo Uns als regierenden Fürsten belanget/ hiermit gegen Unsere Brüder Hertzog Albrechtens/ Hertzog Ernstens und Hertzog Bernhardts Lden/ und wir Hertzog Albrecht/ Hertzog Ernst und Hertzog Bernhard uns künfftiger Fälle halben gegen Uns unter einander und Unsers Herrn Bruders Hertzog Wilhelms Leibs-Erben/ gegenwärtige und künfftige solches krafft dieses Vertrages der Posterität zum Fürbild gethan und hiemit den Punct des Principats oder die Regierung Unser noch nicht erblich getheilten Fürstenthumbs belangende beschlossen haben wollen.

5. Ferner aber so wollen und sollen auch vermöge Unserer Brüderlichen Vergleichung wir Hertzog Wilhelm die gemeine Brüderliche Hof-Haltung auf Uns nehmen mit Unser Bruder Lbden Wissen/ Rath und Willen das Consistorium, die Rath-Stube/ die Cammer-Stube/ Cantzeley/ Rentherey und gantzes Hof-Wesen mit tichtigen und Ihr. Lbden genehmen Præsidenten/ Assessoren/ Cantzlar/ Cammer-und Hof-Räthen/ Hof-Officiern/ Rent-Meistern/ Secretarien/ und andern gesambten Dienern bestellen/ sie gebührlich besolden lassen/ und ohne Ihr. Lden Vorwissen und Willigen niemahls dieselben urläuben/ überhaupt aber nichts unnöthig/ noch unnützlich aufwenden/ allenthalben/ und zumahl in Küchen/ Keller/ und Silber-Cammer rathsame gute Ordnung machen/ über die zur Hof-Haltung/ Ausrichtungen und Unterhalt gemeiner Diener/ hinwieder nahmhafft gemachte Gelder/ ohne was zu Unser und Ihr. Lden Reputation nöthig/ nichts überflüßiges spendiren/ mit einen gedoppelten Inventario über Silberwerck und Weiß-Geräth/ und was der Hoffstadt zum gemein Mobilien sonsten mehr zu folgen pfleget/ eines vor uns und eines vor gesambte Cammer/ die Hoffstadt antretten und denen Personen/ so die Stücke solches Inventarii unter Handen haben/ mit Ernst einbinden/ ihme also vor Uns zu seyn/ daß sie Uns und Unser Bruder Lden davon genugsame Rechenschafft geben. Unsere freundliche lieben Brudere/ so lang Ihr. Lden solches gefällig/ an Unserer eigenen Taffel und Ihr. Lden Adliche und andere Diener (doch daß sie sich der Hof-Ordnung gemäß erweisen) mit Fürstl. und nothwendigen Unterhalt nach Hofhaltungs Gebrauch versehen/ so wohl auch alle Fürstl. und alle andere extraordinar Ausrichtung/ so nicht in Aemtern/ sondern in gesambter Hoffstadt/ die werde gleich gehalten/ an welchem Ende sie wolle/ fürfallen/ und ohne Unsere und Ihr. Lden absonderliche Beliebung und Einladung/ frembden Gefreunden/ Gesandten oder andern Gästen in Unserm und Ihrer Lden gesambten Nahmen geschehen muste/ biß auf die Auslosung in der Stadt an Lager und Rauchfutter auf Uns nehmen/ nachfolgende zwölff gemeine Diener über Hof/ als Nicolaus Kobern und seinen Jungen/ Capitain Hans Ernst Jageman und sein Jungen/ Claudi Petit, den Bereiter/ Fourier und seinen Diener/ zwo Keller-Personen/ den Hoff-Schießer und Hof-Fischer. Und sonsten keinen gemeinen Diener mehr/ (es werde dan deßhalben mit Uns sonderbahre Freund-Brüderliche Vergleichung getroffen) mit Unterhalt dem Speiß und Tranck versehen/ ihnen/ auch allen andern Dienern/ wie gebräuchlich/ auch eines jeden Bestallung gemäß/ leichte folgen lassen/ und zehen gemeine Pferde/ als einen Zug von sechs Pferden und ein Geschirr von vier Pferden unter Unsers Stallmeisters und Vorwercks-Verwalters Uffsicht halten/ auch zu allen Feuern in Hauptschloß/ biß auf die Cantzeley/ Ambtstuben und denen Gefangen-Losementer/ Holtz und andere Nothdurfft schaffen/ welches alles Wir Hertzog Albrecht/ Hertzog Ernst/ Hertzog Bernhard mit Freundbrüderlichen Danck annehmen/ und wollen nicht alleine vor Unser Personen zu nachtheiliglichen Verordnung und unnöthigen Uberfluß keine Ursach noch Anlaß geben/ sondern auch Unsers Bruders Hertzog Wilhelms Lbden solcher onerum halber mit hiernach benanten jährlichen Geldern aus gemeiner Cammer und andern Vortheilung vor Uns in Brüderlicher Theilung der jährlichen Landes Einkunfften Schad-loß halten. Und weiln Ihr. Lbden über eine bißhero geführte Hoffstadt geklaget/ auch wir Hertzog Albrecht krafft Brüderlichen Vertrags Anno 1626. von dergleichen Einbuß noch ein Brüderlichen Recompens zu fordern gehabt/ so wollen wir die andere Gebrüdere hiermit Unsers Bruders Hertzog Wilhelms Lden mit 3. tausend Gulden und Unsers Bruders Hertzog Albrechts Lden auch mit 2. tausend Gulden solches ihres Schadens entnommen haben.

6. Sonsten aber und dieweil vor verrichteter Brüderlicher Theilung nichts will so wohl von nöthen seyn/ als daß die alten Cammer-Rechnungen vollends justificiret/ abgehöret und biß auf Michaelis nechst verschienen/ geschlossen/ die neuen aber von derselben Zeit an/ uff einem unzweiffelhafften Grund jährlicher gewisser Einnahmen und Ausgaben gesetzet werden möchten/ so wäre zwar darzu nicht undienlich auch allen Unsern vorigen und sonderlich den Brüderlichen Verträgen Anno 1626. gemäß gewesen/ daß wir Uns sambt und sonders über diejenigen/ was ein jeglicher über sein gebührendes Antheil von Anno 1618. hero zu viel und zu wenig aus gemeiner Cammer aufgenommen und bekommen/ und also entweder gemeine Cammer bey Uns/ oder wir bey gemeiner Cammer noch zu fordern/ berechnen/ und der oder diejenigen/ bey welchen sich ein Rest oder Capital und Zinsen zugleich/ oder an einem allein finden/ solche abgestattet/ oder andere Richtigkeit mit nöthiger Verschreibung und Verzinsung biß zu endlichen Abtrag gemachet hätten. Wie dan zu solcher Rechnung allbereit gewisse Commissarien niedergesetzet und von denselben vor Uns Hertzog Albrechten/ Hertzog Ernsten und Hertzog Bernharden ein ziemlicher guter Anfang gemachet worden. Weil aber wir Hertzog Wilhelm in Betrachtung in was vor grossen Schaden und Kosten wir durch Unsern Unfall in Krieges-Wesen gerathen/ und wie wir dannenhero so wohl der getragenen Regiments-Bürden halber den Unsern dermassen/ wie sichs wohl gebühret hätte/ nicht fürstehen/ noch allenthalben Rath schaffen könten/ eine Bogenfarth vorgeschlagen/ und Freund-Brüderlich gebethen/ daß wir beydes mit einander und gemeiner Cammer zugleich aufheben und jeder Theil den andern aller Ansprüche und Forderungen/ so fürnehmlich aus Brüderlicher Ungleichheit und andern Ursachen herrühren/ erlassen und alle in den Sechs vorigen Brüderlichen Verträgen von 1618. biß uf 1626. inclusivè vorhandene

Ver-

ANNO 1629. Verschreibungen / Verpflichtungen / Zusagen / reservationes, und Vorbehalt / Erneuerung und fernere Bestätigung durch die Banck hinweg gantz und gar cassiren und aufheben möchten / mit Freund-Brüderlichen Erbiethen / daß wir gemeine Cammer mit keinen neuen Schulden mehr beschweren wolten. So haben wir Hertzog Albrecht / Hertzog Ernst und Hertzog Bernhard solchem Ihr. Lden Fürschlag und Freundbrüderlichem Suchen ferner und mit Fleiß nachgedacht / und ob Uns wohl zu schwer fürkommen wollen / Unsere Forderung bey gesambter Cammer gäntzlich sincken und fallen zu-lassen / dieweil wir eins theils auf Unsern Brüderlichen Antheil fast wenig aus der Cammer empfangen und dahero mit ziemlichen Schulden noch verhafft / Andern Theils aber von solchem Unsern Cammer-Rest und Hinterstand was ansehnliches zu Gottes Ehren und gemeiner Unterthanen Besten verordnet / Und 3ten Theils so wohl in Cammer- als auch andern auswärtigen Schulden stecken / darzu auch und zum vierdten Theil / zu einer wichtigen spesa das Unsere bedürffen möchten; So haben wir Uns doch mit Unsers Bruders Hertzog Wilhelms Lbden von ersten Brüderlichen Vertrage Anno 1618. an biß den Martium dieses 1628. Jahres / und nicht weiter / vor Jh. Lden in der Cammer ausgezehlet / Ihr aus dem gemeinen Zeughauß abgefolget / aus den Aembtern zugerechnet / in Küchen und Keller zugeschrieben / an den Cammer-Resten in Ambt Ober-Weymar biß uf Michaelis 1627. empfangen. Nechsten Sommers in der Herrschafft Henneberg verzehret / bey Werner Cammer-schmieden an 11. tausend Gulden aufgenommen und gemeinen Unterthanen zu gut und Brüderlichen Vertrag Anno 1623. ausgedinget / Ihr. Lden aus Freund-Brüderlicher guter Affection und um dero von Ihr angezogenen Ursachen Willen erlassen / und krafft dieses alle in vorigen Brüderlichen Verträgen Anno 1618, 21. 22. 23. 24. und 26 dißfalls verhandene vielfältige Obligationes, Verschreibung und deren Wiederholung / Erinnerung und Bestätigung / sambt den Cammer-Rechnungen cassiret / getödtet / vernichtet und abgethan / Ihr. Lden aber solcher Schulden gäntzlich quittiret und befreyet seyn sollen; doch daß sie dasjenige was etwan ihres noch hinterstehenden Deputat-Geldes halben oder bißhero geführter Hofhaltung wegen biß auf Walpurgis 1628. bey der Cammer zu fordern / auch fallen laßen möchten / und ihrem Erbiethen nach das Land und gemeine Cammer hinfort mit Schulden nicht beschweren / was aber Uns Hertzog Albrechten und Hertzog Bernhardch / anlanget / hat ihm Unser jeder wegen seiner Forderung bey gemeiner Cammer 3. tausend ausgedinget und vorbehalten / daß wir Hertzog Albrecht und Hertzog Ernst von Anfange Unser Brüderlichen Verträge her mit der Cammer obberührter massen vollends Uns berechnen wollen / und was sich als dann nach gezogenen Calculo finden wird / daß wir an Unsern Brüderlichen Jahr-Geldern zu wenig empfahen oder sonsten der Cammer vorgeschossen / dasselbe soll Uns nach der Cammer Müglichkeit / wo nicht uf einmahl / doch nach einander abgetragen und unter deß sambt den 3. tausend Gulden oder was nach geschehener Rechnung darvon übrig / von Unsers Bruders Hertzog Wilhelms als des regierenden Herrn Lbden. wegen gemeiner Verschreibung / und die 3. tausend biß uf endlichen Abtrag das hundert mit fünffen / was wir aber darüber vorgeschossen / das hundert mit sechsen fl. jährlich verzinset werden.

Weiln wir aber / Hertzog Bernhard / geschehener Abwesenheit halber / Unsers gemeinen brüderlichen Hoffs bißhero am wenigsten genossen / in der Frembde mehr aufwenden und alles in hohen Preiß bezahlen müssen / auch noch ferner ausserhalb Unsers Hoffes Fürstl. Nahmen Ehr und Ruhm nächstzustreben entschlossen / und so wohl zu gemeiner Cammer / als gemeine Cammer zu Uns / Forderunge und Zusprüche haben / Uns aber doch von denselben abzustehen erbothen und darbey die empfangene Berechnung mit der Cammer Uns zu entheben gebethen. Als haben wir Hertzog Wilhelm mit guten Wissen und Einwilligung Unserer beyden Brüdere Lden solcher Ihr Lden nicht unerheblichen Bitt / statt und Raum gegeben / und Uns erbothen alles was etwan Ihr. Lden gemeldete Cammer / oder bemeldte Cammer Ihro Lden von Anfangs Unserer Brüderlichen Verträge her biß auf Michaelis nechst verwichenes 1628. Jahres schuldig worden oder vor einander ausgeleget / gleich aufzuheben / und Ihr. Lden oder diejenigen welchen Ihr. Lden an Ihr. statt an solche Gelder weißen wird / Ihre vorbehaltene 3. tausend Fl. ohne weitere Berechnung und allen Abgang vor voll zu verschreiben und nach Erschwinckligkeit der Cammer / gleichwie Unsere Brüder Hertzog Albrechts und Hertzog Ernsts Lbden abzulegen / oder immittelst das hundert mit fünffen zuverzinßen / welches dan wir Hertzog Bernhard mit Freund-Brüderlichen Danck erkennen und angenommen. So wollen auch wir Hertzog Wilhelm Unsere Brudere Lden ingesambt / oder wem aus Ihr. Lden solches eigentlich von nöthen / vor Uns und neben Unserer andern Brudern Lbden dasjenige was sie oder Ihr einer oder ander bißhero an Mobilien aus der Zeug- und Hauß-Cammer / oder an den Cammer-Resten im Ambt Reichhards-Brun und Jena ANNO 1624. biß dato eingehoben / erlassen haben / und behalten Uns sambt Ihnen allerseits Lden nur die Berechnung mit Ihr. Lden wegen rückständiges Kostgeldes / und was sonsten mehr wir an Ihr. Lden sambt oder sonders an Uns und vor Unsere Personen zu sprechen haben / bevor / wollen auch nunmehr die Verfügung thun / daß die vorigen oder alten Cammer-Rechnungen nechst vergangenen Monaths ANNO 1628. beschlossen / die künfftigen und neuen aber uf diese Brüderliche transaction, als einen gewissen Grund künfftiger unzweiflicher Einnahm und Ausgab gesetzet und forthin jährlichen eine gewisse richtige Cammer-Rechnung übergeben werde / darbey dan Unser Bruder Lden allezeit freystehen soll / der Renterey und anderer Beambten und Diener Rechnung Ihrem Belieben nach durchzusehen / zu examiniren und wo Jh. Lbden Mangel befinden / Freund-Brüderliche Erinnerung zu thun und die Renthey-Personen oder Beampten und Diener zur Justification anhalten zu lassen / immassen wir auch selbsten auf Begehren in einen und dem andern / vor aus aber was durch Gottes Seegen jährlich ersparet und erübert worden / extracta fertigen Ihr. Lden geben und darvon Bericht thun / gleichwohl aber sonst zu keiner ordentlichen und gewöhnlichen Rechnung verbunden seyn sollen noch wollen. ANNO 1629.

7. Auf dieses der Cammer Einnahm und Unserer oder gemelter Cammer Schulden und Forderung und Justification die Brüderliche Gleichtheilung der gemeinen Landes-Einkünfften unter Uns Unser freundlichen lieben Bruder und Unser allerseits gemeine Cammer einzusetzen / so bleibt es anfänglich unverändert bey vorigen Brüderlichen Verträgen und nachfolgenden Puncten. Als erstlichen daß um Erhaltung Unsers jedes angebohrnen und uhralten Fürsten-Standes solche Theilung der jährlichen Landes-Einkünfften biß auf den Vorthel / darvor wir Hertzog Wilhelm unser allgemein Brüderliche Hof-Haltung Fürstl. führen müssen / billig gleich geschicht; Allermassen dann die Brüderliche Gleichheit von Unsern Vor-Eltern hergebracht / in ihren Testamenten den Nachkommen theuer eingebunden und recommendiret / und alle

ANNO 1629.

alle die so den testamentarischen Verordnungen nachgeben / sich dabey wohl befunden haben; Zum andern / daß jeglicher unter Uns seinen eignen und gewissen jährlichen Antheil an den gemeinen Landes-Einkünfften haben soll. Damit Er nach dessen Gelegenheit seinen Fürstl. Unterhalt / Ausgabe / Kosten und Zehrung außer und inner Landes bey gemeiner Hoffstadt und in Aemtern / wann Er durch dieselben in eigenen Sachen reiset / fürsichtig / ordentlich und räthlich anstellen und damit wohl zu reichen möge. Wie wir dann hierbey einander sonderlich angelobet und versprochen / daß keiner unter Uns / es sey wer es wolle / in die gemeine Cammer-Gefälle oder andere Einkommen / so der Cammer und jeglichen unter Uns in Aembtern oder anderer Orthen assigniret und angewiesen / einigen Eingriff thun soll / es geschehe gleich unter was prætext, Schein und Bedarff es wolle / dan da ja die Noth ein oder das andere mahl eine Hülffe erfordern solte / wollen wir / die andere Gebrüdere / nach geschehener demonstration, Uns gebührlich zu bezeigen wissen. Zum dritten / daß auch jeder solches seines eigenen Antheils oder Jahr-Gelds halben nicht an die gemeine Cammer / sondern gleichwie dieselbe an gewisse und hernach benante Aembter / Forwerge oder Güther und andere liegende Gründe Unsers gemeinen Fürstenthumbs: Wo aber die nicht für sich zureichen / alsdan erst an baaren Gelden / Getreidig und andere Nutzung oder Gefälle durch sonderbahre Befehl an die Beambten und Diener (welche auch wir Hertzog Wilhelm keinesweges wieder aufheben sollen noch wollen) angewiesen werden soll; Und solche Aembter / Vorwerge / Güther / Gründe / und andere Gefälle dergestalt innen haben / daß er vor allen andern Gebrüdern und gemeiner Cammer (wofern dieselbe gleichfalls darauf zu fordern) seinen Brüderlichen Antheil oder Jahrs-Geld / Geträydig und anders von Beampten und Dienern / den die Einnahme befohlen / empfangen; Sonsten aber sie mit allen Gerichten und Gerechtigkeit / Nutzungen / Gesuchten und Ungesuchten (es wäre dan hierin etwas ausgezogen) deßgleichen auch mit allen Bürden und Beschwerden aufs beste und ohne Rechnung / vermöge der hernach befindlichen extracten so Anno 1624. verfertiget / geniessen und gebrauchen, soll mit dieser fernerern Bescheidenheit / nehmlich: da von denen Güthern so ein jeder itzo bekommt / was eingienge / oder vom Wetter / Wasser und andern dergleichen Schäden verderbet würde / und von neuen wieder aufgebauet werden müste / so soll es von gemeiner Cammer auf ihren Verlag und Kosten zu Werck gesteller werden / da aber sonsten Unser einer mit neuen Teichen / Mühlen / Schäffereyen und dergleichen ein Ambt verbessern wolte / so soll er solches mit Raht / Vorbewust und Einwilligung thun / die Kosten auslegen / dargegen Zeit dieses Unsers Vertrags die Nutzung vor sich einheben und behalten / nach Ausgangs aber desselben und beym Eintritt solche Baukosten (wie dieselbe durch einen Gegenschreiber verzeichnet werden können und aufgangen) aus gemeiner Renth-Cammer ohne Zinsen wieder zu fordern / und vor empfangener würcklichen Bezahlung davon nicht abzutreten befugt seyn / hingegen aber und was die onera anbelanget / dieweil dieselbe allbereit vor dem Bruderlichen Vertrag 1624. in Anschlag erwogen / und also gesetzet worden / daß sie des Brüderlichen Jahr-Geldes-Summa und Einkünfften gar nichts mindern noch hindern / so soll auch ein jeder da etwas an Zinsen in seinen Aembtern und Orthen / zu hohlen / hergebracht / und alle onera wie die mit Nahmen bey jedweder portion extracten Anno 1624. in Ausgab zu befinden und zum theil noch besser ergäntzet werden sollen / tragen und sich behalten / dergleichen vor das Inventarium, welches bey seinen dermahligen Antritt schon dreyfach verfertiget werden soll / stehen und dahin sehen / daß jegliches Amtes Vorwerck und was ihme mehr eingethan / angebunden / und aller Zugehörungen / Rechten und Gerechtigkeiten in seinen Wesen erhalten / nichts verwüstet noch verwahrloset / auch alles pfleglich genutzet und gebrauchet / und insonderheit die Unterthanen bey ihrem Herkommen gelassen und über gewöhnliche Dienste / Fron- und Zinß und andere dergleichen onera nicht beschweret werden mögen. Trüge sichs aber zu (welches doch der Allmächtige gnädiglich abwende) daß ohne Verwahrlosung durch Feuersbrunst / Ungewitter / Mißwachs / Heer-Zugs / Plünderung und dergleichen Fälle / so durch Menschliche Vorsicht und Macht der Inhaber nicht verhütet noch abgewendet werden können / ein solcher unerträglicher Schade geschehe / daß einer unter Unß seines Brüderlichen angewiesenen Antheils ein oder mehr Jahr entweder nicht / oder auch nicht völlig fähig werden könte / so soll solches Schadens und Abgangs-Würterung und Erkentniß auf verständiger Leuthe Besichtigung und Achtung gestellet / und nach Erfindung von andern Orthen billige Erstattung verordnet werden. Sonsten aber sollen die Beamten und Diener in Unser aller Pflichten bleiben und ohne Unser Hertzog Wilhelms Vorbewust nicht angenommen noch abgesetzet / auch die Justiz und derer Administration jedes Ambts oder Orths durch seine und andere dahin verordnete Haupt- und Ambt-Männer / oder was durch sie nicht geschehen kan / durch Unsere gesambte Regierung verrichtet / geschlichtet und Hertzog Wilhelm kein Eingriff noch Hinderung darinnen gethan werden.

8. Hernach aber ist von etzlichen aus Uns Gebrüdern zu erwegen gebethen worden / ob nicht Unser jegliches Brüderlicher Antheil an den jährlichen Landes-Einkünfften mit noch einer austräglichen jährlichen Zulage verbessert werden könne. Ob wir nun wohl ein ander solche Zulage und Verbesserung Brüderlich und gerne hätten gönnen mögen / derentwegen auch die Cammer-Rechnungen und Einkünfften mit fleiß durchsehen / calculiren und Einnahme gegen Ausgabe halten lassen / jedoch weiln sich befunden / daß eher dann durch Aenderung itziger Beschwerden und daher rührenden Ausgab / das Restat wieder erhöhet und gemehret wird / es mit Verbesserung eines jeden Brüderlichen Antheils höher nicht zu bringen / als daß ein jeder von Uns über seine itzige 3. tausend Gülden und was er etwan bey guten Jahren und räthlicher Nutzung des seinigen / nach Erinnerung des Brüderlichen Vertrags Anno 1624. mehr erübrigen kan / noch ein tausend Gülden jährlich / und also jedes Jahr zusammen 4. tausend Fl. gewisses Einkommens haben könte. So haben wir ingesambt und sonders einander versprochen / biß Uns der Allmächtige ferner an Einnahme oder Übermaß segnet / daran eine Gnüge zu haben / außer daß wir Hertzog Wilhelm / Hertzog Albrecht und Hertzog Ernst in Ansehung daß Unsers Bruders Hertzog Bernhards Lbden noch weiter ausserhalb gemeines Hoffes (wie obgedacht) sich enthalten wird / Ihr Lden Freund-Brüderlich zugesaget / derselben auf fünffte halb Jahr lang nehmlich von Walpurgis dieses 1629. Jahrs Ausrechnung biß auf Michaelis des (geliebts Gott) 1633. Jahres jedes Jahr noch mit ein tausend Fl. halb Michaelis / halb Walpurgis ohne alle Wiederbezahlung zu willfahren und aus zu helffen / welches wir dann Hertzog Bernhard von Unserer Bruder Lden zu danck angenommen und

Anno 1629. und nechst Ihr. Lbden allerseits die Special-Eintheilung und Anweisung der jährlichen Landes-Einkünfften und gemeiner Cammer hierauf gemachet und unter einander abgeredet / daß die Besitzung völliger Nutzung / und Einnahme jederer Portion sich von Michaelis des 1627. Jahrs anfahen / und do mittelst etwas von Unsern Brüderlichen Antheilen an gemeiner Cammer und jemands anders unter Uns geliefert / dasselbe also balden wieder erstattet oder gut gemachet werden soll.

9. Dieses alles und jedes nun so obstehet und Unß Gebrüdere allesambt / oder Unser jeglichen besonders berühret / gereden und versprechen wir vor Uns Unsere Erben und Nachkommen Gegenwärtige und Zukünfftige bey Unsern Fürstlichen Ehren / Würden und Worten in rechten wahren treuen Fürstl. stet / fest aufrichtig und unverbrüchlich zu halten / zu vollziehen / darwieder heimlich oder öffentlich nichts zu thun noch zugestatten von Unsertwegen gethan zu werden. Sagen auch zu diesem Ende allen und jeden rechtlichen und andern behelffen / ein- und ausreden / so wieder diesen Unsern Vertrag durch menschliche Liste und Spitzfindigkeit erdacht und auf die Bahn gebracht werden möchten sambt und sonderlich ab. Insonderheit aber und damit Unserer hiebevor von Anno 1618. aufgerichteten mancherley Brüderlichen Verträge halben keine Hindernüß an Observirung dieses Vertrags verursachet / oder zu einigen Zweiffel / Scrupel, und Irrsall Anlaß gegeben werden möchte / so haben wir dieselben mit Fleiß übersehen und gegen diesen Unsern Vertrag halten lassen / und nachdem sichs befunden / daß nur besagte Brüderliche Verträge wie dieselbe an datis Weymar Mittwochs nach Andreä den 2ten Decembr. Anno 1618.

Aschersleben den 24ten Februar. Anno 1621.
Weymar den 13. Februar. Anno 1622.
Gruningen den 22. Martii Anno 1623. und nochmahls.
Weymar den 6ten December Anno 1624.

Wie auch den 20ten Septemb. Anno 1626. an 6. unterschiedenen Stücken aufgerichtet / darauf beruhen / daß sie eins theils in allen denjenigen / was von Unsers in GOtt verschiedenen Eltisten Herrn Bruders Hertzog Johann Ernsts Lden Zeit Unserer Vormundschafft / und hernach bey Ihrer Seeligen Lden persönlichen Landes-Regierung / oder in dero Abwesen und Vollmacht von Uns Hertzog Ernsten / Hertzog Albrechten und Hertzog Wilhelmen in unterschiedlichen Jahren und Sachen / wie die Nahmen haben mögen / vor gut angesehen / verwilliget / verschrieben / zu milden Sachen angewendet / gethan / verschafft / verordnet / befohlen und schon hiebevorn von Uns sambt und sonderlich ohne einige Ausnahme und Vorbehalt vor genehm gehalten und gut geheissen worden / nochmahls und zu endlichen Uberfluß ratificiret und approbiret / andern Theils in den Stücken darinn sie noch künfftig ihren Nutz / Krafft und Würckung hätten haben sollen / und können / anhero in diesen Unsern Vertrag übersetzet / und nach Gelegenheit erkläret und dritten Theils / da sie mit diesem Vertrage mißhellig oder ihme nur stracks zuwider / und nicht allbereit durch die Zeit selbsten / oder andere erfolgte Verträge cassiret / geendet und aufgehoben seyn / noch hiermit und in krafft dieses Vertrages entweder ausdrücklich oder nicht übergeben und stillschweigend getödtet / vernichtet und abgethan werden möchten. Demnach so ratificiren / approbiren / heissen gut und bestättigen ohne einige Ausnahme nochmahls wir Gebrüdere sambt und sonders alle dasjenige hiemit / was zu endlichen Uberfluß Unserer Ratification und Approbation bedarff / und wie wir das andere / welches noch ins künfftige seinen Nutzen und Würckung hätte haben sollen oder können / albereit in deme was von Anfange dieses Unsers Vertrags biß hierher vermeldet / übersetzen und erläutern lassen; So heben wir auch auf / cassiren / tödten und vernichten alles das / darinn die vorigen Brüderlichen Verträge diesem itzigen zu wieder / oder von ihme übergangen seynd. Anno 1629.

Ordnen darauf und wollen / daß von nun an dieser eintzige und kein ander Vertrag / die gantze und eintzige Summa / Inhalt und Richtschnur / aller Unser Brüderlichen Vergleichung der Landes-Gemeinschafft / Regierung / Hof-Haltung / Berechnung und Theilung der Landes-Einkünfften halben seyn und bleiben / derselben auch stracks nachgegangen werden solle.

10. Do aber über Hoffnung und Zuversicht einiger Zweiffel / Mißhelligkeit und Irrung über dem Buchstaben und Verstand derselben einfiele / daran wir Gebrüdere Uns untereinander selbst nicht vergleichen könten / so wollen wir drey Personen aus Unsern Cammer- und Hoff-Räthen / darunter einer der Arbiter, oder ob-man seyn soll / einen Rechts-Gelehrten aus Unsern Doctoribus und Professoribus zu Jena / und eine Person aus Unser Ritterschafft darüber erkennen lassen / und was die durch den mehrern Theil der Stimmen darüber aussprechen / darbey soll es unter Uns ohne alle Weigerung bleiben / und Ihr keiner deßhalben vor Uns verdacht werden / treulich und sonder Gefehrde. Zu Uhrkund haben Wir diesen Unsern Brüderlichen Vertrag einander mit Hand und Mund angelobet / fünfffach ins reine schreiben lassen / jegliches exemplar mit Unsern Fürstl. Hand-Zeichen unterzeichnet / anhangenden Insigel bekräfftiget und jeglicher unter Uns ein original, das übrige aber Unser gemeiner Renth-Cammer zugestellet / in Beyseyn und Anwesen der Vesten / und Hochgelahrten Unser Cammer-Räthen / Cantzlar / gesambte und sonderbahre Hoff-Räthe / und lieben getreuen / Friedrichs von Kospot uff Seubtendorff / Caspars von Miltitz zu Gutmanshausen / Rudolffs von Dißkau zu Finsterwald / Herrn Samuel Gögshausens Cantzlars / Herrn Laurentz Braunens beyder Rechten Doctorn, Herrn Friedrichs Hartleders / Herren Siegmund Heißners von Wandersleben / und Herrn Tobiæ Adami.

So geschehen zu Weymar den 15ten Martii nach Christi Unsers Herrn Erlösers und Seeligmachers Geburth / im ein tausend sechs hundert und neun und zwantzigsten Jahre.

Wilhelm Hertzog zu Sachsen 2c.
Albrecht Hertzog zu Sachsen 2c.
Ernst Hertzog zu Sachsen 2c.
Bernhardt Hertzog zu Sachsen 2c.

Friedrich von Kospot 2c.
Rudolph von Dißkau /
Samuel Göghausen /
Siegesmund Heißner /
Caspar von Miltitz /
Laurentius Braun / D.
Friedrich Hartleder /
Tobias Adami.

ANNO 1629.

8. Avril.

LE PAPE, LA FRANCE, VENISE ET MANTOUE.

CCCXIV.

Traité de Confédération & d'Alliance pour six ans, entre le Pape URBAIN VIII. LOUIS XIII. *Roi de France, la République de* VENISE, *& le Duc de* MANTOUE, *pour la deffense de leurs Etats, contre la Maison* D'AUTRICHE. *Fait à Venise le 8. Avril 1629. Le Pape ne signa pas ce Traité.* [FREDER. LEONARD, Tom. IV.]

In nomine Sanctissimæ Trinitatis & gloriosæ Virginis Mariæ.

I. L'OPPRESSION faite par les Espagnols au Duc de Mantouë, aiant contraint le Roi de quitter ses affaires propres pour venir en personne avec trente cinq mil hommes de pied & trois mil chevaux, secourir ledit Sieur Duc, ainsi qu'il y a esté convié par plusieurs Princes de la Chrestienté, & particulierement par ceux qui tiennent les principaux Etats d'Italie, qui reciproquement lui ont promis d'y concourir de leur part avec leurs forces & leurs armes, Sa Sainteté, Sa Majesté Tres Chrestienne, la Serenissime Republique de Venise, unis pour le secours dud. Sieur Duc; sans autre interest que de proteger leurs Alliez, & de procurer le repos de l'Italie & de toute la Chrétienté; considerans qu'il ne suffit pas d'unir presentement leurs Armes pour le secours des Etats dudit Duc de Mantouë, mais qu'il est du tout necessaire d'empescher qu'à l'avenir il ne puisse plus arriver de semblables inconveniens au prejudice de la sureté de tous les Princes & de la Paix de la Chrestienté, ont estimé du tout important de faire Ligue & Union entre eux & ledit Sieur Duc de Mantouë, selon la Convention des Articles suivans pour six années, sauf à les prolonger puis après selon le bon plaisir des Confederez. Ils sont tous tenus & obligez, au cas que l'un d'eux fust offensé hostilement en ses Etats par qui que ce puisse estre, & notamment par la Maison d'Autriche, en consequence de la presente Union & prise d'armes ou autre cause, d'emploier leurs forces pour la deffense de celui qui sera attaqué, jusqu'à ce que l'hostilité cesse entierement: en ce cas sa Sainteté contribuera huit mil hommes de pied & huit cens chevaux; sa Majesté vingt mil hommes de pied & deux mil chevaux; la Serenissime Republique de Venise douze mil hommes de pied & douze cens chevaux, & ledit Sieur Duc de Mantouë cinq mil hommes de pied & cinq cens chevaux: & en cas que la France fournist une plus puissante Armée, comme elle fait en cette presente occasion, les Colleguez fourniront aussi des forces plus puissantes au prorata du pied que dessus; toutes lesquelles Troupes seront entretenuës & fournies de toutes choses necessaires, comme Vivres, Artilleries, Munitions de guerre, aux dépens de ceux qui seront tenus de les mettre sur pied, & ce tant & si longuement que l'hostilité durera, & jusqu'à-ce que celui qui sera attaqué soit remis en l'estat où il est à present. Que s'il n'estoit pas besoin d'un si grand nombre de gens de guerre pour l'effet qui sera requis, chacun des susdits Colleguez diminuera le nombre qu'il doit fournir au prorata l'un de l'autre, & ce par un commun consentement; & afin que celui d'entre eux qui seroit attaqué soit plutost secouru, ceux qui en seront proches lui fourniront sans délai toute l'assistance qu'ils pourront, à raison des choses ci-dessus specifiées, d'Hommes, de Vivres, Artilleries, Munitions de guerre & argent, sans attendre le secours de ceux qui en seront le plus éloignez, lesquels neanmoins seront tenus de contribuer avec toute la diligence possible, ce à quoi ils sont obligez.

II. Et s'il arrive que au progrez de leurs armes prises pour leur conservation commune, ils soient contraints de convertir leur deffense, en attaque: & qu'en ce cas ils conquerent quelques Places ou quelque Etat, le partage sera fait entre eux, selon qu'eux-mêmes ou la plus grande part d'eux trouveront raisonnable, aiant égard à ce que l'un plus que l'autre y aura contribué.

III. Et afin que cette presente Union fondée sur des causes si justes & si importantes à la tranquilité publique, soit d'autant plus considerable, & puisse mieux parvenir à la fin de son institution, qu'elle sera composée d'un plus grand nombre de Princes & Potentats, les Colleguez inviteront les autres Princes qui ont un interest commun d'y entrer le plus promptement & efficacement qu'il se pourra; en laquelle Confederation ils seront receus dans six mois, aux conditions de contribuer à la susdite fin au prorata, selon qu'il sera arresté. *Datum Venetiis, die 8. Aprilis 1629. Et plus bas est écrit*: Pour sa Majesté, avec Pouvoir exprès, CL. DE MESMES. *Et au dessous*, Per la Serenissima Republica di Venetia, ANDREA SURIANO, Secretaire.

ANNO 1629.

Le Roi aiant veu le Traité de Ligue pour la conservation d'Italie, arresté, conclu & signé entre le Sieur d'Avaux, Conseiller de sa Majesté en son Conseil d'Etat, & son Ambassadeur ordinaire à Venise de sa part, & ladite Republique d'autre, le huitiéme jour du present mois d'Avril, sa Majesté a le contenu audit Traité, selon & ainsi qu'il est ci-dessus transcrit, agréé, approuvé & ratifié, promettant en bonne foi & parole de Roi de le garder, observer & entretenir en tous ses points, sans y contrevenir en aucune maniere. En témoin de quoi sa Majesté a signé la presente de sa main, icelle fait contresigner par moi Conseiller Secretaire d'Etat & de ses Commandemens, & apposer le Cachet de ses Armes. Fait au Camp de Suze le 19. Avril 1629.

CCCXV.

24. Avril.

FRANCE ET ANGLETERRE.

Traité de Paix & Confédération entre LOUIS XIII. *Roi de France & CHARLES I. Roi d'Angleterre fait à Suze le 24 Avril 1629.* [FREDER. LEONARD, Tom. V. pag. 35. d'où l'on a tiré cette Pièce, qui se trouve aussi dans le MERCURE FRANÇOIS, Tom. XV. pag. 147. & en Italien dans VITTORIO SIRI, *Memorie recondite*, Tom. VI. pag. 653.]

I. LES deux Rois demeureront d'accord de renouveller les anciennes Alliances entre les deux Couronnes, & les garder inviolablement, avec ouverture du Commerce seur & libre. Et pour le regard dudit Commerce, s'il y a quelque chose à ajoûter ou diminuer, se fera de part & d'autre de gré à gré, ainsi qu'il sera jugé à propos.

II. Et d'autant qu'il seroit difficile de faire les restitutions de part & d'autre, des diverses prises qui ont esté faites durant la Guerre, les deux Couronnes sont demeurées d'accord qu'il ne s'en fera aucune: & ne s'accordera aucune represaille par Mer, ou autre façon quelconque, pour ce qui s'est passé entre les deux Rois & leurs Sujets durant cette derniere Guerre.

III. Quant à ce qui regarde les Articles & Contracts de Mariage de la Reine de la Grande Bretagne, ils seront confirmés de bonne foi.

IV. Et sur ce qui concerne la Maison de la Reine, s'il y a quelque chose à ajoûter ou diminuer, se fera de part & d'autre de gré à gré, ainsi qu'il sera jugé plus à propos pour le service de ladite Reine.

V. Toutes les anciennes Alliances, tant de l'une que de l'autre Couronne, demeureront en leur vigueur, sans que pour le present Traité il y ait aucune alteration.

VI. Les deux Rois pour le present Traité estant remis en l'affection & intelligence en laquelle ils estoient auparavant, s'emploieront respectivement à donner assistance à leurs Alliés & Amis, selon que la constitution des affaires & l'avantage du bien public le requerront & le pourront permettre: le tout à dessein de procurer un entier repos à la Chrétienté, pour lequel les Ambassadeurs des deux Couronnes seront chargés de propositions & d'ouvertures.

VII. Toutes lesdites choses estant établies & acceptées de côté & d'autre, Ambassadeurs extraordinaires, personnes de qualité, seront envoiés reciproquement avec Ratification de ce present Accord: lesquels porteront aussi la denomination des Ambassadeurs extraordinaires, pour resider en l'une & l'autre Cour; afin de raffermir cette bonne union, & empêcher toutes les occasions qui la pourront troubler.

VIII. Et d'autant qu'il y a beaucoup de Vaisseaux en Mer avec Lettres de marque, & pouvoir de combattre les ennemis, qui ne pourront pas si tôt entendre cette Paix, ni recevoir ordre de s'abstenir de toute hostilité; Il sera accordé par cet Article, que tout ce qui se passera l'espace de deux mois prochains après cet Accord fait, ne dérogera ni empêchera cette Paix, ni la bonne volonté de ces deux Couronnes; à la charge toutefois, que ce qui sera pris dans l'espace des deux mois

ANNO 1629.

mois depuis la signature du Traité, sera restitué de part & d'autre.

IX. Les deux Rois signeront les presens Articles le 24. du present mois d'Avril, lesquels seront consignés en même temps, par leur Commandement, és mains des Sieurs Ambassadeurs de Venise George Georgy & Loüis Contarin, residans prés leurs Personnes: pour les délivrer reciproquement ausdits deux Rois, à jour préfix incontinent que chacun d'eux aura sçû l'un de l'autre qu'ils ont lesdits Articles entre les mains: & du jour de la signature tous actes d'hostilité, tant par Mer que par Terre, cesseront; & les Proclamations necessaires à cet effet seront faites le 20. jour de Mai dans les deux Roiaumes. Et dedans le premier jour de Juin prochain les deux Rois feront trouver leurs Ambassadeurs, l'un à Calais, & l'autre à Douvre, pour passer en même temps l'un en Angleterre & l'autre en France.

Fait à Suze ce vingt-quatriéme jour d'Avril 1629.

(1) *Déclaration du Roi de France, pour le rétablissement du Commerce avec l'Angleterre, donnée au Camp d'Alez le 23. Juin 1629.*

LOUIS par la grace de Dieu Roi de France & de Navarre: A tous ceux qui ces presentes Lettres verront, Salut. Encore que par la publication que nous avons ci-devant ordonné estre faite par tout nôtre Roiaume, Païs, Terres & Seigneuries de nôtre obeïssance, de la Paix arrêtée entre Nous & le Roi de la grande Bretagne nôtre tres-cher & tres-amé bon Frere & Beau-frere, il soit expressément porté, que le Trafic & Commerce sera seur & libre à l'avenir tant par Mer que par Terre entre nos Sujets & les siens, ainsi qu'il estoit avant la derniere Guerre; Nous avons neanmoins jugé à propos, pour empêcher que personne ne puisse mettre en doute nôtre volonté sur ce sujet, de faire dépêcher nos Lettres de Declaration expresses, afin que nos Sujets conviés par la nouvelle publication qui en sera faite par nosdites Lettres, se portent plus volontiers à reprendre & remettre l'ancien Commerce & Trafic qu'ils souloient avoir avec les Anglois: Nous, pour ces causes & autres à ce nous mouvans, avons dit & declaré, disons & declarons par ces Presentes signées de nôtre main, nos vouloir & intention être, qu'il y ait à l'avenir tout seur & libre Commerce & Trafic, tant par Mer que par Terre, entre nosdits Sujets & ceux de nôtredit bon Frere & Beau-Frere le Roi de la grande Bretagne: Voulons, ordonnons & nous plaît, que pour raison d'icelui ils aient tout seur & libre accez en nos Ports, Havres & Villes, & y puissent apporter toutes sortes de Marchandises, icelles vendre, troquer & échanger; en acheter & transporter d'autres de nôtredit Roiaume, excepté celles prohibées par nos Ordonnances: tout ainsi qu'ils faisoient avant lesdites Guerres, nonobstant toutes les défenses que nous avons ci-devant faites au contraire, lesquelles nous avons levées & ôtées, levons & ôtons en faveur dudit Traité de Paix. Si donnons en mandement à nos amés & feaux Conseillers les Gens tenans nôtre Cour de Parlement, Baillifs, Senéchaux, Prevôts, ou leurs Lieutenans, & tous autres nos Officiers qu'il appartiendra, que ces presentes nos Lettres de Declaration ils fassent lire, enregistrer & publier par tout où il appartiendra, & le contenu en icelles entretenir, garder & observer, sans permettre qu'il y soit contrevenu: Enjoignant à nôtre Procureur General en nôtredite Cour d'y tenir la main; Car tel est nôtre plaisir. En témoin dequoi nous avons fait mettre nôtre Scel à cesdites Presentes. Donné au Camp d'Alez le vingt-troisiéme jour de Juin, l'an de Grace 1629. de nôtre Regne le 20.

Signé, LOUIS.

Et sur le repli, Par le Roi,

PHELIPEAUX.

Et scellées du grand Sceau en cire jaune sur double queuë.

(1) Comme cette Déclaration est une suite du Traité qui précéde, on n'en fait qu'un seul Article, quoique par la date elle dût être mise après le Traité suivant. Il en est de même du Serment qui suit.

Acte du Serment fait par le Roi d'Angleterre pour l'observation du Traité du 24. Avril à Windsor le 6/16. Septembre 1629. [MERCURE FRANÇOIS, Tom. XV. pag. 636]

ANNO 1629.

NOS CAROLUS Dei gratia magnæ Britanniæ, Franciæ & Hiberniæ Rex, Fidei Deffensor, &c. promittimus & juramus in manus illustrissimi Viri de Laubespine, Marchionis de Chasteau-neuf, hîc præsentis, Legati & Procuratoris Serenissimi & Potentissimi Principis Ludovici decimitertii Francorum & Navarræ Regis Christianissimi, Fratris, Affinis, & Amici nostri Charissimi, & super hæc sacro-sancta Dei Evangelia, Quod nos inviolabilem, & sine fraude, aut dolo malo, observabimus reconciliationis Tractatum, conclusum & accordatum inter nos & dictum nostrum Fratrem Charissimum Regem Christianissimum, die 14. Mensis Aprilis anni præsentis, secundum omnes & singulos Articulos in eodem Tractatu contentos. Neque consentiemus vel per nos aut Subditos nostros aliquid tentetur seu innovetur, directè aut indirectè, contra dictam Reconciliationem & Pacificationem, vel in præjudicium dicti Tractatus. In cujus rei testimonium manum nostram propriam præsentibus apposuimus 6. Septembris; Anno Regni nostri 5. Annoque Domini 1629.

Acte du Serment fait par le Roi T. C. pour l'observation du Traité du 24. Avril dernier, à Fontainebleau le 16. Septembre 1629.

LE seiziéme jour de Septembre mil six cens vingt-neuf, tres-Haut, tres-Excellent & tres-Puissant Prince Louis par la grace de Dieu Roi de France & de Navarre, nôtre Souverain Seigneur, present & assistant le Sieur Thomas Edmont Ambassadeur extraordinaire de tres-Haut, tres-Excellent & tres-Puissant Prince Charles aussi par la grace de Dieu Roi de la Grande-Bretagne, a fait & prêté en l'Eglise du Bourg de Fontainebleau le Serment de l'observation du Traité de Paix, Reconciliation & Amitié, fait & conclu entre Sa Majesté & ledit Sieur Roi de la Grande Bretagne le vingt-quatriéme du mois d'Avril dernier: duquel Serment la teneur ensuit.

NOUS LOUIS par la grace de Dieu Roi Tres-Chrestien de France & de Navarre, jurons & promettons, en foi & parole de Roi, sur les Saints Evangiles pour ce par Nous touchés, en presence du Sieur Thomas Edmont, Chevalier, Ambassadeur extraordinaire de tres-Haut, tres-Excellent & tres-Puissant Prince Charles par la même grace de Dieu Roi de la Grande Bretagne, nôtre tres-cher & tres-amé bon Frere, Beau-Frere, Cousin, & ancien Allié: que nous accomplirons & observerons, ferons observer, accomplir plainement, réellement & de bonne foi, tous & chacuns les Points & Articles accordés & portés par le Traité de Paix, Reconciliation & Amitié, fait & conclu entre Nous & nôtredit tres-cher & amé bon Frere & Beau-Frere, nos Roiaumes, Etats, Païs & Sujets, le vingt-quatriéme du mois d'Avril dernier: lesquels Traités & Articles aians ci-devant approuvés & confirmés, Nous approuvons & confirmons de nouveau, & en jurons & promettons devant Dieu, & à mains jointes, l'observation, sans jamais y contrevenir directement ni indirectement, ni permettre qu'il y soit contrevenu en aucune maniere; ainsi Dieu nous soit en aide. En foi & témoignage dequoi nous avons publiquement signé ces Presentes de nôtre propre main, & à icelles fait mettre & apposer nôtre Scel, en l'Eglise du Bourg de Fontainebleau le seiziéme jour de Septembre, l'an de Grace 1629. & de nôtre Regne le vingtiéme.

Ledit Acte a esté signé, LOUIS; *& sur le repli*: Par le Roi, BOUTHILLIER, *& scellé du grand Sceau de cire jaune sur double queuë*, baillé audit Ambassadeur separément d'avec le present procez verbal.

A laquelle prestation de Serment se sont trouvés presens & ont assisté tres-Haute, tres-Excellente & tres-Puissante Princesse Marie par la grace de Dieu Reine de France & de Navarre Doüairiere, Mere du Roi: tres-Haute, tres-Excellente & tres-Puissante Princesse Anne par la même grace de Dieu Reine de France & de Navarre, Epouse de Sa Majesté: Monseigneur le Comte de Soissons, Pair & Grand Maître

ANNO 1629.

tre de France, Gouverneur & Lieutenant General pour Sa Majesté en Dauphiné: Monsieur le Cardinal de Richelieu, tenant le Livre des Saints Evangiles, sur lequel Sa Majesté avoit les mains posées: Monsieur le Cardinal de la Vallette, plusieurs Princes, Ducs, Pairs de France, & Officiers de la Couronne: & Mr. de Marillac, Garde des Sceaux de France.

En témoin dequoi, & à la Requête dudit Sieur Edmont Ambassadeur, & par Commandement de Sa Majesté, nous Henri-Auguste de Lomenie, Sieur de la Villeauxclercs, Comte de Montbron: Charles de Beauclerc, Sieur & Baron d'Acheres: Claude Bouthillier, Sieur du Mesnil & des Caves: Loüis Phelipeaux, Sieur de la Vrilliere, Chevaliers, Conseillers & Secretaires d'Etat, dudit Sieur Roi & de ses Commandemens, avons signé la Presente de nos mains en la maniere accoûtumée, les jour & an que dessus.

Signé,
DE LOMENIE,
DE BEAUCLERC,
BOUTHILLIER,
ET PHELIPEAUX.

CCCXVI.

3. Mai. L'ESPAGNE ET LE DUC DE ROHAN.

Traité fait entre PHILIPPE IV. *Roi d'Espagne, & le Duc de* ROHAN, *au nom des Reformez de France; fait à Madrid le 3. Mai 1629.* [Recueil des Traitez de Confédération, &c. entre la Couronne de France & les Princes & Etats Etrangers pag. 470, d'où l'on a tiré cette Piéce, qui se trouve en Italien & datée du 13. Mai dans VITTORIO SIRI, *Memorie recondite*, Tom. VI. pag. 646.]

COmme il se vid, comme le Sieur de Rohan avoit envoyé Clauzel son Agent en Espagne, où il se faisoit nommer le Sieur de la Roche, & comme il fust bien reçeu sur l'esperance de pouvoir par l'Alliance des Rebelles de France, faire diversion des armes du Roy Tres-Chrestien, qui estoient au secours de Monsieur le Duc de Mantoüe, voicy le Traité qui fust fait.

Estant venu en cette Cour le Sieur de Clauzel de la part du Sieur Duc de Rohan, pour representer à sa Majesté Catholique l'estat des affaires, & de ceux de son Party & Adherans, & le desir qu'ils ont de servir sa Majesté Catholique, ledit Sieur Clauzel a fait les demandes & offres suivantes.

I. Que le Sieur de Rohan supplie tres-humblement sa Majesté Catholique, supposant que la raison d'Estat luy permette de le secourir & assister de quelques sommes d'argent pour conserver la guerre qu'il fait en France depuis quelques années en çà; moyennant quoy il offre tres-humble service à sa Majesté Catholique, laquelle pourra l'employer quand & comme bon lui semblera.

II. Ledit Sieur Duc de Rohan offre d'entretenir la guerre & icelle conserver pour tout le temps qu'il plaira à sa Majesté Catholique, moyennant qu'il lui plaise lui aider de six cens mil Ducats d'or, payables en argent comptant en deux payes, la premiere par advance, moyennant lequel secours il sera obligé d'entretenir d'ordinaire douze mil hommes de pied & mil deux cens chevaux, pour faire telle diversion qu'il plaira à sa Majesté Catholique soit au bas & haut Languedoc, Provence, Dauphiné, au choix de sa Majesté.

III. Offrant en outre ledit Sieur de Rohan à sa Majesté Catholique, de tenir main & favoriser tous les desseins de Sadite Majesté en quelque temps que ce soit, de tout son pouvoir.

IV. Promet en outre ledit Sieur de Rohan de maintenir & donner pleine & entiere liberté de conscience tant és Villes que luy & ceux de son party tiennent, comme aussi en toutes celles qu'il pourroit acquerir pour l'advenir, & en tous Bourgs, Villes & Villages & autres lieux possedés à present, & que lui ou ceux de son party pourront posseder à l'advenir.

V. Promet en outre ledit Sieur de Rohan de conserver les Convents des Religieux en l'estat qu'ils sont, les faisant joüir paisiblement de leurs Eglises, Biens, rentes foncieres, fruits, de mesme aussi à tous autres Ecclesiastiques, sans iceux inquieter en aucune chose.

ANNO 1629.

VI. Et cas advenant que ledit Sieur de Rohan & ceux de son Party se puissent rendre si forts qu'ils se puissent cantonner & faire un Estat à part, audit cas ils promettent pareillement la liberté de Conscience, & le libre exercice de la Religion aux Catholiques, & à cet effet l'on pourra faire ledit exercice par toutes les Villes, Villages & autres Lieux qu'ils tiennent, comme en ceux qu'ils acquerront à l'advenir.

VII. Les Catholiques joüiront de tous leurs Biens presens & advenir, & seront traictez en toutes charges & impositions esgalement comme les autres, & seront tenus ceux dudit Party de conserver tous les Religieux & Religieuses en leurs Biens, Dignités & Honneurs.

VIII. Les Catholiques entreront en toutes Charges de Villes, & seront à icelles admis comme les autres, sera estably égalité de justice, & seront receus en tous les Presidiaux, Seneschaussées, Parlemens, Chambres des Comptes, & en tous autres Offices de Justice; finalement les Catholiques seront maintenus en tous leurs Biens, Honneurs & Dignités comme ceux de l'autre Party, sauf à ce qui regardera l'asseurance de ceux dudit Party.

IX. Offrant en outre ledit Sieur de Rohan de rendre toutes sortes de services à luy possibles avec tres-grande affection à sa Majesté Catholique.

X. Et cas advenant que ledit Sieur de Rohan vint à traicter de Paix du sceu & consentement de sa Majesté Catholique, il sera obligé de la rompre quand il plaira à sa Majesté, & de conserver la Guerre moyennant les mesmes faveurs & aides de six cent mil Ducats d'or annuels tant qu'il plaira à sa Majesté Catholique.

XI. Et à ces fins il supplie tres-humblement sa Majesté Catholique luy vouloir accorder les graces & faveurs qu'on luy avoit offertes les Guerres precedentes, de luy donner pension pour avoir de quoy entretenir les Officiers, Noblesse, & les Gouverneurs des Places, & les maintenir à sa devotion, & leur faire joüer le jeu qu'il voudra en ce qui regarde le service de sa Majesté Catholique.

XII. Et d'autant que lesdites Pensions, Estats, Benefices sont pour se rendre à jamais fidel Serviteur à gage d'un si Grand Roy & Prince étranger, & qu'iceluy Seigneur court hazard si cela estoit descouvert d'estre declaré criminel de Leze Majesté, & de perdre ses Biens, ledit Sieur Clauzel supplie humblement S. M. Catholique au nom dudit Sieur de Rohan qu'il luy plaise augmenter la pension d'iceluy, qui estoit de quarante mil Ducats d'or, de trois ou quatre mil, la faisant de quarante huict mil Ducats, & celle du Sieur de Soubise qui étoit de huit mil, l'augmenter jusques à dix, & celle qui estoit de huit mil pour les Officiers, Noblesse & Gouverneurs, l'augmenter aussi jusques à dix mil, mesmement en ce tems qu'ils vont servir S. M. d'autre sorte qu'ils n'auront pas possible fait par le passé.

XIII. Pour toutes lesquelles offres sus escrites ledit Sr. de Clauzel engage la parole d'un Prince d'honneur & tres-religieux, signée du nom d'un Gentilhomme envoyé de la part dudit Sieur de Rohan, qui supplie tres-humblement S. M. Catholique de croire que tout ce Traité sera observé de point en point dudit Sieur Duc de Rohan, qui se dira éternellement humble Sujet & Serviteur de S. M. Catholique.

Signé,
CLAUZEL.

Sa M. ayant veu les propositions & offres sus escrites faites de la part du Sieur de Rohan par ledit Sieur de Clauzel, estant comme il est tres certain sa Majesté Catholique estroitement obligée de procurer la conservation des Estats & Royaumes qu'il a pleu à Dieu luy donner, & à cét effet de se servir de tous les moyens propres, licites & necessaires qui se presentent, considerant pareillement les grandes pertes & dommages que ses Estats ont receu & reçoivent journellement par le moyen de la faveur & assistance que les Roys de France dés plusieurs années en çà ont donné & donnent aux Vassaux de sa Majesté en Hollande contre leur naturel & legitime Seigneur; Considerant de plus que lesdits Roys semblent n'avoir autre but que proteger en tout temps & en tous lieux contre Sa Majesté, ceux contre lesquels elle est contrainte par raison & justice d'employer son authorité & sa puissance pour faire rendre à chacun ce qui luy appartient, sans autres interests que celuy de la plus grande gloire de

ANNO 1629.

de Dieu, le tout sans que sa Majesté Catholique ait donné aucun sujet à la France d'en user ainsi, ny qu'elle ait pretexte apparent de le pretendre, comme si on lui detenoit quelque chose qui lui appartint legitimement, ce qui n'est pas, ou que sa Majesté eut intention de faire tort à ses Alliés, ce que Dieu ne permette pas; Et par ce ayant fait sa Majesté le tout voir en son Conseil de Conscience, composé de gens de grande integrité; Il a jugé estre convenable de pourvoir à la juste deffence de ses Estats contre une si injuste action comme celle que le Roy de France fait contre tout droit & justice; en cette consideration ayant resolu d'accepter & establir un Traicté avec le Duc de Rohan & ceux de son party à leur requeste, leur a accordé les Capitulations suivantes.

I. Sçavoir est, que S. M. Catholique accepte l'offre dudit Sieur Duc de Rohan, de conserver la Guerre qu'il fait à present en France pour tout le temps qu'il plaira à sa Majesté Catholique laquelle annuellement payera à cét effet audit Sieur Duc de Rohan trois cens mil Ducats de onze reaux de Castille chacun, payables en deux termes de six en six mois.

II. S. M. Catholique accepte pareillement l'offre dudit Sieur de Rohan d'entretenir, moyennant lesdits trois cens mil Ducats, des gens au prorata d'iceux, sçavoir est six mil hommes de pied, & six cens de cheval, que ceux dudit Party du Sr. de Rohan entretiennent pour le mesme effet de la guerre, laquelle pour faire diversion ils feront en Provence, Languedoc, Dauphiné, ou autre lieu qu'il sera jugé plus opportun & convenable pour les justes desseins & defences des Etats de S. M. Catholique, & comme elle ordonnera, à la charge neanmoins & conditions tres-expresses, que S. M. Catholique n'entend & ne veut que les Catholiques soient inquietés ni molestés en chose que ce soit par ceux du Party dudit Sieur de Rohan en leur Religion.

III. Et cas advenant que ceux dudit Party se puissent cantonner & establir un Estat, audit cas sa Majesté Catholique veut & entend que ceux dudit Party seront tenus de garder tout ce que dessus pour le regard des susdits Catholiques.

IV. Ne pourra ledit Sieur de Rohan ny ceux de son Party traicter ny conclurre la Paix sans le gré & consentement de Sa Majesté Catholique; Et cas advenant qu'il vint à ce faire, quoy que ce fût du consentement de sadite Majesté, ledit Sieur de Rohan & ceux de son Party seront obligez nonobstant ce, de rompre tous lesdits Traictez, & retourner faire la Guerre toutesfois & quantes qu'il plaira à sa Majesté Catholique, moyennant le payement des trois cens mil Ducats susdits, & des autres ci-dessus accordez, moyennant lesquelles choses ledit Sieur Duc & ceux de son Party conserveront, & entretiendront la Guerre tant qu'il plaira à sadite Majesté, durant ces justes causes qu'il a de ce faire.

V. Sa Majesté Catholique accorde & fera payer audit Sieur Duc quarante mille Ducats de pension annuelle, & au Sieur de Soubise son Frere huit mil Ducats semblablement annuels, que ledit Sieur de Rohan pourra departir entre ses Capitaines & Officiers comme bon luy semblera.

VI. A bon compte desquels trois cens mil Ducats, sa Majesté Catholique fera payer audit Sieur Duc de Rohan cent cinquante mil Ducats au lieu qu'il les demandera; soit en argent comptant, ou en Lettres de change en mesme temps que ledit Duc de Rohan fera remettre le present Traicté par luy juré, signé de sa main & sellé du Seau de ses Armoiries à la personne qu'on envoyera vers luy.

VII. Ledit Sieur de Rohan procurera de tout son possible & de bonne foy que les Députés de ses Villes jurent & approuvent le present Traicté, & se sousmettent à l'obeïssance de sa Majesté Catholique, en sorte que nul autre respect ne les en puisse destourner, avant qu'on paye le second terme.

VIII. Declarant sa Majesté Catholique que le present Traicté soit gardé & observé inviolablement d'une part & d'autre, & qu'iceluy commencera à sortir son effet dés le jour que ledit Sieur Duc de Rohan les signera, auquel Sieur Duc sa Majesté promet de satisfaire & de recevoir pour l'execution, tout le contenu en ce present Traicté; Et pour ce qui pourroit arriver ci-apres y aura un sien confident, qui residera auprés de sa Majesté à la charge neanmoins qu'il sera Catholique Romain; & pourra semblablement sa Majesté Catholique, si bon lui semble, envoyer un des siens resider auprés dudit Sieur Duc de Rohan, audit effet que dessus.

Tout ce que dessus a esté conclud & arresté par ordre de sa Majesté avec ledit Sieur de Clauzel, & Dom Jean de Billela du Conseil d'Estat de sa Majesté Catholique & son premier Secretaire en toutes ses Chancelleries. Ay signé le present Traicté au Nom de Sadite Majesté, comme aussi ledit Sieur de Clauzel au Nom dudit Sieur de Rohan, lequel ledit Sieur Duc ratifiera & jurera & signera comme cy-dessus a esté dit. ANNO 1629.

Fait à Madrid, ce troisiéme jour de May 1629.

Signé

DOM JEAN BILLELA pour sa Majesté Catholique,

Et de CLAUZEL pour Monsieur de ROHAN.

CCCXVII.

***Traité fait entre le Cardinal de Richelieu au nom de* LOUIS XIII. *Roy de France avec* CHARLES EMANUEL I. *Duc de Savoie, pour le partage des Terres de Montferrat, avec le Duc de* MANTOUE. *Fait à Bassolin le* 10 *Mai* 1629.** [FREDER. LEONARD Tom. IV. S. GUICHENON, Histoire Généalogique de la Maison de Savoye. Preuves. pag. 563.] 10. Mai. FRANCE, SAVOYE ET MANTOUE.

COMME ainsi soit que par le Traité fait & passé entre sa Majesté & Monsieur le Duc de Savoie, le onziéme Mars 1629. a esté arresté & convenu, que pour tous droits & pretentions que led. Sieur Duc de Savoie avoit sur le Montferrat, sa Majesté lui feroit donner & délaisser par Monsieur le Duc de Mantouë la Ville de Train, avec quinze mil écus d'or de rente, ainsi & aux conditions qui sont plus au long exprimées dedans ledit Traité, lequel le Roi auroit fait entendre au Duc de Mantoue, qui auroit aussi-tost envoié ses Deputez pour accomplir en son nom tout ce qui auroit esté promis par sa Majesté pour lui audit Sieur Duc de Savoie; lesquels Deputez auroient offert quatre differentes parties audit Sieur Duc, en l'une desquelles ils offrirent la Ville de Train, avec plusieurs autres Lieux & Villages, jusqu'à la valeur de quinze mil écus de rente, qu'ils offroient de faire valoir en toutes sortes de rentes comme Tailles ordinaires & extraordinaires pour la Citadelle & Fatigage des Soldats: & pour le Dot des Princesses, Daces, Gabelles, Greffes, Enregistremens & Domaines, jusqu'à ladite somme de quinze mil écus d'or: & au cas que lesdits lieux ne fussent de la valeur portée dedans lesdits offres, offrirent à les faire valoir les sommes specifiées en leurs offres, ou les parfournir en semblables revenus en d'autres Villages de proche en proche, le tout jusqu'à ladite somme de quinze mil écus, ce qui auroit esté communiqué aux Deputez de Monsieur de Savoie. Et depuis Monsieur le Cardinal de Richelieu & Monsieur le Prince de Piedmont en auroient conferé ensemblement à Bassolin, où ledit Sieur Prince auroit fait entendre audit Sieur Cardinal que l'intention de Monsieur le Duc de Savoie estoit, sans s'arrester aux autres parties qui avoient esté proposées, de prendre & avoir la Ville de Train, avec les Lieux & Villages circonvoisins, particulierement ceux qui lui donnoient le passage libre de ses Etats audit lieu de Train, comme Livorne, Blançay & quelques autres: mais qu'il ne pouvoit demeurer d'accord de la nature des revenus, particulierement de la Taille imposée depuis quelques années seulement pour l'entretenement de Cazal, de celle du Dot des Princesses de Montferrat, & de celle des Fatigages qui se paie pour l'entretien des Soldats, non plus que du revenu des Domaines qui ne doit estre estimé à l'égal des autres rentes Seigneuriales & droit de Souveraineté, mais seulement des Daces, Tailles, Gabelles, Greffes, Enregistremens, & autres revenus anciens, ce qu'aiant esté par ledit Sieur Cardinal remontré aux Deputez dudit Sieur Duc de Mantouë, ils auroient persisté en leurs offres, & soûtenu que moiennant icelles, ils pensoient avoir satisfait de tout ce qui avoit esté promis audit Sieur Duc de Savoie par sa Majesté pour leur Maistre; tous lesdits revenus proposez dedans leurs efforts estant rentes ordinaires & perpetuelles, & dont avoient joui les Ducs de Montferrat, & jouïssoit encore ledit Sieur Duc leur Maistre, pro-

ANNO 1629. desquelles ne feroit raisonnable qu'il se dessaisist en abandonnant les Villages & Lieux sur lesquels elles sont assises, & qu'elles tournassent au profit particulier dudit Sieur Duc de Savoie, sans qu'on lui en tiut compte sur ce qu'il doit fournir; que pour le regard des Villages de Blançay, Livorne, & autres que ledit Sieur Duc de Savoie pretend lui donner libre passage de ses Etats audit lieu de Train, ils ne pouvoient non plus consentir de les delaisser aud. Sieur Duc de Savoïe, estant les principaux Bourgs de deçà le Pau, & dont ils tiroient tous les bleds pour l'entretenement de Cazal & de tout le Montferrat, joint que le Traité estoit relatif aux precedens Traitez, & que par celui fait avec le feu Duc Ferdinand, il estoit loisible audit Sieur Duc de donner tels lieux que bon lui sembleroit, aussi qu'il estoit raisonnable que ledit Sieur Duc de Mantouë eust le choix des lieux qu'il voudroit donner & delaisser, pourveu qu'ils fussent de la valeur & revenu promis par sa Majesté. Sur toutes lesquelles difficultez sa Majesté aiant esté avertie par Monsieur le Cardinal de Richelieu, elle a arresté en execution dudit Traité, que lesdits Sieurs Ducs de Savoie & de Mantouë envoieroient leurs Commissaires de part & d'autre, avec un qui seroit nommé par sa Majesté, lesquels commenceroient d'informer de la nature & valeur des revenus & rentes ci-dessus specifiez, fors & excepté de celles pour le Dot des Princesses & Fatigages des Soldats, par le lieu appellé de Roua Sigilie, & le continueroient par les Terres de Paranna, S. Damian, Isola, Castiglion, & tous les autres lieux, depuis ledit Castiglion le long du Pau jusqu'à Verrue; & après que les lieux qui sont du Cannevez, & dudit Cannevez par Salluget jusqu'à Train, icelui compris, & autres lieux de deçà le Pau, & de tout dresseront leurs Procés verbaux pour iceux veus & rapportez à sa Majesté, terminer lesdits differens le plus justement qu'il se pourra au gré & contentement des Parties, ensorte que n'y aiant plus rien à démesler entre les deux Maisons, ils puissent vivre à l'avenir en parfaite union & bonne intelligence: & cependant ledit Sieur Duc de Savoie ne pourra tenir garnison en autres lieux qu'à Train, Livorne & Damian, Albe & Montraluë, où ils vivront avec un tel ordre que le Païs n'en reçoive aucune foulle, & que tous actes d'hostilité cesseront de part & d'autre, & le commerce & passage seront libres entre les Sujets des deux Princes dans les Etats l'un de l'autre. Comme aussi tous ceux qui ont esté arrestez prisonniers durant la Guerre, & depuis l'onziéme Mars dernier, seront mis en pleine liberté, & pour la jouïssance & perception des rentes & revenus des lieux tenus par ledit Sieur Duc de Savoie, sera estabii un Receveur par sa Majesté pour recevoir lesdites rentes & revenus, & délivrer au dit Sieur Duc de Savoie les quinze mil écus de rente, conformement au Traité du onziéme Mars dernier, & le surplus desdites rentes & revenus audit Sieur Duc de Mantouë.

Fait à Bassolin le dixiéme Mai 1629. presens Monsieur le Cardinal de Richelieu pour le Roi, & M. le Prince de Piëdmont pour M. le Duc de Savoie, lesquels, en execution de ce que dessus, ont nommé pour Commissaires; Sçavoir, Monsieur le Cardinal de Richelieu pour & au nom du Roi, le Sieur Servient, Conseiller au Conseil Privé du Roi, & Maistre des Requestes de son Hostel; & Monsieur le Prince de Piedmont pour Monsieur le Duc de Savoie, le Sieur de Bamo, President du Marquisat de Saluces & du Senat de Piedmont, outre ledit Sieur Cardinal a promis de faire dedans hui accepter ce que dessus aux Deputez dudit Sieur Duc de Mantouë, & nommer les Commissaires de la part de leurs Maistres, afin que l'on puisse sans retardation proceder incessamment à ladite information, & verification de la valeur & revenu desdits lieux.

CCCXVIII.

$\frac{12}{22}$ Mai. **Friedens-Tractat zwischen Römischen Käyser Ferdinando II, und König Christian IV. in Dännemarck / Worinn unter andere von beeden Theilen das Versprechen geschicht / und zwar von seithen Ihro Käys. Majest. sich in keine dero Königl. Majest. von Dännemarck Königreiche und Landen angehende Sachen zu meliren / dieser hergegen sich keiner Reichs-Sache anders dann ein Hertzog zu Holstein anzunehmen verspricht. Geschehen Lübeck den (1) $\frac{12}{21}$. Maii 1629.** ANNO 1629.
[LONDORPII *Acta Publica* Part. III. Libr. VIII. pag. 1081. d'où l'on a tiré cette Pièce, qui se trouve aussi de même en Allemand dans le *Theatrum Europæum* Tom. II. pag 5. & dans LUNIG, Teutsches Reichs-Archiv. Part. Special. Cont. I. Abtheil. I. Absatz. I. pag. 342.]

C'est-à-dire,

Traité de Paix entre FERDINAND II. *Empereur des Romains,* & CHRISTIAN IV. *Roi de Dannemarc, par lequel, entr'autres choses, ils se promettent reciproquement, l'Empereur, de ne point se mêler des affaires du Dannemarc, & le Roi, de ne s'ingerer en aucune maniere en celles de l'Empire, si ce n'est en qualité de Duc de Holstein. A Lubeck le $\frac{12}{22}$. Mai 1629.*

Zu wissen / demnach zwischen dem Allerdurchleuchtigsten / Großmächtigsten und unüberwindlichsten Fürsten und Herrn / Herrn Ferdinand dem andern Römischen Keyser / zu allen zeiten Mehrer des Reichs / etc. eines / und dann dem Durchl. Großmächtigsten Fürsten und Herrn / Herrn Christian dem IV. Königen zu Dennemarck / Norwegen etc. andertheils / in verschienen Jahren allerhand Irrungen und Mißverstände sich eräuget / darauß endlich grosse schwere Kriege und Feindschafften entstanden: Damit aber dieselbe eingestellt / fernere Ungelegenheit und Ruin so vieler Edlen Länder / Fürstenthumben und Provintzen / verhütet werden möchte;

Als ist zwischen beyden theilen der Römischen Keyserl. May. und der Königl. Würd. und May. in Dennemarck / ꝛc. zu Wiederbringung / und Stabilirung deß Edlen werthen Friedens / und Pflantzung beständigen Teutschen vertrawens / eine Pacifications-handlung in der Statt Lübeck veranlasset / und zu deren An: und Fortstellung den 16. und 6. Januarij deß itzt lauffenden 1629. Jahrs beliebet und angesetzet: [illegible]rzu allerhöchst ged. Ihre Keys. M. den Durchleuchtigen Hochgebornen Fürsten und Herrn / Herrn Albrechten Hertzog zu Friedland und Sagan etc. und den Hochgebornen Graven und Herrn / Herrn Johann Tierclaes Graven von Tilly / ꝛc Die Königl. Würd. und M. die Woledle gestrenge / dero respectivè Reichs-Rath / Cantzlern / Reichs-Cantzlern / Teutschen Cantzlern / Räthe / Amptleute / zu Nieburg / Rippen / Steinburg / und Renßburg / Herrn Christian Friesen Rittern / Herrn Jacob Blefeld / ꝛc. Herrn Albrecht Scheel Rittern / und Henrich Ransaw / ꝛc. deputirt, verordnet und bevollmächtiget / welche theils durch dero Subdelegierte der Römischen Keys. May. Kriegs-Räthe / Obristen General Wachmeistern zu Roß und Fuß / den Wolgebornen Herrn von Altringen Freyherrn / ꝛc. Den Hoch- und Wolgebornen Herrn Jobst Maximilian Graven zu Großfeld / ꝛc. Dan der Rö. Keys. M. Cammerern Obristen Leutenant / ꝛc. Den auch Wolgebornen Johann Baltasarn Freyhern von Dietrichstein / ꝛc. und den Woledlen Gestrengen Joh. Christopff Rupen zu Ponhausen und Meulenbach / ꝛc. Auch aller höchst gedachte Röm. Keys. May. Hoff-Cammerrath den Woledlen Gestrengen Reinhard von Walmeroden / etc. Krafft ihnen auffgetragenen Gewalts andere an ihre statt

zu

(1) La Copie de *Londorpius*, qu'on a préférée aux autres, parce qu'elle est la plus entiere, date cette Pièce du $\frac{12}{21}$ Mai, aussi bien que celle qui se trouve dans *Lunig*, mais il est évident que c'est une faute d'Impression qui a passé de l'un à l'autre par megarde; & qu'on n'a fait que transposer les Chifres du nombre 12 qui font alors 21. En effet, dans le *Theatrum Europæum* cette Pièce est datée du $\frac{12}{22}$ Mai & l'on a suivi cette Date comme la plus sûre, quoi que le *Mercure François* la mette sous le 27. Mai. [DUM]

ANNO 1629.

zu substituiren / theils in Person / an bemeldem Ort angelangt / ihre habende Vollmachten gegen einander exhibiret / den punctum legitimationis zu allerseits gutem Belieben erledigt und erörtert / sich der Sachen und Handlung fernes unterfangen / derselben ihrer Wichtigkeit und erforderter Notturfft nach reifflich nachgedacht / nach satsamer Vorbetrachtung dessen allen / so dabey in Consideration zuziehen / und möglichster hinwegräumung aller und jeder Verhinderungen / so vorkommen und eingefallen / also nach vielen gepflogenen Sorg- und mühsamen Handlungen / sich / vermittelst Göttlicher Gnaden / Gott dem allmächtigen zu ehren / und dem allgemeinen Wesen zu ersprießlichen besten / eines uffrichtigen / sichern / bestandigen und immerwährenden Friedens / in hernach gesetzten Puncten und Articuln / mit einander verglichen / verabredet / abgehandelt und beschlossen.

Erstlich / Sollen und wollen Ihre Römische Keyserliche Mayestät / und zu Dennemarck / Norwegen / Konigliche Mayestät / nun und hinfüro zu ewigen Zeiten / untereinander rechtschaffene ungefärbte Freundschafft zu Wasser und Land halten / also / daß all das jenige / was hiebevor und bißhero Wiederwertiges vorgangen / oder dahin angesehen und außgedentet w:rden möchte / hinfürters keiner gestalt mehr gedacht / sondern erloschen / auffgehebt / gedempffet / außgetilget / todt und ab / und hingegen zwischen Ihrer Römischen Keyserlichen Mayestät / und Königlichen Mayestät. auch dero allerseits Successorn / Erben und Nachkommen / Einwohnern / und Unterthanen, ein bestendiger auffrichtiger Fried / immerwährende Einigkeit / und unverucktes gutes Vertrawen / gestifftet und conservirt sein und bleiben solle; zu dessen mehrer würcklicher Erfolgung dan Ihre Königliche Mayestät sich deß Heiligen Römischen Reichs Sachen anderer gestalt nicht / als deroselben wie einem Fürsten und Stand deß Heiligen Römischen Reichs / wegen deß Hertzogthumbs Holstein / gebüret / auch der Ertz- und Stiffter / vor sich und dero geliebten Herrn Söhne / unter waß Prætext un Schein ein solches auch beschehen möchte / ferner nicht anmassen / noch der Röm. Keys. Mayest. in dero Keyserl. Regierung Eintrag zuzufügen: hingegen Ihre Röm. Keys. May. sich deren in Ihrer Königlichen May. Königreich und Lande vorgehenden Sachen nicht anmassen / noch in dero Königlichen Regierung Eintrag thun wollen / und im unverhofften Fall / da zwischen Ihre Röm. Keys. May. und J. Kön. Mayest. oder deren Successorn / Erben / und Nachkommen / einige Mißverständnüß oder Irrung hiernechst erwachsen würde / sollen dieselben / ohn ein oder andertheils Thathandlung / gütlich hingelegt / oder in Entstehung der güte / durch beyderseits ersuchte arbitratores entscheiden werden.

2 Was vors ander / die geforderte Abstattung der Kriegskosten und Schäden betrifft / weil bey dieser Friedenshandlung dahin alles Absehen billich gerichtet / und eusserstes fleisses getrachtet / daß zwischen der Römischen Keyserlichen Mayestät / und zu Dennemarck / Norwegen Königl. Mayest. ein festes Fundament / zu beständigem stetswährendem gutem Vernemmen gelegt / auff die Posterität fortgepflantzet / und alle im Weg liegende Hindernüssen hinweg geraumet / auch nichts übriges der Verbitterung dahinden gelassen / oder eingeführet werden möge / als ist beliebt / daß solche forderung ein- und abzustellen / und deswegen von niemand im H. Römischen Reich / und Königl. Mayest. hingegen auch von derselben an niemanden deßhalben ferner nicht prætendirt werden selle / worbey dann Ihrer Königlichen Mayestät alle und jede vor diesem im Nieder-Sächsischen Crayß erhobenen Kriegswesen zugestandene rechtmessige Forderungen / so in dieser Vergleichung nicht abgehandelt / außdrücklich reservirt / und vorbehalten bleiben / auch deroselben Ihrer Königlichen Mayestät / derò occupierte Provincien / Fürstenthumbe / und Lande Wendkusel / Jüdland / Schleßwick / Holstein / Stormarn und Ditmarschen / sampt allen andern Hochheiten / Regalien / Schlössern / Aemptern / Heusern / Vestungen / Stätten / Pässen / Porten / Flecken / Dörffern / and allen und jeden deren angehörigen / auch aller Hoch- und Gerechtigkeit / in aller massen Ihre Königliche Mayestät dieselbe vorhero gehabt und besessen / doch mit dem Vorbehalt Ihrer Römischen Keyserlichen Mayestät / und deß Heiligen Römischen Reichs im Hertzogthumb Holstein / Stormarn und Ditmarschen / habenden Hochheit und Lehens-Gerechtigkeit / sambt deren noch vorhabenden Stücken / ohne entgelt zu restituiren / und das Keyserliche Volck / welches in die Provintzen und gesambten Fürstenthumben und Landen vorhanden / auß allen Quartieren / also fort ohne einige Beschwer oder Anforderung / Exactionen / Beleyd- oder Beschedigung / mit guter Ordre und Disciplin / ab- und weg zuführn / auch die im Fürstenthumb Holstein / und dessen einverleibten Landen / angestelte / oder noch vorhabende Confiscationß-Proceß und andere Exactionen / gegen Personen und Güter / ohn einige fernere Prætension oder Entrichtung / gäntzlich abzuthun / zu aboliren, und es daselbst bey dem Religion- und Prophanfrieden zu lassen. Darwider allda niemandt in keynerley weiß zu turbiren.

3. Wie dann zum Dritten / beyderseits gefangene / ohne verzug / und einige weitere Beschwerung / zuerledigen.

4. Und sollen / zum vierdten / in diesem Accord und Frieden / an seiten der Römischen Keyserlichen Mayestät / die Cronen Hispanien / ꝛc. und Polen / ꝛc. die Serenissima Infantin zu Brüssel / etc. mit dem gesambten hochlöblichen Hause Oesterreich / etc. Dan Chur Bayern / ꝛc. sambt allen ander assistirenden gehorsamen Churfürsten und Ständen deß heiligen Römischen Reichs / auch dero Unterthanen und eyngesessene: Ingleichen an Seiten der Königlichen Würd. und Mayest. zu Dennemarck / Norwegen / etc. Die Cron Franckreich / etc. Groß Britannien / etc. und Schweden / etc. so wol die Staden der vereinigten Niederlande / da sie allerseits wollen / mit eingezogen seyn.

5. Und ob wol an Seiten Ihrer Königlichen Würde und Mayestät zu Dennemarck Norwegen / etc. bey diesen Tractaten gantz umbständig- und bewegliche Erinnerung beschehen / auch hart und eyfferig urgirt worden / dieser Vergleichung außtrücklich zu inseriren / daß Fürsten und Stände / über ordentlich Recht / nit beschwert werden mögen: weiln jedoch dagegen beständig eyngeführt / daß die Römische Keyserl. Mayest. ohne das und für sich niemand wider Recht und Billichkeit zu graviern gemeint: So wollen Ihre Konigliche Würden und Mayest. darbey allerdings acquiesciren / auch dem Fürstl. Hause Schleßwick / Holstein Gottorpischen theils / die Insulen Femern / Nordstrand / auch dessen Antheil auff den Insulen Vorde und Suld: (jedoch vorbehaltlich Ihrer Königlichen Würd. und Mayestät / und dero Cron Dennemarck / ꝛc. an berührten Landen zustehenden Hoch- und Lehen-Gerechtigkeiten:) mit denen noch alda vorhandenen stücken / ohne entgelt der eingesessenen / gleich alsbald wider einraumen / auch das Volck / so in denen Insuln fürhanden / mit guter ordre und discplin, ab und wegführen / und fürters wider einen oder den andern Fürsten oder Stand des Römischen Reichs / wegen dessen / so bey diesem Kriegs-

Anno 1629.

wesen fürgangen seyn mag / nichts eyffern oder anden / auch dieselbe dessen nichts entgelten lassen.

Alle und jede obige Puncten sollen dero Römischen Kayserlichen Mayestät / auch zu Dennemarck / Norwegen / Königl. Würd. und May. unverzuglich zu gebracht / und die aller unterhänigste und unterthänige Bemühung angewendet werden / daß Ihre Römische Keyserl. M. und Königl. W. und May. hierüber ihre sonderbahre ratificationes, denen diese Capita, von worten zu worten eyn- zuverleiben / unter ihren Keyser. und Königl. Handzeichen und Insigeln / was darinnen Ihre Romische Keyserliche Mayest. für sich / ihre Successorn / Erben und Nachkommen / und dann Ihre Königliche Würd. und May. zu Dennemarck / Norwegen ꝛc. für Sich / Ihre Herren Söhne / Successorn / Erben und Nachkomen / bey Keyserl. und Königlichen Hochheiten / Würden und Worten / zugesagt und versprochen werde / allen und jeden deren Innhalt / stät / fest und unverbrüchlich zuhalten / deme in einigerley Weise oder wege / weder directo noch indirecto nicht zuwider kommen / noch jemanden / wer der auch were / unter was Prætext und Schein es immer beschehen könte / oder möchte / solches zu verhängen / zu verstatten / noch gut zuheissen / worbey dann der Cron Dennemark sampliche Herren Reichs. Räthe / die Königliche Ratification mit ihrer Hand-Unterschrifft und Angebohrnen Pitschafften auch bekräfftigen werden. So geschehen zu Lübeck / den 22/12 Maij. 1629.

(1) *Les mêmes Articles de Paix en abregé entre* FERDINAND II. *Empereur*, & CHRISTIAN IV. *Roi de Dannemarc, conclus à Lubec le 27. Mai*, 1629. [MERCURE FRANÇOIS, Tom. XV. pag. 239.]

I. VRAYE & sincere amitié sera renoüée, conservée & entretenuë, tant par mer que par terre, entre sa Majesté Imperiale & le Roi de Dannemarc; en telle sorte que toutes les choses qui jusques à present ont esté faites & entreprises par actes d'hostilité & en toute autre maniere d'hostilité, seront assoupies & oubliées pour jamais, comme si elles n'estoient arrivées: Paix ferme, constante & perpetuelle, sera restablie entre leurs Majestez, leurs Successeurs, Subjets & Vassaux.

II. Pour plus grande confirmation de ceste Paix, le Roy de Dannemarc n'agira aux affaires qui concernent l'Empire Romain, non autrement que fait le Duc d'Holsace.

III. Sa Majesté Royale avec ses fils renoncera entierement à la possession des Archeveschez & Evêchez, n'entreprendra de corriger aucune chose en l'administration de l'Empire, contre sa Majesté Imperiale: comme aussi de sa part sadite Majesté Imperiale ne s'entremettra des choses qui seront à faire au Royaume de Dannemarc, & ne corrigera rien au gouvernement Royal dudit Royaume: & si à l'avenir naist quelque different entre l'Empereur & le Roy, il sera composé par Transaction amiable, ou par Arbitres nommez.

IV. Ne se fera aucune demande de la refusion des despences de la Guerre par le Roy de Dannemarc contre sa Majesté Imperiale & les Estats de l'Empire Romain, ni aussi par sa Majesté Imperiale contre ledit Roy & ses Subjets: sous ceste loy toutefois, que toutes pretensions faites en quelque façon depuis le commencement de ceste Guerre au Cercle de la basse Saxe, desquelles ne seroit rien ordonné, ni expressément fait mention en ce present Traité, seront reservées.

V. Les Provinces, Duchez & Seigneuries dependantes du Roy de Dannemarc, comme la Wenslie, Juttie, Sleswic, Holsace, Stormare, Ditmarce, avec tous les Chasteaux, Forteresses, Prefectures, Citez, Passages, Ports, Bourgs, Villages compris en icelles, & toutes les choses qui leur appartiennent, seront restituées au Roy de Dannemarc, avec tous les canons qui y restent, sans aucun dommage, & remises en l'estat auquel elles estoient, auparavant ces Guerres, possedées par sa Majesté Royale: sauf toutefois les droicts de fief que sa Majesté Imperiale a sur l'Holsace, Stormare & Ditmarce: que les Soldats en seront retirez en bon ordre, sans aucunes exactions: que les procés pour le faict de la confiscation au Duché d'Holsace, seront abolis sans aucune autre pretention, & que là mesme toutes choses y seront conservées selon la Paix, tant de la Religion que de la Police, sans troubler personne.

VI. Les prisonniers de part & d'autre seront également & reciproquement delivrez sans rançon ni recherche à l'avenir.

VII. En ce Traité de Paix seront compris de la part de l'Empereur, les Rois d'Espagne & de Pologne, l'Archiduchesse des Pays-bas, avec toute la Maison d'Austriche, l'Electeur de Baviere, & tous les autres Electeurs, Princes & Etats de l'Empire, avec tous leurs Subjects qui ont tenu son parti: & de la part du Roi de Dannemarc, les Rois de France, de la grande Bretagne & de Suede, avec les Etats des Provinces unies des Pays-bas, pourveu que dez à present ils ne se monstrent plus ennemis.

VIII. Encores que de la part du Roi de Dannemarc ait esté demandé en toutes façons, qu'il fût expressément inseré en ce Traité de Paix, que les Princes & Etats de l'Empire ne seroient molestez contre droit & equité; & qu'il soit assez apparu que ce n'étoit aussi la volonté de sa Majesté Imperiale, qu'aucun fût molesté contre droit & raison, ledit Roy de Dannemarc acquiescera aussi en cela.

IX. Sa Majesté Royale cedera aussi-tôt à la Maison de Sleswic, comme aussi à celle de Holstein Gotorp, les Isles de Femeren, appellées Nordestrand, & la partie receuë par droit hereditaire aux Isles de Worde & de Sulde (sauf toutefois le droit de Fief que ledit Roy a sur ces Provinces) avec tous les canons qui y sont, sans faire aucun dommage aux habitans: retirera en bon ordre les Soldats qui sont en ces Isles, & qu'à l'avenir il ne sera rien attenté contre cet Etat de l'Empire, pour les choses qui pourroient avoir esté commises durant la Guerre.

X. Tous & chacuns les Articles susdits seront au plûtôt portez à leurs Majestez Imperiale & Royale, & sera fait en sorte que les deux Partis les ratifieront; & promettront par leur foy, tant pour eux que pour leurs heritiers & successeurs, les garder, conserver & entretenir, sans y contrevenir directement ou indirectement, ni en aucune autre maniere, ni y faire contrevenir par d'autres, sous quelque pretexte que ce soit, ni donner aucune occasion de ce faire: & finalement qu'au premier temps les Ratifications du present Traité seront envoyées confirmées par les Seaux Imperiaux & Royaux, avec les subscriptions, & scels des Conseillers du Royaume de Dannemarc.

(1) L'Auteur qui nous fournit ces Articles nous dit, que le Roi de Dannemarc ne voulut les signer, qu'après qu'ils eurent été corrigez, sans nous dire comment ils le furent.

CCCXIX.

31. Juill. Provinces-Unies et Brandebourg.

Tractaet tusschen de Staten Generael der VEREENIGDE NEDERLANDEN *ende* JORIS WILHELM *Keurvorst van Brandenburg, door welke de gezegde H. M. H. belooven de Contributies in den Land van Juliers en Cleves te laten ophouden. Gedaen in den Hage den 31. July 1629.* [Manuscrit.]

ALSOO sijne Churfurstelijke Doorluchticheyt van Brandenburg, door der selven Gesante den Heere Meis-

CCCXIX.

Traité entre les Etats Genéraux des PROVINCES-UNIES des Païs Bas, & GEORGE GUILLAUME Electeur de Brandebourg, par lequel L. H. P. promettent de faire cesser les Contributions dans le Païs de Juliers & de Cleves. Fait à la Haye le 31. Juillet 1629. [*Manuscrit.*]

COMME sa Serenité Electorale de Brandebourg a fait sçavoir aux Hauts & Puissants Seigneurs les Etats

ANNO 1629.

Meiſter ende Grave van Swartſenbourg aen de Hoog Mog : Heeren Staten Generael der Vereenichde Nederlanden heeſt te kennen geven laten, hoe dat die ſich met des Heeren Palts-Graven van Nieubourg Furſtelijcke Doorluchtigheyt over d'Adminiſtratie ende genietinge van de Gulick en Cleefſche Landen proviſionaliter ende op eenen tijt van 25 Jaren, vergeleecken hadde, na het uytwyſen van een ſchriftelijk Accort daer over opgehecht, onder dato Duſſeldorp den 9. Martii 1629. Ende volgens het ſelve Accort, hare Hoog Mog : verſocht, dat de ſelve gelieven wilden, oock aen hare ſyde, alſulck Accort ten effecte brengen te helpen, ende ſpecialijk dewyle den ſelven effect, inſonderheyt daer door belet; ende oock ſyne Churfurſtelijcke Doorluchtigheyt in groote ongelegentheyt geſtelt ſoude worden, indien hare Hoog Mog : door hare aengeſtelde Dienaers met militaire executien, de contributien ende Domainen in de Gulick ende Cleefſche Landen by te dryven, ende te innen, ſouden continueren laten, dat hare Hoog Mog. ſulcke executien wilden afſtellen ende caſſeren, waer op hare Hoog Mog : ſich ſchriftelijk verclaert hebben den 20 Juny leſtelijk datſe gemeent ende gereſolveert waren alſulcke gehele executien te doen ſurcheren, mits dat van ſyde van ſijne Churfurſtelijke Doorluchtigheyt order geſtelt worde op *'t onderhout van de Militie volgens 't XVI. Articul van de Alliantie tuſſchen ſijne Churfurſtelijcke Doorluchtigheyt ende hare Hoog Mog : opgerecht, ende dan oock datſe dede betalen de hondert duyſent Rycxdaelders van haeren ſtaet aen ſijne Churfurſtelijcke Doorluchtigheyt verſtreckt met het verloop vandien.*

Soo iſt dat op hier over gepleechde ſchriftelijke ende volgens oock mondelinge communicatie tuſſchen Hoochgedachte Heere Geſanten van ſijne Churfurſtelijke Doorluchtigheyt, ende de Heeren Gedeputeerden van hare Hoog Mog. afgeſproocken en veraccordeert is, als volcht.

Ten eerſten ſullen haere Hoog Mog : alle voorgemelde executien ende inningen in de Gulich Cleefſche en toebehoorige Landen, op de Contributien ende Domainen onder wat name die ſelve aengeſtelt ſijn mogen terſtont weder afſtellen ende doen ceſſeren, ende ſijne Churfurſtelijke Doorluchtigheyt in hare voorſchreve Landen, als mede oock des Heeren Paltz-Grave van Nieuburg Furſtelijke Doorluchtigheyt in der ſelver quartieren in aller harer Landen gerechticheden, oock allen ordinaris ende extraordinaris incomſten der ſelver inninge ende genietinge t'eenemael onbeindrachticht laten, oock deshalven aen haere Dienaers Officiers ende Krychs-volck ernſtelijk belaſten, datſe dit alſoo naecomen, ende namentlijk, by aldien ſy noch eenige goederen ofte perſoonen aengehouden, ofte gevangen hadden, deſelve terſtont, ſonder ontgeldinge relaxeren ſullen.

II. Daer tegen ende ten anderen *ſullen aen de ſyde van ſijne Churfurſtelijke Doorluchtigheyt de voorſchreve* 100000. *Rycxdaelders, neffens het intereſt, van Domainen ende Contributien van de Vorſtendommen, Gulich en Bergh afgenomen, ende op de Domainen in de gene Landen die ſijne Churfurſtelijke Doorluchtigheyt door het voorgemelte Tractaet met den Heere Paltzgraef van Nieuburch geſlooten, ſal te behouden ende genieten hebben, wederomme verſchreve, ende dan de eindelijk betalinge na voorgaende liquidatie ende defalcatie, van het gene ſal bevonden worden, dat betaelt, ende te defalqueren ſal ſijn binnen vyf Jaren tijts, ende op vijf Termynen geſchieden ende voldaen worden, elcke reyſe met het verloopen intereſt tot ter tyt van de betalinge*, ende ſal hier van een obligatie onder de hant ende Zegele van ſijne Churfurſtelijke Doorluchticheyt Hoog Mog: toegeſtelt, ende wanneer het ſelve geſchiet, daer tegens aen ſijne Churfurſtelijke Doorluchtigheyt der ſelver inſignatie, deſer ſchuld halven op de Domainen ende Contributien van Gulich, Bergh ende Ravensberch, uytgegeven, neffens de andere oude obligatien, welcke dit aengaende noch in handen van hare Hoog Mog : ſouden mogen zijn, in originael wederom gereſtitueert werden.

III. Veerder ende ten derden, aengaende het veerder onderhout van de Militie : naer dien hier over diverſche meeningen ſijn geweeſt, ende dan daer voor gehouden worden, dat dit aengaende niet zo bequamelijck by den tegenwoordigen tijt, daer haere Hoog Mog : Leger te Velde is, ende oock de Heeren Gedeputeerden in kleynen getal alhier ter plaetſe waren, maer beter hier naeſt ende jegens den Winter getracteert ende afgehandelt konde werden, Soo is dit aengaende over een gekomen dat ſijne Churfurſtelijke Doorluchtigheyt aen hare Hoog Mog. ſal doen betalen vijf-

Etats Generaux des Provinces Unies des Païs-Bas par ſon Envoyé le Sieur Meiſter & Comte de Swartſembourg qu'il s'étoit proviſionellement accordé avec le Sereniſſime Seigneur Electeur Palatin de Nieubourg touchant l'Adminiſtration & jouïſſance des Païs de Julliers & de Cleves, & ce pour le tems de vingt cinq années, ſuivant l'Accord par écrit qui en a été produit datté à Duſſeldorp le 9. Mars 1629; & que ſuivant ledit Accord, il a prié L. H. P. qu'il leur plût d'effectuer auſſi ledit Accord de leur côté, & ſpecialement par ce que ledit effet en étant par là empêché, ſa Serenité Electorale en reſſentiroit un grand inconvenient, ſi L. H. P. faiſoient continuer par leurs Officiers une militaire execution pour la perception des contributions, & que L. H. P. vouluſſent faire deſiſter & ceſſer telles executions, ſurquoy L. H. P. ſe ſont declarez par écrit le 20. Juin dernier qu'ils étoient d'intention & reſolus de faire ſurceoir toutes leſdittes executions, pourvû que de la part de ſa Serenité Electorale, il ſoit mis ordre à l'entretien de la Milice ſuivant l'Article 16. de l'Alliance faite entre ſa Serenité Electorale & L. H. P. & qu'elle faſſe payer les cent mil Risdales fournis par leur Etat à ſa Serenité Electorale avec le courant d'iceux.

C'eſt pourquoi aprés que les Envoyez de ſa Serenité Electorale & les Deputez de L. H. P. ont communiqué & conferé enſemble là deſſus tant par écrit que de bouche; ils ont convenu & accordé comme s'enſuit.

Premierement L. H. P. feront ceſſer au plutôt leſdittes executions & demandes pour les ſuſdittes contributions & Domaines, dans leſdits Païs de Julliers, Cleves, & dependances ſous quelque nom qu'elles ayent été impoſées. Et laiſſeront ſadite Serenité Electorale pour les ſuſdits Païs, comme auſſi ledit Sieur Comte Palatin de Neubourg pour ſes quartiers dans l'entiere & paiſible jouïſſance & perception de leurs droits & revenus, & en conſequence ordonneront expreſſément à leurs Officiers & Gens de Guerre, qu'ils obſervent ce que deſſus, & que s'ils retiennent encore quelques biens ou perſonnes ſoit en priſon ou autrement, ils ayent à les relâcher auſſi-tôt ſans dedommagement.

II. Et d'autre part, ſeront de la part de ſa Serenité Electorale leſdits cent mil Risdales avec les interêts pris des Domaines & Contributions des Principautez de Juliers & de Bergues, & ſeront aſſignez ſur les Domaines des Païs que ſa Ser. Elect. doit retenir & dont elle doit joüir en vertu du Traitté qu'elle a conclu avec le Sieur Comte Palatin de Neubourg, & le payement final, aprés preallable liquidation & defalcation de ce qui ſe trouvera avoir été payé & qui ſera à défalquer, ſe fera dans cinq années de tems & en cinq termes, chaque fois avec l'intereſt jusques au tems du payement, *& en ſera paſſée une Obligation ſcellée & ſignée de ſa S. E. qui ſera mis és mains de L. H. P. & en ce faiſant l'aſſignation de cette dette ſur les Domaines, & Contributions de Juliers, Bergue & Ravensberg; auſſi bien que les autres Obligations qui à cet égard pourroient être entre les mains de L. H. P. ſeront reſtituez en original à ſa S. E.*

III. En outre & en troiziéme lieu, pour ce qui concerne l'ulterieur entretien de la Milice, aprés qu'il y a eu diverſes penſées là-deſſus, & qu'on eſt de ſentiment qu'à cet égard on ne peut pas ſi bien & commodément en traiter & negocier dans le tems preſent que l'armée de L. H. P. eſt en campagne; & qu'auſſi les Seigneurs Deputez étoient icy en petit nombre; Mais que la choſe ſe feroit mieux cy-aprés & l'hiver prochain, on eſt à cet égard convenu que ſa S. E. ſera payer à L. H. P. quinze mil livres,

ANNO 1629.

ANNO 1629.

vyftien duysent gulde, in regart van twee Compagnie Harquebusieren die den Oversten Gent, ende Heere van Soppenbrouck gevoert hebben, ende dewelcke den Heere Gesante verclaert heeft niet te mogen in sijne Churfurstelijke Doorluchtigheyt dienst nemen, als wesende het selve tegens der selver bevel ende Instructie, ende daer en boven noch gedurende den tijt van dry lange maenden van den 1. Augustus naest komende aen te reeckenen onderhouden een duysent man te voet, onder vier Compagnie in den selven dienst gelijk sy tegenwoordich staen, en sullen dese een duysent man tot bewaringe ende besettinge van jenige plaetsen gebruyckt worden daer sijne Churfurstelijke Doorluchtigheyt Krijchsvolck tegenwoordich leyt; de betalinge voor den voorschreeven tijt van dry maenden, sal van wegen sijn Churfurstelijcke Doorluchtigheyt alsoo besorcht ende gedaen worden dat daer over geen bevoechde klachten en vallen, ende daer voor der selver Domainen in de voorschreve hare quartieren verobligeert sijn, ende *sal sijn Churfurstelijke Doorluchtigheyt tegenwoordich Crychsvolck tot het getal van de duysent mannen te voet gereduceert ende het overige volck soo aen Officiers als Soldaten, uyt syne Churfurstelijcke Doorluchtigheyt dienst ende betalinge ontslagen ende afgedanckt worden.*

IV. Binnen de voorsz tijt van de dry lange maenden sal men van wedersyde, wederomme by den anderen komen, ende alsdan finalijk afhandelen 't gene wat van wegen de voorschreve Alliantien een deel aen den anderen te pretenderen mach hebben; *Sonder dat door dit provisioneel Accort den eenen of den anderen aen sijn recht sal geprejudiceert sijn.*

Eindelijcken is oock goetgevonden dat hare Hoog Mog: alle hare Dienaers welcke d'executie ende den ontfanck van de Contributien ofte Domainen in de gemelte Gulich en Cleefsche Landen gehadt hebben totte inleveringe van haere reeckeningen, sonder dilatie aenhouden, ende deselve reekeningen aen sijne Churfurstelijcke Doorluchtigheyt Regieringe overleveren sullen, ten einde op dat men daer over van wegen de 100000 Rycxdaelders behoorlijk liquideren, gelijk oock metter overige Krijchsvolck, ende Officiers, dewelcke alsboven verhaelt is de afreeckening maecken, ende dan oock op dat men sich daer op noddruftich informeren moge. Dieshalven dan oock de gemelte Executeurs ende Ontfangers al eer dat de selve informatie genomen, ende daer over gestatueert sal sijn, wat recht is niet gequiteert ofte haere reeckening gepasseert werden sullen.

Alle welcke Poincten ende Articulen hier vooren verhaelt wedersijts ter goeder trouwen ende onverbreeckelijck sullen onderhouden worden, ende tot meerder verseeckerheyt vandien sijn hier van gemaeckt twee alleens luydende Acten, daervan eene door sijne Churfurstelijke Doorluchtigheyt Heer Gesanter by de Heeren Staten Generael onder het Cachet en signature, ende een ander voor de selve Heeren Staten onder hant ende Zegel van sijne Churfurstelijke Doorluchtigheyt Heer Afgesanter geexpedieert ende vervaerdicht is; in 's-Gravenhage den 31. July Anno 1629.

livres, au regard de deux Compagnies d'Arquebusiers que le Colonel de Gent & le Seigneur de Soppenbrouck ont commandez, & lesquels le Sieur Envoyé a declaré ne pouvoir recevoir au service de sa S. E. comme étant une chose contraire à ses ordres & instructions, & outre ce encore durant le temps de trois longs mois, à commencer du premier Aout prochain, entretenir mil hommes d'Infanterie en quatre Compagnies au même service ou solde qu'ils sont presentement, & lesdits mil hommes seront mis en garnison pour la garde de quelques Places où S. S. E. en a presentement, & le payement pour ledit tems de trois mois sera si bien procuré & fait de la part de la S. E. qu'il n'en sera fait aucune plainte, & pourquoi seront obligez ses Domaines dans lesdits quartiers. Et les Troupes presentes de sa S. E. seront reduittes à mil hommes & le reste desdittes Troupes tant Officiers que Soldats sera licentié & degagé du service & payement de sa Sereníté Electorale.

Dans ledit tems de trois grands mois on se rassemblera derechef & l'on traittera finalement des pretentions reciproques des Parties, sans que par ce present Accord provisionel ni l'une ni l'autre reçoive aucun prejudice en son droit.

Finalement il a été trouvé bon que les Officiers de L. H. P. qui ont été admis à l'execution & reception des Contributions ou Domaines dans les susdits Pais de Juliers & de Cleves, seront obligez de fournir leur compte incessament & sans delai & de le delivrer à la Regence de sa S. E. afin qu'on puisse liquider à l'égard desdites cent mil livres, comme aussi qu'avec le reste des gens de guerre & Officiers on fasse, comme dit est, le decompte, afin qu'on puisse prendre les informations necessaires là-dessus. C'est pourquoi aussi lesdits Executeurs & Receveurs, avant que laditte information soit prise, & qu'il soit rien statué là-dessus, passeront dans le compte ce qui n'aura pas été justement acquitté.

Tous lesquels Points & Articles cy dessus seront executez inviolablement & de bonne foy de part & d'autre. Et pour plus grande fureté d'iceux en ont été fait deux Actes de même teneur, dont l'un a été signé, cachetté & expedié par les Seigneurs Etats Generaux pour le Sieur Envoyé de sa S. E. & l'autre signé & cachetté par l'Envoyé susdit de sa S. E. pour lesdits Seigneurs Etats Generaux; fait à la Haye le 31. Juillet 1629.

CCCXX.

14. Sept. LES PROVINCES-UNIES ET BOIS LE DUC.

Artyckelen door FREDERICK HENDRICK VAN NASSAU, *Prince van Orangie, en de Gedeputeerden van de Heeren Staten Generael der* VEREENIGDE PROVINTIEN *aan de Stad s'*HERTOGEN-BOSCH *toegestaan in 't Leger voor de Stadt den 14. September 1629.* [Placards, Edits, Ordonnances, &c. de Brabant. Tom. I. Liv. V. Tit. I. Chap. XXIV.]

I. IN DEN eersten, dat alle Offentien, Injurien, ende alle feytelijcke Acten tusschen dese Stadt ende die vande Geunieerde Provintien gedaen, geschiedt, ende volbracht, soo van het begin der Inlandtscher Troublen, ende beroerten ofte Oorlogen, als oock geduerende dese Belegeringe, op wat plaetsen, ende in wat manieren het oock sy, in 't generael ende particulier, soo buyten als binnen, sullen wesen, zijn, ende blijven vergeven ende vergeten, ende gehouden als niet geschiet, sulcx dat tot geenen tijde eenig vermaen, mentie, molestatie, actie ofte ondersoek in

CCCXX.

Articles accordez par FREDERIC HENRI DE NASSAU Prince d'Orange & les Députez des Etats Généraux des PROVINCES UNIES, au Clergé, Magistrat & Bourgeois de la Ville de BOIS LE DUC; le 14. Septembre, 1629. [*Placards, Ordonnances, Edits &c. de Brabant. Tom. I. Liv. V. Tit. I. Chap. XXIV.*]

I. PREMIEREMENT, que toutes les Offences, Injures, & toutes les Actions de fait qui se sont commises entre cette Ville & ceux des Provinces-Unies, tant du commencement de ces Troubles & Guerres, que durant ce siege, en quelque lieu & de quelque maniere que cela soit arrivé, en general & en particulier, tant dedans que dehors, seront & demeureront pardonnées & oubliées, & tenuës pour non-avenuës; en sorte que jamais il ne soit fait instance, mention, action ni information, en

ANNO 1629.

in recht ofte daer buyten ter cause voorschreven tegens de levende, ofte den Erfgenamen der Dooden, noch der selver respective goederen, gedaen, gemaekt, nochte ten laste geleyt en sal mogen worden.

II. Dat de Ingesetenen van dese Stadt hun sullen moeten dragen volgens de Placcaten vanden Lande, midts genietende de Vryheyt van Conscientie, gelijck sulcx alomme wordt gedaen, ende dat alle Geestelijcke ende Religieuse Manspersoonen sullen uytte Stadt vertrecken binnen den tijdt van twee maenden, midts midderlertijdt haer gedragende naer de Placcaten vanden Lande, ende sullen met haer mogen nemen hare Meublen, Beelden, Schilderijen, ende andere Kerckelijcke ornamenten.

III. De selve Geestelijcke ende Religieuse Persoonen sullen genieten haer leven langh duerende, alle den incomen ende vruchten van haerluyder goederen, gelegen op plaetsen waermen Contributie betaelt, wel verstaende dat de Kerckelijcke ende Pastorie goederen sullen volgen aende Hoogh Mogende Heeren Staten Generael, om daer van soo ten behoeve vande Stadt als anders disponeren.

IV. Alle Nonnen ende andere Geestelijcke Vrouwpersoonen, sullen binnen de Stadt mogen blijven, ende haer leven langh gealimenteert worden uytten inkomen van hare respective Convents goederen, blijvende ter dispositie vande Hoogh Mogende Heeren Staten Generael, ofte de selve inde Conventen ofte met andere wooningen sullen worden geaccommodeert.

V. Item, dat alle d'Ingesetenen deser Stadt, soo Geestelijcke, Religieuse, als Wereltlijcke persoonen, gevluchte ende andere wie dattet sy, in Officie, dienst, Eedt ende Regeeringe van sijne Majesteyt militair, of andersints Staten van Brabant, ofte deser Stadt respectelijck zijnde of niet, sal worden geconserveert Lijf ende Goedt, soo in 't generael als particulier, voor soo veel 't selve niet en contrarieert t'voorgaende Articul.

VI. Item, dat dese Stadt met haer Burgers ende Ingesetenen voorsz. soo Geestelijck als Wereltlijck, by de Hoog Mo. Heeren Staten Generael der Geunieerde Provintien ende sijn Princelijcke Excellentie ontfangen ende getracteert sal ende sullen worden, in alle soetigheyd ende goedertierentheyd, om voortaen in alle vriendschappe ende eendrachtigheyd met de andere Geunieerde Provintien ende Steden te leven, t'samen te handelen, ende te Coopmanschappen op haren ouden vrydom nae behooren.

VII. Dat de voorsz. Ho. Mo. Heeren Staten Generael ende sijne Prir[illegible]ijke Excellentie in de voorsz. Stadt, Vrydom ende [illegible]ayerije, voor soo veel die aende Stadt Annex, sullen [illegible]ebruycken ende exerceren soodanige Jurisdictie ende gerechtigheyd, als de Hertogen ende Hertoginnen van Brabant daerinne tot noch toe hebben gehadt, ende dese Stadt in alles daer in tracteren, soo ende gelijck de Hooft-Steden van Brabant zijn gehouden ende getracteert.

VIII. Item, dat dese Stadt, Burgers, ende Ingesetenen van dien, ende van het Vrydom der selver Stadt, sullen behouden alle hare Rechten ende herkomen, Costuimen, Vryheden, Exemptien, ende alle andere Privilegien, soo generael als particulier, die sy van oudts ende voor het begin deser Oorloge genoten ende gehadt hebben, te Water ende te Lande, inde Stadt ende daer buyten in Brabandt, Gelderlandt, Hollandt, Zeelandt, op den Rhijn ende andere Provintien, Plaetsen ende Stroomen, soo aengaende de Tollen, Houtschau, Ingebot, Stapel van d'Ossen ende andere egeen uytgescheyden voor soo veel als sy in deuchdelijcke possessie sijn geweest.

IX. Item, dat de Regieringe van de Stadt soo in recht voorderinge, als politicque saecken sal blijven aen de Magistraet, ende de drie Leden der selve Stadt respective, ende dat daer toe geen andere persoonen en sullen gepromoveert noch geassumeert worden, als die gene inde voorschreven Stadt geboren, of het heyligh Doopsel aldaer ontfangen hebbende, ofte soodanige andere die de Hoogh Mogende Heeren Staten Generael daer toe goet sullen vinden te naturaliseren, ende qualificeren, midts dat voor dese reyse absolutelijck by sijn Excellentie ende de Gedeputeerde van hare Ho: Mog: de regieringe in Justitie ende Policye, soo in Hooge als Subalterne Magistraten, Officieren, Regenten ende andere Ministers sullen worden geconstitueert.

X. Item, dat dese Stadt sal behouden tot hare dispositien ende regieringe alle haere gemeene Erf-goederen, recht van Impositie, Visscherien, weegh ende Craen

en droit ni hors droit, contre les vivans, ni contre les heritiers des decedez, & n'en pourront être recherchez non plus en leurs biens.

II. Que les Habitans de cette Ville se devront comporter suivant les Placards, jouissant de la liberté de conscience comme cela se fait par tout, & que tous les Ecclesiastiques & Religieux sortiront de la Ville dans deux mois, pourvû qu'ils se comportent cependant conformement aux Placcards du Pais, & pourront emporter avec eux leurs Meubles, Images, Portraits & autres ornements d'Eglize.

III. Lesdits Ecclesiastiques & Religieux jouïront leur vie durant de tous les revenus & fruits de leurs biens, scitués és lieux où l'on paye contribution; Bien entendu que les Biens Ecclesiastiques & des Cures demeureront aux Hauts & Puissans Seigneurs les Etats Generaux, pour en disposer tant au profit de la Ville qu'autrement.

IV. Toutes les Nonnes & autres Femmes Ecclesiastiques pourront demeurer dans la Ville, & y être alimentées leur vie durant des revenus des Biens de leurs Convents respectifs, demeurant à la disposition des Hauts & Puissans Seigneurs les Etats Generaux de les laisser dans leurs Convents, ou de les accommoder d'autres demeures.

V. Item que de tous les Habitans de cette Ville, tant Ecclesiastiques, Religieux que Seculiers, qui sont refugiez & autres quels qu'ils soient, étant en charge, au service; serment & de la Regence de sa Majesté, Militaires, ou autrement, étant des Etats de Brabant, qu'ils soient de cette Ville ou non; seront conservez en vie & biens, tant en general qu'en particulier, au cas qu'il n'en soit point disposé au contraire par l'Article precedent.

VI. Item que cette Ville & ses Bourgeois & Habitans susdits, tant Ecclesiastiques que Seculiers, seront traittez par L. H. P. les Seigneurs Etats Generaux des Provinces-Unies & par le Prince, & reçus en toute douceur & benignité, pour vivre ci-apres en toute amitié & concorde avec les autres Provinces-Unies & Villes, & négocier ensemble & faire Marchandise, comme il apartient selon leur ancienne liberté.

VII. Que les susdits H. & P. Seigneurs les Etats Generaux & son Excellence exerceront telle Jurisdiction & Justice dans la susdite Ville, Franchise, & Mairie annexée à cette Ville, que les Ducs & Duchesses de Brabant y ont eu jusques à present, & que cette Ville sera traittée de même & ainsi que le sont les principales Villes de Brabant.

VIII. Item que cette Ville, Bourgeois, Habitans, & Franchise d'icelle retiendront tous leurs Droits & Coutumes, Libertez, Exemptions, & tous autres Privileges, tant en general qu'en particulier, dont ils ont joui d'ancienneté & dés avant le commencement de cette Guerre, par Eau & par Terre, dans la Ville & dehors, en Brabant, Gueldres, Hollande, Zélande, sur le Rhin & autres Provinces, Places & Fleuves, tant à l'egard du peage, coupe de bois, Ingebot, Marchez de bœufs, & autres, nuls exceptez, moyennant qu'ils en ayent été en possession legitime.

IX. Item que la Regence de ladite Ville tant pour l'Administration de la Justice, que pour les choses de la Police demeureront au Magistrat, & aux trois Membres de la Ville respectivement, & que personne n'y pourra être admis ni promû que les Natifs de ladite Ville ou qui y ont reçu le St. Baptême, ou telles autres personnes que L. H. P. trouveront bon de naturaliser & qualifier à cet effet; à condition que pour cette fois les hauts & subalternes Magistrats, Officiers, Gouverneurs & autres Ministres tant à l'égard de la Justice que de la Police seront constituez absolument par son Excellence & par les Deputez de L. H. P.

X. Item que cette Ville retiendra à sa disposition & à son gouvernement tous ses Biens Héréditaires & de Communauté, droit d'Imposition, de Pêche, de Poids,

Craen, maet ende maengelden, ende alle andere haere rechten ende inkomen, soo ende gelijck hy daer van tot noch toe de dispositie ende Regieringe heeft gehadt, voor soo veel de selve daer toe is gerechtight, ende midts niet prejudicierende andere Leden van de Geunieerde Provintien.

XI. Item, dat dese Stadt oock sal behouden hare eygen resterende provisie van Vivres, Materialen ende alle andere haere gemeene gereede, ende ongereede goederen, om tot proffijte ende ontlastinge deser Stadt geadministreert, verkocht ende behouden te worden ter dispositie der voorsz. drie Leden, uytgesondert van 't Geschut, Wapenen ende andere Munitien, die ten behoeve vande Stadt onverkoft gelaten sullen moeten worden.

XII. Item, dat alle Confraterniteyten, Schutteryen, Ambachten, ende Gilden tegenwoordigh binnen de Stadt wesende, sullen blijven in essie, ende behouden hare respective Caerten, Ordonnantien, ende Privilegien, mitsgaders alle hare goederen, soo gereede als ongereede, tot wat eynde die oock aen de selve Confraterniteyten, Ambachten ende Gilden mogen sijn beset, ofte, by de selve gekocht ofte verkregen, om by de Provoosten, Oversten ende Regierders van dien, ten gemeenen proffijte der selver geregiert, ende daer van gedisponeert te worden naer hennen gelieste.

XIII. Dat inden Lande van Hollandt ende andere Geunieerde Provintien by niemanden meer naegeslagen, noch geconterfeyt sullen worden deser Stadt boomwapenen, noch teeckenen van Ambachten ofte Ambachts-luyden deser Stadt, als van Messemaeckers, Nestelmaeckers, ende meer andere manufacturen, maer dat elck sal sijn eygen ende sijnder Stadt teecken daer de wercken gemaeckt worden moeten houden ende gebruycken, ende dat alle diergelijcke Ambachten ende Manufacturen, mitsgaders de Verwerijen, ende Nieuwe Jaer-merckten geduyrende dese Troublen verkregen, inde Meyerije deser Stadt, sullen cesseren, ten ware die vande Meyerije daer op gehoort by hare Ho: Mo: in rechtmatigheyd anders op 't stuck vande Jaer-merckten werde gedisponeert.

XIV. Sullen de Ingesetenen van 's Hertogenbosch ende die ten platten lande onder contributie sitten, worden getracteert als andere goede Ingesetenen vande vereenighde Provincien, soo inde Steden als ten platten Lande woonende.

XV. Ende wat aengaet alle de Renten ende wettige schulden by de drie Leden der Stadt ofte hare Gecommitteerden, mitsgaders by de Magistraet geconstitueert ofte gemaeckt, ofte aengenomen te betalen, soo geduyrende dese Belegeringe als te vorens, weder die sijn bebrieft, ende besegelt, of niet, daer van sal de Magistraet van s'Hertogenbosch leveren pertinente Staet, omme daer op naemaels by hare Ho: Mo: in alle billigheyd gedisponeert te worden.

XVI. Ende tot betalinge van dien, ende alle andere toekomende Stadts lasten, sullen de tegenwoordige Accijsen, Imposten, ende middelen vande Stadt haren gewoonlijcken loop houden, ende by de voorsz. drie Leden, volgende hare Privilegien ende herkomen, mogen verhoogt, vermeerdert ende vermindert worden, midts dat 't selve niet en prejudiciere de middelen diemen tot proffijte vande gemeene sake sal moeten heffen.

XVII. Dat alle Acten, Resolutien, Decreten, of Ordonnantien by de voorsz. drie Leden, ofte Magistraten gemaeckt, voor soo veel de selve den Staet ofte Welstant der Vereenigde Provincien niet en contrarieren, mitsgaders de Sententien die gegaen zijn in krachte van gewijsde by de Schepenen gegeven, eensamentlijck alle evictien van goederen, 't sy binnen ofte buyten dese Stadt gelegen, behoorlijcke gesolemniseert sullen blyven in haren cracht ende vigeur, onvermindert partye geinteresseerde, nochtans heur recht van appel ofte reformatie, ingevalle hen sulcx competeert.

XVIII. Item, dat die gene die vande Magistraet nu zijn ofte eertijts zyn geweest, over d'Acten ofte Ordonnantie by hen totter uytreychen ofte tellen van eenige der Stadts penningen ofte provisien gegeven, noch de Rentmeester over het tellen ofte betalen der selver penningen ende provisie, noch over 't gene daer van sy hebben gerekent ende verantwoort, niet en sullen becommert ofte geinquieteert worden, ende dat de gedane rekeningen der voorsz. Rentmeesteren ende andere deser Stadts Gecommitteerden geen revisie of recherche en sullen subject zijn, gelijck oock alle gedane re-

keninge

Poids, & Décharge, de mesure & deniers de mois, & tous ses autres droits & revenus, comme & tout ainsi qu'elle en a disposé jusques à present, entant qu'elle y est fondée en droit, & que cela ne préjudiciera point aux autres Membres des Provinces-Unies.

XI. Item que cette Ville retiendra aussi le restant de ses provisions de Vivres, Materiaux & tous autres Biens communs, prets ou non prets, pour être administrez, vendus ou conservez au profit & au soulagement de ladite Ville & disposition des trois Membres, excepté le Canon, les Armes & autres Munitions qui resteront au profit de ladite Ville sans qu'on les vende.

XII. Item, que toutes les Confrairies, Droits des Bourgeois de tirer au blanc, Artisans & Corps de metier, qui sont presentement en cette Ville, subsisteront & retiendront leurs titres, Ordonnances & Privileges, ensemble tous leurs Biens, à quelque fin que lesdites Confrairies & Corps de metier les puissent posseder, ou de quelque maniere qu'ils les ayent achettez ou acquis, pour être par les Prevôts, Colonels & Jurez ou Directeurs d'iceux dirigez & disposez au profit de la Communauté à leur volonté.

XIII. Que dans les Villes de Hollande & autres des Provinces-Unies ne seront par aucun contrefaites aucunes armes ni marques des Metiers, ni Artisans de cette Ville, comme de Couteliers, faiseurs de férons d'éguillette, & autres Manufacturiers, mais que chacun se servira du sien & de celle de la Ville dont il est; & que tous les Metiers & Manufactures, ensemble les Teintureries, & les nouvelles Foires qui ont été introduites durant ces troubles dans la Mairie de cette Ville, cesseront, à moins que ceux de la Mairie sur ce ouis L. H. P. n'en ordonnassent autrement à l'égard des Foires.

XIV Les Habitans de Boisleduc & ceux du plat Pais qui sont sous contribution. seront traittez comme les autres bons Habitans des Provinces-Unies, tant dans les Villes qu'au plat Païs susdit.

XV. Et quant à toutes les rentes & dettes legitimes constituées ou faittes par les trois Membres de la Ville ou leurs Députez, ensemble par le Magistrat, ou acceptées de payer, tant durant ce siege qu'auparavant, & en outre celles qui sont par Lettres, & scellées ou non, le Magistrat en fournira un Etat pertinent, pour en disposer ci aprés par L. H. P. en toute équité.

XVI. Et pour le payement d'icelles & toutes autres charges futures de la Ville, les Accises, Impots & deniers de la Ville du tems present auront leur cours accoutumé, & pourront être par les trois Membres suivant leurs Privileges & Coutumes, haussez, augmentez & diminuez, pourvû que cela ne prejudicie point aux deniers qu'il faudra lever au profit des affaires communes.

XVII. Que tous les Actes, Resolutions, Decrets & Ordonnances faites par les susdits trois Membres ou Magistrats, entant qu'elles ne seront point contraires à l'Etat ou bien des Provinces-Unies, ensemble les Sentences renduës sur le jugement des Echevins; ensemble toutes évictions de biens scituez soit dedans soit dehors la Ville, convenablement solemnisées demeureront en leur force & vigueur, sauf le droit d'appel ou reformation des Parties interessées, en cas qu'il leur appartienne.

XVIII. Item, qu'on ne recherchera ni inquietera point les Magistrats qui sont presentement en charge, ni ceux qui y ont été à l'égard des Actes & Ordonnances qui ont été renduës par eux pour payement de quelques deniers ou provisions de la Ville, ni les Receveurs au sujet du payement de leurs deniers & provisions ni au sujet de leurs comptes, & ne seront non plus les comptes des susdits Receveurs & autres Députez de ladite Ville sujets à revision ou recherche, comme tous les comptes ren-

dus

keninge van de Rentmeesteren van de Domeynen, Staten van Brabant, Ontfangers vande Licenten, Contributien ende Fortificatien sullen blyven gesloten sonder recherche.

XIX. Item, dat de Regieringe der Taeffel vanden Heyligen Geest, grooten Gasthuys, Fabricque der Kercken, Wees-huysen, Leprosen, Vondelinckhuysen, Sinneloose Huysen, ende alle andere particuliere Fundatien van Mannen ofte Vrouwen Gasthuysen, ende het stellen van de Provisoors ende Rectoors van dien, sullen by de drie Leden gedaen ende geconfereert worden, soo ende gelijck tot noch toe in gevolch van oude Privilegien der selver Stadt is geplogen.

XX. Item, dat oock de eygenaren van alle Wint, Ros, ende Oli-Molens binnen dese Stadt ende 't Vrydom van dien, geduerende dit belegh, ende by voorgaende Oorloge afgebroken, ommegeschoten, oft andersints gedemolieert, sullen vermogen de selve op hunne oude werven ofte gronden wederom te erigeren, sonder dat van noode sal wesen daer toe eenige nieuwe Acten ofte Consenten te verwerven, of eenige andere gerechticheden te betalen, dan daer in de selve Meulens voor het aff-breken oft demolitie voorsz. zijn gehouden geweest, ten ware die tot dienste van den Lande waren geemployeert.

XXI. Dat oock een yegelijck Wereltlijck van wat conditie hy sy, in Eedt ende dienst van zijne Majesteyt van Spaengnien ofte deser Stadt wesende, oft niet vry ende geoorlooft sal wesen uyt dese Stadt met sijne Familie ende goederen terstont naer het overgaen te vertrecken, ende daer toe Wagens ende Karren, Schepen ende Schuyten te ontbieden, 't sy uyt Brabantsche, Hollantsche, oft Neutrale Steden ofte Plaetsen, sonder dat hare persoonen oft goederen, ofte de Voerders van dien, in 't gaen ende weder-keeren by de Soldaten, Fiscalen ofte yemanden anders sullen belet, gemoeyt, beschadicht, ofte geturbeert mogen worden, sonder daer toe oock ander consent ofte Paspoort te derven verwerven.

XXII. Dat voorts de Borgers uyt de Stadt vertrocken zijnde, midtsgaders ook die gene binnen de voorsz Stadt als noch begeeren te blyven, weder die in Eedt ofte dienst van sijne Majesteyt militair oft andersints sijn geweest oft niet, ende heure respective Erff-genamen sullen hebben den tijdt van drije eerst-comende jaren, om daer en-tusschen hare goederen; alomme, soo binnen de Stadt, Vrydom ende Meyerije der selver gelegen, te mogen verkoopen, verwisselen ende andersints verhantlichten, gelijck sy goet sullen vinden, oft de selven te doen ontfangen ende administreren, door soodanige als sy sullen goet vinden, ende comende te sterven buyten oft binnen de Stadt geduerende den voorseyden tijdt met Testament ofte sonder getesteert te hebben, in sulcken gevalle sullen hare goederen volgen hare geinstitueerde Erfgenamen ofte naeste Vrinden respective.

XXIII. Ende die gene die middeler tijdt ende geduerende de voorsz jaren sullen willen gaen inde Provincien ende Steden onder de gehoorsaemheyt van syne Majesteyt behoorende, om hare particuliere affairen, sullen t'selve vryelijck mogen doen vier mael jaers, met voorgaende kennisse van den Gouverneur, vande welcke sy gehouden sullen zijn te nemen Paspoort, de welcke hy haer gehouden sal zijn te geven, ten ware hy eenige wettelijcke redenen hadde ter contrarie, ende t'eynde der voorsz drije jaren hare woonplaetse nemen binnen dese Stadt ofte in Neutrale, ofte andere Plaetsen, daermen Contributie is betalende, al waer sy sullen genieten de voorsz Vryheyt, om te mogen gaen, passeren, ende trafiqueren alomme, midtsgaders t'voorder effect vande jegenwoordige Tractaet.

XXIV. Item, dat over dese Stadt genen anderen Gouverneur noch Substituyt van dien en sal worden gestelt, dan eenen vanden huyse van Nassouw, ofte andere Nederlandtsche Heeren ofte Landtsaten.

XXV. Dat de Garnisoenen geen exemptien in eenige van de Stadts middelen ende impositien en sullen hebben noch genieten, maer alle lasten mede helpen dragen als andere Ingesetenen.

XXVI. Item, dat onder dit Tractaet mede sullen gecomprehendeert ende begrepen wesen alle absente Poorteren, Borgeren, ende Inwoonderen, oock Huysvrouwen ende Kinderen, midtsgaders alle andere Geestelijcke ende Wereltlijcke persoonen gevlucht zijnde.

XXVII. Dat alle siecken ofte gequetsten tegenwoordelijck in 't groot Gasthuys ofte anderen Huysen wesende, 't zy Soldaten ofte andere, daer nne sullen

bly-

dus par les Receveurs des Domaines & Etats de Brabant, par les Receveurs des Licentes, *Contributions & Fortifications, demeureront clos & exempts de recherchez.*

XIX. Item, que la Regence de la Table du St. Esprit, des grands Hôpitaux, Fabrique des Eglises, Maisons d'Orphelins, Lepreux; Enfans trouvez, de gens alienez d'esprit, & toutes les autres particulieres Fondations d'Hôpitaux d'Hommes & de Femmes, & l'installation des Proviseurs & Recteurs d'iceux seront faits & conferez par les trois Membres, comme il a été prattiqué jusques à present, suivant les anciens Privileges de la Ville.

XX. Item, que les Proprietaires des Moulins à vent, à cheval & à huile dans la Ville & sa Franchise, qui ont été abattus & démolis pendant ce siege & pendant la precedente Guerre, les pourront rebâtir sur leur ancien fond & héritage, sans qu'il soit necessaire pour ce d'obtenir nouvelle Concession ni nouvel Acte, ou payer d'autres droits que ceux auxquels lesdits Moulins étoient sujets avant leur démolition, à moins qu'ils n'eussent été employez pour le service du Pais.

XXI. Que pareillement il sera permis & libre à toute Personne seculiere, de quelque condition qu'elle soit, étant sous le serment & au service de sa Majesté le Roi d'Espagne, ou de cette Ville ou non, de se retirer de cette Ville ailleurs, avec leur Famille & leurs Biens après la reddition d'icelle, & de faire venir pour cet effect des chariots, charettes, batteaux & barques soit de Brabant, Hollande, Villes ou Places neutres, sans que leurs personnes ou Biens ou ceux qui les voitureront puissent être empêchez, inquiettez, lesez ou troublez, sort en allant ou retournant, par Soldats, Fiscaux, ou autres, & sans qu'il soit besoin non plus d'obtenir d'autre consentement ou Passeport.

XXII. Qu'en outre les Bourgeois étant sortis de la Ville, ensemble ceux qui desireront d'y rester encore, soit qu'ils ayent été au serment & service de sa Majesté comme militaires ou autrement; & leurs Héritiers respectifs auront le tems des trois premieres années pour pendant ce tems pouvoir vendre, échanger ou aliener leurs Biens scituez dans la Ville, Franchise & Mairie comme ils le trouveront bon, ou d'en faire faire la recepte ou Administration par telles personnes qu'ils jugeront à propos: Et venant à mourir dedans ou dehors de la Ville pendant le susdit tems, soit ayant fait leur Testament ou ab intestat, en ce cas leurs Biens suivront à leurs Héritiers ou à leurs proches parens.

XXIII. Et ceux qui cependant durant les susdites années voudront aller dans les Provinces & Villes de l'obeissance de sa Majesté, pour leurs affaires particulieres, le pourront faire librement quatre fois l'an, avec la connoissance du Gouverneur, dont ils seront tenus de prendre Passeport, lequel il sera obligé de leur donner, à moins qu'il n'eût quelque raison legitime au contraire, & à la fin desdites trois années ils pourront faire leur demeure dans ladite Ville ou Places neutres ou autres, où l'on paye contribution, où ils jouiront de la susdite liberté d'aller, passer & traffiquer partout, jouissant en outre de l'effect du present Traité.

XXIV. Item, qu'il ne pourra être mis aucun Gouverneur ni Substitut d'icelui dans ladite Ville que de la Maison de Nassau, ou autre Seigneur Hollandois & Compatriote.

XXV. Que la Garnison ne sera point exempte des deniers & impositions de la Ville; mais qu'elle aidera à porter les charges d'icelle comme les autres Habitans.

XXVI. Item seront compris dans ce Traité tous les Bourgeois & Habitans absens, ensemble les Femmes & Enfans, & les autres personnes Ecclesiastiques & Seculieres qui se sont sauvez.

XXVII. Que tous les malades & blessez qui sont presentement dans le grand Hôpital ou autres Maisons, soit Soldats ou autres, y demeureront jusques à ce qu'ils soient

gueris,

blyven tot dat sy volcomentlijck zijn gecureert ende daer naer mogen vertrecken ofte blyven daert hen believen sal, ende datmen de selve alsdan oock sal assisteren met Wagens ofte Karren om hare Bagagie te vervoeren, sonder beletsel van yemant.

Alle welcke Articulen by zijn Princelijcke Excellentie ende de Heeren Gedeputeerden van Hoog Mog. Heeren Staten Generael aende Geestelijckheyt, Magistraet ende Borgerije der voorsz Stede zijn toegestaen ende geaccordeert, ende by de selve geaccepteert, in crachte van hare respective Procuratien, des te oorconde dese geteeckent tot Vucht in 't Leger voor s'Hertogenbosch den XIV. Septemb. XVIC. negen-en-twintich,

Was onderteeckent.

FRE. HENRY DE NASSOU.
FR. MICHAEL *Episcopus Buscodus.*
FR. JOANNES MOORS *Abbas Bernensis.*
JOANNES HERMANS *Decanus Buscodus.*
R. VAN VOORN. T. VANDER VELDE.
R. VAN IRIENEVEN.
B. LOEF VANDER SLOOT.
HENDRICK SOMERS.
PIETER HUBERT HERCALTHEUVEL.

DE Staten Generael der Vereenichde Nederlanden, gehoort het rapport van hare Gecommitteerden, hebben naer visie, lecture, ende examinatie van de boven-geschreven Poincten ende Artijckelen, deselve met rijpe deliberatie van Rade geapprobeert ende geadvoueert, gelijck hare Hoog Mo. die approberen ende advoueren midts-desen, belovende deselve nae haer forme ende inhouden te achtervolgen, ende doen achtervolgen. Gedaen in 't Leger voor s'Hertogen-bosch den XIV. Sept. 1629. stilo novo. *Was geparapheert.* HENRI TER CUYLEN Vt. *Onderstont* Ter Ordonnantie van de Hooch gemelte Heeren Staten Generael, *geteeckent.*

CORNELIS MUSCH.

Articulen by sijne Excellentie mijn Heere den Prince van Oragnien, toegestaen aen den Gouverneur der Stede s'Hertogen-bosch, midtsgaders aende Capiteynen ende Krijchs-Volck binnen der selver geweest sijnde.

I. DAT den Gouverneur van s'Hertogen-bosch met alle Krijchs Officieren ende Soldaten van wat qualiteyt ofte conditie de selve mogen sijn, soo te paerde als te voet gene uytgesondert, al waert oock dat sy den dienst van mijne Heeren de Staten verlaten, ende hen ten dienste vanden Conigh van Spagnien overgegeven hadden, sonder eenige verhinderinge ofte beletsel uyter Stadt sullen trecken met Wapenen ende Bagagie: de Ruyterije met slaende Trompet, vliegende Vaendels, in volle Wapenen, geweer inde handt, d'Infantery met slaende Trommel, met losse Vaendels, brandende Lonten aen beyde eynden, Cogels inde mont, in sodanige slach order, ende forme als sy lieden gewoon sijn in Batalie te marcheren, alles lijf ende goet vry tot aen de Stadt van Diest.

II. Alle Officieren ende Soldaten, soo siecken als gequetste, inden Gast-huyse oft elders sullen blijven, tot dat derselver gesontheyt toelaten sal hun op den wegh te begeven.

III. Men sal mede voeren ses stucken Geschuts, ende twee Mortieren tot ten keure van den Gouverneur, met al haren Train, gereetschappen ende behoorlijcke ammonitie van Oorloge, omme met elck stuck twaelf schoten te schieten.

IV. Sullen mede Paerden ende Wagenen gestelt worden, met bequame Voerluyden omme t'voorsz Geschut ende twee Mortieren te trecken, met alle haer Train ende Ammonitie tot aen de Stadt van Diest toe.

V. Sullen alle Amonitie van Oorloge ende Victuaillien den Coninck van Spagnien toebehoorende, sonder eenich bedroch werden gelevert aen sodanigen Persoon als sijne Excellentie daer toe stellen sal, uytgesegt 't gene daer voor den xij. deser Maent vercocht is geweest, doen men begost heeft te tracteren, 't welk wel vercocht sal blijven, sonder datmen daer omme iemandt

gueris, & ensuite pourront se retirer où bon leur semblera, & que l'on leur aidera de Chariots ou Charettes pour voiturer leur bagage, sans empêchement d'aucun.

Tous lesquels Articles ont été concedez & accordez par son Excellence & les Députez de L. H. P. les Seigneurs Etats Generaux, & par le Clergé, Magistrat & Bourgeoisie de la susdite Ville, & par eux acceptez en vertu de leurs Plein-pouvoirs respectifs; En temoin de quoy ont ces presentes été signées à Fucht au Camp devant Boisleduc, le quatorziéme Septembre mil six cent vingt neuf.

Etoit signé.

FREDERIC HENRY DE NASSAU.
FR. MICHEL Evêque de Boisleduc.
FR. JEAN MOORS Abbé de Bernes.
JEAN HERMANS Doyen de Boisleduc.
R. DE VOORN, T. VANDER VELDE.
R. DE IRIENEVEN.
B. LOEF VANDER SLOOT.
HENRI SOMERS.
PIERRE HUBERT HERCALTHEUVEL.

LES Etats Generaux des Provinces-Unies ayant oui le rapport de leurs Députez, aprés avoir vû, lû & examiné les Points & Articles ci-dessus, les ont aprés meure déliberation de Conseil aprouvé & avoué, comme L. H. P. les aprouvent & avouent par ces presentes; promettant de les observer & entretenir selon leur forme & teneur. Fait à l'Armée devant Boisleduc le 14. Septembre 1629. stile nouveau. Etoit paraphé, HENRY TER CUYLEN Vt. Etoit sous-écrit, *par Ordonnance desdits Seigneurs Etats Generaux,* Signé

CORNELIS MUSCH.

Articles accordez par Monseigneur le Prince d'Orange au Gouverneur de Boisleduc, ensemble aux Capitaines & Troupes qui étoient dedans la Ville.

I. QUe le Gouverneur de Boisleduc avec les Officiers Militaires & Soldats de quelque qualité & condition qu'ils soient, tant Cavalerie qu'Infanterie nuls exceptez, quand même ils auroient quitté le service de Messeigneurs les Etats, & se fussent mis au service de sa Majesté le Roi d'Espagne, sortiront sans aucun obstacle ni empêchement de la Ville, avec Armes & Bagage. La Cavalerie trompette sonnante, Etendars deployez, en Armes & les armes à la main; l'Infanterie Tambour battant, Enseignes deployées, Méche allumée par les deux bouts, Balle en bouche, en tel ordre & forme qu'ils sont accoutumez de marcher en Bataille, Biens & vie sauve, jusques à la Ville de Diest.

II. Tous Officiers & Soldats, tant malades que blessez, demeureront dans les Hôpitaux, jusques à ce que leur santé leur permette de se mettre en chemin.

III. Ils emmeneront avec eux six pieces de Canon & deux Mortiers, au choix du Gouverneur, avec tout leur train, équipage, & Munition convenable de Guerre, pour de chaque piece pouvoir tirer douze coups.

IV. Seront fournis Chevaux & Chariots avec des Chartiers propres pour mener les susdits Canons & deux Mortiers avec tout leur train & Munitions jusques à la Ville de Diest.

V. Toutes les Munitions de Guerre & de bouche apartenantes au Roi d'Espagne seront livrées sans aucune tromperie à telle personne que son Excellence vendra commettre à cet effect, excepté ce qui y a été vendu avant le 12. de ce mois qu'on commença à traitter, ce qui demeurera bien vendu; sans qu'on puisse inquietter ni action-

Anno 1629. iemandt van die gene diese gekocht sullen hebben, sal mogen aenspreecken oft inquieteren.

VI. Een suffisant getal van Wagenen ende Paerden, soo veel als den Gouverneur versoecken sal, soo t'zynen particulieren dienst als voor alle d'andere Officieren ende Soldaten, sal toegestaen worden, om 't goet ende alderhande Bagagie tot Diest toe te voeren, daer inne begrepen zijnde alle Wapenen, ja selfs van de Soldaten van 't Garnisoen der voorschreven Stede, Absenten, Dooden, Siecken, Gequetste oft verloopene, sonder dat de voorschreven Wagenen sullen mogen werden gevisiteert, in geenerley manieren.

VII. Alle die gene die haer Goet ende Bagagie naer Antwerpen sullen begeeren te voeren, sullen buyten haere kosten werden bestelt Schepen om de selve door Hollant derwaerts te brengen, vry van alderhande Schattingen, Tollen oft Impositien, haer toelatende volck daer by te voegen, om haer voorschreven Goet ende Bagagie gade te slaen, sonder mede in eenige plaetsen gevisiteert noch gearresteert te werden, onder wat pretext het oock soude mogen wesen, maer sullen tot Antwerpen toe passeren, sonder eenichsins uyt den Schepe te gaen.

VIII Den Gouverneur, Hoofden, Officieren, Krijghs-raden, Soldaten ende alle andere, Soldije vanden Coninck van Spaengnien genietende, soo Geestelijck als Wereltlijcke, geene uytgesondert, gelijck mede hare Weduwen ende Kinderen die binnen de voorsz. Stadt eenige Huysen, Erven ende Renten sullen hebben, t'zy op de Staten van Brabant in dit quartier, oft in de Stadt, ofte oock op particuliere Huysen ende Gronden, andere Goederen roerende ende onroerende, sullen hebben den tijt van twee jaren naer d'onderteekeninge van dit Tractaet, om naer haren wille hare voorsz. Goederen te transporteren, verkoopen, versetten ofte andersfints daer af te disponeren. Ende sullen den voorsz. tijdt geduerende, genieten de voorsz. Renten, Huysen, Hueren, Incomsten ende goederen verkregen oft om noch te vercrijgen, van wat natuere ende conditie de selve souden mogen wesen.

IX. Dat de Officiers ende Soldaten van wat Officien oft conditien de selve souden mogen wesen, hare Huysvrouwe ende Kinderen binnen de Stadt sullen mogen laten, oock den voorschreeven tijdt van twee jaren geduerende, disponeren van hare Goederen, roerende ende onroerende, binnen der voorschreven Steden oft elders gelegen, geene uytgesondert, sonder dat eenige Confiscatie ofte neminge plaetse sal hebben.

X. Dat de voorschreven Officieren en Soldaten haer Officien ende Dienste, binnen den voorschreven tijdt twee jaren verlatende, vry naer de voorschreven Stadt sullen mogen keeren, ende het Tractaet genieten gelijck andere Borgeren ende Inwoonderen, midts dat sy-lieden eerst haer aen zijne Excellentie oft den genen die als dan Gouverneur van de Stadt sal wesen, te kennen sullen geeven.

XI. Men sal alhier geen Officier ofte Soldaet, noch der selver Bagagien om eenige schulden mogen arresteren, 't zy dat hy met het Garnisoen uytrecke, oft sieck ofte gequetst zijnde uytrecke, soo wanneer hy genesen sal zijn.

XII. De Gevangenen ten weder zijden van wat conditien die zijn, sullen in vrijheyt worden gestelt sonder eenich Rantsoen te betalen, maer alleenlijck de montkosten, volgens de taxatie van 't quartier.

XIII. Dat alle buyt door die vande Stadt gedaen, soo voor als geduerende de Belegeringe, van hun niet en sal mogen werden verhaelt, maer aen hun blijven.

XIV. Naer dat de Articulen van dit Verdragh onderteeckent sullen zijn, salmen den Gouverneur van s'Hertogen-Bossch tijt geven om een expres nae de Serenissime *Infante* van Spaengnien af te senden, met vrygeleyt ende versekeringe om haer advis te geven, van 't gene gepasseert sal wesen, 't welck verstaen wordt dat den Gouverneur sal mogen doen, den selven dach dat 't Accoordt ondergeteeckent sal zijn.

XV. De voorschreven Conditien gesloten zijnde, sal den Gouverneur, ende alle het Krijgs-volck tijt ten minsten voor twee dagen gegunt werden, om hen tot het vertreck te prepareren, welcken tijt overstreken zijnde, beloven den voorschreven Gouverneur ende d'Officieren van 't voorschreven Guarnisoen uyt te trecken, namentlijck op Mandagh naest-comende, heelvroegh, 't welck den seventhienden deser Maent Septembris sal wesen.

actionner pour ce sujet ceux qui l'auront achetté. Anno 1629.

VI. On accordera un nombre suffisant de Chariots & de Chevaux, autant que le Gouverneur en demandera, tant pour son service particulier, que pour les autres Officiers & Soldats, pour conduire leurs meubles & toute sorte de Bagage à Diest; y étant comprises toutes Armes, mêmes des Soldats de la Garnison de la susdite Ville, Absens, Morts, Malades, Blessez ou Transfuges, sans que lesdits Chariots puissent être visitez en aucune maniere.

VII. Tous ceux qui desireront faire conduire leurs Meubles & Bagages à Anvers, on leur fournira sans frais des Vaisseaux pour les y conduire par la Hollande, exempts de touts Droits, Peages & Impôts, leur permettant d'y mettre du monde pour prendre garde à leurs Meubles & Bagage, sans non plus pouvoir être visitez ni arretez en aucune place, sous quelque pretexte que ce soit, mais ils passeront jusqu'à Anvers, sans sortir des Vaisseaux en aucune maniere.

VIII. Les Gouverneurs, Capitaines, Officiers, Conseillers de Guerre, Soldats & tous autres recevants paye du Roy d'Espagne, tant Ecclesiastiques que Seculiers, nuls exceptez, comme aussi leurs Veuves & Enfans qui ont quelques Maisons, Heritages, & rentes dans ladite Ville, soit sur les Etats de Brabant dans ce quartier ou dans la Ville, ou même sur des Biens & Maisons particulieres, & autres Biens meubles ou immeubles, auront le tems de deux ans de la datte de ce Traité, pour transporter leurs susdits Biens à leur volonté, les vendre, échanger, aliener ou autrement en disposer. Et jouiront ledit tems durant desdites Rentes, Maisons, Loyers, Revenus & Biens acquis ou à acquerir, de quelque natûre & condition qu'ils puissent être.

IX. Que les Officiers & Soldats, de quelque etat & condition qu'ils soient, pourront laisser leurs Femmes & Enfans dans la Ville, & aussi durant le tems desdites deux années disposer de leurs Biens meubles & immeubles, scituez dans la susdite Ville ou ailleurs, nuls exceptez, sans qu'aucune Confiscation ou saisie ait lieu.

X. Que les susdits Officiers & Soldats, abandonnant leurs Charges & Service dans le susdit tems de deux ans, pourront retourner librement dans ladite Ville, & jouir du benefice du Traité, comme les autres Bourgeois & Habitans, pourvû qu'ils le fassent sçavoir préallablement à son Excellence ou à celui qui sera en qualité de Gouverneur de la Ville.

XI. On ne pourra arrêter aucun Officier ou Soldat, ni leur Bagage pour quelque dette, soit qu'il en sorte avec la Garnison, ou qu'étant gueri de sa maladie ou blessure il en sorte dans la suite.

XII. Que tous les Prisonniers de part & d'autre de quelque condition qu'ils soient seront remis en liberté sans payer Rançon, mais seulement les dépences de bouche, selon la taxe du quartier.

XIII. Que tout le butin fait par ceux de la Ville, tant avant que durant le Siege, ne pourra être repeté, mais leur demeurera.

XIV. Aprés que les Articles de ce Traité seront signez, on donnera le tems au Gouverneur de Boisleduc de dépêcher un Exprés à la Serenissime Infante avec Saufconduit, & assurance, pour avoir son avis sur ce qui s'est passé, & l'on entend que le Gouverneur le pourra faire le même jour que l'Accord sera signé.

XV. Les susdites Conditions étant concluës, on accordera du moins deux jours au Gouverneur & à toutes les Troupes pour se preparer à la sortie; lequel tems étant passé ledit Gouverneur & les Officiers de la Garnison promettent de sortir nommément Lundi prochain, de bon matin; qui sera le dix-septiéme du present mois de Septembre.

ANNO 1629.

XVI. Wel verstaende dat geduerende den voorschreven tijdt van twee dagen, niemant van de Stadt in 't Leger en sal mogen comen; noch die van het Leger in de Stadt gaen, ende dat om disordre te schouwen, maer sal elck een om hem ondertusschen in zijne Retrenchementen ende Fortificatien houden, sonder dat het toegelaten sal wesen, eenige approschien nochte acte van hostiliteyt te dóen, tot versekeringe van 't welck men Ostagiers van wederzijden sal leveren.

XVII. Dat al eer 't Guarnisoen uyt trecken sal, daer van wegen zijne Excellentie twee suffisante Ostagiers sullen wesen gegeven, de welcke met het selvige Guarnisoen, Wapenen ende Bagagie tot Diest toe marcheren sullen, gelijck mede daerentegens twee van wegen den Gouverneur, de welcke blijven sullen, tot dat de voorschreven Ostagiers van zijne Excellentie, ende de Wagens wederom gekeert sullen wesen, als wanneer zijne Excellentie oock datelijck de voorschreven Ostagiers met vry geleyt ende versekeringe tot Diest toesenden sal.

XVIII. D'Officieren, Capiteynen ende andere in 't eerste Artijckel van dit tegenwoordigh Tractaet begrepen, hebbende eenige Wapenen, Schuyten ofte Saloepen, oock andere gereetschappen van Oorloge hen lieden particulierlijck toebehoorende, sullen vermogen de selve te verkoopen ende te vervoeren, sonder dat ter saecke van dien eenige naersoeckinge gedaen sal worden, by ofte aen die gene diese gekocht ofte wech gevoert sullen hebben.

Daer en sal gantsch geen restitutie wesen van de Peerden, Wapenen, Koopmanschappen, Waren ende andere dingen, die voor goeden buydt verkocht ende gehouden zijn, noch en zal niemant daeromme mogen naer ofte ondersocht worden.

XIX. Die van 't Guarnisoen van Breda zijnde binnen der voorsz. Stede, soo Officieren als particuliere Soldaten, sullen vermogen met haer goederen ende lijven wederom te keeren tot Breda toe, gelijck hen lieden oock gegeven sal worden een suffisant getal van Wagenen ende Peerden om haer Bagagie te voeren: mitsgaders een Ostagier ende Convoy om die selvige in alle sekerheyt te geleyen, op de selve maniere van d'eerste Artijckel, als zijnde daer onder begrepen. Gedaen in 't Leger voor 's Hertogenbosch den 14. Septembris 1629.

Ende was onderteeckent,

FR. HENDRICK DE NASSAUW.

A. DE GROBBENDONCK.

Leeger stond geschreven,

Ter Ordonnantie van sijne Excellentie.

Geteeckent,

J. JUNIUS.

Ende gesegelt met het Cachet van zijn Excellentie.

XVI. Bien entendu que durant le susdit tems de deux jours, personne de la Ville ne pourra venir à l'Armée, ni ceux de l'Armée aller à la Ville, & ce pour éviter le desordre, mais un chacun demeurera dans ses Retranchements & Fortifications, sans qu'il lui soit permis de faire aucune aproche ni acte d'hostilité, pour sureté dequoi on donnera des Otages de part & d'autre.

ANNO 1629.

XVII. Qu'avant que la Garnison sorte il sera donné deux Otages suffisans de la part de Son Excellence lesquels iront avec la Garnison, Armes & Bagages à Diest; comme aussi il en sera donné deux de la part du Gouverneur, qui resteront jusques à ce que lesdits Otages de Son Excellence & les Chariots soient de retour, & alors Son Excellence renvoyera aussi-tôt ceux qu'il aura à Diest avec Sauf-conduit.

XVIII. Les Officiers, Capitaines & autres compris au premier Article de ce present Traité, qui auront quelques Armes, Barques, Chaloupes & autres apareils de Guerre à eux apartenants, les pourront vendre & emmener, sans qu'à ce sujet il soit fait aucune recherche contre ceux qui les auront achettez ou enmenez.

On ne fera aucune restitution des Chevaux, Armes, Marchandises, Denrées & autres choses qui ont été venduës & retenuës pour bonnes prises, & personne ne pourra être recherché à ce sujet.

XIX. Ceux de la Garnison de Breda étant dans la susdite Ville, tant Officiers que Soldats particuliers, pourront s'en retourner à Breda avec leurs Biens; comme aussi il leur sera donné un nombre suffisant de Chariots & de Chevaux pour conduire leur Bagage, ensemble un Otage & un Convoy pour les pouvoir conduire avec sureté en la même maniere qu'il est porté par le premier Article, comme y étant compris. Fait à l'Armée devant Boisleduc le 14. Septembre 1629.

Et étoit signé,

FR. HENRI DE NASSAU.

A. DE GROBBENDONCK;

Et plus bas étoit écrit,

Par Ordonnance de Son Excellence.

Signé,

J. JUNIUS.

Et scellé du Cachet de Son Excellence.

CCCXXI.

25. Sept. POLOGNE ET SUEDE.

Traité de Trêve pour six années entre SIGISMOND III. *Roi de Pologne*, & GUSTAVE ADOLPHE *Roi de Suede. Fait au Camp d'Altemmarck, le 25. Septembre, 1629.* [MERCURE FRANÇOIS, Tom XV. (1) pag. 1008. d'où l'on a tiré cette Pièce, qui se trouve en Latin dans LONDORPII *Acta Publica*, *Part. III.* pag. 1104. & datée du 26. Septembre.]

NOUS Accelius Oxenterna, Senateur & Chancelier de sa Majesté & du Royaume de Suede, Député en son Armée, Gouverneur general de Borussie, &c. Herman Wrangelius, Mareschal de Camp Hereditaire des Armées du Roy en Able & Sreikloster, & Jean Banelius Gouverneur hereditaire de Offien en Mulhammer, &c. Commissaires du Sereníssime & trespuissant Prince Gustave Adolphe Roy de Suede, &c. Faisons sçavoir à tous qu'il apartiendra, que comme pour assoupir & composer cette funeste Guerre avec le Sereníssime & tres-puissant Prince Sigismond troisieme Roy de Pologne, &c. (faite en Livonie & en la Republique de Pologne,) le tres-Sereníssime & tres-Puissant Prince Louis XIII. Tres-Chrestien Roy de France & de Navarre, eut envoyé pour son Ambassadeur le Sieur Hercule Baron de Charnassé, Chevalier, &c. comme aussi le Sereníssime & tres-Puissant Prince Charles I. du nom, Roy de la Grande Bretagne, eut aussi envoyé pour son Ambassadeur le Seigneur Thomas Roe Chevalier, &c. lesquels, apres avoir par leur grand soin & conduite travaillé pour le restablissement de la Paix, & à prescrire un certain temps pour la traiter, & la rendre perpetuelle; & afin que cela se puisse faire à l'amiable, moyennant la Divine Bonté, se seroient assemblez ces jours passez avec iceux les Seigneurs Jacques Quadrik Evesque de Culmen, Grand Chancelier de Pomeranie & du Royaume de Pologne, Jacques Sobjesky, Grand Escuyer du Royaume de Rasnostavie, George Oslensky de Thechin, Grand Panetier du Royaume de Ralfelen, & Ernest Doënhoff, Capitaine de Derpaten, Commissaire dudit Sereníssime Roy & Royaume de Pologne, sur le sujet d'une Treve, de laquelle nous aurions convenu, conclu & ordonné ce qui ensuit.

I. Sçavoir, que depuis ce jour y aura Treve entre le Sereníssime Prince Gustave Adolphe Roy de Suede, nostre tres-clement Seigneur, les Successeurs de Sa Majesté les Rois de Suede, & ledit Royaume, d'une

(1) Il faut remarquer que cette fin du Tome XV. du *Mercure François* se met ordinairement au commencement du Tome XVI.

ANNO 1629. d'une part; & le Sereniffime Prince Sigismond troifieme, Roy de Pologne, d'autre; pour fix années fuivantes, à compter du jour & date des prefentes jusques au premier Juillet, ftil vieil 1635. Durant lesquelles Treves fa Majefté & Royaume de Suede s'abftiendra de tout acte d'hoftilité contre le Roy & Royaume de Pologne, Provinces, Chafteaux, Citez, & Territoires à luy fubjets; & que ny par luy, ny par qui que ce foit, ne fera attenté aucune chofe au dommage & prejudice d'iceux. Pareillement le Sereniffime Roy & Royaume de Pologne s'abftiendra durant lesdites Treves de tout acte d'hoftilité contre le Roi & le Royaume de Suede, fes Provinces, Chafteaux, Citez, & Territoires à luy fubjets; & n'attentera & ne fera attenter, tant par lui que par autre, aucune chofe au dommage & prejudice d'iceux.

II. Le Sereniffime Roi de Suede rendra au Sereniffime Roy & Republique de Pologne la Ville de Strasbourg, fize au traict de Culmen, avec fon Territoire: celle de Dirshavie en Pomerelie, avec fon Territoire: l'Ifle Gelanc, Guftade, Circomite, & Molfaoce, avec leurs Territoires en l'Evefché de Warmie: comme auffi l'Eglife de Francoemberg, avec fa Ville, Bourg & Village: Mithavie en Semigale, avec fon Territoire au Duc de Curlindie. Et pour la Nouamunde & Spilte, avec les lieux qui en dependent, comme auffi Riga & Francoëburg, feront rendus fuivant cet Accord, ainfi qu'il fut convenu aux premieres Treves. Le Port de Francoëburg, avec tout le rivage de Habi, demeurera en la puiffance du Roy de Suede, à la referve du droict de Pefcherie à ceux de Francoëburg.

III. La Ville de Francoëburg, ny autre lieu de fon Territoire, ne fera fortifié durant ladite Treve, & le chemin par ledit Territoire de Francoëburg fera tousjours libre aux Subjects & Soldats du Roy de Suede.

IV. En Livonie, l'un & l'autre Partie durant ces Treves poffedera ce qu'elle poffede à prefent, excepté Mithavie, comme il eft dit en l'Article cy-deffus.

V. Et pour la Pruffe, le Roy & Royaume de Suede retiendra & poffedera comme il fait à prefent Brunsberg & Tolkemite, avec leurs Territoires; le Binge, avec le fien, tant en Terre ferme, qu'en l'une & l'autre Ifle: l'Ifle entiere de Fifchavienfem, & tout le Rivage de Habi en la grande Ifle, commençant au Territoire d'Elbingem jusques à l'emboucheure de la Riviere de Viftule, avec les Villages circonvoifins: Stobendolf, Habendolf, & Alendolf: puis vers la Viftule, Tigenore; & de là, tirant une ligne jusques au Boulevar d'Infularem, & depuis ledit Boulevar ou chauffée Kuckueskrug, jusques à Jankendorf, & tout ce qu'on appelle vulgairement le Putendik des Ifles, ou le Marais; avec les Logements & Maifons, tant basties qu'à baftir, qui font entre la grande Ifle & Neringie, & depuis Jankendorf, entre la levée de l'Ifle & Neringie au fleuve de Habi, jusques là où il court, avec Robelgrude, Kroskengruek, Stutdorff, Stegem; & de là, tirant une ligne à la Mer, tout ce qui eft entre Neringie, Stegem & Pillaw, avec le mesme Port de Pillaw, fauf les Corps de garde qui font à refaire prés des levées, que les Habitans desdits Villages avoient accouftumé de tenir és temps à eux ordonnez.

VI. Marieburg avec la grande Ifle, excepté le Territoire d'Elbingen, les Rivages & Villages fusdits, Stuma Chef de la Viftule en Neringie, feront durant ces Treves mis és mains du Sereniffime Prince Georges, Marquis & Electeur de Brandebourg, Duc de Pruffe, &c. à condition qu'un mois auparavant la fin des Treves (fi cependant icelle on ne convient de l'affaire principale) Marieburg avec le Fort de la Viftule, Stuma, & la grande Ifle, ne feront tenus & poffedez autrement qu'à prefent, & feront rendus & reftituez fans fraude au Roy & Royaume de Suede.

VII. Pour plus grande feureté du Roy & Royaume de Suede, touchant le recouvrement de Marieburg, du Fort de la Viftule & de Stume; le Sereniffime Electeur de Brandebourg laiffera entre les mains du Roy de Suede Fifchaufe & Lochftetum, avec leurs Territoires, & la partie du Territoire de Skuckenfe, qui appartiennent à Ningie, & au Lac Lhuronic, qui embraffe le Territoire de Fifchaufie avec Neringie & le Lac, ainfi qu'il en fera convenu entre les Commiffaires du Roy de Suede & dudit Electeur, comme auffi le Roy & Royaume de Suede retiendra & poffedera la mesme Neringie, Curonie, & finalement Memel Ville & Chafteau; & ce avec le mesme droict qu'il poffede à prefent Marieburg, jusques à ce que Hoc, avec l'Ifle, le Fort de la Viftule, & autres lieux, comme dit-eft, foient rendus, (auquel cas ces chofes feront remifes fans fraude au Sereniffime Electeur) ou bien il en fera autrement convenu par les conventions d'une plus longue Paix. ANNO 1629.

VIII. Et pour les fequeftres & reftitutions des chofes qui fe doivent rendre ou qui tiendront lieu de caution, cet ordre fera obfervé: Que par la Ratification donnée du Roy de Pologne Strasbourg, Guftade, Wormite, Millaw, Fracoenburg, & Difchovie, feront livrez fans Garnifons dans fix jours aux Commiffaires du Roy & Royaume de Pologne; comme auffi Marieburg & Stume fans Garnifons du Roy de Suede, feront rendus dans le douziéme jour audit Electeur. Apres quoy, Mamelie fera configné au Commiffaire du Roy de Suede dans huict jours fans Garnifon dudit Electeur. Et finalement le Fort de la Viftule fera auffi dans huict jours delivré au mesme Electeur fans Garnifon: le tout fait de part & d'autre fans aucune fraude, ains avec bonne foy & juftice, & s'il y a plainte de quelque injure faite ou exactions d'argent par les Garnifons aux Citoyens & Habitans desdits lieux, aux paffages & chemins, il y fera pourveu.

IX. Le Roy & la Republique de Pologne durant ces Treves n'attenteront aucune chofe contre Marieburg, Stume, la grande Ifle, & le Fort de Viftule, pour quelque caufe ou pretexte que ce foit; mais le Sereniffime Electeur les confervera de tous dommages & perils & permettra la poffeffion paifible desdits lieux.

X. Sera fait amniftie & oubli de toutes chofes paffées, & le Roy & la Republique de Pologne feront jouïr en la meilleure forme que faire fe pourra, les Villes, Territoires, Citoyens & Habitans, qui feront reçeus en fa foy, des mesmes droicts & privileges desquels ils jouïffoient avant ces troubles.

XI. Toutes & chacunes les Communes, tant à l'avenir qu'à prefent, pourront jouïr librement de leurs mesmes droicts fans aucun empefchement.

XII. Toutes actions intentées contre ceux qui auront fuivi en cette Guerre le Party du Roy de Pologne, ou auront feint l'avoir fuivi, en quelques lieux qu'ils demeurent, foit en leurs propres ou fequeftres, cefferont & demeureront nulles, & aucunes d'icelles ne feront executées pendant lesdites Treves.

XIII. Aux lieux fequeftrez, les biens d'Eglife & des Ecclefiaftiques demeureront en la mesme nature durant le temps des Treves, & ainfi qu'ils eftoient auparavant.

XIV. Trois Eglifes feront données à Brunsberg pour l'ufage libre de la Religion Catholique, & un Temple à Neuftade & au Deftroit, avec pareil droict, & ne leur fera fait aucun tort ny injure. Les chofes deuës à Gufticie feront renduës aux Complaignants; comme auffi aux Proteftans l'exercice publique de leur Religion leur fera libre, & fera auffi reftitué aux lieux fequeftrez fans trouble ou empefchement comme auparavant. Et quant aux Paroiffiens de Greffe, ils joüiront des anciens revenus des Eglifes Catholiques fusdites.

XV. S'il ne plaift à aucuns de demeurer aux Villes & Territoires reftitués, & aiment plutoft en changeant de domicile fe retirer, ou à Eltinge, ou autres Pays eftrangers, il fera libre à un chacun de vendre fes Biens, ou de les transporter où bon luy femblera fans aucun empefchement, & fans pour ce luy impofer aucune charge pour quelque chofe que ce foit. Pareille liberté fera donnée auffi en tous les lieux qui demeureront en la poffeffion du Roy de Suede.

XVI. Aux lieux reftituez aux fequeftrez feront laiffez de bonne foi tous les Biens meubles de l'Eglife qui y feront trouvez jusques à prefent, comme font les vaiffeaux & ornements facrez, les cloches, & autres chofes fervans à l'ufage des Eglifes: comme auffi, les Livres ou Regiftres des Privileges de Chancellerie, & autres Actes publics, qui auroient efté durant les injures du temps rompus par les Soldats ou corrompus par la negligence d'autres, n'en fera fait aucune perquifition ou recherche, & nul ne fera tenu de les reftituer.

XVII. Les Canons de guerre & grandes Bombardes qui auront efté trouvés aux lieux occupez, & qui feroient encores aux Villes & Citez renduës, feront reftitués: comme auffi les Canons & autres Inftruments de guerre demeureront en leur quantité & qualité à Marieburg, & au Fort de la Viftule, ainfi qu'ils ont efté delivrez par ledit Electeur à Mamelie, comme il eft convenu entre le Roy de Suede & ledit Electeur.

XVIII. Si quelques Biens meubles ont, ou par ancien droict, ou par les Communautez, ou perfonnes

ANNO 1629.

nes privées, esté donnez au Roy de Suede, iceux seront gardez és lieux où ils auront esté mis.

XIX. Toutes Armées, excepté les Garnisons, seront de part & d'autre retirées de la Province, & n'y seront introduites durant les Treves, & moins encore envoyées, sous quelque pretexte que ce soit, sur leurs Terres & Duchez.

XX. Les commerces & les chemins, par Terre, Rivieres & Ports, seront libres à l'un & l'autre Party, & ne seront nullement empeschez, tant au Royaume de Pologne, qu'au Grand Duché de Lithuanie.

XXI. Nul des deux Partis n'imposera aucun tribut, subsides ou exactions sur Terre, ou sur les Rivieres; ains toutes choses demeureront en même estat qu'elles étoient avant ceste Guerre.

XXII. La conduite des Marchandises du Grand Duché de Lithuanie vers Regimoud, ne seront tirez du Port de Memelens au Lac de Churonic pour aucune cause que ce soit: & nuls tributs ne seront exigez audit Lac. Les habitans du susdit Duché joüiront de la mesme liberté aux Commerces qui s'exerceront en iceluy.

XXIII. Tous Prisonniers detenus de part & d'autre, de quelque estat & condition qu'ils soient, nul excepté, seront delivrez & mis en liberté sans rançon. Ceux qui sont en la Prusse & aux Palatinats plus proches seront aussi delivrez dans quinze jours. Ceux qui sont en la haute & basse Pologne le seront dans deux mois: & tous ceux qui sont detenus en la Russie, Lithuanie, & Provinces plus éloignées, seront relaschez dans trois mois.

XXIV. Le mesme sera gardé de la part du Roy de Suede envers ceux qui seront par lui detenus en ces lieux icy, lesquels seront delivrez dans quinze jours. Et pour ceux qui seroient en Suede, ou detenus en Livonie, le seront dans trois mois: les Garnisons de part & d'autre licentiées. Et aux lieux du Duché de Prusse, où elles pourront estre amenées, les Soldats, tant de part que d'autre, observeront la Discipline militaire, estans laissées audit Duché pour hyverner.

XXV. Toutes actions, de quelque estat ou nature qu'elles soient, qui auront esté ou pourroient estre intentées au Duché de Prusse à l'occasion de cette Guerre, cesseront pendant lesdites Treves.

XXVI. Si quelqu'un à l'avenir, sous quelque pretexte que ce soit, vouloit contrevenir aux Conventions de ce Traité; & empescher la restitution des susdits lieux mentionnez; ou si quelque tiers Party, pour quelque sujet ou occasion, vouloit troubler en la Prusse le Roy & Royaume de Suede, & l'assaillir par armes, le Roy & la Republique de Pologne, avec le Duc de Boruscie & les Estats Royaux d'icelle, & principalement la Ville de Dantsic, s'obligeront de se joindre eux & leurs armes, pour empescher que ces Conventions ne soient nullement violées. Comme aussi tous ceux qui contreviendront & pretendront empecher l'effect d'icelles, & la restitution desdits lieux, ou qui voudroient, sous quelque pretexte que ce soit, endommager par armes le Roy & la Republique de Pologne en la Prusse. A quoy tous se joindront, pour prevenir tels troubles & inconvenients.

XXVII. Les injures tant réelles que personnelles, qui arriveront durant le temps de ces Treves, ne seront punies par l'un ny par l'autre Party; sauf la Jurisdiction ordinaire de l'un & l'autre; mais la Justice en sera requise competemment des Officiers & Magistrats de part & d'autre: & par là mesme, peines severes seront exercées contre les violateurs de la Paix confirmée par la foy publique.

XXVIII. Nulles represailles ny arrests, tant par Terre que par Mer, ne seront alloüez, sinon lors que la Justice ne sera administrée, apres l'avoir demandée diverses fois: & si quelques-uns ont esté octroyez pendant cette Guerre, ils seront cassez; en sorte neantmoins que justice sera faite à ceux ausquels ils auront été octroyez.

XXIX. Si quelqu'un commet quelque chose plus griefve que ne semble concerner le violement de ce Traité, seront donnez de part & d'autre de bons Commissaires, qui s'assembleront en quelque lieu neutre assigné entre Elbinge & Marieburg, où ils decideront le different ou crime; & le mesme sera ordonné en Livonie.

XXX. Comme ainsi soit que ces presentes Treves ayent esté concluës, afin que plus facilement il se soit peu traiter d'une Paix perpetuelle, & d'une plus longue Treve entre les Partis des Princes Chrestiens, Commissaires seront assignez de part & d'autre, avec plains Pouvoirs & Mandements; qui dans l'espace d'un an, à compter du jour & date des presentes, (apres qu'il aura esté convenu entre les Parties par le Serenissime Electeur de Brandebourg, du lieu & temps d'icelle,) s'assembleront pour traiter de l'affaire principale à l'amiable, pour affermir une bonne & stable Paix. Que si les affaires changent, (ce que Dieu ne veuille) & se separent, les Treves demeureront fermes, sans toutefois laisser escouler les occasions de traiter d'une autre Paix perpetuelle.

ANNO 1629.

XXXI. En ce Traicté & Conventions, seront compris de la part du Roy & Royaume de Suede, le Roy de Dannemarc, les Estats Generaux des Provinces-Unies des Pays-bas, & le Prince de Transilvanie: ausquels sera dés à present donné faculté d'icy à cinq mois, de faire leur Declaration. Semblablement aussi de la part du Roy & Republique de Pologne, l'Empereur des Romains, l'Infante Archiduchesse des Païs-bas, le Duc & Electeur de Bavieres, avec pareille faculté de donner leur Declaration dans cinq mois.

XXXII. Et afin que ces Pactions & Conventions demeurent plus fermes, & qu'il apparoisse, qu'elles seront gardées & entretenuës de bonne foy de part & d'autre, il a esté convenu que les Procurations des Commissaires de part & d'autre seront renduës, & que ces Conventions seront signées & munies de la main & seel desdits leurs Commissaires, & renduës aux deux Parties.

XXXIII. Le Roy de Pologne confirmera ces Conventions selon la forme prescrite, & auparavant qu'il se fasse restitution d'aucun lieu, en donnera sa confirmation. Comme aussi le Roy de Suede par un Instrument solemnel ratifiera ces choses, tant en son nom, que du Royaume de Suede: & la Republique de Pologne approuvera les mesmes aux Dietes & Assemblées qui se celebreront au premier temps, & les ratifieront par Instruments dressez à ce sujet, lesquels Instruments solemnels estants faits selon la forme prescrite, sans y changer aucun mot ny syllabe, seront rendus & receus de part & d'autre au plustost que faire se pourra par lesdits Commissaires deputez aux Limites & Territoires d'entre Elbinge & Marieburg, sans aucun delay ni excuse. Pareillement l'Electeur de Brandebourg prometra retenir Marieburg, le Fort de la Vistule, avec la grande Isle & Stulme, par droict de sequestre, & qu'un mois avant l'expiration des Treves il en retirera ses Garnisons, & les rendra entre les mains du Roy & Royaume de Suede: au lieu dequoy il recevra Memel, Fischause, Lochstat & Skackim, comme il est convenu auparavant, & promettra ces choses par Instrument special. Fait au Camp d'Altemmarck le quinzieme Septembre, stil vieil, mil six cens vingt-neuf.

Signé,

AXELIUS OXENSTERNA,
HERMANNUS WRANGELIUS,
JOANNES BANELIUS.

NOUS Sigismond troisieme, Roy de Pologne, &c. faisons sçavoir à tous & chacun qu'il appartiendra, qu'au mois de Juillet dernier nous avons donné à nos Commissaires Instruction avec plaine puissance, & Mandement pour traiter (par intervention & mediation du Tres-Chrestien & Serenissime Louys XIII. Roy de France & de Navarre, & du Serenissime Charles I. du nom, Roy de la Grande Bretagne) de Paix ou de Treve avec le Serenissime Prince le Seigneur Gustave Adolfe Roy de Suede, Gote & Wandalie, grand Prince de Fridlandie, (auquel nous donnons ces titres sans prejudice de nostre droict hereditaire) nostre Parent & Allié, & avec le Royaume de Suede, qui estant convenu avec ses Commissaires Serenissimes, ont conclu & arresté ces Conventions, comme elles sont icy exprimées & inserées de mot à mot. Nous donc Sigismond troisieme Roy de Pologne, promettons en nostre nom & celuy des Suedes, de nos Royaumes de Pologne & Grand Duché de Lithuanie, approuver, loüer, & ratifier de bonne foy Royale, comme par ces presentes nous approuvons, loüons & ratifions tous & chacun les Articles compris & inserez au Traité susdit, & ne permettrons estre nullement violez, ny par les nostres, ny par autres. Pour plus grande foy & asseurance dequoy, nous avons souscrit & signé la presente de nostre main, & fait apposer nostre Seel. Donné à Warsavie le huictieme Octobre mil six cens vingt-neuf. De nos Regnes en Pologne 42. & en Suede 37.

SIGISMOND: *& plus bas*, PETRUS QUERONSKY, Chancelier de sa Majesté Royale.

CCCXXII.

ANNO 1629. 12. Nov.

LA FRANCE ET LA MOSCOVIE.

CCCXXII.

Traité d'Alliance & de Commerce entre LOUIS XIII. *Roi de France*, & MICHEL FEODROVITZ *Czar de Moscovie. A Moscou le 12. Novembre* 1629. [FREDER. LEONARD, Tom. V. d'où l'on a tiré cette Pièce, qui se trouve aussi dans le MERCURE FRANÇOIS, Tom. XV. pag. 1022.]

EN 1629. le Sieur des Hayes Courmemin fort experimenté aux Affaires étrangeres par les divers Emplois que le Roy luy avoit donnez, fut envoyé Ambassadeur de Sa Majesté vers le Czar de Moscovie; & étant arrivé en la Ville de Dorpt en Livonie; & l'Empereur en ayant esté averti, commanda au Vaivode ou Gouverneur de Plescou de faire entendre à l'Ambassadeur du Roy, qu'il seroit le tres-bien venu & receu dans tous les Estats de Sa Majesté Imperiale.

Lettre du Vaivode de Plescou à l'Ambassadeur de France, du 24. Septembre 1629.

LE Tres-puissant Empereur & Grand Duc Michel Feodrovitz par la grace de Dieu souverain Seigneur de toute la Russie, Roy de Voladimer, de Moscou, de Novogrod, de Casan, d'Astracan, & de Sibir; Seigneur de Plescou, Grand Duc de Smolens, d'Otovir, de Georgie, de Permir, de Viats, de Bulgarie; Seigneur aussi & Grand Duc de la petite Novogrod, de Tservigos, de Rescac, de Pelots, de Rostofs, de Terolasf, de Bolozers, de Oudor, d'Obdor, de Coudemis, & seul obey en toute la Région Septentrionale; comme aussi Seigneur de Katalinsqui, & Empereur de Groensqui, & des Terres de Karabisqui, Duc de Circassie & de Jogorensqui, & outre cela Souverain & tres-puissant Seigneur de plusieurs Terres & Dominations.

Moy Kenes Dimitre Petrovitz Pozarcovi Vaivode du tres-puissant Empereur: A toy, qui és Ambassadeur du tres-puissant Monarque Loüis XIII. de Bourbon, par la grace de Dieu Roy Tres-Chrestien, de France & de Navarre, Je t'envoye le salut: Tu m'as envoyé Estienne ton serviteur avec tes Lettres, par lesquelles j'ay veu, que tu és envoyé de la part du tres-puissant Roy Tres-Chrestien vers l'Empereur, pour traiter de plusieurs affaires tres-importantes à la Russie & à la France, & que tu és arrivé à la Ville de Dorp en Livonie: Je te r'envoye en grande diligence ton serviteur Estienne, afin qu'arrivant auprès de toy, tu sçaches que tu peus entrer quand il te plaira dans les Estats de Sa Majesté Imperiale en sa Province de Plescou, & de là continuer ton chemin par tout son Empire, non seulement pour ta personne, mais aussi pour tous les Gentils-hommes de ton Roy, qui t'accompagnent, & pour tous les valets qui les servent: les chemins par tout te seront ouverts, & ne te sera donné aucun empeschement. Escrit à Plescou * l'an sept mil cinquante-huit, le 24. Septembre.

* L'an 1629.

Ensuite de cette Lettre, ledit Sieur Ambassadeur s'achemina à la Cour de cet Empereur, où il fut conduit & receu avec toute sorte d'honneur & démonstration de bien-veillance à l'Audience, en laquelle il fit entendre le sujet de son Ambassade, suivant son Instruction, & le desir que le Roy son Maître avoit d'entretenir une parfaite Amitié & Alliance, & liberté de Commerce reciproque entre leurs Majestez & leurs Estats. Et après avoir conferé plusieurs fois de cette affaire avec les Ministres de ce Prince, il rapporta au Roy son Maistre, ces Lettres patentes suivantes ladite Alliance & liberté de Commerce accepté & accordé.

Lettre du Grand Duc de Moscovie au Roy de France.

PAR la force & par la vertu de la trés-puissante & tres-sainte Trinité, qui remplit tout le monde & qui pourvoit à toutes choses, qui console & qui a soin de tout le Genre humain, qui donne la vie & qui fait subsister toutes les Créatures par sa grace, par sa puissance, par la volonté & par la benediction de ce grand Dieu, qui affermit les Sceptres de ceux qu'il a élus pour regir le monde: Je commande, & suis seul obey avec applaudissement de tous dans les Terres immenses de la grande Russie, & dans plusieurs autres Provinces nouvellement conquises. Nous le grand Seigneur, Empereur & grand Duc Michel Feodrovits, Souverain Seigneur & Conservateur de toute la Russie, de Volodimer, de Moscou, & de Novogrod, Empereur de Cassan, Empereur d'Astracan, & Empereur de Sibir, Grand Seigneur de Plescou, Grand Duc de Smolens, d'Otovir, de Georgie, de Permir, de Viats & Bulgarie, & Seigneur & Grand Duc de l'inferieure Novogrod, & de toutes les Duchez inferieures de Tservigofs, de Kasans, de Pelots, de Rostof, de Gerosas, de Beloser, de Livonie, de Oudor, de Obdor, de Coudmis, seul obey en toute la Region Septentrionnalle, Seigneur des Provinces de Juors, de Catalins, & d'Ingrovens, Empereur des Cabardins, Duc de Circassie, de Igor & de plusieurs autres Provinces, Seigneur & Conservateur.

ANNO 1629.

Au tres-illustre, tres-haut & tres-puissant grand Seigneur Loüis XIII. de Bourbon; par la grace de Dieu Roy Tres-Chrestien, de France & de Navarre, & souverain Seigneur de plusieurs autres Terres.

Vostre Royale Puissance a envoyé vers nostre grande Puissance, vostre Ambassadeur Loüis, avec des Lettres, & nostre grande Puissance a trouvé bon qu'il fût Ambassadeur vers nous: avons commandé que sa Legation fût entenduë, & avons voulu recevoir ses Lettres signées de vostre main, & contresignées de Lomenie, dans lesquelles vous souhaittez que Dieu veuille faire prosperer nostre grande Puissance, & témoignez qu'encore que vos Estats soient éloignez des nostres, & qu'ils soient separez par plusieurs Provinces: Neanmoins la renommée de nostre grande Puissance n'a pas laissé de parvenir jusqu'à vous, que vos Predecesseurs & les nostres ont cy-devant vécu en bonne amitié & parfaite correspondance, & que de la même sorte vous souhaitez qu'il plaise à Dieu qu'à l'avenir la même amitié & parfaite correspondance s'établisse & se rencontre entre nos Royales Personnes: ce que nostre grande Puissance desire extrémement. Mais nous ne sçavons à quoy attribuer, que nostre nom, nos titres & nos qualitez, ayent esté oubliez à la Lettre que vous nous avez écrite. Tous les Potentats de la Terre, le Sultan des Turcs, le Roy des Persiens, l'Empereur des Tartares, l'Empereur des Romains, les Rois d'Angleterre & de Dannemarc & plusieurs autres grands Seigneurs, écrivans à nostre grande Puissance mettent nostre nom sur leurs Lettres, & n'oublient aucun des titres & des qualitez que nous possedons. Nous ne pouvons approuver vostre coustume de vouloir estre nôtre amy, & de nous dénier & oster les titres que le Dieu tres-puissant nous a donné, & que nous possedons si justement. Que si à l'avenir vous desirez vivre en bonne amitié & parfaite correspondance avec nostre grande Puissance, en sorte que nos Royales Personnes & nos Empires jointes ensemble, donnent de la terreur à tout l'Univers: Il faudra que vous commandiez qu'aux Lettres que vous nous écrirez à l'avenir, toute la dignité de nostre grande Puissance, nostre nom, nos titres & nos qualitez, soient écrites comme elles sont en cette Lettre que nous vous envoyons. De nostre part, nous vous ferons le semblable en écrivant tous vos titres & toutes vos qualitez dans les Lettres que nous vous manderons, estant le propre des Amis d'augmenter plustost reciproquement leurs titres & leurs qualitez, que de les diminuer ou retrancher.

Vostre Royale Puissance écrit encore dans ses Lettres; que les grandes occupations que vous avez euës, tant à pacifier les troubles de vostre Estat, qu'à proteger & assister les Princes vos Amis & Alliez, ont empesché que vous n'ayez plutost correspondu aux témoignages d'amitié que nostre grande Puissance vous fit rendre en l'année de la Nativité de Jesus-Christ 1615. par nostre Ambassadeur Juan Kondirovin, & qu'à present que vous aviez remis sous vostre obéissance plusieurs Provinces, & vaincu tous vos Ennemis, vous nous avez voulu témoigner le desir que vous avez de vivre à l'avenir en bonne amitié & parfaite correspondance avec nostre grande Puissance, & nous avez voulu envoyer vostre Ambassadeur Loüis Deshayes, Seigneur de Courmemin, vostre Conseiller & Maistre d'Hostel ordinaire, & Gouverneur de Montargis, & luy avez commandé de nous faire entendre plusieurs choses qui regardent le bien commun de nos Royaumes & l'avantage de nos Sujets, & priez nostre grande Puissance d'ajouster toute creance à vostre dit Ambassadeur.

Toutes ces choses estans parvenuës à la connoissance de nostre grande Puissance: Nous avons commandé que vostredit Ambassadeur entrast en conference avec les Illustres Seigneurs, Bojars de nostre Conseil d'Estat

ANNO 1629.

tat, Knes, Juan Borisovits Cercascoi, nostre cousin germain, Heritier de l'Empire de Casan, & General de nos Milices, Michel Borisovits Schein, Gouverneur General de Smolens, mon Vasilevits Golovin, Feodrovits Licat-zof, & Jasim Telepnae nostre Chancelier, ausquels nous avons donné ample Pouvoir par écrit d'écouter sa Légation. L'Ambassadeur de vostre Royalle Puissance s'est trouvé avec lesdits Bojars de nostre Conseil, & leur a fait entendre le desir que vostre Royalle Puissance avoit de vivre à l'avenir en bonne amitié & parfaite intelligence avec nostre grande Puissance: pour laquelle mieux affermir, vous souhaitez que la mesme correspondance se rencontrast encore entre les Sujets de nos deux Empires, les Russiens & les François: que vous permettiez à tous nos Sujets de trafiquer dans les Terres de vostre obéïssance, & désirez pareillement que notre grande Puissance trouvast bon que les François, vos Sujets, pussent trafiquer en toute liberté dans les Terres de nostre Empire, s'habituer dans les Villes qu'ils jugeroient propres pour faire sortir leur Commerce, sans empeschement, de nos Estats quand ils voudront: que nostre grande Puissance déchargeast lesdits Marchands François de l'impost que les Marchandises doivent à nostre Tresor, que lesdits Marchands François pussent vivre en liberté de conscience, & tenir pres d'eux tels Prestres ou Religieux de la Foy Romaine que bon leur semblera, que nos Juges & Officiers ne pussent prendre connoissance des differens qui surviendront entre lesdits Marchands François, que nous leur permissions d'estre jugés par l'un d'entr'eux, & de trafiquer avec les Tartares, Persiens, & autres Marchands Estrangers.

Toutes lesquelles choses ayans esté rapportées à nostre grande Puissance, par l'advis de nostre Saint Pere le Grand Seigneur Filarer Niquitis Patriarche de toute la Russie, & des principaux de nostre Empire: Nous avons commandé aux Bojars de nostre Conseil, susnommez, de faire entendre à vostre Ambassadeur, que nous acceptons volontiers l'offre que vostre Royalle Puissance nous fait, de vivre à l'avenir en bonne amitié & parfaite correspondance avec nostre grande Puissance, & que de nostre part nous contribuerons toujours ce qui nous sera possible, pour la continuer & perpetuer entre nos Successeurs. Nous permettons aussi à tous François Sujets de vostre Royalle Puissance, de venir trafiquer en nostre Empire sans aucun empeschement, tant par Mer à Arcangel, que par Terre à Novogrod, à Plescou, & à Moscou, leur donnons liberté de traiter & de faire leur commerce avec tous nos Sujets, en payant seulement à nostre Tresor deux pour cent d'imposition. Nous accordons aussi à tous les Marchands François, vos Sujets, de vivre en liberté de conscience dans nostre Empire, de faire profession de la Foy Romaine, & de tenir près d'eux des Prestres ou Religieux pour les administrer: Mais nous ne sçaurions permettre que publiquement dans nostre Empire l'exercice de la Religion Romaine se fasse, de peur de scandale. Quant à ce qui regarde la Justice, nous interdirons à nos Juges de prendre aucune connoissance des differens qui surviendront entre les Marchands François vos Sujets. Mais si un François a quelque different avec nos Sujets, nous entendons que nos Juges en ayent connoissance. Nous offrons à vostre Royalle Puissance de contribuer ce que nous pourrons pour le bien de vos affaires, & donnerons libre passage avec Chevaux & Vivres, aux Ambassadeurs & Courriers que vous desirez faire passer à l'avenir par nostre Empire, pour aller en Tartarie ou en Perse; ainsi que nous avons fait presentement à vostre Ambassadeur. Quant aux Marchandises de Perse & de l'Orient, Nous les ferons distribuer à vos Sujets à si bon marché, qu'ils n'auront pas occasion de les aller chercher ailleurs; & en toutes choses nous favoriserons vos Sujets, afin que d'autant plus volontiers ils viennent trafiquer en nos Estats & Empires. Nous renvoyons vostre Ambassadeur Loüis sans le retenir, afin qu'il rende compte à vostre Royalle Puissance de nos bonnes intentions, tant envers vostre Royalle Personne, que pour le bien de vos Estats & Royaumes. Nous prions pareillement vostre Royalle Puissance de nous conserver toujours en son amitié & fraternelle bonne volonté. Ecrit en nostre Maison Imperiale de la ville de Moscou, le douziéme du mois de Novembre, l'an 7058. (1) l'an de Jesus-Christ 1629.

(1) Cette date, qui est la même marquée ci-dessus à la fin de la Lettre du Vayvode de *Plescou*, est fautive, & l'on doit lire, dans l'un & l'autre endroit, 7138. comme il y a dans le *Mercure François*, Tom. XV. pag. 1032 [DUM.]

CCCXXIII.

ANNO 1630. $\frac{11}{21}$ Fev. SUEDE ET DANTZIC.

Traité de Commerce entre GUSTAVE ADOLPHE *Roi de Suede, & la Ville & Magistrat de* DANTZIC, *fait à Tigenhoff le* $\frac{11}{21}$ *Fevrier* 1630. [AITZEMA, Affaires d'Etat & de Guerre, Tom. III. pag. 163. d'où l'on a tiré cette Pièce, qui se trouve aussi dans LONDORPII *Acta Publica* Part. IV. Lib. I. Cap. X. pag. 21.].

SERENISSIMI, Potentissimique Principis ac Dni: Dni: *GUSTAVI ADOLPHI Suecorum, Gothorum, Vandalorumque* Regis, Magni Principis *Finlandiæ, Ducis Esthoniæ & Careliæ, Ingriæque Dni*: &c. Dni: Nostri Clementissimi, Regni *Sueciæ* Senator & Cancellarius ad Exercitum in *Borussia* Legatus ibidemque partium S. R. M. subjectarum Gubernator Generalis *Axilius Oxinstierna* liber Baro in *Kymitho*, Dn: in *Tyholmen & Tidoen*, Eques Auratus &c. Notum testatumque facimus universis quorum interest. Postquam in publicis Serenissimorum Regum Regnorumque *Sueciæ & Poloniæ* Tractatibus die *decimo sexto Septembris* anni præteriti ad Pagum *Altemarck* conclusis, nonnulla incidissent in primis de *Vectigali ad Portum Gedanensem* atque ex eodem securitate præstandâ S. R. M. Regnoque Sueciæ, quæ licet assensu Sereniss. Regis Reique publicæ *Poloniæ* firmata approbataque essent: tamen quod ob temporis angustiam aliisve de causis tum pertractari non possent ad Gedanenses remissa fuerunt. Accesserunt deinde & alia quædam eam Civitatem ejusque Cives ac Subditos in specie concernentia, quæ ad evitandas lites atque removenda alia alienandorum animorum fomenta uberiore visa sunt egere declaratione. Qua propter vi acceptæ a S. R. Majestate Domino nostro clementissimo potestatis, hortante in primis ac se interponente Sereniss. Potentiss. Principis ac Dom. Dom. *CAROLI* Magnæ Brittanniæ, Franciæ & Hiberniæ Regis, Fidei Defensoris & Legato Illustrissimo Domino *Thoma Roë* Equite aurato, deputavimus & constituimus Commissarios nostros, Plenâ potestate ac Mandatis instructos Magnificos, Generosos & spectabiles Dominos *Johannem Hispurnium* Tribunum Regimenti Germanici, Equitem auratum & *Johannem Nicodemi*, Regium Secretarium, qui in *Tiegenhof* præteritis diebus congressi cum Civitatis Gedanensis Deputatis Commissariis Nobilibus, Amplissimis, Consultissimis, Clarissimis, ac Spectabilibus Dominis *Eggerto à Kempen* Præconsule, *Adriano van de Linde*, *Jacobo Cornart* Consulibus, *Johanne Keckerbart* Syndico, *Johanne Brandes* Scabino, *Gabriele Schuman*, & *Johanne Rossaw* Centumviris, prædicta Negotia examinarunt, ponderarunt, cunctisque perpensis statuerunt, declararunt ac pacti sunt ad modum sequentem.

I. Cum tranquillitas & Commerciorum libertas nunc sit Regnis Sueciæ, Poloniæque restituta, convenit, ut Induciis Regnorum publicis atque cum usu & effectu Civitas etiam Gedanensis ejusque Cives & Incolæ gaudeant ac fruantur, tam in Regno Sueciæ quam in aliis ei subjectis Provinciis: ac pariter Civitas Gedanensis dictis Pactis publicis teneatur; ita ut more ante Bellum sueto, Suecis dictisque Borussis liberum sit in Civitate Gedanensi commercari; & Cives ac Incolæ Gedanenses Commercia sua vicissim in Suecia & partibus Borussiæ S. R. M. subjectis exerceant. Commercia quoque sint utrinque libera Terra, Mari, Fluminibus atque in Portubus, neque ex una neque ex altera parte impediantur. Salvis tamen Pactis hisce & cujusque loci Juribus, moribus, & privilegiis.

II. Erit jus & facultas S. R. M. Sueciæ seu in ipso Regno seu hic in Borussiâ habitantibus Subditis deposita debitaque sua, si quæ habent, apud Cives & Incolas Gedanenses repetendi ac deposcendi, ac vice versâ, si quid Civitates & Incolæ Gedanenses in Regno Sueciæ aut Civitatibus & Territoriis Borussiæ S. R. M. subjectis deposuerunt, aut sibi a quoquam in hisce deberi prætendunt, erit illis eorum repetendorum ac deposcendorum jus & facultas: Tenebiturque cujusque loci Magistratus querenti justitiam administrare: hac conditione & lege ut siquid armorum tempore in Fiscum publicum sit relatum aut aliis donatum & exactum ex una alterave parte id censeatur expressis verbis exceptis, neque cuiquam actio juris detur.

III. De Vectigali ex omnibus Mercibus, quæ Mari Gedanum vel invehuntur vel inde evehuntur, solvendo

ANNO 1630. do convenit, ut quinque cum dimidio de singulis centenis exigantur; ita videlicet ut Serenissimus Rex Regnumque Sueciæ per Ministros proprios, collocatis ad Portum Gedanensem Navibus suis (nisi forsan in posterum ad submovendas exortas difficultates de alio modo mutuo consensu convenerit) exigat & accipiat tria cum dimidio pro centum: Reliquis bonis Civitati Gedanensi in Urbe exigendis reservatis.

IV. Cum vero hoc ad Portum exigendi modo, impedimentum objectum iri Civitas veretur navigantibus diuturnâ ad Portum detentione, & Sueci Commissarii vicissim obtenderent, quorundam navigantium commercantiumque fraudes in subticendis Mercibus, subtrahendoque Vectigali per diversas artes, ut utriusque quantum fieri potest hisce remedium adhibeatur, Convenit ut Naves omnes Portum ingressuræ jaciant anchoras ante Portum ad Navim regiam. Atque illico Nauclerus designationem justam omnium omnino Mercium, quas Navi sua fert, Exactori Regio bonâ fide offerat, qui acceptâ designatione ad evitandas fraudes omnes mittet suos Visitatores qui Navim Mercesque inspiciat: & si ex fide actum referant, illico Navis soluto Vectigali sine mora longiore expedietur.

V. Ad eundem modum Naves omnes e Portu Gedanensi solventes, anchoras ad Navim Regiam jaciant, atque ibidem Mercium, quas referunt, designatione justa oblatâ & soluto Vectigali, postquam Visitatoribus Regiis se exhibuerint inspiciendos, nec quæ fraus inventa fuerit, sine omni molestia ulteriore aut mora discedent. Quod si quæ Merces non notatæ in oblata designatione repertæ fuerint, eæ in usum Ser. Regis Sueciæ confiscabuntur.

VI. Si quid fraudis apud Naucleros aut Mercatores in ipsa Civitate aut Portu, postquam Exactori Regio satisfecerint, & ingrediendi facultas, fuerit repertum per Visitatores Civitatis, ea bona in usum Civitatis Gedanensis confiscabuntur.

VII. Cæterum ne vel exortæ Tempestates minores Naves in periculum conjiciant si stare ad Portum pro anchoris cogantur, neve ingressus ad salvandas Naves permissus præjudicium creet Vectigali Regio, Receptum est nomine S. R. M. Sueciæ, ubi Tempestas exorta fuerit, signum e Navi Regia dari debere, quo cognoscatur Portum quærere ac ingredi, non jacta ante anchorâ, licere, Promissumque vicissim nomine Civitatis Gedanensis Navi isti, quæ tali permissione, non soluto Vectigali Regio Portum fuerit ingressa, non permissum iri adnavigare Urbem, aut quicquam e Navi adportare aut exportare, priusquam oblata Regio Exactori Mercium justa designatione, non minus quam de cæteris dictum est, satisfecerit: concessumque a Civitate Regio Exactori est, ut suum mittat Ministrum in Portum, qui una cum Visitatore Civitatis Navim inspiciat, & Merces cognoscat, sique quid deprehenderint in Portu in designationem non illatum, id confiscabitur, & secundum partem ratam Vectigalis inter Reg. M. & Civitatem Gedanensem dividetur.

VIII. Ne vero Serenissimi Regis Sueciæ causa fit vel ad suum vel ad Civitatis incommodum, tempore hyemali vel extrema autumni æstate Naves suas ad Portum Gedanensem stantes habere neve ex eo si quis non soluto Vectigali vel intraverit vel exierit, enascatur actio in Navem, Bona, Naucleros, aut Mercatores ad multorum incommodum & detrimentum, hisce mederi volentes promittunt Ordines Civitatis Gedanensis Seren: Regiæ M. Sueciæ non passuros se tempore Induciarum ullam Navim e Portu suo emissum iri nisi docuerit Nauclerus Vectigal Regium S. R. M. Sueciæ tam in egressu quam ingressu solutum esse. Quo nomine si suum Ministrum aut Procuratorem Exactor Regius in Civitate Gedanensi habere voluerit, qui Naves unà cum Civitatis Visitatore inspiciat & Merces notet, ac Vectigal in absentiâ Navis Exactorisque Regii accipiat, erit id liberum, atque is ab omni injuria in Civitate tutus ac securus. Ac si quæ tum bona in designationem non illata deprehensa fuerint, ut illa pro rata Vectigalis dividantur inter S. R. M. Sueciæ & Civitatem Gedanensem, salva jurisdictione Civitatis Gedanensis circa ea, quæ in Urbe aut Portu ipso acciderunt.

IX. Ne unius alteriusve loci inæqualis ratio commercia communia contra spontaneum Naturæ ductum ducat abducatve, convenit ut Vectigal Gedanense, Pillaviensеque par ac æquale sibi sit omnimodo tam quantitate quam Mercium æstimatione seu taxa ac Monetæ valuatione. Hoc tamen observato, ut Merces pro ratione bonitatis suæ æstimentur majoris minorisve, quæ æqualitas vera justaque non in quantitate tantum, sed etiam in qualitate consistat.

X. Cum S. R. M. Sueciæ suæ Regnique sui securitati cavere in primis voluerit e Portu Gedanensi: itaque Sereniss. Rex ac Resp. Polona ad Gedanenses remiserit, quo omnis suspicandi causa omnisque scrupulus eximatur, cavent Gedanenses hisce S. R. M. Regnoque Sueciæ, omni quo fieri potest optimo modo, se toto hoc Induciarum tempore nec publico nec privato nomine nec Navim bellicam nec Classem ullam vel extructuros vel adornaturos vel munituros per se vel per alios; Nec permissuros quenquam alium (quisquis ille sit, nemine exempto) ædificare, instruere, munire aut educere Navim bellicam aut Classem e suo Portu sub quocunque prætextu. Item nec admissuros aut in Portum suum recepturos si aliunde advenerit, sed impedituros omni modo, ne quid existat quod suspicionem non servatarum Induciarum injicere queat. ANNO 1630.

XI. Hoc tamen concesso, si Cives Gedanenses Mercaturæ suæ causâ Naves quasdam fabricent aut muniant pro securitate Commerciorum in Oceano exercendorum, ut id liceat; hac conditione adjecta, ne qua Navis usui bellico accommodata, extantibus vel exeuntibus Induciis venundetur, aut qua aliâ ratione mittatur in manum hostium S. R. M. Regnique Sueciæ: Quin potius hisce promittunt Naves istas privatorum Mercatoribus exteris venditum iri circa exitum Induciarum vel eo ablegatum, ut periculum inde Serenis. R. M. Regnoque Sueciæ metui non possit.

XII. Pactis Regnorum publicis & hisce utrimque bona fide stabitur. Quod si quis præter spem ac opinionem extiterit qui sub quocunque prætextu hisce & publicis Pactis contravenire, effectum eorum impedire, aut quicquam quod violationem horum & reliquorum Actorum cum Serenissimo Rege Regnoque Poloniæ initorum secum feret & trahat, clam palamve tentet vel adgrediatur, Promittunt Ordines Gedanenses, se non modo eidem non auxilia laturos sed etiam in Portu territoriis suis pro virili se oppositoros, omnemque opem daturos, ut Induciæ & bona fide & inviolabiliter serventur.

XIII. Hæc ad modum supra scriptum per Commissarios nostros conventa atque publico Ordinum Civitatis adsensu approbata ac firmata sunt, cunctorumque transactorum solemnis Ratificatio sub Sigillo Civitatis nobis tradita: Ideo nomine S. R. M. Domini nostri clementiss. syncere & ingenue promittimus & spondemus cuncta superius scripta, sicuti convenit, bona fide servatum & Ratificationem S. R. M. propriam, qua Pacta hæc acceptabuntur & laudabuntur & approbabuntur ad xv. Maii stili veteris proxime sequentem Civitati Gedanensi exhibitum iri. In cujus rei majorem fidem hæc Pacta inter nos & Dominos Commissarios Gedanenses ita conclusa & sancita esse fatemur, manus nostræ subscriptione, donec Illustriss. Domini Cancellarii Principalis nostri subscriptione ac Sigilli appositione firmata fuerint. Actum Tiegenhoff die *decimo octavo Februarii* stili veteris Anno 1630.

CCCXXIV.

Transactio inter URBANUM *Papam* VIII. *&* FERDINANDUM II. *Romanorum Imperatorem; quâ æquè, pièque consulendo indemnitati Ecclesiarum & Ecclesiasticorum, ratione Bonorum, in* Bohemia, *grassante Hæresi, alienatorum ac de manu in manum, inter Sæculares distractorum,* FERDINANDUS *tanquam Rex Bohemiæ summo Pontifici, in beneficium Ecclesiæ, & universi Cleri, in dicto Regno, donat, & concedit, in perpetuum Impositionem annuam quartæ partis Floreni, super quolibet Modio Salis, eo undiquaque introducendo aut ibidem excoquendo. Vicissim verò, omnia Jura Ecclesiis, & Ecclesiasticis, ex hoc pertinentia, dicto* FERDINANDO, *suisque Successoribus Bohemiæ Regibus ceduntur & transferuntur, sub pluribus tamen reservationibus in Instrumento expressis. Actum die* 8. *Martii* 1630. Cum MANDATIS *Summi Pontificis, de dato Romæ* 7. *Julii* 1629. *& Imperatoris Viennæ* 16 *Februarii* 1630. Accedit RATIFICATIO *Imperatoris data Viennæ die* 22 *Martii* 1630. [LUNIG, Teutsches Reichs-Archiv. Part. Special Continuat. I. Fortsetzung I. Absatz I. pag. 211.] 1630. 8. Mars.

Nos

NOs Ferdinandus II. Divina favente Clementia Electus Romanorum Imperator semper Augustus, ac Germaniæ, Hungariæ, Bohemiæ, Dalmatiæ, Croatiæ & Sclavoniæ Rex, Archi-Dux Austriæ, Dux Burgundiæ, Marchio Moraviæ, Dux Lucemburgiæ, ac inferioris & superioris Silesiæ, Brabantiæ, Stiriæ, Carinthiæ, Carnioliæ, Wirtenbergæ & Tekkæ, Princeps Sveviæ, Marchio inferioris & superioris Lusatiæ, Comes Habspurgi, Tyrolis, Ferretis, Kiburgi & Goritiæ, Landgravius Alsatiæ, Marchio sacri Romani Imperii, Burgoviæ, Dominus Marchiæ, Sclavoniæ, Portus Naonis & Salinarum. Ad perpetuam rei memoriam, recognoscimus & tenore præsentium notum facimus, omnibus & singulis quorum interest. Cum præteritis temporibus, superiore videlicet proximo, eoque quod illud antecessit sæculo, perniciosis quibusdam in hæreditario nostro Regno Bohemiæ, partim ibidem natis, partim aliunde illatis erroribus ac hæresibus multa bona Ecclesiastica, tam mobilia, quam stabilia, cum eorundem pertinentiis, aliisque Juribus in eodem Regno, qua errore, qua injuria variorum, tum hominum, tum temporum alienari, & in Secularium manus devenire, variisque distractionibus & alienationibus, ab uno in alios, aliosque deinceps Possessores transferri ac devolvi contigerit, de quibus unicuique prætendenti Jus, vel dicere vel reddere admodum sit difficile & obnoxium, multis ac dispendiosis Litibus & altercationibus opus, re S. D. N. URBANUM divina Providentia S. Rom. ac universalis Ecclesiæ, hujus nominis octavum, Summum Pontificem & Nos inter communicata & perpensa maturaque, ac quod res ista desiderabat, non semel repetita utrinque desuper deliberatione, & consilio, ita inter suam Sanctitatem tanquam summum & universalem in Terris Christi Domini nostri Vicarium & Ecclesiæ, ut præfertur, Pontificem, & Nos, tanquam hæreditarium Bohemiæ Regem, utrinque pro Nobis & Successoribus nostris, futuris scilicet summis Ecclesiæ Pontificibus, nec non & successuris Regibus Bohemiæ Hæredibus & Successoribus nostris quibuscunque, in perpetuum ita convenit, & certa quædam firma ac stabilis Transactio & Conventio, de & super ejusmodi Bonis, Juribus ac Reditibus fieret: Cui rei cum sua Sanctitas, jam ante septimo scilicet Julii, Anni elapsi proximi, suos Plenipotentiarios, Mandatarios, videlicet Reverendissimum in Christo Patrem, Dominum Ernestum Adalbertum S. R. E. Cardinalem ab Harrach, Archiepiscopum Pragensem, intimum Consiliarium, Amicum & Principem nostrum Charissimum, & Reverend. in Christo Patrem Dominum Joannem Baptistam S. R. E. Presb. Cardinalem Pallotum nuncupatum Archiepiscopum Thessalonicensem, ac suæ Sanctitatis & S. Sedis Apostolicæ, per Germaniam, Hungariam, Bohemiam, Styriam, Carinthiam, Croatiam, universumque Imperii districtum, cum facultate Legati de Latere Nuncium, apud Nos residentem, Amicum nostrum Charissimum, suo ac prædictæ sanctæ Sedis, nomine, pro universo præfati Regni Bohemiæ Clero constituisset: Nos quoque ex nostra parte tanquam hæreditarius Bohemiæ Rex, Nostros ad hoc negotium transigendum Plenipotentiarios Mandatarios, sub dato decimo sexto Februarii, injunctis hujus anni Consiliarium arcanum actualem & Camerarium Nostrum Maximilianum, Comitem de Trautmannsdorf, Baronem de Gleichenberg, Negau, Burgau, & Tatzenbach, in Bischofsteinitz, Mirschau, & Tschetzowiez; Guilielmum quoque Comitem Slavata Gubernatorem Domus Novidomensis de Chlumez, Koschunberg, Dominum in Neuhaus, Platz, Roschenberg & Telzch, Hypothecarium Possessorem Dominii Melnicensis, Consiliarium arcanum, actualem Camerarium, nostrumque ut Regis in hæreditario nostro Bohemiæ Regno supremum Cancellarium, nec non supremum quoque in eodem Regno hæreditarium Pincernam, tum & Ottonem, liberum Baronem de Nostiez in Falckenaw, Heinrichsgrun, Schiocha & Linaw, Consiliarium Imperialem, Aulicum Camerarium, nec non Germanicum in hæreditario nostro Regno Bohemiæ Vice-Cancellarium Nostrum, constituimus; Qui constituti utrinque Plenipotentiarii Mandatarii convenientes vigore datarum Potentiarum ac Mandatorum in negotio præmemorato de & super Bonis, Juribus & Reditibus, ejusmodi Transactionem sive Conventionem firmam, stabilem & perpetuam fecerunt, eamque ritu & solennitatibus solitis observatis, erecto desuper Instrumento, in eum, qui sequitur modum, formamque Litteris consignari ac proscribi curarunt.

In Nomine Domini Amen.

CUM recuperato Regno Bohemiæ ex singulari Dei beneficio per Sacram Cæsaream Majestatem, Serenissimum ac Invictissimum Dominum, D. *Ferdinandum*, hujus Nominis secundum, Romanorum Regem in Imperatorem electum, eundemque dictæ Bohemiæ Regem, ac omnibus hæresum Ministris inde ejectis, Catholicæque Religionis Cultu, & exercitio inibi restituto, pro parte Ecclesiarum dicti Regni, multæ quidem, ut asseritur, prætensiones & controversiæ, contra & adversus Reges & Cameram dicti Regni, & quam plures ejusdem Regni Duces, Principes, Comites, Barones, Equites, Nobiles, Civitates, Communitates, & alios quoscunque Subditos Regni, bona Ecclesiastica in dicto Regno possidentes, (Possessionatos vulgo nuncupatos) de & super eorundem bonorum Ecclesiasticorum, ad Ecclesias, Monasteria, tam virorum, quam mulierum aliaque Beneficia Ecclesiastica tam regularia quam secularia spectantium, & grassante hæresi in dicto Regno diversimode alienatorum recuperatione ac illorum & fructuum perceptorum restitutione, rebusque aliis motæ & deductæ fuerint, & in dies moveantur, & deducantur, illa autem ob temporis antiquitatem & prætensas præscriptiones, aliasque extensiones, quæ pro eorundem Possidentium parte objiciuntur difficiles, ad in judicio prosequendum delegantur, ita ut non diuturnis, inextricabilibusque & dispendiosis Litibus, ac magno Catholicæ Religionis in eo Regno restituendæ, stabiliendæ vel detrimento determinari posse videantur.

Proinde negotio ad S. D. N. Urbanum Divina Providentia Papam Octavum delato, jussuque Sanctitatis suæ desuper communicato consilio, primo mediantibus Illustrissimo & Reverendissimo Domino Ernesto Presbytero Cardinali ab Harrach, Archiepiscopo Pragensi, & Reverendissimo Domino Carolo Caraffa Episcopo Aversano tunc apud Sacr. Cæs. Majestatem præfatam, Suæ Sanctitatis & sanctæ Sedis Apostolicæ Nuntio, cum eadem Sac. Cæs. Majestate, Ferdinando Imperatore & Rege prædicto in Ecclesias, Ecclesiasticasque Personas beneficentissimo & in hæresibus extirpandis, Catholicaque Religione in dicto Regno restituenda stabiliendave studiosissimo, & deinde, tam in sacra Congregatione Illustr. & Reverend. Dominorum D. S. R. E. Cardinalium, super fide propaganda deputatorum, tandem post plures tractatus & maturas consultationes desuper habitas, in eam deliberationem communi voto deventum fuit, ut ad longas dispendiosas & inextricabiles Lites, quæ desuper verisimiliter exoriri possent, præscindendas, simulque Ecclesiarum, Monasteriorum & Beneficiorum Ecclesiasticorum dicti Regni indemnitati, & præfati Imperii, uti Regis dicti Regni, Ducum, Principum, Comitum, Baronum, Equitum, Nobilium, Civitatum, Communitatum, aliorum quorumcunque Subditorum Regni bona Ecclesiastica, ut præmittitur, possidentium conscientiis consulendum, Catholicam fidem & Religionem in ipso Regno confirmandam, augendam & conservandam, ac pro bono publico, quietis & pacis inter Ecclesiasticos & Laicos Regni prædicti, mutua conventio fiat, per quam idem Seren. D. Ferdinandus Imperator Electus, uti Bohemiæ Rex, nomine suo, suorumque in eodem Regno Bohemiæ Hæredum & Successorum quorumcumque in perpetuum summo D. N. Papæ Urbano Octavo & Sanctæ Sedi Apostolicæ, & pro illis Illustr. & Rever. D. Ernesto S. R. E. Presbytero Cardinali ab Harrach, Archiepiscopo Pragensi, & Illustrissimo & Reverendissimo Domino Joanni Baptistæ, S. R. E. Presbytero Cardinali Palloto, Archiepiscopo Thessalonicensi Nuncio Apostolico, Plenipotentiariis a sua Sanctitate deputatis, in beneficium Ecclesiæ & Catholicæ Religionis universique Cleri in sæpe dicto Bohemiæ Regno perpetuum annuum reditum, quindecim cruciferorum quartam partem unius Floreni Rhenensis constituendum, super quolibet modio salis, quem vulgo, *Grosz-Kufen*, vocant, quod in præfatum Bohemiæ Regnum undiquaque introducetur, vel in ipso Bohemiæ Regno effodietur, seu excoquetur, vel alias quomodolibet conficietur, si quando salis Fons seu Salina in dicto Bohemiæ Regno, in usum veniat, in favorem eorundem Ecclesiasticorum ac per Ministros & Officiales eorum nomine deputandos a Kalendis præsentis Mensis Martii, & ab inde in posterum perpetuo exigendum, realiter & cum effectu tradat, atque assignet.

Vicissim vero pro parte prædictorum Ecclesiastico-rum

Anno 1630. rum Jura, quæ ipsi habent & eis competunt, super & pro infra dicendis bonis Ecclesiasticis, ut infra alienatis, aut oppignoratis & possessis, in favorem præfati Serenissimi Domini Ferdinandi, Imperatoris Electi uti Regis Bohemiæ, suorumque in eodem Bohemiæ Regno Hæredum ac Successorum, quorumcunque in perpetuum Catholicorum legitime intrantibus, & quibus ipse Serenissimus Dominus Ferdinandus & præfati ipsius Hæredes & Successores Bohemiæ Reges, dederint, similiter perpetuo ex causa assignationis ac mutuæ Conventionis prædictæ cedantur & concedantur, modo tamen & forma ac sub reservationibus, declarationibus, conditionibus, & pactis infra latius descriptis, contentis & adnotatis, quam quidem Conventionem Serenissimus Dominus noster ex causis supradictis, ac de ejusdem sanctæ Congregationis sententia approbavit.

Hinc est quod Anno a Nativitate ejusdem Domini millesimo, sexcentesimo trigesimo, Indictione tertia, die vero octava Mensis Martii, Pontificatus prælibati, Serenissimi Domini nostri Urbani Divina Providentia Papæ Octavi Anno septimo, Regnorum autem & Serenissimi Domini Ferdinandi Romani undecimo, Hungarici duodecimo, & Bohemici decimo tertio, In nostrum Notariorum in solidum rogatorum, ac Testium ad hæc specialiter adhibitorum, & vocatorum præsentia ponentes & personaliter constituti.

Illustrissimus & Reverend. Dominus Ernestus S. R. E. Presbyter Cardinalis ab Harrach, Archiepiscopus Pragensis, ac Illustr. Reverend. D. Joan. Baptista S. R. E. Presbyter, Cardinalis Pallotus Archiepiscopus Thessalonicensis ejusdem Serenissimi Domini Nostri & sanctæ Sedis Apostolicæ, apud Sacram Cæsaream Majestatem præfatam, cum facultate Legati de Latere Nuntius, ex una ad hæc & intra præcepta à prælibato Serenissimo Domino nostro Papa per ejus Literas Apostolicas in forma Brevis, sub dato Romæ apud sanctam Mariam majorem, sub Annulo Piscatoris, die septima Mensis Julii, Anni millesimi sexcentesimi, vigesimi noni, Pontificatus sui anno sexto, cum amplissima facultate deputati, prout docuerunt per Literas prædictas, quas ordinaliter nobis Notariis in solidum rogatis, tradiderunt & consignarunt, ad effectum præsenti Instrumento inserendi & registrandi infra præsenti tenore videlicet:

URBANUS P.P. VIII. Ad futuram rei memoriam, inter gravissimas multitiplicesque Apostolicæ servitutis curas, quibus pro Nostri pastoralis officii debito jugiter angimur, illa nos præcipue sollicitos habet, ut sacro sancta fides Catholica dispersis atque conculcatis inimici hominis Zizaniis, ubique gentium inviolata vigeat & propagetur, Hæresesque & alii damnati errores e mentibus Christi fidelium, ubi peccatis hominum faventibus irrepserunt, per immensam Dei Bonitatem penitus evellantur. Quapropter Nos, qui militantis Ecclesiæ Regimen omnimodamque universi Domini Gregis à Christo Domino curam in beatissimo Petro Apost. Principe, accepimus & si Nos, ad omnium salutem procurandam debitores agnoscamus, iis tamen Provinciis peculiare vigilantiæ studium impendimus, quæ Dextra Dei faciente virtutem è manibus Hæreticorum, non ita pridem recte opem & operam Nostram, magis implorare dignoscuntur, piosque Catholicorum Principum conatus atque desideria, ad id tandem favoribus & gratiis opportunis. Cum itaque concitata retroactis temporibus in Regno Bohemiæ, per Principes & Potestates tenebrarum Rebellione, furentibusque etiam armata Hæresi seditionibus Bellisque intestinis, multa Bona & Jura Ecclesiastica, partim direpta, & partim occupata & usurpata fuerint, & ad præsens detineantur: Charissimus vero in Christo Filius noster Ferdinandus Romanorum Rex in Imperatorem electus, pro avito & spectato Religionis ac Fidei Catholicæ zelo, profligatis, auxiliante Deo Exercituum, rebellibus Hæreticis, sedatisque armorum motibus, fidei præfatæ in dicto Regno & illis adjacentibus Provinciis, Bonorumque Ecclesiasticorum restitutioni totis viribus incubuerit, & eorundem Hæreticorum conversioni, Hæresumque præfatarum extirpationi pia solicitatione jugiter invigilet.

Nos sperantes negotium restitutionis, extirpationis & conversionis præfatarum & faciliores progressus habiturum fore, Quò major in Ecclesiasticorum Bonorum & Jurium Possessionibus, in dictis Regno & Provinciis præteritorum temporum hujusmodi confusione, ut præfatur, occupatis, usurpatis & detentis, nedum benignitas & indulgentia, ab hac sancta Sede ostendatur, sed etiam indemnitati Ecclesiarum præfatarum, quantum in Domino possumus, consulatur, Nobisque persuadentes præfatum Ferdinandum Regem Romanorum in Imperatorem Electum, ob præclaram ejus in Nos & sanctam Sedem observantiam, atque in reductione Regni & Provinciarum hujusmodi ad ejusdem Ecclesiæ gremium & veræ fidei præfatæ confessionem, Nostramque & pro tempore existentis Romani Pontificis obedientiam singulare studium infra præfata facultate tanquam materia suæ pietatis exercenda usurum, eamque ostensurum, tam in Ecclesiis, Monasteriis & locis piis, quæ adhuc extant, conservandi & manutenendi quam dirutis & eversis indies instaurandi, occupatisque recuperandi; hisque sufficienter dotandi, ac reliquis denique vulneribus, quæ eorundem temporum confusione Ecclesiæ ipsæ, maxima acceperunt, medendis & sanandis de Ven. Fratrum nostrorum S. R. E. Cardinalium negotio propagandi in universo mundo fidei præpositorum Concilio, dilecto Filio nostro Ernesto Adalberto S. R. E. Presbytero, Cardinali ab Harrach, nuncupato Episcopo Ecclesiæ Pragensis, ex concessione & dispensatione Apostolica Præsidi, nec non Venerand. Fratri Joanni Baptistæ Archiepiscopo Thessalonicensi nostro, & Sedis præfatæ apud eundem Ferdinandum in Imperatorem electum Nuncio, super bonis, decimis, primitiis, rebus, juribus & actionibus, quibuscunque Ecclesiasticis Regno Bohemiæ præfati non tamen ad Hospitale Sti. Joannis Hierosf. quomodo libet spectandi, cujuscunque qualitatis, quantitatis & valoris fuerint, & quocunque prætextu vel causa occupata & usurpata fuerint, ac detineantur, tam nostro & ejusdem S. Sedis, quam Cleri Sæcularis & Regularis ejusdem Regni nominibus, cum præsente Ferdinando Romanorum Rege in Imperatorem electo, conveniendi, concordandi, & transigendi ac de eisdem Bonis disponendi, prout ad Fidei Catholicæ in eodem Regno propagationem ac manutentionem ejusdem expedire visum fuerit, reservata tamen Nobis & eidem Sedi de bonis, Juribus & reditibus, vigore præsentium assignandi, nostro & dictæ Sedis arbitrio ad Dei servitium & Ecclesiarum dicti Regni utilitatem disponendi, omnimoda facultate plenam & liberam potestatem & authoritatem, Apostolica auctoritate; tenore præsentium, concedimus & impertimur. Non obstantibus nostris de unionibus committendi, ad partes vocatis quorum interest, & exprimendi valore Beneficiorum ac de non tollendo Jure quæsito, aliisque Cancellariæ Apostolicæ regulis, nec non piæ memoriæ Symmachi, quæ incipit: *Non liceat*, ac Pauli II. Rom. Pontificum Prædecessorum nostrorum de rebus Ecclesiæ non alienandis, ac quibusvis aliis Apostolicis, nec non in Universalibus, Provincialibusque & Synodalibus Conciliis editis; generalibus vel specialibus Constitutionibus & Ordinationibus, ac quarumcunque Ecclesiarum, Monasteriorum & locorum piorum fundationibus, ac cum juramento confirmatione Apost. vel quavis firmitate alia roboratis, Statutis & Consuetudinibus, Privilegiis quoque & Indultis Literisque Apostolicis in contrarium permissarum, quomodolibet concessis, confirmatis & invocatis, quibus omnibus & singulis illorum ceu præsentibus pro sufficienter expressis habendis illis alias in suo robore permansuris, hac vice duntaxat specialiter & expresse derogamus, cæterisque contrariis quibuscunque. Datum Romæ apud sanctam Mariam Majorem, sub Annulo Piscatoris, die septima Mensis Julii M. DC. XXIX. Pontificatus nostri Anno sexto. M. A. MARALDUS. Anno 1630.

Et Illustrissimi D. D. Maximilianus Comes de Trautmandorff, Baro de Kleichenberg, Negau, Burgaw & Totzenbach, in Bischoffteiniz, Mirshaw & Tchiezawiz. Sac. Cæs. Majestatis Consiliarius arcanus actualis & Camerarius, Guilielmus quoque Comes Slavata, Gubernator Domus Novodomensis de Chlum & Koschenberg, Dominus in *Neubausz*, *Platz*, *Koschenberg* & Teltsch, Hypothecarius, Possessor Dominii Melnicensis, præfatæ Sac. Cæsareæ Majestatis Consiliarius arcanus actualis & Camerarius ejusdemque uti Regis in Hæreditario Regno Bohemiæ supremus Cancellarius, nec non supremus in eodem Hæreditarius Pincerna, & Otto Liber Baro de Nostitz, in Falkenaw, Heinrichsgrun, Schiocha & Linaw, sæpe dictæ Sac. Cæs. Majestatis Consiliarius Imperialis, Aulicus Camerarius, nec non Germanicus in Hæreditario Regno Bohemiæ Vice-Cancellarius ex altera, partibus ad hæc & infra præfata, ab eadem Sac. Cæs. Majestate Serenissimi Domini Ferdinandi Imperatoris & Regis, per publicum Mandatum seu Patentes Literas Imperiales, sub dato Viennæ die 16. Febr. 1630. Regnorum ejusdem Romani undecimo, Hungarici duodecimo, & Bohemici decimo tertio, cum amplissima facultate pariter deputati, prout similiter docuerunt, per publicum Mandatum seu Literas Imperiales antedictas, quod seu quas Nobis ad effectum præsenti Instrumento inserendi, & registrandi tradiderunt & consignaverunt tenore infra præsenti videlicet.

Nos FERDINANDUS SECUNDUS Divina favente clementia electus Romanorum Imperator, semper Augustus ac Germaniæ, Hungariæ, Bohemiæ, Dalmatiæ, Croatiæ, & Sclavoniæ Rex, Archidux Austriæ, Dux Burgundiæ, Marchio Moraviæ, Dux Lucemburgiæ ac Inferioris ac Superioris Silesiæ, Brabantiæ, Styriæ, Carinthiæ, Carniolæ, Wirtembergæ & Teckhæ, Princeps Sueviæ, Marchio Inferioris & Superioris Lusatiæ, Comes Habspurgi, Tyrolis, Ferretis, Kyburgi & Goritiæ, Landgravius Alsatiæ, Marchio Sacri Romani Imperii, Burgoviæ Dominus, Marchio Sclavoniæ, Portus Naonis & Salinarum. Recognoscimus & notum facimus tenore præsentium omnibus & singulis.

Inter mala, quæ secum plurima vehit Hæresis, hoc ei imprimis adesse solere compertum, quod ubi ea invaluit, ibi pleraque quidem alia omnia agi fierique præpostere, ea vero, quæ Deo & Ecclesiis, eorumque Ministris ad veri cultus conservationem data & conservata sunt, in omnes alios usus, rapi, ferrique & profanari solent: Veluti superiore proximo, eoque quod illud antecessit sæculo, in Hæreditario nostro Bohemiæ Regno accidit, in quo cum partim aliunde illati, partim in ejus ipsius gremio nati, aliique perniciosi quidam in fide errores inolevissent, ea Ecclesiarum & rerum ad eas pertinentium direptio, alienatio, & distractio consecuta est, cui plures Antecessorum nostrorum Romanorum Imperatorum eorundemque Bohemiæ Regum, tametsi pro sua in Deum pietate remederi voluisse admodum fit credibile, non potuisse tamen, ex eo fit verisimile, quia quod voluisse credimus, non perfecisse videmus, iniquitate nimirum hominum temporumque nec non Bellorum necessitatibus impeditos, imo forte similibus interdum alienationis actibus, quæ perperam ab aliis facta approbare coactos; Nos igitur, quibus gloriosa à Deo concessa est victoria, prædictum Hæreditarium nostrum Regnum ab Hæresibus purgare & in meliorem statum vendicare datum est, tametsi eodem favente & auxiliante Deo, ea gesserimus, quibus sancta solaque salvifica Catholica Religio nostra tuta in hoc Regno esse possit, tametsi etiam ut in alios ejusdem Regni Ordines, ita in Ecclesiasticum præcipue statum eximia cum beneficia tum ornamenta, liberali & larga manu contulerimus, quibus ille si non contentus esse, certe suum per injuriam ante amissorum dolorem abunde solari possit. Nihilominus cum nihil nobis antiquius sit, quam ea procurare & agere, quibus non ipsi tantum Nos, Nostrique in Hæreditario Nostro Bohemiæ Regno Hæredes & Successores quicunque in perpetuum, liberiores in Conscientia, verum in Foro etiam externo contra lites & querelas, super Bonis & Juribus hujusmodi, per injuriam temporum, ut præfatur, ab Ecclesia abstractis & avulsis, motas & movendas, quietiores esse possimus, Possessorum quoque, qui ea nunc tenent omnimodæ securitati contra quorumcunque prætendentium actiones consulere volentes, tum & culpam, si quæ hac in re contracta est, omnimode abolere cupientes, imprimis vero ac præcipue, ad majus incrementum præfatæ S. Catholicæ fidei & Religionis Nostræ, Transactionem firmam, securam & perpetuam, super Bonis & Juribus ejusmodi faciendam & concludendam duximus. Ac proinde communicato, cum Serenissimo Domino Nostro Urbano hujus nominis Octavo, divina Providentia sanctæ Romanæ, ac Universalis Ecclesiæ Summo Pontifice hac super re & intentione Nostra, consilio intellectuque propensa ad hoc ipsum & pia suæ Sanctitatis voluntate, sicut eadem sua Sanctitas ad hoc negotii tractandum & transigendum, ex sua parte, Plenipotentiarios, Mandatarios, & Commissarios suos, jam dum sub dato Romæ, apud Sanctam Mariam Majorem, sub Annulo Piscatoris, die 7. Julii, Anno millesimo, sexcentesimo vigesimo nono constituit, ita Nos quoque, maturâ prius habita cum Proceribus & Nobilibus Consiliariis Nostris, hac super deliberatione ex parte Nostra, tanquam Hæreditarius Bohemiæ Rex, Nostro & Hæredum & Successorum Nostrorum, quorumcunque in perpetuum, in eodem Regno Bohemiæ nomine, Plenipotentiarios Nostros Illustrissimos ac Generosos fideles Nobis dilectos videlicet, Consiliarium arcanum actualem & Camerarium Nostrum, Maximilianum Comitem de Trautmannsdorf, Baronem de Kleichenberg, Negau & Totzenbach in Bischoffstainitz, Mirschau & Trietzowietz; Guilielmum quoque Comitem Slavata, Gubernatorem Domus Novodomensis de Chlum, & Koschenberg, Dominum in Neuhaus, Platz, Koshenberg & Teltich, Hypothecarium Possessorem Dominii Melnicensis, Consiliarium arcanum actualem, Camerarium Nostrumque ut Regis in Hæreditario Nostro Regno Bohemiæ, supremum Cancellarium, nec non supremum quoque in eodem Regno Hæreditarium Pincernam, tum & Ottonem Liberum Baronem de Nostitz, in Falkenau, Heinrichsgrun, Schiocha & Linau, Consiliarium Imperialem Nostrum, Aulicum Camerarium, nec non Germanicum in Hæreditario Nostro Bohemiæ Regno, Vice-Cancellarium, deputare & constituere voluimus, prout adeo præsentium tenore eosdem, Plenipotentiarios, Mandatarios & Commissarios Nostros deputamus, atque constituimus, plenam atque liberam potestatem iisdem dantes atque concedentes, Nostro tanquam Bohemiæ Regis, Nostrorumque Hæredum & Successorum quorumcunque in perpetuum nomine, cum prædictis suæ Sanctitatis Plenipotentiariis, conveniendi, concordandi & transigendi, de & super Juribus, Actionibus & Prætensionibus, quæ & quas Clerus tam Sæcularis quam Regularis prædicti nostri Regni Bohemiæ habet, seu habere prætendit, super Bonis stabilibus, decimis, primitiis aliisque rebus Ecclesiasticis in eodem Regno usurpatis, occupatis seu alienatis; nec non recessorum, Jurium, Actionum & Prætensionum, vigore Conventionis concordiæ, seu Transactionis, ut præfertur, ab iisdem Plenipotentiariis, nomine Sanctissimi Domini nostri & sanctæ Sedis Apostolicæ, Universique dicti Regni Cleri recipiendæ, & in illorum compensatione Bona quæcunque & stabilia jura, actiones, reditus ac proventus, cujuscumque naturæ, valoris, quantitatis & qualitatis fuerint, quocunque nomine nuncupentur, etiamsi ex regalibus ac quantumvis privilegiata & necessario declaranda, seu hic vel alibi exprimenda forent, pleno Jure & irrevocabiliter & in perpetuum S. D. N. Papæ, Urbano Octavo & S. Sedi Apostolicæ, & pro illis Plenipotentiariis, a sua Sanctitate, ut præfatur, nominatis & deputatis; in beneficium Ecclesiæ & solius salvificæ Catholicæ Religionis, universique Cleri in sæpedicto Hæreditario nostro Regno Bohemiæ, cedendi, consignandi atque tradendi, realiter & cum effectu, in ampliore & validiore forma; ratum, gratumque & firmum habituri, quidquid hi prænominati Plenipotentiarii, Nostro & Hæredum & Successorum nostrorum quorumcunque in perpetuum in eodem Regno nomine, cum præmemoratis suæ Sanctitatis Plenipotentiariis hoc in negotio & dictæ Transactionis causa egerint, fecerint, concordaverint, transegerint, & in toto & in parte, nunc pro ut tunc, & tunc prout nunc, non secus, quam si id totum ipsimet per Nosmet ipsos egissemus, fecissemus, accordassemus, & transegissemus, quibuscunque salutaribus exceptionibus Juris ac Legum auxilio, Nobis hac de causa competentibus expresse renunciantes, fide Imperatoria Regiaque harum, vigore & testimonio Literarum manus Nostræ subscriptione & Sigilli Cæsarei Regiique appensione, roboratarum, quæ dabantur in Civitate Nostra Vienna, die decima sexta Februarii, Anno millesimo sexcentesimo trigesimo, Regnorum Nostrorum Romani undecimo, Hungarici duodecimo & Bohemici decimo tertio. FERDINANDUS GUILIELMUS *Comes* SLAVATA *Regni Bohemiæ S. Cancell.* OTTO *Liber Baro* DE NOSTITZ. *Ad Mandatum S. Cæsar. Majestatis proprium* JOANNES WALDERODE Volentes ad infra præfatam Conventionem devenire & prout, ad unumquemque ipsorum dictis nominibus & uti Deputatos spectat & pertinet, in præmissis tractata exequi & adimplere, & desuper publicum & solemne Instrumentum ad perpetuam rei memoriam conficere & celebrare.

Imprimis dicti illustrissimi Domini, D. Maximilianus Comes de Trautmansdorf, D. Guilielmus Comes Slavata & D. Otto Liber Baro de Nostitz, Deputati Serenissimi Ferdinandi Imperatoris & Regis præfati, in vim facultatis sibi, ut supra, concessæ & attributæ, nomine dicti Serenissimi Domini Ferdinandi Imperatoris & Regis Bohemiæ & præfatorum suorum in Regno Bohemiæ Hæredum & Successorum quorumcunque in perpetuum ex causa pariter dictæ Conventionis, ut supra tractatæ, initæ atque firmatæ, sponte & ex eorum certa scientia, liberaque & spontanea voluntate, & omni meliori modo, jure proprio & in perpetuum realiter & cum effectu assignaverunt, dederunt, tradiderunt, cesserunt atque concesserunt S. D. N. Urbano, Papæ Octavo, ac S. Sedi Apostolicæ, in Beneficium Ecclesiæ, ac solius salvificæ Religionis Catholicæ universique Cleri, in sæpedicto Hæreditario Regno Bohemiæ,

&

& pro eodem S. D. N. ac S. Sede Apostolica, dictis Illustrissimo & Reverendissimo D. D. Ernesto S. R. E. Cardinali ab Harrach, Archiepiscopo Pragensi, ac Illustrissimo & Reverendissimo Domino, D. Johanni Baptistæ S. R. E. Cardinali Palloto, Archiepiscopo Thessalonicensi, & Nuntio Apostolico, apud Sacram Cæsaream Majestatem Plenipotentiariis a sua Sanctitate, ut supra nominatis & deputatis præsentibus & unà Nobiscum Notariis in solidum rogatis, uti publicis & authenticis Personis, solemniter & legitime stipulantibus & acceptantibus, pro omnibus quorum interest, vel in futurum quomodolibet interesse poterit, annuum perpetuum reditum, quindecim Cruciferorum, qui quartam partem floreni Rhenensis constituat, super quolibet modio salis, quem vulgo *Grosz-Kuefen* vocant, in dictum Bohemiæ Regnum, ex quacunque parte introducendi, vel ipso Bohemiæ Regno effodiendo & excoquendi, aut quomodolibet conficiendi, si quando Salis fons, seu Salina in dicto Bohemiæ Regno, in usum veniat, in favorem Ecclesiasticorum prædictorum, ac per Ministros & Officiales eorum nomine deputandos, a prædictis Calendis præsentis Mensis Martii, & ab inde imposterum perpetuo & libere exigendum.

Item cesserunt eidem S. D. N. Papæ, ac sanctæ Sedi Apostolicæ, & pro illis præfatis Dominis Plenipotentiariis, ut præfertur, qua supra stipulatione interveniente, omnia Jura (ad habendum) ponentes (constituentes) dantes Licentiam (& donec) constituerunt. Promittentes iidem Illustrissimi Domini Deputati, dicti Serenissimi Domini Ferdinandi Imperatoris & Regis nomine suo, suorumque in dicto Hæreditario Bohemiæ Regno Hæredum & Successorum quorumcunque, in perpetuum assignationem & concessionem prædictam hujusmodi semper fore bonam, validam, atque firmam, & non revocare, retractare, moderari, minuere, impugnare vel impedire per se vel per alium seu alios, in toto vel quavis parte, quovis quæsito colore, prætextu, causa vel ingenio, directe vel indirecte, quin imo semper & omni tempore eosdem Ecclesiasticos, Ministros vel Officiales, ut præfatur, deputandos in libera, pacifica & quieta possessione, exactione & perceptione dicti annui reditus, manutenere, defendere & conservare, & ab omni & quacunque Lite, molestia & impedimento, & qualibet molestante & impediente persona, communi Collegio & Universitate defendere, eximere & liberare, ac de omni & quacunque evictione & defensione generali & particulari dicti annui reditus in amplissima Juris forma.

Vicissim vero præfati Illustr. & Reverend. D. Ernestus Presbyter, Cardinalis ab Harrach, Archiepiscopus Pragensis, & Illustr. & Reverend. D. Johannes Baptista, Presbyter, Cardinalis Pallotus, Archiepiscopus Thessalonicensis, Nuncius Apostolicus, à S. D. N. Papa antedicto, ut præfatur, concessæ & attributæ, ac ex causa præsentis Conventionis inter Partes tractatæ, initæ ac firmatæ, sponte & ex eorum certa scientia, liberaque ac spontanea voluntate, ac omni meliori modo, nomine ac vice S. D. N. Papæ, præfati, sanctæque Sedis Apostolicæ, nec non Ecclesiarum, Monasteriorum, tam virorum quam mulierum, ac Beneficiorum Ecclesiasticorum, tam Secularium quam Regularium, dicti Regni Bohemiæ, quorumcunque, non tamen Hospitalis Sti. Johannis Hierosolymitani, cum infra præfatis tum resolutionibus, declarationibus, conditionibus & pactis, & non alias aliter nec alio modo cesserunt, concesserunt & transtulerunt, prædicto Serenissimo Ferdinando Secundo Regi Romanorum in Imperatorem Electo, uti Regi Bohemiæ, & illius in eodem Regno Bohemiæ Hæreditario, Hæredibus & Successoribus Catholicis legitime intrantibus, & quibus dederint, dictis Illustr. D. D. Maximiliano, Comiti de Trautmansdorf, D. Guilielmo Comiti Slavata, & D. Ottoni Libero Baroni de Nostiz, a Serenissimo Domino Ferdinando Imperatore, uti Rege Bohemiæ suisque in eodem Regno Bohemiæ Hæredibus & Successoribus, ut præfatur, una Nobiscum Notariis in solidum rogatis, uti publicis & authenticis Personis, solemniter & legitime stipulantibus & acceptantibus, omnia & singula jura & actiones, quæ & quas Ecclesiastici dicti Regni Bohemiæ, tam Seculares quam Regulares, habent, & eis competunt & competere possunt, super Bonis Ecclesiasticis ejusdem Regni, quocunque tempore alienatis, quæ ad præsens possidentur, vel ab eodem Imperatore & Bohemiæ Rege, vel ab aliquo alio, sive Boemo sive alterius Provinciæ, cui Rex aut Regia Camera Bohemiæ de evictione tenentur, talia tamen qualia sunt actiones & jura præfata, ita ut contra cedentes & Ecclesiasticas præfatas & S. Apostolicam Sedem nunquam retorqueri possint, nec dicta Sedes nec ipsi Ecclesiastici, pro illis de aliqua evictione aut defensione, vel ad aliquid aliud teneantur.

Item simili modo cesserunt omnia & singula Jura & Actiones, quæ & quas Ecclesiastici præfati habent, & eis competunt & competere possint, contra quamcunque Personam, commune Collegium & Universitatem. *Res scriptura* Ecclesiasticorum dicti Regni, *ante Regimen in eodem Regno gloriosæ memoriæ Rudolphi secundi Imperatoris & ejusdem Bohemiæ Regis alienatorum quorum Possessoribus* Rex Bohemiæ vel Regia Camera dicti Regni *de evictione non tenentur*, talia tamen, qualia sunt Actiones & Jura præfata, ita ut contra cedentes & Ecclesiasticas præfatas & S. Apostolicam Sedem nunquam retorqueri possent, nec dicta Sedes aut ipsi Ecclesiastici, *pro illis de aliqua evictione* & defensione aut ad aliquod aliud teneantur, ac ita etiam ut ipse Serenissimus Dominus Ferdinandus Imperator Bohemiæ Rex, ejusque in dicto Bohemiæ Regno Hæredes & Successores dictorum Bonorum Possessoribus, si Catholici fuerint, super dictis Bonis, ab eis possessis, non possint aliquas inferre molestias, vigore hujusmodi cessionum & in reliquis ad habendum ponentes (nullo Jure) constituentes (dantes licentiam) & donec (constituerint) prædicta, aut omnia & singula ambæ Partes contrahentes, quibus supra nominibus fecerunt, & facere dixerunt, & declararunt, etiam sub modo & forma & sub reservationibus, conditionibus & pactis infra præfatis mutua & qua supra hinc inde stipulatione vallatis, & non alias aliter nec alio modo nimirum, & cum hujusmodi cessionibus, imposterum, idem Imperator, uti Bohemiæ Rex, ejusque in eodem Regno Bohemiæ Hæredes & Successores præfati, & ab eis Jus & Causam habentes seu habituri, similiter Catholici, a Bonorum in supradicta cessione, seu cessionibus, comprehensorum & fructuum ex eis perceptorum, quorumcunque restitutione in utroque Foro tuti & securi reddantur.

Ut hujusmodi cessiones intelligantur de Juribus & Actionibus, quæ prædictis Ecclesiasticis competunt, respectu Bonorum Ecclesiasticorum immobilium, annuarum præstationum, Decimarum, Censuum, Civellorum, Emphiteusium & aliarum rerum similium, ut supra alienatarum, non autem aliorum quorumcunque Jurium, Privilegiorum, Immunitatum & Prærogativarum præfatis Ecclesiasticis quomodolibet competentium, nam ista intacta, salvaque & illæsa, ipsis Ecclesiasticis reservantur, ita ut illis per hujusmodi cessiones nullum fiat, seu factum censeatur quocunque modo aliquod præjudicium.

Ut ad favorem Ecclesiasticorum præfatorum, intelligantur etiam reservata, omnia & singula Jura & Actiones, quæ & quas Ecclesiastici habent, & quæ ipsis competunt *super Bonis Ecclesiasticis, post præfatum Rudolphi Secundi Regimen alienatis, dummodo eorum Possessores, actionem non habeant de evictione contra Cameram Regiam seu Bohemiæ Reges.*

Ut similiter Ecclesiasticis præfatis reservata intelligantur omnia Jura & Actiones eis super Bonis Ecclesiasticis quorumcunque temporum, etiam ante ejusdem Rudolphi Regimen oppignoratis, quomodolibet competentia & quæ competere possunt & poterunt, *dummodo Possessores non habeant, contra eosdem Reges Bohemiæ, vel Cameram Regiam præfatam Actionem de evictione*, vel si illam habuerint Ecclesiastici, ipsi soluta pecunia, ob quam fuerunt oppignorata, susceptisque in se molestiis, possint illa libere recuperare.

Ut assignatio præfati annui reditus Salis mutari, seu revocari non possit, neque per eundem Imperatorem, nec per ejus in Regno Bohemiæ Hæredes & Successores, quo suis in perpetuum, nec per ejusdem Regni Status, quovis prætextu vel causa, nisi prius, cum Sanctæ Sedis ac Romani Pontificis, pro tempore existentis, authoritate & approbatione eorundem Ecclesiasticorum consensu, assignatis tot aliis Bonis immobilibus, frugiferis, liberis, nullique oneri aut servituti subjectis in dicto Regno consistentibus, quæ annuatim tantum reddant, quantum præfata assignatio, quindecim Cruciferorum, super quolibet modio Salis, ut supra in Regnum introducendi, aut alias quomodolibet effodiendi, excoquendi, aut conficiendi redderet, florente Regno.

Ut Reditus annuus præfatus ex Sale habendus in favorem Ecclesiasticorum, ut præfatur, assignatus, ad manus Officialium, nomine eorundem Ecclesiasticorum deputandorum, modo eis bene viso, non autem ad manus Officialium Regiorum, aut aliorum deveniat & devenire debeat; illisque Jus sit, inquirendi, ne quid in fraudem dicti annui reditus unquam fiat.

ANNO 1630.

Ut præfatus reditus Salis in favorem Ecclesiasticorum, ut præfatur, assignatus intelligatur esse, & sit merus Ecclesiasticus, & iis Privilegiis, Exemptionibus, Immunitatibus, Libertatibus & Prærogativis potiatur & gaudeat, quibus de Jure vel consuetudine, vel alias quomodolibet Bona mere Ecclesiastica potiuntur & gaudent.

Ut Conventio, Assignatio aliaque omnia in præsenti Instrumento contenta quæcunque in Tabulis, ut vocant, dicti Regni inserantur, juxta ejusdem Regni Stylum & usum. Ut hujusmodi Conventio pro non facta habeatur, casu quo Imperator, vel ejus in Regno Bohemiæ Hæredes & Successores, vel quilibet eorum, vel etiam ejusdem Regni Status, in totum vel in partem eidem Conventioni, vel aliquibus in præsenti Instrumento contentis contrafecerint, aut contra illam & illa venerint, sit nihilominus in eo casu in Sanctæ Sedis Apostolicæ Electione, vel eandem Conventionem, & in ea, præsentique Instrumento contenta, nulla declarare, vel ut ad illius & illorum implementum agant Ecclesiasticis jubere.

Quæ omnia & singula supradicta Contrahentes præfati, quibus supra nominibus promiserunt, invicem & vicissim solemni & qua supra stipulatione interveniente, semper & omni tempore, & etiam in omnibus & singulis Articulis, modoque & forma præmissis, habere grata, valida ac firma, attendereque & inviolabiliter observare, & contra quidquam non facere, dicere vel venire, de Jure vel de facto, per se vel alium, vel alios, quovis prætextu, jure, ratione vel causa, seu quæsito colore, directe vel indirecte, alias ultra præcisam præmissorum & conventorum omnium & singulorum observationem, ad quam quælibet Pars contraveniens, seu contrafaciens præcise cogi possit, teneri etiam voluit, una Pars ad alteram, ad omnia & singula damna, expensas & interesse, per Partem & observantem, quomodolibet patienda & incurrenda, de quibus stetur, etiam ejus simplici assertione, absque onere alterius probationis.

Pro quibus omnibus & singulis firmiter & inviolabiliter observandis, tenendis & adimplendis, præfati, Illustrissimus & Reverendissimus Dominus Ernestus Cardinalis ab Harrach, Archiepiscopus Pragensis, & Illustrissimus ac Reverendissimus Dominus Joannes Baptista Cardinalis Pallotus, Archiepiscopus Thessalonicensis ac Nuncius Apostolicus à S. D. N. Papa, ut præfatur, deputati, Ecclesiasticos omnes & singulos Regni Bohemiæ ac Bona omnia & singula, introitus & Jura quæcunque Ecclesiastica dicti Regni, præfati vero, Illustrissimi Domini, D. Maximilianus Comes de Trautmansdorf, Guilielmus Comes de Slavata, & D. Otto Liber Baro de Nostiz, a Serenissimo Domino Ferdinando, Imperatore & Bohemiæ Rege præfato, Deputati eundem Serenissimum Dominum Ferdinandum Imperatorem & Bohemiæ Regem ejusque in dicto Bohemiæ Regno, Hæredes & Successores, quoscunque in perpetuum ac Regiam ejusdem Bohemiæ Cameram & omnia & singula ejusdem Cameræ Bona, introitus & Jura, quæcunque etiam in forma Quarantigiæ & quavis etiam strictiori & etiam sub verbo Principum, aliisque Clausulis, Renunciationibus & cautelis solitis & consuetis efficaciter & solidissime obligarunt, & hypothecarunt, & quilibet eorum, prout ad unum quemque ipsorum dictis nominibus spectat & pertinet, obligavit & hypothecavit, etiam omni meliori modo, & ita per dictos, Illustrissimum & Reverendissimum Dominum Ernestum Cardinalem ab Harrach, Archiepiscopum Pragensem, & Illustrissimum & Reverendissimum Dominum Johannem Baptistam Cardinalem Pallotum, Archiepiscopum Thessalonicensem & Nuncium Apostolicum more Cardinalium tactis pectoribus, & per dictos Illustrissimum Dominum Maximilianum Comitem de Trautmansdorf, D. Guilielmum Comitem Slavata, & Dominum Ottonem Liberum Baronem de Nostiz, tactis Scripturis ad Sacrosancta Dei Evangelia jurarunt.

Super quibus &c. Actum Viennæ Austriæ in ædibus præfati Illustrissimi & Reverendissimi Domini Cardinalis ab Harrach, præsentibus ibidem perillustribus admodum Reverendis D. Josepho Curtio Cremonens. Diœces. & Ottavio Ridulfuvio, Camerinens. Testibus ad præmissa specialiter habitis, adhibitis, vocatis & rogatis.

Et quia Ego Julius Picca U. J. D. Apostolica Auctoritate Notarius ac Illustrissimi & Reverendissimi Cardinalis Pallori Nuncii Apostolici antedicti Cancellarius, de præfatis, in solidum unà cum Doctore Ascanio de Stralsodo Notario rogatus scripsi, licet aliena manu, aliis occupatus, & in fidem omnium & singulorum me subscripsi, ac solitum meum signum apposui, requisitus Nobis approbo, idem Julius.

(L. S.)

Et quia Ego Ascanius de Stralsodo Notarius publicus Apostolicus & Imperialis ac Judex ordinarius, de prædictis in solidum unà cum supradicto D. Julio Picca U. J. D. ac Notario & Cancellario ut supra rogatus, scripsi, licet aliena manu, aliis occupatus, & in fidem omnium ac singulorum me subscripsi, ac solito meo signo munivi, requisitus Nobis approbo, idem Ascanius qui supra.

(L. S.)

Quæ Transactio ac Conventio, uti ea ab utriusque Partis datis ad hoc Mandatariis, facta atque confecta, & his Literis Nostris inserta est, tametsi nullum esset dubium, quin eam, quam par est, apud omnes omnino homines, semper & ubique vim & inviolatum robur ac firmitatem suam obtentura esset. Nos ex nostra parte nihil omnino deesse volentes quo minus quam validissima ac firmissima ea habeatur, sit ac permaneat, ex certa scientia judicioque Nostro, matura prius Procerum ac Nobilium, Consiliariorum Nostrorum desuper habita deliberatione, motuque proprio, supedictam Transactionem, prout ea, a sæpe memoratis Suæ Sanctitatis ac nostris Plenipotentiariis de & super Bonis, Juribus & Reditibus Ecclesiasticis, in Hæreditario Nostro Bohemiæ Regno, quomodolibet avulsis aut distractis, facta atque confecta, & his Nostris Litteris inserta est, cum omnibus suis Articulis, Punctis, Clausulis atque contentis, auctoritate, qua pollemus Cæsarea Regiaque, quatenus Hæreditarius Rex Bohemiæ, pro Nobis & Hæredibus Successoribus Nostris, quibuscunque ad idem Regnum, in perpetuum, approbavimus, ratificavimus & confirmavimus, prout adeo præsentium tenore approbamus, ratificamus & confirmamus, decernentes atque volentes, ut dicta Transactio in perpetuum apud omnes omnino homines firmum ac inviolatum robur habeat & obtineat. Ac postulamus proinde a dilectis Filiis, Hæredibus & Successoribus Nostris omnibus & quibuscunque imposterum paterne & amanter obligantes eos ad hoc & requirentes, ut & ipsi pro se omnes & singuli, præfatam Transactionem, prout hic inserta est, semper & ubique ratam, validam, firmam ac inviolatam habeant ac teneant, haberique ac teneri ab aliis omnibus faciant & curent. Quod idem & ipsi quoque ut faciant, omnibus & singulis Nostris in dicto Hæreditario Nostro Bohemiæ Regno, majoribus ac minoribus Officialibus, nunc pro tempore constitutis vel imposterum, quandocunque constituendis, cujuscunque ordinis, gradus, Dignitatis, Præeminentiæ & Conditionis illi fuerint, districte præcipientes mandamus sub indignationis nostræ gravissimæ Interminatione. In quorum omnium fidem hasce Nostras manus propriæ subscriptione, & Sigilli Cæsarei Regiique appensione, munitas dedimus. Actum in Civitate Nostra Vienna, die vigesima secunda Mensis Martii, Anno Domini millesimo sexcentesimo, trigesimo, Regnorum Nostrorum, Romani undecimo, Hungarici duodecimo, & Bohemici decimo tertio.

FERDINANDUS.

GUILIELMUS Comes SLAVATA
Regis Boh. S. Cancellarius.

Ad Mandatum Sac. Cæsareæ Majestatis proprium.

OTTO NOSTIZ.

JOANN. WALDERODE.

CCCXXV.

6. Mai. FRANCE ET SAVOIE.

Déclaration de LOUIS XIII. *Roi de France, qui enjoint à tous ses Sujets de quitter le service du Duc de Savoie, & de sortir de ses Etats. Fait à Lyon le 6. Mai 1630.* [FREDER. LEONARD, Tom. IV.]

SA Majesté se trouvant obligée pour maintenir la grandeur de sa Couronne & les Princes ses Alliez, d'armer puissamment, pour entreprendre sur les Etats du

ANNO 1630.

du Duc de Savoie, & lui faire ressentir l'effet de son indignation, qu'il s'est attirée sur divers manquemens, aprés estre obligé à Sadite Majesté de la conservation entiere du Piedmont : & sçachant qu'il y a nombre de François, Gentilshommes & autres, lesquels ont pris condition avec ledit Duc, dans les tems qu'ils ont creu que Sa Majesté ne l'auroit desagreable, lesquels se trouvant aujourd'hui les armes en main contre leur Roi, encouroient la punition du crime de Leze-Majesté, contre lesquels sa bonté ne permet pas qu'il soit procedé si rigoureusement. Pour ces causes, Sadite Majesté fait à sçavoir à tous Gentilshommes & Soldats nez dans son Roiaume, Terres & Païs de son obeïssance, qui sont maintenant dans les Païs & au service dudit Duc de Savoie, qu'ils aient à se retirer en leurs Maisons, ou en l'une des Armées de Sadite Majesté; Sçavoir est, ceux qui sont en Savoie en celle qui de present est sur les Frontieres du Duché, & ceux qui sont en Piedmont en celle qui y est aussi, où ils seront receus comme bons & loiaux Sujets. Mais si aucuns, quinze jours aprés la publication des presentes és Sieges & Jurisdictions, où leurs Fiefs & leurs Patrimoines sont ressortissans, sont si insensez que de demeurer és Armées ou Païs de l'Ennemi, il sera procedé à l'encontre d'eux par les voies de droit, & par confiscation de corps & de biens. Sadite Majesté declarant par cesdites presentes, que tous Soldats François pris avec les Ennemis, seront pendus & étranglez sans autre forme ni figure de procés; leur posterité (s'ils sont Gentilshommes) declarée roturiere, & leurs biens acquis & confisquez, de mesme que des autres Soldats. Et quant aux Soldats sujets dudit Duc ou de tout autre Prince, qui sera pris faisant son devoir, Sadite Majesté entend qu'il soit traité en homme de guerre pris, & reçeu à rançon. Veut Sadite Majesté que la presente Ordonnance soit publiée par le Senefchal de Lionnois, criée & affichée aux lieux accoûtumez, à ce que nul n'en pretende cause d'ignorance. Fait à Lyon ce 6. jour de Mai 1630.

Signé,

LOUIS.

Et plus bas,

DE LOMENIE.

Leuë, publiée & registrée en l'Audience de la Senechaussée & Siege Presidial de Lyon, le huitiéme jour de Mai 1630,

Signé,

PALERNE.

CCCXXVI.

17. Juin. FRANCE ET LES PROVINCES-UNIES.

Traité & renouvellement d'Alliance entre LOUIS XIII. Roi de France, & les Etats Generaux des PROVINCES-UNIES des Païs-bas, fait à la Haye le 17. Juin 1630. Ledit Roi fournira ausdits Etats en don, sept ans durant, un million de livres chaque année. [AITZEMA, Affaires d'Etat & de Guerre, Tom. III. pag. 86. FREDER. LEONARD, Tom. V. MERCURE FRANÇOIS, Tom. XVI. pag. 519. & en Latin dans LONDORPII *Acta Publica*, Tom. IV. pag. 128.]

LES Etats Generaux des Provinces-Unies des Païs-bas, à tous ceux qui ces Presentes verront, Salut. Comme ainsi soit que le dix-septiéme jour de ce mois de Juin un Traité d'Alliance ait esté fait & accordé ici à la Haye, entre le Sieur de Baugy Ambassadeur de sa Majesté Tres-Chrestienne de France & de Navarre, & les Sieurs nos Députez à ce commis, dont la teneur s'ensuit.

Comme ainsi soit que le feu Roi nôtre tres-honoré Seigneur & Pere, que Dieu absolve, eût voulu faire en l'année 1608. une Ligue défensive avec les Sieurs les Etats Generaux des Provinces-Unies des Païs-bas, pour les obliger à faire la Tréve avec les Archiducs, qu'ils ne vouloient faire sans l'asseurance de Garentie & Défense de nôtredit Seigneur & Pere; & que par ladite Ligue estoit porté, qu'elle estoit perpetuelle entre nos Etats & les Provinces-Unies, son intention aiant toûjours esté que nous la confirmassions & continuassions : Nous desireux en toutes choses de suivre l'exemple de nôtredit Seigneur & Pere, & nous conformer à ses volontez, & considerans que plus lesdits Sieurs les Etats auront asseurance de nôtre part, moins se porteront-ils pour trouver leurs seuretez par d'autres voies capables de troubler le repos commun : Desirans aussi de conserver, autant qu'il nous sera possible, la Paix entre tous les Princes, avons commis, choisi & député le Sieur de Baugy, Conseiller en nôtre Conseil d'Etat, & nôtre Ambassadeur esdites Provinces-Unies : lequel, en vertu du Pouvoir à lui donné, dont copie sera transcrite & inserée en fin des Presentes, apres plusieurs Conferences, a convenu & arrêté les choses qui s'ensuivent avec les Deputez desdits Sieurs les Etats, aussi en vertu du Pouvoir à eux donné, dont copie sera pareillement transcrite & inserée en fin des Presentes.

PREMIEREMENT, Que Sa Majesté fournira ausdits Sieurs les Etats en don, sept ans durant, la somme d'un million de livres, paiable de six en six mois par chacun an, si la Guerre qu'on leur fait dure autant de temps, à commencer du premier de Janvier dernier passé.

II. De laquelle somme d'un million de livres par chacun an, que sa Majesté accorde ausdits Sieurs les Etats, sera reservée la somme de cinquante mille livres, pour estre distribuée aux Officiers François par ledit Sieur Ambassadeur.

III. Durant lequel temps de sept ans lesdits Sieurs les Etats ne traiteront ni Paix ni Tréve avec leurs Ennemis directement ni indirectement, sans l'avis de sa Majesté; comme aussi de la part de Sa Majesté ne se fera aucun Traité au préjudice de leur Etat.

IV. Outre est convenu qu'en cas que sa Majesté est en Guerre assaillie en ses Etats, il ne sera tenu qu'à la moitié dudit secours, & pourra emploier l'autre moitié, si bon lui semblera, en hommes & Vaisseaux du port de deux à six cens tonneaux, jusques à la concurrence de ladite somme; auquel cas on conviendra de la solde des Soldats, & du fret des Vaisseaux, selon le prix ordinaire & usité dudit Païs, duquel dés à present sera fait état particulier, qui sera tenu pour Article du present Traité; comme aussi lesdits Sieurs les Etats ne donneront au cas susdit directement ni indirectement, sous quelque couleur que ce puisse estre, aucun secours ou assistance contre Sa Majesté.

V. Si en outre il arrive que sa Majesté ait besoin de Vaisseaux pour nettoier les Côtes de ce Roiaume, soit pour s'opposer aux attaques & entreprises qu'on pourroit faire contre ses Etats, ou quelque autre cause semblable, Sa Majesté pourra à sa volonté achepter ou freter dans les Provinces-Unies, jusques à la quantité de quinze Vaisseaux; auquel cas lesdits Sieurs les Etats promettent de seconder l'intention de sa Majesté de bonne foi, pour les lui faire avoir au plûtôt, & au prix raisonnable & ordinaire dudit Païs.

VI. Les Sieurs les Etats conviendront avec sa Majesté dans six mois pour garentir la Mer de Ponent contre les incursions & dépredations de ceux d'Alger & Thunis; & cependant où il se trouvera és Ports desd. Sieurs les Etats aucun Vaisseau ou Marchandises Françoises dépredées, lesdits Sieurs les Etats les feront restituer à la premiere instance qui leur en sera faite, soit par l'Ambassadeur du Roi, ou par les Marchands ses Sujets qui les reclameront.

VII. Ne pourront les Sujets de sa Majesté, ni ceux desdits Sieurs les Etats, exercer aucun acte d'hostilité l'un contre l'autre en Terre, en Mer ou Riviere, sous quelque pretexte que ce puisse estre; & lesdits Sieurs les Etats donneront ordre que les plaintes des Sujets du Roi soient terminées, dans trois mois au plus tard, par les Conseillers de l'Amirauté, aprés que l'Ambassadeur ou autre de sa part aura eté oüi : lesquels ne pourront avoir aucune part ni profit dans les Navires de Guerre ou autres, ni és prises qu'ils auront à juger.

VIII. Et en cas que l'une desdites Parties demande revision des Jugemens donnés par ledit Conseil desdits Sieurs les Etats, ils commettront des personnes qualifiées & nullement interessées, pour en juger en dernier Ressort avec lesdits Sieurs de l'Amirauté; & cependant les prises demeureront en bonne & seure garde, sans qu'il en puisse estre fait aucune vente, si ce n'est aprés avoir convenu avec ledit Sieur Ambassadeur du temps d'icelle : ce que pareillement Sa Majesté accorde pour les Sujets desdits Sieurs Etats pour tous les cas susdits.

IX. Quant à la nomination aux Charges des Colonels,

ANNO 1630.

lonels, Capitaines & autres Officiers des Regimens François, il en sera usé en la maniere accoûtumée.

X. Si sa Majesté estant en Guerre avoit besoin des Regimens François qui sont és Provinces-Unies, seront lesdits Sieurs les Etats tenus de les faire conduire à Calais ou Dieppe, pourveu toutesfois que lesdits Sieurs les Etats soient en Paix ou Tréve.

XI. Le droit d'Aubeine cessera ensuite des Traitez précedens en tous Points, & sera par sadite Majesté mandé à tous Parlemens d'en faire joüir lesdits Sieurs les Etats purement & simplement, sans autre forme de Justice, & sans qu'il leur soit necessaire d'impetrer Lettres de Naturalité: comme aussi de leur part lesd. Sieurs les Etats seront tenus de donner pareil ordre à l'égard des Sujets de sa Majesté.

XII. Toutes Lettres de Represailles, Marques, Arrests, & autres semblables, seront nulles & de nul effet en vertu du present Traité; mais la Justice sera renduë & administrée à un chacun, selon qu'il appartiendra.

XIII. En consequence duquel Traité les Sujets & Habitans des Païs dudit Seigneur Roi & desdits Sieurs les Etats, vivront en bonne amitié, & auront le Trafic libre entre eux & dans l'étenduë des Etats & Païs de l'un & l'autre tant par Mer que par Terre, de toutes Denrées & Marchandises dont le commerce n'est prohibé & défendu par les Ordonnances qui ont lieu esdits Etats & Païs, sans qu'ils soient tenus paier plus grands droits pour lesdites Denrées & Marchandises qui entreront esdits Roiaumes, Païs & Etats, ou qui en sortiront, que ceux qui se paient par les naturels Habitans & Sujets des lieux où le Trafic & Commerce s'exercera.

XIV. Tous les Traitez faits par sa Majesté & lesd. Sieurs les Etats, avec autres Rois, Princes & Republiques, demeureront en leur force & vigueur, fors & excepté en ce en quoi il est dérogé par le present Traité.

XV. Sera donné pouvoir à l'Ambassadeur du Roi residant és Provinces-Unies, & reciproquement à l'Ambassadeur que lesdits Sieurs les Etats tiendront en France, pour traiter de bonne foi de toutes autres choses qui peuvent faciliter le Commerce & la Navigation entre sa Majesté & ses Sujets, & lesdits Sieurs les Etats & les leurs.

XVI. Lesquels Articles & Traitez pour les susdites sept années, si tant la Guerre dure, seront presentement ratifiez bien & dûëment par lesdits Sieurs les Etats, & iceux avec la Ratification énoncez à sa Majesté par ledit Sieur Ambassadeur, pour estre pareillement lesdits Articles & Traitez par elle ratifiez & délivrez ausdits Sieurs les Etats par ledit Sieur Ambassadeur deux mois aprés la datte des Presentes.

Déclaration des Députés des Sieurs Etats, sur le premier Article de ce Traité.

COMME il est porté au premier Article du Traité fait ce jourd'hui entre le Sieur de Baugy Ambassadeur de sa Majesté Tres-Chrêtienne, & les Sieurs Députez des Sieurs les Etats Generaux des Provinces-Unies, que sadite Majesté fournira ausdits Sieurs les Etats en don, sept ans durant, la somme d'un million de livres: lesdits Sieurs Députez déclarent leur intention avoir esté & estre, que les premieres cinq cens mille livres tiendront lieu d'une pareille somme qui reste à paier en vertu du Traité de Compiegne, en cas que sa Majesté estant priée par l'Ambassadeur desdits Sieurs les Etats residant en France, vienne à déclarer qu'elle ne se peut élargir plus avant; requerans toutefois lesdits Sieurs Députez ledit Sieur Ambassadeur de Baugy, qu'il lui plaise par ses meilleurs offices seconder devers sa Majesté les devoirs de l'Ambassadeur des Sieurs les Etats, afin qu'elle puisse estre émuë d'accomplir ledit premier Article, sans aucune limitation comme ci-dessus.

Ainsi fait à la Haye le 17. de Juin 1630.

Estoit signé,

B. HUYGENS,
N. DE BOUCHORST,
SIMON DE BEAUMONT,
ET ALPHONSE,
J. VESTRIEL,
G. HAERSOLTE,
C. SCHAFFER.

NOUS aians cedit Traité agréable en tous & chacuns ses Points, avec la Déclaration particuliere donnée sur le premier Article dudit Traité, avons iceux Points, avec ladite Déclaration, acceptez, approuvez, ratifiez & confirmez, comme nous les acceptons, approuvons, ratifions & confirmons par ces Presentes, promettans les garder, entretenir & observer inviolablement, sans jamais aller ni venir au contraire directement ou indirectement, en quelque sorte que ce soit, sous l'obligation & hypotheque des biens & revenus desdites Provinces-Unies en general & en particulier, presens & à venir: En témoignage dequoi nous avons fait seeller ces Presentes de nôtre grand Sceau, paraphées & signées de nôtre Greffier. A la Haye le 21. Juin 1630.

Estoit paraphé,

S. VAN HAERSOLTE.

Plus bas,

Par Ordonnance desdits Seigneurs les Etats Generaux.

Signé,

CORN. MUSCH.

CCCXXVII.

$\frac{11}{21}$. Juillet. SUEDE ET POMERANIE.

Traité de Confédération & d'Alliance entre GUSTAVE ADOLFE *Roi de Suede, &* BOGISLAUS *Duc de Stettin, de Pomeranie, &c. fait à Stettin le* $\frac{11}{21}$. *Juillet*, 1630. [MERCURE FRANÇOIS, Tom. XVI. pag. 286. d'où l'on a tiré cette Piéce, qui se trouve en Allemand dans le *Theatrum Europæum*, Tom. II. pag. 240. dans LUNIG, Teutsches Reichs-Archiv. Part. Spec. Continuat. II. Abtheil. VI. Absatz V. pag. 478. & dans *Relationis Histor. Semestr. Continuat. Autumnal. Ann.* 1630. *per* Sig. Latomi *Hæredes*, pag. 4.]

NOUS Gustavus Adolphus par la grace de Dieu Roi de Suede, des Gots, Wandales, Grand Prince de Finland, Duc d'Estonie & de Carelie, Seigneur d'Ingrie.

Et nous Bogislaus par la grace de Dieu Duc de Stetin, de Pomeranie, des Cassubes & Wandales, Prince de Rugie, Evesque esleu de Camin, Comte de Gutzkovie, & Seigneur des Estats de Lunebourg & Butove.

A tous presents & à venir, sçavoir faisons; que pour Nous, nos Successeurs, & nos Royaumes, Duchez & Principautez, avons convenu & accordé les Articles suivants:

Aprés que Nous Gustavus Adolphus par la grace de Dieu Roy de Suede, &c. avons avec tres-grande compassion consideré les tres-griefves & inouies oppressions que ledit Seigneur Duc de Stetin & Pomeranie, avec ses Subjects & Provinces, a souffertes pendant trois ans, & qu'entre la Couronne de Suede & les Provinces de Pomeranie, y avoit non seulement conjonction de sang & de Religion, mais aussi une tres-grande amitié & confiance, par le moyen du commerce mutuel exercé & inviolablement entretenu de temps immemorial entre les Subjects desdits Estats, & principalement par une estroite Confederation contractée entre nos Predecesseurs, d'heureuse memoire, les Rois de Suede & les Ducs de Pomeranie, leurs Provinces & Estats, en la Pacification faite entr'eux le jour de St. Luc, l'an 1570. ensemble aussi nostre grand interest, à cause de la Mer Baltique, entant que les Provinces de Pomeranie situées à la coste de ladite Mer ayans esté occupées, servoient de retraite aux Ennemis pour, à nostre grand prejudice, empescher la liberté du Commerce, & infecter nos Royaumes & Estats; ayans mesmes, pour pallier leurs violences, abusé de nostre nom. Apres avoir aussi consideré que la Confederation pour la Neutralité (de l'entretenement de laquelle ledit Seigneur Duc nous avoit requis) n'estoit assez solidement establie, Nous avons estimé (quoy que non requis) devoir accourir au secours dudit Seigneur Duc & de ses Estats, pour avec l'assistance divine les delivrer d'oppression; & mesmes pour repousser de nos Estats les cruelles

ANNO 1630. cruelles hostilitez, & venger les machinations & injustes oppressions faites contre nous ; estans à ces fins, par l'aide de Dieu, arrivez avec une assez puissante armée en Pomeranie, (apres avoir pris la Principauté de Rughe, y ayans occupé sans aucune resistance toutes les Isles, Villes, Ports & Forts, servans pour la defence & conservation de la Ville de Stetin, Capitale de la Province; ayans toutes les Places esté abandonnées par ceux qui les tenoient,) nous prismes occasion, contre l'opinion & l'esperance dudit Sieur Duc, d'entreprendre & venir heureusement à bout de reduire ladite Ville de Stetin.

D'autre part, Nous Bogislaus par la grace de Dieu Duc de Stetin, de Pomeranie, &c. ayans consideré 1. qu'estans destituez de tout secours, 2. nous seuls n'eussions peu resister à si grandes forces, 3. nos Subjects ayans esté pour la pluspart desarmez par les precedents pretendus deffenseurs, 4. estans mesmes despouillez de tous leurs biens, & privez de tous vivres & moyens de defence, 5. & qui plus est, affoiblis & extenuez par une cruelle oppression durant trois ans, n'ont eu pensée ny courage de se delivrer, ny de resister, pour n'empirer leur condition, 6. si bien que n'esperans plus aucun secours (apres tant de Capitulations & promesses sainctement jurées, & toutesfois enfreintes.) 7. survenant le loüable & tres-Chrestien secours de la sacrée Royale Majesté de Suede, 8. qui n'est point venu contre l'Empereur ny l'Empire, avec lesquels sa Majesté n'a rien de fascheux à demesler, 9. mais contre ceux qui contre tout droict & equité avoient occupé nos Provinces, 10. afin de les delivrer de violence & d'oppression, & les remettre en leur premier estat & liberté, & pour par mesme moyen asseurer sa personne & sa Couronne, & ce avec des protestations Chrestiennes & amiables, qui ont esté suivies de leur effet, à l'esgard de la Ville de Stralsond, & de la Duché de Rughen, occupez par sa Majesté, Nous avons eu plustost suject de loüer & accepter, que de refuser, à nostre tres-grand prejudice & de nos Subjects, son secours & assistance.

Pour ce est-il que nous Gustavus par la grace de Dieu Roy de Suede, &c. & Bogislaus par la grace de Dieu Duc de Pomeranie, &c. Pour nous, nos Royaumes, Duchez, Principautez & Provinces, respectivement, pour la gloire de Dieu tout bon & tout-puissant, & pour le salut & soulagement de nos Royaumes, Duchez & Principautez, Avons ensemble convenu & accordé les suivants Articles par nous d'un mutuel consentement approuvez.

I. Nous avec nos Estats, Provinces & Subjets respectivement, voulons & promettons sincerement & de bonne foy, conserver à l'avenir entre nous une ferme & constante amitié, utile & convenable à des bons voisins, & ne faire ny ne permettre estre fait l'un à l'autre ouvertement, ou couvertement, par qui, & en quelque maniere que ce soit, aucune hostilité; ains nous defendre les uns les autres par armes, & par mutuel secours, contre toutes violences, invasions, ravages, contributions, oppressions & contraventions, ne nous point abandonner, beaucoup moins nous trahir, ou subjuguer, mais plustost rechercher & accroistre le profit & advantage, & destourner tout dommage l'un de l'autre : Advancer de tout nostre pouvoir le trafic & commerce de Suede en Pomeranie, & de Pomeranie en Suede : faisans pour ce cesser toutes inhibitions & empeschements. A l'effect dequoy, Nous Roy & Duc susdit, pour nous, nos Successeurs & Estats, avons non seulement renouvellé ladite ancienne Paction & Accord, pour l'entretenement d'un bon voisinage entre Nous, nos Royaumes, Duchez, Principautez, & leurs appartenances; mais aussi l'avons par le present Traicté de nouveau confirmé & corroboré, pour durer à jamais. Voulans en outre que la presente Confederation soit de dix en dix ans renouvellée & reintegrée.

II. Ledit Accord s'entend estre renouvellé, pour la deffence mutuelle contre la violence, non point pour l'offence, (sinon que pour l'entretenement des choses convenuës entre Nous, il fust grandement requis) auquel cas chacun de nous sera obligé de prester l'un à l'autre, jusques au dernier effort, mutuel aide & secours.

III. Au moyen de ce le present Traicté ne doit point estre reputé fait contre la Majesté sacrée de l'Empereur, ny de l'Empire, mais plustost en faveur de l'Estat de l'Empire, pour le conserver en son ancienne forme, liberté, Religion & Paix Religieuse & Seculiere, contre les tumultuaires & perturbateurs de la Paix publique : N'entendans point nous departir de l'obligation par laquelle nous Bogislaus Duc susdit sommes tenus à la sacrée Majesté Imperiale & à l'Empire, & au Cercle de la Saxe superieure : ains au contraire, protestans de nous y conserver selon nôtre devoir, (à la charge toutesfois qu'ils ne requerront de Nous aucune chose contrevenante au present Traicté,) & de demeurer avec nos Duchez, Estats, & Subjets joints à l'Empire, audit Cercle, & aux Constitutions Imperiales, ne voulans qu'à l'occasion du present Traicté l'Estat de nos Provinces soit changé, ny que rien nous soit osté, ni diminué de nostre Souveraineté, ni quant aux Droicts Royaux, Dignitez, Jurisdictions, Droits domaniaux & territoriaux à nous appartenans, ny semblablement quant aux Privileges, tant generaux que particuliers, de la Noblesse de Pomeranie, & des Subjets & Estats, ni aux Concessions, Droicts, Statuts, Loix fondamentales, ny à aucun autre Droict particulier. ANNO 1630.

IV. Puis que cette union tend principalement à ce que nous Duc susdit puissions estre delivré de la cruelle oppression, de laquelle nostre constante & fidelle innocence a esté travaillée par l'espace de trois ans, contre les Loix sacrées de l'Empire & dudit Cercle, & contre les claires & expresses Constitutions de la Paix publique, & mesmes contre les speciales sincerations, Mandements & Declarations de la sacrée Majesté de l'Empereur, & les Provinces & Pays de Pomeranie, estre conservez en leur ancien estat, sans recevoir aucuns empeschemens és limites, Ports & passages, & estre delivrez à l'advenir de tous dangers. Pour ces raisons a esté de part & d'autre unanimement convenu entre Nous, de s'opposer par jonction de forces à toute autre qui en l'Empire Romain contrarie, & peut en quelque façon que ce soit contrevenir à la paix de la Religion, obtenuë avec tant de peine & de travaux.

V. Les Villes, Lieux & Provinces de Pomeranie par nous Roy de Suede occupez, ou que nous pourrons cy-apres occuper, seront par nous remis entre les fideles mains & au pouvoir dudit Seigneur Duc de Pomeranie avec toutes leurs appartenances, Droicts, Regales & Jurisdictions, sans nulle reserve, ny tergiversation, & sans repetition des frais de la Guerre : mesmes la Ville de Stralsond luy sera par nous renduë, pourveu que, comme ledit Seigneur Duc ne doit rien aliener desdites Provinces de Pomeranie, principalement de la Principauté de Rughen, aussi il establisse esdites Provinces tels Officiers, qui en tout ce qui concernera la defence & conservation desdites Provinces, se monstrent de bonne volonté envers les Commissaires de Suede : pourveu aussi que les Privileges de la Ville de Stralsond soient maintenus en leur entier, & que specialement par dessus tous l'Alliance faite par ladite Ville avec sadite Majesté soit conservée inviolablement, & que les griefs par eux pretendus soient promptement reparez, & equitablement jugez.

VI. D'autant que l'Evesché de Camin estant dans les Provinces & Estats de Pomeranie, & en consequence de ce ledit Diocese devant joüir en son particulier de tout ce qui par le present Traicté a esté accordé, pour le bien general de la Pomeranie, a esté particulierement convenu; que si, contre les Privileges, Statuts & Loix fondamentales de l'Evesché & du Chapitre, est attenté quelque chose au fait de l'élection de l'Evesque ou du Coadjuteur, ou à quelque autre occasion que ce soit; Nous Roy & Duc susnommez l'empescherons conjointement de tout nostre pouvoir, & maintiendrons la liberté du Chapitre & du Diocese, ensemble la libre élection de l'Evesque, son Estat, ses Droits, & ses Dignitez.

VII. Nul de Nous, sans le vouloir & consentement de l'autre, ne pourra renoncer au present Traicté : & beaucoup moins nous Duc de Pomeranie ne pourrons, pour ce qui concerne la presente defence de nostre Estat, faire aucun Traicté, ny alliance, avec qui que ce soit. Que si sa Royale Majesté, pour nostre bien & de nos Provinces, vouloit faire quelque Traité, il nous devra estre communiqué, duquel, si y voulons entrer & estre joints, ny nous, ny nos Provinces, ne pourrons en estre exclus.

VIII. Si quelque Prince Chrestien se veut adjoindre à la presente Confederation, & s'y associer à conditions raisonnables, il luy sera libre de le faire, moyennant que par ladite jonction les Estats d'aucuns de nous n'en reçoivent dommage, & n'empirent leur condition.

IX. Parce qu'en ceste Confederation particuliere (permise de tout droict, entant qu'elle est pour la conservation de la Paix Religieuse & Seculiere de Pomeranie,) nulle mention n'a esté faite des autres Confederations & Accords cy-devant faits pour la conservation d'icelle;

ANNO 1630. d'icelle; lesdits Accords ne pourront en rien prejudicier au present Traité, ny estre alleguez contre iceluy. Et nous Duc susdit promettons de ne nous point allier par Traicté avec qui que ce soit, sans le special vouloir & consentement de sadite Royale Majesté.

X. Si ledit Seigneur Duc, ses Provinces, & Subjets à l'occasion de la presente Confederation, estoient assaillis par guerre par qui que ce soit; en tel cas, non seulement nous Roy de Suede & nos Royaumes & Estats, serons obligez, & promettons d'entreprendre soigneusement & fidellement la defence dudit Seigneur Duc: mais aussi y attirerons les autres Princes nos Confederez, pour augmenter & fortifier le nombre, & les moyens de la defence. Comme aussi au reciproque, nous Duc de Pomeranie, nos Provinces & Subjets, ferons le mesme, au cas que sa Royale Majesté, & ses Royaumes & Estats fussent infestez par guerre, à cause du present Traité.

XI. Par la presente Confederation le privilege de Naturalité s'entend estre respectivement accordé aux Subjets de l'une & de l'autre Parties, Royaumes & Estats de Suede, & en la Duché & Estats de Pomeranie: & la Nation Suedoise honnorera, aydera, & procurera le profit & advantage de la Pomeranoise, & la Pomeranoise de la Suedoise en temps de Paix & de Guerre; sauf respectivement aux uns & aux autres leurs Droits, Privileges & Immunitez particuliers.

XII. Pour la conservation, facilité & advancement du Commerce, la Monnoye Royale de Suede aura cours en Pomeranie, & celle de Pomeranie en Suede & sera exposée selon l'evaluation qui en aura esté faite sur les lieux.

XIII. S'il survient quelque different ou quelque mesintelligence entre sa Royale Majesté & ledit Seigneur Duc, ou entre leurs Subjets, ou Estats, elle ne se terminera point par l'espée & par guerre, ains en la façon prescrite par la Pacification de Stetin en l'année 1570. c'est à sçavoir par personnages d'authorité, nommez par les Parties, ou esleus par sort.

XIV. Finalement, nous Roy de Suede nous sommes expressément reservez, qu'au cas que ledit Seigneur Duc vint à deceder sans descendans masles, ses Heritiers, avant que l'Electeur de Brandebourg (auquel comme au futur Successeur de l'Estat, l'hommage a desja esté fait) ait approuvé & ratifié la presente Confederation, & avant que ledit Successeur soit venu en personne pour la liberation de ces Provinces, ou au cas que cette Succession fust revoquée en doute, & renduë litigieuse audit Seigneur Electeur: Nous Roy de Suede, ou nos Successeurs de nos Royaume & Couronne, retiendrons cesdites Provinces en forme de sequestre & de protection, jusques à ce que le Droict successif ait esté pleinement esclairci & estabíi, & que par le Successeur les frais de la guerre nous ayent esté entierement payez & remboursez, (sans toutefois en faire souffrir aucune charge ny contribution ausdites Provinces, Estats & Subjects de Pomeranie,) & jusques à ce que la presente Confederation ait esté par luy deuëment ratifiée & confirmée.

Tout ce que dessus s'entend avoir esté accordé & promis de bonne foy, & sans fraude. Pour certitude & perpetuelle fermeté de quoy, nous Roy de Suede, &c. pour Nous, nos Successeurs, nos Royaumes, & Provinces, Et nous Duc de Pomeranie, &c. pour Nous, nos Successeurs, nos Duchez & Principautez, avons la presente nostre Convention & Confederation approuvée & confirmée de nos Seaux, Royal & Ducal: & icelle signée de nos mains, au vieil Stetin le dixiesme jour de Juillet, vieil stil, l'an mil six cens trente.

Signé,

GUSTAVUS. BOGISLAUS.

CCCXXVIII.

Juillet, ou Août. *Manifeste de* GUSTAVE ADOLFE *Roi de Suéde, par lequel il déclare les raisons qui l'ont obligé à prendre les Armes, & à entrer en Allemagne, publié au mois de Juillet, ou au mois d'Août de l'année* 1630. [MERCURE FRANÇOIS, Tom. XVI. pag 297.]

QUAND on vient à considerer le fait d'une Guerre, la premiere question est si elle est juste, ou non. Ce qui arrive maintenant en celle qu'a entrepris de nouveau le Roy de Suede, que nous pouvons à bon droict apeller grand, tant pour son courage & valeur, & autres vertus heroiques, que pour son pouvoir, force & moyens, & encores pour tous ses hauts desseins & actions vrayement dignes d'un grand Roy; ayant ces années dernieres, pour soulager ses amis, fait la Guerre heureusement contre les Moscovites & Polonois, & puis dextrement fait la Paix tousjours à sa gloire & notable advantage; & depuis quelques mois, voire en fort peu de temps, amené son armée és Havres de la Mer Baltique, s'estant rendu maistre de toute la Pomeranie, y fortifiant les Places de sa conqueste, non pour estendre ses limites, mais pour tirer d'oppression ses parens & amis, non à la foulle des Villes & Pays, mais à ses propres frais & despens, & au hazard de sa propre personne, ainsi qu'il se voit par les Relations qui en ont esté publiées, lesquelles ont fait esclatter sa renommée par tout l'Univers. Vray est que les envieux de sa gloire, ou ceux qui ne sont encore informez de la justice de ses armes, y donnans diverses interpretations, font courir de luy des bruits sinistres & au prejudice de sa reputation. Il a esté jugé à propos de faire voir au monde les motifs & raisons de son dernier passage & entrée en Allemagne, & sans nous arrester à discourir de ce qui est si notoire à tous les Peuples & Estats de la Chrestienté; sçavoir est le dessein perpetuel des Espagnols & Maison d'Austriche à la Monarchie Universelle, ou du moins à la conqueste des Estats & Provinces de la Chrestienté d'Occident, & particulierement dss Principautez & Villes libres de la Germanie, où cette Maison a fait tel progrez, que si ce brave & genereux Prince du Septentrion ne se fust evertué & opposé à ce torrent, elle poussoit son ambition & ses Armes jusques aux Royaumes & Provinces les plus esloignées, & qui jusques icy se sont garentis & maintenus en leur liberté, nonobstant mille pratiques & menées secretes & ouvertes des Espagnols & de leurs partisans. C'est ce qui en partie a donné sujet à sa Majesté de Suede de se mettre en mer & en campagne, afin de conserver ses amis & rendre par tout ce climat là le Trafic & Commerce libre, tant par Mer que par Terre; y ayant esté convié par quelques Princes & Estats de l'Empire, avant mesme qu'ils fussent reduits entierement dans la servitude & misere, en laquelle ils se retrouvent à present par la tyrannie des ambitieux partisans, Conseillers, & Chefs de Guerre de ladite Maison, & quant & quant pour prevenir la ruine totale, tant de soy, que des Voisins, Amis & Alliez, qui est veritablement un effect de la Charité & protection qu'un Prince prudent & genereux doit naturellement à ses propres Sujets & plus proches Voisins, prests à tomber dans l'oppression; ne pouvant neantmoins s'imaginer que les ennemis de la liberté publique se deussent jetter avec tant de violence & impetuosité dans les Pays d'autruy, comme ils ont fait. Et cette croyance & opinion fut cause d'arrester tout court le dessein de sadite Majesté à secourir ceux qui apprehendoient cette invasion, & cependant tourner ses conseils & ses armes autre part, pour ne perdre les occasions qui s'en presentoient.

Car depuis que les Guerres de Pologne en l'année mil six cens vingt-six, obligerent S. M. de Suede à faire passer son Armée en Prusse (Province sujete dudit Roy de Pologne) elle commença alors à considerer de plus prés tout ce qu'elle pouvoit esperer ou craindre de ceux qui ravageoient ainsi l'Allemagne: & jugea bien que ses amis ne l'avoient, sans raison ou fondement, advertie, en ce qu'elle recogneut que les ennemis luy faisoient tousjours naistre de plus en plus sujet de Guerre, à mesure qu'ils s'approchoient des Provinces Baltiques.

Car en premier lieu, en ladite année on intercepta les Lettres de sadite Majesté envoyées au Prince de Transilvanie: & apres les avoir ouvertes & faussement expliquées, pour charger sa Majesté de la haine du Peuple, & pour la rendre par tout odieuse, furent malicieusement publiées; & le Courrier qui les portoit fut, par une ouverte & publique violence, & contre le droict des Gens, mis en prison, & traitté en criminel.

Secondement, les ennemis du repos public empescherent que la Paix, qui lors se traittoit, par des Commissaires deputez de part & d'autre, ne se conclud entre sadite Majesté & le Roy de Pologne, bien qu'il y eust par fois assez d'apparence d'en pouvoir parvenir à la conclusion: d'autant qu'ils avoient pratiqué & corrompu par presens & artifices les Ministres des Estats de Pologne, voire des Principaux, à intention de toûjours entretenir cette Guerre, & jusques à ce qu'ils eussent executé leurs desseins en l'Empire; sous l'esperance ANNO 1630.

ANNO 1630. perance qu'ils donnoient aux Polonois, qu'apres avoir subjugué le Party Protestant d'Allemagne, ils ne failliroient de les assister pour envahir & occuper le Royaume de Suede.

Pour confirmation de laquelle promesse, & pour s'acquiter de leur obligation par des effets veritables, qui ne tendoient qu'à animer les Polonois, & pour affoiblir la Suede, ils firent defenses de faire aucunes levées dans l'Allemagne pour Suede, & au contraire, permirent à l'ennemi de lever Gens de Guerre ouvertement, & de se servir de toutes les provisions qu'ils en pourroient tirer. Mais voyans que nonobstant toutes leurs defenses, les Gens de Guerre couroient de toutes les contrées d'Allemagne au service du Roi de Suede; ils despecherent l'année suivante mil six cens vingt-sept, le Duc de Holsace avec une puissante Armée pour luy aller faire la Guerre en Prusse, & ce sous les Enseignes & Bannieres de l'Empereur mesme. Outre ceci, & pour plus grand témoignage de leur animosité, & afin de priver les Suedois de toutes commoditez, ils interdirent toute liberté de Commerce, & aux Marchands toutes sortes de Trafic, leur enlevant leurs Marchandises, mesmes celles dont le transport & voicture avoit déja esté faite dans les Villes de l'Allemagne, & confisquans les Navires Suedois, sous pretexte de vouloir establir un Commerce general dans Lubek pour les Villes Anseatiques. Ce qui toutesfois n'estoit en effet, qu'exclure & chasser les Suedois de tout le Commerce de la Mer Baltique, & pour faire une Armée Navalle aux despens des pauvres Marchands, Sujets du Roy de Suede, afin de courre & escumer librement ladite Mer à leur plaisir & volonté: comme ils firent bien paroistre l'année suivante, ayant nouvellement creé un General des Mers (titre nouveau & non jamais usité en ce climat-là) & occupé les Ports & Places munies és Duchez de Meckelbourg & de la Pomeranie.

On pourroit bien objecter ici, que tout cela estoit supportable, pourveu qu'ils n'eussent point passé outre. Mais il estoit à juger qu'ils n'en demeureroient pas là; & de fait ils commencerent aussitost à courir la Mer, & fortifier le Port de la Ville de Stralsond, pour receptacle & retraite de leurs Pyrates: Chose qui tant touchoit & importoit à tous les Estats voisins & les endommageoit si fort, que le Roy de Suede, qui de toute ancienneté a le droict de protection de la Mer Baltique, n'en a peu ny deu d'avantage souffrir le moindre progrez.

Sa Majesté donc, invitée par les prieres instantes de ses Amis & Alliez, & irritée par les injures & outrages faits, tant à ses Sujets qu'à ses Amis & Alliez, passa pour la seconde fois en Prusse, vers le Printemps de l'année suivante mil six cens vingt-huit, à dessein de remedier à tous ces inconveniens par des moyens, & voyes bonnes & legitimes. Et advint en mesme temps que les Deputez de ladite Ville de Stralsond la vindrent trouver, pour luy faire plainte, que nonobstant que leur Ville n'eust en rien offensé ny l'Empereur, ny aucun des Estats de l'Empire, mesme sans avoir esté accusée, citée, ou condamnée, voire apres avoir esté declarée innocente par Decret Imperial, avec promesse & asseurance d'une entiere delivrance; l'Armée Imperiale conduite par le General Walstein, auroit fait le degast & ravage, & exercé des cruautez innouïes sur les Bourgeois de la Ville & Habitans du plat pays, jusques à se fortifier dans leur Territoire, & sans aucune denonciation de guerre surpris l'Isle Denholme, vis à vis du Port de ladite Ville, laquelle on alloit munir & fortifier, au grand dommage & prejudice d'icelle: Qu'elle s'estoit en outre saisie des passages de l'Isle de Rughen, & de ceux mesme de leur Ville pour aller à la terre ferme: Qu'elle amusoit les Bourgeois de vaines esperances, à dessein de les surprendre: Qu'apres avoir espuisé leurs bourses, elle les vouloit encore obliger à recevoir Garnison, leur demandoit leurs Navires, leurs Canons, & leurs Havres; & cependant les opprimoit de toutes sortes de violences, sans avoir esgard à leur innocence, ni aux Constitutions Imperiales, ni au Decret de l'Empereur, ni aussi au Traité fait en Pomeranie avec le Mareschal de Camp Arnheim, ny à plusieurs autres Pactions, ny mesmes aux grandes sommes d'argent que ladite Ville avoit contribué, par le moyen de quoy elle pensoit estre quitte & asseurée.

Cette pauvre Ville donc ne pouvant estre delivrée par les Decrets de l'Empereur, & voyant que le Duc de Pomeranie leur Prince ne la pouvoit assister, & se sentant abandonnée de ses Confederez, a esté forcée par la necessité d'avoir recours à une ayde & assistance étrangere, afin de divertir la ruine qui la menaçoit, & ainsi accepter le secours du Serenissime Roy de Dannemarck, en esperance que cette hostilité & violence se pourroit appaiser ou moderer. Mais toutesfois craignant qu'on ne l'accusast de s'estre alliée avec un Roy, pour lors en Guerre avec l'Empereur, elle a jugé à propos de se jetter entre les mains du Roy de Suede, Prince son Ami, & Neutre pour lors.

C'est pourquoy sa Majesté voyant bien qu'on ne devoit esperer aucune douceur d'une Armée, qui s'estoit comportée avec tant d'injustice & cruauté; Veu mesme que la Requeste de cette Ville estoit fondée en toute raison & equité, & qu'elle avoit tousjours esté alliée à la Couronne de Suede, tant par un commun lien de Religion & de Commerce, que par toute autre bonne correspondance, veu aussi qu'il importoit à ses Estats; & à tous ses Voisins, si on permettoit que les Pyrates occupassent ce Havre pour y faire leur retraitte; Il n'a peu sans blesser son Honneur & sa Conscience, refuser à ces pauvres affligez le secours qu'ils luy demandoient, lequel il a esté obligé de leur donner, pour la seureté de son Estat, Voisins & Alliez.

Et combien que par cela la Majesté de Suede pensast obtenir, & faire qu'on observeroit & respecteroit d'autant plus les Decrets de l'Empereur, & que par ce moyen la Mer Baltique demeureroit en son estat; c'est-à-dire libre & seure à ses Alliez, & à toutes Nations qui y trafiquent d'ordinaire, comme, que la Ville de Stralsond (qui auparavant avoit esté conservée par le Roy de Dannemarck, pour lors en Guerre avec l'Empereur) fust par son entremise entretenuë & conservée en sa liberté; ainsi qu'il appert évidemment par les pactions qu'elle a fait sur ce sujet avec ladite Ville, lors qu'elle l'a prise en sa protection: Elle n'a toutesfois peu empescher que ces Brouillons & Usurpateurs se soient aucunement deportez de leurs pernicieux & ambitieux desseins, moins les destourner de la Guerre, que depuis ce temps ils ont encore continué par Mer & par Terre, avec plus de rage & violence qu'auparavant: car ne se pouvans rendre Maistres de ce Port là, selon leur intention, ils se saisirent de celuy de la Ville de Wismar, & de quelques autres qui leur estoient advantageux, & tirerent du Port de Dantsic les Navires de Pologne, lors Ennemy du Roy de Suede, pour s'en servir, avec lesquels ils firent tant de courses, depredations & ravages sur la Mer voisine, que sadite Majesté de Suede fut enfin contrainte pour conserver le Commerce dans ses propres Mers, d'équiper, avec grande despense, une Armée Navalle pour renfermer ces Corsaires dedans, afin de pouvoir jouïr du reste de l'année en repos.

Nonobstant tout cela le Serenissime Roy de Suede n'a point cessé d'incliner tousjours à la Paix, & d'y contribuer tout son possible: Car ayant sceu qu'on estoit sur le poinct de traitter une Paix entre l'Empereur & le Roy de Dannemarc à Lubec, il y envoya aussitost ses Ambassadeurs pour accommoder le different, touchant la Ville de Stralsond, & pour pacifier à l'amiable tous les autres differents, qui s'estoient rencontrez pendant les années dernieres, & avec charge expresse d'apporter tout ce qu'ils pourroient d'industrie & d'induction, pour faciliter l'accommodement entre l'Empereur & le Roy de Dannemarck, estimant que la Paix ne se pourroit bien faire avec ledit Roy, sans y comprendre la Ville de Stralsond: & laquelle y estant comprise, sa Majesté de Suede ne pourroit estre raisonnablement excluë de ce Traité mesme, à cause des Accords & Pactions ci-devant faits entre-elle & ladite Ville.

Mais bien que le Roy de Dannemarc eust reçeu fort honorablement cette Ambassade, & que l'autre Party en fust requis tres-diguement par plusieurs Lettres de sa Majesté de Suede: on refusa neantmoins inhumainement l'audience à ses Ambassadeurs, ausquels on ne daigna donner aucune responce; ains leur fut commandé, sur peine de la vie, de sortir à l'instant mesme, non seulement de Lubec, mais aussi de toute l'Allemagne. Laquelle procedure tant indigne, fut tenuë & jugée par toutes Nations pour sujet suffisant de rupture, afin d'en tirer raison par les armes; Et sa Majesté eust esté dés lors fort excusable, si elle se fust portée aux remedes d'extremité, puis qu'il ne luy restoit plus aucun autre moyen ou raison valable de s'en abstenir. Toutesfois apres que les Deputez de l'Empereur par leurs Lettres responsives, & dattées du mois de Mars, eurent recogneu celles de l'Ambassade de sa Majesté, & par cette recognoissance voulu s'excuser de la premiere faute qu'ils avoient faite; Sa Majesté pareillement, comme plus encline à croire le bien que ANNO 1630.

ANNO 1630. que le mal, estima que cela pouvoit proceder d'une mauvaise suggestion de quelques Conseillers malins ou mal-advisez, & non pas d'un concert & commun advis de tous: ne jugea pas encore cette offence bastante pour l'obliger au ressentiment d'une juste Guerre, veu principalement que les Deputez disoient n'avoir aucune charge de traiter avec autre qu'avec le Roy de Dannemarc: joint qu'ils asseuroient, que si on en vouloit parler à l'Empereur, ou au Duc de Fridland, on en pourroit tirer responsе favorable. Vray est que les affaires estoient pour lors reduites à tel poinct, qu'il sembloit n'y avoir plus lieu ou apparence quelconque d'ouïr parler davantage d'aucun Traité d'accommodement, à cause des offences & indignitez precedentes. Il venoit aussi à considerer comment & en quelle maniere le Party offensé pouvoit, sans blesser son Honneur, faire le premier l'ouverture à l'Empereur, avec lequel on n'avoit eu encores aucune communication, à cause de la difficulté des passages bouchez dans toutes les Terres de l'Empire, & que la Negotiation du Traité de Lubec s'en alloit prendre fin.

Toutesfois pour tenter derechef toutes voyes possibles, & afin de surmonter toutes difficultez qui se pouvoient opposer au bien de la Paix, ne se pouvant trouver aucun moyen d'en faire ouverture à l'Empereur: Le Parlement de Suede fit trouver bon à sa Majesté d'en escrire au College des Electeurs, n'estimant pas qu'ils approuveroient qu'on traitast de telle façon les Roys estrangers. Ce qui se fit au mois d'Avril ensuivant, afin que ces Princes, comme ayans une grande authorité dans l'Empire, y cherchassent & trouvassent eux-mesmes quelque remede convenable. Sa Majesté mesmement consentit qu'on envoyast un Deputé au General de l'Armée Imperiale de la part dudit Parlement, jugeant qu'on pouvoit composer à l'amiable dans les Armées les difficultez qui s'estoient glissées entre elles: & pour cet effet le Baron Steno Bielke fut aussitost depesché, avec pouvoir de traitter quelque Tresve pour la Ville de Stralsond, s'il rencontroit des esprits qui fussent aucunement disposez à la Paix, en attendant qu'il se trouvast occasion d'envoyer des Commissaires pour terminer l'affaire entierement. Mais ledit Baron estant arrivé à Stralsond au commencement du Printemps, trouva les affaires encores en pire estat qu'auparavant, & les Ennemis portez à poursuivre leurs pernicieux desseins, voire avec plus de chaleur & violence qu'auparavant.

Car Stralsond estoit lors travaillé & attaqué de tous costez, les Ports remplis de Gens de Guerre, pour courre la Mer de Suede: & pour comble d'iniquité, une fort grande Armée (sans aucun prealable deffi, ou denonciation de Guerre) destinée en Prusse, contre sa Majesté de Suede, sous la conduite d'Arnheim, Mareschal de Camp de l'Empereur. Ce qui empescha le susdit Baron de passer outre; lequel jugea estre en partie necessaire pour sa descharge d'escrire au Duc de Fridland pour luy faire sçavoir le sujet de sa Legation, & ayant protesté contre cette injure & iniquité de l'Armée qu'on avoit fait passer, il requit qu'on la renvoyât, & qu'on fist cesser tout autre acte d'hostilité, suivant la parole qui en avoit esté donnée par les Deputez de la part de l'Empereur à Lubec.

Le Duc de Fridland tesmoigna neantmoins qu'il n'avoit lors encore aucune inclination à la Paix, & que les promesses de ces Deputez à Lubec n'estoient que fourbes & tromperies: car il protesta ne pouvoir rappeller les Troupes que conduisoit ledit Arnheim, & qu'il falloit que sa Majesté Imperiale, comme étant trop chargée de Gens de Guerre, s'en deschargeast en partie, les ayant déja pour ce sujet envoyées au Roy de Pologne son Ami, pour faire la Guerre contre celuy de Suede (comme tout cecy se peut verifier par Lettres autentiques:) Et sans donner autre responce, il fit advancer pour la deuxiesme fois ladite Armée en grande diligence, laquelle avoit travaillé tout le long de l'Eté celle de sa Majesté dans la Prusse, là où indubitablement elle eust souffert la ruine entiere de ses Estats & de ses Amis & Alliez; Si Dieu Protecteur des justes causes, & garant de son innocence, n'eust pris en main la defence de la Justice de ses Armes, ayant fait justement souffrir à ses Ennemis les maux qu'injustement ils luy avoient preparez & dressez.

Tout ce que dessus bien consideré, la preuve est assez evidente, combien sa Majesté de Suede, traversée tant de fois en ses bons desseins pour la Paix, a esté contrainte de reprendre maintenant les Armes à bon escient pour la defence & conservation de sa personne, ses Etats & Alliez.

L'on pourroit dire ici qu'elle devoit encore temporiser & attendre la responsе des Lettres du College des Electeurs; Veu que le Roy de Dannemarc estoit intervenu là dessus, qui à la persuasion & instigation de sadite Majesté avoit dés l'Hyver passé tasché de composer le tout par un Traité de Paix. Mais il faut aussi infailliblement presupposer ici, que si sa ditte Majesté eust veu le moindre signe ou apparence, d'avoir par quelque Traité une digne reparation des outrages & dommages qui luy estoient faits, & quelque seureté & liberté pour ses Voisins, elle ne se seroit jamais tant portée à ce ressentiment, qu'elle n'eust plustost condescendu à quelque pourparler de Paix, selon son zele & inclination naturelle au repos & à la tranquilité publique. Mais depuis qu'on eust projecté un autre Traité de Paix en la Ville de Dantsic en Prusse, & que le Commissaire du Party aggresseur ne voulut rien signifier ou declarer à celuy du Party offensé, qui s'offroit à traicter avec lui & lui avoit fait entendre son desir, & fait voir son Pouvoir: Il est aisé à conclurre de là, que le Commissaire Suedois estoit entierement porté à la recherche de la Paix, & qu'au contraire, telle n'estoit point l'intention des Ennemis, attendu les fraudes & tromperies dont ils se sont servis par le passé, & lesquelles ils ont encores pratiquées en cette mesme Negotiation de Dantsic, & qui ne sont que par trop manifestes, puis qu'au mesme temps ils se sont saisis des Passages & Places munies de la Pomeranie pour pousser leurs conquestes plus avant, & continuer la Guerre tousjours plus rudement; preuve qui n'est que trop suffisante pour faire recognoistre le peu d'asseurance qu'il y avoit en tels Traittez. ANNO 1630.

Quant au College des Electeurs il y a trop d'apparence qu'il n'y auroit non plus gueres advancé: bien que sadite Majesté eût cette croyance, que si ledit College Electoral eût eu plein Pouvoir de l'Empereur, il se fust sans doubte porté à quelque chose de bon pour la Paix; outre l'Authorité que ledit College a eu de toute ancienneté, & doit avoir, laquelle l'on tasche de luy diminuer peu à peu: car par leur responsе du Mois d'Avril, aux Lettres de sadite Majesté, lesdits Sieurs Electeurs ont assez approuvé la proposition qu'elle faisoit, d'un Accord & Composition amiable, luy promettant en cela d'y correspondre d'une volonté reciproque, mais ils n'y faisoient mention aucune de la reparation demandée pour les torts, injures & autres indignitez dont elle se plaignoit: Ce que toutesfois ses Lettres requeroient specialement, d'où il est aisé à juger qu'ils luy laissoient la liberté de pourvoir à ses affaires ainsi qu'elle trouveroit à propos.

Et partant puis que sadite Majesté de Suede a souffert tant d'outrages & injures, sans en avoir jamais peu tirer aucune satisfaction; comme de luy avoir intercepté, ouvert, faussement deschiffré & interpreté ses Lettres, emprisonné ses Subjects, Officiers & Soldats, apres leur avoir volé tout leur bien, interdit le Commerce, qui de Droict naturel est commun à tout le monde: Qu'on a desconseillé & empesché l'Accord ou Paix avec le Roy de Pologne; & au contraire, qu'on l'a assisté de beaucoup de forces: Qu'on a fait passer des Armées entieres en Prusse contre sa Majesté & le Royaume de Suede, pour les ruiner: Qu'on luy a entierement refusé le passage demandé en toute amitié, & sous des cautions & asseurances: Qu'on a spolié ses Amis, Alliez & Voisins, & Parents, en haine du nom de sa Majesté, oppressés, persecutés, & despoüillés de leurs Duchez & Seigneuries; bannis & chassez de leurs Terres, & Maisons, & peu s'en faut reduits à mendicité: Qu'on a ignominieusement forclos & rejetté d'une façon plus que barbare ses Ambassadeurs, qui avoient esté depeschez avec plein Pouvoir de traicter la Paix: Et enfin envoyé par deux fois de fortes Armées contre sa Majesté, sans aucune juste cause ni sujet, voire mesme sans aucun pretexte, qui peust servir de couleur aux mauvais desseins de ses Ennemis. Y a-il donc personne d'entendement sain, & non preoccupé de passion & interest particulier, qui ose nier que par les Loix divines & humaines, & par l'instinct de la Nature mesme, il soit loisible d'employer les moyens que Dieu nous met en main, pour nous ressentir & venger d'une injure si sensible, sur tout aux Rois & Princes Souverains, principalement où il va de l'honneur de leur personne, du salut de leurs Estats, & du bien de leurs Subjects, lors que toute apparence d'honneur & satisfaction leur est desniée, estant tres-vray & notoire à tout le monde, que non seulement par menaces & pratiques secrettes, mais aussi par force & violence,

ou

ANNO 1630.

on s'est saisi, & veut-on encores occuper les Ports & Havres de la Mer Baltique, y establir des Admirautez nouvelles au prejudice du commerce ordinaire & liberté ancienne, & à la ruine totale des Villes Maritimes. Et puis que telles entreprises & desseins injustes continuent encores par les preparatifs des Ennemis, tant par Mer que par Terre; Y a-il, dis-je, quelqu'un qui blasmera le Serenissime Roy de Suede, d'avoir voulu par ses Armes garentir ses Subjects & ses Amis d'une telle oppression?

Et pour comprendre le tout en peu de paroles: Ne sommes nous pas instruits par les loix de la nature mesme, de repousser la force par la force? Qui est aussi celuy qui ne jugera, que veritablement sa Majesté n'a esté portée à entreprendre cette juste Guerre contre sa propre volonté, & par une contrainte & obligation necessaire; apres avoir tenté toutes voyes de droict & de justice, n'ayant rencontré que toutes sortes d'obstacles & empeschements, au lieu des bons & salutaires remedes qu'elle a souvent proposez?

Or ne luy restant à present pour sa conservation propre, & pour la defense & protection de ses Subjects & Amis aucun moyen que celuy des Armes, elle desire que toute la Chrestienté recognoisse & juge si elle les a prises autrement qu'à regret, & forcée par une necessité extreme.

Que s'il se trouvoit parmy ses ennemis & malveillans aucun qui osast blasmer & calomnier sa Majesté, pour avoir pris la defence & protection particuliere de la Ville de Stralsond, (dont la justice en est neanmoins toute apparente) le blasme au contraire en doit estre imputé à ceux qui en ont donné l'occasion, & qui les premiers, contre toute raison, ont attaqué cette Ville, ses Ports, & son Territoire, y exerçans les ravages & barbaries dont a esté parlé cy-dessus.

Que si sa Majesté avoit en quelque façon favorisé les entreprises des Ennemis de l'Empereur ou de l'Empire, ou si elle estoit entrée en ligue & association avec eux, on ne s'estonneroit pas si on luy rendroit la pareille: mais ayant toûjours persisté dans une resolution de vivre en paix, & de se maintenir constamment dans l'amitié & neutralité des deux Partis durant les Guerres d'Allemagne, & sans avoir jamais donné aucun sujet ou soupçon d'offence; Elle a maintenant toute raison de se plaindre à toute la Chrestienté du mauvais & entierement indigne traitement qu'on luy a fait.

C'est pourquoy sadite Majesté de Suede n'ayant eu aucun dessein de porter prejudice à l'Empire, avec lequel elle proteste n'avoir querelle, ni inimitié quelconque: mais ayant seulement pris les Armes pour le bien public, pour sa seureté, & la conservation de ses Amis, lesquels elle desire remettre au mesme estat & franchise qu'ils estoient avant cette Guerre, & pour asseurer par mesme moyen à l'advenir contre toute incursion de voleurs & pyrates le voisinage & la Mer Baltique, & son Royaume de Suede.

Et pour conclusion, sa Majesté a cette confiance, que les gens de bien qui verront ce Manifeste & sienne Declaration, & la liront des yeux d'équité, faisans consideration des raisons qui y sont sommairement & veritablement deduites, y trouveront dequoy blasmer & condamner les procedures de ses Ennemis, comme tres-injustes & detestables, voire de tres-mauvais & dangereux exemple pour les Electeurs & autres Princes de l'Empire, sur lesquels on voudroit faire cy-apres pareils attentats & usurpations. Elle espere aussi que toute l'Allemagne, voire mesme toute la Chrestienté, favorisera la juste resolution qu'elle a prise de se defendre par les Armes, afin de prevenir & repousser les violentes entreprises de ces usurpateurs, qui ont si malheureusement conspiré sa ruine, & donné à l'Empereur de si pernicieux conseils, qui ne tendent qu'à l'usurpation du bien d'autruy, & de la liberté Germanique; voulant sadite Majesté favorablement croire, qu'ils ont en cela excedé les Pouvoirs, Instructions, & Commandements dudit Sieur Empereur, & eludé les bons & salutaires conseils des Electeurs & Princes de l'Empire.

CCCXXIX.

12. Août. SUEDE ET LA HESSE.

(1) *Traité d'Alliance entre* GUSTAVE ADOLPHE *Roi de Suéde, & le Landgrave de* HESSE CASSEL, *fait le* 12. *Août*, 1630. [AITZEMA, Affaires d'Etat & de Guerre. Tom. III. pag. 552.]

(1) Ce Traité n'est dans *Aitzema* qu'en Flamand; mais comme ce n'est pas l'Original, on ne le met ici qu'en François.

I. LE Roy le prit en sa protection, en sorte qu'il voulût tenir & reputer pour ses Ennemis tous ceux qui feroient aucun deplaisir, dommage ou guerre au Landgrave, promettant de l'assister contre eux comme si on avoit offencé, endommagé ou fait la Guerre à lui même ou à sa Couronne, & de les poursuivre hostilement selon son état & de tout son pouvoir, & de ne faire de sa part aucune Alliance avec personne soit dedans ou dehors l'Empire qui voudroit contrarier à ce present Contract & Convention.

II. Si on venoit à enlever par force quelque chose audit Landgrave ou à ses Païs & Peuples, ou que ses Forteresses ou Maisons vinssent à être assiegées ou investies, il promet d'employer tout son pouvoir pour en faire lever le siege, se joindre audit Landgrave, & l'assister de tout son possible & diligence, & de ne l'abandonner en aucune maniere.

III. Promet de ne faire & conclure aucune Ligue ni Traité, ni avec l'Empereur, ni avec les Catholiques Romains, ni avec aucun autre Ennemi, ni de mettre bas les Armes, à moins que ledit Landgrave n'y soit compris, & de telle maniere que satisfaction ne lui ait été faite, & à ses Païs & Sujets, soit dans les affaires qui concernent la conscience, ou autrement, & que suffisante sureté ne lui ait été donnée, & enfin qu'il ne soit remis en l'état & liberté que la Maison Souveraine de Hesse Cassel possedoit avant les troubles du Palatin & de Boheme.

IV. Si le Landgrave vient à recevoir le Roy & ses gens en cas de necessité, dans ses Forteresses, Maisons fortes & Villes, il n'en recevra aucune atteinte en ses Regales, Libertez, Droits & Justices, mais aussi-tôt que le danger sera cessé, aussi bien que la raison de l'occupation desdites Villes, il les lui restituera.

V. Au cas que le Landgrave fournisse du canon ou autre chose au Roy, les trouvant dans ses Maisons fortes, ils lui seront restituez apres qu'on s'en sera servi.

VI. Si le Landgrave se met en marche contre l'un ou l'autre Cercle de la Ligue Catholique, qui sera declarée Ennemie du Roy, & que par son moyen & avec ses propres Troupes, il se sera rendu Maître de leur Païs, Villes ou Place, il l'aprouvera ou ratifiera, comme s'il l'avoit fait lui même, & au cas que pour ce sujet ledit Landgrave vint à être attaqué ledit Roi aidera à le maintenir.

VII. Si le Roi ne peut pas assister en personne ledit Landgrave, comme son Confederé, & qu'il ne pût exercer le *directorium* absolu que ledit Landgrave lui a offert, le Roy sera obligé de lui adjoindre un Subject habile, & qui lui soit agreable, & qui commandera comme Chef de l'Union de la part du Roi l'Armée du Landgrave, dirigera en consequence toutes les affaires militaires, & executera le tout selon l'intention & l'avis commun des Alliez, afin que tout aille justement & droitement, & que tout desordre puisse être éloigné.

VIII. Pour laquelle direction generale & absoluë, le Roi a établi & ordonné ledit Landgrave.

IX. Afin que toutes choses puissent être d'autant plus convenablement administrées, & principalement qu'il y ait quelqu'un avec cette Armée qui ait soin de faire observer cette Alliance, & qu'il ne soit point contrevenu à son commandement ni à celui du Roi, ensemble qui aide à l'administration des affaires pecuniaires, le Roi adjoindra au Directeur general un Conseil de Guerre avec les qualitez requises, qui lui assistera de conseil & de fait comme son Ambassadeur pour la Confederation, & qui, comme dit est, aura soin que tout aille bien, avec lequel le Directeur general communiquera l'état des choses, dans les affaires les plus secrettes.

X. Comme le Landgrave a aussi jugé trés-necessaire & trés-utile d'ordonner un Envoyé & Resident auprés du Roi, pour y demeurer continuellement; le Roi desire que le Landgrave lui envoye un homme droit, & de bonne vie, & par lequel il puisse non seulement solliciter ses affaires, mais aussi qui puisse entretenir une sincere correspondance.

XI. Enfin le Roi donnoit aussi au Landgrave Pleinpouvoir d'attirer dans cette Alliance ses autres Princes, Comtes, Souverains, Villes, Cercles & Communautez, auxquels le Roy consentoit de faire joüir des mêmes conditions ci-dessus mentionnées, & promettoit de les assister & secourir non moins que s'ils avoient expressement contracté avec lui même. Mais au cas que les autres voulussent premierement attendre l'issuë de ceci, & laisser aux Confederez à encourir seuls le hazard, ils ne joüiront pas apres l'expiration de trois mois des conditions de ce Traité, mais

Anno 1630.

seront obligez de demander des Traitez particuliers & de nouvelles conditions.

Le Landgrave s'oblige de son côté:

I. Qu'il assistera le Roi, sans jamais se departir en aucune maniere de sa volonté, ni tenter ni entrer en aucun Traité avec les Ennemis, encore moins en conclure; à moins que ce ne fut du consentement dudit Roi & de son sçu, & avec inclusion de lui & de sa Couronne, & qu'il ne fut content de tout, & ne soit compris dans les Traitez, & qu'en ayant été averti, il n'y eut donné son approbation.

II. Que ledit Landgrave comme Allié du Roi & de ses Alliez & Royaumes, detournera son dommage, & cherchera & avancera son avantage, & ne fera de conseil ni de fait avec ceux qui seront contre le Roi & ses Royaumes, Principautez & Villes, mais au contraire lui prêtera fidelle assistance, & le secourra de tout son pouvoir de troupes & d'argent pour soutenir la Guerre qu'il aura, ensemble conservera ses Forteresses autant qu'en lui sera pour l'avantage commun de la Confédération, ni ne recevra aucunes Troupes Ennemies, mais fera tout son possible pour les éloigner.

III. Semblablement il ouvrira audit Roi ses Forteresses, Païs, Maisons & passages, en cas de besoin, tant dans la marche qu'il fera pour l'execution de quelque entreprise, qu'en cas de retraitte, soit à lui seul, soit étant avec ses Soldats, & mêmes y logera des Regimens entiers; mais lesdites Troupes y étant reçeuës prêteront serment audit Landgrave de procurer leur service commun en vertu de cette Alliance. Et aussi le Roi ni ses Adherents n'useront en ceci d'aucune tromperie.

IV. Quand le Roi lui envoyera ses Troupes pour l'assister, il se joindra à elles, les recevra, les conservera en tout & en partie, & aidera à battre l'Ennemi de tout son pouvoir.

V. Il assemblera sans delai un Corps de quelques mil hommes, & s'il est possible il les augmentera, & étant en état il refusera aux Ennemis les contributions qu'ils voudroient exiger sur son païs, tâchera d'en détruire & diminuer les forces, & fera main basse sur ceux qui se seront logez sur ses terres, les harcelera dans les lieux où ils s'assembleront, & où ils seront reveuë, & s'il est possible se saisira de leurs Villes, Maisons & Passages, & de leurs Garnisons; & si l'occasion s'en presente se rendant Maître de leurs personnes, & leur causera tout le dommage qui se pourra.

VI. Quand le Roi les aura batu & les aura mis en deroute, & que par avanture ils auront fait retraitte sur les frontieres du Comté, ils seront poursuivis de telle maniere qu'ils ne puissent plus se remettre en ordre ni reprendre leur premier poste.

VII. L'intention dudit Comte sur la requisition du Roi est, & ils ont jugé conjointement à propos, que toutes & quantesfois que la necessité le requerra ledit Comte fera marcher l'Arriere-ban de son Comté, & si besoin est generalement ses autres Sujets, Serviteurs & Vassaux, sur peine de privation de leurs biens, & leur ordonnera de prendre les armes pour servir sous la direction dudit Roi. A l'égard dequoi le Roi promet que si en ce cas lesdits Sujets se montroient desobeissans, il lui prêtera main forte, & les reputera & traitera comme Ennemis, & les poursuivra, comme tels, même par execution de leurs effets, leur laissant entierement son Domaine comme Seigneur direct, mais les proffits utils seront aportez dans la caisse commune, mais selon le but & la fin proposée, étant à cet égard ensemble convenu autrement que l'utilité de la confiscation écheuë au Seigneur sera consolidé avec la proprieté, & qu'il y sera maintenu; Et le Roi ne pardonnera à personne contre la volonté du Landgrave.

VIII. Ne pourra non plus une Partie demander de l'autre aucuns frais de Guerre ou de Fortifications ou autres recompenses que ceux accordez ci-dessus, mais tout demeurera & sera laissé dans la caisse commune; & s'executeront ces presens Accords, contre les autres Alliances & engagemens avec d'autres Potentats, Electeurs & Maisons Souveraines, au cas qu'à cause de cette Conféderation & Chrêtienne intention ils se montrent Ennemis de l'un ou de l'autre, & que lesdites Alliances soient contraires à celle-ci; & aucune Partie à cause desdites Alliances ne se declarera contre l'autre, par nouvelle rebellion.

IX. Si le Roi pour tant mieux fortifier & conserver les Forteresses du Landgrave, trouve nécessaire d'y faire quelques nouveaux ouvrages, & les voulut faire faire, ledit Landgrave l'admettra, & le cas l'exigeant y fera travailler ses propres Sujets, & les y assistera.

X. Pareillement si le Roi veut conduire & loger ses Troupes dans le Païs du Landgrave, les Fantassins se contenteront de chandelle & de bois, & les Cavaliers de paille & de fourage, comme aussi du *service*, & s'ils ont besoin de quelque autre chose les Sujets n'en seront point lezez, mais ils tireront leur subsistance, selon qu'il est jugé à propos de part & d'autre du Païs Ennemi.

XI. Si la nécessité indispensable vouloit qu'on assemblât les Troupes dans les Païs du Landgrave, & qu'on les y fit passer, le Landgrave le permettra, mais il ne sera donné à aucun Cavalier ou Officier plus de deux mesures & demi d'avoine pour chaque Cheval avec six bottes de paille, & une de foin, & pour chacun homme, de quelque condition qu'il soit, deux Risdales par mois, jusques à la reveuë.

XII. Si le Roi veut porter ses Armes dans les Païs de l'Autriche ou autre Païs Ennemi, & y occuper l'Ennemi, en sorte que ceux des Confederez fussent hors de peril, il l'assistera d'autant de mil hommes qu'il pourra avec sureté, & ces Troupes seront entretenuës à frais communs.

XIII. Si le Roi conquête l'une ou l'autre Place non apartenante au Landgrave, ou autre dependant de lui, le Landgrave les lui laissera jusques à ce que les frais de la Guerre lui ayent été remboursez, & ils s'aideront reciproquement à s'y maintenir.

XIV. S'il survenoit entre eux quelque different; le Roi prendra deux Arbitres desinteressez, & le Landgrave autant, & s'accorderont suivant leur decision; & à cet effect leur mettront en main les demandes & deffences appuyez sur les Traitez ou autres choses servant à la decision, & ce qu'ils trouveront bon, les deux Parties l'aprouveront & s'en tiendront là.

XV. Il a été convenu quant aux Transfuges de part & d'autre, que l'un ne prendra point les Officiers, Cavaliers, Soldats ou autres Criminels, Infracteurs de l'autre à son service, ni ne les y laissera passer; mais si telles gens sont attrapez dedans ou dehors de son Païs, de quelque qualité & condition qu'ils soient, ou si l'on sçait qu'ils soient ailleurs, on s'en donnera avis reciproquement, & étant pris on les fera punir par un Conseil de Guerre. Et les Sujets dont on ne pourra pas se rendre maîtres, seront privez de leurs Honneurs, Revenus, Droits & Biens, & grace ne leur sera pas faitte par l'une des Parties sans le consentement de l'autre. Finalement a été accordé entre le Roi & le Landgrave, que ledit Landgrave fera au plûtôt publier des Mandemens Avocatoires & deffences à ses Sujets & Vassaux, d'assister & servir la Partie adverse & Armée Ennemie sur peine de confiscation de Biens tant allodiaux que féodaux & même de vie & d'honneur; & au cas que quelqu'un, de quelque qualité ou état qu'il soit, n'y obéït pas, & qu'il laisse passer le tems qui sera prefigé, qu'il soit procedé contre lui à toute rigueur.

CCCXXX.

26. Août. Brandebourg et Neubourg.

Traité entre George Guillaume *Electeur de Brandebourg &* Wolfgang Guillaume *Duc de Neubourg sur le partage de la Succession de* Cleves *&* Juillers, *fait le* 26. *Août,* 1630. [Aitzema, *Historia Pacis*, pag. 63. d'où l'on a tiré cette Pièce, qui se trouve aussi dans Londorpii *Acta Publica*, Part. III. Lib. VIII. Cap. CXIX. pag. 1091.]

Quoniam nono die Martii, Anno millesimo, sexcentesimo nono & vicesimo Dusseldorpii inter Serenissimum Principem Electorem, Dominum Guilielmum Marchionem Brandeburgensem, Sacri Romani Imperii Archi-Camerarium & Electorem, Borussiæ, Juliaci, Cliviæ, Montium, Stetini, Pomeranorum, Cassubiorum ac Wendorum, itemque in Silesia, Crosnæ & Jägerndorpii Ducem, Burgravium Norinburgensem, Rugæ Principem, Ravensbergii Marcæque Comitem, Ravesteinii Dominum, &c. ab unâ, atque inter Dominum Wolfgangum Guilielmum, Comitem Palatinum Rheni, Bavariæ, Juliaci, Cliviæ & Montium Ducem, &c. ab altera parte, Contractus quidam Provisionalis viginti & quinque Annorum (si nimirum *ante dictorum Annorum spatium lis ac contentio super Ducatuum, ac Comitatuum successione oborta, sive*

ANNO 1630. *sive jure legitimo, sive cum bona gratia, aut alio quocunque modo confici atque expediri neutiquam posset)* propter Ducatuum Juliaci, Cliviæ, Montium, Marcæ, Ravensbergi, Ravesteinii & Breskesantii possessionem, ut latiùs dicto Contractu indicatur ac brevitatis ergò eodem legentes ablegantur, initus confirmatusque fuit; eodemque Contractu indicatum, Serenissimo videlicet Principi Neoburgensi permissum concessumque esse, ut anno post Contractus initium enunciaret, utrum Celsitudo Sua Cliviæ Ducatum eligeret, ac pro eo Montium Ducatum Serenissimo Principi Electori Brandenburgensi concederet; an verò Ducatuum, Comitatuum cæterorumque Dominiorum & Ditionum partitionem ac divisionem, prout ea Contractu superiori fuerat instituta, hoc modo immutatam vellet? Cumque interea temporis dissensiones nonnullæ supramemoratam Electionem concernentes se obtulerunt, quæ nisi confectæ prædicti Contractus Provisionalis effectum plurimâ ex parte remoratæ fuissent; eapropter Præpotentes D. D. Ordines Generales, Celsissimo Arausionensium Principe consulto, per Deputatos suos varias Collationes Conventusque inter utriusque Celsitudinis Brandenburgensis & Neoburgensis Legatos institui curarunt, quibus tandem, cognito Celsissimi Arausionensium Principis consilio, rem eò perduxerunt, ut utriusque Celsitudinis Legati neutiquam sibi displicere dicerent, Serenissimum Principem Electorem Brandenburgensem provisionaliter ad viginti & quinque annorum spatium, nisi intra id tempus omnis lis ac contentio de possessione, sive jure legitimo, sive cum bonâ gratiâ, composita foret, *Ducatum Cliviæ* atque *universum Marcæ Comitatum* obtinere, Serenissimum vero Principem Neoburgensem *Juliaci & Montium Ducatum, Ravesteinii & Breskesantii Ditionem* sibi retinere, *Ravensbergii* autem Comitatus indivisi æquali parte, & quoad supremam Potestatem, Jurisdictionem, & quoad Reditus fructusque annuos, utrique Celsitudini reservatâ. Quinetiam visum consultumque fuit, ut supramemoratus Contractus quoad reliqua sua Puncta, Articulos & Clausulas prorsus immutatus permaneret, haud secus, ac si præsens Contractus propior neutiquam superadditus fuisset. Quem etiam Contractum hunc propiorem Serenissimus Princeps Neoburgensis approbavit eundemque accepit, quem ad modum quoque per præsentes eum approbat atque accipit. At verò, quoniam summédicti Deputati eousque inter se agendi remque eò perducendi nullam Auctoritatem nullamque Potestatem sibi datam dicerent, nihilo minus tamen propter amicam Præpotentium D. D. Ordinum Generalium admonitionem dictam propiorem Tractationem susceperant, eamque Celsitudini Electorali Brandenburgensi unà cum rationibus ac persuasionibus eo spectantibus se tradituros esse promiserunt: Quem in finem quoque summédicti Ordines Generales huic incumbent suosque nervos intendent, quò Sereniss. Princeps Elector Brandenburgensis Tractationem hanc propiorem approbet atque accipiat, suamque de eâ sententiam intra trium, vel ad summum, quatuor mensium spacium, declaret. Sin verò Serenissimus Princeps Elector Brandenburgensi præter spem atque opinionem difficultates quasdam moveret quominus Tractationem hanc propiorem approbaret atque acciperet, eo casu Serenissimo Principi Neoburgensi de jure suo, vi Contractus præcedentis, nono die Martii Anno millesimo, sexcentesimo vicesimo nono initi confirmatique sibi competente, nihil quidquam derogabitur.

In quorum omnium testimonium ac confirmationem majorem, Serenissimus Princeps Neoburgensis, & Præpotentium D. D. Ordinum Deputati præsentibus propriâ manu subsignarunt, annulisque signatoriis obsignarunt. Actum sexto & vicesimo die Augusti, anno millesimo, sexcentesimo & trigesimo. Notatum erat,

WOLFGANGUS GUILIELMUS
FLORENTIUS *Comes Culenburgensis.*
NICOLAUS A BOECKHORST.
CASPARUS A VOSBERGEN.
J. AB EYSSINGA.
S. AB HAARSOLTE.

CCCXXXI.

3. Sept. FRANCE ET MAROC.

(1) *Traité de Trêve entre* LOUIS XIII. *Empereur de France & celui de* MAROC *par Mr. le Chevalier de* Rasilli, *& les Capitaines & Gouverneurs de Salé & autres Villes du Roiaume de Maroc. Fait à la Rade de Salé le* 3. *Septembre* 1630. [FREDER. LEONARD, Tom. V. d'où l'on a tiré cette Piéce, qui se trouve aussi en abregé dans le MERCURE FRANÇOIS, Tom. X. pag. 683. & en entier pag. 779. & dans PIERRE DAN, *Hist. de Barbarie*, Liv. II. pag. 186.] ANNO 1630.

(1) On n'a rien changé dans le Titre de ce Traité, non plus que dans tous les autres semblables.

LE Tres-Illustre Commandeur de Rasilli premier Capitaine de l'Admirauté de France, Chef d'Escadron des Vaisseaux du Roi en la Province de Bretagne, & Admiral de la Flotte qui à present est à Lavero à la Rade de Salé, & Monsieur du Chalart Gouverneur de Cordouan, & Vice-Admiral de ladite Flotte sous la charge de Monseigneur l'Illustrissime Cardinal de Richelieu, Chef, Sur-Intendant, Grand Maître & Reformateur general du Commerce & Navigation de France. Au nom du Tres-haut & Puissant Trés-Chrêtien & invincible Roi de France & de Navarre, & en vertu de la Commission de Sa Majesté, copie de laquelle sera inserée ci-dessous d'une part, & les Illustres Ahmet Benalei, Bexel & Abda Saben-Ali-Cascesi Capitaines & Gouverneurs du Château & Ville de Salé, & des autres Villes de leur Jurisdiction pour sa Majesté de Mulci Bonmasquam Abdumolique Empereur de Maroc, Roi de Fez, Suoi & Jaffis, Seigneur de la Province de Para & Guinée d'autre, pour eux & au nom des Habitans dudit Château & Villes, de l'accord & avis des Sieurs de Seau, Douan en assemblée. Ont dit, que comme ainsi soit que anciennement entre le Roiaume de France & celui-ci d'Affrique, il y a eu grande Paix & Amitié, laquelle depuis peu d'années auroit esté interrompuë pour certaines causes qui se sont offertes, à present du conseil & conformité des Parties, pour remedier les pertes & dommages que causent la Guerre, ont esté accordées & établies en Tréves les Capitulations suivantes pour le temps de deux ans suivans, à compter depuis le jour de la datte des Presentes.

Premierement, que si quelques Vaisseaux du Port de Salé ont pris quelques Vaisseaux François depuis le troisiéme dernier, ils seront obligez de les rendre avec les Marchandises & Personnes, sans que rien en soit frustré, conformement à l'Acte qui en fut fait le même jour audit Douan avec le Capitaine du Pré Itelari, sans que les Proprietaires des Vaisseaux de Salé y puissent demander ou pretendre choses quelconques, ce à quoi seront pareillement obligez, & executeront les Vaisseaux de sa Majesté, & tous autres Sujets dudit Roiaume. Cet Article prit fin & s'acheva le vingt-quatriéme dudit mois, parce que les ôtages furent rendus de part & d'autre.

Que durant le temps de deux ans, aucune Armée ni Vaisseau du Roi de France ni de ses Sujets ne pourront faire Guerre audit Château de Salé, ni à ses Habitans ou Citez de sa Jurisdiction, ni même à aucun Vaisseau du Port dudit Lieu, ni les molester en façon quelconque où ils les rencontreront, ni leur ôter aucune chose, soit Captifs ou Reniez, par Mer ou par Terre.

Que les Vaisseaux de sadite Majesté Trés-Chrétienne & de ses Sujets pourront venir au Port de Salé, entrer dans la Barre, se pourvoir de tout ce qui leur sera nécessaire de vivres ou autres provisions qui leur seront données à prix moderé, & se retirer quand bon leur semblera, sans que personne les offense ou donne empêchement.

Pareillement que les Marchands du Roiaume de France pourront librement venir audit Port de Salé avec leurs Navires & Marchandises, & y negocier avec toute seureté & satisfaction comme en Terre d'Amis, payant les droits accoûtumez; & s'il arrive (ce que Dieu ne veuille) que lesdits Vaisseaux viennent à échouer sur ladite Barre à l'entrée ou sortie dudit Port de Salé, ou donner de travers à la côte de sa Jurisdiction, les Habitans dudit Lieu seront obligez de les assister à sauver & mettre en asseurance les Marchandises, Personnes, Munitions & toutes autres choses, sans pretendre sur ce aucun droit, & la même obligation auront les Sujets de sa Majesté Tres-Chrétienne en ses Ports & Côtes envers les Vaisseaux dudit Lieu de Salé.

Que si quelques Vaisseaux d'Argel, Tunes ou de quelque autre part que ce soit meinent au Port de Salé quelques François Chrétiens, de leurs Marchandises, & les mettent en vente, ou desirent les aliener aux Habitans

ANNO 1630.

bitans dudit Lieu de Salé, ils feront obligez de l'empêcher, & ne consentir point qu'ils les vendent, & si par autres voyes que ce soit il est conduit des François dans ledit Lieu de Salé par Mer ou par Terre, il leur sera fait bon passage, & seront renvoiez en France dans les Vaisseaux.

Que si les Vaisseaux dudit Port de Salé prennent quelques Vaisseaux de leurs Ennemis, dans lesquels il se trouve quelques François Regnicoles dudit Roiaume, ceux de Salé seront obligez de leur donner liberté avec toutes leurs Marchandises.

Que audit Château & Ville de Salé il y aura un Consul de la Nation Françoise à la nomination dudit Illustrissime Seigneur Cardinal de Richelieu, & joüira des Libertez, Franchises & Préeminences qu'ont accoûtumé de joüir les autres Consuls François avec le libre Exercice de la Religion Apostolique Romaine avec les autres François, & ledit Consul poursuivra à ses dépens les Procez qui seront intentez entre les Vaisseaux de France & dudit Port de Salé, jusques à fin de cause, & la méme obligation aura celui qui de la part dudit Lieu de Salé devra assister au Royäume de France.

Que si quelques Vaisseaux du Roiaume de France portent quelques Marchandises appartenans aux Ennemis dudit Lieu de Salé, elles seront perduës venant au pouvoir des Vaisseaux dudit Lieu de Salé, lesquels seront seulement obligez de laisser libres les François & Regnicoles de France avec leurs Marchandises, & leur rendre leurs Navires & paier les frais, ce que pareillement garderont les François à l'endroit des Vaisseaux de Salé.

Que tous les Vaisseaux dudit Port de Salé tant de Guerre que de Marchands, aians Commission ou Licence de Douan pourront aller à toutes les Isles & Ports dudit Roiaume de France, & ses Seigneuries, & se pourveoir de toutes sortes de vivres & autres choses necessaires que ceux de la Terre seront obligez de leur donner à prix moderé, & les Marchands pourront vendre & achepter les Marchandises que bon leur semblera, comme en Terre d'Amis, sans que personne les moleste, ni donne empêchement en paiant les Droits accoûtumez.

Que aucun des Vaisseaux de Salé ne pourra prendre aucuns Vaisseaux qui soit dans les Ports & Rades de France.

Que si les Vaisseaux dudit Lieu de Salé ont pris quelques Vaisseaux François depuis le 24. Aoust dernier, que les ôtages furent rendus d'une part & d'autre, & cessa l'effet des Tréves jusques aujourd'hui troisiéme Septembre, les prises seront bien faites, & ce qui se prendra depuis ledit jour, sera rendu & restitué en la forme susdite & capitulée; ce qui s'effectuëra reciproquement.

Que sa Majesté Tres-Chrétienne Roi de France sera suppliée de commander que les Andalous & Mores prins de la Patache de la Vaci en Levant, & dans la Quaravelle de Morata Vaci, seront rendus & mis en liberté, & ainsi ont esté conclus & capitulée ladite Tréve, pendant le temps de laquelle s'il s'offre quelque autre chose pour le benefice des Parties, il sera receu & accompli, promettans lesdites Parties de tenir pour ferme, stable & inviolable ce que dessus, sans que personne y contrevienne en aucune maniere ou tems, & les Archers & Capitaines qui contreviendront seront rigoureusement châtiez; car ainsi l'ont promis, octroié & signé lesdites Parties. Au Château & Rade de Salé le troisiéme jour dudit mois de Septembre 1630. au compte des Chrétiens.

Ainsi signé,

DU CHALARD,

Et au nom de Mr. DE RASILLI.

AHAMET BENALI BEXEL,

La paraphe Arabique de

ALDANA BENALI CASERI;

Et plus bas, Pardevant moi,

MAHAMET BLANCE.

4. Sept.

L'EMPEREUR, LA FRANCE, L'ESPAGNE, ET LA SAVOIE.

CCCXXXII.

*Articles de la Tréve générale, entre les Généraux de l'*EMPEREUR, *de la* FRANCE, *d'*ESPAGNE *&* *de* SAVOIE, *sur les instances de Mr.* de Mazarini, *Ministre du Papé, jusqu'au quinziéme Octobre, tant deçà que delà les Monts. Fait au Camp de Rivalta le* 4. *Septembre* 1630. [FREDER. LEONARD, Tom. IV. d'où l'on a tiré cette Pièce, qui se trouve aussi dans le MERCURE FRANÇOIS, Tom. XVI. pag. 779. & en Italien dans VITTOR. SIRI, *Memorie recondite*, Tom. VII. pag. 206.]

ANNO 1630.

IL a esté accordé une Suspension d'armes entre les Generaux de l'Empereur, des Rois de France & d'Espagne, & du Duc de Savoie en tous les lieux, tant deçà que delà les Monts, jusqu'au quinziéme d'Octobre prochain, sur les instances qui en ont esté faites de la part de sa Sainteté par Monsieur de Mazarini son Ministre, pour faciliter les moiens de conclure la Paix, à laquelle les Ministres des susdits Princes ont declaré que leurs Maistres estoient entierement disposez & resolus.

II. Durant ledit tems il ne sera fait aucune hostilité, prise, ni demolition d'aucune Place, lieu ou passage, sous quelque pretexte que ce soit, les choses demeurant dans le mesme estat où elles se trouvent presentement, & les Armées de l'Empereur, ni celles du Roi Catholique & du Duc de Savoie, ne pourront prendre de logement ni en deçà du Pau, ni en deçà de la Dora Susina, ni dans les Places où elles ont Garnison. Les Armées du Roi Tres-Chrestien resteront pareillement dans les Places qu'elles occupent au delà du Pau, sans en pouvoir prendre d'autres : & ils pourront se loger dans tous les autres lieux qui sont en deçà du Pau & de la Dora Susina, excepté dans ceux où le Duc de Savoie tient Garnison, sans s'approcher neanmoins de la Ville de Turin, plus près que de trois ou quatre mille.

III. Monsieur le Marquis Spinola laissera les approches, fortifications, & tous les autres travaux faits pour l'attaque de Cazal, ou pour s'opposer au secours qui pourroit venir, au mesme estat où ils sont maintenant, sans y pouvoir changer la moindre chose, encor moins à l'estat present de la Ville & du Chasteau, & Monsieur de Toiras en fera de mesme, en ce qui regarde la deffense de la Citadelle, tant au dedans qu'au dehors de la Place.

IV. Monsieur le Marquis Spinola fournira jusqu'au dernier jour d'Octobre, la quantité de vivres dont il sera convenu avec Monsieur de Toiras, pour ceux qui servent dans la Citadelle de Cazal, lesquels vivres sa Majesté Tres-Chrestienne paiera au prix courant.

V. Si dans le quinziéme d'Octobre la Paix n'est point concluë, le Roi Tres-Chrestien pourra entreprendre dans le reste dudit mois de secourir la Citadelle de Cazal, attendu que depuis ledit jour la Treve sera censée rompuë, & toutes sortes d'hostilitez de nouveau permises entre les Parties.

VI. Jusques à ce jour la Ville & la Citadelle de Cazal seront remises entre les mains de Monsieur le Marquis de Spinola par Monsieur le Duc du Maine, ou autre qui y commande, & Monsieur de Toiras donnera des ostages, & s'obligera avec les Capitaines qui sont dans la Place, de remettre la Citadelle audit Sieur Marquis, si avant le dernier jour du mois d'Octobre la Place n'est secouruë; desorte que l'Armée du Roi Catholique n'empeschera point la communication de celle de sa Majesté Tres-Chrestienne avec la Citadelle.

VII. Monsieur le Marquis Spinola s'oblige, au cas que la Place soit secouruë avant la fin du mois d'Octobre, de rendre la Ville, Citadelle & les Ostages qu'on lui aura donnez : & Monsieur le Duc de Savoie s'engage de faire executer cet Article; & Monsieur le Comte de Collalto pareillement au nom de l'Empereur.

VIII. Il sera au choix de Monsieur le Marquis Spinola de prendre des Ostages, ou d'entre les Officiers qui sont dans la Place, ou de ceux qu'on lui envoira de l'Armée du Roi Tres-Chrestien; mais au cas qu'on prenne pour Ostages ceux qui servent dans la Place, les Ministres du Roi Tres-Chrestien en pourront envoier dans la Citadelle de Cazal d'autres, de mesme condition que ceux qu'auroit pris Monsieur le Marquis Spinola.

IX. Monsieur le Marquis Spinola ne pourra faire entrer dans la Ville qu'une Garnison suffisante pour la garde d'icelle, laquelle Garnison sera souldoiée, nourrie & entretenuë aux dépens dudit Sieur Marquis, sans que les Habitans de ladite Ville soient obligez de fournir autre chose que l'ustancile ; il ne pourra non plus rien

ANNO 1630.

rien innover aux Privileges, ni à l'ordre de la Justice & de la Police de ladite Ville. Fait au Camp de Rivalta le 4. Septembre 1630.

Signé,

DE MONTMORENCY.
DE CAUMONT.
SCHOMBERG.
D'EFFIAT.

CCCXXXIII.

17. Sept. SUEDE ET FRANCE.

Lettre de GUSTAVE II. *Roi de Suede à* LOUIS XIII. *Roi de France, pour lui demander du secours. Ecrite à Stralsond le* 17. *Septembre* 1630. [FREDER. LEONARD, Tom. V.]

NOUS GUSTAVE ADOLPHE, au Serenissime & tres Puissant Prince Loüis XIII. par la grace de Dieu Roi Tres-Chrétien de France & de Navarre, nôtre tres-cher Frere, Cousin & Ami, toute felicité.

Tres-Serenissime & tres-puissant Prince, Frere & Cousin, l'Ambassade que vôtre Majesté nous a envoiée au mois de Juin dernier, nous a esté d'autant plus agreable, que par icelle elle a declaré quelle estoit son amitié & sa bienveillance envers nous, comme aussi son affection loüable & constante pour le bien public. A la verité aussi, chose ne nous pouvoit arriver plus à cœur que cette union, & confederation d'amitié & bien veillance, qui a regné si long-tems entre les Rois de l'un & de l'autre Roiaume nos Predecesseurs; soit maintenant renouvellée; voire plus étenduë & amplifiée pour ce qui concerne l'utilité de l'asseurance & liberté mutuelle des Peuples de nos Roiaumes: ce qui estoit à desirer singulierement en l'état de l'Europe, troublé & agité. Aussi vôtre Majesté nous a-elle tellement reconnu enclin & porté à cette affaire salutaire, en ce que nous nous trouvons maintenant conformes en mêmes desseins & desirs. Mais pour ce que l'Ambassadeur de vôtre Majesté le Sieur Baron de Charnasé, a pour quelque consideration, qu'à peine pouvons nous comprendre, trouvé un scrupule en l'inscription des Patentes de nôtre Traité d'Alliance, & n'a pû aggréer que nous missions nos titres & nom aux Patentes expediées de nôtre part pour ledit Traité, ainsi qu'ont accoûtumé de faire tous les autres Rois: chose que nous avons trouvé fort étrange, de s'arrester à un point de si peu d'importance, qui ne convenoit nullement à la diminution ou augmentation de l'une ou l'autre Majesté. Toutefois à peine avons nous estimé estre du devoir d'un Roi de negliger les moindres choses qui concernent la Dignité Roiale; plûtôt eussions-nous souffert la rupture de ce Traité, que de relâcher aucune chose de cette Dignité, que nous avons receuë de Dieu & de nos Ancestres. Mais pour ce que nous ne pouvons nous persuader en quelle façon nous devons interpreter ce fait dudit Sieur Ambassadeur, ne voulant croire que cela ait esté fait de la volonté & par commandement de vôtre Majesté; pour ce que nous avons toûjours receu des bons témoignages de son amitié & bons offices reciproques, & esperons encore les mêmes d'icelles: Pour ce sujet nous avons mieux aimé agir avec elle par toute sorte de bien veillance & office mutuels, que par aucunes prérogatives, & esperons d'elle toute affection reciproque, & qu'elle reconnoîtra que nos Majestez ne dépendent que de Dieu seul, & ne voudra souffrir aucune chose contraire à nôtre Dignité.

Que si vôtre Majesté juge estre expedient pour le bien commun, & pour nos Roiaumes, que ce Traité d'Alliance, soit encore continué entre nous & vôtre Majesté; (afin que nous persuadions que c'est nous par équité, outre l'utilité commune qui le requiert, & sur l'asseurance que avons de l'assistance à nous promise de vôtre Majesté, que nous nous emploierons en cette Guerre d'Allemagne): il sera necessaire pour rendre plus facile l'effet de ce Traité, que nos Ambassadeurs soient à l'avenir munis & instruits de bons & suffisans Pouvoirs, afin que par aprés il ne soit besoin de demander d'autres Pouvoirs pour exprimer la force & intention des premiers en ce qui concerne cette Alliance. Nous recommandons affectionnément à la clemence & faveur de vôtre Majesté, les Illustres Personnes Comte de Lenove, & Baron de Semur, porteurs des presentes, qui nous semblent dignes de cette Charge, & lesquels nous desirons emploier à lever des Troupes, sous le bon plaisir & permission de vôtre Majesté, tant à eux qu'aux autres qui seront par nous envoiez, en vos Roiaumes, y faire levées de Soldats pour nous & nôtre Armée. Et quoi que nous ne doutions nullement de sa bonne volonté, neanmoins nous demandons amiablement avoir d'elle quelque chose d'asseuré, surquoi nous puissions croire qu'il plaist à vôtre dite Majesté nous gratifier en cette affaire. C'est dequoi nous le prions: comme aussi de se vouloir persuader que nous userons de même promptitude, tant en cette affaire qu'en toutes autres; & que nous sommes tres-prests de lui témoigner toutes sortes d'affection & service, priant finalement Dieu tres-puissant, qu'il donne à vôtre Majesté toute bonne & heureuse prosperité, ainsi que le desirons de tout nôtre cœur. Donné à Stralsond le dix-septiéme Septembre mil six cent trente.

Cette Lettre du Roi de Suede écrite à sa Majesté Tres-Chrétienne, estoit accompagnée de la suivante au Cardinal de Richelieu.

Lettre du Roi de Suede au Cardinal de Richelieu

NOUS Gustave Adolphe, &c. Tres-Illustre & Reverendissime Cardinal; par vos Lettres à nous renduës de la part de vôtre Dignité illustrissime le...... Nous avons veu comme elle reconnoissoit la digne estime que nous faisons de ses rares & éminentes vertus, & comme nous magnifions sa grande & loüable affection pour le bien commun: aussi nous sommes nous persuadez, que vôtre même Dignité Illustrissime reconnoissoit quelle estoit nôtre constante affection & intention; Et que non seulement elle conserveroit cette bonne opinion qu'elle en avoit conçûë, mais aussi la rendroit plus illustre pour meriter du bien commun, & du desir de la servir. Aussi ne doutons nous point que nous n'eussions perceu quelque fruit des soins qu'elle a pour la seureté, repos & liberté publique, si le Sieur Baron de Charnasé, Ambassadeur de sa Majesté Tres-Chrétienne, n'eut trouvé du scrupule en ce que moins nous esperions y en avoir. C'est pourquoi il sera avisé suivant les Conseils tant estimez de vôtre Dignité Illustrissime, que par quel conseil salutaire toutes les choses destinées au bien public pourroient estre conduites à la fin tant desirée, & ôter toutes sortes de remises & délais à une affaire si salutaire & importante; En quoi la gloire principale sera deuë à vôtre Dignité Illustrissime, laquelle meritera grandement de nous & de tous autres qui ont principalement interest en la cause dont il s'agit. Sur ce nous recommandons vôtre Dignité Illustrissime à la divine protection, & sommes prests de faire tout ce qui servira à sa gloire. Donné à Stralsond le dix-septiéme Septembre, mil six cent trente.

CCCXXXIV.

13. Octo. L'EMPEREUR, LA FRANCE, MANTOUË, ET LE MONTFERRAT.

Traité de Paix entre l'Empereur FERDINAND II. *&* LOUIS XIII. *Roi de France, touchant le differend pour la succession des Duchez de* MANTOUE *& du* MONFERRAT. *Fait à Ratisbonne le* 13. *Octobre* 1630. *Avec diverses Pieces servant d'éclaircissement à ce Traité ou expliquant les suites qu'il eut.* [FREDER. LEONARD, Tom. IV. RECUEIL des Traitez de Confédération & d'Alliance entre la Couronne de France & les Princes & Etats Etrangers pag. 31. MERCURE FRANÇOIS, Tom. XVI. pag. 704. S. GUICHENON, Histoire Généalogique de Savoye. Preuves pag. 570. Ce même Traité se trouve en Latin dans CHRIST. GASTELIUS, *de Statu Publico Europæ Novissimo* pag 697. & dans LUNIG, Teutsches Reichs-Archiv. Part. Special. Cont. I. Abtheil. I. Absatz I. pag. 368. en Allemand dans le *Theatrum Europæum* Tom. II. pag. 200. & en Italien dans VITTOR. SIRI *Memorie recondite*, Tom. VII. pag. 230.]

SA Sainteté comme Pasteur universel de l'Eglise, & Pere commun des Princes Chrestiens, voiant le soulevement d'armes survenu en Italie, à raison du dif-

Anno 1630. differend meu pour la Succession des Duchez de Mantoue & Montferrat, entre le tres-Auguste Empereur d'une part, & les Rois & Princes armez sur ce sujet d'autre, aiant interposé sur ce son autorité, & fait tous les devoirs & diligences que l'on pouvoit desirer de lui pour faire cesser tous ces troubles & les terminer à l'amiable: la sacrée Majesté de l'Empereur & le Roi Tres-Chrestien, tant en leurs noms que comme se faisans forts des Princes & Parties interessées de part & d'autre, emeus tant du respect qu'ils portent à Sa Sainteté, & de l'obligation qu'ils ont de seconder ses intentions, que du desir qu'ils ont de la Paix, attendu mesme les peines, & diligences apportées par le College des Electeurs & le Grand Duc de Toscane, pour l'affermissement de cette Paix, d'une pareille affection & accord mutuel, ils ont fait & passé les Articles de Paix en la forme qui ensuit.

I. Le Roi Tres-Chrestien promet qu'il n'offensera & n'interessera en rien ni fera offenser par autrui, directement ou indirectement, en quelque façon & maniere que ce soit, l'Empereur des Romains, ni le sacré Empire, ni les Etats, Ordres, Roiaumes, Domaines & Provinces Hereditaires à ladite Majesté Imperiale. Qu'il n'assistera de force ni de conseil, Argent, Armes, Vivres & Munitions, ou en quelque autre sorte & maniere que ce soit, les Ennemis de sadite Majesté Imperiale & du sacré Empire, qui sont à present declarez, ou qui se declareront ci-aprés, qu'au contraire il les sollicitera de se mettre à la raison, & se reduire dans le respect & obeïssance qu'ils sont obligez. Comme aussi de son costé l'Empereur promet qu'il n'offensera en rien ni fera offenser par autrui, directement ou indirectement, en quelque sorte ou maniere que ce soit, le Roi Tres-Chrétien, le Roiaume de France, ni les Etats, Provinces & Domaines à lui appartenans; qu'il n'assistera ni de force ni de conseil, Argent, Armes, Vivres, ou Munitions, ou en quelque autre sorte & maniere que ce soit les Ennemis dudit Roi Tres-Chrestien qui sont à present declarez ou qui se declareront ci-aprés, que mesme il tâchera de les reduire à la raison, respect & soumission qu'ils sont obligez.

II. Que pour assoupir les troubles d'Italie émus pour la Succession des Duchez de Mantouë & de Montferrat, estant necessaire avant toutes choses de donner quelque contentement & satisfaction à ceux qui y ont pretention & interest, l'Empereur declare & le Roi Tres-Chretien le trouve bon, que conformement au dernier Traité fait & conclu en Italie (& qui jusques à cejourd'hui n'a point esté revoqué, entre le Duc de Savoie d'une part, & le Duc de Nevers Charles de Gonzagues de l'autre, que l'on donne au Duc de Savoie pour tous les Droits & Pretentions qu'il a sur le Montferrat & ailleurs, Train & autres Places dans le Montferrat, dont ils ont déja convenu ensemble, ou conviendront par leurs Deputez, de la valeur de dix-huit mil écus de revenu perpetuel, selon les Baux anciens: & desquelles Places sera fait choix, prisée, estimation & assignation au Duc de Savoie par le Comte de Collalte, Commissaire, ou autres aians plein Pouvoir de la part de l'Empereur, & par les Deputez du Roi Tres-Chrestien, lesquels d'abondant jugeront de la valeur ou revenu desdites Terres & fonds, selon lesdits Baux anciens, & de la valeur & qualité desdits écus; Sçavoir, si ce seront écus d'or, ou d'or en or, ou autre monnoie, si ce n'est que les Parties en demeurent ensemble d'accord.

III. Quant aux pretentions de la Duchesse de Lorraine, afin qu'elles n'empeschent l'effet de la presente Paix ou ne la different, sa Majesté Imperiale consent qu'elles se definissent à l'amiable ou par compromis, ou que l'on les remette à la connoissance & jugement de sad. Majesté, laquelle aprés avoir communiqué les titres des Parties aux Princes Electeurs de l'Empire, & pris sur ce leurs avis, rendra sa Sentence diffinitive six mois immediatement aprés qu'aura esté donné l'investiture. Et afin qu'il ne déperisse rien du droit des Parties durant le procez, le Duc Charles de Gonzagues, conformement aux Loix & Constitutions Imperiales en pareil cas observées, sera obligé, non-obstant opposition quelconque & sans délai, d'accomplir ce qui aura esté accordé, ou par accommodement & de bongré entre les Parties, ou ordonné par les Arbitres nommez, ou bien adjugé par Sentence à la Duchesse de Lorraine. A toutes lesquelles choses de part ni d'autre ne sera aucunement contrevenu, jusques là mesme que si ledit Duc Charles faisoit autrement, l'Empereur ne laissera d'executer ses Jugemens, sans que pour cela le present Traité demeure, ou cassé ou lezé.

IV. Afin que le Duc de Guastale renonce à tous les Droits & Pretentions qu'il a sur le Duché de Mantouë en faveur du Duc Charles & de ses Decendans mâles, sa Majesté Imperiale lui assigne six mil écus de rente en fond de terre par chacun an, chaque écu revenant à deux florins de Rhin, & chaque florin à.... pour le paiement & jouïssance desquels il aura & possedera en toute superiorité & justice, & à la façon qu'en ont ci-devant joui & usé les Ducs de Mantouë, une ou plusieurs des Terres ci-dessous specifiées; à sçavoir Dosobo, Lullara, Suzara & Regiolo, & tant que leur revenu monte à ladite somme de six mil écus. De façon que si une d'icelles ne suffit, il en aura deux ou trois & toutes les quatre; & pour lever toute difficulté qui pourroit survenir au fait de l'estimation du revenu desdites Terres, chacune des Parties nommera de sa part un sien confident, & Sa Majesté Imperiale nomme de son costé le Duc de Parme Commissaire en cette partie, lequel, par quelque Personnage discret & sage, & non suspect aux Parties, mais plûtost en tant qu'il sera possible, leur agréera, fera estimation juste & veritable du revenu & profit desdites Terres, conformement aux Us & Coûtumes du Païs; eu égard à la qualité des Biens, & profits des Censives & Biens allodiaux, & nature des autres fruits: & en icelle estimation faite, mettra ledit Duc de Guastale en possession réelle ou actuelle des Terres qui lui auront esté assignées au Duc de Guastale, excedant le prix & revenu de six mil écus de rente, le surplus appartiendra audit Duc Charles, pour en jouïr avec tous les Droits & Justice, au prorata de ce qui lui appartiendra, & jouïra ledit Duc de Guastale desdits Biens à lui assignez franchement & quittement; lesquels pour cet effet lui seront délivrez quittes & nets de toute dette, hypotecque, redevance & obligation.

V. Ledit Duc Charles demandera la grace à sa Majesté Imperiale par écrit, és termes de soumission & priere, tels qu'ils ont esté concertez & accordez.

VI. Et lors à la demande honneste du Duc Charles, qui sera faite par Agent exprés, aians pour ce Pleinpouvoir & Mandement special de sa part, & à la priere de sa Sainteté & du Roi Tres-Chrestien, qui sera faite aussi par écrit en faveur dudit Duc Charles, sa Majesté Imperiale, de grace & de clemence Imperiale, lui donnera, six semaines aprés la datte des presentes, l'investiture des Duchez de Mantouë & de Montferrat, pendant lequel tems les assignations ci-dessus specifiées qui doivent se faire entre les Parties, & à icelle par l'entremise des Commissaires, se feront & acheveront: & avenant qu'il y ait quelque difficulté sur ce sujet, les Commissaires de leur autorité speciale mettront en possession les Parties des Biens, Terres & Revenus qui leur auront esté assignées: mais au cas que par quelque accident inopiné & empeschement non preveu, survenu en la personne des Commissaires, ou en quelque autre maniere que ce soit, lesdites assignations n'ayent pû se faire pendant les six semaines susdites, l'Investiture ne lairra d'estre délivrée audit Duc Charles, conformement aux Articles neuf, dix & onze suivans. Et quinze jours aprés l'Investiture donnée tout au plus, les Commissaires de la part de l'Empereur seront tenus & obligez sans aucun délai, de délivrer & consigner és mains des Ducs de Savoie & de Guastale, les Biens & Terres qui lui doivent estre délivrez & assignez.

VII. En vertu de laquelle Investiture sa Majesté Imperiale protegera en tout & par tout, envers tous & contre tous, & contre tous ceux qui contre la teneur des Investitures, & ensuite ou haine de ces troubles derniers, molesteront & inquieteront ledit Duc Charles de Gonzagues son Vassal legitimement investi.

VIII. Au mesme tems que ce Traité de Paix sera ici en cette Cour Imperiale, signé par les Commissaires députez de part & d'autre, & deuement notifié en Italie aux Generaux des Armées, tous actes d'hostilité cesseront de costé & d'autre.

IX. L'Investiture de l'un & l'autre Duché de Mantouë & de Montferrat, ayant esté delivrée au Duc Charles de Gonzagues, quinze jours immediatement aprés que dedans tel autre tems & terme, dont les Parties demeureront respectivement d'accord en Italie, S. M. I. retirera toutes ses Troupes d'Italie, elle pourra néanmoins tenir Garnison suffisante & ordinaire dans la Ville & la Citadelle de Mantouë & dedans Caneto, seis sur le Fleuve d'Oglio, laissant toutes generalement les autres Places dudit Etat sans aucun Soldat, & en la libre disposition dudit Duc Charles, en mesme tems toutes les Troupes du Roi C. se retireront de la Ville

&

& Chasteau de Cazal, du Duché de Montferrat & Principauté de Piedmont, dans ce même tems le Roi Tres Chrestien sera tenu de faire retirer toutes ses troupes de la Citadelle de Cazal, de tout le Montferrat, Piedmont, Savoie, & generalement de toute l'Italie, fors & excepté de Pignerol, Briqueras, Suze & Veillane, ausquels Lieux il pourra laisser & tenir Garnison suffisante & ordinaire, laissant toutes les autres Places qu'il tient en Piedmont & Savoie, és mains & puissance du Duc de Savoie. Le Duc de Savoie pareillement retirera tous les Gens de Guerre qu'il a dans le Montferrat, excepté ceux qu'il tient dedans Train, lequel lui demeurera en proprieté en l'estat qu'il est, & poseront les armes tous lesdits Seigneurs de telle façon qu'il ne leur puisse rester dans l'esprit, en consequence de cette Guerre, aucun raisonnable sujet de mauvaise volonté les uns contre les autres.

X. Ensuite la Ville, Chasteau & Citadelle de Cazal, & toutes les autres Places du Montferrat (exceptés celles qui seront assignées au Duc de Savoie) seront mises és mains & possession du Duc Charles, esquelles il pourra mettre Garnison de sa part, telle & ainsi que ses Predecesseurs Ducs y ont tenu, & sans que ladite Garnison puisse donner aucune jalousie aux Princes Voisins & Limitrophes. Mais au cas qu'en Italie les Generaux des Armées eussent conclu & resolu quelque autre chose sur la demolition de la Citadelle de Cazal, au precedent la signature du present Traité, cela demeurera en sa force & vigueur, & ainsi qu'il aura esté arresté, nonobstant le contenu en cet Article.

XI. Tout ce que dit est, aiant esté executé, & toutes les Troupes retirées en la maniere que dit est, l'Empereur en vertu de l'Investiture fera remettre és mains du Duc Charles la Ville de Mantouë & le Fort de Porto, avec toutes les Places qu'il tient; comme aussi Caneto, sise sur le Fleuve d'Oglio, & en faisant sortir toutes ses Troupes du Païs, en laissera la libre disposition & jouïssance audit Duc Charles. Comme aussi en mesme temps le Roi de France retirera ses Garnisons de Pignerol, Briqueras, Suze & Veillane, & remettra lesdites Places és mains du Duc de Savoie: & seront toutes les Fortifications nouvellement faites en toutes lesdites Places, rasées & demolies de part & d'autre.

XII. Cela fait, sa Majesté Imperiale pour & à l'effet de cette Paix, & en vertu de la promesse qu'il a déja faite aux Grisons, declare qu'elle abandonnera les Pas de la Valteline & des Grisons, & tous les Lieux & Forts qu'elle tient audit Païs, & où elle a Garnison, & les remettra en leur ancien estat, & tels qu'ils estoient avant ces troubles derniers, & fera démolir toutes les Fortifications nouvellement faites; à la charge que toutes lesdites Places ne pourront estre occupées ni fortifiées par qui que ce soit, sous quelque couleur & pretexte que ce soit; sauf toutesfois, quant à cet Article, les Droits, traitez & actions d'un chacun.

XIII. Pour assurance des choses ci-dessus, l'Empereur & le Roi de France donneront de part & d'autre des Ostages de pareille qualité, qui seront consignez és mains de sa Sainteté, ou du Grand Duc de Toscane, ou de quelque autre Prince Catolique d'Allemagne, lequel les tiendra surement & gardera honorablement, jusqu'à-ce que ce que dit est, ait esté accompli; & que lesdits Pas des Suisses & Grisons ayent esté delaissez & remis, & promettra de rendre les Ostages libres és mains de celui qui aura satisfait, & de retenir les Ostages de celui qui, ou par briesveté de tems ou autrement, n'aura pû satisfaire, jusqu'à-ce qu'il ait plainement executé ce à quoi il est obligé. Que si l'une desdites Parties de mauvaise foi ne veut de sa part accomplir le Traité, ses Ostages seront remis és mains de l'autre Partie, les Generaux des Armées d'Italie desdites Parties aviseront ensemble des personnes desdits Ostages, & de celui és mains desquels ils seront consignez. Que si mesme pour plus grande fureté & facilité desdits Ostages, lesdits Generaux d'Armées veullent arrester entr'eux quelque autre chose que ce que dit est, faire le pourront, & seront tenus de l'executer.

XIV. De plus à la tres-instante priere du Roi Tres-Chrestien, sa Majesté Imperiale accorde que la Republique de Venise entre dedans cette Paix & jouïsse du fruit d'icelle, consent que toutes les Places que l'on a prises sur elle depuis le commencement de cette Guerre, jusqu'à la conclusion de ce Traité, lui soient restituées, & que jamais elle ne puisse estre recherchée, troublée ou inquietée d'aucune chose, & cas arrivez pendant cette Guerre, à la charge aussi que ladite Republique promettra, que pour raison de ces troubles, elle n'attaquera ni offensera sa Majesté Imperiale, le sacré Empire, ses Ordres & Etats, ni les Biens & Terres patrimoniales & Hereditaires de sa Majesté; que la mesme Republique licenciera & retirera toutes ses Troupes, & gardera tel ordre en la quantité de sa Milice, que ses Princes Voisins ensuite de cette Guerre, n'en puissent entrer en aucun soupçon ou jalousie. Que s'il estoit arrivé qu'en Italie les Generaux des Armées eussent traité & resolu quelque autre chose devant la signature du present Traité, sur l'exclusion des Venitiens de cette Paix, cela demeurera arresté nonobstant cet Article.

XV. Pour affermir de tant plus cette Paix entre l'Empereur & le Roi de France, les Commissaires de l'Empereur d'une part, aians allegué qu'il y avoit du different, & de nouvelles entreprises faites és Territoires des Evesches & Citez Imperiales de Toul, Metz & Verdun, Abbaie & és autres Lieux, Pas & Fiefs de l'Empire, pour le sujet desquels il pourroit ci-aprés naistre du trouble: & l'Ambassadeur de France d'autre part, aiant declaré qu'il n'avoit ni charge ni connoissance de cela; sur ce sa Majesté Imperiale a trouvé tres-expedient, que dans certain tems & à certain lieu, soient nommez & députez de part & d'autre, Commissaires qui traitent à l'amiable de tous ces differens: & que cependant l'on n'entreprenne rien contre les droits de l'Empire, & que ni là ni ailleurs l'on ne traite ni compose rien des Fiefs de l'Empire.

XVI. Ensuite l'Ambassadeur de France aiant fait grande instance pour la demolition du Fort de Moienvic, & aussi afin de faire retirer les Troupes de l'Empereur des limites de France: & les Deputez de l'Empereur aians répondu que ce Fort aiant esté bâti par le commandement de l'Empereur sur un fond de l'Empire, selon le droit & justice, & fortifié d'une Garnison ordinaire & suffisante, c'estoit la raison qu'il demeurast sur pied; aians de plus requis que les François eussent à demolir les Citadelles de Metz & de Verdun, & restituer tous ces lieux & autres semblables par eux occupez, usurpez & fortifiez. Surquoi aiant été repliqué de la part de l'Ambassadeur de France, qu'il persistoit en la demande qu'il faisoit de la demolition du Fort de Moienvic bâti par les Imperialistes, contre la volonté & consentement de l'Evêque de Metz: & que pour le regard desdites Citadelles, elles avoient été bâties par les François, selon droit & raison; que même pour le surplus des plaintes des Commissaires de l'Empereur, il n'y faloit point avoir égard: & de la part de l'Empereur aiant esté repondu par ses Commissaires qu'ils persistoient en leurs demandes, & declaré que le Fort de Moienvic devoit demeurer avec Garnison, jusqu'à-ce qu'il en ait esté ordonné dans la Conference future, l'Ambassadeur de France demeurant & persistant en ses premieres demandes, a ajoûté qu'il n'avoit point charge de traiter ni consentir aucune Conference, qu'il ne sçavoit pas quelle estoit la volonté du Roi sur ce sujet, & qu'il écriroit diligemment pour estre instruit & tirer ordre sur ces affaires. Enfin a esté convenu & accordé que de part & d'autre, l'on feroit retirer toutes les Troupes qui sont sur & proches les Frontieres, crainte que quelque different n'empeche l'effet de cette Paix ou à la longue ne la trouble. Et d'autant que le Duc de Lorraine durant & à cause de ces troubles derniers, a levé quelque Gendarmerie pour garder ses Etats, leurs Majestez Imperiale & Tres-Chrestienne, ont trouvé bon qu'il soit compris en cette Paix avec ses Païs & Etats, & qu'il n'en soit desormais troublé ou molesté par qui que ce soit; comme aussi de sa part qu'il n'offense & ne trouble personne: & que de part & d'autre l'on ne tienne sur les Frontieres des Troupes en telle quantité qu'elles puissent donner de la jalousie & de la méfiance aux Voisins.

XVII. Ensuite remise generale & reciproque se fait en vertu de ce Traité pour tous Princes, & pour qui que ce soit qui ont porté les armes pour l'un ou l'autre Parti, ou l'ont assisté en quelque sorte & maniere que ce soit, ausquels seront rendus leurs Biens immeubles en l'état qu'ils sont à present, & eux remis en leurs anciens Droits, Honneurs, Dignitez & Prerogatives. Comme aussi seront rendus & restituez aux vrais Seigneurs & Proprietaires, tous & un chacun les Biens à eux appartenans, ou échus pendant ces troubles, & sur eux envahis & occupez, transferez ou confisquez durant le tems de cette Guerre. Pareillement seront de part & d'autre mis en liberté tous les Prisonniers sans rien paier, en remboursant les frais & dépens faits pendant leur prison, à l'arbitrage des Generaux d'Armée.

XVIII. Que si depuis & durant le tems que l'Ambassadeur de France reside en la Cour de l'Empereur, &

& traite avec sad. Majesté, il avoit esté fait en Italie quelque Traité entre les Generaux des Armées, munis de suffisant Pouvoir, & Accord de Paix, signé & arresté au precedent la conclusion & signature de ce Traité-ci; celui d'Italie ainsi fait & signé, demeurera ferme & en son entier. Mais si en Italie il ne s'est rien resolu & passé de contraire à ce present Traité, il demeurera en tout & par tout en sa force & vigueur.

XIX. Tout ce que dessus l'Empereur & le Roi de France se le promettent reciproquement & de tres-bonne foi en parole d'Empereur & de Roi, ensorte que sa Majesté Imperiale promet pour soi, pour le Roi Catolique & le Duc de Savoie, ses assistans, & le Roi Tres-Chrestien en son nom, de garder & observer sincerement & inviolablement tout le contenu ci-dessus.

XX. Et pour faire foi du present Traité, ont esté écrits & dressez deux Exemplaires de cedit Traité, de mesme teneur, & signez à Ratisbonne le treiziéme d'Octobre 1630. par les Deputez & Conseillers de sa Majesté Imperiale, aians tous pouvoir; Sçavoir Antoine Abbé de Krembsmuster, Conseiller Secret de sa Majesté Imperiale; Otton, libre Baron de Nostits en Flahenan, Chambellan de sa Majesté Imperiale, Conseiller de ses Conseils & Vice-Chancelier de Boheme; & Herman, libre Baron de Questemberg en Koleschau, aussi Charles Brulard de Leon Conseiller d'Etat du Roi Tres-Chrestien, aiant de ce plein Pouvoir, assisté du P. Joseph, Capucin. *Et estoit signé*, ANTONIUS Abbas in Kremsmuster; OTTON, libre Baron de Nostits; HERMAN, libre Baron de Questemberg; CHARLES BRULART DE LEON. P. JOSEPH, Capucin.

(1) *De la Nullité du Traité de Ratisbonne, du 13. Octobre 1630. & les raisons pourquoi le Roi de France ne l'approuva pas.*

L'EMPEREUR Ferdinand II. par sa resolution en l'an 1636. le premier Decembre, pour réponse à l'avis des Electeurs touchant la Paix entre lui, le Roi d'Espagne & leurs Alliez d'une part, & le Roi, la Reine de Suede, les Etats des Provinces Unies des Païs-Bas, & leurs Alliez d'autre, propose entr'autres choses que le Roi approuve & ratifie le Traité de Ratisbonne, en l'an 1630. mais le Roi n'y doit entendre.

I. Parce que au prejudice de sa Dignité le titre de Majesté ne lui est donné en ce Traité comme à l'Empereur, auquel il est donné par vingt-sept fois, & jamais une seule fois au Roi, contre ce qui s'est observé aux Traitez precedens, & particulierement à celui de Crespy en Laonnois, l'an 1544. entre l'Empereur Charles V. & le Roi François I. estant plus que raisonnable que les Rois de France, & les autres Rois de la Chrestienté qui sont Souverains, jouïssent du titre de Majesté, tout de mesme que l'Empereur.

II. Par ledit Traité de Ratisbonne, le Roi renonce au secours de ses Alliez d'Allemagne, des Païs-Bas & d'Italie, & promet de ne point assister directement ou indirectement, par soi ni par autrui, de force ni de conseil, argent, ou en quelque autre maniere que ce soit, ceux que l'Empereur declarera ses Ennemis & de l'Empire, sans distinguer si c'est à tort ou à droit que l'Empereur les declare pour tels. *Neque rebellibus vel inimicis Majestatis suæ Cæsareæ satrique Imperii qui nunc sunt, aut aliquando declarabuntur ope, consilio, pecunia, armis, commeatu, vel alia quavis ratione assistet*; ce qui est de telle consequence au Roi, qu'il vaudroit mieux qu'il eût renoncé aux Duchez de Normandie & de Bretagne, que de renoncer au droit qu'il a de ne laisser perir ses Alliez, puisque leur conservation importe tres-grandement, comme l'on sçait, au repos & sureté de la France.

III. Par ce mesme Traité de Ratisbonne, le Traité de Monçon en Arragon, en l'an 1626. y est confirmé sous ces mots generaux, que les Traitez touchant le Païs des Grisons seront saufs & entiers, & ledit Traité de Monçon fait perdre aux Grisons la Jurisdiction civile & criminelle sur les Valtelins & ceux de Chiavenne & Bormio, leurs Sujets; & de plus leur oste le pouvoir d'y nommer les Magistrats & autres Officiers, outre l'obscurité qui est audit Traité de Ratisbonne, pour le regard de la démolition des Forts, en ces termes; *Ea tamen conditione, ut à nullo, sub quocunque etiam colore vel prætextu occupentur, aut fortificentur.* D'où les Espagnols veulent induire, que les Grisons mesme ne peuvent construire aucuns Forts dans leur Païs, au lieu que le sens doit estre; que le Roi d'Espagne, le Roi, ou autres Princes Etrangers n'y pourront construire aucuns Forts, autrement ce seroit oster le pouvoir aux Grisons qui sont plainement Souverains, de pourvoir à la sureté de leurs Païs.

IV. A quoi l'on peut ajouter que le droit du Roi sur les Villes de Metz, Toul & Verdun y est revoqué en doute. Les Deputez de l'Empereur y faisans instance, que le Roi quitte ces Villes & démolisse les Citadelles de Metz & de Verdun, sans avoir aucun égard aux justes raisons qu'a Sa Majesté de s'y maintenir, nommément à cause des frais de la Guerre faits du Regne du Roi Henri II. pour conserver l'Allemagne en ses Franchises & Libertez, contre l'Empereur Charles V. qui la vouloit reduire en servitude, ainsi que la nouvelle Espagne, & sous un joug bestial, & tel que sont les bestes sous la domination des hommes, suivant ce qu'il est déclaré au Manifeste de Maurice, Electeur de Saxe, & autres Princes & Etats d'Allemagne, qui fut lors publié, & ainsi qu'il est contenu au Traité de Chambort, en l'an 1551.

(1) Cette Piéce & les suivantes au sujet du Traité de Ratisbonne, ne se trouvent, que dans le Recueil de *Leonard*, & non dans les autres Auteurs, que nous avons citez. Mais comme on les a jugé importantes, on a cru ne devoir pas les omettre.

Extrait de la Rélation, dont le Titre est, Relation des affaires de Mantouë, és années 1628, 1629, 1630.

MAZARINI revint quatre jours aprés, & rapporta que le Sieur de Leon, Ambassadeur du Roi auprés de l'Empereur, traitoit à Ratisbonne avec Sa Majesté Imperiale, la Paix generale sous des conditions si avantageuses pour l'Empereur, qu'il estoit impossible que Colalte s'en entremist si on ne lui accordoit les mesmes avantages, & que le Sieur de Leon estoit déja convenu de la pluspart, & entr'autres que le Roi promettoit de ne point assister, directement ou indirectement, par soi ni par autrui, soit à force ouverte, d'argent ou conseil, ceux que l'Empereur declareroit ses Ennemis & de l'Empire, & que cet Article estoit accordé qu'il traitoit fort avant de la demolition de la Citadelle. C'est pourquoi il n'y avoit nulle apparence de traiter avec Colalte des faits, que l'Empereur écrivoit qu'il traitoit lui mesme, encore qu'il n'eut point revoqué son Pouvoir, &c.

Mazarini revint la troisiéme fois, pour dire que si on vouloit traiter & accorder les mesmes conditions qui avoient déja esté arrestées à Ratisbonne, que Colalte traiteroit le mesme jour, & que si le Sieur de Leon n'avoit point accordé cet Article, par lequel le Roi renonçoit au secours de ses Alliés qu'il demeureroit nul: mais cette proposition estoit si forte contre l'honneur du Roi, que le Mareschal de Schomberg n'y voulut pas entendre, & prit le hazard du secours de Cazal.

Extrait de la Rélation intitulée, Excellent Discours sur le juste procedé du Roi T. C. LOUIS XIII. en la deffense du Duc de Mantouë, l'an 1630.

IL attendoit la conclusion d'un Traité qui se faisoit en Allemagne, auquel il sçavoit bien qu'il trouveroit son compte: & en effet le vingtiéme Octobre on receut une Dépesche du Sieur de Leon, qui donnoit avis que le treiziéme dudit mois il avoit signé des Articles de Paix. Ce nom de Paix réjouït un chacun, & jamais nouvelle ne fut mieux receuë generalement de tout le monde. Mais l'ouverture des Paquets convertit la joie qu'on avoit prise en tristesse en l'esprit de ceux qui en eurent connoissance, la lecture du Traité faisant connoître que ledit Sieur de Leon n'avoit en aucune façon suivi ses ordres, qu'il avoit notablement excedé son Pouvoir en divers points, dont il avoit traité sans charge; que les termes du Traité ne correspondoient pas à la dignité de ceux qui avoient esté autresfois passez entre l'Empereur & la France; qu'il y avoit tant d'obscuritez & des circonstances si mal digerées, que si les Ennemis le vouloient expliquer de mauvaise foi, les interests de nos Alliez ne s'y trouveroient pas soutenus, selon les justes intentions du Roi, & l'execution en seroit capable d'engendrer de perilleuses Guerres, au lieu de produire une vraie Paix, necessaire à toute la Chrestienté.

Les fautes de ce Traité estoient si grossieres que le Sieur de Leon l'envoiant au Roi, l'accompagna non des raisons pour les soutenir & les deffendre, mais pour les excuser.

Les motifs qui le porterent à les commettre, furent l'extremité en laquelle il sceut qu'estoit la personne du Roi, les divisions qu'on lui mandoit estre en la Cour,

ANNO 1630.

Cour, & la creance qu'il avoit que la perte de Cazal estoit évitable. Ces considerations firent qu'il se laissa aller d'autant plus aisément à condescendre aux sollicitations extraordinaires, que les Electeurs lui faisoient de consentir la Paix; que signant ce Traité sans en avoir un Pouvoir valable, il jugeoit que si les raisons qui l'avoient obligé à le conclure n'avoient point de lieu, Sa Majesté ne seroit point astreinte à l'observation de ce qu'il auroit fait sans pouvoir & sans ordre.

Pour cet effet en passant les Articles de la Paix, il protesta qu'il excedoit son Pouvoir, & que le Roi ne seroit point blâmé s'il le desavoüoit, veu qu'il agissoit contre ses ordres.

Le Traité ayant esté examiné, & les motifs d'icelui bien considerez au Conseil du Roi, on estima qu'il faloit par necessité se resoudre à l'un des trois avis.

Le premier estoit d'accepter le Traité tel qu'il estoit, quoique tres-prejudiciable.

Le second, de le declarer nul sur le champ.

Le troisiéme, de ne faire ni l'un ni l'autre, mais laisser aller le cours des Armes du Roi en Italie, & donner ordre au Sieur de Leon de tâcher à reparer sa faute, portant l'Empereur à une juste explication du Traité qui le rendit excusable.

Ce dernier avis estant avec raison estimé le meilleur, on dépescha conformement audit Sieur de Leon, le vingt-sixiéme Octobre, on lui donna charge particuliere de representer à l'Empereur & aux Electeurs, qu'ils ne pouvoient trouver étrange si le Roi n'approuvoit pas ce qui s'estoit fait à Ratisbonne, puis qu'en le signant ledit Sieur de Leon les avoit avertis qu'il outrepassoit ses ordres & son Pouvoir; que celui qu'il leur avoit montré, & dont ils avoient copie autentique justifioit son dire, veu qu'il n'estoit special que pour les affaires d'Italie, & que le Traité de Ratisbonne contenoit plusieurs autres choses qui n'avoient rien de commun avec icelles; qu'il suffisoit en matiere de telles affaires que le Traité fut nul en un point pour l'estre en tout.

Il eut ordre d'adjouter ensuite que nonobstant toutes ces nullitez le Roi estoit si desireux de la Paix, qu'il consentiroit tres-volontiers à l'execution de ce qui avoit esté concerté sur le fait de l'Italie, selon le vrai sens qu'on lui devoit donner de bonne foi, & dont Sa Majesté desiroit éclaircissement particulier, avec d'autant plus de raison qu'une Lettre interceptée de Galasse à Aldringuer, portoit en termes expres qu'ayant veu le Traité de Ratisbonne, il voioit bien qu'il leur faudroit garder pour jamais les Forts & Passages des Grisons; ce qui faisoit clairement connoitre qu'au lieu de bien user de ce Traité, on en vouloit abuser au prejudice de la reputation de la France, & à la ruine entiere de ses Alliez.

Extrait de la Rélation intitulée, **Relation de ce qui s'est passé depuis quelque tems en Italie, pour le fait de Pignerol.**

MAIS aimant mieux faire connoitre la sincerité de ses intentions à tous les Princes de l'Europe, que sentir la force de ses Armes à ceux qui l'avoient contraint de les prendre, au lieu de les porter plus avant, comme il le pouvoit faire avec avantage, il envoya ses Ambassadeurs à la Diette de Ratisbonne pour faire entendre à l'Empereur & aux Electeurs assemblez en ce lieu là, les justes mouvemens qui l'avoient poussé à prendre la deffense de Monsieur le Duc de Mantoüe, sans aucun dessein de l'empescher de rendre à Sa Majesté Imperiale tous les honneurs & tous les respects qu'elle en pouvoit attendre, ni de blesser en façon quelconque les droits de l'Empire, cet expedient porta coup. La verité de l'affaire qui peut-estre jusques alors avoit esté deguisée par des Ministres interessez, ayant esté nettement representée devant ceux à qui la connoissance en estoit proprement deuë, ils reconnurent combien la ruïne d'un Prince qui n'avoit autre crainte que d'estre François, & pour cette raison odieux aux Espagnols, seroit desagreable à Dieu, protecteur des innocens oppressez, & combien la suite de cette Guerre qui avoit déja épuisé l'Allemagne de ses meilleurs Soldats pouvoit estre fatale à l'Empire, aussi bien qu'elle l'avoit été aux Etats de feu Monsieur de Savoie, que l'on lui avoit presque entierement laissé perdre, pour avoir le tems de prendre Cazal; ces considerations les firent sagement resoudre à pacifier promptement les troubles d'Italie; à quoi le Roi de sa part apporta toute la disposition qu'on peut desirer d'un Prince comme il est, plus équitable qu'ambitieux. Car prenant entiere confiance aux bonnes intentions de Sa Majesté Imperiale, & s'assurant que ce qui seroit resolu avec elle dans une si celebre Assemblée à la veuë de tout ce que l'Allemagne a de plus grand, seroit executé de bonne foi, il envoya tout aussitost à ses Ambassadeurs les Pouvoirs requis en telles affaires, c'estoit ce que les Espagnols ne vouloient pas non plus que devant. Mais nonobstant toutes les menées qu'ils firent dans la Cour Imperiale pour traverser la conclusion d'une Paix qui ne leur agreoit pas, ceux qui avoient le veritable interest à la conservation des droits de l'Empire, dont on faisoit semblant qu'il s'agissoit en cete Guerre, ayans repris en cete Negociation l'autorité qui leur appartenoit, s'en firent accroire par le Traité du treiziéme Octobre 1630. & bien que les Ambassadeurs de Sa Majesté eussent en beaucoup de chefs outrepassé les ordres qui leur avoient esté donnez, le desir du repos public eut neanmoins tant de pouvoir sur elle, qu'il consentit à l'execution de ce qu'on avoit arresté pour les affaires d'Italie, moiennant quelques precautions absolument necessaires pour la seureté commune de tous les interessez, & qui furent depuis accordées par le Traité de Cazal du vingt-sixiéme Octobre, & par les deux de Querasque qui le suivirent, l'un du sixiéme Avril & l'autre du dix-neuviéme de Juin. Il ne tint pas toutesfois aux mesmes que rien de tout cela ne tint l'Ambassadeur d'Espagne, qui fut toûjours present aux deux dernieres Negociations, encore qu'aux points qui pouvoient regarder son Maistre, il eut declaré qu'il n'avoit aucun pouvoir, n'oublia sorte aucune de subtilitez pour faire tout rompre, à peine fut concluë la premiere du cinquiéme Avril, que le Duc de Feria qui n'y avoit pas voulu intervenir empescha l'effet par son seul caprice, aimant mieux laisser les Etats de l'Empereur en proie, à la merci d'un Prince conquerant qui soulevoit l'Allemagne de toutes parts contre lui, & abandonner la Flandre qui estoit lors en tres-grand danger, que de souffrir la Paix en une Province, dont il desiroit, ou la conqueste entiere ou la ruine.

Le Traité de Ratisbonne est mis encore là dessus en avant, on pouvoit si l'on eut voulu se contenter de répondre sur ce point, qu'en ce Traité là les Ambassadeurs du Roi aians, comme nous avons déja dit, excedé leur Pouvoir en beaucoup d'Articles, Sa Majesté ne l'a jamais approuvé, que pour ce qui concerne les affaires d'Italie, sous les conditions ajoûtées depuis; mais sans s'arrester à cete deffense, quoique tres-pertinente & tres-forte, on soûtient que quand bien on s'y soumettroit pour tout le reste, il ne contient rien qui puisse fonder tant soit peu la plainte qu'on fait; que l'Article 12. porte à la verité que les Fortifications faites en ces Païs-là par les Imperiaux seroient demolies, & que personne ne pourroit plus à l'avenir occuper leurs passages ni les fortifier; mais que cete clause y fut mise à la poursuite des Ministres du Roi, qui voians qu'on avoit esté contraint de recommencer avec l'Empereur, ce qu'on croioit avoir fini avec l'Espagnol, voulurent empescher par là qu'il ne fut encore au pouvoir de l'Espagnol de recommencer ce qu'on alloit terminer avec l'Empereur. Que tourner cete precaution contre ceux en faveur desquels elle fut inserée, est une interpretation si ridicule, qu'il faut renoncer expressement au sens commun pour la recevoir, estant hors de toute apparence que des Peuples libres & qui ne dépendent purement que d'eux mesmes, se soient volontairement privez du pouvoir d'assurer la liberté de leur Nation contre ceux qui la voudroient opprimer. Qu'autrement les mots d'occuper & de fortifier se rapportans aux mesmes personnes, on pourroit se plaindre de ce qu'ils occupent leur propre Païs, aussi bien que l'on se plaint de ce qu'ils le fortifient, & demander aussi justement qu'ils l'abandonnent, comme on demande qu'ils cessent de le remparer; ces réponses estoient si pressantes & si claires, qu'elles ne souffriroient point de replique.

CCCXXXV.

Traité de Paix & d'Alliance entre PHILIPPE IV. *Roi d'Espagne, &* CHARLES I. *Roi de la Grande Bretagne. Fait à Madrid, le* 15. *Novembre*, 1630. [Placards, Ordonnances, Edits &c. de Brabant. Tom. I. Liv. V. Tit. I. Chap. 25. pag. 655. d'où l'on a tiré cette Piéce Latine, qui se trouve aussi en François dans le MERCURE FRANÇOIS, Tom. XVI. pag. 450.]

15. Nov. L'ESPAGNE ET L'ANGLETERRE.

ANNO 1630.

OMNIBUS & singulis notum sit, ac manifestum, quòd post diutina, & cruenta bella, quibus Hispaniarum & Angliæ Regna jam olim invicem agitabantur, adscito tandem summi Dei (qui Pacis est author) immensâ providentiâ ad Coronæ Anglicanæ Successionem Serenissimo Jacobo Scotiæ Rege, cui cum Hispaniarum Regibus tutæ & sinceræ Pacis conjunctio semper intercesserat; cum eodem supremi Numinis ductu ageretur de constituenda quoque cùm Angliæ Regno eâdem firma Pace & Concordiâ; ea demum vigesima octava mensis Augusti, Anno Domini millesimo sexcentesimo quarto fæliciter inita fuit: ac postmodum à Serenissimis prælibato Philippo Tertio Hispaniarum, & Jacobo magnæ Britaniæ Regibus subscripta ac promulgata: nec non mutuis inter utrumque Regem intercedentibus amicitiæ officiis fraternæque benevolentiæ pignoribus longa annorum serie, sanctè, æquè ac utiliter observata. Quamvis verò rerum & temporum vicissitudo, & acris illa contentio, quâ humani generis hostis eidem indefessè studet officere, tum verò varii casus & accidentia, quibus potentiora Regna & Imperia plerumque sunt obnoxia, nonnullis diffidiis occasionem præbuere; quæ mox in appertum Bellum, & mutuas utrimque hostilitates evaserunt: Omnipotens ille Deus, in cujus manibus corda Principum sunt posita, Serenissimorum Philippi Quarti Hispaniarum Regis Catholici, & Caroli Regis Magnæ Britaniæ animis nequaquam voluit excidere antiquam illam Amicitiam, quâ Regiæ istæ Coronæ tamquam firmissimo nexu hactenus obstringebantur, aut indefessum studium, quo Regii eorum Progenitores Christiano sanguini parcere & subjectos sibi Populos almæ Pacis tranquillitate beate quæsiverunt, quo & præviis apud utrumque Regem nomine Caroli Emanuelis Ducis Sabaudiæ à D. Alexandro Cæsare Scaglia, Abbate de Stafarda, Susa, & Mulegia ejus intimo Consiliario & Legato, aliisque Ministris eundem in finem adhibitis amicabilibus officiis, factum est, ut Pacis non ità pridem injecta mentio, non lubenti solùm animo excepta, sed etiam Regii Legati, qui de ea sancienda agerent, utrimque missi fuerint à Serenissimo quidem magnæ Britaniæ Rege ad Aulam Hispanicam, Eques Baro, D. Franciscus Cottingtonus, Regis ab intimis Consiliis; in Angliam verò ab Hispaniarum Rege Catholico, D. Carolus Coloma, ejusdem ab intimis Consiliis & supremus Præfectus Arcis & Territorii Cameracensis. Explorata igitur utriusque Regis, pia & innatæ Regiæ generositati & magnanimitati consentanea ad Pacem propensione, instituta fuit Matriti desuper Tractatio, & ad eam à Rege Catholico specialiter deputati D. Gaspar de Guzman Comes Olivarensis, Dux de San Lucar majori nuncupata, ejus summus Cubicularius, & Equitii Regii Præfectus, Magnus Indiarum Cancellarius, &c. D. Inicus Velez de Guevara, Comes de Onate, &c. D. Petrus de Zuniga Marchio de Flores Davila, &c. Omnes ab intimis Regis Consiliis, sub Commissione & Mandato tenoris subsequentis.

PHILIPPUS, Dei Gratiâ, Hispaniarum, utriusque Siciliæ, Hierusalem, &c. Rex, Archidux Austriæ, Dux Burgundiæ, Mediolani, &c. Comes Absburgi, Tirolis, &c. Cùm instaurandæ Paci, veterique illi restituendæ Amicitiæ, quæ inter Serenissimos Principes Philippum Tertium, beatæ memoriæ, optimum Patrem nostrum, & charissimum nostrum Fratrem Jacobum Angliæ defunctum Regem per longum temporis cursum, donec intempestivæ quædam acciderunt interruptiones, fæliciter duravit, Carolum Magnæ Britaniæ Regem Fratrem nostrum charissimum animum jam seriò applicare, quorundam Principum interventione cognoverimus: Nos itidem nostram in Pacem propensionem, si Pax Deo grata & communi Christianæ Reipublicæ bono cessisset perutilis, ostendere non recusavimus: ex quo noster Legatos utrimque mittendi mutui intercessit consensus; idque pro communi Subditorum bono insimul exequi confestim curavimus. Cùm igitur D. Franciscus Cottingtonus Caroli Regis intimus Consiliarius ipsius Mandato, plenaque tractandæ & stabiliendæ Pacis authoritate hodie apud nos gratissimus adsit Orator, nostros itidem Commissarios, cum quibus Pacis Tractatus iniri & confici possit, nominandos & delegandos decrevimus. Plurimum igitur confidentes, de prudentia, fidelitate, industriâ, dexteritate & zelo Domini Gasparis de Guzman, Olivarensis Comitis, Ducis de San Lucar, majori nuncupata, nostri summi Cubicularii & Equitii Regii Præfecti, Magni Indiarum Cancellarii, &c. & Domini Inici Velez de Guevara Comitis de Onnate, &c. Nec non Domini Petri de Zuniga, Marchionis de Flores Davila, &c. Qui quidem omnes & singuli à nostris sunt intimis Consiliis, illos præsenti Pacis Tractationi nostros præficere Commissarios æqui bonique consuluimus; & harum serie ipsos tales nostros Commissarios & Deputatos nominamus & declaramus, plenam ipsis Potestatem & Authoritatem, & Mandatum generale & speciale concedentes, ut cum dicto D. Francisco Cottingtonio, sui Regis nomine, quæcunque inter nos & prælibatum Magnæ Britaniæ Regem ad firmam Pacem & Amicitiam restituendam, & stabiliendam necessaria & opportuna videbuntur, possint agere, tractare, concordare & usque ad finalem conclusionem perducere: Eaque omnia & singula nostro Regio nomine agant, tractent, concordent, conficiant & concludant. Sicque ad finem peractis, unà cum prænominato Magnæ Britaniæ Regis Oratore, Commissario, & Deputato Tractationis Articulos & Instrumenta ordinare, subscribere & expedire valeant, nec non sub bona fide & verbo nostro Regio promittere, nos ea omnia grata, rata & firma habituros, & ex parte nostra æquè & firmiter servaturos. Datum Madriti pridie Kalend. Maii, Anno Domini millesimo sexcentesimo trigesimo.

PHILIPPUS.

ANDREAS DE ROÇAS.

Pro parte verò Regis Magnæ Britaniæ, præfatus ejus Legatus D. Franciscus Cottingtonus vigore specialis Mandati & Commissionis Regiæ in Palatio Westmonasteriensi vigesimo die Octobris, Anno Christi, millesimo sexcentesimo vigesimo nono desuper expeditæ, quæ de verbo ad verbum sic se habet.

CAROLUS Dei gratiâ Magnæ Britaniæ, Franciæ, & Hiberniæ Rex, fidei Defensor, &c. Omnibus & singulis ad quos præsentes nostræ Litteræ pervenerint salutem. Cùm firma Pax & Amicitia inter optimum nostrum Patrem Regem Jacobum beatæ memoriæ, & Serenissimos Principes Philippum Tertium defunctum Regem, charissimum nostrum Fratrem Philippum IV. nunc temporis Regem Hispaniarum per multos annos feliciter duraverit, donec intempestivæ quædam interruptiones acciderunt, ad quas tamen dissensiones tollendas, veteremque amicitiam mutuè restituendam Principes quidam inter nos intervenientes nobis asserere voluerunt dictum Hispaniarum Regem Fratrem nostrum charissimum animum jam seriò applicare, adeoque nihil supplere ad Pacem redintegrandam, & æquis conditionibus stabiliendam, nisi ut idonei & sufficienti authoritate utrimque instructi & muniti mutuò mittantur Ministri & Legati. Nos itidem quibus animus ad Pacem numquam fuit alienus, sed potiùs desiderium pristinam Amicitiam firmiori (si fieri possit) & arctiori vinculo vinciendi & sanciendi. Non dubitantes quin istud opus in bonum publicum, & Amicorum nostrorum Confœderatorumque salutem & emolumentum, inque nostram nostrorumque utrimque Regnorum mutuam utilitatem ad prosperum, & exoptatum finem perduci possit; promptos nos ipsos, atque paratos ad rem tantam promovendam præbere volumus. Igitur sciatis quòd nos de prudentia, fidelitate & industria Viri Nobilis, fidelis & prædilecti nostri Francisci Cottingtoni, Equitis Baroneti, Consiliarii nostri & Cancellarii Regii nostri Scacarii, plurimum confidentes, ipsum Franciscum Cottingtonum nostrum verum & indubitatum Commissarium, Legatum, Procuratorem & Deputatum ad prædictum negotium fecimus, constituimus, ordinavimus & deputavimus; ac per præsentes facimus, constituimus, ordinamus & deputamus: dantes eidem & committentes plenam Potestatem & Authoritatem, pariter ac Mandatum generale ac speciale nomine nostro præfato Serenissimo Hispaniarum Regi Fratri nostro charissimo, ejusque Procuratoribus, Deputatis & Nuntiis ad hoc sufficientem Authoritatem & Potestatem habentibus communicandi, tractandi, concordandi, & concludendi, omnia & singula, quæ ad firmam Pacem & Amicitiam, inter nos, nostras Coronas, atque Consanguineos, Amicos & Confœderatos nostros cum dicto nostro charissimo Fratre Hispaniarum Rege reficiendam, & stabiliendam conducunt & faciunt, atque super iis Articulos, Litteras & Instrumenta necessaria conficiendi & ab altera parte petendi & recipiendi. Denique omnia ea quæ ad præmissa, & circa eadem erunt necessaria & opportuna faciendi & expediendi. Promittentes bona fide & in verbo regio, nos quæ inter dictum Fratrem nostrum charissimum Hispaniarum Regem, ejusque Procuratores, Deputatos & Nuntios

ANNO 1630.

ANNO 1630.

Nuntios, atque prænominatum Franciscum Cottingtonum nostrum Commissarium, Oratorem & Deputatum, in præmissis seu præmissorum aliquo erunt tractata & conclusa; ea omnia grata, rata & firma habituros, & ex nostra parte servaturos. In cujus rei testimonium hisce Litteris, manu Regia nostra firmatis, magnum regni nostri Angliæ Sigillum apponi fecimus. Quæ dabantur è Palatio nostro Westmonasteriensi die vigesima Octobris Anno Christi supra millesimo sexcentesimo vigesimo nono, Regnique nostri quinto.

CAROLUS REX.

Qui quidem utriusque Regis Commissarii & Deputati facto aliquoties congressu præviaque solerti tantæ rei discussione & matura adhibita deliberatione, Deo piis cœptis favente, ad majorem ejus gloriam, Orbis Christiani beneficium, utriusque verò Regis Subditorum commodum & tranquillitatem subsequentes Pacis perpetuò duraturæ Articulos concordarunt & stabilierunt.

I. Primò conclusum, stabilitum, & concordatum fuit & est, ut ab hodie in antea sit bona, sincera, vera, firma & perfecta Amicitia, & Confœderatio, ac Pax perpetuò duratura, quæ inviolabiliter observetur, inter Serenissimum Regem Hispaniarum, & Serenissimum Regem Magnæ Britanniæ, eorumque Regna, Patrias, Dominia, Terras, Populos, Homines, ligios ac subditos, quoscunque præsentes & futuros, cujuscunque conditionis, dignitatis & gradus existant, tam per Terram, quàm per Mare & Aquas dulces, ita ut prædicti Vassalli & Subditi sibi invicem favere & mutuis prosequi officiis ac honesta affectione invicem se tractare habeant.

II. Cesseteque imposterum omnis hostilitas, ac inimicitia, offensionibus omnibus, injuriis & damnis, quæ durante Bello Partes quoquomodo percepissent, sublatis & oblivioni traditis, ita ut imposterum nihil alter ab altero occasione quorumcunque damnorum, offensionum, captionum, aut spoliorum prætendere possit; sed omnium abolitio sit & censeatur facta ab hodie in antea, omnisque actio extincta habeatur. Salva & præterquam respectu captionum factarum intra districtum Maris arctioris spatio quindecim dierum & intra arctioris Maris Insularumque tractus spatio trium mensium; atque ultra Lineam spatio novem mensium integro elapso à die publicatæ Pacis, sive statim à significatione infra dictos limites, & loca sufficienter per Declarationes, aut Diplomata authentica respectivè monstranda, quia de illis debebit reddi ratio, fierique restitutio. Abstinebunt in futurum ab omni præda, captione, offensione & spolio in quibuscunque Regnis, Dominiis, Locis & Ditionibus alterutrius, ubivis sitis, tam in Terra quàm in Mari & Aquis dulcibus; nec per suos Vassallos, Incolas vel Subditos aliquid ex prædictis fieri consentient, omnemque prædam, spolium ac captionem, aut damnum, quod inde fiet vel dabitur, restitui facient.

III. Item, quòd nullus dictorum Serenissimorum Regum suorumque Hæredum & Successorum quorumcumque per se nec per quemvis alium contra alium & sua Regna, Patrias, & Dominia quæcunque quicquam aget, faciet & tractabit, vel attentabit quocunque in loco, sive in Terra, sive in Mari, Portubus, vel in Aquis dulcibus quacunque occasione, vel causa; nec alicui Bello, Consilio, Attentationi vel Tractatui quæ fierent vel fieri possent in præjudicium unius vel contra alium consentiet vel adhærebit.

IV. Item quòd neutra Partium præstabit nec præstari per alios suos Vassallos, Subditos, Incolasve consentiet auxilium, favorem vel consilium directè nec per indirectum tam per Terram, quàm per Mare & Aquas dulces, nec subministrabit, nec subministrari consentiet per dictos Vassallos, Incolasve, ac Subditos Regnorum Milites, commeatum, pecunias, instrumenta bellica, munitiones, vel aliquodvis aliud auxilium ad Bellum confovendum, Hostibus, Inimicis, ac Rebellibus alterius Partis cujuscunque generis sint tam invadentibus Regna, Patrias & Dominia alterius, quàm se subtrahentibus ab obedientia & dominio alterius.

V. Renunciabuntque præterea prout tenore præsentium dicti Reges ac quilibet eorum renunciabit & renunciat cuicunque Ligæ, Confœderationi, Capitulationi, & Intelligentiæ in præjudicium unius vel alterius quomodolibet factæ, quæ præsenti Paci & Concordiæ, omnibusque & singulis in ea contentis repugnet vel repugnare possit: easque omnes & singulas quoad effectum prædictum cassabunt & annullabunt, nulliusque effectus & momenti declarabunt.

VI. Item pactum & conventum, ut iidem Serenissimi Reges Subditos ab omni vi & injuria abstinere curent, revocentque quascunque Commissiones ac Litteras tam repræsaliium seu de marca, quàm facultatem prædandi continentes, cujuscunque generis aut conditionis sint, in præjudicium alterius Regis, vel Subditorum, Subditis suis, sive Incolis, sive extraneis datas & concessas, easque nullas, cassas & irritas declarent, ut hoc Pacis Tractatu nullæ, cassæ, & irritæ declarantur. Et quicunque contravenerint puniantur, & præter inflictam criminalem pœnam Subditis læsis, id requirentibus, illata damna resarcire compellantur.

VII Item, conventum & stabilitum fuit & est, quod inter Serenissimum Regem Hispaniarum & Serenissimum Regem Angliæ, & cujuslibet eorum Vassallos, Incolas & Subditos tam per Terram, quàm per Mare & Aquas dulces in omnibus singulis Regnis, Dominiis & Insulis, aliisque Terris, Civitatibus, Oppidis, Villis, Portubus ac Districtibus dictorum Regnorum & Dominiorum sit & esse debeat Commercium liberum, in quibus inter dicta Regna fuit Commercium ante Bellum inter Philippum secundum Hispaniarum Regem & Elisabeth Angliæ Reginam prout stabilitum fuit in Tractatu Pacis anni millesimi sexcentesimi quarti, Articulo nono: juxta & secundum usum & observantiam antiquorum Fœderum & Tractatuum supra dictum tempus antecedentium, ita ut absque aliquo salvo Conductu aliaque Licentia generali, vel speciali, tam per Terram, quàm per Mare & Aquas dulces Subditi & Vassalli unius & alterius Regis, possint & valeant ad omnia prædicta, eorumque omnium Civitates, Oppida, & Portus, Littora, Sinus & Districtus accedere, intrare, navigare & quoscunque Portus subire, in quibus ante supra dictum tempus fuit mutuum Commercium, & juxta & secundum usum & observantiam antiquorum Fœderum, & Tractatuum prædictorum cum Plaustris, Equis, Sarcinulis, Navigiis, tam onustis quàm onerandis, merces importare, emere, vendere in iisdem quantum voluerint commeatum resque ad victum, & profectionem necessarias justo pretio sibi assumere, restaurandis Navigiis & Vehiculis propriis vel conductis aut commodatis operam dare, illinc cum Mercibus, Bonis, ac rebus quibuscunque solutis juxta locorum Statuta Teloniis & Vectigalibus præsentibus tantùm, eàdem libertate recedere indeque ad Patrias proprias, vel alienas quomodocunque velint sine impedimento exire.

VIII. Item, conventum & pariter stabilitum fuit, & est, ut liceat ad dictorum Regum Portus accedere, morari, & redire cum eàdem libertate, ne dum cum Navibus ad usum Commercii, & Mercium convehendarum, sed etiam cum aliis suis Navigiis armatis ad Hostium impetus cohibendos paratis, sive vi tempestatis appulerit, sive ad reficiendas Naves vel ad emendum commeatum: modò si sponte accesserint numerum sex vel octo Navium non excedant, neque diutius vel in Portubus, vel circa Portus hæreant, vel persistant, quàm illis ad refectionem & alia necessaria paranda fuerit necesse; ne impedimento quoquo modo sint libero aliarum amicarum Nationum intercursui & commercio. Ubi autem de majori numero Navium armatarum agatur, tunc non (nisi consulto Rege) liceat ingredi, & modò in dictis Portubus nihil hostiliter agant in præjudicium ipsorum Regum, sed ut Amici, & Confœderati degant & conquiescant.

IX. Hoc semper cauto ne sub colore & prætextu Commercii auxilia aliqua sive commeatus, sive armorum, sive instrumentorum bellicorum, sive cum suis alterius bellici auxilii genus ad utilitatem & beneficium inimicorum unius vel alterius Regis per eorum Regnum, Subditos, Vassallos, vel Incolas quoscunque deferantur; sed quicumque hæc attentaverint acerrimis pœnis puniantur, quibus seditiosi & Fidei & Pacis infractores coërceri solent. Ita ut Subditi unius in Territorio alterius non pejus tractentur quàm ipsimet Naturales in venditione & contractione suarum Mercium, tam ratione pretii, quàm aliter, sed par & æqua sit in prædictis tam forensium quàm naturalium conditio; non obstantibus quibuscumque Statutis, vel Consuetudinibus in contrarium.

X. Item, conventum & stabilitum fuit & est, quod dictus Serenissimus Rex Angliæ prohibebit, Edictoque publico statim post firmationem præsentium Capitulorum publicando cavebit, ne aliquis suus Subditus, Incola, vel Vassallus levet aut transferat quoquo modo directè, vel per indirectum, proprio nomine vel alieno; nec aliquam Navim aut aliud Vehiculum, vel nomen suum commodabit ad transferendum, vel traducendum aliquas Naves, Merces, Manufacturas, vel quævis alia ex Hollandia & Zelandia in Hispanias, ac alia Regna & Dominia ipsius Serenissimi Regis Hispaniarum, nec aliquem Mercatorem Hollandum, vel Zelandum in suis Navibus transferet ad dictas partes sub pœna indignationis Regis & aliarum pœnarum contemptoribus Mandatorum Regiorum indictarum. Et ad effectum ut magis cautum sit ne fraudes sequantur ob similitudinem Mercium, præsenti Capitulo cautum est, ut Merces ex Anglia, Scotia, & Hibernia advehendæ vel traducendæ ad Regna & Dominia dicti Regis Hispaniarum Registro Villæ vel Civitatis, ac Sigillo, ex qua levabuntur, obsignentur, atque ita obligatæ sine difficultate aliqua, aut quæstione quacumque pro Anglicanis, Scotis, & Hibernicis habeantur, & respective juxta approbationem approbentur, salva probatione fraudis, non retardato tamen, nec impedito cursu Mercium. Illæ verò Merces quæ nec registratæ nec sigillatæ fuerint, cadant in confiscationem, & sint (ut dicitur) de bona præda: & similiter omnes Hollandi, & Zelandi qui in dictis Navibus reperientur, possint capi & arrestari.

XI. Pariter etiam conventum est, quod Britannicæ, Scotiæ, Hiberniæ Merces libere possint ex iisdem Regnis in Hispaniam, cæterasque Serenissimi ejusdem Regis Provincias adferri, solutis tantum Datiis ac Teloniis consuetis.

XII. Conventum etiam est, & stabilitum quod Mercibus quas Mercatores Angli, Scoti & Hiberni ement in Hispaniis, vel aliis Regnis dicti Serenissimi Regis Hispaniarum, & in propriis eorum Navibus vel conductis, vel commodatis ad eorum usum (exceptis tamen, ut superius dictum est, Navibus Hollandorum & Zelandorum) nova Datia & Vectigalia non augeantur, modò illas Merces conducant & deferant ad Regna dicti Serenissimi Regis Angliæ, vel ad Portus Provinciarum Belgicarum obtemperantium; & ad finem ne fraus sequatur, & ne dictas Merces ad alia loca & Regna & in specie ad Hollandiam & Zelandiam deferantur, conclusum est quod dicti Mercatores se obligabunt tempore quo onerabunt Naves in Hispania, vel aliis Regnis & Dominiis dicti Serenissimi Regis Hispaniarum, quibus supra, coram Magistratu Loci, in quo Merces levabunt, de solvendo Vectigali triginta pro centum, ubi dictas Merces ad alias Provincias deferant, & de consignanda Certificatione à Magistratibus Locorum obtinenda exonerationis dictarum Mercium, vel in Regno Angliæ, vel in Portubus Provinciarum sub obedientia & Dominio dicti Regis Hispaniarum existentium termino duodecim mensium: quâ Certificatione exhibitâ, Obligationes prius datæ eandem Certificationem adferentibus tradentur.

XIII. Quod Serenissimus Rex Angliæ prohibebit statim post firmationem præsentis Concordiæ, quod nullus exportabit Merces ex Hispaniis, vel aliis Regnis Serenissimi Regis Hispaniarum, aliunde deferendas, quàm ad Regna sua, & dictos Portus Provinciarum Belgicarum obedientium, sub pœna confiscationis omnium ipsarum Mercium versus fiscum dicti Serenissimi Regis Angliæ, data medietate dictarum Mercium, seu valoris notificatori; & imprimis deducto Datio triginta pro centum, quod solvetur Ministris deputatis Serenissimi Regis Hispaniarum, adhibitâ fide probationibus legitimis in Hispaniis receptis, in Angliam transmittendis in authentica forma.

XIV. Declaratur etiam supra dictam prohibitionem Mercium exportandarum ex Hispaniis ad alia, quàm ad Britanica Regna, & obedientes Provincias Flandriæ; nullo modo illa Regna & Dominia comprehendere, quæ Hispaniæ Regnorum libero fruuntur Commercio, ad hos enim quibus cum Hispaniis mutuum est Commercium, Subditi Serenissimi Regis Angliæ horum Hispaniæ Regnorum Merces (supradictis cautionibus & conditionibus pœnisque in præcedentibus Capitulis contra transgressores appositis, in suo robore, & effectu permanentibus) poterunt asportare.

XV. Item, quod nullus Magistratus Villarum vel Civitatum dictorum Regnorum suorum, qui Certificationes exonerationis Navium faciet, fidemque de Registro Mercium dabit, nullam in ea re mittat fraudem, sub pœna indignationis Regis, privationis Officii, & alia arbitrio suo.

XVI. Quod dictum est de libero dictorum Serenissimorum Regum Subditis concesso Commercio id ipsum, eodemque modo intelligendum etiam inter Subditos Provinciarum obedientium Flandriæ, & Serenissimi Regis Angliæ, Scotiæ, & Hiberniæ scilicet ut ubique locorum se invicem amanter complecti, sibi favere, seque mutuis officiis prosequi teneantur, possintque Terra Marique, & Aquis dulcibus sine aliquo salvo Conductu, nec ulla petita Licentia, generali aut speciali, ad dicta Regna, Dominia, Terras, Villas, Oppida, Civitates, Littora, Portus & Sinus quoscunque libere, tute, & secure accedere, intrare, navigare, Merces importare atque reportare, emere, ac vendere in iisdem, quamdiu voluerint subsistere, versari, & conversari, commeatum resque ad victum & profectionem necessarias justo pretio sibi assumere, restaurandis Navigiis & Vehiculis propriis, conductis & commodatis operam dare, illinc cum Mercibus, bonis, & rebus quibuscunque, solutis, juxta Locorum Statuta, Teloniis & Vectigalibus, eâdem libertate recedere, negotia sua libere exercere, indeque ad proprias aut alienas Patrias quandocunque velint, & sine ullo impedimento redire, modo Serenissimi Regis Angliæ Subditi Hollandorum unitorumve Navigiis non utantur; nihil ex Hollandia aut Provinciarum unitarum opificiis quocunque loco emptis, aut acceptis; nihil pro quo soluta sint in Hollandia aut Partibus unitis tributa in Provincias obedientes deferant, nihil inde ad eos, nisi firmatâ Pacificatione, referant, nihil quod Hollandorum, aut unitorum sit in suis Navibus recipiant, aut quod suum sit Hollandis Navibus fidant, nomina sua Hollandis, ac unitis fraudulenter non præstent; ut si quid in eorum aliquo contraventum reperiatur, id omnino pro justa & licita habeatur præda.

XVII. Supradicta tamen non solum intelligenda de Navibus Commercii causa vel onustis vel onerandis, sed de his etiam, quas dicti Serenissimi Reges armatas habent, & habebunt cohibendis Hostium conatibus, ut scilicet iis æque liceat, eo numero, quo suprà, sive vi tempestatis sint coactæ, sive commeatu, aliisve rebus emendis, sive Navibus reficiendis, eâdem libertate uti appellendo, subsistendo & abeundo, modò in dictis Portubus nihil hostiliter agant, sed se honeste, quiete, ut Amicos & Confœderatos decet, contineant, modo diutius vel in iisdem Portubus, vel circa Portus non hæreant vel persistant quam illis ad refectionem, & alia necessaria paranda fuerit necesse, nec impedimento quoquo modo sit libero aliarum Nationum amicarum intercursui & commercio. Ubi autem de majori numero Navium armatarum agatur, non (nisi consulto Rege) licebit ingredi.

XVIII. Quemadmodum autem iidem Reges sancte pollicentur, nihil se subsidii bellici alicujus eorum Hostibus umquam laturos, ita quoque cautum est, ne eorum Subditi, Incolæve, cujuscunque sint Nationis, aut qualitatis, sive prætextu intercursus & Commercii, sive alio quocumque quæsito colore, possint eorumdem Regum aut alicujus eorum Hostes ullâ ratione juvare, Pecunias conferre, Commeatum, Arma, Machinas, Bombardas, Instrumenta Bello gerendo apta, aliosve bellicos apparatus subministrare, & qui contra facient, sciant in se pœnis acerrimis animadversum iri, ut in fœdifragos & seditiosos solet animadverti.

XIX. Et quò uberiores fructus ex hac Concordia Subditis Serenissimi Regis Hispaniarum & Serenissimi Regis Angliæ in suis Provinciis obedientibus provenire possint, conventum & conclusum est dictos Serenissimos Reges conjunctim & divisim daturos operam, ne Subditis eorum ad omnes Portus, Regna & Dominia, eorum via præcludatur, quominus libere & sine impedimento cum suis Navigiis, Mercibus & Plaustris, solutis ordinariis Portoriis & Teloniis, ad dictos Portus, Regna & Dominia accedere possint, eâdemque (quando videbitur) libertate cum aliis Mercibus recedere.

XX. Quod verò attinet ad antiquos Intercursus & Commercii Tractatus, qui varii existunt inter Regna, tum Angliæ, Scotiæ, & Hiberniæ, tum Burgundiæ Duces, Principesque Belgii, quique durantibus iis motibus sunt intermissi, varieque fortasse læsi, conventum est, idque provisionaliter, ut pristinam vim, & authoritatem retineant: idemque sit utrimque eorum usus qui fuit ante Bellum inter Philippum Secundum Hispaniarum Regem, & Elisabetham Angliæ Reginam, prout stabilitum fuit in Tractatu Pacis anni millesimi sexcentesimi quarti, Articulo vigesimo secundo. Quod si quis vel utrimque, vel alterutra parte allegetur excessus, aut conquerantur Subditi Pacta non servari, oneravе sibi imponi solito graviora, committentur utrimque Deputati qui conveniant, & si fuerit opus, Mercatoribus earum rerum gnaris amice tractent eaque bona fide restaurent ac restituant, quæ vel injuria temporis, vel corrupto usu collapsa aut immutata reperientur.

XXI. Et

ANNO 1630.

XXI. Et quia jura Commercii quæ ex Pace consequuntur, infructuosa reddi non debent, prout redderentur, si Subditis Serenissimi Regis Angliæ, dum eunt & redeunt ad Regna & Dominia dicti Serenissimi Regis Hispaniarum & ibi ex causa Commercii, vel Negotii moram trahunt, eis molestia inferatur ex causa conscientiæ, ideò ut Commercium sit tutum, & securum tam in Terra quam in Mari, dictus Serenissimus Rex Hispaniarum curabit & providebit ne ex prædicta causâ conscientiæ contra jura Commercii, molestentur & inquietentur ubi scandalum aliis non dederint.

XXII. Item, quod ubi contingat aliqua ex Bonis & Mercibus prohibitis ex Regnis, & Dominiis Serenissimorum Regum prædictorum per Subditos unius vel alterius exportari, vel extrahi, quòd eo casu Persona solummodo delinquens pœnas incurrat, & Bona tantum prohibita fisco cedant.

XXIII. Item, quod Bona morientium Subditorum in Regnis & Provinciis alterutrius conserventur suis Hæredibus, & Successoribus salvo jure tertii.

XXIV. Item, quod Concessiones & Privilegia indulta per ipsos Reges Mercatoribus Regnorum utriusque advenientibus ad eorum Regna & quæ ob Bellum cessaverunt omnimo reviviscant, & suum sortiantur effectum.

XXV. Item, si contingat post hæc (quod Deus avertat) ut displicentiæ inter Serenissimos Hispaniarum & Angliæ Reges oriantur, quo periculum esse possit, ne Commercii intercursus interrumpatur tum ut Subditi hinc inde eâ de re ita admoneantur, ut sex menses à tempore monitionis habeant ad transportandas Merces suas, nulla interea arrestatione, interruptione, aut damno Personarum aut Mercium suarum faciendis vel dandis.

XXVI. Item, quòd nullus Serenissimorum Regum prædictorum, Naves Subditorum alterius in Portubus vel Aquis suis existentes, detineat, aut demoretur ad Belli apparatum aliudve servitium in præjudicium Dominorum, nisi prius admonito Rege ipsorum ad quos Naves pertineant, eoque etiam consentiente.

XXVII. Item, conventum est, quod si durante Pace & Amicitiis aliquid contra vires & effectus earundem per Terram, Mare & Aquas dulces per aliquos ipsorum Regum, Hæredum, & Successorum, Vassallos, Subditos aut Alligatos aut eorum Alligatorum Hæredes, & Successores in his Amicitiis comprehensorum Subditos, vel Vassallos fuerit attentatum, ac actum aut gestum, nihilominus hæc Pax & Amicitia in suis viribus & effectu permanebunt, & pro ipsis attentatis solummodo punientur ipsi attentantes & damnificantes, & non alii.

XXVIII. Item, quod Captivi in Bello facti ex utraque parte, etiamsi sint ad Triremes damnati libere hinc inde relaxentur & dimittantur, solutis tamen expensis victus ab iis qui in Triremibus non sunt, & soluto lytro ab iis, qui de eo prius convenerint.

XXIX. Item conclusum est, quod omnes actiones civiles, quæ tempore Belli cœptæ vigebant & subsistebant, possint adhuc exerceri, non obstante lapsu temporis durante Bello, ita ut quamdiu Bellum duravit nullum censeatur eis præjudicium illatum, salvis iis, quæ in fiscum pervenerunt.

XXX. Item, quòd si moveatur aliqua controversia in Regnis & Dominiis unius vel alterius per alium quemque non Subditum occasione captionum & spoliorum remittantur ad suum Judicem in Territorio illius Regis, contra cujus Subditum vel Subditos agatur.

XXXI. Item, quod si Hollandi, & cæteri Status Confœderati voluerint Pacificationum conditiones proponere cum Serenissimo Rege Hispaniarum, ejusque Successoribus, medio Serenissimo Rege Angliæ: dictus Serenissimus Rex Hispaniarum & Successores libenter semper audient quidquid justum & rationi consentaneum proponetur, & optabit ut, opera dicti Serenissimi Regis Angliæ, illi æquas proponant conditiones; cognoscentque quantum auctoritati dicti Serenissimi Regis Angliæ, Fratris sui charissimi, deferatur.

XXXII. Item, conclusum & stabilitum fuit, quòd in præsenti Tractatu Pacis comprehendantur Adhærentes, Amici & Confœderati ipsorum Regum videlicet,

XXXIII. Ex parte Serenissimi Regis Hispaniarum, &c. Ferdinandus Romanorum Imperator, ejusque Fratres & alii Principes, Austriæ Archiduces, Principes Imperii, Electores, Civitatesque & Status Imperio obedientes, Rex Galliæ, Rex Poloniæ & Sueciæ, Rex Daniæ, Dux & Respublica Veneta, Dux Sabaudiæ, Dux Bavariæ, Dux Cliviæ, Dux de Holstein Dux Lotharingiæ, Dux Parmæ & Placentiæ, Episcopus & Provincia Leodiensis, Dux Florentiæ, Dux Mutinæ & Regii, Dux Urbini, Ligæ, Cantones Helvetiæ & Grisones, Civitates Hansiaticæ, Comes Frisiæ Orientalis, sine tamen præjudicio juris per Regem Hispaniarum & Archiducem prætensi super ejus Statibus, Dux & Respublica Genuensis, Caput Domus Columnæ, Princeps Doriæ, Caput Domus Ursinæ, Dux Sermonetæ, Dominus de Monaco, Dux de la Mirandula, Princeps Massæ, Comes de Sala, & Comes de Cotorno.

XXXIV. Ex parte Serenissimi Regis Angliæ, &c. Ferdinandus Romanorum Imperator, cum Archiducibus Austriæ, & Electoribus Imperii, simulque Status & Civitates Imperii, Dux Lotharingiæ, Dux Sabaudiæ, Dux Brunsvicensis, Lunenburgensis, Mechelburgensis, Witemburgensis, Landgravius Hassiæ, Marchio de Baden, Dux Pomeraniæ, Princeps de Hanhalt, Comes Frisiæ Orientalis, Cantones Helvetiorum ac Grissonum, Civitates Maritimæ Hansiaticæ, Rex Christianissimus, Reges Daniæ & Poloniæ & Sueciæ, Dux & Respublica Veneta, Dux de Holstein, & Dux Hetruriæ.

XXXV. Item, concordatum & conclusum est quòd dictus Serenissimus Philippus Hispaniarum Rex & Carolus Angliæ Rex, &c. omnia & singula Capitula in præsenti Tractatu conventa & stabilita, sincera & bona fide observabunt per suosque Subditos & Incolas observari & custodiri facient, nec illis directè nec indirectè contravenient omniaque & singula supradicta per patentes utriusque Litteras manu Regia & Sigilli magni impressione munitas, & in sufficienti, debitâque formâ expeditas, firma & rata habebunt: & cum primùm sese obtulerit occasio, tradent, seu tradi facient cum bona fide realiter, & cum effectu Instrumentum Sponsionis, quo se mutuo denuntiant sub verbo Regio, & jurejurando manuum appositione super Librum Evangeliorum solemniter præstito, omnia & singula supradicta, cum alter ab altero fuerit requisitus, integrè executuros; nec non stabilitæ Pacis Tractatum forma & loco solitis, quantò citius commode possint, facient publicari. Quæ omnia supra contenta à nobis prænominatis utriusque Regis Deputatis, Legatis, & Commissariis, dictarum Commissionum vigore, nostrorumque Regum nomine concordata, stabilita, & conclusa fuerunt. In quorum omnium & singulorum fidem manu propria subscripsimus. Madriti decimo quinto die Novembris, anno Domini millesimo sexcentesimo trigesimo.

Copia juramenti præstiti per Regem Magnæ Britaniæ.

NOs Carolus Dei gratiâ magnæ Britaniæ, Franciæ & Hiberniæ Rex, Fidei Defensor, &c. Promittimus & juramus in manus Illustrissimi viri Caroli Colomæ, præsentis Legati & Procuratoris Serenissimi & Potentissimi Principis Philippi ejus nominis quarti Hispaniarum Regis, Fratris nostri Charissimi, & super hæc Sacrosancta Dei Evangelia, quod nos inviolabiliter, & sine fraude, aut dolo malo observabimus Reconciliationis & Pacis Tractatum, conclusum & concordatum inter nostrum & prædicti Charissimi nostri Fratris Deputatos, die quinto Novembris præterito stylo veteri, secundum omnes & singulos Articulos in eodem Tractatu contentos, neque consentiemus ut per nos, aut Subditos nostros aliquid tentetur, seu innovetur directè, aut per indirectum contra dictam Reconciliationem & Pacem vel in præjudicium dicti Tractatus. In cujus rei testimonium manum nostram propriam præsentibus apposuimus, Sacello Palatii nostri Westmonasteriensi septimo die Decembris, anno Domini millesimo, sexcentesimo trigesimo, secundum computationem Ecclesiæ Anglicanæ, Regnique nostri sexto.

Signatum,

CAROLUS REX.

FIN DU TOME V. PARTIE II.

SUPLEMENT

De quelques Pièces, tirées de RYMER, qui, par inadvertence, n'ont pas été mises dans leur Ordre Chronologique.

ANNO 1604. 18/28 Août.

I.

Tractatus Pacis inter PHILIPPUM III. *Regem Hispaniarum & JACOBUM I. Regem Magnæ Britanniæ conclusus. Dat. Londini 18/28. Augusti Anno 1604. cum Ratificatione Regis M. Britanniæ. d. 19. Augusti* [RYMER, Fœdera, Conventiones &c. Tom. XVI. pag. 585.]

REX &c. omnibus & fingulis ad quos præfentes Literæ pervenerint, Salutem.

Cum Tractatus quidam firmæ Amicitiæ & Pacis perpetuæ, ac Commercii, inter Commiffarios & Deputatos noftros &, Sereniffimorum Principum, *Philippi Regis Hifpaniarum* &c. ac *Alberti, & Ifabellæ Claræ Eugeniæ Archiducum Auftriæ, Ducum Burgundiæ* &c. Fratrum & Confanguineorum noftrorum Chariffimorum, *Londini*, decimo octavo Die Augufti Stilo vetere, Anno Domini millefimo fexcentefimo quarto, concordatus & conclufus fuerit, *cujus Tenor fequitur*,

Noverint omnes & finguli quòd, poft diuturnum & fæviffimum Bellorum Incendium, quo Chriftianæ Provinciæ per multos Annos infigni jacturâ conflagrârunt Deus, in cujus manu omnia polita funt, ex alto refpiciens, & fui Populi, cui ut Pacem afferret & relinqueret proprium Sanguinem effundere non dubitavit, Calamitates miferatus, Potentiffimorum Chriftiani Imperii Principum ftabili conjunctione, fævientem Ignem potenter reftrinxit, & Diem Pacis, Diem Tranquillitatis, hucufque magis optatam quàm fperatam, mifericorditer attulit; devolutis enim, per ipfius Dei maximi Gratiam, ad extirpanda Difcordiarum Semina, Angliæ & Hiberniæ Regnis ad Sereniffimum *Jacobum Scotiæ Regem*, fublatifque ideo illis Diffentionum caufis quæ Bella, inter Anteceffores Sereniffimorum Principum *Jacobi*, Dei Gratiâ, *Angliæ*, *Scotiæ*, *Franciæ & Hiberniæ Regis* Fidei Defenforis &c. & *Philippi Tertii Hifpaniarum Regis*, & *Alberti ac Ifabellæ Claræ Eugeniæ Auftriæ Archiducum & Ducum Burgundiæ* &c. tamdiu aluerunt, animadverterunt dicti omnes Principes (Deo corda illorum illuminante) nihil fupereffe cur Odiis, quæ nunquam inter ipfos extiterunt, certarent, vel Armis, a quibus Majores ipforum femper abftinuerunt, contenderent, & ab antiquiffimo, ac fuper Hominum memoriam, cuftodito Fœdere difcederent, arctiffimaque Neceffitudinis quæ prædicto Sereniffimo *Regi Angliæ* cum Sereniffimis *Auftriaca & Burgundica* Familiis intercedit, vincula difrumperent, ac veterem Amicitiam, novis femper ac indies cumulatis Amoris ac Benevolentiæ officiis excultam, violarent;

Propterea,

Audito de Succeffione dicti Sereniffimi *Scotiæ Regis* ad Regna Angliæ & Hiberniæ, miffifque, ex parte Sereniffimi *Regis Hifpaniarum*, Domino *Johanne Taxio Comite Villæ Medianæ*, & ex parte dictorum Sereniffimorum Archiducum, Domino *Carolo Principe Comite Arenbergii*, qui de Regni Succeffione, Nomine Sereniffimorum Principum refpective gratularentur dicto Sereniffimo *Regi Angliæ*, eaque Legatione humaniffimè fufceptâ, Legatifque amantiffimè receptis, certiores redditi fuerunt dicti Sereniffimi *Rex Hifpaniarum* & *Archiduces* a fuis Legatis de propenfa Sereniffimi *Angliæ Regis* voluntate, nedùm ad obfervandum antiqua Fœdera, fed alia, fi opus foret, arctiora & firmiora ineunda; Quare ab ipfis nihil prætermittendum effe putârunt quo poffet communis Reipublicæ Chriftianæ Tranquillitas promoveri, & Populorum fibi commifforum Utilitati profpici: Et, ut quam primùm & fedulò opus tàm pium conficeretur, Commiffarios fuos ac Procuratores generales ac fpeciales conftituerunt, cum ampliffima facultate ad ineunda ac ftabilienda Fœdera cum ipfo Sereniffimo *Rege Angliæ* &c. renovandaque jamdiu intermiffa Commercia, Pacemque ac Amicitiam perpetuò duraturam inter ipfos Principes confirmandam. ANNO 1604.

Quapropter,

Nos, *Thomas Comes de Dorfett Baro de Buckhurft* Thefaurarius Magnus Angliæ,

Carolus Comes Nottinghamiæ Baro Howard de Effingham, Capitalis Jufticiarius & Jufticiarius itinerans omnium Foreftarum citra Trentam, Magnus Admirallus Angliæ, & Præfectus Generalis omnium Claffium & Marium Regnorum Angliæ, Franciæ & Hiberniæ ac Infularum & Dominiorum eorumdem,

Carolus Comes Devoniæ Baro de Mountjoy, Locumtenens pro Sereniffimo *Rege Angliæ* &c. in Regno fuo Hiberniæ, Munitionum bellicarum Præfectus, Gubernator Oppidi Infulæ, & Caftri de Portifmouth, Prænobilis Ordinis Garterii Milites,

Henricus Comes Northamptoniæ Dominus Howard de Marnehill, Cuftos & Admirallus Quinque Portuum maritimorum,

Et,

Robertus Dominus Cecill Baro de Effinden, Primarius dicti Sereniffimi Regis Secretarius, Magifter Curiæ Wardorum & Liberationum,

Confiliarii è Secretioribus Conciliis Sereniffimi *Regis Angliæ*,

Deputati & Commiffarii pro dicto Sereniffimo *Rege Angliæ*, ut patet ex Mandato, facto in Palatio fuæ Majeftatis *Weftmonafterii*, fub Die nono Maii Stilo vetere, Anno Domini millefimo fexcentefimo quarto inferiùs regiftrando,

Johannes Velafchius Caftellæ & Legionis Conneftabilis, Dux Civitatis Friefis, Comes Hari, Dominus Villarum Villalpandi & Pedraciæ della Sierra, Dominus Domûs Velafchiæ & feptem Infantium de Lara, Cubicularius Major Sereniffimi *Philippi Tertii Hifpaniarum &c. Regis*, ac fuus in pertinentibus ad Statum ac Bellum Confiliarius, ac Præfes Italiæ,

Procurator & Commiffarius fpecialis a *Regia Catholica Majeftate* conftitutus, ad prædicta & infrafcripta omnia ftabilienda & peragenda cum ampliffima facultate, ut patet in Mandato Regio, facto in *Valladolit* primo Die Octobris, Anno millefimo fexcentefimo tertio, Manu propriâ dicti *Catholici Regis* fubfcripto, & fuo Sigillo regio munito, de verbo ad verbum inferiùs regiftrando,

Et nobifcum,

Johannes Taxius Comes Villæ Medianæ, a Cubiculo Regis, & Curforum in Regnis & Dominiis dicti Regis Catholici Generalis Præfectus, & a Regia Catholica Majeftate ad Tractatum Pacis nominatus,

Et *Alexander Rovidius Collegii* Mediolanenfis Jurifconfultus, & Mediolanenfis Provinciæ Senator, à nobis, Nomine Regiæ Catholicæ Majeftatis, nominatus, & a nobis pariter, & dum properantes in Angliam, fuperveniente invalitudine, in *Belgio* diftineremur virtute Facultatis Regiæ nobis conceffæ, ad ipfam Pacem interea, cum eadem Facultate & Authoritate quæ nobis tributa fuerat, tractandum, una cum dicto *Comite Villæ Medianæ*, fubftitutus, ut patet in Mandato, facto in Villa *Bergis Sancti Winokii*, decimo quinto Die Maii, 1604. inferiùs de verbo ad verbum regiftrando,

Omnes Commiffarii ex parte dicti Sereniffimi *Regis Hifpaniarum*,

Carolus Princeps Comes Arembergii Eques Ordinis Aurei Velleris, a Conciliis rerum Statûs, Admirallius Generalis &c.

Johannes Richardotus Eques, Secreti Concilii Præfes, & a rerum Statûs Conciliis,

Et,

Ludovicus Verreiken Eques, Primarius Secretarius & Audientiarius,

Sereniffimorum Principum *Archiducum* Legati & Deputati, ut patet ex Mandato facto *Bruxellis*, Die duocenno Menfis Aprilis 1604. inferiùs quoque regiftrando; Præmiffis prius diligenti rerum omnium examine & difcuffione, factifque pluribus Seffionibus & Conferentiis,

ANNO 1604.

rentiis, ac poſt diuturnam Diſceptationem, ad Omnipotentis Dei Gloriam, totius Chriſtiani Orbis beneficium, Subditorumque dictorum Sereniſſimorum Principum utilitatem & quietem, fuit per Nos concluſum, ſtabilitum ac concordatum prout infra continetur.

PRIMO, Concluſum, ſtabilitum & accordatum fuit & eſt, ut ab hodie inantea ſit bona, ſincera, vera, firma & perfecta Amicitia & Confœderatio, ac Pax perpetuò duratura, quæ inviolabiliter obſervetur inter Sereniſſimum *Regem Angliæ* &c. & Sereniſſimum *Regem Hiſpaniarum* &c. & Sereniſſimos *Archiduces Auſtriæ Duces Burgundiæ* &c. eorumque Hæredes & Succeſſores quoſcumque, eorumque Regna, Patrias, Dominia, Terras, Populos, Homines ligeos, ac Subditos quoſcunque præſentes & futuros, cujuſcunque conditionis, dignitatis & gradûs exiſtant, tàm per Terram quàm per Mare & Aquas dulces, ita ut prædicti Vaſſalli ac Subditi ſibi invicem favere & mutuis proſequi officiis, ac honeſtâ affectione invicem ſe tractare habeant; ceſſetque inpoſterùm omnis Hoſtilitas ac Inimicitia, offenſionibus omnibus, injuriis ac damnis quæ durante Bellorum incendio Partes quoquomodò percepiſſent, ſublatis ac oblivioni traditis, ita ut inpoſterùm nihil alter ab altero, occaſione quorumcumque damnorum, offenſionum, captionum aut ſpoliorum, prætendere poſſit, ſed omnium abolitio ſit, & cenſeatur facta ab hodie in antea, omniſque Actio extincta habeatur (ſalvo & præterquam reſpect. captionum factarum a Die *viceſimo quarto Aprilis* 1603. citra, quia de illis debebit redd. rationem) abſtinebuntque in futurum ab omni præda, captione, offenſione ac ſpolio in quibuſcumque Regnis, Dominiis, Locis ac Ditionibus alterutrius ubivis ſitis, tàm in Terra quàm in Mari & Aquis dulcibus, nec per ſuos Vaſſallos, Incolas vel Subditos aliquid ex prædictis fieri conſentient, omnemque prædam, ſpolium ac captionem ac damnum quod inde fiat vel dabitur reſtitui facient.

ITEM, Quòd nullus dictorum Principum ſuorumque Hæredum & Succeſſorum quorumcunque, per ſe, neque per quemvis alium, contra alium & ſua Regna, Patrias, Dominia quæcunque, quicquam aget, faciet, tractabit vel attentabit, quocunque in loco, ſive in Terra ſive in Mari, Portubus vel Aquis dulcibus, quacunque occaſione vel cauſâ, nec alicui Bello, conſilio, attentationi vel Tractatui, qui fieret vel fieri poſſet, in præjudicium unius contra alium, conſentiet vel adhærebit.

ITEM, Quòd neutra Partium præſtabit, nec præſtari per aliquos ſuos Vaſſallos, Subditos, Incoláſve conſentiet, auxilium, favorem vel conſilium directè vel per indirectum, tàm per Terram quàm per Mare & Aquas dulces, nec ſubminiſtrabit nec ſubminiſtrari conſentiet, per dictos Vaſſallos Incoláſve ac Subditos Regnorum ſuorum, Milites, Commeatum, Pecunias, Inſtrumenta bellica, Munitiones, vel aliquodvis aliud auxilium ad Bellum confovendum, Hoſtibus, Inimicis ac Rebellibus alterius Partis, cujuſcunque generis ſint, tàm invadentibus Regna, Patrias ac Dominia alterius, quàm ſe ſubtrahentibus ab Obedientia & Dominio alterius, renuntiabuntque præterea, prout tenore Præſentium dicti Principes ac quilibet eorum renunciavit & renunciat, cuicunque Ligæ, Confœderationi, Capitulationi & Intelligentiæ in præjudicium unius vel alterius quomodolibet factis, quæ præſenti Paci ac Concordiæ, omnibuſque & ſingulis in ea contentis, repugnet, vel repugnare poſſit; eaſque omnes & ſingulas, quoad effectum prædictum, caſſabunt & annullabunt, nulliuſque effectus & momenti declarabunt.

ITEM, pactum ac conventum, ut iidem Sereniſſimi *Reges* & *Archiduces*, Subditos ſuos ab omni vi & injuria abſtinere curent, revocentque quaſcunque Commiſſiones ac Literas, tàm Repreſaliarum ſeu de Marca, quàm Facultates prædandi continentes, cujuſcunque generis aut conditionis ſint, in præjudicium alterutrius Principis vel Subditorum, Subditis ſuis ſive Incolis ſive Extraneis datas & conceſſas, eaſque nullas, caſſas & irritas declarent, & hoc Pacis Tractatu nullæ, caſſæ & irritæ declarantur, & quicunque contravenerint puniantur, &, præter inflictam criminalem Pœnam, Subditis læſis & id requirentibus illata damna reſarcire compellantur.

ITEM, Quòd attinet ad Villas *Uliſſingiæ*, *Brillæ*, *Ramegen*, aliaque Fortalitia & Loca ab iis dependentia, in quibus Præſidiarii Milites dicti Sereniſſimi *Regis Angliæ* nunc exiſtunt, cùm idem Sereniſſimus Rex, per Pacta inter *Reginam Elizabetham*, feliciſſimæ memoriæ, cui in Regnis Majeſtas ſua ſucceſſit, & *Ordines Provinciarum Belgii Unitarum* concluſa arctè aſtringi ſe aſſerat, nè aliis quàm illis qui dictas Villas oppigneraverint eas reſtituat, adeò ut contra eaſdem Tranſactiones (ſalvâ fide quam religioſè erga omnes obſervandam ſua *Majeſtas* decrevit) liberum ſibi non eſſe dicat dicta Loca reſtituere Sereniſſimis *Archiducibus*, in verbo Regio promittit ſe cum dictis *Ordinibus* de novo Tractatum initurum, in quo ſua *Majeſtas* tempus competens eis aſſignabit, quo, cum Sereniſſimis *Principibus Fratribus* ipſius chariſſimis Pacificationum Conditiones accipiant juſtas & æquas; alioquin, ſi id facere recuſaverint, Sereniſſimus *Rex Angliæ* inde a prioribus Conventionibus liberatus, quod juſtum & honorabile exiſtimaverit de Villis ſtatuet, cognoſcentque dicti Sereniſſimi *Fratres ſui* chariſſimi ſe officio Amici Principis non defuturum.

ITEM, Quòd idem Sereniſſimus *Rex Angliæ* mandabit, prout ſe ſeriò mandaturum promittit, ut *Holandiis*, aliiſque Sereniſſimi *Regis Hiſpaniarum* & *Archiducum* Hoſtibus, ſuus Præſidiarius Miles, ex quacumque cauſa aut prætextu non ſerviat, ſuppetias ferat, Commeatum præſtet, Bombardas, Pulverem tormentarium, Globos, Sal nitrum, aliave Armorum genera concedat, aut qualecunque auxilium præbeat, aut aliquid hoſtile contra dictos Sereniſſimos *Regem Hiſpaniarum* & *Archiduces*, eorumque Subditos faciat: quemadmodum nec, ex parte dictorum Sereniſſimorum *Regis Hiſpaniarum* & *Archiducum*, quidquam hoſtile contra dictos Præſidiarios Milites, vel contra Sereniſſimum *Regem Angliæ* vel ſuos Subditos fiet.

ITEM, Conventum ac ſtabilitum fuit & eſt, quòd, inter dictos Sereniſſimum *Regem Angliæ* & *Sereniſſimum Regem Hiſpaniæ* ac cujuſlibet eorum Vaſſallos, Incolas & Subditos, tàm per Terram quàm per Mare & Aquas dulces, in omnibus & ſingulis Regnis, Dominiis ac Inſulis, aliiſque Terris, Civitatibus, Oppidis, Villis, Portubus ac Diſtrictibus dictorum Regnorum & Dominiorum, ſit & eſſe debeat liberum Commercium, in quibus ante Bellum fuit Commercium, juxta & ſecundùm uſum & obſervantiam antiquorum Fœderum & Tractatuum ante Bellum, ita ut, abſque aliquo Salvo-Conductu aliaque Licentia generali vel ſpeciali; tàm per Terram quàm per Mare & Aquas dulces, Subditi & Vaſſalli unius & alterius Regis poſſint & valeant ad Regna & Dominia prædicta, eorumque omnium Civitates, Oppida, Portus, Littora, Sinus ac Diſtrictus, accedere, intrare, navigare, & quoſcunque Portus ſubire, in quibus ante Bellum fuit Commercium, & juxta & ſecundùm uſum & obſervantiam antiquorum Fœderum & Tractatuum ante Bellum, cum Plauſtris, Equis, Sarcinulis, Navigiis tàm onuſtis quàm onerandis, Merces importare, emere, vendere in eiſdem, quantum voluerint Commeatum, reſque ad victum & profectionem neceſſarias, juſto pretio ſibi aſſumere, reſtaurandis Navigiis & Vehiculis propriis vel conductis aut commodatis operam dare, illinc cum Mercibus, Bonis ac Rebus quibuſcunque, ſolutis juxta Locorum Statuta Teloniis ac Vectigalibus præſentibus tantùm, eadem libertate recedere, indeque ad Patrias proprias vel alienas quomodocunque velint & ſine impedimento recedere.

ITEM, Conventum ac pariter ſtabilitum fuit & eſt, ut liceat ad dictorum Principum Portus accedere, morari ac redire cum eadem libertate, nedum cum Navibus ad uſum Comercii & Mercium convehendarum, ſed etiam cum aliis ſuis Navigiis armatis ad hoſtium impetus cohibendos paratis, ſive vi Tempeſtatis appulerint, ſive ad reficiendas Naves, vel ad emendum Commeatum, modò, ſi ſponte acceſſerint, numerum ſex vel octo Navium non excedant, nec diutiùs, vel in Portubus vel circa Portus, hæreant vel perſiſtant, quàm illis ad Refectionem & alia neceſſaria paranda fuerit neceſſe, nè impedimento quoquomodo ſint libero aliarum amicarum Nationum Intercurſui & Commercio; ubi autem de majori numero Navium armatarum agatur, tunc non niſi conſulto Principe liceat ingredi, modò in dictis Portubus nihil hoſtiliter agant in præjudicium ipſorum Principum, ſed ut Amici & Confœderati degant & conquieſcant; eo ſemper cauto, nè, ſub colore & prætextu Commercii, auxilia aliqua ſive Commeatus ſive Armorum, ſive Inſtrumentorum bellicorum, ſive cujuſvis alterius bellici auxilii genus, ad utilitatem & beneficium Inimicorum unius vel alterius Regis, per eorum Regum Subditos, Vaſſallos vel Incolas quoſcunque deferantur; ſed quicunque hæc attentaverint acerrimis Pœnis puniantur, quibus Seditioſi ac Fidei & Pacis Infractores coerceri ſolent, ita ut Subditi unius in Territorio alterius non pejus tractentur quàm ipſimet Naturales in venditione & con-

trec-

ANNO 1604.

ANNO 1604.

trectatione suarum Mercium, tàm ratione pretii quàm aliter, sed par & æqua sit in prædictis, tàm Forensium quàm Naturalium, conditio, non obstantibus quibuscunque Statutis vel Consuetudinibus in contrarium.

ITEM, Conventum ac stabilitum fuit & est, quòd dictus Serenissimus *Rex Angliæ* prohibebit, Edictoque publico, statim post firmationem præsentium Capitulorum, publicando cavebit, nè aliquis suus Subditus, Incola vel Vassallus levabit aut transferet quoquomodò directè nec per indirectum, proprio nomine vel alieno, nec aliquam Navem aut aliud Vehiculum, vel Nomen suum accommodabit ad transferendum vel traducendum aliquas Naves, Merces, Manufacturas, vel quævis alia ex Holandia ac Zelandia in Hispanias, ac alia Regna & Dominia ipsius Serenissimi *Regis Hispaniarum* & Serenissimorum *Archiducum*, nec aliquem Mercatorem *Holandiam* vel *Zelandiam* in suis Navibus levabit ad dictas Partes sub pœna indignationis Principis & aliarum pœnarum Contemptoribus Mandatorum Regiorum indictarum; Et ad effectum, ut magis cautum sit nè fraudes sequantur ob similitudinem Mercium, præsenti Capitulo cautum est, ut Merces ex Anglia, Scotia & Hibernia advehendæ vel traducendæ ad Regna & Dominia dictorum *Regis Hispaniarum* & *Archiducum*, Registro Villæ seu Civitatis, ac Sigillo ex qua levabuntur obsignentur, atque ita registratæ & obsignatæ, sine difficultate aliqua aut quæstione quacunque pro Anglicanis, Scoticis & Hibernicis habeantur, & respectivè juxta obsignationem approbentur, salvâ probatione Fraudis, non retardato tamen nec impedito Cursu Mercium: illæ verò Merces quæ nec registratæ nec sigillatæ fuerint, cadant in Confiscationem, & fiunt, ut dicitur, de bona præda, & similiter omnes *Holandi* & *Zelandi* qui in dictis Navibus reperiantur possint capi & arrestari.

ITEM, Conventum est, quòd Merces Anglicæ, Scoticæ & Hibernicæ possint ex Anglia, Scotia & Hibernia, in Hispaniarum ac alia Regna dicti Serenissimi *Regis Hispaniarum*, de quibus supra, transmitti & traduci, absque solutione Vectigalis triginta pro centum nuper impositi, sed solutis tantùm Daciis & Teloniis consuetis ante impositum dictum Vectigal triginta pro centum.

ITEM, Pariter conventum est, quòd pro Mercibus quas Mercatores Angli, Scoti & Hiberni ement in Hispaniis vel aliis Regnis dicti Serenissimi *Regis Hispaniarum*, & in propriis eorum Navibus vel conductis vel commodatis ad eorum usum (exceptis tamen, ut superius dictum est, Navibus Holandorum & Zelandorum) levabunt, solvant tantùm Datia consueta ante Impositionem dicti novissimi Vectigalis triginta pro centum, modò illas Merces conducant & deferant ad Regna dicti Serenissimi *Regis Angliæ*, vel ad Portus Provinciarum dictis Serenissimis *Archiducibus* obtemperantium; Et ad finem nè Fraudes sequantur, & ne dictæ Merces ad alia Loca & Regna, & in specie in *Hollandiam* & *Zelandiam*, deferantur, conclusum est quòd dicti Mercatores se obligabunt, tempore quo onerabunt Naves in Hispania, vel aliis Regnis & Dominiis dicti Serenissimi *Regis Hispaniarum*, quibus supra, coram Magistratibus Loci in quo Merces levabunt, de solvendo dicto Vectigali triginta pro centum, ubi dictas Merces ad alias Provincias deferant, & de consignanda Certificatione a Magistratibus Locorum obtinenda exonerationis dictarum Mercium, vel in Regno Angliæ, vel in Portubus Provinciarum sub Obedientia dictorum Serenissimorum *Archiducum* existentium, termino duodecim Mensium, quâ Certificatione exhibitâ, Obligationes prius datæ eandem Certificationem adferentibus retradentur; Quodque Serenissimus *Rex Angliæ* prohibebit statim post firmationem præsentis Concordiæ quòd nullus exportabit Merces, ex Hispaniis vel aliis Regnis Serenissimi *Regis Hispaniarum* aliunde deferendas, quàm ad Regna sua, & dictos Portus Flandriæ, sub pœna Confiscationis omnium ipsarum Mercium versus Fiscum dicti Serenissimi *Regis Angliæ*, datâ Medietate dictarum Mercium seu Valoris Notificatori, & inprimis deducto Datio triginta pro centum, quod solvetur Ministris & Deputatis Serenissimi *Regis Hispaniarum*, adhibitâ fide probationibus legittimè in Hispaniis receptis, huc in Angliam transmittendis in authentica forma.

ITEM, Quòd nullus Magistratus Villarum vel Civitatum dictorum Regnorum suorum qui Certificationes exonerationis Navium faciet fidémque de Registro Mercium dabit, nullam in ea re admittat fraudem sub pœna indignationis Principis, privationis Officii, & alia graviori arbitrio suo, eâ declaratione adjectâ, quòd ubi dicti Serenissimi *Rex* & *Archiduces* conveniant cum Serenissimo *Rege Gallorum*, vel cum alio quovis super novissimo Placarto triginta pro centum, & inter eos restituatur Commercium, tunc licebit Subditis dicti Serenissimi *Regis Angliæ* transferre suas Merces ad Regna & Dominia ejus cum quo restaurabitur Commercium absque solutione triginta pro centum, sed solutis consuetis Teloniis & Daciis ante impositionem dicti Vectigalis impositis & solvi solitis: Quod dictum est de libero dictorum Serenissimorum Regum Subditis concesso Commercio, id ipsum intelligendum etiam inter Subditos Serenissimorum Principum *Regis Angliæ, Scotiæ, Franciæ & Hiberniæ* & *Archiducum*; scilicet, ut ubique locorum se invicem amanter complecti, sibi favere, seque mutuis officiis prosequi teneantur, possintque Terrâ Marique & Aquis dulcibus, sine aliquo Salvo-Conductu, neque ullâ petitâ licentiâ generali aut speciali, ad dicta Regna, Dominia, Terras, Villas, Oppida, Civitates, Littora, Portus & Sinus quoscunque, liberè, tutè ac securè, accedere, intrare, navigare, Merces importare atque reportare, emere ac vendere in eisdem, quamdiu voluerint subsistere versari & conversari, Commeatum, Resque ad victum & profectionem necessarias, justo pretio sibi assumere, restaurandis Navigiis & Vehiculis propriis conductis aut commodatis operam dare, illinc cum Mercibus, Bonis & Rebus quibuscunque, solutis juxta Locorum Statuta Teloniis & Vectigalibus, eadem libertate recedere, Negotia sua liberè exercere, indeque in proprias aut alienas Patrias, quandocunque velint, & sine ullo impedimento, redire, modò Serenissimi *Regis Angliæ* Subditi *Holandiæ Unitorumve* Navigiis non utantur, nihil ex *Holandiæ* aut *Provinciarum Unitarum* Opificiis quocunque loco emptis aut acceptis, nihil pro quo soluta sint in *Holandia* aut *Partibus Unitis* Tributa, in Seronissimorum *Archiducum* Provincias deferant, nihilque inde eos nisi initâ Pacificatione referant, nihil quod *Holandorum* aut *Unitorum* sit in suis Navibus recipiant; aut quod suum sit *Holandicis* Navibus fidant, Nomina sua *Holandis* aut *Unitis* fraudulenter non præstent, ut si quid in eorum aliquo contraventum reperiatur id omne pro justa & licita habeatur præda: supradicta autem intelligenda, non solùm de Navibus Commercii caussâ vel onustis vel onerandis, sed etiam de iis quas dicti Serenissimi Principes armatas habent & habebunt, cohibendis Hostium conatibus; ut, scilicet, iis æquè liceat eo numero quo supra, sive vi Tempestatis sint coactæ, sive Commeatu aliisve rebus emendis, sive Navibus reficiendis, eadem libertate uti appellendo, subsistendo & abeundo, modo in dictis Portubus nihil hostiliter agant, sed se honestè ac quietè, ut Amicos & Confœderatos decet, contineant, modò diutiùs vel in eisdem Portubus vel circa Portus non hæreant vel persistant quam illis ad refectionem & alia necessaria paranda fuerit necesse, nè impedimento quoquomodò sint libero aliarum Nationum Amicarum Intercursui & Commercio, ubi autem de majore numero Navium armatarum agetur non nisi consultò licebit ingredi: Quemadmodum autem iidem *Reges* & *Archiduces* sanctè pollicentur nihil se Subsidii bellici alicujus eorum Hostibus unquam laturos, ita quoque cautum est, nè eorum Subditi Incolæve, cujuscunque sint Nationis aut qualitatis, sive prætextu Intercursûs & Commercii, sive alio quocunque quæsito colore, possint eorumdem Principum, aut alicujus eorum Hostes, úllâ ratione, juvare, Pecunias conferre, Commeatum Arma, Machinas, Bombardas, Instrumenta Bello gerendo apta, aliosve bellicos Apparatus, subministrare, ut qui contra fecerint sciant in se Pœnis acerbissimis animadversum iri, ut in Fœdifragos ac Seditiosos solet animadverti.

Et quo uberiores Fructus ex hac Concordia Subditis Serenissimorum *Regis Angliæ* & *Archiducum* provenire possit, conventum & conclusum est, dictos Serenissimos *Regem Angliæ* & *Archiduces* conjunctim & divisim daturos operam nè Subditis eorum ad omnes Portus, Regna & Dominia eorum via præcludatur, quominus liberè & sine impedimento cum suis Navigiis, Mercibus & Plaustris, solutis ordinariis Portoriis & Teloniis, ad omnes dictos Portus, Regna & Dominia accedere possint, eademque quando videbitur libertate cum aliis Mercibus recedere; Quod verò attinet ad antiquos Intercursûs & Commercii Tractatus, qui varii extant inter Regna tum Angliæ Scotiæque & Hiberniæ, tùm Burgundiæ Duces Principesque Belgii, quique durantibus iis Motibus sunt intermissi, variéque fortasse læsi, conventum est; idque provisionaliter, ut pristinam vim & authoritatem retineant, idemque sit utrinque eorum usus qui fuit ante motum Bellum; quod si quis, vel utrinque vel ab alterutra parte, allegetur Excessus, aut conquerantur Subditi Pacta non servari,

ANNO 1604.

onerare sibi imponi solito graviora, committentur utrinque Deputati qui conveniant &, adscitis si fuerit opus Mercatoribus earum rerum gnaris, amicè tractent, eaque bonâ fide restaurent ac restituant, quæ, vel injuria Temporum vel corrupto usu, collapsa aut immutata reperientur; Et quia Jura Commercii, quæ ex Pace consequuntur infructuosa reddi non debent, prout redderentur si Subditis Serenissimi *Regis Angliæ*, dum eunt ac redeunt ad Regna & Dominia dictorum Serenissimorum *Regis Hispaniarum* & *Archiducum*, & ibi ex causa Commercii vel Negotii moram trahunt, eis molestia inferatur ex causa Conscientiæ, ideo ut Comercium sit tutum & securum, tàm in Terrâ quàm in Mari, dicti Serenissimi *Rex Hispaniarum* & *Archiduces* curabunt & providebunt nè, ex prædicta causa Conscientiæ, contra Jura Commercii molestentur & inquietentur, ubi scandalum aliis non dederint.

ITEM, Quòd ubi contingat aliqua ex Bonis & Mercibus prohibitis, ex Regnis & Dominiis Serenissimorum *Regum* aut *Archiducum* prædictorum, per Subditos unius vel alterius, exportari vel extrahi, quòd eo casu Persona solummodò delinquens pœnas incurrat, & Bona tantùm prohibita Fisco cedant.

ITEM, Quòd Bona morientium Subditorum in Regnis & Provinciis alterutrius conserventur suis Hæredibus & Successoribus, salvo Jure Tertii.

ITEM, Quòd Concessiones & Privilegia indulta, per ipsos Principes, Mercatoribus Regnorum utriusque advenientibus ad eorum Regna, & quæ, ob Bellum cessaverunt, omninò reviviscant & suum sortiantur effectum.

ITEM, Si contingat posthac (quod Deus avertat) ut displicentiæ inter Serenissimos *Reges Angliæ* & *Hispaniarum* aut *Archiduces* oriantur, quo periculum esse possit nè Commercii Intercursus interrumpatur, tùm ut Subditi hincinde ea de re ita admoneantur, ut sex Menses a tempore Monitionis habeant ad transportandas Merces suas, nullâ interea arrestatione, interruptione, aut damno Personarum aut Mercium suarum faciendis vel dandis.

ITEM, Quòd nullus Principum prædictorum Naves Subditorum alterius, in Portubus vel Aquis suis existentes, detineat aut demoretur, ad Belli apparatum aliudve Servitium in præjudicium Dominorum, nisi prius admonito Principe ipsorum ad quos Naves pertineant, eoque etiam consentiente.

ITEM, Conventum est quòd si, durantibus Pace & Amicitiâ, aliquid contra vires & effectus earumdem, per Terram, Mare vel Aquas dulces, per aliquos ipsorum Principum, Hæredum & Successorum Vassallos, Subditos aut Alligatos, aut eorum Alligatorum Hæredes seu Successores in hiis Amicitiis comprehensorum Subditos vel Vassallos, fuerit attentatum, actum aut gestum, nihilominus hæc Pax & Amicitia in suis viribus & effectu permanebunt, & pro ipsis attentatis solummodò punientur ipsi attentantes ac damnificantes & non alii.

ITEM, Quòd Captivi in Bello facti ex utraque parte, etiamsi sint ad Triremes dampnati, liberè hincinde relaxentur & dimittantur, solutis tamen Expensis Victûs ab hiis qui in Triremibus non sint, & soluto Litro ab hiis qui de eo prius convenerint.

ITEM, conclusum est, quòd omnes Actiones Civiles, quæ tempore Belli cœpti vigebant & subsistebant, possint adhuc exerceri, non obstante lapsu temporis, durante Bello, ita ut quamdiu Bellum duravit nullum censeatur iis præjudicium illatum, salvis hiis quæ in Fiscum pervenerunt.

ITEM, Quòd si moveatur aliqua Controversia in Regnis & Dominiis unius vel alterius, per alium quemcunque non Subditum, occasione captionum & spoliorum, remittatur ad suum Judicem in Territorio illius Principis contra cujus Subditum vel Subditos agetur.

ITEM, Quòd si *Hollandi* ac cæteri *Status Confœderati* voluerint Pacificationum Conditiones accipere, cum *Serenissimis Archiducibus* eorumve Successoribus, Medio *Serenissimi Regis Angliæ*, dicti *Serenissimi Archiduces* & Successores libenter semper audient quicquid proponetur, & optabunt ut operâ dicti *Serenissimi Regis Angliæ* illi æquas accipiant Conditiones, cognoscentque quantum Auctoritati dicti *Serenissimi Regis Angliæ* Fratris sui Charissimi tribuant.

ITEM, Conclusum & stabilitum fuit, quòd in præsenti Tractatu Pacis comprehendantur Adherentes Amici & Confœderati ipsorum Principum,

Videlicet,

ANNO 1604.

Ex parte *Serenissimi Regis Angliæ* &c.

Rodulphus Romanorum Imperator cum *Archiducibus Austriæ*, & *Electoribus Imperii*, simulque *Status* & *Civitates Imperii*,
Dux Lotharingiæ,
Dux Sabaudiæ,
Duces Brunsvicensis, *Lunenburgensis*, *Mekelburgensis*, *Wirtembergensis*,
Lantgravius Hessiæ,
Marchio de Baden,
Dux Pomeraniæ,
Princeps de Anhalt Comes Frisiæ Orientalis,
Cantones Helveticorum & *Grisonum*;
Civitates Maritimæ Hanseaticæ.
Rex Christianissimus,
Rex Poloniæ & *Sueciæ*,
Rex Daniæ,
Dux & *Respublica Veneta*,
Dux de Holstein.
Et,
Dux Hetruriæ.

Ex parte *Serenissimi Regis Hispaniarum* & *Archiducum*.

Rodulphus Romanorum Imperator ejusque Fratres, & alii *Principes Austriæ Archiduces*,
Principes Imperii Electores Civitatesque & *Status* Imperio obedientes,
Rex Galliæ,
Rex Poloniæ & *Sueciæ*,
Rex Daniæ,
Dux & *Respublica Veneta*,
Dux Sabaudiæ,
Dux Bavariæ,
Dux Cliviæ,
Dux Holstein,
Dux Lotharingiæ,
Dux Parmæ & *Placentiæ* cum Fratre suo Cardinale,
Episcopus & *Provincia Leodiensis*,
Dux Florentiæ,
Dux Mantuæ,
Dux Mutini & *Regii*,
Dux Urbini,
Ligæ & *Cantones Helvetiæ* & *Grisones*,
Civitates Hanseaticæ,
Comites Frisiæ Orientalis (sine tamen præjudicio Juris per *Regem Hispaniarum* & *Archiduces* prætensi super eorum Statibus)
Dux & *Respublica Genuensis*,
Respublica Lucensis,
Caput Domûs Columniæ,
Princeps Doria,
Caput Domûs Ursinæ,
Dux Sermonetæ,
Dominus de Monacho,
Comes de la Mirandula,
Marchio Massaæ,
Comes de Sala,
Comes de Colorno.

ITEM, Concordatum & conclusum est, quòd dicti *Serenissimi Jacobus Angliæ Rex* &c. *Philippus Hispaniarum Rex* &c. *Albertus* & *Isabella Clara Eugenia Archiduces* &c. omnia & singula Capitula, in præsenti Tractatu conventa & stabilita, sincerè ac bonâ fide observabunt, per suosque Subditos & Incolas observari ac custodiri facient, neque illis directè vel indirectè contravenient, aut per suos Subditos & Incolas ut contraveniatur directè vel indirectè consentient, omniaque & singula ut supra conventa per Literas Patentes manibus suis subscriptas, & magnis Sigillis suis sigillatas ratificabunt, authorisabunt & confirmabunt, in sufficienti & valida ac efficaci forma conceptas & confectas, primâ occasione tradent tradive facient bonâ fide realiter & cum effectu, similemque Promissionem de observandis omnibus & singulis præmissis in verbo Regis & Principis, & etiam præstito Juramento, tactis Sacrosanctis Evangeliis facient, cùm ab alterâ parte fuerint ad id requisiti, curabunt etiam *Reges* & *Archiduces* prædicti præsentem Pacem & Amicitiam Locis consuetis publicari quam primùm commodè fieri poterit.

Sequuntur

ANNO 1604.

Sequuntur Commissionum & Mandatorum Tenores.

JAcobus Dei Gratia Rex Angliæ &c. omnibus ad quos &c. Salutem.

Notum facimus quòd cum Nos, a nativitate nostra, & primo in Regnum nostrum Scotiæ introitu, non solùm concordi Pace infra Regni ejusdem viscera, sed etiam cum Regibus, Principibus ac Rebuspublicis Christianis extra nostra Dominia, DEI OPTIMI MAXIMI beneficio, hactenus feliciter potiti fuerimus, ejusdem tamen Pacis fructus, post adeptam hujus Regni Possessionem, efficaciùs percepimus, quandoquidem ex eadem Pace quâ cum omnibus Christianis Principibus in Persona nostra prius fruebamur, post nostrum in hoc Regnum Angliæ adventum, ad Populum nostrum hic degentem Tranquillitatem universim adduximus, Populoque diuturnis Bellis & Dissentionibus cum aliis Christianis Regibus & Principibus, & nominatim, cum Fratribus Serenissimo *Philippo*, ejus Nominis Tertio, *Rege Hispaniarum*, ac Serenissimis *Alberto* & *Isabella Clara Eugenia Archiducibus Austriæ*, implicato ac involuto, Concordiam & Quietem conciliavimus, adeò ut citiùs in Regnum hoc nostrum non venerimus, quàm a Charissimis Fratribus nostris Invitatione honorificâ, cum sinceris Gratulationibus refertâ de nostra justa & pacifica in Regnum Successione, tùm etiam Declaratione & Assecuratione munitâ, de voluntate eorumdem propensâ ac proclivi ad Pacem Amicitiamque, quas hactenus Nos mutuò coluimus, & quas a Parentibus & Antecessoribus nostris respectivè suscepimus & observavimus, nùnc etiam confirmandas & firmiter stabiliendas receperimus; hiis igitur adducti, & Christianâ insuper Regiâque curâ, quam ad Pacem cum omnibus Christianis Principibus & speciatim cum Charissimis *Fratribus* prædictis libenter favemus & amplectimur, permoti, tàm Christiani Officio quàm Regis Munere obstringi; nos existimavimus non solùm ad Pacem ac Amicitiam antiquam continuandam, sed ut obicibus ac impedimentis etiam quibuscunque amotis, ad maturè providendum nè quidquam posthac oriri possit quod Pacis Amicitiæque conservationi, unde Populus fructus uberimos facile percipiet, obstare quoquomodò valeat; atque huic, post Deliberationem congruam, frequentesque de hiis Negotiis cum Charissimis *Fratribus* Intelligentiarum Intercursus, tandem inter Nos conventum & constitutum extitit de amicabili Consultatione Tractatu & Conventu infra Regnum nostrum Angliæ habendis, ad conferendum, tractandum & concludendum de & super omnibus & singulis Rebus, Materiis ac Negotiis, quorum Tractatio, Expeditio & Conclusio necessariæ quoquomodò fuerint perimplendum & debito modo terminandum, tanti ponderis & momenti opus, quod ad Dei Gloriam, Christiani Orbis Pacem, Regum Christianorum Fratrumque Amicitias, ac denique ad Subditorum nostrorum, in Dominiis respectivè nostris inhabitantium, commodum inæstimabile tendit & plurimùm conducit;

Idcircò,

Sciatis quòd Nos, de fidelitate, industria & provida circumspectione,

Prædilectorum & Fidelium Consanguineorum nostrorum, *Thomæ Comitis de Dorset* Baronis de Buckhurst Thesaurarii Magni Angliæ,

Caroli Comitis Nottingamiæ Baronis Howard de Effingham, Capitalis Justiciarii & Justiciarii itinerantis omnium Forestarum Chasearum, Parcorum, Warrennatum citra Trentam, Magni Admiralli nostri Angliæ, ac Præfecti Generalis Classium & Marium Regnorum Nostrorum Angliæ & Hiberniæ, ac Insularum & Dominiorum eorumdem,

Caroli Comitis Devoniæ Baronis de Mountjoy, Locumtenentis Regni nostri Hiberniæ, Munitionum bellicarum nostrarum Præfecti, Gubernatoris Oppidi, Insulæ & Castri de Portsmouth,

Prænobilis Ordinis Garterii Militum ac Consiliariorum nostrorum,

Nec non,

Henrici Comitis Northamptoniæ Domini Howard, Baronis de Marnehill, Custodis & Admiralii Quinque Portuum maritimorum,

Ac,

Prædilecti & fidelis nostri, *Roberti Domini Cecill* Baronis de Efingden Primarii Secretarii nostri, Magistri Curiæ nostræ Wardorum & Liberationum,

Consiliariorum nostrorum,

Plurimùm confidentes,

Assignavimus eos omnes, vel eorum quatuor vel tres, nostros veros & indubitatos Procuratores generales & speciales, ad conveniendum, communicandum & tractandum, infra hoc Regnum nostrum Angliæ, cum Oratoribus, Commissariis, Deputatis seu Procuratoribus, tàm præfati Serenissimi *Hispaniarum Regis* Fratris nostri charissimi, quàm prædictorum charissimorum etiam Fratrum Serenissimorum, *Archiducum Austriæ* ac *Ducum Burgundiæ* &c. Potestatem similem sufficientem & plenum Mandatum a dictis Principibus respectivè habentibus, de & super omnibus & singulis Differentiis, Querelis, Quæstionibus, Litibus, Injuriis, Hostilitatibus, Spoliis, Arrestis & Gravaminibus quibuscumque hincinde illatis, unà cum suis circumstantiis emergentibus, incidentibus, dependentibus & connexis,

Nec non de Amicitia, Concordia, Confœderatione inter Nos & Successores nostros, ac Regna & Dominia nostra, ac Subditos Alligatos & Confœderatos nostros, ac alios Nobis Adhærentes, & præfatos *Regem* & *Archiduces* Hæredes & Successores suos, atque Loca & Dominia sua, Subditosque Alligatos suos, & alios illis Adhærentes,

Ac etiam de Renovatione & Redintegratione Commerciorum, ac amicabili Intercursu mercandizandi inter Nos, Hæredes & Successores nostros, Regna, Terras & Dominia nostra quæcunque, ac Subditos, Alligatos, Confœderatos nostros, aliosque Nobis Adhærentes quoscunque, ac dictos *Regem* & *Archiduces* Hæredes & Successores suos, atque Loca & Dominia sua, Subditosque Alligatos suos, & illis Adhærentes;

Dantes & concedentes eisdem quinque, quatuor aut tribus eorundem, plenam & omnimodam Authoritatem & Potestatem, Nomine nostrò, tractandi, conveniendi, paciscendi, transigendi & concludendi sub illis Pactis, Modis, Formis, Conditionibus, Conventionibus & Securitatibus, quæ ad firmitatem, validitatem, robur & perpetuitatem bonæ & sinceræ Pacis & Concordiæ ac Intercursus Subditorum respectivè nostrorum, videbuntur expedire,

Literas etiam & Scripta super iisdem Conventis & Conclusis tradendi, ac consimiles Nomine nostro petendi;

Necnon ad aliam Dietam sive Conventionem, prout conveniens & opportunum ipsis videbitur, prorogandi & continuandi: ac generaliter cætera omnia, Nomine nostro, faciendi & petendi, quæ circa præmissa necessaria videbuntur aut quomodolibet opportuna, atque tanti Negotii qualitas requiret, etiamsi talia essent quæ Mandatum requirerent magis speciale;

Promittentes, bonâ fide & in verbo Regio, Nos, pro Nobis, Hæredibus & Successoribus nostris, firma, rata & grata habituros quicquid a dictis Commissariis, Deputatis & Procuratoribus nostris, vel eorum quatuor aut tribus concludi & conveniri contigerit; & insuper confirmaturos, per Literas nostras Patentes, ea quæ ab ipsis sic pacta, conventa & conclusa fuerint, neque illis quoquomodò directè vel indirectè, quovis quæsito colore vel prætextu, contraventuros; omni dolo, fraude & exceptione penitùs semotis.

In cujus rei testimonium præsentes Literas nostras fieri fecimus Patentes.

Dat. apud *Palatium nostrum Westmonasterium* decimo nono Die Maii, Anno Domini & Redemptoris nostri millesimo sexcentesimo quarto, & Regni nostri Angliæ, Franciæ & Hiberniæ secundo, & Scotiæ tricesimo septimo.

Per ipsum Regem.

CAREW.

Don Phelippe, por la Gratia de Dios, REY *de Castilla, de Leon, de Aragon, de las dos Sicilias, de Jherusalem, de Portugall, de Navarra, de Granada, de Toledo, de Valentia, de Gallicia, de Mallorca, de Sevilla, de Zerdena, de Cordona, de Corzega, de Murcia, de Jaen. de los Algarves, de Algezira, de Gibraltar, de las Islas de Canaria, de las Indias* Orientales y Occidentales, *Islay y Tierra firme, de Mar Oceano*; ARCHIDUCQUE *de Austria*, DUQUE *de Burgogna y de Milan, Conde de Abspurg, de Tyrol, y de Barcelona*, SENOR *de Vizcaya y de Molina* &c. Por quanto el *Serenissimo Rey de Inglaterra, Escosia y Irlanda*, de mas de la Amistad y buena Correspondencia, que ha tenido con miguo y yo con el por lo passado se ha conozido, que con zelo del Bien publico, dessea que se continue la dicha Amistad y que para mas segu-

ridad

ANNO 1604.

ridad della se assiente una Paz firme, entre Nos otros y nuestros Reynos y mutandose, tan bien a esto la instantia que sobre lo mismo me han hecho los *Serenissimos Archiduque Alberto* y *Infanta Donna Ysabel* mis *Hermanos Sennores* de los Payses Baios, con su gran zelo del Bien publico, yo por que ninguna cosa que toque a el se dexe de encaminar preferiendola a los de mas respectos y enteresses, que se puedan a trauesar por grandes y graues que sean, por que se consiga la quietud publica, servicio de nostro Sennor, y bien de la Christiandad, y de nostra sancta Fee Catholica, que d'este Tratado se puede esperar, mediante el favor de Dios, siendo servido de inspirar a todos como puede he resuelto que el *Condestable de Castilla*, mi primo de los mis Conseios Stado y Guerra, y President de mi Conseio supremo de Italia, vaya a tratar de la dicha Paz con el dicho *Serenissimo Rey d'Inglaterra, Escozia y Irlanda*, en la forma que meior le pareciere para el buen fin della como quien tan a certadamente, lo sabra hazer por tanto en virtud de la presente doy al dicho *Conaestable* poder y facultad tan ampla cumplida y bastante como en tal caso se requiere, para que, por mi y en mi nombre, pueda tratar y hazer, tratar, capitular y asentar una Paz firme, estable y duradera con el dicho Rey en la forma y manera y con las Condicoes que mas convenientes fueren y a el le parecieren, esperando que seran tales que se consigna el servitio de miestro Sennor, y biende la Christiandad, como queda dicho y se establesca entre nostras Coronas Reynos y Subditos buena y verdadera Amistad y Correspondentia, y prometo y doy mi Fee y palabra Real, de que estare y passare por todolo que en razon desto el dicho *Condestable de Castilla* capitulare y concluyere, y que lo terne por firme, estable y valedero, y lo complire puntualmente sin falta in diminution alguna y inutamente Me obligo a que ratificare y aprovare en special forma con los Juramentos y de mas requisitos necessarios, que en semeiantes casos se acostumbran, lo que assi asentare y capitulare, en virtud deste Poder, y para firmeza dello mande despaschar la presente firmada de mi mano, y sellada con mi Sello.

Dada en *Valladolid* a primo d'Octobre, de mill y siescientos y tres Annos,

Subscriptum,

YO EL REY.

Et Inferius,

Por Mandato del *Rey nuestro Sennor*,

Et signatum,

ANDROS DE PRADA,

Cum Sigillo Regio superimpresso.

Juan Fernandes de Velasco Condestable de los Reynos de Castilla y de Leon, Camarero mayor del Rey nostro Sennor, y su Copero mayor de sus Conseios d'Estado y Guerra, y su Presidente d'Italia, Duque de la Cividad de Frias, Conde de Haro, Conde de Castilnovo, Sennor de las casas de Velasco, y de la de los siete infantes de lara, y de las Villas de Villalpando, y Pedraze de la Sierra &c. Hamendo conferido en mi Persona la Magestad del Rey Catholico de Spanna nostro Sennor *Don Felippe Tercero* todo su poder y auctoridad en ampla forma para tratar y hazer Tratar una buena, firme, estable y duradera Paz con la *Majestad del Rey d'Inglaterra, Escosia y Irlanda* conquien si empre ha tenido la Magestad del Rey nostro Sennor muy buena Correspondentia y Amistad, el qual Poder esta firmado de su Real mano.

Fecho en *Valladolid*, a primero de Octobre de Anno passado de 1603.

Y su Tenor es el que se signe,

Don Felippe, por la Gracia de Dios, *Rey de Castilla, de Leon, de Aragon &c. ut supra*, y siendro necessario transferir y sostituir el dicho Poder en otros, por aver yo llegado a estos Estados de Flandes, con falta de salud yno hallar me por agera para continuar el vaie y ser tan conviniente, que sin perder tiempo se pouga en execution la volundad y justo desseo de sus Magestedes para el bien universal y servicio de ambos, he accordade que el Sennor *Conde de Villa Mediana Don Juan de Taffis*, Gentilhombre de la Camara del Rey nostro Sennor, y su Diputado a la dicha Negociacion, y mutamenter *Alexandro Robida* Senador de Milan, Diputado por mi al mismo effecto en su Real nombre en el de su Magestad, y en el mio traten y capitulen y esta blescan una firme, estable y duradera Paz entre las dichas Magestades y sus Reynos en la forma y manera quien les pareciera conviniente, para lo qual, en virtud de la auctoridad queme ha conzedido su Magestad, les doy todo el poder y facultad que tengo y se requiere y prometo, con la Solemnidad y Juramento necessario, que su Magestad tendra y tendre yo por firme estable y valedero quando por los dichos *Conde de Villa Mediana* y Senador *Alexandro Robida* se concluyere y estableciere, y que lo aprovara y ratificara su Magestad, y lo aprovare y ratificare yo puntualmente y sin diminucion in alteracion alguna y assi en fee y firmza de todo lo sobredicho vala, presente firmada de mi mano y sellada de mis Armas.

Fecha en *Bergues St. Vinox*, a 15. de Mayo 1604.

Subscriptum,

J. DE VELASCO *Condestable*.

Et inferius,

Por Mondado de su Ex.

Et signatum,

FERMIN LOPES.

Et sigillatum Sigillo dicti Conestabilis.

Albert, & *Isabel Clara Eugenia Infante d'Espagne*, par la Grace de Dieu, ARCHIDUCQS *d'Austrice*, DUCS *de Burgoigne, de Lothier, de Brabant, de Lembourg, de Luxembourg & de Gueldres*, CONTES *de Habsburg, Flandres, d'Artois, de Bourgoigne, de Thirol*; PALATINS *& de Hannau de Hollande, de Zelande, de Namur, de Zutphen*, MARQUIS *de St. Empire de Rome*, SEIGNEUR & DAME *de Frise, de Malines, des Cite, Villes & Paiis de Utrecht d'Overyssell & de Groeninge*, a tous ceux qui ces presentes verront, Salut.

Comme l'este passée & tost apres le trespas de la *Royne d'Angleterre* nous y envoyasmes nostre Trescher & Foyal Cousin Chivalier de l'Ordre de la Thoyson d'Or de nostre Counseil d'Estat, Admirall de la Mer le Prince *Comte d'Aremberg* &c. pour de nostre part visiter Treshault, Tresexcellent & Trespuissant Prince le *Roy d'Angleterre d'Escosse & d'Irlande*, & luy coniouyr son Advenement a ceste nouvelle Couronne, & que sur les practiques qui se meurent en communes & privées devises, le dit Seigneur *Roy d'Angleterre* monstra toute bonne intention en nostre endroit & volunte, de non obstant ce qui s'estoit passe du temps de la dite feue Royne vivre en Paix & avec Espaigne & avec Nous, comme il a tousjours faict estant *Roy d'Escosse*, & que luy ayant nostre dit Cousin le *Comte d'Aremberg* asseure qu'avions la mesme inclination, & declaire estre contens non seulement de confirmer les anciens Traittez des Couronnes d'Angleterre & d'Escosse avec Nous & noz Estats & Paiis, mais aussi de traicter une nouvelle & plus firme Amitie que du passe, ce que le dit Seigneur *Roy d'Angleterre* de mesme a monstre desirer, pourveu qu'Espaigne aussi y entrevint, pour plus grande asseurance de toutes les parties, & plus grand repos de la Chrestiente, en suyte de quoy en avons adverti & requis Treshault, Tresexcellent & Trespuissant Prince *le Roy nostre Tresbonore Seigneur & Frere*, le quel considerant que par le Trespas de la dicte *Royne* venoyent a cesser les occasions de Guerre, que des quelques Annees au paravant y avoit eu entre Espaigne & Angleterre, meu tant de noz Prieres que de la demonstration que le dit *Seigneur Roy* a fait d'une si bonne & cordialle volunte, a envoye par deca nostre Treschier & Tresayme Cousin *le Conestable de Castille* des Conseils d'Estat & de Guerre de sa Majeste & Præsident du Conseil Supreme d'Italie &c. pour, de sa part & en son Royal Nom, aussi fayre entendre au dit *Seigneur d'Angleterre* la bonne & syncere intention que sa Majeste a de continuer de vivre en Paix avec Luy, & d'entendre a l'es-

ANNO 1604.

ANNO 1604.

l'estroicte observacion & entretenement des anciens Traictez de Paix & Entrecours, que, jusques a ces dernieres alterations advenues du temps de la dite feue *Royne*, ont este inviolablement observe entre les Couronnes d'Espaigne & celles d'Angleterre & Escosse, mesme si besoing fut traitter, capituler & accorder avec le dit *Seigneur Roy d'Angleterre* ou ses Deputes & Ambassadeurs tout ce que pourroit estre necessaire pour la meilleure intelligence & confirmation d'iceulx Traictez, selon que le dit *Seigneur Roy d'Angleterre*, a monstre & faict entendre le desirer, & d'aultant qu'il est notoyre a tout le monde que la chose Nous touche pareillement comme Princes & Seigneurs Soveraigns des Paiis & Estats de par deca, Nous avons trouve convenir d'y envoyer, quant & quant noz Ambassadeurs pour semblablement entrevenir & traitter de nostre part & coste, au mesme effect afin que le tout se puisse faire, conclure & establir au commun repos, prouffit & quietude de tous,

Scavoir faysons que, pour la bonne cognissance qu'avons de nos Treschier & Feaulx nostre dit Cousin *le Prince Conte de Arenberg*, Messieurs *Johan Richardot Chivalier Seigneur de Barly*, Chief President de nostre Conseil Prive, & nostre Conseillier d'Estat & Loys Verreyken; aussi Chivalier nostre Audiencier & Premier Secretaire, avons iceulx commis & depute, commettons, deputons, par ces Presentes, pour fayre de nostre part tout ce que besoing sera pour l'estroicte observacion & entretenement dez anciens Traittez de Paix & Entrecours, mesmes si besoing fut en capituler de nouveaulx, & accorder avec le dit Seigneur *Roy d'Angleterre*, ou ses Deputes, tout ce que pourroit estre necessaire pour la meilleure intelligence & confirmacion d'iceulx Traictes, tout ainsi & en la mesme forme & maniere comme Nous mesmes fayre pourrons en personne si presens y estions, a quoy Nos les authorisons par ces dits Presentes, ja soit que il y eust chose qui requist Mandement plus special ques ces presentes n'est exprime; Et tout ce & chascune chose apart qu'ils auront ainsi fait, capitule & accorde a l'effect que dict est, Nous promettons, en foy & parole de Princes Souverains & soubs nostre Honneur & Obligacion de tous & singuliers noz Biens, presens & advenir, de tenir & avoir pour agreable, ferme & stable a tous jours, sans jamais y aller au contraire, directement ou indirectement, mesmes desmaintenant pour lors que les choses dictes seront faites nous les lovons, appprovons & ratifions par ces dites Presentes, en la plus ample & specialle forme que fayre se peult, por la deue observacion, entretenement & execucion de tout ce qu'y sera fait, conclu & arreste en vertu destuy nostre Pouvoir,

En tesmoing de ce Nous avons signe ces dites presentes de noz Noms & y faict mettre nostre Seel.

Donne en nostre *Ville de Bruxelles*, le 12. Jour d'Avril, l'An de Grace 1604.

Ainsi soubscripts,

Y ALBERT A ISABEL.

Et sur le Reply,

PAR LES ARCHEDUCQUE.

Et signe,

A DE LA LOO.

Et sont les dictes Lettres scellees du Grand Seel de leurs Altezzes de Cyre vermeille pendant a double Queue.

Et ita prout supra fuit per Nos suprascriptos & infra scriptos Legatos, Procuratores & Commissarios tractatum, stabilitum & conclusum, virtute dictarum nostrarum Commissionum, & in omnium & singulorum fidem Manibus nostris propriis subscripsimus.

Londini, Die decimo octavo Augusti Stilo vetere, & Die vigesimo octavo ejusdem Mensis Stilo novo, Anno Domini millesimo sexcentesimo quarto.

THO. DORSET,

NOTINGHAM,

DEVONSHIRRE,

H. NORTHAMPTON,

RO. CECYLL.

JOHN DE VELASCO *Condestable*,

EL CONDE DE VILLA MEDIANA,

ALEXANDER ROINDIUS,

CHARLES PRINCIPE COMTE D'ARENBERG *Præses*.

RICARDOTUS VERREYKHEN.

Nos omnia & singula dicti Tractatûs Capitula suprascripta, per *Nostros* & dictorum *Hispaniarum Regis* & *Archiducum Austriæ Ducum Burgundiæ* Fratrum & Consanguineorum nostrorum Commissarios prædictos, conventa, concordata & conclusa, & omnia & singula superinde in iisdem contenta & specificata, rata, firma & grata habentes, ea omnia & singula, pro Nobis, Hæredibus & Successoribus nostris, quatenus Nos aut Hæredes, Successores vel Subditos nostros concernunt aut concernere poterunt, acceptamus, approbamus, ratificamus, ac inviolabiliter, firmiter, benè & fideliter tenebimus, observabimus & adimplebimus, & cum effectu faciemus ut in dictis Capitulis continetur, & per Subditos nostros ac Regnorum nostrorum Incolas teneri, observari & adimpleri cum effectu faciemus, nec eis directè vel per indirectum per nos contraveniemus, nec per Subditos nostros & Regnorum nostrorum Incolas contravenire directè vel per indirectum consentiemus, & ita bonâ fide & in verbo Regio promittimus per præsentes.

In quorum omnium & singulorum præmissorum fidem & testimonium, hiis præsentibus Literis nostris, Manu nostrâ propriâ subscriptis, Magnum Sigillum nostrum apponi facimus.

Datum apud *Westmonasterium* decimo nono Die Augusti, secundùm Computationem Ecclesiæ Anglicanæ, Anno Domini millesimo sexcentesimo quarto, & Regnorum nostrorum Angliæ, Franciæ & Hiberniæ secundo, & Scotiæ tricesimo octavo.

Per ipsum Regem.

CAREW.

II.

1606. 25. Avril.

Tractatus Commerciorum inter HENRICUM IV. *Regem Franciæ*, *&* JACOBUM I. *Regem Magnæ Britanniæ conclusus. Dat. apud Palatium Westmonasterii d. 25. Aprilis Anno* 1606. [RYMER Fœdera, Conventiones &c. Tom. XVI. pag. 645.

REX universis & singulis, ad quorum notitiam præsentes Literæ pervenerint, Salutem.

Cùm quidam Tractatus ad veterem Amicitiam perpetuandam, inter Nos & charissimum Fratrem nostrum, *Henricum Quartum Regem Christianissimum*, & pro magis commodo inter Subditos nostros Commercio firmando, per, fidelem & dilectum nostrum, *Thomam Parry* Militem, nuper Legatum nostrum in Francia residentem, Commissarium & Deputatum nostrum, ex una parte, & per egregios & magnificos Viros, *Andream Heraldum Dominum de Maisse & de Belesbat*, ac *Johannem de Thumery Dominum de Boississy* Consiliarios Status, & in Secretiori *Christianissimi Regis* Fratris nostri Charissimi Concilio, Commissarios sufficienter deputatos ex altera parte, authoritate & virtute Commissionum, a nobis & dicto Fratre nostro eis respectivè concessarum (quarum Tenores eis describuntur) jampridem conventus, concordatus & conclusus fuerit, sub eo qui sequitur tenore verborum;

IN DEI PRÆPOTENTIS OPTIMI MAXIMI NOMINE notum sit universis & singulis, quòd cum *Henricus Quartus*, Dei Gratiâ, *Francorum & Navarræ Rex Christianissimus*, & *Jacobus Magnæ Britanniæ & Hiberniæ*, eadem Dei Gratiâ, *Rex Serenissimus*, mutuam quæ inter illorum Majestates intercedit Amicitiam & Intelligentiam continuare, eandemque auctiorem

ANNO 1606.

tiorem indies atque firmiorem reddere, summoperè studeant & desiderant, Regnorumque suorum bonum & commodum utrinque procurare, idque in illis etiam rebus nominatim quæ ad mutuum inter eorum Subditos Commercium spectant, ut summâ tùm libertate tùm securitate inter se negotiari & Commercia invicem excercere possint; denique ut omnibus, tàm præsentibus quàm imposterùm quocumque tempore emergentibus in dicto Commercio difficultatibus, opportuno remedio ex bono & æquo occurrant, atque ea potissimùm de causa uterque Princeps Deputatis & Ministris suis Negotium hoc tractandum demandârunt & commiserint,

Rex, nimirùm, *Christianissimus*,

Nobis *Andreæ Huraldo Domino de Maisse & de Belesbat*, & *Johanni de Thumery Domino de Boissisy*, Consiliariis Statûs, & in Secretiori Christianissimæ Majestatis suæ Concilio, suis Commissariis & Deputatis, cum sufficienti ad hoc Commissione Mandato & Potestate Literis Patentibus, Manu Regiâ & Magno Regni Sigillo munitis,

Rex, verò *Magnæ Britanniæ* &c.

Nobis *Thomæ Parry*, Militi, suæ Majestatis apud *Christianissimum Regem* Oratori & Commissario Deputato, cum idonea & sufficienti Commissione Potestate & Mandato, prout ex Tenore nostrarum ex utraque parte Commissionum & Mandatorum, nobis a dictis nostris Principibus respectivè datorum, quorum transcripta in fine hujus præsentis Tractatûs ad verbum inseruntur, apparebit, Nos dicti Commissarii, dictorum nostrorum Principum Nomine, convenimus, tractavimus & concordavimus de Capitulationibus, Pactis & Articulis qui sequuntur, sub Majestatum suarum beneplacito & voluntate.

PRIMO, Conventum & concordatum est quòd, per nulla Pacta, Conventiones, Articulos sive Capitula in præsenti Tractatu contenta, ullo modo a præcedentibus Tractatibus recessum censebitur, sed ut ea nichilominus maneant in suo pristino robore, firmitate & vigore, nisi quatenus illis per præsentem Tractatum derogatum est.

QUINETIAM, ut magis confirmetur & augeatur, inter Principes prædictos, Amicitia & Intelligentia, ulteriùs conventum & concordatum est, quòd, per universas Provincias, Civitates, Portus, & Stationes Navales, in utriusque Principum Regnis & Dominiis, mandabitur ut Subditi eorum utrinque humaniter & benignè tractentur, & permittantur liberè & securè negotiari & Commercia mutuò excercere, absque ulla hincinde offensa aut molestia, nè inposterùm quacumque de causa aut occasione indebitè vexentur contra Leges & Consuetudines Locorum ad quæ accedere aut ubi morari illos contigerit; Mandabitur etiam hincinde Magistratibus & Officiariis, seriò dent operam ut supradicta omnia rectè observentur, responsuris qualibet proprio & privato suo Nomine Parti gravatæ, siquid eorum culpâ aut dolo secus evenerit, neque id de injuriis tantùm, verùm etiam de damno illato & Impensis, & eo denique quòd Partis injuriâ affectæ intererit.

Conventum similiter & concordatum est, quòd Vectigalia, Telonia & Impositiones, quæ nunc a Subditis aut Mercibus in utroque Regno, ad usus ipsorum Regum aut eorum Nomine, per Redemptores & Publicanos sive Procuratores eorum exiguntur, depos cente id præsenti rerum conditione, continuabuntur, idque sub forma provisionali tantùm, & tantisper, permittentibus utriusque Principum Negotiis, aut penitùs aboleri aut moderari commodè possint, idque etiam ut, quamprimùm fiat, uterque Princeps, ferente Rerum suarum Statu, seriò, molietur, interea verò, quòd dicta Vectigalia, Thelonia & Impositiones utrinque certæ & cognitæ sint, & quid cuique in alterutro Regno negotianti eo jure persolvendum sit, Tabulæ dictorum Vectigalium, Theloniorum & Impositionum utrinque conficientur, & in locis publicis assignentur, tàm *Rothomagi* & in aliis Galliæ Civitatibus quàm *Londini* & in aliis in Magna Britannia Urbibus, ubi opus erit, ad quas recurratur quoties de dictis Vectigalibus, Theloniis aut Impositionibus in alterutro Regno queretur aut ambigetur.

Quoad verò Impositiones & Thelonia, quæ in quibusdam Civitatibus ad particulares eorumdem usus & emolumenta, sub prætextu Diplomatum & Literarum Regiarum, exiguntur, conventum & concordatum est, quòd disquisitio fiet; & quòd Majores & Eschevini Civitatum *Rothomagi*, *Cadomi* & *Burdegalæ*, & aliarum ad quos hoc pertinere poterit, dicta Diplomata & Literas Regias deferri ad Concilium *Majestatis Christianissimæ* quamprimùm curabunt, quarum virtute aut prætextu ejusmodi Exactiones faciunt & continuant, ut iisdem visis, si quæ malè & extra debitum ordinem impositæ reperiantur, eædem cassæ sint & aboleantur, atque interea, sub pœna capitali, & solutionis quadrupli prohibeantur dicti Majores & Eschevini, nè plus quidquam vel aliter exigi permittant quàm dictis Literis continetur, vel novas Conditiones in eisdem contentas & præscriptas ullo modo excedant; Quod similiter *Londini* & in aliis Magnæ Britanniæ Civitatibus fiet, si in dictis Regnis Magnæ Britanniæ aut Hiberniæ tale quidquam factum reperiatur.

Conventum etiam & concordatum est, quòd Mercatores Franci, in Anglia Mercaturam excercentes, non cogentur inposterùm aliam ibidem Cautionem præstare, de Mercium suarum ibidem Venditione, & de Pecuniis inde provenientibus in alia Mercimonia in dicto Regno convertendis impendendisque, præterquam Juratoriam, nec tenebuntur ea de causa Prolongationes & Exonerationes procurare, sed hæc omnia convenienti expeditione & gratis fient.

Conventum præterea & concordatum est, quòd Naves Gallicæ, Mercibus Gallorum subvehendis inservientes, possint Portus vel Ripas, illis exonerandis, *Londini*, & in aliis Regni Portubus & Stationibus navalibus, publicè assignatas, liberè appellere, atque ibidem exoneratas, ipsas aliis denuò Mercibus onerare, vel aliis onerandas locare, pari & eadem libertate quâ in Gallia fruuntur Angli Mercatores, absque prohibitione aut impedimento quocumque, & dabitur opera (quoad fieri poterit) ut in omnibus eadem Libertas Commercii utrinque observetur.

Et, quoniam fieri non potest ut singulis Negotiantium Querelis & Difficultatibus, indies emergentibus, exactè & satis sufficienter Scripto caveatur, idque nominatim, quoad Qualitatem Mercium quæ hincinde vicissim ex horum Regnorum alterutro in aliud subvehuntur aut transportantur, vel quoad abusùs qui Negotiatorum malitiâ vel incuriâ aut imprudentiâ interdum obrepunt, conventum & concordatum est, quo est, quo meliùs & expeditiùs huic Malo subveniri possit, quòd in Civitate *Rothomagensi* per *Regem Christianissimum*, duo insignes Mercatores Viri boni & Rerum periti nominabuntur & constituentur, qui, assumptis ejusdem conditionis & qualitatis duobus Mercatoribus Anglis, per Serenissimi *Regis Magnæ Britanniæ* Legatum pro tempore in Galliis residentem nominandis, conjunctim recipient Mercatorum Anglorum Querelas & Controversias quæcumque in hoc Commercii Negotio, sive *Rothomagi* sive in aliis ejusdem Provinciæ Portubus inciderint, easque quamprimùm ex æquo & bono, &, habitâ præsentis Tractatûs ratione, quàm celerimè id fieri poterit, diriment & component; atque eodem modo Serenissimus *Magnæ Britanniæ Rex* nominabit duos insignes Mercatores Anglos, qui similiter, assumptis duobus Mercatoribus Francis, per Legatum *Christianissimi Regis* in Anglia pro tempore residentem nominandis, conjunctim Querelas & Controversias de Commercio ibidem emergentes expedient & definient: quòd si contigerit eosdem in Sententia aliquando diffidere aut dissentire, tùm ex mutuo inter se assensu quintum eligent & assument, *Rothomagi* Gallum, *Londini* Anglum, atque ita ex majori consentientium numero procedatur; &, ut majori cum effectu hoc Munus illis delegatum exequantur, concedentur illis ex utraque Parte Commissiones cum Potestate ad Functionem hanc peragendam necessaria; & si, in Negotio quod tractandum susceperint, casus alicujus insignis Difficultatis emergat, de quo alterutrum Principem certiorem fieri par esse videbitur, dicti Mercatores, eo quo præfertur modo deputati, rem totam ad utriusque Principis Concilium respectivè deferri curabunt, quo opportuniùs, & sine majori Temporis aut Impensarum jactura, expediri possit: consimilis Ordo stabilietur & observabitur *Burdegalæ* & *Cadomi*, & in cæteris Galliæ Emporiis & Civitatibus, idemque in cæteris Civitatibus Magnæ Britanniæ & Hiberniæ fiet, ut illi qui ad hoc Munus, formâ prædictâ, in dictis Locis obeundum nominati & deputati fuerint, curam habeant componendi Lites, Controversias & Difficultates, quæ, ratione Commercii inter utriusque Principis Subditos in dictis Locis negotiantes, evenerint.

Et, ut meliùs deinceps consulatur Tranquillitati dictorum Mercatorum, in utriusque Principis Regnis & Dominiis Commercia excercentium, & quo illorum

ANNO 1606.

rum etiam, quoád fieri poteft, parcatur laboribus & fumptibus, qui huic Negotio præficiuntur, conventum & concordatum eft, quòd dicti Mercatores, tàm Franci quàm Angli, quibus hoc Munus committetur, quique impofterùm Confervatores Commercii vocabuntur, erunt nominati & deputati de Anno in Annum, & Juramento fe obftringent; videlicet, in Gallia coram Priore & Confulibus tàm Civitatis *Rothomagenfis* & aliarum Civitatum in quibus ejufmodi Confervatores conftitui oportebit, quàm *Londini* & in aliis Magnæ Britanniæ & Hiberniæ Civitatibus ubi id neceffe fuerit, nempè quòd rectè & fideliter, injuncto fibi Munere defungentur, &, durante Termino prædicto, quoties occafiones inciderint; huic oneri fedulò incumbent & operam fuam impendent, idque gratis, nihil à Subditis Principum ea de caufa exigentes; excepto tamen ubi Partes contendentes eorum quæ gefta fuerint Acta fibi Scripto dari petierint, atque in eo cafu Scriptorum illorum Taxatio per eosdem Confervatores moderata & ex æquo & bono fiet.

Prætereà conventum & concordatum eft, quòd omnia Stipendia & Salaria exceffiva, & alia proficua & Jura minuta, & Portoria quæ Officiarii & Miniftri Locorum à dictis Mercatoribus utriusque Principum Subditis modò exigunt; nimirùm, Guardiæ, Contraguardiæ, Oneratores, Exoneratores Navium, Fafcicularii fivè Colligatores, Portatores fivè Bajuli, & in univerfum omnes ejusdem ordinis Officiarii & Miniftri publici, per eosdem Confervatores inquirantur & examinentur, factâque per eosdem moderatâ eorumdem Taxatione, deferri eandem ad Concilium Regium in utroque curabunt, ut, cùm ibidem quod æquum videbitur conftitutum fuerit, id in Scriptis redactum, poftcà per Fora & Loca publica hincinde in utroque Regno exponatur, & Poftibus affigatur, ut inde unicuique dictorum Mercatorum innotefcere poffit quid fibi deinceps hujusmodi Officiariis & Miniftris, pro Salario atque ejufmodi minutis Juribus & Portoriis, folvendum fit.

Prætereà, dicti Confervatores particulariter inquirent, & feipfos inftrui curabunt, de Libertatibus & Privilegiis, quæ ab aliquibus Civitatibus & eorum Incolis, in utriusque Principis Regnis & Dominiis, prætenduntur & vendicantur, & de Commodis & Incommodis eorumdem; quo facto, utrinque Princeps fuos certiores faciet, ut inde poffint ex æquo & bono moderari, & ad certum redigi, pro ratione antiquarum Confuetudinum dictorum Locorum & Civitatum, idque ex confulto Concilii utriusque Principis.

Dabunt etiam operam dicti Confervatores ut Menfurarum & Ponderum in utroque Regno jufta ratio, ex Legibus utrinque, obfervetur, nè alterutri Parti fraus fiat, & ut Abufus omnes, qui per Miniftrorum incuriam aut dolo malo hac ratione irrepferint, tollantur, & nè deinceps tolerentur cavebunt, & quòd Merces quæ hincinde in alterutro Principum Regno, per dictos Mercatores aut aliunde fubvehuntur, an Vifitationi fubjacere mereantur, an fecùs, ad id requifiti dijudicabunt.

Et quoniam præcipua Querela Oratoris Sereniffimæ *Majeftatis Magnæ Britanniæ*, & Mercatorum Anglorum & aliorum ejusdem Regis Subditorum, exiftit, contra Arreftum & Decretum quoddam in Concilio *Chriftianiffimæ Majeftatis*, vigefimo primo Aprilis Anno Salutis millefimo fexcentefimo editum, quo cavetur de Pannorum Laneorum opificio & qualitate, per Mercatores Anglos in Galliam fubvehendorum, maximè verò in Provinciis *Normanniæ*, *Britanniæ Minoris*, & *Guienniæ*; *Chriftianiffima Regia Majeftas*, volens prædicto *Regi Magnæ Britanniæ* Fratri fuo chariffimo in eo gratificari, id fæpiùs requirente dicti Regis Oratore, ultrò etiam ipfe *Chriftianiffimus Rex*, cupiens expeditum & facilius reddi hoc dictorum Pannorum inter dictos Mercatores Commercium, nè quid intereà incommodi inde Reipublicæ proveniat, illud Decretum revocatum & abrogatum vult, idemque revocat & abrogat, & eo non teneri Mercatores Anglos declarat, nec aliquando impofterùm obnoxios fore ullis Confifcationibus quæ ex mente illius Arrefti, vel aliarum quarumcumque Legum, Statutorum aut Ordinationum, ullo modo antehac de ejusmodi Pannis ex Lana confectis editorum, quantùm ad dictas Confifcationes attinet, fed permiffum & liberum effe vult, & liberè dictis Mercatoribus Anglis permittit & concedit, ut, fi qui aliquando impofterùm Panni ex Lana, ut præfertur, confecti vitiofi, per illos aut eorum aliquem Commercii causâ in Galliam fubvehantur, eosdem remittere, & è Gallia transportare liberè & fecurè poffint: Et quoniam prædicti Mercatores Angli, ex Lite morâ de dictorum Pannorum fic advectorum qualitate, & ex ejusmodi difceptatione, moleftiâ & damno, unà cum jactura temporis & Mercium detentarum, affici poffint, conventum & concordatum eft quòd, prædicti Confervatores Commercii modo præfato Deputati, fi quando ad eos ejusmodi Querela delata fuerit; Sententiam ferent quinam illorum Pannorum, qui in quæftionem veniunt, pro legitimis, habitaque ratione Confectionis eorumdem, item valoris & precii, pro venalibus haberi & exponi poffint & debeant, & quinam pro vitiofis rejiciendi & remittendi fint, quorum Confervatorum Confcientiæ & bonæ Fidei totum hoc Negotium *Rex Chriftianiffimus* committit, ratum quòd in eo fecerint habiturus; Et quòd ad Pannos quos remitti ex eorum Sententia contigerit, nihil jure Exitûs, per Regios Miniftros, à Mercatoribus quorum ea Bona funt, impofterùm exigetur.

Conventum ulteriùs & concordatum eft, quòd Libertas Commercii utrinque omninò retinebitur, ex ratione præfentis & præcedentium Tractatuum, de fubvehendis quibuscumque Mercibus manufactis aut non manufactis, neque hincinde in alterutro Regnorum faciant Prohibitiones, & fiquæ recentiùs factæ fint revocabuntur, exceptis tamen illis Mercibus; quarum advectio aut transportatio antehac femper Legibus & Statutis utrinque exiftit, & modò etiam fub pœna Confifcationis prohibita exiftit, quæ etiam ut certæ & cognitæ fint Scripto comprehenfæ modo fupradicto utrinque publicè proponentur; & Confervatoribus Commercii tranfcripto tradentur.

Conventum ulteriùs & concordatum eft, quòd fi reperiatur Navis aliqua è Portu aliquo Magnæ Britanniæ aut Franciæ folvens, majori quantitate Mercium onerata quàm pro quibus Principi ex alterutra parte debita Vectigalia perfoluta fuerint, illæ tantummodò dictarum Mercium partes confifcatæ erunt, pro quibus dicta Vectigalia non funt perfoluta, cæteris omnibus liberè dimiffis; Quòd, fi fortè inter dictas Merces reperiantur ejusmodi quarum Tranfportatio Legibus Regni ex quo tranfportantur prohibita fit, eo cafu Ordinationes & Statuta Regnorum utrinque obfervabuntur.

Similiter conventum & concordatum eft, quòd Mercatores & Incolæ Infularum de *Jarfey* & *Garnfey* liberè & fecurè negotiari poterint in Regno Galliæ, & paribus iisdem Privilegiis & Libertatibus ibidem gaudeant & fruantur, quibus *Chriftianiffimi Regis* Subditi in dictis Infulis gaudent & fruuntur, perfolutis tamen & præftitis omnibus quæ utrobique ad Principes pertinent & de Jure debentur.

Reddetur etiam Subditis Sereniffimi *Regis Magnæ Britanniæ* in omnibus Caufis & Proceffibus fuis prompta & expedita Juftitia, mandabitur etiam omnibus & fingulis Officiariis & Miniftris Portuum *Normandiæ*, *Britanniæ Minoris*, & *Guiennæ*, ut humaniter & cum favore dictos Subditos tractari curent, &, emergente aliquo Negotio majoris momenti aut meriti, Sua *Majeftas Chriftianiffima* Concilio fuo injunget ut ejus Caufæ cognitionem ipfi fufcipiant, aut Judices non fufpectos Partibus delegent: Et fimiliter Sereniffima *Majeftas Magnæ Britanniæ*, in Regnis & Dominiis fuis, *Chriftianiffimi Regis* Subditos in eisdem degentes, humaniter & benevolè tractari, & Juftitiam petentibus pari modo reddi & expediri mandabit.

Subditi *Chriftianiffimi Regis*, quoscumque Portus Maris dicti Regni *Magnæ Britanniæ* fubeuntes, non cogentur folvere Tributum quod dicitur *le Coquet* plusquàm naturales ejusdem Regni Subditi.

De Subditis *Regis Chriftianiffimi* aut *Sereniffimi Magnæ Britanniæ Regis*, vi Tempeftatum aut Fluctuum Maris, vel hoftili metu, in aliquo Portu, Sinu aut Statione navali ad dictos Principes fpectantibus, coacti fuerint Anchoras demittere, non exigetur aliquod Portorium jure Introitûs vel Exitûs pro Mercibus eo cafu advectis, &, ceffante vel amoto periculo, alio transportandis, hac nihilominùs adhibitâ Cautione, quòd vel Navium Magiftri fic appulfarum, vel Mercatorum Procuratores, eodem die quo Navis aliqua eo modo appulitur, aut proximo fubfequenti ejusdem Appulfûs, Officiarium Loci (cui id oneris incumbit) feu Miniftrum Juftitiæ vulgò *Vicarium Redemptoris* dictum, certiorem reddent de vera ejusmodi Appulfûs ad dictum Portum fuum aut Stationem navalem occafione,

ANNO 1606. quin etiam exhibebunt (si id requiratur) Literas Contractuum, vulgò dictas *Chartre Partis*; injunctâ insuper necessitate, ut faventibus quamprimùm Ventis, & remoto periculo, è Portu dicto, & Statione illâ navali, solvant & discedant; Quòd si intereà dum in dicto Portu moram trahunt, urgente necessitate cogantur Merces suas, aut earum partem aliquam vendere, tenebuntur, pro ratione Mercium ibidem venditarum, quod Redemptoribus ex Lege debetur persolvere, quòd verò reliquum fuerit, licebit decedentibus, modo quo supra dictum est, è Portu dicto, Sinu, sivè Statione illâ, liberè transportare.

Quanti verò faciat *Rex Christianissimus* Amicitiam *Magnæ Britanniæ Regis* Fratris sui charissimi, & quanto teneatur desiderio Subditos ejus qui in Galliis degunt & negotiantur benignè & favorabiliter tractandi, denique in mutui hujus Intercursûs & Commercii gratiam, quamvis Jus Albinatûs inter antiquissima Regni sui Privilegia meritò censeatur, nihilominùs permittit & concedit Sua *Majestas Christianissima* Anglis Mercatoribus & eorum Procuratoribus & Negotia eorum tractantibus, cæterisque omnibus dicti *Regis Magnæ Britanniæ* Subditis, plenam Libertatem & Jus testandi, & pro cujuslibet eorum voluntate disponendi, tàm inter vivos quàm mortis causâ, de illorum Mercibus, Argento, Pecuniis, Debitis, omnibus denique Bonis mobilibus, quo tempore mortis habuerint aut habituri sint, in quibuscumque Ditionibus & Locis Suæ *Christianissimæ Majestatis* Imperio & Obedientiæ subjectis, & quòd post mortem (sivè testati sivè intestati decesserint) Hæredes ipsorum (sivè instituti sivè legitimi) in dicta eorum Bona ex more Legum Angliæ succedent, quocumque in loco manserint aut mortui fuerint, ità ut inposterùm aliquo modo *Jure Albinatûs* Fisco addici non possint.

Atque similiter conventum & concordatum est, quòd eodem planè modò Suæ *Christianissimæ Majestatis* Subditi, de Bonis suis in Anglia, Scotia & Hibernia, & cæteris Terris & Dominiis quibuscumque Serenissimi *Magnæ Britanniæ Regis* Imperio & Obedientiæ Subditis, liberè testari, & pro voluntate sua, sivè mortis causâ seu inter vivos, disponere possint, & quòd post mortem, sivè testati sivè intestati decesserint, Hæredes ipsorum, sivè instituti sivè legitimi, in eadem, ex more Legum Franciæ succedent, quocumque in loco manserint aut mortui fuerint; cautum tamen nihilominùs censebitur, quòd Testamenta & Propinquiorum Successiones, tàm Subditorum *Regis Christianissimi* quàm Serenissimi *Magnæ Britanniæ Regis*, legitimè probata, sivè in Gallia sivè in Regnis Magnæ Britanniæ aut Hiberniæ, aut alibi; nimirùm, ubi Defunctum contigerit obire.

Atque intereà, donec Justitia utrinque mutuò reddi possit, de Piratiis & Deprædationibus quæ à Subditis utriusque Principis factæ & perpetratæ fuisse prætenduntur, cui Negotio quanta fieri poterit celeritate & expeditione providebitur, conventum & concordatum est, quòd omnes Literæ Marcæ & Reprisaliarum, quæ alter alterutro Principum antehac concessæ sivè expeditæ fuerint, suspenduntur, nec poterint executioni mandari, quousque de toto hoc Negotio ex Sententia utriusque Principis statuatur; quòd deinceps à neutro dictorum Principum expedientur aliquæ hujusmodi Literæ Marcæ aut Reprisaliarum, nisi admonito priùs Legato Principis ibidem pro tempore residente, & denique visæ & cognitæ fuerint, & maturè in Concilio Principis (à quo impetrandæ sint) deliberatæ, & Regio ejusdem Sigillo munitæ, observatis denique omnibus Ritibus & Solemnitatibus, quæ in tali casu requiruntur, ex Legibus, & Statutis & Ordinationibus utriusque Regni in quo tales Literæ concedentur.

Conventum ulteriùs & concordatum est, quòd hic Tractatus illum sensum & intellectum habeat quem ipsorum verborum proprietas & vis per se fert, nullamque hujusmodi Interpretationem admittet quæ vim ejus, formam & effectum, verbis apertis & simplicibus expressum, ulla in parte impedire queat, sed omni subtili disquisitione sublatâ (quæ Concordiæ Contrahentium intellectum subvertere solet) quod bonâ fide hoc Tractatu agitur atque exprimitur, id etiam integrè & sincerè præstetur & observetur.

Postremò conventum & concordatum est, quòd hic præsens Tractatus in omnibus firmè & sincerè observabitur durante Foedere, & mutuâ inter prædictos Principes & eorum Successores Amicitiâ & Intelligentiâ.

De quibus omnibus & singulis Articulis superiùs expressis, & hoc Tractatu contentis & concordatis, inter Nos prædictos Deputatos virtute Commissionum & Potestatis nobis mandatarum, quod actum est id totum Voluntati & Beneplacito Suarum Majestatum subjici censebitur. ANNO 1606.

Et Nos, Deputati *Regis Christianissimi*, promisimus & promittimus quòd Sua *Majestas Christianissima* ratum habebit, approbabit, & Authoritate suâ confirmabit omnes & singulos dictos Articulos hoc Tractatu contentos, per Literas suas Patentes manu suâ signatas, apposito magno suo Sigillo, quæ omologabuntur in Curiis Regni ubi opus fuerit, quas quidem Literas ratificatorias formâ sufficienti & validâ dictus *Rex Christianissimus* dari & tradi faciet, infra spatium trium Mensium à die datæ Præsentium, Oratori Serenissimi *Regis Magnæ Britanniæ* tum in Galliis apud Suam *Majestatem Christianissimam* residenti, & sufficientia Potestatem & Mandatum ad easdem recipiendum habenti;

Pari modò Nos, prædictus Orator & Deputatus Serenissimi *Magnæ Britanniæ & Hiberniæ Regis*, similiter promisimus & promittimus quod quæcumque dictus *Rex Christianissimus* superiore hoc Articulo tenetur facere & adimplere, *Rex idem Magnæ Britanniæ* faciet similiter & perimplebit, ratumque habebit & approbabit præsentem Tractatum, eâdem formâ & modo quo promittitur, si hoc ita visum, & gratum acceptumque utrinque fuerit illorum Majestatibus.

Sequuntur Commissionum & Mandatorum Tenores.

JACOBUS, Dei gratiâ, *Magnæ Britanniæ, Franciæ & Hiberniæ Rex*, Fidei Defensor &c. Fideli & dilecto nobis, *Thomæ Parry* Militi, Legato nostro in Francia residenti, Salutem.

Humili Petitione Subditorum nostrorum, in Francia negotiantium ac Mercaturam exercentium demonstratum extitit, quòd, licet per Tractatus perpetuæ Pacis ac Intercursûs & Commercii inter Reges Angliæ Antecessores nostros, & Reges Francorum initos & conclusos, constitutum fuerit ac stabilitum, quòd, quamdiù Pax & Amicitia integra inviolataque permanebit inter prædictos & eorum Hæredes, omnes & singuli Incolæ omnium Regnorum, Terrarum & Dominiorum quæ ab utrolibet ipsorum Principum eorumve Hæredum possedentur aut inposterùm possedebuntur, possint liberè, tutò, securè negotiari, emere, vendere, Commercia sua exercere, in Regnis & Dominiis alterutriùs eodem modo quo naturales Subditi, & quòd non permittetur eis fieri aliquod obstaculum aut impedimentum, & quòd omnia Munera sivè Onera imposita Mercatoribus aut Subditis alterutrius Principis ejusve Hæredum & Successorum nociva vel onerosa, durante Pace penitùs sint extincta, & quòd alia & similia non imponantur, nihilominùs ad aliquot Annos proximè præteritos quædam Decreta sivè Placita nova, nimiùm oneris Mercatoribus Angliæ imponentia, facta fuerint, ad quorum Reformationem, licet charissima Soror nostra, *Elizabetha*, felicissimæ Memoriæ, *nuper Regina* dum in vivis esset, cogitationes suas direxisset, rationesque nonnullas pro eisdem emendandis proposuisset, & *Christianissimus etiam Francorum Rex* Frater Consanguineus noster charissimus benè affectum in eo Negotio se præbuisset; tamen, contra animum & intentionem (proculdubio) utriusque Principis, tàm præclari eorum conatus eum quem speraverunt effectum sortiti non sint, undè Subditi nostri suas Querelas renovantes, ac Nobis denuò de præmissis conquerentes, humiliter etiam supplicati sunt, ut de modis & mediis idoneis pro Reformatione prædictorum cogitemus, Auxiliumque in ea re nostrum quo Onera prædicta alleventur illis impartiamur;

Nos igitur, quibus in proximo Introitu in Regna, nihil charius fuit quàm Amicitiam veterem cum Principibus sartam tectam semper conservare, & Commercii Libertatem juxta antiquos Tractatus cum Antecessoribus nostris stabilitos imminutam custodire, æquum esse duximus illorum precibus in hac parte cedere;

Te igitur antedictum *Thomam Parry* Militem Legatum nostrum (ut suprà) residentem, de cujus Scientia & Experientia, Fidelitate & Integritate ac Circumspectionis Industria plurimùm confidimus, ad hæc tractanda Com-

ANNO 1606. Commissarium ac Deputatum nostrum per Præsentes facimus, assignamus & constituimus;

Ac insuper damus tibi Potestatem & Authoritatem ad conveniendum & concludendum cum Ministris & Commissariis, per dictum *Fratrem nostrum* charissimum nominandis & constituendis, de Remediis convenientibus & opportunis, per quæ tàm Decreta & Placita prædicta Subditis nostris nociva emendentur aut tollantur, quàm etiam ad contrahendum, conveniendum & concludendum, secundùm sanum Judicium tuum, de modis & mediis quibus liberum Commercium & Mercaturæ Exercitium, inter Subditos utriusque Regni, juxta vim antiquorum Tractatuum, posthac habeantur.

Necnon ad expediendum quoscumque Actus, Contractus, Conventiones & Articulos quæ tu circa præmissa Rationi consentanea judicabis.

Ac omnia & singula in præmissis ac dependentibus ab eisdem facienda & expedienda, quæ Nos faceremus seu facere possemus si præsentes personaliter interessemus, etiamsi Mandatum de se exigant magis speciale;

Promittentes, in Fide & Verbo Regio, Nos ratum & gratum totum & quicquid à Te in hac parte actum, conventum & conclusum fuerit habituros, ac etiam ratificaturos & confirmaturos eas omnes Conventiones & Conclusiones per Te circa præmissa factas, quandocunque ad id erimus requisiti.

In quorum omnium Fidem & Testimonium has Literas nostras fieri fecimus Patentes.

Teste meipso apud *Grenovicum*, vicesimo die mensis Junii, Anno Regni nostri Magnæ Britanniæ, Franciæ, & Hiberniæ tertio.

Per ipsum Regem.

COPPYN.

HENRY, par la Grace de Dieu, *Roy de France & de Navarre*, a noz Ames & Feaulx Conseillers en nostre Conseil d'Estat les *Seigneurs de Masse & Boissise*, Salut.

Come, nostre Trescher & Tresame bon Frere, Cousin & auncien Alie, *le Roy de la Grande Britaigne*, par ses Lettres Patentes du *vingtiesme de Juing* dernier passe, ayt commis nostre Cher & bien Ame le Seigneur *Thomas Parry* Chevallier, son Ambassadeur pres de nous, pour avecques ceulx que seront aussi par Nous commis & deputez, traicter & convenir des Moyens propres & convenables pour reigler, r'establir & assurer le Commerce en ce qu'il pourroit avoir esté altere entre noz communs Subjects;

Sçavoir vous faisons que Nous, considerans que pour cest effect Nous ne pourrions faire meilleure eslection que de voz Persones, pour la bonne & parfaire confiance que Nous avons de voz Sens, Suffisance, Loyaute, Preudhomie, Experience & bonne Diligence, a ces Causes Nous vous avons commis & deputez, commettons & deputons par les Presentes signées de nostre Main, pour conferer avecque le dit *Seigneur Parry* Ambassadeur de nostre dict bon Frere & Cousin, du Reglement, r'establissement, & surete du dict Commerce, a l'advenir traicter, convenir, adviser & resouldre avecque Luy des Moyens plus propres, pour parvenir a l'effect de ce bon œuvre, & faire en sorte que noz dictz communs Subjects jouyssent du dict Commerce a leur commun bien & soulaigement, en passer en nostre Nom toutes Actes, Contracts, & Articles que besoing sera.

Et generalement faire, en ce que dessus circonstances & dependances, tout ainsi que Nous ferions & faire pourrions si presens en Personne y estions, ja coit que ce cas requist Mandement plus special qu'il n'est contenu en ces dictes Presentes, par les quelles promettons, en Foy & Parolle de Roy, avoir agreable, tenir firme & stable a toujours, tout ce que par vous sera gere & negotie pour l'effect suisdict, & en fournir noz Lettres de Confirmation & Ratification toutesfois, & quantes que requis en serons de ce faire, vous avons donne & donnons plein Pouvoir, Puissance, Authoritie, Commission & Mandement special, car tel est nostre plaisir.

Donne a *Paris*, le vingt-septiesme jour d'Aoust, l'An de Grace mil six cens cincque, & de nostre Reigne le dix-septiesme. ANNO 1606.

Signé,

HENRY.

Et plus bas,

Par le Roy.

DE NEUFVILLE.

Et sele de cire jaulne sur simple Queue.

In quarum rerum & cujuslibet earum Fidem & Testimonium, Nos, subscripti Commissarii & Deputati, quilibet manu suâ, Tractatui præsenti subscripsimus, eundemque appositione nostrorum Sigillorum muniri fecimus.

Datum *Lutetiæ*, vigesimâ quartâ die Februarii, Anno à Nativitate Christi millesimo sexcentesimo tertio.

Nos autem Tractatum prædictum, & omnia & singula in eodem Tractatu contenta & concordata, quatenus Nos & Subditos nostros tangunt & concernunt, aut tangere vel concernere poterunt, rata, firma & grata habentes, ea omnia & singula acceptamus, approbamus, ratificamus & confirmamus, ac firmiter & fideliter observare & adimplere, tenerique, observari & adimpleri facere cum effectu, bonâ Fide & in verbo Regio promittimus per Præsentes.

In quorum omnium & singulorum præmissorum Fidem & Testimonium hiis Præsentibus, manu propriâ subscriptis, magnum Sigillum nostrum apponi fecimus.

Datum apud *Palatium Westm.* vigesimo quinto Die Mensis Aprilis, Anno Domini & Redemptoris nostri millesimo sexcentesimo sexto, Regni verò nostri Magnæ Britanniæ, Franciæ & Hiberniæ quarto.

Per ipsum Regem.

TYNDALL Deputat'

G. CAREW.

III.

Traité conclu entre JAQUES I. *Roy de la Grande Bretagne & les Etats Generaux des* PROVINCES-UNIES *des Pays-Bas, pour regler le payement d'une dette de* 818408. *Livres Sterlings dûs audit Roy. Donné à la Haye le* 26. *Juin* 1608. [RYMER Fœdera, Conventiones &c. Tom. XVI. pag. 673.] 1608. 26. Juin.

LES *Estatz de Gueldres & Conte de Zutphen, de Holland* avec *Westfrize, de Zelande, de Utrecht, de Frize, de Overyssel, & de la Ville de Groeningen*, a tous ceulx qui ces Presentes verront.

Sçavoir faisons, comme ainsi soit que suivant le contenu du Traicte fait & accorde le *vingt-sixiesme Jour du Moys de Juing* dernier, en *la Haye* en *Hollande*, tant sur la Liquidation & Payement des Debts du, Treshault, Trespuissant & Tresexcellent Prince, *Jacques*, par la Grace de Dieu, *Roy de la Grande Bretaigne France & Irlande*, a la charge desdits *Provinces Unies*, que sur les Affaires des Marchants Adventuriers de la Nation Angloise; entre les Seigneurs Ambassadeurs & de la part dudit *Seigneur Roy*, d'une part, & les Seigneurs Deputez *des Estats Generaux des Provinces Unies du Païs Bas* de la part de yceulx Seigneurs Estats, d'aultre (lequel a este ratifie par lesdits *Seigneurs Estats* le *vingt-septiesme dudit Mois de Juing*) dont la Teneur s'ensuit.

Comme ainsi soit qu'il a pl û a Treshault, Trespuissant & Tresexcellent Prince, *Jacque*, par la Grace de Dieu, *Roi de la Grande Bretaigne, France & Irlande*, pour le Affection qu'il porte a la Prosperité des Provinces Unies, de faire avec les Seigneurs *les Estats Generals* de icelles Provinces, unez Ligue defensive, portant

ANNO 1608. portant la Date du present Traicte, pour la manutention de la Paiz qui ce traicte a present, entre le Trespuissant Prince *Philippe Troisiesme Roy de Espaigne &c.* & les Serenissimes *Archiducques Albert & Isabella*, & lesdits *Seigneurs Estats* pour mieulx faire augmenter l'Amity & consolider d'Alliance tant entre les Roialms de Sa Majeste & les *Provinces Unies*, que reciproquement entre leurs Subjects, en vertue des Lettres de Pouvoir & Procuration dudit Seigneur *Roy de la Grande Bretaigne &c.* du 7. *de Decembre dernier*, ce jour d'huy, *vingt sixiesme jour de Juing* mil six-cents & huyct,

Messires,

Richard Spencer Chivalier, Gentilhomme de sa Chambre Privee en ordinaire,

Et *Radolphe Winwood* Chivalier Conseiller de sa part au Conseil d'Estat des Estatz Generaulx des Provinces-Unies,

D'une part:

Et les Seigneurs,

Cornille de Gent Seigneur de Loeyen & de Meynerswichi Viconte & Juge de l'Empire & de la Ville de Nyemmegen.

Messire *Johan de Oldenbarnevelt* Chivalier Seigneur de Tempel Rodenrys & Advocat de Estat & Garde du Seel, Chartres & Registres de Hollande & Westfrize.

Messire *Jacques de Malderee* Chivalier Seigneur des Heyes & premier & representant les Nobles aux Estatz & Conseil de Zeland.

Nicholas de Birche Premier Conseiller de Estate de la Province de Utrecht,

Sixtus Delrama Seigneur de Jellum Comminga borch & la Marne,

Johan Sloeth Seigneur de Sallich, Drossart du Paiis de Wollenhoo & Chastellein de la Seignurie de Cinudert,

Et *Abel Coenderd* de Helpen Seigneur,

En faites & cautes, au Nom, & comme Deputes & Commis specialement a cet effect, par *les Estatz Generaulx* desusditz Provinces, assemblez a present a la *Haye en Hollande*, en vertue des Lettres de Commission & Procuration du *25me de ce mois*,

D'autre part,

Ont fait le Traicte qui s'ensuit.

I. PREMIEREMENT, lesdits *Seigneurs les Estatz* confessent & recognoissent que les Provinces doibvent à Sa Majeste la Somme de *huit cens dix-huit mille quatre cens & huit Livres Sterlings*; En recognoissance de quelle debte ils promettent de faire faire tout aussi tost que la Ligue defensive, faict a present entre lesdit *Seigneur Roy* & eulx, sera aggree par Sa Majeste, un Instrument autenticq & obligatoire, par vertu de quel *les Provinces-Unies* seront obligees, tant en general qu'en particulier, pour le Paiement & Remboursement de cette Debte.

II. Sa Majeste s'estant deliberee de traicter les *Provinces Unies*, au faict du Paiement de ceste Debte, en toute douceur & gratieusete, comme ses meilleurs Amis, Alliez & Confederez pour les deux premiers Annees apres la Paix, a fin que leurs Affaires puissent estre le mieulx defaictes & establies, se contente de patienter avec icelles sans rien demander.

III. Les deux premiers Annees apres la Paix faicte & conclude s'estants escheues, Sa Majeste pour le Remboursement de sa Debte, a fin de n'accabler pas les *Provinces Unies* de Payement trop grand a la fois, se contente d'accepter chaque Année, durant la Paix, la Somme de *soixante mille Livres Sterlings*; laquelle Somme, *les Seigneurs les Estatz* obligent les Provinces-Unies par ce present Traicte, tant en general qu'en particulier, faire paier d'Année en Année a Sa Majeste ses Hoirs & Successeurs, tant que la Paix dure, en la *Ville de Londres* par esgales portions; ascavoir, au bout de chasque six mois, la Somme de *trente mille Livres Sterlings*, jusques a ce que la dite Debte, de *huict cens dix huict mille quatre cens & huict Livres Sterlings*, soit entierement & totalement descharge.

IV. En oultre est accorde, que pour advancer la Trafficque & Commerces mutuels, les Marchands Adventuriers de la Nation Angloise jouiront & useront en toutes les Provinces Unies toutes telles Libertez, Privileges & Octroys qui leur ont este cy-au-paravant donnes par leurs *Seigneurs Estatz*, & que le Placart, faict en faveur d'eulx l'An 1599. sera publie dans un mois apres la Conclusion du present Traicte, en toutes les Provinces & Villes d'icelles, & aussi de temps a aultre bien garde & maintenu. ANNO 1608.

V. ITEM, que le Placart sera enregistre avec les Privileges & Octroys susdits es Greffes des Chancelleries & Courts Provinciales de toutes ces Provinces, a fin que en l'Administration de Justice en ce regard le Droit & l'Equite soyent deuement observez.

VI. Et quant aux Privileges & Immunites lesquels les Provinces-Unies pretendent leur debvoir competer aux Royaulmes de Sa Majeste par vertu des anciens Traictes faictz entre ces Predecesseurs & leurs Princes pour la Liberte du Commerce, quand les Seigneurs les Estatz trouveront bon d'envoyer leurs Deputez en Engleterre, Sa Majeste deputera quelquuns d'entrer en Conference avec eulx; &, pour restablissement du Commerce reciproquement, promect accorder tout ce que de raison & d'equite si jugera être covenable.

VII. Et sera ce Traicte ratifie bien & deüement par les *Estatz Generaulx*, de present assemblez au *Lieu de la Haye*, dans trois jours, & par ledit *Seigneur Roy* dedans deux mois apres, comme aussy dans pareil temps par les Provinces, qui ont envoye leurs Deputez en ladite Assemblee de lesdits Ratifications delivre d'une part & d'aultre en bonne & deue forme en mesme temps.

Faict a *Lieu de la Haye* l'An & Jour susdit.

Signe par lesdits Seigneurs Deputez & cachete de leurs Armes sesdits Noms.

Et estoit signe,

RI. SPENCER.
RODOLPH WINWOOD.
CORNELIS VAN GENT.
JOHAN VAN OLDENBARNEVELT.
JAQUES DE MALDEREE.
NICOLAS VAN BERCK.
SIXTUS DEKEMA.
JOHAN SLOETH.
ABEL CONDERS VAN HELPEN.

Et cachette de leurs respectives Armes.

Il est expressement dit & convenu par le septième Article de icellui Traicte, que dans deux mois, ledit Traicte doibt aussy estre ratifie bien & deuëment par les Provinces qui ont envoye leurs Députez en l'Assemblée desdits *Seigneurs les Estatz Generaulx*, & lesdits Ratifications delivrees d'un part & d'aultre en bonne & deue forme en mesme temps, & que Nous avons, chascun respectivement en nostre Province & Assembles, veu & meine & examine ledit Traicte; lequel Traicte ayans agreable, pour ce est il que chascun de Nous a icelluy Traicte ratiffie, approuve & conferme, le ratiffions, approuvons & confermons par ces Presentes, Promettans, chascun de Nous en bonne foy, de le garder, entretener & observer inviolablement, sans jamais aller ou venir au contraire, directement ou indirectement, en quelque sorte ou maniere que ce soit, soubs l'Obligation & Hypotheque de tous les Biens & revenuz de chascune desdits presents & advenir.

En Tesmoing de quoy, nous avons chascun respectivement faict seeller ces Presentes de nostre Seel, & signer par nostre Secretaire.

Pour *Gueldres* & *Conte de Zutphen*, le xxix. jour de Juillet (*stilo veteri*) l'An susdit.

Pour *Holland* avec *Wesffrize*, le premier jour d'Aoust mil six cens & huict.

Pour *Zeland* le xxv. jour de Juillet (*Stilo novo*) l'An susdit.

Pour *Utrecht* le xxvi. jour de Juillet (*Stilo veteri*) l'An susdit.

Pour *Frize* le xvi. jour de Aoust (*Stilo veteri.*)

Pour *Overyssel* le premier jour d'Aoust (*Stilo veteri*) l'An susdit.

Et pour la *Ville de Groeninges* & *Ommelandes* le x. d'Aoust l'An susdit.

Par Ordonnance de Messeigneurs les Estatz du Duché de Guilderz & Conte de Zutphen.

Par Ordonnance de Messeigneurs les Estatz de Hollande & Wesifrize.

Par

ANNO 1608. *Par Ordonnance de Messeigneurs les Estatz de Zelande.*

Par Ordonnance de Messeigneurs les Estatz de Utrecht.

Par Ordonnance de Messeigneurs les Estatz de Frize.

Par Ordonnance de Messeigneurs les Estatz de Overyssel.

Par Ordonnance de Messeigneurs les Estatz de la Ville de Groeningen & Ommelanden.

IV.

1612. 28. Mars. v. st. *Traité d'Alliance defensive conclu entre* JAQUES I. *Roi de la Grande Bretagne, & quelques Electeurs & Princes d'Allemagne, nommement exprimez dans ce Traité. Donné à Wesel le 28. Mars v. st.* 1612. [RYMER Fœdera, Conventiones &c. Tom. XVI. pag. 714.]

JAcques, par la grace de Dieu, *Roy de la Grande Bretaigne, France & Irlande*, Defenseur de la Foy &c. a tous ceulx qui ces Presentes verront ou orront, Salut.

Comme ainsi soit que, pour diverses & grandes Considerations tendantes au Bien & Repos commun, Nous aurions trouvé bon d'entrer en plus estroicte Correspondence & Alliance Defensive reciproque avecque plusieurs *Electeurs, Princes & Estats uniz en Allemaigne*, suivant nostre Commission donne a ceste effect a nostre bien Ame & Feal *Rodolphe Winwood*, Chevallier Maistre en nostre Cour des Requestes, & nostre Ambassadeur ordinaire aupres Haults & Puissants Seigneurs, *les Estats Generaulx des Provinces Unies des Paiis bas.*

La Teneure & effect de laquelle Alliance & Ligue est comme s'ensuit de mot a mot.

Comme ainsi soit que, sur la Proposition faite au Nom de Messeigneurs les *Electeurs, Princes & Estatz unix* cy apres denommez, a Tres-haut, Tres-puissant & Tres-excellent Prince, *Jaques Roy de la Grande Bretaigne, France & Irlande*, d'une Alliance Defensive & reciproque, pour la conservation de la Grandeur, Authorite & Repos du St. Empyre de Sa Majeste Imperiale, & manutention des Constitutions dudit Empyre, & de la *Liberte Germanique*; Sa Majesté aye non seulement approuve & loue cette juste, bonne & Chrestienne Resolution desdits Seigneurs *Electeurs, Princes & Estats* a l'effect que dessus, mais ayant aussi este bien humblement requis de leur part, par Monseigneur *Louis Frederic Duc de Wirtenberg & Teck Compte de Mombeliard &c.* d'avoyr aggreable d'entrer en une bonne Correspondence & Alliance mutuelle, elle se seroit declare d'y vouloyr entendre sous des Conditions justes & raisonnables, lesquelles Sa Majeste auroyt faict mettre par Escript & communicque auxdits Seigneurs *Princes & Estats unix*, pour en estre convenu par des Ambassadeurs & Deputez de part & d'autre a ce particulierement commis & instruicts; Et ayant a cest effect donné Pouvoyr & Mandement special, a Messyre *Rodolphe Wynwood* Chevallier Maistre en sa Cour de Requestes & Ambassadeur ordinayre de Sa Majeste pres Messeigneurs *les Estats des Provinces-Unies du Paiis bas*, dont la Teneur est transcript a la fin de ces Presentes, comme de l'autre part lesdits Seigneurs *Electeurs, Princes & Estats*;

Assavoyr,

Messeigneurs,

Jehan Compte Palatyn du Rhyn Tuteur & Administrateur du Palatinat Electoral, Vicayre du St. Empyre, Duc de Baviere &c. Compte de Vendentz..

Jehan Sigismund Marquis de Brandenburg, Archichamberlayn & Electeur du St. Empire, Duc de Prussie, Cleves, Julyers, Bergh, de Stetin & Pomeranie, des Cassuves & Vandales &c.

Christian & Joachim Ereuste Freres *Marquis de Brandenbourg*, Duc de Prussie.

Et *Jehan Frederic Duc de Wirtenberg & Teck*, Comte de Mombeliard, Seigneur de Heydenheym.

Maurice Landgrave de Hesse, Compte de Catzenelleboghe, ditz, Zighenheym & Nidda.

George Frederic Marquis de Baden, & Hochbergh, Landgrave de Susenbergh, Seigneur de Rotel.

Jehan, George, Christian, Louis, Rodolphe, Auguste, Princes d'Anhalt, Comptes de Ascanien, Seigneurs de Bemburgh & Serbit &c. ayants semblablement requis Messeigneurs *l'Administrateurs du Palatinat Electorall & Duc de Wirtenbergh* de vouloir vacquer a l'Accomplissement de ce Traicte, lesdits Seigneurs auroyent donne Comandement & Pouvoyr a

ANNO 1612.

Messieurs *Meynhard de Schonbergh* Conseiller d'Estat & Collonel ordynayr dudit *Seigneur Administrateur*.

Et *Benjamin Buvinckhaussen de Walmerode* Conseiller d'Estat dudit Seigneur *Duc de Wirtenbergh*, & Surintendant General en ses Terres & Domayns de France.

Et *Pierre Dathenes* Secretaire d'Estat dudit *Electorat*, comme iceulx Pouvoirs sont semblablement adjoutez a la fin de ce dit Traicte, pour s'assembler en la *Ville de Wesel*, & y traicter, convenir & arrester lesdits Poincts & Articles cy-devant communiques de Sadite Majeste, qu'apres en avoyr amiablement confere ensemble, ils se seroyent accordez en la maniere & soubs les Conditions ensuyvants, ayant toutesfois été adjouste de la part desdits *Seigneurs Electeurs* la reserve de l'Union particuliere, laquelle ils ont avec le College Electoral en qualite des Electeurs du St. Empyre.

Ladite Alliance sera Defensive & reciproque entre Sa Majeste, ses Roialms & Subjects & d'entre lesdits *Electeurs Princes & Estats*, & leurs Territoyres & Subjects.

Cas advenant qu'a cause de l'Union faicte entre les susdits *Electeurs, Princes & Estats*, & des consequences & dependances d'icelle, ou a cause de l'assistance & secours que lesdits *Electeurs, Princes & Estats* ont donne ou cy-apres pourront donner, pour la conservation de la legitime Possession, Droits & Justice de la cause des Princes interessez en la Succession des Duchez de *Julyers, Cleves, Monts* & Appartenances d'iceulx, ils seroient assailliz ou molestez par voye de faict ou autrement, contre l'ordre de la Justice & Constitutions de l'Empyre, Sa Majeste promet & s'oblige de les assister, secourir & defendre contre quelconque qui ce soyt, comme de mesme lesdits *Electeurs, Princes & Estats* s'obligent, que si Sa Majeste, ses Royaulmes & Subjects soyent attacquez ou inquietez, soyt par Mer soyt par Terre, qu'ils l'assisteront aussi & secoureront si promptement que fayre se pourra.

Sa Majeste promect & s'oblige donner auxdits *Electeurs, Princes & Estats*, estant assailliz comment dessus, le Secours de quatre mille Hommes à Pied, Armes & fournir a la Guerre comme il appartient, ou a cause que la Solde pour l'entretenement des Gens de Pied en Allemagne, est beaucoup plus haulte que ne porte la Liste cy annexee, de la part de Sa Majeste telle Somme d'Argent que la Solde de quatre mil Hommes pourra porter, selon l'estat & formulayre aussy annexe a ce Traicte de la part des Seigneurs *Electeurs & Princes unix*, faict suyvant le Reglement de leur Milice des charges & entretenements des Gens de Pied, avec leurs Officiers & choses necessayres à la Guerre, demeurant au choix desdits *Princes* de demander l'un ou l'autre.

Lesdits Electeurs, Princes & Estatz unix promettent & s'obligent de secourir & assister Sa Majeste, estant assaillye par Mer ou par Terre en quel qu'un de ses Royaulmes, de deux mille Hommes a Pied armez & fournis à la Guerre, ou d'aultant en Argent que la Charge d'iceux montera, selon le susdit Estat des *Electeurs & Princes*, qui est annexe au present Traicte, le choix demeurant aussi a Sa Majeste de demander l'un ou l'autre.

Lesdits Gens de Guerre, soyt de l'un ou de l'autre part, seront commandez par un Chef ou plusieurs, qui se submettront au Chef en general de la Partie assistee, pour estre employez par ledit Chef au plus grand avantage du Service de ladite Partie.

Ladite Assistence & Secours, tant de l'un coste que de l'autre, doibt estre preste a marcher en trois mois apres la requisition faite par la Partie assaillie, ou si on demande le Secours en Argent il sera fourny dans semblable tems apres ladite Requisition; assavoyr, la Solde pour trois Mois suyvant l'estat des Charges susmentionne, & ainsy de trois mois en trois mois, laquelle Solde sera delivre en tiel Lieu, qui sera trouve le plus propre & seur au Jugement & discretion de la Partie assaillie.

La Despence des Levees, Transportation & Entretien desdits Gens sera a la charge de l'Assistant, laquelle il continuera pour un an entier, si la necessite la requerra, & si la Guerre continue davantage on y pourra pourveoir par nouvelle Capitulation.

ANNO 1612.

Quant a la Transportation par Mer desdits Gens de Guerre, d'aultant que les Princes ne sont pas pourveus de Navyres, Sa Majeste se chargera d'icelles.

Remboursement fera faict de toutes charges des Levees, entretenement & autres Frais desdits Gens de Guerre, ou d'aultant d'Argent qui sera fourny, soyt a l'un ou a l'autre Party, suyvant lesdits Listes annexees, & ce dedans trois ans apres la Charge faicte, si ce n'est qu'il soyt aultrement convenu par nouveau Traicte.

Et d'aultant que Sa Majeste & lesdits *Princes* ont des aultres Alliances Defensives, & particulieres avec la *France* & *Provinces Unies des Païis Bas*, cas advenant que l'un d'iceulx fust assailly, auparavant que Sa Majeste fust requise des *Princes*, ou lesdits *Princes* de Sa Majeste, pour le Secours accorde en ce Traicte, ou entand qu'estants desia entres en Guerre pour la Defense de quelques uns des aultres Confederes, les Contractans ne seront obligez que de donner reciproquement la moitie du Secours cy-dessus specifie.

Semblablement, si Sa Majeste ou les *Princes* sont assaillis chez eux, ils seront non seulement excusez & descharges d'envoyer aucun Secours dehors, mais aussy pourront ils r'appeller le leur auparavant envoye, dedans trois mois apres que la Signification en aura été deuement faicte.

Lesdits Electeurs, *Princes* & *Estats* ne pourront fayre aulcune Alliance avec quelqu'autre Prince & Estat, au prejudice de ceste cy, ce Sa Majeste promect de ne fayre point de sa part.

Cette Alliance durera six ans, & les Successeurs reciproquement, tant de Sa Majeste que des *Princes*, seront compris en ce Traicte, & sera en la liberte des Contractants, & de leurs Successeurs de convenir de la prorogation de cette Alliance un an avant l'expiration dudit Terme de six ans.

Ce present Traicté sera ratifie, tant de Sa Majeste que desdits *Electeurs*, *Princes* & *Estats uniz*, en forme deue & legitime, & la Ratification reciproquement delivree dedans quatre mois apres la Date des Presentes.

Fait à *Wesel*, le 28. de Mars, mil six cents & douze *stilo veteri*.

Signe & cachette,

RODOLPHE WINWOOD.
MEINHARD DE SCHONBURGH.
B. BUWINCKHAUSEN
PIERRE DATHENES.

Estat de la Solde de quatre mille Hommes a Pied, avec les Officiers, pour le Service des Princes & Estats uniz en hault Allemagne.

	per Diem. l. s. d.	per Mensem. l. s. d.	per Annum. l. s. d.
Le Collonell Generall,	05 00 00	140 00 00	1125 00 00
Quatre Collonels, desquels le Collonell General sera un, chascun a 20 *s. per Diem*,	04 00 00	112 00 00	1460 00 00
Quatre Lieutenants Collonells chascun a 6. *s. per Diem*,	01 04 00	33 12 00	438 00 00
Le Tresorier, pour luy & ses Servants, *per Diem*,	01 06 08	37 06 08	486 13 04
Le Commissayre, pour luy & ses Clercs, *per Diem*,	00 13 04	18 13 04	243 06 08
Un Sergeant Major, pour le Champ, *per Diem*,	00 06 00	08 08 00	109 10 00
Trois Sergeants Majors, chascun a 5 *s. per Diem*,	00 15 00	04 00 00	273 15 00
Un Quartier Master pour le Champ, *per Diem*,	00 06 00	08 08 00	109 10 00
Trois Quartier Mastres, chascun a 5 *s. per Diem*,	00 15 00	21 00 00	273 15 00
Un Provost Mareschal, pour le Champ. a 6. *per Diem*, & *trois Canallers* de luy, chascun a 18. *d. per Diem*, en tout.	00 10 06	14 14 00	191 12 06
Trois aultres Mareschals, chascun a 5 *s. per Diem*,	00 15 04	04 00 00	273 15 00
Deux Ministres, chascun a 5 *s. per Diem*,	00 10 00	14 00 00	182 10 00
Un Secretaire du Conseil de la Guerre, *per Diem*,	00 03 09	05 05 00	68 08 09
Deux Commissayres, l'un pour l'Amunition, l'autre pour les Vivres, chascun a 9 *s.* 4*d. per Diem*,	00 18 08	26 02 08	340 13 04
Huict Conducteurs pour les Vivres & l'Amunition, chascun a 2. *per Diem*,	00 16 00	22 08 00	292 00 00
Un Maistre Chirurgian a 5 *s. per Diem*, & *deux aultres Chirurgians*, chascun a 21 *d. per Diem*, en tout.	00 08 06	11 18 00	155 02 06
Un Commissayre pour les Chareux, a 5. *s. per Diem*, & *trois autres Conducteurs*, chascun a 3 *s. per Diem*, en tout.	00 14 00	19 12 00	255 10 00
Un Carpentier pour les Chareaux, *per Diem*,	00 03 00	04 04 00	54 15 00
Un Serrier pour les Chareaux, *per Diem*,	00 02 00	02 16 00	36 10 00
Cent & cinquante pour les *Officiers* & *Compaignies* de Pied, chacun a 6. *s. per Diem*, en tout.	45 00 00	1260 00 00	16425 00 00
Les Deteriorements es Vivres, Ammunition & Armes, par estimation a 500. *l. per Mensem*,	17 17 00	500 00 00	6517 17 01
Quatre mille Hommes a Pied divisez en Compaignies; assavoyr; la Solde d'un Capitain,	*per Diem*	l. s. d. 156 06 08	
De 100. *Testes* a 4 *s. per Diem*, *un Lieutenant* a 2. *s. per Diem*, *d'un Ensign* a 18. *d. per Diem*, de *deux Sergeants*, *d'un Tambour* & *d'un Chirurgian*, chascun a 12. *d. per Diem*, & de *cent Hommes* avec les Mortes payes, chascun a 8 *d. per Diem*, selon	*per Mensem*	4377 06 08	

ANNO 1612.

laquelle Liquidation la Solde d'une Compagnie de cent Testes monte a 3. *l.* 18 *s.* 10. *d. per Diem*, & aussi pour 40. Compagnies de Gens de Pied, selon ladite Liquidation,	*per Annum*	7061	13	04	
Somma totalis d'Entretiennement desdits Officiers & Compaignies de Gens de Pied; assavoyr,	*per Diem*	238	11	02	*ob. q.*
	per Mensem	6679	14	04	
	per Annum	87074	17	06	*Sterl.*

ANNO 1612.

Estat de la Solde & Appointements de deux mille Soldatz Allemans, leurs Officiers & Appartenances, selon le Reglement de la Milice de Messeigneurs les Electeurs *&* Princes unis, *Conte le mois a trente jours.*

Le Colonell pour sa Personne, le mois conte a trente jours, 684. *Florins.*
Pour son *Ministre* 20.
Pour son *Secretaire* 20.
Pour le *Chirurgien General* 40.
Tambourin Major 20.
Pour 12. *Personnes* Serviteurs ou de la suite du Collonel, lesquels ne pourront passer la Monstre soubs aucune Compagnie, pour chacun vingt Florins, 240.
Pour *deux ordinayres Chariots* par mois 50. Florins, faict 100.

Somme 1124. *Florins.*

Officiers du Regiment.

Lieutenant Colonel par mois de trente jours 250 Flor.
Sergeant Major & son Serviteur avec son Cheval, 117.
Quartier Maistre, son Serviteur & son Cheval, 70.
Auditeur, son Serviteur & son Cheval, 70.
Provost a Cheval, 45.
Son Lieutenant, 27.
Six Hallebardiers, chascun 12. Florins, 72.

Somme 651. *Flor.*

Le Reglement de dix Compagnies, desquelles le Collonel aura l'une, chacune de 200. *Hommes soldoyez chasque mois pour trente jours ainsi que s'ensuit.*

Capitaine, pour sa Personne 250. Flor.
Quatre Serviteurs, lesquels ne doibvent passer Monstre ny estre compris parmi les deux cens Soldatz, a 12. Flor. chacun, 48.
Lieutenant & son Laquais, 85.
Enseigne & son Laquais, 70.
Trois Sergeants, chascun 30. Flor. 90.
Un Capitaine d'Armes, 24.
Un Escrivain, 18.
Un Chirurgien, 22.
Trois Tambourins, chascun a 14. Florins, 42.
Un Pifre, 12.
Un Prevost, 12.

Somme 673. *Flor.*

En chasque Compagnie 24. *Appointes qui auront.*

Six a vingt Florins, 120.
Huict a dix-huict, 144.
Dix a seize, 160.

Somme 424. *Flor.*

Trois Corporals, chascun a dix-huict Florins, 54.
Vingt-huict Soldats a quinze Florins, 420.
Cinquante cinque, a quatorse, 770.
Septante trois a douze Florins & demi, 912. *Flor.* 10. *Sol.*

Somme 2156. *Flor.* 10. *Solz.*

Somme de la Solde de *deux cens Soldats* avec leurs Officiers, par mois trois mille deux centz cinquante trois, & pour le dix Compagnies 32530.

Quatre Personnes extraordinaires, pour distribuer & garder les Vivres, Armes & Chariots, chascun 60. Florins, par mois faict, 240.

Pour chacun *Capitaine* de deux cents Hommes; deux Chariots, chacun par mois 50. Florins faict pour le dix Compagnies, 1000.

Pour le *Colonel* & tous les aultres Officiers, encores vingt Chariots pour mener les Provisions, pour quatre ou cinque jours chacun quatre-vingt Florins, faict 1600.

Somme pour les Chariots & Personnes extraordinayres, par mois, 2100. *Flor.*

Somme totale pour deux mille Hommes, leur Collonel, haultz Officiers, Appointements, Chariots & Personnes extraordinaires, par mois 37145. Flor. 10. *Sols.*

En Florins de Brabant 37145. 10. *Sols, qui vault en Argent d'Angleterre*, 3714. *l.* 11. *Sols.*

MEINHARD DE SCHONBURGH.

B.B. DE WALMEROD.

PIERRE DATHENES.

Et comme ainsy soit que sur le traictement de la dite Alliance & Ligue les Ambassadeurs desdits Sieurs *Electeurs, Princes* & *Estats*, auroient remis a notre Agreation deux Articles par eux proposez, dont la Teneur est;

Comme ainsy soit que sur le huictiesme Article du Traicte ce jourd'hui arreste, portant que,

Quant a la Transportation par Mer desdicts Gens de Guerre, d'autant que les Princes ne sont pourveus de Navires Sa Majeste *se chargera d'icelles*,

A este dit de la part des Messeigneurs les *Electeurs, Princes* & *Estatz unis* qu'ils avoient charge expresse de requerir qu'il y soit adjouste, que Sa Majeste les desire aussi gratifier de Frais dudict Transport, comme il sembloit que le dict Article contenoyt cest esclaircissement; & auroit ainsi este entendu pour avoir son effect;

Et que Monsieur l'Ambassadeur de Sa Majeste a replique,

N'avoir de cela Instruction, ny charge qu'en tant qu'il competeroit le Secours envoye à Sa Majeste *il a este trouve a propos que ceste Gratification, ainsi desiree seroit remise a la Declaration de* Sa Majeste, *pour laquelle procurer le dict Sieur Ambassadeur a promis de faire toutes bons Offices, a fin qu'elle soit envoyee avec la Ratification dudict Traicte*;

Pareillement, a este expose desdits Sieurs Ambassadeurs des *Princes unis*,

Comme Monseigneur Philippe Loys Palatyn du Rhin, Duc de Baviere *&c. estoit pareillement compris en l'Union avec les aultres Princes, mais que jusque a present il n'auroit envoye aucun Pouvoir pour ce Traicte, que partant ils estimoynt que* Sa Majeste *n'auroit desaggreable de luy accorder le Terme de quatre mois nommez pour la Ratification des Articles convenus, a fin de declarer sa volonte.*

Ce que ledit Sieur Ambassadeur aiant *ainsi accepte.*

En a este signe ce present Escript a *Wesel* le 28. de Mars *Stilo veteri* 1612.

MEINHARD DE SCHONBURGH.

B. BUWINCKHAUSEN DE WALMEROD.

PIERRE DATHENES.

V.

Tractatus inter JACOBUM I. *Regem Magnæ Britanniæ &* FRIDERICUM *Comitem Palatinum Rheni & S. R. I. Electorem conclusus, quo conveniunt de conditionibus Matrimonii inter dictum Electorem & Elisabetham, dicti Regis Filiam, contrahendi. Datus in Palatio Regio apud Westmonasterium* 17. *Novembris Anno* 1612. [RYMER Fœdera, Conventiones &c. Tom. XVI. pag. 725.] 17. Nov.

AD

ANNO 1612.

AD Laudem, Gloriam & Honorem Dei Optimi Maximi, ad Religionis & veræ Fidei Chriſtianæ Propagationem, & ad ſtabilimentum Pacis & Amicitiæ inter Principes vicinos, necnon pro augmento honoris Illuſtriſſimi Principis *Frederici*, Dei gratiâ, *Comitis Palatini ad Rhenum*, *Ducis* Bavariæ, Sacri Romani Imperii *Archidapiferi* & *Electoris* &c. ex una parte, & Sereniſſimæ Principis Dominæ *Eliſabethæ*, Filiæ unicæ Sereniſſimi & Potentiſſimi Principis *Jacobi*, Dei gratiâ, *Magnæ Britanniæ*, *Franciæ & Hiberniæ Regis*, Fidei Defenſoris &c. ex altera parte; poſt graves & ſerias Conſultationes & Tractationes de Matrimonio, inter dictum Illuſtriſſimum Principem *Electorem* & præfatam Sereniſſimam Dominam *Eliſabetham* contrahendo, deque iis quæ exinde dependent habitas;

Inter Nos,

Henricum Comitem Northampton cuſtodem Privati Sigilli,

Ludovicum Ducem Lenox,

Thomam Comitem Suffolk Camerarium Hoſpitii Regii,

Edvardum Comitem Worceſter Præfectum Equitii Regii,

Gulielmum Comitem Pembrock,

Robertum Vicecomitem Rocheſter,

Thomam Vicecomitem Fenton Præfectum Satellitii Regii,

Gulielmum Baronem Knollis Theſaurarium Hoſpitii Regii,

Julium Cæſarem Equitem auratum Cancellarium Scaccarii Regii.

Et,

Johannem Albertum Comitem Solmenſem Electoralis Palatinatûs Magnum Præfectum Palatii,

Meinhardum de Schonburgh Equitem & Aulæ Palatinæ ſummum Mareſchallum,

Volradum de Pleſſen,

Pleichardum de Helmſtadt Equitem Vicedominum in Neuſtadt,

Henricum Dieterich de Schonburgh Burgravium Starkenburgenſem,

Et,

Pleichardum Landſchadt à Steinach Præfectum in Germerſheim,

Procuratores & Deputatos utriusque Partis, virtute Mandatorum & Commiſſionum noſtrarum (quarum Exempla in calce præſentis Contractûs adſcribuntur) accedente Divinâ gratiâ, conventum, concordatum & concluſum eſt in hunc qui ſequitur modum.

INPRIMIS, Quòd inter dictum Illuſtriſſimum *Principem* & dictam Sereniſſimam Dominam *Eliſabetham* in propriis *Perſonis Matrimonium verum*, purum & legitimum in Anglia contrahatur, ſolemnizetur. & conſummetur, quàmprimum id commodè fieri poterit, ita tamen ut non differatur ultrà initium menſis Maji proximè ſequentis; & interim Sponſalia in debitâ & legitimâ formâ, per verba de præſenti, viceſimo ſeptimo Decembris hujus anni celebrentur.

Præfatus Sereniſſimus *Magnæ Britanniæ Rex* dabit præfato Illuſtriſſimo *Electori* cum Filia ſua Domina *Eliſabetha*, pro Dote ejusdem, Summam *quadraginta millium Librarum Sterlingarum* ſivè valorem earundem alterius Monetæ in *Oppido Amſtelredamenſi* Comitatûs Hollandiæ ſolvendarum infrà Terminum duorum annorum; videlicet, ſingulis ſex menſibus, à tempore Matrimonii computandis, *Decem millia Librarum Sterlingarum.*

Præfatus Illuſtriſſimus *Elector Palatinus* aſſignabit & ſolvi curabit annuè præfatæ *Dominæ Eliſabethæ*, ex Cauſa Donationis propter Nuptias, in caſu Viduitatis, Summam *decem millium Librarum Sterlingarum*, vel valorem earundem in Pecuniâ numeratâ, ad quatuor anni Terminos uſuales per æquales portiones, eâ ratione, ut ſi quid in Penu & Victualibus ad uſum ſuum prædicta Domina *Eliſabetha* erogari poſtulaverit, illud ipſum de prædictâ Summâ detrahetur.

IDEM præfatus Illuſtriſſimus *Elector*, loco & nomine Hypothecæ, pro Aſſecuratione dictæ Summæ annuæ *decem millium Librarum Sterlingarum*, conſignabit Commiſſariis & Procuratoribus Regis prædicti ad hoc mittendis, quandocunque ipſi Regi placuerit, Comitatum, Præfecturam & Burgraviatum de *Altzey*, Præfecturam & Vicedominium de *Neuſtadt*, Præfecturas & Ballivatus de *Germerſheim* & *Oppenheim*, unà cum

ANNO 1612.

Subpræfecturis, Oppidis, Caſtris, Terris, Dominiis, Villis, Curiis, Prædiis, Redditibus, & quibuscumque aliis Pertinentiis, prout plenior exinde ſpecificatio & Declaratio exhibebitur Commiſſariis Regis, ad Hypothecam & Oppignorationem eorundem legitimè accipiendam deputandis.

Et ulteriùs, prædictus Illuſtriſſimus *Elector*, pro Manſione & Reſidentiâ dictæ Sereniſſimæ Dominæ *Eliſabethæ*, aſſignabit Oppidum & Palatium de *Frankenthal* & *Arcem* & *Burgum de Fridelſheim*, unà cum omnibus Juribus, Servitiis & reliquis Pertinentiis, pro Dignitate ejusdem Dominæ *Eliſabethæ* extructa, ornata & Utenſilibus aliisque rebus neceſſariis accommodata.

Pro expenſis minutioribus & arbitrariis ipſius Sereniſſimæ Dominæ *Eliſabethæ*, Illuſtriſſimus *Elector* numerari faciet, conſtante Matrimonio, ad quatuor anni Terminos à die Conſummationis Matrimonii incipiendos, in manus Præfecti Hoſpitii ſui, vel alius ab ipſâ deputandi, Summam *mille & quingentarum Librarum Sterlingarum*, ſeu valorem earumdem in Monetâ Germanicâ, ultrà expenſas domeſticas, ſivè in Veſtitu, ſivè in Victualibus, ſivè in Salariis.

Præfata Sereniſſima Domina *Eliſabetha* in Famulitio ſuo proprio habebit, conſtante Matrimonio, triginta ſex Famulos, & tredecim Famulas, in Aulâ ipſius Illuſtriſſimi Electoris nutriendos, veſtiendos & ſalariandos, ſecundùm Scedulam inde confectam & huic Tractatui annexam, ultra illos qui in Æquitio deſerviunt; qui omnes & ſinguli ſingulæque arbitratu ipſius Dominæ *Eliſabethæ* & conſtituentur & deſtituentur.

Similter conventum eſt, quòd erit in arbitrio & libertate prædictæ Dominæ *Eliſabethæ*, uti & frui Exercitio Religionis & Rei Divinæ per proprium ipſius Sacellanum pro ſe & Famulitio ſuo, ſecundùm Ritus in Eccleſiâ Anglicanâ hoc tempore receptos & ſtabilitos.

Præfatus Sereniſſimus *Rex* præfatam Sereniſſimam *Filiam* ſuam ſuis expenſis, periculis & curis ducendam curabit uſque ad *Oppidum Bacharach* ſuper Rhenum, ubi eandem præfatus Illuſtriſſimus *Elector*, ut Conjugem dulciſſimam, per ſuos condignè ſuſcipiet, & honorificè, ac, Chriſto auſpice, ſuis expenſis & curis ducet ad Caſtrum & Urbem *Heydelberg*.

Prætereà concordatum eſt, ſi contingat, quod Deus diù avertat, prædictum Illuſtriſſimum *Electorem* ex hâc Vitâ decedere, prædictâ Dominâ *Eliſabethâ* ſuperſtite, prole ſuſceptâ vel non ſuſceptâ, quod liberum erit dictæ Dominæ *Eliſabethæ*, ſi voluerit, manere in Locis ſuperius aſſignatis, vel recedere in Magnam Britanniam, vel Habitationem mutare in quemcunque alium Locum libuerit, cum omnibus Bonis Paraphernalibus & Jocalibus ſuis, unà cum perceptione annua prædictæ Summæ *Decem mille Librarum Sterlingarum* ſive valoris earundem in Pecunia numerata, ex cauſa Donationis propter Nuptias ipſi, ut antea dictum eſt, aſſignatæ.

Tranſactum quoque & concluſum eſt, quod exiſtentibus Liberis ex hoc Matrimonio procreatis, nullos eorum poſſit in Matrimonium elocari ſine conſilio & conſenſu Sereniſſimi *Regis Magnæ Britanniæ* ſeu Hæredum & Succeſſorum ſuorum: Et quod Filiæ quandocunque Nuptui dabuntur, ſi nulli Filii extiterint, ultra Dotem quam Pater ex plenitudine Affectûs & ſollicitudinis ſuæ eisdem dabit & aſſignabit, habitâ ratione Dignitatis & Regiæ Prognationis earundem, gaudebunt & fruentur ex parte Matris, tàm prædicta Summa *Quadraginta millium Librarum Sterlingarum* quàm omnibus aliis Bonis ex parte Matris provenientibus.

Et ſi contingat, poſt obitum prædicti Illuſtriſſimi *Electoris*, quòd prædicta Domina *Eliſabetha* voluerit tranſire ad ſecundas Nuptias, Liberis exiſtentibus vel non exiſtentibus; Concordatum eſt, quòd loco *decem millium Librarum Sterlingarum* ipſi Dominæ *Eliſabethæ* annuatim aſſignatarum ex cauſa Donationis propter Nuptias, reſtituentur & conſignabuntur eidem *quadraginta millia Librarum Sterlingarum* pro Dote ſoluta; hac tamen conditione ut, ſiquæ Proles exſtiterit ex primo Matrimonio, tantùm poſt mortem prædictæ Dominæ *Eliſabethæ* eadem Proles omnibus Bonis ex parte Matris provenientibus fruatur & potiatur; ſi verò ex alio quoque Matrimonio Proles exſtiterit, tum prædicta Bona æqualiter inter omnes Liberos dividentur; reſervata ſemper prædictæ Dominæ *Eliſabethæ* in utroque caſu libera facultate, per Teſtamentum vel aliter, diſponendi de parte honoraria Bonorum ſuorum Paraphernalium; quæ etiam libera facultas diſponendi de parte honoraria Bonorum ſuorum Paraphernalium conceſſa

eſt

ANNO 1612.

est dictæ Dominæ *Elisabethæ*, si contigerit, quòd Deus diù avertat, ipsam ex hac Vita decedere, prædicto Illustrissimo *Electore* superstite.

Quæ omnia & singula ita, ut præfertur, conventa, conclusa & concordata per dictos Serenissimum *Regem Magnæ Britanniæ* & Illustrissimum Principem *Johannem Comitem Palatinum Rheni* Electoralis Palatinatûs Administratorem, Ducem Bavariæ, & Illustrissimam Principem *Electricem Viduam* & Matrem supradicti Electoris, necnon per eundem Illustrissimum *Electorem* solenniter ratificabuntur intra sex Septimanas: Qui idem Illustrissimus *Elector*, cùm ad pleniorem ætatem pervenerit, eadem denuò ratificabit in fide & verbis Regiis & Principum, vim Juramenti habentibus, pro se, & respectivè Hæredibus & Successoribus suis; ac quamprimùm poterunt Literas ratificatorias in debita forma vicissim tradent aut tradi facient: Quibus Litteris ratificatoriis etiam illud cavebitur expressis verbis, quòd omnia hîc conventa bona fide observabunt & implebunt, observari & adimpleri curabunt, omnesque & singulas Securitates præstabunt, prout concordatum est, & quæ de Jure & Consuetudine in similibus Tractatibus pro illorum subsistentia firmiori præstari debent aut requiri possunt; Renunciantes omnibus Juribus Legum vel Statutorum & Beneficiis quibuscunque in contrarium facientibus; easque, in quantum contra prædicta faciunt, ex plena Scientia proprioque motu & plenitudine Potestatis ipsis à Deo tributis, derogantes; statuentesque ea omnia & singula debere in omnibus suis Punctis & Articulis firma manere, & perpetuarum immobiliumque Legum vim obtinere.

In quorum omnium Fidem & Testimonium omnes & singuli superiùs nominati Procuratores Sigilla nostra Præsentibus apposuimus.

Datum in *Palatio Regio apud Westmonasterium*, decimo septimo die Mensis Novembris, Anno Salutis humanæ millesimo sexcentesimo duodecimo.

Designatio Salariorum & Stipendiorum annualium Ministrorum & Servientium in Aula Serenissima Dominæ Elisabethæ constante Matrimonio.

	Mon. Sterl. l. s. d.
Præfecto Hospitii solventur Annuæ in Moneta Sterlinga vel valore ejusdem,	66 13 04
Secretario,	50 00 00
Magistro Equitii,	50 00 00
Quatuor aliis Nobilibus vel Generosis, unicuique viginti Libræ,	80 00 00
Magistro seu Sacellano,	50 00 00
Medico,	50 00 00
Pueris Nobilibus nihil certè assignatur, sed habitâ ratione Qualitatis de rebus necessariis ipsis providebitur.	
Duobus Pedissequis, unicuique decem Libræ,	20 00 00
Servis Cubiculariis duobus, unicuique tresdecim Libræ, sex Solidi, octo Denarii,	26 13 04
Vestium Curatori,	20 00 00
Coquo seu Culinario,	20 00 00
Pincernæ,	20 00 00
Arbalistario,	13 06 08
Duobus Servientibus in Gynicæo, unicuique sex Libræ, tresdecim Solidi, quatuor Denarii,	13 06 08
Duobus Stabulariis, unicuique sex Libræ, tresdecim Solidi, quatuor Denarii,	13 06 08
Rhedario vel Aurigæ,	13 06 08
Lecticario,	13 06 08
ITEM, *undecim Famulis*, nimirùm Præfecti Hospitii, Secretarii, Magistri Equitii, quatuor Nobilium, Sacellani, Medici, & duobus pro Culinâ providebitur de Victu.	
Nobili Fœminæ Primariæ,	66 13 04
Sex Nobilibus Filiabus, unicuique viginti Libræ,	120 00 00
Duabus Fœminis Cubiculariis, unicuique tresdecim Libræ, sex Solidi, octo Denarii,	26 13 04

Quatuor Ancillis inservientibus supradictis Nobilibus providebitur de Victu.

Quemadmodum etiam de Victu providebitur omnibus dictis Ministris & Servientibus, tàm Masculis quàm Fœminis cujuscumque Gradûs.

Præterea omnibus inferioribus, tàm Masculis quàm Fœminis, de Amictu providebitur pro more in Aulâ Illustrissimi *Electoris* contueto.

Similiter habebitur omnium, tàm Nobilium quàm aliorum eadem ratio in compensatione, promotione & gratificatione, quemadmodum reliquorum Illustrissimi *Electoris* Officiariorum & Inservientium.

H. NORTHAMPTON.
LENOX.
T. SUFFOLKE.
E. WORCESTER.
PEMBROK.
RO. ROCHESTER.
FENTON.
W. KNOLLYS.
JUL. CÆSAR.

JOANNES ALBERTUS COMES DE SOLMS.
MEINHARD SCHONBURGH.
VOLRADUS DE PLESSEN.
PLICARDUS DE HELMSTAT.
HENRICUS THEODONIS A SCHONBURG.
PLEICARDT LANDTSCHAT A STEINACH.

Sequuntur Tenores Commissionum.

Jacobus, Dei Gratiâ, *Magnæ Britanniæ, Franciæ & Hiberniæ Rex*, Fidei Defensor &c. omnibus ad quos præsentes Literæ pervenerint, Salutem.

Cùm Illustrissimus Princeps, Consanguineus noster Charissimus, *Johannes Comes Palatinus Rheni*, Tutor & Administrator Palatinatûs Electoralis, Dux Bavariæ &c. tàm suo quàm Matris Serenissimi Principis *Frederici Comitis Palatini Rheni*, Sacri Romani Imperii Electoris, Ducis Bavariæ &c. aliorumque Contutorum suorum nomine, dilectos & fideles Consiliarios suos,

Generosum *Johannem Albertum Comitem Solmensem*;
Meynhardum de Schonburg Equitem,
Volradum de Plessen,
Pleickhardum de Helmstadt Equitem,
Henricum de Schonburg,
Et,
Plickhardum Landschadt,

Legatos ad Nos in hoc Regnum nostrum Angliæ transmiserit, cum Potestate & Mandato speciali ad Tractatum pleniorem & absolutivum habendum de eis quæ inter Consilium nostrum Secretum & Secretiores Consiliarios suos & Legatos; videlicet, Generosum *Philippum Ludovicum Comitem Hanoniæ* &c. & prædictum *Volradum de Plessen* non ita pridem, nempè, *decimo sexto die Maji* hoc Anno Domini & Redemptoris nostri millesimo sexcentesimo duodecimo *Westmonasterii apud Palatium nostrum de Whitehall* tractata & conventa, sub beneplacito nostro, utrinque respectivè, & postmodùm tàm à Nobis *tricesimo die Julii* præsentis Anni, quàm à præfato charissimo Consanguineo nostro, *Johanne Administratore Palatinatûs Electoralis*, tàm suo quàm Matris præfati Serenissimi *Frederici Electoralis*, aliorumque Contutorum nomine, *nono die ejusdem Julii*, laudata, approbata & ratificata sunt, super Matrimonio seu Sponsalibus inter supradictum Serenissimum *Fredericum Electorem & Elisabetham* Filiam nostram charissimam & unicam contrahendis:

Cumque itidem Illustrissimus Princeps Consanguineus noster Charissimus, *Mauritius Aurasinorum Princeps* Comes Nassoviæ &c. unus Contutorum prædictorum, Fratrem suum *Henricum Principem Aurasinum* Comitem Nassoviæ &c. ad hoc Negotium tractandum huc delegaverit, cum consimili Potestate & Mandato, prout ex Litteris suis Patentibus datis *Hagæ Comitum Hollandiæ die vicesimo præsentis mensis Octobris*, pleniùs liquet.

Mmmm

Scia-

ANNO 1612. Sciatis igitur quòd Nos, de fidelitate, industria & provida circumspectione, prædilectorum Consanguineorum & Consiliariorum nostrorum,

Henrici Comitis Northampton custodis privati Sigilli nostri,

Ludovici Ducis Lenox,

Thomæ Comitis Suffolk Camerarii Hospitii nostri,

Edwardi Comitis Worcester Præfecti Equitii nostri,

Gulielmi Comitis Pembrok;

Necnon,

Prædilectorum Consiliariorum nostrorum,

Roberti Vicecomitis Rochester,

Thomæ Vicecomitis Fenton Præfecti Satellitii nostri,

Gulielmi Baronis Knollis Thesaurarii Hospitii nostri,

Et,

Julii Cæsaris Equitis Aurati Cancellarii Scaccarii nostri,

Pleniùs confidentes, ad prædictum finalem & conclusivum Tractatum cum dictis Legatis Illustrissimorum Principum *Johannis* & *Mauritii* super hoc Negotio matrimoniali concordandum & absolvendum, necnon ea quæ jam cauta & concordata fuerunt ulteriùs explicandum & interpretandum, prout bona fides postulat, ac etiam ad ea quæ sic tractata, conventa & concordata erunt omni securitate honestâ & debitâ, nomine nostro, firmandum;

Consimilemque Securitatem pro Nobis & Nomine nostro petendum, stipulandum & recipiendum;

Cæteraque omnia & singula faciendum, exercendum & expediendum, quæ in præmissis ea necessaria fuerint aut quomodolibet opportuna, ac quæ qualitas & natura Negotiorum hujusmodi exigunt & requirunt, & quæ Nos faceremus seu facere possemus, si personaliter præsentes interessemus, etiamsi talia sint quæ Mandatum exigunt quantumcunque speciale; prædictos omnes, sivè majorem partem ipsorum, nostros veros, legitimos ac indubitatos Procuratores, Negotiorum Gestores, Commissarios & Deputatos speciales facimus, ordinamus & constituimus per Præsentes:

Promittentes in verbo Regio nos ratum & gratum perpetuò habituros, quicquid per dictos Procuratores nostros, aut eorum quinque, actum, gestum sivè procuratum fuerit in præmissis & singulis præmissorum.

Datum apud *Westmonasterium*, sub magni Sigilli nostri Testimonio, vicesimo nono die Octobris, Anno Regni nostri Magnæ Britanniæ, Franciæ & Hiberniæ decimo.

CAREW.

Nos *Johannes*, Dei Gratiâ, *Comes Palatinus Rheni*, Tutor & Electoralis Palatinatûs Administrator, Dux Bavariæ, Comes in Veldintz & Sponheim &c. omnibus & singulis has Præsentes lecturis notum testatumque facimus,

Cùm Potentissimus ac Serenissimus Princeps, *Jacobus Magnæ Britanniæ, Galliæ & Hiberniæ Rex &c.* Capita illa quæ tùm à Serenissimæ Majestatis ipsius Secreto Concilio, tùm à Secretioribus Consiliariis, ac Legatis nostris, Generoso *Philippo Ludovico Comite Hanoniæ* &c. & *Valraldo de Plessen*, ratione Dispensationis atque Matrimonii inter Serenissimum Principem *Fredericum Comitem Palatinum Rheni*, Sacri Romani Imperii Electorem, Ducem Bavariæ &c. & Serenissimam Principem *Elizabetham* unicam præfati *Regis Magnæ Britanniæ* Filiam, contrahendi, non ita pridem, nempè, decimo sexto die Maji hoc Anno Domini & Redemptoris nostri, millesimo sexcentesimo duodecimo, *Westmonasterii* apud Palatium Regium de *Whitehall*, tractata & conventa, ac posteà à Nobis, communicato Consilio cum Serenissima Principe *Electrice* præfati Serenissimi *Electoris* Matre, ac cæteris Contutoribus, tàm nostro quàm ipsorum nomine, laudata & approbata postmodùm *tricesimo*, nempè, *die Julii* anni præsentis, similiter ratificaverit, rata & grata habuerit;

Nos, ad ulteriorem & finalem Tractatum hâc de re habendum, de fidelitate & industriâ, prudentiâ & circumspectione perdilectorum & fidelium Consiliariorum nostrorum,

Generosi *Johannis Alberti Comitis Solmensis*, Electoralis Palatinatûs Magni Præfecti Palatii,

Necnon,

Meinhardi de Schonburg Equitis, Marescalli,

Volradi de Plessen,

Pleichardi de Helmstadt Equitis, Vicedomini nostri in Neustadt, ANNO 1612.

Henrici de Schonburg, Burgravii Starkenburgensis,

Et,

Pleickhardi Landschadt a Steinach Præfecti nostri in Germersheim,

Pleniùs confidentes, ad prædictum finalem & conclusivum Tractatum super hac de re matrimoniali concordandum & absolvendum; necnon ea quæ jam cauta, conventa & concordata fuerint, nostro Nomine firmandum;

Securitatemque convenientem pro Nobis ac Serenissimo *Electore* petendum, stipulandum & recipiendum,

Cætera denique omnia & singula facienda, exercenda & expedienda quæ in prædicto Matrimonio contrahendo necessaria erunt, aut quæ res in hoc Negotio postulaverit, & quæ Nos personaliter præsentes faceremus vel facere possemus, etiamsi talia sint quæ Mandatum requirant magis absolutum & speciale, prædictos omnes sivè majorem partem ipsorum veros, legitimos & indubitatos Mandatarios, Negotiorum Gestores, & Commissarios nostros speciales facimus, ordinamus & constituimus per Præsentes.

Spondentes & promittentes in verbo Principis, tàm nostro quàm prædictæ Principis *Electricis*, cæterorumque Dominorum Contutorum nomine, ratum & gratum perpetuò habituros, quidquid per dictos Procuratores nostros, aut partem eorum, actum, gestum sivè procuratum fuerit in præmissis omnibus & singulis.

In quorum fidem, Præsentes subscripsimus, cum appensione Sigilli nostri confirmavimus.

Datum *Heidelbergæ in Arce Electorali*, decimâ sextâ die Septembris, Anno millesimo sexcentesimo duodecimo.

VI.

Tractatus Pacis inter CHRISTIANUM IV. *Regem Daniæ, &* GUSTAVUM ADOLPHUM *Regem Sueciæ mediante* JACOBO I. *Rege Magnæ Britanniæ conclusus. Dat. Haffniæ die 20. Januarii Anno 1613.* [RYMER Fœdera, Conventiones &c. Tom. XVI. pag. 738.] 1613. 20. Janv.

NOS *Jacobus*, Dei Gratiâ, *Magnæ Britanniæ, Franciæ & Hiberniæ Rex*, Fidei Defensor, hisce notum testatumque facimus (nostro, per Legatos hunc in finem ex magna Britannia missos, *interventu*) Pacis Tractationem, piâ & religiosâ consideratione, inter Serenissimos & Potentissimos Principes ac Dominos,

Dominum CHRISTIANUM QUARTUM *Daniæ, Norwegiæ, Vandalorum, Gothorumque* REGEM, DUCEM *Slesvici, Holsatiæ, Stormariæ ac Dithmarsiæ*, COMITEM *in Oldenborg & Delmenhorst*, Consanguineum, Affinem, Fratrem & Compatrem nostrum charissimum, & Regna ejusdem ex una,

Et Dominum GUSTAVUM ADOLPHUM *Sueciæ, Gothorum Vandalorumque* ELECTUM REGEM & PRINCIPEM HÆREDITARIUM, MAGNUM DUCEM *Finlandiæ*, DUCEM *Eastlandiæ & Westmanlandiæ &c. Sueciæque Regnum*, ex altera parte,

Susceptam, eoque promotam ut, divinâ favente Gratiâ, Controversiis Differentiisque omnibus compositis & sublatis, Belli, hostilitatis, omnisque inimicitiæ hucusque exercitæ fine subsequente, firma, stabilis & sincera Pax utrinque redintegrata & conclusa sit, quæ inter dictos Principes eorumque Regna & Subditos, prout sequenti Pacificationis formulâ continetur, absque interruptione perpetuum manebit, & optimâ fide continuabitur.

Nos *Christianus Quartus*, Dei gratiâ, *Daniæ, Norvegiæ Vandalorum Gothorumque Rex*, Dux Slesvici, Holsatiæ, Stormariæ ac Dithmarsiæ, Comes in Oldenborg & Delmenhorst, notum universis facimus, quòd, prout inter Nos Regnaque nostra Daniæ & Norvegiæ &c. una ex parte; quemadmodum etiam inter Serenissimum, Potentissimum Principem ac Dominum, Dominum *Carolum nonum*, & subinde eodem è vivis sublato, inter *Gustavum Adolphum Sueciæ, Gothorum, Vandalorumque Electum Regem & Principem Hæreditarium, Magnum Ducem Finlandiæ, Ducem Estlandiæ & Westmanlandiæ &c.* Sueciæque Regnum ex altera parte; per Annos aliquot diversæ Offensiones & Controversiæ exor-

ANNO 1613.

exortæ ſint, quæ de tempore in tempus eo usque deductæ & diffuſæ ſunt, ut tandem apertum in Bellum eruperint: & Sereniſſimus ac Potentiſſimus Princeps ac Dominus, Dominus *Jacobus*, Dei gratiâ, *Magnæ Britanniæ, Franciæ & Hiberniæ Rex*, Fidei Defenſor &c. Affinis, Conſanguineus ac Vicinus noſter chariſſimus, ex Regiæ ſuæ Serenitatis fideli affectione & propenſione, qua omnes Chriſtianos Principes, præſertim reformatæ Religioni addictos, Eccleſiarumque unanimem Doctrinam profitentes, amplectitur, inter quos, Dei beneficio, Nos utrinque, cum Regni noſtri *Daniæ, Norvegiæ & Sueciæ* Subditis, habemur, & præfata ipſius *Serenitas Magnæ Britanniæ*, Literis ſuis Pacis & Concordiæ ineundæ gratia, primùm accuratè ſcriptis, Nos utrinque diligenter cohortata ſit; denique Amici inſtar, *Mediatoris & Compoſitoris*, per Legatos ſuos Regios Nobiles & Diſcretos *Robertum Ambſtrutter* de Anſtrutter ab interioribus Cubiculis, & *Jacobum Spencerum* de Vormeſton Equitem, ſummam induſtriam adhibuimus ut Bellum hoc, quod inter Nos Regnaque noſtra hoc tempore exiſtit & aliquamdiù extitit, piis æquisque Conditionibus, & ipſius Serenitatis *interventu*, componeretur & aboleretur, ejusque loco Concordia, amica Viciſſitudo Paxque firma utrique Parti ſolida & ſecura redintegraretur & ſtabiliretur: reſpectu itaque fidelis hujusmodi admonitionis Serenitatis ſuæ hoc pacto inter Nos & *Regem Guſtavum Adolphum* conventum eſt, ùt, ad *viceſimum nonum diem Novembris* Anni præteriti, ad Confinia quæ inter *Knærod & Ulsbech* extant, Communicationi initium daretur, ubi octo utrisque ex Regnis Commiſſarii, ſufficientibus cum Mandatis & Inſtructionibus, congrederentur ad tractandum & tranſigendum Controverſias quæ Regnis utrinque interſunt; quemadmodum etiam ad conſiderandum & ponderandum pias, æquas & honestas Conditiones, quibus præfatum Bellum & Inimicitia, quæ inter Nos Regnaque noſtra ſunt & hactenus continuatæ fuere, ceſſare & finem aſſequi poſſint; ad dictum. Conventum expedivimus, nobis ſincerè dilectos, Nobiles & Honoratos Viros,

Chriſtianum Fryſs de Borrebii Cancellarium noſtrum,

Mandrupium Pasberg de Hagiſholm, Arcis noſtræ Olbulgenſis Gubernatorem,

Axelium Brahe de Ellved Præfectum Cœnobii Dalum,

Et,

Eſchinum Brock de Eſtrup Arcis noſtræ Bronungburgicæ Præſidem,

Fideles Conſiliarios noſtros;

Et pro parte Regis *Guſtavi Adolphi* comparuere Nobiles Generoſi Domini,

Axelius Oxenſtiern Baro de Fiiholm Regni Sueciæ Cancellarius,

Dominus *Nicholaus Bilecke* Baro de Sallſtad,

Dominus *Guſtavus Stenbucke* Baro de Cronebeck & Oreſten & Hæreditarius de Thorno & Lehua,

Henricus Horn de Kanckas Mareſchallus Regni Sueciæ,

Conſiliarii;

Qui octo præfati Daniæ & Sueciæ Conſiliarii & Commiſſarii, invocato ardenter Æterni & Præpotentis Dei Nomine, quem Fontem & Cauſam omnis Pacis & bonæ Politiæ agnoſcimus, poſt tradita ad Cauſas omnes controverſiarum accuratè diſcutiendas plenariæ Poteſtatis Mandata ſua, præſentibus prædictis quoque Britannicis Legatis, qui pariter Nomine clementiſſimi ſui Regis Cauſas haſce cum diligentia tractaverunt, curæque habuerunt; tandem, divino interveniente auxilio, inter *Nos* & præfatum *Regem Guſtavum Adolphum*, Regna noſtra horumque Subditos, finalem & irrevocabilem Pacem conſtituerunt & decreverunt, hac forma modoque ut ſequitur;

Ac initio quòd Primarias quatuor Controverſias concernit;

Nimirùm,

1. SONNEBURGIUM.

2. TRES CORONAS.

3. LAPPOS MARITIMOS *in Northlandia, & Præfectura Varhuſiana*,

Et.

4. THELONIUM,

Quæ quidem quatuor Cauſæ, licet in Conventu *Flackebecenſi* Anno 1603. ab utrisque Regnorum Commiſſariis per contrarias Sententias dijudicatæ, & eam ob rationem ad arbitrium, ut per eundem finaliter expedirentur, remiſſæ fuerint, hoc tamen præſenti Congreſſu & Pacificatione ſequentibus modis compoſitæ & reconciliatæ ſunt.

PRIMO, de exorta Controverſia & Diſſenſione circa CASTRUM SONNENBURGHIN OESELIA hoc pacto convenimus,

Ut memoratus *Rex Guſtavus Adolphus*, ſuo proprio & *Sueciæ Coronæ* Nomine, cedat ac renunciet dictæ Controverſiæ & Caſtro, ita ut nullo unquam poſthac tempore, à quopiam Suecorum Rege, reſuſcitetur vel repetatur, ſed dictum *Caſtrum Sonneburgh* cum pertinentibus ſine omni diſputatione vel impedimento Poteſtati noſtræ & *Coronæ Daniæ* ſubſit imperpetuum.

Pari modo quandoquidem, tàm antè quàm poſt *Stetinenſia* Pacta de TRIUM CORONARUM Inſigni ſemper inter Regna hæc controverſum fuerit, quas Suetici Reges genuinum Sueciæ Inſigne Armorúmve notam eſſe arbitrati ſunt, Nos verò id ipſum Unionis Signum reputamus, quod utrorumque Regnorum uſui pari Jure competit, itaque de hujusmodi Controverſia hac lege inter Nos concordatum eſt,

Ut omnis de *Coronis hisce Tribus* diſputatio deinceps cenſeatur abolita, nec unquam à Succeſſoribus Regibus Daniæ Sueciæve repetenda ſit, ſed liberum tàm Daniæ quàm Sueciæ Regibus erit præfato *Inſigni Trium Coronarum* absque impedimento inperpetuum uti fruique;

Cauto tamen ne Nos vel Succeſſores noſtri *Reges Daniæ* uſu harum *Trium Coronarum* quidquam Juris Nobis in Sueciæ Regnum attribuamus, ſed Renunciationi hac in re ſtandum quæ *Stetinenſibus* Pactis comprehenſa eſt,

Cùm prætereà, aliquot Annorum decurſu, differentiæ & diſceptationes enatæ ſint de Superioritate, Regalibus, Jurisdictione, Dominio Maris in LAPPOS MARITIMOS Oceani Accolas, inter *Tittisfiord & Weranger* quæ hucusque irreconciliatæ permanſerunt, Nos verò hac Pacis Tractatione *Regi Guſtavo Adolpho* Propugnacula, Caſtra in hoc Bello à nobis occupata, ùt latiùs ſequentibus patebit, ceſſerimus, itaque hisce de Differentiis Tractum inter *Tittisfiord & Weranger* concernentibus talis inter Nos Tractatio inita eſt,

Ut *Rex Guſtavus Adolphus*, pro ſe, & ſuæ Serenitatis Succeſſoribus Regibus Sueciæ & Coronæ Sueticæ, renunciet Nobis & Coronæ Norvegiæ univerſos antiquos Redditus & Tributa quibus *Sueciæ Reges* & Corona Suetica à priſtinis hinc Annis in Norwegia & *Diſtrictu Nortlandiæ & Præfecturæ Varhuſenſis* à *Tittisfiord* usque ad *Weranger* ex dictis *Lappis Maritimis* Oceanum adhæſitantibus frui ſolita eſt, pariter cedit ipſius Serenitas quibuscumque Juribus à *Rutheno* in dicto *Vardhuſienſi* Territorio ad *Weranger* usque, Sueticæ Coronæ ex Contractu acquiſitis:

Inſuper renunciat prædictus *Rex Guſtavus Adolphus* Juri, Superioritati & Dominio Maris, aliisque Regalibus quæ in Norwegia, Norlandia & Diſtrictu Vardhuſienſi ad dictum Oceanum ſibi vendicaverat, adeò ùt nec præfatus *Rex Guſtavus Adolphus*, nec Serenitatis ejusdem Succeſſores, Sueciæve Corona, unquam in perpetuùm quidpiam quod Mari Norwegico in præfata *Nortlandia* & Diſtrictu *Vardhuſienſi*, à *Tittisfiord* ad *Weranger*, adjacet ſibi attribuant, ſed prænominatum Sueciæ Coronæ Tributum, Jus Superioritatis, in Rebus, tàm Eccleſiaſticis quàm Secularibus, Dominium Maris, cum Cenſu præfato *Rhutenico* prorſus penitusque noſtræ ac Coronæ Norvegiæ Poteſtatis Jure proprietario dehinc fore in perpetuùm, hisce tamen non comprehendantur hæ *Finnorum Lapporumve* Villæ, quæ inter montana dicto in Tractu ſitæ ſunt (cùm ad Controverſias haſce maritimas haud ſpectent) in quo Nos Jus ſalvum prætendimus.

Quoad Controverſiam & Diſputationem de THELONIO, ſuper hoc ita contraxerimus,

Ut *Daniæ & Norvegiæ Regnis*, eorumque ſubjectis Provinciis, liberum & indefenſum ſit negotiari & mercari in Suecia ejusdemque ſubjectis Provinciis, absque ullâ Telonii vel Gravaminis, quod in præſenti vel futuro excogitari vel inventari poſſit, Impoſitione in ipſorum Perſonas vel Bona ſivè emantur ſivè vendantur; pari ratione *Sueciæ Regno* ſubjectisque ejusdem Provinciis, Subditis & Incolis Commercia in *Daniæ & Norvegiæ* Regnis libera & invetita ſint, tranſeant etiam cum Bonis ſuis *Oreſundum* eundo & redeundo, nullo vel in ipſorum Perſonas vel Bona Vectigali aut gravamine impoſito, quòd vel jam in uſu ſit vel impoſterùm excogitari queat, utrinque tamen hoc nobis reſervavimus ùt, quicquid peregrinorum Poculentorum Regnis im-

ANNO 1613. importatur, eidem Telonio obnoxium fit quòd cæteri Regni Incolæ persolvunt:

De Titulo LAPPOS IN NORLANDIA concernentia hæc inter Nos rata sunt,

Quòd si *Rex Gustavus Adolphus* vel Serenitatis ejusdem Successores eodem subinde uti voluerint, sub hoc tamen non censendi sunt *Lappi* Maritimi ad Oceanum intra *Titisfiord* & *Weranger* in Nortlandia & Districtu *Vardhusiensi* habitantes, sed tantùm ad hosce Lappæ Marchianos qui *Sueciæ Coronæ* soli subsunt sese extendat:

De *Oppido Gottenburg* inter Nos ita transactum est,

Ut si imposterùm, proùt jam dirutum est, restaurabitur, Privilegiisque donabitur, dicta hujus Oppidi Privilegia in Regalium nostrorum *Oresundensium* præjudicium non vergant, quantùm ad Navigationem *Rigam* & *Churlandiam* versus, nè imposterùm Dissensionis materiam Regnis utrinque præbeat, si dehinc Urbs *Rigensis* à *Serenitate Sua Sueciæ* obsideri cœperit, durante Obsidione, nostri Subditi Navigatione *Rigam* prorsus abstineant, & qui contrafecerint suo id periculo facturi, aliis, tàm nostris Subditis quàm aliis exteris Nationibus, *Oresundum* transeuntibus, libera & sine impedimento sit dicta Navigatio, nisi aliter, inter Nos & Serenitatem suam, pro Amicitia jam inter nos constituta, transigi poterit:

Et quandoquidem Nos *Christianus Rex Daniæ* Pacis & Concordiæ respectu, non minùs ac in gratiam charissimi Domini Fratris, Affinis, Vicini & Amici nostri, *Regis Magnæ Britanniæ* hac in Pacis Tractatione;

Ab omni Jure & Dominio (quòd Belli æquitate nobis in omnia Castra, Propugnacula, Provincias, Oppida & Territoria, Dei Maximi beneficio, Bellique viribus occupata competit) recedimus, & eadem prædicto *Regi Gustavo Adolpho* & Sueciæ Coronæ hoc modo restituimus, ut *Calmaria*, *Castrum Risbii*, *Brockholmin*, & *Oelandia*, cum universis Oppidis, Districtibus & Territoriis quæ memoratis Propugnaculis Castrisque subjecta sunt, Feria tertia Paschatis proximi *Regis Gustavi Adolphi* Mandatariis, nihilque præter nuda Castra & Territoria reddantur; & posthac, absque impedimento ipsius *Serenitatis* & Sueticæ Coronæ Potestati adscita censeantur; ac præfatus *Rex Gustavus Adolphus* vice versâ Nobis & Coronæ Norvegiæ primò cedit *Jemptelandiam* & quicquid Bello hoc durante occupatum esse poterit, unà cum iis quæ *Nortlandiam* ut antea dictum est concernunt, pariter gratificatur nobis *Serenitas ipsius* ob dictorum Propugnaculorum restitutionem *decies centenis millibus Thalerorum* intra sexennium à dato Chirographo solvendis, cujus Solutionis tres priores Termini in *Arce Elsburgh* & postremus in Civitate nostra *Halmstadiensi* expedientur, proùt Literæ obligatoriæ Nobis à præfata sua Serenitate datæ, & ab Illustrissimo Principe & Domino, Domino *Johanne Suetiæ Regni Principe Hæreditario* Duce Ostergothlandiæ, ac universo Sueciæ Regni Senatu, ratæ, habitæ, confirmatæ & unà subsignatæ sunt; quibus declaratur quòd Castrum *Elsburgh* cum Oppidis *Nilosse*, *Garumellosse* & *Gottenburgh* cum infrascriptis Districtibus & Territoriis; videlicet, *Sevedall*, *Askenas*, *Hissing*, *Ballebudge*, *Alle*, *Wetle* & *Flouder*, cum Vectigali, certis & meritis Redditibus, quæ memoratis in Locis & Districtibus annuatim proveniunt, utilis Hypothecæ loco Nobis dictam ob summam remaneant, hisce nimirùm conditionibus; ùt si, neglectis Terminis, prænominata pecuniarum Summa tenore datæ Obligationis haud satisfacta & soluta fuerit, quòd tunc memoratum *Elsburgense Castrum* cum subjectis Oppidis, Districtibus & Territoriis Nobis & Coronæ Daniæ in perpetuam Proprietatem vindicatum censeatur, proùt latiùs dictæ Obligationis Diplomate continetur; Ecclesiasticæ tamen Jurisdictionis Administratio penès ipsum *Scarensem* maneat, qui ex Norma Ordinationis Sueticæ Mandatariis nostris (quoties Judicio quempiam sistere cupiunt) Jus æquumque impertiat Nobilitas, & quicumque Equestris Dignitatis in memorato *Elsburgensi* Districtu habitant, vel Prædia sua ibidem sita habent, eadem ad Normam Legum & Privilegiorum Sueticorum possidebunt, *Regique Sueciæ* Equestria Servitia præstabunt, Comitia publica visitabunt, absque ullo vel per Nos vel Vicarium nostrum objecto impedimento; cæteri aliàs, tàm Civitatibus quàm Districtui Inhabitantes, secundùm Sueticas Leges Judicio experientur.

Naves, Tormenta bellica, Munitionum apparatus, & alia istius generis, tempore Belli hujus, vel in Propugnaculis, in Campo, in Mari, aliave ratione occupata, huic Principi vindicata censeantur per quem acquisita sunt, nec unquam repetantur: omnes Captivi cujuscumque statûs vel loci sint, absque ullo Lythro, Libertati restituentur, nec Victum solvere tenebuntur. ANNO 1613.

Stetinense Pactum, Anno millesimo quingentesimo septuagesimo, intra Regna utrinque sancitum, eadem efficacia & vigore suo omnibus modis illabefactum continuabitur, quo ante Bellum hoc cœptum extitit, nec eidem quidquam hac formula Pacis decedet vel derogabitur; excepto hisce in Articulis, qui præsenti Pacificatione compositi & speciatim aboliti sunt:

Ac posteàquam, amantissimus Affinis & Frater noster, *Rex Magnæ Britanniæ*, maxima cum diligentia hoc Pacis Negotium promoverit, conventum est ut *Serenitas ipsius*, primo quoque tempore de Pace hac inita, manu & Sigillo suo confirmanda, ex utraque Parte interpellaretur, ut quisque Nostrûm ad majorem Pacis hujus corroborationem & stabilimentum peculiare Exemplar nancisci possit; hisce jam, omnes Dissensiones, Discordiæ, Dissidia, Inimicitiæ, Bella & Hostilitates, quæ Nobis Subditisque Regnorum nostrorum hactenus intercesserunt, penitùs finitæ & sublatæ sint, & vice versa eoque loco tuta, secura, firma & irrevocabilis Pax, Amicitia & Vicinitas erecta, approbata & confirmata sit, ità ùt Principes utriusque sese invicem mutua Amicitia prosequantur, verbis factisque commoda & utilitates alterutriùs non minùs ac proprias tueantur, promoveant & protegant; quidquid alteriùs Personæ Regis, Regnis, Provinciis & Subditis præjudicio & damno esse poterit, pro virili sua, ut oportet, avertat & impediat.

In ampliorem attestationem & confirmationem quòd hæc Pacis Reconciliatio à Nobis, nostrisque Successoribus *Daniæ Regibus*, firma & integra omnibus verbis, Punctis & Articulis observabitur, eandem manu & Sigillo nostro Regio, adjunctâ Consiliariorum Regni nostri subsignatione, confirmavimus & stabilivimus, qui sunt,

Christianus Friis de Borrebii Cancellarius noster magnus,

Ulfeld de Sielso Regni Admiralius & Præfectus in Tranckier,

Steno Brahe de Kundstrup Præfectus in Callingborg,

Mandropius Pasberg de Hagisholme Præfectus in Aalborghus,

Breide Ranzow de Ranzowisholm Vicarius in Urbe nostra Hafniensi, & Præfectus Insulæ Moen,

Georgius de Krapstrup Præfectus in Segelstrup,

Prabiornus Gyldenstiern de Wosborgh Præfectus in Boyling,

Axelius Brahe de Elvid Præfectus Cœnobii Dalensis,

Olaus Rosenparr de Scarrolt Præfectus in Draxholm,

Eschius Brock de Estrup Præfectus in Dronningborgh,

Christianus Holck de Soeboe Præfectus in Silkborg,

Jacobus Ulfeld de Ulfeldsholm Regni Cancellarius, & Præfectus in Niieborg,

Envaldus Cruse de Hiermilxlofgaard Regni nostri Norwegiæ Vicarius & Præfectus in Aggershus.

Datum in *Arce nostra Hafniæ*, vicesimo die Januarii millesimo sexcentesimo tertiodecimo, sub Sigillo nostro.

SUPRASCRIPTUS PACIS CONTRACTUS, quemadmodum inter præfatos Serenissimos & Potentissimos Principes ac Dominos, Dominum *Christianum Quartum Daniæ*, *Norwegiæ* &c. & *Gustavum Adolphum Sueciæ* &c. Reges, eorumque Regna, Provincias & Subditos, Terrâ Marique, memoratis Pactis & Conditionibus institutus & absolutus est; ita Nos *Jacobus*, Dei Gratiâ, *Magnæ Britanniæ*, *Franciæ & Hiberniæ Rex*, Fidei Defensor, quo hujusmodi Contractus tantò accuratiùs, sincerâ fide, firmiter & constanter, utraque ex parte, secundùm verba sensumque suum genuinum inperpetuùm observetur, Paxque ipsa secura & inviolata semper subsistat, mutuoque candore & optimâ affectione colatur, eundem, Regiâ manu nostrâ, Magnoque Regni Britannici nostri Sigillo, confirmavimus.

Data in Regia nostra *Westmonasterii*, secunda die Mensis Aprilis, Anno Domini millesimo sexcentesimo decimo tertio, & Regnorum nostrorum Magnæ Britanniæ, Franciæ & Hiberniæ &c. undecimo.

FIN DU SUPLEMENT DE LA II. PARTIE DU TOME V.

www.ingramcontent.com/pod-product-compliance
Lightning Source LLC
Chambersburg PA
CBHW060822220326
41599CB00017B/2256

* 9 7 8 2 0 1 2 5 3 2 9 2 2 *